MINISTÈRE DE L'INSTRUCTION PUBLIQUE ET DES BEAUX-ARTS

ANNALES
DU
MUSÉE GUIMET

TOME VINGT-CINQUIÈME

MONUMENTS POUR SERVIR A L'HISTOIRE DE L'ÉGYPTE CHRÉTIENNE

HISTOIRE DES MONASTÈRES
DE LA BASSE-ÉGYPTE

VIES DES SAINTS PAUL, ANTOINE, MACAIRE, MAXIME ET DOMÈCE
JEAN LE NAIN, &ᵃ

TEXTE COPTE ET TRADUCTION FRANÇAISE

PAR

E. AMÉLINEAU

PARIS
ERNEST LEROUX, ÉDITEUR
28, RUE BONAPARTE, 28

1894

MINISTÈRE DE L'INSTRUCTION PUBLIQUE ET DES BEAUX-ARTS

ANNALES
DU
MUSÉE GUIMET

TOME VINGT-CINQUIÈME

CHALON-SUR-SAONE
IMPRIMERIE FRANÇAISE ET ORIENTALE DE L. MARCEAU

MONUMENTS

POUR SERVIR

A L'HISTOIRE DE L'ÉGYPTE CHRÉTIENNE

HISTOIRE DES MONASTÈRES

DE LA BASSE-ÉGYPTE

VIES DES SAINTS PAUL, ANTOINE, MACAIRE, MAXIME ET DOMÈCE
JEAN LE NAIN, &

TEXTE COPTE ET TRADUCTION FRANÇAISE

PAR

E. AMÉLINEAU

PARIS
ERNEST LEROUX, ÉDITEUR
28, RUE BONAPARTE, 28
—
1894

INTRODUCTION

Après avoir publié la vie des deux coryphées du cénobitisme dans la Haute-Égypte, je dois, dans ce nouveau volume, descendre dans l'Égypte moyenne, faire une excursion jusque dans le grand désert de la chaîne arabique, puis revenir sur mes pas, descendre encore et me mettre en chemin dans le désert libyque. Non qu'il ne me reste pas un grand nombre de fragments et de vies plus ou moins complètes des cénobites pakhômiens, soit des deux vies que j'ai déjà publiées, soit d'autres vies tout aussi importantes; mais je conserverai toutes ces *reliques* pour former un volume séparé que je publierai ultérieurement, pensant toujours que quelque heureux hasard fournira aux études quelques autres documents inconnus. Il me semble cependant, tout en tenant compte des documents que j'ai entre les mains et de ceux qui peuvent arriver à les compléter, que les historiens des diverses formes de vie que réalisa l'esprit religieux et ascétique en Égypte ont suffisamment de matériaux pour former un jugement certain, sinon complet, sur les deux grands hommes en leur genre, dont l'un fonda et l'autre mena à l'apogée de sa puissance le cénobitisme, qui ne fit plus que décliner après lui. Je vais maintenant présenter d'autres héros à mes lecteurs et passer du cénobitisme au monachisme proprement dit, tout en faisant observer qu'il ne faut chercher aucun lien chronologique dans l'ordre où apparaîtront ces volumes, car s'il eût fallu tenir compte de la chronologie, le volume que j'ai publié en premier lieu n'aurait dû voir le jour que longtemps après; les hasards des découvertes ne répondent pas toujours aux convenances chronologiques. D'ailleurs, cénobites et moines proprement dits existèrent presque simultanément en Égypte : Antoine et Pakhôme étaient contemporains, et Macaire fut le disciple d'Antoine du vivant même de Pakhôme. Aussi, pour les philosophes qui cherchent la genèse des idées et des formes monacales qui se sont engendrées successivement les unes les autres et qui veulent voir les idées les plus simples précéder les plus compliquées, je les avertis que, s'ils veulent étudier l'évolution complète du monachisme en Égypte, il ne faut pas qu'ils partent de Paul, le premier ermite, ou d'Antoine, pour passer par Macaire et arriver à Pakhôme. Il faut qu'ils remontent plus haut dans les annales de l'humanité et qu'ils considèrent non les ascètes chrétiens, mais les ascètes qu'on est convenu d'appeler *païens* et que je me contenterai d'appeler simplement les *ascètes Égyptiens*. Il est hors de doute que l'Égypte antique connut des solitaires et des moines : le *reclus* qui vivait près du Sérapéum de Memphis avait devancé d'au moins cinq siècles le célèbre Jean de Lycopolis, qui parlait aux foules par une fenêtre, jusqu'au jour où il consentit à devenir l'évêque d'Eschmounein. Dès les premiers temps de la persécution de Dioclétien, en 302, on trouve déjà quantité de moines installés près de leur village : ils sont une proie désignée d'avance aux persécutions comme aussi aux glorifications religieuses. Comme cela ressort de l'étude des *Actes des Martyrs* de l'église copte, ces *Actes* ont été composés bien plus tard et sur un modèle unique pour le fond des événements, ne variant que par les divers épisodes [1]; ces moines ne pouvaient guère être chrétiens, même de nom : n'ayant peut-être jamais entendu prononcer le nom du Christ, ils étaient simplement des moines païens, animés d'une ardeur vigoureuse contre l'étranger, qui furent punis de leur révolte, de leur fanatisme et qu'on prit par la suite pour des héros chrétiens. De même pour le cénobitisme, ce n'était pas la première fois que l'Égypte voyait dans sa riche vallée des communautés qui se vouaient à la recherche du beau et du bien et à la pratique commune de la vertu : les communautés esséniennes dont parle Philon avaient existé [2] et peut-être avaient disparu bien longtemps avant le moment où Pakhôme conçut l'idée de son institut. Non que je veuille dire que Pakhôme eut connaissance, même une connaissance très imparfaite, des communautés esséniennes : Pakhôme n'était qu'un homme ignorant et illettré, qui dut apprendre à lire à plus de vingt ans; mais il suffit que l'idée ait été mise en circulation dans la vallée du Nil pour qu'on ne doive pas être surpris de la voir surgir à l'autre bout de cette vallée, environ deux siècles plus tard. J'avertis donc les philosophes de cette particularité, afin qu'ils

---

1. E. Amélineau, *Les actes des Martyrs de l'Église copte*.
2. Philon, *Vie contemplative*.

n'aillent pas s'imaginer, comme on l'a fait si souvent, que l'efflorescence monacale qui s'épanouit en Égypte fut produite par les seules idées que le christianisme avait mises dans la circulation humaine. J'ai montré d'ailleurs que ces idées chrétiennes ne furent pas si nombreuses en Égypte, qu'elles n'y furent même reçues et adoptées que revêtues d'une forte couche d'idées d'origine purement égyptienne, aussi loin que l'on peut en suivre la genèse¹. Il en fut de même pour les idées ascétiques.

L'œuvre commencée par Antoine, dans la montagne appelée aujourd'hui Gebel Qolzoum, située dans le désert nommé *Désert des Arabes*, continuée et parachevée par Macaire dans le Ouady Natroun et à Schiit, devait être appelée à un énorme retentissement dans toute la chrétienté, grâce aux témoignages que lui rendirent, j'allais presque dire à la réclame que lui firent, les voyageurs grecs ou latins dont les œuvres sont parvenues jusqu'à nous, à travers bien des vicissitudes. Enfin, saint Jérôme, Mélanie d'un côté, Palladius, Arsène, Evagrius, d'un autre (je ne cite que les plus célèbres), allèrent rendre visite aux moines de Nitrie et de Scété, pour employer les noms connus¹ ; ils inondèrent l'Orient et l'Occident du récit de leurs voyages et de la vie de ces *bienheureux hommes qui avaient su mener sur terre la vie des anges dans les cieux*, et tout l'univers chrétien retentit des éloges de ces grands serviteurs de Dieu. Chose extraordinaire ! nulle voix discordante ne vint troubler ce concert de louanges, car je ne peux prendre au sérieux les attaques ampoulées de saint Jérôme, qui excommuniait le lendemain ce qu'il avait loué la veille, d'après certains rapports qui faisaient pencher la balance en faveur de l'orthodoxie ou de la non orthodoxie des moines du Ouady Natroun et du Ouady Habib, lesquels se désintéressaient fort des controverses théologiques et ne pensaient guère à creuser les grands problèmes de métaphysique transcendantale qui s'agitaient à cette époque dans les diverses communautés chrétiennes. Ces éloges sont toujours à l'ordre du jour, sur la foi de ces voyageurs dont quelques-uns séjournèrent fort longtemps dans cette partie de l'Égypte. Quoique, dans une circonstance solennelle de ma vie, j'aie entendu dire, de mes propres oreilles et par un homme qui est à la tête de l'une des plus hautes écoles de la France, que les moines de l'Europe avaient eu pour fondateurs saint Augustin et saint Grégoire le Grand, et que ces deux

---

1. Cf. E. AMÉLINEAU, *Le Christianisme des anciens Coptes* (Revue de l'histoire des religions, An. 1886 et 1887).

2. Je dis Mélanie, quoiqu'elle n'ait rien écrit ; mais son nom et son témoignage furent si grands que j'ai cru devoir la citer ici.

grands hommes avaient reçu de l'Inde les premières idées de l'ascétisme qu'ils traduisaient chacun selon leurs tendances personnelles, cependant je ne suis pas encore persuadé de la vérité de ces assertions et, bien qu'on n'ait pas daigné écouter la réponse que je fis, et qu'on m'ait dit que mes moines, tout comme mes gnostiques, n'avaient eu aucune influence sur la marche de nos idées en Europe, je m'en tiens toujours aux conclusions et aux résultats que j'ai tirés en toute conscience des études que j'ai dû faire, conclusions et résultats qui sont le produit direct de mon travail et de mon jugement personnels, ce qui est plus difficile, je crois, et plus méritoire que d'adopter et d'énoncer des jugements qui traînent dans toutes les revues et qui n'ont d'autre raison d'être que celle d'avoir toujours été. Ce n'est pas le lieu d'exposer ici ces conclusions et ces résultats; mais je donne dans ce volume une première partie des textes originaux, à l'exception d'un seul peut-être, et il me semble qu'avant d'énoncer un jugement aussi cassant et aussi péremptoire dans l'idée de celui qui le prononce, il aurait fallu consulter les personnes intéressées, les entendre nous expliquer leurs pensées, nous conter leurs actions, sans fausse honte, sans aucune de ces fausses habiletés coutumières aux Grecs et aux Latins. L'autre manière était peut-être de mise au temps de notre jeunesse ou de celle de nos professeurs, mais la science a marché et tout s'en trouve changé.

Les documents que j'offre au public dans ce volume sont au nombre de six. Ils comprennent: 1° Une vie de saint Paul, premier ermite; 2° des apophtegmes de saint Antoine; 3° une vie de saint Macaire; 4° des apophtegmes sur saint Macaire ; 5° de nouveaux apophtegmes sur le même saint; 6° la vie des deux saints Maxime et Domèce, et 7° la vie de saint Jean Kolobi (le nain). J'indiquerai spécialement quelle est la valeur de chacun de ces ouvrages pour l'historien et je traiterai les questions qui s'y rattachent.

I

Le premier des ouvrages contenus dans le présent volume est la *Vie* de saint Paul, le premier ermite. Elle est intitulée: *Vie d'abba Paul le saint anachorète*[1]. Cette vie serait anonyme, si on n'y rencontrait à la fin la mention suivante : « Et moi, Jérôme le pêcheur, je prie quiconque lira ce livre de

---

1. Cf. le texte au commencement de la *vie* de saint Paul.

se souvenir de moi, car certes je préfère la tunique du bienheureux Paul et sa foi à la pourpre des rois, à leurs vêtements et à toute leur gloire : amen[1]. » Cette note fait tout d'abord penser que nous sommes en présence d'une œuvre de saint Jérôme, car, dans la liste des auteurs coptes, nous ne trouvons aucun nom semblable, ni même dans la liste des auteurs grecs qui ont écrit sur l'Égypte et les moines égyptiens. En effet, on rencontre, dans les œuvres attribuées à saint Jérôme, une vie de saint Paul le premier ermite. Il semble donc, au premier coup d'œil, certain que la vie copte que je publie dans ce volume et la *Vie* latine due à saint Jérôme ne sont qu'une seule et même chose, autant que la traduction le permet. Il va sans dire que, dans ce cas, ce serait la *Vie* copte qui serait une traduction. Mais si l'on examine d'un peu près les deux textes, on voit des différences si grandes que l'on est tenté de recourir aux solutions extrêmes pour résoudre le problème qui se pose.

Je ferai la comparaison des deux textes, paragraphe par paragraphe, après avoir fait cette simple observation que le style copte ne répond guère au style diffus de saint Jérôme, qui allonge ses phrases avec plaisir, et l'on ne doit guère s'attendre à trouver dans l'œuvre égyptienne les alexandrins de Virgile, même traduits du mieux qu'aurait pu le faire l'auteur copte. Aussi n'y figurent-ils point, et ce sont précisément tous les passages qui du procédent système conventionnel de saint Jérôme qui ne figureraient pas dans la traduction, et, en fait de beauté littéraire et de composition, il faudrait placer l'œuvre copte avant son original latin.

Le prologue de la vie de saint Paul est moins long dans le copte que dans le latin : le fond, cependant, est à peu près le même pour les principales idées; mais le texte copte laisse entendre que la question de savoir quel avait été le premier moine chrétien en Égypte s'était élevée entre les moines égyptiens, tandis que le texte latin suppose que la question a été posée dans l'entourage de saint Jérôme. Le texte copte ne contient pas les noms propres que renferme le prologue, je veux dire ceux des disciples de saint Antoine : en général, il ne donne que des idées vagues et peu applicables à un sujet particulier. Cependant ce paragraphe pourrait, à la rigueur, avoir été inspiré par le prologue latin.

Le second paragraphe, qui commence la *Vie*, n'est représenté dans le texte copte que par la première ligne, et la prétendue traduction passe de suite au paragraphe quatrième, qui commence par la généalogie de Paul et quelques

---

1. Cf. le texte à la fin de la même vie.

mots sur son instruction. Tout le reste du second paragraphe et le troisième en entier sont omis, et de plus la phrase copte qui mentionne la persécution de Dèce et la mort du pape Corneille n'est pas rattachée à ce qui suit : elle est boiteuse et ne se relie pas avec la suite. Malheureusement, à la suite de la mention de l'instruction donnée à Paul, le manuscrit copte contient une feuille fruste dont on ne peut tirer que les quelques signes qu'on trouvera dans le texte de cet ouvrage. Le feuillet suivant commence par la mention de l'âge de saint Antoine, qui avait alors quatre-vingt-dix ans. Cette mention nous mène jusqu'au paragraphe septième de la vie latine. Par conséquent, le feuillet disparu contenait la partie correspondant à la moitié du paragraphe quatrième et aux paragraphes cinquième et sixième tout entiers. Ces trois paragraphes de la vie latine comprennent plus de choses qu'il n'en faut pour remplir le feuillet copte : il faut donc croire que l'auteur ou traducteur copte a de nouveau analysé son original ou a composé un récit moins détaillé, surtout moins verbeux.

Le paragraphe septième, qui commence le récit de la visite de saint Antoine à saint Paul est à peu près le même dans les deux œuvres; mais la traduction copte serait encore ici plus compréhensible pour qui connaît les mœurs et coutumes des Égyptiens et moins pleine de développements de rhétorique. Il en est de même du paragraphe huitième, qui contient de ces développements que jamais le génie égyptien n'aurait pu écrire ; la partie de ce paragraphe qui raconte l'apparition, sous le règne de Constance, d'un Faune dans la ville d'Alexandrie, où tout le monde put se persuader qu'il existait de tels hommes, ne se trouve pas dans le texte copte.

Le paragraphe neuvième, qui raconte l'embarras d'Antoine, puis son arrivée et sa prière près de Paul, est beaucoup plus développé dans le texte latin que dans le texte copte. Il contient, en outre, une phrase sur laquelle j'aurai bientôt l'occasion de revenir. Les paragraphes dixième et onzième, lesquels nous disent l'apparition célèbre du corbeau et le repas des deux saints, renferme plus de traits dans le latin que dans le copte, et ces traits sont encore de ceux qui sont dûs à la rhétorique.

Le paragraphe douzième contient dans le latin une phrase que je regarde comme ajoutée après coup : c'est celle qui mentionne l'occupation du monastère de Saint-Antoine par les Sarrasins « laquelle eut lieu par la suite [1] ». Le

---

1. Ad monasterium quod postea a Sarracenis occupatum est regrediebatur. — Cf. *Patr. lat.*, tome XXIII, col. 26.

texte copte ne contient rien de semblable et pour une bonne raison ; c'est que le monastère de Saint-Antoine n'existait pas encore. L'auteur qui a édité cette vie dans la Patrologie latine a mis en note, à propos de ce passage : « Bolland note que ce fait arriva l'année même de la mort de saint Antoine. Voir la chronique à l'année 336 [1]. » Malgré l'autorité de Bolland, je ne peux admettre ce fait dont ne parlent ni la vie de saint Macaire qui, cependant, assista à la mort de saint Antoine, ni aucun document égyptien. Il semble en outre, d'après la note précédente, que saint Antoine mourut en l'an 336, ce qui est complètement impossible, puisqu'il survécut à Pakhôme, lequel mourut en 348 [2].

Le paragraphe treizième est à peu près le même dans les deux œuvres. Le paragraphe quatorzième diffère, au contraire, ainsi que les deux suivants, et cela par l'adjonction dans le latin de développements uniquement dûs à la rhétorique de saint Jérôme. Cela est vrai surtout pour la scène des deux lions, comme on pourra s'en convaincre en comparant le texte latin avec la traduction que je donne du passage correspondant de l'œuvre copte. Le paragraphe dix-septième est omis dans l'œuvre copte. La *Vie* se termine par une note dans le genre de celles qu'écrivaient les scribes à la fin des œuvres qu'ils avaient copiées, et cette note est à peu près identique dans le latin et le copte.

Je vais maintenant donner une idée des divergences qui se remarquent entre les deux œuvres ; voici d'abord le récit de la marche de saint Antoine, tel qu'il est raconté par saint Jérôme : « .... *et nonagenarius in alia solitudine moraretur (ut ipse asserere solebat), hæc in mentem ejus cogitatio incedit nullum ultra se perfectum monachum in eremo consedisse. At illi per noctem quiescenti revelatum est esse alium interius multo se meliorem, ad quem visendum deberet proficisci. Illico, erumpente luce, venerabilis senex infirmos artus baculo regente sustentans cœpit ire velle quo nesciebat. Et jam media dies coquente desuper sole fervebat nec tamen a cœpto itinere abducebatur, dicens : Credo in Deum meum, quod olim conservum, quem mihi promisit, ostendet. Nec plura his conspicit hominem equo mistum cui opinio poetarum hippocentauro vocabulum indidit. Quo viso, salutaris impressione signi armat frontem : Et heus tu, inquit, quanam in parte hic servus Dei habitat ? At ille barbarum nescio quid infrendens, et*

---

1. Patrol. lat., tome XXIII. *Vita S. Pauli eremitæ*, col. 26, note 12.
2. Cf. E. AMÉLINEAU, *Monuments pour servir à l'histoire de l'Église chrétienne*, tome II (dans les *Annales du Musée Guimet*, tome XVII). *Introd.*, p. LXXVI.

frangens potius verba quam proloquens, inter horrentia ora setis, blandum quæsivit colloquium. Et dexterœ protensione manus cupitum indicat iter et sic patentes campos celeri transmittens fuga, ex oculis mirantis evanuit. Verum hoc utrum diabolus ad terrendum eum simulaverit, an (ut solet) eremus monstruosorum animalium ferax, istam quoque gignat bestiam, incertum habemus[1]. » Voici maintenant comment la prétendue version copte raconte les mêmes faits : « .... Il (Antoine) était en quatre-vingt-dix ans. Il nous dit une fois : « Je réfléchis un jour en mon cœur, disant : Est-ce qu'il n'y a point eu d'autre moine habitant ce désert, en dehors de moi? Et il arriva que c'était la nuit que je réfléchissais seul en mon cœur; aussitôt, en cette nuit-là, le Seigneur m'apparut, il me parla ainsi : « Il y a encore un autre (homme) dans ce désert, en dehors de toi; il vaut mieux que toi, et il faut que tu te hâtes pour le rencontrer dans une grande joie. » Lorsque le jour eut paru[2], le bienheureux Antoine se leva, il sortit, se mit en marche, son bâton de palmier à la main, il s'appuyait dessus et il commença de marcher selon sa pensée elle-même[3], ne sachant pas vers quel endroit il marchait, ni quel était le lieu du saint. Lorsqu'il fut midi et que le soleil eut pris de la force, la chaleur devint forte aussi; le bienheureux Antoine ne s'écarta point du chemin, disant : « Je sais que le Seigneur ne m'abandonnera pas, mais qu'il me montrera son serviteur, celui dont il m'a parlé! » Comme il parlait, il regarda, il vit un homme qui était de deux natures, par moitié homme et par moitié cheval, c'est-à-dire ce que les savants nomment hippocentaure. Le bienheureux abba Antoine l'appela, il lui dit : « Je te le demande à toi, où habite l'homme de Dieu en cet endroit? » Il lui répondit dans une langue barbare : sa bouche jetait la terreur. Le bienheureux vieillard marcha, cherchant le chemin. Et lorsque le bienheureux abba Antoine se fut fait (son) compagnon, cette bête s'enfuit de devant sa face, s'en allant dans la plaine. C'était le diable qui avait changé sa forme en la manière d'un hippocentaure. Et abba Antoine s'étonna, disant : « Comment s'est-il changé en cet animal et s'est-il montré[4]? »

Il me semble qu'entre ces deux textes, dont l'un est censé l'original et l'autre la traduction, les différences sont assez grandes pour justifier un renversement de rôles, et faire du texte copte l'original et de la version latine

---

1. Pat. lat., tome XXIII, *ibid.*, col. 22-23.
2. M. à m. : lorsque le jour fut.
3. C'est-à-dire : n'ayant d'autre guide que sa pensée, marchant à l'aventure.
4. Voir le texte plus loin.

une adaptation du copte pour les lecteurs occidentaux. Non seulement la mise en scène est différente, les paroles étant mises dans la bouche même d'Antoine sous une forme voisine de celle des *Apophthegmes* que nous verrons plus loin, mais un grand nombre de traits sont complètement dissemblables. Ainsi, dans l'œuvre latine, l'hippocentaure cherche à parler doucement, il étend le bras vers l'endroit où habite Paul, il n'est pas certain que ce soit le diable ou un animal monstrueux comme en produit le désert; dans l'œuvre copte au contraire, l'hippocentaure répond dans une langue barbare qu'Antoine ne comprend pas, il ne lui fait aucun signe et s'enfuit, quand il voit que le vieillard veut se faire son compagnon; il est hors de doute que c'est le diable en personne qui s'est métamorphosé en cet animal, et Antoine s'étonne qu'il ait pu le faire et lui apparaître. Il me semble que ce sont là des différences assez profondes pour motiver l'opinion que j'ai énoncée tout à l'heure. Il n'y a d'objection que dans la mention de l'hippocentaure : un auteur égyptien mentionnant ce nom, la chose serait assez extraordinaire pour qu'on soit tenté tout d'abord de provoquer un doute sur ce passage; mais à la réflexion, il est possible que cet auteur ait entendu parler de manière ou d'autre de ces animaux fantastiques, et c'est la raison pour laquelle il ajoute: « Comme les nomment les savants. » D'ailleurs, nous allons trouver de nouveaux arguments pour la même conclusion dans le passage suivant.

Il s'agit de l'arrivée d'Antoine à la grotte de Paul. Voici comme la raconte saint Jérôme : « *Sed ut propositum persequar, Antonius cœptam regionem pergebat, ferarum tantum vestigia intuens, et cremi latam vastitatem. Quid ageret, quo verteret gradum nesciebat. Jam altera effluxerat dies. Restabat unum, ut deseri se a Christo non posse consideret. Pernox secundas in oratione exegit tenebras; et dubia adhuc luce, haud procul intuetur lupam sitis ardoribus anhelantem, ad radicem montis irrepere. Quam secutus oculis, et juxtam speluncam, cum fera abiisset, accedens, intro cœpit aspicere : nihil curiositate proficiente, tenebris arcentibus visum. Verum, ut scriptura ait, perfecta dilectio foras mittit timorem*[1], *suspenso gradu et anhelitu temperato, callidus explorator ingressus, ac paulatim progrediens sæpiusque subsistens, sonum aure captabat. Tandem per cœcæ noctis horrorem procul lumen intuitus, dum avidius properat, offenso in lapidem pede, strepitum concitavit; post cujus sonitum beatus Paulus ostium quod patebat occludens, sera obfirmavit. Tum vero Antonius pro foribus cor-*

---

[1]. I Jean, IV, 18.

ruens, usque ad sextam, et eo amplius, horam, aditum precabatur, dicens: Qui sim, unde, cur venerim nosti. Scio me non mereri conspectum tuum; tamen nisi videro, non recedam. Qui bestias recipis, hominem cur repellis? Quæsivi et inveni; pulso ut aperiatur. Quod si non impetro, hic moriar ante postes tuos: certe sepelies cadaver.

> *Talia perstabat memorans, fixusque manebat.*
> *Ad quem responsum paucis ita reddidit heros* [1]:

Nemo sic petit ut minetur: nemo cum lacrymis calumniam facit. Et miraris si non recipiam, cum moriturus advenis? — Sic arridens Paulus patefecit ingressum. Quo aperto, dum in mutuos miscentur amplexus, propriis se salutavere nominibus; gratiæ Domino in commune referuntur [2].

Voici maintenant le récit correspondant du copte: « Et le bienheureux abba Antoine marcha, désirant achever la route qu'il faisait à la recherche du serviteur du Christ, et il réfléchissait en lui, se demandant ce qu'il ferait et où il irait. Or, il regarda la partie éloignée de la montagne, il vit des foules de traces d'animaux sauvages. Le jour était passé, et il réfléchissait en lui-même, regardant au loin, et il se disait: « Il est impossible que Dieu m'abandonne! » Et il marcha pendant la nuit, priant assidûment. Et lorsque le jour eut paru, voici qu'il vit une grande hyène qui courait et soufflait grandement pour parvenir au sommet de la montagne: il la suivit et, lorsqu'il fut arrivé près de la caverne, il vit la bête y entrer, et, lorsqu'il eut regardé dedans, il vit l'amour parfait, le bienheureux vieillard Paul. Il chassa la crainte loin de lui, il regarda dedans, il vit une lumière dans l'intérieur de la grotte, il marcha, il prit une pierre, il frappa à la porte. Mais il arriva que, lorsque le bienheureux vieillard eut entendu le bruit du coup de pierre, il se leva aussi, il prit une grosse pierre et la jeta près de la porte à l'intérieur. Alors abba Antoine se jeta sur sa face, en dehors de la porte, priant le vieillard de le laisser entrer, et il lui dit: « Je suis seul au dehors, car je suis venu vers toi
» d'un endroit éloigné, et je suis venu pour te voir. Je sais aussi que je ne suis
» pas digne de te voir. Puisque tu reçois à toi les bêtes sauvages, pourquoi ne
» me recevrais-tu pas, moi qui suis un homme? J'ai cherché, j'ai frappé en
» m'enhardissant, afin que l'on m'ouvrit: si donc je n'obtiens pas ce que je
» demande, je mourrai devant ta porte, afin que tu ensevelisses mon corps,

---

1. *Énéide*, II, v. 650.
2. *Patrol. lat.* tome, XXIII, col. 24 et 25.

» lorsque tu l'auras vu ». Et lorsqu'il se fût arrêté en parlant ainsi, le bienheureux Paul lui répondit à peine ; il lui dit : « Rien ne vient par la colère, et aucun homme n'accuse. » Lorsqu'il lui eut dit ces douces paroles, il lui ouvrit la porte, ils se saluèrent l'un l'autre, ils se baisèrent l'un l'autre d'un saint baiser, et chacun d'eux découvrit son nom à son compagnon [1]. » Le récit de saint Jérôme est plein d'invraisemblances et d'ignorances de ce qui se passait en Égypte. Tout d'abord, il semble que c'est pendant la nuit, ou tout au moins à la lumière encore douteuse de l'aurore *dubia luce*, qu'il voit la louve, brûlée par les ardeurs de la soif, courir au pied de la montagne ; ce qui n'est guère vraisemblable, tandis que le copte représente la hyène montant au sommet de la montagne et soufflant sous l'effort qu'elle fait pour y parvenir, ce qui est bien plus conforme à la réalité. D'après saint Jérôme, Antoine regarde d'abord et n'aperçoit rien ; il s'avance ensuite et inspecte les lieux à pas comptés et en retenant sa respiration, s'arrêtant souvent pour écouter, jusqu'au moment où, au milieu des ténèbres, il aperçoit au loin une lumière ; alors il avance avec avidité, heurte une pierre et, au bruit qu'il a fait, Paul se lève et ferme la porte à clef. Ce récit est simplement fantastique et présenté avec toutes les qualités dramatiques qu'on est en droit d'attendre d'un auteur sans critique. Il est évident, en effet, que la caverne où habitait Paul, d'après ce récit, était située dans l'intérieur de la montagne, puisqu'Antoine est obligé de marcher dans les ténèbres avec précaution, en retenant son souffle et en ne pouvant voir les pierres qui sèment son chemin, et que Paul est obligé d'avoir de la lumière, sans doute une lampe quelconque, dans l'esprit de saint Jérôme. Et cependant l'auteur, quand il raconte le repas des deux solitaires, parle d'un arbre où se perche le corbeau qui apporte le pain entier et de la fontaine limpide près de laquelle s'asseoient les deux convives, sans nous avoir prévenu qu'ils étaient sortis de la grotte. Si saint Jérôme eût su quelles étaient les coutumes des moines, il n'aurait pas parlé de lumière, car il semble assez impossible qu'un homme qui est resté seul dans le désert pendant quatre-vingt-dix ans, sans voir personne, ait pu avoir une provision d'huile suffisante pour tout ce temps, à moins qu'on ne réponde que le corbeau n'apportait l'huile en même temps que le pain ; il n'aurait pas dit, en outre, que Paul ferma sa porte à clef, pour la bonne raison qu'il n'y avait à la caverne ni porte, ni clef, à moins que Paul, en fuyant son beau-frère, n'eût trouvé le moyen d'em-

---

1. Cf. ce texte plus loin. J'ai fait certains changements dans la traduction pour présenter une phrase française. On trouvera plus loin en note le mot à mot du texte copte.

porter avec lui porte, serrure et tout ce qu'il fallait pour les ajuster aux dimensions de la porte dans la caverne où il fixerait son domicile. La vérité est que Paul se fixa dans la montagne, au sommet de la montagne, ou plutôt sur le haut du plateau montagneux, près d'une source et d'un ou de plusieurs palmiers qui croissaient près de l'eau et lui fournissaient sa nourriture, comme ce fut le cas d'une foule d'anachorètes et d'Antoine lui-même, car si le pauvre homme n'avait eu à compter que sur la moitié de pain que lui apportait chaque jour le corbeau envoyé par le Seigneur, il serait assez vite mort de faim. C'est là une de ces légendes fort belles dans le lointain, mais qu'il faut se résoudre à voir disparaître dès qu'on les examine d'un peu près. Le texte copte, au contraire, se comprend fort bien, si l'on excepte la légende du corbeau. Saint Antoine aperçoit la hyène et la suit ; lorsque le jour a paru, il entre dans la caverne à sa suite, et aperçoit Paul. Il prend son courage à deux mains, il avance, il aperçoit la lumière qui éclairait la caverne, lumière du ciel, et non lumière d'une lampe ; il prend une pierre et frappe à la porte pour annoncer sa présence. Au bruit, Paul roule une grosse pierre à la porte et ferme l'entrée. Voilà bien comme les choses durent se passer en réalité, si le fait rapporté a eu lieu. Je ferai observer, en outre, que, si le texte copte était une traduction du latin, l'auteur n'eût pas laissé échapper l'occasion de citer l'Écriture, puisque la citation se serait trouvée dans l'original, car les auteurs coptes ont toujours été très friands de ce régal littéraire ; et cependant la citation est absente.

Ce n'est pas tout. Saint Jérôme fait prononcer à Antoine un discours plus long que le copte, surtout plus recherché. Paul, à son tour, répond par des mots fort spirituels. Le copte ne renferme qu'un mot de réponse, et ce mot est un proverbe : « Rien ne vient par la colère, et aucun homme n'accuse ! » c'est-à-dire : « Lorsqu'on veut obtenir quelque chose de quelqu'un, on ne commence pas par se mettre en colère et par proférer des accusations », ce qui répond parfaitement aux paroles d'Antoine, qui avait accusé Paul de recevoir les bêtes sauvages et de fermer sa porte aux hommes. Evidemment, saint Jérôme n'a pas compris ici le texte de la vie copte qu'il se faisait traduire et l'a arrangé à sa façon en écrivant : « Personne ne fait une demande en menaçant ; personne n'accuse *avec des larmes ?* Et tu t'étonnes que je ne te reçoive pas, lorsque tu ne viens que pour mourir ? » Je le répète, ces paroles sont fort spirituelles, mais j'ai plus que des doutes qu'elles aient été prononcées. Elles sont introduites par deux vers empruntés à l'Enéide de Virgile : il faut croire que saint Jérôme n'avait pas encore eu la vision fameuse où il fut flagellé pour préférer Cicéron et Virgile aux scènes de la Bible.

Ces observations suffiront, je pense, pour montrer qu'entre les deux œuvres il y a plus que les différences qui proviennent du caractère de deux langues aussi dissemblables que le latin et le copte.

Il faut nécessairement trouver une autre solution à ce problème que celle d'une traduction. Il n'y a pas eu traduction proprement dite, il y a eu adaptation. Mais de quel côté est l'adaptation? Trois hypothèses peuvent se faire à ce sujet : ou le copte est une adaptation du latin, ou le latin est une adaptation du copte; ou tous les deux sont une adaptation diverse d'un document antérieur. Rien ne nous renseigne sur l'existence de ce document antérieur, qui différerait sensiblement de celui que nous a conservé le *Synaxare*, et que je citerai plus loin; il n'y a pas un seul texte qui en fasse mention; je ne puis donc songer à cette solution du problème. J'ai démontré, ce me semble, que la seconde hypothèse devait être écartée, à cause des différences profondes qui se trouvent entre les deux textes, et en outre, parce qu'il faudrait supposer que l'auteur copte a eu plus d'esprit littéraire que l'auteur latin. Reste la première hypothèse, que tout tend à confirmer. Saint Jérôme ayant eu entre les mains la vie copte de saint Paul, l'a modifiée selon son bon plaisir et les vains artifices de la rhétorique, et a lancé ensuite son œuvre par le monde latin, avec tous les ornements du style qui pouvaient lui assurer le succès. Le document copte serait donc le plus ancien, et celui qui aurait servi pour l'adaptation de la vie latine. « Mais, dira-t-on, rien ne fait supposer que saint Jérôme sût le copte. » Aussi ne le ferai-je point plus savant qu'il n'était. Il suffit, pour la vérité de la thèse que je soutiens, qu'il ait eu près de lui quelque moine égyptien qui sût le copte et eût la vie de saint Paul, qui la lui ait traduite par à peu près, sur quoi saint Jérôme a construit son œuvre avec tous ses défauts. Que si cette objection disparaît, il y en a une autre plus grave et plus difficile à résoudre : c'est la présence du prologue, des deux premières lignes qui correspondent au paragraphe deuxième et au dernier paragraphe tout entier. Le prologue peut se comprendre comme ayant appartenu à la vie de saint Paul, surtout tel qu'il est dans le texte copte : saint Jérôme l'aurait simplement arrangé; mais le commencement du second paragraphe et le dernier ne sont point dans ce cas. Il est impossible de comprendre qu'un auteur copte, ayant à parler de la persécution de Dèce, mentionne le martyre de Corneille, qu'il ne devait point connaître; et quand même on réussirait à trouver une explication plausible pour ces deux lignes, il resterait encore la présence du paragraphe final. Ce commencement et cette fin sont, en effet, fort embarrassants; mais qu'on veuille bien songer que le manuscrit qui nous a conservé cette vie date du ixe ou du xe siècle, peut-être même du xie, et l'on sera persuadé qu'un beau jour quelque copiste copte connaissant le latin, et il y en a eu, a bien pu, pour allonger son modèle, mettre le commencement et la fin d'après la vie délayée par saint Jérôme, afin de donner une plus grande autorité à son œuvre. Je crois donc que la vie de saint Paul, telle que je la publie ici, sauf les passages que je viens d'examiner en dernier lieu, est la vie qui a servi à saint Jérôme pour bâtir son petit roman et le présenter à ses lecteurs avec tous les agréments à la mode de ce temps-là; il y a eu réciprocité d'emprunts.

Et maintenant, quelle est la valeur de cette vie ? Avant de répondre à cette question, on me permettra de citer ici un document pour la première fois traduit en français, et qui n'est autre que la notice que le *Synaxare copte* consacre à saint Paul, qu'il nomme le premier dévot. Ce document s'exprime ainsi : « Et encore en ce jour (2 Emschir=28 janvier), mémoire du grand saint Anba Boula le premier dévot. Ce saint était des gens de la ville d'Alexandrie; il se nommait Paul et avait un frère qui se nommait Pierre. Lorsque son père mourut, ils se mirent à partager leur héritage. Son frère Pierre prit la grande part et lui donna la petite; il s'attrista de cette chose et dit à son frère: « Pourquoi ne me donnes-tu pas ma part de l'héritage de mon » père ? » Il lui répondit : « Parce que tu es jeune et que tu dissiperais ton » bien. » Et une discussion s'éleva entre eux. Pendant qu'ils marchaient, ils trouvèrent les funérailles d'un mort. Le saint Paul interrogea un homme qui lui dit : « O mon fils, celui-ci était au nombre des grands de la ville, il pos-» sédait beaucoup de biens; voici qu'il les a laissés et qu'on le conduit au tom-» beau avec le linceul qu'il a sur lui. » Et le saint soupira et dit : « Qu'ai-je » de commun avec les biens de ce monde périssable ? Je mourrai et les quit-» terai. » Alors il se retourna vers son frère et lui dit: « Retournons chez nous; » je ne te demanderai plus rien. » Alors il s'éloigna de son frère, qui ne savait où il était allé; il sortit en dehors de la ville, il habita dans un tombeau et il y resta des jours, priant le Seigneur le Messie pour que celui-ci le guidât de manière à le contenter. Quant à son frère, il le regrettait beaucoup, et regrettait encore tout ce qui était arrivé à son occasion. Et quant au saint Paul, le Seigneur lui envoya son ange qui le fit sortir de cet endroit et marcha devant lui, jusqu'à ce qu'il l'eût conduit dans le désert intérieur qui est à l'Est. Il y demeura quatre-vingts ans sans voir personne : il était vêtu d'un habit de fibres de palmier, et le Seigneur lui envoyait un corbeau avec la moitié d'un pain. Et lorsque le Seigneur voulut montrer sa sainteté, il envoya son ange à Antoine, au moment où celui-ci venait d'avoir cette pensée en son cœur qu'il avait été le premier à habiter le désert. Et l'ange vint à lui et lui dit : « Plus avant que toi est un homme par les pieds duquel la terre n'est pas digne d'être foulée; c'est grâce à sa prière que le Seigneur envoie la pluie et fait monter le Nil en son heure. » Et lorsqu'Antoine eut entendu cela, il se leva, il marcha devant lui dans le désert pendant deux jours, et le Seigneur le guida vers la grotte du saint, qui le reçut : ils se prosternèrent l'un devant l'autre et parlèrent des grandeurs de Dieu. Et lorsque le soir fut arrivé, le corbeau vint, ayant avec lui un pain entier, et Anba Paul dit à Anba Antoine : « Voici que j'ai su que tu es le serviteur de Dieu, car il y a quatre-vingts ans que Dieu m'envoie une moitié de pain, et voici qu'il t'envoie ta nourriture. Hâte-toi et donne-moi l'habit que Constantin, le roi, a donné au patriarche Athanase. » Et Antoine le quitta, revint à son habitation, y prit l'habit, et il retourna. Sur le chemin, il vit l'âme du saint Anba Paul et les anges qui montaient avec elle vers le ciel. Il arriva à la grotte, le baisa, pleura sur lui, l'enveloppa dans l'habit et prit le vêtement de fibres de palmier. Il fut inquiet à cause de l'enterrement du corps, et deux lions arrivèrent; ils se mirent à souffler avec leurs naseaux sur le corps, faisant signe de leur tête pour lui demander permission au sujet de ce qu'ils devaient faire. Et il sut qu'ils étaient envoyés de la part du Seigneur; il leur mesura la longueur du corps, et les lions creusèrent avec leurs griffes jusqu'à ce qu'il leur eût dit : « C'est assez. » Alors il enterra le corps, puis il se rendit vers le patriarche et lui apprit la nouvelle. Ils se mirent à chercher pendant des jours dans la montagne, et ils ne retrouvèrent point l'endroit, jusqu'à ce que le saint apparût au patriarche en un songe et lui apprit que le Seigneur ne voulait pas que son corps fût découvert (ajoutant) : « Ne donne pas de peine aux hommes qui le cherchent. » Et le patriarche envoya leur dire de revenir. Et quant à l'habit de fibres de palmier, Antoine le portait trois fois par an et célébrait avec. Et un certain jour, le Seigneur voulut montrer aux hommes la grandeur de cet habit : on le plaça sur un mort qui ressuscita, et cette merveille se répandit dans tous les pays de l'Égypte et dans la ville d'Alexandrie. Que sa prière soit avec nous et nous garde jusqu'au dernier soupir : amen [1]. »

La plus simple lecture suffit à montrer que ce document analytique est en opposition formelle avec l'œuvre de saint Jérôme. Tout d'abord, il y a con-

---

1. *Synaxare* copte, 2 Emschir. On voit que les coptes ne célébraient pas la fête de saint Paul le même jour que l'Eglise latine qui l'a fixée au 10 janvier.

tradiction complète entre les deux œuvres, en ce qui concerne la patrie de Paul et l'héritage de son père.

Dans la vie latine et la vie copte, il est dit que Paul était *Thebœus* et *habitant du midi*, homme du Maris, ce qui revient au même, tandis que, dans l'abrégé du *Synaxare*, il est de la ville d'Alexandrie; dans les deux premières œuvres, c'est le mari de sa sœur qui veut le priver de son héritage; dans l'abrégé, c'est son propre frère, lequel se nommait Pierre. Dans la *Vie* due à saint Jérôme, Paul, au moment de la persécution, se réfugie dans une *villa* un peu éloignée de la ville : c'était une maison de fellahs au milieu des champs; dans l'abrégé, il se réfugie dans un tombeau voisin d'Alexandrie, sans doute dans les catacombes de cette ville, et l'on ne parle point de persécution; il est guidé dans le désert par l'ange du Seigneur, tandis que, dans saint Jérôme, ayant appris que son beau-frère voulait le livrer, il se réfugie dans le désert jusqu'à la fin de la persécution [1]. La vie copte ne donne rien de tout le passage qui raconte les mêmes événements, par suite de la disparition du feuillet dont j'ai parlé. Que penser de ces oppositions entre les deux œuvres? Le *Synaxare* a été fait d'après les œuvres coptes que l'auteur avait sous les yeux et analysait une à une : il faut donc croire qu'il existait en copte une *Vie* différente, au moins dans le commencement, de celle dont je parle. C'est peut-être là le document primitif auquel saint Jérôme et l'adaptateur copte ont emprunté l'un et l'autre. Je ne peux rien affirmer, car la question me semble trop délicate pour que je puisse la vider ici, n'ayant en ma possession aucun autre document qui me fournisse des raisons péremptoires. Le feuillet fruste du manuscrit copte nous fournirait peut-être ce *critérium* nécessaire; mais je ne crois pas, pour ma part, qu'il fût si différent de l'œuvre de saint Jérôme. Je crois donc à l'existence de deux documents relatifs à saint Paul, l'un d'origine saïdique, l'autre d'origine alexandrine, revendiquant tous deux pour leur pays l'honneur d'avoir produit ce premier solitaire, et différant un peu sur les circonstances premières de sa vie.

Quant à la valeur historique de ces documents, elle se réduit à ceci : un homme nommé Paul, d'origine assez relevée, s'enfonça dans le désert arabique et alla demeurer près de la montagne de Qolzoum, autrefois appelée Clysma, non loin de la moderne Suez. Il y trouva un palmier et une source d'eaux, vécut ainsi tout seul pendant quatre-vingts ans et fut rencontré à la veille de sa mort par Antoine, qui parcourait la région pour savoir s'il était seul à

---

1. Saint Jérôme, *Vita Pauli abbatis*, n. 4, patr. lat. tome XXIII, col. 20.

l'habiter ou, comme il le disait, s'il n'y avait pas près de lui quelque autre serviteur de Dieu. C'est sur ce maigre fonds que les divers auteurs coptes et latins ont bâti les légendes qui ont couru à travers tout le monde chrétien et qui ont fait l'admiration et la joie des temps passés, par la naïveté que n'avait pu complètement faire disparaître le clinquant du style hiéronymien.

Ce serait ici le moment d'examiner si Paul fut, en réalité, le premier solitaire chrétien. Rien, je crois, ne s'oppose à ce qu'on le considère comme ayant mené le premier cette vie érémitique dont il y eut ensuite tant d'imitateurs, d'autant mieux que, d'après le récit de saint Jérôme, il l'aurait fait par une sorte de lâcheté naturelle, qui lui fit fuir la persécution. Cependant, comme cette persécution de Dèce n'est pas mentionnée par le *Synaxare*, et qu'on ne trouve que deux ou trois martyrs en Égypte, sous le règne de cet empereur, et tous les trois à Alexandrie [1], je ne me sens pas trop porté à admettre le récit de saint Jérôme qui suppose, évidemment, que Paul se trouvait alors à Alexandrie, quoiqu'il fût un homme du Maris. Mais quant à croire que la vie ascétique sous la forme érémitique fut une innovation chrétienne en Égypte, et que Paul fut l'initiateur inconscient de cette vie, c'est chose tout à fait impossible. Il y avait en Égypte des ascètes avant les moines chrétiens, comme il y en a encore aujourd'hui. L'ascète, au pays d'Égypte, était autochtone ; il remonte à une antiquité qui se perd dans la nuit des temps.

On voit donc que le document copte que je publie n'a pas grande importance historique ; mais il est bon de mettre à la connaissance du public les documents de cette sorte, afin qu'il puisse voir lui-même et toucher du doigt jusqu'à quel point ils méritent la confiance dont on les a si longtemps entourés.

II

Le second document que j'offre à la science est intitulé : « *Les paroles des vieillards au sujet d'abba Antoine* [2]. » C'est un recueil de ce qu'on est convenu d'appeler du mot grec *apophthegmes*. Ce genre d'ouvrages eut un très grand succès aux IVe et Ve siècles ; on fit de semblables recueils sur tous les moines illustres de Scété, auxquels on mêla parfois d'autres noms appartenant presque tous à la Basse-Égypte.

---

1. Cf. E. Amélineau, *Les Martyrs de l'Église copte*, p. 14 et sqq.
2. Voir le texte ci-après.

Il n'existe plus en copte une vie de saint Antoine ; elle a dû être perdue, si elle n'est pas cachée dans quelque bibliothèque particulière ou appartenant à un couvent. On n'en saurait assez regretter la perte, car elle devait contenir, sur les commencements du monachisme chrétien, toute une série de renseignements très précieux pour le philosophe comme pour l'historien. La *Vie* grecque attribuée à saint Athanase ne saurait la remplacer complètement ; car, outre que cette *Vie* est écrite dans le style ordinaire à ces sortes d'œuvres, remplie de citations scripturaires développées ensuite et expliquées fort longuement, cette œuvre est pleine de lacunes importantes et ne nous renseigne pas sur une foule de points qu'on aimerait à savoir. Fort heureusement, ici encore le *Synaxare* nous a conservé l'abrégé de la *Vie* copte, et je dois citer la traduction de la notice consacrée à saint Antoine le 22 Toubah, qui correspond au 18 janvier [1]. « En ce jour, mourut le père saint, l'étoile qui donne la lumière à tous les moines, le grand Antoine, celui dont le semblable n'a pas existé. Ce saint était des gens de Timan au sud de Masr : ses parents étaient chrétiens, et ils l'élevèrent dans la crainte de Dieu. Lorsqu'il eut accompli vingt ans, ses parents moururent ; alors il distribua aux pauvres les biens qu'ils lui avaient laissés. Il avait une sœur, et il la donna aux vierges : et il aimait la dévotion et la solitude. Le nom de monachisme n'était pas connu ; mais quiconque voulait être seul, il sortait de son village et restait dans la dévotion : et c'est ainsi que fit le grand Antoine. Et Satan le combattait avec la paresse et avec l'ennui ; puis il mit auprès de lui le *double* d'une femme, comme si elle eût habité avec lui. Il toléra tout cela. Après cela, il s'en alla habiter dans un tombeau, y habita et se mit à faire de grandes adorations : il boucha la porte sur lui, et ses connaissances venaient le visiter et lui porter un peu de nourriture. Et lorsque les Satans virent cela, ils lui portèrent envie, ils vinrent à lui, le frappèrent de coups douloureux et le laissèrent jeté à terre. Et lorsque les gens de sa connaissance vinrent, qu'ils l'eurent trouvé en cet état, ils le portèrent à l'église, où le Seigneur lui donna la guérison. Lorsqu'il fut revenu à lui [2], il leur ordonna de le porter à son habitation. Et lorsque Satan fut vaincu, il donna des ordres à ses soldats, et ils allèrent à lui sous des formes nombreuses, comme des animaux sauvages, des loups, des lions, des serpents, des scorpions, et chacun d'eux l'attaqua pour lui faire peur ; mais lui, il se moquait d'eux et leur

---

1. L'Église catholique célèbre la fête de saint Antoine le 17 janvier. Les quatre mss. du *Synaxare* que je connais mettent cette fête au 18 janvier ; un seul, le ms. arabe du Vat., LXXII, la met au 17 janvier, et n'a rien pour le jour suivant.

2. Mot à mot : Lorsqu'il se fut éveillé à son âme.

disait: « Si vous aviez de la puissance sur moi, un seul me suffirait. » Alors ils s'en allèrent défaits de devant lui, comme de la fumée. Et il fut en repos des douleurs et des tentations, et Dieu lui accorda la victoire contre tous les Satans. Il boulangeait lui-même son pain deux fois par an et le faisait sécher au soleil. Personne ne pouvait entrer chez lui; mais l'on s'arrêtait au dehors, et l'on écoutait sa parole.

« Il resta vingt ans à faire des dévotions. Alors le Seigneur ! qu'il soit glorifié — lui ordonna d'apprendre au genre humain à craindre Dieu et à l'adorer : Antoine alla vers le Fayoum, et là il affermit les frères, puis il revint à son monastère. Au temps des martyrs, il désira aussi d'être martyr ; il quitta son monastère, se rendit à Alexandrie, confessa le nom du Messie, et personne ne l'arrêta. Il consola ceux qui étaient emprisonnés; et, lorsque l'émir vit le peu de crainte qu'il avait, ordre fut donné qu'aucun moine ne se montrât. Mais Antoine se montrait publiquement à l'émir, lui adressait la parole, espérant que peut-être il se mettrait en colère contre lui, le tourmenterait et le ferait martyr ; mais l'émir ne lui répondait point, car le Seigneur l'avait épargné pour sauver beaucoup de gens. Et il alla vers son monastère, vêtu d'un cilice : il ne s'était jamais lavé avec de l'eau. On allait vers lui, et on écoutait ses instructions; et, à cause de la multitude des gens, il était fatigué, et le Seigneur lui ordonna de sortir vers le désert intérieur. Et il alla avec des Arabes dans l'intérieur du désert, le trajet de trois jours : il trouva de l'eau, quelques roseaux et des palmiers; il aima cet endroit, y habita, et les Arabes lui apportaient du pain. Dans le désert, il y avait des animaux sauvages, malfaisants ; il les chassa par ses prières, et ils ne revinrent plus. Et il sortait vers son monastère extérieur pour visiter les frères qui s'y trouvaient, puis revenait à son monastère intérieur. Et sa renommée parvint au roi de ce temps-là, qui était le prince Constantin, et le roi lui écrivit une lettre où il le louait et lui demandait ses prières. Les frères se réjouirent de la lettre du roi ; quant à lui, il n'y fit pas attention, disant: « Nous avons le Roi des Rois qui nous fait des recommandations, et nous n'y faisons pas attention ! » Et par force, il écrivit une réponse, lorsque les frères se furent élevés contre lui et lui eurent dit : « C'est un roi pieux qui aime les églises. » Et il lui écrivit, le bénit. Et l'ennui vint sur lui et ne s'en allait point. Il entendit une voix qui lui disait: « Sors dans le désert, pour voir. » Et il sortit: il trouva un ange qui avait sur lui un cylindre ceint d'une ceinture de croix, comme l'habit des moines, et portant sur sa tête une calotte ayant la forme d'un œuf; il était assis, tressant des feuilles de palmier, et se levait pour faire la prière. Une voix vint (du ciel), lui disant : « Antoine, fais ainsi, et tu seras en repos. » Et il prit ce costume, il se mit à faire des tressages, et l'ange ne revint plus vers lui. Il prophétisa la destruction de l'Église, le règne des hérésiarques, que l'Église reviendrait à son état primitif ; il prophétisa sur les moines qu'ils seraient nombreux, habiteraient dans des villages après avoir quitté le désert ; il prophétisa la fin du monde. C'est lui qui donna l'habit du monachisme au père Macaire et lui apprit ce qui lui arriverait. Il alla trouver abba Paul le grand, et c'est lui qui prit soin de son corps, l'ensevelit dans le manteau d'Athanase le patriarche. Et lorsque le saint parfait, Antoine, apprit le moment de sa mort, il commanda à ses disciples de cacher son corps, de donner son bâton à Macaire, de donner la peau de mouton à Athanase et la calotte à Sarapion ; puis il s'étendit à terre et rendit l'âme. Des bataillons d'anges et de saints sortirent à sa rencontre et le firent entrer dans le lieu du repos. Quant à son corps, ses enfants l'enterrèrent comme il l'avait ordonné ; car il blâmait ceux qui découvraient le corps des saints et des martyrs. Il vécut jusqu'à la bonne vieillesse sans que sa force diminuât, et pas une de ses dents ne tomba. Et il alla vers le Seigneur qu'il avait aimé. Que le Seigneur ait pitié de nous par ses prières. Amen[1]. »

Tel est ce résumé, qui n'est que l'abrégé de l'œuvre grecque attribuée à saint Athanase, à l'exception de deux ou trois traits empruntés à d'autres œuvres, comme la mention du bâton légué à Macaire, et qui est empruntée à la vie de saint Macaire, et ce qui regarde saint Paul, dont il n'est pas difficile de connaître l'original. J'avais espéré un moment que je pourrais retrouver une *Vie* d'Antoine, sinon dans le texte copte, du moins dans la traduction arabe. Il m'a fallu renoncer à cette espérance et voir que la *Vie* arabe de saint Antoine n'est qu'une traduction plus ou moins fidèle de la *Vie* attribuée à saint Athanase. Je n'ai pas ici à faire la critique de cette *Vie*, à rechercher si l'auteur est bien saint Athanase, ou si on la lui a attribuée sans raisons suffisantes, à quelle cause on doit attribuer les lacunes importantes que l'on y remarque, etc. Je ne m'en servirai que pour résoudre les problèmes qui se posent et qu'il me faut examiner.

Le premier est celui de l'époque à laquelle vécut saint Antoine, de sa naissance et de sa mort. On a vu dans la notice du *Synaxare* que, ni l'époque de sa naissance, ni celle de sa mort, ne sont indiquées ; l'auteur de cette notice se contente de dire qu'il parvint à la *bonne vieillesse* sans perdre ses forces. On

---

1. *Synaxare*, 22 Toubah.

voit, en outre, qu'il vécut sous Constantin et mourut avant saint Athanase, auquel il légua sa peau de chèvre. Nous savons par ailleurs qu'il survécut à saint Pakhôme, qui mourut en l'an 348, comme je l'ai prouvé ailleurs [1]. Nulle part on ne trouve une seule date, et les dates qui sont mises en tête des paragraphes de la *Vie de saint Antoine* par saint Athanase ne résultent que d'un calcul approximatif fait d'après les données que saint Jérôme a insérées dans sa *Chronique*. A l'année 254, il dit : « En cette année, Antoine le grand naquit ; et en l'année 359 : mort du grand Antoine [2]. » D'où l'on a conclu que saint Antoine avait vécu 105 ans, ce qui s'accorde assez bien avec la bonne vieillesse dont parlent saint Athanase et l'auteur du *Synaxare*. Je n'ai nulle objection à faire à ces textes ; mais aussi rien ne me prouve qu'ils soient exacts, et aucun document ne nous renseigne sur la source dont saint Jérôme a tiré ces dates. Il n'a pu certainement les connaître que par ouï-dire, et, s'il en est ainsi, je ne puis ajouter une foi absolue à ce témoignage, sachant par expérience que les Égyptiens, même actuellement parvenus à un certain degré d'instruction et d'éducation, ne savent presque jamais exactement l'âge qu'ils ont. Il est vrai toutefois que, dans les inscriptions hiéroglyphiques, l'âge est quelquefois donné en années, en mois et en jours ; mais ce n'est là qu'une exception, et l'on n'en peut tirer aucune conséquence par trop particulariste. Il reste acquis que le grand Antoine, pour parler comme les Coptes, vécut à la fin du règne de Dioclétien, sous Constantin et les premiers Césars qui lui succédèrent, et qu'il mourut avant saint Athanase, c'est-à-dire avant 373, date probable de la mort du célèbre archevêque d'Alexandrie [3].

On peut aussi se faire une idée, par la *Vie* grecque et par l'abrégé du *Synaxare*, de la part de vérité et de la part d'exagération qu'il y a dans le surnom donné à saint Antoine de *Père de tous les moines*. Ce surnom n'est pas mérité, si l'on croit que saint Antoine fut le premier moine qu'il y eut en Égypte ; les textes nous disent, au contraire, qu'avant lui ceux qui voulaient mener la vie ascétique se retiraient en dehors de leurs villages et vaquaient à la prière et à la mortification, comme j'ai déjà eu occasion de le dire ; les moines existaient en Égypte longtemps avant le Christianisme, et, s'il faut en croire la *Vie* grecque d'Antoine, les rues d'Alexandrie étaient pleines de ces

---

1. E. Amélineau, *Monuments pour servir à l'hist. de l'Égl. chrét. au IVe siècle*, tome II, p. LXXII et sqq. (Musée Guimet, tome XVII.)

2. *Hieronymi interpretatio Chronicæ Eusebii Pamphili*. Patr. lat., tome XXVII, col. 647 et 687.

3. Rohrbacher, *Histoire de l'Église*, tome III, p. 246. Lyon, Briday, 1872.

personnages recherchant le martyre[1]. De même, les *Actes* des martyrs de l'Égypte nous parlent sans cesse des moines qui ont été martyrs[2].

Il n'est donc pas probable qu'Antoine ait été le premier de ces moines que je suis loin de regarder comme chrétiens, mais qui jouaient leur rôle dans le soulèvement général de l'Égypte contre Dioclétien et son gouvernement. Mais saint Antoine est bien le premier moine chrétien qui ait fourni à ses imitateurs une arme que ceux-ci ne devaient guère changer par la suite. Non que je croie à l'existence d'une règle authentique, due à l'initiative et à l'esprit d'analyse d'Antoine; car il ne faut pas oublier que, bien qu'issu d'une famille assez riche, Antoine avait refusé de se faire instruire[3] ; que, par conséquent, ses connaissances ne devaient être que fort limitées ; car ce n'est pas d'ordinaire dans un tombeau, ni au désert, que l'on acquiert de grandes connaissances. Aussi je regarde les règles publiées sous son nom comme complètement apocryphes, ce qui ne veut pas dire, du reste, qu'elles soient sans valeur à un point de vue particulier, et qu'elles n'aient jamais été en vigueur; mais nulle part, dans les documents, il n'en est question. Mais il est bien le premier qui ait donné aux moines des habits particuliers, uniformes, qui les distinguèrent du reste des hommes. Tous les auteurs sont unanimes sur ce point, et il n'y a aucune raison pour ne pas ajouter foi à leur témoignage. Cependant, aucun auteur égyptien n'a cru devoir nous énumérer les diverses pièces du costume monacal, ce qui se comprend assez d'ailleurs, puisque chacun les connaissait. Il faut descendre jusqu'à Cassien pour en trouver une énumération incomplète, mais éminemment intéressante, parce qu'à côté de l'énumération se trouve la description détaillée de ces vêtements.

Voici ce qu'on lit à ce sujet dans Cassien au premier livre de ses *Institutions*: *Sunt præterea quædam in ipso Ægyptiorum habitu nontantum ad curam corporis quantum ad morum formulam congruentia. Cucullis namque perparvis, indesinenter utuntur diebus ac noctibus, scilicet ut innocentiam et simplicitatem parvulorum jugiter custodire etiam imitatione ipsius velaminis commoneantur*[4].

Colobiis quoque lineis induuntur, quæ vix ad cubitos usque pertingunt,

---

1. *Vie de saint Antoine*, n° 46. *Patr. græc.*, tome XXVI, col. 910.
2. *Les Actes de martyrs de l'Église copte*, par E. Amélineau, p. 68, 78 et passim.
3. *Vie de saint Antoine*, n° 1. *Patr. græc.*, tome XXVI, col. 841.
4. Cassiani, Inst. lib.; I n° 4. Cf. *Patrol. lat.*, tome LXXIII, col. 825. Les mêmes textes se trouvent aussi dans les œuvres de Cassien ; mais je cite les ouvrages que j'ai sous la main

nudas de reliquo circumferunt manus, ut amputatos eos habere actus et opera mundi hujus suggerat obscissio manicarum[1].

Post hæc angusto palliolo tam amictus humilitate quam vilitate pretii, colla pariter atque humeros tegunt quod mafortes tam nostro quam ipsorum nuncupatur eloquio[2].

Ultimum est habitus eorum pellis caprina, quæ melotes appellatur. Qui tamen habitus pellis caprinæ significat mortificata membra omni petulantia carnalium passionum, debere eos in summa virtutum gravitate consistere[3].

Calceamenta quoque velut interdicta Evangelico præcepto recusantes, cum infirmitas corporis vel matutinus rigor hiemis sævit, seu meridiani æstus fervor exegerit, tantummodo muniunt pedes. Quibus tamen caligis quanquam licito utantur, utpote Domini mandato concessis, nequaquam tamen pedibus eas inhærere permittunt, cum accedunt ad celebranda seu ad percipienda sacrosancta mysteria, illud etiam existimantes secundum litteram custodiri debere, quod dicitur ad Moysen et ad Jesum filium Nave: Solve corrigiam calceamenti tui, locus enim in quo stas terra sancta est[4].

Il faut ajouter à ces passages un autre texte qui se rencontre dans les *Verba seniorum* : *Dicebat senex : Quia cucullum, quo utimur signum est innocentiæ ; superhumerale quo humeros et cervicem alligamus, signum est crucis ; zona vero quâ cingimus, signum est fortitudinis : conversemur ergo juxta id quod habitus noster significat, quia omnia cum desiderio facientes, nunquam deficiemus*[5].

Un texte copte qui se trouve dans les *Apophthegmes* de saint Antoine nous explique une partie de ces textes, en même temps qu'il nous sera une preuve que ce saint fût bien l'inventeur du costume des moines : « Abba Antoine dit, comme les frères étaient assis autour de lui : Certes l'habit des moines est digne d'être détesté par les démons ; car, une fois, je voulus les éprouver à ce sujet : je pris la tunique sans manches, le superhuméral, la cuculle, et je les jetai sur un mannequin ; je l'habillai, je le mis debout, et je vis les démons se tenant au loin et lui lançant des flèches[6]. » Je rappellerai ici ce qu'on lit au

---

1. Cassiani, Inst. lib.; i, n° 5.
2. *Ibid.*, n° 7.
3. *Ibid.*, n° 8.
4. *Ibid.*, n° 10.
5. *Patr. lat.*, tome. LXIII, col. 933. *Verba Seniorum*, lib. v. cap., x, n° 115.
6. Voir le texte plus loin, dans le second ouvrage copte ici publié.

sujet des vêtements des moines, dans l'abrégé du *Synaxare* qu'on trouvera plus haut. J'ajouterai seulement que la cuculle primitive n'était autre que le bonnet en poils de chameau dont on se sert encore aujourd'hui en Égypte, et qui a bien la forme d'un œuf coupé par le milieu, que lui attribue l'abrégé du *Synaxare*.

Quelle était maintenant l'origine de ces vêtements? Furent-ils créés de toutes pièces, ou furent-ils empruntés? S'ils furent empruntés, sont-ils d'origine étrangère, ou sont-ils d'origine égyptienne? Il me semble difficile de croire que, si les vêtements des moines égyptiens eussent été d'importation étrangère, il eût été aussi difficile qu'il le fut de leur trouver un nom pour les désigner, et c'est cependant ce qui est arrivé : les auteurs grecs et latins se servirent d'un mot de basse grécité employé en Égypte pour désigner la robe sans manches et de circonlocutions pour les autres pièces du vêtement, excepté pour la cuculle, qui semble un mot d'origine latine et qui se nommait autrement en copte. On comprend très bien qu'il en ait été ainsi, car la sorte de bonnet qu'on nomme de la sorte ne devait pas être particulière aux Égyptiens, mais être commune à tous les pays où le soleil envoyait une chaleur qui aurait été fatale, si l'on n'eût pris les précautions nécessaires. Il semble donc, d'après ce premier raisonnement, que les vêtements adoptés par Antoine pour l'habit monacal sont d'origine égyptienne. Maintenant, si l'on veut se donner la peine d'examiner les représentations égyptiennes, on verra que tous ces vêtements ont été portés par des Égyptiens, et particulièrement par des prêtres. La robe sans manches était le vêtement ordinaire des prêtres dans certaines cérémonies : les peintures des tombeaux le prouvent surabondamment. On observe, en outre, que par-dessus ce premier vêtement il y en a un second, que l'on distingue par des traits qui traversent la poitrine et qui passent par-dessus les bras : c'est ce vêtement, prolongé en forme de croix, dont on a fait le scapulaire des ordres religieux. Ce second vêtement s'adapta à la cuculle et donna le capuchon ou la capeline, encore en usage parmi nous aujourd'hui. Comme je l'ai dit, la cuculle était d'un usage commun parmi les chameliers et pour les enfants; elle était peut-être aussi en usage pour des coiffures plus relevées, et peut-être faut-il la reconnaître dans certaine coiffure que le roi porte et qui enserre complètement la tête.

Le petit manteau qui recouvrait le scapulaire et le kolobium n'était pas d'un usage aussi courant pour les moines; c'était une sorte de petit mantelet qui tombait jusque sur les mains, et dont on voit des exemples assez rares sur les monuments égyptiens; mais il en existe quelques cas bien remarquables notamment à Tell el Amarna, à l'époque de la révolution religieuse qui fut tentée par Aménophis IV, et dans certains tombeaux de l'époque, immédiatement postérieure, jusqu'au règne de Horemheb inclusivement. Quant au nom de *Mafortes* que lui donne Cassien, je ne le connais point en copte, où cependant il devrait se trouver; peut-être appartenait-il à la langue vulgaire dont tant de mots se sont perdus, parce que cette langue n'est plus en usage et qu'ils n'avaient pas forcé l'entrée de la langue littéraire. Quant à la peau de chèvre que les moines mettaient par-dessus le pallium, j'en trouve le prototype dans la peau de panthère dont se revêtaient certains prêtres égyptiens, entre autres celui qui commandait les cérémonies des funérailles, son rouleau de papyrus à la main, et que l'on nommait le Kherheb. La peau de panthère devait avoir certaines vertus magiques, vieux restes du culte fétichiste qui fut celui de l'Égypte aux temps préhistoriques et dans les premiers temps historiques, qui resta celui des fellahs, et dont on peut encore admirer la persistance dans la vallée du Nil; si elle fut remplacée par la peau de chèvre, j'imagine que ce ne fut pas pour un motif religieux, mais bien plutôt par un motif d'économie. La panthère n'était pas un animal commun : il fallait la tuer dans une chasse qui ne manquait pas de périls, et la peau devait atteindre un prix relativement élevé; au contraire les chèvres étaient des animaux fréquents en Égypte, on s'en nourrissait assez souvent et la peau devait n'être que d'un prix très modeste, ce qui permettait à la multitude des moines de s'en revêtir. Peut-être y avait-il, d'ailleurs, certaines idées de purification attachées à la peau de chèvre, ce que je ne sais pas; mais il me suffit de savoir que la peau de panthère était réservée aux prêtres, qui devaient la porter en des cérémonies précises, pour y reconnaître le type premier de la peau de chèvre adoptée par les moines. Ceux de mes lecteurs qui se seront donné la peine de parcourir la *Vie de Pakhôme*, auront vu que les cénobites avaient aussi adopté la peau de chèvre, la cuculle, et sans doute aussi les autres pièces du costume monacal; il semble bien difficile, dès lors, que saint Antoine soit le seul adaptateur du costume des prêtres égyptiens à l'uniforme monastique. Cette réforme dut trancher sur les habitudes des moines qui vivaient avant Antoine à côté de leur village, et qui ne portaient pas ce qu'on devait nommer plus tard la *livrée du Christ*; mais il serait intéressant de savoir si ce costume, en tout ou en partie, n'était pas celui des reclus de certains temples, notamment de celui des reclus du Sérapeum de Memphis; malheureusement, jusqu'ici, on ne possède aucun détail sur le costume de ces pieux et fanatiques ascètes.

Comme on l'a vu d'après les passages de Cassien, les moines marchaient nu-pieds et avaient les jambes nues sous leur robe sans manches. Cependant, la rigueur du climat dans le désert et les changements subits et considérables de la température devaient nécessiter l'emploi de chaussures; de même quand le soleil avait par trop échauffé le sol : ils avaient donc des sandales. De même ils avaient permission d'avoir des caleçons; mais ils ne devaient pas porter les sandales aux pieds et ils ne pouvaient pas laisser pendre leurs caleçons jusqu'à terre, lorsqu'ils célébraient les *saints mystères*, ou lorsqu'ils allaient les recevoir. Sur les monuments égyptiens, on ne voit jamais les prêtres revêtus de caleçons, et ils portent bien rarement des sandales. C'est encore là une confirmation de l'origine égyptienne des habits des moines; car, lorsque dans le même pays on retrouve les mêmes vêtements sous deux religions différentes, il est de bonne critique d'affirmer que les habits employés dans la religion postérieure sont ceux qui étaient en usage dans la religion première, qu'il n'y a pas eu changement et que, par conséquent, la religion nouvelle a su faire emploi de ce qui existait avant elle, ce qui, d'ailleurs, est très sage. C'est une preuve, ajoutée à celles que j'ai déjà données ailleurs, que le Christianisme en Égypte se convertit aux idées égyptiennes, au lieu de faire disparaître les idées égyptiennes pour faire place aux idées qu'il apportait dans le monde. Ces idées, d'ailleurs, n'étaient ni fort nouvelles, ni nombreuses, ni extraordinaires : elles avaient été émises auparavant par des hommes qui sont restés célèbres dans les annales de l'humanité ou qui sont demeurés inconnus; mais le propre et la haute valeur du Christianisme et de son fondateur fut d'enseigner publiquement et de répandre des idées qui, jusque-là, étaient demeurées particulières : pour qu'il y ait progrès dans l'humanité, il ne suffit pas que certains hommes arrivent par la force de leur esprit à certaines conclusions qui se traduisent par une grande hauteur morale ou l'une de ces découvertes qui font le bonheur d'une civilisation; il faut que ces idées deviennent le bien commun de la grande masse humaine.

Je reviens, maintenant que ces questions ont été élucidées, aux Apophthegmes de saint Antoine. Les *discours des vieillards* sur le grand Antoine ne sont pas nouveaux pour un nombre assez grand. On en trouve, en effet, une partie disséminée à travers les *Verba seniorum;* mais une bonne moitié, pour le moins, n'est pas donnée dans ces écrits où la morale monastique a trouvé tant de faits pour étayer ses idées. Je ne veux pas signaler ici tous les mots qui se rencontrent déjà dans les *Verba seniorum :* on en trouvera, en note, une liste presque complète¹. Je ferai seulement observer que l'ordre des matières n'est pas le même, et que souvent le texte des maximes est assez différent, incomplet parfois, dans les *Verba seniorum*, qu'il ne se comprend qu'à grand'peine dans plusieurs passages, tandis qu'il est fort facile de le comprendre dans le texte copte et qu'il répond à quelque chose de parfaitement égyptien. Je crois qu'on avait pris soin, dans cet ouvrage, qui est incomplet, de réunir en assez grand nombre tous les mots, rapportés avec plus ou moins de soin, que l'on attribuait à Antoine. L'authenticité de cette sorte de recueil ne saurait ainsi être garantie : il est évident qu'un nombre assez grand de mots auront été recueillis par les disciples d'Antoine; mais il se peut aussi qu'un assez grand nombre d'autres aient été inventés par l'auteur ou par les auteurs du livre, avec cette confiance inhérente aux auteurs coptes qu'ils pouvaient tout se permettre dans ce genre, et que plus ils grossiraient le bagage attribué au saint, plus ils auraient de mérite en même temps que de chance de faire valoir leur esprit. Mais je n'ose rien affirmer positivement, car je n'ai aucune pierre de touche pour la critique à faire.

Il m'est aussi tout à fait impossible de dire quel est l'auteur de ce recueil en l'état actuel, peut-être l'auteur se nommait-il à la fin ; mais la chose est peu probable, car c'est d'ordinaire au commencement que les auteurs étaient mentionnés. Il pouvait toutefois se faire que, dans la partie du recueil qui nous manque, l'auteur se mit lui-même en scène en rapportant une parole qui lui aurait été adressée, car la chose arrive assez fréquemment dans les œuvres coptes. Je ne doute pas, d'ailleurs, qu'il n'y ait eu plusieurs recueils du même genre colportés dans les divers monastères sous le nom de saint Antoine ; mais celui que je publie est le seul qui nous soit parvenu : nous trouverons des exemples de cette multiplicité de recueils où l'on cite les *mots* de tel ou tel saint, et je m'en expliquerai alors. L'intérêt de ce recueil, pour être diminué de la sorte, ne laisse pas que d'être encore assez grand, car plusieurs faits de la vie de saint Antoine y sont rapportés que l'on ne retrouve pas ailleurs. Ils peuvent donc servir à éclairer l'historien qui voudra écrire l'histoire de cet homme si célèbre et si peu connu, qui doit sa célébrité à des impossibilités, et qui n'est pas connu dans les actions de sa vie les plus historiquement certaines.

---

1. Je cite ici les *mots* tels qu'ils se rencontrent dans les *Verba seniorum* qui ont été publiés dans le tome LXXIII de la *Patrologie latine*. Ce sont : *Vitæ patrum*, lib. v, cap. I, n° 1 ; cap. II, n° 1 et 2 ; cap. v, n° 1 ; cap. vI, n° 1 ; cap. vII, n° 1 ; cap. vIII, n° 1 ; cap. IX n° 1 ; cap. x, n° 2 ; cap. xv, n° 3 ; cap. xvII, n° 4. Il y en a peut-être quelques autres qui m'auront échappé.

III

Le troisième document de ce volume est la *Vie de saint Macaire*, l'Égyptien, aussi appelé Macaire le Grand. L'œuvre copte est intitulée : « La vie du grand luminaire et pneumatophore, accompli en toute vertu, abba Macaire, père et chef des moines de la montagne sainte de Schiit, laquelle a racontée abba Sarapiôn, le très saint évêque de la ville aimant le Christ, Themoui, le disciple d'abba Antoine, le pneumatophore : dans la paix de Dieu, amen [1]. » Ce titre, il est facile de le voir, est dû à un copiste quelconque ; mais il est conforme à la réalité, car on trouve dans la suite de l'œuvre la preuve péremptoire que la *Vie* de Macaire est l'œuvre de Sarapiôn, ou Scrapiôn. Pendant le récit de la première visite que Macaire fit à Antoine, on lit en effet : « Lorsqu'il était là, il couchait chaque jour près de moi, le minime Sarapamôn, et, après la prière de la nuit, nous glorifiions ceux qui avaient vaincu dans les combats, et nous nous racontions notre vie l'un à l'autre [2]. » Peu importe que dans ce passage le nom de Sarapiôn soit devenu Sarapamôn ; l'important est que ce Sarapiôn ou ce Sarapamôn ait été disciple d'Antoine et ait appris de la bouche de Macaire ce qui lui était arrivé jusque-là. En outre, quand on lit cette *Vie* tout entière, on ne peut manquer d'être frappé de ce fait que la fin ne correspond point, pour la longueur du récit, au commencement de l'œuvre de Sarapamôn : signe évident que l'auteur était plus instruit des premiers que des derniers événements de la vie de Macaire. Aussi je regarde l'attribution de cette vie à l'auteur nommé comme parfaitement certaine, et nous sommes en présence d'une œuvre réellement authentique.

L'authenticité de l'œuvre n'entraîne pas nécessairement avec elle la véracité de l'auteur telle que nous l'entendons d'ordinaire. Le surnaturel ne manque pas dans la *Vie* de Macaire, comme dans les vies similaires des autres ascètes égyptiens : les événements les plus ordinaires ne peuvent être présentés sous leur aspect naturel ; il faut qu'ils aient été revêtus d'une couche, très forte quelquefois, de surnaturel frelaté. Comme je me suis expliqué suffisamment, je crois, sur ce sujet dans le premier volume de cette publication [3], je n'y reviendrai pas ici. Je me contenterai de faire observer cependant que le surna-

---

1. Voir le texte plus loin.
2. Voir le texte plus loin.
3. E. AMÉLINEAU, *Monuments pour servir à l'Histoire de l'Égypte chrétienne aux IVe et Ve siècles*, tome I, p. LXI et seqq., dans les *Mémoires* de la Mission du Caire.

turel paraît avoir été moins souvent employé ici comme moyen d'orner le récit, que dans les œuvres que j'ai publiées précédemment, sans doute parce que l'imagination des moines de la Basse-Égypte n'était pas à la hauteur de celle des moines de la Haute-Égypte, et ensuite parce que nous avons affaire à un personnage bien plus calme d'esprit, sachant moins bien jouer du surnaturel, — qu'on me passe l'expression, — que Schenoudi, et fuyant les visions extraordinaires qui faisaient les délices de l'imagination rêveuse de Pakhôme. On ne peut s'empêcher de reconnaître que Macaire était très doux de caractère, qu'il s'y prenait avec ses disciples d'une tout autre manière que Schenoudi et même que Pakhôme, qu'il ne les battait point, qu'il ne les chassait point, qu'il ne les mettait point en prison, mais qu'il se contentait de leur adresser des admonestations pleines de douceur et de charité. Un jour qu'il rencontra un prêtre païen, le disciple qui le suivait injuria le prêtre, et le prêtre bâtonna le moine d'importance; Macaire, au contraire lui parla doucement et le convertit. Aussi, en songeant aux moines célèbres du moyen âge, je ne vois que saint François d'Assise à qui on puisse le comparer. Sans doute, il n'avait pas la divine naïveté de saint François, quoiqu'on ne puisse guère juger si les paroles qu'on lui attribue ne sont point naïves ; mais il avait des réparties qui rappellent quelquefois certaines paroles des *Fioretti*. Ainsi, quand il fut en butte au mauvais traitement qui lui fut infligé injustement et qu'il eût trouvé quelqu'un pour le cautionner: lorsqu'il fut rentré dans sa cellule, il se dit : « Eh bien! Macaire, voici que tu t'es trouvé une femme ; désormais il faut que tu travailles jour et nuit, afin que tu te nourrisses avec elle et son enfant ! » Le mot est curieux dans la bouche de quelqu'un qui avait mis autant de soin à ne pas approcher de la femme avec laquelle on l'avait marié contre sa volonté, que d'autres en mettent à ne pas différer le plaisir qui leur est licite. François d'Assise parlait aux hirondelles, apprivoisait les loups : Macaire guérissait les hyènes, et généralement se montrait très doux pour toutes les créatures de Dieu : on s'en convaincra en lisant sa vie. Je ne pousserai pas plus loin ce parallèle ; ce que j'ai dit suffit pour montrer que nous n'avons affaire ni à un homme terrible comme Schenoudi, ni à un mystique rêveur comme Pakhôme.

Ce point une fois traité, je dois me tourner vers des considérations extérieures. Ceux qui ont traité de la vie de Macaire l'Égyptien, ou du grand Macaire, se sont trouvés devant une pénurie de documents vraiment embarrassante. Les auteurs des *Acta Sanctorum* n'ont connu, se rapportant à lui, qu'une minime suite d'Apophthegmes qui le concernaient ; ils avaient décoré ce léger recueil du nom de *Vie* de Macaire et l'avaient trouvé dans un manuscrit grec[1], l'avaient traduit et édité, puis ils avaient fait suivre de ce que l'auteur de l'*Histoire lausiaque* nous apprend à son sujet. C'était maigre, et les autres auteurs qui se sont occupés du même sujet ont été réduits à la même pénurie. Il est incroyable, cependant, que cette *Vie*, comme les Apophthegmes qui avaient rapport à Macaire, n'ait pas été traduite en grec, et il est à espérer qu'un jour ou l'autre on trouvera cette *Vie* dans quelque bibliothèque encore inexplorée. Quoi qu'il en soit, la *Vie* de Macaire par Sarapamôn a été inconnue à tous les auteurs; c'est donc une source toute nouvelle pour l'histoire des commencements des monastères de la montagne que nous appelons Scété et qui s'appelait en réalité Schiit.

Dans l'article très court que les Bollandistes ont consacré à saint Macaire l'Égyptien, ces estimables savants, n'ayant dit que fort peu de chose, n'ont pas fait d'erreurs bien grosses; mais depuis, ils ont été attaqués par un auteur anonyme qui a divisé l'étude des questions historiques et critiques qui précède les œuvres (?) des deux Macaires[2]. Cet auteur s'est donné la tâche de concilier ensemble les divers témoignages des auteurs latins ou grecs qui ont parlé de Macaire, tâche impossible, car ces auteurs se contredisent à chaque instant et leur témoignage a autant de valeur l'un que l'autre. L'auteur en question ne pouvait donc réussir à concilier ensemble des éléments inconciliables; aussi a-t-il échoué dans sa tâche, parce qu'il ignorait les principes de la saine critique. Je n'aurais rien dit de son œuvre s'il n'avait, dans son dernier chapitre, prétendu prouver que « le Macaire qui fut le *serviteur* de saint Antoine, et d'autres du même nom, furent différents des deux saints Macaire, l'Égyptien et l'Alexandrin[3] ». Ainsi énoncée, la chose est vraie; mais, dans les développements qu'entraîne l'examen de la question, l'auteur a été plus affirmatif. Ce chapitre commence, en effet, ainsi : « Il faut distinguer avec soin, nous l'avons souvent dit, Macaire le disciple de saint Antoine, qu'il servit pendant quinze ans et dont il ensevelit le corps, des deux Macaire, l'Égyptien et l'Alexandrin. En effet, Macaire, le disciple de saint Antoine, vécut dans le couvent de Pispir, près de la mer Rouge, pendant que nos Macaire vivaient dans les déserts de Libye. Mais il peut rester un scrupule : Que dire, si l'un ou l'autre de nos Macaire avait d'abord été disciple de saint Antoine pendant

---

1. *Acta Sanctorum*, tome I, col. 1005 et seqq.

2. *Patr. græc.*, tome XXXIV, col. 1 : *De Sanctorum Macariorum Ægyptii et Alexandrini vitis quæstiones criticæ et historicæ*.

3. *Ibid.*, col. 7, intitulé du ch. IX.

quinze ans, et qu'ensuite, après la mort d'Antoine, il se soit rendu aux déserts de Libye ? Ce doute est complètement enlevé par la Vie de Posthumius, qui nous apprend que le Macaire qui fut serviteur de saint Antoine mourut dans le couvent de Pispir ; nous savons que Macaire l'Égyptien, comme Palladius le certifie, mourut à Scété, et que Macaire l'Alexandrin, selon toute vraisemblance, d'après le même auteur, mourut dans les cellules [1]. Puis il cite le passage de la Vie de Posthumius d'après lequel ce saint personnage est choisi par Macaire pour gouverner à sa place plus de cinquante mille moines [2]. Et l'auteur conclut ainsi : « Quoi que vous pensiez de cette vie, quoiqu'elle semble assez ancienne, il ressort cependant que Macaire, appelé par l'auteur de cette vie disciple et *serviteur* d'Antoine, qui ensevelit son corps et fut préposé au gouvernement des moines après la mort de saint Antoine, était différent de nos deux Macaire [3]. »

Ce qui a trompé l'auteur, c'est la similitude des noms. Que Macaire l'Égyptien n'ait pas été économe du monastère de Pispir (car c'est ainsi que l'on doit traduire le mot *ministrum*, que j'ai rendu par *serviteur*), ainsi qu'a semblé le comprendre l'auteur anonyme, cela est hors de doute ; mais que saint Macaire n'ait pas été disciple d'Antoine, c'est ce qui est une erreur complète et grossière, et c'est une erreur en quelque sorte volontaire, car les témoignages la réfutant sont accablants. Tout d'abord, il faut une certaine dose de hardiesse pour préférer un texte unique qui ne parle pas de la situation de Pispir à une foule d'autres textes où l'on voit clairement que ce monastère était situé près des bords du Nil, sans doute près du village actuellement appelé Meïmoun, où est encore situé le monastère qui sert à ravitailler les moines qui se trouvent sur les bords de la mer Rouge, à une distance de trois jours de marche. Ensuite il récuse bien à tort, à mon avis, ce que dit Makrizy de la parenté spirituelle qui existait entre saint Antoine et saint Macaire, en ces termes : « Nous arrivons à Makrizy, historien qui, au quinzième siècle, écrivit l'histoire des Coptes et qui était d'origine arabe. Quoique ce soit un auteur qui écrit admirablement, cependant, par ignorance, il a mélangé beaucoup de choses fausses à la vérité. Comme son livre se trouve assez rarement, il nous a semblé bon de citer le passage tout entier. » Et il cite, en effet, le passage qui est celui-ci : « Pour ce qui regarde Ouady-Habib, appelé aussi Ouady el Natroum, plateau de Schibât, plateau d'Asqît, ou Mizân el Qoloub (balance des cœurs), on y

---

1. *Patr. græc.*, tome XXXIV, col. 172-173.
2. *Ibid.*, col. 173.
3. *Ibid.*, col. 174.

avait construit autrefois cent monastères dont sept seulement sont restés debout, situés à l'occident, à côté du plateau qui existe entre la province de Béhérah et le Fayoum, où il n'y a que des champs de sable sur un sol plein de sel, des champs manquant d'eau près de rochers à pic. Ceux qui habitaient ce désert puisaient l'eau pour boire à des puits : les chrétiens leur offraient des présents et des aumônes. Ces monastères sont maintenant complètement détruits. Les historiens chrétiens ont raconté que soixante-dix mille moines, portant tous un bâton, allèrent à la rencontre de 'Amr-Ibn-el-'As qui, après leur soumission, leur donna un rescrit qui se trouve encore chez eux. C'est à ces monastères qu'appartenait le monastère d'Abou Macâr, l'ancien, célèbre parmi les autres, en face duquel se trouvent beaucoup de monastères détruits. Ce fut autrefois un couvent de moines, et le patriarche, quand même il aurait été intronisé sur le siège d'Alexandrie, n'était pas reconnu par eux avant qu'ils ne lui eussent permis de s'asseoir sur le trône de leur monastère. On dit que quinze cents moines y habitaient autrefois ; il est habité aujourd'hui par un très petit nombre. On distingue trois Macaire : l'ancien, celui auquel appartient ce couvent ; Abou Macaire l'Alexandrin, et abou Macaire l'évêque. Leurs ossements, placés dans trois boîtes en bois, sont fréquemment visités par les chrétiens du monastère ; c'est là aussi que le rescrit de 'Amr-Ibn-el-'As sur la collecte de la dîme dans la région occidentale est conservé, selon que me l'a raconté quelqu'un qui le tenait d'un autre auquel il avait été loisible de le voir. Abou Macaire l'ancien apprit la vie monacale d'Antoine qui, le premier d'entre eux, portait la cuculle et l'*eskim*, c'est-à-dire la ceinture de cuir à laquelle était attaché le crucifix, celle-là même dont les moines ont coutume de se ceindre. Il trouva Antoine dans la montagne orientale, où se trouve maintenant le couvent appelé El-'Araba ; après être resté quelque temps et avoir été revêtu de l'habit des moines, il reçut l'ordre d'habiter l'Ouady-el-Natroun, où un grand nombre de moines affluèrent [1]. » Et notre auteur, après avoir prolongé la citation, ajoute : « Mais nous avons prouvé plus haut que c'est à tort que Makrizy raconte que Macaire reçut l'habit des moines de saint Antoine, avec lequel il vécut quelque temps [2]. » Or la *Vie* que je publie dit péremptoirement que Macaire se rendit près d'Antoine à deux fois différentes et qu'il en reçut l'uniforme des moines. Si donc il y a un auteur qui se trompe, ce n'est pas Makrizy, c'est son contradicteur.

---

1. Makrizy, *Histoire des Coptes* (édit. Wüstenfeld, p. 107 et suiv.).
2. *Patr. grœc.*, tome XXIV, col. 169 et 170.

A ces questions, en quelque sorte préliminaires, se rattache celle de l'époque à laquelle vécut Macaire l'Égyptien. Il est ordinaire de dire qu'il mourut en 390, et, comme il avait vécu quatre-vingt-dix ans, il ne fallait pas être grand clerc pour en conclure qu'il était né en 300. Tout ce calcul repose sur l'unique texte de l'*Histoire lausiaque*. Voici ce texte. « *Ego sanctum ipse non conveni; anno enim, antequam in solitudinem ingrediebar, obiit*[1]. » Sur quoi l'on bâtit le raisonnement suivant : « Donc, il s'agit de savoir quand Palladius est entré dans la solitude. Il rapporte lui-même qu'il est arrivé à Alexandrie sous le second consulat de Théodose le grand. Théodose fut consul pour la seconde fois, au témoignage des fastes consulaires, en l'an 388, avec Fl. Cynegius pour collègue. Palladius fut remis par Isidore, qui était préposé au *xénodokhium*, au vieillard Dorothée, qui habitait près d'Alexandrie et qui devait l'instruire; il n'y resta pas tout à fait trois ans parce qu'il tomba dans une violente maladie[2]. Après avoir passé trois ans, dans les monastères qui sont autour d'Alexandrie, il se rendit à la montagne de Nitrie, où il demeura un an tout entier. Alors il se rendit dans la solitude, *intimam solitudinem*, par quoi il veut dire les *cella* ou cellules[3]. Donc, il faut chercher s'il est nécessaire de distinguer entre l'arrivée de Palladius à la montagne et son entrée dans la solitude. Palladius parle souvent de son séjour dans la montagne[4]. Il sait que le vieillard Nathanael mourut quinze ans avant son arrivée à la montagne[5]. Il raconte qu'Evagrius, après avoir habité deux ans dans la montagne de Nitrie, entra la troisième année dans la solitude[6]. Donc, il semble bien que Palladius lui-même ait distingué entre son arrivée à la montagne et son arrivée dans la solitude. C'est ce que Bolland a montré[7]; Caveus[8], Possin[9], Fabricius[10], de Nessel[11], Pritius[12] ont suivi Bolland. Mais

---

1. *Historia lausiaca*, cap. 19. *Patr. græc.*, tome XXXIV, col. 1049.
2. *Ibid.*, cap. 2 col. 1011.
3. L'auteur renvoie au chap. 21 du même ouvrage. Ce numéro ne correspond pas à l'édition actuelle : il faut lire 20; de même plus bas, il faut lire 9, 10, 11, 14, 20 et 86.
4. *Ibid.*, cap. 10, 11, 12, 15.
5. *Ibid.*, cap. 21.
6. *Ibid.*, cap. 88.
7. *Acta Sanctorum.*, I. p. 1007.
8. *Histoire littéraire des auteurs ecclésiast.*, au mot *Macaire l'Ancien*.
9. *Thesaurus Asceticus*. Prol. § V. Paris, 1684.
10. *Bibliotheca græca* tome VIII, p. 961, édit. Harles.
11. *Supplem. Comment. Lambec.*, tome II, sous le mot : *Macarius cognomine magnus*.
12. *Macarii Ægyptii Opusc. et Apophthegm*. Lipsiæ, 1699, præf. § IV.

je doute qu'ils aient adopté ce sentiment avec toute la rectitude désirable, car il semble à peine douteux que Palladius ait voulu dire que Macaire mourut l'année qui précéda *son arrivée dans ces régions*. Or, la montagne de Nitrie était plus rapprochée de la solitude de Scété que les cellules [1], et l'on ne comprend pas comment Palladius ait pu dater la mort de Macaire du temps de son arrivée aux cellules. Ajoutez à cela que Palladius distingue entre la montagne de Nitrie et la solitude qu'il appelle intime, *intimam solitudinem*; c'est pourquoi il est probable que, par son arrivée dans la solitude, il a voulu dire son arrivée à Nitrie. Que Palladius n'ait pas voulu dire que Macaire l'Égyptien mourut l'année qui précéda son arrivée à lui-même dans la solitude de Scété, — car Palladius visita Scété par deux fois, — c'est ce qu'on croira facilement; cela, en effet, se trouve dans les paroles de Palladius. C'est pourquoi cet avis nous semble le plus probable. Macaire l'Égyptien mourut l'année avant l'arrivée de Palladius à la montagne de Nitrie, c'est-à-dire l'an 390, au mois de janvier, comme le disent les Martyrologes. Il résulte qu'il naquit en l'an 300, et qu'il entra au désert en l'an 330, car il avait trente ans lorsqu'il entra au désert, où il passa soixante ans jusqu'à sa mort [2]. »

Je ferai ici seulement observer que l'on pourrait calculer autrement le séjour de l'auteur dans la ville d'Alexandrie, car il dit une première fois que le prêtre Isidore l'avait donné à Dorothée pour passer trois ans sous sa conduite, et qu'il fut obligé par la maladie de quitter ce maître avant le temps accompli; et il semble résulter de ses expressions qu'il ne s'en fallait pas de beaucoup que les trois années fussent accomplies [3]. Plus loin, il dit en propres termes : « Après m'être rencontré avec un grand nombre de saints et avoir passé trois années dans les monastères qui sont à l'entour d'Alexandrie, où je demeurais avec de grands hommes remplis de zèle et de perfections, au nombre d'environ deux mille, ornés de toutes les vertus, je les quittai et j'allai vers la montagne de Nitrie [4]. » On pourrait, je crois, avoir quelque raison de comp-

---

1. L'auteur renvoie ici à ses Prolégomènes, p. 3.
2. *Patr. græc.*, tome xxxiv, col. 57-58.
3. Καὶ μὴ δυνηθεὶς τῶν τριῶν ἐτῶν τὸν ἀριθμὸν παρ' αὐτῷ ἐκπληρῶσαι, διὰ τὸ κραταιᾷ ἀρρωστίᾳ περιπεσεῖν με, οὕτως ᾔρθην ἀπ' αὐτοῦ πρὸ τοῦ χρόνου τῆς προθεσμίας. *Hist. laus.*, cap. II, *Ibid.*, col. 1011.
4. Συντετυχὼς οὖν πολλοῖς τῶν ἁγίων ἐγώ, καὶ ἐνδιατρίψας τοῖς περὶ τὴν Ἀλεξάνδρειαν μοναστηρίοις ἐπὶ ἔτη τρία καὶ συνδιατρίψας καλλίστοις καὶ σπουδαιοτάτοις μεγάλοις ἀνδράσιν ὡς δισχιλίοις, πάσῃ ἀρετῇ κεκοσμημένοις ἀναχωρήσας ἐκεῖθεν ἦλθον ἐπὶ τὸ ὄρος τῆς Νιτρίας. *Hist. laus.*, cap. VII., col. 1019.

ter six années au lieu de trois. Il est possible, cependant, que l'auteur ait compris dans ce nombre de trois années la durée de son séjour près de Dorothée, et je n'insiste pas sur ce point. Quant à la distinction à faire entre l'arrivée de Palladius à Nitrie et son arrivée dans la solitude, je crois que le docteur Floss a raison, et qu'il faut entendre la retraite de Palladius au désert de son arrivée à Nitrie. C'est en vain que l'on chercherait, dans les auteurs grecs ou latins qui ont parlé de Macaire, quelque autre renseignement chronologique. Seul, Rufin, dans le second livre de son *Histoire ecclésiastique*, nous donne des données chronologiques, qu'on peut facilement déduire de ses paroles : « *Per idem tempus patres monachorum vitæ et antiquitatis merito, Macarius et Isidorus, aliusque Macarius, et Heraclides, et Pambus Antonii discipuli per Ægyptum, et maxime in Nitriæ deserti partibus habebantur viri qui consortium vitæ et actuum, non cum cæteris mortalibus, sed cum supernis angelis habere credebantur. Quæ præsens vidi loquor et eorum gesta refero quorum in passionibus socius esse promerui*[1]. » Dans un passage précédent, il nous fait connaître quelles furent les souffrances qu'il partagea avec les Macaire : « *Igitur ea tempestate, cum quadragesimo et sexto anno sacerdotii sui Athanasius, post multos agones multasque patientiæ coronas quievisset in pace, sciscitatus de successore Petrum tribulationum suarum participem et socium delegit. Sed Lucius arianæ partis episcopus, continuo tanquam ad ovem advolat lupus. Et Petrus quidem navem protinus conscendens, ad urbem Romam profugit. Lucius vero tanquam materiæ sibi crudelitatis oblata, sævior erga cæteros efficiebatur. Et ita ibat in sanguinem, ut ne speciem quidem reliquam religionis servare videretur, cujus primo ingressu, tanta et tam turpia in virgines et continentes Ecclesiæ gesta sunt quæ nec in persecutionibus Gentilium commemorantur. Inde post fugas civium et exsilia, post cædes et tormenta, flammasque quibus innumeros condemnavit, ad monasteria furoris sui arma convertit. Vastat eremum et bello quiescentibus indicit. Tria millia simul, aut eo amplius, viros per totam eremum secreta et solitaria habitatione dispersos oppugnare pariter aggreditur. Mittit armatam equitum ac peditum manum : tribunos, præpositos et bellorum duces tanquam adversum Barbaros pugnaturus elegit. Qui cum venissent, novam belli speciem vident, hostes suos gladiis objectare cervices, et nihil aliud dicere, nisi : Amice, ad quid venisti*[2]. »

---

1. Rufin, *Hist. Eccl.*, lib. II, cap. IV. *Patr. lat.*, tome XXII, col. 511.
2. Rufin, *Hist. Eccl.*, lib. II, cap. III. *Patr. lat.*, tome XXI, col. 510 et 511.

Ces événements sont donc postérieurs à la mort de saint Athanase, qui eut lieu en l'an 373 probablement, et la présence de Rufin dans cette persécution se trouve confirmée par les lettres de saint Jérôme écrites à cette époque[1]. En outre, un manuscrit arabe de la *Bibliothèque nationale* contient une « *histoire* de la persécution que saint Macaire l'ancien et saint Macaire d'Alexandrie eurent à subir de la part de Lucius, usurpateur de la chaire patriarcale d'Alexandrie ». Il est vrai que l'ouvrage est attribué à « Socrate, auteur des vies des saints et esclave de Jules d'Aqfahs, ville de la Haute-Égypte[2] », ce qui en diminue considérablement la valeur, car il est plus que probable que Jules d'Aqfahs n'ayant jamais existé comme auteur de *Vies* de saints et de martyrs, n'a guère pu avoir un esclave et un imitateur du nom de Socrate[3]. Cependant, quoique l'auteur de la *Vie* de Macaire ne parle pas de cette persécution, je ne vois aucune raison pour rejeter le fait, lorsque surtout il est attesté par un témoin oculaire, et que l'on sait par ailleurs que Macaire se réfugia dans le canton appelé Bucolies[4] ou Eléarchie, et qui se trouvait au nord du Delta[5]. Aussi, je crois que le titre de l'œuvre arabe dont je viens de parler a été ajouté après coup par quelque copiste ignorant, qui aura cru rendre le récit plus croyable et plus digne de foi en lui donnant pour auteur le disciple d'un homme sur lequel on faisait reposer tout l'édifice des cycles de martyrs[6]. Quoi qu'il en soit, ce sont bien là les seuls renseignements que nous ayions sur l'époque à laquelle vécut Macaire, et ces renseignements ne nous parlent pas de l'année en laquelle mourut le fondateur des monastères de Schiit. Le texte de Palladius reste donc complètement isolé.

Il est temps maintenant de rapprocher de ces textes ce que nous apprend le document copte que je publie. Tout d'abord, l'année de la naissance n'est pas donnée ; on raconte seulement que son père fut obligé de laisser son

---

1. Hieronymi *epistolae*, Epist. III.
2. *Catal. de mss. arabes de la Biblioth. nat.*, fasc. 1, n° 213, fol. 201-246.
3. E. Amélineau, *Actes des martyrs de l'Égl. copte*, p. 123 et seqq.
4. Socrate, *Hist. eccl.*, lib. IV, cap. 24, dit : Ἐξωρίζοντο οὖν οἱ ἄνδρες εἰς νῆσόν τινα, ἥτις οὐδένα τῶν χριστιανῶν εἶχεν οἰκήτορα. *Patr. graec.*, tom. LXVII, col. 524· — Sozomène dit, de son côté, après avoir nommé les deux Macaire : εἶτα δὴ νύκτωρ αὐτοὺς συλλαβόμενοι, διήγαγον εἰς Αἰγυπτίαν τινὰ νῆσον ὑπὸ λιμνῶν κυκλουμένην. *Hist. eccl.*, lib. VI, cap. XX. *Patr. graec.* ibid., col. 1341.
5. Voyez l'article dans ma *Géographie de l'Égypte à l'époque copte*.
6. E. Amélineau, *Actes des martyrs de l'Égl. cop.* p. 123 et seqq.

village, après avoir perdu tous ses biens, et de se réfugier à Djidjbir, appelé maintenant Scheschouir, et plus anciennement Gigouir, ce qui est la transcription exacte du nom copte[1]. Puis on raconte son enfance et son mariage forcé, la mort de ses parents et sa fuite au village, où il éprouva un traitement barbare et immérité. Dans tout le récit, on ne trouve pas une seule date; mais certaines paroles se trouvent qui valent une date : ainsi, le père de Macaire mourut « lorsque le garçon eut fait loi et qu'il fut arrivé à l'âge parfait; alors aussi son père devint un vieillard[2] ». Il mourut en suite d'une longue maladie, et sa mère le suivit six mois après. Or, si nous nous reportons aux coutumes de l'antique Égypte, nous voyons que l'on devenait maître de soi vers l'âge de vingt ans, et nous ne nous écarterons pas beaucoup de la vérité en pensant que Macaire devait avoir environ vingt ans au moment où son père mourut. Macaire mit alors le projet qu'il avait à exécution : il se retira dans un village éloigné, « et il y habita seul pendant quelque temps. » Ce fut dans ce village qu'on l'accusa d'avoir rendu une jeune fille enceinte et qu'on lui infligea le supplice dont j'ai parlé. Il resta encore neuf mois environ dans ce village, jusqu'à l'accouchement de la fille; puis il se rendit près des mines de Natron, dans le canton de Nitrie. Il pouvait alors avoir au moins vingt-deux ans et au plus vingt-quatre, selon ce que je viens de dire; mais il faut avouer que, sous le texte copte, on peut entendre une quantité assez considérable de temps, quand il est dit que son père fut longtemps malade. Aussi je n'ai aucune objection à faire contre la date que donnent les auteurs grecs, à savoir que Macaire avait trente ans lorsqu'il entra au désert, surtout si l'on entend cet âge dans le sens large qu'il faut attribuer à ces sortes d'assertions.

J'arrive maintenant à ce qui regarde sa mort : « Mais le saint abba Macaire devint sourd grandement par la maladie, en suite de la multiplication du temps; sa chair fut presque consumée par la fatigue qu'il lui faisait endurer en secret; car il ne laissait personne voir ses ulcères, et il ne laissa personne savoir la chose complètement jusqu'au jour de sa mort, parce qu'il se gardait grandement de la gloire des hommes, selon ce qui lui avait été ordonné par le chérubin qui lui avait parlé dès le commencement. Du reste, ses yeux commencèrent de s'obscurcir, lui refusant leur service, à cause de l'abondance des ulcères et du temps de la vieillesse, car il était en quatre-vingt-dix-sept ans sur le point de mourir..... Et lorsqu'il se fut couché sur la natte, selon sa coutume, sans plus se lever à cause du poids de la maladie, parce

---

1. Voyez cet article dans le même ouvrage.
2. Cf. le texte, plus loin.

qu'il souffrait de la fièvre, alors, peu à peu, la force l'abandonna, et dans la nuit du huitième ou neuvième jour depuis qu'il était malade, selon la parole d'abba Antoine, c'était le 27 de Phamenôth, voici que le chérubin susdit, qui était resté avec lui depuis le commencement, vint avec une grande foule de chœurs incorporels et lui dit : « Hâte-toi, sors ; tous ceux-là se tiennent debout, t'attendant. » Et il dit d'une grande voix : « Mon Seigneur-Jésus, le » bien-aimé de mon âme, reçois mon esprit ; » et ainsi il s'endormit[1]. »

Ainsi les données que nous fournit la *Vie* de Macaire par Sarapion sont en contradiction complète avec les idées de Palladius au sujet de la mort de Macaire. Non seulement Macaire ne mourut pas au mois de janvier, comme le disent les martyrologes romains, mais il avait 97 ans lorsqu'il mourut. De peur qu'on ne puisse dire que l'auteur copte a bien écrit 90 ans, mais que le copiste a écrit 97 au lieu de 90, je citerai le *Synaxare* copte qui, au 27 Baremhât, qui est le même mois que celui de Phamenôth (24 mars), s'exprime ainsi : « Et lorsque le Seigneur voulut le faire reposer, il lui envoya le chérubin qui lui dit : « Prépare-toi, voici que je vais t'emmener. » Et il vit le père Antoine, le père Pakhôme et une foule de saints, avec les forces célestes, jusqu'à ce qu'il eût rendu l'esprit. Et il avait 97 ans[2]. » La traduction arabe de l'œuvre de Sarapion existe à la *Bibliothèque nationale* : elle porte également 97 ans[3]. La chose est donc bien certaine. Macaire, au moment de sa mort, était plus âgé que ne l'a dit Palladius, car entre l'affirmation de ce Grec peu au courant des habitudes égyptiennes et celle d'un auteur d'origine égyptienne qui avait connu Macaire et vécu avec lui, il n'y a pas à hésiter : c'est le témoignage du premier qu'il faut rejeter en adoptant celui du second, lorsque ces témoignages diffèrent même sur un point d'aussi peu d'importance que celui qui m'occupe. S'il en est ainsi, tout le système si longuement échafaudé se ruine par la base, et ce qu'il me faut dire, c'est qu'il est impossible de fixer la date de la naissance comme celle de la mort de Macaire avec exactitude ; qu'il dut mourir vers l'an 391 ou 392, si l'on adopte la donnée de Palladius, en la forçant un peu, et que, par conséquent, il dut naître vers l'an 294 ou 295, peut-être plus tard. Je le répète, ces dates sont des conjectures qui peuvent approcher de la réalité, et peut-être aussi s'en éloigner : ce qu'il y a de certain, c'est que la vie de Macaire remplit presque tout le IVe siècle. C'est tout ce que je puis dire.

---

1. Cf. le texte, à la fin de la *Vie* de Macaire.
2. *Synaxare*, 27 Baremhât.
3. *Bibl. nat.*, mss. arab., n° 259, fol. 5.

Quant à la véracité des auteurs coptes, je me suis suffisamment expliqué sur cette question dans les deux premiers volumes pour n'avoir pas besoin d'y revenir. De même pour les auteurs grecs. Les mœurs des moines de Scété et de Nitrie paraissent, au premier coup d'œil, n'avoir pas exigé les retranchements qu'elles avaient nécessité pour les œuvres qui avaient rapport à la Haute-Égypte. Dans la *Vie* de Macaire comme dans les œuvres qui suivront, il y a bien quelques moines qui manquent à la chasteté qu'ils avaient promis de garder; mais nulle part il n'est question de ces crimes horribles et contre nature que racontaient les *Vies* de Schenoudi et de Pakhôme. Et puisque les documents que je publie sont silencieux sur ce point, je n'ai aucune raison de croire que leur silence ait été intéressé et qu'ils aient caché la vérité. C'est que le climat de la Basse-Égypte, et notamment de la vallée des Natrons et du plateau de Schiit, est bien moins ardent que celui de la Thébaïde, et que les gens y sont moins grossiers.

Le document que je publie ici sous le nom de *Vie de saint Macaire* est encadré dans un cadre de rhétorique sacrée, comme s'il eût été un discours prononcé au jour anniversaire de la mort de Macaire, ce que rien ne laisse supposer et ce que je ne crois pas. J'ai dit ailleurs ce qu'il fallait penser de cette manière de composer[1] : je n'ai donc pas à y revenir, d'autant plus que j'aurai l'occasion de publier de nouveau le texte auquel je fais allusion. Cette vie de Macaire nous est parvenue en triple exemplaire dans les manuscrits du Vatican cotés LIX, LXII et LXIV. Nul parmi ces trois manuscrits n'est complet, et ils présentent entre eux une foule de variantes qui ne changent rien au sens général, mais qui modifient assez souvent le texte. Je les ai fondus en un seul, en ayant soin de mettre en note les variantes, comme doit faire toute édition critique. Cette tâche que je me suis imposée n'était pas toujours facile, d'autant mieux que les différences étaient parfois fort grandes, grammaticalement parlant. J'ai suivi les règles qui président d'ordinaire à toute édition critique, telle que l'entendait la vieille école de critique française, ne pensant point qu'il faille faire entrer dans le texte une absurdité manifeste, sous la foi d'un manuscrit plus ou moins correct : en cela, je ne suis pas du tout de l'avis de l'école allemande, car je crois qu'un auteur écrivant pour se faire comprendre devait dire tout d'abord des choses compréhensibles, du moins en Égypte. Que, si l'on me parlait de certaines œuvres arabes, la solution que je préférerais ne serait peut-être pas la même; car,

---

1. Cf. E. AMÉLINEAU, *Etude sur le Christianisme en Égypte au VIIe siècle*, p. 6-8.

parmi eux, il a toujours été de mode de dire des choses obscures, sous le fallacieux prétexte que plus un auteur est obscur, plus il est admirable. Si c'est là la persuasion des auteurs arabes, ce n'a jamais été celle des auteurs égyptiens en général, ni celle des auteurs coptes en particulier. Si, dans les traductions qui, de nos jours, sont offertes de certains documents, les non sens alternent avec les absurdités, cela ne provient ni de la grammaire, ni de la pensée égyptiennes, mais uniquement de ce qu'on n'a pas su lire des textes d'ailleurs difficiles à déchiffrer, où il faut la plus grande habitude, jointe à la plus grande science, des différences de formations qu'a pu subir un signe dans l'écriture courante : la connaissance empirique de certains groupes ne suffit pas, on le voit bien d'ailleurs [1].

IV

Le quatrième document publié dans le présent volume a pour titre : « *Extrait des vertus de notre père le juste, le grand abba Macaire* [2]. » Il est pris du manuscrit copte du Vatican n° LXIV, du folio 57 jusqu'au folio 112. C'est un ouvrage complet, ayant commencement et fin, ne contenant aucune lacune.

D'après le titre qui a dû être ajouté par le copiste, on croirait que c'est un recueil de miracles : c'est, au contraire, un recueil de beaucoup plus large compréhension, et les miracles sont en nombre relativement restreint. Ce n'est ni plus ni moins qu'un recueil d'*Apophthegmes*, uniquement consacré aux paroles de Macaire et au récit qui rend ces paroles intelligibles. Les paroles et les faits sont arrangés sans ordre apparent, et, je crois bien aussi, sans ordre réel, comme ils venaient sous le calame de l'auteur. Quel est cet auteur ? N'y en eut-il qu'un ? A quelle époque a-t-il vécu ? c'est ce que je ne puis dire. Rien dans le cours de l'ouvrage ne laisse supposer que l'auteur ait été contemporain des événements qu'il raconte, ni quel ait été cet auteur. J'incline à croire que quelque frère aura recueilli ce que de divers côtés on rapportait de Macaire, qu'il l'aura écrit au jour le jour, puis qu'il aura

---

1. Je rencontrerai dans un autre volume la question des écrits attribués à saint Macaire, et je la traiterai alors à fond. Qu'il me suffise de dire présentement que ces écrits, au moins sous leur forme actuelle, sont apocryphes.
2. Cf. le texte plus loin.

réuni le tout en un corps d'ouvrage qui nous est parvenu. Mais on y peut faire quelques observations qui montrent au contraire que l'auteur qui compila cette œuvre des divers récits qu'il entendait n'était pas contemporain de Macaire. On cite en effet les paroles de Paphnouti, « le disciple quotidien du saint, » comme une chose déjà lointaine [1], et en outre il y a une histoire sur le célèbre Schenoudi qui ne peut se passer avant l'an 431, car on y parle du concile d'Éphèse, de la manière dont Schenoudi voyagea dans les airs sur le nuage qui le porta à son monastère [2] et on le fait revenir au monastère de saint Macaire pour louer les frères [3]. Le livre des vertus de Macaire ne put donc être composé que dans la première moitié du cinquième siècle au plus tôt.

On aurait pu croire avec assez de vraisemblance que les divers paragraphes qui composent cette œuvre ont été empruntés au grand recueil que je publierai dans un autre volume et qui nous est en partie parvenu en grec, s'il ne s'y rencontrait de nombreux passages qu'on chercherait en vain dans les *Apophthegmes des Pères du désert*, ou dans le second recueil d'*Apophthegmes* de saint Macaire que je publie en suite de celui-ci. Nous sommes en présence d'un document en grande partie nouveau, dont personne n'a jamais pu avoir une complète connaissance, ou du moins n'a jamais parlé. Ce document ne jettera pas sans doute une très grande lumière sur des faits mal connus, ni ne portera à la connaissance de l'historien un grand nombre de faits nouveaux; mais, pour la connaissance intime du caractère de Macaire et de la vie qu'on menait à Schiit, il est de très grande importance, en ôtant la couche de merveilleux qui l'enveloppe, cela va sans dire.

Je ne ferai pas ici l'énumération des passages qui se trouvent à peu près les mêmes dans les deux documents; cela ne servirait pas à grand'chose, et le lecteur qui prendra la peine de comparer ces deux documents, de peu d'étendue d'ailleurs, trouvera facilement les passages similaires.

Il faut observer qu'un certain nombre de récits complètent la vie de saint Macaire par Sarapion, et que ce saint avait sans doute cet ouvrage en vue, ou d'autres semblables, quand il a écrit : « Et ce que nous avons dit jusqu'ici est suffisant ; car il serait impossible de compter les vertus et les guérisons que le Seigneur opéra par lui, ainsi que le nombre de ses ascèses: d'ailleurs on a écrit ses autres œuvres dans d'autres livres [4]. »

1. Cf. le texte.
2. Cf. E. Amélineau : *Monuments pour servir à l'histoire de l'Ég. chrét. aux IVe et Ve siècles*, t. I, p. 12-14.
3. Cf. le texte.
4. Cf. le texte plus loin.

C'est surtout dans le cours de cet ouvrage qu'on peut saisir le trait qui paraît avoir dominé chez Macaire : je veux dire la douceur. On retrouve dans cette œuvre les rapports du saint avec les animaux et c'est, d'après ce récit, que j'ai pu comparer Macaire à saint François d'Assise. Mais je dois faire observer que son homonyme, Macaire d'Alexandrie, fut aussi réputé pour ses rapports amicaux avec les hyènes et autres animaux semblables. On voit dès lors la différence qu'il y a entre ce caractère de douceur et la férocité qu'on remarque en certains endroits des vies de Pakhôme et de Schenoudi. Mais le fait que des récits analogues sont rapportés sur ces deux personnages pourrait inspirer quelque doute et faire croire jusqu'à un certain point à l'existence de légendes qui se colportaient sous le manteau des deux saints Macaires. Malgré tout je ne crois pas qu'on doive rejeter ces faits, uniquement parce qu'ils sont racontés de deux saints hommes qui ont vécu en même temps et dans la même partie du pays : un assez grand nombre de faits semblables purent se produire dans le désert de Schiit, surtout si l'on songe que le fellah égyptien est naturellement assez porté à la douceur, quand il n'a aucun intérêt à se montrer cruel. J'ai vu moi-même un fellah de Louqsor venir montrer aux voyageurs de petits loups qu'il prenait grand soin de poser le plus doucement possible dans sa poche : un assez grand nombre d'autres fellahs, attirés par la curiosité, venaient caresser les petites bêtes très étonnées d'attirer tant de monde et d'égards. Ce fait montrera que d'autres de semblable nature purent avoir lieu dans le désert de Schiit et que, pour être moines, on ne perdait pas toute compassion.

V

Le cinquième document qui est publié dans ce volume est encore un recueil d'*Apophthegmes* relatifs à Macaire. Il est intitulé : « *Sur abba Macaire le Grand*[1]. » Il nous a été conservé dans deux manuscrits coptes de la Bibliothèque Vaticane, le n° LIX et le n° LXIV, n'ayant entre eux que de légères différences que j'ai soigneusement consignées en note. C'est un ouvrage complet, ayant commencement et fin, sans nom d'auteur, sans autre clausule finale que la prière du copiste et n'offrant en un mot aucun de ces passages qui peuvent permettre de dater une œuvre à peu près sûrement. Je n'ai donc aucune observation possible à faire sur l'auteur et l'époque de cette œuvre,

---

1. Cf. le texte plus loin.

sinon celle-ci : rien, comme dans l'œuvre précédente, ne se rapporte à une époque extérieure à celle de la vie de Macaire, et tout a pour unique sujet les paroles de ce saint personnage. Cela ne veut pas dire assurément que ces *Apophthegmes* ont été recueillis du vivant de Macaire ; mais tout au moins l'auteur n'est pas sorti de son sujet.

Au lieu que les œuvres grecques n'ont presque rien conservé de l'ouvrage précédent, celui-ci a été dans sa plus grande partie conservé dans le texte grec : sur quarante et un numéros dont se compose l'œuvre grecque, vingt-deux se retrouvent dans l'œuvre copte, qui est formée seulement de vingt-huit paragraphes. Nous sommes donc en présence d'un ouvrage dont environ les cinq sixièmes se retrouvent dans un ouvrage grec. Il est vrai que l'ordre n'est pas le même [1] ; mais une semblable différence ne peut être d'un grand poids pour un critique sincère, car rien de plus facile pour un plagiaire que de changer l'ordre des matières d'un recueil procédant, comme celui-ci, par petits récits indépendants l'un de l'autre, sans suite logique, afin de faire croire à l'authenticité de son œuvre.

Je crois donc que les deux œuvres sont jusqu'à un certain point indépendantes l'une de l'autre, c'est-à-dire que l'auteur grec pour faire son œuvre ne s'est pas uniquement servi de l'œuvre copte, ou de même que l'auteur copte, s'il s'est servi de quelque auteur, ne s'est pas borné à l'œuvre de l'auteur grec ; puisqu'en effet dans chacune des deux œuvres on trouve certains passages qui ne sont pas dans l'autre. Maintenant en raisonnant *a priori*, je le demande à toute personne sensée, n'est-il pas plus vraisemblable que des auteurs coptes, ayant à louer un de leurs saints nationaux, ou simplement à parler de lui, se soient empressés d'écrire dans leur langue l'œuvre qu'ils méditaient, plutôt que de traduire une œuvre grecque, c'est-à-dire étrangère, et cela sans doute à une époque où le schisme qui résulta du concile de Chalcédoine avait rendu les rapports entre Grecs et Égyptiens plus que difficiles, avait même commencé la persécution des Égyptiens par les Grecs ? Évidemment la chose est plus probable, surtout quand on connaît l'amour des Égyptiens pour la littérature et tout ce qui touchait au beau métier de scribe. Cependant il est malgré tout possible qu'ils l'aient fait, car tout est possible dans ce monde ; et alors c'est

---

1. Voici la concordance des deux œuvres, le premier chiffre se rapportant à l'œuvre copte et le second à l'œuvre grecque : 1 = 1 ; 2 = 37 ; 3 = 12 ; 4 = 10 ; 5 = 11 ; 7 = 33, 8 = 39 ; 10 = 13 ; 11 = 31 ; 12 = 23 ; 14 = 7 ; 15 = 16, 16 = 28 ; 17 = 17 ; 20 = 34 ; 21 = 23 ; 22 = 32 ; 23 = 19 ; 27 = 21 ; 28 = 38 ; 32 = 3. En outre les numéros de l'œuvre grecque 5 et 24 se trouvent dans le document précédent.

ici que la comparaison des deux œuvres s'impose. Je citerai deux passages pour montrer que le texte copte ne peut être ni une traduction, ni une adaptation du texte grec. Voici le premier : il s'agit de la conversion d'un prêtre païen par Macaire. Le texte copte s'exprime ainsi : « On rapporte d'abba Macaire l'Égyptien que, montant un jour de Schiit à la montagne de Pernoudj, lorsqu'il fut proche du lieu, il dit à son disciple : « Va un peu en avant. » Et lorsque le disciple fut allé en avant, il rencontra un Hellène : c'était un prêtre de Padalas qui portait un grand fagot de bois pour le feu et qui courait. Et, lorsque le frère lui eut crié, il l'appelait, disant : « Toi, démon, où cours-tu ? » Et lorsque le prêtre se fut retourné, il se rendit vers le frère, il lui donna des coups, il le laissa demi-mort ; puis, après avoir soulevé le bois, il courut de nouveau. Et, lorsqu'il se fut un peu avancé, abba Macaire le rencontra, il lui dit : « Courage, courage, ô toi qui aimes à faire souffrir ! » — Et le prêtre, ayant été étonné, se rendit vers lui ; il lui dit : « Qu'as-tu vu de bon en moi » que tu m'as salué avec honneur ? » — Le vieillard lui dit : « J'ai vu que tu » souffrais. Ne sais-tu pas que tu souffres en vain ? » — Il lui dit : « Moi aussi, » j'ai réfléchi sur le salut, et j'ai su que toi tu étais le serviteur d'un grand » Dieu ; mais un autre moine méchant que j'ai rencontré m'a insulté et je l'ai » frappé à mort. » Et le vieillard sut que c'était son disciple. Et, lorsque le prêtre eut pris ses pieds, il disait : « Je ne te laisserai pas aller que tu ne m'aies » fait moine. » Et ils montèrent au lieu où se trouvait le frère ; ils le conduisirent à l'église de la montagne et, lorsque (les frères) virent le prêtre, ils furent étonnés : ils le baptisèrent, ils le firent moine et une foule d'Hellènes devinrent chrétiens à cause de lui [1]. »

Voici maintenant le texte grec traduit : « On racontait au sujet d'abba Macaire l'Égyptien qu'il monta un jour de Scété à la montagne de Nitrie. Lorsqu'il en fut proche, il dit à son disciple : « Marche un peu en avant. » Et lorsqu'il marchait en avant, il rencontra un prêtre des Hellènes. Et le frère l'appela en criant : « Hé, hé, dit-il, où cours-tu, démon ? » Et celui-ci, s'étant retourné, lui donna des coups et le laissa demi-mort. Et ayant pris le bois (qu'il portait), il courut. S'étant un peu avancé, en courant, il rencontra abba Macaire qui lui dit : « Sois sauvé, sois sauvé, ô toi qui es accablé par la » souffrance ! » S'étant étonné, il vient près de lui et lui dit : « Qu'as-tu vu de » bon en moi que tu m'as adressé un salut ? » Le vieillard lui dit : « Parce que » je t'ai vu accablé de fatigue et que tu ne sais pas que tu te fatigues en vain. » Il lui dit : « Et moi aussi, j'ai été touché par ton salut et j'ai su que tu étais

---

[1]. Cf. le texte plus loin.

» avec Dieu; mais un autre moine méchant, qui m'a rencontré, m'a insulté et
» je lui ai donné des coups jusqu'à la mort. » Et le vieillard sut que c'était son
disciple. Le prêtre s'étant emparé de ses pieds, lui dit : « Je ne te lâcherai
» pas que tu ne m'aies fait moine. » Et ils allèrent à l'endroit où se trouvait le
moine; ils le soulevèrent et le portèrent à l'église de la montagne. En voyant
le prêtre avec lui, ils furent stupéfaits. Et on le fit moine; et un grand nombre
d'Hellènes devinrent chrétiens à cause de lui. Et abba Macaire dit en conséquence que les méchantes paroles rendent les bons mauvais, et que les bonnes
paroles rendent bons les méchants [1]. »

Je ferai observer que l'auteur copte plus au fait de la géographie de son
pays que le grec, a mieux désigné les lieux : la montagne de Nitrie se dit
autrement en copte que la montagne de Pernoudj : elle s'appelle la *montagne
du Natron*, et ce n'est pas la même que Pernoudj; au contraire pour l'auteur
grec, la différence entre les deux était de minime importance. De même
l'auteur grec n'a pas donné le nom du village auquel appartenait le prêtre
païen, parce qu'il n'attachait pas grande importance à le savoir; le copte a
suivi fidèlement les coutumes de sa nation et a écrit le nom du village, Padalas. Il n'est pas jusqu'à la circonstance du frère laissé pour mort et que
Macaire avec le prêtre, transporta à l'église de la montagne, où l'on ne
trouve la différence du génie des deux peuples; le texte copte dit : « ils parvinrent à l'endroit où était le frère, ils le conduisirent à l'église de la montagne; » tout Égyptien aurait compris ce membre de phrase qu'il a fallu
expliquer dans le grec.

1. Ἔλεγον περὶ τοῦ ἀββᾶ Μακαρίου τοῦ Αἰγυπτίου ὅτι ἀνέβαινέ ποτε ἐκ τῆς Σκήτεως εἰς τὸ ὄρος Νιτρίας. Καὶ ὡς ἤγγισεν εἰς τὸν τόπον, εἶπε τῷ μαθητῇ αὐτοῦ· πρόλαβε μικρόν. Καὶ ἐν τῷ προάγειν αὐτὸν συναντᾷ τινι ἱερεῖ τῶν Ἑλλήνων. Καὶ κράξας αὐτῷ ὁ ἀδελφὸς ἐφώνει λέγων· αἶ, αἶ, δαῖμον, ποῦ τρέχεις; Στραφεὶς δὲ ἐκεῖνος δίδωσιν αὐτῷ πληγὰς καὶ ἀφίει αὐτὸν ἡμιθανῆ. Καὶ ἄρας τὸ ξύλον ἔτρεχε· καὶ προβάντι ὀλίγον συναντᾷ αὐτῷ ἀββᾶς Μακάριος τρέχοντι· καὶ λέγει αὐτῷ· σωθείης, σωθείης, χαματηρέ. Καὶ θαυμάσας ἦλθε πρὸς αὐτὸν καὶ εἶπεν· τί καλὸν εἶδες ἐν ἐμοί, ὅτι προσηγόρευσάς με; Λέγει αὐτῷ ὁ γέρων· ὅτι εἶδόν σε κοπιῶντα· καὶ οὐκ οἶδας ὅτι εἰς κενὸν κοπιᾷς. Λέγει αὐτῷ καὶ αὐτός· κἀγὼ ἐπὶ τῷ ἀσπασμῷ σου κατενύγην καὶ ἔμαθον ὅτι τοῦ μέρους τοῦ Θεοῦ εἶ· ἄλλος δὲ κακὸς μοναχὸς ἀπαντήσας μοι, ὕβρισέ με· κἀγὼ ἔδωκα αὐτῷ πληγὰς εἰς θάνατον. Καὶ ἔγνω ὁ γέρων ὅτι ὁ μαθητὴς αὐτοῦ ἐστι. Καὶ κρατήσας τοὺς πόδας αὐτοῦ ὁ ἱερεὺς ἔλεγεν· οὐκ ἀφῶ σε, ἐὰν μὴ ποιήσῃς με μοναχόν. Καὶ ἦλθον ἐπάνω ὅπου ἦν ὁ μοναχός, καὶ ἐβάσταζον αὐτὸν καὶ ἤνεγκαν εἰς τὴν ἐκκλησίαν τοῦ ὄρους· καὶ ἰδόντες τὸν ἱερέα μετ' αὐτοῦ ἐξέστησαν καὶ ἐποίησαν αὐτὸν μοναχόν· καὶ πολλοὶ τῶν Ἑλλήνων ἐγένοντο δι' αὐτὸν Χριστιανοί. Ἔλεγεν οὖν ὁ ἀββᾶς Μακάριος, ὅτι ὁ λόγος ὁ κακὸς καὶ τοὺς καλοὺς ποιεῖ κακούς· καὶ ὁ καλὸς λόγος καὶ τοὺς κακοὺς ποιεῖ καλούς. *Patr. græc.*, t. XXXVI. col. 260.

Voici l'autre passage : « J'ai appris qu'abba Macaire l'Égyptien alla une fois de Schiit à la montagne de Pernoudj pour l'offrande d'abba Pamò. Les vieillards lui dirent : « Dis une parole aux frères, notre père ! » Lui, il dit :
« Je ne suis pas encore devenu un moine, mais j'ai vu des moines. Car j'étais
» assis dans ma cellule à Schiit et ma pensée me dit : Va dans le désert et sache
» ce que tu y verras. Et je restai cinq ans avec ma pensée disant : Peut-être
» vient-elle des démons ! Et, comme la pensée se tenait en son état, j'entrai
» dans le désert, j'y trouvai un lac d'eau, avec une île en son milieu, et les ani-
» maux du désert vinrent y boire. Et je vis deux hommes au milieu d'eux. Et
» mon corps craignit ; je pensais que c'étaient des esprits. Mais eux, lorsqu'ils
» virent que je craignais, ils me parlèrent, disant : Ne crains pas ; nous aussi,
» nous sommes des hommes. — Et je dis : Vous, d'où êtes-vous ? pourquoi
» êtes-vous venus dans ce désert ? — Ils me dirent : Nous sommes d'un même
» couvent ; nous avons fait une convention entre nous, et nous sommes venus
» ici, il y a quarante ans. L'un était un Égyptien, et l'autre un Libyen. Ils
» m'interrogèrent aussi, disant : Comment va le monde ? L'eau vient-elle en
» son temps ? Y a-t-il dans le monde abondance ? — Je leur dis : Par la grâce
» de Dieu et vos prières. Je les interrogeai : Comment puis-je être moine ?
» Ils me répondirent : Si quelqu'un ne renonce pas à toute œuvre du monde,
» il ne peut être moine. — Je leur dis : Moi je suis faible, je ne peux pas faire
» comme vous. — Eux ils me dirent : Si tu ne peux pas faire comme nous,
» demeure en ta cellule et pleure tes péchés. — Je les interrogeai : Pendant
» l'hiver ne gelez-vous point ? et pendant l'été[1] vos corps ne brûlent-ils pas ?
» — Eux ils me dirent : Dieu nous a fait cette économie que ni en hiver
» nous ne gelions, ni en été nous ne brûlions. — C'est pourquoi je vous ai dit :
» Jusqu'ici je ne suis pas encore moine ; mais j'ai vu des moines. Pardonnez-
» moi, ô mes frères[2]. »

Le texte grec s'exprime à son tour en termes à peu près identiques : « Un jour Macaire l'Égyptien vint de Scété à la montagne de Nitrie pour l'oblation d'abba Pamò. Et les vieillards lui dirent : « Dis une parole aux frères, ô père. »
— Et lui, il dit : « Je ne suis pas encore devenu moine, mais j'ai vu des moines.
» Car comme j'étais assis un jour dans ma cellule à Scété, les pensées me
» tourmentèrent, disant : Va dans le désert et vois ce que tu y verras. Mais
» je demeurai cinq ans à combattre mes pensées, disant : Peut-être viennent-
» elles des démons. Mais, comme la pensée demeurait, je partis pour le désert,

---

1. M. à m., s'il fait hiver, s'il fait été.
2. Cf. le texte plus loin.

» et j'y trouvai un lac d'eau, et au milieu une île, et les animaux du désert
» vinrent y boire. Et je vis au milieu d'eux deux hommes nus. Et mon corps
» trembla, car je pensai que c'étaient des esprits. Mais lorsqu'ils virent que je
» craignais, ils me parlèrent : Ne crains pas ; nous sommes aussi des hommes.
» — Et je leur dis : D'où êtes-vous et comment êtes-vous venus dans ce désert ?
» — Et ils dirent : Nous sommes d'un seul couvent ; un accord se fit entre nous
» et nous sommes venus ici, voici quarante ans. Et l'un était Égyptien et
» l'autre Libyen. Et ils m'interrogèrent aussi, disant : Comment va le monde ?
» Et l'eau vient-elle en son temps ? Le monde a-t-il son abondance ? — Et je
» leur dis : Oui. Et je les interrogeai : Comment puis-je devenir un moine ?
» — Et ils me dirent : Si quelqu'un ne renonce pas à toutes les choses du
» monde, il ne peut pas devenir moine. — Et je leur dis : Moi, je suis faible et
» je ne puis faire comme vous. — Et ils me dirent : Si tu ne peux pas faire
» comme nous, assieds-toi dans ta cellule et pleure tes péchés. — Et je les
» interrogeai : Lorsque arrive l'hiver, ne gelez-vous point ? et lorsque arrive
» l'été, votre corps ne brûle-t-il point ? — Mais ils me dirent : Le Seigneur
» nous a fait cette économie, et ni pendant l'hiver nous ne gelons, ni pendant
» l'été la chaleur ne nous maltraite en rien. — C'est pourquoi je vous dis que

1. Ἦλθέ ποτε Μακάριος ὁ Αἰγύπτιος ἀπὸ Σκήτεως εἰς τὸ ὄρος τῆς Νιτρίας εἰς τὴν προσφορὰν τοῦ ἀββᾶ Παμβῶ· καὶ λέγουσιν αὐτῷ οἱ γέροντες· εἰπὲ ῥῆμα τοῖς ἀδελφοῖς, πάτερ. Ὁ δὲ εἶπεν· ἐγὼ οὔπω γέγονα μοναχός, ἀλλ' εἶδον μοναχούς· καθημένῳ γάρ μοί ποτε ἐν τῷ κελλίῳ εἰς Σκῆτιν, ὤχλησάν μοι οἱ λογισμοὶ λέγοντες· ἄπελθε εἰς τὴν ἔρημον, καὶ ἰδὲ τί βλέπεις ἐκεῖ· ἔμεινα δὲ πολεμῶν τῷ λογισμῷ πέντε ἔτη, λέγων, μήπως ἀπὸ δαιμόνων ἐστίν. Καὶ ὡς ἐπέμενεν ὁ λογισμὸς ἀπῆλθον εἰς τὴν ἔρημον· καὶ εὗρον ἐκεῖ λίμνην ὑδάτων, καὶ νῆσον ἐν μέσῳ αὐτῆς· καὶ ἦλθον τὰ κτήνη τῆς ἐρήμου πιεῖν ἐξ αὐτῆς· καὶ εἶδον ἐν μέσῳ αὐτῶν δύο ἀνθρώπους γυμνούς· καὶ ἐδειλίασε τὸ σῶμά μου· ἐνόμισα γὰρ ὅτι πνεύματά εἰσιν. Αὐτοὶ δέ με ὡς εἶδον δειλιῶντα, ἐλάλησαν πρός με· μὴ φοβοῦ· καὶ ἡμεῖς ἄνθρωποί ἐσμεν. Καὶ εἶπον αὐτοῖς· πόθεν ἐστέ, καὶ πῶς ἤλθετε εἰς τὴν ἔρημον ταύτην. Καὶ εἶπον· ἀπὸ κοινοβίου ἐσμέν· καὶ γέγονεν ἡμῖν συμφωνία, καὶ ἐξήλθομεν ὧδε· ἰδοὺ τεσσαράκοντα ἔτη. Καὶ ὁ μὲν εἷς Αἰγύπτιος, ὁ δὲ ἕτερος Λιβυκὸς ὑπάρχει. Καὶ ἐπηρώτησάν με καὶ αὐτοὶ λέγοντες· πῶς ὁ κόσμος; καὶ εἰ ἔρχεται τὸ ὕδωρ κατὰ καιρὸν αὐτοῦ, καὶ εἰ ἔχει ὁ κόσμος τὴν εὐθηνίαν αὐτοῦ. Καὶ εἶπον αὐτοῖς· ναί. Κἀγὼ αὐτοὺς ἠρώτησα· πῶς δύναμαι γενέσθαι μοναχός; Καὶ λέγουσί μοι· ἐὰν μὴ ἀποτάξηταί τις πᾶσι τοῖς τοῦ κόσμου, οὐ δύναται γενέσθαι μοναχός. Καὶ εἶπον αὐτοῖς· ἐγὼ ἀσθενής εἰμι καὶ οὐ δύναμαι ὡς ἡμεῖς. Καὶ εἶπόν μοι καὶ αὐτοί· καὶ ἐὰν οὐ δύνασαι ὡς ἡμεῖς, κάθου εἰς τὸ κελλίον σου, καὶ κλαῦσον τὰς ἁμαρτίας σου. Καὶ ἠρώτησα αὐτούς· ὅταν γίνεται χειμών, οὐ ῥιγᾶτε; καὶ ὅταν γίνεται καῦμα, οὐ καίεται τὰ σώματα ὑμῶν. Οἱ δὲ εἶπον· ὁ Θεὸς ἐποίησεν ἡμῖν τὴν οἰκονομίαν ταύτην· καὶ οὔτε τῷ χειμῶνι ῥιγῶμεν, οὔτε τῷ θέρει τὸ καῦμα ἡμᾶς ἀδικεῖ. Διὰ τοῦτο εἶπον ὑμῖν, ὅτι οὔπω γέγονα μοναχός, ἀλλ' εἶδον μοναχούς. Συγχωρήσατέ μοι, ἀδελφοί. *Patr. græc.*, t. xxxiv, col. 237 et 240.

» je ne suis pas encore devenu moine, mais que j'ai vu des moines. Pardonnez-
» moi, frères[1]. »

Ces deux textes ne diffèrent presque pas l'un de l'autre, cependant la légère différence qui s'y trouve suffit pour me montrer que le texte grec a été traduit de l'original copte, et non le texte copte d'un original grec. Je ne ferai ressortir qu'un seul point. Lorsque les deux anachorètes demandent à Macaire si l'eau continue à venir à une époque déterminée en la terre d'Égypte, et si le monde (lisez l'Égypte) a l'abondance, le texte grec fait répondre: Oui. Le texte copte aurait pu faire la même chose en des termes à peu près analogues : il contient au contraire cette phrase : Par la grâce de Dieu et vos prières. Par ces paroles polies, Macaire faisait entendre que si l'eau continuait de venir en Égypte, c'était un effet de la grâce de Dieu et des prières des deux saints. Mettez cette phrase dans le texte grec, personne ne la comprendra à moins qu'on ne lui ait expliqué par avance les us et coutumes des moines égyptiens. Aujourd'hui encore c'est toujours la formule en usage et à moi-même pareille réponse a été faite plus d'une fois ; et quand je demandais dans un monastère des nouvelles de tel ou tel père que j'avais connu dans mes voyages précédents, on ne manquait pas de m'informer qu'il allait bien, en me disant: « Grâce à Dieu et à tes ferventes prières, » quoique mes prières n'y fussent certes pour rien. C'est là un de ces traits très minimes à la vérité, mais faisant partie du fond même des habitudes d'un peuple et qui dénote l'origine des documents semblables à celui que j'examine en ce moment.

Il reste donc acquis que les *Apophthegmes* de Macaire sont d'origine copte, qu'ils ont été traduits en partie en grec par l'un des nombreux moines grecs qui s'établirent à Schiit, ou peut-être par quelque moine copte qui savait le grec, ce qui ne serait pas trop étonnant d'après les nombreuses et lourdes fautes de grécité qui émaillent la traduction ; que ces sortes de recueils devaient être assez nombreux, puisque j'en publie ici deux qui n'ont pas grand'chose de commun entre eux; que les autres faits rapportés par le traducteur grec, ou par ses semblables, ne doivent pas être rejetés sans examen, mais qu'au contraire on doit leur accorder une confiance limitée parce qu'ils se trouvaient sans doute dans l'un des recueils coptes qui ont disparu. On doit donc s'en servir, quoique avec prudence, pour écrire l'histoire de saint Macaire, avec d'autant plus d'assurance qu'ils sont plus conformes aux mœurs égyptiennes. Quant à la manière dont ces recueils ont été composés, il est facile de la voir, et j'en traiterai plus amplement dans le volume qui fera suite à celui-ci.

VI

Le document qui suit les derniers apophthegmes sur saint Macaire est la vie des deux saints Maxime et Domèce. Il est intitulé : « *La vie des saints grecs Maxime et Domèce, les fils de Valentinien le roi des Grecs, qui finirent leur vie bonne, remplie de toute vertu, après avoir accompli tous les commandements des saints évangiles ; l'un d'eux, à savoir Maxime, se reposa le 14º jour du mois de Tôbi, et l'autre, à savoir Domèce, le 17º jour du même mois ; elle a été racontée par Peschoi, l'homme de Constantinople et l'archidiacre qui habita Schiit près d'abba Macaire, l'homme de Dieu, et d'abba Isidore, qui se reposa étant diacre, et l'on établit à sa place abba Moyse le nègre. Et abba Peschoi a écrit la vie de ces saints pour en faire souvenir, il l'a placée dans l'église pour le profit de quiconque veut vivre selon Dieu*[1]. »

Cette œuvre est donc attribuée à Peschoi, originaire de Constantinople, qui fut moine à Schiit près de saint Macaire et du diacre Isidore auquel succéda Moyse le Nègre. Elle a donc la prétention d'être une œuvre authentique au premier chef. Cependant je ne la crois ni authentique, ni digne de foi, et je suis persuadé au contraire que ce n'est qu'un pur roman bâti par un moine quelconque pour attirer l'attention sur l'église appelée ⲡⲣⲱⲙⲉⲟⲥ, nom qui s'est encore conservé aujourd'hui dans l'arabe *Baramous* qui est le nom de l'un des quatre couvents de la vallée des Natrons, comme on le dit d'ordinaire ou, comme on devrait le dire avec plus d'exactitude, du plateau de Schiit. Je vais donner les raisons qui m'ont conduit à cette opinion.

Tout d'abord, il semble étonnant que l'auteur de cette vie soit un homme né à Constantinople et que surtout un homme ayant cette origine porte un nom complètement égyptien, à savoir Peschoi. Le nom Peschoi signifie en effet dans la langue copte : *l'humble* ; il est encore conservé aujourd'hui dans l'onomastique copte et le dernier évêque catholique des Coptes s'appelait Beschai, ce qui est la prononciation actuelle de Peschoi[2]. On a donc le droit de s'étonner qu'un homme de Constantinople portât un nom égyptien. On peut toutefois tenter de l'expliquer et dire que ce Grec, originaire de Constantinople,

---

1. Voir le texte plus loin.
2. Le *P* ou ⲡ se prononçait *b*.

avait un nom grec et qu'à Schiit on traduisit son nom en copte. La chose peut paraître possible, mais n'est pas probable. Les noms des deux saints dont on raconte la vie étaient des noms grecs aussi, parfaitement traduisibles en copte, et cependant ils n'ont pas été traduits. En outre, un nom grec de plus ou de moins n'était pas fait pour effrayer des gens qui étaient habitués à faire entrer dans leur langue et même dans leurs œuvres littéraires quantité de mots grecs, quoiqu'ils en eussent, au moins pour la plus grande partie, l'équivalent exact dans leur propre langue. On peut donc soupçonner une fraude de ce côté, rien qu'en lisant le nom de l'auteur prétendu de la vie des saints Maxime et Domèce.

En outre, l'auteur a prétendu tirer parti de son origine dans son œuvre; mais il l'a fait en des termes tels qu'ils accusent, au contraire, le premier soupçon qui s'est élevé dans l'esprit des critiques. Il raconte en effet, au cours de son ouvrage que les deux frères ne virent à Schiit que le visage de Macaire et celui du vieillard qui leur vendait les ustensiles qu'ils tissaient et leur apportait ce dont ils avaient besoin. Cette première assertion est en contradiction flagrante avec ce que nous savons par ailleurs, à savoir qu'à Schiit, autour du monastère de saint Macaire, pour les cellules habitées par les disciples du saint, il y avait un frère économe chargé de passer dans toutes les cellules, de prendre l'ouvrage manuel fait par les frères et de leur donner ce dont ils avaient besoin. Mais j'admets cependant que les deux saints aient pu faire exception à cette règle. S'ils n'ont vu personne, ils n'ont aussi causé à personne, comme le même auteur l'a fait remarquer. Cependant, dans un autre passage, il observe que s'il peut raconter toute l'histoire de ces saints, c'est que ceux-ci la lui ont eux-mêmes racontée, parce qu'il était leur compatriote. Évidemment cette narration laisse supposer un commerce assez fréquent entre l'auditeur et les narrateurs : par conséquent si la première affirmation est vraie, la seconde ne peut pas l'être, et si, au contraire, c'est la seconde qui est la vraie, la première ne saurait être le moins du monde conforme à la vérité. Cette seconde observation confirme donc le doute exprimé à la suite de la première; ce doute se changera en une certitude presque absolue, lorsque j'aurai examiné les questions qui se rattachent aux deux saints.

Maxime et Domèce sont donnés comme les deux fils du roi Valentinien. Ces deux jeunes gens s'échappèrent du palais impérial, grâce à un subterfuge; car ils demandèrent à l'empereur, leur père, la permission d'aller faire leurs dévotions à Nicée, dans la basilique même où s'était tenu le premier concile général. Là, ils trouvèrent un prêtre nommé Jean, auquel ils firent connaître leur dessein de se faire moines, et ce prêtre les envoya en Syrie à un certain Agabos qui leur donna l'habit des moines syriens. Ils restèrent avec lui jusqu'à sa mort et même sans doute après[1], malgré l'intervention de Macaire qui les avait appelés près de lui dans un songe qu'Agabos avait eu à leur sujet. Ils seraient sans doute toujours restés en cet endroit, sans un fait qui donna connaissance à l'empereur Théodose du lieu où ils étaient cachés. Ils avaient l'habitude de vendre les cordes qu'ils tressaient à un marchand qui les portait tantôt à Alexandrie, tantôt à Constantinople. Dans un voyage à cette dernière ville, les matelots de la barque mirent les cordes où le marchand avait écrit le nom des deux saints au milieu de la voilure pour témoigner de leur confiance. Un magistrien, ayant aperçu ces deux noms, fit saisir les matelots et les conduisit à l'empereur Théodose pour les interroger. Théodose, les ayant en effet interrogés et ayant acquis la certitude qu'il occupait une place qui n'était pas la sienne, envoya près d'eux un eunuque nommé Marcel, avec mission de voir ce qui était vrai. L'eunuque revint lui certifier la vérité de tout ce qu'on lui avait dit, et Théodose fit alors avertir la mère et la sœur des deux saints. Elles allèrent leur rendre visite; Théodose lui-même prit l'habitude d'aller leur demander conseil, jusqu'au jour où il lui prit fantaisie de faire asseoir Maxime sur le trône archiépiscopal de Constantinople, devenu vacant. Les saints avertis par la femme de l'éparque de Syrie, prirent la fuite et se retirèrent à Schiit, ou Scété.

Cette histoire, on le voit, ne manque pas de romanesque; mais elle fournit de nombreux points de contact à la critique, parce qu'elle présuppose des événements que nous connaissons par ailleurs et que nous allons examiner maintenant pour voir si la trame des événements de la vie de Maxime et de Domèce peut rentrer dans ce que nous savons par d'autres documents.

Au témoignage des historiens grecs, Socrate et Sozomène, nous savons que la mort de l'empereur Valens laissa l'empire d'Orient dans un triste état. Gratien et son frère, le jeune Valentinien, restés seuls maîtres de l'empire d'Occident et d'Orient, résolurent de donner la pourpre des Césars à un homme habile et courageux qui défendrait l'Orient contre les hordes des barbares qui se pressaient à l'assaut des provinces qu'ils convoitaient. Leur choix se porta sur Théodose, commandant de la cavalerie, alors en Espagne, où il s'était retiré

---

[1]. Le texte est loin de présenter ici toute la clarté désirable ; mais la chose ressort de la place qu'occupe la vision et du soin que prennent les deux frères d'accomplir leurs merveilles au nom de Macaire.

pour pleurer la mort de son père[1]. Par conséquent, nous ne pouvons pas un seul instant admettre que Théodose ait succédé à un empereur Valentinien, puisque nous savons pertinemment que l'empire lui fut conféré par Gratien et par Valentinien II; qu'il ne le reçut pas par héritage en vertu de son mariage avec la fille de Valentinien, lequel ne se maria pas et mourut dans sa jeunesse. On ne pourrait songer à l'empereur Valentinien Ier pour remplir le rôle joué par l'empereur de notre récit; il faut donc conclure que nous sommes en présence d'un pur roman créé presque de toutes pièces, car c'est bien de Valentinien Ier, successeur de Jovien, que parle notre récit.

Aussi si l'on regarde la *vie* elle-même des deux frères par le menu et qu'on l'examine avec soin, on ne peut pas s'empêcher de voir que les événements surnaturels y occupent presque toute la place, soit pour l'époque de la vie que les deux jeunes hommes passent en Syrie, soit pour celle qu'ils passent dans le désert de Schiit. Dans ces deux ordres de faits, il n'y a rien qui puisse leur être particulier : tout est de remplissage et peut aussi bien se rapporter à tous les moines célèbres qu'à nos deux héros. Cependant, il est évident que l'auteur avait connaissance des coutumes des moines syriens, car il y fait allusion et fait observer la différence qu'elles présentaient avec celles des moines égyptiens; mais la chose ne peut paraître bien étonnante quand on sait les rapports fréquents qui existaient à cette époque, c'est-à-dire vers la deuxième moitié du IVe siècle, entre l'Égypte et la Syrie, et si l'on se rappelle qu'un couvent des Syriens était au nombre de ceux qui avaient été construits dans le désert de Schiit. Un moine égyptien pouvait donc parfaitement être au courant des pratiques des moines syriens, surtout si l'on observe que la *vie* de nos deux frères ne dut pas être écrite au moment de leur mort, mais seulement quelques années après, peut-être même dans le Ve siècle pour l'édification des frères qui entendaient souvent parler des deux *Roumis*, pour employer une expression moderne qui est exactement la même que celle employée par le texte copte. Le récit même de la mort des deux frères ne contient aucune particularité qui ne puisse se rapporter aux deux jeunes moines que personne ne connaissait. Cette œuvre mentionne comme ayant été les visiteurs des deux frères dans leur monastère de Syrie, non seulement Théodose le Grand, mais encore ses deux fils Arcadius et Honorius, même Théodose le Jeune. Théodose ayant sept ans à la mort de son père, c'est-à-

---

1. L'auteur de la vie copte semble avoir eu connaissance de cette particularité, car il fait donner à Théodose par Valentinien le commandement de la cavalerie.

dire en 408, ne devait pas pouvoir faire un grand voyage en Syrie. D'ailleurs Valentinien Ier étant mort en 375 et ayant régné en Occident, il n'était guère possible que ses fils fussent en 408 de petits jeunes gens et qu'ils aient pu se rendre du palais de Constantinople dans la ville de Nicée, comme le veut notre auteur. Et je ne relève pas les autres impossibilités manifestes du récit. Peu importe que l'auteur dise avoir été de Constantinople, avoir fait lui-même le voyage de Syrie, ce sont là des habiletés d'écrivain qui n'ont rien de commun avec l'histoire.

C'est pourquoi je considère l'œuvre attribuée à Peschoi comme un pur roman. Mais n'y a-t-il rien au fond de ce roman ? Je crois au contraire qu'il y a eu un fait véritable qui a servi de premier thème à la composition de la vie. Ce fait est le suivant : Macaire vit un jour arriver à sa cellule deux jeunes hommes dont l'un n'avait en guise de barbe que le premier duvet des adolescents, et dont l'autre ne possédait même pas cette annonce de la virilité. Ils lui demandèrent de vouloir bien les garder auprès de lui ; mais Macaire, en voyant leur jeune âge et observant qu'ils avaient la peau fine, eut pitié de leur jeunesse et voulut les détourner de donner suite à leur dessein. Il ne consentit finalement qu'à les mettre à l'essai, leur apprit la manière dont il fallait s'y prendre pour se creuser une habitation, pour faire les divers ouvrages de sparterie que faisaient les moines et leur fournit les outils nécessaires. Les jeunes gens persévérèrent ; Macaire leur rendit visite dans la suite et les déclara très avancés dans les voies de la perfection, l'aîné plus encore que son cadet. Le fait est raconté plusieurs fois dans les documents publiés dans ce volume et l'auteur de notre *vie* en a consigné le récit dans son œuvre. Les noms des deux frères étaient-ils réellement Maxime et Domèce ? La chose est possible, mais cela n'a pas grande importance ; ce qu'il y a de certain, c'est que l'origine de ces deux jeunes gens est restée inconnue pour les premiers rédacteurs de la vie et des apophthegmes de Macaire ; ce ne fut que par la suite qu'on fut tenté de les faire fils de Valentinien, empereur de Constantinople, et qu'on leur donna ainsi une descendance royale, en vertu d'un usage demeuré toujours cher aux cœurs égyptiens et qui consistait à faire des empereurs ou des pharaons le centre de récits populaires, véritables romans d'aventure. Dans le roman on combla toutes les lacunes au moyen des ressources accoutumées et celui qui perpétra ce beau chef-d'œuvre dut se sentir tout fier de son œuvre.

Cette œuvre n'eut pas, comme certaines autres, un grand succès hors de l'Égypte ; elle ne paraît même pas avoir forcé l'entrée des martyrologes latins et des ménologes grecs. C'est en vain, en effet, que j'ai cherché à la table des *Acta sanctorum*[1] ; il n'y a pas trace d'un Maxime et d'un Domèce quelconque ayant quelque trait de ressemblance avec nos deux saints. Cependant ce n'est pas une raison pour rejeter entièrement la réalité des deux jeunes Grecs qui vécurent à Schiît et dont on voulut conserver le souvenir en bâtissant une église en leur honneur, église qui fut ensuite entourée d'un couvent et qui est restée connue sous le nom arabe de Baramous qui est la transcription exacte de παρωμαιος, à savoir le couvent des Roumis. C'est là un fait dont il faut tenir compte, dans notre critique, et ce fait a subsisté jusqu'à notre siècle. Quoique le fait historique conservé dans cette *vie* des deux saints Maxime et Domèce soit de bien mince importance, je ne l'ai cependant point passé sous silence ; car si, au point de vue historique tel que nous le comprenons, ce document n'a presque aucune valeur, au point de vue des idées qui régnaient à Schiît, il a une valeur aussi grande que les autres documents du même genre[2]. C'est la raison pour laquelle je le publie.

VII

Le septième et le dernier document que je publie est la vie de saint Jean le Nain, moine fort célèbre dans les auteurs ascétiques chrétiens pour un fait de sa vie qui n'a pas pu se produire, tel qu'on le raconte, s'il a un autre fondement que l'imagination des auteurs coptes. C'est un document nouveau qui n'a jamais été publié, ni traduit, sauf pour les passages que contient le catalogue de Zoëga[3]. Je le donne dans son intégrité et avec une traduction aussi exacte que possible.

Ce document a pour titre dans le manuscrit copte du Vatican n° 68 : *La vie du grand luminaire, parfait en toute vertu, notre père saint le prêtre et l'hégoumène de Schiît, abba Jean le Kolobos*[4], *laquelle a racontée, avec amour de la peine, le théophore en vérité et le docteur de piété abba Zacharie, le très*

---

1. Socrate, lib. v, cap. 1-2 ; — Sozomène, lib. xii, cap. 4. — Dans la *Patrol. grecque* de Migne, t. lxvii, col. 565-568 et 1417-1424.

2. Cf. E. Amélineau, *Contes et Romans de l'Égypte chrétienne*. Introduction, p. xxxii-xxxvi.

3. Zoëga, *Catal. Cod. Copt.*, p. 116.

4. Le manuscrit porte toujours Jean Kolobi. J'ai cru devoir restituer le mot grec qui, dans la grécité de cette époque, a bien le sens de *nain*.

saint évêque de la ville qui aime Dieu Sekhôou, lorsque se trouvaient près de lui des (gens) craignant et aimant Dieu qui le pressaient avec excès de faire ainsi; laquelle il a dite au jour de sa commémoraison sainte et glorieuse qui est le vingtième jour du mois de Phaophi[1]. De ce titre qui est l'œuvre du copiste, il n'y a aucune raison de suspecter la véracité et je suis tout disposé à croire ce qu'il nous dit. L'auteur de cette vie de Jean le Nain est donc Zacharie, évêque de Sekhôou, ou Sakhâ, la Khôis des Grecs[2]. Elle fut lue sans doute au jour anniversaire de la mort de Jean, le 20 Paophi, ou Babah, c'est-à-dire le 18 octobre[3], par l'auteur, à la foule des fidèles qui lui demandèrent de raconter la vie de Jean le Nain. Elle est, comme d'habitude, encadrée dans un cadre de rhétorique sacrée et fort illustrée par quantité de miracles. Comme telle elle suscite un certain nombre de questions qu'il me faut tout d'abord résoudre et que je vais étudier chacune en particulier, en donnant la solution qui me paraît la plus certaine en bonne critique et la plus consciencieuse.

Tout d'abord à quelle époque vécut l'auteur de cette vie? Cet évêque nous a laissé d'autres monuments de son goût pour la littérature, et les manuscrits du Vatican contiennent de lui deux sermons, l'un sur l'entrée de Jésus-Christ dans la ville de Jérusalem, l'autre sur les jours de pénitence faits par les habitants de Ninive[4]. Ce renseignement se concilie très bien avec la notion suivante qui nous est fournie par l'auteur de l'*Histoire des patriarches*, lequel nous dit que le patriarche Simon, qui, sous le gouvernement d'Abd-el-'Aziz, succéda au patriarche Isaac, « fit choix de gens dont la vie était toute spirituelle, dont les actions étaient fortes, des amis des livres, de la sagesse et des sciences, et les nomma évêques en tout endroit; étant d'abord son fils, le père anba Zacharie, évêque de la ville de Sakhâ, et Ptolémée le frère spirituel, son frère dans la vie monastique, qu'il établit évêque sur le siège de Menouf-el-'Aliâ[5]. » Or, l'histoire ecclésiastique ne nous a conservé le nom d'aucun autre Zacharie, évêque de Sakhâ[6]. Il y a bien un autre Zacharie,

---

1. Cf. le texte plus loin.
2. E. AMÉLINEAU, *Géographie de l'Égypte*, cf. ce mot.
3. Les Bollandistes ont placé la fête de ce saint le 17 octobre sur l'autorité d'un *Synaxare* corrigé, publié par un Maronite au XVII siècle et traduit par un de leurs frères en la Compagnie de Jésus.
4. ZOËGA, *Catal. Cod. Copt.*, p. 10.
5. Ms. arabe de la *Bibl. nat.*, anc. fonds, n° 139, f. 121 r°.
6. Lequien, *Oriens christianus*, t. II, col. 574.

évêque à la même époque ou à peu près ; mais il était évêque de Saïs[1], ce qui ne peut convenir à notre sujet. Nulle part ailleurs on ne trouve un Zacharie évêque de la ville de Sakhâ, et, puisqu'il est le seul, il faut convenir que c'est bien l'homme qu'il nous faut. Or, le patriarche Simon mourut en l'année 416 de l'ère de Dioclétien, c'est-à-dire en l'an 700, en la dernière année du VIIIe siècle[2]. Donc, on peut croire que Zacharie vécut au temps et mourut presque à la même époque, c'est-à-dire à la fin du VIIIe et au commencement du IXe siècle, puisqu'il est appelé *fils de Simon*, et que cette idée de *fils* emporte d'elle-même l'idée d'un âge moins grand, quoiqu'il ne puisse s'agir ici que d'une filiation spirituelle[3].

Mais, si l'œuvre date des dernières années du VIIIe ou des premières du IXe siècle, elle ne saurait d'aucune façon être contemporaine des événements racontés. Dès lors la confiance qu'il lui faut accorder ne doit pas être bien grande, si l'auteur n'a pas racheté son éloignement par une recherche exacte des actions de son héros. Or, Zacharie nous affirme avoir précisément fait cette recherche : il faut le citer textuellement, comme il parle dans son préambule, et je demande ici l'indulgence du lecteur pour toute la série de figures de mauvais goût et le pathos du style qui vont passer sous ses yeux : « Nous ne ferons pas négoce de la parole de Dieu et de la vérité, selon l'exhortation du sage apôtre Paul ; mais, comme avec pureté, comme en Dieu, dans le Christ notre Verbe, nous raconterons ses œuvres, surtout ses fruits particuliers, selon la manière que la trompette de justice des œuvres nous révélera la chose : en cela le Verbe ornera l'éloge avec assurance par la vraie consolation de notre réunion dans le Christ, surtout les choses qui sont venues à nous et que nous avons trouvées selon la méthode historique, soit dans les docteurs saints de l'Église, soit dans nos pères saints et théophores, qui ont été les commandants et les fondateurs de la religion première dans les déserts, voyant les œuvres de justice et nous les servant aussi, afin que je fasse la lumière pour le bien de nos âmes, soit celles que nous avons entendues, nous aussi, de nos pères saints que nous avons trouvés avant nous dans les lieux saints pendant le peu de temps que nous avons passé nous trouvant au milieu d'eux, malgré notre indignité, pendant qu'ils nous enseignaient à connaître

---

1. Cf. E. Amélineau, *Vie du patriarche Isaac*, p. 30.
2. Ms. arabe de la *Bibl. nat.*, anc. fonds, n° 139, f. 121 r°. et v°.
3. Cette date n'enlève rien à la justesse de l'observation que j'ai faite autrefois, à savoir que jusqu'ici l'on ne connaissait que deux documents coptes écrits sous la domination arabe, en l'entendant de faits ayant eu lieu sous cette domination.

Dieu en connaissance par la philosophie de leur instruction sainte, eux qui ont aimé la douceur de la justice et qui rassasiaient spirituellement leurs âmes de la beauté de la méditation des œuvres étonnantes des moines qui étaient devenus courageux avant eux dans la vertu, ceux qui ont pris le trophée contre l'ennemi par le secours du bouclier et de la panoplie de la force puissante de la croix sainte qu'ils ont vraiment portée ; car elle est vraiment digne d'être glorifiée, la société avec ces saints, dans leur bonne commémoraison : et celui qui obtiendra cela avec connaissance trouvera le profit multiplié et surtout éternel d'un grand bien. Selon l'habitude, obéissant à l'exhortation de l'hymnode, nous dirons aussi en abrégé ce que nous avons entendu et ce que nous avons vu ; ce que nos pères ont dit près de nous, ils ne l'ont pas caché à leurs fils jusqu'aux autres générations, disant les bénédictions du Seigneur, les exploits et les merveilles qu'il a faites, afin que l'autre génération en ait aussi connaissance, que les enfants qui seront engendrés se lèvent, qu'ils les enseignent à leurs enfants, afin que ceux-ci placent leur espérance en Dieu, qu'ils n'oublient pas les œuvres du Seigneur et qu'ils cherchent ses commandements. Nous saurons surtout l'exactitude de ce que nous cherchons avec droiture par le livre des vieillards saints qui ont raconté en lui la vie du saint que nous fêtons aujourd'hui, ce livre auquel on a donné aussi le nom de *Paradis*, et justement d'après la manière dont il est écrit et qui convient, on l'appelle donc bellement ainsi ; car de la nomenclature de saints écrits pour ce paradis psychique, il a été rempli, ce grand paradis de joie, et encore maintenant et jusqu'à la fin des siècles ce livre ne cessera pas de préparer les âmes comme un don fait à Dieu, celles qui vivront bellement, afin qu'elles en prennent connaissance avec un jugement vrai, afin qu'elles soient un temple pour l'Esprit saint et qu'elles obtiennent l'héritage de la vie éternelle par l'émulation des œuvres et des souffrances salutaires des astres dont les noms sont écrits dans ce livre, à savoir : Abba Paul le Grand et abba Antoine, abba Palamôn et abba Pakhôme, abba Horsiisi et abba Pétronios, abba Théodore et abba Mauô, abba Amoun et abba Matoï, abba Macaire le Grand et aussi abba Macaire, abba Isidore et abba Pamô, abba Djidjôi et abba Amoï, abba Moyse et abba Romanos, abba Joseph et abba Kronios, abba Bisariôn et abba Poïmin, abba Arsénios et abba Paphnouti, abba Hilarion et abba Ephrem le Syrien, abba Evagrius et abba Sylvanus, abba Zénon et abba Schenouti, abba Isaïe et abba Pierre son disciple, abba Lucius et abba Longin, et notre père saint le prêtre, que nous fêtons aujourd'hui, le saint hégoumène Jean le Kolobos, qui lui-même en fut un et un exquis, compté dans l'assemblée du chœur de ces saints dont nous avons prononcé les noms et tous les autres saints: il est leur égal dans la gloire et le salaire de la couronne de cet héritage unique de la vertu, surtout par la manière dont il a participé aux grâces immenses de chacun d'eux, avec amour de la mortification, faisant resplendir en toutes ses œuvres la grande arme puissante du Christ, qui est l'humilité, jusqu'à ce qu'il eût atteint le but auquel était suspendu tout son désir, qui est la constitution de l'accomplissement de la perfection [1]. »

Ce long passage qui termine l'exorde du discours prononcé par Zacharie aura parfaitement montré au lecteur que l'évêque de Sakhâ n'était pas le moins du monde contemporain des faits qu'il va raconter, qu'il en était même éloigné par d'assez nombreuses générations, puisqu'il parle des pères qui l'instruisirent pendant le petit espace de temps qu'il passa près d'eux, des livres saints qu'il avait lus, et des pères saints qui avaient été anciennement avant lui. Le mot *anciennement* laisse assez de latitude pour qu'on puisse supposer une distance de quatre siècles. On aura vu qu'il prit aussi la plupart de ses renseignements dans le livre qui avait été appelé le *Paradis*. C'est sans doute un ouvrage analogue à celui qui nous est parvenu en latin [2], mais qui nous manque en copte. Il est bien clair par conséquent que Zacharie était assez tard venu dans la longue suite des moines, qu'il s'était enquis de son mieux de ceux qui avaient vécu avec lui, qu'il avait lu ce qui avait été écrit sur eux, qu'il avait en un mot fouillé son sujet. Par conséquent on peut le croire sans réserve. En outre, il est plus que vraisemblable désormais que ce Zacharie est bien celui dont parle l'auteur de la vie des Patriarches, car c'était un homme instruit pour son temps et sa race. Enfin la chose devient complètement certaine si l'on examine, même dans une traduction, le style de l'auteur. Ce style ampoulé, prétentieux est bien d'une époque de complète décadence; en outre la langue n'est plus la langue châtiée des œuvres des IVe et Ve siècles, c'est une langue où les préceptes de la grammaire ne sont guère observés, où l'on emploie certains mots abusivement et qui se rapproche plus de celle qui fut employée dans la dernière œuvre copte qui nous soit parvenue que de celle des œuvres de l'époque dont je parlais tout à l'heure [3]. Il est donc certain que le Zacharie, auteur de la vie de Jean le Nain que je publie, a vécu

---

1. Cf. le texte plus loin.
2. *Patr. lat.*, t. LXXIV, col. 251-342. Je traiterai à fond de cet ouvrage dans un prochain volume.
3. Cf. E. Amélineau, *Le Martyre de Jean de Phanidjôit*.

assez tard, qu'il a été postérieur au moine dont il racontait la vie, puisqu'il existait probablement encore au commencement du ixe siècle de notre ère.

Il nous faut résoudre maintenant la question de l'époque à laquelle vécut Jean le Nain, question qui est intimement liée à celle qui précède. Un certain nombre d'auteurs se sont occupés de cette question et l'ont résolue chacun à sa manière. Tout d'abord je dois avouer que le document ici publié ne contient aucune date et que l'on ne peut par conséquent savoir en quelle année naquit, ni en quelle année mourut Jean le Nain. Je suis donc réduit, tout comme mes devanciers, à comparer certaines données entre elles.

Or, nous voyons que Jean fut le disciple d'abba Amoï, que ledit abba Amoï fut contemporain de la première génération de moines qui s'établit sur le plateau de Schiit, contemporain par conséquent de Macaire le Grand. D'ailleurs il faut bien qu'il en ait été ainsi, puisqu'il est rapporté que Jean, sous le patriarcat de Théophile, remplit une mission de confiance dont le chargea cet archevêque. Il est vrai que la mission est apocryphe, qu'elle est complètement impossible, puisque, selon l'auteur, elle consistait à trouver d'abord à Babylone, puis à transporter à Alexandrie les corps des trois jeunes gens que jadis Nabuchodonosor aurait fait jeter dans la fournaise de feu. Mais il est exact que Théophile fit construire en l'honneur des trois saints une église qui fut nommée *Trispetis*, et plusieurs documents nous en ont conservé le souvenir [1]. Donc le seul fait d'avoir choisi Jean pour remplir cette mission délicate, quoique choix et mission n'aient jamais eu lieu, nous édifient sur l'époque à laquelle vécut Jean; car, s'il n'avait pas vécu à cette époque, on n'aurait pas pensé à lui attribuer le rôle qu'il est censé avoir joué dans cette affaire. Comme je l'ai fait observer ailleurs [2], les auteurs coptes ont souvent attribué à des personnages connus des œuvres apocryphes; mais ils ont toujours eu soin de rendre leur attribution vraisemblable, ce qui n'eût pas été le cas, si Jean n'eût pas vécu au temps de Théophile. Peu importe que cette anecdote ait tout l'air d'avoir été ajoutée après coup à la légende qui s'était formée autour de Jean le Nain; l'argument vaut toujours pour la raison précédente. Or, Théophile fut patriarche d'Alexandrie depuis 385 jusqu'à 412. Ici se place une objection. L'époque à laquelle vécut Jean le Nain est l'époque la plus célèbre des moines de Schiit et de Nitrie : quantité d'auteurs latins en

---

1. Cf. Zoëga, *Cat. Cod. Copt.*, p. 107, où est conservée l'homélie que Théophile est censé avoir prononcée ce jour-là.

2. E. Amélineau, *Contes et Romans de l'Égypte chrétienne*, p. xxxiv et seqq.

ont parlé et l'on sait à peu de chose près à quelle époque ces auteurs qui racontaient ce qu'ils avaient vu ont voyagé en Égypte. Or, ni Palladius, ni Pétronius, ni Cassien, qui ont visité l'Égypte avant l'année 400, n'ont parlé de Jean le Nain, ni de son action célèbre que rappelait ce qu'on a nommé l'*Arbre de l'obéissance*[1]. Au contraire Postumianus en parle comme d'un fait *récemment arrivé*[2], et l'on sait que son voyage eut lieu vers 403. C'est pourquoi Tillemont avait fait mourir Jean le Nain vers l'an 400, et plaçait le fait rappelé par l'*Arbre de l'obéissance* entre 360 ou 370[3]. Que ni Rufin, ni Palladius, ni Pétronius n'aient parlé de Jean le Nain, cela se comprend assez. Ces auteurs, en admettant que Rufin ait bien écrit l'*histoire des moines* et Palladius l'*histoire lausiaque*, se sont surtout attachés aux moines principaux, aux grandes figures qui illuminaient alors le désert, pour parler comme eux, et il est très compréhensible qu'ils n'aient pas connu Jean le Nain dont la vie n'avait assurément rien de bien remarquable, et qui n'était pas encore entouré des légendes dont on devait s'attacher à tresser une couronne autour de sa tête[4]. Si au contraire Postumianus en parle, c'est que sans doute la légende s'était créée dans l'intervalle, quoique la chose me semble bien difficile à admettre. D'ailleurs, pour moi, ni Rufin, ni Palladius ne sont les auteurs des ouvrages qui leur sont respectivement attribués, et je pense pouvoir arriver à le démontrer dans un autre ouvrage. L'objection tombe donc naturellement.

L'occasion de la fuite de Jean le Nain à la montagne de Clysma pourrait fournir une autre donnée chronologique. Zacharie de Sekhôou raconte que, Schiit ayant été pillé par les barbares, certains moines massacrés, le reste des saints ascètes se dispersa, et que Jean le Nain alla près de Clysma, dans la montagne[5]. Il s'agit de savoir quand eut lieu ce pillage. Quatremère pense qu'il eut lieu vers la fin du quatrième siècle et qu'il fut l'œuvre des Maziques, « nation féroce de la Libye. » Il ajoute que c'est sans doute la même invasion dont il est parlé dans la vie de saint Jean le Nain[6]. Mais si cette invasion avait eu lieu vers la fin du quatrième siècle, Postumianus qui visita le désert

---

1. *Acta sanctorum*, VIIIe t., octob., p. 42.
2. Sulpitius Severus, dial. I, n° 1. *Patr. lat.*, t. XX, col. 185.
3. Tillemont, *Hist. ecclésiast.*, t. X, p. 427-438, 800.
4. J'ai déjà développé cette idée, qui n'a pas été comprise dans mon opuscule *De historia lausiaca* : j'y reviendrai.
5. Cf. le texte plus loin.
6. Quatremère, *Mémoires géographiques et historiques sur l'Egypte*, I, p. 475.

de Schiit vers 402 en eût eu connaissance : or, rien dans le récit qu'il fait des deux traits qu'il raconte comme ayant eu lieu dans le monastère de Jean le Nain, à l'endroit même où le bâton de son maître Amoï, arrosé pendant trois ans, avait produit l'*Arbre de l'obéissance*, ne laisse supposer la dévastation de Schiit, ni son dépeuplement momentané [1]. Il faudrait alors avouer que Jean le Nain était mort quand Postumianus se trouvait à Schiit. Or Jean vécut 70 ans. Il s'était rendu près d'Amoï à l'âge de dix-huit ans. Il vécut donc 52 ans dans la vie religieuse. Sur ces 52 ans, il faut compter un temps assez long de noviciat, peut-être dix ans, en y comprenant les trois années que dura l'arrosage du bâton, puis douze ans pendant lesquels il soigna son maître malade, le temps qu'il passa à la tête du petit monastère dont il devint le supérieur et qui doit se chiffrer par un chiffre relativement élevé, puis sa fuite et sa mort à Clysma. Dans tous ces faits, il n'y a pas une seule date sur laquelle on puisse s'appuyer, et, s'il faut placer l'invasion des barbares avant l'an 400, on est conduit à admettre que Jean mourut vers l'an 400, qu'il naquit en 330, l'année même où Macaire se retirait au désert, encore inconnu de tous, ce qui ne laisse guère le temps nécessaire moralement pour amener les disciples autour de Macaire et en faire de ces vieillards accomplis, comme l'était Amoï. Je serais donc porté à reculer la mort de Jean le Nain. Mais d'après ce système, il faut trouver une autre invasion de barbares pour occasionner la fuite de Jean, et, si l'on en croit Tillemont, il n'y en aurait pas eu avant l'année 430 ou 434 [2], ce qui nous repousserait bien loin, car Jean serait mort alors vers 435 ou 438 au plus tard, ce qui conduirait à placer sa naissance en 365 ou 368, son entrée dans la vie religieuse en 383 ou 386, quelques années avant la mort de Macaire. J'avoue que ces dates me souriraient assez ; mais je dois avouer aussi qu'on ne peut établir un système chronologique pour la vie de Jean basé sur des fondements aussi peu solides et qu'il y a seulement deux choses certaines, la première que Jean avait dix-huit ans lorsqu'il se présenta devant Amoï, la seconde qu'il avait soixante-dix ans quand il mourut : tout ce que l'on affirme en dehors de ces deux données est pure conjecture, et la conjecture qui me paraît la plus vraisemblable est celle qui fait mourir Jean vers 435. Les invasions de barbares qui venaient chaque année faire paître leurs troupeaux dans la vallée [3] ne doivent pas manquer d'ailleurs pour établir un sentiment quelconque sur ce sujet.

1. Sulpitius Severus, dial. I, n° xx, loc. cit.
2. Tillemont, *Histoire ecclésiastique*, t. xiv, p. 693.
3. *Vie de Macaire*. Cf. le texte plus loin.

Cette question une fois vidée, je reviens à Zacharie, ou plutôt aux auteurs auxquels il a emprunté son récit. Quelle confiance méritent-ils? Évidemment la même que les autres auteurs de même génie : leur origine suffit pour les rendre suspects, parce que le fonds de leur génie était l'amour du merveilleux poussé jusqu'à l'absurde; il suffisait qu'une action fût racontée avec des traits merveilleux, qui la rendent complètement impossible telle qu'elle est présentée, pour que les lecteurs la crussent. Ainsi, dans la vie de Jean le Nain, on trouve quantité de faits de cette sorte, l'*Arbre de l'obéissance*, le voyage à Babylone sur la nuée qui transporte le moine tout comme elle devait transporter Schenoudi, le récit de sa mort enfin [1].

Je ne cite que ces faits auxquels sont mêlés une certaine somme d'événements physiques très croyables. Par exemple, pour le récit de la mort de l'anachorète, on nous assure que, sentant sa fin prochaine, loin d'appeler ses enfants, il envoie au contraire son disciple faire une longue course afin de rester seul au moment suprême. Cela n'empêche nullement de raconter sa mort avec de grands détails, de montrer les anges qui viennent le chercher avec quantité de saints. Mais où a-t-on pris ces détails? S'il n'y avait personne près de lui au moment où il rendit l'esprit, on ne peut savoir ce qui se passa en ce moment, cela est radicalement impossible. On me dira que son disciple, en revenant, vit les anges qui emportaient l'âme de Jean. Je répondrai que le disciple ne vit rien du tout et que les anges ne vinrent chercher l'âme de Jean qu'en vertu de la croyance populaire dont j'ai autrefois parlé et qui est décrite tout au long dans la vie de Pakhôme [2].

J'en aurais fini avec l'examen des questions que soulève la publication de cette vie, si je ne devais relever quelques-unes des erreurs grossières que les Bollandistes, auteurs du tome VIIIe du mois d'octobre, ont accumulées comme à plaisir dans la courte notice qu'ils consacrent à Jean le Nain. Pour une fois qu'ils ont voulu quitter le terrain des œuvres grecques ou latines et entrer de plain-pied dans la terre orientale, leur début n'a pas été heureux : il ne suffit pas en effet de s'en référer à des livres qui avaient aux yeux desdits auteurs toutes les apparences scientifiques, comme le *Synaxare* publié par un Maronite et traduit par un Père de la Compagnie de Jésus, mais qui n'ont aucune des qualités requises aujourd'hui par la véritable science, pour pouvoir être

---

1. E. Amélineau, *Le Christianisme chez les anciens Coptes* dans la *Revue de l'Histoire des Religions*, t. XV, p. 74.
2. E. Amélineau, *Monuments pour servir à l'hist. de l'Egypte chrét. au IVe siècle*, p. 122 et seqq.

assuré d'avoir fait tous ses efforts vers la vérité. L'autorité d'un Jésuite ne peut contre-balancer celle des documents originaux. C'est ainsi que, malgré le P. Sicard[1], je ne puis admettre, comme le font pieusement les Bollandistes, que le nom d'Amoï écrit Bamouïch par le *Synaxare*, soit le même que celui de *Poimèn*[2]. Le nom de Bamouïch est la transcription exacte du nom d'Amoï précédé de l'article. Je ne peux comprendre d'ailleurs que l'auteur de la notice consacrée à Jean le Nain n'ait pas connu que la transcription grecque de ce nom était Ἀμμῶη, et que cette transcription se trouve dans les *Apophthegmata Patrum* à l'article consacré à ce nom, où l'on ne peut douter qu'il ne s'agisse du père spirituel de l'un et de l'autre[3]. Le nom de Poimèn est transcrit exactement en arabe Bimïn; en latin il est traduit et c'est l'*abba Pastor* si souvent cité dans les *Verba seniorum*[4]. Ce sont là des choses sans doute peu habituelles aux auteurs des *Acta sanctorum;* mais il vaudrait mieux avouer tranquillement que l'on ne sait rien sur tel ou tel personnage, que d'entreprendre une notice vouée fatalement aux bévues et aux erreurs. De même ces doctes auteurs prennent le nom de Baïsi pour celui de Peschoï[5]; il y a cependant une énorme différence, l'un signifiant *celui qui appartient à Isis*, et l'autre *l'Humble*. Ils appartiennent d'ailleurs à des hommes aussi dissemblables qu'on puisse le désirer, et les Bollandistes qui peuvent disposer d'un grand nombre de collaborateurs feraient bien d'en avoir quelques-uns qui fussent initiés aux littératures orientales dans les diverses branches qui touchent à leurs sujets divers.

Telles sont les diverses questions qu'entraîne la publication des documents ici rassemblés. Comme on le peut voir, ils ont tous trait à l'histoire des moines des couvents de la mer Rouge et de Schiit. Ce ne seront pas les seuls. J'ai dû commencer ce volume par le commencement, c'est-à-dire mettre en tête les documents où il était question de saint Antoine qui fut le véritable instituteur de chacune. Je pense pouvoir continuer cette publication un jour et donner tout ce que l'on possède sur des moines si vantés et si peu connus.

---

1. *Lettres édifiantes*, t. v.
2. *Acta sanctorum*, t. viii, octobre, p. 42.
3. *Apophthegmata Patrum*, Patr. græc., t. lxv, col. 125.
4. *Patrol. lat.*, t. lxxiii, col. 944 et passim.
5. *Acta sanctorum*, t. viii, octobre, p. 49.

VIE DE SAINT PAUL, PREMIER ERMITE

TEXTE

ⲡⲓϫⲓ ⲛⲱⲛϧ ⲛⲧⲉ ⲁⲃⲃⲁ ⲡⲁⲩⲗⲟⲥ[1] ⲡⲓⲁⲛⲁⲭⲱⲣⲏⲧⲏⲥ ⲉⲑⲟⲩⲁⲃ[2].

(=ⲡⲉ=) ⲟⲩⲙⲏϣ ⲛⲥⲟⲡ ⲁϥϣⲱⲡⲓ ⲛϫⲉ ⲟⲩⲙⲓⲁ ⲛⲉⲙ ⲟⲩⲕⲱϯ ⲉⲃⲟⲗϩⲓⲧⲟⲧⲟⲩ ⲛⲛⲓⲙⲟⲛⲁⲭⲟⲥ ⲉⲑⲟⲩⲁⲃ ⲛⲏ ⲉⲧⲁⲩϣⲱⲡⲓ ϧⲉⲛ ⲧⲭⲱⲣⲁ ⲛⲭⲏⲙⲓ ⲉⲩϫⲱ ⲙⲙⲟⲥ ϫⲉ ⲛⲓⲙ ϩⲁⲣⲁ ⲁϥϣⲱⲡⲓ ⲛϣⲟⲣⲡ ⲉⲃⲟⲗϩⲓ ⲡϣⲁϥⲉ. ϩⲁⲛ ⲟⲩⲟⲛ ⲙⲉⲛ ⲁⲩⲉⲣ ⲫⲙⲉⲩⲓ ⲛⲛⲓ ⲉⲧⲁⲩϣⲱⲡⲓ ⲓⲥϫⲉⲛ ϩⲓ ⲡⲣⲱⲙⲓ ⲉⲑⲟⲩⲁⲃ ⲉⲩϫⲱ ⲙⲙⲟⲥ ϫⲉ ⲧⲁⲣⲭⲏ ⲛϣⲱⲡⲓ ϩⲓ ⲡϣⲁϥⲉ ⲉⲧⲁⲥϣⲱⲡⲓ ⲉⲃⲟⲗϩⲓⲧⲉⲛ ⲡⲓⲙⲁⲕⲁⲣⲓⲟⲥ ⲏⲗⲓⲁⲥ ⲡⲓⲟⲉϣϭⲏⲧⲏⲥ ⲛⲉⲙ ⲓⲱⲁⲛⲛⲏⲥ ⲡⲓⲣⲉϥϯⲱⲙⲥ ⲁⲗⲗⲁ ⲙⲉⲛ ⲛϣⲟⲃ ⲟⲩⲟⲛϩ ⲉⲃⲟⲗ ϫⲉ ⲏⲗⲓⲁⲥ ⲁϥⲉⲣ ⲥⲁ ⲛϣⲱⲓ ⲛⲛⲓⲙⲟⲛⲁⲭⲟⲥ ⲓⲱⲁⲛⲛⲏⲥ ⲙⲡⲁⲧⲟⲩⲙⲁⲥϥ ⲣⲱ ⲁϥⲉⲣⲡⲣⲟⲫⲏⲧⲉⲩⲓⲛ[3]. ϩⲁⲛ ⲕⲉⲭⲱⲟⲩⲛⲓ ⲇⲉ ⲟⲛ ⲕⲁⲧⲁ ⲡⲟⲩⲙⲉⲩⲓ ⲙⲙⲁⲧⲁⲧⲟⲩ ⲛⲁⲩϫⲱ ⲙⲙⲟⲥ ⲡⲉ ϫⲉ ⲁⲃⲃⲁ ⲁⲛⲧⲱⲛⲓⲟⲥ[4] ⲛϣⲟⲣⲡ ⲁϥϣⲱⲡⲓ ϩⲓ ⲡϣⲁϥⲉ ⲟⲩⲟϩ ϫⲉ ⲛⲑⲟϥ ⲛϣⲟⲣⲡ ⲁϥⲧⲁϩⲉ ⲡϩⲱⲃ ⲉⲣⲁⲧϥ. ⲉϣⲱⲡ ⲛⲧⲉⲛϧⲟⲧϩⲉⲧ ⲁⲕⲣⲓⲃⲱⲥ ⲧⲉⲛⲛⲁϫⲉⲙⲉ ⲁⲛ ⲉⲁⲃⲃⲁ ⲁⲛ-

TRADUCTION

LA VIE DE L'ABBÉ PAUL LE SAINT ANACHORÈTE

Une foule de fois, il advint une discussion et une recherche de la part des saints moines qui ont été dans le pays d'Égypte: ils disaient : « Qui donc a le premier habité dans le désert? » Les uns, à la vérité, firent souvenir de ceux qui furent, dès le commencement, des hommes saints, en disant : « Les premiers qui habitaient le désert[5] ont été le bienheureux Élie et Jean le Baptiste. » Mais il est évident qu'Élie a existé avant les moines : Jean a prophétisé avant d'être né. D'autres, n'ayant que leur seul souvenir, disaient: « Abba Antoine, le premier, a demeuré dans le désert, » et : « le premier, il a établi la chose.» Si nous faisons une enquête avec exactitude, nous ne trou-

---

1. Cod. ⲡⲁⲩⲗⲥ. — Cette vie est tirée du *Cod. cat. Copt.* n° LXIV, fol. 31 à fol. 39, r. — 2. On lisait cette vie premier samedi du Carême, comme l'indique cette note à la marge: ⲡⲓⲥⲁⲃⲃⲁⲧⲟⲛ ⲛϩⲟⲩⲓⲧ ⲛⲧⲉ ⲡⲓϫⲙ. — 3. Cod. ⲁϥⲉⲣⲡⲣⲟⲫⲏⲧⲉⲩⲓⲛ. — 4. Cod. ⲁⲛⲧⲱⲛⲓ. — 5. Mot à mot : « Le commencement d'habiter dans le désert a été Élie, etc. »

1

ⲧⲱⲙⲟⲥ¹ (-ⲡⲥ-) ⲝⲉ ⲛⲑⲟϥ ⲡⲉ ⲉⲧⲁϥϫⲉⲙ ⲧⲁⲣⲭⲏ ⲙ̄ⲡϣⲁϥⲉ ⲛ̄ϣⲟⲣⲡ ⲁⲗⲗⲁ ⲡⲓⲙⲁⲕⲁⲣⲓⲟⲥ ⲁⲃⲃⲁ ⲡⲁⲩⲗⲟⲥ² ⲡⲉ.

ⲁⲛⲉⲣⲁⲡⲁⲛⲧⲁⲛ ⲅⲁⲣ ⲉⲛⲓⲙⲁⲑⲏⲧⲏⲥ³ ⲛ̄ⲧⲉ ⲡⲓⲙⲁⲕⲁⲣⲓⲟⲥ ⲁⲃⲃⲁ ⲁⲛⲧⲱⲛⲓⲟⲥ ⲉⲧⲉ ⲛⲏ ⲛⲉ ⲉⲧⲁⲩⲑⲟⲙⲥϥ ⲟⲩⲟϩ ⲁⲩⲧⲁⲙⲟⲛ ϫⲉ ⲁⲃⲃⲁ ⲡⲁⲩⲗⲟⲥ⁴ ⲡⲓⲣⲉⲙ ⲣⲏⲥ ⲛⲑⲟϥ ⲁϥⲉⲣ ϩⲏⲧⲥ ⲛ̄ϣⲱⲡⲓ ϩⲓ ⲡϣⲁϥⲉ ⲛ̄ϣⲟⲣⲡ ⲟⲩⲟϩ ⲁ ⲡⲉⲛϩⲏⲧ ⲑⲱⲧ ϩⲱⲛ ϧⲉⲛ ⲛⲁⲓⲥⲁϫⲓ. ⲉⲡⲉⲓⲇⲏ⁵ ⲟⲩⲟⲛ ϩⲁⲛ ⲟⲩⲟⲛ ϫⲱ ⲙⲙⲟⲥ ϫⲉ ⲁⲃⲃⲁ ⲁⲛⲧⲱⲛⲓⲟⲥ ⲁϥϣⲱⲡⲓ ⲛ̄ϣⲟⲣⲡ ⲉⲑⲃⲉ ⲫⲁⲓ ⲁⲓⲓⲏⲥ ⲙⲙⲟⲓ ⲉⲥϧⲉ ϩⲁⲛ ⲕⲟⲩϫⲓ ⲛⲱⲧⲉⲛ ⲉⲑⲃⲉ ⲡⲓⲙⲁⲕⲁⲣⲓⲟⲥ ⲁⲃⲃⲁ ⲡⲁⲩⲗⲟⲥ⁶ ⲡⲓⲁⲛⲁⲭⲱⲣⲓⲧⲏⲥ⁷ ⲉⲑⲟⲩⲁⲃ ϫⲉ ⲡⲱⲥ ⲁϥⲉⲣ ϩⲏⲧⲥ ⲟⲩⲟϩ ⲁϥϫⲱⲕ ⲉⲃⲟⲗ.

ⲁϥϣⲱⲡⲓ ⲇⲉ ϧⲉⲛ ⲡⲓⲥⲏⲟⲩ ⲛ̄ⲧⲉ ⲇⲏⲕⲓⲟⲥ⁸ ⲛ̄ⲇⲓⲱⲕⲧⲏⲥ ⲛⲉⲙ ⲟⲩⲁⲗⲉⲣⲓⲁⲛⲟⲥ ⲁ ⲕⲟⲣⲛⲏⲗⲓⲟⲥ⁹ ϫⲱⲕ ⲙ̄ⲡⲁⲅⲱⲛ ⲛ̄ⲧⲉ ϯⲙⲉⲧⲙⲁⲣⲧⲩⲣⲟⲥ ⲉⲃⲟⲗ ϧⲉⲛ ⲣⲱⲙⲏ ϯⲙⲉⲧⲣⲟⲡⲟⲗⲓⲥ¹⁰ ⲉϩⲣⲏⲓ ⲉϫⲉⲛ ⲫⲣⲁⲛ ⲙ̄ⲡⲉⲛⲟⲥ ⲓⲏⲥ ⲡⲭⲥ. ⲡⲓⲙⲁⲕⲁⲣⲓⲟⲥ ⲇⲉ ⲁⲃⲃⲁ ⲡⲁⲩⲗⲟⲥ¹¹ ⲛⲁϥϣⲟⲡ ⲡⲉ ⲛⲉⲙ ⲧⲉϥⲥⲱⲛⲓ ⲉⲣⲉ ⲟⲩⲟⲛ ⲟⲩⲣⲱⲙⲓ ⲛ̄ⲧⲁⲥ ⲉⲁⲩⲙⲟⲩ ⲛ̄ϫⲉ ⲛⲟⲩⲓⲟϯ ⲁⲩⲭⲁ ⲟⲩⲛⲓϣϯ ⲙ̄ⲙⲉⲧⲣⲁⲙⲁⲟ ⲛⲱⲟⲩ. ⲛⲁⲣⲉ ⲡⲁⲩⲗⲟⲥ¹² ⲇⲉ ⲡⲉ ϧⲉⲛ ⲓⲋ ⲛ̄ⲣⲟⲙⲡⲓ ⲛⲁϥϭⲓ ⲥⲃⲱ ⲇⲉ ⲡⲉ ⲉⲛⲓⲥϧⲁⲓ

verons pas que ce fut Antoine qui, le premier, a commencé d'habiter le désert[13]; mais c'est le bienheureux abba Paul.

Car nous avons rencontré les disciples du bienheureux abba Antoine, ceux qui l'ont enseveli, et ils nous ont informé que l'abba Paul, l'homme du midi, a commencé d'habiter le premier dans le désert, et notre cœur a été persuadé par ces discours. Mais comme quelques-uns disaient qu'abba Antoine a été le premier, je me suis hâté, à cause de cela, d'écrire quelques (mots) pour vous au sujet du bienheureux abba Paul, le saint anachorète, à savoir comment il a commencé et comment il a fini.

Or, il arriva, au temps de Decius le persécuteur et de Valerianus, (que) Cornelius acheva son martyre à Rome, la métropole, pour le nom de Notre Seigneur Jésus le Christ. Mais le bienheureux abba Paul habitait avec sa sœur, qui avait un homme : leurs parents étant morts, ils leur laissèrent une grande richesse. Paul était en seize ans; il avait appris les écritures........
. . . .

---

1. *Cod.* ⲁⲛⲧⲱⲛⲓ. — 2. *Cod.* ⲡⲁⲩⲗⲉ. — 3. *Cod.* ⲙⲁⲟⲑⲏⲥ. — 4. *Cod.* ⲡⲁⲩⲗⲉ. — 5. *Cod.* ⲉⲡⲓⲇⲏ. — 6. *Cod.* ⲡⲁⲩⲗⲉ. — 7. *Cod.* ⲡⲓⲁⲛⲁⲭⲱⲣⲓⲧⲏⲥ. — 8. *Cod.* ⲇⲏⲕⲓⲁⲥ. — 9. *Cod.* ⲕⲟⲣⲛⲏⲗⲓⲟⲥ. — 10. *Cod.* ϯⲙⲉⲧⲣⲟⲡⲟⲗⲓⲥ. — 11. *Cod.* ⲡⲁⲩⲗⲉ. — 12. *Cod.* ⲡⲁⲩⲗⲉ. — 13. Mot à mot : « Qui a trouvé d'abord le commencement du désert. »

ⲛⲟⲩ- (-ⲡ̄ⲍ̄-)¹ . . . .
ⲉⲧ . . . ⲉⲡⲓⲫⲁⲛ . . . ϭⲟⲍⲓ ⲁ . . . ⲉⲟⲧⲧⲱ . . . ϫⲟⲣϫⲥ ⲛ . . . . ⲛⲓ ⲁϥⲉⲣ . . . .
ⲙⲡⲓϫⲓ ⲛⲛϣ . . . . ϥⲉ ϧⲉⲛ ⲡ . . . . ⲙⲁⲗⲗⲟⲛ . . . . (-ⲡ̄ⲏ̄-) . . . .
ⲙⲁⲕⲁⲣⲓⲟⲥ . . . . ⲉⲧⲉⲙⲙⲁⲩ . . . . ϥⲙⲟϣⲓ . . . . . . ϧⲓ . .
ϫⲓ ⲛⲱⲛϧ . . . . . . ⲛϩⲱϥ ⲡⲉ . . . . ⲛⲁϥⲭⲏ . . . .

(-ⲡ̄ⲑ̄-) ϩⲱϥ ⲡⲉ ϧⲉⲛ ϥ̄ ⲛⲣⲟⲙⲡⲓ ⲁϥϫⲟⲥ ⲛⲁⲛ ⲛⲟⲩⲥⲟⲡ ϫⲉ ⲁⲓϭⲟϫⲛⲓ
ⲙⲡⲁϩⲏⲧ ⲛⲟⲩⲥⲛⲟⲩ ⲉⲓϫⲱ ⲙⲙⲟⲥ ϫⲉ ϩⲁⲣⲁ ⲙⲡⲉ ⲕⲉⲙⲟⲛⲁⲭⲟⲥ ϣⲱⲡⲓ
ϧⲉⲛ ⲡⲁⲓϣⲁϥⲉ ⲉⲧⲥⲁϧⲟⲩⲛ ⲙⲙⲟⲓ. ⲟⲩⲟϩ ⲁϥϣⲱⲡⲓ ϧⲉⲛ ⲡⲓⲉϫⲱⲣϩ ⲉⲧⲁⲓ-
ⲥⲟϭⲛⲓ ϧⲉⲛ ⲡⲁϩⲏⲧ ⲙⲙⲟϥ ⲙⲙⲁⲩⲁⲧ ⲥⲁⲧⲟⲧϥ ϫⲉ ϧⲉⲛ ⲡⲓⲉϫⲱⲣϩ ⲉⲧⲉⲙⲙⲁⲩ ⲁ ⲫ̄ⲧ̄ ϭⲱⲣⲡ ⲛⲏⲓ ⲉⲃⲟⲗ ⲡⲉϫⲁϥ ⲛⲏⲓ ⲙⲡⲁⲓⲣⲏϯ ϫⲉ ⲉⲧⲓ ⲕⲉⲟⲩⲁⲓ
ⲥⲁϧⲟⲩⲛ ⲙⲙⲟⲕ ϧⲉⲛ ⲡⲁⲓϣⲁϥⲉ ⲛⲁⲛⲉϥ ⲉϩⲟⲧⲉⲣⲟⲕ ⲟⲩⲟϩ ⲛⲉ ⲡⲉⲧⲥϣⲉ
ⲡⲉ ⲛⲧⲉⲕⲓⲏⲥ ⲙⲙⲟⲕ ⲉⲉⲣⲁⲡⲁⲛⲧⲁⲛ ⲉⲣⲟϥ ϧⲉⲛ ⲟⲩⲣⲁϣⲓ ⲉϥⲟϣ.

ⲉⲧⲁ ⲡⲓⲉϩⲟⲟⲩ ϫⲉ ϣⲱⲡⲓ ⲁϥⲧⲱⲛϥ ⲛϫⲉ ⲡⲓⲙⲁⲕⲁⲣⲓⲟⲥ ⲁⲃⲃⲁ ⲁⲛⲧⲱⲛⲓⲟⲥ
ⲁϥⲓ ⲉⲃⲟⲗ ⲉϥⲙⲟϣⲓ ⲉⲣⲉ ⲡⲉϥϣⲃⲱⲧ ⲙⲃⲁⲓ ϧⲉⲛ ⲧⲉϥϫⲓϫ ⲉⲁϥⲟⲩⲁϩϥ ⲉϫⲱϥ
ⲟⲩⲟϩ ⲁϥⲉⲣ ϩⲏⲧⲥ ⲙⲙⲟϣⲓ ⲕⲁⲧⲁ ⲡⲉϥⲙⲉⲩⲓ ⲙⲙⲓⲛ ⲙⲙⲟϥ ⲛϥⲉⲙⲓ ⲁⲛ ϫⲉ
ⲁϥⲙⲟϣⲓ ⲉⲑⲱⲛ ⲟⲩⲇⲉ ϫⲉ ⲁϣ ⲡⲉ ⲡⲓⲙⲱⲓⲧ ⲛⲧⲉ ⲡⲓⲁⲅⲓⲟⲥ. ⲉⲧⲁ ⲙⲉⲣⲓ ϫⲉ
ϣⲱⲡⲓ ⲟⲩⲟϩ ⲉⲧⲁ ⲡⲓⲣⲏ ϫⲉⲙϫⲟⲙ ⲁ ⲡⲓⲕⲁⲩⲙⲁ ϫⲉⲙϫⲟⲙ ⲟⲛ ⲙⲡⲉ

. . . .
. . . .
. . . .
. . . .

Il était en quatre-vingt-dix ans. Il nous dit une fois : « Je réfléchis un jour en mon cœur, disant : Est-ce qu'il n'y a point eu d'autre moine habitant ce désert en dehors de moi? Et il arriva que c'était la nuit que je réfléchissais seul en mon cœur; aussitôt, en cette nuit-là, le Seigneur m'apparut; il me parla ainsi : « Il y a encore un autre (homme) dans ce désert, en dehors de toi; il vaut mieux que toi et il faut que tu te hâtes pour le rencontrer dans une grande joie. » Lorsque le jour eut paru, le bienheureux Antoine se leva, il sortit, se mit en marche, son bâton de palmier à la main : il s'appuyait dessus et il commença de marcher selon sa pensée elle-même², ne sachant pas dans quel endroit il marchait, ni quel était le lieu du saint. Lorsqu'il fut midi et que le soleil eut pris de la force, la chaleur devint forte aussi ; le

---

1. Lacune d'un folio. Je crois qu'il y avait plus d'un feuillet. — 2. C'est-à-dire n'ayant d'autre genèse que sa pensée.

ⲡⲓⲙⲁⲕⲁⲣⲓⲟⲥ ⲛϧⲉⲗⲗⲟ ⲁⲃⲃⲁ ⲁⲛⲧⲱⲛⲓⲟⲥ ⲣⲓⲕⲓ ⲥⲁⲃⲟⲗ ⲙⲡⲓⲙⲱⲓⲧ ⲉϥϫⲱ
ⲙⲙⲟⲥ (-ϥ̄-) ϫⲉ ϯⲛⲁϩϯ ϫⲉ ⲫ̄ϯ̄ ⲛⲁⲭⲁⲧ ⲛⲥⲱϥ ⲁⲛ ⲁⲗⲗⲁ ⲉϥⲉⲧⲁⲙⲟⲓ
ⲉⲡⲉϥⲃⲱⲕ ⲫⲏ ⲉⲧⲁϥϫⲟⲥ ⲛⲏⲓ ⲉⲑⲃⲏⲧϥ. ϩⲱⲥ ⲇⲉ ⲉϥⲥⲁϫⲓ ⲁϥⲥⲟⲙⲥ ⲁϥⲛⲁⲩ
ⲉⲟⲩⲣⲱⲙⲓ ⲉϥⲟⲓ ⲛⲣⲏϯ ⲃ̄ ⲧⲉϥⲫⲁϣⲓ ⲉⲥⲟⲓ ⲛⲣⲱⲙⲓ ⲧⲉϥⲕⲉⲫⲁϣⲓ ⲛⲉ ⲟⲩϩⲑⲟ
ⲡⲉ ⲉⲧⲉ ⲫⲁⲓ ⲡⲉ ⲫⲏ ⲉⲧⲟⲩⲙⲟⲩϯ ⲉⲣⲟϥ ⲛϫⲉ ⲛⲓⲥⲁⲃⲉⲩ ϫⲉ ⲓⲡⲡⲟⲕⲉⲛⲧⲁⲩⲣⲟⲥ[1]
ⲁϥⲙⲟⲩϯ ⲟⲩⲛ ⲉⲣⲟϥ ⲛϫⲉ ⲡⲓⲙⲁⲕⲁⲣⲓⲟⲥ ⲁⲃⲃⲁ ⲁⲛⲧⲱⲛⲓⲟⲥ ⲡⲉϫⲁϥ ⲛⲁϥ
ϫⲉ ⲁⲓϭⲉⲣⲟⲕ ⲛⲑⲟⲕ ⲁⲣⲉ ⲡⲓⲣⲱⲙⲓ ⲛⲧⲉ ⲫ̄ϯ̄ ϣⲟⲡ ⲛⲑⲱⲛ ϧⲉⲛ ⲡⲁⲓⲙⲱⲓⲧ.
ⲁϥⲉⲣ ⲟⲩⲱ ⲛⲁϥ ϧⲉⲛ ⲟⲩϫⲓ ⲛⲥⲁϫⲓ ⲙⲙⲉⲧⲃⲁⲣⲃⲁⲣⲟⲥ ⲉⲣⲉ ⲣⲱϥ ϩⲓ ϩⲉⲗⲓ
ⲉⲃⲟⲗ. ⲁϥⲙⲟϣⲓ ⲇⲉ ⲛϫⲉ ⲡⲓⲙⲁⲕⲁⲣⲓⲟⲥ ⲛϧⲉⲗⲗⲟ ⲉϥⲕⲱϯ ⲛⲥⲁ ⲡⲓⲙⲱⲓⲧ.
ⲉⲧⲁϥⲉⲣ ϣⲫⲏⲣ ⲛϫⲉ ⲡⲓⲙⲁⲕⲁⲣⲓⲟⲥ ⲁⲃⲃⲁ ⲁⲛⲧⲱⲛⲓⲟⲥ ⲁ ⲡⲓⲑⲏⲣⲓⲟⲛ ⲉⲧⲉⲙ
ⲙⲁⲩ ⲫⲱⲧ ⲉⲃⲟⲗϩⲁ ⲡⲉϥϩⲟ ⲉϥⲛⲏⲗ ⲉⲟⲩⲙⲁ ⲉϥⲟⲩⲉⲥⲑⲱⲛ[2] ⲛⲑⲟϥ ⲡⲉ
ⲡⲓⲇⲓⲁⲃⲟⲗⲟⲥ ⲉⲁϥϣⲓⲃϯ ⲙⲡⲉϥⲥⲭⲩⲙⲁ ⲙⲫⲣⲏϯ ⲛⲟⲩⲓⲡⲡⲟⲕⲉⲛⲧⲁⲩⲣⲟⲥ[3].
ⲟⲩⲟϩ ⲁϥⲉⲣ ϣⲫⲏⲣⲓ ⲛϫⲉ ⲁⲃⲃⲁ ⲁⲛⲧⲱⲛⲓⲟⲥ ⲉϥϫⲱ ⲙⲙⲟⲥ ϫⲉ ⲡⲱⲥ
ⲁϥϣⲉⲃⲓⲱⲧϥ ⲉⲡⲁⲓⲑⲏⲣⲓⲟⲛ ⲟⲩⲟϩ ⲁϥⲟⲩⲟⲛϩϥ ⲉⲃⲟⲗ. ⲁϥϣⲱⲡⲓ ⲇⲉ ⲉⲧⲁϥⲓ
ⲉⲧϩⲏ ⲛⲕⲉⲕⲟⲩϫⲓ ⲁϥⲛⲁⲩ ⲉⲟⲩⲣⲱⲙⲓ ⲉϥⲟⲛⲓ ⲙⲙⲟϥ ⲉϥⲟⲓ ⲛⲭⲁⲃⲓⲃ ⲟⲩⲟϩ
ⲉϥⲟϩⲓ ⲉⲣⲁⲧϥ ϩⲓϫⲉⲛ ⲟⲩⲱⲛⲓ ⲉⲣⲉ ⲟⲩⲟⲛ ϩⲁⲛ ⲧⲁⲡ ϩⲓ ϫⲱϥ ⲛⲉⲙ ⲧⲉϥⲧⲉϩⲛⲓ.

bienheureux abba Antoine ne s'écarta pas du chemin [4], disant : « Je sais que le Seigneur ne m'abandonnera pas, mais qu'il me montrera son serviteur, celui dont il m'a parlé ! » Comme il parlait, il regarda, il vit un homme qui était de deux natures, par moitié homme et par moitié cheval [5], c'est-à-dire ce que les savants nomment hippocentaure. Le bienheureux abba Antoine l'appela ; il lui dit : « Je te le demande à toi, où habite l'homme de Dieu en cet endroit ? » Il lui répondit dans une langue barbare : sa bouche jetait la terreur. Le bienheureux vieillard marcha, cherchant le chemin. Et lorsque le bienheureux abba Antoine se fut fait (son) compagnon, cette bête s'enfuit de devant sa face, entrant dans la plaine [6]. C'était le diable qui avait changé sa forme en la manière d'un hippocentaure. Et abba Antoine s'étonna, disant : « Comment s'est-il changé en cet animal et s'est-il montré ? » Il arriva, lorsqu'il fut allé encore un peu en avant, qu'il vit un homme semblable à lui-même, poilu, se tenant sur une pierre : il avait des cornes à la tête et au front.

---

1. Cod. ⲩⲡⲟⲕⲉⲛⲧⲁⲩⲣⲟⲥ. — 2. Cod. ⲉϥⲟⲩⲉⲥⲑⲱⲛ = ⲁϣ. — 3. Cod. ⲛⲟⲩⲓⲡⲟⲕⲉⲛⲧⲁⲩⲣⲟⲥ. — 4. C'est-à-dire : ne cessa point de marcher. — 5. Mot à mot : « Qui était de deux manières ; sa moitié était homme, et son autre moitié cheval. » — 6. Mot à mot : « Dans un lieu large... »

ⲉⲧⲁϥⲛⲁⲩ ⲉⲣⲟϥ ⲛϫⲉ ⲁⲃⲃⲁ ⲁⲛⲧⲱⲛⲓⲟⲥ ⲁϥϯ ϩⲓⲱⲧϥ ⲛⲑⲉⲗⲗⲓⲯ ⲛⲧⲉ
ⲡⲛⲁϩϯ ⲛⲉⲙ ϯϣⲉⲃϣⲓ ⲛⲧⲉ ϯⲙⲉⲑⲙⲏⲓ ⲡⲉϫⲁϥ ⲛⲁϥ ϫⲉ ⲛⲑⲟⲕ ⲛⲓⲙ ⲫⲏ
ⲉϯⲛⲁⲩ ⲉⲣⲟϥ. ⲁϥⲉⲣ ⲟⲩⲱ ⲛⲁϥ ⲛϫⲉ ⲫⲏ ϫⲉ ⲁⲛⲟⲕ ⲟⲩⲣⲉϥⲙⲱⲟⲩⲧ ⲉⲓϣⲟⲡ
ϧⲉⲛ ⲡⲁⲓϣⲁϥⲉ. ⲛⲉ ⲫⲁⲓ ⲟⲩⲟⲛ ⲟⲩⲁⲓ ⲡⲉ ⲉⲃⲟⲗϧⲉⲛ ⲛⲏ ⲉⲧⲁⲩⲙⲟⲩϯ ⲉⲣⲱⲟⲩ
ⲛϫⲉ ⲛⲓⲉⲑⲛⲟⲥ ϫⲉ ⲥⲁⲧⲩⲣⲟⲥ[1] ⲛⲁⲓ ⲅⲁⲣ ⲛⲉ ⲛⲏ ⲉⲧⲁⲩⲉⲣ ϩⲁⲗ ⲛⲛⲓⲯⲩⲭⲏ
ⲛⲧⲉ ⲛⲓⲟⲩⲉⲓⲛⲓⲛ ϣⲁⲧⲟⲩⲉⲣ ϣⲁⲙϣⲉ ⲓϧ. ϩⲱⲥ ⲇⲉ ⲉⲣⲉ ⲡⲓⲑⲏⲣⲓⲟⲛ ϫⲱ ⲛⲛⲁⲓ
ⲥⲁϫⲓ ⲁ ⲡⲓⲙⲁⲕⲁⲣⲓⲟⲥ ⲛϧⲉⲗⲗⲟ ⲙⲟϣⲓ ϩⲓ ⲡⲉϥⲙⲱⲓⲧ ⲉⲣⲉ ⲛⲉϥⲉⲣⲙⲱⲟⲩⲓ
ϩⲓⲱⲟⲩⲧ ⲉϫⲉⲛ ⲡⲓⲕⲁϩⲓ ⲉϥⲣⲁϣⲓ ϩⲓϫⲉⲛ ⲡⲱⲟⲩ ⲙⲡⲭ̅ⲥ̅ ⲛⲉⲙ ⲉϫⲉⲛ ⲡⲧⲁⲕⲟ
ⲙⲡⲓⲇⲓⲁⲃⲟⲗⲟⲥ ⲟⲩⲟϩ ⲛⲁϥⲉⲣ ϣⲫⲏⲣⲓ ⲡⲉ ϫⲉ ⲁϥϫⲉⲙϫⲟⲙ ⲉⲕⲁϯ ⲉϯ
ⲛⲥⲁϫⲓ ⲛⲧⲉ ⲡⲓⲑⲏⲣⲓⲟⲛ ⲉⲧⲉⲙⲙⲁⲩ. ⲟⲩⲟϩ ⲉⲧⲁϥⲕⲱⲗϩ ⲙⲡⲉϥϣⲃⲱⲧ (ϥⲁ-)
ⲉⲧϧⲉⲛ ⲧⲉϥϫⲓϫ ⲉϫⲉⲛ ⲡⲓⲕⲁϩⲓ ⲟⲩⲟϩ ⲡⲉϫⲁϥ ϫⲉ ⲟⲩⲟⲓ ⲛⲁⲥ (ⲥⲓⲥ) ⲣⲁⲕⲟϯ ⲟⲩⲟⲓ
ⲛϯⲃⲁⲕⲓ ⲛⲧⲉ ⲛⲓⲁⲥⲉⲃⲏⲥ ⲑⲏ ⲉⲧⲁⲩⲑⲱⲟⲩϯ ⲉⲣⲟⲥ ⲛϫⲉ ⲛⲓⲇⲁⲓⲙⲱⲛ[2] ⲧⲏⲣⲟⲩ
ⲛⲧⲉ ⲡⲁⲓⲑⲟ. ⲟⲩⲟϩ ⲁϥⲙⲟϣⲓ ⲟⲛ ⲛϫⲉ ⲡⲓⲙⲁⲕⲁⲣⲓⲟⲥ ⲁⲛⲧⲱⲛⲓⲟⲥ ⲉϥⲟⲩⲱϣ
ⲉϫⲱⲕ ⲙⲡⲉϥⲙⲱⲓⲧ ⲉⲃⲟⲗ ⲫⲏ ⲉⲛⲁϥⲙⲟϣⲓ ⲛϧⲏⲧϥ ⲉϥⲕⲱϯ ⲛⲥⲁ ⲡⲓⲃⲱⲕ
ⲛⲧⲉ ⲡⲭ̅ⲥ̅ ⲟⲩⲟϩ ⲛⲁϥⲙⲟⲕⲙⲉⲕ ⲛϧⲣⲏⲓ ⲛϧⲏⲧϥ ⲡⲉ ϫⲉ ⲉϥⲛⲁⲉⲣ ⲟⲩ ⲓⲉ
ⲉϥⲛⲁⲙⲟϣⲓ ⲉⲑⲱⲛ. ⲁϥϫⲟⲩϣⲧ ⲇⲉ ⲉⲫⲟⲩⲟⲥⲧⲉⲛ ⲙⲡⲓⲧⲱⲟⲩ ⲁϥⲛⲁⲩ ⲉϩⲁⲛ
ⲙⲏϣ ⲛϣⲉ ⲛⲧⲁⲧⲥⲓ ⲛⲧⲉ ⲛⲓⲑⲏⲣⲓⲟⲛ ⲡⲓⲉϩⲟⲟⲩ ⲇⲉ ⲛⲉⲁϥϭⲓⲛⲓ ⲡⲉ ⲟⲩⲟϩ

Lorsque abba Antoine l'eut vu, il se revêtit de la cuirasse de la foi et du bouclier de la justice, il lui dit : « Qui es-tu, toi que je vois ? » Il lui répondit : « Je suis un mort, moi qui habite en ce désert. » C'était un de ceux que les Gentils appellent satyre, car ce sont eux qui trompent les âmes des Grecs, au point qu'ils adorent les démons. Lorsque l'animal eut dit cela, le bienheureux vieillard le suivit[3] : ses larmes coulaient à terre, comme il se réjouissait de la gloire du Christ et de la ruine du diable; il s'étonnait d'avoir pu comprendre le langage de cet animal. Et, lorsqu'il eut frappé le bâton qui était entre ses mains contre la terre, il dit : « Malheur à toi, Rakoti ; malheur à la ville des impies, où se réunissent tous les démons de cet univers ! » Et le bienheureux Antoine marcha, désirant achever la route qu'il faisait à la recherche[4] du serviteur du Christ, et il réfléchissait en lui, se demandant ce qu'il ferait et où il irait[5]. Or, il regarda la partie large de la montagne, il vit des foules de traces d'animaux sauvages. Le jour était

---

1. *Cod.* ⲥⲁⲧⲏⲣⲟⲥ. — 2. *Cod.* ⲇⲉⲙⲱⲛ. — 3. Mot à mot : « Le vieillard marcha dans son chemin. » — 4. Mot à mot : « Le chemin qu'il marchait cherchant, etc. » — 5. Mot à mot : « Il réfléchissait en lui, à savoir, que fera-t-il, où ira-t-il. »

ⲛⲁϥⲙⲟⲕⲙⲉⲕ ⲛϧⲣⲏⲓ ⲛϧⲏⲧϥ ⲉϥϫⲟⲩϣⲧ ⲉⲃⲟⲗ ⲟⲩⲟϩ ⲛⲁϥϫⲱ ⲙⲙⲟⲥ ⲡⲉ ϫⲉ ⲟⲩϩⲱⲃ ⲛⲁⲧϫⲟⲙ ⲡⲉ ⲫⲁⲓ ⲉⲑⲣⲉϥⲭⲁⲧ ⲛⲥⲱϥ ⲛϫⲉ ⲫϯ. ⲛⲁϥⲙⲟϣⲓ ⲇⲉ ⲡⲉ ϧⲉⲛ ⲡⲓⲉϫⲱⲣϩ ⲉϥⲉⲣⲏⲛ ⲉϯⲡⲣⲟⲥⲉⲩⲭⲏ. ⲉⲧⲁ ϣⲱⲣⲡ ⲇⲉ ϣⲱⲡⲓ ϩⲏⲡⲡⲉ ⲁϥⲛⲁⲩ ⲉⲟⲩⲛⲓϣϯ ⲛϩⲟⲩⲓ ⲉⲥϭⲟϫⲓ ⲟⲩⲟϩ ⲉⲥⲛⲓϥⲓ ⲉⲃⲟⲗ ⲉⲙⲁϣⲱ ⲉⲥⲛⲁ ⲉⲡϣⲱⲓ ⲉϫⲉⲛ ⲧⲁⲫⲉ ⲙⲡⲓⲧⲱⲟⲩ ⲟⲩⲟϩ ⲁϥⲙⲟϣⲓ ⲛⲥⲱⲥ. ⲉⲧⲁϥϧⲱⲛⲧ ⲇⲉ ⲉⲡⲓⲃⲏⲃ ⲁϥⲛⲁⲩ ⲉⲡⲓⲑⲏⲣⲓⲟⲛ ⲉϥϧⲁⲗ ⲉϧⲟⲩⲛ ⲉⲣⲟϥ (-ϥⲃ-) ⲟⲩⲟϩ ⲉⲧⲁϥⲥⲟⲙⲥ ⲉϧⲟⲩⲛ ⲁϥⲛⲁⲩ ⲉⲧⲁⲅⲁⲡⲏ ⲉⲥϫⲏⲕ ⲉⲃⲟⲗ ⲉⲡⲓⲙⲁⲕⲁⲣⲓⲟⲥ ⲛϧⲉⲗⲗⲟ ⲁⲃⲃⲁ ⲡⲁⲩⲗⲟⲥ¹ ⲟⲩⲟϩ ⲁϥϩⲓ ϯϩⲟϯ ⲉⲃⲟⲗ ϩⲁⲣⲟϥ ⲁϥⲥⲟⲙⲥ ⲁϥⲛⲁⲩ ⲉⲟⲩⲱⲛⲓ ⲛϧⲣⲏⲓ ϧⲉⲛ ⲡⲓⲃⲏⲃ ⲁϥϣⲉ ⲛⲁϥ ⲁϥⲉⲗ ⲱⲛⲓ ⲁϥⲕⲱⲗϩ ⲉⲡⲓⲣⲟ.

ⲁⲥϣⲱⲡⲓ ⲇⲉ ⲉⲧⲁϥⲥⲱⲧⲉⲙ ⲛϫⲉ ⲡⲓⲙⲁⲕⲁⲣⲓⲟⲥ ⲛϧⲉⲗⲗⲟ ⲉⲡⲓⲥⲉⲛⲥⲉⲛ ⲛⲧⲉ ⲡⲓϣⲉ ⲛⲱⲛⲓ ⲁϥⲧⲱⲛ ϩⲱϥ ⲁϥⲱⲗⲓ ⲛⲟⲩⲛⲓϣϯ ⲛⲱⲛⲓ ⲁϥϩⲓⲧϥ ϩⲓⲣⲉⲛ ⲡⲓⲣⲟ ⲉⲃⲟⲗ ⲥⲁϧⲟⲩⲛ. ⲧⲟⲧⲉ ⲁⲃⲃⲁ ⲁⲛⲧⲱⲛⲓⲟⲥ² ⲁϥϩⲓⲧϥ ⲉϫⲉⲛ ⲡⲉϥϩⲟ ⲥⲁⲃⲟⲗ ⲙⲡⲓⲣⲟ ⲉϥϯ ϩⲟ ⲉⲡⲓϧⲉⲗⲗⲟ ϩⲓⲛⲁ ⲛⲧⲉϥⲭⲁϥ ⲉϧⲟⲩⲛ ⲟⲩⲟϩ ⲡⲉϫⲁϥ ⲛⲁϥ ϫⲉ ϯⲭⲏ ⲙⲙⲁⲩⲁⲧ ⲥⲁⲃⲟⲗ ⲧⲁⲓ ⲉⲧⲁⲓ ⲅⲁⲣ ⲁⲛⲟⲕ ⲉⲃⲟⲗϧⲉⲛ ⲟⲩⲙⲱⲓⲧ ⲉϥⲟⲩⲏⲟⲩ ⲟⲩⲟϩ ⲉⲧⲁⲓ ϫⲉ ⲛⲧⲁⲛⲁⲩ ⲉⲣⲟⲕ. ϯⲉⲙⲓ ⲇⲉ ϩⲱ ϫⲉ ϯⲙⲡϣⲁ ⲙⲙⲟⲕ ⲁⲛ ⲉⲑⲣⲓⲛⲁⲩ ⲉⲣⲟⲕ ⲓⲥϫⲉ ⲕϣⲟⲡ ⲛⲛⲓⲑⲏⲣⲓⲟⲛ ⲉⲣⲟⲕ ⲓⲉ ⲉⲑⲃⲉ ⲟⲩ

passé, et il réfléchissait en lui-même, regardant au loin, et il se disait : « Il est impossible que Dieu m'abandonne ! » Et il marcha pendant la nuit, priant assidûment. Et lorsque le jour eut paru, voici qu'il vit une grande hyène qui courait et soufflait grandement pour parvenir au sommet de la montagne : il la suivit et, lorsqu'il fut arrivé près de la caverne, il vit la bête y entrer, et, lorsqu'il eut regardé dedans, il vit l'amour parfait, le bienheureux vieillard Paul. Il chassa la crainte de lui, il regarda, il vit une pierre dans l'intérieur de la grotte [3], il marcha, il prit une pierre, il frappa à la porte.

Mais il arriva que, lorsque le bienheureux vieillard eut entendu le bruit du coup de pierre, il se leva aussi, il prit une grosse pierre et la jeta près de la porte, à l'intérieur. Alors, abba Antoine se jeta sur sa face, en dehors de la porte, priant le vieillard de le laisser entrer, et il lui dit : « Je suis seul au dehors, car je suis venu vers toi d'un endroit éloigné, et je suis venu pour te voir. Je sais aussi que je ne suis pas digne de te voir. Puisque tu reçois à toi

---

1. Cod. ⲡⲁⲩⲗⲉ. — 2. Cod. ⲁⲛⲧⲱⲛⲓ. — 3. Les traductions portent *une lumière* au lieu d'une pierre. J'ai conservé le mot *lumière* dans la préface; mais depuis j'ai fait réviser le texte, le manuscrit contient bien ⲉⲟⲩⲱⲛⲓ et non ⲉⲟⲩⲟⲩⲱⲓⲛⲓ. Peut-être est-ce là une faute ; mais peut-être est-ce aussi la véritable leçon. Dans ce cas, Antoine aurait aperçu la pierre dans la caverne, se serait avancé et aurait lui-même frappé avec une autre pierre.

ⲕϣⲱⲡ ⲙⲙⲟⲓ ⲉⲣⲟⲕ ⲁⲛ ⲁⲛⲟⲕ ϧⲁ ⲡⲓⲣⲱⲙⲓ. ⲁⲓⲕⲱϯ ⲟⲩⲟϩ ⲁⲓϫⲓⲙⲓ
ⲁⲓⲕⲱⲗϩ ⲉⲓⲉⲣⲑⲁⲣⲣⲉⲛ¹ ϫⲉ ⲛⲧⲟⲩⲟⲩⲱⲛ ⲛⲏⲓ. ⲉϣⲱⲡ ⲟⲩⲛ ⲁⲥϣⲧⲉⲙ-
ϣⲁϣⲛⲓ ⲉⲡⲁⲓϩⲱⲃ ϯⲛⲁⲙⲟⲩ ϩⲓⲣⲉⲛ ⲡⲉⲕⲣⲟ ϩⲓⲛⲁ ⲁⲕϣⲁⲛⲛⲁⲩ ⲉⲡⲁⲥⲱⲙⲁ
ⲛⲧⲉⲕⲑⲟⲙⲥϥ. (-ϭⲁ-) ⲉⲧⲁϥⲙⲟⲛⲓ ⲇⲉ ⲛⲧⲟⲧϥ ⲉϥϫⲱ ⲙⲙⲟⲥ ⲛⲛⲁⲓⲥⲁϫⲓ
ⲛⲁϥ ⲙⲟⲅⲓⲥ ⲇⲉ ⲁ ⲡⲓⲙⲁⲕⲁⲣⲓⲟⲥ ⲡⲁⲩⲗⲟⲥ ⲉⲣ ⲟⲩⲱ ⲛⲁϥ. ⲡⲉϫⲁϥ ⲛⲁϥ ϫⲉ
ⲙⲙⲟⲛ ϩⲗⲓ ⲉϥⲓⲛⲟⲩ ϧⲉⲛ ⲟⲩϫⲱⲛⲧ ⲟⲩⲇⲉ ⲙⲙⲟⲛ ϩⲗⲓ ⲛⲣⲱⲙⲓ ⲉϥϯ
ϣⲟϣⲧ. ⲉⲧⲁϥⲥⲁϫⲓ ⲛⲉⲙⲁϥ ϧⲉⲛ ϩⲁⲛ ⲥⲁϫⲓ ⲛϩⲗⲟϯ ⲁϥⲟⲩⲱⲛ ⲙⲡⲓⲣⲟ
ⲛⲁϥ ⲟⲩⲟϩ ⲁⲩⲙⲟⲩⲗϫ ⲉϧⲟⲩⲛ ⲉⲛⲟⲩⲉⲣⲏⲟⲩ ⲁⲩϯ ⲫⲓ ⲉⲛⲟⲩⲉⲣⲏⲟⲩ ϧⲉⲛ
ⲟⲩⲫⲓ ⲉⲥⲟⲩⲁⲃ ⲟⲩⲟϩ ⲁ ⲡⲓⲟⲩⲁⲓ ⲡⲓⲟⲩⲁⲓ ⲙⲙⲱⲟⲩ ⲟⲩⲱⲛϩ ⲙⲡⲉϥⲣⲁⲛ
ⲙⲡⲉϥϣⲫⲏⲣ.

ⲁⲥϣⲱⲡⲓ ⲇⲉ ⲙⲉⲛⲉⲛⲥⲁ ⲛⲁⲓ ⲁ ⲡⲓⲙⲁⲕⲁⲣⲓⲟⲥ ⲡⲁⲩⲗⲟⲥ ϩⲉⲙⲥⲓ ⲉⲟⲩⲥⲟⲡ²
ⲛⲉⲙ ⲁⲃⲃⲁ ⲁⲛⲧⲱⲛⲓⲟⲥ ⲟⲩⲟϩ ⲡⲉϫⲁϥ ⲛⲁϥ ϫⲉ ⲉⲑⲃⲉ ⲟⲩ ⲁⲕϯ ⲙⲡⲁⲓⲛⲓϣϯ
ⲛϧⲓⲥⲓ ⲛⲁⲕ ⲟⲩⲟϩ ⲁⲕⲓ ⲉⲕⲙⲟϣⲓ ϧⲉⲛ ⲡⲁⲓⲙⲱⲓⲧ ⲧⲏⲣϥ ⲉⲕⲕⲱϯ ⲛⲥⲁ ⲟⲩϧⲉⲗⲗⲱ ⲉⲁϥⲕⲏⲛ ⲉⲃⲟⲗ ⲉⲃⲟⲗ ⲟⲩⲟϩ ⲙⲉⲛⲉⲛⲥⲁ ⲕⲉⲕⲟⲩϫⲓ ⲭⲛⲁⲛⲁⲩ ⲉⲣⲟϥ
ⲉϥⲟⲓ ⲛⲕⲁϩⲓ ⲁⲗⲗⲁ ⲉⲡⲉⲓⲇⲏ³ ϯⲁⲅⲁⲡⲏ ϣⲁⲥϣⲱⲡ ⲉⲣⲟⲥ ϧⲉⲛ ϩⲱⲃ ⲛⲓⲃⲉⲛ
ϯϯ ϩⲟ ⲉⲣⲟⲕ ⲡⲁⲥⲟⲛ ⲁⲛⲧⲱⲛⲓⲟⲥ ⲁϫⲟⲥ ⲛⲏⲓ ϫⲉ ⲁⲣⲉ ⲡⲓϣⲗⲟⲗ ⲛⲧⲉ ϯⲙⲉⲧⲣⲱⲙⲓ ⲉⲣ ⲟⲩ ϯⲛⲟⲩ. ⲙⲁⲧⲁⲙⲟⲓ ⲇⲉ ⲉⲧⲓ ⲟⲛ ⲥⲉⲕⲱⲧ ⲛϩⲁⲛ ⲏⲓ ⲕⲱⲧ ϧⲉⲛ

les bêtes sauvages, pourquoi ne me recevrais-tu pas, moi qui suis un homme ? J'ai cherché, j'ai frappé en m'enhardissant, afin que l'on m'ouvrît : si donc je n'obtiens pas ce que je demande⁴, je mourrai devant ta porte, afin que tu ensevelisses mon corps, lorsque tu l'auras vu. » Et lorsqu'il se fut arrêté en parlant ainsi, le bienheureux Paul lui répondit à peine; il lui dit : « Rien ne vient par la colère, et aucun homme n'accuse⁵. » Lorsqu'il lui eut dit de douces paroles, il lui ouvrit la porte : ils se saluèrent l'un l'autre; ils se baisèrent l'un l'autre d'un saint baiser, et chacun d'eux révéla son nom à son compagnon.

Il advint, après cela, que le bienheureux Paul s'assit avec abba Antoine et lui dit : « Pourquoi as-tu pris sur toi cette grande fatigue et es-tu venu, marchant dans ce chemin, cherchant un vieillard qui a achevé de se dissoudre et que bientôt tu verras poussière ? Mais, puisque la charité se complaît en toute chose, je t'en prie, mon frère Antoine, dis-moi : que fait main-

---

1. *Cod.* ⲉⲓⲉⲣⲑⲁⲣⲓⲛ. — 2. *Cod.* ⲉⲩⲥⲟⲡ. — 3. *Cod.* ⲉⲡⲓⲇⲏ. — 4. Mot à mot : « Si je n'obtiens pas cette chose. » — 5. C'est-à-dire : On n'obtient rien en se mettant en colère, et personne, s'il veut obtenir quelque chose, ne commence par accuser celui dont il veut obtenir ce qu'il demande.

ⲙ̄ⲡⲟⲗⲓⲥ ⲛⲁⲣⲭⲁⲓⲟⲥ[1] ⲛ̄ⲧⲉ ⲭⲏⲙⲓ ⲉⲧⲓ ⲟⲩⲛ ⲟⲩⲟⲛ ⲟⲩⲟⲩⲣⲟ[2] ⲉϫⲉⲛ ⲡⲓⲕⲁϩⲓ (-ϥⲉ-) ⲓⲉ ⲉⲧⲓ ⲟⲛ ⲥⲉⲉⲣⲁⲓⲭⲙⲁⲗⲱⲧⲉⲩⲓⲛ[3] ⲛ̄ⲛⲓⲁⲣⲭⲱⲛ ⲉⲃⲟⲗϩⲓⲧⲉⲛ ϯⲁⲡⲁⲧⲏ ⲛ̄ⲧⲉ ⲛⲓⲇⲁⲓⲙⲱⲛ[4]. ϩⲱⲥ ⲇⲉ ⲉϥⲥⲁϫⲓ ⲛⲉⲙ ⲁⲃⲃⲁ ⲁⲛⲧⲱⲛⲓⲟⲥ ⲁϥⲛⲁⲩ ⲉⲟⲩⲁⲃⲱⲕ ⲛ̄ⲭⲁⲙⲉ ⲉϥⲣⲉⲙⲥⲓ ⲉϫⲉⲛ ⲟⲩϫⲁⲗ ⲛ̄ⲧⲉ ⲟⲩϣϣⲏⲛ ⲟⲩⲟϩ ⲥⲁⲧⲟⲧϥ ⲁ ⲡⲓϩⲁⲗⲏⲧ ϩⲁⲗⲁⲓ ⲉⲣⲉ ⲟⲩⲱⲓⲕ ⲉϥⲟⲩⲟϫ ϧⲉⲛ ⲣⲱϥ ⲁϥⲟⲩⲟϩ ϧⲉⲛ ⲧⲟⲩⲙⲏϯ ⲁϥⲭⲁϥ ⲛⲱⲟⲩ ⲉϩⲣⲏⲓ ⲉⲟⲩⲥⲟⲡ[5] ⲙ̄ⲡⲃ̄ ⲟⲩⲟϩ ⲉⲧⲁϥϩⲱⲗ ⲛ̄ϫⲉ ⲡⲓϩⲁⲗⲏⲧ ⲁⲩⲉⲣ ϣⲫⲏⲣⲓ. ⲡⲉϫⲉ ⲁⲃⲃⲁ ⲡⲁⲩⲗⲟⲥ[6] ⲛ̄ⲁⲃⲃⲁ ⲁⲛⲧⲱⲛⲓ ϫⲉ ϧⲉⲛ ⲟⲩⲙⲉⲑⲙⲏⲓ ⲁ ⲡⲉⲛⲟⲥ ⲙⲁⲓ ⲣⲱⲙⲓ ⲛ̄ⲛⲁⲏⲧ ⲟⲩⲱⲣⲡ ⲙ̄ⲡⲓⲁⲣⲓⲥⲧⲟⲛ ⲛⲁⲛ ⲕⲉ ⲅⲁⲣ[7] ⲓⲥ ⲝ̄ ⲛ̄ⲣⲟⲙⲡⲓ ϯϭⲓ ⲛ̄ⲟⲩⲫⲁϣⲓ ⲛ̄ⲧⲉ ⲟⲩⲱⲓⲕ ⲛ̄ⲧⲟⲧϥ ⲙ̄ⲡⲁⲓϩⲁⲗⲏⲧ ⲙ̄ⲙⲏⲛⲓ ⲉⲧⲁⲕⲓ ⲇⲉ ϣⲁⲣⲟⲓ ⲁ ⲡⲭ̄ⲥ̄ ⲟⲩⲱⲣⲡ ⲛⲁⲛ ⲛ̄ⲧⲉⲛϩⲣⲉ ⲉⲥⲕⲏⲃ ϫⲉ ⲟⲩⲏⲓ ⲅⲁⲣ ⲁⲛⲟⲛ ϩⲁⲛ ⲙⲁⲧⲟⲓ ⲛ̄ⲧⲁϥ. ⲉⲧⲁⲩϣⲉⲡ ϩⲙⲟⲧ ⲛ̄ⲧⲉⲛ ⲫϯ ⲁⲩⲣⲉⲙⲥⲓ ⲙ̄ⲡⲃ̄ ⲉϫⲉⲛ ϯⲡⲏⲅⲏ[8] ⲟⲩⲟϩ ⲁⲩϣϭⲛⲏⲛ ⲛⲉⲙ ⲛⲟⲩⲉⲣⲏⲟⲩ ϫⲉ ⲛⲓⲙ ⲙ̄ⲙⲱⲟⲩ ⲡⲉ ⲉⲑⲛⲁⲫⲱϣ ⲙ̄ⲡⲓⲱⲓⲕ ⲛ̄ϣⲟⲣⲡ ⲟⲩⲟϩ ⲙⲉⲛⲉⲛⲥⲁ ⲛⲁⲓ ⲁⲩⲥⲱⲟⲩⲧⲉⲛ ⲛ̄ⲛⲟⲩϫⲓϫ ⲉⲃⲟⲗ ϩⲓ ⲟⲩⲙⲁ ⲁⲩⲫⲱϣ ⲙ̄ⲡⲓⲱⲓⲕ ϧⲉⲛ ⲫⲣⲁⲛ ⲙ̄ⲡⲉⲛⲟⲥ ⲓⲏⲥ ⲡⲭ̄ⲥ̄· ⲟⲩⲟϩ ⲁⲥϣⲱⲡⲓ ⲉⲧⲁⲩⲟⲩⲱⲙ ⲙ̄ⲡⲓ- (-ϥⲉ-) ⲱⲓⲕ ⲁⲩⲉⲣ ⲡⲓⲉϫⲱⲣϩ ⲧⲏⲣϥ ⲉⲩⲟⲓ ⲛ̄ϣⲣⲱⲓⲥ ⲟⲩⲟϩ ⲉⲩϩⲱⲥ ⲉⲫϯ.

tenant la race humaine? apprends-moi si l'on bâtit encore des bâtisses dans les villes anciennes de l'Égypte, s'il y a encore un roi sur la terre, si les magistrats sont encore asservis par la tromperie des démons. » Comme il parlait avec abba Antoine, il vit un corbeau noir, perché sur une branche d'arbre : et aussitôt l'oiseau vola, ayant en son bec un pain entier qu'il posa au milieu d'eux et laissa à tous les deux à la fois. Et, lorsque l'oiseau s'en fut allé, ils furent dans l'admiration. Abba Paul dit à abba Antoine : « En vérité, notre Seigneur, qui aime les hommes et est miséricordieux, nous envoie à souper ; car voici soixante ans que, chaque jour, je reçois de cet oiseau la moitié d'un pain ; mais comme tu es venu à moi, le Christ nous a envoyé notre nourriture doublée, car certes nous sommes ses soldats. » Après avoir rendu grâces à Dieu, ils s'assirent tous les deux près de la source, et ils se disputèrent à qui partagerait le pain le premier : puis ils étendirent leurs mains ensemble, ils rompirent le pain au nom de Notre-Seigneur Jésus le Christ. Et il advint qu'après avoir mangé le pain, ils passèrent la nuit entière dans la veille et les louanges de Dieu[9].

---

1. Cod. ⲛⲁⲣⲭⲥⲟⲥ. — 2. Cod. ⲟⲩⲣⲟ (sic). — 3. Cod. ⲉⲭⲙⲁⲗⲱⲧⲉⲩⲓⲛ. — 4. Cod. ⲛⲓⲇⲉⲙⲱⲛ. — 5. Cod. ⲉⲩⲥⲟⲡ. — 6. Cod. ⲡⲁⲩⲗⲉ. — 7. Cod. ⲕⲉ ⲅⲁⲣ. — 8. Cod. ϯⲡⲩⲅⲏ. — 9. Mot à mot : « Étant en veille et chantant Dieu. »

ⲉⲧⲁ ϣⲟⲣⲡ ⲇⲉ ϣⲱⲡⲓ ⲡⲉϫⲉ ⲁⲃⲃⲁ ⲡⲁⲩⲗⲟⲥ[1] ⲛⲁⲃⲃⲁ ⲁⲛⲧⲱⲛⲓⲟⲥ ϫⲉ ⲉⲛⲁⲓ‑
ⲉⲙⲓ ⲡⲉ ϧⲁϫⲱϥ ⲙⲡⲁⲓⲥⲏⲟⲩ ϫⲉ ⲕϣⲟⲡ ϧⲉⲛ ⲛⲁⲓⲑⲱϣ ⲁ ⲡⲭ̅ⲥ̅ ⲅⲁⲣ ⲧⲁⲙⲟⲓ
ϫⲉ ⲛⲑⲟⲕ ⲟⲩϣⲫⲏⲣ ⲙⲃⲱⲕ ⲛⲉⲙⲏⲓ ⲁⲗⲗⲁ ⲉⲡⲓⲇⲏ[2] ⲡⲥⲏⲟⲩ ⲛⲧⲉ ⲡⲁⲃⲱⲗ
ⲉⲃⲟⲗ ⲁϥϧⲱⲛⲧ ⲟⲩⲟϩ ⲫⲏ ⲉⲛⲁⲓⲕⲱϯ ⲛⲥⲱϥ ⲁⲓⲧⲁϩⲟϥ ⲉⲧⲉ ⲡⲁⲃⲱⲗ ⲉⲃⲟⲗ
ⲡⲉ ⲛⲧⲁϣⲱⲡⲓ ⲛⲉⲙ ⲡⲭ̅ⲥ̅ ⲁϥϫⲱⲕ ⲅⲁⲣ ⲉⲃⲟⲗ ⲛϫⲉ ⲡⲁⲥⲏⲟⲩ ⲟⲩⲟϩ ⲡⲁⲓⲣⲏϯ
ⲡⲉ ⲉϯⲛⲁϩϯ ⲙⲙⲟⲥ ϫⲉ ⲥⲭⲏ ϩⲁϫⲱⲓ ⲛϫⲉ ⲡⲓⲭⲗⲟⲙ ⲛⲧⲉ ϯⲙⲉⲑⲙⲏⲓ
ⲟⲩⲟϩ ⲉⲧⲁ ⲫ̅ϯ̅ ⲟⲩⲟⲣⲡⲕ ϩⲓⲛⲁ ⲛⲧⲉⲕϩⲱⲃⲥ ⲙⲡⲁⲥⲱⲙⲁ ϧⲉⲛ ⲡⲓⲕⲁϩⲓ ⲙⲁⲗ‑
ⲗⲟⲛ ⲇⲉ ϩⲓⲛⲁ ⲛⲧⲉⲕϯ ⲛⲁ ⲡⲓⲕⲁϩⲓ ⲉⲡⲓⲕⲁϩⲓ. ⲁⲥϣⲱⲡⲓ[3] ⲇⲉ ⲉⲧⲁ ⲡⲓⲙⲁ‑
ⲕⲁⲣⲓⲟⲥ ⲡⲁⲩⲗⲟⲥ ϫⲉ ⲛⲁⲓⲥⲁϫⲓ ⲁϥⲣⲓⲙⲓ ⲛϫⲉ ⲁⲃⲃⲁ ⲁⲛⲧⲱⲛⲓⲟⲥ ϧⲉⲛ ⲟⲩϥⲓ
ⲁϩⲟⲙ ⲁϥϯ ϩⲟ ⲉⲣⲟϥ ⲉϥϫⲱ ⲙⲙⲟⲥ ϫⲉ ⲙⲡⲉⲣⲭⲁⲧ ⲛⲥⲱⲕ ⲡⲁⲙⲉⲛⲣⲓⲧ
ⲛⲓⲱⲧ ⲁⲗⲗⲁ ⲁⲛⲓⲧ ⲛⲉⲙⲁⲕ ⲉⲡⲓⲙⲁ ⲉⲧⲉⲕⲛⲁϣⲉ ⲛⲁⲕ ⲉⲣⲟϥ. ⲁϥⲉⲣ ⲟⲩⲱ
ⲛϫⲉ ⲡⲓⲙⲁⲕⲁⲣⲓⲟⲥ ⲡⲁⲩⲗⲟⲥ ϫⲉ ⲥⲉϩⲛⲁⲕ ⲁⲛ ⲉⲕⲱϯ ⲛⲥⲁ ⲛⲏ ⲉⲧⲉ ⲛⲟⲩⲕ
ⲁⲗⲗⲁ ⲛⲁ ⲡⲉⲕϣⲫⲏⲣ. ⲉⲑⲃⲉ ⲫⲁⲓ ⲡⲁⲙⲉⲛⲣⲓⲧ ⲓⲥϫⲉ ⲡⲓϩⲱⲃ ϩⲟⲣϣ ⲛⲧⲟⲧⲕ
ⲁⲛ ⲙⲁϣⲉ ⲛⲁⲕ (ϭⲥ̅) ⲉⲧⲉⲕⲙⲟⲛⲏ ϧⲉⲛ ⲟⲩⲱⲥ ⲁⲛⲓⲟⲩ ⲛⲏⲓ ⲛⲧⲥⲧⲟⲗⲏ
ⲑⲏ ⲉⲧⲁϥⲧⲏⲓⲥ ⲛⲁⲕ ⲛϫⲉ ⲁⲃⲃⲁ ⲁⲑⲁⲛⲁⲥⲓⲟⲥ ⲡⲁⲣⲭⲓⲉⲡⲓⲥⲕⲟⲡⲟⲥ[4] ϩⲓⲛⲁ
ⲛⲧⲉⲕϩⲱⲃⲥ ⲙⲡⲁⲥⲱⲙⲁ ⲛϧⲏⲧⲥ. ⲛⲉ ⲉⲧⲁϥϫⲉ ⲫⲁⲓ ⲇⲉ ⲁⲛ ϫⲉ ⲉϥⲉⲣ

Lorsque le matin eut paru, abba Paul dit à abba Antoine : « Je savais avant ce jour que tu étais dans cette contrée; car le Christ m'a informé que tu es mon compagnon dans son service[5]; mais puisque le temps de ma dissolution approche et que j'ai saisi ce que je cherchais, c'est-à-dire ma dissolution, afin d'être avec le Christ, car mon temps est fini : ainsi je crois que la couronne de la justice est placée sur ma tête et que Dieu t'a envoyé afin que tu couvres mon corps de terre; bien plus, afin que tu rendes à la terre les choses de la terre[6]. » Il advint que, lorsque le bienheureux Paul eut dit ces choses, abba Antoine pleura avec gémissement, le priant et disant : « Ne m'abandonne pas, mon père bien-aimé; mais emmène-moi avec toi au lieu où tu iras. » Le bienheureux Paul répondit : « Tu ne dois pas rechercher ce qui est à toi, mais ce qui est à ton compagnon[7]. C'est pourquoi, mon bien-aimé, puisque la chose n'est pas lourde pour toi, va promptement à ta cellule, apporte-moi la stole que t'a donnée abba Athanase l'archevêque, afin que tu en revêtes mon corps. » Il ne disait pas cela parce qu'il avait besoin qu'on revêtît son corps,

1. *Cod.* ⲡⲁⲩⲗⲉ. — 2. *Cod.* ⲉⲡⲓⲇⲏ. — 3. *Cod.* ⲁⲥϣⲱⲡ. — 4. *Cod.* ⲡⲁⲣⲭⲏⲉⲡⲓⲥⲕⲟⲡⲟⲥ. — 5. C'est-à-dire ce qui lui appartient. — 6. Mot à mot : « Que tu es un compagnon de service avec moi. » — 7. C'est-à-dire : Non ce qui t'est utile, mais ce qui est utile à ton prochain.

ⲛ̄ⲭⲣⲉⲓⲁ[1] ⲉϧⲱⲃⲥ ⲙ̄ⲡⲉϥⲥⲱⲙⲁ ⲁⲗⲗⲁ ⲉϥⲟⲩⲱϣ ⲉϥ ⲧⲟⲧϥ ⲉⲃⲟⲗ ϩⲓⲛⲁ
ⲛ̄ⲧⲉϥϣ̄ⲧⲉⲙⲛⲁⲩ ⲉⲣⲟϥ ⲉϥⲭⲱ ⲙ̄ⲡⲓⲥⲱⲙⲁ ⲉϧⲣⲏⲓ. ⲁⲥϣⲱⲡⲓ ⲉⲧⲁ ⲁⲃⲃⲁ
ⲁⲛⲧⲱⲛⲓⲟⲥ ⲥⲱⲧⲉⲙ ⲉⲑⲃⲉ ⲁⲃⲃⲁ ⲁⲑⲁⲛⲁⲥⲓⲟⲥ ⲛⲉⲙ ϯⲥⲧⲟⲗⲏ ⲉⲧⲁϥⲧⲏⲓⲥ ⲛⲁϥ
ⲁϥⲉⲣ ϣⲫⲏⲣⲓ ϫⲉ ⲁϥⲛⲁⲩ ⲉⲓⲏⲥ ⲡⲭⲥ ⲛ̄ϧⲣⲏⲓ ⲛ̄ϧⲏⲧϥ ⲟⲩⲟϩ ⲁϥⲟⲩⲱϣⲧ
ⲙ̄ⲙⲟϥ ⲟⲩⲟϩ ⲙ̄ⲡⲉϥⲉⲣⲧⲟⲗⲙⲁⲛ ϫⲉ ⲉⲣ ⲟⲩⲱ(sic) ⲛⲁϥ ⲛ̄ϩⲗⲓ ⲉⲡⲧⲏⲣϥ ⲁⲗⲗⲁ
ⲁϥⲣⲓⲙⲓ ⲉⲙⲁϣⲱ ⲉϥϯ ⲫⲓ ⲉⲣⲱϥ ⲛⲉⲙ ⲛⲉϥⲃⲁⲗ ⲟⲩⲟϩ ⲁϥⲧⲱⲛϥ ⲁϥϩⲱⲗ
ⲉⲧⲉϥⲙⲟⲛⲏ.

ⲁ ⲡⲓⲙⲁⲑⲏⲧⲏⲥ ⲃ̄ ⲛ̄ⲧⲁϥ ⲛⲏ ⲉⲧⲁⲩϣⲱⲡⲓ ϧⲁⲧⲟⲧϥ ⲛ̄ⲟⲩⲛⲓϣϯ ⲛ̄ⲥⲏⲟⲩ
ⲁⲩⲉⲣⲁⲡⲁⲛⲧⲁⲛ ⲉⲣⲟϥ ⲡⲉϫⲟⲩ ⲛⲁϥ ϫⲉ ⲡⲉⲛⲓⲱⲧ ⲛⲁⲕⲑⲱⲛ ⲡⲉ ⲙ̄ⲡⲁⲓ
ⲥⲏⲟⲩ ⲧⲏⲣϥ. ⲁϥⲉⲣ ⲟⲩⲱ ⲛⲱⲟⲩ ϩⲱϥ ⲉϥϫⲱ ⲙ̄ⲙⲟⲥ ϫⲉ ⲟⲩⲟⲓ ⲛⲏⲓ ⲁⲛⲟⲕ
ϧⲁ ⲡⲓⲣⲉϥⲉⲣ ⲛⲟⲃⲓ ϫⲉ ⲁⲓⲧⲁⲗⲉ ⲟⲩⲣⲁⲛ ⲉⲣⲟⲓ ϫⲉ ⲙⲟⲛⲁⲭⲟⲥ ⲙ̄ⲡⲗⲁⲥⲧⲟⲛ.
ⲁⲓⲛⲁⲩ ⲉⲛⲗⲓⲁⲥ ⲛⲉⲙ ⲓⲱⲁⲛⲛⲏⲥ ϧⲓ (-ϥⲏ-) ⲡϣⲁϥⲉ ⲙ̄ⲫⲟⲟⲩ ⲁⲓⲛⲁⲩ
ⲉⲡⲁⲩⲗⲟⲥ ⲛ̄ⲧⲁ ⲫⲙⲏⲓ ϧⲉⲛ ⲡⲓⲡⲁⲣⲁⲇⲉⲓⲥⲟⲥ[2]. ⲟⲩⲟϩ ⲛⲁϥⲥⲁϫⲓ ⲛⲉⲙⲱⲟⲩ ⲡⲉ
ⲉϥⲕⲱⲗϩ ϧⲉⲛ ⲧⲉϥⲙⲉⲥⲧⲉⲛϩⲏⲧ. ⲁϥⲱⲗⲓ ⲛ̄ϯⲥⲧⲟⲗⲏ ⲁϥⲓ ⲉⲃⲟⲗ ⲟⲩⲟϩ
ⲁϥⲭⲱ ⲛ̄ⲛⲓⲙⲁⲑⲏⲧⲏⲥ ⲟⲩⲟϩ ⲁⲩϯ ϩⲟ ⲉⲣⲟϥ ϩⲓⲛⲁ ⲛ̄ⲧⲉϥⲧⲁⲙⲱⲟⲩ ⲉϩⲱⲃ
ⲛⲓⲃⲉⲛ ⲟⲩⲟϩ ⲡⲉϫⲁϥ ⲛⲱⲟⲩ ϫⲉ ⲟⲩⲥⲏⲟⲩ ⲛ̄ⲥⲁϫⲓ ⲡⲉ ⲟⲩⲟϩ ⲟⲩⲥⲏⲟⲩ ⲛ̄ⲭⲁ
ⲣⲱϥ ⲡⲉ. ⲁϥⲧⲱⲛϥ ⲇⲉ ⲁϥⲙⲟϣⲓ ϩⲓ ⲡⲉϥⲙⲱⲓⲧ ⲙ̄ⲡⲉϥⲱⲗⲓ ⲛ̄ϩⲗⲓ ⲛ̄ϩⲣⲉ
ⲛⲉⲙⲁϥ ⲉⲡⲧⲏⲣϥ ⲟⲩⲟϩ ⲛⲁϥⲓⲛⲓ ⲉϥⲙⲟϣⲓ ⲡⲉ ⲉϥⲟⲩⲱϣ ⲉⲧⲁϩⲉ ⲡⲓⲙⲁ-

mais parce qu'il désirait l'éloigner, afin qu'Antoine ne le vît pas mourir[3]. Il advint que, lorsque abba Antoine entendit cela sur abba Athanase et la stole qui lui avait été donnée par lui, il fut dans l'admiration, comme s'il eût vu Jésus le Christ en lui, il l'adora et n'osa rien lui répondre; mais il pleura beaucoup, lui baisant la tête et les yeux; et il se leva, il partit pour sa cellule.

Les deux disciples, qui habitaient près de lui depuis longtemps, l'abordèrent et lui dirent : « Notre père, où étais-tu pendant tout ce temps ? » Il leur répondit en disant : « Malheur à moi ! je suis un pécheur, car j'ai pris à faux pour moi le nom de moine : j'ai vu aujourd'hui Élie et Jean dans le désert, j'ai vu Paul le juste dans le Paradis. » Et il leur parlait en se frappant la poitrine. Il prit la stole, il sortit et laissa ses disciples. Ils le prièrent de les instruire de toute chose; il leur dit : « Il y a un temps pour parler et il y a un temps pour se taire ! » Il se leva, il marcha dans son chemin, il ne prit avec

---

1. Cod. ⲛⲭⲣⲓⲁ. — 2. Cod. ⲡⲓⲡⲁⲣⲁⲇⲓⲥⲟⲥ. — 3. Mot à mot : « Afin qu'il ne le vît pas déposer son corps. »

ⲕⲁⲣⲓⲟⲥ ⲡⲁⲩⲗⲟⲥ ⲉϥⲉⲣⲉⲡⲓⲑⲩⲙⲉⲓⲛ¹ ⲉⲛⲁⲩ ⲉⲣⲟϥ ⲛⲕⲉⲥⲟⲡ ⲛⲁϥⲉⲣ ϩⲟϯ ⲅⲁⲣ ⲡⲉ ⲙⲏⲡⲱⲥ ⲉϥϧⲓ ⲡⲓⲙⲱⲓⲧ ⲛⲧⲉϥϯ ⲙⲡⲉϥⲯⲩⲭⲁ ⲉⲛⲉⲛϫⲓϫ ⲙⲡⲟⲥ. ⲉⲧⲁϥⲙⲟϣⲓ ϧⲉⲛ ⲡⲓⲉϩⲟⲟⲩ ⲉⲧⲉⲙⲙⲁⲩ ⲁϥⲓ ⲉⲡⲉϥⲧⲟⲟⲩⲓ. ⲁⲥϣⲱⲡⲓ ⲉⲧⲁ ⲫⲛⲁⲩ ⲛⲁϫⲡ ⲅ̅ ϯ ϣⲱⲡⲓ ⲁϥⲛⲁⲩ ⲉⲧⲁⲝⲓⲥ ⲛⲧⲉ ⲛⲓⲁⲅⲅⲉⲗⲟⲥ ϩⲓ ⲡⲓⲙⲱⲓⲧ ⲛⲉⲙ ⲡⲓⲭⲟⲣⲟⲥ ⲛⲛⲓⲡⲣⲟⲫⲏⲧⲏⲥ ⲛⲉⲙ ⲛⲓⲁⲡⲟⲥⲧⲟⲗⲟⲥ ⲛⲉⲙ ⲁⲡⲁ ⲡⲁⲩⲗⲟⲥ² ⲉϥϯ ⲙⲟⲧⲉ ϧⲉⲛ ⲧⲟⲩⲙⲏϯ ⲙ̀ⲫⲣⲏϯ ⲛⲟⲩⲭⲓⲱⲛ ⲉϥϭⲱⲛ ⲛⲉⲙⲱⲟⲩ ⲉⲡϣⲱⲓ ⲉⲧⲫⲉ.

Ϧⲉⲛ ⲡⲓⲛⲁⲩ ⲇⲉ ⲉⲧⲉⲙⲙⲁⲩ ⲁϥϩⲉⲓ ⲉ-(-ϥⲉ-)ϫⲉⲛ ⲡⲉϥϩⲟ ⲟⲩⲟϩ ⲛⲁϥϫⲱ ⲙⲙⲟⲥ ⲡⲉ ⲉϥⲣⲓⲙⲓ ⲟⲩⲟϩ ⲉϥϥⲓ ⲁϩⲟⲙ ϫⲉ ⲡⲱⲥ ⲁⲕⲭⲁⲧ ⲛⲥⲱⲕ ⲡⲁⲓⲱⲧ ⲛⲟⲩϯ ⲛⲓⲱⲧ ⲓⲉ ⲉⲑⲃⲉ ⲟⲩ ⲙⲡⲉⲕϭⲉⲡ ⲡⲁⲧⲁⲓⲉⲙⲟⲧ ⲉⲣⲟⲕ ⲙⲉⲛⲉⲛⲥⲁ ⲡⲁⲓⲛⲓϣϯ ⲛϭⲟϫⲓ ⲉⲧⲁⲓⲁⲓϥ ⲙ̀ⲫⲣⲏϯ ⲛⲟⲩϩⲁⲗⲏⲧ. ⲟⲩⲟϩ ⲉⲧⲁϥⲓ ⲉϧⲟⲩⲛ ⲉⲡⲓⲃⲏⲃ ⲁϥⲛⲁⲩ ⲉⲁⲃⲃⲁ ⲡⲁⲩⲗⲟⲥ³ ⲉϥϩⲱⲟⲩⲓ ⲉϫⲉⲛ ⲛⲉϥⲕⲉⲗⲓ ⲟⲩⲟϩ ⲧⲉⲥⲁⲫⲉ ⲉⲥⲥⲟⲙⲥ ⲉⲡϣⲱⲓ ⲉⲧⲫⲉ ⲉⲣⲉ ⲛⲉϥϫⲓϫ ⲫⲟⲣϣ ⲉⲃⲟⲗ ⲟⲩⲟϩ ⲛⲁϥⲙⲟⲕⲙⲉⲕ ⲛϫⲉ ⲁⲃⲃⲁ ⲁⲛⲧⲱⲛⲓⲟⲥ ϫⲉ ⲁⲣⲏⲟⲩ ⲉϥⲟⲛϩ ⲟⲩⲟϩ ⲉϥⲧⲱⲃϩ. ⲁϥⲟϩⲓ ⲉⲣⲁⲧϥ ϩⲱϥ ⲛϫⲉ ⲁⲃⲃⲁ ⲁⲛⲧⲱⲛⲓⲟⲥ ⲁϥⲉⲣ ϣⲫⲏⲣ ⲛⲧⲱⲃϩ ⲛⲉⲙⲁϥ. ⲁⲥϣⲱⲡⲓ ⲇⲉ ⲉⲧⲁ ⲡⲓⲛⲁⲩ ⲥⲓⲛⲓ ⲙⲡⲉϥⲥⲱⲧⲉⲙ ⲉⲥⲙⲏ ⲟⲩⲇⲉ ϥⲓ ⲁϩⲟⲙ ⲕⲁⲧⲁ ϯⲥⲩⲛⲏⲑⲉⲓⲁ⁴ ⲛⲧⲉ ⲛⲏ ⲉⲧⲧⲱⲃϩ ⲧⲟⲧⲉ ⲁϥⲉⲙⲓ ϫⲉ ⲡⲓⲥⲱⲙⲁ ⲙⲙⲁⲩⲁⲧϥ ⲡⲉ ⲉⲧⲧⲱⲃϩ ⲟⲩⲟϩ

lui aucune nourriture, et il se hâtait en marchant, voulant trouver le bienheureux Paul (vivant), désirant le voir une autre fois; car il craignait que, pendant qu'il était en chemin, Paul ne remît son âme entre les mains du Seigneur. Après avoir marché ce jour-là, il arriva au matin ⁵. Il advint que, lorsque fut la troisième heure, il vit sur le chemin le bataillon des Anges, avec le chœur des Prophètes, les Apôtres et abba Paul au milieu d'eux, brillant comme une neige, montant avec eux vers le ciel.

En cette heure-là, il tomba sur son visage et il disait, en pleurant et en gémissant : « Comment m'as-tu laissé, mon pieux père? pourquoi n'as-tu pas reçu mes salutations après cette grande course que j'ai faite comme un oiseau? » Et lorsqu'il fut entré dans la caverne, il vit abba Paul étendu sur ses genoux; sa tête regardait en haut vers le ciel, et ses mains étaient tendues. Et abba Antoine pensait : « Peut-être vit-il et prie-t-il ! » Abba Antoine se tint aussi debout, il se fit son compagnon de prière. Il arriva qu'une heure étant passée, il n'entendit point de parole, ni de soupir, selon la coutume de ceux qui prient; alors il sut que le corps seul priait, et il rendit

---

1. *Cod.* ⲉϥⲉⲣⲉⲡⲓⲑⲩⲙⲓⲛ. — 2. *Cod.* ⲡⲁⲩⲗⲉ. — 3. *Cod.* ⲡⲁⲩⲗⲉ. — 4. *Cod.* ϯⲥⲩⲛⲏⲑⲓⲁ. — 5. Mot à mot : « Il arriva à son matin. »

ⲁϥϯ ⲱⲟⲩ ⲙⲫϯ ⲫⲏ ⲉⲧⲉⲣⲉ ϩⲱⲃ ⲛⲓⲃⲉⲛ ⲟⲛϩ ⲛ̇ⲧⲟⲧϥ ⲟⲩⲟϩ ⲁϥⲕⲟⲩⲗⲱⲗ
ⲡⲉϥⲥⲱⲙⲁ ϧⲉⲛ ϯⲥⲧⲟⲗⲏ ⲉⲑⲟⲩⲁⲃ ⲟⲩⲟϩ ⲁϥϥⲁⲓ ⲙⲙⲟϥ ⲁϥⲉⲛϥ ⲉⲑⲙⲏϯ
ⲁϥⲉⲣⲯⲁⲗⲗⲓⲛ¹ ⲉⲣⲟϥ ⲕⲁⲧⲁ ⲛⲓⲡⲁⲣⲁⲇⲟⲥⲓⲥ ⲛ̇ⲧⲉ ⲛⲓⲭⲣⲓⲥⲧⲓⲁⲛⲟⲥ². (-ⲣ̄-)
ⲁ ⲡϩⲏⲧ ⲇⲉ ⲛⲁⲡⲁ ⲁⲛⲧⲱⲛⲓⲟⲥ ⲙⲕⲁϩ ⲉⲣⲟϥ ⲉϥϫⲱ ⲙⲙⲟⲥ ϫⲉ ⲉⲓⲛⲁⲉⲣ
ⲟⲩ ϫⲉ ⲙⲡⲓⲉⲣ ⲫⲙⲉⲩⲓ ⲛⲓⲛⲓ ⲛⲉⲙⲏⲓ ⲛⲟⲩⲙⲉ ⲛⲉⲙ ⲟⲩⲙⲁⲛϭⲁⲗⲉ ϩⲓⲛⲁ
ⲛ̇ⲧⲁϣⲱⲕ ⲛ̇ⲧⲁⲑⲱⲙⲥ ⲙ̇ⲡⲓⲥⲱⲙⲁ. ⲁϥϣⲱⲡⲓ ⲉϥⲙⲟⲕⲙⲉⲕ ⲙⲙⲟϥ ϫⲉ
ⲉⲓⲛⲁⲉⲣ ⲟⲩ ⲉϣⲱⲡ ⲁⲓϣⲁⲛϩⲱⲗ ⲉⲧⲁⲙⲟⲛⲓ ϫⲉ ⲛ̇ⲧⲁⲓⲛⲓ ⲙⲟⲩⲥⲓⲥ ⲛ̇ⲧⲁⲓ ⲙ̄ⲇ̄
ⲛ̇ⲉϩⲟⲟⲩ. ⲟⲩⲟϩ ⲡⲉϫⲁϥ ⲙ̇ⲡⲁⲓⲣⲏϯ ϫⲉ ⲡⲁⲟⲥ ⲓⲏⲥ ⲡⲭⲥ ⲉⲓⲉⲙⲟⲩ ⲙ̇ⲡⲁⲓⲙⲁ
ⲛⲉⲙ ⲡⲉⲕⲣⲉϥϣⲉⲙϣⲓ ⲉⲑⲛⲁⲛⲉϥ. ϩⲱⲥ ⲇⲉ ⲉϥϫⲱ ⲛ̇ⲛⲁⲓⲥⲁϫⲓ ⲓⲥ ϩⲏⲡⲡⲉ
ⲓⲥ ⲙⲟⲩⲓ ⲃ̄ ⲁⲩⲓ ⲉⲩϭⲟϫⲓ ⲉⲟⲩⲥⲟⲡ³ ⲟⲩⲟϩ ⲉⲧⲁϥⲛⲁⲩ ⲉⲣⲱⲟⲩ ⲁ ⲧⲉϥⲥⲟⲩⲣⲓ ϩⲓ
ⲉⲣⲁⲧⲥ. ⲙⲉⲛⲉⲛⲥⲁ ⲛⲁⲓ ⲁϥⲧⲁϫⲣⲉ ⲡⲉϥⲙⲉⲩⲓ ϧⲉⲛ ⲫϯ ⲟⲩⲟϩ ⲁϥϣⲱⲡⲓ ϫⲉ
ⲉϥⲛⲁⲩ ϧⲉⲛ ⲟⲩⲙⲉⲧⲁⲧϩⲟϯ ⲙ̇ⲫⲣⲏϯ ⲛⲟⲩⲁⲓ ⲉϥⲛⲁⲩ ⲉϩⲟ ⲛ̇ϩⲣⲟⲙⲡⲓ
ⲉⲧϩⲏⲗ. ⲁⲩⲓ ⲟⲛ ⲛ̇ϫⲉ ⲛⲓⲙⲟⲩⲓ ⲁⲩⲟϩⲓ ⲉⲣⲁⲧⲟⲩ ⲉϫⲉⲛ ⲡⲓⲥⲱⲙⲁ ⲛⲁⲃⲃⲁ
ⲡⲁⲩⲗⲟⲥ⁴ ⲟⲩⲟϩ ⲛⲁⲩⲕⲓⲙ ⲛ̇ⲛⲟⲩⲥⲁⲧ ⲉⲧⲟⲓ ⲙ̇ⲫⲣⲏϯ ϫⲉ ⲉⲩⲧⲱⲃϩ ⲉⲁⲡⲁ
ⲁⲛⲧⲱⲛⲓⲟⲥ ⲁⲩϩⲓⲧⲟⲩ ϧⲁⲣⲁⲧϥ ⲉⲩϩⲣⲁϫⲣⲉϫ ⲛ̇ⲛⲟⲩⲛⲁϫϩⲓ ⲉⲩⲱϣ ⲉⲃⲟⲗ.

gloire à Dieu en lequel toutes choses vivent, et il enveloppa le corps dans la stole sainte : il le porta, il le mena au milieu ⁵, il chanta des psaumes pour lui, selon les traditions des chrétiens. Mais le cœur d'abba Antoine s'attrista ; il se dit : « Que ferai-je ? je n'ai point pensé d'apporter avec moi une bêche, ni un instrument pour recouvrir de terre ⁶ (?), afin que je creuse et que j'ensevelisse son corps. » Il réfléchit en lui-même, disant : « Que ferai-je ? Si je vais à ma cellule pour les apporter, à peine serai-je de retour en quatre jours ! » Et il dit aussi : « Mon Seigneur Jésus le Christ, je mourrai en ce lieu avec ton bon serviteur ! » Pendant qu'il disait ces choses, voici que deux lions arrivèrent en courant à la fois, et, lorsqu'il les vit, ses cheveux ⁷ se tinrent debout. Ensuite, il affermit ses pensées en Dieu, et il les regarda sans crainte, comme quelqu'un qui regarde des colombes voler. Ces lions vinrent, ils se tinrent près du corps d'abba Paul, et ils remuaient leur queue comme s'ils priaient abba Antoine : ils se jetèrent à ses pieds, grinçant des dents, rugissant. Alors

---

1. *Cod.* ⲁϥⲉⲣⲯⲁⲗⲓⲛ. — 2. *Cod.* ⲭⲣⲏⲥⲧⲓⲁⲛⲟⲥ. — 3. *Cod.* ⲉⲩⲥⲟⲡ. — 4. *Cod.* ⲡⲁⲩⲗⲉ. — 5. C'est-à-dire : Le tira hors de la caverne. — 6. Le mot ⲙⲁⲛϭⲁⲗⲉ n'est pas dans les dictionnaires ; mais il est évident qu'il signifie quelque chose comme un râteau. — 7. Je ne connais pas d'autre exemple de ce mot ⲥⲟⲩⲣⲓ dans un sens qui ne veut certainement pas être *épine*. Le texte latin donne : Quibus aspectis primo *exhorruit*, d'où j'ai tiré le sens de *cheveu*.

ⲧⲟⲧⲉ ⲁϥⲉⲙⲓ ⲛϫⲉ ⲁⲃⲃⲁ ⲁⲛⲧⲱⲛⲓⲟⲥ ϫⲉ ⲉⲩⲕⲱϯ ϫⲉ ⲛⲧⲉϥⲥⲙⲟⲩ ⲉⲣⲱⲟⲩ
ⲟⲩⲟϩ ⲛⲉϣⲁⲩⲣⲓⲙⲓ ⲡⲉ (-ⲣⲁ-) ϫⲉ ⲁϥⲙⲧⲟⲛ ⲙⲙⲟϥ ⲛϫⲉ ⲡⲓⲙⲁⲕⲁⲣⲓⲟⲥ
ⲡⲁⲩⲗⲟⲥ¹. ⲁⲥϣⲱⲡⲓ ⲇⲉ ⲙⲉⲛⲉⲛⲥⲁ ⲛⲁⲓ ⲁⲩⲉⲣ ϩⲏⲧⲥ ⲛϣⲱⲕⲓ ⲛϫⲉ ⲛⲓⲙⲟⲩⲓ
ϧⲉⲛ ⲡⲓⲕⲁϩⲓ ϧⲉⲛ ⲛⲟⲩⲉⲃ ⲁⲩϣⲱⲕⲓ ⲉϧⲣⲏⲓ ⲛⲟⲙⲁⲛ ⲛⲟⲩⲣⲱⲙⲓ ⲛⲉ
ϣⲁⲧⲕⲓⲙ ⲛⲛⲟⲩⲙⲁϣϫ ⲡⲉ ⲉⲩⲑⲉⲃⲓⲟ ⲛⲭⲱⲟⲩ ⲛⲁⲡⲁ ⲁⲛⲧⲱⲛⲓⲟⲥ ⲟⲩⲟϩ
ⲛⲉϣⲁⲩⲗⲱϧⲥ ⲛⲛⲉϥⲫⲁⲧ ⲡⲉ ⲛⲉⲙ ⲛⲉϥϫⲓϫ ϧⲉⲛ ⲡⲟⲩⲗⲁⲥ ϩⲱⲥⲧⲉ² ⲛⲧⲉϥⲕⲁϯ
ϫⲉ ⲉⲩⲕⲱϯ ϫⲉ ⲛⲧⲉϥⲥⲙⲟⲩ ⲉⲣⲱⲟⲩ. ⲟⲩⲟϩ ⲁϥϣⲑⲟⲣⲧⲉⲣ ⲉϫⲉⲛ ϯϣⲫⲏⲣⲓ
ⲛⲧⲉ ⲡⲱⲟⲩ ⲙⲡⲭⲥ ⲓⲏⲥ ⲡⲉⲛⲟⲥ ϫⲉ ⲡⲱⲥ ⲣⲱ ϯⲕⲉⲫⲩⲥⲓⲥ ⲛⲧⲉ ⲛⲓⲑⲏⲣⲓⲟⲛ
ⲥⲉⲉⲙⲓ ⲉⲛⲓⲣⲱⲙⲓ ⲉⲛⲁⲛⲉⲩ ⲛⲉⲙ ⲛⲓⲥⲱⲧⲡ ⲛⲧⲉ ⲫϯ. ⲟⲩⲟϩ ⲡⲉϫⲁϥ ϫⲉ ⲱ
ⲡⲟⲥ ⲫⲏ ⲉⲧⲉ ⲙⲙⲟⲛ ⲟⲩϫⲱⲃⲓ ⲛⲁϥⲉⲓ ϩⲓϫⲉⲛ ⲡⲓⲕⲁϩⲓ ⲥⲁⲃⲟⲗ ⲙⲡⲉϥⲟⲩⲱϣ
ⲟⲩⲇⲉ ⲟⲩϭⲁϫ ⲛⲛⲉϥϩⲉⲓ ⲥⲁⲃⲟⲗ ⲙⲡⲉϥⲟⲩⲁϩ ⲥⲁϩⲛⲓ ⲛⲑⲟⲕ ⲉⲕⲉⲥⲙⲟⲩ ⲉⲣⲟⲛ
ⲧⲏⲣⲉⲛ³. ⲟⲩⲟϩ ⲁϥϩⲱϧⲥ ⲉⲣⲱⲟⲩ ⲛⲛⲉϥϫⲓϫ ⲉϥⲥⲙⲟⲩ ⲉⲣⲱⲟⲩ ⲁϥⲉⲣⲕⲉ-
ⲗⲉⲩⲓⲛ⁴ ⲛⲱⲟⲩ ϫⲉ ⲙⲁϣⲉ ⲛⲱⲧⲉⲛ ⲉⲡⲉⲧⲉⲛⲙⲱⲓⲧ. ⲉⲧⲁⲩϣⲉ ⲛⲱⲟⲩ ⲇⲉ
ⲛϫⲉ ⲛⲓⲙⲟⲩⲓ ⲁ ⲁⲡⲁ ⲁⲛⲧⲱⲛⲓⲟⲥ ϥⲁⲓ ⲙⲡⲓⲥⲱⲙⲁ ⲛⲧⲉ ⲡⲓⲙⲁⲕⲁⲣⲓⲟⲥ
ⲡⲁⲩⲗⲟⲥ ⲁϥ- (-ⲣⲃ-) ⲑⲟⲙⲥϥ ⲕⲁⲧⲁ ⲧⲕⲁϩⲥ ⲛⲛⲓⲙⲟⲛⲁⲭⲟⲥ.

ⲁⲥϣⲱⲡⲓ ⲇⲉ ⲙⲉⲛⲉⲛⲥⲁ ⲟⲩⲉϩⲟⲟⲩ ⲙⲫⲣⲏϯ ⲛⲟⲩⲕⲗⲏⲣⲟⲛⲟⲙⲟⲥ ⲛⲧⲁ

abba Antoine sut qu'ils cherchaient sa bénédiction et qu'ils pleuraient, parce que le bienheureux Paul s'était reposé. Il arriva ensuite que les lions commencèrent de creuser la terre avec leurs griffes : ils creusèrent la longueur d'un homme. Ils remuaient leurs oreilles, humiliant leurs têtes vers abba Antoine et ils léchaient ses pieds et ses mains avec leurs langues, de sorte qu'il comprit qu'ils cherchaient sa bénédiction pour eux. Et il fut dans le trouble par l'admiration de la gloire de Jésus le Christ, notre Seigneur, car comment aussi les animaux sauvages ⁵ connaissent-ils les hommes bons et les élus de Dieu ? Et il dit : « O Seigneur, sans la volonté duquel une feuille ne tombera pas à terre et pas un moineau ne tombera sans ton ordre, bénis-nous tous ! » Et il passa ⁶ ses mains sur leurs têtes en les bénissant, et il leur commanda en disant : « Allez votre chemin. » Lorsque les lions s'en furent allés, abba Antoine porta le corps du bienheureux Paul, il l'ensevelit selon la coutume des moines.

Il arriva, après un jour que, comme un véritable héritier, il prit la tunique

---

1. Cod. ⲡⲁⲩⲗⲉ. — 2. Cod. ϩⲱⲥⲇⲉ. — 3. Cod. ⲧⲏⲣⲟⲩ. — 4. Cod. ⲁϥⲉⲣⲕⲉⲗⲉⲧⲓⲛ. — 5. Mot à mot : « Comment aussi la nature des animaux sauvages connaît-elle, etc. » — 6. Mot à mot : « Il frotta. »

ⲫⲁⲓⲓ ⲁϥⲱⲗⲓ ⲛ̀ϯϣⲑⲏⲛ ⲛ̀ⲧⲉ ⲡⲓⲙⲁⲕⲁⲣⲓⲟⲥ ⲡⲁⲩⲗⲟⲥ ⲑⲏ ⲉⲧⲁϥⲑⲁⲙⲓⲟⲥ
ⲛⲁϥ ⲉⲃⲟⲗϧⲉⲛ ⲛⲓϣⲉⲛⲃⲉⲛ ⲁϥⲧⲁⲥⲑⲟϥ ⲉⲧⲉϥⲙⲟⲛⲏ ⲁϥⲧⲁⲙⲉ ⲛⲓⲥⲛⲏⲟⲩ
ⲉϧⲱⲃ ⲛⲓⲃⲉⲛ ⲉⲧⲁⲩϣⲱⲡⲓ ⲙⲙⲟϥ ⲟⲩⲟϩ ⲁϥⲧⲥⲁⲃⲱⲟⲩ ⲉⲧⲁⲕⲟⲗⲟⲩⲑⲉⲓⲁ¹
ⲧⲏⲣⲉ ⲛ̀ⲧⲉ ⲛⲓϩⲃⲏⲟⲩⲓ. ⲗⲟⲓⲡⲟⲛ ⲕⲁⲧⲁ ⲡϣⲁⲓ ⲙ̀ⲡⲓⲡⲁⲥⲭⲁ ⲛⲉⲙ ϯⲡⲉⲛ-
ⲧⲏⲕⲟⲥⲧⲏ ϣⲁϥϯ ⲛ̀ϯϣⲑⲏⲛ ϩⲓⲱⲧϥ ⲛ̀ⲧⲉ ⲡⲓⲙⲁⲕⲁⲣⲓⲟⲥ ⲡⲁⲩⲗⲟⲥ ⲟⲩⲟϩ
ϣⲁϥⲧⲱⲃϩ ⲉⲥⲧⲟⲓ ⲉⲡⲉϥⲥⲱⲙⲁ².

ⲁⲛⲟⲕ ⲇⲉ ⲓⲉⲣⲱⲛⲓⲙⲟⲥ³ ⲡⲓⲣⲉϥⲉⲣ ⲛⲟⲃⲓ ϯϩⲟ ⲉⲟⲩⲟⲛ ⲛⲓⲃⲉⲛ ⲉⲑⲛⲁⲱϣ
ⲙ̀ⲡⲁⲓϫⲱⲙ ϩⲓⲛⲁ ⲛ̀ⲧⲉⲧⲉⲛⲉⲣ ⲡⲁⲙⲉⲩⲓ ϫⲉ ⲟⲩⲏⲓ ⲅⲁⲣ ϯⲟⲩⲁϣ ϯϣⲑⲏⲛ
ⲛ̀ⲧⲉ ⲡⲓⲙⲁⲕⲁⲣⲓⲟⲥ ⲡⲁⲩⲗⲟⲥ ⲛⲉⲙ ⲡⲉϥⲛⲁϩϯ ⲉϩⲟⲧⲉ ϯⲡⲟⲣⲫⲩⲣⲁ ⲛ̀ⲧⲉ
ⲛⲓⲟⲩⲣⲱⲟⲩ ⲛⲉⲙ ⲡⲟⲩϭⲓ ϧⲃⲟⲥ (sic) ⲛⲉⲙ ⲡⲟⲩⲱⲟⲩ ⲧⲏⲣϥ ⲁⲙⲏⲛ.

ⲉⲟⲩⲱⲟⲩ⁴ ⲙ̀ⲫⲓⲱⲧ ⲛⲉⲙ ⲡϣⲏⲣⲓ ⲛⲉⲙ ⲡⲓⲡⲛⲁ ⲉⲑⲟⲩⲁⲃ ϯⲛⲟⲩ ⲛⲉⲙ
ⲛⲥⲏⲟⲩ ⲛⲓⲃⲉⲛ ⲛⲉⲙ ϣⲁ ⲉⲛⲉϩ ⲛ̀ⲧⲉ ⲛⲓⲉⲛⲉϩ ⲧⲏⲣⲟⲩ ⲁⲙⲏⲛ.

du bienheureux Paul que celui-ci s'était faite de feuilles de palmier; il retourna à sa cellule, il apprit aux frères tout ce qui lui était arrivé et il leur enseigna toute la suite des œuvres⁵. Du reste, à chaque fête de Pâques et de la Pentecôte, il se vêtait de la tunique du bienheureux Paul et il priait pendant quelle était sur son corps.

Et moi, Jérôme le pécheur, je prie quiconque lira ce livre de se souvenir de moi; car, certes, je préfère la tunique du bienheureux Paul et sa foi à la pompe des rois, à leurs vêtements et à toute leur gloire : Amen.

Pour la gloire du Père, du Fils et du Saint-Esprit, maintenant, en tout temps et jusque dans les siècles de tous les siècles : Amen.

---

1. *Cod.* ⲉⲧⲁⲕⲟⲗⲟⲩⲟⲓⲁ. — 2. Ce mot ne donne aucun sens ; on ne le trouve point dans les lexiques, ni dans les *scalœ*, et c'est un mot inconnu. La version de saint Jérôme suppose le sens de ⲧⲱⲃϩ que j'ai adopté dans ma traduction, et je crois qu'il y a eu erreur du scribe. — 3. *Cod.* ⲓⲉⲣⲱⲛⲓⲙⲟⲥ. — 4. *Cod.* ⲉⲩⲱⲟⲩ. — 5. C'est-à-dire : Comme je comprends toute la suite et l'enchaînement des événements.

APOPHTHEGMES SUR SAINT ANTOINE

ⲛⲓⲥⲁϫⲓ¹ ⲛⲧⲉ ⲛⲓϧⲉⲗⲗⲟ ⲉⲑⲃⲉ ⲁⲃⲃⲁ ⲁⲛⲧⲱⲛⲓⲟⲥ².

(-ⲣⲁ-) ⲁⲩϫⲟⲥ ⲛϫⲉ ϩⲁⲛ ϧⲉⲗⲗⲟ ⲉⲑⲃⲉ ⲁⲃⲃⲁ ⲁⲛⲧⲱⲛⲓⲟⲥ ϫⲉ ⲁϥϣⲱⲡⲓ ⲙⲡⲛⲁⲧⲟⲣⲫⲟⲣⲟⲥ ⲁⲗⲗⲁ ⲛⲁϥⲟⲩⲱϣ ⲉⲥⲁϫⲓ ⲁⲛ ⲡⲉ ⲉⲑⲃⲉ ⲛⲓⲣⲱⲙⲓ. ⲛⲏ ⲅⲁⲣ ⲉⲧϣⲟⲡ ϧⲉⲛ ⲡⲓⲕⲟⲥⲙⲟⲥ ⲛⲁϥⲥⲱⲟⲩⲛ ⲙⲙⲱⲟⲩ ⲡⲉ ϩⲓ ⲫⲟⲩⲉⲓ ⲟⲩⲟϩ ⲛⲁϥϯ ⲙⲏⲓⲛⲓ ⲉⲑⲃⲏⲧⲟⲩ ⲡⲉ ⲉⲁϥϫⲟⲥ ⲛϫⲉ ⲁⲃⲃⲁ ⲁⲛⲧⲱⲛⲓⲟⲥ³ ϫⲉ ϥⲛⲏⲟⲩ ⲛϫⲉ ⲟⲩⲥⲏⲟⲩ ϩⲓⲛⲁ ⲛⲧⲉ ⲛⲓⲣⲱⲙⲓ ⲗⲓⲃⲓ ⲁⲩϣⲁⲛⲛⲁⲩ ⲉⲟⲩⲁⲓ ⲙⲡⲁϥⲗⲓⲃⲓ ⲥⲉⲛⲁⲧⲱⲟⲩⲛⲟⲩ ⲉϫⲱϥ ⲉⲩϫⲱ ⲙⲙⲟⲥ ϫⲉ ⲛⲑⲟⲕ ⲉⲑⲗⲟⲃⲓ ⲉⲑⲃⲉ ϫⲉ ⲙⲡⲉϥϣⲱⲡⲓ ⲉϥⲟⲛⲓ ⲙⲙⲱⲟⲩ. ⲁ ⲁⲃⲃⲁ ⲁⲛⲧⲱⲛⲓⲟⲥ ϫⲟⲥ ⲛⲁⲃⲃⲁ ⲡⲁⲙⲱ ϫⲉ ⲙⲡⲉⲣⲟϩⲓ ⲉⲣⲁⲧⲕ ⲉϫⲉⲛ ⲧⲉⲕⲙⲉⲑⲙⲏⲓ. ⲁϥϫⲟⲥ ⲛϫⲉ ⲁⲃⲃⲁ ⲁⲛⲧⲱⲛⲓⲟⲥ⁴ ϫⲉ ϣⲁⲣⲉ ⲟⲩⲁⲓ ϫⲫⲟ ⲙⲫⲙⲟⲩ ⲉϣⲱⲡ ⲇⲉ ⲁϥϣⲁⲛⲉⲣ ⲡⲉⲑⲛⲁⲛⲉϥ ⲛⲁϥ ϥⲛⲁϫⲫⲟ ⲙⲡⲱⲛϧ. ⲁⲃⲃⲁ ϩⲓⲗⲁⲣⲓⲱⲛ ⲁϥϭⲓ ⲟⲩⲕⲟⲧ ⲉⲃⲟⲗ ⲉⲧⲥⲩⲣⲓⲁ ⲉⲫⲙⲁ ⲛⲁⲃⲃⲁ ⲁⲛⲧⲱⲛⲓⲟⲥ⁵ ⲉⲡⲓⲧⲱⲟⲩ. ⲡⲉϫⲉ ⲁⲃⲃⲁ ⲁⲛⲧⲱⲛⲓⲟⲥ⁶ ⲛⲁϥ ϫⲉ ⲕⲁ⁷……

PAROLES DES VIEILLARDS SUR ABBA ANTOINE

Les vieillards ont dit d'abba Antoine qu'il était pneumatophore; mais il ne voulait pas parler à cause des hommes; car ceux qui sont dans le monde, il les connaissait de loin et les indiquait. Abba Antoine dit : « Il vient un temps où les hommes insensés, s'ils voient quelqu'un qui ne soit pas insensé, se lèveront contre lui, en lui disant : « Tu es insensé, » parce qu'il ne leur ressemble pas. » Abba Antoine dit à abba Pamô : « Ne te fie pas à ta justice. » Abba Antoine dit : « Quelqu'un a engendré la mort; mais, s'il fait le bien, il engendrera la vie. » Abba Hilarion entreprit un voyage de Syrie⁸ vers le lieu d'abba Antoine, à la montagne. Abba Antoine lui dit : « . . . . .

---

1. Ces apophthegmes sont pris du *Cod. Vat. cop.*, 64, fol. 39 verso à f. 57. A la marge, on lit : ϯⲕⲩⲣⲓⲁⲕⲏ ϯϩⲟⲩⲓϯ ⲛⲧⲉ ⲛⲓϧⲙ : ce qui indique qu'on les lisait le premier dimanche de Carême. — 2. *Cod.* ⲁⲛⲧⲱⲛⲓ. — 3. *Cod.* ⲁⲛⲧⲱⲛⲓ. — 4. *Cod.* ⲁⲛⲧⲱⲛⲓ. — 5. *Cod.* ⲁⲛⲧⲱⲛⲓ. — 6. *Cod.* ⲁⲛⲧⲱⲛⲓ. — 7. Lacune d'un feuillet. — 8. Le texte signifie un voyage en Syrie; il doit y avoir une erreur pour ⲉⲃⲟⲗϧⲉⲛ ϯⲥⲩⲣⲓⲁ. Il ne serait guère admissible, en effet, que saint Hilarion, qui habitait la Syrie, voyageât dans ce pays pour aller à la montagne d'Antoine.

(-ⲣ̅ⲍ̅-)... ⲉⲧⲁϯ ⲇⲉ ϧⲁ ⲡⲓϧⲉⲗⲗⲟ ⲡⲉϫⲁϥ ⲛⲱⲟⲩ ϫⲉ ⲡⲱⲥ ⲁ ⲡⲓⲕⲟⲩϫⲓ
ⲛⲓⲱ ⲙⲟⲩ ϩⲓ ⲡⲓⲙⲱⲓⲧ. ⲡⲉϫⲱⲟⲩ ⲛⲁϥ ϫⲉ ⲁⲕⲉⲙⲓ ⲛⲑⲱⲛ ⲡⲉⲛⲓⲱⲧ. ⲡⲉϫⲁϥ
ⲛⲱⲟⲩ ϫⲉ ⲛⲓⲇⲁⲓⲙⲱⲛ¹ ⲁⲩⲧⲁⲙⲟⲓ. ⲛⲑⲱⲟⲩ ⲇⲉ ⲡⲉϫⲱⲟⲩ ⲛⲁϥ ϫⲉ ⲁⲛⲟⲛ
ϩⲱⲛ ⲉⲧⲁⲛⲓ ⲉⲩⲉⲛⲕ ⲉⲑⲃⲉ ⲫⲁⲓ ϫⲉ ⲧⲉⲛⲛⲁⲩ ⲉϩⲁⲛ ⲫⲁⲛⲧⲁⲥⲓⲁ ⲟⲩⲟϩ
ϣⲁⲥϣⲱⲡⲓ ⲛⲧⲟⲩⲉⲣ ⲙⲉⲑⲙⲏⲓ ⲛⲟⲩⲙⲏϣ ⲛⲥⲟⲡ ⲙⲏⲡⲱⲥ ⲛⲧⲉⲛⲥⲱⲣⲉⲙ.
ⲟⲩⲟϩ ⲁ ⲡⲓϧⲉⲗⲗⲟ ⲑⲉⲧ ⲡⲟⲩϩⲏⲧ ϫⲉ ϩⲁⲛ ⲉⲃⲟⲗϩⲓⲧⲉⲛ ⲛⲓⲇⲁⲓⲙⲱⲛ ⲛⲉ².
ⲁⲩϣⲉ ⲛⲱⲟⲩ ⲉⲃⲟⲗϩⲓⲧⲟⲧϥ ⲉⲣϯ ⲱⲟⲩ ⲙⲫϯ.

ⲟⲩϧⲉⲗⲗⲟ ⲁϥϣⲉⲛ ⲁⲃⲃⲁ ⲁⲛⲧⲱⲛⲓⲟⲥ³ ϫⲉ ϣϣⲉ ⲛⲓ ⲉϧⲣⲏⲓ ⲛⲉⲙ ⲛⲓⲥⲛⲏⲟⲩ.
ⲟⲩⲟϩ ⲉⲣⲉ ⲡⲓϧⲉⲗⲗⲟ ⲟⲩⲱϣ ⲉⲑⲉⲧ ⲡⲉϥϩⲏⲧ ϫⲉ ϣϣⲉ ⲛϩⲁⲛ ⲥⲟⲡ ⲥⲟⲡ ⲉⲓ
ⲉϧⲣⲏⲓ ⲛⲉⲙ ⲛⲓⲥⲛⲏⲟⲩ ⲟⲩⲟϩ ⲉⲧⲁϥϫⲟⲩϣⲧ ⲉⲫⲏ ⲉⲧϫⲱⲣϫ ⲉⲛⲓⲍⲱⲟⲛ ⲡⲉϫⲁϥ
ⲛⲁϥ ϫⲉ ϩⲓⲟⲩⲓ ⲛⲟⲩⲥⲟⲑⲛⲉϥ ⲉⲧⲉⲕⲫⲓϯ ⲟⲩⲟϩ ϭⲱⲗⲕ. ⲟⲩⲟϩ ⲁϥϭⲱⲗⲕ.
ⲡⲁⲗⲓⲛ ⲡⲉϫⲁϥ ⲛⲁϥ ϫⲉ ϭⲱⲗⲕ ⲟⲛ. ⲡⲉϫⲁϥ ⲛⲁϥ ϫⲉ ⲉϣⲱⲡ ⲁⲓϣⲁⲛϭⲱⲗⲕ
ⲛϩⲟⲩⲟ ⲡⲁⲣⲁ ⲡⲓϣⲓ ϯⲫⲓϯ ⲛⲁⲕⲱϣ. ⲡⲉϫⲉ ⲡⲓϧⲉⲗⲗⲟ ⲛⲁϥ ϫⲉ ⲡⲁⲓⲣⲏϯ
ⲟⲛ ⲡⲉ ϧⲉⲛ ⲡϩⲱⲃ ⲙⲫϯ ⲉϣⲱⲡ ⲁⲣⲉϣⲁⲛ ⲟⲩⲁⲓ ϣⲉ ⲥⲁⲃⲟⲗ ⲙⲡⲓϣⲓ (-ⲣ̅ⲏ̅-)
ⲛⲧⲉϥϭⲱⲗⲕ ⲛⲛⲓⲥⲛⲏⲟⲩ ⲥⲉⲛⲁⲥⲱⲗⲡ ⲛⲭⲱⲗⲉⲙ ⲁⲗⲗⲁ ϣϣⲉ ⲛϩⲁⲛ ⲥⲟⲡ ⲥⲟⲡ

. . . . . Lorsqu'ils furent arrivés vers le vieillard, il leur dit : « Comment le petit âne est-il mort en chemin ? » Ils lui dirent : « D'où le sais-tu, notre père ? » Il leur dit : « Les démons me l'ont annoncé. » Eux, ils lui dirent : « Nous aussi, nous sommes venus t'interroger à ce sujet, car nous avons vu des fantômes, et il est arrivé qu'ils ont été vrais une foule de fois, de peur que nous ne nous égarions⁴. » Et le vieillard leur persuada qu'ils venaient des démons. Et ils le quittèrent en rendant gloire à Dieu.

Un vieillard interrogea abba Antoine, disant : « Faut-il aller avec les frères ? » Et le vieillard voulait persuader son cœur, disant : « Il faut quelquefois aller avec les frères. » Et lorsqu'il eut regardé celui qui chassait les bêtes féroces⁵, il dit au frère : « Mets une flèche à ton arc et tends-le. » Et le frère le tendit. De nouveau, il lui dit : « Tends encore. » Le frère dit : « Si je tends au-delà de la mesure, l'arc se brisera. » Le vieillard lui dit : « Il en est ainsi dans l'œuvre de Dieu : si quelqu'un dépasse la mesure, qu'il tende l'esprit des frères, ils se rompront bientôt; mais il faut quelquefois aller avec eux. »

1. *Cod.* ⲛⲇⲉⲙⲱⲛ. — 2. *Cod.* ⲛⲇⲉⲙⲱⲛ. — 3. *Cod.* ⲁⲛⲧⲱⲛⲓ. — 4. C'est-à-dire : Sans doute, ils nous ont dit des choses réelles. — 5. Le mot du texte signifie *tendre des pièges;* le mot ϫⲟⲩϣⲧ signifie simplement, je crois, que saint Antoine prend le chasseur comme terme de comparaison.

ⲉⲓ ⲉϧⲣⲏⲓ ⲛⲉⲙⲱⲟⲩ ⲉⲃⲟⲗϩⲓⲧⲉⲛ ⲡϭⲟⲛⲧⲉⲛ ⲛ̇ⲧϥⲓϯ ⲁϥϫⲉⲙ ϩⲙⲟⲧ ⲛ̇ϩⲁⲛ ⲙⲏϣ ⲁϥϣⲉ ⲛⲁϥ. ⲁϥϫⲟⲥ ⲛ̇ϫⲉ ⲁⲃⲃⲁ ⲁⲛⲧⲱⲛⲓⲟⲥ[1] ϫⲉ ⲫϯ ⲭⲱ ⲛ̇ⲛⲓⲡⲟ-ⲗⲉⲙⲟⲥ ⲉϫⲉⲛ ⲛⲓⲣⲱⲙⲓ ⲛ̇ⲧⲉ ⲧⲁⲓⲅⲉⲛⲉⲁ ⲁⲛ ⲙ̇ⲫⲣⲏϯ ⲛ̇ⲁⲣⲭⲁⲓⲟⲥ[2] ⲉϥⲉⲙⲓ ϫⲉ ϩⲁⲛ ϫⲱⲃ ⲛⲉ ⲥⲉϣϥⲁⲓ ⲁⲛ. ⲁϥϫⲟⲥ ⲛ̇ϫⲉ ⲁⲃⲃⲁ ⲁⲛⲧⲱⲛⲓⲟⲥ[3] ϫⲉ ⲉϣⲱⲡ ⲉⲕⲉⲣⲡⲟⲗⲓⲧⲉⲩⲉⲥⲑⲁⲓ[4] ⲛⲉⲙ ⲡⲭ̄ⲥ̄ ⲙⲁⲣⲉ ⲧⲉⲕⲣⲓ ϣⲱⲡⲓ ⲛ̇ϣⲧⲉⲕⲟ ⲛⲁⲕ ⲉ̇ⲓⲣⲓ ⲙ̇ⲫⲙⲉⲩⲓ ⲙ̇ⲡⲉⲛⲭⲓ ⲓⲓ ⲉⲃⲟⲗϧⲉⲛ ⲥⲱⲙⲁ ⲛ̇ⲥⲏⲟⲩ ⲛⲓⲃⲉⲛ ⲟⲩⲟϩ ⲙ̇ⲡⲉⲣⲉⲣ ⲡⲱϣⲥ ⲙ̇ⲡⲓϣⲁⲙⲉϩ ⲛ̇ϩⲁⲡ ⲉⲑⲛⲁϣⲱⲡⲓ ⲟⲩⲟϩ ⲙ̇ⲙⲟⲛ ⲛⲟⲃⲓ ⲛⲁϣⲱⲡⲓ ⲛ̇ⲧⲉⲕⲯⲩⲭⲏ ⲁⲛ ⲉⲡⲧⲏⲣϥ. ⲁⲣⲓ ⲙⲉⲧⲟⲭⲟⲥ ⲙ̇ⲡⲓⲡ̄ⲛ̄ⲁ̄ ⲉⲑⲟⲩⲁⲃ ϩⲓⲛⲁ ⲛ̇ⲧⲉⲕ-ⲱⲛϧ ⲛⲉⲙ ⲡⲟ̄ⲥ̄ ϣⲁ ⲉⲃⲟⲗ ⲁⲛϣⲁⲛⲙⲟⲩⲛ ⲉⲫϯ ⲭ̇ⲛⲁϣⲁϣⲛⲓ ⲉ̇ⲡⲱⲛϧ ⲛ̇ⲉⲛⲉϩ ⲟⲩⲟϩ ⲫϯ ⲛⲁϥⲱϯ ⲛ̇ⲛⲉⲕⲛⲟⲃⲓ ⲉⲃⲟⲗ ⲛ̇ⲧⲉϥⲧⲁϩⲟⲕ ⲉⲣⲁⲧⲕ ⲉ̇ⲕⲟⲓ ⲙ̇ⲃⲉⲣⲓ ϧⲉⲛ ⲧⲉϥⲙⲉⲧⲟⲩⲣⲟ.

ⲁⲩϫⲉ ⲙⲉⲑⲛⲟⲩϫ ⲉⲟⲩⲥⲟⲛ ϧⲉⲛ ⲟⲩⲁⲩⲏⲧ ⲉⲑⲃⲉ ⲟⲩⲡⲟⲣⲛⲉⲓⲁ[5] ⲁϥⲓ ⲉⲡⲙⲁ ⲛⲁⲃⲃⲁ ⲁⲛⲧⲱⲛⲓⲟⲥ[6] ⲁⲩⲓ ϩⲱⲟⲩ ⲛ̇ϫⲉ ⲛⲓⲥⲛⲏⲟⲩ ⲉⲃⲟⲗϧⲉⲛ ⲡⲓⲁ-(-ⲣⲉ-)ⲟⲩⲃⲏⲧ ϫⲉ ⲛ̇ⲧⲟⲗϥ. ⲟⲩⲟϩ ⲁⲩⲉⲣ ϩⲏⲧⲥ ⲛ̇ⲥⲁϩⲓ ⲙ̇ⲙⲟϥ ϫⲉ ⲁⲕⲓⲣⲓ ⲙ̇ⲡⲁⲓⲣⲏϯ. ⲛⲑⲟϥ ⲇⲉ ⲁϥⲉⲣⲁⲡⲟⲗⲟⲅⲓⲥⲑⲁⲓ[7] ϫⲉ ⲙ̇ⲡⲉⲣ ϩⲗⲓ ϧⲉⲛ ⲛⲁⲓ ⲉⲡⲧⲏⲣϥ. ⲁϥϯ ⲙⲁϯ ⲇⲉ ⲙ̇ⲙⲁⲩ ϩⲱϥ ⲛ̇ϫⲉ ⲁⲃⲃⲁ ⲡⲁⲫϯ ⲡⲓⲕⲉⲫⲁⲗⲁⲥ ⲟⲩⲟϩ ⲁϥϫⲉ ⲟⲩⲡⲁⲣⲁⲃⲟⲗⲓ ⲙ̇ⲡⲁⲓⲣⲏϯ ϫⲉ ⲁⲙⲁⲩ ⲉⲟⲩⲣⲱⲙⲓ ϧⲁⲧⲉⲛ ⲛⲉⲛⲥⲫⲟⲧⲟⲩ ⲙ̇ⲫⲓ-

Par la comparaison de l'arc, il profita beaucoup ; il s'en alla. Abba Antoine dit : « Dieu ne place pas des guerres sur les hommes de cette génération, comme sur les anciens ; car il sait qu'ils sont faibles et ne les supporteraient pas. » Abba Antoine dit : « Si tu sers le Christ, que ta cellule soit pour toi une prison : fais souvenir en tout temps de ta sortie du corps[8] ; sois le reclus du Saint-Esprit, afin que tu vives pour le Seigneur à jamais. Si tu persévères pour Dieu, tu obtiendras la vie éternelle et Dieu effacera tes péchés, afin de te placer de nouveau dans son royaume. »

On dit, dans un couvent, un mensonge contre un frère, au sujet de la fornication : il vint au lieu d'abba Antoine. Les frères du couvent vinrent aussi pour l'emmener. Ils commencèrent à l'injurier, disant : « Tu as fait ainsi ! » Mais il se défendait, disant : « Je n'ai rien fait de cela, du tout. » Abba Paphnouti, le Képhalas, se trouva aussi là et dit une parabole de cette sorte : « J'ai vu un homme sur les rives du fleuve ; on le jeta dans la boue jusqu'aux

---

1. *Cod.* ⲁⲛⲧⲱⲛⲓ. — 2. *Cod.* ⲛⲁⲣⲭⲉⲟⲥ. — 3. *Cod.* ⲁⲛⲧⲱⲛⲓ. — 4. *Cod.* ⲉⲕⲉⲣⲡⲟ-ⲗⲓⲧⲉⲧⲉⲥⲑⲉ. — 5. *Cod.* ⲟⲩⲡⲟⲣⲛⲓⲁ. — 6. *Cod.* ⲁⲛⲧⲱⲛⲓ. — 7. *Cod.* ⲁϥⲉⲣⲁⲡⲟⲗⲟⲅⲓⲥⲉ. — 8. C'est-à-dire de sa mort.

ⲁⲣⲟ ⲁⲩϩⲓⲧϥ ⲉϧⲣⲏⲓ ⲉⲥⲗⲱϧⲓ¹ ϣⲁ ⲛⲉϥⲕⲉⲗⲓ ⲟⲩⲟϩ ⲁⲩⲓ ⲛϫⲉ ϩⲁⲛ ⲟⲩⲟⲛ
ⲉⲑⲣⲟⲩϯ ⲧⲟⲧϥ ⲁⲩⲭⲟⲗⲕϥ ⲉϧⲣⲏⲓ ϣⲁ ⲧⲉϥⲛⲁϩⲃⲓ. ⲉⲧⲁϥⲥⲱⲧⲉⲙ ⲉⲛⲁⲓ ⲛϫⲉ
ⲁⲃⲃⲁ ⲁⲛⲧⲱⲛⲓⲟⲥ² ⲛⲧⲟⲧϥ ⲛⲁⲃⲃⲁ ⲡⲁⲫⲛⲟⲩϯ ⲡⲉϫⲁϥ ϫⲉ ϩⲏⲡⲡⲉ ⲧⲁⲫⲙⲏⲓ
ϫⲉ ⲟⲩⲣⲱⲙⲓ ⲉⲟⲩⲟⲛ ϣϫⲟⲙ ⲙⲙⲟϥ ⲉⲛⲟϩⲉⲙ ⲛϧⲁⲛ ⲯⲩⲭⲏ. ⲟⲩⲟϩ ⲉⲧⲁ
ⲛⲓⲥⲛⲏⲟⲩ ⲟⲩⲱⲙ ⲛϩⲑⲏⲟⲩ ⲉϫⲉⲛ ⲛⲓⲥⲁϫⲓ ⲛⲧⲉ ⲛⲓϧⲉⲗⲗⲟⲓ ⲁⲩϯ ⲙⲉⲧⲁⲛⲟⲓⲁ
ⲙⲡⲓⲥⲟⲛ ⲁⲩⲟⲗϥ ⲉⲡⲟⲩⲁⲟⲩⲃⲏⲧ.

ⲁⲩⲧⲱⲣⲡ ⲉⲃⲟⲗ ⲛⲁⲃⲃⲁ ⲁⲛⲧⲱⲛⲓⲟⲥ³ ϩⲓ ⲡϣⲁϥⲉ ϫⲉ ⲟⲩⲟⲛ ⲟⲩⲁⲓ ϧⲉⲛ
ⲟⲩⲃⲁⲕⲓ ⲉⲟⲩⲥⲏⲓⲛⲓ ⲡⲉ ϧⲉⲛ ϯⲉⲡⲓⲥⲧⲏⲙⲏ ⲉϥⲟⲛⲓ ⲙⲙⲟⲕ ⲟⲩⲟϩ ⲫⲏ ⲉⲧⲟϩ
ⲛϩⲟⲩⲟ ⲉⲣⲟϥ ⲉϥϯ ⲙⲙⲟϥ ⲛⲛⲓ ⲉⲧⲉⲣ ⲭⲣⲉⲓⲁ⁴ ⲟⲩⲟϩ ⲡⲓⲉϩⲟⲟⲩ ⲉϥⲉⲣⲯⲁⲗ-
ⲗⲉⲓⲛ² (-ⲡⲓ-) ⲛⲉⲙ ⲛⲓⲁⲅⲅⲉⲗⲟⲥ ⲛⲉⲙ ⲡⲓⲅ̄ ⲛⲁⲅⲓⲟⲥ.

ⲁϥϫⲟⲥ ⲛϫⲉ ⲁⲃⲃⲁ ⲁⲛⲧⲱⲛⲓⲟⲥ⁵ ϫⲉ ⲙⲫⲣⲏϯ ⲛⲛⲓⲧⲉⲃⲧ ⲁⲩϣⲁⲛⲱⲥⲕ ϧⲉⲛ
ⲡϣⲟⲩⲓⲉ ϣⲁⲩⲙⲟⲩ ⲡⲁⲓⲣⲏϯ ϩⲱⲟⲩ ⲛⲓⲙⲟⲛⲁⲭⲟⲥ ⲁⲩϣⲁⲛⲱⲥⲕ ⲥⲁⲃⲟⲗ
ⲛϯⲣⲓ ⲛⲉⲙ ⲛⲓⲕⲟⲥⲙⲓⲕⲟⲥ ϣⲁⲩϯ ⲟⲩⲱ ⲉⲃⲟⲗ ϣϫⲉ ⲟⲩⲛ ⲙⲫⲣⲏϯ ⲛⲛⲓⲧⲉⲃⲧ
ⲛⲧⲉ ⲫⲓⲟⲙ⁶ ⲡⲁⲓⲣⲏϯ ⲁⲛⲟⲛ ϩⲱⲛ ⲟⲛ ⲙⲁⲣⲉⲛⲧⲁϩⲉ ⲡⲓⲧⲱⲟⲩ ⲙⲙⲱⲥ ⲛⲧⲉⲛⲱⲥⲕ ⲛⲧⲉⲛⲉⲣ ⲡⲱⲃϣ ⲙⲡⲓⲥⲁϧⲟⲩⲛ ⲉⲧⲉ ⲡⲓϫⲓ ⲛⲙⲟⲩⲛ ⲉϥϯ ⲡⲉ.

ⲟⲩⲟⲛ ⲁ ⲟⲩⲡⲉⲓⲣⲁⲥⲙⲟⲥ⁷ ⲧⲁϩⲟϥ ⲛⲟⲩⲥⲟⲡ ϧⲉⲛ ⲟⲩⲁⲃⲏⲧ ⲛⲧⲉ ⲁⲃⲃⲁ ⲏⲗⲓ

genoux, et, quand quelques-uns vinrent pour lui tendre la main, on l'enfonça jusqu'aux épaules. » Et quand abba Antoine eut entendu cela d'abba Paphnauti, il dit : « Voici, en vérité, voici un homme qui peut sauver les âmes! » Et lorsque les frères se furent repentis à cause des paroles des vieillards⁸, ils firent repentance au frère, ils l'emmenèrent dans leur couvent.

On révéla (ceci) dans le désert à abba Antoine : « Il y a dans un village quelqu'un qui est médecin dans son savoir; il est semblable à toi. Et ce qu'il a de trop, il le donne aux indigents. Le jour, il chante des psaumes avec les anges et les trois saints⁹. »

Abba Antoine dit : « Comme les poissons, s'ils restent trop longtemps à sec, meurent: ainsi les moines, s'ils restent trop longtemps dans leurs cellules avec les mondains, ils cessent (leur bon dessein). Il faut donc qu'à la manière des poissons, nous aussi, nous nous attachions à la montagne, de peur que nous ne restions trop longtemps, que nous n'oubliions l'intérieur, c'est-à-dire la persévérance en Dieu. »

Un frère fut tenté une fois dans un couvent d'abba Elie, et, lorsqu'on l'eut

---

1. *Cod.* ⲉⲩⲗⲱϧⲓ — 2. *Cod.* ⲁⲛⲧⲱⲛⲓ. — 3. *Cod.* ⲁⲛⲧⲱⲛⲓ. — 4. *Cod.* ⲭⲣⲓⲁ. — 5. *Cod.* ⲉϥⲉⲣⲯⲁⲗⲓⲛ. — 6. *Cod.* ⲁⲛⲧⲱⲛⲓ. — 7, *Cod.* ⲡⲓⲣⲁⲥⲙⲟⲥ. — 8. Mot à mot : « Eurent mangé leurs cœurs sur les paroles.» — 9. Ce sont les trois jeunes gens du livre de Daniel.

ⲟⲩⲟϩ ⲉⲧⲁⲩϭⲟϫⲓ ⲛⲥⲱϥ ⲉⲃⲟⲗ ⲙⲙⲁⲩ ⲁϥϣⲉ ⲛⲁϥ ⲉⲫⲙⲁ ⲛⲁⲃⲃⲁ ⲁⲛⲧⲱⲛⲓⲟⲥ[1] ⲉⲡⲓⲧⲱⲟⲩ. ⲉⲧⲁϥϣⲱⲡⲓ ϧⲁⲧⲟⲧϥ ⲛⲟⲩⲥⲏⲟⲩ ⲙⲉⲛⲉⲛⲥⲱⲥ ⲁϥⲟⲩⲟⲣⲡϥ
ⲉⲡⲉϥⲟⲩⲏⲃⲧ ⲉⲧⲁϥⲓ ⲉⲃⲟⲗⲛ̄ϧⲏⲧϥ. ⲛⲑⲱⲟⲩ ⲇⲉ ⲉⲧⲁⲩⲛⲁⲩ ⲉⲣⲟϥ ⲡⲁⲗⲓⲛ
ⲁⲩϭⲟϫⲓ ⲛⲥⲱϥ ⲟⲛ ⲛⲑⲟϥ ⲇⲉ ⲁϥⲕⲟⲧϥ ⲉⲫⲙⲁ ⲛⲁⲃⲃⲁ ⲁⲛⲧⲱⲛⲓⲟⲥ[2] ⲉϥϫⲱ
ⲙⲙⲟⲥ ϫⲉ ⲁ ⲟⲩϩⲟⲓ ⲃⲓⲝⲓ ϧⲉⲛ (-ⲣⲓⲁ-) ⲡⲓⲡⲉⲗⲁⲅⲟⲥ[3] ⲁϥⲧⲁⲕⲟ ⲙⲡⲓⲁⲟⲩⲓⲛ
ⲟⲩⲟϩ ϧⲉⲛ ⲟⲩϧⲓⲥⲓ ⲁ ⲡⲓϩⲟⲓ ⲛⲟϩⲉⲙ ⲉⲡⲓⲭⲣⲟ ⲟⲩⲟϩ ⲛⲑⲱⲧⲉⲛ ⲛⲏ ⲉⲧⲁⲩ-
ⲛⲟϩⲉⲙ ⲉⲡⲓⲭⲣⲟ ⲧⲉⲧⲉⲛⲟⲩⲱϣ ⲉϩⲓⲧⲟⲩ. ⲛⲑⲱⲟⲩ ⲇⲉ ⲉⲧⲁⲩⲥⲱⲧⲉⲙ ϫⲉ
ⲁⲃⲃⲁ ⲁⲛⲧⲱⲛⲓⲟⲥ[4] ⲡⲉ ⲉⲧⲁϥⲟⲩⲱⲣⲡ ⲥⲁⲧⲟⲧⲟⲩ ⲁⲩϣⲟⲡϥ ⲉⲣⲱⲟⲩ ϧⲉⲛ
ⲟⲩⲣⲁϣⲓ.

ⲓⲉ ⲧⲕⲁϩⲥ ⲇⲉ ⲧⲉ ⲛ̄ⲅ̄ ⲛϧⲉⲗⲗⲟ ⲕⲁⲧⲁ ⲣⲟⲙⲡⲓ ⲉϣⲉ ϣⲁ ⲡⲓⲙⲁⲕⲁⲣⲓⲟⲥ ⲁⲃⲃⲁ
ⲁⲛⲧⲱⲛⲓⲟⲥ[5] ⲡⲓⲃ̄ ⲙⲉⲛ ⲛⲁⲩϣⲓⲛⲓ ⲙⲙⲟϥ ⲡⲉ ⲉⲑⲃⲉ ϩⲁⲛ ⲙⲉⲩⲓ ⲛⲉⲙ ⲉⲑⲃⲉ
ⲟⲩⲛⲟϩⲉⲙ ⲛⲧⲉ ⲛⲟⲩⲯⲩⲭⲏ ⲡⲓⲕⲉⲟⲩⲁⲓ ⲇⲉ ϩⲱϥ ⲛⲁϥⲭⲱ ⲛⲣⲱϥ ⲡⲉ ⲛⲥⲏⲟⲩ
ⲛⲓⲃⲉⲛ ⲉϥϣⲓⲛⲓ ⲉⲑⲃⲉ ϩⲗⲓ ⲛϩⲟϥ ⲁⲛ. ⲙⲉⲛⲉⲛⲥⲁ ⲟⲩⲛⲓϣϯ ⲛⲥⲏⲟⲩ ⲡⲉϫⲉ
ⲁⲃⲃⲁ ⲁⲛⲧⲱⲛⲓⲟⲥ[6] ⲛⲁϥ ϫⲉ ϩⲏⲡⲡⲉ ⲓⲥ ⲡⲁⲓⲛⲓϣϯ ⲛⲥⲏⲟⲩ ⲭⲛⲏⲟⲩ ⲙⲛⲁⲓ
ⲟⲩⲟϩ ⲛⲕϣⲓⲛⲓ ⲙⲙⲟⲓ ⲛϩⲗⲓ ⲁⲛ. ⲛⲑⲟϥ ⲇⲉ ⲡⲉϫⲁϥ ⲛⲁϥ ϫⲉ ⲙⲏ ⲡⲓⲛⲁⲩ
ⲉⲣⲟⲕ ⲙⲙⲁⲩⲁⲧϥ ⲣⲱϣⲓ ⲙⲙⲟⲓ ⲁⲛ ⲡⲁⲓⲱⲧ.

chassé, il se rendit au lieu d'abba Antoine, à la montagne. Lorsqu'il eut habité près de lui quelque temps, Antoine le renvoya au couvent d'où il était venu. Mais eux, quand ils l'eurent vu de nouveau, ils le chassèrent de nouveau, et il se retourna vers le lieu d'abba Antoine, en disant : « Une barque a naufragé dans la mer, elle a perdu sa cargaison, et c'est avec peine que la barque a été sauvée au rivage : et vous, qui êtes en sûreté sur le rivage, vous voulez les[7] rejeter ! » Mais eux, lorsqu'ils apprirent que c'était abba Antoine qui (l')avait envoyé, aussitôt ils le reçurent avec joie.

C'était, chaque année, la coutume de trois vieillards d'aller vers le bienheureux Antoine. Deux l'interrogeaient sur des pensées et le salut de leur âme; l'autre gardait le silence en tout temps, n'interrogeant sur rien. Après un grand espace de temps, abba Antoine lui dit : « Voici que tu viens ici tout ce temps, et tu ne me demandes rien. » Lui, il répondit : « Est-ce que te voir ne me suffit pas, ô mon père ! »

---

1. *Cod.* ⲁⲛⲧⲱⲛⲓ. — 2. *Cod.* ⲁⲛⲧⲱⲛⲓ. — 3. *Cod.* ⲡⲓⲡⲉⲗⲁⲕⲟⲥ. — 4. *Cod.* ⲁⲛⲧⲱⲛⲓ. — 5. *Cod.* ⲁⲛⲧⲱⲛⲓ. — 6. *Cod.* ⲁⲛⲧⲱⲛⲓ. — 7. Ce mot se rapporte à l'équipage compris dans la barque, ou à la barque et à la cargaison.

ⲁϥⲉⲙⲓ ⲛϫⲉ ⲁⲃⲃⲁ ⲁⲛⲧⲱⲛⲓⲟⲥ[1] ⲉⲑⲃⲉ ⲟⲩⲁⲗⲟⲩ ⲙⲙⲟⲛⲁⲭⲟⲥ ϫⲉ ⲁϥⲓⲣⲓ
ⲛⲟⲩⲙⲏⲓⲛⲓ ϩⲓ ⲡϣⲁϥⲉ. ⲫⲁⲓ ⲉⲧⲁϥⲛⲁⲩ ⲉϩⲁⲛ ϧⲉⲗⲗⲟⲓ ⲉⲩⲙⲟϣⲓ ⲉⲩⲣⲟⲥⲓ ϩⲓ
ⲡⲓⲙⲱⲓⲧ ⲉⲡⲧⲱⲟⲩ ⲁϥⲟⲩⲁϩⲥⲁϩⲛⲓ ⲛϩⲁⲛ ⲉⲁ ⲛⲧⲱⲟⲩ (-ⲣⲓⲃ-) ⲉⲑⲣⲟⲩ ⲛⲧⲟⲩ-
ϥⲁⲓ ⲛⲛⲓϧⲉⲗⲗⲟⲓ. ⲁⲩⲧⲁⲙⲉ ⲁⲃⲃⲁ ⲁⲛⲧⲱⲛⲓⲟⲥ[2] ⲉⲑⲃⲏⲧϥ ⲡⲉϫⲁϥ ϫⲉ ⲉⲣⲉ
ⲡⲁⲓⲁⲗⲟⲩ ⲙⲙⲟⲛⲁⲭⲟⲥ ⲟⲛⲓ ⲛⲧⲟⲧ ⲛⲟⲩϫⲟⲓ ⲕⲁⲛ ⲙⲉⲛ ϫⲉ ϥⲟⲡⲧ ⲛⲁⲅⲁⲑⲟⲛ
ϯⲉⲙⲓ ⲁⲛ ϫⲉ ⲁⲛ ϥⲛⲁϩⲉⲙ ⲉⲟⲩⲗⲓⲙⲏⲛ. ⲟⲩⲟϩ ⲙⲉⲛⲉⲛⲥⲁ ⲟⲩⲭⲟⲛⲟⲩ ⲁϥⲉⲣ
ϩⲏⲧⲥ ⲛⲣⲓⲙⲓ ⲛϫⲉ ⲁⲃⲃⲁ ⲁⲛⲧⲱⲛⲓⲟⲥ[3] ⲛⲟⲩϩⲟϯ ϧⲉⲛ ⲟⲩϩⲟϯ ⲁϥϣⲱϫⲓ ⲛⲥⲁ
ⲛⲉϥϥⲱⲓ ⲟⲩⲟϩ ⲁϥⲛⲉϩⲡⲓ. ⲡⲉϫⲉ ⲛⲉϥⲙⲁⲑⲏⲧⲏⲥ ⲛⲁϥ ϫⲉ ⲉⲕⲣⲓⲙⲓ ⲉⲑⲃⲉ ⲟⲩ
ⲡⲉⲛⲓⲱⲧ. ⲡⲉϫⲉ ⲡⲓϧⲉⲗⲗⲟ ϫⲉ ⲁ ⲟⲩⲛⲓϣϯ ⲛⲥⲧⲩⲗⲟⲥ[4] ⲛⲧⲉ ϯⲉⲕⲕⲗⲏⲥⲓⲁ ϩⲉⲓ
ϯⲛⲟⲩ ⲛⲁϥϫⲱ ⲙⲙⲟⲥ ⲡⲉ ⲉⲑⲃⲉ ⲡⲓⲁⲗⲟⲩ ⲙⲙⲟⲛⲁⲭⲟⲥ ⲁⲗⲗⲁ ⲙⲁϣⲉ
ⲛⲱⲧⲉⲛ ϩⲁⲣⲟϥ ⲁⲛⲁⲩ ⲉⲫⲏ ⲉⲧⲁϥϣⲱⲡⲓ ⲙⲙⲟϥ. ⲉⲧⲁⲩϣⲉ ⲛⲱⲟⲩ ⲇⲉ ⲛϫⲉ
ⲛⲓⲙⲁⲑⲏⲧⲏⲥ ⲁⲩϫⲓⲙⲓ ⲙⲡⲓⲙⲟⲛⲁⲭⲟⲥ ⲉϥϩⲉⲙⲥⲓ ⲉϫⲉⲛ ⲟⲩⲟⲙ ⲉϥⲣⲓⲙⲓ
ⲉⲡⲓⲛⲟⲃⲓ ⲉⲧⲁϥⲁⲓϥ. ⲉⲧⲁϥⲛⲁⲩ ⲉⲛⲓⲙⲁⲑⲏⲧⲏⲥ ⲛⲧⲉ ⲡⲓϧⲉⲗⲗⲟ ⲛϫⲉ ⲡⲓⲁⲗⲟⲩ
ⲙⲙⲟⲛⲁⲭⲟⲥ ⲡⲉϫⲁϥ ⲛⲱⲟⲩ ϫⲉ ⲁϫⲟⲥ ⲙⲡⲓϧⲉⲗⲗⲟ ϩⲓⲛⲁ ⲛⲧⲉϥϯ ϩⲟ ⲉⲫϯ
ⲉⲑⲣⲉϥϯ ⲙⲓ ⲛⲉϩⲟⲟⲩ ⲙⲙⲏⲓ ⲙⲙⲁⲧⲁⲧⲟⲩ ⲟⲩⲟϩ ϯⲉⲣ ϩⲉⲗⲡⲓⲥ ⲉⲉⲣⲁⲡⲟⲗⲟ-
ⲅⲓⲥⲑⲁⲓ[5]. ⲟⲩⲟϩ ϩⲁϫⲉⲛ ⲉ̅ ⲛⲉϩⲟⲟⲩ ⲁϥⲙⲟⲩ ⲛϫⲉ (-ⲣⲓⲅ-) ⲡⲓⲁⲗⲟⲩ. ⲁⲩϫⲟⲥ

Abba Antoine apprit qu'un jeune moine avait fait un miracle dans le désert : ayant rencontré des vieillards qui marchaient vers la montagne, fatigués du chemin, il commanda à des onagres de venir porter les vieillards. On apprit cela à abba Antoine; il dit : « Ce jeune garçon, pour moi, est semblable à une barque; quand même elle est chargée de biens, je ne sais pas si elle parviendra au port et sera sauvée[6]. » Et après quelque temps, abba Antoine commença de pleurer d'une manière effrayante[7]; il s'arracha les cheveux, il se lamenta. Ses disciples lui dirent : « Notre père, pourquoi pleures-tu ? » Le vieillard leur dit : « Une grande colonne de l'Église tombe à cette heure (il parlait ainsi du jeune moine); mais allez vers lui, voyez ce qui lui est arrivé. » Lorsque les disciples s'en furent allés, ils trouvèrent le moine assis sur une natte, pleurant le péché qu'il avait fait. Et lorsque le jeune moine vit les disciples du vieillard, il leur dit : « Dites au vieillard qu'il prie Dieu de m'accorder seulement dix jours, et j'ai l'espoir de me justifier. » Et cinq jours après, le jeune garçon mourut. Les vieillards dirent : « Si tu vois un

---

1. Cod. ⲁⲛⲧⲱⲛⲓ. — 2. Cod. ⲁⲛⲧⲱⲛⲓ. — 3. Cod. ⲁⲛⲧⲱⲛⲓ. — 4. Cod. ⲛⲉⲧⲩⲗⲟⲥ. —
5. Cod. ⲉⲉⲣⲁⲡⲟⲗⲟⲅⲓⲥⲑⲉ. — 6. Mot à mot : « Si elle sera sauvée dans le port. » — 7. Mot à mot : « de crainte dans la crainte », c'est-à-dire terriblement.

ⲛϫⲉ ⲡⲓϧⲉⲗⲗⲟ ϫⲉ ⲁⲕϣⲁⲛⲛⲁⲩ ⲉⲟⲩⲁⲗⲟⲩ ⲙ̅ⲙⲟⲛⲁⲭⲟⲥ ⲉϥϫⲏⲗ ϫⲉ ⲉⲡϣⲱⲓ
ⲉⲧⲫⲉ ϧⲉⲛ ⲡⲉϥⲟⲩⲱϣ ⲁⲙⲟⲛⲓ ⲛ̅ⲛⲉϥϥⲁⲧ ⲥⲟⲕϥ ⲉϧⲣⲏⲓ ⲥⲉⲣ ⲛⲟϥⲣⲓ ⲅⲁⲣ
ⲛⲁϥ ⲁⲛ.

ⲁⲩϫⲟⲥ ⲉⲑⲃⲉ ⲟⲩⲟⲛ ϫⲉ ⲁϥϭⲣⲟ ⲉⲡϫⲱⲛⲧ. ⲁϥϫⲓ ⲟⲩⲕⲟⲧ ⲉⲁⲃⲃⲁ ⲁⲛⲧⲱⲛⲓⲟⲥ¹ ⲛ̅ⲟⲩⲥⲟⲡ ⲉⲧⲁⲩⲕⲏⲛ ⲉⲧⲉⲣ ⲥⲩⲛⲁⲝⲓⲥ. ⲉⲣⲉ ⲁⲃⲃⲁ ⲁⲛⲧⲱⲛⲓⲟⲥ² ⲟⲩⲱϣ
ⲉⲉⲣⲇⲟⲕⲓⲙⲁⲍⲓⲛ³ ⲙ̅ⲙⲟϥ ϫⲉ ⲁⲛ ⲁϥϭⲣⲟ ⲉⲡⲡⲁⲑⲟⲥ ⲡⲉϫⲁϥ ⲛⲁϥ ϫⲉ ⲧⲱⲛⲕ
ⲁⲣⲓ ⲟⲩⲕⲟⲩϫⲓ ⲛⲁⲡⲟⲥⲧⲏⲑⲏⲥ⁴. ⲟⲩⲟϩ ⲉⲧⲁ ⲡⲓⲥⲟⲛ ⲟϩⲓ ⲉⲣⲁⲧϥ ⲡⲉϫⲁϥ ⲙ̅ⲡⲓ-
ϧⲉⲗⲗⲟ ϫⲉ ⲁⲕⲟⲩⲱϣ ⲛ̅ⲧⲁⲉⲣ ⲙⲉⲗⲉⲧⲏ ϧⲉⲛ ⲟⲩ ⲛ̅ⲧⲁⲓⲣⲓ ϧⲉⲛ ϯⲡⲁⲗⲁⲓⲁ⁵
ϣⲁⲛ ⲛ̅ⲧⲁⲓⲣⲓ ϧⲉⲛ ϯⲕⲁⲓⲛⲏ⁶. ⲉⲧⲁϥⲥⲱⲧⲉⲙ ⲉⲛⲁⲓ ⲛϫⲉ ⲁⲃⲃⲁ ⲁⲛⲧⲱⲛⲓⲟⲥ⁷
ⲡⲉϫⲁϥ ⲛⲁϥ ϫⲉ ϩⲉⲙⲥⲓ ⲛⲁⲕ ⲡⲓϭⲁⲥⲓ ϩⲏⲧ ⲛ̅ⲁⲧϣⲉⲃⲓⲱϣ. ⲉⲧⲁ ⲡⲓⲥⲟⲛ ϩⲉⲙⲥⲓ
ⲡⲁⲗⲓⲛ ⲡⲉϫⲉ ⲡⲓϧⲉⲗⲗⲟ ⲛⲁϥ ⲟⲛ ϫⲉ ⲁⲓⲕⲏⲛ ⲉϫⲟⲥ ⲛⲁⲕ ϫⲉ ⲧⲱⲛⲕ ⲁⲣⲓ
ⲟⲩⲕⲟⲩϫⲓ ⲙ̅ⲙⲉⲗⲉⲧⲏ ⲛⲁⲡⲟⲥⲧⲏⲑⲏⲥ⁸. ⲉⲧⲁ ⲡⲓⲥⲟⲛ ⲟϩⲓ ⲉⲣⲁⲧϥ ⲡⲉϫⲁϥ
ⲙ̅ⲡⲓϧⲉⲗⲗⲟ ϫⲉ ⲭⲟⲩⲱϣ ⲛ̅ⲧⲁⲓⲣⲓ ϧⲉⲛ ϯⲕⲁⲓⲛⲏ⁹ ϣⲁⲛ ⲛ̅ⲧⲁⲓⲣⲓ (-ⲣⲓⲁ-) ϧⲉⲛ
ϯⲡⲁⲗⲁⲓⲁ¹⁰. ⲡⲉϫⲉ ⲡⲓϧⲉⲗⲗⲟ ⲛⲁϥ ⲟⲛ ϫⲉ ϩⲉⲙⲥⲓ ⲛⲁⲕ ⲡⲓⲛⲓϣϯ ⲛϭⲁⲥⲓ ϩⲏⲧ.
ⲡⲁⲗⲓⲛ ⲁ ⲡⲓⲥⲟⲛ ϩⲉⲙⲥⲓ. ⲡⲉϫⲉ ⲡⲓϧⲉⲗⲗⲟ ⲛⲁϥ ⲟⲛ ϫⲉ ⲧⲱⲛⲕ ⲁⲣⲓ ⲟⲩⲕⲟⲩϫⲓ

jeune moine allant au ciel en sa volonté, retiens ses pieds, attire-le, car ce n'est pas une bonne chose pour lui. »

On rapporte d'un frère qu'il avait vaincu la colère. Une fois, il chercha abba Antoine, quand on eut fini la synaxe. Abba Antoine, voulant l'éprouver pour voir s'il avait vaincu la passion, lui dit : « Lève-toi, récite quelque chose par cœur¹¹. » Lorsque le frère fut debout, il dit au vieillard : « Sur quoi veux-tu que je médite ? (veux-tu) que je (le) fasse dans l'Ancien ou que je (le) fasse dans le Nouveau (Testament) ? » Lorsque abba Antoine eut entendu ces paroles, il lui dit : « Assieds-toi, orgueilleux qu'on ne peut guérir (?) » Lorsque le frère se fut assis, le vieillard lui dit : « Je viens de te dire : Lève-toi ; fais un peu de méditation par cœur. » Lorsque le frère se fut levé, il dit au vieillard : « Veux-tu que je (le) fasse dans le Nouveau ou que je (le) fasse dans l'Ancien (Testament) ? » Le vieillard lui dit : « Assieds-toi, grand or-gueilleux. » De nouveau, le frère s'assit. Le vieillard lui dit : « Lève-toi, fais

---

1. *Cod.* ⲁⲛⲧⲱⲛⲓ. — 2. *Cod.* ⲁⲛⲧⲱⲛⲓ. — 3. *Cod.* ⲛⲉⲣⲇⲟⲕⲓⲙⲁⲍⲓⲛ. — 4. *Cod.* ⲛⲁⲡⲟⲥⲟⲏⲧⲏⲥ. — 5. *Cod.* ϯⲡⲁⲗⲉⲁ. — 6. *Cod.* ϯⲅⲉⲛⲏ. — 7. *Cod.* ⲁⲛⲧⲱⲛⲓ. — 8. *Cod.* ⲛⲁⲡⲟⲥⲟⲏⲧⲏⲥ. — 9. *Cod.* ϯⲅⲉⲛⲏ. — 10. *Cod.* ϯⲡⲁⲗⲉⲁ. — 11. Il s'agit de la récitation par cœur de quelque passage des Écritures, ce qui est appelé ⲙⲉⲗⲉⲧⲏ, ou ⲙⲉⲗⲉⲧⲁⲛ, du verbe grec.

ⲙⲙⲉⲗⲉⲧⲏ ⲛⲁⲡⲟⲥⲧⲏⲑⲏⲥ¹. ⲡⲉϫⲉ ⲡⲓⲥⲟⲛ ⲛⲁϥ ⲟⲛ ϫⲉ ⲛⲧⲁⲓⲣⲓ ϧⲉⲛ ϯⲡⲁ-
ⲗⲁⲓⲁ² ϣⲁⲛ ⲛⲧⲁⲓⲣⲓ ϧⲉⲛ ϯⲕⲁⲓⲛⲏ³. ⲡⲉϫⲉ ⲡⲓϧⲉⲗⲗⲟ ⲛⲁϥ ϫⲉ ϧⲉⲛ ⲟⲩⲙⲉⲑⲙⲏⲓ ⲡⲁϣⲏⲣⲓ ⲁⲕϫⲉⲕ ϯⲡⲁⲗⲁⲓⲁ⁴ ⲧⲏⲣⲥ ⲛⲉⲙ ϯⲕⲁⲓⲛⲏ⁵ ⲫⲏ ⲉⲧⲉⲕⲟⲩⲁϣϥ ⲁϫⲟϥ.

ⲁⲩϫⲟⲥ ⲉⲑⲃⲉ ⲥⲟⲛ Ⲃ̄ ϫⲉ ⲁⲩϯ ⲙⲁϯ ϧⲉⲛ ⲟⲩⲁⲩⲃⲏⲧ ⲡⲓⲟⲩⲁⲓ ⲙⲉⲛ ⲟⲩⲁⲥ-
ⲕⲏⲧⲏⲥ ⲉϥϫⲏⲕ ⲉⲃⲟⲗ⁶ ⲡⲓⲭⲉⲧ ϫⲉ ⲛⲉ ⲟⲩⲣⲉϥⲥⲱⲧⲉⲙ ⲛⲟⲉⲃⲃⲓⲉ⁷. ⲟⲩⲟϩ
ⲁⲩϣⲛⲟⲩ ⲛⲟⲩⲉⲣⲛⲟⲩ ⲉⲩϫⲱ ⲙⲙⲟⲥ ϫⲉ ⲁϣ ⲛⲁⲓ ⲛⲉⲣ ϩⲱⲃ ⲉⲧⲟⲓ ⲛⲛⲓϣϯ.
ⲟⲩⲟϩ ⲉⲧⲁⲩⲓ ⲉϫⲉⲛ ⲫⲓⲁⲣⲟ ⲛⲁⲣⲉ ⲟⲩⲟⲛ ⲟⲩⲙⲏϣ ⲙⲙⲥⲁϩ ⲙⲙⲁⲩ ⲡⲉ ⲟⲩⲟϩ
ⲁ ⲫⲁ ⲡⲓⲥⲱⲧⲉⲙ ⲓ ⲉⲙⲏⲣ ϧⲉⲛ ⲧⲟⲩⲙⲏϯ ⲁⲩⲟⲩϣⲧ ⲙⲙⲟϥ. ⲟⲩⲟϩ ⲡⲉϫⲁϥ
ⲙⲡⲓⲁⲥⲕⲏⲧⲏⲥ⁸ ϫⲉ ⲁⲙⲟⲩ ⲉⲙⲏⲣ ϩⲱⲕ. ⲡⲉϫⲁϥ ⲛⲁϥ ϫⲉ ⲭⲱ ⲛⲏⲓ ⲉⲃⲟⲗ
ⲡⲁⲥⲟⲛ ⲙⲡⲁϯⲫⲟϩ ⲉⲡⲁⲓϣⲓ. ⲟⲩⲟϩ ⲁⲩⲧⲁⲥⲑⲱⲟⲩ ⲉⲡⲓⲁⲩⲃⲏⲧ. ⲁ ⲟⲩⲥⲙⲏ
ϣⲱⲡⲓ ϧⲁ ⲁⲃⲃⲁ ⲁⲛⲧⲱⲛⲓⲟⲥ⁹ (-ⲣⲓⲉ-) ϩⲓ ⲡⲓⲧⲱⲟⲩ ⲉⲥϫⲱ ⲙⲙⲟⲥ ϫⲉ ⲫⲏ ⲉⲧⲉ
ⲡⲓⲥⲱⲧⲉⲙ ⲛⲧⲟⲧϥ ⲁϥⲉⲣ ⲥⲁ ⲡϣⲱⲓ ⲙⲡⲓⲁⲥⲕⲏⲧⲏⲥ¹⁰.

ⲟⲩⲥⲟⲛ ⲉⲩϩⲟϫϩⲉϫ ⲙⲙⲟϥ ⲛϫⲉ ⲛⲓⲙⲉⲩⲓ ϩⲱⲥⲧⲉ¹¹ ⲛⲧⲉϥ ⲉⲃⲟⲗϧⲉⲛ

un peu de méditation par cœur. » Le frère lui dit de nouveau : « (Le) ferai-je dans l'Ancien ou (le) ferai-je dans le Nouveau (Testament) ? » Le vieillard lui dit : « En vérité, mon fils, tu as accompli tout l'Ancien et le Nouveau Testament : dis ce que tu voudras. »

On rapporte de deux frères qu'ils se réunirent dans une laure : l'un était un ascète parfait, l'autre un obéissant plein d'humilité. Ils s'interrogèrent l'un l'autre, en disant : « Quelle œuvre est grande¹¹ ? » Et, lorsqu'ils furent arrivés au fleuve, il y avait là une foule de crocodiles, et l'obéissant passa au milieu d'eux vers l'autre rive : ils l'adorèrent. Et il dit à l'ascète : « Viens aussi, toi, sur l'autre rive. » L'ascète lui dit : « Pardonne-moi, mon frère : je ne suis pas parvenu à cette mesure. » Et ils retournèrent à la laure. Une voix se fit entendre à abba Antoine, à la montagne, disant : « L'obéissant est au-dessus de l'ascète. »

Un frère, qui était pressé par ses pensées de sortir de son habitation, le

---

1. Cod. ⲛⲁⲡⲟⲥⲟⲏⲧⲏⲥ. — 2. Cod. ϯⲡⲁⲗⲉⲁ. — 3. Cod. ϯⲧⲉⲡⲏ. — 4. Cod. ϯⲡⲁⲗⲉⲁ.
— 5. Cod. ϯⲧⲉⲡⲏ. — 6. Cod. ⲉϥⲭⲏⲗ ⲉⲃⲟⲗ. Ce mot qui signifie : se renier, ou au participe passif : qui se renie ou se méprise lui-même, ne me semble pas susceptible de donner ici un sens convenable : je l'ai remplacé par ⲉϥϫⲏⲕ ⲉⲃⲟⲗ, dont la signification est au contraire excellente en ce cas. — 7. Cod. ⲟⲉⲃⲓⲉ (sic). — 8. Cod. ⲙⲡⲓⲁⲥⲕⲩⲧⲏⲥ. — 9. Cod. ⲁⲛⲧⲱⲛⲓ.
— 10. Cod. ⲙⲡⲓⲁⲥⲕⲩⲧⲏⲥ. — 11. Cod. ϩⲱⲥⲇⲉ. — 12. C'est-à-dire : « Qui est la plus grande chose, d'être ascète ou de pratiquer l'obéissance ? »

ⲡⲉϫⲙⲁ ⲛϣⲱⲡⲓ ⲁϥϫⲟⲥ ⲛⲁⲃⲃⲁ ⲁⲛⲧⲱⲛⲓⲟⲥ[1]. ⲡⲉϫⲉ ⲡⲓϧⲉⲗⲗⲟ ⲛⲁϥ ϫⲉ
ϩⲱⲗ ϩⲉⲙⲥⲓ ϧⲉⲛ ⲧⲉⲕⲣⲓ ⲙⲁ ⲡⲉⲕⲥⲱⲙⲁ ⲛⲁⲟⲩⲱ ⲙⲡⲉⲛϫⲟⲓ ⲛⲧⲣⲓ ⲟⲩⲟϩ
ⲙⲡⲉⲣⲓ ⲉⲃⲟⲗ ⲙⲙⲁⲩ ⲭⲁ ⲡⲓⲙⲉⲩⲓ ⲛⲧⲉϥϣⲉ ⲛⲁϥ ⲉⲫⲙⲁ ⲉⲧⲉϩⲛⲁϥ ⲛⲥⲟϥ
ⲙⲟⲛⲟⲛ ⲙⲡⲉⲣⲉⲛ ⲡⲓⲥⲱⲙⲁ ⲉⲃⲟⲗϧⲉⲛ ϯⲣⲓ ⲟⲩⲟϩ ϥⲛⲁϣⲓⲥⲓ ϥⲛⲁϣⲑⲁⲙⲓⲉ
ϩⲗⲓ ⲛϩⲱⲃ ⲁⲛ ⲗⲟⲓⲡⲟⲛ ϥⲛⲁϩⲕⲟ ⲟⲩⲟϩ ϥⲛⲁⲓ ϧⲉⲛ ⲡⲛⲁⲩ ⲛⲟⲩⲱⲙ ⲉϥⲕⲱϯ
ⲛⲧⲟⲧⲕ ⲉⲟⲩⲱⲙ ⲉϣⲱⲡ ⲛⲧⲉϥϫⲟⲥ ⲛⲁⲕ ϧⲁϫⲉⲛ ⲡⲓⲛⲁⲩ ϫⲉ ⲟⲩⲱⲙ ⲛⲟⲩⲕⲟⲩϫⲓ
ⲛⲱⲓⲕ ⲛⲁⲕ ⲁϫⲟⲥ ⲛⲁϥ ϩⲱⲕ ⲉⲕⲣⲏⲥ ϫⲉ ⲛⲁⲣⲉ ⲡⲓⲣⲱⲙⲓ ⲛⲁⲱⲛϧ ⲉⲱⲓⲕ
ⲙⲙⲁⲩⲁⲧϥ ⲁⲛ ⲁⲗⲗⲁ ⲉϫⲉⲛ ⲥⲁϫⲓ ⲛⲓⲃⲉⲛ ⲉⲑⲛⲏⲟⲩ ⲉⲃⲟⲗϧⲉⲛ ⲣⲱϥ ⲙⲫϯ.
ⲟⲩⲟϩ ⲟⲛ ϥⲛⲁϫⲟⲥ ⲛⲁⲕ ϫⲉ ⲥⲉ ⲟⲩⲕⲟⲩϫⲓ ⲛⲏⲣⲡ ⲛⲁⲕ ⲙⲫⲣⲏϯ ⲙⲡⲓⲙⲁⲕⲁⲣⲓⲟⲥ ⲧⲓⲙⲟⲑⲉⲟⲥ[2] ⲟⲩⲟϩⲙ ⲛⲁϥ ϩⲱⲕ ϫⲉ ⲁⲣⲓ ⲫⲙⲉⲩⲓ ⲛⲛⲉⲛϣⲏⲣⲓ ⲛⲁⲙⲓ-
ⲛⲁⲇⲁⲃ (-ⲣⲓⲥ-) ⲉⲧⲁⲩⲁⲣⲉϩ ⲉϯⲉⲛⲧⲟⲗⲏ ⲛⲧⲉ ⲡⲟⲩⲓⲱⲧ. ⲉϣⲱⲡ ⲛⲧⲉϥⲓⲛⲓ ⲛⲁⲕ
ⲛⲟⲩϩⲓⲛⲓⲙ ⲙⲡⲉⲣϣⲟⲡϥ ⲉⲣⲟⲕ ⲥⲥϧⲏⲟⲩⲧ ⲅⲁⲣ ϧⲉⲛ ⲡⲓⲉⲩⲁⲅⲅⲉⲗⲓⲟⲛ ⲉⲑⲟⲩⲁⲃ
ϫⲉ ϣⲣⲱⲓⲥ ⲟⲩⲟϩ ⲁⲣⲓⲡⲣⲟⲥⲉⲩⲭⲉⲥⲑⲁⲓ[3]. ⲟⲩⲟϩ ⲟⲛ ⲡⲁⲗⲓⲛ ⲥⲥϧⲏⲟⲩⲧ ϫⲉ
ⲁⲩⲉⲛⲕⲟⲧ ⲙⲡⲟⲩϫⲉⲙ ϩⲛⲟⲩ ⲛϩⲗⲓ. ϣⲁⲛⲟⲩϣ ⲧⲉⲕⲯⲩⲭⲏ ϧⲉⲛ ⲛⲉⲛⲥⲁϫⲓ
ⲙⲫϯ ϧⲉⲛ ϩⲁⲛ ϣⲣⲱⲓⲥ ⲛⲉⲙ ϩⲁⲛ ⲡⲣⲟⲥⲉⲩⲭⲏ ⲛϩⲟⲩⲟ ⲇⲉ ⲡⲓⲉⲣ ⲫⲙⲉⲩⲓ
ⲛⲁⲑⲙⲟⲧⲕ ⲉⲡⲧⲏⲣϥ ⲛⲧⲉ ⲫⲣⲁⲛ ⲙⲡⲉⲛⲟⲥ ⲓⲏⲥ ⲡⲭⲥ ⲟⲩⲟϩ ϧⲉⲛ ⲛⲁⲓ
ⲭⲛⲁϫⲓⲙⲓ ⲛⲧⲥⲃⲱ ⲉⲑⲣⲉⲕⲙⲓ ⲉⲡⲓϫⲓ ⲛϭⲣⲟ ⲉⲡⲓⲙⲉⲩⲓ ⲉⲧϩⲱⲟⲩ. ⲉϣⲱⲡ

dit à abba Antoine. Le vieillard lui dit : « Va, assieds-toi dans ta cellule ; donne ton corps en gage aux murs de ta cellule, et ne sors pas : laisse la pensée aller au lieu où il lui plaira ; seulement, ne laisse pas sortir ton corps hors de la cellule. Il souffrira, il ne pourra faire aucun travail. Du reste, il aura faim, et il viendra à l'heure du repas, cherchant à manger près de toi. S'il te dit, près de l'heure : « Mange un peu de pain pour toi » ; dis-lui en veillant aussi : « L'homme ne vit pas seulement de pain, mais de toute parole qui sort de la bouche de Dieu. » Et il te dira : « Bois un peu de vin, comme le bienheureux Timothée » ; réponds-lui : « Souviens-toi des enfants d'Aminadab, qui observèrent le précepte de leur père. » S'il t'apporte le sommeil, ne le reçois pas, car il est écrit dans l'Évangile saint : « Veillez et priez ; » et il est encore écrit : « Ils ont dormi, ils n'ont profité de rien. » Nourris ton âme des paroles de Dieu, des veilles, des prières, et surtout de la pensée toujours présente du nom de Notre-Seigneur Jésus le Christ ; et en cela tu trouveras science afin de reconnaître le moyen de vaincre les pensées mauvaises[4]. Si le faiseur

---

1. *Cod.* ⲁⲛⲧⲱⲛⲓ. — 2. *Cod.* ϯⲙⲟⲑⲉⲟⲥ. — 3. *Cod.* ⲁⲣⲓⲡⲣⲟⲥⲉⲩⲭⲉⲥⲑⲉ. — 4. Mot à mot : « Afin de savoir la victoire des pensées mauvaises. »

ⲛⲧⲉϥϣⲉⲛⲕ ⲉⲃⲟⲗϧⲉⲛ ⲧⲉⲕⲣⲓ ⲛϫⲉ ⲡⲓⲣⲉϥϣⲱⲣϫ ⲛⲧⲉ ϯⲕⲁⲕⲓⲁ ϥⲛⲁⲕⲟⲣϫⲕ
ⲟⲩⲟϩ ⲛⲧⲉϥⲟⲙⲕⲕ ϧⲉⲛ ⲡϫⲓ ⲛⲟⲣⲉϥϣⲉⲛⲕ ⲉⲃⲟⲗ ⲁϭⲛⲉ ⲇⲓⲁⲕⲣⲓⲥⲓⲥ ϫⲉ ⲁⲛ ⲥⲉⲣ
ⲛⲭⲣⲉⲓⲁ¹ ϣⲁⲛ ⲙⲙⲟⲛ ϥⲛⲁⲃⲱⲧⲥ ⲅⲁⲣ ⲉⲣⲟⲕ ⲛⲟⲩⲙⲏϣ ⲛⲣⲏϯ ⲉⲓⲧⲉ² ϧⲉⲛ
ⲛⲓϥⲁⲧ ⲉⲓⲧⲉ³ ϧⲉⲛ ⲛⲓϫⲓϫ ⲉⲓⲧⲉ⁴ ϧⲉⲛ ⲡⲓϩⲏⲧ ⲉⲓⲧⲉ⁵ ϧⲉⲛ ⲡϫⲓ ⲛⲛⲁⲩ ⲉⲓⲧⲉ⁶
ϧⲉⲛ ⲡϫⲓ ⲛⲥⲱⲧⲉⲙ ⲉⲓⲧⲉ⁷ ϧⲉⲛ ⲛⲓϩⲃⲏⲟⲩⲓ ⲉⲓⲧⲉ⁸ ϧⲉⲛ ⲡⲓⲗⲁⲥ ⲛⲉⲙ ⲣⲱⲕ ⲉⲓⲧⲉ⁹
ϧⲉⲛ ⲡϫⲓ ⲛⲙⲟϣⲓ. (-ⲣⲓϯ-) ⲉϣⲱⲡ ⲛⲧⲉⲕⲣⲉⲙⲥⲓ ϧⲉⲛ ⲧⲉⲕⲣⲓ ⲭⲛⲁⲉⲣ ⲣⲉⲙϩⲉ
ⲉⲃⲟⲗϩⲁ ⲛⲁⲓ ⲧⲏⲣⲟⲩ ⲉⲧⲁⲓϫⲟⲧⲟⲩ ⲛⲁⲕ.

ⲁϥϫⲟⲥ ⲛϫⲉ ⲁⲃⲃⲁ ⲁⲛⲧⲱⲛⲓⲟⲥ ⲛⲛⲓⲥⲛⲏⲟⲩ ϫⲉ ⲉⲓⲙⲟϣⲓ ⲛⲟⲩⲥⲟⲡ ϧⲉⲛ
ⲛⲓⲧⲱⲟⲩ ⲁⲓϯ ⲙⲁϯ ⲉⲟⲩⲥⲧⲣⲟⲩⲑⲟⲥ¹⁰ ⲛⲉⲙ ⲛⲉⲥⲙⲁⲥ. ⲉⲧⲁⲩⲛⲁⲩ ⲉⲣⲟⲓ
ⲁⲩϭⲟϫⲓ ⲁⲓⲥⲱⲧⲉⲙ ⲉⲧⲙⲁⲩ ⲉⲥϫⲱ ⲙⲙⲟⲥ ⲛⲛⲓϣⲏⲣⲓ ϫⲉ ⲥⲁⲧ ⲱⲛⲓ ⲉⲃⲟⲗ
ⲙⲏⲡⲟⲧⲉ ⲛⲧⲟⲩⲧⲁϩⲉ ⲑⲏⲛⲟⲩ. ⲡⲁⲓⲣⲏϯ ⲁⲛⲟⲛ ϩⲱⲛ ⲁⲣⲉ ϣⲁⲛ ⲛⲓⲇⲁⲓⲙⲱⲛ¹¹
ⲥⲁⲧ ⲙⲉϯ ⲉⲣⲟⲛ ⲙⲁⲣⲉⲛϩⲓ ⲱⲛⲓ ⲉⲣⲱⲟⲩ ϧⲉⲛ ⲡⲓⲱⲛⲓ ⲉⲧⲁⲩϣⲁⲧϥ ⲉⲃⲟⲗϧⲉⲛ
ϯⲙⲏⲧⲣⲁ ⲛⲁⲧⲑⲱⲗⲉⲃ ⲛⲧⲉ ϯⲡⲁⲣⲑⲉⲛⲟⲥ ⲉⲑⲟⲩⲁⲃ ⲙⲁⲣⲓⲁ ⲡⲓⲱⲛⲓ ⲛϫⲱϫ
ⲛⲗⲁⲕϩ ⲡⲓⲣⲉϥⲙⲓϣⲓ ⲛⲕⲁⲗⲱⲥ ⲉϩⲣⲏⲓ ⲉϫⲱⲛ ⲟⲩⲟϩ ⲉϥⲛⲟϩⲉⲙ ⲙⲙⲟⲛ
ⲉⲃⲟⲗϩⲁ ⲛⲟⲩⲫⲁϣ ⲉⲧϩⲱⲟⲩ.

ⲁϥϫⲟⲥ ⲛϫⲉ ⲁⲃⲃⲁ ⲁⲛⲧⲱⲛⲓⲟⲥ¹² ϫⲉ ⲃⲁϣⲕ ⲛϯⲕⲁⲕⲓⲁ ⲛⲧⲉⲕϯ ϩⲓⲱⲧⲕ

d'embûches te mène hors de ta cellule, et s'il te dévore après t'avoir fait sortir sans jugement, que tu en aies besoin ou non, il te combattra d'une foule de manières, soit dans les pieds, soit dans les mains, soit dans le cœur, soit dans la vue, soit dans l'ouïe, soit dans les œuvres, soit dans la langue et la bouche, soit dans la marche; si tu restes dans ta cellule, tu seras exempt de tout ce que je t'ai dit. »

Abba Antoine dit aux frères : « Marchant un jour dans la montagne, je rencontrai une autruche avec ses petits. Lorsqu'ils me virent, ils s'enfuirent. J'entendis la mère dire à ses petits : « Lancez des pierres, de peur que l'on ne vous prenne. » Ainsi, nous de même, si les démons nous lancent des pensées (mauvaises), lançons-leur des pierres (prises) de la pierre qu'on a coupée dans le ventre sans tache de la Vierge sainte Marie, la pierre de voûte qui combat bellement pour nous et nous préserve de leurs pièges mauvais ¹³. »

Abba Antoine dit : « Dépouille-toi de la méchanceté, revêts-toi de la sim-

---

1. Cod. ⲛⲭⲣⲓⲁ. — 2. Cod. ⲓⲧⲉ. — 3. Cod. ⲓⲧⲉ. — 4. Cod. ⲓⲧⲉ. — 5. Cod. ⲓⲧⲉ. — 6. Cod. ⲓⲧⲉ. — 7. Cod. ⲓⲧⲉ. — 8. Cod. ⲓⲧⲉ. — 9. Cod. ⲓⲧⲉ. — 10. Cod. ⲉⲟⲩⲥⲧⲣⲟⲩⲧⲟⲥ. — 11. Cod. ⲛⲓⲇⲉⲙⲱⲛ. — 12. Cod. ⲁⲛⲧⲱⲛⲓ. — 13. Cette figure hétéroclite est bien dans le goût égyptien et ne saurait provenir d'un texte grec.

ⲛ̇ⲙⲉⲧⲁⲡⲗⲟⲩⲥ ⲃⲁϣⲕ ⲙ̇ⲡⲓⲃⲁⲗ ⲙ̇ⲡⲟⲛⲏⲣⲟⲛ ⲛ̇ⲧⲉⲕϯ ϩⲓⲱⲧⲕ ⲛ̇ⲙⲉⲧⲃⲁⲗ
ⲛ̇ϩⲏⲧ ⲛⲉⲙ ⲡⲓϩⲏⲧ ⲛ̇ⲛⲁⲏⲧ ⲙ̇ⲡⲉⲣⲙⲉⲥⲧⲉ ϩⲗⲓ ⲛ̇ⲣⲱⲙⲓ ⲟⲩⲇⲉ ⲙ̇ⲡⲉⲣⲙⲟϣⲓ
ⲛⲉⲙ ⲫⲏ ⲉⲧϭⲟⲥⲉⲃ ⲉⲣⲟⲕ ⲁⲗⲗⲁ ⲫⲏ ⲉⲧϭⲟⲥⲓ ⲉⲣⲟ- (-ⲣⲏⲓ-) ⲣⲟⲕ ⲟⲩⲟϩ
ⲉⲧⲉⲣ ϩⲱⲃ ⲉⲡⲓⲡⲣⲁⲕⲧⲓⲕⲟⲛ. ⲙ̇ⲡⲉⲣⲉⲣ ϩⲟϯ ϧⲁ ⲧϩⲏ ⲙ̇ⲡϣⲱϣ ⲛ̇ⲛⲓⲣⲱⲙⲓ
ⲙⲉⲥⲧⲉ ϩⲱⲃ ⲛⲓⲃⲉⲛ ⲉⲧⲟⲓ ⲛ̇ⲟⲥⲓ ⲛ̇ⲧⲉⲕⲯⲩⲭⲏ ⲙ̇ⲡⲉⲣⲭⲁ ⲫⲟⲩⲱϣ ⲙ̇ⲫϯ
ⲛ̇ⲥⲱⲕ ⲛ̇ⲧⲉⲕⲉⲣ ⲫⲟⲩⲱϣ ⲛ̇ⲛⲓⲣⲱⲙⲓ ϫⲉϩⲁⲥ ⲛ̇ⲧⲉ ⲫϯ ϣⲱⲡⲓ ⲛⲉⲙⲁⲕ.

ⲁϥϫⲟⲥ ⲛ̇ϫⲉ ⲁⲃⲃⲁ ⲁⲛⲧⲱⲛⲓⲟⲥ[1] ϫⲉ ⲉϣⲱⲡ ⲁⲣⲉϣⲁⲛ ⲟⲩⲁⲓ ⲙⲉⲛⲣⲉ ⲡⲭ̅ⲥ̅
ϧⲉⲛ ⲡⲉϥϩⲏⲧ ⲧⲏⲣϥ ⲛⲉⲙ ⲧⲉϥϫⲟⲙ ⲧⲏⲣⲥ ϣⲁϥϫⲫⲉ ϯϩⲟϯ ϣⲁⲣⲉ ϯϩⲟϯ
ⲙⲓⲥⲓ ⲙ̇ⲡⲓⲣⲓⲙⲓ ϣⲁⲣⲉ ⲡⲓⲣⲓⲙⲓ ⲙⲓⲥⲓ ⲙ̇ⲡⲓⲣⲁϣⲓ ⲙ̇ⲡⲛⲁⲧⲓⲕⲟⲛ ⲛ̇ⲧⲉ ⲡⲓⲣⲁϣⲓ
ⲙ̇ⲡⲛⲁⲧⲓⲕⲟⲛ ⲙⲓⲥⲓ ⲛ̇ϯⲝⲓ ⲛ̇ⲱⲛϧ[2] ⲛ̇ⲁⲅⲅⲉⲗⲓⲕⲟⲛ ⲟⲩⲟϩ ϣⲁⲣⲉ ϯϫⲓ ⲛ̇ⲱⲛϧ
ⲛ̇ⲁⲅⲅⲉⲗⲓⲕⲟⲛ ⲙⲓⲥⲓ ⲛ̇ϯϫⲟⲙ ⲙ̇ⲡⲁⲣⲁⲕⲗⲏⲧⲟⲛ ϣⲁⲣⲉ ϯⲯⲩⲭⲏ ϭⲓ ⲙⲁⲏⲓ
ⲛ̇ⲧⲉⲥⲉⲛ ⲟⲩⲧⲁϩ ⲉⲃⲟⲗ ⲉⲧⲥⲟⲧⲡ ⲁⲣⲉ ϣⲁⲛ ⲫⲏ ⲉⲧϯ ϫⲟⲙ ⲛⲁⲥ ⲡⲭ̅ⲥ̅ ⲛⲁⲩ
ⲉⲧⲉⲥⲙⲉⲧϫⲱⲣⲓ ⲛⲉⲙ ⲡⲉⲥⲁⲙⲟⲛⲓ ⲛ̇ⲧⲟⲧⲥ ϧⲉⲛ ϩⲱⲃ ⲛⲓⲃⲉⲛ ϣⲁϥϣⲟⲡⲥ ⲉⲣⲟⲥ
ϧⲉⲛ ⲟⲩⲣⲁϣⲓ. ⲡⲁⲓⲣⲏϯ ϣⲁⲥϣⲱⲡⲓ ϧⲉⲛ ⲟⲩⲑⲉⲗⲏⲗ ⲛ̇ⲉⲡⲟⲩⲣⲁⲛⲓⲟⲛ[3] ϧⲉⲛ
ⲛⲓⲙⲁ ⲛⲉⲙⲧⲟⲛ ⲉⲧⲉ ⲙⲙⲟⲛⲧⲟⲩ ϫⲱⲕ ϣⲁ ⲉⲛⲉϩ.

ⲁϥϫⲟⲥ ⲛ̇ϫⲉ ⲁⲃⲃⲁ ⲁⲛⲧⲱⲛⲓⲟⲥ[4] ϫⲉ ⲟⲩⲟⲛ ⲟⲩϫⲓ ⲛ̇ⲕⲓⲙ ⲛ̇ⲧⲉ ⲡⲓⲥⲱⲙⲁ

plicité ; dépouille-toi de l'œil méchant, revêts-toi de l'œil simple et d'un cœur miséricordieux. Ne hais aucun homme ; ne marche point avec celui qui t'est inférieur, mais avec celui qui t'est supérieur, et qui fait des œuvres. Ne crains pas les reproches des hommes ; déteste toute chose qui fait dommage à ton âme ; n'oublie pas la volonté de Dieu, pour faire la volonté des hommes, afin que Dieu soit avec toi. »

Abba Antoine dit : « Si quelqu'un aime le Christ de tout son cœur et de toute sa force, il engendre la crainte ; la crainte enfante les larmes ; les larmes enfantent la joie spirituelle afin que la joie spirituelle enfante la vie angélique ; la vie angélique enfante la vertu qui console ; l'âme reçoit la justification afin de produire des fruits exquis. Si le Christ, celui qui la fortifie, voit son courage et sa patience en toute chose, il l'accueille avec joie : ainsi elle est dans l'exultation céleste dans les lieux de repos qui ne finiront jamais. »

Abba Antoine dit : « Il y a un mouvement du corps qui est mêlé avec celui

---

1. Cod. ⲁⲛⲧⲱⲛⲓ. — 2. Cod. ⲙ̇ⲛ̇ϫⲓ ⲛ̇ⲱⲛϧ ; les noms formés ainsi sont généralement du féminin, comme le deuxième exemple qui suit, qui est absolument le même. — 3. Cod. ⲛⲉⲡⲱⲣⲁⲛⲓⲟⲛ. — 4. Cod. ⲁⲛⲧⲱⲛⲓ.

ⲉⲟⲩⲟϣⲉⲙ ⲛⲉⲙⲁϥ ⲉⲃⲁ ϯⲫⲩⲥⲓⲥ ⲧⲉ ⲁⲗⲗⲁ ϣϫⲉⲙϫⲟⲙ ⲁⲛ (-ⲣⲓⲟ-) ⲛⲉⲣ
ϩⲗⲓ ⲁⲣⲉϣⲧⲉⲙ ϯⲯⲩⲭⲏ ϯ ⲙⲁϯ ⲛⲉⲙⲁⲥ ⲙⲟⲛⲟⲛ ⲥϥ ⲙⲏⲛⲓ ϧⲉⲛ ⲡⲓⲥⲱⲙⲁ
ⲛⲟⲩϫⲓ ⲛⲕⲓⲙ ⲛⲁⲑⲡⲁⲑⲟⲥ ⲟⲩⲟϩ ⲛⲓⲕⲉⲟϯ ⲛϫⲓ ⲛⲕⲓⲙ ϧⲉⲛ ⲡⲓⲥⲱⲙⲁ ⲟⲛ
ⲥⲉϣⲟⲡ ⲉⲃⲟⲗϩⲓⲧⲉⲛ ⲡⲓϫⲓ ⲛϣⲁⲛϣ ⲛⲧⲉ ⲡⲓⲥⲱⲙⲁ ϧⲉⲛ ϩⲁⲛ ⲙⲏϣ ⲛⲉⲣⲏⲟⲩ ⲛⲉⲙ ⲟⲩⲥⲱⲙⲁ ⲛⲁⲑⲟⲩϣ ⲛⲁⲓ ⲉⲧⲉ ⲉⲃⲟⲗ ⲛϧⲏⲧⲟⲩ ϣⲁⲣⲉ ⲡⲓϧⲙⲟⲙ
ⲛⲧⲉ ⲡⲓⲥⲛⲟϥ ⲧⲟⲩⲛⲟⲥ ⲡⲓⲥⲱⲙⲁ ⲉϩⲣⲏⲓ ⲉϫⲱϥ. ⲉⲑⲃⲉ ⲫⲁⲓ ⲣⲱ ϥϫⲱ ⲙⲙⲟⲥ
ⲛϫⲉ ⲡⲓⲁⲡⲟⲥⲧⲟⲗⲟⲥ ϫⲉ ⲙⲡⲉⲣⲑⲓϧⲓ ϧⲉⲛ ⲡⲏⲣⲡ ⲫⲏ ⲉⲧⲉ ⲟⲩⲟⲛ ⲟⲩⲙⲉⲧⲁⲧ-
ⲟⲩϫⲁⲓ ϣⲟⲡ ⲛϧⲏⲧϥ ⲟⲩⲟϩ ⲟⲛ ϧⲉⲛ ⲡⲓⲉⲩⲁⲅⲅⲉⲗⲓⲟⲛ ⲉⲑⲟⲩⲁⲃ ⲉⲣⲉ ⲡⲟⲥ
ϩⲟⲛϩⲉⲛ ⲉⲧⲟⲧⲟⲩ ⲛⲛⲉϥⲁⲡⲟⲥⲧⲟⲗⲟⲥ ⲉⲑⲟⲩⲁⲃ ⲉϥϫⲱ ⲙⲙⲟⲥ ϫⲉ ⲁⲛⲁⲩ ⲙⲏⲡⲱⲥ ⲛⲧⲟⲩϩⲣⲟϣ ⲛϫⲉ ⲛⲉⲧⲉⲛϩⲏⲧ ϧⲉⲛ ⲟⲩϭⲓⲙⲉ ⲛⲉⲙ ⲟⲩⲑⲓϧⲓ. ⲟⲩⲟⲛ ⲕⲉϫⲓ
ⲛⲕⲓⲙ ϧⲉⲛ ⲡⲓⲥⲱⲙⲁ ⲉⲃⲟⲗϩⲓⲧⲉⲛ ⲛⲏ ⲉⲧⲉⲣⲁⲅⲱⲛⲓⲍⲉⲥⲟⲁⲓ¹ ⲉⲃⲟⲗϩⲓⲧⲉⲛ ⲟⲩⲉ-
ⲡⲓⲃⲟⲩⲗⲏ ⲛⲉⲙ ⲟⲩⲭⲟϩ ⲛⲧⲉ ⲛⲓⲇⲁⲓⲙⲱⲛ² ϩⲱⲥⲧⲉ³ ⲥⲉⲙⲡϣⲁ ⲛⲧⲉⲛⲉⲙⲓ ϫⲉ
ⲟⲩⲟⲛ ⲅϯ ϫⲓ ⲛⲕⲓⲙ ⲛⲧⲉ ⲡⲓⲥⲱⲙⲁ ⲟⲩⲓ ⲛⲧⲉ ϯⲫⲩⲥⲓⲥ ⲛⲉⲙ ⲟⲩⲓ ⲛⲧⲉ ⲡⲓⲙⲏϣ
ⲛⲭⲣⲓⲁ⁴. ϯ- (-ⲡⲕ-) ⲙⲁϩ ⲅϯ ⲟⲩ ⲉⲃⲟⲗϩⲓⲧⲉⲛ ⲛⲓⲇⲁⲓⲙⲱⲛ⁵ ⲧⲉ.

ⲟⲩⲟⲛ ⲁϥϩⲓ ⲟⲩⲕⲟⲧ ⲉⲁⲃⲃ⁣ⲁ ⲁⲛⲧⲱⲛⲓⲟⲥ⁶ ⲡⲉϫⲁϥ ⲛⲁϥ ϫⲉ ⲙⲁⲧⲁⲙⲟⲓ
ⲉⲡⲓϫⲓ ⲛⲉⲣ ⲟⲩⲙⲟⲛⲁⲭⲟⲥ. ⲡⲉϫⲉ ⲡⲓϧⲉⲗⲗⲟ ⲛⲁϥ ϫⲉ ⲓⲥϫⲉ ⲭⲟⲩⲱϣ ⲉⲉⲣ ⲙⲟ-

qui vient de la nature; mais il ne peut rien faire si l'âme n'est pas d'accord avec lui : seulement il signifie dans le corps un mouvement sans passion. Et les autres mouvements du corps proviennent aussi des nourritures corporelles, des mets nombreux et d'un corps déréglé, choses qui font que la chaleur du sang soulève le corps contre lui. C'est pourquoi l'apôtre dit : « Ne t'enivre pas de vin, car on y trouve la perte⁷ »; et dans le saint Évangile, le Seigneur ordonne à ses apôtres, disant : « Prenez garde que votre cœur ne s'alourdisse dans la crapule et l'ivresse. » Il y a aussi un autre mouvement dans le corps, venant de ceux qui (le) combattent, des embûches et de l'envie des démons; de sorte qu'il vaut la peine que nous sachions qu'il y a trois mouvements du corps, l'un qui vient de la nature, un autre qui provient d'une foule de besoins, et le troisième qui provient des démons.

Un frère se rendit vers abba Antoine, il lui dit: « Apprends-moi comment on devient moine. » Le vieillard lui dit: « Puisque tu veux être moine, va

---

1. Cod. ⲉⲧⲉⲣⲁⲅⲱⲛⲓⲍⲉⲥⲟⲉ. — 2. Cod. ⲛⲓⲇⲉⲙⲱⲛ. — 3. Cod. ϩⲱⲥⲇⲉ. — 4. Cod. ⲛⲭⲣⲓⲁ. — 5. Cod. ⲛⲓⲇⲉⲙⲱⲛ. — 6. Cod. ⲁⲛⲧⲱⲛ. — 7. Mot à mot : « Ne t'enivre pas de vin dans lequel est le non-salut. »

ⲡⲁϧⲟⲥ ⲙⲁⲩϣⲉ ⲛⲁⲕ ⲉⲡⲁ ⲫⲗⲁⲛ ⲛ̄ϯⲙⲓ ϣⲱⲡ ⲛ̄ϩⲁⲛ ⲁϥ ⲁϣⲟⲩ ⲛⲥⲁ ⲡⲉⲕⲥⲱⲙⲁ ⲉϥⲃⲏϣ ⲉⲃⲟⲗ ⲙⲉⲛⲉⲛⲥⲱⲥ ⲁⲙⲟⲩ ⲙⲛⲁⲓ. ⲟⲩⲟϩ ⲉⲧⲁϥⲉⲣ ⲫⲁⲓ ⲛ̄ϫⲉ ⲡⲓⲥⲟⲛ ⲁ ⲛⲓⲟⲩϩⲱⲣ ⲛⲉⲙ ⲛⲓϩⲁⲗⲁϯ ϭⲉⲧϭⲱⲧϥ ⲉϧⲣⲏⲓ ⲉⲡⲧⲏⲣϥ ⲟⲩⲟϩ ⲉⲧⲁϥⲓ
ϣⲁ ⲡⲓϧⲉⲗⲗⲟ ⲛⲁϥϣⲓⲛⲓ ⲙ̄ⲙⲟϥ ⲡⲉ ϫⲉ ⲁⲛ ⲁⲕⲓⲣⲓ ⲙ̄ⲫⲏ ⲉⲧⲁⲓϫⲟⲥ ⲛⲁⲕ.
ⲛⲑⲟϥ ⲇⲉ ⲁϥⲧⲁⲙⲟϥ ⲉⲡⲉϥⲥⲱⲙⲁ ⲉϥⲟⲓ ⲙ̄ⲫⲱϣⲫⲱⲥ. ⲡⲉϫⲉ ⲁⲃⲃⲁ ⲁⲛⲧⲱⲛⲓⲟⲥ[1] ⲛⲁϥ ϫⲉ ⲛⲏ ⲉⲧⲁⲩⲉⲣⲁⲡⲟⲧⲁⲍⲉⲥⲑⲁⲓ[2] ⲙ̄ⲡⲓⲕⲟⲥⲙⲟⲥ ⲟⲩⲟϩ ⲟⲛ ⲉⲧⲟⲩⲱϣ
ⲉⲭⲁ ⲛⲟⲩⲃ ⲛⲱⲟⲩ ϣⲁⲧϭⲉⲧϭⲱⲧⲟⲩ ⲛ̄ϫⲉ ⲛⲓⲇⲁⲓⲙⲱⲛ[3] ⲙ̄ⲡⲁⲓⲣⲏϯ ⲛⲏ ⲉⲧϯ
ⲛⲉⲙⲱⲟⲩ.

ⲁⲩϫⲟⲥ ⲛⲁⲃⲃⲁ ⲁⲛⲧⲱⲛⲓⲟⲥ[1] ⲉⲑⲃⲉ ⲟⲩⲟⲛ ϫⲉ ϥⲥⲉ ⲏⲣⲡ ⲁⲛ. ⲡⲉϫⲉ ⲁⲃⲃⲁ
ⲁⲛⲧⲱⲛⲓⲟⲥ[5] ϫⲉ ⲡⲓⲏⲣⲡ ⲣⲱ ⲫⲁ ⲛⲓⲙⲟⲛⲁⲭⲟⲥ ⲁⲛ ⲡⲉ.

ⲁϥϫⲟⲥ ⲛ̄ϫⲉ ⲁⲃⲃⲁ ⲁⲛⲧⲱⲛⲓⲟⲥ[6] ϫⲉ ϯⲙⲉⲧϫⲱⲣⲓ ⲧⲏⲣⲥ ⲛ̄ⲧⲉ ⲡⲓⲣⲱⲙⲓ ⲑⲁⲓ
ⲧⲉ (-ⲣⲕⲁ-) ϫⲉ ϩⲓⲛⲁ ⲛ̄ⲧⲉϥⲧⲁⲗⲉ ⲡⲉϥⲁⲣⲓⲕⲓ ⲉⲣⲟϥ ⲛ̄ⲥⲟⲩ ⲛⲓⲃⲉⲛ ⲙ̄ⲡⲉⲙⲑⲟ
ⲙ̄ⲫϯ ⲟⲩⲟϩ ⲛ̄ⲧⲉϥϫⲟⲩϣⲧ ⲙ̄ⲙⲏⲛⲓ ϫⲉ ⲟⲩⲟⲛ ⲡⲉⲓⲣⲁⲥⲙⲟⲥ[7] ⲥⲁ ⲫⲁϩⲟⲩ
ⲙ̄ⲙⲟϥ ϣⲁ ⲡⲓⲛⲓϥⲓ ⲛ̄ϧⲁⲉ.

ⲁϥϫⲟⲥ ⲛ̄ϫⲉ ⲁⲃⲃⲁ ⲁⲛⲧⲱⲛⲓⲟⲥ[8] ϫⲉ ⲁⲓⲛⲁⲩ ⲉⲡⲓⲡ̄ⲛ̄ⲁ ⲛ̄ⲧⲉ ⲫ̄ϯ ⲉϥⲛⲏⲟⲩ
ⲉϧⲣⲏⲓ ⲉϫⲉⲛ ⲡⲁⲓⲅ̄ ⲛ̄ⲣⲱⲙⲓ ϧⲉⲛ ⲡⲓⲕⲟⲥⲙⲟⲥ ⲁϥⲓ ⲉϫⲉⲛ ⲁⲑⲁⲛⲁⲥⲓⲟⲥ ⲁⲩϯ

dans tel village, prends des mouches, suspends-les sur ton corps nu et ensuite viens ici. » Et lorsque le frère eut fait cela, les chiens et les oiseaux le mirent tout en pièces. Lorsqu'il fut arrivé près du vieillard, celui-ci lui demanda : « As-tu fait ce que je t'ai dit ? » Et lui, il montra son corps qui était en morceaux. Abba Antoine lui dit : « Ceux qui se retirent du monde et qui désirent aussi laisser l'or sur eux, les démons qui les combattent les mettent de même en pièces. »

On dit à abba Antoine à propos d'un frère : « Il ne boit pas de vin. » Abba Antoine leur dit : « Le vin aussi n'est pas d'un moine. »

Abba Antoine dit : « Toute la vaillance d'un homme consiste à ne pas élever sujet d'accusation contre lui-même en tout temps devant Dieu et à prendre garde chaque jour qu'il y a une tentation derrière lui jusqu'au dernier soupir.

Abba Antoine dit : « J'ai vu l'esprit de Dieu descendant sur trois hommes en ce monde : il est venu sur abba Athanase et on lui a donné l'archiépisco-

---

1. *Cod.* ⲁⲛⲧⲱⲛ. — 2. *Cod.* ⲁⲡⲟⲧⲁⲍⲉⲥⲟⲉ. — 3. *Cod.* ⲛⲓϫⲉⲙⲱⲛ. — 4. *Cod.* ⲁⲛⲧⲱⲛ. — 5. *Cod.* ⲁⲛⲧⲱⲛ. — 6. *Cod.* ⲁⲛⲧⲱⲛ. — 7. *Cod.* ⲡⲓⲣⲁⲥⲙⲟⲥ. — 8. *Cod.* ⲁⲛⲧⲱⲛ.

pat ; il est venu sur abba Macaire, on lui a donné la grâce de guérir les malades [10], et sur apa Pamô, on lui a donné le diaconat. »

On rapporte d'un vieillard fellah qu'il se rendit un jour vers abba Antoine. On informa le vieillard à son sujet ; il sortit au-devant de lui. Lorsqu'ils furent entrés dans sa cellule, ils prièrent, ils s'assirent. Abba Antoine lui dit : « Apprends-moi une parole, mon frère. » Le fidèle vieillard fellah lui dit : « Il y a trois tribus qui appartiennent à cette race de moines : la première est de feu ; la seconde est semblable aux lions ; la troisième est semblable aux renards. » Abba Antoine lui dit : « De quelle manière te vois-tu, mon père ? » Le vieillard lui dit : « Je me vois comme Adam, avant qu'il eût transgressé. » Abba Antoine lui dit : « Tu es une promesse [11], toi aussi, mon père. » Le vieillard lui dit : « Non ; mais ma grande justice est en Dieu. »

Les frères interrogèrent abba Antoine, qui était près de mourir, sur la fin du monde. Le saint leur dit : « Les prophètes ont déjà prophétisé et le Christ a parlé de sa bouche ; ensuite les apôtres ont prêché sur la fin : moi,

---

1. Cod. ⲙⲉⲧⲁⲣⲭⲏⲉⲡⲓⲥⲕⲟⲡⲟⲥ. — 2. Cod. ⲙⲁⲕⲁⲣⲓ. — 3. Cod. ⲁⲛⲧⲱⲛ. — 4. Cod. ⲁⲛⲧⲱⲛ. — 5. Cod. ⲁⲛⲧⲱⲛ. — 6. Cod. ⲡⲁⲣⲁⲃⲉⲛⲓⲛ. — 7. Cod. ⲁⲛⲧⲱⲛ. — 8. Cod. ⲁⲛⲧⲱⲛ. — 9. Cod. ⲡⲣⲟⲫⲏⲧⲉⲩⲓⲛ. — 10. Mot à mot : « La grâce des malades. » — 11. C'est-à-dire l'objet d'une promesse.

ⲁⲧⲟⲓ ⲱⲙ︤ⲙ︥ ⲉϭⲃⲓⲧⲉ ⲛⲟⲟⲥ †ϩⲁⲛ. ⲁⲛⲟⲕ ⲛⲓⲙ ⲁⲛⲟⲕ ⲉⲥⲁϫⲓ ⲉⲑⲃⲏⲧⲉ. ⲡⲉϫⲉ
ⲛⲓⲥⲛⲏⲟⲩ ⲛⲁϥ ϫⲉ ⲛⲑⲟⲕ ⲟⲩⲡⲣⲟⲫⲏⲧⲏⲥ ϩⲱⲕ ⲛⲉⲙ ⲟⲩⲁⲡⲟⲥⲧⲟⲗⲟⲥ ⲛⲉⲙ
ⲟⲩⲓⲱⲧ ⲛⲧⲉ ⲡⲁⲓⲥⲏⲟⲩ ⲁⲣⲓ ⲡⲛⲁⲓ ⲛⲉⲙⲁⲛ ⲙⲁⲧⲁⲙⲟⲛ. ⲡⲉϫⲁϥ ⲛⲱⲟⲩ ϫⲉ
ⲧⲉⲧⲉⲛⲛⲁⲩ ⲉⲡⲓϩⲟⲩⲓⲧ ⲛⲕⲟⲥⲙⲟⲥ ⲉⲧⲁ ⲫ︦ϯ︦ ⲧⲁⲕⲟϥ ⲉⲑⲃⲉ ⲛⲓⲡⲟⲣⲛⲉⲓⲁ¹ ⲛⲉⲙ
ⲛⲓϫⲓⲛϫⲟⲛⲥ ⲉⲧⲁⲩϣⲱⲡⲓ ⲛϧⲏⲧⲟⲩ. ⲡⲁⲓⲣⲏϯ ⲟⲛ ⲥⲟⲇⲟⲙⲁ ⲛⲉⲙ ⲅⲟⲙⲟⲣⲣⲁ
ⲉⲑⲃⲉ ⲛⲓⲡⲟⲣⲛⲉⲓⲁ² ⲛⲉⲙ ⲛⲓⲙⲉⲧⲛⲁϣⲧ ⲁ ⲫ︦ϯ︦ ϥⲟⲧⲟⲩ ⲉⲃⲟⲗ ⲙⲡⲓⲥⲏⲟⲩ. ⲡⲁⲓⲣⲏϯ ϩⲱⲥ †ϩⲁⲛ ⲛⲧⲉ ⲡⲁⲓⲕⲟⲥⲙⲟⲥ ⲛⲁϣⲱⲡⲓ ϧⲉⲛ ⲡⲁⲓ︦ⲅ︦ ⲛϩⲱⲃ ⲉϣⲱⲡ ⲛⲧⲉ
ⲛⲓϫⲓⲛϫⲟⲛⲥ ⲁϣⲁⲓ ϧⲉⲛ ⲛⲓⲣⲱⲙⲓ ⲟⲩⲟϩ ⲛⲧⲉ †ⲡⲟⲣⲛⲉⲓⲁ³ ⲁϣⲁⲓ ϧⲉⲛ ⲛⲓⲙⲟⲛⲁⲭⲟⲥ. ⲫⲁⲓ ⲡⲉ ⲡϫⲱⲕ ⲛ†ϩⲁⲛ ⲉϣⲱⲡ ⲛⲧⲉⲧⲉⲛⲛⲁⲩ ⲉϩⲁⲛ ϧⲉⲗⲗⲟⲓ
ⲙⲙⲟⲛⲁⲭⲟⲥ ⲉⲁⲩⲭⲱ ⲙⲡϣⲁϥⲉ ⲛⲥⲱⲟⲩ ⲛⲉⲙ ⲛⲓⲙⲟⲛⲱⲟⲩⲓ ⲉⲩϫⲉⲙ ⲁⲣⲓ-
ⲛⲧⲟⲩϣⲉ ⲛⲱⲟⲩ ⲉⲛⲓⲃⲁⲕⲓ ⲛⲉⲙ ⲛⲓ†ⲙⲓ⁴ ⲉⲩⲉⲣ ⲙⲙⲉⲓⲥⲟⲓ⁵ ⲛⲟⲩⲙⲉⲧⲁⲛⲁⲭⲱ-
ⲣⲏⲧⲏⲥ ⲉⲩϣⲟⲡ ϧⲉⲛ ⲛⲏⲓ ⲛⲧⲉ ⲛⲓⲕⲟⲥⲙⲟⲥ ⲛⲉⲙ ⲛⲟⲩϩⲓⲟⲙⲓ ⲟⲩⲟϩ ϩⲁⲛⲕⲟⲩϫⲓ
ⲙⲙⲟⲛⲁⲭⲟⲥ ⲉⲩϣⲟⲡ ϧⲉⲛ ⲙⲙⲟⲛⲓ ⲛⲧⲉ ⲛⲓⲡⲁⲣⲑⲉⲛⲟⲥ ⲉⲣⲉ ⲧⲟⲩⲣⲓ ⲧⲟⲙⲓ
ⲉⲣⲱⲟⲩ ⲉⲣⲉ ⲛⲟⲩϣⲟⲩϣⲧ ⲭⲏ ⲛⲧⲟⲩ ⲟⲩⲟϩ ⲛⲓⲣⲉⲙ ⲛϣⲁϥⲉ ϩⲱⲟⲩ ⲉⲩⲙⲉⲓ
ⲙⲡⲟⲩⲱⲙ ⲛⲉⲙ ⲡⲓⲥⲱ ⲉϩⲟⲧⲉ ⲡⲓϧⲓⲥⲓ ⲛⲧⲉ †ⲉⲅⲕⲣⲁⲧⲉⲓⲁ⁶ ⲛⲉⲙ ⲛⲓⲟϫϩⲉϫ.
ⲉϣⲱⲡ ⲛⲧⲉⲧⲉⲛⲛⲁⲩ ⲉⲛⲓⲙⲟⲛⲁⲭⲟⲥ ⲉⲧⲟⲓ ⲛϣⲱⲧ ⲉϣⲱⲡ ⲉϯ ⲉⲃⲟⲗ ⲙⲫⲣⲏϯ
ⲛⲛⲓⲕⲟⲥⲙⲟⲥ ⲫⲁⲓ ⲡⲉ ⲡϫⲱⲕ ⲛⲧⲉ †ϩⲁⲛ ⲙⲙⲟⲛ ⲙⲧⲟⲛ ⲛⲁϣⲱⲡⲓ ⲙⲡⲓⲕⲟⲥ-

qui suis-je, moi, pour en parler? » Les frères lui dirent : « Tu es un prophète aussi et un apôtre et un père de ce temps; fais-nous charité, enseigne-
nous. » Il leur dit : « Vous voyez le premier monde, quand Dieu le détruisit à
cause des fornications et des violences que l'on fit; de même, Sodome et Go-
morrhe, à cause des fornications et des duretés, Dieu les détruisit autrefois.
Ainsi la fin du monde sera (la suite) de ces trois choses : si les violences se
multiplient parmi les hommes et si les fornications se multiplient parmi les
moines, c'est la consommation de la fin; si vous voyez de vieux moines
quittant le désert et les monastères, prenant (un) prétexte (quelconque) pour
aller dans les villes et les villages, imitant la vie anachorétique, habitant dans
les maisons de mondains avec leurs femmes, (si vous voyez) de jeunes
moines dans les monastères des vierges, leurs cellules étant contiguës, leurs
fenêtres étant accessibles ; et aussi les hommes du désert aimant le manger et
le boire plus que la fatigue de l'abstinence et les angoisses ; si vous voyez des
moines commerçants, achetant, vendant comme les mondains, c'est la con-

1. Cod. ⲛⲓⲡⲟⲣⲛⲓⲁ. — 2. Cod. ⲛⲓⲡⲟⲣⲛⲓⲁ. — 3. Cod. †ⲡⲟⲣⲛⲓⲁ. — 4. Cod. ⲛⲓϯⲙⲓ. —
5. Cod. ⲙⲙⲉⲥⲟⲉ. — 6. Cod. †ⲉⲅⲣⲁⲧⲓⲁ.

ⲙⲟⲥ ⲁⲛ ϫⲉ ⲉⲃⲏⲗ ⲉϩⲓⲥⲓ ⲛⲉⲙ ⲧⲁⲗⲁⲓⲡⲱⲣⲓⲁ[1] ϣⲁ ϯⲥⲩⲛⲧⲉⲗⲉⲓⲁ[2] ⲛⲧⲉ ⲡⲁⲓⲁⲓⲱⲛ[3].

ⲁϥϫⲟⲥ ⲛϫⲉ ⲁⲃⲃⲁ ⲁⲛⲧⲱⲛⲓⲟⲥ[4] ϫⲉ ⲫⲏ ⲁⲛ ⲉⲧⲉⲣⲡⲟⲛⲧ ϧⲉⲛ ⲟⲩϩⲱⲃ ⲛⲟⲩⲱⲧ (-ⲣⲕⲁ-) ⲫⲁⲓ ⲡⲉ ⲡⲓⲉⲅⲕⲣⲁⲧⲏⲥ[5] ⲟⲩⲇⲉ ⲫⲏ ⲁⲛ ⲉⲧⲁⲙⲟⲛⲓ ⲛⲧⲟⲧϥ ϧⲉⲛ ⲟⲩⲁⲓ ⲛⲧⲉ ⲛⲏ ⲉⲧϯ ⲉϧⲟⲩⲛ ⲉϩⲣⲉⲛ ϯⲁⲣⲉⲧⲏ ⲡⲉ ⲡⲓⲥⲱⲧⲡ ⲓⲥϫⲉ ⲅⲁⲣ ϯⲉⲅⲕⲣⲁⲧⲉⲓⲁ[6] ⲟⲩϣⲟⲩϣⲟⲩ ⲧⲉ ⲛⲧⲁⲣⲉⲧⲏ ⲟⲩⲟⲛ ⲟⲩⲙⲏϣ ⲛⲕⲁⲕⲓⲁ ⲟⲓ ⲛϫⲁϫⲓ ⲉⲣⲟⲥ ⲁⲗⲗⲁ ⲥⲉⲙⲡϣⲁ ⲙⲫⲏ ⲉⲑⲟⲩⲱϣ ⲉⲛⲟϩⲉⲙ ⲛⲧⲉϥⲣⲱⲓⲥ ϧⲉⲛ ϩⲱⲃ ⲛⲓⲃⲉⲛ ⲉⲑⲃⲉ ⲛⲏ ⲉⲧⲟⲓ ⲛϫⲁϫⲓ ⲉⲣⲟϥ ⲟⲩⲟϩ ⲛⲧⲉϥⲧⲱⲃϩ ⲛϯⲙⲉⲧⲁⲅⲁⲑⲟⲥ ⲛⲧⲉ ⲫϯ ⲉⲑⲣⲉⲥⲛⲁϩⲙⲉϥ.

ⲁϥϫⲟⲥ ⲟⲛ ⲛϫⲉ ⲁⲃⲃⲁ ⲁⲛⲧⲱⲛⲓⲟⲥ[7] ϫⲉ ⲫⲏ ⲉⲧⲓⲏⲥ ⲙⲙⲟϥ ⲉⲉⲣ ⲧⲉⲗⲉⲓⲟⲥ[8] ϧⲉⲛ ϯⲉⲅⲕⲣⲁⲧⲉⲓⲁ[9] ⲙⲡⲁϥⲉⲣ ⲃⲱⲕ ⲛϩⲗⲓ ⲙⲡⲁⲑⲟⲥ ⲫⲏ ⲅⲁⲣ ⲉⲧⲟⲓ ⲙⲃⲱⲕ ⲛⲟⲩⲕⲁⲕⲓⲁ ⲛⲟⲩⲱⲧ ϥⲟⲩⲏⲟⲩ ⲥⲁⲃⲟⲗ ⲙⲡⲓⲙⲱⲓⲧ ⲛⲧⲉ ⲫϯ.

ⲁϥϫⲟⲥ ⲟⲛ ⲛϫⲉ ⲁⲃⲃⲁ ⲁⲛⲧⲱⲛⲓⲟⲥ[10] ϫⲉ ϩⲓⲥⲓ ⲛⲓⲃⲉⲛ ⲉⲣⲉ ⲡⲓⲣⲉϥϫⲱⲛⲧ ⲛⲁⲁⲓⲧⲟⲩ ⲥⲉⲧⲁⲕⲏⲟⲩⲧ ⲛⲧⲟⲧϥ ⲙⲙⲏⲛⲓ.

ⲁⲩϫⲟⲥ ⲟⲛ ⲉⲑⲃⲉ ⲁⲃⲃⲁ ⲁⲛⲧⲱⲛⲓⲟⲥ[11] ϫⲉ ⲉϥϩⲉⲙⲥⲓ ⲛⲟⲩⲥⲟⲡ ϧⲉⲛ ⲡϣⲁϥⲉ ⲁϥϣⲱⲡⲓ ϧⲉⲛ ⲟⲩⲧⲱⲙⲧ ⲛⲉⲙ ⲟⲩϣⲑⲟⲣⲧⲉⲣ ⲛⲧⲉⲛ ⲡⲁϣⲁⲓ ⲛⲛⲓⲙⲉⲩⲓ ⲟⲩⲟϩ

sommation de la fin : il n'y aura point de repos pour le monde, mais seulement douleur et pauvreté jusqu'à la fin de ce siècle. »

Abba Antoine dit : « De même que celui qui n'est vainqueur qu'en une seule chose n'est pas un abstinent, de même celui qui est patient seulement pour l'un de ceux qui le combattent pour la vertu n'est pas élu; car si l'abstinence est la gloire de la vertu, une foule de méchancetés sont ses ennemies; mais il faut que celui qui désire se sauver veille en toute chose, à cause de ses ennemis, et qu'il prie la bonté de Dieu de le sauver. »

Abba Antoine dit : « Celui qui se hâte d'être parfait, dans l'abstinence, n'est serviteur d'aucune passion; car celui qui est serviteur d'une seule passion est loin du chemin de Dieu. »

Abba Antoine dit : « Toute souffrance que le coléreux subira[12] est perdue pour lui, chaque jour. »

On rapporte d'abba Antoine qu'étant assis un jour dans le désert, il fut dans la stupéfaction et le trouble à cause de la multiplication des pensées;

---

1. *Cod.* ⲧⲁⲗⲉⲡⲱⲣⲓⲁ. — 2. *Cod.* ⲥⲩⲛⲧⲉⲗⲓⲁ. — 3. *Cod.* ⲡⲁⲓⲉⲱⲛ. — 4. *Cod.* ⲁⲛⲧⲱⲛⲓ. — 5. *Cod.* ⲡⲓⲉⲅⲕⲣⲁⲧⲏⲥ. — 6. *Cod.* ϯⲉⲅⲕⲣⲁⲧⲓⲁ. — 7. *Cod.* ⲁⲛⲧⲱⲛⲓ. — 8. *Cod.* ⲧⲉⲗⲓⲟⲥ. — 9. *Cod.* ϯⲉⲅⲕⲣⲁⲧⲓⲁ. — 10. *Cod.* ⲁⲛⲧⲱⲛⲓ. — 11. *Cod.* ⲁⲛⲧⲱⲛⲓ. — 12. M. à m. : « Fera. »

ⲁϥⲧⲱⲃϩ ⲙ̄ⲫϯ ⲉϥϫⲱ ⲙ̄ⲙⲟⲥ ϫⲉ ⲡⲁⲟⲥ ϯⲟⲩⲱϣ ⲉⲛⲟϩⲉⲙ ⲥⲉⲭⲱ ⲙ̄ⲙⲟⲓ
ⲁⲛ ⲛ̄ϫⲉ ⲛⲓⲙⲉⲩⲓ ⲉⲓ ⲛⲁⲉⲣ ⲟⲩ ϧⲉⲛ ⲡⲁⲓϫⲟϫⲣⲉϫ ⲓⲉ ⲉⲓ- (-ⲣⲏⲥ-) ⲛⲁϣⲛⲟϩⲉⲙ
ⲛⲁϣ ⲛ̄ⲣⲏϯ. ⲟⲩⲟϩ ⲉⲧⲁϥⲟϩⲓ ⲉⲣⲁⲧϥ ⲛⲟⲩⲕⲟⲩϫⲓ ⲥⲁⲃⲟⲗ ϩⲓ ⲡⲓⲧⲱⲟⲩ ⲁϥⲛⲁⲩ
ⲉⲟⲩⲁⲓ ⲙ̄ⲫⲣⲏϯ ⲛⲟⲩⲣⲱⲙⲓ ⲉϥϩⲉⲙⲥⲓ ⲉϥϩⲣⲓ ⲉϥϧⲟⲛⲧⲃ̄ ϧⲉⲛ ⲟⲩⲛⲉⲃϯ ⲟⲩⲟϩ
ⲉϥⲧⲱⲟⲩⲛ ⲕⲁⲧⲁ ⲕⲟⲩϫⲓ ⲉⲃⲟⲗϧⲉⲛ ⲡⲓϩⲱⲃ ⲛ̄ϫⲓϫ ⲉϥⲧⲱⲃϩ ⲟⲩⲟϩ ⲡⲁⲗⲓⲛ
ⲉϥϩⲉⲙⲥⲓ ⲟⲛ ⲉϥⲉⲣ ϩⲱⲃ. ⲟⲩⲟϩ ⲛⲉ ⲟⲩⲁⲅⲅⲉⲗⲟⲥ ⲛ̄ⲧⲉ ⲡⲟⲥ ⲡⲉ ⲉⲁϥⲟⲩⲟⲣⲡϥ
ⲉⲟⲩⲧⲁϩⲟ¹ ⲉⲣⲁⲧϥ ⲛ̄ⲁⲛⲧⲱⲛⲓⲟⲥ ⲛⲉⲙ ⲟⲩⲧⲁϫⲣⲟ ⲟⲩⲃⲉ ⲡⲓⲁⲗⲁⲃⲓⲗⲉⲥ ⲉⲧϩⲱⲟⲩ
ⲁϥⲥⲱⲧⲉⲙ ⲉⲣⲟϥ ⲉϥϫⲱ ⲙ̄ⲙⲟⲥ ⲛⲁϥ ϫⲉ ⲁⲣⲓⲟⲩⲓ ⲙ̄ⲡⲁⲓⲣⲏϯ ⲟⲩⲟϩ ⲭⲛⲁⲛⲟϩⲉⲙ. ⲛⲑⲟϥ ⲇⲉ ⲉⲧⲁϥⲥⲱⲧⲉⲙ ⲁϥϣⲱⲡⲓ ϧⲉⲛ ⲟⲩⲛⲓϣϯ ⲛ̄ⲣⲁϣⲓ ⲁϥϭⲓ ⲛⲟⲩ-
ⲧⲁϫⲣⲟ ⲟⲩⲟϩ ⲛⲁϥⲓⲣⲓ ⲙ̄ⲡⲁⲓⲣⲏϯ ⲡⲉ ⲛ̄ⲛⲓⲉϩⲟⲟⲩ ⲧⲏⲣⲟⲩ ⲛ̄ⲧⲉ ⲡⲉϥⲱⲛϧ.

ⲁϥϫⲟⲥ ⲟⲛ ⲛ̄ϫⲉ ⲁⲃⲃ⁣ⲁ ⲁⲛⲧⲱⲛⲓⲟⲥ² ϫⲉ ⲁⲓⲉⲣ ⲟⲩⲣⲟⲙⲡⲓ ⲧⲏⲣⲥ ⲉⲓⲧⲱⲃϩ
ⲙ̄ⲫϯ ϩⲓⲛⲁ ⲛⲉϥϭⲱⲣⲡ ⲛⲏⲓ ⲉⲃⲟⲗ ⲙ̄ⲫⲙⲱⲓⲧ ⲛ̄ⲧⲉ ⲛⲓⲑⲙⲏⲓ ⲛⲉⲙ ⲫⲙⲱⲓⲧ
ⲛ̄ⲧⲉ ⲛⲓⲣⲉϥⲉⲣ ⲛⲟⲃⲓ. ⲁⲓⲛⲁⲩ ⲉⲟⲩⲁⲓ ⲉϥϧⲛⲟⲩ ⲙ̄ⲫⲣⲏϯ ⲛⲟⲩⲁⲫⲱϣ ⲉϥⲟϩⲓ
ⲉⲣⲁⲧϥ ⲉϥⲫⲉϩ ϣⲁ ⲛⲓϭⲏⲡⲓ ⲟⲩⲟϩ ⲉⲣⲉ ⲛⲉϥϫⲓϫ ⲫⲟⲣϣ ⲉⲃⲟⲗ ⲥⲁ ⲡⲉⲥⲏⲧ ⲛ̄ⲧⲫⲉ
(-ⲣⲏⲥ-) ⲟⲩⲟϩ ⲥⲁ ⲡⲉⲥⲏⲧ ⲙ̄ⲙⲟϥ ⲟⲩⲗⲩⲙⲛⲏ³ ⲉⲥⲟⲩⲉⲥⲱⲛ ⲙ̄ⲫⲣⲏϯ ⲙ̄ⲫⲓⲟⲙ.
ⲁⲓⲛⲁⲩ ⲟⲛ ⲉϩⲁⲛ ⲯⲩⲭⲏ ⲉⲧϩⲁⲗⲁⲓ ⲙ̄ⲫⲣⲏϯ ⲛϩⲁⲛ ϩⲁⲗⲁϯ ⲟⲩⲟϩ ⲛⲏ

il pria Dieu en disant : « O mon seigneur, je veux me sauver et les pensées ne me le permettent pas : que ferai-je dans cette angoisse et comment me sauverai-je ? » Et lorsqu'il se fut tenu debout, un peu en dehors de la montagne, il vit quelqu'un comme un homme assis tressant une natte ⁴, se levant pendant quelque temps de l'ouvrage des mains, priant, puis de nouveau s'asseyant et travaillant. Et c'était un ange du Seigneur qui était apparu pour fortifier Antoine et pour l'affermir contre le tentateur mauvais. Il l'entendit qui disait : « Fais ainsi et tu seras sauvé ! » Et lorsqu'il eut entendu, il fut dans une grande joie, il fut affermi, et il faisait ainsi tous les jours de sa vie.

Abba Antoine dit : « J'ai passé tout une année à prier Dieu qu'il me révélât la voie des justes et la voie des pécheurs. J'ai vu quelqu'un, qui était long comme un géant, se tenant debout, atteignant jusqu'aux nuages. Et ses mains étaient étendues sous le ciel; et, au-dessous de lui, il y avait un lac large comme la mer. J'ai vu aussi des âmes qui volaient comme des oiseaux, et toutes celles qui volaient au-dessus de sa tête étaient sauvées; et toutes

---

1. *Cod.* ⲉⲩⲧⲁϩⲟ. — 2. *Cod.* ⲁⲛⲧⲱⲛⲓ. — 3. *Cod.* ⲟⲩⲗⲩⲙⲛⲏ. — 4. Mot à mot : « Tressant un tressage. »

ⲧⲏⲣⲟⲩ ⲉⲧⲁⲩϧⲁⲗⲁⲓ ⲥⲁ ⲡϣⲱⲓ ⲛⲛⲉϥϫⲓϫ ⲛⲉⲙ ⲥⲁ ⲡϣⲱⲓ ⲛⲧⲉϥⲁⲫⲉ ⲁⲩϧⲟϫⲉⲙ ⲟⲩⲟϩ ⲛⲏ ⲧⲏⲣⲟⲩ ⲉⲧⲁⲩⲣⲁⲟⲧⲱ ϧⲉⲛ ⲛⲉϥϫⲓϫ ⲟⲩⲟϩ ⲉⲧⲁϥⲙⲁϣⲟⲩ ⲁⲩⲉⲓ ⲉϧⲣⲏⲓ ⲉϯⲗⲓⲙⲛⲏ¹ ⲛⲭⲣⲱⲙ ⲉⲑⲙⲟϧ. ⲧⲟⲧⲉ ⲁ ⲟⲩⲥⲙⲏ ⲓ ⲛⲏⲓ ⲉⲃⲟⲗϧⲉⲛ ⲧⲫⲉ ⲉⲥϫⲱ ⲙⲙⲟⲥ ϫⲉ ⲁⲛⲧⲱⲛⲓⲟⲥ ⲛⲁⲓⲯⲩⲭⲏ ⲉⲧⲁⲕⲛⲁⲩ ⲉⲣⲱⲟⲩ ⲉⲁⲩϧⲟⲓ ⲥⲁ ϩⲣⲏⲓ ⲛⲛⲉϥϫⲓϫ ⲛⲁⲓ ϩⲱⲟⲩ ⲛⲉ ⲛⲓⲯⲩⲭⲏ ⲛⲧⲉ ⲛⲓⲣⲉϥⲉⲣ ⲛⲟⲃⲓ ⲉⲧⲥⲱⲕ ⲙⲙⲱⲟⲩ ⲉϧⲣⲏⲓ ⲉⲁⲙⲉⲛϯ ⲉⲑⲃⲉ ϫⲉ ⲛⲓⲟⲩⲱϣ ⲛϩⲏⲧ ⲛⲧⲉ ⲧⲥⲁⲣⲝ ⲛⲉⲙ ⲧⲟⲩⲙⲟⲑⲛⲉⲥ ⲛⲧⲉ ⲡⲁⲓⲕⲟⲩϫⲓ ⲛⲥⲏⲟⲩ ⲛⲉⲙ ⲛⲓⲙⲉⲧⲣⲉϥⲉⲣ ⲫⲙⲉⲩⲓ ⲙⲙⲡⲉⲧϩⲱⲟⲩ ϫⲉ ⲟⲩⲏⲓ ⲁⲩⲓⲣⲓ ⲛⲛⲟⲩⲟⲩⲱϣ ⲛϩⲏⲧ ⲉⲧϩⲱⲟⲩ ϣⲁⲧⲟⲩϩⲓⲧⲟⲩ ⲉⲡⲓⲭⲣⲱⲙ.

ⲁϥϫⲟⲥ ⲛϫⲉ ⲁⲃⲃⲁ ⲁⲛⲧⲱⲛⲓⲟⲥ² ϫⲉ (-ⲣⲝ̅ⲍ̅-) ϣⲱⲡⲓ ⲉⲕⲟⲓ ⲛⲁⲧⲟⲡⲕ ϧⲉⲛ ϩⲱⲃ ⲛⲓⲃⲉⲛ ⲉⲡⲉⲓⲇⲏ³ ϯⲙⲉⲧⲁⲧⲟⲡⲕ ⲛⲑⲟⲥ ⲉⲧⲟⲓ ⲛⲥⲱⲙⲁ ⲙⲡⲓⲑⲉⲃⲓⲟ ⲡⲓⲑⲉⲃⲓⲟ ⲉⲧϫⲫⲟ ⲛϯⲙⲉⲧⲣⲉϥϫⲓ ⲥⲃⲱ ϯⲙⲉⲧⲣⲉϥϫⲓ ⲥⲃⲱ ⲉⲧϫⲫⲟ ⲙⲡⲓⲛⲁϩϯ ⲡⲓⲛⲁϩϯ ⲉⲑⲙⲓⲥⲓ ⲙⲡⲓⲥⲱⲧⲉⲙ ⲛⲥⲁ ⲫϯ ⲡⲓⲥⲱⲧⲉⲙ ⲛⲥⲁ ⲫϯ ⲛⲑⲟϥ ⲉⲑⲙⲓⲥⲓ ⲛϯⲙⲉⲧⲙⲁⲓ ⲥⲟⲛ.

ⲁ ⲟⲩⲟⲛ ϣⲉⲛ ⲡⲓϧⲉⲗⲗⲟ ⲁⲃⲃⲁ ⲁⲛⲧⲱⲛⲓⲟⲥ⁴ ⲉⲑⲃⲉ ⲡⲓⲥⲁϫⲓ ⲉⲧⲥϧⲏⲟⲩⲧ ϧⲉⲛ ⲡⲓⲉⲩⲁⲅⲅⲉⲗⲓⲟⲛ ϫⲉ ⲙⲡⲉⲣϥⲓ ⲣⲱⲟⲩϣ ϧⲁ ⲣⲁⲥϯ ⲣⲁⲥϯ ⲅⲁⲣ ⲉϥⲉϥⲓ ⲣⲱⲟⲩϣ ϧⲁⲣⲟϥ ⲙⲙⲁⲩⲁⲧϥ ⲕⲏⲛ ⲉⲡⲓⲉϩⲟⲟⲩ ⲡⲓⲉϩⲟⲟⲩ ⲛⲉⲙ ⲧⲉϥⲕⲁⲕⲓⲁ. ⲟⲩⲟϩ ⲡⲉϫⲉ

celles qui se trouvaient dans ses mains, lorsqu'il les avait frappées, elles tombaient dans le lac de feu ardent. Et alors une voix me vint du ciel, qui me disait : « Antoine! les âmes que tu as vues volant par-dessus ses mains, ce sont les âmes des justes qui iront en paradis; et celles que tu as vues tombant au-dessous de ses mains, ce sont les âmes des pécheurs qu'on entraîne dans l'Amenti, parce que les désirs de la chair, leur tranquillité, qui n'a duré qu'un peu de temps[5] et les pensées mauvaises ont, certes, rendu leurs désirs mauvais au point qu'on les a jetées dans le feu. »

Abba Antoine dit : « Estime-toi peu de chose, car le peu d'estime pour soi-même, c'est le corps de l'humilité; l'humilité engendre la science, la science engendre la foi, la foi engendre l'obéissance à Dieu, l'obéissance à Dieu engendre la charité fraternelle. »

Un frère interrogea le vieillard abba Antoine sur la parole écrite dans l'Évangile : « Ne prends pas souci du lendemain ; car le lendemain lui-même prendra souci de lui: chaque jour avec son mal suffit au jour. » Et le vieillard

---

1. Cod. ⲉϯⲗⲩⲙⲛⲏ. — 2. Cod. ⲁⲛⲧⲱⲛⲓ. — 3. Cod. ⲉⲡⲓⲥⲇⲏ. — 4. Cod. ⲁⲛⲧⲱⲛⲓ. — 5. Mot à mot : « Leur tranquillité de ce peu de temps », c'est-à-dire de cette vie qui ne dure qu'un peu de temps.

ⲡⲓϧⲉⲗⲗⲟ ⲛⲁϥ ϫⲉ ϯⲙⲉⲩⲓ ⲁⲛⲟⲕ ϫⲉ ⲫⲁⲓ ⲡⲉ ⲡⲓⲥⲁϫⲓ ⲛ̄ⲧⲉⲕⲭⲛⲏ ⲉⲣⲟⲕ ⲉⲡⲓ-
ⲭⲣⲉⲓⲁ[1] ⲛ̄ⲧⲉ ⲡⲓⲥⲱⲙⲁ ϣⲁ ⲡⲙⲏ ⲛ̄ⲟⲩⲣⲟⲙⲡⲓ ⲛ̄ⲧⲉⲕϣⲧⲉⲙϥⲓ ⲣⲱⲟⲩϣ ⲛ̄ⲟⲩⲟ[2]
ⲉⲡⲉⲕϫⲓ ⲛⲱⲛϩ ⲉⲃⲟⲗ ϧⲉⲛ ⲟⲩⲙⲏ ⲉϥϣⲏϣ ϩⲓⲛⲁ ⲛ̄ⲧⲉⲕⲛⲟϩⲉⲙ.

ⲁⲩϫⲟⲥ ⲉⲑⲃⲉ ⲁⲃⲃⲁ ⲁⲛⲧⲱⲛⲓⲟⲥ[3] ϫⲉ ⲁⲩϭⲱⲣⲡ ⲛⲁϥ ⲉⲃⲟⲗ ⲛ̄ⲟⲩⲥⲟⲡ ⲉⲑⲃⲉ
ⲟⲩⲡⲁⲣⲑⲉⲛⲟⲥ ⲉⲁⲥϩⲉⲓ ϧⲉⲛ ⲟⲩⲡⲁⲣⲁⲡⲧⲱⲙⲁ. ⲁϥⲧⲱⲛϥ ⲁϥϭⲓ ⲙ̄ⲡⲉϥϣⲃⲱⲧ
ⲙ̄ⲃⲁⲓ ⲉⲧϧⲉⲛ ⲧⲉϥϫⲓϫ ⲁϥⲉⲣ ϩⲏⲧⲥ ⲉⲡⲓⲙⲱⲓⲧ ⲙⲟϣⲓ ⲉⲧⲙⲟⲛⲓ (-ⲣⲏⲛ-)
ϩⲓⲛⲁ ⲛ̄ⲧⲉϥϣⲟⲧ ⲉⲃⲟⲗ ⲉϫⲱⲟⲩ ϧⲉⲛ ϩⲁⲛ ϫⲣⲟ ⲉⲧⲛⲁϣⲧ ⲉⲙⲁϣⲱ ⲉⲑⲃⲉ
ⲡⲧⲟⲩⲃⲟ ⲙ̄ⲡⲓⲡⲣⲁⲕⲧⲓⲕⲟⲛ ⲉⲧϣⲟⲡ ⲛ̄ϧⲏⲧϥ. ⲟⲩⲟϩ ⲉⲧⲓ ⲉϥⲙⲟϣⲓ ⲁϥϧⲱⲛⲧ
ⲉϯⲗⲁⲩⲣⲁ ϩⲏⲡⲡⲉ ⲁϥⲟⲩⲟⲛϩϥ ⲉⲣⲟϥ ⲛ̄ϫⲉ ⲡⲭⲥ ⲡⲟⲩⲣⲟ ⲛ̄ⲧⲉ ⲡⲱⲟⲩ ⲡⲓϫⲁⲛ
ⲑⲙⲁϩⲧ ⲙ̄ⲙⲁⲩⲁⲧϥ ⲫⲁ ⲛⲓⲁϩⲱⲣ ⲛ̄ⲧⲉ ⲛⲓⲙⲉⲧϣⲉⲛ ϩⲏⲧ ⲉⲧⲱϣ ⲫⲏ ⲉⲧⲭⲁ
ⲉⲃⲟⲗ ⲟⲩⲟϩ ⲉϥϥⲱⲧ ⲉⲃⲟⲗ ⲛ̄ⲛⲓⲛⲟⲃⲓ ⲛⲉⲙ ⲛⲓⲡⲁⲣⲁⲡⲧⲱⲙⲁ ⲛ̄ⲧⲉ ⲛⲓⲣⲱⲙⲓ.
ⲡⲉϫⲉ ⲡⲓⲥⲱⲧⲏⲣ ⲛⲁϥ ϧⲉⲛ ⲟⲩϩⲟ ⲙ̄ⲙⲉⲧⲣⲉⲙⲣⲁⲩϣ ⲛⲉⲙ ⲟⲩϫⲓ ⲙ̄ⲡⲉϥⲧ ⲣⲱϥ
ϧⲉⲛ ⲟⲩⲭⲁⲣⲓⲥ ϫⲉ ⲁⲛⲧⲱⲛⲓⲟⲥ ϩⲁⲣⲁ ⲟⲩⲟⲛ ⲟⲩϭⲉ ϣⲟⲡ ⲙ̄ⲡⲁⲓⲛⲓϣϯ ⲛ̄ⲥⲕⲩⲗ-
ⲙⲟⲥ ⲛ̄ⲧⲁⲕ ϣⲁ ⲙ̄ⲛⲁⲓ. ⲉⲧⲁϥⲥⲱⲧⲉⲙ[4] ⲉⲛⲁⲓ ⲛ̄ϫⲉ ⲡⲓϧⲉⲗⲗⲟ ⲛ̄ⲧⲟⲧϥ ⲙ̄ⲡⲟⲥ
ⲁϥϩⲓⲧϥ ⲉϫⲉⲛ ⲡⲉϥϩⲟ ϩⲓϫⲉⲛ ⲡⲓⲕⲁϩⲓ ⲡⲉϫⲁϥ ⲛⲁϥ ϫⲉ ⲡⲁⲟⲥ ϧⲉⲛ ⲡⲭⲓ
ⲛⲉⲣⲕⲁⲓⲧ ⲙ̄ⲙⲡϣⲁ ⲛ̄ⲛⲁⲩ ⲉⲧⲉⲕⲡⲁⲣⲟⲩⲥⲓⲁ ⲁⲕⲉⲣ ϣⲟⲣⲡ ⲛⲉⲙ ⲉϯⲙⲉⲧ-
ⲁⲧϩⲏⲧ ⲛ̄ⲧⲉ ⲡⲁⲥⲕⲩⲗⲙⲟⲥ ϫⲉ ⲟⲩ ⲡⲉ. ⲡⲉϫⲉ ⲡⲓⲁⲅⲁⲑⲟⲥ ⲙ̄ⲙⲁⲓ ⲣⲱⲙⲓ ⲛⲁϥ

lui dit : « Je pense que cette parole (signifie) que tu cesses les besoins du corps[5] jusqu'à la longueur d'une année, que tu ne prennes pas trop souci de ta vie, sinon dans la mesure permise, afin que tu sois sauvé. »

On rapporte d'Abba Antoine qu'une fois il eut une révélation, au sujet d'une vierge qui était tombée dans une faute. Il se leva, prit son bâton de palmier, qui était en ses mains, il commença de marcher vers le monastère afin de leur adresser des reproches sévères grandement, à cause de la pureté de pratique qui était en lui. Comme il marchait encore, il approcha de la laure; voici que lui apparut le Christ, le roi de gloire, le seul miséricordieux, celui qui a de nombreux trésors de miséricorde, celui qui pardonne, efface les péchés et les transgressions des hommes. Le Sauveur lui dit d'un visage doux et avec un sourire plein de grâce : « Antoine! Y a-t-il une raison de ta grande fatigue jusqu'ici? » Lorsque le vieillard eut entendu ces paroles du Seigneur, il se jeta à terre sur son visage, il lui dit : « Mon Seigneur! puisque tu m'as rendu digne de voir ta présence, tu sais le premier quelle est la folie

---

1. *Cod.* ⲉⲛⲭⲣⲓⲁ. — 2. *Cod.* ⲛⲣⲟⲩⲟ ⲛⲣⲟⲩⲟ. — 3. *Cod.* ⲁⲛⲧⲱⲛⲓ. — 4. *Cod.* ⲛ̄ⲧⲁϥⲥⲱⲧⲉⲙ.
— 5. C'est-à-dire de s'inquiéter de ce qui regarde les besoins corporels.

ϫⲉ ⲉⲧⲁⲕϣⲱⲡ ⲙ̄ⲡⲁⲓⲥⲕⲩⲗⲙⲟⲥ[1] ⲛⲉⲙ ⲡⲁⲓⲛⲓϣϯ ⲛ̄ϭⲓⲥⲓ ⲉⲑⲃⲉ ⲡⲓ- (-ⲣⲕⲟ-) ⲡⲁⲣⲁⲡⲧⲱⲙⲁ ⲛ̄ⲧⲉ ⲧⲁⲓⲕⲟⲩϫⲓ ⲙ̄ⲡⲁⲣⲑⲉⲛⲟⲥ. ⲡⲉϫⲉ ⲁⲃⲃⲁ ⲁⲛⲧⲱⲛⲓⲟⲥ[2] ⲛⲁϥ ⲉϥϧⲱⲟⲩⲧ ⲉϫⲉⲛ ⲡⲉϥϩⲟ ϩⲓϫⲉⲛ ⲡⲓⲕⲁϩⲓ ϫⲉ ⲛ̄ⲑⲟⲕ ⲡⲟⲥ ⲉⲧⲥⲱⲟⲩⲛ ⲛ̄ϩⲱⲃ ⲛⲓⲃⲉⲛ ⲙ̄ⲡⲁⲧⲟⲩϣⲱⲡⲓ. ⲟⲩⲟϩ ⲡⲉϫⲉ ⲡⲟⲥ ⲛⲁϥ ϫⲉ ⲧⲱⲛⲕ ⲟⲩⲁϩⲕ ⲛ̄ⲥⲱⲓ. ⲟⲩⲟϩ ⲉⲧⲁϥϣⲉ ⲉϧⲟⲩⲛ ⲛⲉⲙⲁϥ ⲉⲣⲉ ⲛⲓⲣⲱⲟⲩ ϣⲟⲧⲉⲙ ϧⲉⲛ ⲡⲓⲙⲁ ⲉⲣⲉ ϯⲡⲁⲣⲑⲉⲛⲟⲥ ⲛ̄ϧⲏⲧϥ ⲟⲩⲟϩ ⲁϥⲥⲱⲧⲉⲙ ⲉϯⲡⲁⲣⲑⲉⲛⲟⲥ ⲉⲥⲣⲓⲙⲓ ⲉⲥϫⲱ ⲙ̄ⲙⲟⲥ ϫⲉ[3] ⲡⲁⲟⲥ ⲓⲏⲥ ⲡ̄ⲭ̄ⲥ̄ ⲛ̄ⲧⲏⲓ ⲁⲕϣⲁⲛϯ ϩⲑⲏⲕ ⲉⲁⲛⲟⲙⲓⲁ ⲛⲓⲙ ⲡⲉ ⲉⲧⲛⲁϣⲟϩⲓ ⲉⲣⲁⲧϥ ⲙ̄ⲡⲉⲕⲙⲑⲟ ϫⲉ ⲟⲩⲏⲓ ⲉⲣⲉ ⲡⲓⲭⲱ ⲉⲃⲟⲗ ϧⲁⲧⲟⲧⲕ ⲡⲁⲟⲥ ⲓⲏⲥ ⲡ̄ⲭ̄ⲥ̄ ⲛ̄ⲧⲏⲓ ⲉⲕⲉϭⲓ ⲙ̄ⲡⲁⲙ̄ⲡϣⲓϣ ⲛⲉⲙ ⲫⲏ ⲉⲧⲁϥⲉⲣⲫⲑⲟⲛⲓⲛ[4] ⲉⲣⲟⲓ ⲟⲩⲟϩ ⲁϥⲃⲟⲗⲧ ⲉⲃⲟⲗ. ⲡⲁⲟⲥ ⲓⲏⲥ ⲛ̄ⲧⲏⲓ ϯϯ ϩⲟ ⲉⲣⲟⲕ ⲙ̄ⲡⲉⲣⲫⲱⲛϩ ⲙ̄ⲡⲉⲕϩⲟ ⲥⲁⲃⲟⲗ ⲙ̄ⲙⲟⲓ ϫⲉ ⲁⲛⲟⲕ ⲟⲩⲥⲕⲉⲟⲥ ⲛ̄ϫⲟⲃⲓ. ⲛⲁⲓ ⲇⲉ ⲉⲥϫⲱ ⲙ̄ⲙⲱⲟⲩ ϧⲉⲛ ϩⲁⲛ ⲉⲣⲙⲱⲟⲩⲓ ⲉⲧⲟϣ ⲡⲉϫⲉ ⲡⲓⲣⲉϥϣⲉⲛϩⲏⲧ ⲟⲩⲟϩ ⲛ̄ϣⲁⲛ ⲑⲙⲁϧⲧ ⲛ̄ⲛⲟⲩϯ ⲡⲉⲛⲟⲥ ⲓⲏⲥ ⲡ̄ⲭ̄ⲥ̄ ϫⲉ ⲁⲛⲧⲱⲛⲓⲟⲥ ϩⲁⲣⲁ ⲙ̄ⲡⲉ ⲛⲉⲕⲥⲡⲗⲁⲅⲭⲛⲟⲛ ⲕⲓⲙ ⲉⲣⲟⲕ ϯⲛⲟⲩ ⲛ̄ⲧⲉ ⲛⲉⲕⲃⲁⲗ ϯ ⲉⲣⲙⲏ ⲉⲕⲥⲱⲧⲉⲙ ⲉⲧⲁⲥⲑⲉⲛⲓⲁ[5] ⲛ̄ⲧⲉⲥⲙⲉⲧϫⲱⲃ (-ⲣⲗ-) ⲛⲉⲙ ⲡⲉⲥϫⲓ ⲛ̄ⲟϣ ⲉⲡϣⲱⲓ ϩⲁⲣⲟⲓ ϧⲉⲛ ϩⲁⲛ ⲉⲣⲙⲱⲟⲩⲓ ⲉⲧⲙⲟⲕϩ. ⲁⲗⲏⲑⲱⲥ ⲁⲥⲥⲉⲕ ⲛⲁⲙⲉⲧϣⲉⲛ ϩⲏⲧ ⲉϫⲱⲥ ⲙ̄ⲫⲣⲏϯ ⲛ̄ϯⲡⲟⲣⲛⲏ ⲉⲧⲁⲥϩⲱⲣⲡ ⲛ̄ⲛⲁϭⲁⲗⲁⲩϫ ⲉⲃⲟⲗϧⲉⲛ ⲛⲉⲥⲉⲣ-

de ma fatigue. » Le bon (Sauveur), qui aime les hommes, lui dit : « Tu as enduré cette fatigue et ce tourment à cause de la transgression de cette petite vierge. » Abba Antoine, étendu à terre sur son visage, lui dit : « Seigneur, tu sais toutes choses avant qu'elles arrivent. » Le Seigneur lui dit : « Lève-toi, suis-moi. » Et lorsqu'il fut entré avec lui, les portes étant fermées, dans le lieu où était la vierge, il entendit la vierge qui pleurait et disait : « Mon Seigneur Jésus le Christ, si tu prends garde aux péchés, qui se tiendra debout devant toi? car, certes, tout pardon est dans ta main. Mon Seigneur à moi, Jésus le Christ, venge-moi de celui qui me hait'et qui m'a fait périr. Mon Seigneur à moi, Jésus le Christ, je t'en prie, ne détourne pas ton visage de moi, car je suis un vase fragile. » Elle disait cela avec des larmes nombreuses. Le miséricordieux et compatissant Dieu, Notre Seigneur Jésus le Christ, dit : « Antoine, est-ce que tes entrailles ne sont pas émues, maintenant? est-ce que tu peux ne pas pleurer en entendant la faiblesse de sa fragilité et comme elle crie vers moi avec des larmes douloureuses? Vraiment elle a attiré mes miséricordes sur elle, comme la pécheresse qui a lavé mes

---

1. Cod. ⲙ̄ⲡⲁⲓⲥⲕⲏⲗⲙⲟⲥ. — 2. Cod. ⲁⲛⲧⲱⲛⲓ. — 3. A la marge ⲥⲟⲕⲉ, c'est-à-dire : continue (la lecture). — 4. Cod. ⲉⲧⲁϥⲉⲣⲫⲑⲟⲛⲓⲛ. — 5. Cod. ⲉⲧⲁⲥⲑⲉⲛⲓⲁ.

ⲙⲱⲟⲩ ⲟⲩⲟϩ ⲁⲥϥⲟⲧⲟⲩ ⲉⲃⲟⲗϧⲉⲛ ⲡⲓϥⲱⲓ ⲛⲧⲉⲥⲁⲫⲉ ⲟⲩⲟϩ ⲉⲃⲟⲗϩⲓⲧⲉⲛ
ⲡⲉⲥⲟⲩⲉⲙ ϩⲟⲛⲥ ⲁⲥϭⲓ ⲙⲡⲭⲱ ⲉⲃⲟⲗ ⲛⲧⲉ ⲛⲉⲥⲛⲟⲃⲓ ⲉⲃⲟⲗϩⲓⲧⲟⲧ ⲉⲑⲃⲉ ⲡⲉⲥ-
ⲛⲁϩϯ. ⲡⲗⲏⲛ ϯⲛⲁⲉⲣ ⲡⲉⲕⲥⲏⲩ ⲙⲙⲟⲥ[1] ϣⲱⲡⲓ ⲁⲛ ⲉϥϣⲟⲩⲓⲧ ⲁⲗⲗⲁ ⲙⲁ
ⲟⲩⲕⲟⲩϫⲓ ⲛϩⲉⲍⲓⲥ ⲉϫⲱⲟⲩ ⲙⲁϣⲉ ⲛⲁⲕ. ⲟⲩⲟϩ ⲛⲁⲓ ⲉⲧⲁϥϫⲟⲧⲟⲩ ⲛϫⲉ ⲡⲓⲥⲱⲧⲏⲣ ⲁϥⲉⲣ ⲁⲑⲟⲩⲱⲛϩ ⲉⲃⲟⲗϩⲁⲣⲟϥ. ⲁϥⲕⲟⲧϥ ⲇⲉ ⲛϫⲉ ⲁⲃⲃⲁ ⲁⲛⲧⲱⲛⲓⲟⲥ[2]
ϩⲓ ⲡⲉϥⲙⲱⲓⲧ ⲉϥϯ ⲱⲟⲩ ⲙⲫϯ ⲉⲣⲉ ⲛⲉϥⲉⲣⲙⲱⲟⲩⲓ ϣⲟⲧⲟ ⲉⲡⲉⲥⲏⲧ ϩⲓϫⲉⲛ
ⲡⲓⲕⲁϩⲓ ⲉϥⲟⲓ ⲛϣⲫⲏⲣⲓ ⲉⲙⲁϣⲱ ⲉϩⲣⲏⲓ ⲉϫⲉⲛ ϯⲙⲉⲧⲁⲅⲁⲑⲟⲥ ⲛⲧⲉ ⲫϯ ⲛⲉⲙ
ⲡⲁϣⲁⲓ ⲛⲧⲉ ⲛⲉϥⲙⲉⲧϣⲉⲛϩⲏⲧ ⲉⲧⲟϣ ⲉϧⲟⲩⲛ ⲉⲡⲓⲑⲁⲙⲓⲟ ⲧⲏⲣϥ ⲛⲧⲉ ⲛⲉϥϫⲓϫ
ⲛⲉⲙ ⲡⲓⲣⲏϯ ⲉⲧⲉϥϣⲱⲡ ⲉⲣⲟϥ ⲥⲁⲧⲟⲧϥ ⲛⲣⲱⲙⲓ ⲛⲓⲃⲉⲛ ⲉⲑⲛⲁⲉⲣ ⲛⲟⲃⲓ ⲟⲩⲟϩ
ⲛⲧⲉϥⲧⲁⲥⲑⲟϥ ϩⲁⲣⲟϥ ⲉⲟⲩⲙⲉⲧⲁⲛⲟⲓⲁ[3] ϧⲉⲛ ⲟⲩϩⲏⲧ ⲉϥⲥⲟⲩⲧⲱⲛ.

ⲁϥϫⲟⲥ ⲛϫⲉ ⲁⲃⲃⲁ ⲁⲛⲧⲱⲛⲓⲟⲥ[4] ϫⲉ ⲉϣⲱⲡ ⲟⲩⲟⲛ ϩⲁⲛ ⲙⲉⲩⲓ ⲛⲓⲃⲉⲛ ⲉⲣⲟⲛ
ⲉⲧϩⲟⲭϩⲉϫ ⲙⲙⲟⲕ ⲟⲩⲟϩ ⲛⲑⲟⲕ (-ⲣⲗⲁ-) ⲟⲩϫⲙϫⲟⲙ ⲁⲛ ⲉϩⲓⲧⲟⲩ ⲉⲃⲟⲗ
ⲁⲙⲟⲩ ⲉⲃⲟⲗ ⲉⲡⲓⲁⲏⲣ ⲟⲩⲟϩ ⲥⲉⲛⲁϣⲉ ⲛⲱⲟⲩ ⲉⲃⲟⲗϩⲁⲣⲟⲕ.

ⲁϥϫⲟⲥ ⲟⲛ ⲛϫⲉ ⲁⲃⲃⲁ ⲁⲛⲧⲱⲛⲓⲟⲥ[5] ϫⲉ ⲥⲉⲣ ⲛⲟⲫⲣⲓ ⲛⲁⲛ ⲉⲙⲁϣⲱ ⲉⲑⲣⲉⲛ-
ⲫⲱⲧ ⲉϧⲟⲩⲛ ⲉⲧⲉⲛⲣⲓ ⲟⲩⲟϩ ⲛⲧⲉⲛϯ ϩⲑⲏⲛ ⲉⲣⲟⲛ ⲉⲙⲁϣⲱ ϧⲉⲛ ⲡⲉⲛⲃⲓⲟⲥ
ⲧⲏⲣϥ ϣⲁⲧⲉⲛⲉⲙⲓ ⲉⲣⲟⲛ ϫⲉ ⲛⲟⲓ ⲛⲁϣ ⲛⲣⲏϯ ⲉϣⲱⲡ ⲛⲧⲉⲕⲉⲣϩⲩⲡⲟⲙⲉⲛⲓⲛ[6]

pieds avec ses larmes et les a essuyés avec les cheveux de sa tête, et, par suite de son repentir, elle a reçu de moi le pardon de ses péchés à cause de sa foi. Cependant, je ne laisserai pas ta fatigue être vaine. Donne-leur quelque recommandation, va-t-en. » Lorsque le Sauveur eut dit cela, il disparut. Abba Antoine se tourna dans son chemin, rendant gloire à Dieu : ses larmes coulaient à terre, et il admirait grandement la bonté de Dieu et l'abondance de ses nombreuses miséricordes pour toute créature de ses mains, et la manière dont il reçoit à lui, sur-le-champ, tout homme qui pèche, et dont il le tourne au repentir avec un cœur droit.

Abba Antoine dit : « Si quelqu'un est mû par des pensées qui le pressent, et si tu n'es pas capable de les chasser[7], sors à l'air et elles s'en iront (loin) de toi. »

Abba Antoine dit : « Il est très bon pour nous que nous nous réfugiions dans notre cellule et que nous réfléchissions beaucoup sur nous-mêmes pendant notre vie jusqu'à ce que nous sachions de quelle sorte nous sommes. Si tu

---

1. *Cod.* ⲡⲉⲕⲥⲏⲩⲙⲙⲟⲥ. — 2. *Cod.* ⲁⲛⲧⲱⲛⲓ. — 3. *Cod.* ⲉⲩⲙⲉⲧⲁⲛⲟⲓⲁ. — 4. *Cod.* ⲁⲛⲧⲱⲛⲓ. — 5. *Cod.* ⲁⲛⲧⲱⲛⲓ. — 6. *Cod.* ⲛⲉⲧⲉⲕⲉⲣϩⲩⲡⲟⲙⲉⲛⲓⲛ. — 7. Ce changement de personne est très fréquent dans l'ancienne langue et doit être considéré comme une élégance.

ϧⲉⲛ ⲡⲉⲕⲙⲁ ⲛϣⲱⲡⲓ ⲓⲉ ⲁⲕϣⲱⲡⲓ ⲉⲕϫⲟⲩϣⲧ ⲉⲃⲟⲗ ⳉⲁ ⲧϧⲏ ⲙⲡⲉⲕⲙⲟⲩ ⲉϣⲱⲡ ⲛⲧⲉⲕⲙⲟⲩⲛ ⲉⲃⲟⲗ ⲉⲕⲧⲱⲃⲏ ⲛϫⲱⲣϩ ⲛⲉⲙ ⲙⲉⲣⲓ ⲓⲉ ⲁⲕϫⲟⲩϣⲧ ⲉⲃⲟⲗ ⳉⲁ ⲧϧⲏ ⲙⲡⲉⲕⲙⲟⲩ ⲉϣⲱⲡ ⲡⲉⲕϣⲟⲡ ϧⲉⲛ ⲡϣⲁϥⲉ ⲁⲧϭⲛⲉ ϩⲗⲓ ⲙⲙⲉⲧϣⲫⲏⲣ ⲛⲧⲉ ⲛⲉⲕⲕⲁⲧⲁ ⲥⲁⲣⳅ ⲓⲉ ⲁⲕⲟⲩⲱϣ ⲉⲙⲟⲩ ⲉⲃⲟⲗϩⲁ ⲡⲓⲕⲟⲥⲙⲟⲥ. ϯϫⲱ ⲅⲁⲣ ⲙⲙⲟⲥ ⲛⲱⲧⲉⲛ ϫⲉ ⲁⲓⲉⲣ ⲡⲁⲥⲏⲟⲩ ⲧⲏⲣϥ ⲉⲓⲟⲩⲱⲙ ⲛⲟⲩϣⲓ ⲛⲱⲓⲕ ⲛⲓⲱⲧ ⲉⲓⲥⲱ ⲛⲟⲩϣⲓ ⲙⲙⲱⲟⲩ ⲉϥⲑⲉⲣ ⲟⲩⲟϩ ⲉϣⲱⲡ ⲁⲓϣⲁⲛⲟⲩⲱϣ ⲉϣⲉ ⲛⲏⲓ ⲉⲟⲩⲙⲁ ϣⲁⲓⲁⲣⲉϩ ⲉⲣⲟⲓ ⲉⲙⲙⲟⲛ ⲉϣⲧⲉⲙϩⲱⲙⲓ ⲉϧⲣⲏⲓ ⲉϫⲉⲛ ϩⲗⲓ ⲛϣⲉ ⲛⲧⲁⲧⲥⲓ ⲛⲥϩⲓⲙⲓ ⲉⲡⲧⲏⲣϥ.

ⲁϥϫⲟⲥ ⲟⲛ ⲛϫⲉ ⲁⲃⲃⲁ ⲁⲛⲧⲱⲛⲓⲟⲥ[1] ϫⲉ ⲡⲓⲅⲣⲁⲡⲧⲟⲛ ⲛⲛⲟⲙⲟⲥ ⲁⲛ ⲡⲉ ϯⲙⲉⲑⲙⲏⲓ ⲁⲗⲗⲁ ⲡⲓϩⲏⲧ ⲉⲧⲧⲟⲩⲃⲏⲟⲩⲧ ⲑⲁⲓ ⲧⲉ ϯⲙⲉⲑⲙⲏⲓ ⲛⲧⲉ ⲡⲓⲣⲱⲙⲓ.

(-ⲣⲗⲃ-) ⲁϥϫⲟⲥ ⲛϫⲉ ⲁⲃⲃⲁ ⲁⲛⲧⲱⲛⲓⲟⲥ[2] ϫⲉ ⲁⲓⲟⲩⲱϣ ⲉϣⲱⲗ ⲉⲫⲙⲁⲣⲏⲥ ⲁⲩⲧⲁⲙⲟ ⲙⲙⲟⲓ ϫⲉ ⲙⲡⲉⲣϣⲉ ⲁⲗⲗⲁ ϩⲱⲗ ⲉⲡⲧⲱⲟⲩ. ⲟⲩⲟⲛ ⲅ̅ ⲛϩⲱⲃ ⲭⲏ ϧⲉⲛ ⲡⲓⲕⲟⲥⲙⲟⲥ ⲟⲩⲟϩ ⲥⲉⲭⲏ ϩⲓ ⲡⲓⲧⲱⲟⲩ ⲁⲛ ⲡⲓⲃⲁⲗ ϯ ⲛⲉⲙ ⲡⲓⲣⲱⲙⲓ ⲛⲉⲙ ⲡⲓⲗⲁⲥ ⲛⲉⲙ ⲡⲓⲙⲁϣϫ ⲡⲓⲧⲱⲟⲩ ⲇⲉ ⲛⲑⲟϥ ϣⲁ ⲟⲩϧⲏⲧ ⲙⲙⲁⲩⲁⲧϥ ⲡⲉ ⲉⲧϯ ⲛⲉⲙⲁϥ ⲙⲏ ⲛⲁⲛⲉ ⲟⲩⲁⲓ ⲁⲛ ϫⲉ ⲉϩⲟⲧⲉ ⲇ̅.

ⲁϥϫⲟⲥ ⲟⲛ ⲛϫⲉ ⲁⲃⲃⲁ ⲁⲛⲧⲱⲛⲓⲟⲥ[3] ϫⲉ ⲉϣⲱⲡ ⲉⲓⲛⲟⲩ ⲉⲃⲟⲗϧⲉⲛ ⲧⲁⲣⲓ

endures (de rester) dans ta cellule, alors tu as considéré ta mort; si tu es constant à prier la nuit et à midi, alors tu as considéré ta mort; si tu habites dans le désert sans aucune compagnie de tes parents, alors tu as voulu mourir au monde; car, je vous le dis, j'ai passé tout mon temps en mangeant une mesure de pain d'orge, en buvant une mesure d'eau troublée, et, si je désirais aller en quelque lieu, je prenais garde à ne pas fouler aux pieds la moindre trace de femme[4]. »

Abba Antoine dit encore : « Ce qui est écrit dans la loi, ce n'est pas la justice, mais un cœur pur, voilà la justice de l'homme. »

Abba Antoine dit : « Je voulais aller vers le Midi. On m'informa (en) me disant : N'y va pas; mais va à la montagne. Il y a trois choses qui sont dans le monde et qui ne sont pas à la montagne. (Dans le monde), l'œil combat contre l'homme, ainsi que la langue et l'oreille; à la montagne, il n'y a que le cœur qui combat seul avec lui-même. Est-ce qu'un ne vaut pas mieux que quatre? »

Abba Antoine dit : « Si je sors de ma cellule pour aller vers les hommes,

---

1. *Cod.* ⲁⲛⲧⲱⲛⲓ. — 2. *Cod.* ⲁⲛⲧⲱⲛⲓ. — 3. *Cod.* ⲁⲛⲧⲱⲛⲓ. — 4. Mot à mot : « Je me suis gardé de fouler les pieds sur aucune trace de femme du tout. » Les Égyptiens, au lieu de « fouler aux pieds quelque chose, » disaient : « fouler les pieds sur quelque chose. »

ⲉⲟⲣϣⲉ ϣⲁ ⲛⲓⲣⲱⲙⲓ ⲉⲓⲃⲱϣ ⲙⲙⲟⲓ ⲛⲧⲁⲥⲧⲟⲗⲏ ⲉⲓⲛⲟⲩ ⲉⲃⲟⲗ ⲉⲓⲃⲏϣ
ⲉϣⲱⲡ ⲛⲧⲁⲓ ⲉϧⲟⲩⲛ ϯϯ ⲙⲙⲟⲥ ϩⲓⲱⲧ ⲛⲕⲉⲥⲟⲡ ⲉⲧⲉ ⲫⲁⲓ ⲡⲉ ϫⲉ ⲉⲓⲛⲟⲩ ⲉⲃⲟⲗ
ϣⲁ ⲛⲓⲣⲱⲙⲓ ϣⲁⲓⲉⲣ ⲥⲁⲣⲝ ⲟⲩⲟϩ ⲁⲓϣⲁⲛⲧⲁⲥⲑⲟⲓ ⲉⲡⲁⲙⲁ ⲛϣⲱⲡⲓ ⲟⲛ ϣⲁⲓⲉⲣ
ⲡⲛⲁ ϣⲁⲓⲉⲣ ⲣⲱⲙⲓ ⲛⲉⲙ ⲛⲓⲣⲱⲙⲓ ⲟⲩⲟϩ ϣⲁⲓⲉⲣ ⲡⲛⲁ ⲛⲉⲙ ⲫ̄ϯ̄. ⲡⲓⲥⲱⲙⲁ
ⲇⲉ ⲟⲩⲏⲓ ⲡⲉ ⲛⲧⲉ ⲡⲓϩⲏⲧ ⲉⲣⲉ ⲡⲓⲣⲟ ⲧⲟⲓ ⲉⲣⲟϥ ⲛⲉⲙ ⲛⲓϣⲟⲩϣⲧ ⲉϣⲱⲡ ⲉⲓⲛⲟⲩ
ⲉⲃⲟⲗ ϣⲁ ⲛⲓⲣⲱⲙⲓ ⲥⲉⲟⲩⲏⲛ ⲧⲏⲣⲟⲩ ⲟⲩⲟϩ ⲛⲓⲥⲁⲣⲁⲑⲟⲩ ⲛⲉⲙ ⲛⲓⲣⲱⲙⲓ
ⲛⲛⲟⲩ ⲉϧⲟⲩⲛ ⲉⲧⲉ ⲫⲁⲓ ⲡⲉ ⲥⲉⲥⲱⲧⲉⲙ ⲅⲁⲣ ⲟⲩⲟϩ ⲥⲉⲛⲁⲩ ⲟⲩⲟϩ ⲥⲉⲥⲁϫⲓ ⲟⲩⲟϩ
ⲥⲉϣⲱⲗⲉⲙ ⲟⲛ. ⲉϣⲱⲡ ⲉⲓⲭⲏ ϧⲉⲛ ⲧⲁⲣⲓ ⲥⲉϣⲑⲁⲙⲏⲧ¹ ⲟⲩⲟϩ ϯⲟⲓ ⲛⲁⲧϫⲟ-
ⲥⲉⲙ (-ⲣⲗⲥ-) ⲛⲁϩⲏⲧ ⲙⲙⲁⲩⲁⲧϥ ⲡⲉ ⲉϯⲛⲟⲩ ⲛⲉⲙⲁϥ ⲟⲩⲟϩ ϯⲟⲓ ⲛⲣⲉⲙϩⲉ
ⲉⲃⲟⲗϩⲁ ⲡⲓⲇ̄. ⲫⲏ ⲅⲁⲣ ⲉⲧⲥⲁϫⲓ ϧⲉⲛ ⲟⲩⲕⲁϯ ⲉϥⲕⲱⲧ ⲙⲙⲟϥ ⲉϥⲕⲱⲧ
ⲙⲡⲉϥϣⲫⲏⲣ ⲫⲏ ⲉⲧⲭⲱ ⲛⲣⲱϥ ⲟⲩⲁⲧⲕⲓⲛⲇⲩⲛⲟⲥ² ⲡⲉ ⲉⲧⲁ ⲙⲁⲣⲓⲁ ⲅⲁⲣ ⲉⲣ
ϯⲡⲣⲁⲝⲓⲥ ⲛϣⲟⲣⲡ ⲙⲡⲁⲧⲉⲥ ⲉϫⲉⲛ ⲡⲓⲙⲓ ⲙⲙⲏⲓ ⲛⲧⲉ ⲫ̄ϯ̄.

ⲟⲩⲟⲛ ⲁϥϣⲉⲛ ⲁⲃⲃⲁ ⲁⲛⲧⲱⲛⲓⲟⲥ³ ϫⲉ ⲟⲩ ⲡⲉ ⲡⲓⲣⲏϯ ⲛϩⲉⲙⲥⲓ ϧⲉⲛ ϯⲣⲓ
ⲡⲁⲓⲱⲧ. ⲡⲉϫⲉ ⲡⲓϧⲉⲗⲗⲟ ⲛⲁϥ ϫⲉ ⲫⲏ ⲉⲑⲟⲩⲟⲛϩ ⲉⲛⲓⲣⲱⲙⲓ ⲫⲁⲓ ⲡⲉ ⲡⲓ... ϣⲁ
ⲣⲟⲩϩⲓ⁴ ⲙⲙⲏⲛⲓ ⲛⲉⲙ ⲡⲓϣⲱⲓⲥ ⲛⲉⲙ ϯⲙⲉⲗⲉⲧⲏ ⲛⲏ ⲇⲉ ϩⲱⲟⲩ ⲉⲧϩⲏⲡ

je me dévêts de ma stole, je vais nu; si j'entre, je la revêts une autre fois;
c'est-à-dire : si je vais avec les hommes, je deviens homme, et si je retourne
dans mon habitation, je deviens esprit : je deviens homme avec les hommes,
je deviens esprit avec Dieu. Le corps est l'habitation du cœur : il a une porte
et des fenêtres; si je vais parmi les hommes, elles s'ouvrent toutes, les tour-
billons et les flots y entrent, c'est-à-dire on entend, on voit, on parle, on sent.
Si je suis dans ma cellule, elles sont toutes fermées et je suis sans accès :
ce n'est qu'avec mon cœur que j'ai à combattre et je suis libre des quatre
(autres); car celui qui parle avec intelligence s'édifie lui-même et édifie son
compagnon; celui qui se tait ne court aucun danger, car Marie en fit d'abord
la pratique avant d'arriver à la vraie connaissance de Dieu⁵. »

Un frère interrogea abba Antoine en disant : « Quelle est la manière de
rester dans ma cellule, mon père? » Le vieillard lui dit : « Ce qui paraît aux
hommes, c'est ceci : le (jeûne) jusqu'au soir, chaque jour, la veille et la

---

1. Ce mot est peut-être une faute pour ⲥⲉϣⲑⲁⲙⲏⲟⲩⲧ; on n'en trouve pas la forme dans les dictionnaires coptes; mais il n'a pas de forme manifestement extraordinaire. — 2. *Cod.* ⲟⲩⲁⲧⲕⲓⲛⲁⲍⲛⲟⲥ. — 3. *Cod.* ⲁⲛⲧⲱⲛⲓ. — 4. Un mot a été omis dans le ms. — 5. Je ne sais quelle est cette Marie dont il est parlé : c'est sans doute une allusion à quelque histoire qui m'est inconnue.

ⲉⲛⲓⲣⲱⲙⲓ ⲛⲁⲓ ⲛⲉ ϯⲙⲉⲧⲁⲧⲟⲛⲕ ⲛⲉⲙ ϯⲙⲉⲧⲣⲉϥϯ ⲟⲩⲃⲉ ⲛⲓⲙⲉⲩⲓ ⲙⲡⲟⲛⲏⲣⲟⲛ ⲛⲉⲙ ϯⲙⲉⲧⲁⲧϫⲱⲛⲧ ⲛⲉⲙ ⲡⲓⲭⲁ ⲡⲉⲕⲙⲟⲩ ⲉϥⲭⲉⲛⲧ ⲉⲣⲟⲕ ⲛⲉⲙ ⲡⲓⲑⲉⲃⲓⲟ ⲛϩⲏⲧ ⲡⲗⲱⲃϣ ⲛⲧⲉ ⲛⲓⲁⲅⲁⲑⲟⲛ ⲧⲏⲣⲟⲩ.

ⲁϥϫⲟⲥ ⲛϫⲉ ⲁⲃⲃⲁ ⲁⲛⲧⲱⲛⲓⲟⲥ[1] ϫⲉ ⲁⲓⲛⲁⲩ ⲉⲛⲓⲫⲁϣ ⲧⲏⲣⲟⲩ ⲛⲧⲉ ⲡⲓⲇⲓⲁⲃⲟⲗⲟⲥ ⲉⲩⲫⲟⲣϣ ⲉⲃⲟⲗ ⲉϫⲉⲛ ⲡⲓⲕⲟⲥⲙⲟⲥ ⲧⲏⲣϥ ⲟⲩⲟϩ ⲉⲧⲁⲓϥⲓ ⲁϩⲟⲙ
ⲉⲓϫⲱ ⲙⲙⲟⲥ ϫⲉ ⲡⲟⲥ ⲛⲓⲙ ⲡⲉ ⲉⲑⲛⲁϣⲉⲛ ⲛⲁⲓ ⲧⲏⲣⲟⲩ ⲉⲧϫⲟⲣϫ ⲉϯⲙⲉⲧ-
ⲣⲱⲙⲓ ⲟⲩⲟϩ ⲁ ⲟⲩⲥⲙⲏ ϣⲱⲡⲓ ϩⲁⲣⲟⲓ ⲉⲥ- (-ⲣⲗⲁ-) ϫⲱ ⲙⲙⲟⲥ ϫⲉ ⲡⲓⲑⲉⲃⲓⲟ
ⲛⲉⲙ ⲡⲓⲙⲟⲛⲓ ⲉϥϯ ⲉⲑⲛⲁⲥⲉⲛ ⲛⲁⲓ ⲧⲏⲣⲟⲩ ⲛⲧⲟⲩϣⲧⲉⲙⲁⲙⲟⲛⲓ ⲙⲫⲏ
ⲉⲑⲛⲁⲭⲫⲱⲟⲩ ⲛⲁϥ ⲟⲩⲇⲉ ⲛⲧⲟⲩϣⲧⲉⲙϭⲓⲧϥ ⲛϫⲟⲛⲥ ⲛϩⲗⲓ.

ⲟⲩⲥⲟⲛ ⲁϥϣⲉⲛ ⲁⲃⲃⲁ ⲁⲛⲧⲱⲛⲓⲟⲥ[2] ⲉϥϫⲱ ⲙⲙⲟⲥ ϫⲉ ⲡⲁⲓⲱⲧ ⲟⲩ ⲡⲉ
ⲉϯⲛⲁⲁⲓϥ ϩⲓⲛⲁ ⲛⲧⲁⲣⲁⲛⲁϥ ⲙⲫϯ. ⲡⲉϫⲉ ⲡⲓϧⲉⲗⲗⲟ ⲛⲁϥ ϫⲉ ⲫⲏ ⲉϯⲛⲁϫⲟϥ ⲛⲁⲕ ⲭⲛⲁⲁⲓϥ. ⲡⲉϫⲉ ⲡⲥⲟⲛ ⲛⲁϥ ϫⲉ ⲥⲉ ⲡⲁⲓⲱⲧ. ⲡⲉϫⲉ ⲡⲓϧⲉⲗⲗⲟ ⲛⲁϥ
ϫⲉ ⲙⲁⲓ ⲛⲓⲃⲉⲛ ⲉⲧⲉⲕⲛⲁϣⲱⲗ ⲉⲣⲟϥ ⲭⲁ ⲫϯ ⲙⲡⲉⲙⲑⲟ ⲛⲛⲉⲕⲃⲁⲗ ⲉⲃⲟⲗ
ⲛⲥⲏⲟⲩ ⲛⲓⲃⲉⲛ ⲟⲩⲟϩ ϩⲱⲃ ⲛⲓⲃⲉⲛ ⲉⲧⲉⲕⲣⲓ ⲙⲙⲱⲟⲩ ⲙⲁⲣⲉ ⲧⲟⲩⲙⲉⲧⲙⲉⲑⲣⲉ
ϣⲱⲡⲓ ⲛⲁⲕ ⲉⲃⲟⲗϧⲉⲛ ⲛⲓⲅⲣⲁⲫⲏ ⲉⲑⲟⲩⲁⲃ ⲟⲩⲟϩ ⲟⲛ ⲧⲟⲡⲟⲥ ⲛⲓⲃⲉⲛ ⲉⲧⲉⲕ-
ⲛⲁϣⲱⲡⲓ ⲛϧⲏⲧⲟⲩ ⲙⲡⲉⲣⲟⲩⲱⲧⲉⲃ ⲛϧⲏⲧⲟⲩ ⲛⲭⲱⲗⲉⲙ. ⲡⲁⲓⲅ ⲛϩⲱⲃ ⲁⲣⲉϩ
ⲉⲣⲱⲟⲩ ⲭⲛⲁⲛⲟϩⲉⲙ.

méditation; mais ce qui est caché aux hommes, c'est le peu d'estime pour toi, la lutte contre les pensées mauvaises, la douceur, la considération de la mort[3] et l'humilité de cœur, le fondement de tous les biens. »

Abba Antoine dit : « J'ai vu tous les pièges du diable tendus sur le monde entier, et j'ai soupiré en disant : « Seigneur, qui échappera à tous ceux qui tendent des embûches à l'humanité ? » Et une voix se fit entendre à moi, disant : « L'humilité, la constance en Dieu traverseront tous ces (pièges) qui ne prendront pas celui qui le possède, et d'aucune manière on ne les prendra par la violence. »

Un frère interrogea abba Antoine, en disant : « Mon père, que ferai-je pour plaire à Dieu ? » Le vieillard lui dit : « Feras-tu ce que je te dirai ? » Le frère lui dit : « Oui, mon père. » Le vieillard lui dit : « En tout lieu où tu iras, mets Dieu en ta présence à chaque instant, et en toute chose que tu feras, que les Écritures saintes portent témoignage sur elle[4]; en tout lieu où tu habiteras, n'en change pas promptement. Ces trois choses, garde-les, et tu seras sauvé. »

---

1. *Cod.* ⲁⲛⲧⲱⲛⲓ. — 2. *Cod.* ⲁⲛⲧⲱⲛⲓ. — 3. Mot à mot : « Mettre la mort près de toi. » — 4. Mot à mot : « Que le témoignage en soit à toi d'après les Écritures saintes; » c'est-à-dire : « Sache, d'après l'Écriture, si elle est bonne ou non. »

ⲁϥϫⲟⲥ ⲛϫⲉ ⲁⲃⲃⲁ ⲁⲛⲧⲱⲛⲓⲟⲥ[1] ϫⲉ ⲙⲡⲉⲣⲙⲟϣⲓ ⲛⲉⲙ ⲟⲩϭⲁⲥⲓ ϩⲏⲧ ⲟⲩⲇⲉ ⲟⲩⲣⲉϥϫⲱⲛⲧ ⲁⲗⲗⲁ ⲙⲟϣⲓ ⲛⲉⲙ ⲛⲏ ⲉⲧⲑⲉⲃⲓⲏⲟⲩⲧ ⲛⲥⲏⲟⲩ ⲛⲓⲃⲉⲛ ⲙⲁⲣⲉ ⲛⲉⲕⲥⲁϫⲓ ϣⲱⲡⲓ ⲉⲩϣⲏⲟⲩ ϧⲉⲛ ⲟⲩⲙⲁϣⲓ ⲉⲫⲣⲟⲩϣⲱⲡ ⲛϩⲟⲩ ⲛⲛⲓ ⲉⲑⲛⲁⲥⲱⲧⲉⲙ ⲉⲣⲱⲟⲩ (-ⲣⲗⲉ-) ⲉⲕⲟⲓ ⲛⲥⲡⲟⲩⲇⲁⲓⲟⲥ[2] ⲉⲕⲙⲟⲕϩ ⲛϩⲏⲧ ⲉϫⲉⲛ ⲡⲉⲕⲥⲟⲛ ⲉⲕⲟⲓ ⲛϣⲁⲛ ⲑⲙⲁϧⲧ ⲉⲣⲟϥ ⲉⲣⲉ ⲡⲉⲕⲥⲁϫⲓ ϩⲟⲗϫ ⲛⲛⲁⲩ ⲛⲓⲃⲉⲛ. ϯⲙⲉⲧϩⲏⲕⲓ ⲙⲉⲛⲣⲓⲧⲥ ⲉⲙⲁϣⲱ ⲙⲉⲛⲣⲉ ⲡⲓϩⲓⲥⲓ ⲫⲱⲧ ⲉϧⲟⲩⲛ ⲉⲣⲟϥ ϣⲉⲡ ⲙⲕⲁϩ ϧⲉⲛ ⲧⲉⲕⲥⲁⲣⲝ ϩⲓⲛⲁ ⲛⲧⲉⲕϭⲣⲟ ⲛⲛⲓⲡⲁⲑⲟⲥ ⲛⲧⲉ ⲡⲓⲥⲱⲙⲁ ⲁⲣⲓ ⲁⲅⲱⲛⲓⲍⲉⲥⲑⲁⲓ[3] ϩⲓⲛⲁ ⲛⲧⲉⲕϭⲣⲟ ⲉⲛⲓⲡⲟⲗⲉⲙⲟⲥ ⲉⲧϯ ⲛⲉⲙⲁⲕ ⲡⲓⲥⲟⲫⲟⲥ ⲅⲁⲣ ⲉϥⲥⲱⲟⲩⲛ ⲙⲡⲉϥⲙⲱⲓⲧ ⲙⲙⲟϣⲓ ϫⲉ ϩⲓⲛⲁ ⲛⲧⲉϥⲉⲣⲁⲡⲁⲛⲧⲁⲛ ⲉⲛⲓⲫⲱⲥⲧⲏⲣ ⲛⲉⲡⲟⲩⲣⲁⲛⲓⲟⲛ[4] ⲛⲧⲉ ⲛⲓⲫⲏⲟⲩⲓ.

ⲁϥϫⲟⲥ ⲟⲛ ⲛϫⲉ ⲁⲃⲃⲁ ⲁⲛⲧⲱⲛⲓⲟⲥ[5] ϫⲉ ⲡⲓϭⲁⲙⲟⲩⲗ ⲟⲩⲕⲟⲩϫⲓ ⲧⲉ ⲧⲉϥϧⲣⲉ ϥⲣⲱⲓⲥ ⲉⲣⲟⲥ ⲥⲁϧⲟⲩⲛ ⲙⲙⲟϥ ϣⲁⲧⲉϥϩⲱⲗ ⲉⲡⲉϥⲟⲩⲟⲛϩϥ ⲛⲧⲉϥⲓⲛⲓ ⲙⲙⲟⲥ ⲉⲡϣⲱⲓ ⲛⲧⲉϥⲥⲁⲑⲙⲉⲓ ⲉϫⲱⲥ ϣⲁⲧⲉⲥϩⲱⲗ ⲉϧⲟⲩⲛ ⲉⲛⲉϥⲕⲁⲥ ⲛⲉⲙ ⲛⲉϥⲁϥⲟⲓ. ⲡⲓϩⲑⲟ ⲇⲉ ϩⲱϥ ⲟⲩⲛⲓϣϯ ⲧⲉ ⲧⲉϥϧⲣⲉ ⲉϥⲟⲩⲱⲙ ⲛⲛⲁⲩ ⲧⲏⲣⲟⲩ ⲉϥⲧⲁⲕⲟ ⲙⲙⲱⲟⲩ ⲧⲏⲣⲟⲩ ⲥⲁⲧⲟⲧϥ. ϯⲛⲟⲩ ⲇⲉ ⲙⲡⲉⲛⲑⲣⲉⲛϣⲱⲡⲓ ⲙⲫⲣⲏϯ ⲙⲡⲓϩⲑⲟ

Abba Antoine dit : « Ne marche pas avec un orgueilleux, ni avec quelqu'un qui soit colère; mais marche avec quelqu'un qui soit humble en tout temps; que tes discours soient pesés dans une balance, afin qu'ils soient un profit à ceux qui les entendront. Sois zélé, affligé pour ton frère[6], sois compatissant pour lui. Que ta parole soit douce à toute heure; aime beaucoup la pauvreté, aime la souffrance, cours à elle, reçois la douleur dans ta chair afin de vaincre les passions du corps; combats afin de vaincre dans les guerres qu'on te fait[7]; car le sage connait sa route, afin de rencontrer les flambeaux célestes des cieux[8]. »

Abba Antoine dit : « Au chameau il ne faut que peu de nourriture[9] : il la conserve en lui-même jusqu'à ce qu'il entre en son étable, il la fait remonter, il la rumine jusqu'à ce qu'elle entre dans ses os et dans ses chairs. Mais au cheval, il faut beaucoup de nourriture, il mange à toute heure et perd aussitôt tout ce qu'il a mangé[10]. Maintenant donc ne soyons pas comme le cheval,

---

1. *Cod.* ⲁⲛⲧⲱⲛⲓ. — 2. *Cod.* ⲛⲥⲡⲟⲩⲇⲉⲟⲥ. — 3. *Cod.* ⲁⲅⲱⲛⲓⲍⲉⲥⲑⲉ. — 4. *Cod.* ⲉⲡⲱⲣⲁⲛⲓⲟⲛ. — 5. *Cod.* ⲁⲛⲧⲱⲛⲓ. — 6. C'est-à-dire : prenant part à ses afflictions. — 7. Mot à mot : Les guerres qui te combattent. — 8. Ce pléonasme se retrouve dans le texte. — 9. Mot à mot : « Le chameau, petite est sa nourriture. » — 10. Mot à mot : « Le cheval, grande est sa nourriture, mangeant à toute heure, les perdant toutes aussitôt. »

ⲉⲧⲉ ⲫⲁⲓ ⲡⲉ ϫⲉ ⲛⲟⲩϣ ⲛⲛⲓⲥⲁϫⲓ ⲛⲧⲉ ⲫϯ ⲛⲛⲓⲥⲏⲟⲩ ⲧⲏⲣⲟⲩ ⲟⲩⲟϩ ⲧⲉⲛⲓⲣⲓ ⲁⲛ
ⲛⲟⲩⲁⲓ ⲙⲙⲱⲟⲩ (-ⲣⲗⲉ-) ⲁⲗⲗⲁ ⲙⲁⲣⲉⲛϭⲓ ⲙⲡⲓⲛⲓ ⲙⲡⲓϭⲁⲙⲟⲩⲗ ⲛⲟⲩϣ
ⲙⲫⲟⲩⲁⲓ ⲫⲟⲩⲁⲓ ⲛⲛⲓⲥⲁϫⲓ ⲛⲧⲉ ϯⲅⲣⲁⲫⲏ ⲉⲑⲟⲩⲁⲃ ⲉⲛⲣⲱⲓⲥ ⲉⲣⲟⲥ ⲥⲁⲃⲟⲗ
ⲙⲙⲟⲛ ϣⲁⲧⲉⲛϫⲟⲕⲥ ⲉⲃⲟⲗ ⲛⲏ ⲅⲁⲣ ⲉⲧⲁⲩϫⲟⲕⲟⲩ ⲉⲃⲟⲗ ϩⲁⲛ ⲣⲱⲙⲓ ϩⲱⲟⲩ
ⲡⲉ ⲙⲡⲉⲛⲣⲏϯ ⲉⲣⲉ ⲛⲓⲡⲁⲑⲟⲥ ϭⲛⲟⲩⲧ ⲛⲉⲙⲱⲟⲩ.

ⲁϥϫⲟⲥ ⲛϫⲉ ⲁⲃⲃⲁ ⲁⲛⲧⲱⲛⲓⲟⲥ¹ ⲉⲣⲉ ⲛⲓⲥⲛⲏⲟⲩ ϩⲉⲙⲥⲓ ⲙⲡⲉϥⲕⲱϯ ϫⲉ ⲙⲁ-
ⲣⲉⲛⲉⲣⲁⲅⲱⲛⲓⲍⲉⲥⲑⲁⲓ² ϫⲉ ⲟⲩⲏⲓ ⲅⲁⲣ ϯϩⲉⲃⲥⲱ ⲛⲧⲉ ⲡⲓⲙⲟⲛⲁⲭⲟⲥ ⲟⲩϣⲟⲩ
ⲙⲟⲥϯ ⲡⲉ ⲛⲁϩⲣⲉⲛ ⲛⲓⲇⲁⲓⲙⲱⲛ³. ⲁⲓⲟⲩⲱϣ ⲅⲁⲣ ⲛⲟⲩⲥⲟⲡ ⲉⲉⲣⲇⲟⲕⲓⲙⲁⲍⲓⲛ⁴
ⲙⲙⲱⲟⲩ ⲉⲑⲃⲉ ⲡⲁⲓϩⲱⲃ ⲁⲓⲱⲗⲓ ⲛϯⲕⲟⲗⲟⲃⲓ ⲛⲉⲙ ϯⲙⲁⲣ ⲛϣⲁⲣ ⲛⲉⲙ
ϯⲭⲗⲁϥⲧ ⲁⲓϩⲓⲧⲟⲩ ⲉϫⲉⲛ ⲟⲩⲣⲱⲙ ⲁⲓⲉⲣⲥⲭⲏⲙⲁⲧⲓⲍⲓⲛ⁵ ⲙⲙⲟϥ ⲁⲓⲧⲁϩⲟϥ
ⲉⲣⲁⲧϥ ⲁⲓⲛⲁⲩ ⲉⲛⲓⲇⲁⲓⲙⲱⲛ⁶ ⲉⲩⲟϩⲓ ⲉⲣⲁⲧⲟⲩ ϩⲓ ⲫⲟⲩⲉⲓ ⲉⲩϩⲉⲗⲕ ⲥⲟⲑⲛⲉϥ
ⲉⲣⲟϥ. ⲡⲉϫⲏⲓ ⲛⲱⲟⲩ ⲱ ⲛⲓⲡⲛⲁ ⲉⲧϩⲱⲟⲩ ⲟⲩ ⲡⲉ ⲫⲁⲓ ⲉⲣⲉⲧⲉⲛⲓⲣⲓ ⲙⲙⲟϥ ⲟⲩⲣⲱⲙⲓ ⲅⲁⲣ ⲁⲛ ⲡⲉ ⲁⲗⲗⲁ ⲟⲩⲙⲣⲱⲙ ⲡⲉ. ⲡⲉϫⲱⲟⲩ ⲛⲏⲓ ϫⲉ ⲧⲉⲛⲉⲙⲓ ϩⲱⲛ
ⲁⲗⲗⲁ ⲛϩⲓⲟⲧⲓ ⲉⲣⲟϥ ⲁⲛ ⲁⲗⲗⲁ ⲛϩⲓⲟⲧⲓ ⲉⲛⲓϩⲃⲱⲥ ⲉⲧⲉϥⲉⲣⲫⲟⲣⲓⲛ⁷ ⲙⲙⲱⲟⲩ
ⲛⲉⲙ ⲡⲉϥⲭⲛⲙⲁ. (-ⲣⲗⲍ-) ⲡⲉϫⲏⲓ ⲛⲱⲟⲩ ϫⲉ ⲟⲩ ⲙⲡⲉⲧϩⲱⲟⲩ ⲉⲧⲉ ⲛⲁⲓ ⲓⲣⲓ
ⲙⲙⲟϥ ⲛⲱⲧⲉⲛ. ⲡⲉϫⲱⲟⲩ ⲛⲏⲓ ϫⲉ ⲛⲁⲓ ⲛⲉ ⲛⲓⲥⲕⲉⲩⲟⲥ ⲙⲡⲟⲗⲉⲙⲓⲕⲟⲛ ⲛⲧⲉ
ⲛⲏ ⲉⲧϯ ϧⲓⲥⲓ ⲛⲁⲛ ⲟⲩⲟϩ ⲉⲩⲣⲱϣⲧ ⲙⲙⲟⲛ ⲉϧⲣⲏⲓ ⲛⲛⲓⲥⲏⲟⲩ ⲧⲏⲣⲟⲩ ⲉⲑⲃⲉ

c'est-à-dire nous récitons les paroles de Dieu à toute heure et nous n'en faisons aucune; mais prenons la ressemblance du chameau, récitant chacune des paroles de l'Écriture sainte, la gardant en nous jusqu'à ce que nous l'ayons accomplie, car ceux qui ont accompli ces paroles étaient des hommes comme nous : les passions les combattaient. »

Abba Antoine dit, comme les frères étaient assis autour de lui : « Certes l'habit des moines est digne d'être détesté par les démons ; car, une fois, je voulus les éprouver sur ce sujet. Je pris la tunique sans manches, le super-huméral, la caculle et je les jetai sur un mannequin ; je l'habillai, je le mis debout et je vis les démons se tenant au loin et lui lançant des flèches. Je leur dis : « O esprits mauvais, qu'est-ce que vous faites ? ce n'est pas un homme, mais un mannequin. » Ils me dirent : « Nous le savons aussi ; mais ce n'est pas lui que nous frappons, nous frappons les vêtements qu'il porte et sa forme. » Je leur dis : « Quel mal vous ont fait ces choses ? » Ils me dirent : « Ce sont les armes de guerre de ceux qui nous font souffrir et qui nous

---

1. Cod. ⲁⲛⲧⲱⲛ. — 2. Cod. ⲁⲅⲱⲛⲓⲍⲉⲥⲑⲉ. — 3. Cod. ⲛⲓⲇⲉⲙⲱⲛ. — 4. Cod. ⲇⲟⲕⲓⲙⲁⲍⲓⲛ. — 5. Cod. ⲥⲭⲏⲙⲁⲧⲓⲍⲓⲛ. — 6. Cod. ⲛⲓⲇⲉⲙⲱⲛ. — 7. Cod. ⲉⲧⲉⲣⲫⲟⲣⲓⲛ.

ⲫⲁⲓ ϣⲁ ⲉϩⲟⲩⲛ ⲉϥⲕⲉⲣⲉⲃⲥⲱ ⲥϯ ϩⲓⲥⲓ ⲛⲁⲛ. ⲛⲁⲓ ⲇⲉ ⲉⲧⲁⲓⲥⲱⲧⲉⲙ ⲉⲣⲱⲟⲩ
ⲁⲓϯ ⲱⲟⲩ ⲙⲫϯ ⲫⲏ ⲉⲑⲛⲟϩⲉⲙ ⲛⲛⲏ ⲉⲧⲉⲣ ϩⲉⲗⲡⲓⲥ ⲉⲣⲟϥ ⲛⲧⲟⲧⲟⲩ ⲛⲛⲓⲡⲛⲁ
ⲉⲧϩⲱⲟⲩ ⲛⲧⲉ ⲡⲓⲇⲓⲁⲃⲟⲗⲟⲥ ⲛⲁⲓ ⲉⲑⲃⲱⲧⲥ ⲉⲛⲏ ⲉⲑⲟⲩⲁⲃ ⲙⲡⲓⲉϩⲟⲟⲩ ⲛⲉⲙ ⲡⲓⲉϫⲱⲣϩ ⲉϥϫⲱⲣ ⲙⲡⲟⲩⲥⲟϭⲛⲓ ⲉⲃⲟⲗ.

ⲁϥϫⲟⲥ ⲛϫⲉ ⲁⲃⲃⲁ ⲁⲛⲧⲱⲛⲓⲟⲥ[1] ϫⲉ ⲡⲓⲣⲱⲙⲓ ⲉⲧⲁϥⲓ ϩⲁ ⲡⲉϥϣⲫⲏⲣ ϧⲉⲛ
ⲡⲓⲉⲩⲁⲅⲅⲉⲗⲓⲟⲛ ϧⲉⲛ ⲧⲫⲁϣⲓ ⲙⲡⲓⲉϫⲱⲣϩ ⲉⲁϥϫⲟⲥ ⲛⲁϥ ϫⲉ ⲙⲁ ⲅ̄ ⲛⲱⲓⲕ ⲛⲏⲓ
ⲉⲡⲟⲩϣⲁⲡ ϫⲉ ⲟⲩϣⲫⲏⲣ ⲛⲧⲏⲓ ⲁϥⲓ ϩⲁⲣⲟⲓ ⲉⲃⲟⲗϩⲓ ⲫⲙⲱⲓⲧ ⲡⲓⲅ̄ ⲛⲱⲓⲕ ⲅ̄
ⲛϩⲃⲏⲟⲩⲓ ⲛⲉ ϯⲙⲉⲧϣⲉⲙⲙⲟ ϯⲙⲉⲧϩⲏⲕⲓ ⲛⲉⲙ ⲡⲓϩⲟϫϩⲉϫ ⲉⲧⲁ ϯⲙⲉⲧⲁⲛⲟⲓⲁ ⲕⲱⲗϩ ⲉⲣⲟⲥ ⲉⲥⲉⲣⲁⲓⲧⲉⲛ[2] ⲉⲑⲃⲉ ⲡⲓⲛⲁⲓ ϩⲱⲥ ⲉϥⲉⲙⲓ ϫⲉ ⲛⲁⲓ ⲉⲧϭⲓ
ⲙⲱⲓⲧ ⲙⲡⲓⲣⲱⲙⲓ ⲉⲑⲣⲉϥⲉⲣ ⲫⲟⲩⲱϣ ⲙⲫϯ.

ⲁϥϫⲟⲥ ⲛϫⲉ ⲁⲃⲃⲁ ⲁⲛⲧⲱⲛⲓⲟⲥ[3] ϫⲉ (-ⲡ̄ⲗ̄ⲏ̄-) ⲙⲡⲉⲛⲑⲣⲉ ⲣⲱⲙⲓ ϫⲉ ⲙⲟⲛⲁⲭⲟⲥ ϣⲉ ⲛⲁϥ ⲉⲫⲙⲁ ⲛⲥϩⲓⲙⲓ ⲓⲉ ⲛⲧⲉϥⲉⲣ ⲡⲁⲣⲣⲏⲥⲓⲁ ⲛⲉⲙⲱⲟⲩ ⲉⲃⲏⲗ ⲉⲟⲩⲟⲛ
ⲉⲁⲧϭⲓ ⲛϫⲟⲙ ⲛⲧⲉ ⲫϯ ϫⲉ ⲟⲩⲛⲓ ϧⲉⲛ ⲡⲟⲩϫⲓ ⲛⲛⲁⲩ ⲥⲉⲭⲱ ⲙⲡⲓⲣⲱⲙⲓ
ⲉⲉⲙⲧⲟⲛ ⲁⲛ ⲁϥϣⲁⲛϩⲉⲙⲥⲓ ϧⲉⲛ ϯⲣⲓ. ⲟⲩⲟϩ ⲡⲉϫⲉ ⲟⲩⲁⲓ ⲛⲁϥ ϫⲉ ⲥϣⲉ ⲁⲛ
ⲉⲑⲣⲉⲛϩⲱⲗ ϣⲁⲣⲱⲟⲩ ⲛⲧⲉⲛϯ ⲛⲟⲙϯ ⲛⲱⲟⲩ. ⲟⲩⲟϩ ⲡⲉϫⲉ ⲡⲓϧⲉⲗⲗⲟ ⲛⲁϥ

brûlent à toute heure : c'est pourquoi leur vêtement même nous fait souffrir. » Lorsque je les eus entendus, je rendis gloire à Dieu qui sauve ceux qui espèrent en lui de la main des esprits mauvais du diable, lesquels combattent les saints le jour et la nuit, en dissipant leur conseil. »

Abba Antoine dit : « L'homme qui, dans l'Évangile, va trouver son compagnon au milieu de la nuit, en disant : « Prête-moi trois pains, car un ami m'est arrivé de voyage[4]... » Les trois pains ce sont trois œuvres : l'hospitalité, la pauvreté et l'angoisse lorsque le repentir frappe à la porte demandant pitié, comme s'il savait que ce sont ces choses qui conduisent l'homme qui fait la volonté de Dieu[5]. »

Abba Antoine dit : « Ne faisons pas aller un moine au lieu où se trouvent les femmes, même qu'il ait de libres rapports avec elles, si ce n'est ceux qui ont la force de Dieu ; car, en les voyant, elles ne mettent pas l'homme au repos[6], lorsqu'il est assis dans sa cellule. » Quelqu'un lui dit : « Ne faut-il point aller vers elles pour nous rencontrer avec elles ? » Le vieillard lui dit :

---

1. *Cod.* ⲁⲛⲧⲱⲛⲓ. — 2. *Cod.* ⲉϥⲉⲣⲉⲧⲓⲛ. — 3. *Cod.* ⲁⲛⲧⲱⲛⲥ. — 4. La phrase n'est pas complète, quoiqu'il n'y ait pas de lacune : celui qui parle a oublié ce qu'il avait dit. — 5. Mot à mot : « Comme sachant que ces choses conduisent, etc. » — 6. C'est-à-dire : « Ne le laissent pas tranquille. »

ϫⲉ ⲓⲥϫⲉ ⲁⲕϭⲓ ⲙⲡⲓⲡⲛⲁ ϩⲱⲗ ⲓⲥϫⲉ ⲙⲫⲏ ϯⲟⲩⲱϣ ⲁⲛ ⲉⲑⲣⲉⲕϣⲉ ⲫⲏ ⲅⲁⲣ
ⲉⲧϯ ⲙⲁ ⲛⲁⲛ ϣⲁⲧⲉⲛϧⲉⲓ ⲛⲟⲟϥ ⲡⲉ ⲉⲧϯ ⲛⲟⲙϯ ⲛⲱⲟⲩ ϩⲱⲟⲩ ϫⲉ ⲛⲧⲟⲩϩⲉⲓ
ⲟⲩⲓ ⲅⲁⲣ ⲧⲉ ϯⲫⲩⲥⲓⲥ ⲛⲧⲉ ⲡⲓⲛⲟⲙⲟⲥ ⲛϧⲏⲧ ϫⲉ ⲟⲩⲏⲓ ⲛϧⲏⲧ ⲙⲡⲓⲣⲱⲙⲓ ⲣⲁⲕⲓ
ⲉⲡⲓⲡⲉⲧϩⲱⲟⲩ. ⲟⲩⲟϩ ⲡⲉϫⲉ ⲡⲓⲥⲟⲛ ⲛⲁϥ ϫⲉ ⲛⲧⲁⲉⲣ ⲟⲩ ⲉⲑⲃⲉ ϯⲟⲓⲕⲟⲛⲟⲙⲓⲁ
ⲉⲧⲁⲩⲧⲉⲛϩⲟⲩⲧⲧ ⲉⲣⲟⲥ ⲛⲉ ⲟⲩⲣⲉϥⲉⲣ ⲫⲱϣⲉⲛ ⲡⲉ. ⲟⲩⲟϩ ⲡⲉϫⲉ ⲡⲓϧⲉⲗⲗⲟ ⲛⲁϥ
ϫⲉ ⲓⲥϫⲉ ⲁⲕϭⲓ ⲡⲛⲁ ⲓⲉ ⲙⲟϣⲓ ⲓⲥϫⲉ ⲙⲫⲏ ϯⲟⲩⲱϣ ⲁⲛ ⲛⲧⲉⲕϣⲉ ⲙⲙⲟⲛ ⲫⲏ
ⲉⲧⲥⲟⲛⲥⲉⲛ ⲉⲣⲟⲕ ϣⲁ ⲧⲉⲕⲗⲁϯ ϣⲁϥⲥⲱⲛ ⲙⲙⲱⲟⲩ ϩⲱⲟⲩ ϫⲉ ⲛⲧⲟⲩϩⲉⲓ.
ⲡⲗⲏⲛ ⲁⲣⲉϣⲁⲛ ⲡⲓⲣⲱⲙⲓ ϯ ⲛⲧⲉϥ- (-ⲣⲗⲟ-) ϫⲟⲙ ⲙⲫϯ ϥⲛⲁⲉⲣ ⲭⲣⲱⲙ
ⲉϥϣⲟⲡ ϩⲓϫⲉⲛ ⲡⲓⲕⲁϩⲓ. ⲡⲉϫⲉ ⲡⲓⲥⲟⲛ ⲛⲁϥ ϫⲉ ϯϫⲱ ⲙⲙⲟⲥ ⲡⲁⲓⲱⲧ ϫⲉ
ⲡⲓⲡⲓⲥⲧⲟⲥ ⲛⲣⲱⲙⲓ ⲛⲁⲁⲣⲉϩ ⲉⲣⲟϥ ϧⲉⲛ ⲙⲁⲓ ⲛⲓⲃⲉⲛ ⲉⲧⲉϥⲛⲁϣⲱⲗ ⲉⲣⲱⲟⲩ.
ⲡⲉϫⲉ ⲡⲓϧⲉⲗⲗⲟ ϫⲉ ⲙⲙⲟⲛ ⲁⲗⲗⲁ ⲁⲛⲁⲩ ⲛⲁⲕ ϫⲉ ⲉϣⲱⲡ ⲟⲩⲟⲛ ⲟⲩⲟϩⲓ
ⲛⲣⲓⲣ ⲉϥⲥⲓⲟⲩ ⲉⲡϣⲱⲓ ϧⲉⲛ ⲫⲓⲁⲣⲟ ⲉⲧⲟⲩϫϩ ⲛⲉⲙ ⲟⲩⲟϩ ⲛⲧⲉⲕⲙⲟϣⲓ ϧⲉⲛ
ⲧⲟⲩⲙⲏϯ ⲛⲁⲛ ⲁⲩϣⲧⲉⲙⲧⲁⲟⲩⲟⲕ ⲉϧⲣⲏⲓ ⲁⲗⲗⲁ ⲥⲉⲛⲁⲁⲓⲕ ⲛⲗⲉⲗⲉⲭⲏⲙⲓ.

ⲁϥϫⲟⲥ ⲟⲛ ⲛϫⲉ ⲡⲉⲛⲓⲱⲧ ⲉⲑⲟⲩⲁⲃ ⲁⲃⲃⲁ ⲁⲛⲧⲱⲛⲓⲟⲥ[1] ϫⲉ ⲁⲥϣⲱⲡⲓ ⲙⲙⲟⲓ ⲉⲑ-
ⲣⲓϣⲉ ⲛⲏⲓ ⲉⲣⲁⲕⲟϯ ϫⲉ ⲛⲧⲁϭⲓ ⲙⲡⲥⲙⲟⲩ ⲙⲡⲓⲥⲧⲩⲗⲟⲥ[2] ⲉⲧⲉⲣ ⲟⲩⲱⲓⲛⲓ ⲡⲗⲟⲃϣ
ⲟⲩⲟϩ ⲡⲧⲁϫⲣⲟ ⲛϯⲕⲣⲏⲡⲓⲥ[3] ⲛⲧⲉ ⲡⲓⲛⲁϩϯ ⲛⲁⲡⲟⲥⲧⲟⲗⲓⲕⲟⲛ ⲫⲏ ⲉⲧⲁϥⲉⲣ ⲙⲁ

« Si tu as reçu l'Esprit, vas-y ; sinon, je ne désire pas que tu y ailles, car celui qui te donne l'occasion de tomber, c'est celui qui exhorte aussi afin qu'elles tombent, car la nature de la loi en moi est la même et le cœur de l'homme est enclin au mal. » Et le frère dit : « Que ferai-je au sujet de l'économat dont on m'a chargé? » car c'était un économe. Et le vieillard lui dit : « Si tu as reçu l'Esprit, vas-y ; sinon, je ne désire pas que tu y ailles. Est-ce que celui qui te flatte jusqu'à ta chute ne les pousse pas aussi afin qu'elles tombent? Cependant, si l'homme donne sa force à Dieu, il deviendra feu étant sur terre. » Le frère lui dit : « Je dis, mon père, que l'homme fidèle se gardera en tout lieu où il ira. » Le vieillard lui dit : « Non ; mais prends garde que, si un troupeau de porcs couverts de boue montent du fleuve et que, si tu marches au milieu d'eux, ils ne te feront peut-être pas tomber, mais ils te rendront tout noir. »

Notre père saint Antoine dit : « Il m'arriva d'aller à Rakoti, afin de recevoir la bénédiction de la colonne lumineuse, le rempart et l'affermissement du socle de la foi apostolique, le séjour de l'Esprit-Saint Paraclet, celui dans

---

1. *Cod.* ⲁⲛⲧⲱⲛⲓ. — 2. *Cod.* ⲙⲡⲓⲥⲧⲩⲗⲗⲟⲥ. — 3. *Cod.* ϯⲕⲣⲏⲡⲓⲥ.

ⲛ̄ϣⲱⲡⲓ ⲙ̄ⲡⲓⲡ̅ⲛ̅ⲁ̅ ⲉⲑⲟⲩⲁⲃ ⲙ̄ⲡⲁⲣⲁⲕⲗⲏⲧⲟⲛ ⲫⲏ ⲉⲧⲁ ⲡⲉϥϩⲏⲧ ϣⲱⲡ ⲛⲟⲩ-
ⲑⲣⲟⲛⲟⲥ ⲉϥⲟⲩⲁⲃ ⲙ̄ⲡⲓⲡⲁⲛⲧⲟⲕⲣⲁⲧⲱⲣ ⲫⲏ ⲉⲧⲁϥϣⲱⲡⲓ ⲉϥⲧⲁϫⲣⲏⲟⲩⲧ ϩⲓϫⲉⲛ
ⲧⲡⲓⲥⲧⲓⲥ ⲛ̄ⲧⲧⲣⲓⲁⲥ ⲛ̄ⲟⲙⲟⲟⲩⲥⲓⲟⲥ ⲟⲩⲟϩ ⲙ̄ⲙⲟⲛⲁⲥ ⲡⲓⲙⲉⲛⲣⲓⲧ ⲛ̄ⲧⲉ ⲡⲉⲛⲟ̅ⲥ̅ ⲓ̅ⲏ̅ⲥ̅
ⲡⲭ̅ⲥ̅ ⲡⲓⲛⲓϣϯ ⲁⲑⲁ- (-ⲛⲁ-) ⲥⲓⲟⲥ ⲡϣⲏⲣⲓ ⲛ̄ⲛⲓⲁⲡⲟⲥⲧⲟⲗⲟⲥ ⲫⲏ ⲉⲧⲁϥⲉⲣ
ⲙⲁⲣⲧⲩⲣⲟⲥ ⲛⲟⲩⲙⲏϣ ⲛ̄ⲥⲟⲡ ⲉⲃⲟⲗϩⲓⲧⲉⲛ ⲛⲓⲟⲩⲣⲱⲟⲩ ⲉⲑⲃⲉ ⲡⲓⲛⲁϩϯ ⲉⲧⲥⲟⲩⲧⲱⲛ ⲛ̄ⲧⲉ ϯⲟⲣⲑⲟⲇⲟⲝⲓⲁ ⲟⲩⲟϩ ⲁⲓⲣⲉⲙⲥⲓ ϧⲁⲧⲟⲧϥ ⲛⲉϩⲟⲟⲩ ⲃ̅. ⲟⲩⲟϩ ⲁϥϣⲱⲡⲓ
ⲉϥⲥⲁϫⲓ ⲛⲉⲙⲏⲓ ϧⲉⲛ ϩⲁⲛ ⲕⲉⲫⲁⲗⲁⲓⲟⲛ[1] ⲛ̄ⲧⲉ ϯⲅⲣⲁⲫⲏ ⲟⲩⲟϩ ⲉⲃⲟⲗϩⲓⲧⲉⲛ
ⲡϩⲗⲟϫ ⲛ̄ⲧⲉ ⲛⲉϥⲥⲁϫⲓ ⲉⲧϩⲟⲗϫ ⲟⲩⲟϩ ⲉⲧⲟⲛϧ ⲁⲓϩⲓⲛⲓⲙ ⲛⲟⲩⲕⲟⲩϫⲓ. ⲟⲩⲟϩ
ⲉⲧⲁϥⲛⲉⲣⲥⲓ ⲙ̄ⲙⲟⲓ ⲡⲉϫⲁϥ ⲛⲏⲓ ϫⲉ ⲁⲛⲧⲱⲛⲓⲟⲥ ⲧⲱⲛ ⲉⲃⲟⲗϧⲉⲛ ⲡⲁⲓⲉⲛⲕⲟⲧϥ
ⲙ̄ⲡⲁⲓⲣⲏϯ ϫⲉ ⲟⲩⲏⲓ ⲁϥϫⲟⲥ ⲛ̄ϫⲉ ⲡⲓⲡ̅ⲛ̅ⲁ̅ ⲉⲑⲟⲩⲁⲃ ϫⲉ ⲁⲩⲉⲛⲕⲟⲧ ϧⲉⲛ ⲡⲟⲩ-
ⲉⲛⲕⲟⲧ ⲙ̄ⲡⲟⲩϫⲉⲙ ϩⲛⲟⲩ ⲛ̄ⲗⲓ ⲟⲩⲟϩ ϫⲉ ⲫⲏ ⲉⲧⲣⲏⲥ ⲛⲉⲙ ⲫⲏ ⲉⲧⲣⲓⲛϥⲏⲙ
ⲫⲁⲓ ⲡⲉ ⲫⲏ ⲉⲧⲣⲁϣⲓ ⲟⲩⲟϩ ⲉⲧⲟⲩⲛⲟϥ ϧⲉⲛ ⲡⲓⲱⲛϧ ⲛ̄ⲉⲛⲉϩ ϫⲉ ⲟⲩⲏⲓ ⲡⲓⲣⲁϣⲓ
ⲛ̄ⲧⲉ ⲡⲁⲓⲙⲁ ⲫⲁⲓ ⲁⲛ ⲡⲉ ⲡⲣⲁϣⲓ ⲟⲩⲟϩ ⲟⲛ ⲡⲓϩⲗⲟϫ ⲛ̄ⲧⲉ ⲡⲁⲓⲕⲟⲥⲙⲟⲥ ⲫⲁⲓ
ⲁⲛ ⲡⲉ ⲡⲓϩⲗⲟϫ. ⲛⲁⲓ ϫⲉ ⲉⲧⲁϥϫⲟⲧⲟⲩ ⲛⲏⲓ ⲁⲓϩⲓⲧⲧ ⲉϧⲣⲏⲓ ⲁⲓⲟⲩⲱϣⲧ ⲙ̄ⲙⲟϥ
ⲁⲓⲧⲁⲥⲑⲟ ⲉⲡⲁⲧⲟⲡⲟⲥ ⲉⲓϯ ⲱⲟⲩ ⲙ̄ⲫϯ.

ⲁϥϫⲟⲥ ⲛ̄ϫⲉ ⲁⲃⲃⲁ ⲁⲛⲧⲱⲛⲓⲟⲥ[3] ⲉ- (-ⲣⲙⲁ-) ⲧⲁϥⲓ ⲉⲃⲟⲗ ϣⲁ ⲛⲓⲥⲛⲏⲟⲩ ⲁ
ⲛⲓⲙⲟⲛⲁⲭⲟⲥ ⲉⲣⲁϫⲓⲟⲙ ⲙ̄ⲙⲟϥ ⲉⲥⲱⲧⲉⲙ ⲛⲟⲩⲥⲁϫⲓ ⲛ̄ⲧⲟⲧϥ ⲡⲉϫⲁϥ ⲛⲱⲟⲩ

le cœur duquel il habitait comme sur un trône du maître universel, celui qui a été confirmé dans la foi de la Trinité consubstantielle et une [4], le bien-aimé de Notre-Seigneur Jésus le Christ, le grand Athanase, le fils des Apôtres, qui fut martyr une foule de fois par (l'ordre) des rois, à cause de la foi droite de l'orthodoxie [5]. Je restai deux jours près de lui, et il me parla sur des sujets [6] de l'Écriture, et, par suite de la douceur de ses douces paroles vivifiantes, je m'endormis un peu. Et, lorsqu'il m'eut réveillé, il me dit : « Antoine, lève-
» toi de ce sommeil de cette sorte, car le Saint-Esprit a dit : Ils se sont
» endormis dans leur sommeil, ils n'ont profité de rien; et : Celui qui veille
» est celui qui est sobre, c'est celui qui se réjouit et qui est plein d'allégresse
» dans la vie éternelle; car certes la joie de ce lieu n'est pas la joie, et la dou-
» ceur de ce monde n'est pas la douceur. » Lorsqu'il m'eut dit ces paroles, je
me prosternai, je l'adorai, je retournai à mon endroit en louant Dieu. »

Abba Antoine dit, lorsqu'il fut allé vers les frères et que les moines le prièrent pour entendre une parole de lui : « Les Écritures sont capables de nous

---

1. *Cod.* ⲕⲉⲫⲁⲗⲉⲟⲛ. — 2. *Cod.* ⲉⲉⲧⲉⲣⲛⲓⲫⲙ. — 3. *Cod.* ⲁⲛⲧⲱⲛⲓ. — 4. Mot à mot :
« et monade. » — 5. Nouveau pléonasme. — 6. Mot à mot : « Sur des chapitres. »

ϫⲉ ⲛⲓⲅⲣⲁⲫⲏ ⲙⲉⲛ ϩⲁⲛ ϩⲓⲕⲁⲛⲟⲥ ⲛⲉ ⲉⲛϫⲓ ⲛ̀ⲧ̀ⲥⲃⲱ ⲛⲁⲛ ⲁⲛⲟⲛ ⲇⲉ ϩⲱⲛ ⲟⲩϩⲱⲃ ⲉⲛⲁⲛⲉϥ ⲛⲁⲛ ⲡⲉ ⲉⲑⲣⲉⲛϯⲛⲟⲙϯ ⲛ̀ⲛⲉⲛⲉⲣⲏⲟⲩ ϧⲉⲛ ⲡⲓⲛⲁϩϯ ⲉⲧⲥⲟⲩⲧⲱⲛ ⲛ̀ⲧⲉ ⲛⲉⲛⲓⲟϯ.

ⲁϥϫⲟⲥ ⲟⲛ ⲛ̀ϫⲉ ⲁⲃⲃⲁ ⲁⲛⲧⲱⲛⲓⲟⲥ[1] ϫⲉ ⲁⲓϯ ϩⲟ ⲉⲫ̄ϯ̄ ⲛⲟⲩⲥⲟⲡ ϫⲉ ϩⲓⲛⲁ ⲛ̀ⲧⲉϥⲧⲁⲙⲟⲓ ⲉⲧⲃⲟⲏⲑⲓⲁ[2] ⲉⲧⲕⲱϯ ⲉⲡⲓⲙⲟⲛⲁⲭⲟⲥ ⲟⲩⲟϩ ⲉⲧⲓ ⲉⲓⲧⲱⲃϩ ⲁⲛⲁⲩ ⲉϩⲁⲛ ⲗⲁⲙⲡⲁⲥ ⲛ̀ⲭⲣⲱⲙ ⲛⲉⲙ ⲟⲩⲭⲟⲣⲟⲥ ⲛⲁⲅⲅⲉⲗⲟⲥ ⲉⲧⲕⲱϯ ⲉⲡⲓⲙⲟⲛⲁⲭⲟⲥ ⲉⲧⲁⲣⲉϩ ⲉⲣⲟϥ ⲙ̀ⲫⲣⲏϯ ⲛ̀ⲧⲁⲗⲗⲟⲩ ⲛ̀ⲟⲩⲃⲁⲗ ⲟⲩⲟϩ ⲟⲩⲥⲙⲏ ⲁⲥⲓ ⲉⲃⲟⲗ ϧⲉⲛ ⲧ̀ⲫⲉ ⲉⲥϫⲱ ⲙ̀ⲙⲟⲥ ϫⲉ ⲙ̀ⲡⲉⲣⲥⲉⲛϥ ⲉⲃⲟⲗ ⲁⲛ ϩⲟⲥⲟⲛ ⲉϥϣⲟⲡ ϧⲉⲛ ⲡⲓⲥⲱⲙⲁ. ⲟⲩⲟϩ ⲉⲧⲁⲓⲛⲁⲩ ⲉⲧⲁⲓⲃⲟⲏⲑⲓⲁ[3] ⲙ̀ⲡⲁⲓⲣⲏϯ ⲉⲥⲕⲱϯ ⲉⲡⲓⲣⲱⲙⲓ ⲁⲛⲟⲕ ⲇⲉ ⲁⲓϥⲓ ⲁϩⲟⲙ ⲉⲓϫⲱ ⲙ̀ⲙⲟⲥ ϫⲉ ⲟⲩⲟⲓ ⲛⲁⲕ ⲁⲛⲧⲱⲛⲓⲟⲥ[4] ϫⲉ ⲧⲁⲓⲛⲓϣϯ ⲙ̀ⲃⲟⲏⲑⲓⲁ[5] ⲁ ⲫ̄ϯ̄ ⲑⲁϣⲥ ⲛⲁⲕ ⲟⲩⲟϩ ⲛ̀ⲑⲟⲕ ⲛⲁⲙⲉⲗⲏⲥ[6] ⲉⲣⲟⲕ ⲛ̀ⲥⲏⲟⲩ ⲛⲓⲃⲉⲛ.

ⲁϥϫⲟⲥ ⲛ̀ϫⲉ ⲁⲃⲃⲁ ⲁⲛⲧⲱⲛⲓⲟⲥ[7] ϫⲉ ⲁⲓϯ ϩⲟ ⲉⲫ̄ϯ̄ ⲉⲓϫⲱ ⲙ̀ⲙⲟⲥ ϫⲉ ⲡⲁⲟⲥ ⲡⲱⲥ ⲧⲁⲓⲃⲟⲏⲑⲓⲁ[8] ⲙ̀ⲡⲁⲓⲣⲏϯ (-ⲣⲏⲃ-) ⲁⲕⲑⲁϣⲥ ⲙ̀ⲡⲓⲙⲟⲛⲁⲭⲟⲥ ⲟⲩⲟϩ ⲡ̀ⲥⲁⲧⲁⲛⲁⲥ ϭⲓ ⲑⲃⲥ ⲙ̀ⲙⲟϥ ⲙ̀ⲡⲁⲓⲣⲏϯ. ⲁⲓⲥⲱⲧⲉⲙ ⲉⲟⲩⲥⲙⲏ ⲉⲥϫⲱ ⲙ̀ⲙⲟⲥ ϫⲉ ⲙ̀ⲙⲟⲛ ϣϫⲟⲙ ⲙ̀ⲫⲏ ⲉⲧϭⲓ ⲙ̀ⲙⲟϥ ⲛ̀ϫⲟⲛⲥ ⲟⲩⲁⲧϫⲟⲙ ⲅⲁⲣ ⲡⲉ ⲁⲛⲟⲕ ⲡⲉ ⲉⲧⲁⲓⲉⲣⲉⲡⲓⲧⲓⲙⲁⲛ ⲛⲁϥ ⲛⲉⲙ ⲧⲉϥϫⲟⲙ ⲧⲏⲣⲥ ⲟⲩⲟϩ ⲁⲓⲃⲉⲙⲃⲱⲙⲉϥ ⲁⲗⲗⲁ ⲡⲓⲟⲩⲁⲓ ⲡⲓⲟⲩⲁⲓ ⲉⲩⲉⲣⲡⲓⲣⲁⲍⲉⲓⲛ[9] ⲙ̀ⲙⲟϥ ⲉⲃⲟⲗϩⲓⲧⲉⲛ ⲧⲉϥⲉⲡⲓⲑⲩⲙⲓⲁ ⲙ̀ⲙⲓⲛ

instruire ; mais nous, c'est aussi une bonne chose pour nous de nous encourager les uns les autres dans la foi droite de nos pères. »

Abba Antoine dit : « Je priai Dieu, une fois, de m'indiquer le secours qui entoure les moines et, comme je priais encore, je vis des lampes de feu et un chœur d'anges qui entouraient les moines, les gardant comme la pupille de l'œil; et une voix vint du ciel, disant : « Ne le quittez pas, tant qu'il est dans » le corps. » Et lorsque j'eus vu un tel secours qui entourait l'homme, je soupirai en disant : « Malheur à toi, Antoine, car ce grand secours, Dieu te l'a » destiné, et toi, tu es négligent en tout temps. »

Abba Antoine dit : « Je priai Dieu en disant : « Mon Seigneur, comment, » avec un pareil secours que tu as destiné au moine, Satan le foule-t-il aux » pieds ainsi ? » J'entendis une voix qui me disait : « Il n'a pas de force » contre celui qui se violente; car il est sans force. C'est moi qui l'ai châtié avec » toute sa troupe[10], et je l'ai brisé; mais chacun est tenté par ses propres

---

1. Cod. ⲁⲛⲧⲱⲛⲓ. — 2. Cod. ⲉⲧⲃⲟⲏⲑⲓⲁ. — 3. Cod. ⲉⲧⲁⲓⲃⲟⲏⲑⲓⲁ. — 4. Cod. ⲁⲛⲧⲱⲛⲓ. — 5. Cod. ⲙ̀ⲃⲟⲏⲑⲓⲁ. — 6. Cod. ⲁⲙⲉⲗⲉⲥ. — 7. Cod. ⲁⲛⲧⲱⲛⲓ. — 8. Cod. ⲧⲁⲓⲃⲟⲏⲑⲓⲁ. — 9. Cod. ⲉⲩⲉⲣⲡⲓⲣⲁⲍⲓⲛ. — 10. Mot à mot : « Avec toute sa force. »

ⲙⲙⲟϥ ⲛⲉⲙ ⲙⲉⲧⲁⲙⲉⲗⲉⲥ ϫⲉ ⲟⲩⲏⲓ ⲛ̄ⲑⲟϥ ⲡⲉ ⲉⲧⲟⲓ ⲛⲁⲙⲉⲗⲏⲥ¹ ⲉⲡⲉϥⲟⲩϫⲁⲓ ⲙⲙⲓⲛ ⲙⲙⲟϥ ⲛⲉⲙ ⲡⲓⲑⲱⲙ ⲛ̄ⲧⲉ ⲡⲉϥϩⲏⲧ ϫⲉ ⲟⲩⲏⲓ ϥⲕⲱϯ ⲁⲛ ⲉⲛⲟϩⲉⲙ. ⲟⲩⲟϩ ⲡⲉϫⲏⲓ ϫⲉ ⲡⲁⲟⲥ ⲡⲓⲟⲩⲁⲓ ⲡⲓⲟⲩⲁⲓ ϧⲉⲛ ⲛⲓⲙⲟⲛⲁⲭⲟⲥ ⲁⲕⲑⲱϣ ⲛⲁϥ ⲛ̄ⲧⲁⲓⲃⲟⲏⲑⲉⲓⲁ² ⲙ̄ⲡⲁⲓⲣⲏϯ. ⲟⲩⲟϩ ⲁⲩⲧⲁⲙⲟⲓ ⲉϩⲁⲛ ⲙⲏϣ ⲙⲙⲟⲛⲁⲭⲟⲥ ⲉⲣⲉ ⲧⲁⲓⲃⲟⲏⲑⲉⲓⲁ³ ⲕⲱϯ ⲉⲣⲱⲟⲩ ⲧⲏⲣⲟⲩ ⲕⲁⲧⲁ ⲡⲓⲣⲏϯ ⲉⲧⲁⲓⲛⲁⲩ ⲛ̄ϣⲟⲣⲡ. ⲟⲩⲟϩ ⲡⲉϫⲏⲓ ϫⲉ ⲱ ⲟⲩⲛⲓⲁⲧϥ ⲙ̄ⲡⲅⲉⲛⲟⲥ ⲛ̄ⲛⲓⲣⲱⲙⲓ ϫⲉ ϥⲉⲛⲧⲱⲟⲩ ⲙⲙⲁⲩ ⲛ̄ϫⲉ ⲡⲁⲟⲥ ⲛ̄ⲁⲅⲁⲑⲟⲥ ⲟⲩⲟϩ ⲙⲙⲁⲓ ⲣⲱⲙⲓ⁴.

ⲟⲩϧⲉⲗⲗⲟ ⲁϥⲉⲣⲁⲓⲧⲉⲓⲛ⁵ ⲙ̄ⲫϯ ⲉⲛⲁⲩ ⲉⲛⲏ ⲉⲑⲟⲩⲁⲃ ⲟⲩⲟϩ ⲁϥⲛⲁⲩ ⲉⲣⲱⲟⲩ ⲧⲏⲣⲟⲩ ϣⲁⲧⲉⲛ...... (*Sic exit Codex.*)

» désirs et sa nonchalance, car certes c'est (l'homme) qui est nonchalant pour
» son propre salut, et l'obstruction de son cœur; car certes il ne recherche
» pas le salut. » Et je lui dis : « Seigneur, tu as destiné un pareil secours à
» chacun des moines ? » et l'on m'a montré des foules de moines que ce secours entourait, selon ce que j'ai vu d'abord, et j'ai dit : « O bienheureuse la
race des hommes, car elle a ce Seigneur bon et qui aime les hommes⁶. »

Un vieillard demanda à Dieu de voir les saints, et il les vit tous, excepté...

. . . .

1. *Cod.* ⲛⲁⲙⲉⲗⲉⲥ. — 2. *Cod.* ⲛ̄ⲧⲁⲓⲃⲟⲛⲟⲓⲁ. — 3. *Cod.* ⲧⲁⲓⲃⲟⲛⲟⲓⲁ. — 4. A la marge : ⲥⲟⲕⲉ, c'est-à-dire : Continue. — 5. *Cod.* ⲁϥⲉⲣⲉⲧⲓⲛ. — 6. Tout ce dernier paragraphe me semble incorrect dans le texte et, par conséquent, peu susceptible d'une bonne traduction.

VIE DE MACAIRE DE SCÉTÉ

ⲫⲃⲓⲟⲥ¹ ⲙⲡⲛⲓϣϯ ⲙⲫⲱⲥⲧⲏⲣ ⲟⲩⲟϩ ⲙⲡⲛⲁⲧⲟⲫⲟⲣⲟⲥ ⲉⲧϫⲏⲕ ⲉⲃⲟⲗ ϧⲉⲛ ⲁⲣⲉⲧⲏ ⲛⲓⲃⲉⲛ ⲁⲃⲃⲁ ⲙⲁⲕⲁⲣⲓⲟⲥ² ⲫⲓⲱⲧ ⲟⲩⲟϩ ⲡⲁⲣⲭⲏⲅⲟⲥ ⲛⲛⲓⲙⲟⲛⲁⲭⲟⲥ³ ⲛⲧⲉ ⲡⲓⲧⲱⲟⲩ ⲉⲑⲟⲩⲁⲃ ⲛⲧⲉ ϣⲓⲏⲧ ⲉⲁϥϭⲓⲥⲧⲟⲣⲉⲓⲛ⁴ ⲙⲙⲟϥ ⲛϫⲉ⁵ ⲁⲃⲃⲁ ⲥⲁⲣⲁⲡⲓⲱⲛ ⲡⲓⲟⲥⲓⲱⲧⲁⲧⲟⲥ ⲛⲉⲡⲓⲥⲕⲟⲡⲟⲥ ⲛⲧⲉ ϯⲃⲁⲕⲓ ⲉⲙⲙⲁⲓ⁶ ⲭⲥ ⲑⲙⲟⲩⲓ ⲡⲓⲙⲁⲑⲏⲧⲏⲥ ⲛⲧⲉ ⲁⲃⲃⲁ ⲁⲛⲧⲱⲛⲓⲟⲥ⁷ ⲡⲓⲡⲛⲁⲧⲟⲫⲟⲣⲟⲥ. ϧⲉⲛ ⲟⲩϩⲓⲣⲏⲛⲏ ⲛⲧⲉ ⲫϯ ⲁⲙⲏⲛ.

ⲛⲏ ⲙⲉⲛ ⲉⲧⲁϥϩⲓⲥⲧⲟⲣⲓⲛ ⲛϫⲉ ⲡⲓⲃⲱⲕ ⲛⲧⲉ ⲫϯ ⲙⲱⲩⲥⲏⲥ ⲕⲁⲧⲁ ⲡⲓⲛⲟⲙⲟⲥ ⲉⲧⲁϥϭⲓⲧϥ ⲛⲧⲉⲛ ⲫϯ ⲉⲑⲃⲉ ⲡⲉⲛϧⲛⲟⲩ . . . . ⁸ ⲉⲑⲃⲉ ϫⲉ ⲡⲓⲛⲟⲙⲟⲥ ⲉⲧⲁϥⲉⲣ ϭⲁⲩ ⲙⲱⲓⲧ ⲛⲁⲛ ⲉⲡⲭⲥ ⲕⲁⲧⲁ ⲡⲥⲁϫⲓ ⲛϯⲟⲓⲕⲟⲛⲟⲙⲓⲁ ⲙⲫⲣⲏϯ ⲉⲧⲁϥϫⲟⲥ ⲛϫⲉ ⲡⲓⲁⲡⲟⲥⲧⲟⲗⲟⲥ⁹ ⲉⲑⲟⲩⲁⲃ¹⁰ ⲟⲩⲟϩ ⲛⲏ ⲟⲛ ⲉⲧⲁⲩⲥϧⲏⲧⲟⲩ ⲙⲉⲛⲉⲛⲥⲁ ⲡⲓⲛⲟ-

La vie du grand luminaire et pneumatophore, accompli en toute vertu, abba Macaire, père et chef des moines de la montagne sainte de Schiit, laquelle a racontée abba Sarapion, le très saint évêque de la ville aimant le Christ Themoui, le disciple d'abba Antoine le pneumatophore. Dans la paix de Dieu : Amen.

Les choses qu'a racontées Moyse, le serviteur de Dieu, dans la loi qu'il reçut de Dieu pour notre bien, car la loi nous conduit au Christ, selon la parole de l'économie¹¹, comme a dit le saint apôtre; et aussi les choses qu'on a écrites après la loi, soit les Juges, soit les Prophètes, soit (les livres) de Rois,

---

1. Cette *Vie* est prise, pour la plus grande partie, du *Cod. Vat.*, LXIV; le commencement manquant, j'ai fait usage des mss. LIX et LXII, qui sont plus complets pour cette partie. Les variantes sont prises de ces deux mss. Le ms. LXIV commence au f. 1 et va jusqu'au f. 30; le ms. LIX commence au f. 96 et finit au f. 136; le ms. LXII commence au f 1 et finit au f. 36. En tête de cette *Vie*, on lit : ⲥⲟⲩ ⲓⲇ ⲛⲉⲡⲏⲡ ϧⲉⲛ ⲧⲉⲕⲏⲛⲏ ⲛⲁⲃⲃⲁ ⲙⲁⲕⲁⲣⲓ ⲉⲣⲏⲥ : Le 14ᵉ jour d'Abib, dans la tente (cellule) d'abba Macaire au midi. — 2. *Cod.* ⲙⲁⲕⲁⲣⲓ. — 3. *Cod.* ⲛⲛⲓⲙⲟⲩⲛⲁⲭⲟⲥ. — 4. *Cod.* ⲉⲁϥϩⲓⲥⲧⲟⲣⲓⲛ. — 5. *Cod.* ϫⲉ. — 6. *Cod.* LIX : ⲉⲡⲙⲁⲓ. — 7. *Cod.* ⲁⲛⲧⲱⲛⲓ. — 8. Lacune au *Cod.* LIX. — 9. LIX : ⲕⲁⲧⲁ ⲡⲥⲁϫⲓ ⲙⲡⲁⲡⲟⲥⲧⲟⲗⲟⲥ : selon la parole de l'Apôtre. — 10. *Cod.* ⲉⲟⲩ. — 11. Il s'agit du décret divin de Dieu.

ⲙⲟⲥ ⲉⲓⲧⲉ¹ ⲛ̄ⲕⲣⲓⲧⲏⲥ ⲉⲓⲧⲉ² ⲛ̄ⲡⲣⲟⲫⲏⲧⲏⲥ ⲉⲓⲧⲉ³ ⲛ̄ⲙⲉⲧⲩⲣⲱⲟⲩ ⲉⲓⲧⲉ⁴ ⲛ̄ⲕⲉⲥⲱϫⲡ ⲁⲡⲗⲱⲥ ⲛ̄ϯⲡⲁⲗⲁⲓⲁ⁵ ⲛⲉⲙ ϯⲕⲁⲓⲛⲏ⁶ ⲛ̄ⲇⲓⲁⲑⲏⲕⲏ ⲥⲉⲟⲓ ⲛ̄ϩⲟⲩⲟ ⲡⲓϩⲟⲩⲟ ⲉⲑⲃⲉ ϫⲉ ⲛⲁⲣⲉ ⲡⲓⲥⲁϫⲓ ϫⲟⲩϣⲧ ⲉⲡⲁⲓⲥⲕⲟⲡⲟⲥ ⲛⲟⲩⲱⲧ ⲛ̄ⲧⲉ ϯϫⲓⲛ ⲭⲓ ⲥⲁⲣⲝ ⲙ̄ⲡⲉⲛⲥⲱⲧⲏⲣ ⲉⲑⲃⲉ⁷ ⲫⲁⲓ ⲇⲉ ⲥⲉⲙⲟⲩϯ ⲉϯⲅⲣⲁⲫⲏ ⲛ̄ⲁⲡⲁⲥ ϫⲉ ⲛⲟⲙⲟⲥ ⲕⲁⲧⲁ ⲫⲣⲏϯ ⲉⲧⲥϧⲏⲟⲩⲧ ϧⲉⲛ ⲡⲓⲉⲩⲁⲅⲅⲉⲗⲓⲟⲛ ϫⲉ ⲟⲩⲓⲱⲧⲁ ⲓⲉ ⲟⲩϣⲱⲗϩ ⲛ̄ⲛⲉϥⲥⲓⲛⲓ ⲉⲃⲟⲗϧⲉⲛ ⲡⲓⲛⲟⲙⲟⲥ ϣⲁⲛⲧⲉ ⲛⲁⲓ ⲧⲏⲣⲟⲩ ϣⲱⲡⲓ ⲉⲑⲃⲉ ⲫⲁⲓ ϫⲉ ⲉⲣⲉ ⲡⲓⲓⲱⲧⲁ ⲛⲉⲙ ⲡⲓϣⲱⲗϩ ⲉⲩϯ ⲙ̄ⲙⲏⲓⲛⲓ ⲉⲡⲧⲩⲡⲟⲥ ⲙ̄ⲡⲓⲥⲧⲁⲩⲣⲟⲥ⁸ ⲫⲁⲓ ⲉⲧⲁ ⲡϫⲱⲕ ⲛ̄ⲛⲁⲓⲡⲣⲟⲫⲏⲧⲉⲓⲁ⁹ ⲉⲕⲁⲧⲁⲛⲧⲁⲛ¹⁰ ⲉⲣⲟϥ ⲉⲃⲟⲗϩⲓⲧⲉⲛ ⲡⲟⲥ ⲫⲁⲓ ⲉⲧⲁⲩⲁϣϥ ⲉϩⲣⲏⲓ ⲉϫⲱⲛ¹¹ ⲟⲩⲟϩ ⲁϥⲉⲣϩⲩⲡⲟⲙⲉⲛⲓⲛ¹² ⲉⲡⲙⲟⲩ ϧⲉⲛ ⲧⲥⲁⲣⲝ ϣⲁⲛⲧⲉϥⲥⲱϯ ⲙ̄ⲙⲟⲛ ⲛⲉⲙ ⲡⲓⲕⲟⲥⲙⲟⲥ ⲧⲏⲣϥ ⲉⲃⲟⲗϩⲁ ⲡⲁⲙⲁϩⲓ ⲛ̄ⲧⲉ ⲡⲓⲇⲓⲁⲃⲟⲗⲟⲥ. ⲛⲏ ⲇⲉ ϩⲱⲟⲩ ⲉⲧⲁⲩϣⲱⲡⲓ ⲛ̄ⲣⲉϥϣⲉⲙϣⲓ ⲙ̄ⲡⲓⲥⲁϫⲓ¹³ ⲕⲁⲧⲁ ⲧⲥⲃⲱ ⲙ̄ⲡⲉⲛⲛⲏⲃ ⲁⲓϫⲁϫⲓ ⲉⲛⲓⲁⲡⲟⲥⲧⲟⲗⲟⲥ ⲉⲑⲟⲩⲁⲃ ⲛⲁⲓ ⲉⲧⲁ ⲡⲟⲩϧⲣⲱⲟⲩ ⲓ ⲉⲃⲟⲗϩⲓⲧⲉⲛ ⲡⲕⲁϩⲓ ⲧⲏⲣϥ ⲟⲩⲟϩ ⲁⲩϣⲱⲡⲓ ⲛ̄ⲟⲩϫⲁⲓ ⲛ̄ϯⲟⲓⲕⲟⲩⲙⲉⲛⲏ ⲧⲏⲣⲥ ⲟⲩⲟϩ ⲟⲛ ⲛⲓⲕⲉⲭⲱⲟⲩⲛⲓ ⲉⲧⲁⲩⲓ ⲙⲉⲛⲉⲛⲥⲁ ⲛⲁⲓ ⲉⲧⲟⲩⲉϩ ⲛ̄ⲥⲁ ⲛⲁⲓϣⲉⲛⲧⲁⲧⲥⲓ ⲛⲟⲩⲱⲧ¹⁴ ⲛ̄ⲧⲉ ϯⲙⲉⲧⲑⲉⲟⲥⲉⲃⲏⲥ ⲉⲩⲉⲣⲁⲅⲱⲛⲓⲍⲉⲥⲑⲁⲓ¹⁵ ϧⲉⲛ ϫⲟⲙ ⲛⲓⲃⲉⲛ ⲟⲩⲃⲉ

soit le reste, en un mot, l'Ancien et le Nouveau Testament, sont profitables pour le plus grand nombre, car le discours vise ce but unique : l'Incarnation de Notre Sauveur; c'est pourquoi on appelle Loi l'Écriture ancienne, selon ce qui est écrit dans l'Évangile : « Un *iota* ou un trait ne sera pas enlevé de la Loi avant que tout cela ne soit arrivé. » C'est pourquoi, comme l'*iota* et le trait signifient la croix, l'accomplissement de ces prophéties s'est rencontré dans le Seigneur qu'on a crucifié sur la croix pour nous tous et qui a enduré la mort dans la chair, afin de nous sauver, avec le monde entier, de la puissance du diable. Mais ceux aussi qui ont servi le Verbe selon l'enseignement de Notre Seigneur, je dis les saints Apôtres, eux dont la voix est allée dans la terre entière, et ils ont été le salut de toute la terre habitée, et les autres qui sont venus après eux, qui ont suivi les traces uniques de la piété, combattant en toute vertu contre les guerres contraires de cette vie qui n'est qu'un songe, regardant en avant l'espérance impérissable, selon que le Seigneur

---

1. *Cod.* ⲓⲧⲉ. — 2. *Cod.* ⲓⲧⲉ. — 3. *Cod.* ⲓⲧⲉ. — 4. *Cod.* ⲓⲧⲉ. — 5. *Cod.* ⲛ̄ϯⲡⲁⲗⲉⲁ. — 6. *Cod.* ϯⲕⲉⲛⲛⲏ. — 7. *Cod.* LIX, p. ⲃ̄. Je ne mettrai pas les numéros des pages pour éviter la confusion. — 8. *Cod.* ⲙⲓⲥϯⲥ. — 9. *Cod.* ⲛ̄ⲛⲁⲓⲡⲣⲟⲫⲏⲧⲓⲁ. — 10. *Cod.* LIX : ⲉⲣⲁⲡⲁⲛⲧⲁⲛ. — 11. *Cod.* LXII : ⲉϫⲱⲛ ⲧⲏⲣⲟⲩ, sur nous tous. — 12. *Cod.* ϩⲩⲡⲟⲙⲉⲛⲓⲛ. — 13. *Cod.* ⲛⲡⲓⲥⲁϫⲓ. — 14. *Cod.* ⲛ̄ⲛⲟⲩⲱⲧ. — 15. *Cod.* ⲉⲩⲉⲣⲁⲅⲱⲛⲓⲍⲉⲥⲟⲉ.

[Coptic text:]

ⲛⲃⲱⲧⲉ ⲛⲉⲛⲁⲛⲧⲓⲟⲛ ⲉⲧϩⲉⲛ¹ ⲡⲁⲓⲃⲓⲟⲥ ⲛⲥⲙⲟⲧ ⲛⲣⲁⲥⲟⲩⲓ ⲉⲩⲭⲟϣⲧ ⲉⲃⲟⲗϩⲁ ⲧϩⲏ ⲛⲧϩⲉⲗⲡⲓⲥ ⲛⲁⲧⲧⲁⲕⲟ² ⲕⲁⲧⲁ ⲫⲣⲏϯ ⲉⲧⲁ ⲡⲟⲥ ⲧⲥⲁⲃⲟⲛ ϩⲓⲧⲉⲛ ⲛⲉϥⲥϩⲱⲟⲩⲓ ⲉⲑⲟⲩⲁⲃ ϧⲉⲛ ⲛⲓⲉⲩⲁⲅⲅⲉⲗⲓⲟⲛ ϩⲱⲥ ϫⲉ ⲉϥϫⲉϫⲱϣ ⲛϫⲉ ⲡⲓⲙⲱⲓⲧ ⲉⲧϭⲓ ⲉϧⲟⲩⲛ ⲉⲡⲱⲛϧ ϩⲁⲛ ⲕⲟⲩϫⲓ ⲇⲉ ⲡⲉ ⲉⲧⲛⲁϫⲉⲙϥ. ⲛⲁⲓ ⲟⲩⲛ ⲉϥⲥⲟⲙⲥ ⲉⲣⲱⲟⲩ ⲟⲩⲟϩ ⲉϥⲉⲣⲙⲉⲗⲉⲧⲁⲛ ⲛϧⲏⲧⲟⲩ ⲛϫⲉ ⲡⲉⲑⲟⲩⲁⲃ³ ⲙⲡⲛⲁⲧⲟⲫⲟⲣⲟⲥ ⲁⲃⲃⲁ ⲙⲁⲕⲁⲣⲓⲟⲥ⁴ ⲁϥⲭⲟϩ ϧⲉⲛ ⲟⲩⲭⲟϩ ⲛⲉⲛⲁⲛⲉϥ⁵ ⲟⲩⲟϩ ⲁϥⲉⲣⲁⲕⲟⲗⲟⲑⲉⲓⲛ⁶ ⲉⲣⲱⲟⲩ ⲉⲁϥϣⲱⲡⲓ ⲛϣⲟⲩⲉⲣ ϣⲫⲏⲣⲓ ⲙⲙⲟϥ ϧⲉⲛ ⲡⲥⲁϫⲓ ⲛⲉⲙ ⲡϩⲱⲃ ⲟⲩⲟϩ ⲕⲁⲧⲁ ⲫⲣⲏϯ ⲇⲉ ⲟⲛ ⲉⲧⲉ ⲡⲓⲥⲁϫⲓ ⲛⲁⲧⲁⲙⲟⲛ ⲁⲛϣⲁⲛⲙⲟϣⲓ ⲉⲧϩⲏ ⲟⲩⲕⲟⲩⲓ ⲕⲁⲧⲁ ⲡⲉⲛⲥⲁϫⲓ ϩⲱⲛ ⲧⲉⲛⲛⲁϣⲱⲡⲓ ⲛⲟⲩϩⲛⲟⲩ ⲛⲛⲓⲁⲕⲣⲟⲁⲧⲏⲥ ⲛⲧⲉ ϯⲙⲉⲧⲉⲩⲥⲉⲃⲏⲥ ⲁⲛϣⲁⲛⲟⲩⲱⲛϩ ⲉⲃⲟⲗ ϩⲓⲧⲉⲛ ⲡⲓϩⲙⲟⲧ ⲛⲧⲉ ⲡⲟⲥ ⲛⲛⲓⲡⲟⲗⲓⲧⲉⲓⲁ ⲛⲧⲉ ⲡⲁⲓⲁⲅⲓⲟⲥ ⲁⲡⲟⲙⲉⲣⲟⲥ⁷.

ⲡⲓⲛⲓϣϯ ⲇⲉ ⲟⲩⲛ ⲉⲧⲉⲙⲙⲁⲩ ⲁⲃⲃⲁ ⲙⲁⲕⲁⲣⲓⲟⲥ⁸ ⲕⲁⲧⲁ ⲫⲣⲏϯ ⲉⲧⲁⲛⲥⲱⲧⲉⲙ ⲉⲛⲉⲛⲓⲟϯ ⲉⲧϧⲁϫⲱⲛ⁹ ⲛⲉ ⲟⲩ ⲉⲃⲟⲗ ⲡⲉ ϧⲉⲛ ϩⲁⲛ ⲓⲟϯ ⲛⲉⲩⲥⲉⲃⲏⲥ¹⁰ ⲉⲧⲟⲛϩ ϧⲉⲛ ϯⲙⲉⲧⲃⲱⲕ ⲛⲟⲩϯ ⲟⲩⲟϩ ⲉⲩⲉⲣⲡⲟⲗⲓⲧⲉⲩⲉⲥⲑⲉ ⲕⲁⲧⲁ ⲡⲓⲛⲟⲙⲟⲥ ⲛⲉⲩⲁⲅⲅⲉⲗⲓⲕⲟⲛ ⲉⲑⲟⲩⲁⲃ ⲟⲩⲟϩ ⲡⲉϥⲓⲱⲧ ⲛⲉ ⲟⲩⲟⲩⲏⲃ ⲡⲉ ⲉϥⲙⲏⲛ ⲉⲡⲙⲁ ⲛⲉⲣ ϣⲱⲟⲩϣⲓ ⲛⲧⲉ ⲫϯ ϧⲉⲛ ⲟⲩⲛⲓϣϯ ⲙⲡⲣⲟⲥⲑⲩⲙⲓⲁ ⲧⲉϥⲙⲁⲩ ⲇⲉ ⲛⲉ ⲟⲩⲡⲓⲥⲧⲏ ⲧⲉ ⲛⲣⲉϥⲉⲣ ϩⲟϯ ⲟⲩⲟϩ ⲉⲥⲙⲟϣⲓ ϧⲉⲛ ⲟⲩⲙⲉⲧϣⲫⲏϯ ⲟⲩⲟϩ ⲉⲥⲉⲣⲥⲉⲃⲉⲥⲑⲁⲓ¹¹ ⲙⲫϯ ϧⲉⲛ

nous l'a enseigné dans ses enseignements saints, qui sont dans l'Évangile, en disant ainsi : « La voie est étroite qui mène à la vie, et peu (de gens) la trouvent »; regardant donc tous ceux-là et les méditant, le saint pneumatophore abba Macaire a été zélé d'un beau zèle et a été leur compagnon, digne qu'on l'admire en paroles et en œuvres, comme le discours nous le montrera, si nous marchons en avant. Nous serons donc, selon notre propre parole, à profit aux auditeurs de la piété, si nous manifestons en partie, par la grâce de Dieu, les pratiques de ce saint.

Donc, ce grand abba Macaire, comme nous l'avons appris de nos pères qui nous ont précédé, était (issu) de parents pieux, vivant dans le service de Dieu et (le) servant selon la sainte loi évangélique. Son père était un prêtre assidu au sanctuaire de Dieu avec une grande dévotion, et sa mère était une (femme) fidèle craignant, marchant dans la modestie et vénérant Dieu assidûment.

---

1. *Cod.* LIX : ϧⲉⲛ. — 2. *Cod.* ⲛⲛⲁⲧⲧⲁⲕⲟ. — 3. *Cod.* LIX : ⲡⲉ ⲉⲑⲟⲩⲁⲃ. — 4. *Cod.* ⲙⲁⲕⲁⲣⲓ. — 5. *Cod.* LIX : ⲛⲛⲁⲛⲉϥ. — 6. *Cod.* ⲁⲕⲟⲗⲟⲩⲑⲟⲓⲛ. — 7. *Cod.* ⲁⲡⲟⲙⲉⲣⲟⲥ. — 8. *Cod.* ⲙⲁⲕⲁⲣⲓ. — 9. Le *Cod.* LXII n'a pas ce membre de phrase : ⲕⲁⲧⲁ... ⲉⲧϧⲁϫⲱⲛ. — 10. *Cod.* LIX : ⲟⲩⲟϩ ⲛⲉ ⲟⲩ ⲉⲃⲟⲗ ⲡⲉ ϧⲉⲛ ϩⲁⲛ ⲓⲟϯ ⲛⲉⲩⲅⲉⲛⲏⲥ : il était issu de parents bien nés. — 11. *Cod.* ⲉⲥⲉⲣⲥⲉⲃⲉⲥⲑⲉ.

ⲟⲩⲙⲟⲩⲛ ⲉⲃⲟⲗ¹. ⲛⲁⲓ ⲇⲉ ⲛⲉ ϩⲁⲛ ⲟⲭⲙⲓ ⲛⲉ ⲥⲉⲛⲡ̄² ⲟⲩⲟϩ ⲛⲁⲣⲉ ⲡⲭ̄ⲥ̄ ϣⲟⲡ
ⲛⲉⲙⲱⲟⲩ ⲉⲧⲟⲓ ⲇⲉ ⲛϭⲛⲟⲩⲣ̄ ϧⲉⲛ ⲛⲓⲭⲣⲉⲓⲁ³ ⲛⲧⲉ ⲡⲃⲓⲟⲥ ⲉⲧⲉⲣⲟⲩⲧ ⲇⲉ
ⲙⲁⲗⲗⲟⲛ ⲉⲡⲟⲩϫⲁⲓ ⲛⲛⲟⲩⲯⲩⲭⲏ ⲉⲁ ⲟⲩϣⲉⲣⲓ ⲇⲉ⁴ ϣⲱⲡⲓ ⲛⲱⲟⲩ ⲛϣⲟⲣⲡ
ⲙⲙⲓⲥⲓ ⲟⲩⲟϩ ⲉⲧⲁⲥⲁⲓⲁⲓ ⲛⲟⲩⲕⲟⲩϫⲓ ⲁ ⲡⲟ̄ⲥ̄ ϫⲉⲙ ⲡⲉⲥϣⲓⲛⲓ ⲟⲩⲟϩ ⲁⲥⲙⲓ
ⲉⲃⲟⲗϧⲉⲛ ⲡⲁⲓⲃⲓⲟⲥ. ⲡⲓⲙⲁⲓⲛⲟⲩϯ ⲟⲩⲛ ⲙ̄ⲡⲣⲉⲥⲃⲩⲧⲉⲣⲟⲥ ⲛⲉⲙ ⲧⲉϥⲙⲁⲕⲁⲣⲓⲁ
ⲛ̄ⲥϩⲓⲙⲓ ϩⲱⲥ ⲉⲧⲉⲣⲁⲅⲁⲡⲁⲛ ⲉⲛⲓⲧⲟⲩⲃⲟ⁵ ⲁⲩⲉⲣϩⲏⲥⲩⲭⲁⲍⲓⲛ⁶ ⲧⲟⲧⲉ
ϩⲁⲣⲓ ϩⲁⲣⲱⲟⲩ ⲉⲃⲟⲗϩⲁ ⲧⲟⲩϣⲁⲓⲣⲓ ⲙⲉⲛⲉⲛⲥⲁ ⲫⲙⲟⲩ ⲛ̄ⲧⲁⲗⲟⲩ ⲛⲟⲩⲥⲏⲟⲩ
ⲉϥⲉⲣⲟⲩⲏⲧ ⲉⲛⲓϣⲗⲏⲗ ⲗⲟⲓⲡⲟⲛ ⲛⲉⲙ ϯⲛⲏⲥⲧⲓⲁ⁷ ⲛⲉⲙ ϯⲙⲉⲧⲛⲁⲏⲧ ⲛⲉⲙ
ⲡⲓϣⲉⲙϣⲓ ⲛⲛⲓ ⲉⲧϣⲱⲛⲓ ⲉⲁⲩⲉⲣ ⲥⲟⲓⲧ ⲛⲧⲁⲓϩⲉ ⲧⲏⲣⲥ ϧⲉⲛ ϯⲙⲉⲧⲉⲩⲥⲉⲃⲏⲥ
ⲁⲩϣⲱⲡⲓ ⲛϣⲟⲩⲙⲉⲛⲣⲓⲧⲟⲩ ϩⲓⲧⲉⲛ ⲟⲩⲟⲛ ⲛⲓⲃⲉⲛ ⲡⲓⲙⲁⲥⲧⲉ ⲛ̄ⲡⲉⲑⲛⲁⲛⲉϥ ⲇⲉ
ⲛ̄ⲇⲓⲁⲃⲟⲗⲟⲥ ⲙⲡⲉϥϣϫⲉⲙϫⲟⲙ ⲉⲣⲟϥ ⲉϥⲛⲁⲩ ⲉⲣⲱⲟⲩ ⲉⲩⲟⲛϧ ϧⲉⲛ ⲡⲁⲓⲭⲓ ⲛⲱⲛϧ
ⲉϥⲟⲩⲣⲱⲟⲩ ⲙ̄ⲡⲁⲓⲣⲏϯ ⲁⲗⲗⲁ ⲁϥⲭⲟϩ⁹ ⲉⲣⲱⲟⲩ ⲕⲁⲧⲁ ⲧⲉϥⲙⲁϩⲉ ⲟⲩⲟϩ
ⲡⲁⲓⲣⲏϯ ⲁϥⲧⲟⲩⲛⲟⲥ ϩⲁⲛ ⲡⲉⲓⲣⲁⲥⲙⲟⲥ¹⁰ ⲉϩⲣⲏⲓ ⲉϫⲱⲟⲩ ⲟⲩⲟⲛ ⲛⲥⲁ ⲟⲩⲟⲛ
ϩⲓⲧⲉⲛ ϩⲁⲛⲣⲱⲙⲓ ⲛⲥⲕⲁⲛⲇⲁⲗⲟⲛ ⲟⲩⲟϩ ⲉⲧⲟⲓ ⲛ̄ⲣⲉϥⲁⲛⲟⲛ ⲛⲁϥ ⲛ̄ϫⲉ ⲡⲥⲁⲧⲁ-
ⲛⲁⲥ¹¹ ϩⲱⲥⲧⲉ¹² ⲛ̄ⲧⲟⲩⲉⲣⲥⲕⲟⲣⲡⲓⲍⲓⲛ¹³ ⲟⲩⲟϩ ⲛ̄ⲧⲟⲩϫⲱⲣ ⲉⲃⲟⲗ ⲛⲉⲛⲭⲁⲓ ⲛⲓⲃⲉⲛ

Tous deux étaient justes, et le Christ était avec eux. Mais, comme ils avaient en abondance les choses nécessaires à la vie, ils vaquaient surtout au salut de leurs âmes. Une fille avait été leur première-née et lorsqu'elle eut grandi un peu, le Seigneur la visita, et elle émigra de cette vie. Or, ce prêtre aimant Dieu et sa bienheureuse femme, comme ils aimaient tous deux la pureté, ils restèrent en repos de leur coït après la mort de l'enfant, pendant longtemps, vaquant dès lors à la prière, au jeûne, à l'aumône, au service des malades; étant devenus célèbres de toute cette manière dans la piété, ils furent dignes d'être aimés de tout le monde. Mais celui qui hait le bien, le diable, ne put supporter de les voir vivant ainsi : il leur porta envie selon sa coutume, et ainsi il suscita des épreuves sur eux, l'une après l'autre, au moyen d'hommes de scandale qui étaient ses agents à lui, Satan,

---

1. Le *Cod.* LIX a plusieurs petits changements peu importants : ⲇⲉ pour ⲟⲩⲟϩ ; il n'a pas ⲉⲟⲟⲧⲃ ; il a ⲛ̄ⲣⲟⲥⲉⲩⲭⲁ pour ⲛ̄ⲣⲟⲥⲧⲁⲓⲁ, ce qui n'offre aucun sens, et ajoute : ⲉⲥⲥⲟⲧⲡ ⲛϩⲟⲩⲟ ⲕⲁⲗⲱⲥ : choisie surtout bellement. — 2. Le *Cod.* LXII n'a pas le premier ⲛⲉ. — 3. *Cod.* LIX : ϯⲭⲣⲓⲁ. — 4. *Cod.* LIX : ⲉⲁ ⲟⲩϣⲉⲣⲓ ⲛⲉϭⲙⲁⲓ. — 5. *Cod.* LXII : ⲙⲛⲓⲧⲟⲩⲃⲟ. — 6. *Cod.* ⲛⲉⲓⲭⲁⲍⲓⲛ. — 7. *Cod.* ϯⲛⲏⲥⲧⲓⲁ. — 8. *Cod.* LIX : ⲛⲓϣⲓ ⲛϣⲉⲙϣⲓ. — 9. *Cod.* LXII : ⲉⲩⲟⲛϧ ϧⲉⲛ ⲡⲁⲓⲭⲓ ⲛⲱⲛϧ ⲉϥϩⲟⲣⲣⲱⲟⲩ ⲙⲡⲁⲓⲣⲏϯ ⲁϥⲭⲟϩ : vivant de cette vie tranquille, il, etc. — 10. *Cod.* ⲛⲓⲣⲁⲥⲙⲟⲥ. — 11. *Cod.* ⲛⲥⲁⲇⲁⲛⲁⲥ. — 12. *Cod.* ϩⲱⲥⲇⲉ. — 13. *Cod.* ⲥⲕⲟⲣⲡⲓⲍⲓⲛ.

ⲉⲧϣⲟⲡ ⲛⲱⲟⲩ ⲙ̅ⲫⲣⲏϯ ⲙ̅ⲡⲓⲥⲉⲛⲛⲁⲓⲟⲥ¹ ⲉⲧⲉⲙⲙⲁⲩ ϧⲉⲛ ⲛⲁ ⲫϯ ⲉⲓⲥⲁϫⲓ
ⲉⲓⲱⲃ ⲡⲓⲑⲙⲏⲓ² ⲉⲑⲃⲉ ϫⲉ ϧⲉⲛ³ ⲡⲓⲥⲏⲟⲩ ⲉⲧⲉⲙⲙⲁⲩ ⲛⲉ ⲙⲙⲟⲛ ϩⲗⲓ ⲛ̅ⲕⲁⲧⲁⲥ-
ⲧⲁⲥⲓⲥ ϣⲟⲡ ϧⲉⲛ ⲧⲟⲩⲭⲱⲣⲁ⁴ ⲡⲉ. ϯⲛⲁⲓⲁⲧⲉ ⲇⲉ ⲛ̅ⲥϩⲓⲙⲓ ⲛ̅ⲧⲉ ⲡⲓⲙⲁⲕⲁⲣⲓⲟⲥ
ⲙ̅ⲡⲣⲉⲥⲃⲩⲧⲉⲣⲟⲥ⁵ ⲉⲧⲁⲥⲛⲁⲩ ⲉⲫⲏ ⲉⲧⲁϥϣⲱⲡⲓ⁶ ⲙⲙⲟⲥ ⲟⲩⲟϩ ⲉⲧⲁⲗⲙⲟⲛⲓ
ⲙⲙⲟⲥ ϩⲓⲧⲉⲛ ϯⲙⲉⲧϣⲗⲁϩ⁷ ⲛ̅ϩⲏⲧ ⲁⲥϯ ⲥⲟϭⲛⲓ ⲙ̅ⲡⲉⲥϩⲁⲓ ϫⲉ ϩⲓⲛⲁ ϧⲉⲛ
ⲟⲩⲛⲟϩⲉⲙ ⲛ̅ⲧⲟⲩⲛⲟϩⲉⲙ ⲛ̅ⲧⲟⲩⲯⲩⲭⲏ ⲟⲩⲟϩ ⲛ̅ⲧⲟⲩ ⲉⲃⲟⲗϧⲉⲛ ⲡⲟⲩⲕⲁϩⲓ
ⲛⲉⲙ ⲉⲃⲟⲗϧⲉⲛ ⲧⲟⲩⲥⲩⲅⲅⲉⲛⲉⲓⲁ⁸ ⲟⲩⲟϩ ⲡⲁⲓⲣⲏϯ ⲁⲥϣⲱⲡⲓ. ⲛ̅ⲑⲟϥ ⲇⲉ ⲡⲓⲡⲣⲉⲥⲃⲩⲧⲉⲣⲟⲥ ϩⲱⲥ ⲉϥⲫⲏϣ ϧⲉⲛ ⲛⲉϥⲗⲟⲅⲓⲥⲙⲟⲥ ⲟⲩⲟϩ⁹ ⲛⲁϥⲟⲓ ⲛ̅ⲣⲱⲟⲩϣ ⲛ̅ⲧⲁⲓϩⲉ
ⲧⲏⲣⲥ ⲟⲩⲟϩ ⲛⲁϥϫⲱ ⲙⲙⲟⲥ ⲡⲉ ϫⲉ ⲟⲩ ⲡⲉ ⲫⲁⲓ ⲉⲧⲁϥϣⲱⲡⲓ ⲙⲙⲟⲓ ⲉⲓⲧⲁ¹⁰
ⲉⲧⲁϥⲉⲛⲕⲟⲧ ϧⲉⲛ ⲡⲓⲉⲭⲱⲣϩ ⲓⲥ ϩⲏⲡⲡⲉ ⲁϥⲛⲁⲩ ϧⲉⲛ ⲟⲩϩⲟⲣⲁⲙⲁ¹¹ ⲉⲟⲩⲃⲉⲗⲗⲟ
ⲛ̅ⲁⲅⲓⲟⲥ ⲉϥⲉⲣ ⲟⲩⲱⲓⲛⲓ ⲛ̅ⲧⲁⲓϩⲉ ⲧⲏⲣⲥ ⲉϥϫⲟⲗϩ ⲇⲉ ⲛ̅ⲟⲩⲑⲃⲟⲥ¹² ⲙ̅ⲡⲁⲧⲣⲓⲁⲣⲭⲏⲥ
ⲟⲩⲟϩ ⲉⲧⲁϥϧⲱⲛⲧ ⲉⲣⲟϥ ⲡⲉϫⲁϥ ⲛⲁϥ ϫⲉ ⲙ̅ⲡⲉⲣⲉⲣ ϩⲟϯ ⲁⲛⲟⲕ ⲡⲉ ⲁⲃⲣⲁⲁⲙ
ⲫⲓⲱⲧ ⲛⲓⲥⲁⲁⲕ ⲫⲏ ⲉⲧⲁϥϫⲫⲉ ⲓⲁⲕⲱⲃ ⲥⲱⲧⲉⲙ ⲟⲩⲛ ⲛ̅ⲥⲱⲓ ⲟⲩⲟϩ ⲙ̅ⲡⲉⲣⲉⲣ
ⲁⲧⲥⲱⲧⲉⲙ ⲛⲥⲁ ⲧⲥⲙⲏ¹³ ⲛ̅ⲧⲉⲕⲥϩⲓⲙⲓ ⲟⲩⲟϩ ⲁⲙⲟⲩ ⲉⲃⲟⲗϧⲉⲛ ⲡⲁⲓⲕⲁϩⲓ ϫⲉ
ⲟⲩⲏⲓ ⲡⲁⲓⲣⲏϯ ⲁϥϯ ⲙⲁϯ ⲛ̅ϫⲉ ⲫϯ. ⲁⲙⲟⲩ ϫⲉ ϣⲱⲡⲓ¹⁴ ϧⲉⲛ ⲡϫⲓⲛⲃⲏⲣ ⲁⲛⲟⲕ

de sorte qu'ils furent ruinés et perdirent tous les biens qui leur appartenaient, comme ce généreux dans les choses de Dieu, je dis Job le juste, car en ce temps il n'y avait point de gouvernement en leur pays. La bienheureuse femme ayant vu ce qui était arrivé et qu'on la tenait dans la crainte, elle conseilla à son mari de sauver leur âme, de sortir de leur pays et de leur famille, et il arriva ainsi. Mais lui, le prêtre, comme partagé entre ses pensées, il était silencieux de toute cette manière, et il disait : « Que m'est-il arrivé ? » Ensuite, lorsqu'il se fut endormi pendant la nuit, voici qu'il vit en songe un saint vieillard brillant de toute cette manière, vêtu d'un habit patriarcal; et lorsque le (patriarche) fut près de lui, il lui dit : « Ne crains pas, c'est moi Abraham, le père d'Isaac qui engendra Jacob. Écoute-moi et ne désobéis pas à la voix de ta femme : sors de cette terre, car ainsi Dieu l'a décidé ; viens habiter dans Pi-

---

1. Cod. ⲅⲉⲛⲛⲉⲟⲥ. — 2. Le Cod. LIX n'a ni ⲉⲓⲥⲁϫⲓ, ni ⲡⲓⲑⲙⲏⲓ. — 3. Cod. LXII : ⲙ̅ⲡⲓⲥⲏⲟⲩ. — 4. Cod. LXII : ϧⲉⲛ ⲧⲉⲛⲭⲱⲣⲁ : dans notre pays; c'est l'auteur qui parle. — 5. Cod. LXII : ⲛ̅ⲧⲉ ⲡⲓⲡⲣⲉⲥⲃⲩⲧⲉⲣⲟⲥ. — 6. Cod. LXIV : ⲫⲏ ⲉⲧⲁϥϣⲱⲡⲓ ⲟⲩⲟϩ : même sens. — 7. Cod. LXII : ⲟⲩⲙⲉⲧϣⲗⲁϩ ⲛ̅ϩⲏⲧ. — 8. Cod. ⲥⲩⲛⲅⲉⲛⲓⲁ. — 9. Cod. LIX : ϩⲱⲥ ⲉϥⲉⲣϣⲫⲏⲣⲓ ϧⲉⲛ ⲛⲉϥⲗⲟⲅⲓⲥⲙⲟⲥ : comme étant en admiration en ses pensées. — 10. Le Cod. LIX ajoute : ⲉϥⲙⲉⲓ ⲉⲃⲟⲗ ⲉⲑⲃⲉ ⲫⲏ ⲉⲧⲁϥϣⲱⲡⲓ ⲓⲧⲁ ⲛⲁϥϫⲱ, etc. : pensant à ce qui était arrivé, ensuite, etc. — 11. Cod. LIX : ⲟⲩϩⲟⲣⲁⲙⲁ : il vit un songe. — 12. Cod. LIX : ⲉϥϫⲟⲗϩ ⲛⲟⲩⲣⲉⲃⲥⲱ. — 13. Cod. LXII : ⲥⲱⲧⲉⲙ ⲛⲥⲁ ⲧⲥⲙⲏ, etc. : écoute la voix de ta, etc. — 14. Cod. LXII : ⲟⲩⲟϩ ⲁⲙⲟⲩ ϣⲱⲡⲓ.

ⲇⲉ ⲛⲛⲁⲭⲁⲕ ⲛⲥⲱⲓ¹ ⲡⲉϫⲉ ⲡⲟⲥ ⲁⲗⲗⲁ ϯⲛⲁⲥⲙⲟⲩ ⲉⲣⲟⲕ ⲡⲉϫⲁϥ² ⲕⲁⲓ³ ⲅⲁⲣ
ⲁⲛⲟⲕ ϩⲱ ⲁⲛ ⲉⲃⲟⲗϧⲉⲛ ⲧⲁⲭⲱⲣⲁ⁴ ⲭⲁⲣⲣⲁⲛ ⲟⲩⲟϩ ⲁⲓϣⲱⲡⲓ ϧⲉⲛ ⲡⲕⲁϩⲓ
ⲛⲭⲁⲛⲁⲁⲛ ⲙⲫⲣⲏϯ ⲉⲧⲁ ⲡⲟⲥ ϫⲟⲥ ⲛⲏⲓ ⲟⲩⲟϩ ⲁⲛⲟⲕ ϯⲛⲁϯ ⲛⲁⲕ ⲛⲟⲩϣⲏⲣⲓ
ⲡⲉϫⲉ ⲡⲟⲥ ⲉⲃⲟⲗϧⲉⲛ ⲧⲁⲓⲥϩⲓⲙⲓ ⲑⲁⲓ ⲉⲧϣⲟⲡ ⲛⲉⲙⲁⲕ ϯⲛⲟⲩ ⲟⲩⲟϩ ⲡⲉϥⲣⲁⲛ
ⲛⲁϣⲱⲡⲓ ⲉϥⲙⲏⲛ ⲉⲃⲟⲗ ϣⲁ ϩⲁⲛ ϫⲱⲟⲩ⁵ ⲛⲉⲙ ⲛⲓϣⲏⲣⲓ ⲉⲧⲉϥⲛⲁⲫⲱⲟⲩ
ⲡⲛⲁⲧⲓⲕⲱⲥ ⲉⲑⲣⲟⲩϣⲉⲙϣⲓ ⲙⲙⲟⲓ ϧⲉⲛ ⲡⲓⲙⲁ ⲉϯⲛⲁⲧⲁⲙⲟϥ ⲉⲣⲟϥ. ⲛⲁⲓ ⲇⲉ
ⲉϥⲥⲱⲧⲉⲙ ⲉⲣⲱⲟⲩ ⲛϫⲉ ⲡⲓⲃⲉⲗⲗⲟ ⲛⲟⲩⲏⲃ ⲛⲁϥⲉⲣ ϣⲫⲏⲣⲓ ⲉⲙⲁϣⲱ ⲙⲁⲗⲗⲟⲛ
ⲇⲉ ⲛⲁϥⲣⲁϣⲓ ⲡⲉ ⲉϩⲣⲏⲓ ⲉϫⲉⲛ ⲡⲓⲑⲱⲧ ⲛϩⲏⲧ ⲉⲧⲁ ⲧⲟⲟⲧⲓ ⲇⲉ ϣⲱⲡⲓ ⲁϥⲙⲟⲩϯ
ⲉⲧⲉϥⲥϩⲓⲙⲓ ⲟⲩⲟϩ ⲁϥϫⲁⲥⲓ ϧⲁⲧⲟⲧⲉ ⲛⲛⲏ ⲧⲏⲣⲟⲩ ⲉⲧⲁϥⲛⲁⲩ ⲉⲣⲱⲟⲩ ⲕⲁⲧⲁ
ⲫⲣⲏϯ ⲉⲧⲁⲩⲥⲁϫⲓ ⲛⲉⲙⲁϥ. ⲥⲁⲧⲟⲧⲟⲩ ⲇⲉ ⲉⲧⲁⲩϯ ⲙⲁϯ ⲉϫⲉⲛ ⲡⲓⲟⲩⲱϣ ⲛⲧⲉ
ⲫϯ ⲧⲟⲧⲉ ⲁⲩⲥⲱϫⲡ ⲙⲡⲥⲉⲡⲓ ⲛⲛⲏ ⲉⲧϣⲟⲡ ⲛⲱⲟⲩ ⲁⲩⲓ ⲉⲃⲟⲗϧⲉⲛ ⲡⲓⲕⲁϩⲓ
ⲉⲧⲁⲩϣⲟⲡ ⲛϧⲏⲧϥ ⲟⲩⲟϩ ⲉⲧⲁⲓ⁶ ⲉⲡϫⲓϫⲃⲏⲣ ⲁⲩϣⲱⲡⲓ ⲙⲙⲁⲩ⁷ ⲕⲁⲧⲁ ⲫⲣⲏϯ
ⲉⲧⲁⲩⲟⲩⲁϩⲥⲁϩⲛⲓ ⲛⲱⲟⲩ ϧⲉⲛ⁸ ⲡⲓϣⲱⲣⲡ ⲉⲃⲟⲗ. ⲛⲉⲁⲩⲓⲛⲓ ⲛⲉⲙⲱⲟⲩ ⲡⲉ⁹
ⲛⲟⲩⲕⲟⲩϫⲓ ⲛⲭⲣⲉⲓⲁ¹⁰ ϧⲉⲛ ⲡⲉⲧϩⲏⲡ ⲉⲟⲩⲣⲱϣⲓ ϫⲉ ϩⲓⲛⲁ ⲉⲧⲉϣⲉⲡ ⲫⲏ
ⲉⲧⲟⲩⲉⲣ ⲉⲛⲭⲣⲉⲓⲁ¹¹ ⲙⲙⲟϥ. ⲉⲧⲁⲩϣⲱⲡⲓ ⲟⲩⲛ ϧⲉⲛ ⲡⲓϫⲓϫⲃⲏⲣ ⲟⲩⲟϩ ⲛⲁⲩ-

djidjbir, et moi, je ne t'oublierai pas, dit le Seigneur, mais je te bénirai; car moi aussi, je suis sorti de ma terre de Charran et j'ai demeuré dans la terre de Chanaan, comme le Seigneur me l'avait dit. Et moi je te donnerai un fils, dit le Seigneur, de cette femme qui est avec toi maintenant, et son nom sera stable jusqu'aux générations, ainsi que les fils qu'il engendrera spirituellement, pour qu'ils me servent dans le lieu que je lui indiquerai. » Or, en entendant cela, le vieillard prêtre était grandement étonné; mais, il se réjouissait plutôt et était persuadé¹². Lorsque le matin fut (arrivé), il appela sa femme et lui dit tout ce qu'il avait vu, selon la manière dont on lui avait parlé. Or, aussitôt qu'ils furent d'accord sur la volonté de Dieu, alors ils laissèrent le reste de ce qui leur appartenait, ils sortirent de la terre qu'ils habitaient et, s'étant rendus à Pidjidjbir, ils y habitèrent, comme on le leur avait ordonné dans la vision. Ils avaient apporté secrètement avec eux quelques provisions, ce qui leur suffisait, afin de prendre ce dont ils avaient besoin. Lors donc qu'ils furent arrivés à Pidjidjbir et quils marchèrent dans les lois du Sei-

1. *Cod.* ⲟⲩⲟϩ ⲁⲛⲟⲕ ϯⲛⲁⲕⲁⲕ ⲛⲥⲱⲓ ⲁⲛ. — 2. Ce mot n'est pas au *Cod.* LXII. — 3. *Cod.* ⲕⲉ ⲅⲁⲣ. — 4. *Cod.* LXII : ⲉⲃⲟⲗϧⲉⲛ ⲭⲁⲣⲣⲁⲛ. — 5. *Cod.* LIX : ϣⲁ ⲉⲛⲉϩ : éternellement. — 6. *Cod.* LXII : ⲁⲩⲓ. — 7. *Cod.* LXII : ⲛϧⲏⲧϥ. — 8. *Cod.* LIX : ϩⲓⲧⲉⲛ. — 9. *Cod.* LXII : ⲉⲁⲩⲓⲛⲓ ⲛⲉⲙⲱⲟⲩ ⲛⲟⲩⲕⲟⲩϫⲓ, etc. — 10. *Cod.* ⲛⲭⲣⲓⲁ. — 11. *Cod.* ⲉⲛⲭⲣⲓⲁ. — 12. Mot à mot : il se réjouit sur sa persuasion.

ⲙⲟϣⲓ ⲟⲛ ⲡⲉ ϧⲉⲛ ⲛⲓⲉⲛⲧⲟⲗⲏ¹ ⲛⲧⲉ ⲡⲟⲥ ⲕⲁⲧⲁ ⲧⲟⲩⲥⲩⲛⲏⲑⲉⲓⲁ² ⲉⲩⲛⲁⲩ
ⲟⲩⲛ ⲉⲛⲉϥⲥⲕⲟⲧ ⲉⲟⲩⲁⲛⲉϥ ⲛⲧⲉ ⲡⲓϧⲉⲗⲗⲟ ⲛⲟⲩⲁⲃ ⲉⲧⲉⲙⲙⲁⲩ ⲛϫⲉ ⲛⲓⲕⲗⲏ
ⲣⲓⲕⲟⲥ³ ⲛⲧⲉ ⲛⲓⲙⲁ ⲛⲁϥϯ ϩⲟ ⲉⲙⲁ⁴ ⲉϥⲉⲣ ϣⲫⲏⲣ ⲛϣⲉⲙϣⲓ ⲛⲉⲙⲱⲟⲩ
ⲉⲛⲓⲙⲁ ⲛⲉⲣ ϣⲱⲟⲩϣⲓ. ⲛⲑⲟϥ ⲇⲉ ⲙⲡⲉϥⲉⲣⲁⲛⲉⲭⲉⲥⲑⲁⲓ⁵ ⲕⲁⲧⲁ ⲫⲛⲟⲙⲟⲥ
ⲛⲛⲓⲕⲁⲛⲱⲛ. ⲉⲧⲁϥⲉⲣ⁶ ⲟⲩⲛⲟⲩ ⲇⲉ ⲛⲥⲏⲟⲩ ϧⲉⲛ⁷ ⲡⲓⲙⲁ ⲉⲧⲉⲙⲙⲁⲩ ⲟⲩⲟϩ
ⲉⲧⲁϥⲥⲉⲙⲛⲓ⁸ ⲧⲟⲧⲉ ⲁϥⲉⲣ ϩⲩⲧⲥ ⲛⲉⲣ ϩⲱⲃ ⲉⲡⲓⲕⲁϩⲓ ⲟⲩⲟϩ ⲉⲱⲛϧ ⲉⲃⲟⲗ
ⲛϧⲏⲧϥ ⲉⲑⲃⲉ ϫⲉ ⲛⲉ ⲟⲩⲟⲩⲟⲓ ⲡⲉ. ⲉⲧⲁ ⲟⲩⲥⲛⲟⲩ ⲇⲉ ⲟⲛ ⲥⲓⲛⲓ ⲁϥⲉⲣ ϩⲏⲧⲥ
ⲛϣⲱⲛⲓ ⲟⲩⲟϩ ⲁϥⲉⲣⲁⲓⲧⲓⲛ⁹ ⲉⲑⲣⲟⲩⲟⲗϥ ⲉⲧⲉⲕⲕⲗⲏⲥⲓⲁ ⲛⲧⲉϥⲉⲛⲕⲟⲧ ⲙⲙⲁⲩ
ⲕⲁⲧⲁ ⲟⲩϩⲁⲣϯ ϫⲉ ϩⲓⲛⲁ ⲉϥⲉϭⲓ ⲙⲡⲓⲧⲁⲗϭⲟ. ⲉⲧⲓ ⲉϥⲟⲓ ⲛϣⲣⲱⲓⲥ ⲙⲡⲉⲭⲱⲣϩ
ⲛⲧⲉⲛ ⲛⲓⲧⲕⲁⲥ ⲛⲧⲉ ⲡⲓϣⲱⲛⲓ ⲁϥⲛⲁⲩ ⲟⲩⲟϩ ϩⲏⲡⲡⲉ ⲓⲥ ⲟⲩⲁⲅⲅⲉⲗⲟⲥ ⲛⲧⲉ
ⲡⲟⲥ ⲁϥⲟϩⲓ ⲉⲣⲁⲧϥ ϧⲉⲛ¹⁰ ⲡⲓⲙⲁ ⲛⲉⲣ ϣⲱⲟⲩϣⲓ ⲟⲩⲟϩ ⲁϥⲙⲟⲩϯ ⲉⲣⲟϥ ⲛⲟⲩⲥⲟⲡ ⲛⲉⲙ ⲃ̄ ϣⲁ ⲫⲙⲁϩ ⲅ̄ ⲛⲥⲟⲡ ⲉϥϫⲱ ⲙⲙⲟⲥ ϫⲉ ⲧⲱⲛⲕ ⲁⲙⲟⲩ ⲉⲡⲁⲓⲙⲁ.
ⲛⲑⲟϥ ⲇⲉ ⲡⲉϫⲁϥ ⲛⲁϥ ϫⲉ ϯϯϩⲟ ⲉⲣⲟⲕ ⲡⲁⲟⲥ ϫⲉ ⲟⲩⲛ ⲙⲙⲟⲛ ϣϫⲟⲙ
ⲙⲙⲟⲓ ⲉⲑⲃⲉ ⲡⲓϣⲱⲛⲓ ⲉⲧϩⲓϫⲱⲓ¹¹. ⲉⲧⲁϥϧⲱⲛⲧϥ¹² ⲇⲉ ⲉⲣⲟϥ ⲛϫⲉ ⲡⲓⲁⲅⲅⲉⲗⲟⲥ
ⲁϥϭⲓ ⲛⲉⲙⲁϥ ⲉϥϫⲱ ⲙⲙⲟⲥ ϫⲉ ⲡⲟⲥ ⲡⲉ ⲉⲧⲁϥⲟⲩⲁϩⲥⲁϩⲛⲓ¹³ ⲉⲑⲣⲉⲕⲟⲩⲁⲓ
ⲧⲱⲛⲕ ⲟⲩⲟϩ ⲟϩⲓ ⲉⲣⲁⲧⲕ. ⲟⲩⲟϩ ⲥⲁⲧⲟⲧϥ¹⁴ ⲁϥⲧⲱⲛϥ ⲁϥⲟϩⲓ ⲉⲣⲁⲧϥ ⲟⲩⲟϩ

gneur, selon leur habitude, les clercs de ce lieu-là, voyant les bonnes manières du saint vieillard, le prièrent d'être leur compagnon de service dans le sanctuaire; mais lui, il ne le souffrit point, selon la loi des canons. Mais lorsqu'il eut passé là quelque temps et qu'il se fut établi, alors il commença de travailler à la terre et d'en vivre, car il était laboureur. Lorsque quelque temps se fut passé, il commença d'être malade et il demanda qu'on le portât à l'église, dans la confiance qu'il recevrait guérison. Étant encore éveillé, la nuit, à cause de la souffrance de la maladie, il vit et voici qu'un ange du Seigneur se tint près de lui dans le sanctuaire et l'appela une, deux et jusqu'à trois fois, en disant : « Lève-toi, viens ici. » Mais il dit: « Je t'en prie, Seigneur! je n'en ai pas la force, à cause de la maladie. » Mais lorsque l'ange se fut approché de lui, il le prit en disant : « C'est le Seigneur

---

1. Cod. ⲛⲓⲛⲧⲟⲗⲏ. — 2. Cod. ⲧⲟⲩⲥⲩⲛⲏⲟⲓⲁ. — 3. Cod. ⲛⲓⲕⲗⲏⲣⲓⲕⲟⲥ. — 4. Cod. LXII : ⲉⲧⲁⲩⲓ ⲟⲛ ⲉⲛⲭⲓⲭⲃⲏⲣ ⲁϣⲱⲡⲓ ⲙⲙⲁⲩ ⲉⲧⲁⲩⲛⲁⲩ ⲛϫⲉ ⲛⲓⲕⲗⲏⲣⲓⲕⲟⲥ ⲛⲧⲉ ⲡⲓⲙⲁ ⲉⲧⲉⲙⲙⲁ (sic) ⲉⲧⲉⲙⲙⲁⲩ ⲉⲛⲉϥⲥⲕⲟⲧ ⲉⲟⲩⲁⲛⲉϥ ⲛⲧⲉ ⲡⲓϧⲉⲗⲗⲟ ⲛⲟⲩⲁⲃ ⲛⲁϥϯ ϩⲟ ⲉⲣⲟϥ ⲡⲉ ϫⲉ ϩⲓⲛⲁ; même sens à peu près. — 5. Cod. ⲁⲛⲉⲭⲉⲥⲑⲉ. — 6. Cod. LXII : ⲉⲧⲁⲩⲉⲣ: lorsqu'ils eurent fait. — 7. Cod. LXII : ⲛⲡⲓⲙⲁ. — 8. Cod. LIX : ⲁϥⲥⲉⲙⲛⲓ. — 9. Cod. ⲁϥⲉⲣⲉⲧⲓⲛ. — 10. Cod. LXI : ϩⲁⲧⲉⲛ, près de. — 11. Le Cod. LXII n'a pas ce mot. — 12. Cod. LIX : ⲉⲧⲁϥϧⲱⲛⲧϥ. — 13. Cod. ⲛⲉⲧⲁϥⲟⲩⲁϩⲥⲁϩⲛⲓ. — 14. Cod. LIX : ϧⲉⲛ ϯⲟⲩⲛⲟⲩ ⲇⲉ ⲉⲧⲉⲙⲙⲁⲩ ⲟⲩⲟϩ ⲥⲁⲧⲟⲧϥ: pléonasme inutile.

ⲡⲉϫⲁϥ ⲛⲁϥ ⲛϫⲉ ⲡⲓⲁⲅⲅⲉⲗⲟⲥ ϫⲉ ⲙⲁϣⲉ ⲛⲁⲕ ⲉⲡⲉⲕⲏⲓ ⲟⲩⲟϩ ⲉⲛⲉⲥⲟⲩⲉⲛ
ⲧⲉⲕⲥϩⲓⲙⲓ ⲟⲩⲟϩ ⲉⲥⲉⲉⲣ ⲃⲟⲕⲓ ⲟⲩⲟϩ ⲉⲥⲉⲙⲓⲥⲓ ⲛⲁⲕ ⲛⲟⲩϣⲏⲣⲓ ⲟⲩⲟϩ ⲉⲣⲉ
ⲟⲩⲣⲁϣⲓ ϣⲱⲡⲓ ⲛⲁⲕ ⲛⲉⲙ ⲧⲉϥⲙⲁⲩ ⲟⲩⲟϩ ⲫⲁⲓ ⲛⲁϣⲱⲡⲓ ⲉϥⲟⲓ ⲛⲥⲱⲧ ϧⲉⲛ
†ⲙⲉⲧⲉⲩⲥⲉⲃⲏⲥ ϩⲱⲥⲧⲉ¹ ⲛⲥⲉϥⲓⲣⲓ ⲉⲡⲉϥⲣⲁⲛ ϩⲓϫⲉⲛ ⲡⲕⲁϩⲓ ⲧⲏⲣϥ ⲥⲭⲉⲇⲟⲛ
ϫⲉ ⲟⲩⲛⲓ ϥⲛⲁⲓⲛⲓ ⲛⲟⲩⲗⲁⲟⲥ ⲉϧⲟⲩⲛ ⲉⲫ† ⲉⲑⲣⲟⲩϣⲉⲙϣⲓ ⲙⲙⲟϥ ⲙⲫⲣⲏ†
ⲛⲛⲓⲁⲅⲅⲉⲗⲟⲥ ⲉⲧⲁⲩⲧⲉⲛⲑⲱⲛⲟⲩ ⲉⲥⲭⲉⲇⲟⲛ ⲉⲛⲓⲁⲥⲱⲙⲁⲧⲟⲥ ϧⲉⲛ ⲧⲟⲩⲡⲟⲗⲓ-
ⲧⲉⲓⲁ² ⲛⲉⲙ ⲡⲟⲩϣⲉⲙϣⲓ. ⲉⲧⲁϥⲛⲉϩⲥⲓ ⲇⲉ ⲉⲡϣⲱⲓ ⲉⲃⲟⲗϧⲉⲛ ⲡⲓϩⲟⲣⲁⲙⲁ³
ⲉⲥϩⲁⲧⲟⲧϥ ⲛϫⲉ ⲧⲉϥⲥϩⲓⲙⲓ ϧⲉⲛ †ⲉⲕⲕⲗⲏⲥⲓⲁ ⲉⲥϣⲉⲙϣⲓ ⲙⲙⲟϥ ⲁϥⲧⲁⲙⲟϥ
ⲉⲛⲁⲓ ⲧⲏⲣⲟⲩ. ⲉⲧⲁ ϣⲟⲣⲡ ⲟⲩⲛ ϣⲱⲡⲓ ⲁⲩϣⲉ ⲛⲱⲟⲩ ⲉϧⲟⲩⲛ ⲟⲩⲟϩ ⲙⲡⲁⲧⲉ
ⲉϭⲛⲓ ϣⲱⲡⲓ ⲁⲥⲉⲣ ⲃⲟⲕⲓ ⲛϫⲉ †ⲥϩⲓⲙⲓ ⲕⲁⲧⲁ ⲡⲥⲁϫⲓ ⲙⲡⲓⲁⲅⲅⲉⲗⲟⲥ ⲁⲥⲙⲓⲥⲓ
ⲙⲡⲓⲁⲗⲟⲩ ⲁⲥⲙⲟⲩ† ⲉⲡⲉϥⲣⲁⲛ ϫⲉ ⲙⲁⲕⲁⲣⲓⲟⲥ⁴ ⲉⲟⲩⲁⲥⲧⲉⲓⲟⲥ⁵ ⲡⲉ ⲟⲩⲟϩ
ⲉϥⲙⲉϩ ⲛϩⲙⲟⲧ ⲧⲏⲣϥ.

ⲉⲧⲁϥⲁⲓⲁⲓ ⲛϫⲉ ⲡⲓⲁⲗⲟⲩ ⲛⲁϥ† ⲉⲡⲁⲛⲁⲓ ⲙⲙⲏⲛⲓ ⲡⲉ ϩⲓⲧⲉⲛ ⲧϭⲃⲱ ⲛⲛⲉϥ-
ⲓⲟⲧ ⲉϥⲛⲁⲩ ⲉⲣⲱⲟⲩ ⲉⲩⲟⲓ ⲛϣⲁⲙϣⲉ ⲛⲟⲩ† ⲛⲧⲁⲓϩⲉ ⲧⲏⲣⲥ ⲙⲁⲗⲗⲟⲛ ⲇⲉ
ⲛⲁⲩϭⲓⲙⲱⲓⲧ ⲛⲁϥ ⲡⲉ ϩⲓⲧⲉⲛ ⲡⲓϩⲙⲟⲧ ⲛⲧⲉ ⲫ† ⲉⲧⲭⲏ ⲛⲉⲙⲁϥ ⲉⲑⲃⲉ ϫⲉ

qui a ordonné que tu fusses guéri : lève-toi et tiens-toi debout. » Et aussitôt il se leva, il se tint debout. L'ange lui dit : « Va vers ta maison, connais ta femme, elle concevra et elle enfantera un fils. Toi et sa mère vous vous réjouirez, et il deviendra célèbre par sa piété, si bien qu'on citera son nom presque dans la terre entière, car il amènera à Dieu (des hommes) pour le servir à la manière des Anges ; ils imiteront presque les (esprits) incorporels par leur manière de vivre et leur piété. » Lorsqu'il se fut réveillé⁶, comme sa femme était dans l'église et le servait, il l'informa de tout cela. Lorsque le matin fut (arrivé), ils s'en allèrent dans leur maison et, avant qu'il n'y eût retard, la femme devint grosse, selon la parole de l'ange : elle enfanta l'enfant, elle l'appela Macaire : c'était un (enfant) joli, rempli de toute grâce.

Lorsque l'enfant eut grandi, il faisait l'aumône chaque jour, selon les instructions de ses parents, voyant qu'ils servaient Dieu de toute cette manière et que surtout ils le dirigeaient par suite de la grâce de Dieu qui était en lui ;

---

1. Cod. ϩⲱⲥⲇⲉ. — 2. Cod. ⲧⲟⲩⲡⲟⲗⲏⲧⲓⲁ. — 3. Le Cod. LXII n'a pas les mots : ⲉⲃⲟⲗϧⲉⲛ ⲡⲓϩⲟⲣⲁⲙⲁ. Le Cod. LIX a : ⲛⲁⲥⲭⲏ ⲇⲉ ϩⲁⲧⲟⲧϥ ϧⲉⲛ †ⲉⲕⲕⲗⲏⲥⲓⲁ ⲛϫⲉ ⲧⲉϥⲥϩⲓⲙⲓ. — 4. Cod. ⲙⲁⲕⲁⲣⲓ. — 5. Cod. ⲟⲩⲁⲥⲧⲓⲟⲥ. — 6. L'auteur n'a plus pensé que le prêtre était tenu éveillé par la souffrance et qu'il ne dormait pas, il n'y avait donc nul besoin de le réveiller. Ce sont là de ces petites phrases fort importantes pour montrer que tous ces récits sont fantaisistes.

ⲟⲩϣⲏⲣⲓ ⲡⲉ ⲛ̄ⲧⲉ ϯⲉⲡⲁⲅⲅⲉⲗⲓⲁ¹ ⲕⲁⲧⲁ ⲛⲏ ⲉⲧⲁⲛⲉⲣ ϣⲟⲣⲡ ⲛ̄ⲭⲟⲧⲟⲩ. ⲧⲟⲧⲉ ⲕⲁⲧⲁ ⲕⲟⲩϫⲓ ⲕⲟⲩϫⲓ ⲁϥϫⲉⲙϫⲟⲙ ⲟⲩⲟϩ ⲡⲁⲓⲣⲏϯ ⲁϥⲉⲣ ϩⲏⲧⲥ ⲛ̄ϯ ⲧⲟⲧϥ ⲛⲉⲙ ⲡⲉϥⲓⲱⲧ ϧⲉⲛ ⲡⲉϥⲓ ⲣⲱⲟⲩϣ ⲛ̄ⲧⲉ ⲡⲁⲓⲃⲓⲟⲥ² ⲉⲁ ⲡⲟⲥ ⲫϯ³ ⲥⲙⲟⲩ ⲉⲣⲱⲟⲩ ⲁϥⲟⲩⲉⲥⲱⲛⲟⲩ ⲉⲃⲟⲗϧⲉⲛ ⲛ̄ⲧⲉⲃⲛⲱⲟⲩⲓ ⲛⲉⲙ ⲛ̄ⲧⲉⲛⲛⲏⲙⲁ ϩⲱⲥⲧⲉ ⲟⲩⲟⲛ ⲛⲓⲃⲉⲛ ⲉⲣ ϣⲫⲏⲣⲓ ⲙ̄ⲡⲓⲛⲓϣϯ ⲛ̄ϩⲉⲛⲟⲩϥⲓ ⲉⲧϧⲉⲛ ⲡⲟⲩⲏⲓ. ⲉⲩⲛⲁⲩ ⲟⲩⲛ ⲉⲧⲁ ⲧⲁⲥⲧⲁⲥⲓⲥ ⲙ̄ⲡⲓⲁⲗⲟⲩ ⲛ̄ϫⲉ ⲛⲁ ⲡⲓϯⲙⲓ ⲛⲉⲙ ⲡⲓϩⲙⲟⲧ ⲛ̄ⲧⲉ ⲫϯ ⲉⲧϥⲟⲣⲓ ⲉⲃⲟⲗϧⲉⲛ ⲡⲉϥϩⲟ ⲧⲟⲧⲉ ⲁⲩⲁⲙⲟⲛⲓ ⲙ̄ⲙⲟϥ ⲛ̄ϫⲉ ⲛⲓⲕⲗⲏⲣⲓⲕⲟⲥ ⲛ̄ⲧⲉ ⲡⲓϯⲙⲓ ⲟⲩⲟϩ ⲁⲩⲉⲛϥ ϩⲁ ⲡⲓⲉⲡⲓⲥⲕⲟⲡⲟⲥ ⲟⲩⲟϩ ⲛⲁⲩϯϩⲟ ⲉⲣⲟϥ ϫⲉ ϩⲓⲛⲁ ⲛ̄ⲧⲉϥⲁⲓϥ ⲛ̄ⲁⲛⲁⲅⲛⲱⲥⲧⲏⲥ ⲟⲩⲟϩ ⲡⲁⲓⲣⲏϯ ⲁϥϣⲱⲡⲓ. ⲉⲧⲁⲩⲉⲙⲓ ⲇⲉ ⲛ̄ϫⲉ ⲡⲉϥⲓⲱⲧ ⲛⲉⲙ ⲧⲉϥⲙⲁⲩ ⲁⲩⲉⲣ ⲙ̄ⲕⲁϩ ⲛ̄ϩⲏⲧ ⲡⲁⲗⲓⲛ ⲡⲉϫⲱⲟⲩ ϫⲉ ⲡⲉⲧⲉϩⲛⲁϥ ⲙ̄ⲡⲟⲥ ⲙⲁⲣⲉϥϣⲱⲡⲓ. ⲉⲓⲧⲁ⁵ ⲉⲧⲁϥⲁⲓⲁⲓ ϧⲉⲛ ϯϩⲏⲗⲓⲕⲓⲁ⁶ ⲛⲁⲩϭⲓ ⲣⲱⲟⲩϣ ⲛ̄ϫⲉ ⲛⲉϥⲓⲟⲧ ⲟⲩⲟϩ ⲛⲁⲩϯ ϩⲟ ⲉⲣⲟϥ ⲛ̄ϫⲉ ⲡⲉϥⲓⲱⲧ ⲛⲉⲙ ⲧⲉϥⲙⲁⲩ ϫⲉ ϩⲓⲛⲁ ⲉⲧⲉϩⲟⲧⲡϥ ⲉⲟⲩⲥⲁⲙⲟⲥ ⲛ̄ⲑⲟϥ ⲇⲉ ⲛⲁϥⲉⲣⲁⲛⲉⲭⲉⲥⲑⲁⲓ⁷ ⲁⲛ ⲡⲉ ⲉϥϫⲱ ⲙ̄ⲙⲟⲥ ϫⲉ ⲙ̄ⲡⲉⲣϯ ϩⲓⲥⲓ ⲛⲱⲧⲉⲛ ⲉⲕⲱϯ ⲛ̄ⲥⲁ ϩⲱⲃ ⲙ̄ⲡⲁⲓⲣⲏϯ ⲉⲑⲃⲏⲧ⁸ ϫⲉ ⲟⲩⲏⲓ ⲅⲁⲣ ⲡⲟⲥ ϯⲙⲁϯ ⲁⲛ ⲉϫⲉⲛ ⲡⲁⲓⲥⲟϭⲛⲓ. ⲉϥϯ ⲉϧⲟⲩⲛ ⲉϩⲣⲁϥ ϩⲱⲥ ⲁⲗⲟⲩ ⲛ̄ϫⲉ ⲛⲉϥⲓⲟϯ ⲡⲁⲗⲓⲛ ⲟⲛ ⲛⲁⲩϯ ϩⲟ ⲉⲣⲟϥ ⲉⲑⲣⲉϥⲥⲱⲧⲉⲙ ⲙ̄ⲡⲟⲩϩⲏⲧ ⲉⲁⲩⲉⲣ ⲡⲱⲃϣ ⲛ̄ϫⲉ

car c'était un enfant de la promesse, selon ce que nous avons déjà dit. Alors peu à peu il prit de la force, il commença d'aider son père dans le souci de la vie, le Seigneur les bénissant et augmentant leurs bestiaux et leurs plantes, de sorte que chacun admirait la grande abondance qui était en leur maison. Lorsque les habitants du village virent la conduite de l'enfant et la grâce de Dieu qui brillait sur son visage, alors les clercs du village le prirent et le conduisirent à l'évêque, en le priant de faire de Macaire un anagnoste, et il fut fait ainsi. Lorsque son père et sa mère le surent, ils furent tristes de cœur, puis ils dirent : « Que le plaisir de Dieu soit fait ! » Ensuite, lorsqu'il eut grandi en âge, son père et sa mère s'inquiétèrent et ses parents le prièrent afin qu'ils lui prissent femme. Mais lui, il ne le souffrit pas, disant : « Ne vous fatiguez pas à me chercher une chose de cette sorte, car certes Dieu ne sera pas content de ce projet. » Ses parents, lui résistant comme à un enfant, le prièrent de nouveau de leur obéir, oubliant ce qu'on leur avait dit à son sujet.

---

1. *Cod.* ⲛ̄ⲧⲉ ϯⲉⲡⲁⲅⲅⲉⲗⲓⲁ ⲡⲉ. — 2. *Cod.* LXII : ⲡⲓⲃⲓⲟⲥ. — 3. *Cod.* LXII : ⲉⲁ ⲡⲟⲥ ⲥⲙⲟⲩ. — 4. *Cod.* ϩⲱⲥⲇⲉ. — 5. *Cod.* ⲓⲧⲁ. — 6. *Cod.* ϯϩⲩⲗⲏⲕⲓⲁ. — 7. *Cod.* ⲛⲁϥⲉⲣⲁⲛⲉⲭⲉⲥⲑⲉ. — 8. Le *Cod.* LXII n'a pas ce mot.

ⲡⲉϥⲓⲱⲧ ⲛⲓⲃⲉⲛ ⲉⲧⲁⲩⲥⲁϫⲓ ⲙⲙⲱⲟⲩ ⲉⲑⲃⲏⲧϥ¹. ⲡⲓⲁⲗⲟⲩ ⲇⲉ ⲙⲁⲕⲁⲣⲓⲟⲥ² ⲛⲁⲣⲉ
ⲡⲉϥⲣⲱⲟⲩϣ ⲧⲏⲣϥ ϧⲉⲛ ⲫϯ ⲉϥⲉⲣ ⲙⲉⲗⲉⲧⲁⲛ ⲙⲙⲏⲛⲓ ϧⲉⲛ ⲛⲓⲅⲣⲁⲫⲏ ⲛⲉⲙ
ⲛⲓϫⲱⲙ³ ϧⲉⲛ ϯⲉⲕⲕⲗⲏⲥⲓⲁ ⲛⲉⲙ ⲡⲉϥⲏⲓ ⲟⲩⲟϩ ⲟⲛ ⲁϥⲕⲁϯ ϧⲉⲛ ⲟⲩϯ ϩⲑⲏϥ⁴
ⲉⲛⲏ ⲉⲧⲉϥϣϣ ⲙⲙⲱⲟⲩ ⲉⲧⲉⲣⲁⲛⲁⲥⲕⲁⲍⲉⲓⲛ⁵ ⲙⲙⲟϥ ϩⲓⲧⲉⲛ ⲛⲓⲕⲗⲏⲣⲓⲕⲟⲥ
ϩⲱⲥ ϫⲉ ⲉⲣⲉ ϯⲉⲕⲕⲗⲏⲥⲓⲁ ⲉⲣ ⲉⲛⲭⲣⲉⲓⲁ⁶ ⲙⲙⲟϥ ⲉⲡⲉⲥϣⲉⲙϣⲓ ⲟⲩⲟϩ ⲛⲉϥ-
ⲕⲉⲓⲟϯ ⲛⲁⲩϯ ⲙⲁϯ ⲉϫⲉⲛ ⲡⲁⲓϩⲱⲃ⁷. ⲧⲟⲧⲉ ϧⲉⲛ ⲡⲉϥⲟⲩⲱϣ ⲁⲛ ⲁⲩϭⲟⲧⲡϥ
ⲛⲉⲙ ϯⲥϩⲓⲙⲓ ⲕⲁⲧⲁ ⲛⲓⲛⲟⲙⲟⲥ ⲛⲧⲉ ⲛⲓⲣⲱⲙⲓ ⲉⲣⲉ ⲡⲉϥϩⲏⲧ ⲇⲉ ⲛⲉⲙ ⲡⲉϥⲣⲱⲟⲩϣ ϧⲉⲛ ⲫϯ ⲙⲫⲣⲏϯ ⲉⲧⲁⲓϫⲟⲥ ⲙⲡⲉϥϭⲓ ⲛⲉⲙ ϯⲥϩⲓⲙⲓ ϩⲟⲗⲱⲥ⁸ ⲟⲩⲟϩ
ⲙⲡⲉϥⲥⲟⲙⲥ ⲉⲣⲟⲥ ⲉⲡⲧⲏⲣϥ ⲁⲗⲗⲁ ⲁⲩϣⲁⲛϭⲓⲧϥ ⲉϧⲟⲩⲛ ⲛⲉⲙⲁⲥ ⲛϣⲁϥ-
ϩⲓⲧϥ ⲉⲡϭⲗⲟϭ ϩⲱⲥ ϫⲉ ϥϣⲱⲛⲓ ⲟⲩⲟϩ ⲡⲁⲓⲣⲏϯ ⲛϣⲁϥⲓ ⲉⲃⲟⲗ ⲙⲙⲏⲛⲓ ⲡⲉ
ⲉϥⲧⲟⲩⲃⲏⲟⲩⲧ ⲟⲩⲟϩ ⲉⲧⲉⲣⲥⲕⲉⲡⲁⲍⲉⲓⲛ⁹ ⲙⲙⲟϥ ϩⲓⲧⲉⲛ ⲧⲡⲣⲟⲛⲟⲓⲁ¹⁰ ⲙⲫϯ.
ⲉⲧⲁⲩⲥⲓⲛⲓ ⲇⲉ ⲛϫⲉ ⲛⲓⲉϩⲟⲟⲩ ⲛⲧⲉ ⲡⲓϩⲟⲡ ⲧⲟⲧⲉ ⲁⲩⲁⲓϥ ⲛⲇⲓⲁⲕⲱⲛ ⲟⲩⲟϩ ⲁϥⲉⲣ-
ⲁⲓⲧⲉⲓⲛ¹¹ ⲙⲡⲉϥⲓⲱⲧ ϫⲉ ϩⲓⲛⲁ ⲉⲑⲣⲉϥϫⲁϥ¹² ⲟⲩⲟϩ ⲛⲧⲉϥϣⲉ ϩⲱϥ ⲛⲉⲙ ⲛⲉϥ-

Mais le petit garçon Macaire, tout son souci était en le Seigneur, méditant chaque jour les livres à l'église et dans sa maison, comprenant ce qu'il lisait, forcé par les clercs comme si l'église eût eu besoin de lui pour son service, et ses parents y consentant. Alors, malgré lui, on le maria à la femme, selon les lois des hommes; mais son souci et son cœur étaient en Dieu, comme je l'ai dit : il ne toucha pas du tout avec la femme et ne la regarda pas du tout; mais lorsqu'on l'eut mis avec elle, il se jeta sur le lit, comme s'il eût été malade. Et ainsi il sortait, chaque jour, pur et gardé par la prévoyance de Dieu. Lorsque les jours de la noce furent passés, alors on le fit diacre, et il demanda à son père d'aller, lui aussi, avec ses ouvriers et ses chameaux

---

1. *Cod.* LIX : ⲉⲩϯ ⲇⲉ ⲉϧⲟⲩⲛ ⲉϩⲣⲁϥ ⲛϫⲉ ⲡⲉϥⲓⲟϯ ⲉⲑⲣⲉϥⲥⲱⲧⲉⲙ ⲛⲥⲁ ⲡⲟⲩⲥⲁϫⲓ ⲁⲙⲁ ⲇⲉ ⲉⲧⲛⲁⲩ ϫⲉ ⲟⲩⲁⲗⲟⲩ ⲡⲉ ⲛⲑⲟϥ ⲇⲉ ⲛⲁϥϯ ϩⲟ ⲉⲣⲟϥ ⲡⲉ ⲉⲑⲣⲉϥⲉⲣ ⲟⲩⲱⲧ ⲙⲡⲟⲩϩⲏⲧ ⲟⲩⲟϩ ⲙⲡⲉϥⲟⲩⲱⲧ ⲉϫⲉⲛ ⲫⲁⲓ ⲉⲛ ⲧⲏⲣϥ ϫⲉ ⲟⲩⲏⲓ ⲅⲁⲣ ⲛⲁϥϩⲁⲣⲉϩ ⲉⲣⲟϥ ⲛϫⲉ ⲫϯ ⲡⲉ ⲛⲁⲩⲉⲣ ⲡⲱⲃϣ ⲇⲉ ⲛϫⲉ ⲡⲉϥⲓⲟϯ ⲛⲓⲃⲉⲛ ⲉⲧⲁⲩⲥⲁϫⲓ ⲙⲙⲱⲟⲩ ⲉⲑⲃⲏⲧϥ. ⲛⲑⲟϥ ⲇⲉ ⲛⲁⲣⲉ ⲡⲉϥⲟⲩⲱϣ ϣⲟⲡ ϧⲉⲛ ⲛⲁⲫϯ ⲡⲉ ϧⲉⲛ ⲡⲉϥϩⲏⲧ ⲧⲏⲣϥ ⲉϥⲙⲉⲗⲉⲧⲁⲛ, etc. : Ses parents le combattant en face, afin qu'il obéit à leur parole et voyant en même temps que c'était un enfant, ils le prièrent de leur obéir; mais il ne leur obéit pas du tout en cela, car le Seigneur le gardait. Ses parents avaient oublié ce qu'on leur avait dit à son sujet. Mais lui, son désir était dans les choses de Dieu, etc. —
2. *Cod.* ⲙⲁⲕⲁⲣⲓ. — 3. Le *Cod.* LXII n'a pas : ⲛⲓⲅⲣⲁⲫⲏ ⲛⲉⲙ. — 4. Le *Cod.* LXII n'a pas : ϧⲉⲛ ⲟⲩϯ ϩⲑⲏϥ. — 5. *Cod.* ⲁⲛⲁⲥⲕⲁⲍⲓⲛ. — 6. *Cod.* ⲛⲭⲣⲓⲁ. — 7. *Cod.* LXII : ⲉⲩϯ ⲙⲁϯ ⲉϫⲉⲛ ⲡⲁⲓ ⲑⲱϣ : consentant à cet ordre. — 8. *Cod.* ϩⲟⲗⲟⲥ. — 9. *Cod.* ⲥⲕⲉⲡⲁⲍⲓⲛ. — 10. *Cod.* ⲧⲡⲣⲟⲛⲓⲁ. — 11. *Cod.* ⲉϥⲉⲣⲉⲧⲓⲛ. — 12. *Cod.* LXII : ⲙⲡⲉϥⲓⲱⲧ ϫⲉ ϩⲓⲛⲁ ⲉϥⲉϣⲉ : afin d'aller lui aussi.

ⲉⲣⲅⲁⲧⲏⲥ[1] ⲛⲉⲙ ⲛⲉϥϫⲁⲙⲟⲩⲗ ⲉⲛⲧⲟⲟⲩ ⲙⲙⲟⲥⲙ ⲛⲉⲙ ⲛⲓⲙⲏϣ ⲉⲧⲛⲏⲗ
ⲉⲙⲁⲩ ϫⲉ ⲛⲧⲟⲩⲉⲛ[2] ϩⲟⲥⲙ ⲉⲃⲟⲗ ⲟⲩⲟϩ ϥⲁⲓ ⲟⲩⲛ ⲁϥⲁⲓϥ ϫⲉ ϩⲓⲛⲁ ⲉϥⲉⲣ
ⲉⲃⲟⲗ ⲉⲣⲣⲟⲟⲩϣ ⲛⲧⲉϣⲓⲙⲓ ⲉⲙⲡⲉϥⲣⲁⲛⲁⲛⲧⲁⲛ ⲉⲣⲟⲥ ⲓⲥϫⲉⲛ ⲡⲁⲙⲁⲩ ⲟⲩⲟϩ
ⲡⲁⲓⲣⲏϯ ⲡⲉ ⲉⲧⲁϥϣⲱⲡⲓ. ⲙⲙⲉⲛⲟⲩ ⲅⲁⲣ ⲉⲧⲉⲙⲙⲁⲩ ⲛⲉⲩⲑⲟⲩⲱⲟⲩϯ ⲛϫⲉ
ϩⲁⲛ ⲙⲏϣ ⲛⲣⲱⲙⲓ ⲛⲧⲉ ⲛⲓϯⲙⲓ ⲧⲏⲣⲟⲩ ⲉⲧϧⲉⲛ ⲉϣⲓⲏⲧ ⲟⲩⲟϩ ⲡⲁⲓⲣⲏϯ
ⲛⲉⲩⲁⲉⲣ ⲟⲩϩⲏⲧ ⲛⲟⲩⲱⲧ ⲛⲥⲉϣⲉ ⲉϭⲟⲥⲓ ⲉⲛⲓⲧⲟⲟⲩ ⲛⲥⲉⲛ ϩⲟⲥⲙ ⲉⲃⲟⲗ
ϧⲉⲛ ⲛⲓϫⲁⲙⲟⲩⲗ ⲉⲣϯ ⲛⲧⲟⲧⲟⲩ ⲛⲛⲟⲩⲉⲣⲏⲟⲩ ⲉⲑⲃⲉ ϯϩⲟϯ ⲛⲛⲓⲃⲁⲣⲃⲁⲣⲟⲥ
ⲉⲧⲁⲩϣⲟⲡⲓ ⲙⲙⲧⲟⲟⲩ ⲉⲟⲟⲩⲛⲟⲩ ⲛⲁⲓ ⲉⲛⲛⲟⲩ ⲉⲃⲟⲗ ⲕⲁⲧⲁ ⲕⲟⲩϫⲓ ⲉⲥⲁ
ⲛⲉⲙⲉⲛⲧ ⲛⲧⲉ ⲫⲓⲁⲣⲟ ⲟⲩⲟϩ ⲉⲩⲉⲣⲁⲓⲭⲙⲁⲗⲱⲧⲉⲩⲓⲛ[3] ⲛⲛⲏ ⲉⲧⲟⲩⲛⲁϣϫⲉⲙ
ϫⲟⲙ ⲉⲣⲟⲟⲩ ⲛⲥⲉϩⲟⲗⲙⲟⲩ ⲛⲥⲉⲟⲗⲟⲩ ⲉⲧⲟⲩⲭⲱⲣⲁ. ⲉⲑⲃⲉ ⲫⲁⲓ ⲅⲁⲣ ϩⲱⲥ
ϫⲉ ⲉϥⲛⲁ ϩⲟⲥ ⲛϫⲉ ⲁⲃⲃⲁ ⲙⲁⲕⲁⲣⲓⲟⲥ[4] ⲛⲉⲙ ⲧⲁⲓⲥⲩⲛⲟⲇⲓⲁ ⲑⲁⲓ ⲙⲡⲁⲓⲙⲱⲓⲧ ⲁⲉⲣ ⲛⲁϫⲉ ⲛⲟⲟⲩ ⲉⲙⲟⲩϯ ⲉⲣⲟϥ ϩⲓⲧⲉⲛ ⲛⲁ ⲛⲉϥϯⲙⲓ ϫⲉ ⲙⲁⲕⲁⲣⲓⲟⲥ[5] ⲙⲁⲛ ϫⲁⲙⲟⲩⲗ[6]. ⲁⲙⲉⲗⲉⲓ[7] ⲟⲩⲛ ⲉⲧⲁϥⲓ ⲛⲟⲩⲥⲟⲡ ⲛⲉⲙ ⲛⲓⲙⲏϣ ϩⲱⲥ ϫⲉ ⲉⲩ
ⲛⲁϣⲉ ⲛⲱⲟⲩ ⲟⲛ ⲥⲉⲛ ϩⲟⲥⲙ ⲉⲃⲟⲗ ⲁⲩϧⲟⲥ ⲉϩⲣⲏⲓ ⲉϫⲉⲛ ⲛϫⲟⲙϫⲉⲙ ⲛⲧⲉ ⲡⲉ
ⲧⲣⲁ ⲥⲁ ⲛϣⲱⲓ ⲛϯϧⲉⲗⲗⲟⲧ ⲟⲩⲟϩ ⲉⲧⲁⲩⲉⲛⲕⲟⲧ ⲙⲙⲁⲩ ⲥⲁ ⲛϣⲱⲓ ⲙⲙⲛϣⲱ
ϫⲉ ⲉⲩⲛⲁⲟⲗ[8] ⲟⲩⲙⲉⲣⲟⲥ ⲛⲧⲉ ⲛⲓϩⲟⲥⲙ ⲉⲧⲟⲩⲉⲣ ⲉⲩⲭⲣⲉⲓⲁ[9] ⲙⲙⲟϥ ⲉⲃⲟⲗ

à la montagne du Natron, avec les foules qui s'y rendaient pour en apporter du natron; et cela, il le fit afin d'échapper au souci de la femme, pour ne point la rencontrer de cette heure. Et il en fut ainsi; car, en ce temps-là, des multitudes d'hommes de tous les bourgs qui sont près de Schiît se réunissaient, et ainsi ils devenaient un seul cœur pour aller à la montagne, pour apporter du natron avec les chameaux, s'aidant les uns les autres par crainte des barbares, lesquels habitaient dans une montagne éloignée, venaient peu à peu du côté ouest du fleuve et faisaient prisonniers ceux contre lesquels ils prévalaient, s'en saisissant et les conduisant dans leur pays. C'est pourquoi, comme abba Macaire allait ainsi de cette manière avec cette compagnie de route, coutume fut prise par ceux de son village de l'appeler Macaire le Chamelier. Lors donc qu'il fut arrivé une fois par hasard avec les multitudes, comme ils étaient sur le point de s'en aller pour emporter le natron, ils parvinrent au pied d'un rocher au-dessus de la vallée; et lorsqu'ils se furent couchés au-dessus du

---

1. *Cod.* LIX : ⲙⲉⲣⲅⲁⲧⲏⲥ : les ouvriers. — 2. *Cod.* LXII : ⲛⲧⲉϥⲉⲛ : qu'il apportât. — 3. *Cod.* ⲉⲭⲙⲁⲗⲱⲧⲉⲩⲓⲛ. — 4. *Cod.* ⲙⲁⲕⲁⲣⲓ. — 5. *Cod.* ⲙⲁⲕⲁⲣⲓ. — 6. *Cod.* LXVI : ⲙⲁⲛ ϫⲁⲙⲟⲩⲗ. — 7. *Cod.* ⲁⲙⲉⲗⲉⲓ. — 8. *Cod.* LIX : ϫⲉ ⲉⲩⲛⲁⲟⲗⲓ ⲛⲟⲩⲙⲉⲣⲟⲥ ⲛⲧⲉ ⲛⲓϩⲟⲥⲙ ⲉⲃⲟⲗϧⲉⲛ ⲛⲓⲙⲏϣ ⲧⲟⲧⲉ, etc. : même sens. — 9. *Cod.* ⲉⲩⲭⲣⲓⲁ.

ⲉⲛ ⲍⲛⲧⲥ ⲧⲟⲧⲉ ⲉⲃⲟⲗⲍⲉⲛ ⲡⲓϧⲓⲥⲓ ⲁϥϧⲛⲓⲙ¹ ϩⲱϥ ⲛϫⲉ ⲡⲓⲃⲉⲗϣⲓⲣⲓ ⲙⲁⲕⲁⲣⲓⲟⲥ² ⲟⲩⲟϩ ⲁϥⲉⲛⲕⲟⲧ. ⲟⲩⲟϩ ⲛϧⲣⲏⲓ ⲍⲉⲛ ⲡⲓⲉϫⲱⲣϩ ⲉⲧⲉⲙⲙⲁⲩ ⲁϥϫⲉⲙϥ
ϩⲱⲥ ⲍⲉⲛ ⲟⲩⲣⲁⲥⲟⲩⲓ³ ⲉⲣⲉ ⲟⲩⲟⲛ ⲟⲩⲣⲱⲙⲓ ⲟϩⲓ ⲉⲣⲁⲧϥ ⲥⲁ ⲡϣⲱⲓ ⲙⲙⲟϥ
ⲍⲉⲛ ⲟⲩϩⲉⲃⲥⲱ ⲉⲥϭⲓ ⲥⲉⲧⲉⲃⲣⲏϫ⁴ ⲉⲃⲟⲗ ⲟⲩⲟϩ ⲉⲥⲟⲓ ⲛⲁⲟⲩⲓ ⲁⲟⲩⲁⲛ⁵ ⲟⲩⲟϩ
ⲉⲥⲟⲓ ⲛϭⲓⲣⲓϣⲓⲣ⁶ ⲟⲩⲟϩ ⲁϥⲥⲁϫⲓ ⲛⲉⲙⲁϥ ⲉϥϫⲱ ⲙⲙⲟⲥ ϫⲉ ⲧⲱⲛⲕ ⲟⲩⲟϩ⁷
ϫⲟⲩϣⲧ ϧⲓϫⲉⲛ ⲡⲓⲧⲩⲕⲗⲟⲥ ⲛⲧⲉ ⲧⲁⲓⲡⲉⲧⲣⲁ ⲛⲉⲙ ⲧⲁⲓϣⲉⲗⲗⲟⲧ ⲉⲧϧⲉⲛ ⲧⲉⲥⲙⲏϯ
ⲁⲛⲁⲩ ϫⲉ ⲉⲕⲛⲁⲩ ⲉⲟⲩ. ⲟⲩⲟϩ ⲉⲧⲁⲓϫⲟⲩϣⲧ ⲡⲉϫⲁϥ ⲡⲉϫⲏⲓ ⲙⲫⲏ ⲉⲧⲥⲁϫⲓ⁸
ⲛⲉⲙⲏⲓ ϫⲉ ϯⲛⲁⲩ ⲁⲛ ⲉϩⲗⲓ ⲉⲓⲙⲏϯ⁹ ⲉⲧⲁⲣⲭⲏ ⲙⲡⲓϩⲉⲗⲙⲉ ⲉϥⲥⲁ ⲛⲉⲙⲉⲛⲧ
ⲛϯϣⲉⲗⲗⲟⲧ¹⁰ ⲟⲩⲟϩ ⲡⲓⲕⲉⲧⲱⲟⲩ ⲉⲧⲕⲱϯ ⲉⲣⲟⲥ¹¹ ϯⲛⲁⲩ ⲉⲣⲟⲥ. ⲟⲩⲟϩ ⲡⲉϫⲁϥ
ⲛⲏⲓ ϫⲉ ⲛⲁⲓ ⲛⲉ ⲛⲏ ⲉⲧⲉϥϫⲱ ⲙⲙⲟⲥ ⲛϫⲉ ⲫϯ ϫⲉ ⲡⲁⲓⲕⲁϩⲓ ⲫⲁⲓ ϯⲛⲁⲧⲏⲓϥ
ⲛⲁⲕ ⲟⲩⲟϩ ⲉⲕⲉϣⲱⲡⲓ ⲛϧⲏⲧϥ ⲟⲩⲟϩ ⲉⲕⲉϥⲓⲣⲓ ⲉⲃⲟⲗ ⲟⲩⲟϩ ⲛⲉⲕⲟⲩⲧⲁϩ ⲉϥⲉ-
ⲁⲓⲁⲓ ⲟⲩⲟϩ ⲡⲉⲕϫⲣⲟϫ¹² ⲉϥⲉⲁϣⲁⲓ ⲟⲩⲟϩ ⲉⲕⲉϫⲫⲟ ⲛϩⲁⲛ ϣⲩⲣⲓ ⲙⲡⲛⲁⲧⲓⲕⲟⲛ
ⲟⲩⲟϩ ϩⲁⲛ ⲁⲣⲭⲱⲛ ⲉⲩⲉϣⲁⲛϣ ⲉⲃⲟⲗϧⲉⲛ ⲛⲉⲕⲙⲟϯ ⲟⲩⲟϩ ⲛⲁⲓ ⲉⲧⲉⲭⲁⲩ
ⲛϩⲓⲅⲟⲩⲙⲉⲛⲟⲥ ⲉϫⲉⲛ ϩⲁⲛ ⲗⲁⲟⲥ ⲟⲩⲟϩ ⲧⲉⲕⲛⲟⲩⲛⲓ ⲉⲥⲉϣⲱⲡⲓ ⲉⲥⲧⲁϫⲣⲏⲟⲩⲧ

puits dont ils devaient tirer une partie du natron dont ils avaient besoin,
alors, à cause de la fatigue, le jeune Macaire s'endormit aussi et il se coucha.
Pendant cette nuit-là, il se trouva comme dans un songe : un homme se tenait
au-dessus de lui dans un vêtement qui lançait des éclairs et qui était d'une
couleur comme celle de l'arc-en-ciel, et il lui parla en disant : « Lève-toi, re-
garde¹³ sous le cercle de ce rocher et de cette vallée qui est au milieu ; prends
garde à ce que tu vois. » — « Et lorsque j'eus regardé, dit-il, je dis à celui qui
me parlait : « Il n'y a rien que le commencement du ouady qui est à l'ouest
» de la vallée, et l'autre montagne qui l'environne, je la vois. » Et il me dit :
« Voici ce que dit le Seigneur : Cette terre, je te la donnerai ; tu y habiteras,
» tu y produiras, ton fruit grandira, ta semence se multipliera, tu engendreras
» des fils spirituels et des chefs vivront de tes mamelles, ils seront placés
» hégoumènes sur des peuples, et ta racine sera stable sur le rocher. Le peuple

1. *Cod.* LIX : ⲁⲩϧⲓ ⲛⲓⲙ : ils s'endormirent. — 2. *Cod.* ⲙⲁⲕⲁⲣⲓ. — 3. *Cod.* LXII : ⲟⲩϩⲟⲣⲁⲙⲁ. — 4. *Cod.* LXII : ⲉⲥϭⲓ ⲥⲧⲉⲃⲣⲏϫ. — 5. *Cod.* LXII : ⲉⲥⲟⲓ ⲛⲁⲓⲟⲩⲁⲛ. — 6. *Cod.* LXII : ⲛⲉⲙⲟⲩ ⲛϭⲓⲣⲓⲣⲓⲣ (sic), comme un arc-en-ciel. — 7. Le *Cod.* LXII n'a pas cette phrase, mais après ϫⲟⲩϣⲧ, il y a ⲡⲉϫⲁϥ : cela vient de ce que le copiste l'a sauté par suite de la rencontre de deux mots ϫⲟⲩϣⲧ. — 8. *Cod.* LXII : ⲙⲡⲉⲧⲥⲁϫⲓ. — 9. *Cod.* ⲙⲏϯ et *Cod.* LIX, ⲉⲙⲏϯ. — 10. *Cod.* LXII : ⲉⲧⲥⲁ ⲛⲉⲙϩⲓⲧ ⲛϯϣⲉⲗⲗⲟⲧ : au nord de la vallée. — 11. *Cod.* LXII : ⲉⲣⲟϥ. — 12. *Cod.* LIX : ⲛⲉⲕϫⲣⲟϫ. — 13. C'est Macaire qui parle en cet endroit.

ⲉϫⲉⲛ ϯⲡⲉⲧⲣⲁ ⲟⲩⲟϩ ⲡⲓⲗⲁⲟⲥ ⲉⲧⲉⲕⲛⲁϫⲫⲟϥ ⲉⲃⲟⲗϧⲉⲛ ⲛⲉⲕⲥⲃⲱⲟⲩⲓ ϯⲛⲁⲥⲙⲟⲩ ⲉⲛⲉϥⲕⲗⲁⲇⲟⲥ[1] ϩⲱⲥⲧⲉ[2] ⲛⲥⲉϯ ⲱⲟⲩ ⲙⲡⲟⲥ ⲫϯ ϣⲁ ⲛⲉⲁⲧ ⲙⲡⲕⲁϩⲓ ⲧⲏⲣϥ ⲉϩⲣⲏⲓ ⲉϫⲉⲛ ⲡⲉⲕⲉⲣ ⲫⲙⲉⲩⲓ ⲉⲑⲛⲁⲛⲉϥ. ⲧⲱⲛⲕ ⲟⲩⲛ ⲉⲃⲟⲗϧⲉⲛ ⲡⲓⲛⲕⲟⲧ ⲟⲩⲟϩ ⲙⲁϣⲉ ⲛⲁⲕ ⲉⲡⲉⲕⲙⲱⲓⲧ ϧⲉⲛ ⲟⲩϩⲓⲣⲏⲛⲏ[3] ⲟⲩⲟϩ ⲙⲁ ϩⲑⲏⲕ ⲛⲕⲁⲗⲱⲥ ⲉⲛⲓ ⲉⲧⲁⲕⲥⲟⲑⲙⲟⲩ ⲛⲉⲙ ⲛⲏ ⲉⲧⲁⲩⲧⲁⲙⲟⲕ ⲉⲣⲱⲟⲩ. ⲟⲩⲟϩ ⲙⲉⲛⲉⲛⲥⲁ ⲛⲁⲓ ϩⲏⲡⲡⲉ ϯⲛⲁⲟⲩⲟⲛϩⲧ ⲉⲣⲟⲕ ⲟⲛ ⲟⲩⲟϩ ⲁⲕϣⲁⲛⲉⲣ ⲟⲩⲧⲉⲗⲉⲓⲟⲥ[4] ϯⲛⲁ ⲟⲩⲟⲛϩⲧ ⲉⲣⲟⲕ ⲛⲧⲁⲥⲁϫⲓ ⲛⲉⲙⲁⲕ ⲡⲣⲟ ⲟⲩⲃⲉ ⲣⲟ ⲡⲉϫⲉ ⲡⲟⲥ ⲫϯ[5] ⲟⲩⲟϩ ⲁⲛⲁⲩ ⲙⲡⲉⲣⲧⲁⲙⲉ ϩⲗⲓ ⲉⲡⲓϩⲟⲣⲁⲙⲁ ⲉⲧⲁⲕⲛⲁⲩ ⲉⲣⲟϥ ϣⲁ ⲟⲩⲛⲟⲩ. ⲉⲧⲁϥⲧⲱⲛϥ ⲇⲉ ⲛϫⲉ ⲡⲓϧⲉⲗϣⲓⲣⲓ ⲙⲁⲕⲁⲣⲓⲟⲥ[6] ⲉⲃⲟⲗϧⲉⲛ ⲡⲓⲛⲕⲟⲧ ⲟⲩⲟϩ ⲉⲧⲁ ⲡϣⲱⲣⲡ[7] ϣⲱⲡⲓ ⲁϥⲉⲣ ⲙⲫⲣⲏϯ ⲛⲛⲓ ⲉⲧⲟⲙⲧ ⲉϥⲙⲉⲩⲓ ⲉⲃⲟⲗ ⲉⲛⲓ ⲉⲧⲁⲩⲥⲁϫⲓ ⲙⲙⲱⲟⲩ ⲛⲉⲙⲁϥ ⲛⲉⲙ ϯⲟⲡⲧⲁⲥⲓⲁ ⲉⲧⲁϥⲛⲁⲩ ⲉⲣⲟⲥ ϫⲉ ⲟⲩⲏⲓ ⲛⲁϥϭⲟⲛⲧ ⲁⲛ ⲡⲉ ⲉϩⲱⲃ ⲙⲡⲁⲓⲣⲏϯ[8]. ⲉⲧϣⲓⲛⲓ ⲇⲉ ⲙⲙⲟϥ ⲛϫⲉ ⲛⲉϥϣⲫⲏⲣ ϫⲉ ⲟⲩ ⲡⲉ ⲡⲁⲓⲧⲱⲙⲧ ⲉⲧⲁϥϣⲱⲡⲓ ⲙⲙⲟⲕ[9] ⲛⲁϥⲉⲣ ⲟⲩⲱ ⲛⲉϩⲗⲓ ⲁⲛ ⲡⲉ ⲉⲡⲧⲏⲣϥ[10]. ⲙⲉⲛⲉⲛⲥⲁ ⲅ̄ ⲇⲉ[11] ⲛⲉϩⲟⲟⲩ ⲁϥⲧⲁⲥⲑⲟ ⲉⲡⲉϥⲏⲓ ⲉⲃⲟⲗϧⲉⲛ ⲡⲧⲱⲟⲩ ⲙⲡⲓϩⲟⲥⲉⲙ ⲟⲩⲟϩ ⲁϥϫⲉⲙ[12] ϯⲥϩⲓⲙⲓ ⲉⲁⲩⲙⲟⲛⲓ ⲙⲙⲟⲥ ϩⲓⲧⲉⲛ ⲟⲩϣⲙⲟⲙ ⲉⲧϩⲟⲣϣ ⲙⲁϣⲱ ⲉⲡⲓϩⲟⲩⲟ[13] ⲟⲩⲟϩ ⲙⲡⲁⲧⲉ ⲉⲥⲕⲓ ϣⲱⲡⲓ ⲁϥϫⲉⲙ ⲡⲉⲥϣⲓⲛⲓ ⲛϫⲉ ⲫϯ[14] ⲟⲩⲟϩ

» que tu engendreras par tes enseignements, je bénirai ses rameaux, afin
» qu'ils glorifient Dieu jusqu'aux extrémités de la terre entière, à cause de ton
» bon souvenir. Lève-toi donc du sommeil et va ton chemin en paix; réflé-
» chis bien à ce que tu as entendu et à ce qui t'a été appris. Et après cela,
» voici que je t'apparaîtrai de nouveau, et, si tu deviens parfait, je t'apparaî-
» trai pour te parler bouche à bouche, dit le Seigneur. Et prends garde, n'in-
» forme personne de la vision que tu as vue jusqu'à un certain temps. » Et
lorsque le jeune homme Macaire se leva du sommeil et que le matin fut venu,
il parut comme ceux qui sont stupéfaits, en pensant à ce qui lui avait été dit
et à la vision qu'il avait vue; car, certes, il n'avait pas expérimenté une
chose de cette sorte. Comme ses compagnons lui demandaient : « Quel est cet
ébahissement qui t'est arrivé? » il ne répondit rien du tout. Trois jours après,
il retourna de la montagne du Natron vers sa maison, et il trouva la femme

---

1. Cod. ⲛⲉϥⲕⲗⲁⲧⲟⲥ. — 2. Cod. ϩⲱⲥⲇⲉ. — 3. Cod. ⲟⲩϩⲓⲣⲏⲛⲏ. — 4. Cod. ⲟⲩⲧⲉⲗⲓⲟⲥ.
— 5. Le Cod. LXII n'a pas ⲫϯ. — 6. Cod. ⲙⲁⲕⲁⲣⲓ. — 7. Cod. ⲉⲧⲁϥϣⲱⲣⲡ. — 8. Cod. LXII :
ⲙⲡⲁⲓⲥⲙⲟⲧ. — 9. Le Cod. LIX ajoute ⲉⲛⲧⲟⲙⲧ. — 10. Le Cod. LXII ajoute ⲧⲉⲱⲥ. — 11. Le
Cod. LIX n'a pas ce mot. — 12. Cod. LIX : ⲉⲧⲁϥϫⲉⲙ. — 13. Cod. LXII : ⲟⲩϣⲙⲟⲙ ⲉϥⲟϣ
ⲟⲩⲟϩ. — 14. Cod. LXII : ⲙⲡⲁⲧⲉ ⲧⲱⲥⲕ ϣⲱⲡⲓ ⲁⲥⲙⲧⲟⲛ ⲙⲙⲟⲥ ϧⲉⲛ ⲟⲩϩⲓⲣⲏⲛⲏ : avant qu'il
n'y eut retard, elle se reposa en paix.

ⲉⲧⲁⲥⲛⲁⲩ ⲇⲉ ⲛϫⲉ ⲡⲓϧⲉⲗϣⲓⲣⲓ ⲉϥⲏ ⲉⲧⲁϥϣⲱⲡⲓ ⲁϥⲥⲁϫⲓ ⲛⲉⲙⲁϥ ϧⲁⲣⲓ
ϧⲁⲣⲟϥ¹ ⲉϥϫⲱ ⲙⲙⲟⲥ² ϫⲉ ⲙⲁⲕⲁⲣⲓⲟⲥ³ ⲁⲣⲓ ⲙⲉⲧϣⲓⲣⲓ ⲛⲓⲃⲉⲛ ⲉⲣⲟⲕ ⲉⲑⲃⲉ
ⲡⲟⲩϫⲁⲓ⁴ ⲛⲧⲉⲕⲯⲩⲭⲏ ϫⲉ ⲟⲩⲏⲓ ⲅⲁⲣ ⲡⲛⲉ ⲛⲑⲟⲕ ϩⲱⲕ ⲥⲉⲛⲁϫⲉⲙ ⲡⲉⲕϣⲓⲛⲓ.
ⲉϥϯ ⲇⲉ ⲉⲡⲁϩⲟⲩ ϧⲉⲛ ϯⲉⲕⲕⲗⲏⲥⲓⲁ⁵ ⲟⲩⲟϩ ⲉϥⲉⲣⲁⲅⲁⲡⲁⲛ ⲛⲟⲩⲟⲛ ⲛⲓⲃⲉⲛ ϩⲓⲧⲉⲛ ⲡⲉϥϣⲓⲛϯ ⲛⲉⲃⲓⲱ ⲁⲩⲙⲉⲛⲣⲓⲧϥ ⲧⲏⲣⲟⲩ ⲓⲥϫⲉⲛ ⲟⲩⲕⲟⲩϫⲓ ϣⲁ ⲟⲩⲛⲓϣϯ
ⲙⲫⲣⲏϯ ⲛⲟⲩϣⲏⲣⲓ ⲛⲁⲓⲱⲛ ⲛⲧⲱⲟⲩ ⲟⲩⲟϩ ⲛⲁⲩⲥⲁϫⲓ ⲉⲑⲃⲏⲧϥ ⲧⲏⲣⲟⲩ ⲡⲉ
ⲉⲧⲛⲁⲩ ⲉⲧⲉϥⲡⲣⲟⲕⲟⲡⲏ ⲛⲉⲙ ⲡⲓϩⲙⲟⲧ ⲛⲧⲉ ⲫϯ ⲉⲧⲭⲏ ⲛⲉⲙⲁϥ ⲟⲩⲟϩ ⲛⲁⲩϫⲱ ⲙⲙⲟⲥ ϫⲉ ⲟⲩϩⲁⲣⲁ ⲡⲉⲑⲛⲁϣⲱⲡⲓ ⲙⲡⲁⲓⲁⲗⲟⲩ ϫⲉ ⲉⲧⲁϥϫⲓⲙⲓ ⲛⲑⲱⲛ
ⲛⲧⲁⲓⲥⲃⲱ⁶. ⲟⲩ ⲅⲁⲣ ⲛⲁϥⲙⲟϣⲓ ⲁⲛ ⲡⲉ ⲛⲉⲙ ⲛⲓϧⲉⲗϣⲓⲣⲓ ⲙⲡⲉϥⲥⲙⲟⲧ ⲁⲗⲗⲁ
ⲛⲁϥⲟⲓ ⲛϣⲫⲏⲣ ⲛⲟⲩⲱϯ ⲛⲉⲙ ⲛⲓϧⲉⲗⲗⲟⲓ⁷ ⲛⲣⲉⲙ ⲛⲭⲙⲓ ⲛⲁⲓ ⲉⲧⲉ ⲟⲩⲟⲛ
ⲛⲧⲱⲟⲩ ⲙⲙⲁⲩ ⲙⲡϩⲏⲧ⁸ ⲛϯⲙⲉⲧϧⲉⲗⲗⲟ ⲟⲩⲟϩ ⲛⲁⲩϫⲱ ⲙⲙⲟⲥ ⲡⲉ ⲛϫⲉ
ⲛⲏ ⲧⲏⲣⲟⲩ ⲉⲧⲥⲱⲟⲩⲛ ⲙⲙⲟϥ ϫⲉ ⲁⲗⲏⲑⲱⲥ ⲟⲩⲥⲙⲟⲧ ⲛⲁⲅⲅⲉⲗⲟⲥ ⲡⲉ ⲡⲁⲓϧⲉⲗ-
ϣⲓⲣⲓ. ⲡⲉϥⲓⲱⲧ ⲇⲉ ⲛⲉⲙ ⲧⲉϥⲙⲁⲩ ⲛⲁϥϩⲟⲗϫ ⲛⲁϩⲣⲁⲩ ⲡⲉ ⲉⲙⲁϣⲱ⁹ ⲟⲩⲟϩ
ⲉⲩⲛⲁⲩ ⲉⲣⲟϥ ⲉⲁⲩⲙⲉⲛⲣⲉ ⲫϯ ⲛⲧⲁⲓϩⲉ ⲧⲏⲣⲥ ⲛⲟⲩⲣⲁϣⲓ ⲡⲉ ⲙⲁⲗⲓⲥⲧⲁ ⲛⲉ-
ϣⲁⲩϫⲉⲙϥ ⲛⲟⲩⲙⲏϣ ⲛⲥⲟⲡ¹⁰ ⲉϥϧⲉⲛ¹¹ ϩⲁⲛ ⲙⲱⲓⲧ ⲙⲙⲁⲩⲁⲧϥ¹² ⲉϥϣⲗⲏⲗ

saisie d'une grosse fièvre et, avant qu'il n'y eût retard, Dieu la visita¹³. Et, lorsque le jeune homme eut vu ce qui était arrivé, il se dit à lui-même : « Macaire, fais toute diligence pour le salut de ton âme, car toi aussi, l'on te visitera. » Mais, comme il était beau dans l'église et aimait chacun à cause de son humilité, tous l'aimaient, depuis le petit jusqu'au grand, comme leur propre fils, et tous parlaient de lui en voyant son progrès et la grâce de Dieu qui était en lui, et ils disaient : « Que sera-t-il de ce petit garçon ? où a-t-il pris cette science ? » car il ne fréquentait pas les jeunes gens de sa sorte, mais il faisait société¹⁴ avec les vieillards blanchis qui avaient le cœur de la vieillesse, et tous ceux qui le connaissaient disaient : « Vraiment, c'est une apparence angélique, ce jeune homme ! » Son père et sa mère, il était grandement doux pour eux; et, comme ils avaient un pur amour pour Dieu de toute cette manière, ils se réjouissaient, surtout parce qu'ils l'avaient ren-

---

1. *Cod*. LIX : ⲙⲙⲓⲛ ⲙⲙⲟϥ pour ϧⲁⲣⲓ ϧⲁⲣⲟϥ. — 2. Le *Cod*. LXII n'a pas ⲉϥϫⲱ ⲙⲙⲟⲥ — 3. *Cod*. ⲙⲁⲕⲁⲣⲓ. — 4. *Cod*. LXII : ⲉⲡⲟⲩϫⲁⲓ. — 5. *Cod*. ⲛⲁⲓⲟⲛ. (sic). — 6. *Cod*. LIX : ⲛⲧⲁⲓⲕⲉⲥⲃⲱ. — 7. Le *Cod*. LXII n'a pas ⲛⲓϧⲉⲗⲗⲟⲓ. — 8. *Cod*. LXII : ⲙⲡⲉⲥⲙⲟⲧ : la forme. — 9. Le *Cod*. LIX n'a pas ⲛⲁⲩϩⲟⲗϫ ⲛⲁϩⲣⲁⲩ ⲡⲉ ⲟⲩⲟϩ. — 10. *Cod*. LXII : ⲛⲁⲩⲣⲁϣⲓ ⲡⲉ ϩⲱⲥ ϫⲉ ⲛⲧⲁⲩϫⲉⲙϥ ϧⲉⲛ ⲙⲏϣ ⲛⲥⲟⲡ. — 11. *Cod*. LIX : ϧⲉⲛ. — 12. Le *Cod*. LXII n'a pas ce mot. — 13. C'est-à-dire : elle mourut. — 14. Mot à mot : « il était compagnon de rassemblement. »

ⲟⲩⲟϩ ⲟⲛ ⲉϥⲓⲣⲓ ⲙⲡⲛⲁⲓ ⲛⲉⲙ ⲛⲏ ⲉⲧϣⲁⲧ ⲟⲩⲟϩ ⲉϥϫⲉⲙ ⲡϣⲓⲛⲓ ⲛⲛⲏ ⲉⲧϣⲱⲛⲓ ⲟⲩⲕⲉⲧⲓ¹ ⲗⲟⲓⲡⲟⲛ ⲙⲡⲟⲩ ϫⲉ ⲛⲏ² ⲛⲁϩⲣⲁϥ ⲙⲡⲉⲣ ϥⲙⲉⲩⲓ ⲙⲡⲓϫⲓ ⲛⲥϩⲓⲙⲓ ⲁⲗⲗⲁ ⲛⲁⲩⲥⲟⲙⲥ³ ⲉⲡⲉϥⲥⲁϫⲓ ⲙ̅ⲫⲣⲏϯ ⲙ̅ⲫϯ ⲉⲩⲛⲁⲩ ⲉⲡⲓϩⲙⲟⲧ ⲉⲧⲭⲏ ϩⲓⲱϥ⁴ ⲉϥⲉⲣ ϩⲉⲙⲓ ⲙⲙⲟϥ ⲓⲥϫⲉⲛ ⲧⲉϥⲙⲉⲧⲁⲗⲟⲩ⁵ ⲟⲩⲟϩ ⲉϥⲉⲣⲑⲁⲗⲡⲉⲛ⁶ ⲛⲧⲉϥⲯⲩⲭⲏ ⲙ̅ⲫⲣⲏϯ ⲛⲟⲩⲙⲟⲛⲓ ⲙⲁⲗⲓⲥⲧⲁ ⲁⲩⲉⲣ ⲫⲙⲉⲩⲓ ⲉⲛϧⲁⲉ ϫⲉ ⲟⲩⲉⲡⲁⲅⲅⲉⲗⲓⲁ ⲡⲉ ⲟⲩⲟϩ ⲛⲁⲩϯ ⲙⲧⲟⲛ ⲛⲁϥ ⲡⲉ ϧⲉⲛ ϩⲱⲃ ⲛⲓⲃⲉⲛ. ⲛⲑⲟϥ ⲇⲉ ϩⲱϥ ⲡⲓϧⲉⲗϣⲓⲣⲓ ⲉϥⲛⲁⲩ ⲉⲧⲙⲉⲧϣⲁⲙϣⲉ ⲛⲟⲩϯ ⲛⲧⲉ ⲛⲉϥⲓⲟϯ ⲛⲁϥϣⲉⲙϣⲓ ⲙⲙⲱⲟⲩ ⲡⲉ ϧⲉⲛ ϩⲱⲃ ⲛⲓⲃⲉⲛ ⲟⲩⲟϩ ⲉϥⲥⲱⲧⲉⲙ ⲛⲥⲱⲟⲩ ⲙ̅ⲫⲣⲏϯ ⲛⲟⲩⲃⲱⲕ ⲛⲁϩⲣⲉⲛ ⲛⲉϥϭⲓⲥⲉⲩ.

ⲉⲧⲁϥⲉⲣ ⲛⲟⲙⲟⲥ ⲇⲉ ⲛϫⲉ ⲡⲓⲁⲗⲟⲩ ⲟⲩⲟϩ ⲉⲧⲁϥⲓ ⲉϯϩⲏⲗⲓⲕⲓⲁ⁷ ⲉⲧϫⲏⲕ ⲉⲃⲟⲗ⁸ ⲧⲟⲧⲉ ⲁϥⲉⲣ ϧⲉⲗⲗⲟ ϩⲱϥ ⲛϫⲉ ⲡⲉϥⲓⲱⲧ ⲉⲁϥⲭⲁ ⲟⲩⲱⲓⲛⲓ ⲙ̅ⲫⲣⲏϯ ⲛⲓⲥⲁⲁⲕ ⲡⲓⲡⲁⲧⲣⲓⲁⲣⲭⲏⲥ ⲟⲩⲟϩ ⲉⲧⲁϥⲉⲣ ⲁⲧϫⲟⲙ ⲛⲧⲉ ⲡⲁϣⲁⲓ ⲙⲡⲓⲭⲣⲟⲛⲟⲥ ⲛⲁϥϣⲧⲏⲟⲩⲧ ⲗⲟⲓⲡⲟⲛ ϩⲓϫⲉⲛ ⲡⲓⲙⲁⲛⲕⲟⲧ ⲟⲩⲟϩ ⲫⲏ ⲉⲧⲟⲩⲁⲃ ⲙⲁⲕⲁⲣⲓⲟⲥ⁹ ⲛⲁϥⲙⲏⲛ ⲉⲣⲟϥ¹⁰ ⲡⲉ ⲉϥϣⲉⲙϣⲓ ⲙⲙⲟϥ ⲉϥⲉⲣⲁⲓⲧⲉⲛ¹¹ ⲙⲙⲟϥ ⲛⲛⲁⲩ ⲛⲓⲃⲉⲛ ϧⲉⲛ ⲟⲩⲛⲁϩϯ ⲉⲑⲣⲉϥⲥⲙⲟⲩ ⲉⲣⲟϥ ⲟⲩⲟϩ ⲡⲁⲓⲣⲏϯ ⲁϥϣⲱⲡⲓ. ⲉⲧⲁⲩ

contré une foule de fois qui faisait la prière dans les chemins, qui faisait de même l'aumône aux indigents et qui visitait les malades. Du reste, ses parents ne lui parlaient plus de prendre femme ; mais ils regardaient sa parole comme celle de Dieu, voyant la grâce qui le revêtait, le gouvernait depuis son enfance et réchauffait son âme comme une nourrice : ils se souvinrent, enfin, que c'était (le fruit) d'une promesse, et ils lui donnèrent repos en toute chose. Mais lui, le jeune homme, voyant la piété de ses parents, il les servait en toute chose, et leur obéissait, comme fait un serviteur pour ses maitres.

Lorsque le jeune garçon eut fait loi¹² et qu'il fut arrivé à l'âge parfait, alors aussi son père devint un vieillard ayant perdu la lumière, comme Isaac le patriarche. Et lorsqu'il fut devenu sans force par suite de la multiplication du temps, dès lors il resta couché sur le lit ; et le bienheureux Macaire était assidu près de lui, le servant, lui demandant avec foi, à tout moment, de le bénir. Et ainsi il arriva. Lorsque ses jours furent accomplis dans une bonne

---

1. *Cod.* ⲟⲩⲕⲉϯ. — 2. Le ms. a bien ces mots. — 3. *Cod.* LIX : ⲛⲁⲩϫⲟⲩϣⲧ. — 4. *Cod.* LIX : ⲉⲧϩⲓⲱⲧϥ. — 5. *Cod.* LIX : ⲧⲉϥⲙⲉⲧⲕⲟⲩϫⲓ. — 6. *Cod.* ⲉϥⲉⲣⲑⲁⲗⲡⲓⲛ. — 7. *Cod.* ⲉϯϩⲩⲗⲓⲕⲓⲁ. — 8. *Cod.* LIX : ⲉⲧⲁϥⲉⲣⲡⲣⲟⲕⲟⲡⲧⲓⲛ ⲧⲟⲧⲉ ⲛⲉ ⲁϥⲉⲣ ϧⲉⲗⲗⲟ : lorsqu'il eut grandi, alors il était devenu vieillard. — 9. *Cod.* ⲙⲁⲕⲁⲣⲓ. *Cod.* LXIV : ⲫⲙⲁⲕⲁⲣⲓⲟⲥ ⲙⲁⲕⲁⲣⲓ. — 10. *Cod.* LXIV : ⲉϥⲁⲓ. — 11. *Cod.* ⲉϥⲉⲣⲉⲧⲓⲛ. — 12. C'est-à-dire : eut grandi et fut devenu majeur.

ϫⲱⲕ ⲇⲉ ⲉⲃⲟⲗ ⲛ̄ϫⲉ ⲛⲉϥϩⲟⲟⲩ ϧⲉⲛ ⲟⲩⲙⲉⲧϧⲉⲗⲗⲟ ⲉⲛⲁⲛⲉⲥ ⲁϥⲥⲟⲩⲧⲱⲛϥ¹ ⲉⲃⲟⲗ ⲟⲩⲟϩ ⲁϥⲙⲧⲟⲛ ⲙ̄ⲙⲟϥ ⲟⲩⲟϩ ⲁⲩⲑⲟⲙⲥϥ ⲕⲁⲧⲁ ⲡⲉⲧⲧⲟⲗⲙ. ⲉⲧⲁϥⲉⲛⲕⲟⲧ ⲇⲉ ⲛ̄ϫⲉ ⲡⲉϥⲓⲱⲧ ⲥⲁⲧⲟⲧϥ ⲁϥⲓ ⲉϧⲣⲏⲓ ⲉϫⲉⲛ ⲡⲉϥϩⲏⲧ ϫⲉ ϩⲓⲛⲁ ⲉϥϫⲱ ⲛ̄ⲥⲱϥ ⲙ̄ⲡⲁⲓⲃⲓⲟⲥ ⲛⲉⲙ ⲛⲉϥⲣⲱⲟⲩϣ ⲟⲩⲟϩ ⲛ̄ⲧⲉϥ ⲉϫⲉⲛ ⲟⲩⲣⲱⲟⲩϣ ⲛ̄ⲟⲩⲱⲧ ⲟⲩⲟϩ ⲛ̄ⲧⲉϥⲣⲱϣⲧ² ⲉϯ ⲛ̄ⲟⲩⲡⲣⲟⲥⲉⲩⲭⲏ ⲙ̄ⲙⲁⲩⲁⲧϥ³ ⲙ̄ⲫϯ ϧⲉⲛ ⲟⲩⲙⲉⲧⲁⲧϭⲣⲁϩ ⲟⲩⲟϩ ⲡⲁⲓⲣⲏϯ ⲁϥⲉⲣ ϩⲏⲧⲥ ⲛ̄ⲭⲱⲣ ⲉⲃⲟⲗ ⲙ̄ⲫⲏ ⲉⲧⲉⲛⲧⲁϥ ⲛ̄ⲕⲟⲩϫⲓ ⲕⲟⲩϫⲓ⁴. ⲉⲧⲁⲥⲉⲙⲓ ⲇⲉ ⲛ̄ϫⲉ ⲧⲉϥⲙⲁⲩ ⲁⲥⲥⲁϫⲓ ⲛⲉⲙⲁϥ ⲟⲩⲧⲱⲥ ⲛⲉⲙⲁϥ ⲉⲥϫⲱ ⲙ̄ⲙⲟⲥ ϫⲉ ⲡⲁϣⲏⲣⲓ ⲟⲩ ⲡⲉ ⲫⲁⲓ ⲉⲧⲉⲕⲓⲣⲓ ⲙ̄ⲙⲟϥ ⲓⲥ ϩⲏⲡⲡⲉ ⲛ̄ⲑⲟⲕ ⲟⲩϧⲉⲗϣⲓⲣⲓ ⲁⲛⲁⲩ ⲙ̄ⲡⲉⲣⲧⲁⲕⲉ ⲡⲉⲧⲉⲛⲧⲁⲕ⁵ ⲛ̄ⲧⲉⲕⲉⲣ ϧⲁⲉ⁶ ⲟⲩⲟϩ ⲡⲁⲓⲣⲏϯ⁷ ⲛ̄ⲧⲉⲕⲉⲣ ⲅⲁⲧⲏⲥ ⲛ̄ϩⲁⲛ ⲕⲉⲭⲱⲟⲩⲛⲓ. ⲛ̄ⲑⲟϥ ⲇⲉ ⲡⲉϫⲁϥ ⲛⲁⲥ ϩⲱⲥ ⲛⲉϥⲟⲩⲱϣ ⲁⲛ ⲉϯ ⲙⲕⲁϩ ⲙ̄ⲡⲉⲥϩⲏⲧ ϫⲉ ⲫⲏ ⲉⲧⲁⲣⲉϩⲟϥ ⲛⲏⲓ ϯⲛⲁⲁⲓϥ ⲡⲉϥⲥⲟϭⲛⲓ ⲇⲉ ⲁϥⲭⲁϥ ϧⲉⲛ ⲡⲉϥϩⲏⲧ. ⲙⲉⲛⲉⲛⲥⲁ ⲋ̄ ⲇⲉ ⲛ̄ⲁⲃⲟⲧ ⲛⲉⲙ ϩⲁⲛ ⲕⲟⲩϫⲓ ⲛ̄ⲉϩⲟⲟⲩ ⲁ ⲡⲟⲥ ϫⲉⲙ ⲡϣⲓⲛⲓ ⲛ̄ϯⲙⲁⲕⲁⲣⲓⲁ ⲛ̄ϧⲉⲗⲗⲱ ⲟⲩⲟϩ ⲉⲧⲁⲥⲙⲧⲟⲛ ⲙ̄ⲙⲟⲥ ⲁⲩⲭⲱ ⲙ̄ⲡⲉⲥⲥⲱⲙⲁ ϧⲁⲧⲉⲛ ⲫⲁ ⲡⲓⲙⲁⲕⲁⲣⲓⲟⲥ ⲙ̄ⲡⲣⲉⲥⲃⲩⲧⲉⲣⲟⲥ. ⲡⲓⲙⲁⲓⲁⲧϥ ⲇⲉ ϯⲛⲟⲩ ⲙⲁⲕⲁⲣⲓⲟⲥ ⲉⲧⲁϥⲥⲱϫⲡ ⲙ̄ⲙⲁⲩⲁⲧϥ ⲁⲩⲕⲱϯ ⲉⲣⲟϥ ⲛ̄ϫⲉ ϩⲁⲛ ⲙⲏϣ ⲛ̄ⲗⲟⲅⲓⲥⲙⲟⲥ ⲟⲩⲟϩ ⲡⲉϥⲙⲉⲩⲓ ⲛⲁϥⲉⲣⲑⲁⲣⲣⲉⲓⲛ⁸ ⲙ̄ⲙⲟϥ ⲛ̄ⲣⲱⲙⲓ ⲛⲓⲃⲉⲛ ⲁⲛ ⲡⲉ.

vieillesse : il s'étendit et se reposa, et on l'ensevelit convenablement. Quand son père se fut endormi, aussitôt il lui vint au cœur d'abandonner cette vie et ses soucis, de n'avoir plus qu'un seul souci⁹ et de s'adonner à faire des prières à Dieu avec liberté d'esprit : et ainsi il commença de distribuer peu à peu tout ce qui lui appartenait. Mais lorsque sa mère l'apprit, elle lui parla, d'elle à lui, en disant : « Mon fils, qu'est-ce que tu fais ? Voici que tu es un jeune homme, prends garde de perdre ce que tu as, de devenir indigent, et ainsi de te faire le serviteur des autres ! » Mais lui, il lui dit, comme ne voulant pas contrister son cœur : « Je ferai ce que tu me diras. » Mais il plaça son dessein dans son cœur. Or, après six mois et quelques jours le Seigneur visita la bienheureuse vieille, et, lorsqu'elle se fut reposée, on plaça son corps près de celui du bienheureux prêtre. Mais alors, lorsque le bienheureux Macaire fut resté seul, des foules de pensées l'entourèrent, et sa pensée ne l'encourageait pas contre tout homme.

---

1. *Cod.* LIX : ⲉⲁϥⲥⲟⲩⲧⲱⲛ ⲧⲟⲧϥ ⲉⲃⲟⲗ : ayant étendu sa main. — 2. *Cod.* LXIV : ⲛⲉⲙⲉⲥⲣⲱϣⲧ. — 3. Le *Cod.* LXIV n'a pas ce mot. — 4. *Cod.* LXIV : ⲡⲉⲧⲉⲛⲧⲁϥ ⲕⲁⲧⲁ ⲕⲟⲩϫⲓ. — 5. Le *Cod.* LIV n'a pas ce membre de phrase. — 6. Les *Cod.* LXII et LXIV n'ont pas ce mot. — 7. Le *Cod.* LXIV a seul le membre de phrase qui suit. — 8. *Cod.* ⲉⲣϩⲁⲣⲓⲛ. — 9. Mot à mot : « et d'aller sur un seul souci. »

ⲉⲧⲁ ⲟⲩⲉϩⲟⲟⲩ ⲇⲉ ⲛϣⲁⲓ ϣⲱⲡⲓ ⲁⲥⲓ ⲉϧⲣⲏⲓ ⲉϫⲉⲛ ⲡⲉϥϩⲏⲧ ⲉⲑⲁϩⲉⲙ ⲛⲓ
ⲉⲧⲉⲣ ϧⲁⲉ ⲛⲉⲙ ⲛⲓϫⲱⲃ ⲟⲩⲟϩ ⲉⲓⲣⲓ ⲙⲡⲓⲛⲁⲓ ⲛⲉⲙⲱⲟⲩ ⲕⲁⲧⲁ ⲧⲉϥⲕⲁϩⲥ ϫⲉ
ϩⲓⲛⲁ ⲉⲧⲉⲣ ⲫⲙⲉⲩⲓ ⲛⲛⲉϥⲓⲟϯ. ⲛⲉ ⲟⲩⲟⲛ ⲟⲩⲁⲛⲁⲭⲱⲣⲓⲧⲏⲥ ⲇⲉ ϧⲓ ⲫⲟⲧⲉⲓ
ⲙⲡⲉϥϯⲙⲓ ⲉⲣⲉ ϫⲱϥ ⲙⲉⲛ ⲣⲏⲧ ⲉϥⲉⲣ ϩⲟϯ ϧⲁ ⲧϩⲏ ⲙⲫϯ ⲉⲙⲁϣⲱ ⲟⲩⲟϩ
ⲉϥⲉⲣⲡⲟⲗⲩⲧⲁⲍⲉⲓⲛ¹ ϧⲉⲛ ⲟⲩⲕⲟⲩϫⲓ ⲙⲙⲟⲛⲏ ϧⲁⲣⲓ ϧⲁⲣⲟϥ. ⲉⲧⲁϥⲣⲁⲥⲧⲱ ⲇⲉ
ϧⲉⲛ ϯⲉⲕⲕⲗⲏⲥⲓⲁ ⲙⲡⲉϩⲟⲟⲩ ⲉⲧⲉⲙⲙⲁⲩ ⲉⲑⲃⲉ ϫⲉ ⲛⲉ² ⲙⲙⲟⲛ ⲡⲣⲉⲥⲃⲩⲧⲉ
ⲣⲟⲥ ϧⲉⲛ ⲧⲉϥⲙⲟⲛⲏ ⲁⲛ ⲡⲉ ⲉⲑⲣⲉϥϭⲓ ⲥⲙⲟⲩ ⲛⲧⲟⲧϥ³ ⲧⲟⲧⲉ ⲁϥⲉⲣⲁⲓⲧⲉⲓⲛ⁴
ⲙⲙⲟϥ ⲛϫⲉ ⲡⲓⲁⲅⲓⲟⲥ ⲙⲁⲕⲁⲣⲓⲟⲥ⁵ ϫⲉ ϩⲓⲛⲁ ⲉϥⲣⲁⲥⲧⲱ ϩⲱϥ ⲛⲧⲉϥϭⲓ
ⲉⲃⲟⲗϧⲉⲛ ϯⲁⲅⲁⲡⲏ ⲟⲩⲟϩ ⲡⲁⲓⲣⲏϯ ⲁϥϯ ⲙⲁϯ. ⲉⲧⲁⲩⲟⲩⲱ ⲇⲉ ⲉⲩⲟⲩⲱⲙ ⲡⲉ
ϫⲉ ⲫⲏ ⲉⲑⲟⲩⲁⲃ⁶ ⲙⲁⲕⲁⲣⲓⲟⲥ⁷ ⲛⲁϥ ϫⲉ ϯϯϩⲟ ⲉⲣⲟⲕ ⲡⲁⲓⲱⲧ ⲉⲑⲟⲩⲁⲃ⁸ ϫⲉ
ϩⲓⲛⲁ ⲉⲓⲉⲓ ϣⲁⲣⲟⲕ ⲛⲣⲁⲥϯ⁹ ⲛⲧⲁϫⲉ ⲡⲁⲙⲉⲩⲓ ⲛⲧⲏⲓ ⲛⲁⲕ ϫⲉ ⲡⲓϩⲱⲃ ⲉⲣ
ⲭⲣⲉⲓⲁ¹⁰. ⲡⲓϧⲉⲗⲗⲟ ⲇⲉ ϩⲱⲥ ⲉϥⲥⲱⲟⲩⲛ ⲛⲧϫⲓ ⲛⲱⲛϧ ⲙⲙⲁⲕⲁⲣⲓⲟⲥ¹¹ ⲁϥϯ
ⲙⲁϯ. ⲉⲧⲁ ϣⲱⲣⲡ ⲇⲉ ϣⲱⲡⲓ ⲁϥϣⲉ ⲛⲁϥ ϣⲁⲣⲟϥ ⲟⲩⲟϩ ⲡⲁⲓⲣⲏϯ ⲁϥⲧⲁⲙⲟϥ
ⲉⲡⲉϥⲙⲉⲩⲓ ϧⲉⲛ ⲟⲩϫⲱⲕ ϩⲱⲥ ⲡⲉϫⲁϥ ⲉⲓⲟⲩⲱϣ ϩⲱ ⲉⲉⲣⲁⲛⲁⲭⲱⲣⲉⲓⲛ¹² ⲟⲩⲟϩ
ⲛⲧⲁⲣⲱϣⲧ ⲉⲡⲟⲩϫⲁⲓ ⲛⲧⲁⲯⲩⲭⲏ. ⲉϥⲛⲁⲩ ⲇⲉ ⲛϫⲉ ⲡⲓϧⲉⲗⲗⲟ ⲉⲡⲓϩⲙⲟⲧ

Et lorsqu'il y eut un jour de fête, il lui vint en son cœur d'inviter les besoigneux et les infirmes, de leur faire l'aumône selon sa coutume, afin qu'ils fissent souvenir de ses parents. Il y avait, un peu en arrière de son village, un anachorète dont la tête était chevelue¹³ ; il craignait Dieu grandement et menait une vie tranquille dans une petite cellule, tout seul. Lorsqu'il se trouva par hasard dans l'église en ce jour, parce qu'il n'y avait point de prêtre en sa cellule pour lui donner la bénédiction, le saint Macaire lui demanda d'aller aussi, de recevoir l'aumône ; et ainsi il consentit. Lorsqu'ils eurent fini de manger, le saint Macaire lui dit : « Je t'en prie, mon père, que j'aille vers toi au matin, afin que je te dise ma pensée ; car la chose en a besoin. » Mais le vieillard, comme il connaissait la vie du bienheureux Macaire, il consentit. Lorsque le matin fut (arrivé), Macaire se rendit vers lui, il l'informa de sa pensée en perfection, « car, dit-il, moi aussi je désire être anachorète et vaquer au salut de mon âme. » Mais le vieillard, voyant la grâce de Dieu qui était dans le jeune garçon, s'étonna de son état et de sa réponse ; ensuite le

---

1. *Cod.* ⲛⲥⲓⲭⲁⲍⲓⲛ, ⲛⲉⲧⲭⲁⲍⲓⲛ. — 2. Les *Cod.* LXII et LXIV n'ont pas ⲛⲉ. — 3. Le *Cod.* LXIV n'a pas ⲁⲛ ⲡⲉ, et a ⲛⲁϥ au lieu de ⲛⲧⲟⲧϥ. — 4. *Cod.* ⲁϥⲉⲣⲉⲧⲓⲛ. — 5. *Cod.* ⲙⲁⲕⲁⲣⲓ. — 6. *Cod.* LXIV : ⲡⲓⲁⲅⲓⲟⲥ. *Cod.* LIX : ⲡⲛⲓϣϯ ⲁⲃⲃⲁ. — 7. *Cod.* ⲙⲁⲕⲁⲣⲓ. — 8. Le *Cod.* LXIV n'a pas ce mot. — 9. *Cod.* LXIV : ⲛϣⲱⲣⲡ. — 10. *Cod.* ⲉⲣⲭⲣⲓⲁ. — 11. *Cod.* LXIV : ⲙⲡⲓⲙⲁⲕⲁⲣⲓⲟⲥ ⲙⲁⲕⲁⲣⲓ. — 12. *Cod.* ⲁⲛⲁⲭⲱⲣⲓⲛ. — 13. Mot à mot : « était sa tête plantée. »

ⲛⲧⲉ ⲫϯ ⲉⲧⲭⲏ ⲛⲉⲙ ⲡⲓⲁⲗⲟⲩ¹ ⲛⲁϥⲉⲣ ϣⲫⲏⲣⲓ ⲛⲧⲉϥⲕⲁⲧⲁⲥⲧⲁⲥⲓⲥ ⲛⲉⲙ
ⲧⲉϥϫⲓ ⲛⲉⲣ ⲟⲩⲱ ⲉⲓⲧⲁ² ⲁϥⲁⲙⲟⲛⲓ ⲙⲙⲟϥ ϩⲁⲧⲟⲧϥ ⲙⲡⲓⲉⲭⲱⲣϩ ⲉⲧⲉⲙⲙⲁⲩ
ⲛϫⲉ ⲡⲓϧⲉⲗⲗⲟ³ ϫⲉ ϩⲓⲛⲁ ⲉϥⲉⲉⲙⲓ ϫⲉ ⲉⲣⲉ ⲡⲟⲥ ⲛⲁⲧⲁⲙⲟϥ ⲉⲟⲩ ⲉⲑⲃⲏⲧϥ
ϫⲉ ⲟⲩⲏⲓ ⲅⲁⲣ ⲛⲉ ⲟⲩⲣⲉϥⲛⲁⲩ ⲡⲉ. ⲟⲩⲟϩ ⲉⲣⲉ ⲫⲣⲏ ⲛⲁϧⲱⲧⲡ ⲁⲩⲟⲩⲙ ⲡⲓⲕⲟⲩϫⲓ ⲛⲱⲓⲕ ⲟⲩⲟϩ ⲁⲩⲉⲛⲕⲟⲧ ⲙⲡⲃ̄ ⲟⲩⲟϩ ⲁ ⲫϯ ⲟⲩⲱⲛ⁴ ⲛⲛⲉⲛⲃⲁⲗ ⲙⲡⲓϧⲉⲗⲗⲟ ϧⲉⲛ ⲡϫⲓ ⲛⲟⲣⲉϥⲉⲣⲓⲛⲉⲫⲓⲛ⁵ ⲉⲃⲟⲗϧⲉⲛ⁶ ⲡⲓϩⲓⲛⲓⲙ ⲟⲩⲟϩ ⲓⲥ ϩⲏⲡⲡⲉ ⲓⲥ
ⲟⲩⲭⲟⲣⲟⲥ ⲙⲙⲟⲛⲁⲭⲟⲥ ⲁϥⲛⲁⲩ ⲉⲣⲱⲟⲩ ⲉⲧⲙⲡⲕⲱϯ⁷ ⲛⲁⲃⲃⲁ ⲙⲁⲕⲁⲣⲓⲟⲥ⁸
ⲉϥⲉⲛⲕⲟⲧ ⲉⲁϥⲛⲁⲩ ⲉⲣⲱⲟⲩ ⲛϫⲉ ⲡⲓϧⲉⲗⲗⲟ⁹ ⲉⲧⲟⲩⲟⲃϣ ⲧⲏⲣⲟⲩ ⲟⲩⲟϩ ⲉⲩⲣⲏⲧ
ⲧⲏⲣⲟⲩ ⲛϩⲁⲛ ⲥⲙⲟⲧ ⲛⲧⲉϩ ϩⲓϫⲉⲛ ⲛⲟⲩϣⲱⲃϣ ⲙⲡⲥⲙⲟⲧ ⲛϩⲁⲛ ⲁⲉⲧⲟⲥ
ⲟⲩⲟϩ ⲁϥⲥⲱⲧⲉⲙ ⲉⲟⲩⲥⲙⲏ ⲉⲥϫⲱ ⲙⲙⲟⲥ ϫⲉ ⲧⲱⲛⲕ ⲙⲁⲕⲁⲣⲓⲟⲥ¹⁰ ⲁⲣⲓ ϩⲏⲧⲥ
ⲉϯⲁⲓⲁⲕⲟⲛⲓⲁ ϫⲉ ⲁϥⲓ ⲛϫⲉ ⲡⲓⲥⲏⲟⲩ ⲟⲩⲟϩ ⲧⲱⲛⲕ ⲙⲟϣⲓ ϫⲉ ⲟⲩⲏⲓ¹¹ ⲁⲛⲟⲕ ⲡⲉ
ⲉⲑⲟⲩⲱⲣⲡ ⲙⲙⲟⲕ. ⲛⲁⲓ ⲟⲩⲛ ⲉⲧⲁϥⲥⲱⲧⲉⲙ¹² ⲉⲣⲱⲟⲩ ⲛϫⲉ ⲡⲓϧⲉⲗⲗⲟ ⲛⲁⲅⲓⲟⲥ
ⲁϥⲭⲁ ⲣⲱϥ ⲧⲉⲱⲥ ⲟⲩⲟϩ ⲉⲧⲁ ⲫⲟⲩⲱⲓⲛⲓ ϣⲁⲓ ⲉϥⲛⲁⲙⲟϣⲓ ⲛϫⲉ ⲡⲓⲙⲁⲕⲁⲣⲓ
ⲙⲁⲕⲁⲣⲓⲟⲥ¹³ ⲡⲉϫⲉ ⲡⲓϧⲉⲗⲗⲟ ⲛⲁϥ ϫⲉ ⲁⲛ ⲁⲕⲛⲁⲩ ⲉϩⲗⲓ ϧⲉⲛ ⲡⲁⲓ ⲉϫⲱⲣϩ.
ⲡⲉϫⲁϥ ⲛⲁϥ ϫⲉ ⲙⲫⲏ ϩⲟⲗⲱⲥ¹⁴ ⲁⲗⲗⲁ ⲁⲓⲉⲛⲕⲟⲧ ϧⲉⲛ ⲟⲩⲙⲧⲟⲛ ⲛⲉⲙ
ⲟⲩⲭⲃⲟⲃ ⲛⲧⲉ ⲧⲁⲯⲩⲭⲏ. ⲧⲟⲧⲉ ⲡⲉϫⲉ ⲡⲓϧⲉⲗⲗⲟ ⲛⲁϥ ϫⲉ ⲫⲏ ⲉⲧⲁϥⲁⲗⲏⲓ

vieillard le prit (avec lui), afin de savoir ce que le Seigneur lui ferait connaître à son sujet, car certes c'était un voyant. Et comme le soleil allait se coucher, ils mangèrent un peu ¹⁵, ils se couchèrent tous les deux et le Seigneur ouvrit les yeux du vieillard pendant qu'il s'abstenait du sommeil, et voici qu'il vit un chœur de moines autour d'abba Macaire endormi, tous blancs, ayant tous des ailes sur leurs épaules à la manière des aigles ¹⁶. Et il entendit une voix qui disait : « Lève-toi, Macaire, commence le service; car le temps est venu. Lève-toi, car c'est moi qui t'envoie. » Lorsque le saint vieillard eut entendu cela, il se tut; et, lorsque la lumière eut paru, comme le bienheureux Macaire allait partir, le vieillard lui dit : « N'as-tu rien vu, cette nuit? » Il lui dit : « Non, rien du tout; mais j'ai dormi en repos et en rafraîchissement de mon âme. » Alors le vieillard lui dit : « Ce qui est monté en ton cœur,

---

1. Cod. LXIV: ϧⲉⲛ ⲡⲓⲁⲗⲟⲩ. Cod. LIX : ⲛⲉⲙⲁϥ. — 2. Cod. ⲓⲧⲁ. — 3. Cod. LIX: ϥⲁϥⲁⲙⲟⲛⲓ. Le Cod. LXIV n'a pas ϩⲁⲧⲟⲧϥ ⲙⲡⲓⲉⲭⲱⲣϩ ⲉⲧⲉⲙⲙⲁⲩ. — 4. Le Cod. LXII ajoute ϫⲉ. — 5. Cod. ⲛⲛⲉⲫⲓⲛ. — 6. Cod. LXII. Deest ⲉⲃⲟⲗ. — 7. Cod. LXIV : ⲙⲡⲕⲱϯ. — 8. Cod. ⲙⲁⲕⲁⲣⲓ. — 9. Les Cod. LIX et LXIV n'ont pas ⲉⲁϥⲛⲁⲩ ⲉⲣⲱⲟⲩ ⲛϫⲉ ⲡⲓϧⲉⲗⲗⲟ. — 10. Cod. ⲙⲁⲕⲁⲣⲓ. — 11. Le Cod. LXIV n'a pas ce mot. — 12. Cod. LXIV : ⲉϥⲥⲱⲧⲉⲙ. — 13. Cod. ⲙⲁⲕⲁⲣⲓ. — 14. Cod. LXIV : ϩⲟⲗⲟⲥ. — 15. Mot à mot : « un peu de peu. » — 16. Mot à mot : « et tous plantés de formes d'ailes sur leurs épaules. »

ⲉϩⲣⲏⲓ ⲉϫⲉⲛ¹ ⲡⲉⲕϩⲏⲧ ⲁⲣⲓⲧϥ ϫⲉ ⲟⲩⲏⲓ² ⲡ̅ⲟ̅ⲥ̅ ⲡⲉ ⲉⲧⲑⲱϩⲉⲙ ⲙ̅ⲙⲟⲕ. ⲙ̅ⲡⲉϥϫⲉ ϩⲗⲓ ⲛⲉϫⲁϥ ⲛⲁϥ ⲛ̅ϫⲉ ⲡⲓϧⲉⲗⲗⲟ ϧⲉⲛ ⲛⲏ ⲉⲧⲁϥⲛⲁⲩ ⲉⲣⲱⲟⲩ ϩⲓⲛⲁ ϫⲉ ⲛ̅ⲛⲉϥϭⲓⲥⲓ ⲛ̅ϩⲏⲧ ⲁⲗⲗⲁ ⲁϥⲟⲩⲁϩⲥⲁϩⲛⲓ ⲉⲧⲟⲧϥ ⲥⲁⲧⲟⲧϥ³ ϫⲉ ϩⲓⲛⲁ ⲉϥⲉϣⲉ ⲛ̅ⲧⲉϥϩⲱⲗ ϩⲓ ⲫⲟⲩⲉⲓ⁴ ⲛ̅ⲧⲉϥϣⲱⲡⲓ ϧⲁⲧⲉⲛ ⲕⲉϯⲙⲓ ϧⲉⲛ ⲛⲓⲙⲟⲛⲏ ϫⲉ ⲟⲩⲏⲓ ⲅⲁⲣ ⲛⲉ ⲙ̅ⲡⲁⲧⲉ ⲟⲩⲟⲛ ϧⲉⲛ ⲛⲓⲣⲉⲙⲙϣⲉⲙϣⲓ ⲛⲟⲩϯ ϣⲱⲡⲓ ϧⲉⲛ ⲛⲓϣⲁϥⲉⲩ ⲉⲧⲥⲁϧⲟⲩⲛ ⲉⲃⲏⲗ ⲉⲡⲓⲛⲓϣϯ ⲁⲛⲧⲱⲛⲓⲟⲥ ⲉϥϩⲏⲗ ⲉⲛⲓⲙⲁ ⲛ̅ϣⲁϥⲉ⁵ ⲛ̅ⲟⲩⲙⲏϣ ⲛ̅ⲥⲟⲡ ⲟⲩⲟϩ ⲡⲁⲗⲓⲛ ⲉϥⲛⲏⲩ ⲉⲃⲟⲗ. ⲡⲓⲙⲁⲕⲁⲣⲓⲟⲥ ⲇⲉ ⲙⲁⲕⲁⲣⲓⲟⲥ⁶ ⲉⲧⲁϥⲓ ⲉⲡⲓϯⲙⲓ ⲁϥⲉⲣ ϩⲏⲧⲥ ⲛ̅ϫⲱⲗⲉⲙ ⲉⲥⲱⲣ ⲉⲃⲟⲗ ⲙ̅ⲫⲏ ⲉⲧⲉⲛⲧⲁϥ ⲧⲏⲣϥ ⲛ̅ⲛⲓϩⲏⲕⲓ ⲛⲉⲙ ⲛⲓϫⲱⲃ⁷.

fais-le; car c'est le Seigneur qui t'invite. » Le vieillard ne lui dit rien de ce qu'il avait vu, de peur que le jeune homme ne s'enorgueillit; mais il lui ordonna de s'en aller au loin, afin d'habiter dans des cellules près d'un autre village, car personne encore parmi les dévots de Dieu n'habitait dans les déserts intérieurs, si ce n'est le grand Antoine qui allait souvent dans les lieux déserts et de nouveau en sortait. Mais le bienheureux Macaire, lorsqu'il fut allé au village, il commença promptement de distribuer tout ce qui lui appartenait aux pauvres et aux infirmes.

1. *Cod.* LIX : ⲧⲟⲧⲉ ⲁϥⲉⲣ ⲟⲩⲱ ⲛ̅ϫⲉ ⲡⲓϧⲉⲗⲗⲟ ϫⲉ ⲫⲏ ⲉⲧⲓ ⲉⲡⲉⲕϩⲏⲧ : ce qui est allé à ton cœur. — 2. Les *Cod.* LXII et LXIV n'ont pas ce mot. — 3. *Cod.* LXII : ⲁϥⲟⲩⲁϩⲥⲁϩⲛⲓ ⲅⲁⲣ ⲉⲧⲟⲧϥ. Les *Cod.* LXII et LXIV n'ont pas ⲥⲁⲧⲟⲧϥ. — 4. *Cod.* LXIV : ϩⲓⲛⲁ ⲉϥⲉϩⲱⲗ ϩⲓ ⲫⲟⲩⲉⲓ. — 5. *Cod.* LIX : ⲛⲓϣⲁϥⲉⲩ. — 6. *Cod.* LXII : ⲙⲁⲕⲁⲣⲓ. — 7. Le mss. LIX a plus que des variantes en cet endroit. Je transcris ici le passage tout entier avec la traduction : ⲉⲧⲁϥⲥⲱⲧⲉⲙ ⲉⲛⲁⲓ (ⲛ̅)ϫⲉ ⲙⲁⲕⲁⲣⲓ ⲛ̅ⲧⲟⲧϥ ⲙ̅ⲡⲓϧⲉⲗⲗⲟ ⲛ̅ⲁⲛⲁⲭⲱⲣⲓⲧⲏⲥ ⲁϥⲣⲁϣⲓ ⲉϫⲛ ⲡⲁⲓⲥⲟϭⲛⲓ ⲫⲁⲓ ⲉⲟⲃⲉ ϫⲉ ⲛⲁϥⲉⲣⲡⲣⲟⲕⲟⲡⲧⲓⲛ ⲥϥⲙⲟⲕⲙⲉⲕ ⲉⲣⲟϥ ⲣⲱ ⲡⲉ ⲛ̅ϫⲉ ⲡⲓϣⲱⲧ ⲥⲧⲛⲉⲥⲱϥ ⲙⲁⲕⲁⲣⲓ ⲉⲑⲃⲉ ϫⲉ ⲁ ⲛⲁ ⲡⲁϯⲙⲓ ⲁⲧⲁⲙⲟⲛⲓ ⲙ̅ⲙⲟϥ ⲟⲩⲟϩ ⲁⲩⲁⲓϥ ⲙ̅ⲡⲣⲉⲥⲃⲩⲧⲉⲣⲟⲥ ⲥⲁⲃⲟⲗ ⲙ̅ⲡⲉϥⲟⲩⲱϣ ⲕⲉⲙⲁⲗⲓⲥⲧⲁ ⲉⲧⲁ ⲡⲁⲓⲭⲉⲧ ϣⲱⲡⲓ ⲙ̅ⲙⲟϥ ⲕⲁⲧⲁ ⲟⲩⲟⲓⲕⲟⲛⲟⲙⲓⲁ ⲛ̅ⲧⲉ ⲫ̅ϯ̅ ϩⲓⲛⲁ ϫⲉ ϥⲛⲁⲉⲣⲃⲟⲏⲑⲓⲛ ⲉⲣⲟϥ ⲛⲉⲙ ϩⲁⲛ ⲕⲉⲭⲱⲟⲩⲛⲓ ⲛⲉⲙⲁϥ ϩⲟⲧⲁⲛ ⲙⲉⲛⲉⲛⲥⲁ ⲛⲁⲓ ⲁϥϣⲁⲛϣⲱⲡⲓ ϧⲉⲛ ⲡⲓϣⲁϥⲉⲩ ⲥⲧⲣⲉϥϯ ⲥⲙⲟⲩ ⲛⲱⲟⲩ, ⲗⲟⲓⲡⲟⲛ ϩⲱⲥ ⲉⲣⲉ ⲫⲃⲁⲣⲟⲥ ⲛ̅ϯⲭⲓⲣⲟⲑⲟⲛⲓⲁ ϩⲓ ⲛⲉⲧⲫⲱ ⲉϫⲱϥ ⲟⲩⲟϩ ⲛⲁϥⲥⲟϭⲛⲓ ⲡⲉ ⲉⲑⲃⲉ ⲡⲁⲓ ϩⲱⲃ ⲉⲟⲣⲉϥⲫⲱⲧ. ϩⲱⲥⲇⲉ ϧⲉⲛ ⲡⲁⲓ ⲛⲟⲣⲉϥ ⲉⲃⲟⲗ ϩⲓⲧⲉⲛ ⲡⲓϧⲉⲗⲗⲟ ⲁϥⲉⲣ ϩⲏⲧⲥ ⲛ̅ϫⲱⲗⲉⲙ ⲉϯ ⲙ̅ⲡⲉⲧⲉⲛⲧⲁϥ ⲛ̅ⲛⲓϩⲏⲕⲓ ⲛⲉⲙ ⲛⲓϫⲱⲃ ⲉⲩⲥⲟⲡ. ⲟⲩⲟϩ ⲫⲁⲓ ⲡⲉ ⲡⲓⲣⲏϯ, etc. — Lorsque Macaire entendit ces choses de la part du vieillard anachorète, il se réjouit de ce dessein. Parce qu'en réfléchissant à cela, l'athlète vigoureux faisait des progrès, à cause de cela, ceux du village le firent prêtre contre sa volonté, et surtout cela lui arriva par une économie divine, afin qu'il se secourût lui-même et les autres avec lui, lorsqu'il habiterait ensuite dans le désert, afin qu'il leur donnât la *bénédiction*. Du reste, comme le fardeau de l'imposition des mains pesait sur lui, certes il songea, à cause de cela, à s'enfuir, de sorte qu'ayant quitté le vieillard, il commença vitement à donner ce qui lui appartenait aux pauvres et aux infirmes à la fois. Et ce fut ainsi, etc.

ⲟⲩⲟϩ ⲡⲁⲓⲣⲏϯ ⲁϥⲓ ⲉⲃⲟⲗϧⲉⲛ ⲡⲓϯⲙⲓ ⲁϥϣⲉ ⲛⲁϥ ⲉⲟⲩⲙⲟⲛⲏ ⲥⲁⲃⲟⲗ ⲛⲕⲉϯⲙⲓ ⲁϥϣⲱⲡⲓ ⲙⲙⲁⲩ ϧⲁⲣⲓ ϧⲁⲣⲟϥ ⲛⲟⲩⲥⲏⲟⲩ. ⲉⲧⲁⲩ ⲟⲩⲛ ⲉⲛⲉϥⲥⲙⲟⲧ ⲉⲑⲛⲁⲛⲉϥ ⲛϫⲉ ⲛⲁ ⲡⲓϯⲙⲓ ⲉⲧⲉⲙⲙⲁⲩ ⲛⲉⲙ ⲧⲉϥⲙⲉⲧⲣⲉⲙⲣⲁⲩϣ ⲉⲑⲃⲉ ϫⲉ ⲙⲙⲟⲛ ⲡⲣⲉⲥⲃⲩⲧⲉⲣⲟⲥ ⲛⲧⲱⲟⲩ ⲁⲛ ⲉⲑⲣⲉϥϯ ⲥⲙⲟⲩ ⲛⲱⲟⲩ ϧⲉⲛ ⲡⲓϯⲙⲓ ⲧⲟⲧⲉ ⲁⲩⲥⲁϫⲓ ⲛⲉⲙ ⲡⲓⲉⲡⲓⲥⲕⲟⲡⲟⲥ ⲛⲭⲱⲡ ⲉⲑⲃⲏⲧϥ ⲟⲩⲟϩ ⲉⲧⲁⲩⲁⲙⲟⲛⲓ ⲙⲙⲟϥ ⲙⲡⲁⲧⲉϥⲉⲙⲓ ⲁⲩⲁⲓϥ ⲙⲡⲣⲉⲥⲃⲩⲧⲉⲣⲟⲥ ⲉⲣϩⲛⲁϥ ⲁⲛ. ⲕⲁⲓ¹ ⲙⲏⲛ ⲉⲧⲁ ⲡⲁⲓⲭⲉⲧ ϣⲱⲡⲓ ⲙⲙⲟϥ ⲕⲁⲧⲁ ⲟⲩⲟⲓⲕⲟⲛⲟⲙⲓⲁ ϫⲉ ϩⲓⲛⲁ ⲉϥⲉⲉⲣⲃⲟⲏⲑⲉⲓⲛ² ⲉⲣⲟⲥ ⲛⲉⲙ ϩⲁⲛ ⲕⲉⲭⲱⲟⲩⲛⲓ ⲛⲉⲙⲁϥ ϩⲟⲧⲁⲛ ⲙⲉⲛⲉⲛⲥⲁ ⲛⲁⲓ ⲁϥϣⲁⲛϣⲱⲡⲓ ϧⲉⲛ ⲡⲓϣⲁϥⲉϥ. ⲉⲧⲁϥϣⲱⲡⲓ ⲇⲉ ϧⲉⲛ ϯⲙⲟⲛⲏ ⲉⲧⲉⲙⲙⲁⲩ ⲛϩⲁⲛ ⲉϩⲟⲟⲩ ⲟⲩⲟϩ ⲉⲩϫⲉⲙ ϩⲛⲟⲩ ⲉⲣⲟϥ ϩⲓⲧⲉⲛ ⲟⲩⲟⲛ ⲛⲓⲃⲉⲛ ⲉⲑⲛⲏⲟⲩ ϣⲁⲣⲟϥ ⲧⲟⲧⲉ ⲁϥⲉⲣ ϩⲏⲧⲥ ⲛϫⲉ ⲡⲓⲇⲓⲁⲃⲟⲗⲟⲥ ⲉⲕⲟⲧϥ ⲉϫⲉⲛ ⲧⲉϥϫⲓ ⲛϯ ⲛⲧⲉϣⲟⲣⲡ. ⲡⲓⲙⲁⲕⲁⲣⲓⲟⲥ ⲇⲉ ⲙⲁⲕⲁⲣⲓⲟⲥ³ ⲛⲁϥⲉⲣⲟⲛⲟⲭⲗⲉⲓⲛ⁴ ⲛⲁϥ ⲁⲛ ⲡⲉ ⲧⲉⲱⲥ ϩⲓⲧⲉⲛ ϩⲁⲛ ⲗⲟⲅⲓⲥⲙⲟⲥ ϫⲉ ϩⲓⲛⲁ ⲉϥⲉⲟϩⲓ ⲛⲁϥ ⲙⲡⲓⲙⲁ ⲉⲧⲉⲙⲙⲁⲩ ⲙⲟⲛⲟⲛ ϩⲓⲛⲁ ⲛⲧⲉϥϣⲧⲉⲙϩⲱⲗ ⲉⲃⲟⲗ ⲛⲉⲙⲁϥ ⲉⲡⲓⲃⲱⲧⲉ ⲟⲩⲟϩ ⲟⲛ ⲛⲧⲉϥⲉⲣ ⲡϣⲁϥⲉ ⲛⲟⲩⲕⲟⲥⲙⲟⲥ ⲛⲃⲉⲣⲓ ⲙⲫϯ ⲛⲧⲉ ⲧⲫⲉ ⲡⲓⲙⲁ ⲉⲧⲉϥⲛⲁⲑⲱⲟⲩϯ ⲉϧⲟⲩⲛ ⲙⲡⲟⲥ ⲙⲙⲁⲩ ⲛⲟⲩⲥⲧⲣⲁⲧⲉⲓⲁ⁵ ⲛⲧⲉ ϩⲁⲛ ⲙⲁⲧⲟⲓ ⲙⲡⲛⲁⲧⲓⲕⲟⲛ ⲉⲧⲃⲏⲕ ϧⲉⲛ ϩⲁⲛ ϩⲟⲡⲗⲟⲛ ⲙⲛⲟⲛⲧⲟⲛ⁶ ⲟⲩⲃⲉ

Et ainsi, il sortit du village, il alla dans une cellule en dehors d'un autre village; il y habita seul pendant quelque temps. Les habitants de ce village voyant ses bonnes manières et sa douceur, comme ils n'avaient point de prêtre pour leur donner la bénédiction dans le village, alors ils parlèrent en secret avec l'évêque à son sujet, et, lorsqu'ils l'eurent pris sans qu'il le sût, on le fit prêtre malgré lui; et cependant cela même lui arriva par une disposition (divine), afin qu'il se secourût, et les autres avec lui, lorsque, après cela, il habita dans le désert. Lorsqu'il eut habité dans cette cellule pendant quelques jours et que tous ceux qui venaient à lui en eurent tiré profit[7], alors le diable commença de se retourner sur sa première manière de combattre, et le bienheureux Macaire ne fut pas troublé pendant quelque temps par des pensées afin qu'il restât en ce lieu, seulement afin qu'il n'en sortit pas pour combattre, que le désert ne devint pas un monde nouveau pour le Dieu du ciel, le lieu où il rassemblerait pour le Seigneur une armée de soldats

---

1. Cod. ⲕⲉⲙⲏⲛ. — 2. Cod. ⲉⲣⲃⲟⲏⲑⲓⲛ. — 3. Cod. ⲙⲁⲕⲁⲣⲓ. — 4. Cod. ⲉⲛⲟⲭⲗⲓⲛ. — 5. Cod. ⲛⲟⲩⲥⲧⲣⲁⲧⲓⲁ. — 6. Cod. LXII : ⲛⲟⲉⲧⲟⲛ. — 7. Mot à mot : « et qu'il y eut profit en chacun. »

ⲛⲉϥⲛⲟⲩⲙⲉⲣⲟⲛ ⲛⲁⲡⲟⲥⲧⲁⲧⲏⲥ ⲉⲓⲭⲁϫⲓ ⲉⲛⲁ ⲡⲓⲡⲛ̄ⲁ ⲉⲧⲟⲩⲁⲃ ⲉⲙ ⲟⲩⲟϩ ⲛ̄ⲧⲟⲩⲃⲱⲧⲥ ⲉⲣⲟϥ ⲛ̄ⲑⲟϥ ⲡⲓⲇⲓⲁⲃⲟⲗⲟⲥ ϩⲓⲧⲉⲛ ⲛⲓⲙⲉⲣⲉϩ¹ ⲉⲧϣⲉⲛϣⲱⲡ² ⲛ̄ⲧⲉ ⲛⲓⲁⲣⲉⲧⲏ ⲉⲁⲩϭⲓ ⲙ̄ⲡⲓϭⲣⲟ ϩⲁⲣⲟϥ ϧⲉⲛ ⲫⲣⲁⲛ ⲙ̄ⲡⲉⲛⲛ̄ⲥ̄ ⲡⲭ̄ⲥ̄ ⲡⲉⲛⲛⲟⲩϯ. ⲫϯ ⲇⲉ ⲡⲓⲡⲣⲟⲛⲟⲏⲧⲟⲥ ⲟⲩⲟϩ ⲛ̄ⲥⲟⲫⲟⲥ ⲁϥⲉⲣⲥⲩⲭⲱⲣⲓⲛ³ ⲕⲁⲧⲁ ⲟⲩⲟⲓⲕⲟⲛⲟⲙⲓⲁ ⲉⲑⲣⲉ ⲟⲩⲡⲉⲓⲣⲁⲥⲙⲟⲥ⁴ ⲧⲱⲛϥ ⲉϫⲉⲛ ⲁⲃⲃⲁ ⲙⲁⲕⲁⲣⲓⲟⲥ⁵ ϫⲉ ϩⲓⲛⲁ ⲧⲁⲓⲁⲓⲧⲓⲁ⁶ ⲉϥⲉⲉⲣ ⲫⲙⲉⲩⲓ ⲛ̄ⲛⲏ ⲉⲧⲟⲩⲥⲁϫⲓ ⲙ̄ⲙⲱⲟⲩ ⲛⲉⲙⲁϥ⁷ ⲟⲩⲟϩ ⲉϥⲉⲓ ⲉⲃⲟⲗ ⲉⲡϣⲁϥⲉ⁸ ⲡⲓⲙⲁ ⲉⲧⲁⲩⲧⲁⲙⲟϥ ⲉⲣⲟϥ ⲟⲩⲟϩ ⲛ̄ⲧⲉϥⲑⲟⲩⲱϯ ⲉⲣⲟϥ ⲛⲟⲩⲟⲛ ⲛⲓⲃⲉⲛ ⲉⲧⲉⲣⲉⲡⲓⲑⲩⲙⲉⲓⲛ⁹ ⲉⲡⲓⲱⲛϧ ⲛⲉⲛⲉϩ¹⁰. ⲡⲓⲡⲉⲓⲣⲁⲥⲙⲟⲥ¹¹ ⲇⲉ ⲉⲧⲉⲙⲙⲁⲩ ⲧⲉⲧⲉⲛⲥⲱⲟⲩⲛ ⲙ̄ⲙⲟϥ ⲧⲏⲣⲟⲩ ⲙ̄ⲫⲣⲏϯ ⲉⲧⲁϥⲉⲣ ⲙⲉⲣⲉ ⲛⲁⲛ ⲛ̄ⲑⲟϥ ⲛ̄ⲣⲟ ⲟⲩⲃⲉⲣⲟ ⲛⲟⲩⲙⲏϣ ⲛ̄ⲥⲟⲡ¹² ϩⲟⲙⲱⲥ¹³ ⲇⲉ ϯⲛⲁϫⲟⲥ ⲉⲣⲱⲧⲉⲛ ⲱ ⲛⲉⲛⲥⲛⲏⲩ¹⁴.

ⲛⲉ ⲟⲩⲟⲛ ⲟⲩⲡⲁⲣⲑⲉⲛⲟⲥ ⲇⲉ ϧⲉⲛ ⲡⲓϯⲙⲓ ⲉⲧⲉⲙⲙⲁⲩ ⲉⲁⲥⲁⲓⲁⲓ ϧⲉⲛ ϯϩⲏⲗⲓⲕⲓⲁ¹⁵ ⲙ̄ⲡⲁⲧⲉⲥϭⲓ ϩⲁⲓ ⲟⲩⲟϩ ⲛⲉ ⲟⲩⲟⲛ ⲕⲉⲃⲉⲗϣⲓⲣⲓ ϧⲉⲛ ⲧⲉⲥⲣⲁⲟⲩⲛ ⲉϥϧⲉⲛⲧ ⲉⲣⲟⲥ ⲕⲁⲧⲁ ϯⲥⲩⲅⲅⲉⲛⲉⲓⲁ¹⁶. ⲟⲩⲟϩ ⲛⲓⲟϯ ⲙⲉⲛ ⲙ̄ⲡⲓⲁⲗⲟⲩ ⲛⲁⲩⲉⲣⲙⲉⲗⲉⲧⲁⲛ ⲡⲉ ϫⲉ ϩⲓⲛⲁ ⲛ̄ⲧⲟⲩϩⲱⲡ ⲛ̄ϯⲃⲉⲗϣⲓⲣⲓ¹⁷ ⲉⲡⲟⲩϣⲏⲣⲓ ϧⲉⲛ ⲟⲩⲅⲁⲙⲟⲥ ⲛⲥⲉⲙ-

spirituels, se servant des armes rationnelles¹⁸ contre leurs rangs apostats, je dis ceux des esprits impurs, qui le combattraient lui, le diable, par les traits aigus des vertus et remporteraient sur lui la victoire au nom de Jésus le Christ notre Dieu. Mais Dieu, prévoyant et sage, permit par une disposition¹⁹ (divine) qu'une épreuve s'élevât contre abba Macaire, afin que, par cette cause, il se rappelât ce qui lui avait été dit et qu'il allât dans le désert, au lieu qui lui avait été indiqué, et qu'il y rassemblât quiconque désirait la vie éternelle. Cette épreuve, vous la connaissez tous, comme il l'a racontée lui-même bouche à bouche une foule de fois; cependant je vous la dirai, ô frères.

Il y avait dans ce village une jeune fille ayant grandi en âge et n'ayant point pris mari; il y avait aussi un jeune homme dans son voisinage qui lui était proche selon la parenté. Et, certes, les parents du jeune garçon pensaient à marier la jeune fille à leur fils par un mariage respectable, selon les lois de

---

1. Cod. LXII : ϩⲓⲧⲉⲛ ⲛⲓⲙⲉⲣⲉϩ. — 2. Cod. LXII et LXIV : ⲉⲧϣⲉⲃϣⲱⲃ. — 3. Cod. ⲥⲧⲩⲭⲱⲣⲓⲛ. — 4. Cod. ⲡⲓⲣⲁⲥⲙⲟⲥ. — 5. Cod. ⲙⲁⲕⲁⲣⲓ. — 6. Cod. ⲧⲁⲓⲉⲧⲓⲁ. — 7. Cod. LXIV : ⲛⲉⲙⲁϥ ⲙⲙⲱⲟⲩ. — 8. Cod. LIX : ⲕⲁⲧⲁ ⲟⲩⲥⲙⲟⲧ ⲟⲩⲟϩ ⲛⲁⲓⲣⲏϯ ⲁϥⲓ ⲉⲃⲟⲗ : selon une figure et ainsi il alla. — 9. Cod. ⲉⲡⲓⲟⲩⲙⲓⲛ. — 10. Le Cod. LII ne contient pas ce qui suit. — 11. Cod. ⲡⲓⲣⲁⲥⲙⲟⲥ. — 12. Le Cod. LXIV n'a pas ces mots. — 13. Cod. LIX : ⲟⲙⲟⲓⲟⲥ. — 14. Le Cod. LXIV n'a pas les trois derniers mots. — 15. Cod. ϩⲩⲗⲓⲕⲓⲁ. — 16. Cod. ⲥⲩⲛⲅⲉⲛⲓⲁ. — 17. Cod. LXIV : ⲉⲛⲉϩⲱⲡ ⲛ̄ϯⲃⲉⲗϣⲓⲣⲓ. — 18. Mot à mot : « des armes spirituelles; » le mot *rationnelles* est pris dans le sens particulier à la théologie. — 19. Mot à mot : « par une économie divine. »

ⲛⲟⲛ ⲕⲁⲧⲁ ⲛⲉⲛⲛⲟⲙⲟⲥ ⲛ̅ⲧⲫⲩⲥⲓⲥ. ⲉⲧⲁⲩⲁⲓⲁⲓ ⲇⲉ ⲙ̅ⲡ̅ⲃ̅ ⲙ̅ⲡⲉ ⲛⲓϯ ⲙⲁϯ ϣⲱⲡⲓ
ⲉⲑⲣⲟⲩϭⲟⲧⲡⲟⲩ ⲛⲉⲙ ⲛⲟⲩⲉⲣⲏⲟⲩ¹ ⲉⲑⲃⲉ ⲟⲩⲙⲉⲧϩⲏⲕⲓ ⲛ̅ⲛⲉⲛⲓⲟϯ ⲙ̅ⲡⲓϧⲉⲗ-
ϣⲓⲣⲓ² ⲉⲥϣⲟⲡ ⲟⲩⲛ ⲛ̅ϫⲉ ⲟⲩⲡⲁⲣⲣⲏⲥⲓⲁ ⲟⲩⲧⲉ ⲡⲓϧⲉⲗϣⲓⲣⲓ ⲛⲉⲙ ϯⲁⲗⲟⲩ ⲉⲑⲃⲉ
ϯⲥⲩⲅⲅⲉⲛⲓⲁ³ ⲛⲉⲙ ϯⲙⲉⲧⲣⲉⲙⲣⲁⲟⲩⲏ ⲕⲁⲧⲁ ⲫⲣⲏϯ ⲉⲧⲁⲛϣⲟⲣⲡ ⲛ̅ϫⲟⲥ⁴
ⲛⲁⲩⲉⲣⲁⲡⲁⲛⲧⲁⲛ ⲉⲛⲟⲩⲉⲣⲏⲟⲩ ⲛⲟⲩⲙⲏϣ ⲛ̅ⲥⲟⲡ ϧⲉⲛ ⲛⲓⲏⲓ ⲟⲩⲟϩ ϧⲉⲛ ⲛⲓϧⲓⲣ⁵.
ⲉⲧⲁ ⲟⲩⲉϩⲟⲟⲩ ⲛ̅ϣⲁⲓ ⲇⲉ ϣⲱⲡⲓ ⲟⲩⲟϩ ⲉⲧⲁⲩⲥⲉ ⲏⲣⲡ⁶ ⲉⲡⲉⲓϭⲓ ⲧⲟⲧⲉ ⲁⲩⲉⲓ
ϧⲉⲛ ⲡⲓⲣⲧⲟⲃ ⲁⲩⲃⲱⲗ ⲉⲃⲟⲗ ⲛ̅ⲧⲟⲩⲡⲁⲣⲑⲉⲛⲓⲁ ⲙ̅ⲡ̅ⲃ̅. ⲟⲩⲟϩ ⲡⲁⲓⲣⲏϯ ⲕⲁⲧⲁ
ⲕⲟⲩϫⲓ ⲕⲟⲩϫⲓ ⲁⲥⲉⲣ ⲃⲟⲕⲓ ⲛ̅ϫⲉ ϯϧⲉⲗϣⲓⲣⲓ. ⲉⲧⲉⲣ ϩⲟϯ ⲇⲉ ϧⲁ ⲧϩⲏ ⲛ̅ⲛⲟⲩⲓⲟϯ
ⲙ̅ⲡ̅ⲃ̅ ϫⲉ ⲛ̅ⲛⲟⲩϧⲟⲑⲃⲟⲩ ⲉⲑⲃⲉ ⲡⲓϣⲫⲓⲧ ⲉⲑⲛⲁϣⲱⲡⲓ⁷ ⲧⲟⲧⲉ ⲁⲩⲉⲣ ⲟⲩⲥⲟϭⲛⲓ
ⲉϥⲙⲉϩ ⲛ̅ⲁⲛⲟⲙⲓⲁ ⲉⲁⲩⲟⲩⲁϩ ⲛⲉⲛⲓϣϯ⁸ ⲛ̅ⲛⲟⲃⲓ ⲉϫⲉⲛ ⲧⲟⲩⲕⲉⲡⲟⲣⲛⲉⲓⲁ⁹ ⲟⲩⲟϩ
ⲡⲉϫⲉ ⲡⲓⲟⲩⲁⲓ ⲡⲓⲟⲩⲁⲓ ⲙ̅ⲙⲱⲟⲩ ⲙ̅ⲡⲉϥϣⲫⲏⲣ ϫⲉ ⲟⲩ ⲡⲉ ⲉⲧⲉⲛⲛⲁⲁⲓϥ ⲉϣⲱⲡ
ⲅⲁⲣ ⲁⲣⲉϣⲁⲛ ⲛⲉⲛⲓⲟϯ ⲉⲙⲓ ⲉⲡⲁⲓϩⲱⲃ ⲥⲉⲛⲁⲧⲁⲕⲟⲛ ⲁⲗⲗⲁ ⲙⲁⲣⲉⲛϫⲟⲥ ϫⲉ
ⲡⲓⲡⲣⲉⲥⲃⲩⲧⲉⲣⲟⲥ ⲛ̅ⲁⲛⲁⲭⲱⲣⲏⲧⲏⲥ¹⁰ ⲡⲉ ⲉⲧⲁϥⲉⲣ ⲫⲁⲓ¹¹ ϫⲉ ⲉⲑⲃⲉ ϫⲉ ⲟⲩϣⲉⲙⲙⲟ ⲟⲩⲟϩ ⲛ̅ⲥⲉⲛⲁϯ ⲁⲥⲟ ⲉⲣⲟϥ ⲁⲛ. ⲟⲩⲟϩ ⲁⲥϣⲱⲡⲓ ⲕⲁⲧⲁ ⲡⲁⲓⲣⲏϯ. ⲉⲧⲁⲩⲉⲙⲓ ⲇⲉ ⲛ̅ϫⲉ ⲛⲉⲛⲓⲟϯ ⲛ̅ϯⲁⲗⲟⲩ ϫⲉ ⲁ ⲫⲁⲓ ϣⲱⲡⲓ ⲙ̅ⲙⲟⲥ¹² ⲛⲁⲩϣⲓⲛⲓ ⲙ̅ⲙⲟⲥ

la nature; mais lorsqu'ils eurent grandi tous les deux, l'entente ne se fit point pour les marier, à cause de la pauvreté des parents du jeune homme; cependant il y avait eu fréquentation entre le jeune garçon et la petite fille, à cause de la parenté et du voisinage, comme nous l'avons dit. Ils se rencontraient ensemble une foule de fois dans les maisons et dans les rues, et, lorsque arriva un jour de fête et qu'ils eurent bu du vin à s'enivrer, ils tombèrent dans la fornication, déliant tous deux leur virginité. Et ainsi, peu à peu, la jeune fille devint enceinte, et tous deux, craignant que leurs parents ne les tuassent à cause de l'opprobre, alors ils prirent un dessein rempli d'iniquité, ajoutant encore un grand péché à leur fornication. Chacun d'eux dit à son compagnon: « Que ferons-nous? car si nos parents savent cette chose, ils nous perdront; mais disons que c'est le prêtre anachorète qui a agi ainsi, car c'est un étranger et onne lui fera pas grâce. » Et il fut ainsi. Lorsque les parents de la petite fille surent que cela lui était arrivé, ils lui demandèrent: « Que t'est-il arrivé?

1. Le *Cod.* LXIV n'a pas ces deux derniers mots. — 2. *Cod.* LXI: ⲙ̅ⲡⲓⲁⲗⲟⲩ. — 3. *Cod.* ⲥⲩⲅⲅⲉⲛⲓⲁ. — 4. *Cod.* LXIV: ⲉⲧⲁⲛϫⲟⲥ. — 5. *Cod.* LXI: ⲡⲓϧⲓⲣ. — 6. *Cod.* LXI: ϧⲉⲛ ⲡⲭⲙⲟⲣⲉ ⲟⲩⲉϩⲟⲟⲩ ⲛϣⲁⲓ ϣⲱⲡⲓ ⲟⲩⲟϩ ⲛⲥⲉⲥⲉ ⲏⲣⲡ. — 7. Le *Cod.* LXIV n'a pas ce mot. — 8. Le *Cod.* LXIV n'a pas ce mot. — 9. *Cod.* ⲧⲟⲩⲕⲉⲡⲟⲣⲛⲓⲁ. — 10. *Cod.* ⲁⲛⲁⲭⲱⲣⲓⲧⲏⲥ — 11. *Cod.* LXIV: ⲉⲧⲁϥⲉⲣ ⲡⲁⲓⲣⲏϯ: qui a fait ainsi. — 12. *Cod.* LIX: ϫⲉ ⲁⲥⲉⲣ ⲃⲟⲕⲓ ⲁⲩϣⲓⲛⲓ ⲙ̅ⲙⲟⲥ: qu'elle était grosse, ils l'interrogèrent.

ϫⲉ ⲟⲩ ⲡⲉ ⲉⲧⲁϥϣⲱⲡⲓ ⲙⲙⲟ ⲓⲉ ⲛⲓⲙ ⲡⲉ ⲉⲧⲁϥⲉⲣ¹ ⲫⲁⲓ ⲛⲉ ⲙⲁⲧⲁⲙⲟⲛ.
ⲛⲑⲟⲥ ⲇⲉ ϩⲱⲥ ⲉⲧⲁⲩⲧⲥⲁⲃⲟⲥ ⲉⲃⲟⲗϩⲓⲧⲉⲛ ⲡⲓϧⲉⲗϣⲓⲣⲓ ⲡⲉϫⲁⲥ ϫⲉ ⲉⲙⲁϩⲱⲗ
ϣⲁ ⲡⲓⲁⲛⲁⲭⲱⲣⲏⲧⲏⲥ² ⲛⲟⲩⲉϩⲟⲟⲩ ⲛⲑⲟϥ ⲡⲉ ⲉⲧⲁϥⲉⲣ ⲫⲁⲓ ⲛⲏⲓ ⲉⲁϥⲑⲣⲓⲉⲣ
ⲃⲟⲕⲓ³. ⲉⲧⲁⲩⲙⲃⲟⲛ ⲟⲩⲛ ⲛϫⲉ ⲛⲉⲥⲓⲟϯ ϧⲉⲛ ⲟⲩϫⲱⲛⲧ ⲉⲑⲃⲉ ⲡⲓϣⲓⲡⲓ ⲉⲧⲁϥϣⲱⲡⲓ ⲛⲱⲟⲩ ⲉⲑⲃⲉ ⲧⲟⲩϣⲉⲣⲓ ⲁⲩⲓ ⲉⲃⲟⲗ ⲉϯⲙⲟⲛⲏ ⲛⲉⲙ ϩⲁⲛ ⲕⲉⲭⲱⲟⲩⲛⲓ⁴
ⲛⲉⲙⲱⲟⲩ ⲁⲩⲓⲛⲓ ⲉⲃⲟⲗ ⲛⲁⲃⲃⲁ ⲙⲁⲕⲁⲣⲓⲟⲥ⁵ ⲉⲁⲩϯ ⲛϧⲁⲛ ⲛⲓϣϯ ⲛϣⲁϣ
ⲛⲁϥ ⲉϥⲙⲟⲩ. ⲛⲑⲟϥ ⲇⲉ ⲡⲓϩⲁⲅⲓⲟⲥ ϩⲱⲥ ⲛⲉϥⲉⲙⲓ ⲁⲛ ⲉⲫⲏ ⲉⲧⲁϥϣⲱⲡⲓ
ⲛⲁϥϣⲓⲛⲓ ⲙⲙⲱⲟⲩ ⲡⲉ ϫⲉ ⲟⲩ ⲡⲉ ⲉⲧϣⲟⲡ⁶ ϫⲉ ⲧⲉⲧⲉⲛϩⲓⲟⲩⲓ ⲉⲣⲟⲓ ⲙⲡⲁⲓⲣⲏϯ ϧⲉⲛ ⲟⲩⲙⲉⲧⲁⲑⲛⲁⲓ. ⲉⲡϧⲁⲉ ⲇⲉ ⲁⲩⲙⲟⲩⲣ ⲛϧⲁⲛ ϣⲓⲱ ⲉⲡⲉϥⲙⲟⲧ
ⲉⲧⲟⲩϫϩ ⲛⲕⲉⲣⲙⲓ⁷ ⲟⲩⲟϩ ⲛⲁⲧⲥⲱⲕ⁸ ⲙⲙⲟϥ ϧⲉⲛ ⲑⲙⲏϯ ⲙⲡⲓⲧⲙⲓ ⲉⲩⲙⲟϣⲓ
ⲛⲥⲱϥ ⲛⲉⲙ ϩⲁⲛ ⲕⲉⲛⲏϣ ⲛⲁⲗⲟⲩ⁹ ⲉⲩϩⲓⲟⲩⲓ ⲉⲣⲟϥ ⲟⲛ ⲡⲉ ⲉⲧⲥⲱⲕ ⲙⲙⲟϥ
ⲉⲡⲁⲓⲥⲁ ⲛⲉⲙ ⲫⲁⲓ ⲙⲫⲣⲏϯ ⲛⲛⲏ ⲉⲧϧⲱⲧⲉⲃ ⲟⲩⲟϩ ⲉⲩⲱϣ ⲉⲃⲟⲗ ⲉϩⲣⲏⲓ ⲉϫⲱϥ
ⲧⲏⲣⲟⲩ ϧⲉⲛ ⲟⲩⲥⲙⲏ ⲛⲟⲩⲱⲧ ⲉⲩϫⲱ ⲙⲙⲟⲥ ⲙⲡⲁⲓⲣⲏϯ¹⁰ ϫⲉ ⲉⲣⲟϥ ⲉⲣⲟϥ ϫⲉ
ⲁϥϭⲉⲣ ϯϧⲉⲗϣⲓⲣⲓ. ⲡⲓⲙⲁⲓ ⲛⲟⲩϯ ⲇⲉ ⲛⲣⲱⲙⲓ ⲉⲧⲉⲣⲇⲓⲁⲕⲟⲛⲉⲓⲛ¹¹ ⲉⲁⲃⲃⲁ
ⲙⲁⲕⲁⲣⲓⲟⲥ¹² ϧⲉⲛ ⲟⲩϩⲁϯ ϫⲉ ϩⲓⲛⲁ ⲉϥⲉϭⲓ ⲙⲡⲉϥⲥⲙⲟⲩ ⲛⲁϥⲙⲟϣⲓ ⲛⲥⲱϥ

ou qui t'a fait cela? apprends-le-nous. » Mais elle, ainsi qu'elle avait été instruite par le jeune homme, dit: « Je suis allée un jour vers l'anachorète; c'est lui qui m'a fait cela et m'a engrossée. » Et lorsque les parents se furent irrités avec colère à cause de l'opprobre qui leur était arrivé au sujet de leur fille, ils se rendirent à la cellule et d'autres avec eux, ils en firent sortir abba Macaire en lui donnant de grands coups capables de le tuer¹³; mais lui, le saint, comme il ne savait pas ce qui était arrivé, leur demandait : « Qu'y a-t-il pour que vous me frappiez ainsi sans pitié? » Enfin ils attachèrent à son cou des chaudières remplies de cendre, ils le conduisirent au milieu du village, une foule d'enfants le suivant, le frappant, le poussant de côté et d'autre, comme ceux qui tuent, et criant tous contre lui, disant : « Sus à lui, sus à lui, car il a percé la jeune fille. » Mais l'homme pieux, qui servait Macaire avec foi afin de recevoir sa bénédiction, marchait derrière lui en ce moment avec respect. Mais lorsqu'on l'eût fait souffrir grandement par les coups et les

---

1. *Cod.* ⲛⲉⲧⲁϥⲉⲣ. — 2. *Cod.* ⲁⲛⲁⲭⲱⲣⲓⲧⲏⲥ. — 3. *Cod.* LIX : ⲉⲧⲁϥⲑⲣⲓⲉⲣ ⲃⲟⲕⲓ. — 4. *Cod.* LIX : ϩⲁⲛ ⲙⲛϣ ⲛⲁⲗⲟⲩ : des foules d'enfants. — 5. *Cod.* ⲙⲁⲕⲁⲣⲓ. — 6. *Cod.* ⲡⲉⲧϣⲟⲡ. — 7. *Cod.* LXIV : ⲉⲧⲟⲩϫϩ. — 8. *Cod.* LXIV : ⲉⲧⲁϥⲥⲱⲕ. — 9. *Cod.* ⲛϫⲉ ⲟⲩⲙⲛϣ ⲛⲁⲗⲟⲩ : une multitude, etc. — 10. Le *Cod.* LXIV n'a pas ces trois mots. — 11. *Cod.* ⲇⲓⲁⲕⲟⲛⲓⲛ. — 12. *Cod.* ⲙⲁⲕⲁⲣⲓ. — 13. Mot à mot : « pour la mort. »

ⲡⲉ ⲙⲡⲓⲛⲁⲩ ⲉⲧⲉⲙⲙⲁⲩ ⲉϥϣⲫⲓⲧ. ⲉⲧⲁⲩⲧϩⲉⲙⲕⲟϥ ⲇⲉ ⲉⲙⲁϣⲱ ϧⲉⲛ ⲛⲓϣⲁϣ
ⲛⲉⲙ ⲛⲓϣⲉⲣϣⲓ ϧⲏⲡⲡⲉ ⲓⲥ ϩⲁⲛⲡⲓⲥⲧⲟⲥ ⲁⲩⲓ ⲉⲃⲟⲗ ϩⲓ ⲫⲟⲩⲉⲓ ⲟⲩⲟϩ ⲉⲧⲁⲩⲛⲁⲩ
ⲉⲣⲟϥ ⲉⲁϥϧⲱⲛⲧ ⲉϥⲙⲟⲩ ⲛⲁⲩϣⲓⲛⲓ ⲡⲉ ϫⲉ ⲟⲩ ⲡⲉ ⲉⲧϣⲟⲡ¹ ⲙⲙⲟϥ ⲟⲩⲟϩ
ⲉⲧⲁⲩⲉⲙⲓ ⲡⲉϫⲱⲟⲩ ϫⲉ ⲟⲩⲙⲏⲓ ⲁⲛ ⲡⲉ ⲡⲁⲓⲥⲁϫⲓ ⲫⲁⲓ ⲉⲣⲉⲧⲉⲛϫⲱ ⲙⲙⲟϥ
ϯⲛⲟⲩ² ⲁⲛⲟⲛ ⲅⲁⲣ ⲧⲉⲛⲉⲣ ϣⲟⲣⲡ ⲛⲥⲱⲟⲩⲛ ⲙⲡⲁⲓⲣⲱⲙⲓ ϫⲉ ⲟⲩⲡⲓⲥⲧⲟⲥ ⲡⲉ
ϧⲉⲛ ⲟⲩⲙⲉⲑⲙⲏⲓ. ⲟⲩⲟϩ ⲉⲧⲁⲩⲟϩⲓ ⲉⲣⲁⲧⲟⲩ ⲉϫⲱϥ ⲁⲩⲃⲟⲗϥ ⲉⲃⲟⲗϧⲉⲛ ⲛⲓ-
ⲛⲁⲩϩ ⲟⲩⲟϩ ⲁⲩⲕⲱϣ ⲛⲛⲓⲕⲉϣⲱ ⲉⲧⲟⲩϫ ⲛⲕⲉⲣⲙⲓ ⲉⲧⲟⲓ ⲉⲡⲉϥⲙⲟⲩⲧ³.
ⲟⲩⲟϩ ⲡⲉϫⲉ ⲫⲓⲱⲧ ⲛⲧⲁⲗⲟⲩ ⲛⲱⲟⲩ⁴ ϫⲉ ⲟⲩⲙⲉⲧⲁⲧϫⲟⲙ ⲧⲉ ϣⲁⲧⲉϥϯ ⲛϣ-
ⲧⲱⲣⲓ ⲙⲙⲟϥ ϫⲉ ϩⲓⲛⲁ ⲁⲥϣⲁⲙⲙⲓⲥⲓ⁵ ⲛϫⲉ ϯⲁⲗⲟⲩ ⲛⲧⲉϥϯ ⲙⲡⲓϫⲕⲟ ⲉⲃⲟⲗ
ⲛⲧⲉ ⲧⲉⲥⲙⲏⲥⲓ⁶ ⲛⲉⲙ ⲡϣⲁⲛϣ ⲙⲡⲉⲥϣⲏⲣⲓ. ⲟⲩⲟϩ ⲡⲉϫⲁϥ ϫⲉ ⲱ ⲃⲓⲁ ⲛⲉⲙ
ⲡⲁⲓϩⲁⲡ ⲛⲁⲥⲓⲱⲟⲩ ⲉⲧⲓⲣⲁⲟⲩⲧⲟ ⲉⲣⲟϥ ⲛϯⲥⲱⲟⲩⲛ ⲙⲙⲟϥ ⲁⲛ. ⲧⲟⲧⲉ ⲡⲉϫⲁϥ
ⲛϫⲉ ⲡⲓⲣⲱⲙⲓ ⲉⲧⲉⲣⲇⲓⲁⲕⲟⲛⲉⲓⲛ⁷ ⲛⲁϥ ϫⲉ ⲁⲣⲓ ϯⲁⲅⲁⲡⲏ ⲙⲁ ⲡϣⲧⲱⲣⲓ⁸
ⲙⲙⲟⲓ. ⲟⲩⲟϩ ⲁϥϣⲧⲱⲣⲓ ⲙⲙⲟϥ ⲟⲩⲟϩ ⲡⲁⲓⲣⲏϯ ⲁⲩⲭⲁϥ ⲉⲃⲟⲗ ⲁϥϣⲉ ⲛⲁϥ
ⲉⲧⲉϥⲙⲟⲛⲏ ⲉϥⲟⲓ ⲙⲫⲁϣ ⲙⲟⲩ⁹.

ⲉⲧⲁϥⲓ ⲇⲉ ⲉϧⲟⲩⲛ ⲉⲧⲉϥⲣⲓ ⲁϥⲥⲁϫⲓ ⲛⲉⲙⲁϥ ⲙⲙⲓⲛ ⲙⲙⲟϥ ⲉϥϫⲱ ⲙⲙⲟⲥ

moqueries, voici que des fidèles sortirent de loin, et lorsqu'ils le virent proche de la mort, ils demandèrent : « Que lui est-il arrivé ? » Et lorsqu'ils l'eurent appris, ils dirent : « Cette chose n'est pas vraie ; car nous, nous connaissions auparavant de cet homme qu'il est un fidèle en vérité. » Et s'étant tenus près de lui, ils le délièrent des liens et ils brisèrent aussi les chaudières pleines de cendre qu'on avait mises sur son cou. Et le père de la jeune fille dit : « C'est impossible, jusqu'à ce qu'il ait fourni quelqu'un qui réponde pour lui afin que, lorsque la jeune fille enfantera, il donne la somme équivalente de son enfantement et de la nourriture de son enfant. » Et Macaire dit : « O violence ! ô jugement où je me trouve sans le savoir ! » Alors l'homme qui le servait dit : « Faites charité, donnez-moi la caution[10]. » Et répondit pour lui : ainsi on le lâcha, il s'en alla à sa cellule, à moitié mort.

Lorsqu'il fut arrivé à sa cellule, il se parla à lui-même, en disant : « Macaire,

---

1. *Cod.* ⲡⲉⲧϣⲟⲡ. — 2. *Cod.* LXIV : ⲟⲩⲙⲏⲓ ⲁⲛ ⲡⲉ ⲡⲁⲓϩⲱⲃ : cette chose n'est pas vraie. — 3. *Cod.* LXIV : ⲉⲡⲉϥⲙⲟⲧ : à ses épaules. — 4. Le *Cod.* LXIV n'a pas ce mot. — 5. *Cod.* LXI : ⲟⲩⲟϩ ⲁⲥϣⲁⲙⲙⲓⲥⲓ. — 6. *Cod.* LXI : ⲉⲧⲉⲥⲙⲏⲥⲓ. — 7. *Cod.* ⲇⲓⲁⲕⲟⲛⲓⲛ. — 8. *Cod.* LIX : ⲁⲣⲓ ϣⲧⲱⲣⲓ. — 9. Le *Cod.* LIX a ces mots après : ⲁⲩⲭⲁϥ ⲉⲃⲟⲗ. — 10. C'est-à-dire : chargez-moi de la mission de répondre pour lui.

voici que tu t'es trouvé une femme; désormais, il faut que tu travailles nuit et jour, afin que tu te nourrisses avec elle et son enfant. » Et ainsi il travailla avec zèle; et les corbeilles qu'il faisait, il les donnait au serviteur pour les vendre et en donner le prix à la femme, afin que, lorsqu'elle enfanterait, elle le dépensât pour elle et pour l'enfant. Mais le Dieu qui aime les hommes, qui glorifie ceux qui le glorifient, qui connaît les choses avant qu'elles ne soient, ainsi que le passé, qui connaît ses élus avant qu'ils n'aient été engendrés, depuis longtemps, ne voulut pas céler le trésor caché et il ne voulut pas ne pas révéler l'action de son serviteur Macaire; mais il voulut que chacun sût qu'il y a un espoir qui reste aux gens pieux. Lors donc que fut arrivé le temps où cette malheureuse jeune fille devait enfanter, alors les douleurs de l'enfantement l'environnèrent avec dureté, elle fut en danger de mort pendant quatre jours et

---

1. Cod. ⲙⲁⲕⲁⲣⲓ. — 2. Cod. LIX: ⲁⲕϫⲉⲙ ⲟⲩϩⲓⲏⲓ ⲛⲁⲕ. — 3. Cod. ⲉⲣⲭⲣⲓⲁ. — 4. Cod. LXIV: ⲛⲭⲱⲣϩ sic. — 5. Cod. LXIV: ⲉⲕⲉϣⲁⲛⲟⲩϫⲕ. — 6. Cod. LIX: ⲡⲉⲕϣⲏⲣⲓ: ton enfant. — 7. Cod. ⲇⲓⲁⲕⲱⲛⲓⲧⲏⲥ. — 8. Cod. LXIV: ⲉϥⲉⲧⲛⲓⲧⲟⲩ. — 9. Cod. ϯⲙⲓ. — 10. Cod. LXIV: ⲛⲉⲙ ⲡϣⲏⲣⲓ. — 11. Cod. LXIV: ⲫⲏ ⲉⲧϣⲟⲣⲡ. — 12. Cod. LXIV: ⲓⲥϫⲉⲛ ϩⲓ ⲫⲟⲩⲉⲓ, et n'a pas les deux mots précédents. — 13. Cod. LXIV: ⲉⲭⲱⲡ, cacher. — 14. Cod. LIX: ⲉϣⲧⲉⲙⲟⲩⲱⲛϩ. — 15. Cod. ⲡⲟⲗⲓⲧⲓⲁ. — 16. Cod. ⲙⲁⲕⲁⲣⲓ. — 17. Cod. LIX: ϣⲟⲡ. — 18. Cod. LXIV: ⲉⲥⲛⲁⲙⲓⲥⲓ. — 19. Cod. LXIV: ⲧⲟⲧⲉ ⲁⲩϫⲱⲕ ⲉⲣⲟⲥ ⲛϫⲉ: alors la ceignirent les douleurs. — 20. Cod. LIX: ϧⲉⲛ ⲟⲩⲙϣⲟⲧ. — 21. Cod. ⲕⲧⲛⲁϩⲙⲉⲧⲓⲛ. — 22. Cod. LXIV: ⲛⲁⲥϣϫⲉⲙϫⲟⲙ ⲁⲛ ⲡⲉ ⲉⲙⲓⲥⲓ.

ⲉⲧϣⲟⲡ ⲙⲙⲟ ⲧⲁϣⲉⲣⲓ ϩⲏⲡⲡⲉ ⲅⲁⲣ ϣⲁⲧⲉⲛ ⲛⲉⲕⲟⲩϫⲓ ⲧⲉⲣⲁⲙⲟⲩ. ⲛⲑⲟⲥ ⲇⲉ
ⲡⲉϫⲁⲥ ϫⲉ ⲧⲁ ⲫⲙⲁⲓ¹ ϯⲉⲙⲡϣⲁ ⲙⲫⲙⲟⲩ ϫⲉ ⲟⲩⲙⲟⲛⲟⲛ ⲁⲓⲉⲣ ⲙⲛⲟⲃⲓ
ⲁⲗⲗⲁ ⲁⲓϭⲓⲗⲁ ⲛⲛⲟⲩϫ ⲟⲛ ⲉⲡⲓⲃⲱⲕ ⲛⲧⲉ ⲫϯ² ⲡⲓⲁⲛⲁⲭⲱⲣⲓⲧⲏⲥ ⲕⲁⲓ³ ⲅⲁⲣ
ⲙⲡⲉ ⲡⲓⲁⲅⲓⲟⲥ ⲉⲧⲙⲙⲁⲩ ϭⲓ ⲛⲉⲙⲏⲓ ⲉⲡⲧⲏⲣϥ ⲁⲗⲗⲁ ⲡⲁ ⲫⲙⲁⲓ¹ ⲛϧⲉⲗϣⲓⲣⲓ ⲡⲉ ⲉⲧⲁϥⲟⲣⲓⲉⲣ ⲃⲟⲕⲓ. ⲟⲩⲟϩ ⲉⲧⲁϥⲥⲱⲧⲉⲙ ⲛϫⲉ ⲡⲓϧⲉⲗϣⲓⲣⲓ ⲉⲧⲙⲙⲁⲩ
ⲁϥⲫⲱⲧ ϩⲓⲛⲁ ϫⲉ ⲛⲛⲟⲩⲧⲁϩⲟϥ⁵. ⲉⲧⲁⲥⲙⲓⲥⲓ ⲟⲛ ⲛϫⲉ ϯⲃⲏⲛⲓ ⲉⲧⲙⲙⲁⲩ
ϧⲉⲛ ⲡϫⲓ ⲛⲑⲉⲣⲉⲥⲉⲣⲟⲙⲟⲗⲟⲅⲉⲓⲛ⁶ ⲛⲧⲙⲉⲑⲙⲏⲓ ϩⲏⲡⲡⲉ ⲓⲥ ⲡⲓⲇⲓⲁⲕⲟⲛⲓⲧⲏⲥ
ⲛⲧⲉ ⲡⲓⲁⲅⲓⲟⲥ ⲁⲃⲃⲁ ⲙⲁⲕⲁⲣⲓⲟⲥ⁷ ⲁϥⲓ ⲉⲃⲟⲗ ϣⲁⲣⲟϥ ϧⲉⲛ ⲟⲩⲛⲓϣϯ ⲛⲣⲁϣⲓ
ⲛⲉⲙ ⲟⲩⲙⲟⲩϣⲟⲩ ⲟⲩⲟϩ ⲛⲁϥϫⲱ ⲙⲙⲟⲥ ⲛⲁϥ ⲡⲉ ϫⲉ ⲙⲡⲉ ϯϧⲉⲗϣⲓⲣⲓ ⲉⲧⲧⲏ ⲟⲛ ⲉⲧⲁⲥϭⲓⲗⲁ⁸ ⲛⲛⲟⲩϫ ⲉⲣⲟⲕ ⲙⲡⲉⲥϣϫⲉⲙϫⲟⲙ ⲙⲙⲓⲥⲓ ϣⲁⲧⲉⲥⲉⲣⲟⲙⲟ-
ⲗⲟⲅⲉⲓⲛ⁹ ϫⲉ ⲡⲓⲁⲅⲓⲟⲥ ⲁⲛ ⲡⲉ ⲉⲧⲁϥⲉⲣ ⲫⲁⲓ ⲉⲣⲟⲓ ⲁⲗⲗⲁ ⲡⲁ ⲫⲙⲁⲓ¹⁰ ⲛϧⲉⲗϣⲓⲣⲓ ⲡⲉ. ⲛⲏ ⲇⲉ ⲧⲏⲣⲟⲩ ⲉⲧⲁⲩⲥⲱⲧⲉⲙ ⲉⲫⲏ ⲉⲧⲁϥϣⲱⲡⲓ ⲛⲁⲩⲓⲛⲟⲩ ⲧⲏⲣⲟⲩ
ⲡⲉ ϣⲁ ⲁⲃⲃⲁ ⲙⲁⲕⲁⲣⲓⲟⲥ¹¹ ⲉⲩϯ ⲱⲟⲩ ⲛⲁϥ ⲟⲩⲟϩ ⲉⲩⲙⲟⲩϣⲟⲩ ⲉϫⲱϥ ⲉⲙⲁϣⲱ. ⲡⲓⲇⲓⲁⲕⲟⲛⲓⲧⲏⲥ ⲇⲉ ⲛⲁϥⲑⲉⲗⲏⲗ ⲙⲙⲟϥ ⲡⲉ ϧⲉⲛ ⲟⲩⲙⲉⲧϩⲟⲩⲟ ϫⲉ ⲡⲟⲥ
ⲫϯ ⲱⲗⲓ ⲛϣⲓⲡⲓ¹² ⲛⲓⲃⲉⲛ ⲉⲃⲟⲗ ϩⲁ ⲡⲉϥϩⲟ ⲉⲑⲃⲉ ϫⲉ ⲛⲁⲩϫⲫⲓⲟ ⲙⲙⲟϥ ⲡⲉ
ϧⲁϫⲉⲛ ⲟⲩⲕⲟⲩϫⲓ ⲉⲃⲟⲗϩⲓⲧⲉⲛ¹³ ⲟⲩⲙⲏϣ ⲉⲩϣⲟϣ ⲙⲙⲟϥ ⲉⲩϫⲱ ⲙⲙⲟⲥ

quatre nuits; elle ne put enfanter. Sa mère lui dit: « Que t'arrive-t-il, ma fille? car un peu plus tu es morte. » Mais elle, elle dit: « Je suis digne de mort, car non seulement j'ai péché, mais encore j'ai accusé faussement le serviteur de Dieu, l'anachorète; car ce saint-là ne m'a point touchée du tout, mais c'est le jeune homme un tel qui m'a rendue grosse. » Et lorsque ce jeune homme apprit cela, il s'enfuit de peur qu'on ne le saisît. Lors donc que cette malheureuse eut enfanté, après avoir confessé la vérité, voici que le serviteur du saint abba Macaire alla le trouver dans une grande joie et louange, et il lui dit: « Cette jeune fille qui t'a calomnié n'a pu enfanter jusqu'à ce qu'elle eût avoué : Ce n'est pas le saint qui m'a fait cela, mais c'est tel jeune homme. » Tous ceux qui apprirent ce qui était arrivé se rendirent près d'abba Macaire, le glorifiant et le louant beaucoup. Mais le serviteur se réjouissait surtout de ce que le Seigneur avait enlevé tout opprobre de son visage, car on lui faisait des reproches, ou peu s'en

1. Cod. LXIV: ⲥⲉ, oui. — 2. Cod. LIX: ⲁⲓⲉⲣ ⲡⲕⲉϩ ⲁⲗⲗⲁ ⲉⲫⲃⲱⲕ ⲙⲡⲟⲥ. — 3. Cod. ⲕⲉ ⲅⲁⲣ. — 4. Cod. LIX: ⲛⲁ ⲧⲙⲁⲛ ⲛϧⲉⲗϣⲓⲣⲓ ⲁϥⲟⲣⲓⲉⲣ ⲃⲟⲕⲓ; c'est la filiation maternelle qui est ici donnée. — 5. Cod. LIX: ⲛⲛⲟⲩϣⲧⲉⲙ ⲧⲁϩⲟϥ. — 6. Cod. ⲟⲙⲟⲗⲟⲅⲓⲛ. — 7. Cod. ⲙⲁⲕⲁⲣⲓ. — 8. Cod. LIX: ⲑⲏ ⲉⲧⲁϥⲓ ⲁⲗⲗⲁ ⲛⲛⲟⲩϫ ⲉⲣⲟⲕ. — 9. Cod. ⲟⲙⲟⲗⲟⲅⲓⲛ. — 10. Cod. ⲡⲁⲧⲙⲟⲛ. — 11. Cod. ⲙⲁⲕⲁⲣⲓ. — 12. Cod. LIX: ⲉⲗϣⲓⲡⲓ ⲛⲓⲃⲉⲛ. — 13. Cod. LXIV: ϩⲁⲧⲉⲛ et ϩⲓⲧⲉⲛ.

ⲛⲁϥ ϫⲉ ⲓⲥ ⲡⲓⲣⲱⲙⲓ ϥⲏ ⲛⲟⲟⲕ ⲉⲧⲉⲛϫⲱ ⲙⲙⲟϥ ⲉⲣⲟϥ ϫⲉ ⲟⲩⲁⲅⲓⲟⲥ ⲡⲉ ⲓⲥ
ϩⲏⲡⲡⲉ ⲁⲛϫⲉⲙϥ ⲙⲡⲁⲓⲥⲙⲟⲧ ⲛⲉⲙ ⲡⲁⲓⲣⲏϯ. ⲛⲁⲓ ⲟⲩⲛ ⲉⲧⲁⲩϣⲱⲡⲓ ⲙⲡⲁⲓⲣⲏϯ ⲁϥⲉⲣ ⲥⲟϭⲛⲓ ⲛϫⲉ ⲡⲓⲁⲅⲓⲟⲥ ⲁⲃⲃⲁ ⲙⲁⲕⲁⲣⲓⲟⲥ[1] ⲉⲓ ⲉⲃⲟⲗϧⲉⲛ ϯⲙⲟⲛⲏ
ⲉⲧⲉⲙⲙⲁⲩ ⲟⲩⲟϩ ϣⲉ ⲛⲁϥ ⲉⲕⲉⲙⲱⲓⲧ ⲉϣⲱⲡⲓ ⲙⲙⲁⲩ.

ⲛϩⲣⲏⲓ[2] ⲟⲩⲛ ϧⲉⲛ ⲟⲩⲉϩⲟⲟⲩ ⲉϥⲟⲛϣ ⲉϥⲛⲁϭⲓ ⲉⲃⲟⲗϧⲉⲛ ⲛⲓⲙⲩⲥⲧⲏⲣⲓⲟⲛ
ⲉⲑⲟⲩⲁⲃ ⲕⲁⲧⲁ ⲧⲉϥⲕⲁϫⲉ ϧⲁⲣⲓ ϧⲁⲣⲟϥ ϧⲉⲛ ⲧⲉϥⲙⲟⲛⲏ ⲟⲩⲟϩ ϩⲱⲥ ⲉϥⲛⲁⲟ-
ϩⲓ ⲉⲣⲁⲧϥ ⲉⲡⲓⲙⲁ ⲛⲉⲣ ϣⲱⲟⲩϣⲓ ⲕⲁⲧⲁ ⲧⲉϥⲥⲩⲛⲏⲑⲓⲁ[3] ⲁϥϫⲟⲩϣⲧ ⲥⲁ
ⲡⲉϥϥⲓⲣ ⲙⲙⲟϥ ⲥⲁ ⲧⲉϥⲟⲩⲓⲛⲁⲙ ⲟⲩⲟϩ ⲁϥⲛⲁⲩ ϩⲏⲡⲡⲉ ⲓⲥ ⲟⲩⲭⲉⲣⲟⲩⲃⲓⲙ
ⲉϥⲟⲓ ⲛⲥ̄[4] ⲛⲧⲉⲛϩ ⲟⲩⲟϩ ⲉϥⲟϣ ⲙⲃⲁⲗ ⲉⲙⲁϣⲱ ⲛⲁϥⲙⲙⲁⲩ ⲡⲉ. ⲟⲩⲟϩ ⲉⲧⲁϥⲉⲣ ϩⲏⲧⲥ ⲛϯ ⲛⲓⲁⲧϥ ⲙⲙⲟϥ ⲛϫⲉ ⲁⲃⲃⲁ ⲙⲁⲕⲁⲣⲓⲟⲥ[5] ϩⲱⲥ ϫⲉ ⲟⲩ ⲡⲉ ⲧⲟⲧⲉ
ϩⲓⲧⲉⲛ ⲡⲓⲱⲟⲩ ⲛⲉⲙ ϯⲙⲉⲧⲗⲁⲙⲡⲣⲟⲥ ⲛⲧⲉ ⲡⲉϥⲱⲟⲩ ⲁϥϩⲉⲓ ⲉϫⲉⲛ[6] ⲡⲉϥϩⲟ
ⲛϫⲉ ⲡⲓⲁⲅⲓⲟⲥ ⲁⲃⲃⲁ ⲙⲁⲕⲁⲣⲓⲟⲥ[7] ⲟⲩⲟϩ ⲁϥⲉⲣ ⲙⲫⲣⲏϯ ⲛⲟⲩⲣⲉϥⲙⲱⲟⲩⲧ[8]
ⲟⲩⲟϩ ⲉⲧⲁϥⲉⲣ ⲟⲩⲕⲟⲩϫⲓ ⲇⲉ ⲉϥϣⲧⲏⲟⲩⲧ ϩⲓϫⲉⲛ ⲡⲕⲁϩⲓ ⲁϥⲁⲙⲟⲛⲓ ⲙⲙⲟϥ
ⲛϫⲉ ⲡⲓⲭⲉⲣⲟⲩⲃⲓⲙ ⲟⲩⲟϩ ⲉⲧⲁϥϯ ϫⲟⲙ ⲛⲁϥ ⲁϥⲧⲟⲩⲛⲟⲥϥ ⲟⲩⲟϩ ⲉⲧⲁϥⲉⲣⲛⲏ-
ⲫⲉⲓⲛ[9] ⲡⲉϫⲁϥ ⲛⲁϥ ϫⲉ ⲉⲑⲃⲉ ⲟⲩ ⲁ ⲡⲉⲕϩⲏⲧ ⲟⲩⲙⲟⲧ[10] ⲛⲧⲁⲓϫⲉ ⲧⲏⲣⲥ ⲉⲁⲕⲉⲣ
ⲁⲙⲉⲗⲏⲥ[11] ⲉⲛⲛⲉⲧⲁⲩⲥⲁϫⲓ ⲙⲙⲱⲟⲩ ⲛⲉⲙⲁⲕ ϧⲉⲛ ⲡⲭⲱϣϫⲉⲙ ⲛϯⲡⲉⲧⲣⲁ ⲟⲩⲟϩ
ⲛⲏ ⲧⲏⲣⲟⲩ ⲉⲧⲁⲩⲥⲟⲙⲟⲩ ϧⲉⲛ ⲡⲓⲙⲁ[12] ⲉⲧⲉⲙⲙⲁⲩ ⲁⲩϣⲱⲡⲓ ⲛⲁϩⲣⲁⲕ

fallait, une foule de gens le méprisant et lui disant : « Voici l'homme que tu dis être un saint ! voici que nous l'avons trouvé de telle ou telle manière. » Lorsque ces choses furent arrivées ainsi, le saint abba Macaire prit le parti de sortir de cette cellule et d'aller dans un autre endroit pour y habiter.

Donc, au jour fixé où il devait prendre lui-même les mystères saints dans sa cellule, selon sa coutume, comme il se tenait à l'autel, selon son habitude, il regarda à son côté vers la droite et il vit : voici qu'un chérubin avec six ailes et des yeux nombreux grandement était près de lui. Et lorsque abba Macaire eut commencé de le regarder ainsi, disant : « Qu'est-ce ? » alors par la splendeur et la clarté de sa gloire, il tomba sur le visage, le saint abba Macaire, et il devint comme un mort. Lorsqu'il fut resté quelque temps étendu à terre, le chérubin le prit, et après lui avoir rendu la force, il le fit lever. Lorsque Macaire se fut remis, il lui dit : « Pourquoi ton cœur s'est-il encrassé de toute

---

1. Cod. ⲙⲁⲕⲁⲣⲓ. — 2. Ici recommence le Cod. LXII. — 3. Cod. ⲥⲩⲛⲏⲑⲓⲁ. — 4. Cod. LXIV : ⲛⲅ̄ ⲛⲧⲉⲛϩ : trois ailes. — 5. Cod. ⲙⲁⲕⲁⲣⲓ. — 6. Cod. LIX : ϩⲓϫⲉⲛ. — 7. Cod. ⲙⲁⲕⲁⲣⲓ. — 8. Cod. LIX : ⲛⲛⲏ ⲉⲟⲙⲱⲟⲩⲧ. — 9. Cod. ⲛⲏⲫⲓⲛ. — 10. Cod. LIX : ⲟⲩⲟⲙⲧ. — 11. Cod. ⲁⲙⲉⲗⲉⲥ. — 12. Cod. LXIV : ⲙⲡⲓⲙⲁ.

ⲙ̄ⲫⲣⲏϯ ⲛⲟⲩⲣⲉⲃϣⲓ ⲡⲁⲗⲓⲛ ⲕⲁⲗⲱⲥ ⲁⲕⲁⲓⲥ ϫⲉ ⲁⲕⲉⲣϩⲩⲡⲟⲙⲉⲛⲓⲛ[1] ⲉⲡⲓⲡⲉⲣⲁⲥ-
ⲙⲟⲥ[2] ϣⲁⲧⲉϥϫⲓ ⲛⲟⲩϫⲱⲕ ϫⲉ ϩⲓⲛⲁ ϩⲓⲧⲉⲛ ϯⲡⲉⲓⲣⲁ[3] ⲛ̄ⲧⲉⲕⲥⲁⲃⲟⲕ[4] ⲕⲁⲧⲁ ⲕⲟⲩϫⲓ ⲕⲟⲩϫⲓ ⲛ̄ⲧⲉⲕϣⲱⲡⲓ[5] ⲛ̄ϫⲱⲙⲟⲥ ϧⲉⲛ ⲙ̄ⲃⲱⲛ ⲛⲁⲓ ⲉⲧⲉ ⲡⲟⲥ ⲛⲁⲉⲣⲥⲩⲭⲱ-
ⲣⲉⲓⲛ[6] ⲉⲟⲣⲟⲩⲉⲣⲡⲉⲓⲣⲁⲍⲉⲓⲛ[7] ⲙ̄ⲙⲟⲕ ⲛ̄ϧⲏⲧⲟⲩ ϩⲓⲧⲉⲛ ⲛⲓⲇⲁⲓⲙⲱⲛ[8] ⲛⲉⲙ
ⲛⲓⲣⲱⲙⲓ ⲉⲟⲩⲥⲟⲡ[9]. ⲟⲩⲟϩ ϫⲱⲕ ⲉⲃⲟⲗ ⲛ̄ϯⲗⲉⲓⲧⲟⲩⲣⲅⲓⲁ[10] ⲉⲧⲁⲩⲧⲉⲛϩⲟⲩⲧⲕ
ⲉⲣⲟⲥ ⲑⲁⲓ ⲉⲧⲁⲕⲉⲣ ϩⲏⲧⲥ ⲉⲣⲟⲥ[11] ⲟⲩⲟϩ ϭⲓ ⲉⲃⲟⲗϧⲉⲛ ⲛⲓⲙⲩⲥⲧⲏⲣⲓⲟⲛ ⲉⲑⲟⲩⲁⲃ
ϫⲉ ⲉⲩⲛⲁϣⲱⲡⲓ ⲛⲁⲕ ⲛ̄ⲧⲟⲩⲃⲟ ⲛⲉⲙ ϫⲟⲙ ⲟⲩⲟϩ ⲥⲉⲃⲧⲱⲧⲕ ϧⲉⲛ ⲡⲓⲉϫⲱⲣϩ
ⲉⲑⲛⲏⲟⲩ ϫⲉ ϩⲓⲛⲁ ⲉⲕⲉⲓ ⲉⲃⲟⲗϧⲉⲛ ⲡⲁⲓⲙⲁ[12] ϧⲉⲛ ⲟⲩⲓⲏⲥ ⲟⲩⲟϩ ⲛ̄ⲧⲉⲕϣⲱⲡⲓ
ϧⲉⲛ ⲡⲓⲙⲁ ⲉⲧⲁⲩⲧⲁⲙⲟⲕ ⲉⲣⲟϥ ϩⲓⲧⲉⲛ ⲡⲉⲛⲟⲥ ⲉⲟⲩⲥⲟⲡ[13]. ⲙⲟⲛⲟⲛ ⲙⲁ ⲡⲉⲕ-
ⲑⲱϣ ⲟⲩⲟϩ ⲙ̄ⲡⲉⲣⲉⲣⲁⲙⲉⲗⲓⲥ[14] ⲉⲡⲟⲩⲁϩⲥⲁϩⲛⲓ ⲉⲧⲁⲩⲉⲛϩⲱⲛⲕ ⲉⲣⲟϥ ⲁⲛⲟⲕ
ⲅⲁⲣ ϧⲉⲛ ⲡⲓⲉϫⲱⲣϩ ⲉⲑⲛⲏⲟⲩ ⲉⲓⲉⲓ ϣⲁⲣⲟⲕ ⲉⲡⲁⲓⲙⲁ ⲟⲩⲟϩ ⲉⲛⲉⲓ ⲉⲃⲟⲗϧⲉⲛ
ⲡⲓⲉϫⲱⲣϩ ⲙ̄ⲙⲟⲛ ϩⲗⲓ ⲉⲙⲓ ⲉⲣⲟⲛ ⲉⲑⲃⲉ ⲫⲃⲁⲣⲟⲥ ⲛ̄ⲛⲓⲣⲱⲙⲓ ⲟⲩⲟϩ ⲙ̄ⲡⲉⲣ
ϩⲟϯ ⲕⲁⲧⲁ ϩⲗⲓ ⲛ̄ⲙⲟⲧ ϫⲉ ⲟⲩⲏⲓ[15] ⲡⲁⲓⲣⲏϯ ⲡⲉ ⲉⲧⲁ[16] ⲡⲟⲥ ⲟⲩⲁϩⲥⲁϩⲛⲓ ⲛⲏⲓ
ⲟⲩⲙⲟⲛⲟⲛ ϫⲉ ⲉⲕⲉⲓ[17] ⲉⲃⲟⲗϧⲉⲛ ⲡⲁⲓⲙⲁ ⲁⲗⲗⲁ ϫⲉ ϩⲓⲛⲁ ⲛ̄ⲧⲁϣⲱⲡⲓ[18] ⲛⲉⲙⲁⲕ

cette manière? Tu as négligé ce qui t'a été dit au pied du rocher et tout ce qui t'y a été dit est devenu pour toi comme un songe. Cependant tu as bien fait de supporter l'épreuve jusqu'à sa fin [19], afin que par l'épreuve tu t'apprennes peu à peu à être vaillant dans les combats dans lesquels le Seigneur permettra que tu sois éprouvé par les démons et les hommes à la fois. Donc accomplis le service que tu as commencé et prends les saints mystères, car ils te purifieront et te rendront fort, et prépare-toi pendant la nuit qui vient, afin de sortir promptement de ce lieu et d'habiter dans le lieu qui t'a été indiqué par le Seigneur tout à la fois. Seulement décide-toi et ne néglige pas l'ordre que l'on t'a donné; car, moi, dans la nuit prochaine, je viendrai ici vers toi et nous sortirons dans la nuit, sans que personne ne nous connaisse, à cause du poids des hommes. Et ne crains d'aucune manière, car c'est ainsi que le Seigneur m'a

---

1. *Cod.* ϩⲩⲡⲟⲙⲉⲛⲓⲛ. — 2. *Cod.* ⲡⲣⲁⲥⲙⲟⲥ. — 3. *Cod.* ϯⲡⲣⲁ. — 4. *Cod.* LXIV: ⲉⲕⲉⲧⲥⲁⲃⲟⲕ. — 5. *Cod.* LXIV: ⲉϣⲱⲡⲓ. — 6. *Cod.* ⲉⲧⲩⲭⲱⲣⲉⲧⲓⲛ. — 7. *Cod.* ⲙ̄ⲡⲣⲁⲍⲓⲛ. — 8. *Cod.* ⲛ̄ⲇⲉⲙⲱⲛ. — 9. *Cod.* ⲉⲩⲥⲟⲡ. — 10. *Cod.* ⲗⲓⲧⲟⲩⲣⲅⲓⲁ. — 11. Le *Cod.* LXIV, au lieu de ⲗⲓⲧⲟⲩⲣⲅⲓⲁ a ⲇⲓⲁⲕⲟⲛⲓⲁ, et n'a pas ⲉⲧⲁⲩⲧⲉⲛϩⲟⲩⲧⲕ ⲉⲣⲟⲥ. — 12. Le *Cod.* LXII n'a pas ⲡⲁⲓⲙⲁ ϧⲉⲛ. — 13. *Cod.* LIX: ϧⲉⲛ ⲟⲩⲓⲏⲥ ⲟⲩⲛ ϫⲉ ϩⲓⲛⲁ ⲉⲕⲉⲓ ⲉⲃⲟⲗϧⲉⲛ ⲡⲁⲓⲙⲁ ⲉⲧⲁⲩⲉⲣϣⲟⲣⲡ ⲛ̄ⲧⲁⲙⲟⲕ ⲉⲣⲟϥ. — 14. *Cod.* ⲁⲙⲉⲗⲉⲥ. — 15. Les *Cod.* LXII et LXIV n'ont pas ce mot. — 16. *Cod.* ⲡⲉⲧⲁ ⲡⲟⲥ. — 17. *Cod.* LXIV: ⲟⲩ ⲙⲟⲛⲟⲛ ⲉⲥⲛⲕ. — 18. *Cod.* LXII et LXIV: ⲉⲓⲉϣⲱⲡⲓ. — 19. Mot à mot : « Tu as bien fait supportant l'épreuve jusqu'à ce qu'elle ait atteint sa plénitude. »

ⲟⲛ ϧⲉⲛ ⲡⲓⲙⲁ ⲉⲧⲁ ⲡⲟⲥ ⲧⲁⲙⲟⲕ ⲉⲣⲟϥ ϣⲁⲧⲟⲩϫⲱⲕ ⲉⲃⲟⲗ ⲛϫⲉ ⲛⲏ ⲉⲧⲁⲕ‐
ⲥⲟⲑⲙⲟⲩ ⲕⲁⲧⲁ ⲫⲣⲏϯ ⲉⲧⲁⲩⲥⲁϫⲓ ⲛⲉⲙⲁⲕ. ⲡⲁⲓⲣⲏϯ ⲅⲁⲣ ⲁϥϯ ⲙⲁϯ ⲛϫⲉ
ⲫϯ ⲉⲑⲣⲉⲕϣⲱⲡⲓ ⲛⲓⲱⲧ ⲛⲟⲩⲙⲏϣ ⲕⲁⲧⲁ ϯϫⲓⲛⲫⲟ ⲁⲛ ⲛⲥⲁⲣⲕⲓⲕⲟⲛ ⲁⲗⲗⲁ
ⲕⲁⲧⲁ ⲡⲓⲑⲱϩⲉⲙ ⲛⲧⲉ ⲛⲓϣⲏⲣⲓ ⲙⲡⲛⲁⲧⲓⲕⲟⲛ ⲉⲓⲥϩⲏⲉ¹ ⲛⲟⲩⲟⲩⲁϩⲥⲁϩⲛⲓ²
ⲉⲃⲟⲗϩⲓⲧⲉⲛ ⲫϯ³ ϫⲉ ϩⲓⲛⲁ ⲡⲓⲗⲁⲟⲥ ⲫⲏ ⲛⲑⲟⲕ ⲉⲧⲉⲕⲛⲁⲑⲟⲩⲱⲧϥ ⲕⲁⲧⲁ⁴
ⲡϯ ⲙⲁϯ ⲙⲡⲁⲛⲟⲩϯ ⲛⲧⲁⲉⲣⲇⲓⲁⲕⲟⲛⲉⲓⲛ⁵ ⲛⲱⲟⲩ ϧⲉⲛ ⲟⲩⲙⲩⲥⲧⲏⲣⲓⲟⲛ ϣⲁ
ⲧϧⲁⲏ⁶ ⲛⲧⲉ ⲛⲓⲉϩⲟⲟⲩ ⲉϣⲱⲡ ⲙⲉⲛⲧⲟⲓ ⲁⲩϣⲁⲛⲁⲣⲉϩ ⲉⲛⲓⲉⲛⲧⲟⲗⲏ ⲛⲉⲙ ⲛⲓⲟⲩ‐
ⲁϩⲥⲁϩⲛⲓ ⲛⲧⲉ ⲡⲟⲥ ⲛⲏ ⲉⲧⲉⲕⲛⲁⲧⲏⲓⲧⲟⲩ ⲉⲧⲟⲧⲟⲩ. ⲟⲩⲟϩ ⲛⲁⲓ ⲉⲧⲁϥϫⲟⲧⲟⲩ
ⲡⲁⲗⲓⲛ ⲟⲛ ⲡⲉϫⲁϥ ⲛⲁϥ ϫⲉ ⲉⲓⲉⲓ ⲛⲁⲕ ϧⲉⲛ ⲡⲓⲉϫⲱⲣϩ ⲉⲑⲛⲏⲟⲩ ⲙⲡⲉⲣⲉⲣ
ϩⲟϯ ⲟⲩⲇⲉ ⲙⲡⲉⲣⲉⲣⲁⲙⲫⲓⲗⲁⲙⲃⲁⲛⲉⲓⲛ⁷ ϫⲉ ⲡⲟⲥ ⲡⲉ ⲉⲑⲟⲩⲁϩⲥⲁϩⲛⲓ ⲛⲁⲕ
ⲁⲛⲁⲩ ⲙⲡⲉⲣⲉⲣⲁⲛⲧⲓⲗⲉⲅⲉⲓⲛ⁸.

ⲡⲓⲁⲅⲓⲟⲥ ⲟⲩⲛ ⲁⲃⲃⲁ ⲙⲁⲕⲁⲣⲓⲟⲥ⁹ ⲉⲧⲁϥϭⲓ ⲛⲟⲩⲡⲁⲣⲁⲙⲩⲑⲓⲁ¹⁰ ⲛⲉⲙ ⲟⲩ‐
ⲛⲟⲙϯ ϩⲓⲧⲉⲛ ⲧⲡⲁⲣⲟⲩⲥⲓⲁ ⲙⲡⲓⲭⲉⲣⲟⲩⲃⲓⲙ ⲧⲟⲧⲉ ⲁϥⲉⲣ ⲡⲱⲃϣ ⲛⲛⲓϧⲓⲥⲓ ⲧⲏ‐
ⲣⲟⲩ ⲛⲉⲙ ⲛⲓⲙⲕⲁϩ ⲉⲧⲁⲩⲧⲏⲓⲧⲟⲩ ⲛⲁϥ¹¹ ⲟⲩⲟϩ ⲡⲁⲓⲣⲏϯ ⲁϥⲥⲉⲃⲧⲱⲧϥ ⲉⲉⲣⲁ‐
ⲕⲟⲗⲟⲩⲑⲉⲓⲛ¹² ⲕⲁⲧⲁ ϩⲱⲃ ⲛⲓⲃⲉⲛ ⲉⲧⲁⲩⲥⲁϫⲓ ⲛⲉⲙⲁϥ ⲙⲙⲱⲟⲩ. ⲟⲩⲟϩ ϧⲉⲛ

ordonné, non seulement de t'emmener de ce lieu, mais encore d'être avec toi dans le lieu que le Seigneur t'a indiqué, afin que soit accompli ce que tu as entendu, comme il t'a été dit ; car ainsi le Seigneur a décidé que tu sois père d'une multitude, non selon la génération charnelle, mais selon la vocation des enfants spirituels, et j'ai reçu, moi, l'ordre du Très-Haut afin que le peuple que tu réuniras selon le dessein de mon Dieu, je le serve en secret jusqu'à la fin des jours, pourvu toutefois qu'il garde les commandements et les préceptes du Seigneur que tu leur donneras. » Et lorsqu'il eut dit cela, il lui dit : « Je viendrai à toi la nuit prochaine, ne crains rien, ne balance pas, car c'est le Seigneur qui commande, prends garde, ne contredis pas. »

Le saint abba Macaire, lorsqu'il eut pris consolation et courage de la présence du chérubin, alors il oublia toutes les souffrances et les douleurs qu'on lui avait causées, et ainsi il se prépara à suivre toute chose qui lui avait été dite.

---

1. Le *Cod.* LXII n'a pas ϫⲉ. — 2. *Cod.* LXII et LXIV : ⲛⲟⲩⲁϩⲥⲁϩⲛⲓ, l'article manque par suite de la présence de la syllabe ⲟⲩ qu'il aurait fallu répéter. — 3. *Cod.* LXII et LXIV : ⲉⲃⲟⲗϧⲉⲛ ⲡⲟⲥ. — 4. *Cod.* LIX : ϩⲓⲧⲉⲛ au lieu de ⲕⲁⲧⲁ. — 5. *Cod.* ⲇⲓⲁⲕⲟⲛⲓⲛ. — 6. *Cod.* LXII : ϣⲁ ⲧϧⲁⲏ ⲛⲛⲓⲉϩⲟⲟⲩ : jusqu'à la fin des jours. — 7. *Cod.* ⲁⲙⲫⲓⲗⲁⲙⲃⲁⲛⲓⲛ. — 8. *Cod.* ⲁⲛⲧⲓⲗⲉⲅⲓⲛ. — 9. *Cod.* ⲙⲁⲕⲁⲣⲓ. — 10. *Cod.* ⲡⲁⲣⲁⲙⲓⲑⲓⲁ. — 11. *Cod.* LXII : ⲛⲉⲙ ⲛⲓⲙⲕⲁϩ ⲉⲧⲁϥϭⲓⲧⲟⲩ : avec les douleurs qu'il avait reçues. — 12. *Cod.* ⲁⲕⲟⲗⲟⲩⲑⲓⲛ.

ⲡⲓⲉϩⲱⲣϩ ⲉⲑⲛⲏⲟⲩ ⲉⲧⲁϥⲧⲱⲛϥ ⲉⲉⲣ ϯⲥⲩⲛⲁⲝⲓⲥ ⲕⲁⲧⲁ ⲧⲉϥⲕⲁϩⲥ ϧⲓⲡⲡⲉ
ⲓⲥ ⲡⲓⲙⲁ ⲧⲏⲣϥ ⲁϥⲉⲣ ⲟⲩⲱⲓⲛⲓ ⲙⲫⲣⲏϯ ⲙⲫⲛⲁⲩ ⲙⲙⲉⲣⲓ ϧⲉⲛ ⲛⲓⲉϩⲟⲟⲩ
ⲛⲧⲉ ⲡⲓϣⲱⲙ ⲟⲩⲟϩ ⲁϥⲉⲙⲓ ⲛϫⲉ ⲁⲃⲃⲁ ⲙⲁⲕⲁⲣⲓⲟⲥ¹ ⲕⲁⲧⲁ ϯⲥⲩⲛⲧⲩⲭⲏ² ϫⲉ
ⲡⲓⲭⲉⲣⲟⲩⲃⲓⲙ ⲡⲉ ⲉⲧⲁϥⲓ ϣⲁⲣⲟϥ. ⲉⲧⲁⲥⲉⲣ ⲟⲩⲕⲟⲩϫⲓ ⲇⲉ ⲛϫⲉ ϯϫⲟⲙ ⲉⲧⲉⲙ
ⲙⲁⲩ ⲙⲡⲁⲧⲉⲥⲥⲁϫⲓ ⲛⲉⲙ ⲁⲃⲃⲁ ⲙⲁⲕⲁⲣⲓⲟⲥ³ ϫⲉ ⲛⲛⲉϥϣⲑⲟⲣⲧⲉⲣ ⲧⲟⲧⲉ ⲉⲡ
ϫⲁⲉ ⲡⲉϫⲁϥ ⲛⲁϥ ϫⲉ ⲧⲱⲛⲕ ⲙⲟⲣϩ ϧⲉⲛ ⲟⲩϫⲟⲙ ⲉⲃⲟⲗϩⲓⲧⲉⲛ ⲫⲏ ⲉⲧϯϫⲟⲙ
ⲛⲁⲕ ⲫϯ ⲟⲩⲟϩ ⲟⲩⲁϩⲕ ⲛⲥⲱⲓ ϣⲁ ⲡⲓⲙⲱⲓⲧ ⲉⲧⲁⲉⲣ ϣⲟⲣⲡ ⲛⲧⲁⲙⲟⲕ ⲉⲣⲟϥ
ϧⲁⲛ ϩⲓⲧⲉⲛ ⲡⲟⲥ. ⲟⲩⲟϩ ⲡⲁⲓⲣⲏϯ ⲉⲧⲁϥⲥⲉϫⲡ ϩⲱⲃ ⲛⲓⲃⲉⲛ ϧⲉⲛ ϯϫⲟⲙ ⲁϥ
ⲉⲃⲟⲗ ϧⲉⲛ ⲟⲩⲣⲁϣⲓ ⲉⲧⲙⲟϣⲓ ⲥⲁϧⲟⲩϥ ϩⲓⲧⲉⲛ ⲡⲓⲭⲉⲣⲟⲩⲃⲓⲙ ⲙⲁⲗⲗⲟⲛ ⲇⲉ
ϩⲓⲧⲉⲛ ⲧϫⲟⲙ ⲙⲫϯ ⲟⲩⲟϩ ⲙⲉⲛⲉⲛⲥⲁ ⲉϩⲟⲟⲩ ⲃ̄ ⲁⲩⲓ ⲉϧⲟⲩⲛ ⲉⲡⲓⲧⲱⲟⲩ ⲟⲩⲟϩ
ⲉⲩⲕⲱϯ ⲉⲡⲁⲓⲥⲁ ⲛⲉⲙ ⲫⲁⲓ ϩⲱⲥ ⲉⲩⲛⲁⲙⲟⲩϣⲧ ϧⲓⲭⲉⲛ ⲙⲡⲓⲧⲱⲟⲩ⁴ ⲧⲟⲧⲉ ⲡⲉ
ϫⲉ ⲁⲃⲃⲁ ⲙⲁⲕⲁⲣⲓⲟⲥ⁵ ⲛⲁϥ ϫⲉ ϯϯϩⲟ ⲉⲣⲟⲕ ⲡⲁⲟⲥ ⲙⲁⲧⲁⲙⲟⲓ ϫⲉ ⲁⲓⲛⲁ
ϣⲱⲡⲓ ⲛⲁϣ ⲙⲙⲁ ϫⲉ ⲟⲩⲏⲓ ⲅⲁⲣ ϯⲥⲱⲟⲩⲛ ⲛϩⲗⲓ ⲁⲛ ϧⲉⲛ ⲡⲁⲓⲙⲱⲓⲧ. ⲡⲉϫⲉ
ⲡⲓⲭⲉⲣⲟⲩⲃⲓⲙ ⲛⲁϥ ϫⲉ ⲡⲁⲓ ⲑⲱϣ ⲫⲁⲓ ⲫⲁ ⲧⲉⲕⲡⲣⲟϩⲁⲓⲣⲉⲥⲓⲥ⁶ ⲡⲉ ⲓⲥ ⲡⲓⲙⲁ
ⲭⲏ ⲙⲡⲉⲕⲙⲑⲟ ⲡⲗⲏⲛ ⲁⲣⲓⲇⲟⲕⲓⲙⲁϫⲓⲛ⁷ ⲟⲩⲟϩ ⲁⲙⲟⲛⲓ⁸ ⲙⲫⲏ ⲉⲧⲉⲣ ⲛⲟϥⲣⲓ
ⲙⲟⲛⲟⲛ ⲙⲁ ϩⲑⲏⲕ ⲉⲣⲟⲕ ⲉⲃⲟⲗ ϧⲁ ⲛⲓⲡⲛⲁ ⲉⲧϩⲱⲟⲩ ⲛⲉⲙ ⲛⲟⲩϫⲟⲣϫⲥ⁹

Et dans la nuit suivante, lorsqu'il se fut levé pour faire la synaxe selon sa coutume, voici que tout le lieu devint lumineux comme à l'heure de midi dans les jours de l'été, et abba Macaire sut par la circonstance que c'était le chérubin qui était venu à lui. Lorsque cette vertu fut restée quelque peu sans lui parler, afin qu'il ne fût pas effrayé, alors elle lui dit enfin : « Lève-toi, ceins-toi dans la force au nom de celui qui te donne la force, Dieu, et suis-moi à l'endroit qui t'a déjà été désigné par le Seigneur. » Et ainsi, après avoir laissé toute chose dans la cellule, il sortit avec joie, conduit par le chérubin, et mieux par la vertu de Dieu. Et après deux jours, ils entrèrent dans la montagne ; et tournant de çà, de là, pour inspecter la montagne, alors abba Macaire lui dit : « Je t'en prie, mon seigneur, apprends-moi en quel lieu j'habiterai, car, certes, je ne connais rien en cet endroit. » Le chérubin lui dit : « Cet endroit est celui de ton choix¹⁰, voici que le lieu est placé devant toi, fais un essai et prends celui qui est bon : seulement prends garde aux esprits mauvais, à

---

1. *Cod.* ⲙⲁⲕⲁⲣⲓ. — 2. *Cod.* ⲥⲩⲛⲧⲁⲕⲏ. — 3. *Cod.* ⲙⲁⲕⲁⲣⲓ. — 4. *Cod.* LXIV : ⲫⲁⲓ ⲉⲧⲛⲁϣⲟⲡⲧ ⲙⲡⲓⲧⲱⲟⲩ. — 5. *Cod.* ⲙⲁⲕⲁⲣⲓ. — 6. *Cod.* ⲡⲣⲟϩⲉⲣⲉⲥⲓⲥ. — 7. *Cod.* ⲇⲟⲕⲓⲙⲁϫⲓⲛ. — 8. *Cod.* LXII : ⲙⲟⲛⲓ. — 9. *Cod.* LXII : ⲛⲉⲙ ⲛⲟⲩϫⲣⲟⲝ. — 10. C'est-à-dire : « Tu es libre de choisir l'endroit que tu voudras habiter. »

ⲙ̄ⲡⲟⲛⲏⲣⲟⲛ ⲟⲩⲟϩ ⲁⲕϣⲁⲛ ⲥⲉⲙⲛⲓ ϯⲛⲁϫⲉⲙ ⲡⲉⲕϣⲓⲛⲓ ⲉⲙⲏⲛⲓ ⲕⲁⲧⲁ ⲫⲣⲏϯ ⲉⲧⲁⲩⲟⲩⲁϩⲥⲁϩⲛⲓ ⲛⲏⲓ ϩⲓⲧⲉⲛ ⲡⲁⲛⲟⲩϯ. ⲉⲧⲁϥⲉⲣ ⲟⲩⲙⲏϣ ⲇⲉ ⲛⲉ-ϩⲟⲟⲩ ⲛ̄ϫⲉ ⲁⲃⲃⲁ ⲙⲁⲕⲁⲣⲓⲟⲥ[1] ⲉϥⲙⲟϣⲧ ⲛⲥⲁ ⲡⲓⲧⲱⲟⲩ ⲉϥⲕⲱϯ ⲁϥ ⲉ̀ϩⲣⲏⲓ ⲉⲧⲁⲣⲭⲏ[2] ⲙ̄ⲡⲓϩⲉⲗⲟⲥ ⲉⲥⲕⲉⲛ ⲛⲥⲁ ⲛ̄ⲧⲉ ϯⲁⲛⲁⲃⲁⲗⲗⲟⲧⲥ[3] ϫⲉ ϩⲓⲛⲁ ⲉⲣⲉ ⲡⲓⲙⲱⲟⲩ ⲛⲁϣⲱⲡⲓ ⲉϥⲟⲩⲟⲩ ⲙ̄ⲙⲟϥ ⲁⲛ[4] ⲉⲡⲓϩⲟⲩⲟ ⲟⲩⲟϩ ⲁϥϣⲱⲕⲓ ϧⲉⲛ ϯⲡⲉⲧⲣⲁ ⲁϥⲑⲁⲙⲓⲟ ⲛⲟⲩⲥⲡⲏⲗⲁⲓⲟⲛ[5] ⲟⲩⲟϩ ⲁϥϣⲱⲡⲓ ⲛ̄ϧⲏⲧϥ ⲧⲉⲱⲥ ⲛϩⲁⲛ ⲉϩⲟⲟⲩ.

ⲉⲓⲧⲁ[6] ⲉⲧⲁϥϭⲓ ⲧⲁⲧⲥⲓ ⲛⲥⲁ ⲛⲓⲙⲁ ⲛ̄ϣⲁϥⲉ ⲟⲩⲟϩ ⲉⲧⲉⲣⲛⲉⲩⲭⲁⲍⲉⲓⲛ[7] ⲉⲡⲓϩⲟⲩⲟ ⲟⲩⲟϩ ⲉⲧⲁϥⲓ ⲉⲡϣⲱⲓ ⲉⲃⲟⲗ ϧⲉⲛ ϯⲡⲉⲧⲣⲁ ⲉⲧϩⲓ ⲫⲣⲏⲥ[8] ⲁϥϣⲱⲡⲓ ⲙⲙⲁⲩ ϫⲉ ⲟⲩⲛ ⲅⲁⲣ ⲛⲁⲣⲉ ⲛⲓⲟⲩⲣⲁϯ ϯ ϩⲓⲥⲓ ⲛⲁϥ ϩⲁⲧⲉⲛ ϯⲁⲛⲁⲃⲁⲗⲗⲟⲧⲥ ⲉⲧϩⲓ ϩⲟⲥⲉⲙ ⲉⲡϣⲱⲓ ϧⲉⲛ ⲛⲓⲙⲁ ⲉⲧⲁⲩϧⲱⲧⲉⲃ ⲛ̄ⲛⲓⲙⲁⲧⲟⲓ ⲛ̄ϧⲏⲧⲟⲩ ⲛ̄ϫⲉ ⲛⲓ-ⲃⲁⲣⲃⲁⲣⲟⲥ. ⲉⲧⲁϥⲉⲣ ⲟⲩⲥⲏⲟⲩ ⲇⲉ ⲙⲙⲁⲩ ⲁϥϣⲱⲕ ⲛⲥⲡⲏⲗⲁⲓⲟⲛ[9] ⲃ̄ ϧⲉⲛ ϯⲡⲉⲧⲣⲁ ⲟⲩⲟϩ ⲡⲓⲟⲩⲁⲓ ⲙⲙⲱⲟⲩ ⲁϥⲑⲁⲙⲓⲟ ⲛⲟⲩⲥⲕⲏⲛⲏ ⲛ̄ϧⲏⲧϥ ⲥⲁ ⲡⲉⲓⲉⲃⲧ[10] ϫⲉ ϩⲓⲛⲁ ⲉϥⲉϭⲓ ⲥⲙⲟⲩ ⲛ̄ϧⲏⲧϥ ⲟⲩⲟϩ ⲛⲁϥϩⲉⲙⲥⲓ ⲡⲉ ⲉϥⲉⲣϣⲱⲧ ⲉⲡϣⲗⲏⲗ ⲟⲩⲟϩ ⲉϥⲉⲣ ϩⲱⲃ ⲉⲛⲉⲃϯ ⲟⲩⲟϩ ⲛⲓⲃⲓⲣ ⲉⲛⲁϥⲑⲁⲙⲓⲟ ⲙⲙⲱⲟⲩ ⲛⲁϥϯ ⲙⲙⲱⲟⲩ ⲡⲉ ⲛⲛⲓⲟⲩⲣⲁϯ[11] ⲟⲩⲟϩ ⲁⲩϣⲁⲛⲧⲏⲓⲧⲟⲩ ⲉⲃⲟⲗ ⲛⲉϣⲁⲧⲓⲛⲓ ⲛⲁϥ ⲡⲉ

leurs embûches malicieuses, et si tu es constant, je te visiterai constamment selon ce qui m'a été ordonné par mon Dieu. » Lorsque abba Macaire eut passé une foule de jours à inspecter la montagne, en faisant le tour, il arriva au commencement du ouady qui entoure les endroits où l'on enlève (le natron), afin que l'eau ne fût pas trop éloignée de lui, et il creusa dans le rocher : il y fit une caverne et y habita pendant des jours.

Ensuite, ayant pris le chemin des lieux déserts et y étant plus tranquille, il alla en haut du rocher situé au midi et il y habita; car, certes, les marchands le faisaient souffrir près des (lieux) de l'enlèvement, jetant du natron en haut, à l'endroit où les barbares tuèrent les soldats. Lorsqu'il y fut resté quelque temps, il creusa deux cavernes dans le rocher; en l'une d'elles il fit un tabernacle, du côté de l'est, afin d'y prendre la bénédiction, et il y restait assis, vaquant à la prière et travaillant à tresser (des feuilles de palmier), et les corbeilles qu'il faisait, il les donnait aux marchands qui, après les avoir

---

1. *Cod.* ⲙⲁⲕⲁⲣⲓ. — 2. *Cod.* LXII : ⲉⲧⲁⲭⲏ (sic). — 3. *Cod.* LIX : ϯⲃⲁⲗⲗⲟⲩⲥ. — 4. *Cod.* LIX : ⲟⲛ ⲉⲡⲓϩⲟⲩⲟ. — 5. *Cod.* ⲥⲡⲏⲗⲉⲟⲛ. — 6. *Cod.* ⲓⲧⲁ. — 7. *Cod.* ⲛⲉⲓⲭⲁⲍⲓⲛ. — 8. *Cod.* LIX et LXIV : deest ⲟⲩⲟϩ ; ⲉⲡϣⲱⲓ ϧⲉⲛ. — 9. *Cod.* ⲛ̄ⲥⲡⲏⲗⲉⲟⲛ. — 10. *Cod.* LXII et LXIV : ⲥⲁ ⲛⲥⲁ ⲡⲉⲓⲉⲃⲧ. — 11. *Cod.* LXII et LXIV : ⲉⲛⲟⲩⲣⲁϯ.

ⲙⲫⲏ ⲉⲧⲉϥⲉⲣ ⲭⲣⲉⲓⲁ¹ ⲙⲙⲟϥ ⲛⲉⲙ ⲛⲓⲕⲉⲥⲙⲉⲧⲁⲗⲓⲟⲛ ⲉⲛⲗⲟⲅⲟⲥ ⲛ̄ϯⲡⲣⲟⲥ-
ⲫⲟⲣⲁ ⲉⲑⲟⲩⲁⲃ. ⲉⲧⲁⲩⲛⲁⲩ ⲇⲉ ⲛ̄ϫⲉ ⲡⲁϣⲁⲓ ⲛ̄ⲛⲓⲇⲁⲓⲙⲱⲛ² ⲉⲧϫⲉⲛ ⲡⲓⲙⲁ
ⲉⲧⲙⲙⲁⲩ ⲉⲑⲙⲉⲧϫⲁⲣ ϩⲏⲧ ⲙ̄ⲡⲓⲁⲅⲓⲟⲥ ⲛⲉⲙ³ ⲡⲉϥϫⲗⲟⲙ ⲛ̄ϩⲏⲧ⁴ ⲉϧⲟⲩⲛ
ⲉⲫϯ ⲁⲩⲉⲣ ⲙ̄ⲫⲣⲏϯ ⲛ̄ϩⲁⲛ ⲑⲏⲣⲓⲟⲛ ⲉⲩⲗⲱⲃⲓ⁵ ⲉⲩⲕⲱϯ ⲙⲉⲛ ⲙ̄ⲡⲉϥⲕⲱⲧ
ⲛ̄ⲥⲉϣϫⲉⲙϫⲟⲙ ⲟⲛ ⲉϧⲱⲛⲧ⁶ ⲉⲣⲟϥ ϫⲉ ⲟⲩⲏⲓ ⲅⲁⲣ ⲛⲉⲙⲡⲁⲧⲟⲩⲉⲣⲥⲩⲛⲭⲱ-
ⲣⲉⲓⲛ⁷ ⲛⲱⲟⲩ ⲡⲉ ⲉⲃⲟⲗϩⲓⲧⲉⲛ ⲫϯ. ⲫⲁⲓ ⲁϥϣⲱⲡⲓ ⲙⲙⲟϥ ⲕⲁⲧⲁ ⲟⲩⲛⲁⲓ ⲛ̄ⲧⲉ
ⲫϯ ϫⲉ ϩⲓⲛⲁ ⲛ̄ⲛⲉϥϣⲟⲣⲧⲉⲣ ⲓⲥϫⲉⲛ ϯⲁⲣⲭⲏ ⲟⲩⲟϩ ⲛ̄ⲧⲉϥⲭⲁ ⲧⲟⲧϥ ⲉⲃⲟⲗ
ⲛ̄ⲭⲱⲗⲉⲙ ϫⲉ⁸ ⲟⲩⲏⲛ ⲛⲁϥϣⲟⲡ ⲁⲛ ⲡⲉ ϧⲉⲛ ⲡⲓⲧⲱⲟⲩ ⲉⲧⲙⲙⲁⲩ ⲛ̄ϫⲉ ⲫⲏ
ⲉⲧⲛⲁϭⲓ ⲙⲱⲓⲧ ⲛⲁϥ ϩⲓⲧⲉⲛ ⲟⲩⲥⲟϭⲛⲓ ⲉϥ ⲟⲩⲃⲉ ⲛⲓⲗⲟⲅⲓⲥⲙⲟⲥ ⲉⲧϩⲱⲟⲩ ⲛ̄ⲧⲉ
ⲛⲓⲡⲛⲁ ⲉⲧϭⲁϧⲉⲙ.

ⲉⲧⲁⲩⲥⲓⲛⲓ ⲇⲉ ⲛ̄ϫⲉ ϩⲁⲛ ⲙⲏϣ ⲛ̄ⲉϩⲟⲟⲩ ⲁⲛ ⲡⲉϫⲁϥ ⲛ̄ϧⲣⲏⲓ ⲛ̄ϧⲏⲧϥ ϫⲉ ⲓⲥ
ⲡⲁⲓⲙⲱⲓⲧ ⲙⲉⲛ ⲁⲛ ⲉⲣⲟϥ⁹ ⲕⲁⲧⲁ ⲫⲣⲏϯ ⲉⲧⲁⲩⲟⲩⲁϩⲥⲁϩⲛⲓ¹⁰ ⲛ̄ⲛⲓ ⲙⲙⲟⲛ
ⲣⲱⲙⲓ ⲇⲉ ⲙ̄ⲡⲁⲓⲙⲁ ⲫⲏ ⲉⲑⲛⲁϭⲓ ⲙⲱⲓⲧ¹¹ ⲛⲏⲓ ⲉⲧⲉⲣⲅⲁⲥⲓⲁ ⲙ̄ⲡⲛⲁⲧⲓⲕⲟⲛ
ⲕⲁⲧⲁ ϯⲥⲓ ⲛⲉⲣ ϩⲱⲃ ⲛ̄ⲧⲉ ⲛⲏ ⲉⲧϣⲟⲡ ϧⲉⲛ ⲛⲓϣⲁϥⲉⲩ ⲟⲩⲟϩ ⲟⲩ ⲡⲉ
ⲉϯⲛⲁⲁⲓϥ¹². ⲫⲁⲓ ⲡⲉ ⲁⲓⲥⲱⲧⲉⲙ ⲓⲥϫⲉⲛ ⲉⲓⲭⲏ ϧⲉⲛ ⲭⲏⲙⲓ ⲉⲑⲃⲉ ⲫⲏ ⲉⲑⲟⲩⲁⲃ

vendues, lui apportaient ce dont il avait besoin et aussi les provisions en raison de l'offrande sainte. Lorsque la multitude des démons qui étaient en ce lieu vit le courage du saint et sa ferveur pour Dieu, ils devinrent comme des bêtes sauvages furieuses, tournant autour de lui sans pouvoir l'approcher, car, certes, cela ne leur avait pas encore été accordé par Dieu. Cela lui arriva par[13] une miséricorde (pleine) de grâce, afin qu'il ne fût pas effrayé dès le commencement et qu'il ne fût pas découragé promptement; car, certes, il n'habitait pas cette montagne celui qui devait le diriger avec prudence dans le combat des pensées mauvaises et des esprits impurs.

Lorsque furent passées non des multitudes de jours, il se dit en lui-même : « Voici ce lieu! j'y suis venu comme il m'a été ordonné ; mais il n'y a point ici d'homme qui me dirige à faire l'œuvre spirituelle, selon la manière de faire de ceux qui habitent le désert. Et que ferai-je? C'est cela : j'ai entendu,

---

1. Cod. ⲭⲣⲓⲁ. — 2. Cod. ⲇⲉⲙⲱⲛ. — Cod. ʟxɪɪ : ⲉⲡⲓⲙⲏϣ ⲛ̄ⲛⲓⲇⲉⲙⲱⲛ. — 3. Cod. ʟxɪⲱ : ⲙⲉⲛ pour ⲛⲉⲙ. — 4. Cod. ʟxɪɪ et ʟxɪⲱ, deest. — 5. Cod. ʟxɪⲱ : ⲛ̄ⲛⲓⲑⲏⲣⲓⲟⲛ ⲉⲑⲗⲱⲃⲓ. — Cod. ʟxɪɪ : ⲉⲧⲗⲱⲃⲓ. — 6. Cod. ʟxɪⲱ : ⲛ̄ϧⲱⲛⲧ. — 7. Cod. ⲥⲩⲛⲭⲱⲣⲓⲛ. — 8. Cod. ʟxɪɪ et ʟxɪⲱ : ⲕⲁⲧⲁ ⲟⲩⲛⲁⲓ ⲛ̄ϩⲙⲟⲧ ϫⲉ. — 9. Cod. ʟɪx : ⲁⲓⲉⲙⲓ ⲉⲣⲟϥ : je le connais. — 10. Cod. ʟɪx : ⲉⲧⲁⲩϩⲟⲛϩⲉⲛ. — 11. Cod. ʟɪx : ⲉⲑⲣⲉϥϭⲓ ⲙⲱⲓⲧ. — 12. Cod. ʟxɪɪ et ʟxɪⲱ, deest ϫⲉ. — 13. Mot à mot : « qu'il ne cessât promptement. »

ⲁⲛⲧⲱⲛⲓⲟⲥ ϩⲱⲥ ϫⲉ ⲉϥϣⲟⲡ ϧⲉⲛ ⲡϣⲁϥⲉ ⲉⲧⲥⲁϧⲟⲩⲛ ⲓⲥ ⲟⲩⲛⲓϣϯ ⲛ̇ⲭⲣⲟ-
ⲛⲟⲥ¹. ϯⲛⲁⲧⲱⲛⲧ ⲟⲩⲛ ⲛ̇ⲧⲁϣⲉ ⲛⲏⲓ ϣⲁⲣⲟϥ² ϫⲉ ϩⲓⲛⲁ ⲛ̇ⲧⲉϥϯ³ ⲛⲟⲩⲕⲱⲧ
ⲉⲧⲟⲧ⁴ ⲟⲩⲟϩ ⲡⲁⲓⲣⲏϯ ⲛ̇ⲧⲉ ⲡⲁⲙⲉⲩⲓ ⲥⲉⲙⲛⲓ ϣⲁ ϯⲧⲁⲥⲑⲟ ⲉⲡⲁⲓⲙⲁ⁵. ⲟⲩⲟϩ
ⲉⲧⲁϥⲧⲱⲛϥ ⲁϥϣⲗⲏⲗ ⲟⲩⲟϩ ⲉⲧⲁϥⲓ ⲉⲃⲟⲗ ⲁϥϣⲉ ⲛⲁϥ ⲉⲡⲓⲧⲱⲟⲩ ⲉϥⲙⲁ
ⲛⲁⲃⲃⲁ ⲁⲛⲧⲱⲛⲓⲟⲥ⁶ ⲟⲩⲟϩ ⲉⲧⲁϥⲉⲣⲁⲡⲁⲛⲧⲁⲛ ⲉⲣⲟϥ ⲁ ⲡⲓϧⲉⲗⲗⲟ ϣⲟⲡϥ ⲉⲣⲟϥ
ϧⲉⲛ ⲟⲩⲛⲓϣϯ ⲛ̇ⲣⲁϣⲓ ⲛⲉⲙ ⲟⲩⲉⲣⲟⲩⲧ⁷ ⲟⲩⲟϩ ⲉⲧⲁϥⲧⲁⲙⲟϥ ⲉⲡⲉϥⲙⲉⲩⲓ
ϧⲉⲛ ⲟⲩⲡⲁⲣⲣⲏⲥⲓⲁ ϩⲱⲥ ⲉⲟⲩϣⲏⲣⲓ ⲛⲁϩⲣⲉⲛ ⲡⲉϥⲓⲱⲧ ⲁϭⲛⲉ ϩⲗⲓ ⲛ̇ⲕⲩⲃⲓⲁ⁸
ⲧⲟⲧⲉ ⲁ ⲡⲓϧⲉⲗⲗⲟ ϯ ⲫⲓ ⲉϫⲉⲛ ⲧⲉϥⲁⲫⲉ ⲟⲩⲟϩ⁹ ⲡⲉϫⲁϥ ⲛⲁϥ ϫⲉ ⲡⲁϣⲏⲣⲓ
ⲙⲁⲕⲁⲣⲓⲟⲥ¹⁰ ⲛ̇ⲑⲟⲕ ⲟⲩⲙⲁⲓⲁⲧⲕ ⲅⲁⲣ¹¹ ⲕⲁⲧⲁ ⲧⲉⲣⲙⲏⲛⲓⲁ¹² ⲙ̇ⲡⲉⲕⲣⲁⲛ ⲕⲁⲓ¹³
ⲅⲁⲣ ⲁ ⲡⲟⲥ ⲉⲣ ϣⲟⲣⲡ ⲛ̇ⲧⲁⲙⲟⲓ¹⁴ ⲉⲑⲃⲏⲧⲕ ϧⲁϫⲉⲛ ϩⲁⲛ ⲉϩⲟⲟⲩ ϫⲉ ⲭ̅ⲛⲟⲩ
ϣⲁⲣⲟⲓ ⲉⲑⲃⲉ ⲫⲁⲓ ⲓⲥ ⲟⲩⲥⲛⲟⲩ¹⁵ ϯⲥⲟⲙⲥ ⲉⲃⲟⲗ ϫⲉ ϩⲓⲛⲁ ⲉⲛⲉⲛⲁⲩ¹⁶ ⲉⲡⲉⲕⲟⲩϫⲁⲓ ⲟⲩⲟϩ ⲛ̇ⲧⲉⲛⲉⲙⲓ ⲉⲧⲉⲕⲕⲁⲧⲁⲥⲧⲁⲥⲓⲥ. ⲧⲟⲧⲉ ⲁ ⲡⲓϧⲉⲗⲗⲟ ϯ ⲛⲟⲙϯ ⲛⲁϥ
ⲟⲩⲟϩ ⲁϥⲥⲉⲗⲥⲱⲗϥ ϧⲉⲛ ϩⲁⲛ ⲥⲁϫⲓ ⲉⲧⲟⲙⲓ ⲉⲡⲥⲭⲏⲙⲁ ⲛ̇ⲧⲉ ϯⲙⲉⲧⲙⲟ-
ⲛⲁⲭⲟⲥ¹⁷ ⲉⲁϥϫⲱ ⲛⲁϩⲣⲁϥ ⲙ̇ⲡⲓⲣⲏϯ ⲧⲏⲣϥ ⲉⲧⲁ ⲛⲓⲁⲓⲱⲛ¹⁸ ⲉⲣⲡⲟⲗⲉ-

pendant que j'étais en Égypte, parler du saint Antoine comme il habitait le désert intérieur, il y a longtemps. Je me lèverai donc pour aller vers lui, afin qu'il me donne une règle et qu'ainsi ma pensée s'affermisse, jusqu'à ce que je retourne dans ce lieu. » Et lorsqu'il se fut levé, il pria, il sortit. Il se dirigea vers la montagne, au séjour d'abba Antoine. Après l'avoir rencontré, le vieillard le reçut avec joie ; et, lorsqu'il lui eut appris sa pensée avec franchise, comme un fils près de son père, sans aucun secret, alors le vieillard lui baisa la tête et lui dit : « Mon fils Macaire, car tu es un bienheureux d'après l'interprétation de ton nom, certes, le Seigneur m'a informé par avance que tu viendrais vers moi : c'est pourquoi voici un temps que je regarde, afin que nous voyions ton salut et sachions ton état. » Alors le vieillard l'encouragea et le consola par des paroles convenables à l'habit du monachisme, lui faisant connaître¹⁹ toute

---

1. *Cod.* LXII et LXIV : ⲓⲥ ⲟⲩⲭⲣⲟⲛⲟⲥ. — 2. *Cod.* LXII et LXIV : ⲛ̇ⲧⲁ ϩⲱⲗ ϣⲁⲣⲟϥ. — 3. *Cod.* LXII et LXIV : ⲉϥⲉϯ. — 4. *Cod.* LIX : ⲛⲟⲩⲕⲱⲧ ⲛⲏⲓ ⲉⲧⲟⲧ. — 5. *Cod.* LXII et LXIX : ⲙ̇ⲡⲁⲓⲙⲁ. — 6. *Cod.* ⲁⲛⲧⲱⲛⲓ. — 7. *Cod.* LXII et LXIV : ⲉⲣⲟϥ ϧⲉⲛ ⲟⲩⲣⲁϣⲓ. — 8. *Cod.* LIX : ⲕⲓⲗⲓⲕⲓⲁ. — *Cod.* LXII et LXIV : ⲁⲕϯ. — 9. *Cod.* LXII, deest ⲟⲩⲟϩ. — 10. *Cod.* ⲙⲁⲕⲁⲣⲓ. — 11. *Cod.* LIX : ⲛ̇ⲑⲟⲕ ⲟⲩⲙⲁⲓⲁⲧⲕ ⲛ̇ⲑⲟⲕ. — 12. *Cod.* ⲧⲉⲣⲙⲏⲛⲓⲁ. — 13. *Cod.* ⲕⲉ ⲅⲁⲣ. — 14. *Cod.* LXII et LXIV : ⲁ ⲡⲟⲥ ⲧⲁⲙⲟⲓ. — 15. Les *Cod.* LXII et LXIV n'ont pas ⲓⲥ ⲟⲩⲥⲛⲟⲩ. — 16. *Cod.* LIX : ⲉⲓⲉⲛⲁⲩ. — 17. *Cod.* LXI : ⲛⲓⲙⲟⲛⲁⲭⲟⲥ. — 18. *Cod.* ⲛⲓⲁⲓⲱⲛ. — 19. Mot à mot : « plaçant près de lui. »

ⲙⲉⲙ¹ ⲛⲉⲙⲁϥ ϧⲉⲛ ⲡⲓⲗⲟⲅⲓⲥⲙⲟⲥ ϧⲉⲛ ⲟⲩⲱⲡ ⲛⲉⲙ ⲟⲩⲱⲛϩ ⲉⲃⲟⲗ² ϣⲁ
ⲉϩⲣⲏⲓ³ ⲉϥⲙⲟⲩ ϫⲉ ϩⲓⲛⲁ ⲛⲑⲟⲕ ϩⲱⲕ ⲡⲉϫⲁϥ ⲉⲕⲉϣⲱⲡⲓ ⲛϫⲱⲣⲓ ⲉϣⲱⲡ
ⲁⲩϣⲁⲛⲃⲱⲧⲉ ⲉⲣⲟⲕ. ⲟⲩⲟϩ ⲛⲁϥϯ ϩⲟ ⲉⲣⲟϥ ⲡⲉ ⲛϫⲉ ⲁⲃⲃⲁ ⲙⲁⲕⲁⲣⲓⲟⲥ⁴ ϫⲉ
ϩⲓⲛⲁ ⲛⲧⲉϥⲟϩⲓ⁵ ϧⲁⲧⲟⲧϥ ⲡⲓϧⲉⲗⲗⲟ ⲇⲉ ⲙⲡⲉϥⲉⲣⲁⲛⲉⲭⲉⲥⲑⲁⲓ ⲁⲗⲗⲁ ⲛⲁϥϫⲱ ⲙⲙⲟⲥ ⲛⲁϥ ⲡⲉ ϫⲉ ⲡⲓⲟⲩⲁⲓ ⲡⲓⲟⲩⲁⲓ ⲕⲁⲧⲁ ⲡⲓⲱϣ ⲉⲧⲁ ⲡⲟⲥ ⲑⲁϩⲙⲉϥ
ⲛϧⲏⲧϥ ⲙⲁⲣⲉϥⲟϩⲓ ⲛϧⲏⲧϥ⁶. ⲟⲩⲟϩ ⲉⲧⲁϥⲉⲣ ϩⲁⲛ ⲉϩⲟⲟⲩ ϫⲉ ⲙⲙⲁⲩ ⲛⲁϥϭⲓ ⲥⲟϭⲛⲓ ⲙⲙⲏⲛⲓ ⲁ ⲡⲉϥⲙⲉⲩⲓ ⲙⲧⲟⲛ ⲉⲧⲁⲥⲑⲟ. ⲉϥⲭⲏ ⲇⲉ ⲙⲙⲁⲩ ⲛⲁϥⲉⲛⲕⲟⲧ ϧⲁⲧⲟⲧ ⲙⲙⲏⲛⲓ ⲁⲛⲟⲕ ⲡⲓⲉⲗⲁⲭⲓⲥⲧⲟⲥ ⲥⲁⲣⲁⲡⲁⲙⲱⲛ⁷ ⲟⲩⲟϩ ⲙⲉⲛⲉⲛⲥⲁ
ⲡⲓϣⲗⲏⲗ ⲛⲧⲉ ⲡⲓⲉⲭⲱⲣϩ ⲛⲉϣⲁⲛⲉⲣⲙⲁⲕⲁⲣⲓⲍⲓⲛ⁸ ⲛⲛⲏ ⲉⲧⲁⲩϭⲣⲟ ϧⲉⲛ ⲛⲓⲁⲅⲱⲛ ⲟⲩⲟϩ ⲟⲛ ⲛⲁⲛⲓⲥⲧⲟⲣⲓⲛ⁹ ⲙⲡⲉⲛⲃⲓⲟⲥ ⲛⲛⲉⲛⲉⲣⲏⲟⲩ¹⁰.

ⲉⲧⲁϥⲧⲁⲥⲑⲟ ⲇⲉ¹¹ ⲉⲡⲉϥⲙⲱⲓⲧ ⲛϫⲉ ⲫⲏ ⲉⲑⲟⲩⲁⲃ¹² ⲁϥϩⲉⲙⲥⲓ ϧⲉⲛ ⲡⲉϥⲙⲁ
ⲛϣⲱⲡⲓ ⲉϥϭⲣⲱϣⲧ¹³ ⲉⲫϯ ⲙⲙⲁⲩⲁⲧϥ ⲟⲩⲟϩ ⲉⲣⲉ ⲧⲉϥϩⲉⲗⲡⲓⲥ ⲛϧⲏⲧϥ ⲟⲩⲟϩ
ⲛⲁϥϩⲓ ⲕⲱⲧ ⲉⲣⲟϥ ⲙⲙⲏⲛⲓ ⲡⲉ¹⁴ ⲛϫⲉ ⲡⲓⲭⲉⲣⲟⲩⲃⲓⲙ ⲉϥⲙⲏⲛⲓ· ⲉⲧⲁ ⲫⲛⲁⲩ

la manière dont il avait été combattu par les pensées en cachette et ouvertement jusqu'à la mort, « afin que toi aussi, dit-il, tu deviennes vaillant, si l'on te combat. » Et abba Macaire le priait de lui permettre de rester près de lui ; mais le vieillard ne le souffrit point. Mais il lui disait : « Chacun selon l'ordre que Dieu lui a destiné, qu'il y reste. » Et après avoir passé des jours en cet endroit, prenant conseil chaque jour, sa pensée considéra avec calme le moment du retour. Lorsqu'il était là, il couchait chaque jour près de moi, le minime Sarapamon, et après la prière de la nuit, nous glorifiions ceux qui avaient vaincu dans les combats et nous nous racontions notre vie l'un à l'autre.

Mais lorsque le saint fut retourné à son endroit, il demeura dans son habitation, ne s'occupant que de Dieu seul : son espérance était en lui et le chérubin le gardait chaque jour constamment. Et un jour, lorsque fut l'heure du soir, il

---

1. Cod. ⲡⲟⲗⲉⲙⲓⲛ. — 2. Cod. ⲟⲩⲱⲛϩ ⲉⲃⲟⲗ. — 3. Cod. ⲗⲓⲝ et ⲗⲭⲓⲩ, desunt ϣⲁ ⲉϩⲣⲏⲓ. — 4. Cod. ⲙⲁⲕⲁⲣⲓ. — 5. Cod. ⲗⲝⲓⲓ et ⲗⲭⲓⲩ : ⲉϥⲟϩⲓ. — 6. Cod. ⲗⲓⲝ : ϧⲉⲛ ⲡⲓⲱⲣⲉⲙ ⲉⲧⲁ ⲫϯ ⲑⲁϩⲙⲉϥ. — Cod. ⲗⲝⲓⲓ, desunt : ⲙⲁⲣⲉϥⲟϩⲓ ⲛϧⲏⲧϥ. — 7. Cod. ⲗⲓⲝ : ϧⲁⲧⲟⲧϥ ⲛⲥⲁⲣⲁⲡⲓⲱⲛ ⲡⲓⲡⲓⲥⲧⲟⲥ ⲙⲙⲁⲑⲏⲧⲏⲥ ⲛⲧⲉ ⲛⲓϧⲉⲗⲗⲟ : près de Sarapion, le fidèle disciple du vieillard. — 8. Cod. ⲙⲁⲕⲁⲣⲓⲍⲓⲛ. — 9. Cod. ⲓⲥⲧⲟⲣⲓⲛ. — 10. Le Cod. ⲗⲓⲝ au lieu de tout ce dernier membre de phrase a : ⲛⲁⲧⲥⲁϫⲓ ⲛⲉⲙ ⲛⲟⲩⲉⲣⲏⲟⲩ ⲛⲛⲓⲙⲉⲧⲛⲓϣϯ ⲛⲧⲉ ⲛⲏ ⲉⲧⲁⲩⲉⲣⲁⲅⲱⲛⲓⲍⲉⲥⲑⲉ ⲕⲁⲧⲁ ⲫϯ ⲟⲩⲟϩ ⲛⲁⲩϯ ⲛⲟⲙϯ ⲛⲛⲟⲩⲉⲣⲏⲟⲩ ⲉⲧⲟⲩⲱⲛϩ ⲙⲡⲟⲩϫⲉ ⲡⲱⲛϧ ⲉⲫⲟⲩⲁⲓ ⲫⲟⲩⲁⲓ ⲙⲙⲱⲟⲩ : ils parlaient entre eux des grandeurs de ceux qui avaient combattu selon Dieu, et ils s'encourageaient l'un l'autre, se révélant chacun leur vie. — 11. Cod. ⲗⲓⲝ : ⲉⲧⲁϥⲕⲟⲧϥ. — 12. Cod. ⲗⲝⲓⲓ et ⲗⲭⲓⲩ : ⲡⲓⲁⲅⲓⲟⲥ, sine ⲛⲧⲉ ⲫϯ. — 13. Cod. ⲗⲓⲝ : ⲉϥⲥⲙⲟⲩ. — 14. Cod. ⲗⲝⲓⲓ et ⲗⲭⲓⲩ : desunt ⲙⲙⲏⲛⲓ ⲡⲉ.

ⲇⲉ ⲛⲣⲟϩⲓ ϣⲱⲡⲓ ⲛⲟⲩⲉϩⲟⲟⲩ ⲁϥⲓ ⲉⲃⲟⲗ ⲇⲉ ⲉϥⲛⲁⲙⲁϩ ⲙⲱⲟⲩ ϧⲉⲛ ⲛⲥⲁ
ⲛⲧⲉ ⲡⲓϩⲉⲗⲟⲥ ⲇⲉ ⲟⲩⲏⲓ ⲅⲁⲣ ⲛⲉ ⲉⲙⲡⲁⲧⲉϥϣⲉⲕ¹ ϣⲱϯ ⲡⲉ ⲟⲩⲟϩ ⲉϯ ⲉϥⲙⲟ
ϣⲓ ⲉϥⲉⲣⲙⲉⲗⲉⲧⲁⲛ ϧⲉⲛ ⲛⲓⲅⲣⲁⲫⲏ ⲟⲩⲟϩ ⲓⲥ ⲟⲩⲥⲙⲏ ⲁⲥϣⲱⲡⲓ ⲉⲃⲟⲗϧⲉⲛ
ⲧⲫⲉ ⲇⲉ ⲙⲁⲕⲁⲣⲓⲟⲥ ⲙⲁⲕⲁⲣⲓⲟⲥ². ⲛⲑⲟϥ ⲇⲉ ⲉⲧⲁϥⲟϩⲓ ⲉⲣⲁⲧϥ ⲉⲧⲁϥⲥⲟⲙⲥ
ⲉⲡⲁⲓⲙⲁ ⲛⲉⲙ ⲫⲁⲓ ⲙⲙⲟϥ ⲟⲩⲟϩ ⲛⲉ ⲙⲙⲟⲛ ϩⲗⲓ ⲙⲡⲉϥⲕⲱϯ ⲡⲉ ⲡⲁⲗⲓⲛ ⲟⲛ
ⲁϥⲥⲱⲧⲉⲙ ⲉⲧⲥⲙⲏ ⲙⲫⲙⲁϩ ⲅ̅ ⲛⲥⲟⲡ. ⲛⲑⲟϥ ⲇⲉ ⲉⲧⲁϥⲉⲣ ϩⲟϯ ⲁϥϩⲉⲙⲥⲓ
ⲟⲩⲟϩ ⲡⲉϫⲉ ϯⲥⲙⲏ ⲛⲁϥ ⲇⲉ ⲉⲫⲙⲁ ⲇⲉ ⲁⲕⲥⲱⲧⲉⲙ ⲛⲥⲁ ⲡⲁⲟⲩⲁϩⲥⲁϩⲛⲓ
ⲟⲩⲟϩ ⲁⲕⲟⲩⲁϩⲕ ⲛⲥⲱⲓ ⲓⲥ ϩⲏⲡⲡⲉ ϯⲛⲁⲑⲱⲟⲩϯ ⲛⲁⲕ ⲛⲟⲩⲗⲁⲟⲥ ⲉⲡⲁⲓⲙⲁ
ⲉⲃⲟⲗϧⲉⲛ ϣⲗⲟⲗ ⲛⲓⲃⲉⲛ ⲇⲉ ϩⲓⲛⲁ ⲉⲩⲉϣⲉⲙϣⲓ ⲙⲙⲟⲓ ⲟⲩⲟϩ ⲇⲉ ϩⲓⲛⲁ ⲉⲓⲉϭⲓ
ⲱⲟⲩ³ ⲛϧⲏⲧⲟⲩ ϧⲉⲛ ⲡϫⲓ ⲛⲟⲣⲟⲩⲥⲙⲟⲩ ⲉⲡⲁⲣⲁⲛ ⲉⲃⲟⲗϩⲓⲧⲟⲧⲟⲩ ⲛϩⲣⲏⲓ
ϧⲉⲛ ⲛⲟⲩⲉⲃⲛⲟⲩϯ ⲉⲑⲛⲁⲛⲉϥ ⲛⲉⲙ ⲛⲟⲩⲡⲟⲗⲓⲧⲉⲓⲁ⁴ ⲉⲧⲥⲟⲧⲡ. ⲁⲛⲁⲩ ⲟⲩⲛ
ⲙⲡⲉⲣⲧⲁⲥⲑⲉ ϩⲗⲓ ⲉⲃⲟⲗϧⲉⲛ ⲛⲏ ⲉⲑⲛⲟⲩ ϩⲁⲣⲟⲕ. ⲉⲧⲁ ⲡⲉϥϩⲏⲧ ⲇⲉ ⲓ ⲉⲣⲟϥ
ⲁϥⲧⲱⲟⲩⲛϥ ⲁϥϭⲉⲓ ⲉⲡⲉϥⲙⲱⲓⲧ ⲟⲩⲟϩ ⲉⲧⲁϥⲧⲁⲥⲑⲟ ⲉⲡⲓⲥⲡⲏⲗⲁⲓⲟⲛ⁵ ⲁ ⲫⲣⲏ
ϩⲱⲧⲡ ⲟⲩⲟϩ ⲉⲧⲁϥⲟⲩⲱⲙ ⲁϥⲉⲛⲕⲟⲧ ⲙⲡⲉⲭⲱⲣϩ ⲉⲧⲉⲙⲙⲁⲩ⁶. ⲉϥⲛⲁⲉⲣϭⲓ
ⲇⲉ ⲕⲁⲧⲁ ϯⲁϩⲉ ⲁϥⲥⲱⲧⲉⲙ ⲉⲛⲓⲇⲁⲓⲙⲱⲛ⁷ ⲉⲩⲥⲁϫⲓ ⲛⲉⲙ ⲛⲟⲩⲉⲣⲏⲟⲩ ⲉⲩϫⲱ
ⲙⲙⲟⲥ ⲇⲉ ⲁⲛⲛⲁⲭⲁ ⲡⲁⲓⲣⲱⲙⲓ ⲛⲧⲉϥϣⲱⲡⲓ ⲙⲡⲁⲓⲙⲁ ⲟⲩⲟϩ ⲉⲃⲟⲗϩⲓⲧⲉⲛ

sortit pour aller puiser de l'eau du côté du ouady, car, certes, il n'avait pas encore creusé de puits; et, pendant qu'il marchait, récitant les Écritures, voici qu'une voix se fit (entendre) du ciel, qui disait : « Macaire, Macaire! » Mais lui, lorsqu'il se fut arrêté et qu'il eut regardé de çà, de là, il n'y avait personne autour de lui; de nouveau il entendit la voix une troisième fois. Alors, rempli de crainte, il s'assit et la voix lui dit : « Parce que tu as écouté mon ordre et que tu m'as suivi, je rassemblerai pour toi, en ce lieu, un peuple de toute tribu, afin qu'ils me servent et que je sois glorifié par eux, en faisant que mon nom soit béni à leur sujet, à cause de leurs bonnes œuvres et de leur vie exquise. Prends garde, ne fais retourner personne de ceux qui viendront à toi. » Lorsque son cœur lui fut revenu, il prit son chemin, et lorsqu'il fut arrivé à la caverne et qu'il eut mangé, il se coucha. Sur le point de s'éveiller selon sa coutume, il entendit les démons qui se parlaient les uns aux autres et disaient : « Laisserons-nous cet homme habiter ici et, à cause de lui, ces déserts devenir un port

---

1. *Cod.* ⳡⲝⲓⲓ: ⲛⲉⲙⲡⲁⲧⲉϥϣⲉⲕ. — 2. *Cod.* ⲙⲁⲕⲁⲣⲓ. — 3. *Cod.* ⳡⲓⲝ: ⲛⲧⲁϭⲓⲥⲙⲟⲩ ⲛϩⲣⲏⲓ ⲛϧⲏⲧⲟⲩ. — 4. *Cod.* ⲡⲟⲗⲓⲧⲓⲁ. — 5. *Cod.* ⲥⲡⲏⲗⲉⲟⲛ. — 6. *Cod.* ⳡⲝⲓⲓ, manquent les derniers mots. — 7. *Cod.* ⲛⲓⲍⲉⲙⲱⲛ. — *Cod.* ⳡⲓⲝ addit : ⲙⲡⲓⲉⲭⲱⲣϩ ⲉϥϣⲗⲏⲗ ⲕⲁⲧⲁ ⲧⲉϥϩⲁϩⲉ ⲁ ⲡⲟⲥ ⲟⲩⲱⲛ ⲛⲛⲉϥⲙⲁϣϫ ⲁϥⲥⲱⲧⲉⲙ: dans la nuit, priant selon sa coutume, le Seigneur lui ouvrit les oreilles, il entendit, etc.

ⲧⲉϥⲁⲓⲧⲓⲁ¹ ⲛ̄ⲧⲉ ⲛⲁⲓϣⲁϥⲉⲩ ϣⲱⲡⲓ ⲛ̄ⲁⲧⲇⲓⲛⲓ ⲙ̄ⲙⲁ ⲛ̄ϭⲟⲡⲓ ⲛ̄ⲟⲩⲟⲛ ⲛⲓⲃⲉⲛ
ⲉⲧⲉⲣⲕⲓⲛⲇⲩⲛⲉⲩⲓⲛ² ⲙⲁⲗⲗⲟⲛ ⲇⲉ ⲛ̄ⲧⲟⲩϣⲱⲡⲓ ⲛ̄ⲟⲩⲡⲟⲗⲓⲥ ⲉⲥⲧⲉⲛⲑⲱⲛⲧ
ⲉⲧⲫⲉ³ ⲛ̄ⲛⲏ ⲉⲧⲉⲣ ϩⲉⲗⲡⲓⲥ ⲉⲡⲓⲱⲛϧ ⲛ̄ⲉⲛⲉϩ. ⲁⲛϣⲁⲛⲉⲣⲁⲛⲉⲭⲉⲥⲑⲁⲓ⁴ ⲙ̄ⲫⲁⲓ
ⲥⲉⲛⲁⲑⲱⲟⲩϯ ⲉⲣⲟϥ ⲛ̄ϫⲉ ϩⲁⲛ ⲙⲏϣ ⲟⲩⲟϩ ⲛⲓϣⲁϥⲉⲩ ⲛⲁϣⲱⲡⲓ ⲁⲛ ϫⲉ ϧⲁ
ⲡⲉⲛⲉⲣ ϣⲓϣⲓ ⲁⲗⲗⲁ ⲙⲁⲗⲗⲟⲛ ⲥⲉⲛⲁϭⲟϫⲓ ⲛ̄ⲥⲱⲛ ⲉⲃⲟⲗϩⲓⲧⲉⲛ ⲑⲙⲁⲥⲧⲓⲅ⁵
ⲛ̄ⲧⲉ ⲛⲟⲩⲡⲣⲟⲥⲉⲩⲭⲏ ⲁⲗⲗⲁ ⲁⲙⲱⲓⲛⲓ ⲙⲁⲣⲉⲛϩⲓ ϩⲟϯ ⲉⲣⲟϥ ϫⲉ ⲁⲣⲏⲟⲩ ⲧⲉⲛⲛⲁϣ-
ⲛⲟϣⲡⲉϥ⁶. ⲉⲧⲁϥⲥⲱⲧⲉⲙ ⲇⲉ ⲉⲛⲁⲓ ⲛ̄ϫⲉ ⲡⲓⲁⲅⲓⲟⲥ ⲙⲁⲕⲁⲣⲓⲟⲥ⁷ ⲁ ⲡⲉϥϩⲏⲧ
ⲧⲁϫⲣⲟ ⲙ̄ⲫⲣⲏϯ ⲙ̄ⲫⲁ ⲟⲩⲙⲟⲩⲓ⁸ ⲟⲩⲟϩ ⲟⲛ ⲛⲁϥⲥⲙⲟⲩ ⲉⲫϯ ⲛ̄ϧⲣⲏⲓ ⲛ̄ϧⲏⲧϥ
ⲫⲏ ⲉⲧⲁϥⲥⲟⲩⲱⲛ ⲛ̄ⲛⲉϥⲙⲁϣϫ ϫⲉ ϣⲁⲧⲉϥⲉⲙⲓ ⲉⲑⲙⲉⲧⲁⲧϫⲟⲙ ⲛ̄ⲛⲓⲇⲁⲓ-
ⲙⲱⲛ⁹ ⲉⲧϭⲁϫⲉⲙ.

ⲉⲧⲁϥϣⲗⲏⲗ ⲟⲩⲛ ⲛ̄ϫⲉ ⲡⲓⲁⲅⲓⲟⲥ ⲓⲥ ϯⲑⲱⲟⲩϯ ⲧⲏⲣⲥ ⲛ̄ⲧⲉ ⲛⲓⲇⲁⲓⲙⲱⲛ¹⁰ ⲁⲥⲓ
ⲥⲁ ⲡϣⲱⲓ ⲙ̄ⲡⲓⲥⲡⲏⲗⲁⲓⲟⲛ¹¹ ϩⲓϫⲉⲛ ϯⲡⲉⲧⲣⲁ ⲉⲁⲩⲉⲣ ⲙ̄ⲫⲣⲏϯ ⲛ̄ⲟⲩⲙⲏϣ
ⲛ̄ϩⲑⲟ ϩⲱⲥ ⲉⲩⲥⲟⲃϯ ϧⲉⲛ ϩⲁⲛ ⲡⲟⲗⲉⲙⲟⲥ ⲟⲩⲃⲉ ⲛⲟⲩⲉⲣⲏⲟⲩ. ϩⲁⲛ ⲕⲉⲭⲱⲟⲩⲛⲓ ⲇⲉ ⲁⲩⲓ ϧⲁⲧⲉⲛ ⲡⲓⲣⲟ ⲟⲩⲟϩ ⲛⲁⲩⲑⲁⲙⲓⲟ ⲛ̄ϩⲁⲛ ϭⲗⲟⲓ ⲛ̄ⲭⲣⲱⲙ¹² ⲉⲩϯ
ⲙ̄ⲙⲱⲟⲩ ⲉϧⲟⲩⲛ ⲉⲡⲓⲥⲡⲏⲗⲁⲓⲟⲛ¹³ ⲟⲩⲟϩ ⲥⲁⲧⲟⲧⲟⲩ ⲛⲉϣⲁⲩⲃⲱⲗ ⲉⲃⲟⲗ. ⲡⲓⲁ-

de refuge pour quiconque est en danger, et surtout les laisserons-nous être¹⁴ une ville semblable au ciel pour ceux qui espèrent en la vie éternelle? Si nous souffrons celui-ci, des multitudes se réuniront à lui et les déserts ne seront plus sous notre puissance ; mais plutôt ils nous poursuivront par le fouet de leurs prières. Mais venez, effrayons-le : peut-être le chasserons-nous! » Mais le saint Macaire ayant entendu cela, son cœur s'affermit comme celui d'un lion, et aussi il bénissait Dieu en lui-même, qui lui avait ouvert les oreilles afin qu'il connût l'impuissance des démons.

Donc, lorsque le saint se mit en prières, voici que toute l'assemblée des démons vint en dessus de la caverne sur la montagne, étant comme une foule de cavaliers qui faisaient mine de se livrer combat les uns aux autres. Quant à d'autres, ils se tinrent près de la porte et faisaient des balles de feu qu'ils lançaient dans la caverne où aussitôt elles éclataient. Mais le saint Macaire

---

1. *Cod.* ⲧⲉϥϭⲓⲁ. — *Cod.* LIX : ⲉⲟⲃⲏⲧϥ ⲛ̄ⲧⲉ ⲛⲁⲓϣⲁϥⲉⲩ. — 2. *Cod.* ⲉⲧⲉⲣⲕⲩⲛⲇⲓⲛⲉⲩⲓⲛ.
— 3. *Cod.* LIX : ⲉⲥⲟⲩⲉⲥⲟⲩⲛ ⲉϩⲟⲧⲉ ⲧⲫⲉ : plus large que le ciel. — 4. *Cod.* ⲁⲛⲉⲭⲉⲥⲟⲉ.
— 5. *Cod.* ⲧⲙⲁⲥⲧⲓⲅⲝ. — 6. *Cod.* LIX : ⲛ̄ⲧⲉⲛϩⲓ ϩⲟϯ — ⲉⲃⲟⲗ ⲧⲁⲓ. — 7. *Cod.* ⲙⲁⲕⲁⲣⲓ. —
8. *Cod.* LIX : ⲛⲓⲙⲟⲩⲓ. — 9. *Cod.* ⲇⲉⲙⲟⲛ. — Les *Cod.* LXII et LXIV n'ont pas ⲉⲧϭⲁϫⲉⲙ.
— 10. *Cod.* ⲛⲓⲇⲉⲙⲟⲛ. — 11. *Cod.* ⲉⲡⲏⲗⲉⲟⲛ. — 12. *Cod.* LIX : ⲛ̄ⲭⲣⲱⲙ (sic). — 13. *Cod.*
ⲉⲡⲏⲗⲉⲟⲛ. — 14. Mot à mot : « Afin qu'ils soient une ville. »

ϯⲟⲥ ⲇⲉ ⲙⲁⲕⲁⲣⲓⲟⲥ¹ ⲛⲁϥⲉⲣⲯⲁⲗⲗⲓⲛ² ϧⲉⲛ ⲟⲩⲥⲙⲏⲓ ⲉϥϫⲱ ⲙⲙⲟⲥ ϫⲉ
ⲡ̅ⲟ̅ⲥ̅ ⲡⲉ ⲡⲁⲟⲩⲱⲓⲛⲓ ⲛⲉⲙ ⲡⲁⲛⲟϩⲉⲙ ⲁⲓⲛⲁⲉⲣ ϩⲟϯ ⲁⲛⲟⲕ ϧⲁ ⲧϩⲏ ⲛⲛⲓⲙ
ⲡ̅ⲟ̅ⲥ̅ ⲡⲉ ⲉⲧϯ³ ⲉϧⲣⲏⲓ ⲉϫⲉⲛ ⲡⲁⲟⲩϫⲁⲓ ⲁⲓⲛⲁⲉⲣ ϫⲁⲃⲓ ⲛϩⲏⲧ⁴ ⲁⲛⲟⲕ ϧⲁ ⲧϩⲏ
ⲛⲛⲓⲙ ⲛⲉⲙ ⲛⲏ ⲉⲑⲛⲟⲩ ⲙⲉⲛⲉⲛⲥⲁ ⲛⲁⲓ. ⲉⲧⲁ ⲧⲟⲟⲧⲓ ⲇⲉ ϣⲱⲡⲓ ⲁϥⲓ ⲉⲃⲟⲗ
ⲟⲩⲟϩ ϩⲏⲡⲡⲉ ⲛⲉ ⲙⲙⲟⲛ ϩⲗⲓ ⲡⲉ ⲟⲩⲟϩ ⲉⲧⲁϥϣⲉ ⲉϧⲟⲩⲛ ⲛⲁϥϩⲉⲙⲥⲓ ⲡⲉ
ⲉⲧⲉϥⲉⲣⲅⲁⲥⲓⲁ ⲕⲁⲧⲁ ⲧⲉϥϩⲃⲁⲥ. ⲟⲩⲟϩ ⲛⲁϥⲟⲓ ⲟⲛ ϫⲉ ⲡⲉ ⲙⲫⲣⲏϯ ⲛⲉ⁵ ⲙⲙⲏⲛⲓ
ⲉⲑⲃⲉ ϫⲉ ⲁ ⲡ̅ⲟ̅ⲥ̅ ⲧⲏⲓϥ ⲉⲑⲣⲟⲩⲉⲣⲡⲓⲣⲁⲍⲓⲛ⁶ ⲙⲙⲟϥ ϩⲓⲧⲉⲛ ⲛⲓⲗⲟⲅⲓⲥⲙⲟⲥ
ⲧⲉⲱⲥ ⲟⲩⲟϩ ⲡⲁⲓⲣⲏϯ ⲛⲁⲣⲉ ⲛⲓⲇⲉⲙⲱⲛ ⲥⲁⲧ ⲙⲉⲧⲓ ⲉϥϧⲟⲩⲛ ⲉⲡⲉϥϩⲏⲧ
ⲟⲩⲟϩ ⲙⲫⲣⲏϯ ⲛⲟⲩⲧⲣⲁⲡⲉⲍⲁ ⲡⲉϫⲁϥ ⲉⲥⲙⲉϩ ⲉⲃⲟⲗϧⲉⲛ ⲉⲓⲁⲇⲟⲥ⁷ ⲛⲓⲃⲉⲛ ⲛϫⲉ
ⲛⲟⲩⲱⲙ ⲁⲩⲉⲣ ϩⲏⲧⲥ ⲉⲣⲟⲓ ⲙⲡⲁⲓⲣⲏϯ ⲛϫⲉ ⲛⲓⲙⲉⲧⲓ ϯⲡⲟⲣⲛⲉⲓⲁ⁸ ⲛⲉⲙ⁹
ϯⲙⲉⲧⲗⲁ ϧⲏⲧⲥ ϯⲙⲉⲧϣⲗⲁϩ ⲛϩⲏⲧ ⲛⲉⲙ ⲡⲓⲙⲕⲁϩ ⲛϩⲏⲧ ϯⲙⲉⲧϭⲁⲥⲓ ϩⲏⲧ
ⲛⲉⲙ ⲡⲓⲱⲟⲩ ⲛϣⲟⲩⲓⲧ ϯϩⲟϯ ⲛⲉⲙ ϯⲗⲩⲡⲏ ϯⲙⲉⲧϣⲟⲩϣⲟ ⲛⲉⲙ ⲡⲓⲑⲙⲁⲓⲟ
ϯⲙⲉⲧⲁⲑⲛⲁϩϯ ⲛⲉⲙ ϯⲙⲉⲧⲣⲉϥϫⲉ ⲟⲩⲁ ⲛⲉⲙ ϯⲙⲉⲧⲁⲧϩⲉⲗⲡⲓⲥ ⲉϧⲟⲩⲛ ⲉⲫϯ
ⲑⲁⲓ ⲉⲧⲥⲱⲗⲡ ⲉⲃⲟⲗ ⲙⲙⲱⲓⲧ ⲛⲓⲃⲉⲛ ⲛⲧⲉ ϯⲙⲉⲧⲉⲩⲥⲉⲃⲏⲥ. ⲁⲡⲁⲝ ⲁⲡⲗⲱⲥ
ⲡⲓⲕⲁⲧⲁⲗⲟⲅⲟⲥ ⲧⲏⲣϥ ⲛⲧⲉ ⲧⲡⲣⲁⲅⲙⲁⲧⲉⲓⲁ¹⁰ ⲛⲛⲓⲇⲁⲓⲙⲱⲛ¹¹ ϧⲉⲛ ⲛⲓⲗⲟⲅⲓⲥⲙⲟⲥ ⲁⲩϯ ⲛⲉⲙⲁϥ ⲛϧⲏⲧⲟⲩ ⲕⲁⲧⲁ ⲫⲣⲏϯ ⲉⲧⲁϥⲧⲁⲙⲉ ⲡⲁⲓⲱⲧ ⲁⲡⲁ ⲁⲛ-

psalmodiait constamment, disant : « Le Seigneur est ma lumière et mon salut, devant qui pourrais-je craindre, moi? C'est le Seigneur qui combat pour mon salut, devant qui serais-je, moi, infirme de cœur? » et ce qui suit. Lorsque le matin eut paru, il sortit et voici qu'il n'y avait personne, et, après être rentré, il s'assit à son ouvrage selon son habitude. Et il en était ainsi chaque jour, parce que le Seigneur l'avait livré (aux démons) afin qu'ils le tentassent longtemps par des pensées. Et ainsi les démons lançaient des pensées mauvaises en son cœur, et « comme une table, dit-il, couverte de toutes choses bonnes à manger, ainsi commencèrent pour moi les pensées, la fornication, la voracité, l'anxiété, le chagrin, l'orgueil, la vaine gloire, la crainte, le deuil, la louange, l'honneur, l'incrédulité, le blasphème, la désespérance en Dieu qui écarte de tout chemin de la piété, en un mot tout l'ensemble des actions des démons dans les pensées, ils m'en combattirent, comme l'avait annoncé mon père apa Antoine. » Et en cela le Seigneur le secourait : par

---

1. Cod. ⲙⲁⲕⲁⲣⲓ. — 2. Cod. ⲯⲁⲗⲗⲓⲛ. — 3. Cod. ⲡⲉⲧϯ. — 4. Cod. LIX : ⲁⲓⲛⲁⲉⲣ ϫⲁ-
ⲃⲏⲧ. — 5. Cod. LXII et LXIV : deest ⲡⲉ. — 6. Cod. ⲡⲓⲣⲁⲍⲓⲛ. — 7. Cod. ⲓⲁⲟⲥ. — 8. Cod.
ϯⲡⲟⲣⲛⲓⲁ. — 9. Cod. LIX addit : ⲛⲉⲙ ϯⲙⲉⲧⲙⲁⲓ ⲱⲟⲩ ⲛϣⲟⲩⲓⲧ : avec l'amour de la vaine
gloire. — 10. Cod. ⲡⲣⲁⲅⲙⲁⲧⲓⲁ. — 11. Cod. ⲛⲓⲇⲉⲙⲱⲛ.

ⲧⲱⲡⲓⲟⲥ¹. ⲟⲩⲟϩ ϧⲉⲛ ⲛⲁⲓ ⲛⲁⲣⲉ ⲡ̅ⲟ̅ⲥ̅ ϣⲟⲡ ⲛⲉⲙⲁϥ ⲡⲉ ⲛⲃⲟⲏⲑⲟⲥ ϩⲓⲧⲉⲛ ⲧⲉϥⲡⲣⲟⲛⲟⲓⲁ ⲛⲉⲙ ⲧⲉϥⲡⲣⲟⲇⲁⲓⲣⲉⲥⲓⲥ² ⲉⲧⲥⲟⲩⲧⲱⲛ ⲉϧⲟⲩⲛ ⲉⲣⲟϥ ⲁϥⲓ ⲉⲃⲟⲗ ⲉϥϣⲛⲏⲟⲩⲧ. ⲉⲧⲁ ⲟⲩⲥⲏⲟⲩ ⲇⲉ ⲥⲓⲛⲓ ⲛⲉⲙ ⲟⲩⲕⲁⲓⲣⲟⲥ³ ⲉⲩϯ ⲛⲉⲙⲁϥ ϧⲉⲛ ⲛⲁⲓ ⲧⲟⲧⲉ ⲁϥⲧⲱⲛϥ ⲁϥⲓ ϣⲁ ⲫⲏ ⲉⲑⲟⲩⲁⲃ⁴ ⲁⲛⲧⲱⲛⲓⲟⲥ. ⲟⲩⲟϩ ⲉⲧⲁϥⲛⲁⲩ ⲉⲣⲟϥ ϩⲓ ⲫⲟⲩⲉⲓ ⲡⲉϫⲁϥ ⲛⲁⲛ ⲁⲛⲟⲛ ϧⲁ ⲛⲉϥⲙⲁⲑⲏⲧⲏⲥ ϫⲉ⁵ ⲓⲥ ϩⲏⲡⲡⲉ ⲓⲥ ⲟⲩⲓⲥⲣⲁⲏⲗⲓⲧⲏⲥ ⲛⲧⲁ ⲫⲙⲏⲓ ⲙⲙⲟⲛ ϩⲗⲓ ⲛⲭⲣⲟϥ⁶ ⲛϧⲏⲧϥ ⲫⲁⲓ ⲅⲁⲣ ⲛⲁϣⲱⲡⲓ ⲛⲟⲩⲗⲁⲃⲉⲙ ⲉϥϭⲟⲥⲓ ⲟⲩⲟϩ ⲉϥⲥⲟⲩⲧⲱⲛ⁷ ⲟⲩⲟϩ ⲡⲕⲁⲣⲡⲟⲥ ⲛⲧⲉ ⲛⲉϥϫⲟⲩⲁϩ ⲉⲛⲁϣⲱⲡⲓ ⲉϥϩⲟⲗϫ ϧⲉⲛ ⲣⲱϥ ⲙⲡⲟ̅ⲥ̅ ⲉⲓⲥⲁϫⲓ ⲉⲛⲉϥϣⲏⲣⲓ ⲛⲉⲙ ⲛⲓϣⲏⲣⲓ ⲛⲧⲉ ⲛⲉϥϣⲏⲣⲓ⁸ ⲛⲁⲓ ⲉⲑⲛⲁϭⲓ ⲉⲃⲟⲗϧⲉⲛ ⲛⲉϥⲥⲃⲱⲟⲩⲓ ⲉⲑⲟⲩⲁⲃ. ⲉⲧⲁϥⲉⲣⲁⲡⲁⲛⲧⲁⲛ ⲟⲩⲛ ⲉⲡⲁⲅⲓⲟⲥ ⲁⲃⲃⲁ ⲁⲛⲧⲱⲛⲓⲟⲥ ⲛϫⲉ ⲁⲃⲃⲁ ⲙⲁⲕⲁⲣⲓⲟⲥ ⲁϥϩⲓⲧϥ ⲉϫⲉⲛ ⲡⲉϥϩⲟ⁹ ⲁϥⲟⲩⲱϣⲧ ⲛⲁⲃⲃⲁ ⲁⲛⲧⲱⲛⲓⲟⲥ ϩⲓϫⲉⲛ ⲡⲕⲁϩⲓ ⲟⲩⲟϩ ⲉⲧⲁϥⲧⲟⲩⲛⲟⲥϥ ⲁϥⲉⲣⲁⲥⲡⲁⲍⲉⲥⲑⲁⲓ¹⁰ ⲙⲙⲟϥ. ⲟⲩⲟϩ ⲉⲧⲁ ⲡⲓϧⲉⲗⲗⲟ ⲛⲁⲩ ⲉⲁⲃⲃⲁ ⲙⲁⲕⲁⲣⲓⲟⲥ¹¹ ⲉϥⲟⲕⲉⲙ ⲟⲩⲟϩ ⲛⲥⲙⲟⲧ ⲛⲁⲥⲑⲉⲛⲏⲥ ⲉⲑⲃⲉ ⲛⲓϫⲓ ⲛϯ ⲟⲩⲟⲓ ⲛⲛⲓⲇⲁⲓⲙⲱⲛ¹² ⲡⲉϫⲁϥ ⲛⲁϥ ⲛϫⲉ ⲡⲓϧⲉⲗⲗⲟ ⲉϥⲣⲁϣⲓ ϫⲉ ⲟⲩ ⲡⲉ ⲉⲧϣⲟⲡ ⲙⲙⲟⲕ ⲡⲁϣⲏⲣⲓ ⲙⲁⲕⲁⲣⲓⲟⲥ¹³. ⲡⲉϫⲉ ⲁⲃⲃⲁ ⲙⲁⲕⲁⲣⲓⲟⲥ¹⁴ ⲛⲁϥ ϫⲉ ⲁ ⲫ̅ϯ̅ ⲕⲛⲏⲛ ⲉⲉⲣ ϣⲟⲣⲡ ⲛⲧⲁⲙⲟⲕ ⲡⲁⲓⲱⲧ ⲉⲫⲏ ⲉⲧϣⲟⲡ ⲙⲙⲟⲓ. ⲟⲩⲟϩ ⲉⲧⲁϥϯ ⲛⲟⲙϯ ⲛⲁϥ ϧⲉⲛ ϩⲁⲛ

sa prévoyance et sa droite élection envers lui, il sortit vainqueur. Lorsqu'un temps fut passé, et une année, depuis qu'on le combattait ainsi, alors il se leva, il alla vers le saint Antoine. Et lorsqu'il le vit de loin, il nous dit à nous ses disciples : « Voici un véritable Israélite en qui il n'y a point de ruse ; car celui-ci sera un rameau élevé et droit, et le fruit de ses branches sera doux à la bouche du Seigneur, je veux dire ses enfants et les fils de ses fils qui recevront ses instructions saintes. » Lorsque abba Macaire eut abordé le saint abba Antoine, il se jeta sur son visage, il adora abba Antoine à terre et, après s'être relevé, il l'embrassa. Et, lorsque le vieillard vit abba Macaire triste et d'une apparence sans force, à cause des attaques des démons, le vieillard lui dit joyeux : « Que t'est-il advenu, mon fils Macaire ? » Abba Macaire lui dit : « Le Seigneur vient d'apprendre à mon père ce qui m'est advenu. » Et en l'encourageant par des

---

1. Cod. ⲁⲛⲧⲱⲛⲓ. — 2. Cod. ⲡⲣⲟϩⲉⲣⲉⲥⲓⲥ. — 3. Cod. ⲟⲩⲕⲉⲣⲟⲥ. — 4. Cod. ʟxii et ʟxiv : ⲡⲉⲑⲟⲩⲁⲃ. — 5. Cod. ʟix : ⲡⲉϫⲁϥ ⲛⲁϥ ϫⲉⲓⲥ; il lui dit : voici. — 6. Cod. ⲧⲟⲗⲟⲥ. — 7. Cod. ʟix : ⲙⲫⲣⲏϯ ⲛⲟⲩⲁϩⲱⲙ ⲉϥⲥⲟⲩⲧⲱⲛ : comme un aigle droit, ce qui ne donne pas de sens. — 8. Les Cod. ʟxii et ʟxiv n'ont pas ce membre de phrase. — 9. Cod. ʟix : ⲉϥⲫⲁϩⲧ ϩⲓϫⲉⲛ ⲡⲕⲁϩⲓ : prosterné sur terre. — 10. Cod. ⲁⲥⲡⲁⲍⲉⲥⲑⲉ. — 11. Cod. ⲙⲁⲕⲁⲣⲓ. — 12. Cod. ⲛⲓⲇⲉⲙⲱⲛ. — Cod. ʟix et ʟxii : ⲛⲧⲉ ⲛⲓⲇⲉⲙⲱⲛ. — 13. Cod. ⲙⲁⲕⲁⲣⲓ. — 14. Cod. ⲙⲁⲕⲁⲣⲓ.

ⲙⲙⲏⲓ ⲡⲉϫⲁϥ ⲛⲁϥ¹ ϫⲉ ϭⲣⲟ ⲙⲙⲟⲕ ⲟⲩⲟϩ ϫⲉⲙ ⲛⲟⲙϯ ⲡⲁⲓⲣⲏϯ ⲅⲁⲣ ⲁϥϯ
ⲙⲁϯ ⲛϫⲉ ⲫϯ ϫⲉ ϧⲛⲁ ⲉϥⲉϭⲟⲛⲧⲕ² ϧⲉⲛ ϩⲱⲃ ⲛⲓⲃⲉⲛ ⲛⲉⲛⲁⲛⲧⲓⲟⲛ ϩⲟⲡⲱⲥ
ⲛⲧⲉ ⲛⲟⲟⲕ ϩⲱⲕ ⲛⲧⲉⲕⲉⲣⲃⲟⲏⲑⲟⲥ³ ⲉϩⲁⲛ ⲕⲉⲭⲱⲟⲩⲛⲓ ϧⲉⲛ ⲡⲁⲓ ⲛⲟⲣⲉϥϯ
ⲛⲟⲙϯ ⲛⲱⲟⲩ⁴ ⲁⲩⲑⲁϣⲕ ⲅⲁⲣ ⲛⲓⲱⲧ ⲛⲟⲩⲙⲏϣ ⲛⲫⲩⲗⲟⲛ ⲛⲁⲓ ⲉⲛⲁ-
ⲙⲉⲛⲣⲉ ϯⲫⲓⲗⲟⲥⲟⲫⲓⲁ ⲙⲙⲏⲓ ⲛⲧⲉ ϯⲙⲉⲧⲙⲟⲛⲁⲭⲟⲥ ⲕⲁⲧⲁ ⲫⲣⲏϯ ⲉⲧⲁⲩⲧⲁⲙⲟⲕ ⲉⲫⲁⲓ ϩⲓⲧⲉⲛ ⲧⲥⲙⲏ ⲙⲡⲟⲥ ⲟⲁⲓ ⲉⲧⲁⲥϣⲱⲡⲓ ϩⲁⲣⲟⲕ ⲉⲕⲛⲁϣⲉ ⲛⲁⲕ
ⲉⲙⲁϩ ⲙⲱⲟⲩ. ⲁⲃⲃⲁ ⲙⲁⲕⲁⲣⲓⲟⲥ⁵ ⲇⲉ ⲉⲧⲁϥⲥⲱⲧⲉⲙ ⲉⲛⲁⲓ ⲉⲧⲓ ⲙⲡⲁⲧⲉϥ-
ⲧⲁⲙⲟϥ ⲉϩⲗⲓ ϧⲉⲛ ⲛⲉϥⲙⲉⲩⲓ ⲁϥⲉⲣ ϣⲫⲏⲣⲓ ⲟⲩⲟϩ ⲛⲁϥϫⲱ ⲙⲙⲟⲥ ⲛϧⲣⲏⲓ
ⲛϧⲏⲧϥ ϫⲉ ϣϩⲱⲃ ⲉⲣ ⲭⲣⲓⲁ⁶ ⲁⲛ ϫⲉ ⲉⲟⲣⲓϫⲉ ϩⲗⲓ ⲙⲡⲁⲅⲓⲟⲥ ⲕⲁⲓ ⲅⲁⲣ⁷
ϩⲱⲁⲛ ⲉϥⲉⲙⲓ ⲉϩⲱⲃ ⲛⲓⲃⲉⲛ ϧⲉⲛ ⲡⲛⲁ. ⲟⲩⲟϩ ⲉⲧⲁϥⲉⲣ ϩⲁⲛ ⲉϩⲟⲟⲩ ϧⲁ-
ⲧⲟⲧϥ⁸ ϣⲁⲧⲉϥϭⲓ ⲙⲡⲉϥⲥⲙⲟⲩ ⲛⲉⲙ ⲡⲉϥⲥⲟϭⲛⲓ ⲉⲩⲥⲟⲡ⁹ ⲛⲉϥⲉⲣⲁⲓⲧⲉⲛ¹⁰
ⲙⲙⲟϥ ⲡⲉ ⲉⲟⲣⲉϥϯ ⲛⲁϥ ⲙⲡⲉⲥⲭⲏⲙⲁ ⲛⲉϫⲁϥ ⲅⲁⲣ ⲡⲉ ⲛⲁⲃⲃⲁ ⲙⲁⲕⲁⲣⲓⲟⲥ¹¹ ϧⲉⲛ ⲟⲩⲙⲉⲧⲏⲡⲣⲓⲟⲛ ϫⲉ ⲙⲡⲉⲣϯ ϧⲓⲥⲓ ⲛⲁⲕ ⲁⲛ ϫⲉ ⲉⲓ ⲉⲡⲁⲓⲙⲁ ϫⲉ
ⲟⲩⲏ ⲅⲁⲣ ⲙⲡⲁⲧⲉ ⲱⲥⲕ ϣⲱⲡⲓ¹² ⲁⲛⲟⲕ ϯⲛⲁϣⲉ ⲛⲏⲓ ϩⲁ ⲡⲟⲥ. ⲟⲩⲟϩ ⲉⲧⲁϥϯ
ϩⲟ ϧⲉⲛ ⲟⲩⲙⲉⲧϩⲟⲩⲟ ⲁϥϯ ⲙⲡⲉⲥⲭⲏⲙⲁ ⲉϫⲱϥ ⲟⲩⲟϩ ϧⲉⲛ ⲫⲁⲓ ⲁⲩⲙⲟⲩϯ

multitudes de paroles, il lui dit : « Sois fort et prends courage, car c'est ainsi que Dieu a résolu de t'éprouver en toute œuvre contraire, afin que toi aussi tu puisses secourir les autres ; car on t'a destiné (pour être) père d'une foule de tribus qui aimeront la vraie sagesse du monachisme, ainsi que cela t'a été appris par la voix du Seigneur que tu as entendue¹³ quand tu allais puiser de l'eau. » Mais lorsque abba Macaire entendit cela, avant de l'avoir informé d'aucune de ses pensées, il fut étonné et il se disait en lui-même : « Il n'est pas nécessaire¹⁴ que je dise quoi que ce soit au saint, car déjà il sait toute chose en esprit. » Et lorsqu'il eut passé quelques jours avec lui, jusqu'à ce qu'il eût reçu à la fois sa bénédiction et ses conseils, il le pria de lui donner l'habit, car Antoine avait dit à abba Macaire en secret : « Ne te fatigue pas à venir ici ; car certes, avant qu'il y ait retard, j'irai vers le Seigneur. » Et lorsqu'il eut prié avec instance, Antoine lui donna l'habit et

1. *Cod.* LIX : ⲟⲩⲟϩ ⲉⲧⲁϥⲕⲱⲗϩ ⲥⲡⲉϥϭⲟⲓ ⲡⲉϫⲁϥ : lorsqu'il eut frappé son dos. — 2. *Cod.* LIX : ⲛⲧⲟⲩϭⲟⲛⲧⲕ. — 3. *Cod.* ⲉⲣⲃⲟⲏⲑⲓⲛ. — 4. Les *Cod.* LXII et LXIV n'ont pas ce membre de phrase. — 5. *Cod.* ⲙⲁⲕⲁⲣⲓ. — 6. *Cod.* ⲭⲣⲓⲁ. — *Cod.* LXII : ⲉⲣⲉ ⲛⲭⲣⲓⲁ ⲁⲛ. — 7. *Cod.* ⲕⲉ ⲅⲁⲣ. — 8. *Cod.* LXII et LXIV : ⲛⲉⲙⲁϥ, avec lui. — 9. *Cod.* ⲉⲩⲥⲟⲡ. — 10. *Cod.* ⲛⲁϥⲉⲣⲉⲧⲓⲛ. — 11. *Cod.* ⲙⲁⲕⲁⲣⲓ. — 12. *Cod.* LIX : ⲙⲡⲁ ⲛⲧⲉ ⲉⲥⲕⲓ ϣⲱⲡⲓ. — 13. Mot à mot : « Qui t'est arrivée. » — 14. Mot à mot : « La chose n'exige pas que je dise. »

ⲉⲣⲟϥ ϫⲉ ⲡⲓⲙⲁⲑⲏⲧⲏⲥ ⲛ̄ⲧⲉ ⲁⲃⲃⲁ ⲁⲛⲧⲱⲛⲓⲟⲥ. ⲛⲑⲟϥ ϫⲉ ⲁⲃⲃⲁ ⲙⲁⲕⲁⲣⲓⲟⲥ[1]
ⲛⲁϥϯ ϩⲟ ⲥⲁⲃⲃⲁ ⲁⲛⲧⲱⲛⲓⲟⲥ ⲟⲩⲟϩ ⲛⲁϥϯ ⲙⲉⲧⲁⲛⲟⲓⲁ ⲛⲁϥ ϧⲉⲛ ϩⲁⲛ ⲉⲣⲙⲱⲟⲩⲓ ⲉⲑⲣⲉϥⲭⲁϥ ϧⲁⲧⲟⲧϥ ϣⲁⲧⲉϥϭⲓ ⲙ̄ⲡⲉⲥⲙⲟⲩ ⲛ̄ϧⲁⲉ[2] ⲛ̄ⲑⲟϥ ϫⲉ ⲉⲧⲉⲙ-
ⲡⲉϥⲟⲩⲱϣ ⲉⲧ ⲙ̄ⲕⲁϩ ⲛⲁϥ ⲁϥⲭⲁϥ ϧⲁⲧⲟⲧϥ ⲉⲓⲧⲁ[3] ⲁϥϯ ⲙⲉⲧⲁⲛⲟⲓⲁ ⲛⲁϥ
ⲟⲩⲟϩ ⲡⲉϫⲉ ⲡⲓϧⲉⲗⲗⲟ ⲛⲁϥ ϫⲉ ⲉⲧⲓ ⲕⲉⲕⲟⲩϫⲓ ⲟⲩⲟϩ ⲡⲟⲥ ⲛⲁϥ ⲙ̄ⲧⲟⲛ ⲛⲁⲕ ⲉⲃⲟⲗ ϩⲁ
ⲡϩⲣⲟϣ ⲙ̄ⲫⲃⲁⲣⲟⲥ ⲛ̄ⲛⲓⲗⲟⲅⲓⲥⲙⲟⲥ ⲉⲧϩⲱⲟⲩ ⲟⲩⲟϩ ⲙⲉⲛⲉⲛⲥⲁ ⲛⲁⲓ ⲡⲁⲗⲓⲛ
ⲥⲉⲛⲁⲃⲱⲧⲉ[4] ⲉⲣⲟⲕ ϧⲉⲛ ⲫⲏ ⲉⲑⲟⲩⲟⲛϩ[5] ⲉⲃⲟⲗ ⲙⲡⲁⲣⲏϯ ϩⲱ ⲁⲗⲗⲁ ϫⲣⲟ
ⲙ̄ⲙⲟⲕ ⲟⲩⲟϩ ϫⲉⲙ ⲛⲟⲙϯ ⲡⲟⲥ ϣⲟⲡ ⲛⲉⲙⲁⲕ ⲙ̄ⲡⲉⲃⲟⲏⲑⲟⲥ ⲙ̄ⲡⲉⲣⲉⲣ ϩⲟϯ
ⲟⲩⲟϩ ⲁⲛⲁⲩ ⲉⲧⲟⲙ ⲉⲧⲉⲙⲙⲁⲩ ⲁⲓϫⲁϫⲓ ⲉⲡⲓⲭⲉⲣⲟⲩⲃⲓⲙ ⲙ̄ⲡⲉⲣϯ ϩⲗⲓ
ⲛ̄ⲥⲕⲁⲛⲇⲁⲗⲟⲛ ⲛⲁϥ ϧⲉⲛ ϩⲗⲓ ⲛ̄ϩⲱⲃ ϫⲉ ϩⲓⲛⲁ ⲉϥⲉϣⲱⲡⲓ ⲉⲣⲟⲕ ϣⲁ ⲡϫⲱⲕ ⲉⲟⲩⲛⲁ-
ⲣⲁⲙⲩⲑⲓⲁ[6] ⲕⲁⲧⲁ ⲫⲣⲏϯ ⲉⲧⲁⲩⲟⲩⲁϩⲥⲁϩⲛⲓ ⲛⲁⲕ[7] ⲉⲃⲟⲗϩⲓⲧⲉⲛ ⲡⲟⲥ ⲛⲉⲙⲁϥ
ⲉⲟⲩⲥⲟⲡ[8]. ⲛⲁⲓ ⲟⲩⲛ ⲉⲧⲁϥⲥⲟⲑⲙⲟⲩ[9] ⲛ̄ϫⲉ ⲁⲃⲃⲁ ⲙⲁⲕⲁⲣⲓⲟⲥ[10] ⲡⲁⲗⲓⲛ ⲟⲛ
ⲛⲁϥⲧⲱⲙⲧ ⲡⲉ ⲟⲩⲟϩ ⲡⲉϫⲁϥ ⲙ̄ⲡⲓϧⲉⲗⲗⲟ ϫⲉ ϯϯ ϩⲟ ⲉⲣⲟⲕ ⲡⲁⲓⲱⲧ ⲉⲑⲟⲩⲁⲃ
ϫⲉ ϩⲓⲛⲁ ⲛ̄ⲧⲁⲟϩⲓ ϧⲁⲧⲟⲧⲕ ϣⲁⲧϭⲓ ⲙ̄ⲡⲉⲛⲥⲙⲟⲩ ⲁⲕϣⲁⲛⲭⲁ ⲥⲱⲙⲁ ⲉϧⲣⲏⲓ.
ⲡⲉϫⲉ ⲡⲓϧⲉⲗⲗⲟ ⲛⲁϥ ϫⲉ ⲡⲉⲛⲟⲩ ⲁⲛ ⲡⲉ ⲡⲁϣⲏⲣⲓ ⲟⲩⲇⲉ ⲙ̄ⲡⲟⲩⲟⲩⲱϣ ⲉⲛⲁⲓ

c'est pour cela qu'on le nomme disciple d'Antoine. Mais lui, abba Macaire, priait abba Antoine et le suppliait à genoux avec larmes de le laisser près de lui, jusqu'à ce qu'il eût reçu la bénédiction dernière. Mais lui, ne voulant pas le contrister, le laissa près de lui. Ensuite il fit repentance et le vieillard lui dit : « Encore un peu, et le Seigneur te donnera repos de la charge excessive des pensées mauvaises, et ensuite ils te combattront ouvertement, comme moi ; mais sois fort et prends courage, le Seigneur est avec toi pour te secourir ; ne crains pas et prends garde à cette vertu, je parle du chérubin : ne lui donne aucun scandale dans aucune œuvre, afin qu'il reste avec toi jusqu'à la fin pour te consoler, selon ce qui vous a été ordonné par le Seigneur, à toi et à lui tout ensemble. » Abba Macaire, en entendant cela fut de nouveau dans la stupéfaction, et il dit au vieillard : « Je te prie, mon père saint, que je demeure près de toi jusqu'à ce que j'aie reçu ta bénédiction, si tu laisses le corps. » Le vieillard lui dit : « Ce n'est pas le temps, mon fils, et l'on n'a

---

1. Cod. ⲙⲁⲕⲁⲣⲓ. — 2. Cod. ʟxii : ⲛ̄ϧⲁⲉⲓⲥ. — 3. Cod. ⲓⲧⲁ. — 4. Cod. ʟix : ⲥⲉⲛⲁⲟⲩⲱⲧⲉ, où l'on voit la présence de ⲟⲩ provenant de la prononciation du ⲃ. — 5. Cod. ʟix : ⲡⲉ ⲉⲑⲟⲩⲟⲛϩ. — Cod. ʟxii : ⲙ̄ⲫⲏ ⲉⲑⲟⲩⲟⲛϩ. — 6. Cod. ⲡⲁⲣⲁⲙⲩⲑⲓⲁ. — 7. Cod. ʟxiv et ʟxii : ⲛⲁϥ. — 8. Cod. ⲉⲩⲥⲟⲡ. — 9. Cod. ʟxii et ʟxiv : ⲛⲁⲓ ⲟⲛ ϧⲉⲛ ⲡϫⲓⲛ ⲟⲣⲉϥⲥⲟⲑⲙⲟⲩ. — 10. Cod. ⲙⲁⲕⲁⲣⲓ.

ϩⲱⲃ ⲁⲗⲗⲁ ⲕⲁⲧⲁ ⲫⲣⲏϯ ⲉⲧⲁⲓⲉⲣ ϣⲟⲣⲡ ⲛϫⲟⲥ ⲛⲁⲕ ϫⲓⲡ ⲉⲧⲁⲩⲑⲁϩⲉⲙ
ⲫⲟⲩⲁⲓ ⲫⲟⲩⲁⲓ[1] ⲉⲣⲟϥ ⲙⲁⲣⲉϥϣⲱⲡⲓ ⲉϥϧⲟⲓ ⲛϧⲣⲏⲓ ⲛϧⲏⲧϥ. ⲟⲩⲟϩ ⲁ ⲡⲓ
ϧⲉⲗⲗⲟ ϯ ⲛⲁϥ ⲛⲟⲩϣⲃⲱⲧ ⲉⲁϥⲱⲥⲕ[2] ⲟⲩⲟϩ ⲁϥⲉⲣⲁⲥⲡⲁⲍⲉⲥⲑⲁⲓ ⲙⲙⲟϥ ⲟⲩⲟϩ
ⲁϥϣⲗⲏⲗ ⲉϫⲱϥ ⲟⲩⲟϩ ⲉⲧⲁϥϫⲱⲕ ⲉⲃⲟⲗ ⲙⲡⲉϥⲇⲣⲟⲙⲟⲥ ⲛϫⲉ ⲡⲉⲛⲓⲱⲧ
ⲉⲑⲟⲩⲁⲃ ⲁⲃⲃⲁ ⲁⲛⲧⲱⲛⲓⲟⲥ ⲁⲛⲟⲩϫⲱⲗ ⲙⲡⲉϥⲥⲱⲙⲁ[3] ⲉⲑⲟⲩⲁⲃ. ⲟⲩⲟϩ ⲁϥ
ⲧⲁⲥⲑⲟ[4] ⲉⲡⲉϥⲙⲁ ⲛϣⲱⲡⲓ ϩⲓ ⲡϣⲁϥⲉ ⲛϫⲉ ⲡⲉⲛⲓⲱⲧ ⲉⲑⲟⲩⲁⲃ ⲁⲃⲃⲁ ⲙⲁⲕⲁ
ⲣⲓⲟⲥ[5] ⲟⲩⲟϩ ⲛⲁϥⲣⲉⲙⲓ ⲡⲉ ⲉϥⲉⲣϩⲱϥⲧ ⲉⲛⲉϥϣⲉⲙϣⲓ ⲉϥϯ ⲱⲟⲩ ⲙⲡⲉⲛⲟⲥ
ⲓⲏⲥ ⲡⲭⲥ.

ⲙⲉⲛⲉⲛⲥⲁ[6] ⲛⲁⲓ ⲇⲉ ⲁⲩⲉⲣ ϩⲏⲧⲥ ⲛⲟⲩⲱϯ ϩⲁⲣⲟϥ ⲛϫⲉ ϩⲁⲛ ⲙⲏϣ ⲟⲩⲟⲛ
ⲛⲥⲁ ⲟⲩⲟⲛ ⲉⲩⲧⲱⲃϩ[7] ⲙⲙⲟϥ ϫⲉ ϩⲓⲛⲁ ⲉϥⲉⲁⲓⲧⲟⲩ ⲙⲙⲟⲛⲁⲭⲟⲥ ⲟⲩⲟϩ
ⲛⲧⲟⲩϣⲱⲡⲓ ϧⲁⲧⲟⲧϥ ⲟⲩⲟϩ ⲛⲧⲉϥϯ ⲥⲃⲱ ⲛⲱⲟⲩ ⲉⲡⲙⲱⲓⲧ ⲛⲧⲉ ⲡⲟⲥ ⲟⲩⲟϩ
ⲛⲁϥϣⲟⲡ ⲉⲣⲟϥ ⲛⲟⲩⲟⲛ ⲛⲓⲃⲉⲛ ⲉⲑⲛⲟⲩ ϩⲁⲣⲟϥ ⲕⲁⲧⲁ ⲫⲣⲏϯ ⲉⲧⲁⲩϩⲟⲛ
ϩⲉⲛ ⲛⲁϥ[8] ⲟⲩⲟϩ ⲛⲁϥϭⲓ ⲙⲱⲓⲧ ⲛⲱⲟⲩ ⲧⲏⲣⲟⲩ ⲡⲉ ⲡⲓⲟⲩⲁⲓ ⲡⲓⲟⲩⲁⲓ ⲕⲁⲧⲁ
ⲡⲉϥⲧⲣⲟⲡⲟⲥ ⲟⲩⲟϩ ⲛⲁϥⲭⲱ ⲙⲙⲱⲟⲩ ϧⲁⲧⲟⲧϥ ⲡⲉ[9] ϣⲁⲧⲉϥⲧⲥⲁⲃⲱⲟⲩ ⲉⲡ
ϩⲱⲃ ⲙⲫϯ ⲛⲉⲙ ⲡⲕⲱⲧ ⲛⲛⲓⲣⲱⲙⲓ ⲛⲉⲙ ⲡϩⲱⲃ ⲛϫⲓϫ. ⲡⲁⲓⲣⲏϯ ⲛⲁϥⲉⲣⲟ

point ordonné cette chose ; mais ainsi que je te l'ai dit tout d'abord, que chacun demeure dans ce à quoi il a été appelé. » Et le vieillard lui donna un bâton qui lui avait duré longtemps, et il le baisa et pria sur lui. Et lorsque notre père saint abba Antoine eut achevé sa course, nous prîmes soin de son corps saint. Et notre père saint abba Macaire retourna vers son habitation dans le désert, et il y demeura vaquant à ses services, rendant gloire à Notre Seigneur Jésus le Christ.

Ensuite des multitudes (de frères) commencèrent à se réunir près de lui, l'un après l'autre, le priant qu'il les fît moines, qu'ils demeurassent près de lui, qu'il leur enseignât la voie de Dieu. Et il recevait à lui quiconque venait à lui, comme on le lui avait ordonné, et il les guidait tous, chacun selon sa manière ; et il les plaçait près de lui jusqu'à ce qu'il leur eût enseigné l'œuvre de Dieu, l'édification des hommes et le travail des mains : ainsi il leur faisait

---

1. *Cod.* LIX : ⲫⲟⲩⲁⲓ ⲫⲟⲩⲁⲓ ⲫⲟⲩⲁⲓ. — Les *Cod.* LXII et LXIV n'ont pas toute cette phrase et passent de ⲛⲁϥⲧⲟⲙⲛⲧ à ⲟⲩⲟϩ ⲁϥϯ. — 2. *Cod.* LIX : ⲉⲁϥϯ ⲛⲁϥ ⲉⲟⲩⲁⲓ ⲉⲁϥⲱⲥⲕ ⲛⲧⲟⲧϥ. — 3. *Cod.* LXII et LXIV : ⲡⲉϥⲥⲱⲙⲁ. — 4. A la marge du mss. LXIV : ⲁⲣⲭⲏ ⲡⲥⲁϩ ⲃ̄ et en dessous ⲭⲁⲕ ; c'est-à-dire : commencement du second écrit(?) — Laisse. — 5. *Cod.* ⲙⲁ ⲕⲁⲣⲓ. — 6. A la marge du *Cod.* LXII : ⲁⲣⲭⲏ ⲥⲡⲙⲁϩ ⲃ̄ : commencement de la seconde (fois de lire) ⲭⲁⲕ. — 7. *Cod.* ⲉⲩⲉⲣⲉⲧⲓⲛ. — 8. Les *Cod.* LXII et LXIV n'ont pas tout ce membre de phrase depuis ⲟⲩⲟϩ ⲛⲁϥϣⲟⲡ. — 9. *Cod.* LIX : ϣⲁⲧⲉϥϭⲓⲙⲱⲓⲧ : jusqu'à ce qu'il les eut dirigés.

ⲙⲙⲱⲟⲩ ⲡⲉ ⲉⲑⲁⲙⲓⲟ¹ ⲛ̄ϩⲁⲛ ⲥⲡⲏⲗⲁⲓⲟⲛ² ϧⲉⲛ ϯⲡⲉⲧⲣⲁ ⲛ̄ⲧⲟⲩϩⲟⲡ-
ⲥⲟⲩ³ ⲉⲃⲟⲗϧⲉⲛ⁴ ⲛ̄ⲃⲉⲛⲓ ⲛⲉⲙ ⲛ̄ⲃⲁⲓ ⲛⲉⲙ ⲛ̄ⲛⲁϣ ⲛ̄ⲧⲉ ⲡⲓϩⲉⲗⲟⲥ ⲟⲩⲟϩ
ⲛ̄ⲧⲟⲩϣⲱⲡⲓ ⲛ̄ϧⲏⲧⲟⲩ. ⲟⲩⲟϩ ϧⲁⲛ ⲟⲩⲟⲛ ⲉⲃⲟⲗϧⲉⲛ ⲛⲓⲥⲛⲏⲟⲩ ⲁϥⲭⲁⲩ
ϧⲁⲧⲟⲧϥ ϩⲱⲥ ⲕⲁⲧⲁ ⲟⲩⲧⲁⲝⲓⲥ ⲙ̄ⲙⲉⲧⲙⲁⲑⲏⲧⲏⲥ. ϧⲉⲛ ⲡⲓⲥⲏⲟⲩ ⲇⲉ ⲉⲧⲉⲙⲙⲁⲩ ⲁⲩⲓ ϩⲁⲣⲟϥ ⲛ̄ϫⲉ ⲁⲗⲟⲩ ⲃ̄ ⲛ̄ϧⲉⲗϣⲓⲣⲓ ⲉⲃⲟⲗϧⲉⲛ ⲛⲓⲥⲁ ⲛ̄ⲧⲉ ϯⲣⲱⲙⲁⲛⲓⲁ ⲉⲩⲟⲩⲱϣ ⲉϣⲱⲡⲓ ϩⲓ ⲡϣⲁϥⲉ ⲟⲩⲟϩ ⲛⲁⲓ ⲕⲉⲭⲱⲟⲩⲛⲓ⁵ ⲁϥϣⲟⲡⲟⲩ ⲉⲣⲟϥ
ⲟⲩⲟϩ ⲁϥⲥⲉⲙⲛⲏⲧⲟⲩ. ⲙ̄ⲡⲁⲧⲉ ⲱⲥⲕ ⲇⲉ ϣⲱⲡⲓ⁶ ⲁ ⲡⲟ︤ⲥ︥ ϫⲉⲙ ⲡⲟⲩϣⲓⲛⲓ ⲟⲩⲟϩ
ⲁⲩⲙ̄ⲧⲟⲛ ⲙ̄ⲙⲱⲟⲩ ⲁ ⲡⲓϧⲉⲗⲗⲟ ⲉⲣ ⲙⲉⲑⲣⲉ ϧⲁⲣⲱⲟⲩ⁷ ϫⲉ ⲁ ⲡⲟⲩϩⲱⲃ ⲣ
ⲁⲛⲁϥ ⲙ̄ⲡⲟ︤ⲥ︥ ⲛ̄ⲧⲁⲓϩⲉ ⲧⲏⲣⲥ. ⲉⲧⲁⲩⲙ̄ⲧⲟⲛ ⲙ̄ⲙⲱⲟⲩ ⲛ̄ϫⲉ ⲛⲓⲁⲗⲱⲟⲩⲓ ⲛ̄ⲁⲅⲓⲟⲥ
ⲉⲧⲉⲙⲙⲁⲩ ⲁⲩⲑⲟⲙⲥⲟⲩ ϧⲁⲧⲉⲛ ⲡⲓⲥⲡⲏⲗⲁⲓⲟⲛ⁸ ⲟⲩⲟϩ ⲉⲧⲁ ϧⲁⲛ ⲟⲩⲟⲛ ⲛ̄ⲧⲉ
ⲛⲓⲙⲟⲛⲁⲭⲟⲥ ϣⲱⲡ ϧⲉⲛ ϯϣⲁⲓⲣⲓ ⲉⲧⲉⲙⲙⲁⲩ ϧⲁⲧⲉⲛ ⲡⲓⲥⲡⲏⲗⲁⲓⲟⲛ⁹ ⲛ̄ⲧⲉ
ⲛⲓⲁⲅⲓⲟⲥ ⲁⲩⲙⲟⲩϯ ⲉⲡⲓⲙⲁ ⲧⲏⲣϥ ⲉⲧⲉⲙⲙⲁⲩ ϫⲉ ⲑⲣⲁⲟⲩⲏ ⲛ̄ⲛⲓⲣⲱⲙⲁⲓⲟⲥ¹⁰
ϣⲁ ⲉϧⲟⲩⲛ ⲉⲡⲁⲓⲉϩⲟⲟⲩ¹¹.

ⲉⲧⲁϥⲛⲁⲩ ⲇⲉ ⲛ̄ϫⲉ ⲡⲓⲁⲅⲓⲟⲥ ⲙⲁⲕⲁⲣⲓⲟⲥ ⲉⲡⲉⲣⲟⲩⲟⲧ ⲛ̄ⲛⲓⲙⲏϣ ⲛⲉⲙ ⲧⲟⲩ-
ⲁⲅⲁⲡⲏ ⲉϧⲟⲩⲛ ⲉⲫ︤ϯ︥ ⲛⲉⲙ ⲉϧⲟⲩⲛ ⲉⲣⲛⲟⲩ¹² ⲧⲟⲧⲉ ⲁϥⲑⲟⲩⲱⲧⲟⲩ ⲉⲣⲟϥ ⲉⲟⲩ-
ⲥⲟⲡ¹³ ⲛ̄ϫⲉ ⲡⲓⲁⲅⲓⲟⲥ ⲁⲃⲃⲁ ⲙⲁⲕⲁⲣⲓⲟⲥ¹⁴ ⲟⲩⲟϩ ⲉⲧⲁⲩϯ ⲧⲟⲧⲟⲩ ⲧⲏⲣⲟⲩ

creuser des cavernes dans le rocher qu'ils couvraient de palmes, de rameaux et de roseaux du ouady, et ils y habitaient. Et quelques-uns parmi les frères, il les plaça près de lui comme dans le rang de disciples. Et en ce temps-là vinrent à lui deux jeunes garçons du côté de la Romanie, voulant demeurer au désert : et ceux-là aussi, il les reçut, il les affermit et avant qu'il n'y eût retard, le Seigneur les visita et ils se reposèrent. Le vieillard a témoigné à leur sujet que leur œuvre plut au Seigneur de toute cette manière. Lorsque ces saints jeunes hommes se furent reposés, on les enterra près de la caverne, et quand quelques moines habitèrent dans cette partie (du désert), près de la caverne, on appela tout cet endroit la *Laure des Romains* jusqu'à ce jour.

Lorsque le saint Macaire eut vu l'allégresse des multitudes et leur amour pour Dieu, alors le saint abba Macaire les réunit tous près de lui, et lorsqu'ils

---

1. *Cod.* LXII : ⲛⲁϥⲧⲣⲟ. — *Cod.* LIX : ⲛⲁϥⲑⲣⲟ ⲙ̄ⲙⲱⲟⲩ ⲉⲑⲁⲙⲓⲉ ϩⲁⲛ, etc. — 2. *Cod.* ⲥⲡⲏⲗⲉⲟⲛ. — 3. Les *Cod.* LXII et LXIV n'ont pas ce mot. — 4. *Cod.* ⲟⲩⲟϩ ⲉⲃⲟⲗϧⲉⲛ ; le mot ⲟⲩⲟϩ est de trop. — 5. *Cod.* LXII et LXIV : ⲛⲓⲕⲉⲭⲱⲟⲩⲛⲓ. — 6. *Cod.* LIX : ⲙ̄ⲡⲁⲧⲉ ⲉⲥⲕⲓ ⲇⲉ ϣⲱⲡⲓ. — 7. *Cod.* LIX : ⲛⲱⲟⲩ, à eux. — 8. *Cod.* ⲥⲡⲏⲗⲉⲟⲛ. — 9. *Cod.* ⲥⲡⲏⲗⲉⲟⲛ. — 10. *Cod.* ⲛⲓⲣⲱⲙⲉⲟⲥ. — 11. *Cod.* LIX : ⲉⲫⲟⲟⲩ. — 12. Les *Cod.* LXII et LXIV n'ont pas ces derniers mots. — 13. *Cod.* ⲉⲩⲥⲟⲡ. — 14. *Cod.* ⲙⲁⲕⲁⲣⲓ.

ⲁⲩⲙⲟⲧ ⲛⲱⲟⲩ ⲛⲟⲩⲕⲟⲩϫⲓ ⲛⲉⲕⲕⲗⲏⲥⲓⲁ. ⲡⲓⲁⲅⲓⲟⲥ ⲇⲉ ⲁⲃⲃⲁ ⲙⲁⲕⲁⲣⲓⲟⲥ ⲁ
ⲡⲉϥⲣⲁⲛ ⲉⲣ ϩⲏⲧⲥ ⲛⲉⲣ ⲥⲱⲓⲧ ⲟⲩⲟϩ ⲉϥⲟϩ ϣⲁ ⲛⲓⲁⲩⲗⲏⲟⲩ ⲛⲧⲉ ⲛⲓⲟⲩⲣⲱⲟⲩ
ⲉⲑⲃⲉ ⲡⲁϣⲁⲓ ⲛⲛⲓⲡⲟⲗⲓⲧⲉⲓⲁ[1] ⲛⲉⲙ ⲛⲓⲧⲁⲗϭⲟ ⲉⲧⲉⲣⲉ ⲡⲟⲥ ⲉⲣⲉⲛⲉⲣⲅⲓⲛ[2]
ⲙⲙⲱⲟⲩ ⲉⲃⲟⲗϩⲓⲧⲟⲧϥ ⲉⲟⲩⲱⲟⲩ[3] ⲛⲁϥ. ⲟⲩⲟϩ ⲉⲧⲛⲁⲩ ⲛϫⲉ ⲛⲓⲇⲁⲓⲙⲱⲛ[4]
ⲉⲡⲁⲓϣⲓⲣⲓ ⲉⲃⲟⲗ ⲙⲡⲁⲓⲥⲙⲟⲧ ⲛⲧⲉ ϯⲙⲉⲧⲉⲩⲥⲉⲃⲏⲥ ⲛⲉⲙ ⲡⲁϣⲁⲓ ⲛⲛⲓⲯⲩⲭⲏ
ⲉⲧⲁϥⲉⲣⲃⲟⲏⲑⲉⲓⲛ[5] ⲉⲣⲱⲟⲩ ⲛϫⲉ ⲡⲓⲁⲅⲓⲟⲥ ⲙⲁⲗⲗⲟⲛ ⲇⲉ ⲉϥⲓⲛⲓ ⲙⲙⲱⲟⲩ
ⲛⲇⲱⲣⲟⲛ ⲉϧⲟⲩⲛ ⲙⲫϯ ⲉⲑⲣⲟⲩϣⲉⲙϣⲓ ⲙⲙⲟϥ ⲁⲩⲃⲟⲛ ⲉⲙⲁϣⲱ ⲟⲩⲟϩ
ⲁⲩⲓ ⲉϩⲣⲏⲓ ⲉϫⲱϥ ⲙⲫⲛⲁⲩ ⲙⲙⲉⲣⲓ ⲉϥϩⲉⲙⲥⲓ ⲙⲙⲁⲩⲁⲧϥ ⲟⲩⲟϩ ⲉⲧⲁⲩⲕⲱϯ
ⲉⲣⲟϥ ⲧⲏⲣⲟⲩ ⲙⲫⲣⲏϯ ⲛϩⲁⲛ ⲟⲩϩⲱⲣ ⲁⲩⲥⲁⲧϥ[6] ϩⲓϫⲉⲛ ⲡⲉϥϩⲟ ⲟⲩⲟϩ ⲛⲁⲩ-
ⲥⲱⲗⲡ ⲉⲃⲟⲗ ⲛⲥⲁ ⲛⲉϥⲥⲁⲣⲝ ϧⲉⲛ ⲟⲩⲙⲉⲧⲁⲧϯ ⲁⲥⲟ ϩⲱⲥⲧⲉ[7] ⲛⲥⲉⲣ ⲡⲉϥⲥⲱⲙⲁ
ⲧⲏⲣϥ ⲙⲫⲣⲏϯ ⲛϩⲁⲛ ⲗⲉⲗⲉⲭⲏⲙⲓ[8]. ⲟⲩⲟϩ ⲉⲧⲁϥⲱⲥⲕ ⲉϥϣⲧⲏⲟⲩⲧ ⲛⲉ
ⲙⲙⲟⲛ ⲫⲏ ⲉⲑⲛⲁϯ ⲧⲟⲧϥ ⲟⲩⲟϩ ⲡⲉϥⲙⲁϩⲅ̄ ⲛⲉϩⲟⲟⲩ ϧⲉⲛ ⲟⲩϭⲓⲥⲓ ⲁϥⲓ ⲉⲧⲉⲕⲕⲗⲏⲥⲓⲁ[9]. ⲉⲧⲁϥⲟⲩϫⲁⲓ ⲇⲉ ϧⲉⲛ ⲛⲁⲓ ϩⲏⲡⲡⲉ ⲓⲥ ⲡⲓⲭⲉⲣⲟⲩⲃⲓⲙ[10] ⲁϥⲟⲩⲟⲛϩϥ
ⲉⲣⲟϥ ⲟⲩⲟϩ ⲡⲉϫⲁϥ ⲛⲁϥ ϫⲉ ⲓⲥ ⲡⲁⲓⲙⲁ ⲙⲉⲛ ⲁ ⲡⲟⲥ ϣⲟⲡϥ ⲉⲃⲟⲗϩⲓⲧⲟⲧⲕ
ⲧⲱⲛⲕ ϯⲛⲟⲩ ⲟⲩⲁϩⲕ ⲛⲥⲱⲓ ⲟⲩⲟϩ ⲁⲛⲟⲕ ϯⲛⲁⲧⲁⲙⲟⲕ ⲉⲡⲓⲙⲱⲓⲧ ⲉⲧⲉⲕⲛⲁϫⲱⲕ

se furent tous mis à l'œuvre, ils se bâtirent une petite église. Mais le saint abba Macaire, son nom commença de devenir célèbre et à atteindre jusqu'aux cours des rois à cause du nombre de ses actions et des guérisons que le Seigneur opérait par lui pour sa gloire. Et les démons voyant cette semblable renommée de la piété et le grand nombre des âmes que secourait le saint, (voyant) surtout qu'il les apportait en don à Dieu afin qu'elles le servissent, ils se mirent en colère grandement et allèrent vers lui à l'heure de midi, alors qu'il était assis tout seul. Et après l'avoir tous entouré, comme des chiens, ils lui crachèrent au visage, ils lui déchirèrent les chairs sans pitié, de sorte qu'ils rendirent tout son corps comme des raisins noirs. Et après être resté quelque temps couché, il n'y eut personne pour lui donner la main, et à peine put-il, le troisième jour, se rendre à l'église avec souffrance. Lorsqu'il fut guéri de cela, voici que le chérubin lui apparut et lui dit : « Ce lieu, voici que le Seigneur l'a habité à cause de toi; lève-toi maintenant et suis-moi, je te montrerai l'endroit où tu achèveras (ton service) jusqu'à ta

---

1. Cod. ⲡⲟⲗⲓⲧⲓⲁ. — 2. Cod. ⲉⲣⲉⲛⲉⲣⲅⲓⲛ. — 3. Cod. ⲉⲩⲱⲟⲩ. — 4. Cod. ⲛⲓⲁⲥⲙⲱⲛ. — 5. Cod. ⲉⲣⲃⲟⲛⲟⲙ. — 6. Cod. LXIV : ⲁϥⲥⲁⲧϥ, faute évidente. — 7. Cod. ϩⲱⲥⲇⲉ. — 8. Cod. LIX : ⲧⲏⲣϥ ⲛⲗⲉⲗⲉⲭⲏⲙⲓ : tout son corps noir. — 9. Cod. LXII : ⲙⲟⲥⲓⲥ ⲁϥⲓ ⲉⲃⲟⲗ. — Cod. LIX : ⲙⲟⲥⲓⲥ ⲛⲉϥⲧ ⲁϥϣⲉⲙϣⲱⲙⲓ ⲉⲧⲉⲕⲕⲗⲏⲥⲓⲁ ϧⲉⲛ ⲟⲩϭⲓⲥⲓ. — 10. Cod. LXII et LXIV : ⲟⲩⲛ au lieu de ⲡⲓⲭⲉⲣⲟⲩⲃⲓⲙ.

ⲉⲃⲟⲗⲛ̀ϧⲏⲧϥ ϣⲁ ⲧⲉⲛϧⲁⲏ. ⲟⲩⲟϩ ⲉⲧⲁϥⲥⲱⲕ ϩⲁⲣⲱϥ ⲁϥⲉⲛϥ ⲉϫⲉⲛ ϫⲱⲥ¹ ⲛ̀ϯⲡⲉⲧⲣⲁ ⲉⲧⲥⲁ ⲣⲏⲥ ⲙ̀ⲡⲓϩⲉⲗⲟⲥ ⲥⲁ ⲡⲉⲙⲉⲛⲧ² ⲙ̀ⲡⲓϣⲛ ⲥⲁ ⲡϣⲱⲓ ⲛ̀ϯϩⲉⲗⲗⲟⲧ ⲟⲩⲟϩ ⲡⲉϫⲁϥ ⲛⲁϥ ϫⲉ ⲁⲣⲓ ϩⲏⲧⲥ ⲛ̀ⲑⲁⲙⲓⲟ ⲛⲁⲕ ⲛ̀ⲟⲩⲙⲁ ⲛ̀ϣⲱⲡⲓ ⲙ̀ⲡⲁⲓⲙⲁ ⲟⲩⲟϩ ⲕⲱⲧ ⲛ̀ⲟⲩⲉⲕⲕⲗⲏⲥⲓⲁ ϫⲉ ⲟⲩⲏⲓ ⲅⲁⲣ ⲟⲩⲟⲛ ⲟⲩⲗⲁⲟⲥ ⲉϥϣⲱ ⲛⲁϣⲱⲡⲓ ⲙ̀ⲡⲁⲓⲙⲁ ⲙⲉⲛⲉⲛⲥⲁ ⲟⲩⲭⲟⲩ. ⲟⲩⲟϩ ⲡⲁⲓⲣⲏϯ ⲁϥϣⲱⲡⲓ ⲙ̀ⲙⲁⲩ ϣⲁ ⲡⲉϩⲟⲟⲩ ⲙ̀ⲡⲉϥⲙⲟⲩ ⲟⲩⲟϩ ⲙⲉⲛⲉⲛⲥⲁ ⲡⲉϥⲙⲟⲩ³ ⲁⲩⲙⲟⲩϯ ⲉⲡⲓⲙⲁ ⲉⲧⲉⲙⲙⲁⲩ ϫⲉ ⲁⲃⲃⲁ ⲙⲁⲕⲁⲣⲓⲟⲥ⁴ ϫⲉ ⲁϥϫⲱⲕ ⲉⲃⲟⲗ ⲛ̀ϧⲏⲧϥ. ⲡⲓⲁⲅⲓⲟⲥ ⲇⲉ ⲁⲃⲃⲁ ⲙⲁⲕⲁⲣⲓⲟⲥ ⲉⲧⲁϥϣⲱⲡⲓ ϧⲉⲛ ⲡⲓⲙⲁ ⲉⲧⲉⲙⲙⲁⲩ ⲛ̀ⲟⲩⲁⲛ ⲙ̀ⲙⲏϣ ⲛ̀ⲉϩⲟⲟⲩ⁵ ⲕⲁϯ ϧⲓⲥⲓ ⲛⲁϥ ⲉⲙⲁϣⲱ ⲡⲉ ϧⲉⲛ ⲡⲉⲧϩⲏⲡ ⲛⲉⲙ ϧⲉⲛ ⲡⲉⲧⲟⲩⲟⲛϩ ⲉⲃⲟⲗϩⲓⲧⲉⲛ ⲛⲓⲇⲁⲓⲙⲱⲛ⁶.

ⲁⲙⲉⲗⲉⲓ⁷ ⲁϥⲣⲁⲟⲩⲟ ⲛ̀ⲟⲩⲥⲟⲡ ⲉⲁϥϣⲱⲡⲓ ⲛ̀ⲟⲩϣⲱϯ ⲛⲉⲙ ⲛⲓⲥⲛⲏⲟⲩ ϫⲉ ⲁⲩϩⲁⲥⲉ ⲙ̀ⲱⲟⲩ ⲉⲃⲟⲗ ⲛ̀ϧⲏⲧⲥ ⲟⲩⲟϩ ⲉⲧⲁ ⲫⲛⲁⲩ ⲙ̀ⲙⲉⲣⲓ ϣⲱⲡⲓ ⲁⲩⲭⲁⲩ ⲉⲃⲟⲗ ϫⲉ ⲁⲩⲙⲁⲥⲓ ⲙ̀ⲧⲟⲛ ⲛ̀ⲟⲩⲕⲟⲩϫⲓ ⲁϥⲥⲱϫⲡ ⲇⲉ ⲙ̀ⲙⲁⲩⲁⲧϥ ⲛ̀ⲧⲉϥⲓⲁⲥ⁸ ⲉⲃⲟⲗ ⲙ̀ⲡⲁⲧⲉϥϣⲉ ⲉϧⲟⲩⲛ ⲟⲩⲟϩ ⲉⲧⲁⲩⲓ ⲉϫⲱϥ ⲛ̀ϫⲉ ⲛⲓⲇⲁⲓⲙⲱⲛ⁹ ⲁⲩⲥⲁⲧϥ ⲉⲡⲓϣⲱⲓ¹⁰ ⲟⲩⲟϩ ⲁⲩⲉⲣ ϩⲏⲧⲥ ⲛ̀ϣⲱⲣ ⲛⲥⲁ ϯϣⲱϯ ϣⲁⲧⲉⲥⲫⲟϩ ⲉⲧⲉϥϧⲉⲗⲡⲓ.

fin. » Et l'ayant entraîné, il le conduisit sur le haut de la montagne au sud du ouady, à l'ouest du puits, en dessus de la vallée, et il lui dit : « Commence de te faire une habitation en ce lieu et bâtis une église; car, certes, après un temps, un peuple nombreux habitera dans ce lieu. » Et ainsi il y habita jusqu'au jour de sa mort: on appelle ce lieu *abba Macaire*, parce qu'il y accomplit (sa vie). Mais le saint abba Macaire, lorsqu'il eut habité en ce lieu une multitude de jours, les démons le firent beaucoup souffrir en cachette et ouvertement.

Par hasard, il se trouva une fois creusant un puits avec les frères, afin d'en boire l'eau et, lorsque l'heure de midi fut (arrivée), ils cessèrent afin de prendre un peu de repos : il resta seul, afin de se laver avant de rentrer. Et, lorsque les démons furent arrivés sur lui, ils le lancèrent dans le puits et ils commencèrent à combler le puits jusqu'à la hauteur du nombril[11]. Mais lorsque les

---

1. *Cod.* ϫⲱϥ. — 2. *Cod.* LXII et LXIV : ⲥⲁ ⲡⲉⲥⲏⲧ, en dessous. — 3. Les *Cod.* LXII et LXIV n'ont pas les trois derniers mots. — 4. *Cod.* ⲙⲁⲕⲁⲣⲓ. — 5. *Cod.* LXII et LXIV : ⲛ̀ⲉⲛⲟⲩ, de temps. — 6. *Cod.* ⲛ̀ϫⲉ ⲛⲓⲇⲉⲙⲱⲛ. — 7. *Cod.* ⲁⲙⲉⲗⲓ. — 8. *Cod.* LIX : ϫⲉ ⲛ̀ⲧⲉϥⲓⲁⲥ ⲉⲃⲟⲗ ⲙ̀ⲡⲁⲛⲧⲉϥ ⲉϧⲟⲩⲛ. — *Cod.* LXIV : ⲉϥⲛⲁⲓⲁϥ. — 9. *Cod.* ⲛⲓⲇⲉⲙⲱⲛ. — 10. *Cod.* LIX : ⲁⲩⲥⲁⲧϥ ⲉϩⲣⲏⲓ ⲉϯϣⲱϯ ⲟⲩⲟϩ ⲡⲉϫⲱⲟⲩ ⲛ̀ⲛⲟⲩⲉⲣⲏⲟⲩ ϫⲉ ⲟⲩ ⲡⲉ ⲉⲧⲁϥⲧⲁϩⲉ, etc. : ils jetèrent dans le puits et se dirent les uns aux autres, etc. Il y a une phrase d'omise. — 11. Mot à mot: « Jusqu'à ce qu'il eut atteint le nombril. »

ⲉⲧⲁⲩⲓ ⲇⲉ ⲉⲃⲟⲗ ⲛϫⲉ ⲛⲓⲥⲛⲏⲟⲩ ⲟⲩⲟϩ ⲉⲧⲁⲩⲛⲁⲩ ⲉⲣⲟϥ ⲁⲛ [1] ⲛⲁⲩϫⲱ ⲙⲙⲟⲥ
ⲛⲛⲟⲩⲉⲣⲏⲟⲩ ϫⲉ ⲟⲩ ⲡⲉ ⲉⲧⲁϥϣⲱⲡⲓ ⲙⲡⲉⲛⲓⲱⲧ ⲟⲩⲟϩ ⲉⲧⲁⲩⲓ ⲇⲉ ϧⲁⲧⲟⲧϥ
ⲡⲉϫⲱⲟⲩ ⲛⲁϥ ϫⲉ ⲟⲩ ⲡⲉ ⲫⲁⲓ ⲉⲧⲁϥϣⲱⲡⲓ ⲙⲙⲟⲕ. ⲛⲑⲟϥ ⲇⲉ ⲉⲧⲁϥⲙⲉⲣⲧ
ⲣⲱϥ ⲛⲥⲱⲃⲓ ⲡⲉϫⲁϥ ⲛⲱⲟⲩ ϫⲉ ⲙⲁ ⲧⲟⲧ ⲑⲏⲛⲟⲩ ⲁⲛⲓⲧ ⲉⲡϣⲱⲓ ⲟⲩⲟϩ ⲡⲁⲓⲣⲏϯ
ⲁⲩⲉⲛϥ ⲉⲡϣⲱⲓ ⲟⲩⲟϩ ⲉⲧⲁⲩϣⲉⲕ ϯϣⲱϯ ⲁⲩⲥⲉ ⲙⲱⲟⲩ ⲉⲃⲟⲗ ⲙⲙⲟⲥ [2] ⲟⲩⲟϩ
ⲁⲩϯ ⲣⲉⲛ ⲫⲣⲁⲛ ⲛϯϣⲱϯ [3] ⲉⲧⲉⲙⲙⲁⲩ ϫⲉ ϯϣⲱϯ ⲛⲧⲉ ⲁⲃⲃⲁ ⲙⲁⲕⲁⲣⲓⲟⲥ [4]
ϣⲁ ⲉϧⲟⲩⲛ ⲉⲫⲟⲟⲩ ϫⲉ ⲁⲩⲥⲁⲧϥ [5] ⲉϧⲣⲏⲓ ⲉⲣⲟⲥ ⲕⲁⲓ [6] ⲅⲁⲣ ⲁϥϣⲉⲕ ϩⲁⲛ ⲙⲏϣ
ⲛϣⲱϯ ⲛⲉⲙ ⲛⲓⲥⲛⲏⲟⲩ ⲟⲩⲟϩ ⲙⲡⲟⲩⲙⲟⲩϯ ⲉⲟⲩⲟⲛ ⲛϧⲏⲧⲟⲩ ϫⲉ ⲑⲁ ⲁⲃⲃⲁ
ⲙⲁⲕⲁⲣⲓⲟⲥ [7] ⲉⲃⲏⲗ ⲉⲑⲁⲓ ⲕⲁⲓ [8] ⲙⲏⲛ ⲙⲉⲛⲉⲛⲥⲁ ⲡⲉϥⲙⲟⲩ ⲁ ϩⲁⲛ ⲙⲏϣ
ⲛⲧⲁⲗϭⲟ ϣⲱⲡⲓ ϧⲉⲛ ϯϣⲱϯ ⲉⲧⲉⲙⲙⲁⲩ.

ⲡⲓⲁⲅⲓⲟⲥ ⲇⲉ ⲙⲁⲕⲁⲣⲓⲟⲥ ⲛⲁⲩⲓⲛⲓ ⲛⲁϥ ⲡⲉ ⲛϩⲁⲛ ⲙⲏϣ ⲛϣⲱⲛⲓ ϧⲉⲛ ϩⲁⲛ
ⲙⲏϣ ⲙⲙⲁ ϣⲁ ⲉϧⲟⲩⲛ ⲉⲛⲓⲕⲉⲭⲱⲣⲁ ⲉⲧϧⲓ ⲫⲟⲩⲉ ⲟⲩⲟϩ ⲛⲁϥⲉⲣ ⲫⲁϩⲣⲓ
ⲉⲣⲱⲟⲩ ⲧⲏⲣⲟⲩ ⲙⲫⲣⲏϯ ⲥⲭⲉⲇⲟⲛ ⲛⲟⲩⲁⲓ ϧⲉⲛ ⲛⲓⲁⲡⲟⲥⲧⲟⲗⲟⲥ ⲕⲁⲓ ⲅⲁⲣ [9]
ⲛⲉ ⲁϥⲉⲣ ϣⲟⲣⲡ ⲡⲉ ⲛⲉⲣ ⲙⲉⲑⲣⲉ ϧⲁⲣⲟϥ ⲛϫⲉ ⲡⲓⲛⲓϣϯ ⲁⲛⲧⲱⲛⲓⲟⲥ ϫⲉ ⲁⲩϯ
ⲛⲁⲃⲃⲁ ⲙⲁⲕⲁⲣⲓⲟⲥ ⲙⲡⲓϩⲙⲟⲧ ⲛⲛⲓⲧⲁⲗϭⲟ ⲉⲃⲟⲗϩⲓⲧⲉⲛ ⲫϯ ⲟⲩⲟϩ ⲛⲁⲕϫⲓⲙ
ⲙⲡⲕⲱϯ ⲙⲡⲉϥⲙⲁ ⲛϣⲱⲡⲓ ⲛⲛⲁⲩ ⲛⲓⲃⲉⲛ ⲉϥⲙⲉϩ ⲉⲃⲟⲗϧⲉⲛ [10] ⲛⲏ ⲉⲧϣⲱⲛⲓ

frères furent sortis et qu'ils ne le virent point, ils se disaient les uns aux autres :
« Qu'est-il arrivé à notre père ? » et lorsqu'ils furent arrivés près de lui, ils
lui dirent : « Qu'est-ce qui t'est arrivé ? » Mais lui, lorsqu'il eut souri, il leur
dit : « Donnez-moi la main, vous (autres), tirez-moi en haut. » Et ainsi ils le
tirèrent en haut. Et lorsqu'ils eurent creusé le puits, il s'en retourna, ils
burent de l'eau et ils nommèrent ce puits *le puits d'abba Macaire* jusqu'à ce
jour, parce qu'on l'avait jeté dedans : car il creusa une foule de puits avec les
frères et on n'appela aucun d'eux *puits d'abba Macaire* excepté celui-ci. Et de
plus, après sa mort, de grandes foules de guérisons eurent lieu à ce puits.

Mais le bienheureux abba Macaire, on lui amenait des foules de malades
de lieux nombreux, jusque même d'endroits éloignés, et il leur donnait
remède à tous, presque comme l'un des apôtres, car, certes, le grand Antoine
avait déjà rendu témoignage de lui, en disant : « On a donné à Macaire de par
Dieu la grâce des guérisons ! » et tu aurais à toute heure trouvé l'entour de son
habitation rempli de malades et de ceux qui étaient possédés des démons ; il

---

1. Le *Cod.* n'a pas de négation. — 2. *Cod.* LXII et LXIV : ⲡⲓⲗⲁⲕⲕⲟⲥ ⲁϥⲕⲟⲧϥ ⲟⲩⲟϩ ⲁⲩⲥⲉ
ⲙⲱⲟⲩ ⲉⲃⲟⲗ ⲙⲙⲟϥ. — 3. *Cod.* LXII et LXIV : ⲁⲩϯ ⲫⲣⲁⲛ. — 4. *Cod.* ⲙⲁⲕⲁⲣⲓ. — 5. *Cod.* LXII
et LXIV : ⲁⲩϩⲓⲧϥ. — 6. *Cod.* ⲕⲉ ⲅⲁⲣ. — 7. *Cod.* ⲙⲁⲕⲁⲣⲓ. — 8. *Cod.* ⲕⲉ ⲙⲏⲛ. — 9. *Cod.*
ⲕⲉ ⲅⲁⲣ. — 10. *Cod.* LXII et LXIV : ϧⲉⲛ.

ⲛⲉⲙ ⲛⲏ ⲉⲧⲟⲓ ⲛϫⲉ ⲛⲇⲁⲓⲙⲱⲛ¹ ⲛⲁϥⲧⲁⲗϭⲟ ⲙⲙⲱⲟⲩ ⲡⲉ ϧⲉⲛ ⲡϫⲓ ⲛⲟⲉϥⲉⲣⲥⲫⲣⲁⲅⲓⲍⲓⲛ² ⲙⲙⲱⲟⲩ ϧⲉⲛ ⲫⲣⲁⲛ ⲙⲡⲉⲛⲟⲥ ⲓⲏⲥ ⲡⲭⲥ ⲛⲓⲕⲁⲕ ⲥⲉϩⲧ ⲛⲁϥⲧⲟⲩⲃⲟ ⲙⲙⲱⲟⲩ ⲡⲉ ⲛⲏ ⲉⲧϣⲏⲗ ⲉⲃⲟⲗ ⲛⲁϥⲉⲣ ⲫⲁϩⲣⲓ ⲉⲣⲱⲟⲩ ⲡⲉ ⲟⲩⲟϩ ϧⲉⲛ ⲡⲥⲁϫⲓ ⲛⲣⲱϥ ⲙⲁⲗⲗⲟⲛ ⲇⲉ ϧⲉⲛ ⲧϫⲟⲙ ⲙⲫϯ ⲛⲁϥⲟⲩⲱⲣⲡ ⲙⲙⲱⲟⲩ ⲉⲩⲟⲩϫⲏⲟⲩⲧ ⲡⲓⲟⲩⲁⲓ ⲡⲓⲟⲩⲁⲓ ⲇⲉ ⲉⲡⲉϥⲙⲱⲓⲧ ⲟⲩⲟϩ ⲛⲓⲣⲉϥⲙⲱⲟⲩⲧ ⲛⲁϥⲧⲟⲩⲛⲟⲥ ⲙⲙⲱⲟⲩ ⲁⲡⲁⲝ ⲁⲡⲗⲱⲥ ⲛⲉ ⲙⲙⲟⲛ ϩⲗⲓ ⲟⲓ ⲛⲁⲧϫⲟⲙ ⲛⲁϥⲣⲁⲥ ⲁⲛ ⲡⲉ ⲉⲑⲃⲉ ⲡⲉϥⲛⲓϣϯ ⲛⲑⲉⲃⲓⲟ ⲛⲉⲙ ⲡⲉϥⲙⲉⲓ ⲛⲁⲧⲱϣⲉⲙ³ ⲉϧⲟⲩⲛ ⲉⲫϯ ⲙⲁⲗⲗⲟⲛ ⲡⲓⲡⲛⲁ ⲉⲑⲟⲩⲁⲃ ⲉⲧⲉⲣⲉⲛⲉⲣⲅⲓⲛ⁴ ϧⲉⲛ ⲡⲓⲉⲡⲧⲏⲣϥ ⲉⲧϣⲟⲡ ⲛϧⲏⲧϥ. ⲁⲙⲉⲗⲉⲓ⁵ ⲁⲩⲓⲛⲓ ⲛⲁϥ ⲛⲟⲩⲥⲟⲡ ⲛⲟⲩⲉⲃⲟ ⲛⲕⲟⲩⲣ ⲛⲥⲙⲟⲧ ⲙⲡⲁⲧⲁⲗⲟⲥ (sic) ⲉϥϯ ⲉⲣⲥⲟϯ ⲉⲟⲩⲟⲛ ⲛⲓⲃⲉⲛ ⲉⲑⲛⲁϭⲟϩ ⲉⲣⲟϥ⁶ ⲟⲩⲟϩ ⲉⲧⲁⲙⲟⲛⲓ ⲙⲙⲟϥ ⲉⲩⲉⲣ ⲇ̄ ⲙⲟⲅⲓⲥ ⲁⲩⲉⲛϥ ϩⲁ ⲡⲓⲁⲅⲓⲟⲥ. ⲟⲩⲟϩ ⲉⲧⲁⲩⲉⲛϥ ϩⲁ ⲡⲓϧⲉⲗⲗⲟ ⲡⲉϫⲁϥ ⲛⲛⲓⲣⲱⲙⲓ ϫⲉ ⲭⲁϥ ⲉⲃⲟⲗ ⲟⲩⲟϩ ⲉⲧⲁⲩⲭⲁϥ ⲉⲃⲟⲗ ⲥⲁⲧⲟⲧϥ ⲁϥϭⲱⲛ ⲉϧⲟⲩϥ ⲁϥⲥⲱⲗⲡ ⲛϩⲁⲗⲛⲓⲥ⁷ ⲉⲧϩⲓ ⲡⲉϥⲙⲟϯ ⲛⲉⲙ ⲛⲉϥϫⲓϫ ⲟⲩⲟϩ ⲁϥⲉⲣ ⲉⲃⲟⲗϧⲉⲛ ⲡⲓⲧⲱⲟⲩ ⲉϥⲱϣ ϩⲣⲱⲟⲩ ⲉⲃⲟⲗ ⲙⲫⲣⲏϯ ⲛⲟⲩϭⲁⲙⲟⲩⲗ ⲟⲩⲟϩ ⲡⲉϫⲉ ⲛⲓⲣⲱⲙⲓ ⲙⲡⲓϧⲉⲗⲗⲟ ϫⲉ ϥⲛⲁϫⲓ⁸ ⲉⲟⲩⲣⲱⲙⲓ ⲟⲩⲟϩ ϥⲛⲁⲧⲁⲕⲟϥ. ⲡⲓϧⲉⲗⲗⲟ ⲇⲉ ⲛⲁϥϣⲗⲏⲗ ⲡⲉ ϧⲉⲛ ⲡⲉⲧϩⲏⲡ ⲟⲩⲟϩ ⲡⲉϫⲉ ⲡⲓϧⲉⲗⲗⲟ ϫⲉ ⲭⲁϥ ⲙⲡⲉⲣⲉⲣ ϩⲟϯ⁹.

les guérissait en les signant au nom de Notre-Seigneur Jésus le Christ ; les lépreux, il les rendait purs ; ceux qui étaient paralytiques, il les guérissait, et par une parole de sa bouche, ou mieux par la vertu de Dieu, il les renvoyait guéris chacun dans son chemin ; les morts, il les ressuscitait : en un mot, rien ne lui était impossible, à cause de sa grande humilité et de son amour inextinguible pour Dieu, ou mieux, c'était le Saint-Esprit qui agissait en tout ce qui était en lui. Par hasard, on lui amena une fois un sourd-muet comme le... (?) frappant quiconque le rencontrait ; quoiqu'ils fussent quatre à l'avoir saisi, à peine s'ils purent l'amener au saint. Et lorsqu'ils l'eurent amené au vieillard, il dit aux hommes : « Lâchez-le ! » et lorsqu'ils l'eurent lâché, aussitôt (le malade) s'élança sur lui, il brisa les liens qui étaient à son cou et à ses mains, et il s'enfuit dans la montagne en criant comme un chameau. Et les hommes dirent au vieillard : « Il trouvera un homme et le tuera ! » Mais le vieillard priait secrètement en son cœur. Et le vieillard dit : « Laissez-le, ne craignez pas. »

---

1. *Cod.* ⲛϫⲉⲙⲱⲛ. — 2. *Cod.* ⲥⲫⲣⲁⲅⲓⲍⲓⲛ. — 3. *Cod.* LIX : ⲉⲧⲟϣ. — 4. *Cod.* ⲉⲧⲉⲛⲉⲣⲅⲓⲛ. — 5. *Cod.* ⲁⲙⲉⲗⲓ. — 6. *Cod.* LXII et LXIV : ⲉϥϣⲁⲣⲓ ⲉⲟⲩⲟⲛ ⲛⲓⲃⲉⲛ ⲉⲑⲛⲁⲉⲣⲁⲡⲁⲛⲧⲁⲛ ⲉⲣⲟϥ. — 7. *Cod.* ϩⲁⲗⲥⲓⲥ. — *Cod.* LXII : ⲛⲓϩⲁⲗⲥⲓⲥ ⲉⲧⲟⲓ ⲉⲡⲉϥⲙⲟϯ. — 8. *Cod.* LIX : ϥⲛⲁⲙⲁϯ. — 9. *Cod.* LIX : ⲙⲡⲉϥⲉⲣ ϩⲟϯ (sic).

ⲟⲩⲟϩ ⲉⲧⲁϥϣⲱⲗ ⲉⲡⲁⲓⲥⲁ ⲛⲉⲙ ⲫⲁⲓ ⲡⲁⲗⲓⲛ ⲟⲛ ⲁϥⲧⲁⲥⲑⲟ ϩⲁⲣⲱⲟⲩ ⲟⲩⲟϩ ⲡⲉϫⲉ ⲡⲓϧⲉⲗⲗⲟ ⲛⲁϥ ϫⲉ ⲛⲓⲙ ⲡⲉ ⲡⲉⲕⲣⲁⲛ. ⲡⲉϫⲁϥ ⲛⲁϥ ϫⲉ ⲡⲥⲁⲧⲁⲛⲁⲥ¹ ⲡⲉ ⲡⲁⲣⲁⲛ. ⲟⲩⲟϩ ⲡⲉϫⲉ ⲡⲓϧⲉⲗⲗⲟ ⲛⲁϥ ϫⲉ ϯⲛⲟⲩ ⲉⲕⲉⲓ ⲉⲃⲟⲗ ⲛϧⲏⲧϥ ϧⲉⲛ ⲫⲣⲁⲛ ⲛⲓⲏⲥ ⲡⲁⲛⲟⲩϯ ⲟⲩⲟϩ ⲛⲛⲉⲕⲧⲁⲥⲑⲟⲕ ⲉⲣⲟϥ ϣⲁ ⲡⲉϩⲟⲟⲩ ⲙⲡⲉϥⲙⲟⲩ ϫⲉ ⲡⲁⲓⲣⲏϯ ⲡⲉ ⲉⲧⲁ ⲡⲟⲥ ⲓⲏⲥ ϫⲟⲥ. ⲟⲩⲟϩ ⲉⲧⲁϥϧⲉⲓ ⲛϫⲉ ⲡⲓⲣⲱⲙⲓ ⲁϥⲉⲣ ⲙⲫⲣⲏϯ ⲛⲟⲩⲣⲉϥⲙⲱⲟⲩⲧ ⲙⲡⲉϥⲙⲑⲟ ⲟⲩⲟϩ ⲁ ⲡⲓϧⲉⲗⲗⲟ ⲛⲁⲅⲓⲟⲥ ϭⲓ ⲙⲱⲟⲩ ⲁϥϫⲱϣ ⲉϫⲉⲛ ⲡⲉϥϩⲟ ⲛⲉⲙ ⲛⲉϥⲙⲁϣϫ² ⲟⲩⲟϩ ⲡⲁⲓⲣⲏϯ ⲁϥϯ ⲉϧⲟⲩⲛ ⲉⲣⲱϥ ⲉⲑⲣⲉϥⲥⲱ ⲟⲩⲟϩ ⲉⲧⲁϥⲭⲁϥ ⲉϥⲉⲛⲕⲟⲧ ⲉⲥⲕⲉⲛ ⲛⲓⲣⲱⲙⲓ ⲁϥϣⲉ ⲉϧⲟⲩⲛ ⲁϥⲧⲱⲃϩ ⲙⲫϯ³ ⲟⲩⲟϩ ⲉⲧⲁϥⲓ ⲉⲃⲟⲗ ⲁϥϭⲓ ⲛⲉϩ ⲁϥϯ ⲉϧⲟⲩⲛ ⲉⲣⲟϥ ⲉⲃⲟⲗϧⲉⲛ⁴ ⲛⲓⲫⲁⲛⲟⲥ ⲛⲧⲉ ⲡⲓⲙⲁ ⲛⲉⲣ ϣⲱⲟⲩϣⲓ ⲡⲁⲓⲣⲏϯ ⲟⲛ ⲛⲉϥⲕⲉⲙⲁϣϫ ⲟⲩⲟϩ ⲉⲧⲁϥⲕⲓⲙ ⲉⲣⲟϥ ⲡⲉϫⲁϥ ⲛⲁϥ ϫⲉ ⲧⲱⲛⲕ ⲙⲁϣⲉ ⲛⲁⲕ ⲉⲡⲉⲕⲏⲓ. ⲟⲩⲟϩ ⲉⲧⲁϥⲧⲱⲛϥ ⲁϥⲥⲱⲧⲉⲙ ⲟⲩⲟϩ ⲁϥⲥⲁϫⲓ ⲟⲩⲟϩ ⲡⲓⲇⲁⲓⲙⲱⲛ⁵ ⲁϥϣⲉ ⲛⲁϥ ⲉⲃⲟⲗ ϩⲁⲣⲟϥ⁶ ⲟⲩⲟϩ ⲛⲁϥϯ ⲱⲟⲩ ⲙⲫϯ ⲡⲉ ⲛⲉⲙ ⲡⲓⲁⲅⲓⲟⲥ ⲁⲃⲃⲁ ⲙⲁⲕⲁⲣⲓⲟⲥ ⲉϩⲣⲏⲓ ⲉϫⲉⲛ ϯϣⲫⲏⲣⲓ ⲉⲧⲁϥϣⲱⲡⲓ⁷.

ⲉϥⲉⲛⲕⲟⲧ ⲇⲉ ⲛⲟⲩⲉϫⲱⲣϩ⁸ ⲛϫⲉ ⲁⲃⲃⲁ ⲙⲁⲕⲁⲣⲓⲟⲥ ⲁⲩⲓ ⲛϫⲉ ⲛⲓⲇⲁⲓⲙⲱⲛ⁹

Et lorsqu'il fut allé de çà, de là, de nouveau il retourna vers eux. Et le vieillard lui dit : « Quel est ton nom ? » Il lui dit : « Satan c'est mon nom. » Le vieillard lui dit : « Maintenant tu vas sortir de cet (homme), au nom de Jésus mon Dieu, et ne retourne plus en lui jusqu'au jour de sa mort ; car c'est ainsi que le Seigneur Jésus l'a dit. » Et lorsque l'homme fut tombé à terre, il devint comme un mort en sa présence ; et le vieillard saint prit de l'eau, en versa sur sa face et sur ses oreilles, puis en introduisit de la même manière dans sa bouche pour le faire boire ; et, après l'avoir laissé endormi près des hommes, il entra, il pria ; puis, étant sorti, il prit de l'huile de la lampe du sanctuaire, il en mit dans la bouche du malade et aussi dans ses oreilles, et, après l'avoir remué, il lui dit : « Lève-toi, va dans ta maison. » Et, lorsqu'il se fut levé, il obéit et parla, le démon s'en alla de lui, et il rendait gloire à Dieu et au saint abba Macaire sur la merveille qui avait eu lieu.

Mais abba Macaire dormant une nuit, trois démons vinrent et lui dirent :

---

1. *Cod.* ⲛⲥⲁⲇⲁⲛⲁⲥ. — 2. *Cod.* LIX : ⲛⲉϥⲙⲁϩϫ. — 3. *Cod.* LXII et LXIV : ⲁϥϣⲉ ⲉϧⲟⲩⲛ ⲛⲁϥϣⲗⲏⲗ. — 4. *Cod.* LXII et LXIV : ϧⲉⲛ. — *Cod.* LIX : ⲉⲧⲁϥⲙⲁϩ ⲣⲱϥ : lorsqu'il eut rempli sa bouche. — 5. *Cod.* ⲛⲓⲇⲉⲙⲱⲛ. — 6. *Cod.* LIX : ⲉⲃⲟⲗϩⲓⲱⲧϥ. — 7. *Cod.* LIX : ⲟⲩⲟϩ ⲛⲁⲣⲉ ⲟⲩⲟⲛ ⲛⲓⲃⲉⲛ ϯ ⲱⲟⲩ ⲙⲫϯ ⲉϩⲣⲏⲓ ⲉϫⲉⲛ ⲡⲓⲧⲁⲗϭⲟ ⲛⲧⲉ ⲡⲓⲣⲱⲙⲓ : et chacun rendit gloire à Dieu de la guérison de l'homme. — 8. *Cod.* LIX : ⲛⲟⲩⲉϩⲟⲟⲩ ⲙⲫⲛⲁⲩ ⲙⲙⲉⲣⲓ : un jour à l'heure de midi. — 9. *Cod.* ⲛⲓⲇⲉⲙⲱⲛ.

ⲉⲧⲉⲣ ⲅ̄ ⲟⲩⲟϩ ⲡⲉϫⲱⲟⲩ ⲛⲁϥ ϫⲉ ⲁⲛⲟⲛ ϩⲁⲛ ⲁⲅⲓⲟⲥ ⲧⲱⲛⲕ [1] ⲉⲑⲣⲉⲛϣⲗⲏⲗ.
ⲉⲧⲁϥϩⲉⲙⲥⲓ ⲡⲉϫⲁϥ ⲛⲱⲟⲩ ϫⲉ ϩⲱⲗ ⲉⲡⲓⲭⲁⲕⲓ ⲡⲓⲙⲁ ⲉⲧⲉ ⲫⲣⲓⲙⲓ ⲛⲁϣⲱⲡⲓ
ⲙⲙⲟϥ [2]. ⲟⲩⲟϩ ⲡⲉϫⲱⲟⲩ ⲛⲁϥ ϫⲉ ⲭⲛⲁϫⲉ ⲟⲩⲁ ⲉⲛⲁⲅⲓⲟⲥ ⲧⲱⲛⲕ ⲛⲧⲉⲛ-
ϣⲗⲏⲗ ⲟⲩ ⲅⲁⲣ ⲙⲙⲟⲛ ⲇⲁⲓⲙⲱⲛ [3] ⲛⲁϫⲟⲥ ⲛⲟⲩⲣⲱⲙⲓ [4] ⲁⲛ ϫⲉ ϣⲗⲏⲗ
ⲁⲗⲗⲁ ⲓⲥ ϩⲏⲡⲡⲉ ⲧⲉⲛⲉⲣ ⲅ̄ ⲙⲡⲧⲩⲡⲟⲥ ⲛⲧϯⲧⲣⲓⲁⲥ. ⲡⲁⲗⲓⲛ ⲟⲛ ⲁϥⲥⲁϩⲟⲩⲓ
ⲉⲣⲱⲟⲩ ϧⲉⲛ ⲫⲣⲁⲛ ⲙⲡⲟⲥ· ⲟⲩⲟϩ ⲉⲧⲁⲩϧⲟⲛⲧⲟⲩ [5] ⲉⲣⲟϥ ⲁⲩⲉⲣ ϩⲏⲧⲥ ⲛⲕⲓⲙ
ⲉⲣⲟϥ ⲛⲉⲙ ⲡⲓⲑⲟⲙ ⲉⲧⲥⲁ ϧⲣⲏⲓ ⲙⲙⲟϥ ⲟⲩⲟϩ ϧⲉⲛ ⲡϫⲓ ⲛⲟⲣⲉϥϣϣ ⲉⲃⲟⲗ
ϫⲉ ⲡⲁⲟⲥ ⲓⲏⲥ ⲁⲣⲓⲃⲟⲛⲑⲉⲓⲛ [6] ⲉⲣⲟⲓ ⲥⲁⲧⲟⲧⲟⲩ ⲁⲩⲉⲣ ⲙⲫⲣⲏϯ ⲛⲟⲩⲭⲣⲉⲙⲧⲥ
ⲟⲩⲟϩ ⲁⲩⲉⲣ ⲁⲑⲟⲩⲱⲛϩ. ⲉϥϩⲉⲙⲥⲓ ⲇⲉ ⲛⲟⲩⲉϩⲟⲟⲩ ϩⲏⲡⲡⲉ ⲓⲥ ⲡⲓⲭⲉⲣⲟⲩⲃⲓⲙ
ⲉⲧⲧⲏ ⲁϥⲓ ϣⲁⲣⲟϥ ⲟⲩⲟϩ ⲉⲧⲁϥⲛⲁⲩ ⲉⲣⲟϥ ⲁϥⲣⲁϣⲓ ⲛϫⲉ ⲁⲃⲃⲁ ⲙⲁⲕⲁⲣⲓⲟⲥ.
ⲟⲩⲟϩ ⲡⲉϫⲁϥ ⲛⲁϥ ϫⲉ ϭⲣⲟ ⲙⲙⲟⲕ ϧⲉⲛ ⲛⲓⲁⲅⲱⲛ ⲟⲩⲟϩ ϧⲉⲛ ϩⲱⲃ ⲛⲓⲃⲉⲛ
ⲙⲁ ⲱⲟⲩ ⲙⲫϯ ⲟⲩⲟϩ ⲁⲛⲁⲩ ⲉⲣⲟⲕ ⲙⲏⲡⲱⲥ ⲛⲧⲉⲕϭⲓⲥⲓ ⲛϩⲏⲧ ϩⲓⲧⲉⲛ ⲛⲁⲓ-
ϫⲟⲙ ⲛⲧⲁⲗϭⲟ ⲉⲧⲉⲕⲓⲣⲓ ⲙⲙⲱⲟⲩ ⲟⲩⲟϩ ⲛⲧⲉ ⲡⲉⲕϭⲓⲥⲓ ⲧⲁⲕⲟ [7]. ⲟⲩⲟϩ ⲡⲉϫⲉ
ⲁⲃⲃⲁ ⲙⲁⲕⲁⲣⲓⲟⲥ [8] ⲛⲁϥ ϫⲉ ⲁϣ ⲡⲉ ⲡⲁϭⲓⲥⲓ ⲛϩⲏⲧ ⲡⲁⲟⲥ ϩⲏⲡⲡⲉ ⲅⲁⲣ ⲓⲥ
ⲛⲓⲇⲁⲓⲙⲱⲛ [9] ⲑⲙⲕⲟ ⲙⲡⲁⲥⲱⲙⲁ ⲛⲉⲙ ⲧⲁⲯⲩⲭⲏ ϩⲓ ⲟⲩⲥⲟⲡ ϩⲓⲧⲉⲛ ⲡⲓⲥⲑⲟⲓ-
ⲃⲱⲛ ⲛⲧⲉ ⲛⲟⲩⲡⲁⲑⲟⲥ ⲉⲧϭⲁϧⲉⲙ ⲟⲩⲟϩ ϯⲭⲏ ⲛⲁϩⲣⲁⲥ ⲙⲙⲓⲛ ⲙⲙⲟⲓ

« Nous sommes des saints; lève-toi, que nous prions. » Lorsqu'il se fut assis, il dit : « Allez aux ténèbres, au lieu où seront les larmes. » Et ils lui dirent : « Blasphémeras-tu les saints? Lève-toi, prions; car les démons ne diront pas aux hommes : Priez; mais voici que nous sommes trois, selon le type de la Trinité. » De nouveau, il les maudit au nom du Seigneur. Et lorsqu'ils se furent approchés, ils commencèrent à le remuer avec la natte qui était sous lui, et lorsqu'il se fut écrié : « Mon Seigneur Jésus, secours-moi! » aussitôt ils devinrent comme de la fumée, ils disparurent. Un jour qu'il était assis, voici que ce chérubin [10] vint à lui et, en le voyant, abba Macaire se réjouit. Le chérubin lui dit : « Sois fort dans les combats et en toute chose rends gloire à Dieu ; et prends garde de t'enorgueillir au sujet des guérisons que tu opères, de peur que tu ne perdes le fruit de tes souffrances. » Et abba Macaire lui dit : « Quel est mon orgueil, mon seigneur? car voici que les démons font souffrir mon corps et mon âme en même temps par la mauvaise odeur de leurs passions impures, et je suis en moi-même comme une femme qui est souillée

---

1. *Cod.* LIX : ⲟⲩⲟϩ ⲧⲱⲛⲕ. — 2. Le *Cod.* LXII manque de deux feuillets. — 3. *Cod.* ⲇⲉⲙⲱⲛ. — 4. *Cod.* ⲛⲣⲱⲙⲓ (sic). — 5. *Cod.* LIX : ⲉⲧⲁⲩϧⲉⲛⲧⲟⲩ. — 6. *Cod.* ⲃⲟⲛⲑⲉⲓⲛ. — 7. Le *Cod.* LXIV a une lacune d'un feuillet. — 8. *Cod.* ⲙⲁⲕⲁⲣⲓ. — 9. *Cod.* ⲛⲓⲇⲉⲙⲱⲛ. — 10. Le texte met *ce chérubin*, parce qu'il en a été question plus haut.

ⲙ̄ⲫⲣⲏϯ ⲛ̄ⲟⲩϧⲓⲙⲓ¹ ⲉⲥⲑⲟⲗⲉⲃ ϧⲉⲛ ⲧⲉⲥϩⲣⲱ ⲟⲩⲟϩ ⲡⲱⲥ ⲁⲙⲁϣϭⲓⲥⲓ ⲛ̄ϩⲏⲧ ⲡⲗⲏⲛ ϩⲓⲧⲉⲛ ϯⲡⲓⲣⲁ² ϫⲉ ⲡ̄ⲟ̄ⲥ̄ ⲓⲏ̄ⲥ̄ ⲡⲭ̄ⲥ̄ ⲡⲉ ⲉⲧϣⲟⲡ ⲛⲏⲓ ⲛ̄ⲃⲟⲏⲑⲟⲥ ⲟⲩⲟϩ ⲡⲉϥϩⲙⲟⲧ ⲡⲉ ⲉⲧⲓⲣⲓ ⲙ̄ⲡⲓⲧⲁⲗϭⲟ.

ⲁⲥϣⲱⲡⲓ ⲇⲉ ⲟⲛ ⲙⲉⲛⲉⲛⲥⲁ ⲕⲉⲥⲏⲟⲩ ⲉϥⲉⲣϩⲛⲩⲭⲁⲍⲓⲛ³ ϧⲁⲣⲓ ϧⲁⲣⲟϥ¹ ⲛ̄ϫⲉ ⲡⲓϧⲉⲗⲗⲟ ⲉⲑⲟⲩⲁⲃ ⲉⲧⲉⲙⲙⲁⲩ ⲡⲓⲁⲅⲓⲟⲥ ⲁⲃⲃⲁ ⲙⲁⲕⲁⲣⲓⲟⲥ⁵ ⲟⲩⲟϩ ⲛⲁϥⲙⲟⲕⲙⲉⲕ ⲙ̄ⲙⲟϥ ⲡⲉ ⲉϩⲣⲏⲓ ⲛ̄ϧⲏⲧϥ ϫⲉ ϯⲛⲁϣⲉ ⲛⲏⲓ ⲉⲃⲟⲗϧⲉⲛ ⲡⲓϩⲉⲗⲟⲥ ⲉⲧⲥⲁϧⲟⲩⲛ ⲟⲩⲟϩ ⲛ̄ⲧⲁⲛⲁⲩ ϫⲉ ϩⲁⲣⲁ ⲁ ⲟⲩⲟⲛ ϣⲱⲡⲓ ϧⲁϫⲱⲓ ⲁⲛ ϧⲉⲛ ⲛⲓϣⲁϥⲉⲩ. ⲟⲩⲟϩ ⲉⲧⲁϥϫⲱⲕ ⲉⲣⲉ ⲡⲁⲓⲙⲉⲩⲓ ϯ ⲛⲉⲙⲁϥ ϣⲁ ⲉ̄ ⲛ̄ⲣⲟⲙⲡⲓ ⲧⲟⲧⲉ ⲡⲉϫⲁϥ ⲉϩⲣⲏⲓ ⲛ̄ϧⲏⲧϥ ϫⲉ ϯⲛⲁⲧⲱⲛⲧ ⲛ̄ⲧⲁϣⲉ ⲟⲩⲟϩ ⲛ̄ⲧⲁⲙⲟϣⲓ ⲉϧⲟⲩⲛ ⲉⲡⲓϩⲉⲗⲟⲥ ⲉⲧⲥⲁϧⲟⲩⲛ ⲟⲩⲟϩ ⲛ̄ⲧⲁⲛⲁⲩ ϫⲉ ⲟⲩ ⲡⲉ ⲉϯⲛⲁϫⲉⲙϥ ⲙ̄ⲙⲁⲩ ⲕⲁⲧⲁ ⲫⲣⲏϯ ⲉⲧⲁⲩⲕⲓⲙ ⲉⲣⲟⲓ. ⲟⲩⲟϩ ⲉⲧⲁϥⲓ ⲉⲃⲟⲗ ⲛ̄ϫⲉ ⲡⲓϧⲉⲗⲗⲟ ⲉⲑⲟⲩⲁⲃ ⲁⲃⲃⲁ ⲙⲁⲕⲁⲣⲓⲟⲥ⁶ ⲟⲩⲟϩ ⲁϥⲙⲟϣⲓ ⲛ̄ⲇ̄ ⲛ̄ⲉϩⲟⲟⲩ ⲟⲩⲟϩ ⲉⲧⲁϥⲓ ϩⲓϫⲉⲛ ⲟⲩⲗⲩⲙⲛⲏ⁷ ⲁϥⲛⲁⲩ ⲉⲟⲩⲛⲏⲥⲟⲥ ϧⲉⲛ ⲧⲉⲥⲙⲏϯ ⲟⲩⲟϩ ⲉⲧⲁϥⲓ ⲉϫⲉⲛ⁸ ϯⲛⲏⲥⲟⲥ ⲁϥⲛⲁⲩ ⲟⲩⲟϩ ϩⲏⲡⲡⲉ ⲓⲥ ϩⲁⲛ ⲣⲱⲙⲓ ⲉⲣⲉ ⲃⲏϣ ⲉⲁ ⲡⲟⲩϣⲁⲣ ⲟⲩⲱⲧ ⲟⲩⲟϩ ⲁϥⲟⲩⲙⲧ ϩⲓⲧⲉⲛ ⲡⲓⲁⲏⲣ ⲛⲟⲩϥⲱⲓ ⲛⲉⲙ ⲛⲟⲩⲓⲉⲃ ⲁⲩⲉⲣ ⲛⲓϣϯ ⲁⲩⲉⲣ ⲕⲉⲥⲙⲟⲧ ϩⲱⲥⲧⲉ⁹ ⲉⲧⲁϥⲛⲁⲩ ⲉⲣⲱⲟⲩ ⲁϥϣⲉⲛϩⲟⲧ ⲉϥϫⲱ ⲙ̄ⲙⲟⲥ ϫⲉ ϩⲁⲛ ⲡ̄ⲛ̄ⲁ̄ ⲛⲉ.

par sa menstrue; et comment pourrais-je m'enorgueillir, du moins avec l'expérience que le Seigneur Jésus le Christ est mon secours et que c'est sa grâce qui opère la guérison ? »

Il arriva après un autre temps que ce saint vieillard, le saint abba Macaire, étant en repos de lui-même, il pensait en lui-même, disant: « Je sortirai du ouady intérieur et je verrai s'il y en avait d'autres dans ce désert avant moi. » Et lorsqu'il eut tardé, cette pensée le combattit pendant cinq ans; alors il dit : « Je me lèverai, j'irai et je marcherai dans le ouady intérieur et je verrai ce que j'y trouverai, comme l'on m'a excité. » Et lorsque le vieillard saint abba Macaire fut sorti, qu'il eut marché quatre jours et qu'il fut arrivé à un lac, il vit une île au milieu. Et lorsqu'il fut arrivé à l'île, il regarda et voici des hommes dont la chair était devenue noire et avait été rendue grossière par l'air, dont les cheveux et les ongles étaient devenus grands : leur forme s'était changée, de telle sorte que, lorsqu'il les eut vus, il fut effrayé, disant: « Ce sont des esprits ! » Mais eux, lorsqu'ils l'eurent vu effrayé de telle sorte

---

1. Cod. ⲛⲛⲟⲩϩⲓⲙⲓ. — 2. Cod. ϯⲡⲓⲣⲁ. — 3. Cod. ⲉⲣⲉⲣⲥⲓⲥⲁⲍⲓⲛ. — 4. Cod. ϧⲁⲣⲏⲓ. — 5. Cod. ⲙⲁⲕⲁⲣⲓ. — 6. Cod. ⲙⲁⲕⲁⲣⲓ. — 7. Cod. ⲗⲩⲙⲛⲏ. — 8. Le Cod. LXII recommence à ⲁϥⲛⲁⲩ. — Cod. LIX : ϩⲓϫⲉⲛ. — 9. Cod. ϩⲱⲥⲇⲉ.

ⲛⲑⲱⲟⲩ ⲇⲉ ⲉⲧⲁⲩⲛⲁⲩ ⲉⲣⲟϥ ⲉⲁϥⲉⲣ ϩⲟϯ ϩⲱⲥⲧⲉ¹ ϣⲁⲧⲉⲛ ⲕⲉⲕⲟⲩϫⲓ ⲛⲧⲉϥ-
ϩⲉⲓ ⲉⲡⲉⲥⲏⲧ ⲧⲟⲧⲉ ⲁⲩⲧⲁⲓⲉ ⲙⲟⲩϯ ⲉⲣⲟϥ ϧⲉⲛ ⲫⲣⲁⲛ ⲙⲡⲟⲥ. ⲛⲑⲟϥ ⲇⲉ
ⲉⲧⲁϥϭⲓ² ⲛⲟⲩⲙⲉⲧϫⲁⲣ ϩⲏⲧ ⲁϥⲥⲁϫⲓ ⲛⲉⲙⲱⲟⲩ ⲟⲩⲟϩ ⲡⲉϫⲱⲟⲩ ⲛⲁϥ ϫⲉ
ⲟⲩ ⲡⲉ ⲉⲧϣⲟⲡ³ ⲙⲙⲟⲕ ⲓⲉ ⲉⲧⲁⲕⲓ ⲉⲃⲟⲗ ⲉⲕⲕⲱϯ ⲛⲥⲁ ⲟⲩ. ⲟⲩⲟϩ ⲡⲉϫⲁϥ
ⲛⲱⲟⲩ ϫⲉ ⲫⲏ ⲉϯⲕⲱϯ ⲛⲥⲱϥ ⲁⲓϫⲉⲙϥ ⲟⲩⲟϩ ⲙⲡⲉ ⲡⲟⲥ ϥⲟϫⲧ ⲙⲙⲟϥ ⲉⲧⲉ
ⲡⲉⲧⲉⲛⲥⲙⲟⲩ ⲡⲉ. ⲟⲩⲟϩ ⲉⲧⲁϥϧⲟⲛⲧϥ ⲉⲣⲱⲟⲩ ⲁϥϫⲁⲙⲟⲛⲓ ⲙⲙⲱⲟⲩ ϫⲉ ⲁⲣⲏⲟⲩ
ϩⲁⲛ ⲡⲛⲁ ⲛⲉ ⲟⲩⲟϩ ⲉⲧⲁϥⲉⲙⲓ ϫⲉ ϩⲁⲛ ⲣⲱⲙⲓ ⲛⲁⲅⲓⲟⲥ ⲛⲉ ⲁϥⲟⲩⲱϣⲧ
ⲙⲙⲱⲟⲩ. ⲛⲑⲱⲟⲩ ⲇⲉ ⲁⲩⲥⲟⲙⲥ ⲉⲣⲟϥ ⲟⲩⲟϩ ⲁϥϣⲉⲛⲟⲩ ⲉⲑⲃⲉ ϩⲁⲛ ϩⲃⲏⲟⲩⲓ
ⲡⲉϫⲱⲟⲩ ⲛⲁϥ ϫⲉ ⲙⲡⲉⲛϣⲱⲡⲓ ϧⲉⲛ ⲟⲩⲙⲟⲛⲁⲥⲧⲏⲣⲓⲟⲛ⁴ ϧⲉⲛ ⲡϣⲁϥⲉ ⲟⲩⲟϩ
ⲙⲡⲉⲛⲛⲁⲩ ⲉⲥⲭⲏⲙⲁ ⲉⲛⲉϩ ⲙⲫⲣⲏϯ ⲙⲫⲏ⁵ ⲉⲧⲉⲕⲉⲣⲫⲟⲣⲉⲓⲛ⁶ ⲙⲙⲟϥ.
ⲁⲗⲗⲁ ⲉⲧⲁ ⲟⲩⲧⲙⲁϯ ϣⲱⲡⲓ ϧⲉⲛ ⲧⲉⲕⲙⲏϯ ⲁⲛⲓ ⲉⲡⲁⲓⲙⲁ ⲓⲥ ⲟⲩⲛⲟⲩ ⲉϥϫⲟⲕ
ⲉⲙⲁϣⲱ⁷ ⲟⲩⲟϩ ⲓⲥϫⲉⲛ ⲉⲧⲁⲛⲓ ⲙⲛⲁⲓ ⲙⲡⲉⲛⲉⲣⲁⲡⲁⲛⲧⲁⲛ ⲉⲣⲱⲙⲓ ⲛⲧⲉ ⲡⲁⲓ-

qu'un peu plus il serait tombé à terre, alors ils l'appelèrent au nom du Seigneur. Mais lui, après avoir pris audace, il leur parla; et ils lui dirent : « Que t'est-il arrivé et qu'es-tu venu chercher? » Et il leur dit : « Ce que je cherche, je l'ai trouvé et le Seigneur ne m'en a point privé : c'est votre bénédiction. » Et s'étant approché d'eux, il les toucha⁸ pour voir si peut-être ils étaient des esprits, et lorsqu'il vit que c'étaient de saints hommes, il les adora. Mais eux, ils le regardèrent; et lui, il les interrogea sur quelques œuvres. Ils lui dirent : « Nous n'habitons point dans un monastère dans le désert et nous n'avons jamais vu d'habit comme celui que tu portes; mais après nous être mis d'accord⁹, nous sommes venus en ce lieu, voici déjà bien longtemps; et depuis que nous sommes ici, nous n'avons rencontré personne de ce monde; car, en marchant les uns avec les autres dans cette montagne, nous voyons

---

1. *Cod.* ϩⲱⲥⲇⲉ. — 2. *Cod.* LIX : ⲟⲩⲟϩ ϩⲏⲡⲡⲉ ⲡⲉ ⲟⲩⲟⲛ ⲛϫⲁⲛ ⲣⲱⲙⲓ ⲉⲧⲃⲏϣ ⲛⲉ ⲟⲩⲟϩ ⲉⲁ ⲡⲟⲩϣⲁⲣ ⲟⲩⲱⲙⲧ ⲟⲩⲟϩ ⲡⲟⲩϩⲱⲓ ⲛⲉⲁϩⲣⲱⲧ ⲉⲡⲓϧⲟⲧⲟ ⲉⲑⲃⲉ ⲡⲓⲁⲏⲣ ⲟⲩⲟϩ ⲛⲟⲩⲉⲃ ⲁⲩϣⲓⲁⲓ ⲟⲩⲟϩ ⲁϥϣⲓⲛϯ (sic) ⲛϫⲉ ⲡⲟⲩⲥⲙⲟⲧ ⲟⲩⲟϩ ⲉⲧⲁϥⲛⲁⲩ ⲉⲣⲱⲟⲩ ϧⲉⲛ ⲡⲁⲓⲥⲙⲟⲧ ⲁϥⲉⲣ ϩⲟϯ ⲛⲁϥⲙⲉⲩⲓ ⲡⲉ ϫⲉ ϩⲁ ⲛⲁ (sic) ⲛⲉ ⲟⲩⲟϩ ϧⲉⲛ ⲡϫⲓ ⲛⲟⲩⲉϣϣⲱⲡⲓ ϧⲉⲛ ϯϩⲟϯ ⲛⲧⲉ ⲛⲏ ⲉⲧⲁϥⲛⲁⲩ ⲉⲣⲱⲟⲩ ϩⲱⲥⲇⲉ ⲧⲉϥϩⲓ ⲉⲡⲉⲥⲏⲧ ϧⲁⲧⲉⲛ ⲕⲉⲕⲟⲩϫⲓ ⲟⲩⲟϩ ϧⲉⲛ ⲡϫⲓ ⲛⲟⲣⲟⲩ ⲛⲁⲩ ⲉⲣⲟϥ ⲙⲡⲁⲓⲣⲏϯ ⲁⲩⲧⲁⲓⲉ ⲙⲟⲩϯ ⲉⲣⲟϥ ⲉⲫⲣⲁⲛ ⲙⲡⲟⲥ ⲟⲩⲟϩ ⲉⲧⲁϥϭⲓ, etc. Ce texte quoique différent de celui de l'autre manuscrit, se traduit de même à peu de chose près. — 3. *Cod.* ⲡⲉⲧϣⲟⲡ. — — 4. *Cod.* ϧⲉⲛ ⲙⲟⲛⲁⲥⲧⲏⲣⲓⲟⲛ. — 5. Le *Cod.* LXIV recommence à ⲙⲫⲣⲏϯ ⲙⲫⲁⲓ. — 6. *Cod.* ⲉⲧⲉⲕⲉⲣⲫⲟⲣⲓⲛ. — 7. Les *Cod.* LXII et LXIV n'ont pas ce mot. — 8. Mot à mot : « Il les prit pour voir si peut-être ils n'étaient pas des esprits. » — 9. Mot à mot : « Lorsque l'accord eut été entre nous. »

ⲕⲟⲥⲙⲟⲥ ⲉⲃⲏⲗ ⲉⲣⲟⲕ ⲉⲛⲙⲟϣⲓ ⲅⲁⲣ ⲛⲉⲙ ⲛⲉⲛⲉⲣⲏⲟⲩ ϩⲓ ⲡⲁⲓⲧⲱⲟⲩ ⲧⲉⲛⲛⲁⲩ ⲉⲩⲙⲏϣ ⲛ̀ⲍⲱⲟⲛ ⲉⲩⲟⲓ ⲛⲟⲩⲙⲏϣ ⲛ̀ⲥⲙⲟⲧ ⲟⲩⲟϩ ⲛⲓⲣⲉⲙ ⲛ̀ⲧⲱⲟⲩ ⲧⲉⲛⲉⲣⲁⲡⲁⲛⲧⲁⲛ ⲉⲣⲱⲟⲩ ⲛⲟⲩⲙⲏϣ ⲛ̀ⲥⲟⲡ ⲟⲩⲟϩ ϩⲓⲧⲉⲛ ⲑⲃⲟⲏⲑⲉⲓⲁ[1] ⲙ̀ⲡⲟⲥ ⲙ̀ⲙⲟⲛ ϩⲗⲓ ϭⲓ ⲛⲉⲙⲁⲛ[2] ⲟⲛ ⲉⲉⲣⲃⲗⲁⲡⲧⲉⲓⲛ[3] ⲙ̀ⲙⲟⲛ ⲟⲩⲟϩ ⲙ̀ⲡⲓⲣⲏϯ ⲉⲧⲉⲕⲛⲁⲩ ⲉⲛⲙⲟϣⲓ ϯⲛⲟⲩ ⲉⲛⲃⲏϣ[4] ⲡⲁⲓⲣⲏϯ ⲡⲉ ⲛ̀ⲕⲁⲓⲣⲟⲥ[5] ⲛⲓⲃⲉⲛ ⲛ̀ⲧⲉⲛϧⲟⲥⲓ ⲁⲛ ⲟⲩⲇⲉ ϧⲉⲛ ⲡⲓϣⲱⲙ ⲟⲩⲇⲉ ϧⲉⲛ ϯⲫⲣⲱ ϫⲉ ⲟⲩⲏⲓ ⲡⲟⲥ ⲡⲉ ⲉⲧⲉⲣⲟⲓⲕⲟⲛⲟⲙⲉⲓⲛ[6] ⲙ̀ⲙⲟⲛ ⲙ̀ⲡⲁⲓⲣⲏϯ. ⲟⲩⲟϩ ⲉⲧⲁⲩϣⲉⲛϥ ⲉⲑⲃⲉ ⲡⲓⲕⲟⲥⲙⲟⲥ ⲛⲉⲙ ⲛⲁ ⲡⲓⲕⲟⲥⲙⲟⲥ ⲁϥⲉⲣⲟⲩⲱ ⲛⲱⲟⲩ ϫⲉ ϩⲓⲧⲉⲛ ⲫϯ ⲛⲉⲙ ⲛⲉⲧⲉⲛϣⲗⲏⲗ ⲡⲟⲥ ⲉⲣⲑⲁⲗⲡⲉⲓⲛ[7] ⲙ̀ⲙⲱⲟⲩ ϩⲓⲧⲉⲛ ⲧⲉϥⲡⲣⲟⲛⲟⲓⲁ. ⲟⲩⲟϩ ⲉⲧⲁϥϭⲓ ⲙ̀ⲡⲟⲩⲥⲙⲟⲩ ⲁϥⲓ ⲉⲃⲟⲗϩⲓⲧⲟⲧⲟⲩ ⲟⲩⲟϩ ⲁϥⲧⲁⲥⲑⲟ ⲉⲡⲉϥⲙⲁ ⲛ̀ϣⲱⲡⲓ.

ⲡⲓⲁⲅⲓⲟⲥ ⲇⲉ ⲁⲃⲃⲁ ⲙⲁⲕⲁⲣⲓⲟⲥ[8] ⲁϥⲉⲣ ϩⲏⲧⲥ ⲛ̀ⲉⲣ ϧⲉⲗⲗⲟ ⲟⲩⲟϩ ⲁⲥⲉⲣ ϩⲏⲧⲥ ⲛ̀ⲭⲁϥ ⲛ̀ϫⲉ ϯϫⲟⲙ ⲧⲉϥⲯⲩⲭⲏ ⲇⲉ ⲛⲁⲥⲣⲱⲟⲩⲧ ⲙ̀ⲙⲏⲛⲓ ⲡⲉ ⲉϧⲟⲩⲛ ⲉϯⲙⲉⲧϣⲁⲙϣⲉ ⲛⲟⲩϯ[9] ⲟⲩⲟϩ ⲉϥⲃⲉⲣⲃⲉⲣ ϧⲉⲛ ϯⲁⲅⲁⲡⲏ ⲉϧⲟⲩⲛ ⲉⲫϯ ⲛⲁϥϣⲟⲡ ⲛ̀ϩⲟϯ ⲛⲁϩⲣⲉⲛ ⲛⲓⲇⲁⲓⲙⲱⲛ[10] ϩⲱⲥⲧⲉ[11] ϩⲓⲧⲉⲛ ⲡⲁϣⲁⲓ ⲛ̀ⲛⲓϧⲓⲥⲓ ⲉⲧⲟⲩⲓⲛⲓ ⲙ̀ⲙⲱⲟⲩ ⲉϫⲱϥ ⲛ̀ⲧⲟⲩⲉⲣ ϩⲏⲧⲥ ⲛ̀ⲭⲁ ⲧⲟⲧⲟⲩ ⲉⲃⲟⲗ ⲉⲩϧⲏⲕ ⲟⲩⲃⲏϥ. ⲉⲧⲁⲩ-

une foule d'animaux sauvages de toutes les formes[12] et les hommes de montagne[13], nous les rencontrons une foule de fois, et par le secours de Dieu, aucun d'eux ne nous a touchés pour nous nuire. Et comme tu nous vois marcher nus, il en est ainsi en toute saison; nous ne souffrons ni dans l'été, ni dans l'hiver; car, certes, c'est Dieu qui nous dispense (la vie) de cette manière. » Et lorsqu'ils l'eurent interrogé sur le monde et ceux du monde, il leur répondit : « Grâce à Dieu et à vos prières, le Seigneur en prend soin par sa providence. » Et lorsqu'il eut reçu leur bénédiction, il s'éloigna d'eux et retourna à son habitation.

Mais le saint abba Macaire commença de devenir vieux et la force commença de l'abandonner; mais son âme était florissante chaque jour dans le service de Dieu : et fervent dans l'amour de Dieu, il était terrible près des démons, de sorte qu'à cause de la multitude des souffrances qu'ils lui avaient causées, ils commencèrent de cesser leur lutte contre lui. Une fois

1. *Cod.* ⲃⲟⲏⲟⲓⲁ. — 2. *Cod.* LIX : ϭⲟϩ ⲉⲣⲟⲛ. — 3. *Cod.* ⲉⲣⲃⲗⲁⲡⲧⲓⲛ. — 4. *Cod.* LXII : ⲉⲛⲙⲟϣⲓ ⲉⲛⲃⲏϣ. — 5. *Cod.* ⲛⲕⲉⲣⲟⲥ. — 6. *Cod.* ⲟⲓⲕⲟⲛⲟⲙⲓⲛ. — 7. *Cod.* ⲑⲁⲗⲡⲓⲛ. — 8. *Cod.* ⲙⲁⲕⲁⲣⲓ. — 9. Le *Cod.* LIX a un second ⲡⲉ après ⲙⲉⲧϣⲁⲙϣⲉ ⲛⲟⲩϯ. — 10. *Cod.* ⲛⲓⲇⲉⲙⲱⲛ. — 11. *Cod.* ϩⲱⲥⲇⲉ. — 12. Mot à mot : « D'animaux sauvages étant d'une foule de formes. » — 13. C'est-à-dire, sans doute, de grands singes ou peut-être des nomades.

ⲑⲱⲟⲩϯ ⲟⲩⲛ ⲉⲣⲟϥ ⲛⲟⲩⲥⲟⲡ ⲉϥϧⲉⲛ ⲡⲓϧⲉⲗⲟⲥ ⲉϥϫⲉⲛ ϩⲛⲧ ⲉⲃⲟⲗ ⲥⲁ ⲡⲥⲁ
ⲙⲙⲓⲥⲛⲏⲟⲩ ⲁⲩⲱⲗⲓ ⲛⲧⲭⲣⲟϥⲓ ⲉⲧϧⲉⲛ ⲧⲉϥϫⲓϫ¹ ⲟⲩⲟϩ ⲉⲧⲁⲩⲁⲙⲟⲛⲓ ⲙⲙⲟⲥ
ⲁⲩⲁϣⲉ ⲥⲁ ⲡϣⲱⲓ ⲙⲙⲟϥ ϩⲱⲥ ϫⲉ ⲉⲥⲛⲁⲉⲓⲛⲥ ⲉϧⲣⲏⲓ ⲉϫⲱϥ. ⲛⲑⲟϥ ⲇⲉ ⲉⲣⲉ
ⲡⲉϥϩⲏⲧ ⲧⲟⲣ ⲙⲫⲣⲏϯ ⲛⲟⲩⲙⲟⲩⲓ ⲁϥⲱϣ ⲉⲃⲟⲗ ⲉϧⲣⲏⲓ ⲉϫⲱⲟⲩ ϧⲉⲛ ⲟⲩⲛⲓϣϯ
ⲛⲥⲙⲏ ϫⲉ ⲓⲥϫⲉ ⲁ ⲡⲟⲥ ϯ ⲉⲝⲟⲩⲥⲓⲁ ⲛⲱⲧⲉⲛ ⲓⲉ ⲁⲙⲓⲧⲉ ⲉϧⲣⲏⲓ ⲉϫⲱⲓ ⲓⲥϫⲉ ⲇⲉ
ⲙⲫⲏ ⲓⲉ ⲙⲁϣⲉ ⲛⲱⲧⲉⲛ ⲉⲡⲓⲭⲁⲕⲓ. ⲟⲩⲟϩ ⲉⲧⲁⲩⲑⲱⲟⲩϯ ⲉⲛⲟⲩⲉⲣⲏⲟⲩ ⲁⲩⲱϣ
ⲉⲃⲟⲗ ⲉϧⲣⲏⲓ ⲉϫⲱϥ ⲉⲩϫⲱ ⲙⲙⲟⲥ ϫⲉ ⲱ ⲃⲓⲁ ⲉϫⲱⲕ ⲙⲁⲕⲁⲣⲓⲟⲥ² ϫⲉ ⲁⲛⲭⲁ
ⲧⲟⲧⲉⲛ ⲉⲃⲟⲗ ⲛⲉⲙⲁⲕ ⲙⲡⲁⲓⲥⲛⲟⲩ ⲧⲏⲣϥ ⲉⲑⲃⲉ ϫⲉ ⲡⲓϧⲓⲥⲓ ⲧⲏⲣϥ ⲉⲧⲁⲛϣⲟⲡϥ
ⲛϯ ⲟⲩⲃⲏⲕ ⲁϥϣⲱⲡⲓ ⲉϥϣⲟⲩⲓⲧ ⲕⲁⲓ ⲅⲁⲣ³ ⲙⲡⲉⲛϫⲉⲙ ϩⲛⲟⲩ ⲛϩⲏⲧⲕ ⲛϩⲗⲓ.
ⲟⲩⲟϩ ⲡⲉϫⲁϥ ⲛⲱⲟⲩ ϫⲉ ⲧⲁϫⲟⲙ ⲁⲛ ⲧⲉ ⲉⲧⲓⲣⲓ ⲛⲛⲁⲓ ⲁⲗⲗⲁ ⲡⲓϩⲙⲟⲧ ⲛⲧⲉ
ⲡⲟⲥ ⲡⲉ. ⲟⲩⲟϩ ⲡⲁⲓⲣⲏϯ ⲁⲩⲉⲣ ⲁⲑⲟⲩⲱⲛϩ ⲟⲩⲟϩ ⲓⲥϫⲉⲛ ⲡⲓⲉϩⲟⲟⲩ ⲉⲧⲉⲙⲙⲁⲩ
ⲁ ⲡⲟⲥ ⲉⲣ ϩⲏⲧⲥ ⲛϯ ⲙⲧⲟⲛ ⲛⲁϥ ⲉⲃⲟⲗϧⲁ ⲡⲣⲟⲟⲩ ⲛⲛⲓϫⲓ ⲛϯ ⲟⲩⲟⲓ ⲛⲧⲉ
ⲛⲓⲇⲁⲓⲙⲱⲛ⁴ ⲟⲩⲟϩ ⲉⲫⲙⲁ ⲛⲣⲁⲛ ⲡⲟⲗⲉⲙⲟⲥ ⲉⲑⲣⲟⲩⲉⲣⲟⲛⲟⲭⲗⲉⲓⲛ ⲛⲁϥ ϧⲉⲛ
ⲟⲩⲙⲉⲧϩⲟⲩⲟ ⲟⲩⲭⲁⲙⲏⲛ ⲛⲉⲙ ⲟⲩⲡⲁⲣⲁⲕⲗⲏⲥⲓⲥ ⲉⲥⲙⲏⲛ ⲉⲃⲟⲗ ⲙⲉⲛⲧⲟⲓ ⲭⲱⲣⲓⲥ
ⲡⲁⲑⲟⲥ ⲁⲛ ⲟⲩ ⲅⲁⲣ ⲙⲡⲉϥⲭⲁ ⲡⲉϥϩⲏⲧ ⲉⲃⲟⲗ ϣⲁ ⲡⲉϩⲟⲟⲩ ⲙⲡⲉϥⲙⲟⲩ
ⲁⲗⲗⲁ ⲛⲁϥⲙⲉⲩⲓ ⲙⲙⲏⲛⲓ ⲡⲉ ϫⲉ ⲟⲩⲟⲛ ⲡⲉⲓⲣⲁⲥⲙⲟⲥ⁵ ⲛⲛⲟⲩ ⲟⲩⲟϩ ⲡⲁⲓⲣⲏϯ

donc qu'ils s'étaient réunis à lui, pendant qu'il était dans le ouady cueillant des palmes à l'écart des frères, ils prirent la faux qui était dans ses mains et, lorsqu'ils la lui eurent prise, ils la suspendirent au-dessus de lui, comme pour la faire tomber sur sa tête ; mais lui, son cœur étant courageux comme un lion, il leur cria avec une grande voix : « Si le Seigneur vous a donné puissance, eh bien, faites-la tomber sur moi ; sinon, eh bien, allez-vous-en dans les ténèbres. » Et lorsqu'ils se furent assemblés les uns les autres, ils s'écrièrent sur lui, disant : « Nous en avons fini avec toi pour toujours : car toute la fatigue que nous avons endurée pour te combattre a été vaine : nous n'avons eu aucun profit sur toi. » Et il leur dit : « Ce n'est pas ma force qui fait cela, mais c'est la grâce de Dieu ! » Et ainsi ils disparurent, et de ce jour-là le Seigneur commença de lui donner repos des attaques des démons, et (de lui donner), au lieu des combats dont ils le troublaient avec excès, la tranquillité et la consolation constantes, non pas cependant sans souffrance : car la souffrance ne laissa pas son cœur jusqu'au moment de sa mort ; mais il pensait chaque jour, en disant : « L'épreuve passe ! » Et ainsi il était abstinent

---

1. *Cod.* ⲗⲭⲓⲭ : ⲧⲉϥϫⲓϫ. — 2. *Cod.* ⲙⲁⲕⲁⲣⲓ. — Les *Cod.* ⲗⲭⲓⲓ et ⲗⲭⲓⲭ n'ont pas ces mots. — 3. *Cod.* ⲕⲉ ⲅⲁⲣ. — 4. *Cod.* ⲛⲓⲇⲉⲙⲱⲛ. — 5. *Cod.* ⲡⲓⲣⲁⲥⲙⲟⲥ.

ⲛⲁϥⲉⲣⲙⲉⲑⲣⲉⲙ¹ ⲛⲟⲩⲛⲟⲩ ⲛⲓⲃⲉⲛ ⲕⲁⲧⲁ ⲡⲁϣⲁⲓ ⲛϯⲇⲓⲁⲕⲣⲓⲥⲓⲥ ⲉⲧⲁ ⲡⲟ̅ⲥ̅ ⲉⲣⲭⲁⲣⲓⲍⲉⲥⲑⲁⲓ² ⲙⲙⲟⲥ ⲛⲁϥ ⲓⲥϫⲉⲛ ⲧⲉϥⲙⲉⲧⲁⲗⲟⲩ.

ⲉⲧⲁϥⲉⲣ ϧⲉⲗⲗⲟ ⲇⲉ ⲛϫⲉ ⲡⲓⲁⲅⲓⲟⲥ ⲛⲁⲩⲉⲣⲁⲓⲧⲉⲓⲛ³ ⲙⲙⲟϥ ⲡⲉ ϩⲓⲧⲉⲛ ϩⲁⲛ ⲙⲏϣ ϫⲉ ϩⲓⲛⲁ ⲉϥⲉϯ ⲉϫⲱⲟⲩ ϩⲟⲡⲱⲥ ⲛⲥⲉϭⲓ ⲙⲡⲉϥⲥⲙⲟⲩ ⲟⲩⲟϩ ⲡⲁⲓⲣⲏϯ ⲁⲥϣⲱⲡⲓ. ⲛⲉ ⲁⲩϣⲟⲡ ⲇⲉ ⲛⲉⲙⲁϥ ⲡⲉ ϫⲉ ϩⲁⲛ ⲙⲏϣ ⲙⲙⲁⲑⲏⲧⲏⲥ ⲁⲗⲗⲁ ⲛⲁⲩϣⲟⲡ ⲛⲉⲙⲁϥ ⲧⲏⲣⲟⲩ ⲁⲛ ⲡⲉ ⲟⲑⲉⲛ ϩⲁⲛ ⲟⲩⲟⲛ ⲛϧⲏⲧⲟⲩ ⲉⲧⲁⲩ ⲭⲟϩ ⲉⲡⲁⲓⲭⲟϩ⁴ ⲉⲟⲛⲁⲛⲉϥ ⲓⲥϫⲉⲛ ⲉϥⲟⲛϧ ⲁⲩϣⲱⲡⲓ ϩⲓ ⲫⲟⲩⲉⲓ ⲙⲙⲟϥ ϧⲉⲛ ϩⲁⲛ ⲕⲉⲙⲱⲓⲧ ⲟⲩⲟϩ ⲉⲧⲁ ⲛⲉⲭⲱⲟⲩⲛⲓ ϣⲱⲡⲓ ϧⲁⲧⲟⲧⲟⲩ ⲁⲩⲙⲟⲩϯ ⲛⲛⲟⲩⲣⲁⲛ ⲉϫⲉⲛ ϩⲁⲛ ⲕⲉⲣⲁⲟⲩⲓ ⲉⲧⲉ ⲁⲃⲃⲁ ⲓⲱⲁⲛⲛⲏⲥ ⲡⲓⲕⲟⲗⲟⲃⲟⲥ ⲡⲉ ⲛⲉⲙ ⲁⲃⲃⲁ ⲡⲓϣⲟⲓ⁵ ⲛⲓⲙⲁⲑⲏⲧⲏⲥ ⲛⲧⲉ ⲁⲃⲃⲁ ⲁⲙⲟⲓ ⲫⲙⲁⲑⲏⲧⲏⲥ ⲛⲁⲃⲃⲁ ⲡⲓⲑⲟⲩ. ⲡⲓⲁⲅⲓⲟⲥ ⲇⲉ ⲁⲃⲃⲁ ⲙⲁⲕⲁⲣⲓⲟⲥ⁶ ⲛⲁϥⲣⲁϣⲓ ⲡⲉ ϧⲉⲛ ⲟⲩⲧⲉⲗⲏⲗ ⲉϥⲛⲁⲩ ⲉⲛⲉϥ ⲕⲗⲁⲇⲟⲥ⁷ ⲉⲧⲁⲩⲁϣⲁⲓ ⲟⲩⲟϩ ⲡⲉϥⲅⲉⲛⲣⲙⲁ ⲉⲁϥⲫⲓⲣⲓ ⲉⲃⲟⲗ ⲟⲩⲟϩ ⲉϥⲛⲁⲩ ⲉⲧⲙⲉⲧⲣⲉϥϯ ⲕⲁⲣⲡⲟⲥ ⲛⲧⲉ ⲛⲓϣϣⲏⲛ ⲙⲡⲛⲁ ⲉⲧⲁϥⲧⲟϫⲟⲩ ϧⲉⲛ ⲡⲓⲁϩ ⲁⲗⲟⲗⲓ ⲛⲧⲉ ⲡⲟ̅ⲥ̅ ⲥⲁⲃⲁⲱⲑ ⲛⲁϥϯ ⲱⲟⲩ ⲙⲫϯ ϧⲉⲛ ⲟⲩϣⲉⲡ ϩⲙⲟⲧ ⲟⲩⲟϩ ⲛⲁϥϫⲱ ⲙⲙⲟⲥ ϧⲁⲣⲓ ϧⲁⲣⲟϥ ϫⲉ ϩⲱⲃ ⲛⲓⲃⲉⲛ ⲉⲧⲁⲩⲉⲣ ϣⲟⲣⲡ ⲛϫⲟⲧⲟⲩ ⲛⲓⲙ ⲁ ⲡⲟ̅ⲥ̅ ϫⲟⲕⲟⲩ ⲉⲃⲟⲗ ⲟⲩⲟϩ ⲁⲓⲛⲁⲩ ⲉⲣⲱⲟⲩ ⲛⲛⲁⲃⲁⲗ ⲁⲡⲟ ⲙⲉⲣⲟⲩⲥ⁸ ⲕⲁⲓ ⲅⲁⲣ⁹ ⲛⲓ-

en toute heure, selon l'abondance de jugement que le Seigneur lui avait accordée depuis son enfance.

Et lorsque le saint fut devenu vieux, il fut prié par des multitudes de leur donner l'habit¹⁰, afin qu'ils reçussent sa bénédiction. Et il en fut ainsi. Il y avait avec lui des multitudes de disciples; mais ils n'étaient pas tous avec lui; car quelques-uns d'entre eux, ayant été zélés de ce beau zèle pendant qu'il vivait, habitèrent loin de lui en d'autres endroits. Et comme d'autres habitèrent près d'eux, on donna leurs noms aux autres monastères qui sont (ceux) de Jean Kolobi, d'abba Pischoï, disciples d'abba Amoï, disciple d'abba Pithou. Mais le saint Macaire se réjouissait avec allégresse, voyant ses rameaux se multiplier et sa race être renommée, voyant la fructification des arbres spirituels qu'il avait plantés dans cette vigne du Seigneur Sabaôth; il rendit gloire à Dieu avec reconnaissance et se disait en lui-même : « Toute chose qui n'avait été dite d'abord, le Seigneur l'a accomplie et j'en ai vu une partie

---

1. *Cod.* ⲛⲏϥⲙ. — 2. *Cod.* ⲉⲣⲭⲁⲣⲓⲍⲉⲥⲟⲥ. — 3. *Cod.* ⲛⲁⲩⲉⲣⲉⲧⲓⲛ. — 4. *Cod.* LXIV : ⲉⲧⲁⲩⲭⲟϩⲥ ⲉⲡⲁⲓⲭⲟϩ (sic). — 5. *Cod.* LXII et LXIV : ⲡⲓϣⲟⲓ. — 6. *Cod.* ⲙⲁⲕⲁⲣⲓ. — 7. *Cod.* ⲕⲗⲁⲧⲟⲥ. — 8. *Cod.* ⲁⲡⲟ ⲙⲉⲣⲟⲥ. — 9. *Cod.* ⲕⲉ ⲅⲁⲣ. — 10. C'est-à-dire l'habit des moines, comme lui-même l'avait reçu des mains d'Antoine.

ⲣⲉⲙ ⲛⲭⲏⲙⲓ ⲙⲙⲁⲩⲁⲧⲟⲩ ⲁⲛ ⲉⲧϣⲟⲡ ϧⲉⲛ ⲡⲓϣⲁϥⲉ ⲉⲧⲉⲙⲙⲁⲩ ⲁⲗⲗⲁ
ⲉⲃⲟⲗϧⲉⲛ ϩⲁⲛ ⲙⲏϣ ⲛⲭⲱⲣⲁ ⲁⲩⲑⲱⲟⲩϯ ⲉⲣⲟϥ ϯⲣⲱⲙⲁⲛⲓⲁ ⲛⲉⲙ ϯⲥⲡⲁ-
ⲛⲓⲁ ϯⲗⲩⲃⲏ ⲛⲉⲙ ϯⲡⲉⲛⲧⲁⲡⲟⲗⲓⲥ ϯⲕⲁⲡⲡⲁⲇⲟⲕⲓⲁ ⲛⲉⲙ ϯⲃⲩⲍⲁⲛⲧⲓⲟⲛ
ϯⲅⲓⲧⲁⲗⲓⲁ¹ ⲛⲉⲙ ϯⲙⲁⲕⲉⲇⲱⲛⲓⲁ ϯⲁⲥⲓⲁ ⲛⲉⲙ ϯⲥⲩⲣⲓⲁ ϯⲡⲁⲗⲉⲥⲧⲓⲛⲏ² ⲛⲉⲙ
ϯⲅⲁⲗⲁⲧⲓⲁ ⲁⲡⲁⲝ ⲁⲡⲗⲱⲥ ⲁ ⲛⲉϥⲃⲁⲗ ⲛⲁⲩ ⲉⲛⲏ ⲉⲧⲁⲩⲉⲣ ϣⲟⲣⲡ ⲛ̀ⲭⲟⲧⲟⲩ
ⲛⲁϥ ⲟⲩⲟϩ ⲁⲩϫⲱⲕ ⲉⲃⲟⲗ ⲉϩⲣⲏⲓ ⲉϫⲉⲛϥ.

ⲁⲙⲉⲗⲉⲓ³ ⲉⲧⲁϥⲉⲣ ϧⲉⲗⲗⲟ ⲟⲩⲟϩ ⲉⲧⲁϥⲉⲣ ⲁⲧϫⲟⲙ ⲁⲩⲟⲩⲱϣ ⲛϫⲉ ⲛⲓⲇⲁⲓⲙⲱⲛ⁴ ⲉⲉⲣⲇⲟⲕⲓⲙⲁⲍⲓⲛ⁵ ⲙⲙⲟϥ ⲟⲩⲟϩ ⲉⲧⲁⲩⲭⲁϥ ⲉϥϩⲉⲙⲥⲓ ϧⲉⲛ ϯⲁⲩⲗⲏ
ⲟⲩⲟϩ ⲉⲣⲉ ⲫⲣⲏ ⲛⲁϩⲱⲧⲡ ⲁϥⲛⲉⲥⲕⲱⲥϥ ⲉⲃⲟⲗ ⲙⲫⲣⲏϯ ϫⲉ ⲉϥⲉⲛⲕⲟⲧ⁶ ⲉⲧⲁⲩⲓ
ⲉⲥⲕⲉⲛ ⲡⲓⲣⲟ ⲉⲃⲟⲗ ⲥⲁⲃⲟⲗ ⲟⲩⲟϩ ϩⲱⲥ ⲉⲩⲉⲣ ⲟⲩⲙⲏϣ ⲁⲩϭⲓ ⲙⲡⲉⲭⲏⲙⲁ
ⲛϩⲁⲛ ϣⲁⲧ ⲙⲉⲑⲛⲁⲓ⁷ ⲁⲩⲕⲱⲗϩ ⲉϧⲟⲩⲛ ⲉⲩϯ ϩⲟ ϫⲉ ⲁⲣⲓ ⲡⲓⲛⲁⲓ ⲛⲉⲙⲁⲛ.
ⲟⲩⲟϩ ⲉⲧⲁϥⲥⲱⲧⲉⲙ ⲧⲟⲧⲥⲙⲏ ⲛⲁϥϭⲓ ⲙⲙⲟϥ ⲉⲛⲃⲟⲗ ⲡⲉ⁸ ϧⲉⲛ ⲡⲉϥⲟⲩⲱϣ
ⲟⲩⲟϩ ⲡⲉϫⲉ ⲡⲓⲟⲩⲁⲓ ⲡⲓⲟⲩⲁⲓ ⲙⲡⲉϥϣⲫⲏⲣ ϫⲉ ⲉϥⲉⲛⲕⲟⲧ. ⲟⲩⲟϩ ⲡⲉϫⲉ ⲛⲓⲕⲉⲭⲱⲟⲩⲛⲓ ϫⲉ ⲁⲣⲏⲟⲩ ⲉⲧⲁϥⲙⲟⲩ ⲛⲧⲉⲙⲧⲟⲛ ⲙⲙⲟⲛ ⲉⲃⲟⲗϩⲁ ⲡⲉϥϥⲓ
ⲣⲱⲟⲩϣ ⲓϫⲉ ⲡⲁϣⲁⲩ ⲕⲁⲓ ⲅⲁⲣ⁹ ⲧⲉϥⲯⲩⲭⲏ ⲭⲟⲣ ⲙⲫⲣⲏϯ ⲙⲡⲓⲁⲇⲁⲙⲁⲥ

de mes yeux. » Car ce ne sont pas les hommes de l'Égypte seuls qui habitent en ce désert, mais on s'y est rassemblé d'une foule de pays, de la Romanie et de l'Espagne, de la Libye et de la Pentapole, de la Cappadoce et de Byzance, de l'Italie et de la Macédoine, de l'Asie et de la Syrie, de la Palestine et de la Galatie. En un mot, ses yeux virent ce qu'on lui avait dit d'abord, et cela s'accomplit près de lui.

Par hasard, lorsqu'il fut devenu vieux et sans force, les démons voulurent l'éprouver, et comme on l'avait laissé assis dans la cour, au moment où le soleil allait se coucher, il s'étendit comme pour dormir. Lorsque les démons furent arrivés à la porte en dehors et se furent rassemblés en foule[10], ils prirent la forme de mendiants, ils frappèrent, priant et disant : « Fais-nous charité. » Et lorsqu'il eut reconnu leur voix, il se jeta volontairement sur le lit, et chacun disait à ses compagnons : « Il dort! » et d'autres disaient : « Peut-être est-il mort! reposons-nous désormais du souci qu'il nous causait[11], car son

---

1. Cod. ϯⲅⲣⲁⲗⲓⲁ. — 2. Cod. ϯⲡⲁⲗⲉⲥⲧⲓⲛⲏ. — 3. Cod. ⲁⲙⲉⲗⲓ. — 4. Cod. ⲛⲓⲁⲥⲙⲱⲛ — 5. Cod. ⲉⲣⲇⲟⲕⲓⲙⲁⲍⲓⲛ. — 6. Cod. ⲗⲓⲝ : ⲉϥⲛⲉⲥⲕⲱⲥ ⲛϫⲉ ⲡⲓϧⲉⲗⲗⲟ ⲉⲧⲁⲣⲱⲟⲩⲧ ⲟⲩⲟϩ ⲉϥⲛⲕⲟⲧ : s'étendit et dormit. — 7. Cod. ⲗⲓⲝ : ⲙⲡⲉⲥⲙⲟⲧ. — 8. Cod. ⲗⲓⲝ, deest ⲡⲉ. — 9. Cod. ⲕⲉ ⲅⲁⲣ. — 10. Mot à mot : « Comme faisant foule. » — 11. Mot à mot : « Afin que nous nous reposions de son souci. »

ⲟⲩⲟϩ ⲡⲉⲛϫⲓϫ ϥⲟⲣⲟ ⲙⲙⲟϥ ⲉϥϣⲱⲡⲓ ⲉϥϫⲟⲩⲓⲧ ⲁⲛⲁⲩ ⲅⲁⲣ ϫⲉ ϧⲉⲛ ⲛⲓϧⲓⲥⲓ
ⲧⲏⲣⲟⲩ ⲉⲧⲁⲛⲉⲛⲟⲩ ⲉϫⲱϥ ⲙⲡⲉϥⲉⲣⲙⲉⲗⲗⲓⲥⲑⲁⲓ[1] ⲛⲁϥ ⲁⲙⲱⲓ[2] ⲛⲧⲉϥⲙⲟⲩ ϫⲉ
ϩⲓⲛⲁ ⲛⲧⲉⲛⲙⲧⲟⲛ ⲙⲙⲟⲛ ⲉⲃⲟⲗϩⲁ ⲡⲉϥⲭⲓⲙⲱⲛ[3] ⲁⲣⲏⲟⲩ ⲅⲁⲣ ⲙⲉⲛⲉⲛⲥⲁ
ⲡⲉϥⲙⲟⲩ ⲡⲁⲓⲙⲱⲓⲧ ⲛⲁϫⲱⲣ ⲉⲃⲟⲗ ⲟⲩⲟϩ ϥⲛⲁⲉⲣ ϣⲁϥⲉ ⲟⲛ ⲉⲃⲟⲗϩⲁ ⲛⲁⲓ
ⲣⲱⲙⲓ ⲛⲁⲅⲓⲟⲥ[4] ⲛⲁⲓ ⲙⲫⲣⲏϯ ⲛϣⲟⲣⲡ. ⲛⲑⲟϥ ⲇⲉ ⲉϥⲥⲱⲧⲉⲙ ⲉⲛⲁⲓ ⲛⲁϥⲭⲱ
ⲛⲣⲱϥ ⲡⲉ ⲉϥⲛⲏⲛ ⲉϯⲡⲣⲟⲥⲉⲩⲭⲏ[5] ⲟⲩⲟϩ ⲉⲧⲁⲩⲑⲟϫϩⲉϫ ⲛϫⲉ ⲛⲏ ⲉⲧⲉⲙⲙⲁⲩ
ϩⲓⲧⲉⲛ ⲛⲓϣⲑⲟⲣⲧⲉⲣ ⲉⲧⲕⲱϯ ⲉⲣⲱⲟⲩ ⲧⲟⲧⲉ ⲁⲩⲉⲗ ⲱⲛⲓ ⲁⲩⲕⲱϣ ⲛⲥⲁ ⲡⲓⲣⲟ
ⲟⲩⲟϩ ⲟⲩⲇⲉ ⲙⲡⲁⲓⲕⲉⲣⲏϯ ⲙⲡⲉϥϯ ⲛϩⲑⲏϥ ⲉⲣⲱⲟⲩ. ⲉⲡϧⲁⲉ ⲇⲉ ⲁⲩⲉⲗ ⲱⲛⲓ
ⲁⲩⲉⲓϥ ⲉϧⲣⲏⲓ ⲉⲧⲁⲩⲗⲏ ⲟⲩⲟϩ ⲉⲣⲉ ⲡⲟⲥ ⲉⲣⲥⲕⲉⲡⲁⲍⲓⲛ[6] ⲙⲙⲟϥ ⲙⲡⲉ ϩⲗⲓ
ϧⲉⲛ ⲛⲓⲱⲛⲓ ⲁϥϧⲱⲛⲧ ⲉⲣⲟϥ ⲁⲗⲗⲁ ⲁϥϩⲟⲥ ⲉϥϩⲓ ⲙⲙⲟϥ ⲉⲡⲃⲟⲗ ϩⲱⲥ ⲉϥⲉⲛ
ⲕⲟⲧ ⲟⲩⲟϩ ⲡⲉϫⲉ ⲡⲓⲟⲩⲁⲓ ⲡⲓⲟⲩⲁⲓ ⲙⲙⲱⲟⲩ ϫⲉ ϧⲉⲛ ⲟⲩⲙⲉⲑⲙⲏⲓ ⲁϥⲙⲟⲩ ⲛϫⲉ
ⲙⲁⲕⲁⲣⲓⲟⲥ[7] ⲟⲩⲟϩ ⲉⲧⲁⲩϩⲓⲧⲟⲧⲟⲩ ⲁⲩⲣⲓⲙⲓ ϩⲱⲥ ⲉⲩⲣⲁϣⲓ ⲉϧⲣⲏⲓ ⲉϫⲉⲛ ⲡⲉϥ
ⲙⲟⲩ ⲟⲩⲟϩ ⲁⲩⲱϣ ⲉⲃⲟⲗ ⲟⲩⲟϩ ⲉⲧⲁⲩⲥⲱⲧⲉⲙ ⲛϫⲉ ϩⲁⲛ ⲟⲩⲟⲛ ϧⲉⲛ ⲛⲓⲥⲛⲏⲟⲩ
ⲛⲁⲩϭⲟϫⲓ ⲡⲉ ⲛⲥⲁ ⲡⲓⲫⲣⲱⲟⲩ ⲉⲛⲁⲩ ϫⲉ ⲟⲩ ⲡⲉ ⲉⲧϣⲟⲡ. ⲧⲟⲧⲉ ⲡⲓⲁⲅⲓⲟⲥ ⲁϥ
ⲧⲱⲛϥ ⲁϥⲟϩⲓ ⲉⲣⲁⲧϥ ⲟⲩⲟϩ ⲡⲉϫⲁϥ ⲛⲱⲟⲩ ϫⲉ ⲉⲣⲉ ⲡⲟⲥ ⲉⲣⲉⲡⲓⲧⲓⲙⲁⲛ ⲛⲱ
ⲧⲉⲛ ⲉⲁϥϥⲉⲧ ⲡⲉⲧⲉⲛϣⲱⲗⲟⲗ ⲉⲃⲟⲗϩⲓϫⲉⲛ ⲡⲣⲟ ⲙⲡⲕⲁϩⲓ ⲧⲏⲣϥ. ⲟⲩⲟϩ ⲉⲧⲁⲩⲉⲗ

âme était solide comme du diamant, et notre fatigue, il l'a rendue vaine. Car voyez toutes les souffrances que nous lui avons causées, elle ne s'en est pas souciée. Venez, il est mort, nous serons en repos de sa tempête[8]; car peut-être, après sa mort, ce lieu se dispersera-t-il et deviendra-t-il désert de ces saints hommes comme auparavant. » Mais lui, entendant cela, se taisait constant dans la prière; mais lorsque les démons eurent été angoissés par le trouble qui les environnait, alors ils prirent des pierres, ils brisèrent la porte, et pas même ainsi, il ne fit attention à eux. Enfin, ils prirent des pierres, ils les lancèrent dans la cour et, comme le Seigneur le protégeait, aucune des pierres n'approcha ce lieu; mais il se tint couché comme s'il dormait. Et chacun d'eux dit : « En vérité, Macaire est mort! » Et lorsqu'ils eurent commencé de pleurer, comme pour se réjouir de sa mort, ils poussèrent des cris. Et lorsque quelques-uns des frères eurent entendu, ils accoururent pour voir ce qui était arrivé. Alors le saint se leva, il se tint debout, il leur dit: « Que le Seigneur châtie et extermine votre race de la face de la terre

1. Cod. ⲉⲣ ⲙⲉⲗⲗⲓⲥⲑⲉ. — 2. Cod. ⲗⲓⲝ : ⲁⲙⲱⲓ. — 3. Cod. ⲡⲉϥⲭⲓⲙⲱⲛ. — 4. Cod. ⲗⲓⲝ, deest ⲛⲁⲅⲓⲟⲥ. — 5. Cod. ⲗⲭⲓⲓ et ⲗⲭⲓⲩ, manque ce mot. — 6. Cod. ⲉⲣⲥⲕⲉⲡⲁⲍⲓⲛ. — 7. Cod. ⲙⲁⲕⲁⲣⲓ. — 8. Afin que nous nous reposions de sa tempête.

ϣⲱ ⲁⲧⲉⲓϯ ⲉⲡⲓⲁⲏⲣ ⲉⲩⲱϣ ⲉⲃⲟⲗ ϫⲉ ⲁⲕϭⲣⲟ ⲉⲣⲟⲛ ⲛⲉⲙ ϧⲉⲛ ⲡⲁⲓⲥⲟⲡ ⲡⲓ
ϧⲉⲗⲗⲟ ⲛ̄ⲕⲁⲕⲟⲩⲣⲅⲟⲥ[1] ⲟⲩⲟϩ ⲉⲧⲁϥⲉⲣⲉⲡⲓⲧⲓⲙⲁⲛ ⲛⲱⲟⲩ ⲛ̄ϫⲉ ⲡⲓⲣⲉϥϭⲣⲟ
ⲙ̄ⲫⲱⲥⲧⲏⲣ[2] ϧⲉⲛ ⲫⲣⲁⲛ ⲙ̄ⲡⲟⲥ ⲁⲩⲛⲟϣⲡⲟⲩ ⲉⲃⲟⲗ ⲙ̄ⲫⲣⲏϯ ⲛ̄ϩⲁⲛ ϣϫⲏⲟⲩ.
ⲉⲧⲁ ϯϫⲟⲙ ⲇⲉ ⲉⲣ ϧⲏⲧⲉ ⲛ̄ⲭⲁϥ ⲛⲁϥ ϧⲟ ⲉⲣⲟϥ ⲡⲉ ⲛ̄ϫⲉ ⲛⲓⲥⲛⲏⲟⲩ ϫⲉ
ϩⲓⲛⲁ ⲉϥⲛⲁⲙⲧⲟⲛ ⲛⲟⲩⲕⲟⲩϫⲓ ⲉⲃⲟⲗϩⲁ ⲡⲁϣⲁⲓ ⲛ̄ⲛⲓϧⲓⲥⲓ ⲉⲧⲉϥϯ ⲙ̄ⲙⲱⲟⲩ
ⲛⲁϥ ⲟⲩⲟϩ ⲛⲁϥϫⲱ ⲙ̄ⲙⲟⲥ ⲛⲱⲟⲩ ⲡⲉ ϫⲉ ⲉⲧⲓ ⲕⲉⲕⲟⲩϫⲓ ϩⲱⲃ ⲛⲓⲃⲉⲛ ⲛⲁϭⲓ
ⲛⲟⲩϫⲱⲕ ⲡⲗⲏⲛ ϯϣⲉⲡ ϩⲙⲟⲧ ⲛ̄ⲧⲟⲧⲉ ⲛ̄ⲧⲉⲧⲉⲛⲡⲣⲟⲁⲓⲣⲉⲥⲓⲥ[3] ϫⲉ ϯⲉⲙⲓ ⲉⲧ
ⲥⲁⲡⲏ ⲉⲥϣⲟⲡ ϧⲉⲛ ⲑⲛⲟⲩ ⲉϧⲟⲩⲛ ⲉⲣⲟⲓ ⲁⲛⲟⲕ ϧⲁ ⲡⲓϫⲱⲃ ⲁⲗⲏⲑⲱⲥ[4]. ⲉϥ
ϩⲉⲙⲥⲓ ⲇⲉ ⲛⲟⲩⲉϩⲟⲟⲩ ϫⲉ[5] ⲉϥⲛⲁⲟⲩⲱⲙ ⲉⲣⲉ ⲫⲣⲏ ⲛⲁϧⲱⲧⲡ[6] ⲁϥⲓ ⲉϧⲟⲩⲛ
ⲛ̄ϫⲉ ⲟⲩⲁⲓ ϧⲉⲛ ⲛⲓⲙⲁⲑⲏⲧⲏⲥ ⲡⲉϫⲁϥ ⲛⲁϥ ⲙ̄ⲡⲁⲓⲣⲏϯ[7] ϫⲉ ⲓⲥ ⲟⲩⲣⲱⲙⲓ ⲥⲁ
ⲃⲟⲗ ⲧⲁⲓ ⲉⲟⲩⲁⲍⲓⲱⲙⲁⲧⲓⲕⲟⲥ ⲡⲉ ⲉⲟⲩⲟⲛ ⲕⲉⲁⲗⲟⲩ ⲛⲉⲙⲁϥ ⲙ̄ⲡⲥⲙⲟⲧ ⲛ̄ϩⲁⲛ
ϣⲁⲧ ⲛⲁⲑⲛⲁⲓ[8]. ⲟⲩⲟϩ ⲡⲉϫⲁϥ ⲛⲱⲟⲩ ϫⲉ ⲉⲧⲟⲩⲁϣ ⲟⲩ[9] ⲓⲉ ⲉⲩⲕⲱϯ ⲛ̄ⲥⲁ ⲟⲩ.
ⲡⲉϫⲉ ⲡⲓⲙⲁⲑⲏⲧⲏⲥ ⲛⲁϥ ϫⲉ ϯⲉⲙⲓ ⲁⲛ ϫⲉ ⲉⲧⲟⲩⲁϣ ⲟⲩ ⲓⲉ ⲉⲩⲕⲱϯ ⲛ̄ⲥⲁ ⲟⲩ[10].
ⲡⲉϫⲁϥ ⲛⲁϥ ϫⲉ ⲁⲛⲓⲧⲟⲩ ⲉϧⲟⲩⲛ. ⲉⲧⲁϥⲓ ⲇⲉ ⲉⲃⲟⲗ ⲛ̄ϫⲉ ⲡⲓⲙⲁⲑⲏⲧⲏⲥ ⲟⲩⲟϩ

entière! » Et ayant pris du sable, ils le jetèrent en l'air en criant : « Tu nous as vaincus cette fois encore, ô méchant vieux! » Et, après les avoir châtiés au nom du Seigneur, il les chassa comme des sauterelles.

Et lorsque la force commença de l'abandonner, les frères le suppliaient de se reposer un peu de l'abondance des fatigues qu'il s'imposait, et il leur disait : « Encore un peu et toute chose sera accomplie! Cependant je rends grâces à votre affection, car je sais l'amour qui est en vous pour moi qui suis un infirme vraiment. » Comme il était assis un jour, sur le point de manger, et le soleil allait se coucher, un de ses disciples entra et dit : « Voici au dehors un homme honorable, ayant aussi un enfant avec lui, sous la forme de mendiants. » — Il leur dit[11] : « Que veulent-ils? ou que cherchent-ils? » — Le disciple lui dit : « Je ne sais pas ce qu'ils veulent, ni ce qu'ils cherchent? »—Le vieillard lui dit : « Fais-les entrer. » Et lorsque le disciple fut sorti et leur eut dit

---

1. *Cod.* LXII et LXIV : ⲛ̄ⲕⲁⲕⲟⲩⲉⲣⲟⲥ : mauvais vieillard. — 2. Ces mots ne sont pas dans les *Cod.* LXII et LXIV. — 3. *Cod.* ⲡⲣⲟⲉⲣⲉⲥⲓⲥ. — 4. *Cod.* LXII et LXIV : ϯⲛⲁⲩ ⲉⲡⲓⲁⲅⲁⲑⲟⲛ ϧⲉⲛ ⲧⲉⲧⲉⲛⲯⲩⲭⲏ : je vois le bien qui est dans vos âmes. — 5. *Cod.* LIX :. ⲛⲟⲩⲉⲭⲱⲣϩ : une nuit. — 6. *Cod.* LXII : ⲛⲁϧⲱⲧ (sic). — 7. Les *Cod.* LXII et LXIV n'ont pas les deux derniers mots. — 8. *Cod.* LXII et LXIV : ⲛⲉⲙⲟⲧ. — 9. *Cod.* LIX et LXIV : ⲉⲩⲟⲩⲱϣ ⲟⲩ. — *Cod.* LXII : ⲉⲧⲁϣ ⲟⲩ. — 10. Les *Cod.* LXII et LXIV ont passé toute cette phrase et ont mis : ⲉⲩⲟⲩⲱϣ ϭⲓ ⲙ̄ⲡⲉⲕⲥⲙⲟⲩ : ils veulent recevoir ta bénédiction. — 11. Ce pluriel se justifie par la présence de plusieurs frères entrant avec celui qui porte la parole, comme c'est toujours la coutume.

ⲉⲧⲁϥϫⲟⲥ ⲛⲱⲟⲩ ⲙⲡⲟⲩϫⲓ ⲉϧⲟⲩⲛ¹. ⲧⲟⲧⲉ ⲁϥⲓ ⲉⲃⲟⲗ ⲛϫⲉ ⲡⲓϧⲉⲗⲗⲟ ⲟⲩⲟϩ
ⲉⲧⲁϥⲉⲙⲓ ϧⲉⲛ ⲡⲓⲡⲛⲁ ϫⲉ ⲛⲓⲙ ⲡⲉ ⲡⲉϫⲁϥ ⲙⲡⲓⲙⲁⲑⲏⲧⲏⲥ ϫⲉ ⲙⲁϣⲉ ⲛⲁⲕ.
ⲟⲩⲟϩ ⲉⲧⲁϥϩⲉⲙⲥⲓ ⲡⲉϫⲁϥ ⲙⲡⲓⲣⲱⲙⲓ ϫⲉ ⲉⲕⲕⲱϯ ⲛⲥⲁ ⲟⲩ. ⲡⲉϫⲉ ⲡⲓⲣⲱⲙⲓ
ϫⲉ ⲡⲁⲓⲁⲗⲟⲩ ⲡⲁϣⲏⲣⲓ ⲡⲉ ⲉⲟⲩⲟⲛ ⲟⲩⲁⲣⲭⲟⲛⲧⲓⲕⲟⲛ ⲛⲉⲙⲁϥ ⲕⲁⲧⲁ ⲫⲣⲏϯ
ⲛⲟϥ ⲉⲧⲉϥϫⲱ ⲙⲙⲟⲥ ⲛϫⲉ ⲡⲓⲇⲁⲓⲙⲱⲛ² ϫⲉ ⲁⲛⲟⲕ ⲟⲩⲁⲣⲭⲱⲛ ⲛⲧⲉ ⲛⲓⲗⲉ-
ⲧⲓⲱⲛ³ ⲉϥⲣⲱϧⲧ ⲙⲙⲟϥ ⲉϧⲣⲏⲓ ⲛⲇ ⲓⲉ ⲉ̄ ⲛⲥⲟⲡ ⲙⲙⲏⲛⲓ ⲉϥⲟⲩⲟϭⲉϫ ⲙⲙⲟϥ⁴
ⲟⲩⲟϩ ⲁⲓⲟⲗϥ ϧⲁ ⲟⲩⲙⲏϣ ⲛⲁⲅⲓⲟⲥ ϧⲉⲛ ⲧⲁⲭⲱⲣⲁ ⲙⲡⲉϥⲧⲁⲗϭⲟ ⲉϥⲱⲗⲡ
ⲛⲥⲁ ⲛⲉϥϩⲃⲱⲥ ⲟⲩⲟϩ ⲉϥⲟⲩⲱⲙ ⲛⲥⲁ ⲛⲉϥⲥⲁⲣⲝ ⲙⲙⲓⲛ ⲙⲙⲟϥ ⲉⲑⲃⲉ ⲫⲁⲓ
ⲅⲁⲣ ⲁⲓϯ ⲛⲛⲁⲓϩⲃⲱⲥ ⲛⲁⲡⲁⲥ ϩⲓⲱⲧϥ⁵. ⲟⲩⲟϩ ⲡⲉϫⲉ ⲡⲓϧⲉⲗⲗⲟ ⲛⲁϥ ϫⲉ ⲡⲱⲥ
ⲁⲕⲉⲣⲧⲟⲗⲙⲁⲛ ⲁⲕⲉⲗ ⲧⲁⲓϧⲉⲗϣⲓⲣⲓ ⲉⲡⲁⲓⲙⲁ ⲛϣⲁϥⲉ ⲟⲩⲟϩ ⲙⲡⲉⲛⲕⲏⲛ
ⲉⲣⲟⲕ ⲉⲫⲁⲓ ⲁⲗⲗⲁ ⲁⲕⲉⲣ ⲡⲕⲉϫⲉ ⲙⲉⲑⲛⲟⲩϫ ⲉⲡⲓⲡⲛⲁ ⲛⲧⲉ ⲡⲓϩⲙⲟⲧ ⲑⲁⲓ
ⲅⲁⲣ ⲧϣⲉⲣⲓ ⲛⲁⲅⲁⲑⲟⲛⲓⲕⲟⲥ⁶ ⲧⲉ ⲡⲓⲉⲡⲁⲣⲭⲟⲥ ⲛⲧⲉ ⲁⲛⲧⲓⲟⲭⲉⲓⲁ⁷ ⲉⲁⲕⲓ ⲉⲃⲟⲗ
ⲛⲉⲙⲁⲥ ϧⲉⲛ ⲡⲓⲙⲁ ⲉⲧⲉⲙⲙⲁⲩ ϧⲉⲛ ⲡⲉⲧϩⲏⲡ ϧⲉⲛ ⲟⲩⲛⲓϣϯ ⲙⲫⲁⲛⲧⲁⲥⲓⲁ
ⲛⲁⲓ ⲉⲧⲁⲕⲥⲟϫⲡⲟⲩ ϯⲛⲟⲩ ⲥⲁ ⲫⲁϩⲟⲩ ϩⲓ ⲡⲓⲧⲱⲟⲩ ϧⲉⲛ ϯⲥⲧⲣⲁⲧⲁ ⲉⲁⲕⲉⲛ ⲑⲁⲓ
ⲉⲡⲁⲓⲙⲁ ϧⲉⲛ ⲡⲁⲓⲥⲭⲏⲙⲁ ϫⲉ ⲛⲛⲉ ϩⲗⲓ ⲉⲙⲓ ⲉⲣⲱⲧⲉⲛ ⲟⲩⲟϩ ⲕⲁⲗⲱⲥ ⲁⲕⲁⲓⲥ
ⲉⲑⲃⲉ ⲡⲓⲥⲕⲁⲛⲇⲁⲗⲟⲛ. ⲟⲩⲟϩ ⲛⲁⲓ ⲉⲧⲁϥⲥⲱⲧⲉⲙ ⲉⲣⲱⲟⲩ ⲛϫⲉ ⲡⲓⲣⲱⲙⲓ ⲁϥ-

cela, ils n'entrèrent point. Alors le vieillard sortit et ayant vu en esprit qui c'était, il dit au disciple : « Va-t'en. » Et lorsqu'il se fut assis, l'homme lui dit : « Cet enfant est mon fils : il y a en lui un *archontique* (car c'est ainsi qu'a dit le démon, disant : Je suis un chef de légions) qui le frappe quatre ou cinq fois par jour. Je l'ai mené à une foule de saints en mon pays, il n'a point été guéri : il déchire ses vêtements, il dévore lui-même ses chairs ; c'est pourquoi je l'ai revêtu de ces vieux habits. » Et le vieillard lui dit : « Comment as-tu osé amener cette jeune fille en ce lieu désert! et cela ne t'a pas suffi, tu as menti à l'esprit de grâce; car c'est la fille d'Agathonicus, l'éparque d'Antioche, tu es venu avec elle en ce lieu avec une grande suite ⁸ que tu as laissée, pour le moment, en arrière de la montagne, sur le chemin, et tu as amené cette jeune fille sous cet habit, afin que personne ne vous connût. Et tu as bien fait à cause du scandale. » Et lorsque l'homme eut entendu cela, il tremblait, il tomba sur son visage aux pieds de Macaire. Alors le saint lui dit : « Lève-toi,

---

1. *Cod.* LXII et LXIV : ⲙⲡⲟⲩⲉⲣⲁⲛⲉⲭⲉⲥⲑⲉ : ils ne les souffrirent pas. — 2. *Cod.* ⲡⲓⲇⲉⲙⲱⲛ.
— 3. Le *Cod.* LXII a seul ce membre de phrase. — 4. Le *Cod.* LIX a seul ces mots et il écrit :
ϭⲟϫⲉϫ. — 5. *Cod.* LIX : ϩⲓⲱⲧϥ ⲛⲁⲡⲁⲥ. — 6. *Cod.* LXIV et LIX : ⲁⲅⲁⲑⲟⲛⲓⲕⲟⲛ. — 7. *Cod.*
ⲁⲛⲧⲓⲟⲭⲓⲁ. — 8. Mot à mot : « Une grande fantaisie »; c'est encore le mot qu'emploient
les Arabes pour dire une escorte armée faisant des démonstrations de jeux guerriers.

ⲥⲟⲉⲣⲧⲉⲣ ⲟⲩⲟϩ ⲁϥϩⲉⲓ ⲉϫⲉⲛ ⲡⲉϥϩⲟ ⳉⲁⲣⲁⲧⲟⲩ ⲛⲛⲉϥϭⲁⲗⲁⲩϫ. ⲧⲟⲧⲉ ⲡⲉϫⲉ
ⲡⲓⲁⲅⲓⲟⲥ ⲛⲁϥ ϫⲉ ⲧⲱⲛⲕ ⲙⲡⲉⲣⲉⲣ ϩⲟϯ ⲟⲩⲟϩ ⲙⲡⲉⲣⲟⲩⲁϩ ⲧⲟⲧⲕ ⲉϫⲉ ⲙⲉⲑⲛⲟⲩϫ. ⲟⲩⲟϩ ⲡⲉϫⲉ ⲡⲓⲣⲱⲙⲓ ⲛⲁϥ ϫⲉ ϯϩⲟ ⲉⲣⲟⲕ ⲡⲁⲟ̄ⲥ̄ ϫⲉ ⲁⲛⲟⲕ ⲟⲩⲃⲱⲕ
ⲛⲧⲉ ⲧⲁⲓⲁⲗⲟⲩ ⲟⲩⲟϩ ⲕⲁⲧⲁ ⲫⲣⲏϯ ⲉⲧⲁϥⲉⲣⲕⲉⲗⲉⲧⲓⲛ¹ ⲛⲏⲓ ⲛϫⲉ ⲡⲉⲥⲓⲱⲧ
ⲓⲥϫⲉⲛ ⲧⲁⲭⲱⲣⲁ ⲁⲓⲣⲓ ⲙⲡⲁⲓⲣⲏϯ ⲕⲁⲓ ⲅⲁⲣ² ⲁⲛⲟⲕ ⲟⲩⲣⲉⲙ ⲛϩⲱⲃ³. ⲟⲩⲟϩ
ⲉⲧⲁϥⲙⲟⲩϯ ⲛϫⲉ ⲡⲓϧⲉⲗⲗⲟ ⲁⲩⲓⲛⲓ ⲛⲁϥ ⲛⲟⲩⲛⲉϩ ⲟⲩⲟϩ ⲉⲧⲁϥⲟϩⲓ ⲉⲣⲁⲧϥ
ⲁϥϣⲗⲏⲗ ⲉϫⲉⲛ ϯⲁⲗⲟⲩ ⲛⲉⲙ ⲡⲓⲛⲉϩ ⲉⲟⲩⲥⲟⲡ⁴ ⲟⲩⲟϩ ⲉⲧⲁϥⲉⲣⲥⲫⲣⲁⲅⲓⲍⲓⲛ⁵
ⲛⲧⲉⲥⲧⲉϩⲛⲓ⁶ ⲛⲉⲙ ⲛⲉⲥⲙⲁϣϫ ⲁϥⲧⲏⲓⲥ ⲛⲁϥ ⲉⲥⲧⲁⲗϭⲏⲟⲩⲧ ⲟⲩⲟϩ ⲡⲉϫⲁϥ
ⲛⲁϥ ϫⲉ ⲉⲕⲛⲁⲫⲟϩ ⲉⲛⲉⲕϣⲫⲉⲣ⁷ ⲙⲡⲉⲣⲟϩⲓ ϧⲉⲛ ⲡⲁⲓⲧⲱⲟⲩ ⲙⲡⲁⲓⲉϫⲱⲣϩ
ⲉⲑⲃⲉ ⲡⲁϣⲁⲓ ⲛⲛⲓϩⲓⲟⲙⲓ ⲉⲧϭⲟⲣⲉⲙ ⲛⲉⲙⲱⲧⲉⲛ⁸ ⲁⲗⲗⲁ ⲙⲁϣⲉ ⲛⲁⲕ ⲉϫⲉⲛ
ⲉⲟⲩⲙⲁ ⲉϥϧⲉⲛⲧ ⲉⲣⲟⲛ ϣⲁⲧⲉ ⲛⲉⲕⲧⲉⲃⲛⲱⲟⲩⲓ ϫⲉⲙ ⲛⲟⲙϯ ⲛⲉⲙ ⲛⲉⲕⲕⲉⲣⲱⲙⲓ
ⲓⲥ ϩⲏⲡⲡⲉ ⲅⲁⲣ ⲉⲑⲃⲉ ⲫⲛⲁϩϯ ⲙⲡⲉⲥⲓⲱⲧ ⲉϧⲟⲩⲛ ⲉⲛⲓⲁⲅⲓⲟⲥ ⲛⲉⲙ ⲧⲉϥⲡⲓⲥⲧⲓⲥ
ⲉⲧⲥⲟⲩⲧⲱⲛ ⲉϧⲟⲩⲛ ⲉⲛⲟϯ ⲛⲉⲙ ϯⲟⲣⲑⲟⲇⲟⲝⲓⲁ⁹ ⲁ ⲡⲟ̄ⲥ̄ ⲉⲣ ϩⲙⲟⲧ ⲛϯⲁⲗⲟⲩ
ⲙⲡⲓⲧⲁⲗϭⲟ ⲟⲩⲟϩ ⲉⲃⲟⲗϩⲓⲧⲉⲛ ϯⲡⲉⲓⲣⲁ¹⁰ ⲭⲛⲁⲉⲙⲓ ⲉⲡⲓϩⲱⲃ ⲙⲡⲁⲧⲉⲕϣⲉ ⲛⲁⲕ
ⲉⲧⲉⲕⲭⲱⲣⲁ. ⲉⲧⲁϥⲙⲟⲩϯ ⲇⲉ ⲛϫⲉ ⲡⲓⲣⲱⲙⲓ ⲉϩⲁⲛ ⲛⲉϥϣⲟⲧⲛⲓ ϧⲉⲛ ⲛⲉϥ-
ϣⲫⲉⲣ ⲛⲉⲃⲓⲁⲓⲕ ⲉⲧⲟϩⲓ ⲉⲣⲁⲧⲟⲩ ϩⲓ ⲫⲟⲩⲉⲓ ⲁⲩⲓⲛⲓ ⲛⲁϥ ⲛⲟⲩⲥⲟⲕ ⲉⲟⲩⲟⲛ ⲉ̄

ne crains rien et ne recommence plus à mentir. » Et l'homme lui dit : « Je t'en prie, mon seigneur, je suis un serviteur de cette jeune fille, et ainsi que m'a commandé son père, depuis mon pays, j'ai fait ainsi; car, moi, je suis un manœuvre. » Et lorsque le vieillard eut appelé, on lui apporta de l'huile, et lorsqu'il se fut tenu debout, il pria tout à la fois sur l'enfant et sur l'huile; puis, après lui en avoir signé le front et les oreilles, il la lui rendit guérie et il lui dit : « Quand tu auras atteint tes compagnons, ne reste pas cette nuit dans cette montagne à cause de la foule de femmes qui vous accompagnent; mais va vers l'Égypte, en un endroit près de nous, jusqu'à ce que tes bêtes de somme, et aussi tes hommes, aient pris force; car voici qu'à cause de la foi de son père envers les saints et de sa foi droite en l'orthodoxie, le Seigneur a fait grâce à l'enfant de la guérison, et tu connaitras par expérience la chose avant que tu sois allé dans ton pays. » Lorsque l'homme eut appelé quelques-uns de ses compagnons de service qui se tenaient debout au loin,

---

1. *Cod.* ⲉⲣⲕⲉⲗⲉⲧⲓⲛ. — 2. *Cod.* ⲕⲉ ⲅⲁⲣ. — 3. *Cod.* ⲗⲓⲝ : ⲟⲩⲣⲉⲙ ⲛϣⲟⲣⲡ : un messager. — 4. *Cod.* ⲉⲧⲥⲟⲡ. — 5. *Cod.* ⲉⲣⲥⲫⲣⲁⲅⲓⲍⲓⲛ. — 6. *Cod.* ⲗⲓⲝ : ⲛⲧⲉⲥⲧⲉⲛϩ (sic), ses ailes. — 7. *Cod.* ⲗⲓⲝ : ⲉⲛⲉⲕϣⲫⲏⲣ. — 8. *Cod.* ⲗⲓⲝ : ⲉⲣⲱⲧⲉⲛ. — 9. *Cod.* ⲗⲝⲃ et ⲗⲓⲝ : ⲉϧⲟⲩⲛ ⲉϯ ⲟⲣⲑⲟⲇⲟⲝⲓⲁ. — 10. *Cod.* ϯⲡⲓⲣⲁ.

ⲛϣⲟ ⲛ̄ⲛⲟⲙⲓⲥⲙⲁ ⲛ̄ⲃⲏⲧϥ ⲟⲩⲟϩ ⲉⲧⲁ ⲡⲓⲣⲱⲙⲓ ⲟⲗϥ ⲁϥϭⲱⲟⲩⲧⲉⲛ ⲙ̄ⲙⲟϥ
ⲉⲡⲓϧⲉⲗⲗⲟ ⲉϥϫⲱ ⲙ̄ⲙⲟⲥ ϫⲉ ϯϯϩⲟ ⲉⲣⲟⲕ ⲡⲁⲟⲥ ⲛ̄ⲓⲱⲧ ϫⲉ ϩⲓⲛⲁ ⲉⲕⲉⲣ̄ⲇⲉ-
ⲭⲉⲥⲑⲉ[1] ⲛ̄ⲧⲁⲓⲕⲟⲩϫⲓ ⲛ̄ⲉⲩⲗⲟⲅⲓⲁ ⲛ̄ⲧⲉ ⲡⲁⲟⲥ ⲇ̄ ⲛ̄ϣⲟ ⲛ̄ⲛⲟⲙⲓⲥⲙⲁ ϫⲉ ϩⲓⲛⲁ
ⲉⲕⲉⲥⲟⲟⲩ ⲉⲃⲟⲗ ⲛ̄ⲛⲓϩⲏⲕⲓ. ⲛ̄ⲑⲟϥ ⲇⲉ ⲡⲉϫⲁϥ ⲛⲁϥ ϫⲉ ⲡⲁϣⲏⲣⲓ ⲙⲡⲁⲩϯ
ⲛ̄ⲧⲁⲱⲣⲉⲁ ⲛ̄ⲧⲉ ⲡⲟⲥ ⲉⲃⲟⲗϩⲁ ⲟⲩⲧⲓⲙⲏ ⲟⲩⲇⲉ ⲛ̄ⲧⲉⲛⲉⲣ ⲭⲣⲉⲓⲁ[2] ⲟⲛ ⲛ̄ⲣⲱⲃ
ⲙ̄ⲡⲁⲓⲥⲙⲟⲧ[3] ⲙ̄ⲡⲁⲓⲙⲁ ⲁⲗⲗⲁ ⲙⲁϣⲉ ⲛⲁⲕ ϧⲉⲛ ⲟⲩϩⲓⲣⲏⲛⲏ ϣⲁ[4] ⲛⲏ
ⲉⲧⲁⲩⲧⲟⲣⲡⲕ. ⲉⲧⲁϥⲓ ⲇⲉ ⲉⲃⲟⲗϩⲓⲧⲟⲧϥ ⲛ̄ϫⲉ ⲡⲓⲣⲱⲙⲓ ⲟⲩⲟϩ ϩⲱⲥ ⲉϥⲁⲣⲉϩ
ⲉⲛⲥⲁϫⲓ ⲙ̄ⲡⲓϧⲉⲗⲗⲟ ⲙ̄ⲡⲉϥⲉⲙⲧⲟⲛ ϧⲉⲛ ⲡⲓⲧⲱⲟⲩ ϣⲁⲧⲉϥⲫⲟϩ[5] ⲉⲭⲏⲙⲓ[6]
ⲟⲩⲟϩ ⲉⲧⲁϥⲉⲙⲓ ϩⲓⲧⲉⲛ ϯⲡⲓⲣⲁ[7] ϫⲉ ϯⲁⲗⲟⲩ ⲁⲥⲟⲩϫⲁⲓ ⲁϥϣⲉ ⲛⲁϥ ⲉⲧⲉϥ-
ⲭⲱⲣⲁ ⲉϥⲣⲁϣⲓ ⲉϥϯ ⲱⲟⲩ ⲙ̄ⲫϯ[8]. ⲧⲉⲛⲛⲁⲕⲏⲛ ⲇⲉ ⲉⲣⲟⲛ ϣⲁ ⲡⲁⲓⲙⲁ ⲉⲧⲁⲛϫⲟⲧⲟⲩ ⲉⲑⲃⲉ ϫⲉ ⲟⲩⲙⲉⲧⲁⲧϫⲟⲙ ⲧⲉ ⲉϥⲓ ⲛ̄ⲛⲓ ⲛⲓϣϫⲟⲙ ⲛⲉⲙ ⲛⲓⲧⲁⲗϭⲟ ⲉⲧⲁ
ⲡⲟⲥ ⲉⲣⲉⲛⲉⲣⲅⲉⲓⲛ[9] ⲙ̄ⲙⲱⲟⲩ ⲉⲃⲟⲗϩⲓⲧⲟⲧϥ ⲛⲉⲙ ⲡⲁϣⲁⲓ ⲛ̄ⲧⲉ ⲛⲉϥⲡⲟ-

ils apportèrent un sac où il y avait quatre mille pièces d'or, et, lorsque l'homme l'eut pris, il le tendit au saint en disant : « Je t'en prie, mon seigneur et père, reçois ce petit présent de mon maître, quatre mille pièces d'or, afin que tu les distribues aux pauvres. » Mais il lui dit : « Mon fils, on ne vend pas[10] le don du Seigneur et nous n'avons pas besoin ici de pareille chose; mais va-t'en en paix vers ceux qui t'ont envoyé. » Et, lorsque l'homme s'en fut allé, pour observer la parole du vieillard, il ne se reposa pas dans la montagne jusqu'à ce qu'il fût arrivé en Égypte. Et, lorsqu'il eut connu par expérience que l'enfant était guérie, il s'en alla dans son pays. Et ce que nous avons dit jusqu'ici est suffisant; car il serait impossible de compter les vertus et les guérisons que le Seigneur opéra par lui, ainsi que le

---

1. Cod. ⲇⲉⲭⲏ. — Cod. LXII : ⲧⲉⲭⲏ. — 2. Cod. ⲭⲣⲓⲁ. — 3. Le Cod. LXII répète ⲙⲡⲁⲓⲥⲙⲟⲧ. — 4. Cod. LXII et LXIV : ϩⲁ. — 5. Cod. LXII et LXIV : ϣⲁⲧⲉϥϭⲱⲗ. — 6. Nouvelle lacune de quatre feuillets dans le Cod. LXII. — 7. Cod. ϯⲡⲓⲣⲁ. — 8. Ces derniers mots seulement dans le Cod. LIX. Puis le Cod. LIX ajoute l'épisode de Ieraca qui se retrouve dans les Apophthegmes; puis il ajoute : ⲟⲩⲟⲛ ϩⲁⲛ ⲕⲉ ⲙⲏϣ ⲇⲉ ⲟⲛ ⲛ̄ϣⲫⲏⲣⲓ ⲥⲧⲟⲓ ⲛ̄ⲛⲓϣϯ ⲉⲛⲥⲟⲩⲟ ⲛⲉⲙ ϩⲁⲛ ⲧⲁⲗϭⲟ ⲉⲩⲟϣ ⲛⲁⲓ ⲥⲁ ⲫϯ ⲉⲣⲭⲁⲣⲓⲍⲉⲥⲑⲉ ⲙ̄ⲙⲱⲟⲩ ⲛⲁϥ ⲛⲁⲓ ⲉⲧⲉ ⲙ̄ⲡⲉⲛⲥϧⲉ ⲡⲟⲩϧⲟⲩⲟ ϩⲓ ⲡⲁⲓϫⲱⲙ ⲉⲑⲃⲉ ϫⲉ ⲥⲉⲥϧⲟⲩⲧ (sic) ϩⲓ ⲡϫⲱⲙ ⲛ̄ⲧⲉ ⲛⲉϥⲡⲟⲗⲓⲧⲓⲁ ⲛⲁⲓ ⲉⲧⲁⲩⲟⲩⲟⲛϩⲟⲩ ⲉⲃⲟⲗ ⲛ̄ϫⲉ ⲡⲓⲣⲱⲙⲓ ⲛ̄ⲧⲉ ⲫϯ ⲫⲏ ⲥⲟⲟⲧⲁⲃ ⲓⲉⲣⲱⲙⲓ-ⲛⲟⲥ (sic). — C'est-à-dire : « Il y a encore une foule d'autres prodiges très grands et de guérisons nombreuses à lui accordées par Dieu, que nous n'avons pas écrites pour la plupart, en ce livre, parce qu'elles sont écrites dans le livre de ses Ascèses et que les a *manifestées* l'homme de Dieu, le saint Jérôme. » — 9. Cod. ⲉⲛⲉⲣⲅⲏⲛ. — 10. Mot à mot : « On n'a point donné le don du Seigneur pour un prix. »

ⲗⲓⲧⲉⲓⲁ¹ ⲙⲁⲗⲓⲥⲧⲁ ⲁⲩⲥϩⲉ ϧⲉⲛ ϩⲉⲛⲃⲏⲟⲩⲓ ⲛⲧⲁϥ ϧⲓ ϩⲁⲛ ⲕⲉⲭⲱⲙ. ⲡⲓⲁⲅⲓⲟⲥ ⲇⲉ ⲁⲃⲃⲁ ⲙⲁⲕⲁⲣⲓⲟⲥ ⲁϥϩⲣⲟϣ ϩⲓⲧⲉⲛ ⲡⲓϣⲱⲛⲓ ⲉⲙⲁϣⲱ ϩⲓⲧⲉⲛ ⲡⲁϣⲁⲓ ⲛⲧⲉ ⲡⲓⲭⲣⲟⲛⲟⲥ ⲟⲩⲟϩ ⲁ ⲧⲉϥⲥⲁⲣⲝ ⲙⲟⲩⲛⲕ ⲥⲭⲉⲇⲟⲛ ϩⲓⲧⲉⲛ ⲛⲓϧⲓⲥⲓ ⲉⲧⲉϥϯ ⲙⲙⲱⲟⲩ ⲛⲁϥ ϧⲉⲛ ⲡⲉⲧϩⲏⲡ ⲕⲁⲓ ⲅⲁⲣ² ⲧⲡⲣⲁⲅⲙⲁⲧⲉⲓⲁ³ ⲧⲏⲣⲥ ⲛⲧⲉ ⲛⲉϥⲡⲟⲗⲓⲧⲉⲓⲁ⁴ ⲙⲡⲉϥⲭⲁ ϩⲗⲓ ⲉⲙⲓ ⲉⲡⲉϥϩⲱⲃ ϧⲉⲛ ⲟⲩϫⲱⲕ ϣⲁ ⲡⲉϩⲟⲟⲩ ⲙⲡⲉϥⲙⲟⲩ ⲉⲑⲃⲉ ϫⲉ ⲛⲁϥⲁⲣⲉϩ ⲉⲣⲟϥ ⲉⲙⲁϣⲱ ⲉⲃⲟⲗϩⲁ ⲡⲓⲱⲟⲩ ⲛⲛⲓⲣⲱⲙⲓ ⲕⲁⲧⲁ ⲫⲣⲏϯ ⲉⲧⲁⲩⲉⲣ ⲛⲉⲟⲩⲁϩⲥⲁϩⲛⲓ ⲛⲁϥ ϩⲓⲧⲉⲛ ⲡⲓⲭⲉⲣⲟⲩⲃⲓⲙ ⲉⲧⲁϥⲥⲁϫⲓ ⲛⲉⲙⲁϥ ⲓⲥϫⲉⲛ ϯⲁⲣⲭⲏ. ⲗⲟⲓⲡⲟⲛ ⲁ ⲛⲉϥⲃⲁⲗ ⲉⲣ ϩⲏⲧⲥ ⲛⲉⲣ ϩⲗⲟⲗ ⲉⲁⲩⲙⲟⲩⲛⲕ ⲉⲃⲟⲗ ϩⲓⲧⲉⲛ ⲡⲁϣⲁⲓ ⲛⲛⲓⲁⲥⲕⲏⲥⲓⲥ⁵ ⲛⲉⲙ ⲡⲥⲏⲟⲩ ⲛⲧⲙⲉⲧϧⲉⲗⲗⲟ ⲛⲁϥⲭⲏ ⲅⲁⲣ ⲛϥ̄ⲍ̄ ⲛⲣⲟⲙⲡⲓ ⲉϥⲛⲁⲙⲟⲩ. ϧⲉⲛ ⲫⲁⲓ ⲕⲁⲧⲁ ⲕⲟⲩϫⲓ ⲕⲟⲩϫⲓ ⲁϥⲭⲁ ϫⲟⲙ ⲟⲩⲟϩ ⲁϥⲉⲣ ϩⲏⲧⲥ ⲛⲉⲛⲕⲟⲧ ⲟⲩⲟϩ ⲛⲁϥϩⲓ ⲥⲗⲁ ⲉϥϩⲏⲗ ⲉⲃⲟⲗ ⲟⲩⲟϩ ⲉϥⲛⲏⲟⲩ ⲉϧⲟⲩⲛ ⲟⲩⲟϩ ⲉⲩⲕⲱϯ ⲉⲣⲟϥ ⲙⲡⲕⲱϯ ⲛϫⲉ ⲛⲓⲥⲛⲏⲟⲩ ⲛⲁϥϯ ⲛⲟⲙϯ ⲛⲛⲟⲩ ⲡⲉ ⲡⲓⲟⲩⲁⲓ ⲡⲓⲟⲩⲁⲓ ⲕⲁⲧⲁ ⲡⲉϥϩⲱⲃ ⲟⲩⲟϩ ⲛⲁϥϫⲱ ⲙⲙⲟⲥ ⲛⲱⲟⲩ ⲡⲉ ϫⲉ ⲓⲥ ⲡⲁⲓⲥⲏⲟⲩ ⲧⲏⲣϥ ϯⲛⲉⲙⲱⲧⲉⲛ ⲡ⳪ ⲉⲧⲥⲱⲟⲩⲛ ϫⲉ ⲙⲡⲓϩⲟⲡⲧ ⲉⲣⲱⲧⲉⲛ ⲉϣⲧⲉⲙⲧⲁⲙⲱⲧⲉⲛ ⲉⲡⲉⲧⲉⲣ ⲛⲟϥⲣⲓ ⲛⲛⲉⲧⲉⲛⲯⲩⲭⲏ ⲕⲁⲓ ⲅⲁⲣ⁶ ⲁⲓⲉⲣ ⲁⲛⲧⲟⲧ ⲛⲟⲩⲉϣϥ ⲛⲉⲣⲥⲕⲁⲛⲇⲁⲗⲓⲍⲉⲥⲑⲁⲓ⁷ ⲛⲟⲩⲕⲟⲩϫⲓ ⲓⲉ ⲟⲩⲛⲓϣϯ

nombre de ses ascèses, d'ailleurs on a écrit ses œuvres dans d'autres livres.

Mais le saint abba Macaire devint lourd grandement par la maladie en suite de la multiplication du temps; sa chair fut presque consumée par les fatigues qu'il lui fit endurer en secret; car il ne laissa personne voir ses ascèses⁸ et il ne laissa personne savoir la chose complètement jusqu'au jour de sa mort, parce qu'il se gardait grandement de la gloire des hommes, selon ce qui lui avait été ordonné par le chérubin qui lui avait parlé dès le commencement. Du reste, ses yeux commencèrent à s'obscurcir, lui refusant leur service⁹ à cause de l'abondance de ses ascèses et du temps de la vieillesse, car il était en quatre-vingt-dix-sept ans, sur le point de mourir. Alors peu à peu il laissa sa force et commença de se coucher, il tremblait en sortant et en entrant et, lorsque les frères l'entouraient en cercle, il donnait courage à chacun, selon son œuvre, et il leur disait : « Voici qu'en tout ce temps que j'ai passé avec vous, le Seigneur sait que je ne me suis point caché de vous pour vous enseigner ce qui était bon pour vos âmes, car j'ai essayé de ne scandaliser

1. Cod. ⲡⲟⲗⲏⲧⲓⲁ. — 2. Cod. ⲕⲉ ⲅⲁⲣ. — 3. Cod. ⲡⲣⲁⲅⲙⲁⲧⲓⲁ. — 4. Cod. ⲡⲟⲗⲏⲧⲓⲁ. — 5. Cod. ⲁⲥⲕⲩⲥⲓⲥ. — 6. Cod. ⲕⲉ ⲅⲁⲣ. — 7. Cod. ⲥⲕⲁⲛⲇⲁⲗⲓⲥⲉⲥⲑⲉ. — 8. Mot à mot : « La chose de ses pratiques, il ne laissait personne savoir complètement sa chose. » — 9. Mot à mot : « Manquant à cause, etc. »

ⲟⲩⲇⲉ ⲙⲡⲓⲉⲛⲕⲟⲧ ⲉⲛⲉϩ ⲉⲣⲉ ⲟⲩⲟⲛ ⲟⲩⲁⲣⲓⲕⲓ ⲟⲩⲧⲱⲓ ⲛⲉⲙ ⲟⲩⲁⲓ ⲟⲩⲇⲉ ⲧⲁⲥⲩ-
ⲛⲉⲓⲇⲏⲥⲓⲥ¹ ⲙⲡⲓⲉⲣⲕⲁⲧⲁⲫⲣⲟⲛⲓⲛ² ⲙⲙⲟⲥ ϧⲉⲛ ϩⲗⲓ ⲛϩⲱⲃ ⲕⲁⲧⲁ ⲫϯ ϫⲉ
ϩⲓⲛⲁ ⲉⲥⲉⲥⲟϩⲓ ⲙⲙⲟⲓ ϧⲁⲣⲓ ϧⲁⲣⲟⲓ ⲟⲩⲟϩ ⲡⲁⲙⲉⲓ ⲉϧⲟⲩⲛ ⲉⲫϯ ⲛⲉⲙ ⲛⲁϣⲫⲉⲣ
ⲡⲟⲥ ⲉⲧⲥⲱⲟⲩ ⲙⲙⲟϥ ⲟⲩⲟϩ ⲧⲁⲁⲅⲁⲡⲏ ⲉϧⲟⲩⲛ ⲉⲡⲓⲥⲱⲛⲧ ⲧⲏⲣϥ ⲫϯ ⲡⲉⲧⲙ̄
ⲉⲣⲟⲥ ⲟⲩⲟϩ ⲛⲟϥ ⲡⲟⲥ ϥⲉⲣ ⲙⲉⲑⲣⲉ ⲛⲉⲙⲏⲓ ϫⲉ ⲙⲫⲣⲏϯ ⲉⲧⲁϥϫⲟⲥ ⲛⲏⲓ
ⲛⲟⲩⲥⲛⲟⲩ ϫⲉ ⲙⲡⲁⲧⲉⲕⲫⲟϩ ⲉⲡϣⲓ ⲛⲛⲓϩⲓⲟⲙⲓ ⲙⲡⲓⲥⲧⲏ ⲉⲧϧⲉⲛ ⲁϣ ⲙⲙⲁ
ϧⲉⲛ ⲧⲉⲕⲡⲟⲗⲓⲧⲉⲓⲁ³ ⲡⲁⲓⲣⲏϯ ⲡⲉ ⲉϯⲉⲣⲙⲉⲗⲉⲧⲁⲛ ⲉⲣⲟϥ ϣⲁ ⲉϧⲟⲩⲛ ⲉⲫⲛⲟⲩ
ⲟⲩⲟϩ ⲛⲓⲉϭⲣⲟ ⲧⲏⲣⲟⲩ ⲉⲧⲁⲓϭⲓⲧⲟⲩ ϩⲁ ⲛⲓⲇⲁⲓⲙⲱⲛ⁴ ⲉϥⲥⲱⲟⲩⲛ ⲛϫⲉ ⲡⲉϥϩ̄
ⲙⲟⲧ ϫⲉ ⲙⲡⲓⲙⲉⲩⲓ ⲉⲣⲟⲓ ⲉⲛⲉϩ ϫⲉ ⲁⲓⲉⲣ ϩⲗⲓ ϧⲉⲛ ⲧⲁϫⲟⲙ ⲁⲗⲗⲁ ⲡⲓϭⲣⲟ
ⲛⲉⲙ ⲡⲓⲛⲁⲓ ⲛⲉⲙ ϯⲃⲟⲏⲑⲉⲓⲁ⁵ ⲛⲁ ϯⲙⲉⲧⲣⲉϥϯ ⲧⲟⲧⲉ ⲛⲧⲉ ⲧⲉϥϫⲟⲙ ⲧⲉ. ⲗⲟⲓ
ⲡⲟⲛ ⲛⲁϣⲏⲣⲓ ⲉⲣⲑⲱⲧ ⲟⲩⲟϩ ⲁⲣⲓ ⲛⲓⲫⲏⲛ⁶ ϫⲉ ⲟⲩⲛ ⲕⲉⲕⲟⲩϫⲓ ⲙⲁⲕⲁⲣⲓⲟⲥ⁷
ⲥⲉⲛⲁⲟⲩⲟⲑⲃⲉϥ ⲉⲃⲟⲗ.

ⲛⲁⲓ ⲇⲉ ⲉⲩⲥⲱⲧⲉⲙ ⲉⲣⲱⲟⲩ ⲛϫⲉ ⲛⲓⲥⲛⲏⲟⲩ ⲙⲁⲗⲓⲥⲧⲁ ⲉⲧⲛⲁⲩ ⲉϯⲙⲉⲧⲁⲧ-
ϫⲟⲙ ⲉⲧⲉϥϣⲟⲡ ⲛϩⲏⲧⲥ ⲁⲩϯ ϩⲣⲁⲩ ⲉⲡϣⲱⲓ ⲁⲩⲣⲓⲙⲓ ϩⲱⲥⲧⲉ⁸ ⲉϥⲛⲁⲥⲟⲕⲡⲟⲩ
ⲛⲧⲉϥϣⲉ ⲛⲁϥ ⲛⲧⲉϥⲭⲁⲩ ⲉⲟⲓ ⲛⲟⲣⲫⲁⲛⲟⲥ ⲟⲩⲟϩ ⲡⲁⲗⲓⲛ ⲛⲁϥϯ ⲛⲟⲙϯ
ⲛⲱⲟⲩ ⲉⲑⲣⲟⲩⲭⲁ ⲣⲱⲟⲩ ⲟⲩⲟϩ ⲛⲁϥϫⲱ ⲙⲙⲟⲥ ϫⲉ ⲁⲗⲏⲑⲛ ⲙⲡⲁⲧⲉϥⲓ ⲛϫⲉ

ni un petit, ni un grand, et je ne me suis jamais couché lorsqu'il y avait une querelle entre moi et quelqu'un; ma conscience, je ne l'ai point méprisée en quelque œuvre selon Dieu, afin qu'elle me blâmât moi-même; mon amour pour Dieu et mes compagnons, Dieu le connait, ainsi que ma charité pour toute créature, Dieu la sait, et le Seigneur lui-même m'est témoin qu'ainsi qu'il me l'a dit une fois : « Tu n'as pas atteint la mesure des femmes fidèles qui sont en des lieux nombreux par tes services », ainsi je l'ai médité jusqu'à ce jour [9]. De même les victoires que j'ai remportées sur les démons, sa grâce sait que je n'ai jamais pensé que j'eusse fait quelque chose par ma vertu; mais la victoire, la miséricorde et les aides (de Dieu), ce sont elles qui ont aidé ma force. Du reste, mes enfants, vaquez (à vos ascèses) et soyez abstinents, car certes encore quelque temps Macaire sera transporté [10]. »

Or, les frères, entendant ces paroles et surtout voyant la faiblesse qui était en lui, ils s'écrièrent, ils pleurèrent, comme s'il allait les quitter, s'en aller et les laisser orphelins; et de nouveau il les encourageait à se taire et il leur disait: « Vraiment, le temps n'est pas arrivé. Du reste, pourquoi

---

1. *Cod.* ⲥⲩⲛⲏⲇⲏⲥⲓⲥ. — 2. *Cod.* ⲕⲁⲧⲁⲫⲣⲟⲛⲓⲛ. — 3. *Cod.* ⲡⲟⲗⲏⲧⲓⲁ. — 4. *Cod.* ⲛⲓⲇⲉⲙⲱⲛ. — 5. *Cod.* ϯⲃⲟⲏⲑⲓⲁ. — 6. *Cod.* ⲛⲓⲫⲓⲛ. — 7. *Cod.* ⲙⲁⲕⲁⲣⲓ. — 8. *Cod.* ϩⲱⲥⲇⲉ. — 9. Allusion à un fait qui n'est pas rapporté ici. — 10. C'est-à-dire : Mourra.

ⲡⲓⲥⲛⲟⲩ ⲗⲟⲓⲡⲟⲛ ⲉⲧⲃⲉ ⲟⲩ ⲧⲉⲧⲉⲛⲣⲓⲙⲓ ⲟⲩⲟϩ ⲧⲉⲧⲉⲛϯ ⲙⲕⲁϩ ⲙⲡⲁϩⲏⲧ ⲕⲁⲓ
ⲅⲁⲣ.[1] ⲟⲩⲙⲉⲧⲁⲧϫⲟⲙ ⲧⲉ ϣⲁⲧⲉ ⲫⲁⲓ ϣⲱⲡⲓ ⲙⲙⲟⲛ ⲧⲏⲣⲉⲛ ⲡⲓⲟⲩⲁⲓ ⲡⲓⲟⲩⲁⲓ
ⲕⲁⲧⲁ ⲡⲉϥⲥⲛⲟⲩ ⲕⲁⲧⲁ ⲛⲓⲱϣ ⲛⲁⲧϣϯ ⲟⲩⲧⲟⲩ ⲛⲧⲉ ⲡⲉⲛⲛⲟⲩϯ· ⲟⲩⲟϩ ⲛⲁⲓ
ⲉⲧⲁϥϫⲟⲧⲟⲩ ⲛⲱⲟⲩ ⲙⲟⲅⲓⲥ ⲁϥϣⲱⲧ ⲙⲡⲟⲩϩⲏⲧ ⲉⲑⲣⲟⲩⲭⲁ ⲣⲱⲟⲩ ⲟⲩⲟϩ
ⲉⲧⲁⲩⲧⲱⲟⲩⲛⲟⲩ ⲁⲩⲓ ⲉⲃⲟⲗ ⲁ ⲡⲓⲟⲩⲁⲓ ⲡⲓⲟⲩⲁⲓ ⲉⲣⲁⲛⲁⲭⲱⲣⲉⲓⲛ[2] ⲉⲡⲉϥⲙⲁ
ⲛϣⲱⲡⲓ. ⲉⲧⲁⲩϣⲉ ⲛⲱⲟⲩ ⲇⲉ ⲛϫⲉ ⲛⲓⲥⲛⲟⲩ ⲡⲁⲗⲓⲛ ⲟⲛ ⲁ ϯⲙⲉⲧⲁⲧϫⲟⲙ
ϭⲣⲟ ⲉⲣⲟϥ ⲟⲩⲟϩ ⲉⲧⲁϥϣⲉ ⲉⲡⲓⲥⲡⲏⲗⲁⲓⲟⲛ[3] ⲙⲙⲁⲩⲁⲧϥ ⲁϥⲉⲛⲕⲟⲧ ⲛⲉ ⲫⲛⲁⲩ
ⲇⲉ ⲡⲉ ⲛⲁϫⲡ ⲍ̄. ⲟⲩⲟϩ ϩⲱⲥ ⲉϥⲙⲉⲩⲓ ⲛϧⲣⲏⲓ ⲛϧⲏⲧϥ ⲕⲁⲧⲁ ⲧⲉϥⲕⲁϩⲥ ⲉⲡⲉϥϫⲓ
ⲛⲥⲓⲛⲓ ⲉⲃⲟⲗ ⲛⲉⲙ ⲡⲉϥϫⲓ ⲛⲉⲣⲁⲡⲁⲛⲧⲁⲛ ⲉⲫϯ ⲛⲉⲙ ϯⲁⲡⲟⲫⲁⲥⲓⲥ ⲉⲑⲛⲁⲓ
ⲉⲃⲟⲗ ϩⲁⲣⲟϥ ⲙⲡⲓⲛⲁⲩ ⲉⲧⲉⲙⲙⲁⲩ ⲛⲉⲙ ⲡⲓⲙⲁ ⲉⲧⲟⲩⲛⲁϩⲓⲧϥ ⲉⲣⲟϥ ϩⲏⲡⲡⲉ
ⲁⲩⲟⲩⲟⲛϩⲟⲩ ⲉⲣⲟϥ ⲛϫⲉ ⲃ̄ ⲛⲁⲅⲓⲟⲥ ⲉⲩⲉⲣⲗⲁⲙⲡⲉⲓⲛ[4] ⲉⲙⲁϣⲱ ϧⲉⲛ ⲡⲱⲟⲩ
ⲛⲉⲙ ⲡⲓⲧⲁⲓⲟ ⲉⲣⲉ ⲡⲟⲩϩⲟ ⲙⲉϩ ⲛⲣⲁϣⲓ. ⲟⲩⲟϩ ⲉⲧⲁϥⲛⲁⲩ ⲉⲣⲱⲟⲩ ⲛϫⲉ ⲡⲓ
ϧⲉⲗⲗⲟ ⲁϥⲭⲁ ⲣⲱϥ ⲧⲉⲱⲥ ⲟⲩⲟϩ ⲡⲉϫⲉ ⲟⲩⲁⲓ ⲙⲙⲱⲟⲩ ⲛⲁϥ ϫⲉ ⲁⲛ ⲁⲕ
ⲥⲟⲩⲱⲛⲧ ϫⲉ ⲁⲛⲟⲕ ⲛⲓⲙ. ⲟⲩⲟϩ ⲉⲧⲁϥϯ ⲛⲁⲧϥ ⲙⲙⲟϥ ⲙⲡⲉϥϣϫⲉⲙϫⲟⲙ
ⲛⲥⲟⲩⲱⲛϥ ⲛⲕⲁⲗⲱⲥ ⲉⲑⲃⲉ ⲡⲁϣⲁⲓ ⲛϯⲙⲉⲧⲗⲁⲙⲡⲣⲟⲥ ⲉⲧϣⲟⲡ ⲛϧⲏⲧⲉ.
ⲟⲩⲟϩ ⲙⲉⲛⲉⲛⲥⲁ ⲕⲉⲕⲟⲩϫⲓ ⲡⲉϫⲁϥ ⲙⲡⲉⲧⲥⲁϫⲓ ⲛⲉⲙⲁϥ ϫⲉ ⲕⲁⲧⲁ ⲣⲟⲓ ⲛⲑⲟⲕ
ⲡⲉ ⲡⲁⲓⲱⲧ ⲁⲃⲃⲁ ⲁⲛⲧⲱⲛⲓⲟⲥ. ⲟⲩⲟϩ ⲡⲉϫⲉ ⲫⲏ ⲉⲑⲟⲩⲁⲃ ⲁⲃⲃⲁ ⲁⲛⲧⲱⲛⲓⲟⲥ

pleurez-vous et attristez-vous mon cœur? Car il est impossible que cela ne nous arrive pas à tous, à chacun en son temps, selon le décret que l'on ne peut éloigner de notre Dieu. » Et quand il eut dit cela, à peine consola-t-il leurs cœurs et les fit-il se taire; et lorsqu'ils se furent levés, ils s'en allèrent, chacun se retirant dans son habitation. Et lorsque les frères furent partis, de nouveau la faiblesse le domina, et, lorsqu'il fut entré seul dans la caverne, il se coucha : c'était la septième heure. Et comme il pensait en lui-même, selon sa coutume, à son départ, à sa comparution devant Dieu, à la sentence qui serait prononcée contre lui en ce moment et au lieu où on le jetterait, voici que lui apparurent deux saints, brillant grandement de gloire et d'honneur : leur visage était rempli de joie. Lorsque le vieillard les vit, il se tut quelque temps et l'un d'eux lui dit : « Est-ce que tu sais qui je suis ? » Et après l'avoir regardé, il ne put pas bien le reconnaître à cause de la grandeur de l'éclat où ils se trouvaient. Et après quelque temps, il dit à celui qui lui parlait : « Selon moi, tu es mon père abba Antoine. » Et le saint abba

1. *Cod.* ⲕⲉ ⲅⲁⲣ. — 2. *Cod.* ⲉⲣⲁⲛⲁⲭⲟⲣⲓⲛ. — 3. *Cod.* ⲡⲓⲥⲡⲏⲗⲉⲟⲛ. — 4. *Cod.* ⲉⲩⲉⲣⲗⲁⲙⲡⲓⲛ.

ⲛⲁϥ ϫⲉ ϫⲉ ⲁⲛ ⲁⲕⲥⲟⲩⲉⲛ¹ ⲡⲁⲓϫⲉⲧ ϫⲉ ⲛⲓⲙ ⲡⲉ. ⲟⲩⲟϩ ⲡⲁⲗⲓⲛ ⲁϥⲭⲁ ⲣⲱϥ
ⲛⲁⲓ ⲅⲁⲣ² ⲛⲁϥⲉⲣ ⲟⲩⲱ ⲛϧⲗⲓ ⲛⲭⲱⲗⲉⲙ ⲁⲛ ⲡⲉ. ⲡⲉϫⲁϥ ⲛⲁϥ ϫⲉ ⲫⲁⲓ ⲡⲉ
ⲡⲉⲛⲥⲟⲛ ⲡⲁϩⲱⲙ ⲫⲓⲱⲧ ⲛⲛⲓⲙⲟⲛⲁⲭⲟⲥ ⲛⲧⲉ ⲧⲁⲃⲉⲛⲛⲏⲥⲓ ϫⲉ ⲟⲩⲏⲓ ⲁⲩⲟⲩ-
ⲟⲣⲡⲧⲉⲛ ⲉⲑⲣⲉⲛⲑⲁϩⲙⲉⲕ ⲗⲟⲓⲡⲟⲛ ⲁⲣⲓ ⲡⲉⲕⲣⲱⲟⲩϣ ϫⲉ ⲟⲩⲏⲓ ⲉⲧⲓ ⲕⲉⲑ̄ ⲛⲉϩⲟⲟⲩ ⲭⲛⲁⲭⲱ ⲉϩⲣⲏⲓ ⲛⲧϣⲉⲛⲛ ⲛϣⲁⲣ ⲟⲩⲟϩ ⲭⲛⲁϣⲱⲡⲓ ϩⲁⲧⲟⲧⲉⲛ ⲟⲩⲟϩ
ϥⲁⲓ ⲛⲛⲉⲕⲃⲁⲗ ⲉⲡϣⲱⲓ ⲟⲩⲟϩ ⲁⲛⲁⲩ ⲉⲡⲓⲙⲱⲓⲧ ⲉⲧⲁⲩⲥⲉⲃⲧⲱⲧϥ ⲛⲁϥ ϫⲉ ϩⲓⲛⲁ
ⲉⲕⲉϭⲓ ⲛⲟⲩⲣⲁϣⲓ ⲟⲩⲟϩ ⲛⲧⲉⲕⲓ ⲉⲃⲟⲗ ϧⲉⲛ ⲟⲩⲙⲧⲟⲛ. ⲟⲩⲟϩ ⲡⲁⲓⲣⲏϯ ⲁⲩⲉⲣ-
ⲁⲛⲁⲭⲱⲣⲉⲓⲛ³ ⲉⲃⲟⲗϩⲁⲣⲟϥ ⲛϫⲉ ⲛⲏ ⲉⲑⲟⲩⲁⲃ.

ⲡⲓϩⲁⲅⲓⲟⲥ ϫⲉ ⲛϧⲉⲗⲗⲟ ⲛⲁϥⲭⲱ ⲛⲣⲱϥ ⲡⲉ ⲛⲟⲩⲉϣϣ ⲛⲧⲁⲙⲉ ϩⲗⲓ ϫⲉ ϩⲓⲛⲁ
ⲛⲛⲟⲩⲉⲣ ⲙⲕⲁϩ ⲛϩⲏⲧ ⲟⲩⲟϩ ⲛⲥⲉϯ ϧⲓⲥⲓ ⲙⲡⲉϥⲡⲛⲁ ϩⲓⲧⲉⲛ ⲛⲓⲣⲱⲙⲓ ⲛⲁⲓ
ⲅⲁⲣ⁴ ⲛⲁⲩϫⲟⲩϣⲧ ⲉⲣⲟϥ ⲧⲏⲣⲟⲩ ⲡⲉ ⲙⲫⲣⲏϯ ⲛⲟⲩⲁⲣⲭⲓⲥⲧⲣⲁⲧⲏⲅⲟⲥ⁵ ⲉϥϫⲉⲛ
ⲑⲙⲏϯ ⲛⲛⲉϥⲙⲁⲧⲟⲓ ⲫⲁⲓ ⲁⲩϣⲁⲛⲉⲣ ϧⲁⲉ⁶ ⲙⲙⲟϥ ⲁⲓϫⲱ ⲉⲡⲓⲁⲣⲭⲓⲥⲧⲣⲁ-
ⲧⲏⲅⲟⲥ⁷ ϣⲁⲣⲉ ⲡⲓⲙⲏϣ ⲧⲏⲣϥ ⲉⲣ ⲙⲫⲣⲏϯ ϫⲉ ⲁⲩϫⲱϫⲓ ⲉⲃⲟⲗ ⲛⲛⲟⲩⲁⲫⲏⲟⲩⲓ
ⲟⲩⲟϩ ⲡⲁⲓⲣⲏϯ ⲉⲃⲟⲗϩⲓⲧⲉⲛ ϯⲙⲉⲧⲁⲧⲁⲫⲉ ⲙⲙⲟⲛ ϣϫⲟⲙ ⲙⲙⲱⲟⲩ ⲉϣⲉ
ⲉⲡⲓⲃⲱⲧⲥ ⲛⲉⲙ ⲛⲓⲙⲗⲁϩ ⲙⲡⲟⲗⲉⲙⲓⲕⲟⲛ⁸. ⲙⲁⲗⲓⲥⲧⲁ ϧⲉⲛ ⲟⲩⲙⲉⲑⲙⲏⲓ ϫⲉ

Antoine lui dit : « Connais-tu aussi celui-ci, quel il est ? » Et de nouveau il se tut, car il ne répondait rien avec empressement. Antoine lui dit : « Celui-ci est notre frère Pakhôme, le père des moines de Tabennisi, car certes on nous a envoyés pour t'inviter ; désormais fais ce qui te préoccupe, car certes tu as encore neuf autres jours, puis tu laisseras cette tunique de peau⁹ et tu habiteras près de nous. Lève tes yeux en haut et vois l'endroit qui t'a été préparé, afin que tu reçoives la joie et viennes dans le repos. » Et ainsi les saints se retirèrent loin de lui.

Mais le saint vieillard se taisait, sans le dire à personne, afin qu'ils ne fussent pas tristes et que son esprit ne fût pas fatigué par les hommes ; car ils le regardaient tous comme un archistratège au milieu de ses soldats : s'ils viennent à perdre¹⁰ celui-ci, je veux dire l'archistratège, toute la multitude est comme si on avait coupé leurs têtes, et ainsi à cause du manque de chef, il leur est impossible de marcher à la guerre et au combat ; surtout, en vérité, parce

---

1. *Cod.* LIX : ⲁⲕⲥⲟⲩⲱⲛ. — 2. *Cod.* ⲕⲉ ⲅⲁⲣ. — 3. *Cod.* ⲁⲛⲁⲭⲱⲣⲓⲛ. — 4. *Cod.* ⲕⲉ ⲅⲁⲣ. — 5. *Cod.* LXII : ⲁⲣⲭⲓⲥⲧⲣⲁⲧⲏⲅⲟⲥⲉ. — 6. *Cod.* LXII : ⲉⲣ ϧⲁⲉ. — 7. *Cod.* ⲁⲣⲭⲓⲥⲧⲣⲁⲧⲏⲅⲟⲥ. — 8. *Cod.* LXIV : ⲉϣϣⲉ ⲉⲃⲟⲕ ⲙⲁⲗⲓⲥⲧⲁ. — 9. C'est-à-dire : « Tu laisseras ton corps. » Le corps n'était considéré que comme une enveloppe charnelle. — 10. Mot à mot : « S'ils manquent de celui-ci. » Toute cette phrase est terriblement embrouillée.

qu'il était comme un Dieu pour toute la race des moines, tous le regardant, après Dieu, comme un miroir, et leurs âmes prenaient de la force dans ses exhortations. Et lorsqu'il se fut couché sur la natte, selon sa coutume, sans plus se lever à cause du poids de la maladie, parce qu'il souffrait de la fièvre, alors, peu à peu, la force l'abandonna[3], et dans la nuit du huitième au neuvième (jour) depuis qu'il était malade, selon la parole d'abba Antoine, c'était le 27 de Phamenôth, voici que le chérubin susdit, qui était resté avec lui depuis le commencement, vint avec une grande foule de chœurs incorporels, et lui dit : « Hâte-toi, sors; tous ceux-là se tiennent debout, t'attendant. » Et il dit d'une grande voix : « Mon Seigneur Jésus, le bien-aimé de mon âme, reçois mon esprit. » Et ainsi il s'endormit.

Or, il n'y avait pas une foule avec lui en ce moment, ils ne savaient pas qu'il allait mourir en ce jour-là, car il était allègre (d'esprit), comme chaque jour, et il encourageait les frères. Lorsque les frères eurent appris (sa mort), ils pleurèrent tous sur l'abandon dans lequel ils se trouvaient[4]. Mais les

---

1. *Cod.* ⲧⲉϥⲥⲧⲏⲛⲑⲓⲁ. — 2. *Cod.* ⲕⲉ ⲅⲁⲣ. — 3. Mot à mot : « Il abandonna la force. » — 4. Mot à mot : « Sur le désert qui était fait pour eux. » J'applique cette expression à Macaire, et je l'ai un peu paraphrasée dans ma traduction.

ⲉⲧⲁⲥϣⲱⲡⲓ ⲛⲱⲟⲩ. ⲡⲓⲥⲏⲟⲩ ⲇⲉ ⲉⲧϣⲟⲡ ϧⲉⲛ ⲛⲓϣⲁϥⲉⲩ ⲉⲑⲟⲩⲁⲃ ⲛⲁⲓ
ⲉⲧⲁⲩⲉⲣ ⲡⲕⲉⲅⲓ ⲉⲃⲟⲗϩⲓⲧⲟⲧϥ ⲙⲡⲓⲙⲱⲓⲧ ⲧⲏⲣϥ ⲉⲧϭⲓ ⲉϧⲟⲩⲛ ⲉⲧⲕⲁⲧⲟⲣⲑⲱⲥⲓⲥ
ⲧⲏⲣⲥ¹ ⲛ̄ⲧⲁⲣⲉⲧⲏ ⲟⲩⲟϩ ⲁϥϧⲟⲕⲟⲩ ϩⲱⲥ ⲁⲣⲭⲓⲥⲧⲣⲁⲧⲏⲅⲟⲥ² ⲛ̄ⲛⲓϩⲟⲡⲗⲟⲛ
ⲧⲏⲣⲟⲩ ⲛⲧⲉ ⲡⲭⲓ ⲛⲙⲓϣⲓ ⲟⲩⲃⲉ ⲡⲇⲓⲁⲃⲟⲗⲟⲥ ⲡⲓⲧⲩⲣⲁⲛⲛⲟⲥ ⲛⲁⲧϣⲓⲡⲓ ⲛⲉⲙ
ⲛⲉϥⲛⲟⲧⲙⲉⲣⲟⲛ ⲉⲧϩⲱⲟⲩ ⲟⲩⲟϩ ⲁϥⲕⲟⲧⲟⲩ ⲗⲟⲓⲡⲟⲛ ⲉϫⲉⲛ ϯⲥⲉⲛϯ ⲛⲁⲧⲕⲓⲙ
ⲉⲧⲉ ⲡⲭ̄ⲥ̄ ⲡⲉⲛⲛⲟⲩϯ ⲡⲉ ⲫⲁⲓ ⲉⲧⲁϥⲉⲣ ⲡⲕⲉⲁⲣⲉϩ ⲉⲣⲱⲟⲩ ϣⲁ ⲉⲃⲟⲗ ⲉⲩⲟⲓ
ⲛⲁⲧϭⲱⲧⲡ ϩⲓⲧⲉⲛ ⲡⲉϥϩⲙⲟⲧ ⲉⲧϭⲟⲥⲓ ⲫⲁⲓ ⲉⲧⲁϥϫⲟϣϥ ⲉϩⲣⲏⲓ ⲉϫⲱⲟⲩ ϩⲓⲧⲉⲛ
ⲛⲓⲧϩⲟ ⲛ̄ⲧⲉ ⲡⲉⲛⲓⲱⲧ ⲉⲑⲟⲩⲁⲃ ⲡⲓⲛⲓϣϯ ⲁⲃⲃⲁ ⲙⲁⲕⲁⲣⲓⲟⲥ ϧⲉⲛ ⲡϫⲓ ⲛⲥⲟⲧⲉⲙ
ⲥⲱⲧⲉⲙ ⲇⲉ ⲟⲩⲛ ⲛϫⲉ ⲛⲁⲓ ⲉⲡⲓϫⲓⲛⲓ ⲉⲃⲟⲗϧⲉⲛ ⲥⲱⲙⲁ ⲛⲧⲉ ⲡⲓⲁⲅⲓⲟⲥ ⲁⲩⲓ ⲉⲃⲟⲗ
ϧⲉⲛ ⲛⲟⲩⲙⲁ ⲛϣⲱⲡⲓ ⲉⲩⲧⲱⲓⲧ ⲟⲩⲟϩ ⲉⲧⲉⲣ ϩⲏⲃⲓ ⲉϩⲣⲏⲓ ⲉϫⲉⲛ ⲡⲓϫⲓ ⲛⲟⲩⲱ-
ⲧⲉⲃ ⲉⲃⲟⲗ ⲛⲧⲉ ⲫⲏ ⲉⲧⲁⲟⲗϥ ⲇⲓⲕⲁⲓⲱⲥ³ ⲉⲡⲓⲙⲁ ⲛϣⲱⲡⲓ ⲛⲉⲡⲟⲩⲣⲁⲛⲓⲟⲛ⁴
ⲉⲡϣⲱⲓ ⲟⲩⲟϩ ⲁϥⲉⲣⲭⲟⲣⲉⲧⲓⲛ⁵ ⲛⲉⲙ ⲛⲓⲁⲅⲅⲉⲗⲓⲕⲏ ⲛⲧⲉ ⲛⲓⲫⲏⲟⲩⲓ ⲛⲁⲓ ⲟⲛ ⲉⲧⲁϥⲧⲉⲛⲑⲱⲛϥ ⲉⲣⲱⲟⲩ ϧⲉⲛ ⲡϩⲱⲃ ⲛⲉⲙ ⲡⲥⲁϫⲓ ϩⲓⲧⲉⲛ ⲛⲓⲃⲏ-
ⲟⲩⲓ ⲛⲁⲅⲅⲉⲗⲓⲕⲟⲛ ⲉⲧⲁⲩⲟⲩⲟⲛϩⲟⲩ ⲉⲃⲟⲗ ⲛϩⲣⲏⲓ ϧⲉⲛ ⲡⲉϥⲃⲓⲟⲥ ⲉⲑⲟⲩⲁⲃ ⲟⲩⲟϩ
ⲛϣⲟⲩⲉⲣ ϣⲫⲏⲣⲓ ⲙⲙⲟϥ ⲛⲁⲓ ⲉⲧϣⲟⲡ ⲛⲥⲃⲱ ⲟⲩⲟϩ ⲛϭⲁⲩ ⲙⲱⲓⲧ ⲛⲟⲩⲟⲛ
ⲛⲓⲃⲉⲛ ⲉⲑⲟⲩⲱϣ ⲉⲱⲛϧ ⲕⲁⲧⲁ ⲑⲙⲉⲑⲙⲏⲓ ⲧⲏⲣⲥ ⲛⲛⲓⲉⲩⲁⲅⲅⲉⲗⲓⲟⲛ ⲉⲑⲟⲩⲁⲃ.
ⲉⲧⲁⲩⲫⲟϩ ⲟⲩⲛ ⲗⲟⲓⲡⲟⲛ ⲉϯⲉⲕⲕⲗⲏⲥⲓⲁ ⲉⲩⲣⲓⲙⲓ ⲧⲏⲣⲟⲩ ϧⲉⲛ ⲟⲩⲛⲓϣϯ⁶ ⲉϥ-

frères qui étaient dans les saints déserts, qui avaient aussi reçu de lui le chemin qui conduit à la droiture de la vertu, que, comme stratège, il avait armés de toutes les armes du combat contre le diable, le tyran impudent, et contre tous ses bataillons méchants, qu'il avait édifiés enfin sur la pierre inébranlable qui est le Christ notre Dieu, qu'il avait gardés jusque-là invaincus, par la grâce du Très-Haut répandue sur eux à cause des prières de notre père saint, le grand abba Macaire: quand ceux-là donc eurent appris que le saint était sorti du corps, ils sortirent de leurs habitations, se lamentant et étant dans le deuil à cause du transport de celui qu'on avait emmené avec justice en haut, dans les habitations célestes, où il s'était réuni avec les puissances angéliques qu'il avait imitées en œuvres et en paroles, par les actions angéliques qui s'étaient manifestées dans sa vie sainte et qui étaient dignes d'être admirées, qui avaient été une instruction et une direction pour quiconque voulait vivre selon toute la justice des saints Évangiles. Enfin, lorsqu'ils furent parvenus à l'église, pleurant tous

---

1. Le *Cod.* LXIV n'a pas ⲧⲏⲣⲥ. — 2. *Cod.* ⲁⲣⲭⲏⲥⲧⲣⲁⲧⲏⲅⲟⲥ. — 3. *Cod.* LXII : ⲇⲓⲱⲥ (sic). — *Cod.* ⲇⲓⲕⲉⲱⲥ. — 4. *Cod.* ⲛⲉⲛⲱⲣⲁⲛⲓⲟⲛ. — 5. *Cod.* ⲁϥⲉⲣⲭⲟⲣⲉⲧⲓⲛ. — 6. *Cod.* LXII : ϧⲉⲛ ⲟⲩⲛⲓϣϯ.

ⲣⲏⲓ ⲉϫⲉⲛ ⲡϫⲓ ⲛ̇ϥⲭⲟϫⲟⲩ ⲛ̇ⲟⲩⲓⲱⲧ ⲙ̇ⲡⲁⲓⲣⲏϯ ⲫⲁⲓ ⲉⲧϣⲟⲡ ⲛⲱⲟⲩ ⲧⲏⲣⲟⲩ
ⲛ̇ⲭⲟϩ ⲟⲩⲟϩ ⲙ̇ⲙⲟⲗϯ ⲉϧⲟⲩⲛ ⲉϯⲁⲛⲁⲭⲱⲣⲏⲥⲓⲥ¹ ⲛⲉⲙ ⲛⲉⲱⲡⲓ ⲙ̇ⲙⲉⲑⲛⲟⲩϯ
ⲉⲑⲛⲁⲛⲉⲩ ⲁⲩϣⲓⲧⲟⲩ ⲉⲡ̇ϣⲱⲓ ⲉϫⲉⲛ ⲡⲉϥⲥⲱⲙⲁ ⲉⲑⲟⲩⲁⲃ ⲛⲟⲩⲛⲓϣϯ ⲛⲛⲁⲩ
ⲉⲱϣ ⲉⲃⲟⲗ ⲧⲏⲣⲟⲩ ϧⲉⲛ ⲟⲩⲛⲓϣϯ ⲟⲩⲟϩ ⲙⲉⲛⲉⲛⲥⲁ ⲛⲁⲓ ⲁⲩⲓⲣⲓ ⲛ̇ϯⲗⲉⲓ-
ⲧⲟⲩⲣⲅⲓⲁ² ⲉⲧⲥ̇ⲙⲁⲓ ⲁⲩⲓⲛⲓ ⲉⲡ̇ϣⲱⲓ ⲉϫⲉⲛ ⲡⲉϥⲗⲩⲯⲁⲛⲟⲛ ⲉⲧⲧⲁⲓⲏⲟⲩⲧ ⲛ̇ϯⲑⲩ-
ⲥⲓⲁ ⲛ̇ⲁⲧϥⲉⲛ ⲥⲛⲟϥ ⲉⲃⲟⲗ ⲡ̇ⲥⲱⲙⲁ ⲛⲉⲙ ⲡⲓⲥ̇ⲛⲟϥ ⲛ̇ⲧⲉ ⲡⲉⲛⲟⲥ ⲓⲏⲥ ⲡⲭⲥ.
ⲗⲟⲓⲡⲟⲛ ⲁⲩⲭⲱ ⲙ̇ⲡⲉϥⲥⲱⲙⲁ ⲉⲑⲟⲩⲁⲃ ⲉϧⲟⲩⲛ ϧⲉⲛ ⲡⲓⲥ̇ⲡⲏⲗⲁⲓⲟⲛ³ ϧⲁⲑⲟⲩⲁ
ⲛ̇ϯⲉⲕⲕⲗⲏⲥⲓⲁ ⲑⲁⲓ ⲛ̇ⲧⲟϥ ⲉⲧⲁϥⲕⲟⲧⲥ ⲟⲩⲟϩ ⲁⲩϣⲉ ⲛⲱⲟⲩ ⲉⲛⲟⲩⲙⲁ ⲛ̇ϣⲱⲡⲓ
ⲉⲩϣⲟⲡ ϧⲉⲛ ⲟⲩⲛⲓϣϯ ⲛ̇ϩⲏⲃⲓ ⲉϩ̇ⲣⲏⲓ ⲉϫⲉⲛ ⲡϫⲓ ⲛ̇ϣⲟⲛϩⲟⲩ ⲙ̇ⲫⲣⲉϥϣⲁⲛϣ
ⲛ̇ⲛⲟⲩⲯⲩⲭⲏ ϧⲉⲛ ϯϩⲟϯ ⲛ̇ⲧⲉ ⲡⲟⲥ ⲉⲧⲁⲩⲧ̇ⲫⲱⲟⲩ ⲉⲃⲟⲗϩⲓⲧⲉⲛ ⲡⲓⲣⲱⲙⲓ
ⲉⲑⲟⲩⲁⲃ ⲁⲃⲃⲁ ⲡⲁⲫⲛⲟⲩϯ ⲉⲡⲓⲛⲓϣϯ ⲡⲉ ϧⲉⲛ ⲛⲉⲙⲙⲁⲑⲏⲧⲏⲥ ⲙ̇ⲡⲁⲅⲓⲟⲥ ⲫⲁⲓ
ⲟⲛ ⲉⲧⲁϥϭⲓ ⲛ̇ⲙⲉⲧⲓⲱⲧ ϧⲉⲛ ⲛⲓⲧⲟⲡⲟⲥ ⲉⲑⲟⲩⲁⲃ ⲙⲉⲛⲉⲛⲥⲱϥ ⲉⲑⲃⲉ ϫⲉ ⲛⲉ
ⲟⲩⲣⲱⲙⲓ ϩⲱϥ ⲡⲉ ⲉϥⲟⲩⲁⲃ ⲉⲁϥⲟⲩⲁϩϥ ⲛⲥⲁ ⲡⲥⲕⲟⲡⲟⲥ ⲧⲏⲣϥ ⲙ̇ⲛⲓϩ̇ⲃⲏⲟⲩⲓ
ⲛ̇ⲧⲉ ⲡⲓⲣⲱⲙⲓ ⲉⲑⲟⲩⲁⲃ ⲡⲓⲛⲓϣϯ ⲁⲃⲃⲁ ⲙⲁⲕⲁⲣⲓⲟⲥ ⲉⲑⲃⲉ ⲫⲁⲓ ⲣⲱ ⲁϥϣⲱⲡⲓ
ⲛ̇ⲟⲛⲟⲙⲁⲥⲧⲟⲥ ϧⲉⲛ ⲙⲁⲓ ⲛⲓⲃⲉⲛ ⲉⲩⲛⲏⲟⲩ ϣⲁⲣⲟϥ ⲛ̇ϫⲉ ⲫⲁⲛⲓϣ ⲛ̇ⲙⲙⲟⲛⲁⲭⲟⲥ
ⲟⲩ ⲙⲟⲛⲟⲛ ⲛ̇ⲧⲉ ϣⲓⲏⲧ ⲙ̇ⲙⲁⲩⲁⲧϥ ⲁⲗⲗⲁ ⲥⲭⲉⲇⲟⲛ ϧⲉⲛ ϯⲭⲱⲣⲁ ⲧⲏⲣⲥ
ⲛ̇ⲧⲉ ⲭⲏⲙⲓ ⲉⲩϭⲓ ⲉⲃⲟⲗϩⲓⲧⲟⲧϥ ⲙ̇ⲡⲓⲥⲙⲟⲧ ⲧⲏⲣϥ ⲛ̇ⲧⲉ ϯⲁⲣⲉⲧⲏ ⲑⲁⲓ ⲉⲧⲁϥ-
ϥⲟⲥ ⲛⲁϥ ϧⲉⲛ ⲟⲩⲙⲉⲧⲉⲩⲫⲩⲏⲥ⁴ ϩⲓⲧⲉⲛ ⲑ̇ⲙⲉⲧⲣⲉϥϭⲓ ⲙⲱⲓⲧ ϧⲁϫⲱϥ ϧⲉⲛ

avec amertume parce qu'on leur avait ainsi arraché leur père qui était un (sujet) d'émulation et de courage pour eux tous dans la vie anachorétique et les autres bonnes œuvres, ils se jetèrent tous sur ce corps saint une grande heure, criant tous avec amertume. Et après cela, ils firent la liturgie convenable, ils amenèrent sur ses restes glorieux le sacrifice non sanglant, le corps et le sang de Notre-Seigneur Jésus le Christ. Enfin, ils déposèrent son corps saint dans la caverne près de l'église qu'il avait bâtie et ils s'en allèrent dans leurs habitations, étant dans un grand deuil parce qu'on les avait privés du nourricier de leurs âmes dans la crainte du Seigneur, accompagnés par le saint homme abba Paphnouti qui était le plus grand parmi les disciples du saint homme, celui qui prit la paternité dans les lieux saints après lui, car il était aussi un saint homme, suivant le but entier des œuvres du saint homme, le grand abba Macaire : c'est pourquoi il devint célèbre en tout lieu. Des foules de moines venaient vers lui, non seulement de Schiit, mais du pays presque tout entier d'Égypte, recevant de lui

1. *Cod.* ϯⲁⲛⲁⲭⲱⲣⲏⲥⲓⲥ. — 2. *Cod.* ⲛ̇ⲗⲓⲧⲟⲩⲣⲅⲓⲁ. — 3. *Cod.* ⲡⲓⲥⲡⲏⲗⲉⲟⲛ. — 4. *Cod.* ⲟⲩⲙⲉⲧⲉⲩⲫⲏⲛⲥ.

ⲟⲩⲣⲱⲙⲓ ⲛⲧⲉ ⲡⲁⲓⲣⲱⲙⲓ ⲛⲁⲙⲁⲓⲟⲥ[1] ⲁⲗⲏⲑⲱⲥ ⲟⲩⲟϩ ⲛⲧⲉⲗⲉⲓⲟⲥ[2] ⲡⲓⲛⲓϣϯ ⲁⲃⲃⲁ ⲙⲁⲕⲁⲣⲓⲟⲥ[3].

ⲙⲉⲛⲉⲛⲥⲁ[4] ⲟⲩⲥⲏⲟⲩ ⲗⲟⲓⲡⲟⲛ ⲁⲩϣϫⲉⲙϫⲟⲙ ⲛⲉⲙ ⲉⲡⲓⲙⲁ ⲉⲧⲁⲩⲭⲁ ⲡⲥⲱⲙⲁ ⲙⲡⲉⲑⲟⲩⲁⲃ ⲛϧⲏⲧϥ ⲛϫⲉ ⲛⲓⲣⲉⲙ ⲡϫⲓϫⲃⲓⲣ ⲉⲡⲓⲧⲁⲓ ⲡⲉ ⲙⲡⲓⲁⲅⲓⲟⲥ ⲕⲁⲧⲁ ⲫⲣⲏϯ ⲉⲧⲁⲛⲟⲩⲟⲛϩϥ ⲉⲃⲟⲗ ϧⲉⲛ ⲧⲁⲣⲭⲏ ⲛⲙⲡⲁⲓⲥⲏⲛⲙⲁ[4]. ⲟⲩⲟϩ ⲁⲩ ⲉ ϩⲣⲏⲓ ⲉϣⲓⲏⲧ ϧⲉⲛ ⲟⲩϩⲱⲡ[5] ⲙⲙⲟⲛ ϩⲗⲓ ⲉⲙⲓ ⲉⲣⲱⲟⲩ ⲟⲩⲟϩ ⲁⲩⲱⲗⲓ ⲙⲡⲥⲱⲙⲁ ⲙⲡⲉⲛⲙⲁⲕⲁⲣⲓⲟⲥ ⲛⲓⲱⲧ ⲉⲡⲓⲧⲁⲓ ϩⲱⲥ ⲕⲁⲧⲁ ⲟⲩϯⲙⲁⲧ ⲟⲩⲟϩ ⲉⲧⲁⲩⲕⲟⲥϥ ϧⲉⲛ ⲟⲩⲙⲡϣⲁ ⲁⲩⲑⲁⲙⲓⲟ ⲛⲟⲩⲛⲓϣϯ ⲛⲗⲱⲥⲥⲟⲕⲟⲙⲓⲟⲛ[7] ⲉⲃⲟⲗϧⲉⲛ ϩⲁⲛ ϣⲉ ⲛⲁⲛⲁⲥⲕⲁⲓⲟⲛ[8] ⲟⲩⲟϩ ⲡⲁⲓⲣⲏϯ ⲁⲩⲭⲱ ⲙⲡⲉϥⲥⲱⲙⲁ ⲉⲑⲟⲩⲁⲃ ⲛϧⲏⲧϥ. ⲟⲩⲟϩ ⲙⲉⲛⲉⲛⲥⲁ ϩⲁⲛ ⲕⲟⲩϫⲓ ⲛⲉϩⲟⲟⲩ ⲁⲩⲕⲱⲧ ⲛⲟⲩⲙⲁⲣⲧⲩⲣⲓⲟⲛ ⲥⲁ ⲣⲏⲥ ⲛⲉⲙⲉⲛⲧ ⲙⲡⲓϯⲙⲓ ⲉϥⲉⲣ ϣⲟⲣⲡ ⲛϯⲙⲁϯ ⲛⲉⲙⲱⲟⲩ ⲛϫⲉ ⲡⲓⲣⲓⲕ ⲙⲃⲁⲗ ⲛⲧⲉ ⲫϯ ⲛⲉⲙ ⲛⲓⲡⲣⲉⲥⲃⲓⲁ[9] ⲛⲧⲉ ⲡⲓⲁⲅⲓⲟⲥ. ⲟⲩⲟϩ ⲉⲧⲁⲩⲥⲉⲗⲥⲱⲗϥ ϧⲉⲛ ⲟⲩⲙⲉⲧϩⲟⲩⲟ ⲟⲩⲟϩ ⲁⲩϫⲟⲕϥ ⲉⲃⲟⲗ ϣⲁ ⲥⲟⲩ ⲓ̅ ⲛⲉⲡⲏⲡ ⲧⲟⲧⲉ ⲗⲟⲓⲡⲟⲛ ⲁⲩⲟⲩⲱⲣⲡ ⲙⲡⲉⲛⲓⲥⲕⲟⲡⲟⲥ ⲉⲑⲟⲩⲁⲃ ⲛⲧⲉ ⲡⲓⲥⲏⲟⲩ ⲉⲧⲉⲙⲙⲁⲩ ⲉⲩⲉⲣⲁⲓⲧⲓⲛ[10] ⲙⲙⲟϥ ⲉⲡⲁⲓⲕ

toute forme de vertu qu'il s'était acquise avec douceur par la guidance soigneuse de cet homme vraiment juste et parfait, le grand abba Macaire.

Du reste, quelque temps après, les gens de Djidjbir parvinrent à savoir le lieu où l'on avait déposé le corps du saint : c'était le village du saint, comme nous l'avons dit[11] en commençant ce récit; ils vinrent à Schiit en secret, sans que personne le sût, ils emportèrent le corps de notre bienheureux père au village, comme par un accord (survenu entre eux). Et lorsqu'ils l'eurent enseveli dignement, ils firent la grande châsse de bois qui était nécessaire, ils y déposèrent ainsi son corps saint. Et quelques jours après, ils bâtirent un *martyrium*[12] au sud-ouest du village, sous l'accord de la direction de Dieu et des prières du saint. Et lorsqu'ils l'eurent excessivement orné et qu'ils l'eurent achevé vers le 10ᵉ jour d'Épiphi, alors ils députèrent à l'évêque saint de ce temps, lui demandant de consacrer la maison et celui-ci ayant amené

---

1. *Cod.* ⲛⲁⲙⲕⲉⲟⲥ. — 2. *Cod.* ⲛⲧⲉⲗⲓⲟⲥ. — 3. *Cod.* ⲙⲁⲕⲁⲣⲓ. — 4. Le *Cod.* LXII, au lieu de ce récit, a : ⲙⲉⲛⲉⲛⲥⲁ ⲟⲩⲥⲏⲟⲩ ⲇⲉ ⲟⲩⲟϩ ⲁⲩⲓ ⲛϫⲉ ⲛⲁ ⲡϫⲓϫⲃⲓⲣ ⲟⲩⲟϩ ⲁⲩⲱⲗⲓ ⲙⲡⲉϥⲗⲩⲯⲁⲛⲟⲛ ⲉⲧⲧⲁⲓⲏⲟⲩⲧ ⲟⲩⲟϩ ⲁⲩⲭⲁϥ ⲛⲧⲟⲧⲟⲩ ϧⲉⲛ ⲡⲓⲙⲁ ⲉⲧⲉⲙⲙⲁⲩ ϧⲉⲛ ⲟⲩϩⲁⲣϯ : Après un temps, vinrent aussi ceux de Pedjidjbir et ils prirent ses restes célèbres, ils les placèrent près d'eux dans ce lieu avec foi. — 5. *Cod.* ⲁⲓⲛⲓⲙⲁ. — 6. *Cod.* ⲟⲛ ⲟⲩϩⲱⲃ (sic). — 7. *Cod.* ⲕⲗⲱⲥⲟⲕⲟⲙⲓⲟⲛ. — 8. *Cod.* ⲁⲛⲁⲥⲕⲉⲟⲛ. — 9. *Cod.* ⲛⲓⲡⲣⲉⲥⲃⲓⲁ. — 10. *Cod.* ⲉⲩⲉⲣⲉⲧⲓⲛ. — 11. Mot à mot : « Il fit chœur avec. » — 12. C'est-à-dire : Un petit édifice en forme de *santon*.

ⲙⲙⲓⲛⲓ ⲟⲩⲟϩ ⲫⲁⲓ¹ ⲉⲧⲁϥⲓⲛⲓ ⲛⲉⲙⲁϥ ⲛϫⲁⲛ ⲛⲉⲙⲏϣ ⲛⲉⲡⲓⲥⲕⲟⲡⲟⲥ ⲁⲩϣⲱⲕ
ⲉⲃⲟⲗ ϧⲉⲛ ⲟⲩⲡⲉⲧϣⲉ ⲛⲧⲗⲉⲓⲧⲟⲩⲣⲅⲓⲁ² ⲉⲧⲟⲙⲓ ⲟⲩⲟϩ ⲁⲩⲓⲛⲓ ⲉⲡϣⲱⲓ
ⲛⲧⲟⲩⲥⲓⲁ ⲉⲟⲟⲩⲁⲃ ⲟⲩⲟϩ ⲁⲩϯ ⲙⲡⲓⲙⲏϣ ⲧⲏⲣϥ ⲉⲃⲟⲗϧⲉⲛ ⲡⲓⲥⲱⲙⲁ ⲛⲉⲙ
ⲡⲓⲥⲛⲟϥ ⲉⲟⲟⲩⲁⲃ ⲛⲧⲉ ⲡⲉⲛⲟⲥ ⲓⲏⲥ ⲡⲭⲥ ⲛⲥⲟⲩ ⲓ̅ⲇ̅ ⲛⲉⲡⲏⲡ. ⲟⲩⲟϩ ⲗⲟⲓⲡⲟⲛ
ⲙⲉⲛⲉⲛⲥⲁ ⲡⲓϣⲉⲙϣⲓ ⲉⲟⲟⲩⲁⲃ ⲁⲩⲭⲱ ⲉϧⲣⲏⲓ ⲙⲡⲥⲱⲙⲁ ⲙⲡⲁⲅⲓⲟⲥ ⲁⲃⲃⲁ
ⲙⲁⲕⲁⲣⲓⲟⲥ ⲡⲓⲣⲱⲙⲓ ⲛⲇⲓⲕⲁⲓⲟⲥ³ ϧⲉⲛ ⲟⲩⲙⲉⲑⲙⲏⲓ ϧⲉⲛ ⲟⲩⲙⲁ ⲥⲁ ⲣⲏⲥ
ⲛⲉⲓⲉⲃⲧ ⲙⲡⲓⲧⲟⲡⲟⲥ ⲉⲟⲟⲩⲁⲃ ⲉⲁϥϫⲟⲣϥ ⲉⲃⲟⲗ ⲉⲫⲥⲟⲓⲥ ⲙⲡⲉϥϫⲱⲙⲁ
ⲉⲟⲟⲩⲁⲃ ⲫⲁⲓ ⲉⲧⲁϥϣⲟⲡ ⲛϩⲏⲧϥ ϣⲁ ⲉϧⲟⲩⲛ ⲉⲛⲟⲩ ⲛϫⲉ ϩⲁⲛ ⲛⲓϣϯ ⲛϫⲟⲙ
ⲛⲉⲙ ϩⲁⲛ ϣⲫⲏⲣⲓ ⲛⲉⲙ ϩⲁⲛ ⲧⲁⲗϭⲟ ⲉⲣⲟϣ ϩⲓⲧⲉⲛ ϯϫⲟⲙ ⲛⲧⲉ ⲫϯ ⲡⲓ
ⲛⲓϣϯ ⲫⲁⲓ ⲉⲧϣⲟⲡ ⲛⲉⲙ ⲡⲉϥⲃⲱⲕ ⲉⲟⲟⲩⲁⲃ ⲁⲃⲃⲁ ⲙⲁⲕⲁⲣⲓⲟⲥ. ⲟⲩⲟϩ ⲗⲟⲓⲡⲟⲛ
ⲉⲧⲁⲩⲉⲣ⁴ ⲡⲓⲉϫⲱⲣϩ ⲧⲏⲣϥ ⲉⲥⲙⲟⲩ ⲉⲩⲓⲣⲓ ⲕⲁⲧⲁ ⲟⲩⲁⲕⲟⲗⲟⲑⲟⲥⲓⲁ⁵ ⲉⲥⲧⲟⲙⲓ
ⲉⲡⲣⲟⲥⲟ ⲛϩⲁⲛ ⲯⲁⲗⲙⲟⲥ ⲛⲉⲙ ϩⲁⲛ ⲥⲙⲟⲩ ⲛⲉⲙ ϩⲁⲛ ϩⲱⲇⲏ ⲙⲡⲛⲁⲧⲓⲕⲟⲛ
ⲁⲩϣⲉ ⲛⲱⲟⲩ ⲉⲛⲟⲩⲙⲁ ⲛϣⲱⲡⲓ ϧⲉⲛ ⲟⲩϩⲓⲣⲏⲛⲏ⁶ ⲉϥϯ ⲱⲟⲩ ⲙⲫϯ ⲛϫⲉ
ⲫⲙⲏϣ ⲛⲛⲓⲉⲡⲓⲥⲕⲟⲡⲟⲥ ⲉⲟⲟⲩⲁⲃ ⲛⲁⲓ ⲉⲧⲁⲩⲑⲱⲟⲩϯ ⲉⲡⲁⲓⲕ ⲙⲡⲓⲧⲟⲡⲟⲥ ⲛⲧⲉ
ⲡⲓⲁⲅⲓⲟⲥ ⲡⲓⲛⲓϣϯ ⲁⲗⲏⲑⲱⲥ ⲁⲃⲃⲁ ⲙⲁⲕⲁⲣⲓⲟⲥ⁷.

ⲛⲁⲓ ⲙⲉⲛ ⲁⲛϫⲟⲧⲟⲩ ϣⲁ ⲡⲁⲓⲙⲁ ⲱ ⲛⲓⲁⲕⲣⲟⲁⲧⲏⲥ ⲙⲙⲁⲓ ⲥⲃⲱ ϩⲱⲥ

avec lui une foule d'évêques, ils accomplirent comme il le fallait la liturgie convenable ; ils offrirent l'hostie sainte et ils donnèrent à toute la foule le corps et le sang de Notre Seigneur Jésus le Christ, le 14e jour d'Épiphi, et enfin, après le service saint, ils déposèrent le corps du saint abba Macaire, l'homme juste en vérité, dans un lieu au sud-est de l'église sainte, ayant répandu la renommée⁸ de son corps saint par lequel s'opèrent jusqu'à nos jours de grandes vertus, des prodiges, des guérisons nombreuses par la puissance du grand Dieu, laquelle habita en son serviteur saint, abba Macaire. Et enfin, lorsqu'ils eurent passé toute la nuit suivante, chantant avec une suite convenable de nombreux psaumes⁹, bénédictions, odes spirituelles, ils s'en allèrent dans leurs habitations en paix, et rendait gloire à Dieu la multitude des évêques saints qui s'étaient réunis pour cela dans le *topos* du saint vraiment grand, abba Macaire.

Ces choses, nous les avons dites jusqu'ici, ô auditeurs aimant d'être

---

1. Le *Cod.* LXII ajoute ces mots. — 2. *Cod.* ⲗⲓⲧⲟⲩⲣⲅⲓⲁ. — 3. *Cod.* ⲛⲇⲓⲕⲉⲟⲥ. — 4. *Cod.* LXII : ⲁⲩⲉⲣ ⲡⲓⲉϫⲱⲣϩ. — 5. *Cod.* ⲁⲕⲟⲗⲟⲅⲓⲁ. — *Cod.* LXII : ⲁⲕⲟⲗⲟⲩⲅⲓⲁ. — 6. *Cod.* ⲟⲩϩⲓⲣⲏⲛⲏ. — 7. *Cod.* ⲙⲁⲕⲁⲣⲓ. — 8. Mot à mot : « Ayant disséminé le récit de son corps. » — 9. C'est-à-dire : « Chantant les psaumes selon la suite, l'ordre convenable et liturgique. »

ⲉⲛⲟⲧⲱⲛϩ ⲛⲱⲧⲉⲛ ⲉⲃⲟⲗ ⲁⲡⲟ ⲙⲉⲣⲟⲩⲥ¹ ⲛⲛⲓϩⲃⲏⲟⲩⲓ ⲉⲧⲧⲁⲓⲏⲟⲩⲧ ⲛⲧⲉ ⲡⲉⲛⲓⲱⲧ ⲛⲇⲓⲕⲁⲓⲟⲥ² ⲛϧⲣⲏⲓ ϫⲉ ⲟⲩⲛ ϧⲉⲛ ⲛⲁⲓ ⲁⲣⲓ ⲉⲙⲓ ϫⲉ ⲟⲩⲁϣ ⲛⲣⲏϯ ⲧⲉ
ⲧⲡⲟⲗⲓⲧⲉⲓⲁ³ ⲙⲡⲁⲓⲣⲱⲙⲓ ⲛⲧⲉⲗⲉⲓⲟⲥ⁴ ϧⲉⲛ ⲟⲩⲙⲉⲑⲙⲏⲓ ⲕⲁⲓ ⲅⲁⲣ⁵ ϧⲉⲛ ⲡⲉⲛ-
ⲟⲩⲱϣ ⲁⲛⲭⲱ ⲛⲥⲱⲛ ⲛϩⲁⲛ ⲙⲏϣ ⲉⲃⲟⲗϧⲉⲛ ⲛⲓⲙⲏⲓⲛⲓ ⲛⲉⲙ ⲛⲓϣⲫⲏⲣⲓ ⲓⲉ
ⲛⲓⲧⲁⲗϭⲟ ⲉⲧⲟϣ⁶ ⲉⲧⲁ ⲫϯ ⲉⲣⲉⲛⲉⲣⲅⲉⲓⲛ⁷ ⲙⲙⲱⲟⲩ ⲉⲃⲟⲗϩⲓⲧⲟⲧϥ ϫⲉ ϩⲓⲛⲁ
ⲛⲛⲉ ⲡⲓⲥⲁϫⲓ ⲁϣⲁⲓ ⲉⲡⲓϩⲟⲩⲟ. ⲧⲁⲭⲁ ⲛⲧⲟⲩⲙⲉⲩⲓ ⲉϯⲙⲉⲑⲙⲏⲓ ϫⲉ ⲟⲩⲙⲉⲑ-
ⲛⲟⲩϫ⁸ ⲧⲉ ⲉⲑⲃⲉ ⲡϩⲟⲩⲟ ⲛⲙⲉⲧⲛⲓϣϯ ⲛⲛⲉϥϩⲃⲏⲟⲩⲓ ⲉⲧⲟⲓ ⲛϣⲫⲏⲣⲓ ⲕⲁⲓ
ⲅⲁⲣ⁹ ⲁⲗⲏⲑⲱⲥ ⲁϥϭⲓⲥⲓ ⲛⲧⲁⲓϩⲉ ⲧⲏⲣⲥ ϩⲱⲥⲧⲉ¹⁰ ⲛⲧⲉⲛϣⲧⲉⲙϫⲉⲙ ϩⲗⲓ
ⲙⲡⲉϥⲣⲏϯ ⲉⲁϥⲉⲣ ϩⲓⲥⲟⲥ¹¹ ⲛⲉⲙⲁϥ ⲓⲉ ⲣⲱ ⲛⲥⲉϫⲟⲥ ϫⲉ ⲁϥϭⲓⲥⲓ ⲉⲣⲟϥ. ⲛⲓⲙ
ⲇⲉ ⲟⲛ ⲡⲉ ⲉⲧⲁϥϣⲱⲡⲓ ⲉϥⲧⲉⲛⲑⲱⲛⲧ ⲉⲣⲟϥ ϧⲉⲛ ⲡⲓⲥⲏⲟⲩ ⲉⲧⲉⲙⲙⲁⲩ ϧⲉⲛ
ⲛⲉϥⲡⲟⲗⲓⲧⲉⲓⲁ¹² ⲉⲧϭⲟⲥⲓ ⲛⲉⲙ ⲡⲉϥⲛⲁϩϯ ⲛⲁⲕⲣⲓⲃⲏⲥ ⲓⲉ ⲛⲑⲟϥ ⲡⲉϥϭⲓ ϣϣⲱⲟⲩ
ⲉϧⲟⲩⲛ ⲉⲫϯ ⲛⲉⲙ ⲧⲉϥⲥⲩⲛⲏⲇⲏⲥⲓⲥ¹³ ⲉⲧⲧⲟⲩⲃⲏⲟⲩⲧ ⲉϧⲟⲩⲛ ⲉⲟⲩⲟⲛ ⲛⲓⲃⲉⲛ.
ⲛⲓⲙ ⲇⲉ ⲟⲛ ⲡⲉ ⲉⲧⲁϥϣⲱⲡⲓ ⲉϥⲟⲛⲓ ⲙⲙⲟϥ ϧⲉⲛ ⲛⲉϥⲑⲉⲃⲓⲟ ⲉⲧⲟϣ ⲫⲁⲓ ⲉⲃⲟⲗϩⲓⲧⲟⲧϥ ⲁϥϧⲟⲙϧⲉⲙ ⲟⲩⲟϩ ⲁϥⲣⲟⲩϫⲡ ⲛⲛⲓϩⲟⲡⲗⲟⲛ ⲧⲏⲣⲟⲩ ⲛⲧⲉ ⲧϫⲟⲙ
ⲙⲡⲓϫⲁϫⲓ ⲟⲩⲟϩ ⲁϥⲭⲱⲣ ⲉⲃⲟⲗ ⲛⲧⲉϥⲡⲁⲛⲟⲡⲗⲓⲁ ⲉⲧⲉϥⲧⲁϫⲣⲏⲟⲩⲧ ⲛϧⲏⲧⲥ
ϩⲓⲧⲉⲛ ⲛⲓϧⲱⲕ ⲛⲧⲉ ⲧϭⲉⲗⲡⲓ ⲛⲧⲉϥⲛⲉϫⲓ ⲙⲫⲣⲏϯ ⲉⲧⲁϥϫⲟⲥ ⲛϫⲉ ⲡⲟⲥ ⲛⲁϩⲣⲉⲛ

instruits, pour nous manifester une partie des œuvres glorieuses de notre
père, par cela donc, sachez quel était le régime de vie de cet homme parfait
en vérité ; car, par notre volonté, nous omettons une foule de signes, de
prodiges ou de guérisons nombreuses que Dieu a opérées par lui, afin que le
discours ne se multiplie pas trop. Peut-être pensera-t-on que la vérité, c'est
un mensonge, à cause de l'abondance (et) des grandeurs de ses œuvres qui
sont étonnantes, car vraiment il s'est élevé de toute cette manière, de sorte
que nous ne trouvons personne qui lui soit semblable ou qu'on dira lui
avoir été supérieur. Mais qui donc a été semblable à lui en ce temps-ci
dans ses pratiques élevées, dans sa foi exacte, ou encore dans son ardent
désir pour Dieu et dans sa conscience pure envers tout homme ? Qui a été
semblable à lui dans ses actes nombreux d'humilité¹⁴, par laquelle il a
brisé et détruit toutes les armes de la puissance de l'ennemi et il a aiguisé sa
panoplie à laquelle il était affermi par les ceintures du nombril de son ventre,

---

1. *Cod.* ⲁⲡⲟ ⲙⲉⲣⲟⲥ. — 2. *Cod.* ⲛⲇⲓⲕⲉⲟⲥ. — 3. *Cod.* ⲧⲡⲟⲗⲓⲧⲓⲁ. — 4. *Cod.* ⲛⲧⲉⲗⲓⲟⲥ.
— 5. *Cod.* ⲕⲉ ⲅⲁⲣ. — 6. *Cod.* LXII : ⲉⲧⲟϣ. — 7. *Cod.* ⲉⲛⲉⲣⲅⲓⲛ. — 8. *Cod.* LXII : ⲟⲩⲙⲉⲧ-
ⲛⲟⲩϫ. — 9. *Cod.* ⲕⲉ ⲅⲁⲣ. — 10. *Cod.* ϩⲱⲥϫⲉ. — 11. *Cod.* ϩⲩⲥⲟⲥ. — 12. *Cod.* ⲡⲟⲗⲓⲧⲓⲁ.
— 13. *Cod.* ⲥⲩⲛⲏⲇⲏⲥⲓⲥ — 14. Mot à mot : « Dans son humilité nombreuse. »

ainsi que le Seigneur l'a dit à propos de Job, ce grand homme aussi, en disant du diable: Sa force est dans ses reins et son courage dans le nombril de son ventre; celui qui a été brisé chez ce saint et on l'a poursuivi par la vertu de Dieu qui était en lui. Qui donc a réfréné la bête méchante, c'est-à-dire la colère, comme celui-là, ou qui donc s'est acquis une douceur pour tout le monde, avec égalité, comme ce saint? Qui donc a tué l'orgueil, l'abomination de Dieu, comme celui-là, ou la gloire qui détruit la profonde quiétude de l'âme, comme ce bienheureux? En un mot qui a détruit toutes les manières d'agir de l'ennemi, les a mises en dérision en lui, les a manifestées en lui comme indignes et pernicieuses pour l'homme, comme l'a fait cet homme juste? Car il a chassé loin de lui, par le secours du Très-Haut, toutes les méchantes apparences de la tyrannie du diable par l'abondance de ses prières et les larmes nombreuses qu'il a versées. Donc, en entendant ces choses, ô mes bien-aimés, que chacun de nous montre le même zèle dans l'accomplissement de cet espoir jusqu'à la fin, en regardant, certes, désormais la

1. Cod. ⲟⲩⲅⲥⲟⲛ. — 2. Cod. ⲛ̄ⲧⲡⲣⲁⲅⲙⲁⲧⲓⲁ. — 3. Cod. ⲛⲉ ⲅⲁⲣ. — 4. Cod. ⲧⲃⲟⲏⲑⲟⲓⲁ. — 5. Cod. LXII : ⲉⲛⲥⲱⲧⲉⲙ ⲟⲩⲛ ⲉⲛⲁⲓ.

ⲉⲧⲁⲛⲁⲥⲧⲣⲟⲫⲏ ⲙⲡⲁⲓⲣⲱⲙⲓ ⲛ̄ⲧⲉⲗⲉⲓⲟⲥ [1] ⲁⲓⲥⲁϫⲓ ⲉⲡⲉⲙⲙⲁⲕⲁⲣⲓⲟⲥ ⲛⲓⲱⲧ ⲙⲁⲣⲉⲛϣⲱⲡⲓ ⲙ̄ⲫϯ ⲛ̄ⲛⲓⲕⲁⲣⲡⲟⲥ ⲛ̄ⲧⲉ ⲡⲓⲡ̄ⲛ̄ⲁ̄ ⲡⲣⲟⲥ ⲛⲏ ⲉⲧⲁⲛⲛⲁⲩ ⲉⲣⲱⲟⲩ ⲛ̄ϧⲣⲏⲓ ϧⲉⲛ ⲡⲉϥⲃⲓⲟⲥ ⲛ̄ϣⲫⲏⲣⲓ ⲉⲁⲛⲉⲣⲍⲱⲅⲣⲁⲫⲉⲓⲛ [2] ⲙ̄ⲙⲟⲩ ⲁⲙⲁ ⲛⲁϩⲣⲉⲛ ⲛⲉⲛⲃⲁⲗ ⲛ̄ⲥⲏⲟⲩ ⲛⲓⲃⲉⲛ ⲟⲩⲟϩ ϧⲉⲛ ⲛⲁⲓ ⲙⲁⲣⲉⲛⲧⲁⲟⲩⲟ ⲉⲃⲟⲗ ⲛ̄ⲛⲟⲩⲧⲁϩ ⲉⲧⲉⲣⲡⲣⲉⲡⲉⲓ [3] ⲙ̄ⲡⲓⲃⲓⲟⲥ ⲛ̄ⲥⲉⲙⲛⲟⲛ ⲉⲧⲁϥⲑⲁϩⲙⲉⲛ ⲉⲣⲟϥ ⲛ̄ϫⲉ ⲡⲭ̄ⲥ̄ ⲡⲉⲛⲛⲟⲩϯ ϩⲓⲧⲉⲛ ⲛ̄ⲓⲡⲣⲉⲥⲃⲉⲓⲁ [4] ⲛ̄ⲧⲉ ⲡⲉⲛⲁⲅⲓⲟⲥ ⲛⲓⲱⲧ ⲛⲉⲙ ⲧⲉϥⲥⲃⲱ ⲉⲟⲩⲥⲟⲡ [5] ⲡⲣⲟⲥ ⲛⲏ ⲉⲧⲁϥϭⲓⲙⲱⲓⲧ ⲛⲁⲛ ⲉⲣⲱⲟⲩ ⲟⲩⲟϩ ⲁϥϯ ⲫⲟⲩⲱⲓⲛⲓ ⲛⲁⲛ ⲡ̄ⲉ̄ⲛ̄ⲧⲟⲩ ϩⲓⲧⲉⲛ ⲧⲉϥⲛⲓϣϯ ⲙ̄ⲙⲉⲧⲉⲫⲩⲏⲥ [6] ⲉϧⲟⲩⲛ ⲉⲛⲓⲁⲣⲉⲧⲏ ⲕⲁⲧⲁ ⲫ̄ϯ̄. ⲕⲁⲓ ⲅⲁⲣ [7] ⲁϥϣⲱⲡⲓ ϩⲱϥ ⲛⲟⲩⲁⲡⲟⲥⲧⲟⲗⲟⲥ ϧⲉⲛ ⲡⲉϥⲥⲏⲟⲩ [8] ⲟⲩⲟϩ ⲙ̄ⲡⲉϥϣⲱⲡⲓ ⲉϥϫⲟϫⲉⲃ ⲉⲛⲓⲛⲓϣϯ ⲉⲧⲉⲙⲙⲁⲩ ⲡⲉⲧⲣⲟⲥ ⲛⲉⲙ ⲓⲱⲁⲛⲛⲏⲥ ⲛⲓ ⲉⲑⲟⲩⲁⲃ ⲛ̄ⲁⲡⲟⲥⲧⲟⲗⲟⲥ ϧⲉⲛ ϩⲗⲓ ⲛ̄ϩⲱⲃ ϩⲓⲧⲉⲛ ⲛⲏ ⲉⲧⲁⲛⲛⲁⲩ ⲉⲣⲱⲟⲩ ⲛ̄ⲛⲉⲛⲃⲁⲗ ⲛⲉⲙ ⲛⲏ ⲉⲧⲁⲛⲥⲟⲑⲙⲟⲩ ϩⲓⲧⲉⲛ ϩⲁⲛ ⲕⲉⲭⲱⲟⲩⲛⲓ ⲉⲩⲉⲛϩⲟⲧ ⲛⲁⲓ ⲉⲧⲉ ⲛⲁ ϯⲛⲟⲩ ⲁⲛ ⲛⲉ [9] ⲉⲥⲁϫⲓ ⲉⲣⲱⲟⲩ ⲕⲁⲧⲁ ⲙⲉⲣⲟⲥ ⲉⲑⲃⲉ ϫⲉ ⲟⲩϣⲓ ϧⲉⲛ ϩⲱⲃ ⲛⲓⲃⲉⲛ ϥⲥⲟⲧⲡ ⲛⲁϩⲣⲉⲛ ⲫ̄ϯ̄ ⲟⲩⲁⲓ ⲙⲉⲛ ⲟⲩⲛ ϫⲉ ϯⲛⲟⲩ ⲙ̄ⲙⲟⲛ ⲙⲁⲣⲉϥⲓⲛⲓ ⲉϧⲟⲩⲛ ⲙ̄ⲫ̄ϯ̄ ⲛⲟⲩⲙⲉⲧⲛⲁⲏⲧ ϧⲉⲛ ⲟⲩⲃⲁⲗ ⲙ̄ⲙⲉⲧⲁⲅⲁⲑⲟⲥ ⲡⲣⲟⲥ ⲑⲏ ⲉⲧⲉ ⲑⲱϥ ⲛ̄ϫⲟⲙ ⲕⲉⲟⲩⲁⲓ ⲛⲟⲩⲁⲅⲁⲡⲏ ⲉϥ̄ϯ̄ ⲛⲉⲙ ⲟⲩⲙⲉⲓ ⲛ̄ϩⲏⲧ ⲉϧⲟⲩⲛ ⲉⲛⲉϥϣⲫⲏⲣ ⲙ̄ⲙⲉⲗⲟⲥ ⲟⲩⲁⲓ

conduite de cet homme parfait, je dis notre bienheureux père, produisant pour Dieu les fruits de l'esprit, selon ce que nous avons vu en sa vie admirable, le représentant devant nos yeux à tout moment, et produisant ainsi les fruits qui conviennent à la vie respectable à laquelle nous a appelés le Christ notre Dieu, par les privilèges de notre père saint et son enseignement tout à la fois. En outre de ce qu'il nous a guidés, il nous a donné, par sa grande douceur, la lumière vers les vertus selon Dieu; car, en vérité, il a été aussi un apôtre en notre temps et il n'a point été inférieur à ces grands hommes, Pierre, Jean, les saints Apôtres, en nulle œuvre, ainsi que nous l'avons vu de nos yeux et que nous avons entendu dire à d'autres qui sont fidèles, choses qu'il n'est pas possible de dire (même) en partie, parce qu'une mesure en toute chose est agréable près de Dieu. Donc maintenant, que l'un de nous produise pour Dieu une miséricorde, avec un œil bon, selon la force qu'il a; qu'un autre (produise) l'amour de Dieu et la charité du cœur envers ses compagnons [10]; que l'un (produise) une ascèse en dehors de l'humanité, un

---

1. Cod. ⲛ̄ⲧⲉⲗⲓⲟⲥ. — 2. Cod. ⲉⲁⲛⲉⲣⲍⲱⲅⲣⲁⲫⲓⲛ. — 3. Cod. ⲉⲧⲉⲣⲡⲣⲉⲡⲓ. — 4. Cod. ⲛ̄ⲓⲡⲣⲉⲥⲃⲓⲁ. — 5. Cod. ⲉⲧⲥⲟⲡ. — 6. Cod. ⲙⲙⲉⲧⲉⲫⲩⲏⲥ. — 7. Cod. ⲕⲉ ⲅⲁⲣ. — 8. Cod. LXIV : ϧⲉⲛ ⲡⲉⲛⲥⲏⲟⲩ : de notre temps. — 9. Cod. LXII : ⲛⲁⲓ ⲉⲛⲁ ϯⲛⲟⲩ. — 10. Mot à mot : « Ses compagnons membres. »

ⲛⲟⲧⲁⲥⲕⲏⲥⲓⲥ[1] ⲉⲥⲥⲁⲃⲟⲗ ⲙⲙⲉⲧⲣⲱⲙⲓ ⲛⲉⲟⲩⲁⲓ ⲛⲟⲩϣⲣⲱⲓⲥ ⲉⲛⲁⲛⲉϥ ϧⲉⲛ ⲟⲩϣⲓ ⲛⲉⲙ ⲟⲩⲣⲱⲓⲥ ⲟⲩⲁⲓ ⲛⲟⲩϣⲗⲏⲗ ⲉϥⲧⲟⲩⲃⲏⲟⲩⲧ ⲛⲉⲟⲩⲁⲓ ⲛⲟⲩⲙⲉⲑⲙⲏⲓ ⲛⲧⲉ ⲡⲓⲗⲁⲥ ⲟⲩⲁⲓ ⲛⲟⲩⲧⲟⲩⲃⲟ ⲛⲧⲉ ⲡⲓⲥⲱⲙⲁ ⲛⲉⲙ ϯⲯⲩⲭⲏ ⲛⲉⲟⲩⲁⲓ ⲛⲟⲩⲉⲅ- ⲕⲣⲁⲧⲉⲓⲁ[2] ⲛⲉⲙ ⲟⲩⲥⲩⲛⲏⲉⲓⲇⲏⲥⲓⲥ[3] ⲉⲛⲁⲛⲉⲥ ⲉϧⲟⲩⲛ ⲉⲟⲩⲟⲛ ⲛⲓⲃⲉⲛ ⲛϥϯ ϭⲣⲟⲡ ⲁⲛ ⲛϫⲉ ϫⲉ ⲛⲛⲉ ⲡⲉϥϣⲉⲙϣⲓ ⲑⲱⲗⲉⲃ. ⲁⲡⲗⲱⲥ ⲙⲁⲣⲉ ⲫⲟⲩⲁⲓ ⲫⲟⲩⲁⲓ ⲙⲙⲟⲛ ϣⲱⲡⲓ ⲉϥⲥⲉⲃⲧⲱⲧ ⲡⲣⲟⲥ ⲛⲓ ⲉⲧⲁⲛϫⲟⲧⲟⲩ ϯⲛⲟⲩ ϫⲉ ϩⲓⲛⲁ ⲉϥⲉⲛⲁⲩ ⲛϫⲉ ⲡⲉⲛⲙⲁⲕⲁⲣⲓⲟⲥ ⲛⲓⲱⲧ ⲉⲛⲁⲓⲕⲁⲣⲡⲟⲥ ⲉⲑⲛⲁⲛⲉϥ ⲉⲩϯ ⲟⲩⲧⲁϩ ⲛϧⲏⲧⲉⲛ ⲟⲩⲟϩ ⲉⲩⲉⲣⲗⲁⲙⲡⲉⲓⲛ[4] ϧⲉⲛ ⲡⲉⲛⲃⲓⲟⲥ ⲛⲥⲏⲟⲩ ⲛⲓⲃⲉⲛ ⲟⲩⲟϩ ⲛⲧⲉϥϯ ϩⲟ ⲉϩⲣⲏⲓ ⲉϫⲱⲛ ϩⲁⲧⲉⲛ ⲫⲏ ⲉⲧⲉϧⲁⲧⲟⲧϥ ⲡⲭⲥ ϫⲉ ϩⲓⲛⲁ ⲭⲁⲥ ⲉⲧⲉⲣⲟⲡⲧⲉⲛ ⲛⲉⲙⲁϥ ϩⲱⲛ ϧⲉⲛ ⲛⲓⲙⲁ ⲉⲧⲁϥϣⲁϣⲛⲓ ⲉⲣⲱⲟⲩ ⲛϧⲣⲏⲓ ϧⲉⲛ ⲑⲙⲉⲧⲟⲩⲣⲟ ⲛⲛⲓⲫⲏⲟⲩⲓ ⲉⲑⲙⲏⲛ ⲉⲃⲟⲗ ⲛⲁⲓ ⲉⲥⲉϣⲱⲡⲓ ⲛⲁⲛ ⲉⲑⲣⲉⲛϣⲁϣⲛⲓ ⲉⲣⲱⲟⲩ ⲛⲉⲙⲁϥ ⲉⲟⲩⲥⲟⲡ[5] ϧⲉⲛ ⲡⲓϩⲙⲟⲧ ⲛⲉⲙ ⲛⲓⲙⲉⲧϣⲉⲛϩⲏⲧ ⲛⲉⲙ ϯⲙⲉⲧⲙⲁⲓⲣⲱⲙⲓ ⲛⲧⲉ ⲡⲉⲛⲟⲥ ⲟⲩⲟϩ ⲡⲉⲛⲛⲟⲩϯ ⲟⲩⲟϩ ⲡⲉⲛⲥⲱⲧⲏⲣ ⲓⲏⲥ ⲡⲭⲥ ⲫⲁⲓ ⲉⲧⲉ ⲉⲃⲟⲗϩⲓⲧⲟⲧϥ ⲉⲣⲉ ⲱⲟⲩ ⲛⲓⲃⲉⲛ ⲛⲉⲙ ⲧⲁⲓⲟ ⲛⲓⲃⲉⲛ ⲛⲉⲙ ⲡⲣⲟⲥⲕⲩⲛⲏⲥⲓⲥ ⲛⲓⲃⲉⲛ ⲉⲣⲡⲣⲉⲡⲉⲓ[6] ⲙⲫⲓⲱⲧ ⲛⲉⲙⲁϥ ⲛⲉⲙ ⲡⲓⲡⲛⲁ ⲉⲑⲟⲩⲁⲃ ⲛⲣⲉϥⲧⲁⲛϧⲟ ⲟⲩⲟϩ ⲛⲟⲙⲟⲟⲩⲥⲓⲟⲥ ⲛⲉⲙⲁϥ ϯⲛⲟⲩ ⲛⲉⲙ ⲛⲥⲏⲟⲩ ⲛⲓⲃⲉⲛ ⲛⲉⲙ ϣⲁ ⲉⲛⲉϩ ⲛⲧⲉ ⲛⲓⲉⲛⲉϩ ⲧⲏⲣⲟⲩ ⲁⲙⲏⲛ.

autre une veille bonne avec mesure et attention ; l'un une prière pure, l'autre une justice de la langue ; l'un une pureté de corps et d'âme, l'autre une abstinence et une conscience bonne pour chacun, en ne scandalisant personne de peur que son adoration ne soit souillée : en un mot que chacun de nous soit préparé à ce que nous venons de dire, afin que notre bienheureux père voie ces bons fruits qui fructifient en nous, brillant en notre vie en tout temps, et qu'il prie pour nous près de celui auprès duquel il se trouve, le Christ, afin que nous soyons réunis à lui dans ces lieux qu'il a obtenus dans le royaume des cieux qui est stable ; ces lieux qu'il nous arrive de les obtenir avec lui à la fois, par la grâce, les miséricordes, l'amour qu'a pour les hommes Notre Seigneur et notre Dieu, Notre Seigneur Jésus le Christ, auquel conviennent toute gloire, tout honneur, toute adoration, ainsi qu'au Père avec lui et au Saint-Esprit vivificateur et consubstantiel à lui, maintenant et en tout temps, et jusqu'aux siècles de tous les siècles. Ainsi soit-il.

1. *Cod.* ⲛⲟⲩⲁⲥⲕⲧⲥⲓⲥ. — 2. *Cod.* ⲛⲟⲩⲉⲅⲕⲣⲁⲧⲓⲁ. — 3. *Cod.* ⲥⲩⲛⲏⲉⲓⲥⲓⲥ. — 4. *Cod.* ⲉⲩⲉⲣⲗⲁⲙⲡⲓⲛ. — 5. *Cod.* ⲉⲩⲥⲟⲡ. — 6. *Cod.* ⲉⲣⲡⲣⲉⲡⲓ. Toute cette fin ne se trouve pas au *Cod.* LXIV.

VERTUS DE SAINT MACAIRE[1]

ⲉⲃⲟⲗϧⲉⲛ ⲛⲓⲁⲣⲉⲧⲏ ⲛⲧⲉ ⲡⲉⲛⲓⲱⲧ ⲛ̄ⲇⲓⲕⲁⲓⲟⲥ[2]

ⲡⲓⲛⲓϣϯ ⲁⲃⲃⲁ ⲙⲁⲕⲁⲣⲓⲟⲥ[3]

(-ⲁ̄-) ⲁⲩϫⲟⲥ ⲉⲑⲃⲉ ⲁⲃⲃⲁ ⲙⲁⲕⲁⲣⲓⲟⲥ[4] ϫⲉ ϩⲟⲧⲉ ⲉⲧⲁϥϭⲓ ⲙⲁⲓⲏ ϧⲉⲛ ϯⲁⲣⲉⲧⲏ ⲟⲩⲟϩ ⲛⲁϥϣⲟⲡ ⲉⲣⲟϥ ⲡⲉ ⲉϥϣⲉⲡ ϩⲙⲟⲧ ϧⲉⲛ ⲟⲩⲛⲓϣϯ ⲛ̄ϩⲩⲡⲟⲙⲟⲛⲏ ⲁ ⲡⲟⲥ ⲛⲧⲉ ⲡⲱⲟⲩ ⲟⲩⲱⲣⲡ ⲛⲟⲩⲭⲉⲣⲟⲩⲃⲓⲙ ⲁϥϭⲓ ⲙⲱⲓⲧ ϧⲁϫⲱϥ ⲉϧⲟⲩⲛ ⲉⲡⲁⲓⲧⲱⲟⲩ ⲫⲁⲓ ⲟⲩⲟϩ ⲉⲧⲁϥⲧⲉⲃ ⲧⲉϥϫⲓϫ ⲉⲧⲉϥⲙⲉⲥⲧ ⲛ̄ϩⲏⲧ ⲙ̄ⲫⲣⲏϯ ⲛⲟⲩϣⲓ ⲟⲩⲟϩ ⲡⲉϫⲉ ⲁⲃⲃⲁ ⲙⲁⲕⲁⲣⲓⲟⲥ[5] ⲛⲁϥ ϫⲉ ⲟⲩ ⲡⲉ ⲫⲁⲓ. ⲡⲉϫⲉ ⲡⲓⲭⲉⲣⲟⲩⲃⲓⲙ ⲛⲁϥ ϫⲉ ⲁⲓϣⲓ ⲙ̄ⲡⲉⲕϩⲏⲧ. ⲡⲉϫⲉ ⲁⲃⲃⲁ ⲙⲁⲕⲁⲣⲓⲟⲥ[6] ⲛⲁϥ ϫⲉ ⲟⲩ ⲡⲉ ⲫⲃⲱⲗ ⲙ̄ⲡⲁⲓⲥⲁϫⲓ. ⲡⲉϫⲉ ⲡⲓⲭⲉⲣⲟⲩⲃⲓⲙ ⲛⲁϥ ϫⲉ ⲉⲩⲉⲙⲟⲩϯ ⲉⲫⲣⲁⲛ ⲙ̄ⲡⲉⲕϩⲏⲧ ⲉϩⲣⲏⲓ ⲉϫⲉⲛ ⲡⲁⲓⲧⲱⲟⲩ ⲫⲁⲓ ⲉⲧⲁ ⲡⲭ̄ⲥ̄ ⲧⲏⲓϥ ⲛⲁⲕ ⲉⲟⲩⲕⲗⲏⲣⲟⲛⲟⲙⲓⲁ[7] ⲁⲗⲗⲁ ϥⲛⲁϣⲓⲛⲓ ⲛ̄ⲥⲁ ⲛⲉϥⲟⲩⲧⲁϩ ⲛ̄ⲧⲟⲧⲕ. ⲡⲉϫⲉ ⲁⲃⲃⲁ ⲙⲁⲕⲁⲣⲓⲟⲥ[8] ⲛⲁϥ ϫⲉ

EXTRAIT DES VERTUS DE NOTRE PÈRE LE JUSTE
LE GRAND ABBA MACAIRE

On dit d'abba Macaire que, lorsqu'il eut prit qualité dans la vertu et qu'il habitait le désert, rendant grâces dans une grande patience, le Seigneur de gloire lui envoya un chérubin devant lui en cette montagne, et lorsque le chérubin eut placé ses mains comme une mesure sur sa poitrine, abba Macaire lui dit : « Qu'est cela ? » Le chérubin lui dit : « Je mesure ta poitrine. » Abba Macaire lui dit : « Quelle est l'explication de cette parole ? » Le chérubin lui dit : « On appellera du nom de ton cœur cette montagne que le Christ t'a donnée en héritage; mais il te demandera ses fruits. » Abba Macaire lui dit :

---

1. *Cod. Vat.*, nº LXIV, fol. 57 ad fol. 112. En tête on lit : ϯⲙⲁϩⲃ̄ ⲛ̄ⲕⲩⲣⲓⲁⲕⲏ ⲛⲧⲉ ⲡⲓⲣ̄ⲙ̄ ϣⲁ ⲙ̄ ⲛϩⲟ ⲛ̄ϫⲱⲙ ϫⲁⲛ ⲉⲃⲟⲗ : Le deuxième dimanche du Carême jusqu'au quarante-sixième chapitre du livre : lisez. — 2. *Cod.* ⲇⲓⲕⲟⲥ. — 3. *Cod.* ⲙⲁⲕⲁⲣⲓ. — 4. *Cod.* ⲙⲁⲕⲁⲣⲓ. — 5. *Cod.* ⲙⲁⲕⲁⲣⲓ. — 6. *Cod.* ⲙⲁⲕⲁⲣⲓ. — 7. *Cod.* ⲉⲩⲕⲗⲏⲣⲟⲛⲟⲙⲓⲁ. — 8. *Cod.* ⲙⲁⲕⲁⲣⲓ.

ⲟⲩ ⲛⲉ ⲛⲓⲟⲩⲧⲁϩ. ⲡⲉϫⲉ ⲡⲓⲭⲉⲣⲟⲩⲃⲓⲙ ⲛⲁϥ ϫⲉ ϩⲁⲛ ⲕⲁⲣⲡⲟⲥ ⲙⲡⲛⲁⲧⲓⲕⲟⲛ ⲡⲉ ⲉⲧⲉ ⲛⲁⲓ ⲛⲉ ⲛⲓⲉⲛⲧⲟⲗⲏ ⲛⲉⲙ ⲛⲓⲁⲣⲉⲧⲏ ⲟⲩⲟϩ ⲉⲣⲉ ⲡⲭⲥ ⲡⲉⲛⲛⲟⲩϯ ⲛⲁⲁⲓⲕ ⲛⲛⲟⲩϯ ⲉϫⲉⲛ ⲡⲁⲓⲕⲁϩⲓ ⲫⲁⲓ ⲛⲟⲩⲗⲁⲟⲥ ⲉϥⲟϣ ⲟⲩⲟϩ ⲛⲏ ⲉⲑⲛⲁ-(-ⲃ̄-)ⲥⲱⲧⲉⲙ ⲟⲩⲟϩ ⲛⲥⲉⲁⲣⲉϩ ⲟⲩⲟϩ ⲛⲧⲟⲩⲁⲣⲉϩ ⲉⲛⲉⲕⲉⲛⲧⲟⲗⲏ ⲥⲉⲛⲁⲓⲧⲟⲩ ⲛⲟⲩⲥⲧⲉⲫⲁⲛⲟⲥ ⲟⲩⲟϩ ⲛⲟⲩⲭⲗⲟⲙ ⲛⲟⲩⲣⲟ ⲉϫⲉⲛ ⲧⲉⲕⲁⲫⲉ ϧⲉⲛ ⲧⲡⲁⲣⲟⲩⲥⲓⲁ ⲙⲡⲟⲩⲣⲟ ⲡⲭⲥ. ⲟⲩⲟϩ ⲛⲁⲓ ⲉⲧⲁ ⲡⲓⲭⲉⲣⲟⲩⲃⲓⲙ ϫⲟⲧⲟⲩ ⲛⲁϥ ⲁϥⲁϣϥ ⲙⲡⲕⲁϩⲓ ⲟⲩⲟϩ ⲡⲉϫⲁϥ ⲛⲁϥ ϫⲉ ⲭⲛⲁⲁϣⲕ ⲛⲉⲙ ⲡⲭⲥ ⲟⲩⲟϩ ⲛⲧⲉⲕⲉⲣⲥⲧⲁⲩⲣⲱⲛⲉⲛ¹ ⲛⲉⲙⲟⲛ ⲛⲉⲙⲁϥ ϧⲉⲛ ⲛⲓⲥⲟⲗⲥⲉⲗ ⲛⲛⲓⲁⲣⲉⲧⲏ ⲛⲉⲙ ⲡⲟⲩⲥⲑⲟⲓⲛⲟⲩϥⲓ ⲟⲩⲟϩ ⲛⲉⲕⲡⲣⲁⲝⲓⲥ ⲛⲁϣⲓ ϣⲁ ⲡⲇ̄ ⲛⲁⲣⲭⲏ ⲛⲧⲉ ⲡⲓⲕⲁϩⲓ ⲟⲩⲟϩ ⲥⲉⲛⲁⲧⲟⲩⲛⲟⲥ ⲟⲩⲙⲏϣ ⲉⲑⲟⲗⲥ ϧⲉⲛ ⲑⲗⲱϩⲓ ⲙⲫⲛⲟⲃⲓ ⲟⲩⲟϩ ⲥⲉⲛⲁϣⲱⲡⲓ ⲙⲡⲟⲗⲉⲙⲓⲥⲧⲏⲥ ⲟⲩⲟϩ ⲙⲙⲁⲧⲟⲓ ϧⲉⲛ ⲡⲓⲛⲟⲩⲙⲉⲣⲟⲛ ⲛⲧⲉ ⲡⲭⲥ. ⲟⲩⲟϩ ⲛⲁⲣⲉ ⲁⲃⲃⲁ ⲙⲁⲕⲁⲣⲓⲟⲥ² ⲁϣⲓ ⲙⲡⲉϥⲥⲱⲙⲁ ⲡⲉ ⲟⲩⲟϩ ⲉϥϫⲱⲕ ⲉⲃⲟⲗ ⲛϩⲱⲃ ⲛⲓⲃⲉⲛ ⲉⲧⲁ ⲡⲓⲭⲉⲣⲟⲩⲃⲓⲙ ϫⲟⲧⲟⲩ ⲛⲁϥ ϧⲉⲛ ⲟⲩⲥⲡⲟⲩⲇⲏ.

ⲉϥⲥⲓⲛⲓⲱⲟⲩ ⲛⲟⲩⲥⲟⲡ ⲛϫⲉ ⲁⲃⲃⲁ ⲙⲁⲕⲁⲣⲓⲟⲥ³ ⲉⲃⲟⲗϧⲉⲛ ⲡⲓϫⲉⲗⲟⲥ ⲉⲧⲉϥⲣⲓ ⲉϥϥⲁⲓ ⲛϩⲁⲛ ⲃⲏⲧ ⲁϥⲉⲣⲁⲡⲁⲛⲧⲁⲛ ⲉⲣⲟϥ ⲛϫⲉ ⲡⲓⲇⲓⲁⲃⲟⲗⲟⲥ ϩⲓ ⲡⲓⲙⲱⲓⲧ ⲛⲉⲙ ⲟⲩⲭⲣⲟⲃⲓ ⲟⲩⲟϩ ⲛⲁϥⲕⲱϯ ⲡⲉ ⲛⲥⲁ ⲧⲟⲓⲱ ⲉⲣⲟϥ ⲟⲩⲟϩ ⲙⲡⲉϥϣϫⲉⲙϫⲟⲙ ⲟⲩⲟϩ ⲡⲉϫⲁϥ ⲛⲁϥ ϫⲉ ⲱ ⲃⲓⲁ ⲛ-(-ⲧ̄-) ⲧⲟⲧⲕ ⲙⲁⲕⲁⲣⲓⲟⲥ⁴ ϫⲉ ⲙⲙⲟⲛ ϣϫⲟⲙ ⲙⲙⲟⲓ ⲟⲩⲃⲏⲕ ϩⲏⲡⲡⲉ ⲓⲥ ⲡⲉⲧⲉⲛⲓⲣⲓ ⲙⲙⲟϥ ϯⲣⲁ ⲙⲙⲟϥ ϩⲱ ⲕⲉⲣ-

« Quels fruits? » Le chérubin lui dit : « Des fruits spirituels qui sont les commandements et les vertus, et le Christ notre Dieu te rendra sur cette terre le père d'un peuple nombreux. Ceux qui écouteront, garderont, observeront tes ordres seront une couronne royale sur ta tête, en présence du roi le Christ. » Quand le chérubin eut dit cela, il le crucifia sur la terre, il lui dit : « Tu te crucifieras avec le Christ et tu te joindras avec lui sur la Croix dans les ornements des vertus et leur parfum ; tes ascèses iront jusqu'aux quatre bouts de la terre, et elles exciteront une foule de gens, enfoncés dans la boue du péché; ils seront des combattants et des soldats dans les cadres du Christ. » Et abba Macaire crucifiait son corps et accomplissait soigneusement tout ce que le chérubin lui avait dit.

Abba Macaire passant une fois du ouady à sa cellule, portant des palmes, le diable le rencontra sur le chemin avec une faux et il chercha à la faire tomber sur lui; il ne put pas et il lui dit : « O violence ! Toi, Macaire, je ne peux rien contre toi; car voici, ce que tu fais, je le fais aussi : tu jeûnes et je

---

1. Cod. ⲥⲧⲁⲩⲣⲱⲛⲏⲛ. — 2. Cod. ⲙⲁⲕⲁⲣⲓ. — 3. Cod. ⲙⲁⲕⲁⲣⲓ. — 4. Cod. ⲙⲁⲕⲁⲣⲓ.

ⲛⲓⲥⲧⲉⲩⲓⲛ[1] ⲁⲛⲟⲕ ⲇⲉ ϯⲟⲩⲱⲙ ⲁⲛ ⲉⲡⲧⲏⲣϥ ⲛⲉⲣ ϣⲣⲱⲓⲥ ⲁⲛⲟⲕ ⲇⲉ ϯⲉⲛⲕⲟⲧ
ⲁⲛ ⲉⲡⲧⲏⲣϥ ⲟⲩⲁⲓ ⲙⲙⲁⲧⲁⲧϥ ⲡⲉⲧⲉⲕϭⲣⲏⲟⲩⲧ ⲙⲙⲟⲓ ⲛϧⲏⲧϥ. ⲡⲉϫⲉ ⲁⲃⲃⲁ
ⲙⲁⲕⲁⲣⲓⲟⲥ[2] ⲛⲁϥ ϫⲉ ⲁϣ ⲡⲉ ⲫⲁⲓ. ⲛⲑⲟϥ ⲇⲉ ⲡⲉϫⲁϥ ϫⲉ ⲡⲉⲕⲑⲉⲃⲓⲟ ⲡⲉ ⲉⲑⲃⲉ
ⲡⲉⲕⲑⲉⲃⲓⲟ ⲅⲁⲣ ⲙⲙⲟⲛ ϣϫⲟⲙ ⲙⲙⲟⲓ ⲉⲣⲟⲕ. ⲟⲩⲟϩ ⲉⲧⲁϥⲫⲱⲣϣ ⲛⲛⲉϥϫⲓϫ
ⲉⲃⲟⲗ ⲛϫⲉ ⲡⲓⲁⲅⲓⲟⲥ ⲁϥⲉⲣ ⲁⲑⲟⲩⲱⲛϩ ⲛϫⲉ ⲡⲓⲇⲁⲓⲙⲱⲛ[3] ⲟⲩⲟϩ ⲛⲁϥⲙⲟϣⲓ
ⲡⲉ ⲉϥϯ ⲱⲟⲩ ⲙⲫϯ.

ⲁⲩϫⲟⲥ ⲉⲑⲃⲉ ⲁⲃⲃⲁ ⲙⲁⲕⲁⲣⲓⲟⲥ[4] ϫⲉ ⲁϥⲥⲱⲧⲉⲙ ⲉⲑⲃⲏⲧϥ ⲛϫⲉ ⲁⲅⲁⲑⲟ-
ⲛⲓⲕⲟⲥ ⲡⲓⲉⲡⲁⲣⲭⲟⲥ ⲛⲧⲉ ⲁⲛⲧⲓⲟⲭⲓⲁ ϫⲉ ϥⲓⲣⲓ ⲛϩⲁⲛ ϫⲟⲙ ⲉⲧⲟⲓ ⲛⲛⲓϣϯ ⲛⲉⲙ
ϩⲁⲛ ϩⲙⲟⲧ ⲛⲧⲁⲗϭⲟ ⲉⲃⲟⲗϩⲓⲧⲉⲛ ⲡⲉⲛⲟⲥ ⲓⲏⲥ ⲡⲭⲥ ⲁϥⲟⲩⲱⲣⲡ ϩⲁⲣⲟϥ ⲛⲧⲉϥ-
ϣⲉⲣⲓ ⲉⲟⲩⲟⲛ ⲟⲩⲡⲛⲁ ⲛⲁⲕⲁⲑⲁⲣⲧⲟⲛ ⲛⲉⲙⲁⲥ ϫⲉ ϩⲓⲛⲁ ⲛⲧⲉϥϣⲗⲏⲗ ⲉϫⲱⲥ
ⲟⲩⲟϩ ϩⲓⲧⲉⲛ ⲡⲓϩⲙⲟⲧ ⲛⲧⲉ ⲫϯ ⲉⲧϣⲟⲡ ⲛϧⲏⲧϥ ⲉⲧⲁϥϣⲗⲏⲗ ⲉϫⲱⲥ ⲁⲥⲟⲩϫⲁⲓ
ⲛϯⲟⲩⲛⲟⲩ ⲟⲩⲟϩ ⲁϥⲟⲩⲟⲣⲡⲥ ϧⲉⲛ ⲟⲩϩⲓⲣⲏⲛⲏ[5] ϩⲁ ⲛⲏ ⲉⲧⲉ ⲛⲟⲩⲥ ⲛⲓⲟϯ.
(-ⲝ-) ⲉⲧⲁϥⲛⲁⲩ ⲛϫⲉ ⲡⲉⲥⲓⲱⲧ ⲛⲉⲙ ⲧⲉⲥⲙⲁⲩ ⲉⲡⲓⲧⲁⲗϭⲟ ⲉⲧⲁ ⲡⲟⲥ ⲁⲓϥ ⲛⲉⲙ
ⲧⲟⲩϣⲉⲣⲓ ⲉⲃⲟⲗϩⲓⲧⲉⲛ ⲛⲓⲧⲱⲃϩ ⲛⲉⲙ ⲛⲓϣⲗⲏⲗ ⲛⲧⲉ ⲫⲏ ⲉⲑⲟⲩⲁⲃ ⲁⲃⲃⲁ ⲙⲁⲕⲁⲣⲓⲟⲥ[6] ⲁⲩϣⲉⲡ ϩⲙⲟⲧ ⲉⲩϯ ⲱⲟⲩ ⲙⲡⲉⲛⲟⲥ ⲓⲏⲥ ⲡⲭⲥ.

ⲁϥϫⲟⲥ ⲛϫⲉ ⲁⲃⲃⲁ ⲙⲁⲕⲁⲣⲓⲟⲥ[7] ϫⲉ ⲉⲓⲥⲓⲛⲓⲱⲟⲩ ⲛⲟⲩⲥⲟⲡ ϧⲉⲛ ⲡⲓϣⲁϥⲉ
ⲁϥⲉⲣⲁⲡⲁⲛⲧⲁⲛ ⲉⲣⲟⲓ ⲛϫⲉ ⲡⲓⲇⲓⲁⲃⲟⲗⲟⲥ ⲉϥϫⲁⲓⲱⲟⲩ ϧⲉⲛ ⲡⲉϥⲥⲙⲟⲧ ⲟⲩⲟϩ

ne mange jamais, tu veilles et je ne dors pas du tout; il n'y a qu'une chose en laquelle tu me surpasses. » Abba Macaire lui dit : « Quelle est cette chose ? » Il lui dit : « C'est ton humilité; à cause de ton humilité je ne peux rien contre toi. » Et lorsque le saint eut étendu ses mains, le démon disparut et le saint marchait, rendant gloire à Dieu.

On rapporte d'abba Macaire qu'Agathonicos, l'éparque d'Antioche, entendit de lui qu'il opérait des vertus nombreuses et des grâces de guérison par Notre Seigneur Jésus le Christ. Il lui envoya sa fille, en laquelle était un esprit impur, afin que (le saint) priât sur elle. Et par la grâce de Dieu qui était en lui, lorsqu'il eut prié sur elle, elle fut guérie sur l'heure, et il la renvoya en paix à ses parents. Lorsque son père et sa mère eurent vu la guérison que le Seigneur avait opérée en leur fille par les oraisons et les prières du saint abba Macaire, ils firent actions de grâces, rendant gloire à Notre Seigneur Jésus le Christ.

Abba Macaire dit : « Je passais un jour dans le désert, le diable m'aborda d'un air misérable et grandement craintif, il me dit : « O violence! Toi,

---

1. *Cod.* ⲛⲓⲥⲧⲉⲩⲓⲛ. — 2. *Cod.* ⲙⲁⲕⲁⲣⲓ. — 3. *Cod.* ⲡⲓⲁⲥⲙⲱⲛ. — 4. *Cod.* ⲙⲁⲕⲁⲣⲓ.
— 5. *Cod.* ϩⲓⲣⲏⲛⲏ. — 6. *Cod.* ⲙⲁⲕⲁⲣⲓ. — 7. *Cod.* ⲙⲁⲕⲁⲣⲓ.

ⲉϥⲟⲓ ⲛϩⲟϯ ⲉⲙⲁϣⲱ ⲟⲩⲟϩ ⲡⲉϫⲁϥ ⲛⲏⲓ ϫⲉ ⲱ ⲃⲓⲁ ⲛⲧⲟⲕ ⲙⲁⲕⲁⲣⲓⲟⲥ[1] ϫⲉ ⲁ ⲧⲉⲕⲥⲙⲏ ⲥⲉⲛⲥⲉⲛ ϧⲉⲛ ⲛⲓⲙⲁ ⲛϣⲁⲓ ⲛⲉⲙ ⲛⲓⲙⲁ ⲛϩⲱⲧⲡ ⲙ̅ⲫⲣⲏϯ ⲟⲛ ⲙⲡⲓⲕⲉⲛⲓϣϯ ⲁⲛⲧⲱⲛⲓⲟⲥ ⲛⲧⲁⲝⲓⲁⲣⲭⲏⲥ ⲛⲛⲓⲙⲟⲛⲁⲭⲟⲥ ⲛⲁⲡⲟⲧⲁⲕⲧⲓⲕⲟⲥ ⲟⲩⲟϩ ⲁⲕϭⲓ ⲙⲡⲉϥⲓⲛⲓ ⲙ̅ⲫⲣⲏϯ ⲛⲉⲗⲓⲥⲥⲉⲟⲥ ⲉⲧⲁϥϭⲓ ⲙⲡⲓⲛⲓ ⲛⲏⲗⲓⲁⲥ ϫⲉ ⲟⲩⲏⲓ ⲛⲥⲟϥ ϩⲱϥ ⲁⲛⲧⲱⲛⲓⲟⲥ ⲁϥϣⲱⲡⲓ ⲛⲁⲕ ⲛⲟⲩⲥⲁϩ ⲉⲑⲃⲉ ϫⲉ ⲛⲧⲟϥ ⲡⲉ ⲉⲧⲁϥⲉⲣⲥⲭⲏⲙⲁⲧⲓⲍⲓⲛ[2] ⲙⲙⲟⲕ ⲕⲁⲓ ⲅⲁⲣ[3] ⲁⲕⲙⲁϣⲧ ϩⲓⲧⲉⲛ ⲡⲉⲕⲑⲉⲃⲓⲟ ϫⲉ ⲁⲕϭⲓ ⲥⲟϭⲛⲓ ⲛⲧⲟⲧϥ ⲛⲁⲛⲧⲱⲛⲓⲟⲥ ϧⲉⲛ ⲟⲩⲑⲉⲃⲓⲟ ⲟⲩⲟϩ ⲁⲕⲭⲁϥ ⲛⲧⲟⲧⲕ ϫⲉ ⲟⲩⲛⲟⲩϯ ⲡⲉ ϩⲓⲧⲉⲛ ⲧⲁⲅⲁⲡⲏ ⲙⲡⲉⲕⲑⲉⲃⲓⲟ ⲙⲙⲏⲓ ⲟⲩⲟϩ ϩⲟⲧⲁⲛ ⲁⲓϣⲁⲛⲙⲁϣⲕ ϧⲉⲛ (-ē-) ⲟⲩϣⲉ ⲛⲥⲟⲑⲛⲉϥ ⲛⲧⲉ ⲛⲁⲡⲁⲑⲟⲥ ⲥⲁⲧⲟⲧⲕ ϣⲁⲕϫⲟⲥ ϧⲉⲛ ⲡϣⲱⲛ ⲙⲡⲉⲕϩⲏⲧ ϧⲉⲛ ⲟⲩⲛⲁϩϯ ⲉϥⲧⲁϫⲣⲏⲟⲩⲧ ϫⲉ ⲓⲥ ⲡⲁⲓⲁⲧⲣⲟⲥ ⲟⲩⲟϩ ⲡⲁⲥⲁϧⲛⲓ ϩⲓϫⲉⲛ ⲡⲓⲧⲱⲟⲩ ⲛⲉⲙ ⲫⲓⲁⲣⲟ. ⲡⲉϫⲏⲓ ⲛⲁϥ ϩⲱ ϫⲉ ⲁⲛⲟⲕ ⲟⲩⲙⲁⲕⲁⲣⲓⲟⲥ ⲁⲛⲟⲕ ϫⲉ ⲁ ⲡⲟⲥ ⲓⲏⲥ ⲟⲃϣⲕ ⲉϩⲛⲁⲕ ⲁⲛ ⲉⲕϯ ⲧⲁϫⲣⲟ ⲛϩⲏⲧ ⲛⲏⲓ ⲛⲉⲙ ⲛⲁϩϯ ⲉϧⲟⲩⲛ ⲉⲡⲁⲣⲉϥϯ ⲥⲃⲱ ⲕⲁⲓ ⲅⲁⲣ[4] ⲛⲓⲫⲁϧⲣⲓ ⲛⲧⲉ ⲡⲁⲟⲥ ⲛⲓⲱⲧ ⲁⲃⲃⲁ ⲁⲛⲧⲱⲛⲓⲟⲥ[5] ϩⲁⲛ ⲥⲁⲣⲕⲓⲕⲟⲛ ⲁⲛ ⲛⲉ ⲁⲗⲗⲁ ϯϫⲟⲙ ⲙⲡⲓⲡⲁⲣⲁⲕⲗⲏⲧⲟⲛ ⲉⲧⲉⲣ ϩⲱⲃ ϧⲉⲛ ⲛⲉϥⲉⲩⲭⲏ ⲛⲓⲫⲁϧⲣⲓ ⲙⲡⲛⲁⲧⲓⲕⲟⲛ ⲉⲧϣⲏⲡ ⲙⲡⲉⲙⲑⲟ ⲙ̅ⲫϯ ⲙ̅ⲫⲣⲏϯ ⲛⲟⲩⲥⲟⲓ ⲛⲟⲩϫⲓ. ⲟⲩⲟϩ ⲛⲁⲓ ⲉⲧⲁϥⲥⲟⲑⲙⲟⲩ ⲁϥⲉⲣ ⲙ̅ⲫⲣⲏϯ ⲛⲟⲩⲕⲁⲡⲛⲟⲥ ⲁϥⲃⲱⲗ ⲉⲃⲟⲗ ⲟⲩⲟϩ ⲛⲁⲓⲙⲟϣⲓ ⲡⲉ ⲉⲓϯ ⲱⲟⲩ ⲙⲡⲉⲛⲟⲥ ⲓⲏⲥ ⲡⲭⲥ.

Macaire, ta voix résonne à l'Orient et à l'Occident comme (celle) du grand Antoine, le kataxiarque des moines apotactiques, et tu as pris sa ressemblance, comme Élisée prit la ressemblance d'Élie. Car, certes, pour toi aussi Antoine a été un maître : c'est lui qui t'a donné l'habit; et tu m'as frappé par ton humilité, en prenant conseil humblement d'abba Antoine, et tu l'as considéré[6] comme s'il eût été un dieu par l'amour de ton humilité véritable. Et lorsque je te vise avec les traits[7] des passions, aussitôt tu dis au fond de ton cœur avec une foi ferme : Voici mon médecin et mon docteur sur la montagne et sur le fleuve. » — Je lui dis aussi : « Je suis bienheureux, car le Seigneur, malgré toi, t'a rendu oublieux, fortifiant mon cœur et ma confiance en mon maître; car les remèdes de mon Seigneur père abba Antoine ne sont pas charnels; mais la puissance du Paraclet opère en ses prières : les remèdes spirituels sont agréables à Dieu comme un parfum. » — Et lorsqu'il eut entendu cela, il devint comme une fumée, il s'évanouit, et je marchais rendant gloire à Notre-Seigneur Jésus le Christ. »

---

1. *Cod.* ⲙⲁⲕⲁⲣⲓ. — 2. *Cod.* ⲉⲭⲏⲙⲁⲧⲓⲍⲓⲛ. — 3. *Cod.* ⲕⲉ ⲅⲁⲣ. — 4. *Cod.* ⲕⲉ ⲅⲁⲣ. — 5. *Cod.* ⲁⲛⲧⲱⲛⲓ. — 6. Mot à mot : « Tu l'as placé. » — 7. Mot à mot : « Le bois des flèches des passions. »

ⲁϥϫⲟⲥ ⲛϫⲉ ⲁⲃⲃⲁ ⲙⲁⲕⲁⲣⲓⲟⲥ¹ ϫⲉ ⲛⲓⲕⲟⲧⲥ ⲛⲧⲉ ⲡⲓϫⲁϫⲓ ⲛⲉⲑⲟⲩⲟ ⲡⲉ
ⲉⲧⲟⲧϥ ⲣⲁⲛ ⲉⲣⲱⲟⲩ ϫⲉ ⲡⲓⲉϫⲱⲣϩ ⲛⲉⲙ ⲡⲓⲭⲁⲕⲓ ⲙ̅ⲫⲣⲏϯ ⲉⲧⲁ ⲡⲁⲩⲗⲟⲥ
ϫⲱ ⲙⲙⲟⲥ ϫⲉ ⲁⲛⲟⲛ ⲛⲁ ⲡⲓⲉϫⲱⲣϩ ⲁⲛ ⲟⲩⲇⲉ ⲁⲛⲟⲛ ⲛⲁ ⲡⲭⲁⲕⲓ ⲁⲗⲗⲁ
ⲁⲛⲟⲛ ⲛⲁ ⲡⲓⲉϩⲟⲟⲩ ϫⲉ ⲟⲩⲏⲓ ⲡϣⲏⲣⲓ ⲙ̅ⲫ̅ϯ ⲛⲑⲟϥ ⲡⲉ ⲡⲓⲉϩⲟⲟⲩ (-ⲥ-) ⲟⲩⲟϩ
ⲡⲓⲇⲓⲁⲃⲟⲗⲟⲥ ⲛⲑⲟϥ ⲡⲉ ⲡⲓⲉϫⲱⲣϩ ⲁⲗⲗⲁ ⲉϣⲱⲡ ⲛⲧⲉ ⲡⲓϩⲏⲧ ⲥⲉⲛ ⲛⲁⲓⲡⲟⲗⲉⲙⲟⲥ ⲁⲡⲟ ⲙⲉⲣⲟⲥ² ⲡⲁⲗⲓⲛ ⲟⲛ ϣⲁⲩϭⲓ ⲕⲟⲧ ⲉⲡⲓⲁⲅⲱⲛⲓⲥⲧⲏⲥ ϩⲓⲧⲉⲛ ⲟⲩⲑⲟⲟ-
ⲛⲟⲥ ⲟⲩⲟϩ ⲧⲟⲧⲉ ϣⲁⲩⲉⲣ ϩⲏⲧⲥ ⲛ̅ⲭⲁ ⲡⲓⲡⲟⲗⲉⲙⲟⲥ ⲛⲧⲉ ϯⲡⲟⲣⲛⲉⲓⲁ³ ⲉϫⲱϥ
ⲛⲉⲙ ϯϩⲏⲇⲟⲛⲏ⁴ ⲛⲧⲉ ⲛⲓⲁⲗⲱⲟⲩⲓ ⲛ̅ϧⲣⲏⲓ ⲟⲩⲛ ϧⲉⲛ ⲛⲁⲓⲡⲟⲗⲉⲙⲟⲥ ϣⲁⲣⲉ
ⲡⲓϩⲏⲧ ⲉⲣ ϫⲱⲃ ϩⲱⲥⲧⲉ⁵ ⲛⲧⲉ ⲡⲓϩⲱⲃ ⲉⲣ ⲁⲧϫⲟⲙ ⲛⲧⲟⲧϥ ⲙ̅ⲡⲓⲣⲱⲙⲓ ⲉⲁⲣⲉϩ
ⲡⲓⲧⲟⲩⲃⲟ ⲉⲧⲏⲓ ⲛⲁϩⲣⲁϥ ⲙ̅ⲡⲁϣⲁⲓ ⲛⲧⲉ ⲡⲓⲥⲏⲟⲩ ⲛⲉⲙ ⲡⲓϭⲓⲥⲓ ⲛⲧⲉ ϯⲁⲣⲉⲧⲏ
ⲛⲉⲙ ⲡϣⲁϣⲉⲣ ⲙ̅ⲡⲓⲃⲓⲟⲥ ⲟⲩⲟϩ ϫⲉ ⲟⲩϭⲓⲥⲓ ⲡⲉ ⲉϥⲟⲓ ⲛⲛⲓϣϯ ⲛⲉⲙ ⲟⲩⲙⲉⲧϫⲱⲃ ⲙ̅ⲡⲓⲥⲱⲙⲁ. ⲉϣⲱⲡ ⲇⲉ ⲛⲧⲉ ⲡⲓϩⲏⲧ ⲉⲣ ϫⲱⲃ ϧⲉⲛ ⲛⲁⲓ ⲟⲩⲟϩ ⲛⲧⲉϥϣⲱⲡⲓ ⲉϥⲃⲏⲗ ⲉⲃⲟⲗ ϧⲉⲛ ⲡⲓϭⲓⲥⲓ ⲛⲙ̅ⲡⲓⲡⲟⲗⲉⲙⲟⲥ ⲁϥϣⲁⲛϩⲓⲟⲩⲓ ⲉⲃⲟⲗϩⲁⲣⲟϥ
ⲙ̅ⲡⲓϩⲏⲧ ⲉⲧϩⲱⲟⲩ ⲟⲩⲟϩ ⲛⲧⲉϥⲱϣ ⲟⲩⲃⲉ ⲫ̅ϯ ϧⲉⲛ ⲡϥⲓ ⲁϩⲟⲙ ⲛⲧⲉ ⲧⲉϥⲯⲩⲭⲏ
ⲉϥϭⲟⲥⲓ ⲧⲟⲧⲉ ϣⲁⲣⲉ ⲡⲓⲁⲅⲁⲑⲟⲥ ⲫ̅ϯ ⲟⲩⲟϩ ⲛⲣⲉϥϣⲉⲛ ϩⲏⲧ ϣⲁ ⲡⲉϥⲥⲱⲛⲧ
ϣⲁϥⲟⲩⲱⲣⲡ ⲛⲟⲩϫⲟⲙ ⲉⲥⲟⲩⲁⲃ ϣⲁⲥⲁⲙⲟⲛⲓ ⲙ̅ⲡⲓϩⲏⲧ ϣⲁⲥϯ ⲛⲁϥ ⲛⲟⲩⲣⲓⲙⲓ

Abba Macaire dit : « Les embûches de l'ennemi, ce sont celles que l'on a nommées nuit, ténèbres, comme Paul le dit : « Nous n'appartenons pas à la nuit ou aux ténèbres, mais nous appartenons au jour; » car, certes, le Fils de Dieu, c'est le jour, et le diable, c'est la nuit. Mais, si le cœur sort en partie de ces guerres⁶, de nouveau ils vont trouver le combattant par haine, et alors ils commencent à lui imposer les combats de la fornication et du plaisir des enfants. Donc, dans ces combats, le cœur est faible, de sorte qu'il est impossible à l'homme de garder la pureté ; car ils ont pour eux⁷ la longueur du temps, les souffrances de la vertu et l'effervescence de la vie, et parce que c'est une grande souffrance avec un cœur faible. Mais si le cœur devient faible en cela, s'il se dissout dans la souffrance des combats, s'il rejette loin de lui la méchanceté⁸, et s'il s'écrie à Dieu avec gémissement de son âme, alors le Dieu bon et miséricordieux pour sa créature lui envoie une *vertu* sainte qui lui prend le cœur, le fait pleurer, se réjouir et être soulagé, de sorte qu'il de-

---

1. *Cod.* ⲙⲁⲕⲁⲣⲓ. — 2. *Cod.* ⲁⲡⲟ ⲙⲉⲣⲟⲥ. — 3. *Cod.* ⲡⲟⲣⲛⲓⲁ. — 4. *Cod.* ϩⲩⲇⲟⲛⲏ. — 5. *Cod.* ϩⲱⲥⲇⲉ. — 6. Mot à mot : « Passe une partie de ces guerres. » — 7. Mot à mot : « Eux lui amenant la longueur du temps. » — 8. Mot à mot : « S'il rejette loin de lui le cœur mauvais. »

ⲛⲉⲙ ⲟⲩⲟⲩⲛⲟϥ ⲛⲉⲙ ⲟⲩⲁⲥⲓⲁⲓ ϩⲱⲥⲧⲉ¹ ⲛⲧⲉϥ- (-ⲍ̄-) ϣⲱⲡⲓ ⲉϥϫⲉⲙϫⲟⲙ
ⲉϩⲟⲧⲉ ⲧⲉϥⲙⲉⲧϫⲁϫⲓ ⲟⲩⲟϩ ⲛⲧⲟⲩϣⲧⲉⲙϫⲉⲙϫⲟⲙ ⲉⲣⲟϥ ⲉⲧⲉⲣ ϩⲟϯ ϧⲁ ⲧϩⲏ
ⲛϯϫⲟⲙ ⲉⲧⲁⲥϣⲱⲡⲓ ⲛⲉⲙⲁϥ ⲙ̄ⲫⲣⲏϯ ⲉⲧⲉ ⲡⲁⲩⲗⲟⲥ ⲡⲁⲡⲟⲥⲧⲟⲗⲟⲥ ϫⲱ
ⲙ̄ⲙⲟⲥ ϫⲉ ⲁⲣⲓⲁⲅⲱⲛⲓⲍⲉⲥⲑⲁⲓ² ⲉⲑⲣⲉⲧⲉⲛϭⲓ ⲛ̄ϯϫⲟⲙ. ⲑⲁⲓ ⲟⲛ ⲧⲉ ϯϫⲟⲙ
ⲉⲧⲁϥⲫⲓⲣⲓ ⲉⲣⲟⲥ ⲛϫⲉ ⲡⲉⲧⲣⲟⲥ ⲉϥϫⲱ ⲙ̄ⲙⲟⲥ ϫⲉ ⲟⲩⲟⲛ ⲟⲩⲕⲗⲏⲣⲟⲛⲟⲙⲓⲁ
ⲛⲁⲧⲧⲁⲕⲟ ⲟⲩⲟϩ ⲛⲁⲧⲱⲗⲉⲃ ⲉⲧⲁⲣⲉϩ ⲉⲣⲟⲥ ⲛⲱⲧⲉⲛ ϧⲁ ⲛⲏ ⲉⲧⲉ ϯϫⲟⲙ ⲛⲧⲉ
ⲫ̄ϯ ⲣⲱⲓⲥ ⲉⲣⲱⲟⲩ ⲉⲃⲟⲗϩⲓⲧⲉⲛ ⲫⲛⲁϩϯ. ⲧⲟⲧⲉ ⲁⲣⲉϣⲁⲛ ⲫ̄ϯ ⲡⲓⲁⲅⲁⲑⲟⲥ ⲛⲁⲩ
ⲉⲡⲓϩⲏⲧ ϫⲉ ⲁϥϫⲉⲙϫⲟⲙ ⲉϩⲣⲏⲓ ⲉϫⲉⲛ ϯⲙⲉⲧϫⲁϫⲓ ⲧⲟⲧⲉ ϣⲁϥⲉⲣ ϩⲏⲧⲥ
ⲛⲱⲗⲓ ⲛ̄ϯϫⲟⲙ ⲉⲃⲟⲗϩⲁⲣⲟϥ ⲉϥⲥⲟⲙⲥ ⲉⲧⲉϥⲡⲣⲟⲁⲓⲣⲉⲥⲓⲥ³ ⲟⲩⲟϩ ⲛⲟⲩϩⲟϯ
ϣⲁϥⲉⲣⲥⲩⲭⲱⲣⲉⲓⲛ⁴ ⲛ̄ϯⲙⲉⲧϫⲁϫⲓ ⲉϧⲟⲩⲛ ⲉⲣⲟϥ ⲉⲑⲣⲉⲥⲉⲣⲡⲟⲗⲉⲙⲓⲛ⁵
ⲛⲉⲙⲁϥ ϧⲉⲛ ⲛⲓϭⲱϧⲉⲙ ⲛⲉⲙ ϯϩⲏⲇⲟⲛⲏ⁶ ⲛⲧⲉ ⲛⲓⲃⲁⲗ ⲛⲉⲙ ⲡⲓⲱⲟⲩ ⲉⲧϣⲟⲩⲓⲧ ⲛⲉⲙ ϯⲙⲉⲧϭⲁⲥⲓ ϩⲏⲧ ⲉϥⲟⲓ ⲙ̄ⲫⲣⲏϯ ⲛⲟⲩϫⲟⲓ ⲛⲁⲧϭⲓⲉ ⲉϥϭⲓ ϫⲁⲡⲓ
ⲙⲛⲏ ⲛⲉⲙ ⲙⲛⲁⲓ. ⲉϣⲱⲡ ⲇⲉ ⲛⲧⲉ ⲡⲓϩⲏⲧ ⲉⲣ ϫⲱⲃ ⲉⲙⲁϣⲱ ⲛⲧⲟⲧⲥ ⲛ̄ϯⲙⲉⲧ-
ϫⲁϫⲓ (-ⲏ̄-) ⲧⲟⲧⲉ ϣⲁⲣⲉ ⲫ̄ϯ ⲡⲓⲁⲅⲁⲑⲟⲥ ⲟⲩⲟϩ ⲛⲣⲉϥϣⲉⲛ ϩⲏⲧ ϧⲁ ⲡⲉϥ-
ⲡⲗⲁⲥⲙⲁ ⲟⲩⲱⲣⲡ ⲛⲁϥ ⲟⲛ ⲛ̄ϯϫⲟⲙ ⲉⲑⲟⲩⲁⲃ ⲟⲩⲟϩ ϣⲁⲥⲁⲙⲟⲛⲓ ⲛ̄ϯⲯⲩⲭⲏ
ⲛⲉⲙ ⲡⲓϩⲏⲧ ⲛⲉⲙ ⲡⲓⲥⲱⲙⲁ ⲛⲉⲙ ⲡⲓⲥⲱϫⲡ ⲛⲛⲓⲙⲉⲗⲟⲥ ϧⲁ ⲫⲛⲁϩⲃⲉϥ ⲙ̄ⲡⲓ-
ⲡⲁⲣⲁⲕⲗⲏⲧⲟⲛ ⲙ̄ⲫⲣⲏϯ ⲉⲧⲉϥϫⲱ ⲙ̄ⲙⲟⲥ ⲛϫⲉ ⲡⲉⲛϭⲥ ⲓⲏⲥ ⲡⲭⲥ ϫⲉ ⲁⲗⲓⲟⲩⲓ
ⲙ̄ⲡⲁⲛⲁϩⲃⲉϥ ⲉϫⲉⲛ ⲑⲏⲛⲟⲩ ⲟⲩⲟϩ ⲁⲣⲓ ⲉⲙⲓ ⲉⲃⲟⲗ ⲙⲙⲟⲓ ϫⲉ ⲁⲛⲟⲕ ⲟⲩⲣⲉⲙ

vient plus fort que son ennemi et qu'on ne peut prévaloir contre lui, car on est rempli de crainte devant la *vertu* qui lui est venue, ainsi que le dit l'apôtre Paul : « Combattez, afin que vous receviez la *vertu*. » C'est de cette *vertu* que parle Pierre, en disant : « Il y a un héritage immortel, immarcescible, qui nous est gardé, à nous sur qui la *vertu* de Dieu veille par la foi. » Alors quand le Dieu bon voit le cœur qui prévaut sur l'ennemi, alors il commence à lui retirer la *vertu*, voyant son choix et avec la crainte il permet à l'ennemi de lui livrer combat dans les souillures, le plaisir des yeux, la vaine gloire et l'orgueil, comme à une barque sans gouvernail qui est ballottée au gré des flots, ci et là. Si le cœur devient très faible par suite des efforts de l'ennemi, alors le Dieu bon et miséricordieux pour sa créature lui envoie la *vertu* sainte : elle prend l'âme, le cœur et le corps, ainsi que le reste des membres, elle les (met) sous le joug du Consolateur, comme dit Notre-Seigneur Jésus-Christ : « Prenez mon joug et apprenez de moi que je suis

---

1. *Cod.* ϩⲱⲥⲇⲉ. — 2. *Cod.* ⲁⲣⲓⲁⲅⲱⲛⲓⲍⲉⲥⲟⲉ. — 3. *Cod.* ⲡⲣⲟϭⲉⲣⲉⲥⲓⲥ. — 4. *Cod.* ⲉⲥⲩⲭⲱⲣⲓⲛ. — 5. *Cod.* ⲉⲣⲡⲟⲗⲉⲙⲓⲛ. — 6. *Cod.* ϩⲧⲇⲟⲛⲏ.

ⲣⲁϣ ⲟⲩⲟϩ ϯⲉⲃⲓⲏⲟⲩⲧ ϧⲉⲛ ⲡⲁϩⲏⲧ. ⲧⲟⲧⲉ ϣⲁⲣⲉ Ⲫϯ ⲡⲓⲁⲅⲁⲑⲟⲥ ⲉⲣ ϩⲏⲧⲥ ⲛⲁⲟⲩⲱⲛ ⲛⲛⲉⲛⲃⲁⲗ ⲙⲡⲓϩⲏⲧ ⲉⲉⲙⲓ ⲉϯ ⲙⲡⲓⲧⲁⲓⲟ ⲙⲫϯ ϧⲉⲛ ⲟⲩⲑⲉⲃⲓⲟ ⲛⲉⲙ ⲟⲩⲧⲉⲛⲑⲟ ⲛⲧⲉ ⲡⲓϩⲏⲧ ⲙⲫⲣⲏϯ ⲉⲧⲉϥϫⲱ ⲙⲙⲟⲥ ⲛϫⲉ ⲇⲁⲧⲓⲇ ϫⲉ ⲡⲓϣⲟⲩϣⲱⲟⲩϣⲓ ⲛⲧⲉ Ⲫϯ ⲟⲩϩⲏⲧ ⲉϥⲧⲉⲛⲑⲏⲟⲩⲧ ⲉϥⲑⲉⲃⲓⲏⲟⲩⲧ ⲉⲃⲟⲗ ⲅⲁⲣ ϩⲓⲧⲉⲛ ⲛⲁⲓ ϭⲓⲥⲓ ⲛⲧⲉ ⲛⲁⲓⲡⲟⲗⲉⲙⲟⲥ ϣⲁⲣⲉ ⲡⲓⲑⲉⲃⲓⲟ ⲛⲉⲙ ⲡⲓⲧⲉⲛⲑⲟ ϣⲱⲡⲓ ϧⲉⲛ ⲡⲓϩⲏⲧ. ⲧⲟⲧⲉ ϣⲁⲣⲉ ϯϫⲟⲙ ϭⲱⲣⲡ ⲛⲛⲁ ⲧⲫⲉ ⲉⲃⲟⲗ ⲙⲡⲓⲛⲟⲩⲥ ⲛⲉⲙ ⲡⲓϩⲏⲧ ⲛⲉⲙ ⲡⲟⲧϫⲓ ⲛϩⲱⲥ ⲛⲉⲙ ⲡⲓⲧⲁⲓⲟ ⲉⲑⲛⲁϣⲱⲡⲓ ⲛⲛⲏ ⲉⲑⲛⲁⲁⲙⲟⲛⲓ ⲛⲧⲟ-
ⲧⲟⲩ ⲟⲩⲟϩ ϫⲉ ⲁⲣⲉϣⲁⲛ ⲡⲓⲣⲱⲙⲓ ⲉⲣ ⲟⲩⲏⲣ ⲛϭⲓⲥⲓ ϩⲁⲛ ⲕⲟⲩϫⲓ ⲛⲉ ⲛⲁϩⲣⲉⲛ
ⲛⲓⲧⲁⲓⲟ ⲉⲧⲉⲣⲉ Ⲫϯ ⲛⲁⲑⲓⲧⲟⲩ ⲛⲁϥ (-ⲑ-) ⲙⲫⲣⲏϯ ⲣⲱ ⲟⲛ ⲉⲧⲉϥϫⲱ
ⲙⲙⲟⲥ ⲛϫⲉ ⲡⲓⲁⲡⲟⲥⲧⲟⲗⲟⲥ ϫⲉ ⲥⲉⲙⲡϣⲁ ⲁⲛ ⲛϫⲉ ⲛⲓⲙⲕⲁϩ ⲛⲧⲉ ⲡⲁⲓⲥⲏⲟⲩ
ⲛⲧⲉ ϯⲛⲟⲩ ⲙⲡⲓⲱⲟⲩ ⲉⲑⲛⲁϭⲱⲣⲡ ⲛⲁⲛ[1] ⲉⲃⲟⲗ. ⲧⲟⲧⲉ ϣⲁⲧⲉⲣ ϩⲏⲧⲥ ⲛϭⲱⲣⲡ
ⲛⲛⲓⲕⲟⲗⲁⲥⲓⲥ ⲉⲃⲟⲗ ⲙⲡⲉⲙⲑⲟ ⲙⲡⲓϩⲏⲧ ⲛⲉⲙ ⲛⲏ ⲉⲧⲟⲩⲉⲣⲕⲟⲗⲁⲍⲉⲓⲛ[2] ⲙⲙⲱⲟⲩ
ⲛⲉⲙ ⲕⲉⲙⲏϣ ⲟⲛ ⲛϯⲛⲁϣϫⲟⲧⲟⲩ ⲧⲏⲣⲟⲩ ⲁⲛ ⲟⲩⲟϩ ϣⲁⲣⲉ ⲡⲓⲡⲁⲣⲁⲕⲗⲏⲧⲟⲛ ⲥⲉⲙⲛⲓ ⲛϩⲁⲛ ϩⲟⲣⲟⲥ ⲙⲡⲓϩⲏⲧ ⲉⲧⲉ ϩⲁⲛ ⲧⲟⲩⲃⲟ ⲛⲧⲉ ϯⲯⲩⲭⲏ ⲛⲉ ⲛⲉⲙ
ⲡⲥⲱϫⲡ ⲛⲧⲉ ⲡⲓⲙⲉⲗⲟⲥ ⲛⲉⲙ ⲟⲩⲛⲓϣϯ ⲛⲑⲉⲃⲓⲟ ⲛⲉⲙ ⲟⲩⲣⲱⲓⲥ[3] ⲛⲉⲙ ⲟⲩⲕⲁϯ
ⲉϥⲣⲏⲥ ⲛⲉⲙ ⲟⲩⲭⲁⲛ ⲥⲁ ⲡⲉⲥⲏⲧ ⲙⲡⲓⲥⲱⲛⲧ ⲧⲏⲣϥ ⲛⲉⲙ ⲟⲩⲙⲉⲧⲁⲧⲭⲟⲩϣⲧ
ⲉⲡⲉⲧϩⲱⲟⲩ ⲛⲧⲉ ϩⲗⲓ ⲛⲣⲱⲙⲓ ⲛⲉⲙ ⲟⲩⲧⲟⲩⲃⲟ ⲛⲧⲉ ⲛⲓⲃⲁⲗ ⲛⲉⲙ ⲟⲩⲁⲣⲉϩ ⲛⲧⲉ

doux et humble de cœur. » Alors le Dieu bon commence de lui ouvrir les yeux du cœur, à lui apprendre à rendre honneur à Dieu avec humilité et contrition de cœur, comme dit David : « C'est un sacrifice pour Dieu qu'un cœur contrit et humilié; » car, par les souffrances de cette guerre, l'humilité et la contrition sont dans le cœur. Alors la *vertu* révèle les choses célestes à l'esprit et au cœur, les chants et la gloire qui seront à ceux qui les supporteront; (elle lui révèle) que si l'homme endure beaucoup de souffrances, c'est peu de chose près des honneurs que Dieu lui donnera, ainsi que le dit encore l'apôtre : « Les souffrances de ce temps actuel ne sont pas dignes de la gloire qui nous sera révélée. » Alors, en présence du cœur, on commence de lui montrer les châtiments et ceux qu'on châtie, et d'autres fois les choses que je ne peux pas toutes dire; et le Paraclet affermit les directions du cœur, c'est-à-dire les puretés de l'âme et du reste du corps, ainsi qu'une grande humilité, la veille, une intelligence sur ses gardes, un placement sous toute créature, un mépris du mal de quelque homme que ce soit, la pureté des yeux, la garde de la langue,

---

1. *Cod.* ⲉⲑⲛⲁϭⲱⲣⲡⲛⲁⲛ (*sic*). — 2. *Cod.* ⲕⲟⲗⲁⲍⲓⲛ. — 3. *Cod.* ⲟⲩⲣⲱⲥ (*sic*).

ⲡⲓⲗⲁⲥ ⲛⲉⲙ ⲟⲩⲧⲟⲩⲃⲟ ⲛⲧⲉ ⲛⲓϥⲁⲧ ⲛⲉⲙ ⲟⲩⲙⲉⲑⲙⲏⲓ ⲛⲧⲉ ⲛⲓϫⲓϫ ⲛⲉⲙ ⲟⲩ-
ϣⲉⲙϣⲓ ⲛⲧⲉ ⲛⲓⲧⲱⲃϩ ⲛⲉⲙ ⲟⲩⲙⲕⲁϩ ⲛⲧⲉ ⲡⲓⲥⲱⲙⲁ ⲛⲉⲙ ⲟⲩϣⲣⲱⲓⲥ ⲛⲧⲉ
ⲫϯ. ⲛⲁⲓ ⲇⲉ ϣⲁⲩⲑⲁϣⲟⲩ ⲛⲁϥ ϧⲉⲛ ⲟⲩϣⲓ ⲛⲉⲙ ⲟⲩⲥⲟϭⲛⲓ ϧⲉⲛ ⲟⲩϣⲑⲟⲣⲧⲉⲣ
ⲁⲛ ⲁⲗⲗⲁ ϧⲉⲛ ⲟⲩⲥⲉⲙⲛⲏ. ⲉϣⲱⲡ ⲇⲉ ⲁⲣⲉϣⲁⲛ ⲡⲓⲛⲁϯ ⲉⲣⲕⲁⲧⲁ-(-ⲓ-) ⲫⲣⲟ-
ⲛⲉⲓⲛ¹ ⲛⲛⲓϩⲱⲛ ⲛⲧⲉ ⲡⲓⲡⲛⲁ ⲧⲟⲧⲉ ϣⲁⲣⲉ ϯϫⲟⲙ ϩⲉⲛⲥ ⲛⲁⲥ ⲟⲩⲟϩ ϣⲁⲣⲉ ϩⲁⲛ
ⲡⲟⲗⲉⲙⲟⲥ ϣⲱⲡⲓ ϧⲉⲛ ⲡⲓϩⲏⲧ ⲛⲉⲙ ϩⲁⲛ ϣⲑⲟⲣⲧⲉⲣ ⲟⲩⲟϩ ⲛⲓⲡⲁⲑⲟⲥ ⲛⲧⲉ
ⲡⲓⲥⲱⲙⲁ ϣⲁⲩϣⲑⲟⲣⲧⲉⲣϥ ⲉⲃⲟⲗ ϩⲓⲧⲉⲛ ⲛⲓϫⲓ ⲛⲕⲓⲙ ⲛⲉⲙ ϫⲓ ⲛⲉⲓϯ ⲛⲧⲉ ⲡⲓϫⲁϫⲓ ⲁⲗⲗⲁ ⲉϣⲱⲡ ⲛⲧⲉ ⲡⲓϩⲏⲧ ⲕⲟⲧϥ ⲛⲧⲉϥⲁⲣⲉϩ ⲉⲛⲓϩⲱⲛ ⲛⲧⲉ ⲡⲓⲡⲛⲁ
ϣⲁⲣⲉ ⲟⲩⲥⲕⲉⲡⲏ² ϣⲱⲡⲓ ϩⲓϫⲱϥ. ⲧⲟⲧⲉ ϣⲁⲣⲉ ⲡⲓⲣⲱⲙⲓ ⲉⲙⲓ ϫⲉ ⲡⲓⲙⲟⲧⲛ ⲉϥϯ
ⲫⲁⲓ ⲡⲉ ⲡⲉϥⲙⲧⲟⲛ ⲙ̅ⲫⲣⲏϯ ⲉⲧⲉ ⲇⲁⲩⲓⲇ ϫⲱ ⲙⲙⲟⲥ ϫⲉ ⲡⲟⲥ ⲓⲥϫⲉⲛ
ⲉⲧⲁⲓⲱϣ ⲟⲩⲃⲏⲕ ⲁⲓⲙⲧⲟⲛ ⲕⲁⲧⲁ ⲡⲁⲥⲟϭⲛⲓ. ϯϫⲱ ⲙⲙⲟⲥ ϫⲉ ⲉⲃⲏⲗ ⲛⲧⲉ ⲡⲓⲣⲱⲙⲓ ⲁⲙⲟⲛⲓ ⲛⲟⲩⲛⲓϣϯ ⲛⲟⲉⲃⲓⲟ ϧⲉⲛ ⲡⲉϥϩⲏⲧ ⲛⲉⲙ ⲡⲉϥⲥⲱⲙⲁ ⲛⲉⲙ ⲟⲩⲙⲉⲧⲁⲧⲟⲛⲕ ϧⲉⲛ ϩⲗⲓ ⲛϩⲱⲃ ⲛⲉⲙ ⲟⲩⲛⲓϣϯ ⲙⲙⲉⲧϣⲁⲛ ϣⲱϣ ⲛⲉⲙ ⲟⲩϭⲓⲧⲕ
ⲛϫⲟⲛⲥ ϧⲉⲛ ϩⲱⲃ ⲛⲓⲃⲉⲛ ⲛⲉⲙ ⲉⲭⲁ ⲡⲉⲕⲙⲟⲩ ⲉϥϧⲉⲛⲧ ⲉⲣⲟⲕ ⲛⲉϩⲟⲟⲩ ϧⲁ
ⲧϩⲏ ⲛⲉϩⲟⲟⲩ ⲛⲉⲙ ⲟⲩⲭⲱⲗ ⲉⲃⲟⲗ ⲛⲧⲉ ϯϩⲩⲗⲏ ⲛⲉⲙ ⲟⲩⲭⲱⲗ ⲉⲃⲟⲗ
ⲛⲧⲉ ⲛⲓⲕⲁⲧⲁ ⲥⲁⲣⲝ ⲙⲙⲟⲛ ϣϫⲟⲙ ⲙⲙⲟϥ ⲉⲁⲣⲉϩ ⲉⲛⲓϩⲱⲛ ⲛⲧⲉ ⲡⲓⲡⲛⲁ
ⲉⲑⲟⲩⲁⲃ.

la pureté des pieds, la justice des mains, un service dans la prière, une douleur du corps et une veille pour Dieu. Ces choses lui sont ordonnées avec mesure et conseil, non dans le trouble, mais avec constance. Si l'esprit méprise ces commandements de Dieu, alors la *vertu* se retire et des guerres ont lieu dans le cœur, ainsi que des troubles, les passions du corps le troublent par les émotions et les attaques de l'ennemi; mais si l'esprit se retourne et garde les commandements spirituels, alors un abri est sur lui. Alors l'homme sait que la constance en Dieu est son repos, comme l'a dit David en disant : « Seigneur, depuis que je me suis écrié vers toi, j'ai trouvé le repos selon mon dessein. » Je dis qu'à moins que l'homme ne souffre beaucoup dans son cœur avec humilité, et dans son corps, ne se considérant en rien en toute chose, ayant une grande tolérance des injures, se faisant violence en toute chose, considérant la mort³ de jour en jour, avec un renoncement à la matière et un renoncement aux choses charnelles, il ne lui est pas possible de garder les commandements de l'Esprit-Saint. »

1. *Cod.* ⲕⲁⲧⲁⲫⲣⲟⲛⲓⲛ. — 2. *Cod.* ⲟⲩⲥⲕⲉⲡⲓ. — 3. Mot à mot : « Plaçant la mort devant toi jour avant jour. » Il n'y a pas changement de personne, il n'y a qu'une tournure abstraite avec le suffixe de la seconde personne.

ⲟⲩⲟⲛ ⲁϥϧⲟⲓ ⲟⲩⲕⲟⲧ ⲉⲁⲃⲃⲁ ⲙⲁ- (-ⲓⲁ-) ⲕⲁⲣⲓⲟⲥ¹ ⲡⲉϫⲁϥ ⲛⲁϥ ϫⲉ ⲁϫⲉ
ⲟⲩⲥⲁϫⲓ ⲛⲏⲓ ϫⲉ ⲁⲙⲁϣⲛⲟϩⲉⲙ ⲛⲁϣ ⲛⲣⲏϯ. ⲡⲉϫⲉ ⲡⲓϧⲉⲗⲗⲟ ⲛⲁϥ ϫⲉ ϩⲱⲗ
ⲉⲛⲓⲙϩⲁⲩ ϩⲱⲟⲩϣ ⲉⲛⲓⲣⲉϥⲙⲱⲟⲩⲧ ⲥⲉⲧ ⲱⲛⲓ ⲉⲣⲱⲟⲩ. ⲉⲧⲁϥϣⲉ ⲛϫⲉ ⲡⲓⲥⲟⲛ
ⲁϥϩⲱⲟⲩϣ ⲉⲣⲱⲟⲩ ⲟⲩⲟϩ ⲁϥⲥⲉⲧ ⲱⲛⲓ ⲉⲣⲱⲟⲩ. ⲟⲩⲟϩ ⲉⲧⲁϥϧⲟⲓ ϧⲁ ⲡⲓϧⲉⲗⲗⲟ
ⲡⲉϫⲉ ⲡⲓϧⲉⲗⲗⲟ ⲛⲁϥ ϫⲉ ⲙⲡⲟⲩϫⲉ ϩⲗⲓ ⲛⲁⲕ. ⲡⲉϫⲁϥ ⲛⲁϥ ϫⲉ ⲙⲫⲏ ⲡⲁⲓⲱⲧ.
ⲟⲩⲟϩ ⲡⲉϫⲉ ⲡⲓϧⲉⲗⲗⲟ ⲛⲁϥ ϫⲉ ϩⲱⲗ ⲛⲣⲁⲥϯ ⲙⲁ ⲱⲟⲩ ⲛⲱⲟⲩ ⲉⲕϫⲱ
ⲙⲙⲟⲥ ϫⲉ ⲛⲑⲱⲧⲉⲛ ϩⲁⲛ ⲁⲡⲟⲥⲧⲟⲗⲟⲥ ⲛⲑⲱⲧⲉⲛ ϩⲁⲛ ⲁⲅⲓⲟⲥ ⲛⲉⲙ ϩⲁⲛ ⲑⲙⲏⲓ.
ⲟⲩⲟϩ ⲁϥⲓ ϧⲁ ⲡⲓϧⲉⲗⲗⲟ ⲉϥϫⲱ ⲙⲙⲟⲥ ϫⲉ ⲁⲓϯ ⲱⲟⲩ ⲛⲱⲟⲩ. ⲡⲉϫⲉ ⲡⲓϧⲉⲗⲗⲟ
ⲛⲁϥ ϫⲉ ⲙⲡⲟⲩϫⲉ ϩⲗⲓ ⲛⲁⲕ. ⲡⲉϫⲁϥ ϫⲉ ⲙⲫⲏ. ⲡⲉϫⲉ ⲡⲓϧⲉⲗⲗⲟ ⲛⲁϥ ϫⲉ
ⲁⲕⲛⲁⲩ ϫⲉ ⲁⲕⲉⲣ ⲟⲩⲏⲣ ⲛϩⲱⲟⲩϣ ⲉⲣⲱⲟⲩ ⲟⲩⲟϩ ⲙⲡⲟⲩϫⲉ ϩⲗⲓ ⲛⲁⲕ ⲟⲩⲟϩ
ⲁⲕϯ ⲟⲩⲏⲣ ⲛⲱⲟⲩ ⲟⲩⲟϩ ⲙⲡⲟⲩⲉⲣ ⲟⲩⲱ ⲛϩⲗⲓ ⲡⲁⲓⲣⲏϯ ⲛⲑⲟⲕ ϩⲱⲕ ⲓⲥϫⲉ
ⲭⲟⲩⲱϣ ⲉⲛⲟϩⲉⲙ ϩⲱⲗ ⲁⲣⲓ ⲣⲉϥⲙⲱⲟⲩⲧ ⲉⲕⲱⲡ ⲁⲛ ⲙⲡϣⲱϣ ⲛⲛⲓⲣⲱⲙⲓ
ⲛⲉⲙ ⲡⲟⲩⲧⲁⲓⲟ ⲙⲫⲣⲏϯ ϩⲱϥ ⲛⲛⲓⲣⲉϥⲙⲱⲟⲩⲧ ⲟⲩⲟϩ ⲟⲩⲟⲛ ϣϫⲟⲙ ⲉⲣⲟⲕ
ⲉⲛⲟϩⲉⲙ.

ⲟⲩⲥⲟⲛ ⲁϥϣⲉⲛ ⲁⲃⲃⲁ ⲙⲁⲕⲁⲣⲓⲟⲥ² ϫⲉ ⲙⲁⲧⲁⲙⲟⲓ ⲉⲡⲓϫⲓ ⲛϣⲱⲡⲓ ϧⲁ
(-ⲓⲃ-) ⲡⲓϭⲛⲉ ϫⲱϥ ⲡⲁⲓⲱⲧ. ⲡⲉϫⲉ ⲁⲃⲃⲁ ⲙⲁⲕⲁⲣⲓⲟⲥ³ ⲛⲁϥ ϫⲉ ⲙⲫⲣⲏϯ
ⲙⲡⲓⲱⲛⲓ ⲁϥϣⲁⲛⲕⲟϯ ⲉϫⲉⲛ ⲡⲓⲥⲟⲧⲟ ϣⲁϥϫⲱⲕ ⲛⲧⲉϥϫⲉⲣϫⲓ ⲧⲏⲣⲥ ⲉⲃⲟⲗ

Quelqu'un vint trouver abba Macaire, il lui dit : « Dis-moi comment je serai sauvé[4]. » Le vieillard lui dit : « Va dans les tombeaux où il y a des morts et lance-leur des pierres. » Le frère, y étant allé, les injuria et lança des pierres sur eux. Et lorsqu'il fut venu près du vieillard, le vieillard lui dit : « Ne t'ont-ils rien dit ? » Il lui dit : « Non, mon père. » Le vieillard lui dit : « Va demain, donne-leur gloire en disant : Vous êtes des apôtres, vous êtes des saints et des justes. » Et il vint vers le vieillard en disant : « Je leur ai donné gloire. » Le vieillard lui dit : « Ne t'ont-ils rien dit ? » Il lui dit : « Non. » Le vieillard lui dit : « Tu vois combien tu les as injuriés et ils ne t'ont rien dit, et combien tu leur as rendu gloire et ils ne t'ont rien dit; ainsi, toi de même, si tu veux être sauvé, va, fais le mort, ne réputant pas les opprobres des hommes et leurs honneurs, comme (font) les morts, et tu peux être sauvé. »

Un frère interrogea abba Macaire, disant : « Apprends-moi ce que c'est que de vivre sous la soumission. » Abba Macaire lui dit : « De même qu'une

---

1. *Cod.* ⲙⲁⲕⲁⲣⲓ. — 2. *Cod.* ⲙⲁⲕⲁⲣⲓ. — 3. *Cod.* ⲙⲁⲕⲁⲣⲓ. — 4. Mot à mot : « Dis-moi une parole comment. »

ⲟⲩⲟϩ ϣⲁϥϣⲱⲡⲓ ⲛⲟⲩⲱⲓⲕ ⲛⲕⲁⲑⲁⲣⲟⲥ ⲡⲁⲓⲣⲏϯ ϩⲱⲕ ⲡⲁϣⲏⲣⲓ ⲡⲓⲱⲛⲓ ⲡⲉ
ⲡⲉⲕⲓⲱⲧ ⲛⲑⲟⲕ ϩⲱⲕ ⲡⲉ ⲡⲓⲥⲟⲩⲟ ⲁⲕϣⲁⲛⲥⲱⲧⲉⲙ ⲛⲥⲱϥ ϥⲛⲁⲧⲱⲃϩ ⲙⲡⲟⲥ
ⲉϩⲣⲏⲓ ⲉϫⲱⲕ ϥⲛⲁⲕⲉⲕ ⲛⲓϫⲉⲣϫⲓ ⲧⲏⲣⲟⲩ ⲛⲧⲉ ⲡⲥⲁⲧⲁⲛⲁⲥ¹ ⲉⲃⲟⲗϩⲁⲣⲟⲕ ⲟⲩⲟϩ
ⲛⲧϣⲉⲃⲓⲱ ⲛⲟⲩⲱⲓⲕ ⲛⲕⲁⲑⲁⲣⲟⲥ² ϣⲁⲕϣⲱⲡⲓ ⲛϣⲏⲣⲓ ⲙⲛⲟⲩϯ.

ⲁϥϫⲟⲥ ⲛϫⲉ ⲁⲃⲃⲁ ⲡⲟⲓⲙⲏⲛ ϫⲉ ⲉⲧⲁⲓϩⲓ ⲟⲩⲕⲟⲧ ⲉⲁⲃⲃⲁ ⲙⲁⲕⲁⲣⲓⲟⲥ³ ⲡⲉ
ϫⲏⲓ ⲛⲁϥ ϫⲉ ⲡⲁⲓⲱⲧ ⲁⲕⲟⲩⲱϣ ⲛⲧⲁⲉⲣ ⲁϣ ⲛⲣⲏϯ ⲛⲉⲙ ⲛⲓⲥⲛⲏⲟⲩ ϫⲉ ⲟⲩⲏⲓ
ⲁⲓϣⲁⲛϫⲉ ⲡⲓⲥⲁϫⲓ ⲛⲱⲟⲩ ⲧⲟⲩⲥⲱⲧⲉⲙ⁴ ⲁⲛ. ⲡⲉϫⲁϥ ⲛⲏⲓ ϫⲉ ⲁⲣⲏⲟⲩ ⲧⲟⲩⲙ
ⲧⲁⲧϩ ⲛⲧⲟⲧϥ ⲛⲕⲉⲟⲩⲁⲓ ⲉⲑⲃⲉ ⲫⲁⲓ ⲧⲟⲩⲥⲱⲧⲉⲙ ⲁⲛ. ⲡⲉϫⲏⲓ ⲛⲁϥ ϫⲉ ⲟⲩ ⲡⲉ
ϯⲙⲧⲁⲧϩ. ⲡⲉϫⲉ ⲁⲃⲃⲁ ⲙⲁⲕⲁⲣⲓⲟⲥ⁵ ⲛⲏⲓ ϫⲉ ⲁⲣⲏⲟⲩ ⲡⲟⲩⲥⲟϭⲛⲓ ⲛⲧⲟⲧϥ ⲛⲕⲉ
ⲟⲩⲁⲓ ⲥⲥϧⲏⲟⲩⲧ ⲅⲁⲣ ϫⲉ ⲡⲓⲛⲟϩ ⲉⲧⲟⲓ ⲛⲅ̄ ⲛⲣⲟ ⲙⲡⲁϥϫⲱⲗⲡ ⲛⲭⲱⲗⲉⲙ ⲉⲧⲉ
ⲫⲁⲓ ⲡⲉ ϫⲉ ⲉϣⲱⲡ ⲛⲧⲉⲕϫⲉⲙ ⲛⲓⲥⲛⲏⲟⲩ ⲉⲩϫⲏⲕ ⲉⲃⲟⲗ ϧⲉⲛ ⲡⲓⲛⲁϩϯ ⲛⲉⲙ
(-ⲓⲥ̄-) ϯⲁⲅⲁⲡⲏ ⲛⲉⲙ ⲡⲓⲥⲱⲧⲉⲙ ϧⲉⲛ ⲟⲩⲑⲉⲃⲓⲟ ⲛⲥⲁ ⲛⲟⲩⲓⲟϯ ⲧⲟⲩⲥⲟⲗⲡ ⲁⲛ
ⲉⲑⲃⲉ ϫⲉ ⲉⲣⲉ ⲡⲟⲩϩⲏⲧ ⲧⲁϫⲣⲏⲟⲩⲧ. ⲫⲁⲓ ⲇⲉ ⲁⲣⲓ ⲉⲙⲓ ⲉⲣⲟϥ ϫⲉ ⲉϣⲱⲡ ⲛⲧⲉ
ⲟⲩⲡⲓⲥⲧⲟⲥ ⲛⲣⲱⲙⲓ ϣⲁϣⲛⲓ ⲉⲟⲩⲡⲓⲥⲧⲓ ⲛⲥϩⲓⲙⲓ ⲟⲩⲟϩ ⲛⲧⲟⲩⲁⲣⲉϩ ⲉⲡⲓⲧⲟⲩⲃⲟ
ⲛⲧⲉ ⲡⲓⲅⲁⲙⲟⲥ ⲙⲡⲓⲃ̄ ϣⲁⲧⲉⲣ ⲡⲟⲩⲥⲛⲟⲩ ⲉⲧⲟⲓ ⲛϩⲓⲣⲏⲛⲓⲕⲟⲥ⁶ ⲛⲉⲙ ⲛⲟⲩⲉ
ⲣⲏⲟⲩ ⲉⲩⲙⲟⲧⲉⲛ ⲛⲕⲁⲗⲱⲥ ϩⲱⲥⲧⲉ⁷ ⲛⲟⲩⲉϣⲉⲩ ⲛⲉⲙ ⲛⲟⲩⲣⲉⲙ ⲣⲁⲟⲩⲏ

pierre, si elle tourne sur le blé, enlève toute la pulpe, et le blé devient du pain pur; ainsi toi, mon fils, la pierre, c'est ton père; toi, tu es le blé : si tu l'écoutes, il priera Dieu pour toi; il t'enlèvera toutes les pulpes de Satan, et, à la place d'un pain pur, tu deviens un fils divin. »

Abba Poimin dit : « Lorsque je fus allé trouver abba Macaire, je lui dis : « Mon père, comment veux-tu que je sois avec les frères, car certes je leur parle¹ et ils n'écoutent pas? » Il me dit : « Peut-être est-ce à cause de l'impulsion (?) d'un autre qu'ils n'écoutent pas. » — Je lui dis : « Qu'est l'impulsion? » Abba Macaire me dit : « Peut-être leur dessein vient d'un autre, car il est écrit : *La corde de trois fils ne se brise pas vite;* c'est-à-dire, si tu trouves les frères parfaits dans la foi, la charité et l'obéissance pleine d'humilité envers leurs pères, ils ne se brisent pas, parce que leur cœur est affermi. Et sache cela, que si un homme fidèle rencontre une femme fidèle et qu'ils gardent tous deux la pureté du mariage, ils passent le temps en paix entre eux, étant bellement en repos, de sorte que leurs proches et leurs voisins envient

---

1. *Cod.* ⲥⲁⲧⲁⲛⲁⲥ. — 2. *Cod.* ⲛⲕⲁⲑⲁⲣⲟⲛ. — 3. *Cod.* ⲙⲁⲕⲁⲣⲓ. — 4. *Cod.* ⲧⲟⲩⲥⲱⲧⲉⲙ ⲁⲛ (sic). J'ai cru d'abord à une faute, mais la répétition par trois fois de la même phrase m'a fait laisser le texte tel qu'il est dans le manuscrit. — 5. *Cod.* ⲙⲁⲕⲁⲣⲓ. — 6. *Cod.* ⲛϩⲣⲏⲛⲓⲕⲟⲥ. — 7. *Cod.* ϩⲱⲥⲇⲉ. — 8. Mot à mot : « Car certes je leur parle une parole. »

ⲛⲧⲁⲩϫⲟϥ ⲉⲧⲟⲩⲉⲡⲓⲥⲧⲏⲙⲏ. ⲉϣⲱⲡ ⲇⲉ ϩⲱϥ ⲛⲧⲉ ⲡⲓⲡⲟⲛⲏⲣⲟⲥ ⲉⲣϥⲑⲟⲛⲉⲛ[1] ⲉⲣⲱⲟⲩ ⲛⲧⲉ ⲡⲓⲣⲱⲙⲓ ⲓⲉ ϯϩⲓⲙⲓ ϩⲓ ⲛⲟⲩⲃⲁⲗ ⲉⲃⲟⲗϧⲉⲛ ⲛⲓϣⲟⲩϣⲧ ⲛⲧⲉ ⲡⲟⲩⲏⲓ ⲟⲩⲟϩ ⲡⲓⲣⲱⲙⲓ ⲉⲛ ⲛⲉϥⲃⲁⲗ ⲉϫⲉⲛ ⲑⲙⲉⲧⲥⲁⲓⲏ ⲛⲟⲩϣⲉⲗϣⲁⲓⲣⲓ ⲓⲉ ϯϩⲓⲙⲓ ⲙⲡⲁⲓⲣⲏϯ ⲟⲛ ⲉϣⲱⲡ ⲛⲧⲟⲩϭⲓ ϣⲉⲙⲏⲣ ⲛⲁⲗⲗⲟⲧⲣⲓⲟⲛ ⲛϫⲉ ⲡⲓⲣⲱⲙⲓ ⲓⲉ ϯϩⲓⲙⲓ ⲙⲡⲁⲣⲉ ϩⲗⲓ ⲛϩⲓⲣⲏⲛⲏ[2] ϣⲟⲡ ϧⲉⲛ ⲧⲟⲩⲙⲏϯ ϫⲉ ϣⲁⲧⲟⲩⲫⲱⲣϫ ⲉⲃⲟⲗ ⲛⲛⲟⲩⲉⲣⲏⲟⲩ. ⲡⲁⲓⲣⲏϯ ⲟⲛ ⲛⲓⲥⲛⲏⲟⲩ ⲉϣⲱⲡ ⲛⲧⲟⲩⲭⲁ ⲡⲥⲟϭⲛⲓ ⲛⲛⲟⲩⲓⲟϯ ⲛⲥⲱⲟⲩ ⲛⲧⲟⲩϭⲓ ⲡⲥⲟϭⲛⲓ ⲛϩⲁⲛ ⲕⲉⲭⲱⲟⲩⲛⲓ ⲫⲁ ⲛⲟⲩⲓⲟϯ ϩⲟⲗϫ ⲛⲧⲟⲧⲟⲩ ⲁⲛ ϫⲉ ⲁⲗⲗⲁ ϥⲉⲣ ⲡⲓⲉϣⲟⲩϣϥ ⲛⲧⲟⲧⲟⲩ (-ⲓⲍ-) ϣⲁⲩϣⲱⲡⲓ ϫⲉ ϧⲉⲛ ⲟⲩⲭⲣⲉⲙⲣⲉⲙ ⲉⲥⲟⲩⲛ ⲛⲉⲙ ⲉⲃⲟⲗ ϣⲁⲧⲟⲩⲫⲱⲣϫ ⲛⲛⲟⲩⲓⲟϯ. ⲉⲧⲁ ⲁⲃⲃⲁ ⲡⲟⲓⲙⲏⲛ ⲥⲱⲧⲉⲙ ⲉⲛⲁⲓ ⲛⲧⲟⲧϥ ⲛⲁⲃⲃⲁ ⲙⲁⲕⲁⲣⲓⲟⲥ[3] ⲁϥⲉⲣ ϣⲫⲏⲣ ⲙⲡⲓϭⲱⲣⲡ ⲉⲃⲟⲗ ⲛⲧⲉ ⲡⲉϥⲛⲟⲩⲥ ⲛⲉⲙ ⲡⲉϥⲕⲁϯ. ⲡⲉϫⲉ ⲁⲃⲃⲁ ⲡⲟⲓⲙⲏⲛ ⲛⲁϥ ϫⲉ ϧⲉⲛ ⲟⲩⲙⲉⲑⲙⲏⲓ ⲡⲁⲓⲣⲏϯ ⲡⲉ ⲉⲧϣⲟⲡ ⲡⲁⲓⲱⲧ. ⲙⲉⲛⲉⲛⲥⲁ ⲛⲁⲓ ⲁϥϣⲗⲏⲗ ⲁϥϣⲉ ⲛⲁϥ ⲉϥϫⲉⲙ ϩⲛⲟⲩ ⲉϥϯ ⲱⲟⲩ ⲙⲡⲉⲛⲟⲥ ⲓⲏⲥ ⲡⲭⲥ ⲛⲉⲙ ⲡⲉϥⲃⲱⲕ ⲁⲃⲃⲁ ⲙⲁⲕⲁⲣⲓⲟⲥ[4].

ⲁϥϫⲟⲥ ⲛϫⲉ ⲁⲃⲃⲁ ⲙⲁⲕⲁⲣⲓⲟⲥ[5] ϫⲉ ⲙⲫⲣⲏϯ ⲛϯⲁⲗ ⲁⲕϣⲁⲛⲉⲣⲑⲉⲱⲣⲉⲛ[6] ⲙⲙⲟⲥ ϧⲉⲛ ⲟⲩϫⲓ ⲛϫⲟⲩϣⲧ ⲟⲩⲟϩ ⲛⲧⲉⲥⲧⲁⲙⲟⲛ ⲉⲧⲉⲕⲙⲉⲧⲥⲁⲓⲉ ⲛⲉⲙ

leur sagesse; mais si l'ennemi les hait, si l'homme ou la femme jettent les yeux par les fenêtres de leurs maisons[7] et que l'homme porte les yeux sur la beauté d'une jeune fille, de même la femme; si l'homme ou la femme prennent un ferment étranger, nulle paix n'existe entre eux, certes, jusqu'à ce qu'ils se soient séparés l'un de l'autre. Ainsi les frères, s'ils abandonnent le conseil de leurs pères, s'ils prennent conseil des autres, celui de leurs pères ne leur étant pas agréable, mais leur faisant aussi des reproches, ils restent dans le murmure intérieur et extérieur jusqu'à ce qu'ils se soient séparés de leurs pères. » Lorsque Apa Poimin eut entendu cela d'abba Macaire, il admira le discernement de son esprit et de son intelligence. Apa Poimin lui dit : « En vérité, il en est ainsi, mon père. » Après cela, il pria et s'en alla, ayant reçu profit, rendant gloire à Notre-Seigneur Jésus le Christ et à son serviteur abba Macaire.

Abba Macaire dit : « Comme un miroir, si tu le regardes dans un regard, il t'informe de ta beauté ou de ta laideur; car tu ne peux rien lui cacher et

---

1. Cod. ⲫⲟⲟⲛⲏⲛ. — 2. Cod. ⲛϩⲓⲣⲏⲛⲏⲛ. — 3. Cod. ⲙⲁⲕⲁⲣⲓ. — 4. Cod. ⲙⲁⲕⲁⲣⲓ. — 5. Cod. ⲙⲁⲕⲁⲣⲓ. — 6. Cod. ⲑⲉⲱⲣⲛ. — 7. C'est-à-dire : « Par les sens de leurs corps. » Il s'agit bien en effet, ici, des sens qui étaient appelés les fenêtres de l'âme : la maison, c'est le corps.

ⲧⲉⲕⲙⲉⲧϫⲁⲓⲉ ⲟⲩ ⲅⲁⲣ ⲙⲡⲁⲕϣⲟⲡⲕ ⲉⲣⲟⲥ ⲟⲩⲇⲉ ⲙⲡⲁϫⲉ ⲙⲉⲑⲛⲟⲩϫ
ⲉⲣⲟⲕ ⲉⲡⲧⲏⲣϥ ⲁⲗⲗⲁ ϣⲁⲥⲉⲣⲍⲱⲅⲣⲁⲫⲉⲓⲛ¹ ⲟⲩⲟϩ ⲛⲧⲉⲥⲉⲣⲁⲛⲧⲓⲅⲣⲁⲫⲉⲓⲛ²
ⲟⲩⲟϩ ⲛⲧⲉⲥⲉⲣⲭⲁⲣⲁⲕⲧⲓⲣⲓⲍⲉⲓⲛ³ ⲛⲛⲉⲕⲙⲙⲓⲛⲓ ⲧⲏⲣⲟⲩ ⲛⲉⲙ ⲡⲥⲙⲟⲧ ⲉⲧϣⲟⲡ
ⲙⲙⲟⲕ ϣⲁ ⲉϧⲟⲩⲛ ⲉⲡⲓϫⲓ ⲛⲛⲉϥⲧ ⲣⲱϥ ϣⲁⲕⲛⲁⲩ ⲉⲣⲟϥ ϫⲉ ⲟⲩ ⲁϣ ⲛⲥⲙⲟⲧ
ⲡⲉ ⲟⲩⲟϩ ϣⲁⲥⲧⲁⲙⲟⲕ ⲉⲛⲉⲕϫⲁⲙⲉϥ ϫⲉ ⲥⲉⲭⲏⲙ ⲟⲩⲟϩ ⲛⲉⲛⲭϫⲓⲙ ϫⲉ ⲥⲉⲟⲩ-
ⲃⲁϣ ⲟⲩⲟϩ ⲛⲧⲉⲥⲣⲉⲕⲥⲟⲩⲱⲛ ⲙⲙⲓⲛ ⲙⲙⲟⲕ ϫⲉ ⲛ-(-ⲓⲉ-) ⲑⲟⲕ ⲟⲩⲁϣ
ⲛⲣⲏϯ ϧⲉⲛ ⲡⲉⲕⲓⲛⲓ ⲡⲁⲓⲣⲏϯ ⲡⲉ ⲉⲑⲛⲁϣⲱⲡⲓ ϧⲉⲛ ⲡⲓⲙⲁ ⲛϯϩⲁⲡ ⲛⲁⲧϣⲫⲱⲧ
ϧⲁϧⲱϥ ⲟⲩⲇⲉ ⲅⲁⲣ ⲛⲟⲩⲓⲁⲗ ⲙⲙⲟⲩⲛⲕ ⲛϫⲓϫ ⲁⲛ ⲧⲉ ⲁⲗⲗⲁ ϩⲁⲛ ⲡⲣⲁⲝⲓⲥ
ⲛⲉ ⲉⲧⲥⲟⲣⲡ ⲉⲃⲟⲗ ⲉⲧⲟⲓ ⲛϩⲉⲓⲕⲱⲛ⁴ ⲉⲩⲟⲩⲱⲛϩ ⲉⲃⲟⲗ ⲛⲧⲉⲓⲣⲁ⁵ ⲛⲛⲓⲛⲟⲃⲓ
ⲟⲩⲇⲉ ⲅⲁⲣ ⲕϣⲫⲏⲧ ⲛⲧⲟⲧⲟⲩ ⲁⲛ ⲁⲗⲗⲁ ⲉⲧⲟⲓ ⲉⲣⲁⲧⲟⲩ ⲉⲩⲥⲟϩⲓ ⲙⲙⲟⲕ
ⲁϭⲛⲉ ⲙⲉⲑⲣⲉ ⲟⲩⲟϩ ⲉⲕⲟⲓ ⲙⲫⲣⲏϯ ⲛⲟⲩⲇⲓⲁⲃⲁⲑⲣⲁ ϧⲉⲛ ⲧⲟⲩⲙⲏϯ ⲉⲕⲟⲓ
ⲛⲉⲃⲓⲏⲛ ⲛⲕϣϫⲉⲙ ϫⲟ ⲛⲥⲁϫⲓ ⲁⲛ ⲉⲣⲉ ϯⲓⲁⲗ ⲛⲧⲉ ⲛⲛⲟⲃⲓ ϯⲥⲃⲱ ⲛⲁⲕ ⲉⲣⲱⲟⲩ
ⲧⲏⲣⲟⲩ ⲟⲩⲟϩ ⲉⲧϥⲟⲧ ϧⲉⲛ ⲡⲉⲕϩⲏⲧ ⲙⲫⲣⲏϯ ⲛⲧⲉⲃⲥ ⲛⲟⲩⲍⲱⲅⲣⲁⲫⲟⲥ
ⲉⲩⲥⲟϩⲓ ⲙⲙⲟⲕ ⲟⲩⲟϩ ⲉⲕⲉⲣⲛⲟⲉⲓⲛ⁶ ⲛⲟⲩⲓ ⲑⲟⲩⲓ ⲛⲛⲓⲡⲣⲁⲝⲓⲥ ⲉⲧⲁⲕϫⲟⲧⲟⲩ
ⲉⲃⲟⲗ ϫⲉ ⲁϣ ⲛⲥⲏⲟⲩ ⲓⲉ ⲁϣ ⲛⲕⲁⲓⲣⲟⲥ⁷ ⲁⲕⲓⲣⲓ ⲙⲫⲁⲓ ⲟⲩⲟϩ ⲡⲁⲓⲕⲉⲟⲩⲁⲓ ϧⲉⲛ
ⲁϣ ⲛⲟⲩⲛⲟⲩ ⲁⲡⲗⲱⲥ ϣⲁⲩϣⲱⲡⲓ ⲛⲁⲕ ⲛⲟⲩϣⲓⲡⲓ ⲛⲉⲙ ⲟⲩϣⲱϣ ⲙⲡⲉⲙⲑⲟ
ⲙⲡⲓⲕⲟⲥⲙⲟⲥ ⲃ̅ ⲛⲁ ⲧⲫⲉ ⲛⲉⲙ ⲛⲁ ⲡⲕⲁϩⲓ ϧⲉⲛ ⲡⲓⲙⲁ ⲛϩⲁⲡ ⲛⲟⲓⲕⲟⲩⲙⲉⲛⲓⲕⲟⲛ

il ne peut pas te mentir le moins du monde; mais il te dessine et il te renvoie ton image⁸, il caractérise tous tes traits et la forme que tu as; jusqu'au sourire, tu vois de quelle sorte il est, et il t'apprend que tes cheveux noirs sont noirs et que tes cheveux blancs sont blancs, et il te fait connaître à toi-même de quelle sorte tu es en son image; ainsi en sera-t-il du Dieu de justice que l'on ne peut pas fuir, car il ne s'agit pas de miroirs œuvres des mains, mais d'actions qui se manifestent, d'images qui montrent les traces des péchés, et tu ne peux les fuir, car ils sont debout te faisant des reproches sans (aucun besoin) de témoin; tu es comme une échelle parmi eux, tu es pauvre, tu ne peux pas parler; le miroir des péchés te les fait tous connaître et te les imprime dans le cœur comme le ciseau d'un sculpteur, te reprochant et te montrant chacune des actions que tu as accomplies, en quel temps, quelle saison tu as fait celle-ci, à quelle heure tu as fait cette autre. En un mot, elles te sont toutes une honte, un opprobre, en présence des deux mondes, des habitants du ciel et de ceux de la terre, dont le jugement universel est terrible. Car tous les saints et les mi-

---

1. *Cod.* ⲍⲱⲅⲣⲁⲫⲓⲛ. — 2. *Cod.* ⲁⲛⲧⲓⲅⲣⲁⲫⲓⲛ. — 3. *Cod.* ⲭⲁⲣⲁⲕⲧⲓⲣⲓⲍⲓⲛ. — 4. *Cod.* ⲛϩⲓⲕⲱⲛ. — 5. *Cod.* ⲥⲓⲣⲁ. — 6. *Cod.* ⲉⲕⲉⲣⲛⲟⲓⲛ. — 7. *Cod.* ⲛⲕⲉⲣⲟⲥ. — 8. Mot à mot : « Il fait ta contre-image. »

ⲉⲧⲟⲓ ⲛϧⲟϯ. ⲛⲓ ⲅⲁⲣ ⲉⲑⲟⲩⲁⲃ ⲧⲏⲣⲟⲩ ⲛⲉⲙ ⲛⲓⲧⲁⲅⲙⲁ ⲛⲉⲡⲟⲩⲣⲁⲛⲓⲟⲛ ⲛⲁⲉⲣ
ϩⲏⲃⲓ ⲟⲩⲟϩ ⲛⲧⲟⲩϥⲓ ⲁϩⲟⲙ ⲉϩⲣⲏⲓ ⲉϫⲱⲕ (-ⲓⲥ-) ⲉⲩⲛⲁⲩ ⲉⲡⲓⲛⲓϣϯ ⲛϩⲉⲓ
ⲉⲧⲁⲕϣⲱⲡⲓ ⲛϧⲏⲧϥ ⲉⲑⲃⲉ ⲛⲉⲕⲡⲣⲁⲝⲓⲥ ⲉⲩϣⲓⲡⲓ ⲉⲧⲁⲕⲁⲓⲧⲟⲩ. ⲡⲗⲏⲛ ⲡⲓⲛⲁⲓ
ϥⲁ ⲡⲉⲛⲟⲥ ⲓⲏⲥ ⲡⲭⲥ ⲡⲉ ⲟⲩⲟϩ ⲙⲙⲉⲧϣⲉⲛ ϩⲏⲧ ⲛⲟⲩϥ ⲛⲉ ϫⲉ ⲟⲩⲏⲓ ⲙⲙⲟⲛ
ⲙⲉⲧⲁⲛⲟⲓⲁ ⲟⲩⲇⲉ ⲙⲉⲧⲛⲁⲏⲧ ⲟⲩⲇⲉ ⲫⲏ ⲉⲧⲥⲱⲧⲉⲙ ⲉⲣⲟⲕ ⲉⲙⲏⲧⲓ¹ ⲉⲡⲓϣⲁⲛ
ⲑⲙⲁϩⲧ ⲙⲙⲁⲩⲁⲧϥ ϥⲁ ⲡⲓⲁϩⲱⲣ ⲉⲧⲟϣ ⲙⲙⲉⲧϣⲉⲛ ϩⲏⲧ ⲛⲉⲙ ⲡⲁⲓ ⲫⲏ ⲉⲧⲉ
ⲡⲓⲉⲣ ϣⲓϣⲓ ⲛⲧⲟⲧϥ ⲉϧⲱⲧⲉⲃ ⲟⲩⲟϩ ⲉⲧⲁⲛϧⲟ ⲉⲃⲟⲗⲓ ⲉⲁⲙⲉⲛϯ ⲟⲩⲟϩ ⲉⲛⲓ
ⲉⲡϣⲱⲓ ⲉⲧⲉ ⲫⲁⲓ ⲡⲉ ⲡⲉⲛⲟⲥ ⲓⲏⲥ ⲡⲭⲥ ⲡⲥⲱⲧⲏⲣ ⲛⲧⲉ ⲛⲉⲛⲯⲩⲭⲏ ⲛⲉⲙ ⲛⲉⲛⲥⲱⲙⲁ ⲫⲏ ⲉⲑⲟⲩⲱϣ ⲫⲙⲟⲩ ⲁⲛ ⲙⲡⲓⲣⲉϥⲉⲣ ⲛⲟⲃⲓ ⲙⲫⲣⲏϯ ⲛⲧⲉϥⲧⲁⲥⲑⲟϥ
ⲟⲩⲟϩ ⲛⲧⲉϥⲱⲛϧ. ⲙⲁⲣⲉⲛⲕⲱϯ ⲉⲡⲁⲓ ⲱ ⲛⲉⲥⲛⲏⲟⲩ ⲟⲩⲟϩ ⲛⲧⲉⲛⲉⲣ ⲥⲁⲃⲉ ⲓⲥϫⲉⲛ
ϯⲛⲟⲩ ⲗⲟⲓⲡⲟⲛ ⲛⲛⲁⲩ ⲉⲧⲉϥⲙⲉⲧⲙⲁⲓⲣⲱⲙⲓ ⲙⲫⲣⲏϯ ⲟⲛ ⲙⲡⲓⲥⲏⲟⲩ ⲉⲧⲁ
ⲡⲉϥϣⲉⲛ ϩⲏⲧ ⲣⲓⲕⲓ ⲉϫⲉⲛ ⲗⲁⲍⲁⲣⲟⲥ ⲛⲁϩⲣⲉⲛ ⲑⲙⲉⲧⲁⲅⲁⲑⲟⲥ ⲙⲡⲉϥⲓⲱⲧ
ϧⲉⲛ ⲡⲁⲓ ⲛⲟⲩⲣⲟϫⲱϣ ⲉⲃⲟⲗ ⲛϫⲁⲛ ⲉⲣⲙⲱⲟⲩⲓ ⲛϫⲉ ⲙⲁⲣⲓⲁ ⲛⲉⲙ ⲙⲁⲣⲑⲁ
ⲛⲉⲛⲥⲛⲏⲟⲩ ⲙⲫⲏ ⲉⲧⲁϥⲙⲟⲩ ⲟⲩⲟϩ ⲙⲉⲛⲉⲛⲥⲁ ⲇ̅ ⲛⲉϩⲟⲟⲩ ⲁϥⲧⲟⲩⲛⲟⲥϥ ⲉⲃⲟⲗ
ϧⲉⲛ ⲛⲏ ⲉⲑⲙⲱⲟⲩⲧ. ⲙⲁⲣⲉⲛϯ ⲙⲡⲉⲛⲟⲩⲟⲓ ϩⲓⲧⲉⲛ (-ⲓⲥ̅-) ϧⲁⲛ ⲡⲣⲟⲥⲉⲩⲭⲏ
ⲛⲉⲙ ϩⲁⲛ ⲉⲣⲙⲱⲟⲩⲓ ⲉⲩⲟⲩⲁⲃ ϩⲓⲛⲁ ⲛⲧⲉϥⲛⲁⲓ ⲛⲁⲛ ⲟⲩⲟϩ ⲛⲧⲉϥⲧⲟⲩⲛⲟⲥ
ⲛⲉⲛⲯⲩⲭⲏ ⲉⲃⲟⲗϧⲉⲛ ⲫⲙⲟⲩ ⲛⲛⲓⲛⲟⲃⲓ ⲟⲩⲟϩ ⲛⲧⲉⲛⲱⲛϧ ϧⲉⲛ ⲡⲉϥⲛⲁⲓ.

lices² célestes sont dans le deuil et le gémissement à ton sujet, en voyant la grande chute que tu as faite³ à cause des actions honteuses que tu as commises ; cependant la pitié et la miséricorde sont à Notre Seigneur Jésus le Christ, car il n'y a pour toi ni repentir, ni miséricorde, ni audition⁴, sinon dans le seul compatissant, celui des trésors nombreux de miséricordes et de pitiés, Celui qui peut tuer et faire vivre, descendre dans l'Amenti ou en faire monter, c'est-à-dire Notre Seigneur Jésus le Christ, le sauveur de nos âmes et de nos corps, qui ne désire pas autant la mort du pécheur que sa conversion et sa vie. Cherchons celui-là, ô frères, et soyons sages désormais, en voyant son amour pour les hommes, comme autrefois lorsqu'il pleura sur Lazare (implorant) la bonté de son Père⁵, pendant que Marie et Marthe, sœurs du mort, versaient des larmes ; et, après quatre jours, il le ressuscita d'entre les morts. Approchons-nous de lui par des prières et des larmes saintes, afin qu'il prenne pitié de nous, qu'il ressuscite nos âmes de la mort du péché et que nous vivions par sa miséricorde. »

1. *Cod.* ⲙⲏⲧⲓ. — 2. Mot à mot : « Les rangs célestes. » — 3. Mot à mot : « La grande chute où tu te trouves. » — 4. Mot à mot : « Ni qui t'écoute. » — 5. Mot à mot : « Il pleura sur Lazare près de la bonté de son Père. »

ⲟⲩⲟⲛ ⲁϥϣⲉⲛ ⲁⲃⲃⲁ ⲙⲁⲕⲁⲣⲓⲟⲥ¹ ϫⲉ ⲙⲁⲧⲁⲙⲟⲓ ϫⲉ ⲟⲩ ⲡⲉ ⲡⲓⲣⲱϩⲡ
ϧⲁⲧⲉⲛ ⲫϯ ⲡⲁⲓⲱⲧ. ⲡⲉϫⲉ ⲁⲃⲃⲁ ⲙⲁⲕⲁⲣⲓⲟⲥ² ⲛⲁϥ ϫⲉ ⲥⲥϧⲏⲟⲩⲧ ϫⲉ ⲭⲱⲣⲓⲥ
ⲡⲁⲣⲁⲃⲟⲗⲏ ⲛⲁϥⲥⲁϫⲓ ⲛⲉⲙⲱⲟⲩ ⲁⲛ ⲡⲉ. ⲙ̅ⲫⲣⲏϯ ⲅⲁⲣ ⲛⲟⲩⲁⲗⲟⲅⲟⲛ ⲛϫⲱⲛ
ⲛⲁⲅⲣⲓⲟⲛ ⲁϥϣⲁⲛϭⲱϫⲓ ⲉϫⲉⲛ ⲟⲩϫⲱⲛ ⲛϧⲙⲁⲓⲣⲟⲛ³ ⲟⲩⲟϩ ⲛⲧⲉϥⲥⲟⲣ ⲣⲁⲧϥ
ⲉⲣⲟϥ ϧⲉⲛ ⲟⲩⲛⲓϣϯ ⲙⲙⲉⲧⲛⲁϣⲧ ϩⲏⲧ ⲛⲧⲉ ⲫⲏ ⲙⲉⲛ ⲉⲧⲁ ϧⲣⲏⲓ ⲙⲙⲟϥ
ϣⲱⲡⲓ ϧⲉⲛ ⲟⲩⲛⲓϣϯ ⲙⲙⲉⲧⲭⲱⲃ ⲛⲁϥⲣⲁϥ ⲛⲧⲉϥϣⲱⲡⲓ ⲉⲣⲉ ⲧⲉϥⲛⲟⲙϯ ⲧⲏⲣⲥ
ⲛⲉⲙ ⲧⲉϥϩⲉⲗⲡⲓⲥ ⲟⲩⲟϩ ⲛⲥⲁ ⲡⲉϥⲛⲏⲃ ⲟⲩⲟϩ ⲛⲧⲉϥⲱϣ ϧⲉⲛ ⲟⲩⲛⲓϣϯ ⲛⲥⲙⲏ
ⲉϥϯ ⲙⲏⲓⲛⲓ ⲙⲡⲉϥⲛⲏⲃ ⲁϥϣⲁⲛⲥⲱⲧⲉⲙ ⲛϫⲉ ⲡⲉϥⲛⲏⲃ ⲧⲟⲧⲉ ϣⲁϥϣⲉⲛ ϩⲏⲧ
ϩⲁⲣⲟϥ ⲛⲭⲱⲗⲉⲙ ⲟⲩⲟϩ ⲛⲧⲉϥϭⲟϫⲓ ⲛⲧⲉϥⲉⲣⲃⲟⲏⲑⲉⲓⲛ⁴ ⲉⲣⲟϥ ⲟⲩⲟϩ ⲛⲧⲉϥ-
ⲛⲁϩⲙⲉϥ ⲉⲃⲟⲗ ϩⲁ ⲡⲓⲧⲁⲕⲟ ⲛⲧⲉ ⲡⲓⲑⲏⲣⲓⲟⲛ ⲛⲁⲅⲣⲓⲟⲛ. ⲓⲥϫⲉ ⲫⲛⲏⲃ ⲙⲡⲁⲓ-
ⲍⲱⲟⲛ ⲛⲁⲗⲟⲅⲟⲛ ⲁϥϣⲉⲛ ϩⲏⲧ ϩⲁⲣⲟϥ ⲟⲩⲟϩ (-ⲓⲏ-) (ⲁϥ)ⲉⲣⲥⲡⲟⲩⲇⲁⲍⲓⲛ⁵
ϣⲁⲧⲉϥⲛⲁϩⲙⲉϥ ⲛⲧⲟⲧϥ ⲙⲡⲁⲓⲑⲏⲣⲓⲟⲛ ⲛⲁⲅⲣⲓⲟⲛ ⲓⲉ ⲁⲟⲩⲏⲣ ⲙⲁⲗⲗⲟⲛ ⲁⲛⲟⲛ
ϧⲁ ⲛⲓⲉⲥⲱⲟⲩ ⲛⲗⲟⲅⲓⲕⲟⲛ ⲛⲧⲉ ⲡⲟϩⲓ ⲙⲡⲭ̅ⲥ̅ ⲁⲛϣⲁⲛϣⲱⲡⲓ ⲉⲛⲉⲣ ϩⲉⲗⲡⲓⲥ
ⲉⲣⲟϥ ϥⲛⲁⲉⲣⲁⲛⲉⲭⲉⲥⲑⲁⲓ⁶ ⲁⲛ ⲛⲧⲉ ⲡⲓϫⲁϫⲓ ϭⲓⲧⲧⲉⲛ ⲛϫⲟⲛⲥ ⲁⲗⲗⲁ ϥⲛⲁ-
ⲟⲩⲱⲣⲡ ⲙⲡⲉϥⲁⲅⲅⲉⲗⲟⲥ ⲛⲁⲛ ⲛⲧⲉϥⲛⲁϩⲙⲉⲛ ⲛⲧⲟⲧϥ ⲙⲡⲓⲇⲓⲁⲃⲟⲗⲟⲥ. ϩⲱⲥ
ϫⲉ ⲟⲩⲛ ⲡⲁϣⲏⲣⲓ ⲡⲓⲣⲱϩⲡ ϧⲁⲧⲉⲛ ⲫϯ ⲫⲁⲓ ⲡⲉ ⲛⲧⲉϥϣⲧⲉⲙ ⲡⲓⲣⲱⲙⲓ ⲭⲁ
ϩⲑⲏϥ ⲉⲧⲉϥϫⲟⲙ ⲙⲙⲁⲩⲁⲧϥ⁷ ⲙⲙⲓⲛ ⲙⲙⲟϥ ⲁⲗⲗⲁ ⲉⲉⲣ ϩⲉⲗⲡⲓⲥ ⲉϯⲃⲟⲏ-
ⲑⲉⲓⲁ⁸ ⲛⲧⲉ ⲫϯ ϫⲉ ⲟⲩⲏⲓ ⲛⲑⲟϥ ⲡⲉ ⲉⲑⲛⲟϩⲉⲙ ⲙⲙⲟⲛ.

Un frère interrogea abba Macaire, disant : « Apprends-moi ce que c'est que se jeter en Dieu. » Abba Macaire lui dit : « Il est écrit qu'il ne leur parlait pas sans parabole. Car, de même qu'un animal sauvage et sans raison, s'il se jette sur un animal apprivoisé, qu'il l'étende sous ses pieds avec une grande cruauté, de sorte que celui qui est sous lui est dans une grande faiblesse en comparaison de lui, que toute sa force et tout son espoir reposent en son maître et qu'il crie d'une grande voix pour donner signe à son maître; si son maître l'entend, alors il a pitié de lui en hâte, il court le secourir et le sauver de la perte de cette bête sauvage. Puisque le maître de cet animal sans raison a pitié de lui et qu'il se hâte de le sauver de cette bête sauvage, à combien plus forte raison nous, les brebis rationnelles du troupeau du Christ, si nous mettons notre espoir en lui, ne permettra-t-il pas que l'ennemi nous fasse violence et nous enverra-t-il son ange pour nous sauver du diable. De sorte donc, mon fils, que se jeter en Dieu, c'est que l'homme ne place pas sa confiance en sa seule force de lui-même, mais qu'il espère en le secours de Dieu ; car, certes, c'est lui qui nous sauve. »

---

1. Cod. ⲙⲁⲕⲁⲣⲓ. — 2. Cod. ⲙⲁⲕⲁⲣⲓ. — 3. Cod. ⲛⲟⲩⲙⲁⲓⲣⲟⲛ. — 4. Cod. ⲃⲟⲏⲑⲓⲛ. — 5. Cod. ⲥⲡⲟⲩⲇⲁⲍⲓⲛ. — 6. Cod. ϥⲛⲁⲉⲣⲁⲛⲉⲭⲉⲥⲟⲉ. — 7. Cod. ⲙⲁⲩⲁⲧϥ. — 8. Cod. ⲃⲟⲏⲟⲓⲁ.

ⲁϥϣⲉⲛ ⲟⲛ ϫⲉ ⲡⲁⲓⲱⲧ ⲡⲱⲥ ⲡⲓⲣⲱⲙⲓ ⲛⲁⲉⲣ ⲣⲉⲙ ϩⲉ ⲉⲃⲟⲗϧⲁ ⲛⲛⲓⲡⲁⲑⲟⲥ ⲟⲩⲟϩ ⲛⲧⲉϥⲉⲣ ⲃⲉⲣⲓ ϧⲉⲛ ⲡⲓⲡⲛⲁ. ⲡⲉϫⲉ ⲡⲓϧⲉⲗⲗⲟ ⲛⲁϥ ϫⲉ ϯⲛⲁϫⲱ ⲛⲁⲕ ⲛⲟⲩⲁⲓⲛⲓⲅⲙⲁ¹. ⲙ̅ⲫⲣⲏϯ ⲅⲁⲣ ⲛϯϣⲑⲏⲛ ⲉϣⲱⲡ ⲛⲧⲉⲥⲫⲱϧ ϣⲁⲧϥ ⲧⲱⲥⲓ ⲛⲁⲥ ϣⲁⲧⲉⲥⲉⲣ ⲃⲉⲣⲓ ⲛⲕⲉⲥⲟⲡ ⲥⲉⲛⲓ ⲅⲁⲣ ⲛϯϣⲑⲏⲛ ⲉϫⲉⲛ ⲡⲓⲥⲱⲙⲁ ⲡⲓⲫⲱϧ ⲉϫⲉⲛ ⲫⲛⲟⲃⲓ ⲛⲉⲙ ϯϩⲏⲇⲟⲛⲏ² ϯⲧⲱⲥⲓ ⲇⲉ ϩⲱⲥ ⲉϫⲉⲛ ϯⲙⲉⲧⲁⲛⲟⲓⲁ ⲉⲧⲁ ⲡⲉⲛⲟⲥ ⲓⲏⲥ ⲡⲭⲥ (ⲧⲏⲓ)ⲥ ⲛⲁⲛ ⲉϧⲣⲏⲓ.

(ⲁϥϣⲉ)ⲛϥ ⲟⲛ ⲛϫⲉ ⲡⲁⲓⲥⲟⲛ ⲛⲟⲩⲱⲧ (ϫⲉ) ⲡⲁⲓⲱⲧ ϭⲓ ⲙⲱⲓⲧ ⲛⲏⲓ ⲉⲫⲏ (ⲉⲧϩ)ⲟⲗϫ ⲛⲉⲙ ⲫⲏ ⲉⲑⲙⲟⲗϩ. (ⲡⲉϫⲉ) ⲁⲃⲃⲁ ⲙⲁⲕⲁⲣⲓⲟⲥ³ ⲛⲁϥ ϫⲉ ⲥⲉ-ϫⲱ ⲙⲙⲟⲥ ⲉⲑⲃⲉ ⲡⲓⲕⲟⲩϫⲓ ⲛϣⲏⲣⲓ ϫⲉ ⲁⲣⲉϣⲁⲛ ⲧⲉϥⲙⲁⲩ ⲃⲉⲣⲃⲱⲣϥ ϩⲓϫⲉⲛ ⲡⲓⲕⲁϩⲓ ϣⲁⲥϯ ⲛⲟⲩϩⲗⲟϫ⁴ ⲉⲧϩⲟⲗϫ ⲉϧⲣⲏⲓ ⲉⲧⲉϥϫⲓϫ ⲉⲑⲣⲉϥϫⲱϩ ⲙⲙⲟϥ ⲟⲩⲟϩ ⲛⲧⲉϥϣⲧⲉⲙϭⲓ ⲭⲉⲗⲙⲓ ⲛⲧⲉϥⲙⲁⲩ. ⲥⲉⲛⲓ ⲛϯⲭⲉⲗⲙⲓ ⲉϫⲉⲛ ⲫⲛⲟⲃⲓ ⲛⲉⲙ ϯϩⲏⲇⲟⲛⲏ⁵ ⲡⲓϩⲗⲟϫ⁶ ⲉⲧϩⲟⲗϫ ϩⲱϥ ⲡⲉ ⲡⲉⲛⲟⲥ ⲓⲏⲥ ⲡⲭⲥ ⲡⲓⲣⲁⲛ ⲉⲧⲥⲙⲁⲣⲱⲟⲩⲧ ⲡⲓⲙⲁⲣⲅⲁⲣⲓⲧⲏⲥ ⲙⲙⲏⲓ ⲥⲥϧⲏⲟⲩⲧ ⲅⲁⲣ ϧⲉⲛ ⲡⲓⲉⲩⲁⲅⲅⲉⲗⲓⲟⲛ ⲉⲑⲟⲩⲁⲃ ϫⲉ ⲥⲟⲛⲓ ⲛϫⲉ ϯⲙⲉⲧⲟⲩⲣⲟ ⲛⲧⲉ ⲛⲓⲫⲏⲟⲩⲓ ⲛⲟⲩⲣⲱⲙⲓ ⲛϣⲱⲧ ⲉϥⲕⲱϯ ⲛⲥⲁ ϩⲁⲛ ⲁⲛⲁⲙⲏⲓ ⲉⲛⲁⲛⲉⲩ ⲉⲧⲁϥϫⲓⲙⲓ ⲟⲩⲛ ⲛⲟⲩⲁⲛⲁⲙⲏⲓ ⲉⲛⲁϣⲉ ⲛⲥⲟⲩⲉⲛϥ ⲉⲧⲉ ⲫⲁⲓ ⲡⲉ ⲡⲉⲛⲟⲥ ⲓⲏⲥ ⲡⲭⲥ ⲡⲟⲩⲣⲟ ⲛⲧⲉ ⲛⲓⲟⲩⲣⲱⲟⲩ ⲟⲩⲟϩ ⲡⲟⲥ ⲛⲧⲉ ⲛⲓⲟⲥ.

Il lui demanda encore : « Mon père, comment l'homme sera-t-il libre des passions et se renouvellera-t-il dans l'esprit ? » Le vieillard lui dit : « Je te dirai une énigme. De même qu'une tunique, si elle se fend, on lui met un morceau, si bien qu'elle redevient neuve. Car on compare la tunique au corps, la déchirure au péché et au plaisir, le morceau à la repentance que Notre Seigneur Jésus le Christ nous donne. »

Ce même frère l'interrogea encore, disant : « Mon père, guide-moi vers ce qui est doux et ce qui est salé. » Abba Macaire lui dit : « On dit d'un petit enfant que, si sa mère le jette à terre, elle lui donne quelque chose de doux à la main, afin qu'il s'amuse et qu'il ne cause point d'embarras (?) à sa mère. On compare l'embarras au péché et au plaisir : la chose douce c'est Notre Seigneur Jésus le Christ, le nom béni, la vraie perle précieuse; car il est écrit dans l'Évangile que le Royaume des cieux ressemble à un négociant qui cherche de bonnes perles. Lorsqu'il a trouvé une perle précieuse, c'est Notre Seigneur Jésus le Christ, le Roi des rois et le Seigneur des seigneurs. »

---

1. *Cod.* ⲛⲟⲩⲉⲛⲓⲅⲙⲁ. — 2. *Cod.* ϯϩⲇⲟⲛⲏ. — 3. *Cod.* ⲙⲁⲕⲁⲣⲓ. — 4. *Cod.* ⲛⲟⲩϩⲗⲟϫ. — 5. *Cod.* ⲛϯϩⲇⲟⲛⲏ. — 6. *Cod.* ⲡⲓϩⲗⲟϫ.

ⲁϥϫⲟⲥ ⲛϫⲉ ⲁⲃⲃⲁ ⲡⲟⲓⲙⲏⲛ ϫⲉ ⲉⲓϩⲉⲙⲥⲓ ⲛⲟⲩⲥⲟⲡ ⲛⲉⲙ ϩⲁⲛ ⲥⲛⲏⲟⲩ ϧⲁⲧⲉⲛ ⲁⲃⲃⲁ ⲙⲁⲕⲁⲣⲓⲟⲥ[1] ⲡⲉϫⲏⲓ ⲛⲁϥ ϫⲉ ⲡⲁⲓⲱⲧ ⲟⲩ ⲛϫⲓ ⲛⲉⲣ ϩⲱⲃ ⲉⲧⲉ
ⲡⲓⲣⲱⲙⲓ ⲛⲁⲁⲓⲥ ϩⲓⲛⲁ ⲛⲧⲉ ⲟⲩϫⲫⲟ ⲛⲱⲛϧ ϣⲱⲡⲓ ⲛⲁϥ. ⲡⲉϫⲉ ⲡⲓϧⲉⲗⲗⲟ ⲛⲏⲓ
ϫⲉ ϯⲥⲱⲟⲩⲛ ⲙⲙⲟⲓ ϧⲉⲛ ⲧⲁⲙⲉⲧⲕⲟⲩϫⲓ (-ⲛ̄-) ϧⲉⲛ ⲡⲏⲓ ⲙⲡⲁⲉⲓⲱⲧ ϫⲉ ϣⲁⲓϯ
ⲛϩⲑⲏⲓ ⲉⲛⲓϧⲉⲗⲗⲱ ⲛⲉⲙ ⲛⲓϧⲉⲗϣⲁⲓⲣⲓ ⲉⲣⲉ ⲟⲩⲟⲛ ⲟⲩⲉⲓⲇⲟⲥ[2] ϧⲉⲛ ⲣⲱⲟⲩ ϫⲉ
ⲙⲁⲥⲧⲓⲕⲏ ⲉⲩⲥⲁⲟⲙⲓ ⲉϫⲱϥ ϩⲱⲥⲧⲉ[3] ⲛⲧⲉ ⲫⲁⲓ ⲉⲣⲉ ⲛⲓⲟⲑⲁϥ ⲛⲉⲙ ⲛⲓⲥⲑⲟⲓⲃⲱⲛ
ⲛⲧⲉ ⲣⲱⲟⲩ ϣⲱⲡⲓ ⲛⲟⲩϩⲗⲟϫ ϧⲉⲛ ⲧⲟⲩϣⲃⲱⲃⲓ ⲟⲩⲟϩ ⲉϥϯ ⲛⲟⲩⲕⲉⲛⲓ ⲛⲉⲙ
ⲟⲩϧⲃⲟⲃ ⲙⲡⲓϩⲛⲁⲣ[4] ⲛⲉⲙ ⲛⲟⲩⲥⲡⲗⲁⲅⲭⲛⲟⲛ[5] ⲧⲏⲣⲟⲩ. ⲓⲥϫⲉ ⲡⲁⲓⲉⲓⲇⲟⲥ[6]
ⲛⲥⲁⲣⲕⲓⲕⲟⲛ ϥϯ ⲛϩⲗⲟϫ ⲙⲡⲁⲓⲣⲏϯ ⲛⲛⲏ ⲉⲑⲥⲁⲟⲙⲓ ⲟⲩⲟϩ ⲉⲑⲟⲩⲟϫⲟⲩⲉϫ
ⲉϫⲱϥ ⲓⲉ ⲟⲩⲏⲣ ⲙⲁⲗⲗⲟⲛ ϯⲧⲣⲟⲫⲏ ⲛⲧⲉ ⲡⲱⲛϩ ϯⲟⲩⲙⲓ ⲛⲧⲉ ⲡⲓⲟⲩϫⲁⲓ
ϯⲡⲏⲅⲏ[7] ⲙⲙⲱⲟⲩ ⲛⲱⲛϩ ⲡⲓϩⲗⲟϫ ⲛⲧⲉ ⲛⲓϩⲗⲟϫ ⲧⲏⲣⲟⲩ ⲡⲉⲛⲟⲥ ⲓⲏⲥ ⲡⲭⲥ
ⲫⲁⲓ ⲁⲣⲉϣⲁⲛ ⲛⲓⲇⲁⲓⲙⲱⲛ[8] ⲥⲱⲧⲉⲙ ⲉⲡⲉϥⲣⲁⲛ ⲉⲧⲧⲁⲓⲏⲟⲩⲧ ⲟⲩⲟϩ ⲉⲧⲥⲙⲁⲣⲱⲟⲩⲧ ϧⲉⲛ ⲣⲱⲛ ϣⲁⲩⲃⲱⲗ ⲉⲃⲟⲗ ⲙⲫⲣⲏϯ ⲛⲟⲩⲕⲁⲡⲛⲟⲥ. ⲡⲁⲓⲣⲁⲛ ⲇⲉ ⲉⲧⲥⲙⲁⲣⲱⲟⲩⲧ ⲁⲛϣⲁⲛⲙⲟⲩϯ ⲉⲣⲟϥ ⲟⲩⲟϩ ⲛⲧⲉⲛⲥⲁⲟⲙⲓ ⲉϫⲱϥ ϣⲁϥϯ ⲛⲟⲩⲱⲣⲡ
ⲉⲃⲟⲗ ⲙⲡⲓⲙⲟⲧⲥ ⲡⲓⲛⲓⲟⲩⲭⲟⲥ[9] ⲛⲧⲉ ϯⲯⲩⲭⲏ ⲛⲉⲙ ⲡⲓⲥⲱⲙⲁ ⲟⲩⲟϩ ϣⲁϥ-
ϭⲱⲣⲉⲙ ⲛⲥⲁ ⲙⲉⲩⲓ ⲛⲓⲃⲉⲛ ⲙⲡⲟⲛⲏⲣⲟⲛ ⲉⲃⲟⲗϧⲉⲛ ϯⲁⲑⲙⲟⲩ ⲙⲯⲩⲭⲏ

Abba Poimin rapporte: «J'étais assis une fois, avec des frères, près d'abba Macaire; je lui dis: «Mon père, quelle œuvre l'homme fera-t-il qui lui soit acquisition de la vie?» Le vieillard me dit: «Je sais que, dans mon enfance, comme j'étais dans la maison de mon père, je remarquai que les vieilles femmes et les jeunes filles avaient quelque chose dans leur bouche, à savoir le mastic, pour le mâcher, de sorte que cela rendait douces dans leur gorge leur salive et la mauvaise odeur de leur bouche, engraissait et rafraîchissait leur foie et toutes leurs entrailles. Puisque cette chose corporelle donne ainsi douceur à ceux qui la mâchent et la brisent, à combien plus forte raison la nourriture de joie, la fontaine de salut, la source des eaux de la vie, la douceur de toutes les douceurs, Notre Seigneur Jésus le Christ, lui dont les démons, entendant le nom glorieux sortir de nos bouches, s'évanouissent comme une fumée: ce nom béni, si nous le prononçons constamment[10] et si nous le mâchons, il nous révèle l'esprit, le cocher de l'âme et du corps, il chasse toute pensée mauvaise de l'âme immortelle, il lui révèle les choses célestes,

---

1. Cod. ⲙⲁⲕⲁⲣⲓ. — 2. Cod. ⲟⲩⲓⲇⲟⲥ. — 3. Cod. ϩⲱⲥⲇⲉ. — 4. Cod. ⲙⲡⲓϩⲩⲛⲁⲣ. — 5. Cod. ⲛⲟⲩⲥⲡⲗⲁⲛⲭⲛⲟⲛ. — 6. Cod. ⲡⲁⲓⲇⲟⲥ. — 7. Cod. ϯⲡⲧⲥⲏ. — 8. Cod. ⲛⲓⲍⲉⲙⲱⲛ. — 9. Cod. ⲡⲓⲉⲛⲓⲱⲭⲟⲥ. — 10. Mot à mot: «Si nous sommes constants en lui.» La figure qui suit est un peu forte.

(-ⲕⲁ-) ⲟⲩⲟϩ ⲛⲧⲉϥϭⲱⲣⲡ ⲉⲣⲟⲥ ⲛⲛⲁ ⲛⲓⲫⲏⲟⲩⲓ ⲙⲁⲗⲗⲟⲛ ⲇⲉ ⲫⲏ ⲉⲧϣⲟⲡ ϧⲉⲛ ⲛⲓⲫⲏⲟⲩⲓ ⲡⲉⲛⲟⲥ ⲓⲏⲥ ⲡⲭⲥ ⲡⲟⲩⲣⲟ ⲛⲧⲉ ⲛⲓⲟⲩⲣⲱⲟⲩ ⲟⲩⲟϩ ⲡⲟⲥ ⲛⲧⲉ ⲛⲓⲟⲥ ⲫⲏ ⲉⲧϯ ⲛⲛⲓⲃⲣⲁⲃⲉⲓⲟⲛ[1] ⲛⲉⲡⲟⲩⲣⲁⲛⲓⲟⲛ[2] ⲛⲛⲏ ⲉⲧⲕⲱϯ ⲛⲥⲱϥ ϧⲉⲛ ⲡⲟⲩϩⲏⲧ ⲧⲏⲣϥ. ⲉⲧⲁ ⲁⲃⲃⲁ ⲡⲟⲓⲙⲏⲛ ⲥⲱⲧⲉⲙ ⲉⲛⲁⲓ ⲛⲧⲟⲧϥ ⲙⲫⲏ ⲉⲧⲉ ⲡⲭⲥ ⲉⲣ ⲙⲉⲑⲣⲉ ϧⲁⲣⲟϥ ϫⲉ ⲁ ⲙⲁⲕⲁⲣⲓⲟⲥ[3] ⲡⲓⲑⲙⲏⲓ ⲟϩⲓ ⲉⲣⲁⲧϥ ⲙⲙⲁⲩ ⲙⲫⲟⲟⲩ ⲉϫⲉⲛ ⲡⲁⲙⲁ ⲛϯϩⲁⲡ ⲁⲩϩⲓⲧⲟⲩ ⲉϧⲣⲏⲓ ϧⲁ ⲛⲉϥϭⲁⲗⲁⲩϫ ϧⲉⲛ ϩⲁⲛ ⲉⲣⲙⲱⲟⲩⲓ ⲟⲩⲟϩ ⲉⲧⲁϥϣⲗⲏⲗ ⲉϫⲱⲟⲩ ⲁϥⲭⲁⲩ ⲉⲃⲟⲗ ⲉϥϯ ⲱⲟⲩ ⲙⲡⲉⲛⲟⲥ ⲓⲏⲥ ⲡⲭⲥ.

ⲁϥϫⲟⲥ ⲛϫⲉ ⲁⲃⲃⲁ ⲙⲁⲕⲁⲣⲓⲟⲥ[4] ⲉⲧⲁϥⲉⲣ ⲡⲁⲣⲣⲏⲥⲓⲁ ⲛⲉⲙ ⲛⲓⲥⲛⲏⲟⲩ ϫⲉ ⲁⲥϣⲱⲡⲓ ⲙⲙⲟⲓ ⲛⲟⲩⲥⲟⲡ ⲉⲓⲭⲏ ϧⲉⲛ ⲡⲓϩⲉⲗⲟⲥ ⲉⲓⲉⲛ ⲃⲏⲧ ⲉⲃⲟⲗ ⲁⲥⲓ ϩⲁⲣⲟⲓ ⲛϫⲉ ⲟⲩⲃⲟⲓϣⲓ ⲉⲥϥⲁⲧ ⲃⲟⲓ ⲉⲥⲃⲟⲗⲕ ⲉⲃⲟⲗ ⲉⲥⲣⲓⲙⲓ ⲓⲥϫⲉⲕ ⲉⲥⲟⲓ ⲛⲕⲏⲛ ⲉⲣⲉ ⲛⲉⲥⲉⲣⲙⲱⲟⲩⲓ ⲥⲱⲕ ϩⲓϫⲉⲛ ⲡⲓⲕⲁϩⲓ. ⲟⲩⲟϩ ⲉⲧⲁⲥϩⲓⲧⲉ ⲉϧⲣⲏⲓ ⲉϫⲉⲛ ⲛⲓϭⲟⲡ ⲛⲧⲉ ⲣⲁⲧⲧ ⲁⲥϩⲟⲣⲡⲟⲩ ϧⲉⲛ ⲛⲉⲥⲉⲣⲙⲱⲟⲩⲓ ⲟⲩⲟϩ ⲉⲧⲁⲓϩⲉⲙⲥⲓ ⲛⲁⲓϭⲓ ⲛϩⲣⲁⲓ ⲛⲉⲙⲁⲥ ⲡⲉ ⲉⲓⲑⲱϩⲥ ⲉⲣⲟⲥ ⲛⲛⲁϫⲓϫ ⲟⲩⲟϩ ⲛⲁⲓⲟⲓ ⲛϣⲫⲏⲣⲓ ⲡⲉ ϩⲓϫⲉⲛ ⲛⲉⲥⲉⲣⲙⲱⲟⲩⲓ ⲉⲥϧⲟⲣⲉⲙ (-ⲕⲃ-) ⲉϧⲟⲩⲛ ⲉϩⲣⲁⲓ ⲟⲩⲟϩ ⲙⲉⲛⲉⲛⲥⲁ ⲛⲁⲓ ⲁⲥⲗⲁⲡⲥⲓ ⲛⲧⲁϣⲑⲏⲛ ⲁⲥⲥⲱⲕ ⲙⲙⲟⲓ ⲟⲩⲟϩ ⲉⲧⲁⲓⲟⲩⲁϩⲧ ⲛⲥⲱⲥ ϧⲉⲛ ϯϫⲟⲙ ⲛⲧⲉ ⲡⲁⲟⲥ ⲓⲏⲥ ⲡⲭⲥ ⲟⲩⲟϩ ⲉⲧⲁⲥϭⲟⲗⲧ ⲉⲡⲓⲙⲁ ⲉⲛⲁⲥϣⲟⲡ ⲛϧⲏⲧϥ ⲁⲓϫⲓⲙⲓ ⲛⲅ̄ ⲛⲉⲙⲁⲥ

surtout Celui qui est dans les cieux, Notre Seigneur Jésus le Christ, le Roi des rois, le Seigneur de tous les seigneurs, qui est le prix céleste de ceux qui le cherchent de tout leur cœur. » Lorsque abba Poimin entendit cela de (la bouche) de celui au sujet duquel le Christ avait rendu témoignage en disant : « Macaire le juste s'est présenté aujourd'hui devant mon tribunal », ils se jetèrent à ses pieds avec larmes, et, lorsqu'il eut prié sur eux, il les congédia, rendant gloire à Notre Seigneur Jésus le Christ.

Abba Macaire dit, lorsqu'il se trouvait avec les frères : « Il m'est arrivé une fois pendant que j'étais dans le ouady, cueillant des palmes, que vint à moi une hermine s'arrachant le poil, pleurant comme si elle eût été un bouc, et ses larmes coulaient à terre. Lorsqu'elle se fut jetée à mes pieds[5], elle les mouilla de ses larmes. Lorsque je me fus assis, je la touchai et la caressai de mes mains ; je partageai ses larmes, pendant qu'elle regardait mon visage avec étonnement. Puis, après cela, elle mordit ma tunique, elle me tira ; et, lorsque je l'eus suivie en la force de mon Seigneur Jésus le Christ et qu'elle m'eut conduit au lieu où elle habitait, je trouvai trois petits qui étaient cou-

---

1. *Cod.* ⲃⲣⲁⲃⲓⲟⲛ. — 2. *Cod.* ⲛⲉⲡⲱⲣⲁⲛⲓⲟⲛ. — 3. *Cod.* ⲙⲁⲕⲁⲣⲓ. — 4. *Cod.* ⲙⲁⲕⲁⲣⲓ.
— 5. Mot à mot : « A la plante de mes pieds. »

ⲉⲩⲭⲏ ⲙⲙⲁⲩ ⲟⲩⲟϩ ⲉⲧⲁⲓϫⲉⲙⲥⲓ ⲁⲥⲗⲁⲡⲥⲓ ⲙⲙⲱⲟⲩ ⲛⲟⲩⲁⲓ ⲟⲩⲁⲓ ⲁⲥϩⲓⲧⲟⲩ
ⲉϧⲣⲏⲓ ⲉⲕⲉⲛⲧ ⲟⲩⲟϩ ⲉⲧⲁⲓϫⲉⲙϫⲱⲙⲟⲩ ⲁⲓϫⲉⲙⲟⲩ ⲉⲩⲟⲗⲕ ⲉⲣⲉ ⲧⲟⲩⲙⲟⲣⲧ
ϩⲓϫⲉⲛ ⲡⲟⲩⲥⲟⲓ ⲟⲩⲟϩ ⲉⲧⲁⲓϣⲉⲛ ϩⲏⲧ ϧⲁⲣⲱⲟⲩ ⲛⲉⲙ ⲛⲓⲉⲣⲙⲱⲟⲩⲓ ⲛⲧⲉ ⲧⲟⲩ-
ⲙⲁⲩ ⲁⲓϥⲓ ⲁϩⲟⲙ ⲉϧⲣⲏⲓ ⲉϫⲱⲟⲩ ⲉⲓϫⲱ ⲙⲙⲟⲥ ϫⲉ ⲡⲓϫⲁⲓ ⲣⲱⲟⲩϣ ⲛⲧⲉ
ⲡⲓⲉⲡⲧⲏⲣϥ ⲡⲉⲛⲟⲥ ⲓⲏⲥ ⲡⲭⲥ ⲫⲁ ⲛⲓⲁϩⲱⲣ ⲛⲧⲉ ⲛⲓⲙⲉⲧϣⲉⲛ ϩⲏⲧ ⲉⲧⲟϣ ⲉⲕⲉϣⲉⲛ ϩⲏⲧ ϧⲁ ⲡⲓⲡⲗⲁⲥⲙⲁ ⲉⲧⲁⲕⲑⲁⲙⲓⲟϥ. ⲛⲁⲓ ⲉⲧⲁⲓϫⲟⲧⲟⲩ ϧⲉⲛ ϩⲁⲛ ⲉⲣⲙⲱⲟⲩⲓ ⲙⲡⲉⲙⲑⲟ ⲙⲡⲁⲟⲥ ⲓⲏⲥ ⲡⲭⲥ ⲉϧⲣⲏⲓ ⲉϫⲱⲟⲩ ⲟⲩⲟϩ ⲁⲓⲥⲟⲩⲧⲉⲛ ⲧⲁϫⲓϫ
ⲉⲃⲟⲗ ⲁⲓϭⲓ ⲡⲓⲙⲏⲓⲛⲓ ⲛⲟⲩϫⲁⲓ ⲛⲧⲉ ⲡⲓⲥⲧⲁⲩⲣⲟⲥ[1] ⲉⲣⲱⲟⲩ ⲁϥⲧⲁⲗϭⲱⲟⲩ. ⲉⲧⲁⲓ-
ⲭⲁⲩ ⲇⲉ ⲉϧⲣⲏⲓ ⲥⲁⲧⲟⲧⲉ ⲁⲥϯ ϩⲑⲉ ⲛⲱⲟⲩ ⲁⲩϣⲉ ⲛⲱⲟⲩ ⲉϧⲟⲩⲛ ϧⲁ ⲕⲉⲛⲥ[2]
ⲁⲩⲥⲉⲛⲉⲣⲱϯ ⲛⲁⲥⲣⲁϣⲓ ⲇⲉ ⲛⲉⲙⲱⲟⲩ ⲡⲉ ⲉⲥⲟⲗϫ ⲉⲣⲱⲟⲩ ⲉⲥϫⲟⲩϣⲧ ⲉϧⲟⲩⲛ
ⲉϩⲣⲁⲓ ⲉⲥϣⲟⲡ ϧⲉⲛ ⲟⲩ-(-ⲛⲓ-)ⲛⲓϣϯ ⲛⲣⲁϣⲓ. ⲁⲛⲟⲕ ⲇⲉ ⲛⲁⲓⲟⲓ ⲛϣⲫⲏⲣⲓ ⲡⲉ
ⲛϯⲙⲉⲧⲁⲅⲁⲑⲟⲥ ⲛⲧⲉ ⲫϯ ⲛⲉⲙ ϯⲙⲉⲧⲙⲁⲓ ⲣⲱⲙⲓ ⲛⲧⲉ ⲡⲉⲛⲟⲥ ⲓⲏⲥ ⲡⲭⲥ ⲉϧⲣⲏⲓ
ⲉϫⲉⲛ ⲛⲉϥⲙⲉⲧϣⲁⲛ ϩⲑⲏϥ ϫⲉ ϣⲁ ⲉϧⲣⲏⲓ ⲉⲛⲓⲕⲉⲑⲏⲣⲓⲟⲛ ⲥⲉⲣⲙⲉⲗⲗⲉⲓⲛ[3]
ⲛⲁϥ ϧⲁⲣⲱⲟⲩ. ⲟⲩⲟϩ ⲁⲓⲧⲱⲛⲧ ⲁⲓⲙⲟϣⲓ ⲉⲓϯ ⲱⲟⲩ ⲛϯⲛⲓϣϯ ⲙⲙⲉⲧⲁⲅⲁⲑⲟⲥ
ⲛⲧⲉ ⲡⲉⲛⲟⲥ ⲓⲏⲥ ⲡⲭⲥ ⲛⲉⲙ ⲡⲁϣⲁⲓ ⲛⲧⲉ ⲛⲉϥⲙⲉⲧϣⲉⲛ ϩⲏⲧ ⲉϧⲟⲩⲛ ⲉⲡⲉϥ-
ⲥⲱⲛⲧ ⲧⲏⲣϥ ⲉϥⲑⲁⲙⲓⲟϥ.

ⲁϥϫⲟⲥ ⲛⲛⲓⲥⲛⲏⲟⲩ ⲛϫⲉ ⲁⲃⲃⲁ ⲙⲁⲕⲁⲣⲓⲟⲥ[4] ⲉⲑⲃⲉ ⲡⲓϣⲱϥ ⲛⲧⲉ ϣⲓⲏⲧ ϧⲉⲛ

chés là. Et lorsque je me fus assis, elle les prit un à un avec ses dents, elle les jeta en mon giron et, après les avoir palpés, je trouvais qu'ils étaient déformés : leur menton était sur leur dos. Et prenant pitié d'eux et des larmes de leur mère, je gémis sur eux en disant : « O toi qui prends soin de tout, Notre Seigneur Jésus le Christ, toi qui as des trésors de miséricordes nombreuses, aie pitié de la créature que tu as créée. » Lorsque j'eus dit ces paroles avec larmes en présence de mon Seigneur Jésus le Christ et que j'eus étendu ma main, je fis sur eux le signe salutaire de la croix qui les guérit. Lorsque je les eus placés à terre, aussitôt elle leur donna attention; ils allèrent sous son ventre. Ils tétèrent, et elle, douce pour eux, se réjouit avec eux, regardant mon visage, étant dans une grande joie. Et moi, j'étais en admiration devant la bonté et l'humanité de Notre Seigneur Jésus le Christ au sujet de ses miséricordes ; car, jusqu'aux bêtes elles-mêmes, il en prend soin. Et je me levai, je marchai, rendant gloire à la grande bonté de Notre Seigneur Jésus le Christ et à la multitude de ses miséricordes pour toute créature qu'il a créée. »

Abba Macaire dit aux frères au sujet de la dévastation de Schiit, lorsqu'ils

---

1. *Cod.* ⲛⲓⲉⲣⲟⲥ. — 2. *Cod.* ϧⲉⲛ ϧⲁ ⲕⲉⲛⲥ. — 3. *Cod.* ⲥⲉⲣⲙⲉⲗⲓⲛ. — 4. *Cod.* ⲙⲁⲕⲁⲣⲓ.

ⲛ̇ⲁⲓ ⲛⲉⲣⲟⲧϣⲉⲛϥ ⲡⲉϫⲁϥ ⲛⲱⲟⲩ ϫⲉ ⲉϣⲱⲡ ⲛ̇ⲧⲉ ⲧⲉⲛⲛⲁⲩ ⲉϩⲁⲛ ⲣⲓ ⲉⲁⲩ-
ⲕⲟⲧⲟⲩ ϧⲉⲛ ⲡⲓϩⲉⲗⲟⲥ ⲟⲩⲟϩ ⲉϣⲱⲡ ⲛ̇ⲧⲉⲧⲉⲛⲛⲁⲩ ⲉⲛⲓϣϣⲏⲛ ⲉⲩⲣⲏⲧ ϧⲓⲣⲉⲛ
ⲛⲓⲣⲱⲟⲩ ⲁⲣⲉⲧⲉⲛϣⲁⲛⲛⲁⲩ ⲉⲛⲓⲁⲗⲱⲟⲩⲓ ⲉⲁⲩⲁϣⲁⲓ ⲁⲗⲓⲟⲩⲓ ⲛ̇ⲛⲉⲧⲉⲛϣⲁⲣ
ⲟⲩⲟϩ ⲫⲱⲧ ⲛ̇ⲱⲧⲉⲛ.

ϩⲁⲛ ϧⲉⲗⲗⲟⲓ ⲁⲩϣⲉⲛ ⲁⲃⲃⲁ ⲙⲁⲕⲁⲣⲓⲟⲥ[1] ϫⲉ ⲟⲩ ⲡⲉ ⲡϩⲱⲃ ⲛ̇ϣⲓⲏⲧ. ⲡⲉϫⲁϥ ⲛⲱⲟⲩ ϫⲉ ⲁϥϭⲓ ⲙ̇ⲡⲓⲛⲓ ⲛⲉⲙ ⲡⲟ̅ⲉⲣⲉⲃ ⲛ̇ⲧⲇ̅ ⲙ̇ⲃⲁⲕⲓ ⲉⲧⲁ ⲫϯ ⲫⲟⲣϫⲟⲩ
ⲉⲃⲟⲗ ⲛ̇ⲛⲉⲛϣⲏⲣⲓ ⲙ̇ⲡⲓⲥⲗ̅ ϫⲉ ϩⲓⲛⲁ ⲁⲣⲉϣⲁⲛ ⲟⲩⲡⲟⲣⲛⲟⲥ ⲓⲉ ⲟⲩⲣⲉϥϧⲱⲧⲉⲃ
ⲫⲱⲧ ⲉϧⲟⲩⲛ ⲉⲟⲩⲓ ⲛ̇ϧⲏⲧⲟⲩ ⲉϥⲛⲁϣⲱⲡⲓ ⲉϥⲛⲟϩⲉⲙ ⲉϣⲱⲡ ⲁϥϣⲁⲛⲁⲣⲉϩ[2].

(-ⲕⲁ-) ⲡⲁⲗⲓⲛ ⲡⲉϫⲉ ⲁⲃⲃⲁ ⲙⲁⲕⲁⲣⲓⲟⲥ[3] ⲛⲱⲟⲩ ϫⲉ ϩⲁⲛ ⲃⲁⲕⲓ ⲛⲉ ⲉⲧⲁ ⲡⲟⲩⲣⲟ
ⲛ̇ⲧⲉ ⲛⲓⲟⲩⲣⲱⲟⲩ ⲟⲩⲟϩ ⲡⲟ̅ⲥ ⲛ̇ⲧⲉ ⲛⲓⲟ̅ⲥ ⲡⲭ̅ⲥ ⲡⲉⲛⲛⲟⲩϯ ϩⲓ ⲥⲉⲛϯ ⲙ̇ⲙⲱⲟⲩ
ⲟⲩⲟϩ ⲁϥⲧⲁϫⲣⲱⲟⲩ ⲟⲩⲟϩ ⲁϥⲑⲟⲩⲱϯ ⲉⲃⲟⲗϧⲉⲛ ⲡⲓϥⲧⲟⲩⲑⲛⲟⲩ ⲛ̇ⲧⲉ ⲡⲕⲁϩⲓ
ⲛ̇ϩⲁⲛ ⲙⲁⲧⲟⲓ ⲙ̇ⲡⲛⲁⲧⲓⲕⲟⲛ ⲟⲩⲟϩ ⲁϥⲭⲟⲣϫⲟⲩ ⲉⲁϥϫⲱ ⲛⲱⲟⲩ ⲉϩⲣⲏⲓ ⲛ̇ϩⲁⲛ
ⲛⲟⲙⲟⲥ ⲛⲉⲙ ϩⲁⲛ ⲉⲛⲧⲟⲗⲏ ⲟⲩⲟϩ ⲡⲉϫⲁϥ ⲛⲱⲟⲩ ϫⲉ ⲁⲣⲓ ϩⲱⲃ ⲉⲛⲁⲓ ϯⲛⲁ-
ⲉⲣⲉ ⲛⲓⲟⲩⲣⲱⲟⲩ ⲛ̇ⲧⲉ ⲡⲕⲁϩⲓ ϭⲛⲉ ϫⲱⲟⲩ ⲛ̇ⲱⲧⲉⲛ ⲟⲩⲟϩ ⲉⲧⲁⲩⲥⲱⲧⲉⲙ ⲁⲩⲓⲣⲓ
ⲕⲁⲧⲁ ⲫⲣⲏϯ ⲉⲧⲁϥⲟⲩⲁϩⲥⲁϩⲛⲓ ⲛⲱⲟⲩ ⲟⲩⲟϩ ⲛⲁⲓ ⲛⲁϣⲱⲡⲓ ϣⲁ ⲡⲓϣⲟⲣⲡ
ⲛ̇ϧⲟϫⲓ ⲛ̇ⲧⲉ ϣⲓⲏⲧ ⲛ̇ϧⲁ ⲙ̅ ⲛ̇ⲣⲟⲙⲡⲓ ⲉⲑⲃⲉ ⲡϫⲱⲕ ⲉⲃⲟⲗ ⲛ̇ⲛⲟⲩⲡⲁⲑⲟⲥ ⲡⲁⲗⲓⲛ
ϥⲛⲁϣⲉⲛ ϩⲏⲧ ⲛ̇ϫⲉ ⲡⲟⲩⲣⲟ ⲡⲭ̅ⲥ ⲟⲩⲟϩ ϥⲛⲁⲧⲁⲥⲑⲱⲟⲩ ⲉϧⲟⲩⲛ ⲙ̇ⲫⲙⲁϩ ⲥⲟⲡ

l'interrogèrent, il leur dit : « Si vous voyez des cellules bâties dans le ouady, si vous voyez des arbres croissant près des portes, si vous voyez de nombreux enfants, prenez vos peaux et fuyez. »

Des vieillards interrogèrent abba Macaire, disant : « Quelle est l'œuvre de Schiit? » Il leur dit : « Elle ressemble à l'asile des quatre villes que le Seigneur sépara pour les enfants d'Israël, afin que si quelque fornicateur ou quelque homicide s'enfuyait en l'une d'elles, il fût sauvé, s'il y restait. » De nouveau il leur dit : « Il y a des villes dont le Roi des rois, le Seigneur des seigneurs, notre Dieu, a jeté les fondements et qu'il a affermies; des quatre vents de la terre, il a réuni des soldats spirituels et il les y a fait habiter, leur donnant des lois et des préceptes, et il leur a dit : « Faites ceci, et je ferai que les rois de la terre vous soient soumis. » Et quand ils l'eurent entendu, ils firent comme il leur avait été ordonné. Et il en sera ainsi jusqu'à la première destruction de Schiit après quarante ans, parce qu'ils auront accompli leurs passions. De nouveau, le roi le Christ aura pitié d'eux, il les

---

1. *Cod.* ⲙⲁⲕⲁⲣⲓ. — 2. Il manque probablement un mot comme ⲉⲣⲟⲥ. — 3. *Cod.* ⲙⲁⲕⲁⲣⲓ.

ⲃ̄ ⲟⲩⲟϩ ϥⲛⲁⲭⲱ ⲛⲱⲟⲩ ⲉϩⲣⲏⲓ ⲟⲛ ⲛⲛⲁⲛⲟⲙⲟⲥ ⲛⲉⲙ ⲛⲁⲓⲉⲛⲧⲟⲗⲏ ϫⲉ ⲁⲣⲓ
ϩⲱⲃ ⲉⲛⲁⲓ ⲙ̇ⲫⲣⲏϯ ⲉⲧⲁⲓⲁⲓⲥ ⲛⲉⲙ ⲛⲉⲧⲉⲛⲓⲟϯ ϯⲛⲁⲁⲓⲥ ⲛⲉⲙⲱⲧⲉⲛ ϩⲱⲧⲉⲛ.
ⲟⲩⲟϩ ⲁⲩⲥⲱⲧⲉⲙ ⲁⲩⲓⲣⲓ ϣⲁ ⲧⲫⲁϣⲓ ⲛ̇ⲛⲓⲉⲛⲧⲟⲗⲏ ⲟⲩⲟϩ ⲛⲁⲓ ⲛⲁϣⲱⲡⲓ ϣⲁ
ⲡⲓϣⲱϥ ⲙⲙⲁϩ ⲃ̄ ⲛⲧⲉ ϣⲓⲏⲧ (-ⲕⲉ-) ⲉⲑⲃⲉ ⲡⲁϣⲁⲓ ⲛ̇ϯⲁⲟⲑⲛⲉⲥ. ⲟⲩⲟϩ ⲡⲁⲗⲓⲛ
ⲁϥⲉⲣ ⲫⲙⲉⲩⲓ ⲛ̇ⲛⲟⲩⲓⲟϯ ⲛ̇ϫⲉ ⲡⲟⲩⲣⲟ ⲡⲭⲥ̄ ⲛⲉⲙ ⲡⲓⲕⲁⲑⲟⲗⲓⲕⲟⲛ ⲛ̇ϣⲉⲙϣⲓ
ⲛ̇ⲧⲉ ϯⲉⲕⲕⲗⲏⲥⲓⲁ ⲟⲩⲟϩ ϥⲛⲁⲧⲁⲥⲑⲱⲟⲩ ⲉⲃⲟⲩⲛ ⲟⲛ ⲙ̇ⲫⲙⲁϩⲅ̄ ⲛ̇ⲥⲟⲡ ⲟⲩⲟϩ
ϥⲛⲁⲙⲓ ⲛⲱⲟⲩ ⲉⲃⲟⲗ ⲛ̇ⲛⲁⲛⲟⲙⲟⲥ ⲣⲱ ⲟⲛ ⲛⲉⲙ ⲛⲁⲓⲉⲛⲧⲟⲗⲏ ⲛⲟⲩⲱⲧ ⲟⲩⲟϩ
ⲥⲉⲛⲁϫⲟⲥ ⲛⲁϥ ϫⲉ ⲙⲙⲟⲛ ϣϫⲟⲙ ⲙⲙⲟⲛ ⲁⲛ ⲉⲑⲣⲉⲛⲁⲣⲉϩ ⲉⲣⲱⲟⲩ ⲟⲩⲟϩ
ⲛ̇ϥⲟⲩⲱϣ ⲁⲛ ⲛ̇ϫⲉ ⲡⲟⲩⲣⲟ ⲡⲭⲥ̄ ⲉϣⲉϥ ⲛⲓⲃⲁⲕⲓ ⲟⲩⲟϩ ϥⲛⲁϫⲟⲥ ⲛⲱⲟⲩ ϫⲉ
ϩⲉⲙⲥⲓ ⲛⲱⲧⲉⲛ ⲙⲙⲁⲩⲁⲧϥ ϧⲉⲛ ⲛⲓⲃⲁⲕⲓ ⲟⲩⲟϩ ϯⲛⲁⲓⲣⲓ ⲛⲱⲧⲉⲛ ⲙ̇ⲫⲣⲏϯ
ⲛ̇ⲛⲉⲧⲉⲛⲓⲟϯ ⲟⲩⲟϩ ϯⲛⲁϩⲓ ⲛⲟⲧ ⲉⲣⲱⲧⲉⲛ ⲉϣⲱⲡ ⲁⲓϣⲁⲛⲓ ⲛ̇ⲧⲁϫⲉⲙⲧ ⲉⲓϣⲟⲡ
ⲛ̇ϧⲣⲏⲓ ϧⲉⲛ ⲑⲏⲛⲟⲩ ⲟⲩⲟϩ ⲛⲱⲧⲉⲛ ϩⲱⲧⲉⲛ ⲛ̇ϧⲏⲧ ⲟⲩⲟϩ ⲁⲛⲟⲕ ⲛⲉⲙ ⲡⲁⲓⲱⲧ
ⲛⲁⲅⲁⲑⲟⲥ ⲛⲉⲙ ⲡⲓⲡⲛⲁ ⲉⲑⲟⲩⲁⲃ ⲙ̇ⲡⲁⲣⲁⲕⲗⲏⲧⲟⲛ ⲧⲉⲛⲛⲁⲧⲁⲙⲓⲟ ⲛⲁⲛ ⲛⲟⲩⲙⲁ ⲛ̇ϣⲱⲡⲓ ⲛ̇ϧⲣⲏⲓ ϧⲉⲛ ⲑⲏⲛⲟⲩ ⲉⲟⲩⲱⲟⲩ¹ ⲛⲁⲛ ϣⲁ ⲛⲓⲉⲛⲉϩ ⲉⲧⲉ ⲙⲙⲟⲛⲧⲟⲩ ϫⲱⲕ.

ⲁⲃⲃⲁ ⲉⲩⲁⲅⲣⲓⲟⲥ² ⲁϥϣⲉⲛ ⲁⲃⲃⲁ ⲙⲁⲕⲁⲣⲓⲟⲥ³ ⲉϥϩⲉⲙⲥⲓ ϧⲁⲧⲟⲧϥ ⲛ̇ϫⲉ

fera retourner une seconde fois, il leur donnera ces lois et ces commandements, disant : « Faites ceci; de même que j'ai fait avec vos pères, je ferai
aussi avec vous. » Et ils obéirent, ils exécutèrent la moitié des commandements; et cela sera jusqu'à la seconde destruction de Schiit, à cause de la
grandeur des aises. Et de nouveau le roi le Christ, celui auquel s'adresse
le service universel de l'Église, se souviendra de leurs pères [4], il les fera
retourner une troisième fois et leur donnera aussi ces lois et ces commandements, et ils lui diront : « Il ne nous est pas possible de les garder », et le
roi, le Christ, ne voudra pas détruire les villes; il leur dira : « Restez seulement
dans les villes et je ferai avec vous comme j'ai fait avec vos pères, je vous visiterai, et si je viens et que je me trouve habitant parmi vous et vous aussi en
moi, alors moi, avec mon Père plein de bonté et le Saint-Esprit Paraclet,
nous nous ferons une habitation en vous pour en prendre gloire pour nous
jusqu'aux siècles qui n'ont point de fin [5]. »

Abba Evagrius interrogea Abba Macaire, pendant qu'abba Poimin était

---

1. *Cod.* ⲉⲧⲟⲩⲟⲩ. — 2. *Cod.* ⲉⲩⲁⲅⲣⲓ. — 3. *Cod.* ⲙⲁⲕⲁⲣⲓ. — 4. C'est-à-dire : « De ceux
qui avaient précédé les moines, des pères des moines. » — 5. Cette phrase est mal construite
dans l'original; la traduction s'en ressent.

ⲁⲃⲃⲁ ⲡⲟⲙⲏⲛ ⲛⲉⲙ ⲁⲃⲃⲁ ⲡⲁⲫⲛⲟⲩϯ ⲡⲓⲙⲁⲑⲏⲧⲏⲥ ⲙⲙⲏⲓ ⲟⲩⲟϩ ⲛⲁⲗⲏⲑⲓⲛⲟⲥ ⲉⲑⲃⲉ ⲡⲧⲟⲩⲃⲟ ⲛϯⲡⲣⲟϩⲁⲓⲣⲉⲥⲓⲥ[1]. (-ⲕⲍ̅-) ⲡⲉϫⲉ ⲁⲃⲃⲁ ⲙⲁⲕⲁⲣⲓⲟⲥ[2] ⲛⲱⲟⲩ ϫⲉ ⲡⲧⲟⲩⲃⲟ ⲛϯⲡⲣⲟϩⲁⲓⲣⲉⲥⲓⲥ[3] ⲫⲁⲓ ⲡⲉ ⲡⲓⲣⲱⲙⲓ ⲛⲁϯ ⲛⲟⲩϣⲟ ⲛϩⲟ- ⲙⲓⲙⲁ ϧⲉⲛ ⲡⲉϥⲟⲩⲱϣ ϧⲉⲛ ⲧⲉϥⲡⲣⲟϩⲁⲓⲣⲉⲥⲓⲥ[4] ⲟⲩⲟϩ ⲥⲉⲛⲁⲉⲣ ⲙⲫⲣⲏϯ ⲛⲟⲩⲟⲃⲟⲗⲟⲥ[5] ⲛⲟⲩⲱⲧ ⲛⲧⲟⲧϥ. ⲉϣⲱⲡ ⲛⲧⲟⲩϭⲓ ⲧⲉϥⲡⲣⲟϩⲁⲓⲣⲉⲥⲓⲥ[6] ⲛϫⲟⲛⲥ ⲛⲟⲩⲟⲃⲟⲗⲟⲥ[7] ⲛⲟⲩⲱⲧ ϥⲛⲁϯ ⲟⲥⲓ ⲙⲡⲓϣⲟ ⲛⲗⲟⲩⲕⲟⲩⲓ ⲉⲑⲃⲉ ⲡϭⲓ ⲛϫⲟⲛⲥ ⲛϯⲡⲣⲟϩⲁⲓⲣⲉⲥⲓⲥ[8]. ⲡⲉϫⲱⲟⲩ ⲛⲁϥ ϫⲉ ⲟⲩⲁϣ ⲛⲣⲏϯ ⲡⲉ ⲡⲁⲓⲥⲁϫⲓ. ⲡⲉϫⲉ ⲁⲃⲃⲁ ⲙⲁⲕⲁⲣⲓⲟⲥ[9] ⲛⲱⲟⲩ ϫⲉ ⲕⲱϯ ⲟⲩⲟϩ ⲁⲛⲁⲩ ⲙⲉϣⲧ ⲡⲓⲥⲁϫⲓ. ⲟⲩⲟϩ ⲉⲧⲁⲩϭⲟⲧϭⲉⲧ ⲁⲩϫⲉⲙ ⲡⲓⲥⲁϫⲓ ⲟⲩⲙⲏⲓ ⲡⲉ(sic) ⲟⲩⲟϩ ⲉⲧⲁⲩϯ ⲙⲉⲧⲁⲛⲟⲓⲁ ⲁϥ- ϣⲗⲏⲗ ⲉϫⲱⲟⲩ ⲁϥⲭⲁⲩ ⲉⲃⲟⲗ ⲉϥϯ ⲱⲟⲩ ⲙⲡⲉⲛⲟⲥ ⲓⲏⲥ ⲡⲭⲥ.

ⲁϥϫⲟⲥ ⲛϫⲉ ⲁⲃⲃⲁ ⲙⲁⲕⲁⲣⲓⲟⲥ[10] ϫⲉ ⲁⲕϣⲁⲛⲧⲱⲛⲕ ⲛϣⲟⲣⲡ ⲙⲙⲏⲛⲓ ⲭⲁ ⲟⲩⲁⲣⲭⲏ ⲛⲁⲕ ⲉϩⲣⲏⲓ ⲉⲉⲣ ⲙⲟⲛⲁⲭⲟⲥ ⲁⲣⲉⲧⲏ ⲛⲓⲃⲉⲛ ⲛⲉⲙ ⲉⲛⲧⲟⲗⲏ ⲛⲓⲃⲉⲛ ⲛⲧⲉ ⲫϯ ⲛⲉⲙ ⲟⲩⲛⲓϣϯ ⲛϩⲩⲡⲟⲙⲟⲛⲏ ⲛⲉⲙ ⲟⲩⲙⲉⲧⲣⲉϥⲱⲟⲩ ⲛϩⲏⲧ ϧⲉⲛ ⲟⲩϩⲟϯ ⲛⲉⲙ ⲟⲩⲁⲅⲁⲡⲏ ⲛⲧⲉ ⲫϯ ⲛⲉⲙ ⲛⲓⲣⲱⲙⲓ ϧⲉⲛ ⲟⲩⲑⲉⲃⲓⲟ ⲛϩⲏⲧ ⲛⲉⲙ ⲟⲩⲑⲉⲃⲓⲟ ⲛⲥⲱⲙⲁ (-ⲕⲏ̅-) ϧⲉⲛ ⲟⲩⲙⲉⲧⲣⲉϥⲉⲣ ϩⲏⲃⲓ ⲛⲉⲙ ⲟⲩϩⲟϫϩⲉϫ ⲛⲧⲉ

assis près de lui avec abba Paphnouti, le disciple juste et vrai, sur la pureté du choix. Abba Macaire leur dit : « La pureté du choix, c'est ce pourquoi l'homme donnera mille pièces d'argent pour (obtenir) son désir, son choix, et elles ne seront que (comme) une seule obole venant de lui; si l'on a fait violence à son choix d'une obole unique, il donnera mille pièces d'or à cause de la violence du choix. » Ils lui dirent : « Quel est ce discours? » Abba Macaire leur dit : « Cherchez et voyez, considérez le discours. » Et lorsqu'ils eurent scruté, ils trouvèrent que la parole était vraie. Et lorsqu'ils eurent fait repentance, il pria sur eux, il les congédia rendant gloire à Notre-Seigneur Jésus le Christ.

Abba Macaire dit : « Lorsque tu te lèves au matin chaque jour, place devant toi le commencement d'être moine[11] : toute vertu, tout commandement de Dieu, une grande patience, une longanimité remplie de crainte, un amour de Dieu et des hommes avec humilité de cœur, l'humilité du corps avec le deuil

---

1. Cod. ϯⲡⲣⲟϩⲉⲣⲉⲥⲓⲥ. — 2. Cod. ⲙⲁⲕⲁⲣⲓ. — 3. Cod. ⲛϯⲡⲣⲟϩⲉⲣⲉⲥⲓⲥ. — 4. Cod. ⲧⲉϥⲡⲣⲟϩⲉⲣⲉⲥⲓⲥ. — 5. Cod. ⲛⲟⲩⲃⲟⲗⲟⲥ (sic). — 6. Cod. ⲧⲉϥⲡⲣⲟϩⲉⲣⲉⲥⲓⲥ. — 7. Cod. ⲛⲟⲩⲟⲗⲟⲥ (sic). — 8. Cod. ⲛϯⲡⲣⲟϩⲉⲣⲉⲥⲓⲥ. — 9. Cod. ⲙⲁⲕⲁⲣⲓ. — 10. Cod. ⲙⲁⲕⲁⲣⲓ. — 11. Cette phrase veut dire : « Fais chaque jour de la vie comme si c'était le commencement de la vie monacale où tu aurais devant les yeux les vertus du moine »; de là l'énumération qui suit.

ⲟⲩϣⲧⲉⲕⲟ ϧⲉⲛ ϩⲁⲛ ⲡⲣⲟⲥⲉⲩⲭⲏ ⲛⲉⲙ ϩⲁⲛ ⲥⲉⲙⲓ ⲛⲉⲙ ϩⲁⲛ ϥⲓ ⲁϩⲟⲙ ϧⲉⲛ ⲟⲩⲧⲟⲩⲃⲟ ⲛⲧⲉ ⲡⲓⲗⲁⲥ ⲛⲉⲙ ⲟⲩⲁⲣⲉϩ ⲛⲧⲉ ⲛⲓⲃⲁⲗ ϧⲉⲛ ⲟⲩⲙⲉⲧⲁⲧϫⲁ ⲡⲩⲱϣ ⲛⲉⲙ ⲟⲩⲙⲉⲧⲁⲧϫⲱⲛⲧ ϧⲉⲛ ⲟⲩϩⲓⲣⲏⲛⲏ[1] ⲛⲉⲙ ⲟⲩⲙⲉⲧⲁⲧϯ ϣⲉⲃⲓⲱ ⲙⲡⲓⲡⲉⲧϩⲱⲟⲩ ϧⲉⲛ ⲟⲩⲙⲉⲧⲁⲧϯ ϩⲁⲡ ⲉϩⲁⲛ ⲥⲣⲟϥ ϧⲉⲛ ⲟⲩⲙⲉⲧⲁⲧⲟⲡⲕ ϧⲉⲛ ϩⲗⲓ ⲛϩⲱⲃ ⲛⲉⲙ ⲉϫⲁⲕ ⲥⲁ ⲡⲉⲥⲏⲧ ⲙⲡⲓⲥⲱⲛⲧ ⲧⲏⲣϥ ϧⲉⲛ ⲟⲩⲭⲱⲗ ⲉⲃⲟⲗ ⲛⲧⲉ ϯϩⲩⲗⲏ ⲛⲉⲙ ⲛⲓⲕⲁⲧⲁ ⲥⲁⲣⲝ ϧⲉⲛ ⲟⲩⲁⲅⲱⲛ ⲛⲧⲉ ⲟⲩⲥⲧⲁⲩⲣⲟⲥ[2] ϧⲉⲛ ⲟⲩⲙⲉⲧϩⲏⲕⲓ ⲙⲡⲓⲡⲛⲁ ϧⲉⲛ ⲟⲩⲡⲣⲟϩⲁⲓⲣⲉⲥⲓⲥ[3] ⲉⲛⲁⲛⲉⲥ ⲛⲉⲙ ⲟⲩⲁⲥⲕⲏⲥⲓⲥ[4] ⲛⲧⲉ ⲡⲓⲥⲱⲙⲁ ϧⲉⲛ ⲟⲩⲛⲏⲥⲧⲉⲓⲁ[5] ⲛⲉⲙ ⲟⲩⲙⲉⲧⲁⲛⲟⲓⲁ ⲛⲉⲙ ⲟⲩⲣⲓⲙⲓ ϧⲉⲛ ⲟⲩⲁⲅⲱⲛ ⲛⲧⲉ ⲟⲩⲡⲟⲗⲉⲙⲟⲥ ⲛⲉⲙ ⲟⲩⲧⲁⲥⲑⲟ ⲛⲧⲉ ⲟⲩⲁⲓⲭⲙⲁⲗⲱⲥⲓⲁ[6] ϧⲉⲛ ⲟⲩⲥⲟϭⲛⲓ ⲛⲧⲉ ⲟⲩⲧⲟⲩⲃⲟ ⲛⲉⲙ ϯⲙⲉⲧⲣⲉϥϫⲉⲙ ϯⲡⲓ ⲛϯⲙⲉⲧⲭⲣⲥ ⲉⲑⲛⲁⲛⲉⲥ ϧⲉⲛ ϩⲁⲛ ⲱⲣϥ ⲙⲙⲉⲣⲓ ⲛⲉⲙ ϩⲁⲛ ϩⲱⲃ ⲛϫⲓϫ ϧⲉⲛ ϩⲁⲛ ϣⲣⲱⲓⲥ ⲛⲉⲙ ϩⲁⲛ ⲧⲱⲃϩ ⲉⲧⲟϣ ϧⲉⲛ ⲟⲩϩⲕⲟ ⲛⲉⲙ ⲟⲩⲓⲃⲓ (-ⲕⲏ-) ϧⲉⲛ ϩⲁⲛ ϫⲁϥ ⲛⲉⲙ ϩⲁⲛ ⲃⲱϣ ⲛⲉⲙ ϩⲁⲛ ⲙⲕⲁϩ ⲛⲉⲙ ⲟⲩⲧⲁϩⲟ ⲛⲧⲉ ⲡⲉⲕⲙϩⲁⲩ ϩⲱⲥ ⲉⲁⲕⲏⲛ ⲉϩⲣⲕ ⲉϩⲟⲩⲛ ⲉⲙⲁⲩ ⲛⲉⲙ ⲉϫⲁ ⲡⲉⲕⲙⲟⲩ ⲉϥϧⲉⲛ ⲉⲣⲟⲕ ⲛⲉϩⲟⲟⲩ ϧⲁ ⲧϩⲏ ⲛⲉϩⲟⲟⲩ ⲉⲕⲥⲟⲣⲉⲙ ϩⲓ ⲛⲓϣⲁϥⲉⲩ ⲛⲉⲙ ⲛⲓⲧⲱⲟⲩ ⲛⲉⲙ ⲛⲓⲭⲟⲗ ⲛⲧⲉ ⲡⲕⲁϩⲓ.

ⲛⲑⲟϥ ⲟⲛ ⲡⲉⲛⲓⲱⲧ ⲁⲃⲃⲁ ⲙⲁⲕⲁⲣⲓⲟⲥ[7] ⲁϥϫⲟⲥ ϫⲉ ⲥⲥϧⲏⲟⲩⲧ ϫⲉ ⲧⲉⲕϩⲟϯ ⲡⲟⲥ ⲁⲛⲉⲣ ⲃⲟⲕⲓ ⲟⲩⲟϩ ⲁⲛϯ ⲛⲁϩⲣⲓ ⲟⲩⲟϩ ⲁⲛⲙⲓⲥⲓ ⲛⲟⲩⲡⲛⲁ ⲛⲟⲩϫⲁⲓ ⲁⲛⲁⲩ

et le tremblement d'une prison, avec des prières, des intercessions, des gémissements, une pureté de langue, la garde des yeux avec le support des injures, sans colère, en paix et sans rendre le mal, sans juger les inférieurs, en ne te considérant pas toi-même en quoi que ce soit et en te mettant au-dessous de toute créature dans un mépris de la matière et des choses charnelles, un combat de la croix, une pauvreté spirituelle, un choix bon, une ascèse du corps dans le jeûne, une repentance et les larmes dans le combat de la guerre, dans un retour de la captivité, une résolution de la pureté, le goût de la bonne douceur en des tranquillités de midi, des travaux manuels, des veilles, des prières nombreuses, la faim, la soif, le froid, des nudités, des douleurs, une possession de ton tombeau comme si tu étais prêt à t'y jeter, considérer ta mort près de toi jour après jour[8], perdu dans les déserts, les montagnes et les trous de la terre. »

Lui encore, notre père Macaire, dit : « Il est écrit : Ta crainte, Seigneur, nous en sommes devenus engrossés, nous avons été en travail et nous avons

---

1. *Cod.* ϯϩⲓⲣⲏⲛⲏ. — 2. *Cod.* ⲟⲩⲥⲣⲟⲥ. — 3. *Cod.* ⲡⲣⲟϩⲉⲣⲉⲥⲓⲥ. — 4. *Cod.* ⲁⲥⲕⲧⲥⲓⲥ. — 5. *Cod.* ⲛⲏⲥⲧⲓⲁ. — 6. *Cod.* ⲛⲟⲩⲉⲭⲙⲁⲗⲱⲥⲓⲁ. — 7. *Cod.* ⲙⲁⲕⲁⲣⲓ. — 8. Mot à mot : « Jour avant jour. »

ⲙⲙⲱⲥ ⲛⲟⲟⲕ ⲟⲩⲣⲉϥⲁⲙⲟⲛⲓ ⲙⲙⲥⲁϫⲓ ⲟⲩⲟϩ ⲛⲟⲟⲕ ⲟⲩⲣⲉϥⲙⲓⲥⲓ ⲁⲛ. ⲧⲁ
ⲫⲙⲏⲓ ⲛⲁⲓ ⲛⲉ ⲛⲓϩⲉⲃⲥⲱ ⲛⲧⲉ ⲡⲓϩⲟⲡ ⲛⲁⲓ ⲟⲛ ⲛⲉ ⲛⲓϫⲓ ⲛϭⲱⲣ ⲛⲧⲉ ⲛⲏ ⲉⲧⲁⲩⲉⲣ
ϩⲱⲃ ⲛⲕⲁⲗⲱⲥ ⲛⲁⲓ ⲛⲉ ⲛⲏ ⲉⲧⲁⲩⲕⲱⲧ ⲙⲡⲟⲩⲏⲓ ⲉϫⲉⲛ ϯⲡⲉⲧⲣⲁ ⲉⲧϫⲟⲣ
ⲟⲩⲙⲉⲑⲛⲁⲏⲧ ⲛⲉⲙ ⲟⲩⲛⲁϩϯ ⲙⲡⲉⲛⲟⲣⲟⲩⲙⲟⲩⲛⲕ ⲛⲧⲟⲧⲕ ϯϩⲟϯ ⲛⲉⲙ ⲡⲓ
ϭⲓⲛϫⲟⲛⲥ ⲛⲉⲙ ⲡⲓⲑⲉⲃⲓⲟ ⲛⲉⲙ ⲟⲩⲙⲉⲧⲣⲉϥⲉⲣϩⲏⲃⲓ ⲁⲙⲱⲓⲛⲓ ⲙⲙⲱⲟⲩ
ⲟⲩϫⲁⲓ ϧⲉⲛ ⲡⲟ̅ⲥ̅ ⲛⲓ ⲉⲟⲟⲩϣ ⲉⲱⲛϧ ϧⲉⲛ ⲟⲩϩⲓⲣⲏⲛⲏ ⲁⲙⲏⲛ.

ϩⲁⲛ ⲥⲛⲏⲟⲩ ⲉⲩϩⲉⲙⲥⲓ ⲙⲡⲛⲟϯ ⲛⲁⲃⲃⲁ ⲙⲁⲕⲁⲣⲓⲟⲥ[1] ⲟⲩⲟϩ ⲉⲧⲁ ⲟⲩⲡⲁⲣ
ⲣⲏⲥⲓⲁ ϣⲱⲡⲓ ⲁⲩϣⲉⲛϥ ⲉⲑⲃⲉ ϯⲛⲁⲫⲣⲓ ⲛϣⲉⲗⲧⲁⲙ ϫⲉ ⲉⲣⲉ[2] (-ⲕⲟ-) ⲡⲉⲥⲃⲱⲗ
ⲛⲛⲟⲩ ⲉϫⲉⲛ ⲟⲩ. ⲡⲉϫⲁϥ ⲛⲱⲟⲩ ϫⲉ ⲉⲧⲓⲛ ⲛϯⲛⲁⲫⲣⲓ ⲛϣⲉⲗⲧⲁⲙ ⲉϫⲉⲛ
ⲡⲛⲟⲩⲥ ⲕⲁⲓ ⲅⲁⲣ[3] ⲉϣⲱⲡ ⲛⲧⲉ ⲡⲓⲉⲙⲓ ⲛⲧⲉ ⲡⲉⲛⲟ̅ⲥ̅ ⲓⲏ̅ⲥ̅ ⲡⲭ̅ⲥ̅ ϣⲱⲡⲓ ϧⲉⲛ
ⲡⲓⲣⲱⲙⲓ ϣⲁⲩϫⲟⲥ ⲉⲣⲟϥ ϫⲉ ⲁ ⲡⲉϥⲛⲟⲩⲥ ϣⲙⲁ ⲡⲁⲓⲣⲏϯ ϩⲱⲥ ϯⲛⲁⲫⲣⲓ
ⲛϣⲉⲗⲧⲁⲙ ⲉϣⲟⲙ ⲟⲩⲟϩ ⲉⲥⲕⲉⲣ ⲡⲁⲓⲣⲏϯ ϩⲱⲥ ϣⲁⲩϫⲟⲥ ⲉⲡⲓⲣⲉϥϯ ⲥⲃⲱ
ϫⲉ ϥⲥⲕⲉⲣ ⲟⲩⲟϩ ⲡⲉϥⲕⲁϯ ϣⲟⲙ.

ⲡⲉϫⲉ ⲛⲓⲥⲛⲏⲟⲩ ⲛⲁϥ ϫⲉ ⲛⲓⲁⲓ ⲟⲩ ⲡⲉ ⲓⲉ ⲟⲩ ⲛⲓⲟⲩⲟϯ. ⲡⲉϫⲉ ⲁⲃⲃⲁ
ⲙⲁⲕⲁⲣⲓⲟⲥ[4] ⲛⲱⲟⲩ ϫⲉ ⲛⲓⲁⲓ ⲛⲓⲁⲣⲉⲧⲏ ⲙⲡⲛⲁⲧⲓⲕⲟⲛ ⲛⲉ ⲛⲓⲟⲩⲟϯ ⲛⲉ ⲛⲓⲁ
ⲕⲁⲓⲣⲟⲥ[5] ⲛⲓⲕⲁⲑⲁⲣⲟⲥ ⲟⲩⲟϩ ⲛⲁⲡⲗⲟⲩⲥ. ⲟⲩⲟϩ ϣⲁⲥϣⲱⲡⲓ ⲛⲟⲩϣⲏⲛ ϩⲱⲥ

enfanté un esprit de salut. Prends garde que tu ne saisisses la parole et que tu n'enfantes pas. En vérité, mes frères, voilà les habits nuptiaux, voilà les talents de ceux qui ont bien travaillé; ce sont ceux qui ont bâti leur maison sur le rocher solide, la pitié et la foi; ne faisons pas cesser en toi la crainte et la violence que tu te fais, l'humilité et le deuil. Prenez-les; soyez sains dans le Seigneur, vous qui voulez vivre dans la paix. Amen. »

Des frères, étant assis autour d'abba Macaire et en ayant obtenu permission, l'interrogèrent sur le grain de sénevé, disant : « Sur quoi vient son explication[6] ? » Et il leur dit : « On a comparé le grain de sénevé à l'esprit; car si la connaissance de Notre-Seigneur Jésus le Christ est dans l'homme, on dit de lui que son esprit est fin; ainsi de même le grain de sénevé est petit et sapide, ainsi on dit du maitre qu'il est sapide et que son intelligence est fine. »

Les frères lui dirent : « Qu'est la croissance et que sont les légumes[7] ? » Abba Macaire leur dit : « La croissance, ce sont les vertus spirituelles : les légumes, ce sont les inopportuns, les purs et les simples. Et il arrive pour un

---

1. *Cod.* ⲙⲁⲕⲁⲣⲓ. — 2. *Cod.* ϫⲉ ⲣⲉ. — 3. *Cod.* ⲕⲉ ⲅⲁⲣ. — 4. *Cod.* ⲙⲁⲕⲁⲣⲓ. — 5. *Cod.* ⲛⲓⲁⲕⲉⲣⲟⲥ. — 6. C'est-à-dire : « Qu'est-ce qu'il signifie ? » — 7. Ceci est pris de la parabole du grain de sénevé et fait suite à la parole précédente.

ⲧⲉ¹ ⲛⲧⲟϯ ⲛϫⲉ ⲛⲓϩⲁⲗⲁϯ ⲛⲧⲉ ⲧⲫⲉ ⲛⲧⲟⲩⲟⲩⲟϩ ⲉϫⲉⲛ ⲛⲉⲥϫⲁⲗ. ⲉⲥⲉϣⲱⲡⲓ
ⲛⲁⲛ ϩⲱⲛ ⲛⲧⲟⲩϫⲉⲙⲧⲉⲛ ⲛⲣⲉⲙ ⲙⲫⲉ. ⲡⲓϣϣⲏⲛ ⲇⲉ ϩⲱϥ ⲡⲓⲇⲁⲥⲕⲁⲗⲟⲥ
ⲡⲉϥϯ ⲥⲃⲱ ⲡⲉ ⲛⲓⲥⲃⲱ ⲛⲉⲙ ⲛⲓⲥⲁϫⲓ ⲛⲛⲟⲙϯ ⲉⲧⲉϥϯ ⲙⲙⲱⲟⲩ ⲛⲁⲓ ⲛⲉ
ⲛⲓϫⲁⲗ ⲕⲁⲓ ⲅⲁⲣ² ⲟⲩϩⲏⲧ ⲛⲟⲩⲱⲧ ⲉⲑⲛⲟⲩ ⲉⲡϣⲱⲓ ϧⲉⲛ ϯⲛⲁⲫⲣⲓ ⲛϣⲉⲗⲧⲁⲙ ⲁⲛⲟⲛ ⲇⲉ ϩⲱⲛ ⲛⲁⲥⲛⲏⲟⲩ ⲙⲁⲣⲉ ⲟⲩϩⲏⲧ ⲛⲟⲩⲱⲧ ϣⲱⲡⲓ ⲛϧⲏⲧⲉⲛ³
ⲉϧⲟⲩⲛ ⲉⲡⲉⲛⲟ̅ⲥ̅ ⲓⲏ̅ⲥ̅ ⲡⲭ̅ⲥ̅ ⲛⲉⲙ ϯⲁⲣⲉⲧⲏ ϩⲓⲛⲁ ⲛⲧⲉⲛϭⲓ ⲙⲡⲓϣⲉⲙⲏⲣ ⲉⲧⲉ
(-ⲁ̅-) ⲡϩⲙⲟⲧ ⲙⲡⲉⲛⲟ̅ⲥ̅ ⲓⲏ̅ⲥ̅ ⲡⲭ̅ⲥ̅ ⲛⲧⲉⲛⲭⲟⲡϥ ϧⲉⲛ ⲡⲓⲅ̅ ⲛϣⲓ ⲉⲧⲉ ϯⲯⲩⲭⲏ
ⲧⲉ ⲛⲉⲙ ⲡⲓⲥⲱⲙⲁ ⲛⲉⲙ ⲡⲓⲡ̅ⲛ̅ⲁ̅. ⲡⲓⲅ̅ ⲛϣⲓ ⲟⲩⲁⲓ ⲡⲉ ⲟⲩⲣⲱⲙⲓ ⲛⲟⲩⲱⲧ ⲛⲧⲉ-
ⲗⲉⲓⲟⲥ¹ ⲉϥϫⲏⲕ ⲉⲃⲟⲗ ⲟⲩϣⲓ ⲛⲧⲉ ϯⲙⲁϩⲓ ⲛⲧⲉ ϯⲙⲟϩ ⲙⲡⲉⲛⲟ̅ⲥ̅ ⲓⲏ̅ⲥ̅ ⲡⲭ̅ⲥ̅.
ⲛⲁⲓ ⲧⲏⲣⲟⲩ ⲁ ⲡⲉⲛⲟ̅ⲥ̅ ⲓⲏ̅ⲥ̅ ⲡⲭ̅ⲥ̅ ϫⲟⲧⲟⲩ ⲛⲛⲓⲙⲏϣ ϧⲉⲛ ϩⲁⲛ ⲡⲁⲣⲁⲃⲟⲗⲏ
ⲟⲩⲟϩ ⲭⲱⲣⲓⲥ ⲡⲁⲣⲁⲃⲟⲗⲏ ⲛⲁϥⲥⲁϫⲓ ⲛⲉⲙⲱⲟⲩ ⲁⲛ ⲡⲉ. ⲉⲧⲁ ⲛⲓⲥⲛⲏⲟⲩ ⲥⲱⲧⲉⲙ
ⲉⲛⲁⲓ ⲁⲩⲉⲣ ϣⲫⲏⲣⲓ ⲙⲡⲓϣⲉⲙⲁ ⲛⲧⲉ ⲡⲉϥϩⲏⲧ ⲛⲉⲙ ⲡⲉϥⲕⲁϯ ⲉⲧϭⲟⲙ ⲟⲩⲟϩ
ⲛⲉϣⲁⲣⲉ ⲡⲟⲩϩⲏⲧ ⲉⲣ ⲃⲉⲣⲓ ⲉⲣⲱⲟⲩ ⲡⲉ ϩⲱⲥⲧⲉ⁵ ⲫⲏ ⲉⲧⲥϧⲏⲟⲩⲧ ϫⲱⲕ ⲉⲃⲟⲗ
ⲉϫⲱⲟⲩ ϫⲉ ϧⲉⲛ ⲧⲁⲙⲉⲗⲉⲧⲏ ⲉϥⲉⲙⲟϩ ⲛϫⲉ ⲟⲩⲭⲣⲱⲙ.

ⲁϥϫⲟⲥ ⲛϫⲉ ⲁⲃⲃⲁ ⲙⲁⲕⲁⲣⲓⲟⲥ⁶ ϫⲉ ⲙⲡⲉⲛⲑⲣⲉⲛⲭⲁ ⲡⲉⲛϩⲏⲧ ⲉⲃⲟⲗ ⲟⲩⲇⲉ

arbre que les oiseaux du ciel viennent et habitent dans ses branches: qu'il nous arrive aussi d'être trouvés hommes célestes. L'arbre lui-même, c'est le maitre qui enseigne; les instructions et les paroles de force qu'il donne, ce sont les rameaux; car il n'y a qu'un cœur unique montant dans le grain de sénevé. Et nous aussi, mes frères, soyons un seul cœur en Notre-Seigneur Jésus le Christ et dans la vertu, afin que nous recevions le ferment, c'est-à-dire la grâce de Notre-Seigneur Jésus le Christ, que nous le cachions dans les trois mesures qui sont l'âme, le corps et l'esprit. Les trois mesures sont un seul homme parfait, complétant⁷ une mesure de la croissance de la plénitude de Notre-Seigneur Jésus le Christ. Tout cela, Notre-Seigneur Jésus le Christ l'a dit aux multitudes en des paraboles, et il ne leur parlait pas sans paraboles. » Lorsque les frères entendirent cela, ils admirèrent la finesse de son esprit et l'acuité de son intelligence, et leur cœur fut renouvelé entre eux, de sorte que ce qui est écrit s'accomplit pour eux : « En ma méditation le feu s'allumera ! »

Abba Macaire dit : « Ne délaissons pas notre cœur et ne soyons pas sans

---

1. Cod. ϩⲱⲥⲇⲉ. — 2. Cod. ⲕⲉ ⲅⲁⲣ. — 3. Cod. ⲛϧⲏⲧⲉⲛ. — 4. Cod. ⲛⲧⲉⲗⲓⲟⲥ. — 5. Cod. ϩⲱⲥⲇⲉ. — 6. Cod. ⲙⲁⲕⲁⲣⲓ. — 7. Le texte me semble fautif.

ⲙ̅ⲡⲉⲛⲑⲣⲉⲛⲉⲣ ⲁⲧϭⲉⲗⲡⲓⲥ ϫⲉ ⲟⲩⲏⲓ ⲕⲁⲧⲁ ϣⲉ ⲙ̅ⲡⲓϥⲓ ⲛ̅ⲧⲉ ⲡⲉⲛϣⲁⲓ ⲁ ⲡⲉⲛ̅ⲟ̅ⲥ̅ ⲓ̅ⲏ̅ⲥ̅ ⲡ̅ⲭ̅ⲥ̅ ⲭⲁ ⲙⲁ ⲛⲁⲛ ⲉⲉⲣⲙⲉⲧⲁⲛⲟⲉⲓⲛ¹. ⲁϥϫⲟⲥ ⲟⲛ ϫⲉ ⲙ̅ⲫⲣⲏϯ ⲙ̅ⲡⲓⲁⲗⲙⲏⲓ ⲛ̅ⲧⲉ ⲡⲓⲃⲉⲛⲓⲡⲓ ⲉⲩϩⲓⲟⲩⲓ ⲉϫⲱϥ ⲙ̅ⲙⲏⲛⲓ ϣⲁϥϣⲱⲡⲓ ⲉϥⲧⲟⲩⲃⲏⲟⲩⲧ ⲡⲁⲓⲣⲏϯ ϩⲱϥ ⲟⲩⲣⲱⲙⲓ ⲉϥϣⲟⲡ ϧⲉⲛ ϩⲁⲛ ϫⲱϫⲉⲃ ⲉϥϫⲏ ⲥⲁ ⲟⲩⲛⲉⲭⲱϥ ⲉϥϯⲥⲃⲱ ⲛⲁϥ ⲙ̅ⲙⲏⲛⲓ ⲉϥϣⲱⲡ ⲉⲣⲟϥ ⲟⲩⲟϩ ⲉϥⲁⲙⲟⲛⲓ ⲙ̅ⲡⲓⲁⲣⲉϩ ϣⲁϥⲧⲟⲩⲃⲟ ⲉ-(ⲗⲁ-) ⲃⲟⲗϩⲁ ⲛⲓⲭⲟⲣϫⲥ ⲉⲧϩⲏⲡ ⲛ̅ⲧⲉ ⲡⲓⲡⲟⲛⲏⲣⲟⲥ. ⲁϥϫⲟⲥ ⲟⲛ ϫⲉ ⲙ̅ⲡⲉⲛⲑⲣⲉ ϯⲙⲟⲩⲙⲓ ϧⲉⲛⲓ ⲉⲡϣⲱⲓ ⲙ̅ⲫⲏ ⲉⲑⲙⲟⲗϩ ⲉⲃⲟⲗϧⲉⲛ ⲡⲁⲓⲟⲩⲱⲧⲉⲛ ⲣⲱ ⲛ̅ⲟⲩⲱⲧ ⲉⲧⲉ ⲫⲁⲓ ⲡⲉ ⲡⲓⲧⲁⲙⲓⲟⲛ² ⲛ̅ⲧⲉ ⲡⲓϩⲏⲧ ⲁⲗⲗⲁ ⲙⲁⲣⲉⲥϭⲃⲉⲃⲓ ⲉⲡϣⲱⲓ ⲙ̅ⲫⲏ ⲉⲧϩⲟⲗϫ ⲛ̅ⲥⲟⲩ ⲛⲓⲃⲉⲛ ⲉⲧⲉ ⲫⲁⲓ ⲡⲉ ⲡⲉⲛ̅ⲟ̅ⲥ̅ ⲓ̅ⲏ̅ⲥ̅ ⲡ̅ⲭ̅ⲥ̅ ϧⲉⲛ ⲟⲩⲙⲉⲧⲁⲑⲙⲟⲩⲛⲕ.

ⲟⲩⲟⲛ ⲁϥϣⲉⲛ ⲁⲃⲃⲁ ⲙⲁⲕⲁⲣⲓⲟⲥ³ ϫⲉ ⲡⲁⲓⲱⲧ ⲁⲓϩⲉⲓ ϧⲉⲛ ⲟⲩⲡⲁⲣⲁⲡⲧⲱⲙⲁ. ⲡⲉϫⲉ ⲁⲃⲃⲁ ⲙⲁⲕⲁⲣⲓⲟⲥ⁴ ⲛⲁϥ ϫⲉ ⲥⲥϧⲏⲟⲩⲧ ⲡⲁϣⲏⲣⲓ ϫⲉ ϯⲟⲩⲁϣ ⲫⲙⲟⲩ ⲁⲛ ⲙ̅ⲡⲓⲣⲉϥⲉⲣ ⲛⲟⲃⲓ ⲙ̅ⲫⲣⲏϯ ⲛ̅ⲧⲉϥⲧⲁⲥⲑⲟϥ ⲟⲩⲟϩ ⲛ̅ⲧⲉϥⲱⲛϧ. ⲕⲟⲧⲕ ϫⲉ ⲟⲩⲛ ⲡⲁϣⲏⲣⲓ ⲭⲛⲁⲛⲁⲩ ⲉⲡⲓⲣⲉⲙ ⲣⲁⲩϣ ⲡⲉⲛ̅ⲟ̅ⲥ̅ ⲓ̅ⲏ̅ⲥ̅ ⲡ̅ⲭ̅ⲥ̅ ⲉⲣⲉ ⲡⲉϥϩⲟ ⲙⲉϩ ⲛ̅ⲣⲁϣⲓ ⲉϫⲱⲛ ⲙ̅ⲫⲣⲏϯ ⲛ̅ⲟⲩⲙⲟⲛⲓ ⲉⲣⲉ ⲡⲉⲥϩⲟ ⲙⲉϩ ⲛ̅ⲣⲁϣⲓ ⲉϩⲟⲩⲛ ⲉⲧⲉⲥϣⲏⲣⲓ ⲁϥϣⲁⲛϥⲁⲓ ⲛ̅ⲧⲉϥϫⲓϫ ⲛⲉⲙ ⲡⲉϥϩⲟ ⲉⲡϣⲱⲓ ϩⲁⲣⲟⲥ ⲕⲁⲛ ⲉϥⲙⲉϩ ⲛ̅ⲁⲕⲁⲑⲁⲣⲥⲓⲁ ⲛⲓⲃⲉⲛ ⲙ̅ⲡⲁⲥϯ ⲁⲥⲟ ⲉⲡⲓⲥⲑⲟⲓⲃⲱⲛ⁵ ⲉⲧⲉⲙ̅ⲙⲁⲩ ⲛⲉⲙ ⲡⲓⲗⲁϩⲱⲭ

espoir; car, certes, selon le souffle de notre nez, le Seigneur Jésus le Christ nous a donné place pour la repentance. » Il dit aussi : « Comme l'enclume du forgeron, si l'on frappe sur elle chaque jour elle demeure propre; de même si un homme est dans des indigences, soumis⁶, instruit chaque jour, recevant pour lui et gardant ce qu'on lui donne⁷, il est pur des pièges cachés du malin. » Il dit aussi : « Ne faisons pas que la fontaine lance en bouillonnant ce qui est sali de cette mixture unique, à savoir le réceptacle du cœur, mais qu'elle lance en haut ce qui est doux en tout temps, c'est-à-dire Notre-Seigneur Jésus le Christ, sans cesse. »

Un frère interrogea abba Macaire en disant : « Mon père, je suis tombé dans une faute. » Abba Macaire lui dit : « Il est écrit, mon fils : Je ne désire pas la mort du pécheur, mais sa conversion et sa vie. Convertis-toi donc, mon fils; tu verras un homme plein de douceur, Notre-Seigneur Jésus le Christ, le visage rempli de joie à ton sujet, comme une nourrice dont le visage est plein de joie au sujet de son fils, s'il lève les mains et son visage vers elle; quoiqu'il soit rempli de tout immondice, elle n'est pas incommodée de la

---

1. *Cod.* ⲉⲉⲣⲙⲉⲧⲁⲛⲟⲓⲛ. — 2. *Cod.* ⲡⲓⲧⲁⲙⲗⲓⲟⲛ. — 3. *Cod.* ⲙⲁⲕⲁⲣⲓ. — 4. *Cod.* ⲙⲁⲕⲁⲣⲓ. — 5. *Cod.* ⲡⲓⲥⲟⲩⲃⲱⲛ. — 6. Mot à mot : « Placé dans une soumission. » — 7. Mot à mot : « Saisissant la garde. »

ⲁⲗⲗⲁ ϣⲁⲥϣⲉⲛ ϧⲏⲧ ϩⲁⲣⲟϥ ⲛⲧⲉⲥϥⲉⲣⲱⲣϥ ⲉⲡϣⲱⲓ ⲉϫⲉⲛ ⲧⲉⲥⲙⲉⲥⲧⲉ ⲛϩⲏⲧ ϧⲉⲛ ⲟⲩϩⲟ ⲉϥⲙⲉϩ ⲛⲣⲁϣⲓ ⲟⲩⲟϩ ϣⲁⲣⲉ ϩⲱⲃ ⲛⲓⲃⲉⲛ (-ⲗⲃ-) ⲛⲧⲁϥϣⲱⲡⲓ ⲉⲩϩⲟⲗϫ ⲛⲧⲟⲧⲉ. ⲓⲥϫⲉ ⲟⲩⲛ ⲑⲁⲓ ⲟⲩⲑⲁⲙⲓⲟ ⲧⲉ ⲁⲥϣⲉⲛ ϩⲏⲧ ϩⲁ ⲡⲉⲥϣⲏⲣⲓ ⲓⲉ ⲡⲟⲥⲱ ⲙⲁⲗⲗⲟⲛ¹ ⲫⲙⲉⲓ ⲙⲡⲓⲣⲉϥⲑⲁⲙⲓⲟ ⲡⲉⲛⲟⲥ ⲓⲏⲥ ⲡⲭ̅ⲥ̅ ⲉϧⲟⲩⲛ ⲉⲣⲟⲛ.

ⲟⲩⲟⲛ ⲁϥϣⲉⲛ ⲁⲃⲃⲁ ⲙⲁⲕⲁⲣⲓⲟⲥ² ϫⲉ ⲙⲁⲧⲁⲙⲟⲓ ⲉⲡⲛⲟⲙⲁ ⲛϯⲙⲉⲧⲁⲛⲟⲓⲁ. ⲡⲉϫⲉ ⲁⲃⲃⲁ ⲙⲁⲕⲁⲣⲓⲟⲥ³ ⲛⲁϥ ϫⲉ ⲁⲣⲉ ϯⲙⲉⲧⲁⲛⲟⲓⲁ ⲫⲉϩ ϣⲁ ⲡⲓⲕⲉⲗϫ ⲕⲉⲗⲓ ⲙⲙⲁⲩⲧⲁϥ ⲁⲛ ⲙⲫⲣⲏϯ ⲙⲡⲓϣⲉ ⲉⲧϯ ⲙⲱⲟⲩ ⲉϥϭⲓⲗ ⲉⲡϣⲱⲓ ⲉϥⲓⲛⲟⲩ ⲉϧⲣⲏⲓ ⲁⲗⲗⲁ ⲙⲫⲣⲏϯ ⲛⲟⲩⲥⲟⲫⲟⲥ ⲛϩⲁⲙ ⲛⲟⲩⲃ ⲉⲁϥⲟⲩⲱϣ ⲉⲙⲟⲩⲛⲕ ⲛⲟⲩϩⲁⲗⲩⲥⲓⲥ ⲟⲩⲗⲟⲩ ⲙⲉⲛ ⲛⲛⲟⲩⲃ ⲛⲉⲙ ⲟⲩⲗⲟⲩ ⲛϩⲁⲧ ϣⲁ ⲉϧⲟⲩⲛ ⲉⲡⲓⲃⲉⲛⲓⲡⲓ ⲛⲉⲙ ⲡⲧⲁϩ ϣⲁϥϭⲁⲥ ϯϩⲁⲗⲩⲥⲓⲥ ⲛⲧⲉϥⲧⲁϩⲟⲥ ⲉⲣⲁⲧⲥ ⲫⲁⲓ ϩⲱϥ ⲡⲉ ⲙⲡⲥⲙⲟⲧ ⲛϯⲙⲉⲧⲁⲛⲟⲓⲁ ⲁⲣⲉ ⲛⲓⲁⲣⲉⲧⲏ ⲧⲏⲣⲟⲩ ⲁϣⲓ ⲛⲥⲱⲥ.

ϩⲁⲛ ⲥⲛⲟⲩϯ ⲁⲩϣⲉⲛ ⲁⲃⲃⲁ ⲙⲁⲕⲁⲣⲓⲟⲥ⁴ ⲡⲓⲛⲓϣϯ ϫⲉ ϩⲁⲣⲁ ϣⲁⲣⲉ ⲛⲓⲙⲉⲧϣⲉⲛ ϩⲏⲧ ϭⲣⲟ ⲉⲛⲓⲡⲣⲁⲝⲓⲥ. ⲡⲉϫⲁϥ ⲛⲱⲟⲩ ϫⲉ ⲥⲉ. ⲡⲉϫⲉ ⲛⲓⲥⲛⲏⲟⲩ ⲛⲁϥ ϫⲉ ⲙⲁ ⲟⲩⲱⲧ ⲛϩⲏⲧ ⲁⲛ. ⲟⲩⲟϩ ⲉⲧⲁ ⲁⲃⲃⲁ ⲙⲁⲕⲁⲣⲓⲟⲥ⁵ ⲛⲁⲩ ⲉⲣⲱⲟⲩ ⲉⲧⲟⲓ ⲛϣⲗⲁϩ ⲛϩⲏⲧ ⲛⲉⲙ ϫⲁⲃⲓ ϩⲏⲧ ⲟⲩⲟϩ ⲉϥⲟⲩⲱϣ ⲉϯ ⲉⲣⲟⲧⲟⲩ ⲛⲱⲟⲩ ⲡⲉϫⲁϥ ⲛⲱⲟⲩ ϫⲉ ⲧⲉⲧⲉⲛⲛⲁⲩ ⲉ- (-ⲗⲅ-) ⲡⲓⲁⲅⲟⲣⲁⲓⲟⲥ⁶ ⲉϥϯ ⲉⲃⲟⲗ ⲙⲫⲏ ⲉⲧϣⲱⲡ ϣⲁϥϫⲟⲥ ⲛⲁϥ ϫⲉ ⲁⲓⲉⲣ ϣⲁⲩ ⲛⲉⲙⲁⲕ ⲟⲩⲟϩ ⲉϣⲱⲡ ⲛⲧⲉϥⲛⲁⲩ ⲉⲣⲟϥ ⲉϥⲟⲕⲉⲙ ϣⲁϥϯ

puanteur ni des excréments, mais elle a pitié de lui, elle le presse sur sa poitrine d'un visage plein de joie, et toute chose qui est arrivée est douce pour elle. Si donc cette créature est pitoyable pour son enfant, à combien plus forte raison l'amour du Créateur, Notre-Seigneur Jésus le Christ, pour nous ? »

Un frère interrogea abba Macaire, disant : « Apprends-moi le sens de la pénitence. » Abba Macaire lui dit : « La pénitence ne consiste pas seulement en s'agenouillant, comme le bois du *schadouf* qui donne l'eau en montant et descendant ; mais comme un habile orfèvre qui désire faire une chaîne, une chaîne d'or, une chaîne d'argent, jusqu'au fer et au plomb, il étend la chaîne afin de l'achever ; c'est ainsi la forme de la pénitence : toutes les vertus en dépendent. »

Des frères interrogèrent abba Macaire le grand, en disant : « Est-ce que les pitiés l'emportent sur les actes ? » Il leur dit : « Oui. » Ils lui dirent : « Persuade-nous-en. » Lorsque abba Macaire les vit timides et lâches, voulant les exciter, il leur dit : « Voyez le marchand qui vend à celui qui achète, il lui dit : J'ai gagné sur toi ; et s'il le voit tout triste, il lui donne encore un peu d'ar-

---

1. *Cod.* ⲡⲟⲥⲱ ⲙⲁⲗⲗⲟⲛ. — 2. *Cod.* ⲙⲁⲕⲁⲣⲓ. — 3. *Cod.* ⲙⲁⲕⲁⲣⲓ. — 4. *Cod.* ⲙⲁⲕⲁⲣⲓ. — 5. *Cod.* ⲙⲁⲕⲁⲣⲓ. — 6. *Cod.* ⲡⲓⲁⲅⲟⲣⲉⲟⲥ.

gent[3] et l'autre s'en va joyeux; ainsi pour les actes, si l'on se présente triste devant le Dieu qui donne les biens, le juge de vérité, Notre-Seigneur Jésus le Christ, ses entrailles aux nombreuses miséricordes l'émeuvent, et les actes sortent avec joie, allégresse et ardeur. » Lorsque les frères entendirent cela, ils prirent courage, et, lorsque abba Macaire les eut vus pleins d'ardeur, il leur vint en aide, il leur dit avec joie : « Un doigt d'huile rend joyeux le visage de l'homme en présence des rois de ce monde; ainsi un peu de vertu rend l'âme joyeuse en présence du roi des habitants des cieux et des habitants de la terre, celui des trésors nombreux de miséricordes, Notre-Seigneur Jésus le Christ, car il est écrit : « Depuis les jours de Jean le Baptiste jusqu'à ce jour, le Royaume des cieux on le prend par violence, et ce sont ceux qui le prennent par violence qui le ravissent. » Donc, faisons-nous violence, à nous aussi, un peu, en échange du Royaume des cieux; nous ravirons pour nous le roi éternel, Notre-Seigneur Jésus le Christ. » Lorsque les frères eurent entendu cela, ils se jetèrent à terre, ils adorèrent ses pieds, ils le quittèrent joyeux, rendant gloire à Notre-Seigneur Jésus le Christ.

1. *Cod.* ⲛⲉϥⲥⲡⲗⲁⲅⲭⲛⲟⲛ. — 2. *Cod.* ⲙⲁⲕⲁⲣⲓ. — 3. C'est-à-dire : « Il lui remet un peu du prix, cède ce qu'il vend à meilleur marché. »

ⲟⲩⲟⲛ ⲁϥϣⲉⲛ ⲁⲃⲃⲁ ⲙⲁⲕⲁⲣⲓⲟⲥ¹ ϫⲉ ⲙⲁⲧⲁⲙⲟⲓ ⲉⲡϩⲱⲃ ⲛ̀ϯⲛⲁⲓⲧ
ϫⲉ ⲉϥϫⲙⲙⲟⲙ ⲛⲁϣ ⲛ̀ⲣⲏϯ. ⲡⲉϫⲉ ⲁⲃⲃⲁ ⲙⲁⲕⲁⲣⲓⲟⲥ² ⲛⲁϥ ϫⲉ ⲙ̀ⲫⲣⲏϯ
ⲛ̀ϩⲁⲛ ⲣⲱⲙⲓ ⲁⲣⲉϣⲁⲛ ⲡⲟⲩⲣⲟ ⲉⲣⲉⲝⲱⲣⲓⲍⲓⲛ³ ⲙ̀ⲙⲱⲟⲩ ⲉⲟⲩⲭⲱⲣⲁ ⲛ̀ϣⲉⲙ-
ⲙⲟ ⲟⲩⲟϩ ⲉⲥⲟⲩⲟⲩ ⲟⲩⲁⲓ ⲙⲉⲛ ⲉⲃⲟⲗ ⲛ̀ϧⲏⲧⲟⲩ ⲁϥϭⲓ ⲛⲁϥ ⲛ̀ⲟⲩⲙⲉⲧⲥⲁⲃⲉ
ⲛⲉⲙ ⲟⲩⲥⲟϭⲛⲓ ⲛ̀ⲧⲉ ⲛⲁ ⲡϣⲱⲓ ⲁϥⲁⲓⲧϥ ⲛ̀ⲭⲟⲛⲥ ⲁϥⲟⲩⲱⲣⲡ ⲛ̀ϩⲁⲛ ⲇⲱⲣⲟⲛ
ⲙ̀ⲡⲟⲩⲣⲟ ⲉⲧⲉⲙⲙⲁⲩ ⲛ̀ⲛⲓⲕⲉⲭⲱⲟⲩⲛⲓ ϫⲉ ⲙ̀ⲡⲟⲩⲓⲣⲓ ⲙ̀ⲡⲁⲓⲣⲏϯ. ⲙⲉⲛⲉⲛⲥⲁ
ⲟⲩⲛⲓϣϯ ϫⲉ ⲛ̀ⲥⲏⲟⲩ ⲁϥⲟⲩⲱⲣⲡ ⲛ̀ϫⲉ ⲡⲟⲩⲣⲟ ⲛ̀ⲥⲁ ⲛⲓⲣⲱⲙⲓ ⲉⲧⲉⲙⲙⲁⲩ
ⲉⲟⲣⲉϥⲉⲛⲟⲩ ⲉ- (-ⲗⲉ-) ⲧⲉ ⲧⲉ ⲑⲱⲟⲩ ⲙ̀ⲃⲁⲕⲓ ⲛⲉⲙ ⲧⲟⲩⲡⲁⲧⲣⲓⲥ. ⲙⲏ ϥⲛⲁ-
ⲣⲁϣⲓ ⲁⲛ ⲛ̀ϩⲟⲩⲟ ⲛ̀ϫⲉ ⲫⲏ ⲉⲧⲁϥⲟⲩⲱⲣⲡ ⲛ̀ⲛⲓⲇⲱⲣⲟⲛ ϫⲁϩⲱϥ ϫⲉ ⲥⲉⲛⲁϣⲱⲡⲓ
ⲛⲁϥ ⲙ̀ⲡⲣⲟⲥⲧⲁⲧⲏⲥ ⲟⲩⲟϩ ⲛ̀ⲧⲉϥϫⲓⲙⲓ ⲛ̀ⲟⲩⲛⲓϣϯ ⲙ̀ⲡⲁⲣⲣⲏⲥⲓⲁ ⲉϩⲟⲧⲉ ⲛⲏ
ⲉⲧⲉ ⲙ̀ⲡⲟⲩⲟⲩⲱⲣⲡ ⲛ̀ϩⲗⲓ ⲉⲡⲧⲏⲣϥ ϫⲉ ⲙ̀ⲫⲣⲏϯ ⲛ̀ⲟⲩⲁⲣⲭⲓⲥⲧⲣⲁⲧⲏⲅⲟⲥ⁴ ⲉⲣⲉ
ⲟⲩⲟⲛ ⲛ̀ⲧⲁϥ ⲛ̀ⲟⲩⲡⲁⲣⲣⲏⲥⲓⲁ ⲛⲁϩⲣⲉⲛ ⲡⲟⲩⲣⲟ ⲛ̀ⲧⲉ ⲡⲁⲓⲕⲟⲥⲙⲟⲥ ⲫⲁⲓ ⲡⲉ
ⲙ̀ⲫⲣⲏϯ ⲛ̀ϯⲙⲉⲧⲛⲁⲓⲧ ⲛⲁϩⲣⲉⲛ ⲡⲛⲓϣϯ ⲛ̀ⲟⲩⲣⲟ ⲡⲭⲥ̅ ⲉⲣⲉ ⲟⲩⲟⲛ ⲛ̀ⲧⲁⲥ
ⲛ̀ⲟⲩⲛⲓϣϯ ⲙ̀ⲡⲁⲣⲣⲏⲥⲓⲁ ⲛⲁϩⲣⲁϥ ⲉⲥⲉⲣⲁⲡⲟⲗⲟⲅⲓⲥⲑⲁⲓ⁵ ⲉϫⲉⲛ ⲟⲩⲟⲛ ⲛⲓⲃⲉⲛ
ⲉⲧⲉⲣⲧⲓⲛⲁⲛ ⲙ̀ⲙⲟⲥ.

ⲁϥϣⲉⲛϥ ⲟⲛ ⲛ̀ϫⲉ ⲡⲁⲓⲥⲟⲛ ⲛ̀ⲟⲩⲱⲧ ⲉⲑⲃⲉ ⲧⲁⲓⲗⲉⲝⲓⲥ ϫⲉ ⲉⲥⲉⲉⲣ ⲃⲉⲣⲓ ⲛ̀ϫⲉ
ⲧⲁⲙⲉⲧⲁⲗⲟⲩ ⲙ̀ⲫⲣⲏϯ ⲛ̀ⲧⲁ ⲟⲩⲁϧⲱⲙ. ⲡⲉϫⲉ ⲁⲃⲃⲁ ⲙⲁⲕⲁⲣⲓⲟⲥ⁶ ⲛⲁϥ ϫⲉ
ⲙ̀ⲫⲣⲏϯ ⲙ̀ⲡⲛⲟⲩⲃ ⲁⲩϣⲁⲛⲗⲟⲃϣϥ ϧⲉⲛ ⲡⲓⲭⲣⲱⲙ ϫⲉ ϣⲁϥϣⲱⲡⲓ ϧⲉⲛ

Un frère interrogea abba Macaire, disant : « Enseigne-moi l'œuvre de la miséricorde, comment elle est forte? » Abba Macaire lui dit : « Comme des hommes, si le roi les exile en un pays étranger et éloigné, l'un certes a pris sagesse et conseil de ceux d'en haut, il s'est fait violence, il a envoyé devant lui des présents à ce roi, et les autres n'ont point fait de même; après un long temps, le roi a envoyé chercher ces hommes pour les ramener dans leur ville, est-ce que celui-là ne se réjouira pas davantage, lequel a envoyé des présents devant lui, car ils intercéderont pour lui, et ne trouvera-t-il pas plus grande faveur que ceux qui n'ont rien envoyé du tout; ou comme un architratège qui a faveur près du roi de ce monde : c'est ainsi qu'est la miséricorde près du grand roi le Christ, elle a une grande faveur près de lui, elle se justifie contre quiconque l'accuse. »

Le même frère l'interrogea sur cette parole : « Afin que ma jeunesse se renouvelle comme celle de l'aigle. » Abba Macaire lui dit : « Comme l'or, si on

---

1. *Cod.* ⲙⲁⲕⲁⲣⲓ. — 2. *Cod.* ⲙⲁⲕⲁⲣⲓ. — 3. *Cod.* ⲉⲣⲉⲝⲱⲣⲓⲍⲓⲛ. — 4. *Cod.* ⲛⲟⲩⲁⲣ-ⲭⲓⲥⲧⲣⲁⲧⲏⲅⲟⲥ. — 5. *Cod.* ⲉⲥⲉⲣⲁⲡⲟⲗⲟⲅⲓⲥⲟⲉ. — 6. *Cod.* ⲙⲁⲕⲁⲣⲓ.

ⲟⲩⲙⲉⲧⲃⲉⲣⲓ ⲡⲁⲓⲣⲏϯ ϩⲱⲥ ϯⲯⲩⲭⲏ ⲁⲥϣⲁⲛϣⲱⲡⲓ ϧⲉⲛ ϯⲁⲣⲉⲧⲏ ⲟⲩⲟϩ ⲛⲧⲉⲥⲟⲩⲃⲟ ⲉⲃⲟⲗϧⲉⲛ ⲛⲉⲥϭⲱϧⲉⲙ ⲛⲉⲙ ⲛⲉⲥϫⲱϫⲉⲃ ⲧⲏⲣⲟⲩ ⲥⲛⲁϣⲱⲡⲓ ϧⲉⲛ ⲟⲩⲙⲉⲧⲃⲉⲣⲓ ⲛⲧⲉⲥϩⲁⲗⲁⲓ ⲉⲡϭⲓⲥⲓ.

(-ⲗⲉ-) ⲁϥϣⲉⲛϥ ⲟⲛ ⲛϫⲉ ⲡⲓⲥⲟⲛ ϫⲉ ⲡⲓϩⲁⲗⲁⲓ ⲉⲡϭⲓⲥⲓ ⲟⲩ ⲡⲉ ⲡⲁⲓⲱⲧ. ⲡⲉϫⲉ ⲁⲃⲃⲁ ⲙⲁⲕⲁⲣⲓⲟⲥ[1] ⲛⲁϥ ϫⲉ ⲙⲫⲣⲏϯ ⲙⲡⲓⲁϧⲱⲙ ⲁϥϣⲁⲛϩⲁⲗⲁⲓ ⲉⲡϭⲓⲥⲓ ⲙⲡⲓⲁⲏⲣ ϣⲁϥⲛⲟϩⲉⲙ ⲉⲃⲟⲗϩⲁ ⲡⲓⲫⲁϣ ⲛⲧⲉ ⲡⲓⲭⲉⲣⲏϫ ⲉϣⲱⲡ ϩⲱϥ ⲛⲧⲉϥⲭⲱ ⲙⲙⲟϥ ⲉϧⲣⲏⲓ ϣⲁϥϣⲱⲡⲓ ϧⲉⲛ ⲛⲓϫⲁϫⲓ ⲛⲧⲉ ⲡⲓⲭⲉⲣⲏϫ ⲡⲁⲓⲣⲏϯ ϩⲱⲥ ϯⲯⲩⲭⲏ ⲁⲥϣⲁⲛⲉⲣ ⲁⲙⲉⲗⲏⲥ[2] ⲛⲧⲉⲥⲓ ⲉϧⲣⲏⲓ ⲉⲃⲟⲗϧⲉⲛ ⲡϭⲓⲥⲓ ⲛⲧⲉ ϯⲁⲣⲉⲧⲏ ϣⲁⲥϣⲱⲡⲓ ϧⲉⲛ ⲛⲓϫⲁϫⲓ ⲛⲧⲉ ⲡⲓⲭⲉⲣⲏϫ ⲙⲡⲛⲟⲏⲧⲟⲥ[3].

ⲁϥϣⲉⲛϥ ⲟⲛ ⲛϫⲉ ⲡⲓⲥⲟⲛ ϫⲉ ⲙⲁⲧⲁⲙⲟⲓ ⲉⲡⲙⲟⲛⲓ ⲉⲫϯ ⲡⲁⲓⲱⲧ. ⲡⲉϫⲉ ⲁⲃⲃⲁ ⲙⲁⲕⲁⲣⲓⲟⲥ[4] ⲛⲁϥ ϫⲉ ⲙⲫⲣⲏϯ ⲙⲡⲓⲁϥ ⲛⲉⲃⲓⲱ ⲉϥϫⲏ ϧⲉⲛ ⲑⲙⲏϯ ⲛⲛⲓⲟⲩⲟⲧⲟⲩⲉⲧ ⲛⲉⲙ ⲛⲓϧⲣⲏⲣⲓ ⲛⲧⲉ ⲧⲕⲟⲓ ⲉϥⲥⲱⲕ ⲛⲥⲁ ⲡⲓⲉⲃⲓⲱ ϣⲁⲧⲉϥⲙⲟϩ ⲛⲛⲉϥⲧⲁⲙⲉⲓⲟⲛ[5] ⲉⲃⲟⲗⲛϧⲏⲧϥ ⲉϣⲱⲡ ⲁⲩϣⲧⲉⲙϯ ϣⲱⲣ ⲛⲁϥ ⲙⲙⲟⲛ ϣϫⲟⲙ ⲛϩⲗⲓ ⲉⲱⲗⲓ ⲙⲡⲉϥϩⲗⲟϫ. ⲡⲉϫⲉ ⲡⲓⲥⲟⲛ ⲛⲁϥ ϫⲉ ⲟⲩ ⲡⲉ ⲡⲓϣⲱⲣ ⲓⲉ ⲟⲩ ⲡⲉ ⲡⲓϩⲗⲟϫ ⲡⲁⲓⲱⲧ. ⲡⲉϫⲉ ⲡⲓϧⲉⲗⲗⲟ ⲛⲁϥ ϫⲉ ⲛⲓⲡⲟⲣⲛⲉⲓⲁ[6] ⲛⲉⲙ ⲛⲓϭⲱϧⲉⲙ ⲛⲉⲙ ⲛⲓⲑⲱⲗⲉⲃ ⲛⲉⲙ ⲛⲓⲭⲟϩ ⲛⲉⲙ ⲛⲓⲙⲟⲥϯ (-ⲗⲍ-) ⲛⲉⲙ ⲛⲓⲙⲉⲧϭⲁⲥⲓ ϩⲏⲧ

le cuit dans le feu, il devient renouvelé; ainsi l'âme, si elle a de la vertu, si elle se purifie de ses souillures et de ses petitesses, elle sera renouvelée au point de voler vers les hauteurs. »

Le frère lui demanda aussi : « S'envoler vers les hauteurs, qu'est-ce, ô mon père? » Abba Macaire lui dit : « Comme l'aigle, s'il s'envole dans les hauteurs de l'air, est sauvé des filets du chasseur ; mais aussi, s'il se pose à terre, il est dans les filets du chasseur : ainsi l'âme, si elle est négligente et si elle descend des hauteurs de la vertu, elle est (prise) dans les filets du chasseur spirituel. »

Le frère l'interrogea encore, disant : « Apprends-moi la constance pour Dieu, mon père. » Abba Macaire lui dit : « Comme la mouche à miel, se trouvant au milieu des plantes verdoyantes et des nourritures de la campagne, suce le miel jusqu'à ce qu'elle en ait rempli sa ruche, si on ne le rend pas amer, personne ne peut lui enlever sa douceur. » Le frère lui dit : « Qu'est-ce que l'amertume et qu'est-ce que la douceur, mon père? » Le vieillard lui dit : « Les fornications, les souillures, les impuretés, les saletés, les envies, les haines, les

---

1. Cod. ⲙⲁⲕⲁⲣⲓ. — 2. Cod. ⲁⲥϣⲁⲛⲉⲣⲁⲙⲉⲗⲉⲥ. — 3. Cod. ⲛⲛⲟⲏⲧⲟⲛ. — 4. Cod. ⲙⲁⲕⲁⲣⲓ. — 5. Cod. ⲛⲛⲉϥⲧⲁⲙⲙⲓⲟⲛ. — 6. Cod. ⲛⲓⲡⲟⲣⲛⲓⲁ.

ⲛⲉⲙ ⲡⲥⲉⲡⲓ ⲛⲛⲓϩⲩⲇⲟⲛⲏ¹ ⲫⲁⲓ ⲡⲉ ⲡⲓϣⲱⲣ. ⲛϣⲟⲣⲡⲓ ⲇⲉ ϧⲱⲟⲩ ⲛⲉ ⲛⲓⲁⲣⲉⲧⲏ ⲡⲓⲁϥ ⲡⲉ ⲡⲓϣⲁⲙϣⲉ ⲛⲟⲩϯ ⲡⲓⲧⲁⲙⲉⲓⲟⲛ² ⲡⲉ ⲡⲓϩⲏⲧ ⲡⲓϩⲗⲟϫ ⲇⲉ ϧⲱϥ ⲡⲉ ⲡⲉⲛⲟⲥ ⲓⲏⲥ ⲡⲭⲥ. ⲫⲏ ⲟⲩⲛ ⲉⲑⲛⲁⲙⲟⲛⲓ ⲉⲣⲟϥ ϥⲛⲁⲙⲁϩ ⲧⲉϥⲯⲩⲭⲏ ⲉⲃⲟⲗ ϧⲉⲛ ⲁⲣⲉⲧⲏ ⲛⲓⲃⲉⲛ ⲛⲉⲙ ⲧⲟⲩⲃⲟ ⲛⲓⲃⲉⲛ ⲫⲁⲓ ⲅⲁⲣ ⲡⲉ ⲡⲓⲙⲟⲛⲓ ⲉϥϯ. ⲙⲁϣⲉ ⲛⲁⲕ ⲡⲁϣⲏⲣⲓ.

ⲟⲩⲟⲛ ⲁϥϣⲉⲛ ⲁⲃⲃⲁ ⲙⲁⲕⲁⲣⲓⲟⲥ³ ϫⲉ ⲛⲁⲙⲉⲧⲓ ⲥⲟϩⲓ ⲙⲙⲟⲓ ϫⲉ ⲁⲣⲓ ϣⲟⲣⲡ ⲉϯⲉⲕⲕⲗⲏⲥⲓⲁ. ⲡⲉϫⲉ ⲁⲃⲃⲁ ⲙⲁⲕⲁⲣⲓⲟⲥ⁴ ⲛⲁϥ ϫⲉ ⲉⲕⲥⲁϫⲓ ⲉⲡⲡⲩⲗⲏ ⲛⲧⲉ ⲧⲫⲉ ⲟⲩⲟϩ ⲑⲙⲁⲩ ⲛⲛⲏ ⲉⲧⲟⲛϧ ⲧⲏⲣⲟⲩ. ϯϫⲱ ⲙⲙⲟⲥ ⲛⲁⲕ ⲡⲁϣⲏⲣⲓ ϫⲉ ⲓⲥ ⲟⲩⲥⲏⲟⲩ ⲉϥϣⲏⲡ ⲓⲥ ⲟⲩⲉϩⲟⲟⲩ ⲛⲓ ⲉⲡⲟⲩϫⲁⲓ ⲉⲡⲭⲱ ⲛⲥⲱⲛ ⲛⲛⲓϩⲃⲏⲟⲩⲓ ⲛⲇⲓⲁⲃⲟⲗⲓⲕⲟⲛ ϫⲉ ϥⲛⲟⲩ ⲛϫⲉ ⲟⲩⲥⲏⲟⲩ ⲟⲩⲟⲛ ⲟⲩⲙⲏϣ ⲛⲁϣⲱⲡⲓ ⲛϥⲱⲗ ⲉϯⲉⲕⲕⲗⲏⲥⲓⲁ ⲟⲩⲟϩ ⲛⲧⲟⲩⲉⲣ ϣⲉⲙⲙⲟ ⲉⲛⲓⲙⲩⲥⲧⲏⲣⲓⲟⲛ ⲉⲑⲃⲉ ϯϩⲟϯ ⲛⲧⲉϩⲟⲩⲥⲓⲁ ⲛⲧⲉ ⲡⲓⲥⲏⲟⲩ ⲉⲧⲉⲙⲙⲁⲩ ⲉⲧⲁⲙⲁϩⲓ ⲛⲁⲓ ⲉⲧⲉ ⲣⲱⲟⲩ ⲟⲩⲏⲛ ⲙⲫⲣⲏϯ ⲛϯⲥⲁⲣⲇⲓ ⲉⲧϧⲉⲛ ⲡⲓⲡⲉⲗⲁⲅⲟⲥ ⲛⲁⲓ ⲉⲑⲟⲩⲱϯ ⲉϧⲟⲩⲛ ⲛⲟⲩϩⲁⲧ ⲉϥⲟϣ ⲙⲫⲣⲏϯ ⲙⲡⲓϫⲁϫϥⲓϥ ⲉⲧⲟⲩⲱϯ ⲉϧⲟⲩⲛ ϧⲉⲛ ⲛⲓ-(ⲗⲏⲓ-)ⲉϩⲟⲟⲩ ⲛⲧⲉ ⲡⲓϣⲱⲙ. ϯϫⲱ ⲙⲙⲟⲥ ⲛⲁⲕ ⲡⲁϣⲏⲣⲓ ϫⲉ ϯⲡⲟⲣⲛⲉⲓⲁ⁵ ⲛⲉⲙ ϯⲙⲉⲧⲙⲁⲓ ϩⲁⲧ ⲡⲣⲁⲝⲓⲥ ⲛⲓⲃⲉⲛ ⲉⲧϩⲱⲟⲩ ⲛⲉ ⲉⲧⲉⲛϧⲏⲧⲟⲩ ⲙⲡⲓⲃ ⲕⲁⲛ ⲓⲥϫⲉ ϯⲡⲟⲣⲛⲉⲓⲁ⁶ ϩⲱⲟⲩ ⲛϩⲟⲩⲟ ⲁⲗⲗⲁ ⲟⲩⲡⲣⲟⲥ ⲟⲩⲥⲏⲟⲩ ⲧⲉ ⲟⲩⲟϩ ϣⲁⲣⲉ ⲡⲓⲣⲱⲙⲓ ⲉⲗⲕ ϣⲁⲓ ⲛⲥⲁ ⲑⲁⲓ ⲟⲩⲟϩ ⲛⲧⲉϥ-

orgueils et les autres plaisirs, voilà l'amertume; les nourritures sont les vertus; la mouche, c'est le religieux; la ruche, c'est le cœur; la douceur, c'est Notre-Seigneur Jésus le Christ. Celui qui persévérera pour lui remplira son âme de toute vertu et de toute pureté; c'est là être constant pour Dieu. Va-t'en, mon fils. »

Un frère interrogea abba Macaire en disant : « Mes pensées me reprochent, disant : Sois le premier à l'église. » Abba Macaire lui dit : « Tu parles de la porte du ciel et de la mère de tous les vivants. Je te dis, ô mon fils, voici le temps favorable, voici le jour d'aller au salut pour laisser derrière nous les œuvres diaboliques; car il viendra un temps où une foule seront empêchés d'entrer à l'église et deviendront étrangers aux mystères par crainte de la puissance de ce temps-là qui sera forte : ceux dont la bouche sera ouverte comme la *sardi* qui est dans la mer, ceux qui ramassent beaucoup d'argent, comme la fourmi qui ramasse aux jours de l'été. Je te dis, ô mon fils, que la fornication, l'avarice, toute œuvre est en ces deux choses; quoique la fornication soit surtout mauvaise, elle n'est que d'un temps et l'homme se bouche le nez derrière elle,

---

1. *Cod.* ⲛⲛⲓϩⲩⲇⲟⲛⲏ — 2. *Cod.* ⲡⲓⲧⲁⲙⲓⲟⲛ. — 3. *Cod.* ⲙⲁⲕⲁⲣ. — 4. *Cod.* ⲙⲁⲕⲁⲣ. — 5. *Cod.* ϯⲡⲟⲣⲛⲓⲁ. — 6. *Cod.* ϯⲡⲟⲣⲛⲓⲁ.

ϩⲓ ⲑⲁϥ ⲛⲥⲱⲥ ⲉⲑⲃⲉ ⲡⲉⲥⲥⲧⲟⲓⲃⲱⲛ ϯⲙⲉⲧⲙⲁⲓ ϩⲁⲧ ⲇⲉ ⲛⲑⲟⲥ ⲉⲥⲛⲏⲟⲩ
ⲛⲑⲱⲟⲩϯ ⲉϩⲟⲩⲛ ⲉⲥⲛⲏⲟⲩ ⲛϩⲗⲟϫ ⲛⲧⲟⲕ ⲟⲩⲁⲧⲥⲓ ⲅⲁⲣ ⲧⲉ. ⲉⲑⲃⲉ ⲫⲁⲓ ϩⲱⲧ
ⲅⲁⲣ ⲡⲉ ⲛⲧⲟⲩϩⲓ ⲧⲟⲃⲥ ⲉⲛⲉⲛⲣⲱⲟⲩ ⲛⲧⲉⲕⲕⲗⲏⲥⲓⲁ ⲛⲧⲉ ⲡϣⲁϥⲉ ⲛⲉⲙ ϩⲓⲣⲉⲛ
ⲛⲓⲣⲱⲟⲩ ⲛⲧⲉ ⲛⲓⲣⲉϥⲙⲱⲟⲩⲧ ⲉⲑⲃⲉ ⲧϩⲟϯ ⲛⲛⲓⲉϫⲟⲩⲥⲓⲁ ⲛⲧⲉ ⲡⲓⲥⲏⲟⲩ ⲉⲧⲉⲙⲙⲁⲩ ϫⲉ ⲟⲩⲛ ⲥⲉⲛⲁⲧⲱⲟⲩⲛⲟⲩ ⲛϫⲉ ϩⲁⲛ ⲟⲩⲟⲛ ⲉⲩⲕⲱϯ ⲟⲩⲟϩ ⲉⲩϭⲟⲧϭⲉⲧ
ⲛⲥⲁ ⲛⲓⲕⲗⲏⲣⲟⲛⲟⲙⲓⲁ ⲛⲧⲉ ⲛⲏ ⲉⲧⲁⲩⲉⲛⲕⲟⲧ ⲛⲧⲟⲩⲉⲣ ⲡⲱⲃϣ ⲙⲫⲏ ⲉⲧⲥϧⲏⲟⲩⲧ
ϫⲉ ⲟⲩⲙⲉⲧⲣⲁⲙⲁⲟ ⲁⲥϣⲁⲛⲓ ⲙⲡⲉⲣⲟⲩⲁϩ ⲡⲉⲧⲉⲛϩⲏⲧ. ⲫⲁⲓ ⲟⲛ ⲧⲉ ⲑⲏ ⲉⲧⲁ
ⲡⲓⲁⲡⲟⲥⲧⲟⲗⲟⲥ ⲥⲁϫⲓ ⲉⲑⲃⲏⲧⲥ ⲉϥϫⲱ ⲙⲙⲟⲥ ϫⲉ ⲑⲛⲟⲩⲛⲓ ⲙⲡⲉⲧϩⲱⲟⲩ ⲛⲓⲃⲉⲛ
ⲡⲉ ϯⲙⲉⲧⲙⲁⲓ ϩⲁⲧ. ϯⲛⲟⲩ ⲇⲉ ⲡⲁϣⲏⲣⲓ ⲁⲣⲓⲁⲅⲱⲛⲓⲍⲉⲥⲑⲁⲓ[1] ϧⲉⲛ ϩⲱⲃ ⲛⲓⲃⲉⲛ
ϫⲉ ⲁϥ- (-ⲗⲉ-) ϫⲟⲥ ⲛϫⲉ ⲁⲃⲃⲁ ⲁⲛⲧⲱⲛⲓⲟⲥ[2] ϫⲉ ⲉϣϣⲉ ⲛⲧⲉ ⲡⲓⲟⲩⲁⲓ ⲡⲓⲟⲩⲁⲓ
ⲉⲣ ⲉⲕⲕⲗⲏⲥⲓⲁ ⲛⲁϥ ϧⲉⲛ ⲡⲁⲓⲥⲏⲟⲩ ⲉⲧⲉ ⲫⲁⲓ ⲡⲉ ⲉⲑⲣⲉ ⲡⲓⲣⲱⲙⲓ ⲉⲣ ⲧⲉϥϫⲟⲙ
ⲧⲏⲣⲥ ⲉⲧⲟⲩⲃⲟ ⲛⲧⲉϥⲯⲩⲭⲏ ⲛⲟⲩⲉⲕⲕⲗⲏⲥⲓⲁ ⲙⲫϯ ϫⲉ ϩⲓⲛⲁ ϧⲉⲛ ⲟⲩⲥⲙⲏ
ⲉⲥⲟⲣⲉϥ ⲛⲧⲉⲛⲟⲩⲱⲣⲡ ⲉⲡϣⲱⲓ ⲛⲟⲩϩⲩⲙⲛⲟⲥ ⲛⲧⲣⲓⲁⲧⲓⲕⲟⲛ ⲙⲡⲉⲛⲛⲏⲃ ⲫϯ
ϩⲓⲧⲉⲛ ϯⲟⲙⲟⲗⲟⲅⲓⲁ ⲉⲧⲧⲁϫⲣⲏⲟⲩⲧ ⲛⲧⲉ ⲡⲓⲛⲁϩϯ ⲛⲟⲣⲑⲟⲇⲟⲝⲟⲥ.

ⲁⲩϫⲟⲥ ⲉⲑⲃⲉ ⲡⲉⲛⲓⲱⲧ ⲉⲑⲟⲩⲁⲃ ⲁⲃⲃⲁ ⲙⲁⲕⲁⲣⲓⲟⲥ[3] ⲡⲓⲛⲓϣϯ ϫⲉ ϩⲟⲧⲉ
ⲉⲧⲁϥⲉⲣⲡⲣⲟⲕⲟⲡⲧⲉⲓⲛ[4] ϧⲉⲛ ϯⲁⲣⲉⲧⲏ ⲁϥϭⲓ ⲛⲟⲩϫⲟⲙ ⲙⲡⲁⲣⲁⲕⲗⲏⲧⲟⲛ ⲉⲃⲟⲗϩⲓⲧⲉⲛ ⲡⲉⲛⲟⲥ ⲓⲏⲥ ⲡⲭⲥ ϩⲱⲥⲧⲉ[5] ⲛⲧⲉ ⲛⲓⲡⲛⲁ ⲛⲉⲛⲁⲛⲧⲓⲟⲛ ϣⲑⲟⲣⲧⲉⲣ ⲟⲩⲟϩ

crache sur elle à cause de sa mauvaise odeur; mais l'avarice, lorsque tu viens d'amasser, elle vient de ce qui t'est doux, car elle est insatiable. C'est pourquoi il faut qu'on scelle les portes de l'église du désert et les portes des morts, à cause de la crainte des puissances de ce temps-là; car, certes, il s'en lèvera certains qui chercheront et scruteront les héritages de ceux qui se seront endormis, oubliant ce qui est écrit : La richesse, si elle vient, n'y apposez pas votre cœur. C'est d'elle que parle l'Apôtre en disant : L'avarice est la racine de tout mal. Maintenant donc, mon fils, combats en toute action ; car abba Antoine a dit : Il faut que chacun se fasse église en ce temps, c'est-à-dire que l'homme mette toute sa force à purifier son âme, église de Dieu, afin que, d'une voix calme, nous envoyions en haut des hymnes trinitaires à Notre-Seigneur Dieu par la confession ferme de la foi orthodoxe. »

On a dit de notre père saint abba Macaire le grand que, lorsqu'il eut progressé dans la vertu, il reçut une vertu consolatrice de Notre-Seigneur Jésus le Christ, de sorte que les esprits adverses se troublaient

---

1. *Cod.* ⲁⲣⲓⲁⲅⲱⲛⲓⲍⲉⲥⲟⲉ. — 2. *Cod.* ⲁⲛⲧⲱⲛⲓ. — 3. *Cod.* ⲙⲁⲕⲁⲣⲓ. — 4. *Cod.* ⲉⲧⲁϥⲉⲣ-ⲡⲣⲟⲕⲟⲡⲧⲓⲛ. — 5. *Cod.* ϩⲱⲥⲇⲉ.

ⲛ̄ⲧⲟⲩⲥⲑⲉⲣⲧⲉⲣ ϧⲁ ⲧⲉϥϫⲏ ⲉⲑⲃⲉ ⲧϫⲟⲙ ⲙ̄ⲡⲁⲣⲁⲕⲗⲏⲧⲟⲛ ⲉⲧϣⲟⲡ ⲛⲉⲙⲁϥ.

ⲁⲥϣⲱⲡⲓ ϧⲉⲛ ⲡⲓⲥⲏⲟⲩ ⲉⲧⲁ ⲡⲓⲥⲟⲫⲟⲥ ⲕⲩⲣⲓⲗⲗⲟⲥ ⲑⲱϩⲉⲙ ⲙ̄ⲡⲓⲁⲅⲓⲟⲥ ⲁⲡⲁ ϣⲉⲛⲟⲩϯ ⲉϯⲥⲩⲛⲟⲇⲟⲥ ⲉⲑⲟⲩⲁⲃ ⲉⲧⲁⲥⲑⲱⲟⲩϯ ϧⲉⲛ ⲉⲫⲉⲥⲟⲥ ⲉⲑⲃⲉ ⲡⲓⲁⲥⲉⲃⲏⲥ ⲛ̄ϣⲁⲙϣⲉ ⲣⲱⲙⲓ ⲛⲉⲥⲧⲟⲣⲓⲟⲥ ϩⲟⲧⲉ ⲡⲉⲛⲟ̅ⲥ̅ ⲓⲏ̅ⲥ̅ ⲡⲭ̅ⲥ̅ ⲉⲣ ϣⲫⲏⲣ ⲛ̄ⲧⲟⲧϥ ⲛⲉⲙⲱⲟⲩ ϣⲁⲧⲟⲩⲥϧⲁⲓ ⲛ̄ⲧⲉϥⲕⲁⲑⲁⲓⲣⲉⲥⲓⲥ¹ ⲉⲧⲥⲟϥ (-ⲙ̅) ⲁⲥϣⲱⲡⲓ ⲇⲉ ⲙⲉⲛⲉⲛⲥⲁ ⲡⲁⲓⲁⲅⲱⲛ ⲛ̄ⲧⲉ ⲡⲓⲁⲅⲓⲟⲥ ⲕⲩⲣⲓⲗⲗⲟⲥ ⲛⲉⲙ ϯⲥⲩⲛⲟⲇⲟⲥ ⲉⲑⲟⲩⲁⲃ ⲛ̄ⲧⲉ ⲛⲓⲉⲡⲓⲥⲕⲟⲡⲟⲥ ⲟⲩⲟϩ ⲉⲧⲁⲩⲟⲩⲱϣ ⲉϣⲉ ⲛ̄ⲱⲟⲩ ⲉⲡⲓⲛ ⲉⲧⲉ ⲛⲟⲩⲟⲩ ⲛ̄ⲑⲣⲟⲛⲟⲥ ⲉⲃⲟⲗ ϩⲓⲧⲉⲛ ⲡⲟⲩⲁϩⲥⲁϩⲛⲓ ⲛ̄ⲧⲉ ⲡⲓⲉⲩⲥⲉⲃⲏⲥ ⲛ̄ⲟⲩⲣⲟ ⲑⲉⲟⲇⲟⲥⲓⲟⲥ ⲟⲩⲟϩ ⲙⲉⲛⲉⲛⲥⲁ ⲛⲁⲓ ⲁⲩⲱⲗⲉⲙ ⲙ̄ⲡⲓⲁⲅⲓⲟⲥ ⲁⲡⲁ ϣⲉⲛⲟⲩϯ ϧⲉⲛ ⲟⲩϭⲏⲡⲓ ⲉⲧⲁⲥⲥⲉⲛϥ ⲉϩⲣⲏⲓ ⲉϫⲉⲛ ⲡⲓⲧⲟⲡⲟⲥ ⲉⲑⲟⲩⲁⲃ ⲛ̄ⲧⲉ ⲡⲉⲛⲓⲱⲧ ⲛ̄ⲇⲓⲕⲁⲓⲟⲥ² ⲡⲓⲛⲓϣϯ ⲁⲃⲃⲁ ⲙⲁⲕⲁⲣⲓⲟⲥ³ ⲛ̄ⲧⲉ ϣⲓⲏⲧ ⲫⲏ ⲉⲧⲁ ⲧⲥⲙⲏ ⲙ̄ⲡⲟ̅ⲥ̅ ϣⲱⲡⲓ ϩⲁⲣⲟϥ ϫⲉ ⲁⲕϣⲱⲡⲓ ⲛ̄ⲛⲟⲩϯ ϩⲓϫⲉⲛ ⲡⲕⲁϩⲓ ⲟⲩⲟϩ ⲁϥⲛⲁⲩ ϧⲉⲛ ⲟⲩϭⲱⲣⲡ ⲉⲃⲟⲗ ⲉⲛⲓⲉⲩⲭⲏ ⲉⲑⲟⲩⲁⲃ ⲛ̄ⲧⲉ ⲛⲉϥϣⲏⲣⲓ ⲉⲩⲟⲓ ⲙ̄ⲫⲣⲏϯ ⲛ̄ⲟⲩⲭⲣⲉⲙⲧⲥ ⲛ̄ⲥⲑⲟⲓ ⲛ̄ⲟⲩϥⲓ ⲉϥⲣⲏⲓ ϣⲁ ⲡⲓⲑⲣⲟⲛⲟⲥ ⲛ̄ⲧⲉ ⲡⲓⲡⲁⲛⲧⲟⲕⲣⲁⲧⲱⲣ ⲟⲩⲟϩ ⲁϥⲉⲣ ϣⲫⲏⲣⲓ ⲛ̄ϧⲣⲏⲓ ⲛ̄ϧⲏⲧϥ ⲛ̄ϫⲉ ⲡⲓϧⲉⲗⲗⲟ ⲛⲁⲣⲭⲓⲙⲁⲛⲇⲣⲓⲧⲏⲥ⁴ ⲁⲡⲁ ϣⲉⲛⲟⲩϯ ⲉϥϫⲱ ⲙ̄ⲙⲟⲥ ϫⲉ ⲁⲣⲉϣⲁⲛ ⲡⲁⲟ̅ⲥ̅ ⲓⲏ̅ⲥ̅ ⲡⲭ̅ⲥ̅ ⲟⲩⲟϩ ⲙⲙⲟⲓ ϧⲉⲛ ⲡⲁⲙⲟⲛⲁⲥⲧⲏⲣⲓⲟⲛ ϯⲛⲁⲓ ⲉⲡⲁⲓⲧⲟⲡⲟⲥ ⲛ̄ⲧⲁⲛⲁⲩ ⲉⲧⲉϥϫⲓ

et tremblaient devant lui, à cause de la vertu consolatrice qui était en lui.

Il arriva au temps que le sage Cyrille invita le saint apa Schenoudi au synode saint qui se réunit à Éphèse au sujet de l'impie adorateur des hommes Nestorius, lorsque Notre-Seigneur Jésus le Christ leur vint en aide⁵, afin qu'ils souscrivissent son exil impur; il arriva donc, après ce combat du saint Cyrille et du synode saint des évêques, qu'ils voulurent retourner dans leurs propres diocèses⁶ d'après l'ordre du pieux roi Théodose. Et après cela on emporta le saint apa Schenoudi sur un nuage. Lorsque la nuée passa au-dessus du lieu saint de notre père juste, le grand abba Macaire de Schiit, celui au sujet duquel une voix du Saint-Esprit se fit entendre, disant : « Tu es un Dieu sur terre », et qui vit, dans une vision, les prières saintes de ses enfants monter, comme une fumée d'encens, vers le trône du Tout-Puissant, le vieillard archimandrite apa Schenoudi s'émerveilla en lui-même, disant : « Lorsque mon Seigneur Jésus le Christ m'aura déposé dans mon monastère, je viendrai en ce lieu pour voir l'œuvre et ceux qui y sont, afin de savoir de

---

1. *Cod.* ⲛ̄ⲧⲉϥⲕⲁⲑⲉⲣⲉⲥⲓⲥ. — 2. *Cod.* ⲇⲓⲕⲉⲟⲥ. — 3. *Cod.* ⲙⲁⲕⲁⲣⲓ. — 4. *Cod.* ⲁⲣⲭⲓⲙⲁⲛⲇⲣⲓⲧⲏⲥ. — 5. Mot à mot : « Fut compagnon de leur donner la main. » — 6. Mot à mot : « Voulurent s'en aller sur leurs sièges. »

ⲛⲉⲣ ϩⲱⲃ ⲛⲉⲙ ⲛⲏ ⲉⲧϣⲟⲡ ⲛϧⲏⲧϥ ϫⲉ ϩⲁⲛ ⲁϣ ⲛⲣⲏϯ ⲛⲉ. ⲁⲥϣⲱⲡⲓ ⲇⲉ ⲙⲙⲟϥ ϩⲟⲧⲉ ⲉⲧⲁϥⲉⲣⲁⲥⲡⲁⲍⲉⲥⲑⲁⲓ¹ ⲛⲛⲓⲥⲛⲏⲟⲩ ϧⲉⲛ ⲡⲉϥ- (-ⲙⲁ-) ⲙⲟⲛⲁⲥⲧⲏⲣⲓⲟⲛ ⲁϥϭⲓ ⲛⲉⲙⲁϥ ⲛϩⲁⲛ ⲕⲉϧⲉⲗⲗⲟⲓ ⲁϥⲓ ⲉϣⲓⲏⲧ ⲉⲡⲓⲧⲟⲡⲟⲥ ⲉⲑⲟⲩⲁⲃ ⲛⲧⲉ ⲁⲃⲃⲁ ⲙⲁⲕⲁⲣⲓⲟⲥ² ⲟⲩⲟϩ ⲁϥϣⲟⲡϥ ⲉⲣⲟϥ ⲛϫⲉ ⲡⲓϩⲏⲅⲟⲩⲙⲉⲛⲟⲥ³ ⲛⲧⲉ ⲡⲓⲥⲏⲟⲩ ⲉⲧⲙⲙⲁⲩ ϧⲉⲛ ⲟⲩⲣⲁϣⲓ ⲛⲉⲙ ⲟⲩⲇⲓⲁⲑⲉⲥⲓⲥ ⲛⲁⲅⲁⲡⲏ ⲛⲧⲉ ⲟⲩⲡⲁⲣⲁⲕⲗⲏⲥⲓⲥ ⲟⲩⲟϩ ⲁϥⲙⲟⲕⲙⲉⲕ ⲛϧⲣⲏⲓ ⲛϧⲏⲧϥ ⲛϫⲉ ⲡⲓⲁⲅⲓⲟⲥ ⲁⲡⲁ ϣⲉⲛⲟⲩϯ ϫⲉ ⲕⲁⲧⲁ ⲡⲓϣⲟⲣⲡ ⲉⲃⲟⲗ ⲉⲧⲁⲓⲛⲁⲩ ⲉⲣⲟϥ ⲉⲓⲧⲁⲗⲏⲟⲩⲧ ⲉϯϭⲏⲡⲓ ⲛⲁⲓϫⲓ ⲛⲉⲣ ϩⲱⲃ ⲙⲡⲁⲓⲣⲏϯ ⲫⲟϩ ⲉⲣⲟϥ ⲁⲛ. ⲉⲧⲓ ⲇⲉ ⲉϥⲙⲟⲕⲙⲉⲕ ⲉⲛⲁⲓ ⲙⲡⲁⲓⲣⲏϯ ⲛϧⲣⲏⲓ ⲛϧⲏⲧϥ ⲁ ⲫϯ ϭⲱⲣⲡ ⲉⲃⲟⲗ ⲙⲡⲓϩⲏⲅⲟⲩⲙⲉⲛⲟⲥ⁴ ⲉⲑⲟⲩⲁⲃ ⲛⲛⲓⲙⲟⲕⲙⲉⲕ ⲛⲧⲉ ⲡⲓⲁⲅⲓⲟⲥ ⲁⲡⲁ ϣⲉⲛⲟⲩϯ ⲟⲩⲟϩ ⲉⲧⲁϥⲟⲩⲱϣ ⲉⲑⲣⲉϥϫⲉⲙ ϩⲏⲟⲩ ⲉⲡⲓⲧⲟⲡⲟⲥ ϧⲉⲛ ⲡⲉϥϫⲓ ⲛⲓ ϣⲁⲣⲟϥ ⲉⲧⲓ ⲟⲩⲛ ⲉϥⲥⲛⲓⲟⲩ ⲛⲉⲙⲁϥ ⲉⲣⲉ ⲛⲓϧⲉⲗⲗⲟⲓ ϭⲓ ⲥⲙⲟⲩ ⲛⲧⲟⲧϥ ⲁϥⲉⲛϥ ⲉϫⲉⲛ ⲡⲓⲙⲁ ⲛⲥⲁϩϯ ⲛⲧⲉ ⲡⲓⲥⲛⲏⲟⲩ. ⲛⲉⲁϥϣⲱⲡⲓ ⲇⲉ ⲡⲉ ⲛϫⲉ ⲟⲩⲕⲟⲩϫⲓ ⲛϣⲁⲓ ϧⲉⲛ ⲡⲓⲉϩⲟⲟⲩ ⲉⲧⲙⲙⲁⲩ ⲉⲃⲟⲗ ϩⲓⲧⲉⲛ ⲟⲩⲡⲓⲥⲧⲟⲥ ⲟⲩⲟϩ ⲡⲉϫⲉ ⲡⲓϩⲏⲅⲟⲩⲙⲉⲛⲟⲥ⁵ ⲙⲡⲓⲥⲟⲛ ⲉⲧⲁϥϯ ϧⲁ ⲡⲓⲭⲁⲗⲕⲉⲓⲟⲛ⁶ (-ⲛⲃ-) ⲉⲣⲉ ⲟⲩⲟⲛ ⲟⲩⲕⲟⲩϫⲓ ⲛⲁϥ ⲛϧⲏⲧϥ ⲉⲧⲓ ⲉϥⲃⲉⲣⲃⲉⲣ ϧⲉⲛ ⲟⲩⲙⲉⲧϩⲟⲧⲟ ϫⲉ ⲭⲁⲗⲁ ⲙⲡⲉⲕϭⲛⲁϩ ⲡⲁϣⲏⲣⲓ ⲫⲉⲛϩ ⲡⲓⲁϥ. ⲟⲩⲟϩ ⲉⲧⲁϥϫⲉⲕ ⲡⲓⲥⲱⲧⲉⲙ ⲉⲃⲟⲗ ⲁϥⲭⲁⲗⲁ ⲙⲡⲉϥϭⲛⲁϩ ⲉϧⲣⲏⲓ ⲉⲡⲓⲭⲁⲗⲕⲉⲓⲟⲛ⁷ ⲁϥⲫⲉⲛϩ ⲡⲓⲉⲛⲭⲁⲓ ⲛⲟⲩⲱⲙ. ⲉⲧⲁϥⲛⲁⲩ

---

quelle manière ils sont. » Il lui arriva, lorsqu'il eut embrassé les frères dans son monastère, il prit avec lui quelques autres vieillards, il vint à Schiit, au lieu saint d'abba Macaire, et l'hégoumène de ce temps-là le reçut avec joie et des manières aimantes de consolation; et le saint apa Schenoudi réfléchissait en lui-même, disant : « Selon la vision que j'ai vue, lorsque j'étais monté sur le nuage, les œuvres de cette sorte n'y parviennent pas. » Comme il pensait encore des choses de cette sorte en lui-même, Dieu révéla à l'hégoumène les pensées du saint apa Schenoudi, et, lorsqu'il voulut trouver profit dans le *topos*⁸, comme il s'y rendait et qu'il y marchait encore avec lui, comme les vieillards recevaient sa bénédiction, l'hégoumène le conduisit à la cuisine où il y avait une petite fête ce jour-là, à cause d'un (frère) fidèle. Et l'hégoumène dit au frère qui faisait du feu sous la chaudière où il y avait de la viande qui bouillait avec excès : « Fourre ton bras, mon fils, tire la viande. » Et lorsqu'il accomplit la chose, il fourra son bras dans la chaudière et retira le mets. Et

---

1. Cod. ⲁⲥⲡⲁⲍⲉⲥⲟⲥ. — 2. Cod. ⲙⲁⲕⲁⲣⲓ. — 3. Cod. ϩⲟⲩⲟⲩⲙⲉⲛⲟⲥ. — 4. Cod. ϩⲟⲩⲟⲩⲙⲉⲛⲟⲥ. — 5. Cod. ϩⲟⲩⲟⲩⲙⲉⲛⲟⲥ. — 6. Cod. ⲭⲁⲗⲕⲓⲟⲛ. — 7. Cod. ⲭⲁⲗⲕⲓⲟⲛ. — 8. C'est-à-dire : « S'édifier dans l'enclos qui formait les bâtiments du monastère. »

ⲆⲈ ⲚϪⲈ ⲠⲒⲀⲄⲒⲞⲤ ⲀⲠⲀ ϢⲈⲚⲞⲨϮ ⲈⲦⲀⲒϢϮ ⲚϢⲪⲎⲢⲒ ϪⲈ ⲘⲠⲈ ⲠⲒⲤⲞⲚ ⲈⲢⲂⲖⲀⲠⲦⲈⲒⲚ[1] ⲚϨⲖⲒ ⲠⲈϪⲀϤ ϦⲈⲚ ⲞⲨⲠⲀⲢⲢⲎⲤⲒⲀ ϪⲈ ⲀⲖⲎⲐⲰⲤ ⲘⲘⲞⲚ ⲢⲀⲚ ⲚⲀⲦⲠⲢⲀⲜⲒⲤ ⲚⲀϢⲪⲈϢ ⲞⲨⲄⲈⲚⲞⲤ ⲀⲚ ⲔⲀⲒ ⲄⲀⲢ[2] ⲚⲒⲠⲢⲀⲜⲒⲤ ⲀⲨⲦⲞⲨⲚⲞⲤ[3] ⲦⲀⲂⲎⲐⲀ ⲠⲀⲒⲢⲎϮ ⲞⲚ ⲠⲒⲚⲀϨϮ ϪⲈ ⲈⲐⲂⲈ ⲚⲒⲠⲢⲀⲜⲒⲤ ⲈⲦⲀⲨⲂⲎⲞⲨⲦ ⲚⲦⲈ ⲀⲂⲂⲀ ⲘⲀⲔⲀⲢⲒⲞⲤ[4] ⲀϤⲦⲞⲨⲚⲞⲤ ⲠⲒⲢⲈϤⲘⲰⲞⲨⲦ. ⲞⲨⲞϨ ⲈⲒⲚⲀϪⲞⲤ ϪⲈ ⲞⲨ ⲈⲐⲂⲈ ⲚⲀϢⲎⲢⲒ ⲔⲀⲒ ⲄⲀⲢ[5] Ⲁ ⲚⲞⲨⲂⲀⲖ ϨⲀϮ ⲚϨⲀⲚ ⲈⲢⲘⲰⲞⲨⲒ ⲞⲨⲞϨ Ⲁ ⲤⲀϨⲞⲨⲚ ⲘⲘⲰⲞⲨ ϢⲰⲦ ⲈⲂⲞⲖ ⲈⲐⲂⲈ ⲠⲒϢⲀϢⲀϦ ⲚⲦⲞⲨⲦⲢⲞⲪⲎ ⲔⲀⲒ[6] ϢⲀ ϮⲚⲞⲨ ⲘⲠⲀⲦⲞⲨϢⲀⲘⲒⲈ ϨⲖⲒ ⲚϨⲰⲂ ⲘⲠⲀⲒⲢⲎϮ. ⲞⲨⲞϨ ⲠⲀⲒⲢⲎϮ ⲀϤϢⲈ ⲚⲀϤ ⲈⲠⲈϤⲘⲞⲚⲀⲤⲦⲎⲢⲒⲞⲚ ⲈϤϮ ϨⲞⲨⲞ ⲈⲠⲒⲦⲞⲠⲞⲤ ⲞⲨⲞϨ ⲈϤϮ ⲰⲞⲨ ⲘⲠⲈⲚⲞⲤ ⲒⲎⲤ ⲠⲬⲤ ⲚⲈⲘ ⲠⲈϤ- (-ⲘⲦ-) ⲂⲰⲔ ⲀⲂⲂⲀ ⲘⲀⲔⲀⲢⲒⲞⲤ[7] ⲠⲒⲐⲘⲎⲒ.

ⲞⲨⲤⲞⲚ ⲀϤϢⲈⲚ ⲀⲂⲂⲀ ⲘⲀⲔⲀⲢⲒⲞⲤ[8] ϪⲈ ⲞⲨ ⲠⲈ ⲠⲀⲒⲤⲀϪⲒ ⲈⲦⲈ ⲀⲂⲂⲀ ϬⲒϪⲰⲒ ϪⲞϤ ϪⲈ ⲞⲨⲞⲚ ⲞⲨⲀⲒ ⲈϤϬⲒ ⲘⲎⲦ ⲈϤϮ ⲚⲞⲨⲀⲒ. ⲀϤⲈⲢ ⲞⲨⲰ ⲠⲈϪⲀϤ ⲚⲀϤ ϪⲈ ⲈⲠⲈⲒⲆⲎ[9] ⲠⲒⲆⲒⲀⲂⲞⲖⲞⲤ ⲞⲨⲆⲈ ϦⲈⲚ ⲠⲒⲈϨⲰⲢϨ ⲞⲨⲆⲈ ϦⲈⲚ ⲠⲒⲈϨⲞⲞⲨ ⲚϤⲬⲰ ⲚⲦⲞϤ ⲈⲂⲞⲖ ⲀⲚ ⲈϤϮ ⲈⲠⲒⲀⲄⲰⲚⲒⲤⲦⲎⲤ ⲞⲨⲞϨ ⲚⲈⲄⲔⲢⲀⲦⲎⲤ ⲚⲀⲤⲔⲎⲦⲎⲤ[10] ⲈϢⲰⲠ ϪⲈ ϨⲰϤ ⲚⲦⲈϤϮ ⲚⲞⲨⲀⲒ ⲈⲂⲞⲨⲚ ⲈϨⲢⲈⲚ ⲠⲒⲆⲒⲀⲂⲞⲖⲞⲤ ϦⲈⲚ ϨⲀⲚ ⲈⲢⲘⲰⲞⲨⲒ ⲈϤⲢⲞϪⲠ ϦⲀⲦⲈⲚ ϮⲘⲈⲦⲀⲄⲀⲐⲞⲤ ⲚⲈⲘ ϮⲘⲈⲦϢⲈⲚ ϨⲎⲦ ⲚⲦⲈ ⲠⲈⲚⲞⲤ

lorsque apa Schenoudi vit cette grande nouvelle, que le frère n'avait été blessé en rien, il dit avec franchise : « Vraiment, le nom de *sans œuvres* ne séparera pas une race; car les œuvres ressuscitèrent Tabitha; de même aussi la foi, par les actions pures d'abba Macaire, ressuscite le mort. Et que dirai-je de mes fils? Leurs yeux ont laissé couler des larmes et leurs entrailles sont sans force à cause du désir de la nourriture, car jusqu'ici ils n'ont fait aucune œuvre de cette sorte. » Et ainsi il s'en alla à son monastère, ayant donné profit au *topos*, rendant gloire à Notre-Seigneur Jésus le Christ et à son serviteur abba Macaire le juste.

Un frère interrogea abba Macaire, disant : « Quelle est cette parole qu'a dite Djidjoï : Il en est un qui a reçu dix en donnant un? » Il répondit, il lui dit : « Comme le diable, ni le jour, ni la nuit, ne cesse de viser le combattant et l'ascète abstinent, si celui-ci aussi résiste en quelque chose contre le diable, avec des larmes, se jetant en la bonté et en la miséricorde de Notre-Seigneur Jésus le Christ, celui qui est bon et aime les hommes, notre vrai

---

1. *Cod.* ⲂⲖⲀⲠⲦⲒⲚ. — 2. *Cod.* ⲔⲈ ⲄⲀⲢ. — 3. *Cod.* ⲀⲨⲦⲞⲨⲚⲞⲤ (sic). — 4. *Cod.* ⲘⲀⲔⲀⲢⲒ. — 5. *Cod.* ⲔⲈ ⲄⲀⲢ. — 6. *Cod.* ⲔⲈ ⲄⲀⲢ. — 7. *Cod.* ⲘⲀⲔⲀⲢⲒ. — 8. *Cod.* ⲘⲀⲔⲀⲢⲒ. — 9. *Cod.* ⲈⲠⲒⲆⲎ. — 10. *Cod.* ⲀⲤⲔⲎⲦⲎⲤ.

ⲓⲏⲥ ⲡⲭⲥ ⲙⲁⲣⲉ ⲡⲓⲙⲁⲓ ⲣⲱⲙⲓ ⲛⲁⲅⲁⲑⲟⲥ ⲡⲉⲛⲁⲗⲏⲑⲓⲛⲟⲥ[1] ⲙⲙⲟⲩϯ ⲣⲁϣⲓ ⲉϩⲣⲏⲓ ⲉϫⲉⲛ ⲡⲓⲟⲩⲁⲓ ⲛⲧⲉ ⲡⲓⲣⲱⲙⲓ ⲛⲧⲉϥⲕⲱⲣϥ ⲙⲡⲓ̅ ⲛⲧⲉ ⲡⲓⲇⲓⲁⲃⲟⲗⲟⲥ ⲉⲑⲃⲉ ϫⲉ ⲡⲓⲣⲱⲙⲓ ⲟⲩⲥⲁⲣⲝ̅ ϩⲓ ⲥⲛⲟϥ ⲡⲉ ⲟⲩⲟϩ ⲁ ⲡⲓⲗⲁⲟⲩⲁⲓ ⲛⲉⲣϩⲟⲧ ⲛⲧⲁϥϭⲣⲟ ⲉⲛⲁ ⲡⲓⲁⲥⲱⲙⲁⲧⲟⲥ ⲛⲉ ⲑⲁϩⲥ ⲧⲉ ⲙⲡⲓⲇⲓⲁⲃⲟⲗⲟⲥ ⲉϧⲉⲓ ⲉⲃⲟⲗϩⲓⲧⲉⲛ ⲡⲓⲑⲉⲃⲓⲟ. ϯⲃⲟⲏⲑⲉⲓⲁ[2] ⲑⲁ ⲡⲉⲛ̅ⲥ̅ ⲓⲏⲥ ⲡⲭⲥ ⲧⲉ ⲛⲧⲉϥⲉⲣⲥⲕⲉⲡⲁⲍⲓⲛ[3] ⲉϫⲱⲛ ϩⲓⲧⲉⲛ ⲡⲉϥϩⲙⲟⲧ ⲉⲑⲟⲩⲁⲃ.

ⲁϥϣⲉⲛϥ ⲟⲛ ⲛϫⲉ ⲡⲓⲥⲟⲛ ϫⲉ ⲁϣ ⲛϩⲱⲃ ⲉⲧⲥⲟⲧⲡ ϧⲉⲛ (-ⲙ̅ⲁ̅-) ⲡⲓⲡⲣⲁⲕⲧⲓⲕⲟⲛ ⲟⲩⲟϩ ⲉⲥⲕⲣⲁⲧⲓⲥⲧⲟⲛ[4]. ⲁϥⲉⲣ ⲟⲩⲱ ⲡⲉϫⲁϥ ⲛⲁϥ ϫⲉ ⲱ ⲟⲩⲛⲓⲁⲧϥ ⲙⲫⲏ ⲉⲧⲟⲩⲛⲁϫⲉⲙϥ ⲉϥⲙⲟⲛⲓ ⲙⲡⲓⲣⲁⲛ ⲉⲧⲥⲙⲁⲣⲱⲟⲩⲧ ⲛⲧⲉ ⲡⲉⲛ̅ⲥ̅ ⲓⲏⲥ ⲡⲭⲥ ϧⲉⲛ ⲟⲩⲙⲉⲧⲁⲑⲙⲟⲩⲛⲕ ⲛⲉⲙ ⲟⲩⲧⲉⲛⲛⲟ ⲛⲧⲉ ⲡⲓϩⲏⲧ ϫⲉ ⲟⲩⲏⲓ ⲙⲙⲟⲛ ⲕⲉϩⲓ ⲛⲉⲣ ϩⲱⲃ ⲉⲥⲥⲟⲧⲡ ϧⲉⲛ ⲡⲓⲡⲣⲁⲕⲧⲓⲕⲟⲛ ⲧⲏⲣϥ ⲙⲫⲣⲏϯ ⲛⲧⲁⲓⲧⲣⲟⲫⲏ ⲙⲙⲁⲕⲁⲣⲓⲁ ⲑⲁⲓ ⲁⲛϣⲁⲛⲥⲁⲑⲙⲓ ⲉϫⲱⲥ ⲛⲥⲟⲩ ⲛⲓⲃⲉⲛ ⲙⲫⲣⲏϯ ⲙⲡⲓⲉⲥⲱⲟⲩ ⲁϥϣⲁⲛϥⲱⲛⲕ ⲉⲡϣⲱⲓ ⲟⲩⲟϩ ⲛⲧⲉϥϫⲉⲙ ϯϩⲛⲓ ⲙⲡⲓϩⲗⲟϫ ⲛⲧⲉ ⲡⲓⲥⲁϩⲛⲓ ϣⲁⲧⲉϥϣⲉ ⲉϧⲟⲩⲛ ⲉⲛⲓϭⲗⲟⲧ ⲛⲧⲉ ⲡⲉϥϩⲏⲧ ⲟⲩⲟϩ ⲛⲧⲉϥⲥⲱⲕ ⲉϫⲱϥ ⲛⲟⲩϩⲗⲟϫ ⲛⲉⲙ ⲟⲩⲕⲉⲛⲓ ⲉϥⲉⲣ ⲛⲟϥⲣⲓ ⲛⲛⲉϥϣⲱⲛⲓ ⲛⲉⲙ ⲡⲉϥⲥⲁϩⲟⲩⲓ ⲧⲏⲣϥ ⲓⲉ ⲭⲛⲁⲩ ⲁⲛ ⲉⲑⲙⲉⲧⲥⲁⲓⲉ ⲛⲛⲉϥⲟⲩⲟϫⲓ ⲉⲩⲙⲉϩ ⲉⲃⲟⲗϧⲉⲛ ⲡϩⲗⲟϫ ⲙⲡⲓ-

Dieu, se réjouit sur un (coup) de l'homme, de manière à rendre inutiles dix (coups) du diable; car l'homme est chair et sang, et pour lui, administrer un coup surpasse (tous) les (coups) des incorporels; c'est en effet la coutume du diable de tomber sous l'humilité, avec le secours de Notre-Seigneur Jésus le Christ, celui dont il nous couvre par sa grâce sainte. »

Le frère l'interrogea encore en disant : « Quelle est l'œuvre la plus agréable à Dieu dans (les actions de) l'ascète et de l'abstinent? » Il lui répondit, il lui dit : « O bienheureux celui qu'on trouvera persévérant dans le nom béni de Notre-Seigneur Jésus le Christ, sans cesse et avec contrition de cœur; car certes il n'y a point dans toute la vie *pratique* d'œuvre agréable comme cette nourriture bienheureuse. Si tu la rumines en tout temps comme la brebis lorsqu'elle l'attire en haut[5] et goûte la douceur de ruminer, jusqu'à ce que la (chose ruminée) entre dans l'intérieur de son cœur et qu'elle y répande une douceur et une graisse bonne à son estomac (?) et à tout son intérieur; et ne vois-tu pas la beauté de ses joues pleines de la douceur de ce qu'elle a ruminé

---

1. *Cod.* ⲁⲗⲏⲑⲓⲛⲟⲥ. — 2. *Cod.* ⲃⲟⲏⲑⲓⲁ. — 3. *Cod.* ⲥⲕⲉⲡⲁⲍⲓⲛ. — 4. *Cod.* ⲉⲩⲕⲣⲁⲧⲓⲥⲧⲟⲥ pour ⲉⲩⲕⲣⲁⲧⲉⲥ. — 5. Il s'agit de l'action qui fait revenir la nourriture de l'estomac dans la bouche.

ⲥⲁϧⲛⲓ ⲉⲧϧⲉⲛ ⲣⲱϥ. ⲉⲥⲉϣⲱⲡⲓ ⲛⲁⲛ ⲛ̄ⲧⲉ ⲡⲉⲛ‾ⲟ‾ⲥ‾ ⲓⲏⲥ ⲡ‾ⲭ‾ⲥ‾ ⲉⲣ ϩⲙⲟⲧ ⲛⲁⲛ
ⲙ̄ⲡⲉϥⲣⲁⲛ ⲉⲧϩⲟⲗϫ ⲟⲩⲟϩ ⲉⲧⲕⲉⲛⲓⲱⲟⲩⲧ.

ⲟⲩⲕⲟⲛ ⲁϥϣⲉⲛ ⲁⲃⲃⲁ ⲙⲁⲕⲁⲣⲓⲟⲥ[1] ϫⲉ ⲙⲁⲧⲁⲙⲟⲓ ⲉϥⲃⲱⲗ ⲙ̄ⲡⲁⲓⲥⲁϫⲓ ϫⲉ
ⲑⲙⲉⲗⲉⲧⲏ ⲙ̄ⲡⲁϩⲏⲧ ⲭⲏ ⲙ̄- (-ⲙⲉ-) ⲡⲉⲕⲙ̄ⲑⲟ ⲉⲃⲟⲗ. ⲡⲉϫⲉ ⲡⲓϧⲉⲗⲗⲟ ⲛⲁϥ
ϫⲉ ⲙ̄ⲙⲟⲛ ⲕⲉⲙⲉⲗⲉⲧⲏ ⲉⲧⲥⲟⲧⲡ ⲉⲃⲏⲗ ⲉⲡⲁⲓⲣⲁⲛ ⲛ̄ⲟⲩϫⲁⲓ ⲟⲩⲟϩ ⲉⲧⲥⲙⲁⲣⲱⲟⲩⲧ
ⲛ̄ⲧⲉ ⲡⲉⲛⲟ‾ⲥ‾ ⲓⲏⲥ ⲡ‾ⲭ‾ⲥ‾ ⲉϥϣⲟⲡ ⲉϧⲣⲏⲓ ⲛϧⲏⲧⲕ ϧⲉⲛ ⲟⲩⲙⲟⲩⲛ ⲉⲃⲟⲗ ⲙ̄ⲫⲣⲏϯ
ⲉⲧⲥϧⲏⲟⲩⲧ ϫⲉ ⲙ̄ⲫⲣⲏϯ ⲛ̄ⲟⲩϭⲏⲛⲓ ϯⲛⲁⲙⲟⲩϯ ⲟⲩⲟϩ ⲙ̄ⲫⲣⲏϯ ⲛ̄ⲟⲩϭⲣⲟⲙⲡⲓ
ϯⲛⲁⲉⲣⲙⲉⲗⲉⲧⲁⲛ ⲫⲁⲓ ⲡⲉ ⲙ̄ⲫⲣⲏϯ ⲙ̄ⲡⲓϣⲁⲙϣⲉ ⲛⲟⲩϯ ⲉϥⲙⲟⲛⲓ ⲙ̄ⲡⲓⲣⲁⲛ
ⲛ̄ⲟⲩϫⲁⲓ ⲛ̄ⲧⲉ ⲡⲉⲛⲟ‾ⲥ‾ ⲓⲏⲥ ⲡⲭ‾ⲥ‾.

ⲁⲩϫⲟⲥ ⲉⲑⲃⲉ ⲁⲃⲃⲁ ⲙⲁⲕⲁⲣⲓⲟⲥ[2] ⲡⲓⲛⲓϣϯ ϫⲉ ⲁⲥϣⲱⲡⲓ ⲛ̄ⲟⲩⲥⲟⲡ ⲉϥϧⲉⲛ
ⲡⲓⲱⲥϧ ⲛⲉⲙ ⲛⲓⲥⲛⲏⲟⲩ ⲁ ⲟⲩⲃⲱⲛϣ ⲭⲁ ⲣⲱϥ ⲉⲡϣⲱⲓ ⲁϥϣⲉ ⲟⲩⲛⲓϣϯ
ⲛ̄ϧⲣⲱⲟⲩ ⲉⲃⲟⲗ ⲉⲣⲉ ⲛⲉϥⲃⲁⲗ ⲓⲟⲣⲉⲙ ⲉϧⲣⲏⲓ ⲉⲧⲫⲉ ϩⲁ ⲡⲟⲥ. ⲡⲓⲁⲅⲓⲟⲥ ⲇⲉ
ⲁϥⲟϩⲓ ⲉⲣⲁⲧϥ ⲁϥⲡⲉⲥϯ ⲣⲱϥ ϧⲉⲛ ϩⲁⲛ ⲉⲣⲙⲱⲟⲩⲓ. ⲉⲧⲁ ⲛⲓⲥⲛⲏⲟⲩ ⲛⲁⲩ ⲉⲣⲟϥ
ⲁⲩⲉⲣ ϣⲫⲏⲣⲓ ⲁⲩϩⲓⲧⲟⲩ ⲉϧⲣⲏⲓ ϧⲁ ⲛⲉϥϭⲁⲗⲁⲩϫ ⲉϯ ϩⲟ ⲉⲣⲟϥ ⲉⲩϫⲱ
ⲙ̄ⲙⲟⲥ ϫⲉ ⲧⲉⲛϯ ϩⲟ ⲡⲉⲛⲓⲱⲧ ⲙⲁⲧⲁⲙⲟⲛ ϫⲉ ⲉⲑⲃⲉ ⲟⲩ ⲛⲉⲕⲃⲁⲗ ⲓⲟⲣⲉⲙ
ϧⲉⲛ ϩⲁⲛ ⲉⲣⲙⲱⲟⲩⲓ. ⲉⲧⲓ ⲇⲉ ⲉϥϫⲟⲣⲉⲙ ϧⲉⲛ ⲛⲓⲉⲣⲙⲱⲟⲩⲓ ⲛⲁⲣⲉ ⲡⲉϥϩⲟ ϩⲓ
ⲭⲣⲱⲙ ⲉⲃⲟⲗ ⲡⲉ ⲙ̄ⲫⲣⲏϯ ⲛ̄ⲛⲓⲁⲕⲧⲓⲛ ⲛ̄ⲧⲉ ⲫⲣⲏ (-ⲙⲥ-) ⲉⲑⲃⲉ ⲡⲓϩⲙⲟⲧ

dans sa bouche[3]? Qu'il nous arrive que Notre-Seigneur Jésus le Christ nous fasse grâce en son nom doux et gras. »

Un frère interrogea abba Macaire, disant : « Apprends-moi l'explication de cette parole : La méditation de mon cœur est en ta présence. » Le vieillard lui dit : « Il n'y a point d'autre méditation exquise, sinon ce nom salutaire et béni de Notre-Seigneur Jésus le Christ habitant sans cesse en toi, ainsi qu'il est écrit : Comme une hirondelle je crierai et comme une tourterelle je méditerai. C'est ainsi que fait l'homme pieux qui est constant dans l'(invocation du) nom salutaire de Notre-Seigneur Jésus le Christ. »

On dit d'abba Macaire qu'il lui arriva, une fois qu'il était à la moisson avec des frères, qu'un loup se mit à hurler; il poussa un grand cri les yeux tournés vers le Seigneur. Le saint se tint debout, il sourit dans les larmes. Lorsque les frères le virent, ils s'étonnèrent, ils se jetèrent à ses pieds, ils le prièrent, disant : « Nous t'en prions, notre père, apprends-nous pourquoi tes yeux regardent dans les larmes? » (Car) comme il regardait encore dans les larmes, son visage lançait du feu, comme les rayons du soleil, à cause de la grâce de

---

1. *Cod.* ⲙⲁⲕⲁⲣⲓ. — 2. *Cod.* ⲙⲁⲕⲁⲣⲓ. — 3. Cette phrase n'est pas terminée.

Notre-Seigneur Jésus-Christ qui était en lui. Il leur dit : « Vous autres, vous n'avez point entendu ce que le loup crie? » Ils lui répondirent, ils lui dirent : « Qu'est-ce, notre père? » Il leur dit : « Il s'écrie au bienfaisant, au seul miséricordieux, au maître des trésors de miséricordes nombreuses, Notre-Seigneur Jésus le Christ, en disant : « Puisque tu prends soin de moi, donne-moi ma nourriture; ou qu'est-ce que c'est que cette souffrance, car tu nous as aussi créés? » En effet, si les bêtes carnivores ont aussi un sens et elles s'écrient à la bonté de Notre-Seigneur Jésus le Christ, et il les nourrit toutes; comment, nous autres hommes raisonnables, ne prendrait-il pas soin de nous par les entrailles nombreuses de sa miséricorde? » Comme le luminaire lumineux disait ces choses aux frères, le loup se tenait debout étonné. Ensuite la bête s'en alla au lieu où Dieu lui avait préparé sa nourriture, et tous les frères se prosternèrent, ils adorèrent les pieds saints de notre père juste, le grand abba Macaire, le pneumatophore, rendant gloire à Notre-Seigneur Jésus le Christ.

---

1. *Cod.* ⲟⲩⲥⲟⲥⲓⲥ. — 2. *Cod.* ⲛⲗⲟⲩⲕⲟⲥ. — 3. A la marge : ⲥⲱⲕ ⲁⲣⲭ ⲧⲙⲁϩ ϯⲕⲩⲣⲓⲁⲕⲏ (*sic*) ⲛⲧⲉ ⲛⲏⲥ̄ⲧ̄; c'est-à-dire : « Poursuis; commencement du cinquième (?) dimanche de carême. » — 4. Après ce mot, une main récente a ajouté : ⲉⲩⲱⲟⲩ : « pour la gloire; » ce qui n'a pas de sens. — 5. *Cod.* ⲛⲇⲓⲕⲉⲟⲥ. — 6. *Cod.* ⲙⲁⲕⲁⲣⲓ.

ⲁⲩϫⲟⲥ ⲉⲑⲃⲉ ⲁⲃⲃⲁ ⲙⲁⲕⲁⲣⲓⲟⲥ¹ ⲛⲛⲓϣϯ ϫⲉ ⲁϥ̄ⲓ ⲟⲩⲟⲧ ⲉⲣⲟϥ ⲛϫⲉ
ⲟⲩϧⲉⲗⲗⲟ ⲛⲉⲙ ⲟⲩⲥⲟⲛ ⲡⲉϫⲱⲟⲩ ⲛⲁϥ ϫⲉ ⲧⲉⲛⲟⲩⲱϣ ⲉϣⲱⲡⲓ ϧⲉⲛ ⲟⲩⲙⲉ-
ⲧⲟⲩⲁⲓ ⲛⲉⲙ ⲛⲉⲛⲉⲣⲏⲟⲩ ⲡⲉⲛⲓⲱⲧ. ⲡⲉϫⲉ ⲁⲃⲃⲁ ⲙⲁⲕⲁⲣⲓⲟⲥ² ⲙⲡⲓϧⲉⲗⲗⲟ ϫⲉ
ϭⲓ ⲛⲁⲕ ⲛϣⲟⲣⲡ ⲙⲡⲓⲛⲓ ⲙⲡⲓⲙⲁⲛⲉⲥⲱⲟⲩ ⲁⲣⲉϣⲁⲛ ϯⲉⲣϥⲱⲧ ⲥⲁⲧ ϥϫⲉⲛⲧ
ⲉⲡⲉⲥⲱⲟⲩ ϣⲁϥϯ ⲫⲁϩⲣⲓ ⲛⲁϥ ϣⲁⲧⲉϥϧⲱⲧⲉⲃ ⲛⲛⲓϥⲉⲛⲧ ⲉϣⲱⲡ ⲇⲉ ⲟⲛ
ⲛⲧⲉϥⲉⲣ ϫⲉⲣϫⲓ ϣⲁϥϯ ϭⲁⲃⲱⲧ ⲛⲁϥ ϣⲁⲧⲉϥⲕⲱⲛ ⲛⲛⲓϫⲉⲣϫⲓ. ⲡⲉϫⲉ ⲡⲓϧⲉⲗⲗⲟ
ⲛⲁϥ ϫⲉ ⲙⲁⲧⲁⲙⲟⲓ ⲉⲡⲃⲱⲗ ⲙⲡⲁⲓⲥⲁϫⲓ. ⲡⲉϫⲉ ⲁⲃⲃⲁ ⲙⲁⲕⲁⲣⲓⲟⲥ³ ⲛⲁϥ ϫⲉ
ⲉⲣⲉ ⲛⲓ ⲛⲧⲉⲣϥⲱⲧ ⲉϫⲉⲛ ⲡⲓⲇⲓⲁⲃⲟⲗⲟⲥ ⲟⲩⲟϩ ⲡⲓⲉⲥⲱⲟⲩ ϩⲱϥ ⲉϫⲉⲛ ⲡⲓⲥⲟⲛ
ⲉⲧϣⲟⲡ ⲛⲉⲙⲁⲕ ⲛⲓϥⲉⲛⲧ ⲇⲉ ϩⲱⲟⲩ ⲛⲉ ⲛⲓⲡⲁⲑⲟⲥ ⲛⲉⲙ ⲛⲓϩⲩⲇⲟⲛⲏ ⲛⲧⲉ ⲛⲓⲇⲁⲓⲙⲱⲛ⁴ ⲉⲧϣⲟⲡ ϧⲉⲛ ϯⲯⲩⲭⲏ ⲉⲩϣⲗⲉⲙⲗⲉⲙ ϧⲉⲛ ⲡⲓϩⲏⲧ ⲙⲫⲣⲏϯ
ⲛⲛⲓϥⲉⲛⲧ ⲉⲧⲭⲏ ϧⲉⲛ ⲛⲓⲉⲣϧⲟⲧ ⲛⲧⲉ ⲡⲓⲥⲱⲙⲁ ⲡⲓⲫⲁϩⲣⲓ ϩⲱϥ ⲉⲧϫⲱϯ ⲛⲛⲓϫⲉⲣϫⲓ (-ⲙⲛ-) ⲡⲉ ϯⲡⲣⲟⲕⲟⲡⲏ ⲛⲉⲙ ϯⲉⲅⲕⲣⲁⲧⲉⲓⲁ⁵ ⲛⲉⲙ ϯⲥⲃⲱ ⲉⲟⲟⲩⲟⲣ
ⲛⲧⲉ ⲫϯ ⲛⲁⲓ ⲡⲉ ⲉⲧⲧⲟⲩⲃⲟ ⲛϯⲯⲩⲭⲏ ⲉⲩⲓⲣⲓ ⲙⲙⲟⲥ ⲛⲕⲁⲑⲁⲣⲟⲥ ⲉⲃⲟⲗϧⲁ
ⲡⲁⲑⲟⲥ ⲛⲓⲃⲉⲛ ⲛⲉⲙ ⲕⲁⲕⲓⲁ ⲛⲓⲃⲉⲛ ⲛⲧⲉ ⲛⲓϫⲁϫⲓ ⲉⲧϩⲱⲟⲩ ⲛⲧⲉ ⲛⲓⲇⲁⲓⲙⲱⲛ⁶.
ⲡⲉϫⲁϥ ⲇⲉ ⲙⲡⲓⲥⲟⲛ ϩⲱϥ ϫⲉ ϭⲓ ⲛⲁⲕ ϩⲱⲕ ⲛⲁϣⲏⲣⲓ ⲙⲡⲓⲛⲓ ⲛⲓⲥⲁⲁⲕ
ⲉⲧⲁϥⲥⲱⲧⲉⲙ ⲛⲥⲁ ⲡⲉϥⲓⲱⲧ ϣⲁⲧⲉϥⲉⲛϥ ⲉⲡϣⲱⲓ ⲛⲟⲩϣⲟⲩϣⲱⲟⲩϣⲓ ⲛⲉⲙ
ⲟⲩⲑⲩⲥⲓⲁ ⲉⲥϣⲏⲡ ⲙⲡⲉⲙⲑⲟ ⲙⲫϯ ⲉⲁϥϣⲱⲡⲓ ⲛⲉⲥⲕⲣⲁⲫⲟⲛ ϧⲉⲛ ϯⲉⲕⲕⲗⲏ-

On dit d'abba Macaire qu'un vieillard alla le trouver avec un frère. Ils lui dirent : « Nous désirons habiter ensemble, l'un avec l'autre, notre père. » Abba Macaire dit au vieillard : « Prends d'abord pour toi la ressemblance d'un berger; si un taon inocule des vers à une brebis, il lui fait remède jusqu'à ce qu'il ait tué les vers; si elle devient teigneuse, il la lave jusqu'à ce que la teigne soit arrachée. » Le vieillard lui dit : « Donne-moi l'explication de cette parole. » Abba Macaire lui dit : « Le taon est comparé au diable et la brebis au frère qui est avec toi. Les vers sont les passions et les plaisirs des démons qui habitent dans l'âme, qui grouillent dans le cœur, comme les vers qui sont dans les plaies du corps; le remède qui lave la teigne, c'est le progrès, l'abstinence et l'enseignement salutaire de Dieu. Ce sont ces choses-là qui purifient l'âme, la rendent pure de toute passion, de tout mal des ennemis méchants, les démons. » Il dit aussi au frère : « Prends pour toi, mon fils, la ressemblance d'Isaac qui obéit à son père jusqu'à porter en haut un sacrifice et une victime agréables en présence de Dieu, qui est devenu une figure dans

1. Cod. ⲙⲁⲕⲁⲣⲓ. — 2. Cod. ⲙⲁⲕⲁⲣⲓ. — 3. Cod. ⲙⲁⲕⲁⲣⲓ. — 4. Cod. ⲛⲓⲇⲉⲙⲱⲛ. —
5. Cod. ϯⲉⲅⲕⲣⲁⲧⲓⲁ. — 6. Cod. ⲛⲓⲇⲉⲙⲱⲛ.

ⲥⲓⲁ ϣⲁ ϯⲥⲩⲛⲧⲉⲗⲉⲓⲁ¹ ⲛⲧⲉ ⲡⲁⲓⲁⲓⲱⲛ² ⲛⲉⲙ ⲡⲓⲱⲟⲩ ⲛⲧⲉ ⲡⲉⲛϭⲥ ⲓⲏⲥ ⲡⲭⲥ.

ⲁϥϫⲟⲥ ⲟⲛ ⲛϫⲉ ⲁⲃⲃⲁ ⲙⲁⲕⲁⲣⲓⲟⲥ³ ϫⲉ ⲙⲫⲣⲏϯ ⲙⲡⲓⲕⲉⲣⲁⲙⲉⲩⲥ ⲉϥϩⲉⲙⲥⲓ ⲉϥⲉⲣ ϩⲱⲃ ⲉⲡⲓⲕⲁϩⲓ ⲛϣⲟⲣⲡ ⲙⲉⲛ ϣⲁϥⲉⲣⲡⲟⲩⲥⲡⲁⲍⲓⲛ⁴ ⲉⲙⲟⲩⲛⲕ ⲛϩⲁⲛ ⲥⲕⲉⲩⲟⲥ ⲉⲧⲥⲉⲗⲥⲱⲗ ϧⲉⲛ ϩⲁⲛ ⲍⲱⲅⲣⲁⲫⲓⲁ ⲛⲧⲉ ϩⲁⲛ ⲫⲁϩⲣⲓ ϩⲱⲥⲧⲉ⁵ ⲛⲧⲟⲩϣⲱⲡⲓ ⲉⲩⲧⲁⲓⲏⲟⲩⲧ ϧⲉⲛ ⲛⲓⲁⲣⲓⲥⲧⲟⲛ ⲛⲉⲙ ⲛⲓⲇⲉⲓⲡⲛⲟⲛ⁶ ⲛⲧⲉ ⲛⲓⲟⲩⲣⲱⲟⲩ ϣⲁ ⲉϧⲟⲩⲛ ⲉⲡⲓⲧⲁⲅⲙⲁ ⲛⲓⲉⲣⲁⲧⲓⲕⲟⲛ ⲛⲧⲉ ϯⲉⲕⲕⲗⲏⲥⲓⲁ. ⲙⲉⲛⲉⲛⲥⲁ ⲛⲁⲓ ϣⲁϥⲙⲟⲩⲛⲕ ⲛϩⲁⲛ ⲕⲉⲟⲩⲟⲛ ⲉⲩϭⲁⲓⲱⲟⲩ ⲟⲩⲟϩ ⲉⲩϭⲟϫⲉⲃ ϣⲁ ⲉϧⲟⲩⲛ ⲉⲛⲓⲙⲟⲕⲓ ⲛϥⲉⲛ ⲙⲱⲟⲩ ⲉⲃⲟⲗ ⲛⲉⲙ ⲛⲓ- (-ⲙⲁ-) ⲙⲁ ⲛϩⲉⲙⲥⲓ ⲛⲧⲉ ⲛⲓⲭⲫⲟ ⲙⲃⲉⲣⲓ ⲟⲩⲟϩ ⲛⲁⲧⲕⲁⲕⲓⲁ. ⲙⲉⲛⲉⲛⲥⲁ ⲛⲁⲓ ϣⲁϥϭⲁⲥ ϯⲕⲁⲙⲓⲛⲓ⁷ ⲛⲧⲉϥϯ ⲭⲣⲱⲙ ⲛⲱⲟⲩ. ⲁⲙⲏⲛ ϯϫⲱ ⲙⲙⲟⲥ ϫⲉ ⲙⲫⲣⲏϯ ⲉⲧⲉϥⲧⲱⲃϩ ⲉϫⲉⲛ ⲛⲏ ⲉⲧⲧⲁⲓⲏⲟⲩⲧ ⲟⲩⲟϩ ⲉⲧⲥⲉⲗⲥⲱⲗ ϥⲧⲱⲃϩ ⲟⲛ ⲉϫⲉⲛ ⲛⲏ ⲉⲧϭⲁⲓⲱⲟⲩ ⲟⲩⲟϩ ⲉⲧϭⲟϫⲉⲃ ϫⲉ ⲡϩⲱⲃ ⲛⲛⲉϥϫⲓϫ ⲡⲉ. ⲡⲁⲓⲣⲏϯ ϩⲱϥ ⲡⲉⲛϭⲥ ⲓⲏⲥ ⲡⲭⲥ ⲫⲁ ⲛⲓⲁϩⲱⲣ ⲛⲧⲉ ⲛⲓⲙⲉⲧϣⲉⲛϩⲏⲧ ⲉⲧⲟϣ ⲡⲓϣⲁⲛ ⲑⲙⲁϧⲧ ⲙⲙⲁⲩⲁⲧϥ ⲛⲉⲙ ⲡⲉϥⲓⲱⲧ ⲛⲁⲅⲁⲑⲟⲥ ⲛⲉⲙ ⲡⲓⲡⲛⲁ ⲉⲑⲟⲩⲁⲃ ⲙⲫⲣⲏϯ ⲉⲧⲉϥⲣⲁϣⲓ ⲉϫⲉⲛ ⲫⲏ ⲉⲧⲟⲩⲃⲏⲟⲩⲧ ⲟⲩⲟϩ ⲉⲧⲥⲉⲗⲥⲱⲗ ϧⲉⲛ ⲡⲧⲟⲩⲃⲟ ⲛϯⲡⲣⲟⲕⲟⲡⲏ ⲛⲧⲉ ϯⲁⲣⲉⲧⲏ ⲟⲩⲟϩ ϯⲉⲅⲕⲣⲁⲧⲉⲓⲁ⁸

l'Église jusqu'à la fin de ce siècle, avec la gloire de Notre-Seigneur Jésus le Christ. »

Abba Macaire dit aussi : « Comme le potier assis, travaillant d'abord la terre, il prend soin de façonner des vases ornés de peintures avec des médicaments⁹, afin qu'ils soient en honneur dans les soupers et les dîners des rois, et même pour l'ordre hiératique de l'Église¹⁰; ensuite il en façonne d'autres vils et inférieurs, jusqu'aux vases pour répandre l'eau¹¹ au dehors et les sièges des nouveaux-nés qui sont sans malice; puis il allume la fournaise afin de les cuire. En vérité, je vous le dis, de même qu'il prie pour les (vases) précieux et ornés, il prie aussi pour les vils et les inférieurs, car ils sont l'œuvre de ses mains. Ainsi Notre-Seigneur Jésus le Christ, le maître des trésors de miséricordes nombreuses, le seul miséricordieux avec son père plein de bonté et le Saint-Esprit, de même qu'il se réjouit au sujet de celui qui est pur et orné de la pureté du progrès dans la vertu et l'abstinence, il se réjouit aussi de la

---

1. *Cod.* ϯⲥⲩⲛⲧⲉⲗⲓⲁ. — 2. *Cod.* ⲡⲓⲉⲱⲛ. — 3. *Cod.* ⲙⲁⲕⲁⲣⲓ. — 4. *Cod.* ⲥⲡⲟⲩⲇⲁⲍⲓⲛ. — 5. *Cod.* ϩⲱⲥⲇⲉ. — 6. *Cod.* ⲇⲓⲡⲛⲟⲛ. — 7. *Cod.* ϯⲕⲁⲙⲓⲛⲏ. — 8. *Cod.* ⲛⲉⲅⲕⲣⲁⲧⲓⲁ. — 9. C'est-à-dire : des substances qu'on employait pour vernir et peindre les vases, qui servaient aux médicaments. — 10. C'est-à-dire : les vases qui servaient au clergé. — 11. C'est-à-dire : les pots de chambre.

ϥⲣⲁϣⲓ ⲇⲉ ⲟⲛ ⲉⲝⲉ ⲡϫⲓ ⲛ̄ⲧⲁⲥⲟⲟ ⲙ̄ⲫⲏ ⲉⲧϧⲟⲥⲉⲃ ⲉⲧⲉ ⲡⲓⲣⲉϥⲉⲣ ⲛⲟⲃⲓ ⲡⲉ ⲕⲁⲧⲁ ⲫⲣⲏϯ ⲉⲧⲥϧⲏⲟⲩⲧ ϫⲉ ⲟⲩⲟⲛ ⲟⲩⲣⲁϣⲓ ⲛⲁϣⲱⲡⲓ ϧⲉⲛ ⲧⲫⲉ ⲙ̄ⲡⲉⲙⲑⲟ ⲉⲃⲟⲗ ⲛ̄ⲛⲓⲁⲅⲅⲉⲗⲟⲥ ⲛ̄ⲧⲉ ⲫϯ ⲉϩⲣⲏⲓ ⲉϫⲉⲛ ⲟⲩⲣⲉϥⲉⲣ ⲛⲟⲃⲓ ⲛⲟⲩⲱⲧ ⲁϥϣⲁⲛⲉⲣ ⲙⲉⲧⲁⲛⲟⲉⲓⲛ¹. ⲛⲑⲟϥ ⲟⲛ ⲁϥϫⲟⲥ ϫⲉ ϯⲟⲩⲁϣ ⲫⲙⲟⲩ ⲁⲛ ⲙ̄ⲡⲓⲣⲉϥⲉⲣ ⲛⲟⲃⲓ ⲙ̄ⲫⲣⲏϯ ⲛ̄ⲧⲉϥⲧⲁⲥⲑⲟϥ ⲟⲩⲟϩ ⲛ̄ⲧⲉϥⲱⲛϧ ⲕⲁⲓ ⲅⲁⲣ² ⲉⲧⲁϥϭⲓ ⲛ̄ⲧⲁⲓⲥⲁⲣⲝ ⲟⲩⲟϩ ⲁϥϣⲱⲡ ⲛⲛⲁⲓ- (-ⲛ̄-) ⲙ̄ⲕⲁϩ ϧⲉⲛ ⲡⲉϥⲟⲩⲱϣ. ⲉⲑⲃⲉ ⲛⲁⲓ ⲟⲩⲟⲛ ⲙ̄ⲡⲁⲓⲣⲏϯ ⲉϥϫⲱ ⲙ̄ⲙⲟⲥ ⲟⲛ ⲛ̄ϫⲉ ⲡⲉⲛⲟⲥ ⲓⲏⲥ ⲡⲭⲥ ϫⲉ ⲉⲧⲁⲓ ⲁⲛ ⲉⲑⲁϩⲉⲙ ⲛⲓⲑⲙⲏⲓ ⲁⲗⲗⲁ ⲛⲓⲣⲉϥⲉⲣ ⲛⲟⲃⲓ ⲉⲟⲩⲙⲉⲧⲁⲛⲟⲓⲁ³.

ⲁϥϫⲟⲥ ⲛ̄ϫⲉ ⲁⲃⲃⲁ ⲉⲩⲁⲅⲣⲓⲟⲥ¹ ϫⲉ ⲁⲓϣⲓ ⲟⲩⲕⲟⲧ ⲉⲁⲃⲃⲁ ⲙⲁⲕⲁⲣⲓⲟⲥ⁵ ⲡⲉϫⲏⲓ ⲛⲁϥ ϫⲉ ⲁϫⲉ ⲟⲩⲥⲁϫⲓ ⲛⲏⲓ ⲛ̄ⲧⲁⲱⲛϧ ⲉⲣⲟϥ. ⲡⲉϫⲁϥ ⲛⲏⲓ ϫⲉ ⲉϣⲱⲡ ⲁⲓϣⲁⲛϫⲟⲥ ⲛⲁⲕ ⲭⲛⲁⲥⲱⲧⲉⲙ ⲟⲩⲟϩ ⲛ̄ⲧⲉⲕⲓⲣⲓ. ⲡⲉϫⲏⲓ ⲛⲁϥ ϫⲉ ⲡⲁⲛⲁϩϯ ⲛⲉⲙ ⲧⲁⲁⲅⲁⲡⲏ ⲥⲉⲭⲏⲡ ⲉⲣⲟⲕ ⲁⲛ. ⲡⲉϫⲉ ⲁⲃⲃⲁ ⲙⲁⲕⲁⲣⲓⲟⲥ⁶ ⲛⲏⲓ ϫⲉ ⲟⲛⲧⲱⲥ⁷ ⲕⲁⲧⲁ ⲡⲓⲥⲟⲗⲥⲉⲗ ⲛ̄ϯⲁⲣⲉⲧⲏ ⲧⲉⲛϣⲁⲧ ⲡⲗⲏⲛ ⲛⲁⲛⲉⲕ ⲁⲗⲗⲁ ⲉϣⲱⲡ ⲁⲕϣⲁⲛ ϩⲓⲟⲩⲓ ⲉⲃⲟⲗ ϩⲁⲣⲟⲕ ⲙ̄ⲡϣⲟⲩϣⲟⲩ ⲛ̄ⲧⲙⲉⲧⲣⲏⲧⲱⲣ ⲛ̄ⲧⲉ ⲡⲁⲓⲕⲟⲥⲙⲟⲥ ⲛ̄ⲧⲉⲕ ϫⲟⲗⲕⲕ ⲙ̄ⲡⲑⲉⲃⲓⲟ ⲙ̄ⲡⲓⲧⲉⲗⲱⲛⲏⲥ ⲭⲛⲁⲱⲛϧ. ⲛⲁⲓ ⲇⲉ ⲉⲧⲁϥϫⲟⲧⲟⲩ ⲛⲏⲓ ⲁ ⲛⲁⲙⲉⲩⲓ ⲧⲏⲣⲟⲩ ⲃⲱⲗ ⲉⲃⲟⲗ ⲟⲩⲟϩ ⲉⲧⲁⲓϯ ⲙⲉⲧⲁⲛⲟⲓⲁ ⲛⲁϥ ⲁϥϣⲗⲏⲗ ⲉϫⲱⲓ ⲁϥⲭⲁⲧ ⲉⲃⲟⲗ. ⲟⲩⲟϩ ⲛⲁⲓⲙⲟϣⲓ ⲡⲉ ⲉⲓϫⲉⲙ ⲁⲣⲓⲕⲓ ⲉⲣⲟⲓ ⲉⲓϫⲱ ⲙ̄ⲙⲟⲥ ϫⲉ

conversion de celui qui est inférieur, c'est-à-dire du pécheur, selon qu'il est écrit : « Il y aura de la joie dans le ciel en présence des anges de Dieu, au sujet d'un pécheur, s'il fait pénitence. » Il dit aussi : « Je ne désire pas la mort du pécheur, comme (je désire) qu'il se convertisse et qu'il vive; » car, lorsqu'il a pris cette chair, il a pris ces souffrances de sa (propre) volonté : c'est pour ceux-là qu'a parlé ainsi Notre-Seigneur Jésus le Christ : « Je ne suis pas venu pour appeler les justes, mais les pécheurs à la pénitence. »

Abba Évagrius dit : « J'allai trouver abba Macaire, je lui dis : Dis-moi une parole, que j'en vive. » Il lui dit : « Si je te la dis, l'entendras-tu et la feras-tu? » Je lui dis : « Ma foi et ma charité ne sont pas cachées. » Abba Macaire me dit : « Vraiment, selon l'ornement de la vertu, nous sommes indigents; cependant tu es bon; mais si tu rejettes loin de toi la gloire de la rhétorique de ce monde et si tu te revêts de l'humilité du publicain, tu vivras. » Lorsqu'il m'eut dit cela, toutes mes pensées s'évanouirent, et, lorsque j'eus fait repentance, il pria sur moi, il me congédia. Et je marchais en m'accusant en moi-même et

---

1. *Cod.* ⲁϥϣⲁⲛⲉⲣⲙⲉⲧⲁⲛⲟⲉⲓⲛ. — 2. *Cod.* ⲕⲉ ⲅⲁⲣ. — 3. *Cod.* ⲥⲩⲙⲉⲧⲁⲛⲟⲓⲁ. — 4. *Cod.* ⲉⲩⲁⲅⲣⲓ. — 5. *Cod.* ⲙⲁⲕⲁⲣⲓ. — 6. *Cod.* ⲙⲁⲕⲁⲣⲓ. — 7. *Cod.* ⲟⲛⲧⲟⲥ.

ⲛⲁⲙⲉⲩⲓ ϧⲏⲛ ⲁⲛ ⲉⲁⲃⲃⲁ ⲙⲁⲕⲁⲣⲓⲟⲥ¹ ⲡⲓⲣⲱⲙⲓ ⲛⲧⲉ ⲫϯ ⲕⲁⲓ² ⲛⲁⲩ ⲛⲓⲃⲉⲛ ⲉϣⲁⲓⲉⲣⲁⲡⲁⲛⲧⲁⲛ ⲉⲣⲟϥ ⲛⲉϣⲁⲓⲥⲑⲉⲣⲧⲉⲣ ⲡⲉ ⲉⲑⲃⲉ (-ⲛⲁ-) ϯⲇⲩⲛⲁⲙⲓⲥ ⲉⲧⲁⲓⲥⲟⲑⲙⲉⲥ ⲛⲧⲟⲧϥ ⲟⲩⲟϩ ⲁⲥϣⲱⲡⲓ ⲛⲏⲓ ⲉⲩⲑⲉⲃⲓⲟ.

ⲁⲩϫⲟⲥ³ ⲉⲑⲃⲉ ⲁⲃⲃⲁ ⲙⲁⲕⲁⲣⲓⲟⲥ¹ ϫⲉ ⲉϥϭⲓⲛⲓⲱⲟⲩ ϧⲉⲛ ⲭⲏⲙⲓ ⲛⲟⲩⲥⲟⲡ ⲛⲉⲙ ϩⲁⲛ ⲥⲛⲏⲟⲩ ⲁϥⲥⲱⲧⲉⲙ ⲉⲟⲩⲁⲓ ⲉϥⲣⲓ ⲧⲱⲓⲧ ⲉⲃⲟⲗ ⲉϥϫⲱ ⲙⲙⲟⲥ ϫⲉ ⲁ ⲣⲁⲕⲟϯ ⲛⲱⲛⲓ ϩⲉⲓ ⲉϫⲱⲓ ⲙⲡⲓⲙⲟⲩ ⲁ ⲟⲩⲕⲁⲗⲩⲃⲓ ⲛⲕⲁϣ ϩⲉⲓ ⲉϫⲱⲓ ⲁⲓⲙⲟⲩ. ⲡⲓϧⲉⲗⲗⲟ ⲇⲉ ⲁϥⲉⲣ ϣⲫⲏⲣⲓ ⲉϫⲉⲛ ⲡⲓⲥⲁϫⲓ ⲟⲩⲟϩ ⲉⲧⲁ ⲛⲓⲥⲛⲏⲟⲩ ⲛⲁⲩ ⲉⲣⲟϥ ⲉϥⲉⲣ ϣⲫⲏⲣⲓ ⲁⲩϩⲓⲧⲟⲩ ⲉϧⲣⲏⲓ ϧⲁ ⲛⲉϥϭⲁⲗⲁⲩϫ ⲉⲩϯ ϩⲟ ⲉⲣⲟϥ ⲉⲩϫⲱ ⲙⲙⲟⲥ ϫⲉ ⲙⲁⲧⲁⲙⲟⲛ ⲡⲉⲛⲓⲱⲧ ⲉⲫⲃⲱⲗ ⲙⲡⲁⲓⲥⲁϫⲓ. ⲛⲑⲟϥ ⲇⲉ ⲡⲉϫⲁϥ ⲛⲱⲟⲩ ϫⲉ ⲟⲩⲟⲛ ⲟⲩⲛⲓϣϯ ⲙⲙⲩⲥⲧⲏⲣⲓⲟⲛ ϧⲉⲛ ⲡⲁⲓⲥⲁϫⲓ ⲱ ⲛⲁϣⲏⲣⲓ ⲕⲁⲓ ⲅⲁⲣ⁵ ⲉⲩⲓⲛⲓ ⲙⲡⲓⲱⲛⲓ ⲉϫⲉⲛ ⲡⲉⲛⲟⲥ ⲓⲏⲥ ⲡⲭⲥ ⲕⲁⲧⲁ ⲫⲣⲏϯ ⲉⲧⲥϧⲏⲟⲩⲧ ⲉⲑⲃⲏⲧϥ ϫⲉ ⲡⲓⲱⲛⲓ ⲉⲧⲁⲩϣⲟϣϥ ⲛϫⲉ ⲛⲓⲟⲩⲇⲁⲓ ⲙⲡⲁⲣⲁⲛⲟⲙⲟⲥ ⲫⲁⲓ ⲁϥϣⲱⲡⲓ ⲛⲟⲩϫⲱϫ ⲛⲗⲁⲕϩ ⲉⲧⲁ ⲫⲁⲓ ϣⲱⲡⲓ ⲉⲃⲟⲗϩⲓⲧⲉⲛ ⲡⲟⲥ ϥⲟⲓ ⲛϣⲫⲏⲣⲓ ϧⲉⲛ ⲛⲉⲛⲃⲁⲗ. ⲫⲁⲓ ⲟⲛ ⲡⲉ ⲡⲓⲱⲛⲓ ⲙⲙⲏⲓ ⲉⲛⲁϣⲉⲛⲥⲟⲩⲉⲛϥ ⲉⲧⲁ ⲡⲓⲣⲱⲙⲓ ⲛϣⲱⲧ ϯ ⲛⲛⲉϥⲟⲩⲱϣ ⲛϩⲏⲧ ⲧⲏⲣⲟⲩ ⲉⲃⲟⲗ ⲟⲩⲟϩ ⲁϥϣⲟⲡ ⲙⲡⲁⲓⲱⲛⲓ ⲉϧⲟⲩⲛ ⲉⲛⲓ-(-ⲧⲃ-)ⲧⲁⲙⲉⲓⲟⲛ⁶ ⲛⲧⲉ ⲡⲉϥϩⲏⲧ ⲁϥϫⲉⲙϥ ⲉϥϩⲟⲗϫ ⲉϩⲟⲧⲉ ⲡⲓⲉⲃⲓⲱ ⲛⲉⲙ

en disant : « Mes pensées ne sont pas cachées à abba Macaire, l'homme de Dieu; et à toute heure que j'approcherai de lui, je dois trembler à cause de la puissance que j'ai entendue de lui. » — Et cela me fut un sujet d'humilité. »

On rapporte d'abba Macaire que, traversant une fois l'Égypte avec les frères, il entendit quelqu'un se lamenter en disant : « Une Rakoti de pierres est tombée sur moi, je ne suis pas mort; une hutte de roseaux est tombée sur moi, je suis mort. » Le vieillard s'étonna de ce discours, et, lorsque les frères le virent étonné, ils se jetèrent à ses pieds, le priant, en disant : « Dis-nous, notre père, l'explication de cette parole? » Et il leur dit : « Il y a un grand mystère en cette parole, ô mes enfants. On compare la pierre à Notre-Seigneur Jésus le Christ selon la manière dont il est écrit à son sujet : « La pierre qu'ont rejetée les Juifs impies, elle est devenue la pierre angulaire; cela est arrivé par le Seigneur, c'est admirable à nos yeux. » C'est donc la véritable pierre précieuse pour laquelle le marchand a vendu tous ses désirs, et il a acheté cette pierre et l'a mise dans les chambres de son cœur, il l'a trouvée plus douce que

---

1. *Cod.* ⲙⲁⲕⲁⲣⲓ. — 2. *Cod.* ⲕⲉ. — 3. A la marge : ⲥⲟⲕⲥ : continue cela. — 4. *Cod.* ⲙⲁⲕⲁⲣⲓ. — 5. *Cod.* ⲕⲉ ⲅⲁⲣ. — 6. *Cod.* ⲉⲛⲓⲧⲁⲙⲓⲟⲛ.

ⲡⲓⲙⲏⲓ ⲉⲧⲉ ⲫⲁⲓ ⲡⲉ ⲡⲉⲛⲟⲥ ⲓⲏⲥ ⲡⲭ̅ⲥ̅ ⲕⲁⲓ ⲅⲁⲣ¹ ⲡⲓⲣⲱⲙⲓ ⲉⲑⲛⲁⲁⲣⲉϩ
ⲉⲡⲁⲓⲱⲛⲓ ⲫⲁⲓ ϧⲉⲛ ⲡⲉϥϩⲏⲧ ϥⲛⲁϭⲓ ⲛⲟⲩⲙⲉⲧⲓⲱ ⲉⲛⲁϣⲱϥ ϧⲉⲛ ⲡⲓⲱⲟⲩ ⲛⲧⲉ
ⲡⲉⲛⲟⲥ ⲓⲏⲥ ⲡⲭ̅ⲥ̅ ϧⲉⲛ ϯⲙⲉⲧⲟⲩⲣⲟ ⲛⲧⲉ ⲛⲓⲫⲏⲟⲩⲓ ϣⲁ ⲉⲛⲉϩ ⲕⲁⲓ ⲅⲁⲣ² ⲁ
ⲡⲉⲛⲟⲥ ⲓⲏⲥ ⲡⲭ̅ⲥ̅ ⲭⲱ ⲙⲡⲉϥϩⲟ ⲙⲫⲣⲏϯ ⲛⲟⲩⲡⲉⲧⲣⲁ ⲉⲥϣⲟⲣ ⲕⲁⲧⲁ ⲡⲥⲁϫⲓ
ⲙⲡⲓⲁⲡⲟⲥⲧⲟⲗⲟⲥ ⲉϥϫⲱ ⲙⲙⲟⲥ ϫⲉ ϯⲡⲉⲧⲣⲁ ⲛⲉ ⲡⲭ̅ⲥ̅ ⲡⲉ ⲁϥϯ ⲛⲧⲉϥϫⲓⲥⲓ
ⲉϧⲁⲛ ⲙⲁⲥⲧⲓⲅⲝ ⲛⲉⲙ ⲛⲉϥⲟⲩⲟϫⲓ ⲉϧⲁⲛ ϣⲉ ⲛⲕⲟⲩⲣ ⲡⲉϥϩⲟ ⲇⲉ ⲙⲡⲉϥⲧⲁⲥⲑⲟϥ ⲉⲃⲟⲗϩⲁ ⲡϣⲓⲡⲓ ⲛⲧⲉ ϩⲁⲛ ⲑⲁϥ ⲉⲑⲃⲉ ⲡⲉⲧⲉ ⲫⲱⲛ ⲛⲟⲩϫⲁⲓ ⲁⲛⲟⲛ
ϧⲁ ⲛⲓⲣⲱⲙⲓ ⲕⲁⲓ³ ⲉϣⲱⲡ ⲛⲧⲉϥϩⲉⲙⲥⲓ ϩⲓϫⲱⲛ ⲛϫⲉ ⲡⲉⲛⲟⲥ ⲓⲏⲥ ⲡⲭ̅ⲥ̅ ϩⲓⲧⲉⲛ
ϩⲁⲛ ϣⲱⲛⲓ ⲉⲑⲃⲉ ⲧⲉϥⲛⲓϣϯ ⲛⲁⲅⲁⲡⲏ ⲉϧⲟⲩⲛ ⲉⲣⲟⲛ ϣⲁⲣⲉ ϯⲯⲩⲭⲏ ϣⲱⲡⲓ
ϧⲉⲛ ϯⲙⲉⲧⲁⲑⲙⲟⲩ ⲉⲑⲃⲉ ⲡⲧⲟⲩⲃⲟ ⲛϯⲁⲡⲁⲑⲉⲓⲁ⁴ ⲉⲧϣⲟⲡ ⲥⲁϧⲟⲩⲛ ⲙⲡⲓϩⲏⲧ.
ⲡⲓⲁⲃⲟⲗⲟⲥ ϩⲱϥ ⲟⲩⲁⲧϫⲟⲙ ⲡⲉ ⲙⲫⲣⲏϯ ⲙⲡⲓⲕⲁϣ ⲟⲩⲟϩ ⲁϥϣⲁⲛϩⲉⲓ
ⲉϫⲉⲛ ⲡⲓⲣⲱⲙⲓ (-ⲛⲥ-) ⲟⲩⲟϩ ⲛⲧⲉϥϭⲉⲛ ϫⲱⲣⲓ ⲉϫⲱϥ ϧⲉⲛ ⲟⲩⲧⲩⲣⲁⲛⲛⲓⲁ
ⲛⲧⲁϥ ⲟⲩⲟϩ ⲛⲧⲉϥϣⲧⲉⲙ ⲡⲓⲣⲱⲙⲓ ϯ ϩⲑⲏϥ ⲉⲣⲟϥ ⲛⲧⲉϥⲱϣ ⲟⲩⲃⲉ ϯⲙⲉⲧⲁⲅⲁⲑⲟⲥ ⲛⲧⲉ ⲫ̅ϯ̅ ⲁⲗⲗⲁ ⲛⲧⲉϥ ⲉϩⲣⲏⲓ ⲛⲉⲙ ⲛⲓⲡⲁⲑⲟⲥ ⲛⲧⲉ ⲡⲓⲁⲃⲟⲗⲟⲥ
ϣⲁⲣⲉ ⲡⲓⲡⲛⲁ ⲛⲧⲉ ⲫ̅ϯ̅ ⲉⲣⲁⲛⲁⲭⲱⲣⲉⲓⲛ⁵ ⲛⲁϥ ⲥⲁⲃⲟⲗ ⲙⲡⲓⲣⲱⲙⲓ ⲗⲟⲓⲡⲟⲛ
ϣⲁⲣⲉ ϯⲯⲩⲭⲏ ⲙⲟⲩ ⲓⲥϫⲉⲛ ⲉⲥϣⲟⲡ ϧⲉⲛ ⲡⲓⲥⲱⲙⲁ ⲉⲑⲃⲉ ⲡⲟⲓϭⲓ ⲛⲛⲓⲡⲁⲑⲟⲥ
ⲛⲉⲙ ⲡⲟⲩⲥⲟⲟⲓⲃⲱⲛ.

le miel et les rayons : c'est Notre-Seigneur Jésus le Christ. Car l'homme qui gardera cette pierre en son cœur recevra un héritage nombreux dans la gloire de Notre-Seigneur Jésus le Christ, dans le royaume des cieux, éternellement. En effet Notre-Seigneur Jésus le Christ a placé son visage comme une pierre aiguë, selon la parole de l'Apôtre qui a dit : « La pierre était le Christ. » Il a livré son dos aux fouets et ses joues aux soufflets, il n'a pas détourné son visage de la honte des crachats pour notre salut, à nous les hommes, et si Notre-Seigneur Jésus le Christ est assis sur nous⁶ par des maladies à cause de son grand amour pour nous, l'âme est dans l'immortalité à cause de la pureté de son état *impassif* qui est dans l'intérieur du cœur. Le diable aussi est impuissant comme le roseau ; s'il tombe sur un homme, il le subjugue sous une grande tyrannie⁷ ; si l'homme ne fait pas attention et ne s'écrie pas à la bonté de Dieu, mais qu'il tombe dans les passions du diable, l'Esprit de Dieu se retire de lui ; alors l'âme meurt, parce qu'elle est dans le corps, à cause de l'ivresse des passions et de leur puanteur. »

---

1. *Cod.* ⲛⲉ ⲅⲁⲣ. — 2. *Cod.* ⲛⲉ ⲅⲁⲣ. — 3. *Cod.* ⲛⲥ. — 4. *Cod.* ⲛϯⲁⲡⲁⲑⲓⲁ. — 5. *Cod.* ⲉⲣⲁⲛⲁⲭⲱⲣⲓⲛ. — 6. C'est-à-dire : nous pressure. — 7. Mot à mot : « Il prend vaillance sur lui en une tyrannie pour lui. »

ⲁϥϫⲟⲥ ⲛϫⲉ ⲁⲃⲃⲁ ⲙⲁⲕⲁⲣⲓⲟⲥ¹ ϫⲉ ⲙⲁ ϩⲑⲏⲕ ⲉⲡⲁⲓⲣⲁⲛ ⲛⲧⲉ
ⲡⲉⲛⲟⲥ ⲓⲏⲥ ⲡⲭⲥ ϧⲉⲛ ⲟⲩⲑⲉⲃⲓⲟ ⲛⲧⲉ ⲡⲓϩⲏⲧ ⲛⲉⲙ ⲡⲉⲕⲥⲃⲓ ⲉϥⲃⲉⲣⲃⲉⲣ ⲙⲙⲟϥ
ⲉⲃⲟⲗϧⲉⲛ ⲛⲉⲕⲥⲫⲟⲧⲟⲩ ⲛⲉⲙ ⲡⲉⲕϫⲓ ⲛⲥⲟⲕϥ ϣⲁⲣⲟⲕ ⲟⲩⲟϩ ⲛⲧⲉⲕϣⲧⲉⲙⲫⲟⲧϥ
ϧⲉⲛ ⲟⲩⲡⲣⲟⲥⲱⲡⲟⲛ ϧⲉⲛ ⲡⲉⲕⲛⲟⲩⲥ ⲁⲗⲗⲁ † ϩⲑⲏⲕ ⲉⲡⲉⲕϫⲓ ⲙⲙⲟⲩϯ ⲉⲣⲟϥ
ϫⲉ ⲡⲁⲟⲥ ⲓⲏⲥ ⲡⲭⲥ ⲛⲁⲓ ⲛⲏⲓ ⲟⲩⲟϩ ϧⲉⲛ ⲟⲩⲙⲧⲟⲛ ⲭⲛⲁⲛⲁⲩ ⲉⲡⲓⲙⲧⲟⲛ ⲛⲧⲉ
ⲧⲉϥⲙⲉⲑⲛⲟⲩϯ ⲉⲥϩⲟⲣⲡⲓ ⲙⲙⲟⲛ ⲛⲧⲉϥϭⲟϫⲓ ⲛⲥⲁ ⲡⲓⲭⲁⲕⲓ ⲛⲧⲉ ⲛⲓⲡⲁⲑⲟⲥ
ⲉⲧϣⲟⲡ ⲛϧⲏⲧⲕ ⲛⲧⲉϥⲧⲟⲩⲃⲟ ⲙⲡⲓⲣⲱⲙⲓ ⲉⲧⲥⲁϧⲟⲩⲛ ⲕⲁⲧⲁ ⲡⲧⲟⲩⲃⲟ ⲛⲁⲇⲁⲙ
ⲉϥϣⲟⲡ ϧⲉⲛ ⲡⲓⲡⲁⲣⲁⲇⲉⲓⲥⲟⲥ² (-ⲛⲁ-) ⲡⲓⲣⲁⲛ ⲉⲧⲥⲙⲁⲣⲱⲟⲩⲧ ⲫⲁⲓ ⲉⲧⲁϥⲙⲟⲩϯ
ⲉⲣⲟϥ ⲙⲙⲟϥ ⲛϫⲉ ⲓⲱⲁⲛⲛⲏⲥ ⲡⲓⲉⲩⲁⲅⲅⲉⲗⲓⲥⲧⲏⲥ ϫⲉ ⲫⲟⲩⲱⲓⲛⲓ ⲙⲡⲓⲕⲟⲥⲙⲟⲥ
ⲟⲩⲟϩ ⲡⲓϩⲗⲟϫ ⲛⲁⲧⲥⲓ ⲙⲙⲟϥ ϯⲧⲣⲟⲫⲏ ⲛⲧⲉ ⲡⲓⲱⲛϧ ⲟⲩⲟϩ ⲛⲁⲗⲏⲑⲓⲛⲏ.

ⲁϥϫⲟⲥ ⲛϫⲉ ⲁⲃⲃⲁ ⲉⲩⲁⲅⲣⲓⲟⲥ³ ϫⲉ ⲁⲓϩⲓ ⲟⲩⲕⲟⲧ ⲉⲁⲃⲃⲁ ⲙⲁⲕⲁⲣⲓⲟⲥ⁴ ⲉⲓ-
ϩⲉϫϩⲱϫ ϩⲓⲧⲉⲛ ⲛⲓⲙⲉⲩⲓ ⲛⲉⲙ ⲛⲓⲡⲁⲑⲟⲥ ⲛⲧⲉ ⲡⲓⲥⲱⲙⲁ. ⲡⲉϫⲏⲓ ⲛⲁϥ ϫⲉ
ⲡⲁⲓⲱⲧ ⲁϫⲉ ⲟⲩⲥⲁϫⲓ ⲛⲏⲓ ⲛⲧⲁⲱⲛϧ ⲉⲣⲟϥ. ⲡⲉϫⲉ ⲁⲃⲃⲁ ⲙⲁⲕⲁⲣⲓⲟⲥ⁵ ϫⲉ ⲥⲉⲛϩ
ⲡⲓⲗⲉⲃⲁⲛ ⲉⲧⲁⲛⲁⲓⲱ ⲟⲩⲟϩ ϧⲉⲛ ⲡⲓϩⲙⲟⲧ ⲛⲧⲉ ⲡⲉⲛⲟⲥ ⲓⲏⲥ ⲡⲭⲥ ⲡⲓϫⲟⲓ ⲛⲁⲥⲉⲛ
ⲛⲓϩⲱⲓⲙⲓ ⲛⲧⲁⲓⲁⲃⲟⲗⲙⲟⲛ ⲛⲉⲙ ⲛⲓϫⲟⲗ ⲛⲧⲉ ⲡⲁⲓⲟⲙ ⲛϩⲁⲗⲱ ⲟⲩⲟϩ ⲛⲉⲛⲟⲫⲟⲥ
ⲛⲭⲁⲕⲓ ⲛⲧⲉ ⲡⲁⲓⲕⲟⲥⲙⲟⲥ ⲛⲉⲫⲗⲏⲟⲩ. ⲡⲉϫⲏⲓ ⲛⲁϥ ϫⲉ ⲟⲩ ⲡⲉ ⲡⲓϫⲟⲓ ⲓⲉ ⲟⲩ

Abba Macaire le grand dit : « Faisons attention à ce nom de Notre-Seigneur Jésus le Christ en contrition de cœur, lorsque tes lèvres sont en ébullition, que tu l'attires à toi⁶ et que ne le conduis pas en ton esprit pour faire semblant⁷, mais pense à ton invocation : Notre-Seigneur Jésus le Christ, aie pitié de moi; et dans le repos tu verras sa divinité se reposer en toi, il chassera les ténèbres des passions qui sont en toi, il purifiera l'homme intérieur de la purification d'Adam lorsqu'il était dans le Paradis, ce nom béni qu'a invoqué Jean l'Évangéliste en disant : « Lumière du monde, douceur dont on ne se rassasie pas et vrai pain de vie ! »

Abba Évagrius dit : « J'allai trouver abba Macaire, tourmenté par les pensées et les passions du corps. Je lui dis : « Mon père, dis une parole, que j'en vive. » Abba Macaire me dit : « Attache la corde de l'ancre à la pierre, et par la grâce de Dieu la barque traversera les vagues diaboliques, les flots de cette mer décevante et le tourbillon des ténèbres de ce monde vain. » Je lui dis : « Quelle est la barque, quelle est la corde, quelle est la pierre ? » Abba Ma-

---

1. Cod. ⲙⲁⲕⲁⲣⲓ. — 2. Cod. ⲛⲓⲡⲁⲣⲁⲇⲓⲥⲟⲥ. — 3. Cod. ⲉⲩⲁⲅⲣⲓ. — 4. Cod. ⲙⲁⲕⲁⲣⲓ. — 5. Cod. ⲙⲁⲕⲁⲣⲓ. — 6. Mot à mot : « Et ton action de le puiser vers toi. » — 7. Mot à mot : « Ne le guide pas dans un masque en ton esprit. »

ⲡⲉ ⲡⲓⲗⲉⲃⲁⲛ ⲓⲉ ⲟⲩ ⲧⲉ †ⲁⲛⲁⲓⲱ. ⲡⲉϫⲉ ⲁⲃⲃⲁ ⲙⲁⲕⲁⲣⲓⲟⲥ[1] ⲛⲏⲓ ϫⲉ ⲡⲓϫⲟⲓ ⲡⲉ ⲡⲉⲕϩⲏⲧ ⲁⲣⲉϩ ⲉⲣⲟϥ ⲡⲓⲗⲉⲃⲁⲛ ⲡⲉ ⲡⲉⲕⲛⲟⲩⲥ ⲛⲧⲉⲕⲥⲟⲛϩϥ ⲉⲡⲉⲛϭⲥ ⲓⲏⲥ ⲡⲭⲥ ⲉⲧⲉ ⲫⲁⲓ ⲡⲉ †ⲁⲛⲁⲓⲱ ⲉⲧⲁⲙⲟⲛⲓ ⲛⲛⲓϫⲟⲗ ⲧⲏⲣⲟⲩ ⲛⲉⲙ ⲛⲓϩⲱⲓⲙⲓ ⲛⲇⲓⲁⲃⲟⲗⲓⲕⲟⲛ ⲉⲧ† ⲛⲉⲙ ⲛⲏ ⲉⲑⲟⲩⲁⲃ[2]. (-ⲓⲏⲥ-) ⲟⲩ ⲅⲁⲣ ⲉⲑⲙⲟⲧⲉⲛ ⲉϫⲟⲥ ⲕⲁⲧⲁ ϣⲉ ⲛⲛⲓϥⲓ ϫⲉ ⲡⲁϭⲥ ⲓⲏⲥ ⲡⲭⲥ ⲛⲁⲓ ⲛⲏⲓ †ⲥⲙⲟⲩ ⲉⲣⲟⲕ ⲡⲁϭⲥ ⲓⲏⲥ ⲁⲣⲓ ⲃⲟⲏⲑⲉⲓⲛ[3] ⲉⲣⲟⲓ ⲟⲩⲟϩ ⲉⲧⲓ ⲉⲣⲉ ⲡⲓⲧⲉⲃⲧ ϭⲱⲕ ⲛⲥⲁ †ϩⲱⲓⲙⲓ ϥⲛⲁϣⲱⲗϫ ⲙⲡⲁⲧⲉϥⲉⲙⲓ. ⲁⲛⲟⲛ ⲇⲉ ϩⲱⲛ ⲉⲧⲓ ⲉⲛⲙⲏⲛ ⲉⲡⲁⲓⲣⲁⲛ ⲛⲟⲩϫⲁⲓ ⲛⲧⲉ ⲡⲉⲛϭⲥ ⲓⲏⲥ ⲡⲭⲥ ϥⲛⲁϣⲱⲗϫ ⲙⲡⲓⲇⲓⲁⲃⲟⲗⲟⲥ ⲛⲥⲁ ⲛⲉϥϫⲉⲃϣⲁⲓ ⲉⲑⲃⲉ ⲛⲏ ⲉⲧⲁϥⲓⲣⲓ ⲙⲙⲱⲟⲩ ⲛⲁⲛ ⲁⲛⲟⲛ ⲇⲉ ⲧⲉⲛⲛⲁⲉⲙⲓ ⲉⲧⲁⲥⲑⲉⲛⲏⲥ ϫⲉ †ⲃⲟⲏⲑⲉⲓⲁ[4] ⲑⲁ ⲡⲉⲛϭⲥ ⲓⲏⲥ ⲡⲭⲥ ⲡⲉ.

ⲁϥϥⲓⲣⲓ ⲇⲉ ⲟⲛ ⲛⲟⲩⲥⲟⲡ ⲛϫⲉ ⲁⲃⲃⲁ ⲙⲁⲕⲁⲣⲓⲟⲥ[5] ⲉⲧⲁⲩϣⲉⲛϥ ⲉⲑⲃⲉ †ⲙⲉⲧⲛⲁⲏⲧ ⲛϫⲉ ⲛⲓⲥⲛⲏⲟⲩ ⲡⲉϫⲉ ⲡⲓϧⲉⲗⲗⲟ ⲛⲱⲟⲩ ϫⲉ ⲟⲩⲟⲛ ⲟⲩⲁⲣⲭⲱⲛ ⲛⲁⲑⲛⲁⲓ ⲡⲉ ϧⲉⲛ ⲟⲩⲃⲁⲕⲓ ⲟⲩⲟϩ ⲁϥϣⲱⲡⲓ ⲛϫⲉ ⲟⲩϩⲃⲱⲛ ⲛⲟⲩⲣⲟⲙⲡⲓ ϧⲉⲛ †ⲃⲁⲕⲓ ⲉⲧⲉⲙⲙⲁⲩ ϩⲱⲥⲧⲉ[6] ⲛⲧⲉ ⲛⲓⲣⲱⲙⲓ ⲭⲁ ⲧⲟⲧⲟⲩ ⲉⲃⲟⲗ ⲉϥⲙⲟⲩ. ⲡⲓⲁⲣⲭⲱⲛ ⲇⲉ ⲁ ⲟⲩⲣⲱⲙⲓ † ⲙⲡⲉϥⲟⲩⲟⲓ ⲉⲣⲟϥ ⲉϥⲉⲣⲁⲓⲧⲓⲛ[7] ⲙⲙⲟⲥ ⲛⲟⲩⲱⲓⲕ ⲉⲑⲃⲉ ⲡⲓϩⲕⲟ ⲉⲧⲁϧⲟⲧⲛ ⲙⲙⲟϥ (-ⲓⲏⲥ-) ⲟⲩⲟϩ ⲉⲃⲟⲗϩⲓⲧⲉⲛ ⲧⲉϥⲙⲉⲧⲗⲁϫⲓ ⲉϧⲟⲩⲛ ⲉⲡⲓⲁⲣⲭⲱⲛ ⲛⲁⲑⲛⲁⲓ ⲉⲧⲉⲙⲙⲁⲩ ϧⲉⲛ ϩⲁⲛ ⲛⲓϣ† ⲛϧⲓⲥⲓ ⲛⲉⲙ ϩⲁⲛ ϣⲱϣ

caire me dit : « La barque, c'est ton cœur : garde-le; la corde, c'est ton esprit : attache-le à Notre-Seigneur Jésus le Christ qui est la pierre qui a la puissance sur tous les flots et les vagues diaboliques qui combattent les saints, car n'est-il pas facile de dire à chaque respiration : Notre-Seigneur Jésus le Christ, aie pitié de moi; je te bénis, mon Seigneur Jésus, secours-moi; comme le poisson luttera encore contre la vague, il sera pris sans le savoir. Et nous aussi, étant encore stables en ce nom salutaire de Notre-Seigneur Jésus le Christ, il prendra le diable par ses narines, à cause de ce qu'il nous a fait; mais nous, les faibles, nous saurons que le secours est de Notre-Seigneur le Christ. »

Une fois abba Macaire fit (ce) récit, lorsque les frères l'eurent interrogé sur la pitié; le vieillard leur dit : « Il y avait un magistrat impitoyable dans une ville; il y eut une année de famine[8] en cette ville, de sorte que les hommes se laissaient aller à la mort. Le magistrat, un homme alla le trouver, lui demandant du pain à cause de la faim qui le pressait[9]; et, à cause de son impudence envers ce magistrat impitoyable, accompagnée de grandes souf-

---

1. *Cod.* ⲙⲁⲕⲁⲣⲓ. — 2. *Cod.* ⲛⲉⲙ ⲉⲟⲟⲩⲁⲃ. — 3. *Cod.* ⲃⲟⲏⲑⲓⲛ. — 4. *Cod.* ⲃⲟⲏⲓⲁ. — 5. *Cod.* ⲙⲁⲕⲁⲣⲓ. — 6. *Cod.* ϩⲱⲥⲇⲉ. — 7. *Cod.* ⲉϥⲉⲣⲉⲧⲓⲛ. — 8. Mot à mot : « Il y eut en une année une famine. » — 9. Mot à mot : « La faim qui était en lui. »

ⲛⲟⲧⲑⲟ ⲛ̄ⲣⲏϯ ⲁϥϯ ⲙ̄ⲡⲓⲱⲓⲕ ⲙ̄ⲡⲓⲣⲱⲙⲓ ⲡ̅ⲗⲏⲛ ⲁϭⲛⲉ ϥⲉⲛ ⲥⲛⲟϥ ⲉⲃⲟⲗ ⲁⲛ ⲟⲩⲟϩ ⲡⲉ ⲡⲉϩⲟⲟⲩ ⲛⲉⲛⲕⲟⲧ ⲡⲉ ⲛ̄ⲧⲉ ⲑⲏ ⲉⲧⲁⲥⲙⲓⲥⲓ ⲛⲁⲛ ⲙ̄ⲡⲉⲛⲟⲥ ⲓⲏ̅ⲥ̅ ⲡⲭ̅ⲥ̅ ⲉⲡⲓⲕⲟⲥⲙⲟⲥ ϯⲑⲉⲟⲧⲟⲕⲟⲥ¹ ⲉⲑⲟⲩⲁⲃ ⲙⲁⲣⲓⲁ. ⲛ̄ϧⲣⲏⲓ ⲟⲩⲛ ϧⲉⲛ ⲡⲓⲉϫⲱⲣϩ ⲉⲧⲉⲙⲙⲁⲩ ⲉⲧⲓ ⲉϥⲉⲛⲕⲟⲧ ⲛ̄ϫⲉ ⲡⲓⲁⲣⲭⲱⲛ ⲛ̄ⲁⲑⲛⲁⲓ ⲉⲧⲉⲙⲙⲁⲩ ϧⲉⲛ ⲟⲩ ⲉϩϫⲁⲡⲛⲁ² ⲁⲩⲱⲗⲓ ⲛ̄ⲧⲉϥⲯⲩⲭⲏ ⲉⲃⲟⲗϧⲉⲛ ⲡⲉϥⲥⲱⲙⲁ ⲟⲩⲟϩ· ⲁⲩⲥⲱⲕ ⲙ̄ⲙⲟⲥ ⲉⲡϫⲓⲛϩⲓⲧⲥ ⲉⲛⲓⲕⲟⲗⲁⲥⲓⲥ ⲉⲧⲉⲛϣⲁϣⲓ ⲉⲉⲣⲧⲓⲙⲱⲣⲓⲛ³ ⲙ̄ⲙⲟⲥ ⲟⲩⲟϩ ⲉⲧⲓ ⲉⲩⲥⲱⲕ ⲙ̄ⲙⲟⲥ ϧⲉⲛ ⲟⲩⲙⲉⲧⲁⲑⲛⲁⲓ ⲁ ⲟⲩⲥⲙⲏ ⲓ ⲉⲃⲟⲗϩⲓⲧⲉⲛ ⲫⲁ ⲛⲓⲁϩⲱⲣ ⲉⲧⲟϣ ⲙ̄ⲙⲉⲧϣⲉⲛ ϩⲏⲧ ⲡⲓϣⲁⲛ ⲟⲙⲁϭⲧ ⲙ̄ⲙⲁⲩⲁⲧϥ ⲡⲉⲛⲟⲥ ⲓⲏ̅ⲥ̅ ⲡⲭ̅ⲥ̅ ⲡⲉⲛⲁⲗⲏⲑⲓⲛⲟⲥ⁴ ⲛ̄ⲛⲟⲩϯ ⲫⲣⲉϥⲥⲱⲗϫ ⲛ̄ⲛⲓⲛⲟⲃⲓ ⲟⲩⲟϩ ⲫⲣⲉϥⲭⲱ ⲉⲃⲟⲗ ⲛ̄ⲛⲁⲛⲟⲙⲓⲁ ϫⲉ ⲙⲁⲧⲁⲥⲑⲟ ⲛ̄ⲧⲁⲓⲯⲩⲭⲏ ⲉⲡⲉⲥⲥⲱⲙⲁ ⲛ̄ⲕⲉⲥⲟⲡ ⲉⲑⲃⲉ ⲡⲓⲱⲓⲕ ⲉⲧⲁⲥ ⲧⲏⲓϥ ⲙ̄ⲫⲏ ⲉⲧ- (-ⲛϧ-) ϩⲉϫϩⲱϫ ϧⲁ ⲡⲓϩⲕⲟ ⲛ̄ϩⲟⲩⲟ ⲇⲉ ⲙⲁⲗⲗⲟⲛ ⲉⲑⲃⲉ ⲡⲉϩⲟⲟⲩ ⲛ̄ⲉⲛⲕⲟⲧ ⲛⲟⲛ ⲉⲧⲁⲥϫⲫⲟⲓ ⲉⲡⲓⲕⲟⲥⲙⲟⲥ ⲙⲁⲣⲓⲁ ϯⲡⲁⲣⲑⲉⲛⲟⲥ. ⲁⲥϣⲱⲡⲓ ⲇⲉ ⲉⲧⲁϥⲉⲣⲛⲓⲫⲉⲛ⁵ ⲉⲃⲟⲗϧⲉⲛ ⲫⲙⲟⲩ ⲁϥⲉⲣ ⲫⲙⲉⲩⲓ ⲛ̄ⲧⲥⲙⲏ ⲉⲧⲁϥⲥⲟⲑⲙⲉⲥ ⲉⲩⲥⲱⲕ ⲙ̄ⲙⲟϥ ⲉⲛⲓⲕⲟⲗⲁⲥⲓⲥ ⲟⲩⲟϩ ⲡⲉϫⲁϥ ϫⲉ ⲓⲥϫⲉ ⲟⲩⲱⲓⲕ ⲛⲟⲩⲱⲧ ⲡⲉ ⲉⲧⲁⲓ ⲧⲏⲓϥ ϧⲉⲛ ⲟⲩϫⲱⲛⲧ ⲛⲉⲙ ⲕⲉⲥⲛⲟϥ ⲉⲧⲁⲓⲫⲟⲛϥ ⲉⲃⲟⲗ ⲁ ⲡⲁⲟⲥ ⲓⲏ̅ⲥ̅ ⲡⲭ̅ⲥ̅ ⲧⲁⲥⲑⲟⲓ ⲉⲃⲟⲗϧⲉⲛ ⲛⲓⲕⲟⲗⲁⲥⲓⲥ ⲉⲧⲉⲛϣⲁϣⲓ ⲓⲉ ⲡⲟⲥⲱ ⲙⲁⲗⲗⲟⲛ⁶ ⲉⲛⲉ ⲁⲓϫⲱⲣ ⲉⲃⲟⲗ

frances, de reproches d'une foule de manières, celui-ci lui donna du pain, non cependant sans avoir versé du sang. Et c'était le jour où s'était reposée celle qui nous a enfanté Notre-Seigneur Jésus le Christ pour le (salut du) monde, la Mère de Dieu sainte Marie. En cette nuit-là, le magistrat impitoyable étant encore endormi, aussitôt on enleva son âme à son corps et on l'entraîna pour la jeter dans les tourments cruels et la faire souffrir; et, pendant qu'on la traînait, une parole vint du Maître des trésors de miséricordes, du seul pitoyable, de notre vrai Dieu, de Celui qui efface les péchés et pardonne les iniquités, disant : « Retournez cette âme en son corps une autre fois à cause du pain qu'il a donné à celui qui était tourmenté par la faim, et surtout à cause du jour où s'est reposée celle qui m'a enfanté au monde, Marie la Vierge. » Et il arriva que, s'étant éveillé de la mort, il se rappela la parole qu'il avait entendue, quand on le traînait aux tourments, et il dit : « Puisque pour un seul pain que j'ai donné avec colère et même en versant du sang, Notre-Seigneur Jésus le Christ m'a fait retourner des tourments cruels, à combien plus forte raison, si j'avais distribué toutes

1. *Cod.* ϯⲑⲉⲟⲇⲟⲕⲟⲥ. — 2. *Cod.* ⲉϩϫⲁⲡⲛⲁ. — 3. *Cod.* ⲧⲓⲙⲱⲣⲓⲛ. — 4. *Cod.* ⲁⲗⲏⲑⲛⲛⲟⲥ. — 5. *Cod.* ⲛⲛⲫⲏⲛ. — 6. *Cod.* ⲡⲱⲥⲱ ⲙⲁⲗⲗⲟⲛ.

ⲡⲉ ⲛⲛⲁϥⲧⲛⲁⲣⲭⲟⲛⲧⲁ ⲧⲏⲣⲟⲩ ⲛⲁϣⲁⲭⲉⲙ ϧⲟⲩ ⲛ̄ϧⲟⲧⲟ ⲡⲉ ⲛⲁϥ ⲙⲙⲁⲩⲛ. ⲟⲩⲟϩ ⲡⲁⲓⲣⲏϯ ⲛⲁϥⲭⲱⲣ ⲉⲃⲟⲗ ⲡⲉ ϧⲉⲛ ⲟⲩⲙⲉⲧϩⲟⲩⲟ ϩⲱⲥⲧⲉ[1] ϣⲁ ⲉϧⲟⲩⲛ ⲉⲡⲉϥⲥⲱⲙⲁ ⲛ̄ⲧⲉϥⲧⲏⲓϥ ⲉⲃⲟⲗ ⲉⲟⲩⲙⲉⲧⲃⲱⲕ[2] ⲛ̄ⲧⲉϥϯ ⲛ̄ⲧⲉϥⲧⲓⲙⲏ[3] ⲛ̄ⲛⲓϩⲏⲕⲓ ⲛⲉⲙ ⲛⲓϫⲱⲃ ⲟⲩⲟϩ ϧⲉⲛ ⲛⲁⲓ ⲉⲧⲁ ⲡⲓⲣⲱⲙⲓ ⲛ̄ⲁⲅⲁⲑⲟⲥ ⲛⲁⲩ ⲉⲧⲉϥⲡⲣⲟⲁⲓ-ⲣⲉⲥⲓⲥ[4] ⲉⲧⲥⲟⲩⲧⲱⲛ ⲁϥⲑⲁϩⲙⲉϥ ⲉϧⲟⲩⲛ ⲉⲡⲓⲧⲁⲅⲙⲁ ⲛ̄ⲓⲉⲣⲁⲧⲓⲕⲟⲛ ⲛ̄ⲧⲉ ϯⲉⲛ-ⲕⲗⲏⲥⲓⲁ ϩⲱⲥⲧⲉ[5] ⲛ̄ⲧⲉϥⲉⲣ ⲡⲉⲙⲡϣⲁ ⲛ̄ϯⲙⲉⲧⲉⲡⲓⲥⲕⲟⲡⲟⲥ ⲟⲩⲟϩ ⲁϥϫⲱⲕ ⲉⲃⲟⲗ ϧⲉⲛ ϯⲗⲉⲓⲧⲟⲩⲣⲅⲓⲁ[6] ⲉϥϯ ⲱⲟⲩ ⲙ̄ⲡⲉⲛⲟⲥ ⲓⲏⲥ ⲡⲭⲥ.

(-ⲛⲏ-) ⲁϥϫⲟⲥ ⲛ̄ϫⲉ ⲁⲃⲃⲁ ⲙⲁⲕⲁⲣⲓⲟⲥ[7] ϫⲉ ⲁⲓϫⲉⲙ ⲡϣⲓⲛⲓ ⲛⲟⲩϧⲉⲗⲗⲟ ⲉϥϣⲧⲏⲟⲩⲧ ϧⲉⲛ ⲡⲉϥϣⲱⲛⲓ ⲡⲓϧⲉⲗⲗⲟ ⲇⲉ ⲛⲁϥⲉⲣⲡⲣⲟⲧⲓⲙⲁⲛ ⲡⲉ ⲙ̄ⲡⲓⲣⲁⲛ ⲛ̄ⲟⲩϫⲁⲓ ⲟⲩⲟϩ ⲉⲧⲥⲙⲁⲣⲱⲟⲩⲧ ⲛ̄ⲧⲉ ⲡⲉⲛⲟⲥ ⲓⲏⲥ ⲡⲭⲥ. ⲉⲧⲓ ⲉⲓϣⲓⲛⲓ ⲙⲙⲟϥ ⲉⲑⲃⲉ ⲡⲉϥⲟⲩϫⲁⲓ ⲛ̄ⲑⲟϥ ⲇⲉ ⲡⲉϫⲁϥ ⲛⲏⲓ ϧⲉⲛ ⲟⲩⲣⲁϣⲓ ϫⲉ ⲉⲧⲓ ⲉⲓⲙⲏⲛ ⲉⲧⲁⲓ-ⲧⲣⲟⲫⲏ ⲛ̄ⲧⲉ ⲡⲱⲛϧ ⲟⲩⲟϩ ⲉⲧϩⲟⲗϫ ⲛ̄ⲧⲉ ⲡⲓⲣⲁⲛ ⲉⲑⲟⲩⲁⲃ ⲛ̄ⲧⲉ ⲡⲉⲛⲟⲥ ⲓⲏⲥ ⲡⲭⲥ ⲁⲩϩⲟⲗⲙⲉⲧ ϧⲉⲛ ⲡⲓϩⲗⲟϫ ⲛ̄ⲧⲉ ⲡⲓⲛⲓⲙ ⲁⲓⲛⲁⲩ ϧⲉⲛ ⲟⲩϩⲟⲣⲁⲙⲁ ⲉⲡⲟⲩⲣⲟ ⲡⲭⲥ ⲙ̄ⲫⲣⲏϯ ⲛ̄ⲟⲩⲛⲁⲍⲱⲣⲁⲓⲟⲥ[8] ⲡⲉϫⲁϥ ⲛⲏⲓ ϣⲁ ⲅ̄ ⲛ̄ⲥⲟⲡ ϫⲉ ⲁⲛⲁⲩ ⲁⲛⲁⲩ ϫⲉ ⲁⲛⲟⲕ ⲡⲉ ⲟⲩⲟϩ ⲙⲙⲟⲛ ⲕⲉⲟⲩⲁⲓ ⲉⲃⲏⲗ ⲉⲣⲟⲓ. ⲟⲩⲟϩ ⲙⲉⲛⲉⲛⲥⲁ ⲛⲁⲓ ⲁⲓ-ⲙⲟϩ[9] ⲉⲡϣⲱⲓ ϧⲉⲛ ⲟⲩⲛⲓϣϯ ⲛ̄ⲣⲁϣⲓ ϩⲱⲥⲧⲉ[10] ⲛ̄ⲧⲁⲉⲣ ⲡⲱⲃϣ ⲙ̄ⲡⲓⲙⲕⲁϩ.

mes richesses, de quelle manière aurais-je tiré profit de plus ? » Et ainsi il distribua avec excès, jusqu'à son corps qu'il livra en service afin d'en donner le prix aux pauvres et aux infirmes ; et en cela, lorsque l'homme bon vit son choix droit, il l'appela à l'ordre hiératique de l'Église, de sorte qu'il devint digne de l'épiscopat et accomplit la liturgie en rendant gloire à Notre-Seigneur Jésus le Christ. »

Abba Macaire dit : « Je visitai un vieillard couché pendant sa maladie ; mais le vieillard récitait de préférence le nom salutaire et béni de Notre-Seigneur Jésus le Christ. Comme je l'interrogeais sur son salut, il me dit avec joie : Comme je suis constant (à prendre) cette douce nourriture de vie, le nom saint de Notre-Seigneur Jésus le Christ, on m'a ravi dans la douceur du sommeil, j'ai vu dans une vision le Roi le Christ à la manière d'un Nazaréen, et il m'a dit jusqu'à trois fois : Vois, vois que c'est moi, et non un autre que moi. Et ensuite je me réveillai en sursaut dans une grande joie, si bien que j'en oubliai la douleur. »

---

1. Cod. ϩⲱⲥⲇⲉ. — 2. Cod. ⲉⲧⲙⲉⲧⲃⲱⲕ. — 3. Cod. ⲛ̄ⲧⲉϥⲧⲓⲙ. — 4. Cod. ⲡⲣⲟϩⲉⲣⲉⲥⲓⲥ. — 5. Cod. ϩⲱⲥⲇⲉ. — 6. Cod. ⲗⲓⲧⲟⲩⲣⲅⲓⲁ. — 7. Cod. ⲙⲁⲕⲁⲣⲓ. — 8. Cod. ⲛⲁⲍⲱⲣⲉⲟⲥ. — 9. Cod. ⲁⲓⲙⲟϩ. — 10. Cod. ϩⲱⲥⲇⲉ.

ⲁϥϫⲟⲥ ⲛϫⲉ ⲁⲃⲃⲁ ⲙⲁⲕⲁⲣⲓⲟⲥ[1] ϫⲉ ⲫⲏ ⲉⲑⲛⲁⲙⲁϩ ϩⲏⲧϥ ⲛⲱⲓⲕ ⲛⲉⲙ ⲙⲱⲟⲩ ⲁϥϯ ⲙⲡϣⲁϣⲧ ⲙⲡⲉϥⲏⲓ ⲛⲛⲓⲥⲱⲟⲛⲓ.

ⲁⲩϫⲟⲥ ⲉⲑⲃⲉ ⲟⲩⲥⲟⲛ ⲉϥϣⲟⲡ ϧⲉⲛ ⲟⲩⲗⲟⲩⲃⲏⲧ ⲁ ⲕⲉⲥⲟⲛ ⲉϥϣⲟⲡ ϧⲉⲛ ⲡⲓⲁⲃⲏⲧ ⲛⲉⲙⲁϥ ϫⲉ[2] ⲁϥⲕⲱⲗⲡ ⲛϩⲁⲛ ⲕⲟⲩϫⲓ ⲛⲥⲕⲉⲩⲟⲥ ⲉⲃⲟⲗ (-ⲙ-) ϧⲉⲛ ⲡⲓⲙⲁ ⲛⲟⲓⲕⲟⲛⲟⲙⲟⲥ ⲛⲧⲉ ⲡⲓⲁⲃⲏⲧ ⲟⲩⲟϩ ⲉⲧⲁϥϥⲓⲧⲟⲩ ⲉϧⲣⲏⲓ ⲉⲟⲩⲥⲟⲕ ⲁϥⲭⲁⲩⲟⲩ ⲉⲡⲓⲥⲟⲛ ⲛⲉϥⲉⲙⲓ ⲁⲛ ϫⲉ ϩⲁⲛ ⲕⲱⲗⲡ ⲛⲉ ⲁⲗⲗⲁ ⲉϥⲙⲉⲩⲓ ⲛϫⲉ ⲡⲓⲥⲟⲛ ϫⲉ ⲛⲟⲩϥ ⲛⲉ. ⲟⲩⲟϩ ⲙⲉⲛⲉⲛⲥⲁ ⲟⲩⲕⲟⲩϫⲓ ⲛⲥⲏⲟⲩ ⲁⲩϫⲉⲙ ⲛⲓⲥⲕⲉⲩⲟⲥ ⲉⲃⲟⲗ ⲟⲩⲟϩ ⲁⲩⲕⲱϯ ⲛⲥⲱⲟⲩ ⲕⲁⲧⲁ ⲣⲓ ⲛⲛⲓⲥⲛⲏⲟⲩ ⲟⲩⲟϩ ⲉⲧⲁⲩϣⲟⲗ ⲉϧⲣⲓ ⲙⲡⲓⲥⲟⲛ ⲉⲧⲁⲩϭⲁⲗⲉ ⲛⲓⲥⲕⲉⲩⲟⲥ ⲉⲣⲟϥ ⲁⲩⲕⲱϯ ⲛⲥⲱⲟⲩ ⲟⲩⲟϩ ⲉⲧⲁⲩϫⲉⲙⲟⲩ ⲥⲁⲧⲟⲧϥ ⲁϥϩⲓⲧϥ ⲉⲡⲉⲥⲏⲧ ⲛϫⲉ ⲡⲓⲥⲟⲛ ⲟⲩⲟϩ ⲁϥϯ ⲙⲉⲧⲁⲛⲟⲓⲁ ⲉϥϫⲱ ⲙⲙⲟⲥ ϫⲉ ⲁⲩⲥⲱⲃⲓ ⲙⲙⲟⲓ ⲟⲩⲟϩ ⲁⲓⲉⲣ ⲛⲟⲃⲓ ⲭⲱ ⲛⲏⲓ ⲉⲃⲟⲗ. ⲟⲩⲟϩ ⲡⲓⲥⲟⲛ ⲉⲧⲁϥⲕⲱⲗⲡ ⲛⲛⲓⲥⲕⲉⲩⲟⲥ ⲁϥϭⲁⲗⲱⲟⲩ ⲉⲣⲟϥ ⲁϥϯ ⲛϩⲁⲛ ⲛⲓϣϯ ⲛϣⲱϣ ⲙⲡⲓⲥⲟⲛ ⲉⲧⲁⲩϫⲉⲙ ⲛⲓⲥⲕⲉⲩⲟⲥ ϧⲉⲛ ⲧⲉϥⲣⲓ ⲟⲩⲟϩ ⲁϥϩⲓⲟⲩⲓ ⲉϧⲟⲩⲛ ϧⲉⲛ ⲡⲉϥϩⲟ ⲉϥⲟⲩⲱϣ ⲉϩⲓⲧϥ ⲉⲃⲟⲗ ϧⲉⲛ ⲡⲓⲁⲃⲏⲧ ⲟⲩⲟϩ ϧⲉⲛ ⲛⲁⲓ ⲧⲏⲣⲟⲩ ⲙⲡⲉ ⲡⲓⲥⲟⲛ ϫⲱⲗ ⲉⲃⲟⲗ ⲁⲗⲗⲁ ⲛⲉϣⲁϥⲉⲣ ⲛⲕⲉⲑⲃⲓⲟϥ ⲛⲁϥ ⲡⲉ ϫⲉ ⲁⲓⲉⲣ ⲛⲟⲃⲓ ⲭⲱ ⲛⲏⲓ ⲉⲃⲟⲗ. ⲟⲩⲟϩ ⲁ ⲡⲓⲥⲟⲛ ϣⲱⲡⲓ ⲛϣⲟⲩⲙⲟⲥϯ ⲛⲧⲟⲧϥ ⲙⲡⲓⲡⲁⲡⲁ ⲛⲉⲙ ⲛⲓⲥⲛⲏⲟⲩ ⲧⲏⲣⲟⲩ ⲉⲧϧⲉⲛ ⲡⲓⲁⲟⲩⲃⲏⲧ (-ⲍ̄-) ⲛϩⲟⲩⲟ ⲇⲉ ⲙⲁⲗⲗⲟⲛ ⲡⲓⲥⲟⲛ ⲉⲧⲁϥⲕⲱⲗⲡ ⲛⲛⲓⲥⲕⲉⲩⲟⲥ ⲛⲁϥ-

Abba Macaire dit : « Celui qui remplit son cœur de pain et d'eau donne la clef de sa maison aux voleurs. »

On rapporte d'un frère qui était dans un couvent, un autre frère habitant avec lui dans le couvent, qu'il vola quelques vases à l'économe du couvent, et lorsqu'il les eut mis dans un sac, il les déposa près du frère qui ne savait pas que c'étaient des objets volés; mais le frère croyait qu'ils lui appartenaient. Après un peu de temps, on trouva que les vases avaient disparu : on les chercha en chaque cellule des frères; et, lorsqu'on fut entré dans la cellule où (le voleur) les avait déposés, on les chercha, et lorsqu'on les eut trouvés, aussitôt le frère se jeta à terre, il fit repentance, disant : « On s'est moqué de moi; j'ai péché, pardonnez-moi. » Et le frère qui avait volé les vases et les avait déposés chez (l'autre) donna de grandes injures au frère dans la cellule duquel on avait trouvé les vases, il le frappa au visage, voulant le faire jeter hors du couvent; et, en tout cela, le frère ne nia point, mais il s'humilia encore devant lui, disant : « J'ai péché, pardonne-moi. » Et le frère devint haï du pape et de tous les frères qui habitaient le couvent, et surtout

---

1. *Cod.* ⲙⲁⲕⲁⲣⲓ. — 2. Le *Cod.* n'a pas ϫⲉ.

ⲙⲟⲥϯ ⲙⲙⲟϥ ⲡⲉ ⲉϥϯ ϣϥⲓⲧ ⲛⲁϥ ⲛⲛⲓⲥⲏⲟⲩ ⲧⲏⲣⲟⲩ ⲉϥⲙⲟⲩϯ ⲉⲣⲟϥ ϫⲉ ⲡⲓⲥⲟⲛ ⲙⲡⲉⲙⲑⲟ ⲛⲛⲓⲥⲛⲏⲟⲩ. ⲟⲩⲟϩ ⲁϥⲉⲣ ⲣⲟⲙⲡⲓ ⲥⲛⲟⲩϯ ϧⲉⲛ ⲡⲓⲙⲟⲛⲏⲧ ⲉϥϥⲁⲓ ϧⲁ ⲡⲁⲓⲛⲓϣϯ ⲛϣⲱϣ. ⲙⲉⲛⲉⲛⲥⲱⲥ ⲁ ⲫϯ ϭⲱⲣⲡ ⲙⲡⲓϩⲱⲃ ⲉⲃⲟⲗ ⲛⲁⲃ- ⲃⲁ ⲙⲁⲕⲁⲣⲓⲟⲥ¹ ϧⲉⲛ ϣⲓⲏⲧ ⲟⲩⲟϩ ⲁ ⲁⲃⲃⲁ ⲙⲁⲕⲁⲣⲓⲟⲥ² ⲓ ⲉⲭⲏⲙⲓ ϩⲓⲛⲁ ⲛⲧⲉϥ- ⲛⲁⲩ ⲉⲡⲓⲥⲟⲛ ⲟⲩⲟϩ ⲉⲧⲁϥϧⲱⲛⲧ ⲉⲡⲓⲙⲟⲛⲏⲧ ⲁ ⲛⲓⲥⲛⲏⲟⲩ ⲧⲏⲣⲟⲩ ⲑⲱⲟⲩϯ ⲛⲉⲙ ϩⲁⲛ ⲃⲁⲓ ϫⲉ ϩⲓⲛⲁ ⲛⲥⲉⲓ ⲉⲃⲟⲗ ϩⲁϫⲱϥ ⲛⲁⲃⲃⲁ ⲙⲁⲕⲁⲣⲓⲟⲥ³........ ⲁϥⲉⲣ ⲟⲩⲱ ϩⲱϥ ⲛϫⲉ ⲡⲓⲥⲟⲛ ⲉϥϫⲱ ⲙⲙⲟⲥ ϫⲉ ⲙⲙⲟⲛ ϩⲗⲓ ⲛϩⲟ ⲙⲙⲟⲓ ⲁⲛⲟⲕ ⲁⲛ ⲉϥⲁⲓ ⲛⲟⲩⲃⲁⲓ ⲟⲩⲇⲉ ⲉⲉⲣⲁⲡⲁⲛⲧⲁⲛ ⲉⲡⲓϧⲉⲗⲗⲟ ϯⲙⲉϩ ⲅⲁⲣ ⲛϣⲱϣ ⲙⲫⲣⲏϯ ⲉⲧⲁⲣⲉⲧⲉⲛⲛⲁⲩ ⲉⲣⲟⲓ ϩⲱⲧⲉⲛ. ⲟⲩⲟϩ ⲉⲧⲁ ⲛⲓⲥⲛⲏⲟⲩ ϧⲱⲗ ⲉⲃⲟⲗ ϩⲁ- ϫⲱϥ ⲙⲡⲓϧⲉⲗⲗⲟ ⲁϥⲉⲣⲁⲥⲡⲁⲍⲉⲥⲑⲁⲓ⁴ ⲙⲙⲱⲟⲩ ⲛⲟⲩⲁⲓ ⲟⲩⲁⲓ ⲟⲩⲟϩ ⲉⲧⲉⲙ- ⲡⲉϥⲛⲁⲩ ⲉⲡⲓⲥⲟⲛ ⲁϥϣⲓⲛⲓ ϫⲉ ⲁϥⲑⲱⲛ ⲟⲩⲟϩ ⲁ ⲛⲓⲥⲛⲏⲟⲩ ⲧⲁⲙⲟϥ ϫⲉ ⲉⲑⲃⲉ ⲁϣ ⲛϩⲱⲃ ⲙⲡⲉϥⲉⲣⲁⲡⲁⲛⲧⲁⲛ ⲉⲣⲟⲕ ⲉϥϣⲓⲡⲓ. (-ϥⲁ-) ⲟⲩⲟϩ ⲉⲧⲁ ⲁⲃⲃⲁ ⲙⲁ- ⲕⲁⲣⲓⲟⲥ⁵ ⲥⲱⲧⲉⲙ ⲁϥϧⲱⲃⲓ ⲟⲩⲟϩ ⲁϥϣⲉ ⲛⲁϥ ⲉϧⲟⲩⲛ ⲉⲡⲓⲙⲟⲛⲏⲧ ⲡⲓⲥⲟⲛ ϫⲉ ⲁϥⲉⲣⲁⲡⲁⲛⲧⲁⲛ ⲉⲣⲟϥ ϧⲉⲛ ⲟⲩⲑⲉⲃⲓⲟ ⲟⲩⲟϩ ⲁϥϯ ⲙⲉⲧⲁⲛⲟⲓⲁ ⲙⲡⲓϧⲉⲗⲗⲟ ⲡⲁⲓⲣⲏϯ ϩⲱϥ ⲁⲃⲃⲁ ⲙⲁⲕⲁⲣⲓⲟⲥ⁶ ⲁϥϯ ⲙⲉⲧⲁⲛⲟⲓⲁ ⲙⲡⲓⲥⲟⲛ ⲟⲩⲟϩ ⲁⲩϭⲉⲡ ⲧⲟⲧⲟⲩ ⲛⲛⲟⲩⲉⲣⲏⲟⲩ. ⲡⲉϫⲉ ⲁⲃⲃⲁ ⲙⲁⲕⲁⲣⲓⲟⲥ⁷ ⲛⲛⲓⲥⲛⲏⲟⲩ ϫⲉ ⲟⲩⲇⲉ ⲁⲛⲟⲕ ⲟⲩⲇⲉ ⲛⲑⲱⲧⲉⲛ ⲧⲉⲧⲉⲛⲧⲁⲓⲏⲟⲩⲧ ⲁⲛ ⲙⲫⲣⲏϯ ⲙⲫⲁⲓ ϫⲉ ⲟⲩ ⲙⲟⲛⲟⲛ ⲁϥϥⲁⲓ

le frère qui avait volé les vases le haïssait, lui faisait des reproches à toute heure, l'appelant voleur en présence des frères. Et lorsqu'il eut passé deux ans dans ce monastère, supportant ce grand opprobre, ensuite Dieu révéla la chose à abba Macaire à Schiit, et abba Macaire alla en Égypte, afin de voir le frère. Et lorsqu'il fut proche du couvent, tous les frères se rassemblèrent avec des rameaux, afin d'aller au-devant d'abba Macaire........ Le frère aussi répondit : « Je n'ai aucune raison de prendre un rameau et d'aller à la rencontre du vieillard, car je suis rempli d'opprobre, comme vous me voyez. » Et lorsque les frères furent sortis au-devant de lui, (abba Macaire) les embrassa un à un, et, lorsqu'il ne vit point le frère, il demandait où il était; et les frères l'informèrent pourquoi, par honte, il n'était pas allé à sa rencontre. Et quand abba Macaire entendit, il sourit, il entra dans le couvent. Le frère vint au-devant de lui avec humilité et il fit repentance au vieillard; de même abba Macaire fit repentance au frère, et ils se prirent la main, l'un l'autre. Abba Macaire dit aux frères : « Ni moi ni vous ne sommes honorables comme

---

1. Cod. ⲙⲁⲕⲁⲣⲓ. — 2. Cod. ⲙⲁⲕⲁⲣⲓ. — 3. Cod. ⲙⲁⲕⲁⲣⲓ. Il y a quelque chose d'omis. — 4. Cod. ⲁϥⲉⲣⲁⲥⲡⲁⲍⲉⲥⲟⲉ. — 5. Cod. ⲙⲁⲕⲁⲣⲓ. — 6. Cod. ⲙⲁⲕⲁⲣⲓ. — 7. Cod. ⲙⲁⲕⲁⲣⲓ.

ⲍⲁ ⲡⲓⲛⲓϣϯ ⲛϣⲱϣ ⲁⲗⲗⲁ ⲡⲓⲕⲉⲛⲟⲃⲓ ⲛⲧⲉ ⲡⲓⲥⲟⲛ ⲁϥⲧⲁⲗⲟⲩ ⲉϫⲉⲛ ⲧⲉϥⲁⲫⲉ. ⲟⲩⲟϩ ⲁϥⲧⲁⲥⲑⲟϥ ⲛϫⲉ ⲁⲃⲃⲁ ⲙⲁⲕⲁⲣⲓⲟⲥ[1] ⲉⲡⲉϥⲙⲁ. ⲛⲑⲟϥ ϩⲱϥ ⲡⲓⲥⲟⲛ ⲁϥⲧⲁⲗⲉ ⲉⲡⲉϥϣⲁⲣ ⲉⲣⲟϥ ⲁϥϣⲱⲗ ⲉⲃⲟⲗϧⲉⲛ ⲡⲓⲁⲟⲩⲏⲧ ⲉⲧⲉⲙⲙⲁⲩ ⲙⲡⲉϥⲧⲁⲥⲑⲟϥ ⲉⲣⲟϥ ϫⲉ. ⲁϥϫⲟⲥ ⲛϫⲉ ⲁⲃⲃⲁ ⲙⲁⲕⲁⲣⲓⲟⲥ[2] ϫⲉ ⲓⲥϫⲉ ⲁ ⲡⲓϣⲱϣ ⲉⲣ ⲙⲫⲣⲏϯ ⲙⲡⲓⲧⲁⲓⲟ ⲛⲧⲟⲧⲕ ⲟⲩⲟϩ ϯⲙⲉⲧϩⲏⲕⲓ ⲙⲫⲣⲏϯ ⲛⲧⲙⲉⲧⲣⲁⲙⲁⲟ ⲓⲉ ⲡⲓⲟⲥⲓ ⲙⲫⲣⲏϯ ⲙⲡⲓϩⲟⲩ ⲓⲉ ⲡⲓϫⲟϫⲣⲉϫ ⲙⲫⲣⲏϯ ⲙⲡⲓⲟⲩⲛⲟϥ ⲓⲉ ⲛⲓⲕⲁⲧⲁ ⲥⲁⲣⲝ ⲙⲫⲣⲏϯ ⲛⲛⲓϣⲉⲙⲙⲱⲟⲩ ⲓⲉ ⲭⲛⲁⲙⲟⲩ ⲁⲛ ⲁⲗⲗⲁ ⲭⲛⲁⲱⲛϧ (-ⲍ̄ⲃ̄-) ⲁⲣⲉϩ ⲉⲧⲉⲕⲥⲩⲛⲉⲓⲇⲏⲥⲓⲥ[3] ⲛⲉⲙ ⲡⲉⲕⲁⲣⲏⲟⲩ ⲟⲩⲟϩ ϩⲉⲛⲕ ⲥⲁⲃⲟⲗ ⲛⲣⲉϥϭⲓⲥⲓ ϩⲟ ⲛⲓⲃⲉⲛ.

ⲁϥϫⲟⲥ ⲛϫⲉ ⲁⲃⲃⲁ ⲙⲁⲕⲁⲣⲓⲟⲥ[4] ⲡⲓⲛⲓϣϯ ϫⲉ ϯϯϩⲟ ⲉⲣⲱⲧⲉⲛ ⲛⲁⲥⲛⲏⲟⲩ ⲍⲁ ⲛⲏ ⲉⲧϭⲓ ϣϣⲱⲟⲩ ⲙⲡⲟⲩⲟⲩϫⲁⲓ ⲛⲉⲙ ⲫⲛⲟϩⲉⲙ ⲛⲛⲟⲩⲯⲩⲭⲏ ϩⲓⲛⲁ ⲛⲧⲉⲧⲉⲛϣⲧⲉⲙϯ ⲉϩⲟⲟⲩ ⲛⲥⲁ ⲉϩⲟⲟⲩ ⲟⲩⲟϩ ⲛⲧⲉ ⲡⲁⲓⲉϩⲟⲟⲩ ⲃ̄ ⲁⲓⲧⲉⲛ ⲛϣⲉⲙⲙⲟ ⲛⲛⲓⲁⲅⲁⲑⲟⲛ ⲛⲧⲉ ⲫϯ.

ⲁϥϫⲟⲥ ⲟⲛ ⲛϫⲉ ⲁⲃⲃⲁ ⲙⲁⲕⲁⲣⲓⲟⲥ[5] ϫⲉ ⲡⲓⲙⲱⲓⲧ ⲉⲧϭⲓ ⲉϯⲅⲉⲉⲛⲛⲁ ⲟⲩⲟⲛ ⲛⲏⲥⲧⲉⲓⲁ[6] ⲥⲱⲕ ⲉⲣⲟⲥ ⲟⲩⲟⲛ ⲙⲉⲗⲉⲧⲏ ⲥⲱⲕ ⲉⲣⲟⲥ ⲟⲩⲟⲛ ⲙⲉⲧⲛⲁⲏⲧ ⲥⲱⲕ ⲉⲣⲟⲥ ⲟⲩⲟⲛ ⲡⲟⲗⲓⲧⲉⲓⲁ[7] ⲥⲱⲕ ⲉⲣⲟⲥ. ⲟⲩⲟϩ ⲡⲉϫⲉ ⲛⲓⲥⲛⲏⲟⲩ ⲛⲁϥ ϫⲉ ⲟⲩⲟⲛ ⲑⲉⲃⲓⲟ ⲥⲱⲕ ⲉⲣⲟⲥ ⲟⲛ ⲡⲉⲛⲓⲱⲧ. ⲛⲑⲟϥ ⲇⲉ ⲡⲉϫⲁϥ ϫⲉ ⲑⲉⲃⲓⲟ ⲙⲙⲉⲑⲙⲏⲓ ⲙⲙⲟⲛ

celui-ci; car, non seulement il a supporté le grand opprobre, mais encore le péché du frère, il l'a pris sur sa tête. » Et abba Macaire le fit retourner en sa sa place. Mais aussi le frère (voleur) revêtit sa peau, il sortit du couvent, il ne retourna plus. Abba Macaire dit : « Puisque l'opprobre a été pour toi comme l'honneur, la pauvreté comme la richesse, le dommage comme le gain, l'angoisse comme la joie, les choses de la chair comme des choses étrangères, eh bien, tu ne mourras pas, mais tu vivras; garde ta conscience avec ton voisin et tiens-toi à l'écart de celui qui est superbe. »

Abba Macaire le grand dit : « Je vous prie, mes frères, qui désirez vivement votre salut et le salut de vos âmes, ne remettez pas de jour en jour, et, que ces deux jours ne vous rendent pas étrangers aux biens de Dieu. »

Abba Macaire dit : « Le chemin qui conduit à la géhenne, le jeûne y entraîne, la méditation y entraîne, la pitié y entraîne, l'ascétisme y entraîne. » Les frères lui dirent : « L'humilité y entraîne-t-elle aussi, notre père? » Mais lui, il dit : « L'humilité vraie n'est pas seulement de dire de bouche : Par-

---

1. Cod. ⲙⲁⲕⲁⲣⲓ. — 2. Cod. ⲙⲁⲕⲁⲣⲓ. — 3. Cod. ⲉⲧⲉⲕⲥⲩⲛⲏⲇⲏⲥⲓⲥ. — 4. Cod. ⲙⲁⲕⲁⲣⲓ. — 5. Cod. ⲙⲁⲕⲁⲣⲓ. — 6. Cod. ⲛⲏⲥⲧⲓⲁ. — 7. Cod. ⲟⲩⲟⲛ ⲡⲟⲗⲓⲧⲓⲁ.

ⲉϩⲟⲥ ⲁⲛ ϧⲉⲛ ⲣⲱⲕ ⲙⲙⲁⲧⲁⲧϥ ϫⲉ ⲭⲱ ⲛⲏⲓ ⲉⲃⲟⲗ ⲡⲓⲙⲱⲓⲧ ⲛⲧⲉ ⲫϯ ⲡⲉ
ⲟⲩϩⲏⲧ ⲉⲁϥϫⲉϫ ⲡⲉϥⲟⲩⲱϣ ⲉⲃⲟⲗϧⲉⲛ ϩⲱⲃ ⲛⲓⲃⲉⲛ ⲉⲧⲥⲱⲕ ⲙⲙⲟϥ ⲗⲟⲓⲡⲟⲛ
ⲫⲏ ⲉⲑⲙⲉⲩⲓ ⲉⲥⲉⲃⲧⲱⲧϥ ⲙⲡⲉⲛⲑⲣⲉϥⲉⲣ ⲁⲙⲉⲗⲉⲥ[1] ⲉⲣⲟϥ ⲙⲡⲁⲧⲟⲩϣⲑⲁⲙ
ⲛⲛⲓⲣⲱⲟⲩ ⲛⲧⲉ ϯⲁⲅⲟⲣⲁ ⲙⲙⲟⲛ ⲙⲡⲁⲧⲩϣϫⲉⲙϫⲟⲙ ⲛϣⲱⲡ ϫⲉ ⲟⲩⲇⲉ ⲉϯ
ⲉⲃⲟⲗ (–ⲝ̄ⲇ̄–) ⲟⲩⲇⲉ ⲙⲡⲁⲧϫⲉ ⲟⲩⲱⲛ ϫⲉ ⲛⲛⲓⲥⲟⲩ ⲙⲡⲁⲣⲑⲉⲛⲟⲥ ⲛⲏ ⲉⲧⲱϣ
ⲉⲃⲟⲗ ⲉϩⲣⲏⲓ ⲟⲩⲟϩ ⲉⲧⲕⲱⲗϩ ⲉⲡⲓⲣⲟ ⲛⲏ ⲉⲧⲁⲩⲙⲁϣⲑⲁⲙ ⲉⲣⲱⲟⲩ ⲉⲑⲃⲉ ⲧⲟⲩ
ⲙⲉⲧⲁⲙⲉⲗⲉⲥ. ⲗⲟⲓⲡⲟⲛ ⲁⲣⲉϩ ϧⲉⲛ ⲣⲓ ⲛⲁⲣⲉϩ ⲛⲓⲃⲉⲛ ⲉⲓⲧⲉ[2] ⲉⲣⲉⲧⲉⲛϩⲉⲙⲥⲓ
ϧⲉⲛ ϯⲣⲓ ⲉⲓⲧⲉ[3] ⲉⲣⲉⲧⲉⲛⲭⲏ ϧⲉⲛ ⲑⲙⲏϯ ⲛⲛⲓⲣⲱⲙⲓ.

ⲁϥϫⲟⲥ ⲟⲛ ϫⲉ ⲙⲁⲣⲉ ϯⲫⲁϣⲓ ⲙⲡⲓⲉⲭⲱⲣϩ ⲣⲁϣⲓ ⲛⲉⲕϣⲉⲙϣⲓ ϯⲕⲉⲫⲁϣⲓ
ⲉⲛϯ ⲙⲧⲟⲛ ⲙⲡⲉⲕⲥⲱⲙⲁ. ⲁϥϫⲟⲥ ⲟⲛ ϫⲉ ϯⲛⲏⲥⲧⲉⲓⲁ[4] ⲉⲧⲉϣϣⲉ ϣⲁ ⲁϫⲡ ⲑ̄
ⲡⲉ ⲟⲩⲟϩ ⲫⲏ ⲉⲧⲛⲁⲉⲣⲓ ⲛϩⲟⲩⲟ ϥⲛⲁϭⲓ ⲃⲉⲭⲉ ⲛϩⲟⲩⲟ.

ⲁϥϫⲟⲥ ⲟⲛ ⲛϫⲉ ⲡⲉⲛⲓⲱⲧ ⲛⲇⲓⲕⲁⲓⲟⲥ[5] ⲡⲓⲛⲓϣϯ ⲁⲃⲃⲁ ⲙⲁⲕⲁⲣⲓⲟⲥ[6] ϫⲉ ⲛⲓϩⲃⲏⲟⲩⲓ ⲛⲧⲉ ⲡⲓⲟⲩⲁⲓ ⲡⲓⲟⲩⲁⲓ ⲙⲙⲟⲛ ⲥⲉⲥϧⲁⲓ ⲙⲙⲱⲟⲩ ⲧⲏⲣⲟⲩ ⲉⲓⲧⲉ[7] ⲟⲩⲇⲓⲁⲕⲟⲛⲓⲁ ⲉⲓⲧⲉ[8] ⲟⲩⲥⲟⲡ ⲛϣⲗⲏⲗ ⲛϩⲟⲩⲟ ⲉⲣⲉ ⲟⲩⲟⲛ ⲟⲩⲁⲓ ⲛⲁⲁⲓϥ ⲓⲉ ⲟⲩⲕⲉⲗϫ
ⲕⲉⲗϫ ⲛϩⲟⲩⲟ ϣⲁ ⲉϧⲟⲩⲛ ⲉⲟⲩⲉⲣⲙⲏ ⲛϩⲟⲩⲟ ⲓⲉ ⲟⲩⲛⲏⲥⲧⲉⲓⲁ[9] ⲛϩⲟⲩⲟ ⲓⲉ ⲟⲩⲥⲁϫⲓ ⲉⲛⲁⲛⲉϥ ⲉⲣⲉ ⲟⲩⲟⲛ ⲟⲩⲁⲓ ⲛⲁϫⲟϥ ⲙⲡⲉϥⲥⲟⲛ ⲓⲉ ⲟⲩⲉⲗⲁⲭⲓⲥⲧⲟⲛ ⲛϩⲱⲃ

donne-moi. Le chemin de Dieu, c'est un cœur qui a retranché son désir de toute chose qui l'entraîne; du reste, celui qui pense à se préparer, ne le rendons pas négligent avant qu'on ferme les portes de la place publique où l'on ne peut ni acheter ni vendre. On n'a pas dit : « Ouvrez aux vierges folles, qui crient et pleurent, frappant à la porte », elles à qui on l'avait fermée à cause de leur négligence. Donc veillez en toute vigilance, soit que vous soyez assis dans votre cellule, soit que vous soyez au milieu des hommes. »

Il dit aussi : « Que la moitié de la nuit suffise à tes actes religieux; en l'autre moitié donne repos à ton corps. » Il dit aussi : « Le jeûne convenable, c'est (de jeûner) jusqu'à la neuvième heure : celui qui fera plus recevra salaire en plus. »

Notre père juste, le grand abba Macaire, dit encore : « Les œuvres de chacun de nous sont toutes écrites, soit une diaconie, soit une prière que chacun fera en plus, soit une génuflexion en plus, jusqu'à une larme en plus, ou un jeûne en plus ou une bonne parole que quelqu'un dira à son frère, ou une très

---

1. *Cod.* ⲙⲡⲉⲛⲑⲣⲉϥⲉⲣ ⲁⲙⲉⲗⲉⲥ. — 2. *Cod.* ⲓⲧⲉ. — 3. *Cod.* ⲓⲧⲉ. — 4. *Cod.* ϯⲛⲏⲥⲧⲓⲁ. — 5. *Cod.* ⲛⲇⲓⲕⲉⲟⲥ. — 6. *Cod.* ⲙⲁⲕⲁⲣⲓ. — 7. *Cod.* ⲓⲧⲉ. — 8. *Cod.* ⲓⲧⲉ. — 9. *Cod.* ⲟⲩⲛⲏⲥⲧⲓⲁ.

ⲉⲣⲉ ⲟⲩⲟⲛ ⲟⲩⲁⲓ ⲛⲁⲁⲓϥ ⲉⲟⲃⲉ ⲫ̅ϯ̅ ⲛⲉⲙ ϣⲁ (-ⲝⲁ-) ⲉϧⲟⲩⲛ ⲉⲡⲓϧⲱⲃ ⲛ̀ϫⲓϫ ⲥⲉⲥϧⲁⲓ ⲙ̀ⲙⲱⲟⲩ ⲧⲏⲣⲟⲩ ⲛⲉⲙⲁⲛ ⲙ̀ⲙⲏⲛⲓ. ⲙ̀ⲫⲟⲣ ⲇⲉ ⲛⲁϣⲏⲣⲓ ⲡⲉⲛⲥⲱⲧⲏⲣ ⲛⲁϥⲉⲣ ⲑⲏⲛⲟⲩ ⲛ̀ϧⲗⲓ ⲛ̀ⲧⲱⲧⲉⲛ ⲁⲛ ⲛ̀ϩⲓϫⲓ ⲧⲏⲣⲟⲩ ⲉⲧⲉ ⲡⲓⲟⲩⲁⲓ ⲡⲓⲟⲩⲁⲓ ⲛⲁⲁⲓ ⲧⲟⲩ ⲥⲉⲛⲁⲧⲁⲙⲱⲧⲉⲛ ⲉⲣⲱⲟⲩ ⲙ̀ⲡⲓⲙⲁⲩ ⲉⲣⲉⲧⲉⲛⲛⲏⲟⲩ ⲉⲃⲟⲗϧⲉⲛ ⲥⲱⲙⲁ. ⲙⲓϣⲓ ⲇⲉ ⲉⲣⲱⲧⲉⲛ ⲛⲁϣⲏⲣⲓ ⲙ̀ⲡⲉⲣϫⲟⲩϣⲧ ⲉⲟⲩⲙⲏϣ ⲉⲟⲩⲱⲙ ⲟⲩⲟϩ ⲉⲧⲥⲱ ⲟⲩⲟϩ ⲉⲧⲛ̀ⲕⲟⲧ ⲉⲣⲉ ⲡⲟⲩϩⲏⲧ ⲟⲩⲱⲙ ⲉⲣⲱⲟⲩ ⲁⲛ ⲛ̀ⲧⲉⲛϫⲟⲥ ϫⲉ ⲁⲣⲏⲟⲩ ⲛⲏ ⲉⲧⲁⲩϯ ⲙ̀ⲕⲁϩ ⲛⲱⲟⲩ ⲛⲉⲙ ⲛⲏ ⲉⲧⲉ ⲙ̀ⲡⲟⲩϯ ⲙ̀ⲕⲁϩ ⲛⲱⲟⲩ ⲟⲩ ⲡⲁⲓⲣⲏϯ ⲣⲱⲟⲩ ⲣⲱ ⲡⲉ. ⲙ̀ⲫⲟⲣ ⲛⲁϣⲏⲣⲓ ⲙⲁⲧⲁϫⲣⲉ ⲑⲏⲛⲟⲩ ⲉϫⲉⲛ ⲡⲓⲛⲁϩϯ ⲛ̀ⲧⲉ ⲛⲉⲧⲉⲛⲕⲁϩⲓ ϫⲉ ϣⲁ ⲉϧⲟⲩⲛ ⲉⲟⲩⲕⲟⲩϫⲓ ⲙ̀ⲡⲟⲗⲓⲧⲉⲓⲁ[1] ⲉⲧⲉⲣⲉ ⲟⲩⲟⲛ ⲟⲩⲁⲓ ⲛⲁⲁⲓⲥ ⲓⲉ ⲛ̀ⲧⲉϥϭⲓⲧϥ ⲛ̀ϫⲟⲛⲥ ϧⲉⲛ ⲡⲉϥϫⲓ ⲛⲟⲩⲱⲙ ϩⲱⲃ ⲛⲓⲃⲉⲛ ⲛ̀ϩⲓϫⲓ ⲉⲧⲉⲧⲉⲛ ⲛⲁⲁⲓⲧⲟⲩ ⲛ̀ϩⲟⲩⲟ ⲧⲉⲧⲉⲛⲛⲁϫⲉⲙⲟⲩ ⲧⲏⲣⲟⲩ ⲉⲟⲩⲟⲛϩ ⲛⲱⲧⲉⲛ ⲉⲃⲟⲗ ϧⲉⲛ ⲡⲓⲉⲛⲉϩ ⲉⲑⲛⲏⲟⲩ. ⲫⲱⲧ ⲇⲉ ⲛⲁϣⲏⲣⲓ ⲉϧⲟⲩⲛ ⲉⲡⲓϩⲓϫⲓ ⲟⲩⲟϩ ⲙⲉⲛⲣⲓⲧϥ ⲙⲁⲣⲉϥ ϣⲱⲡⲓ ⲉϥϩⲟⲗϫ ⲛ̀ⲧⲉⲛ ⲑⲏⲛⲟⲩ ϧⲉⲛ ⲟⲩⲛⲓϣϯ ⲛ̀ⲉⲃⲓⲟ ⲛ̀ϩⲏⲧ ⲉⲙⲁϣⲱ.

ⲉϥⲥⲓⲛⲓⲱⲟⲩ ⲛ̀ⲟⲩⲥⲟⲡ ⲛ̀ϫⲉ ⲁⲃⲃⲁ (-ⲝⲉ-) ⲙⲁⲕⲁⲣⲓⲟⲥ[2] ϧⲉⲛ ⲟⲩϯⲙⲓ ⲛⲉⲙ ϩⲁⲛ ⲥⲛⲏⲟⲩ ⲁϥⲥⲱⲧⲉⲙ ⲉⲟⲩⲕⲟⲩϫⲓ ⲛⲁⲗⲟⲩ ⲉϥϫⲱ ⲙ̀ⲙⲟⲥ ⲛ̀ⲧⲉϥⲙⲁⲩ ϫⲉ ⲧⲁⲙⲁⲩ ⲟⲩⲟⲛ ⲟⲩⲣⲁⲙⲁⲟ ⲙⲉⲓ ⲙ̀ⲙⲟⲓ ⲉϥⲉⲣⲁⲅⲁⲡⲁⲛ ⲙ̀ⲙⲟⲓ ⲁⲛⲟⲕ ϩⲱ ϯⲙⲟⲥϯ ⲙ̀ⲙⲟϥ ⲟⲩⲟⲛ ⲟⲩϩⲏⲕⲓ ⲙⲟⲥϯ ⲙ̀ⲙⲟⲓ ⲁⲛⲟⲕ ϩⲱ ϯⲉⲣⲁⲅⲁⲡⲁⲛ

petite œuvre que quelqu'un fera pour Dieu, jusqu'au travail manuel, tout est écrit pour nous chaque jour. Non, mes enfants, Notre Sauveur ne vous privera en rien; ces souffrances que chacun fera, on vous en instruira au moment où vous sortirez du corps. Combattez, mes enfants, ne regardez pas la foule qui mange, qui boit, qui dort, qui n'a pas de remords[3]; ne dites pas : Peut-être ceux qui se font souffrir et ceux qui ne se font pas souffrir, c'est la même chose. Non, mes enfants, fortifiez-vous dans la foi de votre terre; car jusqu'à une petite œuvre de vertu que quelqu'un fera, ou s'il se fait violence dans son manger, toute œuvre de souffrance que nous aurons faite en plus, nous la trouverons manifestée pour nous dans le siècle futur. Courez donc, mes enfants, vers la souffrance, aimez-la, qu'elle nous soit douce dans une grande humilité grandement. »

Abba Macaire le grand, passant une fois dans un village avec les frères, il entendit un petit enfant dire à sa mère : « Ma mère, un riche m'aime, il me chérit, et moi, je le déteste; un pauvre me déteste, et moi, je le chéris. »

---

1. *Cod.* ⲙ̀ⲡⲟⲗⲓⲧⲓⲁ. — 2. *Cod.* ⲙⲁⲕⲁⲣⲓ. — 3. Mot à mot : « Ceux qui ne mangent pas leur cœur. »

ⲙⲙⲟϥ· ⲉⲧⲁϥⲥⲱⲧⲉⲙ ⲉⲛⲁⲓ ⲛϫⲉ ⲡⲓⲁⲅⲓⲟⲥ ⲁⲃⲃⲁ ⲙⲁⲕⲁⲣⲓⲟⲥ¹ ⲁϥⲉⲣ ϣⲫⲏⲣⲓ ⲉⲙⲁϣⲱ ⲟⲩⲟϩ ⲡⲉϫⲉ ⲛⲓⲥⲛⲏⲟⲩ ⲛⲁϥ ϫⲉ ⲟⲩ ⲡⲉ ⲡⲁⲓⲥⲁϫⲓ ⲡⲉⲛⲓⲱⲧ ϫⲉ ⲕⲉⲣ ϣⲫⲏⲣⲓ ⲛⲧⲁⲓϩⲉ ⲑⲣⲥ. ⲡⲓϧⲉⲗⲗⲟ ⲇⲉ ⲛⲁϥⲕⲱⲗϩ ⲡⲉ ϧⲉⲛ ⲧⲉϥⲙⲉⲥⲧⲉ ⲛϩⲏⲧ ⲉϥϫⲱ ⲙⲙⲟⲥ ϫⲉ ⲱ ϫⲉ ⲟⲩⲟⲛ ⲟⲩⲛⲓϣϯ ⲙⲙⲩⲥⲧⲏⲣⲓⲟⲛ ϧⲉⲛ ⲡⲁⲓⲥⲁϫⲓ. ⲛⲑⲱⲟⲩ ⲇⲉ ⲛⲁⲩϯ ϩⲟ ⲉⲣⲟϥ ⲡⲉ ϫⲉ ⲙⲁⲧⲁⲙⲟⲛ ⲉⲣⲟϥ. ⲛⲑⲟϥ ⲇⲉ ⲡⲉϫⲁϥ ⲛⲱⲟⲩ ϫⲉ ⲁⲗⲏⲑⲱⲥ ⲛⲁϣⲏⲣⲓ ⲡⲟⲥ ⲟⲩⲣⲁⲙⲁⲟ ⲡⲉ ⲟⲩⲟϩ ϥⲉⲣⲁⲅⲁⲡⲁⲛ ⲙⲙⲟⲛ ⲁⲛⲟⲛ ⲇⲉ ⲧⲉⲛⲟⲩⲱϣ ⲁⲛ ⲉⲥⲱⲧⲉⲙ ⲛⲥⲱϥ ⲡⲉⲛϫⲁϫⲓ ⲇⲉ ϩⲱϥ ⲡⲓⲇⲓⲁⲃⲟⲗⲟⲥ ⲟⲩϩⲏⲕⲓ ⲡⲉ ⲟⲩⲟϩ ϥⲙⲟⲥϯ ⲙⲙⲟⲛ ⲁⲛⲟⲛ ϩⲱⲛ ⲧⲉⲛⲉⲣⲁⲅⲁⲡⲁⲛ ⲛⲛⲉϥϭⲱϧⲉⲙ ⲛⲉⲙ ⲛⲉϥ-ⲥⲱϥ ⲛⲉⲙ ⲛⲉϥⲉⲡⲓⲑⲩⲙⲓⲁ ⲉⲧϣⲟⲩⲓⲧ ⲛⲉⲙ ⲡⲥⲱϫⲡ ⲛⲛⲉϥϩⲏⲇⲟⲛⲏ².

(-ⲝⲅ-) ⲁϥϫⲟⲥ ⲛϫⲉ ⲁⲃⲃⲁ ⲙⲁⲕⲁⲣⲓⲟⲥ³ ⲡⲓⲛⲓϣϯ ϫⲉ ⲡⲉⲧⲥϣⲉ ⲡⲉ ⲙⲫⲏ ⲉⲧⲁϥⲉⲣⲁⲡⲟⲧⲁⲍⲉⲥⲑⲁⲓ⁴ ⲙⲡⲓⲕⲟⲥⲙⲟⲥ ⲁϥⲓ ⲉϧⲟⲩⲛ ⲉⲡⲃⲓⲟⲥ ⲛϯⲙⲉⲧⲙⲟⲛⲁⲭⲟⲥ ⲉⲑⲣⲉϥⲉⲣ ⲫⲙⲉⲩⲓ ⲙⲡⲓⲣⲏⲧⲟⲛ ⲛⲧⲉ ⲡⲓⲁⲡⲟⲥⲧⲟⲗⲟⲥ ⲉⲑⲟⲩⲁⲃ ⲫⲁⲓ ⲉⲧⲁϥϭⲓ ⲙⲡⲓ-ⲛⲓϣⲁⲗ ⲛⲧⲉ ϯⲕⲁⲕⲓⲁ ⲉⲁϥϫⲟⲥ ⲙⲡⲁⲓⲣⲏϯ ϩⲱⲥ ⲉϥϫⲫⲓⲟ ⲛⲛⲏ ⲉⲧⲁⲩⲣⲁⲟⲩⲱ ⲛϧⲏⲧⲟⲩ ⲉϥϫⲱ ⲙⲙⲟⲥ ϫⲉ ϧⲉⲛ ⲡϫⲓ ⲛⲟⲩⲣⲁⲕⲟⲩ ⲉⲃⲟⲗϩⲓ ⲫⲙⲱⲓⲧ ⲛⲧⲉ ϯⲁⲣⲉⲧⲏ ⲟⲩⲟϩ ⲛⲧⲟⲩⲃⲟϣϥ ⲙⲡⲓϩⲙⲟⲧ ⲛⲧⲉ ⲡⲓⲡⲛⲁ ⲉⲑⲟⲩⲁⲃ ⲁⲩϣⲱⲡⲓ ⲛⲁϫⲱⲕⲉⲙⲟⲥ ⲉⲩⲙⲉϩ ⲙⲡⲟⲛⲏⲣⲓⲁ ⲛⲓⲃⲉⲛ ⲛⲉⲙ ⲕⲁⲕⲓⲁ ⲛⲓⲃⲉⲛ ⲛⲉⲙ ⲙⲉⲧϫⲓ ⲛϭⲟⲛⲥ ⲉⲩⲙⲉϩ ⲛⲫⲑⲟⲛⲟⲥ ⲛⲉⲙ ϧⲱⲧⲉⲃ ⲛⲉⲙ ϣϭⲛⲏⲛ ⲛⲉⲙ ⲡϫⲱⲕ ⲛⲛⲓ ⲧⲏⲣⲟⲩ ⲉⲧⲁϥϫⲟⲧⲟⲩ ⲙⲡⲁⲓⲙⲁ ⲉⲁϥⲟⲩⲁϩⲉⲙ ⲡⲓⲥⲁϫⲓ ⲙⲡⲁⲓⲣⲏϯ ⲉϥϫⲱ

Lorsque le saint abba Macaire eut entendu cela, il s'étonna grandement, et les frères lui dirent : « Quelle est cette parole, notre père, que tu t'étonnes autant ainsi ? » Et le vieillard frappait sur sa poitrine, disant : « O quel grand mystère en cette parole ! » Et eux, ils le priaient, disant : « Apprends-le-nous ! » Et il leur dit : « Vraiment, mes enfants, le Seigneur, c'est le riche ; il nous chérit et nous ne voulons pas l'écouter ; mais notre ennemi, le diable, est pauvre, il nous hait et nous aimons ses impuretés, ses souillures, ses désirs vains et le reste de ses plaisirs. »

Abba Macaire le grand dit : « Il faut que celui qui a renoncé au monde et est entré dans la vie monastique se souvienne des paroles de l'Apôtre saint qui a compté les rameaux de la méchanceté, parlant ainsi comme s'il blâmait ceux qui y sont tombés, disant : « En se rejetant loin du chemin de la vertu et en oubliant la grâce du Saint-Esprit, ils sont devenus méprisables, remplis de toute malice et violence, remplis de haine, de meurtre, d'amour des procès, » et la suite de ce qu'il y a en ce passage ; il répète la même parole,

---

1. *Cod.* ⲙⲁⲕⲁⲣⲓ. — 2. *Cod.* ϩⲏⲇⲟⲛⲏ. — 3. *Cod.* ⲙⲁⲕⲁⲣⲓ. — 4. *Cod.* ⲁⲡⲟⲧⲁⲍⲉⲥⲑⲉ.

ⲙⲙⲟⲥ ϫⲉ ⲛⲏ ⲉⲧⲓⲣⲓ ⲛⲛⲁⲓ ⲙⲡⲁⲓⲣⲏϯ ⲥⲉⲙⲡϣⲁ ⲙⲫⲙⲟⲩ. ⲉⲑⲃⲉ ⲫⲁⲓ ϯϩⲟ
ⲉⲣⲱⲧⲉⲛ ⲱ ⲛⲁⲙⲉⲛⲣⲁϯ ⲛϣⲏⲣⲓ ϧⲉⲛ ⲡⲟⲥ ⲣⲱⲓⲥ ⲉⲡⲉⲧⲉⲛⲗⲁⲥ ⲉⲃⲟⲗϩⲁ ϯ-
ⲕⲁⲧⲁⲗⲁⲗⲓⲁ ⲛⲉⲙ ⲉⲃⲟⲗϩⲁ ⲙⲉⲩⲓ ⲛⲓⲃⲉⲛ ⲛⲁⲓ ⲉⲧⲓⲣⲓ ⲙⲙⲟⲛ ⲛϣⲉⲙⲙⲟ ⲉⲃⲟⲗϩⲁ
ⲡⲟⲩⲣⲟ ⲡⲭ̅ⲥ̅ ⲉⲩⲓⲣⲓ ϫⲉ ϩⲱϥ ⲙⲡⲓⲇⲓⲁⲃⲟⲗⲟⲥ ⲛⲉⲙ (-ⲝ̅ⲍ̅-) ⲛⲉϥⲇⲁⲓⲙⲱⲛ¹ ⲛϣⲫⲏⲣ ⲉⲣⲱⲧⲉⲛ ⲉⲡⲉϩⲁⲛ² ⲥⲣⲁϣⲓ ⲣⲱ ⲱ ⲛⲁϣⲏⲣⲓ ⲉϫⲉⲛ ⲛⲏ ⲉⲑⲛⲁⲓ ⲉⲛⲉϥϫⲓϫ ⲁⲗⲗⲁ ϯⲛⲁϩϯ ϫⲉ ϯⲥⲕⲉⲡⲏ ⲛⲧⲉ ⲫ̅ϯ̅ ⲛⲁⲣⲱⲓⲥ ⲉⲣⲱⲧⲉⲛ ⲉⲃⲟⲗϩⲁ
ⲛⲉϥⲭⲟⲣϫⲥ.

ⲁϥϫⲟⲥ ⲛϫⲉ ⲁⲃⲃⲁ ⲙⲁⲕⲁⲣⲓⲟⲥ³ ⲡⲓⲛⲓϣϯ ϫⲉ ⲡⲉⲧϣⲉ ⲡⲉ ⲉⲡⲓⲙⲟⲛⲁⲭⲟⲥ
ⲉϥϩⲉⲙⲥⲓ ϧⲉⲛ ⲧⲉϥⲣⲓ ⲛⲧⲉϥⲑⲟⲩⲱϯ ⲉϧⲟⲩⲛ ⲉⲣⲟϥ ⲙⲡⲉϥⲕⲁϯ ⲉⲃⲟⲗϩⲁ ⲣⲱⲟⲩϣ
ⲛⲓⲃⲉⲛ ⲛⲧⲉ ⲡⲓⲕⲟⲥⲙⲟⲥ ⲟⲩⲟϩ ⲛⲧⲉϥϣⲧⲉⲙⲭⲁϥ ⲉⲗⲉⲗ ⲉⲃⲟⲗ ϧⲉⲛ ⲛⲓⲙⲉⲧⲉ-
ⲫⲗⲟⲩ ⲛⲧⲉ ⲡⲁⲓⲉⲛⲉϩ ⲁⲗⲗⲁ ⲛⲧⲉϥϣⲱⲡⲓ ϧⲉⲛ ⲟⲩⲥⲕⲟⲡⲟⲥ ⲛⲟⲩⲱⲧ ⲉⲧⲉ ⲡⲓⲭⲓ
ⲛⲭⲱ ⲛⲁϥ ⲡⲉ ⲙⲡⲉⲣ ⲫⲙⲉⲩⲓ ⲙⲫ̅ϯ̅ ⲙⲙⲁⲩⲁⲧϥ ⲛⲛⲁⲩ ⲛⲓⲃⲉⲛ ⲉϥⲙⲏⲛ
ⲉⲃⲟⲗⲛϧⲏⲧϥ ⲛⲟⲩⲛⲟⲩ ⲛⲓⲃⲉⲛ ϧⲉⲛ ⲟⲩⲙⲉⲧⲁⲧϫⲓ ϩⲣⲁϥ ⲟⲩⲟϩ ⲛⲧⲉϥϣⲧⲉⲙⲭⲁ
ϩⲗⲓ ⲛⲧⲉ ⲡⲕⲁϩⲓ ⲉⲉⲣⲟⲛⲟⲭⲗⲉⲓⲛ⁴ ⲙⲡⲉϥϩⲏⲧ ⲟⲩⲇⲉ ⲫⲙⲉⲩⲓ ⲛⲛⲉϥⲕⲁⲧⲁ ⲥⲁⲣⲝ
ⲟⲩⲇⲉ ⲫⲣⲱⲟⲩϣ ⲛⲧⲉ ⲛⲉϥⲓⲟϯ ⲟⲩⲇⲉ ⲡⲥⲟⲗⲥⲉⲗ ⲛⲧⲉ ϩⲁⲛ ⲥⲩⲅⲅⲉⲛⲏⲥ⁵ ⲁⲗⲗⲁ
ⲛⲧⲉϥϣⲱⲡⲓ ⲙⲡⲁⲓⲣⲏϯ ϧⲉⲛ ⲡⲉϥⲛⲟⲩⲥ ⲛⲉⲙ ⲛⲉϥⲁⲓⲥⲑⲏⲥⲓⲥ⁶ ⲧⲏⲣⲟⲩ ϩⲱⲥ ϫⲉ
ⲉϥⲟϩⲓ ⲉⲣⲁⲧϥ ⲙⲡⲉⲙⲑⲟ ⲙⲫ̅ϯ̅ ϫⲉ ϩⲓⲛⲁ ϧⲉⲛ ⲫⲁⲓ ⲛⲧⲉϥ- (-ϫⲏ-) ϫⲱⲕ ⲉⲃⲟⲗ

disant ainsi : « Ceux qui font des choses de cette sorte sont dignes de mort. » — C'est pourquoi, je vous en prie, ô mes bien-aimés enfants en Dieu, veillez sur votre langue à cause de la calomnie et de toute pensée qui nous rend étrangers au roi le Christ et qui fait ainsi du diable et des démons vos compagnons ; car il se réjouit aussi, mes enfants, sur ceux qui tomberont en ses mains ; mais j'ai foi que la protection de Dieu vous gardera de ses pièges. »

Abba Macaire le grand dit : « Ce qu'il faut pour un moine qui reste assis dans sa cellule, c'est qu'il rassemble en lui-même son intelligence, loin de tout souci du monde, qu'il ne la laisse pas vaciller dans les vanités de ce siècle, mais qu'il soit dans un but unique, à savoir poser sa pensée en Dieu seul à chaque instant, constant en lui en toute heure, sans sollicitude, et qu'il ne laisse aucune chose terrestre entrer tumultueusement en son cœur, ni pensée de ses parents, ni souci de ses pères, ni consolation de ses consanguins, mais qu'il soit ainsi dans son esprit et dans tous ses sens comme s'il se tenait en présence de Dieu, afin qu'il accomplisse en cela la parole de l'Apôtre disant :

1. Cod. ⲛⲉϥⲇⲉⲙⲟⲛ. — 2. Cod. ⲉⲡⲓϫⲏ. — 3. Cod. ⲙⲁⲕⲁⲣⲓ. — 4. Cod. ⲉⲉⲣⲟⲛⲟⲭⲗⲓⲛ. — 5. Cod. ⲥⲩⲛⲅⲉⲛⲏⲥ. — 6. Cod. ⲛⲉϥⲉⲥⲟⲉⲥⲓⲥ.

ⲙ̄ⲡⲥⲁϫⲓ ⲙ̄ⲡⲓⲁⲡⲟⲥⲧⲟⲗⲟⲥ ⲉⲧϫⲱ ⲙ̄ⲙⲟⲥ ϫⲉ ϩⲓⲛⲁ ⲛ̄ⲧⲉⲥϣⲱⲡⲓ ⲛ̄ϫⲉ †ⲡⲁⲣ-
ⲑⲉⲛⲟⲥ ⲉⲥⲙⲏⲛ ⲉⲡⲟ̅ⲥ̅ ⲛ̄ⲕⲁⲗⲱⲥ ϧⲉⲛ ⲟⲩⲙⲉⲧⲁⲧϭⲓ ϩⲣⲁϥ ⲉⲡⲧⲏⲣϥ.

ⲁϥϫⲟⲥ ⲟⲛ ⲛ̄ϫⲉ ⲁⲃⲃⲁ ⲙⲁⲕⲁⲣⲓⲟⲥ¹ ϫⲉ †ⲧⲁⲝⲓⲥ ⲛ̄ⲧⲉ ⲡⲓⲙⲟⲛⲁⲭⲟⲥ ⲉⲥⲧⲉⲛⲑⲱⲛⲧ ⲉⲑⲁ ⲛⲓⲁⲅⲅⲉⲗⲟⲥ ⲙ̄ⲫⲣⲏ† ⲉⲧⲉ ⲛⲓⲁⲅⲅⲉⲗⲟⲥ ⲟϩⲓ ⲉⲣⲁⲧⲟⲩ ⲙ̄ⲡⲉⲙⲑⲟ
ⲙ̄ⲡⲟ̅ⲥ̅ ⲛ̄ⲥⲏⲟⲩ ⲛⲓⲃⲉⲛ ⲙ̄ⲙⲟⲛ ϩⲗⲓ ⲛ̄ⲧⲉ ⲛⲁ ⲡⲕⲁϩⲓ ⲧⲁϩⲛⲟ ⲙ̄ⲡⲟⲩⲭⲓ ⲛⲟϩⲓ
ⲉⲣⲁⲧⲟⲩ² ⲙ̄ⲡⲉϥⲙⲑⲟ ⲡⲁⲓⲣⲏ† ϩⲱϥ ⲡⲓⲙⲟⲛⲁⲭⲟⲥ ⲡⲉⲧϣⲉ ⲉⲣⲟϥ ⲡⲉ ⲛ̄ⲧⲉϥ-
ϣⲱⲡⲓ ⲙ̄ⲡⲁⲓⲣⲏ† ⲙ̄ⲡⲉϥⲥⲏⲟⲩ ⲧⲏⲣϥ ⲛ̄ⲱⲛϧ ⲫⲁⲓ ⲟⲩⲛ ⲉϥⲓⲣⲓ ⲙ̄ⲙⲟϥ ϥⲛⲁϫⲱⲕ
ⲉⲃⲟⲗ ⲙ̄ⲡⲥⲁϫⲓ ⲙ̄ⲡⲉⲛⲥⲱⲧⲏⲣ ⲫⲁⲓ ⲉⲧϩⲟⲛϩⲉⲛ ⲉⲑⲣⲉ ⲡⲓⲟⲩⲁⲓ ⲡⲓⲟⲩⲁⲓ ϫⲟⲗϥ
ⲉⲃⲟⲗ ⲙ̄ⲙⲁⲩⲁⲧϥ ⲟⲩⲟϩ ⲛ̄ⲧⲉϥⲱⲗⲓ ⲥ̅ⲧ̅ⲁ̅ⲩ̅ⲣ̅ⲟ̅ⲥ̅³ ⲛ̄ⲧⲉϥⲙⲟϣⲓ ⲛ̄ⲥⲱϥ. ⲡⲁⲓⲣⲏ†
ⲛ̄ⲑⲱⲧⲉⲛ ϩⲱⲧⲉⲛ ϭⲓ ⲛⲉⲙⲟⲩ ⲛ̄ϫⲟⲛⲥ ⲛ̄ⲟⲩⲕⲟⲩϫⲓ ⲱ ⲛⲁⲙⲉⲛⲣⲁ† ⲛ̄ϣⲏⲣⲓ ϩⲓⲛⲁ
ⲛ̄ⲧⲉⲧⲉⲛϫⲫⲟ ⲛⲱⲧⲉⲛ ⲛ̄ϯⲁⲣⲉⲧⲏ ⲙ̄ⲙⲁⲩⲁⲧⲥ ⲥⲥϧⲏⲟⲩⲧ ⲅⲁⲣ ϫⲉ ⲑⲁ ⲛⲓⲣⲉϥ-
ϭⲓⲧⲟⲩ ⲛ̄ϫⲟⲛⲥ ⲧⲉ †ⲙⲉⲧⲟⲩⲣⲟ ⲛ̄ⲧⲉ ⲛⲓⲫⲏⲟⲩⲓ.

ⲁϥϫⲟⲥ ⲛ̄ϫⲉ ⲁⲃⲃⲁ ⲙⲁⲕⲁⲣⲓⲟⲥ⁴ ⲡⲓⲛⲓϣ† (-ⲍ̅ⲑ̅-) ϫⲉ ⲡⲉⲧϣⲉ ⲡⲉ ⲉⲡⲓⲙⲟⲛⲁⲭⲟⲥ ⲛ̄ⲧⲉϥϣⲱⲡⲓ ⲉϥⲧⲟⲩⲃⲏⲟⲩⲧ ⲉⲃⲟⲗϩⲁ ⲡⲁⲑⲟⲥ ⲛⲓⲃⲉⲛ ⲛ̄ⲧⲉ †ⲥⲁⲣⲝ ⲛⲉⲙ
ⲑⲱⲗⲉⲃ ⲛⲓⲃⲉⲛ ⲟⲩⲟϩ ⲛ̄ⲧⲉϥϣⲧⲉⲙⲭⲁ ⲛⲉϥⲗⲟⲅⲓⲥⲙⲟⲥ ⲉⲓ ⲉϧⲣⲏⲓ ⲛⲉⲙ ⲛⲓⲙⲉⲩⲓ
ⲉⲧϩⲱⲟⲩ ⲉⲡⲧⲏⲣϥ ⲁⲗⲗⲁ ⲛ̄ⲧⲉϥϣⲱⲡⲓ ⲉϥⲃⲉⲣⲃⲉⲣ ϧⲉⲛ ⲡⲓⲡ̅ⲛ̅ⲁ̅ ⲛ̄ⲥⲏⲟⲩ ⲛⲓⲃⲉⲛ.

ⲁϥϫⲟⲥ ⲟⲛ ⲛ̄ϫⲉ ⲁⲃⲃⲁ ⲙⲁⲕⲁⲣⲓⲟⲥ⁵ ϫⲉ ⲟⲩϣⲉⲙⲙⲟ ⲡⲉ ⲉⲡⲓⲙⲟⲛⲁⲭⲟⲥ

Afin que la vierge soit constante dans le Seigneur bellement, en toute sollicitude. »

Abba Macaire dit encore : « L'ordre du moine est semblable à celui des Anges. De même, lorsque les Anges se tiennent en présence de Dieu en tout temps, qu'aucune chose terrestre ne les empêche de se tenir en sa présence; de même le moine, il faut qu'il soit ainsi toute la durée de sa vie. En agissant ainsi, il accomplira la parole de Notre Sauveur qui a ordonné que chacun se renonce soi-même, qu'il prenne sa croix et le suive. Ainsi, vous aussi, faites-vous violence un peu, ô mes enfants bien-aimés, afin que vous acquériez la vertu seule, car il est écrit : Le royaume des cieux est à ceux qui se font violence. »

Abba Macaire le grand dit aussi : « Ce qu'il faut au moine, c'est qu'il soit pur de toute passion de la chair et de toute souillure, qu'il ne laisse pas son raisonnement entrer en contestation avec ses pensées mauvaises, du tout; mais qu'il soit fervent en tout temps dans l'Esprit. »

Abba Macaire dit aussi : « C'est chose étrangère au moine qu'il se mette en

---

1. *Cod.* ⲙⲁⲕⲁⲣⲓ. — 2. *Cod.* ⲉⲣⲁⲟⲩ (sic). — 3. *Cod.* ⲥ̅ⲧ̅ⲟ̅ⲥ̅. — 4. *Cod.* ⲙⲁⲕⲁⲣⲓ. — 5. *Cod.* ⲙⲁⲕⲁⲣⲓ.

[Coptic text]

colère; ce lui est chose étrangère de chagriner son frère en quelle manière que ce soit. »

Abba Macaire le grand dit : « Un temps vient où une souffrance nombreuse saisira ceux qui travaillent à la *vie pratique*, de sorte qu'ils oublieront l'abstinence, et le roi puissant de ce temps-là les dominera. » Les frères lui dirent : « Le roi puissant de ce temps-là, de quelle manière est-il ? » Abba Macaire leur dit : « C'est un métis des Ismaélites[8]; les générations de ses reins sont d'Ésaü; notre roi, à nous, c'est Notre-Seigneur Jésus le Christ; son tribut, c'est la pureté de l'âme avec la pureté du corps; le roi de la terre, sa puissance vient de notre roi céleste, le Christ, le vrai Dieu; et, en plus, le roi de la terre aime l'or, aime l'argent et aime les plaisirs, comme les chevaux qui désirent les femelles, il aime le luxe, il sert les femmes et les chevaux comme des dieux, il aime la puissance en toutes ses actions, il vise et espère les choses terrestres, il pense aux choses de la terre pour les posséder encore dans le siècle futur à cause de la multitude de plaisirs qui y est attachée, il mettra

---

1. Cod. ⲙⲁⲕⲁⲣⲓ. — 2. Cod. ϩⲱⲥⲇⲉ. — 3. Cod. ⲛⲉⲅⲕⲣⲁⲧⲓⲁ. — 4. Cod. ⲙⲁⲕⲁⲣⲓ. — 5. Cod. ⲁⲗⲏⲑⲓⲛⲟⲥ. — 6. Cod. ϩⲩⲇⲟⲛⲏ. — 7. Cod. ϩⲩⲇⲟⲛⲏ. — 8. Mot à mot : « C'est une mixture avec les Ismaélites. » Il s'agit des Arabes, et cela nous montre vers quel temps remonte cette parole, ou que le texte a été interpolé.

ϩⲓϫⲉⲛ ⲡⲕⲁϩⲓ ⲧⲏⲣϥ ϧⲉⲛ ⲟⲩϣⲟⲩϣⲟⲩ ⲉϥⲉⲣⲧⲩⲣⲁⲛⲛⲉⲩⲉⲓⲛ[1] ⲙⲙⲟϥ ϧⲉⲛ ⲑⲙⲏϯ ⲙⲡⲕⲁϩⲓ ϥⲛⲁⲉⲣⲭⲟⲯ ⲡⲕⲁϩⲓ ϧⲉⲛ ϩⲁⲛ ⲥⲛⲁⲩϩ ⲙⲃⲉⲛⲓⲡⲓ ϧⲉⲛ ϩⲁⲛ ϧⲓⲥⲓ ⲉⲧⲟϣ ϧⲉⲛ ϩⲁⲛ ϣⲧⲉⲕⲱⲟⲩ ⲕⲁⲓ[2] ⲁϭⲛⲉ ⲡⲟⲩⲣⲟ ⲡⲭ̅ⲥ̅ ⲁⲛ. ⲟⲩⲟϩ ⲡⲉϫⲉ ⲛⲓⲥⲛⲏⲟⲩ ⲛⲁϥ ϫⲉ ⲟⲩ ⲡⲉ ⲉⲑⲛⲁϣⲱⲡⲓ ⲙⲙⲟϥ ⲛⲧⲉ ⲡⲓⲥⲏⲟⲩ ⲉⲧⲉⲙⲙⲁⲩ. ⲡⲉϫⲉ ⲁⲃⲃⲁ ⲙⲁⲕⲁⲣⲓⲟⲥ ⲛⲱⲟⲩ ϫⲉ (-ⲟⲩ-) ⲥⲉⲛⲁϩⲟϫϩⲉϫ ⲉⲙⲁϣⲱ ϩⲱⲥⲧⲉ[3] ⲛⲧⲉ ϩⲁⲛ ⲟⲩⲟⲛ ⲭⲁ ⲧⲟⲧⲟⲩ ⲉⲃⲟⲗ ⲟⲩⲟϩ ⲛⲧⲟⲩⲉⲣ ⲡⲱⲃϣ ⲙⲡⲓϫⲓⲛ ⲛⲱⲛϧ ⲛⲁⲅⲅⲉⲗⲓⲕⲟⲛ ⲉⲑⲃⲉ ϯⲙⲉⲧⲙⲁⲓ ϩⲁⲧ. ⲡⲉⲛⲟ̅ⲥ̅ ⲓⲏ̅ⲥ̅ ⲡⲭ̅ⲥ̅ ⲛⲁⲁⲙⲟⲛⲓ ⲛⲧⲟϥ ⲉⲣⲱⲟⲩ ⲉϥϫⲟⲩϣⲧ ⲉⲧⲟⲩⲡⲣⲟⲁⲓⲣⲉⲥⲓⲥ[4] ⲥⲉⲛⲁϣⲱⲡⲓ ⲛⲉⲩⲫⲩⲏⲥ[5] ϧⲉⲛ ⲟⲩⲑⲱⲟⲩϯ ⲉϧⲟⲩⲛ ϧⲉⲛ ϩⲁⲛ ϩⲱⲃ ⲛϫⲓϫ ⲉⲩⲟϣ ⲡⲓϭⲓ ⲛⲉⲙ ⲡⲓϯ ⲛⲁⲁϣⲁⲓ ⲛϧⲏⲧⲟⲩ ⲙⲫⲣⲏϯ ⲛⲛⲓⲕⲟⲥⲙⲓⲕⲟⲥ ⲉⲑⲃⲉ ⲑⲗⲱⲓϫⲓ ⲛⲛⲓⲁⲛⲙⲟⲥⲓⲟⲛ ⲥⲉⲛⲁⲕⲱϯ ⲙⲡⲓⲥⲁⲣⲕⲓⲕⲟⲛ ⲛⲧⲟⲩⲉⲣ ⲡⲱⲃϣ ⲛϯⲁⲡⲁⲑⲉⲓⲁ[6] ⲫⲏ ⲉⲧⲉⲛⲁϫⲉⲙϥ ϧⲉⲛ ⲛⲓⲟϯ[7] ⲛⲧⲉ ⲡⲓⲥⲏⲟⲩ ⲉⲧⲉⲙⲙⲁⲩ ⲉϥⲧⲟⲩⲃⲏⲟⲩⲧ ⲉⲡⲓⲟⲩⲱⲙ ⲛⲉⲙ ⲡⲓⲥⲱ ⲡⲁⲣⲁ ⲡϣⲓ ⲉⲑⲃⲉ ⲡⲁϣⲁⲓ ⲛⲧⲙⲉⲑⲛⲉⲥ ⲟⲩⲟϩ ⲛⲧⲉϥⲁⲣⲉϩ ⲉⲡⲉϥⲥⲱⲙⲁ ⲉⲃⲟⲗϩⲁ ⲛⲓⲡⲟⲣⲛⲓⲕⲟⲛ ⲛⲧⲉ ⲡⲓⲕⲟⲥⲙⲟⲥ ⲛⲉⲙ ϯⲙⲉⲧⲙⲁⲓ ϩⲁⲧ ⲟⲩⲟϩ ⲛⲧⲉϥϣⲧⲉⲙϯ ϩⲁⲡ ⲉⲛⲏ ⲉⲑⲣⲁϩⲧ ⲛϧⲏⲧⲟⲩ ⲥⲉⲛⲁⲉⲣ ϩⲁⲛ ⲙⲁⲕⲁⲣⲓⲟⲥ ⲛⲁϩⲣⲉⲛ ⲡⲓⲟⲩⲣⲟ ⲛⲧⲉ ⲡⲓⲱⲟⲩ ⲡⲭ̅ⲥ̅ ⲟⲩⲟϩ ϩⲁⲛ ϣⲫⲟ ⲛⲉⲡⲁⲅⲅⲉⲗⲓⲁ ⲛⲉ ⲟⲩⲟϩ ϩⲁⲛ ⲕⲗⲏⲣⲟⲛⲟⲙⲟⲥ ⲛⲉ ⲛⲧⲉ ⲡⲓⲱⲛϧ ⲛⲉⲛⲉϩ

sa puissance à posséder la terre entière avec orgueil, se conduisant comme un tyran au milieu de la terre, il pressurera la terre avec des chaines de fer, dans des souffrances nombreuses, dans des prisons, et non sans le roi le Christ. » Les frères lui dirent : « Qu'arrivera-t-il aux pères en ce temps-là ? » Abba Macaire leur répondit : « Ils seront pressurés grandement, de sorte que quelques-uns faibliront, qu'ils oublieront la vie angélique par amour de l'argent. Notre-Seigneur Jésus le Christ aura patience sur eux en considérant leur choix; ils deviendront bien disposés dans un lieu de rassemblement dans de nombreux travaux manuels; le prendre et le donner se multiplieront chez eux, comme chez les mondains; sous prétexte d'impôt, ils chercheront les choses charnelles et oublieront l'*apathie*[8]. Celui que l'on trouvera, parmi les pères de ce temps-là, pur pour le manger et le boire outre de la mesure, à cause de l'abondance du relâchement, qui gardera son corps des fornications du monde et de l'amour de l'argent, et qui ne jugera pas ceux qui seront tombés parmi les frères, ceux-là (sic) seront bienheureux près du roi de gloire le Christ; ce sont des enfants de la promesse et des héritiers de la vie éternelle :

---

1. *Cod.* ⲧⲩⲣⲁⲛⲛⲉⲩⲉⲓⲛ. — 2. *Cod.* ⲕⲉ. — 3. *Cod.* ϩⲱⲥⲙⲉ. — 4. *Cod.* ⲡⲣⲟϩⲉⲣⲉⲥⲓⲥ. — 5. *Cod.* ⲉⲧⲫⲏⲥ. — 6. *Cod.* ϯⲁⲡⲁⲑⲉⲓⲁ. — 7. *Cod.* ⲛⲓⲟϯ. — 8. Ce mot doit s'entendre dans le sens propre et philosophique.

ⲟⲩⲟϩ ⲥⲉⲛⲁⲟⲩⲟⲛϩⲟⲩ ⲛⲁϩⲣⲉⲛ (-ⲟⲩ-) ⲡⲟⲩⲣⲟ ⲡⲭ̅ⲥ̅ ϧⲉⲛ ⲟⲩⲛⲓϣϯ ⲙ̅ⲡⲁⲣⲣⲏⲥⲓⲁ.

ⲁϥϫⲟⲥ ⲛ̅ϫⲉ ⲁⲃⲃⲁ ⲙⲁⲕⲁⲣⲓⲟⲥ[1] ϫⲉ ⲡⲉⲧⲥϣⲉ ⲡⲉ ⲙ̅ⲡⲓⲙⲟⲛⲁⲭⲟⲥ ⲕⲁⲧⲁ ϯⲕⲁϩⲥ ⲛ̅ⲧⲉ ⲡⲓⲥⲱⲙⲁ ⲉϣⲧⲉⲙⲟⲣⲉϥϣ ⲉⲃⲟⲗ ϧⲉⲛ ⲛⲓϣⲗⲏⲗ ⲟⲩⲟϩ ⲛ̅ⲧⲉϥϣⲧⲉⲙⲭⲁ ⲥⲩⲛⲏⲑⲓⲁ[2] ⲛⲁϥ ⲉⲑⲣⲉϥϣⲗⲏⲗ ⲉⲑⲃⲉ ϯⲁⲓⲧⲓⲁ[3] ⲛ̅ⲕⲉⲗϫ ⲕⲉⲗⲓ ⲙ̅ⲙⲁⲧⲁⲧϥ ⲁⲗⲗⲁ ⲉϥϣⲗⲏⲗ ⲛ̅ⲧⲉϥϯ ϩⲑⲏϥ ϧⲉⲛ ⲟⲩⲣⲱⲥ ⲛ̅ⲧⲉ ⲡⲉϥⲛⲟⲩⲥ · ⲉϥⲥⲟⲙⲥ ⲉⲃⲟⲗ ϫⲉ ϥⲛⲁⲓ ⲛ̅ⲑⲟⲩⲁⲩ ⲛ̅ϫⲉ ⲫ̅ϯ ⲟⲩⲟϩ ⲛ̅ⲧⲉϥϫⲉⲙ ⲡϣⲓⲛⲓ ⲛ̅ⲛⲓⲙⲁ ⲛ̅ⲓ ⲉⲃⲟⲗ ⲛ̅ⲧⲉ ϯⲯⲩⲭⲏ ⲛⲉⲙ ⲛⲉⲥⲁⲓⲥⲑⲏⲧⲏⲣⲓⲟⲛ[4] ⲛⲉⲙ ⲛⲉⲥⲙⲱⲓⲧ ⲧⲏⲣⲟⲩ ⲟⲩⲟϩ ⲡⲁⲓⲣⲏϯ ⲁⲣⲉϣⲁⲛ ⲟⲩⲟⲩⲛⲟⲩ ϣⲱⲡⲓ ⲉⲑⲣⲉⲛⲭⲁ ⲣⲱⲛ ⲓⲉ ⲛ̅ⲧⲉⲛⲱϣ ⲉⲃⲟⲗ ϧⲉⲛ ⲡϣⲗⲏⲗ ⲟⲛ ⲡⲓⲛⲟⲩⲥ ϫⲉ ⲛ̅ⲑⲟϥ ⲙⲁⲣⲉϥϣⲱⲡⲓ ⲉϥⲣⲏⲥ ⲉϥⲥⲟⲙⲥ ⲉⲡⲟⲥ ⲛ̅ⲥⲏⲟⲩ ⲛⲓⲃⲉⲛ.

ⲁϥϫⲟⲥ ⲟⲛ ⲛ̅ϫⲉ ⲁⲃⲃⲁ ⲙⲁⲕⲁⲣⲓⲟⲥ[5] ϫⲉ ⲟⲩⲟⲓ ⲛ̅ϯⲯⲩⲭⲏ ⲉⲧⲉ ⲙ̅ⲡⲁⲥϯ ϩⲟ ⲟⲩⲟϩ ⲛ̅ⲧⲉⲥⲧⲱⲃϩ ⲙ̅ⲡⲟⲥ ϩⲟⲡⲱⲥ[6] ⲛ̅ⲧⲉϥⲙ̅ⲧⲟⲛ ⲙ̅ⲙⲟϥ ⲛ̅ϧⲏⲧⲥ ⲟⲩⲟϩ ⲛ̅ⲧⲉϥⲧⲟⲩⲃⲟⲥ ⲉⲃⲟⲗϧⲉⲛ ⲁϭⲛⲓ ⲛⲓⲃⲉⲛ ⲛⲉⲙ ⲑⲱⲗⲉⲃ ⲛⲓⲃⲉⲛ ⲟⲩⲟϩ ⲛ̅ⲧⲉϥⲁⲣⲉϩ ⲉⲣⲟⲥ ⲉⲥⲟⲓ ⲛ̅ⲣⲉⲙϩⲉ ⲉⲃⲟⲗϩⲁ ⲛⲓⲑⲏⲣⲓⲟⲛ ⲛⲉⲙ ⲛⲓϭⲁⲧϥⲓ ⲉⲧⲉ ⲛⲓⲡⲛⲁ ⲛ̅ⲧⲉ ϯⲡⲟⲛⲏⲣⲓⲁ ⲛⲉ (-ⲟⲩ-) ⲙ̅ⲡⲥⲙⲟⲧ ⲛ̅ϩⲁⲛ ⲕⲟⲩϫⲓ ⲛ̅ⲍⲱⲟⲛ ⲛⲉⲙ ϩⲁⲛ ϣⲟⲗⲙⲉⲥ ⲉⲧϩⲁⲗⲁⲓ ϧⲉⲛ ⲡⲓⲉϫⲱⲣϩ ⲁⲩϣⲁⲛⲛⲁⲩ ⲉⲟⲩⲟⲩⲱⲓⲛⲓ ϩⲓ ⲫⲟⲩⲉⲓ ⲓⲉ ⲟⲩϧⲃ̅ⲥ ⲉϥⲙⲟϩ ⲛ̅ⲧⲟⲧⲓ ϩⲁⲣⲟϥ ⲛ̅ⲧⲟⲩϣⲉ ⲛⲱⲟⲩ ⲉϧⲟⲩⲛ ⲉⲡⲓϣⲁϩ ⲙ̅ⲙⲁⲧⲁⲧⲟⲩ ⲛ̅ⲧⲟⲩⲣⲱⲕϩ

ils apparaîtront devant le roi le Christ avec une grande franchise. »

Abba Macaire dit : « Ce qu'il faut au moine selon la coutume du corps, c'est qu'il ne crie pas dans la prière et qu'il n'abandonne pas la coutume de prier à cause du seul agenouillement; mais, en priant, qu'il fasse attention à une ouverture de son esprit, considérant que Dieu viendra tout à l'heure et qu'il visitera les sorties de l'âme, ses sens et toutes ses voies, et ainsi, si l'heure est (venue), que nous nous taisions ou que nous criions dans la prière, que l'esprit soit vigilant et regarde vers Dieu en tout temps. »

Abba Macaire dit aussi : « Malheur à l'âme qui n'a pas prié et supplié le Seigneur de se reposer en elle, de la purifier de toute faute et de toute souillure, de la garder libre des bêtes et des reptiles, qui sont les esprits de malice sous la forme de petits animaux et de moucherons qui volent pendant la nuit : s'ils voient au loin une lumière ou une lampe allumée, ils viennent et vont d'eux-mêmes à la flamme, et ils s'y brûlent; ainsi le moine, qui se conduit en

---

1. *Cod.* ⲙⲁⲕⲁⲣⲓ. — 2. *Cod.* ⲥⲧⲏⲑⲉⲓⲁ. — 3. *Cod.* ϯⲉⲧⲓⲁ. — 4. *Cod.* ⲉⲥⲑⲏⲧⲏⲣⲓⲟⲛ. — 5. *Cod.* ⲙⲁⲕⲁⲣⲓ. — 6. *Cod.* ϩⲱⲡⲟⲥ.

ⲛϩⲏⲧϥ ⲡⲁⲓⲣⲏϯ ⲡⲉ ⲡⲓⲙⲟⲛⲁⲭⲟⲥ ⲉⲧⲥⲱⲕ ⲉϫⲱϥ ⲛⲛⲁⲓ ⲧⲏⲣⲟⲩ ϧⲉⲛ ⲡⲉϥⲟⲩⲱϣ ⲙⲙⲓⲛ ⲙⲙⲟϥ ⲛⲉⲙ ⲧⲉϥⲡⲣⲟϩⲁⲓⲣⲉⲥⲓⲥ¹ ϣⲁϥϣⲱⲡⲓ ⲉϥⲣⲁⲟⲩⲏⲟⲩⲧ
ⲉⲡⲓⲭⲣⲱⲙ ⲛⲉⲛⲉϩ.

ⲁϥϫⲟⲥ ⲟⲛ ⲛϫⲉ ⲁⲃⲃⲁ ⲙⲁⲕⲁⲣⲓⲟⲥ² ϫⲉ ⲙⲫⲣⲏϯ ⲙⲡⲓϣⲃⲱⲧ ⲛⲧⲉ ⲁⲁⲣⲱⲛ
ⲉⲧⲁϥϩⲣⲏⲣⲓ ⲉⲃⲟⲗ ϧⲉⲛ ⲟⲩⲉϫⲱⲣϩ ⲛⲟⲩⲱⲧ ⲟⲩⲟϩ ⲁϥϯ ⲛⲟⲩⲕⲁⲣⲡⲟⲥ ⲡⲁⲓⲣⲏϯ
ϩⲱⲥ ϯⲯⲩⲭⲏ ⲛⲧⲉ ⲡⲓⲙⲟⲛⲁⲭⲟⲥ ϧⲉⲛ ϯϫⲓⲛⲓ ⲛⲧⲉ ⲡⲟⲥ ϣⲁⲣⲟⲥ ϣⲁⲥϯ ⲟⲩⲱ
ⲛϩⲣⲏⲣⲓ ⲉⲃⲟⲗ ⲙⲡⲛⲁⲧⲓⲕⲟⲛ ϧⲉⲛ ⲛⲁ ⲡⲭⲥ ⲟⲩⲟϩ ϣⲁⲥϥⲁⲓ ϧⲁ ⲛⲓⲕⲁⲣⲡⲟⲥ
ⲛⲧⲉ ⲡⲓⲡⲛⲁ ⲛⲧⲉⲥⲧⲏⲓⲧⲟⲩ ⲙⲫⲏ ⲉⲧⲁϥⲥⲟⲛⲧⲉ ⲡⲭⲥ ⲡⲉⲥⲟⲩⲣⲟ ⲛⲁⲅⲁⲑⲟⲥ ⲡⲓ-
ⲁⲗⲏⲑⲓⲛⲟⲥ³ ⲛⲛⲟⲩϯ ⲉⲧⲥⲙⲁⲣⲱⲟⲩⲧ.

ⲁϥϫⲟⲥ ⲟⲛ ⲛϫⲉ ⲁⲃⲃⲁ ⲙⲁⲕⲁⲣⲓⲟⲥ⁴ ⲡⲓⲛⲓϣϯ ϫⲉ ⲉϣⲱⲡ ⲛⲧⲉ ⲡⲓⲣⲱⲙⲓ ϩⲓ
ⲧⲟⲧϥ ⲛⲥⲟⲩⲱⲛϥ ⲟⲩⲟϩ ⲉⲕⲱϯ ⲛⲥⲁ ⲫϯ ⲟⲩⲟϩ ⲛⲧⲉϥⲉⲣⲙ ϩⲟⲛϥ ⲉϩⲣⲏⲓ ⲉϫⲉⲛ
ⲛⲏ ⲉⲧⲁϥⲁⲓⲧⲟⲩ ϧⲉⲛ ⲡⲥⲏⲟⲩ ⲛⲧⲉϥⲙⲉⲧⲁⲙⲉⲗⲉⲥ (-ⲟⲩ-) ϣⲁⲣⲉ ⲫϯ ϯ ⲛⲁϥ
ⲛⲟⲩⲙⲕⲁϩ ⲛϩⲏⲧ ⲉϫⲉⲛ ⲛⲏ ⲉⲧⲁϥⲁⲓⲧⲟⲩ. ⲙⲉⲛⲉⲛⲥⲱⲥ ⲇⲉ ⲟⲛ ⲉⲃⲟⲗϩⲓⲧⲉⲛ
ⲧⲉϥⲙⲉⲧϣⲁⲛ ⲑⲙⲁϧⲧ ϣⲁϥⲉⲣⲭⲁⲣⲓⲍⲉⲥⲑⲁⲓ⁵ ⲛⲁϥ ⲛⲟⲩⲙⲉⲧⲣⲉϥϣⲉⲡ ϧⲓⲥⲓ
ϧⲉⲛ ⲡⲓⲥⲱⲙⲁ ⲉⲃⲟⲗϩⲓⲧⲉⲛ ϩⲁⲛ ⲛⲏⲥⲧⲉⲓⲁ⁶ ⲛⲉⲙ ϩⲁⲛ ⲧⲱⲃϩ ⲛⲉⲙ ϩⲁⲛ ϣⲣⲱⲓⲥ
ⲉⲧⲟϣ ⲛⲉⲙ ⲟⲩⲭⲱⲗ ⲉⲃⲟⲗ ⲛⲧⲉ ϯϩⲩⲗⲏ ⲛⲉⲙ ⲟⲩⲙⲉⲧϣⲁ ⲡϣⲱϣ ⲛⲉⲙ ⲟⲩϫⲓ
ⲛⲛⲉⲥ ⲧⲙⲟⲥⲧⲉⲥ ⲙⲡⲓⲥⲱⲙⲁ ⲛⲉⲙ ⲉⲙⲉⲛⲣⲉ ⲡⲓⲣⲓⲙⲓ ⲉϩⲟⲧⲉ ⲡⲓⲥⲱⲃⲓ ⲛⲉⲙ
ⲟⲩⲭⲱⲗ ⲉⲃⲟⲗ ⲛⲧⲉ ⲛⲉϥⲕⲁⲧⲁ ⲥⲁⲣⲝ.

toutes ces choses par sa seule volonté et son choix, il se trouve souvent dans le feu éternel. »

Abba Macaire dit aussi : « Comme la verge d'Aaron qui poussa des bourgeons en une seule nuit et produisit un fruit; ainsi, l'âme du moine, par la venue du Seigneur en elle, pousse des bourgeons spirituels en ceux du Christ, et elle porte les fruits de l'Esprit-Saint pour les donner à Celui qui l'a créée, au Christ, son roi de bonté, le vrai Dieu béni. »

Abba Macaire le grand dit aussi : « Si l'homme entreprend de se connaître et de chercher Dieu, s'il se repent[7] de ce qu'il a fait au temps de sa négligence, Dieu lui donne une douleur de cœur sur ce qu'il a fait; ensuite, par sa miséricorde, il lui accorde une souffrance dans le corps par des jeûnes, des prières, des veilles nombreuses, le renoncement à la matière, des opprobres, la haine du repos corporel, l'amour des larmes plus que du rire, le renoncement aux parents. »

---

1. *Cod.* ⲡⲣⲟϩⲉⲣⲉⲥⲓⲥ. — 2. *Cod.* ⲙⲁⲕⲁⲣⲓ. — 3. *Cod.* ⲁⲗⲏⲑⲏⲛⲟⲥ. — 4. *Cod.* ⲙⲁⲕⲁⲣⲓ. — 5. *Cod.* ⲭⲁⲣⲓⲍⲉⲥⲑⲉ. — 6. *Cod.* ⲛⲏⲥⲧⲓⲁ. — 7. Mot à mot : « S'il mange son cœur. »

ⲁⲩϫⲟⲥ ⲉⲑⲃⲉ ⲁⲃⲃⲁ ⲙⲁⲕⲁⲣⲓⲟⲥ¹ ⲡⲓⲛⲓϣϯ ϫⲉ ⲉϥⲥⲓⲛⲓⲟⲩ ϧⲉⲛ ⲭⲏⲙⲓ ⲛⲟⲩⲥⲟⲡ ⲁϥⲓ ⲉϫⲉⲛ ⲟⲩϭⲛⲱⲟⲩ ⲁϥⲛⲁⲩ ⲉⲟⲩϩⲟⲓ ⲉⲁⲩⲧⲟⲩⲃⲟϥ ⲉⲣⲉ ⲡⲉϥⲛⲏⲃ ϯ ⲃⲉⲭⲉ ⲛϧⲏⲧⲥ ⲛⲛⲓⲉⲣⲅⲁⲧⲏⲥ ⲟⲩⲟϩ ⲉⲧⲁ ⲡⲓϧⲉⲗⲗⲟ ⲟⲩⲱϣ ⲉⲉⲣⲇⲟⲕⲓⲙⲁⲍⲓⲛ² ⲙⲡⲟⲩⲱⲓ ⲉϥⲟⲩⲱϣ ⲉⲓⲛⲓ ⲛⲟⲩⲥⲁϫⲓ ⲉⲃⲟⲗϧⲉⲛ ⲣⲱϥ ⲉⲑⲃⲉ ⲟⲩϩⲓ ⲛⲉⲣ ϩⲱⲃ ⲛⲧⲉ ⲟⲩⲡⲣⲁⲍⲓⲥ ⲡⲉϫⲁϥ ⲛⲁϥ ϫⲉ ⲁⲣⲓ ⲡⲓϩⲙⲁⲓ ⲛⲉⲙⲏⲓ ϩⲱ ⲡⲁⲓⲱⲧ ⲛⲟⲩⲕⲟⲩϫⲓ ⲛⲥⲟⲩⲟ. ⲡⲉϫⲉ ⲡⲓⲟⲩⲱⲓ ⲛⲁϥ ϫⲉ ⲉϣⲱⲡ ⲁⲕⲉⲣ ϩⲱⲃ ϯⲛⲁϯ ⲃⲉⲭⲉ ⲛⲁⲕ ϫⲉ ⲟⲩⲏⲓ ⲫⲏ ⲉⲧⲉⲣ ϩⲱⲃ ϣⲁⲩϯ ⲃⲉⲭⲉ ⲛⲁϥ. ⲡⲉϫⲉ ⲡⲓϧⲉⲗⲗⲟ ⲛⲁϥ ϫⲉ ⲟⲩⲕⲟⲩⲓ ⲫⲏ ⲉⲧⲉⲣ ϩⲱⲃ ϣⲁϥϭⲓ ⲃⲉⲭⲉ. (-ⲟⲉ-) ⲡⲉϫⲉ ⲡⲓⲟⲩⲱⲓ ⲛⲁϥ ϫⲉ ⲁϧⲁ ⲡⲁⲓⲣⲏϯ ⲡⲉ ⲉⲧϣⲟⲡ ϫⲉ ⲫⲏ ⲉⲧⲉⲣ ϩⲱⲃ ϣⲁϥϭⲓ ⲃⲉⲭⲉ. ⲡⲉϫⲉ ⲡⲓϧⲉⲗⲗⲟ ⲛⲁϥ ϫⲉ ⲛⲁⲓⲟⲩⲱϣ ⲣⲱ ⲡⲉ ⲉⲥⲱⲧⲉⲙ ⲉⲡⲁⲓⲥⲁϫⲓ ⲛⲧⲟⲧⲕ. ⲟⲩⲟϩ ⲉⲧⲁϥⲟⲩⲉⲓ ⲉϥⲙⲟϣⲓ ⲁϥϩⲓⲟⲩⲓ ⲉϧⲟⲩⲛ ϧⲉⲛ ⲡⲉϥϩⲟ ⲛⲧⲉϥϫⲓϫ ⲥⲛⲟⲩϯ ⲉϥϫⲱ ⲙⲙⲟⲥ ϫⲉ ⲟⲩⲟⲓ ⲛⲁⲕ ⲙⲁⲕⲁⲣⲓⲟⲥ³ ϫⲉ ⲓⲥϫⲉ ⲁⲩϩⲓⲧⲕ ⲉⲃⲟⲗ ⲉϣⲧⲉⲙϯ ⲃⲉⲭⲉ ⲛⲁⲕ ⲉⲑⲃⲉ ⲡⲓϩⲱⲃ ⲛⲥⲁⲣⲕⲓⲕⲟⲛ ⲛⲧⲉ ⲡⲁⲓⲕⲟⲥⲙⲟⲥ ⲉⲡⲉⲓⲇⲏ⁴ ⲅⲁⲣ ⲥⲥϧⲏⲟⲩⲧ ϫⲉ ⲓⲏⲥ ⲙⲙⲟⲕ ⲉⲧⲁϩⲟⲕ ⲉⲣⲁⲧⲕ ⲛⲟⲩⲉⲣⲅⲁⲧⲏⲥ ⲙⲡⲁϥϭⲓ ϣⲓⲡⲓ ⲉϥⲉⲣ ϩⲱⲃ ⲛⲕⲁⲗⲱⲥ ⲉⲡⲓϩⲱⲃ ⲛⲧⲉ ⲡⲉϥⲟⲥ. ⲗⲟⲓⲡⲟⲛ ⲟⲩⲟⲓ ⲛⲁⲕ ⲙⲁⲕⲁⲣⲓⲟⲥ⁵ ⲁⲕϣⲧⲉⲙϣⲁϣⲛⲓ ⲉϯⲙⲉⲧⲁⲅⲁⲑⲟⲥ ⲉⲧⲉⲙⲙⲁⲩ ⲛⲧⲉ ⲡⲟⲥ ⲙⲡⲓⲁϩ ⲁⲗⲟⲗⲓ ϫⲉ ⲙⲟⲩϯ ⲉⲛⲓⲉⲣⲅⲁⲧⲏⲥ ⲙⲁ ⲛⲟⲩ-

On dit d'abba Macaire que, passant un jour en Égypte, il arriva sur une aire, il vit un canal qu'on avait curé : le maître donnait le salaire aux ouvriers. Et le vieillard ayant voulu éprouver le laboureur, désirant faire sortir de sa bouche une parole sur l'œuvre des actions⁶, il lui dit : « Mon père, fais-moi aussi charité d'un peu de froment. » Le laboureur lui dit : « Si tu as travaillé, je te donnerai salaire; car à celui qui travaille on donne son salaire. » Le vieillard dit : « Donc, celui qui travaille reçoit salaire. » Le laboureur dit : « Oui, il en est ainsi; celui qui travaille reçoit salaire. » Le vieillard lui dit : « Je voulais entendre cette parole de ta bouche. » Et, lorsqu'il se fut éloigné en marchant, il se frappa son visage de ses deux mains, disant : « Malheur à toi, Macaire, car on t'a rejeté pour ne point te donner salaire dans l'œuvre charnelle de ce monde; en effet, il est écrit : Hâte-toi de te lever comme un travailleur qui n'a pas rougi en travaillant bien à l'œuvre de son Seigneur. Donc, malheur à toi, Macaire qui n'as pas obtenu cette bonté du maître de la vigne, disant : Appelle les ouvriers, donne-leur salaire, aux

1. *Cod.* ⲙⲁⲕⲁⲣⲓ. — 2. *Cod.* ⲇⲟⲕⲓⲙⲁⲍⲓⲛ. — 3. *Cod.* ⲙⲁⲕⲁⲣⲓ. — 4. *Cod.* ⲉⲡⲓⲇⲏ. — 5. *Cod.* ⲙⲁⲕⲁⲣⲓ. — 6. C'est-à-dire : « Sur la vie qu'on appelait *pratique* en raison des œuvres qu'on faisait. »

ⲃⲉⲭⲉ ⲛⲱⲟⲩ ⲛⲓⲥⲁⲧⲉϥ ⲛⲓϣⲟⲣⲡ ⲟⲩⲥⲁⲑⲉⲣⲓ ⲉϧⲟⲩⲛ ⲟⲩⲟϩ ϫⲉ ⲫⲏ ⲉⲧⲉⲣ ϧⲱⲃ
ⲙ̄ⲡⲁⲧⲉⲛ ⲡⲉϥⲃⲉⲭⲉ ⲛⲁϥ ⲕⲁⲧⲁ ⲟⲩϩⲙⲟⲧ. ⲟⲩⲟϩ ⲡⲁⲓⲣⲏϯ ⲛⲁϥⲙⲟϣⲓ ⲡⲉ
ⲛϫⲉ ⲡⲓϧⲉⲗⲗⲟ ⲙ̄ⲙⲁⲕⲁⲣⲓⲟⲥ ⲉϥⲉⲣ ϩⲏⲃⲓ ϧⲉⲛ ϩⲁⲛ ⲉⲣⲙⲱⲟⲩⲓ ⲛⲉⲙ ⲟⲩϥⲓ
ⲁϩⲟⲙ.

ⲁϥϫⲟⲥ ⲛ̄ϫⲉ ⲁⲃⲃⲁ ⲙⲁⲕⲁⲣⲓⲟⲥ¹ ϫⲉ ⲙ̄ⲫⲣⲏϯ ⲙⲡⲁⲙϣⲉ ⲉϥϫⲣⲓ ⲛ̄ⲛⲉⲧ-
ⲕⲟⲗϫ ⲉⲩⲥⲟⲩⲧⲱⲛ ⲟⲩⲟϩ ⲛⲏ ⲉⲧⲥⲟⲩⲧⲱⲛ ⲉⲩⲕⲟⲗϫ ⲫⲁⲓ ⲡⲉ ⲙ̄ⲫⲣⲏϯ ⲛ̄ⲧⲙⲉ-
ⲧⲁⲛⲟⲓⲁ ⲉ-(-ⲟⲥ-) ⲧⲁ ⲡⲉⲛⲟⲥ ⲓⲏⲥ ⲡⲭⲥ ⲭⲁⲥ ⲛⲁⲛ ⲉϧⲣⲏⲓ ⲉⲥϫⲣⲓ ⲛ̄ⲛⲓ ⲉⲧⲕⲟⲗϫ
ⲟⲩⲟϩ ⲉⲧⲥⲕⲉⲣⲛⲱⲣ ϧⲉⲛ ⲑⲗⲱⲓϩⲓ ⲙ̄ⲫⲛⲟⲃⲓ ⲉⲩⲥⲟⲩⲧⲱⲛ ⲛ̄ⲕⲉⲥⲟⲡ ⲟⲩⲟϩ ⲉⲩⲧⲟⲩ-
ⲃⲛⲟⲩⲧ ⲙ̄ⲫⲣⲏϯ ⲛ̄ϩⲁⲛ ⲡⲁⲣⲑⲉⲛⲟⲥ ⲙ̄ⲡⲉⲙⲑⲟ ⲙ̄ⲡⲉⲛⲟⲥ ⲓⲏⲥ ⲡⲭⲥ ⲁⲩϣⲁⲛ-
ⲕⲟⲧⲟⲩ ⲛ̄ⲧⲟⲩⲙⲉⲧⲁⲛⲟⲉⲓⲛ² ϣⲁⲩϭⲓ ⲙ̄ⲡⲓⲧⲟⲩⲃⲟ ϯϩⲉⲃⲥⲱ ⲛ̄ⲁⲅⲅⲉⲗⲓⲕⲟⲛ
ⲉⲧϧⲉⲛ ⲛⲓⲫⲏⲟⲩⲓ.

ⲁϥϫⲟⲥ ⲛ̄ϫⲉ ⲁⲃⲃⲁ ⲙⲁⲕⲁⲣⲓⲟⲥ³ ⲡⲓⲛⲓϣϯ ϫⲉ ⲁⲩϣⲧⲉⲙϫⲉⲙ ⲛ̄ⲧⲟⲡⲥ ⲛ̄ⲧⲉ
ⲛⲓϣⲉⲛⲧⲏⲃ ⲛ̄ⲧⲉ ⲧϫⲓϫ ⲙ̄ⲡⲓⲣⲉϥϯ ⲥⲃⲱ ⲟⲩⲟϩ ⲛ̄ⲕⲟⲓⲛⲟⲃⲓⲁⲣⲭⲏⲥ⁴ ⲉⲣⲫⲟⲧ
ⲉⲑⲟⲩⲟⲓ ⲙ̄ⲫⲏ ⲉⲧⲭⲏ ϧⲁ ⲡⲓⲥⲛⲉ ϫⲱϥ ϧⲉⲛ ⲟⲩⲛⲓϣϯ ⲛ̄ϩⲩⲡⲟⲙⲟⲛⲏ ⲁϭⲛⲉ
ⲭⲣⲉⲙⲣⲉⲙ ⲙ̄ⲙⲟⲛ ϣϫⲟⲙ ⲙ̄ⲫⲁⲓ ⲉϭⲓ ⲙ̄ⲡⲓⲭⲗⲟⲙ ⲛⲉⲙ ⲫⲃⲉⲭⲉ ⲛ̄ϯⲙⲉⲧ-
ϣⲏⲣⲓ ⲉⲧϫⲏⲕ ⲉⲃⲟⲗ ⲛⲉⲙ ⲡⲧⲁⲓⲟ ⲛ̄ⲛⲓⲙⲁⲑⲏⲧⲏⲥ ⲛ̄ⲧⲉ ⲡⲉⲛⲟⲥ ⲓⲏⲥ ⲡⲭⲥ ⲕⲁⲓ

premiers, aux derniers, à chacun un denier; et encore : à celui qui travaille on ne compte pas son salaire comme grâce. » Et ainsi le vieillard bienheureux marchait, endeuillé en des larmes et un gémissement.

Abba Macaire dit : « Comme le charpentier qui rend droit ce qui est tortu, et tortu ce qui est droit, c'est comme la pénitence que Notre-Seigneur Jésus le Christ nous donne : elle rend droit de nouveau ce qui était tortu, et ce qui s'était roulé dans la boue du péché, elle (le rend) pur comme des vierges, en présence de Notre-Seigneur Jésus le Christ : si l'on se convertit pour faire pénitence, on reçoit par la pureté l'habit angélique qui est dans les cieux. »

Abba Macaire le grand dit encore : « Si l'on ne trouve pas les traces des doigts de la main du maître et *cénobiarque* gravées sur la joue de celui qui lui est soumis avec une grande patience, sans murmure, il n'est pas possible au (disciple) de recevoir la couronne et le salaire du fils parfait⁵, ni l'honneur des disciples de Notre-Seigneur Jésus le Christ; car celui qui enseigne après

---

1. *Cod.* ⲙⲁⲕⲁⲣⲓ. — 2. *Cod.* ⲙⲉⲧⲁⲛⲟⲓⲛ. — 3. *Cod.* ⲙⲁⲕⲁⲣⲓ. — 4. *Cod.* ⲕⲟⲛⲟ-
ⲃⲓⲁⲣⲭⲏⲥ. — 5. Mot à mot : « De *l'état de fils* parfait, » ce qu'on rendrait par le barba-
risme *filiété*.

ⲅⲁⲣ¹ ⲡⲓⲣⲉϥϯ ⲥⲃⲱ ⲁϥϭⲓ ⲙⲡⲓⲛⲓ ⲛⲉⲙ ⲡⲭⲉⲣⲉϥ ⲙⲡⲓⲙⲁⲛⲉⲥⲱⲟⲩ ⲛⲧⲁⲫⲙⲏⲓ ⲡⲓⲣⲉϥϯ ⲥⲃⲱ ⲛⲁⲗⲏⲑⲓⲛⲟⲥ² ⲫⲏ ⲉⲧⲁϥⲭⲱ ⲛⲛⲓⲟⲩⲁⲓ ⲛⲧⲉ ⲛⲓϣⲉ ⲛⲓϥⲧ³
ⲛⲉⲙ ϯϫⲉ ⲛⲗⲟⲅⲭⲏ ⲉⲫⲟⲧ ϧⲉⲛ ⲡⲉϥⲥⲱⲙⲁ ⲉⲟⲩⲙⲉⲧⲙⲉⲑⲣⲉ⁴ ⲛⲉⲙ ⲟⲩⲥⲁ-
ϩⲟⲩⲓ ⲛⲛⲓⲟⲩⲇⲁⲓ ⲟⲩⲟϩ ⲛⲁⲓ ⲁϥϣⲟⲡⲟⲩ ⲉⲣⲟϥ ϧⲉⲛ ⲡⲉϥⲟⲩ- (-ⲟϣ-) ϣ ϧⲉⲛ
ⲟⲩⲛⲓϣϯ ⲙⲙⲉⲧⲣⲉⲙⲣⲁⲩϣ ⲡⲁⲓⲣⲏϯ ϩⲱⲟⲩ ⲛⲏ ⲉⲧⲟⲓ ⲛⲗⲩⲙⲏⲛ⁵ ⲟⲩⲟϩ ⲙⲡⲣⲟ-
ⲉⲥⲧⲱⲥ ⲛⲛⲏ ⲉⲧⲭⲏ⁶ ϧⲁ ⲡϭⲛⲉ ϫⲱⲟⲩ ⲉϣⲱⲡ ⲁⲩϣⲧⲉⲙϣⲱⲡⲓ ϧⲉⲛ ⲟⲩⲙⲉⲧ-
ⲭⲣⲏⲥⲧⲟⲥ⁷ ⲛⲉⲙ ⲟⲩⲙⲉⲧⲣⲉⲙⲣⲁⲩϣ ⲙⲡⲁⲓⲣⲏϯ ⲙⲙⲟⲛ ϣϫⲟⲙ ⲉⲑⲣⲟⲩϫⲫⲟ
ⲛⲱⲟⲩ ⲛϩⲁⲛ ϣⲏⲣⲓ ⲙⲡⲛⲁⲧⲓⲕⲟⲥ⁸ ⲙⲫⲣⲏϯ ⲛⲏⲗⲓⲁⲥ ⲉⲧⲁϥϫⲫⲟ ⲛⲉⲗⲓⲥⲉⲟⲥ
ⲛⲉⲙ ⲙⲫⲣⲏϯ ⲙⲡⲁⲩⲗⲟⲥ ⲉⲧⲁϥϫⲫⲟ ⲛⲧⲓⲙⲟⲑⲉⲟⲥ⁹ ⲛⲉⲙ ⲟⲛⲏⲥⲓⲙⲟⲥ.

ⲁϥϫⲟⲥ ⲛϫⲉ ⲁⲃⲃⲁ ⲡⲁⲫⲛⲟⲩϯ ⲡⲓⲙⲁⲑⲏⲧⲏⲥ ⲙⲙⲏⲓ ⲛⲧⲉ ⲁⲃⲃⲁ ⲙⲁⲕⲁⲣⲓⲟⲥ¹⁰ ϫⲉ ⲁⲩϭⲱⲣⲡ ⲉⲃⲟⲗ ⲙⲡⲓϧⲉⲗⲗⲟ ⲛⲟⲩⲥⲟⲡ ⲉⲑⲃⲉ ⲟⲩⲛⲉϥϫⲓⲟⲣ ⲉⲣⲉ ⲟⲩⲟⲛ
ⲟⲩⲁⲣⲉⲧⲏ ⲛϧⲏⲧϥ ⲟⲩⲟϩ ⲉⲃⲟⲗϩⲓⲧⲉⲛ ⲡⲓⲕⲁⲗⲩⲙⲙⲁ ⲛⲭⲁⲕⲓ ⲉⲧⲫⲟⲣϣ ⲉⲃⲟⲗ
ⲉϫⲉⲛ ⲡⲉϥϩⲏⲧ ⲛⲉⲙ ⲡⲓⲁⲗⲁⲡⲉⲛ ⲉⲧⲉϥϣⲟⲡ ⲛϧⲏⲧϥ ⲙⲡⲓⲉϩⲟⲟⲩ ⲧⲏⲣϥ
ⲙⲡⲉϥⲉⲙⲓ ⲟⲩⲇⲉ ⲙⲡⲉϥⲕⲁϯ ⲉⲣⲟϥ. ⲟⲩⲟϩ ⲉⲧⲁϥⲧⲱⲛϥ ⲛϫⲉ ⲡⲓϧⲉⲗⲗⲟ ⲁϥⲓ
ⲉϫⲉⲛ ⲫⲓⲁⲣⲟ ⲁϥⲛⲁⲩ ⲉⲡⲓⲛⲉϥϫⲓⲟⲣ ⲉⲙⲙⲟⲛ ϩⲗⲓ ⲛⲁⲓⲥⲑⲏⲥⲓⲥ¹¹ ⲛⲧⲉ ⲫϯ
ϣⲟⲡ ⲛϧⲏⲧϥ ⲟⲩⲟϩ ⲉⲧⲁϥⲉⲣ ϣⲫⲏⲣⲓ ⲙⲡⲉϥϫⲓ ⲛⲛⲁⲩ ⲛⲉⲙ ϯⲙⲉⲧⲁⲧϩⲟϯ

l'image et la figure du berger véritable, le maître vrai, celui qui a laissé les pointes des clous et de la lance entrer dans son corps, comme un témoignage et une malédiction contre les Juifs; et cela, il l'a enduré de sa propre volonté avec une grande douceur. De même, ceux qui sont un port et qui sont supérieurs pour ceux qui leur sont soumis, s'ils ne sont pas dans cette douceur et cette suavité, il n'est pas possible ainsi qu'ils engendrent des fils spirituels à la manière d'Élie qui engendra Élisée, à la manière de Paul qui engendra Timothée et Onésime. »

Abba Paphnouti, le disciple véritable d'abba Macaire, dit : « On révéla une fois au vieillard, au sujet d'un passeur, qu'il y avait en lui une vertu, et, à cause du voile des ténèbres étendu sur son cœur et de la chaleur (?) qui habitait en lui tout le jour, il ne le savait pas et ne le comprenait pas. Et lorsque le vieillard se fut levé, il alla vers le fleuve, il vit un passeur en qui n'était aucun sentiment de Dieu; et, lorsqu'il se fut étonné de sa vue et du courage qu'il avait, il se mit à réfléchir à sa pauvreté. Et, lorsque le jour fut

---

1. Cod. ⲛⲉ ⲅⲁⲣ. — 2. Cod. ⲁⲗⲏⲑⲓⲛⲟⲥ. — 3. Cod. ⲛⲓϣⲉⲛϥⲧ. — 4. Cod. ⲉⲩⲙⲉⲧⲙⲉⲟⲣⲉ. — 5. Cod. ⲗⲩⲙⲏⲛ. — 6. Cod. ⲉⲧⲭⲁ. — 7. Cod. ⲙⲉⲧⲭⲣⲉ. — 8. Cod. ⲙⲡⲛⲁⲧⲓⲕⲟⲛ. — 9. Cod. ϯⲙⲟⲑⲉⲟⲥ. — 10. Cod. ⲙⲁⲕⲁⲣⲓ. — 11. Cod. ⲥⲥⲟⲛⲥⲓⲥ.

(-ⲟⲏ Cod. ⲡ̅-)¹ ⲉⲧⲉϣϣⲟⲡ ⲛϩⲏⲧⲉ ⲁϥϫⲟⲣⲓ ⲉϥϯ ϧⲏⲥϥ ⲉⲧⲉϥⲧⲁⲗⲁⲓⲡⲱⲣⲓⲁ² ⲟⲩⲟϩ ⲉⲧⲁϥϫⲟⲩⲧⲛⲕ ⲛϫⲉ ⲡⲓⲉϩⲟⲟⲩ ⲁϥϣⲉ ⲛⲁϥ ⲉⲡⲉϥⲏⲓ ⲁⲛⲟⲕ ⲇⲉ ϩⲱ ⲡⲉϫⲁϥ ⲁⲓⲙⲟϣⲓ ⲛⲥⲱϥ ⲟⲩⲟϩ ⲉⲧⲁⲛⲉⲣⲁⲡⲁⲛⲧⲁⲛ ⲉⲧⲉϥⲥϩⲓⲙⲓ ⲁⲛϩⲉⲙⲥⲓ ⲟⲩⲟϩ ⲛⲁⲓϯ ⲙⲁϯ ⲡⲉ ⲙ̄ⲡⲓϫⲓ ⲛⲛⲁⲩ ⲟⲩⲟϩ ⲙ̄ⲡⲓⲛⲁⲩ ⲉϩⲗⲓ ϧⲉⲛ ⲛⲏ ⲉⲧⲁ ⲫ̅ϯ̅ ϭⲟⲣⲡⲟⲩ ⲛⲏⲓ ⲉⲃⲟⲗ ⲉⲓⲙⲏⲧⲓ³ ⲍ̅ ⲛⲁⲗⲟⲩ ⲉⲧⲁⲩⲓ ⲉϧⲟⲩⲛ. ⲙⲉⲛⲉⲛⲥⲁ ⲛⲁⲓ ⲇⲉ ⲁⲓϣⲉⲛϥ ⲉⲑⲃⲉ ϯⲁⲣⲉⲧⲏ ⲛⲉⲙ ⲧⲉϥϫⲓⲛⲉⲣ ϩⲱⲃ ⲟⲩⲟϩ ⲡⲉϫⲁϥ ⲛⲏⲓ ϫⲉ ⲟⲩϩⲱⲥ ⲧⲉ ϯⲁⲣⲉⲧⲏ ⲉⲑⲃⲉ ϫⲉ ⲁ ⲫ̅ϯ̅ ϩⲉⲡ ⲡⲓϩⲱⲃ ⲉⲣⲟϥ ⲉⲧⲉϥⲛⲟϥⲣⲓ ⲛⲟⲟϥ. ⲟⲩⲟϩ ⲉⲧⲁⲓⲛⲁⲩ ⲉⲧⲉϥⲙⲉⲧⲁⲧⲕⲁϯ ⲛⲁⲓⲧⲱⲃϩ ⲙ̄ⲫ̅ϯ̅ ⲡⲉ ϩⲓⲛⲁ ⲛⲧⲉϥⲟⲩⲱⲛ ⲙ̄ⲡⲉϥϩⲏⲧ ⲟⲩⲟϩ ⲁ ⲡⲟⲥ ⲥⲱⲧⲉⲙ ⲉⲣⲟⲓ ⲛⲭⲱⲗⲉⲙ ⲁϥⲟⲩⲱⲛ ⲙ̄ⲡⲁⲓⲥⲟⲛⲉⲓⲥ⁴ ⲛ̄ⲧⲉ ⲡⲓⲣⲱⲙⲓ ⲛⲉⲙ ⲡⲉϥⲕⲁϯ ⲟⲩⲟϩ ⲁϥϣⲱⲡⲓ ϧⲉⲛ ⲟⲩϩⲟϯ ⲉϥϥⲓ ⲁϩⲟⲙ ⲟⲩⲟϩ ⲛⲁⲣⲉ ⲛⲉϥⲉⲣⲙⲱⲟⲩⲓ ϣⲟⲧ ⲡⲉ ϩⲓϫⲉⲛ ⲡⲕⲁϩⲓ ⲟⲩⲟϩ ⲛⲁⲓⲟⲓ ⲛϣⲫⲏⲣⲓ ⲡⲉ ⲛ̄ⲧⲡⲁⲣⲁⲕⲗⲏⲥⲓⲥ ⲉⲧⲁϥϣⲱⲡⲓ ⲛϩⲏⲧⲉ. ⲡⲉϫⲁϥ ⲛⲏⲓ ϫⲉ ϯⲛⲟⲩ ⲁ ⲫ̅ϯ̅ ⲟⲩⲱⲛ ⲙ̄ⲡⲁϩⲏⲧ ⲛⲉⲙ ⲡⲁⲕⲁϯ ⲉⲑ- (-ⲟⲑ-) ⲣⲓⲉⲙⲓ ⲉⲛⲏ ⲉⲧϣⲟⲡ ⲛϩⲏⲧⲟⲩ ⲙ̄ⲡⲁⲓⲥⲛⲟⲩ ⲧⲏⲣϥ ⲛⲁⲓ ⲉⲧⲁ ⲫ̅ϯ̅ ⲟⲛϣⲧ⁵ ⲉⲣⲱⲟⲩ ⲉⲟⲩⲛⲟϥⲣⲓ⁶ ⲛ̄ⲧⲁⲯⲩⲭⲏ ⲛⲉⲙ ⲡⲁⲥⲱⲙⲁ. ⲁⲥϣⲱⲡⲓ ⲇⲉ ⲙⲙⲟⲓ ⲛⲉⲙ ⲧⲁⲥϩⲓⲙⲓ ϩⲟⲧⲉ ⲉⲧⲁ ⲫ̅ϯ̅ ϩⲟⲡⲧ ⲛⲉⲙⲁⲥ ⲕⲁⲧⲁ ⲡⲓⲕⲟⲥⲙⲟⲥ ⲟⲩⲟϩ ⲉⲧⲓ ⲉⲓϩⲓϫⲉⲛ ⲡⲓϭⲗⲟϫ ⲛⲉⲙⲁⲥ ⲁⲛⲥⲉⲙⲛⲓ ⲛⲟⲩⲇⲓⲁⲑⲏⲕⲓ ⲟⲩⲧⲱⲛ ⲛⲉⲙ ⲫ̅ϯ̅ ⲛⲉⲙ ⲛⲉⲛⲉⲣⲏⲟⲩ ϫⲉ ϩⲓⲛⲁ ⲛⲧⲉⲛⲁⲣⲉϩ ⲉⲡⲉⲛⲧⲟⲩⲃⲟ ϣⲁⲧⲉⲛ ⲉⲃⲟⲗ-

fini, le passeur s'en alla à sa maison. — Moi aussi, dit Macaire, je le suivis, et lorsque nous eûmes abordé sa femme, nous nous assîmes et je regardai la vision, et je ne vis rien de ce que Dieu m'avait révélé, sinon sept enfants qui entrèrent. Ensuite je l'interrogeai sur la vertu et son travail, et il me dit : La vertu est un chant. C'est pourquoi Dieu lui avait caché la chose pour son bien⁷. Et lorsque je vis son inintelligence, je priai Dieu de lui ouvrir le cœur, et le Seigneur m'exauça promptement; il ouvrit les yeux de l'homme et son intelligence, et celui-ci fut dans la crainte, soupira et ses larmes coulèrent sur la terre, et j'étais étonné de la consolation dans laquelle il se trouva. Il me dit : Le Seigneur a ouvert mon cœur et mon intelligence, afin que je connusse ce en quoi je me trouvais tout ce temps, ce que Dieu m'a caché pour le bien de mon âme et de mon corps. Il m'est arrivé, à moi et à ma femme, lorsque Dieu m'eut marié avec elle selon le monde, comme j'étais encore sur le lit avec elle, nous avons pris un engagement entre nous, avec Dieu et l'un avec l'autre, de

---

1. Cod. La pagination est fausse. — 2. Cod. ⲧⲁⲗⲉⲡⲱⲣⲓⲁ. — 3. Cod. ⲙⲙⲏϯ. — 4. Cod. ⲉⲥⲟⲛⲉⲓⲥ. — 5. Sic. — 6. Cod. ⲥⲩⲛⲟⲫⲣⲓ. — 7. Le sens me paraît facile à saisir par la suite; il veut dire que la vertu n'est qu'un mot.

ϧⲉⲛ ⲡⲁⲓⲕⲟⲥⲙⲟⲥ ⲟⲩⲟϩ ϣⲁ ϯⲛⲟⲩ ϯⲥⲱⲟⲩⲛ ⲛ̀ⲧϫⲓ ⲛ̀ⲛⲕⲟⲧ ⲛ̀ⲧⲁⲥϩⲓⲙⲓ ⲁⲛ ϫⲉ ⲟⲩⲁϣ ⲛ̀ⲣⲏϯ ⲡⲉ ⲟⲩⲇⲉ ⲛ̀ⲑⲟⲥ ϩⲱⲥ ⲥ̀ⲥⲱⲟⲩⲛ ⲙ̀ⲙⲟⲓ ⲁⲛ ⲟⲩⲇⲉ ⲟⲛ ϯⲥⲱⲟⲩⲛ ⲛ̀ⲛⲁⲓⲁⲗⲱⲟⲩⲓ ⲁⲛ ϫⲉ ⲛⲁ ⲛⲓⲙ ⲛⲉ ⲓⲉ ϫⲉ ⲉⲧⲁⲥϫ̀ⲫⲟⲟⲩ ⲛ̀ⲁϣ ⲛ̀ⲣⲏϯ ⲟⲩⲟϩ ϧⲉⲛ ⲡⲓϩ̀ⲙⲟⲧ ⲛⲧⲉ ⲫϯ ⲙ̀ⲡⲓϫⲉ ⲟⲩⲥⲁϫⲓ ⲛ̀ϣⲗⲟϥ ϩⲁⲣⲟⲥ ⲟⲩⲟϩ ϩⲏⲡⲡⲉ ϯϥⲁⲓ ϧⲁϥ ⲛⲉⲙ ϣⲁⲣⲃⲁ ⲉⲓϣⲁⲛϣ ⲉⲧⲁⲓⲏ̄ ⲙ̀ⲯⲩⲭⲏ ⲉⲓⲟⲓ ⲛ̀ⲁⲧⲉⲙⲓ ⲉⲡⲓϩ̀ⲙⲟⲧ ⲉⲧⲁ ⲡⲁⲟ̅ⲥ̅ ⲓⲏ̅ⲥ̅ ⲡⲭ̅ⲥ̅ ⲁⲓϥ ⲛⲏⲓ. ⲟⲩⲟϩ ⲛⲁⲓ ⲉⲧⲁϥϫⲟⲧⲟⲩ ⲛⲏⲓ ⲁⲓϩⲓⲧⲧ ⲉϫⲉⲛ ⲧⲉϥ̀ⲛⲁϩⲃⲓ ⲁⲓϯ ⲫⲓ ⲉⲣⲱϥ ⲟⲩⲟϩ ⲁⲓϣⲉ ⲛⲏⲓ ⲉⲃⲟⲗϩⲁⲣⲟϥ ⲉⲓϯ ⲱⲟⲩ ⲙ̀ⲡⲁⲟ̅ⲥ̅ ⲓⲏ̅ⲥ̅ ⲡⲭ̅ⲥ̅ (-ⲡ̅ Cod. ⲡⲥ̅-) ⲉϩⲣⲏⲓ ⲉϫⲉⲛ ⲛⲓϩ̀ⲙⲟⲧ ⲉⲧⲟϣ ⲉⲛⲁϥⲓⲣⲓ ⲙ̀ⲙⲱⲟⲩ ⲛⲉⲙ ⲛⲓⲣⲱⲙⲓ ⲉⲑⲃⲉ ⲡⲟⲩϫⲁⲓ ⲛ̀ⲛⲟⲩⲯⲩⲭⲏ ϫⲉ ϩⲓⲛⲁ ⲉⲃⲟⲗϩⲓⲧⲉⲛ ⲗⲱⲓϫⲓ ⲛⲓⲃⲉⲛ ⲁⲡⲗⲱⲥ ⲛ̀ⲧⲉⲛϣⲁϣⲛⲓ ⲉⲡⲓⲱⲛϧ̅ ⲛⲉⲛⲉϩ ⲛ̀ⲧⲉ ⲑⲙⲉⲧⲟⲩⲣⲟ ⲛ̀ⲛⲓⲫⲏⲟⲩⲓ ⲉⲃⲟⲗϩⲓⲧⲉⲛ ⲛⲉϥⲙⲉⲧϣⲉⲛϩⲏⲧ ⲉⲧⲟϣ ⲉϧⲟⲩⲛ ⲉⲣⲟϥ.

ⲁϥϫⲟⲥ ⲛ̀ϫⲉ ⲁⲃⲃⲁ ⲙⲁⲕⲁⲣⲓⲟⲥ[1] ϫⲉ ⲡⲓⲛⲓϣϯ ϫⲉ ⲁⲕϣⲁⲛϯ ⲙ̀ⲡⲉⲕⲟⲩⲟⲓ ⲉⲡⲓϣⲗⲏⲗ ⲙⲁ ϩⲑⲏⲕ ⲉⲣⲟⲕ ϧⲉⲛ ⲟⲩⲧⲁϫⲣⲟ ⲙ̀ⲡⲱⲥ ⲛ̀ⲧⲉⲕϯ ⲛ̀ⲛⲉⲕⲥⲕⲉⲩⲟⲥ ⲉⲧⲟⲧⲟⲩ ⲛ̀ⲛⲉⲕϫⲁϫⲓ ⲥⲉⲉⲣⲉⲡⲓⲑⲩⲙⲓⲛ[2] ⲅⲁⲣ ⲉϭⲱⲗⲉⲙ ⲛ̀ⲛⲉⲕⲥⲕⲉⲩⲟⲥ ⲉⲧⲉ ⲛⲁⲓ ⲛⲉ ⲛ̀ⲗⲟⲅⲓⲥⲙⲟⲥ ⲛ̀ⲧⲉ ϯⲯⲩⲭⲏ ⲛⲁⲓ ⲛⲉ ⲛⲓⲥⲕⲉⲩⲟⲥ ⲉⲧⲧⲁⲓⲏⲟⲩⲧ ⲉⲧⲉⲕⲛⲁⲉⲣⲇⲓⲁⲕⲟⲛⲓⲛ[3] ⲙ̀ⲫϯ ⲛ̀ϧⲏⲧⲟⲩ ⲉⲣⲉ ⲫϯ ⲅⲁⲣ ⲁⲛ ⲕⲱϯ ⲛ̀ⲧⲟⲧⲕ ⲛ̀ⲥⲁ ϯ ⲱⲟⲩ ⲛⲁϥ ϧⲉⲛ ⲛⲉⲕ̀ⲥⲫⲟⲧⲟⲩ ⲙ̀ⲙⲁⲩⲁⲧⲟⲩ ⲉⲣⲉ ⲛⲉⲕⲗⲟⲅⲓⲥⲙⲟⲥ ϩⲱⲟⲩ ⲗⲉⲗ ⲉⲃⲟⲗ ⲟⲩⲟϩ

garder notre pureté jusqu'à ce que nous sortissions de ce monde. Et jusqu'à ce jour je ne connais pas la couche de ma femme quelle elle est, et elle aussi ne me connait pas, et je ne connais pas ces garçons à qui ils sont, ni comment elle les a enfantés, et, avec la grâce de Dieu, je ne lui ai dit aucune parole de honte. Et voici que j'ai supporté le froid et le vent, nourrissant ces huit âmes, ne sachant pas la grâce que mon Seigneur Jésus le Christ m'a faite. — Et lorsqu'il m'eut dit cela, je me jetai à son cou, je lui baisai la bouche, je le quittai, rendant gloire à Notre-Seigneur Jésus le Christ sur les grâces nombreuses qu'il fait aux hommes pour le salut de leurs âmes, afin qu'à toute occasion nous obtenions la vie éternelle du royaume des cieux par ses miséricordes nombreuses. »

Abba Macaire le grand dit : « Si tu t'approches de la prière, fais attention à toi avec fermeté, afin que tu ne livres pas tes vases aux mains des ennemis : car ils désirent t'enlever tes vases, qui sont les pensées de l'âme. Ce sont des vases glorieux avec lesquels tu serviras Dieu; car Dieu ne cherche pas de toi que tu lui rendes gloire (du bout) des lèvres seulement, pendant que les pensées

---

1. Cod. ⲙⲁⲕⲁⲣⲓ. — 2. Cod. ⲉϥⲉⲣⲉⲡⲓⲑⲩⲙⲓⲛ. — 3. Cod. ⲧⲉⲕⲛⲁⲉⲣⲇⲓⲁⲕⲟⲛⲓⲛ.

ⲉⲩϩⲏⲣ ⲉⲃⲟⲗ ϧⲉⲛ ⲡⲓⲕⲟⲥⲙⲟⲥ ⲧⲏⲣϥ ⲁⲗⲗⲁ ϫⲉ ϩⲓⲛⲁ ⲛⲧⲉ ϯⲯⲩⲭⲏ ⲛⲉⲙ
ⲛⲉⲥⲗⲟⲅⲓⲥⲙⲟⲥ ⲧⲏⲣⲟⲩ ⲟϩⲓ ⲉⲥⲟⲙⲥ ⲉⲡⲟⲥ ϧⲉⲛ ⲟⲩⲙⲉⲧⲁⲧϥⲣⲱⲟⲩϣ ⲛⲑⲟϥ
ϫⲉ ⲟⲩⲛ ⲡⲓⲛⲓϣϯ ⲛⲥⲏⲓⲛⲓ (-ⲡⲁ-) ⲛⲣⲉϥⲧⲁⲗϭⲟ ⲛⲧⲉ ⲛⲓⲯⲩⲭⲏ ⲛⲉⲙ ⲡⲓⲥⲱⲙⲁ
ⲡⲉⲛⲟⲥ ⲓⲏⲥ ⲡⲭⲥ ⲙⲁⲣⲉⲛϯ¹ ϩⲟ ⲉⲣⲟϥ ⲉⲑⲣⲉϥⲧⲁⲗϭⲟ ⲛⲛⲓϣⲱⲛⲓ ⲛⲧⲉ ⲛⲉⲛ
ⲯⲩⲭⲏ ⲟⲩⲟϩ ⲛⲧⲉϥⲉⲣ ⲟⲩⲱⲓⲛⲓ ⲉⲛⲉⲛⲗⲟⲅⲓⲥⲙⲟⲥ ⲛⲉⲙ ⲛⲓⲁⲓⲥⲑⲏⲥⲓⲥ² ⲛⲧⲉ
ⲡⲉⲛϩⲏⲧ ⲉⲑⲣⲉⲛⲕⲁϯ ⲉⲧⲉϥⲛⲓϣϯ ⲙⲙⲉⲧⲙⲁⲓ ⲣⲱⲙⲓ ⲛⲉⲙ ⲡⲓⲥⲛⲩⲗⲙⲟⲥ³
ⲉⲧⲁϥⲁⲓϥ ⲉⲡⲓⲕⲟⲥⲙⲟⲥ ϣⲁⲣⲟⲛ ⲛⲉⲙ ⲛⲉϥⲁⲅⲁⲑⲟⲛ ⲉⲧⲉϥⲓⲣⲓ ⲙⲙⲱⲟⲩ ⲛⲉⲙⲁⲛ
ⲁⲛⲟⲛ ϧⲁ ⲛⲓⲁⲧⲉⲙⲡϣⲁ ⲛⲉϩⲟⲟⲩ ϧⲁ ⲧϧⲏ ⲛⲉϩⲟⲟⲩ ϫⲉ ⲛⲑⲟϥ ⲡⲉ ⲡⲉⲛⲛⲏⲃ
ⲟⲩⲟϩ ⲡⲉⲛⲥⲱⲧⲏⲣ ⲡⲉⲛⲟⲥ ⲓⲏⲥ ⲡⲭⲥ.

ⲟⲩⲥⲟⲛ ⲁϥϣⲉⲛ ⲁⲃⲃⲁ ⲙⲁⲕⲁⲣⲓⲟⲥ⁴ ⲉⲑⲃⲉ ϯⲁⲛⲁⲭⲱⲣⲏⲥⲓⲥ⁵. ⲡⲉϫⲉ ⲡⲓ
ϧⲉⲗⲗⲟ ⲛⲁϥ ϫⲉ ⲉϣⲱⲡ ⲭⲟⲩⲱϣ ⲉϣⲱⲡ ϧⲉⲛ ϯⲙⲉⲧⲁⲛⲁⲭⲱⲣⲓⲧⲏⲥ ⲁⲣⲓ
ϩⲩⲡⲟⲙⲉⲛⲓⲛ⁶ ⲉⲣⲟⲥ ϧⲉⲛ ⲙⲉⲧⲉⲛⲡⲓⲕⲉⲥ⁷ ⲛⲓⲃⲉⲛ ⲟⲩⲟϩ ⲛⲧⲉⲕϣⲧⲉⲙⲉⲣ ⲟⲩⲉ
ϩⲟⲟⲩ ⲥⲁϧⲟⲩⲛ ⲟⲩⲟϩ ⲟⲩⲉϩⲟⲟⲩ ⲥⲁⲃⲟⲗ ⲁⲗⲗⲁ ϣⲱⲡ ⲉⲕⲉⲣϩⲩⲡⲟⲙⲉⲛⲓⲛ⁸
ⲉⲣⲟⲥ ⲟⲩⲟϩ ⲫϯ ⲛⲉⲙ ⲡⲉϥϩⲙⲟⲧ ⲛⲁϣⲱⲡⲓ ⲉⲣⲟⲕ. ⲙⲡⲉⲣⲭⲟⲩϣⲧ ⲉⲙⲉⲓ
ⲛϣⲓⲡⲓ ϧⲁ ⲧϧⲏ ⲛⲛⲓⲣⲱⲙⲓ ⲟⲩⲟϩ ⲙⲡⲉⲣⲟⲣⲉ ϩⲗⲓ ⲛⲗⲱⲓϫⲓ ⲧⲁⲕⲉ ⲟⲩⲉϩⲟⲟⲩ
ⲛⲧⲟⲧⲕ ⲉⲃⲏⲗ ⲉⲑⲃⲉ (-ⲛⲃ Cod. ⲡⲁ-) ⲟⲩⲗⲱⲓϫⲓ ⲙⲡⲉⲕⲥⲟⲛ ⲛϩⲏⲕⲓ ⲓⲉ ⲟⲩⲁⲓ ⲉϥϫⲏ

sont vacillantes et disséminées par tout le monde; mais (il veut) que l'âme et toutes ses pensées se tiennent et regardent le Seigneur sans sollicitude. Mais lui donc, le grand médecin qui guérit les âmes et le corps. Notre-Seigneur Jésus le Christ, prions-le de guérir les maladies de nos âmes et d'illuminer nos pensées, ainsi que les sens de notre cœur, afin que nous comprenions son grand amour pour les hommes, la descente qu'il a faite au monde vers nous et les biens qu'il nous fait à nous qui en sommes indignes, jour après jour, car il est notre Maître et notre Sauveur, Notre-Seigneur Jésus le Christ. »

Un frère interrogea abba Macaire sur la vie anachorétique. Le vieillard lui dit : « Si tu désires être dans la vie anachorétique, supporte-la en toute chose convenable, ne passe pas un jour en dedans et un jour en dehors; mais supporte-la, et Dieu, par sa grâce, habitera en toi. Ne regarde pas les idées de honte par-devant les hommes, ne laisse aucun prétexte te faire perdre un jour, sinon à l'occasion d'un frère pauvre ou de quelqu'un qui se trouve dans

---

1. Cod. ⲙⲁⲣⲉϥϯϩⲟ. — 2. Cod. ⲛⲓⲉⲥⲟⲛⲥⲓⲥ. — 3. Cod. ⲡⲓⲥⲛⲩⲗⲙⲟⲥ. — 4. Cod. ⲙⲁⲕⲁⲣⲓ. — 5. Cod. ⲁⲛⲁⲭⲱⲣⲓⲥⲓⲥ. — 6. Cod. ϩⲩⲡⲟⲙⲉⲛⲓⲛ. — 7. Cod. ⲙⲉⲧⲉⲛⲡⲓⲕⲓⲥ. — 8. Cod. ϩⲩⲡⲟⲙⲉⲛⲓⲛ.

la nécessité, ou dans une souffrance; mais si Dieu lui a dispensé ce dont il avait besoin par l'entremise des frères, toi, va dans ta demeure et supporte ta pauvreté, afin que la douceur de la vie solitaire soit continuelle en toi; ne tarde pas au dehors, afin que le vent ne se lève pas pour toi, que tes souffrances (ne) se renouvellent (pas), que tu (ne) te trouves (pas) souffrant chaque fois jusqu'à ce que ton eau soit répandue; mais reste assis dans ta demeure, endure ta pauvreté, et la consolation viendra à toi, avec la joie et l'exultation du Seigneur. Ne lie amitié avec aucun homme, si ce n'est avec tes frères pauvres; ne cours vers aucun homme à cause du bien qu'il t'a fait; cours après Dieu seul, sers-le : c'est lui qui te sert avec des entrailles de fils. Pour toi, garde-toi de la camaraderie des hommes, que toute ta camaraderie ne soit qu'entre toi et Dieu; ne cours vers aucun homme pour goûter le repos de sa camaraderie, ne prends pas de liberté en sa maison, n'habite pas chez lui, à la suite d'aucun ordre, de peur que tu ne sois troublé. Mon frère, si tu désires être en repos toute ta vie, que tes pensées soient unies à Dieu à toute heure; garde-toi de la

---

1. *Cod.* ⲧⲉϥⲭⲣⲓⲁ. — 2. *Cod.* ϩⲩⲡⲟⲙⲉⲛⲏ. — 3. *Cod.* ϩⲩⲡⲟⲙⲉⲛⲏ. — 4. *Cod.* ϩⲩⲡⲟⲙⲉⲛⲏ. — 5. *Cod.* ⲥⲡⲗⲁⲭⲛⲟⲛ.

ⲁⲣⲉϣⲁⲛ ⲡⲉⲕⲥⲟⲛ ⲕⲁⲧⲁ ⲥⲁⲣⲝ ⲓ ⲛⲁⲕ ⲟⲩⲟϩ ⲛⲧⲉⲕϣⲧⲉⲙⲟⲩⲱϣ ⲉϥⲓⲧϥ ⲉⲃⲟⲗ
ⲁⲗⲓⲧϥ ⲙⲙⲓϥ ⲛⲧⲟⲧϥ ⲛⲕⲉⲥⲟⲛ ⲉⲣⲉ ⲡϩⲏⲧ ⲙⲛⲓⲥⲛⲟⲩ ⲙⲟⲧⲉⲛ ⲉϫⲟϥ ϫⲉ
ϥⲉⲛϩⲟⲧ ⲛⲑⲟⲕ ⲇⲉ ϣⲱⲡⲓ ϧⲉⲛ ⲧⲉⲕⲙⲉⲧϩⲏⲕⲓ ⲛⲧⲉⲕϣⲧⲉⲙⲧⲁⲕⲟ ⲛⲛⲓⲁϩⲱⲣ
ⲛⲧⲉ ⲛⲓⲭⲣⲏⲙⲁ. ⲁ ⲇ̄ ⲛⲣⲱⲙⲓ ⲉⲣ ⲁⲣⲭⲏ ⲉϫ̄ ⲛⲝⲓ ⲛⲉⲣ ϩⲱⲃ ϧⲉⲛ ϯⲡⲁⲗⲁⲓⲁ¹
ⲓⲉⲝⲉⲛ ϣⲟⲣⲡ ⲁⲃⲣⲁⲁⲙ ⲉⲣⲉ ⲡⲉϥⲣⲟ ⲟⲩⲏⲛ ⲛⲟⲩⲟⲛ ⲛⲓⲃⲉⲛ ⲟⲩⲟϩ ⲉϥⲟⲓ ⲙⲃⲱⲕ
ⲛⲑⲙⲟⲛ ⲧⲏⲣⲥ ⲛⲧⲉ ⲫϯ ⲉϥⲟϩⲓ ⲉⲣⲁⲧϥ ⲉϥϣⲉⲙϣⲓ ⲛⲛⲓϣⲉⲙⲙⲱⲟⲩ ⲟⲩⲟϩ
ⲁϥⲓⲱⲓ ⲛⲛⲓϭⲁⲗⲁⲩϫ ⲛⲧⲉ ⲡⲉϥⲟⲥ ⲉⲃⲟⲗ (-ⲛⲥ Cod. ⲛⲉ-) ⲛⲉⲙ ⲛⲉϥⲁⲅⲅⲉⲗⲟⲥ
ⲁϥϯ ⲅⲁⲣ ⲛⲁϥ ⲛⲧⲡⲣⲟϩⲁⲓⲣⲉⲥⲓⲥ² ϧⲉⲛ ϯⲟⲩⲛⲟⲩ ⲉⲧⲁϥⲟⲩⲱⲛϩϥ ⲉⲣⲟϥ ⲁϥⲥⲉⲙⲛⲓ ⲛⲉⲙⲁϥ ⲛⲧⲉϥⲇⲓⲁⲑⲏⲕⲏ ⲟⲩⲟϩ ⲁ ⲧⲉϥϫⲓ ⲛⲉⲣ ϩⲱⲃ ϣⲱⲡⲓ ⲉⲥⲟⲩⲟⲛϩ
ⲉⲃⲟⲗ ⲉⲥⲟⲓ ⲛⲁⲣⲭⲏ ϧⲉⲛ ϯⲉⲕⲕⲗⲏⲥⲓⲁ ⲟⲩⲟϩ ⲉⲥϭⲓ ⲉϧⲟⲩⲛ ϣⲁ ⲫϯ ⲟⲩⲟϩ ⲙⲱⲩⲥⲏⲥ ⲉϥⲉⲣ ϩⲉⲙⲓ ⲙⲡⲓⲗⲁⲟⲥ ϩⲓ ⲡϣⲁϥⲉ ⲉⲣⲉ ⲫϯ ⲥⲁϫⲓ ⲛⲉⲙⲁϥ ⲛⲣⲟ ⲟⲩⲃⲉ ϩⲟ
ⲟⲩⲟϩ ϥⲟⲓ ⲛⲁⲣⲭⲏ ϩⲱϥ ϧⲉⲛ ⲧⲉϥϫⲓ ⲛⲉⲣ ϩⲱⲃ ⲟⲩⲟϩ ⲗⲁⲍⲁⲣⲟⲥ ⲉϥϣⲱⲛⲓ ⲉϥ-
ϣⲉⲛ ϩⲙⲟⲧ ϧⲉⲛ ⲡⲉϥϣⲱⲛⲓ ⲉϥⲱⲟⲩ ⲛϩⲏⲧ ϧⲉⲛ ⲡⲉϥϩⲓⲥⲓ ⲛⲉⲙ ⲡⲉϥϩⲟϫϩⲉϫ
ⲉϥⲛⲁⲩ ⲉⲣⲱⲟⲩ ⲉⲩⲟⲩⲱⲙ ⲟⲩⲟϩ ⲉⲩⲥⲱ ⲙⲡⲉϥⲙⲑⲟ ϧⲉⲛ ⲛⲓⲁⲅⲁⲑⲟⲛ ⲛⲧⲉ
ⲡⲁⲓⲃⲓⲟⲥ ⲛϫⲉ ⲛⲓⲣⲁⲙⲁⲟⲓ ⲛⲧⲉ ⲡⲁⲓⲁⲓⲱⲛ³ ⲟⲩⲟϩ ⲙⲡⲟⲩϣⲉⲛ ϩⲏⲧ ϧⲁⲣⲟϥ
ⲛⲟⲩⲉϩⲟⲟⲩ ⲛⲟⲩⲱⲧ ⲁⲗⲗⲁ ⲛⲁϥϣⲉⲛ ϩⲙⲟⲧ ⲡⲉ ϧⲉⲛ ⲧⲉϥⲙⲉⲧⲁⲡⲗⲟⲩⲥ ⲛⲉⲙ

camaraderie des hommes. Si ton frère, selon la chair, vient à toi et que tu ne veuilles pas le rejeter, prends-le, donne-le à un autre frère sur lequel le cœur des frères est en repos, parce qu'il est fidèle, et toi, demeure en ta pauvreté; ne perds pas les trésors des richesses⁴. Quatre hommes ont été chefs de quatre œuvres dans l'Ancien Testament: d'abord Abraham dont la porte était ouverte à tout homme, il était le serviteur de toute image de Dieu⁵, il servait les étrangers, il lava les pieds de son Seigneur et de ses Anges; car il lui donna le choix à l'heure où il lui apparut, il fit avec lui son engagement, et son œuvre est apparue capitale dans l'Église pour conduire vers Dieu; et Moïse conduisit le peuple dans le désert. Dieu lui parlait bouche à bouche, et il est aussi capital en son œuvre; et Lazare⁶, malade et reconnaissant dans sa maladie, longanime dans sa souffrance et son angoisse, voyant ceux qui mangeaient et buvaient en sa présence en tous les biens de cette vie, les riches de ce siècle qui n'eurent pas pitié de lui un seul jour, il rendait grâces dans sa simplicité, son innocence et sa soumission; car Notre-Seigneur rend le témoi-

---

1. *Cod.* ⲛϯⲡⲁⲗⲉⲁ. — 2. *Cod.* ⲡⲣⲟϩⲉⲣⲉⲥⲓⲥ. — 3. *Cod.* ⲛⲁⲓⲉⲱⲛ. — 4. Peut-être y a-t-il quelque chose d'omis. — 5. C'est-à-dire des anges et des hommes. — 6. Cet exemple n'est pas pris de l'Ancien Testament, mais du Nouveau.

ⲧⲉϥⲙⲉⲧⲁⲧⲭⲣⲟϥ ⲛⲉⲙ ⲧⲉϥⲙⲉⲧⲁⲧⲭⲣⲉⲙⲣⲉⲙ ⲡⲉⲛⲟⲥ ⲅⲁⲣ ⲉⲣ ⲙⲉⲑⲣⲉ ϧⲁⲣⲟϥ ϫⲉ ⲟⲩϫⲱⲕ ⲉⲃⲟⲗϧⲉⲛ ⲧⲉϥϩⲓ ⲛⲉⲣ ϩⲱⲃ ⲉϥⲟⲓ ⲛⲁⲫⲉ ⲛϧⲏⲧⲉ ⲟⲩⲟϩ ⲏⲗⲓⲁⲥ ϧⲉⲛ ⲧⲉϥⲙⲉⲧϩⲏⲕⲓ ⲉϥⲭⲏ ϧⲉⲛ ⲡϣⲁϥⲉ ⲉϥⲟⲓ ⲛⲁⲧ- (-ⲡⲉ-) ⲣⲱⲟⲩϣ ⲟⲩⲟϩ ⲉⲣⲉ ⲫϯ ⲉⲣⲇⲓⲁⲕⲟⲛⲓⲛ¹ ⲛⲁϥ ⲉϥⲟⲓ ⲛⲁⲫⲉ ϧⲉⲛ ⲧⲉϥϩⲓ ⲛⲉⲣ ϩⲱⲃ. ϯⲛⲟⲩ ϫⲉ ⲡⲁⲥⲟⲛ ⲓⲥϫⲉ ⲁⲕⲉⲣⲉⲡⲓⲑⲩⲙⲉⲓⲛ² ⲉϣⲱⲡⲓ ϩⲱⲕ ϧⲉⲛ ⲡⲓⲭⲱⲗ ⲉⲃⲟⲗ ⲛⲉⲙ ϯⲙⲉⲧ- ϩⲏⲕⲓ ⲛⲕⲁⲗⲱⲥ ⲟⲩϩⲏⲕⲓ ⲉϥⲑⲉⲃⲓⲟⲩⲧ ⲉⲣⲉ ⲡⲉϥⲣⲱⲟⲩϣ ⲛⲭⲏ ⲉⲫϯ ⲉϥⲙⲏⲣ ⲉⲡⲉϥⲙⲁ ⲛϣⲱⲡⲓ ⲉϥⲉⲣϩⲩⲡⲟⲙⲉⲛⲓⲛ³ ϧⲉⲛ ⲧⲉϥⲙⲉⲧϩⲏⲕⲓ ⲉϥⲧⲟⲩⲃⲟ ⲙⲡⲉϥ- ⲙⲉⲩⲓ ⲉⲃⲟⲩⲛ ⲉⲑⲉⲓⲕⲱⲛ⁴ ⲧⲏⲣⲥ ⲛⲧⲉ ⲫϯ ϯⲛⲁϫⲱ ⲁⲛ ⲙⲡⲉϥⲧⲁⲓⲟ ⲡⲟⲥ ⲡⲉ ⲉⲧⲥⲱⲟⲩⲛ⁵ ⲙⲡⲧⲁⲓⲟ ⲛⲧⲁⲓⲁⲣⲉⲧⲏ ⲡⲗⲏⲛ ⲡⲛⲁⲓ ⲫⲁ ⲡⲉⲛⲟⲥ ⲓⲏⲥ ⲡⲭⲥ ⲡⲉ ⲉⲑⲣⲉϥⲁⲓϥ ⲛⲉⲙⲁⲛ ⲉⲑⲃⲉ ⲡⲉϥⲙⲉⲧϣⲉⲛ ϩⲏⲧ ⲉⲧⲟϣ.

ⲁⲩϫⲟⲥ ⲉⲑⲃⲉ ⲁⲃⲃⲁ ⲙⲁⲕⲁⲣⲓⲟⲥ⁶ ϫⲉ ⲁϥⲓ ϩⲁⲣⲟϥ ⲛⲟⲩⲥⲟⲡ ⲛϫⲉ ⲟⲩⲟⲛ ⲡⲉϫⲁϥ ⲛⲁϥ ϫⲉ ⲡⲁⲓⲱⲧ ⲛⲁⲙⲉⲩⲓ ϫⲱ ⲙⲙⲟⲥ ⲛⲏⲓ ϫⲉ ϩⲱⲗ ϫⲉⲙ ⲡϣⲓⲛⲓ ⲛⲛⲏ ⲉⲧϣⲱⲛⲓ ⲑⲁⲓ ⲅⲁⲣ ⲡⲉⲭⲱⲟⲩ ⲟⲩⲛⲓϣϯ ⲛⲉⲛⲧⲟⲗⲏ ⲧⲉ. ⲟⲩⲟϩ ⲡⲉϫⲉ ⲁⲃⲃⲁ ⲙⲁⲕⲁⲣⲓⲟⲥ⁷ ⲛⲁϥ ϧⲉⲛ ⲟⲩⲥⲁϫⲓ ⲙⲡⲣⲟⲫⲏⲧⲓⲕⲟⲛ ϫⲉ ⲡⲓⲣⲱϥ ⲛⲁⲑⲙⲉⲑⲛⲟⲩϫ ⲡⲉⲛⲟⲥ ⲓⲏⲥ ⲡⲭⲥ ⲛⲑⲟϥ ⲡⲉ ⲉⲧⲁϥϫⲟⲥ ϫⲉ ⲛⲁⲓϣⲱⲛⲓ ⲁⲣⲉⲧⲉⲛ- (-ⲡⲉ Cod. ⲡⲛ-) ϫⲉⲙ ⲡⲁϣⲓⲛⲓ ⲁϥϭⲓ ⲛⲧⲥⲁⲣϫ ⲛϯⲙⲉⲧⲣⲱⲙⲓ ⲟⲩⲟϩ ⲁϥⲁⲓⲥ ⲛⲟⲩⲁⲓ ⲛⲟⲩⲱⲧ ⲛⲉⲙⲁϥ ⲟⲩⲟϩ ⲁϥϣⲉⲡ ϯⲙⲉⲧⲣⲱⲙⲓ ⲉⲣⲟϥ ϧⲉⲛ ϩⲱⲃ ⲛⲓⲃⲉⲛ ϣⲁⲧⲉⲛ ⲫⲛⲟⲃⲓ

gnage qu'il était parfait en son œuvre et qu'il y était capital; et Élie en sa pauvreté, comme il se trouvait dans le désert sans souci, Dieu le servait; il est capital en son œuvre. Maintenant donc, mon frère, puisque tu désires être aussi dans le renoncement et la pauvreté bellement, un pauvre humble a son souci lancé vers Dieu, il est attaché à sa demeure, endurant sa pauvreté, purifiant ses pensées à l'égard de toute image de Dieu. Je ne te dis pas (quelle sera) sa gloire : Dieu (seul) connait la gloire de cette vertu; cependant la miséricorde appartient à Notre-Seigneur Jésus le Christ qui la fera à notre égard, à cause de sa grande mansuétude. »

On rapporte d'abba Macaire qu'un frère vint un jour vers lui; il lui dit : « Mon père, mes pensées me disent : Sors, visite les malades; car, disent-elles, c'est un grand commandement. » Abba Macaire lui dit d'une parole prophétique : « La bouche sans mensonge, Notre-Seigneur Jésus le Christ, c'est elle qui a dit : J'étais malade, vous m'avez visité; il a pris la chair de l'humanité, il l'a unie à lui-même, et il a pris l'humanité en toute chose, à l'exception du

---

1. Cod. ⲉⲣⲇⲓⲁⲕⲟⲛⲓⲛ. — 2. Cod. ⲁⲕⲉⲣⲉⲡⲓⲑⲩⲙⲓⲛ. — 3. Cod. ϩⲩⲡⲟⲙⲉⲛⲓⲛ. — 4. Cod. ⲉⲓⲕⲱⲛ. — 5. Cod. ⲡⲉⲧⲥⲱⲟⲩⲛ. — 6. Cod. ⲙⲁⲕⲁⲣⲓ. — 7. Cod. ⲙⲁⲕⲁⲣⲓ.

ⲙⲙⲁⲧⲁⲧϥ ⲁⲗⲗⲁ ϯϫⲱ ⲙⲙⲟⲥ ⲛⲁⲕ ⲡⲁϣⲏⲣⲓ ϫⲉ ⲛⲁⲛⲉ ⲡⲓϫⲓ ⲛϩⲙⲥⲓ ϧⲉⲛ
ϯⲣⲓ ⲛⲁⲕ ⲛϩⲟⲩⲟ ⲉϩⲟⲧⲉ ⲡⲓϫⲉⲙ ⲡϣⲓⲛⲓ ϫⲉ ⲟⲩⲛ ⲙⲉⲛⲉⲛⲥⲱⲥ ϥⲛⲏⲟⲩ ⲛϫⲉ
ⲟⲩⲥⲏⲟⲩ ⲥⲉⲛⲁⲉⲗⲕ ϣⲁⲓ ⲛⲥⲁ ⲛⲏ ⲉⲧϩⲉⲙⲥⲓ ϧⲉⲛ ϯⲣⲓ ⲟⲩⲟϩ ⲛⲧⲉ ⲡⲥⲁϫⲓ ⲛⲁⲃⲃⲁ
ⲁⲛⲧⲱⲛⲓⲟⲥ[1] ϫⲱⲕ ⲉⲃⲟⲗ ϫⲉ ⲉϣⲱⲡ ⲁⲩϣⲁⲛⲛⲁⲩ ⲉⲟⲩⲁⲓ ⲉⲧⲉ ⲙⲡⲁϥϭⲗⲉⲙ
ϣⲁⲧⲧⲱⲟⲩⲛⲟⲩ ⲉϫⲱϥ ⲉⲩϫⲱ ⲙⲙⲟⲥ ϫⲉ ⲛⲟⲟⲩ ⲉⲟⲟⲃⲉ ⲉⲟⲃⲉ ϫⲉ ⲙⲡⲉϥ
ϣⲱⲡⲓ ⲉϥⲟⲛⲓ ⲙⲙⲱⲟⲩ ϯϫⲱ ⲙⲙⲟⲥ ⲛⲁⲕ ⲡⲁϣⲏⲣⲓ ϫⲉ ⲉⲛⲉ ⲙⲡⲉ ⲙⲱⲩⲥⲏⲥ
ϣⲉ ⲛⲁϥ ⲉⲡⲓϭⲛⲟⲫⲟⲥ ⲡⲉ ⲛⲁⲧⲛⲁϯ ⲛⲁϥ ⲁⲛ ⲡⲉ ⲛⲛⲓⲡⲗⲁⲝ ⲛⲧⲉ ϯⲇⲓⲁⲑⲏⲕⲏ
ⲉⲩⲥϧⲏⲟⲩⲧ ϧⲉⲛ ⲡⲓⲧⲏⲃ ⲛⲧⲉ ⲫϯ ⲉⲟⲩⲱⲟⲩ[2].....

ⲁϥⲭⲟⲥ ⲛϫⲉ ⲁⲃⲃⲁ ⲡⲁⲙⲱ ϫⲉ ⲁⲓⲥⲟϫⲛⲓ ϧⲉⲛ ⲡⲁϩⲏⲧ ⲉⲟⲩⲱϣⲧ ⲉϫⲉⲛ
ⲛⲉⲛϫⲓϫ ⲛⲁⲃⲃⲁ ⲙⲁⲕⲁⲣⲓⲟⲥ[3] ⲡⲓⲡⲛⲁⲧⲟⲫⲟⲣⲟⲥ ⲛⲕⲉⲥⲟⲡ ⲉⲛⲉⲓⲭⲏ ϧⲉⲛ ⲡⲓⲥⲱⲙⲁ. ⲉⲧⲁⲛ ⲇⲉ ⲉⲣⲏⲥ ⲉϫⲉⲛ ϯⲕⲁⲛⲛ ⲛⲧⲉ ⲁⲃⲃⲁ ⲙⲱⲩⲥⲏⲥ[4] ⲁⲓϫⲓⲙⲓ ⲉⲁⲃⲃⲁ
ⲡⲟⲓⲙⲏⲛ ⲛⲉⲙ (= ⲛⲍ) ⲁⲃⲃⲁ ⲉⲩⲁⲅⲣⲓⲟⲥ[5] ⲡⲓⲥⲟⲫⲟⲥ ⲛⲉⲙ ⲁⲃⲃⲁ ⲭⲣⲟⲛⲓⲟⲥ[6]
ⲛⲉⲙ ⲕⲉⲥⲟⲛ ⲃ̄ ⲛⲉⲙⲁⲛ ⲉⲫⲙⲁ ⲛⲁⲃⲃⲁ ⲙⲱⲩⲥⲏⲥ[7] ⲟⲩⲟϩ ⲫⲏ ⲉⲧⲁⲓϧⲱⲗ
ⲉⲑⲃⲏⲧϥ ⲁⲓϫⲉⲙⲟⲩ ⲉⲩⲟⲓ ⲛⲟⲩⲙⲉⲩⲓ ⲛⲟⲩⲱⲧ ⲛⲉⲙⲏⲓ. ⲙⲉⲛⲉⲛⲥⲁ ⲑⲣⲉϥϣⲟⲡ

péché seulement; mais je te le dis à toi. mon fils, être assis dans sa cellule vaut mieux que visiter. Car, dans la suite, il viendra un temps où l'on se moquera de ceux qui restent assis dans la cellule et la parole d'abba Antoine s'accomplira : Si l'on voit quelqu'un qui ne soit pas libertin, on se lèvera contre lui en disant : « Toi, insensé! » parce qu'il ne leur ressemble pas. Je te le dis, mon fils, si Moïse n'était pas allé dans le nuage, on ne lui aurait pas donné les Tables de la Loi écrites de la main de Dieu, pour la gloire..... »

Abba Pamô dit : « Je résolus en mon cœur d'adorer sur les mains[8] d'abba Macaire le pneumatophore, une autre fois, pendant que j'étais dans le corps. Lorsque je fus arrivé à la cellule d'abba Moïse, je trouvai abba Poimin, abba Evagrius le sage, abba Khronius et deux autres frères avec nous au lieu d'abba Moïse, et je les trouvai étant d'une seule pensée avec moi en ce pour quoi j'é-

---

1. *Cod.* ⲁⲛⲧⲱⲛⲓ. — 2. La formule qui terminait cette phrase est seulement amorcée. C'est celle qui se trouve à la fin de toutes les œuvres coptes. On pourrait en conclure que l'œuvre se terminait ici et que tout le reste est une addition. Mais je ne crois pas qu'il en soit ainsi. A la marge. on lit : ⲥⲱⲕ ⲇ̄ ⲁⲣⲭ. ⲭⲁ ⲫⲁⲓ ⲉⲃⲟⲗ ⲉⲧϫⲱ ⲙⲙⲟϥ ϧⲉⲛ ⲡⲓⲥⲁⲃⲃⲁⲧ ⲙⲁϩⲇ̄. ⲁⲝⲱ ⲙⲡⲓⲗⲟⲅⲟⲥ ⲉⲧⲥⲁⲧⲟⲛ ⲙⲙⲟϥ ϧⲉⲛ ϯⲕⲩⲣⲓⲁⲕⲏ ⲙⲁϩⲇ̄; c'est-à-dire : Poursuis pour la quatrième (lecture). Commencement. — Laissez ce passage qu'on lit le quatrième samedi. Dites ce qui précède pour le quatrième dimanche. — 3. *Cod.* ⲙⲁⲕⲁⲣⲓ. — 4. *Cod.* ⲙⲱⲩⲥⲏ. — 5. *Cod.* ⲉⲩⲁⲅⲣⲓ. — 6. *Cod.* ⲭⲣⲟⲛⲓ. — 7. *Cod.* ⲙⲱⲩⲥⲏ. — 8. C'est-à-dire : « De les baiser. »

ⲛ̀ⲭⲉ ⲫⲣⲏ ⲁⲩϣⲱⲡⲓ ⲛ̀ϫⲉ ϧⲁⲛ ⲥⲁⲣⲁⲃⲁⲓ ⲛⲉⲙ ϧⲁⲛ ⲥⲉⲧⲉⲃⲣⲏϫ ⲛⲉⲙ ⲟⲩⲥⲛⲟ-
ⲫⲟⲥ ⲛ̀ⲭⲟⲥⲉⲙ ⲛⲉⲙ ⲟⲩⲙⲟⲛⲙⲉⲛ ⲛ̀ⲧⲉ ϧⲁⲛ ⲑⲏⲟⲩ ⲉⲩⲛⲁϣⲧ ⲉⲙⲁϣⲱ. ⲟⲩⲟϩ
ⲛⲉⲣⲁⲡⲟⲣⲉⲙ¹ ⲉⲛϫⲓ ⲛⲉⲣⲁⲡⲟⲗⲁⲧⲉⲙ² ⲟⲩⲟϩ ⲉϣⲁϣⲛⲓ ⲉⲡⲥⲙⲟⲩ ⲙ̀ⲫⲏ ⲉⲑⲟⲩⲁⲃ ⲙ̀ⲡⲛⲁⲧⲟⲫⲟⲣⲟⲥ ⲡⲓⲛⲓϣϯ ⲁⲃⲃⲁ ⲙⲁⲕⲁⲣⲓⲟⲥ³. ⲡⲉϫⲉ ⲟⲩⲁⲓ ⲉⲃⲟⲗⲛ̀ϧⲏ-
ⲧⲉⲛ ϫⲉ ⲡⲓⲡⲛⲁ ⲉⲑⲟⲩⲁⲃ ⲙ̀ⲡⲁⲣⲁⲕⲗⲏⲧⲟⲛ ⲉⲧϣⲟⲡ ϧⲉⲛ ⲁⲃⲃⲁ ⲙⲁⲕⲁⲣⲓⲟⲥ⁴
ϥ̀ⲛⲁϯ ⲙⲏⲓⲛⲓ ⲛⲁⲛ ⲟⲩⲟϩ ⲛ̀ⲧⲉϥϭⲓ ⲙⲱⲓⲧ ϧⲁϫⲱⲛ ϣⲁ ⲡⲉϥⲙⲁ ϧⲉⲛ ⲟⲩϩⲓⲣⲏⲛⲏ⁵. ⲟⲩⲟϩ ⲉⲧⲁⲛⲓ ⲉⲃⲟⲗ ⲉⲛⲉⲣ ⲡⲓⲍ̅ ⲁⲛⲟϩⲓ ⲉⲣⲁⲧⲉⲛ ⲁⲛϣⲗⲏⲗ ⲟⲩⲟϩ ⲛⲁⲣⲉ
ⲟⲩⲟⲛ ⲟⲩⲥⲕⲗⲉⲡⲁⲣⲓ ⲉϫⲉⲛ ⲡⲓⲟⲩⲁⲓ ⲛ̀ⲧⲉ ϯⲡⲉⲧⲣⲁ ⲛ̀ⲧⲉ ⲁⲃⲃⲁ ⲙⲁⲕⲁⲣⲓⲟⲥ⁶
ⲧⲉ ⲟⲩⲟϩ ⲁⲛⲙⲁⲩ ϩⲏⲡⲡⲉ ⲓⲥ ⲟⲩⲥⲧⲩⲗⲟⲥ⁷ ⲛ̀ⲭⲣⲱⲙ ⲁϥⲟϩⲓ ⲉⲣⲁⲧϥ ϩⲓϫⲱϥ ⲉϥⲉⲣⲗⲁⲙⲡⲉⲛ⁸ ⲟⲩⲟϩ ⲉϥϯ ⲙⲟⲩⲉ ⲉⲙⲁϣⲱ ⲉϥϭⲟⲥⲓ ⲉϧⲣⲏⲓ ⲉⲧⲫⲉ
ⲟⲩⲟϩ ⲉⲧⲓ ⲉⲛ- (-ⲡⲏ Cod. ϥ̄-) ⲙⲟϣⲓ ⲛⲁⲣⲉ ⲡⲓⲥⲧⲩⲗⲟⲥ⁹ ⲛ̀ⲟⲩ ⲉⲡⲭⲁⲛⲉ¹⁰
ⲛⲉⲙⲁⲛ ⲛ̀ⲕⲟⲩϫⲓ ⲕⲟⲩϫⲓ. ⲟⲩⲟϩ ⲉⲧⲁⲛⲓ ⲉϫⲉⲛ ϯⲡⲉⲧⲣⲁ ⲉⲡⲓⲁⲅⲓⲟⲥ ⲙⲁⲕⲁⲣⲓⲟⲥ¹¹
ⲁϥⲱⲙⲥ¹² ⲉϧⲣⲏⲓ ⲟⲩⲟϩ ⲁⲛⲙⲁⲩ ⲥⲁϧⲟⲩⲛ ⲙ̀ⲡⲉϥⲙⲁ ⲛ̀ϣⲱⲡⲓ ⲙ̀ⲫⲣⲏϯ ⲛ̀ⲟⲩ-
ⲭⲣⲱⲙ ⲉϥⲙⲟϩ ⲟⲩⲟϩ ⲉⲧⲁⲛⲕⲱⲗϩ ⲉⲡⲓⲣⲟ ⲁϥⲓ ⲉⲃⲟⲗ ⲛ̀ϫⲉ ⲡⲓⲁⲅⲓⲟⲥ. ⲉⲧⲁⲛ-
ⲙⲁⲩ ⲉⲡⲙⲟⲩⲉ ⲉⲧϧⲉⲛ ⲡⲉϥϩⲟ ⲁⲛϩⲉⲓ ⲉϧⲣⲏⲓ ϩⲓϫⲉⲛ ⲡⲓⲕⲁϩⲓ ⲁⲛⲟⲩⲱϣⲧ ⲛ̀ⲛⲉϥ-
ϭⲁⲗⲁⲩϫ ⲉⲑⲟⲩⲁⲃ ⲟⲩⲟϩ ⲉⲧⲁϥⲧⲟⲩⲛⲟⲥⲧⲉⲛ ⲁϥⲉⲣⲁⲥⲡⲁⲍⲉⲥⲑⲁⲓ¹³ ⲙ̀ⲙⲟⲛ

tais allé. Et lorsque le soleil se fut couché, il y eut des éclairs et des tonnerres, un tourbillon de tempête et des tremblements de vent très violents. Et nous fûmes empêchés de jouir de l'obtention de la bénédiction du saint pneumatophore, le grand abba Macaire. L'un de nous dit : « L'Esprit-Saint consolateur qui est en abba Macaire nous fera miracle et nous conduira en paix jusqu'à sa demeure. » Et lorsque nous fûmes sortis (tous) les sept, nous nous tînmes debout, nous priâmes et il y avait un pic (?) sur le devant du rocher d'abba Macaire, et nous vîmes : voici qu'une colonne de feu se tenait brillante sur lui et resplendissait grandement, élevée jusqu'au ciel, et à mesure que nous marchions, la colonne s'abaissait peu à peu, et, lorsque nous fûmes arrivés au rocher du saint Macaire, elle se submergea et nous vîmes dans sa demeure comme un feu allumé. Et, lorsque nous eûmes frappé à la porte, le saint sortit. Lorsque nous vîmes l'éclat de son visage, nous tombâmes à terre, nous baisâmes ses pieds saints, et, lorsqu'il nous eut relevés, il nous embrassa. Et, lorsque

---

1. Cod. ⲛⲉⲣⲁⲡⲟⲗⲓⲛ. — 2. Cod. ⲁⲡⲟⲗⲁϯⲛ. — 3. Cod. ⲙⲁⲕⲁⲣⲓ. — 4. Cod. ⲙⲁⲕⲁⲣⲓ. — 5. Cod. ϩⲓⲣⲏⲛⲏ. — 6. Cod. ⲙⲁⲕⲁⲣⲓ. — 7. Cod. ⲟⲩⲥⲧⲩⲗⲟⲥ. — 8. Cod. ⲗⲁⲙⲡⲓⲛ. — 9. Cod. ⲥⲧⲩⲗⲗⲟⲥ. — 10. Au lieu de ϫⲁⲛⲏ qui est plus haut. — 11. Cod. ⲙⲁⲕⲁⲣⲓ. — 12. Il y avait d'abord ⲁϥⲱⲙⲥ qui a été corrigé. — 13. Cod. ⲁⲥⲡⲁⲍⲉⲥⲑⲉ.

ⲟⲩⲟϩ ⲉⲧⲁⲛϣⲗⲏⲗ ⲁⲛϩⲉⲙⲥⲓ ⲛⲁⲛⲥⲁϫⲓ ⲡⲉ ⲙⲡⲧⲁⲓⲟ ⲛϯⲡⲣⲟⲕⲟⲡⲏ ⲕⲁⲧⲁ ⲫϯ ⲁⲙⲁ ⲇⲉ ⲛⲉⲙ ϯⲁⲛⲁⲥⲧⲣⲟⲫⲏ ⲉⲑⲛⲁⲛⲉⲥ ⲛⲉⲙ ⲡⲧⲁϫⲣⲟ ⲉⲣⲁⲧϥ ⲙⲡⲓⲡⲣⲁⲕ-
ⲧⲓⲕⲟⲛ ⲉⲧϣⲟⲡ ϧⲉⲛ ϣⲓⲏⲧ. ⲟⲩⲟϩ ⲙⲉⲛⲉⲛⲥⲁ ⲛⲁⲓ ⲁϥⲉⲣ ⲟⲩⲱ ⲛϫⲉ ⲁⲃⲃⲁ
ⲙⲁⲕⲁⲣⲓⲟⲥ[1] ⲡⲉϫⲁϥ ϫⲉ ⲛⲁⲥⲛⲟⲩ ⲟⲩⲟⲛ ⲟⲩⲁⲓ ⲉⲃⲟⲗϧⲉⲛ ⲑⲏⲛⲟⲩ ϣⲁ ⲡⲓⲍ
ϥⲛⲁϫⲱⲕ ⲉⲃⲟⲗ ϧⲉⲛ ⲟⲩⲁⲅⲱⲛ ⲙⲁⲣⲧⲩⲣⲓⲕⲟⲛ ⲛⲉⲙ ⲕⲉⲍ ⲛⲥⲟⲛ ⲛⲉⲙⲁϥ
ⲉⲛⲁϫⲱⲕ ⲉⲃⲟⲗ ϩⲱⲟⲩ ⲙⲡⲁⲓⲣⲏϯ. ⲁϥⲉⲣ ⲟⲩⲱ ⲇⲉ ϩⲱϥ ⲛϫⲉ ⲁⲃⲃⲁ ⲙⲱⲧ-
ⲥⲏⲥ[2] ϫⲉ ⲁⲣⲓ ⲡⲁⲙⲉⲩⲓ ⲱ ⲡⲁⲓⲱⲧ ϩⲓⲛⲁ ⲛⲧⲉϥϫⲱⲕ ⲉⲃⲟⲗ ⲉϫⲱⲓ ⲛ- (-ⲡⲉ-) ϫⲉ
ⲡⲥⲁϫⲓ ⲙⲡⲥⲱⲧⲏⲣ ϫⲉ ⲟⲩⲟⲛ ⲛⲓⲃⲉⲛ ⲉⲧⲁⲩϭⲓ ϧⲉⲛ ⲧⲥⲏϥⲓ ⲥⲉⲛⲁⲧⲁⲕⲱⲟⲩ ⲛⲧⲥⲏϥⲓ
ⲑⲁⲓ ⲣⲱ ⲧⲉ ϯϩⲉⲗⲡⲓⲥ ⲉϯϫⲟⲩϣⲧ ⲉⲃⲟⲗ ϧⲁϫⲱⲥ. ⲟⲩⲟϩ ⲙⲉⲛⲉⲛⲥⲁ ⲛⲁⲓ ⲁⲛ-
ϩⲓⲧⲧⲉⲛ ⲉϩⲣⲏⲓ ⲁⲛϭⲓ ⲥⲙⲟⲩ ⲛⲧⲟⲧϥ ⲟⲩⲟϩ ⲁϥϣⲗⲏⲗ ⲉϫⲱⲛ ⲛϫⲉ ⲫⲏ ⲉⲑⲟⲩⲁⲃ
ⲛϧⲉⲗⲗⲟ ⲁϥⲭⲁⲛ ⲉⲃⲟⲗ ⲟⲩⲟϩ ⲛⲁⲛⲙⲟϣⲓ ⲡⲉ ⲉⲛϯ ⲱⲟⲩ ⲙⲫϯ ⲉϩⲣⲏⲓ ⲉϫⲉⲛ
ϯϫⲓ ⲛⲥⲁϫⲓ ⲉⲧⲁⲥϣⲱⲡⲓ ⲛⲉⲙ ϯⲑⲉⲱⲣⲓⲁ ⲉⲧⲁⲛⲛⲁⲩ ⲉⲣⲟⲥ ⲟⲩⲟϩ ⲛⲁⲛⲭⲟϩ
ϩⲱⲛ ⲡⲉ ⲉⲛⲓϩⲙⲟⲧ ⲉⲑⲛⲁⲁⲩ ⲛⲏ ⲉⲛⲁⲣⲉ ⲫϯ ⲓⲣⲓ ⲙⲙⲱⲟⲩ ⲛⲉⲙ ⲛⲏ ⲉⲑⲟⲩⲁⲃ
ⲛⲧⲁϥ.

ⲟⲩⲟⲛ ⲁϥϩⲉⲓ ϧⲉⲛ ⲟⲩⲡⲁⲣⲁⲡⲧⲱⲙⲁ ⲟⲩⲟϩ ⲁϥⲓ ϣⲁ ⲁⲃⲃⲁ ⲙⲁⲕⲁⲣⲓⲟⲥ[3]
ϧⲉⲛ ϩⲁⲛ ⲉⲣⲙⲱⲟⲩⲓ ⲉϥϫⲱ ⲙⲙⲟⲥ ϫⲉ ⲧⲱⲃϩ ⲉϫⲱⲓ ⲡⲁⲓⲱⲧ ϫⲉ ⲁⲓϣⲱⲛⲓ ϧⲉⲛ
ⲡⲓϣⲱⲛⲓ ⲛⲥⲟⲇⲟⲙⲁ ⲁⲓϭⲓ ϭⲣⲟⲡ ϧⲉⲛ ⲫⲏ ⲉⲧⲁⲕⲕⲏⲛ ⲉⲕⲙⲓ ⲉⲣⲟϥ. ⲡⲉϫⲉ ⲁⲃⲃⲁ

nous eûmes prié, nous nous assîmes, nous parlâmes de la gloire du progrès selon Dieu et aussi de la bonne conduite, de la fermeté de la vie *pratique* qui se faisait (voir) en Schiit. Ensuite abba Macaire prit la parole, il dit : « Mes frères, l'un de vous sept mourra dans un combat de martyre et sept autres frères avec lui mourront aussi de même. » Abba Moïse prit la parole et dit : « Souviens-toi de moi, ô mon père, afin que s'accomplisse pour moi la parole du Sauveur qui a dit : Quiconque aura pris l'épée périra par l'épée ; c'est l'espoir que je vise. » — Ensuite nous nous jetâmes à terre, nous prîmes sa bénédiction et le saint vieillard pria sur nous. Il nous congédia, et nous marchions, rendant gloire à Dieu sur les paroles qui avaient été (dites) et sur le spectacle que nous avions vu, et nous étions pleins d'envie au sujet des grâces excellentes que Dieu fait à ses saints. »

Un frère tomba dans une transgression et il se rendit tout en larmes près d'abba Macaire, disant : « Prie pour moi, mon père, car je suis (tombé) dans la maladie de Sodome, j'ai pris scandale[4] en ce que tu viens d'apprendre. »

---

1. *Cod.* ⲙⲁⲕⲁⲣⲓ. — 2. *Cod.* ⲙⲱⲧⲥⲏ. — 3. *Cod.* ⲙⲁⲕⲁⲣⲓ. — 4. Dans le sens originaire du mot *scandale*, c'est-à-dire *pierre d'offense, pierre qui fait tomber*, par conséquent cela veut dire ici : chute ; je suis tombé.

ⲙⲁⲕⲁⲣⲓⲟⲥ[1] ⲛⲁϥ ϫⲉ ϫⲉⲙ ⲛⲟⲙϯ ⲡⲁϣⲏⲣⲓ ⲁⲙⲟⲛⲓ ⲙⲡⲓⲁⲧⲥⲛⲟⲩ ⲡⲓⲁⲧⲁⲣⲭⲏ
ⲡⲓϣⲁ ⲉⲛⲉϩ ⲉⲑⲙⲏⲛ ⲉⲃⲟⲗ ⲉⲧⲉ ⲙⲙⲟⲛⲧⲉϥ ϫⲱⲕ ⲡⲓⲃⲟⲏⲑⲟⲥ ⲛⲧⲉ ⲛⲏ ⲉⲧⲉ
ⲙⲙⲟⲛⲧⲟⲩ ϩⲉⲗⲡⲓⲥ ⲙⲙⲁⲩ ⲉⲃⲏⲗ ⲉⲣⲟϥ ⲙⲙⲁⲩⲁⲧϥ ⲡⲣⲁⲛ ⲉⲧϩⲟⲗϫ ϧⲉⲛ
(-ϥ̄ Cod. ϥ̄ⲃ̄-) ⲣⲱϥ ⲛⲟⲩⲟⲛ ⲛⲓⲃⲉⲛ ⲡⲓⲣⲉⲗϫⲉ ⲙⲙⲁⲩⲁⲧϥ ⲡⲓⲱⲛϧ ⲛⲧⲉⲗⲓⲟⲛ[2]
ⲫⲁ ⲙⲁϩⲱⲣ ⲉⲧⲟϣ ⲙⲙⲉⲧϣⲉⲛ ϩⲏⲧ ⲡⲉⲛⲟⲥ ⲓⲏⲥ ⲡⲭⲥ ⲡⲉⲛⲁⲗⲏⲑⲓⲛⲟⲥ[3] ⲛⲛⲟⲩϯ
ⲙⲁⲣⲉ ⲫⲁⲓ ϣⲱⲡⲓ ⲛⲁⲕ ⲛⲛⲟⲙϯ ⲛⲉⲙ ⲣⲉϥⲉⲣⲃⲟⲏⲑⲉⲓⲛ[4] ⲛⲉⲙ ⲣⲉϥⲭⲱ ⲉⲃⲟⲗ.
ⲡⲁϣⲏⲣⲓ ϯϫⲱ ⲙⲙⲟⲥ ⲛⲁⲕ ϫⲉ ⲉϣⲱⲡ ⲛⲧⲉ ⲟⲩⲡⲁⲣⲑⲉⲛⲟⲥ ϩⲉⲓ ϧⲉⲛ ⲡⲓⲡⲁⲣⲁⲡⲧⲱⲙⲁ ⲟⲩⲟϩ ⲛⲧⲉⲥⲁⲣⲉϩ ⲉⲡⲓⲡⲗⲁⲥⲙⲁ ϯϫⲱ ⲙⲙⲟⲥ ⲛⲁⲕ ϫⲉ ⲉⲑⲃⲉ ⲡⲓϣ-
ϥⲓⲧ ⲛⲧⲉ ⲡⲉⲥϩⲟ ⲛⲉⲙ ⲛⲓϣⲱϣ ⲉⲧⲟⲩϯ ⲙⲙⲱⲟⲩ ⲛⲁⲥ ⲉϣⲱⲡ ⲉⲣⲟⲥ ϧⲉⲛ ⲟⲩⲣⲁϣⲓ ϣⲁⲣⲉ ⲡⲭⲥ ⲣⲁϣⲓ ⲉϩⲣⲏⲓ ⲉϫⲱⲥ ⲙⲫⲣⲏϯ ⲛⲟⲩⲡⲁⲣⲑⲉⲛⲟⲥ ⲡⲁⲓⲣⲏϯ
ⲛⲑⲟⲕ ϩⲱⲕ ⲡⲁϣⲏⲣⲓ ⲉⲡⲓⲇⲏ[5] ⲁⲕⲱⲣⲡ ⲙⲡⲉⲕϣⲱϣ ⲉⲃⲟⲗ ⲕⲁⲧⲁ ⲫⲣⲏϯ
ⲉⲧⲁⲥϫⲟⲥ ⲛϫⲉ ϯⲅⲣⲁⲫⲏ ⲉⲑⲟⲩⲁⲃ ϫⲉ ⲟⲩⲱⲛϩ ⲙⲡⲉⲧⲉⲛⲛⲟⲃⲓ ⲉⲃⲟⲗ ⲙⲡⲉⲧⲉ-
ⲛⲉⲣⲏⲟⲩ ϩⲟⲡⲱⲥ[6] ⲛⲧⲟⲩⲧⲱⲃϩ ⲉϫⲉⲛ ⲑⲏⲛⲟⲩ ⲛⲧⲉ ⲟⲩⲭⲱ ⲉⲃⲟⲗ ϣⲱⲡⲓ ⲛⲱⲧⲉⲛ
ⲟⲩⲟϩ ⲛⲧⲉⲧⲉⲛⲟⲩϫⲁⲓ. ⲕⲁⲓ ⲅⲁⲣ[7] ⲁ ⲡⲉⲧⲣⲟⲥ ϫⲟⲥ ⲙⲡⲟⲥ ϫⲉ ⲛⲧⲁⲭⲱ ⲉⲃⲟⲗ
ⲙⲡⲁⲥⲟⲛ ϣⲁ ⲟⲩⲏⲣ ⲛⲥⲟⲡ ϣⲁ ⲍ̄ ⲛⲥⲟⲡ ⲡⲉϫⲉ ⲡⲓⲁⲅⲁⲑⲟⲥ ⲛⲛⲟⲩϯ ⲛⲁϥ ϫⲉ
ϯϫⲱ ⲙⲙⲟⲥ ⲛⲁⲕ ⲁⲛ ϫⲉ ⲍ̄ ⲛⲥⲟⲡ ⲁⲗⲗⲁ ⲍ̄ ⲛⲟ ⲛⲥⲟⲡ.

(-ϥ̄ⲁ̄-) ⲁϥϫⲟⲥ ⲛϫⲉ ⲁⲃⲃⲁ ⲙⲁⲕⲁⲣⲓⲟⲥ[8] ϫⲉ ⲙⲫⲣⲏϯ ⲛⲟⲩⲁⲓ ⲁϥϣⲁⲛϣⲉ

Abba Macaire lui dit : « Prends courage, mon fils, saisis celui qui n'a pas de temps, qui n'a pas de commencement, celui qui demeure jusqu'à l'éternité, qui n'a pas de fin, le secours de ceux qui n'ont pas d'espérance si ce n'est en lui seul, le nom doux à la bouche de chacun, la seule douceur, la vie parfaite, le maître des trésors nombreux de miséricordes, Notre-Seigneur Jésus le Christ, notre vrai Dieu. Qu'il soit ta force, ton secours, qu'il te pardonne. Mon fils, je te le dis, si une vierge tombe dans une transgression et qu'elle garde l'apparence, je te le dis, à cause de l'opprobre de son visage et des injures qu'on lui a faites, elle est en joie et le Christ se réjouit sur elle comme sur une vierge. Ainsi toi aussi, mon fils, puisque tu as fait connaître ta honte, comme a dit la Sainte-Écriture : Confessez vos péchés les uns aux autres, afin que le pardon vous soit donné et que vous soyez sauvés, — car Pierre a dit au Seigneur : Combien de fois pardonnerai-je à mon frère, jusqu'à sept fois ? Le Dieu bon lui dit : Je ne te dis pas sept fois, mais sept fois septante fois. »

Abba Macaire dit : « Comme quelqu'un, s'il va dans un bain, s'il ne dépouille

---

1. Cod. ⲙⲁⲕⲁⲣⲓ. — 2. Cod. ⲛⲧⲉⲗⲓⲟⲛ. — 3. Cod. ⲡⲉⲛⲁⲗⲏⲑⲓⲛⲟⲥ. — 4. Cod. ⲃⲟⲏⲑⲓⲛ.
— 5. Cod. ⲉⲡⲓⲇⲏ. — 6. Cod. ϩⲱⲡⲟⲥ. — 7. Cod. ⲕⲉ ⲅⲁⲣ. — 8. Cod. ⲙⲁⲕⲁⲣⲓ.

ⲛⲁϥ ⲉⲡⲓⲙⲁ ⲛ̄ϫⲱⲕⲉⲙ ⲉϣⲱⲡ ⲇⲉ ⲁϥϣⲧⲉⲙⲃⲁϣϥ ⲛ̄ⲛⲉϥϩⲃⲱⲥ ⲧⲏⲣⲟⲩ ⲙⲙⲟⲛ ϣϫⲟⲙ ⲙⲙⲟϥ ⲉϫⲱⲕⲉⲙ ⲛⲉⲙ ⲉⲓⲁ ⲛⲉϥϭⲉⲣϫⲓ ⲧⲏⲣⲟⲩ ⲉⲃⲟⲗ. ⲫⲁⲓ ⲡⲉ ⲙ̄ⲫⲣⲏϯ ⲛ̄ⲟⲩⲁⲓ ⲁϥϣⲁⲛϯ ⲉⲡⲉϥⲟⲩⲟⲓ ⲉⲉⲣ ⲙⲟⲛⲁⲭⲟⲥ ⲇⲉ ⲁϥϣⲧⲉⲙⲃⲁϣϥ ⲛ̄ⲣⲱⲟⲩϣ ⲛⲓⲃⲉⲛ ⲛ̄ⲧⲉ ⲡⲁⲓⲕⲟⲥⲙⲟⲥ ⲛⲉⲙ ⲛⲉϥⲉⲡⲓⲑⲩⲙⲓⲁ ⲧⲏⲣⲟⲩ ⲉⲑ︦ⲙⲉϩ ⲛ̄ϩⲇⲟⲛⲏ¹ ⲉⲧϣⲟⲩⲓⲧ ⲙⲙⲟⲛ ϣϫⲟⲙ ⲙⲙⲟϥ ⲉⲉⲣⲡⲣⲟⲕⲟⲡⲧⲓⲛ² ⲓⲉ ⲉϭⲓ ⲛ̄ⲧⲡⲣⲟⲕⲟⲡⲓ ⲛ̄ϯⲁⲣⲉⲧⲏ ⲓⲉ ⲛ̄ⲧⲉϥϭⲣⲟ ⲉⲛⲓⲥⲟⲓ ⲛⲓϥϯ ⲧⲏⲣⲟⲩ ⲛ̄ⲧⲉ ⲡⲓϫⲁϫⲓ ⲉⲧⲉ ⲛⲁⲓ ⲛⲉ ⲛⲓϭⲉⲣϫⲓ.

ⲁϥϫⲟⲥ ⲛ̄ϫⲉ ⲁⲃⲃⲁ ⲙⲁⲕⲁⲣⲓⲟⲥ³ ⲡⲓⲛⲓϣϯ ϫⲉ ⲙⲫⲣⲏϯ ⲙ̄ⲡⲓⲕⲩⲃⲉⲣⲛⲏⲧⲏⲥ⁴ ⲉⲧⲉ ⲡⲓⲣⲉϥⲉⲣ ϩⲉⲙⲓ ⲡⲉ ϫⲉ ϣⲁϥϣⲱⲡⲓ ⲉϥⲉⲣⲕⲓⲛⲇⲩⲛⲉⲩⲓⲛ⁵ ϧⲁ ⲡⲓⲥⲟⲓ ⲛⲉⲙ ⲡⲓⲁⲟⲩⲓⲛ ϣⲁⲧⲉϥⲙⲟⲛⲓ ⲙⲙⲟϥ ⲉⲡⲓⲗⲓⲙⲏⲛ⁶ ⲡⲁⲓⲣⲏϯ ϩⲱϥ ⲟⲩⲱⲧ ⲙ̄ⲡⲛⲁⲧⲓⲕⲟⲥ ⲉⲣⲉ ⲟⲩⲟⲛ ϩⲁⲛ ϣⲏⲣⲓ ϣⲟⲡ ⲛⲉⲙⲁϥ ⲉϥϥⲓ ⲣⲱⲟⲩϣ ⲉⲑⲃⲉ ⲡⲟⲩⲛⲟϩⲉⲙ. ⲕⲁⲓ ⲅⲁⲣ⁷ ⲡⲓⲕⲩⲃⲉⲣⲛⲏⲧⲏⲥ⁸ ⲙ̄ⲡⲁϥϣⲉⲣ ⲁⲑⲣⲱⲟⲩϣ ⲉⲡⲓⲥⲟⲓ ⲛ̄ⲟⲩⲛⲟⲩ ⲛⲓⲃⲉⲛ ⲁⲗⲗⲁ ϣⲁϥϭⲟⲧϭⲉⲧ ⲛ̄ⲥⲁ ⲛⲉϥⲁⲣⲙⲟⲥ ϫⲉ ⲁϣ ⲙⲙⲱⲟⲩ ⲡⲉ ⲉⲧϣⲁⲧ ⲙⲱⲟⲩ ⲉⲣⲟϥ (-ϥⲃ Cod. ϥⲁ-) ⲓⲉ ⲉⲧⲟⲓ ⲙ̄ⲃⲟⲛⲓ ⲛⲁϥ ϣⲁⲧⲉϥⲧⲟⲡⲟⲩ ⲧⲏⲣⲟⲩ ⲙⲙⲡⲱⲥ ⲛ̄ⲧⲉϥⲱⲙⲥ ϧⲉⲛ ⲛⲓⲙⲱⲟⲩ ⲛ̄ⲧⲉϥⲧⲁⲕⲟ. ⲡⲁⲓⲣⲏϯ ϩⲱϥ ⲫⲏ ⲉⲧⲟⲓ ⲛ̄ⲓⲱⲧ ⲉϫⲉⲛ ⲛⲓⲥⲛⲟⲩ ⲡⲉⲧϣϣⲉ ⲉⲣⲟϥ ⲡⲉ ⲛ̄ⲧⲉϥϭⲟⲧϭⲉⲧ ⲛ̄ⲥⲁ ⲛⲓⲡⲁⲑⲟⲥ ⲧⲏⲣⲟⲩ ⲛⲉⲙ ⲛⲓ-

pas tous ses vêtements il ne peut se baigner, ni laver toutes ses saletés : c'est la manière de qui entreprend d'être moine; s'il ne se dépouille pas de tout souci de ce monde et de tous ses désirs remplis de vains plaisirs, il ne peut pas progresser ou faire progrès en la vertu, ni vaincre toutes les flèches de l'ennemi, qui sont les saletés. »

Abba Macaire le grand dit : « Comme le pilote⁹, c'est-à-dire celui qui dirige le gouvernail, il est en danger pour la barque et la cargaison jusqu'à ce qu'il l'ait conduite au port; de même un père spirituel qui a des enfants, qui prend souci de leur salut. Car le pilote n'est jamais sans souci pour la barque, mais il examine ses ais pour voir lequel d'entre eux manque d'eau, ou les fissures qu'elle a, jusqu'à ce qu'il les ait bouchées tout entières, de peur qu'elle ne s'engloutisse dans les eaux, qu'elle ne se perde; de même aussi celui qui est père sur les frères, il faut qu'il examine toutes les passions et les

---

1. Cod. ⲛϩⲇⲟⲛⲏ. — 2. Cod. ⲡⲣⲟⲕⲟⲡⲧⲓⲛ. — 3. Cod. ⲙⲁⲕⲁⲣⲓ. — 4. Cod. ⲕⲉⲃⲉⲣⲛⲏⲧⲏⲥ. — 5. Cod. ⲕⲓⲛⲇⲁⲛⲉⲧⲓⲛ. — 6. Cod. ⲁⲩⲙⲏⲛ. — 7. Cod. ⲕⲉ ⲅⲁⲣ. — 8. Cod. ⲕⲉⲃⲉⲣⲛⲏⲧⲏⲥ. — 9. Ce passage dénote une connaissance des mœurs égyptiennes peu ordinaire. Chaque barque un peu grande a deux pilotes, l'un à l'avant pour faire des sondages, armé d'une grande perche, l'autre qui tient le gouvernail à l'arrière. C'est ce que l'on peut voir sur les représentations.

ⲙⲉϯ ⲉⲧϩⲱⲟⲩ ⲛⲧⲉ ⲛⲓⲇⲁⲓⲙⲱⲛ[1] ⲉⲧϣⲟⲡ ⲛϧⲏⲧⲟⲩ ϫⲉ ⲁϣ ϧⲉⲛ ⲛⲁⲓⲡⲁⲑⲟⲥ
ⲧⲏⲣⲟⲩ ⲉⲧϣⲁⲧ ⲙⲱⲟⲩ ⲃⲱⲛ ⲛⲛⲟⲩⲯⲩⲭⲏ ⲙⲏⲡⲱⲥ ⲛⲧⲉϥⲉⲣ ⲁⲑⲣⲱⲟⲩϣ
ⲉⲑⲃⲉ ⲑⲗⲱⲓϫⲓ ⲙⲡⲓⲥⲁⲣⲕⲓⲕⲟⲛ ⲛⲧⲉ ⲟⲩⲕⲓⲛⲇⲩⲛⲟⲥ[2] ϣⲱⲡ ⲛⲁϥ ⲛⲉⲙ ⲟⲩⲉⲛ-
ⲕⲗⲏⲙⲁ ⲙⲡⲉⲙⲑⲟ ⲙⲫϯ ϫⲉ ⲁϥⲟⲃϣϥ ⲉⲧⲅⲩⲙⲛⲁⲥⲓⲁ ⲛⲛⲓⲥⲛⲏⲟⲩ ⲉⲧϣⲟⲡ
ⲛⲉⲙⲁϥ ϣⲁⲧⲟⲩⲉⲣ ⲉϭⲓⲉ ϧⲉⲛ ⲡⲓⲡⲉⲗⲁⲅⲟⲥ ⲛⲉⲙ ⲛⲓϩⲱⲓⲙⲓ ⲛⲧⲩⲣⲁⲛⲛⲓⲕⲟⲛ[3]
ⲛⲧⲉ ⲡⲓⲉⲡⲓⲃⲟⲩⲗⲟⲥ ⲛⲇⲁⲓⲙⲱⲛ[4] ⲡⲓϫⲁϫⲓ ⲛⲧⲉ ϯⲁⲡⲟⲧⲁϭⲏ[5] ⲛⲉⲥⲕⲣⲁⲧⲉⲓⲁ[6].

ⲁⲩϫⲟⲥ ⲉⲑⲃⲉ ⲁⲃⲃⲁ ⲙⲁⲕⲁⲣⲓⲟⲥ[7] ⲡⲛⲓϣϯ ϫⲉ ⲛⲁⲣⲉ ⲟⲩⲟⲛ ⲟⲩⲭⲉⲣⲟⲩⲃⲓⲙ
ⲙⲏⲛ ⲉⲣⲟϥ ⲡⲉ ⲓⲥϫⲉⲛ ⲡⲓⲉϩⲟⲟⲩ ⲉⲧⲁϥⲉⲣ ϩⲏⲧⲥ ⲉⲡⲣⲟⲕⲟⲡⲏ ⲉϥϯ ⲧⲁϫⲣⲟ
ⲛϩⲏⲧ ⲟⲩⲟϩ ⲉϥϯ ⲛⲟⲙϯ ⲛⲁϥ ⲉϧⲟⲩⲛ ⲉⲧⲉⲥⲕⲣⲁⲧⲉⲓⲁ[8] ⲟⲩⲟϩ ϧⲉⲛ ⲛⲁⲓ
ⲛⲁϥⲉⲣⲡⲣⲟⲕⲟⲡ-(-ⲉⲓ-)ⲧⲉⲓⲛ[9] ⲙⲙⲏⲛⲓ ⲡⲉ ⲉϥϯ ⲁⲓⲁⲓ ϧⲉⲛ ⲡⲥⲟⲗⲥⲉⲗ ⲛϯⲁⲣⲉⲧⲏ ϩⲱⲥⲧⲉ[10] ⲛⲧⲉ ⲡⲉϥⲥⲱⲓⲧ ⲉⲑⲛⲁⲛⲉϥ ϩⲱⲃⲥ ⲛϯⲣⲱⲙⲁⲛⲓⲁ ⲧⲏⲣⲥ ⲛⲉⲙ
ⲛⲓⲙⲁ ⲛϣⲁⲓ ⲛⲧⲉ ⲫⲣⲏ ϫⲉ ⲟⲩⲏⲓ ⲛⲁϥⲥⲱⲕ ϣⲁⲣⲟϥ ⲡⲉ ⲛⲟⲩⲟⲛ ⲛⲓⲃⲉⲛ ⲉϧⲟⲩⲛ
ⲉϯⲡⲣⲁⲕⲧⲓⲕⲏ[11] ⲛⲉⲩⲁⲅⲅⲉⲗⲓⲕⲏ ⲉⲑⲃⲉ ⲡⲓⲥⲑⲟⲓ ⲛⲟⲩϥⲓ ⲛⲛⲉϥⲡⲟⲗⲓⲧⲉⲓⲁ[12] ⲉⲧⲟⲥⲓ
ϩⲱⲥⲧⲉ[13] ⲛⲧⲉϥⲑⲉⲕⲉⲙ ⲟⲩⲙⲏϣ ⲉⲃⲟⲗϧⲉⲛ ⲣⲱϥ ⲙⲫⲙⲟⲩ ⲉϧⲟⲩⲛ ⲉⲡⲱⲛϩ
ⲛⲉⲛⲉϩ ⲁ ⲡⲉⲛⲟⲥ ⲓⲏⲥ ⲡⲭⲥ ⲉⲣ ϩⲙⲟⲧ ⲛⲁϥ ϩⲱⲥⲧⲉ[14] ⲛⲧⲉϥⲛⲁⲩ ⲉⲛⲛⲟⲃⲓ ⲛⲧⲉ

pensées mauvaises des démons qui sont en eux pour voir quels sont ceux qui sont dans ces passions ayant besoin d'eau nuisible à leurs âmes, de peur qu'il ne soit sans souci à l'occasion de la partie charnelle, qu'il n'y ait danger et accusation pour lui en présence de Dieu, parce qu'il a oublié l'exercice des frères qui sont avec lui, jusqu'à ce qu'ils aient été audacieux dans les flots ou dans la mer des embûches du démon, l'ennemi du renoncement et de l'abstinence. »

On rapporte d'abba Macaire qu'un chérubin demeurait près de lui depuis le jour où il commença de progresser, l'affermissant, lui donnant force pour l'abstinence, et il progressait chaque jour, avançant dans l'ornement de la vertu, de sorte que sa bonne renommée couvrit la Romanie entière et les lieux de l'Orient; car, certes, il attirait à lui chacun pour la pratique évangélique à cause du parfum de ses ascèses élevées, de sorte qu'il arracha une foule (hommes) de la bouche de la mort pour la vie éternelle. Notre-Seigneur Jésus-Christ lui accorda la grâce de voir les péchés des hommes comme une

---

1. Cod. ⲡⲓⲇⲉⲙⲱⲛ. — 2. Cod. ⲕⲧⲛⲁⲓⲟⲥ. — 3. Cod. ⲧⲩⲣⲁⲛⲛⲓⲕⲟⲛ. — 4. Cod. ⲛⲇⲉⲙⲱⲛ. — 5. Cod. ⲩⲡⲟⲧⲁⲕⲏ. — 6. Cod. ⲛⲉⲥⲕⲣⲁⲧⲓⲁ. — 7. Cod. ⲙⲁⲕⲁⲣⲓ. — 8. Cod. ⲉⲕⲣⲁⲧⲓⲁ. — 9. Cod. ⲡⲣⲟⲕⲟⲡⲧⲓⲛ. — 10. Cod. ϩⲱⲥⲇⲉ. — 11. Cod. ϯⲡⲁⲣⲁⲧⲓⲕⲏ (sic). — 12. Cod. ⲡⲟⲗⲓⲧⲓⲁ. — 13-14. Cod. ϩⲱⲥⲇⲉ.

ⲛⲓⲣⲱⲙⲓ ⲙ̅ⲫⲣⲏϯ ⲛⲟⲩⲕⲉϩ ⲉϥⲭⲏ ϧⲉⲛ ⲟⲩⲙⲟⲛⲓ ⲛⲁⲃⲁϫⲏⲓⲛⲓ ⲟⲩⲟϩ ⲛⲁϥ-
ϩⲱⲃⲥ ⲉⲃⲟⲗ ⲉⲭⲱⲟⲩ ⲧⲏⲣⲟⲩ ⲡⲉ ⲉϥϭⲓ ⲙ̅ⲡⲓⲛⲓ ⲙ̅ⲫϯ.

ⲁϥϫⲟⲥ ⲛ̅ϫⲉ ⲁⲃⲃⲁ ⲡⲁϥⲛⲟⲩϯ ⲡⲓⲙⲁⲑⲏⲧⲏⲥ ⲙ̅ⲙⲏⲓ ⲛ̅ⲧⲉ ⲁⲃⲃⲁ ⲙⲁⲕⲁⲣⲓⲟⲥ[1] ϫⲉ ⲁⲩϭⲱⲣⲡ ⲉⲃⲟⲗ ⲙ̅ⲡⲓϧⲉⲗⲗⲟ ⲉⲑⲃⲉ ⲟⲩⲉⲣⲅⲁⲧⲏⲥ ϫⲉ ⲉϥⲉⲣ ϩⲱⲃ ϧⲉⲛ
ⲟⲩⲙⲉⲧⲁⲧⲭⲣⲉⲙⲣⲉⲙ ⲟⲩⲟϩ ϫⲉ ϥϣⲟⲡ ϧⲉⲛ ⲟⲩⲛⲓϣϯ ⲛ̅ϩⲩⲡⲟⲙⲟⲛⲏ ⲉϥⲉⲣ
ϩⲉⲗⲡⲓⲥ ⲉⲡⲓⲃⲉⲭⲉ ⲛ̅ⲧⲉ ⲡⲓⲱⲛϧ ⲛⲉⲛⲉϩ. ⲟⲩⲟϩ ⲉⲧⲁϥⲧⲱⲛϥ ϧⲉⲛ ⲟⲩⲓⲱⲥ ⲡⲉϫⲁϥ
ⲛⲏⲓ ϫⲉ ⲧⲱⲛⲕ ⲟⲩⲁϩⲕ ⲛ̅ⲥⲱⲓ ⲟⲩⲟϩ ⲉⲧⲁⲛⲙⲟϣⲓ ⲁⲛⲓ ⲉϫⲉⲛ ⲟⲩⲙⲁ ⲉϥⲟⲣϥ
ⲛ̅ⲧⲉ ⲫⲓⲁⲣⲟ (-ϥⲁ Cod. ϥⲥ-) ⲟⲩⲟϩ ⲉⲧⲓ ⲉⲛϩⲉⲙⲥⲓ ⲛⲉⲛϩⲩⲭⲁⲍⲉⲓⲛ[2] ⲛⲁⲣⲉ
ⲡⲓϧⲉⲗⲗⲟ ⲓⲟⲣⲉⲙ ⲡⲉ ϧⲉⲛ ⲟⲩⲑⲉⲱⲣⲓⲁ ⲡⲉϫⲏⲓ ⲛⲁϥ ϧⲉⲛ ⲟⲩⲡⲁⲣⲣⲏⲥⲓⲁ ϩⲱⲥ
ⲉⲓⲧⲁϫⲣⲏⲟⲩⲧ ⲟⲩⲟϩ ⲉⲓⲥⲱⲟⲩⲛ ϫⲉ ϧⲉⲛ ⲡⲓϩⲙⲟⲧ ⲛ̅ⲧⲉ ⲡⲉⲛⲟⲥ ⲓⲏⲥ ⲡⲭⲥ ⲙ̅ⲙⲟⲛ
ϩⲗⲓ ⲛ̅ϩⲱⲃ ⲟⲓ ⲛ̅ⲁⲧϫⲟⲙ ⲛ̅ⲧⲟⲧϥ ϫⲉ ⲡⲁⲓⲱⲧ ⲁⲛ ⲭⲟⲩⲁϩⲥⲁϩⲛⲓ ⲉⲑⲣⲓϫⲉ ⲡⲁⲓⲥⲁϫⲓ. ⲡⲉϫⲁϥ ⲛⲏⲓ ϫⲉ ⲡⲁϣⲏⲣⲓ ⲟⲩ ⲡⲉ ⲉⲧϣⲟⲡ. ⲁⲛⲟⲕ ⲇⲉ ⲁⲓⲟⲩⲟϩⲉⲙ
ⲉⲓϫⲱ ⲙ̅ⲙⲟⲥ ϫⲉ ⲙⲁⲑⲁⲙⲓⲟ ⲛⲟⲩⲉⲩⲭⲏ ϩⲓⲛⲁ ⲛ̅ⲧⲉⲛⲉⲣ ϫⲓⲛⲓⲟⲣ. ⲁϥⲉⲣ ⲟⲩⲱ
ⲡⲉϫⲁϥ ⲛⲏⲓ ϧⲉⲛ ⲟⲩϩⲟ ⲉϥⲙⲉϩ ⲛ̅ⲣⲁϣⲓ ⲛⲉⲙ ⲟⲩⲣⲱϥ ⲉϥⲙⲉϩ ⲛ̅ϩⲙⲟⲧ ϫⲉ
ⲡⲁϣⲏⲣⲓ ⲛ̅ⲛⲁⲧⲉⲛⲟⲩⲱⲛⲧⲉⲛ ⲉⲡⲉⲛⲟⲥ ⲓⲏⲥ ⲡⲭⲥ ⲛ̅ⲧⲉⲛϭⲓ ⲛ̅ⲧϫⲟⲙ ⲙ̅ⲡⲁ ⲛ̅ⲭⲱⲥ
ⲛ̅ⲛⲓⲁⲡⲟⲥⲧⲟⲗⲟⲥ ⲡⲉⲧⲣⲟⲥ ⲓⲉ ⲧⲉⲛⲛⲁϣⲫⲱⲧ ⲛ̅ⲧⲟⲧϥ ⲙ̅ⲡⲓⲱⲟⲩ ⲉⲧϣⲟⲩⲓⲧ ⲛ̅ⲧⲉ
ⲛⲓⲣⲱⲙⲓ ⲓⲉ ϣⲁ ⲑⲛⲁⲩ ⲥⲉϯ ⲱⲟⲩ ⲛⲁⲛ ⲛ̅ϫⲉ ⲛⲓⲣⲱⲙⲓ. ⲉⲧⲁϥϫⲉ ⲛⲁⲓ ⲇⲉ

huile qui se trouve dans un vase de verre, et il les découvrait tous, prenant la ressemblance de Dieu.

Abba Paphnouti, le vrai disciple d'abba Macaire, dit : « On révéla au vieillard, au sujet d'un ouvrier, qu'il travaillait sans murmure et qu'il était dans une grande patience espérant la vie éternelle. Et lorsqu'il se fut levé avec promptitude, il me dit : « Lève-toi, suis-moi. » Et, lorsque nous eûmes marché, nous arrivâmes à un endroit désert du fleuve, et comme nous restions assis tranquillement, le vieillard fut ravi dans une vision. Je lui dis avec franchise, comme quelqu'un qui eût été affermi et eût lu que par la grâce de Dieu rien ne lui était impossible : « Mon père, ne m'ordonneras-tu pas de dire cette parole ? » Il me dit : « Mon fils, qu'est-ce ? » Et moi, je lui répondis, disant : « Fais une prière, afin que nous traversions. » Il me répondit, d'un visage plein de joie et d'une bouche pleine de grâce, il me dit : « Mon fils, imiterons-nous Notre-Seigneur Jésus le Christ, prendrons-nous la vertu du chef des Apôtres, Pierre, et pourrons-nous échapper à la vaine gloire des hommes, car jusques à quand les hommes nous loueront-ils ? » Et quand il eut

---

1. Cod. ⲙⲁⲕⲁⲣⲓ. — 2. Cod. ⲛⲉⲓⲭⲁⲍⲓⲛ.

ϩⲏⲡⲡⲉ ⲁϥⲟⲩⲟⲛϩϥ ⲛϫⲉ ⲟⲩⲑⲏⲣⲓⲟⲛ[1] ⲉϥϣⲟⲡ ϧⲉⲛ ⲛⲓⲙⲱⲟⲩ. ⲡⲉϫⲉ ⲁⲅⲓⲟⲥ ⲁⲃⲃⲁ ⲙⲁⲕⲁⲣⲓⲟⲥ[2] ⲛⲁϥ ϫⲉ ⲁⲛ ⲫⲟⲩⲱϣ ⲙⲡⲁⲟⲥ ⲓⲏⲥ ⲡⲭⲥ ⲡⲉ ⲛⲧⲉⲕⲉⲣ (-ϭⲉ-) ϫⲓⲛⲓⲟⲣ ⲙⲙⲟⲛ. ⲟⲩⲟϩ ⲫⲁⲓ ⲉⲧⲁϥϫⲟϥ ⲥⲁⲧⲟⲧϥ ⲁ ⲡⲓⲑⲏⲣⲓⲟⲛ ⲙⲟⲛⲓ ⲉⲡⲓⲭⲣⲟ ⲟⲩⲟϩ ⲉⲧⲁⲛⲁⲗⲓ ⲉⲣⲟϥ ⲁϥⲥⲁⲧⲧⲉⲛ ⲉⲙⲏⲣ ⲟⲩⲟϩ ⲉⲧⲁⲛϭⲱϫⲓ ⲉⲧⲕⲏ ⲡⲉϫⲉ ⲡⲁⲓⲱⲧ ⲁⲃⲃⲁ ⲙⲁⲕⲁⲣⲓⲟⲥ[3] ⲛⲁϥ ϫⲉ ϭⲓⲧⲕ ⲛϫⲟⲛⲥ ⲟⲙⲥ ϫⲱⲕ ⲟⲩⲟϩ ⲡⲁⲟⲥ ⲓⲏⲥ ⲡⲭⲥ ⲛⲁϯ ⲛⲧⲉⲕϩⲙⲏⲓ ⲛⲁⲕ. ⲉⲧⲁϥⲟⲙⲥϥ ⲇⲉ ⲥⲁⲧⲟⲧϥ ⲁϥⲟⲩⲟⲛϩϥ ⲛⲉⲙ ⲟⲩⲛⲓϣϯ ⲛⲧⲉⲃⲧ ⲟⲩⲟϩ ⲉⲧⲁⲓⲛⲁⲩ ⲉⲧⲁⲓⲛⲓϣϯ ⲛϣⲫⲏⲣⲓ ⲁⲓϩⲓⲧⲧ ⲉϧⲣⲏⲓ ϧⲁⲣⲁⲧⲟⲩ ⲛⲛⲉϥϭⲁⲗⲁⲩϫ ⲉⲓϣⲟⲡ ϧⲉⲛ ⲟⲩⲛⲓϣϯ ⲛϩⲟϯ. ⲛⲑⲟϥ ⲇⲉ ⲁϥⲧⲟⲩⲛⲟⲥⲧ ⲡⲁⲓⲣⲏϯ ⲁⲛⲙⲟϣⲓ ⲉⲛϯ ⲱⲟⲩ ⲙⲡⲉⲛⲟⲥ ⲓⲏⲥ ⲡⲭⲥ ⲟⲩⲟϩ ⲉⲧⲁⲛϧⲱⲛⲧ ⲇⲉ ⲉⲡⲓϯⲙⲓ ⲁⲛϩⲉⲙⲥⲓ ⲟⲩⲟϩ ⲛⲁⲣⲉ ⲡⲉⲛⲓⲱⲧ ⲛⲇⲓⲕⲁⲓⲟⲥ[4] ⲁⲃⲃⲁ ⲙⲁⲕⲁⲣⲓⲟⲥ[5] ϯ ⲛⲁⲧϥ ⲡⲉ ⲛⲛⲓ ⲉⲑⲛⲁⲥⲓⲛⲓ ϩⲏⲡⲡⲉ ⲁϥⲛⲁⲩ ⲉⲡⲓⲉⲣⲅⲁⲧⲏⲥ ⲉϥⲛⲏⲟⲩ ⲉϥϫⲟⲗϩ ⲙⲡⲓϩⲙⲟⲧ ⲛⲧⲉ ϯϩⲩⲡⲟⲙⲟⲛⲏ ⲡⲉϫⲁϥ ϫⲉ ϩⲏⲡⲡⲉ ⲓⲥ ⲟⲩⲥⲕⲉⲩⲟⲥ ⲉϥⲥⲟⲧⲡ ⲟⲩⲟϩ ⲉϥⲧⲁⲓⲏⲟⲩⲧ ⲟⲩⲟϩ ⲉⲧⲁϥⲧⲱⲛϥ ⲉⲃⲟⲗ ⲉϧⲣⲁϥ ⲁϥⲉⲣⲁⲥⲡⲁⲍⲉⲥⲑⲁⲓ[6] ⲙⲙⲟϥ ⲟⲩⲟϩ ⲡⲉϫⲁϥ ⲛⲁϥ ϫⲉ ϯⲉⲓⲣⲏⲛⲏ[7] ⲛⲁⲕ ⲡⲓⲉⲣⲅⲁⲧⲏⲥ ⲛⲧⲉ ϯⲁϫⲡ ⲓⲁ. ⲁϥⲉⲣ ⲟⲩⲱ ϩⲱϥ ⲡⲉϫⲁϥ ϫⲉ ⲕⲁⲧⲁ (-ϥⲥ Cod. ϥⲛ-) ⲫⲟⲩⲱϣ ⲙⲡⲁⲟⲥ ⲓⲏⲥ ⲡⲭⲥ. ⲡⲉϫⲉ ⲡⲉⲛⲓⲱⲧ ⲁⲃⲃⲁ ⲙⲁⲕⲁⲣⲓⲟⲥ[8] ⲛⲁϥ ϫⲉ ⲉⲕⲉⲣ ϩⲱⲃ ⲛⲁϣ ⲛⲣⲏϯ

dit cela, voici que se montra une bête aquatique. Le saint abba Macaire lui dit : « Est-ce la volonté de Notre-Seigneur Jésus le Christ que tu nous fasses traverser le fleuve. » Et lorsqu'il eut dit cela, aussitôt la bête aborda au rivage, et, lorsque nous fûmes montés sur elle, elle nous jeta de l'autre côté, et, lorsque nous fûmes sautés sur le rivage, mon père abba Macaire lui dit : « Fais-toi violence, plonge ta tête et Notre-Seigneur Jésus le Christ te donnera ton salaire. » Lorsqu'elle eut plongé, aussitôt elle se montra avec un grand poisson ; et, lorsque je vis ce grand prodige, je me jetai à ses pieds, étant dans une grande crainte. Mais lui me releva ; ainsi nous marchâmes, rendant gloire à Notre-Seigneur Jésus le Christ. Et, lorsque nous nous fûmes approchés du village, nous nous assîmes et mon père, le juste abba Macaire, regardait ceux qui passaient : voici qu'il vit l'ouvrier qui venait vêtu de la grâce de l'endurance. Il dit : « Voici un vase d'élection et d'honneur. » Et, s'étant levé devant lui, il l'embrassa et lui dit : « La paix avec toi, ouvrier de la onzième heure. » Il répondit et dit : « Selon la volonté de mon Seigneur Jésus le Messie. » Notre père abba Macaire lui dit : Comment travailles-tu

---

1. Cod. ⲟⲩⲟⲛⲡⲣⲱⲛ. — 2. Cod. ⲙⲁⲕⲁⲣⲓ. — 3. Cod. ⲙⲁⲕⲁⲣⲓ. — 4. Cod. ⲛϫⲓⲕⲉⲟⲥ. — 5. Cod. ⲙⲁⲕⲁⲣⲓ. — 6. Cod. ⲁⲥⲡⲁⲍⲉⲥⲟⲥ. — 7. Cod. ϩⲓⲣⲏⲛⲏ. — 8. Cod. ⲙⲁⲕⲁⲣⲓ.

ⲓⲉ ⲉⲛⲥⲓ ⲃⲉⲭⲉ ⲛ̄ⲧⲟⲧϥ ⲛ̄ⲛⲓⲙ. ⲡⲉϫⲉ ⲡⲓⲉⲣⲅⲁⲧⲏⲥ ⲛⲁϥ ϫⲉ ⲉⲓⲉⲣ ϩⲱⲃ ⲛ̄ⲟⲩⲁⲣⲭⲱⲛ ⲛ̄ⲧⲉ ⲡⲕⲁϩⲓ ⲟⲩⲟϩ ⲡⲓⲟⲩⲣⲟ ⲉⲧϧⲉⲛ ⲛⲓⲫⲏⲟⲩⲓ ⲉⲧϯ ⲃⲉⲭⲉ ⲛⲏⲓ. ⲡⲉϫⲉ ⲡⲁⲓⲱⲧ ⲁⲃⲃⲁ ⲙⲁⲕⲁⲣⲓⲟⲥ[1] ⲛⲁϥ ϫⲉ ⲁⲛ ⲕⲧⲁϫⲣⲏⲟⲩⲧ ⲉϫⲉⲛ ⲫⲁⲓ ⲙ̄ⲡⲁⲓⲣⲏϯ. ⲡⲉϫⲉ ⲡⲓⲉⲣⲅⲁⲧⲏⲥ ⲛⲁϥ ϫⲉ ⲉⲓⲧⲁϫⲣⲏⲟⲩⲧ ⲉϫⲉⲛ ϯⲥⲙⲏ ⲛ̄ⲧⲉ ⲡ̄ⲟ̄ⲥ̄ ⲛ̄ⲧⲉ ⲡⲓⲁϩ ⲁⲗⲟⲗⲓ. ⲡⲉϫⲉ ⲡⲁⲓⲱⲧ ⲁⲃⲃⲁ ⲙⲁⲕⲁⲣⲓⲟⲥ[2] ⲛⲁϥ ϫⲉ ⲛⲁϣ ⲛ̄ⲣⲏϯ ⲕ̄ϫⲱ ⲙ̄ⲫⲁⲓ. ⲡⲉϫⲉ ⲡⲓⲉⲣⲅⲁⲧⲏⲥ ⲛⲁϥ ϫⲉ ⲛⲑⲟϥ ⲁϥϫⲟⲥ ϫⲉ ⲙⲟⲩϯ ⲉⲛⲓⲉⲣⲅⲁⲧⲏⲥ ⲙⲁ ⲛⲟⲩⲃⲉⲭⲉ ⲛⲱⲟⲩ. ⲟⲩⲟϩ ⲛⲁⲓ ⲉⲧⲁⲛϫⲟⲧⲟⲩ ⲁⲛⲕⲉⲗϫ ⲕⲉⲗⲓ ⲁⲛϣⲗⲏⲗ ⲡⲁⲓⲣⲏϯ ⲁⲛⲧⲱⲟⲩⲛ ⲁⲛⲙⲟϣⲓ ⲛⲁⲣⲉ ⲡⲉⲛⲓⲱⲧ ⲁⲃⲃⲁ ⲙⲁⲕⲁⲣⲓⲟⲥ[3] ⲉⲣ ϩⲏⲃⲓ ⲡⲉ ⲉϥϫⲱ ⲙ̄ⲙⲟⲥ ϫⲉ ⲟⲩⲟⲓ ⲛⲁⲕ ⲙⲁⲕⲁⲣⲓⲟⲥ[4] ϫⲉ ϩⲏⲡⲡⲉ ⲟⲩⲇⲉ ⲙ̄ⲫⲣⲏϯ ⲙ̄ⲡⲁⲓⲕⲟⲥⲙⲓⲕⲟⲥ ⲛⲉⲣⲅⲁⲧⲏⲥ ⲛ̄ϯⲧⲁϫⲣⲏⲟⲩⲧ ⲁⲛ ϫⲉ ⲁⲛ ⲁ ⲡⲁϩⲱⲃ ⲣⲁⲛⲁϥ ⲙ̄ⲡⲁⲟ̄ⲥ̄ ⲓ̄ⲥ̄ ⲡ̄ⲭ̄ⲥ̄ ⲓⲉ ϩⲟⲗⲱⲥ[5] ⲣⲱ ϯⲙ̄ⲡϣⲁ ⲛⲟⲩⲃⲉⲭⲉ ⲛ̄ⲧⲉ ⲡⲕⲁϩⲓ ⲙⲁⲗⲗⲟⲛ ⲇⲉ (-ⲇⲉ-) ⲫⲁ ⲛⲓⲫⲏⲟⲩⲓ. ⲙⲉⲛⲉⲛⲥⲁ ⲛⲁⲓ ⲉⲧⲁⲛ ⲟⲛ ⲉϫⲉⲛ ⲫⲓⲁⲣⲟ ⲡⲉϫⲉ ⲡⲁⲓⲱⲧ ⲉⲑⲟⲩⲁⲃ ⲁⲃⲃⲁ ⲙⲁⲕⲁⲣⲓⲟⲥ[6] ⲛⲏⲓ ϫⲉ ⲡⲁϣⲏⲣⲓ ⲙⲁⲣⲉⲛⲉⲣ ⲡⲥⲙⲟⲧ ⲛ̄ϯⲙⲉⲧⲣⲱⲙⲓ ϩⲱⲛ ⲟⲩⲟϩ ⲉⲧⲁⲛⲁⲗⲏⲓ ⲉⲡⲓϫⲙⲟⲣ ⲁϥⲥⲁⲧⲧⲉⲛ ⲉⲡⲉⲙⲉⲛⲧ ⲟⲩⲟϩ ⲉⲧⲁⲛⲙⲟϣⲓ ⲉⲧϩⲏ ⲛⲟⲩⲕⲟⲩϫⲓ ⲡⲉϫⲉ ⲡⲁⲓⲱⲧ ⲁⲃⲃⲁ ⲙⲁⲕⲁⲣⲓⲟⲥ[7] ⲛⲏⲓ ϫⲉ ⲙⲁⲣⲉⲛϩⲉⲙⲥⲓ ⲛ̄ⲟⲩⲕⲟⲩϫⲓ ⲡⲁϣⲏⲣⲓ ⲟⲩⲟϩ ⲉⲧⲓ ⲉⲛϩⲉⲙⲥⲓ ⲁⲛⲱⲣⲉⲙ ⲉⲃⲟⲗ ⲟⲩⲟϩ

et de qui reçois-tu ton salaire? » L'ouvrier lui dit : « Je travaille pour un chef de la terre, et le Roi qui est aux cieux me donne mon salaire. » Mon père abba Macaire lui dit : « Es-tu donc certain qu'il en est ainsi? » L'ouvrier dit : « Je suis certain de la parole du Maître de la vigne. » Mon père abba Macaire lui dit : « Comment dis-tu cela? » L'ouvrier lui dit : « Il a dit : Appelle les ouvriers et donne-leur leur salaire. » — Et après que nous eûmes ainsi parlé, nous pliâmes le genou, nous fîmes la prière, puis nous nous levâmes et nous marchâmes, notre père abba Macaire étant triste, et disant : « Malheur à toi, Macaire, car voici que je ne suis pas certain, comme cet ouvrier mondain, que mon travail a plu à mon Seigneur Jésus le Christ, ou même que je suis digne d'un salaire terrestre, surtout de celui des cieux. » Après cela, lorsque nous fûmes arrivés au fleuve, mon père saint, abba Macaire, me dit : « Mon fils, faisons, nous aussi, (selon) la forme de l'humanité. » Et, lorsque nous fûmes montés sur le bac, il nous jeta à l'Ouest. Et, après avoir marché un peu en avant, mon père abba Macaire me dit : « Mon fils, asseyons-nous un peu. » Et, nous étant assis, nous fûmes ravis et je ne sus rien jusqu'à ce que nous fussions trouvés près de la grotte. Je lui dis : « Nous sommes

---

1. *Cod.* ⲙⲁⲕⲁⲣⲓ. — 2. *Cod.* ⲙⲁⲕⲁⲣⲓ. — 3. *Cod.* ⲙⲁⲕⲁⲣⲓ. — 4. *Cod.* ⲙⲁⲕⲁⲣⲓ. — 5. *Cod.* ϩⲱⲗⲟⲥ. — 6. *Cod.* ⲙⲁⲕⲁⲣⲓ. — 7. *Cod.* ⲙⲁⲕⲁⲣⲓ.

ⲁⲛⲡⲉⲣⲓ ⲉϧⲗⲓ ϣⲁⲧⲉⲛϫⲉⲙⲧⲉⲛ ⲥⲁⲧⲉⲛ ⲡⲓⲥⲡⲏⲗⲁⲓⲟⲛ¹. ⲡⲉϫⲏⲓ ⲛⲁϥ ϫⲉ ⲁⲛⲓ
ⲛϣⲟⲡ ⲡⲁⲓⲱⲧ. ⲡⲉϫⲁϥ ⲛⲏⲓ ϫⲉ ⲙⲁⲣⲉⲛϯ ⲱⲟⲩ ⲙⲡⲉⲛⲟⲥ ⲓⲏⲥ ⲡⲭⲥ ϫⲉ ⲫⲏ
ⲉⲧⲁϥϭⲱⲗⲉⲙ ⲛⲁⲃⲃⲁⲕⲟⲩⲙ ⲛⲉⲙⲫⲓⲗⲓⲡⲡⲟⲥ ⲛⲑⲟϥ ⲟⲛ ⲡⲉ ⲉⲧⲁϥϭⲓ ⲙⲱⲓⲧ ⲛⲁⲛ.

ⲁϥϫⲟⲥ ⲛϫⲉ ⲁⲃⲃⲁ ⲙⲁⲕⲁⲣⲓⲟⲥ² ϫⲉ ⲉⲧⲓ ⲉⲓϩⲉⲙⲥⲓ ϧⲉⲛ ⲡⲓⲥⲡⲏⲗⲁⲓⲟⲛ³
ⲛⲟⲩⲥⲟⲡ ⲁⲓⲥⲱⲧⲉⲙ ⲉⲟⲩⲥⲙⲏ ⲉⲥⲱϣ ⲉⲃⲟⲗ ⲙ̀ⲫⲣⲏϯ ⲛ̀ⲧⲥⲙⲏ ⲛ̀ⲟⲩⲃⲏϫ ⲟⲩⲟϩ
ⲉⲧⲁⲓ⁴ ⲉⲃⲟⲗ ⲁⲓⲛⲁⲩ ⲉⲟⲩⲛⲓϣϯ ⲛ̀ⲇⲣⲁⲕⲱⲛ. ⲉⲧⲁϥⲛⲁⲩ ⲉⲣⲟⲓ ⲁϥⲕⲱⲗϫ ⲛ̀ⲧⲉϥ-
ⲙⲟϯ ⲁϥⲟⲩⲱϣⲧ ⲙⲙⲟⲓ ⲟⲩⲟϩ ⲙⲉⲛⲉⲛⲥⲱⲥ ⲁϥⲟϩⲓ ⲉⲣⲁⲧϥ ⲁϥⲫⲟⲛϩ ⲙⲡⲉϥϩⲟ ⲉⲣⲟⲓ. (-ϥⲏ Cod. ⲣ̅-) ⲉⲧⲁⲓϯ ϩⲑⲏⲓ ϫⲉ ϩⲏⲡⲡⲉ ⲛⲁⲣⲉ ⲟⲩⲟⲛ ⲟⲩϫⲟⲗ ⲡⲉ
ⲭⲏ ϧⲉⲛ ⲡⲉϥⲃⲁⲗ ⲛⲟⲩⲓⲛⲁⲙ ⲡⲉ ⲟⲩⲟϩ ⲉⲧⲁⲓϭⲓ ⲛⲏⲓ ⲛ̀ⲛⲓⲙⲉⲧϣⲉⲛ ϩⲏⲧ ⲛ̀ⲧⲉ
ⲡⲁⲟⲥ ⲓⲏⲥ ⲡⲭⲥ ⲛⲉⲙ ϯϫⲟⲙ ⲛⲁⲧϭⲣⲟ ⲉⲣⲟⲥ ⲛ̀ⲧⲉ ⲡⲓⲥⲧⲁⲩⲣⲟⲥ ⲁⲓⲁⲙⲟⲛⲓ
ⲙⲙⲟϥ ⲁⲓϩⲓⲟⲩⲓ ⲛⲥⲟⲧⲛ ϧⲉⲛ ⲡⲉϥϩⲟ ⲉⲓϫⲱ ⲙⲙⲟⲥ ϫⲉ ⲡⲁⲟⲥ ⲓⲏⲥ ⲡⲭⲥ ⲫⲏ
ⲉⲧⲁϥⲟⲩⲱⲛ ⲛ̀ⲛⲓⲃⲁⲗ ⲙ̀ⲡⲓⲃⲉⲗⲗⲉ ⲙⲙⲓⲥⲓ ⲉⲕⲉϣⲉⲛ ϩⲏⲧ ϧⲁ ⲑⲙⲉⲧϫⲱⲃ
ⲙⲡⲁⲓⲑⲏⲣⲓⲟⲛ ⲛ̀ⲧⲉⲕⲧⲁⲗϭⲟϥ. ⲟⲩⲟϩ ⲫⲏ ⲉⲧⲁⲓϫⲟϥ ⲁϥⲓ ⲛ̀ϫⲉ ⲡⲓϫⲟⲗ ϧⲉⲛ
ⲡⲉϥⲃⲁⲗ ⲟⲩⲟϩ ⲉⲧⲁϥⲕⲱⲗϫ ⲙ̀ⲡⲉϥⲙⲟϯ ⲛⲅ̅ ⲛⲥⲟⲡ ⲁϥϯ ⲫⲓ ⲉⲛⲁϭⲁⲗⲁⲩϫ
ⲟⲩⲟϩ ⲡⲁⲓⲣⲏϯ ⲁⲓⲭⲁϥ ⲉⲃⲟⲗ ⲁϥϣⲉ ⲛⲁϥ ⲟⲩⲟϩ ⲛⲁⲓϯ ⲱⲟⲩ ⲡⲉ ⲙⲡⲉⲛⲟⲥ
ⲓⲏⲥ ⲡⲭⲥ ⲉϩⲣⲏⲓ ⲉϫⲉⲛ ⲛⲉϥⲙⲉⲧϣⲉⲛ ϩⲏⲧ ⲉⲧⲟϣ ϫⲉ ϣⲁ ⲉϧⲟⲩⲛ ⲉⲛⲓⲕⲉⲑⲏⲣⲓⲟⲛ ⲥⲉⲣⲙⲉⲗⲉⲓ⁵ ⲛⲁϥ ϧⲁⲣⲱⲟⲩ.

arrivés promptement, mon père. » Il me dit : « Rendons gloire à Notre-Seigneur Jésus le Christ, car celui qui a emporté Habacuc et Philippe, c'est celui qui nous a conduits. »

Abba Macaire dit : « Comme j'étais assis une fois dans la grotte, j'entendis une voix qui criait, comme la voix d'un épervier; et, lorsque je fus sorti, je vis un grand dragon. Lorsqu'il me vit, il courba son cou, il m'adora, puis il se tint debout, il tourna son visage vers moi; et, lorsque j'y eus fait attention, voici qu'il y avait une paille dans son œil droit; et, lorsque j'eus pris en moi les miséricordes de Notre-Seigneur Jésus le Christ et la force invincible de la croix, je le saisis, je le frappai au visage, en disant : Mon Seigneur Jésus le Christ, qui as ouvert les yeux de l'aveugle-né, aie pitié de l'infirmité de cet animal, guéris-le. Et, lorsque j'eus dit cela, la paille tomba de son œil; puis, lorsqu'il eut incliné son cou trois fois, il baisa mes pieds; et ainsi je le congédiai, il s'en alla et je rendis gloire à Notre-Seigneur Jésus le Christ pour ses nombreuses miséricordes, car il prend soin des bêtes sauvages elles-mêmes. »

1. *Cod.* ⲥⲡⲏⲗⲉⲟⲛ. — 2. *Cod.* ⲙⲁⲕⲁⲣⲓ. — 3. *Cod.* ⲡⲓⲥⲡⲏⲗⲉⲟⲛ. — 4. *Cod.* ⲉⲧⲁⲓ. — 5. *Cod.* ⲥⲉⲣⲙⲉⲗⲓ.

ⲁⲃⲃⲁ ⲉⲩⲁⲅⲣⲓⲟⲥ¹ ⲁϥϣⲉⲛ ⲁⲃⲃⲁ ⲙⲁⲕⲁⲣⲓⲟⲥ² ⲉⲧⲓ ⲉⲛⲉϥⲣⲉⲙⲥⲓ ϩⲁⲧⲟⲧϥ ⲛⲉⲙ ϩⲁⲛ ⲕⲉⲥⲛⲏⲟⲩ ϫⲉ ⲡⲱⲥ ⲡⲥⲁⲧⲁⲛⲁⲥ³ ϫⲓⲙⲓ ⲛⲛⲁⲓⲙⲉⲩⲓ ⲧⲏⲣⲟⲩ ⲉⲧϩⲱⲟⲩ ⲉϥϭⲓϯ ⲙⲙⲱⲟⲩ ⲉⲛⲓⲥⲛⲏⲟⲩ. ⲡⲉϫⲉ ⲁⲃⲃⲁ ⲙⲁⲕⲁⲣⲓⲟⲥ⁴ ⲛⲁϥ ϫⲉ ⲫⲏ ⲉⲧⲱⲕ ⲉϯⲕⲁⲙⲓⲛⲓ ⲟⲩⲟⲛ (-ϥⲑ-) ⲟⲩⲙⲏϣ ⲛⲗⲟⲃϣ ⲛⲛⲟⲩ ⲉⲛⲉϥϫⲓϫ ⲟⲩⲟϩ ⲙⲡⲁϥϯ ⲁⲥⲟ ⲉⲣⲓⲧⲟⲩ ⲉϧⲟⲩⲛ ⲡⲁⲓⲣⲏϯ ϩⲱϥ ⲡⲓⲇⲓⲁⲃⲟⲗⲟⲥ ⲟⲩⲣⲉϥϑⲱⲕ ⲡⲉ ⲟⲩⲟϩ ⲙⲡⲁϥϯ ⲁⲥⲟ ⲉϩⲓⲟⲩⲓ ⲉϧⲟⲩⲛ ⲉⲡϩⲏⲧ ⲛⲟⲩⲟⲛ ⲛⲓⲃⲉⲛ ϧⲉⲛ ⲛⲉϥⲗⲉⲃϣ ⲧⲏⲣⲟⲩ ⲉⲧϩⲱⲟⲩ ⲉⲧⲉ ⲛⲓϭⲱϧⲉⲙ ⲛⲉ. ⲧⲉⲛⲛⲁⲩ ⲇⲉ ⲟⲛ ϫⲉ ⲛⲁⲣⲉ ⲡⲓⲙⲱⲟⲩ ⲱϣⲉⲙ ⲟⲩⲟϩ ⲛⲧⲉϥϭⲣⲟ ⲉⲧϫⲟⲙ ⲙⲡⲓⲭⲣⲱⲙ ⲡⲁⲓⲣⲏϯ ϩⲱϥ ⲑⲃⲟⲏⲑⲉⲓⲁ⁵ ⲙⲡⲓⲥⲕⲉⲡⲁⲥⲧⲏⲥ ⲡⲉⲛⲟⲥ ⲓⲏⲥ ⲡⲭⲥ ⲛⲉⲙ ϯϫⲟⲙ ⲛⲁⲧϭⲣⲟ ⲉⲣⲟⲥ ⲛⲧⲉ ⲡⲓⲥⲧⲁⲩⲣⲟⲥ ⲁⲛ ϣⲁⲛⲣⲱϫⲡ ⲛⲧⲉⲛⲙⲉⲧϫⲱⲃ ϧⲁⲣⲁⲧⲟⲩ ϣⲁⲧⲟⲩϣⲉⲙ ⲛⲛⲓϫⲁⲗ ⲧⲏⲣⲟⲩ ⲛⲧⲉ ⲧⲕⲁⲕⲓⲁ ⲙⲡⲥⲁⲧⲁⲛⲁⲥ ⲉⲃⲟⲗϩⲁⲣⲟⲛ ⲟⲩⲟϩ ⲛⲧⲟⲩⲉⲣⲉ ⲡⲉⲛϩⲏⲧ ⲙⲟϩ ⲟⲩⲟϩ ⲛⲧⲉϥⲃⲉⲣⲃⲉⲣ ϧⲉⲛ ⲡⲓⲡⲛⲁ ϧⲉⲛ ⲡⲓⲭⲣⲱⲙ ⲛⲉⲡⲟⲩⲣⲁⲛⲓⲟⲛ⁶ ⲟⲩⲟϩ ⲉⲑⲙⲉϩ ⲛϭⲉⲗⲏⲗ.

ⲁϥϫⲟⲥ ⲟⲛ ⲛϫⲉ ⲁⲃⲃⲁ ⲉⲩⲁⲅⲣⲓⲟⲥ⁷ ϫⲉ ⲁⲓϣⲓ ⲟⲩⲕⲟⲧ ⲉⲁⲃⲃⲁ ⲙⲁⲕⲁⲣⲓⲟⲥ⁸ ⲙⲫⲛⲁⲩ ⲙⲡⲓⲕⲁⲩⲙⲁ ⲉⲓⲣⲟⲕϩ ⲛⲧⲉⲛ ⲡⲓⲃⲓ ⲡⲉϫⲏⲓ ⲛⲁϥ ϫⲉ ϯⲟⲃⲓ ⲉⲙⲁϣⲱ ⲡⲁⲓⲱⲧ. ⲡⲉϫⲁϥ ⲛⲏⲓ ϫⲉ ⲙⲁⲣⲉⲥⲣⲱϣⲕ ⲛϫⲉ ϯϧⲏⲃⲓ ⲟⲩⲟⲛ ⲟⲩⲙⲏϣ ϩⲓ ⲙⲁ

Abba Évagrius interrogea abba Macaire, comme il était encore assis près de lui avec d'autres frères : « Comment Satan trouve-t-il ces pensées mauvaises pour les lancer aux frères? » Abba Macaire lui dit : « Celui qui chauffe la fournaise, une foule de broussailles viendront entre ses mains et il ne se fait aucune peine de les jeter dedans⁹; de même aussi, le diable est un chauffeur et il ne néglige pas de lancer dans le cœur de chacun toutes ses broussailles mauvaises, c'est-à-dire ses souillures. Nous voyons aussi que l'eau éteint et vainc la force du feu; ainsi le secours de notre abri, Notre-Seigneur Jésus le Christ, et la vertu invincible de la croix, si nous jetons nos faiblesses à leurs pieds, éteignent tous les artifices de la malice de Satan loin de nous, ils rendent notre cœur ardent et bouillant dans l'esprit, dans la foi céleste remplie d'exultation. »

Abba Évagrius dit encore : « J'allai trouver abba Macaire à l'heure de la chaleur; j'étais brûlant de soif. Je lui dis : « J'ai grand soif, mon père. » Il me dit : « Que l'ombre te suffise; il y a une foule (d'hommes) qui cheminent à

---

1. Cod. ⲉⲩⲁⲅⲣⲓ. — 2. Cod. ⲙⲁⲕⲁⲣⲓ. — 3. Cod. ⲡⲥⲁⲇⲁⲛⲁⲥ. — 4. Cod. ⲙⲁⲕⲁⲣⲓ. — 5. Cod. ⲑⲃⲟⲏⲑⲓⲁ. — 6. Cod. ⲉⲡⲱⲣⲁⲛⲓⲟⲛ. — 7. Cod. ⲉⲩⲁⲅⲣⲓ. — 8. Cod. ⲙⲁⲕⲁⲣⲓ. — 9. Mot à mot : « Il n'a pas épargné de lancer, etc. » La nuance est un peu différente.

cette terre, qui brûlent et n'ont point d'ombrage. » Et ensuite je discourus avec lui sur la vertu. Il me dit : « Vraiment, mon fils, j'ai passé vingt ans sans remplir mon cœur[4] ni de pain, ni d'eau, ni de sommeil; mais je me suis appuyé contre le mur jusqu'à ce que j'eusse pris un peu de sommeil. »

Abba Macaire le grand dit : « Comme on sait que votre cœur se réjouit[5] de la voix du Seigneur, écoutez-la, non seulement pour l'écouter, mais pour prendre leçon d'elle et l'accomplir; car quiconque entend la parole de Dieu de toute sa force, elle lui apprend à l'accomplir. En effet, une foule (d'hommes) écoutent la parole de Dieu, mais ne l'écoutent pas par la vertu de Dieu et allégresse; c'est pourquoi ils n'avancent pas. Notre-Seigneur Jésus le Christ le dit aux (hommes) de cette espèce, criant : Que celui qui a des oreilles pour entendre, entende; — s'ils n'avaient pas cessé tous d'entendre, il n'aurait pas dit ce mot : Que celui qui a des oreilles pour entendre, entende. Notre-Seigneur Jésus le Christ connait la nature du diable, qui combat contre les âmes pour ne pas les laisser entendre la parole de Dieu et être sauvées, c'est pour-

1. *Cod.* ⲫⲓⲥⲓ. — 2. *Cod.* ⲙⲁⲕⲁⲣⲓ. — 3. *Cod.* ⲉⲡⲓⲇⲏ. — 4. C'est-à-dire qu'il n'avait pas mangé à sa faim, bu à sa soif, dormi autant qu'il le désirait. — 5. Mot à mot : « Sachant eux votre cœur que vous vous réjouissez. »

ⲙⲁⲣⲉϥⲥⲱⲧⲉⲙ ⲉⲡⲉⲓⲇⲏ[1] ⲁⲩϣⲁⲛⲥⲱⲧⲉⲙ ⲥⲉⲛⲟⲩ ⲉⲧϩⲏ ⲟⲩⲟϩ ⲥⲉϭⲣⲏⲟⲩⲧ
ⲉⲛⲓⲡⲁⲑⲟⲥ ⲧⲏⲣⲟⲩ ⲛⲧⲉ ϯⲯⲩⲭⲏ ⲛⲉⲙ ⲡⲓⲥⲱⲙⲁ. ⲁϥϣⲧⲉⲙⲭⲁ ϯⲯⲩⲭⲏ
ⲅⲁⲣ ⲉⲥⲟⲧⲉⲙ ⲉⲡⲓⲥⲁϫⲓ ⲛⲧⲉ ⲫϯ ϧⲉⲛ ⲟⲩϫⲟⲙ ⲥⲛⲟⲩ ⲉⲧϩⲏ ⲁⲛ ⲟⲩⲇⲉ ⲥⲭⲉⲙ
ⲣⲱϯ ⲁⲛ ⲉϯ ⲛⲉⲙ ⲛⲓⲡⲁⲑⲟⲥ ⲛⲧⲉ ⲡⲓⲥⲱⲙⲁ ⲉⲑⲃⲉ ϫⲉ ⲡⲓⲥⲁϫⲓ ⲛⲧⲉ ⲫϯ ⲭⲏ
ⲛⲧⲟⲧⲥ ⲁⲛ ⲁⲣⲉ ⲡⲓϫⲁϫⲓ ϭⲉⲛ ϫⲱⲣⲓ ⲉϫⲱⲥ ⲛⲉϫⲉⲙ ⲣⲱϯ ⲁⲛ ⲉϩⲓⲟⲩⲓ ⲛϩⲗⲓ
ⲙⲡⲁⲑⲟⲥ ⲉⲧϩⲱⲟⲩ ⲉⲃⲟⲗ ϩⲛⲧⲉ ⲉⲛⲧⲏⲣϥ ϯⲯⲩⲭⲏ ⲇⲉ ⲛⲑⲟⲥ ⲉⲧⲉ ⲡⲓⲥⲁϫⲓ
ⲛⲉⲙⲁⲥ ⲥⲛⲟϥⲉⲣ ⲛϭⲟϫⲓ ⲛⲥⲁ ⲛⲓⲡⲁⲑⲟⲥ ⲉⲃⲟⲗϩⲁⲣⲟⲥ ⲟⲩⲟϩ ⲥϩⲓⲟⲩⲓ ⲙⲡⲥⲁⲧⲁⲛⲁⲥ ⲉⲃⲟⲗ ⲉϥⲫⲏⲧ ⲉⲃⲟⲗϩⲁⲣⲟⲥ ⲉⲁϥϭⲓ ϣⲓⲡⲓ ⲥⲥϩⲏⲟⲩⲧ ⲅⲁⲣ ϧⲉⲛ ⲡⲓⲁⲡⲟⲥ-
ⲧⲟ- (-ⲣ̅ⲃ̅ Cod. ⲣ̅ⲁ̅-) ⲗⲟⲥ ⲙⲡⲁⲓⲣⲏϯ ϫⲉ ⲡⲥⲁϫⲓ ⲙⲫϯ ϥϩⲓⲟⲩⲓ ⲉϩⲟⲧⲉ ⲥⲏϥⲓ
ⲛⲓⲃⲉⲛ ⲛⲣⲟ ⲃ̅ ⲟⲩⲟϩ ϥⲛⲁ ⲉϧⲟⲩⲛ ϣⲁ ⲛⲓⲥⲓ ⲛⲉϥⲱϣⲙ ⲛⲧⲉ ϯⲯⲩⲭⲏ ⲛⲉⲙ
ⲛⲓϣⲱⲧⲛ ⲛⲉⲙ ⲛⲓⲁⲧⲕⲁⲥ. ⲧⲉⲧⲉⲛⲛⲁⲩ ⲇⲉ ⲁⲩϣⲁⲛⲭⲁ ⲡⲓⲣⲱⲙⲓ ⲉⲥⲟⲧⲉⲙ ⲉⲡⲓⲥⲁϫⲓ ⲛⲧⲉ ⲫϯ ϫⲉ ⲡⲱⲥ ϥϩⲓⲟⲩⲓ ⲉⲃⲟⲗ ⲛⲛⲓⲡⲁⲑⲟⲥ ⲁⲩϣⲧⲉⲙⲭⲁ ⲇⲉ ⲉⲥⲟⲧⲉⲙ
ϣⲁⲣⲉ ϯⲯⲩⲭⲏ ϣⲱⲡⲓ ⲉⲥⲟⲓ ⲛⲧⲁⲧϩ ⲉⲥϩⲓⲟⲩⲓ ⲛϩⲗⲓ ⲉⲃⲟⲗ ⲁⲛ ϧⲉⲛ ⲛⲓⲙⲉⲧⲓ
ⲉⲧϩⲱⲟⲩ ⲉⲑⲃⲉ ⲫⲁⲓ ⲡⲇⲓⲁⲃⲟⲗⲟⲥ ϥⲉⲣⲕⲁⲧⲁⲫⲣⲟⲛⲉⲓⲛ[2] ⲛⲛⲓⲟⲩⲟⲛ ⲙⲡⲁⲓⲣⲏϯ.
ⲉⲡⲉⲓⲇⲏ[3] ⲟⲩⲛ ⲁ ⲛⲁⲓ ⲙⲡⲁⲓⲣⲏϯ ⲉⲣ ⲡⲟⲩⲥⲏⲟⲩ ⲧⲏⲣϥ ⲛⲱⲛϧ ϧⲉⲛ ϯⲙⲉⲧⲙⲟⲛⲁⲭⲟⲥ ⲛⲉⲙ ϯⲙⲉⲧⲡⲁⲣⲑⲉⲛⲟⲥ ⲙⲡⲟⲩⲓ ⲉⲧϩⲏ ⲛϩⲗⲓ ⲟⲩⲇⲉ ⲟⲛ ⲙⲡⲟⲩ-

quoi il a dit : Que celui qui a des oreilles pour entendre, entende; — car s'ils entendent, ils avancent et ils triomphent de toutes les passions de l'âme et du corps. Si le (démon) ne laisse pas l'âme écouter la parole de Dieu avec force, elle n'avance pas et ne trouve pas moyen de combattre les passions du corps, parce que la parole de Dieu n'est pas avec elle[4]. Si l'ennemi prend puissance sur elle, elle ne trouve pas moyen, le moins du monde, de jeter hors d'elle quelque chose des passions mauvaises. Mais l'âme en qui est la parole, elle est bonne pour chasser loin d'elle les passions, et elle chasse Satan au loin, qui s'enfuit couvert de honte; car il est ainsi écrit dans l'Apôtre : « La parole de Dieu frappe plus que toute épée à deux tranchants et elle pénètre jusqu'aux divisions de l'âme, aux jointures et aux moelles. » Nous voyons donc que, si on laisse l'homme écouter la parole de Dieu, il chasse les passions; mais, si on ne la laisse pas écouter, l'âme reste de plomb et ne chasse aucune des passions mauvaises. C'est pourquoi le diable méprise ceux qui sont de cette sorte; car, si ceux qui sont de cette sorte passent tout le temps de leur vie dans le monachisme et la virginité, ils n'avancent en rien, ils ne connaissent pas la

1. *Cod.* ⲉⲡⲓⲇⲏ. — 2. *Cod.* ⲕⲁⲧⲁⲫⲣⲟⲛⲓⲛ. — 3. *Cod.* ⲉⲡⲓⲇⲏ. — 4. Mot à mot : « N'est pas placée en elle. »

ⲥⲟⲩⲉⲛ ϯϧⲗⲓϫⲓ ⲛⲧⲉ ⲫϯ ⲑⲏ ⲉⲧϩⲟⲗϫ ⲉⲣⲟⲧⲉ ⲡⲓⲉⲃⲓⲱ ⲛⲉⲙ ⲡⲓⲙⲟⲩⲛⲓ ⲟⲩⲇⲉ
ⲟⲛ ⲙⲡⲟⲩⲥⲟⲩⲉⲛ ϯϫⲟⲙ ⲛⲧⲉ ⲫϯ ⲑⲏ ⲉⲧϫⲟⲣ ⲉⲣⲟⲧⲉ ϩⲱⲃ ⲛⲓⲃⲉⲛ ⲑⲏ ⲉⲧϯ
ϫⲟⲙ ⲛϯⲯⲩⲭⲏ ⲛⲉϩⲟⲟⲩ ϧⲁ ⲧⲉⲛ ⲛⲉϩⲟⲟⲩ ⲟⲩⲟϩ ⲉⲥⲑⲣⲟ ⲙⲙⲟⲥ ⲉⲉⲣ ϧⲏⲧ
ⲛϭⲱⲣⲓ ⲥⲥϧⲏⲟⲩⲧ ⲅⲁⲣ ϫⲉ ϥϫⲟⲣ ⲛϫⲉ ⲡϩⲏⲧ ⲛⲛⲓⲑⲙⲏⲓ ⲉϩⲟⲧⲉ ⲫⲁ ⲛⲓⲙⲟⲩⲓ.
ⲧⲉⲧⲉⲛⲛⲁⲩ ⲛⲁϣⲏⲣⲓ ϫⲉ ⲡϩⲏⲧ (-ⲣϯ-) ⲛⲛⲓⲑⲙⲏⲓ ϫⲟⲣ ⲛⲁϣ ⲛⲣⲏϯ ⲉϥϫⲟⲣ
ⲉⲑⲃⲉ ⲟⲩ ⲉⲑⲃⲉ ϫⲉ ⲥⲉⲭⲱ ⲙⲙⲟϥ ⲉϭⲓ ⲛϯϧⲣⲉ ⲙⲡⲛⲁⲧⲓⲕⲟⲛ ⲉⲧⲉ ⲡⲥⲁϫⲓ ⲙⲫϯ
ⲉⲑⲃⲉ ⲫⲁⲓ ⲧⲉϥⲯⲩⲭⲏ ϫⲟⲣ ⲙⲫⲣⲏϯ ⲛⲟⲩⲣⲱⲙⲉ ⲉⲧⲭⲱ ⲙⲙⲟϥ ⲉϭⲓ ⲉⲃⲟⲗ
ϧⲉⲛ ϯϧⲣⲉ ⲛⲧⲉ ⲡⲓⲥⲱⲙⲁ ϫⲉ ϣⲁϥϣⲱⲡⲓ ⲉϥϫⲉⲙϫⲟⲙ ⲛⲉϩⲟⲟⲩ ϧⲁ ⲧⲉⲛ
ⲛⲉϩⲟⲟⲩ ⲉϣⲱⲡ ⲟⲩⲛ ⲛⲧⲟⲩϣⲧⲉⲙⲭⲁϥ ⲉⲟⲩⲱⲙ ⲉⲃⲟⲗϧⲉⲛ ϯϧⲣⲉ ϣⲁⲣⲉ ⲡⲉϥ
ⲥⲱⲙⲁ ⲉⲣ ⲁⲧϫⲟⲙ ⲫⲁⲓ ⲁⲣⲉϣⲁⲛ ⲛⲉϥϫⲁϫⲓ ϯ ⲟⲩⲃⲏϥ ⲥⲉⲛⲁϭⲣⲟ ⲉⲣⲟϥ
ⲛⲭⲱⲗⲉⲙ. ϯⲛⲟⲩ ϫⲉ ⲱ ⲛⲁⲙⲉⲛⲣⲁϯ ⲁⲣⲓⲁⲥⲕⲉⲓⲛ¹ ϧⲱⲧⲉⲛ ⲉⲟⲩⲱⲙ ⲉⲃⲟⲗ
ϧⲉⲛ ϯϧⲣⲉ ⲙⲡⲛⲁⲧⲓⲕⲟⲛ ϩⲓⲛⲁ ⲛⲧⲟⲩϫⲉⲙ ⲛⲟⲙϯ ⲛⲧⲟⲩϭⲣⲟ ⲉⲛⲟⲩϫⲁϫⲓ.
ⲉⲑⲃⲉ ⲟⲩ ⲙⲡⲟⲩⲭⲁⲩ ⲉⲟⲩⲱⲙ ⲉⲑⲃⲉ ϫⲉ ⲡⲟⲩϩⲏⲧ ⲥⲟⲩⲧⲱⲛ ⲁⲛ ⲟⲩⲇⲉ² ⲥⲉϯ
ⲁⲛ ⲉϧⲟⲩⲛ ⲉϩⲣⲉⲛ ⲛⲟⲩⲟⲩⲱϣ ⲛϩⲏⲧ ⲉⲑⲃⲉ ϫⲉ ⲡⲟⲩϩⲏⲧ ϭⲁϧⲉⲙ ⲛⲧⲟⲩ
ⲟⲩⲟϩ (-ⲣϫ Cod. ⲣϯ-) ⲥⲉⲉⲙⲓ ϩⲗⲓ ⲛⲉⲙ ⲛⲧⲉ ⲫϯ ⲁⲛ ⲉⲡⲧⲏⲣϥ ⲉⲑⲃⲉ ⲫⲁⲓ ⲁ
ⲛⲓⲇⲁⲓⲙⲱⲛ ⲭⲱ ⲙⲙⲱⲟⲩ ⲁⲛ ⲉⲟⲩⲱⲙ ⲉⲃⲟⲗϧⲉⲛ ϯϧⲣⲉ ⲉⲑⲟⲩⲁⲃ ϩⲓⲛⲁ
ⲛⲧⲟⲩϫⲉⲙ ⲛⲟⲙϯ ϧⲉⲛ ⲧⲟⲩⲯⲩⲭⲏ. ⲉⲑⲃⲉ ⲫⲁⲓ ⲁⲩⲉⲣ ⲡⲟⲩⲥⲏⲟⲩ ⲧⲏⲣϥ ⲛⲱⲛϩ

douceur de Dieu qui est plus douce que le miel et le rayon, ils ne connaissent pas la force de Dieu qui est plus forte que toute chose, qui fortifie l'âme jour après jour, qui la remplit de vaillance³; car il est écrit : « Le cœur des justes est plus courageux que celui des lions. » Voyez-vous, mes enfants, comment le cœur des justes est courageux? Pourquoi est-il courageux? Parce qu'ils le mettent au régime de la nourriture spirituelle, qui est la parole de Dieu. C'est pourquoi son âme est vaillante comme un homme qu'on laisse prendre la nourriture du corps, car il y trouve force de jour en jour; si on ne le laissait pas prendre de nourriture, son corps deviendrait sans force; et, si ses ennemis le combattent, ils le vainquent promptement. Maintenant, ô mes bien-aimés, préparez-vous à manger la nourriture spirituelle, afin de prendre courage et de vaincre vos ennemis. Pourquoi ne les a-t-on pas laissés manger de la nourriture? Parce que leur cœur n'est pas droit, parce qu'ils ne combattent pas contre le désir de leur cœur, parce que leur cœur est souillé et qu'ils n'ont pas la moindre connaissance de Dieu. C'est pourquoi les démons ne les laissent pas manger la nourriture sainte, afin qu'ils ne fortifient pas leurs âmes. C'est pourquoi ils passent tout le temps de leur vie dans la pu-

---

1. *Cod.* ⲁⲣⲓⲁⲥⲕⲓⲛ. — 2. *Cod.* ⲟⲩⲧⲉ. — 3. Mot à mot : « Qui la fait être cœur vaillant. »

ϧⲉⲛ ⲡⲓϣⲗⲁϧ ⲛϩⲏⲧ ⲛⲉⲙ ⲡⲓⲧⲱⲙⲧ ⲛϩⲏⲧ ⲛⲉⲙ ⲛⲓⲙⲕⲁϩ ⲛϩⲏⲧ ⲉⲩⲟⲛ
ⲁⲣⲓⲕⲓ ⲟⲩⲧⲱⲟⲩ ⲛⲉⲙ ⲛⲟⲩⲉⲣⲏⲟⲩ ⲙⲡⲟⲩⲥⲛⲟⲩ ⲧⲏⲣϥ ⲛⲱⲛϩ. ⲁⲣⲉϩ ⲟⲩⲛ
ⲉⲣⲱⲧⲉⲛ ⲉⲃⲟⲗϧⲁ ⲡⲁⲓⲟⲩⲧⲁϩ ⲉⲧϩⲱⲟⲩ ⲱ ⲛⲁⲙⲉⲛⲣⲁϯ ϩⲓⲛⲁ ⲛⲧⲉⲧⲉⲛⲱⲛϧ
ⲟⲩⲟϩ ⲛⲧⲉⲧⲉⲛⲱⲡ ⲉⲧϥⲓ ⲙⲫϯ ϧⲉⲛ ⲡⲭⲥ ⲓⲏⲥ ⲡⲉⲛⲥⲱⲧⲏⲣ.

ⲁϥϫⲟⲥ ⲛϫⲉ ⲁⲃⲃⲁ ⲙⲁⲕⲁⲣⲓⲟⲥ¹ ⲡⲓⲛⲓϣϯ ϫⲉ ⲁⲥϣⲱⲡⲓ ⲙⲙⲟⲓ ⲛⲟⲩⲥⲟⲡ
ⲉⲓⲥⲓⲛⲓⲱⲟⲩ ϧⲉⲛ ⲭⲏⲙⲓ ⲁⲛ ⲉϫⲉⲛ ⲟⲩⲟϩⲓⲗ ⲛⲧⲉ ϩⲁⲛ ⲉⲥⲱⲟⲩ ⲁⲓⲛⲁⲩ ⲉⲟⲩ-
ⲉⲥⲱⲟⲩ ⲥⲁⲃⲟⲗ ⲙⲡⲓⲟϩⲓⲗ ⲉⲧⲁⲥⲙⲓⲥⲓ ⲟⲩⲟϩ ⲁϥⲓ ⲛϫⲉ ⲟⲩⲟⲩⲱⲛϣ² ⲁϥⲱⲗⲉⲙ
ⲙⲡⲉⲥⲙⲁⲥ ⲟⲩⲟϩ ⲛⲁⲥⲣⲓⲙⲓ ⲡⲉ ⲉⲥϫⲱ ⲙⲙⲟⲥ ϫⲉ ⲟⲩⲟⲓ ⲛⲏⲓ ϫⲉ ⲉⲛⲉ ⲙⲡⲓⲉⲣ
ⲥⲁⲃⲟⲗ ⲙⲡⲓⲟϩⲓⲗ ⲡⲉ ⲛⲁⲣⲉ ⲡⲓⲟⲩⲱⲛϣ ⲛⲁϫⲉⲙⲧ ⲁⲛ ⲡⲉ ⲛⲧⲉϥϩⲱⲗⲉⲙ
ⲙⲡⲁⲙⲁⲥ. ⲟⲩⲟϩ ⲉⲧⲓ ⲉϥⲟⲓ ⲛϣⲫⲏⲣⲓ ⲙⲡⲥⲁϫⲓ ⲛⲧⲉⲥⲱⲟⲩ ⲁⲩϣⲉⲛϥ ⲛϫⲉ
ⲛⲓ-(-ⲣⲉ-)ⲥⲛⲏⲟⲩ ⲉⲑⲙⲟϣⲓ ⲛⲉⲙⲁϥ ⲉⲑⲃⲉ ⲫⲃⲱⲗ ⲙⲡⲓⲥⲁϫⲓ ⲁϥⲉⲣ ⲟⲩⲱ
ⲉϥϫⲱ ⲙⲙⲟⲥ ϫⲉ ⲟⲩⲟⲛ ⲟⲩⲥⲛⲟⲩ ⲛⲁϣⲱⲡⲓ ⲛⲧⲉ ⲛⲓⲙⲟⲛⲁⲭⲟⲥ ⲭⲱ ⲛⲛⲓ-
ϣⲁϥⲉⲩ ⲛⲥⲱⲟⲩ ⲛⲧⲁⲑⲱⲟⲩϯ ⲉϧⲟⲩⲛ ⲛⲧⲟⲩⲉⲣ ϩⲁⲛ ⲗⲁⲟⲥ ⲉⲧⲟϣ. ⲉϣⲱⲡ
ⲁⲣⲉϣⲁⲛ ⲟⲩⲁⲓ ⲫⲱⲣϫ ⲥⲁⲃⲟⲗ ⲙⲙⲱⲟⲩ ϣⲁⲣⲉ ⲡⲓⲟⲩⲱⲛϣ ⲛⲛⲟⲏⲧⲟⲥ³ ϩⲱ-
ⲗⲉⲙ ⲙⲡⲉⲥⲙⲁⲥ ⲉⲧⲉ ⲡⲉⲥⲛⲟⲩⲥ ⲡⲉ ⲟⲩⲟϩ ϣⲁϥϣⲱⲡⲓ ⲉϥⲟⲓ ⲛⲁⲥⲑⲛⲧⲟⲥ⁴
ⲉϩⲟⲧⲉ ⲛⲓⲱⲛⲓ ⲟⲩⲟϩ ⲛⲁⲧⲕⲁϯ ⲙⲫⲣⲏϯ ⲛⲛⲓⲁⲗⲟⲅⲟⲛ ϫⲉ ⲟⲩⲛ ⲫⲏ ⲉⲧⲁϥⲕⲱϯ
ⲛⲥⲱϥ ϧⲉⲛ ⲟⲩϣⲟⲩϣⲟⲩ ⲛⲉⲙ ⲟⲩⲙⲉⲧⲁⲧⲥⲟⲙⲛⲓ ϥⲛⲁϣⲁϣⲛⲓ ⲉⲣⲟϥ ⲁⲛ
ⲙⲫⲣⲏϯ ϧⲉⲛ ⲑⲙⲏϯ ⲛⲛⲓⲥⲛⲏⲟⲩ.

sillanimité, l'occlusion du cœur et l'affliction, s'accusant eux et leurs compagnons toute leur vie. Gardez-vous donc de ce fruit mauvais, ô mes bien-aimés, afin que vous viviez et que vous soyez comptés appartenant à Dieu en le Christ Jésus notre Sauveur. »

Abba Macaire le grand dit : « Il m'arriva une fois, passant en Égypte, que j'arrivai sur un bercail de brebis. Je vis en dehors du bercail une brebis qui avait mis bas et le loup arriva, enleva son petit, et elle pleurait, disant : Malheur à moi! si je n'avais pas été en dehors du bercail, le loup ne m'aurait pas trouvée pour emporter mon petit! » Et comme il admirait la parole de la brebis, les frères qui étaient avec lui l'interrogèrent sur l'explication de la parole; il leur répondit, disant : « Il y aura un temps où les moines abandonneront les déserts pour se réunir et faire des peuples nombreux; si quelqu'un se sépare d'eux, le loup spirituel emportera son petit, c'est-à-dire son esprit, et il devient plus insensible que la pierre et aussi inintelligent que les animaux sans raison; car, certes, celui qui le recherche dans une gloriole et l'imprudence ne l'obtiendra pas, comme au milieu des frères. »

1. *Cod.* ⲙⲁⲕⲁⲣⲓ. — 2. *Cod.* ⲟⲩⲱⲛϣ. — 3. *Cod.* ⲛⲛⲟⲏⲧⲟⲛ. — 4. *Cod.* ⲛⲉⲥⲑⲛⲧⲟⲥ.

ⲁⲩϫⲟⲥ ⲉⲑⲃⲉ ⲁⲃⲃⲁ ⲙⲁⲕⲁⲣⲓⲟⲥ[1] ϫⲉ ⲉϥⲛⲏⲟⲩ ⲉⲡϣⲱⲓ ϧⲉⲛ ϣⲓⲏⲧ ⲛⲟⲩⲥⲟⲡ ⲉⲭⲏⲙⲓ ⲁϥϥⲁⲓ ⲛϧⲁⲛ ⲃⲓⲣ ⲉⲧⲁϥϭⲓⲥⲓ ⲇⲉ ⲁϥϩⲉⲙⲥⲓ ⲁϥϥⲁⲓ ⲛⲛⲉϥⲃⲁⲗ ⲉⲡϣⲱⲓ ⲉⲧⲫⲉ ⲡⲉϫⲁϥ ϫⲉ ⲡⲟⲥ ⲛⲑⲟⲕ ⲉⲑⲛⲁⲩ ⲉⲡⲁϭⲓⲥⲓ ⲟⲩⲟϩ ⲫⲁⲓ ⲉⲧⲁϥϫⲟϥ ⲁϥϩⲉⲙⲥⲓ ϩⲓϫⲉⲛ ⲫⲓⲁⲣⲟ ⲛⲉⲙ ⲛⲓⲃⲓⲣ.

ⲁϥϫⲟⲥ ⲛϫⲉ ⲁⲃⲃⲁ ⲉⲩⲁⲅⲣⲓⲟⲥ[2] ϫⲉ ⲉⲓϩⲉⲙⲥⲓ ⲛⲟⲩⲥⲟⲡ ⲛⲉⲙ ϩⲁⲛ ⲥⲛⲏⲟⲩ ϧⲁⲧⲉⲛ ⲁⲃⲃⲁ ⲙⲁⲕⲁⲣⲓⲟⲥ[3] ⲛⲁϥⲥⲁϫⲓ ⲛⲉⲙⲁⲛ ⲡⲉ ϧⲉⲛ ⲛⲓⲛⲟⲏⲙⲁ ⲛⲧⲉ ⲛⲓⲅⲣⲁⲫⲏ ⲉⲑⲟⲩⲁⲃ (-ⲣⲥ Cod. ⲣⲏ-) ⲟⲩⲟϩ ⲁⲓϣⲉⲛ ⲡⲓϧⲉⲗⲗⲟ ϫⲉ ⲟⲩ ⲡⲉ ⲡⲁⲓⲥⲁϫⲓ ⲉⲧϧⲉⲛ ⲡⲓⲉⲩⲁⲅⲅⲉⲗⲓⲟⲛ ϫⲉ ⲫⲏ ⲉⲑⲛⲁϫⲉ ⲟⲩⲁ ⲉⲡⲓⲡⲛⲁ ⲉⲑⲟⲩⲁⲃ ⲛⲛⲟⲩⲭⲱ ⲛⲁϥ ⲉⲃⲟⲗ ⲟⲩⲇⲉ ϧⲉⲛ ⲡⲁⲓⲉⲛⲉϩ ⲟⲩⲇⲉ ϧⲉⲛ ⲡⲉⲑⲛⲏⲟⲩ. ⲡⲉϫⲉ ⲡⲓϧⲉⲗⲗⲟ ⲛⲏⲓ ϫⲉ ⲫⲁⲓ ⲟⲩⲟⲛϩ ⲉⲃⲟⲗ ϫⲉ ϧⲉⲛ ϭⲣⲟϩ ⲛⲓⲃⲉⲛ ⲛⲛⲟⲃⲓ ⲉⲑⲛⲁⲓ ⲙⲡⲓⲣⲱⲙⲓ ⲟⲩⲟϩ ⲁϥϣⲧⲉⲙⲧⲁϫⲣⲟⲥ ϧⲉⲛ ⲟⲩϩⲉⲗⲡⲓⲥ ⲛⲉⲙ ⲟⲩⲛⲁϩϯ ⲉϥⲧⲁϫⲣⲏⲟⲩⲧ ⲙⲫⲣⲏϯ ⲉⲧⲁϥϫⲟⲥ ⲛϫⲉ ⲡⲟⲥ ϧⲉⲛ ⲡⲉⲩⲁⲅⲅⲉⲗⲓⲟⲛ ϫⲉ ⲉϣⲱⲡ ⲟⲩⲟⲛⲧⲉⲛ ⲛⲁϩϯ ⲙⲙⲁⲩ ⲙⲫⲣⲏϯ ⲛⲟⲩⲛⲁⲫⲣⲓ ⲛϣⲉⲗⲧⲁⲙ ⲉⲣⲉⲧⲉⲛⲉϫⲟⲥ ⲙⲡⲁⲓⲧⲱⲟⲩ ϫⲉ ⲟⲩⲱⲧⲉⲃ ⲉⲃⲟⲗ ⲧⲁⲓ ⲙⲛⲓ ⲉϥⲉⲟⲩⲱⲧⲉⲃ ⲟⲩⲟϩ ⲛⲛⲉ ϩⲗⲓ ⲉⲣ ⲁⲧϫⲟⲙ ⲛⲧⲉⲛ ⲑⲏⲛⲟⲩ. ⲉϣⲱⲡ ⲇⲉ ⲟⲩⲟⲛ ⲟⲩⲣⲱⲙⲓ ⲓⲥϫⲉⲛ ⲧⲉϥϣⲟⲣⲡⲓ ⲛϩⲏⲗⲓⲕⲓⲁ[4] ⲉϣⲱⲡ ϧⲉⲛ ϩⲁⲛ ⲛⲟⲃⲓ ϣⲁ ⲧⲉϥϧⲁⲏ ⲟⲩⲟϩ ⲛⲧⲉ ⲫⲁⲓ ⲙⲡⲁⲓⲣⲏϯ ϫⲟⲥ ϧⲉⲛ ⲡⲉϥϩⲏⲧ ϫⲉ ⲁⲓϣⲁⲛⲕⲟⲧⲧ ⲉⲕⲟⲧⲧ ϩⲁ ⲫϯ ϥⲛⲁⲭⲱ ⲛⲏⲓ ⲉⲃⲟⲗ ⲁⲛ ⲟⲩⲇⲉ ϥⲛⲁϣⲟⲡⲧ ⲉⲣⲟϥ

On rapporte d'abba Macaire que, montant un jour de Schiit vers l'Égypte, il portait des corbeilles. Lorsqu'il fut fatigué, il s'assit, il leva les yeux au ciel, il dit : « Seigneur ! toi qui vois ma fatigue ! » Et lorsqu'il eut dit cela, il se trouva sur le fleuve avec les corbeilles.

Abba Évagrius dit : « Étant assis une fois, avec des frères, près d'abba Macaire, il nous parlait sur les pensées des Écritures saintes et j'interrogeai le vieillard en disant : « Quelle est cette parole qui est dans l'Évangile : Celui qui blasphémera contre l'Esprit-Saint, on ne lui pardonnera ni dans ce siècle, ni dans le futur ? » Le vieillard me dit : « Cela est évident que dans tout défaut de péché qui vient pour l'homme, s'il n'est pas affermi dans l'espérance et la foi ferme, comme a dit Notre-Seigneur dans l'Évangile : Si vous avez de la foi comme un grain de sénevé, vous diriez à cette montagne : Transporte-toi d'ici-là, elle se transporterait, il n'y aurait rien d'impossible pour vous. Mais si un homme, depuis son premier âge, est dans le péché jusqu'à sa fin, et si quelqu'un de cette sorte dit en son cœur : Si je vais me retourner vers Dieu, il ne me pardonnera pas et il ne me recevra pas en sa justice, — celui-là a

---

1. Cod. ⲙⲁⲕⲁⲣⲓ. — 2. Cod. ⲉⲩⲁⲅⲣⲓ. — 3. Cod. ⲙⲁⲕⲁⲣⲓ. — 4. Cod. ⲟⲩⲗⲓⲕⲓⲁ.

ⲁⲛ ϧⲉⲛ ⲟⲩⲙⲉⲑⲙⲏⲓ ϫⲉ ⲫⲁⲓ ϫⲉ ⲟⲩⲁ ⲉϥϫⲟⲙ ⲛⲧⲉ ϯⲧⲣⲓⲁⲥ ⲉⲑⲟⲩⲁⲃ ⲟⲩⲟϩ
ⲁϥϯ ⲙⲁ ⲙⲡⲥⲁⲧⲁⲛⲁⲥ ⲉϧⲣⲏⲓ ⲉϫⲱϥ ⲟⲩⲟϩ ⲫⲛⲟⲃⲓ ⲙⲫⲁⲓ ⲟⲩⲁⲧⲭⲱ ⲉⲃⲟⲗ
ⲡⲉ ⲁϥ- (-ⲣϣ-) ⲛⲧⲉϥⲕⲟⲧϥ ⲛⲧⲉϥⲉⲣⲙⲉⲧⲁⲛⲟⲉⲓⲛ[1] ϧⲉⲛ ⲡⲉϥϩⲏⲧ ⲧⲏⲣϥ. ⲡⲁⲓⲣⲏϯ ⲟⲛ ⲟⲩⲁⲓ ⲉϥϧⲉⲛ ⲟⲩϣⲱⲛⲓ ⲛⲥⲱⲙⲁⲧⲓⲕⲟⲛ ⲁϥϣⲧⲉⲙⲉⲣ ϩⲉⲗⲡⲓⲥ ⲉⲧⲃⲟ-
ⲛⲟⲉⲓⲁ[2] ϯⲉⲃⲟⲗⲙⲡϣⲱⲓ ⲙⲫⲣⲏϯ ⲛⲓⲱⲃ ⲛⲉⲙ ⲫⲏ ⲉⲧϣⲏⲗ ⲉⲃⲟⲗ ϧⲉⲛ ⲟⲩⲙⲉⲑⲙⲏⲓ ϫⲉ ⲫⲁⲓ ϫⲉ ⲟⲩⲁ ⲉϥϫⲟⲙ ⲛⲧⲣⲓⲁⲥ ⲉⲑⲟⲩⲁⲃ ⲟⲩⲟϩ ⲟⲛ ⲁϥϯ ⲙⲁ
ⲙⲡⲥⲁⲧⲁⲛⲁⲥ ⲉϧⲣⲏⲓ ⲉϫⲱϥ ⲟⲩⲟϩ ⲫⲛⲟⲃⲓ ⲙⲫⲁⲓ ⲟⲩⲁⲧⲭⲱ ⲉⲃⲟⲗ ⲉⲣⲉ ⲡⲉϥ-
ϩⲁⲡ ϩⲓⲟⲩⲓ ⲉⲡⲓⲧⲁⲣⲧⲁⲣⲟⲥ ⲛⲉⲛⲉϩ ⲛⲉⲙ ⲡⲓⲭⲁⲕⲓ ⲉⲧⲥⲁⲃⲟⲗ ⲡⲓⲙⲁ ⲉⲧⲉ ⲫⲣⲓⲙⲓ
ⲛⲁϣⲱⲡⲓ ⲙⲙⲟϥ ⲛⲉⲙ ⲡⲥⲑⲉⲣⲧⲉⲣ ⲛⲧⲉ ⲛⲓⲛⲁϫϩⲓ. ⲡⲗⲏⲛ ⲑⲙⲉⲧⲁⲛⲟⲓⲁ ⲛⲛⲁⲓ
ⲧⲏⲣⲟⲩ ⲟⲩⲑⲁϥ ⲛⲥⲁⲧϥ ⲉⲃⲟⲗ ⲡⲉ ⲛⲁϩⲣⲉⲛ ⲛⲓⲥⲡⲗⲁⲭⲛⲟⲛ[3] ⲙⲙⲉⲧϣⲉⲛ-
ϩⲏⲧ ⲛⲧⲉ ⲫⲁ ⲛⲓⲁϩⲱⲣ ⲛϣⲁⲓ ⲑⲙⲁϯ ⲡⲉⲛⲟⲥ ⲓⲏⲥ ⲡⲭⲥ. ⲉⲧⲁϥϫⲉ ⲛⲁⲓ ⲛⲁⲛ
ⲛϫⲉ ⲡⲓⲁⲅⲓⲟⲥ ⲁⲃⲃⲁ ⲙⲁⲕⲁⲣⲓⲟⲥ[4] ⲓⲟⲙⲉⲛ ⲁ ⲟⲩⲛⲓϣϯ ⲛⲛⲟⲙϯ ϣⲱⲡⲓ ⲛⲁⲛ
ⲛⲉⲙ ⲟⲩⲣⲁϣⲓ ⲙⲡⲛⲁⲧⲓⲕⲟⲛ ⲁⲛⲉⲣ ⲙⲫⲣⲏϯ ⲓⲥϫⲉⲛ ⲛⲛⲁⲩ ⲥⲡⲟⲩⲣⲟ ⲡⲭⲥ
ⲉϥⲭⲏ ϧⲉⲛ ⲧⲉⲛⲙⲏϯ ⲉϥϯ ⲛⲟⲙϯ ⲛⲁⲛ. ⲙⲉⲛⲉⲛⲥⲁ ⲛⲁⲓⲥⲁϫⲓ ⲧⲏⲣⲟⲩ ⲉⲧⲉϥϫⲱ
ⲙⲙⲱⲟⲩ ⲛⲁⲛ ⲉⲑⲙⲉϩ ⲛⲱⲛϧ ⲛⲉⲙ ⲧⲁⲗϭⲟ ⲛⲧⲉ ⲛⲉⲛⲯⲩⲭⲏ (-ⲣⲏ Cod. ⲣⲓ-)
ⲉⲃⲟⲗϧⲉⲛ ⲣⲱϥ ⲙⲡⲓⲡⲁⲣⲁⲕⲗⲏⲧⲟⲥ[5] ⲉⲧϣⲟⲡ ⲛϧⲏⲧϥ ⲛϫⲉ ⲡⲓⲛⲓϣϯ ⲁⲃⲃⲁ

blasphémé contre la vertu de la Trinité Sainte et il a donné en lui place à Satan, et son péché est impardonnable, s'il ne se convertit pas et ne fait pas pénitence de tout son cœur. Ainsi encore quelqu'un qui est dans une maladie spirituelle, s'il n'espère pas dans le secours d'en haut, comme Job et celui qui était paralysé, en vérité, celui-là blasphème contre la vertu de la Trinité Sainte, il a donné en lui place à Satan et son péché est impardonnable; son jugement le jettera dans le Tartare éternellement, dans les ténèbres extérieures où il y aura des pleurs et des grincements de dents. Cependant la pénitence de tous ceux-ci est comme un jet de salive[6] pour les entrailles miséricordieuses du maître des trésors de miséricorde, Notre-Seigneur Jésus le Christ. » — Lorsque le saint abba Macaire eut dit cela, nous eûmes un grand courage et une joie spirituelle, nous fûmes comme si nous avions vu le roi le Christ placé au milieu de nous, nous encourageant. Après toutes ces paroles pleines de vie et de guérison pour nos âmes que nous avait dites le grand abba Macaire, par la bouche du Paraclet qui était en lui, nous

---

1. Cod. ⲛⲧⲉϥⲉⲣⲙⲉⲧⲁⲛⲟⲓⲛ. — 2. Cod. ⲉⲧⲃⲟⲛⲟⲓⲁ. — 3. Cod. ⲛⲓⲥⲡⲗⲁⲭⲛⲟⲛ. — 4. Cod. ⲙⲁⲕⲁⲣⲓ. — 5. Cod. ⲡⲓⲡⲁⲣⲁⲕⲗⲏⲧⲟⲛ. — 6. Mot à mot : « Comme un crachat lancé. » C'est-à-dire que rien n'est plus facile.

nous jetâmes sur notre visage, nous baisâmes ses pieds saints ; il pria sur nous ; nous nous éloignâmes de lui avec actions de grâces et rendant gloire à Notre-Seigneur Jésus le Christ. »

Abba Poïmin dit : « Chaque fois que nous rencontrions abba Macaire, nous ne disions aucune parole, sans qu'il la sût, car c'était un pneumatophore et un esprit prophétique habitait en lui, comme en Élie et tous les autres prophètes, car il était vêtu d'humilité, comme d'une diploïde, par la vertu du Paraclet qui était en lui ; et, à le voir seulement rempli de la grâce de Dieu brillant sur son visage, la consolation de l'Esprit-Saint Paraclet qui était en lui venait sur tous ceux qui étaient assis près de lui. Et lorsque nous étions remplis de l'exultation, de la joie et de l'allégresse de ses discours vivifiants et pleins de grâce, nous allions à notre demeure, rendant gloire à Dieu et à son serviteur abba Macaire, pour la gloire du Père, du Fils et du Saint-Esprit, maintenant, en tout temps, jusque dans les siècles de tous les siècles. Amen. »

1. Cod. ⲙⲁⲕⲁⲣⲓ. — 2. Cod. ⲙⲁⲕⲁⲣⲓ. — 3. Cod. ⲙⲡⲓⲡⲁⲣⲁⲕⲗⲏⲧⲟⲛ. — 4. Cod. ϣⲉⲣⲉ. — 5. Cod. ⲥⲟⲕⲥ. — 6. Cod. ⲙⲁⲕⲁⲣⲓ. — 7. Cod. ⲉⲧⲱⲟⲩ. — 8. En dessous de cette conclusion finale, on lit : ⲡⲟ̅ⲥ̅ ⲛⲁⲓ ⲙⲡⲉⲕⲃⲱⲕ ⲙⲁⲧⲟⲓ : « Seigneur, aie pitié de ton serviteur Matoï. »

APOPHTHEGMES SUR SAINT MACAIRE

ⲉⲑⲃⲉ ⲁⲃⲃⲁ ⲙⲁⲕⲁⲣⲓⲟⲥ[1] ⲡⲛⲓϣϯ[2]

(-ⲁ-) ⲁϥϫⲟⲥ ⲉⲑⲃⲏⲧϥ ⲛⲟⲩⲥⲟⲡ ⲛϫⲉ ⲁⲃⲃⲁ ⲙⲁⲕⲁⲣⲓⲟⲥ[3] ⲉϥϫⲱ ⲙⲙⲟⲥ ϫⲉ ϩⲟⲧⲉ ⲛⲉⲓⲟⲓ ⲛⲁⲗⲟⲩ ⲛⲁⲓϣⲉⲙⲥⲓ ⲡⲉ ϧⲉⲛ ⲟⲩⲣⲓ ϧⲉⲛ ⲭⲏⲙⲓ ⲁⲩⲁⲙⲟⲛⲓ ⲙⲙⲟⲓ ⲁⲩⲁⲓⲧ ⲛⲕⲗⲏⲣⲓⲕⲟⲥ ⲉⲡⲓϯⲙⲓ ⲟⲩⲟϩ ⲉⲓⲟⲩⲱϣ ⲁⲛ ⲉϣⲉⲡ ⲡⲓϩⲱⲃ ⲉⲣⲟⲓ ⲁⲓⲫⲱⲧ ⲉⲕⲉⲧⲟⲡⲟⲥ ⲟⲩⲟϩ ⲁϥⲓ ϩⲁⲣⲟⲓ ⲛϫⲉ ⲟⲩⲕⲟⲥⲙⲓⲕⲟⲥ ⲉϥⲉⲣ ϩⲟⲧ ϧⲁ ⲧϩⲏ ⲙⲫϯ ⲁϥⲱⲗⲓ ⲙⲡⲁⲣϩⲱⲃ ⲛϫⲓϫ ⲁϥⲉⲣⲇⲓⲁⲕⲟⲛⲉⲓⲛ[4] ⲛⲏⲓ. ⲁⲥϣⲱⲡⲓ ⲇⲉ ⲉⲃⲟⲗϩⲓⲧⲉⲛ ⲟⲩⲡⲉⲓⲣⲁⲥⲙⲟⲥ[5] ⲛⲧⲉ ⲟⲩⲡⲁⲣⲑⲉⲛⲟⲥ ⲉⲁⲥϩⲉⲓ ϧⲉⲛ ⲡⲓϯⲙⲓ ⲟⲩⲟϩ ⲁⲥⲉⲣ ⲃⲟⲕⲓ ⲡⲉϫⲱⲟⲩ ⲛⲁⲥ ϫⲉ ⲛⲓⲙ ⲡⲉ ⲉⲧⲁϥⲁⲓⲥ ⲛⲉ. ⲛⲑⲟⲥ ⲇⲉ ⲡⲉϫⲁⲥ ϫⲉ ⲡⲓⲁⲛⲁⲭⲱⲣⲏⲧⲏⲥ[6] ⲡⲉ. ⲟⲩⲟϩ ⲉⲧⲁⲩⲓ ⲉⲃⲟⲗ ⲁⲩⲁⲙⲟⲛⲓ ⲙⲙⲟⲓ ⲁⲩⲉⲛⲧ ⲉⲡⲓϯⲙⲓ ⲟⲩⲟϩ ⲁⲩⲓϣⲓ ⲛϩⲁⲛ ⲕⲉϣⲱ ⲉⲧⲟⲩϫ ⲛⲕⲉⲣⲙⲓ ⲉϧⲛⲧ ⲛⲉⲙ ϩⲁⲛ ⲙⲁⲛϣ ⲛⲟⲩⲫⲟⲛ[7] ⲛⲁⲩⲕⲱϯ ⲛⲉ ⲛⲏⲓ ⲡⲉ ϧⲉⲛ ⲡⲓϯⲙⲓ ⲉⲩϩⲓⲟⲩⲓ ⲉⲣⲟⲓ ⲕⲁⲧⲁ ϣⲓⲣ ⲉⲩϫⲱ ⲙⲙⲟⲥ

SUR ABBA MACAIRE LE GRAND

Abba Macaire parla une fois de lui-même, disant : « Lorsque j'étais jeune garçon, je demeurais dans une cellule en Égypte, on me prit, on me fit clerc pour le village, et, comme je ne voulais pas prendre sur moi la chose, je m'enfuis en un autre lieu. Un laïque craignant Dieu vint à moi, il prit mon travail manuel, il me servit. Il arriva que, par suite d'une tentation d'une vierge qui tomba dans le village et devint grosse, on lui dit : « Qui t'a fait cela ? » Elle dit : « C'est l'anachorète. » Et lorsqu'ils furent sortis (du village), ils me saisirent, ils m'emmenèrent au village ; on me pendit (au cou) des casseroles pleines de suie et des anses de couffes (?), on me fit faire le tour du village et l'on me frappait en chaque rue, disant : « Ce moine a violé notre fille. » Peu

---

1. *Cod.* ⲙⲁⲕⲁⲣⲓ. — 2. Ce texte se trouve au *Cod. Vat. copt.*, LXIV, fol. 113-152 recto, et au *Cod.* LIX, fol. 137-153. En tête du manuscrit, on lit : ϯⲙⲁϩ ⲇ̄ ⲛⲕⲩⲣⲓⲁⲕⲏ ⲛⲧⲉ ⲡⲓϧ̄ⲧ̄ : le quatrième dimanche de carême. — 3. *Cod.* ⲙⲁⲕⲁⲣⲓ. — 4. *Cod.* ⲇⲓⲁⲕⲟⲛⲓⲛ. — 5. *Cod.* ⲡⲓⲣⲁⲥⲙⲟⲥ. — 6. *Cod.* ⲁⲛⲁⲭⲱⲣⲓⲧⲏⲥ. — 7. *Cod.* LXIV : ⲕⲟⲩⲕⲟⲛ.

ϫⲉ ⲁ ⲡⲁⲓⲙⲟⲛⲁⲭⲟⲥ ⲥⲉϥ ⲧⲉⲛϣⲉⲣⲓ ⲉⲣⲟϥ¹ ⲟⲩⲟϩ ⲁⲩ-(-ⲃ̄-) ϩⲓⲟⲧⲓ ⲉⲣⲟⲓ
ⲉⲑⲣⲓⲙⲟⲩ ϣⲁⲧⲉⲛ ⲕⲉⲕⲟⲩϫⲓ. ⲉⲧⲁϥⲓ ⲛϫⲉ ⲟⲩϧⲉⲗⲗⲟ ⲡⲉϫⲁϥ ⲛⲱⲟⲩ ϫⲉ ϣⲁ
ⲑⲛⲁⲩ ⲧⲉⲧⲉⲛϧⲱⲧⲉⲃ ⲙⲡⲓϧⲉⲗⲗⲟ ⲙⲙⲟⲛⲁⲭⲟⲥ. ⲫⲏ ⲇⲉ ⲉⲧⲉⲣⲇⲓⲁⲕⲟⲛⲉⲓⲛ²
ⲛⲏⲓ ⲛⲁϥⲙⲟϣⲓ ⲛⲥⲱⲓ ⲡⲉ ⲉϥϣⲓⲡⲓ ⲛⲉϣⲁⲧⲉⲣ ⲟⲩⲙⲏϣ ⲛϧⲱⲟⲩϣ ⲉⲣⲟϥ ⲛⲉ
ⲉⲩϫⲱ ⲙⲙⲟⲥ ϫⲉ ⲓⲥ ⲡⲓⲁⲛⲁⲭⲱⲣⲓⲧⲏⲥ³ ⲫⲏ ⲛⲑⲟⲕ ⲉⲧⲉⲕⲉⲣ ⲙⲉⲑⲣⲉ ⲉⲑⲃⲏⲧϥ
ϫⲉ ⲁϥⲉⲣ ⲟⲩ. ⲟⲩⲟϩ ⲡⲉϫⲉ ⲛⲉⲥⲓⲟϯ ϫⲉ ⲧⲉⲛⲛⲁⲭⲁϥ ⲉⲃⲟⲗ ⲁⲛ ϣⲁⲧⲉϥϯ
ⲡϣⲧⲱⲣⲓ ⲉϣⲁⲛⲟⲩϣⲥ. ⲁⲓϫⲟⲥ ⲙⲫⲏ ⲉⲧⲉⲣⲇⲓⲁⲕⲟⲛⲉⲓⲛ⁴ ⲛⲏⲓ ⲁϥⲉⲣ ⲡϣⲧⲱⲣⲓ
ⲙⲙⲟⲓ ⲟⲩⲟϩ ⲉⲧⲁⲓϣⲉ ⲛⲏⲓ ⲉⲧⲁⲣⲓ ⲛⲏ ⲉⲧⲉ ⲛⲧⲟⲧ ⲙⲃⲓⲣ ⲁⲓⲧⲏⲓⲧⲟⲩ ⲛⲁⲥ ⲉⲓϫⲱ
ⲙⲙⲟⲥ ϫⲉ ⲙⲏⲓⲧⲟⲩ ⲉⲃⲟⲗ ⲙⲏⲓⲧⲟⲩ ⲛⲧⲁⲥϩⲓⲙ ⲛⲧⲉⲥⲟⲩⲱⲙ. ⲟⲩⲟϩ ⲛⲁⲓϫⲱ
ⲙⲙⲟⲥ ⲙⲡⲁⲙⲉⲩⲓ ϫⲉ ⲙⲁⲕⲁⲣⲓⲟⲥ⁵ ϩⲏⲡⲡⲉ ⲁⲕϫⲉⲙ ⲟⲩⲥϩⲓⲙ ⲛⲁⲕ ⲥⲉⲣ
ⲭⲣⲓⲁ⁶ ⲛⲧⲉⲕⲉⲣ ϩⲱⲃ ⲛⲟⲩⲕⲟⲩϫⲓ ⲛϩⲟⲩⲟ ϩⲓⲛⲁ ⲛⲧⲉⲕϣⲁⲛⲟⲩϣⲥ. ⲟⲩⲟϩ
ⲛⲁⲓⲉⲣ ϩⲱⲃ ⲡⲉϫⲱⲣϩ ⲛⲉⲙ ⲙⲉⲣⲓ ⲉⲓⲟⲩⲱⲣⲡ ⲛⲁⲥ. ϩⲟⲧⲉ ⲇⲉ ⲉⲧⲁⲥⲓ ⲛϫⲉ
ⲡⲥⲏⲟⲩ ⲛϯⲧⲁⲗⲁⲓⲡⲱⲣⲟⲥ⁷ ⲉⲑⲣⲉⲥⲙⲓⲥⲓ ⲉⲧⲁⲥϭⲓ ⲙⲕⲁϩ ⲛⲟⲩⲙⲏϣ ⲛϩⲟⲩⲟ
ⲙⲡⲉⲥⲙⲓⲥⲓ (-ⲑ̄-) ⲡⲉϫⲱⲟⲩ ⲛⲁⲥ ϫⲉ ⲟⲩ ⲡⲉ ⲫⲁⲓ. ⲛⲑⲟⲥ ⲇⲉ ⲡⲉϫⲁⲥ ϫⲉ ϯⲉⲙⲓ
ⲁⲛⲟⲕ ⲉⲫⲙⲁ ϫⲉ ⲁⲓϭⲓ ⲡⲓⲁⲛⲁⲭⲱⲣⲓⲧⲏⲥ⁸ ⲛϫⲟⲛⲥ ⲟⲩⲟϩ ⲁⲓϭⲓⲗⲁ ⲛⲛⲟⲩϫ

s'en fallut qu'ils ne me frappassent jusqu'à la mort. Un vieillard étant venu, il leur dit : « Jusqu'à quand tuez-vous le vieillard moine⁹? » Celui qui me servait marchait derrière moi avec honte. On lui faisait une foule de reproches, en disant : « Voici l'anachorète dont tu rendais témoignage! Qu'a-t-il fait? » Et ses parents disaient : « Nous ne le lâcherons pas jusqu'à ce qu'il ait donné caution pour la nourrir. » Je parlai à celui qui me servait; il se porta garant pour moi; et, lorsque je fus arrivé à ma cellule, les corbeilles que j'avais, je les lui donnai en disant : « Vends-les, donne-les à ma femme, afin qu'elle mange. » Et je me disais en moi-même : « Macaire, voici que tu as pris femme; il faut que tu travailles un peu plus, afin que tu la nourrisses. » Et je travaillai la nuit et à midi, lui envoyant (ce que je gagnais). Mais lorsque pour la malheureuse arriva le temps d'enfanter, lorsqu'elle eut souffert une foule (de souffrances) en plus, elle n'enfanta point. On lui dit : « Qu'est-ce? » Elle dit : « J'en sais l'occasion, car j'ai fait violence à l'anachorète, je l'ai calomnié faussement; ce n'est pas son œuvre, mais tel jeune homme m'a

1. Cod. ʟxɪv : ⲉⲣⲟϥ ⲉⲣⲟϥ. — 2. Cod. ⲇⲓⲁⲕⲟⲛⲓⲛ. — 3. Cod. ⲁⲛⲁⲭⲱⲣⲓⲧⲏⲥ. — 4. Cod. ⲇⲓⲁⲕⲟⲛⲓⲛ. — 5. Cod. ⲙⲁⲕⲁⲣⲓ. — 6. Cod. ⲭⲣⲓⲁ. — 7. Cod. ⲧⲁⲗⲉⲡⲱⲣⲟⲥ. — 8. Cod. ⲁⲛⲁⲭⲱⲣⲓⲧⲏⲥ. — 9. Le mot *vieillard* est seulement un titre d'honneur donné aux moines comme chez nous *profès*.

ⲉⲣⲟϥ ϫⲁⲓ ⲙⲙⲟⲛ ϩⲱⲃ ⲛⲧⲁϥ ⲁⲗⲗⲁ ⲡⲁϥⲙⲁⲛ ⲛϣⲉⲗϣⲓⲣⲓ ⲁϥϭⲣⲓⲉⲣ ⲃⲟⲕⲓ. ⲉⲧⲁϥⲓ ⲇⲉ ⲉⲃⲟⲗ ⲛϫⲉ ⲫⲏ ⲉⲧⲉⲣⲇⲓⲁⲕⲟⲛⲓⲛ[1] ⲛⲏⲓ ⲉϥⲣⲁϣⲓ ⲡⲁϫⲱ ⲙⲙⲟⲥ ⲡⲉ ϫⲉ ⲙⲡⲉϣϫⲉⲙϫⲟⲙ ⲙⲙⲓⲥⲓ ⲛϫⲉ ϯⲡⲁⲣⲑⲉⲛⲟⲥ ϣⲁⲧⲉⲥⲉⲣⲟⲙⲟⲗⲟⲅⲓⲛ[2] ⲉⲥϫⲱ ⲙⲙⲟⲥ ϫⲉ ⲙⲙⲟⲛ ϩⲱⲃ ⲛⲧⲉ ⲡⲓⲁⲛⲁⲭⲱⲣⲏⲧⲏⲥ[3] ⲁⲗⲗⲁ ⲁⲓϫⲉ ⲙⲉⲑⲛⲟⲩϫ ⲉⲣⲟϥ ϩⲏⲡⲡⲉ ⲓⲥ ⲡⲓϯⲙⲓ ⲧⲏⲣϥ ⲥⲉⲟⲩⲱϣ ⲉⲓ ⲛⲉⲙ ⲟⲩⲱⲟⲩ ⲉⲙⲉⲧⲁⲛⲟⲓⲁ ⲛⲁⲕ. ⲁⲛⲟⲕ ⲇⲉ ⲉⲧⲁⲓⲥⲱⲧⲉⲙ ⲉⲛⲁⲓ ϩⲓⲛⲁ ⲛⲧⲉϣⲧⲉⲙ ⲛⲓⲣⲱⲙⲓ ϯ ϧⲓⲥⲓ ⲛⲏⲓ ⲁⲓⲧⲱⲛⲧ ⲁⲕⲫⲱⲧ ⲁⲛ ⲉⲙⲛⲁⲓ ⲉϣⲓⲏⲧ ⲑⲁⲓ ⲉⲧⲉ ⲧⲁⲣⲭⲏ ⲙⲡⲓϩⲱⲃ ⲉⲧⲁⲓ ⲙⲙⲁⲓ ⲉⲑⲃⲏⲧϥ.

ϩⲁⲛ ϧⲉⲗⲗⲟⲓ ⲁⲩϣⲉⲛ ⲁⲃⲃⲁ ⲙⲁⲕⲁⲣⲓⲟⲥ[4] ⲡⲓⲣⲉⲙ ⲛⲭⲏⲙⲓ ϫⲉ ⲉϣⲱⲡ ⲉⲕⲟⲩⲱⲙ ⲓⲉ ⲉϣⲱⲡ ⲉⲕⲉⲣⲛⲏⲥⲧⲉⲩⲓⲛ[5] ⲡⲉⲕⲥⲱⲙⲁ ⲛⲟϥ ⲛⲟϥ ⲡⲉ ⲉϥϣⲟⲩⲱⲟⲩ. ⲡⲉϫⲉ ⲡⲓϧⲉⲗⲗⲟ ⲛⲱⲟⲩ ϫⲉ ⲡⲓϣⲉ ⲉⲧⲫⲱⲛϩ ⲛⲛⲓⲗⲉⲃϣ ϧⲉⲛ ⲡⲓⲭⲣⲱⲙ ⲡⲓⲭⲣⲱⲙ ⲟⲩⲱⲙ ⲛⲥⲱϥ ⲉϥⲙⲏⲛ ⲡⲁⲓⲣⲏϯ ⲉϣⲱⲡ ⲛⲧⲉ ⲡⲓⲣⲱⲙⲓ ⲧⲟⲩⲃⲟ ⲙⲡⲉϥϩⲏⲧ ⲉ-(-ⲭ̄-) ϧⲟⲩⲛ ⲉϯ ϩⲟϯ ⲛⲧⲉ ⲫϯ ⲛⲟⲥ ϯϩⲟϯ ⲛⲧⲉ ⲫϯ ⲥⲟⲩⲱⲙ ⲛⲥⲁ ⲛⲉϥⲕⲁⲥ.

ⲁϥϫⲟⲥ ⲛϫⲉ ⲁⲃⲃⲁ ⲡⲁⲫⲛⲟⲩϯ ⲡⲓⲙⲁⲑⲏⲧⲏⲥ ⲛⲧⲉ ⲁⲃⲃⲁ ⲙⲁⲕⲁⲣⲓⲟⲥ[6] ϫⲉ ⲁ ⲡⲓϧⲉⲗⲗⲟ ϫⲟⲥ ϫⲉ ⲉⲓⲟⲓ ⲛⲁⲗⲟⲩ ⲛⲁⲓⲙⲟⲛⲓ ⲛϩⲁⲛ ⲉϩⲱⲟⲩ ⲛⲉⲙ ϩⲁⲛ ⲕⲉ-

rendue grosse. » Et lorsque celui qui me servait fut venu à moi en se réjouissant, il me dit : « La jeune fille n'a pu enfanter qu'elle n'ait avoué en disant : « Ce n'est pas l'œuvre de l'anachorète; mais j'ai menti à son sujet. » Voici que tout le village veut venir avec gloire pour te faire repentance. » Et moi, lorsque j'eus entendu cela, afin que les hommes ne me fissent pas souffrir, je me levai, je m'enfuis, je vins ici à Schiit. Tel est le commencement de l'œuvre pure pour laquelle je suis venu ici. »

Quelques vieillards interrogèrent abba Macaire l'Égyptien, disant : « Si tu manges, ou si tu jeûnes, c'est ton corps qui se dessèche[7]. » Le vieillard leur dit : « L'arbre dont on jette en pure perte les branches au feu, le feu le dévore sans cesse; ainsi, si l'homme purifie son cœur dans la crainte de Dieu, la crainte de Dieu dévore ses os. »

Abba Paphnouti, le disciple d'abba Macaire, dit : « Le vieillard a dit : « Lorsque j'étais enfant, je gardai des vaches avec quelques autres garçons; ils allèrent pour cueillir des concombres, et l'un d'eux étant tombé par derrière

---

1. *Cod.* ⲇⲓⲁⲕⲟⲛⲓⲛ. — 2. *Cod.* ⲟⲙⲟⲗⲟⲅⲓⲛ. — 3. *Cod.* ⲁⲛⲁⲭⲱⲣⲏⲧⲏⲥ. — 4. *Cod.* ⲙⲁⲕⲁⲣⲓ. — 5. *Cod.* ⲛⲏⲥⲧⲉⲩⲓⲛ. — 6. *Cod.* ⲙⲁⲕⲁⲣⲓ. — 7. C'est-à-dire : que tu manges, que tu jeûnes, ton corps ne s'en dessèche pas moins.

ⲗⲱⲟⲩⲓ ⲁⲧⲓϣⲉ ⲛⲱⲟⲩ ⲉϥⲉⲗ ϣⲱⲡⲓ ⲟⲩⲟϩ ⲁ ⲟⲩⲓ ϧⲉⲓ ⲛⲥⲱⲟⲩ ⲉⲧⲁⲓϭⲓⲧⲉ ⲁⲓⲟⲩⲟⲙⲥ ⲉϣⲱⲡ ⲁⲓϣⲁⲛⲉⲣ ⲫⲙⲉⲩⲓ ⲉⲓⲣⲉⲙⲥⲓ ϯⲣⲓⲙⲓ.

ⲁⲃⲃⲁ ⲡⲟⲓⲙⲏⲛ ⲁϥϯ ϩⲟ ⲛϩⲁⲛ ⲙⲏϣ ⲙⲙⲉⲧⲁⲛⲟⲓⲁ ⲉⲁⲃⲃⲁ ⲙⲁⲕⲁⲣⲓⲟⲥ[1] ⲉϥϫⲱ ⲙⲙⲟⲥ ϫⲉ ⲁϫⲉ ⲟⲩⲥⲁϫⲓ ⲛⲏⲓ. ⲟⲩⲟϩ ⲉⲧⲁ ⲡⲓϧⲉⲗⲗⲟ ⲉⲣ ⲟⲩⲱ ⲡⲉϫⲁϥ ⲛⲁϥ ϫⲉ ⲡⲓϩⲱⲃ ⲉⲧⲉⲕⲕⲱϯ ⲛⲥⲱϥ ⲁϥⲥⲓⲛⲓ ϯⲛⲟⲩ ϧⲉⲛ ⲛⲓⲙⲟⲛⲁⲭⲟⲥ.

ⲁⲩϫⲟⲥ ⲉⲑⲃⲉ ⲁⲃⲃⲁ ⲙⲁⲕⲁⲣⲓⲟⲥ[2] ⲡⲓⲣⲉⲙ ⲛⲭⲏⲙⲓ ϫⲉ ⲉϣⲱⲡ ⲁϥϣⲁⲛϣⲁϣⲛⲓ ⲛⲉⲙ ϩⲁⲛ ⲥⲛⲏⲟⲩ ⲉⲧⲟⲩⲱⲙ ⲛⲁϥⲥⲉⲙⲛⲓ ⲛⲁϥ ⲛⲟⲩⲑⲱϣ ⲡⲉ ϩⲓⲛⲁ ⲁⲣⲉϣⲁⲛ ⲟⲩⲏⲣⲡ ϣⲱⲡⲓ ⲛⲧϣⲉⲃⲓⲱ ⲛⲟⲩⲁⲫⲟⲧ ⲛⲧⲉϥⲉⲣ ⲟⲩⲉϩⲟⲟⲩ ⲛⲁⲧⲥⲉ ⲙⲱⲟⲩ. ⲛⲱⲟⲩ ⲇⲉ ⲛⲓⲥⲛⲏⲟⲩ ⲉⲑⲃⲉ ⲟⲩⲙⲧⲟⲛ ⲛⲁⲩϯ ⲛⲏⲣⲡ ⲛⲁϥ ⲡⲉ. ⲡⲓϧⲉⲗⲗⲟ ⲇⲉ ⲛⲁϥϭⲓ ⲡⲉ ϧⲉⲛ ⲟⲩⲣⲁϣⲓ ϩⲓⲛⲁ ⲛⲧⲉϥⲧⲣⲉⲙⲕⲟϥ ⲙⲙⲁⲧⲁⲧϥ. ⲡⲉϥⲙⲁⲑⲏⲧⲏⲥ ⲇⲉ ⲉϥⲉⲙⲓ ⲉⲡⲓϩⲱⲃ (-ⲏ-) ⲛⲁϥϫⲱ ⲙⲙⲟⲥ ⲛⲱⲟⲩ ⲡⲉ ϫⲉ ⲉⲑⲃⲉ ⲫϯ ⲙⲡⲉⲣϯ ⲏⲣⲡ ⲛⲁϥ ⲙⲙⲟⲛ ϩⲱϯ ⲉⲣⲟϥ ⲡⲉ ⲉⲉⲣⲕⲟⲗⲁⲍⲓⲛ[3] ⲙⲙⲟϥ ϧⲉⲛ ϯⲣⲓ. ⲟⲩⲟϩ ⲉⲧⲁ ⲛⲓⲥⲛⲏⲟⲩ ⲉⲙⲓ ⲉⲡⲓϩⲱⲃ ⲛⲁⲩ ϫⲉ ϯ ⲛⲁϥ ⲁⲛ ⲡⲉ.

ⲉϥⲥⲓⲛⲓⲱⲟⲩ ⲛⲟⲩⲥⲟⲡ ⲛϫⲉ ⲁⲃⲃⲁ ⲙⲁⲕⲁⲣⲓⲟⲥ[4] ⲉⲃⲟⲗϧⲉⲛ ⲡⲓⲉⲗⲟⲥ ⲉⲧⲉϥⲣⲓ ⲉϥϥⲁⲓ ⲛϩⲁⲛ ⲃⲏⲧ ⲁϥⲉⲣⲁⲡⲁⲛⲧⲁⲛ ⲉⲣⲟϥ ⲛϫⲉ ⲡⲓⲇⲓⲁⲃⲟⲗⲟⲥ ϩⲓ ⲡⲓⲙⲱⲓⲧ ⲛⲉⲙ ⲟⲩⲭⲣⲟⲃⲓ ⲛⲁϥⲕⲱϯ ⲛⲥⲁ ⲧⲟⲛⲕ ⲉⲣⲟϥ ⲡⲉ ⲟⲩⲟϩ ⲙⲡⲉϥϣϫⲉⲙϫⲟⲙ. ⲡⲉϫⲁϥ ⲛⲁϥ ϫⲉ ⲱ ⲃⲓⲁ ⲛⲧⲟⲧⲕ ⲙⲁⲕⲁⲣⲓⲟⲥ[5] ϫⲉ ⲙⲙⲟⲛ ϣϫⲟⲙ ⲙⲙⲟⲓ

eux, je le pris et je le mangeai. Lorsque je m'en souviens étant assis, je pleure. »

Abba Poimin fit[6] une foule de repentances à abba Macaire, en disant : « Dis-moi une parole. » Et, lorsque le vieillard lui répondit, il lui dit : « Ce que tu cherches est passé maintenant parmi les moines. »

On rapporte d'abba Macaire l'Égyptien que, s'il se rencontrait avec des frères qui mangeaient, il s'était imposé cette règle que, s'il y avait du vin, en remplacement d'une coupe, il passait un jour sans boire d'eau. Mais eux, les frères, à cause du repos, ils lui donnaient du vin ; le vieillard le recevait avec joie, afin de se mortifier lui seul. Mais son disciple, qui savait la chose, leur dit : « Pour Dieu, ne lui donnez pas de vin ; ne lui suffit-il pas de se châtier dans sa cellule ? » Et lorsque les frères surent la chose, ils ne lui en donnèrent plus.

Abba Macaire passant une fois du ouady à sa cellule, portant des palmes, le diable le rencontra sur le chemin avec une faux, il cherchait à la lever et ne pouvait pas. Il lui dit : « O ta violence ! Macaire, je ne peux rien contre toi,

---

1. Cod. ⲙⲁⲕⲁⲣⲓ. — 2. Cod. ⲙⲁⲕⲁⲣⲓ. — 3. Cod. ⲕⲟⲗⲁⲍⲓⲛ. — 4. Cod. ⲙⲁⲕⲁⲣⲓ. — 5. Cod. ⲙⲁⲕⲁⲣⲓ. — 6. Mot à mot : « Pria. »

ⲟⲩⲏⲓⲕ ϧⲏⲡⲡⲉ ⲓⲥ ⲡⲉⲧⲉⲕⲓⲣⲓ ⲙ̄ⲙⲟϥ ϯⲣⲁ ⲙ̄ⲙⲟϥ ϩⲱ ⲕⲉⲣⲛⲏⲥⲧⲉⲩⲓⲛ[1] ⲁⲛⲟⲕ
ⲇⲉ ϯⲟⲩⲱⲙ ⲁⲛ ⲉⲡⲧⲏⲣϥ ⲕⲉⲣ ϣⲣⲱⲓⲥ ⲁⲛⲟⲕ ⲇⲉ ϯⲉⲛⲕⲟⲧ ⲁⲛ ⲉⲡⲧⲏⲣϥ ⲟⲩⲁⲓ
ⲙ̄ⲙⲁⲩⲁⲧϥ ⲡⲉ ⲉⲧⲉⲕϭⲣⲏⲟⲩⲧ[2] ⲉⲣⲟⲓ ⲛ̄ϧⲏⲧϥ. ⲡⲉϫⲉ ⲁⲃⲃⲁ ⲙⲁⲕⲁⲣⲓⲟⲥ[3] ⲛⲁϥ
ϫⲉ ⲁϣ ⲡⲉ ⲫⲁⲓ. ⲛ̄ⲑⲟϥ ⲇⲉ ⲡⲉϫⲁϥ ϫⲉ ⲡⲉⲕⲑⲉⲃⲓⲟ ⲡⲉ ⲉⲑⲃⲉ ⲡⲉⲕⲑⲉⲃⲓⲟ ⲅⲁⲣ
ⲙ̄ⲙⲟⲛ ϣϫⲟⲙ ⲙ̄ⲙⲟⲓ ⲟⲩⲃⲏⲕ ⲟⲩⲟϩ ⲉⲧⲁϥⲫⲱⲣϣ ⲛ̄ⲛⲉϥϫⲓϫ ⲉⲃⲟⲗ ⲁϥⲉⲣ
ⲁⲑⲟⲩⲱⲛϩ ⲛ̄ϫⲉ ⲡⲓⲇⲁⲓⲙⲱⲛ[4].

ⲁⲩϫⲟⲥ ⲉⲑⲃⲉ ⲁⲃⲃⲁ ⲙⲁⲕⲁⲣⲓⲟⲥ[5] ϫⲉ ⲉⲧⲁϥⲥⲱⲧⲉⲙ ⲉⲑⲃⲏⲧϥ ⲛ̄ϫⲉ ⲁⲅⲁⲑⲟ-
ⲛⲓⲕⲟⲥ ⲡⲉⲡⲁⲣⲭⲟⲥ ⲛ̄ⲧⲉ ⲁⲛ-(-ⲧ-)ⲧⲓⲟⲭⲓⲁ ϫⲉ ⲁϥⲉⲣ ⲛⲁⲛⲓϣϯ ⲛ̄ϫⲟⲙ
ⲛⲉⲙ ⲛⲁⲓϩⲙⲟⲧ ⲛ̄ⲧⲁⲗϭⲟ ⲉⲃⲟⲗϩⲓⲧⲉⲛ ⲡⲉⲛⲟⲥ ⲓⲏⲥ ⲡⲭⲥ ⲁϥⲟⲩⲱⲣⲡ ϩⲁⲣⲟϥ
ⲛ̄ⲧⲉϥϣⲉⲣⲓ ⲉⲟⲩⲟⲛ ⲟⲩⲡⲛⲁ ⲛ̄ⲁⲕⲁⲑⲁⲣⲧⲟⲛ ⲛⲉⲙⲁⲥ ϫⲉ ϩⲓⲛⲁ ⲛ̄ⲧⲉϥϣⲗⲏⲗ
ⲉϫⲱⲥ ⲟⲩⲟϩ ϩⲓⲧⲉⲛ ⲡⲓϩⲙⲟⲧ ⲛ̄ⲧⲉ ⲫϯ ⲉⲧϣⲟⲡ ⲛ̄ϧⲏⲧϥ ⲉⲧⲁϥϣⲗⲏⲗ ⲉϫⲱⲥ
ⲁⲥⲟⲩϫⲁⲓ ⲛ̄ⲧⲟⲩⲛⲟⲩ ⲟⲩⲟϩ ⲁϥⲟⲩⲟⲣⲡⲥ ϧⲉⲛ ⲟⲩϩⲓⲣⲏⲛⲏ[6] ϩⲁ ⲛⲏ ⲉⲧⲉ ⲛⲟⲩⲧ
ⲓⲟϯ. ⲉⲧⲁⲩⲛⲁⲩ ⲇⲉ ⲛ̄ϫⲉ ⲡⲉⲥⲓⲱⲧ ⲛⲉⲙ ⲧⲉⲥⲙⲁⲩ ⲉⲡⲓⲧⲁⲗϭⲟ ⲉⲧⲁ ⲡⲭⲥ ⲁⲓϥ
ⲛⲉⲙ ⲧⲟⲩϣⲉⲣⲓ ϩⲓⲧⲉⲛ ⲛⲓϣⲗⲏⲗ ⲛⲉⲙ ⲛⲓⲧⲱⲃϩ ⲛ̄ⲧⲉ ⲫⲏ ⲉⲑⲟⲩⲁⲃ ⲛ̄ϧⲉⲗⲗⲟ
ⲁⲃⲃⲁ ⲙⲁⲕⲁⲣⲓⲟⲥ[7] ⲁⲩϣⲉⲡ ϩⲙⲟⲧ ⲙ̄ⲡⲉⲛⲟⲥ ⲓⲏⲥ ⲡⲭⲥ.

ⲁϥϫⲟⲥ ⲛ̄ϫⲉ ⲁⲃⲃⲁ ⲡⲓϫⲓⲙⲓ ϫⲉ ⲁ ⲡⲓⲙⲁⲑⲏⲧⲏⲥ ⲛ̄ⲧⲉ ⲁⲃⲃⲁ ⲙⲁⲕⲁⲣⲓⲟⲥ[8]
ⲥⲁϫⲓ ϧⲁⲧⲟⲧ ⲉϥϫⲱ ⲙ̄ⲙⲟⲥ ϫⲉ ⲁ ⲡⲓϧⲉⲗⲗⲟ ϫⲟⲥ ⲛⲏⲓ ⲛⲟⲩⲥⲟⲡ ϫⲉ ⲉⲓϩⲉⲙⲥⲓ

voici ce que tu fais, je le fais aussi : tu jeûnes, mais moi, je ne mange pas du tout; tu veilles, mais moi, je ne dors pas du tout; il n'y a qu'une chose par laquelle tu l'emportes sur moi. » Abba Macaire lui dit : « Qu'est-ce? » Il lui dit : « C'est ton humilité. A cause de ton humilité, je ne peux rien contre toi. » Et lorsqu'il eut étendu ses mains, le diable disparut.

On rapporte d'abba Macaire qu'ayant entendu dire de lui qu'il faisait de grandes vertus et des grâces de guérison par Notre-Seigneur Jésus le Christ, Agathonicus, l'éparque d'Antioche, lui envoya sa fille en laquelle était un esprit impur, afin qu'il priât sur elle. Et, par la grâce de Dieu qui était en lui, lorsqu'il eut prié sur elle, elle fut guérie sur-le-champ et il l'envoya en paix vers ses parents. Lorsque son père et sa mère eurent vu la guérison que le Christ avait faite avec leur fille par les prières et les oraisons du saint vieillard abba Macaire, ils rendirent gloire à Notre-Seigneur Jésus le Christ.

Abba Pidjimi dit : « Le disciple d'abba Macaire me fit ce récit, disant : « Le vieillard m'a dit une fois : Comme j'étais assis en ma demeure à Schiît,

---

1. *Cod.* ⲛⲓⲥⲧⲉⲧⲓⲛ. — 2. *Cod.* ⲡⲉⲧⲉⲕϭⲣⲏⲟⲩⲧ. — 3. *Cod.* ⲙⲁⲕⲁⲣⲓ. — 4. *Cod.* ⲡⲓⲇⲉ-ⲙⲱⲛ. — 5. *Cod.* ⲙⲁⲕⲁⲣⲓ. — 6. *Cod.* ϩⲓⲣⲏⲛⲓⲛ. — 7. *Cod.* ⲙⲁⲕⲁⲣⲓ. — 8. *Cod.* ⲙⲁⲕⲁⲣⲓ.

ϩⲉⲛ ⲡⲁⲓⲙⲁ ⲛϣⲱⲡⲓ ϩⲉⲛ ϣⲏⲧ ⲁⲩⲓ ⲉϧⲣⲏⲓ ⲛϫⲉ ⲁⲗⲟⲩ ⲃ̅ ⲛϣⲉⲙⲙⲟ ⲛϩⲉⲛ-
ⲕⲟⲥ ⲡⲓⲟⲩⲁⲓ ⲙⲉⲛ ⲛⲉ ⲁϥⲉⲣ ⲙⲟⲣⲧ ⲡⲉ ⲡⲓⲭⲉⲧ ⲇⲉ ⲛⲉ ⲁϥϩⲓ ⲁⲣⲭⲏ ⲙⲙⲟⲣⲧ
ⲡⲉ ⲟⲩⲟϩ ⲁⲩⲓ ϩⲁⲣⲟϥ ⲉⲩϫⲱ ⲙⲙⲟⲥ ϫⲉ ⲁⲥⲱⲛ ⲧⲣⲓ ⲛⲁⲃⲃⲁ ⲙⲁⲕⲁⲣⲓⲟⲥ[1].
ⲡⲉϫⲏⲓ ⲛⲱⲟⲩ ϫⲉ ⲉ- (-ϛ̄-) ⲣⲉⲧⲉⲛⲉⲣ ⲟⲩ ⲛⲁϥ. ⲡⲉϫⲱⲟⲩ ⲛⲏⲓ ϫⲉ ⲉⲧⲁⲛⲥⲱⲧⲉⲙ ⲉⲑⲃⲉ ⲛⲉϥϩⲃⲏⲟⲩⲓ ⲛⲉⲙ ϣⲓⲏⲧ ⲁⲛⲓ ϫⲉ ⲛⲧⲉⲛⲛⲁⲩ ⲉⲣⲟϥ. ⲟⲩⲟϩ ⲡⲉϫⲏⲓ
ⲛⲱⲟⲩ ϫⲉ ⲁⲛⲟⲕ ⲡⲉ. ⲛⲑⲱⲟⲩ ⲇⲉ ⲁⲩϯ ⲙⲉⲧⲁⲛⲟⲓⲁ ⲛⲏⲓ ⲉⲩϫⲱ ⲙⲙⲟⲥ ϫⲉ
ⲛⲟⲩⲱϣ ⲉϣⲱⲡⲓ ⲙⲡⲁⲓⲙⲁ. ⲁⲛⲟⲕ ⲇⲉ ⲁⲓⲛⲁⲩ ⲉⲣⲱⲟⲩ ⲉⲩϫⲏⲛ ⲛⲉⲙ ϩⲱⲥ ⲉⲃⲟⲗ
ϩⲉⲛ ⲟⲩⲙⲉⲧⲣⲁⲙⲁⲟ ⲡⲉϫⲏⲓ ⲛⲱⲟⲩ ϫⲉ ⲙⲙⲟⲛ ϣϫⲟⲙ ⲙⲙⲱⲧⲉⲛ ⲉⲣⲉⲙⲥⲓ
ⲙⲡⲁⲓⲙⲁ. ⲡⲉϫⲉ ⲡⲓⲛⲓϣϯ ϫⲉ ⲉϣⲱⲡ ⲁⲛϣⲧⲉⲙϫⲉⲙϫⲟⲙ ⲛϩⲉⲙⲥⲓ ⲧⲉⲛⲛⲁϩⲱⲗ ⲉⲕⲉⲙⲁ. ⲡⲉϫⲏⲓ ⲙⲡⲁⲙⲉⲩⲓ ϫⲉ ⲉⲑⲃⲉ ⲟⲩ ϯⲛⲁϩⲟϫⲓ ⲛⲥⲱⲟⲩ ⲛⲧⲁⲩⲉⲣ-
ⲥⲕⲁⲛⲇⲁⲗⲓⲍⲉⲥⲑⲁⲓ[2]. ⲡⲉϫⲏⲓ ⲛⲱⲟⲩ ϫⲉ ⲁⲙⲱⲓⲛⲓ ⲙⲁⲑⲁⲙⲓⲉ ⲟⲩⲣⲓ ⲛⲱⲧⲉⲛ
ⲓⲥϫⲉ ⲟⲩⲟⲛ ϣϫⲟⲙ ⲙⲙⲱⲧⲉⲛ. ⲡⲉϫⲱⲟⲩ ⲇⲉ ϫⲉ ⲙⲁⲧⲁⲙⲟⲛ ⲙⲙⲁⲩⲁⲧϥ
ⲟⲩⲟϩ ⲧⲉⲛⲛⲁⲑⲁⲙⲓⲟⲥ. ⲁⲓϯ ⲇⲉ ⲛⲱⲟⲩ ⲛⲟⲩⲕⲉⲗⲉⲃⲓⲛ ⲛⲉⲙ ⲟⲩⲧⲱⲣⲓ ⲛⲉⲙ (ⲟⲩ)
ⲥⲟⲕ ⲛⲱⲓⲕ ⲛⲉⲙ ⲟⲩϩⲙⲟⲩ ⲁⲓⲧⲁⲙⲱⲟⲩ ⲇⲉ ⲉϯⲡⲉⲧⲣⲁ ⲛⲧⲉ ⲡⲓⲙⲁ ⲛϣⲱϫⲓ ⲉⲧ-
ϣⲟⲩⲱⲟⲩ ⲟⲩⲟϩ ⲡⲉϫⲏⲓ ⲛⲱⲟⲩ ϫⲉ ϣⲱϫⲓ ⲛⲱⲧⲉⲛ ⲙⲡⲁⲓⲙⲁ ⲟⲩⲟϩ ⲁⲛⲓⲟⲓ
ⲛⲱⲧⲉⲛ ⲛϩⲁⲛ ϣⲉ ⲉⲃⲟⲗϩⲉⲛ ⲡⲓϩⲉⲗⲟⲥ ϩⲟⲃⲥϥ[3] ⲟⲩⲟϩ ⲡⲁⲓⲣⲏϯ (-ⲏ̄-) ϩⲉⲙⲥⲓ

deux jeunes garçons étrangers vinrent à moi; l'un avait de la barbe, l'autre n'avait qu'un commencement[4] de barbe. Et ils vinrent me trouver, disant: Où est la cellule d'abba Macaire? — Je leur dis: Que lui voulez-vous[5]? — Ils me dirent: Ayant entendu parler de ses œuvres et de Schiit, nous sommes venus pour le voir. — Je leur dis: C'est moi. — Eux, ils me firent repentance, disant: Nous désirons habiter ici. — Et moi, je les vis délicats et comme sortant des richesses, je leur dis: Vous ne pouvez pas rester en ce lieu. — Le grand dit: Si nous ne pouvons pas rester en ce lieu, nous irons ailleurs. — Je dis à ma pensée: Pourquoi les repousserais-je, afin qu'ils soient scandalisés? Je leur dis: Venez, faites-vous une cellule, si vous pouvez. — Ils dirent: Montre-nous seulement et nous la ferons. — Je leur donnai une pioche, une bêche et un sac de pains avec du sel, je leur indiquai le rocher de la carrière desséchée et je leur dis: Taillez-vous ici une cellule, apportez-vous du bois du ouady, couvrez-la et habitez-y. Je pensais, dit-il, qu'à cause de la fatigue, ils s'enfuiraient aussitôt. Ils me demandèrent: A quoi travaille-t-on

---

1. Cod. ⲙⲁⲕⲁⲣⲓ. — 2. Cod. ⲛⲧⲟⲩⲉⲣⲥⲕⲁⲛⲇⲁⲗⲓⲍⲉⲥⲟⲉ. — 3. Cod. LXIV: ϩⲟⲡⲥϥ. — 4. Mot à mot: « L'autre avait jeté commencement de barbe. » — 5. Mot à mot: « Que lui faites-vous? »

ⲛⲁⲓⲙⲉⲧⲓ ⲇⲉ ⲡⲉ ϫⲉ ⲉⲃⲟⲗϩⲓⲧⲉⲛ ⲡⲓϭⲓⲥⲓ ⲥⲉⲛⲁϥⲱⲧ ⲥⲁⲧⲟⲧⲟⲩ. ⲟⲩⲟϩ ⲁⲩϣⲉⲛⲧ
ϫⲉ ⲉⲧⲉⲣ ϩⲱⲃ ⲉⲟⲩ ⲙⲡⲁⲓⲙⲁ. ⲡⲉϫⲏⲓ ⲛⲱⲟⲩ ϫⲉ ϯⲛⲉⲃϯ. ⲟⲩⲟϩ ⲁⲓϭⲓ ⲛϩⲁⲛ-
ⲃⲁⲓ ⲉⲃⲟⲗϧⲉⲛ ⲡⲓϩⲉⲗⲟⲥ ⲁⲓⲧⲁⲙⲱⲟⲩ ⲉⲧⲁⲣⲭⲏ ⲛϯⲛⲉⲃϯ ⲛⲉⲙ ⲡⲓⲣⲏϯ
ⲛϣⲱⲗⲕ. ⲡⲉϫⲏⲓ ⲛⲱⲟⲩ ϫⲉ ⲙⲁⲑⲁⲙⲓⲉ ϩⲁⲛ ⲙⲓⲧⲟⲩ ⲛⲛⲓⲟⲩⲣⲁϯ ⲟⲩⲟϩ
ⲥⲉⲛⲁⲉⲛ ⲱⲓⲕ ⲛⲱⲧⲉⲛ. ⲗⲟⲓⲡⲟⲛ ⲁⲛⲟⲕ ⲁⲓϣⲉ ⲛⲏⲓ. ⲛⲑⲱⲟⲩ ⲇⲉ ⲟⲛ ϧⲉⲛ ⲟⲩϩⲩⲡⲟⲙⲟⲛⲏ ⲁⲩⲓⲣⲓ ⲛϩⲱⲃ ⲛⲓⲃⲉⲛ ⲉⲧⲁⲓϩⲟⲛϩⲉⲛ ⲙⲙⲱⲟⲩ ⲉⲣⲱⲟⲩ ⲟⲩⲟϩ ⲙⲡⲟⲩⲓ
ⲛⲟⲧ ⲉⲣⲟⲓ ⲛⲅϯ ⲛⲣⲟⲙⲡⲓ ⲟⲩⲟϩ ⲁⲛⲟⲕ ϩⲱ ⲉⲓϯ ⲛⲉⲙ ⲡⲁⲙⲉⲩⲓ ϫⲉ ⲟⲩ ⲡⲉ ⲧϫⲓ
ⲛⲉⲣ ϩⲱⲃ ⲛⲛⲁⲓ ϫⲉ ⲙⲡⲟⲩⲓ ϩⲁⲣⲟⲓ ⲉⲑⲃⲉ ⲛⲟⲩⲙⲉⲩⲓ. ⲛⲏ ⲉⲧϩⲓ ⲫⲟⲩⲉⲓ ⲛⲛⲟⲩ
ϣⲁⲣⲟⲓ ⲛⲁⲓ ⲇⲉ ⲥⲉⲛⲏⲟⲩ ϩⲁⲣⲟⲓ ⲁⲛ ⲟⲩⲇⲉ ⲛⲁⲩϣⲏⲗ ⲉⲫⲙⲁ ⲛⲕⲉⲟⲩⲁⲓ ⲁⲛ ⲡⲉ
ⲉⲃⲏⲗ ⲉⲧⲉⲕⲕⲗⲏⲥⲓⲁ ⲙⲙⲁⲩⲁⲧⲥ ⲉϭⲓ ⲛϯⲡⲣⲟⲥⲫⲟⲣⲁ ⲙⲙⲁⲩⲁⲧⲥ ⲉⲩⲭⲱ
ⲛⲣⲱⲟⲩ ⲟⲩⲟϩ ⲁⲓⲧⲱⲃϩ ⲙⲫϯ ⲁⲓⲉⲣⲛⲏⲥⲧⲉⲩⲉⲓⲛ[1] ⲛⲧⲉϩⲇⲟⲙⲁⲥ ϫⲉ ϩⲓⲛⲁ
ⲛⲧⲉϥⲧⲁⲙⲟⲓ ⲉⲧⲟⲩϫⲓ ⲛⲉⲣ ϩⲱⲃ ⲟⲩⲟϩ ⲉⲧⲁⲓⲧⲱⲛⲧ ⲁⲓϣⲉ ⲛⲏⲓ ϩⲁⲣⲱⲟⲩ ⲉⲛⲁⲩ
ϫⲉ ⲛⲁⲩϩⲉⲙⲥⲓ ⲛⲁϣ ⲛⲣⲏϯ. ⲟⲩⲟϩ ⲉⲧⲁⲓⲕⲱⲗϩ ⲁ ⲟⲩⲁ ⲟⲩⲱⲛ ⲛⲏⲓ ⲁⲩⲉⲣⲁⲥ-
ⲡⲁⲍⲉⲥⲑⲁⲓ[2] ⲙⲙⲟⲓ ⲉⲩⲭⲱ ⲛⲣⲱⲟⲩ (-ⲟ̄-) ⲟⲩⲟϩ ⲉⲧⲁⲛϣⲗⲏⲗ ⲁⲛϩⲉⲙⲥⲓ ⲁ
ⲡⲓⲛⲓϣϯ ϭⲱⲣⲉⲙ ⲉⲡⲓⲕⲟⲩϫⲓ ⲁϥϣⲉ ⲉⲃⲟⲗ ⲟⲩⲟϩ ⲛⲁⲣⲉ ⲡⲓⲛⲓϣϯ ϩⲉⲙⲥⲓ ⲡⲉ
ⲉϥⲭⲱ ⲛⲣⲱϥ ⲉϥⲉⲣ ϩⲱⲃ ⲉϯⲛⲉⲃϯ ⲙⲡⲉϥϫⲉ ϩⲗⲓ ⲛⲥⲁϫⲓ ⲟⲩⲟϩ ⲉⲧⲁϥⲕⲱⲗϩ

ici? — Je leur dis : Au tressage; — et je leur pris des palmes du ouady, je leur montrai le commencement du tressage et la manière de tresser des corbeilles. Je leur dis : Faites des corbeilles, donnez-les aux gardiens et ils vous apporteront du pain. — Du reste, je m'en allai. Eux, ils firent avec patience tout ce que je leur avais ordonné et ils ne vinrent pas me trouver de trois ans. Et moi, je luttais dans ma pensée, disant : Que font-ils qu'ils ne sont pas venus me voir à cause de leurs pensées? Ceux qui sont au loin viennent à moi; eux, ils ne viennent pas et ils ne vont pas ailleurs, si ce n'est à l'église, pour recevoir l'offrande, en gardant le silence! Et je priai Dieu, je jeûnai une semaine, afin qu'il m'apprît leur œuvre. Et, lorsque je me fus levé, j'allai vers eux pour voir comment ils habitaient. Et, lorsque j'eus frappé, ils m'ouvrirent, ils m'embrassèrent en silence, et, après avoir prié, nous nous assîmes; le grand fit un signe au petit, il sortit et le grand était assis, gardant le silence, travaillant au tressage : il ne dit pas un mot. Et lorsqu'il eut frappé la neuvième heure[3], le petit entra; et, lorsqu'il lui eut

1. *Cod.* ⲛⲏⲥⲧⲉⲩⲓⲛ. — 2. *Cod.* ⲁⲩⲉⲣⲁⲥⲡⲁⲍⲉⲥⲟⲉ. — 3. Sans doute : lorsque fut arrivée la neuvième heure. Peut-être les moines avaient-ils l'habitude de frapper un certain nombre de coups pour annoncer l'heure; il est certain d'ailleurs qu'ils usaient du sablier.

ⲙ̄ⲫⲛⲁⲩ ⲛⲁϥⲛ ⲫ̄ϯ ⲁϥⲓ ⲉϧⲟⲩⲛ ⲛ̄ϫⲉ ⲡⲓⲕⲟⲩϫⲓ ⲟⲩⲟϩ ⲉⲧⲁϥϭⲱⲣⲉⲙ ⲉⲣⲟϥ ⲁϥϩⲁⲙⲓⲟ ⲛⲟⲩⲛⲟⲩϫⲓ ⲙ̄ϥⲓϲⲓ[1] ⲟⲩⲟϩ ⲉⲧⲁϥϭⲱⲣⲉⲙ ⲉⲣⲟϥ ⲟⲛ ⲁϥⲭⲁ ϯⲫⲟⲣ-ϣⲓ ⲛⲉⲙ ⲅ̄ ⲛ̄ⲱⲓⲕ ⲟⲩⲟϩ ⲛⲁϥⲟϩⲓ ⲉⲣⲁⲧϥ ⲉϥⲭⲱ ⲛ̄ⲣⲱϥ. ⲁⲛⲟⲕ ⲇⲉ ⲛⲁⲓϫⲱ ⲙ̄ⲙⲟⲥ ⲛⲉ ϫⲉ ⲧⲉⲛ ⲑⲙⲏⲟⲩ ⲛ̄ⲧⲉⲛⲟⲩⲱⲙ. ⲟⲩⲟϩ ⲁⲛⲧⲱⲟⲩⲛ ⲁⲛⲟⲩⲱⲙ ⲟⲩⲟϩ ⲁⲩⲉⲛ ϯⲃⲉⲗⲟⲓ ⲁⲛⲥⲱ. ⲉⲧⲁ ⲣⲟⲩϩⲓ ⲇⲉ ϣⲱⲡⲓ ⲡⲉϫⲱⲟⲩ ϫⲉ ⲭⲛⲁϣⲟⲗ. ⲡⲉϫⲏⲓ ϫⲉ ⲙ̄ⲙⲟⲛ ⲁⲗⲗⲁ ⲁⲓⲛⲁⲉⲛⲕⲟⲧ ⲙ̄ⲡⲁⲓⲙⲁ ⲟⲩⲟϩ ⲁⲩⲭⲱ ⲛⲏⲓ ⲛⲟⲩⲯⲓⲁⲑ ⲥⲁ ⲡⲓⲉⲥⲟⲓ ⲟⲩⲟϩ ⲁⲩⲉⲛⲕⲟⲧ ϩⲓ ⲟⲩⲙⲁ ⲁⲩⲱⲗⲓ ⲛ̄ⲛⲟⲩⲍ̄ⲱⲕ ⲛⲉⲙ ⲛⲟⲩⲙⲁⲣ ⲛ̄ϭⲛⲁϩ ⲁⲩⲭⲁⲩ ⲉϧⲣⲏⲓ ⲙ̄ⲡⲁⲙⲑⲟ ⲟⲩⲟϩ ⲁⲓⲧⲱⲃϩ ⲙ̄ⲫ̄ϯ ϩⲓⲛⲁ ⲛ̄ⲧⲉϥϭⲱⲣⲡ ⲛⲏⲓ ⲉⲃⲟⲗ ⲛ̄ⲧⲟⲩϫⲓ ⲛ̄ⲉⲣ ϩⲱⲃ. ⲁⲥⲟⲩⲟⲛ ⲛ̄ϫⲉ ϯⲟⲩⲁϩⲥⲟⲓ ⲟⲩⲟϩ ⲁϥϣⲱⲡⲓ ⲛ̄ϫⲉ ⲟⲩⲟⲩⲱⲓⲛⲓ ⲙ̄ⲫⲣⲏϯ ⲙ̄ⲡⲓⲉϩⲟⲟⲩ. ⲛ̄ⲑⲱⲟⲩ ⲇⲉ ⲛⲁⲩⲛⲁⲩ ⲁⲛ ⲡⲉ ⲉⲡⲓⲟⲩⲱⲓⲛⲓ ϩⲱⲥ ⲛⲁⲩⲙⲉⲩⲓ ⲛ̄ⲑⲱⲟⲩ ⲡⲉ ϫⲉ ⲉⲓⲉⲛⲕⲟⲧ. ⲁ ⲡⲓⲛⲓϣϯ ⲕⲓⲙ ⲉⲡⲓⲕⲟⲩϫⲓ ⲁⲩⲧⲱⲟⲩⲛⲟⲩ ⲁⲩⲙⲟⲣⲟⲩ (-ⲁ̄-) ⲁⲩϭⲱⲗⲕ ⲛ̄ⲛⲟⲩϫⲓϫ ⲉⲡϣⲱⲓ ⲉⲧⲫⲉ ⲁⲛⲟⲕ ⲇⲉ ⲛⲁⲓⲛⲁⲩ ⲉⲣⲱⲟⲩ ⲡⲉ ⲛ̄ⲑⲱⲟⲩ ⲇⲉ ⲛⲁⲩⲛⲁⲩ ⲉⲣⲟⲓ ⲁⲛ ⲡⲉ ⲟⲩⲟϩ ⲁⲓⲛⲁⲩ ⲉⲛⲓⲇⲁⲓⲙⲱⲛ[2] ⲉⲩⲛⲏⲟⲩ ⲉϫⲉⲛ ⲡⲓⲕⲟⲩϫⲓ ⲙ̄ⲫⲣⲏϯ ⲛ̄ϩⲁⲛ ⲁϥ ⲉⲩϩⲁⲗⲁⲓ ϩⲁⲛ ⲟⲩⲟⲛ ⲙⲉⲛ ⲛⲁⲩⲛⲏⲟⲩ ⲉϫⲉⲛ ⲛⲉϥⲃⲁⲗ ⲛⲉⲙ ⲣⲱϥ ⲟⲩⲟϩ ⲁⲓⲛⲁⲩ ⲉⲟⲩⲁⲅⲅⲉⲗⲟⲥ ⲛ̄ⲧⲉ ⲡ̄ⲟ̄ⲥ̄ ⲉⲣⲉ ⲟⲩⲟⲛ ⲟⲩⲥⲏϥⲓ ⲛ̄ⲧⲟⲧϥ ⲉⲧⲁϥⲕⲧⲉ[3] ϭⲗⲟ ⲉⲣⲟϥ ⲉϥϭⲟϫⲓ ⲛ̄ⲥⲁ ⲛⲓⲇⲁⲓⲙⲱⲛ[4] ⲛⲁⲩϣⲉⲣⲧⲟⲗⲙⲁⲛ ⲅⲁⲣ ⲁⲛ ⲡⲉ ⲉϧⲱⲛⲧ ⲉⲡⲓⲛⲓϣϯ.

fait signe, le petit fit cuire quelque chose; et, lorsque le grand lui eut fait signe de nouveau, le petit plaça la nappe et trois pains et il se tint debout silencieux. Et moi, je leur dis : Levez-vous, mangeons. Et nous nous levâmes, nous mangeâmes; ils apportèrent aussi la cruche, nous bûmes. Lorsque le soir fut (arrivé), ils dirent : Tu t'en iras? — Je dis : Non, mais je dormirai ici. — Et ils me donnèrent une natte à l'écart, et ils se couchèrent ensemble dans un lieu; ils prirent aussi leurs ceintures et leurs stoles, ils les placèrent à terre devant moi, et je priai Dieu de me révéler leur œuvre. Le toit s'ouvrit, il y eut une grande lumière comme en (plein) jour : eux, ils ne voyaient pas la lumière. Comme ils pensaient que je dormais, le grand excita le petit, ils se levèrent, ils se ceignirent, ils levèrent leurs mains au ciel. Moi, je les voyais; eux, ils ne me voyaient pas. Et je vis des démons qui venaient sur le petit, volant comme des mouches : les unes venaient sur ses yeux et sur sa bouche; et je vis un ange du Seigneur qui avait une épée de feu en sa main et qui faisait le tour pour chasser les démons, car ils n'osaient pas approcher

---

1. Cod. ⲗⲭⲓⲩ : ⲙ̄ⲫⲩⲥⲓ. — 2. Cod. ⲛⲓⲇⲉⲙⲱⲛ. — 3. Cod. ⲉⲧⲁϥⲕⲧⲟ ϭⲗⲟ. — 4. Cod. ⲛⲓⲇⲉⲙⲱⲛ.

ⲉⲣⲉ ϣⲟⲣⲡ ⲇⲉ ⲛⲁϣⲱⲡⲓ ⲁⲩⲭⲁⲩ ⲉϧⲣⲏⲓ ⲟⲛ ⲁⲛⲟⲕ ⲇⲉ ⲁⲓⲁⲓⲧ ⲙ̄ⲫⲣⲏϯ ⲛⲉⲓ-
ϧⲟⲣⲡ ⲛⲱⲟⲩ ⲇⲉ ⲙ̄ⲡⲁⲓⲣⲏϯ. ⲟⲩⲟϩ ⲁ ⲡⲓⲛⲓϣϯ ϫⲱ ⲙ̄ⲡⲁⲓⲥⲁϫⲓ ⲛⲟⲩⲱⲧ ⲙ̄ⲙⲓⲛ
ϫⲉ ⲕⲟⲩⲱϣ ⲛ̄ⲧⲉⲛϫⲱ ⲙ̄ⲡⲓⲓ̄ⲃ̄ ⲙ̄ⲯⲁⲗⲙⲟⲥ. ⲟⲩⲟϩ ⲡⲉϫⲏⲓ ϫⲉ ⲥⲉ. ⲟⲩⲟϩ ⲁ ⲡⲓⲕⲟⲩϫⲓ ϫⲟ ⲉ̄ ⲙ̄ⲯⲁⲗⲙⲟⲥ ⲛ̄ⲥ̄[1] ⲛ̄ⲗⲉⲝⲓⲥ ⲉⲫⲟⲩⲁⲓ ⲛⲉⲙ ⲁⲗⲗⲏⲗⲟⲩⲓⲁ ⲟⲩⲟϩ
ⲕⲁⲧⲁ ⲗⲉⲝⲓⲥ ⲛⲁϥⲛⲏⲟⲩ ⲉⲃⲟⲗϧⲉⲛ ⲣⲱϥ ⲛ̄ϫⲉ ⲟⲩϣⲁϩ ⲛ̄ⲭⲣⲱⲙ ⲟⲩⲟϩ ⲛⲁϥⲛⲁ ⲉⲡϣⲱⲓ ⲛ̄ⲧⲫⲉ ⲁⲛⲟⲕ ⲇⲉ ⲛⲁⲓϫⲱ ⲛ̄ϩⲁⲛ ⲕⲟⲩϫⲓ ⲛⲁⲡⲟⲥⲧⲏⲑⲟⲥ[2] ⲟⲩⲟϩ
ⲉⲛⲛⲏⲟⲩ ⲉⲃⲟⲗ ⲛⲁⲓϫⲱ ⲙ̄ⲙⲟⲥ ⲡⲉ ϫⲉ (-ⲓⲁ-) ⲧⲱⲃϩ ⲉϫⲱⲓ. ⲛⲱⲟⲩ ⲇⲉ ⲁⲩϯ
ⲙⲉⲧⲁⲛⲟⲓⲁ ⲉⲩϫⲱ ⲛ̄ⲣⲱⲟⲩ ⲟⲩⲟϩ ⲁⲓⲉⲙⲓ ϫⲉ ⲟⲩⲧⲉⲗⲉⲓⲟⲥ[3] ⲡⲉ ⲡⲓⲛⲓϣϯ ⲡⲓⲕⲟⲩϫⲓ ⲇⲉ ⲁⲕⲙⲏⲛ ⲛⲁⲣⲉ ⲡⲓϫⲁϫⲓ ϯ ⲛⲉⲙⲁϥ ⲡⲉ. ⲙⲉⲛⲉⲛⲥⲁ ⲛⲁⲓ ⲟⲩⲟϩ ⲉⲧⲁ
ϩⲁⲛ ⲕⲟⲩϫⲓ ⲛⲉϩⲟⲟⲩ ϣⲱⲡⲓ ⲁϥⲉⲛⲕⲟⲧ ⲛ̄ϫⲉ ⲡⲓⲛⲓϣϯ ⲟⲩⲟϩ ⲡⲓⲕⲟⲩϫⲓ ϧⲉⲛ
ⲡⲓⲉϩⲟⲟⲩ ⲙ̄ⲙⲁϩ ⲅ̄. ⲉϣⲱⲡ ⲇⲉ ⲁⲣⲉϣⲁⲛ ϩⲁⲛ ϧⲉⲗⲗⲟⲓ ϩⲓ ⲕⲟⲧ ⲉⲁⲃⲃⲁ ⲙⲁⲕⲁⲣⲓⲟⲥ[4] ϣⲁϥⲟⲗⲟⲩ ⲉⲧⲟⲩⲣⲓ ⲉϥϫⲱ ⲙ̄ⲙⲟⲥ ϫⲉ ⲁⲙⲱⲓⲛⲓ ⲁⲛⲁⲩ ⲉⲡⲓⲙⲁⲣⲧⲩⲣⲓⲟⲛ ⲛ̄ⲧⲉ ⲛⲓⲕⲟⲩϫⲓ ⲛ̄ϣⲉⲙⲙⲱⲟⲩ.

ⲁⲩϫⲟⲥ ⲉⲑⲃⲉ ⲁⲃⲃⲁ ⲙⲁⲕⲁⲣⲓⲟⲥ[5] ⲡⲓⲣⲉⲙ ⲛ̄ⲭⲏⲙⲓ ϫⲉ ⲉϥⲛⲏⲟⲩ ⲉⲡϣⲱⲓ
ⲛ̄ⲟⲩⲥⲟⲡ ⲉⲃⲟⲗϧⲉⲛ ϣⲓⲏⲧ ⲉⲡⲓⲧⲱⲟⲩ ⲛ̄ⲧⲉ ⲡⲉⲣⲛⲟⲩϫ ⲟⲩⲟϩ ⲉⲧⲁϥϧⲱⲛⲧ ⲉⲡⲓⲧⲟⲡⲟⲥ ⲡⲉϫⲁϥ ⲙ̄ⲡⲉϥⲙⲁⲑⲏⲧⲏⲥ ϫⲉ ⲁⲣⲓ ⲉⲧϩⲏ ⲛ̄ⲟⲩⲕⲟⲩϫⲓ ⲟⲩⲟϩ ϧⲉⲛ ⲡⲁⲓ

du grand. Lorsque le matin allait paraître, ils se couchèrent de nouveau. Et moi, je fis comme si je m'éveillais; eux, de même. Et le grand dit cette seule parole : Veux-tu que nous disions les douze psaumes? — Et je leur dis : Oui. — Et le petit dit cinq psaumes de six versets chacun avec un alléluia, et, à chaque verset, une flamme de feu sortait de sa bouche et montait au ciel. Moi, je récitai quelques psaumes par cœur et, lorsque je sortis, je dis : Priez pour moi. — Pour eux, ils firent repentance en silence. Et je sus que le grand était un parfait et que le petit, l'ennemi le combattait encore. Et ensuite de cela, lorsque quelques jours se furent écoulés, le grand s'endormit, et le petit (s'endormit) le troisième jour (après la mort de son frère). » Et si quelques vieillards allaient trouver abba Macaire, il les conduisait à leur cellule, disant : « Venez, voyez le *martyrium* des petits étrangers. »

On rapporte d'abba Macaire l'Égyptien que, montant un jour de Schiit à la montagne de Pernoudj, lorsqu'il fut proche du lieu, il dit à son disciple : « Va un peu en avant. » Et, lorsque le disciple fut allé en avant, il rencontra

---

1. *Cod.* ⲗⲝⲓⲩ : ⲛ̄ⲥ̄ ⲛ̄ⲗⲉⲝⲓⲥ. Je considère cette répétition comme fautive. — 2. *Cod.* ⲛⲁⲡⲟⲥⲟⲛⲧⲏⲥ. — 3. *Cod.* ⲧⲉⲗⲓⲟⲥ. — 4. *Cod.* ⲙⲁⲕⲁⲣⲓ. — 5. *Cod.* ⲙⲁⲕⲁⲣⲓ.

ⲛⲟⲣⲉϥⲉⲣ ⲉⲧϧⲏ ⲁϥⲉⲣⲁⲡⲁⲛⲧⲁⲛ ⲉⲟⲩϩⲉⲗⲗⲏⲛⲟⲥ ⲡⲉ ⲟⲩⲟⲛⲃ ⲇⲉ ⲙⲡⲁⲇⲁ-
ⲗⲁⲥ[1] ⲉϥϥⲁⲓ ⲛⲟⲩⲛⲓϣϯ ⲛϣⲉ ⲙⲡⲓⲕⲁⲩⲙⲁ ⲟⲩⲟϩ ⲛⲁϥϭⲟϫⲓ ⲡⲉ ⲟⲩⲟϩ ⲉⲧⲁ
ⲡⲓⲥⲟⲛ ⲱϣ ⲟⲩⲃⲏϥ ⲛⲁϥⲙⲟⲩϯ ⲡⲉ ⲉϥϫⲱ ⲙⲙⲟⲥ ϫⲉ ϧⲉ ⲛⲑⲟⲕ ⲡⲓⲇⲁⲓⲙⲱⲛ[2]
ⲁⲕϭⲟϫⲓ ⲉⲑⲱⲛ ⲟⲩⲟϩ ⲉⲧⲁϥⲫⲟⲛϩϥ ⲛⲁϥⲙⲏⲟⲩ ⲉϫⲱϥ ⲡⲉ ⲁϥϯ ⲛϩⲁⲛ ⲉⲣϧⲱⲧ[3] ⲛⲁϥ ⲁϥⲭⲁϥ ⲉϥⲟⲓ ⲙⲫⲁϣ ⲙⲟⲩ. (ⲓⲃ̄) ⲟⲩⲟϩ ⲉⲧⲁϥⲧⲱⲟⲩⲛ ⲙⲡⲓϣⲉ
ⲁϥϭⲟϫⲓ ⲟⲛ ⲟⲩⲟϩ ⲉⲧⲁϥϭⲓⲙⲓ ⲉⲧϧⲏ ⲛⲟⲩⲕⲟⲩϫⲓ ⲁϥϣⲁϣⲓ ⲉⲣⲟϥ ⲛϫⲉ ⲁⲃⲃⲁ
ⲙⲁⲕⲁⲣⲓⲟⲥ[4] ⲡⲉϫⲁϥ ⲛⲁϥ ϫⲉ ⲁⲙⲟⲕ ⲁⲙⲟⲕ ⲡⲓⲙⲁⲓ ϧⲓⲥⲓ ϥ. ⲟⲩⲟϩ ⲉⲧⲁϥⲉⲣ
ϣⲫⲏⲣⲓ ⲁϥ ϩⲁⲣⲟϥ ⲡⲉϫⲁϥ ⲛⲁϥ ϫⲉ ⲟⲩ ⲙⲡⲉⲑⲛⲁⲛⲉϥ ⲁⲕⲛⲁⲩ ⲉⲣⲟϥ ⲛϧⲏⲧ
ϫⲉ ⲁⲕⲧⲁⲓⲉ ⲙⲟⲩϯ ⲛⲏⲓ. ⲡⲉϫⲉ ⲡⲓϧⲉⲗⲗⲟ ⲛⲁϥ ϫⲉ ⲁⲓⲛⲁⲩ ⲉⲣⲟⲕ ⲉⲕϩⲟⲥⲓ
ⲛⲕⲉⲙⲓ ⲁⲛ ϫⲉ ⲁⲕϩⲟⲥⲓ ⲛⲉⲫⲗⲏⲟⲩ. ⲛⲑⲟϥ ⲇⲉ ⲡⲉϫⲁϥ ⲛⲁϥ ϫⲉ ⲁⲛⲟⲕ ϩⲱ
ⲁⲓⲟⲩⲉⲙ ϩⲑⲏⲓ ⲉϫⲉⲛ ⲡⲁⲥⲡⲁⲥⲙⲟⲥ ⲟⲩⲟϩ ⲁⲓⲉⲙⲓ ϫⲉ ⲛⲑⲟⲕ ⲫⲁ ⲟⲩⲛⲓϣϯ
ⲛⲛⲟⲩϯ ⲕⲉⲙⲟⲛⲁⲭⲟⲥ ⲇⲉ ⲉϥϩⲱⲟⲩ ⲉⲧⲁϥⲉⲣⲁⲡⲁⲛⲧⲁⲛ ⲉⲣⲟⲓ ⲁϥⲱⲟⲩϣ ⲉⲣⲟⲓ
ⲁⲛⲟⲕ ⲇⲉ ⲁⲓϯ ⲛϩⲁⲛ ⲉⲣϧⲱⲧ[5] ⲛⲁϥ ⲉϥⲙⲟⲩ. ⲟⲩⲟϩ ⲁ ⲡⲓϧⲉⲗⲗⲟ ⲉⲙⲓ ϫⲉ
ⲡⲉϥⲙⲁⲑⲏⲧⲏⲥ ⲡⲉ ⲟⲩⲟϩ ⲉⲧⲁ ⲡⲓⲟⲩⲏⲃ ⲁⲙⲟⲛⲓ ⲛⲛⲉϥϭⲁⲗⲁⲩϫ ⲛⲁϥϫⲱ
ⲙⲙⲟⲥ ⲡⲉ ϫⲉ ϯⲛⲁⲭⲁⲕ ⲉⲃⲟⲗ ⲁⲛ ⲁⲕϣⲧⲉⲙⲁⲓⲧ ⲙⲙⲟⲛⲁⲭⲟⲥ. ⲟⲩⲟϩ ⲁⲩⲓ
ⲥⲁ ⲡϣⲱⲓ ⲙⲡⲓⲙⲁ ⲉⲛⲁⲣⲉ ⲡⲓⲥⲟⲛ ⲭⲏ ⲙⲙⲟϥ ⲁⲩⲉⲛϥ ⲉϯⲉⲕⲕⲗⲏⲥⲓⲁ ⲛⲧⲉ

un Hellène : c'était un prêtre de Padalas, qui portait un grand fagot de bois pour le feu et qui courait. Et, lorsque le frère lui eut crié, il l'appelait, disant : « Hé, toi, démon, où cours-tu? » Et lorsque le prêtre se fut retourné, il se rendit vers le frère, il lui donna des coups, il le laissa à demi mort; puis, après avoir soulevé le bois, il courut de nouveau. Et lorsqu'il se fut un peu avancé, abba Macaire le rencontra; il lui dit : « Courage, courage, ô toi qui aimes à te faire souffrir! » Et le prêtre, ayant été étonné, se rendit vers lui, il lui dit : « Qu'as-tu vu de bien en moi que tu m'as salué avec honneur? » — Le vieillard lui dit : « J'ai vu que tu souffrais; ne sais-tu pas que tu souffres en vain? » — Il lui dit : « Moi aussi, j'ai réfléchi sur le salut et j'ai su que toi, tu étais le (serviteur) d'un grand Dieu; mais un autre moine méchant que j'ai rencontré m'a insulté, et je l'ai frappé à mort. » Et le vieillard sut que c'était son disciple. Et lorsque le prêtre eut pris ses pieds, il disait : « Je ne te laisserai pas aller que tu ne m'aies fait moine. » Et ils montèrent au lieu où se trouvait le frère, ils le conduisirent à l'église de la montagne; et, lors-

---

1. Cod. ⲙⲡⲁⲧⲁⲗⲁ⳽ ⳽. — 2. Cod. ⲡⲓϫⲉⲙⲱⲛ. — 3. Cod. ⳖⲬⲓⲬ : ⲛϩⲁⲛ ⲉⲣϧⲟⲧ. — 4. Cod. ⲙⲁⲕⲁⲣⲓ. — 5. Cod. ⲛϩⲁⲛ ⲉⲣϧⲟⲧ.

ⲡⲓⲧⲱⲟⲩ ⲟⲩⲟϩ ⲉⲧⲁⲩⲛⲁⲩ ⲉⲡⲓⲟⲩⲏⲃ ⲁⲩⲉⲣ ϣⲫⲏⲣⲓ ⲟⲩⲟϩ ⲁⲩϯ ⲱⲙⲥ ⲛⲁϥ ⲁⲩⲁⲓϥ ⲙⲙⲟⲛⲁⲭⲟⲥ ⲟⲩⲟϩ ⲟⲩ- (-ⲛϯ-) ⲙⲏϣ ⲛⲧⲉ ⲛⲓϩⲉⲗⲗⲏⲛⲟⲥ ⲁⲩⲉⲣ ⲭⲣⲓⲥⲧⲓⲁⲛⲟⲥ[1] ⲉⲑⲃⲏⲧϥ[2].

ⲁϥϫⲟⲥ ⲛϫⲉ ⲁⲃⲃⲁ ⲙⲁⲕⲁⲣⲓⲟⲥ[3] ϫⲉ ⲡⲓⲥⲁϫⲓ ⲉⲧϩⲱⲟⲩ ⲛⲛⲓⲕⲉⲭⲱⲟⲩⲛⲓ ⲉⲑⲛⲁⲛⲉⲩ ϣⲁϥⲉⲣⲟⲩⲧϧⲟ ⲡⲁⲓⲣⲏϯ ⲟⲛ ⲡⲓⲥⲁϫⲓ ⲉⲑⲛⲁⲛⲉϥ ⲛⲛⲓⲕⲉⲭⲱⲟⲩⲛⲓ ⲉⲧϩⲱⲟⲩ ϣⲁϥⲉⲣⲟⲩⲁⲅⲁⲑⲟⲥ.

ⲛⲑⲟϥ ⲟⲛ ⲁϥⲓ ⲉⲡϣⲱⲓ ⲛⲟⲩⲥⲟⲡ ⲉⲃⲟⲗϩⲓⲧⲉⲛ ϣⲓⲏⲧ ⲉⲧⲣⲉⲛⲟⲩϯ[4] ⲁϥϣⲉ ⲉϧⲟⲩⲛ ⲉⲟⲩⲙϩⲁⲩ ⲁϥⲉⲛⲕⲟⲧ. ⲛⲉ ⲟⲩⲟⲛ ϩⲁⲛ ⲥⲱⲙⲁ ⲛⲁⲡⲁⲥ ⲙⲙⲁⲩ ⲡⲉ ⲛⲧⲉ ⲛⲓϩⲉⲗⲗⲏⲛⲟⲥ ⲉⲩⲙⲱⲟⲩⲧ ⲟⲩⲟϩ ⲉⲧⲁϥϭⲓ ⲛⲟⲩⲁⲓ ⲁϥⲭⲁϥ ϧⲁ ⲧⲉϥⲁⲫⲉ ⲙⲫⲣⲏϯ ⲛⲟⲩⲙⲉⲣⲱⲙ[5] ϩⲓⲛⲁ ⲛⲧⲉϥⲙⲧⲟⲛ ⲙⲙⲟϥ ⲛⲟⲩⲕⲟⲩϫⲓ. ⲛⲑⲱⲟⲩ ⲟⲩⲛ ⲛⲓⲇⲁⲓⲙⲱⲛ[6] ⲉⲧⲁⲩⲛⲁⲩ ⲉⲡⲉϥϩⲏⲧ ⲉϥϩⲟⲣ ⲙⲫⲣⲏϯ ⲙⲫⲁ ⲟⲩⲙⲟⲩⲓ ⲁⲩⲉⲣⲫⲑⲟⲛⲉⲓⲛ[7] ⲉⲑⲣⲉϥⲛⲟⲩϣⲡ ⲁⲩⲙⲟⲩϯ ⲉⲟⲩⲣⲁⲛ ⲙⲫⲣⲏϯ ⲛϩⲁⲛ ϩⲓⲟⲙⲓ ⲉⲩϫⲱ ⲙⲙⲟⲥ ϫⲉ ⲧⲁ ⲛⲓⲙ ⲁⲙⲏ ⲛⲉⲙⲁⲛ ⲉϯⲥⲓⲟⲩⲛⲓ. ⲟⲩⲟϩ ⲁϥⲟⲩⲟϩⲉⲙ ⲛⲉ ⲛⲑⲟϥ ⲛϫⲉ ⲕⲉⲇⲁⲓⲙⲱⲛ[8] ⲥⲁϧⲣⲏⲓ ⲙⲙⲟϥ ⲙⲫⲣⲏϯ ⲉⲃⲟⲗϧⲉⲛ ⲛⲓⲣⲉϥⲙⲱⲟⲩⲧ ϫⲉ ⲟⲩⲟⲛ ⲟⲩϣⲉⲙⲙⲟ ⲥⲁ ⲡϣⲱⲓ ⲙⲙⲟⲓ ⲙⲙⲟⲛ ϣϫⲟⲙ ⲙⲙⲟⲓ ⲉⲓ. ⲡⲓϧⲉⲗⲗⲟ ⲇⲉ ⲙⲡⲉϥⲛⲟⲩϣⲡ ⲁⲗⲗⲁ ⲉϥⲧⲁϫⲣⲏⲟⲩⲧ ⲛⲁϥϩⲓⲟⲩⲓ ⲉⲣⲟϥ ⲡⲉ ⲉϥϫⲱ ⲙⲙⲟⲥ ϫⲉ ⲧⲱⲛⲕ ϩⲱⲗ (-ⲓⲁ-) ⲉⲡⲓⲭⲁⲕⲓ ⲓⲥϫⲉ ⲟⲩⲟⲛ ϣϫⲟⲙ ⲙⲙⲟⲕ. ⲟⲩⲟϩ ⲫⲁⲓ

que (les frères) virent le prêtre, ils furent étonnés : ils le baptisèrent, ils le firent moine et une foule d'Hellènes devinrent chrétiens à cause de lui.

Abba Macaire dit : « La parole mauvaise, elle fait que les autres qui sont bons deviennent mauvais; de même la parole bonne, elle fait que les autres qui sont mauvais deviennent bons. »

Il alla aussi une fois de Schiit à Térénouti, il entra dans un tombeau et il y dormit. Il y avait là de vieux corps d'Hellènes morts; et, lorsqu'il en eut pris un, il le mit sous sa tête en guise de chevet, afin qu'il se reposât un peu. Mais eux, les démons, lorsqu'ils eurent vu son cœur courageux comme celui d'un lion, ils lui portèrent envie pour l'effrayer; ils appelèrent un nom comme (le font) les femmes, disant : « Une telle, viens aux bains avec nous. » Et un autre démon, en dessous de moi, leur répondit comme d'entre les morts : « Il y a un étranger sur moi, je ne puis aller. » Mais le vieillard ne s'effraya pas; avec fermeté, il le frappa, disant : « Lève-toi, va dans les ténèbres, si tu le

---

1. Cod. ⲛⲭⲣⲓⲥⲧⲓⲁⲛⲟⲥ. — 2. Cod. LXIV : ⲉⲧⲉⲛⲧϥ. — 3. Cod. ⲙⲁⲕⲁⲣⲓ. — 4. Cod. LXIV : ⲉⲧⲣⲉⲛⲟⲩϯ. — 5. Cod. LIX : ⲟⲩⲙⲉⲣⲱⲙ. — 6. Cod. ⲛⲓⲇⲉⲙⲱⲛ. — 7. Cod. ⲁⲩⲉⲣⲫⲑⲟⲛⲓⲛ. — 8. Cod. ⲕⲉⲇⲉⲙⲱⲛ.

ⲉⲧⲁⲩⲥⲟⲑⲙⲉϥ ⲛϫⲉ ⲛⲓⲇⲁⲓⲙⲱⲛ[1] ⲁⲩⲱϣ ⲉⲃⲟⲗ ϧⲉⲛ ⲟⲩⲛⲓϣϯ ⲛⲥⲙⲏ ϫⲉ ⲁⲕϭⲣⲟ ⲉⲣⲟⲛ ⲟⲩⲟϩ ⲁⲩϣⲉ ⲛⲱⲟⲩ ⲉⲩϣⲫⲓⲧ.

ⲟⲩⲟⲛ ⲁϥⲓ ⲟⲩⲛⲟⲧ ⲉⲁⲃⲃⲁ ⲙⲁⲕⲁⲣⲓⲟⲥ[2] ⲡⲓⲛⲓϣϯ ⲡⲉϫⲁϥ ⲛⲁϥ ϫⲉ ⲡⲁⲓⲱⲧ ⲁϫⲉ ⲟⲩⲥⲁϫⲓ[3] ⲛⲏⲓ ϫⲉ ⲁⲙⲁϣⲛⲟϩⲉⲙ ⲛⲁϣ ⲛⲣⲏϯ. ⲡⲉϫⲉ ⲡⲓϧⲉⲗⲗⲟ ⲛⲁϥ ϫⲉ ϩⲱⲗ ⲉⲡⲓⲙϩⲁⲩ ϩⲱⲟⲩϣ ⲉⲛⲓⲣⲉϥⲙⲱⲟⲩⲧ ⲟⲩⲟϩ ⲥⲉⲧ ⲱⲛⲓ ⲉⲣⲱⲟⲩ. ⲉⲧⲁϥϣⲉ ⲛⲁϥ ⲟⲩⲛ ⲛϫⲉ ⲡⲓⲥⲟⲛ ⲁϥϩⲱⲟⲩϣ ⲟⲩⲟϩ ⲉⲧⲁϥⲓ ⲁϥⲧⲁⲙⲉ ⲡⲓϧⲉⲗⲗⲟ. ⲡⲉϫⲉ ⲡⲓϧⲉⲗⲗⲟ ⲛⲁϥ ϫⲉ ⲙⲡⲟⲩϫⲉ ϩⲗⲓ ⲛⲥⲁϫⲓ ⲛⲁⲕ. ⲡⲉϫⲁϥ ϫⲉ ⲙⲫⲏ. ⲡⲉϫⲉ ⲡⲓϧⲉⲗⲗⲟ ⲛⲁϥ ϫⲉ ϩⲱⲗ ⲛⲣⲁⲥϯ ⲙⲁ ⲱⲟⲩ ⲛⲱⲟⲩ ⲉⲕϫⲱ ⲙⲙⲟⲥ ϫⲉ ⲛⲑⲱⲧⲉⲛ ϩⲁⲛ ⲁⲡⲟⲥⲧⲟⲗⲟⲥ ⲛⲉⲙ ϩⲁⲛ ⲁⲅⲓⲟⲥ ⲛⲉⲙ ϩⲁⲛ ⲑⲙⲏⲓ. ⲟⲩⲟϩ ⲁϥⲓ ϩⲁ ⲡⲓϧⲉⲗⲗⲟ ⲉϥϫⲱ ⲙⲙⲟⲥ ϫⲉ ⲁⲓϯ ⲱⲟⲩ ⲛⲱⲟⲩ. ⲟⲩⲟϩ ⲡⲉϫⲉ ⲡⲓϧⲉⲗⲗⲟ ⲛⲁϥ ϫⲉ ⲙⲡⲟⲩⲉⲣ ⲟⲩⲱ ⲛⲁⲕ ⲛϩⲗⲓ. ⲡⲉϫⲁϥ ϫⲉ ⲙⲫⲏ. ⲡⲉϫⲉ ⲡⲓϧⲉⲗⲗⲟ ⲛⲁϥ ϫⲉ ⲁⲕⲛⲁⲩ ϫⲉ ⲁⲕⲉⲣ ⲟⲩⲏⲣ ⲛϩⲱⲟⲩϣ ⲉⲣⲱⲟⲩ ⲟⲩⲟϩ ⲙⲡⲟⲩϫⲉ ϩⲗⲓ ⲛⲁⲕ ⲟⲩⲟϩ ⲁⲕϯ ⲟⲩⲏⲣ ⲛⲱⲟⲩ ⲛⲱⲟⲩ ⲙⲡⲟⲩⲉⲣ ⲟⲩⲱ ⲛϩⲗⲓ (-ⲓⲉ-) ⲡⲁⲓⲣⲏϯ ⲛⲑⲟⲕ ϩⲱⲕ ⲉϣⲱⲡ ⲭⲟⲩⲱϣ ⲉⲛⲟϩⲉⲙ ϩⲱⲗ ⲁⲣⲓ ⲣⲉϥⲙⲱⲟⲩⲧ ⲉⲛϣⲱⲡ ⲁⲛ ⲙⲡϣⲱϣ ⲛⲛⲓⲣⲱⲙⲓ ⲛⲉⲙ ⲡⲟⲩⲧⲁⲓⲟ ⲙⲫⲣⲏϯ ϩⲱⲟⲩ ⲛⲛⲓⲣⲉϥⲙⲱⲟⲩⲧ ⲟⲩⲟⲛ ϣϫⲟⲙ ⲙⲙⲟⲕ ⲉⲛⲟϩⲉⲙ.

ⲁⲩϫⲟⲥ ⲟⲛ ⲉⲑⲃⲏⲧϥ ϫⲉ ⲉϣⲱⲡ ⲁⲣⲉϣⲁⲛ ⲟⲩⲟⲛ ⲓ ϩⲁⲣⲟϥ ϧⲉⲛ ⲟⲩϩⲟϯ ⲙⲫⲣⲏϯ ⲛⲟⲩⲁⲅⲓⲟⲥ ⲟⲩⲟϩ ⲛⲛⲓϣϯ ⲛϧⲉⲗⲗⲟ ⲛⲁϥϫⲉ ϩⲗⲓ ⲛⲥⲁϫⲓ ⲛⲁϥ ⲁⲛ

peux. » Et lorsque les démons eurent entendu cela, ils s'écrièrent d'une grande voix, disant: « Tu nous as vaincus! » et ils s'en allèrent honteux.

Un frère alla trouver abba Macaire le grand, il lui dit: « Mon père, dis-moi une parole, comment je sauverai mon âme! » — Le vieillard lui dit: « Va dans un tombeau, injurie les morts et jette-leur des pierres. » Le frère, étant allé, dit des injures, puis s'en étant allé, il informa le vieillard. Le vieillard lui dit: « Ils ne t'ont rien dit? » — Il dit: « Non. » — Le vieillard dit: « Va demain, glorifie-les, disant: Vous êtes des apôtres, des saints, des justes. » Et il vint vers le vieillard, disant: « Je les ai glorifiés. » Le vieillard lui dit: « Ils ne t'ont rien dit? » — Il lui dit: « Non. » Le vieillard lui dit: « Tu vois combien tu les as injuriés, et ils n'ont rien dit; combien tu les as glorifiés, et ils ne t'ont rien répondu: ainsi toi de même, si tu désires être sauvé, va, fais le mort; ne compte (pour rien) les injures des hommes, ni leurs honneurs, comme les morts; tu peux te sauver. »

On dit de lui que, si un frère allait vers lui avec crainte, comme vers un saint et un grand vieillard, il ne lui disait rien; mais si quelqu'un des frères

---

1. *Cod.* ⲛⲓϧⲉⲙⲱⲛ. — 2. *Cod.* ⲙⲁⲕⲁⲣⲓ. — 3. *Cod.* ⲗⲓⲭ : ⲁϫⲟ ⲛⲟⲩⲥⲁϫⲓ.

ⲡⲉ. ⲉϣⲱⲡ ⲇⲉ ⲁⲣⲉϣⲁⲛ ⲟⲩⲁⲓ ⲛⲛⲓⲥⲛⲏⲟⲩ ϫⲟⲥ ⲛⲁϥ ⲉϥϣⲟϣϥ¹ ϫⲉ ⲡⲁⲓⲱⲧ ϩⲁⲣⲁ ⲉⲕⲟⲓ ⲙⲙⲁⲛ ϭⲁⲙⲟⲩⲗ² ⲉⲕⲕⲉⲗⲡ ϩⲁⲓ ⲉⲕϯ ⲉⲃⲟⲗ ⲛⲁϯⲟⲩⲟⲓ ⲉⲣⲟⲕ ⲁⲛ ⲡⲉ ⲛϫⲉ ⲛⲓⲣⲉϥϩⲁⲣⲉϩ ⲁⲣⲉϣⲁⲛ ⲟⲩⲁⲓ ⲇⲉ ⲥⲁϫⲓ ⲛⲉⲙⲁϥ ϧⲉⲛ ⲛⲁⲓⲥⲁϫⲓ ϣⲁϥⲥⲁϫⲓ ⲛⲉⲙⲱⲟⲩ ϧⲉⲛ ⲟⲩⲣⲁϣⲓ ⲙⲫⲏ ⲉⲧⲟⲩⲛⲁϣⲉⲛϥ ⲉⲣⲟϥ.

ⲁϥϫⲟⲥ ⲛϫⲉ ⲁⲃⲃⲁ ϭⲓϭⲱⲓ³ ϫⲉ ϩⲟⲧⲉ ⲉⲓϣⲉⲛ ϣⲓⲏⲧ ⲛⲉⲙ ⲁⲃⲃⲁ ⲙⲁⲕⲁⲣⲓⲟⲥ⁴ ⲁⲛ ⲉⲡϣⲱⲓ ⲛⲉⲙⲁϥ ⲉⲱⲥϧ ⲉⲛⲉⲣ ⲍ̅ ϩⲏⲡⲡⲉ ⲛⲁⲥϭⲣⲓⲧ ⲥⲁ ⲫⲁϩⲟⲩ ⲙⲙⲟⲛ ⲛϫⲉ ⲟⲩⲭⲏⲣⲁ ⲟⲩⲟϩ ⲛⲁⲥⲭⲱ ⲛⲧⲟⲧⲥ ⲉⲃⲟⲗ ⲁⲛ ⲡⲉ ⲉⲥⲣⲓⲙⲓ. ⲁϥⲙⲟⲩϯ ⲟⲛ ⲛϫⲉ ⲡⲓϧⲉⲗⲗⲟ ⲉⲡⲟⲥ ⲙⲡⲓⲟϩⲓ ⲡⲉϫⲁϥ ⲛⲁϥ ϫⲉ ⲟⲩ ⲡⲉ ⲉⲧϣⲟⲡ⁵ ⲛⲧⲁⲓϧⲉⲗⲗⲱ ⲉⲥⲣⲓⲙⲓ ⲉϥⲙⲏⲛ⁶. ⲡⲉϫⲁϥ ⲛⲁⲥ (-ⲓⲥ-) ϫⲉ ⲛⲉ ⲟⲩⲟⲛ ⲟⲩⲡⲁⲣⲁⲑⲏⲕⲏ⁷ ⲡⲉ ⲛⲧⲉ ⲟⲩⲁⲓ ⲉⲡⲉⲥϩⲁⲓ ⲟⲩⲟϩ ⲁϥⲙⲟⲩ ⲛϧⲱⲗϥ ⲙⲡⲉϥϫⲟⲥ ⲛⲁⲥ ϫⲉ ⲁⲓⲭⲁⲥ ⲛⲑⲱⲛ ⲟⲩⲟϩ ⲁ ⲡⲟⲥ ⲛϯⲡⲁⲣⲁⲑⲏⲕⲏ ⲟⲩⲱϣ ⲉⲟⲗⲥ ⲛⲉⲙ ⲛⲉⲥϣⲏⲣⲓ ⲉϥⲁⲛ ⲃⲱⲕ. ⲡⲉϫⲉ ⲡⲓϧⲉⲗⲗⲟ ⲛⲁϥ ϫⲉ ⲁϫⲟⲥ ⲛⲁⲥ ϩⲓⲛⲁ ⲛⲧⲉⲥⲓ ϩⲁⲣⲟⲛ ⲉⲡⲓⲙⲁ ⲉⲛⲁⲛⲙⲟⲧⲉⲛ ⲙⲙⲟⲛ ⲙⲙⲁⲩ ⲛϯⲕⲁⲩⲙⲁ. ⲟⲩⲟϩ ⲉⲧⲁⲥⲓ ⲡⲉϫⲉ ⲡⲓϧⲉⲗⲗⲟ ⲛⲁⲥ ϫⲉ ⲥⲟⲃⲉ ⲟⲩ ⲧⲉⲣⲓⲙⲓ ⲉϥⲙⲏⲛ. ⲡⲉϫⲁⲥ ⲛⲁϥ ϫⲉ ⲁ ⲡⲁⲣⲱⲙⲓ ϭⲓ ⲛⲟⲩⲡⲁⲣⲁⲑⲏⲕⲏ ⲛⲧⲉⲛ ⲟⲩⲁⲓ ⲟⲩⲟϩ ⲙⲡⲉϥϫⲟⲥ ⲛⲏⲓ ϫⲉ ⲁⲓⲭⲁⲥ ⲛⲑⲱⲛ. ⲡⲉϫⲉ ⲡⲓϧⲉⲗⲗⲟ ⲛⲁⲥ ϫⲉ ⲁⲙⲏ ⲙⲁⲧⲁⲙⲟⲓ ϫⲉ ⲁⲣⲉⲭⲁϥ ⲛⲑⲱⲛ⁸. ⲟⲩⲟϩ ⲁϥϭⲓ ⲛⲛⲓⲥⲛⲏⲟⲩ ⲛⲉⲙⲁϥ ⲁϥⲓ ⲉⲃⲟⲗ

lui disait en l'injuriant : « Mon père, n'étais-tu pas un chamelier, volant au van, le vendant? Les gardes ne t'ont-ils pas frappé? » Si quelqu'un lui parlait en ces termes, il lui répondait avec joie sur ce qu'il lui avait demandé.

Abba Djidjôi dit : « Lorsque j'étais à Schiit avec abba Macaire, nous montâmes avec lui (vers l'Égypte) pour moissonner : nous étions sept. Voici qu'une veuve glanait derrière nous et ne cessait de pleurer. Le vieillard appela le maître du champ, il lui dit : « Qu'est-il arrivé à cette vieille femme qu'elle pleure continuellement? » — Il lui dit : « Il y avait un dépôt (confié) à son mari, il est mort subitement et ne lui a pas dit où il l'avait placé, et le possesseur du dépôt veut l'emmener esclave avec ses enfants. » — Le vieillard lui dit : « Dis-lui qu'elle vienne vers nous au lieu où nous nous reposerons pendant la chaleur. » — Et lorsqu'elle fut venue, le vieillard lui dit : « Pourquoi pleures-tu sans cesse? » — Elle lui dit : « Mon homme a reçu un dépôt de quelqu'un et ne m'a pas dit où il l'avait placé. » — Le vieillard lui dit : « Viens, montre-moi où tu l'as placé⁹. » — Et il prit ses frères avec lui, il

---

1. *Cod.* LXIV : ⲉϥϣⲟϣ. — 2. *Cod.* LXIV : ⲙⲙⲁⲛ ϭⲁⲙⲟⲩⲗ. — 3. *Cod.* LIX : ⲧⲓϭⲱⲓ. — 4. *Cod.* ⲙⲁⲕⲁⲣⲓ. — 5. *Cod.* ⲡⲉⲧϣⲟⲡ. — 6. Je considère ce mot comme une expression adverbiale. — 7. *Cod.* ⲟⲩⲡⲁⲣⲁⲑⲩⲕⲏ. — 8. *Cod.* ⲁⲣⲉⲭⲁϥ ⲑⲱⲛ. — 9. Il s'agit du mari, et non du dépôt; Macaire veut dire : Où tu as déposé son corps.

ⲛⲉⲙⲁⲥ ⲟⲩⲟϩ ⲉⲧⲁⲩⲓ ⲉⲡⲓⲙⲁ ⲡⲉϫⲉ ⲡⲓϧⲉⲗⲗⲟ ⲛⲁⲥ ϫⲉ ⲙⲁϣⲉ ⲛⲉ ⲉⲡⲉⲛⲓ. ⲟⲩⲟϩ ⲉⲧⲁⲩⲧⲱⲃϩ ⲁ ⲡⲓϧⲉⲗⲗⲟ ⲙⲟⲩϯ ⲉⲡⲓⲣⲉϥⲙⲱⲟⲩⲧ ⲉϥϫⲱ ⲙⲙⲟⲥ ϫⲉ ⲡⲁϥⲙⲁⲛ ⲉⲧⲁⲕⲭⲁ ϯⲡⲁⲣⲁⲑⲏⲕⲏ ⲛⲁⲗⲗⲟⲧⲣⲓⲟⲥ[1] ⲛⲟⲩⲛ. ⲛⲟⲟϥ ⲇⲉ ⲁϥⲉⲣ ⲟⲩⲱ ⲡⲉϫⲁϥ ϫⲉ ⲥⲭⲏ ϧⲉⲛ ⲡⲁⲏⲓ ⲥⲁϧⲣⲏⲓ ⲙⲫⲁⲧ ⲙⲡⲓϭⲗⲟϫ. ⲡⲉϫⲉ ⲡⲓϧⲉⲗⲗⲟ ⲛⲁϥ ϫⲉ ⲛⲑⲟⲕ ⲟⲩⲛ ⲉⲛⲕⲟⲧ ϣⲁ ⲡⲓⲉϩⲟⲟⲩ ⲛⲧⲉ ϯⲁⲛⲁⲥⲧⲁⲥⲓⲥ. ⲉⲧⲟⲩⲛⲁⲩ ⲇⲉ ⲛϫⲉ ⲛⲓⲥⲛⲏⲟⲩ ⲁⲩϩⲉⲓ (-ⲓϩ-) ϧⲁ ⲛⲉϥϭⲁⲗⲁⲩϫ ⲛⲧⲉⲛ ϯϩⲟϯ ⲡⲉϫⲉ ⲡⲓϧⲉⲗⲗⲟ ⲛⲱⲟⲩ ϫⲉ ⲉⲑⲃⲏⲧ ⲁⲛ ⲁ ⲫⲁⲓ ϣⲱⲡⲓ ⲁⲛⲟⲕ ϩⲗⲓ ⲅⲁⲣ ⲁⲗⲗⲁ ⲉⲑⲃⲉ ⲧⲁⲓⲭⲏⲣⲁ ⲛⲉⲙ ⲛⲓⲟⲣⲫⲁⲛⲟⲥ ⲁ ⲫϯ ⲓⲣⲓ ⲙⲡⲁⲓϩⲱⲃ ⲫⲁⲓ ⲇⲉ ⲡⲉ ⲡⲓⲛⲓϣϯ ϫⲉ ⲉⲣⲉ ⲫϯ ⲟⲩⲁϣ ϯⲯⲩⲭⲏ ⲉⲥⲟⲓ ⲛⲁⲑⲛⲟⲃⲓ. ⲟⲩⲟϩ ⲉⲧⲁⲩⲓ ⲁⲩⲧⲁⲙⲉ ϯⲭⲏⲣⲁ ϫⲉ ⲉⲣⲉ ϯⲡⲁⲣⲁⲑⲏⲕⲏ ⲛⲟⲩⲛ ⲛⲟⲟⲥ ϫⲉ ⲉⲧⲁⲥϭⲓⲧⲉ ⲁⲥⲧⲏⲓⲥ ⲙⲡⲉⲥⲛⲏⲃ ⲟⲩⲟϩ ⲁⲥⲉⲣ ⲛⲉⲥϣⲏⲣⲓ ⲛⲣⲉⲙϩⲉ ⲟⲩⲟϩ ⲛⲏ ⲉⲧⲁⲩⲥⲱⲧⲉⲙ ⲁⲩϯ ⲱⲟⲩ ⲙⲫϯ.

ⲁⲃⲃⲁ ⲙⲁⲕⲁⲣⲓⲟⲥ[2] ⲡⲓⲛⲓϣϯ ⲁϥⲭⲁ ϯⲉⲕⲕⲗⲏⲥⲓⲁ ⲉⲃⲟⲗϧⲉⲛ ϣⲓⲏⲧ ⲛⲁϥϫⲱ ⲙⲙⲟⲥ ⲡⲉ ⲛⲛⲓⲥⲛⲏⲟⲩ ϫⲉ ⲫⲱⲧ ⲛⲓⲥⲛⲏⲟⲩ. ⲡⲉϫⲉ ⲟⲩϧⲉⲗⲗⲟ ⲛⲁϥ ϫⲉ ⲁⲛⲛⲁⲫⲱⲧ ⲉⲑⲱⲛ ⲛϩⲟⲩⲟ ⲉⲡⲁⲓϣⲁϥⲉ. ⲟⲩⲟϩ ⲉⲧⲁϥⲭⲁ ⲡⲉϥⲧⲏⲃ ϩⲓⲣⲉⲛ ⲣⲱϥ ⲁϥϫⲱ ⲙⲙⲟⲥ ϫⲉ ⲫⲁⲓ ⲡⲉ ⲡⲓⲫⲱⲧ ⲉⲧⲉ ⲡⲓⲭⲁ ⲣⲱϥ ⲡⲉ.

ⲁϥϫⲟⲥ ⲛϫⲉ ⲁⲃⲃⲁ ⲡⲁⲫⲛⲟⲩϯ ⲡⲓⲙⲁⲑⲏⲧⲏⲥ ⲛⲧⲉ ⲁⲃⲃⲁ ⲙⲁⲕⲁⲣⲓⲟⲥ[3] ϫⲉ

---

sortit avec elle. Lorsqu'ils furent arrivés à l'endroit, le vieillard lui dit : « Va dans ta maison. » — Et lorsqu'ils eurent prié, le vieillard appela le mort, disant : « Un tel, où as-tu mis le dépôt d'autrui? » — Et lui, il répondit, il dit : « Il est en ma maison, en dessous du pied du lit. » — Le vieillard lui dit : « Endors-toi donc jusqu'au jour de la résurrection. » — Et lorsque les frères eurent vu, ils tombèrent de crainte à ses pieds. Le vieillard leur dit : « Ce n'est pas à cause de moi que cela est arrivé, je ne suis rien; mais (c'est) à cause de cette veuve et des orphelins (que) Dieu a fait cette chose; car c'est une grande chose, que Dieu désire l'âme sans péché. » — Et lorsqu'ils furent allés, ils informèrent la veuve, disant : « Le dépôt est en tel endroit. » — Et lorsqu'elle l'eut pris, elle le donna à son maître, elle rendit ses fils libres, et ceux qui entendirent (parler de cela) rendirent gloire à Dieu. »

Abba Macaire, en quittant l'église qui était à Schiit, disait aux frères : « Frères, fuyez. » Un vieillard lui dit : « Où fuirons-nous, surtout en ce désert? » Et il mit son doigt sur sa bouche, en disant : « C'est la fuite, » c'est-à-dire le silence.

Abba Paphnouti, le disciple d'abba Macaire, dit : « Je priai le vieillard, en

---

1. *Cod.* ⲛⲁⲗⲗⲟⲧⲣⲓⲟⲛ. — 2. *Cod.* ⲙⲁⲕⲁⲣⲓ. — 3. *Cod.* ⲙⲁⲕⲁⲣⲓ.

ⲁⲓϯ ϩⲟ ⲉⲡⲓⲃⲉⲗⲗⲟ ϫⲉ ⲡⲁⲓⲱⲧ ⲁϫⲉ ⲟⲩⲥⲁϫⲓ ⲛⲏⲓ. ⲡⲉϫⲁϥ ⲛⲏⲓ ϫⲉ ⲙⲡⲉⲣⲉⲣ
ⲡⲉⲧϩⲱⲟⲩ ⲛϩⲗⲓ ⲟⲩⲟϩ ⲙⲡⲉⲣϩⲓ ϩⲗⲓ ⲉⲡϩⲁⲡ ⲟⲩⲟϩ ⲭⲛⲁⲛⲟϩⲉⲙ.

ⲁⲃⲃⲁ ⲙⲱⲧⲥⲏ¹ ⲁϥϫⲟⲥ ⲛⲁⲃⲃⲁ ⲙⲁⲕⲁⲣⲓⲟⲥ² ϯⲟⲩⲱϣ ⲉⲱⲣϥ ⲛⲉⲛⲓⲥⲛⲟⲩ
(-ⲏⲩ) ⲭⲱ ⲙⲙⲟⲓ ⲁⲛ. ⲡⲉϫⲉ ⲁⲃⲃⲁ ⲙⲁⲕⲁⲣⲓⲟⲥ ⲛⲁϥ ϫⲉ ϯⲛⲁⲩ ⲉⲧⲉⲕⲫⲩⲥⲓⲥ
ϫⲏⲛ ⲟⲩⲟϩ ⲙⲙⲟⲛ ϣϫⲟⲙ ⲙⲙⲟⲕ ⲉⲧⲁⲥⲑⲉ ⲟⲩⲥⲟⲛ ⲉⲃⲟⲗ ⲓⲥϫⲉ ϫⲉ ⲭⲟⲩⲱϣ
ⲉⲱⲣϥ ⲛⲧⲁ ⲫⲁⲓ ⲛⲉ ⲥⲱⲧⲉⲙ ⲛⲥⲱⲓ ϩⲱⲗ ⲉϯⲡⲉⲧⲣⲁ ⲟⲩⲟϩ ⲭⲛⲁⲱⲣϥ. ⲟⲩⲟϩ
ⲉⲧⲁϥⲓⲣⲓ ⲙⲡⲁⲓⲣⲏϯ ⲁϥⲙⲧⲟⲛ.

ⲁϥϫⲟⲥ ⲛϫⲉ ⲁⲃⲃⲁ ⲙⲁⲕⲁⲣⲓⲟⲥ³ ϫⲉ ⲉϣⲱⲡ ⲛⲧⲉⲕⲉⲣⲉⲡⲓⲧⲓⲙⲁⲛ ⲛⲟⲩⲁⲓ ⲟⲩⲟϩ
ⲛⲧⲉ ⲡⲓϫⲱⲛⲧ ⲕⲓⲙ ⲉⲣⲟⲕ ⲁⲕϫⲉⲕ ⲟⲩⲡⲁⲑⲟⲥ ⲉⲃⲟⲗ ⲟⲩ ⲅⲁⲣ ⲛⲧⲉⲕⲛⲟϩⲉⲙ
ⲛⲟⲩⲁⲓ ⲟⲩⲟϩ ⲛⲧⲉⲕⲧⲁⲕⲟⲕ ⲙⲙⲁⲩⲁⲧⲕ.

ⲁϥϫⲟⲥ ⲟⲛ ϫⲉ ⲡⲁⲛⲧⲱⲥ ⲫⲏ ⲉⲧϫⲟⲩϣⲧ ⲉϯⲙⲉⲧϣⲫⲏⲣ ⲛⲧⲉ ⲛⲓⲣⲱⲙⲓ ⲁϥ-
ϩⲉⲛϥ ⲉⲃⲟⲗϩⲁ ϯⲙⲉⲧϣⲫⲏⲣ ⲛⲧⲉ ⲫϯ ⲥⲥϩⲏⲟⲩⲧ ⲅⲁⲣ ϫⲉ ⲟⲩⲟⲓ ⲛⲱⲧⲉⲛ ⲉϣⲱⲡ
ⲁⲣⲉϣⲁⲛ ⲛⲓⲣⲱⲙⲓ ⲧⲏⲣⲟⲩ ϫⲟⲥ ⲛⲱⲧⲉⲛ ϫⲉ ⲕⲁⲗⲱⲥ.

ⲁϥϫⲟⲥ ⲟⲛ ϫⲉ ϯⲙⲉⲩⲓ ⲙⲡⲁⲓⲣⲏϯ ϫⲉ ⲉϣⲱⲡ ⲁⲣⲉⲧⲉⲛϣⲁⲛⲓⲣⲓ ⲕⲁⲧⲁ ⲛⲓ-
ϩⲏⲇⲟⲛⲏ⁴ ⲛⲧⲉ ⲛⲓⲣⲱⲙⲓ ⲛⲑⲱⲟⲩ ϩⲱⲟⲩ ⲥⲉⲛⲁϫⲉⲙ ⲁⲣⲓⲕⲓ ⲉⲧⲉⲧⲉⲛⲙⲉⲧⲁⲧⲉⲣ

disant : Mon père, dis-moi une parole. — Il me dit : Ne fais rien de mal, ne juge personne, tu seras sauvé. »

Abba Moïse dit à abba Macaire : « Je désire vivre seul, les frères m'en empêchent. » Abba Macaire lui dit : « Je vois ta nature molle et que tu ne peux pas mettre un frère à la porte ; si tu désires véritablement être seul, écoute-moi, va dans la montagne⁵ et tu seras seul. » Et lorsqu'il eut fait ainsi, il fut tranquille.

Abba Macaire dit : « Si tu châties quelqu'un et que la colère te meuve, tu as accompli une œuvre de passion ; car tu n'as sauvé personne et tu t'es perdu toi-même. »

Il dit aussi : « Vraiment, celui qui soupire⁶ vers la compagnie des hommes s'est retiré de la compagnie de Dieu, car il est écrit : Malheur à vous, quand même tous les hommes vous diraient : C'est bien. »

Il dit aussi : « Je pense que si vous agissez selon les plaisirs des hommes, eux-mêmes ils accuseront votre manque de crainte⁷, mais, si vous avez

---

1. Cod. ⲙⲱⲧⲥⲏ. — 2. Cod. ⲙⲁⲕⲁⲣⲓ. — 3. Cod. ⲙⲁⲕⲁⲣⲓ. — 4. Cod. ⲛⲓϩⲩⲇⲟⲛⲏ. — 5. Mot à mot : Va dans le rocher. — 6. Mot à mot : Celui qui regarde vers la compagnie des hommes. — 7. Il s'agit de la crainte de Dieu, qui correspond à peu près à ce que nous appelons maintenant *piété*.

ϩⲟϯ ⲉϣⲱⲡ ⲇⲉ ⲁⲣⲉⲧⲉⲛϣⲁⲛⲭⲟϩ ⲉϯⲙⲉⲑⲙⲏⲓ ⲕⲁⲛ ⲁⲩϣⲁⲛϭⲓⲥⲓ ⲛⲟⲩⲕⲟⲩϫⲓ ⲁⲗⲗⲁ ϯⲥⲩⲛⲉⲓⲇⲏⲥⲓⲥ¹ ⲛⲁⲁⲓⲧⲟⲩ ⲙⲃⲉⲗⲗⲉ ⲁⲛ ⲉⲡⲓⲕⲁⲧⲁ ⲫϯ.

ⲁⲓⲥⲱⲧⲉⲙ ⲇⲉ ⲛⲃⲉⲗⲗⲟ ⲛⲧⲉ ⲡⲓⲧⲱⲟⲩ (-ⲓⲱ-) ⲙⲡⲉⲣⲛⲟⲩϫ ⲟⲩⲱⲣⲡ ⲛⲁⲃⲃⲁ ⲙⲁⲕⲁⲣⲓⲟⲥ² ⲡⲓⲛⲓϣϯ ϧⲉⲛ ϣⲓⲏⲧ ⲛⲟⲩⲥⲟⲡ ⲉⲩϯ ϩⲟ ⲉⲣⲟϥ ⲉⲩϫⲱ ⲙⲙⲟⲥ ⲛⲁϥ ϫⲉ ϩⲓⲛⲁ ⲛⲧⲉϥϣⲧⲉⲙ ⲡⲗⲁⲟⲥ ⲧⲏⲣϥ ⲓ ϣⲁⲣⲟⲕ ⲧⲉⲛⲉⲣⲁⲝⲓⲟⲙ ⲙⲙⲟⲕ ⲉⲓ ϣⲁⲣⲟⲛ ϩⲟⲡⲱⲥ ⲛⲧⲉⲛⲛⲁⲩ ⲉⲣⲟⲕ ⲙⲡⲁⲧⲉⲕϣⲉ ⲛⲁⲕ ϩⲁ ⲡⲟⲥ. ⲉⲧⲁϥⲓ ⲇⲉ ⲉⲡⲓⲧⲱⲟⲩ ⲁϥⲑⲱⲟⲩϯ ⲉⲣⲟϥ ⲛϫⲉ ⲡⲓⲗⲁⲟⲥ ⲧⲏⲣϥ ⲛⲁⲩϯ ϩⲟ ⲇⲉ ⲉⲣⲟϥ ⲛϫⲉ ⲛⲓϧⲉⲗⲗⲟⲓ ϫⲉ ⲁϫⲉ ⲟⲩⲥⲁϫⲓ ⲛⲛⲓⲥⲛⲏⲟⲩ. ⲛⲑⲟϥ ⲇⲉ ⲉⲧⲁϥⲣⲓⲙⲓ ⲛⲁϥϫⲱ ⲙⲙⲟⲥ ϫⲉ ⲙⲁⲣⲉⲛⲣⲓⲙⲓ ⲉⲣⲟⲛ ⲛⲓⲥⲛⲏⲟⲩ ⲟⲩⲟϩ ⲙⲁⲣⲉ ⲛⲉⲛⲃⲁⲗ ⲓⲛⲓ ⲛϩⲁⲛ ⲉⲣⲙⲱⲟⲩⲓ ⲉⲡⲉⲥⲏⲧ ⲙⲡⲁⲧⲉⲛϣⲉ ⲛⲁⲛ ⲉⲡⲓⲙⲁ ⲉⲧⲉ ⲛⲉⲛⲉⲣⲙⲱⲟⲩⲓ ⲛⲁⲣⲱⲕϩ ⲙⲡⲉⲛⲥⲱⲙⲁ ⲙⲙⲁⲩ. ⲟⲩⲟϩ ⲉⲧⲁⲩⲣⲓⲙⲓ ⲧⲏⲣⲟⲩ ⲁⲩϩⲓⲧⲟⲩ ⲉϩⲣⲏⲓ ⲉϫⲉⲛ ⲡⲟⲩϩⲟ ⲉⲩϫⲱ ⲙⲙⲟⲥ ϫⲉ ⲧⲱⲃϩ ⲉϫⲱⲛ ⲡⲉⲛⲓⲱⲧ.

ⲁⲓⲥⲱⲧⲉⲙ ⲇⲉ ⲁⲃⲃⲁ ⲙⲁⲕⲁⲣⲓⲟⲥ³ ⲡⲓⲣⲉⲙ ⲛⲭⲏⲙⲓ ⲁϥⲓ ⲛⲟⲩⲥⲟⲡ ⲉⲃⲟⲗϧⲉⲛ ϣⲓⲏⲧ ⲉⲡⲓⲧⲱⲟⲩ ⲙⲡⲉⲣⲛⲟⲩϫ ⲉϯⲡⲣⲟⲥⲫⲟⲣⲁ ⲛⲁⲃⲃⲁ ⲡⲁⲙⲱ ⲟⲩⲟϩ ⲡⲉϫⲉ ⲛⲓϧⲉⲗⲗⲟⲓ ⲛⲁϥ ϫⲉ ⲁϫⲉ ⲟⲩⲥⲁϫⲓ ⲛⲛⲓⲥⲛⲏⲟⲩ ⲱ ⲡⲉⲛⲓⲱⲧ. ⲛⲑⲟϥ ⲇⲉ ⲡⲉϫⲁϥ ϫⲉ ⲙⲡⲁⲧⲉⲣ ⲙⲟ- (-ⲛ-) ⲛⲁⲭⲟⲥ ⲁⲗⲗⲁ ⲁⲓⲛⲁⲩ ⲉⲙⲟⲛⲁⲭⲟⲥ. ⲉⲓϩⲉⲙⲥⲓ ⲅⲁⲣ ⲛⲟⲩⲥⲟⲡ ϧⲉⲛ ϯⲣⲓ ϧⲉⲛ ϣⲓⲏⲧ ⲡⲉϫⲉ ⲡⲓⲙⲉⲩⲓ ⲛⲏⲓ ϫⲉ ⲙⲁϣⲉ ⲛⲁⲕ ⲉⲡϣⲁϥⲉ

envie de la justice, quand même ils souffrent un peu, cependant la conscience ne les rendra pas aveugles à ce qui est selon Dieu. »

J'ai appris que les vieillards de la montagne de Pernoudj envoyèrent une fois vers abba Macaire de Schiit, le priant et disant : « Afin que tout le peuple n'aille pas vers toi, nous te prions de venir vers nous, afin que nous te voyions avant que tu t'en ailles vers le Seigneur. » Lorsqu'il fut allé à la montagne, le peuple entier se réunit à lui; les vieillards le priaient, disant : « Dis une parole aux frères! » Mais lui, après avoir pleuré, il disait : « Pleurons sur nous, ô frères! Que nos yeux fassent couler des larmes avant que nous allions au lieu où nos larmes brûleront notre corps. » Et, lorsqu'ils eurent tous pleuré, ils se jetèrent sur leur visage, disant : « Prie sur nous, notre père. »

J'ai appris que abba Macaire l'Égyptien alla une fois de Schiit à la montagne de Pernoudj pour l'offrande d'abba Pamô; les vieillards lui dirent : « Dis une parole aux frères, notre père! » Lui, il dit : « Je ne suis pas encore devenu moine, mais j'ai vu des moines. Car, comme j'étais assis une fois dans la cellule à Schiit, ma pensée me dit: Va dans le désert et sache ce que tu y verras.

---

1. *Cod.* ϯⲥⲩⲛⲓⲇⲏⲥⲓⲥ. — 2. *Cod.* ⲙⲁⲕⲁⲣⲓ. — 3. *Cod.* ⲙⲁⲕⲁⲣⲓ.

ⲟⲩⲟϩ ⲁⲣⲓ ⲉⲙⲓ ϫⲉ ⲉⲕⲛⲁⲩ ⲉⲟⲩ ⲙⲙⲁⲩ. ⲟⲩⲟϩ ⲁⲓⲟϩⲓ ⲛⲉⲙ ⲡⲁⲙⲉⲩⲓ ⲛ̅
ⲛ̅ⲣⲟⲙⲡⲓ ⲉⲓϫⲱ ⲙⲙⲟⲥ ϫⲉ ⲙⲏⲡⲱⲥ ⲟⲩⲉⲃⲟⲗϩⲓⲧⲉⲛ ⲛⲓⲇⲁⲓⲙⲱⲛ[1] ⲡⲉ ⲟⲩⲟϩ
ⲉⲧⲁ ⲡⲓⲙⲉⲩⲓ ⲟϩⲓ ⲙⲡⲉϥⲣⲏϯ ⲁⲓϣⲉ ⲛⲏⲓ ⲉϧⲟⲩⲛ ⲉⲡϣⲁϥⲉ ⲁⲓϫⲉⲙ ⲟⲩⲗⲓⲙⲛⲏ[2]
ⲙⲙⲱⲟⲩ ⲙⲙⲁⲩ ⲛⲉⲙ ⲟⲩⲛⲏⲥⲟⲥ ϧⲉⲛ ⲧⲉⲥⲙⲏϯ[3] ⲟⲩⲟϩ ⲁⲩⲓ ⲛϫⲉ ⲛⲓⲑⲉⲃ-
ⲛⲱⲟⲩⲓ ⲛⲧⲉ ⲡⲓϣⲁϥⲉ ⲉⲥⲱ ⲉⲃⲟⲗ ⲙⲙⲟⲥ ⲟⲩⲟϩ ⲁⲓⲛⲁⲩ[4] ⲉⲣⲱⲙⲓ ⲃ̅ ϧⲉⲛ ⲧⲟⲩⲙⲏϯ ⲉⲩⲃⲏϣ[5] ⲟⲩⲟϩ ⲁ ⲡⲁⲥⲱⲙⲁ ⲉⲣ ϩⲟϯ ⲛⲁⲓⲙⲉⲩⲓ ϫⲁⲛ ⲡⲛⲁ ⲛⲉ. ⲛⲑⲱⲟⲩ ⲇⲉ
ⲉⲧⲁⲩⲛⲁⲩ ⲉⲣⲟⲓ ⲉⲁⲓⲉⲣ ϩⲟϯ ⲁⲩⲥⲁϫⲓ ⲟⲩⲃⲏⲓ[6] ⲉⲩϫⲱ ⲙⲙⲟⲥ ϫⲉ ⲙⲡⲉⲣⲉⲣ ϩⲟϯ
ⲁⲛⲟⲛ ϩⲱⲛ ⲁⲛⲟⲛ ϩⲁⲛ ⲣⲱⲙⲓ. ⲟⲩⲟϩ ⲡⲉϫⲏⲓ ⲛⲱⲟⲩ ⲛⲑⲱⲧⲉⲛ ϩⲁⲛ ⲉⲃⲟⲗ
ⲑⲱⲛ ⲟⲩⲟϩ ⲉⲑⲃⲉ ⲟⲩ ⲁⲣⲉⲧⲉⲛⲓ ⲉⲡⲁⲓϣⲁϥⲉ. ⲡⲉϫⲱⲟⲩ ϫⲉ ⲁⲛⲟⲛ ⲛⲁ ⲉⲃⲟⲗ
ϧⲉⲛ ⲟⲩⲁⲃⲏⲧ ⲁ ⲟⲩϯ ⲙⲁϯ ϣⲱⲡⲓ ⲁⲛ ⲉⲡⲁⲓⲙⲁ ⲓⲥ ⲙ̅ ⲛⲣⲟⲙⲡⲓ. ⲡⲓⲟⲩⲁⲓ ⲙⲉⲛ
ⲛⲉ ⲟⲩⲣⲉⲙ ⲛⲭⲏⲙⲓ ⲡⲉ ⲡⲓⲭⲉⲧ ϫⲉ ⲛⲉ ⲟⲩⲫⲁⲓⲁⲧ[7] ⲡⲉ. ⲟⲩⲟϩ ⲁⲩϣⲉⲛⲧ ϩⲱ
ⲉⲩϫⲱ ⲙⲙⲟⲥ (-ϫⲉ-) ϫⲉ ⲉⲣⲉ ⲡⲓⲕⲟⲥⲙⲟⲥ ⲛⲁϣ ⲛⲣⲏϯ ⲟⲩⲟϩ ϫⲉ ⲁⲛ ⲡⲓⲙⲱⲟⲩ
ⲛⲏⲟⲩ ⲕⲁⲧⲁ ⲡⲉϥⲥⲛⲟⲩ ⲟⲩⲟϩ ϫⲉ ⲁⲛ ⲡϩⲉ ⲛⲟⲩϩⲓ ⲙⲡⲓⲕⲟⲥⲙⲟⲥ ϣⲟⲡ ⲛϧⲏⲧϥ.
ⲡⲉϫⲏⲓ ⲛⲱⲟⲩ ϫⲉ ⲉⲃⲟⲗϩⲓⲧⲉⲛ ⲡⲓϩⲙⲟⲧ ⲛⲧⲉ ⲫ̅ϯ ⲛⲉⲙ ⲛⲉⲧⲉⲛⲧⲱⲃϩ. ⲁⲓϣⲉⲛⲟⲩ ⲇⲉ ϫⲉ ⲡⲱⲥ ⲟⲩⲟⲛ ϣϫⲟⲙ ⲙⲙⲟⲓ ⲉⲉⲣ ⲙⲟⲛⲁⲭⲟⲥ. ⲡⲉϫⲱⲟⲩ ⲛⲏⲓ ϫⲉ
ⲉϣⲱⲡ ⲁⲣⲉϣⲧⲉⲙ ⲟⲩⲁⲓ ⲭⲟⲗϥ ⲉⲃⲟⲗ ⲛϩⲱⲃ ⲛⲓⲃⲉⲛ ⲛⲧⲉ ⲡⲁⲓⲕⲟⲥⲙⲟⲥ ⲙⲙⲟⲛ

Et je restai cinq ans avec ma pensée, disant : Peut-être vient-elle des démons. Et comme la pensée se tenait en son état, j'entrai dans le désert, j'y trouvai un lac d'eau avec une île en son milieu, et les animaux du désert vinrent y boire. Et je vis deux hommes nus au milieu d'eux. Et mon corps craignit : je pensais que c'étaient des esprits. Mais eux, lorsqu'ils virent que je craignais, ils me parlèrent, disant : « Ne crains pas; nous aussi, nous sommes des hommes. » — Et je dis : « Vous, d'où êtes-vous venus? pourquoi êtes-vous venus en ce désert? » — Ils me dirent : « Nous sommes d'un même couvent; nous fîmes une convention entre nous[8] et nous vînmes ici, voici quarante ans. » — L'un était un Égyptien, l'autre un Libyen. Ils m'interrogèrent aussi, disant : « Comment est le monde? L'eau vient-elle en son temps? Y a-t-il dans le monde abondance?[9] » — Je leur dis : « Par la grâce de Dieu et vos prières. » — Je les interrogeai : « Comment puis-je être moine? » — Ils me répondirent : « Si quelqu'un ne renonce pas à toute œuvre du monde, il ne peut pas être moine. » — Je leur dis : « Moi, je suis faible, je ne peux pas faire comme

---

1. *Cod.* ⲛⲓⲇⲉⲙⲱⲛ. — 2. *Cod.* ⲟⲩⲗⲩⲙⲛⲏ. — 3. *Cod.* LXIV : ⲧⲏⲥⲙⲏϯ. — 4. *Cod.* LXIV : ⲁⲛⲛⲁⲩ, ce qui signifierait que Macaire était accompagné. — 5. *Cod.* LXIV : ⲉⲩⲃⲏϣ ϧⲉⲛ ⲧⲟⲩⲙⲏϯ. — 6. *Cod.* LXIV : ⲟⲩⲃⲏⲓ. — 7. *Cod.* LIX : ⲟⲩⲫⲁⲓⲁⲇ. — 8. Mot à mot : Une convention fut. — 9. Mot à mot : L'abondance du monde est-elle en lui?

ϣⲟⲙ ⲙⲙⲟϥ ⲉⲉⲣ ⲙⲟⲛⲁⲭⲟⲥ. ⲟⲩⲟϩ ⲡⲉϫⲏⲓ ⲛⲱⲟⲩ ϫⲉ ⲁⲛⲟⲕ ⲟⲩϫⲱⲃ
ⲁⲛⲟⲕ ⲙⲙⲟⲛ ϣϫⲟⲙ ⲙⲙⲟⲓ ⲉⲉⲣ ⲡⲉⲧⲉⲛⲣⲏϯ. ⲛⲑⲱⲟⲩ ⲇⲉ ⲡⲉϫⲱⲟⲩ ⲛⲏⲓ
ϫⲉ ⲓⲥϫⲉ ⲙⲙⲟⲛ ϣϫⲟⲙ ⲙⲙⲟⲕ ⲉⲉⲣ ⲡⲉⲛⲣⲏϯ ϩⲉⲙⲥⲓ ϧⲉⲛ ⲧⲉⲕⲣⲓ ⲟⲩⲟϩ ⲣⲓⲙⲓ
ⲉⲛⲉⲕⲛⲟⲃⲓ. ⲁⲓϣⲉⲛⲟⲩ ⲇⲉ ϫⲉ ⲉϣⲱⲡ ⲁⲣⲉϣⲁⲛ ϯⲫⲣⲱ ϣⲱⲡⲓ ⲧⲉⲧⲉⲛϧⲟⲣϣ
ⲁⲛ ⲟⲩⲟϩ ⲉϣⲱⲡ ⲁⲣⲉϣⲁⲛ ϯⲕⲁⲩⲙⲁ ϣⲱⲡⲓ ⲛⲉⲧⲉⲛⲥⲱⲙⲁ ⲣⲟⲕϩ ⲁⲛ. ⲛⲑⲱⲟⲩ
ⲇⲉ ⲡⲉϫⲱⲟⲩ ⲛⲏⲓ ϫⲉ ⲫϯ ⲁϥⲉⲣⲟⲓⲕⲟⲛⲟⲙⲉⲓⲛ¹ ⲟⲩⲇⲉ ϯⲫⲣⲱ ⲧⲉⲛϧⲟⲣϣ ⲁⲛ
ⲟⲩⲇⲉ ⲡⲓϣⲱⲙ ⲧⲉⲛⲣⲟⲕϩ ⲁⲛ. ⲉⲑⲃⲉ ⲫⲁⲓ ⲁⲓϫⲟⲥ ⲛⲱⲧⲉⲛ ϫⲉ ⲙⲡⲁϯⲉⲣ ⲙⲟⲛⲁⲭⲟⲥ ϣⲁ ϯⲛⲟⲩ ⲁⲗⲗⲁ ⲁⲓⲛⲁⲩ ⲉⲙⲟⲛⲁⲭⲟⲥ ⲭⲱ ⲛⲏⲓ ⲉⲃⲟⲗ ⲛⲁⲥⲛⲏⲟⲩ.

(-ⲕⲃ-) ⲁⲩϫⲟⲥ ⲉⲑⲃⲉ ⲁⲃⲃⲁ ⲙⲁⲕⲁⲣⲓⲟⲥ² ϫⲉ ⲁϥϣⲱⲡⲓ ⲛⲛⲟⲩϯ
ϩⲓϫⲉⲛ ⲡⲕⲁϩⲓ ⲙⲫⲣⲏϯ ⲉⲧⲥϧⲏⲟⲩⲧ ϫⲉ ⲙⲫⲣⲏϯ ⲉⲧⲉ ⲫϯ ϩⲱⲃⲥ ⲉⲃⲟⲗ ⲉϫⲉⲛ
ⲡⲓⲕⲟⲥⲙⲟⲥ ⲡⲁⲓⲣⲏϯ ⲁϥϣⲱⲡⲓ ⲛϫⲉ ⲁⲃⲃⲁ ⲙⲁⲕⲁⲣⲓⲟⲥ³ ⲉϥϩⲱⲃⲥ ⲉⲃⲟⲗ ⲉϫⲉⲛ
ⲛⲓϭⲣⲟϩ ⲉⲧⲉϥⲛⲁⲩ ⲉⲣⲱⲟⲩ ⲙⲫⲣⲏϯ ⲉⲧⲉϥⲛⲁⲩ ⲉⲣⲱⲟⲩ ⲁⲛ ⲛⲉⲙ ⲛⲏ ⲉⲧⲉϥⲥⲱⲧⲉⲙ ⲉⲣⲱⲟⲩ ⲙⲫⲣⲏϯ ⲉⲧⲉϥⲥⲱⲧⲉⲙ ⲉⲣⲱⲟⲩ ⲁⲛ.

ϩⲁⲛ ϧⲉⲗⲗⲟⲓ ⲁⲩϣⲉⲛ ⲁⲃⲃⲁ ⲙⲁⲕⲁⲣⲓⲟⲥ⁴ ⲉⲩϫⲱ ⲙⲙⲟⲥ ϫⲉ ⲥϣⲉ ⲛⲧⲱⲃϩ
ⲛⲁϣ ⲛⲣⲏϯ. ⲡⲉϫⲉ ⲡⲓϧⲉⲗⲗⲟ ⲛⲱⲟⲩ ϫⲉ ⲥϣⲉ ⲁⲛ ⲉϫⲉ ⲟⲩⲙⲏϣ ⲛⲥⲁϫⲓ ⲁⲗⲗⲁ
ⲉⲃⲱⲗⲕ ⲛⲛⲉⲕϫⲓϫ ⲉⲡϣⲱⲓ ⲉⲫϯ ⲟⲩⲟϩ ϫⲟⲥ ϫⲉ ⲡⲟⲥ ⲙⲫⲣⲏϯ ⲉⲧⲉⲕⲟⲩⲱϣ
ⲟⲩⲟϩ ⲉⲧⲉϩⲛⲁⲕ ϭⲓ ⲙⲱⲓⲧ ⲛⲏⲓ. ⲉϣⲱⲡ ⲇⲉ ⲟⲩⲑⲗⲓⲯⲓⲥ⁵ ⲧⲉ ⲉⲕϫⲟⲥ ϫⲉ ⲡⲟⲥ

vous. » — Eux, ils me dirent : « Si tu ne peux pas faire comme nous, demeure en ta cellule et pleure tes péchés. » — Je les interrogeai : « Pendant l'hiver, ne gelez-vous point, et pendant l'été⁶, vos corps ne brûlent-ils pas? » — Eux, ils me dirent : « Dieu nous a traités ainsi⁷ ; ni en hiver nous ne gelons, ni en été nous ne brûlons. » — C'est pourquoi je vous ai dit : Jusqu'ici je ne suis pas encore devenu moine, mais j'ai vu des moines. Pardonnez-moi, ô mes frères. »

On rapporte d'abba Macaire qu'il fut Dieu sur terre, selon ce qui est écrit; car comme Dieu a couvert le monde, ainsi abba Macaire couvrit les défauts qu'il vit, comme ceux qu'il ne vit pas; ceux dont il entendit parler, comme ceux dont il n'entendit pas parler.

Quelques vieillards interrogèrent abba Macaire, en disant : « Comment faut-il prier? » — Il leur dit : « Il ne faut pas dire des foules de paroles, mais tendre les mains vers Dieu et dire : Seigneur, comme tu veux, comme il te plaît, guide-moi. S'il y a une calamité, dis : Seigneur, secours-moi; et Celui

---

1. *Cod.* ⲁϥⲉⲣⲟⲓⲕⲟⲛⲟⲙⲓⲛ. — 2. *Cod.* ⲙⲁⲕⲁⲣⲓ. — 3. *Cod.* ⲙⲁⲕⲁⲣⲓ. — 4. *Cod.* ⲙⲁⲕⲁⲣⲓ. — 5. *Cod.* ⲟⲩⲟⲗⲩⲯⲓⲥ. — 6. Mot à mot : S'il fait hiver, s'il fait été. — 7. Mot à mot : Dieu nous a fait cette économie.

ⲁⲣⲓ ⲃⲟⲏⲑⲉⲓⲛ¹ ⲉⲣⲟⲓ ⲟⲩⲟϩ ⲛⲑⲟϥ ⲉⲧⲥⲱⲟⲩⲛ ⲛ︦ϯⲛⲟϥⲣⲓ ϥⲛⲁⲉⲣ ⲡⲓⲛⲁⲓ ⲛⲉⲙⲁⲛ ⲕⲁⲧⲁ ⲛⲉϥⲙⲉⲧϣⲁⲛ ϩⲑⲏϥ ⲛⲉⲙ ⲧⲉϥⲙⲉⲧⲙⲁⲓ ⲣⲱⲙⲓ.

ⲁϥϫⲟⲥ ⲛϫⲉ ⲁⲃⲃⲁ ϭⲓϭⲱⲓ ⲉⲑⲃⲉ ⲁⲃⲃⲁ ⲙⲁⲕⲁⲣⲓⲟⲥ² ϫⲉ ⲁ ⲟⲩⲟⲛ ϩⲓ ⲟⲩⲕⲟⲧ ⲉⲣⲟϥ ⲛⲟⲩⲥⲟⲡ ⲁϥⲛⲁⲩ ⲉϯϫⲟⲙ ⲛⲧⲉ ⲫ︦ϯ︦ ⲉⲥⲙⲟϣⲓ ⲛⲉⲙⲁϥ³. ⲡⲉϫⲉ ⲡⲓϧⲉⲗⲗⲟ ⲛϧⲣⲏⲓ ⲛϧⲏⲧϥ (-ⲕⲧ-) ϫⲉ⁴ ⲱ ⲡⲓⲣⲓⲙⲓ ⲛⲧⲉ ⲡⲓⲣⲱⲙⲓ ⲉⲛⲛⲟⲃⲓ ϫⲉ ϥⲛⲓ ⲙⲙⲟϥ ⲉϫⲉⲛ ϩⲁⲛ ⲁⲣⲉⲧⲏ ⲛⲁⲩ ⲙⲙⲁⲛ. ⲟⲩⲟϩ ⲡⲉϫⲁϥ ⲙⲡⲓⲥⲟⲛ ϩⲱϥ ϫⲉ ⲛⲁϩϯ ⲉⲣⲟⲓ ϫⲉ ⲉⲛⲁⲕⲉⲙⲓ ⲉⲛⲉⲑⲛⲉⲙⲁⲕ ⲛⲁⲕⲛⲁⲉⲣ ϩⲟϯ ⲁⲛ ⲡⲉ ϧⲁ ⲧⲉⲛ ϩⲗⲓ ⲛⲧⲉ ⲡⲓⲕⲟⲥⲙⲟⲥ⁵.

ⲁⲃⲃⲁ ⲙⲁⲕⲁⲣⲓⲟⲥ⁶ ⲛⲉⲙ ⲁⲃⲃⲁ ⲡⲁⲙⲱ ⲉⲩⲙⲟϣⲓ ϩⲓ ⲡⲓⲧⲱⲟⲩ ⲛⲟⲩⲥⲟⲡ ⲁ ⲁⲃⲃⲁ ⲡⲁⲙⲱ ⲁⲙⲟⲛⲓ ⲛⲛⲉⲛϫⲓϫ ⲛⲁⲃⲃⲁ ⲙⲁⲕⲁⲣⲓⲟⲥ⁷ ⲁϥϯ ⲫⲓ ⲉⲣⲱⲟⲩ ⲉϥϫⲱ ⲙⲙⲟⲥ ϫⲉ ⲟⲩⲟⲛ ⲟⲩϫⲟⲙ ⲛⲁⲓ ⲉⲃⲟⲗϧⲉⲛ ⲛⲁⲓⲕⲟⲩϫⲓ ⲛϫⲓϫ. ⲡⲉϫⲉ ⲁⲃⲃⲁ ⲙⲁⲕⲁⲣⲓⲟⲥ⁸ ⲛⲁϥ ϫⲉ ⲁⲛⲓⲧⲕ ⲉϫⲉⲛ ⲟⲩⲭⲁ ⲣⲱϥ ⲡⲁⲥⲟⲛ ⲡⲁⲙⲱ ⲙⲙⲟⲛ ⲁ ⲡⲉⲕⲥⲁϫⲓ ϣⲱⲡⲓ ϧⲉⲛ ⲟⲩⲉⲣ ϣⲓϣⲓ.

ⲁⲩϫⲟⲥ⁹ ⲉⲑⲃⲉ ⲁⲃⲃⲁ ⲙⲁⲕⲁⲣⲓⲟⲥ¹⁰ ⲡⲓⲛⲓϣϯ ϫⲉ ⲁϥϣⲱⲡⲓ ϧⲉⲛ ⲟⲩⲁⲃⲏⲧ ⲛⲟⲩⲥⲟⲡ ⲉϣⲱⲡ ⲛⲧⲉ ⲛⲓⲥⲛⲏⲟⲩ ϯ ⲛⲟⲩⲟⲙ ⲉϧⲟⲩⲛ ⲙⲙⲏⲛⲓ ⲟⲩⲟϩ ⲛⲑⲟϥ ϩⲱϥ

qui sait ce qui est bon aura pitié de nous selon ses miséricordes et son amour pour les hommes. »

Abba Djidjôi¹¹ rapporte au sujet d'abba Macaire : « Un frère alla une fois vers lui, il vit la vertu de Dieu qui marchait avec lui. Le vieillard dit en lui-même : « O combien les larmes que l'homme verse sur ses péchés ne surpassent-elles pas ses vertus¹² ! » — Et il dit au frère : « Crois-moi, si tu savais qui est avec toi, tu ne craindrais devant quelque chose que ce soit au monde. »

Abba Macaire et abba Pamô marchant une fois dans la montagne, abba Pamô prit les mains d'abba Macaire, il les baisa, disant : « Il y a une force qui viendra de ces petites mains. » Abba Macaire lui dit : « Tais-toi, mon fils Pamô¹³, de peur que ta parole ne soit dans une puissance(?) »

On rapporte d'abba Macaire le grand qu'il demeura une fois dans un monastère; lorsque les frères donnaient une natte chaque jour, il en donnait une

---

1. Cod. ⲃⲟⲏⲟⲙ. — 2. Cod. ⲙⲁⲕⲁⲣⲓ. — 3. Cod. ⲗⲓⲝ : ⲛⲥⲱϥ, derrière lui. — 4. Cod. A la marge : ⲥⲟⲕⲉ. — 5. A la marge : ϣⲁ. — 6. Cod. ⲙⲁⲕⲁⲣⲓ. — 7. Cod. ⲙⲁⲕⲁⲣⲓ. — 8. Cod. ⲙⲁⲕⲁⲣⲓ. — 9. Cod. A la marge : ⲟϣ, lis. — 10. Cod. ⲙⲁⲕⲁⲣⲓ. — 11. Selon le manuscrit, je devrais transcrire Gigôi; mais c'est un exemple du changement du ϫ en ϭ. — 12. Mot à mot : O le pleurer de l'homme ses péchés, certes, il surpasse les vertus de combien ! — 13. Mot à mot : Apporte le silence.

ⲉϧⲟⲩⲛ ⲕⲁⲧⲁ ⲅ̄ ⲛⲉϩⲟⲟⲩ. ⲟⲩⲟϩ ⲉⲧⲁ ⲛⲓⲥⲛⲏⲟⲩ ⲛⲁⲩ ⲉⲣⲟϥ ⲁⲩϫⲟⲥ ⲙⲡⲓⲁⲡ-
ⲡⲁ ϫⲉ ⲉⲃⲏⲗ ⲛ̄ⲧⲉ ⲡⲁⲓⲥⲟⲛ ⲛ̄ϣⲉⲙⲙⲟ † ⲙ̄ⲡⲉϥⲑⲟⲩⲙ ⲉϧⲟⲩⲛ ⲙ̄ⲙⲏⲛⲓ ⲙ̄ⲙⲟⲛ
ⲧⲉⲛⲛⲁⲭⲁϥ ⲉϣⲱⲡⲓ ⲛⲉⲙⲁⲛ. ⲟⲩⲟϩ ⲉⲧⲁ ⲡⲓⲁⲡⲁ ϩⲱⲗ ⲉⲧⲉϥⲣⲓ ⲉϥⲟⲩⲱϣ
ⲉϫⲟⲥ ⲛⲁϥ ⲁϥϩⲟϩⲓ ⲉⲣⲁⲧϥ ⲥⲁⲃⲟⲗ ⲛ̄ⲧⲉϥⲣⲓ (-ⲕⲁ-) ⲁϥⲥⲱⲧⲉⲙ ⲉⲣⲟϥ ⲕⲁⲧⲁ
ϣⲉ ⲛ̄ⲥⲟⲡ ⲉϣⲁϥⲧⲏⲓⲥ ϣⲁϥϩⲟϩⲓ ⲉⲣⲁⲧϥ ⲛ̄ⲧⲉϥϣⲗⲏⲗ ⲟⲩⲟϩ ⲛ̄ⲧⲉϥϯ ⲛ̄ⲅ̄
ⲙ̄ⲙⲉⲧⲁⲛⲟⲓⲁ. ⲟⲩⲟϩ ⲥⲁⲧⲟⲧϥ ⲁ ⲡⲓⲁⲡⲁ ⲧⲁⲥⲑⲟ ⲉⲃⲟⲗ ⲉϥϫⲱ ⲙ̄ⲙⲟⲥ ϫⲉ
ⲁⲛⲓⲟⲩⲓ ⲛⲟⲩⲑⲟⲩⲙ ⲛ̄ⲧⲉ ⲁⲃⲃⲁ ⲙⲁⲕⲁⲣⲓⲟⲥ¹ ⲛⲏⲓ. ⲟⲩⲟϩ ⲉⲧⲁⲩⲉⲛϥ ⲁϥⲟⲗϥ
ⲁϥⲃⲉⲣⲃⲱⲣϥ ⲉϧⲣⲏⲓ ⲉⲡⲓϭⲣⲱⲛ ⲛ̄ⲧⲉ ⲡⲓⲁⲙⲣⲉ ⲟⲩⲟϩ ⲙⲉⲛⲉⲛⲥⲁ ⲟⲩⲛⲓϣϯ ⲛ̄ⲛⲁⲩ
ⲉⲧⲟⲩⲕ ⲉⲡⲓϭⲣⲱⲛ ⲟⲩⲟϩ ⲁϥϩⲟϩⲓ ⲉⲣⲁⲧϥ ϫⲉ ⲛ̄ⲧⲉϥϫⲟⲧ ⲡⲓϭⲣⲱⲛ² ⲁϥⲛⲁⲩ
ⲉⲡⲓⲑⲟⲩⲙ ϫⲉ ⲙ̄ⲡⲉ ϩⲗⲓ ⲛ̄ⲧⲁϥⲣⲱⲕϩ ⲉϥⲭⲏ ϧⲉⲛ ⲡⲓⲭⲣⲱⲙ³ ⲟⲩⲟϩ ⲡⲉϫⲉ
ⲡⲓⲁⲡⲁ ⲛ̄ⲛⲓⲥⲛⲏⲟⲩ ϫⲉ ⲡⲓϩⲱⲃ ⲛ̄ϫⲓϫ ⲁϭⲛⲉ ⲡⲣⲁⲝⲓⲥ ϩⲗⲓ ⲡⲉ.

ⲁⲩϫⲟⲥ ⲉⲑⲃⲉ ⲟⲩⲟⲛ ϫⲉ ⲁϥϩⲉⲓ ϧⲉⲛ ⲟⲩⲡⲉⲓⲣⲁⲥⲙⲟⲥ⁴ ⲛ̄ⲟⲩⲥⲟⲡ ϧⲉⲛ ϣⲓⲏⲧ
ⲟⲩⲟϩ ⲁϥϣⲉ ⲛⲁϥ ⲁϥⲧⲁⲙⲉ ⲁⲃⲃⲁ ⲙⲁⲕⲁⲣⲓⲟⲥ⁵ ⲡⲓⲣⲉⲙ ⲣⲁⲕⲟϯ ⲉⲡⲓⲡⲉⲓⲣⲁⲥ-
ⲙⲟⲥ⁶ ⲟⲩⲟϩ ⲉⲧⲁ ⲡⲓϧⲉⲗⲗⲟ ϭⲟⲗⲕϥ ϧⲉⲛ ⲟⲩⲥⲛⲁⲩϩ ⲛ̄ⲧⲉ ⲟⲩⲁⲥⲕⲏⲥⲓⲥ⁷ ϫⲉ
ⲛ̄ⲧⲉϥⲉⲣⲙⲉⲧⲁⲛⲟⲉⲓⲛ⁸ ⲟⲩⲟϩ ⲛ̄ⲧⲉϥϣⲧⲉⲙⲁⲟⲩⲱⲛ ⲙ̄ⲡⲉϥⲣⲟ ϣⲁ ⲟⲩⲭⲣⲟⲛⲟⲥ ⲉⲧⲁϥϣⲉ ⲛⲁϥ ⲟⲩⲛ ⲛ̄ϫⲉ ⲡⲓⲥⲟⲛ ⲁϥϣⲱⲡⲓ ⲉϥϣⲑⲟⲣⲧⲉⲣ ⲉⲑⲃⲉ ⲡⲓⲡⲉⲓⲣⲁⲥⲙⲟⲥ⁹ ⲟⲩⲟϩ

tous les trois jours. Et, lorsque les frères le virent, ils dirent au pape : « Si ce frère étranger ne donne pas sa natte chaque jour, nous ne le laisserons pas demeurer avec nous. » Et lorsque le pape alla à sa cellule dans l'intention de lui dire cela, il s'arrêta en dehors de la cellule, il entendit qu'à chaque coup de pied que Macaire donnait, il se tenait debout pour prier et faisait trois repentances. Et aussitôt le pape retourna, disant : « Apportez-moi une natte d'abba Macaire. » Lorsqu'on la lui eut apportée, il la prit, il la lança dans le four du boulanger; puis, après une grande heure, comme l'on chauffait le four, il resta afin que le four fût éteint; il vit la natte, rien n'avait brûlé, elle se tenait dans le feu, et le pape dit aux frères : « Le travail des mains sans les pratiques (de mortification) n'est rien. »

On rapporte d'un frère qu'il tomba une fois dans une tentation à Schiit; il alla, il informa abba Macaire l'Alexandrin de la tentation. Et, lorsque le vieillard l'eut lié des liens de l'ascèse afin qu'il fit pénitence et n'ouvrît pas sa porte pendant quelque temps, lors donc que le frère s'en fut allé, il devint

---

1. *Cod.* ⲙⲁⲕⲁⲣⲓ. — 2. *Cod.* ⲗⲓⲝ : ⲡⲓⲭⲣⲱⲛ. — 3. *Cod.* ⲗⲓⲝ : ⲡⲓϭⲣⲱⲛ (sic). — 4. *Cod.* ⲡⲓⲣⲁⲥⲙⲟⲥ. — 5. *Cod.* ⲙⲁⲕⲁⲣⲓ. — 6. *Cod.* ⲡⲓⲣⲁⲥⲙⲟⲥ. — 7. *Cod.* ⲁⲥⲕⲩⲥⲓⲥ. — 8. *Cod.* ⲙⲉⲧⲁⲛⲟⲓⲛ. — 9. *Cod.* ⲡⲓⲣⲁⲥⲙⲟⲥ.

ⲉϥⲉⲣⲕⲏⲛ- (-ⲕⲉ-) ⲁⲑⲛⲉⲩⲏⲛ¹ ⲟⲩⲟϩ ⲛⲉϥϫⲱⲕ² ϯⲉⲛⲧⲟⲗⲏ ⲉⲃⲟⲗ ⲁⲛ ⲛⲧⲉ ⲡⲓⲥⲛⲁϩ³ ⲛⲧⲉ ⲁⲃⲃⲁ ⲙⲁⲕⲁⲣⲓⲟⲥ. ⲟⲩⲟϩ ⲉⲧⲁϥϩⲟϫϩⲉϫ ϩⲓⲧⲉⲛ⁴ ⲡⲓⲡⲟⲗⲉⲙⲟⲥ ⲃ̄⁵ ⲁϥⲧⲱⲛϥ ⲁϥϣⲟⲗ ⲉⲡⲙⲁ ⲙⲡⲓⲕⲉⲁⲃⲃⲁ ⲙⲁⲕⲁⲣⲓⲟⲥ⁶ ⲡⲓⲣⲉⲙⲛⲭⲏⲙⲓ ⲁϥⲧⲁⲙⲟϥ ⲉⲑⲃⲉ ⲡⲓⲡⲁⲣⲁⲡⲧⲱⲙⲁ ⲉⲧⲁϥϩⲁⲟⲧⲱ ⲉⲣⲟϥ ⲛⲉⲙ ⲉⲑⲃⲉ ⲡⲓⲥⲛⲁϩ⁷ ⲛⲧⲉ ⲁⲃⲃⲁ ⲙⲁⲕⲁⲣⲓⲟⲥ⁸ ⲡⲓⲣⲉⲙⲣⲁⲕⲟϯ ⲛⲉϥϫⲱⲕ ⲙⲙⲟϥ ⲉⲃⲟⲗ ⲁⲛ. ⲟⲩⲟϩ ⲁ ⲡⲓϧⲉⲗⲗⲟ ⲑⲉⲧ ⲡⲉϥϩⲏⲧ ⲁϥϯ ⲛⲟⲙϯ ⲛⲁϥ ⲛϩⲁⲛ ⲙⲏϣ ⲉϥϫⲱ ⲙⲙⲟⲥ ϫⲉ ϩⲱⲗ ⲡⲁϣⲏⲣⲓ ⲫⲏ ⲉⲧⲉ ⲟⲩⲟⲛ ϣϫⲟⲙ ⲙⲙⲟⲕ ⲁⲣⲓⲧϥ ⲙⲟⲣⲕ ⲉϣⲧⲉⲙⲉⲣ ⲡⲓⲛⲟⲃⲓ ϫⲉ ⲉⲧⲉⲙⲙⲁⲩ ϣⲁ ⲉⲛⲉϩ ⲟⲩⲟϩ ⲑⲁⲓ ⲧⲉ ⲧⲉϥⲙⲉⲧⲁⲛⲟⲓⲁ. ⲟⲩⲟϩ ⲡⲉϫⲉ ⲡⲓⲥⲟⲛ ⲛⲁϥ ϫⲉ ⲉⲛⲁⲣ ⲟⲩ ϫⲉ ϯϣⲉⲣϣⲱⲣ ⲉⲑⲃⲉ ⲡⲓⲥⲛⲁϩ ⲛⲧⲉ ϯⲉⲛⲧⲟⲗⲏ ⲛⲧⲉ ⲁⲃⲃⲁ ⲙⲁⲕⲁⲣⲓⲟⲥ⁹. ⲡⲉϫⲉ ⲡⲓϧⲉⲗⲗⲟ ⲛⲁϥ ϫⲉ ⲉⲣⲉ ⲡⲓⲥⲛⲁϩ ⲛⲧⲉ ⲧⲁⲓⲉⲛⲧⲟⲗⲏ ϭⲓ¹⁰ ⲉⲣⲟⲕ ⲁⲛ ⲁⲗⲗⲁ ⲁϥϭⲛⲟⲩ¹¹ ⲉⲁⲡⲁ ⲙⲁⲕⲁⲣⲓⲟⲥ¹². ⲉⲧⲁϥⲥⲱⲧⲉⲙ ⲇⲉ ⲛϫⲉ ⲁⲃⲃⲁ ⲙⲁⲕⲁⲣⲓⲟⲥ¹³ ⲡⲓⲣⲉⲙⲣⲁⲕⲟϯ ϫⲉ ⲁ ⲡⲓϧⲉⲗⲗⲟ ϫⲟⲥ ⲙⲡⲓⲥⲟⲛ ϫⲉ ⲁⲣⲉ ⲡⲓⲥⲛⲁϩ¹⁴ ϭⲛⲟⲩ ⲉⲁⲃⲃⲁ ⲙⲁⲕⲁⲣⲓⲟⲥ¹⁵ ⲁϥⲧⲱⲛϥ ⲁϥⲫⲱⲧ ⲉⲃⲟⲗ ⲉⲡⲓϩⲉⲗⲟⲥ ⲉⲁϥⲥⲉⲙⲛⲏⲧϥ ⲉϩⲣⲓ ⲙⲙⲁⲩ ⲛⲁⲧ- (-ⲕⲉ-) ⲉⲣⲁⲡⲁⲛⲧⲁⲛ ⲉⲣⲱⲙⲓ ϣⲁ ⲧⲉϥϫⲉⲕ ϯⲉⲛⲧⲟⲗⲏ ⲉⲃⲟⲗ ⲕⲁⲧⲁ ⲡⲓⲥⲛⲁϩ¹⁶ ⲛⲧⲉ ⲡⲓⲥⲏⲟⲩ ⲉⲧⲁϥⲧⲏⲓϥ ⲉⲧⲟⲧϥ

troublé à cause de la tentation et il courut danger, il n'accomplit pas les ordres dont l'avait lié abba Macaire[17]. Et lorsqu'il fut pressé par les deux guerres, il se leva, il alla à l'endroit d'abba Macaire l'Égyptien, il l'informa de la transgression où il se trouvait à cause des ordres[18] d'abba Macaire l'Alexandrin qu'il n'accomplissait pas. Et le vieillard persuada son cœur, il l'encouragea dans une foule (de choses), disant : « Va, mon fils, ce que tu peux, fais-le; ceins-toi pour ne jamais commettre ce péché, et voilà sa pénitence. » Et le frère lui dit : « Que ferai-je, car je suis troublé à cause du lien de commandement d'abba Macaire? » Le vieillard lui dit : « Le lien de cet ordre ne t'a pas pris; mais il a pris apa Macaire. » Lorsque abba Macaire l'Alexandrin eut appris ce que le vieillard avait dit au frère : « Le lien a pris abba Macaire, » il se leva, il s'enfuit dans le ouady, résolu d'y rester sans rencontrer personne jusqu'à ce qu'il eût exécuté l'ordre selon le lien du temps qu'il avait

1. Cod. ⲕⲩⲛⲁⲙⲉⲩⲏⲛ. — 2. Cod. LIX : ⲛϥϫⲱⲕ. — 3. Cod. LIX : ⲡⲓⲥⲛⲁϩ. — 4. Cod. LIX : ⲛⲧⲉⲛ. — 5. Cod. LXIV : ⲡⲓⲡⲟⲗⲉⲙⲟⲥ. — 6. Cod. LXIV : ⲙⲡⲓⲕⲉ — ⲙⲁⲕⲁⲣⲓ. — 7. Cod. LIX : ⲡⲓⲥⲛⲁϩ. — 8. Cod. ⲙⲁⲕⲁⲣⲓ. — 9. Cod. ⲙⲁⲕⲁⲣⲓ. — 10. Cod. LXIV : ϭⲛⲟⲩ ⲉⲣⲟⲕ ⲁⲛ. — 11. Cod. LIX : ⲥϭⲛⲟⲩ ⲉⲁⲃⲃⲁ. — 12. Cod. ⲙⲁⲕⲁⲣⲓ. — 13. Cod. ⲙⲁⲕⲁⲣⲓ. — 14. Cod. LIX : ⲡⲓⲥⲛⲁϩ, orthographe fautive employée par les deux manuscrits plus haut. — 15. Cod. ⲙⲁⲕⲁⲣⲓ. — 16. Cod. LIX : ⲡⲓⲥⲛⲁϩ. — 17. Mot à mot : Les ordres de liens. — 18. Mot à mot : Des liens.

ⲙⲛⲥⲟⲛ ⲟⲩⲟϩ ⲁϥϫⲉⲙⲥⲓ ⲛⲟⲩⲙⲏϣ ⲛⲉϩⲟⲟⲩ ϧⲉⲛ ⲡⲓϣⲉⲗⲟⲥ ϣⲁⲧⲉ ⲡⲉϥⲥⲱⲙⲁ
ϣⲁϥⲓ ⲛⲧⲉⲛ ⲛⲓϫⲟⲗⲙⲉⲥ. ⲁϥⲥⲱⲧⲉⲙ ⲇⲉ ϧⲟⲗ ⲛϫⲉ ⲁⲃⲃⲁ ⲙⲁⲕⲁⲣⲓⲟⲥ¹ ⲡⲓⲣⲉⲙ ⲛⲭⲏⲙⲓ ϫⲉ ⲁ ⲡⲓϧⲉⲗⲗⲟ ⲫⲱⲧ ⲉⲡⲓϣⲉⲗⲟⲥ ⲉⲑⲃⲉ ⲡⲓⲥⲁϫⲓ. ⲁϥⲧⲱⲛϥ ⲛϫⲉ
ⲛⲭⲉⲧ ⲉⲧⲁϥⲓ ⲉⲡⲓϣⲉⲗⲟⲥ ⲉϥⲕⲱϯ ⲛⲥⲱϥ ϣⲁⲧⲉϥϫⲉⲙϥ ⲉⲧⲁϥⲛⲁⲩ ⲇⲉ ⲉⲣⲟϥ
ⲡⲉϫⲁϥ ⲛⲁϥ ϫⲉ ⲡⲓⲕⲁⲗⲟⲅⲉⲣⲟⲥ² ⲁⲛⲟⲕ ⲙⲉⲛ ⲁⲓϫⲉ ⲡⲓⲥⲁϫⲓ ⲉⲑⲃⲉ ⲟⲩⲙⲉⲧⲣⲉϥϯ ⲛⲟⲙϯ ⲛⲧⲉ ⲡⲓⲥⲟⲛ ⲛⲑⲟⲕ ⲇⲉ ⲉⲧⲁⲕⲥⲱⲧⲉⲙ ⲙⲫⲣⲏϯ ⲛⲟⲩⲡⲁⲣⲑⲉⲛⲟⲥ
ⲉⲑⲛⲁⲛⲉⲥ ⲁⲕⲫⲱⲧ ⲉϧⲟⲩⲛ ⲉⲡⲓⲙⲟⲓⲧⲟⲛ ⲉⲧⲥⲁϧⲟⲩⲛ. ⲧⲱⲛⲕ ⲟⲩⲛ ⲡⲁⲓⲱⲧ ⲛⲧⲉⲛ-
ⲧⲁⲥⲟⲛ ⲉⲧⲉⲕⲣⲓ. ⲛⲑⲟϥ ⲇⲉ ⲛⲁϥϫⲱ ⲙⲙⲟⲥ ϫⲉ ⲭⲱ ⲛⲏⲓ ⲉⲃⲟⲗ ⲕⲁⲧⲁ ⲡⲓⲥⲁϫⲓ ⲉⲧⲁϥⲓ ⲉⲃⲟⲗϧⲉⲛ ⲣⲱⲕ ϫⲉ ⲉⲣⲉ ⲡⲓⲥⲁϫⲓ ⲫⲟϩ ⲉⲣⲟⲓ ⲉⲃⲏⲗ ⲛⲧⲁϫⲱⲕ ⲛⲧⲏ-
ⲡⲓ ⲛⲧⲉ ⲡⲓⲉϩⲟⲟⲩ ⲉⲃⲟⲗ ⲛⲧⲉ ⲡⲓⲛⲁϩ³ ⲉⲧⲁⲓⲧⲏⲓϥ ⲙⲡⲓⲥⲟⲛ ⲛϯⲛⲁⲓ⁴ ⲉⲃⲟⲗ ⲁⲛ.
ⲉⲧⲁϥⲛⲁⲩ ⲇⲉ ⲉⲣⲟϥ ⲉϥϩⲩⲡⲟⲙⲉⲛⲓⲛ⁵ (sic) ϧⲉⲛ ⲟⲩⲧⲁϫⲣⲟ ⲁϥⲑⲉⲧ ⲡⲉϥϩⲏⲧ
ϫⲉ ⲡⲁⲓⲣⲏϯ ⲁⲛ ⲁⲗⲗⲁ ⲧⲱⲛⲕ ⲁⲙⲟⲩ ⲉⲃⲟⲗ ⲛⲉⲙⲏⲓ (-ⲕⲏ-) ⲟⲩⲟϩ ⲁⲛⲟⲕ
ⲉⲑⲛⲁⲧⲁⲙⲟⲕ ⲉⲡⲉⲧⲥϣⲉ ⲛⲧⲉⲛⲁⲓϥ. ⲉⲧⲁ ⲡⲉϥϩⲏⲧ ⲇⲉ ⲑⲱⲧ ⲙⲡⲁⲓⲣⲏϯ ⲁϥⲧⲱⲛϥ ⲁϥⲓ ⲉⲃⲟⲗ ⲛⲉⲙⲁϥ ⲟⲩⲟϩ ⲁϥⲥⲁϫⲓ ⲛⲉⲙⲁϥ ⲕⲁⲧⲁ ⲧⲉϥⲕⲁϩⲥ ⲡⲉϫⲁϥ
ⲛⲁϥ ϫⲉ ϩⲱⲗ ⲁⲣⲓ ⲧⲁⲓⲣⲟⲙⲡⲓ ⲉⲕⲟⲩⲱⲙ ⲛⲟⲩⲥⲟⲡ⁶ ⲛϯⲃⲇⲟⲙⲁⲥ. ⲛⲉ ⲟⲩ-
ⲛⲁϩ⁷ ⲇⲉ ⲁⲛ ⲡⲉ ⲫⲁⲓ ⲉⲧⲁϥⲧⲏⲓϥ ⲉⲧⲟⲧϥ ⲁⲗⲗⲁ ⲓⲥϫⲉⲛ ⲙⲡⲁⲧⲉ ⲡⲓⲥⲁϫⲓ ϣⲱⲡⲓ

donné au frère; et il resta une multitude de jours dans le ouady jusqu'à ce que son corps se fût enflé par les (piqûres des) moucherons. Abba Macaire l'Égyptien apprit que le vieillard s'était enfui dans le ouady à cause de la parole. L'autre⁸ se leva, il alla au ouady, le cherchant jusqu'à ce qu'il l'eût trouvé. Lorsqu'il le vit, il lui dit : « O bon vieillard, j'ai dit le mot pour encourager le frère, et toi, (l')ayant entendu comme une bonne vierge, tu as fui dans la chambre intérieure; lève-toi donc, mon frère, retourne à ta cellule. » Mais lui, il disait : « Pardonne-moi; (j'agis) selon la parole sortie de ta bouche, car elle est parvenue jusqu'à moi; si je n'accomplis pas le nombre des jours de l'ordre⁹ que j'ai donné au frère, je ne sortirai pas. » Lorsqu'il vit qu'il le supportait avec fermeté, il persuada son cœur, disant : « Pas ainsi; mais lève-toi, viens avec moi et je t'enseignerai ce qu'il faut faire. » Lorsque son cœur eut été ainsi persuadé, il se leva, il sortit avec lui, il parla avec lui selon sa coutume. Il lui dit : « Va, passe cette année mangeant une fois la semaine. » Ce n'était pas un lien qu'il lui donnait; mais depuis que la parole eut été (pro-

---

1. Cod. ⲙⲁⲕⲁⲣⲓ. — 2. Cod. ⲕⲁⲗⲟⲅⲉⲣⲟⲥ. — 3. Cod. LIX : ⲡⲓⲛⲁⲩⲣ. — 4. Cod. LXIV : ϯⲛⲁⲓ. — 5. Cod. ϩⲩⲡⲟⲙⲉⲛⲓⲛ. — 6. Cod. LIX : ⲛⲟⲩⲥⲟⲛ. — 7. Cod. LIX : ⲟⲩⲥⲛⲁⲩⲣ. — 8. C'est-à-dire Macaire l'Égyptien. — 9. Mot à mot : Du lien.

ⲣⲱ ⲡⲉ ⲑⲁⲓ ⲟⲩⲛ ⲧⲉ †ⲡⲟⲗⲓⲧⲉⲓⲁ¹ ⲛⲧⲉ ⲁⲃⲃⲁ ⲙⲁⲕⲁⲣⲓⲟⲥ² ⲡⲓⲣⲉⲙ ⲣⲁⲕⲟⲧ
ⲉϥⲟⲩⲱⲙ ⲛⲟⲩⲥⲟⲡ³ ⲛ†ⲉⲃⲇⲟⲙⲁⲥ.

ⲁϥϫⲟⲥ ⲛϫⲉ ⲁⲃⲃⲁ ⲙⲁⲕⲁⲣⲓⲟⲥ⁴ ϫⲉ ⲫⲏ ⲉⲑⲙⲁϩ ϩⲏⲧϥ ⲛⲱⲓⲕ ⲛⲉⲙ
ⲙⲱⲟⲩ ⲉϥ† ⲙⲡϣⲟϣⲧ ⲙⲡⲉϥⲏⲓ ⲛⲛⲓⲥⲟⲛⲓ ⲛⲟⲩⲩⲛⲟⲩ ⲛⲟⲩⲱⲧ... ⲟⲩⲟϩ
ⲙⲉⲛⲉⲛⲥⲱⲥ ⲟⲛ ⲉⲧⲁϥϣⲉ ⲛⲁϥ ⲉⲣⲟϥ ⲁϥⲥⲱⲧⲉⲙ ⲉⲣⲟϥ ⲉϥⲣⲓⲙⲓ ⲉϥⲱϣ ⲉⲃⲟⲗ
ⲉϥϫⲱ ⲙⲙⲟⲥ ϫⲉ ⲓⲏⲥ ⲓⲏⲥ ϫⲉ ⲛⲉⲕⲙⲁϣϫ ⲥⲉⲛⲥⲉⲛ ⲁⲛ ⲉⲓⲱϣ ⲉⲡϣⲱⲓ ϩⲁⲣⲟⲕ
ⲙⲡⲓⲉϩⲟⲟⲩ ⲛⲉⲙ ⲡⲉϫⲱⲣϩ ϩⲓⲛⲁ ⲛⲧⲉⲕⲉⲣ ⲡⲛⲁⲓ ⲛⲉⲙⲏⲓ ⲛⲧⲉⲕϣⲉⲛ ϩⲏⲧ
ϩⲁⲣⲟⲓ ⲉⲑⲃⲉ ⲛⲁⲛⲟⲃⲓ ⲟⲩⲇⲉ ⲁⲛⲟⲕ ϩⲱ †ⲛⲁϧⲓⲥⲓ ⲁⲛ ⲉⲓ† ϩⲟ ⲉⲣⲟⲛ.

(–ⲕⲏ–) ⲁⲩϫⲟⲥ ⲉⲑⲃⲉ ⲁⲃⲃⲁ ⲙⲁⲕⲁⲣⲓⲟⲥ⁵ ⲡⲓⲛⲓϣ† ϫⲉ ⲉϥⲙⲟϣⲓ ϧⲉⲛ ⲡⲓ
ⲧⲱⲟⲩ ⲛⲟⲩⲥⲟⲡ ⲁϥⲛⲁⲩ ⲉⲟⲩⲁⲫⲉ ⲛⲧⲉ ⲟⲩⲣⲉϥⲙⲱⲟⲩⲧ ⲉⲥⲥⲛ†⁶ ⲉⲃⲟⲗ ϩⲓϫⲉⲛ
ⲡⲓⲧⲱⲟⲩ ⲁϥⲕⲓⲙ ⲉⲧⲁⲫⲉ ⲁⲥⲉⲣ ⲟⲩⲱ ⲛⲁϥ. ⲡⲉϫⲉ ⲡⲓϧⲉⲗⲗⲟ ⲛⲁⲥ ϫⲉ ⲛⲑⲟ
ⲟⲩ ⲙⲡⲁⲓⲣⲏ† ⲉⲣⲉ ⲥⲁϫⲓ ⲛⲉⲙⲏⲓ. ⲡⲉϫⲉ ⲡⲓⲕⲣⲁⲛⲓⲟⲛ ⲛⲁϥ ϫⲉ ⲁⲛⲟⲕ ⲟⲩϩⲉⲗ
ⲗⲏⲛⲟⲥ ϧⲉⲛ ⲡⲓⲥⲏⲟⲩ ⲛⲧⲉ ⲛⲓⲉⲑⲛⲟⲥ ⲁⲩⲭⲁⲧ ⲉⲃⲟⲗ ⲉⲥⲁϫⲓ ⲛⲉⲙⲁⲕ. ⲡⲉϫⲉ
ⲡⲓϧⲉⲗⲗⲟ ⲛⲁⲥ ϫⲉ ⲟⲩⲟϩ ⲁⲛⲟⲕ ⲛⲓⲙ ⲁⲛⲟⲕ. ⲡⲉϫⲉ ⲡⲓⲕⲣⲁⲛⲓⲟⲛ ⲛⲁϥ ϫⲉ
ⲛⲑⲟⲕ ⲡⲉ ⲁⲃⲃⲁ ⲙⲁⲕⲁⲣⲓⲟⲥ⁷ ⲡⲓⲡⲛⲁⲧⲟⲫⲟⲣⲟⲥ. ⲡⲉϫⲉ ⲡⲓϧⲉⲗⲗⲟ ⲛⲁⲥ ϫⲉ
ϩⲁⲣⲁ ⲉⲕϣⲟⲡ ϧⲉⲛ ⲡⲓⲙⲧⲟⲛ ϣⲁⲛ ⲉⲕϣⲟⲡ ϧⲉⲛ ⲡⲓϧⲓⲥⲓ. ⲡⲉϫⲉ ⲡⲓⲕⲣⲁⲛⲓⲟⲛ

noncée), ce fut le régime de vie d'abba Macaire l'Alexandrin : il mangea une fois la semaine.

Abba Macaire dit : « Celui qui remplit son cœur de pain et d'eau donne les clefs de sa maison aux voleurs en ce moment même... » Ensuite, quand il l'eut visité, il l'entendit pleurer, crier en disant : « Jésus, Jésus, puisque tes oreilles ne résonnent pas, lorsque je crie en haut vers toi jour et nuit, afin que tu aies pitié de moi, que tu me fasses miséricorde pour mes péchés, moi aussi, je ne me fatiguerai pas de te prier. »

On rapporte d'abba Macaire le grand que, marchant une fois dans la montagne, il vit une tête de mort gisant dans la montagne; il remua la tête, elle lui parla. Le vieillard lui dit : « Qui es-tu ainsi, toi qui me parles ? » — Le crâne lui dit : « Moi, je suis un Hellène du temps des Gentils; on m'a permis de te parler. » — Le vieillard lui dit : « Et moi, qui suis-je ? » — Le crâne lui dit : « Toi, tu es abba Macaire le pneumatophore. » — Le vieillard lui dit : « Es-tu dans le repos ou dans la souffrance ? » — Le crâne lui dit : « Je suis dans les tourments. » — Le vieillard lui dit : « De quelle sorte est ton tour-

---

1. *Cod.* ⲡⲟⲗⲏⲧⲓⲁ. — 2. *Cod.* ⲙⲁⲕⲁⲣⲓ. — 3. *Cod.* ⲗⲓⲑ : ⲥⲟⲃ. — 4. *Cod.* ⲙⲁⲕⲁⲣⲓ. — 5. *Cod.* ⲙⲁⲕⲁⲣⲓ. — 6. *Cod.* ⲗⲝⲓⲇ : ⲉⲥⲥⲁ†. — 7. *Cod.* ⲙⲁⲕⲁⲣⲓ.

ⲛⲁϥ ϫⲉ ⲉϣϫⲟⲡ ϧⲉⲛ ⲛⲓⲕⲟⲗⲁⲥⲓⲥ. ⲡⲉϫⲉ ⲡⲓϧⲉⲗⲗⲟ ⲛⲁϥ ϫⲉ ⲟⲩⲁϣ ⲛⲣⲏϯ ⲣⲱ
ⲧⲉ ϯⲕⲟⲗⲁⲥⲓⲥ¹. ⲡⲉϫⲉ ⲡⲓⲕⲣⲁⲛⲓⲟⲛ ⲛⲁϥ ϫⲉ ⲙⲫⲣⲏϯ ⲛⲧⲫⲉ ⲉⲥⲟⲥⲓ ⲉⲡⲛⲁϩⲓ
ⲡⲁⲓⲣⲏϯ ⲟⲛ ⲟⲩⲟⲛ² ⲕⲉⲓⲁⲣⲟ ⲛⲭⲣⲱⲙ ⲥⲁ ⲡϣⲱⲓ ⲛⲧⲉⲛⲁⲫⲉ ⲉϥⲃⲉⲣⲃⲉⲣ³ ⲟⲩⲟϩ
ⲉϥⲁ ⲡⲉⲥⲏⲧ ⲙⲙⲟⲛ ⲉϥϭⲓ ϫⲟⲗ ϧⲁ ⲛⲉⲛϭⲁⲗⲁⲩϫ ⲛⲟϩⲓ ⲉⲣⲁⲧⲉⲛ ϧⲉⲛ ⲧⲉϥⲙⲏϯ
ⲙⲙⲟⲛ ϩⲟ ϫⲟⲩϣⲧ ⲉⲣⲟ ⲛϧⲏⲧⲉⲛ⁴ ⲁⲗⲗⲁ ⲉⲣⲉ ⲡⲉⲛⲥⲟⲓ ⲧⲟⲙⲓ ⲉⲛⲉⲛⲉⲣⲏⲟⲩ.
(-ⲕⲑ-) ⲙⲡⲓⲥⲁⲩ ⲟⲩⲛ ⲉϣⲁⲣⲉ ⲟⲩⲛⲓϣϯ ⲛϯ ϩⲟ ϣⲱⲡⲓ ⲉⲑⲃⲏⲧⲉⲛ ϣⲁⲣⲉ ⲟⲩⲕⲟⲩϫⲓ ⲛⲙⲧⲟⲛ ⲧⲁϩⲟⲛ. ⲡⲉϫⲉ ⲡⲓϧⲉⲗⲗⲟ ⲛⲁϥ ϫⲉ ⲡⲓⲙⲧⲟⲛ ⲟⲩ ⲡⲉ. ⲡⲉϫⲉ
ⲡⲓⲕⲣⲁⲛⲓⲟⲛ ⲛⲁϥ ϫⲉ ϧⲉⲛ ⲟⲩⲣⲓⲕⲓ ⲙⲃⲁⲗ ⲧⲉⲛⲛⲁⲩ ⲉⲡϩⲟ ⲛⲛⲉⲛⲉⲣⲏⲟⲩ. ⲉⲧⲁ
ⲡⲓϧⲉⲗⲗⲟ ⲥⲱⲧⲉⲙ ⲉⲛⲁⲓ ⲁϥⲱϣ ⲉⲃⲟⲗ ⲁϥⲣⲓⲙⲓ ϫⲉ ⲓⲥϫⲉ ⲫⲁⲓ ⲡⲉ ⲡⲓⲙⲧⲟⲛ
ⲛⲧⲉ ϯⲕⲟⲗⲁⲥⲓⲥ ⲓⲉ ⲟⲩⲟⲓ ⲛⲥϩⲓⲙⲓ ⲉⲥϧⲉⲙⲥⲓ ⲛⲉⲙ ⲟⲩⲣⲱⲙⲓ ⲉⲙⲁⲥ ϣⲓⲣⲓ ⲛⲁⲛⲉⲥ
ⲙⲡⲟⲩⲙⲁⲥⲟⲩ ⲉⲡⲓⲕⲟⲥⲙⲟⲥ. ⲡⲉϫⲉ ⲡⲓϧⲉⲗⲗⲟ ⲛⲁϥ ϫⲉ ⲟⲩⲟⲛ ⲕⲟⲗⲁⲥⲓⲥ ⲟⲛ
ⲉⲥϩⲱⲟⲩ ⲉϩⲟⲧⲉ ⲑⲱⲕ. ⲡⲉϫⲉ ⲡⲓⲕⲣⲁⲛⲓⲟⲛ ⲛⲁϥ ϫⲉ ⲥⲉ ⲟⲩⲏ ⲅⲁⲣ ⲉⲧⲥⲁ ⲡⲉⲥⲏⲧ
ⲙⲙⲟⲛ ⲡⲉⲥⲭⲣⲱⲙ ⲡⲉⲥⲭⲣⲱⲙ ⲟⲩⲭⲁⲙⲉ ⲡⲉ ⲉϥⲟⲓ ⲛⲁⲑⲛⲁⲓ ⲉϩⲟⲧⲉ ⲫⲏ.
ⲡⲉϫⲉ ⲡⲓϧⲉⲗⲗⲟ ⲛⲁϥ ϫⲉ ⲟⲩⲟⲛ ⲣⲱⲙⲓ ϩⲓⲱⲧϥ. ⲡⲉϫⲉ ⲡⲓⲕⲣⲁⲛⲓⲟⲛ ⲛⲁϥ ϫⲉ ⲥⲉ
ⲟⲩⲟⲛ ⲛϧⲏⲧϥ⁵. ⲁϥⲟⲩⲟϩⲉⲙ ϫⲟⲥ ⲟⲛ ⲛϫⲉ ⲡⲓⲕⲣⲁⲛⲓⲟⲛ ϫⲉ ⲁⲛⲟⲛ ⲙⲉⲛ ϩⲱⲥ

ment? » — Le crâne lui dit : « Autant le ciel est élevé au-dessus de la terre, de même aussi il y a un fleuve de feu qui bouillonne sur notre tête et en dessous de nous, élevant ses flots sous nos pieds; nous nous tenons au milieu, sans que visage en nous ne voie visage, mais nos dos sont unis l'un à l'autre⁶. Au moment où l'on fait quelque grande prière pour nous, un peu de repos nous est donné. » — Le vieillard lui dit : « Qu'est le repos? » — Le crâne lui dit : « Pendant un clin d'œil, nous nous voyons le visage les uns des autres. » — Lorsque le vieillard eut entendu cela, il cria, il pleura, disant : « Puisque c'est là le repos du tourment, malheur à la femme qui reste avec l'homme pour enfanter des enfants! Il vaudrait mieux qu'on ne les mit pas au monde. » Le vieillard lui dit : « Y a-t-il un châtiment plus mauvais que le tien? » — Le crâne lui dit : « Oui, car celui qui est en dessous de nous, son feu, son feu est plus noir et plus impitoyable que celui-là. » — Le vieillard lui dit : « Y a-t-il des hommes dans ce feu? » — Le crâne lui dit : « Oui, il y en a quelques-uns. » Le crâne recommença de parler, disant : « Nous, comme nous ne con-

---

1. Cod. LIX : ⲟⲩⲁϣ ⲛⲣⲏϯ ⲡⲉ. — 2. Le Cod. LXIV n'a pas ⲟⲛ. — 3. Cod. LIX : ⲉϥⲃⲉⲣⲃⲉⲣ ⲥⲁⲡϣⲱⲓ. — 4. Cod. LIX : deest. — 5. Cod. LIX : ⲟⲩⲟⲛ ⲟⲩⲟⲛ. — 6. Cette phrase est assez embrouillée, la tête veut dire que au-dessus et au-dessous des damnés, il y a autant de feu qu'il y a de distance entre le ciel et la terre, que personne ne se voit et que tous se tournent le dos.

ⲛⲉⲱⲟⲩⲛ ⲙ̅ⲫ̅ϯ ⲁⲛ ⲁⲩϩⲓⲧⲧⲉⲛ ⲉⲧⲁⲓⲕⲟⲗⲁⲥⲓⲥ ⲛⲏ ⲇⲉ ⲉⲧⲥⲱⲟⲩⲛ ⲙⲙⲟϥ
ⲉⲧⲁⲩⲭⲁϥ ⲛⲥⲱⲟⲩ ⲁⲩϩⲓⲧⲟⲩ ⲥⲁⲡⲉⲥⲏⲧ ⲙⲙⲟⲛ.

ⲁⲩϫⲟⲥ ⲉⲑⲃⲉ ⲁⲃⲃⲁ ⲙⲁⲕⲁⲣⲓⲟⲥ[1] ⲡⲓⲛⲓϣϯ ϫⲉ ⲁϥⲉⲣ ⲅ̅ ⲛⲣⲟⲙⲡⲓ ⲉϥϣⲟⲡ
ϧⲉⲛ (-λ-) ⲟⲩⲙϩⲁⲩ ⲉⲣⲉ ⲟⲩⲟⲛ ⲟⲩⲗⲁⲟⲩⲁⲓ ⲛⲣⲉϥⲙⲱⲟⲩⲧ ⲛϧⲏⲧϥ ⲟⲩⲟϩ
ⲙⲉⲛⲉⲛⲥⲁ ϯⲅ̅ ⲛⲣⲟⲙⲡⲓ ⲉⲧⲁϥⲟⲩⲱϣ ⲉϫⲁ ⲡⲓⲙⲁ ⲉⲃⲟⲗ ⲁϥⲟϩⲓ ⲉⲣⲁⲧϥ ⲛϫⲉ
ⲡⲓⲣⲉϥⲙⲱⲟⲩⲧ ϩⲓⲣⲉⲛ ⲡⲓⲣⲟ ⲉϥϫⲱ ⲙⲙⲟⲥ ϫⲉ ϯⲛⲁⲭⲁⲕ ⲉⲃⲟⲗ ⲁⲛ ⲡⲁⲓⲱⲧ.
ⲟⲩⲟϩ ⲡⲉϫⲉ ⲡⲓϧⲉⲗⲗⲟ ⲛⲁϥ ϫⲉ ⲉⲑⲃⲉ ⲟⲩ. ⲡⲉϫⲉ ⲡⲓⲣⲉϥⲙⲱⲟⲩⲧ ⲛⲁϥ ϫⲉ
ⲙⲡⲁⲧⲉⲕⲓ ⲉϧⲟⲩⲛ ⲙⲡⲁⲓⲙϩⲁⲩ ⲛⲁⲓⲭⲏ ⲡⲉ ϧⲉⲛ ϩⲁⲛ ⲛⲓϣϯ ⲛϫⲓⲥⲓ ⲛⲉⲙ ϩⲁⲛ[2]
ⲧϩⲉⲙⲕⲟ ⲉⲧⲁⲕ ⲇⲉ ⲉϧⲟⲩⲛ ⲉⲡⲁⲓⲙⲁ ⲟⲩⲟϩ ⲁⲕϣⲱⲡⲓ[3] ⲉⲑⲃⲏⲧⲕ ⲁⲩϯ ⲙⲧⲟⲛ
ⲛⲏⲓ. ϯⲉⲣ ϩⲟϯ[4] ⲟⲩⲛ ⲙⲏⲡⲱⲥ ⲁⲓϣⲁⲛⲭⲁⲕ ⲉⲃⲟⲗ ⲛⲥⲉⲧⲁⲥⲑⲟⲓ ⲉⲣⲱⲟⲩ
ⲛⲕⲉⲥⲟⲡ. ϩⲱⲥⲟⲛ ⲟⲩⲛ ⲉⲣⲉ ⲡⲓⲣⲉϥⲙⲱⲟⲩⲧ ⲟϩⲓ ⲉⲣⲁⲧϥ ϩⲓⲣⲉⲛ ⲫⲣⲟ ⲙⲡⲓⲙϩⲁⲩ
ⲁⲥϣⲱⲡⲓ ⲛϫⲉ ⲟⲩⲥⲙⲏ ϫⲉ ⲭⲁ ⲡⲓⲣⲱⲙⲓ ⲛⲧⲉ ⲫ̅ϯ ⲉⲃⲟⲗ ⲉⲃⲏⲗ ⲅⲁⲣ ϫⲉ ⲁⲩϫⲉⲙ ϩⲁⲛ ⲕⲟⲩϫⲓ ⲙⲙⲉⲑⲙⲏⲓ ⲛⲧⲁⲕ ⲉⲡⲓϫⲓ ⲛⲛⲁⲓ ⲛⲁⲕ ⲉⲑⲃⲏⲧⲟⲩ ⲙⲙⲟⲛ
ⲛⲁⲣⲉ ⲫ̅ϯ ⲛⲁⲧⲏⲓⲥ ⲉϧⲣⲏⲓ ⲉⲡϩⲏⲧ ⲙⲡⲉϥⲃⲱⲕ ⲁⲛ ⲡⲉ ⲉⲑⲣⲉϥⲉⲣ ⲧⲁⲓⲅ̅ ⲛⲣⲟⲙⲡⲓ
ϧⲉⲛ ⲡⲁⲓⲙϩⲁⲩ ϩⲓⲛⲁ ⲛⲧⲉ ⲡⲓⲛⲁⲓ ϣⲱⲡⲓ ⲛⲁⲕ ⲉⲃⲟⲗϩⲓⲧⲟⲧϥ.

(-λⲁ-) ⲁⲩϫⲟⲥ ⲉⲑⲃⲉ ⲁⲃⲃⲁ ⲙⲁⲕⲁⲣⲓⲟⲥ[5] ϫⲉ ⲁϥⲣⲁⲟⲩⲱ ϧⲉⲛ ⲡⲓϩⲉⲗⲟⲥ
ⲉϥϫⲉⲛ ⲃⲛⲧ[6] ⲉⲃⲟⲗ ⲟⲩⲟϩ ϩⲱⲥ ⲟⲩⲛ ⲉⲧⲁϥⲕⲏⲛ ⲉϥⲓⲛⲓ ⲙⲙⲱⲟⲩ ⲉⲃⲟⲗ ⲉⲧⲁϥ-

naissions pas Dieu, on nous a jetés en ce tourment; mais ceux qui le connaissent et l'ont abandonné, on les a jetés sous nous. »

On rapporte d'abba Macaire le grand qu'il passa trois ans dans un tombeau où il y avait un mort; et, lorsque après trois ans, il voulut sortir du tombeau, le mort se tint près de la porte, disant : « Je ne te laisserai pas aller, mon père! » — Le vieillard lui dit: « Pourquoi? » — Le mort lui dit : « Avant ton arrivée en ce tombeau, j'étais en de grandes souffrances et douleurs; lorsque tu es venu et as habité ici, à cause de toi, on m'a donné repos. Je crains donc que, si je te laisse aller, on ne m'y rejette une autre fois. » Pendant que le mort se tenait près de la porte, une voix se fit entendre, disant : « Laisse aller l'homme de Dieu; car, si l'on n'avait pas trouvé en toi quelques (actes) de justice pour prendre pitié de toi à cause d'eux, Dieu n'aurait pas mis au cœur de son serviteur de passer ces trois ans dans ce tombeau, afin que pitié te fût à cause de lui. »

On rapporte d'abba Macaire qu'il se trouva une fois dans le ouady cueillant des palmes; et, lorsqu'il eut fini de les cueillir, lorsqu'il les eut réunies pour

---

1. *Cod.* ⲙⲁⲕⲁⲣⲓ. — 2. *Cod.* LIX : ϧⲉⲛ pour ⲛⲉⲙ. — 3. *Cod.* LXIV : ⲉⲧⲁⲕϣⲱⲡⲓ. — 4. *Cod.* LXIV : ϯⲉⲣ ϩⲟⲧ (*sic*). — 5. *Cod.* ⲙⲁⲕⲁⲣⲓ. — 6. *Cod.* LIX : ⲉϥⲛ ⲃⲁⲓ ⲉⲃⲟⲗ.

ⲑⲟⲩⲱⲧⲟⲩ ⲉϧⲟⲩⲛ ⲉϥⲟⲩⲱϣ ⲉⲙⲟⲣⲟⲩ ⲁ ⲟⲩⲇⲁⲓⲙⲱⲛ[1] ⲓ ⲥⲁ ⲡϣⲱⲓ ⲙⲙⲟϥ
ⲙⲫⲣⲏϯ ⲛⲟⲩⲙⲟⲛⲁⲭⲟⲥ ⲉϥⲟⲓ ⲛⲥⲙⲟⲧ ⲉϥϫⲟⲛⲧ ⲟⲩⲟϩ ⲉϥϫⲟⲛ ⲡⲉϫⲁϥ ⲛⲁϥ
ϫⲉ ⲙⲁⲕⲁⲣⲓⲟⲥ[2] ⲙⲡⲉⲣⲙⲟⲣ ⲛⲃⲛⲓ ϣⲁⲧⲉⲕϯ ⲛⲧⲁⲧⲟⲓ ⲛⲏⲓ. ⲟⲩⲟϩ ⲡⲉϫⲉ ⲡⲓϧⲉⲗⲗⲟ ⲛⲁϥ ϫⲉ ⲁⲙⲟⲩ ⲫⲏ ⲉⲧⲉⲕⲟⲩⲁϣϥ ⲁⲗⲓⲧϥ ⲛⲁⲕ[3]. ⲟⲩⲟϩ ⲡⲉϫⲉ ⲡⲓⲇⲁⲓⲙⲱⲛ[4] ⲛⲁϥ ϫⲉ ⲫⲁϣⲟⲩ ⲉⲃⲟⲗ ⲙⲟⲓ ⲛⲟⲩⲧⲟⲓ ⲛⲏⲓ ⲟⲩⲟϩ ⲁⲗⲓⲟⲩⲓ ⲛⲟⲩⲧⲟⲓ[5]
ⲛⲁⲕ ϩⲱⲕ. ⲟⲩⲟϩ ⲁ ⲡⲓϧⲉⲗⲗⲟ ⲫⲁϣⲟⲩ ⲉⲃⲟⲗ ⲟⲩⲟϩ ⲁϥⲭⲁ ⲟⲩⲧⲟⲓ ⲉⲥⲟⲓ
ⲛⲛⲓϣϯ ⲉⲟⲧⲓ ⲟⲩⲟϩ ⲡⲉϫⲁϥ ⲙⲡⲓⲇⲁⲓⲙⲱⲛ[6] ϫⲉ ⲁⲗⲓⲟⲩⲓ ⲙⲟⲛ ⲉⲧⲉⲕⲟⲩⲁϣⲥ
ⲛⲁⲕ ϧⲉⲛ ⲧⲁⲓⲥⲛⲟⲧϥ. ⲟⲩⲟϩ ⲡⲉϫⲉ ⲡⲓⲇⲁⲓⲙⲱⲛ[7] ⲛⲁϥ ϫⲉ ⲙⲙⲟⲛ ⲛⲑⲟⲕ ⲁⲕϭⲓ
ⲙⲡⲓϧⲓⲥⲓ[8] ⲁⲗⲓⲟⲩⲓ ⲙⲡⲓⲥⲁ ⲉⲧⲉⲕⲟⲩⲁϣϥ ⲛⲁⲕ ⲛⲑⲟⲕ ⲛϣⲟⲣⲡ. ⲁ ⲡⲓϧⲉⲗⲗⲟ
ⲱⲗⲓ ⲛϯⲕⲟⲩϫⲓ ⲛⲧⲟⲓ ⲟⲩⲟϩ ⲥⲁⲧⲟⲧϥ ⲁ ⲡⲓⲇⲁⲓⲙⲱⲛ[9] ⲱϣ ⲉⲃⲟⲗ ϫⲉ ⲱ ⲃⲓⲁ
(-ⲗ̄ⲃ̄-) ⲛⲧⲟⲕ ⲙⲁⲕⲁⲣⲓⲟⲥ[10] ⲁⲓϭⲣⲟ ⲅⲁⲣ ⲉⲟⲩⲙⲏϣ ⲁⲗⲗⲁ ⲛⲑⲟⲕ ⲁⲕϭⲣⲟ
ⲉⲣⲟⲓ. ⲟⲩⲟϩ ⲡⲉϫⲉ ⲡⲓϧⲉⲗⲗⲟ ⲛⲁϥ ϫⲉ ⲟⲩ ⲅⲁⲣ ⲛⲑⲟⲕ ⲛⲓⲙ. ⲟⲩⲟϩ ⲡⲉϫⲉ ⲡⲓⲇⲁⲓⲙⲱⲛ[11] ⲛⲁϥ ϫⲉ ⲁⲛⲟⲕ ⲡⲓⲇⲁⲓⲙⲱⲛ[12] ⲛⲧⲉ ⲡⲓϩⲛⲟⲩ. ⲟⲩⲟϩ ⲉⲧⲁ ⲡⲓϧⲉⲗⲗⲟ
ϯ ⲛⲟⲩⲉⲩⲭⲏ ⲁ ⲡⲓⲇⲁⲓⲙⲱⲛ[13] ⲉⲣ ⲁⲑⲟⲩⲱⲛϩ.

ⲁⲩϫⲟⲥ ⲟⲛ ⲉⲑⲃⲏⲧϥ ϫⲉ ⲉϥϣⲗⲏⲗ ⲛⲟⲩⲥⲟⲡ ϧⲉⲛ ⲧⲉϥⲣⲓ ⲛϫⲉ ⲁⲃⲃⲁ ⲙⲁⲕⲁⲣⲓⲟⲥ[14] ⲁ ⲟⲩⲥⲙⲏ ⲓ ⲛⲁϥ ⲉⲥϫⲱ ⲙⲙⲟⲥ ϫⲉ ⲙⲁⲕⲁⲣⲓⲟⲥ[15] ⲙⲡⲁⲧⲉⲕϥⲟϩ

les lier, un démon vint sur lui, comme un moine faisant semblant d'être en colère et d'être en fureur (?). Il lui dit : « Macaire, ne lie pas ces palmes jusqu'à ce que tu m'aies donné ma part. » — Le vieillard lui dit : « Viens, emporte ce que tu veux. » — Et le démon lui dit : « Partage-les; donne-m'en une partie et prends l'autre pour toi. » Et le vieillard les partagea : il en fit une part plus grosse que l'autre et il dit au démon : « Prends des deux celle que tu voudras. » — Et le démon lui dit : « Non; toi, tu as eu la souffrance (de les cueillir), prends d'abord du côté que tu voudras. » Le vieillard prit la petite partie, et aussitôt le démon s'écria : « O violence! toi, Macaire, j'en ai vaincu un grand nombre, mais toi, tu m'as vaincu. » — Et le vieillard lui dit : « Qui es-tu donc? » — Et le démon lui dit : « Je suis le démon du lucre. » Et lorsque le vieillard eut fait une prière, le démon disparut.

On rapporte encore à son sujet que abba Macaire priant une fois dans sa cellule, une voix se fit entendre, disant : « Macaire, tu n'es pas encore arrivé

1. Cod. ⲟⲩⲇⲉⲙⲱⲛ. — 2. Cod. ⲙⲁⲕⲁⲣⲓ. — 3. Cod. ⲗⲝⲓⲩ : ⲛⲉⲧⲉⲕⲟⲩⲁϣϣ ⲁⲛⲓⲧϥ ⲛⲁⲕ. — 4. Cod. ⲡⲓⲇⲉⲙⲱⲛ. — 5. Cod. ⲗⲓⲝ : ⲙⲁ ⲟⲩⲧⲟⲓ ⲛⲏⲓ ⲟⲩⲟϩ ⲁⲗⲓ ⲟⲩⲧⲟⲓ ⲛⲁⲕ ϩⲱⲕ. — 6. Cod. ⲙⲡⲓⲇⲉⲙⲱⲛ. — 7. Cod. ⲡⲓⲇⲉⲙⲱⲛ. — 8. Cod. ⲗⲓⲝ : ϫⲉ ⲙⲙⲟⲛ ⲛⲑⲟⲕ ⲁⲧⲉⲣ (sic) ⲡⲓϧⲓⲥⲓ. — 9. Cod. ⲡⲓⲇⲉⲙⲱⲛ. — 10. Cod. ⲙⲁⲕⲁⲣⲓ. — 11. Cod. ⲡⲓⲇⲉⲙⲱⲛ. — 12. Cod. ⲡⲓⲇⲉⲙⲱⲛ. — 13. Cod. ⲡⲓⲇⲉⲙⲱⲛ. — 14. Cod. ⲙⲁⲕⲁⲣⲓ. — 15. Cod. ⲙⲁⲕⲁⲣⲓ.

ⲉⲡϣⲓ ⲛϩⲣⲱⲙⲓ ⲥⲛⲟⲩϯ ⲉⲧϣⲉⲛ ⲡⲁ ⲫⲗⲁⲕ ⲛϯⲙⲓ. ⲉⲧⲁϥⲧⲱⲛϥ ⲇⲉ ⲛϣⲟⲣⲡ
ⲛϫⲉ ⲡⲓϧⲉⲗⲗⲟ ⲁϥϭⲓ ⲙⲡⲉϥϣⲃⲱⲧ ⲙⲃⲁⲓ ⲁϥⲉⲣ ϩⲏⲧⲥ ⲉⲡⲙⲱⲓⲧ ⲙⲙⲟϣⲓ.
ⲉⲧⲁϥⲫⲟϩ ⲟⲩⲛ ⲉⲡⲓϯⲙⲓ ⲁ ⲟⲩⲁⲅⲅⲉⲗⲟⲥ ⲙⲟϣⲓ ⲛⲉⲙⲁϥ ⲉϥϭⲓ ⲙⲟⲓⲧ ϩⲁϫⲱϥ
ϣⲁ ⲡⲓⲏⲓ. ⲉⲧⲁϥⲕⲱⲗϩ ⲇⲉ ⲉⲡⲓⲣⲟ ⲁⲩⲟⲩⲱⲛ¹ ⲛⲁϥ. ⲉⲧⲁⲉⲙⲓ ⲇⲉ ϫⲉ ⲁⲃⲃⲁ
ⲙⲁⲕⲁⲣⲓⲟⲥ² ⲡⲉ ⲁⲩⲟⲩⲱϣⲧ ⲛⲁϥ ϩⲓϫⲉⲛ ⲡⲓⲕⲁϩⲓ ⲁⲩϣⲟⲡϥ ⲉⲣⲱⲟⲩ ϧⲉⲛ
ⲟⲩⲣⲁϣⲓ. ⲡⲉϫⲉ ⲡⲓϧⲉⲗⲗⲟ ⲛⲱⲟⲩ ϫⲉ ⲉⲑⲃⲉ ⲑⲏⲛⲟⲩ ⲁⲓⲉⲣϩⲩⲡⲟⲙⲉⲛⲓⲛ³
ⲉⲡⲁⲓⲥⲕⲩⲗⲙⲟⲥ ⲛⲧⲉ ⲡⲁⲓⲙⲱⲓⲧ ⲙⲙⲟϣⲓ ⲉⲃⲟⲗϧⲉⲛ ⲡϣⲁϥⲉ ⲁⲛ (-ⲓⲧ-) ⲙⲛⲁⲓ
ⲁϫⲟⲥ ⲟⲩⲛ ⲛⲏⲓ ϫⲉ ⲉⲧⲉⲧⲉⲛϫⲓ ⲛⲉⲣ ϩⲱⲃ ⲟⲩ ⲧⲉ. ⲛⲑⲱⲟⲩ ⲇⲉ ⲉⲩⲟⲩⲱϣ ⲉⲭⲱⲡ
ⲡⲉϫⲱⲟⲩ ⲛⲁϥ ϫⲉ ⲉⲕϣⲓⲛⲓ ⲛⲥⲁ ⲟⲩ ⲛϫⲓ ⲛⲉⲣ ϩⲱⲃ ⲛⲧⲟⲧⲟⲩ ⲛⲛⲁⲓ ⲟⲩⲟⲛ
ⲉⲩⲥⲁϧⲉⲙ. ⲉⲧⲁϥϯ ⲙⲉⲧⲁⲛⲟⲓⲁ ⲟⲩⲛ ⲛϫⲉ ⲡⲓϧⲉⲗⲗⲟ ⲡⲉϫⲁϥ ⲛⲱⲟⲩ ϫⲉ
ⲙⲡⲉⲣⲭⲱⲡ ⲉⲣⲟⲓ ϫⲉ ⲫϯ ⲡⲉ ⲉⲧⲁϥⲧⲁⲟⲩⲟⲓ⁴. ⲉⲧⲁⲩⲉⲣ ϩⲟϯ ⲇⲉ ⲁⲩⲟⲩⲱⲛϩ
ⲉⲣⲟϥ ⲉⲩϫⲱ ⲙⲙⲟⲥ ϫⲉ ⲭⲱ ⲛⲁⲛ ⲉⲃⲟⲗ ⲡⲉⲛⲓⲱⲧ ⲁⲛⲟⲛ ϩⲁⲛ ϣⲉⲙⲙⲱⲟⲩ
ⲉⲃⲟⲗϩⲁ ⲛⲉⲛⲉⲣⲏⲟⲩ ⲛⲧⲉ ⲫϯ ⲕⲁⲧⲁ ⲡⲓⲕⲟⲥⲙⲟⲥ ⲕⲁⲧⲁ ⲟⲩϯ ⲙⲁϯ ⲇⲉ ⲁⲩⲑⲓ-
ⲧⲉⲛ ⲛⲥⲟⲛ ⲃ̄ ⲛⲥⲁⲣⲕⲓⲕⲟⲥ. ⲓⲥ ⲓ̄ⲉ ⲛⲣⲟⲙⲡⲓ ⲙⲫⲟⲟⲩ ⲧⲉⲛϣⲟⲡ ϧⲉⲛ ⲡⲁⲓⲏⲓ ⲟⲩⲟϩ
ⲧⲉⲛⲥⲱⲟⲩⲛ ⲙⲙⲟⲛ ⲁⲛ ⲉⲁⲛⲓⲣⲓ ⲛⲟⲩⲙⲗⲁϩ ⲟⲩⲃⲉ ⲛⲉⲛⲉⲣⲏⲟⲩ ⲓⲉ ⲁ ⲟⲩⲓ ϫⲉ⁵
ⲟⲩⲥⲁϫⲓ ⲛⲁⲣⲅⲟⲛ⁶ ⲛⲧⲉⲥϣⲫⲏⲣⲓ ⲁⲗⲗⲁ ⲛϣⲟⲡ ⲛⲥⲏⲟⲩ ⲛⲓⲃⲉⲛ ϧⲉⲛ ⲟⲩϩⲓ-

à la mesure de deux femmes qui sont en tel village. » Lorsque le vieillard se fut levé au matin, il prit son bâton de palmier, il commença de marcher⁷ jusqu'à ce qu'il fût arrivé au village. Un ange marchait avec lui, le guidant vers la maison. Lorsqu'il eut frappé à la porte, elles lui ouvrirent. Lorsqu'elles surent que c'était abba Macaire, elles l'adorèrent à terre, elles le reçurent avec joie. Le vieillard leur dit : « Pour vous, j'ai enduré la fatigue de ce chemin, du désert je suis venu ici : dites-moi quelle est votre œuvre. » Mais elles, voulant cacher ce qu'elles faisaient, elles lui dirent : « Que désires-tu (savoir) une œuvre de celles qui sont souillées ? » — Lorsque le vieillard eut fait repentance, il leur dit : « Ne me cachez (rien) ; car c'est Dieu qui m'a envoyé. » — Lorsqu'elles eurent craint, elles lui manifestèrent (la chose). disant : « Pardonne-nous, notre frère ; nous sommes toutes deux des étrangères l'une à l'autre selon le monde ; par accord, on nous a faites deux sœurs charnelles. Voici quinze ans aujourd'hui que nous sommes dans cette maison, et nous ne savons pas que nous ayons fait dispute l'une à l'autre, ou que l'une ait dit une parole oiseuse à sa compagne ; mais nous sommes en paix en tout

---

1. Cod. LIX : ⲟⲩⲁⲟⲩⲱⲛ. — 2. Cod. ⲙⲁⲕⲁⲣⲓ. — 3. Cod. ⲁⲓⲉⲣϩⲩⲡⲟⲙⲉⲛⲓⲛ. — 4. Cod. LXIV : ⲡⲉⲧⲁϥⲧⲁⲟⲩⲟⲓ. — 5. Cod. LIX : ϫⲟ. — 6. Cod. ⲛⲁⲣⲕⲟⲛ. — 7. Mot à mot : Il commença le chemin de marcher.

ⲣⲏⲛⲓ[1] ⲛⲉⲙ ⲟⲩⲙⲉϯ ⲛⲟⲩⲱⲧ. ⲁϭⲓ ⲇⲉ ⲉⲛⲉⲛⲙⲉϯ ⲉⲑⲣⲉⲛⲭⲱ ⲛⲥⲱⲛ ⲛⲛⲉⲛϩⲁⲓ ⲟⲩⲟϩ ⲛⲧⲉⲛⲟⲩⲱⲧⲉⲃ ⲉϧⲟⲩⲛ ⲉϥⲃⲓⲟⲥ[2] ⲛⲧⲉ ϯⲙⲉⲧⲡⲁⲣⲑⲉⲛⲟⲥ. ⲟⲩⲟϩ ⲉⲧⲁⲛϯ ϩⲟ ⲉⲛⲉⲛϩⲁⲓ ⲛⲟⲩⲙⲏϣ ⲛⲥⲟⲡ ⲉⲑⲃⲉ ⲡⲁⲓϩⲱⲃ ⲙⲡⲟⲩⲱⲧ ⲉⲭⲁⲛ ⲉⲃⲟⲗ. (-ⲗⲇ-) ⲉⲧⲉⲙⲡⲉ ⲡⲁⲓⲥⲕⲟⲡⲟⲥ ⲓ ⲇⲉ ⲛⲁⲛ ⲉⲃⲟⲗ ⲁⲛⲥⲉⲙⲛⲓ[3] ⲟⲩⲧⲱⲛ ⲛⲉⲙ ⲫϯ ⲛⲟⲩⲁⲗⲱⲛⲕⲓ ϩⲱⲥⲧⲉ[4] ϣⲁ ⲉϩⲣⲏⲓ ⲉⲡⲉⲛⲙⲟⲩ ⲛⲧⲉⲛϣⲧⲉⲙϫⲉ ⲟⲩⲥⲁϫⲓ ⲛⲕⲟⲥⲙⲓⲕⲟⲥ ⲉⲃⲟⲗϧⲉⲛ ⲣⲱⲛ ⲁⲗⲗⲁ ⲛⲧⲉⲛⲉⲣ ⲫⲙⲉⲩⲓ ⲙⲫϯ ⲛⲉⲙ ⲛⲉϥⲁⲅⲓⲟⲥ ⲛⲥⲏⲟⲩ ⲛⲓⲃⲉⲛ ⲛⲉϥⲓ[5] ⲙⲫⲣⲱⲟⲩϣ ⲛⲛⲓⲉⲩⲭⲏ ⲛⲉⲙ ⲛⲓⲛⲏⲥⲧⲉⲓⲁ[6] ϧⲉⲛ ⲟⲩⲙⲟⲩⲛ ⲉⲃⲟⲗ ⲛⲉⲙ ⲟⲩⲙⲉⲑⲛⲁⲏⲧ[7]. ⲉⲧⲁϥⲥⲱⲧⲉⲙ ⲇⲉ ⲉⲛⲁⲓ ⲛϫⲉ ⲁⲃⲃⲁ ⲙⲁⲕⲁⲣⲓⲟⲥ[8] ⲡⲉϫⲁϥ ϫⲉ ϧⲉⲛ ⲟⲩⲙⲉⲑⲙⲏⲓ ⲟⲩⲣⲁⲛ ⲙⲙⲟⲛⲁⲭⲟⲥ ⲁⲛ ⲡⲉ ⲓⲉ ⲛⲕⲟⲥⲙⲓⲕⲟⲥ[9] ⲓⲉ ⲙⲡⲁⲣⲑⲉⲛⲟⲥ ⲓⲉ ⲛⲥϩⲓⲙⲓ ϩⲁ ϩⲁⲓ ⲁⲗⲗⲁ ⲟⲩⲡⲣⲟϩⲁⲓⲣⲉⲥⲓⲥ[10] ⲉⲥⲥⲟⲩⲧⲱⲛ ⲉⲧⲉⲣⲉ[11] ⲫϯ ⲕⲱϯ ⲛⲥⲱⲥ ⲟⲩⲟϩ ⲉϥϯ[12] ⲙⲡⲉϥⲡⲛⲁ ⲉⲑⲟⲩⲁⲃ ⲉϩⲣⲏⲓ ⲉⲣⲱⲟⲩ ⲧⲏⲣⲟⲩ. ⲟⲩⲟϩ ⲉⲧⲁϥϫⲉⲙ ϩⲛⲟⲩ ⲛϫⲉ ⲡⲓⲃⲉⲗⲗⲟ ⲁϥⲕⲟⲧϥ ⲉⲧⲉϥⲣⲓ ⲉϥⲣⲱⲗϩ ϧⲉⲛ ⲛⲉϥϫⲓϫ ⲉϥϫⲱ ⲙⲙⲟⲥ ϫⲉ ⲟⲩⲇⲉ ⲙⲫⲣⲏϯ ⲛⲛⲓⲕⲟⲥⲙⲓⲕⲟⲥ ⲙⲡⲉⲣ ϩⲓⲣⲏⲛⲏ[13] ⲛⲉⲙ ⲡⲁⲥⲟⲛ.

ⲁⲩϫⲟⲥ ⲉⲑⲃⲉ ⲁⲃⲃⲁ ⲙⲁⲕⲁⲣⲓⲟⲥ[14] ⲡⲓⲛⲓϣϯ ϫⲉ ⲛⲁϥϣⲟⲡ ϧⲉⲛ ⲡⲓϣⲁϥⲉ ⲉⲧⲥⲁϧⲟⲩⲛ ⲛⲑⲟϥ ⲙⲙⲁⲩⲁⲧϥ ⲉⲛⲁϥⲭⲏ ⲙⲙⲁⲩ ⲉϥⲉⲣⲁⲛⲁⲭⲱⲣⲉⲓⲛ[15]. ⲥⲁ-

temps et d'une seule pensée. Il nous est venu à la pensée d'abandonner nos maris et de prendre en échange la vie de la virginité; et, lorsque nous eûmes prié nos maris à ce sujet une foule de fois, ils ne furent pas persuadés de nous laisser partir. Lorsque ce dessein ne nous fut pas permis, nous avons pris entre nous et Dieu la résolution que pas une parole mondaine ne serait prononcée par notre bouche jusqu'à notre mort, mais que toujours nous penserions à Dieu et à ses saints, que nous nous occuperions sans cesse des prières, des jeûnes et des miséricordes. » Lorsque abba Macaire eut entendu cela, il dit : « En vérité, ce n'est pas le nom de moine, de mondain, de vierge, de femme avec mari que Dieu cherche, mais c'est un choix droit et à tous il donne son Esprit-Saint. » Et, lorsque le vieillard eut trouvé profit, il se retourna vers sa cellule, frappant des mains, disant : « Je n'ai pas fait la paix avec mon frère comme ces mondaines. »

On rapporte d'abba Macaire le grand qu'il habitait dans le désert intérieur,

---

1. *Cod.* ⲟⲩϩⲓⲣⲏⲛⲏ. — 2. *Cod.* ⳼ⲓⳉ : ⲉⲡⲓⲥⲭⲏⲙⲁ ⲛⲧⲉ : vers l'habit de. — 3. *Cod.* ⳼ⲓⳉ : ⲁⲛⲥⲉⲙⲛⲓ. — 4. *Cod.* ϩⲱⲥⲇⲉ. — 5. *Cod.* ⳼ⲓⳉ : ⲉⲛϭⲓ. — 6. *Cod.* ⲛⲓⲥⲧⲓⲁ. — 7. ⳼ⲭⲓⳋ : ⲛⲉⲙ ⲙⲉⲑⲛⲁⲏⲧ. — 8. *Cod.* ⲙⲁⲕⲁⲣⲓ. — 9. *Cod.* ⳼ⲓⳉ : ⲓⲉ ⲕⲟⲥⲙⲓⲕⲟⲛ. — 10. *Cod.* ⲡⲣⲟϩⲉⲣⲉⲥⲓⲥ. — 11. *Cod.* ⳼ⲓⳉ : ⲉⲣⲉ ⲫϯ. — 12. *Cod.* ⳼ⲓⳉ : ϥϯ. — 13. *Cod.* ϩⲓⲣⲏⲛⲏ. — 14. *Cod.* ⲙⲁⲕⲁⲣⲓ. — 15. *Cod.* ⲁⲛⲁⲭⲱⲣⲓⲛ.

ϩⲟⲧⲛ[1] ⲇⲉ ⲙⲙⲟϥ ⲛⲉ ⲟⲩⲟⲛ ⲛⲉⲛϣⲁϥⲉ ⲙⲙⲁⲩ ⲡⲉ ⲉⲣⲉ (-ⲗⲉ-) ϧⲁⲛ ⲕⲉⲥⲛⲟⲩ ⲛϩⲏⲧϥ ⲟⲩⲟϩ ⲁ ⲡⲓϧⲉⲗⲗⲟ †ϩⲑⲏϥ ⲛⲟⲩⲙⲱⲓⲧ[2] ⲛⲟⲩⲥⲟⲡ. ⲁϥⲛⲁⲩ ⲉⲡⲥⲁⲧⲁⲛⲁⲥ[3] ⲉϥⲛⲏⲟⲩ ϧⲉⲛ ⲟⲩⲥⲭⲏⲙⲁ ⲛⲣⲱⲙⲓ ⲛϣⲙⲱⲟⲩ ⲛⲁϥⲟⲩⲟⲛϩ ⲡⲉ ⲙⲫⲣⲏϯ ⲉⲣⲉ ⲟⲩⲟⲛ ⲟⲩⲥⲧⲓⲭⲁⲣⲓⲟⲛ[4] ⲙⲁⲩ ⲧⲟⲓ ϩⲓⲱⲧϥ ⲉϥⲟⲓ ⲛⲭⲟⲗⲭⲟⲗ ⲟⲩⲟϩ ⲕⲁⲧⲁ ⲭⲟⲗ ⲛⲉ ⲟⲩⲟⲛ ⲟⲩⲕⲛⲃⲓ ⲁϣⲓ ⲉⲣⲟϥ. ⲟⲩⲟϩ ⲡⲉϫⲉ ⲁⲃⲃⲁ ⲙⲁⲕⲁⲣⲓⲟⲥ[5] ⲛⲁϥ ϫⲉ ⲡⲓϧⲉⲗⲗⲟ ⲁⲕⲛⲁ ⲉⲑⲱⲛ. ⲟⲩⲟϩ ⲡⲉϫⲁϥ ϫⲉ †ⲛⲁϣⲓⲛⲓ ⲛⲧⲁϯ ⲫⲙⲉⲩⲓ ⲛⲛⲓⲥⲛⲏⲟⲩ. ⲟⲩⲟϩ ⲡⲉϫⲉ ⲁⲃⲃⲁ ⲙⲁⲕⲁⲣⲓⲟⲥ[6] ⲛⲁϥ ϫⲉ ⲉⲕⲉⲣ ⲟⲩ ⲛⲛⲁⲓⲕⲛⲃⲓ. ⲟⲩⲟϩ ⲡⲉϫⲁϥ ⲛⲁϥ ϫⲉ ϩⲁⲛ ⲅⲉⲩⲙⲁ[7] ⲛⲉ ⲉⲓⲱⲗⲓ ⲙⲙⲱⲟⲩ ⲛⲛⲓⲥⲛⲏⲟⲩ. ⲁⲃⲃⲁ ⲙⲁⲕⲁⲣⲓⲟⲥ[8] ⲇⲉ ⲡⲉϫⲁϥ ⲛⲁϥ ϫⲉ ⲟⲩⲟϩ ⲛⲁⲓ ⲧⲏⲣⲟⲩ. ⲁϥⲉⲣ ⲟⲩⲱ ⲛϫⲉ ⲡⲓⲇⲓⲁⲃⲟⲗⲟⲥ ⲡⲉϫⲁϥ ⲙⲡⲓϧⲉⲗⲗⲟ ϫⲉ ⲉϣⲱⲡ ⲁⲣⲉϣⲧⲉⲙ ⲫⲁⲓ ⲣⲁⲛⲁϥ ⲛⲟⲩⲁⲓ ϣⲁϯ ⲛⲁϥ ⲛⲕⲉⲟⲩⲁⲓ ⲉϣⲱⲡ ⲟⲛ ⲁⲣⲉϣⲧⲉⲙ ⲡⲓⲕⲉⲟⲩⲁⲓ ⲣⲁⲛⲁϥ ϯⲛⲁϯ ⲛⲕⲉⲟⲩⲁⲓ ⲛⲁϥ ⲡⲁⲛⲧⲱⲥ ⲟⲩⲛ ϩⲱϯ ⲡⲉ ⲛⲧⲉ ⲟⲩⲁⲓ ⲙⲙⲱⲟⲩ[10] ⲣⲁⲛⲁϥ. ⲟⲩⲟϩ ⲛⲁⲓ ⲉⲧⲁϥϫⲟⲧⲟⲩ ⲁϥϣⲉ ⲛⲁϥ. ⲁ ⲡⲓϧⲉⲗⲗⲟ ϩⲉⲙⲥⲓ ⲉϥϯ ⲛϩⲑⲏϥ ⲉⲡⲓ- (-ⲗⲉ-) ⲙⲱⲓⲧ ϣⲁⲧⲉϥⲧⲁⲥⲑⲟ ⲟⲩⲟϩ ⲉⲧⲁ ⲡⲓϧⲉⲗⲗⲟ ⲛⲁⲩ ⲉⲣⲟϥ ⲡⲉϫⲁϥ ⲛⲁϥ ϫⲉ ⲙⲱⲟⲩ. ⲡⲉϫⲁϥ ⲛⲁϥ ϫⲉ ⲁϥϣⲱⲛ ⲙⲱⲟⲩ ⲛⲉ[11]. ⲟⲩⲟϩ ⲡⲉϫⲉ ⲁⲃⲃⲁ ⲙⲁⲕⲁⲣⲓⲟⲥ[12] ⲛⲁϥ ϫⲉ ⲉⲑⲃⲉ ⲟⲩ. ⲛⲑⲟϥ ⲇⲉ ⲡⲉϫⲁϥ ⲛⲁϥ ϫⲉ ⲁⲩⲉⲣ ⲁⲅⲣⲓⲟⲥ[13] ⲉⲣⲟⲓ ⲧⲏⲣⲟⲩ ⲛϫⲉ

lui seul se trouvant là, menant la vie anachorétique. A l'intérieur de celui-là, il y avait encore un autre désert où habitaient des frères. Une fois, le vieillard donna son attention[14] au chemin. Il vit Satan qui venait sous l'habit d'un voyageur. Il paraissait comme s'il eût été revêtu d'une toile de lin, percée de trous, et à chaque trou était suspendue une ampoule. Macaire lui dit : « Que fais-tu de ces ampoules? » — Et il lui dit : « Ce sont des aliments que je porte aux frères. » — Abba Macaire lui dit : « Quoi, tout cela? » — Le diable répondit, il dit au vieillard : « Si cette chose ne plaît pas à l'un, je lui en donne une autre, et si l'autre ne lui fait pas plaisir, je lui en donne encore une autre; il faut donc que l'une d'elles lui plaise. » Et lorsqu'il eut dit cela, il s'en alla. Le vieillard s'assit, faisant attention au chemin, jusqu'à ce que le (démon) s'en retournât. Lorsque le vieillard l'eut vu, il lui dit : « Ils vont bien? » — Il lui dit : « Où est *ils vont bien?* » — Abba Macaire lui dit : « Pourquoi? » — Lui, il lui dit : « Les frères ont été sauvages pour moi et

---

1. *Cod.* LIX : ⲥⲁϧⲛⲧ. — 2. *Cod.* LIX : †ϩⲟⲛϣ (sic) ⲛⲟⲩⲙⲱⲓⲧ. — 3. *Cod.* ⲡⲥⲁⲇⲁⲛⲁⲥ. — 4. *Cod.* ⲥⲧⲩⲭⲁⲣⲓⲟⲛ. — 5. *Cod.* ⲙⲁⲕⲁⲣⲓ. — 6. *Cod.* ⲙⲁⲕⲁⲣⲓ. — 7. *Cod.* ⲕⲉⲩⲙⲁ. — 8. *Cod.* ⲙⲁⲕⲁⲣⲓ. — 9. *Cod.* LIX : deest. — 10. *Cod.* LIX : deest. — 11. *Cod.* LIX : ⲁϥϣⲱⲛ ⲙⲙⲱⲟⲩ ⲡⲉ. — 12. *Cod.* ⲙⲁⲕⲁⲣⲓ. — 13. *Cod.* LIX : ⲁⲩⲉⲣ ⲁⲅⲣⲓⲟⲥ. — 14. Mot à mot : Donna son cœur.

ⲛⲓⲥⲛⲏⲟⲩ ⲟⲩⲟϩ ⲙⲙⲟⲛ ϩⲗⲓ ⲉⲣⲁⲛⲉⲭⲉⲥⲑⲁⲓ¹ ⲙⲙⲟⲓ. ⲟⲩⲟϩ ⲁϥⲉⲣ ⲟⲩⲱ ⲛϫⲉ
ⲁⲃⲃⲁ ⲙⲁⲕⲁⲣⲓⲟⲥ² ⲡⲉϫⲁϥ ϫⲉ ⲓⲉ ⲙⲙⲟⲛ ϩⲗⲓ ⲛϣⲫⲏⲣ ⲛⲧⲁⲕ ⲙⲙⲁⲩ ⲁⲛ.
ⲟⲩⲟϩ ⲁϥⲉⲣ ⲟⲩⲱ ⲡⲉϫⲁϥ ϫⲉ ⲟⲩⲗⲟⲩⲁⲓ ⲛϣⲫⲏⲣ ⲛⲧⲏⲓ ⲉⲧⲭⲏ ⲙⲙⲁⲩ ⲟⲩⲟϩ
ⲛⲑⲟϥ ⲉⲧⲥⲱⲧⲉⲙ ⲛⲥⲱⲓ ⲟⲩⲟϩ ⲉϣⲱⲡ ⲛⲧⲉϥⲛⲁⲩ ⲉⲣⲟⲓ ϥⲕⲱϯ ⲙⲫⲣⲏϯ ⲛⲟⲩⲁ-
ⲛⲉⲃⲓ³. ⲟⲩⲟϩ ⲡⲉϫⲉ ⲡⲓϧⲉⲗⲗⲟ ⲛⲁϥ ϫⲉ ⲟⲩⲟϩ ⲛⲓⲙ ⲉⲣⲉⲛϥ (sic). ⲛⲑⲟϥ ⲇⲉ ⲡⲉϫⲁϥ ⲛⲁϥ ϫⲉ ⲑⲉⲟⲡⲉⲙⲡⲧⲟⲥ⁴ ⲡⲉ ⲡⲉϥⲣⲁⲛ. ⲟⲩⲟϩ ⲉⲧⲁϥϫⲉ ⲛⲁⲓ ⲁϥϣⲉ ⲛⲁϥ
ⲁϥⲧⲱⲛϥ ⲇⲉ ⲛϫⲉ ⲁⲃⲃⲁ ⲙⲁⲕⲁⲣⲓⲟⲥ⁵ ⲁϥϣⲉ ⲛⲁϥ ⲉϧⲟⲩⲛ ⲉⲡϣⲁϥⲉ ⲉⲧⲥⲁϧⲟⲩⲛ
ⲙⲙⲟϥ ⲟⲩⲟϩ ⲉⲧⲁ ⲛⲓⲥⲛⲏⲟⲩ ⲥⲱⲧⲉⲙ ⲁⲩϭⲓ ⲛϩⲁⲛ ⲃⲁⲓ ⲁⲩⲓ ⲉⲃⲟⲗ ϩⲁϫⲱϥ
ⲗⲟⲓⲡⲟⲛ ⲡⲓⲟⲩⲁⲓ ⲡⲓⲟⲩⲁⲓ ⲛⲁϥⲥⲟⲃϯ ⲙⲙⲟϥ ⲡⲉ ⲉϥⲙⲉⲩⲓ ϫⲉ ⲉϥⲛⲁⲙⲧⲟⲛ
ⲙⲙⲟϥ ϩⲁⲧⲟⲧϥ⁶ (-ⲗϥ-) ϧⲉⲛ ⲡⲉϥⲏⲓ. ⲡⲓϧⲉⲗⲗⲟ ⲇⲉ ⲉⲧⲁϥϣⲓⲛⲓ ⲡⲉϫⲁϥ ϫⲉ
ⲡⲓⲥⲟⲛ ⲉⲧⲙⲟⲩϯ ⲉⲣⲟϥ ϫⲉ ⲑⲉⲟⲡⲉⲙⲡⲧⲟⲥ ϥⲭⲏ ϧⲉⲛ ⲡⲁⲓⲧⲱⲟⲩ. ⲟⲩⲟϩ
ⲉⲧⲁϥϫⲉⲙϥ ⲁϥϣⲱⲗ ⲉⲧⲉϥⲣⲓ. ⲑⲉⲟⲡⲉⲙⲡⲧⲟⲥ⁷ ⲇⲉ ⲁϥϣⲟⲡϥ ⲉⲣⲟϥ ϧⲉⲛ ⲟⲩⲣⲁϣⲓ ⲛⲉⲙ ⲟⲩⲑⲉⲗⲏⲗ. ⲡⲓϧⲉⲗⲗⲟ ⲇⲉ ⲁϥⲉⲣ ϩⲏⲧⲥ ⲛⲥⲁϫⲓ ⲛⲉⲙⲁϥ ⲟⲩⲟϩ ⲡⲉϫⲁϥ ⲛⲁϥ ϫⲉ ⲛⲓϣⲓⲛⲓ ⲛⲧⲉ ⲡⲉⲕⲙⲉⲩⲓ ⲡⲁⲥⲟⲛ. ⲛⲑⲟϥ ⲇⲉ ⲡⲉϫⲁϥ ⲛⲁϥ ϫⲉ
ⲧⲱⲃϩ ⲉϫⲱⲓ ϯⲉⲣ ϣⲁⲩ. ⲡⲉϫⲉ ⲡⲓϧⲉⲗⲗⲟ ⲛⲁϥ ϫⲉ ⲙⲏ ⲛⲓⲙⲉⲩⲓ ϯ ⲛⲉⲙⲁⲕ⁸.
ⲛⲑⲟϥ ⲇⲉ ⲡⲉϫⲁϥ ϫⲉ ⲧⲉⲱⲥ ϯⲉⲣ ϣⲁⲩ ⲛⲁϥϣⲫⲓⲧ ⲅⲁⲣ ⲡⲉ ⲉϫⲟⲥ. ⲡⲉϫⲉ ⲡⲓϧⲉⲗⲗⲟ ⲛⲁϥ ϫⲉ ⲧⲉⲱⲥ ⲁⲛⲟⲕ ϯϧⲉⲛ ⲧⲁⲓⲏⲡⲓ ⲛⲣⲟⲙⲡⲓ ⲉⲓⲉⲣⲁⲥⲕⲓⲛ⁹ ⲟⲩⲟϩ

personne ne m'a enduré. » — Abba Macaire prit la parole, il dit : « N'avais-tu
aucun ami? » — Il lui répondit, il dit : « J'ai un ami qui est là-bas et il
m'obéit : s'il me voit, il tourne comme un petit animal. » — Le vieillard lui
dit : « Et quel est son nom? » — Lui, il dit : « Théopemptos est son nom. »
Et, lorsqu'il eut dit cela, il s'en alla. Abba Macaire se leva, il marcha vers
l'intérieur du désert; et, lorsque les frères l'apprirent, ils prirent des palmes,
ils marchèrent au-devant de lui. En outre, chaque frère s'était préparé, pensant que Macaire se reposerait près de lui, en sa maison. Mais le vieillard,
lorsqu'il eut salué, dit : « Le frère nommé Théopemptos est-il dans cette
montagne? » Et, lorsqu'il l'eut trouvé, il alla vers sa cellule. Théopemptos
le reçut avec joie et allégresse. Le vieillard commença de converser avec lui
et il lui dit : « Les nouvelles de tes pensées, mon fils? » — Mais lui, il lui
dit : « Prie pour moi, je suis digne. » — Le vieillard lui dit : « Est-ce que
tes pensées te combattent? » — Lui, il dit : « Jusqu'à présent, je suis digne, »
car il avait honte de le dire. Le vieillard lui dit : « Jusqu'à présent, moi qui

---

1. Cod. ⲉⲣⲁⲛⲉⲭⲉⲥⲟⲉ. — 2. Cod. ⲙⲁⲕⲁⲣⲓ. — 3. Cod. ʟɪx : ⲉϥⲕⲱϯ ⲙⲫⲣⲏϯ ⲛⲟⲩⲁⲛⲉⲙⲓ.
— 4. Cod. ʟɪx : ⲑⲉⲟⲡⲉⲛⲧⲟⲥ. — 5. Cod. ⲙⲁⲕⲁⲣⲓ. — 6. Cod. ʟɪx : deest. — 7. Cod. ʟɪx :
ⲟⲑⲟⲡⲉⲛⲧⲟⲥ (sic). — 8. Cod. ʟɪx : ⲙⲏ ⲛⲓⲙⲉⲩⲓ ⲛⲉⲙⲁⲕ. — 9. Cod. ⲉⲓⲉⲣⲁⲥⲕⲓⲛ.

ⲟⲩⲟⲛ ⲛⲓⲃⲉⲛ ⲉⲣⲧⲓⲙⲁⲛ¹ ⲙⲙⲟⲓ ⲁⲛⲟⲕ ⲍⲁ ⲡⲓϩⲉⲗⲗⲟ ⲡⲓⲡⲛⲁ ⲛⲧⲉ ϯⲡⲟⲣⲛⲓⲁ²
ϯϭⲓⲥⲓ ⲛⲏⲓ. ⲁϥⲉⲣ ⲟⲩⲱ ⲛϫⲉ ⲑⲉⲟⲡⲉⲙⲡⲧⲟⲥ ⲡⲉϫⲁϥ ⲛⲁϥ ϫⲉ ⲙⲁ ⲧⲉⲛϩⲟⲧ
ⲡⲁⲓⲱⲧ ⲁⲛⲟⲕ ϩⲱ. ⲡⲓϩⲉⲗⲗⲟ ⲇⲉ ⲉⲁϥϯ ⲙⲁ ⲛⲁϥ ⲉⲥⲁϫⲓ ⲁϥϫⲉ ϩⲁⲛ ⲕⲉⲙⲉⲩⲓ
ⲉⲩϯ ⲛⲉⲙⲁϥ ϣⲁⲧⲉϥⲉⲣⲟⲙⲟⲗⲟⲅⲉⲓⲛ³. ⲉⲓⲧⲁ⁴ ⲡⲉϫⲉ ⲡⲓϩⲉⲗⲗⲟ ⲛⲁϥ ϫⲉ ⲉⲕⲉⲣ-
ⲛⲏⲥⲧⲉⲩⲉⲓⲛ⁵ ⲛⲁϣ ⲛⲣⲏϯ. ⲛⲑⲟϥ ⲇⲉ ⲡⲉϫⲁϥ ϫⲉ ϣⲁ ⲁϫⲡ ⲑ̅ϯ. ⲟⲩⲟϩ ⲡⲉϫⲉ
ⲡⲓϩⲉⲗⲗⲟ ⲛⲁϥ ϫⲉ ⲁ-(-ⲗⲏ-)ⲣⲓ ⲛⲏⲥⲧⲉⲩⲉⲓⲛ⁶ ϣⲁ ⲣⲟⲩϩⲓ ⲟⲩⲟϩ ⲁⲣⲓ ⲁⲥⲕⲉⲓⲛ⁷
ⲟⲩⲟϩ ⲁⲣⲓ ⲁⲡⲟⲥⲟⲛⲑⲏⲥ⁸ ϧⲉⲛ ⲡⲓⲉⲩⲁⲅⲅⲉⲗⲓⲟⲛ ⲛⲉⲙ ⲡⲕⲉⲥⲉⲡⲓ ⲛⲛⲓⲅⲣⲁⲫⲏ
ⲟⲩⲟϩ ⲉϣⲱⲡ ⲛⲧⲉ ⲟⲩⲙⲉⲩⲓ ⲓ ⲉⲣⲟⲕ ⲙⲡⲉⲣϫⲟⲩϣⲧ ⲉϧⲣⲏⲓ ⲁⲗⲗⲁ ϫⲟⲩϣⲧ
ⲉⲡϣⲱⲓ ⲛⲥⲏⲟⲩ ⲛⲓⲃⲉⲛ ⲟⲩⲟϩ ⲫ̅ϯ ⲛⲁⲉⲣⲃⲟⲏⲑⲉⲓⲛ⁹ ⲉⲣⲟⲕ. ⲟⲩⲟϩ ⲉⲧⲁ ⲡⲓϩⲉⲗⲗⲟ
ϯ ⲙⲡⲓⲥⲁⲕ ⲙⲡⲓⲥⲟⲛ ⲁϥϣⲉ ⲛⲁϥ ⲉⲡⲉⲧⲉ ⲫⲱϥ ⲛϣⲁϥⲉ ⲟⲩⲟϩ ⲉϥϯ ⲛⲓⲁⲧϥ
ⲙⲡⲓⲙⲱⲓⲧ ⲛϫⲉ ⲡⲓϩⲉⲗⲗⲟ ⲁϥⲛⲁⲩ ⲟⲛ ⲉⲡⲓⲇⲁⲓⲙⲱⲛ¹⁰ ⲉⲧⲙⲙⲁⲩ ⲟⲩⲟϩ ⲡⲉϫⲁϥ ⲛⲁϥ ϫⲉ ⲁⲕⲛⲁ ⲉⲑⲱⲛ. ⲛⲑⲟϥ ⲇⲉ ⲡⲉϫⲁϥ ⲛⲁϥ ϫⲉ ⲉⲓⲟⲩⲱϣ ⲉϯ ⲫⲙⲉⲩⲓ
ⲛⲛⲓⲥⲛⲏⲟⲩ. ϩⲱⲥ ⲇⲉ ⲉⲧⲁϥⲧⲁⲥⲑⲟ ⲡⲉϫⲉ ⲡⲓⲁⲅⲓⲟⲥ ⲛⲁϥ ϫⲉ ⲛⲓϣⲓⲛⲓ ⲛⲧⲉ
ⲛⲓⲥⲛⲏⲟⲩ ϩⲁⲛ ⲟⲩ ⲛⲉ¹¹. ⲟⲩⲟϩ ⲡⲉϫⲁϥ ⲛⲁϥ ϫⲉ ϩⲁⲛⲕⲱⲥ. ⲟⲩⲟϩ ⲡⲉϫⲉ ⲡⲓϩⲉⲗⲗⲟ ⲛⲁϥ ϫⲉ ⲉⲑⲃⲉ ⲟⲩ. ⲛⲑⲟϥ ⲇⲉ ⲡⲉϫⲁϥ ⲛⲁϥ ϫⲉ ⲁⲩⲉⲣ ⲁⲅⲣⲓⲟⲥ ⲉⲣⲟⲓ
ⲧⲏⲣⲟⲩ ⲟⲩⲟϩ ⲡⲓⲛⲓϣϯ ⲙⲡⲉⲧϩⲱⲟⲩ ⲉⲧⲁϥϣⲱⲡⲓ ϫⲉ ⲡⲓⲕⲉⲟⲩⲁⲓ ⲛϣⲫⲏⲣ ⲛⲧⲏⲓ

suis dans ce nombre d'années, je fais ascèse et chacun m'honore; moi, vieillard, l'esprit de fornication me fait souffrir. » Théopemptos prit la parole, il lui dit : « Crois-moi, mon père, moi aussi. » Mais le vieillard, lui donnant occasion de parler, dit d'autres pensées qui le combattaient, jusqu'à ce qu'il avouât. Ensuite le vieillard lui dit : « Comment jeûnes-tu? » — Et il dit : « Jusqu'à la neuvième heure. » — Le vieillard dit : « Jeûne jusqu'au soir et fais ascèse, récite par cœur l'Évangile et le reste des Écritures, et, si une pensée vient, ne regarde pas en bas, mais regarde en haut en tout temps et Dieu te secourra. » Et lorsque le vieillard eut donné l'instruction au frère, il s'en alla dans son désert. Et, comme le vieillard regardait le chemin, il vit encore ce démon, il lui dit : « Où vas-tu? » — Lui, il lui dit : « Je veux donner souvenir aux frères. » — Et lorsqu'il retourna, le saint lui dit : « Quelles sont les nouvelles des frères? » — Et il lui dit : « Mauvaises. » — Et le vieillard lui dit : « Pourquoi? » — Et lui, il lui dit : « Ils ont tous été sauvages pour moi, et le plus grand malheur, c'est que cet ami aussi que j'avais, qui

---

1. *Cod.* LIX: ⲉⲧⲉⲣⲧⲓⲙⲁⲛ. — 2. *Cod.* ⲡⲟⲣⲛⲓⲁ. — 3. *Cod.* ϣⲁⲧⲉϥⲉⲣⲟⲙⲟⲗⲟⲅⲓⲛ. — 4. *Cod.* ⲓⲧⲁ. — 5. *Cod.* ⲉⲕⲉⲣⲛⲏⲥⲧⲉⲧⲓⲛ. — 6. *Cod.* ⲛⲏⲥⲧⲉⲧⲓⲛ. — 7. *Cod.* ⲁⲥⲕⲓⲛ. — 8. *Cod.* ⲁⲡⲟ-ⲥⲑⲛⲏⲥ. — 9. *Cod.* ⲛⲁⲉⲣⲃⲟⲏⲑⲓⲛ. — 10. *Cod.* ⲉⲡⲓⲇⲉⲙⲱⲛ. — 11. *Cod.* LIX : ⲛⲓϣⲓⲛⲓ ⲛⲧⲉ ⲥⲛⲏⲟⲩ ⲟⲩ ⲡⲉ.

ⲉⲧⲉⲙⲙⲁⲩ ⲉⲧⲥⲱⲧⲉⲙ ⲛⲥⲱⲓ ⲛ̇ϯⲉⲙⲓ ⲁⲛ ϫⲉ ⲡⲱⲥ ⲁϥⲫⲱⲛϩ ⲟⲩⲇⲉ ⲅⲁⲣ ⲛⲑⲟϥ ϥⲑⲏⲧ ⲛϩⲏⲧ ⲛⲉⲙⲏⲓ ⲁⲛ ⲁⲗⲗⲁ ⲁϥⲉⲣ ⲁⲅⲣⲓⲟⲥ ⲉϩⲟⲧⲉ ⲣⲱⲟⲩ ⲧⲏⲣⲟⲩ (-ⲗⲟ-) ⲟⲩⲟϩ ⲁⲓⲱⲣⲕ ⲉϣⲧⲉⲙϩⲱⲙⲓ ⲣⲁⲧ ⲙⲙⲁⲩ ϫⲉ ⲉⲃⲏⲗ ⲙⲉⲛⲉⲛⲥⲁ ⲟⲩⲥⲏⲟⲩ. ⲟⲩⲟϩ ⲛⲁⲓ ⲉⲧⲁϥϫⲟⲧⲟⲩ ⲁϥϩⲱⲗ ⲁϥⲭⲁ ⲡⲓϧⲉⲗⲗⲟ ⲟⲩⲟϩ ⲡⲓⲁⲅⲓⲟⲥ ⲁϥϩⲱⲗ ⲉϧⲟⲩⲛ ⲉⲧⲉϥⲣⲓ. ⲉⲟⲩⲱⲟⲩ¹ ⲙ̇ⲫⲓⲱⲧ ⲛⲉⲙ ⲡϣⲏⲣⲓ ⲛⲉⲙ ⲡⲓⲡⲛⲁ ⲉⲑⲟⲩⲁⲃ ϣⲁ ⲉⲛⲉϩ ⲛ̇ⲧⲉ ⲛⲓⲉⲛⲉϩ ⲧⲏⲣⲟⲩ ⲁⲙⲏⲛ.

ⲡⲟⲥ ⲛⲁⲓ ⲙ̇ⲡⲉⲕⲃⲱⲕ ⲙⲁⲧⲟⲓ.

m'obéissait, je ne sais pas comment il a changé; car, lui aussi, il ne se laisse plus persuader par moi, mais il est devenu sauvage plus qu'eux tous, et j'ai résolu de ne plus fouler (la terre) aux pieds dans cet endroit, sinon après un temps. » Et, après avoir dit cela, il s'en alla, il quitta le vieillard, et le vieillard entra dans sa cellule. Pour la gloire du Père, du Fils et du Saint-Esprit jusqu'au siècle de tous les siècles. Amen.

Seigneur, aie pitié de ton serviteur Matoi.

1. *Cod.* ⲉⲩⲱⲟⲩ.

VIE DE MACAIRE D'ALEXANDRIE[1]

(-ΙϚ-) (ϲⲁ)ⲧⲟⲧⲉ ⲁϲⲫⲟⲛϩ ⲈϩⲢⲎⲒ ⲉⲡϣⲱⲓ (ⲁϲⲧⲁ)ⲙⲟⲓ (ⲉⲛ)ⲉϭⲙⲟⲧ ⲉⲑⲟⲗ ⲉⲣⲱϯ ⲉϩⲢⲎⲒ. ⲧⲟⲧⲉ ⲁⲓⲉⲙⲓ ϫⲉ ⲁ Ⲫϯ ⲟⲩⲱϣ ⲉⲧⲁⲛϧⲟⲓ ⲟⲩⲟϩ ⲁ ⲟⲩⲥⲙⲏ Ⲓ ⲚⲎⲒ ϫⲉ ⲙⲀⲔⲀⲢⲒⲞⲤ[2] ⲧⲱⲛⲔ ⲙⲁ ϣⲉ ⲚⲀⲔ ϣⲁ ϯϫⲟⲙ ⲥⲉ ⲉⲣⲱϯ ⲚⲀⲔ ⲞⲨⲞϨ ⲘⲞϢⲒ ⲈⲦⲈⲔⲢⲒ. ⲚⲐⲞϤ ⲆⲈ ⲀϤϢⲈ ⲚⲀϤ ⲈⲢⲰϯ ⲚϨⲎⲦϤ ⲀϤϢⲰⲢⲠ ⲚⲞⲨⲔⲞⲨϪⲒ. ⲞⲨⲞϨ ⲀⲤϢⲈ ⲚⲀⲤ ⲚϪⲈ ϯϪⲞⲘ ⲞⲨⲞϨ ⲈⲒⲦⲈ[3] ⲚⲐⲞⲤ ⲈⲒⲦⲈ[4] ⲔⲈⲞⲨⲒ ϢⲀⲢⲈ ⲞⲨⲒ ⲈⲂⲞⲖⲚϦⲎⲦⲞⲨ ϯ ⲈⲢⲰϯ ⲚⲀϤ ⲘⲘⲎⲚⲒ ⲞⲨⲞϨ ⲈⲦⲀⲒϦⲰⲚⲦ ⲈⲦⲀⲢⲒ ϢⲀⲦⲈⲚ ⲞⲨⲈϨⲞⲞⲨ ⲘⲘⲞϢⲒ ⲀⲨⲪⲰⲦ ⲚϪⲈ ⲚⲒϪⲞⲘ ⲦⲎⲢⲞⲨ ⲀⲨⲬⲀⲦ. ⲀⲒ ϪⲈ ⲈϦⲞⲨⲚ ⲈⲦⲀⲢⲒ ⲘⲠⲀⲘⲀϨ Ⲏ ⲚⲈϨⲞⲞⲨ.

ⲀⲤϢⲰⲠⲒ (ⲆⲈ ⲞⲚ) ⲚⲞⲨⲤⲎⲞⲨ ⲈϤϨⲈ(ⲘⲤ)Ⲓ Ϧ(ⲈⲚ ⲦⲈϤⲢ)Ⲓ ⲀⲤⲒ ϨⲀⲢⲞϤ Ⲛ(ϪⲈ ⲞⲨϨⲞⲨⲒϯ) ⲈⲢⲈ ⲠⲈⲤⲘⲀⲤ Ϧ(ⲈⲚ ⲢⲰⲤ ⲈⲤϤ)ⲀⲒ ⲘⲘⲞϤ ⲞⲨⲞϨ ⲀⲤⲞⲨⲞϨ ⲘⲘⲞϤ ϨⲒⲢⲈⲚ ⲠⲈϤⲢⲞ ⲞⲨⲞϨ ⲀⲤⲔⲰⲖϨ ⲚϪ(Ⲱ)Ⲥ ⲈϦⲞⲨⲚ ϦⲈⲚ ⲠⲒⲢⲞ. Ⲁ ⲠⲒϦⲈⲖⲖⲞ ⲤⲰⲦⲈⲘ ⲈⲠⲈⲤⲔⲰⲖϨ ⲀϤⲒ ⲈⲂⲞⲖ ⲈϤⲘⲈⲨⲒ ϪⲈ ⲞⲨⲤⲞⲚ ⲠⲈ ⲈⲦⲀϤⲒ ϨⲀⲢⲞϤ. ⲈⲦⲀϤ

... Aussitôt elle se tourna en haut, elle me montra ses mamelles dégouttantes de lait. Alors je sus que Dieu voulait me vivifier. Et une voix vint à moi, me disant : « Macaire, lève-toi, va à la buffione, bois du lait, prends des forces et marche à ta cellule. » Et lui, il alla, il but du lait à sa mamelle et s'humecta un peu. La buffione s'en alla, et soit elle, soit une autre, chaque jour quelqu'une lui donnait du lait. « Et lorsque je fus près de ma cellule, à peu près à un jour de marche[5], toutes les buffiones s'enfuirent, elles me laissèrent. J'entrai dans ma cellule le huitième jour. »

Il arriva un jour qu'étant assis dans sa cellule, une hyène vint à lui, son petit était dans sa gueule; elle le déposa près de la porte, elle frappa de sa tête à la porte. Le vieillard entendit son coup, il sortit pensant qu'un frère était venu vers lui. Lorsqu'il eut ouvert la porte, il vit la hyène, il fut dans

---

1. Cette vie incomplète est prise du *Cod. Vat. copt.*, LXIX, fol. 67-84; ΙϚ-ⲠⲎ. Elle faisait partie d'une *Histoire lausiaque*. — 2. *Cod.* ⲘⲀⲔⲀⲢⲒ. — 3. *Cod.* ⲒⲦⲈ. — 4. *Cod.* ⲒⲦⲈ. — 5. *Cod.* Mot à mot : Excepté un jour de marche.

ⲟⲩⲟⲛ ⲇⲉ ⲙⲡⲓⲣⲟ ⲁϥⲛⲓ(ⲁⲩ) (-ⲓⲏ-) ⲉⲧϩⲱϯ ⲁϥⲧⲱⲙⲧ ⲉϥϫⲱ ⲙⲙⲟⲥ ϫⲉ ⲉⲣⲉ
ⲑⲁⲓ (ⲕⲱ)ϯ ⲛ(ⲥⲁ ⲟⲩ) ⲙⲡⲁⲓⲙⲁ. ⲛⲑⲟⲥ ⲇⲉ ⲁⲥⲙⲁϩ ⲣⲱⲥ ⲉⲡⲉⲥⲙⲁⲥ ⲁⲥⲥⲟⲩ-
ⲧⲉⲛ ⲙⲙⲟϥ ⲉⲡⲓϧⲉⲗⲗⲟ ⲉⲥⲣⲓⲙⲓ. ⲁ ⲡⲓϧⲉⲗⲗⲟ ⲱⲗⲓ ⲙⲡⲓⲙⲁⲥ ⲉϧⲣⲏⲓ ⲉⲛⲉϥϫⲓϫ
ϧⲉⲛ ⲧⲉϥⲙⲉⲧⲁⲡⲗⲟⲩⲥ ⲉϥⲥⲉⲙⲛⲏⲟⲩⲧ ⲁϥⲫⲟⲛϩϥ ⲙⲏⲛ ⲛⲉⲙ ⲉⲙⲛⲁⲓ ⲉϥⲕⲱϯ
ϧⲉⲛ ⲡⲉϥⲥⲱⲙⲁ ϫⲉ ⲟⲩ ϩⲁⲣⲁ ⲡⲉ ⲉⲧⲉϥϣⲱⲛⲓ ⲛϧⲏⲧϥ. ⲉⲧⲁϥϯ ϩⲑⲏϥ ⲇⲉ
ⲉⲡⲓⲙⲁⲥ ϩⲏⲡⲡⲉ ⲁϥⲟⲓ ⲛⲃⲉⲗⲗⲉ ⲡⲉ ⲙⲡⲉϥⲃⲁⲗ $\overline{\text{ⲃ}}$. ⲁϥϥⲁⲓ ⲇⲉ ⲙⲙⲟϥ ⲟⲩⲟϩ
ⲁϥϥⲓ ⲁϩⲟⲙ ⲁϥϯ ⲛⲟⲩⲑⲁϥ ⲛⲧⲁϥ ⲉϧⲟⲩⲛ ϧⲉⲛ ⲡⲉϥϩⲟ ⲁϥⲉⲣⲥⲫⲣⲁⲅⲓⲍⲓⲛ[1]
ⲛⲛⲉϥⲃⲁⲗ ϧⲉⲛ ⲡⲉϥⲧⲏⲃ ⲥⲁⲧⲟⲧϥ ⲁϥⲛⲁⲩ ⲙⲃⲟⲗ ⲟⲩⲟϩ ⲁϥϣⲱⲗ ⲓⲥⲕⲉⲛ ⲧⲉϥⲙⲁⲩ ⲁϥⲟⲩⲉⲙ ϭⲓ ⲁ(ϥⲙⲟ)ϣⲓ ⲛⲥⲱⲥ ⲟⲩⲟϩ ⲁⲩϣⲉ (ⲛⲱⲟⲩ ⲉϧⲟⲩⲛ) ⲉⲡⲓⲡⲟ-
ⲧⲁⲙⲟⲥ ⲉⲧⲉⲙⲙⲁⲩ..... ⲛⲉⲙ ⲉϧⲟⲩⲛ ⲉⲡⲓϩⲉⲗⲟⲥ ⲉⲛⲁⲧⲕⲉϩ ⲉⲣⲟϥ. ⲛⲓⲉⲥⲱⲟⲩ
ⲇⲉ ⲛⲧⲉ ⲛⲓⲫⲁⲓⲁⲑ ⲉ(ⲧ)ⲓⲛⲓ ⲙⲙⲱⲟⲩ ⲉϧⲣⲏⲓ ⲉⲡⲓϩⲉⲗⲟⲥ ⲛⲧⲉ ϣⲓⲏⲧ ⲛⲟⲩⲥⲟⲡ
ⲛⲧⲉⲙⲣⲟⲙ(ⲡ)ⲓ ⲉⲧⲟⲩⲱⲙ ϣⲟⲩϣⲏⲧ (ⲟⲩ)ⲟϩ ⲛⲓⲕⲉⲙⲛⲟⲩ ⲟⲛ ⲉⲧϣⲟⲡ ϧⲉⲛ
ⲛⲓⲧⲙⲓ[2] ⲥⲁ ⲡⲥⲁ ⲙⲡⲉⲣⲛⲟⲩϫ (-ⲓⲑ-) ⲥⲉⲓⲛⲓ ⲛⲛⲟⲩⲉϩⲱⲟⲩ ⲉϧⲣⲏⲓ ⲉⲡⲓϩⲉⲗⲟⲥ ⲛⲧⲉ
ϣⲓⲏⲧ ⲛⲟⲩⲥⲟⲡ ⲛⲧⲣⲟⲙⲡⲓ ⲉⲧⲟⲩⲱⲙ ⲟⲩⲟⲧⲟⲩⲉⲧ. ⲁ ϯϩⲱϯ ⲭⲁ ⲟⲩⲉϩⲟⲟⲩ
ⲛⲥⲱⲥ ⲡⲉϥⲣⲁⲥϯ ⲇⲉ ⲁⲥⲓ ϣⲁ ⲡⲓϧⲉⲗⲗⲟ ⲉⲣⲉ ⲟⲩⲟⲛ ⲟⲩϣⲁⲣ ⲛⲉⲥⲱⲟⲩ ⲭⲏ ϧⲉⲛ
ⲣⲱⲥ ⲉϥⲣⲏⲧ ⲛⲕⲁⲗⲱⲥ ⲉϥⲟⲩⲱⲧ ⲉϥⲧⲁⲗⲏⲟⲩⲧ ⲉⲣⲟⲥ ⲟⲩⲟϩ ⲁⲥⲕⲱⲗϩ ⲛⲧⲉⲥⲁⲫⲉ
ⲉϧⲟⲩⲛ ⲛⲥⲁ ⲡⲓⲣⲟ. ⲡⲓϧⲉⲗⲗⲟ ⲇⲉ ⲛⲁϥϩⲉⲙⲥⲓ ⲡⲉ ϧⲉⲛ ⲡⲓⲟϩⲓ ⲉⲧⲁϥⲥⲱⲧⲉⲙ

la stupéfaction, disant : « Que cherche-t-elle ici? » Elle remplit sa bouche de
son petit[3], elle le tendit au vieillard en pleurant. Le vieillard prit le petit
dans ses mains avec une simplicité ferme, il le tourna de côté et d'autre,
cherchant en son corps ce qu'il y avait en lui de malade. Lorsqu'il eut considéré le petit, voici que celui-ci était aveugle de ses deux yeux. Il le prit, il
gémit, il lança un crachat sur son visage, il lui signa les yeux de son doigt;
aussitôt le petit vit, il alla au sein de sa mère, il teta, il la suivit, ils s'en
allèrent vers ce fleuve... et dans le ouady, en s'y enfonçant. Les brebis des
Libyens, on les amène une fois chaque année dans le ouady de Schiit pour
manger le *schouschit*, et les bergers aussi qui sont dans les villages, du
côté de Pernoudj, ils amènent aussi leurs bœufs dans le ouady de Schiit
pour manger l'herbe verte, une fois par an. La hyène laissa s'écouler un jour[4].
Le lendemain, elle vint vers le vieillard, elle avait une peau de brebis à la
bouche, couverte de laine[5], récemment tuée, placée sur elle; elle frappa de
sa tête à la porte. Le vieillard était assis dans l'enclos. Lorsqu'il entendit

---

1. *Cod.* ⲉⲫⲣⲁⲥⲓⲍⲓⲛ. — 2. *Cod.* ⲛⲓⲧⲙⲁⲓ. — 3. C'est-à-dire : Elle le prit dans sa
bouche. — 4. Mot à mot : Laissa un jour derrière elle. — 5. Mot à mot : Bien plantée
(de laine).

ⲉⲡⲓⲕⲱⲗϩ ⲛⲧⲉ ⲡⲓⲣⲟ ⲁϥⲧⲱⲛϥ ⲁϥⲁⲟⲩⲱⲛ ⲁϥϫⲓⲙⲓ ⲛ̀ϯϩⲱϯ ⲉⲣⲉ ⲡⲓϣⲁⲣ
ⲧⲁⲗⲛⲟⲩⲧ ⲉⲣⲟⲥ. ⲡⲉϫⲁϥ ⲛ̀ϯϩⲱϯ ϫⲉ ⲁⲣⲉϥⲟⲣ ⲉⲑⲱⲛ ⲁⲣⲉϫⲓⲙⲓ ⲛ̀ⲫⲁⲓ ⲉⲃⲏⲗ
ⲁⲣⲛⲟⲩ ϫⲉ ⲁⲣⲉⲟⲩⲉⲙ¹ ⲟⲩⲉⲥⲱⲟⲩ ⲫⲏ ⲟⲩⲛ ⲉⲧⲁⲣⲉⲉⲛϥ ⲛⲏⲓ ⲟⲩⲉⲃⲟⲗ ⲡⲉ ϧⲉⲛ
ⲡϫⲓ ⲛ̀ϫⲟⲛⲥ ϯⲛⲁⲟⲗϥ² ⲛ̀ⲧⲟⲧ ⲁⲛ. ϯϩⲱϯ ⲇⲉ ⲛⲁⲥⲕⲱⲗϩ ⲛ̀ⲧⲉⲥⲁⲫⲉ ⲉⲡⲕⲁϩⲓ
ⲡⲉ ⲛⲉⲙ ⲛⲉⲥⲕⲉⲗⲓ ⲉⲥⲭⲱⲗϫ ⲛⲛⲉⲥⲫⲁⲧ ⲉⲥϯ ϩⲟ ⲉⲣⲟϥ ⲙ̀ⲫⲣⲏϯ ⲛⲟⲩⲣⲱⲙⲓ
ϫⲉ ⲛ̀ⲧⲉϥⲟⲗϥ³ ⲛ̀ⲧⲟⲧⲥ. ⲡⲉϫⲁϥ ⲛⲁⲥ ϫⲉ ⲁⲓⲕⲏⲛ ⲉⲓϫⲱ ⲙⲙⲟⲥ ⲛⲉ ϫⲉ ϯⲛⲁⲟⲗϥ
ⲁⲛ ⲉⲃⲏⲗ ⲛ̀ⲧⲉϯ ⲣⲱ ⲛⲏⲓ ϫⲉ ϯⲛⲁϯ ⲙ̀ⲕⲁϩ ⲛ̀ⲛⲓϩⲏⲕⲓ ⲁⲛ ⲉⲣⲉⲟⲩⲱⲙ ⲛ̀ⲛⲟⲩⲉ-
ⲥⲱⲟⲩ. (-ⲕ̅-) ⲟⲩⲟϩ ⲁⲥⲉⲣ ϩⲟⲩⲟ ⲛ̀ⲕⲓⲙ ⲛ̀ⲧⲉⲥⲁⲫⲉ ⲉϧⲣⲏⲓ ⲛⲉⲙ ⲉⲡϣⲱⲓ ⲙ̀ⲫⲣⲏϯ
ϫⲉ ⲉⲥϯ ⲛ̀ⲣⲱⲥ ⲛⲁϥ. ⲡⲁⲗⲓⲛ ⲟⲛ ⲁϥⲟⲩⲁϩⲙⲉϥ ⲉⲣⲟⲥ ϫⲉ ⲉⲃⲏⲗ ⲛ̀ⲧⲉϯ ⲣⲱ ⲛⲏⲓ
ϫⲉ ϯⲛⲁⲧⲁϩⲟ ⲛⲟⲩⲧⲉⲃⲛⲏ ⲉϥⲟⲛϩ ⲁⲛ ⲁⲗⲗⲁ ⲧⲉⲣⲁⲟⲩⲱⲙ ϣⲟⲗⲥ ⲉϥⲙⲱⲟⲩⲧ
ⲓⲥϫⲉⲛ ϯⲛⲟⲩ ⲁⲣⲉϣⲁⲛϭⲓⲥⲓ ⲉⲣⲉⲕⲱϯ ⲛ̀ⲧⲉϣⲧⲉⲙϫⲓⲙⲓ ⲁⲙⲏ ⲛⲏⲓ ⲙ̀ⲡⲁⲓ ϯⲛⲁϯ
ⲱⲓⲕ ⲛⲉ ⲟⲩⲟϩ ⲙ̀ⲡⲉⲣϭⲓ ϩⲗⲓ ⲛ̀ϫⲟⲛⲥ ⲓⲥϫⲉⲛ ϯⲛⲟⲩ. ⲁ ϯϩⲱϯ ⲕⲱⲗϫ ⲛ̀ϫⲱⲥ
ⲉⲡⲕⲁϩⲓ ⲛⲉⲙ... ⲉⲥϩⲓ ⲙⲙⲟⲥ ϩⲓϫⲉⲛ ⲛⲉⲥⲕⲉⲗⲓ ⲉⲥⲭⲱⲗϫ ⲛⲛⲉⲥⲫⲁⲧ ⲉⲥⲕⲓⲙ
ⲛ̀ϫⲱⲥ ⲉϧⲣⲏⲓ ⲛⲉⲙ ⲉⲡϣⲱⲓ ⲉϧⲣⲏⲓ ϧⲁ ⲡⲉϥϩⲟ ⲉⲥⲟⲓ ⲙ̀ⲫⲣⲏϯ ϫⲉ ⲉⲥϯ ⲛ̀ⲣⲱⲥ
ⲛⲁϥ ⲟⲩⲟϩ ⲁ ⲡⲓϧⲉⲗⲗⲟ ⲕⲁϯ ϧⲉⲛ ⲡⲉϥϩⲏⲧ ϫⲉ ϯⲟⲓⲕⲟⲛⲟⲙⲓⲁ ⲛⲧⲉ ⲫ̅ϯ̅ ⲧⲉ
ⲫⲏ ⲉⲧϯ ⲕⲁϯ ⲛ̀ⲛⲓⲕⲉⲑⲏⲣⲓⲟⲛ ⲉⲡϫⲓ ⲛ̀ⲥⲟϩⲓ ⲙ̀ⲙⲟⲛ ⲟⲩⲟϩ ⲁϥϯ ⲱⲟⲩ ⲙ̀ⲫ̅ϯ̅

frapper à la porte, il se leva, il ouvrit, il trouva la hyène, la toison placée sur elle. Il dit à la hyène : « Où es-tu allée? Où as-tu trouvé cela, sinon que tu as mangé une brebis? Comme ce que tu m'apportes vient de la violence, je ne le prendrai pas. » La hyène frappait sa tête à terre, avec ses genoux, ayant courbé ses pieds, le priant comme (eût fait) un homme, afin qu'il prît (la toison). Il lui dit : « Je viens de te dire que je ne la prendrai pas, à moins que tu ne me fasses (cette) promesse : Je n'affligerai pas les pauvres en mangeant leurs brebis. » Elle fit quantité de mouvements de sa tête, en bas et en haut, comme si elle lui promettait. De nouveau il lui répéta, disant : « (Je ne prendrai pas) à moins que tu ne me promettes en disant : Je ne perdrai pas un animal vivant; mais depuis ce jour tu mangeras une proie morte. Si tu souffres en cherchant sans trouver, viens ici, je te donnerai du pain. Depuis cet instant, ne fais violence à personne. » Et la hyène baissa sa tête à terre et se jeta sur ses genoux, courbant ses pieds, remuant la tête en bas et en haut, regardant son visage, étant comme si elle le lui promettait. Et le vieillard comprit en son cœur que c'était une économie de Dieu qui donne l'intelligence aux bêtes aussi pour nous faire des reproches, et il rendit gloire à Dieu qui donne ainsi

---

1. *Cod.* ⲟⲩⲟⲙ. — 2. *Cod.* ⲟⲩϫⲓ ⲛ̀ϭⲟⲛⲥ ⲡⲉ ϯⲛⲁⲟⲗϥ. — 3. *Cod.* ⲧⲉϥⲟⲗϥ.

ⲫⲏ ⲉⲧϯ ⲛⲟⲩⲕⲁϯ ⲛⲛⲓⲙⲉⲑⲟⲩⲣⲓⲟⲛ ⲟⲩⲟϩ ⲁϥϩⲱⲥ ⲉϥϯ ⲫⲏ ⲉⲧϣⲟⲡ ϣⲁ ⲉⲛⲉϩ ϧⲉⲛ ⲧⲁⲥⲡⲓ ⲙⲙⲉⲧⲣⲉⲙ ⲛⲭⲏⲙⲓ ϫⲉ ⲥⲧⲁⲓⲟⲩⲧ ⲛϫⲉ ϯⲯⲩⲭⲏ ⲛⲁϥϫⲱ ⲙⲙⲟⲥ ⲡⲉ ϫⲉ ϯϯ ⲱⲟⲩ ⲛⲁⲕ ⲫϯ ⲫⲏ ⲉⲧⲁϥϣⲱⲡⲓ (-ⲛⲁ-) ⲛⲉⲙ ⲇⲁⲛⲓⲏⲗ ϧⲉⲛ ⲫⲗⲁⲕⲕⲟⲥ ⲛⲧⲉ ⲛⲓⲙⲟⲩⲓ ⲁϥϯ ⲕⲁϯ ⲛⲛⲓⲑⲏⲣⲓⲟⲛ ⲡⲁⲓⲣⲏϯ ⲟⲛ ϯⲛⲟⲩ ⲁⲕϯ ⲕⲁϯ ⲛⲧⲁⲓϩⲉⲣⲱϯ ⲟⲩⲟϩ ⲙⲡⲉⲕⲉⲣ ⲡⲁⲱⲃϣ ⲁⲗⲗⲁ ⲁⲕⲟⲣⲙⲁϯ ϫⲉ ⲡⲁⲓⲟⲩⲱϣ ⲫⲱⲕ ⲡⲉ. ⲟⲩⲟϩ ⲁ ⲡⲓϧⲉⲗⲗⲟ ⲱⲗⲓ ⲙⲡⲓϣⲁⲣ ⲛⲧⲟⲧⲥ ⲛϩⲣⲱϯ ⲁⲥϣⲉ ⲛⲁⲥ ⲟⲛ ⲉⲡⲉⲥⲙⲁ ⲟⲩⲟϩ ⲕⲁⲧⲁ ϩⲁⲛ ⲕⲟⲩϫⲓ ⲛⲉϩⲟⲟⲩ ⲛⲁⲥⲓ ⲛⲟⲧ ⲉⲣⲟϥ ⲡⲉ ⲉϣⲱⲡ ϫⲉ ⲛⲧⲉⲥϣⲧⲉⲙϫⲉⲙ ⲧⲣⲟⲫⲏ ϣⲁⲥⲓ ⲉⲣⲟϥ ⲡⲉ ⲟⲩⲟϩ ϣⲁϥⲥⲓϯ ⲛⲟⲩⲱⲓⲕ ⲛⲁⲥ ⲛⲉⲁⲥⲉⲣ ⲫⲁⲓ ⲡⲉ ⲛⲟⲩⲙⲏϣ ⲛⲥⲟⲡ. ⲡⲓϧⲉⲗⲗⲟ ⲇⲉ ⲛⲁϥⲉⲛⲕⲟⲧ ⲡⲉ ϩⲓϫⲉⲛ ⲡⲓϣⲁⲣ ϣⲁⲧⲉϥϯ ⲙⲧⲟⲛ ⲙⲙⲟϥ ⲟⲩⲟϩ ⲁⲓⲛⲁⲩ ⲉⲣⲟϥ ⲛⲛⲁⲃⲁⲗ ϫⲉ ⲟⲩⲏⲓ ⲅⲁⲣ ⲉⲧⲁϥϭⲛⲟⲩⲓ ⲉⲉⲙⲧⲟⲛ ⲙⲙⲟϥ ⲁ ⲙⲉⲗⲁⲛⲓⲁ ϯⲟⲩⲣⲱ ⲛⲧⲉ ⲛⲓⲣⲱⲙⲉⲟⲥ[1] ⲣⲁⲟⲩⲱ ⲉϭⲓ ⲙⲡⲉϥϣⲓⲛⲓ ⲁϥϯ ⲙⲡⲓϣⲁⲣ ⲉⲧⲉⲙⲙⲁⲩ ⲛⲁⲥ ⲛⲕⲗⲏⲣⲟⲛⲟⲙⲓⲁ. ⲫⲁⲓ ⲛⲁⲥ ϫⲏ ⲛⲧⲟⲧⲥ ϣⲁ ⲧⲉⲥϧⲁⲏ ⲉⲥⲁⲣⲉϩ ⲉⲣⲟϥ ϧⲉⲛ ⲟⲩⲛⲁϩϯ ⲛⲉⲙ ⲟⲩⲉⲣ ⲫⲙⲉⲩⲓ.

ⲁⲥϣⲱⲡⲓ ⲇⲉ ⲟⲛ ⲛⲟⲩⲥⲟⲡ ⲁϥϣⲱⲕ ⲛⲟⲩϣⲱⲧ ϧⲉⲛ ⲑⲙⲏϯ ⲛϩⲁⲛ ⲕⲁⲙ ⲛⲉ ⲟⲩⲟⲛ ⲟⲩⲁϩⲱⲣⲓ ϫⲉ ϣⲟⲡ (-ⲕⲃ-) ϧⲉⲛ ⲡⲓⲙⲁ ⲉⲧⲉⲙⲙⲁⲩ ⲉϥⲉⲛⲕⲟⲧ ⲙⲙⲟⲛ ϩⲗⲓ ⲉⲙⲓ ⲉⲣⲟϥ. ⲡⲓⲁϩⲱⲣⲓ ⲉⲧⲉⲙⲙⲁⲩ ⲛⲉ ⲟⲩⲣⲉϥϧⲱⲧⲉⲃ ⲡⲉ ⲟⲩⲟϩ ⲛⲁϥϫⲏⲡ ⲡⲉ ϧⲉⲛ ⲡⲓⲕⲁⲙ[2] ⲉⲑⲃⲉ ⲡⲓⲱϫⲉⲃ. ⲟⲩⲟϩ ⲉⲧⲁ ⲡⲓⲣⲏ ϣⲁⲓ ⲉϫⲱϥ ⲁϥⲙⲟⲛ ⲛϫⲉ

l'intelligence aux animaux, il chanta en langue égyptienne Dieu qui existe éternellement, car l'âme était honorée[3]; il disait : « Je te rends gloire, ô Dieu, qui as été avec Daniel dans la fosse aux lions, qui as donné l'intelligence aux bêtes; aussi maintenant tu as aussi donné l'intelligence à cette hyène et tu ne m'as pas oublié; mais tu m'as fait comprendre que c'était ton dessein. » Et le vieillard prit de la hyène la peau (qu'elle lui offrait), et elle s'en alla. De temps en temps elle allait trouver le vieillard; si elle n'avait pas pu trouver de nourriture, elle allait à lui et il lui lançait un pain. Elle fit cela une foule de fois. Et le vieillard dormait sur la peau jusqu'à ce qu'il se reposât, et je l'ai vue de mes yeux; car certes lorsqu'il fut sur le point de se reposer, Mélanie, la reine des Romains, se trouva à le visiter, il lui donna en héritage cette peau sur laquelle il s'était couché jusqu'à sa fin. Elle la garde avec foi et en souvenir.

Il arriva aussi une fois que, creusant un puits au milieu des roseaux, il y avait un serpent *uræus* qui habitait en cet endroit, couché, sans que personne le sût; ce serpent était homicide et il était caché dans les roseaux à cause du froid. Lorsque le soleil eut brillé sur lui, la terre s'échauffa. Le vieillard alla,

---

1. *Cod.* ⲛⲓⲣⲱⲙⲉⲟⲥ. — 2. *Cod.* ⲡⲓϫⲁⲙ. — 3. Le texte doit être incorrect.

ⲡⲓⲕⲁϩⲓ ⲁϥⲓ ⲛϫⲉ ⲡⲓϩⲉⲗⲗⲟ ⲁϥⲟϩⲓ ⲉⲣⲁⲧϥ ⲉϫⲉⲛ ⲡⲓⲕⲁϩⲓ ⲛϥϫⲉⲙⲓ ⲁⲛ. ⲁ ⲡⲓⲁϩⲱⲣⲓ ⲙⲕⲁϩ ⲁϥϭⲗⲁⲡⲥⲓ ⲙⲡⲓϩⲉⲗⲗⲟ ϧⲉⲛ ⲧⲉϥϭⲁⲧ. ⲛⲑⲟϥ ⲇⲉ ⲉⲧⲁϥⲧⲁϩⲟ
ⲙⲡⲓⲁϩⲱⲣⲓ ⲉϥⲟⲛϧ ϧⲉⲛ ⲧⲉϥϫⲓϫ ⲡⲉϫⲁϥ ⲛⲁϥ ϫⲉ ⲟⲩ ⲡⲉ ⲡⲓϫⲓ ⲛϭⲟⲛⲥ
ⲉⲧⲁⲓⲁⲓϥ ⲉⲣⲟⲕ ϫⲉ ⲁⲕⲉⲣⲧⲟⲗⲙⲁⲛ ⲉⲟⲩⲱⲙⲧ ⲙⲡⲉ ⲫϯ † ⲉⲣϣⲓϣⲓ ⲛⲁⲕ ⲛⲑⲟⲕ
ⲟⲩⲛ ⲛⲑⲟⲕ ⲫⲁ ϯⲫⲩⲥⲓⲥ ⲃⲱⲛ ϯⲛⲁⲓⲣⲓ ⲛⲁⲕ ⲕⲁⲧⲁ ⲧⲉⲕⲙⲉⲧⲁ ⲙⲡⲉⲧϩⲱⲟⲩ.
ⲟⲩⲟϩ ⲁ ⲡⲓϩⲉⲗⲗⲟ ⲁⲙⲟⲛⲓ¹ ⲙⲡⲓⲥⲫⲟⲧⲟⲩ ⲃ̄ ⲛⲧⲉ ⲡⲓⲁϩⲱⲣⲓ ϧⲉⲛ ⲧⲉϥϫⲓϫ
ⲥⲛⲟⲩϯ ⲁϥⲥⲱⲕ ⲁϥⲫⲟⲣϫϥ ϧⲉⲛ ⲧⲉϥⲙⲏϯ ϣⲁ ⲡⲉϥⲃⲗⲏⲥ ⲁϥⲁⲓϥ ⲛⲃ̄ ⲟⲩⲟϩ
ⲡⲁⲓⲣⲏϯ ⲙⲡⲉ ⲡⲓϩⲉⲗⲗⲟ ⲙⲕⲁϩ ϩⲟⲗⲱⲥ ⲁⲗⲗⲁ ⲛⲁϥⲟⲓ ⲙⲫⲣⲏϯ ⲛⲟⲩⲁⲓ ⲉⲧⲁ
ⲟⲩⲗⲁⲥ ⲛⲕⲁϣ ⲗⲟⲕⲥϥ².

ⲡⲁⲓⲁⲃⲃⲁ ⲙⲁⲕⲁⲣⲓⲟⲥ³ ⲇⲉ ⲛⲉ ⲟⲩⲟⲛ ⲛⲧⲁϥ¹ ⲙⲙⲁⲩ ⲛⲟⲩⲙⲏϣ ⲛⲣⲓ
(-ⲕⲇ-) ϧⲉⲛ ⲡϣⲁϥⲉ ⲛⲉ ⲟⲩⲟⲛ ⲟⲩⲓ ⲛⲧⲁϥ ⲡⲉ ϧⲉⲛ ⲡϣⲁϥⲉ ⲉⲧⲥⲁⲃⲟⲗ
ⲛⲉ ⲟⲩⲟⲛ ⲕⲉⲟⲩⲓ ⲛⲧⲁϥ ⲡⲉ ⲥⲁⲃⲟⲗ ⲛⲛⲓⲫⲁⲓⲁⲧ ⲛⲉ ⲟⲩⲟⲛ ⲕⲉⲟⲩⲓ ⲛⲧⲁϥ ⲡⲉ
ϧⲉⲛ ⲡⲓⲧⲱⲟⲩ ⲉⲧⲟⲩⲙⲟⲩϯ ⲉⲣⲟϥ ϫⲉ ⲛⲓⲣⲓ ⲛⲉⲙ ⲕⲉⲟⲩⲓ ϧⲉⲛ ⲡⲧⲱⲟⲩ ⲙⲡⲉⲣⲛⲟⲩϫ. ⲛⲉ ⲟⲩⲟⲛ ϩⲁⲛ ⲟⲩⲟⲛ ⲡⲉ ⲛϧⲏⲧⲟⲩ ⲉⲧⲟⲓ ⲛⲁⲧⲣⲟ ϫⲉ ⲟⲩⲏⲓ ⲛⲁⲧⲭⲏ
ⲡⲉ ϧⲉⲛ ⲡϣⲁϥⲉ ⲉⲧⲥⲁⲃⲟⲗ ⲉⲧⲧⲁϩⲉ ⲣⲱⲙⲓ ⲁⲛ ⲛⲁⲓ ⲛⲉ ⲛⲏ ⲉⲛⲁϥϣⲟⲡ
ⲛϧⲏⲧⲟⲩ ϧⲉⲛ ⲡⲥⲏⲟⲩ ⲛϯⲧⲉⲥⲥⲁⲣⲁⲕⲟⲥⲧⲏ⁵ ⲉⲧⲟⲓ ⲛⲥⲡⲏⲗⲁⲓⲟⲛ⁶ ⲉⲧⲟⲓ ⲛⲭⲉⲙⲥ
ⲉⲩⲕⲏ ⲥⲁ ⲡⲉⲥⲏⲧ ⲙⲡⲕⲁϩⲓ ⲉⲩⲟⲓ ⲙⲫⲣⲏϯ ⲛϩⲁⲛ ⲃⲏⲃ ⲛϩⲱⲟⲩⲓ ⲛⲁⲩϩⲉϩⲱⲣ
ⲅⲁⲣ ⲙⲡⲁⲓⲣⲏϯ ⲡⲉ ϩⲱⲥⲧⲉ ⲛⲧⲉϥϣⲧⲉⲙϫⲉⲙϫⲟⲙ ⲉⲥⲱⲟⲩⲧⲉⲛ ⲙⲡⲉϥϭⲁⲧ

il se tint debout sur la terre, ne sachant pas. Le serpent souffrit; il piqua le vieillard à son pied. Mais lui, lorsqu'il eut pris le serpent vivant entre ses mains, il lui dit : « Quelle est la violence que je t'ai faite, car tu as osé me manger sans que Dieu t'en ait donné le pouvoir? Toi donc, tu es d'une nature méchante et je te ferai selon ta méchanceté. » Le vieillard saisit les deux lèvres du serpent en ses deux mains, il tira, il le divisa en son milieu jusqu'à sa queue, il le fit (en) deux (parties), et ainsi le vieillard ne souffrit pas du tout : il était comme quelqu'un qu'une pointe de roseau a piqué.

Cet abba Macaire avait une foule de cellules dans le désert : il en avait une dans le désert intérieur, il en avait une autre dans (le pays) des Libyens, il en avait une autre dans la montagne que l'on appelle *les cellules* et il en avait une autre dans la montagne de Pernoudj. Parmi elles, il y en avait qui étaient sans porte, car certes, elles étaient situées dans le désert intérieur, n'admettant pas d'homme. Ce sont celles où il habitait dans le temps de la Quarantaine; c'étaient des cavernes obscures placées sous terre, comme des trous de

1. *Cod.* ⲁϥⲁⲙⲟⲛⲓ. — 2. *Cod.* ⲗⲟϧϥ. — 3. *Cod.* ⲙⲁⲕⲁⲣⲓ. — 4. *Cod.* ⲟⲩⲟⲛⲧⲁϥ. — 5. *Cod.* ϯⲧⲉⲥⲥⲁⲣⲁⲕⲟⲥⲧⲏ. — 6. *Cod.* ⲥⲡⲏⲗⲉⲟⲛ.

ⲉⲃⲟⲗ ⲉⲡⲧⲏⲣϥ. ϯⲣⲓ ⲇⲉ ⲉⲧϧⲉⲛⲧ ⲉⲛⲓⲣⲱⲙⲓ ⲛⲁⲥⲟⲩⲉⲥⲑⲱⲛ ⲉⲃⲟⲗ ⲡⲉ ⲑⲁⲓ ⲛⲁϥⲉⲣⲁⲡⲁⲛⲧⲁⲛ ⲉⲛⲓⲥⲛⲏⲟⲩ ⲛϧⲏⲧⲥ.

ⲡⲁⲓϧⲉⲗⲗⲟ ⲇⲉ ⲛⲁⲅⲓⲟⲥ ⲁⲃⲃⲁ ⲙⲁⲕⲁⲣⲓⲟⲥ[1] ⲁϥⲧⲁⲗϭⲟ ⲛϩⲁⲛ ⲙⲏϣ ⲛⲣⲱⲙⲓ ⲉⲣⲉ ⲛⲓϩ ⲛⲉⲙⲱⲟⲩ ⲉⲧⲟϣ ⲉⲙⲁϣⲱ ⲉϩⲁⲛ ⲁⲧϭⲓ ⲏⲡⲓ ⲙⲙⲱⲟⲩ ⲛⲉ. (-ⲕ̅ⲁ̅-) ϩⲱⲥ ⲇⲉ ⲉⲧⲓ ⲉⲛⲭⲏ ⲙⲙⲁⲩ ⲁⲩⲉⲛ ⲟⲩⲡⲁⲣⲑⲉⲛⲟⲥ ⲛⲁϥ ⲉⲥϣⲏⲗ ⲉⲃⲟⲗ ⲟⲩⲟϩ ⲉⲥϣⲱⲛⲓ ⲉⲙⲁϣⲱ. ⲑⲁⲓ ⲉⲛⲁⲥⲥⲱⲧⲉⲙ ⲉⲡⲉϥϣⲓⲛⲓ ϧⲉⲛ ⲧⲉⲥⲭⲱⲣⲁ ⲁⲥⲟⲩⲉⲛⲥ ϩⲁⲣⲟϥ ⲟⲩⲟϩ ⲉⲧⲁϥⲧⲱⲃϩ ⲉϫⲉⲛ ⲟⲩⲛⲉϩ ⲁϥⲑⲁϩⲥ ⲡⲉⲥⲥⲱⲙⲁ ⲧⲏⲣϥ ϧⲉⲛ ⲛⲉϥϫⲓϫ ⲉⲑⲟⲩⲁⲃ ⲛⲟⲩⲙⲏϣ ⲛⲥⲟⲡ ⲉⲃⲟⲗϩⲓⲧⲉⲛ ⲕ̅ ⲛⲉϩⲟⲟⲩ ⲁ ⲫ̅ϯ̅ ⲧⲁⲗϭⲟⲥ ϩⲓⲧⲉⲛ ⲛⲉϥⲉⲩⲭⲏ ⲟⲩⲟϩ ⲁϥⲟⲩⲟⲣⲡⲥ ⲉⲡⲉⲥⲏⲓ ⲉⲥⲟⲩⲟϫ ⲉⲁⲥⲟⲩϫⲁⲓ ⲉⲥϯ ⲱⲟⲩ ⲙⲫ̅ϯ̅. ⲑⲁⲓ ⲇⲉ[2] ⲉⲧⲁⲥϣⲉ ⲛⲁⲥ ⲉⲧⲉⲥⲃⲁⲕⲓ ⲛϫⲱⲕ ⲛⲅ̅ ⲛⲉϩⲟⲟⲩ ⲁⲥⲙⲟⲩ ⲁⲥⲭⲁ ⲧ̅ ⲛⲟⲗⲟⲕⲟϫⲓ (sic) ϧⲟⲧⲉ ⲉⲧⲁⲥⲓ ⲉⲥⲛⲁⲙⲧⲟⲛ ⲙⲙⲟⲥ ⲁⲥⲉⲣ ⲇⲓⲁⲑⲏⲕⲏ ⲉⲑⲣⲟⲩⲟⲗⲟⲩ ⲙⲡⲓⲁⲅⲓⲟⲥ ⲁⲃⲃⲁ ⲙⲁⲕⲁⲣⲓⲟⲥ[3] ⲉⲑⲃⲉ ⲡⲓⲣⲏϯ ⲉⲧⲁⲥⲟⲩϫⲁⲓ. ⲛⲉ ⲁϥⲱⲣ ⲅⲁⲣ ⲉⲃⲟⲗ ⲛϫⲉ ⲡϣⲓⲛⲓ ⲙⲡⲓⲁⲅⲓⲟⲥ ⲁⲃⲃⲁ ⲙⲁⲕⲁⲣⲓⲟⲥ[4] ⲟⲩⲟϩ ⲁⲥⲥⲱⲧⲉⲙ ⲉⲑⲃⲏⲧϥ ⲛϫⲉ ⲕⲉⲡⲁⲣⲑⲉⲛⲟⲥ ⲁⲥⲓ ϩⲁⲣⲟϥ ⲉⲃⲟⲗϧⲉⲛ ⲑⲉⲥⲥⲁⲗⲟⲛⲓⲕⲏ[5] ⲉⲡⲉⲥⲣⲁⲛ ⲡⲉ ⲗⲩⲇⲓⲁ[6] ⲛⲉ ⲟⲩⲅⲣⲁⲫⲉⲩⲥ ⲧⲉ ⲉⲥⲥϧⲉ ϫⲱⲙ ⲛⲟⲩϣ ⲉⲥⲉⲣⲁⲥⲕⲓⲛ[7] ⲉⲙⲁϣⲱ ϧⲉⲛ ⲟⲩⲃⲓⲟⲥ ⲙⲙⲉⲧϩⲱⲟⲩⲧ. (-ⲕ̅ⲉ̅-) ⲑⲁⲓ ⲇⲉ ⲛⲉ ⲁⲥⲉⲣ ⲟⲩⲣⲟⲙⲡⲓ ⲉⲥϫⲏⲛ ⲉⲃⲟⲗ

hyène, car elles étaient si étroites qu'il ne pouvait pas du tout étendre ses pieds. La cellule qui était près des hommes était large, il y recevait les frères.

Mais ce vieillard saint abba Macaire, il guérit des foules d'hommes possédés de démons nombreux grandement, innombrables, de sorte que pendant que nous étions là, on lui amena une jeune fille paralytique, malade grandement. Comme elle avait entendu parler de lui[8] dans son pays, elle se fit conduire à lui; et, lorsqu'il eut prié sur de l'huile, il frotta tout son corps de ses doigts saints une foule de fois pendant vingt jours. Dieu la guérit par ses prières et il l'envoya à sa maison saine et sauve, rendant gloire à Dieu. Lorsqu'elle fut arrivée à son village, au bout de trois jours, elle mourut; elle laissa trois cents pièces d'or et, au moment de se reposer, elle fit promesse de les faire porter au saint abba Macaire à cause de la manière dont il l'avait guérie. Car la réputation du saint abba Macaire était répandue, et une autre jeune fille, nommée Lydia, entendit (parler) de lui, elle vint vers lui de Thessalonique : c'était une (femme) écrivain qui écrivait des livres et faisait ascèse grandement dans une vie masculine. Elle passa une année entière, demeurant

---

1. Cod. ⲙⲁⲕⲁⲣⲓ. — 2. Cod. ⲑⲁⲓ ⲧⲉ. — 3. Cod. ⲙⲁⲕⲁⲣⲓ. — 4. Cod. ⲙⲁⲕⲁⲣⲓ. — 5. Cod. ⲑⲉⲥⲁⲗⲟⲛⲓⲕⲏ. — 6. Cod. ⲗⲓⲧⲓⲁ. — 7. Cod. ⲉⲥⲉⲣⲁⲥⲕⲓⲛ. — 8. Mot à mot : Entendit sa nouvelle.

ⲉϣⲟⲡ ϧⲉⲛ ⲟⲩⲛⲓϣϯ ⲛⲥⲡⲏⲗⲁⲓⲟⲛ[1] ⲛⲁⲥⲉⲣⲁⲡⲁⲛⲧⲁⲛ ⲉⲡⲓϧⲉⲗⲗⲟ ⲛⲟⲩⲥⲟⲡ ⲙⲙⲏⲛⲓ ⲑⲁⲓ ⲉⲧⲉ ⲙⲡⲉ ϩⲉⲟⲩⲁⲓ ⲛⲁⲩ ⲉⲣⲟⲥ ϧⲉⲛ ⲡⲓⲧⲱⲟⲩ ⲧⲏⲣϥ ⲉⲃⲏⲗ ⲉⲡⲓⲉϩⲟⲟⲩ ⲉⲧⲁⲥϣⲉ ⲛⲁⲥ ⲉⲃⲟⲗϧⲉⲛ ⲡⲓⲧⲱⲟⲩ ⲉⲑⲣⲉⲥϣⲱⲗ ⲉⲧⲉⲥⲭⲱⲣⲁ. ⲟⲩⲟϩ ⲡⲓⲙⲉⲩⲓ ⲉⲧϩⲏⲡ ⲛⲧⲁⲥ ⲉⲧⲁⲥⲓ ϧⲁ ⲡⲓϧⲉⲗⲗⲟ ⲉⲑⲃⲏⲧϥ ⲁ ⲫϯ ϯ ⲙⲧⲟⲛ ⲛⲁⲥ ⲉⲃⲟⲗ ϩⲁⲣⲟⲥ ⲉⲃⲟⲗϩⲓⲧⲉⲛ ⲛⲉⲛⲧⲱⲃϩ ⲙⲡⲓϧⲉⲗⲗⲟ ⲁⲥϣⲉ ⲛⲁⲥ ⲉⲧⲉⲥⲭⲱⲣⲁ ⲉⲥϯ ⲱⲟⲩ ⲙⲫϯ ϫⲉ ⲁϥϯ ⲙⲧⲟⲛ ⲛⲁⲥ ϩⲓⲧⲉⲛ ⲡⲉⲥⲓ ⲛ ϣⲁ ⲡⲓϧⲉⲗⲗⲟ.

ⲡⲁⲓⲙⲁⲕⲁⲣⲓⲟⲥ ⲇⲉ ⲟⲩⲛ ⲁϥⲥⲱⲧⲉⲙ ⲉⲑⲃⲉ ⲛⲓⲣⲉⲙ ⲧⲁⲃⲉⲛⲛⲏⲥⲓ ⲛⲟⲩⲥⲟⲡ ⲉⲧⲉ ⲟⲩⲁⲃⲏⲧ ⲡⲉ ϧⲉⲛ ⲫⲙⲁⲣⲏⲥ ϫⲉ ⲥⲉⲓⲣⲓ ⲛⲟⲩⲙⲏϣ ⲙⲡⲟⲗⲓⲧⲉⲓⲁ[2] ⲉⲩⲟⲓ ⲛⲛⲓϣϯ ⲉⲙⲁϣⲱ. ⲁϥⲧⲱⲛϥ ⲛϫⲉ ⲁⲃⲃⲁ ⲙⲁⲕⲁⲣⲓⲟⲥ[3] ⲁϥϣⲓⲃϯ ⲙⲡⲉϥⲥⲭⲏⲙⲁ ⲁϥϯ ⲛⲟⲩⲥⲭⲏⲙⲁ ⲛⲣⲉⲙ ⲟⲩⲟⲛ ϩⲱⲧϥ ⲙⲫⲣⲏϯ ⲛⲟⲩⲉⲣⲅⲁⲧⲏⲥ ⲛⲣⲱⲙⲓ ⲁϥϣⲉ ⲛⲁϥ[4] ⲉⲫⲙⲁⲣⲏⲥ ⲉϥⲙⲟϣⲓ ⲉⲃⲟⲗϩⲓⲧⲉⲛ ⲡϣⲁϥⲉ ⲙⲓⲉ ⲛⲉϩⲟⲟⲩ ϣⲁⲧⲉϥϣⲉ ⲛⲁϥ ⲉⲙⲁⲩ. ⲉⲧⲁϥⲫⲟϩ ⲇⲉ ⲉⲡⲓⲛⲓϣϯ ⲛⲁⲃⲏⲧ (-ⲕⲉ-) ⲁϥϣⲉ ⲛⲁϥ ⲁϥϣⲓⲛⲓ ⲛⲥⲁ ⲫⲓⲱⲧ[5] ⲙⲡⲓⲁⲃⲏⲧ ⲫⲏ ⲉⲧⲉ ⲡⲉϥⲣⲁⲛ ⲡⲉ ⲁⲡⲁ ⲡⲁϧⲱⲙ ⲉⲟⲩⲣⲱⲙⲓ ⲡⲉ ⲛⲥⲱⲧⲡ ⲟⲩⲟϩ ⲛⲥⲟⲕⲓⲗⲟⲥ ⲉⲣⲉ ⲟⲩⲟⲛ ⲟⲩϩⲙⲟⲧ ⲛⲧⲉ ⲟⲩⲡⲣⲟⲫⲏⲧⲓⲁ ⲛⲧⲟⲧϥ ⲙⲡⲉ ⲫϯ ⲧⲁⲙⲟϥ ⲉⲑⲃⲉ ⲁⲃⲃⲁ ⲙⲁⲕⲁⲣⲓⲟⲥ[6] ⲛⲉ ⲁϥⲥⲱⲧⲉⲙ ⲅⲁⲣ ⲉⲑⲃⲏⲧϥ ⲡⲉ ⲟⲩⲟϩ ⲉϥⲟⲩⲱϣ ⲉⲛⲁⲩ ⲉⲣⲟϥ. ⲉⲧⲁϥⲉⲣⲁⲡⲁⲛⲧⲁⲛ ⲇⲉ ⲉⲣⲟϥ ⲛϫⲉ ⲁⲃⲃⲁ ⲙⲁⲕⲁⲣⲓⲟⲥ[7] ⲡⲉϫⲁϥ ⲛⲁϥ ϫⲉ ϯϯ ϩⲟ ⲉⲣⲟⲕ ⲡⲁⲓⲱⲧ ϣⲟⲡⲧ ⲉⲣⲟⲕ ϧⲉⲛ ⲧⲉⲕ

dans une grande caverne; elle rencontrait le vieillard une fois chaque jour, et personne autre ne la vit dans toute la montagne, si ce n'est le jour où elle quitta la montagne pour aller en son pays; et la pensée cachée en elle lorsqu'elle vint vers le vieillard à son sujet, Dieu lui en donna repos par les prières du vieillard. Elle s'en retourna dans son pays, rendant gloire à Dieu qui lui avait donné repos par sa venue vers le vieillard.

Ce bienheureux donc entendit parler une fois des hommes de Tabennisi, qui est un couvent dans le Sud, (on disait) qu'ils faisaient une foule de dévotions très grandes. Abba Macaire se leva, il changea son habit, il prit un habit de fellah comme un homme ouvrier, il alla au Sud, marchant dans le désert pendant quinze jours, jusqu'à ce qu'il y fût arrivé. Lorsqu'il fut arrivé au grand couvent, il alla, il demanda après le père du couvent nommé apa Pakhôme, qui était un homme élu et célèbre et quoiqu'il eût une grâce de prophétie, Dieu ne l'informa point au sujet d'abba Macaire, car il avait entendu parler de lui et désirait le voir. Lorsque abba Macaire l'eut abordé, il lui dit : « Je t'en prie, mon père, reçois-moi dans ton couvent, peut-être me

---

1. *Cod.* ⲛⲥⲡⲏⲗⲉⲟⲛ. — 2. *Cod.* ⲡⲟⲗⲓⲧⲓⲁ. — 3. *Cod.* ⲙⲁⲕⲁⲣⲓ. — 4. *Cod.* ⲁϥϣⲉ ⲛⲁⲥ. — 5. *Cod.* ⲛⲥⲁ ⲫⲙⲱⲓⲧ, ce qui est évidemment une faute. — 6. *Cod.* ⲙⲁⲕⲁⲣⲓ. — 7. *Cod.* ⲙⲁⲕⲁⲣⲓ.

ⲙⲟⲛⲏ ⲁⲣⲏⲟⲩ ⲣⲱ ϯⲛⲁⲉⲣ ⲙⲟⲛⲁⲭⲟⲥ ϩⲱ. ⲡⲉϫⲉ ⲁⲡⲁ ⲡⲁϩⲱⲙ ⲛⲁϥ ϫⲉ ⲉⲭⲟⲩⲱϣ (sic) ⲟⲩ ⲡⲁⲥⲟⲛ ϩⲏⲡⲡⲉ ϯⲛⲁⲩ ⲉⲣⲟⲕ ⲉⲁⲕⲉⲣ ϧⲉⲗⲗⲟ ⲕⲁⲧⲁ ϯⲙⲁⲓⲏ ⲛⲧⲉ ⲡⲉⲕⲥⲱⲙⲁ ⲙⲙⲟⲛ ϣϫⲟⲙ ⲙⲙⲟⲕ ⲉⲉⲣⲡⲟⲗⲓⲧⲉⲩⲉⲥⲑⲁⲓ¹ ⲟⲩⲟϩ ⲛⲓⲥⲛⲏⲟⲩ ⲧⲏⲣⲟⲩ ϩⲁⲛ ⲁⲥⲕⲓⲧⲏⲥ ⲛⲉ ⲭⲛⲁϣϥⲁⲓ ϧⲁ ⲧⲟⲩϩⲟⲗⲕ ⲁⲛ ⲟⲩⲟϩ ⲭⲛⲁⲉⲣⲥⲕⲁⲛⲇⲁⲗⲓⲍⲉⲥⲑⲁⲓ² ⲭⲛⲁⲓ ⲉⲃⲟⲗ ⲉⲕⲥⲁϫⲓ ⲛⲥⲱⲟⲩ ⲙⲁϣⲉ ⲛⲁⲕ ⲉⲃⲟⲗ ⲉⲡⲙⲁ ⲛϣⲱⲡⲓ ⲛⲧⲉ ⲛⲓϣⲉⲙⲙⲱⲟⲩ ⲛⲣⲉⲙ ⲟⲩⲱⲓ ⲟⲩⲟϩ ϩⲉⲙⲥⲓ ⲛⲁⲕ ⲙⲙⲁⲩ (-ⲕ̄ⲍ̄-) ϯⲛⲁϣⲁⲛⲟⲩϣⲕ ⲙⲙⲁⲩ ϣⲁⲧⲉⲛⲟⲩⲱϣ ⲉⲃⲟⲗ ⲛⲁⲕ ⲙⲙⲁⲩⲁⲧⲕ. ⲙⲡⲉϥϣⲟⲡϥ ⲇⲉ ⲉⲣⲟϥ ⲟⲩⲇⲉ ϧⲉⲛ ⲡⲓⲉϩⲟⲟⲩ ⲛϩⲟⲩⲓⲧ ⲟⲩⲇⲉ ϧⲉⲛ ⲡⲙⲁϩⲃ̄ ϣⲁ ⲡⲓⲙⲁϩ ⲍ̄ ⲛⲉϩⲟⲟⲩ. ⲉⲧⲁϥⲉⲣ ⲁⲧϫⲟⲙ ⲇⲉ ⲛϫⲉ ⲁⲃⲃⲁ ⲙⲁⲕⲁⲣⲓⲟⲥ³ ⲉϥⲭⲏ ⲛⲁⲧⲟⲩⲱⲙ ⲁϥⲉⲣⲁⲡⲁⲛⲧⲁⲛ ⲉⲡⲓⲭⲟϫ ⲛⲁⲃⲏⲧ ⲛⲕⲉⲥⲟⲡ ⲡⲉϫⲁϥ ⲛⲁϥ ϫⲉ ϣⲟⲡⲧ ⲉⲣⲟⲕ ⲡⲁⲓⲱⲧ ⲟⲩⲟϩ ⲉϣⲱⲡ ⲁⲓϣⲧⲉⲙⲉⲣⲛⲏⲥⲧⲉⲩⲓⲛ⁴ ⲟⲩⲟϩ ⲛⲧⲁⲉⲣⲁⲥⲕⲓⲛ⁵ ⲟⲩⲟϩ ⲛⲧⲁⲉⲣ ϩⲱⲃ ⲛϫⲓϫ ⲙⲡⲟⲩⲣⲏϯ ϩⲓⲧ ⲉⲃⲟⲗϧⲉⲛ ⲧⲉⲕⲙⲟⲛⲏ. ⲧⲟⲧⲉ ⲁϥⲟⲩⲱⲣⲡ ϩⲁ ⲛⲓⲥⲛⲏⲟⲩ ⲉⲑⲣⲟⲩⲟⲗϥ ⲉϧⲟⲩⲛ. ϯⲏⲡⲓ ⲇⲉ ⲛⲧⲉ ⲛⲓⲥⲛⲏⲟⲩ ⲉⲧⲙⲙⲁⲩ ⲛⲁⲥⲟⲓ ⲛⲓⲁ ⲛϣⲉ ⲙⲙⲟⲛⲁⲭⲟⲥ ϧⲉⲛ ⲡⲓⲁⲃⲏⲧ. ⲁϥϣⲉ ⲛⲁϥ ⲛϫⲉ ⲁⲃⲃⲁ ⲙⲁⲕⲁⲣⲓⲟⲥ⁶ ⲟⲩⲟϩ ⲉⲧⲁϥⲉⲣ ϩⲁⲛ ⲕⲟⲩϫⲓ ⲛⲉϩⲟⲟⲩ ⲁⲥⲓ ⲉϧⲟⲩⲛ ⲛϫⲉ ϯⲧⲉⲥⲥⲁⲣⲁⲕⲟⲥⲧⲏ⁷ ⲉⲑⲟⲩⲁⲃ ⲛⲧⲉ ϯⲛⲓⲥⲧⲉⲓⲁ⁸ ⲟⲩⲟϩ ⲁϥⲛⲁⲩ ⲉⲛⲓⲥⲛⲏⲟⲩ ⲧⲏⲣⲟⲩ ⲉⲣⲉ ⲫⲟⲩⲁⲓ ⲫⲟⲩⲁⲓ ⲙⲙⲱⲟⲩ ⲓⲣⲓ ⲛϩⲁⲛ ⲡⲟⲗⲓⲧⲉⲓⲁ⁹ ⲉⲩϣⲉⲃⲓⲏⲟⲩⲧ ϩⲁⲛ ⲟⲩⲟⲛ

ferai-je aussi moine. » — Apa Pakhôme lui dit : « Que veux-tu, mon frère ? je vois que tu es devenu vieux par l'état de ton corps; tu ne peux pas faire de dévotions et tous les frères sont des ascètes. Tu ne pourras pas supporter la continuité (des pratiques), tu seras scandalisé, tu t'en iras parlant contre eux. Va vers l'habitation des étrangers, des fellahs, reste là et je te nourrirai jusqu'à ce que tu désires t'en aller tout seul. » Il ne le reçut donc pas à lui, ni le premier, ni le second, ni le septième jour. Lorsque abba Macaire fut sans force, étant resté sans manger, il aborda le chef du couvent une autre fois, il lui dit : « Reçois-moi, mon père, et si je ne jeûne pas, si je ne fais pas ascèse, si je ne travaille pas des mains comme eux, chasse-moi de ton couvent. » Alors il l'envoya vers les frères, afin qu'ils le fissent entrer. Le nombre des frères qui étaient là, dans ce couvent, était de quatorze cents. Abba Macaire alla, et, après qu'il eut passé quelques jours, arriva la sainte quarantaine, et il vit tous les frères, chacun faisant des dévotions différentes : les uns jeûnaient jusqu'au soir chaque jour, les autres rompaient le jeûne de deux jours

---

1. *Cod.* ⲉⲉⲣⲡⲟⲗⲓⲧⲉⲩⲉⲥⲟⲉ. — 2. *Cod.* ⲭⲛⲁⲉⲣⲥⲕⲁⲛⲇⲁⲗⲓⲍⲉⲥⲟⲉ. — 3. *Cod.* ⲙⲁⲕⲁⲣⲓ. — 4. *Cod.* ⲛⲏⲥⲧⲉⲧⲓⲛ. — 5. *Cod.* ⲉⲣⲁⲥⲕⲓⲛ. — 6. *Cod.* ⲙⲁⲕⲁⲣⲓ. — 7. *Cod.* ⲧⲉⲥⲁⲣⲁⲕⲟⲥⲧⲏ. — 8. *Cod.* ⲛⲏⲥⲧⲓⲁ. — 9. *Cod.* ⲡⲟⲗⲓⲧⲓⲁ.

ⲙⲉⲛ ⲉⲩⲥⲉⲕ ϣⲁ ⲣⲟⲩϩⲓ ⲙⲙⲓⲛⲓ ϧⲁⲛ ⲕⲉⲟⲩⲟⲛ ⲉⲩⲥⲉⲕ $\overline{\text{ⲃⲃ}}$ (-ⲕⲏ-) ϧⲁⲛ ⲕⲉⲟⲩⲟⲛ ⲉⲩⲥⲉⲕ $\overline{\text{ⲉⲉ}}$ ϧⲁⲛ ⲕⲉⲟⲩⲟⲛ ⲇⲉ ⲉⲩⲥⲉⲕ ⲛⲏⲥⲧⲓⲁ[1] ⲉⲩⲟϩⲓ ⲉⲣⲁⲧⲟⲩ ϧⲉⲛ
ⲡⲓⲉϫⲱⲣϩ ⲧⲏⲣϥ ⲉⲩϩⲉⲙⲥⲓ ϧⲉⲛ ⲡⲓⲉϩⲟⲟⲩ. ⲁϥϣⲉ ⲛⲁϥ ϩⲱϥ ⲛϫⲉ ⲁⲃⲃⲁ
ⲙⲁⲕⲁⲣⲓⲟⲥ[2] ⲁϥϣⲱⲡ ⲛⲛⲉϥⲃⲏⲧ ⲙⲙⲟⲩ ⲁϥⲟⲗⲟⲩ ⲁϥⲭⲁⲩ ϩⲓϫⲉⲛ ⲟⲩ-
ⲧⲟⲧⲉ ⲛⲧⲣⲓⲕⲟⲛ ⲉϥϭⲟⲥⲓ ϩⲓ ⲧϩⲏ ⲙⲙⲟϥ ⲁϥⲟϩⲓ ⲉⲣⲁⲧϥ ϧⲉⲛ ⲟⲩⲗⲁ-
ⲕϩ ⲛⲧⲉϥⲣⲓ ⲉϥⲙⲟⲩⲧⲛ ⲛⲉⲙϯ ϣⲁⲧⲉ ⲡⲓϻ ⲛⲉϩⲟⲟⲩ ⲕⲏⲛ ⲙⲡⲉϥϩⲉⲙⲥⲓ
ⲉⲡⲧⲏⲣϥ ⲟⲩⲇⲉ ⲙⲡⲉϥⲟⲩⲱⲙ ⲛⲟⲩⲱⲓⲕ ⲟⲩⲇⲉ ⲙⲡⲉϥⲥⲱ ⲛⲟⲩⲙⲱⲟⲩ ⲟⲩⲇⲉ
ⲙⲡⲉϥⲕⲉⲗϫ ⲕⲉⲗⲓ ⲁⲗⲗⲁ ⲕⲁⲧⲁ ⲕⲩⲣⲓⲁⲕⲏ ϣⲁϥⲱⲗⲓ ⲛϩⲁⲛ ϫⲱⲃⲓ ⲛⲭⲁ-
ⲣⲁⲙⲡⲟ ⲛⲧⲉϥⲟⲩⲱⲙ ⲛⲥⲱⲟⲩ ⲙⲡⲟⲩⲙⲑⲟ ϩⲓⲛⲁ ⲛⲧⲟⲩⲉⲙⲓ ϫⲉ ⲉϥⲟⲩⲱⲙ
ⲟⲩⲟϩ ⲁϥϣⲁⲛⲓ ⲉⲃⲟⲗ ⲉϥⲉⲛ ⲙⲱⲟⲩ ⲉⲃⲟⲗ ⲓⲉ ⲉϧⲱⲣⲡ ⲛϩⲁⲛ ⲃⲏⲧ ϣⲁϥⲫⲱⲧ
ⲉϧⲟⲩⲛ ⲛⲭⲱⲗⲉⲙ ⲥⲁⲧⲟⲧϥ ⲙⲡⲁϥⲥⲁϫⲓ ⲛⲉⲙ ⲟⲩⲟⲛ ⲟⲩⲇⲉ ⲙⲡⲁϥⲟⲩⲱⲛ
ⲛⲣⲱϥ ⲉⲡⲧⲏⲣϥ ⲁⲗⲗⲁ ⲉϥⲟϩⲓ ⲉⲣⲁⲧϥ ⲉϥⲭⲱ ⲛⲣⲱϥ ⲉϥⲧⲱⲃϩ ϧⲉⲛ ⲡⲉϥϩⲏⲧ
ⲉϥⲉⲣ ϩⲱⲃ ⲉⲛⲓⲃⲏⲧ. ⲉⲧⲁⲩⲛⲁⲩ ⲇⲉ ⲉⲣⲟϥ ⲛϫⲉ ⲛⲓⲁⲥⲕⲏⲧⲏⲥ[3] ⲧⲏⲣⲟⲩ ϧⲉⲛ
ⲧⲁⲓϩⲱⲃ ⲛ(-ⲕⲉ-)ⲉⲣ ϩⲱⲃ ⲁⲩⲧⲱⲟⲩⲛ ⲉϫⲉⲛ ⲡⲟⲩϫⲱϫ ⲡⲁⲃⲏⲧ ⲉⲩϫⲱ ⲙⲙⲟⲥ
ϫⲉ ⲉⲧⲁⲕⲉⲛ ⲡⲁⲓϧⲉⲗⲗⲟ ⲛⲣⲱⲙⲓ ⲙⲙⲁⲩ ⲉⲃⲟⲗⲑⲱⲛ ⲁⲣⲏⲟⲩ ⲣⲱ ⲛⲉ ⲙⲙⲟⲛ
ⲥⲁⲣⲝ̄ ⲧⲟⲓ ϩⲓⲱⲧϥ ⲁⲕⲉⲛϥ ⲙⲙⲁⲓ ϫⲉ ⲛⲧⲉϥϯ ϩⲁⲡ ⲉⲣⲟⲛ ⲓⲉ ⲛⲧⲉⲕϩⲓⲧϥ ⲉⲃⲟⲗ
ϧⲉⲛ ⲡⲁⲓⲙⲁ ⲓⲉ ⲁⲛⲟⲛ ⲧⲏⲣⲟⲩ ⲛⲧⲉⲛⲫⲱⲧ ⲉⲃⲟⲗ. ⲉⲧⲁϥⲥⲱⲧⲉⲙ ⲇⲉ ⲛϫⲉ
ⲁⲃⲃⲁ ⲡⲁϫⲱⲙ ⲉⲑⲙⲁⲛⲓ ⲛⲛⲉϥⲡⲟⲗⲓⲧⲓⲁ[4] ⲁϥⲧⲱⲃϩ ⲙⲫϯ ϩⲓⲛⲁ ⲛⲧⲉϥϣⲱⲣⲡ

en deux jours, d'autres de cinq en cinq, d'autres jeûnaient se tenant debout pendant la nuit, assis pendant le jour. Abba Macaire alla aussi, il humecta d'eau ses feuilles de palmier, il les prit, il les posa sur une table ronde(?) élevée devant lui, il se tint debout dans un angle de sa cellule, tissant des corbeilles jusqu'à ce que les quarante jours eussent cessé, il ne s'assit pas du tout, il ne mangea point de pain, ne but point d'eau, ne s'agenouilla point; mais chaque dimanche il prenait quelques feuilles de *djarampo* pour les manger devant eux afin qu'ils connussent qu'il mangeait, et, s'il sortait pour répandre de l'eau ou pour mouiller les feuilles de palmier, il accourait aussitôt: il ne parla avec personne et n'ouvrit pas du tout la bouche; mais il se tint debout, se taisant, priant en son cœur, travaillant aux palmes. Lorsque tous les ascètes le virent en cette œuvre, ils se levèrent contre le chef du couvent, disant : « D'où as-tu amené cet homme vieillard? Peut-être comme il n'est point revêtu de chair, tu l'as amené ici, afin qu'il nous juge. Ou jette-le hors de ce lieu, ou nous tous, nous fuirons. » Lorsque abba Pakhôme apprit la qualité de ses dévotions, il pria Dieu

---

1. *Cod.* ⲛⲏⲥⲧⲓⲁ. — 2. *Cod.* ⲙⲁⲕⲁⲣⲓ. — 3. *Cod.* ⲛⲓⲁⲥⲕⲏⲧⲏⲥ. — 4. *Cod.* ⲡⲟⲗⲓⲧⲓⲁ.

ⲥⲉⲛϧⲱⲃ ⲥⲉⲛⲓϧⲉⲗⲗⲟ ⲛⲁϥ ϫⲉ ⲛⲓⲙ ⲡⲉ. ⲁ ⲫϯ ⲇⲉ ϭⲱⲣⲡ ⲛⲁϥ ⲉⲃⲟⲗ ϫⲉ ⲫⲁⲓ
ⲡⲉ ⲁⲃⲃⲁ ⲙⲁⲕⲁⲣⲓⲟⲥ¹ ⲡⲓⲣⲉⲙ ⲣⲁⲕⲟϯ ⲫⲏ ⲉⲧϣⲟⲡ ϧⲉⲛ ϣⲓⲏⲧ. ⲟⲩⲟϩ ⲁ
ⲡⲓϩⲱϫ ⲛⲁⲃⲏⲧ ⲁⲙⲟⲛⲓ ⲛⲧϫⲓϫ ⲙⲡⲓϧⲉⲗⲗⲟ ⲁϥⲉⲛϥ ⲉⲑⲙⲏϯ ⲙⲡⲓⲙⲁ ⲛⲉⲣ
ⲥⲩⲛⲁⲝⲓⲥ ⲙⲉⲛⲉⲛⲥⲁ ⲑⲣⲟⲩϫⲱ ⲛϣⲗⲏⲗ ⲉⲃⲟⲗ ⲛⲧⲉ ⲡⲓⲙⲁ ⲛⲉⲣ ϣⲟⲟⲩϣⲓ ϫⲉ
ϩⲓⲛⲁ ⲛⲧⲉ ⲡⲓⲙⲏϣ ⲧⲏⲣϥ ⲛⲧⲉ ⲛⲉⲛⲓⲟⲩ ⲛⲁⲩ ⲉⲣⲟϥ ⲟⲩⲟϩ ⲡⲉϫⲁϥ ⲛⲁϥ ϫⲉ
ⲁⲙⲟⲩ ⲙⲛⲁⲓ ⲡⲓⲕⲁⲗⲟⲥⲅⲉⲣⲟⲥ² ⲁϣ ⲛⲑⲟⲕ ⲡⲉ ⲁⲃⲃⲁ ⲙⲁⲕⲁⲣⲓⲟⲥ³ ⲁⲕⲭⲟⲡⲕ⁴
ⲉⲣⲟⲛ. ⲓⲉ ⲟⲩⲏⲣ ⲛⲉⲛⲟⲩ ⲁⲓⲥⲱⲧⲉⲙ ⲉⲑⲃⲏⲧⲕ ⲁⲓⲉⲣⲉⲡⲓⲑⲩⲙⲉⲓⲛ⁵ ⲉⲛⲁⲩ ⲉⲣⲟⲕ
(-ⲗ̄-) ⲁⲗⲗⲁ ϯϣⲉⲡ ϩⲙⲟⲧ ⲛⲧⲟⲧⲕ ϫⲉ ⲁⲕϯ ⲕⲱⲧ ⲛⲁⲛ ⲧⲏⲣⲉⲛ⁶ ⲟⲩⲟϩ ⲁⲕϯ
ⲥⲃⲱ ⲛⲛⲓϧⲉⲗϣⲓⲣⲓ ⲛⲉⲛⲟⲩ ⲉϣⲧⲉⲙⲑⲣⲟⲩϭⲣ ϭⲁⲥⲓ ϩⲓⲧ ϧⲉⲛ ⲛⲟⲩⲡⲟⲗⲓⲧⲉⲓⲁ⁷
ⲉⲧⲟⲩⲓⲣⲓ ⲙⲙⲱⲟⲩ ⲁⲗⲗⲁ ⲁⲩϣⲁⲛⲉⲣ ⲧⲟⲩϫⲟⲙ ⲧⲏⲣⲥ ⲥⲉⲛⲁϣϥⲟϩ ⲁⲛ ⲉⲛϣⲓ
ⲙⲡⲓⲙ̄ ⲛⲉϩⲟⲟⲩ ⲛⲧⲉ ⲡⲉⲛⲟⲥ ⲟⲩⲟϩ ⲡⲉⲛⲥⲱⲧⲏⲣ ⲓⲏⲥ ⲡⲭ̄ⲥ̄ ⲡϣⲏⲣⲓ ⲙⲫϯ
ⲉⲧⲟⲛϧ. ⲙⲁⲗⲓⲥⲧⲁ ⲛⲉⲕⲡⲟⲗⲓⲧⲉⲓⲁ⁸ ϩⲁ ⲡⲓⲣⲱⲙⲓ ⲉⲧⲟⲛⲓ ⲙⲙⲟⲛ ⲛⲁⲕ⁹ ⲧⲁⲩⲧⲁ
ⲉⲁⲕⲉⲣ ϧⲉⲗⲗⲟ. ⲙⲁϣⲉ ⲛⲁⲕ ⲉⲡⲉⲕⲧⲟⲡⲟⲥ ϧⲉⲛ ⲟⲩϩⲓⲣⲏⲛⲏ¹⁰ ⲁⲕϯ ⲕⲱⲧ ⲛⲁⲛ
ⲧⲏⲣⲟⲩ ⲉϥⲣⲱϣⲓ ⲟⲩⲟϩ ⲧⲱⲃϩ ⲉϫⲱⲛ. ⲧⲟⲧⲉ ⲁϥϣⲉ ⲛⲁϥ ⲉⲩⲟⲩⲱϣⲧ ⲙⲙⲟϥ
ⲟⲩⲟϩ ⲉⲩϯ ϩⲟ ⲉⲣⲟϥ ⲧⲏⲣⲟⲩ ϫⲉ ⲧⲱⲃϩ ⲉϫⲱⲛ.

ⲁϥϫⲉ ⲡⲁⲓⲕⲉϩⲱⲃ ⲇⲉ ⲛⲁⲛ ⲟⲛ ϫⲉ ⲡⲟⲗⲓⲧⲉⲓⲁ¹¹ ⲛⲓⲃⲉⲛ ⲉⲧⲁⲓϭⲓ ⲧⲟⲧ ⲉⲣⲱⲟⲩ

de lui révéler la chose du vieillard, qui il était. Dieu lui révéla que c'était abba Macaire l'Alexandrin, celui qui habitait à Schiit. Le chef prit la main du vieillard, il le mena au milieu du lieu où l'on faisait la synaxe, après qu'on eut fini la prière du sacrifice, afin que toute la foule des frères le vît; il lui dit : « Viens ici, ô beau vieillard! Comment, c'est toi qui es abba Macaire et tu t'es caché de nous! Depuis combien de temps ai-je entendu parler de toi et ai-je désiré te voir! Mais je te rends grâce de ce que tu nous a édifiés tous et que tu as enseigné aux jeunes frères à ne point s'enorgueillir de leurs dévotions; même quand ils feront tous leurs efforts, ils n'approcheront point de la mesure des quarante jours de Notre-Seigneur et Notre Sauveur Jésus le Christ, le Fils du Dieu vivant. Surtout tes dévotions, ô homme qui nous ressembles, tu les a faites étant vieux. Va en ton endroit en paix : tu nous as tous suffisamment édifiés, et prie pour nous. » Alors il s'en alla, pendant qu'ils l'adoraient et le priaient tous, disant : « Prie pour nous. »

Il nous dit aussi cette autre chose : « Toute dévotion que j'ai entreprise, je

---

1. *Cod.* ⲙⲁⲕⲁⲣⲓ. — 2. *Cod.* ⲡⲓⲕⲁⲗⲟⲥⲅⲉⲣⲟⲥ. — 3. *Cod.* ⲙⲁⲕⲁⲣⲓ. — 4. *Cod.* ⲁⲕⲭⲟⲃⲕ. — 5. *Cod.* ⲉⲡⲉⲓⲟⲩⲙⲓⲛ. — 6. *Cod.* ⲛⲁⲛ ⲧⲏⲣⲟⲩ. — 7. *Cod.* ⲛⲟⲩⲡⲟⲗⲓⲧⲓⲁ. — 8. *Cod.* ⲛⲉⲕⲡⲟⲗⲓⲧⲓⲁ. — 9. *Cod.* ⲕⲉ. — 10. *Cod.* ⲟⲩϩⲓⲣⲏⲛⲏ. — 11. *Cod.* ⲡⲟⲗⲓⲧⲓⲁ.

ⲁⲓⲭⲟⲕⲟⲩ ⲉⲃⲟⲗ ⲁⲗⲗⲁ ⲁⲥⲓ ⲉϫⲉⲛ ⲡⲁϩⲏⲧ ⲛϫⲉ[1] ⲧⲁⲉⲡⲓⲑⲩⲙⲓⲁ ⲉⲓⲟⲩⲱϣ
ⲉⲁⲓⲥ ⲉⲓⲟⲩⲱϣ ⲛⲧⲁⲉⲣ ⲉ̄ ⲛⲉϩⲟⲟⲩ ⲉⲣⲉ ⲡⲁϩⲏⲧ ϭⲟⲗⲕ ϧⲉⲛ ⲫϯ ⲛⲛⲁⲩ ⲛⲓⲃⲉⲛ ⲛϫⲓ ⲛϩⲗⲓ ⲛϭⲓ ϩⲣⲁϥ ⲁⲛ ϧⲉⲛ ϩⲗⲓ ⲙⲙⲱⲓⲧ ⲛⲧⲉ ⲡⲁⲓⲉⲛⲉϩ. ⲉⲧⲁⲓϯ
ⲣⲱⲓ ⲇⲉ ⲙⲡⲁⲓⲣⲏϯ ϧⲉⲛ ⲡⲁ-(ⲗⲁ̄-)ϩⲏⲧ ⲁⲓϣⲉ ⲛⲏⲓ ⲉϧⲟⲩⲛ ⲉⲧⲣⲓ ⲉⲧϧⲉⲛ ⲡⲓϣⲁϥⲉ ⲉⲧⲥⲁϧⲟⲩⲛ ⲑⲏ ⲉⲧⲉ ⲙⲙⲟⲛ ⲣⲟ ⲟⲩⲇⲉ ϣⲟⲩϣⲧ ⲟⲩⲇⲉ ϩⲗⲓ
ⲛⲟⲩⲱⲓⲛⲓ ⲛϧⲏⲧⲉ ϫⲉ ϩⲓⲛⲁ ⲛⲧⲉϣⲧⲉⲙ ⲣⲱⲙⲓ ϫⲉⲙⲧ ⲟⲩⲟϩ ⲁⲓⲟϩⲓ ⲉⲣⲁⲧ
ϩⲓϫⲉⲛ ⲡⲓⲑⲟⲙ ϧⲉⲛ ϯⲣⲓ ⲁⲓϯ ⲛⲉⲙ ⲡⲁⲙⲉⲩⲓ ⲉⲓϫⲱ ⲙⲙⲟⲥ ⲙⲡⲁⲓⲣⲏϯ
ϫⲉ ⲁⲣⲉϩ ⲉⲣⲟⲕ ⲙⲡⲉⲣⲓ ⲉⲡⲉⲥⲏⲧ ⲉⲃⲟⲗϧⲉⲛ ⲧⲫⲉ ⲟⲩⲟⲛ ⲛⲧⲁⲕ ⲙⲙⲁⲩ
ⲛⲛⲓⲡⲁⲧⲣⲓⲁⲣⲭⲏⲥ ⲛⲉⲙ ⲛⲓⲡⲣⲟⲫⲏⲧⲏⲥ ⲛⲉⲙ ⲛⲓⲁⲡⲟⲥⲧⲟⲗⲟⲥ ⲟⲩⲟⲛ ⲛⲧⲁⲕ
ⲙⲙⲁⲩ ⲛⲛⲓⲁⲅⲅⲉⲗⲟⲥ ⲛⲉⲙ ⲛⲓⲁⲣⲭⲁⲅⲅⲉⲗⲟⲥ[2] ⲛⲉⲙ ⲛⲓϫⲩⲛⲁⲙⲓⲥ ⲉⲧⲥⲁ
ⲡϣⲱⲓ ⲛⲉⲙ ⲛⲓⲭⲉⲣⲟⲩⲃⲓⲙ ⲛⲉⲙ ⲛⲓⲥⲉⲣⲁⲫⲓⲙ ⲧⲱⲙⲕ ⲉⲫϯ ⲫⲓⲱⲧ ⲛⲉⲙ
ⲡϣⲏⲣⲓ ⲙⲙⲟⲛⲟⲅⲉⲛⲏⲥ ⲛⲉⲙ ⲡⲓⲡⲛⲁ ⲉⲑⲟⲩⲁⲃ ϯⲟⲙⲟⲟⲩⲥⲓⲟⲥ ⲛⲧⲣⲓⲁⲥ ⲫϯ
ⲛⲧⲉ ⲛⲛⲓⲟⲩϯ ⲡⲟⲩⲣⲟ ⲛⲧⲉ ⲛⲓⲁⲓⲱⲛ ⲧⲏⲣⲟⲩ ⲙⲁⲧⲁⲗⲟⲕ ⲉⲡϣⲱⲓ ⲉϫⲉⲛ ⲡⲓⲥⲧⲁⲩⲣⲟⲥ[3] ⲛⲧⲉ ⲡϣⲏⲣⲓ ⲉⲧϧⲉⲛ ⲧⲫⲉ ⲙⲡⲉⲣⲓ ⲉⲡⲉⲥⲏⲧ ⲉⲃⲟⲗϧⲉⲛ ⲡⲓⲙⲁ ⲉⲧϫⲟⲣ.
ⲟⲩⲟϩ ⲉⲧⲁⲓϫⲉⲛ ⲉϩⲟⲟⲩ ⲃ̄ ⲉⲃⲟⲗ ⲡⲉϫⲁϥ ⲛⲉⲙ ⲉϫⲱⲣϩ ⲃ̄ ⲁ ⲛⲓⲇⲁⲓⲙⲱⲛ[4] ϫⲱⲃⲓ
ϩⲱⲥⲧⲉ[5] ⲛⲧⲟⲩϣⲉⲃⲓⲏⲧⲟⲩ ϧⲉⲛ ⲟⲩⲙⲏϣ ⲛⲫⲁⲛⲧⲁⲥⲓⲁ ϩⲁⲛ ⲥⲟⲡ ⲙⲉⲛ ϣⲁⲧⲉⲣ
ⲙⲫⲣⲏϯ ⲛϩⲁⲛ ⲙⲟⲩⲓ ⲉⲩϧⲱⲕⲓ ⲛⲛⲁ-(ⲗⲃ̄-)ϭⲁⲗⲁⲩϫ ⲛⲛⲟⲩⲉⲃ ϩⲁⲛ ⲥⲟⲡ ⲇⲉ

j'ai accomplie; mais aussi il m'est venu au cœur ce désir, j'ai voulu l'accomplir et j'ai désiré passer cinq jours (en pensant) continuellement à Dieu en toute heure, ne faisant aucune attention[6] à aucune chose de ce siècle. Lorsque je me fus fait cette promesse en mon cœur, je marchai vers ma cellule, celle qui est dans le désert intérieur, celle où il n'y a ni porte, ni fenêtre, ni aucune lumière en elle, afin qu'aucun homme ne me trouvât. Et je me tins debout sur la natte dans la cellule, je luttai avec ma pensée, disant ainsi : Garde-toi, ne tombe pas du ciel; tu as là les patriarches, les prophètes, les apôtres; tu as là les anges, les archanges, les puissances supérieures, les chérubins et les séraphins. Sois uni à Dieu le Père, à son Fils unique et au Saint-Esprit, la consubstantielle Trinité de Dieu, le roi de tous les cœurs. Monte sur la croix du Fils qui est dans les cieux; ne descends pas du lieu fortifié. — Et lorsque j'eus passé deux jours, dit-il, et deux nuits, les démons furent en fureur, de sorte qu'ils se changèrent en toutes sortes de *fantaisies*; quelquefois, ils devinrent comme des lions, déchirant mes pieds avec leurs griffes,

---

1. *Cod.* ϫⲉ. — 2. *Cod.* ⲛⲁⲣⲭⲛⲁⲅⲅⲉⲗⲟⲥ. — 3. *Cod.* ⲡⲓⲥϥⲟⲥ. — 4. *Cod.* ⲛⲓⲇⲁⲙⲱⲛ. — 5. *Cod.* ϩⲱⲥⲇⲉ. — 6. Mot à mot : Ne prenant aucune chose de faire attention.

ⲟⲛ ϣⲁⲧⲉⲣ ⲙ̅ⲫⲣⲏϯ ⲛ̅ϩⲁⲛ ϩⲟϥ ⲉⲧⲟⲗⲙ̄ⲗⲱⲙ ⲉϧⲟⲩⲛ ⲉⲛⲁϭⲁⲗⲁⲩϫ ⲉⲡϧⲁⲉ ⲇⲉ ⲁⲩⲉⲣ ⲙ̅ⲫⲣⲏϯ ⲛⲟⲩϣⲁϩ ⲛ̅ⲭⲣⲱⲙ ⲛ̅ⲥⲉⲣⲱⲕϩ ⲛ̅ϩⲱⲃ ⲛⲓⲃⲉⲛ ⲉⲧϧⲉⲛ ϯⲣⲓ ϣⲁ ⲉϧⲟⲩⲛ ⲉϯⲣⲓ ⲛⲉⲙ ⲡⲓⲑⲟⲙ ⲉⲧϩⲓ ⲉⲣⲁⲧϥ ϩⲓϫⲱϥ ⲁⲩⲣⲟⲕϩⲟⲩ ⲧⲏⲣⲟⲩ ϣⲁⲧⲉⲛ ⲧⲁⲧⲁⲥⲓ ⲥⲛⲟⲩϯ ⲙ̅ⲙⲁⲧⲁⲧⲟⲩ ϩⲱⲥⲧⲉ¹ ⲛ̅ⲧⲁⲙⲉⲩⲓ ϫⲉ ϯⲛⲁⲣⲱⲕϩ ϩⲱ ⲟⲩⲟϩ ⲉⲡϧⲁⲉ ⲁϥⲫⲱⲧ ⲛ̅ϫⲉ ⲡⲓⲭⲣⲱⲙ ⲛⲉⲙ ⲛⲓⲫⲁⲛⲧⲁⲥⲓⲁ. ϧⲉⲛ ⲡⲓⲙⲁϩ ⲇ̄ ⲛ̅ⲉϩⲟⲟⲩ ⲙ̅ⲡⲓϣⲁⲙⲟⲛⲓ ⲛ̅ⲧⲟⲧ ϧⲉⲛ ⲡⲁⲙⲉⲩⲓ ⲛⲁⲧϭⲓ ϧⲣⲁϥ ⲁⲗⲗⲁ ⲁⲓ ⲉϧⲣⲏⲓ ϧⲉⲛ ⲛⲓϫⲓ ⲛ̅ⲭⲟⲩϣⲧ ⲛⲉⲙ ⲛⲓⲣⲱⲟⲩϣ ⲛ̅ⲧⲉ ⲡⲁⲓⲉⲛⲉϩ ⲕⲁⲧⲁ ⲛⲓⲣⲱⲙⲓ ⲁⲓⲕⲁϯ ⲅⲁⲣ ϫⲉ ⲉⲛⲉ ⲉⲧⲁⲓϣⲁϣⲛⲓ ⲡⲉ ϣⲁϯϫⲉⲕ² ⲧⲁⲓⲉⲛⲧⲟⲗⲏ ⲉⲃⲟⲗ ⲛⲁⲛⲁ ⲧⲁⲕⲟ ⲙ̅ⲡⲁⲕⲁϯ ⲡⲉ ⲛ̅ⲧⲁϭⲓⲥⲓ ⲛ̅ϩⲏⲧ ϧⲉⲛ ⲟⲩⲗⲓⲃⲓ. ⲉⲑⲃⲉ ⲫⲁⲓ ⲡⲓⲙⲧⲟⲛ ⲉⲑⲣⲓ ⲉϫⲉⲛ ⲛⲓⲣⲱⲟⲩϣ ⲛ̅ⲧⲉ ⲡⲁⲓⲕⲟⲥⲙⲟⲥ ϧⲉⲛ ⲡⲁϩⲏⲧ ϩⲓⲛⲁ ⲛ̅ⲧⲁϣⲧⲉⲙϩⲉⲓ ϧⲉⲛ ⲟⲩⲙⲉⲧϭⲁⲥⲓ ϩⲏⲧ. ⲁϥϫⲟⲥ ⲟⲛ ⲙ̅ⲡⲁⲓⲣⲏϯ ϫⲉ ⲁⲓⲉⲣ ⲛ̅ ⲛ̅ⲣⲟⲙⲡⲓ ϧⲉⲛ ⲙⲁⲥⲕⲛⲏⲥⲓⲥ ⲙ̅ⲡⲓϭⲓⲥⲓ ⲙ̅ⲫⲣⲏϯ ⲙ̅ⲡⲁⲓⲉϩⲟⲟⲩ.

(ⲗ̄ⲥ̄) ⲁⲥϣⲱⲡⲓ ⲇⲉ ⲟⲛ ⲉⲓⲭⲏ ϧⲁⲧⲟⲧϥ ⲛⲉⲙ ⲡⲓⲁⲅⲓⲟⲥ ⲁⲗⲃⲓⲛⲟⲥ³ ⲁϥⲓ ϩⲁ ⲁⲃⲃⲁ ⲙⲁⲕⲁⲣⲓⲟⲥ⁴ ⲛ̅ϫⲉ ⲟⲩⲡⲣⲉⲥⲃⲩⲧⲉⲣⲟⲥ ⲛ̅ⲧⲉ ⲟⲩϯⲙⲓ⁵ ⲉⲣⲉ ϫⲱϥ ⲧⲏⲣϥ ⲃⲏⲕ ⲉⲃⲟⲗ ⲉϥⲟⲓ ⲛ̅ϧⲟⲗⲓ ϩⲓⲧⲉⲛ ⲡⲓϣⲱⲛⲓ ⲫⲏ ⲉⲧⲟⲩⲙⲟⲩϯ ⲉⲣⲟϥ ϯⲟⲩⲁⲙⲉⲧ ⲉⲁⲥⲟⲩⲱⲙ ⲡⲉϥϩⲟ ⲧⲏⲣϥ ⲟⲩⲟϩ ⲛⲁϥⲃⲏⲕ ⲉⲃⲟⲗ ⲡⲉ ⲉⲕⲛⲁⲩ ⲉⲁϥ ⲛ̅ⲧⲁϥ ⲁⲛ ⲉⲃⲏⲗ

d'autres fois ils devenaient comme des serpents s'enroulant à mes pieds, enfin ils devinrent comme une flamme de feu, afin de brûler toute chose en ma cellule, même la natte sur laquelle je me tenais; ils brûlèrent tout, excepté mes deux sandales seulement, de sorte que je pensais que je brûlerais aussi. Enfin, le feu et les *fantaisies* s'enfuirent. Le quatrième jour, je ne pus me contenir dans ma pensée sans sollicitude; mais je descendis aux visions et aux soucis de ce siècle selon les hommes; car je compris que, si j'avais obtenu d'accomplir ce commandement, j'aurais perdu mon intelligence, je me serais enorgueilli de cœur avec insatiété : c'est pourquoi je me reposai en faisant revenir les soucis de ce monde en mon cœur, afin de ne pas tomber dans l'orgueil. » Il dit aussi ainsi : « J'ai fait cinquante ans dans des ascèses, je n'ai point souffert comme en ce jour. »

Il arriva que comme j'étais un jour près de lui avec le saint Albinus, un prêtre d'un village vint à abba Macaire : tout son visage était à nu par la maladie qu'on nomme cancer, qui l'avait mangé, et il était entièrement à nu⁶, sans qu'on vit en lui de chair, si ce n'est des os : (spectacle) horrible gran-

---

1. Cod. ϩⲱⲥϫⲉ. — 2. Cod. ϣⲁϯϫⲟⲕ sic. — 3. Cod. ⲁⲗⲃⲓⲛⲉ. — 4. Cod. ⲙⲁⲕⲁⲣⲓ. — 5. Cod. ⲧⲓⲙⲓ. — 6. Mot à mot : « Était pelé. »

ⲉⲕⲁⲥ ⲉϥϫⲟⲓ ⲛϧⲟϯ ⲙ̅ⲙⲁϣⲱ. ⲫⲁⲓ ⲉⲧⲁϥⲧⲁⲕⲟ ⲙ̅ⲫⲏ ⲉⲧⲉⲛⲧⲁϥ ⲧⲏⲣϥ ⲛⲉⲙ ⲛⲓⲥⲏⲓⲛⲓ ⲟⲩⲟϩ ⲙ̅ⲡⲉϥⲧⲁⲗϭⲟ. ⲉⲧⲁϥⲉⲣ ⲁⲧϩⲉⲗⲡⲓⲥ ⲇⲉ ⲁϥⲓ ϩⲁ ⲡⲓϧⲉⲗⲗⲟ ϫⲉ ϩⲓⲛⲁ ⲛ̅ⲧⲉ ⲫϯ ⲛⲉⲙⲁϥ ⲧⲁⲗϭⲟϥ ⲉⲃⲟⲗϧⲉⲛ ⲡⲉϥϣⲱⲛⲓ ⲁϥϩⲓⲧϥ ⲉⲡⲉⲥⲏⲧ ϧⲁⲣⲁⲧⲟⲩ ⲛ̅ⲛⲉϥϭⲁⲗⲁⲩϫ ⲁϥϯϩⲟ ⲉⲣⲟϥ. ⲡⲓϧⲉⲗⲗⲟ ⲇⲉ ⲙ̅ⲡⲉϥϭⲓ ⲙ̅ⲡⲉϥϯ ϩⲟ ⲛ̅ⲧⲟⲧϥ ⲁⲗⲗⲁ ⲁϥⲕⲱϯ ⲙ̅ⲡⲉϥϩⲟ ⲥⲁⲃⲟⲗ ⲙ̅ⲙⲟϥ ⲉⲛⲧⲏⲣϥ. ⲁⲛⲟⲛ ⲇⲉ ⲁⲛϯ ϩⲟ ⲉⲣⲟϥ ⲉⲛϫⲱ ⲙ̅ⲙⲟⲥ ϫⲉ ⲡⲉⲛⲓⲱⲧ ϣⲉⲛ ϩⲏⲧ ϧⲁ ⲡⲁⲓⲣⲱⲙⲓ ⲙⲁ ⲡⲉⲕϩⲟ ⲛⲁϥ ⲁⲣⲓ ⲟⲩⲱ ⲛⲁϥ ϧⲉⲛ ⲧⲉϥⲁⲛⲁⲅⲕⲏ. ⲟⲩⲟϩ ⲡⲉϫⲁϥ ϫⲉ ⲭⲁϥ ϥⲉⲙⲡϣⲁ ⲁⲛ ⲉⲧⲁⲗϭⲟϥ ϫⲉ ⲟⲩⲏⲓ ⲁϥϣⲁⲛⲭⲱ ⲉϥⲉⲣⲡⲟⲣⲛⲉⲩⲉⲓⲛ¹ ϣⲁϥϣⲉ ⲛⲁϥ ⲉϩⲣⲏⲓ ⲉϫⲉⲛ (-ⲗⲁ-) ⲡⲓⲙⲁ ⲛⲉⲣ ϣⲱⲟⲩϣⲓ. ⲡⲟⲟϥ ⲇⲉ ⲁϥⲉⲣ ⲅ̅ ⲛ̅ⲉϩⲟⲟⲩ ⲉϥϯ ϩⲟ ⲉⲣⲟϥ ⲙ̅ⲡⲁⲛⲧⲉϥϯ ⲙ̅ⲡⲉϥϩⲟ ⲛⲁϥ. ⲉⲛϧⲁⲉ ⲇⲉ ⲁϥϣⲉⲛ ϩⲏⲧ ϧⲁ ⲛⲉϥⲉⲣⲙⲱⲟⲩⲓ ⲛⲉⲙ ⲡⲉϥϯ ϩⲟ ⲁϥⲙⲟⲩϯ ⲉⲣⲟϥ ⲡⲉϫⲁϥ ⲛⲁϥ ϫⲉ ⲁⲛⲉⲙⲓ ϩⲁⲣⲁ ϫⲉ ⲉⲑⲃⲉ ⲟⲩ ⲛ̅ϩⲱⲃ ⲁ ⲫϯ ⲓⲛⲓ ⲛ̅ⲧⲁⲓⲙⲉⲧⲓⲙⲁ ⲉϩⲣⲏⲓ ⲉϫⲱⲕ. ⲁϥⲉⲣ ⲟⲩⲱ ⲛⲁϥ ϫⲉ ⲁϩⲏ ⲡⲁⲟⲥ. ⲡⲉϫⲁϥ ⲛⲁϥ ϫⲉ ⲁⲕϣⲉⲙⲙⲟⲙ ⲛ̅ⲥⲱⲃⲓ ⲙ̅ⲙⲟϥ. ⲡⲉϫⲁϥ ϫⲉ ⲙ̅ⲫⲏ ⲡⲁⲟⲥ. ⲡⲉϫⲉ ⲡⲓϧⲉⲗⲗⲟ ⲛⲁϥ ϫⲉ ⲓⲥϫⲉ ⲁⲕⲥⲟⲩⲉⲛ ⲛⲉⲕⲛⲟⲃⲓ ⲓⲉ ⲉϣⲱⲡ ⲛ̅ⲧⲉⲕⲧⲁⲥⲑⲟ ⲉⲃⲟⲗⲙ̅ϧⲏⲧⲟⲩ ⲭⲛⲁⲟⲩϫⲁⲓ. ⲧⲟⲧⲉ ⲁϥⲟⲩⲱⲛϩ ⲙ̅ⲡⲉϥⲛⲟⲃⲓ² ⲉⲃⲟⲗ. ⲡⲉϫⲉ ⲡⲓϧⲉⲗⲗⲟ ⲛⲁϥ ϫⲉ ⲡⲱⲥ ⲙ̅ⲡⲉⲕⲭⲁ ϯⲙⲉⲧⲡⲣⲉⲥⲃⲩⲧⲉⲣⲟⲥ ⲛⲥⲱⲕ ϩⲓⲛⲁ ⲛ̅ⲧⲟⲩϣⲧⲉⲙϩⲓⲧⲕ ⲉⲡⲓⲕⲟⲗⲁⲥⲓⲥ ϣⲁ ⲉⲛⲉϩ ⲟⲩⲟϩ ⲭⲛⲁⲟⲩϫⲁⲓ.

dement. Il avait dépensé avec les médecins tout ce qu'il avait, et n'avait pas été guéri. Lorsqu'il fut désespéré, il alla vers le vieillard, afin que Dieu, avec lui, le guérît de sa maladie. Il se jeta à terre à ses pieds, il le pria; mais le vieillard ne reçut point sa prière : il détourna son visage de lui tout à fait. Et nous, nous le priâmes, disant : « Notre père, sois pitoyable pour cet homme, donne-lui ton visage, fais-lui réponse en sa nécessité. » Il dit : « Laissez-le, il n'est pas digne d'être guéri; car, certes, lorsqu'il cesse de forniquer, il va au lieu du sacrifice. » Mais le prêtre passa trois jours à le prier, sans qu'il lui donnât son visage³. Enfin il eut pitié de ses larmes et de sa prière, il l'appela, il lui dit : « Est-ce que tu sais pourquoi Dieu a amené sur toi ce châtiment? » — Il lui répondit, il dit : « Oui, mon seigneur. » — Il lui dit : « As-tu la force de te moquer de lui? » — Il dit : « Non, mon seigneur. » — Le vieillard dit : « Puisque tu connais tes péchés, si tu te convertis, tu seras sauvé. » Alors il manifesta ses péchés. Le vieillard lui dit : « Comment n'as-tu pas abandonné la prêtrise, afin qu'on ne te jette pas dans les tourments éternels et que tu sois sauvé! » — Alors nous, nous dîmes :

---

1. *Cod.* ⲡⲟⲣⲛⲉⲩⲓⲛ. — 2. *Cod.* ⲛ̅ⲡⲉϥⲛⲟⲃⲓ. — 3. C'est-à-dire : Sans qu'il le regardât.

« Malheureux, promets au vieillard, disant : Je n'irai plus au lieu du sacrifice, afin que Dieu te sauve par les prières de ce saint. » — Et lorsqu'il eut promis au vieillard, disant : « Je n'irai plus au lieu du sacrifice », le vieillard prit de l'huile, il en frotta toute sa tête et son visage : Dieu lui donna guérison. Sa tête fut recouverte[4] de peau et de cheveux une autre fois. Il prit congé, il s'en alla en disant : « Je resterai laïque jusqu'à ce que je meure. »

Cette autre chose lui arriva aussi en notre présence : on lui amena un enfant possédé d'un démon. Le vieillard plaça sa main sur sa tête, et l'autre main, il la plaça sur son cœur : il pria Dieu avec effusion de cœur et continuité pendant une heure, de sorte que le démon fût chassé en haut, dans l'air, criant, disant : « Aie pitié de moi ! » Mais l'enfant était comme une outre à cause de l'enflure de son corps, et lorsqu'il eut répondu d'une grande voix, ses yeux, ses oreilles, son nez, sa bouche, tous ses membres inférieurs, firent bouillonner l'eau en dehors, comme des trous d'amphore, et, lorsqu'il eut fait couler l'eau dehors, il devint comme il était d'abord. Alors le vieillard prit

---

1. Cod. ⲟⲩⲇⲉⲙⲱⲛ. — 2. Cod. ϩⲱⲥⲇⲉ. — 3. Cod. ⲙⲡⲓⲇⲉⲙⲱⲛ. — 4. Mot à mot : Sa tête fut plantée de peau et de cheveux une autre fois.

ⲡⲉ ϫⲉ ⲡⲓⲱⲟⲩ ⲛⲁⲕ ⲡⲟ̄ⲥ ⲓⲏ̄ⲥ ⲡⲭ̄ⲥ ⲫⲏ ⲉⲑⲛⲟϩⲉⲙ ⲛⲛⲏ ⲉⲧⲉⲣ ϩⲉⲗⲡⲓⲥ. ⲟⲩⲟϩ ⲁϥϫⲱϣ ⲛⲟⲩⲃⲁⲗⲕⲟⲛ[1] ⲙⲙⲱⲟⲩ ⲉϫⲱϥ ⲟⲩⲟϩ ⲁϥⲑⲁϩⲥϥ ⲛⲟⲩⲛⲉϩ ⲉϥⲟⲩⲁⲃ ⲉⲁϥⲧⲥⲟϥ ⲛⲟⲩⲕⲟⲩϫⲓ ⲟⲩⲟϩ ⲁϥϩⲟⲛϩⲉⲛ ⲉⲧⲟⲧϥ ϫⲉ ⲙⲡⲉⲣⲟⲩⲉⲙ ⲁϥ ⲛϩ̄ⲙ̄ ⲛⲉϩⲟⲟⲩ ⲟⲩⲇⲉ ⲙⲡⲉⲣⲥⲉ ⲏⲣⲡ. ⲟⲩⲟϩ ⲉⲧⲁϥⲟⲩϫⲁⲓ ⲁϥⲧⲏⲓϥ ⲙⲡⲉϥⲓⲱⲧ ⲉϥⲟⲩⲟϫ.

ⲁⲥϣⲱⲡⲓ ⲇⲉ ⲟⲛ ⲛⲟⲩⲥⲏⲟⲩ ⲛⲉ ⲟⲩⲟⲛ ⲟⲩϩⲃⲱⲛ ϩⲓϫⲉⲛ ⲡⲕⲁϩⲓ ⲧⲏⲣϥ ⲡⲉ ⲟⲩⲟϩ ⲛⲓⲫⲁⲓⲁⲧ ⲉⲧϣⲟⲡ ϧⲉⲛ ⲡⲓⲧⲱⲟⲩ ⲉⲧⲉⲙⲙⲁⲩ ⲁⲩⲓ ⲟⲩⲛ ⲛϫⲉ ϩⲁⲛ ⲥⲓⲛⲱⲟⲩⲓ ⲙⲫⲁⲓⲁⲧ ⲉⲧⲕⲱϯ ϧⲉⲛ ⲡϣⲁϥⲉ ⲁⲩⲓ ⲉϫⲉⲛ ⲧⲣⲓ ⲛⲧⲉ ⲁⲃⲃⲁ ⲙⲁⲕⲁⲣⲓⲟⲥ[2] ⲉⲣⲉ ⲟⲩⲟⲛ ⲟⲩϭⲁⲙⲟⲩⲗⲓ ⲛⲧⲟⲧⲟⲩ ⲉⲧⲁⲗⲟ ⲛⲛⲓⲥⲕⲉⲩⲟⲥ ⲉⲣⲟⲥ ⲛⲉⲙ ⲛⲓⲙⲱⲟⲩ ⲉⲑⲣⲟⲩⲥⲱ ϧⲉⲛ ⲡϣⲁϥⲉ. ⲉⲧⲁⲩϣⲱⲗ ⲇⲉ ⲉϧⲟⲩⲛ ⲉϯⲣⲓ ⲛⲧⲉ ⲁⲃⲃⲁ ⲙⲁⲕⲁⲣⲓⲟⲥ[3] ⲙⲡⲟⲩϫⲉⲙϥ ϧⲉⲛ ϯⲣⲓ ⲁⲩⲱⲗⲓ ⲛⲛⲓⲭⲣⲉⲓⲁ[4] ⲛⲧⲉ ⲡⲓⲥⲱⲙⲁ (-ⲗ︤ⲅ︦-) ⲧⲏⲣⲟⲩ ⲛⲉⲙ ⲡⲉϥϩⲱⲃ ⲛϫⲓϫ ⲛⲉⲙ ⲛⲓⲕⲟⲩϫⲓ ⲛⲃⲏⲧ ⲁⲧⲉⲛⲟⲩ ⲉⲃⲟⲗ ⲁⲩⲧⲁⲗⲱⲟⲩ ⲉϯϭⲁⲙⲟⲩⲗⲓ. ⲁⲥϣⲱⲡⲓ ⲟⲩⲛ ⲉⲧⲁⲩⲧⲁⲗⲟ ⲛⲛⲓⲥⲕⲉⲩⲟⲥ ⲉⲣⲟⲥ ⲉⲧⲁⲩⲛⲟⲧⲓ ϫⲉ ⲛⲛⲉⲣⲥⲓ ⲙⲙⲟⲥ ⲙⲡⲉⲥϫⲉⲙϫⲟⲙ ⲛⲧⲱⲟⲩⲛⲟⲩ ⲉⲡϣⲱⲓ ⲛϫⲉ ϯϭⲁⲙⲟⲩⲗⲓ ⲛⲁⲥⲱϣ ⲉⲃⲟⲗ ⲟⲩⲟϩ ⲛⲁⲥϫⲉⲙϫⲟⲙ ⲛⲧⲱⲟⲩⲛⲟⲩ ⲁⲛ ⲡⲉ. ⲉⲓⲧⲁ[5] ⲁ ⲡⲉϥⲧⲟⲟⲩⲓ ϣⲱⲡⲓ ϩⲏⲡⲡⲉ ⲓⲥ ⲡⲓϧⲉⲗⲗⲟ ⲁϥⲓ ⲉⲃⲟⲗϧⲉⲛ ⲡⲓⲙⲁ ⲉⲛⲁϥⲭⲏ ⲛϧⲏⲧϥ ⲁϥⲛⲁⲩ

sa main en priant et il disait : « Gloire à toi, Seigneur Jésus le Christ, qui sauves ceux qui espèrent! » Puis il versa une amphore d'eau sur lui, il le frotta d'huile sainte dont il lui fit boire un peu et il lui donna cet ordre, disant : « Ne mange pas de chair pendant quarante jours et ne bois pas de vin. » Et, quand l'enfant fut guéri, il le donna à son père sain et sauf.

Il arriva aussi, en un temps, qu'il y avait une famine sur la terre entière et chez les Libyens qui habitaient cette montagne[6]. Des voleurs libyens vinrent une fois faire des recherches dans le désert. Ils arrivèrent à la cellule d'abba Macaire avec une chamelle chargée de leurs vases et des outres d'eau, afin qu'ils bussent dans le désert. Lorsqu'ils furent entrés dans la cellule d'abba Macaire, ils ne le trouvèrent point; ils prirent tout ce dont son corps avait besoin[7], son travail des mains et les petites feuilles de palmier, ils les emportèrent, ils les chargèrent sur la chamelle. Il arriva que, lorsqu'ils eurent chargé les vases sur elle, lorsqu'ils furent sur le point de se lever, la chamelle ne put les lever, elle criait et ne pouvait pas les lever. Ensuite le matin parut[8], voici que le vieillard sortit du lieu où il était. Il vit de loin les

---

1. *Cod.* ⲛⲟⲩⲁⲗⲕⲟⲛ sic. — 2. *Cod.* ⲙⲁⲕⲁⲣⲓ. — 3. *Cod.* ⲙⲁⲕⲁⲣⲓ. — 4. *Cod.* ⲛⲛⲓⲭⲣⲓⲁ. — 5. *Cod.* ⲓⲧⲁ. — 6. Cet exemple prouve bien que dans les œuvres coptes, comme dans l'ancienne langue, l'expression *la terre entière* signifiait l'Égypte. — 7. Mot à mot : Tous les besoins du corps. — 8. Mot à mot : Son matin, comme ⲡⲉϥⲣⲁⲥⲧⲉ.

ⲉⲙⲡⲣⲱⲙⲓ ⲛⲉⲙ ϯϭⲁⲙⲟⲩⲗⲓ ϧⲓ ϧⲟⲧⲉⲓ ⲁϥⲙⲉϯ ϫⲉ ⲉⲧⲁⲩⲉⲛ ⲟⲩⲭⲣⲉⲓⲁ¹
ⲛⲉⲙⲁⲁ ⲛⲁϥ ⲉⲃⲟⲗϧⲉⲛ ⲭⲏⲙⲓ ϫⲉ ϩⲓⲛⲁ ⲛⲥⲉⲱⲗⲓ ⲛⲧⲟⲧϥ ⲙⲡⲉϥϩⲱⲃ ⲛϫⲓϫ
ⲕⲁⲧⲁ ⲧⲉϥⲥⲩⲛⲏⲑⲉⲓⲁ². ⲉⲧⲁϥϧⲱⲛⲧ ⲇⲉ ⲉⲣⲱⲟⲩ ⲁϥⲥⲟⲩⲉⲛ (ⲛ)ⲛⲉϥϣⲃⲓⲣ ⲛⲉⲙ
ⲛⲉϥⲡⲉⲃϯ ⲛⲉⲙ ⲛⲉϥⲕⲟⲩϫⲓ ⲛⲭⲣⲉⲓⲁ³ ⲛⲉⲙⲁⲁ ⲁϥⲭⲁ ⲣⲱϥ ⲙⲡⲉϥⲥⲁϫⲓ.
ⲉⲧⲁⲩⲛⲁⲩ ⲇⲉ ⲉⲫⲏ ⲉⲑⲟⲩⲁⲃ ⲛϧⲉⲗⲗⲟ ⲁⲩϩⲓⲧⲟⲩ ⲉⲡⲉⲥⲏⲧ ⲁⲩⲟⲩⲱϣⲧ ⲙⲙⲟϥ
ⲉⲩϯ ϩⲟ ⲉⲣⲟϥ ϧⲉⲛ ϩⲁⲛ ⲙⲉⲧⲁⲛⲟⲓⲁ ⲛⲑⲟϥ ⲇⲉ ⲙⲡⲉϥϫⲱⲛⲧ ⲟⲩⲇⲉ ⲙⲡⲉϥϯ
ⲧⲉⲛϣⲓ ⲛⲱⲟⲩ ⲁⲗⲗⲁ ⲁϥⲥⲉⲛⲟⲩ ⲁϥϣⲉ ⲛⲁϥ ⲉϧⲟⲩⲛ ⲉⲧⲣⲓ ⲁϥϫⲉⲙⲟⲩ ϫⲉ
ⲉⲧⲁⲩⲱⲗⲓ ⲛⲉⲛⲭⲁⲓ ⲛⲓⲃⲉⲛ ⲉⲧϧⲉⲛ ϯⲣⲓ (-ⲗⲏ-) ϣⲁⲧⲉⲛ ⲟⲩⲕⲟⲩϫⲓ ⲛⲗⲁⲕⲟⲛ
ⲉⲟⲩⲟⲛ ϩⲁⲛ ⲕⲟⲩϫⲓ ⲛϫⲱⲓⲧ ⲛϧⲏⲧϥ ⲉϥϭⲁ ⲫⲁϩⲟⲩ ⲙⲡⲓⲣⲟ ⲙⲡⲟⲩⲉⲙⲓ ⲉⲣⲟϥ.
ⲁ ⲡⲓϧⲉⲗⲗⲟ ⲛⲕⲁⲗⲟⲥⲏⲣⲟⲥ⁴ ⲧⲁⲗⲟ ⲙⲡⲓⲗⲁⲕⲟⲛ ⲛⲧⲉ ⲛⲓϫⲱⲓⲧ ⲁϥⲉⲛϥ ⲛⲱⲟⲩ
ⲉⲃⲟⲗ ⲟⲩⲟϩ ⲡⲉϫⲁϥ ⲛⲱⲟⲩ ϫⲉ ⲧⲉⲧⲉⲛⲟⲩⲱϣ ⲉⲉⲙⲓ ϫⲉ ⲉⲑⲃⲟ ϯϭⲁⲙⲟⲩⲗⲓ
ⲙⲡⲉⲥϫⲉⲙϫⲟⲙ ⲛⲧⲱⲟⲩⲛⲟⲩ. ⲡⲉϫⲱⲟⲩ ϫⲉ ⲥⲉ. ⲡⲉϫⲁϥ ⲛⲱⲟⲩ ϫⲉ ⲉⲡⲓⲇⲏ⁵
ⲁⲣⲉⲧⲉⲛⲉⲣ ⲡⲱⲃϣ ⲛⲛⲁⲓⲕⲟⲩϫⲓ ⲛϫⲱⲓⲧ ⲉⲑⲃⲉ ⲫⲁⲓ ⲙⲡⲉⲧⲉⲛϣϫⲉⲙϭⲓ ⲙⲙⲟⲥ.
ⲟⲩⲟϩ ⲉⲧⲁϥⲧⲁⲗⲟ ⲙⲡⲓⲗⲁⲕⲟⲛ ⲉϯϭⲁⲙⲟⲩⲗⲓ ⲟⲩⲟϩ ⲁϥϯ ⲛⲟⲩϣⲉ ⲛⲫⲁⲧ ⲛⲁⲥ
ⲥⲁⲧⲟⲧⲥ ⲇⲉ ⲁⲥⲧⲱⲛⲥ ⲟⲩⲟϩ ⲁϥⲭⲁⲩ ⲉⲃⲟⲗ ϧⲉⲛ ⲟⲩϩⲓⲣⲏⲛⲏ⁶ ⲟⲩⲟϩ ⲛⲁϥⲧⲫⲟ
ⲙⲙⲱⲟⲩ ⲉⲃⲟⲗ ⲡⲉ. ⲉⲡⲉϥⲣⲁⲥϯ ⲇⲉ ⲁⲩⲓ ⲛϫⲉ ϩⲁⲛ ⲥⲛⲟⲩ ϩⲁ ⲡⲓϧⲉⲗⲗⲟ
ⲉⲃⲟⲗ ϩⲓ ⲫⲙⲱⲓⲧ ⲉⲑⲃⲉ ϩⲁⲛ ⲥⲁϫⲓ ⲛϩⲏⲟⲩ ⲟⲩⲟϩ ⲁ ⲫⲛⲁⲩ ⲛⲟⲩⲱⲙ ϩⲱⲛ

hommes et la chamelle, il pensa qu'ils lui avaient apporté d'Égypte des choses nécessaires au corps, pour recevoir de lui son travail manuel, selon sa coutume. Lorsqu'il se fut approché d'eux, il reconnut ses corbeilles, ses nattes et ses quelques choses nécessaires au corps⁷; il se tut, il ne parla point. Lorsqu'ils virent le saint vieillard, ils se jetèrent à terre, l'adorèrent, le priant avec repentance. Mais lui, il ne se mit point en colère, il ne leur fit point de reproches; mais il les dépassa, il entra dans sa cellule, il trouva qu'ils avaient enlevé toute chose qui était dans sa cellule, excepté un petit vase où il y avait des olives; comme ce vase était derrière la porte, ils ne l'avaient point vu. Le vieillard à la belle vieillesse prit le vase d'olives, il le leur sortit et leur dit : « Voulez-vous savoir pourquoi la chamelle ne peut pas les lever? » — Ils lui dirent: « Oui. » — « Il leur dit: « Comme vous aviez oublié ces petites olives, voilà pourquoi vous n'avez pas pu la faire se lever. » Et, lorsqu'il eut placé le vase sur la chamelle, il lui donna un coup de pied; aussitôt elle se leva; il les laissa aller en paix et les conduisit. Le lendemain, quelques frères vinrent de voyage au vieillard pour quelques paroles profitables; l'heure de

---

1. *Cod.* ⲟⲧⲭⲣⲓⲁ. — 2. *Cod.* ⲧⲉϥⲥⲩⲛⲏⲟⲓⲁ. — 3. *Cod.* ⲛⲭⲣⲓⲁ. — 4. *Cod.* ⲛⲕⲁⲗⲟⲩⲉⲣⲟⲥ. — 5. *Cod.* ⲉⲡⲓⲇⲏ. — 6. *Cod.* ⲟⲩϩⲓⲣⲓⲛⲏ. — 7. Mot à mot : Et ses petits besoins du corps.

ϣⲱⲡⲓ ⲟⲩⲟϩ ⲛⲁⲣⲉ ⲛⲉⲛϩⲟⲩ ⲟⲩⲱϣ ⲉⲟⲩⲱⲙ ⲛⲟⲩⲕⲟⲩϫⲓ ⲡⲉ. ⲉⲧⲁϥⲉⲙⲓ ⲟⲩⲛ
ⲉⲛⲟⲩⲙⲟⲕⲙⲉⲕ ⲡⲉϫⲁϥ ⲛⲱⲟⲩ ϫⲉ ⲟⲩⲟⲛ ⲟⲩⲱⲓⲕ ϧⲉⲛ ⲛⲉⲧⲉⲛϣⲁⲣ ⲁⲛⲓⲧⲟⲩ
ⲙⲛⲁⲓ ⲛⲧⲉⲛⲟⲩⲱⲙ ⲛⲟⲩⲕⲟⲩϫⲓ (-ⲗⲑ-) ⲛⲭⲣⲉⲓⲁ¹ ⲅⲁⲣ ⲛⲥⲱⲙⲁ ⲉⲧϧⲉⲛ
ⲡⲓⲙⲁ ⲛϣⲱⲡⲓ ⲁ ⲫϯ ⲧⲏⲓⲧⲟⲩ ⲛϩⲁⲛ ⲣⲉⲙ ⲛⲕⲟⲥⲙⲟⲥ ⲛⲏ ⲉⲧⲉ ⲟⲩⲟⲛⲧⲟⲩ ⲥϩⲓ
ⲙⲓ ⲙⲙⲁⲩ ϫⲉ ϩⲁⲛ ϩⲏⲕⲓ ⲅⲁⲣ ⲛⲉ ⲉⲩⲉⲣ ⲛⲭⲣⲉⲓⲁ² ⲙⲙⲱⲟⲩ ϧⲉⲛ ⲡⲁⲓϩⲃⲱⲛ³
ⲛⲧⲁⲓⲙⲁⲓⲛ ⲉⲧϣⲟⲡ.

ⲁϥϫⲉ ⲡⲁⲓⲕⲉⲥⲁϫⲓ ⲇⲉ ⲟⲛ ⲛⲁϩⲣⲉⲛ ϩⲁⲛϣⲉⲗϣⲓⲣⲓ ⲛⲉⲛϩⲟⲩ ⲉϥϯ ⲭⲟϩ ⲛⲱⲟⲩ
ϫⲉ ⲓⲥϫⲉⲛ ⲡⲓⲉϩⲟⲟⲩ ⲉⲧⲁⲓⲉⲣ ⲙⲟⲛⲁⲭⲟⲥ ⲙⲡⲓⲟⲩⲉⲙ ⲱⲓⲕ ⲉⲡⲥⲓ ⲟⲩⲟϩ ⲙⲡⲓⲉⲛ
ⲕⲟⲧ ⲉⲡⲥⲓ ⲛⲓϫⲱⲣⲓ ⲛⲓⲟϯ ⲧⲏⲣⲟⲩ ⲙⲡⲟⲩϣⲱⲛⲓ ϫⲉ ⲛⲁⲩⲉⲣ ϩⲉⲙⲓ ⲡⲉ ⲙⲡⲟⲩ
ⲥⲱⲙⲁ ϧⲉⲛ ⲟⲩϣⲓ ⲉϥⲑⲏϣ.

ⲁⲩϫⲉ ⲡⲁⲓⲕⲉⲥⲁϫⲓ ⲛⲁⲛ ⲉⲑⲃⲏⲧϥ ϫⲉ ϧⲉⲛ ⲛⲥⲏⲟⲩ ⲛⲧⲉϥⲙⲉⲧⲁⲗⲟⲩ ⲁϥⲉⲣ
ⲟⲩⲣⲟⲙⲡⲓ ⲧⲏⲣⲥ ⲙⲡⲉϥϯ ϩⲉⲃⲥⲱ ϩⲓⲱⲧϥ ⲉⲃⲏⲗ ⲉⲟⲩⲫⲉⲗϫⲓ ⲛⲧⲱⲓⲥⲓ ⲉⲥⲙⲏⲣ
ϩⲓϫⲉⲛ ⲧⲉϥϯⲡⲓ ⲛⲉⲙ ⲛⲉϥⲙⲉⲗⲟⲥ. ⲛⲉ ⲟⲩⲟⲛ ⲅ̄ ⲛⲣⲓ ⲛⲧⲁϥ ϧⲉⲛ ϣⲓⲏⲧ ⲡⲉ ⲟⲩ
ⲉⲥⲭⲉⲛ ⲡⲓⲛⲓϣϯ ⲛϣⲁϥⲉ ⲉⲧⲥⲁϧⲟⲩⲛ ⲛⲉⲙ ⲟⲩ ⲉⲥⲭⲏ ϧⲉⲛ ⲑⲙⲏϯ ⲙⲡⲓⲧⲟⲡⲟⲥ
ϧⲉⲛ ϣⲓⲏⲧ ⲛⲉⲙ ⲟⲩ ⲉⲥϧⲉⲛⲧ ⲉⲛⲓⲣⲱⲙⲓ ⲛⲟⲩⲕⲟⲩϫⲓ ⲛⲟⲩⲱϣ.

ⲁ ⲕⲉⲥⲟⲡ ϣⲱⲡⲓ ⲟⲛ ⲁ ⲡⲓⲙⲉⲩⲓ ⲛⲧⲉ ⲡⲓⲱⲟⲩ ⲉⲧϣⲟⲩⲓⲧ ⲛⲉⲙ ϯⲙⲉⲧϭⲁⲥⲓ
ϩⲏⲧ ϯϧⲓⲥⲓ ⲛⲁⲃⲃⲁ ⲙⲁⲕⲁⲣⲓⲟⲥ⁴ ⲉⲩⲟⲩⲱϣ ⲉϩⲓⲧϥ ⲉⲃⲟⲗϧⲉⲛ ϯⲣⲓ. ⲛⲁⲣⲉ ⲛⲓ-

manger était déjà venue et les frères désiraient manger un peu. Lorsqu'il connut leurs pensées, il leur dit : « Il y a des pains dans votre (sac de) peau, apportez-les ici, mangeons un peu, car les provisions⁵ qui étaient dans l'habitation, Dieu les a données à des hommes du monde qui ont des femmes; car ils sont pauvres et en avaient besoin dans la famine qui existe ainsi. »

Il dit aussi cette parole à de jeunes frères pour leur donner émulation : « Depuis le jour où je me suis fait moine, je n'ai pas mangé de pain à satiété, je n'ai pas dormi à satiété; tous les pères courageux n'ont pas été malades, parce qu'ils réglaient leurs corps dans la mesure fixée. »

On nous a aussi rapporté ceci de lui : « Dans le temps de sa jeunesse, il passa toute une année sans être vêtu d'autre chose que d'un morceau de toile attaché à ses reins et à ses membres. » Il avait trois cellules à Schiit, une au milieu du grand désert intérieur, une située au milieu du *topos* à Schiit, et une près des hommes, à une petite distance.

Une fois aussi, la pensée de la vaine gloire et de l'orgueil fatigua abba Macaire, car on voulait le pousser hors de sa cellule. Ces pensées lui disaient :

---

1. Cod. ⲛⲭⲣⲓⲁ. — 2. Cod. ⲛⲭⲣⲓⲁ. — 3. Cod. ⲡⲁⲓϩⲃⲱ (sic). — 4. Cod. ⲙⲁⲕⲁⲣⲓ. — 5. Mot à mot : Les besoins du corps.

ⲙⲉⲧⲓ ϫⲱ ⲙⲙⲟⲥ ⲛⲁϥ ϫⲉ ϩⲏⲡⲡⲉ ⲁ ⲡⲉⲕⲣⲁⲛ ⲉⲣ ⲛⲓϣϯ ϧⲉⲛ ⲡⲓⲕⲟⲥⲙⲟⲥ
ⲧⲏⲣϥ ⲧⲱⲛⲕ ⲙⲁϣⲉ ⲛⲁⲕ ⲉⲣⲱⲙⲏ ϯⲡⲟⲗⲓⲥ ⲛⲧⲉ ⲛⲓⲟⲩⲣⲱⲟⲩ ϩⲓⲛⲁ ⲛⲧⲉⲕ-
ⲧⲁⲗϭⲟ ⲛⲛⲏ ⲉⲧϣⲱⲛⲓ ⲛⲧⲟⲩ ⲛⲧⲉⲕϣⲧⲉⲙϯ ϧⲓⲥⲓ ⲛⲱⲟⲩ ⲙⲡⲁⲓⲟⲩⲱϣ ⲧⲏⲣϥ
ⲛⲓⲣⲱⲙⲁⲓⲟⲥ¹ ⲅⲁⲣ ⲥⲉⲟⲛⲧ ⲛⲉⲙ ⲛⲓⲣⲉⲙ ⲛⲭⲏⲙⲓ ⲉⲑⲃⲉ ⲛⲟⲩⲁⲥⲕⲏⲥⲓⲥ ⲛⲉⲙ
ⲡⲟⲩⲛⲁϩϯ ⲉⲧⲥⲟⲩⲧⲱⲛ. ⲉⲃⲟⲗ ⲟⲩⲛ ϩⲓⲧⲉⲛ ⲧⲁⲓⲗⲱⲓϫⲓ ⲛⲁⲣⲉ ⲛⲓⲇⲁⲓⲙⲱⲛ²
ⲟⲩⲱϣ ⲉϩⲓⲧϥ ⲉⲃⲟⲗϧⲉⲛ ϯⲣⲓ ⲛⲁⲩϫⲱ ⲙⲙⲟⲥ ⲛⲁϥ ⲡⲉ ϫⲉ ⲁ ⲫϯ ϯ ⲟⲩⲱϣ
ⲛϩⲏⲧ ⲛⲁⲕ ⲛⲉⲙ ⲟⲩⲛⲓϣϯ ⲛϩⲙⲟⲧ ⲛⲧⲁⲗϭⲟ ⲧⲱⲛⲕ ⲙⲁϣⲉ ⲛⲁⲕ ϫⲉ ⲟⲓⲕⲟ-
ⲛⲟⲙⲓⲁ ⲛⲧⲉ ⲫϯ ⲧⲉ ⲑⲁⲓ. ⲉⲧⲁϥⲛⲁⲩ ⲇⲉ ϫⲉ ⲁⲩϯ ϧⲓⲥⲓ ⲛⲁϥ ⲁϥϩⲉⲙⲥⲓ ϩⲓϫⲉⲛ
ϯⲃⲉⲛⲛⲓ ⲛⲧⲉ ⲧⲉϥⲣⲓ ⲡⲉϫⲁϥ ⲛⲱⲟⲩ ϫⲉ ⲓⲥϫⲉ ⲟⲩⲟⲛ ϣϫⲟⲙ ⲙⲙⲱⲧⲉⲛ ⲁⲛⲓⲧ
ⲉⲃⲟⲗϧⲉⲛ ⲡⲁⲓⲙⲱⲓⲧ ⲛϫⲟⲛⲥ. ⲡⲁⲗⲓⲛ ⲟⲛ ⲉⲧⲁ ⲛⲓⲇⲁⲓⲙⲱⲛ³ ϯ ϧⲓⲥⲓ ⲛⲁϥ
ⲟⲩⲟϩ ϧⲉⲛ ⲛⲭⲓ ⲛⲟⲣⲟⲩϣⲱⲙ ⲉⲩϩⲟⲣϣ ⲉϫⲱϥ ⲁϥⲱϣ ⲉⲃⲟⲗ ϧⲉⲛ ⲟⲩⲛⲓϣϯ
ⲛϧⲣⲱⲟⲩ ⲛⲉⲙ ⲟⲩϫⲱⲛⲧ ϫⲉ ⲁⲓⲕⲏⲛ ⲉⲓϫⲱ ⲙⲙⲟⲥ ⲛⲱⲧⲉⲛ (-ⲙⲁ-) ϫⲉ ⲙⲙⲟⲛ
ϭⲁⲧ ⲙⲙⲟⲓ ⲁⲛ ⲓⲥϫⲉ ⲟⲩⲟⲛ ϣϫⲟⲙ ⲙⲙⲱⲧⲉⲛ ϥⲁⲓ ⲙⲙⲟⲓ ⲁⲗⲓⲧ ⲉⲣⲱⲙⲏ
ϩⲏⲡⲡⲉ ϯⲣⲉⲙⲥⲓ ⲙⲡⲁⲓⲙⲁ ϣⲁⲧⲉ ϯⲣⲏ ϩⲱⲧⲡ. ⲉⲧⲁϥⲱⲥⲕ ⲇⲉ ⲉϥϩⲉⲙⲥⲓ
ⲁϥⲧⲱⲛϥ ⲟⲩⲟϩ ⲉⲧⲁ ⲡⲓⲉϫⲱⲣϩ ϣⲱⲡⲓ ⲁ ⲛⲓⲙⲉⲧⲓ ϯ ϧⲓⲥⲓ ⲛⲁϥ ⲟⲛ ⲟⲩⲟϩ
ⲁϥⲱⲗⲓ ⲛⲟⲩⲃⲁⲓⲣⲓ ⲁϥϯ ⲉϧⲣⲏⲓ ⲉⲣⲟⲥ ⲙⲙⲉⲛⲧ ⲃ̄ ⲛϣⲱ ⲁϥⲧⲁⲗⲟ ⲉⲣⲟⲥ
ⲁϥϣⲱⲡⲓ ⲉϥⲙⲟϣⲓ ⲛⲉⲙⲁⲥ ϧⲉⲛ ⲡⲓϣⲁϥⲉ ⲧⲏⲣϥ. ⲟⲩⲟϩ ⲁϥⲉⲣⲁⲡⲁⲛⲧⲁⲛ ⲉⲣⲟϥ

« Voici que ton nom est devenu grand dans le monde entier, lève-toi, va à Rome, la ville des rois, pour guérir ceux qui sont malades, afin que tu ne les (obliges) pas aux fatigues de toute cette distance, car les Romains sont d'accord avec les Égyptiens au sujet de leurs ascèses et de leur foi orthodoxe. » Donc, par ce prétexte, les démons voulaient le pousser hors de la cellule; ils lui disaient : « Dieu t'a donné une élection de cœur et une grande grâce de guérison; lève-toi donc, va, car c'est une *économie* de Dieu. » Lorsqu'il vit qu'ils le fatiguaient, il s'assit sur le seuil de sa cellule, il leur dit : « Si vous en avez la force, arrachez-moi d'ici par violence. » De nouveau, lorsque les démons le fatiguèrent, comme ils devenaient pesants sur lui, il s'écria d'une grande voix et avec colère, disant : « Je viens de vous dire que je n'ai pas de pieds: si vous avez la force, portez-moi, menez-moi à Rome, car je reste ici assis jusqu'à ce que le soleil se couche. » Lors donc qu'il eut tardé étant assis, il se leva, et, lorsque la nuit fut venue, les pensées le fatiguèrent de nouveau; il prit une couffe, il y mit deux boisseaux de grains de sable, il la chargea sur lui, il parcourut tout le désert avec. Le peintre (?) Théosebia le rencontra, il lui

---

1. Cod. ⲛⲓⲣⲱⲙⲉⲟⲥ. — 2. Cod. ⲛⲥⲉⲙⲱⲛ. — 3. Cod. ⲛⲓϫⲉⲙⲱⲛ.

ⲛ̇ϫⲉ ⲑⲉⲟⲥⲉⲃⲉⲓⲁ ⲡⲓⲛⲟⲥⲙⲏⲧⲏⲥ (sic) ⲡⲉϫⲁϥ ⲛⲁϥ ϫⲉ ⲁⲛϭⲓⲁⲓ ⲛⲟⲩ ⲙ̇ⲡⲁⲓⲣⲏⲧ
ⲡⲁⲓⲱⲧ ⲙⲁⲧⲁⲗⲟϥ ⲉⲣⲟⲓ ⲙ̇ⲡⲉⲣϯ ϧⲓⲥⲓ ⲛⲁⲕ. ⲡⲉϫⲁϥ ⲛⲁϥ ϫⲉ ⲉⲓϯ ϧⲓⲥⲓ ⲙ̇ⲫⲏ
ⲉⲧϯ ϧⲓⲥⲓ ⲛⲏⲓ ϫⲉ ⲟⲩⲛ ⲁⲓϣⲁⲛϯ ⲙ̇ⲧⲟⲛ ⲛⲁϥ ϣⲁϥⲓⲛⲓ ⲛ̇ϧⲁⲛ ⲙⲉⲩⲓ ⲛⲏⲓ ϫⲉ
ⲧⲱⲛⲕ ϩⲱⲗ ⲉϣⲉⲙⲙⲟ. ⲉⲧⲁϥϫⲱⲕ ⲇⲉ ⲉϥⲕⲱϯ ϩⲣⲏⲓ ϧⲉⲛ ⲡ̇ϣⲁϥⲉ ⲁϥⲓ
ⲉϧⲟⲩⲛ ⲉⲧⲣⲓ ⲉⲣⲉ ⲡⲉϥϫⲱⲙⲁ ϧⲉⲙϧⲱⲙ.

ⲡⲓⲙⲁⲑⲏⲧⲏⲥ ⲇⲉ ⲛ̇ⲧⲁϥ ⲫⲁⲓ ⲉⲧϣⲉⲙϣⲓ ⲙ̇ⲙⲟϥ ϧⲉⲛ ⲧⲉϥⲙⲉⲧϧⲉⲗⲗⲟ ⲫⲁⲓ
ⲉⲧⲁϥϭⲁⲗⲉ ⲡ̇ϣⲏⲣⲓ ⲙ̇ⲡⲓⲇⲟⲩⲝ ⲉⲣⲟϥ ⲛⲉ ⲁϥⲛⲁϩϯ ⲅⲁⲣ ⲡⲉ ⲫⲁⲓ ⲉⲧⲁϥ ϩⲁ
ⲡⲓϧⲉⲗⲗⲟ ⲟⲩⲟϩ ϥϣⲟⲡ ϧⲉⲛ ⲡ̇ⲧⲱⲟⲩ ϯⲛⲟⲩ ⲉϥⲉⲣ ϩⲱⲃ ⲉⲛⲉϥϩⲃⲟⲩⲓ ⲛ̇ϫⲓϫ
(ⲙ̇ⲃ-) ⲉϥⲟⲩⲱⲙ ϧⲉⲛ ⲡⲉϥϧⲓⲥⲓ ⲉϥⲙⲉⲓ ϣⲉⲙⲙⲟ ⲉⲙⲁϣⲱ ⲡⲓⲙⲁ
ⲑⲏⲧⲏⲥ ⲟⲩⲛ ⲉⲧⲉⲛϩⲟⲧ ⲛ̇ⲧⲉ ⲁⲃⲃⲁ ⲙⲁⲕⲁⲣⲓⲟⲥ¹ ⲁϥϫⲟⲥ ⲛⲏⲓ ϫⲉ ⲁ ⲡⲁⲓⲱⲧ
ⲙⲁⲕⲁⲣⲓⲟⲥ² ϫⲟⲥ ⲛⲏⲓ ϫⲉ ⲁⲓϯ ⲛⲁⲧ ⲙ̇ⲡ̇ⲛⲁⲩ ⲛ̇ⲧⲉ ⲡⲓⲙⲩⲥⲧⲓⲣⲓⲟⲛ ⲙ̇ⲡⲓ
ⲥⲙⲟⲩ ⲙ̇ⲙⲁⲣⲕⲟⲥ³ ⲡⲓⲁⲥⲕⲏⲧⲏⲥ⁴ ⲛⲟⲩⲥⲟⲡ ⲁⲗⲗⲁ ⲁϥϣⲁⲛⲓ ⲉϭⲓ ϣⲁⲓⲛⲁⲩ
ⲉⲟⲩⲁⲅⲅⲉⲗⲟⲥ ⲉϥϯ ⲥⲙⲟⲩ ⲛⲁϥ ϧⲉⲛ ⲡⲉϥϫⲓϫ. ⲁⲃⲃⲁ ⲙⲁⲕⲁⲣⲓⲟⲥ⁵ ⲇⲉ ⲛⲉ ⲟⲩ
ⲡⲣⲉⲥⲃⲩⲧⲉⲣⲟⲥ ⲛ̇ⲧⲉ ϯⲉⲕⲕⲗⲏⲥⲓⲁ ⲙⲁⲣⲕⲟⲥ⁶ ϩⲱϥ ⲛⲉ ⲟⲩϧⲉⲗϣⲓⲣⲓ ⲡⲉ ⲉⲁϥϭⲓ
ⲛ̇ϯⲡⲁⲗⲁⲓⲁ⁷ ⲛⲉⲙ ϯⲕⲁⲓⲛⲏ⁸ ⲛ̇ⲁⲡⲟⲥⲧⲏⲑⲟⲥ⁹ ⲛⲁϥⲟⲓ ⲛ̇ⲣⲉⲙ ⲣⲁⲩϣ ⲉⲙⲁϣⲱ
ⲟⲩⲟϩ ⲛ̇ⲥⲟⲫⲣⲱⲛ.

ϧⲉⲛ ⲟⲩⲁⲓ ⲟⲩⲛ ⲛ̇ⲛⲓⲉϩⲟⲟⲩ ⲉⲧⲁϥⲉⲣ ϧⲉⲗⲗⲟ ⲛ̇ϫⲉ ⲁⲃⲃⲁ ⲙⲁⲕⲁⲣⲓⲟⲥ¹⁰ ⲁⲓϣⲉ

dit : « Que portes-tu ainsi, mon père? Charge-le sur moi, ne te fatigue pas. »
— Il lui dit : « Je fatigue celui qui me fatigue, car, si je lui donne repos, il
m'apporte des pensées en disant : Lève-toi, va à l'étranger. » Lorsqu'il fut
resté longtemps à parcourir le désert, il entra dans sa cellule, le corps brisé.

Son disciple, celui qui le servait dans sa vieillesse, celui qui lui présenta
le fils du duc, car c'était un croyant, celui qui vint au vieillard et il habite
maintenant dans la montagne sainte, travaillant à son travail manuel, mangeant de sa fatigue, aimant les étrangers grandement; donc, ce disciple fidèle
d'abba Macaire me dit : « Mon père Macaire m'a dit : J'eus une vision à l'heure
du mystère, je ne donnai point la bénédiction¹¹ une fois à Marc l'ascète; mais
lorsqu'il vint pour la prendre, je vis un ange qui la lui donnait de ses mains. »
Abba Macaire était un prêtre de l'église; de même Marc était un jeune homme
qui avait appris par cœur l'Ancien et le Nouveau Testament; il était doux
grandement et sage.

Donc, un des jours, lorsque abba Macaire fut devenu vieillard, j'allai pour

---

1. *Cod.* ⲙⲁⲕⲁⲣⲓ. — 2. *Cod.* ⲙⲁⲕⲁⲣⲓ. — 3. *Cod.* ⲙⲙⲁⲣⲕⲉ. — 4. *Cod.* ⲡⲓⲁⲥⲕⲏⲧⲏⲥ. —
5. *Cod.* ⲙⲁⲕⲁⲣⲓ. — 6. *Cod.* ⲙⲁⲣⲕⲉ. — 7. *Cod.* ϯⲡⲁⲗⲥⲁ. — 8. *Cod.* ϯⲕⲉⲛⲏⲛ. — 9. *Cod.*
ⲛⲁⲡⲟⲥⲟⲛⲧⲏⲥ. — 10. *Cod.* ⲙⲁⲕⲁⲣⲓ. — 11. C'est-à-dire : l'eucharistie.

ⲏⲏⲓ ⲇⲉ ⲛⲧⲁϩⲓ ⲕⲟⲧ ⲉⲣⲟϥ ⲁⲓϩⲉⲙⲥⲓ ϩⲓⲣⲉⲛ ⲡⲉϥⲣⲟ ϫⲉ ⲛⲧⲁⲥⲱⲧⲉⲙ ⲉⲛⲏ
ⲉⲧⲉϥϫⲱ ⲙⲙⲱⲟⲩ ⲉⲡⲁϥϫⲏⲛ ϧⲉⲛ ⲣ̄ ⲛⲣⲟⲙⲡⲓ ⲡⲉ ⲛϫⲉ ⲁⲃⲃⲁ ⲙⲁⲕⲁⲣⲓⲟⲥ¹.
ⲁⲓⲥⲱⲧⲉⲙ ⲉⲣⲟϥ ⲉϥⲥⲁϫⲓ ⲛⲉⲙⲁϥ ⲙⲙⲁⲧⲁⲧϥ ⲉϥϫⲱ ⲙⲙⲟⲥ ϫⲉ ⲁⲕⲟⲩⲱϣ
ⲟⲩ ⲡⲓⲕⲁⲕⲟⲅⲉⲣⲱⲥ² ⲙⲁⲕⲁⲣⲓⲟⲥ³ ⲓⲥ ⲁⲕⲥⲉ ⲏⲣⲡ ⲁⲕϭⲓ ⲛⲉϩ ⲁⲕⲟⲩⲱϣ ⲟⲩ
ⲟⲛ ⲫⲏ ⲉⲧⲁϥⲟⲩⲟⲙ ⲛⲛⲉϥϫⲱⲙ. ⲙⲉⲛⲉⲛⲥⲱⲥ ⲟⲛ ⲁϥⲥⲁϫⲓ (-ⲙⲛ-) ⲛⲉⲙ
ⲡⲓⲇⲓⲁⲃⲟⲗⲟⲥ ϫⲉ ⲙⲏ ⲟⲩⲟⲛ ϩⲗⲓ ⲛⲧⲁⲕ ⲉⲣⲟⲓ ⲟⲛ ⲭⲛⲁϫⲉⲙ ϩⲗⲓ ⲛⲧⲁⲕ
ⲛϧⲏⲧ ⲁⲛ ϫⲉ ⲙⲁϣⲉ ⲛⲁⲕ ⲉⲃⲟⲗϩⲁⲣⲟⲓ. ⲁϥⲉⲣ ⲙⲫⲣⲏϯ ⲟⲛ ⲉϥϯ ϣⲱϣ
ⲙⲡⲉϥⲥⲱⲙⲁ ⲉϥϫⲱ ⲙⲙⲟⲥ ⲙⲡⲁⲓⲣⲏϯ ϫⲉ ⲁⲙⲟⲩ ⲡⲓⲡⲣⲟⲇⲟⲧⲏⲥ ⲛϩⲑⲟ
ⲙⲟⲕ ⲁⲛ ϫⲉ ϣⲁ ⲑⲛⲁⲩ ϯⲛⲁϣⲱⲡⲓ ⲛⲉⲙⲁⲕ.

ⲡⲁⲫⲛⲟⲩϯ ⲇⲉ ⲟⲛ ⲡⲓⲙⲁⲑⲏⲧⲏⲥ ⲛⲧⲉ ⲁⲃⲃⲁ ⲙⲁⲕⲁⲣⲓⲟⲥ⁴ ⲁϥϫⲟⲥ ⲛⲁⲛ ϫⲉ
ⲁ ⲡⲓϧⲉⲗⲗⲟ ϫⲟⲥ ⲛⲏⲓ ϫⲉ ⲓⲥ ⲍ̄ ⲛⲣⲟⲙⲡⲓ ⲙⲫⲟⲟⲩ⁵ ⲛϯⲥⲱⲟⲩⲛ ⲙⲙⲟⲓ ⲁⲛ
ϫⲉ ⲁⲓⲥⲓϯ ⲛⲟⲩⲑⲁϥ ⲉⲃⲟⲗ ϩⲓϫⲉⲛ ⲡⲕⲁϩⲓ. ϯⲛⲁⲩ ⲉⲣⲟϥ ⲛⲑⲟϥ ⲁⲃⲃⲁ
ⲙⲁⲕⲁⲣⲓⲟⲥ⁶ ⲟⲩⲕⲟⲗⲟⲃⲟⲥ ⲡⲉ ⲉⲣⲉ ⲟⲩⲟⲛ ϩⲁⲛ ⲕⲟⲩϫⲓ ⲛϥⲱⲓ ⲣⲏⲧ ϩⲓϫⲉⲛ
ⲛⲉϥⲥⲫⲟⲧⲟⲩ ⲛⲉⲙ ⲡⲓϧⲟⲩⲥ ⲛⲧⲉ ⲧⲉϥⲙⲟⲣⲧ. ⲡⲓⲙⲁⲑⲏⲧⲏⲥ ⲟⲩⲛ ⲛⲧⲉ ⲁⲃⲃⲁ
ⲙⲁⲕⲁⲣⲓⲟⲥ⁷ ⲁϥⲧⲁⲙⲟⲓ ϫⲉ ⲁ ⲡⲁⲓⲱⲧ ϫⲟⲥ ⲛⲏⲓ ϫⲉ ⲙⲙⲟⲛ ⲥⲁⲃⲃⲁⲧⲟⲛ ⲓⲉ
ⲟⲩⲕⲩⲣⲓⲁⲕⲏ ⲛⲁⲥⲓⲛⲓ ⲁⲓϣⲧⲉⲙⲛⲁⲩ ⲉⲡⲓⲁⲅⲅⲉⲗⲟⲥ ⲛⲧⲉ ⲡⲓⲙⲁ ⲛⲉⲣ ϣⲱⲟⲩϣⲓ
ϧⲁⲧⲉⲛ ⲡⲓⲙⲁ ⲉⲧⲭⲏ ⲙⲡⲁⲙⲑⲟ ⲉϥⲉⲣⲡⲣⲟⲥⲫⲉⲣⲓⲛ⁸ ⲉϫⲉⲛ ϯⲡⲣⲟⲥⲫⲟⲣⲁ ⲛⲧⲉ

le trouver ; je m'assis près de sa porte pour entendre ce qu'il disait. Abba Macaire était en cent ans : je l'entendis se parler à lui-même, tout seul, disant : « Que désires-tu, ô méchant vieillard Macaire ? Voici que tu bois du vin, tu prends de l'huile ; que désires-tu encore, toi qui manges tes cheveux blancs ? » Ensuite, il parla avec un autre diable : « Est-ce que tu as quelque chose contre moi ? Tu ne trouveras rien en moi qui t'appartienne. Va-t-en loin de moi. » Il devint aussi comme quelqu'un qui fait des reproches à son corps, disant ainsi : « Viens, ô traitre de cheval ! Ne perds pas courage tant que je serai avec toi. »

Paphnouti, le disciple d'abba Macaire, nous a dit : « Le vieillard m'a dit : Voici sept ans aujourd'hui que je sais ne pas avoir craché à terre. » Son visage était mutilé⁹, il avait quelques poils plantés sur ses lèvres et sur l'extrémité de son menton. Donc, le disciple d'abba Macaire m'informa, disant : « Mon père m'a dit : Il n'y a point de sabbat ou de dimanche qui passe sans que je voie l'ange de l'autel près du lieu situé en face de moi, pendant que

---

1. *Cod.* ⲙⲁⲕⲁⲣⲓ. — 2. *Cod.* ⲕⲁⲕⲟⲩⲉⲣⲟⲥ. — 3. *Cod.* ⲙⲁⲕⲁⲣⲓ. — 4. *Cod.* ⲙⲁⲕⲁⲣⲓ. — 5. *Cod.* ⲛⲫⲟⲟⲩ. — 6. *Cod.* ⲙⲁⲕⲁⲣⲓ. — 7. *Cod.* ⲙⲁⲕⲁⲣⲓ. — 8. *Cod.* ⲡⲣⲟⲥⲫⲉⲣⲓⲛ. — 9. C'est-à-dire probablement qu'il était borgne.

ⲅ̅ⲑ̅. (-ⲙⲃ-) ⲡⲁⲗⲓⲛ ⲟⲛ ⲁⲓⲥⲱⲧⲉⲙ ⲉⲡⲁⲓⲭⲉⲧ ⲉⲃⲟⲗϩⲓⲧⲟⲧϥ ⲉϥϫⲟⲓ ⲛϣⲫⲏⲣⲓ
ⲉⲙⲁϣⲱ ⲉϥϫⲱ ⲙⲙⲟⲥ ϫⲉ ⲁⲥϣⲱⲡⲓ ⲙⲙⲟⲓ ϧⲉⲛ ⲟⲩⲁⲓ ⲛⲧⲉ ⲛⲓⲉϩⲟⲟⲩ ⲛϣⲁⲓ
ⲛⲁⲣⲉ ⲡⲓⲇⲓⲁⲕⲱⲛ ⲭⲏ ⲥⲁϧⲟⲩⲛ ⲙⲡⲓⲙⲁ ⲛⲉⲣ ϣⲱⲟⲩϣⲓ ⲉϥⲥⲟⲃϯ ⲙⲡⲓⲇⲱⲣⲟⲛ
ⲁ ⲡⲓⲁⲫⲟⲧ ϩⲉⲓ ⲛⲧⲟⲧϥ ⲁϥⲉⲣ ⲟⲩⲙⲏϣ ⲛⲗⲁⲡⲥⲓ ⲛⲉ ⲟⲩⲁⲃⲁϫⲏⲓⲛⲓ[1] ⲅⲁⲣ ⲡⲉ
ϫⲉ ⲟⲩⲏⲓ ⲛⲉ ⲡϣⲁϥⲉ ⲡⲉ ⲟⲩⲟϩ ⲙⲙⲟⲛ ϣϫⲟⲙ ⲙⲙⲱⲟⲩ ⲉϫⲁ ϩⲁⲧ ⲛⲱⲟⲩ.
ⲁⲓⲥⲱⲧⲉⲙ ⲁⲛⲟⲕ ⲉⲡⲓϧⲣⲱⲟⲩ ⲛⲧⲉ ⲡⲓⲁⲫⲟⲧ ϫⲉ ⲁϥⲛⲟϣ ⲛⲧⲟⲧϥ ⲙⲡⲓⲇⲓⲁⲕⲱⲛ
ⲁⲓϩⲱⲗ ⲉϧⲟⲩⲛ ⲉⲡⲓⲙⲁ ⲛⲉⲣ ϣⲱⲟⲩϣⲓ ⲉⲣⲉ ⲡⲓⲗⲁⲟⲥ ⲧⲏⲣϥ ϩⲉⲙⲥⲓ ⲉϥⲉⲣⲯⲁⲗ-
ⲗⲉⲓⲛ[2] ⲁⲓϫⲟⲥ ⲙⲡⲓⲇⲓⲁⲕⲱⲛ ϫⲉ ⲙⲡⲉⲣϣⲑⲟⲣⲧⲉⲣ ⲟⲩⲇⲉ ⲙⲡⲉⲣⲉⲣ ⲕⲟⲩϫⲓ
ⲛϩⲏⲧ ⲁⲗⲗⲁ ⲥⲉⲕ ⲛⲓⲫⲁϫⲓ ⲧⲏⲣⲟⲩ ⲙⲡⲉⲣⲭⲁ ϩⲗⲓ ⲉⲫⲁϩⲟⲩ ⲛϧⲏⲧⲟⲩ ϩⲓⲧⲟⲩ
ⲉϫⲉⲛ ⲡⲓⲙⲁ ⲛⲉⲣ ϣⲱⲟⲩϣⲓ ⲁⲙⲟⲩ ⲉⲃⲟⲗ ⲭⲁϥ. ⲟⲩⲟϩ ⲉⲧⲁ ⲡⲁⲅⲓⲟⲥ ⲁⲃⲃⲁ
ⲙⲁⲕⲁⲣⲓⲟⲥ[3] ⲓ ⲉⲃⲟⲗ ⲛⲥⲟϥ ⲛⲉⲙ ⲡⲓⲇⲓⲁⲕⲱⲛ ⲁⲩϩⲉⲙⲥⲓ ⲛⲟⲩⲕⲟⲩϫⲓ. ⲡⲉϫⲉ
ⲁⲃⲃⲁ ⲙⲁⲕⲁⲣⲓⲟⲥ[4] ⲙⲡⲓⲇⲓⲁⲕⲱⲛ ϫⲉ ϩⲱⲗ ⲉϫⲉⲛ ⲡⲓⲙⲁ ⲛⲉⲣ ϣⲱⲟⲩϣⲓ ⲫⲏ
ⲉⲧⲉⲕⲛⲁ-(-ⲙⲉ-)ⲛⲁⲩ ⲉⲣⲟϥ ⲙⲡⲉⲣⲧⲁⲙⲉ ϩⲗⲓ ⲉⲣⲟϥ. ⲁ ⲡⲓⲇⲓⲁⲕⲱⲛ ϩⲱⲗ
ⲉϧⲟⲩⲛ ⲁϥϫⲓⲙⲓ ⲙⲡⲓⲁⲫⲟⲧ ⲉϥⲟⲩⲟϫ ⲛⲉⲁ ⲡⲓⲁⲫⲟⲧ ⲧⲱⲙⲓ ⲡⲉ ⲛⲁⲧⲟⲩⲱⲛϩ
ⲇⲉ ⲉⲃⲟⲗ ⲛϫⲉ ⲛⲓⲙⲏⲓⲛⲓ ⲛⲧⲉ ⲛⲓⲫⲁϫⲓ ⲉⲧⲁⲩⲕⲱϣ ⲁⲗⲗⲁ ⲛⲁϥϫⲱ ⲛⲟⲩⲟⲗⲓ
ⲉⲃⲟⲗ ⲁⲛ ⲡⲉ. ϣⲁ ⲉϧⲟⲩⲛ ⲉⲫⲟⲟⲩ ϥϣⲟⲡ ⲛϫⲉ ⲡⲓⲁⲫⲟⲧ ⲉⲧⲉⲙⲙⲁⲩ. ⲉⲧⲁⲓⲥⲱⲧⲉⲙ ⲇⲉ ⲉⲧⲁⲓϣⲫⲏⲣⲓ ⲁⲓϣⲉ ⲛⲏⲓ ϣⲁ ⲡⲓⲇⲓⲁⲕⲱⲛ ⲉⲧⲁϥⲉⲣ ⲡⲣⲉⲥⲃⲩⲧⲉⲣⲟⲥ

je fais l'offrande à Dieu[5]. » De nouveau, j'entendis de lui cette autre chose merveilleuse grandement, disant : « Il m'arriva en l'un des jours de fête, comme le diacre était dans le lieu de sacrifice, préparant l'offrande, la coupe tomba de ses mains; elle devint une foule de morceaux, car elle était en verre, car, comme c'était le désert, ils ne pouvaient point (en) avoir d'argent. J'entendis, moi, au bruit de la coupe, qu'elle s'était brisée de la main du diacre, j'entrai dans le lieu du sacrifice : tout le peuple était assis, chantant des psaumes. Je dis au diacre : Ne sois pas troublé et ne sois pas petit de cœur; mais rassemble tous les morceaux, n'en laisse aucun en arrière, jette-les sur le lieu du sacrifice, sors, laisse-les. Et lorsque le saint abba Macaire fut sorti avec le diacre[6], ils s'assirent un peu. Abba Macaire dit au diacre : Va sur le lieu du sacrifice, ce que tu verras, ne le dis à personne. — Le diacre entra, il trouva la coupe saine, la coupe était assemblée; les traces des morceaux qui s'étaient brisés se voyaient, mais elle ne laissait pas aller. Jusqu'à ce jour cette coupe existe. » Lorsque j'eus appris cette merveille,

1. *Cod.* ⲛⲉ ⲟⲩⲁⲃⲁϩⲁϫⲏⲓⲛⲓ. — 2. *Cod.* ⲯⲁⲗⲓⲛ. — 3. *Cod.* ⲙⲁⲕⲁⲣⲓ. — 4. *Cod.* ⲙⲁⲕⲁⲣⲓ.
— 5. Mot à mot : Pendant que j'offrais sur l'offrande à Dieu. — 6. Le récit reprend à une autre personne.

ⲁⲥⲧⲁⲙⲟⲓ ⲉⲡⲓⲁⲫⲟⲧ ⲉⲧⲉⲙⲙⲁⲩ ⲁⲓⲛⲁⲩ ⲉⲣⲟϥ ⲛⲛⲁⲃⲁⲗ ⲁⲓϯ ⲫⲓ ⲉⲣⲱϥ
ⲟⲩⲟϩ ⲁⲓϯ ⲱⲟⲩ ⲙⲫϯ. ⲟⲩⲟϩ ⲉⲧⲁ ⲫⲓⲱⲧ ⲙⲡⲓⲁⲃⲏⲧ ⲧⲁϣⲉⲛⲑⲱϣ ⲛⲧⲉ ⲧⲁⲛⲓ
ϯⲃⲁⲕⲓ ⲓ ⲁϥϭⲓ ⲟⲩⲕⲟⲧ ⲉⲡⲓⲧⲱⲟⲩ ⲁϥⲓⲛⲓ ⲛⲟⲩⲛⲓϣϯ ⲛⲇⲓⲁⲕⲟⲛⲓⲁ ⲁϥⲥⲟⲣ
ⲉⲃⲟⲗ ⲛⲛⲓϧⲉⲗⲗⲟ ⲛⲧⲉ ⲛⲓϣⲁϥⲉⲩ ⲁϥⲉⲣⲁⲓⲧⲉⲓⲛ[1] ⲙⲡⲓⲡⲣⲉⲥⲃⲩⲧⲉⲣⲟⲥ ⲉⲧⲉⲙⲙⲁⲩ ⲁϥϯ ⲙⲡⲓⲁⲫⲟⲧ ⲉⲧⲉⲙⲙⲁⲩ ⲛⲁϥ ⲉⲟⲩⲉⲣ[2] ⲫⲙⲉⲩⲓ ϩⲏⲡⲡⲉ ϥⲭⲏ ϧⲉⲛ
ⲡⲓⲁⲃⲏⲧ ⲛⲧⲉ ⲧⲁϣⲉⲛⲑⲱϣ ϣⲁ ⲉϧⲟⲩⲛ ⲉⲡⲁⲓⲉϩⲟⲟⲩ.

ⲁⲩϫⲟⲥ ⲟⲛ ⲉⲑⲃⲏⲧϥ ⲛⲑⲟϥ ⲡⲓⲁⲅⲓⲟⲥ ⲁⲃⲃⲁ ⲙⲁⲕⲁⲣⲓⲟⲥ[3] ⲡⲓⲣⲉⲙ ⲣⲁⲕⲟϯ
ϫⲉ ϩⲟⲧⲉ ⲉϥⲟⲓ ⲛⲕⲟⲩϫⲓ ϧⲉⲛ ⲣⲁⲕⲟϯ (-ⲧⲉ-) ⲉⲛⲁϥⲟⲓ ⲙⲙⲓⲙⲟⲥ ⲡⲉ ϧⲉⲛ
ⲧⲉϥⲧⲉⲭⲛⲏ ϣⲁⲧⲉϥⲉⲣ ⲛⲓϣϯ ⲛⲣⲱⲙⲓ ϧⲉⲛ ⲡⲓⲕⲟⲥⲙⲟⲥ. ϩⲟⲧⲉ ⲇⲉ ⲉⲧⲁϥⲉⲣ
ⲙⲟⲛⲁⲭⲟⲥ ⲟⲩⲟϩ ⲉⲧⲁϥϭⲓⲥⲓ ϧⲉⲛ ϯⲁⲣⲉⲧⲏ ϧⲉⲛ ⲛⲓϣⲁϥⲉⲩ ⲁ ⲛⲉϥϣⲫⲏⲣ
ⲙⲙⲓⲙⲟⲥ ⲥⲱⲧⲉⲙ ⲉⲑⲃⲏⲧϥ ϫⲉ ⲁϥϭⲓⲥⲓ ϧⲉⲛ ⲡϩⲱⲃ ⲙⲫϯ ⲁⲩⲓ ϩⲁⲣⲟϥ ⲉϩⲣⲏⲓ
ϩⲓ ⲡϣⲁϥⲉ ⲉⲧⲟⲓ ⲛⲍ ϧⲉⲛ ⲧⲟⲩⲏⲡⲓ ⲟⲩⲟϩ ⲉⲧⲁϥⲉⲣⲁⲥⲡⲁⲍⲉⲥⲑⲉ ⲙⲙⲱⲟⲩ ⲁⲩϩⲉⲙⲥⲓ ϧⲁⲧⲟⲧϥ ⲛⲁⲩⲟⲓ ⲛϣⲫⲏⲣⲓ ⲙⲙⲟϥ ⲡⲉ ⲛⲉⲙ ⲡⲉϥⲧⲣⲟⲡⲟⲥ. ϧⲉⲛ ⲡⲭⲓ
ⲛⲟⲣⲉ ⲡⲓⲛⲁⲩ ⲛⲟⲩⲱⲙ ϣⲱⲡⲓ ⲁϥϯ ⲛⲟⲩⲙⲱⲟⲩ ⲉϯϣⲟ ⲁϥⲧⲁⲗⲟϥ ⲉϯϩⲣⲱ
ⲉϥⲟⲩⲱϣ ⲉⲫⲁⲥ ⲟⲩⲱⲧϣ ⲛⲱⲟⲩ. ϩⲱⲥ ⲇⲉ ⲉϥⲕⲁϯ ϧⲁ ⲡⲓⲙⲱⲟⲩ ϩⲓⲛⲁ
ⲛⲧⲉϥⲃⲉⲣⲃⲉⲣ ⲙⲡⲁⲧⲉϥ ⲡⲓⲛⲱⲓⲧ ⲉϧⲣⲏⲓ ⲉⲣⲟⲥ ⲁϥϩⲉⲙⲥⲓ ⲁϥϭⲓ ϩⲣⲁϥ ⲛⲉⲙⲱⲟⲩ ⲙⲡⲓⲣⲏϯ ⲉⲛⲁϥⲟⲓ ⲙⲙⲟⲥ ϧⲉⲛ ⲡⲓⲕⲟⲥⲙⲟⲥ. ϧⲉⲛ ⲡⲭⲓ ⲛⲟⲣⲟⲩⲛⲁⲩ ⲇⲉ

j'allai jusqu'au diacre, il me montra cette coupe, je la vis de mes yeux, je la baisai et rendis gloire à Dieu. Et lorsque le père du couvent de Taschentosch, de Tanis la ville, fut venu, il parcourut la montagne, il apporta une grande *diaconie*[4], il la distribua aux vieillards des déserts, il demanda à ce prêtre, il lui donna la coupe en souvenir. Voici qu'elle est maintenant dans le couvent de Taschentosch jusqu'à ce jour.

On rapporte aussi de lui, le saint abba Macaire l'Alexandrin, que lorsqu'il était jeune à Rakoti, il était mime en son métier, si bien qu'il devint un grand homme dans le monde. Mais, lorsqu'il se fut fait moine et se fut élevé en vertu dans les déserts, les mimes, ses compagnons, entendirent (dire) de lui qu'il s'était élevé dans l'œuvre de Dieu; ils allèrent à lui dans le désert au nombre de sept. Et, lorsqu'il les eut embrassés, ils s'assirent près de lui, émerveillés de lui et de ses manières. Lorsque l'heure de manger arriva, il mit de l'eau dans une marmite, il la posa sur le foyer, voulant leur faire cuire de la bouillie. Pendant qu'il entretenait le feu sous l'eau, afin qu'elle bouillît avant que la farine n'y descendît, il s'assit, il s'occupa d'eux, comme il fai-

---

1. Cod. ⲁϥⲉⲣⲉⲧⲓⲛ. — 2. Cod. ⲉⲩⲉⲣ. — 3. Cod. ⲙⲁⲕⲁⲣ. — 4. C'est-à-dire en d'autres termes : De grandes aumônes; mais la nuance est différente.

ⲉⲣⲟϥ ⲙⲡⲁⲓⲣⲏϯ ⲁⲩⲭⲟⲥ ⲛⲛⲟⲩⲉⲣⲏⲟⲩ ϫⲉ ⲙⲏ ⲙⲡⲟⲩϫⲟⲥ ⲣⲱ ⲉⲑⲃⲏⲧϥ ϫⲉ
ⲁϥϣⲱⲡⲓ ⲛⲟⲩⲣⲱⲙⲓ ⲛⲧⲉ ϥϯ ϩⲏⲡⲡⲉ ⲟⲛ ϥⲟⲓ ⲙⲡⲓⲣⲏϯ ⲉⲧⲉϥⲟⲓ ⲙⲙⲟϥ ϧⲉⲛ
ⲡⲓⲕⲟⲥⲙⲟⲥ (-ⲙϫ-) ⲛⲉⲙⲁⲛ ⲧⲉⲛⲛⲁⲩ ⲉϩⲗⲓ ⲛϣⲓⲃϯ ⲁⲛ ⲉϩⲟⲧⲉ ⲡⲓⲣⲏϯ ⲉⲧⲉϥϣⲟⲡ ⲛⲉⲙⲁⲛ ϧⲉⲛ ⲣⲁⲕⲟϯ. ⲉⲧⲁ ⲁⲃⲃⲁ ⲙⲁⲕⲁⲣⲓⲟⲥ¹ ⲛⲁⲩ ⲉⲣⲱⲟⲩ ⲉⲩⲥⲁϫⲓ
ⲛⲉⲙ ⲛⲟⲩⲉⲣⲏⲟⲩ ⲉⲑⲃⲉ ϯⲛⲓϣϯ ⲙⲡⲁⲣⲣⲏⲥⲓⲁ ⲉⲧⲁϥⲁⲓⲥ ⲛⲉⲙⲱⲟⲩ ⲁϥⲓⲛⲓ
ⲛⲟⲩⲃⲓⲛⲁϫ ⲉϥϣⲟⲩⲓⲧ ⲁϥⲧⲏⲓϥ ⲙⲡⲓⲛⲓϣϯ ⲉⲧⲉⲛϩⲏⲧⲟⲩ ⲡⲉϫⲁϥ ⲛⲁϥ ϫⲉ
ⲙⲁϩ ⲡⲁⲓⲃⲓⲛⲁϫ ⲛϣⲱ ϩⲓⲧϥ ⲉϯϣⲱ ϩⲓⲛⲁ ⲛⲧⲉⲛⲫⲁⲥ ⲡⲓⲟⲩⲱϣ ⲛⲧⲉⲛⲟⲩⲱⲙ.
ⲛⲑⲱⲟⲩ ⲇⲉ ⲉⲧⲁⲩⲥⲱⲧⲉⲙ ⲉⲑⲃⲉ ⲡⲓϣⲱ ⲁⲩⲉⲣ ϣⲉⲣϣⲓ ⲉⲩϫⲱ ⲙⲙⲟⲥ ϫⲉ
ⲁⲗⲏⲑⲱⲥ ⲁ ⲙⲁⲕⲁⲣⲓ ⲧⲁⲗⲟ ϧⲉⲛ ϯⲙⲉⲧⲙⲓⲙⲟⲥ ⲉϩⲟⲧⲉ ⲡⲓⲣⲏϯ ⲉⲧⲁϥϣⲟⲡ
ⲛⲉⲙⲁⲛ ϧⲉⲛ ⲡⲓⲕⲟⲥⲙⲟⲥ. ⲡⲁⲗⲓⲛ ⲟⲛ ⲡⲉϫⲁϥ ⲛⲱⲟⲩ ϫⲉ ⲫⲏ ⲉϯⲛⲁϫⲟϥ ⲛⲱⲧⲉⲛ ⲁⲣⲓⲧϥ. ⲛⲑⲱⲟⲩ ⲇⲉ ⲁⲩⲥⲱⲧⲉⲙ ⲛⲥⲱϥ ⲁⲩⲙⲁϩ ⲡⲓⲃⲓⲛⲁϫ ⲛϣⲱ ⲁⲩϩⲓⲧϥ
ⲉϯϣⲱ ⲁϥⲉⲣ ⲟⲩⲱϣ ⲙⲫⲣⲏϯ ⲛⲟⲩⲱϣ ⲛⲥⲟⲩⲟ ⲉϥϩⲟⲗϫ. ⲛⲓⲍ ⲇⲉ
ⲙⲙⲓⲙⲟⲥ ⲉⲧⲁⲩⲛⲁⲩ ⲉϯϣⲫⲏⲣⲓ ⲉⲧⲁⲥϣⲱⲡⲓ ⲉⲃⲟⲗϩⲓⲧⲉⲛ ⲡⲓϧⲉⲗⲗⲟ ⲉⲑⲟⲩⲁⲃ
ⲁⲃⲃⲁ ⲙⲁⲕⲁⲣⲓⲟⲥ² ⲙⲡⲟⲩⲧⲁⲥⲑⲟ (-ⲙⲉⲛ-) ⲉϫⲛⲏⲙⲓ ϫⲉ ⲁⲗⲗⲁ ⲁⲩⲉⲣⲁⲡⲟ-
ⲧⲁϫⲉⲥⲑⲁⲓ³ ⲙⲡⲓⲕⲟⲥⲙⲟⲥ ⲁⲩⲉⲣ ⲙⲟⲛⲁⲭⲟⲥ ⲟⲩⲟϩ ⲁⲩⲉⲣ ϩⲱⲃ ⲉⲛⲓⲡⲣⲁⲝⲓⲥ
ⲛⲧⲉ ⲡⲓϧⲉⲗⲗⲟ ⲉⲑⲟⲩⲁⲃ ⲁⲃⲃⲁ ⲙⲁⲕⲁⲣⲓⲟⲥ⁴.

sait dans le monde. Lorsqu'ils le virent de cette sorte, ils se dirent les uns aux autres : « Ne nous avait-on pas dit de lui qu'il était devenu un homme de Dieu? Voici qu'il est de la manière qu'il était dans le monde avec nous : nous ne voyons aucun changement en plus de la manière qu'il était avec nous à Rakoti. » Lorsque abba Macaire les vit qui se parlaient l'un à l'autre au sujet de la grande franchise qu'il avait faite avec eux, il prit un plat vide, il le donna au grand parmi eux, il lui dit : « Remplis ce vase de sable, jette-le dans la marmite, afin que nous fassions cuire la bouillie et que nous mangions. » Mais eux, lorsqu'ils l'entendirent parler de sable, ils se mirent à rire en disant : « Vraiment, Macaire est monté dans la mimique plus encore qu'il n'était avec nous dans le monde! » De nouveau il leur dit : « Ce que je vous dis, faites-le. » Eux, ils lui obéirent : ils remplirent le vase de sable, ils le jetèrent dans la marmite, il devint une bouillie comme une bouillie de froment douce. Mais les sept mimes, lorsqu'ils eurent vu la merveille qui avait eu lieu par le vieillard saint abba Macaire, ils ne retournèrent point en Égypte; ils renoncèrent au monde, ils devinrent moines et ils travaillèrent aux pratiques du saint vieillard abba Macaire.

1. Cod. ⲙⲁⲕⲁⲣⲓ. — 2. Cod. ⲙⲁⲕⲁⲣⲓ. — 3. Cod. ⲟⲩⲉⲣⲁⲡⲟⲧⲁϫⲉⲥⲑⲉ. — 4. Cod. ⲙⲁⲕⲁⲣⲓ.

ⲁⲩϫⲟⲥ ⲇⲉ ⲟⲛ ⲉⲑⲃⲏⲧϥ ⲛⲑⲟϥ ⲡⲓⲇⲓⲕⲁⲓⲟⲥ¹ ⲁⲃⲃⲁ ⲙⲁⲕⲁⲣⲓⲟⲥ² ⲡⲓⲣⲉⲙ
ⲣⲁⲕⲟϯ ϫⲉ ⲁϥϣⲱⲡⲓ ⲛⲟⲩⲥⲏⲟⲩ ⲙⲡⲉ ⲧⲫⲉ † ⲛⲟⲩⲙⲟⲩ ⲛϩⲱⲟⲩ ϩⲓϫⲉⲛ
ⲡⲕⲁϩⲓ ⲟⲩⲟϩ ⲁ ⲟⲩⲙⲏϣ ⲛϥⲉⲛⲧ ⲛⲉⲙ ⲟⲩϩⲁⲛⲥ ⲣⲱϥ ϣⲱⲡⲓ ϧⲉⲛ ⲛⲓⲕⲟⲓ ⲛⲧⲉ
ⲛⲓⲣⲱⲙⲓ. ⲁⲃⲃⲁ ⲧⲓⲙⲟⲑⲉⲟⲥ ⲇⲉ ⲡⲓⲁⲣⲭⲓⲉⲡⲓⲥⲕⲟⲡⲟⲥ³ ⲛⲧⲉ ⲣⲁⲕⲟϯ ⲁϥⲟⲩⲱⲣⲡ
ⲛϩⲁⲛ ⲣⲉⲙ ⲛϩⲱⲃ ϩⲁ ⲁⲃⲃⲁ ⲙⲁⲕⲁⲣⲓⲟⲥ⁴ ⲉϥϫ ϩⲟ ⲉⲣⲟϥ ϫⲉ ⲁⲙⲟⲩ ⲉⲣⲁⲕⲟϯ
ⲧⲱⲃϩ ⲙⲫϯ ⲉⲑⲣⲉ ⲟⲩⲙⲟⲩ ⲛϩⲱⲟⲩ ϣⲱⲡⲓ ⲛⲧⲉϥϧⲱⲧⲉⲃ ⲛⲛⲓϥⲉⲛⲧ ⲛⲉⲙ ⲛⲓ
ⲭⲟⲛⲥ ⲣⲱϥ ⲟⲩⲟϩ ϧⲉⲛ ⲡⲭⲓ ⲛϩⲟⲣⲟⲑⲉⲧ ⲡⲉϥϩⲏⲧ ϧⲉⲛ ϩⲁⲛ ⲛⲓϣϯ ⲛϯ ϩⲟ
ⲁϥϣⲉ ⲛⲁϥ ⲛⲉⲙⲱⲟⲩ ⲉⲣⲁⲕⲟϯ ⲟⲩⲟϩ ⲉⲧⲁϥϧⲱⲛⲧ ⲉϯⲃⲁⲕⲓ ⲁ ⲟⲩⲛⲓϣϯ
ⲙⲙⲏϣ ⲓ ⲉⲃⲟⲗ ⲉϩⲣⲁϥ ⲛⲉⲙ ϩⲁⲛ ⲃⲁⲓ. ⲉⲧⲁϥⲫⲟϩ ⲇⲉ ⲉϯⲧⲉⲧⲣⲁⲡⲩⲗⲟⲛ ⲉⲧ
ϧⲉⲛ ⲑⲙⲏϯ ⲛϯⲃⲁⲕⲓ ⲟⲩⲟϩ ⲛⲁϥⲧⲱⲃϩ ⲙⲫϯ ϧⲉⲛ ⲡⲉϥϩⲏⲧ ϧⲉⲛ ⲟⲩⲛⲓϣϯ
ⲛϭⲱⲗⲕ. ⲉⲧⲁϥⲓ ⲇⲉ ϧⲁⲧⲉⲛ ⲧⲡⲩⲗⲏ ⲙ-(-ⲙⲟ-)ⲫⲣⲏ ⲁⲥⲉⲣ ϩⲏⲧⲥ ⲛϫⲉ ⲧⲫⲉ
ⲉⲑⲟⲩϥⲧⲉϥ ⲛϩⲁⲛ ⲧⲉⲗⲧⲓⲗⲓ. ⲉⲧⲁϥⲓ ⲇⲉ ⲉϧⲟⲩⲛ ⲉⲧⲉⲕⲕⲗⲏⲥⲓⲁ ⲁϥϣⲱⲡⲓ ⲛϫⲉ
ⲟⲩⲛⲓϣϯ ⲙⲙⲟⲩ ⲛϩⲱⲟⲩ ⲛⲉϩⲟⲟⲩ ⲃ̄ ⲛⲉⲙ ⲉⲭⲱⲣϩ ⲃ̄ ⲉⲩϭⲟⲗⲕ ϩⲱⲥⲧⲉ⁵ ⲛⲧⲉ
ⲛⲓⲣⲱⲙⲓ ⲙⲉⲩⲓ ⲛⲱⲟⲩ ϫⲉ ⲉⲣⲉ ⲡⲓⲕⲁϩⲓ ⲛⲁⲥⲱⲃⲉⲙ ⲛⲧⲉϥⲙⲟⲛⲙⲉⲛ ⲛⲧⲉⲛ
ⲡⲁϣⲁⲓ ⲛⲛⲓⲙⲟⲩ ⲛϩⲱⲟⲩ ⲉⲧϧⲉⲛ ⲡⲓⲁⲏⲣ. ⲡⲓϧⲉⲗⲗⲟ ⲇⲉ ⲡⲉϫⲁϥ ⲙⲡⲓⲁⲣⲭⲓ
ⲉⲡⲓⲥⲕⲟⲡⲟⲥ⁶ ϫⲉ ⲉⲧⲁⲣⲉⲧⲉⲛⲟⲩⲱⲣⲡ ⲛⲥⲱⲓ ⲉⲑⲃⲉ ⲟⲩ ⲛϩⲱⲃ ⲓⲉ ⲉⲑⲃⲉ ⲟⲩ ⲣⲱ
ⲁⲣⲉⲧⲉⲛⲑⲣⲓⲭⲱ ⲛⲥⲱⲓ ⲛⲧⲁⲓ ⲁⲣⲉⲧⲉⲛⲉⲛⲧ ⲉⲡⲁⲓⲙⲁ. ⲟⲩⲟϩ ⲁ ⲛⲓⲙⲏϣ ⲉⲣ

On rapporte aussi de lui, le juste abba Macaire l'Alexandrin, qu'il arriva une fois que le ciel ne donna pas d'eau de pluie sur la terre, et une foule de vers et d'insectes furent dans les champs des hommes. Mais abba Timothée envoya des ouvriers vers abba Macaire, disant : « Viens à Rakoti, prie Dieu qu'il y ait une eau de pluie qui tue les vers et les insectes. » Et lorsqu'ils eurent persuadé son cœur avec de grandes prières, il alla avec eux à Rakoti, et lorsqu'il fut arrivé près de la ville, une grande foule sortit avec des palmes. Lorsqu'il fut arrivé au Tétrapyle qui était au milieu de la ville, il priait Dieu en son cœur avec une grande continuité ; et, lorsqu'il fut arrivé à la porte du Soleil, le ciel commença de laisser tomber quelques gouttes. Et, lorsqu'il fut entré dans l'église, il y eut une grande eau de pluie pendant deux jours et deux nuits consécutifs, de sorte que les hommes pensaient que la terre cesserait (d'être), qu'elle serait ébranlée par suite de l'abondance des eaux de pluie qui étaient en l'air. Mais le vieillard dit à l'archevêque : « Pour quelle œuvre m'avez-vous envoyé chercher, ou pourquoi m'avez-vous fait abandonner ma cellule et m'avez-vous amené ici ? » Et les foules répondirent :

---

1. *Cod.* ⲡⲓⲇⲓⲕⲉⲟⲥ. — 2. *Cod.* ⲙⲁⲕⲁⲣⲓ. — 3. *Cod.* ⲁⲣⲭⲏⲉⲡⲓⲥⲕⲟⲡⲟⲥ. — 4. *Cod.* ⲙⲁⲕⲁⲣⲓ. — 5. *Cod.* ϩⲱⲥⲇⲉ. — 6. *Cod.* ⲁⲣⲭⲏⲉⲡⲓⲥⲕⲟⲡⲟⲥ.

ⲟⲩⲱ ⲛⲁϥ ϫⲉ ⲉⲧⲁⲛⲉⲛⲕ ⲙⲙⲁⲓ ⲉⲑⲣⲉⲕⲧⲱⲃϩ ⲉⲑⲣⲉϥⲓⲛⲓ ⲙⲡⲓⲙⲟⲩ ⲛϩⲱⲟⲩ
ϩⲏⲡⲡⲉ ⲁϥⲓⲣⲓ ⲙⲡⲓⲛⲁⲓ ⲛⲉⲙⲁⲛ. ϯⲛⲟⲩ ⲁ ⲡⲓϩⲟⲩⲟ ⲣⲱϣⲓ ⲧⲱⲃϩ ⲟⲩⲛ ⲛⲧⲉ
ⲡⲓⲙⲟⲩ ⲛϩⲱⲟⲩ ϣⲉ ⲛⲁϥ ⲉⲃⲟⲗ ϩⲁⲣⲟⲛ ϫⲉ ⲛⲛⲉϥⲧⲁⲕⲟⲛ ⲧⲏⲣⲉⲛ¹ ⲧⲉⲛⲛⲁ-
ⲙⲟⲩ ⲁⲛⲟⲛ ⲛⲉⲙ ⲛⲉⲛϣⲏⲣⲓ ⲛⲉⲙ ⲛⲉⲛⲧⲉⲃⲛⲱⲟⲩⲓ ⲛⲉⲙ ⲉⲛⲭⲁⲓ ⲛⲓⲃⲉⲛ ⲉⲧϣⲟⲡ ⲛⲁⲛ. ⲡⲓϧⲉⲗⲗⲟ ⲇⲉ ⲉⲑⲟⲩⲁⲃ ⲁⲃⲃⲁ ⲙⲁ-(-ⲛ̄-)ⲕⲁⲣⲓⲟⲥ² ⲁϥⲧⲱⲃϩ ⲟⲩⲟϩ
ⲥⲁⲧⲟⲧϥ ⲁϥⲭⲱⲣ ⲉⲃⲟⲗ ⲛϫⲉ ⲡⲓⲙⲟⲩ ⲛϩⲱⲟⲩ. ϧⲉⲛ ϯⲟⲩⲛⲟⲩ ⲁⲥⲭⲁ ⲧⲟⲧⲉ
ⲛϫⲉ ⲧⲫⲉ ⲉⲃⲟⲗϩⲓⲧⲉⲛ ⲡⲓϩⲙⲟⲧ ⲛⲧⲉ ⲫϯ ⲛⲉⲙ ⲛⲓϣⲗⲏⲗ ⲛⲧⲉ ⲫⲏ ⲉⲑⲟⲩⲁⲃ
ⲁⲃⲃⲁ ⲙⲁⲕⲁⲣⲓⲟⲥ³. ⲧⲟⲧⲉ ⲁ ⲛⲓϩⲉⲗⲗⲏⲛⲟⲥ ⲛⲧⲉ ⲣⲁⲕⲟϯ ⲱϣ ⲉⲃⲟⲗ ⲉⲩϫⲱ
ⲙⲙⲟⲥ ϫⲉ ⲟⲩⲙⲁⲅⲟⲥ ⲓ ⲉϧⲟⲩⲛ ϧⲉⲛ ϯⲡⲩⲗⲏ ⲛⲧⲉ ⲫⲣⲏ ⲟⲩⲟϩ ⲙⲡⲉ ⲡⲓⲇⲓⲕⲁⲥ-
ⲧⲏⲥ ⲉⲙⲓ. ⲁⲃⲃⲁ ⲙⲁⲕⲁⲣⲓⲟⲥ⁴ ⲇⲉ ⲁϥⲉⲣ ⲅ̄ ⲛⲉϩⲟⲟⲩ ⲙⲙⲁⲩ ⲁϥⲧⲁⲗϭⲟ ⲛϩⲁⲛ
ⲙⲏϣ ⲛⲣⲱⲙⲓ ⲙⲙⲁⲩ ⲉⲩϣⲱⲛⲓ ⲛⲉⲙ ϩⲁⲛ ⲟⲩⲟⲛ ⲉⲩϣⲏⲗ ⲉⲃⲟⲗ ⲛⲉⲙ ϩⲁⲛ
ⲕⲉⲙⲏϣ ⲛⲥⲙⲟⲧ ⲛϣⲱⲛⲓ ϧⲉⲛ ⲡⲓⲅ̄ ⲛⲉϩⲟⲟⲩ ⲉⲧⲁϥⲁⲓⲧⲟⲩ ϧⲉⲛ ⲣⲁⲕⲟϯ ϩⲟⲧⲉ
ⲉⲧⲁϥⲓ ⲉⲙⲁⲩ ⲉⲃⲟⲗϧⲉⲛ ⲡϣⲁϥⲉ. ⲫⲁⲓ ⲇⲉ ⲁϥϣⲱⲡⲓ ⲉⲃⲟⲗϩⲓⲧⲉⲛ ⲫϯ ϩⲓⲛⲁ
ⲛⲧⲉ ⲟⲩⲙⲏϣ ⲟⲩϫⲁⲓ ⲟⲩⲟϩ ⲛⲧⲉϥϯ ⲙⲡⲓⲙⲟⲩ ⲛϩⲱⲟⲩ ⲙⲫⲏ ⲉⲑⲟⲩⲁⲃ ⲁⲃⲃⲁ
ⲙⲁⲕⲁⲣⲓⲟⲥ⁵ ⲛϩⲙⲟⲧ. ⲟⲩⲟϩ ⲙⲉⲛⲉⲛⲥⲁ ⲛⲁⲓ ⲁϥⲓ ⲉⲃⲟⲗϧⲉⲛ ⲣⲁⲕⲟϯ ⲁϥⲧⲁⲥⲑⲟϥ ⲉϣⲱⲧ ⲛⲕⲉⲥⲟⲡ ϧⲉⲛ ϯϫⲟⲙ ⲛⲧⲉ ⲫϯ. ⲛⲁⲣⲉ ⲛⲓⲥⲛⲏⲟⲩ ϫⲱ ⲙⲙⲟⲥ ⲛⲁϥ
ⲡⲉ ϫⲉ ⲡⲉⲛⲓⲱⲧ ⲁⲕϩⲱⲗ ⲉⲣⲁⲕⲟϯ ⲛⲑⲟϥ ⲇⲉ ⲡⲉϫⲁϥ ⲛⲱⲟⲩ ϫⲉ (-ⲛⲁ-)

« Nous t'avons amené ici afin que tu priasses, que tu amenasses l'eau de pluie. Voici qu'il a fait miséricorde avec nous; maintenant, l'excès (de cette pluie) suffit; prie donc, afin que la pluie s'en aille loin de nous, de peur que nous ne soyons tous perdus, que nous ne mourions, nous et nos enfants et nos bêtes, et toute chose qui nous appartient. » Le vieillard saint abba Macaire pria, et aussitôt l'eau de pluie se dissipa, aussitôt le ciel cessa (de pleuvoir), par la grâce de Dieu et les prières du saint abba Macaire. Alors les Grecs de Rakoti s'écrièrent : « Un magicien est entré par la porte du Soleil et le juge ne le sait pas ! » Mais abba Macaire passa là trois jours, il y guérit une foule d'hommes malades, quelques paralytiques et des foules d'autres maladies dans les trois jours qu'il passa à Rakoti, lorsqu'il y alla du désert. Et cela arriva de par Dieu, afin qu'une foule fût sauvée et qu'il donnât l'eau de pluie en grâce au saint abba Macaire. Et après cela, il sortit de Rakoti, il retourna à Schiit une autre fois dans la vertu de Dieu. Les frères lui disaient : « Notre père, es-tu allé à Rakoti? » Et lui, il leur dit : « Croyez-moi, mes frères, je n'ai vu ni une colonne, ni une place publique, et je n'ai vu la figure d'aucun

---

1. *Cod.* ⲧⲏⲣⲟⲩ. — 2. *Cod.* ⲙⲁⲕⲁⲣⲓ. — 3. *Cod.* ⲙⲁⲕⲁⲣⲓ. — 4. *Cod.* ⲙⲁⲕⲁⲣⲓ. — 5. *Cod.* ⲙⲁⲕⲁⲣⲓ.

ⲛⲁϥϯ ⲉⲣⲟⲓ ⲙⲡⲉⲛϩⲟⲩ ϫⲉ ⲟⲩⲇⲉ ⲥⲧⲩⲗⲟⲥ ⲟⲩⲇⲉ ⲁⲅⲟⲣⲁ ⲙⲡⲓⲛⲁⲩ ⲉⲣⲟⲟⲩ
ⲙⲙⲱⲟⲩ ⲟⲩⲇⲉ ⲙⲡⲓⲛⲁⲩ ⲉⲡϩⲟ ⲛϩⲗⲓ ⲛⲣⲱⲙⲓ ⲉⲃⲏⲗ ⲉⲡⲓⲁⲣⲭⲓⲉⲡⲓⲥⲕⲟⲡⲟⲥ[1]
ⲙⲁⲩⲁⲧϥ ⲛⲁⲣⲉ ⲡⲓⲙⲏϣ ϩⲟϫϩⲉϫ ⲙⲙⲟⲓ ⲡⲉ ⲉⲩⲁϣⲱ ⲉⲧⲕⲱϯ ⲉⲣⲟⲓ ⲁⲛⲟⲕ
ⲇⲉ ⲁⲓⲭⲁⲥ ϧⲉⲛ ⲡⲁϩⲏⲧ ⲉϣⲧⲉⲙϥⲁⲓ ⲛⲛⲁⲃⲁⲗ ⲉⲡϣⲱⲓ ⲉϫⲟⲩϣⲧ ⲉϩⲗⲓ ϩⲓϫⲉⲛ
ⲡⲕⲁϩⲓ ϩⲓⲛⲁ ⲛⲧⲁϣⲧⲉⲙϫⲓ ϩⲗⲓ ⲛⲗⲱⲓϫⲓ ⲛⲛⲁⲃⲁⲗ.

ϯⲛⲁⲕⲏⲛ ⲉⲣⲟⲓ ϣⲁ ⲙⲛⲁⲓ ⲉⲑⲃⲉ ⲛⲓϩⲃⲏⲟⲩⲓ ⲛⲧⲉ ⲁⲃⲃⲁ ⲙⲁⲕⲁⲣⲓⲟⲥ[2]. ⲛⲉ
ⲟⲩⲡⲁⲓⲣⲏϯ ⲟⲩⲛ ⲡⲉ ⲡⲓⲭⲱⲣⲓ ⲛⲧⲉⲗⲉⲓⲟⲥ[3] ϧⲉⲛ ⲟⲩⲙⲉⲑⲙⲏⲓ ⲁⲃⲃⲁ ⲙⲁⲕⲁⲣⲓⲟⲥ[4] ⲛϣⲟⲩⲙⲉⲛⲣⲓⲧϥ ⲛⲉ ⲟⲩⲣⲉⲙⲣⲁⲩϣ ⲡⲉ ⲙ̅ⲫⲣⲏϯ ⲙⲙⲱⲩⲥⲏⲥ ⲉϥⲟⲓ ⲇⲉ
ⲛⲥⲡⲟⲩⲇⲁⲓⲟⲥ[5] ⲉⲡϩⲟⲧⲟ ⲛⲁϥϯ ⲭⲟϩ ⲇⲉ ⲛⲛⲓⲃⲉⲗϣⲓⲣⲓ ⲉⲑⲣⲟⲩⲟϩⲓ ⲉⲣⲁⲧⲟⲩ
ϧⲉⲛ ϯⲁⲣⲉⲧⲏ ⲉϥϫⲱ ⲙⲙⲟⲥ ⲛⲱⲟⲩ ϫⲉ ⲁⲛⲟⲕ ⲙⲡⲓⲭⲁ ⲧⲟⲧ ⲉⲃⲟⲗ ⲉⲛⲉϩ
ⲟⲩⲇⲉ ⲙⲡⲓϭⲓⲥⲓ ϧⲉⲛ ϯⲁⲥⲕⲏⲥⲓⲥ ⲛⲁϥⲟⲓ ⲇⲉ ⲡⲉ ⲛϣⲟⲩⲙⲉⲛⲣⲓⲧϥ ⲙⲡⲉⲙⲑⲟ
ⲛⲟⲩⲟⲛ ⲛⲓⲃⲉⲛ ⲉϥⲟⲓ ⲛⲛⲁⲏⲧ ⲉⲙⲁϣⲱ. ⲁⲩϫⲟⲥ ⲇⲉ ⲟⲛ ⲉⲑⲃⲏⲧϥ ϫⲉ ⲁⲣⲉⲧⲏ
ⲛⲓⲃⲉⲛ ⲉⲧⲁϥⲛⲁⲩ ⲉⲣⲱⲟⲩ ⲁϥⲁⲓⲧⲟⲩ ⲧⲏⲣⲟⲩ (-ⲛ̅ⲃ̅-) ⲛⲉⲙ ⲛⲏ ⲟⲛ ⲉⲧⲁϥⲥⲱⲧⲉⲙ ⲉⲑⲃⲏⲧⲟⲩ. ⲛⲁⲓⲟⲩⲱϣ ⲇⲉ ⲟⲛ ⲡⲉ ⲱ ⲛⲁⲙⲉⲛⲣⲁϯ ⲉϫⲱ ⲛⲟⲩⲙⲏϣ
ⲛⲱⲧⲉⲛ ⲉⲑⲃⲉ ⲁⲃⲃⲁ ⲙⲁⲕⲁⲣⲓⲟⲥ[6] ⲛⲁⲓ ⲇⲉ ⲛⲉ ⲛⲏ ⲉⲧⲁⲓϣϫⲉⲙϫⲟⲙ ⲛⲧⲁϩⲱⲟⲩ
ⲛⲧⲁϥ ϩⲁⲛ ⲕⲟⲩϫⲓ ⲉⲙⲁϣⲱ ⲛⲉ ϧⲉⲛ ⲛⲉϥⲡⲟⲗⲓⲧⲉⲓⲁ[7] ⲛⲉⲙ ⲛⲉϥⲁⲥⲕⲏⲥⲓⲥ ⲛⲉ
ⲁϥⲉⲣ ϧⲉⲗⲗⲟ ⲇⲉ ⲡⲉ ⲉϥϫⲏⲕ ⲉⲃⲟⲗ. ⲡⲓⲉϩⲟⲟⲩ ⲇⲉ ⲛⲧⲉ ⲡⲉϥϫⲱⲕ ⲉⲃⲟⲗ ⲁϥⲙⲧⲟⲛ ⲙⲙⲟϥ ⲛⲥⲟⲩ ⲋ̅ ⲙⲡⲓⲁⲃⲟⲧ ⲡⲁϣⲟⲛⲥ.

homme, sinon de l'archevêque seulement; les foules me pressaient beaucoup en m'entourant, mais moi j'avais placé en mon cœur de ne pas lever les yeux en haut pour voir quoi que ce fût sur la terre, pour ne trouver aucun sujet (de tentation) pour mes yeux. »

Je cesserai ici sur les œuvres d'abba Macaire. C'était donc un (homme) vraiment parfait qu'abba Macaire, l'homme digne d'être aimé; il était doux comme Moïse, zélé à l'excès; il excitait les jeunes gens à se tenir dans la vertu, leur disant : « Je n'ai jamais cessé, je ne me suis jamais fatigué dans l'ascèse. » Il était digne d'être aimé en présence de chacun, étant miséricordieux à l'excès. On dit aussi de lui que toutes les vertus qu'il vit, il les fit, de même que celles dont il entendit parler. Je désirais, ô mes bien-aimés, vous dire une foule (de choses) sur abba Macaire : voilà ce que j'ai pu recueillir à son sujet, c'est grandement peu, de ses dévotions et de ses ascèses, (car) c'était un vieillard parfait. Mais le jour de sa mort[8] fut le sixième du mois de Paschons.

---

1. *Cod.* ⲁⲣⲭⲏⲉⲡⲓⲥⲕⲟⲡⲟⲥ. — 2. *Cod.* ⲙⲁⲕⲁⲣⲓ. — 3. *Cod.* ⲛⲧⲉⲗⲓⲟⲥ. — 4. *Cod.* ⲙⲁⲕⲁⲣⲓ. — 5. *Cod.* ⲛⲥⲡⲟⲩⲇⲉⲟⲥ. — 6. *Cod.* ⲙⲁⲕⲁⲣⲓ. — 7. *Cod.* ⲡⲟⲗⲏⲧⲓⲁ. — 8. Mot à mot : De son accomplissement.

ⲙⲁⲣⲉⲛϩⲱ ⲉⲣⲟⲛ ϣⲁ ⲡⲁⲓⲙⲁ ⲉⲑⲃⲉ ⲛⲓϩⲃⲏⲟⲩⲓ ⲛϣⲫⲏⲣⲓ ⲛⲧⲉ ⲡⲓⲁⲅⲓⲟⲥ
ⲁⲃⲃⲁ ⲙⲁⲕⲁⲣⲓⲟⲥ[1] ⲡⲓⲣⲉⲙ ⲣⲁⲕⲟϯ ⲉⲁⲛϩⲱ ⲉⲣⲟⲛ ϣⲁ ⲡⲁⲓⲙⲁ ⲙⲏⲡⲟⲧⲉ ⲛⲧⲉ
ⲡⲓⲥⲁϫⲓ ⲁϣⲁⲓ ⲉⲡⲓϩⲟⲩⲟ ⲥⲉⲣⲱϣⲓ ⲅⲁⲣ ⲛϫⲉ ⲛⲏ ⲉⲧⲁⲛϫⲟⲧⲟⲩ ⲉⲟⲩϩⲩ[2] ⲛⲛⲏ
ⲉⲧⲥⲱⲧⲉⲙ ⲟⲩⲟϩ ⲛⲥⲉⲁⲓⲧⲟⲩ ϩⲟⲡⲱⲥ ⲛⲥⲉϣⲁϣⲛⲓ ⲉⲡⲓⲙⲉⲣⲟⲥ ⲛⲉⲙ ⲡⲓⲕⲗⲏⲣⲟⲥ
ⲛⲧⲉ ⲡⲁⲓϫⲱⲣⲓ ⲁⲗⲏⲑⲱⲥ ⲁⲃⲃⲁ ⲙⲁⲕⲁⲣⲓⲟⲥ[3] ⲡⲓⲣⲉⲙ ⲣⲁⲕⲟϯ ⲙⲁⲗⲗⲟⲛ ⲇⲉ
ⲡⲓⲣⲉⲙ ⲓⲗⲏⲙ ⲛⲧⲉ ⲧⲫⲉ ⲧⲡⲟⲗⲓⲥ ⲛⲛⲏ ⲉⲧⲟⲩⲛⲟϥ ⲧⲏⲣⲟⲩ ϧⲉⲛ ⲡⲓϩⲙⲟⲧ ⲛⲉⲙ
ⲛⲓⲙⲉⲧϣⲉⲛϩⲏⲧ ⲛⲉⲙ ϯⲙⲉⲧⲙⲁⲓ ⲣⲱⲙⲓ ⲛⲧⲉ ⲡⲉⲛⲟⲥ ⲟⲩⲟϩ ⲡⲉⲛⲥⲱⲧⲏⲣ ⲓⲏⲥ
ⲡⲭⲥ ⲫⲁⲓ ⲉⲧⲉ ⲡⲓⲱⲟⲩ ⲫⲱϥ ⲡⲉ ϣⲁ ⲉⲛⲉϩ ⲛⲧⲉ ⲛⲓⲉⲛⲉϩ ⲧⲏⲣⲟⲩ ⲁⲙⲏⲛ.

Que cela nous suffise jusqu'ici sur les œuvres merveilleuses du saint abba Macaire l'Alexandrin, que cela nous suffise de peur que le discours ne se multiplie à l'excès; car ce que nous avons dit suffit pour le profit de ceux qui écoutent, afin qu'ils le fassent, de sorte qu'ils obtiennent part à l'héritage de ce vaillant en vérité, abba Macaire, l'homme de Rakoti, surtout l'homme de la Jérusalem céleste, la ville de tous ceux qui se réjouissent dans la grâce et la miséricorde et l'amour pour les hommes de notre Dieu et de Notre-Seigneur Jésus le Christ, à qui est la gloire jusqu'aux siècles de tous les siècles. Amen.

1. *Cod.* ⲙⲁⲕⲁⲣⲓ. — 2. *Cod.* ⲉⲩϩⲛⲩ. — 3. *Cod.* ⲙⲁⲕⲁⲣⲓ.

VIE DES SAINTS MAXIME ET DOMÈCE[1]

(-Fol. 34.) ⲫⲃⲓⲟⲥ ⲛⲛⲓⲁⲅⲓⲟⲥ ⲛⲣⲱⲙⲁⲓⲟⲥ[2] ⲙⲁⲝⲓⲙⲟⲥ ⲛⲉⲙ ⲇⲟⲙⲉⲧⲓⲟⲥ ⲛⲉⲛϣⲏⲣⲓ ⲛⲟⲩⲁⲗⲉⲛⲧⲓⲛⲟⲥ ⲡⲟⲩⲣⲟ ⲛⲛⲓⲣⲱⲙⲁⲓⲟⲥ[3] ⲉⲧⲁⲩϫⲱⲕ ⲙⲡⲟⲩⲃⲓⲟⲥ ⲉⲑⲛⲁⲛⲉϥ ⲉⲑⲙⲉϩ ⲛⲁⲣⲉⲧⲏ ⲛⲓⲃⲉⲛ ⲉⲁⲩϫⲱⲕ ⲉⲃⲟⲗ ⲛⲛⲓⲉⲛⲧⲟⲗⲏ ⲧⲏⲣⲟⲩ ⲛⲧⲉ ⲛⲓⲉⲩⲁⲅⲅⲉⲗⲓⲟⲛ ⲉⲑⲟⲩⲁⲃ ⲡⲓⲟⲩⲁⲓ ⲙⲉⲛ ⲛϧⲏⲧⲟⲩ ⲉⲧⲉ ⲙⲁⲝⲓⲙⲟⲥ ⲡⲉ ⲁϥⲙⲧⲟⲛ ⲙⲙⲟϥ ⲛⲥⲟⲩ ⲓ̅ⲇ̅ ⲙⲡⲓⲁⲃⲟⲧ ⲧⲱⲃⲓ ⲡⲓⲭⲉⲧ ⲇⲉ ⲉⲧⲉ ⲇⲟⲙⲉⲧⲓⲟⲥ ⲡⲉ ⲛⲥⲟⲩ ⲓ̅ⲍ̅ ⲙⲡⲁⲓⲁⲃⲟⲧ ⲣⲱ ⲟⲛ ⲉⲁϥϩⲓⲥⲧⲟⲣⲉⲓⲛ[4] ⲙⲙⲟϥ ⲛϫⲉ ⲁⲃⲃⲁ ⲡϣⲟⲓ ⲡⲓⲣⲉⲙ ⲕⲱⲛⲥⲧⲁⲛⲧⲓⲛⲟⲩⲡⲟⲗⲓⲥ[5] ⲟⲩⲟϩ ⲡⲓϣⲟⲣⲡ ⲛⲇⲓⲁⲕⲱⲛ ⲉⲧⲁϥϣⲱⲡⲓ ϧⲉⲛ ϣⲓⲏⲧ ⲛⲁϧⲣⲁϥ ⲛⲁⲃⲃⲁ ⲙⲁⲕⲁⲣⲓⲟⲥ[6] ⲡⲓⲣⲱⲙⲓ ⲛⲧⲉ ⲫϯ ⲛⲉⲙ ⲁⲃⲃⲁ ⲓⲥⲓⲇⲱⲣⲟⲥ ⲫⲁⲓ ⲉⲧⲁϥⲙⲧⲟⲛ ⲙⲙⲟϥ ⲉϥⲟⲓ ⲛⲇⲓⲁⲕⲱⲛ ⲟⲩⲟϩ ⲁⲩⲱϣ ⲛⲁⲃⲃⲁ ⲙⲱⲩⲥⲏ ⲡⲓⲭⲁⲙⲉ ⲛⲧⲉϥϣⲉⲃⲓⲱ. ⲉⲧⲁϥⲥϧⲉ ⲫⲃⲓⲟⲥ ⲇⲉ ⲛⲛⲓⲁⲅⲓⲟⲥ ⲛϫⲉ ⲁⲃⲃⲁ ⲡϣⲟⲓ ⲉⲩⲉⲣ[7] ⲫⲙⲉⲩⲓ ⲁϥⲭⲁϥ ϧⲉⲛ ϯⲉⲕⲕⲗⲏⲥⲓⲁ ⲉⲩϩⲛⲏⲩ[8] ⲛⲟⲩⲟⲛ ⲛⲓⲃⲉⲛ ⲉⲑⲟⲩⲱϣ ⲉⲱⲛϧ ⲕⲁⲧⲁ ⲫϯ.

La vie des saints grecs, Maxime et Domèce, les fils de Valentin, le roi des Grecs, qui finirent leur vie, remplie de toute vertu, après avoir accompli tous les commandements des saints Évangiles, l'un d'eux, à savoir Maxime, se reposa le quatorzième jour du mois de Tôbi, et l'autre, à savoir Domèce, le dix-septième jour du même mois; elle a été racontée par Peschoi, l'homme de Constantinople et l'archidiacre qui habita Schiit près d'abba Macaire, l'homme de Dieu, et d'abba Isidore, qui se reposa étant diacre et l'on mit à sa place abba Moïse le Nègre. Et abba Peschoi a écrit la vie de ces deux saints pour en faire souvenir; il l'a placée dans l'église pour le profit de quiconque veut vivre selon Dieu.

---

1. Ce texte est pris du *Cod. Vat. copt.*, LXVII, fol. 34 r° à 58 v°. On lit à la première page : ⲥⲟⲩ ⲓ̅ⲍ̅ ⲛⲧⲱⲃⲓ, c'est-à-dire le dix-septième jour du mois de Tôbi. — 2. *Cod.* ⲛⲣⲱⲙⲉⲟⲥ. — 3. *Cod.* ⲛⲛⲓⲣⲱⲙⲉⲟⲥ. — 4. *Cod.* ⲉⲁϥϩⲓⲥⲧⲟⲣⲓⲛ. — 5. *Cod.* ⲕⲱⲥⲧⲁⲛⲧⲓⲛⲟⲩⲡⲟⲗⲓⲥ. — 6. *Cod.* ⲙⲁⲕⲁⲣⲓ. — 7. *Cod.* ⲉⲧⲉⲣ. — 8. *Cod.* ⲉⲩϩⲛⲟⲩ.

ⲁⲙⲱⲓⲛⲓ ⲧⲏⲣⲟⲩ ⲙ̄ⲫⲟⲟⲩ ⲱ ⲛⲁⲓⲟϯ ⲉⲑⲟⲩⲁⲃ ⲟⲩⲟϩ (-verso-) ⲛ̄ⲟⲉⲟⲫⲟⲣⲟⲥ ⲛ̄ⲧⲉⲧⲉⲛⲑⲱⲟⲩϯ ⲉⲣⲟⲓ ϧⲉⲛ ⲟⲩϯ ϩⲑⲏⲥ ⲛ̄ⲧⲁⲭⲱ ⲉⲣⲱⲧⲉⲛ ⲛ̄ⲛⲓⲁⲣⲉⲧⲏ ⲛⲉⲙ ⲛⲓϣⲫⲏⲣⲓ ⲛⲉⲙ ⲛⲓϫⲟⲙ ⲛ̄ⲧⲉ ⲛⲁⲓⲁⲅⲓⲟⲥ ⲛ̄ⲣⲱⲙⲁⲓⲟⲥ[1] ⲙⲁⲝⲓⲙⲟⲥ ⲛⲉⲙ ⲇⲟⲙⲉⲧⲓⲟⲥ ⲛⲉⲛϣⲏⲣⲓ ⲛ̄ⲟⲩⲁⲗⲉⲛⲧⲓⲛⲟⲥ ⲡⲓⲙⲁⲓ ⲛⲟⲩϯ ⲛ̄ⲟⲩⲣⲟ. ⲁⲥϣⲱⲡⲓ ⲇⲉ ϧⲉⲛ ⲡⲥⲏⲟⲩ ⲛⲁⲃⲃⲁ ⲙⲁⲕⲁⲣⲓⲟⲥ[2] ⲫⲏ ⲉⲑⲟⲩⲁⲃ ⲙ̄ⲡⲛⲁⲧⲟⲫⲟⲣⲟⲥ ⲡⲓⲣⲱⲙ ⲛ̄ⲧⲉ ⲫϯ ⲫⲁⲓ ⲉⲧⲁ ⲧⲁⲣⲭⲏ ⲛ̄ϣⲓⲏⲧ ϣⲱⲡⲓ ⲉⲃⲟⲗϩⲓⲧⲟⲧϥ ⲛ̄ⲑⲟϥ ⲅⲁⲣ ⲡⲉ ⲉⲧⲁϥⲉⲣ ϣⲟⲣⲡ ⲛ̄ⲧⲱϫⲓ ⲙ̄ⲡⲁⲛⲁϩ ⲁⲗⲟⲗⲓ ⲛ̄ⲧⲉ ⲡ̄ⲟ︦ⲥ︦ ⲥⲁⲃⲁⲱⲑ ⲉⲧⲉ ϣⲓⲏⲧ ⲡⲉ ϣⲁⲧⲉϥⲭⲱ ⲛ̄ϧⲏⲧϥ ⲙ̄ⲡⲕⲁⲣⲡⲟⲥ ⲛ̄ϯⲙⲉⲧⲁⲛⲟⲓⲁ ⲙ̄ⲙⲏⲓ ϩⲓⲧⲉⲛ ⲫϯ. ⲱ ⲡⲓⲧⲱⲟⲩ ⲉⲧⲥⲙⲁⲣⲱⲟⲩⲧ[3] ⲛ̄ⲧⲉ ϣⲓⲏⲧ ⲡⲓⲧⲱⲟⲩ ⲉⲧⲁ ⲫϯ ϣⲱⲡⲓ ϩⲓϫⲱϥ ⲛⲉⲙ ⲛⲉϥⲁⲅⲅⲉⲗⲟⲥ ⲱ ⲡⲓⲧⲱⲟⲩ ⲛ̄ⲣⲉϥⲭⲁ ⲛⲟⲃⲓ ⲉⲃⲟⲗ ⲱ ⲡⲓⲧⲱⲟⲩ ⲉⲧⲁϥⲉⲣⲉ ⲛⲓⲣⲉϥⲉⲣ ⲛⲟⲃⲓ ⲛⲁⲩ ⲉⲫϯ ⲱ ⲛⲉⲙ ⲡⲁⲓⲧⲱⲟⲩ ⲙ̄ⲡⲛⲁⲧⲓⲕⲟⲛ ⲫⲁⲓ ⲉⲧⲁϥⲉⲣⲉ ⲡⲁⲓⲏⲓ ⲧⲏⲣϥ ⲙⲟϩ ⲛ̄ⲥⲑⲟⲓ ⲛ̄ⲟⲩϭⲓ ϩⲓⲧⲉⲛ ⲛⲓⲉⲩⲭⲏ ⲛ̄ⲧⲉ ⲛⲓⲁⲅⲓⲟⲥ ⲉⲧϣⲟⲡ ⲛ̄ϧⲏⲧϥ ⲱ ⲛⲉⲙ ⲡⲁⲓⲧⲱⲟⲩ ⲉⲑⲟⲩⲁⲃ ⲛ̄ⲧⲉ ⲡⲓϩⲟⲥⲙ ⲫⲁⲓ ⲉⲧⲁϥϣⲱⲡⲓ ⲛ̄ⲟⲩϩⲟⲥⲙ ⲙ̄ⲡⲛⲁⲧⲓⲕⲟⲛ ⲉϥⲓⲱⲓ ⲉⲃⲟⲗ ⲛ̄ⲛⲓⲑⲱⲗⲉⲃ ⲛ̄ⲧⲉ ϯⲯⲩⲭⲏ. (-fol. 35-) ⲁⲓⲛⲁϣⲫⲏⲣⲓ ⲉⲑⲃⲉ ⲡⲓⲧⲁⲓⲟ ⲉⲧⲁϥⲧⲁϩⲟⲕ ⲛ̄ⲁϣ ⲛ̄ⲣⲏϯ ⲱ ⲡⲓⲧⲱⲟⲩ ⲉⲧⲧⲁⲓⲏⲟⲩⲧ ⲛ̄ⲧⲉ ⲡⲓϩⲙⲟⲩ ⲫⲁⲓ ⲉⲧⲁ ⲟⲩⲙⲏϣ ⲛ̄ϩⲙⲟⲩ ⲛ̄ⲧⲉ ⲡⲓⲕⲁϩⲓ ⲛ̄ⲗⲟⲅⲓⲕⲟⲛ ϥⲓⲣⲓ ⲉⲃⲟⲗ ⲛ̄ϧⲏⲧϥ ⲕⲁⲧⲁ ϯⲙⲉⲧⲙⲉⲑⲣⲉ ⲛ̄ⲧⲉ ⲡⲉⲛⲥⲱⲧⲏⲣ ⲛⲁⲓ ⲉⲧⲁⲩϫⲟⲕⲉⲣ ⲛⲛⲓ-

Venez tous aujourd'hui, ô mes pères saints et théophores, réunissez-vous à moi avec attention, afin que je vous dise les vertus, les miracles et les merveilles de ces saints grecs, Maxime et Domèce, les fils de Valentin (sic) le pieux roi. Cela arriva au temps de l'abbé Macaire, le saint pneumatophore, l'homme de Dieu, par qui fut commencée (l'œuvre de) Schiit, car c'est lui qui fut le premier cep de cette vigne du Seigneur Sabaoth, à savoir Schiit, afin qu'il y plaçât le fruit de la pénitence vraie selon Dieu. O montagne bénie de Schiit, montagne sur laquelle habitent Dieu et ses anges! O montagne qui remet les péchés! O montagne qui fait que les pécheurs voient Dieu! O montagne[4] spirituelle qui fait que toute cette maison est remplie de parfums par les prières des saints qui habitent en elle! O montagne sainte du natron qui est devenue un natron spirituel qui lave les souillures des âmes! Comment pourrai-je raconter la gloire qui t'est échue[5]? O montagne glorieuse du sel, d'où une multitude de sels de la terre logique sont sortis, selon le témoignage de Notre Sauveur, de ces (sels) qui sont le condiment des âmes devenues insipides dans

---

1. *Cod.* ⲡⲣⲱⲙⲉⲟⲥ. — 2. *Cod.* ⲙⲁⲕⲁⲣⲓ. — 3. *Cod.* ⲉⲧⲥⲙⲁⲣⲱⲟⲧ. — 4. Mot à mot : O cette montagne. — 5. Mot à mot : Qui t'a prise.

ⲯⲩⲭⲏ ⲉⲧⲁⲧⲗⲱϥ ϧⲉⲛ ⲙⲁⲛⲟⲙⲓⲁ. ⲱ ⲡⲓⲧⲱⲟⲩ ⲉⲑⲟⲩⲁⲃ ⲛⲧⲉ ϣⲓⲏⲧ ⲫⲙⲁ
ⲛⲟⲩⲱϯ ⲛⲧⲉ ⲛⲓⲁⲅⲅⲉⲗⲟⲥ ⲛⲉⲙ ⲛⲓⲣⲱⲙⲓ ⲉⲟⲩⲥⲟⲡ[1] ϫⲉ ϩⲓⲛⲁ ⲛⲧⲁϫⲟⲥ ϧⲉⲛ
ⲟⲩϣⲱⲧ ⲉⲃⲟⲗ ⲡⲓⲧⲱⲟⲩ ⲫⲁⲓ ⲉⲧⲁϥⲉⲣ ⲛⲓⲥⲓⲛⲱⲟⲩⲓ ⲛⲣⲉϥϩⲱⲗⲉⲙ ⲛⲉⲙ ⲛⲏ
ⲉⲧⲁⲩⲓⲣⲓ ⲛϧⲁⲛ ⲕⲉϩⲃⲏⲟⲩⲓ ⲉⲩⲥⲟⲛϩⲧ ⲉⲃⲟⲗ ϣⲱⲡⲓ ⲡⲣⲟⲫⲏⲧⲏⲥ ⲟⲩⲟϩ
ⲛⲣⲉϥⲥⲁϫⲓ ⲛⲉⲙ ⲫϯ ⲡⲓⲁⲙⲓⲟⲩⲣⲅⲟⲥ ⲧⲉⲣⲙⲏⲛⲓⲁ ⲅⲁⲣ ⲛϣⲓⲏⲧ ⲡⲉ ⲫⲙⲁ
ⲛⲟⲩⲱϯ ⲛⲛⲏ ⲉⲧⲕⲱϯ ⲛⲥⲁ ⲫϯ ϧⲉⲛ ⲡⲟⲩϩⲏⲧ ⲧⲏⲣϥ ⲛⲁⲓ ⲉⲧⲁ ⲫϯ ⲡⲓⲗⲟ
ⲅⲟⲥ ⲑⲟⲩⲱⲧ ⲙⲙⲱⲟⲩ ⲉϧⲟⲩⲛ ϧⲉⲛ ⲡⲓϥⲧⲟⲩ ⲗⲁⲕϩ ⲛⲧⲉ ⲡⲕⲁϩⲓ ϩⲓⲧⲉⲛ ϯⲥⲙⲏ
ⲉⲑⲟⲩⲁⲃ ⲛⲧⲉ ⲡⲓⲉⲩⲁⲅⲅⲉⲗⲓⲟⲛ[2] ⲫⲁⲓ ⲉⲧϫⲱ ⲙⲙⲟⲥ ϫⲉ ⲫⲏ ⲉⲑⲙⲉⲓ ⲙⲙⲟϥ
ⲙⲁⲣⲉϥϫⲟⲗϥ ⲉⲃⲟⲗ ⲟⲩⲟϩ ⲛⲧⲉϥⲱⲗⲓ ⲙⲡⲉϥⲥⲧⲁⲩⲣⲟⲥ[3] ⲛⲧⲉϥⲙⲟϣⲓ ⲛⲥⲱⲓ
ϧⲉⲛ ⲫⲁⲓ ⲅⲁⲣ ⲁϥⲭⲱ ⲛϧⲏⲧⲟⲩ ⲛⲛⲓⲙⲕⲁϩ ⲛⲧⲉ ⲡⲉϥⲥⲧⲁⲩⲣⲟⲥ[4] ⲉⲑⲟⲩⲁⲃ
ϩⲓⲧⲉⲛ ⲡⲉϥⲃⲱⲕ ⲁⲃⲃⲁ ⲙⲁⲕⲁⲣⲓⲟⲥ[5] (-verso-) ⲫⲁⲓ ⲉⲧⲟⲓ ⲛⲧⲩⲡⲟⲥ ⲛⲱⲟⲩ ϧⲉⲛ
ϩⲱⲃ ⲛⲓⲃⲉⲛ ϫⲉ ϩⲓⲛⲁ ϧⲉⲛ ϯϫⲟⲙ ⲛⲧⲉ ⲡⲓⲥⲧⲁⲩⲣⲟⲥ ⲉⲑⲟⲩⲁⲃ ⲛⲧⲟⲩϭⲟϫⲓ ⲛⲥⲁ
ϯϫⲟⲙ ⲧⲏⲣⲥ ⲛⲧⲉ ⲡⲓⲁⲛⲧⲓⲕⲉⲓⲙⲉⲛⲟⲥ[6] ⲉⲃⲟⲗϧⲉⲛ ⲡϣⲁϥⲉ. ϩⲓⲛⲁ ⲇⲉ ⲛⲧⲁϣ
ⲧⲉⲙⲱⲥⲕ ϧⲉⲛ ⲡⲁⲓⲥⲁϫⲓ ⲙⲡⲁⲓⲣⲏϯ ⲟⲩⲟϩ ⲛⲧⲁⲭⲱ ⲛⲥⲱⲓ ⲙⲡⲥⲁϫⲓ ⲛⲧⲉ
ϯϩⲩⲡⲟⲑⲉⲥⲓⲥ ⲉⲧⲁⲛⲭⲁⲥ ⲉϩⲣⲏⲓ ⲛϣⲟⲣⲡ ϯⲛⲁⲕⲟⲧⲧ ϩⲓϫⲉⲛ ⲡⲓⲡⲣⲟⲕⲉⲓⲙⲉ
ⲛⲟⲛ[7] ⲛⲧⲁⲥⲁϫⲓ ⲕⲁⲧⲁ ⲫⲏ ⲉⲧⲉ ⲡⲓⲡⲛⲁ ⲉⲑⲟⲩⲁⲃ ⲛⲁⲉⲣⲭⲩⲣⲟⲕⲉⲓⲛ[8] (sic)
ⲙⲙⲟϥ ⲛⲏⲓ.

les iniquités ! O montagne sainte de Schiit, le lieu de réunion des anges et des hommes à la fois, et pour tout dire en un mot, ô montagne qui as fait que les voleurs qui pillaient et ceux qui faisaient d'autres œuvres (mauvaises) sont devenus prophètes et ont pu parler avec Dieu le démiurge ! Car l'interprétation de Schiit, c'est le lieu de réunion de ceux qui cherchent Dieu de tout leur cœur, ceux que Dieu le Verbe a réunis des quatre coins de la terre par la voix sainte de l'Évangile saint qui dit : « Que celui qui s'aime se renie lui-même, qu'il prenne sa croix et marche après moi. » Car par cela il a placé en eux les souffrances de sa croix sainte par son serviteur abba Macaire, qui est un modèle pour eux en toute chose, afin que dans la force de la croix sainte ils poursuivent toute force de l'adversaire hors du désert. Mais afin de ne pas tarder dans un pareil discours et pour ne pas laisser derrière moi le discours sur le sujet que nous avons proposé d'abord, je me tournerai vers le sujet (de mon discours) et je parlerai selon ce que le Saint-Esprit m'annoncera.

---

1. *Cod.* ⲉⲩⲥⲟⲡ. — 2. *Cod.* ⲛⲓⲉⲩⲁⲅⲅⲉⲗⲓⲟⲛ, ce qui est incompatible avec ⲫⲁⲓ. — 3. *Cod.* ⲙⲡⲉϥϥ̄. — 4. *Cod.* ⲡⲉϥϥ̄. — 5. *Cod.* ⲙⲁⲕⲁⲣⲓ. — 6. *Cod.* ⲁⲛⲧⲓⲕⲓⲙⲉⲛⲟⲥ. — 7. *Cod.* ⲡⲓⲡⲣⲟⲕⲓⲙⲉⲛⲟⲛ. — 8. *Cod.* ⲛⲁⲉⲣⲭⲩⲣⲟⲕⲓⲛ.

ⲉⲡⲓⲇⲏ ⲁⲥϣⲁⲛϣⲱⲡⲓ ⲛⲧⲁⲓⲥⲱⲧⲉⲙ ⲉⲁⲃⲃⲁ ⲙⲁⲕⲁⲣⲓⲟⲥ[1] ⲡⲓⲣⲱⲙⲓ ⲛⲧⲉ ϕϯ ⲉϥⲥⲁϫⲓ ⲛⲉⲙ ⲛⲓϧⲉⲗⲗⲟⲓ ⲛⲉϣⲁϥϫⲟⲥ ⲛⲱⲟⲩ ϫⲉ ⲁⲙⲱⲓⲛⲓ ⲛⲧⲉⲧⲉⲛⲛⲁⲩ ⲉⲡⲓⲙⲁⲣⲧⲩⲣⲓⲟⲛ[2] ⲛⲧⲉ ⲛⲓⲕⲟⲩϫⲓ ⲛϣⲉⲙⲙⲱⲟⲩ ⲡϩⲱⲃ ϩⲓ ⲁⲛⲁⲅⲕⲏ ⲉⲣⲟⲓ ϧⲉⲛ ⲟⲩⲭⲟϩ ⲛⲧⲉ ϕϯ ⲛⲧⲁⲟⲩⲱⲛϩ ⲉⲃⲟⲗ ⲛⲧⲙⲉⲧϫⲱⲣⲓ ⲛⲛⲁⲓⲁⲅⲓⲟⲥ ⲛⲉⲙ ⲧⲟⲩⲡⲟⲗⲓⲧⲉⲓⲁ[3] ⲉⲑⲛⲁⲛⲉⲥ. ⲁⲥϣⲱⲡⲓ ⲇⲉ ⲉϥⲟⲓ ⲛⲟⲩⲣⲟ ⲛϫⲉ ⲟⲩⲁⲗⲉⲛⲧⲓⲛⲟⲥ ⲡϣⲏⲣⲓ ⲙⲡⲓϣⲁⲙϣⲉ ⲛⲟⲩϯ ⲛⲟⲩⲣⲟ ⲓⲟⲩⲃⲓⲁⲛⲟⲥ ⲫⲁⲓ ⲉⲧⲁϥϣⲟⲣϣⲉⲣ ⲛⲛⲓⲉⲣⲫⲏⲟⲩⲓ ⲧⲏⲣⲟⲩ ⲛⲧⲉ ⲛⲓϣⲁⲙϣⲉ ⲉⲓⲇⲱⲗⲟⲛ[4] ⲉⲧⲥⲟϥ ⲁϥⲫⲱⲣⲕ ⲙⲡⲥⲱϫⲡ ⲛⲛⲟⲩⲥⲉⲛϯ ⲛⲉ ⲟⲩⲟⲛ ⲟⲩⲛⲓϣϯ ⲛϩⲓⲣⲏⲛⲏ[5] ϣⲟⲡ (-fol. 36-) ⲡⲉ ϧⲉⲛ ⲛⲉⲕⲕⲗⲏⲥⲓⲁ ⲛⲧⲉ ϕϯ ⲉⲧϣⲟⲡ ϧⲉⲛ ϯⲟⲓⲕⲟⲩⲙⲉⲛⲏ ϩⲱⲥⲧⲉ ⲛⲧⲟⲩⲙⲟⲩϯ ⲉⲣⲟϥ ⲛⲑⲟϥ ⲟⲩⲁⲗⲉⲛⲧⲓⲛⲟⲥ ϫⲉ ⲕⲱⲛⲥⲧⲁⲛⲧⲓⲛⲟⲥ[6] ⲛⲃⲉⲣⲓ ⲗⲟⲓⲡⲟⲛ ⲁϥⲉⲛ ⲛⲉϥϣⲏⲣⲓ ⲉⲡϣⲱⲓ ⲕⲁⲗⲱⲥ ⲙⲁⲝⲓⲙⲟⲥ ⲛⲉⲙ ⲇⲟⲙⲉⲧⲓⲟⲥ ⲛⲉⲙ ⲧⲟⲩⲕⲟⲩϫⲓ ⲛⲥⲱⲛⲓ ϧⲉⲛ ⲙⲉⲧϣⲁⲙϣⲉ ⲛⲟⲩϯ ⲛⲓⲃⲉⲛ ⲛⲉⲙ ϯⲥⲃⲱ ⲉⲑⲛⲁⲛⲉⲥ ϧⲉⲛ ϩⲁⲛ ⲯⲁⲗⲙⲟⲥ ⲛⲉⲙ ϩⲁⲛ ⲛⲏⲥⲧⲉⲓⲁ[7] ⲛⲉⲙ ϩⲁⲛ ϣⲗⲏⲗ ⲛⲭⲱⲣϩ ⲛⲉⲙ ⲙⲉⲣⲓ ⲛⲉⲙ ϩⲁⲛ ⲙⲉⲗⲉⲧⲏ ⲉⲩⲙⲏⲛ ⲉⲃⲟⲗ ϩⲱⲥⲧⲉ[8] ⲛⲧⲉ ⲡⲓⲡⲁⲗⲁⲧⲓⲟⲛ[9] ⲉⲣ ⲙⲫⲣⲏϯ ⲛⲟⲩⲙⲟⲛⲁⲥⲧⲏⲣⲓⲟⲛ ⲙⲙⲟⲛⲁⲭⲟⲥ ϧⲉⲛ ⲛⲉϥⲉϩⲟⲟⲩ ⲟⲩⲟϩ ⲛⲁϥⲉⲣⲙⲙⲱⲟⲩ ⲡⲉ ⲉⲉⲣⲁⲥⲕⲓⲛ[10] ⲧⲏⲣⲟⲩ ⲓⲥϫⲉⲛ ⲡⲟⲩⲕⲟⲩϫⲓ ϣⲁ ⲡⲟⲩⲛⲓϣϯ ⲙⲫⲣⲏϯ ⲛϩⲁⲛ ⲥⲱⲧⲡ ⲙⲙⲟⲛⲁⲭⲟⲥ ⲉⲥⲭⲉⲇⲟⲛ ⲛⲧⲟⲩⲙⲟⲩϯ ⲉⲛⲁⲓⲁⲅⲓⲟⲥ ϩⲓⲧⲉⲛ ⲟⲩⲟⲛ ⲛⲓⲃⲉⲛ ⲓⲥϫⲉⲛ ⲉⲩⲟⲓ ⲛⲕⲟⲩϫⲓ ϫⲉ

En effet, s'il est arrivé que j'ai entendu abba Macaire, l'homme de Dieu, parler avec d'autres vieillards, et il leur disait : « Venez que nous voyions le *martyrium* des petits étrangers », il est nécessaire[11] que, dans une émulation divine, je vous dévoile le courage de ces saints et leur bon régime de vie. Il arriva donc, sous le règne de Valentin, le fils du pieux roi Jovien, qui détruisit tous les temples des idoles impures et qui arracha ce qui restait de leurs murailles, il y avait une grande paix dans les églises de Dieu sur la terre, de sorte qu'on appelait Valentin le nouveau Constantin. Du reste, il éleva bellement ses fils Maxime et Domèce, ainsi que leur petite sœur, en toute piété et bonne instruction, en des psaumes, des jeûnes, des prières, la nuit et au milieu du jour, en des méditations continuelles, de sorte que le palais, en ses jours, était comme un monastère de moines, et il leur faisait faire à tous[12] des ascèses, depuis le plus petit jusqu'au plus grand, comme à des moines élus, presque jusqu'au point que ces saints étaient nommés par cha-

---

1. *Cod.* ⲙⲁⲕⲁⲣⲓ. — 2. *Cod.* ⲡⲓⲙⲁⲣⲧⲏⲣⲓⲟⲛ. — 3. *Cod.* ⲧⲟⲩⲡⲟⲗⲓⲧⲓⲁ. — 4. *Cod.* ϣⲁⲙϣⲉ ⲓⲍⲱⲗⲟⲛ. — 5. *Cod.* ϩⲓⲣⲏⲛⲏ. — 6. *Cod.* ⲕⲱⲥⲧⲁⲛⲧⲓⲛⲟⲥ. — 7. *Cod.* ⲛⲏⲥⲧⲓⲁ. — 8. *Cod.* ϩⲱⲥⲇⲉ. — 9. *Cod.* ⲡⲓⲡⲁⲗⲗⲁⲧⲓⲟⲛ. — 10. *Cod.* ⲉⲉⲣⲁⲥⲕⲓⲛ. — 11. Mot à mot : L'œuvre jette nécessité sur moi. — 12. C'est-à-dire : Des pratiques ascétiques.

ⲛⲓⲃⲉⲗⲗⲟⲓ ⲥⲟⲃⲉ ⲛⲟⲩⲣ̄ⲏⲛⲟⲩⲓ ⲉⲑⲛⲁⲛⲉⲩ ⲛⲉⲙ ⲡⲟⲩⲥⲙⲟⲧ ⲛ̄ⲉⲩⲗⲁⲃⲏⲥ ⲛⲟⲩϯ. ⲗⲟⲓⲡⲟⲛ ϧⲉⲛ ⲡⲭⲓ ⲛ̄ⲑⲣⲉ ⲛⲁⲓⲙⲁⲕⲁⲣⲓⲟⲥ ⲙⲁⲝⲓⲙⲟⲥ ⲛⲉⲙ ⲇⲟⲙⲉⲧⲓⲟⲥ ⲁⲓⲁⲓ ⲟⲩⲟϩ ⲛ̄ⲧⲟⲩϭⲓ ⲡⲣⲟⲕⲟⲡⲏ ϧⲉⲛ ⲛⲓϩⲃⲏⲟⲩⲓ ⲉⲑⲛⲁⲛⲉⲩ ⲕⲁⲧⲁ ⲫϯ ⲁⲩⲕⲱϯ ⲛ̄ⲥⲁ ⲫⲃⲓⲟⲥ ⲛ̄ⲛⲓⲁⲅⲅⲉⲗⲟⲥ ⲉⲧⲉ ϯⲙⲉⲧⲙⲟⲛⲁⲭⲟⲥ ⲧⲉ (-verso-) ⲟⲩⲟϩ ⲛⲁⲩⲥⲟϭⲛⲓ ⲡⲉ ⲛⲉⲙ ⲛⲟⲩⲉⲣⲏⲟⲩ ⲉⲩϫⲱ ⲙⲙⲟⲥ ϫⲉ ⲁⲛⲛⲁϣⲫⲱⲧ¹ ⲛⲁϣ ⲛ̄ⲣⲏϯ ⲛ̄ⲧⲉⲛⲉⲣ ⲙⲟⲛⲁⲭⲟⲥ. ⲟⲩⲟϩ ⲡⲉϫⲉ ⲡⲓⲕⲟⲩϫⲓ ⲙ̄ⲡⲓⲛⲓϣϯ ϫⲉ ⲙⲁⲣⲉⲛϫⲉⲙ ⲗⲱⲓϫⲓ ⲙ̄ⲡⲉⲛⲓⲱⲧ ⲟⲩⲟϩ ⲛ̄ⲧⲉⲛϫⲟⲥ ⲛⲁϥ ϫⲉ ⲁⲛⲛⲁϩⲱⲗ ⲉⲛⲓⲕⲁⲓⲁ² ⲛ̄ⲧⲉⲛϣⲗⲏⲗ ϧⲉⲛ ⲡⲧⲟⲡⲟⲥ ⲛ̄ⲛⲉⲛⲓⲟϯ ⲉⲑⲟⲩⲁⲃ ⲛ̄ⲉⲡⲓⲥⲕⲟⲡⲟⲥ ⲟⲩⲟϩ ⲁϥϣⲁⲛⲭⲁⲛ ⲉⲃⲟⲗ ⲡⲓⲙⲁ ϫⲉ ⲉⲧⲉⲛⲟⲩⲁϣϥ ⲧⲉⲛⲛⲁϩⲱⲗ ⲉⲣⲟϥ. ⲉⲧⲁⲩⲥⲟϭⲛⲓ ⲇⲉ ⲉⲡⲟⲩⲓⲱⲧ ⲁϥⲭⲁⲓⲧⲟⲩ ⲛ̄ⲣⲉⲙϩⲉ. ⲛⲉ ⲟⲩⲟⲛ ⲟⲩⲡⲣⲉⲥⲃⲩⲧⲉⲣⲟⲥ ⲇⲉ ⲉϥϣⲟⲡ ϧⲉⲛ ⲡⲧⲟⲡⲟⲥ ⲙ̄ⲡⲓⲏⲓ ⲛ̄ⲉⲡⲓⲥⲕⲟⲡⲟⲥ ⲉⲡⲉϥⲣⲁⲛ ⲡⲉ ⲓⲱⲁⲛⲛⲏⲥ ⲉⲟⲩⲙⲟⲛⲁⲭⲟⲥ ⲡⲉ ⲟⲩⲟϩ ⲫⲁⲓ ⲛⲁⲣⲉ ⲛⲓⲟⲩⲣⲱⲟⲩ ⲥⲟϭⲛⲓ ⲉⲣⲟϥ ⲡⲉ ⲛⲟⲩⲙⲏϣ ⲛ̄ⲥⲟⲡ ⲛⲉⲙ ⲛⲓⲉⲡⲓⲥⲕⲟⲡⲟⲥ ⲛ̄ⲧⲉ ⲡⲓⲙⲁ ⲉⲧⲉⲙⲙⲁⲩ. ⲉⲧⲁⲩϫⲓⲙⲓ ⲟⲩⲛ ⲛ̄ⲟⲩⲉϩⲟⲟⲩ ⲉϥⲟϣⲛ ⲛ̄ϫⲉ ⲛⲁⲓⲙⲁⲕⲁⲣⲓⲟⲥ ⲁⲩϯ ϩⲓⲱⲧⲟⲩ ⲛ̄ϩⲁⲛ ϩⲃⲱⲥ ⲉⲛⲁⲛⲉⲩ ⲟⲩⲟϩ ⲁⲩⲁⲗⲏⲓ ⲉⲛⲟⲩⲉϩⲑⲱⲣ ⲁⲩⲓ ⲉⲃⲟⲗ ϫⲉ ⲁⲩⲛⲁϣⲉ ⲛⲱⲟⲩ ⲉⲛⲓⲕⲁⲓⲁ³ ⲉϣⲗⲏⲗ ϧⲉⲛ ⲡⲧⲟⲡⲟⲥ ⲛ̄ⲛⲉⲛⲓⲟϯ ⲉⲑⲟⲩⲁⲃ ⲛ̄ⲉⲡⲓⲥⲕⲟⲡⲟⲥ. ⲉⲧⲁⲩϣⲉ ⲇⲉ ⲛⲱⲟⲩ ⲉⲛⲓⲕⲁⲓⲁ⁴ ⲁⲩϫⲓⲙⲓ ⲙ̄ⲡⲓⲡⲣⲉⲥⲃⲩⲧⲉⲣⲟⲥ ⲉⲑⲟⲩⲁⲃ ⲓⲱⲁⲛⲛⲏⲥ ⲫⲏ ⲉⲧⲁⲛⲉⲣ ϣⲟⲣⲡ ⲛ̄-(-fol. 37-)ⲫⲓⲣⲓ

cun, dès leur enfance, des vieillards, à cause de leurs bonnes œuvres et de leurs formes pieuses. Du reste, quand ces bienheureux Maxime et Domèce eurent grandi et se furent avancés dans les bonnes œuvres selon Dieu, ils recherchèrent la vie des anges, c'est-à-dire celle des moines, et ils tinrent conseil l'un avec l'autre, disant : « Comment pourrons-nous fuir, afin de nous faire moines? » — Et le petit dit au grand : « Prenons prétexte pour notre père et disons-lui que nous irons à Nicée prier dans le lieu de nos saints pères les évêques, et s'il nous donne la permission, le lieu où nous voulons aller, nous nous y rendrons. » Lorsqu'ils eurent fait part de leur dessein à leur père, il les laissa libres. Il y avait un prêtre habitant l'endroit des trois cent dix-huit évêques, dont le nom était Jean : c'était un moine. Les rois venaient une foule de fois prendre conseil de lui, ainsi que les évêques de cet endroit. Lors donc que ces bienheureux eurent trouvé un jour désigné⁵, ils se revêtirent de bons vêtements et ils montèrent sur leurs chevaux : ils sortirent comme s'ils allaient à Nicée pour prier dans le lieu de nos saints pères les évêques. Lors-

---

1. A la marge se trouve le signe de l'interrogation ⲋ. — 2. *Cod.* ⲉⲛⲓⲕⲉⲁ. — 3. *Cod.* ⲉⲛⲓⲕⲉⲁ. — 4. *Cod.* ⲉⲛⲓⲕⲉⲁ. — 5. C'est-à-dire : Désigné pour une fête et convenable au pèlerinage.

ⲉⲣⲟϥ ⲟⲩⲟϩ ⲁϥϣⲟⲡⲟⲩ ⲉⲣⲟϥ ϧⲉⲛ ⲟⲩⲙⲉⲧⲣⲉⲙⲣⲁⲩϣ ⲛⲉⲙ ⲟⲩⲧⲁⲓⲟ ⲟⲩⲟϩ
ⲁⲩⲧⲁⲙⲟϥ ⲉⲡⲓⲣⲏϯ ⲉⲧⲟⲩⲟⲩⲱϣ ⲉⲉⲣ ⲙⲟⲛⲁⲭⲟⲥ. ⲛ̄ⲑⲟϥ ⲇⲉ ϩⲓⲧⲉⲛ ⲡⲓϩⲙⲟⲧ
ⲛ̄ⲧⲉ ⲫϯ ⲛⲁϥⲉⲣⲇⲟⲕⲓⲙⲁⲍⲓⲛ[1] ⲙ̄ⲡⲟⲩⲙⲉⲩⲓ ⲡⲉ ϩⲓⲛⲁ ⲛ̄ⲧⲉϥⲉⲙⲓ ⲁⲕⲣⲓⲃⲱⲥ[2]
ⲉⲛⲟⲩⲙⲉⲩⲓ ⲙ̄ⲡⲁⲧⲉϥϫⲉ ϩⲗⲓ ⲛ̄ⲥⲁϫⲓ ⲛⲱⲟⲩ ϩⲟⲧⲉ ⲇⲉ ⲉⲧⲁϥⲛⲁⲩ ⲉⲧⲟⲩⲡⲣⲟ-
ϩⲁⲓⲣⲉⲥⲓⲥ[3] ⲉⲥⲥⲟⲩⲧⲱⲛ ⲉϧⲟⲩⲛ ⲉⲫϯ ⲁϥⲣⲁϣⲓ ⲉⲙⲁϣⲱ ⲟⲩⲟϩ ⲁϥϯ ⲛⲟⲙϯ
ⲛⲱⲟⲩ. ⲛ̄ⲑⲱⲟⲩ ⲇⲉ ⲛⲁⲩϯ ϩⲟ ⲉⲣⲟϥ ⲡⲉ ϩⲓⲛⲁ ⲛ̄ⲧⲟⲩϣⲱⲡⲓ ϧⲁⲧⲟⲧϥ ⲛ̄ⲑⲟϥ
ⲇⲉ ⲙ̄ⲡⲉϥⲉⲣⲁⲛⲉⲭⲉⲥⲑⲁⲓ[4] ⲛⲱⲟⲩ ⲉϥϫⲱ ⲙ̄ⲙⲟⲥ ϫⲉ ϯⲉⲣ ϩⲟϯ ϧⲁ ⲧϩⲏ
ⲙ̄ⲡⲉⲧⲉⲛⲓⲱⲧ ⲡⲟⲩⲣⲟ ϯⲛⲁϣⲉⲣ ⲡⲁⲓϩⲱⲃ ⲫⲁⲓ ⲁⲛ ⲁⲗⲗⲁ ⲓⲥϫⲉ ⲧⲉⲧⲉⲛⲟⲩⲱϣ
ⲉⲉⲣ ⲙⲟⲛⲁⲭⲟⲥ ⲧⲱⲟⲩⲛ ⲛ̄ⲧⲉⲧⲉⲛϣⲉ ⲛⲱⲧⲉⲛ ⲉϯⲥⲩⲣⲓⲁ ⲁⲓⲥⲱⲧⲉⲙ ⲉⲑⲃⲉ ⲟⲩⲁⲛⲁⲭⲱⲣⲓⲧⲏⲥ[5] ⲛ̄ⲧⲉ ⲡⲓⲙⲁ ⲉⲧⲉⲙⲙⲁⲩ ⲉϥϣⲟⲡ ϧⲉⲛ ⲟⲩⲡⲉⲧⲣⲁ ϩⲓϫⲉⲛ ⲫⲓⲟⲙ
ⲟⲩⲟϩ ⲫⲁⲓ ⲁ ⲡⲉϥⲥⲱⲓⲧ ⲙⲁϩ ϯⲥⲩⲣⲓⲁ ⲧⲏⲣⲥ ⲛⲉⲙ ϯⲡⲁⲗⲉⲥⲧⲓⲛⲏ[6] ⲉⲡⲉϥⲣⲁⲛ
ⲡⲉ ⲁⲅⲁⲃⲟⲥ ⲉⲟⲩⲣⲉⲙ ⲧⲁⲣⲥⲟⲥ ⲡⲉ ⲛ̄ⲧⲉ ϯⲕⲓⲗⲓⲕⲓⲁ[7]. ⲫⲁⲓ ⲇⲉ ⲛⲁϥⲟⲛⲓ ⲙ̄ⲡⲁⲩ-
ⲗⲟⲥ ϧⲉⲛ ⲡⲉϥⲛⲁϩϯ ⲛⲉⲙ ⲛⲉϥϩⲃⲏⲟⲩⲓ. ⲓⲥϫⲉ ⲟⲩⲛ ⲡⲓϩⲱⲃ ⲣⲁ ⲛⲱⲧⲉⲛ
ⲙⲁϣⲉ ⲛⲱⲧⲉⲛ ⲉⲡⲉϥⲙⲁ. (-verso-) ⲉⲧⲁⲩⲥⲱⲧⲉⲙ ⲇⲉ ⲁⲩⲣⲁϣⲓ ⲉⲙⲁϣⲱ
ⲟⲩⲟϩ ϧⲉⲛ ⲫⲁⲓ ⲁϥϣⲗⲏⲗ ⲉϫⲱⲟⲩ ⲁϥⲧⲫⲱⲟⲩ ⲉⲃⲟⲗ ϧⲉⲛ ⲟⲩϩⲓⲣⲏⲛⲏ[8].

ⲛ̄ⲑⲱⲟⲩ ⲇⲉ ⲁⲩϣⲉ ⲛⲱⲟⲩ ⲉⲃⲟⲗϩⲓⲧⲟⲧϥ ϧⲉⲛ ⲛⲟⲩⲛⲓϣϯ ⲛ̄ⲣⲁϣⲓ ⲟⲩⲟϩ

qu'ils furent arrivés à Nicée, ils trouvèrent le saint prêtre Jean dont il vient d'être question, et il les reçut à lui avec soin et honneur. Ils lui apprirent la manière dont ils désiraient se faire moines. Mais lui, par la grâce de Dieu, il éprouvait leur pensée, afin de savoir exactement leurs idées, avant de dire quelque parole que ce fût. Mais lorsqu'il vit la droiture de leur choix [9] en Dieu, il se réjouit grandement et les encouragea. Mais eux, ils le prièrent afin qu'ils demeurassent près de lui; quant à lui, il ne put le souffrir pour eux, disant : « Je crains devant votre père le roi, je ne puis pas faire cela; mais puisque vous désirez vous faire moines, levez-vous, allez en Syrie : j'ai entendu parler d'un anachorète de ce lieu-là qui habite dans un rocher sur la mer, et celui-là, sa renommée a rempli toute la Syrie avec la Palestine : il se nomme Agabos et c'est un homme de Tarse en Cilicie. Il ressemble à Paul par sa foi et ses œuvres. Si donc la chose vous plaît, allez en son endroit. » — Lorsqu'ils eurent entendu, ils se réjouirent grandement, et alors il pria sur eux, il les congédia en paix.

Pour eux, ils s'éloignèrent de lui dans une grande joie et n'entreprirent

1. *Cod.* ⲛ̄ⲧⲁϥⲉⲣⲇⲟⲕⲓⲙⲁⲍⲓⲛ. — 2. *Cod.* ⲁⲕⲣⲓⲃⲟⲥ. — 3. *Cod.* ⲛ̄ⲧⲟⲩⲡⲣⲟϩⲉⲣⲉⲥⲓⲥ. — 4. *Cod.* ⲙ̄ⲡⲉϥⲉⲣⲁⲛⲉⲭⲉⲥⲑⲉ. — 5. *Cod.* ⲟⲩⲁⲛⲁⲭⲱⲣⲓⲧⲏⲥ. — 6. *Cod.* ϯⲡⲁⲗⲉⲥⲧⲓⲛⲏ. — 7. *Cod.* ⲕⲩⲗⲓⲕⲓⲁ. — 8. *Cod.* ⲟⲩϩⲓⲣⲓⲛⲏ. — 9. Mot à mot : Leur choix droit en Dieu.

ⲙⲡⲟⲩⲧⲁϩ ⲧⲟⲧⲟⲩ¹ ⲉϣϫⲉ ⲉⲧⲟⲩⲡⲟⲗⲓⲥ ⲉⲛⲁⲩ ⲉⲛⲟⲩⲓⲟϯ ⲁⲗⲗⲁ ⲁⲩϣⲉ ⲉϥ-
ⲥⲧⲣⲓⲁ ϧⲉⲛ ⲟⲩⲥⲱⲟⲩⲧⲉⲛ ⲉⲧⲁⲩϣⲓⲛⲓ ⲇⲉ ⲛⲥⲁ ⲡⲉⲑⲟⲩⲁⲃ ⲁⲅⲁⲃⲟⲥ ⲁⲩⲧⲁⲙⲱⲟⲩ
ⲉⲡⲉϥⲙⲁ ⲟⲩⲟϩ ⲉⲧⲁⲩⲉⲣⲁⲡⲁⲛⲧⲁⲛ ⲉⲣⲟϥ ⲁϥϣⲟⲡⲟⲩ ⲉⲣⲟϥ ϧⲉⲛ ⲟⲩⲛⲓϣϯ
ⲛⲣⲁϣⲓ ⲛⲱⲟⲩ ⲇⲉ ⲁⲩⲧⲁⲙⲟϥ ⲉϩⲱⲃ ⲛⲓⲃⲉⲛ. ⲡⲓϧⲉⲗⲗⲟ ⲟⲩⲛ ⲛⲑⲉⲟⲫⲟⲣⲟⲥ
ⲉⲧⲉⲙⲙⲁⲩ ⲉⲧⲁϥⲛⲁⲩ ⲉⲧⲟⲩⲁⲅⲁⲡⲏ ⲉϧⲟⲩⲛ ⲉⲫϯ ⲥⲁⲧⲟⲧϥ ⲁϥϯ ⲉϫⲱⲟⲩ
ⲙⲡⲓⲥⲭⲏⲙⲁ ⲉⲑⲟⲩⲁⲃ ⲛⲧⲉ ⲛⲓⲙⲟⲛⲁⲭⲟⲥ ⲛⲧⲉ ϯⲥⲧⲣⲓⲁ. ⲛⲓⲙⲟⲛⲁⲭⲟⲥ ⲅⲁⲣ
ⲛⲧⲉ ⲡⲓⲙⲁ ⲉⲧⲉⲙⲙⲁⲩ ⲥⲉⲉⲣⲫⲟⲣⲉⲓⲛ² ⲁⲛ ⲙⲙⲁⲣϭⲛⲁϩ ⲟⲩⲇⲉ ϧⲱⲕ ⲁⲗⲗⲁ
ⲟⲩϩⲉⲃⲥⲱ ⲛⲭⲁⲙⲉ ⲡⲉ ⲉⲧⲟⲩⲉⲣⲫⲟⲣⲉⲓⲛ³ ⲙⲙⲟⲥ ⲫⲁⲓ ⲅⲁⲣ ⲡⲉ ⲡⲥⲭⲏⲙⲁ
ⲛⲛⲁ ϯⲥⲧⲣⲓⲁ ⲡⲉ. ⲗⲟⲓⲡⲟⲛ ϯⲧⲁⲙⲟ ⲙⲙⲱⲧⲉⲛ ⲕⲁⲧⲁ ⲫⲣⲏϯ ⲉⲧⲁⲩϫⲟⲥ ⲛⲏⲓ
ⲛⲱⲟⲩ ⲛⲁⲓⲁⲅⲓⲟⲥ ϫⲉ ϩⲟⲧⲉ ⲉⲧⲁϥⲛⲟⲩ ⲉⲉⲙⲧⲟⲛ ⲙⲙⲟϥ ⲛϫⲉ ⲡⲓϧⲉⲗⲗⲟ
ⲉⲑⲟⲩⲁⲃ ⲁⲅⲁⲃⲟⲥ (-fol. 38-) ⲁⲛϣⲉⲛϥ ⲇⲉ ϫⲉ ⲟⲩⲥⲁϫⲓ ⲛⲁⲛ ⲡⲉⲛⲓⲱⲧ ⲉⲑⲟⲩⲁⲃ ⲛⲧⲉⲛ ⲱⲛϧ ⲉⲣⲟϥ ⲙⲉⲛⲉⲛⲥⲱⲕ. ⲛⲑⲟϥ ⲇⲉ ⲡⲉϫⲁϥ ⲛⲁⲛ ϫⲉ ⲁⲛⲁⲩ ⲉⲣⲟⲓ
ϧⲉⲛ ⲡⲁⲓⲉϫⲱⲣϩ ⲉⲓⲟϩⲓ ⲉⲣⲁⲧ ϩⲓϫⲉⲛ ⲧⲁⲓⲡⲉⲧⲣⲁ ⲉⲧⲥⲁ ⲣⲏⲥ ⲙⲙⲟⲛ ϩⲱⲥ ⲉⲓ-
ⲛⲁⲩ ⲉⲟⲩⲙⲟⲛⲁⲭⲟⲥ ⲉϥⲟϩⲓ ⲉⲣⲁⲧϥ ⲙⲡⲁⲙⲑⲟ ⲉⲃⲟⲗ ⲉⲟⲩⲣⲱⲙⲓ ⲡⲉ ⲉϥϭⲟⲥⲓ
ⲉⲣⲉ ⲟⲩⲟⲛ ϩⲁⲛ ϩⲃⲱⲥ ⲧⲟⲓ ⲉϫⲱϥ ⲉⲩⲟⲓ ⲛϭⲓⲣϭⲓⲣ ⲛⲭⲁⲙⲉ ⲛⲉⲙ ⲟⲩⲕⲗⲁϥⲧ
ϩⲓϫⲉⲛ ⲧⲉϥⲁⲫⲉ ⲉⲣⲉ ⲟⲩⲟⲛ ϩⲁⲛ ⲥⲧⲁⲩⲣⲟⲥ ⲧⲟⲓ ⲉⲣⲟⲥ ⲉⲣⲉ ⲟⲩⲟⲛ ⲟⲩϣⲃⲱⲧ
ⲛⲃⲁⲓ ϧⲉⲛ ⲧⲉϥϫⲓϫ ⲛⲉⲙ ⲟⲩⲥⲧⲁⲩⲣⲟⲥ⁴. ϧⲉⲛ ⲡϫⲓ ⲛⲑⲣⲓⲛⲁⲩ ⲉⲣⲟϥ ⲁⲓⲉⲣ ϩⲟϯ

point de retourner à leur ville pour voir leurs parents, mais ils allèrent directement en Syrie. Lorsqu'ils se furent informés du saint Agabos, on leur enseigna son endroit, et, lorsqu'ils l'eurent abordé, il les reçut à lui avec une grande joie. Ils lui firent savoir toute chose, et ce vieillard donc pneumatophore, lorsqu'il vit leur amour pour Dieu, aussitôt il les revêtit de l'habit saint des moines de Syrie, car les moines de cet endroit ne portent pas de tunique avec manches ni de ceinture; mais ils portent un vêtement noir, car c'est là l'habit de ceux de la Syrie. Du reste, je vous apprends selon la manière que m'ont dite ces saints : « Lorsque le saint vieillard Agabos fut sur le point de se reposer, nous l'interrogeâmes, disant : Dis-nous une parole, notre père saint, afin que nous vivions en elle après toi. — Mais lui, il nous dit : Je me suis vu en cette nuit me tenant sur un rocher au midi de notre habitation⁵, comme si j'eusse aperçu un moine qui se tenait devant moi : c'était un homme de haute taille, revêtu de vêtements avec des rayures noires⁶, ayant sur sa tête une cuculle sur laquelle étaient des croix; il avait en ses mains un

---

1. *Cod.* ⲙⲡⲟⲩⲁϩ ⲧⲟⲧⲟⲩ. — 2. *Cod.* ⲥⲉⲥⲫⲟⲣⲓⲛ. — 3. *Cod.* ⲉⲧⲁⲩⲉⲣⲫⲟⲣⲓⲛ. — 4. *Cod.* ⲟⲩⲥ̄. — 5. Mot à mot : A notre midi. — 6. Mot à mot : D'arc-en-ciel noir. Le mot ϭⲓⲣϭⲓⲣ veut plutôt dire *rayure*, et non *iris* comme le veut Peyron.

VIE DES SAINTS MAXIME ET DOMÈCE

ⲛⲑⲟϥ ⲇⲉ ⲁϥϭⲱⲛⲧ ⲉⲣⲟⲓ ⲁϥⲉⲣⲁⲥⲡⲁⲍⲉⲥⲑⲁⲓ¹ ⲙⲙⲟⲓ ⲟⲩⲟϩ ⲡⲉϫⲁϥ ⲛⲏⲓ ϫⲉ ⲕⲥⲱⲟⲩⲛ ϫⲉ ⲁⲛⲟⲕ ⲛⲓⲙ. ⲡⲉϫⲏⲓ ⲛⲁϥ ϫⲉ ⲙⲙⲟⲛ ⲡⲁⲓⲱⲧ ⲉⲑⲟⲩⲁⲃ. ⲡⲉϫⲁϥ ⲛⲏⲓ ϫⲉ ⲁⲛⲟⲕ ⲡⲉ ⲙⲁⲕⲁⲣⲓⲟⲥ² ⲡⲓⲣⲉⲙ ⲛⲭⲏⲙⲓ ⲉⲧⲁⲓ ⲉⲑⲣⲉⲙ ⲛⲉⲕϣⲏⲣⲓ ⲛⲧⲁⲟⲗⲟⲩ ϩⲁⲣⲟⲓ ⲉϣⲣⲏⲓ ⲉⲭⲏⲙⲓ. ⲡⲉϫⲏⲓ ⲛⲁϥ ϫⲉ ⲭⲛⲁⲟⲗⲧ ⲛⲉⲙⲱⲟⲩ ⲁⲛ ⲁⲛⲟⲕ ⲡⲁⲓⲱⲧ. ⲡⲉϫⲁϥ ⲛⲏⲓ ϫⲉ ⲙⲙⲟⲛ ⲁⲗⲗⲁ ϯⲧⲁⲙⲟ ⲙⲙⲟⲕ ϫⲉ ⲙⲉⲛⲉⲛⲥⲁ ⲅ̄ ⲛⲉϩⲟⲟⲩ ⲭⲛⲁⲙⲧⲟⲛ ⲙⲙⲟⲕ ⲟⲩⲟϩ ⲛⲧⲉⲕϣⲉ ⲛⲁⲕ ϩⲁ ⲡⲟⲥ ⲟⲩⲟϩ ⲡⲟⲩⲣⲟ ⲛⲁⲟⲩⲱⲣⲡ ⲛⲥⲁ ⲛⲉϥ- (-verso-) ϣⲏⲣⲓ ϫⲉ ⲛⲧⲉϥⲟⲗⲟⲩ ⲉⲕⲱⲛⲥⲧⲁⲛⲧⲓⲛⲟⲩⲡⲟⲗⲓⲥ³ ⲗⲟⲓⲡⲟⲛ ⲁⲛⲁⲩ ϩⲟⲛϩⲉⲛ ⲉⲧⲟⲧⲟⲩ ϩⲓⲛⲁ ⲛⲧⲁⲓ ⲉϣⲣⲏⲓ ⲉⲭⲏⲙⲓ ⲛⲧⲁⲩϣⲱⲡⲓ ϧⲁⲧⲟⲧ ϫⲉ ⲫϯ ⲡⲉ ⲉⲧⲁϥⲑⲁⲙⲓⲟⲩ ⲛⲏⲓ ⲉϩⲁⲛ ϣⲏⲣⲓ. ⲓⲥ ϩⲏⲡⲡⲉ ⲟⲩⲛ ⲁⲓϫⲟⲥ ⲛⲁⲕ. ⲟⲩⲟϩ ⲛⲁⲓ ⲉⲧⲁϥ ϫⲟⲧⲟⲩ ⲛⲏⲓ ⲁϥⲉⲣ ⲁⲑⲟⲩⲱⲛϩ ⲉⲃⲟⲗ ϩⲁⲣⲟⲓ. ϯⲛⲟⲩ ⲇⲉ ⲛⲁϣⲏⲣⲓ ϯⲧⲁⲙⲟ ⲙⲙⲱⲧⲉⲛ ϫⲉ ⲓⲥ ⲟⲩⲙⲏϣ ⲛⲉϩⲟⲟⲩ ϯⲥⲱⲧⲉⲙ ⲉⲡϣⲉⲙⲟⲩϥⲓ ⲙⲡⲓⲣⲱⲙⲓ ⲉⲧⲉⲙⲙⲁⲩ ⲁⲃⲃⲁ ⲙⲁⲕⲁⲣⲓⲟⲥ¹ ⲟⲩⲟϩ ϧⲉⲛ ⲫⲁⲓ ϯϫⲱ ⲙⲙⲟⲥ ⲛⲱⲧⲉⲛ ϫⲉ ⲉϣⲱⲡ ⲛⲧⲉ ⲡⲟⲩⲣⲟ ⲉⲙⲓ ⲉⲣⲱⲧⲉⲛ ϥⲛⲁⲭⲁ ⲑⲏⲛⲟⲩ ⲙⲡⲁⲓⲙⲁ ⲁⲛ ⲗⲟⲓⲡⲟⲛ ⲙⲉⲛⲉⲛⲥⲁ ⲡϫⲱⲕ ⲉⲃⲟⲗ ⲙⲡⲁⲃⲓⲟⲥ ⲙⲁϣⲉ ⲛⲱⲧⲉⲛ ⲉϣⲣⲏⲓ ⲉⲭⲏⲙⲓ ϣⲱⲡⲓ ⲛⲱⲧⲉⲛ ϧⲁⲧⲉⲛ ⲡⲉⲑⲟⲩⲁⲃ ⲁⲃⲃⲁ ⲙⲁⲕⲁⲣⲓⲟⲥ⁵ ϣⲁⲧⲉ ⲡⲟⲥ ϫⲉⲙ ⲡⲉⲧⲉⲛϣⲓⲛⲓ. ⲛⲁⲓ ⲇⲉ ⲉⲧⲁϥϫⲟⲧⲟⲩ ⲛⲱⲟⲩ ⲛϫⲉ ⲡⲓϧⲉⲗⲗⲟ ⲁⲅⲁⲃⲟⲥ ⲁϥⲙⲧⲟⲛ ⲙⲙⲟϥ ϧⲉⲛ ⲟⲩϩⲓⲣⲏⲛⲏ⁶ ⲛⲉ ⲁⲩⲉⲣ ⲥ̄ ⲅⲁⲣ ⲛⲣⲟⲙⲡⲓ ⲡⲉ ⲉϥϣⲟⲡ

bâton et une croix. En le voyant, je craignis; mais lui, il s'approcha de moi, il me salua et me dit : Sais-tu qui je suis? — Je lui dis : Non, mon père saint. — Il me dit : Je suis Macaire, l'homme d'Égypte; je suis venu pour inviter tes enfants et les prendre avec⁷ moi en Égypte. — Je lui dis : Ne me prendras-tu pas avec eux, moi aussi, mon père? — Il me dit : Non, mais je t'informe qu'après trois jours tu te reposeras et t'en iras vers le Seigneur, et le roi enverra à la suite de ses enfants pour les prendre à Constantinople. Du reste, prends garde, ordonne-leur de descendre en Égypte afin qu'ils habitent près de moi, car le Seigneur me les a destinés comme fils. Voici donc que je t'ai dit. — Et lorsqu'il m'eut dit ces choses, il disparut. Maintenant donc, je vous informe que voici une foule de jours que j'entends la bonne nouvelle de cet homme, abba Macaire, et ainsi je vous dis : Si le roi apprend où vous êtes⁸, il ne vous laissera pas ici; donc, après la fin de ma vie, descendez en Égypte, demeurez près d'abba Macaire, jusqu'à ce que le Seigneur vous visite. » Quand le vieillard Agabos leur eut dit cela, il se reposa en paix; il y

---

1. *Cod.* ⲁϥⲉⲣⲁⲥⲡⲁⲍⲉⲥⲑⲉ. — 2. *Cod.* ⲙⲁⲕⲁⲣⲓ. — 3. *Cod.* ⲉⲕⲱⲥⲧⲁⲛⲧⲓⲛⲟⲩⲡⲟⲗⲓⲥ. — 4. *Cod.* ⲙⲁⲕⲁⲣⲓ. — 5. *Cod.* ⲙⲁⲕⲁⲣⲓ. — 6. *Cod.* ⲟⲩϩⲓⲣⲏⲛⲏ. — 7. Mot à mot : Sans moi. — 8. Mot à mot : Vous connaît.

ⲛⲉⲙⲁϥ ⲟⲩⲟϩ ⲁ ⲡⲉϥⲡⲛⲁ ⲕⲱⲃ ⲉϧⲣⲏⲓ ⲉϫⲱⲟⲩ ⲙ̅ⲫⲣⲏϯ ⲉⲧⲁ ⲡⲓⲡⲛⲁ ⲛ̅ⲧⲉ ⲏⲗⲓⲁⲥ ⲕⲱⲃ ⲉϫⲉⲛ ⲉⲗⲓⲥⲁⲓⲟⲥ[1] ⲙ̅ⲡⲓⲥⲏⲟⲩ.

ⲁⲙⲱⲓⲛⲓ ⲇⲉ ⲟⲩⲛ ⲛ̅ⲧⲉⲛⲧⲁⲙⲱⲧⲉⲛ (-fol. 39-) ⲉⲛⲓⲙⲏⲓⲛⲓ ⲛⲉⲙ ⲛⲓϣⲫⲏⲣⲓ ⲛⲉⲙ ⲛⲓϩⲙⲟⲧ ⲛ̅ⲧⲁⲗϭⲟ ⲉⲧⲁ ⲫϯ ⲉⲣⲉⲛⲉⲣⲅⲓⲛ[2] ⲙ̅ⲙⲱⲟⲩ ⲉⲃⲟⲗϩⲓⲧⲉⲛ ⲛⲉⲛ-ϫⲓϫ ⲛ̅ⲛⲁⲓⲁⲅⲓⲟⲥ ϩⲱⲥⲧⲉ ⲛ̅ⲧⲉ ⲡⲟⲩⲥⲱⲓⲧ ⲥⲱⲣ ⲉⲃⲟⲗ ϧⲉⲛ ϯⲡⲁⲗⲉⲥⲧⲓⲛⲏ[3] ⲧⲏⲣⲥ ⲛⲉⲙ ϯⲭⲱⲣⲁ ⲧⲏⲣⲥ ⲛ̅ⲧⲉ ϯⲡⲓⲥⲓⲇⲓⲁ[4] ⲉⲑⲃⲉ ⲛⲓⲧⲁⲗϭⲟ ⲉⲧⲟⲩⲓⲣⲓ ⲙ̅ⲙⲱⲟⲩ ϧⲉⲛ ⲛⲏ ⲉⲧϣⲱⲛⲓ ϧⲉⲛ ⲫⲣⲁⲛ ⲙ̅ⲡⲉⲛⲟⲥ ⲓⲏⲥ ⲡⲭⲥ ⲟⲩⲙⲏϣ ⲅⲁⲣ ϧⲉⲛ ⲛⲏ ⲉⲧⲉ ⲛⲓⲡⲛⲁ ⲛ̅ⲁⲕⲁⲑⲁⲣⲧⲟⲛ ⲛⲉⲙⲱⲟⲩ ⲁⲩϣⲁⲛⲥⲱⲧⲉⲙ ⲉⲡⲟⲩⲣⲁⲛ ⲙ̅ⲙⲁⲩⲁⲧϥ ϣⲁⲧⲓ ⲉⲃⲟⲗϩⲓⲱⲧⲟⲩ ⲟⲩⲟϩ ⲛ̅ⲧⲟⲩⲟⲩϫⲁⲓ ⲥⲁⲧⲟⲧⲟⲩ ϩⲓⲧⲉⲛ ⲡϩⲙⲟⲧ ⲛ̅ⲧⲉ ⲫϯ ⲡⲉⲛⲥⲱⲧⲏⲣ. ⲥⲱⲧⲉⲙ ⲉⲧⲁⲓⲛⲓϣϯ ⲛ̅ϣⲫⲏⲣⲓ ⲉⲧⲁⲥϣⲱⲡⲓ ⲉⲃⲟⲗϩⲓⲧⲟ-ⲧⲟⲩ. ⲁⲩⲉⲛ ⲟⲩⲣⲱⲙⲓ ϣⲁⲣⲱⲟⲩ ⲉⲃⲟⲗϧⲉⲛ ⲁⲥⲕⲁⲗⲱⲛ ⲉⲣⲉ ⲟⲩⲟⲛ ⲟⲩⲡⲛⲁ ⲛ̅ⲣⲉϥϣⲓⲛⲓ ⲛⲉⲙⲁϥ. ⲉⲧⲓ ⲟⲩⲛ ⲉϥⲟⲩⲏⲟⲩ ⲙ̅ⲡⲓⲙⲁ ⲛ̅ϣⲱⲡⲓ ⲛ̅ⲧⲉ ⲛⲁⲓⲁⲅⲓⲟⲥ ⲁϥⲱϣ ⲉⲃⲟⲗϧⲉⲛ ⲟⲩⲛⲓϣϯ ⲛ̅ϧⲣⲱⲟⲩ ⲉϥϫⲱ ⲙ̅ⲙⲟⲥ ϫⲉ ⲱ ⲃⲓⲁ ⲛ̅ⲧⲟⲧⲕ ⲙⲁ-ⲕⲁⲣⲓⲟⲥ[5] ⲡⲓⲣⲉⲙ ⲛ̅ⲭⲏⲙⲓ ⲡⲓⲁⲛⲁⲭⲱⲣⲓⲧⲏⲥ[6] ⲁⲛⲭⲁ ⲛⲓϣⲁϥⲉⲩ ⲛ̅ⲧⲉ ⲭⲏⲙⲓ ⲛⲁⲕ ⲁⲕⲓ ⲉⲡⲁⲓⲙⲁ ⲟⲛ ⲟⲩⲟϩ ⲓⲥ ϩⲏⲡⲡⲉ ⲓⲥ ⲛⲉⲕϣⲗⲏⲗ ⲥⲉϯ ϧⲓⲥⲓ ⲛⲁⲛ ⲙ̅ⲡⲁⲓ-ⲕⲉⲙⲁ ⲉⲕϯ ⲛ̅ⲧⲟⲧⲕ ⲛⲉⲙ ⲛⲁⲓⲣⲱⲙⲁⲓⲟⲥ[7]. (-verso-) ⲫⲁⲓ ⲇⲉ ⲉⲧⲁϥϫⲟⲥ ⲁϥⲓ ⲉⲃⲟⲗϧⲉⲛ ⲡⲓⲣⲱⲙⲓ ⲛ̅ϫⲉ ⲡⲓⲡⲛⲁ ⲛ̅ⲁⲕⲁⲑⲁⲣⲧⲟⲛ ⲟⲩⲟϩ ⲟⲩⲟⲛ ⲛⲓⲃⲉⲛ ⲉⲧⲁⲩⲥⲱ-ⲧⲉⲙ ϯ ⲱⲟⲩ ⲙ̅ⲫϯ. ⲛⲉ ⲟⲩⲟⲛ ⲟⲩⲕⲟϩ ⲛ̅ⲧⲱⲟⲩ ⲇⲉ ⲡⲉ ϧⲉⲛ ⲡⲓⲙⲁ ⲙ̅ⲙⲟϣⲓ (sic)

avait six ans qu'ils habitaient avec lui, et son esprit se dédoubla sur eux comme autrefois l'esprit d'Élie se dédoubla sur Élisée.

Venez donc que je vous apprenne les signes et les merveilles et les grâces de guérison que Dieu opéra par eux dans les malades, au nom de Notre-Seigneur Jésus le Christ. En effet, une foule de ceux qui avaient en eux des esprits impurs, si les esprits entendaient seulement le nom de ces saints, ils sortaient d'eux et les malades étaient aussitôt guéris par la grâce de Notre Sauveur. Écoutez cette grande merveille qui se fit par eux : on leur amena d'Ascalon un homme dans lequel était un esprit divinateur. Comme il était encore éloigné de l'habitation de ces saints, il s'écria d'une grande voix, disant : « O violence (que j'éprouve) de toi, Macaire l'homme d'Égypte, l'anachorète; nous t'avons laissé les déserts de l'Égypte, et tu es encore venu ici. Voici que tes prières me font souffrir ici même, car tu prêtes la main à ces Grecs. » Et lorsqu'il eut dit cela, l'esprit impur sortit de l'homme, et quiconque l'apprit rendit gloire à Dieu. Il y avait dans le chemin qui conduit à

---

1. *Cod.* ⲉⲗⲓⲥⲥⲉⲟⲥ. — 2. *Cod.* ⲉⲣⲉⲛⲉⲣⲅⲓⲛ. — 3. *Cod.* ϯⲡⲁⲗⲉⲥⲧⲓⲛⲛ. — 4. *Cod.* ϯⲡⲓⲥⲓϯⲁ. — 5. *Cod.* ⲙⲁⲕⲁⲣⲓ. — 6. *Cod.* ⲡⲓⲁⲛⲁⲭⲱⲣⲓⲧⲏⲥ. — 7. *Cod.* ⲛⲁⲓⲣⲱⲙⲉⲟⲥ.

ⲉⲑⲛⲁ ⲉϧⲟⲩⲛ ⲉⲓⲕⲟⲛⲓⲟⲛ ⲉⲣⲉ ⲟⲩⲟⲛ ⲟⲩⲛⲓϣϯ ⲛⲇⲣⲁⲕⲱⲛ ϣⲟⲡ ⲛϧⲏⲧϥ ⲟⲩⲟϩ
ⲫⲁⲓ ⲛⲉϥϣⲁⲧⲁⲕⲉ ⲟⲩⲙⲏϣ ⲛⲧⲉ ⲛⲓⲣⲱⲙⲓ ⲉⲑⲙⲟϣⲓ ϧⲉⲛ ⲡⲓⲙⲁ ⲙⲙⲟϣⲓ
ⲉⲧⲉⲙⲙⲁⲩ. ϩⲟⲧⲉ ⲉⲧⲁ ⲛⲁ ⲓⲕⲟⲛⲓⲟⲛ ⲛⲁⲩ ⲉⲡⲧⲁⲕⲟ ⲉⲧϣⲟⲡ ⲁⲩϩⲱⲗ ϣⲁ
ⲛⲓⲁⲅⲓⲟⲥ ⲉⲩⲧⲁⲙⲟ ⲙⲙⲱⲟⲩ ⲉⲡⲧⲁⲕⲟ ⲛⲧⲉ ⲡⲓⲑⲏⲣⲓⲟⲛ ⲉⲧϩⲱⲟⲩ ⲉⲧⲉⲙⲙⲁⲩ.
ⲧⲟⲧⲉ ⲁ ⲡⲓⲙⲁⲕⲁⲣⲓⲟⲥ ⲙⲁⲝⲓⲙⲟⲥ ⲥϧⲉ ⲟⲩⲕⲟⲩϫⲓ ⲛⲥϧⲁⲓ ⲉϥϫⲱ ⲙⲙⲟⲥ ϫⲉ
ϧⲉⲛ ⲫⲣⲁⲛ ⲙⲡⲟⲥ ⲥⲁⲃⲁⲱⲑ ⲫϯ ⲛⲁⲃⲃⲁ ⲙⲁⲕⲁⲣⲓⲟⲥ[1] ⲛⲉⲙ ⲁⲃⲃⲁ ⲁⲅⲁⲃⲟⲥ
ⲡⲉⲛⲓⲱⲧ ⲛⲓⲣⲱⲙⲓ ⲉⲧⲉⲣⲫⲟⲣⲉⲛ[2] ⲙⲡⲭⲥ ⲡⲓⲗⲟⲅⲟⲥ ⲛⲧⲉ ⲫⲓⲱⲧ ϫⲉ ⲉϣⲱⲡ
ⲛⲧⲟⲩⲉⲛ ⲡⲁⲓⲕⲟⲩϫⲓ ⲛⲥϧⲁⲓ ⲉⲣⲟϥ ⲙⲡⲉⲕⲙⲟϩ ⲛⲑⲟⲕ ϧⲁ ⲡⲓⲇⲣⲁⲕⲱⲛ ⲉⲕⲉⲓ
ⲉⲃⲟⲗ ⲉⲣⲉ ⲣⲱⲕ ϣⲟⲧⲉⲙ ⲛⲧⲉⲕⲉⲛⲕⲟⲧ ϧⲉⲛ ⲑⲙⲏϯ ⲙⲡⲓⲙⲁ ⲙⲙⲟϣⲓ ⲛⲧⲉⲕϣ-
ⲧⲉⲙⲕⲓⲙ ⲉⲣⲟⲕ ⲉⲃⲟⲗϧⲉⲛ ⲡⲓⲙⲁ ⲉⲧⲉⲙⲙⲁⲩ ϣⲁⲧⲉ ⲛⲓϩⲁⲗⲁϯ ⲛⲧⲉ ⲧⲫⲉ
ⲟⲩⲱⲙ ⲛⲛⲉⲕⲥⲁⲣⲝ. ⲉⲧⲁⲩϭⲓ ⲇⲉ ⲙⲡⲓⲥϧⲁⲓ ⲁⲩⲧⲏⲓϥ ⲛ-(-fol. 40-)ⲟⲩⲣⲱⲙⲓ
ⲉⲁϥⲧⲁⲗⲟϥ ⲉⲟⲩϩⲑⲟ ⲁϥϩⲱⲗ ⲁϥⲭⲱ ⲙⲡⲓⲥϧⲁⲓ ϩⲓ ⲣⲱϥ ⲙⲡⲓⲃⲏⲃ ⲛⲧⲉ ⲡⲓⲑⲏⲣⲓⲟⲛ ⲟⲩⲟϩ ⲁϥⲫⲱⲧ ⲥⲁⲧⲟⲧϥ. ⲱ ⲛⲉⲙ ϯϣⲫⲏⲣⲓ ⲉⲧⲁⲥϣⲱⲡⲓ ⲙⲡⲓⲛⲁⲩ
ⲉⲧⲉⲙⲙⲁⲩ ⲡⲓⲇⲣⲁⲕⲱⲛ ⲅⲁⲣ ⲉⲧϩⲱⲟⲩ ϧⲉⲛ ϯⲟⲩⲛⲟⲩ ⲉⲧⲉⲙⲙⲁⲩ ⲥⲁⲧⲟⲧϥ
ⲁϥⲓ ⲉⲃⲟⲗϧⲉⲛ ⲡⲉϥⲃⲏⲃ ⲟⲩⲟϩ ⲛⲁϥⲉⲛⲕⲟⲧϥ ϩⲓⲱⲟⲩ (sic) ⲧⲫⲉ ϧⲉⲛ ⲑⲙⲏϯ
ⲙⲡⲓⲙⲁ ⲙⲙⲟϣⲓ ⲉⲧⲉⲣⲑⲉⲱⲣⲓⲛ[3] ⲙⲙⲟϥ ⲛϫⲉ ⲟⲩⲟⲛ ⲛⲓⲃⲉⲛ ϩⲱⲥⲧⲉ[4] ⲛⲛⲓ
ⲉⲑⲟⲩⲏⲟⲩ ⲙⲙⲟϥ ⲛⲟⲩⲉϩⲟⲟⲩ ⲙⲙⲟϣⲓ ⲛⲧⲟⲩⲓ ϣⲁⲧⲟⲩⲛⲁⲩ ⲉⲣⲟϥ ⲛⲉϥϣⲕⲓⲙ

Iconium un creux de montagne où se trouvait un grand dragon, et ce dragon perdait une foule des hommes marchant dans ce chemin. Lors donc que les habitants d'Iconium virent la perte qui existait, ils se rendirent vers ces saints et les informèrent de la perte que leur faisait subir cette bête mauvaise. Alors le bienheureux Maxime écrivit une petite lettre, disant : « Au nom du Seigneur Sabaoth, le Dieu d'abba Macaire et d'abba Agabos notre père, hommes qui portent le Christ, Verbe du Père, si l'on porte cette petite lettre à l'entrée de ton trou[5], toi, dragon, sors en fermant ta gueule, couche-toi au milieu du chemin, sans bouger de cet endroit jusqu'à ce que les oiseaux du ciel aient mangé tes chairs. » Et lorsqu'ils eurent pris cette lettre, ils la donnèrent à un homme monté sur un cheval; il alla, il plaça la lettre à l'entrée de la caverne de la bête, et aussitôt il s'enfuit. O la grande merveille qui arriva en cette heure! Car à cette heure-là, le dragon méchant sortit aussitôt de sa caverne et se coucha sous le ciel au milieu du chemin, à la vue de chacun, de sorte que ceux qui étaient éloignés d'un jour de marche vinrent pour le voir : il ne pouvait se remuer du tout hors de son endroit, on lui jetait des pierres et on

---

1. *Cod.* ⲙⲁⲕⲁⲣⲓ. — 2. *Cod.* ⲉⲧⲉⲣⲫⲟⲣⲓⲛ. — 3. *Cod.* ⲉⲧⲉⲣⲑⲉⲱⲣⲓⲛ. — 4. *Cod.* ϩⲱⲥⲇⲉ. —
5. Mot à mot : De ton nid.

ⲉⲣⲟϥ ⲁⲛ ϩⲟⲗⲱⲥ ⲉⲃⲟⲗϧⲉⲛ ⲡⲉϥⲙⲁ ⲉⲧϩⲓ ⲱⲙⲓ ⲉⲣⲟϥ ⲟⲩⲟϩ ⲛⲁϥϯ ⲱⲟⲩ
ⲙⲫϯ ⲫⲏ ⲉⲧⲓⲣⲓ ⲛⲛⲓϣⲫⲏⲣⲓ ϧⲉⲛ ⲛⲏ ⲉⲑⲟⲩⲁⲃ ⲛⲧⲁϥ. ⲟⲩⲣⲱⲙⲓ ⲇⲉ ϩⲱϥ
ⲁϥⲓ ⲉⲃⲟⲗϧⲉⲛ ⲗⲩⲥⲧⲣⲁ¹ ⲉⲛⲁⲩ ⲉϣⲫⲏⲣⲓ ⲉⲧⲁⲥϣⲱⲡⲓ ⲛⲁⲣⲉ ⲡⲉϥⲥⲱⲙⲁ
ⲧⲏⲣϥ ⲛⲓⲛ ⲛⲥⲉϩⲧ ⲡⲉ ⲟⲩⲟϩ ⲉⲧⲁϥⲓ ϣⲁ ⲛⲏ ⲉⲑⲟⲩⲁⲃ ϧⲉⲛ ⲡⲉϥϫⲓ ⲛⲁⲩ
ⲉⲣⲱⲟⲩ ⲙⲙⲁⲩⲁⲧϥ ⲉⲃⲟⲗϩⲓⲧⲉⲛ ⲡⲉϥⲛⲓϣϯ ⲛⲛⲁϩϯ ⲁϥⲧⲟⲩⲃⲟ ⲥⲁⲧⲟⲧϥ
ⲉⲃⲟⲗϩⲁ ⲡⲥⲉϩⲧ ⲟⲩⲟϩ ⲛⲁⲣⲉ ⲟⲩⲟⲛ ⲛⲓⲃⲉⲛ ϯ ⲱⲟⲩ ⲙⲡⲉⲛⲟⲥ ⲓⲏⲥ ⲡⲭⲥ ⲉⲑⲃⲉ
ⲛⲓⲧⲁⲗϭⲟ ⲉⲧⲉϥⲓⲣⲓ ⲙⲙⲱⲟⲩ ϧⲉⲛ ⲛⲉⲛϫⲓϫ ⲛⲛⲁⲓⲙⲁⲕⲁⲣⲓⲟⲥ. ⲁⲩⲉⲛ ⲟⲩⲁⲓ
ⲇⲉ ϣⲁⲣⲱⲟⲩ ⲉⲃⲟⲗϧⲉⲛ ⲙⲁⲅⲇⲁⲗⲁⲛ (-verso-) ⲛⲧⲉ ϯⲡⲓⲥⲓⲇⲓⲁ ⲉⲣⲉ ⲡⲉϥϩⲟ
ⲥⲟⲧⲉⲣ ϩⲓ ⲫⲁϩⲟⲩ ⲙⲙⲟϥ ϩⲓⲧⲉⲛ ⲧⲉⲛⲉⲣⲅⲓⲁ² ⲛⲟⲩⲇⲁⲓⲙⲱⲛ³ ⲓⲥ ⲅ̅ ⲛⲣⲟⲙⲡⲓ ⲟⲩⲟϩ ⲉⲧⲁⲩⲛⲁⲩ ⲉⲣⲟϥ ⲛϫⲉ ⲛⲏ ⲉⲑⲟⲩⲁⲃ ⲁⲩⲉⲣ ⲙⲕⲁϩ ⲛϩⲏⲧ ⲉⲙⲁϣⲱ
ⲉⲑⲃⲉ ⲡⲓⲣⲏϯ ⲉⲛⲁϥϭⲓ ⲙⲙⲟϥ ⲟⲩⲟϩ ⲉⲧⲁⲩϭⲓ ⲛⲟⲩⲛⲟⲩϫⲓ ⲙⲙⲱⲟⲩ ⲁⲩⲉⲣ-
ⲥⲫⲣⲁⲅⲓⲍⲓⲛ⁴ ⲙⲙⲟϥ ϧⲉⲛ ⲫⲣⲁⲛ ⲙⲡⲉⲛⲟⲥ ⲓⲏⲥ ⲡⲭⲥ ⲁⲩϫⲟϣϥ ⲉϫⲱϥ ⲟⲩⲟϩ
ϧⲉⲛ ϯⲟⲩⲛⲟⲩ ⲁ ⲡⲉϥϩⲟ ⲥⲱⲟⲩⲧⲉⲛ. ⲱ ⲛⲉⲙ ⲛⲁⲓϩⲙⲟⲧ ⲉⲧⲟⲓ ⲛⲛⲓϣϯ ⲉⲧⲁ
ⲡϣⲏⲣⲓ ⲙⲫϯ ⲁⲓⲧⲟⲩ ⲛⲉⲙ ⲛⲁⲓϣⲏⲣⲓ ⲛⲟⲩⲣⲟ ⲕⲁⲓ ⲅⲁⲣ⁵ ϧⲉⲛ ⲟⲩⲙⲉⲑⲙⲏⲓ
ⲛⲏ ⲉⲧⲉⲣⲁⲅⲁⲡⲁⲛ ⲙⲫϯ ϣⲁϥⲉⲣ ϩⲱⲃ ⲛⲉⲙⲱⲟⲩ ϧⲉⲛ ϩⲱⲃ ⲛⲓⲃⲉⲛ ⲉⲑⲛⲁⲛⲉⲩ. ϯϯ ϩⲟ ⲇⲉ ⲉⲣⲱⲧⲉⲛ ⲙⲡⲉⲛⲑⲣⲉ ϩⲗⲓ ⲉⲣ ⲁⲑⲛⲁϩϯ ⲉⲛⲏ ⲉϯ ϫⲱ ⲙⲙⲟⲩ
ⲕⲁⲓ ⲅⲁⲣ⁶ ⲁⲛⲟⲕ ϩⲱ ϧⲁ ⲡⲓⲉⲗⲁⲭⲓⲥⲧⲟⲥ ⲡⲓϣⲟⲓ ⲉⲧⲓ ⲉⲓϫⲉⲛ ⲕⲱⲛⲥⲧⲁⲛⲧⲓⲛⲟⲩ-
ⲡⲟⲗⲓⲥ⁷ ϧⲁ ⲧϩⲏ ⲙⲡⲁϯⲉⲙⲓ ⲣⲱ ⲉⲡⲧⲏⲣϥ ϫⲉ ⲁⲣⲉ ϣⲓⲏⲧ ⲛⲟⲩⲛ ⲁⲓⲥⲱⲧⲉⲙ

rendait gloire à Dieu qui opère des merveilles par ses saints. Un homme vint même de Lystra pour voir la merveille qui s'était opérée : tout son corps était lépreux. Et lorsqu'il fut allé vers ces saints, en les voyant seulement, par la grandeur de sa foi, il fut aussitôt purifié de la lèpre, et chacun rendait gloire à Notre-Seigneur Jésus le Christ à cause des guérisons qu'il opérait par les mains de ces bienheureux. On leur amena de Magdalan de Pisidie quelqu'un dont le visage était tourné en arrière de lui par la force d'un démon, il y avait trois ans. Et quand ces saints le virent, ils furent tristes de cœur grandement à cause de l'état où il se trouvait; et lorsqu'ils eurent pris un peu d'eau, ils le signèrent au nom de Notre-Seigneur Jésus le Christ, ils versèrent l'eau sur lui et sur l'heure son visage fut rectifié. O ces grandes grâces que le Fils de Dieu opéra avec ces fils de roi, car en vérité ceux qui aiment Dieu, il opère avec eux toute bonne œuvre ! Je vous en prie, que personne ne soit incroyant aux choses que je dis, car moi aussi, le minime Peschoi, comme j'étais encore à Constantinople, avant de savoir même où se trouvait Schiit, j'appris par

1. Cod. ⲗⲩⲥⲁⲣⲁ. — 2. Cod. ⲧⲉⲛⲉⲣⲅⲓⲁ. — 3. Cod. ⲛⲟⲩⲇⲉⲙⲱⲛ. — 4. Cod. ⲁⲩⲉⲣ-ⲥⲫⲣⲁⲅⲓⲍⲓⲛ. — 5. Cod. ⲕⲉ ⲅⲁⲣ. — 6. Cod. ⲕⲉ ⲅⲁⲣ. — 7. Cod. ⲕⲱⲛⲥⲧⲁⲛⲧⲓⲛⲟⲩⲡⲟⲗⲓⲥ.

ⲉⲃⲟⲗϩⲓⲧⲉⲛ ⲛⲛⲓⲡⲣⲁⲅⲙⲁⲧⲉⲩⲧⲏⲥ ⲉⲑⲃⲉ ⲛⲓⲧⲁⲗϭⲟ ⲉⲧⲉⲣⲉ ⲛⲁⲓⲁⲅⲓⲟⲥ ⲓⲣⲓ
ⲙⲙⲱⲟⲩ ϧⲉⲛ ⲫⲣⲁⲛ ⲙⲡⲉⲛⲟⲥ ⲓⲏⲥ ⲡⲭⲥ ⲡⲓⲗⲟⲅⲟⲥ ⲟⲩⲟϩ ⲁⲓϭⲱⲗ ⲉⲧⲥⲩⲣⲓⲁ
ⲉⲧⲓ ⲉⲓⲟⲓ (-fol. 41-) ⲛⲕⲟⲥⲙⲓⲕⲟⲥ¹ ϣⲁϯⲛⲁⲩ ϧⲉⲛ ⲛⲁⲃⲁⲗ ⲉⲛⲏ ⲉⲧⲁⲓⲥⲟⲑⲙⲟⲩ
ⲛⲧⲉ ⲡⲁϩⲏⲧ ⲑⲱⲧ ⲉⲁⲓϫⲟⲥ ϧⲉⲛ ⲡⲁⲙⲉⲩⲓ ϫⲉ ⲛⲁⲛⲉ ⲡⲓⲛⲁⲩ ⲛⲛⲁⲩ ⲛⲧⲉ ⲛⲓⲃⲁⲗ
ⲉϩⲟⲧⲉ ⲡⲓⲭⲓ ⲛⲥⲱⲧⲉⲙ ϧⲉⲛ ⲛⲓⲙⲁϣϫ. ⲓⲥϫⲉⲛ ⲡⲓⲉϩⲟⲟⲩ ⲅⲁⲣ ⲉⲧⲉⲙⲙⲁⲩ ⲉⲧⲁⲓⲛⲁⲩ ⲉⲛⲟⲩϩⲃⲏⲟⲩⲓ ⲉⲑⲛⲁⲛⲉⲩ ⲁ ⲡⲁϩⲏⲧ ⲑⲱⲧ ⲉⲉⲣ ⲙⲟⲛⲁⲭⲟⲥ ⲁⲗⲗⲁ ⲙⲡⲓϣ-
ϫⲉⲙϫⲟⲙ ϣⲁ ⲡⲓⲛⲁⲩ ⲉⲧⲁ ⲫϯ ⲉⲣⲃⲟⲏⲑⲓⲛ² ⲉⲣⲟⲓ ⲁϥⲉⲛⲧ ⲉⲃⲟⲗϧⲉⲛ ⲛⲓϥ-
ⲣⲱⲟⲩϣ ⲛⲧⲉ ⲡⲓⲕⲟⲥⲙⲟⲥ ⲁⲓ ⲉϣⲛⲓⲧ. ⲗⲟⲓⲡⲟⲛ ⲇⲉ ⲛⲏ ⲉⲧⲁⲓⲥⲟⲑⲙⲟⲩ ϧⲉⲛ
ϯⲥⲩⲣⲓⲁ ⲛⲉⲙ ⲛⲏ ⲉⲧⲁⲓⲥⲟⲑⲙⲟⲩ ϧⲉⲛ ϣⲓⲏⲧ ⲛⲁⲓ ⲁⲓⲥϧⲏⲧⲟⲩ ϩⲓ ⲡⲁⲓϫⲱⲙ.
ϯⲛⲟⲩ ⲇⲉ ⲙⲏⲡⲱⲥ ⲛⲧⲁⲱⲥⲕ ϧⲉⲛ ⲡⲓⲥⲁϫⲓ ⲙⲡⲁⲓⲣⲏϯ ⲉⲓⲧⲁϫⲣⲟ ⲛϯⲙⲉⲧ-
ⲙⲉⲑⲣⲉ ⲛⲧⲁⲉⲣ ⲡⲱⲃϣ ⲛⲛⲓϩⲙⲟⲧ ⲉⲑⲛⲁⲁⲩ ⲗⲟⲓⲡⲟⲛ ⲧⲉⲛⲛⲁⲕⲟⲧⲧⲉⲛ ⲡⲁⲗⲓⲛ
ⲉϫⲉⲛ ⲛⲓϩⲙⲟⲧ ⲛⲧⲁⲗϭⲟ ⲉⲧⲁ ⲡⲭⲥ ⲡⲉⲛⲛⲟⲩϯ ⲁⲓⲧⲟⲩ ⲉⲃⲟⲗϩⲓⲧⲉⲛ ⲛⲁⲓϣⲏⲣⲓ
ⲛⲟⲩⲣⲟ ⲛⲁⲓ ⲉⲧⲁⲩϯ ⲙⲡⲭⲥ ϩⲓⲱⲧⲟⲩ ⲙⲫⲣⲏϯ ⲙⲡⲁⲩⲗⲟⲥ ⲛⲉⲙ ⲧⲓⲙⲟⲑⲉⲟⲥ
ⲉⲑⲃⲉ ⲫⲁⲓ ⲁ ϯϫⲟⲙ ⲛⲧⲉ ⲛⲏ ⲉⲧⲉⲙⲙⲁⲩ ⲉⲣ ϩⲱⲃ ϧⲉⲛ ⲛⲁⲓⲕⲉⲭⲱⲟⲩⲛⲓ ⲛⲧⲁⲓ-
ⲙⲁⲓⲏ.

ⲛⲉ ⲟⲩⲟⲛ ⲟⲩⲡⲣⲉⲥⲃⲩⲧⲉⲣⲟⲥ ⲇⲉ ⲟⲛ ⲡⲉ ϧⲉⲛ ⲅⲁⲃⲁⲗⲗⲱⲛ³ ϯⲃⲁⲕⲓ ⲛⲧⲉ ⲛⲓ-
ⲅⲁⲃⲁⲗⲗⲁⲓⲟⲥ⁴ ⲉⲡⲉϥⲣⲁⲛ ⲡⲉ ⲍⲁⲭⲁⲣⲓⲁⲥ ⲫⲁⲓ ⲇⲉ ⲁ ⲟⲩⲡⲛⲁ ⲛⲁⲣⲭⲟⲛⲧⲓⲕⲟⲛ

des marchands les guérisons que ces saints opéraient au nom de Notre-Seigneur Jésus le Christ, Dieu le Verbe, et je me rendis en Syrie, étant encore laïque, afin de voir de mes yeux ce que j'avais entendu, afin que mon cœur fût persuadé, disant en ma pensée : La vue des yeux vaut mieux que l'ouïe par l'oreille. Car depuis le jour où je vis leurs bonnes œuvres, je me résolus à me faire moine⁵, mais je n'en ai pas eu la force jusqu'au moment où Dieu vint à mon secours, qu'il me tira hors des soucis de ce monde et que je vins à Schiit. Du reste, ce que j'ai entendu en Syrie et ce que j'ai entendu à Schiit, je l'ai écrit dans ce livre. Maintenant donc, pour ne pas attarder ainsi le discours en (en) confirmant la vérité de sorte que j'oublie les grandes grâces, nous retournerons de nouveau aux grâces de guérisons que le Christ notre Dieu a opérées par ces fils de roi, qui avaient revêtu le Christ, comme Paul et Timothée : c'est pourquoi la vertu de ceux-ci opérait en ceux-là aussi.

Il y avait aussi un prêtre dans Gabala, la ville des Gabaléens, dont le nom était Zacharie; un esprit archontique habitait en lui, faisant des signes

---

1. *Cod.* ⲛⲕⲟⲥⲙⲓⲕⲟⲛ. — 2. *Cod.* ⲉⲣⲃⲟⲏⲙⲓⲛ. — 3. *Cod.* ⲕⲁⲃⲁⲗⲗⲱⲛ. — 4. *Cod.* ⲛⲁⲃⲁⲗ-
ⲗⲉⲟⲥ. — 5. Mot à mot : Mon cœur fut persuadé de se faire moine.

ϫⲱⲓⲗⲓ ⲉⲣⲟϥ ⲉϥⲓⲣⲓ ⲛϩⲁⲛ ⲙⲏⲓⲛⲓ ⲛⲉⲙ ϩⲁⲛ ϣⲫⲏⲣⲓ ϩⲓⲧⲉⲛ ⲛⲓⲇⲁⲓⲙⲱⲛ¹ ϩⲱⲥⲧⲉ² ⲛⲧⲉϥⲥⲱⲣⲉⲙ ⲛⲛⲓⲅⲁⲃⲁⲗⲗⲁⲓⲟⲥ³ ⲧⲏⲣⲟⲩ ⲟⲩⲟϩ ⲉⲧⲁ ⲡⲓⲉⲡⲓⲥⲕⲟⲡⲟⲥ ⲛⲧⲉ ⲅⲁⲃⲁⲗⲱⲛ⁴ ⲛⲁⲩ ⲉⲡⲧⲁⲕⲟ ⲉⲧⲁϥϣⲱⲡⲓ ϧⲉⲛ ⲡⲓⲟϣ ⲁϥϭⲓ ⲛⲉⲙⲁϥ ⲛϩⲁⲛ ⲕⲉⲡⲣⲉⲥⲃⲩⲧⲉⲣⲟⲥ ⲟⲩⲟϩ ⲁϥⲓ ϣⲁ ⲛⲏ ⲉⲑⲟⲩⲁⲃ ⲁϥⲧⲁⲙⲱⲟⲩ ⲉⲣⲱⲃ ⲛⲓⲃⲉⲛ ⲉⲧⲁϥϣⲱⲡⲓ. ⲉⲧⲁⲩⲥⲱⲧⲉⲙ ⲇⲉ ⲉⲛⲁⲓ ⲛⲧⲟⲧϥ ⲙⲡⲓⲉⲡⲓⲥⲕⲟⲡⲟⲥ ⲁⲩⲉⲣ ⲙⲕⲁϩ ⲛϩⲏⲧ ⲉⲙⲁϣⲱ ⲟⲩⲟϩ ⲡⲉϫⲱⲟⲩ ⲛⲁϥ ϫⲉ ⲡⲱⲥ ⲙⲡⲉⲕⲉⲛϥ ⲛⲉⲙⲁⲕ ⲛⲑⲟϥ. ⲡⲉϫⲁϥ ⲛⲱⲟⲩ ϫⲉ ⲙⲡⲉϥⲥⲱⲧⲉⲙ ⲛⲥⲱⲓ ⲛⲁⲓⲟϯ ⲉⲑⲟⲩⲁⲃ. ⲁϥⲉⲣ ⲟⲩⲱ ⲛϫⲉ ⲡⲓⲉⲡⲓⲥⲕⲟⲡⲟⲥ ⲡⲉϫⲁϥ ⲛⲱⲟⲩ ϫⲉ ϯϩⲟ ⲉⲣⲱⲧⲉⲛ ⲛⲁⲓⲟϯ ⲉⲑⲟⲩⲁⲃ ⲛⲧⲉⲧⲉⲛⲟⲩⲱⲣⲡ ⲛⲥⲱϥ ⲛⲟⲩⲧⲉⲛ ⲡⲁⲛⲧⲱⲥ ⲛⲧⲉϥⲓ. ⲡⲓⲁⲅⲓⲟⲥ ⲇⲉ ⲙⲁⲝⲓⲙⲟⲥ ⲉⲧⲁϥϭⲓ ⲛⲟⲩϫⲱⲙ ⲁϥⲥϧⲁⲓ ⲙⲡⲁⲓⲣⲏϯ ⲉϥϫⲱ ⲙⲙⲟⲥ ϫⲉ ⲁⲛⲟⲕ ⲡⲉ ⲡⲓϫⲱⲃ ⲙⲁⲝⲓⲙⲟⲥ ⲡⲓⲃⲱⲕ ⲛⲧⲉ ⲡⲭⲥ ⲉⲓⲥϧⲁⲓ ϧⲉⲛ (-fol. 42-) ⲧⲁϫⲓϫ ⲙⲙⲓⲛ ⲙⲙⲟⲓ ϫⲉ ϧⲉⲛ ϯϫⲟⲙ ⲛⲧⲉ ⲡⲟⲥ ⲥⲁⲃⲁⲱⲑ ⲫϯ ⲛⲧⲉ ⲛⲓⲁⲡⲟⲥⲧⲟⲗⲟⲥ ⲛⲉⲙ ⲛⲓⲡⲣⲟⲫⲏⲧⲏⲥ ⲛⲉⲙ ⲁⲃⲃⲁ ⲙⲁⲕⲁⲣⲓⲟⲥ⁵ ⲡⲓⲣⲉⲙ ⲛⲭⲏⲙⲓ ⲫⲁⲓ ⲉⲧⲁ ⲁⲅⲁⲃⲟⲥ ⲡⲉⲛⲓⲱⲧ ⲛⲁⲩ ⲉⲣⲟϥ ϧⲉⲛ ⲡⲓϩⲟⲣⲁⲙⲁ ⲉⲓⲥϧⲁⲓ ⲛⲍⲁⲭⲁⲣⲓⲁⲥ ϫⲉ ⲓⲥϫⲉ ϯⲥⲃⲱ ⲛⲧⲉ ⲛⲓⲁⲡⲟⲥⲧⲟⲗⲟⲥ ⲡⲉ ⲉⲧⲉⲕϯ ⲥⲃⲱ ⲛϧⲏⲧⲥ ⲓⲉ ⲟϩⲓ ⲙⲡⲉⲕⲣⲏϯ ⲓⲥϫⲉ ⲑⲁ ⲛⲓⲇⲁⲓⲙⲱⲛ⁶ ⲧⲉ ⲟⲩⲟϩ ⲕⲟⲓ ⲛⲁⲧⲥⲱⲧⲉⲙ ⲛⲥⲁ ⲡⲉⲕⲉⲡⲓⲥⲕⲟⲡⲟⲥ ⲉϥϯ ⲥⲃⲱ ⲛⲁⲕ ⲉⲡⲉⲕⲟⲩϫⲁⲓ ⲓⲉ ⲧⲉⲛⲟⲩⲁϩⲥⲁϩⲛⲓ ⲙⲡⲓⲇⲁⲓⲙⲱⲛ⁷ ⲉⲧⲉⲙⲙⲁⲩ ϧⲉⲛ ⲫⲣⲁⲛ ⲛⲓⲏⲥ ⲡⲓⲗⲟⲅⲟⲥ

et des prodiges par les démons, de sorte qu'il faisait errer tous les Gabaléens. Et lorsque l'évêque de Gabala vit la perte qui se produisait dans le diocèse, il prit avec lui d'autres prêtres, et il alla vers ces saints. Il les informa de tout ce qui était arrivé. Lorsqu'ils eurent entendu ces choses de l'évêque, ils furent grandement tristes de cœur et ils lui dirent : « Comment ne l'as-tu pas amené avec toi ? » — Il leur dit : « Il ne m'écoute pas, ô mes pères saints. » — L'évêque prit la parole, il leur dit : « Je vous en prie, mes pères saints, envoyez, vous (autres), le chercher; peut-être viendra-t-il. » — Mais le saint Maxime ayant pris un rouleau, écrivit ainsi, disant : « Moi, l'infirme Maxime, le serviteur du Christ, écrivant de ma main, moi-même, dans la force du Seigneur Sabaoth, le Dieu des apôtres, des prophètes, d'abba Macaire l'homme d'Égypte, celui que notre père Agabos a vu en vision, j'écris à Zacharie : Si c'est l'enseignement des apôtres que tu enseignes, eh bien, tiens-toi en ta manière⁸; si c'est celui des démons et si tu es désobéissant à ton évêque qui t'enseigne ton salut, alors nous commandons à ce démon, au nom de Jésus,

---

1. *Cod.* ⲛⲓⲇⲉⲙⲱⲛ. — 2. *Cod.* ϩⲱⲥⲇⲉ. — 3. *Cod.* ⲅⲁⲃⲁⲗⲗⲉⲟⲥ. — 4. *Cod.* ⲕⲁⲃⲁⲗⲗⲱⲛ. — 5. *Cod.* ⲙⲁⲕⲁⲣⲓ. — 6. *Cod.* ⲛⲓⲇⲉⲙⲱⲛ. — 7. *Cod.* ⲙⲡⲓⲇⲉⲙⲱⲛ. — 8. C'est-à-dire : Continue de faire ce que tu fais.

ⲙⲙⲏⲓ ⲛⲧⲉ ⲫϯ ⲉⲣⲉ ⲡⲓⲇⲁⲓⲙⲱⲛ¹ ⲉⲧⲉⲙⲙⲁⲩ ⲓ ⲉϫⲱⲕ ⲛⲧⲉϥϯϩⲓ ⲙⲙⲟⲕ ⲟⲩⲟϩ ⲛⲥⲉⲉⲙⲓ ⲧⲏⲣⲟⲩ ⲉⲧⲥⲟⲣⲙⲉⲥ ⲉⲧⲉⲕⲭⲏ ⲛϧⲏⲧⲥ. ⲧⲟⲧⲉ ⲁϥⲥϧⲉ ⲫⲣⲁⲛ ⲛⲁⲃⲃⲁ ⲙⲁⲕⲁⲣⲓⲟⲥ² ⲥⲁⲃⲟⲗ ⲛⲧⲉⲡⲓⲥⲧⲟⲗⲏ ⲁϥⲧⲏⲓⲥ ⲙⲡⲓⲉⲡⲓⲥⲕⲟⲡⲟⲥ ⲟⲩⲟϩ ⲁϥⲧϥⲟϥ. ⲱ ϯϣⲫⲏⲣⲓ ⲉⲧⲁⲥϣⲱⲡⲓ ⲙⲡⲓⲛⲁⲩ ⲉⲧⲁ ⲡⲓⲉⲡⲓⲥⲕⲟⲡⲟⲥ ϯ ⲛⲁϥ ⲛⲧⲉⲡⲓⲥⲧⲟⲗⲏ ⲉϥϫⲱ ⲙⲙⲟⲥ ϫⲉ ⲛⲓⲁⲛⲁⲭⲱⲣⲏⲧⲏⲥ³ ϣⲓⲛⲓ ⲉⲣⲟⲕ. ⲡⲱⲟⲩ ⲛⲁⲕ ⲡⲭⲥ ⲡⲓⲗⲟⲅⲟⲥ ⲛⲧⲉ ⲫϯ ⲛⲉⲙ ⲛⲓϫⲟⲙ ⲉⲧⲉⲕⲟⲩⲱⲛϩ ⲙⲙⲱⲟⲩ ⲉⲃⲟⲗϧⲉⲛ ⲛⲏ ⲉⲧⲟⲓ ⲛⲁⲕ ⲛⲃⲱⲕ ⲟⲩⲟϩ ⲉⲧϣⲉⲙϣⲓ ⲙⲡⲉⲕⲣⲁⲛ (-verso-) ⲉⲑⲟⲩⲁⲃ ⲟⲩⲇⲉ ⲅⲁⲣ ⲙⲡⲉ ⲡⲓⲇⲁⲓⲙⲱⲛ⁴ ⲉⲧⲉⲙⲙⲁⲩ ⲛⲣⲉϥⲧⲁⲕⲉ ⲯⲩⲭⲏ ⲭⲁϥ ⲣⲱ ϣⲁⲧⲉϥϣϣ ⲛϯⲉⲡⲓⲥⲧⲟⲗⲏ ⲁⲗⲗⲁ ϧⲉⲛ ϯⲟⲩⲛⲟⲩ ⲁϥϭⲱϫⲓ ⲉϫⲱϥ ⲁϥⲣⲁϣⲧϥ ϩⲓϫⲉⲛ ⲡⲕⲁϩⲓ ϧⲉⲛ ⲑⲙⲏϯ ⲛⲛⲏ ⲉⲧⲟⲓ ⲉⲣⲁⲧⲟⲩ ⲟⲩⲟϩ ⲁϥϯ ⲙⲙⲟϥ ⲉϥⲉϣ ϩⲣⲱⲟⲩ ⲉⲃⲟⲗ ⲟⲩⲟϩ ⲁϥⲟⲩⲁϩϥ ⲙⲫⲣⲏϯ ⲛⲟⲩⲟⲩϩⲟⲣ ϩⲱⲥⲧⲉ⁵ ⲛⲧⲉ ϯⲃⲁⲕⲓ ⲧⲏⲣⲥ ⲅⲁⲃⲁⲗⲗⲱⲛ⁶ ⲑⲟⲩⲱϯ ⲉϩⲣⲏⲓ ⲉϫⲱϥ ⲛⲥⲉⲛⲁⲩ ⲉⲣⲟϥ ⲛⲥⲉⲉⲣ ϣⲫⲏⲣⲓ ⲙⲡⲉⲧϣⲟⲧϣⲟⲩ ⲙⲙⲟϥ ϧⲁϫⲉⲛ ⲟⲩⲛⲟⲩϫⲓ ϫⲉ ⲉⲧⲁⲟⲩϣⲱⲡⲓ ⲙⲙⲟϥ. ⲁϥⲟϩⲓ ⲇⲉ ϧⲉⲛ ⲧⲁⲓⲃⲁⲥⲁⲛⲟⲥ ⲙⲡⲁⲓⲣⲏϯ ⲙⲏ ⲛⲉϩⲟⲟⲩ ⲧⲟⲧⲉ ⲁⲩⲉⲛϥ ϣⲁ ⲛⲓⲁⲅⲓⲟⲥ ⲉϥⲥⲟⲛϩ ⲙⲡⲉⲛϩⲥ. ⲛⲑⲱⲟⲩ ⲇⲉ ⲉⲧⲁⲩⲛⲁⲩ ⲉⲡⲉϥϯϩⲉⲙⲕⲟ ⲁⲩⲉⲣ ⲙⲕⲁϩ ⲛϩⲏⲧ ⲉⲙⲁϣⲱ ⲟⲩⲟϩ ⲉⲧⲁⲩϭⲓ ⲛⲟⲩⲛⲟⲩϫⲓ ⲙⲙⲱⲟⲩ ⲁⲩⲉⲣⲥⲫⲣⲁⲅⲓⲍⲓⲛ⁷ ⲙⲙⲟϥ ⲁⲩϫⲟϣϥ

le Verbe de vérité de Dieu, que ce démon vienne sur toi, qu'il te tourmente et que tous sachent l'erreur dans laquelle tu te trouves. » Alors il écrivit le nom d'abba Macaire en dehors de la lettre, il la donna à l'évêque et le congédia. — O merveille qui s'accomplit à l'heure où l'évêque lui donna⁸ la lettre en disant : « Les anachorètes te saluent » ! Gloire à toi, Christ, Verbe de Dieu, et aux vertus que tu fais paraître hors de ceux qui sont tes serviteurs et qui servent ton saint nom! Car le démon qui perdait les âmes ne le laissa pas lire la lettre; mais, sur l'heure, il sauta sur lui, il le renversa à terre au milieu de ceux qui se tenaient debout, et il le fit souffrir en poussant des cris, et il aboyait à la manière d'un chien, de sorte que la ville entière de Gabala se réunit autour de lui⁹ pour le voir, admirant ce qui était arrivé à celui qui quelques instants auparavant se glorifiait. Il resta dans ce tourment pendant dix-huit jours; alors on le mena vers les saints, lié dans des entraves. Mais eux, quand ils eurent vu sa souffrance, ils furent grandement tristes de cœur; ils prirent un peu d'eau, ils la signèrent et la versèrent sur lui au nom

---

1. *Cod.* ⲡⲓⲇⲉⲙⲱⲛ. — 2. *Cod.* ⲙⲁⲕⲁⲣⲓ. — 3. *Cod.* ⲛⲓⲁⲛⲁⲭⲱⲣⲓⲧⲏⲥ. — 4. *Cod.* ⲡⲓⲇⲉⲙⲟⲛ. — 5. *Cod.* ϩⲱⲥⲇⲉ. — 6. *Cod.* ⲕⲁⲃⲁⲗⲗⲱⲛ. — 7. *Cod.* ⲁⲩⲉⲣⲥⲫⲣⲁⲅⲓⲍⲓⲛ. — 8. C'est-à-dire : Au prêtre. — 9. Mot à mot : Sur lui.

ⲉϫⲱϥ ϧⲉⲛ ⲫⲣⲁⲛ ⲙⲡⲭⲥ ⲟⲩⲟϩ ⲥⲁⲧⲟⲧϥ ⲁϥⲟⲩϫⲁⲓ ⲉⲃⲟⲗϩⲁ ⲡⲓⲇⲁⲓⲙⲱⲛ[1] ⲁϥⲟϩⲓ ⲇⲉ ϧⲁⲧⲉⲛ ⲛⲓⲁⲅⲓⲟⲥ ⲛⲅ̅ ⲛⲉϩⲟⲟⲩ ϣⲁⲧⲟⲩⲧⲥⲁⲃⲟϥ ⲉⲫⲙⲱⲓⲧ ⲛⲧⲉ ⲡⲓⲟⲩϫⲁⲓ ⲛⲥⲉⲧⲫⲟϥ ϧⲉⲛ ⲟⲩϩⲓⲣⲏⲛⲏ[2] ⲉϥϯ ⲱⲟⲩ ⲙⲫϯ. ϧⲉⲛ ⲛⲁⲓⲧⲁⲗϭⲟ ⲇⲉ ⲧⲏⲣⲟⲩ ⲉⲧ-(-fol. 43-)ϣⲟⲡ ⲉⲃⲟⲗϩⲓⲧⲉⲛ ⲛⲁⲓⲙⲁⲕⲁⲣⲓⲟⲥ ⲙⲡⲟⲩϭⲓⲥⲓ ⲛϩⲏⲧ ⲉⲡⲧⲏⲣϥ ⲟⲩⲇⲉ ⲛⲁⲩϣⲟⲩϣⲟⲩ ⲙⲙⲱⲟⲩ ⲁⲛ ⲡⲉ ⲟⲩⲇⲉ ⲙⲡⲟⲩϫⲉ ⲟⲩⲥⲁϫⲓ ⲛⲟⲩⲣⲱⲙⲓ ϧⲉⲛ ⲟⲩⲉⲣϣⲓϣⲓ ⲁⲗⲗⲁ ⲛⲁⲩⲑⲉⲃⲓⲟ ⲙⲙⲱⲟⲩ ⲡⲉ ⲥⲁⲡⲉⲥⲏⲧ ⲛⲟⲩⲟⲛ ⲛⲓⲃⲉⲛ ϩⲱⲥ ⲉⲩϣⲟϣϥ ⲟⲩⲟϩ ⲉⲩⲓⲣⲓ ⲙⲙⲱⲟⲩ ⲛⲁⲧⲉⲙⲡϣⲁ ⲉⲩϫⲱ ⲙⲙⲟⲥ ⲛⲛⲁⲩ ⲛⲓⲃⲉⲛ ϫⲉ ⲡⲓϩⲙⲟⲧ ⲫⲁ ⲫϯ ⲡⲉ ⲙⲙⲁⲩⲁⲧϥ ⲁⲛⲟⲛ ⲇⲉ ⲁⲛⲟⲛ ϩⲁⲛ ϫⲱⲃ ⲟⲩⲟϩ ⲛⲣⲉϥⲉⲣ ⲛⲟⲃⲓ.

ⲛⲉ ⲟⲩⲟⲛ ⲟⲩⲡⲣⲉⲥⲃⲩⲧⲉⲣⲟⲥ ⲇⲉ ϧⲉⲛ ⲥⲉⲗⲉⲩⲕⲓⲁ ⲛⲧⲉ ϯⲓⲥⲁⲩⲣⲓⲁ ⲉϣⲱⲡ ⲛⲧⲉϥⲓⲛⲓ ⲉϥⲉⲣ ϩⲱⲃ ϧⲉⲛ ⲛⲓϩⲃⲛⲟⲩⲓ ⲛⲁⲛⲟⲙⲟⲛ ϣⲁϥϩⲱⲗ ⲛⲧⲉϥⲟϩⲓ ⲉⲣⲁⲧϥ ⲉⲡⲓⲙⲁ ⲛⲉⲣ ϣⲟⲩϣⲓ ⲛⲧⲉ ⲫϯ ⲛⲁϥⲧⲁⲕⲏⲟⲩⲧ ⲅⲁⲣ ⲡⲉ ⲛⲉⲙ ⲟⲩϩⲓⲙⲓ ⲛⲥⲁⲙⲁⲣⲓⲧⲏⲥ. ϩⲱⲥ ⲇⲉ ⲉϥⲙⲏⲛ ⲉⲃⲟⲗ ϧⲉⲛ ⲛⲁⲓⲙⲉⲧⲁⲥⲉⲃⲏⲥ ⲙⲡⲁⲓⲣⲏϯ ⲁ ⲫϯ ⲟⲩⲱϣ ⲉϩⲓ ⲱⲓϣ ⲛⲛⲓ ⲉⲧⲉⲙⲙⲁⲩ ⲓⲣⲓ ⲙⲙⲱⲟⲩ ϧⲉⲛ ϯⲓⲥⲁⲩⲣⲓⲁ ⲧⲏⲣⲥ ϫⲉ ϩⲓⲛⲁ ⲛⲧⲉ ⲡⲕⲉⲥⲉⲡⲓ ⲛⲁⲩ ⲛⲧⲟⲩⲉⲣ ϩⲟϯ. ⲗⲟⲓⲡⲟⲛ ϧⲉⲛ ⲡⲓⲉϩⲟⲟⲩ ⲛⲧⲉ ⲡⲉⲣ ⲫⲙⲉⲩⲓ ⲙⲡⲓⲁⲅⲓⲟⲥ ⲓⲅⲛⲁⲧⲓⲟⲥ ⲁϥⲓⲣⲓ ⲟⲛ ⲙⲡⲁⲓⲣⲏϯ ⲟⲩⲟϩ ⲙⲉⲛⲉⲛⲥⲱⲥ ⲁϥϣⲉ ⲛⲁϥ ⲟⲛ (-verso-) ⲉⲧⲉⲕⲕⲗⲏⲥⲓⲁ ϫⲉ ϩⲓⲛⲁ ⲛⲧⲉϥϣⲉⲙϣⲓ. ϩⲟⲧⲉ ⲟⲩⲛ ⲉⲧⲁϥⲓⲛⲓ ⲉϥϫⲱ ⲛϯⲉⲩⲭⲏ ⲛⲧⲉ ⲡⲓⲉⲩⲁⲅⲅⲉⲗⲓⲟⲛ ⲙⲉⲛⲉⲛⲥⲁ ⲛⲓ-

du Christ, et aussitôt il fut guéri de ce démon; il resta près des saints pendant trois jours, jusqu'à ce qu'ils lui eussent enseigné le chemin du salut, et ils le congédièrent en paix pendant qu'il rendait gloire à Dieu. Dans toutes ces guérisons qui se faisaient par ces saints, ils ne s'enorgueillirent pas du tout et ne se glorifiaient point, et ils ne dirent pas une parole à un homme avec autorité; mais ils s'humiliaient eux-mêmes au-dessous de tout homme, comme s'ils eussent été méprisables, se faisant eux-mêmes indignes, disant à à toute heure : « La grâce est de Dieu seul; quant à nous, nous sommes des infirmes et des pécheurs. »

Il y avait un prêtre à Séleucie de l'Isaurie; lorsqu'il venait de faire des œuvres impures, il allait se tenir debout à l'autel de Dieu, car il se perdait avec une femme samaritaine. Pendant qu'il persistait dans ces impiétés, Dieu voulut annoncer ce que faisait ce prêtre à toute l'Isaurie, afin que les autres sussent et eussent frayeur. Du reste, au jour où l'on fait le souvenir du saint Ignace, le prêtre fit ainsi[3], et ensuite il alla de nouveau à l'église pour faire

---

1. *Cod.* ⲡⲓⲇⲉⲙⲱⲛ. — 2. *Cod.* ⲟⲩϩⲓⲣⲏⲛⲏ. — 3. C'est-à-dire : Eut rapport avec la femme.

ⲧⲱⲃϩ ⲁϥϯ ⲙⲡⲉϥⲟⲩⲟⲓ ⲉⲡⲓⲙⲁ ⲛⲉⲣ ϣⲱⲟⲩϣⲓ ϫⲉ ⲁϥⲛⲁϣⲉⲙϣⲓ ϧⲉⲛ ⲟⲩ-
ⲙⲉⲧⲁⲑⲣⲟϯ. ⲥⲁⲧⲟⲧϥ ⲁ ⲟⲩⲁⲅⲅⲉⲗⲟⲥ ⲛⲧⲉ ⲡⲟⲥ ϣⲁⲣⲓ ⲉⲣⲟϥ ϧⲉⲛ ⲟⲩⲛⲓϣϯ
ⲛⲉⲣϧⲟⲧ ⲉϥⲛⲁϣⲧ ⲉⲙⲁϣⲱ ϩⲱⲥⲧⲉ¹ ⲡⲓϣⲁⲣ ⲛⲧⲉ ⲡⲉϥⲥⲱⲙⲁ ⲛⲟⲩϥⲓ ⲙⲫⲣⲏϯ
ⲛⲟⲩⲁⲥⲕⲟⲥ ⲟⲩⲟϩ ⲥⲁⲧⲟⲧϥ ⲁϥϩⲉⲓ ⲉϫⲉⲛ ⲡⲓⲕⲁϩⲓ ⲁϥⲉⲣ ⲙⲫⲣⲏϯ ⲛⲟⲩⲣⲉϥⲙⲱⲟⲩⲧ ⲟⲩⲟϩ ⲁⲩϥⲁⲓ ⲙⲙⲟϥ ⲁⲩⲟⲓⲧϥ ⲉⲡⲉϥⲏⲓ ϧⲉⲛ ⲟⲩⲛⲓϣϯ ⲙⲙⲉⲧⲉⲃⲓⲏⲛ.
ⲡⲁⲓ ⲙⲉⲛⲉⲛⲥⲁ ⲓ̄ ⲛⲉϩⲟⲟⲩ ⲁ ⲡⲉϥⲥⲱⲙⲁ ⲧⲏⲣϥ ⲉϥⲉⲣ ϧⲟⲧ ϩⲱⲥⲧⲉ² ⲛⲥⲉⲛ
ϥⲉⲛⲧ ⲉⲃⲟⲗ ϩⲁⲣⲟϥ ⲟⲩⲟϩ ⲛⲧⲉ ⲛⲉϥⲕⲁⲥ ⲃⲱⲛ ⲉⲃⲟⲗ ⲟⲩⲟϩ ⲛⲁϥϯ ϧⲣⲱⲟⲩ
ⲉⲃⲟⲗ ⲡⲉ ϧⲉⲛ ⲟⲩⲥⲙⲏ ⲉⲥⲉⲛϣⲁϣⲓ ⲙⲡⲓⲉϩⲟⲟⲩ ⲛⲉⲙ ⲡⲓⲉϫⲱⲣϩ ⲉⲑⲃⲉ ϯⲁ-
ⲙⲉϯ ⲉⲑⲟⲩⲱⲙ ⲛⲥⲱϥ. ⲛⲁϥⲣⲓⲙⲓ ⲇⲉ ⲡⲉ ⲉϥⲉⲣⲟⲙⲟⲗⲟⲅⲉⲓⲛ³ ⲙⲡⲉⲙⲑⲟ ⲉⲃⲟⲗ
ⲛⲟⲩⲟⲛ ⲛⲓⲃⲉⲛ ⲛⲛⲓⲙⲉⲧⲁⲥⲉⲃⲏⲥ ⲧⲏⲣⲟⲩ ⲉⲧⲁϥⲁⲓⲧⲟⲩ. ⲫⲁⲓ ⲟⲩⲛ ⲁⲩⲧⲁⲗⲟϥ
ⲉϫⲉⲛ ⲟⲩϭⲗⲟϫ ⲁⲩϥⲁⲓ ⲙⲙⲟϥ ϩⲓⲧⲉⲛ ϩⲁⲛ ⲣⲱⲙⲓ (-fol. 44-) ⲁⲩⲧⲓⲧϥ ⲉⲣⲁⲧⲟⲩ ⲛⲛⲏ ⲉⲑⲟⲩⲁⲃ ⲛⲉⲃⲓⲁⲓⲕ ⲛⲧⲉ ⲫϯ ⲉⲧϭⲟⲥⲓ. ⲉⲧⲁⲩⲭⲁϥ ⲇⲉ ⲉϧⲣⲏⲓ ⲙⲡⲟⲩⲙⲑⲟ ⲁⲩⲉⲣ ⲙⲕⲁϩ ⲛϩⲏⲧ ϧⲉⲛ ⲡϫⲓ ⲛⲉⲣⲟⲩⲛⲁϥ ⲉⲡⲉϥⲧⲣⲉⲙⲕⲟ ⲟⲩⲟϩ ⲛⲁⲩϫⲱ ⲙⲙⲟⲥ ⲛⲁϥ ⲡⲉ ϫⲉ ⲟⲩ ⲡⲉ ⲉⲧⲁⲕⲁⲓϥ ϣⲁⲧⲉ ⲫⲁⲓ ϣⲱⲡⲓ ⲙⲙⲟⲕ. ⲛⲑⲟϥ
ⲇⲉ ⲡⲉϫⲁϥ ⲛⲱⲟⲩ ϫⲉ ⲭⲱ ⲛⲏⲓ ⲉⲃⲟⲗ ⲛⲁⲓⲟϯ ⲉⲑⲟⲩⲁⲃ ⲁ ⲡⲭ̅ⲥ̅ ⲕⲛⲏ ⲉⲉⲣ
ϣⲟⲣⲡ ⲛⲧⲁⲙⲱⲧⲉⲛ ⲉⲛⲁⲡⲣⲁⲝⲓⲥ ⲉⲧϩⲱⲟⲩ. ⲡⲉϫⲱⲟⲩ ⲛⲁϥ ϫⲉ ϩⲁⲣⲁ ⲁⲕⲥⲟⲩⲟⲛ
(ⲙ)ⲡⲭ̅ⲥ̅⁴ ⲛⲕⲁⲗⲱⲥ ⲟⲩⲟϩ ⲁⲕⲉⲙⲓ ϫⲉ ϥϫⲟⲛⲡ ⲉϥⲛⲁⲩ ⲉⲛⲉⲕϩⲃⲏⲟⲩⲓ ⲉⲧⲉⲕ-

son adoration⁵. Lorsqu'il eut fini de dire la prière de l'Évangile, après les (autres) prières, il s'approcha de l'autel afin de célébrer sans crainte. Aussitôt un ange du Seigneur le frappa d'une plaie très violente de sorte que la peau de son corps se gonflât comme une outre; et aussitôt il tomba sur la terre, il devint comme un mort, et on l'enleva, on le porta à sa maison dans une grande pauvreté. Dix jours après, tout son corps devint une plaie, de sorte que les vers en sortaient, que ses os se dénudèrent et qu'il poussait des cris jour et nuit d'une voix amère à cause du cancer qui le dévorait. Il pleurait, confessant en présence de chacun toutes les impiétés qu'il avait commises. On le plaça donc sur un lit et des hommes le portèrent, le mirent aux pieds des saints serviteurs du Dieu Très-Haut. Lorsqu'on l'eut placé en leur présence, ils furent tristes de cœur en voyant sa souffrance, et ils lui disaient : « Qu'as-tu fait pour que cela t'arrive? » — Mais lui, il leur dit : « Pardonnez-moi, mes pères saints, le Christ vient de vous apprendre d'abord mes actions mauvaises. » — Ils lui dirent : « Tu connais donc bellement le Christ, et tu sais qu'il voit les œuvres que tu fais? » — Il dit : « Oui, mes seigneurs pères,

1. *Cod.* ϩⲱⲥⲇⲉ. — 2. *Cod.* ϩⲱⲥⲇⲉ. — 3. *Cod.* ⲁϥⲉⲣⲟⲙⲟⲗⲟⲅⲓⲛ. — 4. *Cod.* ⲁⲕⲥⲟⲩⲱⲛ ⲡⲭ̅ⲥ̅. — 5. Mot à mot : Afin qu'il servit.

ιρι ⲙⲙⲱⲟⲩ. ⲡⲉϫⲁϥ ϫⲉ ⲁϧⲏ ⲛⲁⲟⲥ ⲛⲓⲟϯ ⲁϥϯ ⲥⲃⲱ ⲛⲏⲓ ⲛⲕⲁⲗⲱⲥ. ⲧⲟⲧⲉ
ⲛⲓⲙⲁⲕⲁⲣⲓⲟⲥ ⲛⲁⲑⲗⲏⲧⲏⲥ ⲛⲧⲉ ⲡⲭ̅ⲥ̅ ⲓⲏ̅ⲥ̅ ⲉⲧⲥⲱⲟⲩⲛ ⲙⲫϯ ϫⲉ ϥⲟⲩⲱϣ ⲁⲛ
ⲛⲧⲉ ϩⲗⲓ ⲧⲁⲕⲟ ⲉϥϫⲁϧⲉⲙ ϧⲉⲛ ⲛⲉϥⲛⲟⲃⲓ ⲁⲗⲗⲁ ⲙⲁⲗⲗⲟⲛ ϥⲟⲩⲱϣ ⲉⲑⲣⲟⲩ
ⲕⲟⲧⲟⲩ ϩⲁⲣⲟϥ ⲧⲏⲣⲟⲩ ϧⲉⲛ ⲟⲩⲙⲉⲧⲁⲛⲟⲓⲁ ⲙⲙⲏⲓ ⲁⲩϭⲓ ⲛⲟⲩⲕⲟⲩϫⲓ ⲙⲙⲱⲟⲩ
ⲁⲩⲉⲣⲥⲫⲣⲁⲅⲓϫⲓⲛ ⲙⲙⲟϥ ϧⲉⲛ ⲫⲣⲏⲛⲓ ⲙⲡⲓⲥⲧⲁⲩⲣⲟⲥ[1] ⲁⲩⲭⲟϣϥ ⲉϫⲱϥ
ⲉⲩϫⲱ ⲙⲙⲟⲥ ϫⲉ ⲡⲟ̅ⲥ̅ ⲓⲏ̅ⲥ̅ ⲡⲭ̅ⲥ̅ ⲡⲓⲥⲏⲓⲛⲓ ⲛⲁⲗⲏⲑⲓⲛⲟⲥ ⲛⲧⲉ ⲛⲉⲛⲯⲩⲭⲏ ⲛⲉⲙ
ⲛⲉⲛⲥⲱⲙⲁ ⲫⲏ ⲉⲑⲟⲩⲱϣ ⲁⲛ ⲛⲧⲉ ϩⲗⲓ ⲧⲁⲕⲟ ϧⲉⲛ ⲛⲏ ⲉⲧⲁⲩⲥⲱⲣⲉⲙ (-verso-)
ⲁⲗⲗⲁ ⲉⲕⲟⲩⲱϣ ⲉⲑⲣⲟⲩⲧⲁⲥⲑⲟⲟⲩ ⲧⲏⲣⲟⲩ ⲉϧⲟⲩⲛ ⲉⲧⲉⲕϣⲁⲓⲣⲓ ⲙⲡⲛⲉⲩⲙⲁⲧⲓⲕⲏ ϩⲓ
ⲧⲉⲛ ϯⲙⲉⲧⲁⲛⲟⲓⲁ[2] ⲟⲩⲟϩ ⲛⲧⲉⲥⲟⲩϫⲁⲓ ⲛϫⲉ ⲧⲟⲩⲯⲩⲭⲏ ⲛⲑⲟⲕ ⲉⲕⲉⲉⲣ ⲫⲁϩⲣⲓ
ⲉⲣⲟⲛ ⲧⲏⲣⲟⲩ ϩⲓⲧⲉⲛ ⲛⲓⲉⲩⲭⲏ ⲛⲧⲉ ⲁⲅⲁⲃⲟⲥ ⲡⲉⲛⲓⲱⲧ ⲛⲉⲙ ⲡⲉⲕⲃⲱⲕ ⲙⲁⲕⲁ
ⲣⲓⲟⲥ[3]. ⲧⲟⲧⲉ ⲉⲧⲁⲩϫⲱϣ ⲙⲡⲓⲙⲱⲟⲩ ⲉϫⲱϥ ⲟⲩⲟϩ ⲁϥⲟⲩϫⲁⲓ ⲛϫⲉ ⲡⲉϥⲥⲱⲙⲁ
ⲉⲁⲩϣⲱⲟⲩⲓ ⲛϫⲉ ⲛⲉϥⲉⲣϧⲟⲧ ⲁϥⲧⲁⲗϭⲟ. ⲛⲓⲁ(ⲅⲓ)ⲟⲥ[4] ⲇⲉ ⲁⲩⲧⲫⲟϥ ϧⲉⲛ ⲟⲩ
ϩⲉⲓⲣⲏⲛⲏ ⲉⲩϫⲱ ⲙⲙⲟⲥ ⲛⲁϥ ϫⲉ ⲓⲥ ϩⲏⲡ(ⲡ)ⲉ ⲁⲕⲟⲩϫⲁⲓ ⲙⲡⲉⲣⲉⲣ ⲛⲟⲃⲓ ϫⲉ
ⲙⲏⲡⲱⲥ ⲛⲧⲉ ⲡϫⲱⲛⲧ ⲙⲫϯ ⲧⲁϩⲟⲕ ⲟⲛ ⲛⲧⲉⲕⲙⲟⲩ ⲛⲕⲁⲕⲱⲥ. ⲗⲟⲓⲡⲟⲛ ⲁϥϣⲉ
ⲛⲁϥ ⲉⲛⲉⲧⲉⲛⲟⲩϥ ⲉϥⲟⲩⲟϫ ⲟⲩⲟϩ ⲉϥϯ ⲱⲟⲩ ⲙⲫϯ ⲛⲥⲏⲟⲩ ⲛⲓⲃⲉⲛ ⲉⲑⲃⲉ ⲡⲓⲟⲩ
ϫⲁⲓ ⲉⲧⲁϥⲧⲁϩⲟϥ ϩⲓⲧⲉⲛ ⲛⲓϣⲗⲏⲗ ⲛⲧⲉ ⲛⲓⲁⲅⲓⲟⲥ.

il me l'a bien appris. » Alors les bienheureux athlètes du Christ Jésus, sachant que Dieu ne désire pas que quelqu'un meure souillé de ses péchés, mais que bien plutôt il désire qu'ils se retournent tous vers lui dans un repentir vrai, prirent un peu d'eau, la signèrent du signe de la croix et la répandirent sur lui en disant : « O Seigneur Jésus le Christ, le vrai médecin de nos âmes et de nos corps, celui qui ne désire pas que quelqu'un de ceux qui ont erré périsse, mais qui désire qu'ils se retournent tous vers son bercail spirituel par la pénitence et que leur âme soit sauvée, c'est toi qui nous guériras tous par les prières d'Agabos notre père et de ton serviteur abba Macaire. » Alors, lorsqu'ils eurent versé l'eau sur lui et qu'on l'eut laissé pendant deux jours près d'eux qui priaient sur lui, son corps fut sain, parce que ses plaies se séchèrent, il fut guéri. Mais les saints le congédièrent en paix, lui disant : « Puisque tu es guéri, ne pèche plus, de peur que la colère de Dieu ne te saisisse encore et que tu ne meures de malemort. » Du reste, il s'en alla près des siens, sain et sauf, rendant gloire à Dieu en tout temps au sujet de la guérison qu'il avait obtenue[5] par les prières de ces saints.

1. Cod. ⲙⲡⲓϥⲉ. — 2. Cod. ϯⲙⲉⲧⲁⲛⲓⲁ. — 3. Cod. ⲙⲁⲕⲁⲣⲓ. — 4. Cod. ⲛⲓⲁ...ⲟⲥ. — 5. Mot à mot : Qu'il avait faite.

ⲁⲙⲉⲗⲉⲓ¹ ⲛⲉ ⲟⲩⲟⲛ ⲫⲓⲗⲟⲥⲟⲫⲟⲥ ⲃ̅ ϧⲉⲛ ⲁⲑⲏⲛⲁⲥ² ⲛⲉ ϩⲁⲛ ϩⲉⲗⲗⲏⲛⲟⲥ³
ⲅⲁⲣ ⲛⲉ ⲉⲧⲁⲩⲥⲱⲧⲉⲙ ⲉⲑⲃⲉ ⲛⲓⲧⲁⲗϭⲟ ⲉⲧϣⲟⲡ ⲉⲃⲟⲗϩⲓⲧⲉⲛ ⲛⲁⲓⲁⲅⲓⲟⲥ ϧⲉⲛ
ϯϫⲟⲙ ⲛ̄ⲧⲉ ⲡⲭ̅ⲥ ⲓⲏ̅ⲥ ⲛⲁⲧϯ ϣⲑⲟⲩⲓⲧ ϧⲁⲣⲱⲟⲩ ⲡⲉ (-fol. 45-) ⲉⲩϫⲱ ⲙ̅ⲙⲟⲥ
ϫⲉ ⲛⲓⲙ ϩⲱⲟⲩ ⲛⲉ ⲛⲁⲓ ⲉⲧⲟⲩϫⲱ ⲙⲙⲟⲥ ⲉⲣⲱⲟⲩ ϫⲉ ⲥⲉϩⲓⲟⲩⲓ ⲛ̄ⲛⲓⲇⲁⲓⲙⲱⲛ⁴
ⲉⲃⲟⲗϧⲉⲛ ⲛⲓⲣⲱⲙⲓ ⲁⲩϣⲁⲛϣⲗⲏⲗ ⲉϫⲱⲟⲩ ϧⲉⲛ ⲫⲣⲁⲛ ⲙ̄ⲡⲭ̅ⲥ ⲙⲏ ⲛⲁⲓ
ⲛⲉ ⲛⲓⲛⲟⲩϯ ⲛ̄ⲧⲉ ⲛⲓⲁⲑⲏⲛⲁⲓⲟⲥ⁵. ⲁⲩⲧⲱⲟⲩⲛⲟⲩ ⲇⲉ ⲛ̄ϫⲉ ⲛⲓϣⲁⲙϣⲉ ⲉⲓⲇⲱ-
ⲗⲟⲛ⁶ ⲉⲧⲉⲙⲙⲁⲩ ϧⲉⲛ ⲟⲩⲡⲁⲛⲟⲩⲣⲅⲓⲁ ⲛ̄ⲭⲣⲟϥ ⲉⲩⲟⲩⲱϣ ⲉⲉⲣⲡⲉⲓⲣⲁⲍⲓⲛ
ⲛ̄ⲛⲓ ⲉⲑⲟⲩⲁⲃ ⲁⲩⲱⲗⲕ ⲛ̄ⲛⲟⲩϫⲓϫ ⲉⲣⲱⲟⲩ ⲟⲩⲟϩ ⲁⲩⲙⲟⲣⲟⲩ ⲛ̄ϩⲁⲛ ⲧⲱⲓⲥ
ⲙ̄ⲫⲣⲏϯ ⲛ̄ϩⲁⲛ ϭⲁϭⲉⲩ ⲛ̄ⲕⲉⲗⲁⲫⲟⲥ ⲟⲩⲟϩ ⲁⲩⲙⲁϣⲑⲁⲙ ⲛ̄ⲛⲟⲩⲃⲁⲗ ⲙ̄ⲫⲣⲏϯ
ⲛ̄ϩⲁⲛ ⲃⲉⲗⲗⲉⲩ ⲉⲩϫⲱ ⲙ̄ⲙⲟⲥ ⲙ̄ⲡⲁⲓⲣⲏϯ ϫⲉ ⲓⲥϫⲉ ϩⲁⲛ ⲡⲣⲟⲫⲏⲧⲏⲥ ⲛⲉ
ⲟⲩⲟϩ ⲥⲉϩⲓⲟⲩⲓ ⲛ̄ⲛⲓⲇⲁⲓⲙⲱⲛ⁷ ⲉⲃⲟⲗ ⲥⲉⲛⲁⲉⲙⲓ ⲉⲡⲉⲛϩⲱⲃ. ⲁⲩϭⲓ ⲇⲉ ⲛ̄ⲕⲉⲟⲩⲁⲓ
ⲛⲉⲙⲱⲟⲩ ϩⲱⲥ ⲉϥϭⲓ ⲙⲱⲓⲧ ϧⲁϫⲱⲟⲩ ϩⲓ ⲫⲙⲱⲓⲧ. ⲟⲩⲟϩ ⲉⲧⲁⲩⲓ ⲉⲫⲙⲁ
ⲛ̄ϣⲱⲡⲓ ⲛ̄ⲧⲉ ⲛⲏ ⲉⲑⲟⲩⲁⲃ ⲉⲣⲉ ⲡⲓⲣⲱⲙⲓ ϭⲓ ⲙⲱⲓⲧ ϧⲁϫⲱⲟⲩ ⲁⲩⲕⲱⲗϩ ⲉⲡⲓⲣⲟ.
ⲡⲓⲁⲅⲓⲟⲥ ⲇⲉ ⲇⲟⲙⲉⲧⲓⲟⲥ ⲁϥⲉⲣ ⲟⲩⲱ ⲛⲱⲟⲩ ⲉϥϫⲱ ⲙⲙⲟⲥ ϫⲉ ⲉⲣⲉⲧⲉⲛⲟⲩⲉϣ ⲟⲩ
ⲙ̄ⲡⲁⲓⲙⲁ. ⲟⲩⲟϩ ⲡⲉϫⲱⲟⲩ ⲛⲁϥ ϫⲉ ⲉⲧⲁⲛⲓ ϣⲁⲣⲱⲧⲉⲛ ⲛⲓⲁⲅⲓⲟⲥ ⲛ̄ⲧⲉ ⲫ̄ϯ
ⲉⲧϩⲟ ⲉⲣⲱⲧⲉⲛ ϩⲓⲛⲁ ⲛ̄ⲧⲉ ⲡⲉⲧⲉⲛⲛⲁⲓ ⲧⲁϩⲟⲛ ⲛ̄ⲧⲉⲧⲉⲛϣⲗⲏⲗ ⲉϫⲱⲛ (-verso-)

Par hasard, il y avait deux philosophes à Athènes (ils étaient païens) qui avaient entendu raconter les guérisons qui s'opérèrent grâce à ces saints par la vertu du Christ Jésus. Ils s'incriminaient, disant : « Quels sont ceux dont on dit qu'ils chassent les démons hors des hommes, lorsqu'ils prient sur eux au nom du Christ? Est-ce que ce sont les dieux des Athéniens? » Ces idolâtres se levèrent donc dans leur malice rusée, voulant éprouver ces saints : ils se contractèrent les mains et les attachèrent avec des bandelettes à la manière des manchots lépreux (?), et ils se fermèrent les yeux à la manière des aveugles, disant ainsi : « Puisqu'ils sont des prophètes et qu'ils chassent les démons, ils sauront notre œuvre. » Ils prirent avec eux un autre (homme), comme s'il les eût conduits sur le chemin. Et lorsqu'ils arrivèrent à l'habitation des saints, l'homme les conduisant, ils frappèrent à la porte. Le saint Domèce leur répondit, disant : « Que désirez-vous en ce lieu? » — Ils dirent : « Nous sommes venus vers vous, ô saints de Dieu, pour vous prier afin que vous ayez pitié de nous [8], que vous priiez sur nous, que nous soyons guéris [9], car nous sommes

---

1. *Cod.* ⲁⲙⲉⲗⲓ. — 2. Je laisse cette orthographe vicieuse et ce cas employé mal à propos par les Coptes. — 3. *Cod.* ϩⲉⲗⲏⲛⲟⲥ. — 4. *Cpd.* ⲛⲛⲓⲇⲉⲙⲱⲛ. — 5. *Cod.* ⲛⲓⲁⲑⲏⲛⲓⲥⲟⲥ. — 6. *Cod.* ϣⲁⲙϣⲉ ⲓⲇⲱⲗⲟⲛ. — 7. *Cod.* ⲛⲓⲇⲉⲙⲱⲛ. — 8. Mot à mot : Afin que votre pitié nous prenne. — 9. Mot à mot : Afin que le salut nous prenne.

ⲛⲧⲉ ⲡⲟⲩϫⲁⲓ ⲧⲁϩⲟⲛ ϫⲉ ⲟⲩⲏⲓ ⲁⲛⲟⲛ ϧⲁⲛ ϫⲁϭⲟ ⲛⲕⲉⲗⲁϥⲟⲥ ⲟⲩⲟϩ ⲛⲃⲉⲗⲗⲉ
ⲓⲉ ϩⲏⲡⲡⲉ ⲭⲛⲁⲩ ⲉⲡⲁⲓⲣⲱⲙⲓ ϫⲉ ⲁϥⲟⲩⲟⲓ ⲛⲁⲛ ⲁϥϭⲓⲙⲱⲓⲧ ⲛⲁⲛ ⲁϥⲉⲛⲧⲉⲛ ⲉⲡⲁⲓⲙⲁ.
ⲡⲉϫⲉ ⲡⲓⲁⲅⲓⲟⲥ ⲇⲟⲙⲉⲧⲓⲟⲥ ⲛⲱⲟⲩ ϧⲉⲛ ⲟⲩⲙⲉⲧⲁⲡⲗⲟⲩⲥ ϫⲉ ⲡⲟⲥ ⲓⲏⲥ ⲡⲭⲥ
ⲉϥⲉⲧⲁⲗϭⲉ ⲑⲏⲛⲟⲩ ⲟⲩⲟϩ ⲉⲥⲉϣⲱⲡⲓ ⲛⲱⲧⲉⲛ ⲙ̅ⲫⲣⲏϯ ⲉⲧⲁⲣⲉⲧⲉⲛⲉⲣⲁⲓⲧⲓⲛ[1].
ⲛ̅ⲧⲟⲩⲛⲟⲩ ⲇⲉ ⲁⲩⲉⲣ ⲕⲉⲗⲁϥⲟⲥ ⲟⲩⲟϩ ⲁⲩⲉⲣ ⲃⲉⲗⲗⲉ ⲁ ⲛⲟⲩϫⲓϫ ⲱⲗⲕ
ⲉⲣⲱⲟⲩ ⲉⲁⲩϣⲱⲡⲓ ⲛϫⲁϭⲟ. ⲥⲁⲧⲟⲧⲟⲩ ⲇⲉ ⲁⲩⲱϣ ⲉⲃⲟⲗ ϧⲉⲛ ⲟⲩⲛⲓϣϯ ⲛ̅ⲥⲙⲏ
ⲉⲩϫⲱ ⲙⲙⲟⲥ ϫⲉ ⲫⲣⲱⲙⲓ ⲙ̅ⲫϯ ⲛⲁⲓ ⲛⲁⲛ ϫⲉ ⲉⲧⲁⲛⲓ ⲉⲡⲁⲓⲙⲁ ⲉⲉⲣⲡⲉⲓⲣⲁⲍⲓⲛ[2] ⲙ̅ⲙⲱⲧⲉⲛ. ⲟⲩⲟϩ ⲥⲁⲧⲟⲧⲟⲩ ⲁⲩϩⲓⲧⲟⲩ ϩⲓϫⲉⲛ ⲡⲟⲩϩⲟ ϧⲁⲧⲉⲛ ⲛⲉⲛϭⲁⲗⲁⲩϫ ⲛⲛⲓ ⲉⲑⲟⲩⲁⲃ ϧⲉⲛ ⲟⲩⲛⲓϣϯ ⲛⲛⲁϩϯ ⲉⲩϫⲱ ⲙⲙⲟⲥ ϫⲉ ⲧⲉⲛϯ ϩⲟ ⲉⲣⲱⲧⲉⲛ ⲛⲁⲓ ⲛⲁⲛ ⲁⲣⲓ ⲃⲟⲏⲑⲉⲓⲛ[3] ⲉⲣⲟⲛ ⲟⲩⲟϩ ⲧⲉⲛⲛⲁϣⲱⲡⲓ ⲛ̅ⲭⲣⲓⲥⲧⲓⲁⲛⲟⲥ[4]
ⲓⲥϫⲉⲛ ⲫⲟⲟⲩ ⲉⲃⲟⲗ ⲛ̅ⲧⲉⲛⲉⲣ ⲃⲱⲕ ⲙ̅ⲡⲭⲥ. ⲟⲩⲟϩ ⲡⲉϫⲉ ⲡⲉⲑⲟⲩⲁⲃ ⲙⲁⲝⲓⲙⲟⲥ
ⲛⲱⲟⲩ ϫⲉ ⲁⲛ ⲧⲉⲧⲉⲛⲛⲁϩϯ ⲧⲁϥⲙⲉⲛ ϫⲉ ⲓⲏⲥ ⲡⲉ ⲡϣⲏⲣⲓ ⲙ̅ⲫϯ ⲡⲉ. ⲛⲑⲱⲟⲩ
ⲇⲉ ⲡⲉϫⲱⲟⲩ ϫⲉ ⲥⲉ ⲧⲉⲛ-(-fol. 46-)ⲛⲁϩϯ ϧⲉⲛ ⲛⲉⲛϩⲏⲧ ⲧⲏⲣϥ ⲛⲉⲛϭⲓⲥⲉⲩ
ⲉⲑⲟⲩⲁⲃ ϫⲉ ⲓⲏⲥ ⲡⲉ ⲡϣⲏⲣⲓ ⲙ̅ⲫϯ ⲡⲉ ⲟⲩⲟϩ ⲙⲙⲟⲛ ⲕⲉⲟⲩⲁⲓ ⲉⲃⲏⲗ ⲉⲣⲟϥ.
ⲉⲧⲁⲩⲥⲱⲧⲉⲙ ⲇⲉ ⲉⲛⲁⲓ ⲛϫⲉ ⲛⲓⲉⲃⲓⲁⲓⲕ ⲛⲧⲉ ⲡⲭⲥ ⲛⲧⲟⲧⲟⲩ ⲛⲛⲓ ⲉⲧⲉⲙⲙⲁⲩ
ⲁⲩϣⲗⲏⲗ ⲉϫⲉⲛ ⲟⲩⲛⲟⲩϫⲓ ⲛⲛⲉϩ ⲁⲩⲧⲏⲓϥ ⲛⲱⲟⲩ ⲉⲩϫⲱ ⲙⲙⲟⲥ ϫⲉ ⲙⲁϣⲉ
ⲛⲱⲧⲉⲛ ⲉⲡⲧⲟⲡⲟⲥ ⲙⲡⲓⲁⲅⲓⲟⲥ ⲗⲉⲱⲛⲧⲓⲟⲥ[5] ⲟⲩⲟϩ ϫⲱⲕⲉⲙ ϧⲉⲛ ⲧⲉϥϣⲱⲧ

des manchots lépreux (?) et des aveugles; voici que tu vois que cet homme nous a conduits et amenés en ce lieu. » Le saint Domèce leur dit avec simplicité : « Que le Seigneur Jésus le Christ vous guérisse et qu'il vous soit fait comme vous avez demandé. » Sur l'heure, ils devinrent lépreux (?) et aveugles; leurs mains se contractèrent et ils devinrent manchots. Mais aussitôt ils crièrent d'une grande voix, disant : « Homme de Dieu, aie pitié de nous, car nous sommes venus en ce lieu pour vous éprouver. » Et aussitôt ils se jetèrent sur leurs visages devant les pieds des saints, avec une grande foi, disant : « Nous vous en prions, ayez pitié de nous, secourez-nous et nous nous ferons chrétiens dès aujourd'hui, et nous serons les serviteurs du Christ. » — Et le saint Maxime leur dit : « Croyez-vous maintenant que Jésus est le Fils de Dieu ? » — Mais eux, ils dirent : « Oui, nous croyons de tout notre cœur, nos seigneurs saints, que Jésus est le Fils de Dieu et qu'il n'y en a pas d'autres que lui[6]. » Lorsque les serviteurs du Christ eurent entendu ces paroles de leur part, ils prièrent sur un peu d'huile, ils le leur donnèrent en disant : « Allez-vous-en au *topos* de saint Léonce et lavez-vous dans son puits;

---

1. *Cod.* ⲉⲧⲁⲣⲉⲧⲉⲛⲉⲣⲉⲧⲓⲛ. — 2. *Cod.* ⲥⲉⲣⲡⲓⲣⲁⲍⲓⲛ. — 3. *Cod.* ⲁⲣⲓ ⲃⲟⲏⲟⲙⲛ. — 4. *Cod.* ⲛ̅ⲭⲣⲏⲥⲧⲓⲁⲛⲟⲥ. — 5. *Cod.* ⲗⲉⲟⲛⲧⲓⲟⲥ. — 6. C'est-à-dire : Qu'il n'y a point d'autre Dieu que lui.

ⲟⲩⲟϩ ⲛⲧⲉⲧⲉⲛⲑⲁϩⲥ ⲑⲏⲛⲟⲩ ϧⲉⲛ ⲡⲁⲓⲕⲟⲩϫⲓ ⲛⲛⲉϩ ⲟⲩⲟϩ ⲧⲉⲛⲛⲁϩϯ ϫⲉ
ⲡⲓⲟⲩϫⲁⲓ ⲕⲁⲧⲁϩⲉ ⲑⲏⲛⲟⲩ. ⲟⲩⲟϩ ⲁⲩⲓⲣⲓ ⲕⲁⲧⲁ ⲫⲣⲏϯ ⲉⲧⲁ ⲛⲓⲁⲅⲓⲟⲥ ϫⲟⲥ
ⲛⲱⲟⲩ ⲟⲩⲟϩ ⲁⲩⲟⲩϫⲁⲓ ϧⲉⲛ ϯϫⲟⲙ ⲛⲧⲉ ⲡⲭ̅ⲥ̅ ⲥⲁⲧⲟⲧⲟⲩ ⲇⲉ ⲁⲩϭⲓ ⲱⲙⲥ
ⲉⲫⲣⲁⲛ ⲙⲫⲓⲱⲧ ⲛⲉⲙ ⲡϣⲏⲣⲓ ⲛⲉⲙ ⲡⲓⲡ̅ⲛ̅ⲁ̅ ⲉⲑⲟⲩⲁⲃ[1] ⲟⲩⲟϩ ⲁⲩϣⲱⲡⲓ
ⲛⲭⲣⲏⲥⲧⲓⲁⲛⲟⲥ[2] ϧⲉⲛ ⲡⲓⲙⲁ ⲉⲧⲉⲙⲙⲁⲩ ⲟⲩⲟϩ ⲁⲩϩⲓ ⲱⲓϣ ⲛϯϣⲫⲏⲣⲓ ⲉⲧⲁⲥϣⲱⲡⲓ ⲙⲙⲱⲟⲩ ϧⲉⲛ ⲁⲑⲏⲛⲛⲁⲥ[3] ⲑⲃⲁⲕⲓ ⲛⲛⲓⲁⲑⲏⲛⲛⲁⲓⲟⲥ[4]. ⲓⲥϫⲉⲛ ⲡⲓⲉϩⲟⲟⲩ
ⲇⲉ ⲉⲧⲉⲙⲙⲁⲩ ⲁ ⲟⲩⲙⲏϣ ϣⲱⲡⲓ ⲛⲭⲣⲏⲥⲧⲓⲁⲛⲟⲥ[5] ⲉⲃⲟⲗⲛϧⲏⲧⲟⲩ ⲉⲣϯ ⲱⲟⲩ
ⲙⲫϯ ⲡⲓⲗⲟⲅⲟⲥ ⲉⲧⲁϥϭⲓ ⲥⲁⲣⲝ. ⲉϣⲱⲡ ⲅⲁⲣ ⲁⲓϣⲁⲛⲟⲩⲱϣ ⲉϫⲱ ⲙⲡⲁϣⲁⲓ
ⲛⲛⲓϩⲙⲟⲧ ⲛⲧⲁⲗϭⲟ ⲉⲧⲁ ⲫϯ ⲉⲣⲉⲛⲉⲣⲅⲓⲛ[6] ⲙⲙⲱⲟⲩ (-verso-) ϧⲉⲛ ⲛⲉⲛϫⲓϫ ⲛⲛⲓⲁⲅⲓⲟⲥ ⲡⲓⲥⲏⲟⲩ ⲛⲁⲙⲟⲧⲕ ⲉⲣⲟⲓ ⲉⲓⲥⲁϫⲓ.

ⲟⲩⲡⲣⲁⲅⲙⲁⲧⲉⲧⲏⲥ ⲅⲁⲣ ⲛⲧⲉ ϯⲃⲁⲕⲓ ⲁⲛⲧⲓⲟⲭⲓⲁ ⲉϥⲛⲏⲟⲩ ϣⲁ ⲛⲁⲓⲙⲁⲕⲁⲣⲓⲟⲥ ⲕⲁⲧⲁ ⲕⲟⲩϫⲓ ⲉϥϭⲓ ⲥⲙⲟⲩ ⲉⲃⲟⲗϩⲓⲧⲟⲧⲟⲩ ⲉϥⲱⲗⲓ ⲙⲡⲟⲩϩⲱⲃ ⲛϫⲓϫ
ⲛⲧⲟⲧⲟⲩ ⲛⲁⲩⲉⲣ ϩⲱⲃ ⲅⲁⲣ ⲡⲉ ⲉⲛⲓⲭⲟⲗⲁⲕⲓ ⲡⲉ ⲉⲃⲟⲗ ⲟⲩⲛ ϩⲓⲧⲉⲛ ⲡⲉϥⲛⲁϩϯ
ⲉϧⲟⲩⲛ ⲉⲛⲓⲁⲅⲓⲟⲥ ⲁϥⲥϧⲉ ⲡⲟⲩⲣⲁⲛ ⲉⲛⲓⲭⲟⲗⲁⲕⲓ ⲁϥⲁⲓⲧⲟⲩ ⲛⲥⲧⲁⲩⲣⲟⲥ[7]
ϧⲉⲛ ⲑⲙⲏϯ ⲙⲡⲓⲗⲁⲟⲧⲟ ⲛⲧⲉ ⲡⲉϥϫⲟⲓ ϧⲉⲛ ⲡⲓϣϭⲏⲣ ⲛⲧⲉ ⲫⲓⲟⲙ. ⲁⲥϣⲱⲡⲓ
ⲇⲉ ⲉⲣⲉ ⲡⲓϫⲟⲓ ⲭⲏ ϧⲉⲛ ⲕⲱⲛⲥⲧⲁⲛⲧⲓⲛⲟⲩⲡⲟⲗⲓⲥ[8] ⲛⲉⲙ ⲧⲉϥⲡⲣⲁⲅⲙⲁⲧⲉⲓⲁ[9]

oignez-vous de ce peu d'huile, et nous croyons que le salut vous atteindra. » Et ils firent ainsi que leur dirent les saints, et ils furent guéris par la vertu du Christ. Aussitôt ils prirent le baptême, au nom du Père, du Fils et du Saint-Esprit, ils devinrent chrétiens en ce lieu et ils prêchèrent la merveille qui leur était arrivée dans Athènes, la ville des Athéniens. Depuis ce jour, une foule d'entre eux devinrent chrétiens, rendant gloire à Dieu le Verbe qui a pris chair. Et, si je voulais dire le nombre des grâces de guérison que Dieu a faites par les mains de ces saints, le temps ne me suffirait pas pour parler.

Un marchand de la ville d'Antioche, qui allait de temps en temps vers ces bienheureux, recevait leur bénédiction, prenait leurs travaux manuels, car ils faisaient des cordes, par suite de sa grande confiance en ces saints, il écrivit leur nom sur les cordes, il les disposa en croix au milieu de la voile de la barque dans la navigation de la mer. Il arriva, comme la barque était à Constantinople avec sa marchandise pour l'y vendre, — car le port de cette

---

1. Le manuscrit n'est pas très lisible en cet endroit. — 2. *Cod.* ⲛⲭⲣⲏⲥⲧⲓⲁⲛⲟⲥ. — 3. Même remarque que plus haut à propos de ce mot. — 4. *Cod.* ⲛⲛⲓⲁⲑⲏⲛⲛⲉⲟⲥ. — 5. *Cod.* ⲛⲭⲣⲏⲥ-ⲧⲓⲁⲛⲟⲥ. — 6. *Cod.* ⲉⲣⲉⲛⲉⲣⲅⲓⲛ. — 7. *Cod.* ⲛϥ̅ⲉ̅. — 8. *Cod.* ⲕⲱⲥⲧⲁⲛⲧⲓⲛⲟⲩⲡⲟⲗⲓⲥ. — 9. *Cod.* ⲧⲉϥⲡⲣⲁⲅⲙⲁⲧⲓⲁ.

ⲉⲡⲭⲓ ⲛ̄ⲧⲛⲓⲥ ⲉⲃⲟⲗ ⲙ̄ⲙⲁⲩ ⲉⲡⲉⲓⲇⲏ[1] ⲅⲁⲣ ⲉⲣⲉ ⲡⲓⲗⲩⲙⲏⲛ ⲛ̄ⲧⲉ ϯⲃⲁⲕⲓ ⲉϥⲭⲏ ϧⲉⲛ ⲧⲉⲥⲙⲏϯ ⲥⲁϧⲟⲩⲛ ⲛ̄ⲛⲓⲥⲟⲃⲧ[2] ⲧⲟⲧⲉ ⲟⲩⲛ ⲉⲧⲁϥⲉⲙⲓ ⲛ̄ϫⲉ ⲡⲟⲩⲣⲟ ϫⲉ ⲥⲉⲛⲁϣⲧ ⲛ̄ϫⲉ ⲛⲓϧⲱⲓⲙⲓ ⲁϥⲟⲩⲁϩⲥⲁϩⲛⲓ ⲉⲑⲣⲟⲩⲭⲱ ⲛ̄ⲛⲓⲉϫⲏⲟⲩ ⲥⲁϧⲟⲩⲛ ⲉⲑⲃⲉ ⲡⲉⲛϣⲟⲧ ⲛ̄ⲛⲓϧⲱⲓⲙⲓ ⲛ̄ⲧⲉ ⲫⲓⲟⲙ ⲟⲩⲁⲛ ϩⲁⲛϩⲁⲗⲏⲥⲓⲥ[3] ⲅⲁⲣ ⲛ̄ⲃⲉⲛⲓⲡⲓ ⲉⲧⲥⲟⲗⲕ ⲉⲡⲓⲙⲁ ⲛⲓ ⲉϧⲟⲩⲛ ⲗⲟⲓⲡⲟⲛ ⲁⲩⲥⲉⲕ ⲛⲓϩⲁⲗⲏⲥⲓⲥ ⲁⲩⲭⲁ ⲛⲓⲉϫⲏⲟⲩ ⲉϧⲟⲩⲛ ⲉⲑⲣⲟⲩⲙⲟⲛⲓ ϧⲉⲛ ⲡⲓⲗⲩⲙⲏⲛ. ⲉⲧⲓ ⲟⲩⲛ ⲉϥϩⲟϩⲓ ⲉⲣⲁⲧϥ ⲛ̄ϫⲉ ⲡⲓⲙⲁ-(-fol. 47-)ⲅⲓⲥⲧⲣⲓⲁⲛⲟⲥ ⲛ̄ⲧⲉ ⲡⲟⲩⲣⲟ ⲛⲉⲙ ⲛⲓⲙⲁⲧⲟⲓ ⲛⲁϥϭⲓ ϩⲣⲁϥ ⲡⲉ ⲛⲉⲙ ⲛⲓⲉϫⲏⲟⲩ ⲉⲑⲙⲟⲛⲓ ⲉϧⲟⲩⲛ ⲉⲧⲁϥϯϩⲑⲏϥ ⲟⲩⲛ ⲁϥⲛⲁⲩ ⲉⲡⲗⲁⲟⲩⲟ ⲛ̄ⲧⲉ ⲡⲓϫⲟⲓ ⲉⲧⲁⲛⲉⲣ ϣⲟⲣⲡ ⲛ̄ⲫⲓⲣⲓ ⲉⲣⲟϥ ⲉϥⲫⲟⲣϣ ⲉⲃⲟⲗϩⲓϫⲉⲛ ⲡⲕⲁϩⲓ ⲉⲣⲉ ⲛⲛⲉϥ ⲑⲱⲣⲡ ⲉⲣⲟϥ ⲕⲁⲧⲁ ⲧⲟⲩⲥⲩⲛⲏⲑⲓⲁ ⲁϥⲛⲁⲩ ⲉⲫⲣⲁⲛ ⲙ̄ⲡⲓⲁⲅⲓⲟⲥ ⲙⲁⲝⲓⲙⲟⲥ ⲛⲉⲙ ⲇⲟⲙⲉⲧⲓⲟⲥ ⲉⲧⲥϧⲏⲟⲩⲧ ⲉⲛⲓⲭⲟⲗⲁⲕⲓ ⲉⲧⲧⲟⲓ ⲉⲡⲓⲗⲁⲟⲩⲟ. ⲉⲧⲁϥⲱϣ ⲇⲉ ⲛ̄ⲛⲓⲣⲁⲛ ⲁϥⲉⲣⲕⲉⲗⲉⲧⲉⲓⲛ[4] ⲉⲑⲣⲟⲩⲙⲟⲩϯ ⲛⲁϥ ⲉⲛⲛⲉϥ ⲟⲩⲟϩ ⲡⲉϫⲁϥ ⲛⲱⲟⲩ ϫⲉ ⲟⲩ ⲛⲉ ⲛⲁⲓⲣⲁⲛ ⲉⲧⲥϧⲏⲟⲩⲧ ϩⲓ ⲛⲉⲧⲉⲛⲗⲁⲟⲩⲟ. ⲡⲉϫⲱⲟⲩ ⲛⲁϥ ϫⲉ ϩⲁⲛ ⲣⲱⲙⲓ ⲛⲉ ⲉⲩⲟⲩⲁⲃ ⲛ̄ⲧⲉ ⲫ̄ϯ ⲉⲩϣ(ⲟ)ⲡ ϧⲉⲛ ⲧⲉⲛⲭⲱⲣⲁ. ⲡⲉϫⲉ ⲡⲓⲙⲁⲅⲓⲥⲧⲣⲓⲁⲛⲟⲥ ⲛⲱⲟⲩ ϫⲉ ⲫⲱⲟⲩ ⲡⲉ ⲡⲁⲓϫⲟⲓ. ⲡⲉϫⲱⲟⲩ ⲛⲁϥ ϫⲉ ⲙ̄ⲙⲟⲛ ⲁⲗⲗⲁ ⲉⲧⲁⲛⲥϧⲉ ⲛⲟⲩⲣⲁⲛ ⲉⲡⲉⲛⲗⲁⲟⲩⲟ ⲉⲑⲃⲉ ⲛⲟⲩϣⲗⲏⲗ ⲉⲑⲟⲩⲁⲃ ϩⲓⲛⲁ ⲛ̄ⲧⲉⲛϫⲓⲙⲓ ⲛⲟⲩⲃⲟⲏⲑⲓⲁ ⲛⲉⲙ ⲡⲉⲛϫⲟⲓ ϧⲉⲛ ⲡⲉⲛϫⲓ ⲛⲉⲣ ϩⲱⲧ. ⲡⲉϫⲁϥ ⲛⲱⲟⲩ ϫⲉ ⲧⲉⲧⲉⲛⲥⲱ ⲟⲩⲛ ⲙ̄ⲡⲟⲩⲙⲁ ⲛ̄ⲕⲁⲗⲱⲥ ϫⲉ

ville est situé à l'intérieur de ses murs, au milieu même de la ville[5], (car) lorsque le roi sut que les flots étaient violents, il ordonna de placer les barques à l'intérieur (de la ville) à cause de la violence des flots de la mer, et il y avait des chaînes tendues à l'entrée, et l'on retira les chaînes, on plaça les barques entrer pour aborder dans le port, — comme le magistrien du roi se tenait debout avec les soldats, inspectant les barques qui abordaient dans (le port), lorsqu'il eut fait attention, il vit la voile de la barque que nous avons déjà mentionnée étendue à terre, pendant que les matelots la cousaient selon leur habitude; il vit le nom du saint Maxime et de Domèce écrit sur les cordes qui revêtaient la voile. Lorsqu'il eut lu les noms, il ordonna qu'on lui amenât les matelots. Il leur dit : « Quels sont ces noms écrits sur votre voile? » — Ils lui dirent : « Ce sont de saints hommes de Dieu qui habitent en notre pays. » — Le magistrien leur dit : « Cette barque est à eux? » — Ils lui dirent : « Non; mais nous avons écrit leurs noms sur notre voile à cause de leurs prières saintes, afin que nous trouvions un secours, ainsi que notre barque, dans notre navigation. » — Il leur dit : « Vous savez bien leur

---

1. *Cod.* ⲉⲡⲓⲇⲏ ⲅⲁⲣ. — 2. *Cod.* ⲁϧⲟⲩⲛ ⲛ̄ⲛⲓⲥⲟⲃⲧ. On pourrait aussi lire simplement : ⲉϧⲟⲩⲛ ⲛ̄ⲛⲓⲥⲟⲃⲧ. — 3. *Cod.* ϩⲁⲗⲧⲥⲓⲥ. — 4. *Cod.* ⲁϥⲉⲣⲕⲉⲗⲉⲧⲏⲛ. — 5. Mot à mot : En son milieu.

ⲉⲩϣⲟⲡ ⲑⲱⲛ. ⲡⲉϫⲱⲟⲩ ⲛⲁϥ ϫⲉ ⲥⲉ ⲡⲉⲛϭⲥ ⲉⲩϣⲟⲡ ϧⲉⲛ ϯⲥⲩⲣⲓⲁ (-verso-)
ⲧⲟⲧⲉ ⲡⲓⲙⲁⲅⲓⲥⲧⲣⲓⲁⲛⲟⲥ ⲁϥⲟⲩⲁϩⲥⲁϩⲛⲓ ⲉⲥⲱⲛϩ ⲛⲛⲓⲛⲉϥ ⲛⲥⲉϭⲓⲧⲟⲩ ϣⲁ
ⲡⲟⲩⲣⲟ ⲛⲑⲟϥ ⲇⲉ ⲡⲓⲙⲁⲅⲓⲥⲧⲣⲓⲁⲛⲟⲥ ⲁϥⲉⲣ ϣⲟⲣⲡ ⲉⲣⲱⲟⲩ ⲁϥⲧⲁⲙⲉ ⲡⲟⲩⲣⲟ
ⲟⲩⲟϩ ⲁϥϫⲟⲥ ⲉⲑⲣⲟⲩⲉⲛⲁⲩ ⲙⲡⲉϥⲙⲑⲟ ⲫⲣⲁⲛ ⲇⲉ ⲙⲡⲓⲟⲩⲣⲟ ⲉⲧⲉⲙⲙⲁⲩ ⲡⲉ
ⲑⲉⲟⲇⲱⲥⲓⲟⲥ¹ ⲉⲡⲉⲓⲇⲏ² ⲅⲁⲣ ⲑⲉⲟⲇⲱⲥⲓⲟⲥ³ ⲛⲉ ⲟⲩⲅⲉⲛⲟⲥ ⲛⲣⲉⲙ ⲛⲭⲏⲙⲓ ⲡⲉ
ⲫⲁⲓ ⲇⲉ ⲛⲁϥⲟⲓ ⲛⲥⲧⲁⲇⲓⲧⲏⲥ⁴ ⲛϣⲟⲣⲡ ⲡⲉ ⲉⲛⲓϩⲑⲱⲣ ⲛⲧⲉ ⲟⲩⲁⲗⲉⲛⲧⲓⲛⲟⲥ
ⲡⲟⲩⲣⲟ ⲁⲓϫⲁϩⲓ ⲉⲫⲓⲱⲧ ⲛⲛⲁⲓⲁⲅⲓⲟⲥ. ⲉⲧⲁϥⲛⲁⲩ ⲅⲁⲣ ⲉⲑⲉⲟⲇⲱⲥⲓⲟⲥ⁵ ϫⲉ ⲟⲩⲣⲱⲙⲓ ⲛϫⲱⲣⲓ ⲡⲉ ⲁϥⲑⲁϣϥ ⲛⲁⲣⲭⲱⲛ ⲉϫⲉⲛ ⲛⲓⲙⲁ ⲛϭⲱⲣⲉⲙ ⲧⲏⲣⲟⲩ ⲛⲧⲉ
ⲛⲓϩⲑⲱⲣ ⲉⲧϧⲉⲛ ⲡⲁⲗⲁϧⲓ ⲛⲧⲉ ⲧⲉϥⲙⲉⲧⲟⲩⲣⲟ. ⲗⲟⲓⲡⲟⲛ ⲁ ⲛⲁⲓⲁⲅⲓⲟⲥ ⲛⲉ
ⲁⲩⲉⲣⲁⲡⲟⲧⲁⲍⲉⲥⲑⲁⲓ⁶ ⲙⲡⲁⲓⲕⲟⲥⲙⲟⲥ ⲉⲧⲓ ⲉϥⲟⲛϧ ⲛϫⲉ ⲟⲩⲁⲗⲉⲛⲧⲓⲛⲟⲥ ⲡⲟⲩⲓⲱⲧ
ⲛⲟⲩⲣⲟⲙⲡⲓ ⲛⲉϩⲟⲟⲩ ⲉⲧⲁϥⲙⲧⲟⲛ ⲇⲉ ⲙⲙⲟϥ ⲛϫⲉ ⲟⲩⲁⲗⲉⲛⲧⲓⲛⲟⲥ ⲡⲟⲩⲣⲟ
ⲕⲁⲧⲁ ⲛⲓϩⲁⲡ ⲙⲙⲏⲓ ⲛⲁⲧϣϭⲉⲧϣⲱⲧⲟⲩ⁷ ⲛⲧⲉ ⲫϯ ⲛⲉⲙ ⲡϯⲙⲁϯ ⲛⲧⲥⲩⲅ-
ⲕⲗⲏⲧⲟⲥ⁸ ⲧⲏⲣⲥ ⲁⲩⲱϣ ⲛⲑⲉⲟⲇⲱⲥⲓⲟⲥ⁹ ⲡⲓⲥⲧⲁⲇⲗⲓⲧⲏⲥ ⲛⲟⲩⲣⲟ ⲛⲧϣⲉⲃⲓⲱ
ⲛⲟⲩⲁⲗⲉⲛⲧⲓⲛⲟⲥ ⲫⲓⲱⲧ ⲛⲛⲁⲓⲙⲁⲕⲁⲣⲓⲟⲥ ⲙⲁⲝⲓⲙⲟⲥ ⲛⲉⲙ ⲇⲟⲙⲉⲧⲓⲟⲥ ⲕⲁⲧⲁ
ⲫⲣⲏϯ ⲉⲧⲥϧⲏⲟⲩⲧ ϧⲉⲛ ⲛⲓⲓⲥⲧⲟⲣⲓⲁ ⲛⲧⲉ ϯⲉⲕⲕⲗⲏⲥⲓⲁ. ⲉⲧⲁϥⲛⲁⲩ ⲇⲉ ⲉⲛⲓ-
ⲛⲉϥ ⲉⲩⲥⲟⲛϩ ⲛϫⲉ ⲡⲓⲟⲩⲣⲟ ⲛⲉⲩⲥⲉⲃⲏⲥ ⲑⲉⲟⲇⲱⲥⲓⲟⲥ¹⁰ ⲁϥⲑⲣⲟⲩⲃⲟⲗⲟⲩ ⲉⲃⲟⲗ

résidence, c'est-à-dire où ils sont? » — Ils lui dirent : « Oui, notre Seigneur, ils habitent en Syrie. » Alors le magistrien ordonna d'enchaîner les matelots et de les mener au roi; quant à lui, le magistrien, il les devança, il informa le roi, et le roi dit de les amener en sa présence. Le nom de ce roi était Théodose : il était originaire d'Égypte, mais il était d'abord connétable sur les chevaux de Valentin le roi, je dis le père de ces saints, car quand il eut vu que Théodose était un homme courageux, il le préposa chef sur tous les endroits où l'on exerçait les chevaux de son royaume[11]. Au reste, comme ces saints avaient renoncé à ce monde du vivant même de Valentin leur père, environ un an de jours (auparavant), lorsque le roi Valentin se fut reposé, selon les jugements véritables et insondables de Dieu et à l'unanimité de tout le sénat, on proposa roi Théodose le connétable en remplacement de Valentin, le père de ces bienheureux Maxime et Domèce, selon ce qui est écrit[12] dans les histoires de l'Église. Mais lorsque le pieux roi Théodose vit les matelots enchaî-

1. Cod. ⲑⲉⲟⲇⲟⲥⲓⲟⲥ. — 2. Cod. ⲉⲡⲓⲇⲏ. — 3. Cod. ⲑⲉⲟⲇⲟⲥⲓⲟⲥ. — 4. Peut-être faut-il lire ⲥⲧⲣⲁⲧⲏⲗⲁⲧⲏⲥ. — 5. Cod. ⲉⲑⲉⲟⲇⲟⲥⲓⲟⲥ. — 6. Cod. ⲁⲩⲉⲣⲁⲡⲟⲧⲁⲍⲉⲥⲟⲉ. — 7. Cod. ⲛⲁⲧϣϭⲉⲧϣⲱⲧⲟⲩ. — 8. Cod. ⲛⲧⲥⲩⲛⲕⲗⲏⲧⲟⲥ. — 9. Cod. ⲛⲑⲉⲟⲇⲟⲥⲓⲟⲥ. — 10. Cod. ⲑⲉⲟⲇⲟⲥⲓⲟⲥ. — 11. Mot à mot : Des cavaliers tous qui dans la puissance de son royaume. — 12. Mot à mot : Selon la manière écrite.

ⲉϥϫⲱ ⲙⲙⲟⲥ ϫⲉ ⲛⲁϣⲫⲏⲣ ⲙⲙⲉⲗⲟⲥ ⲛⲉ ⲙⲡⲉⲣⲭⲁⲩ ⲉⲧⲥⲟⲛϩ ϫⲉ ϩⲓⲛⲁ
ⲙⲏⲡⲟⲧⲉ ⲛⲧⲉ ⲡⲭⲥ ϫⲱⲛⲧ ⲉⲣⲟⲓ. ⲟⲩⲟϩ ⲡⲉϫⲉ ⲡⲓϣⲁⲙϣⲉ ⲛⲟⲩϯ ⲛⲟⲩⲣⲟ
ⲛⲱⲟⲩ ϧⲉⲛ ⲟⲩⲙⲉⲧⲣⲉⲙⲣⲁⲩϣ ϫⲉ ⲛⲓⲙ ⲛⲉ ⲛⲓⲣⲱⲙⲓ ⲛⲧⲉ ⲫϯ ⲉⲧⲉⲧⲉⲛⲥⲱⲟⲩⲛ
ⲙⲙⲱⲟⲩ. ⲡⲉϫⲱⲟⲩ ϫⲉ ⲡⲉⲛⲟⲥ ⲙⲁⲝⲓⲙⲟⲥ ⲡⲉ ⲡⲓⲟⲩⲁⲓ ⲟⲩⲟϩ ⲇⲟⲙⲉⲧⲓⲟⲥ ⲡⲉ
ⲡⲓⲕⲉⲟⲩⲁⲓ. ⲡⲁⲗⲓⲛ ⲇⲉ ⲟⲛ ⲡⲉϫⲁϥ ⲛⲱⲟⲩ ϫ(ⲉ) ...¹ ϧⲁⲛ ⲁϣ ⲛⲣⲏϯ ⲛⲉ ϧⲉⲛ
ⲡⲟⲩⲥⲙⲟⲧ. ⲁⲩⲉⲣ ⲟⲩⲱ ⲡⲉϫⲱⲟⲩ ⲛⲁϥ ϫⲉ ⲡⲓⲟⲩⲁⲓ ⲙⲉⲛ ⲟⲩⲣⲱⲙⲓ ⲉϥⲟⲩⲏⲛ
ⲡⲉ ⲉⲁϥⲉⲣ ⲙⲟⲣⲧ ⲡⲓⲭⲉⲧ ϫⲉ ⲟⲩⲣⲱⲙⲓ ⲉϥϣⲛⲟⲩ ⲛⲟⲩⲕⲟⲩϫⲓ ⲉⲁϥϭⲓ ⲁⲣⲭⲏ
ⲙⲙⲟⲣⲧ. ⲧⲟⲧⲉ ⲁϥⲉⲣⲕⲉⲗⲉⲧⲉⲓⲛ² ⲛϫⲉ ⲡⲟⲩⲣⲟ ⲉⲑⲣⲟⲩϯ ⲛⲅ̄ ⲛⲗⲟⲕⲟⲛⲓ
ⲙⲫⲟⲩⲁⲓ ⲫⲟⲩⲁⲓ ⲛⲛⲓⲛⲉϥ ⲛⲥⲉⲭⲁⲩ ⲉⲃⲟⲗ ϧⲉⲛ ⲟⲩϩⲓⲣⲏⲛⲏ³. ⲙⲉⲛⲉⲛⲥⲁ ⲛⲁⲓ
ⲁ ⲡⲟⲩⲣⲟ ⲙⲟⲩϯ ⲉⲟⲩⲥⲓⲟⲩⲣ ⲛⲧⲉ ⲡⲓⲡⲁⲗⲁⲧⲓⲟⲛ⁴ ⲉⲡⲉϥⲣⲁⲛ ⲡⲉ ⲙⲁⲣⲕⲉⲗⲗⲟⲥ
ⲉⲟⲩⲣⲱⲙⲓ ⲡⲉ ⲉϥϫⲟⲣ ϧⲉⲛ ⲛⲉϥϩⲃⲏⲟⲩⲓ ⲙⲫⲣⲏϯ ⲛⲟⲩⲙⲟⲩⲓ (-verso-) ⲁϥϯ
ⲛⲁϥ ⲛⲟⲩϩⲑⲟ ⲉϥϫⲟⲣ ϧⲉⲛ ⲡⲉϥϫⲟⲙ ⲟⲩⲟϩ ⲁϥⲟⲩⲟⲣⲡϥ ⲉⲧⲥⲩⲣⲓⲁ ϩⲓⲛⲁ
ⲛⲧⲉϥⲉⲙⲓ ⲉⲡⲧⲁϫⲣⲟ ⲙⲡⲓϩⲱⲃ ⲙⲡⲁⲧⲉϥⲧⲁⲙⲉ ϯⲟⲩⲣⲱ. ⲟⲩⲟϩ ⲙⲉⲛⲉⲛⲥⲁ
ϩⲁⲛ ⲕⲟⲩϫⲓ ϫⲉ ⲛⲉϩⲟⲟⲩ ⲁϥⲕⲧⲟϥ ⲛϫⲉ ⲡⲓⲥⲓⲟⲩⲣ ϣⲁ ⲡⲟⲩⲣⲟ ⲉϥϫⲱ ⲙⲙⲟⲥ
(ϫ)ⲉ ⲥⲉϣⲓⲛⲓ ⲉⲣⲟⲕ ⲉⲙⲁϣⲱ ⲛϫⲉ ⲛⲉⲕϣⲏⲣⲓ ⲛⲉⲛⲥⲛⲏⲟⲩ ⲛϯⲟⲩⲣⲱ. ⲡⲟⲩⲣⲟ
ⲇⲉ ⲑⲉⲟⲇⲱⲥⲓⲟⲥ ⲁϥⲣⲁϣⲓ ⲉⲙⲁϣⲱ ⲟⲩⲟϩ ⲁϥⲧⲁⲙⲉ ϯⲟⲩⲣⲱ ⲛⲉⲙ ⲛⲏ ⲉⲧⲉ
ⲛⲟⲩϥ ⲧⲏⲣⲟⲩ ⲟⲩⲟϩ ⲁϥϣⲱⲡⲓ ⲛϫⲉ ⲟⲩⲛⲓϣϯ ⲛⲣⲁϣⲓ ϧⲉⲛ ⲡⲓⲡⲁⲗⲁⲧⲓⲟⲛ⁵

nés, il les fit relâcher, disant : « Ce sont mes compagnons⁶ ; ne les laisse pas enchaînés de peur que le Christ ne s'irrite contre moi. » Et le pieux roi leur dit avec mansuétude : « Qui sont ces hommes de Dieu que vous connaissez ? » — Ils dirent : « Notre seigneur, Maxime c'est l'un, et Domèce c'est l'autre. » — De nouveau il leur dit : « De quelle sorte sont-ils dans leur forme ? » — Ils prirent la parole, ils lui dirent : « L'un est un homme fait⁷ qui a de la barbe; l'autre est un homme qui a les cheveux un peu longs et qui a un commencement de barbe. » Alors le roi ordonna qu'on donnât trois pièces d'or à chaque matelot et qu'on les congédiât en paix. Ensuite le roi appela un eunuque du palais nommé Marcel, qui était un homme courageux dans ses actions comme un lion ; il lui donna un cheval vigoureux et il l'envoya en Syrie, afin de savoir la confirmation de la chose avant de l'annoncer à la reine. Et après quelques jours, l'eunuque retourna vers le roi, disant : « Tes fils, les frères de la reine, te saluent beaucoup. » Mais le roi Théodose se réjouit grandement et informa la reine et tous ses parents; il y eut une

---

1. Peut-être y a-t-il une lacune, mais aussi peut-être n'y en a-t-il pas. — 2. *Cod.* ⲁϥⲉⲣⲕⲉⲗⲉⲧⲓⲛ. — 3. *Cod.* ⲟⲩϩⲓⲣⲏⲛⲏ. — 4. *Cod.* ⲡⲓⲡⲁⲗⲗⲁⲧⲓⲟⲛ. — 5. *Cod.* ⲡⲓⲡⲁⲗⲗⲁⲧⲓⲟⲛ. — 6. Mot à mot : Mes membres compagnons. — 7. Mot à mot : Un homme ouvert, évident.

ⲧⲏⲣϥ ⲙⲡⲓⲉϩⲟⲟⲩ ⲉⲧⲉⲙⲙⲁⲩ. ⲉⲓⲧⲁ[1] ⲙⲉⲛⲉⲛⲥⲁ ϩⲁⲛ ⲕⲟⲩϫⲓ ⲛⲉϩⲟⲟⲩ ⲁ
ⲡⲟⲩⲣⲟ ⲟⲩⲱⲣⲡ ⲛⲧⲟⲩⲙⲁⲩ ⲛⲉⲙ ⲧⲟⲩⲥⲱⲛⲓ ⲉϯⲥⲩⲣⲓⲁ ϫⲉ ⲛⲧⲟⲩⲛⲁⲩ ⲉⲣⲱⲟⲩ
ⲟⲩⲟϩ ⲛⲧⲉ ⲡⲟⲩϩⲏⲧ ⲑⲱⲧ. ⲟⲩⲟϩ ⲁ ⲛⲓⲁⲅⲓⲟⲥ ϯ ⲛⲟⲙϯ ⲛⲧⲟⲩⲙⲁⲩ ⲛⲉⲙ ⲧⲟⲩⲥⲱⲛⲓ ⲟⲩⲟϩ ⲁⲩⲧⲫⲱⲟⲩ ϧⲉⲛ ⲟⲩϩⲓⲣⲏⲛⲏ[2]. ⲓⲥϫⲉⲛ ⲡⲓⲉϩⲟⲟⲩ ⲉⲧⲉⲙⲙⲁⲩ ⲁ
ⲛⲓⲣⲉⲙ ⲕⲱⲥⲧⲁⲛⲧⲓⲛⲟⲩⲡⲟⲗⲓⲥ[3] ⲉⲣ ⲡⲓⲙⲱⲓⲧ ϣⲁ ⲛⲓⲁⲅⲓⲟⲥ ⲙⲙⲁ ⲛⲕⲱϯ
ⲙⲡⲓⲉϩⲟⲟⲩ ⲛⲉⲙ ⲡⲓⲉϫⲱⲣϩ ⲉⲧⲓⲛⲓ ϣⲁⲣⲱⲟⲩ ⲛⲟⲩⲟⲛ ⲛⲓⲃⲉⲛ ⲉⲧϣⲱⲛⲓ ⲛⲟⲩⲙⲏϣ ⲛⲣⲏϯ ⲛⲉⲙ ⲛⲏ ⲉⲧⲉ ⲛⲓⲡⲛⲁ ⲛⲁⲕⲁⲑⲁⲣⲧⲟⲛ (-fol. 49-) ⲛⲉⲙⲱⲟⲩ ⲟⲩⲟϩ
ⲁⲩϣⲁⲛⲫⲟϩ ϣⲁ ⲛⲓⲙⲁⲕⲁⲣⲓⲟⲥ ⲛⲧⲟⲩⲧⲱⲃϩ ⲉϫⲱⲟⲩ ϣⲁⲩⲧⲁⲗϭⲟ ϩⲓⲧⲉⲛ
ⲡⲓϩⲙⲟⲧ ⲛⲧⲉ ⲫϯ ⲡⲉⲛⲥⲱⲧⲏⲣ.

ⲙⲉⲛⲉⲛⲥⲁ ⲛⲁⲓ ⲁ ⲡⲟⲩⲣⲟ ⲑⲉⲟⲇⲱⲥⲓⲟⲥ (ϩ)ⲱⲗ ϣⲁⲣⲱⲟⲩ ϩⲱϥ ϣⲁⲧⲉϥϭⲓ
ⲡⲟⲩⲥⲙⲟⲩ ⲛⲉⲙ ⲡⲟⲩⲥⲟϭⲛⲓ ⲟⲩⲟϩ ⲛⲧⲟⲩⲧⲥⲁⲃⲟϥ ⲉϩⲁⲛ ϩⲃⲏⲟⲩⲓ ⲉⲛⲁⲛⲉⲩ
ⲟⲩⲟϩ ⲉⲩⲉⲣ ⲛⲟϥⲣⲓ ⲛⲧⲉϥⲙⲉⲧⲟⲩⲣⲟ ⲛⲉⲙ ϯⲉⲕⲕⲗⲏⲥⲓⲁ ⲛⲧⲉ ⲫϯ. ϧⲉⲛ ⲛⲁⲓ
ⲇⲉ ⲁⲩⲧⲁϫⲣⲟϥ ⲛⲕⲁⲗⲱⲥ ϧⲉⲛ ⲧⲁϫⲣⲟ ⲛⲓⲃⲉⲛ ⲉⲁⲣⲉϩ ⲫⲛⲁϩϯ ⲛⲛⲓⲕⲁⲓⲁ[4]
ⲟⲩⲟϩ ⲉⲑⲣⲉϥⲭⲁ ⲛⲓϣⲏⲣⲓ ⲛⲧⲉ ϯⲉⲕⲕⲗⲏⲥⲓⲁ ⲉⲩⲧⲁⲓⲏⲟⲩⲧ ⲛⲧⲟⲧϥ ϧⲉⲛ ⲧⲁⲓⲏ[5]
ⲛⲓⲃⲉⲛ. ⲗⲟⲓⲡⲟⲛ ⲉⲧⲁⲩⲟⲩⲱⲛϩ ⲉⲃⲟⲗ ⲛϫⲉ ⲛⲁⲓⲙⲁⲕⲁⲣⲓⲟⲥ ⲉⲩϯ ⲥⲱⲓⲧ ϧⲉⲛ
ϯⲥⲩⲣⲓⲁ ⲧⲏⲣⲥ ⲛⲁϥϩⲏⲗ ϣⲁⲣⲱⲟⲩ ⲛⲑⲟϥ ⲡⲓⲉⲩⲥⲉⲃⲏⲥ ⲛⲟⲩⲣⲟ ⲑⲉⲟⲇⲱⲥⲓⲟⲥ[6]
ⲉϥⲥⲟϭⲛⲓ ⲉⲣⲱⲟⲩ ⲟⲩⲟϩ ⲉϥⲉⲣⲁⲡⲟⲗⲁⲩⲉⲓⲛ[7] ⲛⲧⲟⲩⲥⲃⲱ ⲛⲉⲙ ⲡⲟⲩⲥⲙⲟⲩ ϩⲱϥ

grande joie dans le palais ce jour-là. Quelques jours après, le roi envoya leur mère et leur sœur en Syrie, afin qu'elles les vissent et que leur cœur fût persuadé. Les saints encouragèrent leur mère et leur sœur et les congédièrent en paix. Depuis ce jour, les gens de Constantinople firent route vers ces saints : jour et nuit, les routes leur amenaient quiconque était malade d'une foule de manières et ceux qui avaient des esprits impurs, et, lorsqu'ils étaient arrivés vers ces bienheureux et que ceux-ci avaient prié sur eux, ils étaient guéris par la grâce de Dieu Notre Sauveur.

Ensuite le roi Théodose vint lui-même vers eux pour prendre leur bénédiction et leurs conseils et afin qu'ils lui enseignassent de bonnes œuvres qui fissent du bien à son royaume et à l'Église de Dieu. En cela, ils l'affermirent bellement en tout affermissement à garder la foi de Nicée et à placer les fils de l'Église honorés de tout honneur. Au reste, quand ces bienheureux se furent manifestés et eurent acquis de la réputation dans toute la Syrie, le pieux roi Théodose lui-même venait vers eux, cherchant leurs conseils et

---

1. Cod. ⲓⲧⲁ. — 2. Cod. ⲟⲩϩⲓⲣⲏⲛⲏ. — 3. Cod. ⲕⲱⲥⲧⲁⲛⲧⲓⲛⲟⲩⲡⲟⲗⲓⲥ. — 4. Cod. ⲛⲛⲓⲕⲉⲁ. — 5. Cod. ϯⲙⲏ. — 6. Cod. ⲑⲉⲟⲇⲟⲥⲓⲟⲥ. — 7. Cod. ⲉϥⲉⲣⲁⲡⲟⲗⲁⲩⲓⲛ.

ⲉϥϭⲱϣϯ ⲇⲉ ⲑⲱⲟⲩ ⲧⲉ ϯⲙⲉⲧⲟⲩⲣⲟ ⲇⲉ ⲅⲁⲣ ⲁⲗⲏⲑⲱⲥ ⲁ ⲡⲉϥϫⲓ ⲛϭⲓ ⲕⲟⲧ
ϣⲱⲡⲓ ⲛⲁϥ ⲛϧⲛⲟⲩ ⲛⲉⲙ ⲟⲩⲥⲃⲱ ⲉⲥⲟⲓ ⲛⲛⲓϣϯ ⲟⲩⲟϩ ϩⲓⲛⲁ ⲛⲧⲁϫⲟⲥ ϧⲉⲛ
ⲟⲩϣⲱⲧ ⲉⲃⲟⲗ ⲉⲧⲁϥϣⲁϣⲛⲓ ⲉⲧⲁⲓⲛⲓϣϯ ⲙⲙⲉⲧⲙⲁⲓ ⲛⲟⲩϯ ⲛⲉⲙ ⲧⲁⲓⲧⲓⲙⲏ
ⲙⲡⲁⲓⲣⲏϯ ⲉϧⲟⲩⲛ ⲉⲛⲓⲉⲕⲕⲗⲏⲥⲓⲁ ⲛⲧⲉ ⲫϯ (-verso-) ϩⲓⲧⲉⲛ ⲛⲓⲥⲃⲱⲟⲩⲓ ⲛⲱⲛϧ
ⲛⲧⲉ ⲛⲁⲙⲁⲕⲁⲣⲓⲟⲥ ⲟⲩ ⲙⲟⲛⲟⲛ ⲛⲑⲟϥ ⲙⲙⲁⲩⲁⲧϥ ⲁⲗⲗⲁ ⲛⲉⲙ ⲛⲉϥⲕⲉ-
ϣⲏⲣⲓ ⲟⲛ ⲁⲣⲕⲁⲇⲓⲟⲥ ⲛⲉⲙ ⲟⲛⲟⲣⲓⲟⲥ¹ ⲉⲧⲁϥⲉⲛⲟⲩ ⲉⲡϣⲱⲓ ϧⲱⲟⲩ ϧⲉⲛ ⲧⲁⲓ-
ⲙⲉⲧⲉⲩⲥⲉⲃⲏⲥ ⲙⲡⲁⲓⲣⲏϯ ⲉⲃⲟⲗϩⲓⲧⲟⲧⲉ ⲛⲧⲥⲃⲱ ⲛⲉⲙ ⲡⲓⲥⲙⲟⲧ ⲉⲑⲛⲁⲛⲉϥ ⲛⲧⲉ
ⲛⲁⲙⲁⲕⲁⲣⲓⲟⲥ ⲡⲁⲓⲣⲏϯ ⲟⲛ ⲡⲓⲕⲉⲛⲟⲩϯ ⲑⲉⲟⲇⲟⲥⲓⲟⲥ². ⲙⲉⲛⲉⲛⲥⲁ ⲛⲁⲓ ⲇⲉ
ⲁϥⲙⲧⲟⲛ ⲙⲙⲟϥ ⲛϫⲉ ⲡⲓⲁⲣⲭⲓⲉⲡⲓⲥⲕⲟⲡⲟⲥ³ ⲛⲧⲉ ⲕⲱⲛⲥⲧⲁⲛⲧⲓⲛⲟⲩⲡⲟⲗⲓⲥ⁴
ⲟⲩⲟϩ ⲡⲁⲛⲧⲱⲥ ⲉⲃⲟⲗϩⲓⲧⲉⲛ ⲧⲁⲓⲗⲱⲓϫⲓ ⲑⲁⲓ ⲉⲧⲁ ⲫϯ ⲉⲛ ⲛⲁⲓⲁⲅⲓⲟⲥ ⲉϣⲏⲧ
ⲙⲫⲣⲏϯ ⲛⲓⲁⲕⲱⲃ ⲡⲓⲡⲁⲧⲣⲓⲁⲣⲭⲏⲥ ⲉⲧⲁϥⲓ ⲉϧⲣⲏⲓ ⲉⲭⲏⲙⲓ ⲙⲡⲓⲥⲏⲟⲩ ⲛ-
ⲗⲟⲓϫⲓ ⲙⲡⲓϧⲃⲱⲛ ϣⲁⲧⲉϥⲉⲣ ⲟⲩⲗⲁⲟⲥ ⲉϥⲟϣ ⲛⲧⲉϥⲙⲁϩ ⲡϩⲟ ⲙⲡⲕⲁϩⲓ ⲡⲁⲓⲣⲏϯ ϩⲱⲟⲩ ⲛⲁⲓⲁⲅⲓⲟⲥ ⲙⲁⲝⲓⲙⲟⲥ ⲛⲉⲙ ⲇⲟⲙⲉⲧⲓⲟⲥ ⲛⲁⲓϣⲏⲣⲓ ⲛⲟⲩⲣⲟ. ⲛϯ-
ⲛⲁⲕⲏⲛ ⲁⲛ ⲉⲓⲙⲟⲩϯ ⲉⲣⲱⲟⲩ ϫⲉ ϣⲏⲣⲓ ⲛⲟⲩⲣⲟ ϣⲁⲧⲉ ⲟⲩⲟⲛ ⲛⲓⲃⲉⲛ ⲉⲙⲓ
ⲉⲡⲟⲩⲁⲝⲓⲱⲙⲁ ⲛⲉⲙ ⲡⲟⲩⲃⲓⲟⲥ ⲛⲁⲅⲅⲉⲗⲓⲕⲟⲛ ⲛⲉⲙ ⲡⲟⲩⲡⲟⲗⲓⲧⲓⲁ⁵ ⲉⲡⲉⲓⲇⲏ⁶
ⲁⲩⲙⲉⲛⲣⲉ ⲡⲭⲥ ⲉϩⲟⲧⲉ ⲡⲱⲟⲩ ⲧⲏⲣϥ ⲙⲡⲁⲓⲕⲟⲥⲙⲟⲥ ⲟⲩⲟϩ ⲁⲩⲟⲩⲁϩⲟⲩ ⲛⲥⲱϥ
ϧⲉⲛ (-fol. 50-) ⲡⲟⲩϩⲏⲧ ⲧⲏⲣϥ ⲉⲑⲃⲉ ⲫⲁⲓ ⲛⲑⲟϥ ϩⲱϥ ⲡⲭⲥ ⲓⲏⲥ ⲁϥϯ ⲱⲟⲩ

jouissant de leur enseignement et de leur bénédiction, comme s'il eût reconnu qu'à eux appartenait le royaume ; car vraiment les visites lui devenaient profitables et grandement instructives, et, pour tout dire en un mot, s'il acquit cette grande piété et un tel respect d'honneur envers les églises de Dieu, ce fut par les instructions de vie de ces bienheureux. Et non seulement lui, mais encore ses enfants, Arcadius et Honorius, qu'il éleva dans une telle piété par l'enseignement et la bonne forme de ces saints ; et encore il en fut ainsi de Théodose le Jeune. Ensuite le patriarche de Constantinople se reposa, et ce fut sans doute pour cette cause que Dieu mena ces saints à Schiît, à la manière de Jacob qui descendit en Égypte autrefois à cause de la famine, jusqu'à ce qu'il devint un peuple nombreux et qu'il remplit la face de la terre : de même aussi ces saints Maxime et Domèce, ces fils de roi. Je ne cesserai pas de les nommer fils de roi jusqu'à ce que chacun sache leur dignité, leur vie angélique et leur régime de vie, car ils ont aimé le Christ plus que la gloire entière de ce monde et ils l'ont suivi de tout leur cœur ; c'est

1. Cod. ⲟⲛⲟⲣⲓⲟⲥ. — 2. Cod. ⲑⲉⲟⲇⲟⲥⲓⲟⲥ. — 3. Cod. ⲡⲓⲁⲣⲭⲏⲉⲡⲓⲥⲕⲟⲡⲟⲥ. — 4. Cod. ⲕⲱⲥⲧⲁⲛⲧⲓⲛⲟⲩⲡⲟⲗⲓⲥ. — 5. Cod. ⲛⲟⲩⲡⲟⲗⲓⲧⲓⲁ. — 6. Cod. ⲉⲡⲓⲇⲏ.

ⲛⲱⲟⲩ ⲁⲗⲏⲑⲱⲥ ϩⲱⲥⲧⲉ[1] ⲉⲑⲣⲉϥⲉⲣⲟⲓⲕⲟⲛⲟⲙⲉⲓⲛ[2] ⲙⲙⲱⲟⲩ ⲉⲑⲣⲟⲩⲓ ⲉϣⲓⲏⲧ
ⲡⲓⲧⲱⲟⲩ ⲉⲑⲟⲩⲁⲃ ⲛⲧⲟⲩϫⲱⲕ ⲉⲃⲟⲗ ⲛϧⲏⲧϥ ⲟⲩⲟϩ ⲛⲥⲉⲕⲱⲧ ⲙⲙⲁⲩ ⲛⲟⲧⲉⲕ-
ⲕⲗⲏⲥⲓⲁ ϧⲉⲛ ⲡⲟⲩⲣⲁⲛ ⲁⲩⲧⲁϫⲣⲟ ⲛⲧⲉⲥⲥⲉⲛϯ ⲉϩⲣⲏⲓ ⲉϫⲉⲛ ϯⲡⲉⲧⲣⲁ ⲛⲁⲧⲕⲓⲙ
ⲡⲭ︤ⲥ︥ ⲉⲁⲥϣⲱⲡⲓ ⲛⲟⲩⲗⲩⲙⲏⲛ ⲛⲟⲩϫⲁⲓ ⲛⲟⲩⲟⲛ ⲛⲓⲃⲉⲛ ⲉⲑⲛⲁⲕⲟⲧⲟⲩ ϩⲁ ⲫ︤ϯ︥
ⲉⲑⲃⲉ ⲡⲭⲱ ⲉⲃⲟⲗ ⲛⲧⲉ ⲛⲟⲩⲛⲟⲃⲓ ⲁⲗⲏⲑⲱⲥ ⲅⲁⲣ ⲁϥⲟⲩⲛⲟϥ ⲛϫⲉ ⲡⲓⲡⲁⲣⲁⲇⲉⲓⲥⲟⲥ[3] ⲛⲟⲉ ⲫ︤ϯ︥ ⲉⲑⲃⲉ ⲡⲓⲥⲱϯ ⲉⲧϣⲱⲡⲓ ⲛϯⲯⲩⲭⲏ ⲛⲛⲓⲣⲉϥⲉⲣ ⲛⲟⲃⲓ
ϧⲉⲛ ⲡⲓⲙⲁ ⲉⲧⲉⲙⲙⲁⲩ ⲟⲩⲟϩ ⲟⲛ ϣⲓⲁⲕⲏⲛⲓ ⲁⲛ ⲉϥϣⲟⲡ ⲛⲗⲩⲙⲏⲛ ⲛⲧⲉ ⲡⲓⲟⲩϫⲁⲓ ϣⲁ ⲉⲛⲉϩ ⲛⲧⲉ ⲡⲓⲉⲛⲉϩ. ⲁⲗⲗⲁ ⲙⲁⲣⲉⲛⲧⲁⲥⲑⲟ ⲉϫⲉⲛ ⲧⲁⲫⲟⲣⲙⲏ ⲛⲧϫⲓ
ⲛⲓ ⲉϣⲓⲏⲧ ⲛⲛⲁⲓⲙⲁⲕⲁⲣⲓⲟⲥ.

ϩⲟⲧⲉ ⲟⲩⲛ ⲗⲟⲓⲡⲟⲛ ⲉⲧⲁⲩⲕⲱϯ ⲛⲥⲁ ⲟⲩⲁⲓ ⲉⲑⲣⲟⲩⲫⲟϣϥⲉϥ ⲛⲁⲣⲭⲓⲉⲡⲓⲥⲕⲟⲡⲟⲥ[4] ⲉⲑⲃⲁⲕⲓ ⲛϯⲙⲉⲧⲟⲩⲣⲟ ⲁⲩⲓ ϣⲁ ⲑⲉⲟⲇⲱⲥⲓⲟⲥ[5] ⲛϫⲉ ⲡⲓⲗⲁⲟⲥ ⲧⲏⲣϥ
ⲛⲉⲙ ⲟⲩⲟⲛ ⲛⲓⲃⲉⲛ ⲉⲟⲩⲥⲟⲡ[6] ⲉⲩⲉⲣⲁⲓⲧⲉⲓⲛ[7] ⲙⲙⲟϥ ⲉⲑⲣⲟⲩϩⲉⲙⲥⲟ ⲙⲙⲁⲝⲓ-
ⲙⲟⲥ ⲛⲁⲣⲭⲓ- (-verso-) ⲉⲡⲓⲥⲕⲟⲡⲟⲥ[8] ⲛⲧϣⲉⲃⲓⲱ ⲛⲫⲏ ⲉⲧⲁϥⲉⲛⲕⲟⲧ. ⲧⲟⲧⲉ
ⲁϥⲣⲁϣⲓ ⲉⲙⲁϣⲱ ⲛϫⲉ ⲑⲉⲟⲇⲱⲥⲓⲟⲥ[9] ⲡⲟⲩⲣⲟ ⲉϫⲉⲛ ⲡⲁⲓϩⲱⲃ ⲟⲩⲟϩ ⲥⲁⲧⲟⲧϥ
ⲁϥⲟⲩⲱⲣⲡ ⲛⲟⲩⲙⲁⲅⲓⲥⲧⲣⲓⲁⲛⲟⲥ ⲛⲥⲱϥ ⲛⲉⲙ ⲕ︤ⲉ︥ ⲙⲙⲁⲧⲟⲓ ⲉⲁϥⲥϧⲁⲓ ⲙⲡⲓⲉ-
ⲡⲁⲣⲭⲟⲥ ⲛⲧⲉ ϯⲥⲩⲣⲓⲁ ϫⲉ ϩⲓⲛⲁ ⲛⲧⲉϥⲧⲁϩⲉ ⲛⲓⲁⲅⲓⲟⲥ ⲛⲧⲉϥⲣⲱⲓⲥ ⲉⲣⲱⲟⲩ
ϣⲁⲧⲟⲩⲑⲱⲟⲩϯ ⲛⲛⲓⲉⲡⲓⲥⲕⲟⲡⲟⲥ ⲛⲧⲉ ⲛⲓⲉⲡⲁⲣⲭⲓⲁ. ⲉⲧⲁϥⲫⲟϩ ⲇⲉ ⲉⲡⲓⲉⲡⲁⲣ-

pourquoi le Christ aussi leur a donné gloire vraiment, de sorte qu'il leur mé-
nagea d'aller à Schiit, la sainte montagne, afin d'y mourir et afin qu'on bâtit
une église en leur nom, car ils avaient affermi leurs fondements sur la pierre
inébranlable, le Christ, laquelle est devenue un port de salut pour chacun
qui se retournera vers Dieu pour le pardon de leurs péchés, car vraiment le
Paradis de Dieu se réjouit pour le salut de l'âme des pécheurs en ce lieu, et
Schiit ne cessera pas d'être un port de salut dans les siècles des siècles. Mais
retournons à l'occasion de l'arrivée de ces bienheureux à Schiit.

Donc lorsqu'on eut cherché quelqu'un pour le consacrer archevêque sur la
ville royale, tout le peuple et chacun à la fois allèrent vers Théodose, lui
demandant de faire asseoir Maxime archevêque à la place de celui qui s'était
reposé. Alors le roi Théodose se réjouit grandement à ce sujet, et aussitôt il
envoya pour le chercher[10] un magistrien et vingt-cinq soldats, ayant écrit à
l'éparque de Syrie afin qu'il se saisit des saints, qu'il veillât sur eux jusqu'à ce
qu'on réunit les évêques des éparchies. Lorsque le magistrien et les soldats

1. Cod. ϩⲱⲥⲇⲉ. — 2. Cod. ⲉⲑⲣⲉϥⲉⲣⲟⲓⲕⲟⲛⲟⲙⲓⲛ. — 3. Cod. ⲡⲓⲡⲁⲣⲁⲇⲓⲥⲟⲥ. — 4. Cod.
ⲛⲁⲣⲭⲏⲉⲡⲓⲥⲕⲟⲡⲟⲥ. — 5. Cod. ⲑⲉⲟⲇⲟⲥⲓⲟⲥ. — 6. Cod. ⲉⲩⲥⲟⲡ. — 7. Cod. ⲉⲩⲉⲣⲉⲧⲓⲛ. —
8. Cod. ⲛⲁⲣⲭⲏⲉⲡⲓⲥⲕⲟⲡⲟⲥ. — 9. Cod. ⲑⲉⲟⲇⲟⲥⲓⲟⲥ. — 10. Mot à mot : Envoya à son dos.

ⲭⲟⲥ ⲛ̇ⲧⲉ ⲡⲓⲙⲁⲅⲓⲥⲧⲣⲓⲁⲛⲟⲥ ⲛⲉⲙ ⲛⲓⲙⲁⲧⲟⲓ ⲟⲩⲟϩ ⲉⲧⲁⲩϯ ⲛⲁϥ ⲛ̇ⲛⲓⲥϧⲁⲓ ⲛ̇ⲧⲉ ⲡⲟⲩⲣⲟ ⲁϥⲣⲁϣⲓ ⲡⲉϫⲁϥ ⲛ̇ⲱⲟⲩ ϫⲉ ⲙⲁⲣⲉⲛⲉⲣ ⲁⲣⲓⲥⲧⲟⲛ ⲙ̇ⲫⲟⲟⲩ ϫⲉ ⲁⲣⲉⲧⲉⲛϭⲓⲥⲓ ϩⲓ ⲡⲓⲙⲱⲓⲧ ⲟⲩⲟϩ ⲣⲁⲥϯ ⲧⲉⲛⲛⲁⲉⲛⲟⲩ ϧⲉⲛ ⲫⲟⲩⲱϣ ⲙ̇ⲫϯ. ⲕⲁⲧⲁ ⲟⲩⲟⲓⲕⲟⲛⲟⲙⲓⲁ ⲟⲩⲛ ⲛ̇ⲧⲉ ⲫϯ ⲉⲧⲁⲥⲥⲱⲧⲉⲙ ⲉⲫⲁⲓ ⲛ̇ⲭⲉ ϯⲥϩⲓⲙⲓ ⲙ̇ⲡⲓⲉⲡⲁⲣⲭⲟⲥ ⲁⲥⲙⲟⲕⲙⲉⲕ ϫⲉ ⲁⲣⲉ ⲡⲟⲩⲣⲟ ⲛⲁⲱⲗⲓ ⲛⲛⲁⲓⲁⲅⲓⲟⲥ ⲉⲕⲱⲛⲥⲧⲁⲛⲧⲓⲛⲟⲩⲡⲟⲗⲓⲥ[1] ⲁⲥⲉⲣ ⲙ̇ⲕⲁϩ ⲛ̇ϩⲏⲧ ⲉⲙⲁϣⲱ ϫⲉ ⲟⲩⲏⲓ ⲟⲩⲟⲛ ⲛ̇ⲧⲁⲥ ⲙⲙⲁⲩ ⲛⲟⲩⲛⲓϣϯ ⲛⲛⲁϩϯ ⲉϧⲟⲩⲛ ⲉⲣⲱⲟⲩ. ⲟⲩⲟϩ ⲥⲁⲧⲟⲧⲉ ⲁⲥⲟⲩⲱⲣⲡ ⲛ̇ⲛⲉⲥϣⲏⲣⲓ ⲛ̇ⲭⲱⲛ ⲛⲉⲙ ⲕⲉⲥⲓⲟⲩⲣ (-fol. 51-) ⲛ̇ⲧⲁⲥ ⲙ̇ⲡⲓⲉϫⲱⲣϩ ⲁⲩⲧⲁⲙⲉ ⲛⲓⲁⲅⲓⲟⲥ ϫⲉ ⲓⲥ ⲡⲟⲩⲣⲟ ⲁϥⲟⲩⲱⲣⲡ ⲛ̇ⲥⲱⲧⲉⲛ ⲉⲱⲗ ⲑⲏⲛⲟⲩ ⲉⲕⲱⲛⲥⲧⲁⲛⲧⲓⲛⲟⲩⲡⲟⲗⲓⲥ[2] ⲗⲟⲓⲡⲟⲛ ⲓⲥϫⲉ ⲧⲉⲧⲉⲛⲟⲩⲱϣ ⲁⲣⲓⲁⲛⲁⲭⲱⲣⲉⲓⲛ[3] ⲛⲱⲧⲉⲛ. ⲉⲧⲁⲩⲥⲱⲧⲉⲙ ⲇⲉ ⲉⲛⲁⲓⲥⲁϫⲓ ⲛ̇ⲭⲉ ⲛⲓⲁⲅⲓⲟⲥ ⲁⲩⲭⲱⲗⲉⲙ ⲙ̇ⲙⲱⲟⲩ ⲥⲁⲧⲟⲧⲟⲩ ⲁⲩⲓ ⲉⲃⲟⲗϧⲉⲛ ⲡⲓⲙⲟⲛⲁⲥⲧⲏⲣⲓⲟⲛ ⲉⲩϫⲱ ⲙ̇ⲙⲟⲥ ϫⲉ ⲫⲁⲓ ⲡⲉ ⲡⲓⲛⲁⲩ ⲉⲧⲁ ⲫϯ ⲟⲩⲱϣ ⲉⲟⲗⲧⲉⲛ ⲉⲫⲙⲁ ⲙ̇ⲡⲉⲛⲓⲱⲧ ⲁⲃⲃⲁ ⲙⲁⲕⲁⲣⲓⲟⲥ[4] ⲡⲓⲣⲱⲙⲓ ⲛ̇ⲧⲉ ⲫϯ ϧⲉⲛ ⲟⲩⲙⲉⲑⲙⲏⲓ. ϩⲱⲥ ⲇⲉ ⲉⲩⲙⲟϣⲓ ⲛ̇ⲭⲉ ⲛⲓⲁⲅⲓⲟⲥ ⲁⲩϫⲓⲙⲓ ⲛⲟⲩϧⲉⲗⲗⲟ ⲙ̇ⲙⲁⲛⲉⲥⲱⲟⲩ ⲉϥϩⲉⲙⲥⲓ ϧⲉⲛ ⲟⲩⲕⲁⲗ(ⲓⲃⲓ)[5] ϧⲉⲛ ⲟⲩⲙⲁ ⲛⲉⲣⲏⲙⲟⲥ ⲁⲩⲭⲟⲡⲟⲩ ϧⲁⲧⲟⲧϥ. ⲉⲡⲉϥⲣⲁⲥϯ ⲇⲉ ⲁ ⲡⲓⲙⲁⲅⲓⲥⲧⲣⲓⲁⲛⲟⲥ ⲛⲉⲙ ⲛⲏ ⲉⲑⲛⲉⲙⲁϥ ϣⲉ ⲛⲱⲟⲩ ⲉⲡⲓⲙⲟⲛⲁⲥⲧⲏⲣⲓⲟⲛ ⲉⲩⲕⲱϯ ⲛ̇ⲥⲁ ⲛⲓⲙⲁⲕⲁⲣⲓⲟⲥ ⲟⲩⲟϩ ⲙ̇ⲡⲟⲩϫⲉⲙⲟⲩ. ⲧⲟⲧⲉ ⲁ

furent arrivés chez l'éparque et qu'ils lui eurent donné les lettres du roi, l'éparque se réjouit; il leur dit: « Dînons aujourd'hui, car vous vous êtes fatigués en chemin, et demain nous les amènerons avec la volonté de Dieu. » Donc, par un dessein de Dieu, lorsque la femme de l'éparque apprit cela, elle pensa que peut-être le roi enlèverait ces saints à Constantinople; elle fut grandement affligée, car certes elle avait grande foi en eux. Aussitôt elle envoya en secret vers eux ses enfants et aussi un de ses eunuques en cette nuit; ils avertirent les saints, disant : « Voici que le roi a envoyé vous chercher pour vous emmener à Constantinople; au reste, puisque vous le voulez, enfuyez-vous. » Lorsque les saints eurent entendu ces paroles, ils se hâtèrent aussitôt, ils sortirent du monastère, disant : « C'est l'heure où Dieu veut nous emmener à l'endroit de notre père abba Macaire, l'homme de Dieu en vérité. » Pendant que les saints marchaient, ils trouvèrent un vieux berger demeurant dans une hutte (?) dans un lieu désert; ils se cachèrent près de lui. Mais le lendemain, le magistrien et ceux qui l'accompagnaient se rendirent au monastère, cherchant les saints, et ils ne les trouvèrent point. Alors l'éparque

1. *Cod.* ⲉⲕⲱⲥⲧⲁⲛⲧⲓⲛⲟⲩⲡⲟⲗⲓⲥ. — 2. *Cod.* ⲉⲕⲱⲥⲧⲁⲛⲧⲓⲛⲟⲩⲡⲟⲗⲓⲥ. — 3. *Cod.* ⲉⲣⲁⲛⲁⲭⲱⲣⲓⲛ. — 4. *Cod.* ⲙⲁⲕⲁⲣⲓ. — 5. *Cod.* ⲟⲩⲕⲁⲗ... Restitution incertaine.

ⲡⲓⲉⲡⲁⲣⲭⲟⲥ ⲟⲩⲁⲣⲥⲁϩⲛⲓ ⲉⲕⲱϯ ⲛⲥⲱⲟⲩ ϧⲉⲛ ⲟⲩⲧⲁϫⲣⲟ ϧⲉⲛ ⲙⲁⲓ ⲛⲓⲃⲉⲛ
ⲛⲧⲉ ϯⲥⲩⲣⲓⲁ ⲛⲉⲙ ϯⲡⲁⲗⲁⲓⲥⲧⲓⲛⲏ¹. ⲉⲑⲃⲉ ⲫⲁⲓ ⲛⲁⲣⲉ ⲛⲁⲅⲓⲟⲥ ⲭⲏⲡ ⲡⲉ
ⲛϩⲁⲛ ⲙⲏϣ ⲛⲉϩⲟⲟⲩ ⲟⲩⲟϩ ⲛⲁⲩϣⲟⲩⲱⲛϩ ⲙⲙⲱⲟⲩ ⲉⲃⲟⲗ ⲁⲛ ⲉⲡⲧⲏⲣϥ ⲡⲉ
(-verso-) ⲉⲑⲃⲉ ϫⲉ ⲛⲁⲩⲥⲱⲟⲩⲛ ⲙⲙⲱⲟⲩ ⲡⲉ ϩⲓⲧⲉⲛ ⲟⲩⲟⲛ ⲛⲓⲃⲉⲛ ⲛⲁ
ϯⲥⲩⲣⲓⲁ ⲛⲉⲙ ⲛⲏ ⲉⲧⲭⲏ ⲙⲡⲉⲥⲕⲱϯ. ⲙⲉⲛⲉⲛⲥⲁ ⲛⲁⲓ ⲁⲩⲧⲱⲟⲩⲛ ϧⲉⲛ ⲟⲩ
ⲥⲟϭⲛⲓ ⲛⲧⲉ ⲫϯ ⲛϫⲉ ⲛⲓⲙⲁⲕⲁⲣⲓⲟⲥ ⲁⲩⲃⲁϣⲟⲩ ⲛⲛⲓϩⲃⲱⲥ ⲙⲙⲟⲛⲁⲭⲟⲥ
ⲁⲩⲭⲏⲧⲟⲩ ⲉϩⲣⲏⲓ ⲉϩⲁⲛ ⲥⲟⲕ ⲁⲩⲉⲣⲫⲟⲣⲉⲓⲛ² ⲛϩⲁⲛ ϩⲃⲱⲥ ⲛⲕⲟⲥⲙⲓⲕⲟⲛ
ⲟⲩⲟϩ ⲁⲩⲙⲟⲩⲣ ⲛϩⲁⲛ ⲫⲁⲥⲕⲓⲁ ⲉϫⲉⲛ ⲛⲟⲩⲁⲫⲏⲟⲩⲓ ϫⲉ ϩⲓⲛⲁ ⲛⲧⲟⲩϣⲧⲉⲙ
ⲥⲟⲩⲱⲛⲟⲩ. ⲧⲟⲧⲉ ⲁⲩⲓ ⲉⲃⲟⲗ ⲗⲟⲓⲡⲟⲛ ⲉⲣⲉ ⲡⲓⲕⲟⲩϫⲓ ⲛⲥⲟⲕ ⲧⲁⲗⲏⲟⲩⲧ ⲉⲣⲱⲟⲩ
ⲉⲣⲉ ⲫⲟⲩⲁⲓ ⲫⲟⲩⲁⲓ ⲉⲣⲫⲟⲣⲉⲓⲛ³ ⲛⲛⲓϩⲃⲱⲥ ⲛⲕⲟⲥⲙⲓⲕⲟⲛ ⲕⲁⲧⲁ ⲛⲓⲥⲧⲣⲟⲥ ⲟⲩⲟϩ
ⲛⲁⲩⲙⲟϣⲓ ⲉⲩⲧⲱⲃϩ ⲙⲫϯ ⲉⲩϫⲱ ⲙⲙⲟⲥ ϫⲉ ⲫϯ ⲙⲡⲉⲛⲓⲱⲧ ⲁⲃⲃⲁ ⲙⲁ
ⲕⲁⲣⲓⲟⲥ⁴ ⲉⲕⲉϭⲓ ⲙⲱⲓⲧ ϧⲁϫⲱⲛ ⲛⲧⲉⲕⲟⲗⲧⲉⲛ ϣⲁⲣⲟϥ ϧⲉⲛ ⲟⲩϩⲓⲣⲏⲛⲏ⁵.
ⲉⲧⲁⲩⲙⲟϣⲓ ⲇⲉ ⲛⲉϩⲟⲟⲩ ⲃ̄ ⲉϫⲉⲛ ⲛⲉⲛⲥⲫⲟⲧⲟⲩ ⲛⲫⲓⲟⲙ ⲡⲉϫⲉ ⲡⲓⲕⲟⲩϫⲓ
ⲙⲡⲓⲛⲓϣϯ ϧⲉⲛ ⲟⲩⲛⲓϣϯ ⲙⲙⲉⲧϫⲁⲣ ϩⲏⲧ ϫⲉ ϫⲉⲙ ⲛⲟⲙϯ ⲡⲁⲟⲥ ⲛⲥⲟⲛ ϫⲉ
ϧⲉⲛ ⲫⲟⲩⲱϣ ⲙⲡⲉⲛⲟⲥ ⲓⲏⲥ ⲡⲭⲥ ⲡⲉⲛⲛⲟⲩϯ ⲛⲧⲁⲫⲙⲏⲓ ⲛⲉⲙ ⲛⲓⲧⲱⲃϩ ⲛⲧⲉ
ⲡⲓⲁⲅⲓⲟⲥ ⲁⲃ- (-fol. 52-) ⲃⲁ ⲙⲁⲕⲁⲣⲓⲟⲥ⁶ ⲫⲏ ⲉⲧⲁϥⲛⲁⲩ ⲉⲣⲟϥ ϧⲉⲛ ⲡⲓϩⲟ
ⲣⲁⲙⲁ ⲛϫⲉ ⲡⲉⲛⲙⲁⲕⲁⲣⲓⲟⲥ ⲛⲓⲱⲧ ⲁⲅⲁⲃⲟⲥ ⲉⲁϥϫⲟⲥ ⲛⲁϥ ϫⲉ ϩⲟⲛϩⲉⲛ

ordonna de les chercher avec constance en tout lieu de la Syrie et de la Palestine; c'est pourquoi les saints restaient cachés une foule de jours et ils ne se montraient pas du tout, parce que chacun les connaissait, des habitants de la Syrie et de ceux de ses entours. Après cela les bienheureux se levèrent dans un dessein de Dieu, ils se dépouillèrent des habits des moines, ils les placèrent dans des sacs, ils revêtirent des habits laïques et ils attachèrent des bandelettes sur leurs têtes, afin qu'on ne les reconnût point. Alors ils sortirent, ayant un petit sac chargé sur eux, chacun d'eux portant les habits laïques à la mode des Syriens, et ils marchaient priant Dieu en disant : « Dieu de notre père abba Macaire, tu marcheras devant nous et tu nous conduiras vers lui en paix. » Lorsqu'ils eurent marché deux jours sur les bords de la mer, le petit dit au grand avec une grande audace : « Prends courage, seigneur mon frère⁷; car, en la volonté de Notre-Seigneur Jésus le Christ, notre Dieu en vérité, et par les prières de saint abba Macaire, celui qu'a vu notre bienheureux père abba Agabos en vision et qui lui a dit : Ordonne à tes en-

---

1. *Cod.* ϯⲡⲁⲗⲉⲥⲧⲓⲛⲏ. — 2. *Cod.* ⲁⲩⲉⲣⲫⲟⲣⲓⲛ. — 3. *Cod.* ⲉⲣⲫⲟⲣⲓⲛ. — 4. *Cod.* ⲙⲁⲕⲁⲣⲓ.
— 5. *Cod.* ⲟⲩϩⲣⲏⲛⲏ. — 6. *Cod.* ⲙⲁⲕⲁⲣⲓ. — 7. Mot à mot : Mon seigneur frère.

ⲉⲧⲟⲧⲟⲩ ⲛⲛⲉⲛϣⲏⲣⲓ ⲙⲉⲛⲉⲛⲥⲱⲕ ⲛⲧⲟⲧⲓ ⲉⲡⲣⲏⲓ ⲉϫⲏⲙⲓ ⲛⲧⲟⲩϣⲱⲡⲓ ϧⲁⲧⲟⲧ
ⲧⲉⲛⲛⲁϩϯ ϫⲉ ⲛⲉϥϣⲗⲏⲗ ⲛⲁϭⲓ ⲙⲱⲓⲧ ⲛⲁⲛ ϣⲁⲧⲉⲛϧⲱⲗ ⲉⲣⲁⲕⲟϯ ⲉⲡⲉϥ‑
ⲙⲁ. ⲙⲁⲣⲉⲛⲙⲟϣⲓ ϫⲉ ⲟⲩⲛ ⲡⲁⲥⲟⲛ ⲉϫⲉⲛ ⲡⲁⲓⲥⲫⲟⲧⲟⲩ ⲙⲉⲣⲏⲥ ⲛⲧⲉ ⲫⲓⲟⲙ
ϧⲉⲛ ⲟⲩⲙⲟⲛ ⲉⲃⲟⲗ ϣⲁⲧⲉⲛϧⲱⲗ ⲉⲣⲁⲕⲟϯ. ⲙⲏ ⲙⲡⲉⲕⲥⲱⲧⲉⲙ ⲉⲡⲓⲡⲣⲁⲅ‑
ⲙⲁⲧⲉⲩⲧⲏⲥ ⲉⲧⲁϥϫⲟⲥ ⲛⲁⲛ ⲙⲡⲓⲥⲏⲟⲩ ϫⲉ ⲉⲛϣⲏⲣ ⲥⲁ ⲡⲁⲓⲥⲫⲟⲧⲟⲩ ⲙⲉⲣⲏⲥ
ⲛⲧⲉ ⲫⲓⲟⲙ ϣⲁⲧⲉⲛϧⲱⲗ ⲉⲣⲁⲕⲟϯ. ⲟⲩⲟϩ ⲡⲉϫⲉ ⲡⲓⲛⲓϣϯ ϫⲉ ⲟⲩⲟϩ ⲁⲛⲛⲁϫⲉⲙ
ⲙⲱⲟⲩ ⲛⲟⲱⲛ ⲛⲧⲉⲛⲥⲱ. ⲡⲉϫⲉ ⲡⲓⲕⲟⲩϫⲓ ⲛⲁϥ ϧⲉⲛ ⲟⲩⲣⲁϣⲓ ⲛⲉⲙ ⲟⲩϩⲉⲗⲡⲓⲥ
ⲉⲥⲧⲁϫⲣⲏⲟⲩⲧ ϫⲉ ⲱ ⲡⲁⲟⲥ ⲛⲥⲟⲛ ⲭⲛⲁϩϯ ⲁⲛ ϫⲉ ⲟⲩⲟⲛ ϣϫⲟⲙ ⲙⲡⲉⲛ‑
ⲟⲥ ⲓⲏⲥ ⲡⲭⲥ ⲛⲧⲉϥⲫⲱⲛϩ ⲙⲡⲁⲓⲙⲱⲟⲩ ⲛⲉⲙ ⲛⲁⲓⲡⲉⲧⲣⲁ ⲉϩⲁⲛ ⲗⲓⲙⲛⲏ[1]
ⲙⲙⲱⲟⲩ. ⲡⲉϫⲉ ⲡⲓⲛⲓϣϯ ⲛⲁϥ ϫⲉ ⲥⲉ ⲡⲁⲟⲥ ϯⲛⲁϩϯ ϫⲉ ⲟⲩⲟⲛ ϣϫⲟⲙ
ⲙⲙⲟϥ ϧⲉⲛ ϩⲱⲃ ⲛⲓⲃⲉⲛ ⲁⲗⲗⲁ ⲭⲱ ⲛⲏⲓ ⲉⲃⲟⲗ ⲡⲁⲥⲟⲛ ϫⲉ ⲁⲓϣⲱϥⲧ ϩⲱ
ϩⲱⲥ ⲣⲱⲙⲓ. (‑verso‑) ⲙⲉⲛⲉⲛⲥⲁ ⲛⲁⲓⲥⲁϫⲓ ϫⲉ ⲛⲁⲩⲙⲟϣⲓ ⲡⲉ ϧⲉⲛ ⲟⲩⲣⲁϣⲓ
ⲛⲉⲙ ⲟⲩⲣⲱⲟⲩⲧϥ ⲛϩⲏⲧ ⲉⲩⲑⲉⲗⲏⲗ ⲟⲩⲟϩ ⲉⲩⲥⲙⲟⲩ ⲉⲫϯ ⲟⲩⲟϩ ⲛⲁⲩϯ ⲛⲟⲙϯ
ⲛⲛⲟⲩⲉⲣⲏⲟⲩ ⲡⲉ ϧⲉⲛ ⲟⲩⲙⲟⲛ ⲉⲃⲟⲗ. ⲫϯ ⲇⲉ ⲉⲧⲁϥϭⲓ ⲙⲱⲓⲧ ⲙⲡⲓⲥⲗ
ⲙⲡⲓⲥⲏⲟⲩ ϩⲓ ⲡϣⲁϥⲉ ⲛⲉⲙ ϧⲉⲛ ⲫⲓⲟⲙ ⲛⲑⲟϥ ⲟⲛ ⲡⲉ ⲉⲧⲁϥϭⲓ ⲙⲱⲓⲧ ⲛⲛⲁⲓ‑
ⲕⲉⲁⲅⲓⲟⲥ ⲟⲩⲟϩ ⲉϣⲱⲡ ⲁⲩϣⲁⲛⲓⲃⲓ ⲛⲉϣⲁⲧϣⲉ ⲛⲱⲟⲩ ⲉⲫⲓⲟⲙ ⲛⲧⲟⲩⲥⲱ ⲉⲃⲟⲗ
ⲛϧⲏⲧϥ ⲉϥϩⲟⲗϫ ⲟⲩⲟϩ ⲛⲁⲩϣⲓⲛⲓ ⲛⲛⲟⲩⲉⲣⲏⲟⲩ ⲁⲛ ⲡⲉ ⲉⲑⲃⲉ ⲫⲁⲓ ϫⲉ ⲉϥϩⲟⲗϫ

fants de descendre en Égypte après ta mort, afin qu'ils habitent près de moi, — nous croyons que ses prières nous guideront jusqu'à ce que nous arrivions à son endroit. Marchons donc, mon frère, sur cette rive méridionale de la mer sans cesse jusqu'à ce que nous arrivions à Rakoti. Est-ce que tu n'as pas entendu le marchand qui nous disait autrefois : Nous naviguons vers la rive méridionale de la mer jusqu'à ce que nous arrivions à Rakoti ? » — Et le grand dit : « Et où trouverons-nous de l'eau pour boire ? » — Le petit lui dit avec joie et avec une ferme confiance : « O seigneur mon frère, ne crois-tu pas que Notre-Seigneur Jésus le Christ peut changer cette eau (salée) et ces rochers en lacs d'eau (douce) ? » — Le grand lui dit : « Oui, mon seigneur, je crois qu'il a puissance pour toute œuvre ; mais pardonne-moi, mon frère, car j'ai failli aussi comme homme. » Après ces paroles, ils marchaient avec paix et allégresse de cœur, se réjouissant et bénissant le Seigneur, et ils s'encourageaient sans cesse l'un l'autre. Mais Dieu, qui autrefois guida Israël dans le désert et sur la mer, guida aussi ces saints, et s'ils avaient soif, ils allaient à la mer pour y boire de l'eau douce, et ils ne se demandaient pas l'un à l'autre à ce sujet : « Est-ce doux ou est-ce amer ? » Lorsqu'ils eurent marché, ils

---

1. *Cod.* ⲗⲩⲙⲛⲏ.

ⲓⲉ ϥⲉⲛϣⲁϣⲓ. ⲉⲧⲁⲩⲙⲟϣⲓ ⲇⲉ ⲁⲩⲓ ⲉⲃⲟⲗ ⲉϫⲉⲛ ⲟⲩⲕⲟϩ ⲙ̅ⲡⲉⲧⲣⲁ ⲉϥⲟⲓ ⲛ̅ϫⲁ-
ϫ(ⲣⲓ)ⲙ ϩⲱⲥⲧⲉ¹ ⲛ̅ⲧⲟⲩⲙⲟϣⲓ ϩⲓϫⲉⲛ ⲛⲟⲩϫⲓϫ ⲛⲉⲙ ⲛⲟⲩϭⲁⲗⲁⲩϫ ⲛⲟⲩⲙⲏϣ
ⲛ̅ⲥⲟⲡ ⲥⲉⲟϣ ⲅⲁⲣ ⲛ̅ϫⲉ ⲛⲓϭⲓⲥⲓ ⲉⲧⲁⲩϣⲟⲡⲟⲩ ⲛ̅ϫⲉ ⲛⲁⲓⲙⲁⲕⲁⲣⲓⲟⲥ ϧⲉⲛ ⲛⲓ-
ⲡⲉⲧⲣⲁ ⲉⲧϭⲟⲥⲓ ⲉⲧⲉⲙⲙⲁⲩ ⲛⲁⲓ ⲅⲁⲣ² ⲛⲁⲩⲥⲱⲟⲩⲛ ⲁⲛ ⲡⲉ ϫⲉ ⲉⲧⲛⲁ ⲉⲑⲱⲛ
ⲁⲗⲗⲁ ⲡⲓⲣⲱⲟⲩⲧϥ ⲛ̅ϩⲏⲧ ⲛ̅ⲧⲉ ⲡⲭⲥ ⲛⲉⲙ ϯϩⲉⲗⲡⲓⲥ ⲉⲧϧⲉⲛ ⲡⲟⲩϩⲏⲧ ⲛⲁⲩ-
ⲑⲣⲟ³ ⲙ̅ⲡⲓϭⲓⲥⲓ ⲉⲁⲥⲓⲁⲓ ⲛⲁϩⲣⲁⲩ ⲡⲉ. ⲟⲩⲟϩ ⲕⲁⲧⲁ ϯϩⲉ ⲉⲧⲁⲓϫⲟⲥ ⲛ̅ⲛⲓ-
ⲕⲉⲟⲩⲟⲛ ⲛⲁⲓⲙⲁⲕⲁⲣⲓⲟⲥ ⲉⲧⲁⲩⲙⲟϣⲓ ϣⲁ ⲑ̅ ⲛ̅ⲉϩⲟⲟⲩ ⲁⲩϭⲓⲥⲓ (-fol. 53-)
ⲉⲙⲁϣⲱ ⲉⲑⲃⲉ ⲡ̅ⲧⲣⲉⲙⲕⲟ ⲛ̅ⲛⲟⲩϭⲁⲗⲁⲩϫ ⲉⲑⲃⲉ ϫⲉ ϩⲁⲛ ⲣⲱⲙⲓ ⲛⲉ ⲉⲩⲧⲏⲛ
ϧⲉⲛ ⲛⲟⲩⲥⲱⲙⲁ ⲛ̅ⲥⲉⲕⲉⲣ ⲁⲛ ⲉⲛⲁⲓϭⲓⲥⲓ ⲙ̅ⲡⲁⲓⲥⲙⲟⲧ. ϩⲟⲧⲉ ⲟⲩⲛ ⲡⲉϫⲱⲟⲩ
ⲉⲧⲁⲛⲁⲗⲏⲓ ⲉϩⲣⲏⲓ ⲉϫⲉⲛ ⲟⲩⲡⲉⲧⲣⲁ ⲉⲥϭⲟⲥⲓ ⲉⲡⲓϩⲟⲧⲟ ⲙ̅ⲡⲉⲛϣϫⲉⲙϫⲟⲙ
ⲗⲟⲓⲡⲟⲛ ⲉⲙⲟϣⲓ ϫⲉ ⲁⲗⲗⲁ ⲛⲁⲛϣⲑⲛⲟⲩⲧ ⲡⲉ ⲉϫⲉⲛ ϯⲡⲉⲧⲣⲁ ⲉⲛϭⲟⲥⲓ ⲉⲙⲁϣⲱ. ⲁⲧⲉⲧⲉⲛⲛⲁⲩ ⲉⲑⲙⲉⲧϫⲱⲣⲓ ⲛ̅ⲛⲓⲁⲅⲱⲛⲓⲥⲧⲏⲥ ⲟⲩⲟϩ ⲛⲁⲑⲗⲏⲧⲏⲥ⁴ ⲛ̅ⲧⲉ
ⲡⲭⲥ ⲛⲁⲓ ⲉⲧⲁⲩⲉⲣ ⲙⲁⲣⲧⲩⲣⲟⲥ ⲁⲧϭⲛⲉ ⲫⲉⲛ ⲥⲛⲟϥ ⲉⲃⲟⲗϩⲓⲧⲉⲛ ⲛⲁⲓⲙⲏϣ
ⲛ̅ϭⲓⲥⲓ ⲉⲧⲁⲩϣⲟⲡⲟⲩ. ⲗⲟⲓⲡⲟⲛ ⲛⲉⲁⲧⲉⲣ ⲕⲉ̅ ⲛ̅ⲉϩⲟⲟⲩ ⲡⲉ ⲉⲩⲥⲏⲧ ⲉⲃⲟⲗ ϩⲓϫⲉⲛ
ϯⲡⲉⲧⲣⲁ ⲉⲧⲉⲙⲙⲁⲩ ⲛⲁⲟⲩⲱⲙ ⲟⲩⲟϩ ⲛⲁⲧⲥⲱ ⲉⲩⲣⲟϫⲡ ⲙ̅ⲫⲣⲏϯ ⲛ̅ϩⲁⲛ
ⲣⲉϥⲙⲱⲟⲩⲧ⁵ ⲫϯ ⲇⲉ ⲫⲏ ⲉⲑⲛⲟϩⲉⲙ ⲛ̅ⲛⲓⲛ ⲉⲧⲉⲣ ϩⲉⲗⲡⲓⲥ ⲉⲣⲟϥ ⲛ̅ⲥⲏⲟⲩ
ⲛⲓⲃⲉⲛ ⲉϥⲧⲟⲩϫⲟ ⲙ̅ⲙⲱⲟⲩ ⲉⲃⲟⲗϧⲉⲛ ⲛⲟⲩⲑⲗⲓⲯⲓⲥ⁶ ⲧⲏⲣⲟⲩ ⲫⲏ ⲉⲧⲁϥⲉⲣ

arrivèrent à un rocher escarpé, de sorte que souventes fois ils marchèrent sur leurs mains et sur leurs pieds, car elles sont nombreuses les souffrances qu'endurèrent ces bienheureux sur ces rochers élevés : ils ne savaient pas en effet où ils allaient; mais l'allégresse du cœur du Christ et l'espérance qui était dans leurs cœurs leur rendaient la souffrance légère. Et ainsi que je l'ai dit, ces bienheureux, lorsqu'ils eurent marché neuf jours, souffrirent grandement à cause de la douleur de leurs pieds, car c'étaient des hommes délicats dans leurs corps, non habitués à des souffrances de cette sorte. « Lors donc, dirent-ils, que nous fûmes montés sur un rocher très élevé, nous ne pûmes plus marcher, mais nous nous étendîmes sur le rocher souffrant beaucoup. » Vous voyez le courage de ces combattants et de ces athlètes du Christ, qui ont été martyrs, sans verser le sang, par ces multitudes de souffrances qu'ils endurèrent. Du reste, ils passèrent cinq autres jours couchés sur le rocher, sans manger, sans boire, gisant comme des morts; mais Dieu qui sauve ceux qui en tout temps espèrent en lui, qui les rend sains et saufs

---

1. *Cod.* ϩⲱⲥⲇⲉ. — 2. *Cod.* ⲕⲉ ⲅⲁⲣ. — 3. *Cod.* ⲛⲁϥⲧⲣⲟ, corrigé ensuite. — 4. *Cod.* ⲛⲁⲟⲗⲏⲧⲏⲥ. — 5. Le manuscrit a ici une correction : ⲡⲉϥ omis a été ajouté. — 6. *Cod.* ⲛⲟⲩⲑⲗⲩⲯⲓⲥ.

ⲫⲙⲉϯ ⲛⲇⲁⲛⲓⲏⲗ ⲙⲡⲓⲥⲛⲟⲩ ⲁϥⲛⲁϩⲙⲉϥ ⲉⲃⲟⲗϧⲉⲛ ⲣⲱⲟⲩ ⲛⲛⲓⲙⲟⲩⲓ ⲟⲩⲟϩ ⲁϥⲛⲟϩⲉⲙ ⲛⲓⲱⲛⲁⲥ ⲉⲃⲟⲗϧⲉⲛ ⲑⲛⲉϫⲓ ⲛⲧⲉ ⲡⲓⲕⲏⲧⲟⲥ ⲟⲩⲟϩ ⲉⲧⲁϥⲧⲟⲩϫⲟ ⲛⲥⲟⲩⲥⲁⲛⲛⲁ ⲉⲃⲟⲗϧⲉⲛ ⲡⲓϩⲓⲟⲧⲓ ⲉⲡϩⲁⲡ ⲛⲧⲉ ⲫⲙⲟⲩ (-verso-) ⲛⲑⲟϥ ⲟⲛ ⲁϥⲛⲟϩⲉⲙ ⲛⲛⲉϥⲉⲃⲓⲁⲓⲕ ⲛⲣⲱⲙⲉⲟⲥ[1] ⲉⲃⲟⲗϧⲉⲛ ⲣⲱⲟⲩ ⲛⲛⲓⲁⲭⲣⲓⲟⲛ[2] ⲛⲧⲉ ⲡⲓⲙⲁ ⲉⲧⲉⲙⲙⲁⲩ ⲛⲉⲙ ⲛⲓϩⲁⲗⲁϯ ⲛⲟⲩⲁⲙ ⲥⲁⲣⲝ ⲉⲧϩⲓϫⲉⲛ ⲛⲉⲛⲥⲫⲟⲧⲟⲩ ⲛⲫⲓⲟⲙ. ⲫϯ ⲛⲧⲉ ⲛⲓϫⲟⲙ ⲫⲏ ⲉⲧⲁϥⲟⲩⲱⲧⲉⲃ ⲛⲉⲛⲱⲭ ⲉⲃⲟⲗ ⲉϣⲧⲉⲙⲟⲣⲉϥⲛⲁⲩ ⲉⲫⲙⲟⲩ ⲟⲩⲟϩ ⲉⲧⲁϥⲟⲩⲱⲣⲡ ⲛϩⲁⲛ ϩⲁⲣⲙⲁ ⲛⲭⲣⲱⲙ ϣⲁⲧⲟⲩⲱⲗⲓ ⲉⲡϣⲱⲓ ⲛⲏⲗⲓⲁⲥ ⲫⲏ ⲉⲧⲁϥⲧⲁⲟⲩⲟ ⲙⲡⲉϥⲁⲅⲅⲉⲗⲟⲥ ⲁϥϥⲁⲓ ⲛⲁⲃⲃⲁⲕⲟⲩⲙ ⲉⲃⲟⲗϧⲉⲛ ⲡⲓⲁⲏⲣ ⲁⲧϭⲛⲉ ϭⲓⲥⲓ ϣⲁⲧⲉϥϭⲓⲧϥ ⲉⲑⲃⲁⲃⲩⲗⲱⲛ ⲉϫⲉⲛ ⲡⲓⲗⲁⲕⲕⲟⲥ ⲛⲧⲉ ⲛⲓⲙⲟⲩⲓ ⲉⲁϥϯ[3] ⲙⲡⲓⲁⲣⲓⲥⲧ(ⲟⲛ) ⲛⲇⲁ(ⲛⲓⲏⲗ) ⲟⲩⲟϩ ⲡⲁⲗⲓⲛ ⲁϥ(ⲧⲁ)ⲥⲟⲟϥ ⲉϯⲟⲩⲇⲁⲓⲁ[4] ⲛⲭⲱⲗⲉⲙ ⲕⲁⲓⲡⲉⲣ[5] ⲉⲑⲃⲁⲃⲩⲗⲱⲛ ⲟⲩⲏⲟⲩ ⲛϯⲟⲩⲇⲁⲓⲁ[6] ⲛⲅ̄ ⲛⲁⲃⲟⲧ ⲙⲙⲟϣⲓ ⲛⲑⲟϥ ⲟⲛ ⲡⲟⲥ ⲁϥⲟⲩⲱⲣⲡ ⲙⲡⲉϥⲁⲅⲅⲉⲗⲟⲥ ⲁϥⲧⲱⲟⲩⲛ ⲛⲛⲓⲁⲅⲓⲟⲥ ϧⲉⲛ ⲡⲓⲁⲏⲣ ⲁⲧϭⲛⲉ ϭⲓⲥⲓ ϣⲁⲧⲉϥⲉⲛⲟⲩ ⲉϣⲓⲏⲧ ⲛⲧⲉϥⲭⲁⲩ ϩⲓϫⲉⲛ ϯⲛⲓϣϯ ⲙⲡⲉⲧⲣⲁ ⲉⲧⲉ ⲡⲓϫⲱϣϣⲉϣ ⲙⲙⲟⲩ ⲥⲁⲣⲏⲥ ⲙⲙⲟⲥ[7] ⲑⲁⲓ ⲅⲁⲣ ⲁ ⲟⲩⲙⲏⲓⲛⲓ ⲛⲧⲉ ⲫϯ ϣⲱⲡⲓ ⲛϩⲏⲧⲥ ⲉϥⲟⲩⲟⲛϩ ⲉⲃⲟⲗ ϩⲁ ⲡⲓⲃⲱⲕ ⲛⲧⲉ ⲫϯ ⲁⲃⲃⲁ ⲙⲁⲕⲁⲣⲓⲟⲥ[8] (-fol. 54-) ⲙⲟⲩϯ ⲉⲣⲟⲥ ϫⲉ ϯⲡⲉⲧⲣⲁ ⲛⲕⲟⲩⲛ ⲛⲉϫⲓ ϣⲁ ⲉϧⲟⲩⲛ ⲉⲫⲟⲟⲩ.

de toutes leurs tribulations, qui s'est souvenu de Daniel et l'a sauvé de la gueule des lions, qui a sauvé Jonas du ventre du cétacé et qui a sauvé Suzanne de la condamnation à mort, sauva aussi ses serviteurs grecs de la gueule des bêtes sauvages de cet endroit, des oiseaux carnassiers qui étaient sur les bords de la mer. Le Dieu des vertus, qui transporta Énoch afin qu'il ne vit pas la mort et qui envoya des chars de feu pour enlever Élie, qui envoya son ange qui enleva Habacuc dans l'air sans le faire souffrir jusqu'à ce qu'il l'eût mené à Babylone au-dessus de la fosse aux lions, et il donna son repas à Daniel, et ensuite qui le retourna en Judée avec promptitude, quoique Babylone soit éloignée de la Judée de trois mois de marche, lui aussi le Seigneur, il envoya son ange qui enleva ces saints dans l'air sans les faire souffrir jusqu'à ce qu'il les eût conduits à Schiit et les eût laissés sur le grand rocher au midi duquel se trouve le commencement de l'eau[9], car dans ce rocher se fit un signe manifeste, le serviteur de Dieu abba Macaire l'ayant appelé le *rocher du creux de l'estomac*[10] jusqu'à ce jour.

---

1. *Cod.* ⲛⲣⲱⲙⲉⲟⲥ. — 2. *Cod.* ⲛⲁⲕⲣⲓⲟⲛ. — 3. Le *Cod.* a ici peut-être une lettre ⲛ qui n'a aucune raison d'être. — 4. *Cod.* ⲉϯⲟⲩⲇⲉⲁ. — 5. *Cod.* ⲕⲉⲡⲉⲣ. — 6. *Cod.* ⲛϯⲟⲩⲇⲉⲁ. — 7. *Cod.* A la marge : ⲁⲣⲭⲏ, et plus loin : ϫⲁⲭ ⲉⲃⲟⲗ. — 8. *Cod.* ⲙⲁⲕⲁⲣⲓ. — 9. Mot à mot : La racine de l'eau. — 10. Cette traduction n'est pas certaine.

ⲛⲁ ϧⲏⲧⲉⲛ ⲉⲣⲟⲓ ϧⲉⲛ ⲟⲩϯ ϩⲑⲏϥ ⲛⲧⲉⲧⲉⲛⲥⲱⲧⲉⲙ ⲉⲧⲁⲓϣⲫⲏⲣⲓ ⲉⲧⲁⲥϣⲱⲡⲓ ⲛⲛⲓⲙⲁⲕⲁⲣⲓⲟⲥ ⲕⲁⲧⲁ ⲫⲣⲏϯ ⲉⲧⲁⲩⲧⲁⲙⲟⲓ ⲛⲑⲱⲟⲩ. ⲁⲥϣⲱⲡⲓ ⲅⲁⲣ
ϧⲉⲛ ⲡⲓⲉϫⲱⲣϩ ⲉⲧⲁ ⲫϯ ϫⲓ ⲛⲛⲓⲙⲁⲕⲁⲣⲓⲟⲥ ⲉϣⲓⲏⲧ ⲁⲩⲛⲁⲩ ϧⲉⲛ ⲡⲓⲉϫⲱⲣϩ
ⲉⲟⲩⲣⲱⲙⲓ ⲛⲟⲩⲱⲓⲛⲓ ⲉϥⲭⲏ ϧⲉⲛ ⲧⲟⲩⲙⲏϯ ⲉϥⲁⲙⲟⲛⲓ ⲛⲧⲟⲩϫⲓϫ ⲉϥϭⲱⲕ
ⲛⲉⲙⲱⲟⲩ ϧⲉⲛ ⲡⲓⲁⲏⲣ ϣⲁⲧⲉϥⲉⲛⲟⲩ ⲉ̀ϩⲣⲏⲓ ⲉϫⲉⲛ ϯⲡⲉⲧⲣⲁ ⲉⲧⲁⲛⲉⲣ ϣⲟⲣⲡ
ⲛⲫⲓⲣⲓ ⲉⲣⲟⲥ. ϩⲟⲧⲉ ⲟⲩⲛ ⲡⲉϫⲱⲟⲩ ⲉⲧⲁⲛⲧⲱⲟⲩⲛ ϩⲁ ⲛⲁ ⲧⲟⲟⲩ(¹) ⲕⲁⲧⲁ ϯϫⲟⲙ
ⲉⲧⲁ ⲡⲭⲥ ⲟⲩⲁϩ ⲉⲣⲟⲛ ⲁⲛϫⲉⲙⲧⲉⲛ ϩⲓϫⲉⲛ ϯⲡⲉⲧⲣⲁ ϧⲉⲛ ϣⲓⲏⲧ ⲟⲩⲟϩ ⲉⲧⲁⲛ-
ϫⲟⲩϣⲧ ⲉⲃⲟⲗ ⲉϫⲉⲛ ⲡⲓⲧⲱⲟⲩ ⲁⲛⲛⲁⲩ ⲉⲡⲓϩⲉⲗⲟⲥ ⲙⲙⲱⲟⲩ ⲛⲉⲙ ϩⲁⲛ ⲕⲟⲩϫⲓ ⲛϭⲓⲗⲟⲧⲕⲓ ⲛⲃⲉⲛⲓ ⲉⲧⲣⲏⲧ ⲛⲉⲙ ϯⲑⲉⲱⲣⲓⲁ ⲛⲧⲉ ⲡⲓⲧⲱⲟⲩ ⲁⲛⲉⲣ ϣⲫⲏⲣⲓ
ⲟⲩⲟϩ ⲁⲛⲉⲣ ⲙⲫⲣⲏϯ ⲉⲁ ⲡⲉⲛϩⲏⲧ ⲥⲓϣⲓ ⲁⲛⲙⲟⲕⲙⲉⲕ ⲉⲃⲟⲗ ⲉⲑⲃⲉ ⲫⲏ ⲉⲧⲁϥϣⲱⲡⲓ ⲙⲙⲟⲛ ϫⲉ ⲣⲟⲩϩⲓ ⲙⲉⲛ ⲛⲁⲛⲉⲛⲕⲟⲧ ⲡⲉ ϧⲉⲛ ⲟⲩⲙⲉⲧϫⲱⲃ ϩⲓϫⲉⲛ
ⲡⲓⲭⲣⲟ ⲛⲧⲉ ⲫⲓⲟⲙ (-verso-) ⲉⲛⲥⲱⲧⲉⲙ ⲉⲡⲓϣⲑⲟⲣⲧⲉⲣ ⲛⲧⲉ ⲛⲓϩⲱⲓⲙⲓ
ⲙⲫⲟⲟⲩ ⲇⲉ ϩⲱϥ ⲧⲉⲛⲟϩⲓ ⲉⲣⲁⲧⲉⲛ ϧⲉⲛ ⲟⲩϫⲁⲙⲏ ⲉⲛϫⲉⲙ ⲛⲟⲙϯ ⲟⲩⲟϩ
ⲉⲛⲛⲁⲩ ⲉϩⲁⲛ ⲥⲓⲗⲟⲧⲕⲓ ⲛⲃⲉⲛⲓ ⲛⲉⲙ ϩⲁⲛ ϣⲏⲓ ⲙⲙⲱⲟⲩ ⲛⲉⲙ ϩⲁⲛ ⲕⲉⲛⲓ
ⲛⲛⲁⲩ ⲙⲡⲁⲓⲣⲏϯ ⲛϩⲱⲃ ⲛϣⲫⲏⲣⲓ. ⲉⲓⲧⲁ¹ ⲙⲉⲛⲉⲛⲥⲁ ⲟⲩⲕⲟⲩϫⲓ ⲇⲉ ⲉⲛⲥⲟⲙⲥ
ⲉⲙⲛⲏ ⲛⲉⲙ ⲙⲛⲁⲓ ⲟⲩⲟϩ ⲉⲧⲁ ϯⲛⲁⲩ ⲛⲁϫⲡ ⲉ̅ ϣⲱⲡⲓ ⲁⲛⲛⲁⲩ ⲉⲟⲩⲣⲱⲙⲓ

Donnez-moi toute votre attention[2] afin d'entendre cette merveille qui arriva à ces saints, selon qu'ils m'en ont informé eux-mêmes. Car il arriva qu'en la nuit où Dieu conduisit ces bienheureux à Schiit, ils virent dans la nuit un homme lumineux placé au milieu d'eux, ayant pris leurs mains et glissant avec eux dans l'air jusqu'à ce qu'il les eût conduits sur le rocher que nous avons mentionné précédemment. « Lors donc, dirent-ils, que nous nous levâmes au matin selon la force que le Christ avait placée en nous, nous nous trouvâmes sur ce rocher dans Schiit et, lorsque nous eûmes regardé sur la montagne, nous vîmes le ouady d'eau, quelques petits plants de palmiers plantés et toute la vue de la montagne : nous fûmes émerveillés et nous fûmes comme si notre cœur était stupéfait; nous réfléchimes au sujet de ce qui nous était arrivé, à savoir que le soir, nous étions couchés dans la faiblesse sur le bord de la mer, entendant le bruit des vagues[3]; mais aujourd'hui nous nous tenons debout dans le calme, ayant pris force et voyant des plants de palmiers, des puits d'eau et d'autres vues de cette sorte d'œuvre admirables. Ensuite, quelque temps après, comme nous regardions çà et là et que la cinquième heure arriva, nous vîmes un homme marchant

---

1. *Cod.* ⲓⲧⲁ. — 2. Mot à mot : Faites attention dans une attention. — 3. Mot à mot : Le trouble.

ⲉϥⲥⲱⲕ ⲇⲁϩⲱⲟⲩ ⲛϫⲁⲛ ϫⲁⲙⲟⲩⲗ ϧⲉⲛ ϯϧⲉⲗⲗⲟ ⲧⲉⲧϧⲓ ⲫⲣⲏⲥ ⲙⲙⲟⲛ
ⲁⲛⲣⲁϣⲓ ⲉⲙⲁϣⲱ ⲁⲛϫⲉⲙ ⲛⲟⲙϯ ϧⲉⲛ ⲡⲉⲛϩⲏⲧ ⲛⲉⲙ ⲧⲉⲛⲯⲩⲭⲏ. ⲟⲩⲟϩ
ⲉⲧⲁⲛ ⲉⲡⲉⲥⲏⲧ ⲉⲃⲟⲗϧⲉⲛ ϯⲡⲉⲧⲣⲁ ⲛⲁⲛϣⲱⲛⲧ ⲙⲙⲟⲛ ⲉⲣⲟϥ ⲡⲉ ϫⲉ ⲛⲧⲉⲛ-
ϣⲉⲛϥ ϫⲉ ⲡⲁⲓⲙⲁ ⲑⲱⲛ ⲡⲉ. ϩⲟⲧⲉ ⲟⲩⲛ ⲉⲧⲁϥⲛⲁⲩ ⲉⲣⲟⲛ ⲉⲣⲉ ⲛⲓϩⲃⲱⲥ ⲛϫⲉⲛ-
ⲛⲓⲕⲟⲥ ⲧⲟⲓ ϩⲓⲱⲧⲉⲛ ⲟⲩⲟϩ ⲉⲣⲉ ⲛⲓⲗⲉⲛⲧⲓⲟⲛ ⲙⲏⲣ ⲉϫⲉⲛ ⲛⲉⲛⲁⲫⲏⲟⲩⲓ ⲁϥⲉⲣ
ϩⲟϯ ⲉⲙⲁϣⲱ ⲟⲩⲟϩ ⲁϥⲉⲣ ϩⲏⲧⲥ ⲙⲫⲱⲧ ⲉϥⲭⲁ ⲛⲓⲧⲉⲃⲛⲱⲟⲩⲓ ⲉⲃⲏⲗ ϫⲉ ⲁⲛϯ
ⲙⲉⲧⲁⲛⲟⲓⲁ ϣⲁⲧⲉϥϩⲟϩⲓ ⲉⲣⲁⲧϥ. ⲉⲧⲁⲛϧⲱⲛⲧ ⲇⲉ ⲉⲡⲓⲣⲱⲙⲓ ⲁⲛⲥⲁϫⲓ ⲛⲉⲙⲁϥ
ⲡⲉ ⲉⲛϣⲓⲛⲓ ⲙⲙⲟϥ ⲛⲑⲟϥ ⲇⲉ ⲙⲡⲉϥⲉⲙⲓ ⲉⲧⲉⲛϫⲓ ⲛⲥⲁϫⲓ ⲟⲩⲇⲉ ⲁⲛⲟⲛ ϩⲱⲛ
ⲙⲡⲉⲛⲉⲙⲓ (-fol. 55-) ⲉⲑⲱϥ. ⲉⲡϧⲁⲉ ⲇⲉ ⲡⲉϫⲁϥ ⲛⲁⲛ ⲉϥϭⲱⲣⲉⲙ ⲉⲣⲟⲛ ϫⲉ
ⲁⲙⲱⲓⲛⲓ ⲛⲧⲁⲟⲗ ⲑⲏⲛⲟⲩ ⲉⲫⲙⲁ ⲛⲁⲃⲃⲁ ⲙⲁⲕⲁⲣⲓⲟⲥ[1]. ⲁⲛⲣⲁϣⲓ ⲟⲩⲟϩ ⲁⲛϫⲉⲙ ⲛⲟⲙϯ ⲉⲙⲁϣⲱ ⲟⲩⲟϩ ⲡⲁⲓⲣⲏϯ ⲁⲛⲟⲩⲁϩⲧⲉⲛ ⲛⲥⲁ ⲡⲓⲣⲱⲙⲓ ⲉⲛϣⲉⲡ
ϩⲙⲟⲧ ⲛⲧⲉⲛ ⲫϯ ⲟⲩⲟϩ ⲉⲛϯ ⲱⲟⲩ ⲛⲁϥ ϫⲉ ⲁϥϭⲓ ⲙⲱⲓⲧ ϧⲁϫⲱⲛ ⲉⲫⲙⲁ
ⲙⲡⲉϥⲃⲱⲕ. ϩⲟⲧⲉ ⲟⲩⲛ ⲉⲧⲁⲛⲫⲟϩ ϣⲁ ⲡⲓⲡⲣⲟⲫⲏⲧⲏⲥ ⲛⲧⲉ ⲫϯ ⲁϥϣⲟⲡⲧⲉⲛ
ⲉⲣⲟϥ ϧⲉⲛ ⲟⲩⲙⲉⲧⲣⲉⲙⲣⲁⲩϣ ⲟⲩⲟϩ ⲁϥϣⲓⲛⲓ ⲙⲙⲟⲛ ϫⲉ ⲉⲧⲁⲣⲉⲧⲉⲛ ⲉⲡⲁⲓⲙⲁ ⲉⲑⲃⲉ ⲟⲩ ⲛϩⲱⲃ. ⲁⲛⲟⲛ ⲇⲉ ⲁⲛⲉⲣ ⲟⲩⲱ ⲉⲛϫⲱ ⲙⲙⲟⲥ ϫⲉ ⲁⲛⲥⲱⲧⲉⲙ
ⲉⲑⲃⲉ ⲛⲉⲕⲁⲣⲉⲧⲏ ⲛⲉⲙ ϣⲓⲛⲧ ⲁⲛⲓ ϫⲉ ⲛⲧⲉⲛϣⲱⲡⲓ ϧⲁ ⲧⲉⲕⲥⲕⲉⲡⲏ ⲛⲧⲉⲛⲁⲓⲧⲉⲛ

devant des chameaux dans la vallée qui était au midi du lieu où nous nous trouvions[2], nous nous réjouimes grandement, nous primes courage dans notre cœur et dans notre âme. Et, lorsque nous fûmes descendus de ce rocher, nous nous rapprochions afin de demander à l'(homme) quel était cet endroit; lors donc qu'il eût vu que nous portions des habits étrangers avec des serviettes attachées sur nos têtes, il craignit grandement et il se prépara à fuir en laissant les animaux, si nous ne lui avions fait repentance, afin qu'il restât. Lorsque nous nous fûmes approchés, nous lui parlions en l'interrogeant; mais lui ne savait pas notre langue et nous ne savions pas la sienne; enfin il nous dit en nous faisant signe : « Venez, que je vous conduise au lieu d'abba Macaire, l'homme saint. » Lorsque nous entendimes le nom d'abba Macaire, nous nous réjouimes et primes courage grandement; et ainsi nous le suivimes, rendant grâce à Dieu et lui donnant grâce de ce qu'il nous avait guidés au lieu de son serviteur. Lors donc que nous fûmes parvenus au prophète de Dieu, il nous reçut à lui avec douceur et il nous interrogea, disant : « Pourquoi êtes-vous venus ici? » — Et nous répondimes en disant : « Nous avons entendu parler de tes vertus et de

---

1. *Cod.* ⲙⲁⲕⲁⲣⲓ. — 2. Mot à mot : A notre midi.

ⲙⲙⲟⲛⲁⲭⲟⲥ. ⲛⲑⲟϥ ⲇⲉ ⲁϥϫⲟⲣⲓ ⲉϥϯ ⲛⲁⲧϥ ⲙⲙⲟⲛ ⲛⲕⲁⲗⲱⲥ ⲡⲉϫⲁϥ ⲛⲁⲛ ϫⲉ ⲧⲉⲧⲉⲛⲛⲁϣϫⲉⲙϫⲟⲙ ⲁⲛ ⲉϣⲓ ϧⲉⲛ ⲡⲁⲓⲙⲁ ϫⲉ ⲟⲩϣⲁϥⲉ ⲡⲉ ⲉϥϩⲟϭⲓ. ⲁⲛⲟⲛ ⲇⲉ ⲁⲛϯ ⲙⲉⲧⲁⲛⲟⲓⲁ¹ ⲛⲁϥ ⲉⲛϫⲱ ⲙⲙⲟⲥ ϫⲉ ⲉϣⲱⲡ ⲁⲛϣⲧⲉⲙϫⲉⲙϫⲟⲙ ⲛϣⲱⲡⲓ ⲙⲡⲁⲓⲙⲁ ⲧⲉⲛⲛⲁϣⲉ ⲛⲁⲛ ⲉⲕⲉⲙⲁ (-verso-) ⲙⲟⲛⲟⲛ ⲉⲑⲃⲉ ⲫϯ ⲙⲡⲉⲣϩⲓⲧⲧⲉⲛ ⲉⲃⲟⲗϩⲁⲣⲟⲕ ⲡⲉⲛⲓⲱⲧ ⲉⲑⲛⲁⲛⲉϥ. ⲁϥⲉⲣ ⲟⲩⲱ ϫⲉ ⲕⲁⲗⲱⲥ ⲓⲥϫⲉ ⲡⲁⲓⲣⲏϯ ⲡⲉ ⲁⲙⲱⲓⲛⲓ ⲛⲧⲁⲧⲁⲙⲉ ⲑⲏⲛⲟⲩ ⲉⲡⲓⲙⲁ ⲉⲧⲉⲧⲉⲛⲛⲁϣⲱⲡⲓ ⲙⲙⲁⲩ. ⲟⲩⲟϩ ⲉⲧⲁϥϭⲓⲧⲧⲉⲛ ⲁϥⲉⲛⲧⲉⲛ ⲉϫⲉⲛ ⲟⲩⲡⲉⲧⲣⲁ ⲁϥⲧⲁⲙⲟⲛ ⲉⲡⲓⲣⲏϯ ⲛⲕⲱⲧ ⲙⲡⲓⲥⲡⲏⲗⲁⲓⲟⲛ² ⲛⲉⲙ ⲡⲓϩⲱⲃ ⲛϫⲓϫ ⲕⲁⲧⲁ ϣⲓⲏⲧ.

ⲛⲁⲓ ⲇⲉ ⲧⲏⲣⲟⲩ ⲁ ⲛⲁⲓⲙⲁⲕⲁⲣⲓⲟⲥ ϫⲟⲧⲟⲩ ⲛⲏⲓ ϫⲉ ⲁⲩϣⲱⲡⲓ ⲙⲙⲱⲟⲩ ⲉⲡⲉⲓⲇⲏ³ ⲁⲛⲟⲕ ⲟⲩⲣⲉⲙ ⲧⲁⲓⲡⲟⲗⲓⲥ ⲛⲟⲩⲱⲧ ⲛⲉⲙⲱⲟⲩ ⲕⲱⲛⲥⲧⲁⲛⲧⲓⲛⲟⲩⲡⲟⲗⲓⲥ⁴. ⲟⲩⲟϩ ϧⲉⲛ ⲛⲁⲓ ⲇⲉ ⲧⲏⲣⲟⲩ ⲛⲁⲩⲧⲁⲣⲕⲟ ⲙⲙⲟⲓ ⲡⲉ ⲛⲟⲩⲙⲏϣ ⲛⲥⲟⲡ ⲉⲩϫⲟϩⲉⲙ ⲉⲧⲟⲧ ϫⲉ ⲙⲡⲉⲣϫⲉ ϩⲗⲓ ϧⲉⲛ ⲛⲏ ⲉⲧⲁⲛⲧⲁⲙⲟⲕ ⲉⲣⲱⲟⲩ ⲉⲧⲓ ⲉⲛⲟⲛϩ ⲛⲁⲓ ⲅⲁⲣ⁵ ⲉⲛⲉ ⲙⲡⲓⲉⲣ ϣⲟⲣⲡ ⲛⲥⲟⲩⲱⲛⲟⲩ ⲡⲉ ⲛⲁⲩⲛⲁϫⲉ ϩⲗⲓ ϧⲉⲛ ⲛⲁⲓ ⲛⲏⲓ ⲁⲛ ⲡⲉ ⲁⲗⲗⲁ ⲁⲓⲥⲟⲩⲱⲛⲟⲩ ⲁⲛⲟⲕ ⲟⲩⲟϩ ⲛⲑⲱⲟⲩ ϩⲱⲟⲩ ⲁⲩⲥⲟⲩⲱⲛⲧ. ⲉⲡⲉⲓⲇⲏ⁶ ⲟⲩⲛ ⲁ ⲡⲓⲡⲣⲟⲫⲏⲧⲏⲥ ⲛⲧⲉ ⲡⲟⲥ ⲁⲃⲃ⁁ ⲙⲁⲕⲁⲣⲓⲟⲥ⁷ ⲥⲱⲕ ϧⲁϫⲱⲟⲩ ⲛⲛⲉϥϣⲏⲣⲓ ⲙⲡⲣⲟⲫⲏⲧⲏⲥ ⲙⲁⲗⲗⲟⲛ ⲇⲉ ⲛϩⲟⲩⲟ ⲡⲣⲟⲫⲏⲧⲏⲥ ⲁϥⲉⲛ-

Schiit, nous sommes venus pour habiter sous ton abri, afin que tu nous fasses moines. » — Mais il resta à nous regarder bellement, il nous dit : « Vous ne pouvez pas rester en ce lieu, parce que c'est un désert fatigant. » — Mais nous, nous lui fîmes repentance, en disant : « Si nous ne pouvons pas rester en ce lieu, nous irons dans un autre; seulement, pour Dieu, ne nous rejette pas loin de toi, ô notre bon père. » — Il répondit : « Bien; puisqu'il en est ainsi, venez que je vous montre le lieu où vous habiterez. » Et lorsqu'il nous eut conduits⁸, il nous mena sur un rocher, il nous enseigna la manière de bâtir une grotte et le travail manuel selon la règle de Schiit. »

Toutes ces choses, ces bienheureux me dirent qu'elles leur étaient arrivées, car je suis originaire comme eux de cette même ville de Constantinople, et, au sujet de tout cela, ils me conjurèrent une foule de fois, en m'ordonnant ainsi : « Ne dis rien de ce que nous t'avons appris, tant que nous serons en vie; » car, si je ne les avais pas connus d'avance, ils ne m'auraient rien dit de cela; mais je les connaissais et eux aussi ils me connaissaient. Comme donc le prophète du Seigneur, abba Macaire, marcha devant ses fils prophètes et

---

1. *Cod.* ⲙⲉⲧⲁⲛⲓⲁ. — 2. *Cod.* ⲙⲡⲓⲥⲡⲏⲗⲉⲟⲛ. — 3. *Cod.* ⲉⲡⲓⲇⲏ. — 4. *Cod.* ⲕⲱⲛⲥⲧⲁⲛⲧⲓⲛⲟⲧⲡⲟⲗⲓⲥ. — 5. *Cod.* ⲕⲉ ⲅⲁⲣ. — 6. *Cod.* ⲉⲡⲓⲇⲏ. — 7. *Cod.* ⲙⲁⲕⲁⲣⲓ. — 8. Mot à mot : Lorsqu'il nous eut pris.

ⲟⲩ ⲉ†ⲡⲉⲧⲣⲁ. (-fol. 56-) ⲁϥⲧⲁⲙⲱⲟⲩ ⲉⲡⲓⲙⲁ ⲛϩⲁⲝ ⲱⲛⲓ ⲟⲩⲟϩ ⲁϥ† ⲛⲱⲟⲩ ⲛⲛⲓⲕⲉⲧⲟⲥ ⲛϣⲓⲕⲓ ⲟⲩⲟϩ ⲁϥⲧⲥⲁⲃⲱⲟⲩ ⲉⲧⲁⲣⲭⲏ ⲛ†ⲛⲉⲃ† ⲛⲉⲙ ⲡⲓⲣⲏ† ⲛϣⲱⲗⲕ ⲟⲩⲟϩ ⲁϥ† ⲉⲧⲟⲧⲟⲩ ⲛⲛⲓⲕⲉⲉⲛⲧⲟⲗⲏ ⲧⲏⲣⲟⲩ ⲉⲁϥⲧⲁⲥⲑⲟ ⲉⲡⲉϥⲙⲁ ⲛϣⲱⲡⲓ ϧⲉⲛ ⲟⲩϩⲓⲣⲏⲛⲏ¹. ⲛⲓⲁⲅⲓⲟⲥ ⲇⲉ ⲁⲩⲱⲗⲓ ⲉⲃⲟⲗϩⲓⲱⲟⲩ ⲛⲛⲓϩⲃⲱⲥ ⲛⲅⲉⲛⲓⲕⲟⲥ ⲛⲧⲉ †ⲥⲩⲣⲓⲁ ⲁⲩⲉⲣⲫⲟⲣⲉⲛ² ⲙⲡⲓⲥⲭⲏⲙⲁ ⲛⲧⲉ ⲛⲓⲙⲟⲛⲁⲭⲟⲥ ⲛⲧⲉ ⲡⲓⲙⲁ ⲉⲧⲉⲙⲙⲁⲩ ⲟⲩⲟϩ ⲛⲁⲩⲭⲱ ⲙⲙⲟⲥ ⲛⲛⲟⲩⲉⲣⲏⲟⲩ ϫⲉ ⲁⲛⲁⲩ ⲙⲡⲉⲛⲑⲣⲉ ϩⲗⲓ ⲉⲙⲓ ⲉⲡⲉⲛⲣⲁⲛ ⲟⲩⲇⲉ ϫⲉ ⲛⲁⲛⲟⲓ ⲙⲙⲟⲛⲁⲭⲟⲥ ⲛϣⲟⲣⲡ... ϫⲉ ⲟⲩ(ⲏ)ⲓ ⲡⲁⲓⲙⲁ ϧⲉⲛⲧ ⲉⲡⲟⲩⲣⲟ... ϩⲟⲧ (sic!) ⲉ†ⲥⲩⲣⲓⲁ³. ⲗⲟⲓⲡⲟⲛ ⲁⲩⲓⲣⲓ ⲛⲧⲟⲩⲥⲡⲟⲩⲇⲏ ⲧⲏⲣⲥ ⲡⲉ ⲉϣⲧⲉⲙⲥⲁϫⲓ ⲛⲉⲙ ϩⲗⲓ ⲛⲣⲱⲙⲓ ⲟⲩⲇⲉ ⲉϥⲓ ⲛⲟⲧ ⲉⲟⲧⲟⲛ ⲉⲡⲧⲏⲣϥ ⲥⲁⲃⲟⲗ ⲙⲡⲟⲩⲙⲁ ⲛϣⲱⲡⲓ ⲛⲉⲙ †ⲉⲕⲕⲗⲏⲥⲓⲁ. ⲧⲟⲩⲧⲣⲟⲫⲏ ⲇⲉ ⲛⲉ ⲡⲓⲱⲓⲕ ⲡⲉ ⲛⲉⲙ ⲡⲓϩⲙⲟⲩ ⲛⲥⲏⲟⲩ ⲛⲓⲃⲉⲛ ⲓⲥϫⲉⲛ ⲉⲧⲁⲩⲓ ⲉϧⲟⲩⲛ ⲉⲛⲃⲓⲟⲥ ⲛ†ⲙⲉⲧⲙⲟⲛⲁⲭⲟⲥ ⲙⲡⲟⲩϫⲉⲙ †ⲡⲓ ⲛⲟⲩⲁϥ ⲉⲡⲧⲏⲣϥ ⲟⲩⲇⲉ ⲟⲩⲏⲣⲡ ⲟⲩⲇⲉ ⲧⲉⲃⲧ ⲟⲩⲟϩ ⲛⲁⲩⲥⲉⲕ ⲃ̄ⲃ̄ ⲛⲥⲏⲟⲩ ⲛⲓⲃⲉⲛ (-verso-) ⲟⲩⲟϩ ⲛⲁⲩⲓⲣⲓ ⲛϩⲁⲛ ⲧⲱⲃϩ ⲉⲧⲟϣ ⲛⲁⲩⲭⲱ ⲇⲉ ⲛⲛⲟⲩⲯⲁⲗⲙⲟⲥ⁴ ⲕⲁⲧⲁ ⲥ̄ ⲛⲗⲉⲝⲓⲥ ⲛⲉⲙ ⲟⲩⲁⲗⲗⲏⲗⲟⲩⲓⲁ ⲕⲁⲧⲁ ⲡⲉⲑⲟⲥ ⲛⲛⲁ †ⲥⲩⲣⲓⲁ. ⲁⲩϣⲱⲡⲓ ⲇⲉ ϧⲉⲛ ϣⲓⲏⲧ ⲙⲡⲟⲩⲛⲁⲩ ⲉⲡϩⲟ ⲛϩⲗⲓ ⲛⲣⲱⲙⲓ ⲉⲡⲧⲏⲣϥ ⲉⲓⲙⲏⲧⲓ⁵ ⲉⲟⲩϧⲉⲗⲗⲟ ⲛⲟⲩⲣⲓⲧ ⲉϥⲣⲱⲓⲥ ⲉⲛⲓϩⲟⲥⲉⲙ ⲉϥⲱⲗⲓ

plus que prophètes, il les conduisit au rocher, il leur montra le lieu d'arracher la pierre, leur donna les instruments pour creuser, il leur enseigna le commencement du tressage et la manière de vanner, puis il leur donna tous les autres commandements et retourna en paix dans son habitation. Mais les saints se dépouillèrent des vêtements laïques de la Syrie, ils revêtirent l'uniforme des moines de cet endroit, et ils se disaient l'un à l'autre : « Prenons garde que quelqu'un connaisse notre nom et que nous étions moines auparavant; car, certes ce lieu est rapproché du roi plus que ne l'était la Syrie. » Du reste, ils mirent tout leur soin à ne parler avec aucun homme, à ne visiter absolument personne, en dehors de leur habitation et de l'église⁶. Leur nourriture était en tout temps du pain et du sel; depuis qu'ils furent entrés dans la vie monacale, ils ne goûtèrent ni viande, ni vin, ni poisson; en tout temps ils jeûnaient deux jours de suite, ils faisaient de nombreuses prières, ils récitaient leurs psaumes de six en six versets avec un *alleluia*, selon la coutume des Syriens. Ils habitaient à Schiit sans voir le visage d'aucun homme, sinon (celui d')un vieillard, qui était gardien veillant sur les natrons, qui prenait

---

1. *Cod.* ⲟⲩϩⲓⲣⲏⲛⲏ. — 2. *Cod.* ⲁⲩⲉⲣⲫⲟⲣⲓⲛ. — 3. Il devrait y avoir sans doute ⲛϩⲟⲩⲟ ⲉ†ⲥⲩⲣⲓⲁ. — 4. *Cod.* ⲛⲁⲩⲭⲱⲗ ⲉⲛⲛⲟⲩⲯⲁⲗⲙⲟⲥ (sic). — 5. *Cod.* ⲓⲙⲏⲧⲓ. — 6. C'est-à-dire qu'ils ne quittaient leur habitation que pour se rendre à l'église.

ⲙⲡⲟⲩϩⲱⲃ ⲛ̅ϫⲓϫ ⲟⲩⲟϩ ⲉϥⲓⲛⲓ ⲛⲱⲟⲩ ⲙⲡⲓⲕⲟⲩϫⲓ ⲛⲱⲓⲕ ⲫⲁⲓ ⲣⲱ ⲟⲛ ⲛⲁϥⲉⲣ-
ⲇⲓⲁⲕⲟⲛⲉⲓⲛ[1] ⲡⲉ ⲉⲡⲓⲙⲁⲕⲁⲣⲓⲟⲥ[2] ⲉⲑⲃⲉ ϫⲉ ⲛⲁϥⲥⲱⲟⲩⲛ ⲙ̅ⲙⲟϥ ⲣⲱ
ⲡⲉ ⲓⲥϫⲉⲛ ϣⲟⲣⲡ ⲉϥⲏⲗ ϣⲁⲣⲟϥ ⲛⲟⲩⲙ(ⲏ)ϣ ⲛ̅ⲥⲟⲡ ⲉϥϭⲓ ⲙⲡⲉϥⲥⲙⲟⲩ.
ⲉϣⲱⲡ ⲇ(ⲉ) ⲁⲣⲉϣⲁⲛ ⲛⲁⲓⲁⲅⲓⲟⲥ ⲓ ⲉⲧⲉⲕⲕⲗⲏⲥⲓⲁ ⲛⲁⲩϥⲁⲓ ⲛ̅ⲟⲩⲃⲁⲗ ⲉⲡϣⲱⲓ
ⲁⲛ ⲉⲡⲧⲏⲣϥ ⲉⲛⲁⲩ ⲉⲡⲣⲟ ⲛ̅ⲗⲓ ⲁⲗⲗⲁ ⲉⲣⲉ ⲡⲟⲩϩⲟ ⲫⲁϩⲧ ⲉⲡⲉⲥⲏⲧ ⲉϥⲙⲏⲛ
ϣⲁⲧⲟⲩⲣⲱⲗ ⲉⲡⲓⲥⲡⲏⲗⲁⲓⲟⲛ[3] ϧⲉⲛ ⲟⲩⲭⲱⲗⲉⲙ ⲛⲉⲙ ⲟⲩϯ ϩⲑⲏϥ ⲕⲁⲓ ⲅⲁⲣ[4]
ⲁⲗⲏⲑⲱⲥ ⲁⲕϣⲁⲛⲛⲁⲩ ⲉⲣⲱⲟⲩ ϧⲉⲛ ⲧⲁⲓⲕⲁⲧⲁⲥⲧⲁⲥⲓⲥ ⲙⲡⲁⲓⲣⲏϯ ⲭ̅ⲛⲁϫⲟⲥ
ϫⲉ ⲟⲛⲧⲱⲥ ⲫ̅ϯ ϣⲟⲡ ϧⲉⲛ ⲛⲁⲓⲣⲱⲙⲓ ⲕⲁⲓ ⲅⲁⲣ[5] ⲁⲗⲏⲑⲱⲥ ϥϣⲟⲡ ⲛ̅ϧⲏⲧⲟⲩ
ⲙ̅ⲫⲣⲏϯ ⲛ̅ⲏⲗⲓⲁⲥ ⲛⲉⲙ ⲓⲱⲁⲛⲛⲏⲥ. (-fol. 57-) ⲡⲁⲓⲣⲏϯ ϩⲱⲟⲩ ⲛⲁⲓⲁⲅⲓⲟⲥ
ⲛⲁⲣⲉ ⲡⲓⲭⲣⲱⲙ ⲛ̅ⲧⲉ ⲡⲓⲡ̅ⲛ̅ⲁ̅ ⲉⲑⲟⲩⲁⲃ ϣⲟⲡ ⲛ̅ϧⲣⲏⲓ ⲛ̅ϧⲏⲧⲟⲩ ⲡⲉ ⲉϥⲣⲱⲕϩ
ⲛ̅ⲛⲉⲛⲉⲣⲅⲓⲁ ⲉⲧϩⲱⲟⲩ ⲛ̅ⲧⲉ ⲡⲓⲡ̅ⲛ̅ⲁ̅ ⲙ̅ⲡⲟⲛⲏⲣⲟⲛ ⲛⲁⲓ ⲉⲧⲉⲣⲡⲟⲗⲉⲙⲓⲛ[6] ⲛⲉⲙ
ⲡⲉⲛϣⲗⲟⲗ ⲛ̅ⲥⲟⲩ ⲛⲓⲃⲉⲛ ϧⲉⲛ ⲟⲩⲙⲉⲧⲁⲧϣⲓⲡⲓ ⲁⲛⲟⲕ ⲅⲁⲣ ⲁⲛ ⲡⲉ ⲉⲧϫⲱ[7]
ⲙ̅ⲙⲟⲥ ⲁⲗⲗⲁ ⲁⲃⲃⲁ ⲙⲁⲕⲁⲣⲓⲟⲥ[8] ⲡⲉ ⲡⲓⲡ̅ⲛ̅ⲁ̅ⲧⲟⲫⲟⲣⲟⲥ ⲡⲉ.

ϩⲟⲧⲉ ⲡⲉϫⲁϥ ⲉⲧⲁⲓϩⲓ ⲕⲟⲧ ⲉⲣⲱⲟⲩ ⲙⲉⲛⲉⲛⲥⲁ ⲅ̅ ⲛ̅ⲣⲟⲙⲡⲓ ϩⲓⲛⲁ ⲛ̅ⲧⲁⲉⲙⲓ
ⲉⲡⲟⲩϫⲓ ⲛⲅⲉⲙⲥⲓ ⲟⲩⲟϩ ⲉⲧⲁ ⲣⲟⲩϩⲓ ϣⲱⲡⲓ ⲡⲉϫⲁϥ ⲡⲉϫⲱⲟⲩ ⲛⲏⲓ ϫⲉ ⲭ̅ⲛⲁ-
ϩⲱⲗ. ⲁⲛⲟⲕ ⲇⲉ ⲡⲉϫⲏⲓ ⲛⲱⲟⲩ ϫⲉ ⲙ̅ⲙⲟⲛ ⲁⲗⲗⲁ ⲁⲓⲛⲁⲛⲕⲟⲧ ⲙ̅ⲡⲁⲓⲙⲁ.
ⲟⲩⲟϩ ⲁⲩⲭⲱ ⲛⲏⲓ ⲉϧⲣⲏⲓ ⲛ̅ⲟⲩⲑⲟⲙ ⲥⲁ ⲟⲩⲥⲁ ⲛ̅ⲧⲉ ⲡⲓⲥⲡⲏⲗⲁⲓⲟⲛ[9] ⲟⲩⲟϩ

leur travail manuel et leur apportait un peu de pain. Il servait aussi abba Macaire, car il le connaissait depuis le commencement, allant vers lui une foule
de fois et recevant sa bénédiction. Et si ces saints allaient à l'église, ils ne
levaient pas du tout leurs yeux pour voir qui que ce soit, mais leur visage
était baissé continuellement, jusqu'à ce qu'ils fussent entrés dans leur grotte
avec promptitude et attention; car vraiment si tu les voyais en cette tenue[10],
tu dirais que vraiment Dieu habite en ces hommes; et vraiment en effet il
habite en eux à la manière d'Élie et de Jean; ainsi ces saints, le feu de l'Esprit saint habitait en eux, brûlant les énergies mauvaises des esprits pervers
qui combattent notre race en tout, sans honte; car ce n'est pas moi qui le dis,
mais c'est abba Macaire le pneumatophore.

« Lors, dit-il, que je les visitai trois ans après, afin de connaître leur situation, et que le soir, dit-il, fut arrivé, ils me dirent : « T'en iras-tu? » — Et
moi, je leur dis : « Non, mais je coucherai ici. » Alors ils m'étendirent à terre
une natte dans un coin de la caverne, ils dormirent dans un endroit, ils ap-

---

1. *Cod.* ⲛⲁϥⲉⲣⲇⲓⲁⲕⲟⲛⲓⲛ. — 2. *Cod.* ⲙⲁⲕⲁⲣⲓ. — 3. *Cod.* ⲉⲡⲓⲥⲡⲏⲗⲉⲟⲛ. — 4. *Cod.* ⲕⲉ
ⲅⲁⲣ. — 5. *Cod.* ⲛⲉ ⲅⲁⲣ. — 6. *Cod.* ⲉⲧⲉⲣⲡⲟⲗⲉⲙⲓⲛ. — 7. *Cod.* ⲡⲉⲧϫⲱ. — 8. *Cod.* ⲙⲁⲕⲁⲣⲓ. — 9. *Cod.* ⲡⲓⲥⲡⲏⲗⲉⲟⲛ. — 10. Mot à mot : En cette tenue de cette sorte.

ⲁⲧⲉⲛⲕⲟⲧ ϩⲓ ⲟⲩⲙⲁ ⲟⲩⲟϩ ⲁⲩⲱⲗⲓ ⲛⲛⲟⲩⲑⲱⲕ ⲙⲡⲁⲙⲑⲟ ⲁⲩⲭⲁⲩ ⲉϧⲣⲏⲓ ⲟⲩⲟϩ ⲛⲁⲩⲭⲱ ⲛⲣⲱⲟⲩ ⲡⲉ ⲉⲧⲁⲩⲉⲣ ⲫⲁⲓ ⲅⲁⲣ ⲉⲑⲃⲉ ⲁϣ ⲛⲁⲓⲧⲓⲁ[1] ⲉⲡⲉⲓⲇⲏ[2] ⲅⲁⲣ ⲡⲓⲥⲭⲏⲙⲁ ⲛⲧⲉ ⲛⲁ ϯⲥⲩⲣⲓⲁ ⲟⲩⲟⲛ ⲙⲁⲣϭⲛⲁϩ ⲉⲣⲱⲟⲩ ⲁⲛ ⲁⲗⲗⲁ ϩⲁⲛ ϩⲃⲱⲥ ⲛⲭⲁⲙⲉ ⲛⲉ ⲉⲧⲟⲩⲉⲣⲫⲟⲣⲉⲓⲛ[3] ⲙⲙⲱⲟⲩ. ϩⲟⲧⲉ ⲗⲟⲓⲡⲟⲛ ⲉⲧⲁ ⲛⲁⲓⲙⲁⲕⲁⲣⲓⲟⲥ ⲛⲁⲩ ⲉⲡⲟⲩⲓⲱⲧ ⲙⲡⲛⲁ- (-verso-) ⲧⲟⲫⲟⲣⲟⲥ ⲁⲃⲃⲁ ⲙⲁⲕⲁⲣⲓⲟⲥ[4] ⲉϥⲉⲣⲫⲟⲣⲉⲓⲛ[5] ⲙⲡⲓⲍⲱⲕ ⲛⲉⲙ ϯⲙⲁⲣϭⲛⲁϩ ⲁⲩⲟⲩⲱϣ ϩⲱⲟⲩ ⲉⲙⲟϣⲓ ⲕⲁⲧⲁ ⲡⲟⲩⲓⲱⲧ ⲉⲑⲣⲟⲩⲙⲟⲣⲟⲩ ⲕⲁⲧⲁ ⲡⲉϥⲥⲙⲟⲧ ⲉⲑⲃⲉ ⲫⲁⲓ ⲁⲩⲓⲛⲓ ⲛⲛⲟⲩⲍⲱⲕ ⲙⲡⲉϥⲙⲑⲟ ⲉⲃⲟⲗ ⲁⲩⲭⲁⲩ ⲉⲡⲉⲥⲏⲧ ⲉⲩⲓⲣⲓ ⲇⲉ ⲛⲫⲁⲓ ⲉⲑⲣⲉϥϣⲗⲏⲗ ⲉϫⲱⲟⲩ ϩⲓⲛⲁ ⲁⲩϣⲁⲛⲧⲱⲟⲩⲛⲟⲩ ⲛⲧⲟⲩⲙⲟⲣⲟⲩ ⲙⲙⲱⲟⲩ. ⲥⲁⲧⲟⲧϥ ⲇⲉ ⲁϥⲉⲙⲓ ⲉⲫⲁⲓ ϩⲓⲧⲉⲛ ⲡⲓⲡⲛⲁ ⲙⲡⲣⲟⲫⲏⲧⲓⲕⲟⲛ ⲉⲧϣⲟⲡ ⲛϧⲏⲧϥ ⲛϫⲉ ⲫⲏ ⲉⲑⲟⲩⲁⲃ ⲁⲃⲃⲁ ⲙⲁⲕⲁⲣⲓⲟⲥ[6] ⲟⲩⲟϩ ⲁϥϣⲗⲏⲗ ⲉϫⲱⲟⲩ. ⲁⲓⲧⲱⲃϩ ⲇⲉ ⲙⲫϯ ⲡⲉϫⲁϥ ϩⲓⲛⲁ ⲛⲧⲉϥϭⲱⲣⲡ ⲛⲏⲓ ⲉⲃⲟⲗ ⲛⲧⲟⲩϩⲓ ⲛⲉⲣ ϩⲱⲃ ⲁⲥⲟⲩⲱⲛ ⲡⲉϫⲁϥ ⲛϫⲉ ϯⲟⲩⲁϩ ⲥⲟⲓ ⲟⲩⲟϩ ⲁϥϣⲱⲡⲓ ⲛϫⲉ ⲟⲩⲟⲩⲱⲓⲛⲓ ⲙⲫⲣⲏϯ ⲙⲡⲓⲉϩⲟⲟⲩ ⲛⲑⲱⲟⲩ ⲇⲉ ⲛⲁⲩⲛⲁⲩ ⲁⲛ ⲡⲉ ⲉⲡⲓⲟⲩⲱⲓⲛⲓ. ϩⲱⲥ ⲉⲧⲙⲉⲩⲓ ⲛⲱⲟⲩ ϫⲉ ⲛⲁⲓⲉⲛⲕⲟⲧ ⲡⲉ ⲁ ⲡⲓⲛⲓϣϯ ⲕⲓⲙ ⲉⲡⲓⲕⲟⲩϫⲓ ⲁⲩⲧⲱⲟⲩⲛⲟⲩ ⲁⲩⲙⲟⲣⲟⲩ ⲁⲛⲟⲕ ⲙⲉⲛ ⲛⲁⲓⲛⲁⲩ ⲉⲣⲱⲟⲩ ⲡⲉ ⲛⲑⲱⲟⲩ ⲇⲉ ⲛⲁⲩⲛⲁⲩ ⲉⲣⲟⲓ ⲁⲛ ⲡⲉ ⲁⲩⲥⲱⲗⲕ ⲛⲛⲟⲩϫⲓϫ ⲉⲡϣⲱⲓ ⲉⲧⲫⲉ. ⲟⲩⲟϩ ⲁⲓⲛⲁⲩ ⲉⲛⲓⲇⲁⲓⲙⲱⲛ[7] ⲉⲩⲛⲏⲟⲩ ⲉϫⲉⲛ ⲡⲓⲕⲟⲩϫⲓ ⲙⲫⲣⲏϯ ⲛϩⲁⲛ (-fol. 58-) ⲁϥϩⲁⲛ

portèrent leurs ceintures en ma présence, ils les mirent à terre et ils se taisaient. » Et ils firent cela pour cette cause : comme l'uniforme des Syriens n'a pas de tunique avec manches, mais ils portent des vêtements noirs, lorsque ces bienheureux virent leur père pneumatophore portant la ceinture et la tunique avec manches, ils voulurent aussi marcher comme le faisait leur père pour se ceindre comme lui; c'est pourquoi ils apportèrent leurs ceinturons en sa présence, les placèrent à terre, faisant cela afin qu'il priât sur eux, qu'ils les levassent et qu'ils les ceignissent. Aussitôt il connut cela[8] par l'esprit prophétique qui était en lui, le saint abba Macaire, et il pria sur eux. « Mais je priai Dieu, dit-il, de me révéler leur travail. Le toit, dit-il, s'ouvrit et il y eut une lumière comme pendant le jour; pour eux, ils ne voyaient pas la lumière. Comme ils pensèrent que j'étais endormi, le grand fit signe au petit, ils se levèrent, ils se ceignirent; moi, certes, je les voyais, mais eux ils ne me voyaient pas; ils étendirent leurs mains vers le ciel. Et je vis les démons venir sur le petit comme des mouches, les unes venaient sur ses yeux

---

1. *Cod.* ⲛⲉⲧⲓⲁ. — 2. *Cod.* ⲉⲡⲓⲇⲏ. — 3. *Cod.* ⲛⲟⲩⲉⲣⲫⲟⲣⲓⲛ. — 4. *Cod.* ⲙⲁⲕⲁⲣⲓ. — 5. *Cod.* ⲉϥⲉⲣⲫⲟⲣⲓⲛ. — 6. *Cod.* ⲙⲁⲕⲁⲣⲓ. — 7. *Cod.* ⲉⲛⲓⲇⲉⲙⲱⲛ. — 8. C'est-à-dire : La raison pour laquelle ils avaient agi ainsi.

ⲟⲧⲟⲛ ⲙⲉⲛ ⲉⲧⲏⲛⲟⲩ ⲉϫⲉⲛ ⲛⲉϥⲃⲁⲗ ⲛⲉⲙ ⲣⲱϥ ⲟⲩⲟϩ ⲁⲓⲛⲁⲩ ⲉⲟⲩⲁⲅⲅⲉⲗⲟⲥ ⲛⲧⲉ ⲡⲟⲥ ⲉⲣⲉ ⲟⲩⲟⲛ ⲟⲩⲥⲏϥⲓ ⲛⲭⲣⲱⲙ ⲛⲧⲟⲧϥ ⲉϥⲧⲁⲕⲧⲉ ⲥⲃⲟ ⲉⲣⲟϥ ⲉϥϭⲟϫⲓ ⲛⲥⲁ ⲛⲓⲇⲁⲓⲙⲱⲛ¹ ⲛⲁⲩϣⲉⲣⲧⲟⲗⲙⲁⲛ ⲁⲛ ⲡⲉ ⲉϧⲱⲛⲧ ⲉⲡⲛⲓϣϯ ⲉⲡⲧⲏⲣϥ. ⲉⲣⲉ ϣⲟⲣⲡ ⲇⲉ ⲛⲁϣⲱⲡⲓ ⲁⲩⲭⲁⲩ ⲉϧⲣⲏⲓ ⲟⲛ ϩⲱⲥ ϫⲉ ⲉⲩⲛⲁⲉⲛⲕⲟⲧ ⲁⲛⲟⲕ ⲇⲉ ϩⲱ ⲁⲓⲁⲓⲧ ⲙ̅ⲫ̅ⲣⲏϯ ϫⲉ ⲉⲓϩⲟⲣⲡ ⲛⲟⲩⲟⲩ ϩⲱⲩ ⲙⲡⲁⲓⲣⲏϯ. ⲟⲩⲟϩ ⲁ ⲡⲛⲓϣϯ ϫⲱ ⲙⲡⲁⲓⲥⲁϫⲓ ⲛⲟⲩⲱⲧ ⲛⲏⲓ ϫⲉ ⲭⲟⲩⲱϣ ⲛⲧⲉⲛϫⲱ ⲙⲡⲓⲓ̅ⲃ̅ ⲙⲯⲁⲗⲙⲟⲥ. ⲡⲉϫⲏⲓ ϫⲉ ⲥⲉ. ⲟⲩⲟϩ ⲁ ⲡⲓⲕⲟⲩϫⲓ ϫⲱ ⲛⲥ̅ ⲙⲯⲁⲗⲙⲟⲥ ⲛⲥ̅ ⲛⲗⲉⲝⲓⲥ ⲉϥⲟⲩⲁⲓ ⲙⲉⲙ ⲟⲩⲁⲗⲗⲏⲗⲟⲩⲓⲁ ⲟⲩⲟϩ ⲕⲁⲧⲁ ⲗⲉⲝⲓⲥ ⲛⲁϥⲛⲏⲟⲩ ⲉⲃⲟⲗϧⲉⲛ ⲣⲱϥ ⲛϫⲉ ⲟⲩϣⲁϩ ⲛⲭⲣⲱⲙ ⲟⲩⲟϩ ⲛⲁϥⲛⲁ ⲉⲡϣⲱⲓ ⲉⲧⲫⲉ. ⲡⲁⲓⲣⲏϯ ⲟⲛ ⲡⲛⲓϣϯ ϩⲱⲥⲧⲉ² ⲉⲧⲁϥⲟⲩⲱⲛ ⲛⲣⲱϥ ⲉⲉⲣⲯⲁⲗⲗⲓⲛ³ ⲛⲁϥⲛⲏⲟⲩ ⲉⲃⲟⲗϧⲉⲛ ⲣⲱϥ ⲙ̅ⲫ̅ⲣⲏϯ ⲛⲟⲩⲛⲟϩ ⲛⲭⲣⲱⲙ ⲟⲩⲟϩ ⲉϥⲛⲁ ⲉⲡϣⲱⲓ ⲉⲧⲫⲉ. ⲁⲛⲟⲕ ⲇⲉ ϩⲱ ⲁⲓϫⲱ ⲛⲟⲩⲕⲟⲩϫⲓ ⲛⲁⲡⲟⲥⲧⲏⲑⲟⲥ⁴. ⲉⲧⲁⲓⲛⲁⲩ ⲇⲉ ⲉⲧⲟⲩⲕⲁⲧⲁⲥⲧⲁⲥⲓⲥ ⲛⲉⲙ ⲧⲟⲩϫⲓ ⲛⲉⲣ ϩⲱⲃ ⲉⲑⲛⲁⲛⲉⲥ ⲛⲉⲙ ⲡⲛⲓϣϯ ⲛⲑⲙⲟⲙ ⲉⲧϣⲟⲡ ⲛϧⲏⲧⲟⲩ ⲉϧⲟⲩⲛ ⲉⲫϯ (-verso-) ⲁⲓϫⲉⲙ ϩⲛⲟⲩ ⲉⲣⲱⲟⲩ ⲉⲙⲁϣⲱ ⲟⲩⲟϩ ⲉⲓⲛⲏⲟⲩ ⲉⲃⲟⲗ ⲁⲓϫⲟⲥ ϫⲉ ⲧⲱⲃϩ ⲛⲕⲱⲓ. ⲛⲑⲱⲟⲩ ⲇⲉ ⲁⲩϯϩⲟ ⲉⲣⲟⲓ ⲉϩⲣⲓ ⲉϫⲱⲟⲩ ⲙⲡⲓⲥⲭⲏⲙⲁ ⲟⲩⲟϩ ⲡⲁⲓⲣⲏϯ ⲁⲓⲑⲉⲧ ⲡⲟⲩϩⲏⲧ ⲁⲓⲧⲏⲓϥ ⲉϫⲱⲟⲩ ⲁⲛ ⲉⲃⲟⲗϩⲓⲧⲟⲧⲟⲩ ϧⲉⲛ ⲟⲩϩⲉⲓⲣⲏⲛⲏ⁵.

et sur sa bouche, et je vis un ange du Seigneur tenant en sa main une épée de feu, traçant une barrière autour de lui, pourchassant les démons; ils n'osaient pas du tout s'approcher du grand. Comme le matin allait paraître, ils s'étendirent de nouveau à terre, comme pour dormir, et moi aussi je fis comme si je dormais profondément : pour eux, ils firent comme moi. Et le grand me dit cette seule parole : « Veux-tu que nous disions les douze psaumes? » — Je lui dis : « Oui. » Et le petit dit six psaumes ayant chacun six versets et un *alleluia;* à chaque verset sortait de sa bouche une flamme de feu et elle montait vers le ciel. De même aussi le grand, lorsqu'il ouvrit la bouche pour réciter les psaumes, il lui sortait de la bouche comme une corde de feu qui montait vers le ciel. Et moi aussi, je dis quelque peu par cœur. Lorsque j'eus vu leur position, leur bon travail et la grande ferveur qui était en eux pour Dieu, je trouvai profit grandement en eux, et en m'en allant je dis : « Priez pour moi. » Et eux, ils me prièrent aussi de leur donner l'uniforme. Et ainsi j'acquiesçai à leur demande, je les en revêtis et je les quittai en paix. »

---

1. *Cod.* ⲛⲓⲇⲉⲙⲱⲛ. — 2. *Cod.* ϩⲱⲥⲇⲉ. — 3. *Cod.* ⲉⲉⲣⲯⲁⲗⲓⲛ. — 4. *Cod.* ⲛⲁⲡⲟⲥⲟⲛⲧⲏⲥ. — 5. *Cod.* ⲟⲩϩⲓⲣⲏⲛⲏ.

ⲓⲥ ϧⲏⲡⲡⲉ ⲟⲩⲛ ⲁⲛⲥⲱⲧⲉⲙ ⲉⲡⲓⲛⲓϣϯ ⲁⲃⲃⲁ ⲙⲁⲕⲁⲣⲓⲟⲥ[1] ⲉϥⲧⲁⲙⲟ ⲙⲙⲟⲛ ⲣⲏⲧⲱⲥ ϫⲉ ⲁ ⲛⲁⲓⲙⲁⲕⲁⲣⲓⲟⲥ ⲉⲣ ⲡⲉⲙⲡϣⲁ ⲙⲡⲓϩⲙⲟⲧ ⲛⲧⲉ ⲡⲓⲡⲛⲁ ⲙⲡⲁⲣⲁⲕⲗⲏⲧⲟⲛ ⲙⲫⲣⲏϯ ⲛⲟⲩⲭⲣⲱⲙ ⲕⲁⲓ ⲅⲁⲣ[2] ϧⲉⲛ ⲟⲩⲙⲉⲑⲙⲏⲓ ⲉϣⲱⲡ ⲛⲧⲁϭⲓ ⲧⲟⲧ ⲉϫⲉⲛ ⲛⲉⲧⲁ ⲡⲓⲛⲓϣϯ ⲉⲧⲉⲙⲙⲁⲩ ϫⲟⲧⲟⲩ ⲛⲏⲓ ⲉⲑⲃⲏⲧⲟⲩ ⲛⲉⲙ ⲛⲏ ⲉⲧⲁⲙⲁⲩ ⲉⲣⲱⲟⲩ ϩⲱ ϧⲉⲛ ⲛⲁⲃⲁⲗ ⲡⲓⲥⲁϫⲓ ⲛ(ⲉϥ)ⲁ(ϣ)ⲁⲓ ⲉⲡⲓϩⲟⲩⲟ ⲉⲑⲃⲉ ⲫⲁⲓ ⲁⲓⲭⲱ ⲛⲥⲱⲓ ⲙⲡⲓϩⲟⲩⲟ ⲉⲑⲃⲉ ⲛⲏ ⲉⲧⲟ ⲛⲕⲟⲩϫⲓ[3] ϧⲉⲛ ⲡⲓⲛⲁϩϯ ϩⲓⲛⲁ ⲛⲧⲁ(ⲩ)ϣⲧⲉⲙⲙⲉⲩⲓ ⲉϯⲙⲉⲑⲙⲏⲓ ϫⲉ ⲟⲩⲙⲉⲑⲛⲟⲩϫ ⲧⲉ ϯⲛⲁϫⲱ ⲛϩⲁⲛ ⲕⲟⲩϫⲓ ⲉⲃⲟⲗϧⲉⲛ ϩⲁⲛ ⲙⲏϣ ⲛⲧⲁϯ ⲑⲱϣ ⲉⲡⲓⲥⲁϫⲓ.

ⲡⲓϧⲉⲗⲗⲟ ⲅⲁⲣ ⲛⲣⲱⲙⲓ ⲉⲧⲁⲛⲉⲣ ϣⲟⲣⲡ ⲛϥⲓⲣⲓ ⲉⲣⲟϥ ϫⲉ ϥⲉⲣⲇⲓⲁⲕⲟⲛⲉⲓⲛ[4] ⲉⲛⲓⲁⲅⲓⲟⲥ ⲛⲉ ⲟⲩⲙⲁⲓ ⲛⲟⲩϯ ⲡⲉ ⲉⲡⲓϩⲟⲩⲟ ⲟⲩⲟϩ ⲛⲉ ⲟⲩⲟⲛ ⲛⲧⲁϥ ⲛⲟⲩⲛⲓϣϯ ⲛⲛⲁϩϯ ⲉϧⲟⲩⲛ (-fol. 59-) ⲉⲣⲱⲟⲩ ⲫⲁⲓ ⲟⲩⲛ ⲉⲧⲁ ⲟⲩⲙⲁⲧⲟⲓ ⲱⲗⲓ ⲛⲛⲉϥϭⲁⲙⲟⲩⲗ ⲛⲟⲩⲥⲟⲡ ⲛϫⲃⲁ ⲟⲩⲟϩ ⲉⲧⲁ ⲡⲓⲙⲁⲧⲟⲓ ⲉⲣⲉⲡⲓⲭⲉⲓⲣⲉⲓⲛ[5] ⲉⲡⲓϧⲉⲗⲗⲟ ⲁϥⲥⲱⲟⲩⲧⲉⲛ ⲁϥϯ ⲛⲟⲩⲕⲟⲩⲣ ϧⲉⲛ ⲧⲉϥⲟⲩⲟϫⲓ ⲛⲟⲩⲓⲛⲁⲙ. ⲡⲓϧⲉⲗⲗⲟ ⲇⲉ ⲙⲙⲁⲓ ⲛⲟⲩϯ ⲥⲁⲧⲟⲧϥ ⲁϥⲫⲱⲛϩ ⲛⲧⲭⲉϯ ⲉⲣⲟϥ ⲉϥϫⲱⲕ ⲉⲃⲟⲗ ⲛϯⲉⲛⲧⲟⲗⲏ ⲛⲧⲉ ⲡⲓⲉⲩⲁⲅⲅⲉⲗⲓⲟⲛ. ⲧⲟⲧⲉ ⲡⲓⲧⲩⲣⲁⲛⲛⲟⲥ ⲙⲙⲁⲧⲟⲓ ⲁϥⲟⲩⲁϩ ⲧⲟⲧϥ ⲁϥⲥⲱⲟⲩⲧⲉⲛ ϧⲉⲛ ⲡⲓⲥⲕⲉⲩⲟⲥ ⲉⲧϧⲉⲛ ⲧⲉϥϫⲓϫ ⲉϧⲟⲩⲛ ϧⲉⲛ ⲡϩⲟ ⲙⲡⲓϧⲉⲗⲗⲟ

Voici donc que nous avons entendu le grand Macaire nous informant en propres termes que ces saints étaient dignes de la grâce de l'Esprit consolateur à la manière du feu; car en vérité si j'essayais de vous dire ce que ce grand homme m'a dit à leur sujet avec ce que j'ai vu de mes propres yeux, le discours s'étendrait à l'excès; c'est pourquoi j'ai laissé derrière moi le surplus; mais, à cause de ceux qui sont petits dans la croyance, afin qu'ils ne pensent pas que la vérité est le mensonge, je dirai quelques faits seulement pris dans une foule, afin que je pose des bornes au discours.

En effet le vieillard, que nous avons mentionné plus haut en disant qu'il servait des saints, était un homme pieux à l'excès et il avait une grande foi en eux. Celui-là donc, un soldat lui enleva une fois ses chameaux par vengeance, et, lorsque le soldat aidait le vieillard, il se dressa, il lui donna un soufflet sur sa joue droite; mais le pieux vieillard aussitôt lui présenta l'autre[6], accomplissant le précepte de l'Évangile. Alors le soldat tyrannique[7] recommença, il se dressa avec l'instrument qu'il avait dans la main contre le visage du

---

1. *Cod.* ⲙⲁⲕⲁⲣⲓ. — 2. *Cod.* ⲕⲉ ⲅⲁⲣ. — 3. *Cod.* ⲛⲏ ⲉⲧⲟ ⲛⲕⲟⲩϫⲓ. — 4. *Cod.* ⲉϥⲉⲣⲇⲓⲁⲕⲟⲛⲓⲛ. — 5. *Cod.* ⲉⲣⲉⲡⲓⲭⲓⲣⲓⲛ. — 6. Mot à mot : Lui tourna l'autre. — 7. Mot à mot : Le tyran soldat.

vieillard, il lui arracha l'œil gauche. Mais le vieillard rendit grâces à Dieu de ce qu'il avait été digne qu'on lui arrachât son œil, à cause du commandement de l'Évangile de Notre-Seigneur Jésus le Christ. Il lui arriva aussi une fois qu'il portait les petits travaux manuels de ces bienheureux en Égypte, afin qu'il leur fît leur peu de pain selon sa coutume : c'était un homme de Djépro-ménésin [1], du diocèse d'Arbat [2], habitant dans le village, nommé Pinoub. Lorsqu'il eut fait le peu de pain (qu'il fallait) à ces saints, il chargea le chameau, il alla à Schiit. Lorsqu'il fut arrivé à l'endroit où l'on descend dans le ouady, comme il marchait avec le chameau, il arriva à un endroit qui était couvert d'excréments, et, par une circonstance de l'ennemi qui hait tout bien, le chameau glissa, il tomba et les deux pieds se brisèrent, la peau seule restant. Quand cela fut arrivé, le vieillard pleura avec amertume et une grande douleur de cœur, de sorte qu'il déchira ses vêtements et qu'il couvrit sa tête de terre [3], parce que le chameau ne lui appartenait pas : c'est pourquoi il fut triste et pleura. Ensuite, il rendit grâces à Dieu, disant : « Je te rends grâces, ô mon Seigneur Jésus le Christ, Dieu des saints. » Et ayant laissé le

1. Cod. ϩⲱⲥⲇⲉ. — 2. Le Cod. porte ici un ⲱ qui n'a pas de raison d'être. — 3. Cod. ⲏⲧⲁ. — 4. Village de la province de Béhérah, aujourd'hui Schoubrâ-Mensinâ. — 5. Village détruit, nommé en arabe Kharbetâ. — 6. Mot à mot : Éleva la terre sur sa tête.

ⲫϯ ⲛⲛⲁⲅⲓⲟⲥ. ⲟⲩⲟϩ ⲉⲧⲁϥϫⲁ ⲡⲓϭⲁⲙⲟⲩⲗ ⲇⲉ ⲉϥⲥⲛϯ ⲉⲃⲟⲗ ϩⲓϫⲉⲛ ⲡⲕⲁϩⲓ ⲁϥϩⲱⲗ ⲉⲡⲓⲥⲡⲏⲗⲁⲓⲟⲛ[1] ⲛⲧⲉ ⲛⲁⲓⲙⲁⲕⲁⲣⲓⲟⲥ ⲁϥⲧⲁⲙⲱⲟⲩ ⲉⲫⲏ ⲉⲧⲁϥϣⲱⲡⲓ ⲙⲙⲟϥ ⲛⲉⲙ ⲡⲓϭⲁⲙⲟⲩⲗ. ⲉⲡⲉⲓⲇⲏ[2] ⲟⲩⲛ ⲙⲡⲟⲧⲉⲙ ⲉⲡⲧⲁϫⲣⲟ ⲙⲡⲓⲥⲁϫⲓ ⲁⲗⲗⲁ ϧⲉⲛ ⲡϫⲓ ⲛⲉⲣⲟⲩⲛⲁⲩ ⲉⲣⲟϥ ⲉϥⲉⲣⲧⲁⲗⲁⲓⲡⲱⲣⲓⲛ[3] ⲁⲩⲙⲟϣⲓ ⲛⲉⲙⲁϥ. (-fol. 60-) ⲉⲧⲁⲩⲫⲟϩ ⲇⲉ ⲉⲡⲓⲙⲁ ⲉⲧⲓ ⲉⲩϩⲓ ⲫⲟⲩⲉⲓ ⲙⲡⲓϭⲁⲙⲟⲩⲗ ⲛⲟⲩⲕⲟⲩϫⲓ ⲁ ⲡⲓϧⲉⲗⲗⲟ ⲣⲓⲙⲓ ⲉⲧⲁϥⲛⲁⲩ ⲉⲣⲟϥ ⲛⲑⲱⲟⲩ ⲇⲉ ϩⲱⲟⲩ ⲛⲛ ⲉⲑⲟⲩⲁⲃ ϧⲉⲛ ⲡϫⲓⲛⲉⲣⲟⲩⲛⲁⲩ ⲉⲡⲓϭⲁⲙⲟⲩⲗ ⲉϥⲣⲁϧⲧ ⲉⲡⲉⲥⲏⲧ ϩⲓϫⲉⲛ ⲡⲕⲁϩⲓ ⲁⲩⲟϩⲓ ⲉⲣⲁⲧⲟⲩ ⲁⲩⲧⲱⲃϩ ⲙⲫϯ ⲟⲩⲟϩ ϧⲉⲛ ⲡϫⲓ ⲛⲉⲣⲟⲩϧⲱⲛⲧ ⲉⲣⲟϥ ⲁϥⲉⲣ ϩⲟϯ ⲁϥⲉϣ ϧⲣⲱⲟⲩ ⲉⲃⲟⲗ ⲁϥⲧⲉⲙ ⲣⲱϥ ⲉⲡⲓⲕⲁϩⲓ ϩⲱⲥ ⲉϥⲟⲩⲱϣⲧ ⲛⲛⲁⲅⲓⲟⲥ. ⲡⲉϫⲱⲟⲩ ⲇⲉ ⲙⲡⲓϭⲁⲙⲟⲩⲗ ϫⲉ ⲙⲡⲉⲣⲉⲣ ϩⲟϯ ⲁⲗⲗⲁ ⲧⲱⲛⲕ ⲟϩⲓ ⲉⲣⲁⲧⲕ ϧⲉⲛ ϯϫⲟⲙ ⲛⲧⲉ ⲫⲏ ⲉⲧⲁϥⲧⲱⲛϥ ⲉⲃⲟⲗϧⲉⲛ ⲛⲏ ⲉⲑⲙⲱⲟⲩⲧ ⲓⲏⲥ ⲡⲭⲥ ⲫϯ ⲛⲛⲓⲭⲣⲓⲥⲧⲓⲁⲛⲟⲥ[4]. ⲟⲩⲟϩ ⲫⲁⲓ ⲉⲧⲁⲩϫⲟϥ ⲁⲩϥⲁⲓ ⲛⲛⲟⲩⲃⲁⲗ ⲉⲡϣⲱⲓ ⲉⲧⲫⲉ ⲉⲩϫⲱ ⲙⲙⲟⲥ ϫⲉ ⲫϯ ⲙⲡⲉⲛⲓⲱⲧ ⲁⲃⲃⲁ ⲙⲁⲕⲁⲣⲓⲟⲥ[5] ⲥⲱⲧⲉⲙ ⲉⲣⲟⲛ ⲉⲛⲧⲱⲃϩ ⲙⲙⲟⲕ ⲡⲓⲙⲁⲓ ⲣⲱⲙⲓ. ϧⲉⲛ ⲟⲩⲉϩⲁⲡⲓⲛⲁ[6] ⲇⲉ ⲁϥϭⲟϫϥ ⲉⲡϣⲱⲓ ⲛϫⲉ ⲡⲓϭⲁⲙⲟⲩⲗ ⲁϥⲟϩⲓ ⲉⲣⲁⲧϥ ⲉϫⲉⲛ ⲛⲉϥϭⲁⲗⲁⲩϫ ⲉϥⲟⲩⲟϫ ⲙⲫⲣⲏϯ ⲓⲥϫⲉⲛ ⲙⲡⲉϥϩⲉⲓ ⲉⲡⲧⲏⲣϥ. ⲡⲓϧⲉⲗⲗⲟ ⲇⲉ ⲁϥⲟⲩⲱϣⲧ ⲛⲛⲁⲅⲓⲟⲥ ⲉϥϫⲱ ⲙⲙⲟⲥ ϫⲉ ϥⲥⲙⲁⲣⲱⲟⲩⲧ ⲛϫⲉ ⲓⲏⲥ ⲡⲭⲥ ⲫⲏ (-verso-) ⲉⲧϣⲟⲡ ϧⲉⲛ ⲑⲏⲛⲟⲩ. ⲟⲩⲟϩ ⲉⲧⲓ

chameau étendu sur terre, il se rendit à la caverne de ces bienheureux, il les informa de ce qui était arrivé à lui et au chameau. Donc, quoiqu'ils n'eussent pas la certitude de la chose, mais en le voyant malheureux, ils l'accompagnèrent. Lorsqu'ils furent arrivés à l'endroit, comme ils étaient encore un peu éloignés du chameau, le vieillard pleura en le voyant; mais eux aussi, les saints, en voyant le chameau étendu sur le sol à terre, ils se tinrent debout, ils prièrent Dieu; et, comme ils approchaient de lui, le chameau eut peur, il jeta son cri, il toucha le sol de sa bouche[7], comme s'il eût adoré les saints. Mais ils dirent au chameau : « Ne crains pas; mais lève-toi, tiens-toi sur ton pied en la vertu de Celui qui s'est levé d'entre les morts, Jésus le Christ, le Dieu des chrétiens. » Et quand ils eurent dit cela, ils levèrent leurs yeux vers le ciel, disant : « Dieu de notre père abba Macaire, écoute-nous quand nous te prions, ô toi qui aimes l'homme! » Mais subitement le chameau sursauta, il se tint debout sur ses pieds, sain comme s'il n'était pas tombé du tout. Mais le vieillard adora les saints, disant : « Béni soit Jésus le Christ qui

---

1. *Cod.* ⲡⲓⲥⲡⲏⲗⲥⲟⲛ. — 2. *Cod.* ⲉⲡⲓⲁⲏ. — 3. *Cod.* ⲉϥⲉⲣⲧⲁⲗⲉⲡⲱⲣⲓⲛ. — 4. *Cod.* ⲛⲛⲓⲭⲣⲏⲥⲧⲓⲁⲛⲟⲥ. — 5. *Cod.* ⲙⲁⲕⲁⲣⲓ. — 6. *Cod.* ⲟⲩⲉϩⲁⲡⲓⲛⲁ. — 7. Mot à mot : Il fit adhérer sa bouche à la terre.

ⲉⲧⲁⲟⲩϣⲧ ⲉⲡⲓⲙⲁ ⲛ̄ϣⲱⲡⲓ ⲉⲟⲩⲥⲟⲡ¹ ⲁ ⲫⲏ ⲉⲑⲟⲩⲁⲃ ⲇⲟⲙⲉⲧⲓⲟⲥ ⲛⲁⲩ² ⲉⲡϩⲟ
ⲙ̄ⲡⲓϧⲉⲗⲗⲟ ⲉϥⲙⲉϩ ⲛ̄ⲧⲉⲛ ⲉⲑⲃⲉ ⲡⲓⲙⲁ ⲉⲧⲁϥⲧⲁⲗⲉ ⲕⲁϩⲓ ⲉϫⲉⲛ ⲧⲉϥⲁⲫⲉ
ϧⲉⲛ ⲡϫⲓⲛ ⲑⲣⲉ ⲡⲓϭⲁⲙⲟⲩⲗ ϩⲉⲓ ⲛ̄ⲧⲟⲧϥ ⲁ ⲡⲓⲁⲅⲓⲟⲥ ⲇⲟⲙⲉⲧⲓⲟⲥ³ ⲁⲙⲟⲛⲓ
ⲙ̄ⲡⲓⲗⲁⲕϩ ⲛ̄ⲧⲉ ⲡⲓⲫⲟⲣⲕ ⲉⲧⲧⲟⲓ ⲉϫⲱϥ ϩⲱⲥ ⲉϥϥⲱϯ ⲛ̄ⲥⲁ ⲡϩⲟ ⲙ̄ⲡⲓϧⲉⲗⲗⲟ.
ⲛ̄ⲑⲟϥ ⲇⲉ ϩⲱⲥ ⲉⲃⲟⲗϩⲓⲧⲉⲛ ⲡⲉϥⲛⲓϣϯ ⲛ̄ⲛⲁϩϯ ⲉϧⲟⲩⲛ ⲉⲣⲱⲟⲩ ⲛⲉⲙ ϯ-
ϣⲫⲏⲣⲓ ⲉⲧⲁϥⲛⲁⲩ ⲉⲣⲟⲥ ⲉⲧⲁⲥϣⲱⲡⲓ ⲉⲃⲟⲗϩⲓⲧⲉⲛ ⲛⲁⲓⲁⲅⲓⲟⲥ ⲉⲑⲟⲩⲁⲃ ⲁϥⲁⲙⲟⲛⲓ
ⲛ̄ⲧϫⲓϫ ⲙ̄ⲡⲓⲙⲁⲕⲁⲣⲓⲟⲥ ⲁϥⲭⲁⲥ ⲉϫⲉⲛ ⲡⲉϥⲃⲁⲗ ⲉⲧⲙⲟⲕϩ ϩⲱⲥ ⲉϥⲛⲁϭⲓ
ⲉⲡⲉϥⲥⲙⲟⲩ ⲟⲩⲟϩ ⲉⲧⲁ ⲧϫⲓϫ ⲙ̄ⲫⲏ ⲉⲑⲟⲩⲁⲃ ϭⲟϩ ⲉⲡⲉϥⲃⲁⲗ ⲥⲁⲧⲟⲧϥ ⲁϥⲛⲁⲩ ⲙ̄ⲃⲟⲗ. ⲡⲓϧⲉⲗⲗⲟ ⲇⲉ ⲛⲟⲩⲣⲓⲧ ⲉⲧⲉ ⲡⲓⲙⲁⲛϭⲁⲙⲟⲩⲗ ⲡⲉ ⲁϥⲉⲣ ϣⲫⲏⲣⲓ
ⲙ̄ⲫⲏ ⲉⲧⲁϥϣⲱⲡⲓ ⲟⲩ ⲙⲟⲛⲟⲛ ϫⲉ ⲁⲩⲧⲟⲩϫⲉ ⲡⲓϭⲁⲙⲟⲩⲗ ⲁⲗⲗⲁ ϫⲉ ⲁϥⲛⲁⲩ
ⲙ̄ⲃⲟⲗ ⲥⲁⲧⲟⲧϥ ϧⲉⲛ ⲡϫⲓⲛ ⲑⲣⲉϥϩⲓ ⲧϫⲓϫ ⲙ̄ⲡⲓⲁⲅⲓⲟⲥ ⲉϫⲉⲛ ⲡⲉϥⲃⲁⲗ ⲟⲩⲟϩ
ⲁϥϯ ⲱⲟⲩ ⲙ̄ⲫϯ ⲉⲙⲁϣⲱ ⲉϩⲣⲏⲓ ⲉϫⲉⲛ ϯⲇⲱⲣⲉⲁ ⲉⲧⲁⲥⲧⲁϩⲟϥ (-fol. 61-)
ⲟⲩⲟϩ ⲁ ⲛⲏ ⲉⲑⲟⲩⲁⲃ ϩⲟⲛϩⲉⲛ ⲉⲧⲟⲧϥ ⲉⲩϫⲱ ⲙ̄ⲙⲟⲥ ϫⲉ ⲁⲛⲁⲩ ⲙ̄ⲡⲉⲣⲧⲁⲙⲉ
ϩⲗⲓ ⲉⲫⲁⲓ ⲟⲩⲟϩ ⲟⲛ ⲡⲉϫⲱⲟⲩ ⲛⲁϥ ϫⲉ ⲙ̄ⲡⲉⲣⲙⲉⲩⲓ ϫⲉ ⲉⲧⲁ ⲡⲓⲟⲩϫⲁⲓ ⲧⲁϩⲟⲕ ⲉⲑⲃⲏⲧⲉⲛ ⲁⲛⲟⲛ ⲅⲁⲣ ⲁⲛⲟⲛ ϩⲁⲛ ⲣⲱⲙⲓ ⲛ̄ⲣⲉϥⲉⲣ ⲛⲟⲃⲓ ⲁⲗⲗⲁ ⲉⲧⲁ
ⲫⲁⲓ ϣⲱⲡⲓ ⲉⲃⲟⲗϩⲓⲧⲉⲛ ⲧϫⲟⲙ ⲙ̄ⲡⲭ̅ⲥ̅. ⲛ̄ⲑⲟϥ ⲇⲉ ⲉⲧⲁϥⲟⲩⲟϩ ⲛ̄ⲕⲟⲩϫⲓ
ⲛ̄ⲱⲓⲕ ⲉⲃⲟⲗ ⲛⲱⲟⲩ ⲁϥⲧⲁⲥⲑⲟ ⲉⲡⲉϥⲙⲁ ⲛⲉⲣ ϩⲱⲃ ϧⲉⲛ ⲡⲓⲟⲥⲉⲙ ⲟⲩⲟϩ ⲉⲧⲁ

---

habite en vous! » Et comme ils marchaient ensemble sur le chemin, le saint Domèce vit le visage du vieillard rempli de fumier à cause du moment où il avait couvert sa tête de terre, quand le chameau était tombé; le saint Domèce prit le coin du manteau dont il était revêtu, essuyant le visage du vieillard; mais celui-ci, par la grande foi qu'il avait en eux et à cause du miracle qu'il avait vu et qui avait été opéré par ces saints, saisit la main du bienheureux, il la plaça sur son œil malade comme s'il eût voulu prendre sa bénédiction, et, lorsque la main du saint toucha son œil, aussitôt il vit. Mais le vieillard gardien, qui était le chamelier, admira ce qui était arrivé, à savoir que non seulement ils avaient guéri le chameau, mais aussi qu'il avait vu lui-même aussitôt qu'il avait eu placé la main du saint sur son œil, et il rendit grande gloire à Dieu au sujet du don qu'il avait reçu. Et ces saints lui ordonnèrent en disant : « Prends garde de n'informer personne de cela »; et de nouveau ils lui dirent : « Ne pense pas que la santé t'a été rendue[4] grâce à nous, car nous, nous sommes des hommes pécheurs; mais cela est arrivé par la vertu du Christ. » Mais lui, quand il eut déposé pour eux leurs quelques

---

1. *Cod.* ⲉⲩⲥⲟⲡ. — 2. *Cod.* ⲁϥⲛⲁⲩ. — 3. *Cod.* ⲇⲟⲙⲉⲧⲓ. — 4. Mot à mot : Que le salut t'a pris.

ⲛⲉϥϣⲫⲏⲣ ⲛⲁⲩ ⲉⲣⲟϥ ⲉⲧⲁ ⲡⲉϥⲃⲁⲗ ⲟⲩⲱⲛ ⲁⲩⲉⲣ ϣⲫⲏⲣⲓ ⲉⲙⲁϣⲱ ⲟⲩⲟϩ
ⲛⲁⲩϣⲓⲛⲓ ⲙⲙⲟϥ ⲡⲉ ϫⲉ ⲡⲱⲥ ⲁⲕⲛⲁⲩ ⲙⲃⲟⲗ. ⲛⲑⲟϥ ⲇⲉ ⲁϥⲧⲁⲙⲱⲟⲩ ϫⲉ
ⲛⲓⲙⲁⲑⲏⲧⲏⲥ ⲛⲧⲉ ⲁⲃⲃⲁ ⲙⲁⲕⲁⲣⲓⲟⲥ[1] ⲛⲉ ⲉⲧ(ⲁⲩ)ⲧⲁⲗϭⲟⲓ ⲟⲩⲟϩ ⲟⲩⲟⲛ ⲛⲓⲃⲉⲛ
ⲉⲧⲁⲩⲥⲱⲧⲉⲙ ⲁⲩϯ ⲱⲟⲩ ⲙⲫϯ. ⲁⲛⲟⲕ ⲅⲁⲣ ϩⲱ ϧⲉⲛ ⲡϫⲓ ⲛⲑⲣⲓⲥⲱⲧⲉⲙ
ⲉⲡⲁⲓⲥⲁϫⲓ ⲙⲉⲛⲉⲛⲥⲁ ⲑⲣⲟⲩⲕⲏⲛ ⲉⲙⲧⲟⲛ ⲙⲙⲱⲟⲩ ⲁⲓϣⲓⲛⲓ ⲛⲧⲟⲧϥ ⲙⲡⲛⲓϣϯ
ⲁⲃⲃⲁ ⲙⲁⲕⲁⲣⲓⲟⲥ[2] ϩⲓⲛⲁ ⲛⲧⲁⲉⲙⲓ ⲉⲡⲓⲧⲁϫⲣⲟ ⲉⲓϫⲱ ⲙⲙⲟⲥ ⲛⲁϥ ⲙⲡⲁⲓⲣⲏϯ
ϫⲉ ⲡⲁⲓⲱⲧ ⲉⲑⲟⲩⲁⲃ ⲁⲓⲥⲱⲧⲉⲙ ⲉⲑⲃⲉ ⲛⲁⲓⲙⲁⲕⲁⲣⲓⲟⲥ ϫⲉ ⲁⲩⲟⲩⲱⲛ ⲙⲫⲃⲁⲗ
ⲛⲟⲩⲃⲉⲗⲗⲉ ⲁⲛ ⲧⲁⲫⲙⲏⲓ ⲧⲉ. ⲡⲉϫⲁϥ ⲛⲏⲓ ϫⲉ ⲁϩⲁ ⲟⲩⲙⲉⲑⲙⲏⲓ ⲧⲉ. ⲁⲛⲟⲕ
ⲇⲉ ⲡⲉϫⲏⲓ ⲛⲁϥ ϩⲱⲥ ⲉⲓⲉⲣ (-verso-) ϣⲫⲏⲣⲓ ϫⲉ ⲟⲛⲧⲱⲥ ⲡⲁⲓϩⲱⲃ ⲟⲩⲛⲓϣϯ
ⲡⲉ. ⲁϥⲉⲣ ⲟⲩⲱ ⲇⲉ ⲡⲉϫⲁϥ ⲛⲏⲓ ϫⲉ ⲙⲙⲟⲛ ⲡⲁϣⲏⲣⲓ ⲫⲁⲓ ⲟⲩⲛⲓϣϯ ⲛϩⲱⲃ
ⲁⲛ ⲡⲉ ⲕⲁⲧⲁ ⲑⲙⲁⲓⲏ ⲙⲡⲓⲛⲓϣϯ ⲛϩⲙⲟⲧ ⲉⲧⲁⲩϭⲓⲧϥ ⲉⲃⲟⲗϩⲓⲧⲉⲛ ⲫϯ ⲕⲁⲓ
ⲅⲁⲣ[3] ⲁⲩⲉⲣ ⲡⲉⲙⲡϣⲁ ⲛϯϫⲟⲙ ⲉⲧⲭⲏ ⲛⲉⲙ ⲏⲗⲓⲁⲥ ⲛⲉⲙ ⲓⲱⲁⲛⲛⲏⲥ ⲁ ⲡⲭⲥ
ϯ ⲙⲡⲉϥⲉⲣ ϣⲓϣⲓ ⲛⲱⲟⲩ ⲙⲫⲣⲏϯ ⲛⲛⲉϥⲁⲡⲟⲥⲧⲟⲗⲟⲥ ⲉⲑⲃⲉ ϫⲉ ⲙⲡⲟⲩⲕⲱϯ
ⲛⲥⲁ ⲡⲱⲟⲩ ⲧⲏⲣϥ ⲛⲧⲉ ⲡⲁⲓⲕⲟⲥⲙⲟⲥ ⲉⲑⲛⲁⲧⲁⲕⲟ ⲉⲑⲃⲉ ⲡⲱⲟⲩ ⲙⲫⲏ ⲉⲧⲁⲩⲉⲣ
ϩⲉⲗⲡⲓⲥ ⲉⲣⲟϥ ⲡⲭⲥ ⲕⲁⲓ ⲅⲁⲣ[4] ⲁⲩⲉⲣ ⲙⲫⲣⲏϯ ⲛⲟⲩϣⲟⲩ ⲛⲭⲣⲱⲙ ⲉϥϯ
ⲙⲟⲩⲧⲉ ⲉⲙⲁϣⲱ ϩⲱⲥ ϫⲉ ϣⲁ ⲉϩⲣⲏⲓ ⲉⲡⲓⲛⲓϥⲓ ⲉⲑⲛⲏⲟⲩ ⲉⲃⲟⲗϧⲉⲛ ⲣⲱⲟⲩ
ⲟⲩⲭⲣⲱⲙ ⲉϥⲙⲟϩ ⲡⲉ ϩⲱⲥⲧⲉ[5] ⲁⲩϣⲁⲛⲟⲩⲱⲛ ⲛⲣⲱⲟⲩ ⲉⲉⲣⲡⲣⲟⲥⲉⲩⲭⲉⲥⲑⲁⲓ[6]

pains, il retourna à son travail dans le natron, et lorsque ses compagnons le virent, son œil étant ouvert, ils s'étonnèrent grandement et ils lui demandaient : « Comment vois-tu ? » Mais lui, il les informa, disant : « Ce sont les disciples d'abba Macaire qui m'ont guéri », et quiconque entendit rendit gloire à Dieu. Et moi aussi, lorsque j'appris cette chose après qu'ils se furent déjà reposés, j'interrogeai abba Macaire afin que je susse si la chose était certaine, lui disant ainsi : « Mon père saint, j'ai appris de ces bienheureux qu'ils ont ouvert l'œil d'un aveugle : est-ce vrai ? » — Il me dit : « Oui, c'est vrai. » — Et je lui dis, comme si j'eusse été étonné : « Vraiment, c'est une grande œuvre ! » — Il me répondit et me dit : « Non, mon fils, ce n'est pas une œuvre aussi grande que la grâce grande qu'ils ont reçue de Dieu, car ils ont été dignes de la vertu qui était en Élie et en Jean ; le Seigneur leur a donné un pouvoir égal à (celui de) ses disciples, parce qu'ils n'ont pas recherché du tout la gloire de ce monde périssable à cause de la gloire de Celui en qui ils espéraient, le Christ, car ils ont été comme des flammes de feu étincelant grandement, car, jusqu'à la respiration qui sortait de leur bouche, c'était un

---

1. *Cod.* ⲙⲁⲕⲁⲣⲓ. — 2. *Cod.* ⲙⲁⲕⲁⲣⲓ. — 3. *Cod.* ⲕⲉ ⲅⲁⲣ. — 4. *Cod.* ⲕⲉ ⲅⲁⲣ. — 5. *Cod.* ϩⲱⲥⲇⲉ. — 6. *Cod.* ⲉⲣⲡⲣⲟⲥⲉⲩⲭⲉⲥⲑⲉ.

ере пιϣαϩ ⲛⲛⲟⲩ ⲉⲃⲟⲗϧⲉⲛ ⲣⲱⲟⲩ ⲙ̅ⲫⲣⲏϯ ⲛⲟⲩⲥⲉⲧⲉⲃⲣⲏϫ ⲉϥⲉⲣ ⲟⲩⲱⲓⲛⲓ ϣⲁ ⲉϩⲣⲏⲓ ⲉⲧⲫⲉ. ⲗⲟⲓⲡⲟⲛ ⲡⲁϣⲏⲣⲓ ⲙ̅ⲡⲉⲣⲉⲣ ⲁⲑⲛⲁϩϯ ⲉⲛⲏ ⲧⲏⲣⲟⲩ ⲉⲧⲁⲕⲥⲟⲑⲙⲟⲩ ⲉⲑⲃⲏⲧⲟⲩ. ⲁⲛⲟⲕ ⲇⲉ ⲁⲓⲟⲩⲱϣⲧ ⲛ̅ⲛⲉϥϫⲓϫ ⲉⲑⲟⲩⲁⲃ ⲉⲓϯ ⲱⲟⲩ ⲙ̅ⲡⲭⲥ̅ ⲫⲏ ⲉⲧⲓⲣⲓ ⲛ̅ⲛⲓϣⲫⲏⲣⲓ ϧⲉⲛ ⲛⲏ ⲉⲧⲓⲣⲓ ⲙ̅ⲡⲉϥⲟⲩⲱϣ.

ⲉⲓⲧⲁ[1] ⲙⲉⲛⲉⲛⲥⲁ ⲛⲁⲓ ⲁⲥⲣⲁⲛⲁⲥ[2] ⲛ̅ϯ- (-fol. 62-) ⲙⲉⲧⲙⲁⲓ ⲣⲱⲙⲓ ⲛ̅ⲧⲉ ⲫϯ ⲉϯ ⲙ̅ⲧⲟⲛ ⲛ̅ⲛⲉϥⲉⲃⲓⲁⲓⲕ ⲟⲩⲟϩ ⲉⲟⲧⲟⲥⲃⲟⲩ ⲉⲃⲟⲗϧⲉⲛ ⲡⲁⲓⲕⲟⲥⲙⲟⲥ ⲛⲉϥⲗⲏⲟⲩ ⲛⲉⲙ ⲛⲉϥϧⲟϫϩⲉϫ ⲙ̅ⲡⲣⲟⲥⲟⲩⲥⲏⲟⲩ ⲟⲩⲟϩ ⲛ̅ⲧⲉϥϭⲓⲧⲟⲩ ⲉϧⲟⲩⲛ ⲉⲡⲓⲙⲁ ⲛⲉⲙⲧⲟⲛ ⲛⲉⲡⲟⲩⲣⲁⲛⲓⲟⲛ[3] ⲉⲑⲟⲩϣⲥ ⲉⲃⲟⲗϧⲉⲛ ⲡⲓⲟⲩⲛⲟϥ ⲛⲉⲙ ⲡⲓⲑⲉⲗⲏⲗ ⲡⲓⲙⲁ ⲉⲧⲁϥⲫⲱⲧ ⲉⲃⲟⲗ ⲛ̅ϩⲏⲧϥ ⲛ̅ϫⲉ ⲡⲓⲙⲕⲁϩ ⲛ̅ϩⲏⲧ ⲛⲉⲙ ⲡⲓⲁⲧϥⲓ (sic) ⲛⲉⲙ ⲡⲓϥⲓⲁϩⲟⲙ. ϧⲉⲛ ⲡⲉϩⲟⲟⲩ ⲟⲩⲛ ⲉⲑⲟⲩⲁⲃ ⲛ̅ⲧⲉ ⲡⲓϫⲁⲓ ⲛ̅ⲧⲉⲡⲓⲫⲁⲛⲓⲁ[4] ⲉⲧⲉ ⲡⲓϫⲁⲓ ⲛ̅ⲧⲱⲃⲓ ⲡⲉ ⲁϥⲉⲣ ϩⲏⲧⲥ ⲛ̅ϫⲉ ⲡⲓⲙⲁⲕⲁⲣⲓⲟⲥ ⲙⲁⲝⲓⲙⲟⲥ ⲛ̅ⲉⲛⲕⲟⲧ ⲁϥϣⲱⲛⲓ ⲁϥⲁⲙⲟⲛⲓ ⲙ̅ⲙⲟϥ ⲛ̅ϫⲉ ⲟⲩϩⲙⲟⲙ ⲉϥⲟϣ. ϩⲟⲧⲉ ⲟⲩⲛ ⲉⲧⲁϥϩⲣⲟϣ ϧⲉⲛ ⲡⲓϣⲱⲛⲓ ⲡⲉϫⲁϥ ϫⲉ ⲁⲣⲓ ϯⲁⲅⲁⲡⲏ ⲙⲟⲩϯ ⲛⲏⲓ ⲉⲡⲉⲛⲓⲱⲧ ⲁⲃⲃⲁ ⲙⲁⲕⲁⲣⲓⲟⲥ[5]. ⲁⲛⲟⲕ ⲇⲉ ⲁⲓϣⲉ ⲛⲏⲓ ⲁⲓⲙⲟⲩϯ ⲉⲣⲟϥ. ⲉⲓⲧⲁ[6] ⲙⲉⲛⲉⲛⲥⲁ ⲑⲣⲉϥϩⲱⲧⲡ ⲛ̅ϫⲉ ⲫⲣⲏ ⲡⲉϫⲁϥ ⲛⲁⲛ ϫⲉ ⲁϣ ⲛ̅ⲛⲁⲩ ⲡⲉ ⲫⲁⲓ. ⲁⲛⲟⲛ ⲇⲉ ⲁⲛⲧⲁⲙⲟϥ ϫⲉ ⲡϫⲱⲕ ⲙ̅ⲡⲓⲉϩⲟⲟⲩ ⲡⲉ. ⲛ̅ⲑⲟϥ ⲇⲉ ⲡⲉϫⲁϥ ⲛⲁⲛ ϫⲉ ⲉⲧⲓ ⲕⲉⲕⲟⲩϫⲓ ϯⲛⲁϣⲉ ⲛⲏⲓ ⲉⲡⲁ-

feu allumé, de sorte que s'ils ouvraient la bouche pour prier, la flamme sortait de leur bouche comme un éclair lumineux jusqu'au ciel. Du reste, mon fils, ne sois pas incrédule à tout ce que tu entendras à leur sujet. » Et moi, j'adorai ses mains saintes, rendant gloire au Christ qui fait des merveilles en ceux qui font sa volonté.

Ensuite après cela, il plut à l'amour que Dieu a pour l'homme de donner repos à ses serviteurs, de les transporter hors de ce monde périssable et de ses tourments qui ne durent qu'un temps, et de les introduire dans le lieu du repos éternel, rempli[7] de joie et d'allégresse, ce lieu d'où ont fui la douleur, le chagrin et le gémissement. Donc dans le jour saint de l'Épiphanie qui est la fête du mois de Tôbi, le bienheureux Maxime commença de se coucher, il fut malade, une fièvre violente[8] le saisit. Lors donc qu'il se fut aggravé dans la maladie, il dit : « Faites-moi charité, appelez mon père abba Macaire. » Et moi, j'allai, je l'appelai. Ensuite, lorsque le soleil se fut couché, il nous dit : « Quelle heure est-il ? » Mais nous, nous l'informâmes : « C'est la fin du jour. » — Quant à lui, il nous dit : « Encore un peu, j'irai dans

---

1. *Cod.* ⲓⲧⲁ. — 2. *Cod.* ⲁⲥⲣⲁⲛⲁϥ. — 3. *Cod.* ⲛⲉⲡⲱⲣⲁⲛⲓⲟⲛ. — 4. *Cod.* ⲛ̅ⲧⲁⲉⲡⲓⲫⲁⲛⲓⲁ. — 5. *Cod.* ⲙⲁⲕⲁⲣⲓ. — 6. *Cod.* ⲓⲧⲁ. — 7. Mot à mot : Distendus, gonflés. — 8. Mot à mot : Une fièvre nombreuse.

ⲗⲉⲁ ⲛⲉⲗⲉⲧⲟⲛ. ⲉⲣⲉ ⲡⲓⲉⲭⲱⲣϩ ⲇⲉ ⲛⲁϣⲱⲡⲓ ⲡⲉϫⲉ ⲡⲉⲛⲓⲱⲧ ⲁⲃⲃⲁ ⲙⲁⲕⲁⲣⲓⲟⲥ[1] ⲛⲁⲛ ϫⲉ ϭⲉⲣⲟ ⲡⲓϧⲏⲃⲥ ⲟⲩⲟϩ ⲁⲛϭⲉⲣⲱϥ. (-verso-) ⲧⲟⲧⲉ ⲡⲓⲙⲁⲕⲁⲣⲓⲟⲥ ⲙⲁⲝⲓⲙⲟⲥ ⲁϥϧⲱⲗⲉⲙ ⲡⲉϥⲛⲟⲩⲥ ⲉ̄ⲡ̄ϣⲱⲓ ⲉⲧⲫⲉ ⲟⲩⲟϩ ⲛⲁϥϫⲱ ⲙⲙⲟⲥ ⲡⲉ ϫⲉ ⲟⲩⲱⲣⲡ ⲙⲡⲉⲕⲟⲩⲱⲓⲛⲓ ⲛⲉⲙ ⲧⲉⲕⲙⲉⲑⲙⲏⲓ ⲱ ⲡⲁⲛⲟⲩϯ ⲛⲧⲟⲩϭⲓ ⲙⲱⲓⲧ ϩⲁϫⲱⲓ ϩⲓ ⲡⲓⲙⲱⲓⲧ ϫⲉ ⲟⲩⲏⲓ ϯⲛⲁϩϯ ϫⲉ ⲭⲛⲁⲥⲟⲩⲧⲉⲛ ⲡⲁⲙⲱⲓⲧ ⲟⲩⲟϩ ⲛⲧⲉⲕⲛⲁϩⲙⲉⲧ ⲛⲧⲟⲧⲟⲩ ⲛⲧⲉ ⲛⲓⲉⲝⲟⲩⲥⲓⲁ ⲛⲧⲉ ⲡⲭⲁⲕⲓ ⲙⲡⲁⲏⲣ ⲛⲧⲉ ⲛⲓⲡⲛⲁ. ⲥⲟⲃϯ ⲛⲛⲁⲧⲁⲧⲥⲓ ϩⲓ ⲛⲉⲕⲙⲱⲓⲧ ⲡⲁⲛⲟⲩϯ ϩⲓⲛⲁ ⲛⲧⲁⲓ ϣⲁⲣⲟⲕ ⲁⲧϭⲛⲉ ⲕⲱⲗⲥⲓⲥ ϣⲱⲡⲓ ⲛⲏⲓ ⲛⲟⲩϩⲉⲗⲡⲓⲥ ⲛⲧⲉ ⲟⲩϫⲟⲙ ⲓⲏⲥ ⲡⲁⲛⲟⲩϯ ϫⲉ ⲛⲑⲟⲕ ⲡⲉ ⲡⲁⲟⲩⲱⲓⲛⲓ ⲛⲉⲙ ⲡⲁⲛⲟϩⲉⲙ ⲁⲓⲛⲁⲉⲣ ϩⲟϯ ⲁⲛⲟⲕ ϧⲁ ⲧϩⲏ ⲛⲛⲓⲙ. ⲙⲉⲛⲉⲛⲥⲁ ⲛⲁⲓ ⲁϥⲭⲁ ⲣⲱϥ ⲛⲟⲩⲕⲟⲩϫⲓ ⲟⲩⲟϩ ⲡⲁⲗⲓⲛ ⲡⲉϫⲁϥ ϫⲉ ⲧⲉⲛ ⲑⲏⲛⲟⲩ ⲙⲁⲣⲟⲛ ⲉⲃⲟⲗ ⲧⲁⲓ ϩⲏⲡⲡⲉ ⲓⲥ ⲛⲓⲁⲡⲟⲥⲧⲟⲗⲟⲥ ⲛⲉⲙ ⲛⲓⲡⲣⲟⲫⲏⲧⲏⲥ ⲁⲩⲓ ⲉⲟⲗⲧ ⲉⲃⲟⲗ ⲧⲁⲓ. ⲗⲟⲓⲡⲟⲛ ⲁϥⲭⲁ ⲣⲱϥ. ⲙⲉⲛⲉⲛⲥⲁ ⲕⲉⲕⲟⲩϫⲓ ⲁ ⲫⲏ ⲉⲑⲟⲩⲁⲃ ⲁⲃⲃⲁ ⲙⲁⲕⲁⲣⲓⲟⲥ[2] ⲛⲁⲩ ⲉⲡⲭⲱⲣⲟⲥ ⲛⲧⲉ ⲛⲏ ⲉⲑⲟⲩⲁⲃ ⲁⲩⲓ ⲕⲱϥ ⲥⲁⲧⲟⲧϥ ⲁϥⲧⲱⲛϥ ⲛϫⲉ ⲁⲃⲃⲁ ⲙⲁⲕⲁⲣⲓⲟⲥ[3] ⲁϥⲟϩⲓ ⲉⲣⲁⲧϥ ⲉϥⲭⲱ ⲛⲣⲱϥ. ⲉⲧⲁⲓⲛⲁⲩ ⲇⲉ ⲟⲛ ⲉⲡⲓϧⲏⲃⲥ ⲉⲭⲉ- (-fol. 63-) ⲑⲟⲛ ⲁϥϭⲉⲛⲟ ⲡⲉϫⲏⲓ ⲙⲡⲓϧⲉⲗⲗⲟ ⲁⲃⲃⲁ ⲙⲁⲕⲁⲣⲓⲟⲥ[4] ϫⲉ ⲭⲟⲩⲱϣ ⲛⲧⲁⲑⲁⲙⲓⲟ ⲡⲓϧⲏⲃⲥ ⲛⲕⲁⲗⲱⲥ. ⲡⲉϫⲁϥ ϫⲉ ⲙⲙⲟⲛ ⲁⲗⲗⲁ ⲭⲁϥ ⲙⲡⲁⲓⲣⲏϯ. ⲁⲛⲟⲕ ⲇⲉ ⲁⲓϯ ϩⲟ ⲉⲣⲟϥ ⲉⲓϫⲱ ⲙⲙⲟⲥ ϫⲉ ⲁⲣⲓ ⲁⲅⲁⲡⲏ

mon lieu de repos! » Comme la nuit allait se faire, notre père Macaire nous dit : « Allumez la lampe. » Et nous l'allumâmes. Alors le bienheureux Maxime, on ravit son esprit au ciel, et il disait : « Envoie ta lumière et ta vérité, ô mon Dieu, afin qu'elles me guident sur le chemin, car certes je crois que tu rendras droit mon chemin et que tu me sauveras des mains des puissances ténébreuses de l'air où règnent les démons[5]. Prépare mes pas (?) sur tes chemins, mon Dieu, afin que j'aille jusqu'à toi sans empêchement; sois pour moi l'espoir de (ma) force, Jésus mon Dieu, car c'est toi ma lumière et mon salut; et je craindrais qui donc? » Puis il se tut un peu, et il dit de nouveau : « Levez-vous, sortons d'ici, car voici que les apôtres et les prophètes sont venus pour m'emmener d'ici. » Du reste il se tut. Quelque temps après, le saint abba Macaire vit le chœur des saints venus le chercher; aussitôt abba Macaire se leva, il se tint debout silencieux. Lorsque je vis que la lampe était près de s'éteindre, je dis au vieillard abba Macaire : « Veux-tu que je mette la lampe en bon état? » — Il répondit : « Non, mais laisse-la ainsi. » — Et moi, je le priai, disant : « Fais-moi charité, mon père, repose-toi sur la peau[6]. » — Mais lui,

---

1. *Cod.* ⲙⲁⲕⲁⲣⲓ. — 2. *Cod.* ⲙⲁⲕⲁⲣⲓ. — 3. *Cod.* ⲙⲁⲕⲁⲣⲓ. — 4. *Cod.* ⲙⲁⲕⲁⲣⲓ. — 5. Mot à mot : De l'air des démons. — 6. Il s'agit ici de la peau de chèvre que portaient les moines.

ⲡⲁⲓⲱⲧ ⲙ̄ⲧⲟⲛ ⲙ̄ⲙⲟⲕ ⲉⲭⲉⲛ †ⲥ̄ⲟⲗⲃⲓ ⲛ̄ⲟⲩⲕⲟⲩϫⲓ. ⲛ̄ⲑⲟϥ ⲇⲉ ⲁϥⲉⲣ ⲟⲩⲱ ϫⲉ
ⲭⲁ ⲣⲱⲕ ⲡⲁϣⲏⲣⲓ ϫⲉ ⲡⲥⲛⲟⲩ ⲛ̄ⲥⲁϫⲓ ⲁⲛ ⲡⲉ ⲁⲗⲗⲁ ⲙⲁⲗⲗⲟⲛ ⲟⲩⲥⲛⲟⲩ
ⲛ̄ⲭⲁ ⲣⲱϥ ⲡⲉ. ⲟⲩⲟϩ ⲛⲁⲣⲉ ⲡⲓⲙⲁⲕⲁⲣⲓⲟⲥ ⲙⲁⲝⲓⲙⲟⲥ ⲥⲁϫⲓ ⲛⲉⲙ ⲟⲩⲁⲓ ϧⲉⲛ
ⲛⲏ ⲉⲑⲟⲩⲁⲃ ⲉϥϭⲛⲟⲩ ⲙ̄ⲙⲟϥ ⲉⲫⲣⲁⲛ ⲛ̄ⲛⲓⲁⲅⲓⲟⲥ ⲉⲧⲉ ⲙ̄ⲡⲉϥⲕⲱϯ ⲁⲛⲟⲛ ⲇⲉ
ⲙ̄ⲡⲉⲛⲥⲱⲙ ⲉⲫⲏ ⲉⲧⲉϥϫⲱ ⲙ̄ⲙⲟϥ ⲁⲗⲗⲁ ⲡⲓⲡⲛⲁⲧⲟⲫⲟⲣⲟⲥ ⲁⲃⲃⲁ ⲙⲁⲕⲁⲣⲓⲟⲥ[1]
ⲁϥⲧⲁⲙⲟⲛ ϫⲉ ⲛⲁⲩⲧⲁⲙⲟ ⲙ̄ⲙⲟϥ ⲡⲉ ⲉⲫⲣⲁⲛ ⲛ̄ⲛⲓⲁⲅⲓⲟⲥ ⲉⲧⲉ ⲙ̄ⲡⲉϥⲕⲱϯ.
ⲟⲩⲟϩ ⲉⲧⲁⲥⲉⲣϩⲏⲇⲟⲛⲓⲥⲑⲁⲓ[2] ⲛ̄ϫⲉ ⲧⲉϥⲯⲩⲭⲏ ⲉⲧⲡⲁⲣⲟⲩⲥⲓⲁ ⲛ̄ⲛⲏ ⲉⲑⲟⲩⲁⲃ
ⲥⲁⲧⲟⲧⲉ ⲁⲥϭⲟϫⲥ ⲉⲃⲟⲗϧⲉⲛ ⲡⲓⲥⲱⲙⲁ ϧⲉⲛ ⲟⲩⲣⲁϣⲓ.

ⲫⲁⲓ ⲡⲉ ⲡⲓⲣⲏϯ ⲉⲧⲁϥϫⲱⲕ ⲉⲃⲟⲗ ⲛ̄ϫⲉ ⲡⲁⲓⲙⲁⲕⲁⲣⲓⲟⲥ ϧⲉⲛ ⲟⲩϩⲓⲣⲏⲛⲏ[3]
ⲉⲁϥⲙ̄ⲧⲟⲛ ⲙ̄ⲙⲟϥ ⲛⲉⲙ ⲛⲏ ⲉⲑⲟⲩⲁⲃ ⲧⲏⲣⲟⲩ ⲛ̄ⲥⲟⲩ ⲓ̄ⲇ̄ ⲛ̄ⲧⲱⲃⲓ. ϩⲟⲧⲉ ⲟⲩⲛ
ⲉⲧⲁⲛⲑⲱⲙⲥ ⲙ̄ⲡⲉϥⲗⲉⲓ- (-verso-) ⲯⲁⲛⲟⲛ[4] ⲉⲑⲟⲩⲁⲃ ⲟⲩⲟϩ ⲉⲧⲁⲛ ⲉⲡⲉϥⲣⲁⲥϯ ⲁϥⲉⲛⲕⲟⲧ ⲁϥϣⲱⲛⲓ ⲛ̄ϫⲉ ⲡⲉϥⲙⲁⲕⲁⲣⲓⲟⲥ ⲛ̄ⲥⲟⲛ ⲇⲟⲙⲉⲧⲓⲟⲥ ⲁϥⲙⲟⲛⲓ
ⲉϫⲱϥ ⲛ̄ϫⲉ ⲟⲩⲛⲓϣϯ ⲛ̄ϩⲙⲟⲙ. ⲉⲧⲁϥⲛⲁⲩ ⲇⲉ ⲉⲣⲟϥ ⲛ̄ϫⲉ ⲡⲓⲛⲓϣϯ ⲁⲃⲃⲁ
ⲙⲁⲕⲁⲣⲓⲟⲥ[5] ϫⲉ ⲁϥϣⲱⲛⲓ ⲡⲉϫⲁϥ ⲛⲏⲓ ϫⲉ ϩⲉⲙⲥⲓ ⲡⲁϣⲏⲣⲓ ⲛ̄ⲧⲉⲕϣⲉⲙϣⲓ
ⲙ̄ⲡⲓⲥⲟⲛ ϣⲁⲧⲉⲕϭⲓ ⲙ̄ⲡⲉϥⲥⲙⲟⲩ. ⲁⲛⲟⲕ ⲇⲉ ⲁⲓϯ ⲫⲓ ⲉⲛⲉϥϭⲁⲗⲁⲩϫ ⲉⲓϫⲱ
ⲙ̄ⲙⲟⲥ ⲛⲁϥ ϫⲉ ⲧⲱⲃϩ ⲉϫⲱⲓ ⲡⲁⲓⲱⲧ ⲉⲑⲟⲩⲁⲃ. ⲉⲡⲉϥⲣⲁⲥϯ ⲇⲉ ⲁϥϩⲣⲟϣ ϧⲉⲛ
ⲡⲓϣⲱⲛⲓ ⲛ̄ϫⲉ ⲡⲓⲁⲅⲓⲟⲥ ⲇⲟⲙⲉⲧⲓⲟⲥ ⲟⲩⲟϩ ⲉⲧⲁϥⲫⲟϩ ⲉⲡⲓⲉϫⲱⲣϩ ⲙ̄ⲙⲁϩ ⲅ̄

il répondit: « Tais-toi, mon fils; car ce n'est pas le temps de parler, mais plutôt au temps de se taire. » Et le bienheureux Maxime parlait avec l'un des saints, l'interrogeant sur le nom des saints qui l'entouraient; pour nous, nous n'entendîmes point ce qu'il disait; mais le pneumatophore abba Macaire nous informa, disant: « On lui apprend les noms des saints qui l'entourent. » Et lorsque son âme eût joui de la présence des saints, aussitôt elle s'élança avec joie hors du corps.

C'est ainsi que finit ce bienheureux en paix, s'étant reposé avec tous les saints, le quatorzième jour de Tôbi. Lors donc que nous eûmes enterré ses restes saints et que nous fûmes arrivés au lendemain, son bienheureux frère, Domèce, se coucha, il fut malade et une grande fièvre se saisit de lui. Lorsque le grand abba Macaire eût vu qu'il était malade, il me dit : « Reste, mon fils, pour servir le frère jusqu'à ce que tu reçoives sa bénédiction. » Et moi, je baisai ses pieds en lui disant : « Prie pour moi, mon père saint. » Le lendemain, le saint Domèce s'aggrava dans la maladie, et lorsqu'il fut parvenu à

---

1. Cod. ⲙⲁⲕⲁⲣⲓ. — 2. Cod. ⲉⲣϩⲩⲇⲟⲛⲉⲥⲟⲉ. — 3. Cod. ⲟⲩϩⲓⲣⲏⲛⲏ. — 4. Cod. ⲙ̄ⲡⲉϥ-ⲗⲩⲙⲯⲁⲛⲟⲛ. — 5. Cod. ⲙⲁⲕⲁⲣⲓ.

ⲁⲙⲁⲩ ⲉⲣⲟϥ ⲉϥϥⲟϭⲓ ⲡⲉϫⲏⲓ ⲛⲁϥ ϫⲉ ⲭⲟⲩⲱϣ ⲛⲧⲁⲙⲟⲩϯ ⲉⲡⲉⲛⲓⲱⲧ ⲁⲃⲃⲁ
ⲙⲁⲕⲁⲣⲓⲟⲥ¹. ⲡⲉϫⲁϥ ϫⲉ ⲥⲉ. ⲁⲛⲟⲕ ⲇⲉ ⲁⲓϣⲉ ⲛⲏⲓ ⲁⲓⲙⲟⲩϯ ⲉⲣⲟϥ ⲟⲩⲟϩ ⲉⲧⲓ
ⲉⲓⲙⲟϣⲓ ⲛⲉⲙⲁϥ ϩⲓ ⲡⲓⲙⲱⲓⲧ ⲁϥⲟϩⲓ ⲉⲣⲁⲧϥ ⲛⲟⲩⲛⲓϣϯ ⲛⲛⲁⲩ ⲉϥϫⲟⲩϣⲧ
ⲉⲛⲥⲁ ⲙⲡⲓⲥⲡⲏⲗⲁⲓⲟⲛ² ⲟⲩⲟϩ ⲙⲉⲛⲉⲛⲥⲱⲥ ⲁϥⲫⲟⲛϩϥ ⲉⲛⲥⲁ ⲛϯⲁⲛⲁⲧⲟⲗⲏ.
ⲛⲁⲙⲉⲩⲓ ⲁⲛⲟⲕ ⲡⲉ ϫⲉ ⲁⲣⲏⲟⲩ ⲉϥⲧⲱⲃϩ ⲁⲗⲗ ⲉϥⲛⲁⲩ³ ⲉⲡⲭⲱⲣⲟⲥ ⲛⲛⲓ ⲉⲑⲟⲩⲁⲃ ⲉⲩⲥⲱⲕ ϩⲁϫⲱⲥ ⲛϯⲙⲁⲕⲁⲣⲓⲟⲥ ⲙⲯⲩⲭⲏ ⲛⲧⲉ ⲡⲓⲁⲅⲓⲟⲥ ⲇⲟⲙⲉⲧⲓⲟⲥ.
ⲁϥϫⲟⲩϣⲧ ⲇⲉ ⲉⲡϣⲱⲓ ⲉⲧⲫⲉ ⲁϥϥⲓ ⲁϩⲟⲙ ⲟⲩⲟϩ ⲁϥⲣⲓⲙⲓ (-fol. 64-) ⲉϥⲱⲗϩ
ϧⲉⲛ ⲧⲉϥⲙⲉⲥⲧⲉⲛϩⲏⲧ ⲉϥϫⲱ ⲙⲙⲟⲥ ϫⲉ ⲟⲩⲟⲓ ⲛⲏⲓ ⲁⲛⲟⲕ ϫⲉ ⲙⲡⲉⲣ ⲙⲟⲛⲁⲭⲟⲥ ⲉⲡⲧⲏⲣϥ ⲛⲁⲓ ⲅⲁⲣ ⲛⲉ ⲛⲓⲙⲟⲛⲁⲭⲟⲥ ⲛⲧⲁⲫⲙⲏⲓ ϫⲉ ϧⲉⲛ ⲟⲩⲕⲟⲩϫⲓ
ⲛⲥⲏⲟⲩ ⲛϩⲟϫϩⲉϫ ⲁⲩϫⲓⲙⲓ ⲙⲡⲓⲙⲱⲓⲧ ⲛⲭⲱⲗⲉⲙ. ⲁⲛⲟⲕ ⲇⲉ ⲉⲧⲁⲓⲛⲁⲩ ⲉⲣⲟϥ
ⲉϥⲣⲓⲙⲓ ⲙⲡⲁⲓⲣⲏϯ ⲁⲓⲧⲱⲙⲧ ⲟⲩⲟϩ ⲡⲉϫⲏⲓ ⲛⲁϥ ϫⲉ ⲟⲩ ⲡⲉ ⲉⲧϣⲟⲡ ⲱ ⲡⲁⲓⲱⲧ
ⲉⲑⲟⲩⲁⲃ. ⲛⲑⲟϥ ⲇⲉ ⲡⲉϫⲁϥ ⲛⲏⲓ ϫⲉ ⲙⲁⲣⲟⲛ ⲡⲁϣⲏⲣⲓ ϫⲉ ⲁ ⲡⲓⲁⲅⲓⲟⲥ ⲇⲟⲙⲉⲧⲓⲟⲥ ⲙⲧⲟⲛ ⲙⲙⲟϥ. ⲉⲧⲁⲛⲓ ⲇⲉ ⲉϧⲟⲩⲛ ⲉⲡⲓⲥⲡⲏⲗⲁⲓⲟⲛ⁴ ⲁⲛϫⲉⲙϥ ⲉϥⲣⲉⲙⲓ
ⲉϥⲟⲩⲉϩ ⲉϧⲟⲩⲛ ϯⲥⲟⲓ ⲉⲣⲉ ⲧⲉϥϫⲓϫ ⲥⲛⲟⲩϯ ⲥⲟⲗⲕ ⲉϩⲣⲏⲓ ⲉⲧⲫⲉ. ⲉⲧⲁϥϫⲱⲕ
ⲉⲃⲟⲗ ⲙⲡⲁⲓⲣⲏϯ ⲛⲥⲟⲩ ⲓ͞ⲍ ⲛⲧⲱⲃⲓ ⲁⲛϭⲓ ⲙⲡⲉϥⲥⲱⲙⲁ ⲉⲑⲟⲩⲁⲃ ⲁⲛϣⲧⲟϥ
ⲉϫⲉⲛ ϯⲥⲟⲗⲃⲓ ⲁ ⲫⲏ ⲉⲑⲟⲩⲁⲃ ⲁⲃⲃⲁ ⲙⲁⲕⲁⲣⲓⲟⲥ⁵ ⲉⲣ ⲙⲉⲑⲣⲉ ⲛⲁⲃⲃⲁ ⲓⲥⲓ-

la troisième nuit, je le vis qui souffrait, je lui dis : « Veux-tu que j'appelle notre père abba Macaire? » Il dit : « Oui. » Et moi, j'allai, je l'appelai. Comme je marchais encore avec lui sur la route, il resta debout une grande heure regardant du côté de la grotte et ensuite il se tourna du côté de l'Orient. Je pensais, moi, que peut-être il priait: mais il regardait le chœur des saints qui précédaient l'âme bienheureuse du saint Domèce. Mais il regarda en haut vers le ciel, il soupira et il pleura, frappant sa poitrine et disant : « Malheur à moi, car moi, je ne suis pas devenu moine le moins du monde, et ceux-là étaient des moines en vérité: car, en un petit temps de tribulation, ils ont trouvé rapidement le chemin. » Et moi, lorsque je le vis qui agissait ainsi, je fus dans l'admiration et je lui dis : « Qu'est-ce qui arrive, ô mon père saint? » Mais lui, il me dit : « Allons, mon fils, car le saint Domèce s'est reposé. » Et lorsque nous fûmes entrés dans la caverne, nous le trouvâmes appuyé contre le mur, les deux mains étendues vers le ciel. Lorsqu'il eut ainsi achevé sa vie le dix-septième jour de Tôbi, nous prîmes son corps saint, nous l'étendîmes sur la peau. Le saint abba Macaire a témoigné à l'abba Isi-

---

1. *Cod.* ⲙⲁⲕⲁⲣⲓ. — 2. *Cod.* ⲙⲡⲓⲥⲡⲏⲗⲉⲟⲛ. — 3. Le manuscrit porte bien ce que j'imprime : il doit y avoir une omission. — 4. *Cod.* ⲉⲡⲓⲥⲡⲏⲗⲉⲟⲛ. — 5. *Cod.* ⲙⲁⲕⲁⲣⲓ.

ⲇⲱⲣⲟⲥ ⲇⲉ ⲛⲓⲧⲁⲝⲓⲥ ⲉⲧⲁⲩⲓ ⲛⲥⲁ ⲧⲯⲩⲭⲏ ⲙⲡⲓⲛⲓϣϯ ⲛⲁⲓ ⲟⲛ ⲛⲉ ⲉⲧⲁⲩⲓ ⲛⲥⲁ ⲧⲯⲩⲭⲏ ⲙⲡⲉϥⲥⲟⲛ ⲉϥⲭⲏ ⲛⲉⲙⲱⲟⲩ ϩⲱϥ.

ⲓⲥ ϩⲏⲡⲡⲉ ⲟⲩⲛ ⲁⲓⲧⲁⲙⲱⲧⲉⲛ ⲉⲡⲓⲣⲏϯ ⲉⲧⲁ ⲛⲁⲓⲙⲁⲕⲁⲣⲓⲟⲥ ϫⲱⲕ ⲉⲃⲟⲗ ⲙⲡⲟⲩⲇⲣⲟⲙⲟⲥ ϧⲉⲛ ⲟⲩⲃⲓⲟⲥ ⲛⲁⲅⲅⲉⲗⲓⲕⲟⲛ ⲉⲁⲩⲙⲉⲛⲣⲉ ⲛⲓϧⲓⲥⲓ ⲛⲧⲉ ⲛⲓⲡⲟⲗⲓⲧⲓⲁ[1] ⲛⲉⲙ ⲛⲓϩⲟϫϩⲉϫ ⲙⲡⲣⲟⲥ- (-verso-) ⲟⲩⲥⲏⲟⲩ ⲁⲩⲁⲙⲟⲛⲓ ⲛⲧⲟⲧⲟⲩ ϧⲉⲛ ϯⲩⲡⲟⲙⲟⲛⲏ ⲉⲁⲩⲉⲣⲁⲅⲱⲛⲓⲍⲉⲥⲑⲁⲓ[2] ⲛⲕⲁⲗⲱⲥ ⲉⲧⲥⲟⲝ ϧⲉⲛ ⲡⲓⲥⲧⲁⲇⲓⲟⲛ ⲛⲧⲉ ϯⲁⲣⲉⲧⲏ ⲉⲩⲥⲱⲟⲩⲧⲉⲛ ⲙⲙⲱⲟⲩ ⲉⲛⲁ ⲧϩⲏ ⲕⲁⲧⲁ ⲡⲥⲁϫⲓ ⲙⲫⲏ ⲉⲑⲟⲩⲁⲃ ⲛⲁⲡⲟⲥⲧⲟⲗⲟⲥ ⲡⲁⲩⲗⲟⲥ ϣⲁⲧⲟⲩⲧⲁϩⲉ ⲛⲓⲃⲁⲓ ⲛⲧⲉ ⲡⲓϥⲱⲣⲉⲙ ⲉⲧ̅ⲉⲙⲡϣⲱⲓ ⲟⲩⲟϩ ⲛⲧⲁⲩϣⲱⲡⲓ ⲛⲉⲙ ⲫⲏ ⲉⲧⲟⲩϭⲓ ϣϣⲱⲟⲩ ⲙⲙⲟϥ ⲡⲭⲥ ⲡⲟⲩⲁⲅⲱⲛⲟⲑⲉⲧⲏⲥ ⲙⲙⲏⲓ ⲉⲁⲩⲙⲉⲥⲧⲉ ⲡⲱⲟⲩ ⲛⲧⲉ ⲡⲁⲓⲕⲟⲥⲙⲟⲥ ⲙⲡⲣⲟⲥⲟⲩⲥⲏⲟⲩ ⲛⲉⲙ ⲛⲁⲡⲟⲗⲁⲩⲥⲓⲥ ⲧⲏⲣⲟⲩ ⲛⲉⲫⲗⲓⲟⲩ ⲉⲑⲛⲁⲕⲱⲣϥ ⲁⲩⲟⲡⲟⲩ ⲉϩⲁⲛⲗⲉⲃϣⲓ ⲟⲩⲟϩ ⲁⲩϣⲱⲡⲓ ⲉⲩⲙⲟⲥϯ ⲙⲡⲁⲓⲕⲟⲥⲙⲟⲥ ⲙⲫⲣⲏϯ ⲛⲟⲩϣⲧⲉⲕⲟ. ⲁⲥϣⲱⲡⲓ ⲇⲉ ⲛⲟⲩⲥⲟⲡ ϩⲱⲥ ⲉⲓϭⲓ ⲛϧⲣⲁⲓ ⲛⲉⲙⲱⲟⲩ ⲡⲉϫⲏⲓ ⲛⲱⲟⲩ ϫⲉ ⲛⲁⲣⲉⲧⲉⲛⲭⲏ ϧⲉⲛ ⲕⲱⲛⲥⲧⲁⲛⲧⲓⲛⲟⲩⲡⲟⲗⲓⲥ[3] ⲛⲉ ⲡⲁⲓⲟϯ ⲡⲟⲗⲗⲁⲕⲓⲥ ⲭⲛⲁϫⲉⲙ ⲑⲛⲟⲩ ⲡⲉ ⲉⲣⲉⲧⲉⲛⲟⲓ ⲛⲟⲩⲣⲟ ϯⲛⲟⲩ ⲡⲉ. ⲛⲑⲱⲟⲩ ⲇⲉ ⲁⲩⲕⲉⲧ ⲛⲟⲩϩⲟ ⲉⲣⲟⲓ ⲡⲉϫⲱⲟⲩ ⲛⲏⲓ ϧⲉⲛ ⲟⲩⲙⲉⲧⲣⲉⲙⲣⲁⲩϣ ϫⲉ ⲁⲣⲉ ⲡⲉⲕⲛⲟⲩⲥ ⲭⲏ ⲛⲑⲱⲛ ⲱ ⲡⲓⲥⲟⲛ ⲉⲧⲁⲕϫⲉ ⲡⲁⲓⲥⲁϫⲓ ⲫⲁⲓ ⲁⲣⲏⲟⲩ ⲡⲁⲛⲧⲱⲥ (-fol. 65-) ⲉϥϧⲉⲛ ⲛⲓⲙⲁ ⲉⲧⲁⲕϥⲓⲣⲓ ⲉⲣⲟϥ

dore que les ordres venus chercher l'âme du grand étaient aussi les mêmes qui vinrent chercher l'âme de son frère, et lui-même était avec eux.

Voici donc que je vous ai appris la manière dont ces bienheureux achevèrent leur course dans une vie angélique; ayant aimé les souffrances des pratiques religieuses et les tribulations qui ne durent qu'un temps, ils furent maîtres d'eux-mêmes dans l'endurance, ayant combattu bellement, ayant couru dans le stade de la vertu, s'étant étendus vers ce qui se trouvait en avant, selon la parole du saint apôtre Paul, jusqu'à ce qu'ils prissent la palme de la vocation d'en haut et qu'ils fussent avec celui qu'ils désiraient, le Christ, leur véritable agonothète; ayant détesté la gloire de ce monde qui n'a qu'un temps et toutes les vaines jouissances qui seront abolies, ils les ont regardées comme des excréments et ils ont haï ce monde comme une prison. Il arriva une fois, comme je badinais avec eux, que je leur dis : « Si vous étiez à Constantinople, mes pères, certainement on vous trouverait rois maintenant! » Mais eux, ils tournèrent leur visage vers moi, ils me dirent avec mansuétude : « Où est donc ton esprit, ô frère, que tu as dit cette parole?

---

1. Cod. ⲛⲓⲡⲟⲗⲏⲧⲓⲁ. — 2. Cod. ⲉⲩⲉⲣⲁⲅⲱⲛⲓⲍⲉⲥⲟⲉ. — 3. Cod. ⲕⲱⲥⲧⲁⲛⲧⲓⲛⲟⲩⲡⲟⲗⲓⲥ.

ⲁⲛⲟⲧⲱ ⲉⲛϫⲱ ⲙⲙⲟⲥ ⲛⲁⲕ ⲛⲟⲩⲙⲏϣ ⲛⲥⲟⲡ ⲱ ⲡⲓⲥⲟⲛ ⲡϣⲟⲓ ϫⲉ ⲉⲓⲧⲉ[1] ⲉⲕ-
ϩⲉⲙⲥⲓ ⲛⲉⲙⲁⲛ ⲉⲓⲧⲉ[2] ⲉⲕⲭⲏ ϧⲉⲛ ⲡⲉⲕⲙⲁ ⲛϣⲱⲡⲓ ⲁⲙⲟⲛⲓ ⲙⲡⲓⲣⲁⲛ ⲛⲟⲩϫⲁⲓ ⲛⲧⲉ ⲡⲉⲛⲟⲥ ⲓⲏⲥ ϧⲉⲛ ⲟⲩⲙⲉⲧⲁⲑⲙⲟⲩⲛⲕ ⲕⲁⲓ ⲅⲁⲣ[3] ⲁⲗⲏⲑⲱⲥ ⲉⲛⲁⲣⲉ
ⲡⲓⲣⲁⲛ ⲉⲑⲟⲩⲁⲃ ϧⲉⲛ ⲡⲉⲕϩⲏⲧ ⲡⲉ ⲛⲁⲕⲛⲁϫⲉ ⲡⲁⲓⲥⲁϫⲓ ⲁⲛ ⲡⲉ ⲉⲧⲁⲕϫⲟϥ
ϯⲛⲟⲩ. ⲗⲟⲓⲡⲟⲛ ⲙⲁ ϩⲑⲏⲕ ⲉⲣⲟⲕ ϧⲉⲛ ⲟⲩⲧⲁϫⲣⲟ ⲙⲡⲉⲣⲉⲣ ⲁⲙⲉⲗⲉⲥ ⲉⲡⲓⲣⲁⲛ
ⲛⲟⲩϫⲁⲓ ⲛⲧⲉ ⲡⲉⲛⲟⲥ ⲓⲏⲥ ⲡⲭⲥ ⲁⲗⲗⲁ ⲁⲙⲟⲛⲓ ⲙⲙⲟϥ ϧⲉⲛ ⲡⲉⲕϩⲏⲧ ⲧⲏⲣϥ
ϧⲉⲛ ⲟⲩⲙⲟⲛ ⲉⲃⲟⲗ ϧⲉⲛ ⲟⲩⲙⲉⲧⲣⲉϥϣⲉⲡ ϧⲓⲥⲓ ϫⲉ ⲟⲩⲏⲓ ⲉϣⲱⲡ ⲛⲧⲉⲛⲉⲣ
ⲁⲙⲉⲗⲉⲥ ⲉⲫⲁⲓ ⲓⲉ ⲁⲗⲏⲑⲓⲛ ⲧⲉⲛⲙⲟⲩⲧ ϧⲉⲛ ⲛⲉⲛⲡⲁⲣⲁⲡⲧⲱⲙⲁ. ⲗⲟⲓⲡⲟⲛ
ⲙⲡⲉⲛⲑⲣⲉⲛⲙⲉⲛⲣⲉ ϯⲡⲁⲣⲣⲏⲥⲓⲁ ⲛⲉⲙ ⲡⲓϭⲓ ϩⲣⲁϥ ⲛⲉⲙ ⲛⲓⲥⲁϫⲓ ⲛⲉⲫⲗⲏⲟⲩ
ⲛⲁⲓ ⲡⲉ ⲉⲧⲧⲁⲕⲟ ⲙⲡⲉⲛⲧⲁϩ ⲧⲏⲣϥ ⲙⲡⲓⲙⲟⲛⲁⲭⲟⲥ ⲕⲁⲧⲁ ϯϫⲉ ⲉⲧⲁⲛⲉⲙⲓ
ⲉⲫⲁⲓ ⲉⲧⲓ ⲉⲛϣⲟⲡ ϧⲉⲛ ϯⲥⲩⲣⲓⲁ ϩⲟⲧⲉ ⲉⲧⲁ ϯⲙⲉⲧⲣⲱⲙⲓ ⲁⲓⲧⲉⲛ ⲛϭⲓ ϩⲣⲁϥ
ⲙⲡⲟⲩⲭⲁⲛ ⲉⲉⲣ ⲫⲙⲉⲩⲓ ⲛⲛⲉⲛⲛⲟⲃⲓ ϯⲙⲉⲧϣⲉⲙⲙⲟ ⲇⲉ ⲛⲉⲙ ⲡⲓⲭⲁ ⲣⲱϥ
ϧⲉⲛ ⲟⲩⲉⲙⲓ ⲛⲉⲙ ⲡⲓϩⲟϫϩⲉϫ (-verso-) ϧⲁⲛ ⲥⲟⲃⲁⲓ ⲛⲧⲉ ⲡⲉⲛϣⲱⲗ ⲛⲉ ⲡⲓϩⲟϫϩⲉϫ ⲉⲧⲁⲛⲓⲥⲓ ⲙⲡⲓⲧⲱⲃϩ ϧⲉⲛ ⲟⲩⲧⲟⲩⲃⲟ ⲡⲓⲧⲱⲃϩ ⲉⲑⲙⲓⲥⲓ ⲛϯϩⲟϯ ⲛⲧⲉ
ⲫϯ ⲛⲉⲙ ϯⲁⲅⲁⲡⲏ ⲟⲩⲟϩ ⲛⲁⲓ ⲛⲉ ⲉⲑⲙⲓⲥⲓ ⲙⲡⲓⲣⲱⲙⲓ ϫⲉ ⲟⲩⲏⲓ ⲙⲙⲟⲛ
ⲁⲝⲓⲱⲙⲁ ⲟⲩⲇⲉ ⲙⲉⲧⲣⲁⲙⲁⲟ ⲟⲩⲇⲉ ⲙⲉⲧⲭⲱⲣⲓ ⲧⲁⲓⲏⲟⲩⲧ ϧⲁⲧⲉⲛ ⲫϯ ⲁⲗⲗⲁ
ⲟⲩⲯⲩⲭⲏ ⲉⲥⲟⲩⲁⲃ ⲡⲉ ⲉⲧⲉϥⲕⲱϯ ⲛⲥⲱⲥ ⲟⲩⲟϩ ⲧⲉϥⲑⲩⲥⲓⲁ ⲛⲉⲙ ⲡⲉϥϭⲗⲓⲗ

Sans doute il est dans le lieu que tu viens de mentionner. Nous t'avons déjà dit une foule de fois, ô frère Peschoi, que soit que tu sois assis avec nous, soit que tu sois dans ton habitation, tu (dois) saisir le nom salutaire de Notre-Seigneur Jésus sans cesse; car vraiment, si ce saint nom était dans ton cœur, tu n'aurais pas dit cette parole que tu viens de dire. Désormais fais avec certitude attention à toi, ne néglige pas le nom saint de Notre-Seigneur Jésus le Christ; mais saisis-le de tout ton cœur avec continuité et dans la souffrance; car si nous le négligeons, eh bien nous mourons certainement dans nos péchés. Du reste, n'aimons pas la liberté, le badinage et les paroles vaines qui perdent tout le fruit du moine, selon la manière que nous l'avons su, lorsque nous étions encore en Syrie, quand l'humanité nous rendait plaisants sans nous laisser penser à nos péchés; mais être étranger, se taire avec science, être en proie aux angoisses sont le propre de notre race[4], l'angoisse produit la prière dans la pureté, la prière produit la crainte de Dieu et l'amour, et c'est là ce qui produit l'homme; car certes, ni dignité, ni richesse, ni courage n'est glorifié près de Dieu, mais bien une âme sainte qui le cherche, et son sacrifice

---

1. Cod. ⲓⲧⲉ. — 2. Cod. ⲓⲧⲉ. — 3. Cod. ⲕⲉ ⲅⲁⲣ. — 4. Mot à mot: Les vases de notre race.

ⲡⲉ ⲡⲉⲛⲟⲩϫⲁⲓ. ⲁⲛⲟⲕ ⲁⲓϣⲉⲡ ⲡⲟⲩⲥⲁϫⲓ ⲉⲣⲟⲓ ϧⲉⲛ ⲟⲩⲣⲁϣⲓ ⲛϩⲏⲧ ⲉⲁⲓϯ
ⲙⲉⲧⲁⲛⲟⲓⲁ[1] ⲉⲓϫⲱ ⲙⲙⲟⲥ ϫⲉ ⲭⲱ ⲛⲏⲓ ⲉⲃⲟⲗ ⲛⲁⲓⲟϯ ⲧⲱⲃϩ ⲉϫⲱⲓ.

ⲗⲟⲓⲡⲟⲛ ⲙⲉⲛⲉⲛⲥⲁ ⲟⲩⲣⲟⲙⲡⲓ ⲛⲉϩⲟⲟⲩ ⲛⲧⲉ ⲫⲟⲩⲱⲧⲉⲃ ⲉⲃⲟⲗ ⲛⲛⲁⲓⲙⲁⲕⲁⲣⲓⲟⲥ ⲁ ⲡⲓϣⲁϥⲉ ϫⲱⲣϫ ⲛⲕⲁⲗⲱⲥ ⲉⲓⲧⲉ[2] ⲛⲧⲉ ⲡⲓⲧⲱⲟⲩ ⲛⲧⲉ ⲡⲉⲣⲛⲟⲩϫ
ⲉⲓⲧⲉ[3] ⲛⲧⲉ ⲛⲓⲙⲟⲛⲱⲟⲩ ⲉⲧϭⲏⲣ ⲉⲃⲟⲗ ϧⲉⲛ ⲭⲏⲙⲓ ⲁⲡⲁⲝ ⲁⲡⲗⲱⲥ ⲁ ⲡⲓϣⲁϥⲉ
ϫⲱⲣϫ ⲁⲩⲕⲱⲧ ⲛⲱⲟⲩ ⲛⲟⲩⲛⲓϣϯ ⲛⲉⲕⲕⲗⲏⲥⲓⲁ ⲟⲩⲟϩ ⲁⲩⲱϣ ⲛⲁⲃⲃⲁ ⲓⲥⲓⲇⲱⲣⲟⲥ ⲙⲡⲣⲉⲥⲃⲩⲧⲉⲣⲟⲥ ⲁⲛⲟⲕ ⲇⲉ ϩⲱ ϧⲁ ⲡⲓⲉⲗⲙⲡϣⲁ ⲁⲩⲁⲓⲧ ⲛⲇⲓⲁⲕⲟⲛ.
ⲙⲉⲛⲉⲛⲥⲁ ⲛⲁⲓ ⲁ ⲡⲓⲛⲓϣϯ ⲁⲃⲃⲁ ⲙⲁⲕⲁⲣⲓⲟⲥ[4] ⲙⲟⲩϯ ⲉⲃⲟⲗϧⲉⲛ ϯⲉⲕⲕⲗⲏⲥⲓⲁ
ⲉϥϩⲟⲛϩⲉⲛ ⲉϥϫⲱ ⲙⲙⲟⲥ ϫⲉ ⲙⲟⲩϯ ⲉⲡⲁⲓⲧⲟⲡⲟⲥ ϫⲉ (-fol. 66-) ⲑⲣⲁⲟⲩⲛ
ⲛⲛⲓⲣⲱⲙⲁⲓⲟⲥ[5]. ⲁⲩⲉⲣ ⲟⲩⲱ ⲛϫⲉ ⲅ ⲛⲛⲓϣϯ ⲛϧⲉⲗⲗⲟ ⲛⲧⲉ ⲡⲧⲱⲟⲩ ⲙⲡⲉⲣⲛⲟⲩϫ ⲉⲧⲁⲩϣⲱⲡⲓ ϩⲁⲧⲟⲧⲉⲛ ⲉⲧⲉ ⲁⲡⲁ ⲡⲁⲙⲱ ⲡⲉ ⲛⲉⲙ ⲁⲡⲁ ⲡⲓϩⲱⲣ ⲛⲉⲙ
ⲁⲡⲁ ⲁⲑⲣⲉ ⲡⲉϫⲱⲟⲩ ⲙⲡⲉⲑⲟⲩⲁⲃ ⲁⲃⲃⲁ ⲙⲁⲕⲁⲣⲓⲟⲥ[6] ϫⲉ ⲙⲡⲉⲕⲉⲙⲓ ⲉⲛⲟⲩ-
ⲣⲁⲛ ⲡⲉⲛⲓⲱⲧ ⲉⲧⲥⲙⲁⲣⲱⲟⲩⲧ[7]. ⲡⲉϫⲁϥ ⲛⲱⲟⲩ ϫⲉ ⲁϩⲁ ⲁⲗⲗⲁ ⲡⲉⲧⲉϣϣⲉ ⲁⲛ
ⲡⲉ ⲉⲑⲣⲉⲛⲙⲟⲩϯ ⲉϥⲣⲁⲛ ⲛⲟⲩⲁⲓ ⲛϧⲏⲧⲟⲩ ⲉϫⲉⲛ ⲡⲓⲧⲟⲡⲟⲥ ⲛⲧⲉⲛⲭⲁ ⲡⲓⲟⲩⲁⲓ
ⲉⲡⲉⲥⲏⲧ[8] ⲁⲩϫⲱⲕ ⲉⲃⲟⲗ ϧⲉⲛ ⲟⲩϩⲩⲡⲟⲙⲟⲛⲏ ⲛⲟⲩⲱⲧ ⲛϧⲏⲧϥ ⲛⲉⲙ ⲛⲟⲩⲉⲣⲏⲟⲩ ⲟⲩⲟϩ ⲟⲛ ϫⲉ ϩⲁⲛ ⲥⲛⲏⲟⲩ ⲛⲉ ⲉⲑⲃⲉ ⲫⲁⲓ ⲁⲛⲛⲁⲉⲣⲟⲛⲟⲙⲁⲍⲓⲛ[9]
ⲙⲙⲱⲟⲩ ⲉⲟⲩⲥⲟⲡ[10] ⲛⲉⲙ ⲛⲟⲩⲉⲣⲏⲟⲩ ⲛⲧⲉⲛⲙⲟⲩϯ ⲉⲡⲟⲩⲧⲟⲡⲟⲥ ϫⲉ ⲛⲓⲣⲱ-

et son holocauste, c'est notre salut. » Et moi, je reçus leur discours avec joie de cœur, leur ayant fait repentance en disant : « Pardonnez-moi, mes pères, priez pour moi. »

Du reste, un an de jours après le transport de ces saints, le désert fut habité bellement, soit de la montagne de Pernoudj, soit des habitations solitaires répandues en Égypte; bref, le désert fut habité : on leur construisit une grande église et l'on établit abba Isidore prêtre, et moi aussi, l'indigne, on me fit diacre. Après cela, le grand abba Macaire donna un nom à l'église, ordonnant et disant : « Appelez ce lieu la cellule des Grecs. » Trois grands vieillards de la montagne de Pernoudj qui se trouvaient près de nous, — c'étaient apa Pamô, apa Pihôr et apa Athré, — prirent la parole, ils dirent au saint abba Macaire : « Ne sais-tu pas leurs noms, ô notre père béni? » — Il leur dit : « Si; mais il ne faut pas que nous appelions le *topos* du nom de l'un d'eux en laissant l'autre, car ils ont eu la même patience en ce lieu et l'un avec l'autre, et aussi ce sont des frères; c'est pourquoi nous le nommerons

---

1. *Cod.* ⲙⲉⲧⲁⲛⲓⲁ. — 2. *Cod.* ⲓⲧⲉ. — 3. *Cod.* ⲓⲧⲉ. — 4. *Cod.* ⲙⲁⲕⲁⲣⲓ. — 5. *Cod.* ⲛⲛⲓⲣⲱⲙⲉⲟⲥ. — 6. *Cod.* ⲙⲁⲕⲁⲣⲓ. — 7. *Cod.* ⲉⲟⲥⲙⲁⲣⲱⲟⲩⲧ; le ⲟ a été corrigé. — 8. *Cod.* ⲉⲡⲅⲏ. — 9. *Cod.* ⲁⲛⲛⲁⲉⲣⲟⲛⲟⲙⲁⲍⲓⲛ. — 10. *Cod.* ⲉⲩⲥⲟⲡ.

ⲙⲁⲓⲟⲥ¹ ⲙⲉⲛⲉⲛⲥⲁ ⲡⲟⲩϫⲱⲕ ⲉⲃⲟⲗ. ⲡⲁⲓⲣⲏϯ ⲣⲱ ⲟⲛ ⲡⲉ ⲉⲧⲁϥϧⲣⲟⲧⲥⲃⲉ²
ⲛⲟⲩⲣⲁⲛ ⲉⲡⲓⲇⲓⲡⲧⲩⲭⲟⲛ ϫⲉ ⲛⲉⲛⲓⲟϯ ⲛ̄ⲣⲱⲙⲁⲓⲟⲥ³ ϣⲁ ⲉϧⲟⲩⲛ ⲉⲫⲟⲟⲩ ⲕⲁⲧⲁ
ⲫⲣⲏϯ ⲉⲧⲁⲩⲟⲩⲁϩ ⲥⲁϩⲛⲓ ⲛⲁϥ ⲉⲃⲟⲗϩⲓⲧⲉⲛ Ⲫϯ. ⲁϥⲉⲣ ⲙⲉⲑⲣⲉ ⲇⲉ ⲛⲁⲛ ⲟⲛ
ⲙ̄ⲫⲁⲓ ⲛ̄ϫⲉ ⲁⲃⲃⲁ ⲡⲁⲫⲛⲟⲩϯ ⲡⲓⲙⲁⲑⲏⲧⲏⲥ ⲛ̄ⲧⲉ ⲁⲃⲃⲁ ⲙⲁⲕⲁⲣⲓⲟⲥ⁴ ⲫⲏ
ⲉⲧⲁϥⲉⲣ ⲓⲱⲧ ⲉϣⲓⲏⲧ ⲙⲉⲛⲉⲛⲥⲱϥ ϫⲉ ϩⲟⲧⲉ ⲡⲉϫⲁϥ ⲉⲧⲁⲛⲕⲱⲧ ⲉϯ- (-verso-)
ⲉⲕⲕⲗⲏⲥⲓⲁ ⲁ Ⲫϯ ⲟⲩⲁϩ ⲥⲁϩⲛⲓ ⲙ̄ⲡⲉⲛⲓⲱⲧ ϩⲓⲧⲉⲛ ⲟⲩⲭⲉⲣⲟⲩⲃⲓⲙ ⲛ̄ⲟⲩⲱⲓⲛⲓ
ϫⲉ ⲙⲟⲩϯ ⲉⲡⲁⲓⲙⲁ ⲑⲣⲁⲟⲩⲏ ⲛ̄ⲛⲓⲣⲱⲙⲁⲓⲟⲥ⁵ ⲟⲩⲟϩ ⲛ̄ⲑⲟⲕ ϩⲱⲕ ⲡⲉϫⲁϥ
ⲟⲩⲁϩⲕ ⲛ̄ⲥⲱⲓ ⲛ̄ⲧⲁⲧⲁⲙⲟⲕ ⲉⲡⲓⲙⲁ ⲉⲧⲟⲩⲛⲁⲙⲟⲩϯ ⲙ̄ⲡⲉⲕⲣⲁⲛ ⲉϩⲣⲏⲓ ⲉϫⲱϥ.
ⲗⲟⲓⲡⲟⲛ ⲁ ⲡⲓⲭⲉⲣⲟⲩⲃⲓⲙ ϭⲱⲛ ϧⲁϫⲱϥ ⲁϥⲉⲛϥ ⲉⲡⲓⲁⲗⲟⲕ ⲙⲉⲣⲏⲥ ⲛ̄ⲧⲉ ⲡⲓϩⲉⲗⲟⲥ ⲉϥⲙⲁ ⲙ̄ⲡⲓϣⲏⲓ ⲁϥⲟϩⲓ ⲉⲣⲁⲧϥ ⲉϫⲉⲛ ϯⲡⲉⲧⲣⲁ ⲉⲧⲥⲁ ⲡⲉⲙⲉⲛⲧ ⲁϥⲱϣ
ⲛⲁϥ ⲉϥϫⲱ ⲙ̄ⲙⲟⲥ ϫⲉ ⲫⲁⲓ ⲡⲉ ⲡⲓⲙⲁ ⲉⲧⲟⲩⲛⲁⲙⲟⲩϯ ⲙ̄ⲡⲉⲕⲣⲁⲛ ⲉϩⲣⲏⲓ
ⲉϫⲱϥ ⲡⲓⲙⲁ ⲉⲧⲧⲛ ⲉⲧⲁⲕⲕⲟⲧϥ ⲁⲩⲛⲁⲧⲏⲓϥ ⲛ̄ⲛⲓⲣⲱⲙⲁⲓⲟⲥ⁶ ϣⲁ ⲉⲛⲉϩ ⲉⲑⲃⲉ
ϫⲉ ⲛ̄ⲑⲱⲟⲩ ⲛⲉ ⲛⲓϣⲟⲣⲡ ⲉⲧⲁⲩⲭⲁ ⲥⲱⲙⲁ ⲉϩⲣⲏⲓ ϧⲉⲛ ⲡⲁⲓⲧⲱⲟⲩ ⲉⲑⲟⲩⲁⲃ
ⲉⲁⲩϣⲱⲡⲓ ⲛ̄ϣⲟⲣⲡ ⲛ̄ⲁⲡⲁⲣⲭⲏ ⲛ̄ⲧⲉ ⲛⲉⲕϭⲓⲥⲓ ϧⲉⲛ ⲡⲁⲓⲁϩ ⲁⲗⲟⲗⲓ ⲛ̄ⲧⲉ ⲡⲟⲥ
ⲥⲁⲃⲁⲱⲑ ⲫⲁⲓ ⲉⲧⲁⲩⲑⲁϣⲕ ⲛ̄ⲟⲩⲱⲓ ⲉⲣⲟϥ ⲟⲩⲟϩ ⲛ̄ⲁⲣⲭⲏⲧⲟⲥ ⲉⲧⲉ ⲫⲁⲓ ⲡⲉ
ⲡⲓϣⲗⲟⲗ ⲉⲧⲧⲁⲓⲏⲟⲩⲧ ⲛ̄ⲧⲉ ⲛⲓⲙⲟⲛⲁⲭⲟⲥ ⲡⲓⲗⲁⲟⲥ ⲉⲧⲓⲣⲓ ⲙ̄ⲫⲟⲩⲱϣ ⲙ̄Ⲫϯ
ⲟⲩⲟϩ ⲉⲧⲥⲱⲕ ⲛ̄ⲛⲉϥⲙⲉⲧϣⲉⲛϩⲏⲧ ⲉϩⲣⲏⲓ ⲉϫⲉⲛ ⲡⲅⲉⲛⲟⲥ ⲛ̄ⲛⲓⲣⲱⲙⲓ ⲉⲑⲃⲉ ⲛⲟⲩ-

leur *topos* : *les Grecs* après leur mort. » Et c'est ainsi qu'on écrivit leurs noms dans les diptyques : *nos pères les Grecs*, jusqu'à ce jour, selon la manière que Dieu lui avait ordonnée. Abba Paphnouti, le disciple d'abba Macaire, celui qui fut père de Schiit après lui, nous a aussi témoigné ceci : « Lorsque, dit-il, nous bâtimes l'église, le Seigneur ordonna à notre père par l'entremise du chérubin de lumière : « Appelle ce lieu la *cellule des Grecs*; et toi aussi, dit-il, suis-moi que je te montre le lieu auquel on donnera ton nom. » Au reste, le chérubin marcha devant lui, il le mena à l'arc méridional du ouady, à l'endroit du puits, il se tint debout sur le rocher occidental, il lui cria en disant : « Voici le lieu que l'on appellera de ton nom ; le lieu que tu as bâti, on le donnera aux Grecs jusqu'à l'éternité, car ce sont eux qui les premiers ont déposé leurs corps dans cette montagne sainte, ayant été les premières prémices de tes souffrances dans cette vigne du Seigneur des armées, où tu as été établi vigneron en chef, c'est-à-dire la race honorée des moines, le peuple qui fait la volonté de Dieu et qui attire ses miséricordes sur le genre humain

---

1. *Cod.* ⲛⲓⲣⲱⲙⲉⲟⲥ. — 2. *Cod.* ⲡⲉⲧⲁϥⲧⲣⲟⲩⲥⲃⲉ. — 3. *Cod.* ⲛ̄ⲣⲱⲙⲉⲟⲥ. — 4. *Cod.* ⲙⲁ-ⲕⲁⲣⲓ. — 5. *Cod.* ⲛ̄ⲛⲓⲣⲱⲙⲉⲟⲥ. — 6. *Cod.* ⲛ̄ⲛⲓⲣⲱⲙⲉⲟⲥ.

ⲡⲟⲗⲓⲧⲉⲓⲁ[1] ⲛⲉⲙ ⲛⲟⲩϣⲗⲏⲗ (-fol. 67-) ⲛⲉⲙ ⲛⲟⲩⲉⲣⲙⲱⲟⲩⲓ ⲉⲧⲟⲩϥⲱⲛ
ⲙⲙⲱⲟⲩ ⲉⲃⲟⲗ ⲙⲡⲓⲉϩⲟⲟⲩ ⲛⲉⲙ ⲡⲓⲉϫⲱⲣϩ ϧⲉⲛ ⲟⲩⲙⲉⲧⲁⲑⲙⲟⲩⲛⲕ ⲉⲑⲃⲉ
ⲛⲓⲣⲉϥⲉⲣ ⲛⲟⲃⲓ ϫⲉ ϩⲓⲛⲁ ⲛⲧⲟⲩⲧⲁⲥⲑⲱⲟⲩ ϩⲁ ⲫϯ ϧⲉⲛ ⲡⲟⲩϩⲏⲧ ⲧⲏⲣϥ ⲛⲧⲉϥ
ⲭⲱ ⲛⲱⲟⲩ ⲉⲃⲟⲗ ⲕⲁⲧⲁ ⲛⲉϥⲙⲉⲧϣⲉⲛϩⲏⲧ ⲉϧⲟⲩⲛ ⲉⲡⲉϥⲑⲁⲙⲓⲟ.

ⲓⲥ ϩⲏⲡⲡⲉ ϫⲉ ⲛⲁⲓⲟϯ ⲉⲑⲟⲩⲁⲃ ⲓⲥ ⲛⲏ ⲉⲧⲁⲓⲛⲁⲩ ⲉⲣⲱⲟⲩ ⲛⲉⲙ ⲛⲏ ⲉⲧⲁⲓ
ⲥⲟⲑⲙⲟⲩ ⲁⲓⲧⲁⲙⲱⲧⲉⲛ ⲉⲣⲱⲟⲩ ϧⲉⲛ ⲟⲩⲧⲁϫⲣⲟ ⲗⲟⲓⲡⲟⲛ ⲁⲛⲁⲩ ⲙⲡⲉⲛⲑⲣⲉ
ϩⲗⲓ ⲉⲣ ⲁⲑⲛⲁϩϯ ⲉⲛⲏ ⲉⲧⲁⲓϫⲟⲧⲟⲩ ⲧⲏⲣⲟⲩ ⲉⲑⲃⲉ ⲛⲁⲓⲁⲅⲓⲟⲥ ⲁⲗⲗⲁ ϣⲟⲡ
ⲉⲣⲱⲧⲉⲛ ϧⲉⲛ ⲟⲩϯ ϩⲑⲏϥ ⲛⲛⲏ ⲉⲧⲁⲓϫⲟⲧⲟⲩ ⲥⲟⲃⲏⲧⲟⲩ ϩⲓⲛⲁ ⲛⲧⲉⲧⲉⲛϣⲧⲉⲙϭⲓ
ⲛⲟⲩϩⲁⲡ ⲙⲁⲗⲓⲥⲧⲁ ⲛⲏ ⲉⲧⲁϥϫⲟⲧⲟⲩ ⲛϫⲉ ⲡⲉⲛⲓⲱⲧ ⲙⲡⲛⲁⲧⲟⲫⲟⲣⲟⲥ ⲡⲓⲛⲓϣϯ
ⲁⲃⲃⲁ ⲙⲁⲕⲁⲣⲓⲟⲥ[2] ⲡⲓⲣⲱⲙⲓ ⲉⲧⲉⲣⲫⲟⲣⲉⲓⲛ[3] ⲙⲫϯ ⲟⲩⲟϩ ⲉⲣⲉ ⲫϯ ⲙⲉⲓ ⲙⲙⲟϥ
ⲉⲑⲃⲉ ⲡⲉϥⲧⲟⲩⲃⲟ ⲥⲥϧⲏⲟⲩⲧ ⲅⲁⲣ ϫⲉ ⲁⲣⲉϣⲁⲛ ⲛⲓϧⲉⲗⲗⲟⲓ ϩⲓ ⲕⲟⲧ ⲉⲁⲃⲃⲁ
ⲙⲁⲕⲁⲣⲓⲟⲥ[4] ϣⲁϥϭⲓⲧⲟⲩ ⲉⲡⲟⲩⲥⲡⲏⲗⲁⲓⲟⲛ[5] ⲉϥϫⲱ ⲙⲙⲟⲥ ϫⲉ ⲁⲙⲱⲓⲛⲓ ⲛⲧⲉ
ⲧⲉⲛⲛⲁⲩ ⲉⲡⲓⲙⲁⲣⲧⲩⲣⲓⲟⲛ ⲛⲧⲉ ⲛⲓⲕⲟⲩϫⲓ ⲛϣⲉⲙⲙⲱⲟⲩ (-verso-) ϩⲟⲡⲱⲥ ⲛⲕⲉ
ⲛⲟⲩⲧⲉⲛ ϩⲱⲧⲉⲛ ⲛⲧⲉⲧⲉⲛⲉⲣⲡⲣⲟⲕⲟⲡⲧⲉⲛ[6] ϧⲉⲛ ⲛⲓⲁⲣⲉⲧⲏ ⲛⲧⲉ ⲛⲏ ⲉⲧⲉⲙ
ⲙⲁⲩ ⲛⲁⲓⲁⲅⲓⲟⲥ ⲉⲧⲥⲙⲁⲣⲱⲟⲩⲧ ⲟⲩⲟϩ ⲛⲧⲉⲧⲉⲛⲉⲣ ⲡⲉⲙⲡϣⲁ ⲛϯⲙⲉⲣⲓⲥ ⲛⲉⲙ
ⲡⲓⲕⲗⲏⲣⲟⲥ ⲛⲧⲱⲟⲩ ϧⲉⲛ ⲑⲙⲉⲧⲟⲩⲣⲟ ⲛⲉⲛⲉϩ ⲙⲡⲉⲛⲟⲥ ⲓⲏⲥ ⲡⲭⲥ. ⲁⲛⲁⲩ ϫⲉ
ⲁ ⲡⲓⲛⲓϣϯ ⲁⲃⲃⲁ ⲙⲁⲕⲁⲣⲓⲟⲥ[7] ⲭⲁⲩ ⲛⲧⲟⲧϥ ϩⲱⲥ ⲙⲁⲣⲧⲩⲣⲟⲥ ϧⲉⲛ ⲡⲭⲓ

à cause de leurs pratiques, de leurs prières, des larmes qu'ils répandent le jour et la nuit sans discontinuer à cause des pécheurs, afin qu'ils se tournent vers Dieu de tout leur cœur, qu'il leur pardonne selon ses miséricordes à l'égard de sa créature. »

Voici donc, mes pères saints, voici que ce que j'ai vu et entendu, je vous l'ai enseigné avec certitude; du reste, prenez garde que personne ne soit incrédule à ce que j'ai dit au sujet de ces saints, mais recevez avec une grande attention ce que je vous ai dit à leur sujet, afin que vous ne soyez pas condamnés, sur tout ce qu'a dit notre père pneumatophore, le grand abba Macaire, l'homme qui porte Dieu et que Dieu aimait à cause de sa pureté, car il est écrit : « Si les vieillards visitaient abba Macaire, il les conduisait à leur cellule, en disant : Venez voir le martyrium des petits étrangers afin que vous aussi, vous progressiez dans les vertus de ces saints bénis et que vous deveniez dignes de la part et de l'héritage qu'ils ont eus dans le royaume éternel de Notre-Seigneur Jésus le Christ. » Prenez garde que le grand abba Macaire les regardait comme martyrs, lorsqu'il allait à leur caverne avec les

---

1. *Cod.* ⲛⲟⲩⲡⲟⲗⲓⲧⲓⲁ. — 2. *Cod.* ⲙⲁⲕⲁⲣⲓ. — 3. *Cod.* ⲉⲧⲉⲣⲫⲟⲣⲙⲛ. — 4. *Cod.* ⲙⲁⲕⲁⲣⲓ. — 5. *Cod.* ⲉⲡⲟⲩⲥⲡⲏⲗⲉⲟⲛ. — 6. *Cod.* ⲡⲣⲟⲕⲟⲡⲧⲛ. — 7. *Cod.* ⲙⲁⲕⲁⲣⲓ.

ⲛⲟⲣⲉϥϩⲱⲗ ⲉⲡⲓⲥⲡⲏⲗⲁⲓⲟⲛ¹ ⲛⲉⲙ ⲛⲓϧⲉⲗⲗⲟⲓ ⲛⲧⲟⲩϣⲗⲏⲗ ϧⲉⲛ ⲟⲩⲛⲁϩϯ ⲕⲁⲓ ⲅⲁⲣ² ⲁⲩⲉⲣ ⲙⲁⲣⲧⲩⲣⲟⲥ ϧⲉⲛ ⲧⲟⲩⲡⲣⲟϩⲁⲓⲣⲉⲥⲓⲥ³ ⲁⲧϭⲛⲉ ⲫⲉⲛ ⲥⲛⲟⲩ ⲉⲃⲟⲗϧⲉⲛ ⲡⲭⲓ ⲛⲟⲣⲟⲩⲉⲣⲕⲁⲧⲁⲫⲣⲟⲛⲉⲓⲛ⁴ ⲛⲟⲩⲙⲉⲧⲟⲩⲣⲟ ⲙⲡⲟⲩⲓⲱⲧ ⲉⲑⲛⲁⲧⲁⲕⲟ ⲉⲑⲃⲉ ϯⲙⲉⲧⲟⲩⲣⲟ ⲛⲧⲉ ⲛⲓⲫⲏⲟⲩⲓ ⲛⲉⲙ ⲛⲉⲥⲁⲅⲁⲑⲟⲛ ⲟⲩⲟϩ ⲫⲙⲉⲩⲓ ⲙⲡⲓⲡⲁⲗⲁⲧⲓⲟⲛ⁵ ⲉⲧⲁⲩⲉⲣ ⲡⲉϥⲟⲃϣ ⲛⲉⲙ ⲛⲓϫⲓ ⲛⲟⲩⲱⲙ ⲉⲧⲗⲉⲕⲗⲱⲕ ⲛⲟⲩⲙⲏϣ ⲛⲣⲏϯ ⲛⲉⲙ ⲛⲓⲑⲟⲭϩⲉϫ ϩⲱⲟⲩ ⲉⲧⲁⲩⲉⲣⲩⲡⲟⲙⲉⲛⲓⲛ⁶ ⲉⲣⲱⲟⲩ ϩⲓ ⲛⲓⲙⲁ ⲙⲙⲟϣⲓ ⲉⲧϭⲟⲥⲓ ⲛⲧⲉ ⲫⲓⲟⲙ ⲛⲉⲙ ⲡⲓⲕⲓⲛⲇⲩⲛⲟⲥ⁷ ⲛⲛⲓϭⲁⲧϥⲓ ⲛⲧⲉ ⲡⲓⲙⲁ ⲉⲧⲉⲙⲙⲁⲩ ϣⲁⲧⲉ ⲫϯ ϭⲓ ⲙⲱⲓⲧ ⲛⲱⲟⲩ ϩⲓⲧⲉⲛ ⲧⲉϥⲃⲟⲏⲑⲓⲁ ⲉⲧⲥⲟⲕ ϩⲁϫⲱⲟⲩ ϣⲁⲧⲉϥϭⲉⲛⲟⲩ ⲉⲡⲓⲧⲱⲟⲩ ⲛⲧⲉ ϣⲓⲏⲧ ⲉⲫⲙⲁ ⲙⲡⲉⲑⲟⲩⲁⲃ ⲁⲃⲃⲁ ⲙⲁ- (-fol. 68-) ⲕⲁⲣⲓⲟⲥ⁸ ⲛⲧⲟⲩϫⲱⲕ ⲉⲃⲟⲗ ⲙⲙⲁⲩ ⲉⲑⲃⲉ ⲫⲁⲓ ⲁⲓϫⲟⲥ ϫⲉ ⲁⲩⲉⲣ ⲙⲁⲣⲧⲩⲣⲟⲥ ⲁⲧϭⲛⲉ ⲥⲛϥⲓ. ⲁⲛϣⲁⲛⲭⲱ ⲅⲁⲣ ⲛⲁⲛ ⲙⲡⲉⲣ ⲫⲙⲉⲩⲓ ⲛⲧⲁⲛⲁⲥⲧⲣⲟⲫⲏ ⲛⲛⲉⲛⲓⲟϯ ⲉⲑⲟⲩⲁⲃ ⲧⲉⲛⲛⲁϣⲓⲃϯ ϩⲱⲛ ⲉⲃⲟⲗϩⲁ ⲛⲓⲥⲩⲛⲏⲑⲉⲓⲁ⁹ ⲛⲕⲟⲥⲙⲓⲕⲟⲥ ⲟⲩⲟϩ ⲧⲉⲛⲛⲁϭⲓ ϧⲉⲣⲉⲃ ⲛⲟⲩⲱⲓⲛⲓ ϧⲉⲛ ⲛⲓⲙⲉⲧⲱⲟⲩⲓ ⲛⲧⲉ ⲛⲉⲛⲓⲟϯ ⲙⲙⲁⲕⲁⲣⲓⲟⲥ ⲉⲁⲛⲭⲱ ⲛⲥⲱⲛ ⲛⲛⲁ ⲫⲁϩⲟⲩ ⲉⲛⲥⲱⲟⲩⲧⲉⲛ ⲙⲙⲟⲛ ⲉⲛⲁ ⲧϩⲏ ϧⲉⲛ ⲟⲩⲑⲉⲃⲓⲟ ⲙⲙⲏⲓ ⲛⲉⲙ ⲟⲩⲁⲅⲁⲡⲏ ⲉⲛⲙⲟϣⲓ ϩⲓ ⲛⲟⲩϣⲉ ⲛⲧⲁⲧϭⲓ ⲛⲁⲧⲥⲱⲣⲉⲙ ⲉⲛϫⲱⲕ ⲉⲃⲟⲗ ⲛⲛⲓⲛⲟⲙⲟⲥ ⲛⲧⲉ ⲡⲭⲥ ⲓⲏⲥ ⲛⲉⲙ ⲛⲓⲉⲛⲧⲟⲗⲏ ⲛⲁⲅⲅⲉⲗⲓⲕⲟⲛ ⲛⲧⲉ ϯⲙⲉⲧⲙⲟⲛⲁⲭⲟⲥ ⲛⲁⲓ ⲉⲧϭⲓ ⲙⲱⲓⲧ ⲛⲁⲛ ϣⲁ ⲫϯ ϧⲉⲛ ⲟⲩⲥⲱⲟⲩⲧⲉⲛ ⲛⲉⲙ ϯϫⲓ ⲛϣⲁϥ-

vieillards afin d'y prier avec foi, car ils furent martyrs par leur propre choix, sans verser le sang, par leur mépris du royaume périssable de leur père à cause du royaume de Dieu et de ses biens, par le souvenir du palais qu'ils oublièrent et des mets délicats d'une foule de sortes, les oppressions qu'ils supportèrent sur les chemins pénibles de la mer et le danger des reptiles de ce lieu, jusqu'à ce que Dieu les guidât par son secours, marchant devant eux, jusqu'à ce qu'il les eût conduits à la montagne de Schiit, au lieu du saint abba Macaire où ils accomplirent leur vie : voilà pourquoi j'ai dit qu'ils furent martyrs sans épée. Car, si nous gardons le souvenir de la conduite de nos pères saints, nous nous changerons, nous aussi, des coutumes des mondains et nous prendrons un glaive de lumière dans les voies de nos pères bienheureux, laissant en arrière ce qui est de l'arrière, nous étendant vers ce qui est en avant, dans une vraie humilité et charité, marchant sur leurs traces qui ne peuvent nous faire errer, accomplissant les lois du Christ Jésus et les commandements angéliques du monachisme, ceux qui nous conduisent

---

1. *Cod.* ⲉⲡⲓⲥⲡⲏⲗⲉⲟⲛ. — 2. *Cod.* ⲕⲉ ⲅⲁⲣ. — 3. *Cod.* ⲧⲟⲩⲡⲣⲟϩⲉⲣⲉⲥⲓⲥ. — 4. *Cod.* ⲛⲟⲣⲟⲩⲉⲣⲕⲁⲧⲁⲫⲣⲟⲛⲓⲛ. — 5. *Cod.* ⲙⲡⲓⲡⲁⲗⲗⲁⲧⲓⲟⲛ. — 6. *Cod.* ⲉⲧⲁⲩⲉⲣⲩⲡⲟⲙⲉⲛⲓⲛ. — 7. *Cod.* ⲉⲡⲓⲕⲧⲩⲛⲟⲥ. — 8. *Cod.* ⲙⲁⲕⲁⲣⲓ. — 9. *Cod.* ⲛⲓⲥⲩⲛⲏⲑⲉⲓⲁ.

ϫι ⲉⲛⲓⲁⲅⲁⲑⲟⲛ ϧⲉⲛ ⲡⲓⲡⲁⲣⲁⲇⲉⲓⲥⲟⲥ¹ ⲕⲁⲓ ⲅⲁⲣ² ⲁ ⲛⲉⲛⲓⲟϯ ⲭⲁ ⲡⲓⲕⲟⲩϫⲓ ⲙⲙⲁ ⲛϣⲱⲡⲓ ⲛⲧⲉ ⲛⲁⲓⲁⲅⲓⲟⲥ ⲛⲧⲟⲧⲟⲩ ⲙⲫⲣⲏϯ ⲛⲟⲩⲉⲕⲕⲗⲏⲥⲓⲁ ⲉⲩϩⲏⲗ ⲉⲙⲁⲩ ⲕⲁⲧⲁ ⲕⲟⲩϫⲓ ⲉⲩϣⲗⲏⲗ ϧⲉⲛ ⲟⲩⲛⲁϩϯ ⲟⲩⲟϩ ϩⲁⲛ ⲙⲏϣ ⲛⲧⲉ ⲛⲏ ⲉⲧϣⲱⲛⲓ ⲉⲧⲟⲣϣ ϧⲉⲛ ⲛⲟⲩⲥⲱⲙⲁ ⲛⲉⲙ ⲧⲟⲩⲯⲩⲭⲏ ⲉⲓⲧⲉ³ ϧⲉⲛ ϣⲓⲏⲧ ⲉⲓⲧⲉ⁴ ⲛⲁ ⲡⲧⲱⲟⲩ ⲙⲡⲉⲣⲛⲟⲩϫ ⲉⲓⲧⲉ⁵ ⲙⲁⲓ ⲛⲓⲃⲉⲛ ⲁⲩϣⲁⲛⲓ ⲉⲡⲟⲩⲙⲁⲣ- (-verso-) ⲧⲩⲣⲓⲟⲛ ⲛⲥⲉϣⲗⲏⲗ ϣⲁⲩϭⲓ ⲙⲡⲓⲧⲁⲗϭⲟ ⲥⲁⲧⲟⲧⲟⲩ ⲉⲃⲟⲗϩⲓⲧⲉⲛ ⲡⲓϩⲙⲟⲧ ⲛⲧⲉ ⲡⲉⲛⲟⲥ ⲓⲏⲥ ⲡⲭⲥ ⲫⲁⲓ ⲉⲧϯ ⲙⲡⲓⲧⲁⲗϭⲟ ⲛⲛⲏ ⲉⲧϣⲱⲛⲓ ⲉⲓⲧⲉ⁶ ⲛⲁ ⲡⲓⲥⲱⲙⲁ ⲉⲓⲧⲉ⁷ ⲛⲁ ϯⲯⲩⲭⲏ ϩⲓⲧⲉⲛ ⲛⲓⲡⲣⲉⲥⲃⲉⲓⲁ⁸ ⲛⲧⲉ ⲛⲉⲛⲓⲟϯ ⲉⲑⲟⲩⲁⲃ ⲛⲣⲱⲙⲁⲓⲟⲥ⁹ ⲙⲁⲝⲓⲙⲟⲥ ⲛⲉⲙ ⲇⲟⲙⲉⲧⲓⲟⲥ ⲉⲧⲉ ⲡⲥⲱⲧⲏⲣ ⲛⲟⲩⲟⲛ ⲛⲓⲃⲉⲛ ⲡⲉ ⲡⲉⲛⲟⲥ ⲟⲩⲟϩ ⲡⲉⲛⲛⲟⲩϯ ⲟⲩⲟϩ ⲡⲉⲛⲥⲱⲧⲏⲣ ⲓⲏⲥ ⲡⲭⲥ ⲫⲁⲓ ⲉⲧⲉⲃⲟⲗϩⲓⲧⲟⲧϥ ⲉⲣⲉ ⲱⲟⲩ ⲛⲓⲃⲉⲛ ⲛⲉⲙ ⲧⲁⲓⲟ ⲛⲓⲃⲉⲛ ⲛⲉⲙ ⲡⲣⲟⲥⲕⲩⲛⲏⲥⲓⲥ ⲛⲓⲃⲉⲛ ⲉⲣⲡⲣⲉⲡⲉⲓ¹⁰ ⲙⲫⲓⲱⲧ ⲛⲉⲙⲁϥ ⲛⲉⲙ ⲡⲓⲡⲛⲁ ⲉⲑⲟⲩⲁⲃ ⲛⲣⲉϥⲧⲁⲛϧⲟ ⲟⲩⲟϩ ⲛⲟⲙⲟⲟⲩⲥⲓⲟⲥ ⲛⲉⲙⲁϥ ϯⲛⲟⲩ ⲛⲉⲙ ⲥⲛⲟⲩ ⲛⲓⲃⲉⲛ ⲛⲉⲙ ϣⲁ ⲉⲛⲉϩ ⲛⲧⲉ ⲛⲓⲉⲛⲉϩ ⲧⲏⲣⲟⲩ ⲁⲙⲏⲛ.

jusqu'à Dieu tout droit et dans la possession des biens du paradis. Car nos pères ont placé près d'eux la petite habitation de ces saints comme une église, y allant de temps en temps, y priant avec foi; et des foules de malades, pressés dans leurs corps et dans leurs âmes, soit de Schiit, soit de la montagne de Pernoudj, soit de tout endroit, s'ils venaient vers leur martyrium, s'ils priaient, ils recevaient aussitôt guérison par la grâce de Notre-Seigneur Jésus le Christ, qui donne guérison à ceux qui sont malades, soit aux malades du corps, soit aux malades de l'âme, par les prières de nos saints pères les Grecs, Maxime et Domèce, qui est le sauveur de tous, notre Seigneur, notre Dieu et notre Sauveur Jésus le Christ, par lequel toute gloire, tout honneur, toute adoration convient au Père avec lui et au Saint-Esprit vivificateur, qui lui est consubstantiel, maintenant, en tout temps, jusqu'aux siècles de tous les siècles; ainsi soit-il.

1. *Cod.* ⲡⲓⲡⲁⲣⲁⲇⲓⲥⲟⲥ. — 2. *Cod.* ⲕⲉ ⲅⲁⲣ. — 3. *Cod.* ⲓⲧⲉ. — 4. *Cod.* ⲓⲧⲉ. — 5. *Cod.* ⲓⲧⲉ. — 6. *Cod.* ⲓⲧⲉ. — 7. *Cod.* ⲓⲧⲉ. — 8. *Cod.* ⲛⲓⲡⲣⲉⲥⲃⲓⲁ. — 9. *Cod.* ⲛⲣⲱⲙⲉⲟⲥ. — 10. *Cod.* ⲉⲣⲡⲣⲉⲡⲓ.

VIE DE JEAN KOLOBOS[1]

(-ⲁ-) ⲫⲃⲓⲟⲥ[2] ⲙⲡⲛⲓϣϯ ⲙⲫⲱⲥⲧⲏⲣ[3] ⲟⲩⲟϩ ⲉⲧϫⲏⲕ ⲉⲃⲟⲗ ϧⲉⲛ ⲁⲣⲉⲧⲏ ⲛⲓⲃⲉⲛ ⲡⲉⲛⲓⲱⲧ ⲉⲑⲟⲩⲁⲃ ⲡⲓⲡⲣⲉⲥⲃⲩⲧⲉⲣⲟⲥ ⲟⲩⲟϩ ⲡⲓϩⲏⲅⲟⲩⲙⲉⲛⲟⲥ ⲛⲧⲉ ϣⲓⲛⲧ ⲁⲃⲃⲁ ⲓⲱⲁⲛⲛⲏⲥ ⲡⲓⲕⲟⲗⲟⲃⲟⲥ[4] ⲉⲁϥⲓⲥⲧⲟⲣⲉⲓⲛ[5] ⲙⲙⲟϥ ⲫⲓⲗⲟⲡⲟⲛⲱⲥ[6] ⲛϫⲉ ⲡⲓⲑⲉⲟⲫⲟⲣⲟⲥ ⲁⲗⲏⲑⲱⲥ ⲟⲩⲟϩ ⲡⲥⲁϩ ⲛⲧⲙⲉⲧⲉⲩⲥⲉⲃⲏⲥ ⲁⲃⲃⲁ ⲍⲁⲭⲁⲣⲓⲁⲥ ⲡⲓⲟⲥⲓⲱⲧⲁⲧⲟⲥ[7] ⲛⲉⲡⲓⲥⲕⲟⲡⲟⲥ ⲛⲧⲉ ϯⲡⲟⲗⲓⲥ ⲙⲙⲁⲓ ⲭⲣⲥ ⲥⲃⲱⲟⲩ ϧⲉⲛ ⲡϫⲓ ⲛⲉⲣⲟⲩϩⲣⲁⲩⲱ ϧⲁⲧⲟⲧϥ ⲛϫⲉ ϩⲁⲛ ⲣⲉϥⲉⲣ ϩⲟϯ ⲟⲩⲟϩ ⲙⲙⲁⲓ ⲛⲟⲩϯ ⲟⲩⲟϩ ⲛⲧⲟⲩⲉⲣⲧⲣⲉⲡⲉⲓⲛ[8] ⲙⲙⲟϥ ϧⲉⲛ ⲟⲩⲙⲉⲧϩⲟⲩⲟ ⲉϫⲟⲧⲓ ⲉⲡⲁⲓϩⲱⲃ ⲉⲁϥϫⲟⲥ ϧⲉⲛ ⲡⲓⲉϩⲟⲟⲩ ⲙⲡⲉϥⲉⲣ ⲫⲙⲉⲩⲓ ⲉⲑⲟⲩⲁⲃ ⲟⲩⲟϩ ⲉⲧⲧⲁⲓⲏⲟⲩⲧ ⲉⲧⲉ ⲥⲟⲩ ⲕ ⲙⲡⲓⲁⲃⲟⲧ ⲫⲁⲟⲫⲓ ⲡⲉ.

ⲟⲩϩⲩⲡⲟⲑⲉⲥⲓⲥ ⲉⲥϭⲟⲥⲓ ⲟⲩⲟϩ ⲙⲡⲁⲣⲁⲇⲟⲝⲟⲛ ⲛⲧⲉ ⲛⲓⲫⲏⲟⲩⲓ ⲑⲁⲓ ⲉⲑⲛⲁϯ

La vie du grand luminaire, parfait en toute vertu, notre père saint, le prêtre et l'hégoumène, abba Jean Kolobos, laquelle a racontée, avec amour de la peine, le théophore en vérité et le docteur de piété, abba Zacharie, le très saint évêque de la ville qui aime Dieu Sekhôou, lorsque se trouvaient près de lui des (gens) craignant et aimant Dieu, qui le pressaient à l'excès de faire ainsi, laquelle il a dite au jour de sa commémoraison sainte et glorieuse qui est le vingtième jour du mois de Phaophi.

C'est une entreprise élevée et paradoxalement céleste, qui donnera profit

---

1. Cette vie est prise du *Cod. Vat. Copt.*, nᵒ LXVIII, fol. 53-104, p. ⲁ-ⲣⲑ. — 2. On lit en tête de la page : ϯⲕⲩⲣⲓⲁⲕⲏ ⲛϩⲟⲩⲓϯ ⲛⲧⲉ ⲡⲁⲟⲡⲓ : ⲡⲓϣⲟⲣⲡ ⲙⲙⲁ ⲛⲱϣ ᷍/. S ϯⲉϥⲥⲙⲓ ⲡⲣⲉϥ- ⲉⲣ ⲛⲟ(ⲃⲓ) ⲉⲥϧⲉⲛ ⲡⲓⲣⲥ : S ⲥⲓⲏ : S ⲣⲕⲅ : S ⲓⲅ : S ⲥⲡⲁ : S ⲥⲡⲏ : S ⲇ ⲛⲕⲟⲩϫⲓ ; c'est-à-dire : Le premier dimanche de Paopi : le premier endroit de lire. La femme pécheresse qui est dans la section 106ᵉ ; 218ᵉ ; 123ᵉ ; 13ᵉ ; 281ᵉ ; 288ᵉ, et quatre des petites sections. — 3. *Cod.* ⲛⲫⲱⲥⲧⲏⲣ. — 4. *Cod.* ⲡⲓⲕⲟⲗⲟⲃⲓ. — 5. *Cod.* ⲉⲁϥⲉⲣⲓⲥⲧⲟⲣⲓⲛ, et à la marge : ϫⲟⲕϥ ⲉⲃⲟⲗ ⲛⲥⲟⲩ ⲕ ⲙⲡⲁⲟⲡⲓ : Achevez-la le 20ᵉ jour de Paopi. — 6. *Cod.* ⲫⲓⲗⲟⲡⲟⲛⲟⲥ. — 7. *Cod.* ⲟⲥⲓⲟ- ⲧⲁⲧⲟⲥ. — 8. *Cod.* ⲡⲣⲉⲡⲓⲛ.

ϧⲟⲩ ⲛⲛⲉⲛⲯⲩⲭⲏ ⲉⲡⲓϧⲟⲧⲟ ⲉⲧⲁⲣⲉⲧⲉⲛⲉⲛⲥ ⲉⲑⲙⲏϯ ⲱ ⲛⲁⲓⲟϯ ⲉⲑⲟⲩⲁⲃ
ⲟⲩϩⲉⲓⲕⲱⲛ[1] ⲉⲥⲉⲛϩⲟⲧ ⲛⲧⲉ ϯⲁⲣⲉⲧⲏ ⲟⲩⲟϩ ⲟⲩⲥⲧⲩⲗⲏ[2] ⲛⲟⲩⲱⲓⲛⲓ ⲛⲧⲉ ϯⲙⲉⲧⲉⲩⲥⲉⲃⲏⲥ ⲉⲧⲁⲣⲉⲧⲉⲛϥⲓⲣⲓ ⲉⲣⲟⲥ ⲟⲩⲟϩ ϩⲓⲛⲁ ⲛⲧⲁϫⲱ ⲙⲡⲥⲁϫⲓ ⲙⲡⲓⲁⲡⲟⲥⲧⲟⲗⲟⲥ ϧⲉⲛ ⲟⲩⲥⲩⲛⲧⲟⲙⲓⲁ[3] ⲟⲩⲣⲱⲙⲓ ⲛⲧⲉⲗⲉⲓⲟⲥ[4] ⲡⲉ ⲛⲧⲉ ⲫⲙⲟϩ ⲧⲏⲣϥ
ⲛⲟⲙⲁⲛ ⲙⲡϫⲱⲕ ⲙⲡⲭⲥ ⲉⲁⲩⲥⲟⲛⲧϥ ⲕⲁⲧⲁ ⲧϩⲉⲓⲕⲱⲛ[5] ⲙⲫϯ ⲉⲧⲟⲛϧ. (-ⲃ-)
ⲉⲣⲉⲧⲉⲛⲉⲣⲡⲣⲟⲧⲣⲉⲡⲉⲓⲛ[6] ⲛⲧⲁⲙⲉⲧⲉⲗⲁⲭⲓⲥⲧⲟⲥ ⲉⲥⲁϫⲓ ⲛⲛⲉϥⲕⲁⲑⲟⲣⲑⲱⲙⲁ
ⲉⲧⲟϣ ⲟⲩⲟϩ ⲉⲣⲉ ⲫⲏ ⲉⲧⲁϥⲥⲱⲃⲓ ⲛⲥⲁ ⲑⲙⲉⲧⲉⲫⲗⲏⲟⲩ ⲙⲡⲁⲓⲃⲓⲟⲥ ⲟⲩⲟϩ ⲁϥⲥⲉⲛ
ⲛⲓϣⲱⲙⲓ ⲉⲧⲟϣ ⲛⲧⲉ ⲧⲕⲁⲕⲓⲁ ⲛⲛⲓⲡⲛⲁ ⲛⲧⲉ ϯⲡⲟⲛⲏⲣⲓⲁ ⲉⲧⲁϥⲁⲥⲓⲁⲓ ⲙⲡⲉϥ-
ⲥⲕⲁⲫⲟⲥ ⲙⲡⲛⲟⲛⲧⲟⲛ ⲥⲁ ⲡϣⲱⲓ ⲛⲧⲉⲛⲉⲣⲅⲓⲁ[7] ⲛⲛⲓⲕⲟⲥⲙⲟⲕⲣⲁⲧⲱⲣ ⲛⲧⲉ ⲡⲭⲁⲕⲓ
ⲙⲡⲓⲁⲏⲣ ⲁⲧϭⲛⲉ ϩⲗⲓ ⲛⲕⲱⲗⲥⲓⲥ ⲛⲧⲉ ⲧⲁⲓⲧⲓⲁ[8] ⲛⲛⲉⲛⲕⲁⲧⲏⲅⲟⲣⲟⲥ ⲙⲫⲛⲟⲃⲓ
ϧⲉⲛ ⲡϫⲓⲛ ⲛⲑⲣⲉϥⲉⲣⲁⲥⲫⲁⲗⲓⲍⲉⲥⲑⲁⲓ[9] ϧⲉⲛ ⲟⲩⲧⲁϫⲣⲟ ⲙⲫⲣⲟ ⲙⲡⲉϥϩⲏⲅⲏ-
ⲙⲟⲛⲓⲕⲟⲛ[10] ⲉⲃⲟⲗ ⲉϩⲣⲉⲛ ⲧⲕⲁⲕⲓⲁ ⲛⲓⲏ ⲉⲧⲙⲙⲁⲩ ϧⲉⲛ ⲟⲩⲙⲉⲧⲉⲩⲥⲱⲙⲟⲛ
ⲟⲩⲟϩ ⲉⲩⲥⲉⲃⲱⲥ ⲉϥⲧⲁⲥⲑⲟ ⲉⲃⲟⲗ ⲛⲧⲡⲁⲛⲟⲩⲣⲅⲓⲁ ⲛⲛⲟⲩⲫⲁⲥϥⲉⲥ ⲛⲭⲣⲟϥ
ⲉϥⲉⲣⲕⲁⲧⲁⲫⲣⲟⲛⲉⲓⲛ[11] ⲙⲫⲣⲟⲛⲓⲙⲱⲥ[12] ⲙⲫⲣⲏϯ ⲛϩⲁⲛ ⲙⲩⲑⲟⲥ[13] ⲉⲁⲧⲉⲣ
ⲁⲡⲁⲥ ⲟⲩⲟϩ ⲁⲧϭⲛⲉ ⲙⲟⲩⲛⲕ ⲉϥⲙⲏⲛ ⲙⲁⲗⲓⲥⲧⲁ ϧⲉⲛ ⲟⲩϭⲓ ϣϣⲟⲩ ⲉϥⲟϣ
ⲛⲉⲙ ⲟⲩⲙⲉⲧⲕⲁⲑⲁⲣⲟⲥ ⲛⲧⲉ ⲛⲉϥⲏⲑⲟⲥ ⲛⲥⲁ ⲧⲁⲅⲁⲡⲏ ⲙⲡⲭⲥ ⲫϯ ⲉϥⲉⲣⲙⲉⲧⲉ-

à nos âmes, que vous avez amenée au milieu, ô mes pères saints; c'est une image fidèle de la vertu et une colonne lumineuse de la piété que vous mentionnez, et, afin que je dise en abrégé la parole de l'Apôtre, c'est un homme parfait en la plénitude entière de la qualité de la perfection du Christ, créé selon l'image de Dieu vivant! Vous avez exhorté ma petitesse à raconter ses droitures nombreuses, et il était celui qui se rit de la vanité de cette vie, et il a passé les flots nombreux de la malice des esprits de méchanceté, lorsqu'il a allégé sa barque spirituelle au-dessus de l'énergie des *Kosmocrators*[14] des ténèbres dans l'air, sans aucun empêchement par la faute des accusateurs du péché, en assurant avec force la porte de son hégémonicat contre leur méchanceté dans une bonne pensée, et pieusement il a tourné les malices de leurs détours rusés, méprisant avec courage à la manière des mythes anciens, et sans cesse constant, surtout par un désir nombreux, à la pureté de ses habitudes pour l'amour du Christ Dieu, ayant en partage la lumière de la pureté en une gnose vraie, et, à cause de cela, se gouvernant d'ailleurs lui-

1. Cod. ⲟⲩϩⲉⲓⲕⲱⲛ. — 2. Cod. ⲟⲩⲥⲧⲩⲗⲏ. — 3. Cod. ⲥⲓⲛⲧⲟⲙⲓⲁ. — 4. Cod. ⲛⲧⲉⲗⲓⲟⲥ. — 5. Cod. ⲧϩⲓⲕⲱⲛ. — 6. Cod. ⲡⲣⲟⲧⲣⲉⲡⲓⲛ. — 7. Cod. ⲉⲛⲉⲣⲅⲓⲁ. — 8. Cod. ⲉⲧⲓⲁ. — 9. Cod. ⲁⲥⲫⲁⲗⲓⲍⲉⲥⲑⲉ. — 10. Cod. ⲛⲧⲉⲙⲱⲛⲓⲕⲟⲛ. — 11. Cod. ⲕⲁⲧⲁⲫⲣⲟⲛⲓⲛ. — 12. Cod. ⲫⲣⲟⲛⲓⲙⲟⲥ. — 13. Cod. ⲙⲩⲑⲟⲥ. — 14. Reste de gnosticisme, ainsi que le prouve la suite.

ⲭⲉⲙ¹ ⲁⲫⲣⲱⲙⲓ ⲙⲡⲓⲧⲟⲩⲃⲟ ϧⲉⲛ ⲟⲩⲛⲱⲥⲓⲥ ⲁⲙⲏⲓ ⲉⲃⲟⲗ ϫⲉ ϧⲉⲛ ⲫⲁⲓ
ⲉϥⲥⲑⲉⲣⲓⲁⲛ² ⲁⲙⲟϥ ⲗⲟⲓⲡⲟⲛ ϧⲉⲛ ⲟⲩⲉⲣⲅⲁⲥⲓⲁ ⲛⲁⲅⲅⲉⲗⲓⲕⲟⲛ ⲉⲱⲥ ϣⲁⲧⲉϥ
ϣⲁϣⲛⲓ ⲉⲡⲁⲓⲛⲓϣϯ ⲁⲙⲁ ⲁⲙⲟⲛⲓ ⲉⲑⲙⲉϩ ⲛⲅⲁⲗⲏⲛⲓ³ ⲛⲓⲃⲉⲛ ⲉⲧⲉ ⲫⲗⲓⲙⲛⲓ
ⲙⲡⲓⲡⲛⲁ ⲉⲑⲟⲩⲁⲃ ⲡⲉ. (-ⲡ-) ⲟⲩⲟϩ ⲡⲁⲓⲣⲱⲙⲓ ⲙⲡⲁⲓⲥⲙⲟⲧ ⲱ ⲛⲁⲙⲉⲛⲣⲁϯ
ⲉϥⲛⲁⲉⲣ ⲭⲣⲉⲓⲁ⁴ ⲛⲁϣ ⲛⲣⲏϯ ⲙⲡⲁⲥⲁϫⲓ ⲉⲧϫⲟⲩⲉⲃ ϧⲉⲛ ⲟⲩϩⲱⲃ ⲉⲃⲛⲗ ⲉⲫⲁⲓ
ⲁⲙⲁⲧⲁⲧϥ ϫⲉ ⲉⲃⲟⲗϩⲓⲧⲉⲛ ⲡⲓϩⲓⲣⲧⲙⲁ⁵ ⲙⲡⲓⲥⲟⲩⲛⲟⲩϥⲓ ⲛⲛⲉϥⲕⲁⲑⲟⲣ
ⲑⲱⲁⲁ ⲉⲑⲟⲩⲁⲃ ⲟⲩⲟⲛ ⲟⲩⲛⲓϣϯ ⲛϩⲏⲟⲩ ⲛⲧⲉ ⲟⲩⲱⲛϩ ⲛⲉⲛⲉϩ ⲛⲁϣⲱⲡⲓ ⲛⲁⲛ
ⲧⲏⲣⲟⲩ ⲉⲟⲩⲥⲟⲡ⁶ ⲁⲛⲟⲛ ϧⲁ ⲛⲏ ⲉⲧⲥⲱⲧⲉⲙ ⲛⲉⲙ ⲫⲏ ⲉⲧⲥⲁϫⲓ ϩⲓⲛⲁ ϧⲉⲛ ⲟⲩ
ⲭⲟϩ ⲛϣⲟⲩϣⲱⲥϥ ⲟⲩⲟϩ ⲉϥⲉⲣⲡⲣⲉⲡⲉⲓ⁷ ⲛⲛⲓϣⲏⲣⲓ ⲉⲑⲣⲉⲛⲧⲉⲛⲑⲱⲛⲉⲛ ⲉⲡⲉϥ
ⲃⲓⲟⲥ ⲛⲁⲅⲅⲉⲗⲓⲕⲟⲛ ⲛⲉⲙ ⲧⲁⲕⲣⲓⲃⲓⲁ⁸ ⲧⲏⲣⲥ ⲛⲛⲉϥⲡⲟⲗⲓⲧⲉⲓⲁ⁹ ⲛⲉϩⲁⲓⲣⲏⲧⲟⲛ¹⁰
ⲟⲩⲟϩ ⲛϩⲣⲏⲓ ϧⲉⲛ ⲑⲙⲉⲧⲓⲉⲃ ϣⲱⲧ ⲛⲧⲉϥⲛⲓϣϯ ⲙⲡⲣⲁⲕⲧⲓⲕⲏ ⲉⲧⲟϣ ⲕⲁⲗⲁ
ⲑⲟⲛ ⲑⲁⲓ ⲉⲧϣⲟⲡ ϧⲉⲛ ⲡⲓⲕⲁⲧⲁⲗⲟⲅⲟⲥ ⲧⲏⲣϥ ⲙⲡⲉⲣⲥⲁⲗⲉⲓⲟⲛ¹¹ ⲛⲧⲉϥⲁⲣⲉⲧⲏ
ⲉⲧϭⲟⲥⲓ ⲛⲧⲉⲛϣⲁϣⲛⲓ ϩⲱⲛ ⲛⲧⲉϥⲕⲗⲏⲣⲟⲛⲟⲙⲓⲁ ⲛⲁⲱⲛⲓⲟⲛ¹² ⲕⲁⲓⲡⲉⲣ¹³ ⲁⲩⲏⲓ
ⲛⲉⲣ¹⁴ ϣⲟⲣⲡ ⲛⲉⲣⲥⲛⲱⲙⲓⲁⲍⲓⲛ¹⁵ ⲙⲡⲁⲓⲁⲅⲓⲟⲥ ϧⲁ ⲧⲉⲛϩⲏ ⲉⲣⲟⲧⲉⲣⲟⲛ ⲛϫⲉ
ⲛⲓⲁⲧⲛⲁⲙⲓⲥ ⲛⲛⲟⲏⲣⲟⲥ¹⁶ ⲟⲩⲟϩ ⲛⲁⲥⲱⲙⲁⲧⲟⲥ ⲉⲑⲟⲩⲁⲃ ϧⲉⲛ ⲡϭⲓⲥⲓ ⲛⲉⲙ ⲛⲓ
ⲡⲛⲁ ⲧⲏⲣⲟⲩ ⲛⲧⲉ ⲛⲓⲇⲓⲕⲁⲓⲟⲥ¹⁷ ϧⲉⲛ ⲡⲭⲓ ⲛⲟⲣⲉϥϫⲱ ⲛⲥⲱϥ ⲛⲧⲁⲓϭⲉⲗⲗⲟⲧ
ⲛⲧⲉ ⲫⲣⲓⲙⲓ ⲑⲁⲓ ⲉⲧⲁϥⲁⲓⲥ ⲛⲁϥ ⲛⲟⲩⲙⲁ ⲛϭⲓ ⲥⲃⲱ ⲛⲉⲙ ⲟⲩⲫⲓⲗⲟⲥⲟⲫⲓⲁ ⲛⲧⲁ

même dans un travail angélique jusqu'à ce qu'il eût atteint ce grand port de tout calme qui est stable dans l'Esprit-Saint. Et un homme de cette sorte, ô mes bien-aimés, en quoi peut-il avoir besoin de ma parole, infirme en œuvre, si ce n'est en cela seul que, par la prédication du parfum de ses droitures saintes, il y aura un grand profit de vie éternelle pour nous tous à la fois, pour nous, pour ceux qui écoutent et pour celui qui parle, afin que, par une émulation honorable et qui convient à des enfants, nous imitions sa vie angélique avec toute exactitude de ses dévotions exquises et que, par la négociation de sa grande pratique, nombreuse, bonne, qui est dans le catalogue entier de la difficulté de sa vertu élevée, nous obtenions aussi son héritage éternel. Cependant elles nous ont déjà devancé en prononçant avant nous l'éloge de ce saint, les saintes puissances intellectuelles et incorporelles qui sont dans les cieux avec tous les esprits des justes; en abandonnant cette vallée de larmes qu'il s'est faite en école de vraie philosophie, qui est la vie

---

1. Cod. ⲙⲉⲧⲉⲭⲓⲛ. — 2. Cod. ⲛⲑⲃⲉⲣⲓⲁⲛ. — 3. Cod. ⲛⲁⲗⲏⲛⲓ. — 4. Cod. ⲭⲣⲓⲁ. — 5. Cod. ⲛⲏⲣⲧⲙⲁ. — 6. Cod. ⲉⲧⲥⲟⲡ. — 7. Cod. ⲡⲣⲉⲡⲓ. — 8. Cod. ⲁⲕⲣⲓⲃⲓⲁ. — 9. Cod. ⲡⲟⲗⲓⲧⲓⲁ. — 10. Cod. ⲉϩⲉⲣⲉⲧⲟⲛ. — 11. Cod. ⲙⲡⲉⲣⲥⲁⲗⲉⲟⲛ. — 12. Cod. ⲛⲉⲱⲛⲓⲟⲛ. — 13. Cod. ⲕⲉⲡⲉⲣ. — 14. Cod. ⲛⲉⲉⲣ. — 15. Cod. ⲛⲉⲣⲉⲛⲥⲱⲙⲓⲁⲍⲓⲛ. — 16. Cod. ⲛⲛⲟⲉⲣⲟⲥ. — 17. Cod. ⲇⲓⲕⲉⲟⲥ.

ⲫⲙⲉⲛⲓ ⲉⲧⲉ ⲡⲓⲱⲛϧ ⲙⲙⲁⲕⲁⲣⲓⲟⲛ ⲕⲁⲧⲁ ⲫⲣⲏϯ ⲉⲧⲉⲣⲡⲣⲉⲡⲉⲓ¹ ⲟⲩⲟϩ ⲉⲧⲧⲟⲙ
ⲁⲡⲟ ⲙⲉⲣⲟⲩⲥ² ϯⲛⲟⲩ ⲧⲉⲱⲥ (=ⲉ=) ⲉⲡⲧⲁⲓⲟ ⲛⲧⲉϥⲛⲓϣϯ ⲛⲁⲑⲗⲏⲥⲓⲥ ⲉⲃⲟⲗ ϩⲓⲧⲉⲛ ⲫϯ ⲉⲱⲥ ϣⲁ ϯⲁⲛⲁⲥⲧⲁⲥⲓⲥ ⲛⲕⲁⲑⲟⲗⲓⲕⲏ ⲟⲩⲟϩ ⲛⲕⲟⲓⲛⲏ³ ⲛⲧⲉ ⲡⲓⲥⲱⲛⲧ
ⲧⲏⲣϥ ⲛⲧⲉϥϭⲓ ⲙⲉⲣⲓⲕⲱⲥ ⲁⲝⲓⲱⲥ ⲙⲡϫⲱⲕ ⲛⲛⲓⲉⲫⲣⲁⲃⲓⲟⲛ ⲉⲑⲙⲏⲛ ⲉⲃⲟⲗ ⲟⲑⲉⲛ
ϩⲓⲧⲉⲛ ⲡⲟⲩⲛⲟϥ ⲛⲧⲉⲧⲧⲁⲝⲓⲥ⁴ ⲙⲡⲓⲡⲛⲁ ⲉⲑⲟⲩⲁⲃ ⲫⲁⲓ ⲉⲧⲉⲣ ⲟⲩⲱⲓⲛⲓ ⲉⲡϩⲏⲧ
ⲛⲧⲉⲛⲙⲉⲧⲁⲥⲑⲉⲛⲏⲥ ϩⲓⲧⲉⲛ ⲧⲭⲱⲣⲏⲥⲓⲁ ⲛⲧⲉϥⲅⲛⲱⲥⲓⲥ ⲉⲑⲟⲩⲁⲃ ⲙⲁⲗⲓⲥⲧⲁ
ϧⲉⲛ ⲡⲉϩⲟⲟⲩ ⲙⲡⲉⲣ ⲫⲙⲉⲩⲓ ⲛⲧⲡⲁⲛⲏⲅⲩⲣⲓⲥ⁵ ⲙⲡⲉⲛⲓⲱⲧ ⲉⲑⲟⲩⲁⲃ ⲫⲁⲓ ⲉⲧⲉ
ⲡⲭⲥ ⲫϯ ⲉⲛⲧⲉⲛ ⲉⲣⲟϥ ϩⲓⲧⲉⲛ ⲡⲓⲕⲩⲕⲗⲟⲥ ⲛϯⲣⲟⲙⲡⲓ ⲙⲁⲗⲗⲟⲛ ⲇⲉ ϩⲓⲧⲉⲛ
ⲫⲣⲱⲟⲩϣ ⲛϩⲏⲧ ⲛⲧⲉⲧⲑⲱⲟⲩϯⲥ ⲙⲡⲁⲓⲗⲁⲟⲥ ⲙⲙⲁⲓ ⲭⲣⲥ ⲛⲁⲓ ⲉⲧⲁ ϯⲁⲃⲱ ⲛⲧⲉ
ⲛⲉⲛϣⲗⲏⲗ ⲙⲡⲁⲓⲇⲓⲕⲁⲓⲟⲥ⁶ ⲑⲟⲩⲱⲧⲟⲩ ⲉⲣⲟⲛ ϧⲉⲛ ⲡⲉϥⲉϩⲟⲟⲩ ⲛⲉⲡⲓⲥⲏ-
ⲙⲟⲛ⁷ ⲉⲑⲣⲉⲛⲉⲣ ϣⲁⲓ ⲛⲁϥ ⲡⲛⲁⲧⲓⲕⲱⲥ ⲛϩⲟⲩⲟ ⲇⲉ ⲉⲛⲉⲣⲑⲁⲣⲣⲉⲓⲛ⁸ ⲙⲡⲭⲥ
ⲫϯ ⲛⲉⲙ ⲑⲙⲉⲧⲣⲉϥϯ ⲧⲟⲧⲉ ⲛⲛⲓⲡⲣⲉⲥⲃⲉⲓⲁ⁹ ⲉⲑⲟⲩⲁⲃ ⲛⲧⲉ ⲡⲉⲛⲡⲁⲛⲁⲅⲓⲟⲥ
ⲛⲓⲱⲧ ⲧⲉⲛⲛⲁϩⲓ ⲧⲟⲧⲉⲛ ϧⲉⲛ ⲟⲩⲥⲡⲟⲩⲇⲏ ⲉⲡⲥⲟⲃϯ ⲙⲡⲉϥⲥⲟϫⲉⲛ ⲉⲑⲟⲩⲁⲃ
ⲙⲡⲛⲁⲧⲓⲕⲟⲛ ⲙⲫⲣⲏϯ ⲉⲃⲟⲗϧⲉⲛ ⲡⲟⲱⲟⲩϯ ⲉϧⲟⲩⲛ ⲛⲧⲉ ϩⲁⲛ ⲙⲏϣ ⲛϩⲣⲏⲣⲓ
ⲛⲧⲉ ϩⲁⲛ ⲁⲣⲱⲙⲁⲧⲁ ⲉⲩⲥⲟⲧⲡ ⲉⲧⲅⲉⲩⲁⲥⲓⲁ¹⁰ ⲛⲟⲩⲥⲑⲟⲓⲛⲟⲩϥⲓ ⲛⲟⲩⲱⲧ ⲟⲩⲟϩ
ⲉϥⲧⲁⲓⲏⲟⲩⲧ ⲉⲡϩⲟⲩⲟ ⲛⲧⲉ ⲧⲁⲣⲉⲧⲏ ⲙⲡⲓⲇⲓⲕⲁⲓⲟⲥ¹¹ ⲉⲧⲉⲙⲙⲁⲩ ⲫⲁⲓ ⲉⲧϣⲏⲡ
ⲙⲡⲉⲙⲑⲟ ⲙⲫϯ ⲛⲉⲙ ⲛⲉϥⲁⲅⲅⲉⲗⲟⲥ. ⲫⲁⲓ ⲟⲛ ⲙⲁⲗⲓⲥⲧⲁ ⲉⲑⲛⲁϯ ⲛⲟⲩⲁⲓⲥ-

bienheureuse, selon la manière qui est conforme et convenable en partie jusqu'à présent, pour la gloire de son grand combat de par Dieu, jusqu'à la résurrection universelle et commune de la Création entière, afin qu'elle reçoive particulièrement d'une manière digne la plénitude des prix durables; d'où, par la joie de l'ordre du Saint-Esprit qui illumine le cœur de notre infirmité, par la gratification de sa gnose sainte, surtout dans le jour de la commémoration du panégyrique de notre père saint, pour lequel le Christ Dieu nous a menés à travers le cercle de l'année, surtout par l'allégresse de cœur du rassemblement de ce peuple aimant le Christ, ceux que le filet des prières de ce juste a rassemblés à nous en son jour remarquable, afin que nous le fêtions spirituellement, surtout étant forts dans le Christ Dieu et l'aide des intercessions saintes de notre saint père, nous entreprendrons avec soin la préparation de son onguent saint (et) spirituel, à la manière d'une réunion d'une foule de fleurs aux parfums exquis, pour goûter le parfum unique et glorieux à l'excès de la vertu de ce juste qui est agréable devant

1. *Cod.* ⲡⲣⲉⲡⲓ. — 2. *Cod.* ⲁⲡⲟⲙⲉⲣⲱⲥ. — 3. *Cod.* ⲛⲕⲟⲓⲛⲱⲛ. — 4. *Cod.* ⲥⲩⲛⲉⲣⲅⲓⲁ. — 5. *Cod.* ⲡⲁⲛⲏⲥⲕⲣⲓⲥ. — 6. *Cod.* ⲇⲓⲕⲉⲟⲥ. — 7. *Cod.* ⲛⲉⲡⲓⲥⲓⲙⲟⲛ. — 8. *Cod.* ⲑⲁⲣⲓⲛ. — 9. *Cod.* ⲡⲣⲉⲥⲃⲓⲁ. — 10. *Cod.* ⲧⲕⲉⲩⲁⲥⲓⲁ. — 11. *Cod.* ⲇⲓⲕⲉⲟⲥ.

ⲑⲏⲥⲓⲥ¹ (-ⲥ-) ⲛⲉⲙ ⲟⲩⲡⲗⲏⲣⲟⲫⲟⲣⲓⲁ ⲛⲧⲁ ⲫⲙⲏⲓ ⲛⲧⲯⲩⲭⲏ ⲛⲛⲓⲙⲁⲓ ⲛⲟⲩϯ
ⲧⲏⲣⲟⲩ ⲛⲉⲙ ⲟⲩⲟⲛ ⲛⲓⲃⲉⲛ ⲉⲑⲛⲁⲟⲩⲱϣ ⲉⲱⲛϧ ⲛⲕⲁⲗⲱⲥ ϧⲉⲛ ⲡⲟⲥ ⲉⲑⲣⲟⲩⲉⲣ-
ϧⲛⲁⲟⲛⲉⲥⲑⲁⲓ ϧⲉⲛ ⲟⲩϣⲓ ⲙϣⲱⲟⲩ ⲉϥⲟϣ ⲙⲡⲛⲁⲧⲓⲕⲟⲛ ⲛⲥⲁ ϯⲙⲉⲧⲙⲁ-
ⲕⲁⲣⲓⲟⲥ ⲉⲑⲙⲏⲛ ⲉⲃⲟⲗ. ⲕⲁⲓ ⲅⲁⲣ³ ⲁⲛⲛⲁⲉⲣ ⲓⲉⲃ ϣⲟⲧ ⲁⲛ ⲉⲡⲥⲁϫⲓ ⲙⲫϯ
ⲛⲉⲙ ⲑⲙⲉⲑⲙⲏⲓ ⲛⲧⲙⲉⲧⲥⲉⲃⲏⲥ ⲕⲁⲧⲁ ⲧⲡⲁⲣⲁⲓⲛⲉⲥⲓⲥ⁴ ⲙⲡⲓⲥⲟⲫⲟⲥ ⲛⲁⲡⲟⲥⲧⲟⲗⲟⲥ ⲡⲁⲩⲗⲟⲥ ⲁⲗⲗⲁ ϩⲱⲥ ⲉⲃⲟⲗϧⲉⲛ ⲟⲩⲧⲟⲩⲃⲟ ϩⲱⲥ ⲉⲃⲟⲗϧⲉⲛ ⲫϯ
ⲙⲡⲉⲙⲑⲟ ⲙⲫϯ ϧⲉⲛ ⲡⲭⲥ ⲧⲉⲛⲥⲁϫⲓ. ⲁⲛⲛⲁⲥⲁϫⲓ ⲛⲛⲓ ⲉⲧⲉ ⲛⲟⲩϥ ⲛϩⲃⲛⲟⲩⲓ
ⲙⲁⲗⲓⲥⲧⲁ ⲛⲉϥⲕⲁⲣⲡⲟⲥ ⲛⲓⲁⲓⲟⲛ ⲛⲧⲁϥ ⲣⲱ ⲟⲛ ⲕⲁⲧⲁ ⲫⲣⲏϯ ⲉⲧⲉ ⲧⲥⲁⲗⲡⲓⲅⲅⲟⲥ
ⲛⲑⲙⲉⲑⲙⲏⲓ ⲛⲛⲓϩⲃⲛⲟⲩⲓ ⲛⲁⲟⲩⲉⲛϩ ⲡⲓϩⲱⲃ ⲛⲁⲛ ⲉⲃⲟⲗ. ϧⲉⲛ ⲫⲁⲓ ⲉⲣⲉ ⲡⲓⲗⲟⲅⲟⲥ ⲛⲁⲉⲣⲕⲟⲥⲙⲉⲓⲛ⁵ ⲙⲡⲉⲥⲕⲱⲙⲓⲟⲛ⁶ ϧⲉⲛ ⲟⲩⲧⲁϫⲣⲟ ⲉⲣⲁⲧϥ ⲉⲟⲩⲡⲁⲣⲁ-
ⲕⲗⲏⲥⲓⲥ⁷ ⲙⲙⲏⲓ ⲙⲡⲉⲛⲑⲱⲟⲩϯ ⲉϧⲟⲩⲛ ϧⲉⲛ ⲡⲟⲥ ⲙⲁⲗⲓⲥⲧⲁ ⲛⲏ ⲉⲧⲁⲩⲓ
ⲉⲧⲟⲧⲉⲛ ⲟⲩⲟϩ ⲉⲧⲁⲛϫⲉⲙⲟⲩ ⲓⲥⲧⲟⲣⲓⲕⲱⲥ ⲉⲓⲧⲉ⁸ ϧⲉⲛ ⲛⲓⲥⲁϧ ⲉⲑⲟⲩⲁⲃ ⲛⲧⲉ
ϯⲉⲕⲕⲗⲏⲥⲓⲁ ⲉⲓⲧⲉ⁹ ⲛⲉⲛⲓⲟϯ ⲉⲑⲟⲩⲁⲃ ⲛⲑⲉⲟⲫⲟⲣⲟⲥ ⲉⲧϫⲁⲭⲱⲛ ⲛⲁⲣⲭⲁⲓⲟⲥ¹⁰
ⲛⲁⲓ ⲉⲧⲁⲩϣⲱⲡⲓ ⲛⲁⲣⲭⲏⲅⲟⲥ ⲟⲩⲟϩ ⲛⲣⲉϥϫⲓ ⲥⲉⲛϯ ⲛⲧⲙⲉⲧϣⲁⲙϣⲉ ⲛⲟⲩϯ
ⲛϣⲟⲣⲡ ϧⲉⲛ ⲛⲓϣⲁϥⲉⲩ ⲉⲁⲩϣⲱⲡⲓ ⲛⲣⲉϥⲛⲁⲩ ⲉⲛⲓϩⲃⲛⲟⲩⲓ ⲛⲧⲉ ϯⲙⲉⲑⲙⲏⲓ
ⲟⲩⲟϩ ⲁⲩⲉⲣⲇⲓⲁⲕⲟⲛⲉⲓⲛ¹¹ ⲙⲙⲱⲟⲩ ϣⲁⲣⲟⲛ ϩⲱⲛ ⲉⲥⲧⲣⲁⲫⲱⲥ¹² ⲉⲟⲩϩⲛⲟⲩ¹³

Dieu et ses anges, celui surtout qui donnera un sentiment et une plénitude de la justice à l'âme de tous ceux qui aiment Dieu et à quiconque voudra vivre bellement dans le Seigneur pour être satisfait en un désir nombreux (et) spirituel pour la béatitude constante; car nous ne ferons pas négoce de la parole de Dieu et de la vérité, selon l'exhortation du sage apôtre Paul, mais comme avec pureté, comme en Dieu, dans le Christ, notre Verbe, nous raconterons ses œuvres, surtout ses fruits particuliers, selon la manière que la trompette de justice des œuvres nous révélera la chose : en cela le Verbe ornera l'éloge avec assurance par la vraie consolation de notre réunion dans le Christ, surtout les choses qui sont venues à nous et que nous avons trouvées selon la méthode historique¹⁴, soit dans les docteurs saints de l'Église, soit (dans) nos pères saints (et) théophores, qui ont été anciennement avant nous, qui ont été les commandants et les fondateurs de la religion première dans les déserts, voyant les œuvres de justice et nous les servant aussi, afin que je fasse la lumière pour le bien de nos âmes ; soit celles que nous avons

1. Cod. ⲉⲥⲑⲛⲥⲓⲥ. — 2. Cod. ϩⲛⲁⲧⲛⲉⲥⲑⲉ. — 3. Cod. ⲕⲉ ⲅⲁⲣ. — 4. Cod. ⲡⲁⲣⲉⲛⲏⲥⲓⲥ. — 5. Cod. ⲕⲟⲥⲙⲓⲛ. — 6. Cod. ⲉⲛⲕⲱⲙⲓⲟⲛ. — 7. Cod. ⲉⲩⲡⲁⲣⲁⲕⲗⲏⲥⲓⲥ. — 8. Cod. ⲓⲧⲉ. — 9. Cod. ⲓⲧⲉ. — 10. Cod. ⲁⲣⲭⲉⲟⲥ. — 11. Cod. ⲇⲓⲁⲕⲟⲛⲓⲛ. — 12. Cod. ⲉⲓⲧⲣⲁⲫⲱⲥ. — 13. Cod. ⲉⲩϩⲛⲩ. — 14. Mot à mot : Historiquement.

ⲛⲛⲉⲛⲯⲩⲭⲏ (-ⲥ̅-) ⲉⲓⲧⲉ¹ ⲛⲏ ⲉⲧⲁⲛⲥⲟⲑⲙⲟⲩ ϩⲱⲛ ⲣⲱ ⲟⲛ ⲛⲧⲟⲧⲟⲩ ⲛⲛⲉⲛⲓⲟϯ ⲉⲑⲟⲩⲁⲃ ⲉⲧⲁⲛϫⲉⲙⲟⲩ ϩⲁϫⲱⲛ ϧⲉⲛ ⲛⲓⲧⲟⲡⲟⲥ ⲉⲑⲟⲩⲁⲃ ϧⲉⲛ ⲡⲓⲕⲟⲩϫⲓ ⲛⲥⲏⲟⲩ ⲉⲧⲁⲛⲁⲓϥ ⲉⲛⲉⲣⲁⲛⲁⲥⲧⲣⲉⲫⲉⲥⲑⲁⲓ² ϧⲉⲛ ⲧⲟⲩⲙⲏϯ ⲡⲁⲣⲁ ⲡⲉⲛⲉⲙⲡϣⲁ ⲉⲩⲧ-ⲥⲁⲃⲟ ⲙⲙⲟⲛ ⲉⲃⲟⲗϩⲓⲧⲟⲧⲟⲩ ⲉⲥⲟⲩⲉⲛ ⲫϯ ϧⲉⲛ ⲟⲩⲉⲙⲓ ϩⲓⲧⲉⲛ ⲧⲫⲓⲗⲟⲥⲟⲫⲓⲁ ⲛⲧⲟⲩⲥⲃⲱ ⲉⲑⲟⲩⲁⲃ ⲛⲁⲓ ⲉⲑⲙⲉⲓ ⲙⲡϩⲗⲟϫ ⲛϯⲙⲉⲑⲙⲏⲓ ⲟⲩⲟϩ ⲉⲩⲧⲥⲓⲟ ⲛⲛⲟⲩ-ⲯⲩⲭⲏ ϩⲱⲟⲩ ⲡⲛⲁⲧⲓⲕⲱⲥ ⲉⲃⲟⲗϧⲉⲛ ⲑⲙⲉⲧⲥⲁⲓⲉ ⲛⲉⲙⲉⲗⲉⲧⲏ ⲛⲛⲓϩⲃⲏⲟⲩⲓ ⲙⲡⲁⲣⲁⲇⲟⲝⲟⲛ ⲛⲧⲉ ⲛⲓⲡⲣⲟⲙⲁⲭⲟⲥ ⲉⲧⲁⲩϣⲱⲡⲓ ⲛϫⲱⲣⲓ ϧⲉⲛ ϯⲁⲣⲉⲧⲏ ϩⲁ ⲧⲟⲧϩⲏ ϩⲱⲟⲩ ⲛⲁⲓ ⲉⲧⲁⲩϭⲓ ⲙⲡⲓⲧⲣⲟⲡⲁⲓⲟⲛ³ ⲟⲩⲃⲉ ⲡⲓⲁⲛⲧⲓⲕⲉⲓⲙⲉⲛⲟⲥ⁴ ⲛϩⲣⲏⲓ ϧⲉⲛ ⲑⲃⲟⲏⲑⲉⲓⲁ ⲛⲧϣⲉⲃϣⲓ ⲛⲉⲙ ϯⲡⲁⲛⲟⲡⲗⲓⲁ ⲛⲧϫⲟⲙ ⲉⲧϫⲟⲣ ⲛⲧⲉ ⲡⲓⲥⲧⲁⲩ-ⲣⲟⲥ⁵ ⲛⲟⲩϫⲁⲓ ⲫⲁⲓ ⲉⲧⲁⲩϥⲁⲓ ⲙⲙⲟϥ ϧⲉⲛ ⲟⲩⲙⲉⲑⲙⲏⲓ. ⲟⲩϣⲟⲩⲧⲁⲓⲟⲥ ⲅⲁⲣ ⲧⲉ ⲁⲗⲏⲑⲱⲥ ⲛϫⲉ ⲧⲁⲡⲁⲛⲧⲏⲥⲓⲥ ⲛⲛⲓ ⲉⲑⲟⲩⲁⲃ ⲛⲉⲙ ⲡⲟⲩⲉⲣ ⲫⲙⲉⲩⲓ ⲉⲑⲛⲁⲛⲉϥ ⲟⲩⲟϩ ⲫⲏ ⲉⲑⲛⲁϣⲁϣⲛⲓ ⲉⲫⲁⲓ ϧⲉⲛ ⲟⲩⲉⲙⲓ ϥⲛⲁϫⲉⲙ ϩⲛⲟⲩ ⲛⲟⲩⲛⲓϣϯ ⲛⲁ-ⲅⲁⲑⲟⲛ ⲉϥⲕⲏⲃ ⲙⲁⲗⲓⲥⲧⲁ ϫⲉ ⲉⲛⲟⲩⲉϩ ⲥⲩⲛⲏⲑⲱⲥ ⲛⲥⲁ ⲧⲡⲁⲣⲁⲓⲛⲉⲥⲓⲥ⁶ ⲙⲡⲓ-ϩⲩⲙⲛⲱⲇⲟⲥ⁷ ⲇⲁⲩⲓⲇ ⲧⲉⲛⲛⲁϫⲟⲥ ϩⲱⲛ ⲥⲩⲛⲧⲟⲙⲟⲗⲟⲅⲟⲥ ϫⲉ ⲛⲏ ⲉⲧⲁⲛⲥⲟⲑ-ⲙⲟⲩ ⲟⲩⲟϩ ⲉⲧⲁⲛⲛⲁⲩ ⲉⲣⲱⲟⲩ ⲛⲉⲛⲓⲟϯ ⲁⲩⲥⲁϫⲓ ϩⲁⲧⲟⲧⲉⲛ ⲙⲡⲟⲩⲱⲡ⁸ ⲉⲃⲟⲗ ϧⲁ ⲛⲟⲩϣⲏⲣⲓ ϣⲁ ⲕⲉϫⲱⲟⲩ ⲉⲩϫⲱ ⲙⲡⲓⲥⲙⲟⲩ ⲛⲧⲉ ⲡⲟⲥ ⲛⲉⲙ ⲛⲉϥⲙⲉⲧ-

entendues, nous aussi, de nos pères saints que nous avons trouvés avant nous dans les lieux saints, pendant le peu de temps que nous avons passé, nous trouvant au milieu d'eux, malgré notre indignité, pendant qu'ils nous enseignaient à connaître Dieu en connaissance par la philosophie de leur instruction sainte, ceux qui ont aimé la douceur de la justice et qui rassasiaient spirituellement leurs âmes de la beauté de la méditation des œuvres étonnantes des moines qui étaient devenus courageux dans la vertu avant eux, ceux qui ont pris le trophée contre l'ennemi par le secours du bouclier et de la panoplie de la force puissante de la croix sainte qu'ils ont vraiment portée; car elle est vraiment digne d'être glorifiée, la société avec ces saints dans leur bonne commémoraison; et celui qui obtiendra cela avec connaissance trouvera le profit multiplié et surtout éternel d'un grand bien. Selon l'habitude, obéissant à l'exhortation de l'hymnode David, nous dirons aussi en abrégé ce que nous avons entendu et ce que nous avons vu; ce que nos pères ont dit près de nous, ils ne l'ont pas caché à leurs fils jusqu'aux autres générations, disant les bénédictions du Seigneur, les exploits et les mer-

---

1. *Cod.* ⲓⲧⲉ. — 2. *Cod.* ⲁⲛⲁⲥⲧⲣⲉⲫⲉⲥⲑⲉ. — 3. *Cod.* ⲧⲣⲟⲡⲥⲟⲛ. — 4. *Cod.* ⲁⲛⲧⲓⲕⲓⲙⲉⲛⲟⲥ. — 5. *Cod.* ⲥ̅ⲣ̅ⲟ̅ⲥ̅. — 6. *Cod.* ⲡⲁⲣⲉⲛⲏⲥⲓⲥ. — 7. *Cod.* ϩⲩⲙⲛⲟⲍⲟⲥ. — 8. *Cod.* ⲙⲡⲟⲩϩⲱⲃ (sic).

ϫⲱⲣⲓ (–ⲍ̄–) ⲛⲉⲙ ⲛⲓϣⲫⲏⲣⲓ ⲉⲧⲁϥⲁⲓⲧⲟⲩ ϫⲉ ϩⲓⲛⲁ ⲛⲧⲉϥⲉⲙⲓ ⲛϫⲉ ⲕⲉϫⲱⲟⲩ
ⲛϣⲫⲏⲣⲓ ⲉⲧⲁⲩⲛⲁϫⲫⲱⲟⲩ ⲉⲩⲉⲧⲱⲟⲩⲛⲟⲩ ⲛⲧⲟⲩⲧⲁⲙⲉ ⲛⲟⲩϣⲏⲣⲓ ⲉⲣⲱⲟⲩ ϩⲟⲡⲱⲥ ⲛⲧⲟⲩⲭⲱ ⲛⲧⲟⲩϩⲉⲗⲡⲓⲥ ϧⲉⲛ ⲫϯ ⲟⲩⲟϩ ⲛⲧⲟⲩϣⲧⲉⲙⲉⲣ ⲡⲱⲃϣ ⲛⲛⲓϩⲃⲏⲟⲩⲓ ⲛⲧⲉ ⲡⲟⲥ ⲟⲩⲟϩ ⲛⲧⲟⲩⲛⲟϯ ⲛⲥⲁ ⲛⲉϥⲉⲛⲧⲟⲗⲏ. ⲛϩⲟⲩⲟ ⲇⲉ ⲁⲛⲛⲁⲉⲙⲓ
ⲉⲧⲁⲕⲣⲓⲃⲉⲓⲁ¹ ⲙ̄ⲫⲏ ⲉⲧⲉⲛⲕⲱϯ ⲛⲥⲱϥ ⲟⲣⲑⲱⲥ ⲉⲃⲟⲗϧⲉⲛ ⲡϫⲱⲙ ⲛⲛⲓϧⲉⲗⲗⲟⲓ
ⲉⲑⲟⲩⲁⲃ ⲉⲧⲃⲉ ⲛⲏ ⲉⲧⲁⲩⲉⲣⲓⲥⲧⲟⲣⲓⲛ² ⲙ̄ⲙⲱⲟⲩ ⲛ̄ϧⲏⲧϥ ⲉⲑⲃⲉ ⲡⲁⲓⲁⲅⲓⲟⲥ
ⲉⲧⲉⲛⲉⲣ ϣⲁⲓ ⲙ̄ⲫⲟⲟⲩ ⲟⲩⲟϩ ⲡⲁⲓϫⲱⲙ ⲫⲁⲓ ⲉⲧⲁⲩⲉⲣ ⲡⲕⲉϯ ⲣⲉⲛϥ ϫⲉ
ⲡⲁⲣⲁⲇⲉⲓⲥⲟⲥ³ ⲟⲩⲟϩ ⲇⲓⲕⲁⲓⲱⲥ⁴ ⲕⲁⲧⲁ ⲫⲣⲏϯ ⲉⲧⲥ̄ϧⲏⲟⲩⲧ ⲟⲩⲟϩ ⲉⲧⲉⲣ-
ⲡⲣⲉⲡⲉⲓ⁵ ⲕⲁⲗⲱⲥ ⲟⲩⲛ ⲁⲩⲙⲟⲩϯ ⲉⲣⲟϥ ⲉⲡⲁⲓⲣⲁⲛ ⲕⲁⲓ ⲅⲁⲣ⁶ ϧⲉⲛ ⲧⲟⲛⲟⲙⲁⲥⲓⲁ
ⲛⲛⲓⲁⲅⲓⲟⲥ ⲉⲧⲥ̄ϧⲏⲟⲩⲧ ⲉⲡⲁⲓⲡⲁⲣⲁⲇⲉⲓⲥⲟⲥ⁷ ⲛⲉⲙⲯⲩⲭⲟⲛ ⲫⲁⲓ ⲉⲧⲁϥⲙⲟϩ
ⲡⲁⲛⲧⲱⲥ ⲛϫⲉ ⲡⲛⲓϣϯ ⲙ̄ⲡⲁⲣⲁⲇⲉⲓⲥⲟⲥ⁸ ⲛⲧⲉ ⲡⲟⲩⲛⲟϥ ⲟⲩⲟϩ ⲉⲧⲓ ⲟⲛ ϣⲁ
ϯⲛⲟⲩ ⲛⲉⲙ ϣⲁ ϯⲥⲩⲛⲧⲉⲗⲉⲓⲁ⁹ ⲛⲧⲉ ⲡⲁⲓⲁⲓⲱⲛ¹⁰ ϥⲛⲁⲕⲏⲛ ⲁⲛ ⲛϫⲉ
ⲡⲁⲓϫⲱⲙ ⲛⲟⲩⲱⲧ ⲫⲁⲓ ⲉϥⲥⲟⲃϯ ⲛϩⲁⲛ ⲯⲩⲭⲏ ⲟⲛ ⲛⲟⲩⲇⲱⲣⲟⲛ ⲙ̄ⲫϯ ⲛⲏ
ⲉⲑⲛⲁⲱⲛϧ ⲛⲕⲁⲗⲱⲥ ⲉⲑⲣⲟⲩϭⲓ ⲉⲃⲟⲗⲛ̄ϧⲏⲧϥ ⲛⲟⲩⲉⲙⲓ ϧⲉⲛ ⲟⲩⲇⲓⲁⲕⲣⲓⲥⲓⲥ¹¹
ⲙ̄ⲙⲏⲓ ⲉⲑⲣⲟⲩϣⲱⲡⲓ ⲛⲟⲩⲉⲣⲫⲉⲓ ⲛⲧⲉ ⲡⲓⲡⲛⲁ ⲉⲑⲟⲩⲁⲃ ⲟⲩⲟϩ ⲉϣⲁϣⲛⲓ ⲉⲧ-
ⲕⲗⲏⲣⲟⲛⲟⲙⲓⲁ ⲙ̄ⲡⲓⲱⲛϧ ⲛⲉⲛⲉϩ ⲉⲃⲟⲗϩⲓⲧⲉⲛ ⲡⲭⲟϩ ⲛⲛⲓⲡⲣⲁⲝⲓⲥ (–ⲏ̄–) ⲛⲉⲙ

veilles qu'il a faites, afin que l'autre génération en ait aussi connaissance, que les enfants qui seront engendrés se lèvent, qu'ils les enseignent à leurs enfants, afin que ceux-ci placent leur espérance en Dieu, qu'ils n'oublient pas les œuvres du Seigneur et qu'ils cherchent ses commandements. Nous saurons surtout l'exactitude de ce que nous cherchons avec droiture par le livre des vieillards saints qui ont raconté de lui la vie¹² du saint que nous fêtons aujourd'hui, ce livre auquel on a donné aussi le nom de Paradis, et justement d'après la manière dont il est écrit et qui convient, on l'appelle donc bellement ainsi; car de la nomenclature des saints écrits pour ce paradis psychique, il a été rempli, ce grand paradis de joie, et encore maintenant et jusqu'à la fin de ce siècle, ce livre ne cessera pas de préparer les âmes (comme) un don fait à Dieu, celles qui vivront bellement, afin qu'elles en prennent connaissance avec un jugement vrai, afin qu'elles soient un temple pour l'Esprit-Saint et qu'elles obtiennent l'héritage de la vie éternelle par l'émulation des œuvres et des souffrances salutaires des astres dont (les noms)

---

1. Cod. ⲁⲕⲣⲓⲃⲓⲁ. — 2. Cod. ⲉⲧⲁⲩⲉⲣⲓⲥⲧⲟⲣⲓⲛ. — 3. Cod. ⲡⲁⲣⲁⲇⲓⲥⲟⲥ. — 4. Cod. ⲇⲓⲕⲉⲱⲥ. — 5. Cod. ⲉⲧⲉⲛⲡⲣⲉⲡⲓⲛ. — 6. Cod. ⲕⲉ ⲅⲁⲣ. — 7. Cod. ⲡⲁⲣⲁⲇⲓⲥⲟⲥ. — 8. Cod. ⲡⲁⲣⲁⲇⲓⲥⲟⲥ. — 9. Cod. ⲥⲩⲛⲧⲉⲗⲓⲁ. — 10. Cod. ⲡⲓⲉⲱⲛ. — 11. Cod. ⲟⲩⲇⲓⲁⲕⲣⲏⲥⲓⲥ. — 12. Mot à mot : Est raconté au sujet de, etc.

ⲛⲓⲥⲓⲛⲓ ⲛⲟⲩϫⲁⲓ ⲛⲧⲉ ⲛⲓⲫⲱⲥⲧⲏⲣ ⲉⲧⲉⲥϦⲏⲟⲩⲧ ϧⲓⲱⲧϥ ⲉⲧⲉ ⲛⲁⲓ ⲛⲉ ⲁⲃⲃⲁ ⲡⲁⲩⲗⲟⲥ¹ ⲡⲓⲛⲓϣϯ ⲛⲉⲙ ⲁⲃⲃⲁ ⲁⲛⲧⲱⲛⲓⲟⲥ² ⲁⲃⲃⲁ ⲡⲁⲗⲁⲙⲱⲛ ⲛⲉⲙ ⲁⲃⲃⲁ ⲡⲁϨⲱⲙ ⲁⲃⲃⲁ Ϩⲱⲣⲥⲓⲏⲥⲓ³ ⲛⲉⲙ ⲁⲃⲃⲁ ⲡⲉⲧⲣⲱⲛⲓⲟⲥ ⲁⲃⲃⲁ ⲑⲉⲟⲇⲱⲣⲟⲥ ⲛⲉⲙ ⲁⲃⲃⲁ ⲙⲱⲛⲁ ⲁⲃⲃⲁ ⲁⲙⲟⲩⲛ ⲛⲉⲙ ⲁⲃⲃⲁ ⲙⲁⲧⲟⲓ ⲁⲃⲃⲁ ⲙⲁⲕⲁⲣⲓⲟⲥ⁴ ⲡⲓⲛⲓϣϯ ⲛⲉⲙ ⲁⲃⲃⲁ ⲙⲁⲕⲁⲣⲓⲟⲥ ⲟⲛ ⲁⲃⲃⲁ ⲓⲥⲓⲇⲱⲣⲟⲥ ⲛⲉⲙ ⲁⲃⲃⲁ ⲡⲁⲙⲱ ϫⲓϫⲟⲓ ⲛⲉⲙ ⲁⲃⲃⲁ ⲁⲙⲟⲓ ⲁⲃⲃⲁ ⲙⲱⲩⲥⲏⲥ⁵ ⲛⲉⲙ ⲁⲃⲃⲁ ⲣⲱⲙⲁⲛⲟⲥ ⲁⲃⲃⲁ ⲓⲱⲥⲏⲫ ⲛⲉⲙ ⲁⲃⲃⲁ ⲭⲣⲟⲛⲓⲟⲥ⁶ ⲁⲃⲃⲁ ⲃⲏⲥⲁⲣⲓⲱⲛ ⲛⲉⲙ ⲁⲃⲃⲁ ⲡⲟⲓⲙⲏⲛ ⲁⲃⲃⲁ ⲁⲣⲥⲉⲛⲓⲟⲥ⁷ ⲛⲉⲙ ⲁⲃⲃⲁ ⲡⲁⲫⲛⲟⲩϯ ⲁⲃⲃⲁ ⲓⲗⲁⲣⲓⲱⲛ ⲛⲉⲙ ⲁⲃⲃⲁ ⲉⲫⲣⲉⲙ ⲡⲓⲥⲩⲣⲟⲥ ⲁⲃⲃⲁ ⲉⲩⲁⲅⲣⲓⲟⲥ ⲛⲉⲙ ⲁⲃⲃⲁ ⲥⲓⲗⲟⲩⲁⲛⲟⲥ⁸ ⲁⲃⲃⲁ ⲍⲏⲛⲱⲛ ⲛⲉⲙ ⲁⲃⲃⲁ ⲥⲉⲛⲟⲩϯ ⲁⲃⲃⲁ ⲏⲥⲁⲓⲁⲥ ⲛⲉⲙ ⲁⲃⲃⲁ ⲡⲉⲧⲣⲟⲥ ⲡⲉϥⲙⲁⲑⲏⲧⲏⲥ ⲁⲃⲃⲁ ⲗⲟⲩⲕⲓⲟⲥ ⲛⲉⲙ ⲁⲃⲃⲁ ⲗⲟⲅⲅⲓⲛⲟⲥ ⲛⲉⲙ ⲡⲉⲛⲓⲱⲧ ⲉⲑⲟⲩⲁⲃ ⲙⲡⲣⲉⲥⲃⲩⲧⲉⲣⲟⲥ ⲉⲧⲉⲛⲉⲣ ϣⲁⲓ ⲛⲁϥ ⲙⲫⲟⲟⲩ ⲫⲏ ⲉⲑⲟⲩⲁⲃ ⲛϨⲏⲅⲟⲩⲙⲉⲛⲟⲥ⁹ ⲁⲃⲃⲁ ⲓⲱⲁⲛⲛⲏ ⲡⲓⲕⲟⲗⲟⲃⲟⲥ ⲉⲟⲩⲁⲓ ⲣⲱ Ϩⲱϥ ⲟⲛ ⲡⲉ ⲙⲁⲗⲗⲟⲛ ⲇⲉ ⲟⲩⲥⲱⲧⲡ ⲡⲉ ⲉϥⲏⲡ ⲉϦⲟⲩⲛ ⲉⲧⲥⲩⲛⲟⲇⲓⲁ ⲙⲡⲭⲟⲣⲟⲥ ⲛⲛⲁⲓⲁⲅⲓⲟⲥ ⲉⲧⲁⲛⲧⲁⲟⲩⲉ ⲛⲟⲩⲣⲁⲛ ⲛⲉⲙ ⲡⲕⲉⲥⲉⲡⲓ ⲟⲛ ⲛⲛⲏ ⲉⲑⲟⲩⲁⲃ ⲧⲏⲣⲟⲩ ⲉⲟⲩϨⲓⲥⲟⲥ ⲣⲱϥ ⲛⲉⲙⲱⲟⲩ ⲡⲉ Ϧⲉⲛ ⲡⲓⲧⲁⲓⲟ ⲛⲉⲙ ⲫⲃⲉⲭⲉ ⲙⲡⲓⲭⲗⲟⲙ (−ⲑ−) ⲛⲧⲉ ⲧⲁⲓⲕⲗⲏⲣⲁⲛⲟⲙⲓⲁ ⲛⲟⲩⲱⲧ ⲛⲧⲉ ϯⲁⲣⲉⲧⲏ ⲙⲁⲗⲓⲥⲧⲁ ⲉⲑⲃⲉ ⲡⲓⲣⲏϯ ⲉⲧⲁϥⲉⲣⲙⲉⲧⲉⲭⲉⲓⲛ¹⁰ ⲛⲛⲓϨⲙⲟⲧ ⲉⲑⲛⲁⲁⲩ ⲛⲧⲉ ⲧⲁⲣⲉⲧⲏ ⲙⲫⲟⲩⲁⲓ ⲫⲟⲩⲁⲓ ⲙⲙⲱⲟⲩ Ϧⲉⲛ ⲟⲩⲙⲉⲧⲙⲁⲓ Ϧⲓⲥⲓ ⲉϥⲉⲣⲗⲁⲙⲡⲣⲟ-

sont écrits en lui, à savoir : abba Paul le grand et abba Antoine, abba Palamon et abba Pakhôme, abba Horsiisi et abba Pétronios, abba Théodore et abba Môna, abba Amoun et abba Matoi, abba Macaire le grand et aussi abba Macaire, abba Isidore et abba Pamô, abba Djidjói et abba Amoi, abba Moyse et abba Romanos, abba Joseph et abba Khronios, abba Bisarion et abba Poimin, abba Arsénios et abba Paphnouti, abba Hilarion et abba Éphrem le Syrien, abba Évagrius et abba Sylvanus, abba Zénon et abba Senouthi, abba Isaïe et abba Pierre, son disciple, abba Lucius et abba Longin, et notre père saint, le prêtre que nous fêtons aujourd'hui, le saint hégoumène Jean le Kolobos, qui lui-même en fut un, et un exquis, compté dans l'assemblée du chœur de ces saints dont nous avons prononcé les noms et tous les autres saints : il est leur égal dans la gloire et le salaire de la couronne de cet héritage unique de la vertu, surtout par la manière dont il a participé aux grâces immenses de chacun d'eux avec amour de la mortification, faisant resplendir

1. *Cod.* ⲡⲁⲩⲗⲉ. — 2. *Cod.* ⲁⲛⲧⲱⲛⲓ. — 3. *Cod.* ⲱⲣⲓⲛⲟⲥ. — 4. *Cod.* ⲙⲁⲕⲁⲣⲓ. — 5. *Cod.* ⲙⲱⲧⲥⲏ. — 6. *Cod.* ⲭⲣⲟⲛⲓ. — 7. *Cod.* ⲁⲣⲥⲉⲛⲓ. — 8. *Cod.* ⲥⲓⲟⲩⲗⲟⲩⲁⲛⲟⲥ. — 9. *Cod.* ⲛⲏⲅⲟⲩⲙⲉⲛⲟⲥ. — 10. *Cod.* ⲙⲉⲧⲉⲭⲓⲛ.

ⲫⲟⲣⲉⲓⲛ¹ ⲙ̄ⲡⲓⲛⲓϣϯ ⲛ̄ϧⲟⲡⲗⲟⲛ ⲉⲧϫⲟⲣ ⲛ̄ⲧⲉ ⲡ̄ⲭ̄ⲥ̄ ⲉⲧⲉ ⲡⲓⲑⲉⲃⲓⲟ ⲡⲉ ϧⲉⲛ ⲛⲉϥϩⲃⲏⲟⲩⲓ ⲧⲏⲣⲟⲩ ϣⲁⲧⲉϥϣⲁϣⲛⲓ ⲉⲡⲓⲥⲕⲟⲡⲟⲥ ⲧⲏⲣϥ ⲉⲧⲉ ⲡⲉϥϭⲓ ϣϣⲱⲟⲩ ⲧⲏⲣϥ ⲁϣϣⲓ ⲛ̄ⲥⲱϥ ⲉⲧⲉ ⲫⲁⲓ ⲡⲉ ⲡⲧⲁϩⲟ ⲉⲣⲁⲧϥ ⲙ̄ⲡϫⲱⲕ ⲛ̄ϯⲙⲉⲧⲧⲉⲗⲉⲓⲟⲥ². ⲡⲉϫⲁⲓ ⲙⲉⲛ ⲙ̄ⲡⲓⲡⲣⲟⲟⲓⲙⲓⲟⲛ ⲙⲁⲣⲉϥϫⲣⲓ ϣⲁ ⲡⲁⲓⲙⲁ ⲉⲑⲣⲉϥϭⲱⲣⲡ ⲉⲃⲟⲗ ⲁⲡⲟ ⲙⲉⲣⲟⲩⲥ³ ⲙ̄ⲡⲓⲟⲛⲥⲁⲩⲣⲟⲥ⁴ ⲛⲁⲅⲁⲑⲟⲥ⁵ ⲛ̄ⲧⲉ ⲡⲉⲛⲡⲁⲛⲁⲅⲓⲟⲥ ⲛ̄ⲓⲱⲧ ⲉⲑⲟⲩⲛⲟϥ⁶ ⲙ̄ⲡⲓⲙⲁ ⲧⲏⲣϥ.

ⲡⲉⲛⲧⲣⲓⲥⲙⲁⲕⲁⲣⲓⲟⲥ ⲟⲩⲛ ⲛ̄ⲓⲱⲧ ⲙ̄ⲡⲣⲉⲥⲃⲩⲧⲉⲣⲟⲥ ⲟⲩⲟϩ ⲛ̄ϩⲏⲅⲟⲩⲙⲉⲛⲟⲥ⁷ ⲁⲃⲃⲁ ⲓⲱⲁⲛⲛⲏⲥ ⲡⲓⲕⲟⲗⲟⲃⲟⲥ ⲕⲁⲧⲁ ⲫⲣⲏϯ ⲉⲧⲁⲩϫⲟⲥ ⲱ ⲛⲁⲙⲉⲛⲣⲁϯ ⲧⲉϥⲡⲁⲧⲣⲓⲁ ⲇⲉ ⲟⲩⲉⲃⲟⲗϧⲉⲛ ⲟⲩϯⲙⲓ ⲛ̄ⲧⲉ ⲡⲟⲟϣ ⲡⲉⲙⲭⲉ ϯⲡⲟⲗⲓⲥ ⲉⲧϯ ⲥⲱⲓⲧ ⲛ̄ⲧⲉ ⲫⲙⲁⲣⲏⲥ ⲛ̄ⲭⲏⲙⲓ ⲉⲡⲉⲥⲣⲁⲛ ⲡⲉ ⲧⲉⲥⲓ ⲕⲁⲧⲁ ⲑⲙⲉⲧϭⲁⲥⲓϩⲉ ⲇⲉ ⲙ̄ⲡⲓϭⲓⲥⲓ ⲛ̄ϯⲁⲣⲉⲧⲏ ⲟⲩⲙⲏⲧⲣⲟⲡⲟⲗⲓⲧⲏⲥ⁸ ⲡⲉ ⲛ̄ⲧⲉ ⲛⲓⲫⲏⲟⲩⲓ. ⲕⲁⲧⲁ ⲧⲉⲩⲡⲟⲣⲓⲁ ⲇⲉ ⲛ̄ⲟⲩⲙⲉⲧⲣⲁⲙⲁⲟ ⲙ̄ⲡⲁⲓⲃⲓⲟⲥ ⲟⲩϩⲏⲕⲓ ⲡⲉ ⲟⲩⲟϩ ⲛⲁϥⲉⲣ ϧⲁⲉ ⲅⲁⲣ ⲡⲉ ⲁⲗⲗⲁ ⲡⲉϫⲁϥ ϫⲉ ⲛⲓϩⲏⲕⲓ ⲛ̄ⲧⲉ ⲡⲓⲕⲟⲥⲙⲟⲥ ⲁϥⲥⲟⲧⲡⲟⲩ ⲛ̄ϫⲉ ⲫ̄ϯ ⲛ̄ⲣⲁⲙⲁⲟ ϧⲉⲛ ⲡ̄ⲭ̄ⲥ̄ ⲉϥⲓⲣⲓ ⲛ̄ϩⲁⲛ ⲕⲉⲭⲱⲟⲩⲛⲓ ⲛ̄ϩⲟⲩⲟ ϧⲉⲛ ⲡϭⲓⲥⲓ ⲛ̄ⲛⲓϩⲙⲟⲧ ⲛ̄ⲧⲉ ⲡⲓⲡ̄ⲛ̄ⲁ̄ ⲉⲑⲟⲩⲁⲃ ⲙⲁⲗⲓⲥⲧⲁ ⲇⲉ ϯⲁⲣⲉⲧⲏ ⲉⲥⲏⲡ ⲁⲛ ⲉⲟⲩⲅⲉⲛⲟⲥ ⲉϥϯ ⲥⲱⲓⲧ ⲓⲉ ⲟⲩⲁⲓ ⲉϥⲉⲣⲉⲡⲓⲑⲩⲙⲉⲓⲛ¹¹ ϧⲉⲛ ϯⲙⲉⲧⲣⲁⲙⲁⲟ ⲛ̄ⲧⲉ ⲡⲁⲓⲃⲓⲟⲥ ⲟⲩⲟϩ ⲉϥⲫⲏⲧ ⲉⲃⲟⲗ ⲙ̄ⲫⲏ ⲉⲧϣⲟⲡ ϧⲉⲛ ⲟⲩⲙⲉⲧϩⲏⲕⲓ ⲁⲗⲗⲁ ⲉϣⲁⲩϫⲉⲙ ϯⲁⲣⲉⲧⲏ ϧⲉⲛ ⲟⲩⲯⲩⲭⲏ

la grande arme puissante du Christ, qui est l'humilité, en toutes ses œuvres jusqu'à ce qu'il eût atteint le but auquel était suspendu tout son désir, qui est la constitution de l'accomplissement de la perfection. Que le discours d'exorde s'en tienne là, afin de dévoiler en partie le beau trésor de notre père très saint, pour le bien de tout l'endroit.

Donc, notre trois fois bienheureux père, le prêtre et l'hégoumène abba Jean le Kolobos, comme on dit, ô mes bien aimés, quant à sa patrie, il était originaire d'un village du nome de Pemdjé, ville célèbre du sud de l'Égypte, lequel se nommait Tesi ; mais, quant à la hauteur de la vertu, il était (citoyen) de la métropole des cieux ; selon l'abondance des richesses de cette vie, c'était un pauvre, car il était indigent ; mais il a dit : « Les pauvres de ce monde, Dieu les a choisis riches en le Christ, en faisant d'autres plus élevés dans les grâces du Saint-Esprit. Surtout la vertu n'appartient pas à une famille célèbre, à quelqu'un qui désire la richesse de cette vie, qui fuit celui qui est dans la pauvreté ; mais on trouve la vertu dans une âme qui aime Dieu, qui

1. Cod. ⲗⲁⲙⲡⲣⲟⲫⲟⲣⲓⲛ. — 2. Cod. ⲙⲉⲧⲧⲉⲗⲓⲟⲥ. — 3. Cod. ⲙⲉⲣⲱⲥ. — 4. Cod. ⲟⲩⲥⲁⲧⲣⲟⲥ. — 5. Cod. ⲛⲁⲅⲁⲑⲟⲛ. — 6. Cod. ⲉⲩϩⲛⲟⲩ. — 7. Cod. ⲛⲓϩⲟⲩⲙⲉⲛⲟⲥ. — 8. Cod. ⲟⲩⲙⲉⲧⲣⲟⲡⲟⲗⲓⲧⲏⲥ. — 9. Cod. ⲉⲩⲟⲩⲏⲛ.

ⲙⲙⲁⲓ ⲛⲟⲩϯ ⲑⲁⲓ ⲉⲧⲥⲱⲧⲡ ⲛⲁⲥ ϧⲉⲛ ⲧⲉⲥⲛⲱⲙⲓ ⲉⲧⲥⲛⲱⲙⲟⲥ¹ ⲙⲙⲓⲛ
ⲙⲙⲟⲥ ⲉⲓⲣⲓ ⲙⲡⲓⲁⲅⲁⲑⲟⲛ ⲛⲥⲏⲟⲩ ⲛⲓⲃⲉⲛ ⲕⲁⲧⲁ ⲟⲩⲙⲟⲧ ⲛⲟⲩⲱⲧ ⲕⲁⲛ ⲟⲩ
ϩⲏⲕⲓ ⲡⲉ ⲕⲁⲛ ⲟⲩⲣⲁⲙⲁⲟ ⲡⲉ ⲟⲩⲟϩ ⲫⲁⲓ ⲧⲉⲛⲉⲙⲓ ⲉⲣⲟϥ ϧⲉⲛ ⲫⲃⲓⲟⲥ ⲛⲧⲉⲛⲓ
ⲓⲟϯ ⲛⲁⲡⲟⲥⲧⲟⲗⲟⲥ ⲉⲑⲟⲩⲁⲃ ⲛⲉⲙ ⲡⲥⲉⲡⲓ ⲛⲛⲓ ⲉⲑⲟⲩⲁⲃ ⲧⲏⲣⲟⲩ. ⲛⲉⲛⲓⲟϯ
ⲟⲩⲛ ⲙⲡⲁⲓⲙⲁⲕⲁⲣⲓⲟⲥ ⲱ ⲛⲁⲙⲉⲛⲣⲁϯ ⲕⲁⲧⲁ ⲫⲣⲏϯ ⲉⲧⲁⲩϫⲟⲥ ⲉⲑⲃⲏⲧⲟⲩ
ϩⲁⲛ ⲉⲧⲥⲉⲃⲏⲥ ⲉⲡⲓϩⲟⲩⲟ ⲛⲉ ⲉⲧⲉⲣ ϩⲟϯ ϧⲁ ⲧϩⲏ ⲙⲫϯ ⲟⲩⲟϩ ⲛⲁⲓ ⲙⲉⲛ
ⲁϥⲉⲣⲭⲁⲣⲓⲍⲉⲥⲑⲁⲓ² ⲛⲱⲟⲩ ⲛϫⲉ ⲫϯ ⲛϣⲏⲣⲓ ⲃ̄ ⲛϩⲱⲟⲩⲧ. ⲡⲛⲓϣϯ ⲇⲉ ϧⲉⲛ
ⲡⲓⲭⲣⲟⲛⲟⲥ ⲛⲉⲙ ϯϩⲩⲗⲓⲕⲓⲁ³ ⲛⲥⲱⲙⲁⲧⲓⲕⲏ ⲁϥϣⲱⲡⲓ ϩⲱϥ ⲟⲛ ⲛⲟⲩⲥⲱⲧⲡ
ⲙⲙⲟⲛⲁⲭⲟⲥ⁴ ⲉⲡϧⲁⲉ ⲕⲁⲧⲁ ⲫⲣⲏϯ ⲉⲧⲁ ⲡⲥⲁϫⲓ ⲛⲁⲟⲩⲱⲛϩ ⲫⲁⲓ ⲛⲁⲛ ⲉⲃⲟⲗ
ⲁⲛϣⲁⲛⲙⲟϣⲓ ⲉⲧϩⲏ. ⲡⲓⲕⲟⲩϫⲓ ⲇⲉ ⲟⲛ ⲟⲙⲟⲓⲱⲥ⁵ ϧⲉⲛ ⲡⲓⲭⲣⲟⲛⲟⲥ ⲛⲉⲙ ϯϩⲩ
ⲗⲓⲕⲓⲁ⁶ ⲛⲥⲱⲙⲁⲧⲓⲕⲏ ⲡⲉⲛⲓⲱⲧ ⲛⲇⲓⲕⲁⲓⲟⲥ⁷ ⲡⲉ ⲁⲃⲃ⁩ⲁ ⲓⲱⲁⲛⲛⲏⲥ ⲡⲓⲕⲟⲗⲟⲃⲟⲥ
ϧⲉⲛ ϯⲙⲉⲧⲥⲁⲃⲉ ⲛⲉⲙ ⲡⲓⲕⲁϯ ⲉⲧϣⲉⲡϣⲱⲡ ⲟⲩⲛⲓϣϯ ϧⲉⲛ ⲡϭⲓⲥⲓ ⲛϯⲁⲣⲉⲧⲏ
ⲟⲩⲟϩ ϧⲉⲛ ⲡϫⲓ ⲛⲟⲣⲉϥⲉⲣ ϧⲉⲗⲗⲟ ϧⲉⲛ ⲡⲓⲉⲙⲓ ⲙⲙⲏⲓ ϧⲁ ⲧϩⲏ ⲙⲡⲓⲭⲗⲓⲙ
ⲉϥϯ ⲇⲓⲁⲓ ⲙⲙⲏⲛⲓ ϧⲉⲛ ⲡⲓⲗⲟⲅⲓⲥⲙⲟⲥ ⲉⲧϭⲟⲥⲓ ⲕⲁⲧⲁ ⲫϯ (-ⲓⲁ-)ⲉϥϯ ⲛⲧⲟⲧϥ
ⲙⲡⲓϩⲙⲟⲧ ⲛⲧⲉ ⲡⲟⲥ ⲕⲁⲧⲁ ⲫⲣⲟⲛⲓⲙⲁ ⲙⲡⲉϥⲣⲁⲛ. ⲫⲁⲓ ⲟⲛⲧⲱⲥ ⲕⲁⲧⲁ ⲫⲣⲏϯ
ⲉⲧⲁⲩϫⲟⲥ ⲉⲑⲃⲏⲧϥ ϩⲱⲥ ⲉⲡⲁⲅⲅⲉⲗⲓⲁ ⲙⲉⲛ ⲙⲁⲗⲗⲟⲛ ⲇⲉ ⲕⲁⲧⲁ ⲟⲩϣⲟⲣⲡ ⲛⲉⲙⲓ
ⲛⲧⲉ ⲫϯ ⲫⲁⲓ ⲉⲧⲉⲣⲭⲱⲣⲏⲥⲉⲙ⁸ ⲛⲛⲉϥϩⲙⲟⲧ ⲙⲡⲉϥⲥⲱⲛⲧ ⲧⲏⲣϥ ⲁⲧϭⲛⲉ

a choisi pour elle, en sa pensée prudente, de faire le bien en tout temps d'une manière unique, que ce soit un pauvre, que ce soit un riche, et c'est ce que nous savons par la vie de nos pères les Apôtres saints et le reste de tous les saints. » Les parents donc de ce bienheureux, ô mes bien-aimés, selon ce qu'on a rapporté d'eux, étaient pauvres à l'excès, craignant en présence de Dieu et Dieu leur avait accordé deux enfants mâles : le grand dans le temps et l'âge corporel devint aussi à la fin un moine parfait, comme le discours le montrera, si nous marchons en avant ; semblablement, le petit par le temps et l'âge corporel, c'est notre père le juste, Jean le Kolobos : dans la sagesse et l'intelligence subtile, c'était un grand par la hauteur de la vertu et parce qu'il devint vieux dans la vraie science avant (d'avoir) des cheveux blancs, croissant chaque jour dans le raisonnement élevé selon Dieu, donnant la main à la grâce de Dieu, selon le sens de son nom. Celui-là réellement, ainsi qu'on l'a dit de lui, comme s'il eût été le fruit d'une promesse et surtout d'après une préconnaissance de Dieu qui, sans haine, accorde ses grâces à toute créature, Dieu purifia notre père très saint dès qu'il était dans les

---

1. Cod. ⲉⲧⲥⲛⲱⲙⲟⲛ. — 2. Cod. ⲭⲁⲣⲓⲍⲉⲥⲟⲉ. — 3. Cod. ϩⲏⲗⲓⲕⲓⲁ. — 4. Cod. ⲙⲟⲛⲁⲭⲟⲥ. — 5. Cod. ⲟⲛⲟⲙⲱⲥ. — 6. Cod. ϯϩⲅⲗⲓⲕⲓⲁ. — 7. Cod. ⲇⲓⲕⲉⲟⲥ. — 8. Cod. ⲭⲟⲣⲏⲅⲓⲛ.

ⲫⲑⲟⲛⲟⲥ ⲁϥⲑⲟⲧⲃⲟϥ ⲛⲟⲟϥ ⲡⲉⲛⲡⲁⲛⲁⲥⲓⲟⲥ ⲛⲓⲱⲧ ⲓⲥϫⲉⲛ ⲉϥϧⲉⲛ ⲧϥⲡⲓ ⲛⲧⲉ
ⲡⲉϥⲓⲱⲧ ⲁϥⲫⲟⲣϫϥ ⲉⲃⲟⲗ ⲓⲥϫⲉⲛ ⲉϥϧⲉⲛ ⲑⲛⲉϫⲓ ⲛⲧⲉ ⲧⲉϥⲙⲁⲩ ⲟⲩⲟϩ
ⲁϥⲥⲟⲧⲡϥ ⲙⲁⲗⲓⲥⲧⲁ ⲓⲥϫⲉⲛ ⲉϥϧⲉⲛ ⲓⲏ ⲛⲣⲟⲙⲡⲓ. ⲁϥⲥⲁϫⲓ ⲛⲉⲙⲁϥ ϩⲱϥ
ⲟⲛⲧⲱⲥ [1] ⲛϫⲉ ⲫϯ ϧⲉⲛ ⲟⲩⲉⲛⲉⲣⲅⲓⲁ [2] ⲛⲧⲉ ⲟⲩⲁⲓⲥⲑⲏⲥⲓⲥ [3] ⲙⲡⲛⲁⲧⲓⲕⲏ
ⲉϥϫⲱ ⲙⲙⲟⲥ ⲛⲁϥ ϫⲉ ⲁⲙⲟⲩ ⲉⲃⲟⲗϧⲉⲛ ⲡⲉⲕⲕⲁϩⲓ ⲛⲉⲙ ⲉⲃⲟⲗϧⲉⲛ ⲧⲉⲕⲥⲩⲅ-
ⲅⲉⲛⲉⲓⲁ [4] ⲁⲙⲟⲩ ⲉⲡⲧⲱⲟⲩ ⲙⲡⲓϩⲟⲥⲉⲙ ⲉⲧⲉ ϣⲓⲏⲧ ⲡⲉ ⲡⲓⲙⲁ ⲉϣⲁⲩϭⲓ ⲙⲡⲓϩⲣⲧ
ⲛⲉⲙ ⲛⲓⲙⲉⲩⲓ ⲛϧⲏⲧϥ ϧⲉⲛ ⲟⲩⲇⲓⲁⲕⲣⲓⲥⲓⲥ [5] ⲙⲙⲏⲓ ⲕⲁⲧⲁ ⲫⲛⲟⲏⲙⲁ ⲙⲡⲉϥⲣⲁⲛ ⲡⲓⲙⲁ ⲉⲧⲉⲙⲙⲁⲩ ⲛϫⲉ ⲡⲓϩⲙⲟⲩ ⲙⲡⲛⲁⲧⲓⲕⲟⲛ ⲉⲧϩⲟⲩⲉⲣ ⲛⲓⲯⲩⲭⲏ
ⲛⲉⲙ ϯϩⲉⲓⲣⲏⲛⲏ [6] ⲉⲧϫⲏⲕ ⲉⲃⲟⲗ ⲡⲓⲙⲁ ⲉⲧⲉⲙⲙⲁⲩ ⲛϫⲉ ϯⲥⲟⲫⲓⲁ ⲛⲉⲙ
ϯⲅⲛⲱⲥⲓⲥ ⲛⲉⲙ ϯⲑⲉⲟⲗⲟⲅⲓⲁ ⲛⲧⲉ ⲛⲓⲇⲟⲅⲙⲁ ⲉⲧⲥⲟⲩⲧⲱⲛ ⲛⲧⲉ ⲡⲓⲛⲁϩϯ
ⲛⲧⲣⲓⲁⲧⲓⲕⲟⲛ ⲟⲩⲟϩ ⲛⲁⲡⲟⲥⲧⲟⲗⲓⲕⲟⲛ ⲡⲓⲙⲁ ⲉⲧⲉⲙⲙⲁⲩ ⲛϫⲉ ⲧⲡⲁⲓⲇⲉⲩⲥⲓⲥ [7]
ⲧⲏⲣⲥ [8] (ⲓⲃ) ⲛϯⲙⲉⲧⲉⲩⲥⲉⲃⲏⲥ ⲛⲁⲅⲅⲉⲗⲓⲕⲏ [9] ⲡⲓⲙⲁ ⲉⲧⲉϣⲏⲡ ⲛⲏⲓ ⲙⲙⲟϥ
ⲛϫⲉ ⲡⲓⲥⲑⲟⲓⲛⲟⲩϥⲓ ⲛⲧⲉ ⲛⲓϣⲟⲩϣⲱⲟⲩϣⲓ ⲉⲧⲥⲟⲧⲡ ⲉⲧⲉ ⲛⲉⲯⲩⲭⲏ ⲛⲧⲉ ⲛⲁⲅⲓⲟⲥ ⲛⲉ
ⲛⲁⲓ ⲉⲧⲟⲩⲃⲛⲟⲩⲧ ⲙⲡⲁⲙⲑⲟ ⲟⲩⲟϩ ⲡⲁⲗⲓⲛ ⲉϥⲛⲁϣⲱⲡⲓ ⲛⲏⲓ ⲉⲃⲟⲗϩⲓⲧⲟⲧⲕ ⲟⲛ
ⲉⲃⲟⲗ ⲟⲩⲛ ϧⲉⲛ ⲛⲁⲓ ⲛⲉⲙ ⲛⲏ ⲉⲧⲟⲛⲓ ⲙⲙⲱⲟⲩ ϩⲓⲧⲉⲛ ⲫⲏ ⲉⲑⲛⲟϩⲉⲙ ⲙⲙⲱⲟⲩ
ⲟⲩⲟϩ ⲉⲧϭⲓ ⲙⲱⲓⲧ ϧⲁϫⲱϥ ⲫϯ ϣⲁ ⲛⲓϣⲁϥⲉ ⲉⲑⲟⲩⲁⲃ ⲁϥϣⲁϣⲛⲓ ⲉⲩⲕⲁⲓⲣⲱⲥ [10]

reins de son père, il le choisit[11] dès qu'il était dans le sein de sa mère, et il le choisit surtout vers l'âge de dix-huit ans. Dieu lui parla spirituellement dans une énergie de sentiment spirituel, lui disant : « Sors de ta terre et de ta parenté, va à la montagne du Natron, qui est Schiit, le lieu où l'on pèse les cœurs et les pensées[12] avec un jugement vrai, selon l'interprétation de son nom, le lieu où se trouve le sel spirituel qui assaisonne les âmes, le lieu où se trouve la vie angélique, le lieu où se pratique l'amour parfait avec la paix parfaite, le lieu où se trouve la sagesse et la gnose avec la théologie des dogmes orthodoxes de la foi trinitaire et apostolique, le lieu où se trouve tout enseignement de la piété angélique, le lieu où m'est agréable le parfum des sacrifices de choix, c'est-à-dire des âmes des saints, de ceux qui sont purs en ma présence ; et, par toi, il le sera de nouveau pour moi en tout cela et en d'autres choses semblables, par celui qui les sauve et les guide vers Dieu

1. Cod. ⲟⲛⲧⲟⲥ. — 2. Cod. ⲉⲛⲉⲣⲅⲓⲁ. — 3. Cod. ⲟⲩⲉⲥⲑⲏⲥⲓⲥ. — 4. Cod. ⲥⲩⲅⲅⲉⲛⲓⲁ. — 5. Cod. ⲇⲓⲁⲕⲣⲏⲥⲓⲥ. — 6. Cod. ϩⲓⲣⲏⲛⲏ. — 7. Cod. ⲡⲉⲇⲉⲩⲥⲓⲥ. — 8. Cod. ⲧⲏⲣⲥ ⲧⲏⲣⲥ. — 9. Cod. ⲛⲁⲅⲅⲉⲗⲓⲕⲟⲛ. — 10. Cod. ⲉⲩⲕⲉⲣⲱⲥ. — 11. Mot à mot : Il le sépara. — 12. Pour que cette étymologie fût vraie, il faudrait que le nom de Schiit fût écrit Schihit, ϣⲓϩⲏⲧ, ce qu'on trouve très rarement, et ce qui fait que l'on ne peut guère adopter l'étymologie donnée. Quant au sens réel de ce mot, il n'est pas très facile à donner : peut-être signifiait-il un plateau étendu, comme l'avait pensé Champollion.

ⲙ̄ⲡⲥⲙⲟⲩ ⲛ̄ⲧⲁⲅⲁⲡⲏ ⲉⲧϫⲏⲕ ⲉⲃⲟⲗ ⲛ̄ⲧⲉ ϯⲅⲉⲛⲉⲁ ⲉⲧⲥⲟⲩⲧⲱⲛ ⲟⲩⲟϩ ⲉⲧⲙⲁ-
ⲣⲱⲟⲩⲧ ⲛ̄ⲧⲉ ⲛⲉⲛⲓⲟϯ ⲉⲑⲟⲩⲁⲃ ⲛⲁ ⲡⲏⲓ ⲛⲁⲃⲃⲁ ⲙⲁⲕⲁⲣⲓⲟⲥ¹ ⲡⲓⲛⲓϣϯ ϯⲅⲉⲛⲉⲁ
ⲉⲧⲕⲱϯ ⲛ̄ⲥⲁ ⲡ̄ⲟ̄ⲥ̄ ⲟⲩⲟϩ ⲉⲧⲕⲱϯ ⲛ̄ⲥⲁ ⲡ̄ϩⲟ ⲙ̄ⲫ̄ϯ̄ ⲛ̄ⲓⲁⲕⲱⲃ ⲕⲁⲧⲁ ⲡⲓⲥⲁϫⲓ
ⲙ̄ⲡⲓϩⲩⲙⲛⲱⲇⲟⲥ² ⲇⲁⲩⲓⲇ ⲉⲃⲟⲗ ϫⲉ ϩⲓⲧⲉⲛ ⲧⲕⲁⲧⲁⲥⲧⲁⲥⲓⲥ ⲙ̄ⲡⲟⲩⲥⲙⲟⲧ ⲛ̄ⲁⲅ-
ⲅⲉⲗⲓⲕⲟⲛ ⲫⲁⲓ ⲉⲧϣⲟⲡ ϧⲉⲛ ⲟⲩⲙⲉⲧⲣⲉⲙⲣⲁⲩϣ ⲛ̄ⲧⲉ ⲡ̄ⲭ̄ⲥ̄ ⲛⲉⲙ ⲡⲕⲁⲣⲡⲟⲥ
ⲛ̄ⲛⲟⲩⲡⲟⲗⲓⲧⲉⲓⲁ³ ⲉⲧⲟⲓ ⲛⲟⲩⲟ ⲛ̄ⲣⲏϯ ⲛ̄ⲧⲉ ⲡⲓⲡ̄ⲛ̄ⲁ̄ ⲉⲑⲟⲩⲁⲃ ⲟⲩⲟϩ ⲥⲭⲉⲇⲟⲛ
ⲉϫⲟⲥ ϧⲉⲛ ⲟⲩⲥⲩⲛⲧⲟⲙⲓⲁ⁴ ⲛⲁϧⲣⲉⲛ ⲧⲟⲩⲁⲛⲁⲥⲧⲣⲟⲫⲏ ⲛⲉϩⲁⲓⲣⲏⲧⲟⲥ⁵ ϫⲉ
ⲉⲛⲉⲥⲱⲟⲩ ⲛ̄ⲉ ⲛⲓⲁⲩⲗⲟⲩ ⲛⲉⲙ ⲛⲉⲛⲥⲕⲏⲛⲏ⁶ ⲙ̄ⲡⲓⲥⲗ̄ ⲙ̄ⲫⲣⲏϯ ⲙ̄ⲡⲓⲡⲁⲣⲁ-
ⲇⲓⲥⲟⲥ⁷ ⲛ̄ⲧⲉ ⲡⲟⲩⲛⲟϥ.

ⲉⲃⲟⲗ ⲇⲉ ϧⲉⲛ ⲛⲁⲓⲁⲅⲓⲟⲥ ⲛⲁⲓ ⲕⲁⲧⲁ ⲫⲣⲏϯ ⲉⲧⲥϧⲏⲟⲩⲧ ⲁϥⲉⲣⲕⲁⲧⲁⲛⲧⲁⲛ
ⲟⲩⲟϩ ⲁϥϣⲁϣⲛⲓ (-ⲛⲓ-) ⲉⲟⲩⲛⲓϣϯ ⲛ̄ϧⲉⲗⲗⲟ ⲛ̄ϧⲉⲗⲗⲟ ⲟⲩⲟϩ ⲉⲟⲩⲥⲡⲟⲩ-
ⲇⲁⲓⲟⲥ⁸ ⲡⲉ ⲉⲡϩⲟⲩⲟ ϧⲉⲛ ⲧⲡⲣⲁⲕⲧⲓⲕⲏ ⲛ̄ⲧⲙⲉⲧϣⲁⲙϣⲉ ⲛⲟⲩϯ ⲟⲩⲟϩ ⲟⲩϩⲓⲕⲁⲛⲟⲥ ⲡⲉ ⲉϣⲁⲛⲟⲩϣϥ ϧⲉⲛ ⲛⲓⲛⲟⲙⲟⲥ ⲛ̄ⲉⲩⲁⲅⲅⲉⲗⲓⲕⲟⲛ⁹ ⲉⲧⲉ ⲁⲃⲃⲁ ⲁⲙⲟⲓ
ⲡⲉ ⲡⲓⲣⲉⲙ ⲡⲉⲙϫⲉ ⲉⲟⲩⲟⲛⲟⲙⲁⲥⲧⲟⲥ ⲡⲉ ϩⲱϥ ϧⲉⲛ ⲛⲉⲛⲓⲟϯ ⲉⲑⲃⲉ ⲡϭⲓⲥⲓ
ⲛ̄ⲧⲉϥⲁⲣⲉⲧⲏ. ⲫⲏ ⲇⲉ ⲉⲑⲛⲁϩⲓ ⲧⲟⲧϥ ⲉⲥϧⲉ ⲫⲃⲓⲟⲥ ⲙ̄ⲡⲁⲓⲁⲅⲓⲟⲥ ⲫⲁⲓ ϥⲛⲁⲉⲣ
ⲭⲣⲉⲓⲁ¹⁰ ⲡⲁⲛⲧⲱⲥ ⲛⲟⲩⲓⲥⲧⲟⲣⲓⲁ ⲉⲥⲟⲩⲟϣⲥ ⲉⲃⲟⲗ ⲙ̄ⲙⲁϣⲱ ⲟⲙⲱⲥ ϫⲉ ϩⲓⲧⲉⲛ
ⲃ̄ ⲛⲉⲙ ⲅ̄ ⲛⲁⲣⲉⲧⲏ ⲛ̄ⲧⲁϥ ⲉⲧⲉⲛⲛⲁϫⲟⲧⲟⲩ ⲁⲣⲉϣⲁⲛ ⲡⲓⲥⲁϫⲓ ⲉⲣⲡⲣⲟ-

jusqu'au saint désert. » Il a obtenu tranquillement la bénédiction de l'amour parfait de la génération droite et bénie de nos pères saints, ceux de la maison d'abba Macaire le Grand, la génération qui cherche le Seigneur et qui cherche la face du Dieu de Jacob, selon la parole de l'hymnode David, selon la constitution de leur forme angélique, celle qui consiste dans une douceur du Christ et le fruit de leurs vertus qui, d'une foule de manières, viennent de l'Esprit-Saint, et presque de manière à dire en abrégé : « Qu'elles sont belles les cours et les tentes d'Israël, comme le Paradis de joie ! »

Mais parmi ces saints, comme il est écrit, il lui échut et il obtint un grand vieillard éprouvé, zélé à l'excès dans la pratique de la religion et qui était capable de le nourrir dans les lois évangéliques, c'est abba Amoi de Pemdjé, qui est célèbre aussi parmi nos pères à cause de la hauteur de sa vertu. Celui qui entreprendra d'écrire la vie de ce saint n'aura pas besoin, le moins du monde, d'une histoire très étendue ; mais cependant, par deux ou trois de ses vertus que nous dirons lorsque le discours se sera avancé, il apparaitra

---

1. Cod. ⲙⲁⲕⲁⲣⲓ. — 2. Cod. ϩⲩⲙⲛⲟⲇⲟⲥ. — 3. Cod. ⲡⲟⲗⲓⲧⲓⲁ. — 4. Cod. ⲥⲛ̄ⲧⲟⲙⲓⲁ. — 5. Cod. ⲉϩⲉⲣⲉⲧⲟⲛ. — 6. Cod. ⲛⲉⲛⲥⲕⲩⲛⲏ. — 7. Cod. ⲡⲁⲣⲁⲇⲓⲥⲟⲥ. — 8. Cod. ⲉⲟⲩⲥⲡⲟⲩⲇⲉⲟⲥ. — 9. Cod. ⲛⲁⲅⲅⲉⲗⲓⲕⲟⲛ. — 10. Cod. ⲭⲣⲓⲁ.

ⲕⲟⲡⲧⲉⲛ¹ ϥⲛⲁⲟⲩⲱⲛϩ ⲉⲃⲟⲗ ⲛⲁϩⲣⲉⲛ ⲟⲩⲟⲛ ⲛⲓⲃⲉⲛ ϫⲉ ⲟⲩⲧⲉⲗⲉⲓⲟⲥ² ⲡⲉ ⲟⲩⲟϩ ϥϫⲏⲕ ⲉⲃⲟⲗ ⲛⲁϩⲣⲉⲛ ⲫϯ ⲛⲉⲙ ⲛⲓⲣⲱⲙⲓ. ⲟⲩⲟϩ ⲡⲁⲓⲫⲱⲥⲧⲏⲣ ϫⲉ ⲟⲩⲛ ⲙⲡⲁⲓⲣⲏϯ ⲁϥϣⲱⲡⲓ ⲉⲣⲟϥ ⲛϫⲉ ⲡⲉⲛⲡⲁⲛⲁⲅⲓⲟⲥ ⲛⲓⲱⲧ ⲁⲃⲃⲁ ⲓⲱⲁⲛⲛⲏⲥ ⲡⲓⲕⲟⲗⲟⲃⲟⲥ. ⲁϥϣⲉⲛϥ ϫⲉ ⲛϫⲉ ⲡⲉⲛⲓⲱⲧ ⲉⲑⲟⲩⲁⲃ ⲁⲃⲃⲁ ⲁⲙⲟⲓ ⲉϥϫⲱ ⲙⲙⲟⲥ ⲛⲁϥ ϫⲉ ⲡⲁϣⲏⲣⲓ ⲡⲓⲥⲕⲩⲗⲙⲟⲥ³ ⲙⲡⲁⲓⲛⲓϣϯ ⲛⲁⲡⲁⲥⲧⲏⲙⲁ ⲉⲧⲁⲕⲁⲓϥ ϣⲁⲣⲟⲛ ⲧⲉϥⲭⲣⲉⲓⲁ⁴ ⲟⲩ ⲧⲉ. ⲁϥⲉⲣ ⲟⲩⲱ ⲛϫⲉ ⲡⲉⲛⲓⲱⲧ ⲉⲑⲟⲩⲁⲃ ⲁⲃⲃⲁ ⲓⲱⲁⲛⲛⲏⲥ ϧⲉⲛ ⲟⲩⲛⲓϣϯ ⲛⲉⲃⲓⲟ ⲉⲣⲉ ⲛⲉϥⲉⲣⲙⲱⲟⲩⲓ ϣⲟⲩⲟ ⲉϫⲉⲛ ⲛⲉϥϫⲟⲩϫⲓ ⲉϥϫⲱ ⲙⲙⲟⲥ ϫⲉ ⲓⲥϫⲉ ⲫⲟⲩⲱϣ ⲙⲡⲟⲥ ⲡⲉ ⲉⲓⲟⲩⲱϣ ⲉⲉⲣ ⲙⲟⲛⲁⲭⲟⲥ⁵ ϩⲱ (-ⲓⲁ-) ⲟⲩⲟϩ ⲛⲧⲁⲙⲡϣⲁ ϣⲱⲡⲓ ⲉⲓⲏⲡ ϩⲱ ⲉⲡⲭⲟⲣⲟⲥ ⲛⲧⲉⲧⲉⲛⲙⲉⲧⲁⲅⲓⲟⲥ ϫⲉ ⲛⲑⲱⲧⲉⲛ ⲟⲩⲅⲉⲛⲟⲥ ⲉϥⲟⲩⲁⲃ ⲟⲩⲟϩ ⲉϥⲥⲙⲁⲣⲱⲟⲩⲧ ϧⲉⲛ ⲡⲟⲥ ⲉⲃⲟⲗ ⲟⲩⲧⲉ ⲡⲕⲁϩⲓ ⲧⲏⲣϥ ⲟⲩⲟϩ ⲁⲛϣⲁⲛϣⲗⲏⲗ ⲉϫⲱⲓ ⲡⲟⲥ ⲛⲁⲧⲏⲓⲧ ⲛⲁⲕ ⲛⲟⲩϩⲙⲟⲧ ⲟⲩⲟϩ ⲡⲉⲕϩⲏⲧ ⲛⲁⲙⲧⲟⲛ ⲉϫⲱⲓ. ⲁϥⲉⲣ ⲟⲩⲱ ⲛϫⲉ ⲁⲃⲃⲁ ⲁⲙⲟⲓ ⲟⲩⲟϩ ⲡⲉϫⲁϥ ⲛⲁϥ ϫⲉ ⲡⲁⲓϩⲱⲃ ⲫⲁⲓ ⲉⲧⲉⲕⲥⲁϫⲓ ⲉⲣⲟϥ ⲡⲁϣⲏⲣⲓ ⲛⲉ ⲟⲩϩⲱⲃ ⲁⲛ ⲡⲉ ⲛⲧⲁⲓⲅⲉ ⲁⲡⲗⲱⲥ ⲁⲗⲗⲁ ⲥϣⲉ ⲉⲫⲏ ⲉⲑⲛⲁϯ ⲙⲡⲉϥϫⲟⲩⲟⲓ ⲉϧⲟⲩⲛ ⲉⲡⲁⲓϩⲱⲃ ⲛⲁⲅⲁⲑⲟⲛ ⲫⲁⲓ ⲛϣⲟⲣⲡ ⲙⲉⲛ ⲉϥⲉⲣ ⲭⲣⲉⲓⲁ⁶ ⲛⲟⲩⲡⲣⲟⲁⲓⲣⲉⲥⲓⲥ⁷ ⲉⲥⲥⲟⲩⲧⲱⲛ ⲁⲧϭⲛⲉ ϩⲗⲓ ⲛⲣⲓⲕⲓ ⲉⲡⲧⲏⲣϥ ϧⲉⲛ ⲫⲟⲩⲱϣ ⲙⲫϯ ⲛⲧⲉϥϭⲓ ⲛⲟⲩⲉⲃϣⲓ ⲉⲥϫⲏⲕ ⲉⲃⲟⲗ ⲛⲧⲉ ⲛⲓϩⲃⲏⲟⲩⲓ ⲧⲏⲣⲟⲩ ⲛⲉⲫⲗⲏⲟⲩ ⲟⲩⲟϩ ⲛⲁⲟⲩⲧⲁϩ ⲛⲧⲉ ⲡⲭⲁⲕⲓ ⲉϥϣⲟⲣϣⲉⲣ

à chacun que c'était un (homme) parfait et consommé (en perfection) près de Dieu et des hommes. Et donc ce flambeau de cette sorte, notre tout saint père Jean le Kolobos, habita près de lui. Et notre père saint, abba Amoi, l'interrogea disant : « Mon fils, la fatigue de cette grande distance que tu as faite vers nous, quel était son besoin ? » Notre père saint abba Jean prit la parole avec une grande humilité, pendant que ses larmes coulaient sur ses joues, il dit : « Si c'est la volonté du Seigneur, je désire devenir moine aussi et devenir digne d'être compté parmi votre sainteté; car vous êtes une race sainte et bénie dans le Seigneur entre toute la terre, et, si tu pries pour moi, le Seigneur me donnera à toi (comme) une grâce et ton cœur se reposera en moi. » Abba Amoi répondit et lui dit : « Cette œuvre dont tu parles, mon fils, n'est pas simplement une œuvre comme cela ; mais il faut que celui qui s'approchera de cette œuvre bonne, celui-là d'abord a besoin d'un choix droit, sans aucune inclinaison du tout dans la volonté de Dieu, (il faut) qu'il prenne un oubli entier de toutes les œuvres vaines et qui produisent des fruits de ténèbres, qui

---

1. *Cod.* ⲡⲣⲟⲕⲟⲡⲧⲓⲛ. — 2. *Cod.* ⲧⲉⲗⲓⲟⲥ. — 3. *Cod.* ⲡⲓⲥⲕⲛⲗⲙⲟⲥ. — 4. *Cod.* ⲧⲉϥⲭⲣⲓⲁ. — 5. *Cod.* ⲉⲉⲣⲙⲟⲛⲁⲭⲟⲥ. — 6. *Cod.* ⲭⲣⲓⲁ. — 7. *Cod.* ⲡⲣⲟϩⲉⲣⲉⲥⲓⲥ.

ⲛ̄ϭⲓⲥⲓ ⲛⲓⲃⲉⲛ ⲉⲧⲧⲱⲟⲩⲛ ⲙ̄ⲙⲱⲟⲩ ⲉϩⲣⲏⲓ ⲉϫⲉⲛ ⲡⲓⲉⲙⲓ ⲙ̄ⲙⲏⲓ ⲛ̄ⲧⲉ ⲫϯ ⲉⲣⲉ
ⲛⲉϥϩⲃⲏⲟⲩⲓ ⲧⲏⲣⲟⲩ ⲉⲣⲗⲁⲙⲡⲉⲓⲛ¹ ϧⲉⲛ ⲟⲩⲉⲙⲓ ⲕⲁⲧⲁ ⲫⲟⲩⲱϣ ⲙ̄ⲫϯ ϧⲉⲛ
ⲟⲩⲧⲁⲍⲓⲁ ⲉⲥⲉⲣⲡⲣⲉⲡⲉⲓ² ⲟⲩⲟϩ ⲉⲥⲧⲟⲙⲓ ⲉⲧⲧⲁⲍⲓⲥ ⲛ̄ⲛⲓⲇⲩⲛⲁⲙⲓⲥ ϧⲉⲛ ⲡ̄ϭⲓⲥⲓ
ⲉϥⲉⲣⲕⲁⲧⲁⲫⲣⲟⲛⲉⲓⲛ³ ⲫⲣⲟⲛⲓⲙⲱⲥ⁴ ⲛ̄ⲧⲁⲡⲟⲗⲁⲩⲥⲓⲥ ⲧⲏⲣⲥ ⲛ̄ⲛⲓⲡⲣⲟⲥⲟⲩⲥⲛⲟⲩ
ⲉⲑⲃⲉ ⲡⲓϭⲓ ϣϣⲟⲩ ⲛ̄ⲛⲓⲁⲅⲁⲑⲟⲛ ⲉⲑⲙⲏⲛ ⲉⲃⲟⲗ.

ⲛⲁⲓ ⲇⲉ ⲉⲧⲁϥϫⲟⲧⲟⲩ ⲛⲁϥ ⲛ̄ϫⲉ ⲡⲉⲛⲓⲱⲧ ⲉⲑⲟⲩⲁⲃ ⲁⲃⲃⲁ ⲁⲙⲟⲓ ⲁϥⲭⲁϥ
ⲧⲉⲱⲥ (-ⲓⲉ-) ⲛ̄ⲑⲟϥ ⲡⲉⲛⲓⲱⲧ ⲉⲑⲟⲩⲁⲃ ⲁⲃⲃⲁ ⲓⲱⲁⲛⲛⲏⲥ ϧⲉⲛ ⲟⲩⲙⲁ ⲙ̄ⲙⲁⲩⲁⲧϥ
ⲟⲩⲟϩ ⲁϥϣⲉ ⲛⲁϥ ϩⲱϥ ⲛ̄ϫⲉ ⲡⲉⲛⲓⲱⲧ ⲉⲑⲟⲩⲁⲃ ⲁⲃⲃⲁ ⲁⲙⲟⲓ ⲉⲟⲩⲙⲁ ⲟⲩⲟϩ
ⲁϥⲥⲟⲗⲕϥ ⲉϩⲣⲏⲓ ϧⲁ ⲡ̄ⲟⲥ ⲙ̄ⲡⲓⲉϫⲱⲣϩ ⲧⲏⲣϥ ⲉⲧⲉⲙⲙⲁⲩ ϧⲉⲛ ϩⲁⲛ † ϩⲟ
ⲉⲧⲟϣ ⲛⲉⲙ ϩⲁⲛ ⲡⲣⲟⲥⲉⲩⲭⲏ ⲓⲥϫⲉⲛ ⲣⲟⲩϩⲓ ϣⲁ ϣⲱⲣⲡ ⲉⲑⲣⲉϥϭⲱⲣⲡ ⲛⲁϥ
ⲉⲃⲟⲗ ⲙ̄ⲫⲏ ⲉⲑⲣⲁⲛⲁϥ ⲉⲑⲃⲉ ⲡⲉⲛⲓⲱⲧ ⲁⲃⲃⲁ ⲓⲱⲁⲛⲛⲏⲥ ⲙⲁⲗⲓⲥⲧⲁ ϫⲉ ⲑⲁⲓ ⲣⲱ
ⲧⲉ ⲧⲉϥⲥⲩⲛⲏⲑⲉⲓⲁ⁵ ⲛ̄ⲥⲏⲟⲩ ⲛⲓⲃⲉⲛ ⲉϣⲧⲉⲙⲉⲣ ϩⲗⲓ ⲛ̄ϩⲱⲃ ⲁⲧϭⲛⲉ ⲫⲟⲩⲱϣ
ⲙ̄ⲫϯ ⲟⲩⲟϩ ⲛ̄ⲧⲉϥϭⲱⲣⲡ ⲛⲁϥ ⲉⲃⲟⲗ ⲙ̄ⲫⲏ ⲉⲧⲣⲁⲛⲁϥ. ⲉⲧⲓ ⲇⲉ ⲉϥϣⲗⲏⲗ ϧⲉⲛ
ϩⲁⲛ ⲉⲣⲙⲱⲟⲩⲓ ⲉⲧⲟϣ ⲉⲑⲣⲉϥϣⲁϣⲛⲓ ⲉⲡⲉϥⲁⲓⲧⲏⲙⲁ⁶ ⲉⲧⲁϥϧⲱⲛⲧ ⲉⲥⲓⲛⲓ ⲛ̄ϫⲉ
ⲡⲓⲉϫⲱⲣϩ ϩⲏⲡⲡⲉ ⲓⲥ ⲟⲩⲁⲅⲅⲉⲗⲟⲥ ⲛ̄ⲧⲉ ⲡ̄ⲟⲥ ⲁϥⲟϩⲓ ⲉⲣⲁⲧϥ ⲛⲁϩⲣⲁϥ ⲟⲩⲟϩ
ⲡⲉϫⲁϥ ⲛⲁϥ ⲙ̄ⲡⲁⲓⲣⲏϯ ϫⲉ ⲁⲃⲃⲁ ⲁⲙⲟⲓ ⲡ̄ⲟⲥ ⲡⲉ ⲉⲑⲟⲩⲁϩⲥⲁϩⲛⲓ⁷ ⲛⲁⲕ ϫⲉ
ϣⲉⲡ ⲡⲁⲓⲥⲟⲛ ⲉⲣⲟⲕ ϧⲉⲛ ⲟⲩⲣⲁϣⲓ ϫⲉ ⲁⲛⲟⲕ ⲡⲉ ⲉⲧⲁⲓⲟⲩⲟⲣⲡϥ ⲙⲁⲗⲓⲥⲧⲁ ϫⲉ

détruisent toute hauteur qui s'élève sur la science vraie de Dieu, que toutes ses œuvres soient brillantes de connaissance selon la volonté de Dieu dans un ordre bon, convenable et uni à l'ordre des puissances dans l'altitude, qu'il méprise courageusement toute jouissance temporelle à cause du désir des biens durables. »

Lorsque notre père saint abba Amoi eut dit cela, il laissa dans un lieu solitaire notre père abba Jean pendant quelque temps, et notre père saint abba Amoi s'en alla dans un lieu, et il fit continuellement devant le Seigneur, toute cette nuit, des prières nombreuses et des supplications, depuis le soir jusqu'au matin, afin que le Seigneur lui révélât ce qui lui plaisait au sujet de notre père abba Jean, surtout parce que c'était sa coutume en tout temps de ne faire aucune chose sans la volonté de Dieu, afin qu'il lui révélât ce qui lui plaisait. Comme il priait encore, avec des larmes nombreuses, afin d'obtenir sa demande, lorsque la nuit était sur le point de finir, voici qu'un ange du Seigneur se tint debout près de lui et lui parla ainsi : « Abba Amoi, le Seigneur t'ordonne, disant : Reçois à toi avec joie ce frère ; car c'est moi qui

---

1. Cod. ⲗⲁⲙⲡⲓⲛ. — 2. Cod. ⲉⲥⲉⲣⲡⲣⲉⲡⲉⲓ. — 3. Cod. ⲕⲁⲧⲁⲫⲣⲟⲛⲉⲓⲛ. — 4. Cod. ⲫⲣⲟⲛⲓⲙⲟⲥ. — 5. Cod. ⲧⲉϥⲥⲩⲛⲏⲑⲉⲓⲁ. — 6. Cod. ⲉⲧⲛⲙⲁ. — 7. Cod. ⲛⲉⲟⲩⲁϩⲥⲁϩⲛⲓ.

ⲡⲉϥⲧⲁⲡ ⲛⲁϭⲓⲥⲓ ϧⲉⲛ ⲟⲩⲱⲟⲩ ⲟⲩⲟϩ ⲡⲉϥⲕⲁⲣⲡⲟⲥ ⲛⲁϣⲱⲡⲓ ⲛⲏⲓ ⲛⲟⲩⲥⲑⲟⲓ
ⲛⲟⲩϥⲓ ⲉϣⲱⲡ ⲙⲡⲁⲙⲑⲟ ϣⲁ ⲛⲓⲅⲉⲛⲉⲁ ⲧⲏⲣⲟⲩ. ⲛⲁⲓ ⲇⲉ ⲉⲧⲁϥϫⲟⲧⲟⲩ ⲛϫⲉ
ⲡⲓⲁⲅⲅⲉⲗⲟⲥ ⲁϥⲉⲣ ⲁⲑⲟⲩⲱⲛϩ ⲉⲃⲟⲗϩⲁⲣⲟϥ. ⲉⲧⲁ ϣⲱⲣⲡ ⲇⲉ ϣⲱⲡⲓ ⲁϥϧⲁ
ⲡⲉⲛⲓⲱⲧ ⲁⲃⲃⲁ ⲓⲱⲁⲛⲛⲏⲥ ⲛϫⲉ ⲡⲓϧⲉⲗⲗⲟ ⲉⲑⲟⲩⲁⲃ ⲁⲃⲃⲁ ⲁⲙⲟⲓ (-ⲓⲥ-) ⲁϥⲉⲣⲕⲁⲑⲏⲭⲓⲛ[1] ⲙⲙⲟϥ ϧⲉⲛ ⲡⲥⲁϫⲓ ⲙⲫϯ ⲟⲙⲟⲓⲱⲥ[2] ⲉϥⲟⲩⲱϩⲉⲙ ⲙⲙⲟϥ ⲉϧⲟⲩⲛ
ⲉⲡⲁⲅⲱⲛ ⲉⲑⲣⲉϥⲥⲉⲃⲧⲱⲧϥ ϧⲉⲛ ⲟⲩⲙⲉⲧϭⲉⲛⲛⲉⲟⲥ[3] ⲉⲡⲓⲃⲱⲧⲉ ⲛⲧⲉ ⲛⲓϫⲁϫⲓ
ⲛⲁⲟⲣⲁⲧⲟⲛ ϫⲉ ϩⲓⲛⲁ ⲛⲧⲉϥϣⲱⲡⲓ ⲉϥⲣⲏⲥ ⲟⲩⲟϩ ⲉϥⲉⲣⲛⲓⲫⲓⲛ[4] ⲉⲛⲓⲙⲉⲩⲓ
ⲉⲧϫⲟⲙ ⲛⲧⲉ ϯⲕⲁⲕⲓⲁ ⲛⲁⲓ ⲉⲧⲱⲗⲡ ⲙⲡⲛⲟⲩⲥ ϧⲉⲛ ⲧⲡⲁⲛⲟⲩⲣⲅⲓⲁ ⲛⲧⲟⲩ-
ⲙⲉⲧⲥⲉⲃ ϧⲉⲛ ⲛⲁⲓ ⲉϥⲧⲥⲁⲃⲟ ⲙⲙⲟϥ ⲉⲙⲟⲣϥ ⲛⲟⲩϫⲟⲙ ⲉⲡⲡⲟⲗⲉⲙⲟⲥ ⲉⲡϫⲓ
ⲛϭⲣⲟ ⲉⲡⲓⲥⲧⲣⲁⲧⲟⲡⲉⲇⲟⲛ ⲧⲏⲣϥ ⲛⲧⲉ ⲡⲓⲁⲛⲧⲓⲕⲉⲓⲙⲉⲛⲟⲥ[5]. ⲙⲉⲛⲉⲛⲥⲁ ⲛⲁⲓ ⲇⲉ
ⲛⲑⲟϥ ⲡⲉⲛⲓⲱⲧ ⲉⲑⲟⲩⲁⲃ ⲁⲃⲃⲁ ⲁⲙⲟⲓ ⲁϥϥⲉⲕ ϫⲱϥ ⲟⲩⲟϩ ⲁϥⲭⲱ ⲛⲛⲓϩⲃⲱⲥ
ⲛⲧⲉ ϯⲙⲉⲧⲙⲟⲛⲁⲭⲟⲥ ⲉⲡⲉⲥⲏⲧ ⲟⲩⲟϩ ⲁϥⲉⲣ ⲅ̅ ⲛⲉϩⲟⲟⲩ ⲛⲉⲙ ⲅ̅ ⲛⲉϫⲱⲣϩ
ⲛⲁⲑⲟⲩⲱⲙ ⲟⲩⲟϩ ⲛⲁⲑⲥⲱ ⲉϥⲟϩⲓ ⲉⲣⲁⲧϥ ⲛⲑⲟϥ ⲛⲉⲙ ⲡⲉⲛⲓⲱⲧ ⲁⲃⲃⲁ ⲓⲱⲁⲛⲛⲏⲥ
ⲉϫⲉⲛ ⲛⲓϩⲃⲱⲥ ⲉⲩϣⲗⲏⲗ ⲙⲡ̅ⲃ̅. ⲡϫⲱⲕ ⲇⲉ ⲙⲡⲓⲅ̅ ⲛⲉϩⲟⲟⲩ ⲛⲉⲙ ⲡⲓⲅ̅ ⲛⲉϫⲱⲣϩ
ⲓⲥ ⲟⲩⲁⲅⲅⲉⲗⲟⲥ ⲛⲧⲉ ⲡⲟⲥ ⲁϥⲟϩⲓ ⲉⲣⲁⲧϥ ⲛⲁϩⲣⲁⲩ ⲟⲩⲟϩ ⲁϥⲉⲣⲥⲫⲣⲁⲅⲓⲍⲓⲛ[6]
ⲛⲛⲓϩⲃⲱⲥ ⲛⲅ̅ ⲛⲥⲟⲡ ⲙⲡⲧⲩⲡⲟⲥ[7] ⲙⲡⲓⲥⲧⲁⲩⲣⲟⲥ[8] ⲛⲟⲩϫⲁⲓ ⲟⲩⲟϩ ⲁϥⲉⲣ ⲁⲑⲟⲩⲱⲛϩ
ⲉⲃⲟⲗ ϩⲁⲣⲱⲟⲩ. ⲉⲧⲁ ϣⲱⲣⲡ ⲇⲉ ϣⲱⲡⲓ ⲁϥϯ ⲛⲛⲓϩⲃⲱⲥ ϩⲓⲱⲧϥ ⲙⲡⲉⲛⲓⲱⲧ

te l'ai envoyé, surtout parce que sa corne s'élèvera avec gloire et son fruit me sera un parfum agréable en ma présence jusqu'à toutes les générations. » Lorsque l'ange lui eut dit cela, il disparut. Lorsque le matin fut arrivé, le vieillard saint abba Amoi alla vers notre père saint abba Jean, il lui catéchisa la parole de Dieu, l'invitant semblablement au combat, à se préparer avec courage à la lutte contre les ennemis invisibles, afin qu'il veillât et qu'il s'abstînt des pensées subtiles de la méchanceté qui courbent l'esprit sous la malice de leur astuce, lui apprenant ainsi à se ceindre d'une force pour la guerre, afin de vaincre toute l'armée de l'ennemi. Après cela, notre père saint abba Amoi rasa sa tête, il plaça les habits du monachisme à terre, il passa trois jours et trois nuits sans manger et sans boire, se tenant debout, lui ainsi que notre père abba Jean, sur les vêtements, priant tous les deux. Au bout de trois jours et de trois nuits, voici qu'un ange du Seigneur se tint debout près d'eux, il signa trois fois les vêtements au type de la croix salutaire et il disparut de devant eux. Lorsque le jour eut paru, abba Amoi

1. *Cod.* ⲕⲁⲑⲏⲕⲓⲛ. — 2. *Cod.* ⲟⲙⲓⲱⲥ. — 3. *Cod.* ⲅⲉⲛⲛⲉⲟⲥ. — 4. *Cod.* ⲉϥⲉⲣⲛⲓⲫⲓⲛ. — 5. *Cod.* ⲡⲁⲛⲧⲓⲕⲓⲙⲉⲛⲟⲥ. — 6. *Cod.* ⲁϥⲉⲣⲥⲫⲣⲁⲅⲓⲍⲓⲛ. — 7. *Cod.* ⲙⲡⲧⲓⲡⲟⲥ. — 8. *Cod.* ⲡⲓ𐨥.

ⲁⲃⲃⲁ ⲓⲱⲁⲛⲛⲏⲥ ⲉⲁϥϣⲟⲡϥ ⲉⲣⲟϥ ϧⲉⲛ ⲟⲩⲑⲉⲗⲏⲗ ⲙ̅ⲡⲛ̅ⲁⲧⲓⲕⲟⲛ ⲕⲁⲧⲁ ⲥⲡⲟⲩⲇⲏ ⲙⲉⲛ ⲙ̅ⲡⲁⲣⲟⲙⲟⲥ ⲛ̅ⲧⲉϥϭⲟϫⲓ ⲛⲉⲙ ⲧⲁⲕⲟⲗⲟⲩⲑⲉⲓⲁ[1] ⲛ̅ϯⲁⲣⲉⲧⲏ[2].

(-ⲓⲍ-) ⲕⲁⲗⲱⲥ ⲟⲩⲛ ⲁϥⲉⲣ ϩⲏⲧⲥ ⲛ̅ϫⲉ ⲡⲉⲛⲓⲱⲧ ⲉⲑⲟⲩⲁⲃ ⲁⲃⲃⲁ ⲓⲱⲁⲛⲛⲏⲥ ⲱ ⲛⲁⲙⲉⲛⲣⲁϯ ϧⲉⲛ ⲡ̅ⲭ̅ⲥ̅ ⲛ̅ⲉⲣⲉϥϣⲱⲡⲓ ϧⲉⲛ ⲧⲧⲁⲝⲓⲥ ⲛ̅ϯⲙⲉⲧⲣⲉϥϣⲁⲙϣⲉ ⲛⲟⲩϯ ⲉⲁϥϭⲓ ⲧⲟⲧϥ ⲉϣⲉⲙϣⲓ ⲛ̅ϣⲟⲣⲡ ϧⲉⲛ ϯⲙⲉⲧⲣⲉϥⲥⲱⲧⲉⲙ ⲉⲧϫⲏⲕ ⲉⲃⲟⲗ ϩⲱⲥ ⲙⲁⲑⲏⲧⲏⲥ ⲉⲛⲁⲛⲉϥ ⲉϥⲉⲣⲡⲣⲁⲅⲙⲁⲧⲉⲩⲉⲥⲑⲉ[3] ϧⲉⲛ ⲟⲩϩⲩⲡⲟⲧⲁⲅⲏ[4] ⲙ̅ⲙⲏⲓ ⲟⲩⲟϩ ⲉϥⲉⲣⲫⲟⲣⲉⲓⲛ[5] ⲙ̅ⲡⲓϩⲟⲡⲗⲟⲛ ⲉⲧϫⲟⲣ ⲛ̅ⲧⲉ ⲡⲓⲑⲉⲃⲓⲟ ⲫⲁⲓ ⲉⲧⲧⲁⲕⲟ ⲟⲩⲟϩ ⲉⲧϧⲟⲙϧⲉⲙ ⲛ̅ⲧⲣⲓⲍⲁ[6] ⲧⲏⲣⲥ ⲙ̅ⲫⲛⲟⲃⲓ ⲉϥⲑⲟⲩⲏⲧⲉⲛ ⲙ̅ⲙⲟϥ ⲉⲡⲉⲛⲥⲱⲧⲏⲣ ⲡ̅ⲭ̅ⲥ̅ ⲙ̅ⲡⲓⲣⲏϯ ⲉⲧⲁϥⲑⲉⲃⲓⲟϥ ⲙ̅ⲙⲁⲧⲁⲧϥ ⲉⲑⲃⲉ ⲡⲉⲛⲟⲩϫⲁⲓ ⲉⲁϥⲓ ϣⲁⲣⲟⲛ ϧⲉⲛ ⲟⲩⲙⲟⲣⲫⲏ ⲙ̅ⲃⲱⲕ ⲉⲁϥϣⲉⲙϣⲏⲧⲉⲛ ⲉⲛⲭⲏ ϧⲉⲛ ⲡϣⲱⲛⲓ ⲛⲉⲙ ⲧⲡⲗⲏⲅⲏ[7] ⲙ̅ⲫⲛⲟⲃⲓ ⲟⲩⲟϩ ⲁϥⲧⲟⲩϫⲟⲛⲧⲉⲛ ⲉⲃⲟⲗϧⲉⲛ ⲡⲧⲁⲕⲟ ⲉⲛⲙⲱⲟⲩⲧ ϧⲉⲛ ⲫⲙⲟⲩ ⲛ̅ⲛⲓⲡⲁⲑⲟⲥ. ϧⲉⲛ ⲫⲁⲓ ⲇⲉ ⲟⲛ ⲉϥⲥⲱⲟⲩⲛ ⲙ̅ⲡϩⲙⲟⲧ ⲙ̅ⲡⲓⲡ̅ⲛ̅ⲁ̅ ⲉⲑⲟⲩⲁⲃ ⲫⲏ ⲉⲧϭⲓ ⲙⲱⲓⲧ ϧⲁϫⲱϥ ⲙ̅ⲡⲉⲛⲓⲱⲧ ⲉⲑⲟⲩⲁⲃ ⲁⲃⲃⲁ ⲓⲱⲁⲛⲛⲏⲥ ϫⲉ ⲟⲩⲥⲃⲱ ⲉⲧⲉ ⲙ̅ⲡⲟⲩⲥⲁϩⲱⲥ ⲥϣⲟϣϥ ⲟⲩⲟϩ ⲛⲏ ⲉⲧⲉ ⲙ̅ⲙⲟⲛⲧⲟⲩ ⲣⲉϥⲉⲣ ϩⲉⲙⲓ ⲙ̅ⲙⲁⲩ ⲥⲉⲛⲁϩⲉⲓ ⲉⲃⲟⲗ ⲙ̅ⲫⲣⲏϯ ⲛ̅ϩⲁⲛ ϫⲱⲃⲓ ⲉⲑⲃⲉ ⲫⲁⲓ ⲟⲩⲛ ⲕⲁⲗⲱⲥ ⲁϥϭⲓ ⲁⲣⲭⲏ ⲛ̅ϫⲉ ⲡⲉⲛⲓⲱⲧ ⲉⲑⲟⲩⲁⲃ ⲁⲃⲃⲁ ⲓⲱⲁⲛⲛⲏⲥ ⲕⲁⲧⲁ ⲫⲣⲏϯ ⲉⲧⲁⲛϫⲟⲥ ϩⲛⲁⲛ ⲙⲁⲗⲓⲥⲧⲁ ⲕⲁⲧⲁ ⲧⲡⲁⲣⲁⲓⲛⲉⲥⲓⲥ[8] ⲛ̅ⲛⲓⲉⲩⲁⲅⲅⲉⲗⲓⲟⲛ ⲉⲑⲟⲩⲁⲃ (-ⲓⲏ-) ϫⲉ ⲫⲏ

revêtit des habits notre père abba Jean, il le reçut à lui avec une allégresse spirituelle, avec zèle pour la course de sa poursuite et la suite de la vertu.

Notre père saint abba Jean commença donc bellement, ô mes bien aimés, à être dans l'ordre de la religion, se mettant d'abord à servir dans une obéissance parfaite, comme un bon disciple qui travaille avec une vraie soumission et qui porte l'arme puissante, laquelle perd et brise la racine du péché, imitant notre sauveur le Christ, en la manière qu'il s'est humilié pour notre salut, étant venu vers nous sous une forme d'esclave, pour nous servir, alors que nous étions dans la maladie et la plaie du péché, et il nous a tirés de la perte, alors que nous étions morts dans la mort des passions. En cela donc aussi, connaissant par la grâce de l'Esprit-Saint qui le guidait, notre père saint abba Jean, qu'une instruction que l'on ne reprend pas est méprisable et que ceux qui n'y seront pas guidés tomberont comme des infirmes, c'est pourquoi donc, bellement, notre père saint abba Jean commença, comme nous l'avons déjà dit, surtout selon l'exhortation des Évangiles saints qui disent : « Que

---

1. *Cod.* ⲧⲁⲕⲟⲗⲟⲧⲟⲓⲁ. — 2. *Cod.* ⲛ̅ϯⲁⲣⲉ (sic). — 3. *Cod.* ⲉϥⲉⲣⲡⲣⲁⲅⲙⲁⲧⲉⲩⲥⲥⲉ. — 4. *Cod.* ϩⲓⲡⲟⲧⲁⲅⲏ. — 5. *Cod.* ⲉϥⲉⲣⲫⲟⲣⲓⲛ. — 6. *Cod.* ⲛ̅ⲧⲧⲣⲓⲍⲁ (sic). — 7. *Cod.* ⲧⲏⲗⲩⲅⲏ. — 8. *Cod.* ⲧⲡⲁⲣⲉⲛⲛⲉⲥⲓⲥ.

ⲉⲟⲟⲩϣ ⲉⲉⲣ ⲛⲓϣϯ ϧⲉⲛ ⲑⲏⲛⲟⲩ ⲙⲁⲣⲉϥⲉⲣⲇⲓⲁⲕⲟⲛⲓⲛ¹ ⲛⲱⲧⲉⲛ ⲟⲩⲟϩ ⲫⲏ
ⲉⲑⲛⲁⲑⲉⲃⲓⲟϥ ϯⲛⲁϭⲁⲥϥ ϧⲉⲛ ⲛⲁⲓ ⲅⲁⲣ ⲉⲧⲁ ⲓⲏⲥⲟⲩ ⲛⲧⲉ ⲛⲁⲩⲏ ϭⲓ ⲛϯⲇⲓⲁ-
ⲇⲟⲭⲏ² ⲙⲙⲱⲩⲥⲏⲥ ⲟⲩⲟϩ ⲉⲗⲓⲥⲥⲁⲓⲟⲥ³ ⲟⲛ ⲟⲙⲟⲓⲱⲥ⁴ ⲉⲧⲁ ⲡⲓⲡⲛⲁ ⲛⲏⲗⲓⲁⲥ
ⲕⲱⲃ ⲉϫⲱϥ ⲟⲩⲟϩ ⲃⲁⲣⲟⲩⲭ ⲇⲉ ⲟⲛ ⲛⲁϩⲣⲉⲛ ⲓⲉⲣⲉⲙⲓⲁⲥ ⲟⲩⲟϩ ⲛⲉⲛⲓⲟϯ
ⲛⲁⲡⲟⲥⲧⲟⲗⲟⲥ ⲉⲧⲁⲩⲙⲡϣⲁ ⲛϯⲙⲉⲧϣⲏⲣⲓ ⲙⲛⲟⲩϯ ϧⲉⲛ ⲡϫⲓ ⲛⲡⲓⲟⲩⲟⲩⲁⲅⲟⲩ⁵
ⲛⲥⲁ ⲫϯ ⲡⲓⲗⲟⲅⲟⲥ ⲟⲩⲟϩ ⲛⲁ ⲡⲏⲓ ⲛⲕⲗⲏⲙⲉⲛⲧⲟⲥ ⲛⲁϩⲣⲉⲛ ⲛⲁⲓ ⲕⲉⲭⲱⲟⲩⲛⲓ
ⲕⲁⲧⲁ ⲛⲁⲓ ⲉⲧⲁⲛϫⲟⲧⲟⲩ ⲛⲕⲉⲛⲑⲟⲥ ϩⲱϥ ⲡⲉⲛⲓⲱⲧ ⲉⲟⲟⲩⲁⲃ ⲁⲃⲃⲁ ⲓⲱⲁⲛⲛⲏⲥ
ⲁϥϭⲓ ⲧⲁⲧⲥⲓ ⲛⲥⲱⲟⲩ. ⲉⲑⲃⲉ ⲫⲁⲓ ⲁϥϣⲁϣⲓ ⲉⲡⲓⲙⲱⲓⲧ ⲛⲁⲧⲥⲱⲣⲉⲙ ϧⲉⲛ ⲡϫⲓ
ⲛⲟⲣⲉϥϯ ⲭⲁⲗⲓⲛⲟⲥ⁶ ⲛⲧϩⲟⲣⲙⲏ ⲙⲡⲉϥⲟⲩⲱϣ ⲛϩⲏⲧ ⲟⲩⲟϩ ⲁϥⲟⲩⲁϩϥ ⲛⲥⲁ
ⲧⲡⲁⲓⲇⲉⲩⲥⲓⲥ⁷ ⲧⲏⲣⲥ ⲙⲡⲉϥⲇⲓⲇⲁⲥⲕⲁⲗⲟⲥ ⲙⲙⲏⲓ ⲙⲫⲣⲏϯ ⲛⲧⲓⲙⲟⲑⲉⲟⲥ ⲛⲁϩⲣⲉⲛ
ⲡⲁⲩⲗⲟⲥ ϩⲱⲥⲧⲉ ⲉⲑⲣⲉϥϫⲟⲥ ϩⲱϥ ⲛⲁϩⲣⲁϥ ⲙⲫⲣⲏϯ ⲙⲡⲁⲓⲭⲉⲧ ϧⲉⲛ ⲟⲩ-
ⲉⲩⲭⲛⲱⲙⲟⲥⲩⲛⲏ⁸ ϫⲉ ⲛⲑⲟⲕ ⲇⲉ ⲁⲕⲙⲟϣⲓ ⲛⲥⲁ ⲧⲁⲙⲉⲧⲣⲉϥϯ ⲥⲃⲱ ⲡⲁⲛⲁϩϯ
ⲧⲁⲁⲅⲁⲡⲏ ⲧⲁϩⲩⲡⲟⲙⲟⲛⲏ ⲧⲁⲙⲉⲧⲣⲉϥϣⲟⲩ ⲛϩⲏⲧ ⲛⲉⲙ ⲡⲕⲉⲥⲉⲡⲓ ⲉⲑⲛⲏⲟⲩ
ⲙⲉⲛⲉⲛⲥⲁ ⲛⲁⲓ. ⲛⲑⲟϥ ⲇⲉ ⲡⲉⲛⲓⲱⲧ ⲁⲃⲃⲁ ⲁⲙⲟⲓ (-ⲓⲃ-) ϩⲱⲥ ⲉⲁⲩⲧⲉⲛϩⲟⲩⲧϥ
ⲉⲧⲇⲓⲁⲕⲟⲛⲓⲁ ⲙⲡⲁⲓϩⲱⲃ ⲉⲃⲟⲗϩⲓⲧⲉⲛ ⲫϯ ⲓⲥϫⲉⲛ ⲡⲓⲉϩⲟⲟⲩ ⲉⲧⲁϥϣⲟⲡ ⲉⲣⲟϥ
ⲙⲡⲉⲛⲓⲱⲧ ⲁⲃⲃⲁ ⲓⲱⲁⲛⲛⲏⲥ ⲉⲛⲁϥⲭⲱ ⲛⲧⲟⲧϥ ⲉⲃⲟⲗ ⲁⲛ ⲡⲉ ⲉϥⲉⲣⲡⲁⲓⲇⲉⲩⲓⲛ⁹

celui qui désire être grand parmi vous soit votre serviteur », et : « Celui qui s'humiliera, je l'élèverai ; » car c'est en cela que Jésus, fils de Navé, prit la succession de Moïse, et semblablement Élisée, lorsque l'esprit d'Élie se dédoubla sur lui, Baruch près de Jérémie, et nos pères les Apôtres qui furent dignes de devenir enfants de Dieu en suivant le Dieu Verbe, et ceux de la maison de Clément près des Apôtres[10], comme nous l'avons dit ; lui aussi, notre père saint abba Jean, marcha sur leurs traces. C'est pourquoi il atteignit le chemin qui ne fait pas errer, en donnant un frein à l'emportement de ses désirs de cœur ; il suivit tout l'enseignement de son maître, comme Timothée près de Paul, de sorte que celui-ci disait aussi près de lui, comme cet autre, dans une reconnaissance : « Toi, tu as marché selon mon enseignement, ma foi, ma charité, ma patience, ma longanimité, » et le reste qui vient après cela. Mais lui, notre père abba Amoi, comme la *diaconie* de cette chose lui avait été confiée par Dieu depuis le jour où il avait reçu notre père abba Jean, il ne cessa pas de l'instruire dans la loi du Seigneur, à l'exercer

---

1. Cod. ⲇⲓⲁⲕⲟⲛⲓⲛ. — 2. Cod. ⲛϯⲇⲓⲁⲧⲟⲭⲏ. — 3. Cod. ⲉⲗⲓⲥⲉⲟⲥ. — 4. Cod. ⲟⲛⲟⲙⲓⲱⲥ. — 5. Cod. ⲛⲟⲣⲟⲩⲁϩⲟⲩ. — 6. Cod. ⲭⲁⲗⲓⲛⲟⲥ. — 7. Cod. ⲧⲡⲉⲇⲉⲩⲥⲓⲥ. — 8. Cod. ⲉⲩⲭⲛⲟ-ⲙⲟⲥⲧⲛⲏ. — 9. Cod. ⲉϥⲉⲣⲡⲉⲇⲉⲩⲓⲛ. — 10. Mot à mot : Près de ceux-ci. Cette phrase est assez contournée, mais elle est cependant compréhensible.

ⲙⲙⲟϥ ϧⲉⲛ ⲫⲛⲟⲙⲟⲥ ⲙⲡⲟⲥ ⲟⲩⲟϩ ⲉϥⲉⲣⲅⲩⲙⲛⲁⲍⲓⲛ¹ ⲙⲙⲟϥ ⲉⲛⲭⲓ
ⲛⲧⲥⲁⲃⲟⲩ ⲉϥⲙⲉⲧⲉⲩⲥⲉⲃⲏⲥ ⲟⲩⲟϩ ⲉϥϧⲁⲥϥ ϧⲉⲛ ⲛⲉⲛϧⲓⲥⲓ ⲛⲧⲁⲣⲉⲧⲏ ϧⲉⲛ
ϯϩⲟϯ ⲛⲧⲉ ⲫϯ ⲉⲓⲧⲉ² ⲛⲓⲯⲁⲗⲙⲱⲇⲓⲁ ⲛⲉⲙ ⲛⲓϣⲣⲱⲓⲥ ⲉⲓⲧⲉ³ ⲛⲓⲁⲥⲕⲏⲥⲓⲥ
ⲉⲧϭⲟⲥⲓ ⲟⲩⲟϩ ⲉⲧϣⲁⲣϣⲉⲣ ⲉⲓⲧⲉ⁴ ⲡⲓⲱⲣϥ ⲛⲉⲙ ϯⲁⲛⲁⲭⲱⲣⲏⲥⲓⲥ ⲉⲓⲧⲉ⁵ ⲡⲓⲭⲓ
ⲛⲛⲓⲕⲟⲧ ⲉⲡⲕⲁϩⲓ ⲛⲉⲙ ⲡⲓⲭⲱⲗ ⲉⲃⲟⲗ ⲉⲓⲧⲉ⁶ ϯⲙⲉⲧⲁⲧⲟⲛⲕ ⲛⲉⲙ ⲡⲓⲭⲁ ⲣⲱϥ
ⲉⲓⲧⲉ⁷ ⲡⲓⲑⲉⲃⲓⲟ ⲛⲉⲙ ⲡⲓⲧⲟⲩⲃⲟ ⲉⲓⲧⲉ⁸ ϯⲙⲉⲧϣⲫⲏⲣ ⲛⲉⲙ ϯⲙⲉⲧⲁⲡⲗⲟⲩⲥ
ⲟⲩⲟϩ ⲧⲉⲥⲇⲓⲁⲅⲱⲅⲏ ⲧⲏⲣⲥ ⲉⲑⲣⲉϥϫⲟⲕⲥ ⲉⲃⲟⲗϧⲉⲛ ⲡⲁⲣⲉϩ ⲙⲡⲓⲥⲟϭⲛⲓ ⲉϥⲥⲱ
ⲧⲉⲙ ⲙⲙⲁϣⲱ ⲛⲁⲓ⁹ ⲉϥⲓⲣⲓ ⲙⲁⲗⲓⲥⲧⲁ ⲉⲑⲣⲉϥⲁⲣⲉϩ ⲉⲛⲉϥⲁⲓⲥⲑⲟⲛⲉⲥⲓⲥ¹⁰ ⲉⲩⲧⲟⲩ
ⲃⲏⲟⲩⲧ ⲛⲉⲙ ⲡⲉϥϩⲏⲧ ⲉⲃⲟⲗϩⲁ ⲡⲑⲱⲗⲉⲃ ⲛⲛⲓⲡⲁⲑⲟⲥ ⲉϥⲣⲱⲓⲥ ⲉⲡⲉϥⲛⲟⲉⲣⲟⲛ
ⲙⲁⲗⲓⲥⲧⲁ ⲉⲑⲃⲉ ϯⲫⲁⲛⲧⲁⲥⲓⲁ ⲛⲧⲉ ⲧϫⲓ ⲛⲟⲩⲱⲛϩ ⲛⲧⲉ ⲛⲓⲡⲛⲁ ⲓⲉ ⲛⲑⲟϥ ϩⲁⲛ
ϭⲱⲣⲡ ⲉⲃⲟⲗ ⲓⲉ ϩⲁⲛ ⲑⲉⲱⲣⲓⲁ ⲉⲑⲣⲉϥⲓⲣⲓ ϧⲉⲛ ⲟⲩⲇⲓⲁⲕⲣⲓⲥⲓⲥ¹¹ ⲙⲙⲏⲛ. ⲁϥⲧⲥⲁ
ⲃⲟϥ ⲇⲉ ⲟⲛ ⲉϫⲓ ⲙⲙⲟϣⲓ ⲉⲧⲉⲕ-(-ⲛ-)ⲕⲗⲏⲥⲓⲁ ϧⲉⲛ ⲟⲩⲙⲉⲧⲥⲁⲃⲉ ⲉϥϧⲓ ⲫⲟⲧⲉⲓ
ⲙⲙⲟϥ ⲉⲛⲟⲩⲕⲟⲩϫⲓ ϧⲉⲛ ⲟⲩⲕⲁⲧⲁⲥⲧⲁⲥⲓⲥ ⲙⲙⲉⲧⲥⲉⲙⲛⲟⲥ ⲉϥϯ ⲛϩⲑⲏϥ
ⲙⲁⲗⲓⲥⲧⲁ ϧⲉⲛ ⲑⲙⲉⲗⲉⲧⲏ ⲛⲛⲓⲅⲣⲁⲫⲏ ⲛⲛⲓϥⲓ ⲛⲧⲉ ⲫϯ ⲉϥⲥⲁϧⲛⲓ ⲉϫⲉⲛ
ⲛⲓⲁⲡⲟⲥⲧⲏⲑⲟⲛⲉⲥ¹² ϧⲉⲛ ⲟⲩⲡⲣⲟⲥⲉⲩⲭⲏ ⲛⲁⲑⲙⲟⲩⲛⲕ ⲙⲫⲣⲏϯ ⲛⲟⲩⲉⲥⲱⲟⲩ
ⲛⲗⲟⲅⲓⲕⲟⲛ ⲉϥⲥⲉⲕ ⲡⲛⲁ ⲛⲁϥ ⲉⲃⲟⲗϧⲉⲛ ⲡϩⲗⲟϫ ⲛⲛⲟⲩⲛⲟⲏⲙⲁ. ⲛⲁϥⲉⲣⲡⲣⲟ
ⲧⲣⲉⲡⲓⲛ¹³ ⲛⲁϥ ⲟⲛ ϧⲉⲛ ⲟⲩⲛⲓϣϯ ⲛⲁⲕⲣⲓⲃⲉⲓⲁ¹⁴ ⲉⲑⲣⲉϥⲕⲁϯ ⲉⲛⲛ ⲉⲧⲉϥⲛⲁ

dans l'enseignement de la piété, à l'éprouver dans les fatigues de la vertu en la crainte de Dieu, soit les psalmodies, soit les veilles, soit les ascèses fatigantes et ferventes, soit la solitude, soit la vie anachorétique, soit les kameunies avec le renoncement, soit le mépris de soi-même avec le silence, soit l'humilité avec la vertu, soit le respect avec la simplicité et toute sa suite, afin qu'il l'accomplît en gardant la résolution (prise), en écoutant beaucoup, en agissant et surtout en gardant ses sens, ainsi que son cœur, purs de toute souillure des passions, veillant surtout sur son esprit à cause des fantômes, des apparitions des esprits, ou même des révélations, des visions, pour en faire un discernement vrai. Il lui apprit aussi la marche vers l'église avec sagesse, étant un peu loin de lui dans un état de respect, donnant surtout son cœur à la méditation des Écritures inspirées par Dieu, les ruminant en sa mémoire avec une prière incessante, comme une brebis logique, attirant l'esprit à lui par la douceur de leur signification. Il l'exhortait aussi

---

1. *Cod.* ⲉϥⲉⲣⲅⲩⲙⲛⲁⲍⲏⲛ. — 2. *Cod.* ⲓⲧⲉ. — 3. *Cod.* ⲓⲧⲉ. — 4. *Cod.* ⲓⲧⲉ. — 5. *Cod.* ⲓⲧⲉ. — 6. *Cod.* ⲓⲧⲉ. — 7. *Cod.* ⲓⲧⲉ. — 8. *Cod.* ⲓⲧⲉ. — 9. *Cod.* ⲕⲉ. — 10. *Cod.* ⲥⲛⲉϥⲉⲥⲟⲛⲉⲥⲓⲥ. — 11. *Cod.* ⲟⲩⲇⲓⲁⲕⲣⲏⲥⲓⲥ. — 12. *Cod.* ⲛⲓⲁⲡⲟⲥⲑⲏⲛⲏⲥ. — 13. *Cod.* ⲛⲁϥⲉⲣⲡⲣⲟⲧⲣⲉⲡⲓⲛ. — 14. *Cod.* ⲛⲁⲕⲣⲓⲃⲉⲓⲁ.

ⲥⲟⲙⲟⲩ ϧⲉⲛ ϯⲉⲕⲕⲗⲏⲥⲓⲁ ⲉϥⲣⲱⲓⲥ ϧⲉⲛ ⲟⲩⲕⲁⲧⲁⲛⲓⲝⲓⲥ ⲛⲧⲉ ϩⲁⲛ ⲉⲣⲙⲱⲟⲩⲓ ⲁⲧϭⲛⲉ ϩⲗⲓ ⲙⲉⲩⲓ ⲛⲧⲉ ⲡⲕⲁϩⲓ. ⲁϥⲧⲥⲁⲃⲟϥ ⲇⲉ ⲟⲛ ⲉⲡϣⲓ ⲙⲡⲓⲇⲓⲕⲁⲓⲟⲛ[1] ϧⲉⲛ ⲟⲩⲇⲓⲁⲕⲣⲓⲥⲓⲥ[2] ⲁϥϣⲁⲛϣⲉⲛϥ ⲉⲑⲃⲉ ⲟⲩϩⲱⲃ ⲓⲉ ⲁϥϣⲁⲛⲥⲟϭⲛⲓ ⲇⲉ ⲉⲣⲟϥ ⲟⲛ ϣⲁϥⲭⲁϥ ⲉⲃⲟⲗϧⲉⲛ ⲟⲩϩⲩⲡⲟⲧⲁⲅⲏ[3] ⲉϥϫⲱ ⲙⲙⲟⲥ ⲛⲁϥ ϫⲉ ⲙⲏⲡⲱⲥ ⲛⲧⲉⲛⲱⲥⲕ ⲉⲛⲥⲁϫⲓ ⲡⲁϣⲏⲣⲓ ⲟⲩⲟϩ ⲛⲧⲉⲥ ⲉⲑⲛⲏϯ ⲛϫⲉ ⲟⲩϩⲟⲙⲓⲗⲓⲁ[4] ⲛϣⲙⲙⲟ ⲟⲩⲟϩ ⲛⲧⲉⲛϯ ⲟⲥⲓ ⲛⲧⲉⲛⲯⲩⲭⲏ ⲙⲁⲗⲓⲥⲧⲁ ϧⲉⲛ ⲟⲩⲛⲓϣϯ ⲛⲁⲣⲉϩ ϧⲉⲛ ϯⲉⲕⲕⲗⲏⲥⲓⲁ ϣⲁⲧⲉϥⲙⲡϣⲁ ⲛⲟⲙⲉⲧⲁⲗⲩⲯⲓⲥ ⲙⲙⲩⲥⲧⲏⲣⲓⲟⲛ ⲉⲑⲟⲩⲁⲃ. ⲉϥⲭⲏ ⲇⲉ ϧⲉⲛ ⲡⲁⲓⲉⲣⲅⲁⲥⲧⲏⲣⲓⲟⲛ ⲉⲑⲟⲩⲁⲃ ⲛⲧⲉ ϯⲁⲣⲉⲧⲏ ⲛϫⲉ ⲡⲉⲛⲡⲁⲛⲁⲅⲓⲟⲥ ⲛⲓⲱⲧ ⲁⲃⲃⲁ ⲓⲱⲁⲛⲛⲏⲥ ⲉⲩⲉⲣⲓ ⲉϥⲟⲩⲱⲓ ⲉⲣⲟϥ ϧⲉⲛ ⲡⲓⲙⲉⲣⲟⲥ ⲃ̄ ⲉⲧⲉ ⲧⲥⲃⲱ ⲙⲡⲉϥⲥⲁϩ ⲧⲉ ⲛⲉⲙ ⲑⲙⲉⲧ(-ⲛⲁ-)ⲣⲉϥϯ ⲧⲟⲧⲥ ⲛⲛⲓϩⲙⲟⲧ ⲛⲧⲉ ⲧⲫⲉ ⲉⲛⲁϥϯ ⲁⲓⲁⲓ ⲡⲉ ⲉϥⲉⲣⲡⲣⲟⲕⲟⲡⲧⲉⲓⲛ[5] ⲟⲩⲟϩ ⲉϥϭⲓ ⲟⲩⲱⲓⲛⲓ ϧⲉⲛ ⲛⲓⲕⲁⲣⲡⲟⲥ ⲛⲧⲉ ⲡⲓⲡⲛⲁ ⲉⲑⲟⲩⲁⲃ ϩⲱⲥ ⲇⲉ ⲉϥⲉⲇⲟⲛ ϧⲉⲛ ⲟⲩⲥⲩⲛⲧⲟⲙⲓⲁ[6] ⲕⲁⲧⲁ ⲧⲡⲁⲣⲁⲓⲛⲉⲥⲓⲥ[7] ⲙⲡⲉⲛⲥⲱⲧⲏⲣ ϫⲉ ⲕⲏⲛ ⲉⲡⲓⲙⲁⲑⲏⲧⲏⲥ ⲛⲧⲉϥⲉⲣ ⲙⲫⲣⲏϯ ⲙⲡⲉϥⲣⲉϥϯ ⲥⲃⲱ.

ⲙⲉⲛⲉⲛⲥⲁ ⲛⲁⲓ ⲇⲉ ⲟⲛ ⲛⲁϥϭⲱⲛⲧ ⲡⲉ ⲛϫⲉ ⲡⲉⲛⲓⲱⲧ ⲁⲃⲃⲁ ⲁⲙⲟⲓ ⲉⲉⲣⲇⲟⲕⲓⲙⲁⲍⲉⲓⲛ[8] ⲙⲡⲉⲛⲓⲱⲧ ⲁⲃⲃⲁ ⲓⲱⲁⲛⲛⲏⲥ ⲉⲣⲉ ⲡⲉϥⲟⲩⲱⲓⲛⲓ ⲉⲣ ⲟⲩⲱⲓⲛⲓ ⲙⲁⲗⲓⲥⲧⲁ ⲙⲡⲉⲙⲑⲟ ⲛⲛⲓⲣⲱⲙⲓ ϧⲉⲛ ⲑⲙⲉⲑⲙⲏⲓ ⲛⲛⲓϩⲃⲏⲟⲩⲓ ⲉⲧϩⲛⲟⲩϥ[9] ⲛⲛⲏ

avec une grande exactitude à comprendre ce qu'il avait entendu à l'église, veillant dans une grande componction de larmes, sans aucune pensée de la terre. Il lui enseignait aussi la mesure du juste avec discernement. Lorsqu'il l'interrogeait ou lorsqu'il le conseillait, il le déliait de la soumission, lui disant : « De peur que nous ne tardions en parlant, mon fils, et que ne vienne au milieu de nous une homélie étrangère et que nous n'endommagions notre âme »; surtout (il le tenait) en une grande garde dans l'église jusqu'à ce qu'il fût digne de recevoir les mystères saints. Étant dans cet atelier saint de la vertu, notre tout saint père abba Jean, comme on le labourait des deux côtés, c'est-à-dire par l'enseignement de son maître et par l'aide des grâces du ciel, il croissait en progressant et en prenant lumière dans les fruits de l'Esprit-Saint, de sorte qu'il (égala) à peu près (son maître), selon l'exhortation de notre Sauveur : « Il suffit au disciple d'être comme son maître. »

Après cela, notre père abba Amoi se mit en colère pour éprouver notre père abba Jean dont la lumière était lumineuse surtout en présence des hommes par la justice de ses œuvres pour le bien de ceux dont il devint le

---

1. *Cod.* ⲙⲡⲓⲇⲓⲕⲉⲟⲛ. — 2. *Cod.* ⲟⲩⲇⲓⲁⲕⲣⲏⲥⲓⲥ. — 3. *Cod.* ⲟⲩϩⲩⲡⲟⲧⲁⲅⲏ. — 4. *Cod.* ⲟⲩϩⲟⲙⲟⲗⲓⲁ (sic). — 5. *Cod.* ⲉϥⲉⲣⲡⲣⲟⲕⲟⲡⲧⲓⲛ. — 6. *Cod.* ⲟⲩⲥⲛⲧⲟⲙⲓⲁ. — 7. *Cod.* ⲧⲡⲁⲣⲉⲛⲉⲥⲓⲥ. — 8. *Cod.* ⲉⲉⲣⲇⲟⲕⲓⲙⲁⲍⲓⲛ. — 9. *Cod.* ⲟⲩϩⲛⲟⲩϥ.

ⲉⲧⲁϥϣⲱⲡⲓ ⲛⲟⲩϥ ⲛϭⲁⲩ ⲙⲱⲓⲧ ⲉϧⲟⲩⲛ ⲉⲡⲱⲛϧ ⲛⲉⲛⲉϩ ⲕⲁⲧⲁ ⲫⲣⲏϯ
ⲉⲧⲥϧⲏⲟⲩⲧ ⲉⲑⲃⲏⲧϥ ⲛϩⲟϥ ⲡⲉⲛⲓⲱⲧ ⲁⲃⲃⲁ ⲓⲱⲁⲛⲛⲏⲥ. ⲁϥϩⲓⲧϥ ⲉⲃⲟⲗϧⲉⲛ
ⲡⲓⲙⲁ ⲛϣⲱⲡⲓ ⲛⲟⲩⲥⲟⲡ ⲛϫⲉ ⲡⲉⲛⲓⲱⲧ ⲁⲃⲃⲁ ⲁⲙⲟⲓ ⲉϥϫⲱ ⲙⲙⲟⲥ ⲛⲁϥ ϫⲉ
ⲙⲙⲟⲛ ϣϫⲟⲙ ⲙⲙⲟⲓ ⲉϣⲱⲡⲓ ⲛⲉⲙⲁⲕ ϫⲉ ⲙⲁϣⲉ ⲛⲁⲕ ⲉⲕⲉⲙⲱⲓⲧ. ⲟⲩⲟϩ
ⲁϥϩⲓⲧϥ ⲉⲃⲟⲗ ϩⲓⲣⲉⲛ ⲡⲓⲣⲟ. ⲡⲉⲛⲓⲱⲧ ⲇⲉ ⲁⲃⲃⲁ ⲓⲱⲁⲛⲛⲏⲥ ⲁϥϩⲟⲓ ⲉϥⲉⲣ-
ϩⲩⲡⲟⲙⲉⲛⲓⲛ¹ ϩⲓⲣⲉⲛ ⲡⲣⲟ ϧⲉⲛ ⲟⲩⲙⲕⲁϩ ⲛϩⲏⲧ ⲛⲉⲙ ⲟⲩⲣⲙⲏ. ⲡⲓϧⲉⲗⲗⲟ
ⲇⲉ ⲉⲑⲟⲩⲁⲃ ⲛⲇⲟⲕⲓⲙⲁⲥⲧⲏⲥ ⲉⲡⲓϩⲟⲧⲟ ⲁⲃⲃⲁ ⲁⲙⲟⲓ ⲛⲁϥⲛⲏⲟⲩ ⲡⲉ ⲛϣⲱⲣⲡ
ⲙⲙⲏⲛⲓ ⲛⲉⲙ ⲡⲉϥϣⲃⲱⲧ ⲙⲃⲁⲓ ⲟⲩⲟϩ ⲛⲁϥϭⲟϫⲓ ⲛⲥⲱϥ ⲡⲉ ⲉϥϫⲱ ⲙⲙⲟⲥ
ⲛⲁϥ ϫⲉ ϩⲱⲗ ⲉⲃⲟⲗ ⲧⲁⲓ. ⲡⲉⲛⲓⲱⲧ ⲇⲉ ⲁⲃⲃⲁ ⲓⲱⲁⲛⲛⲏⲥ ⲛⲁϥϯ ⲙⲉⲧⲁⲛⲟⲓⲁ
ⲡⲉ ⲉϥⲡⲁϩⲧ ⲉⲡⲉⲥⲏⲧ ⲉϫⲉⲛ ⲡⲉϥϩⲟ ϧⲉⲛ ⲟⲩⲛⲓϣϯ ⲛⲑⲉⲃⲓⲟ ϧⲉⲛ ϩⲁⲛ ϯ ϩⲟ
ⲉⲧⲟϣ ⲛⲁϩⲣⲉⲛ ⲡⲉϥⲓⲱⲧ ⲉϥϫⲱ ⲙⲙⲟⲥ ⲛⲁϥ (-ⲕⲃ-) ϫⲉ ⲭⲱ ⲛⲏⲓ ⲉⲃⲟⲗ
ⲡⲁⲓⲱⲧ ⲉⲑⲟⲩⲁⲃ ⲁⲓⲉⲣ ⲛⲟⲃⲓ ϣⲟⲡⲧ ⲉⲣⲟⲕ ⲉⲑⲃⲉ ⲡⲟⲥ ⲟⲩⲟϩ ⲉⲑⲃⲉ ⲫϯ ⲙⲡⲉⲣ-
ϩⲓⲧ ⲉⲃⲟⲗϩⲁⲣⲟⲕ ⲁⲛ ⲱ ⲡⲁⲓⲱⲧ ⲉⲑⲟⲩⲁⲃ. ⲁϥⲓⲣⲓ ⲇⲉ ⲙⲡⲁⲓⲣⲏϯ ⲛⲍ ⲛⲉϩⲟⲟⲩ
ⲛⲉⲙ ⲍ ⲛⲉϫⲱⲣϩ ⲙⲡⲉϥⲟⲩⲱⲙ ⲟⲩⲇⲉ ⲙⲡⲉϥⲥⲱ ⲟⲩⲇⲉ ⲙⲡⲉϥϣⲉ ⲉϩⲗⲓ
ⲙⲙⲱⲓⲧ ⲉϥⲉⲣⲕⲁⲧⲉⲣⲓⲛ² ϧⲉⲛ ⲟⲩⲙⲉⲧⲣⲉϥϣⲟⲩ ⲛϩⲏⲧ ϩⲓⲣⲉⲛ ⲡⲓⲣⲟ ⲙⲁⲗⲓⲥⲧⲁ ϫⲉ ⲛⲁϥⲥⲱⲧⲉⲙ ⲉⲣⲟϥ ⲛϩⲟϥ ⲁⲃⲃⲁ ⲓⲱⲁⲛⲛⲏⲥ ⲛϫⲉ ⲡⲉⲛⲓⲱⲧ ⲁⲃⲃⲁ
ⲁⲙⲟⲓ ⲉϥⲉⲣⲙⲉⲗⲉⲧⲁⲛ ⲛϩⲁⲛ ⲥⲁϫⲓ ⲛⲧⲅⲣⲁⲫⲏ ⲛⲛⲓϥⲓ ⲛⲧⲉ ⲫϯ ⲉⲟⲩⲡⲁ-
ⲣⲁⲕⲗⲏⲥⲓⲥ³ ⲛⲁϥ ⲉϥϫⲱ ⲙⲙⲟⲥ ⲛⲁϥ ⲙⲙⲁⲩⲁⲧϥ ϫⲉ ⲁⲣⲓϩⲩⲡⲟⲙⲉⲛⲓⲛ⁴

guide vers la vie éternelle, selon qu'il est écrit de lui, notre père Jean. Notre père abba Amoï le mit une fois à la porte de la demeure, disant : « Je ne peux pas habiter avec toi ; va donc dans un autre endroit⁵. » Et il le jeta à la porte. Mais notre père abba Jean resta en patience près de la porte, avec douleur de cœur et larmes. Mais le vieillard saint, expérimentateur à l'excès, abba Amoï, venait chaque jour, au matin, avec son bâton de palmier et le chassait en disant : « Va-t-en d'ici ! » Mais notre père abba Jean faisait repentance, se prosternant à terre sur son visage en une grande humilité, en des prières nombreuses, près de son père, lui disant : « Pardonne-moi, mon père, j'ai péché ; reçois-moi pour le Seigneur, et pour Dieu ne me chasse pas loin de toi, ô mon père saint. » Il fit ainsi pendant sept jours et sept nuits, sans manger et sans boire, et il n'alla dans aucun endroit, persistant avec longani-mité (à rester) près de la porte, surtout parce que notre père abba Amoï l'entendait, lui abba Jean, récitant des paroles de l'Écriture inspirée par Dieu, pour sa consolation et disant tout seul : « Supporte une instruction, car quel

1. *Cod.* ⲉϥⲉⲣϩⲩⲡⲟⲙⲉⲛⲓⲛ. — 2. *Cod.* ⲉϥⲉⲣⲕⲁⲣⲧⲉⲣⲓⲛ. — 3. *Cod.* ⲉⲩⲡⲁⲣⲁⲕⲗⲏⲥⲓⲥ. —
4. *Cod.* ⲁⲣⲓϩⲩⲡⲟⲙⲉⲛⲓⲛ. — 5. Mot à mot : Un autre chemin.

ⲥⲟⲧⲥⲱ¹ ⲛⲓⲙ ⲅⲁⲣ ⲛϣⲏⲣⲓ ⲉⲧⲉ ⲙⲡⲁⲣⲉ ⲡⲉϥⲓⲱⲧ † ⲥⲃⲱ ⲛⲁϥ ⲟⲩⲟϩ ⲡⲁⲗⲓⲛ ⲟⲛ ϫⲉ ⲛϧⲣⲏⲓ ϧⲉⲛ ⲧⲉⲧⲉⲛϩⲩⲡⲟⲙⲟⲛⲏ ⲉⲣⲉⲧⲉⲛⲉϫⲫⲟ ⲛⲛⲉⲧⲉⲛⲯⲩⲭⲏ
ⲟⲩⲟϩ ⲟⲛ ϥⲏ ⲉⲑⲛⲁⲉⲣϩⲩⲡⲟⲙⲉⲛⲓⲛ² ϣⲁ ⲉⲃⲟⲗ ⲫⲁⲓ ⲡⲉ ⲡⲉⲑⲛⲁⲛⲟϩⲉⲙ.
ⲉϥϫⲟⲓ ⲇⲉ ⲉϥϣⲁⲛⲓ ϧⲉⲛ ⲛⲁⲓ ⲙⲡⲁⲓⲣⲏϯ ϧⲉⲛ ⲟⲩⲛⲁϩϯ ⲉϥϫⲏⲕ ⲉⲃⲟⲗ ⲛⲉⲙ
ⲟⲩⲙⲉⲧⲥⲁⲧ ϧⲓⲧ ⲉϥϯϣⲓⲟ ⲛϯⲕⲁⲕⲓⲁ ϣⲁ ⲡϫⲱⲕ ⲙⲡⲓⲍ ⲛⲉϩⲟⲟⲩ ⲛⲉⲙ ⲡⲓⲍ
ⲛⲉϫⲱⲣϩ ⲟⲩⲟϩ ⲁϥⲓ ⲉⲃⲟⲗ ⲛϣⲱⲣⲡ ⲛϯⲕⲩⲣⲓⲁⲕⲏ³ ⲉⲑⲟⲩⲁⲃ ⲛϫⲉ ⲡⲉⲛⲓⲱⲧ
ⲁⲃⲃⲁ ⲁⲙⲟⲓ ϫⲉ ⲁϥⲙⲁϣⲗ ⲉⲧⲉⲕⲕⲗⲏⲥⲓⲁ ⲉⲑⲟⲩⲁⲃ ⲟⲩⲟϩ ⲉⲧⲁϥϫⲟⲩϣⲧ ⲇⲉ
ⲉⲡⲥⲁ ⲛⲁⲃⲃⲁ ⲓⲱⲁⲛⲛⲏⲥ ϩⲏⲡⲡⲉ ⲁϥⲛⲁⲩ ⲉⲍ ⲛⲁⲅⲅⲉⲗⲟⲥ ⲉⲑⲟⲩⲁⲃ ⲉⲩⲉⲣ-
ⲗⲁⲙⲡⲣⲟⲫⲟⲣⲉⲓⲛ¹ ⲧⲟⲛⲱ ϧⲉⲛ ⲟⲩⲛⲓϣϯ ⲛⲱⲟⲩ (-ⲕⲥ-) ⲉⲩϥⲁⲓ ⲛⲍ ⲛⲭⲗⲟⲙ
ⲉⲩϩⲓ ⲉⲃⲣⲏϫ ⲛⲟⲩⲱⲓⲛⲓ ⲉⲃⲟⲗ ⲥⲁⲡϣⲱⲓ ⲙⲡⲉⲛⲓⲱⲧ ⲉⲑⲟⲩⲁⲃ ⲁⲃⲃⲁ ⲓⲱⲁⲛⲛⲏⲥ
ⲟⲩⲟϩ ⲉⲩⲭⲱ ⲙⲙⲱⲟⲩ ⲉⲡⲉⲥⲏⲧ ϩⲓϫⲉⲛ ⲧⲉϥⲁⲫⲉ ⲟⲩⲁⲓ ⲛⲥⲁ ⲟⲩⲁⲓ ⲙⲙⲱⲟⲩ
ⲉⲁⲩⲙⲁϩϥ ⲉⲃⲟⲗ ϧⲉⲛ ⲟⲩⲛⲓϣϯ ⲛⲉⲩⲫⲣⲟⲥⲩⲛⲏ. ⲉⲧⲁϥⲛⲁⲩ ⲇⲉ ⲉⲧⲁⲓⲑⲉⲱⲣⲓⲁ
ⲙϣⲫⲏⲣⲓ ⲛϫⲉ ⲁⲃⲃⲁ ⲁⲙⲟⲓ ⲥⲁⲧⲟⲧϥ ⲁϥϭⲟϫⲓ ⲉϧⲟⲩⲛ ⲉⲁⲃⲃⲁ ⲓⲱⲁⲛⲛⲏⲥ ϧⲉⲛ
ⲟⲩⲑⲉⲗⲏⲗ ⲉϥⲟϣ ⲟⲩⲟϩ ⲉϥϭⲓ ⲫⲉⲓ ϧⲉⲛ ⲟⲩⲣⲁϣⲓ ⲉϥⲟϣ ⲛⲉⲙ ⲟⲩⲁⲅⲁⲡⲏ ϧⲉⲛ
ⲟⲩⲁⲥⲡⲁⲥⲙⲟⲥ ⲉϥⲟⲩⲁⲃ ⲛⲧⲉ ⲡⲓⲡⲛⲁ ⲉⲑⲟⲩⲁⲃ ⲟⲩⲟϩ ⲁϥϣⲟⲡϥ ⲉⲣⲟϥ ⲟⲛ
ⲙⲉⲛⲧⲟⲓ ⲉⲁϥⲭⲁϥ ⲛⲧⲟⲧϥ ϫⲉ ⲓⲥϫⲉⲛ ⲡⲓⲉϩⲟⲟⲩ ⲉⲧⲉⲙⲙⲁⲩ ϧⲉⲛ ⲟⲩⲇⲓⲁⲑⲉⲥⲓⲥ
ⲙⲙⲉⲧⲓⲱⲧ ⲕⲁⲛ ⲓⲥϫⲉⲛ ⲙⲡⲉϥⲧⲁⲙⲟϥ ⲉⲫⲏ ⲉⲧⲁϥⲛⲁⲩ ⲉⲣⲟϥ.

est le fils que son père n'instruit pas? » et encore : « En votre patience vous posséderez vos âmes ; » et encore : « Celui qui endurera jusqu'à la fin sera sauvé. » Se tenant donc dans de telles pensées⁵ avec une foi parfaite et avec une (grande) sagesse, il fit rougir la malice jusqu'à la fin des sept jours et des sept nuits; et, au matin du saint dimanche, notre père abba Amoi sortit pour aller à l'église sainte, et, lorsqu'il eut regardé du côté d'abba Jean, voilà qu'il vit sept anges saints resplendissants grandement dans une grande gloire qui portaient sept couronnes lançant des éclairs de lumière au-dessus de notre père saint abba Jean et les déposant en bas sur sa tête, l'une après l'autre, le remplissant d'une grande joie. Et lorsque abba Amoi eut vu cette vision admirable, il courut vers abba Jean avec une grande allégresse, il le baisa, avec une joie nombreuse et charité, d'un baiser saint du Saint-Esprit et il le reçut à lui de nouveau. Et cependant, depuis ce jour, il le laissa dans une position de paternité⁶, quoiqu'il ne l'eût pas informé de ce qu'il avait vu.

---

1. Cod. ⲉⲩⲭⲱ. — 2. Cod. ⲉⲟⲛⲁⲉⲣϩⲩⲡⲟⲙⲉⲛⲓⲛ. — 3. Cod. ϯⲕⲩⲣⲓⲁⲕⲏ. — 4. Cod. ⲉⲩⲉⲣ-
ⲗⲁⲙⲡⲣⲟⲫⲟⲣⲓⲛ. — 5. Mot à mot : Dans ces choses de cette sorte. — 6. C'est-à-dire, comme je le comprends, qu'il le traita comme si Jean eût mérité le titre de père, quoiqu'il fût encore dans le rang d'un disciple.

ⲙⲉⲛⲉⲛⲥⲁ ⲛⲁⲓ ⲇⲉ ⲉϥϩⲉⲙⲥⲓ ⲛⲟⲩⲉϩⲟⲟⲩ ⲛϫⲉ ⲡⲉⲛⲓⲱⲧ ⲉⲑⲟⲩⲁⲃ ⲁⲃⲃⲁ
ⲁⲙⲟⲓ ⲛⲉⲙ ϩⲁⲛ ⲥⲛⲏⲟⲩ ⲉⲩϣⲓⲛⲓ ⲙⲙⲟϥ ⲉⲧⲙⲉⲧⲙⲟⲛⲁⲭⲟⲥ[1] ⲁϥⲙⲟⲩϯ
ⲉⲁⲃⲃⲁ ⲓⲱⲁⲛⲛⲏⲥ ⲡⲉϫⲁϥ ⲛⲁϥ ϫⲉ ⲓⲱⲁⲛⲛⲏⲥ ⲡⲁϣⲏⲣⲓ ⲁⲙⲟⲩ ⲙⲁⲧⲁⲙⲉ
ⲛⲓⲥⲛⲏⲟⲩ ⲉⲧⲙⲉⲧⲙⲟⲛⲁⲭⲟⲥ[2]. ⲁϥⲉⲣ ⲟⲩⲱ ⲛϫⲉ ⲁⲃⲃⲁ ⲓⲱⲁⲛⲛⲏⲥ ϧⲉⲛ ⲟⲩⲛⲓϣϯ ⲛⲑⲉⲃⲓⲟ ⲡⲉϫⲁϥ ⲛⲁⲃⲃⲁ ⲁⲙⲟⲓ ϫⲉ ⲭⲱ ⲛⲏⲓ ⲉⲃⲟⲗ ⲡⲁⲓⲱⲧ ⲉⲑⲟⲩⲁⲃ
ⲫϯ ⲛⲉⲙ ⲛⲉϥⲁⲅⲅⲉⲗⲟⲥ ⲉⲑⲛⲁϭⲓ ⲙⲱⲓⲧ ⲛⲁⲛ ⲧⲏⲣⲟⲩ. ⲡⲉϫⲉ ⲁⲃⲃⲁ ⲁⲙⲟⲓ
ⲛⲁⲃⲃⲁ ⲓⲱⲁⲛⲛⲏⲥ ϫⲉ ⲥⲉ ⲡⲁϣⲏⲣⲓ ⲥⲱⲧⲉⲙ ⲛⲥⲱⲓ. ⲛⲑⲟϥ ⲇⲉ ⲁⲃⲃⲁ ⲓⲱⲁⲛⲛⲏⲥ
ⲉϥⲓⲏⲥ ⲉⲥⲱⲧⲉⲙ (-ⲕⲁ-) ⲟⲩⲟϩ ⲉϫⲱⲕ ⲉⲃⲟⲗ ⲙⲫⲟⲩⲁϩⲥⲁϩⲛⲓ ⲙⲡⲉϥⲣⲉϥϯ
ⲥⲃⲱ ⲥⲁⲧⲟⲧϥ ⲁϥⲃⲁϣϥ ⲛⲛⲉϥϩⲃⲱⲥ ⲉⲧⲧⲟⲓ ϩⲓⲱⲧϥ ⲟⲩⲟϩ ⲁϥⲣⲓⲧⲟⲩ ⲥⲁ ⲡⲉⲥⲏⲧ
ⲛⲛⲉϥϭⲁⲗⲁⲩϫ ⲟⲩⲟϩ ⲁϥⲟϩⲓ ⲉⲣⲁⲧϥ ϩⲓϫⲱⲟⲩ ⲉϥⲃⲏϣ ⲉⲃⲟⲗ. ⲡⲓϧⲉⲗⲗⲟ
ⲇⲉ ⲉⲑⲟⲩⲁⲃ ⲁⲃⲃⲁ ⲁⲙⲟⲓ ⲁϥⲉⲣ ϣⲫⲏⲣⲓ ⲙⲙⲟϥ ⲛⲉⲙ ⲛⲓⲥⲛⲏⲟⲩ ⲟⲩⲟϩ
ⲡⲉϫⲉ ⲁⲃⲃⲁ ⲁⲙⲟⲓ ⲛⲁϥ ϫⲉ ⲓⲱⲁⲛⲛⲏⲥ ⲟⲩ ⲡⲉ ⲫⲁⲓ ⲉⲧⲁⲕⲁⲓϥ. ⲡⲉϫⲁϥ ϫⲉ
ⲉⲃⲏⲗ ⲛⲧⲉ ⲡⲓⲣⲱⲙⲓ ⲃⲁϣϥ ⲙⲡⲱⲟⲩ ⲧⲏⲣϥ ⲙⲡⲁⲓⲕⲟⲥⲙⲟⲥ ⲟⲩⲟϩ ⲛⲧⲉϥ-
ϩⲱⲙⲓ ⲉϫⲉⲛ ⲛⲉϥⲟⲩⲱϣ ⲛϩⲏⲧ ⲧⲏⲣⲟⲩ ⲙⲡⲁⲓⲣⲏϯ ⲙⲙⲟⲛ ϣϫⲟⲙ ⲟⲛ
ⲉⲉⲣ ⲙⲟⲛⲁⲭⲟⲥ[3] ⲕⲁⲧⲁ ⲫⲟⲩⲱϣ ⲙⲫϯ. ⲟⲩⲟϩ ⲁϥⲉⲣ ⲟⲩⲱ ⲛϫⲉ ⲡⲓϧⲉⲗⲗⲟ
ⲛⲉⲙ ⲛⲓⲥⲛⲏⲟⲩ ⲉⲩϫⲱ ⲙⲙⲟⲥ ϫⲉ ⲧⲁⲫⲙⲏⲓ ⲫⲁⲓ ⲡⲉ ⲡⲓⲙⲱⲓⲧ ⲛⲧⲉ ⲡⲓⲟⲩϫⲁⲓ ⲕⲁⲓ ⲅⲁⲣ[4] ⲕⲁⲧⲁ ⲧⲫⲱⲛⲏ ⲙⲡⲉⲛⲥⲱⲧⲏⲣ ⲙⲙⲟⲛ ϣϫⲟⲙ ⲛⲉⲣ ⲃⲱⲕ ⲛⲟⲥ ⲃ̄

Après cela, un jour, notre père saint abba Amoï étant assis avec des
frères qui l'interrogeaient sur le monachisme, il appela abba Jean et lui dit :
« Jean, mon fils, viens, apprends aux frères (ce qu'est) le monachisme. »
Abba Jean prit la parole avec une grande humilité, il dit à abba Amoï : « Pardonne-moi, mon père, c'est Dieu avec ses anges qui nous guidera tous. »
Abba Amoï dit à abba Jean : « Oui, mon fils, obéis-moi. » Quant à lui, abba
Jean, se hâtant d'obéir et d'accomplir l'ordre de son maître, aussitôt il se
dépouilla des vêtements qu'il avait sur lui, il les jeta sous ses pieds et il
se tint debout sur eux, tout nu. Mais le vieillard saint l'admira avec les
frères. Et abba Amoï lui dit : « Jean, qu'est-ce que tu as fait ? » Il lui dit :
« Si l'homme ne se dépouille pas de toute gloire de ce monde et ne foule
pas ainsi aux pieds tous les désirs de son cœur, il ne lui est pas possible
d'être moine selon le désir de Dieu. » Et le vieillard prit la parole avec les
frères disant : « En vérité, c'est le chemin du salut; car, selon la parole de
notre Sauveur, il n'est point possible de servir deux maîtres, ni de croire

1. *Cod.* ⲉⲧⲙⲉⲧⲙⲟⲛⲁⲭⲟⲥ. — 2. *Cod.* ⲉϯⲙⲉⲧⲙⲟⲩⲛⲁⲭⲟⲥ. — 3. *Cod.* ⲙⲟⲛⲁⲭⲟⲥ. —
4. *Cod.* ⲕⲉ ⲅⲁⲣ.

ⲟⲩⲇⲉ ⲉⲛⲁϥϯ ⲉⲙⲟⲩϯ ⲃ̄. ⲟⲩⲟϩ ⲉⲧⲁⲩϫⲉⲙ ϩⲏⲟⲩ ⲛⲟⲩⲙⲏϣ ⲁⲩϣⲉ ⲛⲱⲟⲩ.

ⲉϥϩⲉⲙⲥⲓ ⲟⲛ ⲛⲟⲩⲉϩⲟⲟⲩ ϧⲉⲛ ⲧⲉϥⲣⲓ ⲛϫⲉ ⲁⲃⲃⲁ ⲁⲙⲟⲓ ⲁⲩⲓ ϩⲁⲣⲟϥ ⲛϫⲉ ϩⲁⲛⲥⲛⲟⲩ ⲉⲩϣⲓⲛⲓ ⲙⲙⲟϥ ⲉⲑⲃⲉ ⲫⲛⲟϩⲉⲙ ⲛⲛⲟⲩⲯⲩⲭⲏ ⲟⲩⲟϩ ⲁϥⲟⲩⲟⲣⲡⲟⲩ ⲛⲁⲃⲃⲁ ⲓⲱⲁⲛⲛⲏⲥ ⲡⲉϥⲙⲁⲑⲏⲧⲏⲥ ⲉⲑⲣⲉϥⲥⲁϫⲓ ⲛⲉⲙⲱⲟⲩ. ⲛⲑⲟϥ ⲇⲉ ⲁⲃⲃⲁ ⲓⲱⲁⲛⲛⲏⲥ ϩⲓⲧⲉⲛ ⲧϫⲱⲣⲛⲓⲁ ⲙⲡⲓⲡⲛⲁ ⲉⲑⲟⲩⲁⲃ ⲉⲧϣⲟⲡ ⲛϧⲏⲧϥ (-ⲕⲉ-) ⲉⲛⲁϥⲉⲣ ⲟⲩⲱ ⲛⲱⲟⲩ ⲧⲏⲣⲟⲩ ⲡⲉ ⲉϥϩⲱⲧ ⲙⲡⲟⲩϩⲏⲧ ⲫⲟⲩⲁⲓ ⲫⲟⲩⲁⲓ ⲙⲙⲱⲟⲩ ⲉϥϯ ⲛⲱⲟⲩ ⲛⲟⲩⲑⲱⲧ ⲛϩⲏⲧ ⲛⲉⲙ ⲟⲩⲛⲟⲙϯ ϧⲉⲛ ⲡⲟⲥ. ⲉⲩⲕⲱϯ ⲇⲉ ⲉⲣⲟϥ ⲛϫⲉ ⲛⲓⲥⲛⲟⲩ ⲁϥⲓ ⲛϫⲉ ⲟⲩⲛⲓϣϯ ⲛϧⲉⲗⲗⲟ ⲙⲁⲗⲓⲥⲧⲁ ⲛⲁⲟⲕⲓⲙⲁⲥⲧⲟⲥ ⲉⲡⲓϩⲟⲩⲟ ⲟⲩⲟϩ ⲡⲉϫⲁϥ ⲛⲁⲃⲃⲁ ⲓⲱⲁⲛⲛⲏⲥ ϧⲉⲛ ⲑⲙⲏϯ ⲛⲛⲓⲥⲛⲟⲩ ϫⲉ ⲓⲱⲁⲛⲛⲏⲥ ⲉⲕⲟⲛⲓ ϯⲛⲟⲩ ⲛⲟⲩⲡⲟⲣⲛⲏ ⲉⲥϩⲉⲙⲥⲓ ⲟⲩⲟϩ ⲉⲥⲥⲟⲗⲥⲉⲗ ⲙⲙⲟⲥ ⲟⲩⲟϩ ⲉⲥⲑⲣⲟ ⲛⲛⲉⲥⲛⲱⲓⲕ ⲁϣⲁⲓ. ⲁϥⲉⲣ ⲟⲩⲱ ⲛϫⲉ ⲁⲃⲃⲁ ⲓⲱⲁⲛⲛⲏⲥ ϧⲉⲛ ⲟⲩⲑⲉⲃⲓⲟ ⲟⲩⲟϩ ⲡⲉϫⲁϥ ⲛⲁϥ ϫⲉ ⲁⲕϫⲉ ⲙⲉⲑⲙⲏⲓ ⲡⲁⲓⲱⲧ ⲉⲑⲟⲩⲁⲃ ⲙⲙⲟⲛ ⲕⲉⲣⲏϯ ⲁⲛ ⲫϯ ⲅⲁⲣ ⲁϥϭⲱⲣⲡ ⲙⲫⲁⲓ ⲛⲁⲕ ⲉⲃⲟⲗ. ⲙⲉⲛⲉⲛⲥⲁ ⲛⲁⲓ ⲇⲉ ⲉⲛⲁϥⲓ ϩⲁⲣⲟϥ ⲛϫⲉ ⲡⲉⲛⲓⲱⲧ ⲉⲑⲟⲩⲁⲃ ⲁⲃⲃⲁ ⲁⲙⲟⲓ ⲟⲩⲟϩ ⲡⲉϫⲁϥ ⲛⲁϥ ϫⲉ ⲓⲱⲁⲛⲛⲏⲥ ϩⲁⲣⲁ ⲙⲡⲉ ⲥⲁϧⲟⲩⲛ ⲙⲙⲟⲕ ϣⲑⲟⲣⲧⲉⲣ ⲉⲑⲃⲉ ⲡⲁⲓⲥⲁϫⲓ. ⲟⲩⲟϩ ⲡⲉϫⲉ ⲁⲃⲃⲁ ⲓⲱⲁⲛⲛⲏⲥ ⲛⲁϥ ϫⲉ ⲙⲫⲏ ⲡⲁⲓⲱⲧ ⲁⲗⲗⲁ ⲙⲫⲣⲏϯ ⲙⲡⲁⲥⲁⲃⲟⲗ ⲡⲁⲓⲣⲏϯ ⲟⲛ ⲡⲉ ⲡⲁⲕⲉⲥⲁϧⲟⲩⲛ ϩⲓⲧⲉⲛ ⲫⲏ ⲉⲧϯ ϫⲟⲙ ⲛⲏⲓ ⲡⲭ̄ⲥ̄.

ⲉϥϣⲓⲛⲓ ⲇⲉ ⲟⲛ ⲙⲡⲉⲛⲓⲱⲧ ⲉⲑⲟⲩⲁⲃ ⲁⲃⲃⲁ ⲓⲱⲁⲛⲛⲏⲥ ⲛⲟⲩⲥⲟⲡ ⲇⲓⲁⲕⲣⲓⲧⲓ-

en deux dieux. » Et lorsqu'ils eurent beaucoup profité[1] ils s'en allèrent.

Abba Amoi étant assis un jour dans sa cellule, des frères vinrent à lui, l'interrogeant sur le salut de leurs âmes, et il les renvoya à son disciple abba Jean, afin que celui-ci leur parlât. Mais lui, abba Jean, par l'aide de l'Esprit-Saint qui était en lui, leur répondait à tous, persuadant le cœur de chacun d'eux, leur donnant la persuasion du cœur et l'encouragement dans le Seigneur. Comme les frères l'entouraient, il vint un vieillard qui était surtout un (homme) très éprouvé, et il dit à abba Jean au milieu des frères : « Jean, tu ressembles maintenant à une courtisane qui est assise et qui se pare, et qui multiplie ses adultères. » Abba Jean répondit avec humilité et lui dit : « Tu as dit la vérité, ô mon père saint, ce n'est point autrement; car Dieu te l'a révélé. » Après cela, notre père saint abba Amoi alla vers lui et lui dit : « Jean, est-ce que ton intérieur n'est pas troublé à cause de cette parole ? » Abba Jean lui dit : « Non, mon père; comme est mon extérieur, ainsi mon intérieur, grâce à celui qui me donne la force, le Christ. »

Notre père saint abba Amoi interrogeant aussi notre père saint abba Jean

---

1. Mot à mot : Lorsqu'ils eurent trouvé profit en de nombreuses choses.

ⲕⲱⲥ ⲛ̀ϫⲉ ⲡⲉⲛⲓⲱⲧ ⲉⲑⲟⲩⲁⲃ ⲁⲃⲃⲁ ⲁⲙⲟⲓ ⲉϥϫⲓ ⲣⲱⲟⲩϣ ⲉⲉⲙⲓ ⲉⲧⲕⲁⲧⲁⲥⲧⲁⲥⲓⲥ
ⲙⲡⲉϥⲗⲟⲅⲓⲥⲙⲟⲥ ⲛⲉⲙ ⲛⲓⲕⲓⲛⲏⲥⲓⲥ[1] ⲛ̀ⲧⲉ ⲧⲉϥⲯⲩⲭⲏ ϫⲉ ⲉⲧⲟⲓ ⲛⲁϣ ⲛ̀ⲣⲏϯ
ⲟⲩⲟϩ ⲡⲉϫⲉ ⲁⲃⲃⲁ ⲓⲱⲁⲛⲛⲏⲥ ⲛⲁⲃⲃⲁ ⲁⲙⲟⲓ (-ⲕⲥ-) ϫⲉ ⲁⲛⲟⲕ ⲉⲓⲟⲓ ⲙ̀ⲫⲣⲏϯ
ⲛⲟⲩⲁⲓ ⲉϥⲥⲁⲡⲉⲥⲏⲧ ⲛⲟⲩϣϣⲏⲛ ⲉϥϭⲟⲥⲓ ⲉⲙⲁϣⲱ ⲉϥⲛⲁⲩ ⲉⲛⲓⲑⲏⲣⲓⲟⲛ ⲛⲉⲙ
ⲛⲓϩⲁⲧϥⲓ ⲉⲧⲏⲛⲟⲩ ⲉϫⲱϥ ⲟⲩⲟϩ ⲁϥϣⲧⲉⲙϫⲉⲙϫⲟⲙ ⲛⲟϩⲓ ⲉⲣⲁⲧϥ ⲟⲩⲃⲏⲟⲩ
ϣⲁϥⲫⲱⲧ ⲉϩⲣⲏⲓ ⲉⲡⲓϣϣⲏⲛ ⲟⲩⲟϩ ϣⲁϥⲛⲟϩⲉⲙ ⲡⲁⲓⲣⲏϯ ⲁⲛⲟⲕ ϩⲱ
ⲡⲁⲓⲱⲧ ⲉⲑⲟⲩⲁⲃ ϯϩⲉⲙⲥⲓ ϧⲉⲛ ⲧⲁⲣⲓ ⲟⲩⲟϩ ϯⲛⲁⲩ ⲉⲛⲓⲙⲉⲩⲓ ⲧⲏⲣⲟⲩ ⲛ̀ⲧⲉ
ⲛⲓϩⲁϫⲓ ⲉⲧϩⲱⲟⲩ ⲉⲧⲛⲏⲟⲩ ϯⲫⲏⲧ ϧⲁ ϯⲥⲕⲉⲡⲏ ⲛⲉⲙ ϯϩⲉⲗⲡⲓⲥ ⲛ̀ⲧⲉ ⲑⲃⲟⲏⲑⲉⲓⲁ ⲙ̀ⲫϯ ⲉⲃⲟⲗϩⲓⲧⲉⲛ ϯⲡⲣⲟⲥⲉⲩⲭⲏ ⲟⲩⲟϩ ϯⲛⲟϩⲉⲙ ⲛ̀ⲧⲟⲧϥ ⲙⲡⲓϫⲁϫⲓ
ϣⲁ ⲉⲛⲉϩ.

ⲉϥϫⲟⲛϣ ⲇⲉ ⲉⲃⲟⲗ ⲛⲟⲩⲉϩⲟⲟⲩ ϧⲉⲛ ⲡϭⲓ ϣϣⲱⲟⲩ ⲛ̀ⲛⲓⲁⲅⲁⲑⲟⲛ ⲛⲁⲓⲱⲛⲓⲟⲛ[2]
ⲉⲁⲩϣⲉⲛϥ ⲇⲉ ⲟⲛ ⲛ̀ⲑⲟϥ ⲙⲡⲉⲛⲓⲱⲧ ⲁⲃⲃⲁ ⲓⲱⲁⲛⲛⲏⲥ ⲟⲙⲟⲓⲱⲥ[3] ⲛ̀ϫⲉ ϩⲁⲛ
ⲥⲛⲏⲟⲩ ϧⲉⲛ ⲟⲩⲇⲟⲕⲓⲙⲁⲥⲓⲁ[4] ⲉⲩⲟⲩⲱϣ ⲉⲉⲙⲓ ϫⲉ ⲉⲣⲉ ⲛⲉϥⲙⲉⲩⲓ ⲛⲑⲱⲛ
ⲡⲉϫⲱⲟⲩ ⲛⲁϥ ϫⲉ ⲁⲃⲃⲁ ⲓⲱⲁⲛⲛⲏⲥ ⲁ ⲧⲫⲉ ϩⲱⲟⲩ ⲛ̀ⲣⲟⲙⲡⲓ ⲛⲓⲃⲉⲛ ⲛ̀ⲧⲉ
ⲡⲓϩⲉⲗⲟⲥ ⲛⲁⲉⲣ ϣⲁⲩ ⲛⲓⲥⲛⲏⲟⲩ ⲛⲁϫⲉⲙ ⲡⲟⲩϩⲱⲃ ⲛ̀ϫⲓϫ. ⲁϥⲉⲣ ⲟⲩⲱ ⲛ̀ϫⲉ
ⲁⲃⲃⲁ ⲓⲱⲁⲛⲛⲏⲥ ⲡⲉϫⲁϥ ⲛ̀ⲛⲓⲥⲛⲏⲟⲩ ϫⲉ ⲡⲁⲓⲣⲏϯ ϩⲱϥ ⲡⲓⲡ̅ⲛ̅ⲁ̅ ⲉⲑⲟⲩⲁⲃ
ⲁϥϣⲁⲛⲓ ⲉϩⲣⲏⲓ ⲉϫⲉⲛ ϯⲯⲩⲭⲏ ϣⲁϥⲉⲣⲉⲥⲟⲩⲱϣ ϧⲉⲛ ⲫⲟⲩⲱⲛⲓ ⲛ̀ⲧⲁⲣⲉⲧⲏ.
ⲟⲩⲟϩ ⲡⲉϫⲉ ⲛⲓⲥⲛⲏⲟⲩ ⲛⲁϥ ϫⲉ ⲉⲣⲉ ⲡⲉⲕⲙⲉⲩⲓ ⲛⲑⲱⲛ. ⲛⲑⲟϥ ⲇⲉ ⲡⲉϫⲁϥ

d'une manière diacritique, voulant savoir l'état de ses pensées et des mouvements de son âme, de quelle sorte ils étaient, abba Jean dit à abba Amoi : « Je suis comme quelqu'un qui est au-dessous d'un arbre très élevé et qui voit les bêtes et les serpents venir sur lui ; comme il ne peut se tenir debout contre eux[5], il fuit dans l'arbre et se sauve ; ainsi, moi, mon père saint, je suis assis dans ma cellule et je vois toutes les pensées mauvaises qui viennent ; je suis sous la protection et l'espoir du secours de Dieu et je me sauve de la main de l'ennemi jusqu'à l'éternité. »

Fixé attentivement un jour dans le désir des biens célestes, des frères, qui interrogeaient semblablement abba Jean pour l'éprouver, voulant savoir où étaient ses pensées, lui dirent : « Jean, le ciel a plu cette année, les palmiers du ouady seront fertiles et les frères trouveront leur travail manuel. » Abba Jean répondit, il dit aux frères : « Ainsi, si l'Esprit-Saint descend dans une âme, il fait qu'elle veut dans la lumière de la vertu. » Et les frères lui dirent :

1. Cod. ⲛⲓⲕⲏⲛⲏⲥⲓⲥ. — 2. Cod. ⲛⲉⲱⲛⲓⲟⲛ. — 3. Cod. ⲟⲙⲱⲥ. — 4. Cod. ⲟⲩⲇⲟⲕⲓⲙⲁⲍⲓⲁ.
— 5. C'est-à-dire : Leur livrer combat.

ⲛⲟⲟⲩ ⲇⲉ ⲡⲁⲙⲉϩⲓ ⲙⲡϣⲱⲓ (-ⲕ̄ⲍ̄-) ⲡⲁⲕⲁϯ ⲇⲉ ⲥⲁⲡⲉⲥⲏⲧ ⲙⲡⲓⲥⲱⲛⲧ ⲧⲏⲣϥ.
ⲡⲉⲛⲓⲱⲧ ⲇⲉ ⲁⲃⲃⲁ ⲓⲱⲁⲛⲛⲏⲥ ⲉϥϭⲟϫⲓ ⲉⲡϭⲓⲥⲓ ⲉϥ ▓▓ⲛ ⲡⲁⲣⲟⲙⲟⲥ ⲛⲧⲁⲣⲉⲧⲏ ⲟⲩⲥⲱⲓⲧ ⲉⲛⲁⲛⲉϥ ⲁϥϣⲱⲡⲓ ϧⲉⲛ ⲛⲉⲛⲓⲟϯ ⲧⲏⲣⲟⲩ ⲉⲑⲃⲏⲧϥ ϫⲉ ⲁϥϭⲓⲥⲓ
ϧⲉⲛ ϯⲁⲣⲉⲧⲏ ⲉϩⲟⲧⲉ ⲟⲩⲙⲏϣ ⲛ̄ϧⲏⲧⲟⲩ ⲟⲩⲟϩ ⲛⲁϥⲟⲩⲱϣ ⲡⲉ ⲉⲉⲙⲓ ⲉⲡϫⲱⲕ
ⲙⲡⲓϩⲱⲃ ϩⲓⲧⲉⲛ ⲧⲡⲓⲣⲁ¹ ⲛⲛⲓϩⲃⲏⲟⲩⲓ ⲟⲩⲟϩ ⲉϣⲱⲡⲓ ⲛⲕⲏⲣⲩⲝ² ⲗⲟⲓⲡⲟⲛ ⲛⲧⲉ
ⲑⲙⲉⲧⲥⲁⲓⲉ ⲙⲡⲟⲩⲧⲁϩ ⲙⲡⲓϣϣⲏⲛ ⲉⲑⲛⲁⲛⲉϥ ϧⲉⲛ ⲟⲩⲥⲟϫⲛⲓ ⲛ̄ⲧⲱⲟⲩ ⲧⲏⲣⲟⲩ
ⲛⲟⲩⲱⲩ ⲛⲉⲛⲓⲟϯ ⲛⲉⲙ ⲡϯ ⲙⲁϯ ⲙⲡⲉⲛⲓⲱⲧ ⲁⲃⲃⲁ ⲁⲙⲟⲓ ⲉϥⲛⲟⲩ ⲇⲉ ⲉϯⲉⲕⲕⲗⲏⲥⲓⲁ ⲛⲟⲩⲉϩⲟⲟⲩ ⲉϭⲓ ⲡⲣⲟⲥⲫⲟⲣⲁ ⲛϫⲉ ⲡⲉⲛⲓⲱⲧ ⲉⲑⲟⲩⲁⲃ ⲁⲃⲃⲁ ⲓⲱⲁⲛⲛⲏⲥ
ⲁ ⲟⲩⲛⲓϣϯ ⲛ̄ⲁⲟⲕⲓⲙⲟⲥ ⲉⲃⲟⲗϧⲉⲛ ⲛⲉⲛⲓⲟϯ ⲟⲩⲟϩ ⲛⲁϥϭⲟⲥⲓ ⲡⲉ ϧⲉⲛ ⲧⲉϥ-
ⲡⲟⲗⲓⲧⲉⲓⲁ³ ⲁϥⲧⲱⲟⲩⲛ ⲁϥϯ ⲛⲟⲩϣⲉ ⲛⲕⲟⲩⲣ ϧⲉⲛ ⲡⲣⲟ ⲛⲁⲃⲃⲁ ⲓⲱⲁⲛⲛⲏⲥ
ⲟⲩⲟϩ ⲁϥⲃⲉⲣⲃⲱⲣϥ ⲉⲃⲟⲗϧⲉⲛ ϯⲉⲕⲕⲗⲏⲥⲓⲁ ⲉϥϫⲱ ⲙⲙⲟⲥ ⲛⲁϥ ϫⲉ ⲫⲁⲓ
ⲡⲉ ⲡⲛⲁⲩ ⲛⲓ ⲉϯⲉⲕⲕⲗⲏⲥⲓⲁ ⲡⲓⲕⲟⲗⲟⲃⲟⲥ ⲛⲁⲧϣⲁⲩ ϩⲱⲗ ⲉⲃⲟⲗ ⲧⲁⲓ. ⲉⲧⲁⲩ-
ϩⲓⲧϥ ⲟⲩⲛ ⲉⲃⲟⲗ ⲡⲉⲛⲓⲱⲧ ⲇⲉ ⲁⲃⲃⲁ ⲁⲙⲟⲓ ⲛⲉⲙ ⲕⲉⲃ̄ ⲛⲛⲓϣϯ ⲛϧⲉⲗⲗⲟ ⲉⲃⲟⲗϧⲉⲛ ⲛⲉⲛⲓⲟϯ ⲁⲩⲙⲟϣⲓ ⲛⲥⲱϥ ϣⲁ ⲡⲓⲙⲁ ⲛϣⲱⲡⲓ ⲉⲑⲣⲟⲩⲉⲙⲓ ϫⲉ ⲁϥⲛⲁⲉⲣ
ⲟⲩ ⲙⲁⲗⲓⲥⲧⲁ ϧⲉⲛ ⲡⲭⲓ ⲛⲉⲣⲟⲩϣⲉⲛϥ ϫⲉ ϩⲁⲣⲁ ⲟⲩ ⲡⲉ ⲉⲧⲉϥⲛⲁϫⲟϥ ⲛⲱⲟⲩ
ⲓⲉ ⲟⲩ ⲡⲉ ⲉⲧⲉϥⲛⲁⲁⲓϥ. (-ⲕ̄ⲏ̄-) ⲟⲩⲟϩ ⲛⲁⲩϫⲱ ⲙⲙⲟⲥ ⲛⲱⲟⲩ ⲛⲉⲛⲓⲟϯ ϫⲉ
ⲉϣⲱⲡ ϩⲟⲗⲱⲥ ⲛⲧⲉϥⲉⲣ ⲫⲙⲉⲩⲓ ⲟⲩⲛ ⲛϩⲗⲓ ⲛⲛⲏ ⲉⲧⲁⲩϣⲱⲡⲓ ⲛⲧⲉϥϫⲟⲛⲧ ⲓⲉ

« Où est ton esprit? » Il leur dit: « Ma pensée est en haut et mon intelligence au-dessous de toute créature. »

Mais notre père abba Jean courant vers les hauteurs, (comme il était) dans la carrière de la vertu, une bonne renommée exista à son sujet parmi tous les pères; (on disait) qu'il était élevé dans la vertu plus qu'une foule d'entre eux. Voulant savoir la fin de cette chose par l'épreuve des œuvres et être ensuite les hérauts de la beauté du fruit du bon arbre, étant tous d'accord, nos pères, avec le consentement de notre père abba Amoi, comme notre père saint abba Jean allait un jour à l'église pour recevoir l'offrande, il y avait un grand *éprouveur* parmi les frères, élevé dans ses dévotions; il se leva, il donna un soufflet sur le visage d'abba Jean et le jeta en dehors de l'église, en disant : « Est-ce l'heure de venir à l'église, indigne Kolobos? Va-t-en d'ici. » Lorsqu'ils l'eurent chassé, notre père abba Amoi et deux autres grands vieillards parmi les pères le suivirent jusqu'à l'habitation afin de voir ce qu'il ferait, et surtout ce qu'il dirait si on l'interrogeait, ou ce qu'il ferait. Et eux, les pères, disaient: « S'il se rappelle seulement quelque chose de ce qui est

---

1. *Cod.* ⲧⲡⲓⲣⲁ. — 2. *Cod.* ⲛⲕⲧⲣⲓⲝ. — 3. *Cod.* ⲧⲉϥⲡⲟⲗⲓⲧⲓⲁ.

ⲛⲧⲉϥϫⲉⲙ ⲁⲣⲓⲕⲓ ⲓⲉ ⲟⲩⲁⲓ ϩⲱϥ ⲡⲉ ⲙⲡⲉⲛⲣⲏϯ ⲉⲙⲏⲧⲓ¹ ⲉⲁϥϭⲓ ⲛⲟⲩⲉⲃϣⲓ
ⲛⲧⲱⲟⲩ ⲓⲉ ⲁϥϭⲓⲥⲓ ⲉϩⲟⲧⲉⲣⲟⲛ. ⲉⲧⲁⲩⲫⲟϩ ⲇⲉ ⲉϥⲙⲁ ⲛϣⲱⲡⲓ ⲛⲁⲃⲃⲁ ⲓⲱⲁⲛⲛⲏⲥ ⲛϫⲉ ⲡⲓⲅ̅ ⲛϧⲉⲗⲗⲟ ⲁⲩϣⲱⲗⲉⲙ ⲉⲟⲩⲥⲑⲟⲓⲛⲟϥⲓ ⲉϥⲥⲱⲧⲡ ⲙⲙⲁϣⲱ
ⲉⲃⲟⲗϧⲉⲛ ⲫⲁⲓ ⲁⲩⲥⲱⲧⲉⲙ ⲟⲛ ⲉⲡⲭⲟⲣⲟⲥ ⲛⲧⲉ ⲛⲓⲁⲅⲅⲉⲗⲟⲥ ⲉⲩϩⲱⲥ ⲟⲩⲟϩ ⲉⲩⲉⲣ
ϩⲩⲙⲛⲟⲥ² ⲉⲫϯ ϧⲉⲛ ⲫⲙⲁ ⲛϣⲱⲡⲓ ⲛⲁⲃⲃⲁ ⲓⲱⲁⲛⲛⲏⲥ ⲉⲩϫⲱ ⲙⲙⲟⲥ ϫⲉ
ⲁⲣⲉϩ ⲉⲧⲙⲉⲧⲕⲁⲕⲓⲁ ⲟⲩⲟϩ ⲭⲛⲁⲛⲁⲩ ⲉⲫⲟⲩⲱⲓⲛⲓ ⲛⲧⲉ ⲛⲏ ⲉⲧⲥⲟⲩⲧⲱⲛ ⲟⲩⲟϩ
ⲟⲛ ϫⲉ ⲟⲩⲱⲟⲩ ⲛⲉⲙ ⲟⲩϩⲙⲟⲧ ϥⲛⲁⲧⲏⲓⲧⲟⲩ ⲛⲛⲏ ⲉⲑⲙⲟϣⲓ ϧⲉⲛ ⲟⲩⲙⲉⲧ-
ⲁⲧⲕⲁⲕⲓⲁ ⲟⲩⲟϩ ⲛⲛⲉϥϩⲣⲟⲩⲉⲣ ϧⲁⲉ ⲛⲛⲓⲁⲅⲁⲑⲟⲛ ⲛϫⲉ ⲡⲟⲥ. ⲟⲩⲟϩ ⲛⲑⲟϥ
ϩⲱϥ ⲡⲉⲛⲓⲱⲧ ⲁⲃⲃⲁ ⲓⲱⲁⲛⲛⲏⲥ ⲛⲁϥϩⲱⲥ ϧⲉⲛ ⲧⲟⲩⲙⲏϯ. ⲛⲓϧⲉⲗⲗⲟⲓ ⲇⲉ ⲉⲑⲟⲩⲁⲃ ⲛⲁⲩⲧⲱⲙⲧ ⲉⲃⲟⲗ ⲡⲉ ⲛⲟⲩⲛⲓϣϯ ⲛⲛⲁⲩ ϧⲉⲛ ⲟⲩⲁⲓⲥⲑⲏⲥⲓⲥ³ ⲙⲙⲏⲛ ⲛⲥⲁ
ⲑⲉⲱⲣⲓⲁ ⲙⲡⲁⲓϩⲱⲃ ⲉⲡϧⲁⲉ ⲇⲉ ⲛⲛⲁⲓ ⲉⲧⲁⲩⲉⲣⲛⲏⲫⲉⲓⲛ⁴ ⲁⲩⲕⲱⲗϩ ⲉⲡⲣⲟ
ⲛⲁⲃⲃⲁ ⲓⲱⲁⲛⲛⲏⲥ. ⲙⲉⲛⲉⲛⲥⲁ ⲟⲩⲛⲓϣϯ ⲛⲛⲁⲩ ⲉⲧⲁϥⲓ ⲉⲃⲟⲗ ⲁⲩⲛⲁⲩ ⲉⲡⲉϥϩⲟ
ⲉϥⲉⲣ ⲟⲩⲱⲓⲛⲓ ⲙⲫⲣⲏϯ ⲙⲫⲁ ⲟⲩⲁⲅⲅⲉⲗⲟⲥ ⲛⲧⲉ ⲡⲟⲥ. ⲛⲓϧⲉⲗⲗⲟⲓ ⲇⲉ ϩⲱⲥ
ⲉⲩⲥⲁϫⲓ ⲛⲉⲙⲁϥ ⲕⲁⲧⲁ ⲟⲩⲙⲟⲧ ⲉⲑⲃⲉ ⲡⲓϧⲉⲗⲗⲟ ⲉⲧⲁϥⲧⲱⲙ ⲉⲣⲟϥ
ⲡⲉϫⲱⲟⲩ ⲛⲁϥ ϫⲉ ⲟⲛⲧⲱⲥ ⲁⲛϭⲓⲥⲓ ⲧⲏⲣⲟⲩ (-ⲛⲉ-) ⲉⲑⲃⲉ ⲡⲓⲣⲏϯ ⲉⲧⲁ ⲡⲓϧⲉⲗⲗⲟ ⲛⲁϣ ⲛⲣⲏϯ ⲛⲉⲙ ⲁϣ ⲛⲥⲙⲟⲧ ⲁⲓⲥ ⲛⲁⲕ ⲉⲑⲃⲉ ⲡⲓⲣⲏϯ ⲉⲛⲁⲕⲧⲁⲕⲛⲟⲩⲧ

arrivé, il se mettra en colère et accusera ; certes, (s'il fait ainsi) c'est un de notre sorte ; mais s'il a oublié, il est plus élevé que nous. » Lors donc qu'ils furent arrivés à l'habitation d'abba Jean, les trois vieillards sentirent un parfum grandement exquis ; de l'habitation, ils entendirent le chœur des anges qui chantaient et qui disaient un hymne à Dieu dans l'habitation d'abba Jean, en disant : « Garde-toi de la malice et tu verras la lumière de ceux qui sont droits ; » et encore : « La gloire et la grâce, il les donnera à ceux qui sont sans malice, et le Seigneur ne les laissera pas manquer de biens. » Et lui aussi, notre père abba Jean, chantait au milieu d'eux. Les vieillards restèrent stupéfaits une grande heure, dans un sentiment vrai de la vision⁵ de cette chose. Enfin lorsqu'ils furent sortis de leur stupéfaction⁶, ils frappèrent à la porte d'abba Jean. Après une grande heure, lorsqu'il sortit, ils virent son visage lumineux comme celui d'un ange du Seigneur. Mais les vieillards parlant avec lui, par manière, au sujet du vieillard qui l'avait frappé, ils lui dirent : « Vraiment, nous avons tous souffert, de la manière qu'un vieillard de cette sorte et de cette forme t'a fait cela, à cause de la manière dont tu as été perdu

---

1. *Cod.* ⲙⲙⲏϯ. — 2. *Cod.* ⲉⲩⲉⲣ ϩⲙⲛⲟⲥ. — 3. *Cod.* ⲟⲩⲥⲥⲟⲛⲥⲓⲥ. — 4. *Cod.* ⲉⲧⲁⲩⲉⲣⲛⲏⲫⲓⲛ. — 5. C'est-à-dire : Que la vision était réelle. — 6. Mot à mot : Éveillés.

ⲛ̄ⲧⲟⲧⲉⲛ ⲧⲏⲣⲟⲩ ⲁⲗⲗⲁ ⲁⲙⲟⲩ ⲛⲉⲙⲁⲛ ⲕⲁⲓ¹ ⲡⲓϩⲱⲃ ⲛⲁⲉⲣ ϣⲁⲩ. ⲛⲁⲓ ⲇⲉ
ⲉⲩϫⲱ ⲙ̄ⲙⲱⲟⲩ ⲛⲁϥ ⲛ̄ϫⲉ ⲛⲉⲛⲓⲟϯ ⲛⲁⲣⲉ ⲡⲣⲟ ⲛⲁⲃⲃⲁ ⲓⲱⲁⲛⲛⲏⲥ ϥⲁϣⲧ
ⲉⲡⲉⲥⲏⲧ ⲉⲡⲕⲁϩⲓ ⲛ̄ϥϫⲉ ϩⲗⲓ ⲁⲛ ⲉⲡⲧⲏⲣϥ. ⲁϥⲉⲣ ⲟⲩⲱ ⲛⲁϥ ⲛ̄ϫⲉ ⲁⲃⲃⲁ ⲁⲙⲟⲓ
ⲡⲉϥⲓⲱⲧ ⲙ̄ⲡⲛⲁⲧⲓⲕⲟⲥ² ⲉϥϫⲱ ⲙ̄ⲙⲟⲥ ⲛⲁϥ ϫⲉ ⲭ̄ ⲛⲁⲉⲣ ⲟⲩⲱ ⲛⲁⲛ ⲁⲛ ⲉⲛⲥⲁϫⲓ
ⲛⲉⲙⲁⲕ. ⲛ̄ⲑⲟϥ ⲇⲉ ⲁⲃⲃⲁ ⲓⲱⲁⲛⲛⲏⲥ ϩⲓⲧⲉⲛ ⲧⲕⲟⲥⲙⲏⲥⲓⲥ ⲛ̄ⲧⲉ ⲡⲓⲡⲛ̄ⲁ ⲉⲑⲟⲩⲁⲃ
ⲛⲉⲙ ⲡϩⲙⲟⲧ ⲛ̄ⲧⲉ ⲡⲓⲧⲟⲩⲃⲟ ⲉⲧϣⲟⲡ ⲛ̄ϧⲏⲧϥ ⲡⲉϫⲁϥ ⲛⲱⲟⲩ ϫⲉ ⲭⲱ ⲛⲏⲓ
ⲉⲃⲟⲗ ⲛⲁⲓⲟϯ ⲉⲑⲟⲩⲁⲃ ⲛ̄ϯⲉⲙⲓ ⲁⲛ ⲉϩⲗⲓ ϧⲉⲛ ⲛⲁⲓ ⲉⲧⲉⲧⲉⲛϫⲱ ⲙ̄ⲙⲱⲟⲩ
ⲉⲁϥϣⲱⲡⲓ ⲓⲥϫⲉ ⲇⲉ ⲟⲛ ⲁϥϣⲱⲡⲓ ⲕⲁⲧⲁ ⲫⲣⲏϯ ⲉⲧⲉⲧⲉⲛϫⲱ ⲙ̄ⲙⲟⲥ ⲓⲉ ⲧⲁⲭⲁ
ⲉⲧⲁ ⲫⲁⲓ ϣⲱⲡⲓ ⲕⲁⲧⲁ ⲟⲩⲟⲓⲕⲟⲛⲟⲙⲓⲁ ⲛ̄ⲧⲉ ⲫ̄ϯ ⲉϥⲉⲣ ϩⲱⲃ ⲉⲡⲟⲩϫⲁⲓ ⲛ̄ⲧⲁ-
ⲯⲩⲭⲏ ϩⲓⲧⲉⲛ ⲛⲏ ⲉⲑⲟⲩⲁⲃ ⲛ̄ⲧⲁϥ. ⲛⲁⲓ ⲇⲉ ⲉⲧⲁⲩⲥⲟⲑⲙⲟⲩ ⲛ̄ⲧⲟⲧϥ ⲛ̄ⲁⲃⲃⲁ
ⲓⲱⲁⲛⲛⲏⲥ ⲛ̄ϫⲉ ⲛⲉⲛⲓⲟϯ ⲁⲩϭⲓ ϣⲫⲏⲣⲓ ⲟⲩⲟϩ ⲡⲉϫⲱⲟⲩ ϫⲉ ⲟⲛⲧⲱⲥ ⲕⲁⲧⲁ
ⲫⲣⲏϯ ⲉⲧⲁⲛⲥⲱⲧⲉⲙ ⲡⲁⲓⲣⲏϯ ⲟⲛ ⲁⲛⲛⲁⲩ ⲟⲩⲟϩ ⲉⲧⲁⲩⲓ ⲉⲧⲉⲕⲕⲗⲏⲥⲓⲁ ⲉⲩϯ
ⲱⲟⲩ ⲙ̄ⲫ̄ϯ ϧⲉⲛ ⲟⲩⲙⲉⲧⲣⲉϥϯ ϩⲛⲟⲩ ⲉⲥⲟϣ ⲟⲩⲟϩ ⲉⲧⲓ ⲟⲛ ⲉⲩⲉⲣⲥⲩⲛⲁⲅⲉⲥⲑⲁⲓ³
ⲙⲁⲗⲓⲥⲧⲁ ϩⲱⲥ ⲉⲩⲃⲓⲙ ⲉⲣⲱⲟⲩ ⲛ̄ⲟⲩⲟⲩ ⲛⲉⲛⲓⲟϯ ⲉⲃⲟⲗϩⲓⲧⲉⲛ ⲫ̄ϯ ⲉⲛⲁⲩϣⲓⲛⲓ
ⲡⲉ ⲛ̄ⲛⲟⲩⲉⲣⲏⲟⲩ ϧⲉⲛ ⲡⲭⲟϩ ⲛ̄ϯⲙⲉⲧϣⲁⲙϣⲉ ⲛⲟⲩϯ ⲉⲩϫⲱ ⲙ̄ⲙⲟⲥ (-ⲗ̄-) ϧⲉⲛ
ⲟⲩⲥⲩⲙⲫⲱⲛⲓⲁ ⲛ̄ⲟⲩⲱⲧ ⲛ̄ⲧⲱⲟⲩ ⲧⲏⲣⲟⲩ ϫⲉ ⲟⲩ ⲡⲉ ⲡϣⲓ ⲛ̄ⲁⲃⲃⲁ ⲓⲱⲁⲛⲛⲏⲥ
ⲡⲓⲕⲟⲗⲟⲃⲟⲥ. ⲟⲩⲟϩ ⲁϥⲟϩⲓ ⲉⲣⲁⲧϥ ϧⲉⲛ ⲧⲟⲩⲙⲏϯ ⲛ̄ϫⲉ ⲟⲩⲛⲓϣϯ ⲛ̄ϧⲉⲗⲗⲟ ⲛ̄ⲟ-

par nous tous⁴ ; mais viens avec nous, car la chose sera utile. » Pendant que les pères lui disaient cela, le visage d'abba Jean était baissé à terre, il ne dit rien du tout ; abba Amoï, son père spirituel, lui adressa la parole, en disant : « Ne nous répondras-tu pas quand nous te parlons ? » Mais lui, abba Jean, par l'ornement de l'Esprit-Saint et la grâce de la pureté qui était en lui, leur dit : « Pardonnez-moi, mes pères saints, je ne sais rien de ce que vous dites être arrivé ; mais s'il est arrivé ce que vous dites, sans doute c'est arrivé par une *économie* de Dieu qui travaille au salut de mon âme par ses saints. » Lorsque les pères eurent entendu cela d'abba Jean, ils l'admirèrent et dirent : « Vraiment selon ce que nous avons entendu, ainsi nous avons vu ! » Et lorsqu'ils furent allés à l'église, ils rendirent gloire à Dieu avec un profit nombreux ; et, comme on était encore assemblé, poussés surtout par Dieu, eux les pères, ils s'interrogeaient les uns les autres par l'émulation de la religion, disant tous d'une seule voix : « Quelle est la mesure d'abba Jean le Kolobos ? » Alors un grand vieillard, célèbre *pratique* et gnostique à l'excès, se tint de-

---

1. Cod. ⲕⲉ. — 2. Cod. ⲙ̄ⲡⲛ̄ⲁⲧⲓⲕⲟⲛ. — 3. Cod. ⲉⲩⲉⲣⲥⲩⲛⲁⲅⲉⲥⲑⲉ. — 4. C'est-à-dire : À cause de la manière dont nous ne t'avons pas défendu.

ⲡⲟⲙⲁⲥⲧⲟⲥ ⲛⲡⲣⲁⲕⲧⲓⲕⲟⲥ ⲟⲩⲟϩ ⲛⲉⲛⲱⲥⲧⲓⲕⲟⲥ¹ ⲉⲡⲓϩⲟⲩⲟ ⲟⲩⲟϩ ⲡⲉϫⲁϥ ⲛⲱⲟⲩ ϫⲉ ⲁⲃⲃⲁ ⲓⲱⲁⲛⲛⲏⲥ ⲡⲓⲕⲟⲗⲟⲃⲟⲥ ⲁϥϭⲓⲥⲓ ⲉϩⲟⲧⲉⲣⲟⲛ ⲙⲁⲗⲓⲥⲧⲁ ϫⲉ ϩⲓⲧⲉⲛ ⲡⲉϥⲧⲟⲩⲃⲟ ⲛϩⲏⲧ ⲛⲉⲙ ⲡⲉϥⲑⲉⲃⲓⲟ ⲙⲙⲏⲓ ⲁϥⲉϣ ϣⲓⲛⲧ ⲧⲏⲣϥ ⲛⲥⲁ ⲡⲉϥⲧⲏⲃ.

ⲁⲩϣⲉⲛ ⲡⲉⲛⲓⲱⲧ ⲉⲑⲟⲩⲁⲃ ⲁⲃⲃⲁ ⲓⲱⲁⲛⲛⲏⲥ ⲉⲑⲃⲉ ϯϩⲓ ⲛⲉⲙⲥⲓ ⲛⲧⲉ ⲡⲓⲙⲟⲛⲁⲭⲟⲥ ϧⲉⲛ ϯⲣⲓ ⲟⲩⲟϩ ⲡⲉϫⲁϥ ⲛⲱⲟⲩ ϫⲉ ⲉϣⲱⲡ ⲟⲩⲟⲛ ⲥⲕⲉⲩⲟⲥ ⲛⲧⲉ ⲧⲁⲣⲉⲧⲏ ⲙⲫϯ ϧⲉⲛ ⲧⲯⲩⲭⲏ ⲙⲡⲓⲙⲟⲛⲁⲭⲟⲥ² ϥⲛⲁϩⲉⲙⲥⲓ ϧⲉⲛ ϯⲣⲓ ϧⲉⲛ ⲡϣⲁϥⲉ ⲕⲁⲛ ⲟⲩⲟⲛ ⲥⲕⲉⲩⲟⲥ ⲛⲧⲉ ⲡⲓⲕⲟⲥⲙⲟⲥ ⲛⲧⲟⲧϥ ⲁⲛ ϥⲛⲁⲉⲣ ⲩⲡⲟⲙⲉⲛⲓⲛ³ ϧⲉⲛ ϯⲁⲛⲁⲭⲱⲣⲏⲥⲓⲥ ⲉⲑⲃⲉ ⲧϩⲉⲗⲡⲓⲥ ⲙⲡⲣⲁϣⲓ ⲛⲧⲉ ⲛⲓⲁⲅⲁⲑⲟⲛ ⲛⲁⲓⲱⲛⲓⲟⲛ⁴ ⲟⲩⲟϩ ⲟⲛ ⲓⲥϫⲉ ⲥⲕⲉⲩⲟⲥ ⲛⲧⲉ ⲫϯ ϧⲉⲛ ⲧⲯⲩⲭⲏ ⲙⲡⲓⲣⲱⲙⲓ ⲟⲛ ⲁⲗⲗⲁ ⲟⲩⲟⲛ ⲥⲕⲉⲩⲟⲥ ⲛⲧⲉ ⲡⲓⲕⲟⲥⲙⲟⲥ ⲛⲧⲟⲧϥ ⲓⲉ ⲡⲁⲓⲭⲉⲧ ⲛⲁϩⲉⲙⲥⲓ ϧⲉⲛ ϯⲣⲓ ⲟⲛ ϩⲓ ⲡϣⲁϥⲉ ⲉⲑⲃⲉ ⲡϩⲟⲩⲟ ⲛϩⲩⲗⲏ⁵ ⲙⲡⲣⲟⲥ ⲟⲩⲥⲏⲟⲩ. ⲉϣⲱⲡ ⲇⲉ ⲟⲛ ⲟⲩⲥⲕⲉⲩⲟⲥ ⲛⲧⲉ ⲫϯ ⲭⲏ ⲛⲧⲟⲧϥ ⲙⲡⲓⲙⲟⲛⲁⲭⲟⲥ ⲁⲛ ⲟⲩⲇⲉ ⲙⲙⲟⲛ ⲟⲩⲟⲛ ⲛⲧⲉ ⲡⲓⲕⲟⲥⲙⲟⲥ ϥⲛⲁϩⲉⲙⲥⲓ ϧⲉⲛ ϯⲣⲓ ⲟⲛ ϧⲉⲛ ⲡϣⲁϥⲉ (-ⲗⲁ-) ⲁⲗⲗⲁ ⲉⲣⲉ ⲫⲁⲓ ⲟⲛ ⲛⲟⲩϫⲟⲓ ⲛⲁⲧⲁⲟⲩⲓⲛ ⲉϥϧⲉⲛ ⲑⲙⲏϯ ⲙⲡⲓⲡⲉⲗⲁⲅⲟⲥ ⲛⲧⲉ ⲫⲓⲟⲙ ⲁⲧϭⲛⲉ ⲗⲓⲙⲏⲛ⁶ ⲛⲉⲙ ⲣⲉϥⲉⲣ ϩⲉⲙⲓ ϫⲉ ϥϣⲟⲡ ϧⲉⲛ ⲟⲩⲕⲓⲛⲇⲩⲛⲟⲥ⁷.

ⲁⲩϣⲉⲛϥ ⲇⲉ ⲟⲛ ⲛⲁϥ ⲡⲉⲛⲓⲱⲧ ⲁⲃⲃⲁ ⲓⲱⲁⲛⲛⲏⲥ ϫⲉ ⲟⲩ ⲡⲉ ⲙⲟⲛⲁⲭⲟⲥ.

bout et leur dit : « Abba Jean le Kolobos est monté plus haut que nous, surtout par sa pureté de cœur et son humilité vraie ; il a suspendu à son doigt Schiit entière⁸. »

On interrogea notre père abba Jean sur la manière dont doit rester assis un moine dans sa cellule ; il leur dit : « S'il y a un vase de vertu divine dans l'âme du moine, il restera assis dans sa cellule dans le désert, quand même il n'aurait en sa main aucun vase du monde⁹, il souffrira dans la vie anachorétique à cause de l'espoir de la joie des biens éternels ; mais s'il n'y a pas de vase divin dans l'âme de cet homme, s'il y a au contraire un vase du monde, celui-ci aussi sera assis dans la cellule au désert pour le profit de la matière temporelle ; mais, s'il n'y a pas de vase divin en la main de ce moine, ni vase du monde, il ne restera pas assis dans la cellule au désert, mais il est semblable à une barque sans cargaison au milieu de la plaine de la mer, sans port et sans pilote, qui est en danger. »

On lui demanda aussi à notre père abba Jean : « Qu'est-ce qu'un moine ? »

1. *Cod.* ⲛⲉⲛⲱⲥⲧⲓⲕⲟⲥ. — 2. *Cod.* ⲙⲡⲓⲙⲟⲩⲛⲁⲭⲟⲥ. — 3. *Cod.* ϩⲩⲡⲟⲙⲉⲛⲓⲛ. — 4. *Cod.* ⲛⲉⲟⲩⲱⲛⲓⲟⲛ. — 5. *Cod.* ⲛϯϩⲩⲗⲏ. — 6. *Cod.* ⲁⲩⲙⲏⲛ. — 7. *Cod.* ⲟⲩⲕⲩⲛⲇⲁⲛⲟⲥ. — 8. C'est-à-dire : Que toutes les pratiques de Schiit étaient suspendues à son doigt, étaient légères de manière à ne pas le fatiguer. — 9. C'est-à-dire, je crois, que le vrai moine devait garder sa cellule.

ⲡⲉϫⲁϥ ⲙ̄ⲡⲁⲓⲣⲏϯ ϫⲉ ϩⲓⲥⲓ ⲡⲉ ⲙⲟⲛⲁⲭⲟⲥ¹ ϧⲟϫϩⲉϫ ⲡⲉ ⲙⲟⲛⲁⲭⲟⲥ² ϭⲓⲧⲕ
ⲛ̄ϫⲟⲛⲥ ϧⲉⲛ ϩⲱⲃ ⲛⲓⲃⲉⲛ ⲡⲉ ⲙⲟⲛⲁⲭⲟⲥ³ ⲟⲩⲟϩ ⲉϣⲧⲉⲙⲭⲁ ⲡⲉⲕⲟⲩⲱϣ ⲉⲧϩⲏ
ⲡⲉⲕⲥⲁϫⲓ ϧⲉⲛ ϩⲗⲓ ⲛ̄ϩⲱⲃ. ⲡⲁⲗⲓⲛ ϫⲉ ⲥ̄ϣⲉ ⲉⲡⲓⲙⲟⲛⲁⲭⲟⲥ⁴ ⲉϣⲧⲉⲙϫⲉ
ⲙⲉⲑⲛⲟⲩϫ ⲟⲩⲟϩ ⲟⲛ ⲉϣⲧⲉⲙⲱⲣⲕ ⲛ̄ⲛⲟⲩϫ ⲉϣⲧⲉⲙⲭⲁ ⲙⲁϣϫ ⲉϣⲧⲉⲙⲉⲣ-
ⲕⲁⲧⲁⲗⲁⲗⲓⲛ⁵ ⲉϣⲧⲉⲙⲉⲣ ⲣⲉϥⲭⲣⲉⲙⲣⲉⲙ ⲓⲉ ⲉⲧϫⲉⲙ ⲁⲣⲓⲕⲓ.

ⲙⲉⲛⲉⲛⲥⲁ ⲛⲁⲓ ϫⲉ ⲟⲛ ⲛⲉ ⲁϥⲛⲁⲩ ⲡⲉ ⲕⲁⲧⲁ ⲟⲩⲙⲩⲥⲧⲏⲣⲓⲟⲛ ϧⲉⲛ ⲛⲓⲃⲁⲗ
ⲛ̄ⲧⲉ ⲡⲉϥϩⲏⲧ ϩⲓⲧⲉⲛ ⲡⲓⲡ̄ⲛ̄ⲁ̄ ⲉⲑⲟⲩⲁⲃ ⲉⲧϣⲟⲡ ⲛ̄ϧⲏⲧϥ ⲉⲡϭⲓⲥⲓ ⲛ̄ⲧⲡⲣⲟⲕⲟⲡⲏ
ⲛ̄ⲛⲉⲛⲓⲟϯ ⲛⲉⲙ ⲡⲓⲭⲣⲱⲙ ⲛ̄ⲧⲉ ⲫ̄ϯ ⲉⲧⲁϥϣⲱⲡⲓ ϧⲉⲛ ⲧⲟⲩⲅⲉⲛⲉⲁ ⲟⲩⲟϩ ⲟⲛ
ⲛⲁϥⲛⲁⲩ ⲉⲡϫⲱϫⲉⲃ ⲛ̄ⲛⲓ ⲉⲑⲛⲟⲩ ⲙⲉⲛⲉⲛⲥⲱⲟⲩ ⲉⲁϥϫⲟⲥ ϧⲉⲛ ⲟⲩⲁⲓⲛⲓⲅⲙⲁ⁶
ⲕⲁⲧⲁ ⲟⲩⲡⲣⲟⲫⲓⲧⲓⲁ ϧⲉⲛ ⲟⲩⲙⲉⲧⲥⲁⲓⲉ ⲛⲉⲙ ⲟⲩⲑⲉⲃⲓⲟ ϫⲉ ⲟⲩϧⲉⲗⲗⲟ ⲡⲉϫⲁϥ
ⲁϥⲛⲁⲩ ⲉⲧⲉ ⲛⲑⲟϥ ⲡⲉ (ⲗ̄ⲃ̄) ⲉⲣ̄ ⲙⲟⲛⲁⲭⲟⲥ⁷ ⲉⲩϧⲓ ⲙ̄ⲡⲣ ⲙ̄ⲫⲓⲟⲙ ⲉⲩⲟϩⲓ
ⲉⲣⲁⲧⲟⲩ ⲟⲩⲟϩ ⲁⲥϣⲱⲡⲓ ϩⲁⲣⲱⲟⲩ ⲛ̄ϫⲉ ⲟⲩⲥⲙⲏ ϩⲓ ⲙ̄ⲡⲣ ⲙ̄ⲡⲓⲕⲉⲥⲁ ⲉⲥϫⲱ
ⲙ̄ⲙⲟⲥ ⲛⲱⲟⲩ ϫⲉ ϭⲓ ⲛⲱⲧⲉⲛ ⲛ̄ϩⲁⲛ ⲧⲉⲛϩ ⲛ̄ⲭⲣⲱⲙ ⲁⲙⲱⲓⲛⲓ ⲉⲙⲏⲣ ϩⲁⲣⲟⲓ.
ⲟⲩⲟϩ ⲃ̄ ⲙⲉⲛ ⲉⲃⲟⲗ ⲛ̄ϧⲏⲧⲟⲩ ⲁⲩϭⲓ ⲛⲱⲟⲩ ⲛ̄ϩⲁⲛ ⲧⲉⲛϩ ⲟⲩⲟϩ ⲁⲩϣⲉ ⲛⲱⲟⲩ
ⲉⲙⲏⲣ ⲉⲡⲓⲕⲉⲥⲁ ϩⲁ ⲫⲏ ⲉⲧⲙⲟⲩϯ ⲉⲣⲱⲟⲩ. ⲡⲓⲟⲩⲁⲓ ϫⲉ ⲁϥⲟϩⲓ ⲉϥⲣⲓⲙⲓ
ⲉϥϣⲱϣ ⲉⲃⲟⲗ ⲉϥⲉⲣⲧⲁⲗⲁⲓⲡⲱⲣⲓⲛ⁸ ⲉⲡϧⲁⲉ ϫⲉ ⲁⲩϯ ⲛⲁϥ ⲛ̄ϩⲁⲛ ⲧⲉⲛϩ
ⲙⲉⲛⲧⲟⲓ ϫⲉ ⲛ̄ⲭⲣⲱⲙ ⲁⲛ ⲁⲗⲗⲁ ⲛ̄ϫⲱⲃ ⲟⲩⲟϩ ⲛ̄ⲁⲧϫⲟⲙ. ⲉⲃⲟⲗ ϫⲉ ϩⲓⲧⲉⲛ

Il dit ainsi : « C'est souffrance, moine ; c'est angoisse, moine ; c'est se faire violence, moine, et ne point mettre ton désir avant ta parole en aucune chose ; il faut encore que le moine ne dise point de mensonge, ne jure point en vain, ne prête point l'oreille, ne babille point, ne murmure point et n'accuse point. »

Après cela aussi, comme il voyait mystérieusement des yeux de son cœur, par l'Esprit-Saint qui habitait en lui, la hauteur du progrès des pères et le feu de Dieu qui était en leur génération, et comme il voyait aussi la faiblesse de ceux qui suivaient, il leur dit ceci en énigme et par prophétie, avec beauté et humilité : « Un vieillard, dit-il, — c'était lui, — vit trois moines sur le rivage du fleuve et se tenant debout; une voix, sur le rivage de l'autre côté, se fit entendre à eux, leur disant: Prenez des ailes de flamme, venez aborder à moi ; et deux d'entre eux prirent des ailes, ils allèrent aborder à l'autre rive vers celui qui les appelait; mais l'autre resta pleurant, errant, étant malheureux ; enfin on lui donna des ailes, non cependant en feu, mais faibles et

---

1. Cod. ⲙⲟⲩⲛⲁⲭⲟⲥ. — 2. Cod. ⲙⲟⲩⲛⲁⲭⲟⲥ. — 3. Cod. ⲙⲟⲩⲛⲁⲭⲟⲥ. — 4. Cod. ⲉⲡⲓ-
ⲙⲟⲩⲛⲁⲭⲟⲥ. — 5. Cod. ⲕⲁⲧⲁⲗⲁⲗⲓⲛ. — 6. Cod. ⲟⲩⲉⲛⲓⲅⲙⲁ. — 7. Cod. ⲙ̄ⲙⲟⲩⲛⲁⲭⲟⲥ. —
8. Cod. ⲉϥⲉⲣⲧⲁⲗⲉⲡⲟⲣⲓⲛ.

ⲟⲧⲛⲓϣϯ ⲛϭⲓⲥⲓ ⲉϥϩⲟⲗⲕ ⲉⲡⲉⲥⲏⲧ ⲟⲩⲟϩ ⲉϥⲙⲟⲩ ⲉⲡϣⲱⲓ ϧⲉⲛ ⲟⲩⲛⲓϣϯ
ⲛⲟⲩⲱϣⲥ ⲙⲟⲅⲓⲥ ⲛⲑⲟⲛⲥ ⲁϥⲓ ⲉⲙⲏⲣ. ⲡⲁⲓⲣⲏϯ ⲡⲉϫⲁϥ ⲧⲁⲓⲅⲉⲛⲉⲁ ϩⲱⲥ ⲕⲁⲛ
ⲥϭⲓ ⲧⲉⲛϩ ⲛⲭⲣⲱⲙ ⲟⲛ ⲙ̇ⲫⲣⲏϯ ⲛⲛⲉⲓⲟϯ ⲛⲁⲓ ⲉⲧⲁⲩⲉⲣⲕⲟⲥⲙⲉⲓⲛ[1] ⲙ̇ⲡⲟⲩ-
ⲃⲓⲟⲥ ϧⲉⲛ ⲛⲓⲉⲛⲧⲟⲗⲏ ⲛⲛⲟⲙⲓⲙⲟⲛ ⲛⲁⲅⲅⲉⲗⲓⲕⲟⲛ ⲉⲩϩⲁⲗⲁⲓ ⲉⲡϭⲓⲥⲓ ϧⲉⲛ
ⲡⲟⲩⲛⲟⲩⲥ ϩⲓⲧⲉⲛ ⲧϭⲙⲙ ⲙ̇ⲡⲓⲭⲣⲱⲙ ⲛ̇ⲛⲟⲩϯ ϣⲁⲧⲟⲩⲉⲣ ϫⲓ ⲛ̇ⲓⲟⲣ ⲙ̇ⲫⲓⲟⲙ
ⲙ̇ⲡⲁⲓⲃⲓⲟⲥ ⲟⲩⲟϩ ⲛ̇ⲧⲁⲩϣⲱⲡⲓ ⲛⲉⲙ ⲡⲭ̅ⲥ̅ ⲁⲗⲗⲁ ⲙⲟⲅⲓⲥ ϧⲉⲛ ⲧⲟⲩⲙⲉⲧⲁ-
ⲙⲉⲗⲉⲥ ⲛ̇ⲧⲟⲩϭⲓ ⲛ̇ϧⲁⲛ ϫⲱⲃ ⲟⲩⲟϩ ⲛⲁⲧϫⲟⲙ.

ⲉϥⲉⲣⲡⲣⲟⲕⲟⲡⲧⲉⲓⲛ[2] ⲇⲉ ϧⲉⲛ ϯⲏⲗⲓⲕⲓⲁ[3] ⲛ̇ⲧⲁⲣⲉⲧⲏ ⲛ̇ϫⲉ ⲡⲉⲛⲓⲱⲧ ⲉⲑⲟⲩⲁⲃ
ⲁⲃⲃⲁ ⲓⲱⲁⲛⲛⲏⲥ ⲉⲑⲃⲉ ⲡϭⲱⲗⲕ ⲛ̇ⲧⲉϥⲛⲓϣϯ ⲛⲉⲅⲕⲣⲁⲧⲉⲓⲁ[4] ⲛⲉⲙ ⲡⲁϣⲁⲓ
ⲛ̇ⲛⲉϥⲡⲟⲗⲓⲧⲉⲓⲁ[5] (-λ-ⲥ-) ⲁϥⲓ ⲉϫⲉⲛ ⲟⲩⲙⲉⲧⲣⲉⲙϩⲉ ⲛⲉⲙ ⲟⲩⲙⲉⲧⲁⲧϩⲁⲕⲓ
ⲙ̇ⲡⲉ ϩⲗⲓ ⲙ̇ⲡⲁⲑⲟⲥ ⲉⲣⲟⲛⲟⲭⲗⲉⲓⲛ[6] ⲛⲁϥ ⲉⲡⲧⲏⲣϥ ⲕⲁⲧⲁ ⲫⲣⲏϯ ⲉⲧⲁϥⲉⲣⲁⲓ-
ⲧⲉⲓⲛ[7] ⲙ̇ⲫⲁⲓ ⲉⲃⲟⲗϩⲓⲧⲉⲛ ⲫ̅ϯ̅ ⲟⲩⲟϩ ⲁϥⲉⲣ ⲁⲑⲣⲱⲟⲩϣ. ⲙⲉⲛⲉⲛⲥⲁ ⲛⲁⲓ ⲇⲉ
ⲟⲛ ϩⲓⲧⲉⲛ ⲡⲥⲟϭⲛⲓ ⲙ̇ⲡⲉⲛⲓⲱⲧ ⲁⲃⲃⲁ ⲁⲙⲟⲓ ⲁϥϯ ϩⲟ ⲉϥ̅ϯ̅ ⲟⲩⲟϩ ⲁϥⲭⲁ
ⲛⲓⲡⲁⲑⲟⲥ ⲉⲣⲟϥ ⲟⲛ ϫⲉ ϩⲓⲛⲁ ⲛ̇ⲧⲉϥⲉⲣⲁⲅⲱⲛⲓⲍⲉⲥⲑⲁⲓ[8] ⲛ̇ⲧⲉϥϭⲓ ⲭⲗⲟⲙ ⲟⲩⲟϩ
ⲛ̇ⲧⲉ ⲡⲉϥⲃⲉⲭⲉ ⲁϣⲁⲓ ϫⲉ ⲉⲣⲉ ⲛⲓⲡⲟⲗⲉⲙⲟⲥ ⲡⲉϫⲁϥ ⲉⲣⲉ ϯⲯⲩⲭⲏ ⲛⲁϭⲓ
ⲙⲁⲓⲏ ϧⲉⲛ ⲑⲙⲉⲧⲣⲁⲙⲁⲟ ⲙ̇ⲡⲓϩⲙⲟⲧ ⲛ̇ⲧⲉ ⲫ̅ϯ̅. ⲓⲥϫⲉⲛ ⲡⲓⲉϩⲟⲟⲩ ⲉⲧⲉⲙⲙⲁⲩ

sans force. Mais avec une grande souffrance, tombant, se relevant, en grand brisement, il eut de la peine à aborder à l'autre rive. Ainsi, dit-il, cette génération, quand même elle recevra des ailes de feu, comme ces pères qui ont orné leur vie des commandements et des lois évangéliques, qui ont volé en haut dans leur esprit, par la chaleur du feu divin, jusqu'à ce qu'ils eussent traversé la mer de cette vie et eussent habité avec le Christ ; cependant, grâce à leur négligence, (les hommes de cette génération) les ont-ils obtenues avec peine, faibles et impuissantes. »

Mais, faisant du progrès dans l'âge de la vertu, notre père abba Jean, à cause de la continuité de sa grande abstinence et de l'abondance de ses dévotions, il arriva à une (grande) liberté et une pureté ; aucune passion ne le troublait plus du tout, selon qu'il l'avait demandé par la grâce de Dieu, et il devint sans souci. Ensuite aussi, par le conseil de notre père abba Amoi, il pria Dieu de lui laisser les passions afin qu'il combattît, qu'il prît la couronne et que son salaire augmentât ; « car, dit-il, s'il y a des guerres, l'âme croîtra dans la richesse de la grâce de Dieu. » Depuis ce jour, notre père abba Jean

---

1. *Cod.* ⲉⲧⲁⲩⲉⲣⲕⲟⲥⲙⲓⲛ. — 2. *Cod.* ⲉϥⲉⲣⲡⲣⲟⲕⲟⲡⲧⲓⲛ. — 3. *Cod.* ϯⲗⲓⲕⲓⲁ. — 4. *Cod.* ⲛⲉⲅⲕⲣⲁⲧⲓⲁ. — 5. *Cod.* ⲡⲟⲗⲓⲧⲓⲁ. — 6. *Cod.* ⲉⲣⲟⲛⲟⲭⲗⲓⲛ. — 7. *Cod.* ⲉⲧⲁϥⲉⲣⲉⲧⲓⲛ. — 8. *Cod.* ⲛ̇ⲧⲉϥⲉⲣⲁⲅⲱⲛⲓⲍⲉⲥⲑⲉ.

ⲛ̅ⲟⲟϥ ⲡⲉⲛⲓⲱⲧ ⲁⲃⲃⲁ ⲓⲱⲁⲛⲛⲏⲥ ⲙ̅ⲡⲉϥ̅ ϫⲉ ⲉⲣⲁⲓⲧⲉⲓⲛ¹ ⲙ̅ⲫϯ ϫⲉ ⲉⲑⲃⲉ ⲡⲁⲓⲁⲓⲧⲏⲙⲁ² ⲫⲁⲓ ⲁⲗⲗⲁ ⲛⲁϥϯ ϩⲟ ⲉⲡⲟⲥ ⲡⲉ ⲉϥϫⲱ ⲙ̅ⲙⲟⲥ ϫⲉ ⲡⲟⲥ ⲓⲏⲥ ⲡⲭⲥ ϧⲉⲛ ϩⲱⲃ ⲛⲓⲃⲉⲛ ⲉⲧⲉⲕⲛⲁⲉⲛⲟⲩ ⲉϫⲱⲓ ⲙⲟⲣⲧ ⲛ̅ⲧⲉⲕϫⲟⲙ ⲛⲉⲙ ⲧⲉⲕ-ϩⲩⲡⲟⲙⲟⲛⲏ ϣⲁ ⲉⲃⲟⲗ.

ⲡⲉⲛⲓⲱⲧ ⲇⲉ ⲁⲃⲃⲁ ⲁⲙⲟⲓ ⲁϥⲟⲩⲱⲣⲡ ⲛⲁⲃⲃⲁ ⲓⲱⲁⲛⲛⲏⲥ ⲛ̅ⲟⲩⲥⲟⲡ ⲉϥϣⲱⲧ ⲉⲙⲟϩ ⲟⲩⲗⲁⲕⲕⲟⲛ³ ⲙ̅ⲙⲱⲟⲩ. ϯϣⲱϯ ⲇⲉ ⲛⲁⲥⲟⲩⲏⲟⲩ ⲛ̅ⲧⲉϥϧⲣⲓ⁴ ⲡⲉ ⲟⲩⲟϩ ⲛⲁⲥϣⲏⲕ ⲡⲉ ⲉⲙⲁϣⲱ. ⲉⲧⲁϥⲫⲟϩ ⲇⲉ ⲉϯϣⲱⲧ ⲟⲩⲟϩ ⲉⲧⲁϥⲉⲙⲓ ϫⲉ ⲙ̅ⲡⲉϥⲉⲛ ⲡⲓⲛⲟϩ ⲉϥⲛⲏⲟⲩ ⲛⲉ ⲁϥⲉⲣ ⲡⲱⲃϣ ⲅⲁⲣ ⲡⲉ ⲛ̅ⲟⲟϥ ⲇⲉ ⲁⲃⲃⲁ ⲓⲱⲁⲛⲛⲏⲥ ⲉⲧⲁϥ-ⲙⲟϩ ⲉⲃⲟⲗϧⲉⲛ ⲟⲩⲛⲓϣϯ ⲛ̅ⲛⲁϩϯ ⲡⲉϫⲁϥ ⲛ̅ⲟⲩⲛⲓϣϯ ⲛ̅ⲥⲙⲏ ϫⲉ ϯϣⲱⲧ ⲡⲁⲓⲱⲧ ⲁϥⲟⲩⲟⲣⲡⲧ ⲉⲁϥϫⲟⲥ ϫⲉ ⲙⲁϩ ⲡⲁⲓⲗⲁⲕⲕⲟⲛ⁵ ⲙ̅ⲙⲱⲟⲩ. (-ⲗⲁ-) ⲟⲩⲟϩ ⲥⲁⲧⲟⲧϥ ⲁ ⲡⲓⲙⲱⲟⲩ ⲓ ⲉⲡϣⲱⲓ ϣⲁ ⲛⲉⲛⲥⲫⲟⲧⲟⲩ ⲛ̅ϯϣⲱⲧ ⲟⲩⲟϩ ⲁϥⲙⲁϩ ⲡⲓⲗⲁⲕⲕⲟⲛ⁶ ⲙ̅ⲙⲱⲟⲩ. ⲡⲁⲗⲓⲛ ⲟⲛ ⲁ ⲡⲓⲙⲱⲟⲩ ⲥⲉⲙⲛⲓ ⲙ̅ⲡⲉϥⲣⲏϯ ⲟⲛ.

ⲛ̅ⲟⲟϥ ⲇⲉ ⲁⲃⲃⲁ ⲓⲱⲁⲛⲛⲏⲥ ⲛⲁϥϫⲱ ⲙ̅ⲙⲟⲥ ⲛ̅ⲛⲓⲥⲛⲏⲟⲩ ϫⲉ ⲡⲓϭⲛⲉ ϫⲱϥ ϧⲉⲛ ⲟⲩⲥⲱⲧⲉⲙ ⲉϥϫⲏⲕ ⲉⲃⲟⲗ ⲕⲁⲧⲁ ⲫⲣⲏϯ ⲛ̅ⲥⲁ ⲛⲉⲛⲓⲟϯ ⲉⲛⲥⲟϭⲛⲓ ϧⲉⲛ ⲟⲩⲛⲁϩϯ ⲙⲁⲗⲓⲥⲧⲁ ⲡⲓⲑⲉⲃⲓⲟ ⲛⲉⲙ ⲡⲓⲧⲟⲩⲃⲟ ϯϩⲟϯ ⲛ̅ⲧⲉ ⲫϯ ⲛⲉⲙ ⲡⲓⲙⲟⲛⲓ ⲉⲫϯ ϧⲉⲛ ⲟⲩϯ ϩⲑⲏϥ ⲛⲁⲓ ϭⲟⲥⲓ ⲉⲛⲓⲁⲣⲉⲧⲏ ⲧⲏⲣⲟⲩ ⲟⲩⲟϩ ⲥⲉⲉⲣⲟ ⲛ̅ϯⲯⲩⲭⲏ ϭⲓ ⲟⲩⲱⲓⲛⲓ ϧⲉⲛ ⲫϯ ϩⲓⲧⲉⲛ ⲛⲁⲓⲕⲁⲧⲟⲣⲑⲱⲙⲁ⁷ ⲛⲁⲓ. ⲁⲩⲓⲥⲧⲟⲣⲉⲓⲛ⁸ ⲉⲑⲃⲏⲧϥ

ne fit plus à Dieu cette demande; mais il pria le Seigneur, en disant : « Seigneur Jésus le Christ, en toute chose que tu amèneras sur moi, ceins-moi de ta puissance et de ta patience jusqu'à la fin. »

Mais notre père abba Amoi envoya une fois abba Jean au puits pour remplir un vase d'eau; le puits était loin de sa cellule et il était très profond. Lorsqu'il fut arrivé au puits et qu'il eut vu qu'il n'avait pas en venant apporté de corde, car il l'avait oubliée, lui abba Jean, lorsqu'il eut été rempli d'une grande foi, il dit d'une grande voix : « O puits, mon père m'a envoyé en disant : Remplis ce vase d'eau. » Et aussitôt l'eau monta jusqu'aux bords du puits et il remplit le vase d'eau; puis de nouveau l'eau se rétablit en sa manière.

Mais abba Jean disait aux frères : « S'incliner avec une obéissance parfaite selon la manière de nos pères, prenant conseil avec foi, surtout être humble, être pur, craindre Dieu et être constant en Dieu avec attention, ces choses sont plus élevées que toutes les vertus, et elles rendent l'âme lumineuse en Dieu par ces droitures. » Les pères ont quelque part rapporté de

---

1. *Cod.* ⲉⲣⲉⲧⲓⲛ. — 2. *Cod.* ⲡⲁⲓⲉⲧⲏⲙⲁ. — 3. *Cod.* ⲟⲩⲗⲉⲕⲟⲛ. — 4. *Cod.* ⲛ̅ⲧⲉϥⲣⲏ (sic). — 5. *Cod.* ⲗⲁⲕⲟⲛ. — 6. *Cod.* ⲗⲁⲕⲟⲛ. — 7. *Cod.* ⲕⲁⲑⲟⲣⲧⲱⲙⲁ. — 8. *Cod.* ⲁⲩⲓⲥⲧⲟⲣⲓⲛ.

ϧⲉⲛ ⲟⲩⲙⲁ ⲛ̄ⲟⲟϥ ⲡⲉⲛⲓⲱⲧ ⲁⲃⲃⲁ ⲓⲱⲁⲛⲛⲏⲥ ⲛ̄ϫⲉ ⲛⲉⲛⲓⲟϯ ⲉⲩϫⲱ ⲙ̄ⲙⲟⲥ ϫⲉ ⲙ̄ⲫⲣⲏϯ ⲙ̄ⲡⲓⲕⲁϩⲓ ϫⲉ ⲟⲩⲁⲧϭⲉⲓ ⲡⲉ ⲡⲁⲓⲣⲏϯ ⲛ̄ⲟⲟϥ ϩⲱϥ ⲡⲉⲛⲓⲱⲧ ⲁⲃⲃⲁ ⲓⲱⲁⲛⲛⲏⲥ ⲡⲓⲕⲟⲗⲟⲃⲟⲥ ⲙ̄ⲙⲟⲛ ϣϫⲟⲙ ⲙ̄ⲙⲟϥ ⲉϩⲉⲓ ⲉⲡⲧⲏⲣϥ ⲉⲑⲃⲉ ⲡⲁϣⲁⲓ ⲙ̄ⲡⲉϥⲑⲉⲃⲓⲟ. ⲛ̄ⲟⲟϥ ⲇⲉ ⲁⲃⲃⲁ ⲓⲱⲁⲛⲛⲏⲥ ⲡⲓⲙⲁⲑⲏⲧⲏⲥ ⲛ̄ⲧⲉ ⲁⲃⲃⲁ ⲁⲙⲟⲓ ⲡⲓⲣⲉⲙ ⲣⲏⲥ ⲉⲁϥⲭⲉⲛ¹ ⲟⲩⲛⲓϣϯ ⲛ̄ⲥⲱⲧⲉⲙ ⲉⲃⲟⲗ ⲉϥⲭⲏ ϧⲁ ⲧϩⲩⲡⲟⲙⲟⲛⲏ ⲙ̄ⲡⲉϥⲓⲱⲧ ⲙ̄ⲡ̄ⲛⲁⲧⲓⲕⲟⲥ² ⲉϥⲃⲉⲣⲃⲉⲣ ϧⲉⲛ ⲡⲭⲣⲱⲙ ⲙ̄ⲡⲓⲡ̄ⲛ̄ⲁ ⲉⲑⲟⲩⲁⲃ.

ϧⲉⲛ ⲟⲩⲁⲓ ⲇⲉ ⲛ̄ⲛⲓⲉϩⲟⲟⲩ ⲁϥϭⲓ ⲛⲁϥ ⲛ̄ⲟⲩϣⲉ ⲉϥϣⲟⲩⲱⲟⲩ ⲛ̄ϫⲉ ⲁⲃⲃⲁ ⲁⲙⲟⲓ ⲟⲩⲟϩ ⲁϥϣⲉ ⲛⲁϥ ⲉⲃⲟⲗ ⲉⲟⲩⲙⲱⲓⲧ ⲁϥⲟⲩⲛⲟⲩ ⲛ̄ⲧⲉϥϥⲣⲓ ϧⲉⲛ ⲡϣⲁϥⲉ ⲉⲛⲁⲩ ⲫⲟⲩⲱϣ ⲙ̄ⲓ̄ⲃ̄ ⲙ̄ⲙⲓⲗⲗⲓⲟⲛ ⲟⲩⲟϩ ⲁϥϭⲟⲥ ⲙ̄ⲙⲁⲩ. ⲁϥⲙⲟⲩϯ ⲇⲉ ⲉⲁⲃⲃⲁ ⲓⲱⲁⲛⲛⲏⲥ ⲡⲉϥⲙⲁ-(-ⲗⲉ-)ⲑⲏⲧⲏⲥ ⲛ̄ϫⲉ ⲁⲃⲃⲁ ⲁⲙⲟⲓ ⲡⲉϫⲁϥ ⲛⲁϥ ϫⲉ ⲓⲱⲁⲛⲛⲏⲥ ⲡⲁϣⲏⲣⲓ ⲙⲁ ⲟⲩⲗⲁⲕⲕⲟⲛ³ ⲙ̄ⲙⲱⲟⲩ ⲙ̄ⲙⲏⲛⲓ ⲉⲡⲁⲓϣⲉ ϣⲁⲧⲉϥϯ ⲟⲩⲧⲁϩ. ⲡⲓⲙⲱⲟⲩ ⲇⲉ ⲛⲁϥⲟⲩⲏⲟⲩ ⲡⲉ ⲙ̄ⲡⲓⲙⲁ ⲉⲧⲁⲩϭⲟ ⲙ̄ⲡⲓϣⲉ ⲙ̄ⲙⲟϥ ⲛ̄ⲟⲟϥ ⲇⲉ ⲁⲃⲃⲁ ⲓⲱⲁⲛⲛⲏⲥ ⲛⲁϥϩⲏⲗ ⲛⲉⲙ ⲡⲓⲗⲁⲕⲕⲟⲛ⁴ ⲙ̄ⲙⲱⲟⲩ ϧⲁ ⲛⲁ ⲣⲟⲩϩⲓ⁵ ⲟⲩⲟϩ ⲛ̄ⲧⲉϥⲓ ⲛ̄ϣⲱⲣⲡ. ⲉϥⲓⲣⲓ ⲇⲉ ⲙ̄ⲡⲁⲓⲣⲏϯ ϣⲁ ⲅ̄ ⲛ̄ⲣⲟⲙⲡⲓ ⲁϥⲱⲛϧ ⲛ̄ϫⲉ ⲡⲓϣϣⲏⲛ ⲟⲩⲟϩ ⲁϥϯ ⲟⲩⲱ ⲉⲡϣⲱⲓ ⲁϥⲉⲛ ⲟⲩⲧⲁϩ ⲉⲃⲟⲗ. ⲡⲓϧⲉⲗⲗⲟ ⲇⲉ ⲁⲃⲃⲁ ⲁⲙⲟⲓ ⲁϥϭⲓ ⲙ̄ⲡⲓⲕⲁⲣⲡⲟⲥ ⲛ̄ⲧⲉ ⲡⲓϣϣⲏⲛ ⲁϥⲉⲛϥ ⲉϯⲉⲕⲕⲗⲏⲥⲓⲁ ⲁϥϯ ⲛ̄ⲛⲓϧⲉⲗⲗⲟⲓ ϫⲉ ϭⲓ ⲟⲩⲱⲙ ⲉⲃⲟⲗϧⲉⲛ ⲡⲟⲩⲧⲁϩ ⲛ̄ⲧⲉ ⲡⲓⲥⲱⲧⲉⲙ. ⲛⲓϧⲉⲗⲗⲟⲓ ⲇⲉ ⲉⲧⲁⲩⲛⲁⲩ ⲉⲡⲁⲓϩⲱⲃ ⲙ̄ⲡⲁⲣⲁⲇⲟⲝⲟⲛ ⲛⲁⲩϭⲓ ϣⲫⲏⲣⲓ ⲡⲉ ⲉⲩϯ

lui, notre père Jean le Kolobos, disant : « A la manière de la terre qui ne peut pas tomber, aussi lui, notre père Jean le Kolobos, il ne peut pas tomber du tout à cause de l'abondance de son humilité. » Mais lui, abba Jean, le disciple d'abba Amoi, l'homme du Sud, accomplit une grande obéissance, se tenant sous la soumission de son père spirituel, bouillonnant dans le feu de l'Esprit-Saint.

Certain jour, abba Amoi prit un morceau de bois sec, il se rendit dans un endroit éloigné de sa cellule, dans le désert, d'environ douze milles, et il le planta là. Et abba Amoi appela abba Jean, son disciple, il lui dit: « Jean, mon fils, donne un vase d'eau chaque jour à ce morceau de bois, jusqu'à ce qu'il produise des fruits. » Or l'eau était éloignée de l'endroit où avait été planté le morceau de bois; mais lui, abba Jean, allait le soir avec un vase d'eau et il arrivait le matin. Faisant ainsi pendant trois ans, l'arbre vécut, il poussa en haut, il produisit des fruits. Mais le vieillard abba Amoi prit le fruit de l'arbre, il le porta à l'église, il le donna aux vieillards, disant : « Prenez, mangez du fruit de l'obéissance. » Les vieillards, ayant vu cette

---

1. *Cod.* ⲉⲁϥⲭⲟⲛ. — 2. *Cod.* ⲙ̄ⲡ̄ⲛⲁⲧⲓⲕⲟⲛ. — 3. *Cod.* ⲟⲩⲗⲁⲕⲟⲛ. — 4. *Cod.* ⲡⲓⲗⲁⲕⲟⲛ. — 5. *Cod.* ⲛⲁ ⲛⲁ ⲣⲟⲩϩⲓ.

ⲱⲟⲩ ⲙ̄ⲫϯ ⲡⲉ ⲉϥϫⲱ ⲙ̄ⲙⲟⲥ ϫⲉ ⲉⲃⲏⲗ ϫⲉ ⲁ ⲡⲓⲱⲛϧ̄ ⲙ̄ⲙⲁⲕⲁⲣⲓⲟⲛ ⲫϯ
ϣⲟⲡⲓ ϧⲉⲛ ⲡⲁⲓⲥⲟⲛ ⲛⲁⲣⲉ ⲡⲁⲓⲙⲩⲥⲧⲏⲣⲓⲟⲛ ⲫⲁⲓ ⲛⲁϣⲱⲡⲓ ⲉⲃⲟⲗϩⲓⲧⲟⲧϥ ⲁⲛ
ⲡⲉ. ϥ̄ⲥⲙⲁⲣⲱⲟⲩⲧ ⲛ̄ϫⲉ ⲓⲏⲥ ⲡⲭⲥ ⲫϯ ⲡⲓⲗⲟⲅⲟⲥ ⲫⲏ ⲉⲧⲓⲣⲓ ⲛ̄ϩⲁⲛ ϣⲫⲏⲣⲓ
ϧⲉⲛ ⲛⲏ ⲉⲑⲟⲩⲁⲃ ⲛ̄ⲧⲁϥ ⲛⲑⲟϥ ⲅⲁⲣ ⲁϥϫⲟⲥ ϫⲉ ⲉϣⲱⲡ ⲁⲣⲉ ϣⲁⲛ ⲟⲩⲁⲓ ⲓⲣⲓ
ⲙ̄ⲡⲁⲟⲩⲱϣ ϯⲛⲁⲓ ⲁⲛⲟⲕ ⲛⲉⲙ ⲡⲁⲓⲱⲧ ⲟⲩⲟϩ ⲧⲉⲛⲛⲁϣⲱⲡⲓ ⲛ̄ϧⲏⲧϥ ⲟⲩⲟϩ
ϩⲱⲃ ⲛⲓⲃⲉⲛ ⲉⲧⲉϥⲛⲁⲉⲣⲁⲓⲧⲉⲓⲛ¹ ⲙ̄ⲙⲱⲟⲩ ϧⲉⲛ ⲡⲁⲣⲁⲛ ⲉⲧⲉϣⲱⲡⲓ ⲛⲁϥ ⲟⲩⲟϩ
ⲡⲓϣϣⲏⲛ ⲉⲧⲉⲙ̄ⲙⲁⲩ ϥϣⲟⲡ ⲉⲧⲓ ϣⲁ ⲉϧⲟⲩⲛ ⲉⲫⲟⲟⲩ ⲉⲟⲩⲁⲡⲟⲇⲉⲓⲝⲓⲥ² (-ⲗⲓⲥ-)
ⲉⲥⲉⲛϩⲟⲧ ⲛ̄ⲧⲉ ⲧⲁⲣⲉⲧⲏ ⲙ̄ⲡⲉⲛⲡⲁⲛⲁⲅⲓⲟⲥ ⲛ̄ⲓⲱⲧ ⲉϥⲉⲣⲗⲁⲙⲡⲉⲓⲛ³ ϧⲉⲛ ⲛⲁⲓⲕⲁ-
ⲧⲟⲣⲑⲱⲙⲁ⁴ ⲉⲧϭⲟⲥⲓ.

ⲛⲑⲟϥ ⲡⲉⲛⲓⲱⲧ ⲁⲃⲃⲁ ⲓⲱⲁⲛⲛⲏⲥ ⲁⲩϣⲉⲛϥ ⲛ̄ϫⲉ ϩⲁⲛ ⲥⲛⲏⲟⲩ ⲉⲩϫⲱ ⲙ̄ⲙⲟⲥ
ϫⲉ ⲛⲁⲛⲉⲥ ⲡⲉ ⲡⲉⲛⲓⲱⲧ ⲉⲁⲙⲟⲛⲓ ⲛ̄ⲟⲩϩⲉϫⲓⲥ ⲛⲉⲙ ⲛⲓⲣⲱⲙⲓ. ⲟⲩⲟϩ ⲡⲉϫⲉ ⲁⲃⲃⲁ
ⲓⲱⲁⲛⲛⲏⲥ ⲛⲱⲟⲩ ϫⲉ ⲛⲁⲛⲉⲥ ⲉⲉⲣ ϩⲉϫⲓⲥ ⲉⲡⲉⲛⲥⲟⲛ ⲫⲁⲓ ⲉⲧⲁ ⲫϯ ⲙⲟⲩ
ⲉϩⲣⲏⲓ ⲉϫⲱⲛ ⲛⲉⲙⲁϥ ⲉⲟⲩⲥⲟⲡ⁵ ϧⲉⲛ ⲡⲁⲓϩⲓⲥⲟⲛ ⲛ̄ⲟⲩⲱⲧ ⲙ̄ⲙⲟⲛ ⲙⲁⲗⲗⲟⲛ
ϧⲉⲛ ⲑⲙⲉⲧⲣⲉⲙⲣⲁⲩϣ ⲙ̄ⲡⲭⲥ ⲙⲁⲣⲉⲛϫⲫⲟ ⲛⲁⲛ ⲙ̄ⲡⲉⲛⲥⲟⲛ ϧⲉⲛ ⲟⲩⲧⲟⲩⲃⲟ
ⲛⲓⲃⲉⲛ ⲛ̄ⲧⲉ ⲡⲓⲡ̄ⲛ̄ⲁ̄ ⲉⲑⲟⲩⲁⲃ ⲟⲩⲟϩ ϯϩⲉϫⲓⲥ ⲙⲉⲛ ϧⲉⲛ ⲟⲩⲙⲉⲧϫⲱⲣⲓ ⲙⲁ-
ⲣⲉⲛⲁⲓⲥ ⲛⲁϩⲣⲉⲛ ϯⲙⲉⲧϫⲁϫⲓ ⲑⲁⲓ ⲉⲧⲫⲱⲣϫ ⲙ̄ⲙⲟⲛ ⲉⲫϯ.

ⲁⲩⲥϧⲁⲓ ⲟⲛ ⲉⲑⲃⲉ ⲡⲉⲛⲡⲁⲛⲁⲅⲓⲟⲥ ⲛ̄ⲓⲱⲧ ⲁⲃⲃⲁ ⲓⲱⲁⲛⲛⲏⲥ ϫⲉ ⲙ̄ⲡⲉϥⲙⲁϩ

chose étonnante, furent émerveillés ; ils rendirent gloire à Dieu, disant : « Si la vie bienheureuse, ô Dieu, n'était pas en ce frère, ce mystère n'aurait pas eu lieu par lui ! Béni soit Jésus le Christ Dieu le Verbe qui fait des prodiges par ses saints ; car il a dit : Si quelqu'un fait ma volonté, je viendrai, moi avec mon père, et nous habiterons en lui, et toute chose qu'il demandera en mon nom lui sera donnée. » Et ainsi cet arbre existe jusqu'à ce jour, comme une preuve fidèle de la vertu de notre tout saint père, brillant en ses droitures élevées.

Notre père abba Jean, des frères l'interrogèrent disant : « Est-il bon de prendre une habitude avec les hommes ? » Et abba Jean leur dit : « Il est bon de prendre habitude avec notre frère, car Dieu est mort pour nous et pour lui (tout) à la fois, dans cette égalité unique ; surtout par la douceur du Christ, acquérons-nous notre frère en toute pureté de l'Esprit-Saint, et l'habitude avec courage exerçons-la contre l'inimitié qui nous sépare de Dieu. »

On a écrit aussi sur notre tout saint père abba Jean qu'il ne remplit jamais

---

1. *Cod.* ⲉⲣⲉⲧⲓⲛ. — 2. *Cod.* ⲉⲧⲁⲡⲟⲇⲓⲍⲓⲥ. — 3. *Cod.* ⲉϥⲉⲣⲗⲁⲙⲡⲓⲛ. — 4. *Cod.* ⲕⲁⲑⲟⲣ-ⲧⲱⲙⲁ. — 5. *Cod.* ⲉⲧⲥⲟⲛ.

ϩⲏⲧϥ ⲛⲱⲓⲕ ⲉⲛⲉϩ ⲟⲩⲇⲉ ⲙⲱⲟⲩ ⲟⲩⲇⲉ ϩⲓⲛⲓⲙ ⲟⲩⲇⲉ ⲙⲡⲉϥϫⲉ ⲟⲩⲥⲁϫⲓ
ⲛϣⲗⲟⲩ ⲉⲃⲟⲗϧⲉⲛ ⲣⲱϥ ⲉⲛⲉϩ ⲉⲑⲃⲉ ⲫⲁⲓ ⲙⲡⲉ ⲫⲙⲉⲩⲓ ⲛⲧⲥⲁⲣⲝ ϣⲉⲣ ⲟⲥ
ⲉⲣⲟϥ ⲉⲛⲉϩ ⲁⲗⲗⲁ ⲛⲁϥⲟⲓ ⲙⲫⲣⲏϯ ⲛⲟⲩⲁⲅⲅⲉⲗⲟⲥ ϧⲉⲛ ⲑⲙⲉⲧⲕⲁⲑⲁⲣⲟⲥ
ⲛϯⲥⲟⲫⲣⲟⲥⲧⲏⲛ¹. ⲡⲉⲛⲓⲱⲧ ⲇⲉ ⲁⲃⲃⲁ ⲁⲙⲟⲓ ⲛⲁϥⲉⲣ ⲟⲩⲙⲏϣ ⲛⲣⲟⲙⲡⲓ ⲡⲉ
ⲉϥϣⲟⲡ ϧⲉⲛ ⲟⲩⲙⲁ ⲛϣⲱⲡⲓ ϧⲉⲛ ϣⲓⲏⲧ ⲉⲣⲉ ⲟⲩⲟⲛ ⲕⲉⲕⲟⲩϫⲓ ⲛⲣⲓ ⲭⲏ ⲥⲁϧⲟⲩⲛ
ⲙⲙⲟϥ ⲙⲡⲉϥⲭⲱ ⲙⲡⲉϥⲙⲉⲩⲓ ⲉⲛⲉϩ ⲉⲓ ⲉϧⲣⲏⲓ ⲉϯ ϩⲑⲏϥ ϩⲟⲗⲱⲥ (-ⲗϩ-)
ⲉϯⲣⲓ ⲉⲧⲥⲁϧⲟⲩⲛ ⲙⲙⲟϥ ⲓⲉ ⲉⲛⲁⲩ ⲣⲱ ϫⲉ ⲟⲩ ⲡⲉ ⲉⲧⲉⲛϧⲏⲧⲥ ⲉⲑⲃⲉ ⲡϣⲱⲗⲕ
ⲙⲡⲉϥⲙⲉⲩⲓ ϧⲁ ⲡⲟⲥ ⲕⲁⲓⲡⲉⲣ² ⲛⲁⲣⲉ ⲡⲟⲥ ⲟⲩⲱⲣⲡ ⲛϩⲁⲛ ⲙⲏϣ ⲛⲁϥ ⲡⲉ
ⲙⲁⲗⲓⲥⲧⲁ ⲇⲉ ⲛⲁϥⲉⲙⲓ ⲡⲉ ϧⲉⲛ ⲟⲩⲁⲕⲣⲓⲃⲉⲓⲁ³ ⲉⲑⲃⲉ ⲓⲱⲁⲛⲛⲏⲥ ⲡⲉϥⲙⲁⲑⲏⲧⲏⲥ
ϫⲉ ⲁϥϣⲱⲡⲓ ⲛⲇⲟⲕⲓⲙⲟⲥ ⲟⲩⲟϩ ⲛⲥⲟⲧⲡ⁴ ⲛⲧⲉⲗⲉⲓⲟⲥ⁵ ⲙⲙⲟⲛⲁⲭⲟⲥ⁶ ⲉϥϫⲏⲕ
ⲉⲃⲟⲗ ⲟⲩⲟϩ ⲛⲁϥϣⲁⲙ ⲙⲡⲉϥⲃⲁⲗ ⲉϣⲧⲉⲙⲛⲁⲩ ⲉⲣⲟϥ ϫⲉ ⲉϥⲉⲣ ⲟⲩ ⲛϩⲱⲃ.
ⲙⲉⲛⲉⲛⲥⲁ ⲛⲁⲓ ⲇⲉ ⲁϥϣⲱⲡⲓ ⲛϫⲉ ⲫⲏ ⲉⲑⲟⲩⲁⲃ ⲁⲃⲃⲁ ⲁⲙⲟⲓ ⲟⲩⲟϩ ⲛⲁϥ
ϣⲑⲟⲣⲧⲉⲣ ⲡⲉ ⲛⲟⲩⲙⲏϣ ⲛⲉϩⲟⲟⲩ ⲉϥϥⲓⲥⲓ ⲙⲙⲟϥ ⲛϫⲉ ⲫϯ ⲙⲫⲣⲏϯ ⲛⲟⲩ
ⲁⲣⲱⲙⲁ⁷ ⲉϥⲥⲟⲧⲡ ⲉⲩⲉⲣⲇⲟⲕⲓⲙⲁⲍⲓⲛ⁸ ⲙⲙⲟϥ ϧⲉⲛ ⲟⲩⲭⲣⲱⲙ. ⲡⲉⲛⲙⲁ
ⲕⲁⲣⲓⲟⲥ ⲛⲓⲱⲧ ⲁⲃⲃⲁ ⲓⲱⲁⲛⲛⲏⲥ ⲛⲁϥϣⲉⲙϣⲓ ⲡⲉ ⲙⲡⲓϧⲉⲗⲗⲟ ⲉⲑⲟⲩⲁⲃ ⲁⲃⲃⲁ
ⲁⲙⲟⲓ ⲛⲓⲃ̄ ⲛⲣⲟⲙⲡⲓ ϧⲉⲛ ⲟⲩⲛⲓϣϯ ⲙⲡⲣⲟⲑⲩⲙⲓⲁ. ⲉⲃⲟⲗ ⲇⲉ ϧⲉⲛ ⲡⲁϣⲁⲓ
ⲙⲡⲓϣⲱⲛⲓ ⲛⲁϥⲟⲓ ⲛⲕⲟⲩϫⲓ ⲛϩⲏⲧ ⲡⲉ ⲉϫⲉⲛ ⲡⲉⲛⲓⲱⲧ ⲁⲃⲃⲁ ⲓⲱⲁⲛⲛⲏⲥ ⲧⲟⲕⲱ

son cœur de pain, ni d'eau, ni de sommeil, et qu'il ne dit jamais de sa bouche une parole honteuse; c'est pourquoi la pensée de la chair ne le domina jamais; mais il était comme un ange dans la pureté de la sagesse. Mais notre père abba Amoi avait passé une foule d'années demeurant dans une habitation en Schiit; il avait une autre petite cellule placée à l'intérieur : il ne mit jamais en son esprit d'y aller pour examiner complètement la cellule intérieure et voir ce qu'il y avait en elle, à cause de la continuité de sa pensée dans le Seigneur, quoique le Seigneur lui eût envoyé des multitudes et surtout parce qu'il connaissait avec exactitude de son disciple Jean que c'était un moine émérite⁹, élu et parfait : il fermait les yeux pour ne pas voir ce qu'il faisait. Et après cela, le saint abba Amoi fut malade et il resta couché une foule de jours¹⁰. Dieu le faisait cuire comme un onguent choisi qu'on éprouve dans le feu. Notre bienheureux père abba Jean servait le vieillard abba Amoi pendant douze ans avec une grande ardeur; et, par suite de l'abondance de

---

1. Cod. ⲛϯⲥⲧⲫⲣⲟⲥⲧⲏⲛ. — 2. Cod. ⲕⲉⲡⲉⲣ. — 3. Cod. ⲟⲩⲁⲕⲣⲓⲃⲓⲁ. — 4. Cod. ⲛⲥⲱⲧⲡ. — 5. Cod. ⲧⲉⲗⲓⲟⲥ. — 6. Cod. ⲙⲟⲩⲛⲁⲭⲟⲥ. — 7. Cod. ⲛⲟⲩⲁⲣⲱⲙⲁⲧⲁ. — 8. Cod. ⲉⲩⲉⲣⲇⲟⲕⲓⲙⲁⲍⲓⲛ. — 9. Mot à mot : Que c'était un éprouvé, un élu parfait, un moine consommé. — 10. Mot à mot : Une foule de temps.

ⲟⲩⲟϩ ⲙⲡⲉϥϫⲟⲥ ⲛⲁϥ ⲉⲛⲉϩ ⲛⲟⲩⲉϩⲟⲟⲩ ⲛⲟⲩⲱⲧ ϫⲉ ⲙⲟⲕ ⲉⲛⲁⲣⲉ ⲧⲉϥϫⲣⲉϫⲓⲥ ⲅⲁⲣ ϫⲟⲣ ⲡⲉ ⲡⲁⲣⲁ ⲟⲩⲙⲏϣ ⲛⲧⲉ ⲛⲉⲛⲓⲟϯ. ⲉⲧⲁϥⲙⲟⲩϯ ⲇⲉ ⲉⲁⲃⲃⲁ ⲓⲱⲁⲛ-ⲛⲏⲥ ⲛⲟⲩⲉϩⲟⲟⲩ ⲛϫⲉ ⲁⲃⲃⲁ ⲁⲙⲟⲓ ⲡⲉϫⲁϥ ⲛⲁϥ ϫⲉ ⲓⲱⲁⲛⲛⲏⲥ ⲡⲁϣⲏⲣⲓ ⲁϣⲱⲛⲟⲩⲧⲉⲃ ⲉⲃⲟⲗϧⲉⲛ ⲡⲁⲓⲕⲟⲥⲙⲟⲥ ⲙⲁϣⲉ ⲛⲁⲕ ϣⲱⲡⲓ ϧⲉⲛ ⲡⲓⲙⲁ ⲉⲧⲁⲕϭⲟ ⲙⲡⲓϣϣⲏⲛ ⲛϧⲏⲧϥ ϫⲉ ⲟⲩⲟⲛ ⲟⲩⲑⲩⲥⲓⲁ ⲛⲧⲁⲕ ⲉⲥⲙⲏⲛ ⲉⲃⲟⲗ ⲉⲥⲟⲩⲁⲃ (-ϫⲛ-) ⲟⲩⲟϩ ⲉⲥϣⲏⲡ ⲛⲁϩⲣⲉⲛ ⲡⲟⲥ ⲛⲁϣⲱⲡⲓ ϧⲉⲛ ⲡⲓⲙⲁ ⲉⲧⲉⲙⲙⲁⲩ ⲉⲃⲟⲗϩⲓⲧⲟⲧⲕ. ⲡⲁⲓϣϣⲏⲛ ⲅⲁⲣ ⲉⲧⲁϥϯ ⲟⲩⲱ ⲉϩⲣⲏⲓ ⲉⲃⲟⲗϩⲓⲧⲟⲧⲕ ⲟⲩⲡⲣⲟⲟⲓ-ⲙⲓⲟⲛ ⲡⲉ ⲉϥⲉⲣⲥⲙⲁⲛⲓⲛ¹ ⲉⲟⲩⲙⲩⲥⲧⲏⲣⲓⲟⲛ ⲛⲧⲉ ϩⲁⲛ ⲯⲩⲭⲏ ⲉⲩⲛⲁ-ⲟⲩϫⲁⲓ ⲉⲃⲟⲗϩⲓⲧⲟⲧⲕ ⲟⲛ ϧⲉⲛ ⲡⲓⲙⲁ ⲉⲧⲉⲙⲙⲁⲩ ⲉⲩⲉⲣ ⲫⲙⲉⲩⲓ ⲛⲉⲛⲉϩ ⲛⲁⲕ ⲛⲁϩⲣⲉⲛ ⲫϯ. ⲙⲉⲛⲉⲛⲥⲁ ⲛⲁⲓ ⲇⲉ ⲟⲛ ⲉⲧⲁϥϧⲱⲛⲧ ⲉϧⲟⲩⲛ ⲉⲥⲓⲛⲓ ⲉⲃⲟⲗ ⲛϫⲉ ⲡⲉⲛⲓⲱⲧ ⲉⲑⲟⲩⲁⲃ ⲁⲃⲃⲁ ⲁⲙⲟⲓ ⲉⲧⲕⲱϯ ⲉⲣⲟϥ ⲛϫⲉ ⲛⲓϧⲉⲗⲗⲟⲓ ⲁϥⲙⲟⲩϯ ⲉⲁⲃⲃⲁ ⲓⲱⲁⲛⲛⲏⲥ ⲁϥϧⲟⲛⲧϥ ⲉⲣⲟϥ ⲉⲁϥⲁⲙⲟⲛⲓ ⲛⲛⲉϥϫⲓϫ ⲁϥϯ ⲫⲓ ⲉⲣⲱⲟⲩ ⲁϥⲥⲙⲟⲩ ⲉⲣⲟϥ ⲙⲫⲣⲏϯ ⲛⲓⲥⲁⲁⲕ ⲉⲧⲁϥⲥⲙⲟⲩ ⲉⲓⲁⲕⲱⲃ ⲡⲓⲥⲗ ⲟⲩⲟϩ ⲡⲉϫⲁϥ ⲛⲁϥ ⲛⲅ ⲛⲥⲟⲡ ϫⲉ ϫⲙⲟⲕ ϫⲙⲟⲕ ϫⲙⲟⲕ ⲡⲓϣⲱⲓϫ ⲛⲧⲉ ⲡⲟⲩⲣⲟ ⲡⲭⲥ. ⲙⲉⲛⲉⲛⲥⲁ ⲛⲁⲓ ⲇⲉ ⲁϥⲧⲏⲓϥ ⲛⲛⲓϧⲉⲗⲗⲟⲓ ⲉϥϫⲱ ⲙⲙⲟⲥ ⲛⲱⲟⲩ ϫⲉ ⲟⲩⲱϣⲧ ⲙⲫⲁⲓ ⲛⲱⲧⲉⲛ ϫⲉ ⲟⲩⲁⲅⲅⲉⲗⲟⲥ ⲡⲉ ϩⲓϫⲉⲛ ⲡⲓⲕⲁϩⲓ ⲟⲩⲟϩ ⲟⲩⲣⲱⲙⲓ ⲁⲛ ⲡⲉ. ⲛⲁⲓ ⲇⲉ ⲉⲧⲁϥϫⲟⲧⲟⲩ ⲛϫⲉ ⲡⲉⲛⲓⲱⲧ ⲁⲃⲃⲁ ⲁⲙⲟⲓ ⲁϥⲟⲩⲱⲛ ⲛⲣⲱϥ ⲁϥϯ ⲙⲡⲓⲡⲛⲁ ϧⲉⲛ ⲟⲩϩⲓⲣⲏⲛⲏ² ⲛⲧⲉ ⲫϯ ⲁⲙⲏⲛ ⲉϥϯ ⲱⲟⲩ ⲙⲡⲉⲛⲟⲥ³.

la maladie, (notre père Amoi) était petit de cœur grandement au sujet de notre père Jean, et il ne lui dit jamais un seul jour: « Courage! » car sa puissance était forte plus que chez une foule de pères. Abba Amoi ayant appelé un jour abba Jean, il lui dit : « O Jean, mon fils, lorsque j'aurai été transporté de ce monde, va, habite dans le lieu où tu as planté l'arbre, car pour toi une offrande constante, sainte, agréable près de Dieu sera en ce lieu, car cet arbre qui, grâce à toi, a poussé des racines est un prologue qui signifie un mystère des âmes qui seront sauvées par toi en ce lieu et qui feront tou-jours souvenir de toi près de Dieu. » Après cela donc, lorsque notre père saint abba Amoi fut près de passer, comme les vieillards l'entouraient, il appela abba Jean, le fit approcher de lui, et, lui prenant les deux mains, il les baisa, il le bénit comme Isaac avait béni Jacob Israël, et il lui dit par trois fois :« Cou-rage, courage, courage, athlète du roi le Christ! » Après cela, il le donna aux vieillards, en disant: « Adorez-le, car c'est un ange sur terre et ce n'est pas un homme! » Et lorsque notre père abba Amoi eut dit cela, il ouvrit la bouche, il rendit son esprit en la paix de Dieu ; amen, rendons gloire à Dieu.

1. *Cod.* ⲉϥⲉⲣⲥⲙⲉⲛⲓⲛ. — 2. *Cod.* ⲟⲩϩⲓⲣⲏⲛⲓ. — 3. Ces derniers mots ont été ajoutés.

ⲉⲧⲁϥⲥⲱϫⲡ ⲇⲉ ⲙⲙⲁⲧⲁⲧϥ ⲛϫⲉ ⲡⲉⲛⲓⲱⲧ ⲁⲃⲃⲁ ⲓⲱⲁⲛⲛⲏⲥ ⲁϥϣⲉ ⲛⲁϥ
ⲉϥⲙⲁ ⲙⲡⲓϣϣⲏⲛ ⲕⲁⲧⲁ ⲫⲟⲧⲁϩⲥⲁϩⲛⲓ ⲙⲡⲉϥⲓⲱⲧ ⲟⲩⲟϩ ⲁϥⲑⲁⲙⲓⲟ ⲛⲁϥ
ⲛⲟⲩⲕⲟⲩϫⲓ ⲛⲥⲡⲏⲗⲁⲓⲟⲛ¹ ⲉϥⲉⲣϩⲩⲥⲩⲭⲁⲍⲓⲛ² ⲛϧⲏⲧϥ ⲟⲩⲟϩ ⲛⲁϥⲉⲣⲉⲅⲕⲣⲁ-
ⲧⲉⲩⲉⲥⲑⲁⲓ³ ⲙⲙⲁϣⲱ ⲡⲉ ⲟⲩⲟϩ ⲛⲁϥⲧⲟⲩϩⲟ ϩⲓϫⲉⲛ ⲛⲉϥⲁⲥⲕⲏⲥⲓⲥ ⲛⲉⲙ ⲛⲉϥⲡⲟⲗⲓⲧⲉⲓⲁ⁴ (-ⲗⲟ-) ⲉⲛⲉ ⲁϥⲑⲁⲙⲓⲟ ⲛⲟⲩⲙⲁ ⲉϥϩⲏⲡ ⲛⲁϥ ⲡⲉ ⲥⲁⲡⲉⲥⲏⲧ
ⲙⲡⲕⲁϩⲓ ϧⲉⲛ ⲡⲓⲥⲡⲏⲗⲁⲓⲟⲛ⁵ ⲟⲩⲟϩ ⲛⲉϣⲁϥϣⲉ ⲛⲁϥ ⲡⲉ ⲉϧⲣⲏⲓ ⲉⲣⲟϥ ⲙⲁⲗⲓⲥⲧⲁ ⲉϥⲙⲏⲛ ⲉⲫϯ ϧⲉⲛ ϩⲁⲛ † ϩⲟ ⲉⲣⲱⲟⲩ ⲛⲉⲙ ϩⲁⲛ ⲡⲣⲟⲥⲉⲩⲭⲏ ⲛⲁⲑⲙⲟⲩⲛⲕ. ⲛⲉ ⲁϥⲑⲁⲙⲓⲟ ⲇⲉ ⲛⲁϥ ⲟⲛ ⲡⲉ ⲛⲟⲩϣⲑⲏⲛ ⲉⲃⲟⲗϧⲉⲛ ⲛⲓⲭⲁⲫⲁⲧ
ⲛⲧⲉ ⲛⲓⲃⲉⲛⲓ ⲟⲩⲟϩ ⲛⲉϣⲁϥⲧⲏⲓⲥ ϩⲓⲱⲧϥ ⲡⲉ ⲛⲧⲉϥϣⲉ ⲛⲁϥ ⲉϧⲣⲏⲓ ⲉⲙⲁⲩ
ϩⲱⲥⲧⲉ ⲉⲃⲟⲗϩⲓⲧⲉⲛ ⲧⲉϥⲛⲓϣϯ ⲛⲙⲙⲟⲛ ϩⲁⲛ ⲙⲏϣ ⲛⲥⲟⲡ ⲛⲉϣⲁϥⲉⲣ †ⲉⲃ-
ⲇⲟⲙⲁⲥ ⲧⲏⲣⲥ ⲉϧⲣⲏⲓ ⲉⲣⲟϥ ⲛⲁϥⲟⲩⲱⲙ ⲟⲩⲟϩ ⲛⲁϥⲥⲱ ⲉⲩϧⲟⲁⲗⲡⲓⲛ⁶
ⲙⲙⲟϥ ϩⲓⲧⲉⲛ ϯⲡⲣⲟⲛⲟⲓⲁ⁷ ⲛⲧⲉ ⲫϯ. ⲟⲩⲟϩ ⲉϣⲱⲡ ⲁϥϣⲁⲛⲓ ⲉⲡϣⲱⲓ ⲉⲃⲟⲗ
ϧⲉⲛ ⲡⲓⲙⲁ ⲉⲧⲉⲙⲙⲁⲩ ⲛⲉϣⲁⲩⲛⲁⲩ ⲉⲣⲟϥ ⲡⲉ ⲛϫⲉ ⲛⲓⲥⲛⲟⲩ ⲙⲫⲣⲏϯ
ⲛⲟⲩϣⲉ ⲉϥⲗⲱⲃϣ ϧⲉⲛ ⲟⲩⲭⲣⲱⲙ ϩⲱⲥⲧⲉ ⲉⲃⲟⲗϩⲓⲧⲉⲛ ⲡⲓⲏⲣⲩⲅⲙⲁ⁸ ⲛⲧⲙⲉⲧⲉⲩⲥⲉⲃⲏⲥ ⲛⲧⲉ ⲟⲩⲙⲏϣ ⲑⲱⲟⲩϯ ⲉⲣⲟϥ ⲉⲩⲭⲟϩ ⲉⲧⲉϥⲁⲛⲁⲥⲧⲣⲟⲫⲏ ⲛⲁⲅ-
ⲅⲉⲗⲓⲕⲏ⁹ ⲛⲧⲁⲩϣⲱⲡⲓ ϩⲱⲟⲩ ϧⲁⲧⲟⲧϥ ⲛⲉⲙ ⲡⲉϥⲕⲱϯ ⲉϥϣⲟⲡ ⲛⲱⲟⲩ ⲧⲏⲣⲟⲩ
ⲛⲥⲕⲟⲡⲟⲥ ⲛⲟⲩϫⲁⲓ ⲛⲉⲙ ⲧⲩⲡⲟⲥ ⲛⲧⲉ ϯⲙⲉⲑⲙⲏⲓ ⲉϥϩⲟⲗϫ ⲛⲧⲟⲧⲟⲩ ⲧⲏⲣⲟⲩ

Lorsque notre père abba Jean eut été laissé seul, il se rendit au lieu de l'arbre, selon l'ordre de son père; il s'y fit une petite grotte où il fut en repos, il y pratiqua l'abstinence grandement, et il ajoutait à ses ascèses et à ses dévotions, s'étant fait un lieu caché sous la terre, dans sa grotte, et il y descendait, surtout il était constant en Dieu en des prières nombreuses et en des supplications incessantes. Il s'était fait aussi une tunique de fibres de palmier et il s'en revêtait pour y descendre, de sorte que par sa grande ferveur, une foule de fois, il passait la semaine entière sans manger ni boire, et il était soigné par la providence de Dieu; et, lorsqu'il remontait de ce lieu, les frères le voyaient comme un morceau de bois desséché par le feu, de sorte que par l'annonce de sa piété une foule (d'hommes) se réunirent à lui, ayant émulation de sa vie angélique, afin de demeurer aussi près de lui ou à l'entour, car il était pour eux tous un but salutaire et un type de douce justice pour eux tous avec charité et paix, et purifié à l'égard de chacun avec une (grande) douceur, étant un encouragement pour ceux qui voyaient

---

1. *Cod.* ⲛⲥⲡⲏⲗⲉⲟⲛ. — 2. *Cod.* ⲛⲉⲧⲭⲁⲍⲓⲛ. — 3. *Cod.* ⲛⲁϥⲉⲣⲕⲣⲁⲧⲉⲩⲉⲥⲟⲉ. — 4. *Cod.* ⲡⲉϥⲡⲟⲗⲏⲧⲓⲁ. — 5. *Cod.* ⲡⲓⲥⲡⲏⲗⲉⲟⲛ. — 6. *Cod.* ⲉⲩϧⲟⲁⲗⲡⲓⲛ. — 7. *Cod.* ϯⲡⲣⲟⲛⲓⲁ. — 8. *Cod.* ⲕⲣⲓⲅⲙⲁ. — 9. *Cod.* ⲛⲁⲅⲅⲉⲗⲓⲕⲟⲛ.

ϧⲉⲛ ⲟⲩⲁⲅⲁⲡⲏ ⲛⲉⲙ ⲟⲩϩⲓⲣⲏⲛⲏ[1] ⲟⲩⲟϩ ⲉϥⲧⲟⲩⲃⲏⲟⲩⲧ ⲉϧⲟⲩⲛ ⲉⲟⲩⲟⲛ ⲛⲓⲃⲉⲛ ϧⲉⲛ ⲟⲩⲙⲉⲧⲣⲉⲙⲣⲁⲩϣ ⲉϥϣⲟⲡ ⲛⲛⲟⲙϯ ⲛⲛⲓ ⲉⲑⲛⲁⲩ ⲛⲉⲙ ⲛⲓ ⲉⲧⲥⲱⲧⲉⲙ ⲛⲛⲓ ⲉⲑⲟⲩⲏⲟⲩ ⲛⲉⲙ ⲛⲛⲓ ⲉⲧϧⲉⲛⲧ ϩⲱⲥⲧⲉ ⲡⲓⲙⲁ ⲛϣⲁϥⲉ ⲛⲧⲉϥϣⲱⲡⲓ ⲛⲟⲩⲃⲁⲕⲓ ⲛⲧⲉ ⲡⲭ̅ⲥ̅ ⲟⲩⲟϩ ⲡⲓⲕⲁϩⲓ ⲛⲁⲧⲟⲩⲧⲁϩ (-ⲙ-) ⲛⲧⲉϥϣⲱⲡⲓ ⲛⲣⲉϥϯ ⲟⲩⲧⲁϩ ϧⲉⲛ ⲣ̅ ⲛⲉⲙ ⲝ̅ ⲛⲉⲙ ⲗ̅ ⲉⲟⲩⲱⲟⲩ[2] ⲛⲧⲧⲣⲓⲁⲥ ⲉⲑⲟⲩⲁⲃ.

ⲉⲧⲁⲩⲁϣⲁⲓ ⲇⲉ ⲛϫⲉ ⲛⲓⲥⲛⲏⲟⲩ ϧⲁⲧⲟⲧϥ ⲙⲡⲉⲛⲓⲱⲧ ⲛⲁϥⲉⲣ ⲭⲣⲉⲓⲁ[3] ⲡⲉ ⲛⲟⲩⲙⲟⲩⲙⲓ ⲙⲙⲱⲟⲩ ϧⲁⲧⲟⲧⲟⲩ[4] ⲉⲑⲃⲉ ϫⲉ ⲁϥⲛⲁⲩ ⲉⲣⲱⲟⲩ ⲉⲩϭⲟⲥⲓ ⲡⲉ ⲉⲩⲏⲗ ϩⲓ ⲫⲟⲩⲉⲓ ⲉⲩⲙⲁϩ ⲙⲱⲟⲩ. ⲡⲉⲛⲓⲱⲧ ⲇⲉ ⲉⲑⲟⲩⲁⲃ ϩⲱⲥ ⲉⲩⲕⲓⲙ ⲉⲣⲟϥ ⲉⲃⲟⲗϩⲓⲧⲉⲛ ⲫϯ ⲁϥⲑⲟⲩⲉⲧ ⲛⲓⲥⲛⲏⲟⲩ ⲧⲏⲣⲟⲩ ⲉⲑⲣⲟⲩϣⲉⲕ ⲟⲩϣⲱⲧ ⲛⲱⲟⲩ. ⲉⲧⲁⲩⲉⲣ ⲉ̅ ⲇⲉ ⲛⲉϩⲟⲟⲩ ⲉⲩϣⲱⲕⲓ ⲁϥϣⲉ ⲛⲁϥ ⲇⲉ ⲉϩⲣⲏⲓ ⲉⲡϣⲱⲧ ⲛϫⲉ ⲡⲉⲛⲓⲱⲧ ⲁϥⲉⲣ ⲡⲓⲉϫⲱⲣϩ ⲧⲏⲣϥ ⲉϥϣⲗⲏⲗ ⲓⲥϫⲉⲛ ⲣⲟⲩϩⲓ ϣⲁ ϣⲱⲣⲡ ⲉϩⲣⲏⲓ ϩⲁ ⲡ⳪ ⲁϥϥⲱϭⲓ ⲉⲡϣⲱⲓ ⲛϫⲉ ⲟⲩⲙⲟⲩⲙⲓ ⲙⲙⲱⲟⲩ ⲉϥϩⲟⲗϫ ⲟⲩⲟϩ ⲉⲛⲁⲛⲉϥ ⲉⲛⲥⲟϥ. ⲟⲩⲟϩ ⲡⲁⲓϩⲙⲟⲧ ⲫⲁⲓ ⲁ ⲫϯ ⲉⲣⲭⲁⲣⲓⲍⲉⲥⲑⲁⲓ[5] ⲙⲙⲟϥ ⲙⲡⲉⲛⲓⲱⲧ ⲛⲉⲙ ⲡⲉϥⲧⲟⲡⲟⲥ ⲧⲏⲣϥ ⲡⲁⲣⲁ ⲡⲕⲉⲥⲉⲡⲓ ⲙⲙⲙⲱⲓⲧ ⲉⲧϧⲉⲛ ⲛϣⲁϥⲉⲩ ⲉⲩⲙⲉⲧⲙⲉⲑⲣⲉ[6] ⲉⲥⲉⲛϩⲟⲧ ⲙⲁⲗⲓⲥⲧⲁ ϧⲉⲛ ⲡⲁⲓⲭⲉⲧ ⲛⲧⲉ ⲧⲁⲣⲉⲧⲏ ⲙⲡⲉⲛⲓⲱⲧ ⲛⲇⲓⲕⲁⲓⲟⲥ[7].

ⲙⲉⲛⲉⲛⲥⲁ ⲛⲁⲓ ⲇⲉ ⲟⲛ ⲡⲉϥⲛⲓϣϯ ⲛⲥⲟⲛ ⲛⲉ ⲁϥⲉⲣ ⲙⲟⲛⲁⲭⲟⲥ[8] ⲡⲉ ⲕⲁⲧⲁ

et ceux qui entendaient, pour ceux qui étaient au loin et ceux qui étaient auprès, de sorte que le désert devint une ville du Christ et que la terre infertile devint fertile à cent, à soixante, à trente, pour la gloire de la Trinité sainte.

Lorsque les frères se furent multipliés près de lui, il eut besoin d'une source d'eau parce qu'il les voyait se fatiguer en allant au loin pour puiser de l'eau ; mais notre père saint, comme mû par Dieu, il rassembla tous les frères pour leur faire creuser un puits. Lorsqu'ils eurent creusé cinq jours, notre père alla au puits, il passa toute la nuit en prières, depuis le soir jusqu'au matin, devant le Seigneur. Une source d'eau douce et bonne à boire jaillit, et cette grâce, Dieu l'accorda à notre père et à tout son entourage[9] de préférence aux autres endroits qui sont dans le désert[10], comme un témoignage fidèle, surtout en cela, de la vertu de notre père juste.

Après cela, son grand frère s'était fait moine selon ce que nous avons dit

---

1. Cod. ⲟⲩϩⲓⲣⲏⲛⲏ. — 2. Cod. ⲉⲧⲱⲟⲩ. — 3. Cod. ⲛⲁϥⲉⲣⲭⲣⲓⲁ. — 4. Cod. ϧⲁⲧⲟⲧⲟⲩ ⲡⲉ. — 5. Cod. ⲉⲣⲭⲁⲣⲓⲍⲉⲥⲟⲉ. — 6. Cod. ⲉⲩⲙⲉⲑⲙⲉⲧⲣⲉ. — 7. Cod. ⲛⲇⲓⲕⲉⲟⲥ. — 8. Cod. ⲙⲟⲛⲁⲭⲟⲥ. — 9. Mot à mot : A tout son endroit. — 10. C'est-à-dire plus avant dans le désert que ceux qui se trouvaient au monastère de Macaire, près des lacs Natrons.

ⲫⲣⲏϯ ⲉⲧⲁⲩⲉⲣ ϣⲟⲣⲡ ⲛ̄ϫⲟⲥ ⲥⲁ ⲧϩⲏ ⲟⲩⲟϩ ⲛⲑⲟϥ ⲡⲉⲛⲓⲱⲧ ⲁⲃⲃⲁ ⲓⲱⲁⲛⲛⲏⲥ
ⲛⲉ ⲁϥⲉⲣⲡⲁⲣⲁⲃⲁⲙⲉⲛⲓ¹ ⲙ̄ⲙⲟϥ ⲡⲉ ϧⲉⲛ ⲟⲩϩⲟϯ ⲛⲧⲉ ⲡⲟⲥ ⲉϥⲥⲱⲕ ⲙ̄ⲙⲟϥ
ⲉϧⲟⲩⲛ ⲉϥⲛⲁϩⲃⲉϥ ⲙ̄ⲡⲥⲉⲃⲓⲟ ⲙ̄ⲙⲏⲓ ⲉⲑⲣⲉϥϭⲛⲉ ϫⲱϥ ⲛ̄ⲧⲁⲣⲉⲧⲏ ⲉϥϯ
ⲫⲙⲉⲩⲓ ⲛⲁϥ ⲙ̄ⲡϫⲱϩⲉⲃ ⲛ̄ⲧⲉϥⲙⲉⲧϩⲏⲕⲓ ⲉⲧϧⲉⲛ ⲡⲓⲕⲟⲥⲙⲟⲥ ⲟⲩⲟϩ ⲛⲁϥϫⲱ
ⲙ̄ⲙⲟⲥ ⲛⲁϥ ⲡⲉ (ⲙⲁ) ϫⲉ ⲡⲁⲥⲟⲛ ⲁⲣⲓ ⲉⲙⲓ ϫⲉ ⲁⲛⲟⲛ ϩⲁⲛ ϩⲏⲕⲓ ⲟⲩⲟϩ
ⲧⲉⲛϣⲏϣ ϧⲉⲛ ⲛⲓⲣⲱⲙⲓ ⲗⲟⲓⲡⲟⲛ ⲙⲁⲣⲉⲛⲉⲣ ⲙⲉⲧⲁϣⲓⲣⲓ ⲉⲣⲟⲛ ϧⲉⲛ ⲫⲟⲩⲱϣ
ⲙ̄ⲫϯ ϧⲉⲛ ⲡⲁⲓⲕⲟⲥⲙⲟⲥ ϩⲓⲛⲁ ⲛ̄ⲧⲉⲛϭⲓ ⲧⲁⲓⲟ ⲛⲁϩⲣⲉⲛ ⲡⲟⲥ ⲟⲩⲟϩ ⲛ̄ⲧⲟⲩϯ
ⲱⲟⲩ ⲛⲁⲛ ⲛ̄ϫⲉ ⲛⲏ ⲉⲑⲟⲩⲁⲃ ⲧⲏⲣⲟⲩ ⲛ̄ⲧⲁϥ. ϧⲉⲛ ⲛⲁⲓ ⲙⲉⲛ ⲛⲉⲙ ⲛⲏ ⲉⲧⲟⲛⲓ
ⲙ̄ⲙⲱⲟⲩ ⲁϥϣⲱⲡⲓ ⲛ̄ⲟⲩⲥⲟⲡ² ⲙ̄ⲙⲟⲛⲁⲭⲟⲥ³ ⲛ̄ϫⲉ ⲡⲉϥⲥⲟⲛ ⲉϥϯ ⲛ̄ⲧⲟⲧϥ
ⲛ̄ϫⲉ ⲡⲉⲛⲓⲱⲧ ⲁⲃⲃⲁ ⲓⲱⲁⲛⲛⲏⲥ ϧⲉⲛ ⲧⲉⲣⲅⲁⲥⲓⲁ ⲙ̄ⲡⲓⲁⲅⲁⲑⲟⲛ.

ⲡⲉⲛⲓⲱⲧ ⲇⲉ ⲁⲃⲃⲁ ⲓⲱⲁⲛⲛⲏⲥ ⲛⲁϥⲉⲣⲕⲟⲥⲙⲉⲓⲛ⁴ ⲡⲉ ϧⲉⲛ ⲛⲓⲁⲣⲉⲧⲏ ⲧⲏⲣⲟⲩ
ⲙⲁⲗⲓⲥⲧⲁ ⲇⲉ ⲛ̄ϭⲟⲩⲟ ⲛⲁⲣⲉ ⲧⲁⲓ ⲛ̄ϩⲟϯ ⲭⲏ ⲛⲉⲙⲁϥ ⲡⲉ ⲛ̄ⲥⲏⲟⲩ ⲛⲓⲃⲉⲛ
ϯϩⲟϯ ⲛⲧⲉ ϯⲛⲁⲩ ⲛⲓ ⲉⲃⲟⲗϧⲉⲛ ⲥⲱⲙⲁ ⲛⲉⲙ ϯϩⲟϯ ⲛⲧⲉ ⲡⲓϫⲓ ⲛⲉⲣⲁⲡⲁⲛⲧⲁⲛ
ⲉⲫϯ ⲛⲉⲙ ϯϩⲟϯ ⲛⲧⲉ ⲡⲓⲉϩⲟⲟⲩ ⲛⲧⲉ ⲡϩⲁⲡ ⲟⲩⲟϩ ⲁϥϣⲁⲛⲉⲣ ⲫⲙⲉⲩⲓ
ⲛⲁϥⲫⲱⲧ ⲡⲉ ⲉϧⲟⲩⲛ ϧⲉⲛ ⲡⲓϣⲁϥⲉ. ⲡⲉϥⲥⲟⲛ ⲇⲉ ⲛⲁϥⲛⲏⲟⲩ ⲡⲉ ⲉⲃⲟⲗ ⲉϥⲕⲱϯ
ⲛ̄ⲥⲱϥ ⲟⲩⲟϩ ⲁϥϣⲁⲛϫⲉⲙϥ ⲛⲁϥϫⲱ⁵ ⲙ̄ⲙⲟⲥ ⲛⲁϥ ⲡⲉ ϫⲉ ⲉⲑⲃⲉ ⲟⲩ ⲡⲁⲥⲟⲛ
ⲕϯ ϧⲓⲥⲓ ⲛⲁⲕ ⲛ̄ⲧⲁⲓϩⲉ ⲧⲏⲣⲥ. ⲁⲛ ⲡⲉⲕϩⲏⲧ ⲑⲏⲧ ⲛ̄ⲑⲟϥ ⲁⲛ ϫⲉ ⲁⲕϣⲁⲛϩⲉⲙⲥⲓ

auparavant, et lui, notre père abba Jean, l'avait précédé dans la crainte de Dieu, en le poussant sous le joug de la véritable humilité, afin qu'il se soumit à la vertu, lui rappelant l'infirmité de sa pauvreté dans le monde, et il lui disait : « Mon frère, sache que nous sommes des pauvres et que nous sommes méprisés auprès des hommes; donc, faisons diligence selon la volonté de Dieu en ce monde, afin que nous prenions honneur près de Dieu et que tous ses saints nous rendent gloire. » En cela et en des choses semblables, son frère devint un moine élu, notre père abba Jean lui donnant la main en toute bonne action.

Notre père abba Jean était orné de toutes les vertus; surtout ces trois craintes étaient en lui à chaque instant: la crainte de l'heure (où il faudrait) sortir du corps, la crainte de la comparution devant Dieu et la crainte du jour du jugement, et, lorsqu'il y pensait, il s'enfuyait dans le désert. Mais son frère sortait pour le chercher, et, lorsqu'il l'avait trouvé, il lui disait : « Mon frère, pourquoi te fatiguer de toute cette manière? Est-ce que ton cœur

---

1. *Cod.* ⲁϥⲉⲣⲡⲁⲣⲁⲃⲉⲛⲓⲛ. — 2. *Cod.* ⲛⲟⲩⲥⲱⲡ. — 3. *Cod.* ⲙ̄ⲙⲟⲩⲛⲁⲭⲟⲥ. — 4. *Cod.* ⲛⲁϥⲉⲣⲕⲟⲥⲙⲓⲛ. — 5. *Cod.* ⲉϥϫⲱ ⲙ̄ⲙⲟⲥ ⲛⲁϥ ⲡⲉ, ce qui est impossible.

ϧⲉⲛ ϯⲣⲓ ⲭⲁⲙⲉⲗⲓ ⲫϯ. ⲁϥⲉⲣ ⲟⲩⲟϩ ⲛϫⲉ ⲁⲃⲃⲁ ⲓⲱⲁⲛⲛⲏⲥ ⲡⲉϫⲁϥ ⲛⲁϥ ϫⲉ ⲥⲉ ϯⲛⲁϩϯ ϫⲉ ⲫϯ ϧⲉⲛ ⲙⲁⲓ ⲛⲓⲃⲉⲛ ⲁⲗⲗⲁ ⲉⲓⲟⲩⲱϣ ⲉϯ ϩⲓⲥⲓ ⲛϩⲟⲩⲟ ϩⲓⲛⲁ ⲛⲧⲉ ⲫϯ ⲛⲁⲩ ⲉⲡⲁϣⲱⲛ ⲙⲡⲁⲧϩⲉⲙⲕⲟ ⲛⲧⲉϥϯ ⲛⲁⲧⲕⲓⲛⲇⲩⲛⲟⲥ¹ ϧⲉⲛ ⲡⲉϩⲟⲟⲩ ⲛⲧⲉ ⲡⲓϩⲁⲡ (-ⲙⲃ-) ⲟⲩⲟϩ ⲁⲧϭⲛⲉ ϣⲑⲟⲣⲧⲉⲣ ⲛⲧⲉ ⲑⲗⲱⲓϫⲓ ⲛϯⲕⲁ ⲕⲓⲁ ⲛⲧⲁⲉⲣ ⲡⲉⲙⲡϣⲁ ϩⲱ ⲛⲉⲣⲑⲉⲱⲣⲉⲛ² ⲙⲡⲱⲟⲩ ⲙⲫϯ ⲛⲉⲙ ⲛⲏ ⲉⲑⲟⲩⲁⲃ ⲛⲧⲁϥ.

ⲡⲉⲛⲡⲁⲛⲁⲧⲓⲟⲥ ⲇⲉ ⲛⲓⲱⲧ ⲁⲃⲃⲁ ⲓⲱⲁⲛⲛⲏⲥ ⲡⲓⲕⲟⲗⲟⲃⲟⲥ ⲉϥⲃⲉⲣⲃⲉⲣ ϧⲉⲛ ⲡⲓⲭⲣⲱⲙ ⲙⲡⲓⲡⲛⲁ ⲉⲑⲟⲩⲁⲃ ⲉⲛⲁϥⲉⲣⲥⲡⲟⲩⲇⲁⲍⲉⲓⲛ³ ⲡⲉ ⲛⲥⲏⲟⲩ ⲛⲓⲃⲉⲛ ⲉⲧⲉⲛⲑⲱⲛϥ ⲉⲧⲁⲛⲁⲥⲧⲣⲟⲫⲏ ⲛⲛⲓⲇⲩⲛⲁⲙⲓⲥ ⲉⲧϧⲉⲛ ⲡϭⲓⲥⲓ. ⲡⲉϫⲁϥ ⲙⲡⲉϥⲛⲓϣϯ ⲛⲥⲟⲛ ⲛⲟⲩⲉϩⲟⲟⲩ ϧⲉⲛ ⲟⲩϩⲟϫ ⲙⲙⲉⲧⲙⲁⲓ ⲛⲟⲩϯ ϫⲉ ⲛⲁⲓⲟⲩⲱϣ ϩⲱ ⲡⲁⲥⲟⲛ ⲉⲉⲣ ⲁⲧⲣⲱⲟⲩϣ ⲟⲩⲟϩ ⲛⲧⲁϣⲱⲡⲓ ⲉⲓϣⲉⲙϣⲓ ⲙⲫϯ ⲙⲫⲣⲏϯ ⲛⲛⲓⲁⲅⲅⲉⲗⲟⲥ ⲁⲧϭⲛⲉ ⲙⲟⲩⲛⲕ ⲉⲩⲙⲏⲛ ⲉⲡⲱⲟⲩ ⲛⲧⲉϥⲙⲉⲧⲥⲁⲓⲉ ⲛⲉⲙ ⲫⲟⲩⲱⲓⲛⲓ ⲙⲡⲉϥⲱⲛϧ. ⲟⲩⲟϩ ⲁϥⲃⲁϣϥ ⲛⲛⲉϥϩⲃⲱⲥ ⲁϥϣⲉ ⲛⲁϥ ⲉⲃⲟⲗ ⲉⲡϣⲁϥⲉ. ⲉⲧⲁϥⲉⲣ ⲟⲩⲉⲃⲇⲟⲙⲁⲥ ⲇⲉ ⲛⲉϩⲟⲟⲩ ⲛⲁⲧⲟⲩⲱⲙ ⲟⲩⲟϩ ⲛⲁⲧⲥⲱ ⲁϥⲧⲁⲥⲑⲟϥ ⲟⲛ ϩⲁ ⲡⲉϥⲥⲟⲛ ⲙⲁⲗⲓⲥⲧⲁ ϧⲉⲛ ⲟⲩⲥⲩⲅⲭⲱⲣⲏⲥⲓⲥ⁴ ⲛⲧⲉ ⲫϯ ⲉⲡⲟⲩϫⲁⲓ ⲛϩⲁⲛ ⲯⲩⲭⲏ ⲉϥⲟⲡⲧ ⲛⲕⲁⲣⲡⲟⲥ ⲛⲧⲉ ⲡⲓⲑⲉⲃⲓⲟ ϧⲉⲛ ⲟⲩⲙⲉⲧⲁⲛⲟⲓⲁ ⲙⲙⲏⲓ. ⲉⲧⲁϥⲕⲱⲗϩ ⲇⲉ ⲉϥⲣⲟ ⲙⲡⲉϥⲛⲓϣϯ ⲛⲥⲟⲛ ⲙⲡⲉϥⲟⲩⲱⲛ ⲛⲁϥ ⲉϥϫⲱ ⲙⲙⲟⲥ ⲛⲁϥ ϫⲉ ⲛⲑⲟⲕ ⲛⲓⲙ.

n'est pas persuadé que si tu restes dans ta cellule, tu trouveras Dieu ? » Abba Jean répondit, il lui dit : « Si, je crois que Dieu est en tout lieu; mais je désire me fatiguer davantage, afin que Dieu voie le combat de ma souffrance et qu'il me rende sans danger au jour du jugement et sans trouble à cause de la malice, afin que je sois digne aussi de voir la gloire de Dieu et de ses saints.

Notre père abba Jean le Kolobos, bouillant dans le feu du Saint-Esprit, avait zèle, en tout temps, d'imiter la conduite des puissances d'en haut; un jour il dit à son grand frère, dans une émulation d'amour de Dieu : « Je désirerais aussi, mon frère, être sans souci et servir Dieu sans cesse à la manière des anges, constants en la gloire de sa beauté et la lumière de sa vie. » Et il se dépouilla de ses vêtements, il s'en alla dans le désert. Lorsqu'il eut passé une semaine sans manger ni boire, il retourna vers son frère, surtout par une volonté de Dieu pour le salut des âmes, et portant les fruits de l'humilité en une vraie pénitence. Et lorsqu'il eut frappé à la porte de son grand frère,

---

1. *Cod.* ⲛⲁⲧⲕⲩⲛⲇⲩⲛⲟⲥ. — 2. *Cod.* ⲑⲉⲱⲣⲓⲛ. — 3. *Cod.* ⲥⲡⲟⲩⲇⲁⲍⲓⲛ. — 4. *Cod.* ⲥⲧⲩⲭⲱⲣⲏⲥⲓⲥ.

ⲛⲑⲟϥ ⲇⲉ ⲡⲉϫⲁϥ ⲛⲁϥ ϫⲉ ⲁⲛⲟⲕ ⲓⲱⲁⲛⲛⲏⲥ. ⲟⲩⲟϩ ⲡⲉϫⲉ ⲡⲉϥⲥⲟⲛ ϫⲉ ⲛⲑⲟⲕ ⲓⲱⲁⲛⲛⲏⲥ ⲁ ⲓⲱⲁⲛⲛⲏⲥ ⲉⲣ ⲁⲅⲅⲉⲗⲟⲥ ϥⲭⲏ ⲁⲛ ϫⲉ ⲛⲉⲙ ⲛⲓⲣⲱⲙⲓ. ⲟⲩⲟϩ ⲙⲡⲉϥⲁⲟⲩⲱⲛ ⲛⲁϥ ⲁⲗⲗⲁ ⲁϥⲭⲁϥ ϩⲓⲣⲉⲛ ⲡⲓⲣⲟ ⲓⲥϫⲉⲛ ⲣⲟⲩϩⲓ ϣⲁ ϣⲱⲣⲡ. ⲉⲧⲁ ϣⲱⲣⲡ ⲇⲉ ϣⲱⲡⲓ ⲁϥⲁⲟⲩⲱⲛ ⲙⲡⲓⲣⲟ (-ⲙⲁⲛ-) ⲛⲧⲉ ⲡⲓⲙⲁ ⲛϣⲱⲡⲓ ⲟⲩⲟϩ ⲡⲉϫⲁϥ ⲛⲁϥ ϫⲉ ⲓⲱⲁⲛⲛⲏⲥ ⲁⲣⲓ ⲉⲙⲓ ϫⲉ ⲛⲑⲟⲕ ⲟⲩⲣⲱⲙⲓ ⲟⲩⲟϩ ⲉⲧⲓ ⲓⲥ ⲕⲭⲏ ϧⲟⲕ ϧⲉⲛ ϯⲥⲁⲣⲝ ⲥⲉⲣ ⲭⲣⲉⲓⲁ¹ ⲛⲧⲉⲛⲉⲣ ϩⲱⲃ ϩⲓⲛⲁ ⲛⲧⲉⲕϣⲁⲛⲟⲩϣⲕ ⲧⲁⲓ ⲉⲣⲅⲁⲥⲓⲁ ⲑⲁⲓ ⲥⲏⲡ ⲉⲛⲓⲁⲅⲅⲉⲗⲟⲥ. ⲟⲩⲟϩ ⲁϥϯ ⲙⲉⲧⲁⲛⲟⲓⲁ ⲛⲁϥ ⲛϫⲉ ⲁⲃⲃⲁ ⲓⲱⲁⲛⲛⲏⲥ ⲉϥϫⲱ ⲙⲙⲟⲥ ϫⲉ ⲭⲱ ⲛⲏⲓ ⲉⲃⲟⲗ.

ϩⲓⲧⲉⲛ ⲛⲁⲓⲛⲓϣϯ ⲅⲁⲣ ⲛⲁⲣⲉⲧⲏ ⲛⲧⲁϥ ⲛⲑⲟϥ ⲡⲉⲛⲓⲱⲧ ⲁⲃⲃⲁ ⲓⲱⲁⲛⲛⲏⲥ ⲁϥϣⲱⲡⲓ ⲛⲟⲩⲛⲓϣϯ ⲛⲓⲥⲣⲁⲏⲗⲓⲧⲏⲥ ⲛⲧⲉ ⲡⲭⲥ ⲓⲥ. ϩⲱⲥ ⲇⲉ² ⲉϥϩⲉⲙⲥⲓ ⲛⲟⲩⲉϩⲟⲟⲩ ϧⲉⲛ ⲧⲉϥⲣⲓ ⲁⲩⲓ ⲛϫⲉ ϩⲁⲛ ⲟⲩⲟⲛ ⲁⲩⲭⲱⲗ³ ⲛⲛⲓⲥⲕⲉⲩⲟⲥ ⲧⲏⲣⲟⲩ ⲉⲧϧⲉⲛ ⲡⲓⲙⲁ ⲛϣⲱⲡⲓ ⲟⲩⲟϩ ⲁⲩⲁⲓⲧⲟⲩ ⲛⲟⲩⲙⲏⲣⲓ ⲉϥϩⲉⲙⲥⲓ ⲛϫⲉ ⲁⲃⲃⲁ ⲓⲱⲁⲛⲛⲏⲥ ⲙⲡⲉϥⲥⲁϫⲓ ⲁⲗⲗⲁ ⲡⲉϫⲱⲟⲩ ⲛⲁϥ ⲟⲛ ⲛϫⲉ ⲛⲏ ⲉⲧⲉⲙⲙⲁⲩ ϫⲉ ⲧⲱⲛⲕ ⲧⲱⲟⲩⲛ⁴ ⲛⲁⲛ. ⲛⲑⲟϥ ⲇⲉ ⲁⲃⲃⲁ ⲓⲱⲁⲛⲛⲏⲥ ⲁϥⲧⲱⲛϥ ⲁϥⲧⲱⲟⲩⲛ ⲉⲱⲟⲩ ⲟⲩⲟϩ ⲉⲧⲁϥⲧⲫⲱⲟⲩ ⲉⲃⲟⲗ ⲁϥϩⲉⲙⲥⲓ. ⲉⲧⲁϥⲓ ⲉϧⲟⲩⲛ ⲛϫⲉ ⲡⲉϥⲥⲟⲛ ⲡⲉϫⲁϥ ϫⲉ ⲁⲩⲑⲱⲛ ⲛⲓⲥⲕⲉⲩⲟⲥ. ⲟⲩⲟϩ ⲡⲉϫⲉ ⲁⲃⲃⲁ ⲓⲱⲁⲛⲛⲏⲥ ϯⲉⲙⲓ ⲁⲛ.

celui-ci ne lui ouvrit point, disant : « Qui es-tu ? » Et lui, il lui dit : « Je suis Jean. » Et son frère lui dit : « Tu es Jean ! Jean est devenu un ange, il n'est point parmi les hommes. » Et il ne lui ouvrit pas ; mais il le laissa à la porte depuis le soir jusqu'au matin. Lorsque le matin eut paru, il ouvrit la porte de l'habitation et il lui dit : « Jean, sache que tu es un homme, et, puisque tu es placé en cette chair, il faut que tu travailles pour te nourrir ; cette manière de faire convient aux anges. » Et abba Jean lui fit repentance, disant : « Pardonne-moi. »

Par ces grandes vertus, en effet, notre père abba Jean fut un grand israélite du Christ Jésus. Mais pendant qu'il était assis un jour dans sa cellule, quelques-uns vinrent, ils enlevèrent tous les vases qui étaient dans l'habitation et les mirent en un faisceau, abba Jean étant assis sans parler⁵. Ceux-là lui dirent : « Lève-toi, porte-les-nous. » Abba Jean se leva, il les porta. Et lorsqu'il les eut conduits au dehors, il s'assit⁶. Et lorsque son frère entra, il dit : « Où sont les vases ? » Et abba Jean lui dit : « Je ne sais pas. » Et son

---

1. Cod. ⲭⲣⲓⲁ. — 2. Cod. ϩⲱⲥⲧⲉ. — 3. Cod. ⲁⲩⲁⲧⲭⲱⲗ (sic). — 4. Cod. ⲧⲱⲟⲩ ⲛⲁⲛ. — 5. Il faut entendre ce passage des voleurs libyens qui pillaient les solitaires. — 6. Il faut comprendre qu'après avoir conduit les voleurs, Jean était revenu à sa cellule.

ⲟⲩⲟϩ ⲡⲉϫⲉ ⲡⲉϥⲥⲟⲛ ⲛⲁϥ ϫⲉ ⲙⲁⲧⲁⲙⲟⲓ ⲉⲛⲓⲥⲕⲉⲩⲟⲥ ϫⲉ ϯⲉⲙⲓ ⲁⲛ. ⲛⲑⲟϥ ⲇⲉ ⲁⲃⲃⲁ ⲓⲱⲁⲛⲛⲏⲥ ⲁϥϯ ⲙⲉⲧⲁⲛⲟⲓⲁ ⲛⲁϥ ⲉϥϫⲱ ⲙⲙⲟⲥ ⲛⲁϥ ϫⲉ ⲡⲁⲥⲟⲛ ⲭⲱ ⲛⲏⲓ ⲉⲃⲟⲗ ϯϯϩⲟ ⲉⲣⲟⲕ ϫⲁⲥ ϧⲉⲛ ⲡⲉⲕϩⲏⲧ ϫⲉ ⲓⲥ ⲅ̄ ⲛⲣⲟⲙⲡⲓ ⲓⲥϫⲉⲛ ⲉⲧⲁⲕϩⲓⲧⲧ ⲉϧⲟⲩⲛ ⲉⲡⲓⲙϩⲁⲩ. ⲛⲁϥϫⲱ ⲙⲙⲟⲥ ⲡⲉ ⲛϫⲉ ⲡⲉⲛⲓⲱⲧ ⲁⲃⲃⲁ ⲓⲱⲁⲛⲛⲏⲥ (-ⲙⲁ-) ϫⲉ ⲅ̄ ⲙⲡⲟⲗⲉⲙⲟⲥ ⲉⲧϯ ⲛⲉⲙ ⲡⲓⲣⲱⲙⲓ ⲛⲉⲙ ϯⲡⲟⲣⲛⲓⲁ¹ ⲛⲉⲙ ⲡⲓⲁⲣⲛⲟⲩ ⲉϭⲟϩ ⲉⲣⲟϥ ⲛⲉⲙ ⲡⲓⲉⲗ ⲫϯ ⲛⲧⲟⲧⲕ. ⲉϣⲱⲡ ⲇⲉ ⲛⲧⲉϥⲁⲣⲉϩ ⲉⲣⲟϥ ⲉⲃⲟⲗϩⲁ ⲡⲉϥⲥⲟⲛ ϣⲁⲣⲉ ⲛⲓⲕⲉⲭⲱⲟⲩⲛⲓ ⲉⲣ ⲣⲉⲙϩⲉ ⲛⲁϥ ⲉϣⲱⲡ ⲇⲉ ⲛⲧⲉϥϭⲓ ⲛⲉⲙ ⲡⲓⲁⲣⲛⲟⲩ ϣⲁⲣⲉ ⲛⲓⲡⲁⲑⲟⲥ ⲧⲏⲣⲟⲩ ⲉⲣ ⲟⲥ ⲉⲧⲉϥⲯⲩⲭⲏ ⲗⲟⲓⲡⲟⲛ ⲧⲥⲉⲛϯ ⲙⲡⲉⲛⲏⲓ ⲡⲉ ⲡⲉⲛⲥⲟⲛ ⲡⲉϫⲁϥ ⲁⲓϣⲁⲛⲁⲣⲉϩ ⲅⲁⲣ ⲉⲧⲥⲉⲛϯ ⲧⲉⲛⲛⲁⲕⲱⲧ ⲙⲡⲉⲛⲏⲓ ⲟⲩⲟϩ ϣⲁⲧⲉⲛϯ ⲛⲧⲥⲧⲉⲫⲁⲛⲓ² ⲉⲡⲉϥϫⲱⲃϣ. ⲉⲑⲃⲉ ⲫⲁⲓ ⲛⲁϥⲑⲉⲗⲏⲗ ⲙⲙⲟϥ ⲛϫⲉ ⲡⲉⲛⲓⲱⲧ ⲁⲃⲃⲁ ⲓⲱⲁⲛⲛⲏⲥ ⲁⲣⲉϣⲁⲛ ⲟⲩⲁⲓ ϫⲫⲓⲟϥ ⲓⲉ ⲛⲧⲉϥϣⲟϣϥ ⲉⲛⲁϥⲥⲟϫⲓ ⲉϧⲟⲩⲛ ⲉⲣⲟϥ ⲛϩⲟⲩⲟ ⲉϥϫⲱ ⲙⲙⲟⲥ ϫⲉ ϯⲙⲉⲧⲣⲉϥϣⲁⲓ ϧⲁ ⲛⲓϣⲱϣ ϧⲉⲛ ⲟⲩⲉⲙⲓ ⲛⲑⲟϥ ⲉⲧⲧⲟⲩⲃⲟ ⲙⲡⲓϩⲏⲧ ⲉⲧϫⲓⲙⲓ ⲙⲡⲓⲑⲉⲃⲓⲟ ⲙⲙⲏⲓ ϣⲁⲧⲉ ϯⲯⲩⲭⲏ ϭⲓ ⲙⲁⲓⲏ ϧⲉⲛ ⲫϯ ⲛⲓϣⲟⲩϣⲟⲩ ⲇⲉ ⲛⲉⲙ ⲛⲓⲧⲁⲓⲟ ⲛⲧⲉ ⲡⲁⲓⲕⲟⲥⲙⲟⲥ ϩⲁⲛ ϣⲟⲣϣⲉⲣ ⲛⲧⲉ ϯⲁⲣⲉⲧⲏ ⲛⲉ. ⲉⲑⲃⲉ ⲡⲉϥⲛⲓϣϯ ⲛⲑⲉⲃⲓⲟ ⲇⲉ ⲛⲉⲙ ⲧⲉϥⲙⲉⲧϣⲫⲏⲣⲓ ⲙⲡⲉϥϥⲁⲓ ⲙⲡⲉϥⲃⲁⲗ ⲉⲡϣⲱⲓ ⲉⲛⲉϩ ⲉⲛⲁⲩ ⲉⲡϩⲟ ⲛϩⲗⲓ ⲛⲣⲱⲙⲓ.

frère lui dit : « Montre-moi les vases, car je ne sais pas (où ils sont). » Mais lui, abba Jean, fit repentance, disant : « Mon frère, pardonne-moi, je t'en prie ; mets cela en ton cœur que voici trois ans que tu m'as jeté au tombeau. » Notre père abba Jean disait : « Il y a trois guerres qui combattent l'homme : la fornication, le compagnon pour le toucher, et lui enlever Dieu[3] ; s'il se garde de son frère, les autres deviennent libres en lui ; mais si tu touches ton compagnon, toutes les passions dominent ton âme. Du reste le fondement de notre maison, c'est notre frère. » Il dit : « Si je garde en effet le fondement, nous bâtirons notre maison jusqu'à ce que nous ayons donné le couronnement à son toit. » C'est pourquoi notre père abba Jean se réjouissait si quelqu'un le reprenait ou le méprisait, il courait encore plus au-devant de lui, en disant : « La patience du mépris avec connaissance, c'est la pureté du cœur qui trouve la vraie humilité jusqu'à ce que l'âme croisse en Dieu ; mais les gloires et les honneurs de ce monde sont des démolisseurs de la vertu. » A cause donc de sa grande humilité et de sa révérence, il ne leva jamais les yeux pour regarder le visage d'un homme.

---

1. Cod. ⲡⲟⲣⲛⲓⲁ. — 2. Cod. ⲙⲡⲓⲥⲧⲉⲫⲁⲛⲓ. — 3. Cette phrase me semble incorrecte.

ⲛⲁⲩⲱ ⲙⲙⲟⲥ ⲉⲑⲃⲏⲧϥ ⲟⲛ ⲡⲉ ϫⲉ ϩⲗⲓ ⲛϩⲱⲃ ⲉⲧⲉϥⲛⲁϣⲱϥⲧ ⲛϧⲏⲧϥ
ⲛⲟⲩⲥⲟⲡ ⲉⲓⲧⲉ¹ ⲟⲩϩⲱⲃ ⲉⲓⲧⲉ² ⲟⲩⲥⲁϫⲓ ⲙⲡⲁϥ ϫⲉ ⲟⲩⲟϩ ⲧⲟⲧϥ ϫⲉ ⲉϧⲉⲓ ⲛϧⲏⲧϥ
ⲛⲕⲉⲥⲟⲡ ⲟⲩⲟϩ ⲁϥϣⲁⲛⲛⲁⲩ ⲓⲉ ⲛⲧⲉϥⲥⲱⲧⲉⲙ ⲉⲑⲃⲉ ⲟⲩⲁⲓ ϫⲉ ⲁϥϩⲉⲓ ϧⲉⲛ ⲟⲩⲛⲟⲃⲓ ϣⲁϥⲣⲓⲙⲓ ⲟⲩⲟϩ ⲛⲧⲉϥϥⲓ ⲁϩⲟⲙ (-ⲙⲉ-) ϧⲛ ⲟⲩⲙⲕⲁϩ ⲛϩⲏⲧ³ ⲉϥϫⲱ
ⲙⲙⲟⲥ ϫⲉ ⲫⲁⲓ ⲙⲫⲟⲟⲩ ⲡⲉ ⲁⲛⲟⲕ ϩⲱ ⲡⲉ ⲛⲣⲁⲥϯ ⲟⲩⲟϩ ⲛⲁϥϯ ϩⲟ ⲉⲡⲟⲥ ⲡⲉ
ⲉϩⲣⲏⲓ ⲉϫⲱϥ ⲟⲩⲟϩ ⲛⲁϥⲓⲣⲓ ⲙⲫⲁⲓ ⲡⲉ ⲛⲥⲏⲟⲩ ⲛⲓⲃⲉⲛ. ϩⲁⲛ ⲥⲛⲏⲟⲩ ⲁⲩϣⲉⲛ ⲡⲉⲛⲓⲱⲧ ⲁⲃⲃⲁ ⲓⲱⲁⲛⲛⲏⲥ ⲡⲓⲕⲟⲗⲟⲃⲟⲥ ⲉⲩϫⲱ ⲙⲙⲟⲥ ⲛⲁϥ ϫⲉ ⲡⲉⲛⲓⲱⲧ ⲛⲁⲛⲉⲥ ⲉϫⲉ
ⲟⲩⲙⲏϣ ⲙⲯⲁⲗⲙⲟⲥ. ⲡⲉϫⲁϥ ⲛⲱⲟⲩ ϫⲉ ⲉⲣⲉ ⲑⲙⲉⲧⲣⲁⲙⲁⲟ ⲙⲡⲓⲡⲛⲁ ⲛⲧⲉ
ⲫϯ ϣⲟⲡ ϧⲉⲛ ϯⲯⲩⲭⲏ ϩⲓⲧⲉⲛ ⲡⲓϫⲓ ⲛⲁⲣⲉϩ⁴ ⲉⲡⲓⲡⲛⲁ ⲉⲓⲧⲉ⁵ ⲫⲏ ⲉⲧⲓⲣⲓ
ⲛⲟⲩⲕⲟⲩϫⲓ ⲉⲓⲧⲉ⁶ ⲫⲏ ⲉⲧⲓⲣⲓ ⲛⲟⲩⲛⲓϣϯ ⲙⲁⲗⲓⲥⲧⲁ ϩⲱⲃ ⲛⲓⲃⲉⲛ ⲉⲧⲉ ⲡⲓⲙⲟ-
ⲛⲁⲭⲟⲥ⁷ ⲛⲁⲁⲓϥ ⲉϣⲱⲡ ⲡⲓⲑⲉⲃⲓⲟ ⲙⲟϣⲓ ⲛⲉⲙⲱⲟⲩ ⲁⲛ ⲛⲉⲙ ⲡⲁⲣⲉϩ ⲥⲉϣⲏⲡ
ⲁⲛ ⲙⲡⲉⲙⲑⲟ ⲙⲡⲟⲥ.

ⲁⲥϣⲱⲡⲓ ϫⲉ ⲟⲛ ⲛⲟⲩⲉϩⲟⲟⲩ ⲉⲑⲣⲉϥϣⲉⲗ ⲉⲭⲏⲙⲓ ⲉϯ ⲛϩⲁⲛ ⲃⲓⲣ ⲉⲃⲟⲗ
ⲉⲛⲁϥⲉⲣ ϩⲱⲃ ⲅⲁⲣ ⲉⲛⲓⲃⲧ ⲡⲉ. ⲉϥⲙⲟϣⲓ ϫⲉ ϧⲉⲛ ⲡϣⲁϥⲉ ⲉⲣⲉ ⲛⲓⲃⲓⲣ
ⲧⲁⲗⲏⲟⲩⲧ ⲉⲣⲟϥ ⲁϥⲉⲣⲁⲡⲁⲛⲧⲁⲛ ⲉⲟⲩⲙⲁⲛ ϫⲁⲙⲟⲩⲗ ϩⲓ ⲡⲓⲙⲱⲓⲧ ⲛⲉⲙ
ⲛⲓⲧⲉⲃⲛⲱⲟⲩⲓ. ⲡⲓⲙⲁⲛ ϫⲁⲙⲟⲩⲗ ϫⲉ ⲡⲉϫⲁϥ ⲙⲡⲉⲛⲓⲱⲧ ϫⲉ ⲙⲁ ⲛⲁⲓⲃⲓⲣ
ⲛⲏⲓ ⲛⲧⲁⲧⲁⲗⲏⲟⲩⲧ ⲛⲁⲕ ⲡⲁⲓⲱⲧ ϫⲉ ϯⲛⲁⲩ ⲉⲣⲟⲕ ϫⲉ ⲁⲕϭⲓⲥⲓ. ⲡⲉⲛⲓⲱⲧ ϫⲉ

On dit de lui qu'aucune chose en laquelle il avait une fois péché, soit action, soit parole, il ne recommença pas d'y tomber une autre fois; et, s'il voyait ou entendait dire de quelqu'un que celui-ci était tombé dans un péché, il pleurait et gémissait en douleur de cœur, disant : « C'est lui aujourd'hui, c'est moi demain. » Et il priait le Seigneur pour lui, et il faisait ainsi en tout temps. Des frères interrogèrent notre père Jean le Kolobos, disant : « Notre père, est-il bon de dire une multitude de psaumes? » Il leur dit: « La richesse de l'esprit de Dieu habite en l'âme parce que celle-ci garde l'esprit; qu'on fasse peu, qu'on fasse beaucoup, surtout toute chose que le moine fera, si l'humilité et la garde (du cœur) ne s'y trouvent pas, ce n'est pas agréable en présence du Seigneur. »

Il arriva un jour qu'il alla en Égypte vendre des corbeilles, car il travaillait au tressage; comme il marchait dans le désert, les corbeilles chargées sur lui, il rencontra un chamelier avec ses bêtes sur le chemin. Le chamelier dit à notre père : « Donne-moi ces corbeilles afin que je te les charge, car je vois que tu es fatigué. » Et notre père les donna à l'homme, et lorsque celui-

---

1. *Cod.* ⲓⲧⲉ. — 2. *Cod.* ⲓⲧⲉ. — 3. Ma copie porte ⲁϩⲟⲙ ⲙⲕⲁϩ ⲛϩⲏⲧ. — 4. *Cod.* ϫⲓ ⲡⲉⲣⲉϩ. — 5. *Cod.* ⲓⲧⲉ. — 6. *Cod.* ⲓⲧⲉ. — 7. *Cod.* ⲙⲟⲛⲁⲭⲟⲥ.

ⲁϥϥⲓⲧⲟⲩ ⲙⲡⲓⲣⲱⲙⲓ ⲟⲩⲟϩ ⲉⲧⲁϥⲧⲁⲗⲱⲟⲩ ⲁϥⲙⲟϣⲓ. ⲡⲓϭⲁⲙⲟⲩⲗ
ⲇⲉ ⲉⲧⲁϥⲉⲣ ϩⲏⲧⲥ ⲛϫⲱ ⲛϩⲁⲛ ⲥⲁϫⲓ ⲛϣⲓⲡⲟⲥ ⲛⲉⲙ ϩⲁⲛ ϫⲱ ⲉⲧⲃⲏⲗ ⲉⲃⲟⲗ
ⲛⲧⲉ ⲡⲓⲕⲟⲥⲙⲟⲥ ⲡⲉⲛⲓⲱⲧ ⲇⲉ ⲁⲃⲃⲁ ⲓⲱⲁⲛⲛⲏⲥ ⲁϥⲛⲁⲩ ⲉⲟⲩⲑⲱⲟⲩⲧⲥ ⲛⲇⲁⲓⲙⲱⲛ[1] ⲙⲡⲕⲱϯ ⲙⲡⲓⲣⲱⲙⲓ (-ⲙ̅ⲥ̅-) ⲟⲩⲟϩ ⲥⲁⲧⲟⲧϥ ⲁϥⲉⲣⲁⲡⲟⲧⲁⲍⲉⲥⲑⲁⲓ[2]
ⲛⲛⲓⲕⲉⲃⲓⲣ ⲟⲩⲟϩ ⲁϥⲧⲁⲥⲑⲟϥ ⲟⲛ ⲉⲧⲉϥⲣⲓ ⲛϫⲉ ⲡⲉⲛⲓⲱⲧ ⲉϥϫⲱ ⲙⲡⲓⲥⲁϫⲓ
ⲙⲡⲓⲥⲱⲧⲏⲣ ϫⲉ ⲁⲣⲉϣⲁⲛ ⲡⲓⲣⲱⲙⲓ ϫⲉⲙ ϩⲏⲟⲩ ⲙⲡⲓⲕⲟⲥⲙⲟⲥ ⲧⲏⲣϥ ⲛⲧⲉϥϯ
ⲟⲥⲓ ⲇⲉ ⲛⲧⲉϥⲯⲩⲭⲏ ⲟⲩ ⲡⲉ ⲡϩⲏⲟⲩ. ⲛⲕⲉⲥⲟⲡ ⲇⲉ ⲟⲛ ⲉⲧⲁϥϣⲱⲗ ⲉϫⲏⲙⲓ
ⲛⲉⲙ ϩⲁⲛ ⲕⲉⲃⲓⲣ ϫⲉ ⲛⲧⲉϥϫⲕⲱⲟⲩ ⲟⲩⲟϩ ⲉⲧⲁϥϣⲱⲗ ⲉⲡⲓϣⲁⲩ ⲛⲉⲙ ⲛⲓⲃⲓⲣ
ⲉϥϥⲁⲓ ⲙⲙⲱⲟⲩ ϩⲓ ⲧⲉϥⲛⲁϩⲃⲓ ⲛⲉⲙ ⲛⲓⲕⲉⲥⲛⲏⲟⲩ ⲉⲛⲁⲣⲉ ϩⲁⲛ ⲙⲏϣ ⲇⲉ
ⲛⲟⲭⲗⲟⲥ ⲛⲣⲱⲙⲓ ⲡⲉ ϧⲉⲛ ⲡⲓⲙⲁ ⲉⲧⲉⲙⲙⲁⲩ ⲫⲟⲩⲁⲓ ⲫⲟⲩⲁⲓ ϧⲉⲛ ⲧⲉϥⲧⲉⲭⲛⲏ ⲛⲉⲙ ⲡⲉϥϩⲓⲛⲟⲥ[3]. ⲟⲩⲟϩ ⲁⲩⲓ ⲛϫⲉ ϩⲁⲛ ⲟⲩⲟⲛ ⲉⲩⲟⲩⲱϣ ⲉϣⲱⲡ
ⲛⲛⲓⲃⲓⲣ ⲡⲉϫⲱⲟⲩ ⲙⲡⲉⲛⲓⲱⲧ ϫⲉ ⲟⲩⲏⲣ ϧⲁ ⲛⲁⲓⲃⲓⲣ ⲱ ⲡⲁⲓⲱⲧ. ⲛⲑⲟϥ ⲇⲉ
ⲡⲉⲛⲓⲱⲧ ⲁⲃⲃⲁ ⲓⲱⲁⲛⲛⲏⲥ ⲛⲁϥⲥⲟⲙⲥ ⲉⲧⲫⲉ ⲡⲉ ⲕⲟⲩⲛⲓϣϯ ⲛⲛⲁⲩ. ⲉⲧⲁⲩⲕⲓⲙ
ⲇⲉ ⲉⲣⲟϥ ⲛϫⲉ ⲛⲓⲥⲛⲏⲟⲩ ⲛⲁⲩϫⲱ ⲙⲙⲟⲥ ⲛⲁϥ ⲡⲉ ϫⲉ ⲡⲁⲓⲱⲧ ⲙⲁⲧⲁⲙⲟⲛ
ⲉϯⲧⲓⲙⲏ ⲛⲧⲉ ⲛⲓⲃⲓⲣ. ⲁϥⲉⲣ ⲟⲩⲱ ⲛϫⲉ ⲡⲉⲛⲓⲱⲧ ⲡⲉϫⲁϥ ⲛⲱⲟⲩ ϫⲉ ⲙⲁⲧⲁⲙⲟⲓ
ⲛⲓⲥⲛⲏⲟⲩ ϫⲉ ⲁϣ ϧⲉⲛ ⲛⲓⲧⲁⲅⲙⲁ ⲛⲧⲉ ⲛⲓⲫⲏⲟⲩⲓ ⲉⲧⲟⲓ ⲛⲛⲓϣϯ ⲟⲩⲟϩ ⲉⲧⲟⲓ
ⲛϣⲟⲣⲡ ϧⲁⲧⲉⲛ ⲫ̅ϯ̅ ⲛⲓⲭⲉⲣⲟⲩⲃⲓⲛ ⲛⲉ ϣⲁⲛ ⲛⲓⲥⲉⲣⲁⲫⲓⲛ ⲛⲉ. ⲛⲑⲱⲟⲩ ⲇⲉ

ci les eut chargées, il marcha. Mais lorsque le chamelier eut commencé de dire des paroles honteuses et des discours dissolus du monde, notre père abba Jean vit une réunion de démons autour de lui, et aussitôt il renonça même aux corbeilles et notre père retourna vers sa cellule, disant la parole du Sauveur : « Quand même l'homme gagnerait le monde entier, s'il perd son âme, quel est le profit ? » Une autre fois étant allé en Égypte avec des corbeilles afin de les vendre, lorsqu'il fut entré dans le marché avec les corbeilles qu'il portait sur son cou ainsi que les autres frères, il y avait des foules de foules d'hommes en ce lieu-là, chacun son art et sa chose. Et quelques-uns vinrent, voulant acheter les corbeilles. Ils dirent à notre père : « Combien pour ces corbeilles, ô mon père ? » Mais lui, notre père, il regarda étonné vers le ciel pendant une grande heure. Lorsque les frères l'eurent remué, disant : « Mon père, dis-nous le prix des corbeilles, » notre père prit la parole, il leur dit : « Apprenez-moi, ô frères, lequel des ordres célestes est le (plus) grand et le premier près de Dieu, les Chérubins ou les Séra-

1. Cod. ⲛⲇⲉⲙⲱⲛ. — 2. Cod. ⲁⲡⲟⲧⲁⲍⲉⲥⲑⲉ. — 3. Cod. ⲡⲉϥⲓⲇⲟⲥ.

ⲁⲩϭⲓ ϣⲫⲏⲣⲓ ⲧⲏⲣⲟⲩ ⲟⲩⲟϩ ⲛⲁⲩϫⲱ ⲙⲙⲟⲥ ⲛⲁϥ ⲡⲉϫⲉ ⲉⲣⲉ ⲡⲉⲕⲙⲉⲩⲓ
ⲛⲑⲱⲛ ⲡⲉⲛⲓⲱⲧ. (–ⲙⲍ–) ⲡⲉⲛⲓⲱⲧ ⲇⲉ ⲡⲉϫⲁϥ ⲛⲱⲟⲩ ϫⲉ ⲥⲉϯ ⲛⲟⲙⲟⲥ ⲛⲁⲛ
ϧⲉⲛ ⲛⲓⲅⲣⲁⲫⲏ ⲛⲥⲏⲟⲩ ⲛⲓⲃⲉⲛ ⲉⲑⲣⲉⲛⲕⲱϯ ⲛⲥⲁ ⲛⲁ ⲡϣⲱⲓ ⲟⲩⲟϩ ⲛⲧⲉⲛⲙⲉⲩⲓ
ⲉⲛⲁ ⲡϣⲱⲓ ⲡⲓⲙⲁ ⲉⲧⲉ ⲡⲭ̅ⲥ̅ ⲙⲙⲟϥ ⲟⲩⲟϩ ⲛⲏ ⲉⲧϩⲓϫⲉⲛ ⲡⲓⲕⲁϩⲓ ⲁⲛ. ⲟⲩⲟϩ
ⲛⲁⲩϯ ⲱⲟⲩ ⲙⲫϯ ⲛϫⲉ ⲛⲓⲥⲛⲏⲟⲩ. ⲛⲑⲟϥ ⲇⲉ ⲡⲉⲛⲓⲱⲧ ⲁⲃⲃⲁ ⲓⲱⲁⲛⲛⲏⲥ
ⲛⲁϥϩⲓ ⲫⲣⲱϣⲓ ⲛⲃ̅ ⲙⲃⲓⲣ ⲛⲛⲉⲃϯ ⲉⲙⲣⲱ ⲛⲟⲩⲥⲟⲡ ⲉⲑⲣⲉϥϣⲟⲗⲕⲟⲩ ⲟⲩⲟϩ
ⲁϥϣⲟⲗⲕⲟⲩ ⲉⲛⲟⲩⲃⲓⲣ ⲛⲟⲩⲱⲧ ⲙⲡⲉϥⲉⲙⲓ ϣⲁⲧⲉϥϫⲫⲟ ⲉϯⲟⲓ ⲉⲣⲉ ⲛⲉϥ-
ⲡⲟⲗⲓⲧⲉⲩⲙⲁ ϧⲉⲛ ⲓ̅ⲗ̅ⲏ̅ⲙ̅ ⲛⲧⲉ ⲧⲫⲉ ⲕⲁⲧⲁ ⲡⲥⲁϫⲓ ⲙⲡⲓⲁⲡⲟⲥⲧⲟⲗⲟⲥ ⲉⲑⲟⲩⲁⲃ
ϫⲉ ⲧⲉⲛⲙⲉⲧⲣⲉⲙ ⲙⲃⲁⲕⲓ ⲁⲛⲟⲛ ⲁⲥϣⲟⲡ ϧⲉⲛ ⲛⲓⲫⲏⲟⲩⲓ ⲉⲃⲟⲗ ⲙⲙⲁⲩ
ⲧⲉⲛϫⲟⲩϣⲧ ⲉⲃⲟⲗ ϧⲁ ⲧϩⲏ ⲙⲡⲉⲛⲟⲥ ⲟⲩⲟϩ ⲡⲉⲛⲥⲱⲧⲏⲣ ⲓⲏⲥ ⲡⲭ̅ⲥ̅ ⲫⲁⲓ ⲉⲑⲛⲁ-
ϣⲓⲃϯ ⲙⲡⲥⲱⲙⲁ ⲛⲧⲉ ⲡⲉⲛⲑⲉⲃⲓⲟ ⲛϣⲫⲏⲣ ⲙⲙⲟⲣⲫⲏ ⲛⲧⲉ ⲡⲥⲱⲙⲁ ⲛⲧⲉ
ⲡⲉϥⲱⲟⲩ.

ⲁϥⲓ ⲛⲟⲩⲥⲟⲡ ⲛϫⲉ ⲟⲩⲥⲟⲛ ⲉϩⲣⲓ ⲙⲡⲉⲛⲓⲱⲧ ⲉⲑⲃⲉ ϩⲁⲛ ⲃⲓⲣ. ⲉⲧⲁϥⲕⲱⲗϩ
ⲇⲉ ⲉⲡⲓⲣⲟ ⲙⲟⲅⲓⲥ ⲙⲉⲛⲉⲛⲥⲁ ⲟⲩⲛⲓϣϯ ⲛⲛⲁⲩ ⲁϥⲓ ⲉⲃⲟⲗ ⲛϫⲉ ⲡⲉⲛⲓⲱⲧ ⲁⲃⲃⲁ
ⲓⲱⲁⲛⲛⲏⲥ ⲉⲛⲁϥⲙⲏⲛ ⲉϯⲡⲣⲟⲥⲉⲩⲭⲏ ⲡⲉ ⲟⲩⲟϩ ⲡⲉϫⲁϥ ⲙⲡⲓⲥⲟⲛ ϫⲉ ⲉⲕⲉⲣ
ⲭⲣⲉⲓⲁ[1] ⲛⲟⲩ. ⲟⲩⲟϩ ⲡⲉϫⲉ ⲡⲓⲥⲟⲛ ⲛⲁϥ ϫⲉ ⲉⲓⲉⲣ ⲭⲣⲉⲓⲁ[2] ⲛϩⲁⲛ ⲕⲟⲩϫⲓ
ⲙⲃⲓⲣ ⲡⲁⲓⲱⲧ. ⲉⲧⲁϥϩⲱⲗ ⲇⲉ ⲉϧⲟⲩⲛ ⲛϫⲉ ⲡⲉⲛⲓⲱⲧ ⲁϥⲟϩⲓ ⲟⲛ ⲉⲣⲉ ⲡⲉϥⲙⲉⲩⲓ

phins. » Mais eux, ils l'admirèrent tous, et ils lui disaient : « Où est ton esprit, ô notre père ? » Et notre père leur dit : « On nous donne loi dans les Écritures en tout temps de nous tourner vers les choses du ciel et de penser aux choses d'en haut, lieu où est le Christ, et non aux choses de la terre. » Et les frères rendaient gloire à Dieu. Mais lui, notre père abba Jean, jeta ce qui suffisait pour tresser deux corbeilles dans l'eau une fois afin de les tresser, et il tressa une seule corbeille, sans le savoir, jusqu'à ce qu'il eût fait la bordure, car ses actions étaient dans la Jérusalem céleste, selon la parole du saint Apôtre : « Notre patrie à nous est dans les cieux ; de là nous voyons notre Seigneur et notre Sauveur Jésus le Christ qui changera le corps de notre humilité en compagnon de forme du corps de sa gloire. »

Un frère vint une fois à la cellule de notre père au sujet des corbeilles. Lorsqu'il eut frappé à la porte, à peine après une grande heure notre père Jean sortit-il ; il avait été continu dans la prière et il dit au frère : « De quoi as-tu besoin ? » Et le frère lui dit : « J'ai besoin de quelques petites corbeilles, mon père. » Et lorsque notre père fut rentré, il se tint debout, son esprit

---

1. *Cod.* ⲭⲣⲓⲁ. — 2. *Cod.* ⲭⲣⲓⲁ.

ⲙ̄ⲡⲓϣⲱⲓ. ⲡⲓⲥⲟⲛ ⲇⲉ ⲟⲛ ⲁϥⲕⲱⲗϩ ⲙⲉⲛⲉⲛⲥⲁ ⲟⲩⲛⲓϣϯ ⲛⲛⲁⲩ ⲁϥⲓ ⲉⲃⲟⲗ ⲛ̄ϫⲉ ⲡⲓϧⲉⲗⲗⲟ ⲛ̄ⲫⲙⲁϩ ⲥⲟⲡ ⲃ̄ (-ⲙⲏ-) ⲟⲩⲟϩ ⲡⲉϫⲁϥ ⲙ̄ⲡⲓⲥⲟⲛ ϫⲉ ϭⲓ ⲙⲱⲓⲧ ⲛⲏⲓ ϫⲉ ⲉⲕⲟⲩⲱϣ ⲟⲩ. ⲡⲉϫⲉ ⲡⲓⲥⲟⲛ ⲙ̄ⲡⲉⲛⲓⲱⲧ ϫⲉ ⲁⲓⲕⲏⲛ ⲉϫⲟⲥ ⲛⲁⲕ ⲡⲁⲓⲱⲧ ϫⲉ ⲉⲓⲉⲣ ⲭⲣⲉⲓⲁ[1] ⲛ̄ϩⲁⲛ ⲕⲟⲩϫⲓ ⲙ̄ⲃⲓⲣ. ⲉⲧⲁϥϧⲱⲗ ⲇⲉ ⲉϧⲟⲩⲛ ⲙ̄ⲫⲙⲁϩ ⲅ̄ ⲛ̄ⲥⲟⲡ ⲛ̄ϫⲉ ⲡⲉⲛⲓⲱⲧ ⲡⲁⲗⲓⲛ ⲁⲩϭⲱⲗⲉⲙ ⲙ̄ⲡⲉϥⲛⲟⲩⲥ ⲉⲡϭⲓⲥⲓ ⲟⲛ. ⲡⲓⲥⲟⲛ ⲇⲉ ⲛⲁϥⲙⲏⲛ ⲉⲃⲟⲗ ⲡⲉ ⲉϥⲧⲱⲃϩ. ⲉϥⲓⲣⲓ ⲇⲉ ⲙ̄ⲡⲁⲓⲣⲏϯ ⲛ̄ϫⲉ ⲡⲉⲛⲓⲱⲧ ⲉⲑⲟⲩⲁⲃ ⲁⲃⲃⲁ ⲓⲱⲁⲛⲛⲏⲥ ϣⲁ ⲅ̄ ⲛⲉⲙ ⲇ̄ ⲛ̄ⲥⲟⲡ ⲉⲡϧⲁⲉ ⲇⲉ ⲁϥⲓ ⲉⲃⲟⲗ ⲁϥⲁⲙⲟⲛⲓ ⲛ̄ⲧϫⲓϫ ⲙ̄ⲡⲓⲥⲟⲛ ⲛ̄ϫⲉ ⲡⲓϧⲉⲗⲗⲟ ⲁϥⲉⲛϥ ⲉϧⲟⲩⲛ ⲟⲩⲟϩ ⲁϥⲧⲁⲙⲟϥ ⲉⲛⲓⲃⲓⲣ ⲉϥϫⲱ ⲙ̄ⲙⲟⲥ ⲛⲁϥ ϫⲉ ⲓⲥϫⲉ ⲭⲟⲩⲱϣ ⲃⲓⲣ ⲓⲥ ⲃⲓⲣ ⲁⲗⲓ ⲃⲓⲣ ⲛⲁⲕ ⲁⲛⲟⲕ ⲇⲉ ϯⲉⲣⲙⲉϣⲧ ⲁⲛ ⲉⲃⲓⲣ.

ⲡⲉⲛⲓⲱⲧ ⲇⲉ ⲁⲃⲃⲁ ⲓⲱⲁⲛⲛⲏⲥ ⲉⲣⲉ ⲡⲉϥϭⲓ ϣϣⲱⲟⲩ ϣⲟⲡ ϧⲉⲛ ⲛⲓⲁⲑⲛⲁⲩ ⲉⲣⲱⲟⲩ ⲛⲁϥϫⲱ ⲙ̄ⲙⲟⲥ ϧⲱϥ ⲡⲉ ⲛⲉⲙ ⲡⲓϩⲩⲙⲛⲱⲇⲟⲥ[2] ⲇⲁⲩⲓⲇ ϫⲉ ⲟⲩⲁⲓ ⲡⲉ ⲉⲧⲁⲓⲉⲣⲁⲓⲧⲉⲓⲛ[3] ⲙ̄ⲙⲟϥ ⲛ̄ⲧⲉⲛ ⲡ̄ⲟ̄ⲥ̄ ⲫⲁⲓ ⲟⲛ ⲡⲉ ϯⲛⲁⲕⲱϯ ⲉⲣⲟϥ ⲉⲡϫⲓⲛⲧⲁϣⲱⲡⲓ ϧⲉⲛ ⲡⲏⲓ ⲙ̄ⲡ̄ⲟ̄ⲥ̄ ⲙ̄ⲡⲓⲉϩⲟⲟⲩ ⲧⲏⲣⲟⲩ ⲛ̄ⲧⲉ ⲡⲁⲱⲛϧ ⲉⲑⲣⲓⲛⲁⲩ ⲉⲡⲉϥⲟⲩⲛⲟϥ ⲟⲩⲟϩ ⲛ̄ⲧⲁϫⲉⲙ ⲡϣⲓⲛⲓ ⲙ̄ⲡⲉϥⲉⲣⲫⲉⲓ ⲉⲑⲟⲩⲁⲃ ⲛ̄ⲁⲧⲙⲟⲩⲛⲕ ⲛ̄ϫⲓϫ ϧⲉⲛ ⲛⲓⲫⲏⲟⲩⲓ. ⲉⲛⲁϥϩⲏⲗ ⲇⲉ ⲟⲛ ⲡⲉ ⲉⲡⲱⲥϧ ⲛ̄ϫⲉ ⲡⲉⲛⲓⲱⲧ ⲉⲑⲟⲩⲁⲃ ⲁⲃⲃⲁ ⲓⲱⲁⲛⲛⲏⲥ ⲟⲩⲟϩ ⲛ̄ⲑⲟϥ ϧⲱϥ ⲛⲁϥⲭⲏ ϧⲁϫⲱⲟⲩ ⲛ̄ⲛⲓⲥⲛⲏⲟⲩ ϩⲱⲥ ⲁⲣⲭⲏ. ϧⲉⲛ

étant (ravi) en haut. Mais de nouveau, le frère frappa après une grande heure; le vieillard sortit une seconde fois et dit au frère : « Indique-moi ce que tu désires. » Le frère dit à notre père : « Je viens de te dire que j'ai besoin de quelques corbeilles. » Et lorsque notre père fut entré pour la seconde fois[4], de nouveau, on ravit son esprit en haut. Et le frère continuait de prier, notre père abba Jean faisant ainsi jusqu'à trois et quatre fois. Enfin le vieillard sortit, il prit la main du frère, il le fit entrer et lui indiqua les corbeilles en lui disant : « Puisque tu veux des corbeilles, voici des corbeilles, prends des corbeilles; pour moi, je ne m'occupe pas de corbeilles. »

Or, notre père abba Jean, son désir était dans les (choses) invisibles; il disait avec l'hymnode David : « Il y a une chose que j'ai demandée au Seigneur, je l'obtiendrai, c'est d'habiter dans la maison du Seigneur tous les jours de ma vie, afin que je voie sa gloire et que je visite dans les cieux son temple saint, non fait de main d'homme. » Comme notre père saint abba Jean allait à la moisson, il était placé en avant des frères, comme chef, et

---

1. Cod. ⲭⲣⲓⲁ. — 2. Cod. ϩⲩⲙⲛⲟⲇⲟⲥ. — 3. Cod. ⲉϥⲉⲣⲉⲧⲓⲛ. — 4. Le texte porte ici pour la troisième fois, mais il est évident que c'est pour la seconde.

ⲟⲩⲛⲓϣϯ ⲇⲉ ⲙⲙⲉⲧϣⲉⲛ ϩⲏⲧ ⲛⲁϥϯ ⲙⲧⲟⲛ ⲛⲱⲟⲩ ⲧⲏⲣⲟⲩ ⲡⲉ ϧⲉⲛ ϩⲱⲃ
ⲛⲓⲃⲉⲛ ⲟⲩⲟϩ ⲉϣⲱⲡ ⲁϥϣⲁⲛϭⲓⲥⲓ ⲙⲡⲁϥϫⲉⲛ ⲡⲉϥϭⲟⲥ¹ ⲛⲁϥ ⲉⲡⲧⲏⲣϥ (-ⲙⲟ-)
ϣⲁⲧⲉϥⲭⲱⲗⲉϩ ⲛⲛⲉϥϫⲓϫ ⲛϣⲟⲣⲡ ⲟⲩⲟϩ ⲛⲧⲉ ⲛⲓⲥⲛⲏⲟⲩ ϯ ⲙⲧⲟⲛ ⲛⲱⲟⲩ.
ⲙⲉⲛⲉⲛⲥⲱⲥ ⲇⲉ ⲟⲛ ⲛⲧⲉϥϯ ⲙⲧⲟⲛ ⲛⲁϥ ϩⲱϥ ⲉϥϫⲱ ⲙⲙⲟⲥ ϫⲉ ⲥⲉϯ ⲛⲟⲙⲟⲥ
ⲛⲁⲛ ϧⲉⲛ ⲛⲓⲅⲣⲁⲫⲏ ⲉⲭⲁ ⲡⲉⲛϣⲫⲏⲣ ⲙⲡⲉⲛⲣⲏϯ ⲙⲁⲗⲓⲥⲧⲁ ⲇⲉ ϧⲉⲛ ⲟⲩ
ⲧⲁⲓⲟ. ⲗⲟⲓⲡⲟⲛ ⲉϣⲱⲡ ⲁⲓϣⲁⲛϯ ⲙⲧⲟⲛ ⲛⲛⲁⲥⲛⲏⲟⲩ ⲫϯ ⲛⲁϯ ⲙⲧⲟⲛ ⲛⲏⲓ ϩⲱ.
ⲉϥⲭⲏ ⲇⲉ ⲟⲛ ϧⲉⲛ ⲡⲓⲱⲥϧ ⲛⲉⲙ ⲛⲓⲥⲛⲏⲟⲩ ⲁϥⲙⲟⲩϯ ⲉⲫⲣⲁⲛ ⲛⲟⲩⲁⲓ ϧⲉⲛ
ⲛⲓⲥⲛⲏⲟⲩ ⲉⲑⲣⲉϥⲉⲣ ⲟⲩⲇⲓⲁⲕⲟⲛⲓⲁ ⲛⲛⲓⲥⲛⲏⲟⲩ. ⲫⲏ ⲉⲧⲙⲙⲁⲩ ⲇⲉ ⲁϥⲙⲟⲩϯ
ⲟⲩⲃⲉ ⲡⲉⲛⲓⲱⲧ ϧⲉⲛ ⲟⲩϫⲱⲛⲧ ϫⲉ ⲁϧⲟⲕ ϩⲱⲕ. ⲡⲉⲛⲓⲱⲧ ⲇⲉ ⲁϥⲙⲟⲩϯ ⲟⲩⲃⲉ
ⲡⲓⲥⲟⲛ ⲉϥϫⲱ ⲙⲙⲟⲥ ⲛⲁϥ ϫⲉ ⲭⲱ ⲛⲏⲓ ⲉⲃⲟⲗ. ⲟⲩⲟϩ ⲛϯⲟⲩⲛⲟⲩ ⲁϥⲭⲱ
ⲙⲡⲓⲱⲥϧ ⲉϧⲣⲏⲓ ⲛϫⲉ ⲡⲉⲛⲓⲱⲧ ⲁϥϣⲉ ⲛⲁϥ ⲁϥϯ ⲙⲉⲧⲁⲛⲟⲓⲁ ⲙⲡⲓⲥⲟⲛ ⲉϥϫⲱ
ⲙⲙⲟⲥ ⲛⲁϥ ϫⲉ ⲭⲱ ⲛⲏⲓ ⲉⲃⲟⲗ ⲡⲁⲥⲟⲛ ⲉⲑⲃⲉ ⲡⲟⲥ ⲭⲱ ⲛⲏⲓ ⲉⲃⲟⲗ. ⲟⲩⲟϩ
ⲁϥⲧⲁⲥⲑⲟϥ ⲟⲛ ⲉⲡϣⲁϥⲉ ⲉⲧⲉϥⲣⲓ ⲁϥⲉⲣ ϯⲣⲟⲙⲡⲓ ⲧⲏⲣⲥ ⲉⲧⲙⲙⲁⲩ ⲉϥⲥⲉⲕ
ⲅ̄ ..... ⲛⲉ ⲱⲓⲕ ϩⲓ ϩⲙⲟⲩ ⲟⲩⲟϩ ⲛⲁϥϯ ϩⲟ ⲉⲫϯ ⲡⲉ ϧⲉⲛ ⲟⲩϭⲱⲗⲕ ⲉϥϫⲱ
ⲙⲙⲟⲥ ϫⲉ ⲡⲟⲥ ⲭⲱ ⲛⲏⲓ ⲉⲃⲟⲗ ϫⲉ ⲁⲓϯ ⲙⲕⲁϩ ⲙⲡⲉⲕⲡⲗⲁⲥⲙⲁ.

ⲛⲉ ⲑⲁⲓ ⲣⲱ ⲧⲉ ⲧⲉϥⲥⲩⲛⲏⲑⲉⲓⲁ² ⲛⲑⲟϥ ⲡⲉⲛⲓⲱⲧ ⲁⲃⲃⲁ ⲓⲱⲁⲛⲛⲏⲥ ⲉϥⲥⲉⲕ ⲅ̄
ⲙⲡⲉϥⲥⲏⲟⲩ ⲧⲏⲣϥ ϧⲉⲛ ⲡⲓⲱⲥϧ ϧⲉⲛ ⲟⲩⲡⲣⲟⲥⲉⲩⲭⲏ³ ⲛⲁⲑⲙⲟⲩⲛⲕ. ϧⲉⲛ ⲛⲁⲓ

avec une grande miséricorde il leur donnait à tous repos en toute chose, et, s'il était fatigué, il ne relevait pas son dos du tout avant d'avoir d'abord frappé des mains et d'avoir fait reposer les frères ; ensuite, il se reposait lui-même, disant : « On nous donne loi, à nous, dans les Écritures, de traiter notre frère à notre manière, surtout avec honneur ; du reste, si je donne repos à mes frères, Dieu me reposera aussi. » Étant donc à la moisson avec les frères, il prononça le nom de l'un des frères pour faire une *diaconie* aux frères, mais celui-là parla contre notre père avec colère, disant : « Qu'as-tu, toi ? » Et notre père répondit au frère, disant : « Pardonne-moi ! » et aussitôt notre père laissa la moisson, il alla, il fit repentance au frère, disant : « Pardonne-moi, mon frère, pour le Seigneur, pardonne-moi. » Et il retourna au désert dans sa cellule, il passa cette année-là tout entière, jeûnant trois jours (de suite) avec du pain et du sel, et il priait Dieu avec continuité, disant : « Seigneur, pardonne-moi, car j'ai affligé ta créature ! »

C'était sa coutume à lui, notre père abba Jean, de jeûner pendant trois jours pendant tout le temps que durait la moisson, en une prière incessante.

---

1. *Cod.* ⲡⲉϥⲡⲉϥϭⲟⲥ (sic). — 2. *Cod.* ⲧⲉϥⲥⲩⲛⲏⲑⲟⲓⲁ. — 3. *Cod.* ⲟⲩⲡⲣⲟⲥⲡⲣⲟⲥⲉⲩⲭⲏ (sic).

ⲇⲉ ⲛⲁⲣⲉ ⲧⲉϥⲯⲩⲭⲏ ϭⲓ ⲟⲩⲱⲓⲛⲓ ⲙⲁⲗⲓⲥⲧⲁ ϧⲉⲛ ⲛⲓⲁⲕⲧⲓⲛ ⲛⲧⲉ ⲡⲓⲡ̅ⲛ̅ⲁ̅
ⲉⲑⲟⲩⲁⲃ (-ⲛ-) ⲫⲁⲓ ⲉⲧⲉⲣⲉⲛⲉⲣⲅⲓⲛ¹ ⲛϧⲏⲧϥ ϩⲓⲧⲉⲛ ϩⲁⲛ ⲙⲏⲓⲛⲓ ⲛⲉⲙ ϩⲁⲛ
ϣⲫⲏⲣⲓ ⲉϥϯ ⲱⲟⲩ ⲙⲫⲏ ⲉⲧⲟⲩϯ ⲱⲟⲩ ⲛⲁϥ ϩⲱⲥⲧⲉ ⲕⲁⲧⲁ ⲫⲣⲏϯ ⲉⲧⲥϧⲏⲟⲩⲧ ⲉⲑⲃⲏⲧϥ ⲛϫⲟϥ ⲡⲉⲛⲓⲱⲧ ⲁⲃⲃⲁ ⲓⲱⲁⲛⲛⲏⲥ ⲁϥϣⲗⲏⲗ ⲉϫⲉⲛ ⲟⲩⲙⲱⲟⲩ
ϧⲉⲛ ⲫⲣⲁⲛ ⲙⲡⲭ̅ⲥ̅ ⲟⲩⲟϩ ⲉⲧⲁϥϫⲟϣϥ ⲉϫⲉⲛ ⲡⲓⲣⲱⲙⲓ ⲁϥⲃⲁϣϥ ⲙⲡⲉϥ-
ϣⲁⲣ ⲙⲫⲣⲏϯ ⲙⲫⲁ ⲟⲩϩⲟϥ ⲟⲩⲟϩ ⲁ ⲡⲉϥϫⲟⲧⲁⲛ ⲛⲧⲉ ϣⲟⲣⲡ ⲕⲟⲧϥ ⲉⲣⲟϥ ⲟⲛ
ⲟⲩⲟϩ ⲁϥⲟⲩϫⲁⲓ ⲛϫⲉ ⲡⲓⲣⲱⲙⲓ ⲉⲟⲩⲱⲟⲩ² ⲙⲫϯ. ⲙⲉⲛⲉⲛⲥⲁ ⲛⲁⲓ ⲇⲉ ⲟⲛ
ⲉϥⲛⲏⲟⲩ ⲛϫⲉ ⲡⲉⲛⲓⲱⲧ ⲉⲡϣⲱⲓ ⲉⲃⲟⲗϧⲉⲛ ⲧⲕⲟⲓ ϧⲉⲛ ⲡⲓⲱⲥϧ ⲛ︤ⲧⲕⲁⲩⲙⲁ ⲛⲉⲙ
ⲛⲓⲥⲛⲏⲟⲩ ⲉⲑⲣⲟⲩϭⲓ ⲭⲃⲟⲃ ⲟⲩⲟϩ ⲁϥⲉⲣⲁⲡⲁⲛⲧⲁⲛ ⲉⲟⲩϧⲉⲗⲗⲱ ⲛⲥϩⲓⲙⲓ ϧⲉⲛ
ⲡⲓⲙⲁ ⲛⲙⲟϣⲓ ⲉⲥⲥϯ ⲉⲃⲟⲗ ϩⲓϫⲉⲛ ⲡⲓⲕⲁϩⲓ ⲟⲩⲟϩ ⲛⲁⲣⲉ ⲟⲩⲇⲁⲓⲙⲱⲛ³ ⲉϥⲛⲁϣⲧ ϯϯ ⲙⲙⲟⲥ ϧⲉⲛ ⲟⲩⲙⲉⲧⲁⲑⲛⲁⲓ. ⲡⲉⲛⲓⲱⲧ ⲇⲉ ⲁⲃⲃⲁ ⲓⲱⲁⲛⲛⲏⲥ ⲉⲧⲁϥⲛⲁⲩ ⲁϥϣⲉⲛ ϩⲏⲧ ⲁϥⲉⲣ ϯⲕⲁⲩⲙⲁ ⲧⲏⲣⲥ ⲉϥϣⲗⲏⲗ ⲉϫⲱⲥ. ⲡⲓⲇⲁⲓⲙⲱⲛ⁴
ⲇⲉ ⲁϥⲱϣ ⲉⲃⲟⲗϧⲉⲛ ϯⲥϩⲓⲙⲓ ϫⲉ ⲁϧⲟⲕ ⲛⲉⲙⲏⲓ ⲡⲓⲕⲟⲗⲟⲃⲟⲥ ⲁⲓⲭⲁ ⲡϣⲁϥⲉ
ⲛⲁⲕ ⲁⲕⲓ ⲉⲣⲁⲧ ⲙⲙⲁⲓ ⲟⲛ ⲭⲱ ⲛⲏⲓ ⲛⲧⲁⲓ ⲉⲃⲟⲗ. ⲟⲩⲟϩ ϧⲉⲛ ϯⲟⲩⲛⲟⲩ ⲉⲧⲉⲙⲙⲁⲩ ⲁϥⲓ ⲉⲃⲟⲗⲛϧⲏⲧⲥ ⲛϫⲉ ⲡⲓⲇⲁⲓⲙⲱⲛ⁵ ⲟⲩⲟϩ ⲁⲥⲟⲩϫⲁⲓ ⲥⲁⲧⲟⲧⲥ. ⲛⲓⲥⲛⲏⲟⲩ
ⲉⲧⲁⲩⲛⲁⲩ ⲉⲫⲏ ⲉⲧⲁϥϣⲱⲡⲓ (-ⲛⲁ-) ⲉⲃⲟⲗϩⲓⲧⲉⲛ ⲡⲉⲛⲓⲱⲧ ⲛⲇⲓⲕⲁⲓⲟⲥ⁶ ⲁⲩϯ
ⲱⲟⲩ ⲙⲫϯ.

Par ces choses son âme prenait lumière, surtout dans les rayons de l'Esprit-Saint qui agissait en lui par des signes et des merveilles, rendant gloire à celui auquel on rend gloire, de sorte que, selon ce qui est écrit de lui, notre père abba Jean pria sur de l'eau au nom du Christ et la versa sur l'homme⁷; celui-ci se dépouilla de sa peau, comme le serpent de la sienne, sa couleur première lui revint, et il fut guéri pour la gloire de Dieu⁸. Après cela encore, notre père montait avec les frères de la campagne pendant la moisson et la chaleur, afin de prendre rafraîchissement; il rencontra dans le chemin une vieille femme gisant à terre et un démon cruel la tourmentait sans pitié. Mais notre père abba Jean, lorsqu'il vit (cela), fut miséricordieux, il passa toute la chaleur à prier sur elle. Mais le démon s'écria du dedans de la femme, disant: « Qu'as-tu à faire avec moi, ô Kolobos! je t'ai laissé le désert, tu es venu ici à moi, laisse-moi sortir. » Et sur l'heure il sortit d'elle, le démon, et elle fut aussitôt guérie. Mais les frères, lorsqu'ils virent ce qui était arrivé à notre père juste, rendirent gloire à Dieu.

1. *Cod.* ⲉⲧⲉⲛⲉⲣⲅⲓⲛ. — 2. *Cod.* ⲉⲧⲟⲩ. — 3. *Cod.* ⲟⲩⲇⲉⲙⲱⲛ. — 4. *Cod.* ⲡⲓⲇⲉⲙⲱⲛ. — 5. *Cod.* ⲡⲓⲇⲉⲙⲱⲛ. — 6. *Cod.* ⲛⲇⲓⲕⲉⲟⲥ. — 7. Il doit y avoir quelque chose d'omis. — 8. Ces mots doivent être une sorte de proverbe courant.

ⲁⲩϫⲟⲥ ⲟⲛ ⲱ ⲛⲁⲙⲉⲛⲣⲁϯ ⲉⲑⲃⲉ ⲡⲉⲛⲡⲁⲛⲁⲅⲓⲟⲥ ⲛⲓⲱⲧ ⲉⲧⲁϥⲓ ⲉϧⲣⲏⲓ ⲛⲟⲩⲉϩⲟⲟⲩ ⲉⲃⲟⲗϧⲉⲛ ⲧⲕⲟⲓ ⲉϥⲱⲥϧ ⲛⲉⲙ ⲛⲓⲥⲛⲏⲟⲩ ⲛϥⲕⲁⲩⲙⲁ ⲉⲧⲓ ⲉϥⲓⲱⲓ ⲙⲙⲟϥ
ⲉⲃⲟⲗϧⲉⲛ ⲟⲩⲙⲱⲟⲩ ⲉⲑⲣⲉϥϭⲓ ⲙⲧⲟⲛ ⲛⲟⲩⲕⲟⲩϫⲓ ⲉⲃⲟⲗϧⲉⲛ ⲡⲓϧⲓⲥⲓ ⲁⲩⲓⲛⲓ ⲛⲁϥ
ⲛⲟⲩϩⲉⲗϣⲓⲣⲓ ⲉⲣⲉ ⲟⲩⲟⲛ ⲟⲩⲇⲁⲓⲙⲱⲛ¹ ⲛⲉⲙⲁϥ ⲉϥϯ ϧⲓⲥⲓ ⲛⲁϥ ⲙⲙⲁϣⲱ.
ⲟⲩⲟϩ ⲉⲧⲁϥⲛⲁⲩ ⲛϫⲉ ⲡⲉⲛⲓⲱⲧ ⲉϥⲙⲉⲧⲁⲧϣⲓⲡⲓ ⲛⲧⲉ ⲡⲓⲡⲛⲁ ⲛⲁⲕⲁⲑⲁⲣⲧⲟⲛ
ⲛⲉⲙ ⲡⲓⲣⲏϯ ⲉⲧⲁϥⲉⲣⲃⲁⲥⲁⲛⲓⲍⲓⲛ² ⲙⲙⲟϥ ⲁϥϫⲟⲩϣⲧ ⲉⲡϣⲱⲓ ⲉⲧⲫⲉ ⲁϥϥⲓ
ⲁϩⲟⲙ ⲟⲩⲟϩ ⲁϥϭⲓ ⲙⲡⲓⲙⲱⲟⲩ ⲉⲧⲁϥⲓⲁ ⲉⲃⲟⲗⲛϧⲏⲧϥ ⲁϥⲉⲣⲥⲫⲣⲁⲅⲓⲍⲓⲛ³
ⲙⲙⲟϥ ϧⲉⲛ ⲫⲣⲁⲛ ⲙⲡⲭⲥ ⲟⲩⲟϩ ⲁϥϫⲟϣϥ ⲉϫⲉⲛ ⲡⲓϩⲉⲗϣⲓⲣⲓ ⲟⲩⲟϩ ⲥⲁⲧⲟⲧϥ ⲇⲉ ⲁϥⲓ ⲉⲃⲟⲗⲛϧⲏⲧϥ ⲛϫⲉ ⲡⲓⲡⲛⲁ ⲛⲁⲕⲁⲑⲁⲣⲧⲟⲛ ⲙⲡⲓⲥⲙⲟⲧ ⲛⲟⲩ-
ϣⲁⲑⲱⲗ ⲟⲩⲟϩ ⲁϥⲟⲩϫⲁⲓ ⲛϫⲉ ⲡⲓϩⲉⲗϣⲓⲣⲓ ⲉⲟⲩⲱⲟⲩ⁴ ⲙⲫϯ.

ⲛⲉⲛⲓⲟϯ ⲇⲉ ⲧⲏⲣⲟⲩ ⲁⲩϣⲁⲛϧⲱⲗ ⲉⲡⲱⲥϧ ⲛⲉ ϣⲁⲧⲉⲣ ⲡⲟⲩⲃⲉⲭⲉ ⲛⲱⲥϩ
ⲙⲙⲉⲣⲟⲥ ⲃ̄ ⲟⲩⲙⲉⲣⲟⲥ ⲉⲧⲁⲅⲁⲡⲏ ⲟⲩⲟϩ ⲟⲩⲙⲉⲣⲟⲥ ⲉⲧⲭⲣⲉⲓⲁ⁵ ⲟⲩⲟϩ
ⲡⲁⲓⲣⲏϯ ⲟⲛ ⲡⲉ ⲉⲧⲉϣⲟⲩⲁⲓⲥ⁶ ϧⲉⲛ ϯⲧⲓⲙⲏ ⲛⲧⲉ ⲡⲟⲩϩⲱⲃ ⲛϫⲓϫ. ⲡⲉⲛⲓⲱⲧ ⲇⲉ
ⲛⲑⲟϥ ⲁⲃⲃⲁ ⲓⲱⲁⲛⲛⲏⲥ ⲛⲁϥⲓⲛⲓ ⲡⲉ ⲙⲡⲓⲃ̄ ⲉⲡϣⲁϥⲉ ⲉϥϫⲱ ⲙⲙⲟⲥ (-ⲕⲃ-)
ϫⲉ ⲛⲁϩⲏⲕⲓ ⲁⲛⲟⲕ ⲛⲉⲙ ⲛⲁⲭⲱⲃ ⲛⲉⲙ ⲛⲁⲭⲏⲣⲁ ⲛⲉⲙ ⲛⲁⲟⲣⲫⲁⲛⲟⲥ ϧⲉⲛ
ϣⲓⲏⲧ ⲟⲩⲟϩ ⲁϥϣⲁⲛⲓ ⲉⲃⲟⲗϧⲉⲛ ⲡⲓⲱⲥϧ ⲙⲡⲁϥϣⲣⲱϥⲧ ⲡⲉ ⲉϩⲗⲓ ⲉⲃⲟⲗ ⲉϩⲁⲛ
ⲡⲣⲟⲥⲉⲩⲭⲏ ⲉⲧⲟϣ ⲛⲉⲙ ϩⲁⲛ ⲧⲱⲃϩ ⲛⲁⲧⲙⲟⲩⲛⲕ ⲉϥⲙⲏⲛ ϣⲁⲧⲉϥⲓ ⲉϫⲉⲛ

On dit aussi, ô mes bien-aimés, sur notre tout saint père, qu'étant descendu un jour dans la campagne pour moissonner avec les frères pendant la chaleur, comme il se lavait dans l'eau pour se reposer un peu de la fatigue, on lui amena un jeune garçon en qui était un démon, lequel le faisait souffrir grandement. Lorsque notre père vit l'impudeur de l'esprit impur et la manière dont il le tourmentait, il regarda en haut vers le ciel, il soupira et prit de l'eau où il s'était lavé, il la signa au nom du Christ et la versa sur le jeune homme; aussitôt le démon impur sortit de lui sous la forme d'un ichneumon et le jeune homme fut guéri pour la gloire de Dieu.

Tous nos pères, lorsqu'ils sortaient pour la moisson, faisaient de leur salaire deux parts; une part pour l'aumône et une part pour le besoin; et c'est ainsi qu'ils faisaient du prix de leur travail manuel; mais notre père Jean apportait les deux (parts) dans le désert, disant: « Mes pauvres à moi, mes infirmes, mes veuves et mes orphelins sont à Schiit; » et, lorsqu'il revenait de la moisson, il ne vaquait à aucune chose sinon aux prières nombreuses et aux oraisons incessantes, constant jusqu'à ce qu'il fût arrivé à la

1. *Cod.* ⲟⲩⲇⲉⲙⲱⲛ. — 2. *Cod.* ⲃⲁⲥⲁⲛⲓⲍⲓⲛ. — 3. *Cod.* ⲁϥⲉⲣⲥⲫⲣⲁⲧⲓⲍⲓⲛ. — 4. *Cod.* ⲉⲧⲱⲟⲩ. — 5. *Cod.* ⲉⲧⲭⲣⲓⲁ. — 6. *Cod.* ⲡⲉⲧⲉϣⲟⲩⲁⲓϥ.

ⲡⲓⲭⲓ ⲙⲙⲁⲩ ⲛⲧⲉϣⲟⲣⲡ ⲟⲛ. ⲡⲁⲓⲣⲏϯ ⲟⲛ ⲛⲉϣⲁϥⲁⲓⲥ ⲡⲉ ⲁϥϣⲁⲛϩⲓ ⲕⲟⲧ
ⲉⲃⲟⲗ ⲉⲛⲓϧⲉⲗⲗⲟⲓ ⲓⲉ ⲛⲧⲉϥⲓⲣⲓ ⲙⲡⲉϩⲱⲃ ϩⲁⲡⲗⲱⲥ ϩⲟⲗⲱⲥ.

ϧⲉⲛ ⲛⲁⲓ ⲇⲉ ⲁϥϣⲉ ⲛⲁϥ ϩⲁ ⲡⲟⲥ ⲛϫⲉ ⲡⲉϥⲥⲟⲛ ⲉϥϫⲏⲕ ⲉⲃⲟⲗ ϧⲉⲛ
ⲙⲉⲧⲉⲩⲥⲉⲃⲏⲥ ⲛⲓⲃⲉⲛ ⲟⲩⲟϩ ⲛⲁϥϣⲟⲡ ⲛⲁϥ ⲟⲛ ⲡⲉ ⲛϫⲉ ⲟⲩⲥⲟⲛ ϧⲉⲛ ⲟⲩⲧⲁⲝⲓⲥ
ⲙⲙⲉⲧⲙⲁⲑⲏⲧⲏⲥ. ⲛⲑⲟϥ ⲇⲉ ⲟⲛ ⲁⲃⲃⲁ ⲓⲱⲁⲛⲛⲏⲥ ϩⲱⲥ ϭⲁⲩ ⲙⲱⲓⲧ ⲁⲗⲏⲑⲱⲥ
ⲛⲧⲉ ⲛⲓⲯⲩⲭⲏ ϣⲁ ⲫϯ ⲉⲛⲁϥϯ ⲥⲃⲱ ⲙⲡⲁⲓⲭⲉⲧ ⲡⲉ ⲉϥϫⲱ ⲙⲙⲟⲥ ⲛⲁϥ ϫⲉ
ⲡⲁϣⲏⲣⲓ ⲙⲁⲣⲉⲛⲉⲣⲧⲓⲙⲁⲛ ⲙⲫⲟⲩⲁⲓ ⲙⲙⲁⲩⲁⲧϥ ϩⲓϫⲉⲛ ⲡⲓⲉⲡⲧⲏⲣϥ ⲫϯ
ϧⲉⲛ ⲟⲩϩⲟϯ ⲛⲉⲙ ⲟⲩⲥⲑⲉⲣⲧⲉⲣ ⲟⲩⲟϩ ⲟⲩⲟⲛ ⲛⲓⲃⲉⲛ ⲛⲁϯ ⲱⲟⲩ ⲛⲁⲛ. ⲉϣⲱⲡ ⲇⲉ
ϧⲉⲛ ⲟⲩⲙⲉⲧⲁⲙⲉⲗⲏⲥ¹ ⲛⲧⲉⲛⲉⲣⲕⲁⲧⲁⲫⲣⲟⲛⲓⲛ² ⲙⲙⲟⲛ ⲟⲩⲟϩ ⲧⲉⲛⲛⲁϩⲱⲗ
ⲉⲡⲧⲁⲕⲟ. ⲟⲩⲟⲛ ⲛⲧⲁⲛ ⲙⲙⲁⲩ ⲛⲟⲩⲃⲟⲏⲑⲉⲓⲁ³ ⲛⲉⲙ ⲟⲩⲭⲟⲣ ⲉⲥϫⲟⲣ ⲟⲩⲟϩ
ⲛⲁⲧϭⲣⲟ ⲉⲣⲟⲥ ⲉⲧⲉ ⲫϯ ⲡⲉ ⲙⲁⲣⲉⲛⲟⲩⲁϩⲧⲉⲛ ⲉⲣⲟϥ ϧⲉⲛ ⲟⲩⲉⲙⲓ (-ⲛⲓ-)
ⲟⲩⲟϩ ϥⲛⲁⲛⲁϩⲙⲉⲛ ⲟⲩⲁⲅⲁⲑⲟⲥ ⲅⲁⲣ ⲡⲉ ⲟⲩⲟϩ ⲥⲉⲟϣ ⲙⲙⲁϣⲱ ⲛϫⲉ ⲛⲉϥ-
ϣⲉⲛ ϩⲏⲧ ⲉϩⲣⲏⲓ ⲉϫⲉⲛ ⲡⲉϥϫⲁⲙⲓⲟ ⲧⲏⲣϥ ϥⲛⲁⲉⲣ ⲡⲛⲁⲓ ⲛⲉⲙⲁⲛ ⲛⲁⲥⲁⲡⲏ
ϩⲱⲛ. ⲟⲩⲟⲛ ⲛⲧⲁⲛ ⲇⲉ ⲙⲙⲁⲩ ⲡⲁϣⲏⲣⲓ ⲛϩⲁⲛ ⲇⲩⲛⲁⲙⲓⲥ ⲉⲩⲟⲩⲁⲃ ⲟⲩⲟϩ
ⲛⲁⲧϭⲓ ⲛⲡⲓ ⲙⲙⲱⲟⲩ ⲛⲧⲉ ϩⲁⲛ ⲧⲁⲅⲙⲁ ⲛⲁⲅⲅⲉⲗⲓⲕⲟⲛ⁴ ⲉⲩⲟϣ ⲛⲉⲙ ϩⲁⲛ
ⲥⲧⲣⲁⲧⲉⲓⲁ⁵ ⲛⲁⲣⲭⲁⲅⲅⲉⲗⲟⲥ⁶ ⲛⲉⲙ ⲭⲉⲣⲟⲩⲃⲓⲙ⁷ ⲛⲉⲙ ⲥⲉⲣⲁⲫⲓⲙ⁸ ⲛⲑⲣⲟ-
ⲛⲟⲥ ⲛⲙⲉⲧⲟⲥ ⲛⲓϫⲟⲙ ⲛⲉⲙ ⲡⲕⲉⲥⲉⲡⲓ ⲉⲑⲛⲟⲩ ⲙⲉⲛⲉⲛⲥⲁ ⲛⲁⲓ⁹ ⲛⲧⲉ ⲛⲏ

vue précédente ; c'est ainsi qu'il faisait lorsqu'il allait trouver les vieillards[10], ou qu'il faisait autre chose, simplement en tout.

Sur ces entrefaites, son frère alla vers le Seigneur, parfait en toute piété, et un frère habita près de lui dans le rang de disciple[11]. Mais lui, abba Jean, comme un vrai guide des âmes vers Dieu, donnait enseignement à cet autre, lui disant : « Mon fils, honorons celui-là seul au-dessus de tout, Dieu, avec crainte et tremblement, et chacun nous glorifiera ; mais si, par négligence, nous le méprisons, certes nous irons à la perte ; nous avons un secours et une force puissante, invincible : c'est Dieu ; attachons-nous à lui avec connaissance et il nous sauvera, car il est bon et ses miséricordes pour tout ce qu'il a fait sont nombreuses grandement ; il nous fera miséricorde avec charité. Nous avons là, mon fils, les puissances saintes et innombrables des nombreux bataillons angéliques et des armées d'Archanges, de Chérubins, de Séraphins, de Trônes, de Dominations, — et tout ce qui suit, — de tous les saints avec les

---

1. Cod. ⲟⲩⲙⲉⲧⲁⲙⲉⲗⲉⲥ. — 2. Cod. ⲕⲁⲧⲁⲫⲣⲟⲛⲓⲛ. — 3. Cod. ⲛⲟⲩⲃⲟⲏⲓⲁ. — 4. Cod. ⲛⲁⲅⲅⲉⲗⲓⲕⲟⲛ. — 5. Cod. ⲥⲧⲣⲁⲧⲓⲁ. — 6. Cod. ⲁⲣⲭⲁⲅⲅⲉⲗⲟⲥ. — 7. Cod. ⲭⲉⲣⲟⲩⲃⲓⲛ. — 8. Cod. ⲥⲉⲣⲁⲫⲓⲛ. — 9. Peut-être y a-t-il ici interpolation. — 10. Je ne sais ce que veut dire cette phrase qui me semble lacuneuse. — 11. Mot à mot : Dans le rang de *discipulité*.

ⲉⲑⲟⲩⲁⲃ ⲧⲏⲣⲟⲩ ⲛⲉⲙ ⲛⲓⲥⲛⲏⲩ¹ ⲕⲁⲧⲁⲟⲩⲏⲣ ⲛⲥⲓⲥ ϧⲉⲛ ⲛⲓⲫⲏⲟⲩⲓ ⲙⲁⲣⲉⲛ‑
ⲭⲱ ⲙⲡⲉⲛⲙⲉⲩⲓ ⲛϧⲏⲧⲟⲩ ⲟⲩⲟϩ ⲉⲛⲥⲟⲙⲥ ⲛⲧⲟⲩⲙⲉⲧⲥⲁⲓⲉ ⲛⲉⲙ ⲧⲥⲟⲥ‑
ⲙⲏⲥⲓⲥ ⲙⲡⲟⲩⲱⲟⲩ ⲟⲩⲟϩ ⲡⲟⲩϭⲓ ϣϣⲟⲩ ⲛⲁϯ ⲛⲁⲛ ⲛⲟⲩⲉⲃϣⲓ ⲉⲥⲭⲏ
ⲉⲃⲟⲗ ⲛⲧⲉ ⲛⲓⲡⲣⲟⲥ ⲟⲩⲥⲟⲩ ⲉⲑⲣⲉⲛϥⲱⲧ ⲉⲃⲟⲗ ⲛⲛⲓⲙⲉⲧⲉⲫⲗⲏⲟⲩ. ⲉⲛⲁϥϫⲱ
ⲟⲩⲛ ⲙⲙⲟⲥ ⲛϫⲉϥ ⲡⲉⲛⲓⲱⲧ ⲁⲃⲃⲁ ⲓⲱⲁⲛⲛⲏⲥ ϫⲉ ⲉⲣⲉ ⲛⲓ ⲉⲑⲟⲩⲁⲃ ⲉⲩⲟⲛⲓ
ⲛⲛⲓϣϣⲏⲛ ⲛⲧⲉ ⲡⲓⲡⲁⲣⲁⲇⲉⲓⲥⲟⲥ² ⲉⲩⲟⲡⲧ ⲛⲕⲁⲣⲡⲟⲥ ⲛⲧⲉ ⲡⲱⲛϩ ⲉⲩⲟⲓ ⲛⲟⲩⲟ
ⲛⲣⲏϯ ϧⲉⲛ ⲡⲓⲥⲙⲟⲩ ⲛⲉⲙ ⲡⲟⲩⲱⲟⲩ ϩⲓⲧⲉⲛ ϯⲙⲟⲩⲙⲓ ⲛⲟⲩϫⲁⲓ ⲛⲧⲉ ⲡⲓⲡⲛⲁ
ⲉⲑⲟⲩⲁⲃ ⲉⲧⲧⲥⲟ ⲙⲙⲱⲟⲩ ⲧⲏⲣⲟⲩ.

ϩⲓⲧⲉⲛ ⲛⲁⲓⲙⲏϯ ⲟⲩⲛ ⲛⲕⲁⲧⲟⲣⲑⲱⲙⲁ³ (-ⲛⲁ-) ⲛⲧⲉ ⲡⲉⲛⲡⲁⲛⲁⲣⲏⲧⲟⲥ¹
ⲛⲓⲱⲧ ⲁⲃⲃⲁ ⲓⲱⲁⲛⲛⲏⲥ ⲡⲓⲕⲟⲗⲟⲃⲟⲥ ⲕⲁⲧⲁ ⲫⲣⲏϯ ⲉⲧⲥϧⲟⲩⲧ ⲁ ⲡⲟⲥ ⲑⲱϣ
ⲛⲁϥ ⲛⲟⲩⲁⲅⲅⲉⲗⲟⲥ ⲉⲩⲡⲁⲣⲁⲕⲗⲏⲥⲓⲥ⁵ ⲛⲁϥ ⲙⲁⲗⲗⲟⲛ ⲇⲉ ⲉⲑⲣⲉϥϣⲟⲣⲡ ⲛⲁϥ
ⲉⲃⲟⲗ ⲙⲫⲏ ⲉⲧⲉⲣ ⲛⲟϥⲣⲓ ⲟⲩⲟϩ ⲉⲑⲣⲁⲛⲁϥ ⲙⲡⲟⲥ ⲟⲩⲟϩ ⲉϣⲱⲡⲓ ⲛⲁϥ ⲛⲥⲕⲉ‑
ⲡⲁⲥⲧⲏⲥ ⲕⲁⲧⲁ ⲡⲥⲁϫⲓ ⲛⲧⲅⲣⲁⲫⲏ ⲉⲥϫⲱ ⲙⲙⲟⲥ ϫⲉ ⲡⲁⲅⲅⲉⲗⲟⲥ ⲙⲡⲟⲥ ϥⲛⲁ
ⲕⲟⲧ ⲙⲡⲕⲱϯ ⲛⲟⲩⲟⲛ ⲛⲓⲃⲉⲛ ⲉⲧⲉⲣ ϩⲟϯ ϧⲁ ⲧⲉϥϩⲏ ⲟⲩⲟϩ ϥⲛⲁⲛⲁϩⲙⲟⲩ.
ⲉⲧⲓ ⲉϥⲉⲛⲕⲟⲧ ⲛⲟⲩⲉϩⲟⲟⲩ ⲛϫⲉ ⲡⲉⲛⲓⲱⲧ ⲁⲃⲃⲁ ⲓⲱⲁⲛⲛⲏⲥ ⲁϥⲓ ⲛϫⲉ ⲟⲩϧⲉⲗⲗⲟ
ⲉⲧⲉϥⲣⲓ ⲟⲩⲟϩ ⲁϥⲛⲁⲩ ⲉⲟⲩⲁⲅⲅⲉⲗⲟⲥ ⲛⲧⲉ ⲡⲟⲥ ⲥⲁ ⲡϣⲱⲓ ⲙⲡⲉⲛⲓⲱⲧ ⲁⲃⲃⲁ
ⲓⲱⲁⲛⲛⲏⲥ ⲉϥⲣⲱⲓⲥ ⲉⲣⲟϥ. ⲉⲧⲁϥⲧⲱⲛϥ ⲇⲉ ⲛϫⲉ ⲁⲃⲃⲁ ⲓⲱⲁⲛⲛⲏⲥ ⲉⲃⲟⲗϧⲉⲛ

tabernacles non faits de mains d'homme dans les cieux ; plaçons notre pensée en eux et regardons leur beauté et l'ornement de leur gloire, le désir que nous en aurons nous donnera un oubli complet des choses temporelles, afin que nous sortions des vanités. » Notre père abba Jean disait donc cela : « Les saints sont semblables aux arbres du paradis, chargés des fruits de la vie, étant dans une foule de manières dans la bénédiction et leur gloire, par la source salutaire de l'Esprit-Saint qui les arrose tous. »

Donc, par ces grandes droitures de notre tout vertueux père abba Jean le Kolobos, comme il est écrit, le Seigneur lui attribua un ange pour le consoler, surtout pour lui révéler ce qui était bon et plaisait au Seigneur, pour lui servir d'abri, selon la parole de l'Écriture, qui dit : « L'ange du Seigneur marchera devant quiconque craint en sa présence, et les sauvera. » Comme, un jour, notre père abba Jean était encore couché, un vieillard vint à sa cellule et il vit, en dessus de notre père abba Jean, un ange du Seigneur qui veillait sur lui. Et lorsque abba Jean se fut levé du sommeil, il dit : « Hola,

---

1. *Cod.* ⲛⲓⲥⲕⲧⲛⲏ. — 2. *Cod.* ⲡⲓⲡⲁⲣⲁⲇⲓⲥⲟⲥ. — 3. *Cod.* ⲕⲁⲑⲟⲣⲧⲱⲙⲁ. — 4. *Cod.* ⲡⲓⲡⲁ‑
ⲛⲁⲣⲉⲧⲟⲥ. — 5. *Cod.* ⲉⲩⲡⲁⲣⲁⲕⲗⲏⲥⲓⲥ.

ⲡⲓⲕⲟⲧ ⲡⲉϫⲁϥ ϫⲉ ⲁϩⲏ ⲁ ⲡⲁ ⲓⲱⲧ ⲛϧⲉⲗⲗⲟ ⲓ ⲉⲙⲛⲁⲓ. ⲟⲩⲟϩ ⲁϥⲉⲙⲓ ⲛϫⲉ
ⲁⲃⲃⲁ ⲓⲱⲁⲛⲛⲏⲥ ϫⲉ ⲁ ⲡⲓϧⲉⲗⲗⲟ ⲛⲁⲩ ⲉⲡⲁⲅⲅⲉⲗⲟⲥ ⲉⲑⲃⲉ ϫⲉ ⲛⲁϥ ⲡⲓϧⲉⲗⲗⲟ
ⲉⲧⲉⲙⲙⲁⲩ ⲛⲁϥⲉⲣⲫⲟⲣ ϩⲱϥ ⲉⲡϣⲓ ⲙⲡⲉⲛⲓⲱⲧ ⲁⲃⲃⲁ ⲓⲱⲁⲛⲛⲏⲥ. ⲉϥⲛⲏⲟⲩ
ϫⲉ ⲟⲛ ϩⲁⲣⲟϥ ⲛⲟⲩⲉϩⲟⲟⲩ ⲛϫⲉ ⲡⲓⲁⲅⲅⲉⲗⲟⲥ ⲉⲃⲟⲗϩⲓⲧⲉⲛ ⲡⲟⲥ ⲉϥⲙⲉϩ ⲛⲣⲁϣⲓ ⲛⲓⲃⲉⲛ ⲙⲡⲛⲁⲧⲓⲕⲟⲛ ⲟⲩⲟϩ ⲡⲉϫⲉ ⲡⲉⲛⲓⲱⲧ ⲙⲡⲓⲁⲅⲅⲉⲗⲟⲥ ϫⲉ ⲉⲑⲃⲉ ⲟⲩ
ⲕⲣⲱⲟⲩⲧ (-ⲕ-) ϧⲉⲛ ⲟⲩⲙⲉⲧϩⲟⲩⲟ ⲙⲡⲁⲓⲥⲟⲡ ⲉⲕⲛⲏⲟⲩ ϩⲁⲣⲟⲓ ϧⲉⲛ ⲟⲩⲑⲉⲗⲏⲗ ⲉϥⲟϣ. ⲡⲉϫⲉ ⲡⲓⲁⲅⲅⲉⲗⲟⲥ ⲙⲡⲉⲛⲓⲱⲧ ⲁⲃⲃⲁ ⲓⲱⲁⲛⲛⲏⲥ ϫⲉ ⲉⲛⲁϩⲓ ⲉⲣⲁⲧⲉⲛ ϯⲛⲟⲩ ⲙⲡⲉⲙⲑⲟ ⲙⲫϯ ⲉⲛϣⲉⲙϣⲓ ⲙⲡⲉϥⲱⲟⲩ ⲁⲛⲟⲛ ϧⲁ ⲛⲓⲥⲧⲣⲁ-
ⲧⲉⲓⲁ¹ ⲧⲏⲣⲟⲩ ⲁ ⲟⲩⲛⲓϣϯ ⲛⲕⲁⲡⲛⲟⲥ ⲛⲥⲟⲩⲛⲟϥⲓ ⲉϥⲥⲟⲧⲡ ⲛⲧⲉ ⲛⲏ ⲉⲑⲟⲩⲁⲃ
ⲧⲏⲣⲟⲩ ⲓ ⲉⲡϣⲱⲓ ⲙⲡⲉⲙⲑⲟ ⲙⲫϯ ⲟⲩⲟϩ ⲁϥⲟⲩⲛⲟϥ ⲛϫⲉ ⲡⲟⲥ ⲉϫⲉⲛ ⲛⲓⲕⲁⲣⲡⲟⲥ ⲉⲧϣⲏⲡ ⲛⲁϥ ⲛⲧⲉ ⲛⲉϥϩⲃⲏⲟⲩⲓ ⲟⲩⲟϩ ⲁ ⲟⲩⲥⲙⲏ ⲓ ⲉⲃⲟⲗϧⲉⲛ ⲡⲓⲑⲣⲟⲛⲟⲥ
ⲛⲧⲉ ⲡⲓⲡⲁⲛⲧⲟⲕⲣⲁⲧⲱⲣ ⲉϥⲧⲁⲛϧⲟ ⲙⲡⲥⲱⲛⲧ ⲧⲏⲣϥ ϧⲉⲛ ϩⲁⲛ ⲛⲁⲓ ⲛⲉⲙ ϩⲁⲛ
ⲙⲉⲧϣⲉⲛ ϩⲏⲧ ⲉⲑⲃⲉ ⲛⲓⲡⲣⲟⲥⲉⲩⲭⲏ ⲛⲉⲙ ⲛⲓⲧⲱⲃϩ ⲙⲁⲗⲓⲥⲧⲁ ⲛⲓϩⲓⲥⲓ ⲛⲉⲙ
ⲛⲓⲡⲟⲗⲓⲧⲓⲁ² ϧⲉⲛ ⲟⲩⲧⲟⲩⲃⲟ ⲛⲧⲉ ⲟⲩⲁⲅⲁⲡⲏ ⲛⲧⲉ ⲛⲉϥⲥⲱⲧⲡ ⲟⲩⲟϩ ⲁⲛⲟⲛ
ϩⲱⲛ ⲉⲛⲣⲁϣⲓ ⲟⲩⲟϩ ⲉⲛϭⲓ ϣⲫⲏⲣⲓ ⲙⲁⲗⲓⲥⲧⲁ ⲉⲑⲃⲉ ⲛⲓⲁⲅⲁⲑⲟⲛ ⲉⲧⲥⲉⲃⲧⲱⲧ³
ⲛⲱⲧⲉⲛ ⲁϥⲟⲩⲟⲣⲡⲧⲉⲛ ⲛϫⲉ ⲡⲓⲇⲏⲙⲓⲟⲩⲣⲅⲟⲥ ⲫⲟⲩⲁⲓ ⲫⲟⲩⲁⲓ ⲙⲙⲟⲛ ϩⲁ ⲫⲏ
ⲉⲧⲉ ⲫⲱϥ ϧⲉⲛ ⲛⲏ ⲉⲑⲟⲩⲁⲃ ⲛⲧⲁϥ ⲉⲑⲣⲉⲛϯ ⲛⲟⲙϯ ⲛⲱⲧⲉⲛ. ⲉⲑⲃⲉ ⲫⲁⲓ

vieillard après un tel, viens ici! » Et abba Jean, sûr que le vieillard avait vu l'ange, car ce vieillard était aussi arrivé à la mesure de notre père abba Jean. Un jour aussi, l'ange venant à lui de par l'(ordre du) Seigneur, rempli de toute joie spirituelle, notre père dit à l'ange: « Pourquoi es-tu joyeux en abondance cette fois, car tu viens à moi avec une allégresse nombreuse? » L'ange dit à notre père abba Jean: « Comme nous nous tenions tout à l'heure en présence de Dieu, devant sa gloire, nous toutes les armées (célestes), une grande fumée de tous les parfums choisis de tous les saints est venue en haut en la présence de Dieu, et le Seigneur s'est réjoui sur les fruits à lui agréables de ses œuvres, et une voix est venue du trône du Souverain universel qui vivifie toute créature par des prières et des miséricordes, à cause des prières et des oraisons, surtout des souffrances et des dévotions de ses élus en une pureté de charité. Et nous aussi, qui nous réjouissons et admirons, surtout à cause des biens qu'il nous a préparés, le démiurge a envoyé chacun de nous vers celui de ses saints qui lui appartient afin de vous donner courage. C'est pourquoi nous avons un grand désir

---

1. *Cod.* ⲛⲓⲥⲧⲣⲁⲧⲓⲁ. — 2. *Cod.* ⲛⲓⲡⲟⲗⲏⲧⲓⲁ. — 3. *Cod.* ⲉⲧⲥⲉⲡⲧⲱⲧ, orthographe qui se rencontre quelquefois, mais qui est, je crois, une véritable faute.

ⲉⲛϭⲓ ⲙ̄ⲙⲱⲟⲩ ⲟⲩⲟϩ ⲉⲛⲣⲁϣⲓ ⲉⲛⲛⲁⲩ ⲉⲛⲏ ⲉⲑⲟⲩⲁⲃ ⲉⲧϧⲉⲛ ⲡⲓⲕⲟⲥⲙⲟⲥ.

ⲉϥⲉⲣⲁⲡⲟⲗⲁⲩⲓⲛ[1] ⲇⲉ ⲛ̄ⲛⲁⲓⲡⲁⲣⲁⲕⲗⲏⲥⲓⲥ ⲛⲉⲙ ⲛⲁⲓ ⲁⲡⲟⲕⲁⲗⲩⲯⲓⲥ[2] ⲛ̄ϫⲉ ⲡⲉⲛⲓⲱⲧ ⲉⲑⲟⲩⲁⲃ ⲁⲃⲃⲁ ⲓⲱⲁⲛⲛⲏⲥ ⲉⲛⲁϥϯ ⲙ̄ⲙⲟϥ ⲉϭⲣⲏⲓ ⲡⲉ ⲁⲧϭⲛⲉ ⲧⲁϩⲛⲟ ⲉⲡⲧⲏⲣϥ (-ⲛ̄ⲥ-) ⲉϧⲁⲛ ⲕⲉⲛⲓϣϯ ⲛⲁⲥⲕⲏⲥⲓⲥ ⲉⲧϭⲟⲥⲓ ⲙ̄ϥⲁⲓ ϧⲁⲣⲱⲟⲩ ⲉϥϫⲱ ⲙ̄ⲡⲥⲁϫⲓ ⲙ̄ⲡⲓⲁⲡⲟⲥⲧⲟⲗⲟⲥ ⲉⲑⲟⲩⲁⲃ ϫⲉ ⲫⲏ ⲉⲧⲉⲣⲁⲅⲱⲛⲓⲍⲉⲥⲑⲁⲓ[3] ϣⲁϥⲁⲙⲟⲛⲓ ⲛ̄ⲧⲟⲧϥ ϧⲉⲛ ϩⲱⲃ ⲛⲓⲃⲉⲛ ⲟⲩⲟϩ ⲡⲁⲗⲓⲛ ⲟⲛ ϫⲉ ⲫⲏ ⲉⲧⲉ ⲟⲩⲁⲣⲉⲧⲏ ⲡⲉ ⲫⲏ ⲉⲧⲉ ⲟⲩⲧⲁⲓⲟ ⲡⲉ ⲛⲁⲓⲙⲉⲧⲓ ⲉⲣⲱⲟⲩ ⲉⲧⲉ ⲛⲁⲓ ⲡⲉ ⲉⲧⲁⲣⲉⲧⲉⲛⲥⲁⲃⲉ ⲑⲛⲟⲩ ⲉⲣⲱⲟⲩ ⲟⲩⲟϩ ⲁⲣⲉⲧⲉⲛϭⲓⲧⲟⲩ ⲟⲩⲟϩ ⲁⲣⲉⲧⲉⲛⲥⲟⲑⲙⲟⲩ ⲟⲩⲟϩ ⲁⲣⲉⲧⲉⲛⲛⲁⲩ ⲉⲣⲱⲟⲩ ⲉϧⲣⲏⲓ ⲛ̄ϧⲏⲧ ⲛⲁⲓ ⲁⲣⲓⲧⲟⲩ ⲫϯ ⲛ̄ⲧⲉ ϯϩⲓⲣⲏⲛⲏ[4] ⲉϥⲉϣⲱⲡⲓ ⲛⲉⲙⲱⲧⲉⲛ. ⲟⲩⲟϩ ⲡⲁⲗⲓⲛ ⲟⲛ ϫⲉ ⲥⲉⲙ̄ⲡϣⲁ ⲁⲛ ⲛ̄ϫⲉ ⲛⲓⲙ̄ⲕⲁⲩϩ ⲛ̄ⲧⲉ ⲡⲁⲓⲥⲏⲟⲩ ⲛ̄ⲧⲉ ϯⲛⲟⲩ ⲙ̄ⲡⲓⲱⲟⲩ ⲉⲑⲛⲁϭⲱⲣⲡ ⲛⲁⲛ ⲉⲃⲟⲗ. ϧⲉⲛ ⲛⲁⲓ ⲇⲉ ⲟⲛ ⲛⲁϥϭⲓ ⲛ̄ⲟⲩϣⲟⲣⲡ ⲛⲉⲙⲓ ⲛⲉⲙ ⲟⲩⲡ̄ⲛⲁ ⲙ̄ⲙⲉⲧⲡⲣⲟⲫⲏⲧⲏⲥ ⲉϥⲛⲁⲩ ⲓⲥϫⲉⲛ ⲫⲟⲩⲉⲓ ⲟⲩⲟϩ ⲉϥⲥⲁϫⲓ ⲛⲉⲙ ⲛⲓⲥⲛⲏⲟⲩ ϧⲉⲛ ϩⲁⲛ ⲁⲓⲛⲓⲅⲙⲁ[5] ⲛⲏ ⲉⲧⲁⲩϣⲱⲡⲓ ⲛⲉⲙ ⲛⲏ ⲉⲑⲛⲁϣⲱⲡⲓ ⲛⲉⲙ ⲛⲏ ⲉⲧϣⲟⲡ ϯⲛⲟⲩ ⲉϥⲃⲉⲃⲓ ⲙ̄ⲡⲥⲁϫⲓ ⲙ̄ⲡⲓϩⲙⲟⲧ ⲛ̄ⲧⲉ ⲡⲟ̅ⲥ̅ ϧⲉⲛ ⲟⲩⲙⲉⲧⲣⲁⲙⲁⲟ ϩⲱⲥⲧⲉ ⲛ̄ⲧⲉ ⲟⲩⲥⲟⲛ ⲓ̄ ⲛⲁϥ ⲛ̄ⲑⲟϥ ⲡⲉⲛⲓⲱⲧ ⲁⲃⲃⲁ ⲓⲱⲁⲛⲛⲏⲥ ⲙ̄ⲫⲛⲁⲩ ⲛ̄ⲣⲟⲩϩⲓ ⲉⲑⲣⲉϥϣⲉⲛϥ ⲛ̄ⲟⲩϩⲛⲟⲩ ⲙ̄ⲯⲩⲭⲏ ⲟⲩⲟϩ ⲁⲩⲥⲁϫⲓ ⲛ̄ϯⲁⲣⲉⲧⲏ ϣⲁⲧⲉ ⲡⲓⲟⲩⲱⲓⲛⲓ ϣⲁⲓ ⲙ̄ⲫⲛⲁⲩ ⲛ̄ϣⲱⲣⲡ ⲙ̄ⲡⲟⲩⲉⲙⲓ. ⲉⲧⲁ

et nous nous réjouissons en voyant les saints qui sont dans le monde. »

Et notre père saint abba Jean jouissant de ces consolations et de ces révélations de par le Seigneur, il s'adonnait constant, sans empêchement aucun, à d'autres grandes ascèses fatigantes à supporter, devant la parole du saint apôtre : « Celui qui lutte s'abstient de toute chose ; » et encore : « Ce qu'il y a de vertu, ce qu'il y a de gloire, je le pensais ; c'est ce dont vous avez été tous enseignés, ce que vous avez reçu, ce que vous avez entendu et vu en moi ; faites-le, que le Dieu de la paix soit avec vous ; » et encore de nouveau : « Les souffrances de ce temps présent ne sont pas dignes de la gloire qui nous sera révélée. » En toutes ces choses donc, il prenait une première science et un esprit de prophétie, voyant de loin et disant aux frères ce qui avait lieu en des énigmes, et ce qui aurait lieu et ce qui avait lieu présentement, bouillonnant dans la parole de la grâce du Seigneur avec richesse, de sorte qu'un frère vint à lui, notre père abba Jean, à l'heure du soir pour l'interroger et faire profiter son âme[6], et ils parlèrent de la vertu jusqu'à ce que la lumière

---

1. Cod. ⲉϥⲉⲣⲁⲡⲟⲗⲁⲩⲓⲛ. — 2. Cod. ⲁⲡⲟⲕⲁⲗⲓⲙⲯⲓⲥ. — 3. Cod. ⲉⲧⲉⲣⲁⲅⲱⲛⲓⲍⲉⲥⲟⲉ. — 4. Cod. ϯϩⲓⲣⲏⲛⲏ. — 5. Cod. ⲉⲛⲓⲅⲙⲁ. — 6. Mot à mot : L'interroger au profit de son âme.

ϣⲱⲡⲓ ⲇⲉ ϣⲱⲡⲓ ⲁϥⲓ ⲉⲃⲟⲗ ⲛϫⲉ ⲡⲉⲛⲓⲱⲧ ⲉϥⲧϥⲟ ⲙⲡⲓⲥⲟⲛ ⲡⲁⲗⲓⲛ ⲟⲛ ⲁϥϩⲓ
ⲛϫⲉ ⲡⲉⲛⲓⲱⲧ ⲉϥⲥⲁϫⲓ ⲛⲉⲙ ⲡⲓⲥⲟⲛ (-ⲙ̄ϩ̄-) ⲓⲥϫⲉⲛ ϣⲱⲣⲡ ⲟⲛ ϣⲁ ⲁϫⲡ ⲑ̄
ⲙⲡⲓⲉϩⲟⲟⲩ ϧⲉⲛ ⲡⲓⲡⲛⲁⲧⲓⲕⲟⲛ. ⲉϥϧⲁⲉ ⲇⲉ ⲁϥⲉⲛ ⲡⲓⲥⲟⲛ ⲉϧⲟⲩⲛ ⲟⲩⲟϩ ⲁⲩ-
ⲟⲩⲱⲙ ϧⲉⲛ ⲟⲩⲁⲅⲁⲡⲏ ⲟⲩⲟϩ ⲁϥⲧϥⲟϥ ϧⲉⲛ ⲟⲩϩⲓⲣⲏⲛⲏ¹.

ⲉϥⲉⲣⲡⲁⲣⲣⲏⲥⲓⲁⲍⲉⲥⲑⲁⲓ² ⲙⲙⲟϥ ϧⲉⲛ ⲡⲓϣⲟⲩϣⲟⲩ ⲙⲡⲓⲥⲧⲁⲩⲣⲟⲥ³ ⲉⲑⲟⲩⲁⲃ
ⲛⲉⲙ ⲛⲓϣⲱⲗϩ ⲛⲧⲉ ⲡⲭⲥ̄ ⲛϫⲉ ⲡⲉⲛⲡⲁⲛⲁⲅⲓⲟⲥ ⲛⲓⲱⲧ ⲟⲩⲟϩ ⲙⲡⲛⲁⲧⲟⲫⲟⲣⲟⲥ
ⲁⲃⲃⲁ ⲓⲱⲁⲛⲛⲏⲥ ⲉϥⲙⲱⲟⲩⲧ ⲙⲉⲛ ⲙⲫⲛⲟⲃⲓ ⲉϥⲟⲛϧ ⲇⲉ ϧⲉⲛ ⲡⲭⲥ̄ ⲓⲏⲥ ⲡⲉⲛⲟⲥ
ⲟⲩⲟϩ ⲉϥⲙⲟϣⲓ ϧⲉⲛ ⲫⲏ ⲉⲑⲣⲁⲛⲁϥ ⲙⲡⲉϥⲟⲩⲱϣ ⲉⲧⲥⲙⲁⲣⲱⲟⲩⲧ ⲉϥⲧⲟⲩ-
ⲃⲛⲟⲩⲧ ⲛⲟⲩⲉⲣⲫⲉⲓ ⲛⲧⲉ ⲡⲓⲡⲛⲁ ⲉⲑⲟⲩⲁⲃ ⲫⲁⲓ ⲙⲁⲗⲓⲥⲧⲁ ϧⲉⲛ ⲡⲉϥϯ ⲙⲁⲧ
ⲁⲩⲁⲓϥ ⲙⲡⲣⲉⲥⲃⲩⲧⲉⲣⲟⲥ ⲟⲩⲟϩ ⲉⲧⲓ ⲉⲩⲉⲣⲭⲉⲓⲣⲟⲧⲟⲛⲉⲓⲛ⁴ ⲙⲙⲟϥ ⲉⲃⲟⲗϩⲓⲧⲟⲧϥ
ⲙⲡⲓⲁⲣⲭⲓⲉⲡⲓⲥⲕⲟⲡⲟⲥ⁵ ⲉⲑⲟⲩⲁⲃ ⲟⲩⲥⲙⲏ ⲁⲥⲱϣ ⲉⲃⲟⲗ ⲉϩⲱϥ ϧⲉⲛ ⲧⲫⲉ ϣⲁ
ⲅ̄ ⲛⲥⲟⲡ ⲉⲥϫⲱ ⲙⲙⲟⲥ ϫⲉ ⲁⲅⲓⲟⲥ ⲁⲅⲓⲟⲥ ⲁⲅⲓⲟⲥ. ⲉⲧⲁⲩⲧⲉⲛϩⲟⲩⲧϥ ⲇⲉ ⲉⲑ-
ⲗⲉⲓⲧⲟⲩⲣⲅⲓⲁ⁶ ⲛⲛⲓⲙⲩⲥⲧⲏⲣⲓⲟⲛ ⲉⲑⲟⲩⲁⲃ ϩⲓⲧⲉⲛ ⲡⲓⲑⲱϩⲉⲙ ⲛⲧⲉ ⲡⲓϩⲙⲟⲧ
ⲛⲧⲉ ⲧⲫⲉ ⲛⲁϥⲟⲓ ⲛⲃⲉⲣⲓ ⲟⲛ ϧⲉⲛ ⲡⲓⲇⲣⲟⲙⲟⲥ ⲛⲧⲁⲣⲉⲧⲏ ⲙⲁⲗⲓⲥⲧⲁ ϩⲱⲥ ⲟⲩⲏⲃ
ⲉϥⲟⲩⲁⲃ ⲛⲧⲉ ⲡⲓϣⲟⲩϣⲱⲟⲩϣⲓ ⲉⲑⲟⲩⲁⲃ ⲛⲁⲧϥⲉⲛ ⲥⲛⲟϥ ⲉⲃⲟⲗ ⲛⲧⲉ ⲡⲓϩⲓⲏⲃ
ⲛⲧⲉ ⲫϯ ⲫⲏ ⲉⲧⲱⲗⲓ ⲙⲫⲛⲟⲃⲓ ⲛⲧⲉ ⲡⲓⲕⲟⲥⲙⲟⲥ. ⲁϥⲟϩⲓ ϧⲉⲛ ϯⲥⲟⲫⲓⲁ ⲛⲧⲉ
ⲫϯ ⲉϥϫⲱ ⲙⲙⲟⲥ ⲛϫⲉ ⲡⲉⲛⲓⲱⲧ ⲉⲑⲟⲩⲁⲃ ⲁⲃⲃⲁ ⲓⲱⲁⲛⲛⲏⲥ (-ⲙⲏ-) ϫⲉ ⲫⲛⲟ-

parut à l'heure de l'aurore, sans qu'ils le sussent. Lorsque l'aurore eut paru, notre père sortit conduisant le frère ; de nouveau notre père resta à parler avec le frère depuis l'aurore jusqu'à la neuvième heure, spirituellement ; enfin il introduisit le frère, ils mangèrent en charité et il le conduisit en paix.

Notre tout saint père, ce pneumatophore abba Jean, se mouvait librement dans la glorification de la croix sainte et des stigmates du Christ, mort au péché, mais vivant en notre Seigneur Jésus le Christ, marchant en ce qui plaisait à sa volonté bénie, purifiant un temple à l'Esprit-Saint. C'est pour cela surtout qu'avec son consentement on le fit prêtre, et, comme l'archevêque saint lui imposait les mains, une voix cria du ciel à son sujet : « Il est digne, il est digne, il est digne ! » Lorsqu'on lui eut confié la liturgie des mystères saints par la vocation de la grâce du ciel, il se renouvela dans la course de la vertu, surtout comme prêtre saint du sacrifice saint, non sanglant, de l'agneau de Dieu, de celui qui a enlevé le péché du monde. Notre père saint, abba Jean, se tint dans la sagesse de Dieu, en disant : « La loi de la prêtrise

---

1. *Cod.* ⲟⲩϩⲓⲣⲏⲕⲏ. — 2. *Cod.* ⲉϥⲉⲣⲡⲁⲣⲣⲏⲥⲓⲁⲍⲉⲥⲑⲉ. — 3. *Cod.* ⲙⲡⲓϥ̅. — 4. *Cod.* ⲉⲣⲭⲓ-ⲣⲟⲇⲟⲛⲓⲛ. — 5. *Cod.* ⲡⲓⲁⲣⲭⲛⲉⲡⲓⲥⲕⲟⲡⲟⲥ. — 6. *Cod.* ⲉⲟⲗⲓⲧⲟⲩⲣⲅⲓⲁ.

ⲙⲟⲥ ⲛ̇ϯⲙⲉⲧⲟⲩⲏⲃ ⲉϥⲧⲉⲛⲑⲱⲛⲧ ⲉϥⲁ ⲛⲓⲭⲉⲣⲟⲩⲃⲓⲙ¹ ⲛⲉⲙ ⲛⲓⲥⲉⲣⲁⲫⲓⲙ²
ⲛ̇ϣⲟⲣⲡ ⲉⲧϩⲉⲛⲧ ⲉⲫϯ ⲡⲁⲣⲁ ⲛⲓⲧⲁⲅⲙⲁ ⲧⲏⲣⲟⲩ ⲟⲩⲟϩ ⲛ̇ⲑⲱⲟⲩ
ⲟⲛ ⲛ̇ϣⲟⲣⲡ ⲉⲧⲙⲉⲧⲉⲭⲉⲓⲛ³ ⲙ̇ⲡⲱⲛϧ ⲛ̇ⲧⲉϥⲅⲛⲱⲥⲓⲥ ⲛⲉⲙ ⲑⲙⲉⲧⲗⲁⲙⲡⲣⲟⲥ
ⲙ̇ⲡⲉϥⲱⲟⲩ ⲉⲧⲥⲙⲁⲣⲱⲟⲩⲧ ⲟⲩⲟϩ ⲙ̇ⲙⲁⲕⲁⲣⲓⲟⲛ ⲉⲑⲙⲏⲛ ⲉⲃⲟⲗ ϣⲁ ⲉⲛⲉϩ.
ⲉⲑⲃⲉ ⲫⲁⲓ ϯⲅⲣⲁⲫⲏ ⲉⲑⲟⲩⲁⲃ ⲟⲩⲟϩ ⲥⲁϧⲛⲓ ⲛⲁⲛ ⲉⲑⲣⲉⲛⲙⲟϣⲓ ⲕⲁⲧⲁ ⲡⲧⲁⲓⲟ
ⲙ̇ⲡⲁⲓϩⲙⲟⲧ ⲉϥϫⲱ ⲙ̇ⲙⲟⲥ ϫⲉ ⲟⲩⲟⲛ ⲛⲓⲃⲉⲛ ⲉⲧⲉ ⲧⲁⲓϩⲉⲗⲡⲓⲥ ⲛ̇ⲧⲟϥ ϣⲁϥ-
ⲧⲟⲩⲃⲟϥ ⲕⲁⲧⲁ ⲫⲣⲏϯ ⲉⲧⲉ ⲫⲏ ⲟⲩⲁⲃ ⲙ̇ⲙⲟϥ ⲟⲩⲟϩ ⲡⲁⲗⲓⲛ ϫⲉ ϣⲱⲡⲓ
ⲉⲣⲉⲧⲉⲛⲟⲩⲁⲃ ϫⲉ ⲁⲛⲟⲕ ϩⲱ ϯⲟⲩⲁⲃ ⲡⲉϫⲉ ⲡⲟ̅ⲥ̅. ϧⲉⲛ ⲛⲁⲓ ⲇⲉ ⲟⲛ ⲛ̇ⲑⲟϥ
ⲡⲓⲛⲓϣϯ ⲙ̇ⲡⲁⲛⲁⲣⲏⲧⲟⲥ⁴ ⲉⲑⲟⲩⲁⲃ ⲁⲃⲃⲁ ⲓⲱⲁⲛⲛⲏⲥ ⲛⲁϥⲉⲣⲑⲉⲣⲁⲡⲉⲩⲓⲛ⁵ ⲡⲉ
ⲙ̇ⲡⲓⲡ̅ⲛ̅ⲁ̅ ⲉⲑⲟⲩⲁⲃ ⲛ̇ⲧⲉ ⲫϯ ⲉϥⲙⲟϩ ⲛⲁϥ ⲉϧⲟⲩⲛ ⲙ̇ⲡⲭⲣⲉⲟⲥ ⲛ̇ⲧⲁⲓⲧⲁⲝⲓⲥ
ⲟⲛ ⲉϥⲕⲏⲃ ϩⲱⲥ ⲣⲉϥϣⲉⲙϣⲓ ⲉⲛⲁⲛⲉϥ ⲟⲩⲟϩ ⲛⲟⲓⲕⲟⲛⲟⲙⲟⲥ ⲉϥⲛϩⲟⲧ ⲉϥⲟⲓ
ⲛⲟⲩⲏⲃ ⲉϥϫⲏⲕ ⲉⲃⲟⲗ ϧⲉⲛ ⲙⲉⲑⲙⲏⲓ ⲛⲓⲃⲉⲛ ⲕⲁⲧⲁ ⲡⲥⲁϫⲓ ⲛ̇ϯⲅⲣⲁⲫⲏ ϫⲉ
ⲛⲉⲕⲟⲩⲏⲃ ⲉⲩⲉϯ ϩⲓⲱⲧⲟⲩ ⲛⲟⲩⲙⲉⲑⲙⲏⲓ. ⲟⲩⲟϩ ⲛ̇ⲑⲟϥ ϩⲱϥ ⲡⲉⲛⲓⲱⲧ ⲉⲑⲟⲩⲁⲃ
ⲉϥϭⲓ ⲉⲃⲟⲗϧⲉⲛ ϯⲇⲱⲣⲉⲁ ⲛ̇ⲧⲉ ⲡⲓⲡ̅ⲛ̅ⲁ̅ ⲉⲑⲟⲩⲁⲃ ⲟⲩⲟϩ ⲉϥⲥⲱⲕ ⲛⲁϥ ⲛ̇ϯⲙⲉⲧ-
ⲗⲁⲙⲡⲣⲟⲥ ⲛⲉⲙ ϯϩⲗⲟϫⲓ ⲛ̇ⲧⲉ ⲡⲉϥⲱⲟⲩ ⲉⲧⲱⲛϩ⁶ ⲛⲉⲛⲉϩ (-ⲛⲉϩ-) ⲙⲁⲗⲓⲥⲧⲁ ⲡⲕⲁⲑⲟⲣⲑⲱⲙⲁ⁷ ⲙ̇ⲡⲓⲛⲓ ⲛⲁⲣⲭⲁⲓⲟⲛ⁸ ⲛⲉⲙ ⲡⲓⲭⲁⲣⲁⲕⲧⲏⲣ ⲉⲑⲟⲩⲁⲃ
ⲛⲉⲙ ⲡⲓⲕⲁⲧⲁϩⲉⲓⲕⲱⲛ⁹ ⲙ̇ⲙⲏⲓ ⲉⲧⲁϥϫⲟⲕϥ ⲉⲃⲟⲗϩⲓϫⲣⲏⲓ ⲛ̇ϧⲏⲧϥ ⲕⲁⲧⲁ

ressemble à celle des Chérubins et des Séraphins, les premiers près de Dieu, au-dessus de tous les bataillons, ils sont aussi les premiers participants à la vie de sa connaissance et à l'éclat de sa gloire bénie et heureuse, stables jusqu'à l'éternité ; c'est pourquoi l'Écriture sainte nous a ordonné de marcher selon la gloire de cette grâce, disant : « Quiconque a cet espoir se purifie comme celui qui est pur; » et encore : « Soyez purs parce que je suis pur, dit le Seigneur. » Mais en cela aussi, le grand, le tout vertueux saint abba Jean, servait l'esprit saint de Dieu, rempli de la dette doublée de cet ordre, comme un bon serviteur et un économe fidèle, étant un prêtre parfait en toute vérité, selon la parole de l'Écriture : « Tes prêtres, tu les as revêtus de vérité. » Et lui aussi, notre père, recevant le don de l'Esprit-Saint et attirant à lui la clarté et la douceur de sa gloire pour une vie éternelle, surtout la droiture de la ressemblance ancienne, le caractère saint et le portrait véritable qu'il parfit en lui.

1. Cod. ⲭⲉⲣⲟⲩⲃⲓⲛ. — 2. Cod. ⲥⲉⲣⲁⲫⲓⲛ. — 3. Cod. ⲉⲧⲣⲙⲉⲧⲉⲭⲓⲛ. — 4. Cod. ⲛⲡⲁⲛ-
ⲁⲣⲉⲧⲟⲥ. — 5. Cod. ⲛⲁϥⲉⲣⲑⲉⲣⲁⲡⲉⲧⲓⲛ. — 6. Cod. ⲉⲧⲱⲛϩ. — 7. Cod. ⲕⲁⲑⲟⲣⲧⲱⲙⲁ. —
8. Cod. ⲛⲁⲣⲭⲉⲟⲛ. — 9. Cod. ⲡⲓⲕⲁⲧⲁϩⲓⲕⲱⲛ.

ⲫⲣⲏϯ ⲉⲧⲥ̅ϧⲏⲟⲩⲧ ⲉⲑⲃⲏⲧϥ ⲛⲉϥϣⲁϥⲛⲁⲩ ⲉϩⲱⲃ ⲛⲓⲃⲉⲛ ⲉⲧϧⲉⲛ ⲡⲓⲣⲱⲙⲓ ⲙⲫⲣⲏϯ ⲛⲟⲩⲉⲓⲇⲟⲥ¹ ⲉϥϧⲉⲛ ⲟⲩⲁⲃⲁⲭⲏⲓⲛⲓ.

ⲡⲉⲛⲓⲱⲧ ⲇⲉ ⲉⲑⲟⲩⲁⲃ ⲁⲃⲃⲁ ⲓⲱⲁⲛⲛⲏⲥ ⲙⲉⲛⲉⲛⲥⲁ ⲡⲁⲓϭⲓⲥⲓ ⲛ̅ⲧⲁⲓⲙⲁⲓⲏ ⲉϥⲛⲟⲩ ⲙⲁⲗⲗⲟⲛ ⲕⲁⲓ² ⲙⲁⲗⲗⲟⲛ ⲛⲟⲉⲃⲓⲟ ⲙⲫⲣⲏϯ ⲙⲡⲓⲥⲟⲧⲟ ⲁϥϣⲁⲛ-
ⲉⲡⲥⲟⲩ ⲟⲩⲟϩ ⲛ̅ⲧⲉϥ ⲉⲡⲥⲟⲩ ⲙ̅ⲡⲟⲥ̅ϥ ⲉϥϫⲱ ⲙⲙⲟϥ ⲥⲁⲡⲉⲥⲏⲧ ⲙⲡⲓⲥⲱⲛⲧ
ⲧⲏⲣϥ ⲕⲁⲙⲉⲣ³ ⲁⲩϣⲁⲛⲧⲁⲙⲟϥ ⲛⲁϥ ⲉⲃⲟⲗ ⲉⲑⲃⲉ ⲟⲩⲁⲓ ⲉⲁϥϩⲉⲓ ϧⲉⲛ ⲟⲩⲛⲟⲃⲓ
ⲓⲉ ⲛ̅ⲟⲩϥ ⲕⲉⲟⲩⲁⲓ ⲉⲣⲉ ⲛⲓⲡⲁⲑⲟⲥ ⲉⲣⲟⲛⲟⲭⲗⲓⲛ⁴ ⲛⲁϥ ϩⲱⲥ ⲓⲱⲧ ⲛⲁⲅⲁⲑⲟⲥ
ⲟⲩⲟϩ ⲛ̅ϣⲁⲛ ⲑⲙⲁϩⲧ ⲙⲁⲗⲓⲥⲧⲁ ⲇⲉ ϧⲉⲛ ⲟⲩⲇⲓⲁⲕⲣⲓⲥⲓⲥ⁵ ⲕⲁⲧⲁ ⲟⲩⲙⲉⲧⲭ̅ⲣ̅ⲥ̅
ⲉⲛⲁⲛⲉⲥ ⲉⲛⲁϥⲧⲥⲁⲃⲟ ⲙⲙⲱⲟⲩ ⲕⲁⲧⲏⲭⲓⲁ⁶ ⲉϥⲓⲣⲓ ϧⲉⲛ ⲟⲩⲙⲉⲧⲥⲁⲃⲉ ⲉⲑⲟⲩⲁⲓ
ⲫⲟⲩⲁⲓ ⲙⲙⲱⲟⲩ ⲉⲣⲉⲥⲕⲉⲡⲁⲍⲓⲛ⁷ ⲙⲙⲱⲟⲩ ⲙⲡⲓⲥⲟϭⲛⲓ ⲉⲧⲛⲏϣ ⲉⲑⲣⲟⲩⲛⲟ-
ϩⲉⲙ ⲫⲁⲓ ⲇⲉ ϧⲉⲛ ⲟⲩⲥⲡⲟⲩⲇⲁⲛ ⲉⲑⲣⲉϥϥⲁⲓ ϧⲁ ⲡⲓⲛⲁϩⲃⲉϥ ⲉⲧⲁⲥⲓⲱⲟⲩ ⲛ̅ⲧⲉ
ϯⲙⲉⲧⲁⲛⲟⲓⲁ (-ᾱ-) ⲉⲟⲩⲧⲁⲗϭⲟ⁸ ⲙ̅ⲡⲉϥⲉⲣϧⲟⲧ ⲉⲑⲣⲉϥϩⲱⲧⲡ ⲉⲟⲩϩⲓⲣⲏⲛⲏ⁹
ⲛⲉⲙ ⲫϯ ϧⲉⲛ ⲟⲩⲧⲟⲩⲃⲟ ⲛⲉⲙ ⲟⲩⲁⲣⲉϩ ⲥⲁⲧϩⲏ ⲟⲛ. ⲡⲁⲓⲭⲉⲧ ⲟⲙⲟⲓⲱⲥ¹⁰ ⲉⲉ-
ⲣⲉϥⲧⲥⲁⲃⲟϥ ⲉϯ ⲛ̅ϯ ⲛⲟⲙⲓⲙⲱⲥ ⲉⲧⲁⲕⲟ ⲛ̅ⲧⲕⲁⲕⲓⲁ ⲛⲉⲙ ⲛⲉⲥⲉⲛⲉⲣⲅⲉⲓⲁ¹¹
ⲧⲏⲣⲟⲩ ϩⲓⲧⲉⲛ ϯⲉⲅⲕⲣⲁⲧⲉⲓⲁ¹² ⲛⲉⲙ ⲡⲓⲙⲟⲩⲛ ⲉϥϯ ⲉϥⲓⲣⲓ ⲇⲉ ⲙ̅ⲡⲁⲓⲣⲏϯ
ϩⲱⲥ ⲓⲁⲧⲣⲟⲥ ⲛⲉⲙⲡⲉⲓⲣⲟⲥ¹³ ⲛ̅ⲧⲉ ⲛⲓⲯⲩⲭⲏ ⲛ̅ϫⲉ ⲡⲉⲛⲡⲁⲛⲁⲅⲓⲟⲥ ⲛⲓⲱⲧ ⲉⲛⲁϥ-

comme il est écrit de lui, il voyait toute chose qui était dans l'homme, comme une image qui est dans un (miroir de) verre.

Mais notre père abba Jean, après une élévation de cette sorte, devenant de plus en plus humble, comme le froment lorsqu'il arrive au temps et qu'il parvient au temps de la moisson, se plaçant lui-même au-dessous de toute créature, si on lui avait révélé sur quelqu'un qui avait glissé dans un péché ou sur un autre que les passions troublaient, comme un père bon et miséricordieux, et surtout avec discernement, selon une douceur bonne, il les instruisait de vive voix¹⁴, agissant avec sagesse pour chacun d'eux, les protégeant par le conseil qui leur convenait¹⁵, afin qu'ils fussent sauvés ; celui-ci avec soin, afin de lui faire porter le joug léger de la pénitence, pour la guérison de sa blessure, pour (le) réconcilier dans la paix avec Dieu en pureté et observance dorénavant ; et cet autre, il lui enseignait semblablement à combattre selon la loi pour perdre la malice avec toutes ses énergies par l'abstinence et la constance en Dieu ; faisant ainsi comme un médecin habile des

---

1. *Cod.* ⲛⲟⲩⲓⲇⲟⲥ. — 2. *Cod.* ⲕⲉ. — 3. *Cod.* ⲕⲉⲡⲉⲣ. — 4. *Cod.* ⲟⲛⲟⲭⲗⲓⲛ. — 5. *Cod.* ⲟⲩⲇⲓⲁⲕⲣⲏⲥⲓⲥ. — 6. *Cod.* ⲕⲁⲧⲏⲕⲓⲁ. — 7. *Cod.* ⲥⲕⲉⲃⲁⲍⲓⲛ. — 8. *Cod.* ⲉⲧⲧⲁⲗϭⲟ. — 9. *Cod.* ⲉⲩϩⲓⲣⲏⲛⲏ. — 10. *Cod.* ⲟⲩⲙⲟⲥ. — 11. *Cod.* ⲉⲛⲉⲣⲅⲉⲓⲁ. — 12. *Cod.* ⲉⲡⲕⲣⲁⲧⲓⲁ. — 13. *Cod.* ⲛⲉⲙⲡⲓⲣⲟⲥ. — 14. Mot à mot : Par catéchèse. — 15. Mot à mot : Adapté.

ⲫⲱⲥ ⲛⲟⲩⲉⲝⲓ ⲙⲡⲓⲇⲓⲁⲃⲟⲗⲟⲥ ⲛⲉⲙ ⲛⲉϥⲇⲁⲓⲙⲱⲛ[1] ⲉⲧϩⲱⲟⲩ ϩⲱⲥⲧⲉ ⲛⲧⲉϥ-
ϩⲣⲁϫⲣⲉϫ ⲛⲛⲉϥⲛⲁϫϩⲓ ⲟⲩⲟϩ ⲛⲧⲉϥϣⲉϣ ⲟⲩϧⲣⲱⲟⲩ ⲉⲃⲟⲗ ϧⲉⲛ ⲡⲓⲁⲏⲣ ⲉϥϫⲱ
ⲙⲙⲟⲥ ϫⲉ ⲁⲕϣⲧⲉⲣⲑⲱⲣⲧ ⲓⲏⲥ ⲛⲉⲙ ⲛⲏ ⲉⲧⲉ ⲛⲟⲩⲕ.

ⲉϥⲛⲁⲩ ⲇⲉ ⲉⲛⲁⲓ ⲛϫⲉ ⲡⲉⲛⲡⲁⲛⲁⲅⲓⲟⲥ ⲛⲓⲱⲧ ⲉⲛⲁϥϭⲟⲧⲉ ⲡⲉ ⲅⲉⲛⲛⲁⲓⲱⲥ[2]
ⲟⲩⲃⲉ ⲧⲡⲗⲁⲛⲏ ⲛⲧⲉϥⲡⲁⲛⲟⲩⲣⲅⲓⲁ ⲟⲩⲟϩ ⲉϥⲧⲁⲕⲟ ⲛⲧⲕⲁⲕⲟⲉⲣⲅⲓⲁ ⲙⲙⲁⲑⲟⲩ
ⲙⲡⲉϥⲫⲑⲟⲛⲟⲥ ⲛⲉⲙ ⲧⲡⲗⲉⲟⲛⲉⲝⲓⲁ[3] ⲙⲡⲉϥϫⲟϩ ⲉⲧϩⲱⲟⲩ ϩⲓⲧⲉⲛ ⲑⲙⲉⲧⲣⲉϥϯ
ⲧⲟⲧϥ ⲙⲡⲭⲥ ⲁⲧϭⲛⲉ ⲧⲁϩⲛⲟ ϧⲉⲛ ⲡⲓⲥⲧⲁⲇⲓⲟⲛ ⲛϯⲁⲣⲉⲧⲏ ⲙⲁⲗⲓⲥⲧⲁ ⲛⲉ
ⲁϥⲉⲣ ⲡⲱⲃϣ ⲡⲉ ⲛϭⲓ ϩⲣⲉ ⲛⲉⲙ ϩⲓⲛⲓⲙ ⲉⲑⲃⲉ ϯϫⲟⲙ ⲉⲧϫⲟⲣ ⲛⲧⲉ ⲑⲙⲉⲧⲣⲁⲙⲁⲟ ⲙⲡⲓⲡⲛⲁ ⲉⲑⲟⲩⲁⲃ ⲉⲧϣⲟⲡ ⲛϩⲏⲧϥ. ⲁϥⲑⲁⲙⲓⲟ ⲛⲁϥ ⲛⲟⲩⲙⲱⲓⲧ ⲉⲃⲟⲗ
ϧⲉⲛ ϩⲁⲛ ⲱⲛⲓ ⲉⲧϫⲟⲣ ⲟⲩⲟϩ ⲉⲧⲁϣⲓ ⲉⲃⲟⲗϧⲉⲛ ⲡⲁⲓⲥⲁ ⲛⲉⲙ ⲫⲁⲓ ⲉϥϭⲓ
ⲛⲟⲩⲙⲁϩⲓ ⲛϣⲱⲓ ⲛⲉⲙ ⲟⲩⲙⲁϩⲓ ⲛⲟⲩⲟⲥⲑⲉⲛ ⲟⲩⲟϩ ⲁⲣⲉϣⲁⲛ ⲫⲛⲟⲙⲟⲥ
ⲛⲧⲫⲩⲥⲓⲥ (-ⲍⲁ-) ϭⲓⲧϥ ⲛϫⲟⲛⲥ ⲛⲉϥⲁϥϯ ⲛⲟⲩⲕⲟⲩϫⲓ ⲛⲛⲓϥⲓ ⲛϩⲏⲧϥ ⲛⲧⲁⲓϩⲉ
ⲁⲡⲗⲱⲥ ⲉϥϩⲉⲙⲥⲓ ⲟⲩⲟϩ ⲛⲧⲉϥϩⲉⲣϥ ⲉⲃⲟⲗ ⲥⲁⲧⲟⲧϥ ⲙⲁⲗⲓⲥⲧⲁ ⲉⲑⲃⲉ ⲧⲕⲁⲕⲓⲁ
ⲛⲛⲏ ⲉⲧⲉⲣⲡⲉⲓⲣⲁϫⲉⲓⲛ[4] ϧⲉⲛ ϩⲁⲛ ⲫⲁⲛⲧⲁⲥⲓⲁ. ⲉⲛⲁϥϫⲱ ⲟⲩⲛ ⲛⲟⲩⲡⲁⲣⲁⲃⲟⲗⲏ
ⲛϫⲉ ⲡⲉⲛⲓⲱⲧ ⲡⲉ ⲛⲛⲓⲥⲛⲏⲟⲩ ⲉⲑⲃⲉ ϯⲉⲅⲕⲣⲁⲧⲓⲁ[5] ⲉϥϫⲱ ⲙⲙⲟⲥ ϫⲉ ⲙⲫⲣⲏϯ
ⲛⲟⲩⲟⲩⲣⲟ ⲁϥϣⲁⲛⲟⲩⲱϣ ⲉϭⲓ ⲛⲟⲩⲡⲟⲗⲓⲥ ϣⲁϥⲧⲁϩⲛⲟ ⲛⲛⲉⲥⲙⲁ ⲛⲥⲉⲕ ⲙⲱⲟⲩ
ⲛϣⲟⲣⲡ ⲟⲩⲟϩ ⲛⲧⲉϥϣⲱⲗ ⲛⲛⲉⲥϧⲣⲏⲟⲩⲓ ⲁⲩϣⲁⲛϩⲟϫϩⲉϫ ⲇⲉ ϧⲁ ⲡⲓϩⲕⲟ

âmes, notre tout saint père, il avait déchiré le sein du diable avec ses démons méchants, de sorte que le diable grinçait des dents et poussait un cri dans l'air en disant : « Tu m'as troublé, Jésus, avec ceux qui sont à toi. »

Et voyant cela, notre tout saint père combattait vaillamment contre l'erreur de sa méchanceté, détruisant la malice du poison de sa haine et l'avidité de sa jalousie mauvaise, selon l'ordre du Seigneur, sans empêchement, dans le stade de la vertu; surtout il en oubliait de prendre la nourriture et le sommeil à cause de la force puissante de la richesse de l'Esprit-Saint qui était en lui. Il se fit, avec des pierres fortes et suspendues de côté et d'autre, un chemin ayant une coudée de longueur et une coudée de largeur; et, si la loi de la nature lui faisait violence, il donnait un petit souffle en lui-même de cette sorte, simplement, étant assis, et aussitôt il se mettait à l'écart, surtout à cause de la méchanceté de ceux qui le tentaient par des fantaisies. Notre père Jean disait donc une parabole aux frères sur l'abstinence, disant ainsi : « De même qu'un roi, s'il désire prendre une ville, tout d'abord il empêche qu'on ne puise de

---

1. *Cod.* ⲛⲉϥⲇⲉⲙⲱⲛ. — 2. *Cod.* ⲅⲉⲛⲛⲉⲱⲥ. — 3. *Cod.* ⲡⲗⲉⲟⲛⲟϫⲓⲁ. — 4. *Cod.* ⲡⲓⲣⲁϫⲓⲛ.
— 5. *Cod.* ⲉⲛⲕⲣⲁⲧⲓⲁ.

ⲛⲉⲙ ⲛⲓⲃⲓ ⲛ̄ϫⲉ ⲛⲏ ⲉⲧϣⲟⲡ ⲛ̄ϧⲏⲧϥ ϣⲁⲩϭⲛⲉ ϫⲟⲙ ⲛⲁϥ ⲟⲩⲟϩ ⲛ̄ⲧⲉϥ
ϣⲱⲡⲓ ⲛⲟⲥ ⲉϩⲣⲏⲓ ⲉϫⲱⲟⲩ. ⲫⲁⲓ ϩⲱϥ ⲡⲉ ⲙ̄ⲫⲣⲏϯ ⲙ̄ⲡⲓⲙⲟⲛⲁⲭⲟⲥ¹ ⲁϥ
ϣⲁⲛϯ ⲭⲁⲗⲓⲛⲟⲥ² ⲛ̄ⲧϩⲟⲣⲙⲏ ⲛ̄ⲧⲙⲉⲧⲗⲁ ϩⲛⲏⲧϥ ϧⲉⲛ ⲧⲉⲥⲕⲣⲁⲧⲉⲓⲁ³ ⲛ̄ⲛⲓϫⲓ
ⲛⲟⲩⲱⲙ ⲉϥⲉⲣⲡⲟⲗⲓⲧⲉⲩⲉⲥⲑⲁⲓ⁴ ϧⲉⲛ ⲟⲩⲙⲉⲧⲙⲁⲓ ϧⲁϥϥ ⲁⲅⲱⲛⲓⲥⲧⲓⲕⲱⲥ⁵
ⲁⲟⲣⲁⲧⲱⲥ⁶ ⲙⲁⲗⲗⲟⲛ ⲇⲉ ⲉⲃⲟⲗϧⲁ ⲡ̄ϧⲁⲓ ⲛ̄ⲧⲉⲡⲓⲑⲩⲙⲓⲁ ⲛ̄ⲛⲓϧⲁⲟⲛⲓ⁷
ⲛ̄ϣⲗⲟϥ ⲉϥⲁⲣⲉϩ ⲉⲣⲟϥ ⲙⲁⲗⲓⲥⲧⲁ ⲉⲧⲡⲁⲣⲣⲏⲥⲓⲁ ϥⲛⲁⲉⲣ ⲟⲥ ⲉⲧⲛⲁⲕⲓⲁ ⲟⲩⲟϩ
ϥⲛⲁⲧⲁⲕⲟ ⲙ̄ⲡⲁⲑⲟⲥ ⲛⲓⲃⲉⲛ ⲛ̄ⲧⲉ ⲡⲓⲁⲣⲁⲕⲱⲛ ⲉⲃⲟⲗⲛ̄ϧⲏⲧϥ ϧⲉⲛ ⲟⲩⲙⲧⲟⲛ.
ⲛ̄ⲑⲟϥ ⲇⲉ ⲟⲛ ⲡⲉⲛⲓⲱⲧ ⲉⲧⲥⲙⲁⲣⲱⲟⲩⲧ ⲁⲃⲃⲁ ⲓⲱⲁⲛⲛⲉⲥ ⲁⲣⲉϣⲁⲛ ⲛⲉⲛⲡⲟⲗⲉ
ⲙⲟⲥ ⲛ̄ⲛⲉⲛⲡⲁⲑⲟⲥ ⲙ̄ⲡⲓϫⲁϫⲓ ϩⲉϫϩⲱϫ ⲟⲩⲁⲓ ϧⲉⲛ ⲛⲓⲥⲛⲏⲟⲩ ⲟⲩⲟϩ ⲛ̄ⲧⲉϥϯ
ⲛⲟⲩⲉⲩⲭⲏ ⲉϫⲱϥ ⲛ̄ϫⲉ ⲡⲉⲛⲓⲱⲧ ⲉⲛⲁϥⲭⲛⲛ ⲥⲁⲧⲟⲧϥ ⲡⲉ ϧⲉⲛ ⲡⲓⲥⲟⲛ (=ⲥⲃ)
ⲛ̄ϫⲉ ⲡⲓϣⲱⲛⲓ ⲉϥⲧⲁⲗϭⲟ ⲛ̄ⲛⲓⲉⲛⲉⲣⲅⲉⲓⲁ⁸ ⲉⲧϩⲱⲟⲩ ϧⲉⲛ ⲛⲓⲥⲛⲏⲟⲩ ϧⲉⲛ ⲟⲩ
ⲙⲉⲧⲙⲁⲓ ϧⲁϥϥ ⲉϥϯ ⲛ̄ⲧⲟⲧⲟⲩ ⲛⲉⲙⲱⲟⲩ ⲧⲏⲣⲟⲩ ϩⲓⲧⲉⲛ ⲧⲉⲛⲉⲣⲅⲉⲓⲁ⁹ ⲙ̄ⲡⲓⲡⲛⲁ
ⲉⲑⲟⲩⲁⲃ ⲉⲧϣⲟⲡ ⲉϩⲣⲏⲓ ⲛ̄ϧⲏⲧϥ.

ⲁⲩϫⲟⲥ ⲟⲛ ⲉⲑⲃⲏⲧϥ ⲱ ⲛⲁⲙⲉⲛⲣⲁϯ ⲛ̄ⲑⲟϥ ⲡⲉⲛⲡⲁⲛⲁⲅⲓⲟⲥ ⲛⲓⲱⲧ ϫⲉ
ⲉⲧⲁϥⲉⲗ ϩⲁⲛ ⲕⲟⲩϫⲓ ⲛ̄ⲃⲓⲣ ⲉⲭⲏⲙⲓ ⲛⲟⲩⲥⲟⲡ ⲉⲑⲣⲉϥϫⲕⲱⲟⲩ ϩⲁ ϩⲁⲛ
ⲕⲟⲩϫⲓ ⲛⲱⲓⲕ ⲛⲁϥ ⲙⲁⲗⲓⲥⲧⲁ ⲧⲭⲣⲉⲓⲁ¹⁰ ⲙ̄ⲡⲓⲥⲱⲙⲁ ⲉⲧⲁϥϫⲕⲱⲟⲩ ⲇⲉ ⲟⲩⲟϩ

l'eau à ses puits¹¹, puis il enlève ses vivres. Lorsque ceux qui sont dedans sont pressés par la faim et par la soif, ils se soumettent à lui et il domine sur eux. C'est la manière du moine, s'il refrène l'emportement de la gourmandise par l'abstinence des mets, s'il sert dans l'amour de la mortification athlétiquement, d'une manière invisible, surtout à cause de la grossièreté des désirs impurs, se gardant surtout de la liberté, il dominera la méchanceté et détruira en lui-même toute passion du dragon (et sera) en repos. » Mais lui, notre père béni, abba Jean, si les guerres des passions de l'ennemi pressaient l'un des frères, notre père alors priait pour lui et aussitôt la maladie cessait dans le frère, guérissant (ainsi) dans les frères les énergies mauvaises par un amour de la mortification, les aidant tous par l'énergie de l'Esprit-Saint qui habitait en lui.

On rapporte encore de lui, notre très saint père, ô mes bien-aimés, qu'une fois il porta quelques corbeilles en Égypte pour les échanger contre quelques pains pour lui, surtout contre le besoin du corps, lors donc qu'il les

---

1. Cod. ⲙⲟⲛⲁⲭⲟⲥ. — 2. Cod. ⲭⲁⲗⲙⲟⲥ. — 3. Cod. ⲉⲛⲕⲣⲁⲧⲓⲁ. — 4. Cod. ⲡⲟⲗⲓ
ⲧⲉⲩⲉⲥⲟⲉ — 5. Cod. ⲁⲅⲱⲛⲓⲥⲧⲓⲕⲱⲥ. — 6. Cod. ⲁⲟⲣⲁⲧⲟⲥ. — 7. Cod. ϩⲣⲁⲟⲛⲓ. — 8. Cod.
ⲉⲛⲉⲣⲅⲓⲁ. — 9. Cod. ⲉⲛⲉⲣⲅⲓⲁ — 10. Cod. ⲧⲭⲣⲓⲁ. — 11. Mot à mot : Il empêche d'abord ses lieux de puiser de l'eau, c'est-à-dire il coupe ou il comble ses puits.

ⲉⲧⲁϥⲙⲟϥ ⲛ̄ϯⲃⲁⲓⲣⲓ ⲛ̄ⲧⲱⲟⲩ ⲛⲱⲓⲕ ⲉⲃⲟⲗϧⲉⲛ ϯⲧⲓⲙⲏ ⲛ̄ⲧⲉ ⲛⲓⲃⲓⲣ ⲉⲧⲓ ⲉϥⲥⲟⲃϯ
ⲙ̄ⲙⲟϥ ⲛ̄ϫⲉ ⲡⲉⲛⲓⲱⲧ ⲉⲑⲣⲉϥⲙⲟϣⲓ ⲉⲡϣⲁϥⲉ ⲁⲥⲓ ⲉⲥⲙⲟϣⲓ ϧⲉⲛ ⲡⲓϣⲓⲣ ⲛ̄ϫⲉ
ⲟⲩϧⲉⲗⲗⲱ ⲛ̄ⲥϩⲓⲙⲓ ⲟⲩⲟϩ ⲛⲉ ⲟⲩⲭⲏⲣⲁ ⲧⲉ ⲛ̄ϫⲏⲙⲓ ⲟⲩⲟϩ ⲛⲁⲥⲙⲟϣⲓ ⲛⲉⲥⲱ
ⲡⲉ ⲛ̄ϫⲉ ⲟⲩⲃⲁⲗⲗⲉ ⲉϥϭⲓ ⲙⲱⲓⲧ ϧⲁϫⲱϥ ⲟⲩⲟϩ ⲫⲁⲓ ⲡⲉ ⲡⲉⲥϣⲏⲣⲓ ⲡⲉ ⲉⲁϥ-
ϫⲫⲟϥ ⲙ̄ⲡⲁⲓⲣⲏϯ. ⲡⲉⲛⲓⲱⲧ ⲇⲉ ⲁⲃⲃⲁ ⲓⲱⲁⲛⲛⲏⲥ ⲉϥϯ ⲛ̄ϩⲑⲏϥ ⲛ̄ⲱⲟⲩ ⲉⲩⲙⲟϣⲓ ⲁϥⲥⲱⲧⲉⲙ ⲉⲡⲓⲕⲟⲩϫⲓ ⲙ̄ⲃⲉⲗⲗⲉ ⲉϥϫⲱ ⲙ̄ⲙⲟⲥ ⲛ̄ⲧⲉϥⲙⲁⲩ ϫⲉ ⲫϯ
ⲑⲉϣ ⲟⲩⲱⲓⲕ ⲉⲣⲟⲛ ⲙ̄ⲫⲟⲟⲩ ⲉⲑⲣⲉⲛⲟⲩⲟⲙϥ ⲱ ⲧⲁⲙⲁⲩ. ⲧⲉϥⲙⲁⲩ ⲇⲉ ⲁⲥϥⲓ
ⲁϩⲟⲙ ⲟⲩⲟϩ ⲁⲥⲣⲓⲙⲓ ⲉⲥϫⲱ ⲙ̄ⲙⲟⲥ ⲛⲁϥ ϫⲉ ⲡⲟⲥ ⲉϥⲉⲛⲁⲩ ⲟⲩⲟϩ ⲛ̄ⲧⲉϥϣⲉⲛ
ϩⲧⲏϥ ϧⲁⲣⲟⲛ ⲡⲁϣⲏⲣⲓ ϩⲓⲧⲉⲛ ⲧⲉϥⲙⲉⲧϥⲁⲓ ⲣⲱⲟⲩϣ. ⲡⲉⲛⲓⲱⲧ ⲇⲉ ⲉⲑⲟⲩⲁⲃ
ⲙ̄ⲫⲱⲥⲧⲏⲣ ⲟⲩⲟϩ ⲙ̄ⲡⲛⲁⲧⲟⲫⲟⲣⲟⲥ ⲉⲧⲁϥⲥⲱⲧⲉⲙ ⲉⲛⲁⲓ ⲛ̄ⲧⲟⲧϥ ⲙ̄ⲡⲓⲕⲟⲩϫⲓ
ⲙ̄ⲃⲉⲗⲗⲉ (-ⲃⲗ-) ⲛⲉⲙ ⲧⲉϥⲙⲁⲩ ⲁⲩⲕⲓⲙ ⲉⲣⲟϥ ⲛ̄ϫⲉ ⲛⲓⲥⲡⲗⲁⲅⲭⲛⲟⲛ ⲛ̄ⲧⲉ
ⲛⲓⲙⲉⲧϣⲉⲛ ϩⲧⲏϥ ⲛ̄ⲧⲉ ⲡⲭ̄ⲥ̄ ⲉⲧϣⲟⲡ ⲛ̄ϧⲏⲧϥ ⲁϥⲙⲟⲩϯ ⲟⲩⲃⲉ ϯⲥϩⲓⲙⲓ ⲡⲉϫⲁϥ ⲛⲁⲥ ϫⲉ ⲁⲙⲏ ⲉⲙⲛⲁⲓ. ⲉⲧⲁⲥⲓ ⲇⲉ ⲡⲉϫⲉ ⲡⲉⲛⲓⲱⲧ ⲛⲁⲥ ϫⲉ ⲁⲣⲏⲟⲩ ⲧⲉⲉⲣ
ⲭⲣⲓⲁ[1] ⲛ̄ⲛⲁⲓⲛⲟⲩϫⲓ ⲛ̄ⲱⲓⲕ ⲧⲁⲙⲁⲩ. ⲛ̄ⲑⲟⲥ ⲇⲉ ⲡⲉϫⲁⲥ ⲛⲁϥ ϫⲉ ⲥⲉ ⲧⲟⲛⲱ
ⲡⲁⲓⲱⲧ. ⲡⲉⲛⲓⲱⲧ ⲇⲉ ⲉⲑⲟⲩⲁⲃ ϩⲱⲥ ⲉⲧⲛⲓⲙ ⲉⲣⲟϥ ϧⲉⲛ ⲟⲩⲙⲉⲧϥⲁⲓ ⲣⲱⲟⲩϣ
ⲉϧⲟⲩⲛ ⲉⲟⲩⲟⲛ ⲛⲓⲃⲉⲛ ⲟⲩⲟϩ ⲛⲁϥⲣⲓ ⲡⲉ ⲙ̄ⲡⲉϥⲱⲃϣ ⲙ̄ⲙⲓⲛ ⲙ̄ⲙⲟϥ ⲉⲑⲃⲉ
ⲡⲟⲩϫⲁⲓ ⲛ̄ϩⲁⲛ ⲕⲉⲭⲱⲟⲩⲛⲓ ⲁϥϯ ⲛ̄ϯⲃⲁⲓⲣⲓ ⲛ̄ⲧⲱⲟⲩ ⲛⲱⲓⲕ ⲛ̄ⲧⲉϥⲥϩⲓⲙⲓ ⲉϥⲉⲣ

eut échangées et qu'il eut rempli une corbeille de montagne de pains avec le prix des corbeilles, comme notre père se préparait à marcher vers le désert, une vieille femme vint marchant dans la rue; c'était une pauvre veuve que suivait un aveugle auquel elle servait de guide, et c'était son fils qu'elle avait mis au monde ainsi. Mais notre père, abba Jean, les regardant marcher, entendit le petit aveugle dire à sa mère : « Dieu nous a-t-il destiné un pain aujourd'hui pour que nous le mangions, ô ma mère ? » Sa mère gémit et elle pleura, lui disant : « Que le Seigneur voie et prenne pitié de nous, ô mon fils, par sa providence. » Mais notre père saint, le luminaire et le pneumatophore, lorsqu'il entendit cela du petit aveugle et de sa mère, les entrailles de la miséricorde du Christ qui étaient en lui furent émues, il appela la femme et lui dit: « Viens ici. » Lorsqu'elle fut venue, notre père lui dit : « Peut-être as-tu besoin de ces quelques pains, ô ma mère! » Elle lui dit : « Oui, beaucoup, mon père. » Et notre père saint, comme excité par la miséricorde envers chacun et s'oubliant lui-même à cause du salut des autres, il donna la corbeille de montagne (pleine) de pains à la femme, espérant en celui qui vivait en lui, le Christ,

---

1. Cod. ⲧⲭⲣⲓⲁ.

ϧⲉⲗⲡⲓⲥ ⲛⲟⲟⲩ ⲉϥⲏ ⲉⲧⲟⲛϧ ⲛϧⲏⲧϥ ⲡⲭ̅ⲥ̅ ⲟⲩⲟϩ ⲉⲧⲁϥⲓⲛⲓ ⲛⲁϥ ϧⲉⲛ ⲡⲓⲙⲉⲣⲟⲥ ⲃ̅. ϯⲥϩⲓⲙⲓ ⲇⲉ ⲉⲧⲁⲥϭⲓ ⲛⲛⲓⲱⲓⲕ ϧⲉⲛ ⲟⲩⲣⲁϣⲓ ⲛⲉⲙ ⲟⲩϣⲉⲡ ϩⲙⲟⲧ ⲕⲁⲧⲁ ⲟⲩⲟⲓⲕⲟⲛⲟⲙⲓⲁ ⲇⲉ ϩⲱⲥ ⲉⲩⲕⲓⲙ ⲉⲣⲟⲥ ⲉⲃⲟⲗϩⲓⲧⲉⲛ ⲫ̅ϯ̅ ⲁⲥⲙⲟϩ ⲉⲃⲟⲗϧⲉⲛ ⲟⲩⲛⲓϣϯ ⲛⲛⲁϩϯ ⲛϫⲉ ϯⲥϩⲓⲙⲓ ⲡⲉϫⲁⲥ ⲙⲡⲉⲛⲓⲱⲧ ϫⲉ ⲡⲁⲓⲱⲧ ⲉⲑⲟⲩⲁⲃ ϯⲛⲁⲩ ⲉⲣⲟⲕ ϫⲉ ⲛⲑⲟⲕ ⲟⲩⲁⲅⲓⲟⲥ ⲛⲧⲉ ⲫ̅ϯ̅ ⲟⲩⲟϩ ⲡⲁⲓⲕⲟⲩϫⲓ ⲛϣⲏⲣⲓ ⲉⲧⲉⲕⲛⲁⲩ ⲉⲣⲟϥ ⲡⲁϣⲏⲣⲓ ⲡⲉ ⲉⲁⲓϫⲫⲟϥ ⲙⲡⲁⲓⲣⲏϯ ϯϯϩⲟ ⲉⲧⲉⲕⲙⲉⲧⲁⲅⲓⲟⲥ ⲛⲧⲉⲕⲭⲱ ⲛⲧⲉⲕϫⲓϫ ⲉⲑⲟⲩⲁⲃ ⲉϫⲉⲛ ⲛⲉϥⲃⲁⲗ ⲛⲧⲉϥϭⲓ ⲉⲃⲟⲗϧⲉⲛ ⲡⲉⲕⲥⲙⲟⲩ. ⲡⲉⲛⲓⲱⲧ ⲇⲉ ⲉⲑⲟⲩⲁⲃ ⲉⲧⲁϥϥⲁⲓ ⲛⲛⲉϥⲃⲁⲗ ⲉⲡϣⲱⲓ ⲉⲧⲫⲉ ⲁϥϥⲓ ⲁϩⲟⲙ ϧⲉⲛ ⲟⲩϩⲏⲧ ⲉϥⲙⲉϩ ⲙⲙⲉⲧϣⲉⲛ ϩⲏⲧ ⲟⲩⲟϩ ⲡⲉϫⲁϥ (-ϫ̅ⲁ̅-) ϫⲉ ⲡⲭ̅ⲥ̅ ⲫ̅ϯ̅ ⲡⲭⲟⲣⲏⲅⲟⲥ ⲛⲁⲅⲁⲑⲟⲛ ⲛⲓⲃⲉⲛ ⲫⲛⲏⲃ ⲛⲛⲓ ⲉⲧϣⲟⲡ ⲧⲏⲣⲟⲩ ⲓ̅ⲏ̅ⲥ̅ ⲡⲭ̅ⲥ̅ ⲛⲑⲟⲕ ⲛⲥⲁϥ ⲛⲑⲟⲕ ⲙⲫⲟⲟⲩ ⲟⲛ ⲡⲉ ⲛⲑⲟⲕ ⲟⲛ ⲡⲉ ϣⲁ ⲛⲓⲉⲛⲉϩ ⲉⲧⲉ ⲙⲙⲟⲛⲧⲟⲩ ϫⲱⲕ ϧⲉⲛ ⲡⲭⲓ ⲛⲑⲣⲉⲕⲉⲣⲭⲁⲣⲓⲍⲉⲥⲑⲁⲓ[1] ⲅⲁⲣ ⲡ̅ⲟ̅ⲥ̅ ⲙⲡⲛⲁⲩ ⲙⲃⲟⲗ ⲙⲡⲓⲃⲉⲗⲗⲉ ⲙⲙⲓⲥⲓ ϧⲉⲛ ⲧⲣⲟⲙⲏ ⲙⲡⲉⲕⲟⲩⲱϣ ⲉⲧϫⲉⲙϫⲟⲙ ⲟⲩⲟϩ ⲉⲧϫⲏⲕ ⲉⲃⲟⲗ ϧⲉⲛ ⲡⲓⲛⲁⲓ ⲛⲑⲟⲕ ⲟⲛ ϯⲛⲟⲩ ⲡⲭ̅ⲥ̅ ⲫ̅ϯ̅ ⲙⲁⲣⲉϥϣⲱⲡⲓ ⲉϥϫⲏⲕ ⲉⲃⲟⲗ ⲉϩⲣⲏⲓ ⲉϫⲱⲛ ⲛϫⲉ ⲡϯ ⲙⲁϯ ⲙⲡⲉⲕⲟⲩⲱϣ ⲉⲑⲟⲩⲁⲃ ϧⲉⲛ ⲁⲅⲁⲑⲟⲛ ⲛⲓⲃⲉⲛ ⲉⲟⲩⲥⲱϯ[2] ⲙⲡⲉⲕⲡⲗⲁⲥⲙⲁ ϫⲉ ⲡⲓⲱⲟⲩ ⲫⲱⲕ ⲡⲉ ⲛⲉⲙ ⲡⲉⲕⲓⲱⲧ ⲛⲁⲅⲁⲑⲟⲥ ⲛⲉⲙ ⲡⲓⲡⲛ̅ⲁ̅ ⲉⲑⲟⲩⲁⲃ ϣⲁ ⲛⲓⲉⲛⲉϩ ⲛⲧⲉ ⲛⲓⲉⲛⲉϩ ⲁⲙⲏⲛ. ⲉⲧⲁϥϫⲱ ⲇⲉ ⲙⲡⲓⲁⲙⲏⲛ ⲛϫⲉ ⲡⲉⲛⲓⲱⲧ ⲉⲑⲟⲩⲁⲃ ⲁϥϩⲓ ⲛⲉϥϫⲓϫ ⲉϫⲉⲛ ⲛⲉⲛⲃⲁⲗ ⲙⲡⲓⲃⲉⲗⲗⲉ ⲟⲩⲟϩ ⲁϥⲉⲣⲥⲫⲣⲁⲅⲓⲍⲉⲛ[3] ⲙⲙⲱⲟⲩ

et qui lui dispensait dans les deux parties. Mais la femme ayant reçu les pains avec joie et remerciement, par une économie, comme si elle eût été poussée par Dieu, la femme fut remplie d'une grande foi, elle dit à notre père : « O mon père saint, je vois que tu es un saint de Dieu, et ce petit fils que tu vois, c'est mon fils que j'ai mis au monde ainsi ; j'en prie ta sainteté, impose ta main sainte sur ses yeux afin qu'il reçoive ta bénédiction. » Mais notre père saint, lorsqu'il eut levé ses yeux en haut vers le ciel, il soupira d'un cœur rempli de miséricorde et il dit : « O Christ Dieu, le fournisseur de tout bien, le maître de tout ce qui existe, Jésus le Christ, toi qui étais hier, toi qui es aujourd'hui, toi qui es jusqu'aux siècles qui n'ont pas de fin ! car, Seigneur, puisque tu as accordé la vue à l'aveugle de naissance par le mouvement de ta volonté puissante et parfaite en miséricorde, toi donc aussi maintenant, Christ Dieu, que l'accord de ta volonté sainte en tout bien soit parfait sur nous pour le salut de ta créature, car à toi la gloire avec ton père plein de bonté et avec l'Esprit-Saint, jusqu'aux siècles des siècles, ainsi soit-il. » Et lorsque notre père eut dit : « Ainsi soit-il, » il plaça ses

---

1. *Cod.* ⲛⲑⲣⲉⲕⲉⲣⲭⲁⲣⲓⲍⲉⲥⲟⲉ. — 2. *Cod.* ⲉⲧⲥⲱϯ. — 3. *Cod.* ⲁϥⲉⲣⲥⲫⲣⲁⲅⲓⲍⲓⲛ.

ϧⲉⲛ ⲫⲣⲁⲛ ⲙⲡⲭ̅ⲥ̅. ⲥⲁⲧⲟⲧϥ ⲇⲉ ϧⲉⲛ ϯⲟⲩⲛⲟⲩ ⲁϥⲛⲁⲩ ⲉⲃⲟⲗ ⲛϫⲉ ⲡⲓ-
ⲃⲉⲗⲗⲉ ⲉⲃⲟⲗ ⲇⲉ ϧⲉⲛ ⲡⲓⲣⲁϣⲓ ⲛⲉⲙ ϯϣⲫⲏⲣⲓ ⲉⲧⲁⲥϣⲱⲡⲓ ⲁ ⲧⲉϥⲙⲁⲩ ⲉϣ
ⲟⲩⲛⲓϣϯ ⲛ̇ⲣⲱⲟⲩ ⲉⲃⲟⲗ ⲉⲥϫⲱ ⲙⲙⲟⲥ ⲇⲉ ϥⲥⲙⲁⲣⲱⲟⲩⲧ ⲛϫⲉ ⲡⲟ̅ⲥ̅ ⲫϯ
ⲙ̇ⲡⲁⲓϧⲉⲗⲗⲟ ⲙⲙⲟⲛⲁⲭⲟⲥ¹ ⲉⲑⲟⲩⲁⲃ ⲟⲩⲟϩ ⲉⲃⲟⲗϩⲓⲧⲉⲛ ⲧⲉⲥⲥⲙⲏ ⲁ ⲟⲩⲙⲏϣ ⲉⲣ ϩⲏⲧⲉ ⲛⲉⲱⲟⲩϯ ⲉϫⲉⲛ ϯⲑⲉⲱⲣⲓⲁ². ϧⲉⲛ ⲛⲁⲓ ⲁ ⲡⲉⲛⲓⲱⲧ ⲉⲣⲁⲛⲁ-
ⲭⲱⲣⲉⲓⲛ³ ⲉⲃⲟⲗ ⲥⲁ ⲛⲁⲓ⁴ ⲥⲁ ⲉϥⲫⲏⲧ ⲉⲃⲟⲗϩⲁ ⲡⲓⲱⲟⲩ ⲛ̇ⲛⲓⲣⲱⲙⲓ ⲟⲩⲟϩ
ⲁϥⲉⲣ ⲁⲑⲟⲩⲱⲛϩ ⲉⲃⲟⲗ ⲉϥϭⲓ ⲙⲱⲓⲧ ϧⲁϫⲱϥ ⲛϫⲉ ⲡⲭ̅ⲥ̅.

ⲉⲛⲁϥⲉⲣⲡⲣⲟⲧⲣⲉⲡⲓⲛ⁵ ⲇⲉ ⲟⲛ ⲡⲉ ⲛⲟⲩⲟⲛ ⲛⲓⲃⲉⲛ (-ⲍⲉ-) ⲛϫⲉ ⲡⲉⲛⲓⲱⲧ
ⲉⲑⲟⲩⲁⲃ ⲁⲃⲃⲁ ⲓⲱⲁⲛⲛⲏⲥ ⲉⲑⲣⲟⲩⲁⲣⲉϩ ⲉⲣⲱⲟⲩ ⲉⲃⲟⲗϩⲁ ⲛⲟⲃⲓ ⲛⲓⲃⲉⲛ ⲙⲁⲗⲓⲥⲧⲁ ⲇⲉ ⲛ̇ϩⲟⲧⲟ ϯⲕⲁⲧⲁⲗⲁⲗⲓⲁ ⲛⲉⲙ ϯⲙⲉⲧⲣⲉϥϯ ϩⲁⲡ ⲉϥϫⲱ ⲙⲙⲟⲥ ϫⲉ
ⲛⲁⲓ ⲓⲣⲓ ⲙⲡⲓⲣⲱⲙⲓ ⲛϣⲉⲙⲙⲟ ⲉⲫϯ ⲙ̇ⲫⲣⲏϯ ⲛ̇ϯⲡⲟⲣⲛⲓⲁ⁶ ⲛⲉⲙ ϯⲙⲉⲧ-
ϣⲁⲙϣⲉ ⲉⲓⲇⲱⲗⲟⲛ⁷ ⲟⲩⲟϩ ⲉϥϭⲓ ⲏⲡⲓ ⲛ̇ⲛⲁⲓ ⲧⲏⲣⲟⲩ ⲛϫⲉ ⲡⲓⲁⲡⲟⲥⲧⲟⲗⲟⲥ
ⲉⲑⲟⲩⲁⲃ ϣⲁϥϫⲟⲥ ϫⲉ ⲛⲏ ⲉⲧⲓⲣⲓ ⲛ̇ⲛⲁⲓ ⲙ̇ⲡⲁⲓⲣⲏϯ ϯⲙⲉⲧⲟⲩⲣⲟ ⲛⲧⲉ ⲫϯ
ⲥⲉⲛⲁⲉⲣⲕⲗⲏⲣⲟⲛⲟⲙⲉⲓⲛ⁸ ⲙⲙⲟⲥ ⲁⲛ. ⲟⲩⲟϩ ⲉⲑⲃⲉ ⲛⲁⲓ ⲛⲁϥϫⲱ ⲛⲟⲩⲡⲁⲣⲁⲃⲟⲗⲏ ⲛⲁⲛ ⲟⲛ ϫⲉ ⲛⲉ ⲟⲩⲟⲛ ⲛ̇ⲧⲉ ⲟⲩⲣⲱⲙⲓ ⲛ̇ϩⲏⲕⲓ ⲛ̇ⲥϩⲓⲙⲓ Ⲃ̅ ⲟⲩⲟϩ
ⲛⲁⲧϩⲃⲥ ⲡⲉ ⲛ̇ⲧⲟ̅ⲧ̅ϯ ⲁⲑⲛⲉ ϩⲉⲃⲥⲱ ⲉⲑⲃⲉ ⲧⲟⲩⲙⲉⲧϩⲏⲕⲓ. ⲟⲩⲟϩ ⲉⲧⲁ ⲟⲩ-
ϩⲟⲟⲩ ⲛ̇ϣⲁⲓ ϣⲱⲡⲓ ⲛ̇ⲧⲉ ⲟⲩⲧⲟⲡⲟⲥ ⲛⲁⲩϯ ϩⲟ ⲉⲡⲟⲩϩⲁⲓ ϩⲓⲛⲁ ⲛ̇ⲧⲉϥϭⲟⲗⲟⲩ

mains sur les yeux de l'aveugle et les signa au nom du Christ; aussitôt, sur l'heure, l'aveugle vit; mais, par la joie de la merveille qui avait eu lieu, sa mère poussa un grand cri, disant: « Que soit béni le Seigneur de ce saint vieillard moine! » et, à cause de sa parole, une foule commença de se rassembler pour voir. Alors notre père se retira à l'écart, fuyant la gloire des hommes, et il disparut, le Christ le guidant.

Et notre père saint, abba Jean, exhortait chacun à se garder du péché, et surtout du bavardage et du jugement (téméraire), disant: « Cela rend l'homme étranger à Dieu, comme la fornication et l'idolâtrie, et le saint apôtre énumérant tout cela, a dit: Ceux qui font ainsi n'hériteront pas le royaume de Dieu. » Et à cause de cela, il nous⁹ disait une parabole, disant: « Un homme pauvre avait deux femmes et toutes d'eux étaient nues, sans vêtement à cause de leur pauvreté; et, lorsque fut arrivé le jour de fête d'un lieu, elles prièrent leur mari de les conduire elles aussi à la fête (?), afin

---

1. Cod. ⲙⲟⲛⲁⲭⲟⲥ. — 2. Cod. ϯⲑⲉⲱⲣⲓⲁ. — 3. Cod. ⲉⲣⲁⲛⲁⲭⲱⲣⲓⲛ. — 4. Cod. ⲕⲉ. — 5. Cod. ⲉⲛⲁϥⲉⲣⲡⲣⲟⲧⲣⲉⲡⲓⲛ. — 6. Cod. ϯⲡⲟⲣⲛⲓⲁ. — 7. Cod. ⲓⲇⲱⲗⲟⲛ. — 8. Cod. ⲥⲉⲛⲁⲉⲣⲕⲗⲏⲣⲟⲛⲟⲙⲓⲛ. — 9. Ce passage montre ou que l'auteur a entendu les paroles de Jean pendant qu'il était à Scété, ou qu'il rapporte les paroles d'un autre témoin.

ⲉⲧⲁⲛⲧⲉⲗⲉⲥ ϧⲱⲟⲩ ⲛⲧⲟⲩⲛⲁⲩ ⲉⲛⲏ ⲉⲧϣⲟⲡ ϧⲉⲛ ⲡⲓⲙⲁ ⲉⲧⲉⲙⲙⲁⲩ. ⲡⲟⲩϩⲁⲓ
ⲇⲉ ⲉⲑⲃⲉ ⲡⲟⲩⲃⲱϣ ⲉⲃⲟⲗ ⲁϥⲑⲁⲙⲓⲟ ⲛⲁϥ ⲛⲟⲩⲑⲏⲃⲓ ⲉⲥⲟⲓ ⲛⲭⲟⲗⲭⲟⲗ
ⲟⲩⲟϩ ⲁϥϩⲓⲟⲩⲓ ⲛ⳨ ⲉⲡⲉⲥⲏⲧ ⲉⲣⲟⲥ ⲟⲩⲟϩ ⲁϥⲧⲁⲗⲱⲟⲩ ⲉⲟⲩϫⲟⲓ ⲁϥϣⲏⲣ
ⲛⲉⲙⲱⲟⲩ. ⲉⲧⲁⲩⲫⲟϩ ⲇⲉ ⲉⲡⲓϯⲙⲓ ⲁⲥⲓ ⲉⲡϣⲱⲓ ⲉⲃⲟⲗϧⲉⲛ ϯⲑⲏⲃⲓ ⲛϫⲉ ⲟⲩⲓ
ⲉⲃⲟⲗⲛϧⲏⲧⲟⲩ ⲁⲥϣⲉ ⲛⲁⲥ ⲉϫⲉⲛ ϯⲕⲟⲡⲣⲓⲁ ⲁⲥⲑⲱⲟⲩϯ ⲛⲟⲩⲙⲏϣ ⲛⲧⲱⲓⲥ
ⲉϧⲟⲩⲛ ⲟⲩⲟϩ ⲁⲥⲑⲁⲙⲓⲟ ⲛⲟⲩϣⲑⲏⲛ ⲁⲥϩⲱⲃⲥ ⲙⲡⲉⲥⲃⲱϣ ⲟⲩⲟϩ ⲁⲥϣⲉ ⲛⲁⲥ
ⲁⲥⲟϩⲓ ⲉⲣⲁⲧⲥ ϧⲁⲧⲉⲛ ⲡⲓⲙⲏϣ (-ⲭ̅ⲥ̅-) ⲁⲥⲛⲁⲩ ⲉⲛⲏ ⲉⲧϣⲟⲡ ⲧⲏⲣⲟⲩ. ϯⲕⲉⲟⲩⲓ
ⲇⲉ ϩⲱⲥ ⲁⲥⲟⲩϫϣⲧ ⲉⲃⲟⲗϧⲉⲛ ⲛⲓⲭⲟⲗ ⲉⲥϧⲣⲏⲓ ϧⲉⲛ ϯⲑⲏⲃⲓ ⲁⲥⲛⲁⲩ
ⲉⲧⲉⲥϣⲫⲉⲣⲓ ϧⲉⲛ ⲑⲙⲏϯ ⲙⲡⲓⲙⲏϣ ⲡⲉϫⲁⲥ ⲙⲡⲉⲥϩⲁⲓ ϫⲉ ⲭⲛⲁⲩ ⲉⲧⲁⲓ-
ⲡⲟⲣⲛⲏ ⲁⲛ ⲛⲉⲙ ⲧⲉⲥⲙⲉⲧⲁⲧϣⲫⲓⲧ ϫⲉ ϣⲓⲡⲓ ⲁⲛ ⲉⲣⲉ ⲛⲁⲓ ⲫⲉⲗϫⲓ ⲛϩⲃⲱⲥ
ⲧⲟⲓ ϩⲓⲱⲧⲥ ⲉⲁⲥⲉⲣ ⲡⲱⲃϣ ⲛⲧⲉⲥⲭⲛⲙⲟⲥⲩⲛⲏ ⲙⲙⲓⲛ ⲙⲙⲟⲥ ⲛⲉⲙ ⲧⲉⲥⲙⲉⲧⲉⲃⲓⲏⲛ ⲉϧⲣⲏⲓ ⲉϯⲑⲏⲃⲓ ⲛϫⲉ ϯⲧⲁⲗⲁⲓⲡⲱⲣⲟⲥ[1] ⲉⲧⲉⲙⲙⲁⲩ ⲉⲛⲥⲟⲩⲱⲛϩ
ⲙⲙⲟⲥ ⲁⲛ ϩⲟⲗⲱⲥ ⲉⲑⲃⲉ ⲧⲉⲥⲙⲉⲧⲉⲃⲓⲏⲛ ⲙⲡⲉⲙⲑⲟ ⲛⲛⲓⲣⲱⲙⲓ ⲉⲑⲃⲉ ⲡⲉⲥ-
ⲃⲱϣ ⲉⲃⲟⲗ ⲟⲩⲟϩ ⲁⲥϯ ϩⲁⲡ ⲉⲧⲉⲥⲉⲣⲛⲟⲩ. ⲡⲉⲥϩⲁⲓ ⲇⲉ ⲡⲉϫⲁϥ ⲛⲁⲥ ϫⲉ
ⲙⲁϩⲑⲏ ⲉⲣⲟ ⲙⲙⲓⲛ ⲙⲙⲟ ⲟⲩⲟϩ ⲁⲣⲓ ⲡⲉⲙⲉⲩⲓ ϫⲉ ⲉⲣⲉ ⲟⲓ ⲛⲁϣ ⲛⲣⲏϯ. ⲑⲁⲓ
ⲣⲱ ⲁⲥϫⲓⲙⲓ ⲛϩⲁⲛ ⲧⲱⲓⲥ ⲁⲥϩⲱⲃⲥ ⲙⲡⲉⲥⲃⲱϣ ⲓⲥ ⲛⲑⲟ[2] ϩⲱⲓ ⲧⲉϣⲟⲩⲟⲛϩ
ⲁⲛ ⲣⲱ ϩⲟⲗⲱⲥ ⲛⲁϩⲣⲉⲛ ⲡⲣⲟ ⲛⲟⲩⲓ ⲛⲣⲱⲙⲓ ⲉⲑⲃⲉ ⲟⲩ ⲧⲉϯ ϩⲁⲡ ⲉⲧⲉⲥⲱⲛⲓ.
ⲫⲁⲓ ϩⲱⲛ ⲡⲉϫⲁϥ ⲡⲉ ⲡⲉⲛⲣⲏϯ ⲉⲛⲓⲣⲓ ⲙⲡⲱⲃϣ ⲛⲛⲉⲛⲛⲟⲃⲓ ⲙⲙⲓⲛ ⲙⲙⲟⲛ

qu'elles pussent voir ce qui se passait en ce lieu. Leur mari, à cause de leur nudité, se fit un coffre percé de trous et il les y jeta toutes les deux, il les fit monter sur une barque et navigua avec elles. Lorsqu'ils furent arrivés au village, l'une d'elles sortit du coffre, elle alla vers le fumier, rassembla une foule de haillons, elle se fit une tunique, elle en revêtit sa nudité, elle alla, elle se tint debout près de la foule, elle vit tout ce qui avait lieu. Mais l'autre aussi qui était dans le coffre, elle regarda par les trous, elle vit sa compagne au milieu de la foule, elle dit à son mari : « Ne vois-tu pas cette courtisane avec son impudeur? Elle ne rougit pas des haillons qui la couvrent! » La malheureuse avait oublié sa honte à elle-même et sa pauvreté dans le coffre, ne se montrant pas du tout en présence des hommes à cause de sa pauvreté et de sa nudité, et elle jugeait sa compagne. Son mari lui dit : « Considère-toi toi-même, et pense de quelle manière tu es ; celle-ci a trouvé des haillons, elle a revêtu sa nudité ; voici que toi, tu ne te montres pas du tout en présence d'un seul homme, pourquoi juges-tu ta sœur? C'est aussi, dit-il, notre ma-

---

1. *Cod.* ⲧⲁⲗⲉⲡⲱⲣⲟⲥ. — 2. *Cod.* ⲓⲥ ⲟⲟ.

ⲟⲩⲟϩ ⲉⲛϯ ϩⲁⲡ ⲉⲡⲉⲛⲥⲟⲛ ⲟⲙⲟⲓⲱⲥ¹ ⲡⲉϫⲁϥ ϫⲉ ϯⲙⲉⲧⲙⲁⲓ ⲣⲱⲙⲓ ⲛⲧⲉ ⲫϯ ⲥⲟⲃϯ ⲛⲁⲛ ϧⲉⲛ ⲧⲉϥⲁⲛⲟⲭⲏ² ⲉϥⲙⲱⲓⲧ ⲛⲧⲉ ⲡⲓⲟⲩϫⲁⲓ ϩⲓⲧⲉⲛ ⲧⲉϥϫⲓ ⲛⲁⲟⲩⲱⲛ ⲛⲁⲛ ⲙⲫⲣⲟ ⲛⲧⲉ ϯⲙⲉⲧⲁⲛⲟⲓⲁ ⲁⲛϣⲁⲛⲟⲩⲱϣ ⲧⲉⲛⲛⲁⲛⲟϩⲉⲙ. ⲟⲩⲟϩ ⲛⲁϥϫⲱ ⲟⲛ ⲛⲟⲩⲡⲁⲣⲁⲃⲟⲗⲏ ⲉⲑⲃⲉ ⲡⲁⲓϩⲱⲃ ⲉϥϫⲱ ⲙⲙⲟⲥ (-ϫϫ-) ϫⲉ ⲙⲫⲣⲏϯ ⲛⲟⲩⲥϩⲓⲙⲓ ⲙⲡⲟⲣⲛⲏ ⲉⲣⲉ ⲟⲩⲟⲛ ⲛⲧⲁⲥ ⲙⲙⲁⲩ ⲛⲟⲩⲙⲏϣ ⲛϣⲫⲏⲣ ⲛⲛⲱⲓⲕ ⲟⲩⲟϩ ⲛⲧⲉϥⲥⲓⲛⲓ ⲉϫⲱⲥ ⲛϫⲉ ⲟⲩⲟⲩⲣⲟ ⲟⲩⲟϩ ⲛⲧⲉϥⲛⲁⲩ ⲉⲣⲟⲥ ⲟⲩⲟϩ ⲛⲧⲉϥϭⲓⲧⲉ ⲛⲁϥ ⲉⲟⲩⲥϩⲓⲙⲓ³ ⲟⲩⲟϩ ⲙⲡⲁⲣⲉ ⲧϩⲟϯ ⲙⲡⲟⲩⲣⲟ ⲉⲣⲉⲧⲭⲱⲣⲏⲛ⁴ ⲉϫⲱ ⲛⲛⲓⲛⲱⲓⲕ ⲉϧⲟⲩⲛ ϫⲉ ⲗⲟⲓⲡⲟⲛ ⲉⲡⲉⲥⲏⲓ ⲛⲕⲉⲥⲟⲡ ϫⲉ ⲛⲛⲟⲩϧⲟⲑⲃⲟⲩ ⲁⲗⲗⲁ ⲉϣⲁⲩⲥⲟⲕⲟⲩ ϩⲓ ⲫⲟⲩⲉⲓ ⲙⲡⲉⲥⲏⲓ ⲛⲧⲟⲩⲉⲣ ϣⲟⲩϣⲧ ⲛⲁⲥ. ⲁⲥϣⲁⲛ ⲥⲱⲧⲉⲙ ⲇⲉ ⲉⲣⲱⲟⲩ ϩⲱⲥ ϣⲁⲥⲫⲱⲧ ϩⲱⲥ (sic) ⲉϧⲟⲩⲛ ⲉⲡⲉⲥⲧⲁⲙⲓⲟⲛ⁵ ⲛⲧⲉⲥ ⲙⲁϣⲑⲁⲙ ⲙⲡⲉⲣⲟ ⲉⲣⲟⲥ ⲉⲑⲃⲉ ⲧϩⲟϯ ⲙⲡⲉⲥϩⲁⲓ ⲛⲉⲙ ⲡⲓⲱⲟⲩ ⲉⲧⲁⲥϣⲁϣⲓ ⲉⲣⲟϥ ϫⲉ ⲛⲛⲟⲩⲟⲗϥ ⲛⲧⲟⲧⲥ ⲛⲕⲉⲥⲟⲡ. ⲫⲁⲓ ϩⲱϥ ⲡⲉϫⲁϥ ⲙⲫⲣⲏϯ ⲛⲟⲩⲯⲩⲭⲏ ⲁⲥϣⲁⲛⲭⲱ ⲛⲥⲱⲥ ⲛⲛⲉⲥⲑⲱⲗⲉⲃ ⲛⲧⲉⲥⲫⲱⲧ ⲉϧⲟⲩⲛ ⲉⲡⲓⲧⲟⲩⲃⲟ ⲛⲉⲙ ⲧⲥⲕⲉⲡⲏ ⲛⲧⲉ ϩⲉⲗⲡⲓⲥ ⲛⲧⲉ ⲫⲛⲁⲓ ⲙⲡⲉⲛⲛⲟⲩϯ ϫⲉ ϣⲁⲣⲉ ⲧϩⲟϯ ⲛⲛⲓⲕⲟⲗⲁⲥⲓⲥ ⲛⲉⲙ ⲫⲣⲁϣⲓ ⲛⲛⲓⲁⲅⲁⲑⲟⲛ ⲛⲧⲉ ⲑⲙⲉⲧⲟⲩⲣⲟ ⲛⲧⲉ ⲛⲓⲫⲏⲟⲩⲓ ϣⲱⲡⲓ ⲛⲁⲥ ⲛⲛⲟⲙϯ ⲛⲉⲙ ⲃⲟⲏⲑⲉⲓⲁ⁶ ⲉⲛϫⲓ ⲙⲡⲁϩⲙⲉⲥ ⲛⲧⲟⲧⲟⲩ ⲛⲛⲓⲉⲛⲉⲣⲅⲉⲓⲁ⁷ ⲉⲧϩⲱⲟⲩ ⲛⲉⲙ ⲛⲓⲡⲁⲑⲟⲥ ⲛϯⲕⲁⲕⲓⲁ.

nière; nous oublions nos propres péchés et nous jugeons notre frère! Cependant, dit-il, l'amour que Dieu a pour les hommes nous prépare le chemin du salut en nous ouvrant la porte de la pénitence; si nous le voulons, nous serons sauvés. » Et il disait encore une parabole à ce sujet : « Comme une courtisane qui a une foule de compagnons d'adultère, un roi est passé près d'elle, il l'a vue, il l'a prise pour femme, et la crainte du roi ne permet plus de laisser désormais les adultères s'approcher de sa maison de crainte qu'ils ne soient tués; mais ils se sont retirés à l'écart de sa maison pour lui siffler. Si elle les entend, elle s'enfuit ainsi dans sa chambre, elle ferme la porte sur elle à cause de la crainte de son mari, de la gloire qu'elle a obtenue, afin qu'on ne la lui enlève pas une autre fois. C'est ainsi, dit-il, la manière d'une âme, si elle a laissé derrière elle les souillures, si elle s'est enfuie dans la pureté et sous la protection de l'espérance de la pitié de notre Dieu, car la crainte des tourments et la joie des biens du royaume des cieux lui servent d'encouragement et de secours pour se sauver des énergies mauvaises et des passions de la méchanceté. »

---

1. *Cod.* ⲟⲙⲙⲱⲥ. — 2. *Cod.* ⲧⲉϥⲟⲩϩⲭⲏ (sic). — 3. *Cod.* ⲉⲧⲟⲩϩⲓⲙⲓ. — 4. *Cod.* ⲉⲣⲉⲧⲛ-ⲭⲱⲣⲏⲛ. — 5. *Cod.* ⲉⲡⲉⲥⲧⲁⲙⲓⲟⲛ. — 6. *Cod.* ⲃⲟⲏⲑⲉⲓⲁ. — 7. *Cod.* ⲛⲛⲓⲉⲛⲉⲣⲅⲓⲁ.

ⲙⲉⲛⲉⲛⲥⲁ ⲛⲁⲓ ⲇⲉ ⲟⲛ ⲉⲣⲉ ⲛⲓⲥⲛⲏⲟⲩ ⲟⲩⲱⲙ ⲛⲟⲩⲥⲟⲛ ϧⲉⲛ ⲟⲩⲁⲅⲁⲡⲏ ⲉϥϩⲉⲙⲥⲓ ⲛⲉⲙⲱⲟⲩ ⲡⲉ ϧⲉⲛ ϯⲫⲟⲣϣⲓ ⲛϫⲉ ⲡⲉⲛⲓⲱⲧ ⲉⲑⲟⲩⲁⲃ ⲁⲃⲃⲁ ⲓⲱⲁⲛ- ⲛⲏⲥ (-ϥⲏ-) ⲁϥⲛⲁⲩ ⲉⲟⲩⲥⲟⲛ ⲉϥⲥⲱⲃⲓ ⲉϥⲟⲩⲱⲙ ϩⲓ ϯⲫⲟⲣϣⲓ ⲟⲩⲟϩ ⲁϥⲣⲓⲙⲓ ⲛϫⲉ ⲁⲃⲃⲁ ⲓⲱⲁⲛⲛⲏⲥ ⲉϥϫⲱ ⲙⲙⲟⲥ ϫⲉ ϧⲁⲣⲁ ⲉⲣⲉ ⲫⲙⲉⲩⲓ ⲙⲡⲁⲓⲥⲟⲛ ⲛϣⲱⲡ ⲉⲛⲉⲡⲉⲧⲥϣⲉ ⲉⲣⲟϥ ⲡⲉ ⲙⲁⲗⲗⲟⲛ ⲉⲣⲓⲙⲓ ⲟⲩⲟϩ ⲉϥⲓ ⲁϩⲟⲙ ϧⲉⲛ ⲟⲩϣⲉⲡϩⲙⲟⲧ ϫⲉ ⲁϥⲟⲩⲉⲙ¹ ⲟⲩⲁⲅⲁⲡⲏ. ⲛⲕⲉⲉϩⲟⲟⲩ ⲇⲉ ⲟⲛ ⲉϥⲟⲩⲱⲙ ϩⲓ ϯⲧⲣⲁⲡⲉⲍⲁ ⲛⲉⲙ ϩⲁⲛ ⲙⲏϣ ⲙⲙⲟⲛⲁⲭⲟⲥ² ⲛϫⲉ ⲡⲉⲛⲓⲱⲧ ⲁⲩⲱⲣⲡ ⲛⲁϥ ⲉⲃⲟⲗϧⲉⲛ ⲡⲓⲡⲛⲁ ⲟⲩⲟϩ ⲁϥⲛⲁⲩ ⲉⲟⲩⲇⲓⲁⲫⲟⲣⲁ ⲙⲡⲁⲓⲣⲏϯ ϧⲉⲛ ⲛⲓⲥⲛⲏⲩ ⲉⲧⲟⲩⲱⲙ. ϩⲁⲛ ⲟⲩⲟⲛ ⲛϧⲏⲧⲟⲩ ⲉⲧⲟⲩⲉⲙ ⲉⲃⲓⲱ ϩⲁⲛ ⲟⲩⲟⲛ ⲛϧⲏⲧⲟⲩ ⲉⲧ- ⲟⲩⲉⲙ ⲱⲓⲕ ϩⲁⲛ ⲕⲉⲟⲩⲟⲛ ⲉⲧⲟⲩⲉⲙ ⲕⲁϩⲓ. ⲡⲉⲛⲓⲱⲧ ⲇⲉ ⲉϥⲧⲟⲙⲧ ⲉϫⲉⲛ ⲡⲁⲓⲙⲩⲥⲧⲏⲣⲓⲟⲛ³ ⲁ ⲟⲩⲥⲙⲏ ϣⲱⲡⲓ ϩⲁⲣⲟϥ ⲉⲃⲟⲗϧⲉⲛ ⲧⲫⲉ ⲉⲥϫⲱ ⲙⲙⲟⲥ ϫⲉ ⲛⲏ ⲉⲧⲟⲩⲉⲙ ⲉⲃⲓⲱ ⲛⲁⲓ ⲛⲉ ⲛⲏ ⲉⲑⲟⲩⲱⲙ ϧⲉⲛ ⲟⲩϩⲟϯ ⲛⲉⲙ ⲟⲩⲥⲑⲉⲣ- ⲧⲉⲣ ⲛⲉⲙ ⲟⲩⲣⲁϣⲓ ⲙⲡⲛⲁⲧⲓⲕⲟⲛ ⲉⲩⲧⲱⲃϩ ϧⲉⲛ ⲟⲩⲙⲉⲧⲁⲑⲙⲟⲩⲛⲕ ⲉⲣⲉ ⲡⲟⲩⲡⲟⲗⲓⲧⲉⲩⲙⲁ ϧⲉⲛ ⲛⲓⲫⲏⲟⲩⲓ ⲉⲣⲉ ⲧⲟⲩⲡⲣⲟⲥⲉⲩⲭⲏ ⲛⲛⲟⲩ ⲉⲡϣⲱⲓ ⲙⲫⲣⲏϯ ⲛⲟⲩⲥⲑⲟⲓ ⲛⲟⲩϥⲓ ⲉϥϣⲏⲡ ⲛⲁϥ ⲉⲑⲃⲉ ⲫⲁⲓ ⲉⲧⲟⲩⲉⲙ ⲉⲃⲓⲱ. ⲛⲏ ⲇⲉ ⲉⲑⲟⲩⲉⲙ ⲱⲓⲕ ⲛⲁⲓ ⲛⲉ ⲛⲏ ⲉⲑⲟⲩⲱⲙ ϧⲉⲛ ⲟⲩϣⲉⲡϩⲙⲟⲧ ⲉⲩϯ ⲱⲟⲩ ⲙⲫϯ ⲉϩⲣⲏⲓ ⲉϫⲉⲛ ⲡⲉϥⲛⲓϣϯ ⲛⲉⲣⲅⲁⲥⲓⲁ ⲛⲉⲙ ⲧⲉϥⲇⲱⲣⲉⲁ ⲉⲧⲁϥⲥⲉⲃⲧⲱⲧⲥ ⲛⲱⲟⲩ. (-ⲝⲑ-) ⲛⲏ ⲇⲉ ⲉⲑⲟⲩⲉⲙ ⲕⲁϩⲓ ⲛⲁⲓ ⲛⲉ ⲛⲏ ⲉⲑⲟⲩⲱⲙ ϧⲉⲛ ⲟⲩⲭⲣⲉⲙⲣⲉⲙ ⲉⲩϫⲉⲙ

Après cela, les frères mangeant dans une agape, notre père abba Jean étant assis avec eux sur le tapis, il vit un frère qui riait en mangeant sur le tapis, et abba Jean pleura, en disant : « Où est la pensée de ce frère? Ne lui faudrait-il pas plutôt pleurer et gémir avec action de grâces, car il mange une charité? » Un autre jour encore, notre père mangeant sur la table avec des foules de moines, il eut une révélation de l'Esprit-Saint et il vit cette différence parmi les frères qui mangeaient; quelques-uns d'entre eux man- geaient du miel, d'autres mangeaient du pain, d'autres mangeaient de la terre. Notre père étant stupéfait sur ce mystère, une voix lui vint du ciel, qui disait : « Ceux qui mangent du miel sont ceux qui mangent avec crainte, tremblement et joie spirituelle, priant sans cesse, leur conversation étant dans les cieux, leurs prières montant en haut comme un parfum qui lui est agréable, c'est pourquoi ils mangent du miel; ceux qui mangent du pain sont ceux qui mangent avec action de grâces, rendant gloire à Dieu sur sa grande activité et sur le don qu'il leur a préparé; ceux qui mangent de la terre sont ceux qui mangent avec murmure, accusant, bavardant, jugeant : Ceci est

---

1. Cod. ⲁϥⲉⲙ. — 2. Cod. ⲙⲙⲟⲩⲛⲁⲭⲟⲥ. — 3. Cod. ⲡⲁⲓⲙⲓⲥⲧⲏⲣⲓⲟⲛ.

ⲁⲣⲓϩⲓ ⲟⲩⲟϩ ⲉⲩⲉⲣⲕⲁⲧⲁⲗⲁⲗⲉⲓⲛ¹ ⲉⲩϯ ϩⲁⲡ ϫⲉ ⲫⲁⲓ ϩⲱⲟⲩ ⲓⲉ ⲫⲁⲓ ⲛⲁⲛⲉϥ·
ⲥⲉⲣⲡⲣⲉⲡⲉⲓ² ⲁⲛ ⲙⲡⲁⲓⲣⲏϯ ⲉⲙⲉⲩⲓ ⲉⲛⲁⲓ ⲓⲉ ⲥⲁϫⲓ ⲉⲛⲁⲓ ⲉⲡⲧⲏⲣϥ ⲁⲗⲗⲁ
ⲙⲁⲗⲗⲟⲛ ⲫⲏ ⲉⲧⲥⲟⲧⲡ ⲛϩⲟⲩⲟ ⲡⲉ ⲫⲁⲓ ⲉϯ ⲱⲟⲩ ⲙⲫϯ ⲟⲩⲟϩ ⲉⲥⲙⲟⲩ ⲉⲣⲟϥ
ϧⲉⲛ ⲟⲩⲉⲩⲭⲁⲣⲓⲥⲧⲓⲁ ⲉⲥⲟϣ ⲉⲛϫⲱⲕ ⲉⲃⲟⲗ ⲙⲫⲟⲩⲁϩⲥⲁϩⲛⲓ ⲙⲡⲓⲁⲡⲟⲥⲧⲟⲗⲟⲥ
ϫⲉ ⲉⲓⲧⲉ³ ⲉⲣⲉⲧⲉⲛⲟⲩⲱⲙ ⲉⲓⲧⲉ⁴ ⲉⲣⲉⲧⲉⲛⲥⲱ ⲉⲓⲧⲉ⁵ ⲉⲣⲉⲧⲉⲛⲓⲣⲓ ⲛⲕⲉϩⲱⲃ ⲛⲕⲉϩⲱⲃ
ϩⲱⲃ ⲛⲓⲃⲉⲛ ⲁⲣⲓⲧⲟⲩ ⲉⲡϯ ⲱⲟⲩ ⲙⲫϯ.

ⲡⲓⲛⲓϣϯ ⲙⲉⲛ ⲟⲩⲛ ⲛⲇⲓⲁⲕⲣⲓⲧⲓⲕⲟⲥ ⲟⲩⲟϩ ⲛⲥⲟⲫⲟⲥ ⲉⲡϩⲟⲩⲟ ⲡⲉⲛⲓⲱⲧ
ⲉⲑⲟⲩⲁⲃ ⲁⲃⲃⲁ ⲡⲟⲓⲙⲏⲛ ⲫⲏ ⲉⲧⲁϥϣⲱⲡⲓ ⲛⲟⲩⲡⲁⲩⲗⲟⲥ ⲙⲃⲉⲣⲓ ϧⲉⲛ ⲧⲉϥ·
ⲅⲉⲛⲉⲁ ⲫⲏ ⲉⲧⲉ ⲧⲉϥⲥⲟⲫⲓⲁ ⲙⲙⲏⲓ ⲙⲁⲗⲓⲥⲧⲁ ⲁϥⲓⲥⲧⲟⲣⲉⲓⲛ⁶ ϩⲁⲛ ⲛⲓϣϯ
ⲛⲕⲁⲧⲟⲣⲑⲱⲙⲁ⁷ ⲉⲩⲟϣ ⲛⲧⲉ ϩⲁⲛ ⲙⲏϣ ⲙⲫⲱⲥⲧⲏⲣ ϧⲉⲛ ⲛⲉⲛⲓⲟϯ ⲉϥⲉⲣⲇⲓⲁ·
ⲕⲟⲛⲉⲓⲛ⁸ ⲛⲛⲓϩⲃⲛⲟⲩⲓ ⲙⲡⲁⲣⲁⲇⲟⲝⲟⲛ ⲛⲧⲉ ⲡⲓⲡⲛⲁ ⲉⲑⲟⲩⲁⲃ ⲉⲧϣⲟⲡ ϧⲉⲛ
ⲛⲉⲛⲓⲟϯ ⲉⲟⲩϩⲛⲟⲩ⁹ ⲛⲛⲉⲛⲯⲩⲭⲏ ⲛⲑⲟϥ ⲇⲉ ⲣⲱ ⲟⲛ ⲡⲓⲥⲟⲫⲟⲥ ⲁⲗⲏⲑⲱⲥ
ⲟⲩⲟϩ ⲙⲡⲁⲛⲁⲅⲓⲟⲥ ⲁⲃⲃⲁ ⲡⲟⲓⲙⲏⲛ ⲁϥⲥϧⲉ ⲛϩⲁⲛ ⲙⲏϣ ⲛⲕⲁⲧⲟⲣⲑⲱⲙⲁ¹⁰
ⲛⲧⲉ ⲫⲏ ⲉⲧⲉ ⲫⲱⲛ ⲛⲓⲱⲧ ⲁⲃⲃⲁ ⲓⲱⲁⲛⲛⲏⲥ ⲡⲓⲕⲟⲗⲟⲃⲟⲥ ⲙⲁⲗⲓⲥⲧⲁ ⲉϥⲧⲁⲙⲟ
ⲙⲙⲟⲛ ⲣⲏⲧⲱⲥ¹¹ ϧⲉⲛ ⲛⲏ ⲉⲧⲁϥϫⲟⲧⲟⲩ ⲉⲑⲃⲏⲧϥ ϫⲉ ⲁϥⲧⲁϫⲣⲟϥ ⲕⲣⲓⲧⲓⲕⲱⲥ¹²
ϧⲉⲛ ⲧϩⲉⲝⲓⲥ ⲛⲧⲙⲉⲧⲧⲉⲗⲉⲓⲟⲥ¹³ (-ⲥ-) ϩⲱⲥ ϣⲏⲣⲓ ⲛⲛⲟⲩϯ ⲕⲁⲧⲁ ⲟⲩⲙⲟⲧ
ⲉϥⲧⲁⲟⲩⲟ ⲉⲃⲟⲗ ⲛⲟⲩⲕⲁⲣⲡⲟⲥ ⲛⲟⲩϫⲁⲓ ⲛⲧⲉ ⲡⲓⲡⲛⲁ ⲉⲑⲟⲩⲁⲃ. ϣⲁϥϫⲟⲥ ⲉⲑ-

mauvais et ceci est bon. Il ne convient pas du tout de parler ainsi ou de penser ainsi ; mais ce qui est préférable, c'est de rendre gloire à Dieu et de le bénir en une nombreuse eucharistie, en accomplissant le commandement de l'Apôtre : Soit que vous mangiez, soit que vous buviez, soit que vous fassiez toute autre chose, faites toute chose pour la gloire de Dieu. »

Le grand diacritique, le sage à l'excès, notre père saint abba Poimin, qui a été un nouveau Paul en sa génération, celui qui avait une vraie sagesse, a raconté de grandes droitures nombreuses d'une foule de luminaires parmi nos pères, servant les œuvres étonnantes de l'Esprit-Saint qui habitait en nos pères pour le profit de nos âmes ; lui donc, le vrai sage et tout saint abba Poimin a écrit des foules de droitures de celui qui est notre père, abba Jean le Kolobos, nous informant même mot à mot en ce qu'il a dit à son sujet, qu'il s'affermit magistralement dans l'habitude de la perfection, comme fils de Dieu, selon une grâce, produisant un fruit spirituel de l'Esprit-Saint ; il disait

---

1. Cod. ⲉⲩⲉⲣⲕⲁⲧⲁⲗⲁⲗⲓⲛ. — 2. Cod. ⲥⲉⲣⲡⲣⲉⲡⲓ. — 3. Cod. ⲓⲧⲉ. — 4. Cod. ⲓⲧⲉ. — 5. Cod. ⲓⲧⲉ. — 6. Cod. ⲁϥⲓⲥⲧⲟⲣⲓⲛ. — 7. Cod. ⲛⲕⲁⲑⲟⲣⲑⲱⲙⲁ. — 8. Cod. ⲉϥⲉⲣⲇⲓⲁⲕⲟⲛⲓⲛ. — 9. Cod. ⲉⲩϩⲛⲩ. — 10. Cod. ⲕⲁⲑⲟⲣⲑⲱⲙⲁ. — 11. Cod. ⲣⲏⲧⲟⲥ. — 12. Cod. ⲕⲣⲓⲧⲓⲕⲟⲥ. — 13. Cod. ⲙⲙⲉⲧⲉⲗⲓⲟⲥ.

ϩⲓⲧⲉⲛ ⲛⲉⲟⲩ ⲡⲉⲛⲓⲱⲧ ⲁⲃⲃⲁ ⲓⲱⲁⲛⲛⲏⲥ ϫⲉ ⲉⲑⲃⲉ ⲡⲉϥⲧⲟⲩⲃⲟ ⲛϩⲏⲧ ⲛⲉⲙ
ⲡϭⲓⲥⲓ ⲛⲧⲉ ⲡⲉϥⲑⲉⲃⲓⲟ ⲛⲁⲣⲉ ⲟⲩⲥⲟⲃⲧ ⲛⲭⲣⲱⲙ ⲛⲧⲉ ⲡⲓⲡⲛⲁ ⲉⲑⲟⲩⲁⲃ ⲧⲁⲛ-
ⲑⲓⲟⲩⲧ ⲉⲣⲟϥ ⲡⲉ ⲉϥⲣⲱⲕϩ ⲛⲛⲓⲙⲉⲩⲓ ⲛⲉⲙ ⲛⲓⲉⲛⲉⲣⲅⲓⲁ¹ ⲉⲧϩⲱⲟⲩ ⲧⲏⲣⲟⲩ
ⲛⲧⲉ ⲡⲓⲇⲓⲁⲃⲟⲗⲟⲥ ⲉϣⲧⲉⲙⲭⲁⲩ ⲉϧⲱⲛⲧ ⲉⲣⲟϥ ⲉⲡⲧⲏⲣϥ ϧⲉⲛ ⲛⲁⲓ ⲅⲁⲣ ⲡⲉϫⲁϥ ⲁϥⲧⲁϩⲟ ⲉⲣⲁⲧϥ ⲛϯⲉ ⲛⲉⲛⲧⲟⲗⲏ ⲛⲧⲉ ⲡⲓⲁⲡⲟⲥⲧⲟⲗⲟⲥ ⲛϫⲉ ⲡⲉⲛⲓⲱⲧ
ⲁⲃⲃⲁ ⲓⲱⲁⲛⲛⲏⲥ ⲉⲧⲉ ⲛⲁⲓ ⲛⲉ ϫⲉ ϯⲁⲅⲁⲡⲏ ϣⲁⲥⲱⲟⲩ ⲛϩⲏⲧ ϯⲁⲅⲁⲡⲏ
ϣⲁⲥⲉⲣ ϩⲉⲗϫⲉ ϯⲁⲅⲁⲡⲏ ⲙⲡⲁⲥⲭⲟϩ ϯⲁⲅⲁⲡⲏ ⲙⲡⲁⲥⲉⲣ ⲡⲉⲣⲡⲉⲣⲟⲥ ϯ-
ⲁⲅⲁⲡⲏ ⲙⲡⲁⲥϭⲁⲥⲓ ϩⲏⲧ ϯⲁⲅⲁⲡⲏ ⲙⲡⲁⲥϭⲓ ϣⲓⲡⲓ ϯⲁⲅⲁⲡⲏ ⲙⲡⲉⲥⲕⲱϯ ⲛⲥⲁ
ⲛⲏ ⲉⲧⲉ ⲛⲟⲩⲥ ϯⲁⲅⲁⲡⲏ ⲙⲡⲁⲥϫⲱⲛⲧ ϯⲁⲅⲁⲡⲏ ⲙⲡⲁⲥⲙⲉⲩⲓ ⲉⲡⲓⲡⲉⲧϩⲱⲟⲩ
ϯⲁⲅⲁⲡⲏ ⲙⲡⲁⲥⲣⲁϣⲓ ⲉϫⲉⲛ ϯⲙⲉⲧϭⲓ ⲛϫⲟⲛⲥ ϯⲁⲅⲁⲡⲏ ϣⲁⲥⲣⲁϣⲓ ⲉϫⲉⲛ
ⲑⲙⲏⲓ ϯⲁⲅⲁⲡⲏ ϣⲁⲥⲱⲟⲩ ⲛϩⲏⲧ ϧⲉⲛ ϩⲱⲃ ⲛⲓⲃⲉⲛ ϯⲁⲅⲁⲡⲏ ϣⲁⲥⲛⲁϩϯ
ϧⲉⲛ ϩⲱⲃ ⲛⲓⲃⲉⲛ ϯⲁⲅⲁⲡⲏ ϣⲁⲥⲁⲙⲟⲛⲓ ⲛⲧⲟⲧⲥ ϧⲉⲛ ϩⲱⲃ ⲛⲓⲃⲉⲛ (-ⲟⲁ-)
ϯⲁⲅⲁⲡⲏ ⲙⲡⲁⲥϩⲉⲓ ⲉⲛⲉϩ. ⲛⲁⲓ ⲁϥϫⲟⲕⲟⲩ ⲉⲃⲟⲗ ⲛϫⲉ ⲡⲉⲛⲓⲱⲧ ⲁⲃⲃⲁ ⲓⲱⲁⲛⲛⲏⲥ ϧⲉⲛ ⲥⲡⲟⲩⲇⲏ ⲛⲓⲃⲉⲛ ⲟⲩⲟϩ ⲛⲁϥϯ ⲥⲃⲱ ⲛⲟⲩⲟⲛ ⲛⲓⲃⲉⲛ ⲉⲑⲣⲟⲩⲁⲓⲧⲟⲩ.
ⲛⲑⲟϥ ⲟⲛ ⲡⲉⲛⲓⲱⲧ ⲁⲃⲃⲁ ⲡⲟⲓⲙⲏⲛ ⲁϥϫⲱ ⲙⲙⲓⲛ ⲉⲧⲟⲛⲓ ⲛⲛⲁⲓ ⲉⲑⲃⲉ ⲡⲉⲛⲓⲱⲧ
ⲁⲃⲃⲁ ⲓⲱⲁⲛⲛⲏⲥ ⲉϥϫⲱ ⲙⲙⲟⲥ ϫⲉ ⲁ ⲁⲃⲃⲁ ⲓⲱⲁⲛⲛⲏⲥ ⲡⲓⲕⲟⲗⲟⲃⲟⲥ ⲉⲣ ⲧⲉϥϫⲟⲙ ⲧⲏⲣⲥ ϧⲉⲛ ⲛⲉⲛⲧⲟⲗⲏ ⲛⲧⲉ ⲡⲟⲥ ⲟⲩⲟϩ ⲁϥϫⲟⲕⲟⲩ ⲉⲃⲟⲗ ⲧⲏⲣⲟⲩ
ϩⲱⲥⲧⲉ ⲛⲧⲉϥϩⲉⲙⲥⲓ ϩⲱϥ ϧⲉⲛ ⲡⲓⲉϩⲟⲟⲩ ⲛϧⲁⲉ ⲛⲧⲉϥϯ ϩⲁⲡ ⲉⲡⲓⲕⲟⲥⲙⲟⲥ

de lui : « Notre père abba Jean, à cause de sa pureté de cœur et de la hauteur de son humilité, un mur de feu de l'Esprit-Saint l'entourait, brûlant les pensées et toutes les énergies mauvaises du diable, pour ne point les laisser approcher de lui le moins du monde. Car en cela, dit-il, notre père abba Jean accomplit les quinze commandements de l'Apôtre qui sont : L'amour est longanime ; l'amour est doux ; l'amour ne jalouse point ; l'amour n'agit point au hasard ; l'amour ne s'enorgueillit point ; l'amour ne rougit point ; l'amour ne cherche pas le sien ; l'amour ne se met pas en colère ; l'amour ne pense point mal ; l'amour ne se réjouit pas de la violence ; l'amour se réjouit de la vérité ; l'amour est patient en toute chose ; l'amour croit en toute chose ; l'amour se contient en toute chose ; l'amour ne tombe jamais. Notre père abba Jean a accompli cela en tout soin et enseignait à chacun à le faire. » Lui encore, notre père abba Poimin a dit ce qui ressemble à cela sur notre père abba Jean, disant : « Abba Jean le Kolobos, toute sa force est dans les commandements du Seigneur, et il les a tous accomplis, de sorte qu'il sera assis aussi au dernier jour juger le monde, selon ce qui est écrit : Les saints jugeront

---

1. *Cod.* ⲛⲉⲛⲉⲣⲅⲓⲁ.

ⲕⲁⲧⲁ ⲫⲣⲏϯ ⲉⲧⲥϧⲏⲟⲩⲧ ϫⲉ ⲡⲓⲁⲅⲓⲟⲥ ⲉⲑⲛⲁϯ ϧⲁⲡ ⲉⲛⲓⲟⲥⲙⲟⲥ ⲡⲓⲟⲩⲁⲓ ⲅⲁⲣ ⲡⲓⲟⲩⲁⲓ ϧⲉⲛ ⲛⲏ ⲉⲑⲟⲩⲁⲃ ⲉⲑⲛⲁⲥⲁϩⲓ ⲛⲧⲉϥⲅⲉⲛⲉⲁ ⲙⲡⲉⲙⲑⲟ ⲙⲡⲓ- ⲃⲏⲙⲁ[1] ⲛⲧⲉ ⲡⲭ̅ⲥ̅.

ⲉⲃⲟⲗ ϫⲉ ϩⲓⲧⲉⲛ ⲛⲁⲛⲓϣϯ ⲛⲕⲁⲧⲟⲣⲑⲱⲙⲁ[2] ⲛⲧⲁⲓⲙⲁⲓ ⲁ ⲡⲟⲥ ⲑⲱϣ ⲛⲁϥ ⲛⲥⲛⲟⲩϯ ⲛϫⲁⲙⲓⲥ ⲛⲭⲉⲣⲟⲩⲃⲓⲙ[3] ⲉⲧⲉⲣⲥⲕⲉⲡⲁⲍⲉⲓⲛ[4] ⲉϫⲱϥ ⲛⲛⲁⲩ ⲛⲓⲃⲉⲛ ⲉⲩⲧⲣⲉϥⲉⲥⲑⲁⲓ[5] ⲙⲙⲟϥ ⲙⲡⲛⲁⲧⲓⲕⲟⲥ ϧⲉⲛ ⲧⲁⲡⲟⲗⲁⲩⲥⲓⲥ ⲛⲛⲓⲙⲩⲥⲧⲏⲣⲓⲟⲛ ⲉⲧϩⲏⲡ ⲛⲧⲉ ⲡⲓⲡ̅ⲛ̅ⲁ̅ ⲉⲑⲟⲩⲁⲃ ⲉⲑⲃⲉ ⲡⲓⲥⲑⲟⲓⲛⲟⲩϥⲓ ⲛⲧⲉ ⲡⲉϥⲛⲓϣϯ ⲛⲧⲟⲩⲃⲟ. ⲛⲁⲣⲉ ⲡⲓⲟⲩⲁⲓ ϧⲉⲛ ⲛⲓⲭⲉⲣⲟⲩⲃⲓⲙ[6] ϫⲱ ⲙⲙⲟⲥ ⲙⲡⲓⲟⲩⲁⲓ ⲙⲙⲱⲟⲩ ⲡⲉ ϧⲉⲛ ⲟⲩⲭⲟϩ ⲛϣⲟⲩⲧⲁⲓⲟⲥ ϫⲉ ⲭⲁⲧ ϩⲱ ⲛⲧⲁϩⲓ ⲡⲁⲧⲉⲛϩ ⲉϫⲱϥ ⲛⲟⲩⲕⲟⲩϫⲓ ϫⲉ ϥⲧⲟⲩⲃⲏⲟⲩⲧ ⲙⲡⲟⲥ ⲥⲁⲃⲁⲱⲑ. ⲥⲟⲡ ⲛⲓⲃⲉⲛ ⲉⲧⲉϥⲛⲁⲉⲣⲉⲡⲓⲧⲉⲗⲉⲓⲛ[7] ⲛϯⲡⲣⲟⲥ- ⲫⲟⲣⲁ ⲉⲑⲟⲩⲁⲃ ⲛϫⲉ ⲡⲉⲛⲡⲁⲛⲁⲅⲓⲟⲥ ⲛⲓⲱⲧ ⲉⲑⲟⲩⲁⲃ ⲁⲃⲃⲁ ⲓⲱⲁⲛⲛⲏⲥ ϣⲁϥⲉⲣ ⲡⲉⲙⲡϣⲁ ⲛⲉⲣⲑⲉⲱⲣⲉⲓⲛ[8] ⲛⲧⲛⲁ-(-ⲟⲃ in Cod. ⲟⲩ-) ⲣⲟⲩⲥⲓⲁ ⲙⲡⲓⲡ̅ⲛ̅ⲁ̅ ⲉⲑ- ⲟⲩⲁⲃ ϩⲓϫⲉⲛ ⲡⲓⲙⲁ ⲛⲉⲣ ϣⲟⲩϣⲱⲟⲩϣⲓ ⲉϥϥⲱⲛϩ ⲙⲡⲓⲱⲕ ⲉⲩⲥⲱⲙⲁ[9] ⲟⲩⲟϩ ⲡⲓⲁⲫⲟⲧ ⲉⲩⲥⲛⲟϥ[10] ϥⲥⲉⲓ[11]. ⲉⲛⲉ ϣⲁⲩϭⲱⲣⲡ ⲛⲁϥ ⲉⲃⲟⲗ ⲟⲛ ⲡⲉ ⲛⲛⲏ ⲉⲧⲉⲙⲡϣⲁ ⲛϭⲓ ⲉⲃⲟⲗϧⲉⲛ ⲛⲓⲙⲩⲥⲧⲏⲣⲓⲟⲛ ⲉⲑⲟⲩⲁⲃ ⲛⲉⲙ ⲛⲏ ⲉⲧⲉⲛⲥⲉⲙⲡϣⲁ ⲁⲛ ϩⲱⲥⲧⲉ ⲛⲥⲉϭⲱⲣⲡ ⲛⲁϥ ⲉⲃⲟⲗ ⲟⲛ ϩⲓⲧⲉⲛ ⲫ̅ϯ. ⲉϥϩⲟⲩⲏⲧ ⲛϫⲉ ⲡⲓⲗⲁⲟⲥ ⲧⲏⲣϥ ⲉϥⲉⲣⲁⲛⲁⲫⲉⲣⲉⲓⲛ[12] ⲉϥⲛⲁⲉⲣ ϩⲓⲧⲉ ⲛϯ ⲛⲱⲟⲩ ⲉⲃⲟⲗϧⲉⲛ ⲛⲓⲙⲩⲥⲧⲏ-

le monde; car chacun des saints réprimandera sa génération en présence du tribunal du Christ. »

Mais, à cause de ses grandes droitures, le Seigneur lui fixa deux puissances de Chérubins pour veiller sur lui en toute heure, pour le nourrir spirituellement de la jouissance des mystères cachés de l'Esprit-Saint, à cause du parfum de sa grande pureté. L'un des Chérubins disait à l'autre avec une envie digne d'être louée : « Laisse-moi poser un peu sur lui mon aile, car il est purifié pour le Seigneur Sabaoth. » Toutes les fois que notre tout saint père, le saint abba Jean, allait accomplir l'oblation sainte, il était digne de voir la présence de l'Esprit-Saint sur le lieu du sacrifice, changeant vraiment le pain au corps et le vin au sang; on lui découvrait aussi ceux qui étaient dignes de recevoir les mystères saints et ceux qui n'étaient pas dignes, de sorte qu'ils lui étaient aussi découverts de par Dieu. Lorsque le peuple se rassemblait pour faire l'offrande et qu'on était sur le point de commencer à leur donner les saints

---

1. *Cod.* ⲙⲡⲓⲃⲛⲃⲏⲙⲁ (sic). — 2. *Cod.* ⲕⲁⲑⲟⲣⲧⲱⲙⲁ. — 3. *Cod.* ⲛⲭⲉⲣⲟⲩⲃⲓⲕⲟⲛ. — 4. *Cod.* ⲉⲧⲉⲣⲥⲕⲉⲡⲁⲍⲓⲛ. — 5. *Cod.* ⲉⲧⲣⲉϥⲉⲥⲟⲉ. — 6. *Cod.* ⲛⲓⲭⲉⲣⲟⲩⲃⲓⲙ. — 7. *Cod.* ⲥⲧⲉϥⲛⲁⲉⲣⲉⲡⲓⲧⲉⲗⲓⲛ. — 8. *Cod.* ⲛⲉⲣⲑⲉⲱⲣⲓⲛ. — 9. *Cod.* ⲉⲩⲥⲱⲙⲁ. — 10. *Cod.* ⲉⲩⲥⲛⲟϥ. — 11. *Cod.* ⲫⲩⲥⲉⲓ. — 12. *Cod.* ⲉϥⲉⲣⲁⲛⲁⲫⲉⲣⲓⲛ.

ⲣⲓⲟⲛ ⲉⲑⲟⲩⲁⲃ ⲁϥⲭⲟⲧϣⲧ ⲉⲃⲟⲗ ϧⲉⲛ ⲛⲓⲥⲛⲏⲟⲩ ⲟⲩⲟϩ ⲁϥⲛⲁⲩ ⲉⲟⲩⲁⲅⲅⲉⲗⲟⲥ
ⲛⲧⲉ ⲡⲟⲥ ⲉϥⲟϩⲓ ⲉⲣⲁⲧϥ ϧⲉⲛ ⲧⲟⲩⲙⲏϯ ⲉⲣⲉ ⲟⲩⲥⲏϥⲓ ⲑⲟⲕⲉⲙ ⲛⲧⲟⲧϥ ⲟⲩⲟϩ
ⲓⲥϫⲉ ⲟⲩⲟⲛ ⲟⲩⲁⲓ ⲥⲁϫⲓ ϩⲟⲗⲱⲥ ϧⲉⲛ ⲛⲓⲥⲛⲏⲟⲩ ⲓⲉ ⲉϥⲙⲉⲩⲓ ⲉϩⲁⲛ ϩⲃⲏⲟⲩⲓ
ⲉⲧⲉⲥϣⲉ ⲁⲛ ⲛⲁϥⲉⲣⲁⲡⲉⲓⲗⲉⲓⲥⲑⲁⲓ[1] ⲉϩⲣⲏⲓ ⲉϫⲱϥ ⲛϫⲉ ⲡⲓⲁⲅⲅⲉⲗⲟⲥ ⲉϥⲟⲩⲱϣ
ⲉⲉⲛ ⲧⲟⲧϥ ⲉϩⲣⲏⲓ ⲉϫⲱϥ ϧⲉⲛ ϯⲥⲏϥⲓ ⲉⲧⲭⲏ ϧⲉⲛ ⲧⲉϥϫⲓϫ ⲁⲗⲗⲁ ⲛⲁⲣⲉ ⲛⲓⲧ
ϩⲟ ⲛⲧⲉ ⲡⲉⲛⲓⲱⲧ ⲛⲉⲙ ϯⲙⲉⲧⲁⲅⲁⲑⲟⲥ ⲙⲫϯ ⲉⲣⲕⲱⲗⲓⲙ[2] ⲙⲙⲟϥ ⲡⲉ
ⲉϥϫⲟⲩϣⲧ ⲛⲥⲁ ⲡⲟⲩⲧⲁⲥⲑⲟ. ⲛⲏ ⲇⲉ ϩⲱⲟⲩ ⲉⲧⲟϩⲓ ⲉⲣⲁⲧⲟⲩ ϧⲉⲛ ⲛⲓⲥⲛⲏⲟⲩ
ⲉⲧⲭⲱ ⲛⲣⲱⲟⲩ ϧⲉⲛ ⲟⲩϩⲟϯ ⲛⲉⲙ ⲟⲩⲥⲑⲉⲣⲧⲉⲣ ⲛⲉⲙ ⲟⲩⲛⲏⲯⲓⲥ[3] ⲉⲩϯ
ⲛϩⲑⲏⲟⲩ ⲉⲣⲱⲟⲩ ϧⲉⲛ ϯⲉⲕⲕⲗⲏⲥⲓⲁ ⲁⲧϭⲛⲉ ϩⲗⲓ ⲙⲙⲉⲩⲓ ⲛⲧⲉ ⲡⲕⲁϩⲓ ⲛⲁϥ
ⲛⲁⲩ ⲟⲛ ⲡⲉ ⲛϫⲉ ⲡⲉⲛⲓⲱⲧ ⲉϩⲁⲛ ⲁⲕⲧⲓⲛ ⲛⲟⲩⲱⲓⲛⲓ ⲛϣⲫⲏⲣⲓ ⲛⲧⲉ ⲡⲱⲟⲩ
ⲙⲫϯ (-ⲟⲩ-) ⲉⲧⲛⲏⲟⲩ ⲉⲃⲟⲗϧⲉⲛ ⲡⲓⲙⲁ ⲛⲉⲣ ϣⲱⲟⲩϣⲓ ⲉⲑⲟⲩⲁⲃ ⲉⲑⲛⲁ
ⲉϧⲟⲩⲛ ⲉⲡϩⲏⲧ ⲛⲧⲯⲩⲭⲏ ⲙⲡⲓⲟⲩⲁⲓ ⲡⲓⲟⲩⲁⲓ ⲛⲛⲓⲥⲛⲏⲟⲩ ⲉⲑⲟⲩⲁⲃ ⲉⲩⲉⲣ-
ⲡⲗⲏⲣⲟⲫⲟⲣⲉⲓⲥⲑⲁⲓ[4] ⲙⲙⲱⲟⲩ ⲉⲃⲟⲗϧⲉⲛ ⲧⲅⲛⲱⲥⲓⲥ ⲛϯⲧⲣⲓⲁⲥ ⲉⲑⲟⲩⲁⲃ[5].

ⲥⲱⲧⲉⲙ ⲇⲉ ⲟⲛ ⲉⲕⲉⲇⲓⲏⲅⲏⲙⲁ[6] ⲛϣⲫⲏⲣⲓ ⲛⲧⲉ ⲡⲉⲛⲡⲁⲛⲁⲅⲓⲟⲥ ⲛⲓⲱⲧ ⲕⲁⲧⲁ
ⲫⲣⲏϯ ⲉⲧⲁⲛϫⲉⲙⲥ ⲓⲥⲧⲟⲣⲓⲕⲱⲥ. ⲁⲥϣⲱⲡⲓ ⲇⲉ ϧⲉⲛ ⲡⲥⲏⲟⲩ ⲙⲡⲉⲛⲧⲣⲓⲥⲙⲁⲕⲁⲣⲓⲟⲥ ⲛⲓⲱⲧ ⲁⲃⲃⲁ ⲑⲉⲟⲫⲓⲗⲟⲥ[7] ⲡⲓⲁⲣⲭⲓⲉⲡⲓⲥⲕⲟⲡⲟⲥ[8] ⲛⲧⲉ ⲣⲁⲕⲟϯ ⲉⲛⲉ
ⲁϥⲉⲣⲕⲟⲥⲙⲓⲛ[9] ⲛϩⲁⲛ ⲙⲏϣ ⲙⲙⲁⲣⲧⲩⲣⲓⲟⲛ[10] ⲡⲉ ⲉϥⲧⲁϩⲟ ⲙⲙⲱⲟⲩ ⲉⲣⲁ-

mystères, il regarda parmi les frères et il vit un ange du Seigneur qui se
tenait au milieu d'eux, ayant une épée nue à la main, et, si quelqu'un des
frères disait une parole ou pensait aux choses qu'il ne faut pas, l'ange le me-
naçait, voulant amener sur lui sa main avec l'épée placée dans sa main ; mais
les prières de notre père et la bonté de Dieu l'empêchaient, attendant leur conversion ; mais ceux qui, parmi les frères, se tenaient silencieux dans la crainte,
le tremblement et la vigilance, s'observant dans l'Église sans aucune pensée
de la terre, notre père voyait des rayons de lumière admirable de la gloire de
Dieu, sortant du lieu du sacrifice et entrant dans le cœur de l'âme de chacun
des saints frères, les remplissant de la connaissance de la Trinité sainte.

Écoutez encore un autre récit admirable au sujet de notre tout saint père,
selon la manière que nous l'avons trouvé historiquement. Il arriva au temps
de notre père trois fois bienheureux, le père abba Théophile, l'archevêque
de Rakoti, qui orna une foule de *martyriums*, les élevant en toute gloire,

---

1. *Cod.* ⲛⲁϥⲉⲣⲁⲡⲓⲗⲉⲥⲑⲉ. — 2. *Cod.* ⲉϥⲕⲟⲗⲧⲓⲛ. — 3. *Cod.* ⲟⲩⲛⲏⲯⲓⲥ. — 4. *Cod.* ⲉⲩⲉⲣ-
ⲡⲗⲏⲣⲟⲫⲟⲣⲓⲥⲟⲉ. — 5. *Cod.* On lit à la marge ϣⲁ, puis ⲭⲁ ⲛⲁⲓ ⲉⲃⲟⲗ, jusqu'à..... et
laisse ceci de côté. — 6. *Cod.* ⲇⲓⲛⲅⲙⲁ. — 7. *Cod.* ⲑⲉⲟⲫⲩⲗⲟⲥ. — 8. *Cod.* ⲡⲁⲣⲭⲓⲉⲡⲓⲥⲕⲟⲡⲟⲥ. — 9. *Cod.* ⲁϥⲉⲣⲕⲟⲥⲙⲓⲛ. — 10. *Cod.* ⲙⲙⲁⲣⲧⲏⲣⲓⲟⲛ.

ⲧⲟⲩ ϧⲉⲛ ⲧⲁⲓⲟ ⲛⲓⲃⲉⲛ ⲛⲟⲩⲛⲓ ⲙ̄ⲡⲣⲟⲥⲉⲩⲭⲏ ⲙ̄ⲡⲟⲥ ⲫ̄ϯ. ⲟⲩⲟϩ ⲛⲉ ⲁϥⲕⲱⲧ ⲟⲛ ⲡⲉ ⲕⲁⲧⲁ ⲫⲣⲏϯ ⲉⲧⲁⲩϫⲟⲥ ⲛ̄ⲟⲩⲕⲟⲓⲙⲏⲧⲏⲣⲓⲟⲛ[1] ⲉϥⲧⲁⲓⲏⲟⲩⲧ ⲉⲫⲣⲁⲛ ⲙ̄ⲡⲓⲅ̄ ⲛ̄ⲁⲗⲟⲩ ⲛ̄ⲁⲅⲓⲟⲥ ⲉⲧⲁⲩϩⲓⲧⲟⲩ ⲉϧⲟⲩⲛ ⲉϯϩⲣⲱ ⲛ̄ⲭⲣⲱⲙ ⲉⲧϩⲉⲛ ⲃⲁⲃⲩ-ⲗⲱⲛ ϩⲓⲧⲉⲛ ⲛⲁⲃⲟⲩⲭⲟⲇⲟⲛⲟⲥⲟⲣ ⲡⲟⲩⲣⲟ ⲛ̄ⲧⲩⲣⲁⲛⲛⲟⲥ[2] ⲁⲛⲁⲛⲓⲁⲥ ⲁⲍⲁⲣⲓⲁⲥ ⲙⲓⲥⲁⲏⲗ ⲟⲩⲟϩ ⲛⲁϥⲉⲣⲁⲓⲧⲓⲛ[3] ⲡⲉ ϧⲉⲛ ⲟⲩϭⲓ ϣϣⲱⲟⲩ ⲉϥⲟϣ ⲛ̄ⲛⲟⲩⲗⲉⲯⲁ-ⲛⲟⲛ[4] ⲉⲑⲣⲉϥⲭⲁⲩ ϧⲉⲛ ⲡⲟⲩⲧⲟⲡⲟⲥ ⲉⲑⲟⲩⲁⲃ ⲙⲁⲗⲓⲥⲧⲁ ⲉⲟⲩⲧⲁⲓⲟ ⲛⲉⲙ ⲟⲩⲱⲟⲩ ⲙ̄ⲫϯ ⲛⲉⲙ ⲛⲉϥⲁⲅⲓⲟⲥ. ⲟⲩⲟϩ ⲡⲁⲓⲙⲁⲣⲧⲩⲣⲓⲟⲛ[5] ⲫⲁⲓ ⲥⲉⲙⲟⲩϯ ⲉⲣⲟϥ ⲙ̄ⲫⲣⲁⲛ ⲛⲛⲓ ⲉⲑⲟⲩⲁⲃ ϣⲁ ⲉϧⲟⲩⲛ ⲉⲫⲟⲟⲩ ⲛⲉϩⲟⲟⲩ ϫⲉ ⲡⲓⲧⲣⲉⲓⲥ-ⲡⲁⲓⲇⲉⲥ[6]. ⲡⲉⲛⲓⲱⲧ ⲇⲉ ⲛⲁⲣⲭⲓⲉⲡⲓⲥⲕⲟⲡⲟⲥ[7] ⲛⲁϥⲙⲏⲛ ⲉⲃⲟⲗ ⲡⲉ ϧⲉⲛ ⲡϭⲓ ϣϣⲱⲟⲩ ⲛ̄ⲧⲁⲓⲇⲓⲁⲑⲉⲥⲓⲥ ⲙ̄ⲡⲛⲁⲧⲓⲕⲏ ϧⲉⲛ ⲟⲩⲁⲓⲧⲏⲥⲓⲥ[8] (-ⲟⲥ in Cod. ⲟⲥ-) ⲛⲉⲙ ϩⲁⲛ ϯ ϩⲟ ⲉⲧⲟϣ ⲛⲁϩⲣⲉⲛ ⲫ̄ϯ ⲉⲑⲣⲉϥϣⲁϣⲛⲓ ⲉⲡⲓⲥⲙⲟⲩ ⲛ̄ⲛⲉϥⲁⲅⲓⲟⲥ ⲁⲩⲱⲣⲡ ⲛⲁϥ ⲉⲃⲟⲗϩⲓⲧⲉⲛ ⲟⲩⲁⲅⲅⲉⲗⲟⲥ ⲛ̄ⲧⲉ ⲡⲟⲥ ⲉϥϫⲱ ⲙ̄ⲙⲟⲥ ⲛⲁϥ ϫⲉ ⲙⲙⲟⲛ ϩⲗⲓ ⲛⲁϣϫⲣⲓ ⲛⲉⲙⲉⲑⲙⲏⲓ ⲛ̄ⲧⲁⲓⲇⲓⲁⲕⲟⲛⲓⲁ ⲑⲁⲓ ⲉⲃⲏⲗ ⲉⲫⲏ ⲉⲑ-ⲟⲩⲁⲃ ⲁⲃⲃⲁ ⲓⲱⲁⲛⲛⲏⲥ ⲡⲓⲕⲟⲗⲟⲃⲟⲥ ⲡⲓⲡⲣⲉⲥⲃⲩⲧⲉⲣⲟⲥ ⲛ̄ⲧⲉ ϣⲓⲏⲧ. ⲟⲩⲟϩ ⲡⲉⲛ-ⲡⲁⲛⲁⲅⲓⲟⲥ ⲁⲃⲃⲁ ⲑⲉⲟⲫⲓⲗⲟⲥ[9] ⲁϥⲟⲩⲱⲣⲡ ⲥⲁⲧⲟⲧϥ ϧⲉⲛ ⲟⲩⲛⲓϣϯ ⲛ̄ⲥⲡⲟⲩⲇⲏ ⲁϥⲓⲛⲓ ⲙ̄ⲡⲉⲛⲓⲱⲧ ⲉⲑⲟⲩⲁⲃ ⲁⲃⲃⲁ ⲓⲱⲁⲛⲛⲏⲥ ⲟⲩⲟϩ ⲁϥϫⲱ ⲉⲣⲟϥ ⲛⲛⲓ ⲉⲧϧⲉⲛ ⲡⲉϥϩⲏⲧ. ⲡⲉⲛⲓⲱⲧ ⲇⲉ ⲁⲃⲃⲁ ⲓⲱⲁⲛⲛⲏⲥ ⲉⲣⲉ ⲡⲉϥϩⲏⲧ ϫⲟⲣ ⲙ̄ⲫⲣⲏϯ ⲙ̄ⲫⲁ

comme une maison de prière pour le Saint-Esprit, qu'il avait bâti, comme cela a été dit, un cimetière célèbre au nom des trois enfants saints qui furent jetés dans la fournaise de feu à Babylone par le roi Nabuchodonosor, le tyran, Ananias, Azarias, Mizaël; et il demandait avec un désir nombreux leurs reliques pour les placer dans leur saint *lieu*, surtout pour l'honneur de Dieu et de ses saints. Et ce *martyrium* on le nomme du nom de ces saints jusqu'à ce jour des jours, le *Trispétis*. Mais notre père l'archevêque était constant dans le désir de ce projet spirituel dans une demande et des prières nombreuses près de Dieu, afin d'obtenir la bénédiction de ces saints. Il lui fut révélé par un ange du Seigneur qui lui dit: « Personne ne pourra accomplir réellement ce service, sinon le saint abba Jean le Kolobos, le prêtre de Schiit. » Et aussitôt notre tout saint père abba Théophile l'envoya chercher avec grand zèle; il fit venir notre père saint abba Jean et il lui dit ce qui était en son cœur. Mais notre père abba Jean, son cœur était fort comme celui d'un lion dans la foi du Christ Dieu; il dit à l'archevêque Théophile: « Donne-

1. *Cod.* ⲕⲓⲙⲏⲧⲏⲣⲓⲟⲛ. — 2. *Cod.* ⲛ̄ⲧⲣⲁⲛⲛⲟⲛ. — 3. *Cod.* ⲛⲁϥⲉⲣⲉⲧⲛ. — 4. *Cod.* ⲛ̄ⲗⲟⲩ-ⲁⲧⲙⲯⲁⲛⲟⲛ. — 5. *Cod.* ⲡⲁⲓⲙⲁⲣⲧⲩⲣⲓⲟⲛ. — 6. *Cod.* ⲡⲓⲧⲣⲉⲥⲡⲉⲧⲏⲥ. — 7. *Cod.* ⲛⲁⲣⲭⲏⲉⲡⲓ-ⲥⲕⲟⲡⲟⲥ. — 8. *Cod.* ⲛⲟⲩⲉⲧⲏⲥⲓⲥ. — 9. *Cod.* ⲑⲉⲟⲫⲩⲗⲟⲥ.

ⲟⲩⲙⲟϯ ϧⲉⲛ ⲫⲛⲁϩϯ ⲙⲡⲭ̅ⲥ̅ ⲫ̅ϯ̅ ⲡⲉϫⲁϥ ⲙⲡⲓⲁⲣⲭⲓⲉⲡⲓⲥⲕⲟⲡⲟⲥ¹ ⲁⲃⲃⲁ
ⲑⲉⲟⲫⲓⲗⲟⲥ² ϫⲉ ⲙⲟⲓ ⲛⲏⲓ ⲛⲛⲉⲕⲉⲩⲭⲏ ⲕⲁⲓ³ ⲡⲭ̅ⲥ̅ ⲛⲁϭⲓ ⲙⲱⲓⲧ ⲛⲏⲓ. ⲛⲑⲟϥ
ⲇⲉ ⲡⲓⲡⲁⲡⲁⲥ ⲑⲉⲟⲫⲓⲗⲟⲥ⁴ ⲁϥϣⲗⲏⲗ ⲉϫⲉⲛ ⲡⲉⲛⲓⲱⲧ ⲉⲑⲟⲩⲁⲃ ⲁⲃⲃⲁ ⲓⲱⲁⲛⲛⲏⲥ ⲟⲩⲟϩ ⲁϥⲭⲁϥ ⲉⲃⲟⲗ ϧⲉⲛ ⲟⲩϩⲓⲣⲏⲛⲏ⁵ ⲉϥϫⲱ ⲙⲙⲟⲥ ⲛⲁϥ ϫⲉ ⲫ̅ϯ̅
ⲛⲧⲉ ⲛⲁⲓⲟϯ ⲉϥⲉⲥⲉⲃⲧⲉ ⲡⲉⲕⲙⲱⲓⲧ ⲟⲩϫⲁⲓ. ⲉⲧⲁϥⲟⲩⲉⲓ ⲥⲁⲃⲟⲗ ⲛⲧⲡⲟⲗⲓⲥ ⲛϫⲉ
ⲡⲉⲛⲡⲁⲛⲁⲅⲓⲟⲥ ⲛⲓⲱⲧ ⲛⲟⲩⲕⲟⲩϫⲓ ⲕⲁⲧⲁ ⲫⲣⲏϯ ⲉⲧⲁⲩϫⲟⲥ ⲁϥⲟϩⲓ ⲉⲣⲁⲧϥ
ⲁϥϯ ⲛⲟⲩⲉⲩⲭⲏ ⲥⲁⲧⲟⲧϥ ⲇⲉ ϧⲉⲛ ϯⲟⲩⲛⲟⲩ ⲁ ⲟⲩϭⲏⲡⲓ ϥⲁⲓ ⲙⲙⲟϥ ⲟⲩⲟϩ
ⲁⲥⲭⲁϥ ⲉϧⲣⲏⲓ ϧⲉⲛ ⲑⲃⲁⲃⲩⲗⲱⲛ ⲉⲫⲙⲁ ⲉⲧⲉⲣⲉ ⲡⲥⲱⲙⲁ ⲛⲧⲉ ⲛⲓⲁⲅⲓⲟⲥ
ⲛⲅⲉⲛⲛⲁⲓⲟⲥ⁶ ⲛⲁⲑⲗⲏⲧⲏⲥ⁷ ⲛⲧⲉ ⲡⲭ̅ⲥ̅ ⲫ̅ϯ̅ ⲭⲏ ⲙⲙⲁⲩ. (-ⲟⲉ-) ⲉⲧⲁϥⲛⲁⲩ
ⲇⲉ ⲛϫⲉ ⲡⲉⲛⲓⲱⲧ ⲉⲑⲟⲩⲁⲃ ⲉϯⲇⲱⲣⲉⲁ ⲉⲧϫⲏⲕ ⲉⲃⲟⲗ ⲛⲧⲉ ⲡⲉⲛⲕⲛⲱⲙⲁ⁸ ⲛⲛⲓⲁⲅⲓⲟⲥ ϩⲓⲧⲉⲛ ⲫⲟⲩⲱⲓⲛⲓ ⲙⲡⲓⲡ̅ⲛ̅ⲁ̅ ⲉⲑⲟⲩⲁⲃ ⲉⲧϭⲓ ⲙⲱⲓⲧ ϧⲁϫⲱϥ ⲁϥⲟⲩⲱϣⲧ
ϩⲓϫⲉⲛ ⲡⲕⲁϩⲓ ⲛⲅ̅ ⲛⲥⲟⲡ ⲙⲡⲁⲧⲉϥⲫⲟϩ ⲉⲣⲱⲟⲩ. ⲉⲧⲁϥϧⲱⲛⲧ ⲇⲉ ⲉⲣⲱⲟⲩ
ⲛϫⲉ ⲡⲉⲛⲓⲱⲧ ⲁϥϩⲓⲧϥ ⲉϧⲣⲏⲓ ⲉϫⲉⲛ ⲡⲉϥϩⲟ ⲉϥⲉⲣ ⲁⲙⲁϩⲓ ⲉϫⲉⲛ ⲟⲩ-
ⲗⲉⲯⲁⲛⲟⲛ⁹ ⲉⲑⲟⲩⲁⲃ ϧⲉⲛ ⲧⲁⲓⲥⲟⲛⲓⲥ¹⁰ ⲛϧⲁⲛ ⲉⲣⲙⲱⲟⲩⲓ ⲉⲧϩⲟⲗϫ ⲉϥϣ
ⲉⲃⲟⲗ ⲉϥϫⲱ ⲙⲙⲟⲥ ϫⲉ ⲱ ⲛⲁⲓⲟϯ ⲉⲑⲟⲩⲁⲃ ⲥⲙⲟⲩ ⲉⲣⲟⲓ. ⲧⲟⲧⲉ ⲛⲧⲟⲩⲛⲟⲩ ⲁ
ⲟⲩⲥⲙⲏ ϣⲱⲡⲓ ⲉⲃⲟⲗϧⲉⲛ ⲛⲓⲥⲱⲙⲁ ⲛⲧⲉ ⲛⲏ ⲉⲑⲟⲩⲁⲃ ⲡ̅ⲅ̅ ⲛⲁⲗⲟⲩ ⲛⲁⲅⲓⲟⲥ
ⲉⲥϫⲱ ⲙⲙⲟⲥ ⲛⲁϥ ϫⲉ ⲡⲟ̅ⲥ̅ ⲫ̅ϯ̅ ⲡⲓⲁⲗⲏⲑⲟⲥ¹¹ ⲡⲓϣⲁ ⲉⲛⲉϩ ⲉⲑⲙⲏⲛ ⲉⲃⲟⲗ

moi tes prières et le Christ me guidera. » Mais lui, le pape Théophile, pria sur notre père saint, abba Jean, et il le congédia en paix, disant : « Que le Dieu de mes pères te prépare un chemin sauf! » Lorsque notre tout saint père se fut un peu éloigné de la ville, comme on l'a dit, il se tint debout, il pria ; aussitôt, sur l'heure, une nuée l'enleva et le déposa à Babylone au lieu où était placé le corps des saints (et) généreux athlètes du Christ Dieu. Lorsque notre père saint vit le don parfait du cercueil des saints par la lumière de l'Esprit-Saint qui le guidait, il adora sur terre trois fois avant de parvenir jusqu'à eux. Lorsque notre père se fut approché d'eux, il se jeta sur son visage, il embrassa une relique sainte avec le sentiment de douces larmes, s'écriant en disant : « O mes pères saints, bénissez-moi! » Alors sur l'heure, une voix se fit entendre des corps des trois saints jeunes gens saints, lui disant : « Que le Seigneur Dieu, le vrai, l'éternel, le constant, l'incréé, celui qui n'a pas eu de commencement, qui n'aura pas de fin, le démiurge de tout

1. Cod. ⲙⲡⲓⲁⲣⲭⲏⲉⲡⲓⲥⲕⲟⲡⲟⲥ. — 2. Cod. ⲑⲉⲟⲫⲩⲗⲟⲥ. — 3. Cod. ⲕⲉ. — 4. Cod. ⲑⲉⲟⲫⲩⲗⲟⲥ. — 5. Cod. ⲟⲩϩⲓⲣⲏⲛⲏ. — 6. Cod. ⲛⲅⲉⲛⲛⲉⲟⲥ. — 7. Cod. ⲁⲑⲗⲩⲧⲏⲥ. — 8. Cod.
ⲡⲓⲥⲕⲉⲛⲱⲙⲁ. — 9. Cod. ⲛⲟⲩⲗⲧⲓⲙⲯⲁⲛⲟⲛ. — 10. Cod. ⲧⲁⲓⲉⲥⲟⲛⲓⲥⲓⲥ. — 11. Cod. ⲡⲓⲁⲗⲏ-
ⲑⲙⲟⲥ.

ⲟⲩⲟϩ ⲛⲁⲧⲥⲱⲛⲧϥ ⲛⲁⲧⲁⲣⲭⲏ ⲟⲩⲟϩ ⲛⲁⲧϭⲁϩ ⲡⲓⲁⲛⲙⲓⲟⲩⲣⲅⲟⲥ ⲛⲧⲉ ⲛⲏ
ⲉⲧϣⲟⲡ ⲧⲏⲣⲟⲩ ⲉϥⲉⲥⲙⲟⲩ ⲉⲣⲟⲕ ⲉϥⲉⲧⲟⲩϫⲟⲕ ⲉϥⲉϯ ⲱⲟⲩ ⲛⲁⲕ ⲡⲓϣⲫⲏⲣ
ⲉⲑⲛⲁⲛⲉϥ ⲡⲓϩⲟⲩⲙⲉⲛⲟⲥ ⲟⲩⲟϩ ⲡⲓⲟⲓⲕⲟⲛⲟⲙⲟⲥ ⲛⲧⲉ ⲡⲟⲥ ⲥⲁⲃⲁⲱⲑ ⲫϯ
ⲙⲡⲓⲥⲗ. ⲉⲧⲁⲩϫⲉ ⲛⲁⲓ ⲇⲉ ⲛⲁϥ ⲁⲥⲭⲁ ⲣⲱⲥ ⲧⲉⲱⲥ ⲛϫⲉ ϯⲥⲙⲏ ⲡⲉⲛⲓⲱⲧ ⲇⲉ
ⲉⲑⲟⲩⲁⲃ ⲉϥⲙⲉϩ ⲉⲃⲟⲗϧⲉⲛ ⲫⲣⲁϣⲓ ⲙⲡⲓⲥⲙⲟⲩ ⲙⲡⲛⲁⲧⲓⲕⲟⲛ ⲡⲁⲗⲓⲛ ⲟⲛ
ⲡⲉϫⲁϥ ⲛⲱⲟⲩ ϫⲉ ⲛⲁⲓⲟϯ ⲉⲑⲟⲩⲁⲃ ⲙⲙⲁⲣⲧⲩⲣⲟⲥ ⲛⲧⲉ ⲡⲭⲥ ⲫϯ ⲫⲓⲱⲧ
ⲙⲡⲓⲛⲁϩϯ ⲁϥⲕⲱⲧ ⲛⲟⲩⲙⲁⲣⲧⲩⲣⲓⲟⲛ[1] ⲉⲡⲉⲣ ⲫⲙⲉⲩⲓ ⲙⲡⲉⲧⲉⲛⲣⲁⲛ (-ⲟⲥ,
ⲓⲛ Ϲⲟⲇ. ⲟⲛ-) ⲉⲑⲟⲩⲁⲃ ⲉⲁϥⲟⲩⲟⲣⲡⲧ ⲉϥⲉⲣⲁⲓⲧⲓⲛ[2] ϧⲉⲛ ϩⲁⲛ ϯϩⲟ ⲉⲧⲟϣ
ⲉⲑⲣⲉ ⲛⲉⲧⲉⲛⲗⲉⲯⲁⲛⲟⲛ[3] ⲉⲑⲟⲩⲁⲃ ⲟⲩⲟϩ ⲛϣⲏⲧϥ ⲉⲟⲩⲧⲁⲗϭⲟ ⲛⲉⲙ ⲟⲩⲟⲩ-
ϫⲁⲓ ⲛⲟⲩⲟⲛ ⲛⲓⲃⲉⲛ ⲉⲑⲛⲁϩϯ ⲉⲡⲭⲥ ⲫϯ ⲙⲁⲗⲓⲥⲧⲁ ϯⲡⲟⲗⲓⲥ ⲣⲁⲕⲟϯ ⲛⲉⲙ ϯ-
ⲭⲱⲣⲁ ⲧⲏⲣⲥ ⲛⲧⲉ ⲭⲏⲙⲓ. ⲛⲱⲟⲩ ⲇⲉ ⲟⲛ ⲛⲓⲁⲅⲓⲟⲥ ϧⲉⲛ ⲟⲩⲥⲙⲏ ⲛⲟⲩⲱⲧ ⲡⲉϫⲱⲟⲩ ⲙⲡⲉⲛⲓⲱⲧ ϫⲉ ⲡⲟⲥ ⲫϯ ⲉϥⲉϯ ⲙⲫⲃⲉⲭⲉ ⲛⲛⲉⲕϧⲓⲥⲓ ⲛⲁⲕ ϧⲉⲛ ⲡⲓⲱⲛϧ
ⲉⲑⲛⲏⲟⲩ ⲛϣⲁ ⲉⲛⲉϩ ⲉⲑⲛⲏⲓ ϣⲁ ⲉⲛⲉϩ ⲕⲁⲧⲁ ⲡⲉϣⲱⲧⲉⲛ ⲛⲧⲉϥⲡⲣⲟϩⲁⲓⲣⲉⲥⲓⲥ[4]
ⲉⲑⲛⲁⲛⲉϥ ⲁⲗⲗⲁ ⲛⲁⲓ ⲉⲕⲉϫⲟⲧⲟⲩ ⲙⲡⲓⲁⲣⲭⲓⲉⲡⲓⲥⲕⲟⲡⲟⲥ[5] ϫⲉ ⲉⲑⲃⲉ ⲛⲉⲛⲥⲱⲙⲁ
ⲙⲉⲛ ⲙⲙⲟⲛ ϣϫⲟⲙ ⲉⲡⲧⲏⲣϥ ⲉⲑⲣⲟⲩⲟⲩⲟⲑⲃⲟⲩ ⲉⲕⲉⲙⲱⲓⲧ ⲉⲑⲣⲟⲩϣⲱⲡⲓ
ⲛϧⲏⲧϥ ϣⲁ ⲉⲃⲟⲗ ⲥⲁ ⲃⲟⲗ ⲙⲡⲁⲓⲙⲁ ⲉⲧⲟⲩⲭⲏ ⲛϧⲏⲧϥ ϯⲛⲟⲩ ⲕⲁⲧⲁ ⲫⲟⲩⲁϩⲥⲁϩⲛⲓ ⲙⲡⲓⲣⲉϥⲥⲱⲛⲧ ⲫϯ ϫⲉ ⲡⲁⲓⲣⲏϯ ⲡⲉ ⲉⲧⲁϥⲣⲁⲛⲁϥ[6] ϣⲁ ⲡⲓⲉϩⲟⲟⲩ

ce qui existe, te bénisse, te sauve et te donne gloire, ô bon compagnon, hégoumène et économe du Seigneur Sabaoth, le Dieu d'Israël! » Et lorsqu'ils eurent dit cela, la voix se tut un moment. Mais notre père saint, rempli de la joie de la bénédiction spirituelle, leur dit de nouveau: « Mes pères saints, martyrs du Christ Dieu, le père de la foi a bâti un *martyrium* pour commémorer votre nom saint, il m'a envoyé demandant par des prières nombreuses que vos saintes reliques habitent en ce (*martyrium*) pour la guérison et le salut de quiconque croira en le Christ Dieu, surtout pour la ville de Rakoti et tout le pays d'Égypte. » Mais eux, les saints, d'une voix unique dirent à notre père: « Que le Seigneur te donne salaire de tes souffrances dans la vie éternelle à venir qui durera éternellement, selon la direction de son élection pleine de bonté; mais dis ceci au patriarche: « Pour nos corps, il n'est pas du tout possible de les transporter en un autre endroit pour qu'ils y soient jusqu'à la fin, en dehors du lieu où ils sont maintenant, selon l'ordre de Dieu le créateur; car il lui a plu qu'il soit ainsi jusqu'au jour où il ressuscitera la

1. Ϲⲟⲇ. ⲙⲁⲣⲧⲏⲣⲓⲟⲛ. — 2. Ϲⲟⲇ. ⲥⲧⲏ. — 3. Ϲⲟⲇ. ⲁⲩⲙⲯⲁⲛⲟⲛ. — 4. Ϲⲟⲇ. ⲡⲣⲟϩⲉⲣⲉⲥⲓⲥ. — 5. Ϲⲟⲇ. ⲁⲣⲭⲏⲉⲡⲓⲥⲕⲟⲡⲟⲥ. — 6. Ϲⲟⲇ. ⲡⲉⲧⲁⲥⲣⲁⲛⲁϥ.

ⲉⲧⲉϥⲙⲁⲧⲟⲩⲛⲟⲥ ⲡⲓⲑⲗⲓⲡⲟ ⲧⲏⲣⲥ. ⲟⲙⲱⲥ ⲉⲑⲃⲉ ⲡⲁⲅⲱⲛ ⲛⲛⲉϥϭⲓⲥⲓ ⲛⲉⲙ
ⲡⲉϥⲛⲁϩϯ ⲉⲧϫⲏⲕ ⲉⲃⲟⲗ ⲛⲉⲙ ⲡⲉⲕⲥⲩⲗⲗⲙⲟⲥ¹ ϩⲱⲕ ϣⲁⲣⲟⲛ ⲧⲉⲛⲛⲁⲭⲁ
ⲡⲉϥϭⲓⲥⲓ ϣⲟⲩⲓⲧ ⲁⲛ ⲁⲗⲗⲁ ⲙⲁⲣⲟⲩⲉⲣⲕⲟⲥⲙⲉⲓⲛ² ⲙⲡⲓⲧⲟⲡⲟⲥ ⲛⲧⲟⲩⲭⲁ
ϯⲫⲁⲙⲫⲁⲛⲓ³ ⲧⲏⲣⲥ ⲁϣϥ ⲁⲧϭⲛⲉ ⲛⲉϩ ϩⲓ ⲥⲏⲃⲥ ⲟⲩⲟϩ ⲛⲧⲉϥⲉⲣⲥⲩⲛⲁⲅⲉⲥⲑⲉ⁴
ⲙⲙⲁⲩ ⲛⲉⲙ ⲡⲓⲗⲁⲟⲥ ⲧⲏⲣϥ ⲛⲉⲙ ⲛⲓⲕⲗⲏⲣⲟⲥ ⲛⲁⲓ⁵ ϧⲉⲛ ⲡⲓⲉϫⲱⲣϩ
ⲧⲉⲛⲛⲁⲓ ⲛⲧⲉⲛⲭⲱ ⲛϧⲏⲧϥ ⲛⲟⲩϫⲟⲙ ⲛⲉⲙ ⲟⲩⲥⲙⲟⲩ ⲛⲧⲉ ⲡⲟⲥ ⲟⲩⲧⲟⲩⲃⲟ ⲛⲧⲉ
ⲡⲏⲓ ⲙⲫϯ (-ⲟⲩ-) ⲫⲁⲓ ⲉⲧⲉ ⲡⲉϥⲣⲁⲛ ϭⲓ ⲱⲟⲩ ϧⲉⲛ ⲡⲓⲕⲁϩⲓ ⲧⲏⲣϥ ⲟⲩⲟϩ ⲉⲣⲉ
ⲕⲉⲗⲓ ⲛⲓⲃⲉⲛ ⲟⲩⲱϣⲧ ⲛⲁϥ ⲛⲁ ⲛⲓⲫⲏⲟⲩⲓ ⲛⲉⲙ ⲛⲏ ⲉⲧϩⲓϫⲉⲛ ⲡⲓⲕⲁϩⲓ ⲛⲉⲙ ⲛⲏ
ⲟⲛ ⲉⲧⲥⲁⲡⲉⲥⲏⲧ ⲙⲡⲓⲕⲁϩⲓ ϫⲉ ⲙⲙⲟⲛ ϩⲗⲓ ⲙⲙⲁ ⲟⲓ ⲛϣⲁⲉ ⲛⲧⲉϥⲡⲣⲟⲥⲕⲩⲛⲏ
ⲥⲓⲥ ⲛⲧⲉⲗⲉⲓⲁ⁶ ⲟⲩⲟϩ ϧⲉⲛ ⲟⲩϫⲟⲙ ⲛⲧⲉ ⲫϯ ⲙⲡⲓⲥⲗ ⲧⲉⲛⲛⲁϣⲱⲡⲓ ⲛϧⲏⲧϥ
ⲡⲛⲁⲧⲓⲕⲱⲥ ϩⲓⲧⲉⲛ ϩⲁⲛ ⲙⲏⲓⲛⲓ ⲛⲉⲙ ϩⲁⲛ ϣⲫⲏⲣⲓ ⲉⲟⲩⲱⲟⲩ⁷ ⲙⲫⲏ ⲉⲧ
ⲙⲁⲣⲱⲟⲩⲧ ϣⲁ ⲛⲓⲉⲛⲉϩ ⲉⲡⲟⲩϫⲁⲓ ⲛⲛⲓⲯⲩⲭⲏ ⲉⲧⲓ ⲉϥⲟⲛϧ ⲛϫⲉ ⲡⲓⲁⲣⲭⲓⲉ
ⲡⲓⲥⲕⲟⲡⲟⲥ⁸ ⲟⲩⲟϩ ⲙⲉⲛⲉⲛⲥⲱϥ ⲟⲛ ⲧⲉⲛⲛⲁⲟϩⲓ ⲛⲁϩⲣⲁϥ ⲙⲡⲉϥⲕⲉⲃ ⲛⲇⲓⲁ
ⲇⲟⲭⲟⲥ⁹ ⲙⲉⲛⲉⲛⲥⲱϥ. ⲟⲩⲟϩ ⲙⲉⲛⲉⲛⲥⲁ ⲛⲁⲓ ⲟⲩⲭⲁⲕⲓ ⲛⲁϣⲱⲡⲓ ϩⲓϫⲉⲛ ⲡⲓ
ⲕⲁϩⲓ ⲧⲏⲣϥ ⲛⲧⲉ ⲛⲓⲣⲱⲙⲓ ⲉⲣ ⲁⲧⲉⲙⲓ ⲉⲡⲧⲁⲓⲟ ⲛϯⲙⲉⲧⲣⲉϥⲉⲣ ⲡⲉⲑⲛⲁⲛⲉϥ ⲛⲧⲉ
ⲫϯ ⲛⲧⲟⲩϫⲉ ⲟⲩⲁ ⲉⲡⲉϥⲣⲁⲛ ⲉⲑⲟⲩⲁⲃ ⲉⲩⲥⲱϥ ⲙⲡⲉϥⲙⲁ ⲛⲉⲣ ϣⲱⲟⲩϣⲓ ⲁⲛⲟⲛ
ϩⲱⲛ ⲧⲉⲛⲛⲁⲭⲱ ⲛⲥⲱⲛ ⲙⲡⲓⲙⲁ ⲉⲧⲁⲩⲧⲏⲓϥ ⲛⲁⲛ ⲟⲩⲟϩ ⲧⲉⲛⲛⲁⲓ ⲉⲃⲟⲗ

Création entière. Cependant à cause du combat de ses souffrances, de sa foi parfaite et du voyage que tu as fait vers nous, nous ne laisserons pas sa souffrance sans fruit; mais qu'on orne le *topos*, qu'on y place tout le luminaire suspendu sans huile ni mèche, qu'on s'y réunisse avec le peuple tout entier et, dans la nuit, nous viendrons afin d'y mettre une vertu et une bénédiction de Dieu, ainsi que la pureté de la maison du Seigneur, que son nom prenne gloire en toute la terre et que tout genou l'adore, ceux des cieux, ceux de la terre et ceux de dessous la terre, afin qu'aucun lieu ne soit privé de son adoration parfaite; et, par la vertu du Dieu d'Israël, nous serons en ce (*topos*) spirituellement par des prodiges et des merveilles, pour la gloire de celui qui est béni jusqu'aux siècles, pour le salut des âmes tant que vivra le patriarche. Et après lui aussi, nous resterons près de ses deux successeurs. Puis ensuite des ténèbres seront sur la terre entière, afin que les hommes ignorent la gloire de la bonté de Dieu, qu'ils blasphèment son nom saint, qu'ils souillent son autel [10]; mais aussi nous laisserons le lieu qu'on nous aura

---

1. *Cod.* ⲥⲕⲏⲗⲙⲟⲥ. — 2. *Cod.* ⲕⲟⲥⲙⲉⲓⲛ. — 3. *Cod.* ⲫⲁⲙⲫⲁⲛⲓ. — 4. *Cod.* ⲥⲩⲛⲁⲅⲉⲥⲑⲉ.
— 5. *Cod.* ⲕⲉ. — 6. *Cod.* ⲧⲉⲗⲓⲁ. — 7. *Cod.* ⲉⲧⲱⲟⲩ. — 8. *Cod.* ⲁⲣⲭⲏⲉⲡⲓⲥⲕⲟⲡⲟⲥ.
— 9. *Cod.* ⲇⲓⲁⲧⲟⲭⲟⲥ. — 10. Mot à mot : Son lieu de sacrifice.

bâti et nous sortirons de lui pour ne point nous y tenir assurément. » Ces choses et d'autres semblables, lorsque les eurent dites à notre père, abba Jean le Kolobos, les trois saints jeunes gens, de nouveau notre père se jeta à terre demandant de recevoir leur bénédiction avant qu'il ne s'éloignât d'eux. Ils lui dirent : « Que le Seigneur Dieu, roi d'Israël, veille sur toi jusqu'à la fin par le secours de son abri, sans chute; mais prends courage et fortifie-toi, car tu as encore quelques jours de combats et quelques sueurs en cette vie, puis tu iras aussi à la vie éternelle; le salut et la paix soient avec toi dans le Seigneur. » Lorsque notre père saint abba Jean les eut adorés dans une grande disposition spirituelle, il s'éloigna d'eux en se réjouissant dans le Seigneur. Lorsqu'il fut un peu loin, notre père Jean, le nuage l'enleva encore jusqu'à ce qu'il le déposât en dehors de Rakoti. Lorsque notre père abba Jean aborda l'archevêque, il lui annonça toute chose qui était arrivée et tout ce que les saints lui avaient dit. Aussitôt l'archevêque réunit tout le clergé, avec d'autres évêques saints et la ville presque entière, au *martyrium* des saints pour leur dédicace sainte. Et, au milieu de la nuit, voici qu'une grande

---

1. Cod. ⲉⲧⲏⲓ. — 2. Cod. ⲃⲟⲏⲑⲓⲁ. — 3. Cod. ϯⲉⲓⲣⲏⲛⲏ. — 4. Cod. ⲁⲣⲭⲏⲉⲡⲓⲥⲕⲟⲡⲟⲥ. — 5. Cod. ⲁⲣⲭⲏⲉⲡⲓⲥⲕⲟⲡⲟⲥ. — 6. Cod. ⲙⲁⲣⲧⲏⲣⲓⲟⲛ.

ⲓⲥ ⲟⲩⲛⲓϣϯ ⲛⲟⲩⲱⲓⲛⲓ ⲁϥϣⲱⲡⲓ ϧⲉⲛ ⲡⲓⲧⲟⲡⲟⲥ ⲉⲑⲟⲩⲁⲃ ⲟⲩⲟϩ ⲟⲩⲛⲓϣϯ
ⲛⲥⲑⲟⲓⲛⲟⲩϥⲓ ⲉϥⲟⲩⲁⲃ ⲁϥϣⲱⲡⲓ ϧⲉⲛ ⲡⲓⲁⲏⲣ ⲙⲁⲗⲓⲥⲧⲁ ⲥⲁ ⲡϣⲱⲓ ⲛ̄ϯⲡⲟⲗⲓⲥ
ⲣⲁⲕⲟϯ ⲛⲉⲙ ⲫⲙⲁ ⲛϣⲱⲡⲓ ⲛⲛⲏ ⲉⲑⲟⲩⲁⲃ ⲉⲁ ϯⲁⲛⲫⲁⲛⲏ¹ (sic) ⲧⲏⲣⲥ ⲙⲟϩ
ⲥⲁⲧⲟⲧⲥ ⲉⲥϯ ϣⲁϩ ϧⲉⲛ ⲟⲩⲙⲉⲧϩⲟⲩⲟ ⲥⲭⲉⲇⲟⲛ ⲉϫⲟⲥ ϫⲉ ⲁ ⲡⲓⲙⲁ ⲧⲏⲣϥ
ϭⲱⲡⲓ ⲛⲭⲣⲱⲙ ⲉⲁ ⲛⲁⲓ ⲧⲏⲣⲟⲩ ϣⲱⲡⲓ ⲉⲟⲩⲉⲣⲥⲙⲁⲙⲉⲛ² ⲛ̄ⲧⲡⲁⲣⲟⲩⲥⲓⲁ
ⲛⲛⲓⲁⲅⲓⲟⲥ ⲉϧⲟⲩⲛ ⲉϯⲡⲟⲗⲓⲥ. (-ⲟⲉ-) ⲧⲟⲧⲉ ⲡⲓⲁⲣⲭⲓⲉⲡⲓⲥⲕⲟⲡⲟⲥ³ ⲛⲉⲙ ⲡⲓⲙⲏϣ
ⲧⲏⲣϥ ⲉⲑⲛⲉⲙⲁϥ ⲉⲧⲁⲩⲛⲁⲩ ⲉⲧⲁⲓϣⲫⲏⲣⲓ ⲙⲡⲁⲣⲁⲇⲟⲝⲟⲛ ⲉⲛⲁⲩϩⲱⲥ ⲡⲉ
ⲉⲩⲥⲙⲟⲩ ⲟⲩⲟϩ ⲉⲩϯ ⲱⲟⲩ ⲙⲫϯ ϧⲉⲛ ϩⲁⲛ ⲛⲓϣϯ ⲛⲭⲟⲣⲟⲥ ⲉⲩⲙⲉϩ ⲛⲟⲩ-
ⲛⲟϥ ⲙⲡⲛⲁⲧⲓⲕⲟⲛ. ⲡⲓⲁⲅⲓⲟⲥ ⲇⲉ ⲑⲉⲟⲫⲓⲗⲟⲥ⁴ ⲛⲁϥⲉⲣⲑⲉⲱⲣⲓⲛ⁵ ⲡⲉ ⲙⲡⲓⲅ̄
ⲛⲁⲗⲟⲩ ⲛⲁⲅⲓⲟⲥ ⲉⲩⲉⲣⲁⲅⲓⲁⲍⲓⲛ⁶ ⲙⲡⲓⲧⲟⲡⲟⲥ ϩⲱⲟⲩ ⲛⲉⲙⲁϥ ⲟⲩⲟϩ ⲛⲁϥϭⲓ
ⲥⲙⲟⲩ ⲡⲉ ⲉⲃⲟⲗϩⲓⲧⲟⲧⲟⲩ ϩⲁⲛ ⲙⲏϣ ⲇⲉ ⲟⲛ ⲉⲃⲟⲗϧⲉⲛ ⲡⲗⲁⲟⲥ ⲉⲧⲉⲙⲡϣⲁ
ⲁⲩⲛⲁⲩ ⲉⲧⲁⲓⲟⲡⲧⲁⲥⲓⲁ ⲙⲡⲁⲓⲣⲏϯ ⲉⲑⲙⲉϩ ⲛⲱⲟⲩ ⲉⲓⲧⲉ⁷ ⲉⲡⲓⲥⲕⲟⲡⲟⲥ ⲉⲓⲧⲉ⁸
ⲕⲗⲏⲣⲓⲕⲟⲥ ⲉⲓⲧⲉ⁹ ⲙⲟⲛⲁⲭⲟⲥ¹⁰ ⲉⲓⲧⲉ¹¹ ⲗⲁⲓⲕⲟⲥ. ⲉⲧⲁ ϣⲱⲣⲡ ⲇⲉ ϣⲱⲡⲓ ⲁϥⲓⲣⲓ
ⲛⲟⲩⲥⲩⲛⲁⲝⲓⲥ ⲉϥⲉⲣ ϣⲁⲓ ⲡⲛⲁⲧⲓⲕⲱⲥ ⲛϫⲉ ⲡⲓⲁⲣⲭⲓⲉⲡⲓⲥⲕⲟⲡⲟⲥ¹² ⲛⲉⲙ ϯⲡⲟⲗⲓⲥ
ⲧⲏⲣⲥ ⲟⲩⲟϩ ⲁϥϯ ⲛⲱⲟⲩ ⲉⲃⲟⲗϧⲉⲛ ⲛⲓⲙⲩⲥⲧⲏⲣⲓⲟⲛ ⲉⲑⲟⲩⲁⲃ ⲕⲁⲧⲁ ⲫⲣⲏϯ
ⲉⲧⲁⲩϫⲟⲥ ⲙⲁⲗⲓⲥⲧⲁ ϩⲓⲧⲉⲛ ⲕⲉⲥⲧⲟⲣⲓⲁ ⲛⲁⲣⲭⲁⲓⲁ¹³ ⲉⲧⲁⲛϫⲉⲙⲥ ϫⲉ ⲁ ϩⲁⲛ
ⲛⲓϣϯ ⲛⲧⲁⲗϭⲟ ⲉⲁⲩϣⲱⲡⲓ ϧⲉⲛ ⲛⲏ ⲉⲧϣⲱⲛⲓ ⲛⲣⲏϯ ⲛⲓⲃⲉⲛ ϧⲉⲛ ⲡⲓⲉϩⲟⲟⲩ

lumière dans le lieu saint, un grand (et) saint parfum fut dans l'air, surtout au-dessus de la ville de Rakoti et de l'habitation des saints, tout le luminaire s'étant allumé tout à coup, flambant avec excès, presque jusqu'à dire que tout le lieu avait pris feu: tout cela ayant lieu pour montrer la présence des saints dans la ville. Alors l'archevêque et toute la foule qui était avec lui, lorsqu'ils virent cette merveille étonnante, chantèrent, bénissant et glorifiant Dieu en de grands chœurs, remplis d'une joie spirituelle. Mais le saint Théophile voyait les trois saints jeunes gens qui sanctifiaient le topos avec lui et il reçut leur bénédiction. Des foules de peuples qui en furent dignes virent cette vision si glorieuse, soit évêques, soit clercs, soit moines, soit laïques. Lorsque le matin eut paru, l'archevêque fit une synaxe, fêtant spirituellement avec toute la ville, et il leur donna les mystères saints, comme il est dit surtout dans une autre histoire ancienne que nous avons trouvée, à savoir que de grandes guérisons eurent lieu pour les malades de toute sorte en ce jour-là, et

---

1. Cod. ⲁⲛⲫⲁⲛⲓ. — 2. Cod. ⲥⲙⲁⲙⲉⲛⲓⲛ. — 3. Cod. ⲁⲣⲭⲏⲉⲡⲓⲥⲕⲟⲡⲟⲥ. — 4. Cod. ⲑⲉⲟⲫⲩ-ⲗⲟⲥ. — 5. Cod. ⲑⲉⲱⲣⲓⲛ. — 6. Cod. ⲁⲅⲓⲁⲍⲓⲛ. — 7. Cod. ⲓⲧⲉ. — 8. Cod. ⲓⲧⲉ. — 9. Cod. ⲓⲧⲉ. — 10. Cod. ⲙⲟⲛⲁⲭⲟⲥ. — 11. Cod. ⲓⲧⲉ. — 12. Cod. ⲁⲣⲭⲏⲉⲡⲓⲥⲕⲟⲡⲟⲥ. — 13. Cod. ⲁⲣⲭⲉⲁ.

ⲉⲧⲉⲙⲙⲁⲩ ⲟⲩⲟϩ ⲁ ϯⲁⲛϥⲁⲛⲓ¹ ⲧⲏⲣⲥ ⲛⲧⲉ ⲡⲓⲧⲟⲡⲟⲥ ⲁⲥⲉⲣ $\overline{\text{ⲍ}}$ ⲛⲉϩⲟⲟⲩ ⲛⲉⲙ $\overline{\text{ⲍ}}$ ⲛⲉϫⲱⲣϩ ⲁⲧϭⲛⲉ ⲛⲉϩ ⲟⲩⲟϩ ⲡⲓⲟⲩⲱⲓⲛⲓ ⲇⲉ ⲟⲛ ⲛⲉⲙ ⲡⲓⲥⲑⲩⲛⲟⲩϥⲓ ⲉϥϩⲏⲛⲓ ⲉⲃⲟⲗ ϧⲉⲛ ⲡⲓⲧⲟⲡⲟⲥ ⲛⲓⲛ ⲉⲑⲟⲩⲁⲃ (-ⲡ, in Cod. ⲡⲃ-) ⲉϥⲉⲣⲉⲛⲉⲣⲅⲓⲛ² ⲉⲡⲟⲩϫⲁⲓ ⲛⲟⲩⲟⲛ ⲛⲓⲃⲉⲛ ⲙⲁⲗⲓⲥⲧⲁ ⲛⲟⲩⲛⲓϣϯ ⲛⲥⲏⲟⲩ ϣⲁⲧⲉϥⲑⲟⲩⲱⲧ ⲛϫⲉ ⲡⲓⲥⲩⲛⲉⲇⲣⲓⲟⲛ ⲛⲓⲟⲩⲇⲁⲓⲕⲟⲛ ⲉⲧⲁϥϣⲱⲡⲓ ϧⲉⲛ ⲭⲁⲗⲕⲏⲇⲱⲛ ⲟⲩⲟϩ ⲛⲁⲩ ϥⲱⲣϫ ⲛϯⲉⲕⲕⲗⲏⲥⲓⲁ ⲉⲑⲟⲩⲁⲃ ϧⲉⲛ ⲧⲟⲩⲙⲉⲧⲁⲥⲉⲃⲏⲥ ϧⲉⲛ ⲡϫⲓ ⲛⲟⲣⲟⲩⲭⲱ ⲛⲟⲩⲙⲉⲧⲃⲉⲗⲗⲉ ⲉⲥⲙⲉϩ ⲛϭⲣⲟⲡ ϩⲓ ⲥⲕⲁⲛⲇⲁⲗⲟⲛ ϧⲉⲛ ⲡⲓⲕⲟⲥⲙⲟⲥ ⲧⲏⲣϥ ϩⲓⲧⲉⲛ ⲡⲟⲩⲛⲁϩϯ ⲛϣⲗⲟϥ ⲟⲩⲟϩ ϧⲉⲛ ⲛⲁⲓ ⲛⲧⲟⲩⲉⲣ ϣⲉⲙⲙⲟ ⲗⲟⲓⲡⲟⲛ ⲙⲡⲱⲟⲩ ⲙⲡⲓϩⲙⲟⲧ ⲛⲧⲉ ⲧⲫⲉ ⲕⲁⲧⲁ ⲡⲥⲁϫⲓ ⲛϯⲅⲣⲁⲫⲏ ⲉⲧϫⲱ ⲙⲙⲟⲥ ϫⲉ ⲛⲛⲉ ⲡⲁⲡⲛⲁ ϣⲱⲡⲓ ϧⲉⲛ ⲛⲁⲓⲣⲱⲙⲓ ϫⲉ ⲁⲩⲉⲣ ⲥⲁⲣⲝ. ⲙⲉⲛⲉⲛⲥⲁ ⲛⲁⲓ ⲇⲉ ⲁ ⲡⲉⲛⲓⲱⲧ ⲉⲑⲟⲩⲁⲃ ⲁⲃⲃⲁ ⲓⲱⲁⲛⲛⲏⲥ ϭⲓ ⲥⲙⲟⲩ ⲛⲧⲟⲧϥ ⲙⲡⲓⲁⲣⲭⲓⲉⲡⲓⲥⲕⲟⲡⲟⲥ³ ⲟⲩⲟϩ ⲁϥⲧⲁⲥⲑⲟϥ ⲟⲛ ⲉϣⲓⲏⲧ ϧⲉⲛ ⲟⲩϩⲓⲣⲏⲛⲏ⁴. ⲟⲩⲟϩ ⲛⲁϥⲥⲁϫⲓ ⲟⲛ ⲛⲉⲙ ⲡⲓⲥⲛⲏⲟⲩ ⲉⲧⲙⲉⲧⲛⲓϣϯ ⲛⲧⲉ ⲫϯ ⲉⲟⲩϩⲛⲟⲩ⁵ ⲛⲛⲟⲩⲯⲩⲭⲏ. ⲙⲉⲛⲉⲛⲥⲁ ⲛⲁⲓ ⲇⲉ ⲟⲛ ⲡⲉϫⲁϥ ⲛⲛⲓⲥⲛⲏⲟⲩ ⲛϫⲉ ⲁⲃⲃⲁ ⲓⲱⲁⲛⲛⲏⲥ ϫⲉ ⲭⲱ ⲛⲏⲓ ⲉⲃⲟⲗ ⲛⲓⲥⲛⲏⲟⲩ ⲉⲧⲁⲓⲥⲱⲧⲉⲙ ⲡⲉ ϧⲁ ⲧⲏⲛ ⲙⲫⲟⲟⲩ ϫⲉ ⲟⲩⲟⲛ ⲟⲩⲛⲓϣϯ ⲙⲙⲏϣ ϧⲉⲛ ⲣⲁⲕⲟϯ ⲕⲁⲓ⁶ ⲙⲡⲓⲛⲁⲩ ⲉⲡϩⲟ ⲛϩⲗⲓ ⲛⲣⲱⲙⲓ ⲙⲙⲁⲩ ⲉⲃⲏⲗ ⲉⲡⲓⲁⲣⲭⲓⲉⲡⲓⲥⲕⲟⲡⲟⲥ⁷ ⲙⲙⲁⲩⲁⲧϥ. ⲛⲓⲥⲛⲏⲟⲩ ⲇⲉ ⲉⲧⲁⲩⲥⲱⲧⲉⲙ ⲉⲛⲁⲓ ⲁⲩϣⲑⲟⲣⲧⲉⲣ ⲡⲉϫⲱⲟⲩ ⲙⲡⲓ-

que tout le luminaire du lieu fut sept jours et sept nuits sans huile, pendant que la lumière et le parfum qui duraient dans le lieu des saints opéraient le salut de tout le monde, surtout pendant un grand temps, jusqu'à ce que se réunit le concile judaïque qui eut lieu à Chalcédoine et qu'ils séparèrent l'Église sainte par leur impiété, en imposant une cécité pleine d'offense et de scandale dans le monde entier par leur foi impure et qu'en cela ils devinrent étrangers à la gloire de la grâce du ciel, selon la parole de l'Écriture, disant: « Que mon esprit n'habite pas parmi ces hommes, car ils sont chair. » Après cela, notre père saint abba Jean prit la bénédiction de l'archevêque, il retourna à Schiit en paix. Et il parlait aux frères de la grandeur de Dieu pour le salut de leurs âmes. Après cela, abba Jean dit aux frères : « Pardonnez-moi, frères, j'avais appris avant ce jourd'hui qu'il y avait une grande foule à Rakoti, et je n'ai vu le visage d'aucun homme, sinon de l'archevêque seul. » Et les frères, lorsqu'ils entendirent cela, furent troublés et dirent au vieillard: « Est-ce que la ville est détruite, notre père? » Notre

1. Cod. ϯⲁⲛϥⲁⲛⲓ. — 2. Cod. ⲉⲣⲉⲛⲉⲣⲅⲓⲛ. — 3. Cod. ⲁⲣⲭⲏⲉⲡⲓⲥⲕⲟⲡⲟⲥ. — 4. Cod. ⲟⲩϩⲓⲣⲏⲛⲏ. — 5. Cod. ⲉⲩϩⲛⲩ. — 6. Cod. ⲕⲉ. — 7. Cod. ⲁⲣⲭⲏⲉⲡⲓⲥⲕⲟⲡⲟⲥ.

ϩⲉⲗⲗⲟ ⲇⲉ ⲙⲛ ϩⲁⲣⲁ ϯⲡⲟⲗⲓⲥ ϣⲟⲡ ⲡⲉⲛⲓⲱⲧ. ⲁϥⲉⲣ ⲟⲩⲱ ⲛϫⲉ ⲡⲉⲛⲓⲱⲧ ⲉⲑⲟⲩⲁⲃ ⲁⲃⲃⲁ (-ⲡⲁ-) ⲓⲱⲁⲛⲛⲏⲥ ⲡⲉϫⲁϥ ⲛⲱⲟⲩ ϫⲉ ⲙⲙⲟⲛ ⲡⲁⲓⲣⲏϯ ⲁⲛ ⲡⲉ ⲁⲗⲗⲁ ⲙⲡⲓⲭⲁ ⲡⲓⲙⲉⲩⲓ ⲉⲉⲣ ⲟ̅ⲥ̅ ⲉⲣⲟⲓ ⲣⲱ ⲉϥⲁⲓ ⲛⲛⲁⲃⲁⲗ ⲉⲡϣⲱⲓ ⲉⲛⲁⲩ ⲉⲡϩⲟ ⲛϩⲗⲓ ⲛⲣⲱⲙⲓ ⲉⲃⲏⲗ ⲉⲡⲓⲁⲣⲭⲓⲉⲡⲓⲥⲕⲟⲡⲟⲥ¹ ⲙⲙⲁⲩⲁⲧϥ. ⲧⲁϫⲣⲉ ⲑⲏⲛⲟⲩ ϩⲱⲧⲉⲛ ⲡⲉϫⲁϥ ⲛⲛⲉⲛⲥⲛⲏⲟⲩ ϧⲉⲛ ⲡⲁⲣⲉϩ ⲛⲛⲉⲧⲉⲛⲁⲓⲥⲑⲏⲥⲓⲥ² ⲉⲑⲣⲉ ⲡⲉⲧⲉⲛ ϩⲏⲧ ϣⲱⲡⲓ ⲉϥⲧⲟⲩⲃⲏⲟⲩⲧ ⲛⲥⲏⲟⲩ ⲛⲓⲃⲉⲛ ϫⲉ ϩⲓⲛⲁ ⲛⲧⲉⲧⲉⲛϣⲱⲡⲓ ⲛⲟⲩⲉⲣⲫⲉⲓ ⲙⲡⲓⲡⲛⲁ ⲉⲑⲟⲩⲁⲃ ⲛⲉⲙ ⲙⲁ ⲛⲟⲩⲱϩ³. ⲉⲧⲁⲩⲥⲱⲧⲉⲙ ⲇⲉ ⲉⲛⲁⲓ ⲛϫⲉ ⲛⲓⲥⲛⲏⲟⲩ ⲁⲩϫⲉⲙ ϩⲏⲟⲩ ⲙⲙⲁϣⲱ. ⲉϥⲙⲟϣⲓ ⲇⲉ ⲉⲃⲟⲗϧⲉⲛ ⲟⲩϫⲟⲙ ⲉⲟⲩϫⲟⲙ⁴ ⲛϫⲉ ⲡⲉⲛⲓⲱⲧ ⲉⲑⲟⲩⲁⲃ ⲁⲃⲃⲁ ⲓⲱⲁⲛⲛⲏⲥ ϩⲓⲧⲉⲛ ⲡϭⲥ ⲛⲧⲉϥⲁⲣⲉⲧⲏ ⲙⲁⲗⲓⲥⲧⲁ ⲉϥ ⲑⲣⲟ ⲛϩⲁⲛ ⲕⲉⲭⲱⲟⲩⲛⲓ ⲉⲣ ⲣⲁⲙⲁⲟ ϧⲉⲛ ⲫϯ.

ⲙⲉⲛⲉⲛⲥⲁ ⲟⲩⲙⲏϣ ⲛⲉϩⲟⲟⲩ ⲓⲥϫⲉⲛ ⲉⲧⲁϥⲓ ⲉⲃⲟⲗϧⲉⲛ ⲣⲁⲕⲟϯ ⲁ ⲛⲓⲃⲁⲣⲃⲁⲣⲟⲥ ⲉⲣ ⲟ̅ⲥ̅ ⲉϣⲓⲏⲧ ϧⲉⲛ ϩⲁⲛ ϩⲃⲏⲟⲩⲓ ⲛϣⲟⲩⲙⲉⲥⲧⲱⲟⲩ ⲟⲩⲟϩ ⲛⲧⲩⲣⲁⲛⲛⲓⲕⲟⲛ⁵ ⲕⲁⲧⲁ ϯϩⲉ ⲉⲧⲁⲩϫⲟⲥ ⲉⲩⲧⲁⲕⲟ ⲛⲧⲕⲁⲧⲁⲥⲧⲁⲥⲓⲥ ⲛⲉⲙ ⲧⲇⲓⲁⲇⲟⲭⲏ ⲛⲛⲉⲛⲓⲟϯ ϧⲉⲛ ⲟⲩⲥⲙⲟⲧ ⲛⲑⲏⲣⲓⲟⲛ ⲉⲩϭⲟϫⲓ ⲛⲥⲱⲟⲩ ⲟⲩⲟϩ ⲉⲩϣⲱϥ ⲛⲛⲓⲧⲟⲡⲟⲥ ⲉⲑⲟⲩⲁⲃ. ⲡⲉⲛⲓⲱⲧ ⲇⲉ ⲉⲑⲟⲩⲁⲃ ⲁⲃⲃⲁ ⲓⲱⲁⲛⲛⲏⲥ ⲉⲛⲁϥⲉⲣⲙⲉⲗⲉⲧⲁⲛ ⲡⲉ ⲙⲡⲥⲁϫⲓ ⲙⲡⲭⲥ ⲉⲧϣⲟⲡ ⲛϧⲏⲧϥ ⲉϥϫⲱ ⲙⲙⲟⲥ ϫⲉ ⲉϣⲱⲡ ⲁⲩϣⲁⲛϭⲟϫⲓ ⲛⲥⲱⲧⲉⲛ ϧⲉⲛ ⲧⲁⲓⲃⲁⲕⲓ ⲫⲱⲧ ⲉⲕⲉⲟⲩⲓ. ⲟⲩⲟϩ ϧⲉⲛ ⲛⲁⲓ ⲁϥⲉⲣ ϩⲏⲧⲥ ⲛⲭⲁ ⲡⲓ ⲧⲟⲡⲟⲥ ⲉⲃⲟⲗ (-ⲡⲃ, in Cod. ⲡⲁ-) ⲛϫⲉ ⲡⲉⲛⲓⲱⲧ ⲁⲃⲃⲁ ⲓⲱⲁⲛⲛⲏⲥ ⲉϣⲉ ⲛⲁϥ

père saint abba Jean répondit et leur dit: « Non, ce n'est pas ainsi; mais je n'ai pas laissé la pensée dominer sur moi pour lever les yeux et voir le visage de quelque homme, si ce n'est de l'archevêque seul. Affermissez-vous, dit-il, ô frères, dans la garde de vos sens, afin de faire que votre cœur soit purifié en tout temps et que vous soyez un temple et une habitation pour l'Esprit-Saint. » Et, lorsque les frères eurent entendu cela, ils prirent profit grandement. Et notre père saint abba Jean, marchait de vertu en vertu par la hauteur de sa vertu, surtout en rendant les autres riches en Dieu.

Après une foule de jours depuis son retour de Rakoti, les barbares dominèrent Schiit en des œuvres haïssables et tyranniques, selon la manière dite, perdant la situation et la succession de nos pères dans une pensée de bêtes sauvages, les poursuivant, détruisant les lieux saints. Mais notre père saint abba Jean méditait la parole du Christ qui habitait en lui, disant: « Si l'on vous chasse de cette ville, fuyez dans une autre. » Et, en cela, il commença d'abandonner le lieu, notre père abba Jean, pour aller au Clysma, surtout

---

1. *Cod.* ⲁⲣⲭⲏⲉⲡⲓⲥⲕⲟⲡⲟⲥ. — 2. *Cod.* ⲛⲛⲉⲧⲉⲛⲉⲥⲟⲛⲥⲓⲥ. — 3. *Cod.* ⲙⲁⲛⲟⲩⲟϩ. — 4. *Cod.* ⲉⲩϭⲟⲙ. — 5. *Cod.* ⲛⲧⲩⲣⲁⲛⲛⲓⲕⲟⲛ.

ⲉⲡⲓⲕⲗⲩⲥⲙⲁ ⲙⲁⲗⲓⲥⲧⲁ ⲕⲁⲧⲁ ⲟⲩⲟⲓⲕⲟⲛⲟⲙⲓⲁ ⲛ̄ⲧⲉ Ⲫ︦Ⲧ︦ ⲉⲑⲣⲉ ϧⲉⲛ ⲛⲉϥⲣ̄ⲭⲏ
ⲉⲛⲁϣⲱⲟⲩ ⲟⲩϫⲁⲓ ⲉⲃⲟⲗϩⲓⲧⲟⲧϥ ⲟⲛ ϧⲉⲛ ⲡⲓⲕⲉⲗⲗⲁ ⲉⲧⲉⲙⲙⲁⲩ ⲉⲑⲃⲉ ϫⲉ
ⲛⲁⲥⲟϫⲡ ⲟⲛ ⲉⲧⲓ ⲡⲉ ⲛ̄ϫⲉ ⲛⲓϣⲁⲙϣⲉ ⲉⲓⲇⲱⲗⲟⲛ¹ ϧⲉⲛ ⲡⲓⲙⲁ ⲉⲧⲉⲙⲙⲁⲩ.
ⲉϥⲛⲁϣⲉ ⲛⲁϥ ⲇⲉ ⲉⲃⲟⲗϧⲉⲛ ⲡⲓⲧⲟⲡⲟⲥ ⲛ̄ϫⲉ ⲡⲉⲛⲓⲱⲧ ⲉⲑⲟⲩⲁⲃ ⲧⲁⲭⲁ ⲕⲁⲧⲁ
ⲫⲣⲏϯ ⲉⲧⲁⲩϫⲟⲥ ⲁⲩⲧⲁⲕⲧⲟ ⲉⲣⲟϥ ⲧⲏⲣⲟⲩ ⲛ̄ϫⲉ ⲛⲉⲥⲛⲏⲟⲩ² ϧⲉⲛ ϩⲁⲛ ⲉⲣⲙⲱⲟⲩⲓ ⲉⲩϫⲱ ⲙ̄ⲙⲟⲥ ⲛⲁϥ ϫⲉ ⲡⲉⲛⲓⲱⲧ ⲕⲛⲁϣⲉ ⲛⲁⲕ ϩⲱⲕ ⲙⲏ ϩⲁⲣⲁ ⲕⲉⲣ ϩⲟϯ
ϧⲁ ⲧϩⲏ ⲛ̄ⲛⲓⲃⲁⲣⲃⲁⲣⲟⲥ. ⲁϥⲉⲣ ⲟⲩⲱ ⲇⲉ ⲛ̄ϫⲉ ⲡⲉⲛⲓⲱⲧ ⲉⲑⲟⲩⲁⲃ ⲁⲃⲃⲁ
ⲓⲱⲁⲛⲛⲏⲥ ⲡⲉϫⲁϥ ϫⲉ ϧⲉⲛ ⲫⲣⲁⲛ ⲙ̄Ⲡ︦Ⲭ︦Ⲥ︦ Ⲫ︦Ⲧ︦ ϯⲉⲣ ϩⲟϯ ⲁⲛ ⲁⲗⲗⲁ ⲡⲓⲑⲉ-
ⲛⲁⲛⲉϥ ⲉⲧϫⲏⲕ ⲉⲃⲟⲗ ⲙ̄ⲡⲉⲙⲑⲟ ⲙ̄Ⲫ︦Ⲧ︦ ⲫⲁⲓ ⲡⲉ ϩⲓⲛⲁ ⲛ̄ⲧⲉϣⲧⲉⲙ ⲡⲓⲣⲱⲙⲓ
ⲕⲱϯ ⲛ̄ⲥⲁ³ ⲡⲉϥⲟⲩϫⲁⲓ ⲙ̄ⲙⲁⲩⲁⲧϥ ⲁⲗⲗⲁ ⲙⲁⲗⲗⲟⲛ ⲕⲁⲧⲁ ⲟⲩⲭⲣⲉⲟⲥ ⲛⲁⲥ-
ⲥⲉⲗⲓⲕⲟⲛ ⲉⲑⲣⲉ ⲡⲓⲣⲱⲙⲓ ⲙⲁⲗⲓⲥⲧⲁ ⲡⲓⲉⲩⲥⲉⲃⲏⲥ ⲉⲣ ⲛⲉϥϩⲃⲏⲟⲩⲓ ⲧⲏⲣⲟⲩ ⲉϥϫⲟⲩϣⲧ ⲉⲧⲉϥⲛⲟϥⲣⲓ ⲛⲉⲙ ⲡⲉϥⲥⲟⲛ ϧⲉⲛ ⲟⲩϩⲓⲥⲟⲛ ⲛ̄ⲟⲩⲱⲧ. ⲡⲁⲓⲃⲁⲣⲃⲁⲣⲟⲥ
ⲅⲁⲣ ⲕⲁⲛ ⲓⲥϫⲉⲛ ϥⲫⲟⲣϫ ⲉⲃⲟⲗ ⲙ̄ⲙⲟⲓ ϧⲉⲛ ⲡⲁⲛⲁϩϯ ⲁⲗⲗⲁ ⲟⲩϩⲓⲕⲱⲛ⁴
ⲛⲉⲙ ⲟⲩⲥⲱⲛⲧ ⲛ̄ⲧⲉ Ⲫ︦Ⲧ︦ (-ⲡⲉ-) ϩⲱϥ ⲡⲉ ⲙ̄ⲡⲁⲣⲏϯ ϩⲱ. ⲁⲓϣⲁⲛⲟϩⲓ ⲉⲣⲁⲧ
ϩⲱ ⲟⲩⲟϩ ⲛ̄ⲧⲉϥϧⲟⲑⲃⲉⲧ ⲛ̄ϫⲉ ⲡⲁⲓⲃⲁⲣⲃⲁⲣⲟⲥ ϥⲛⲁϩⲱⲗ ⲉⲧⲕⲟⲗⲁⲥⲓⲥ ⲉⲑⲃⲏⲧ.
ⲟⲩⲟϩ ϧⲉⲛ ⲛⲁⲓ ⲁϥⲭⲁ ϣⲓⲏⲧ ⲉⲃⲟⲗ ⲛⲉⲙ ⲡⲕⲉⲥⲉⲡⲓ ⲛ̄ⲛⲉⲛⲓⲟϯ ⲛ̄ⲑⲉⲟⲫⲟⲣⲟⲥ
ⲉϥϭⲓ ⲙⲱⲓⲧ ϧⲁϫⲱϥ ⲛ̄ϫⲉ Ⲡ︦Ⲭ︦Ⲥ︦ ϣⲁ ⲡⲓⲧⲱⲟⲩ ⲛ̄ⲧⲉ ⲡⲓⲛⲓϣϯ ⲁⲛⲧⲱⲛⲓⲟⲥ ⲥⲁϧⲟⲩⲛ ⲙ̄ⲡⲓⲕⲗⲩⲥⲙⲁ ⲛ̄ⲟⲩⲉϩⲟⲟⲩ ⲙ̄ⲙⲟϣⲓ. ⲟⲩⲟϩ ⲁϥϣⲱⲡⲓ ϩⲓϫⲉⲛ ⲟⲩⲡⲉⲧⲣⲁ

par un dessein de Dieu, afin de sauver par lui d'autres âmes nombreuses en ce lieu-là, car il y restait encore des idolâtres. Comme il allait sortir du lieu, notre père saint, promptement, comme il a été dit, tous les frères l'entourèrent avec des larmes, lui disant: « Notre père, tu vas aussi t'en aller! Est-ce que tu as peur devant les barbares? » Notre père saint abba Jean leur répondit, il dit: « Au nom du Christ Dieu, je ne crains pas: mais le bien parfait en présence de Dieu, c'est de ne pas laisser l'homme chercher seul son salut, mais surtout, par une dette angélique, de faire que l'homme, surtout l'(homme) pieux, fasse toutes les œuvres en regardant son bien et celui de son frère en même égalité. Ce barbare, quand même il est séparé de moi par ma foi, cependant lui aussi, il est une image et une créature de Dieu comme moi. Si je reste⁵ et que ce barbare me tue, il ira dans les tourments à cause de moi. » Et sur ces entrefaites, il laissa Schiit ainsi que le reste de nos pères théophores, le Christ le guidant jusqu'à la montagne du grand Antoine, dans l'intérieur du Clysma, à un jour de marche. Et il demeura sur un

1. *Cod.* ⲓⲇⲱⲗⲟⲛ. — 2. *Cod.* ⲉⲣⲟϥ ⲧⲏⲣⲟⲩ ⲛ̄ϫⲉ ⲛⲉⲥⲛⲏⲟⲩ ⲧⲏⲣⲟⲩ. — 3. *Cod.* ⲛⲉⲙ. —
4. *Cod.* ⲟⲩϩⲓⲕⲱⲛ. — 5. Mot à mot : Si je me tiens debout.

ⲉⲁ ⲛϫⲱⲓ ⲛⲟⲩⲡⲟⲧⲁⲙⲟⲥ ϧⲉⲛ ⲟⲩⲥⲡⲏⲗⲁⲓⲟⲛ[1] ⲫⲁⲓ ⲉⲧⲁϥⲑⲁⲙⲓⲟϥ ⲛⲁϥ
ⲉⲃⲟⲗϧⲉⲛ ϩⲁⲛ ⲱⲛⲓ ⲕⲁⲧⲁ ⲡⲧⲩⲡⲟⲥ ⲙ̅ⲫⲏ ⲉⲧⲉϥϣⲟⲡ ⲟⲛ ϧⲉⲛ ϣⲓⲏⲧ ⲟⲩⲟϩ
ⲁϥϩⲉⲙⲥⲓ ⲛϧⲏⲧϥ ⲟⲛ ⲉϥⲙⲏⲛ ⲉⲫ̅ϯ̅ ⲙⲁⲗⲓⲥⲧⲁ ϧⲉⲛ ⲟⲩⲉⲙⲓ ⲉϥⲧⲟⲩϫⲟ
ⲉϫⲉⲛ ⲛⲉϥⲁⲥⲕⲏⲥⲓⲥ ⲛⲉⲙ ⲛⲉϥⲡⲟⲗⲓⲧⲓⲁ[2] ⲉϥⲙ̅ⲫⲣⲏϯ ϩⲱⲥ ϫⲉ ϯⲛⲟⲩ ϧⲉⲛ
ⲁϥⲉⲣ ϩⲏⲧⲥ ϧⲉⲛ ⲟⲩⲙⲉⲧⲃⲉⲣⲓ ⲙⲡⲉϥⲕⲁϯ. ⲫ̅ϯ̅ ⲇⲉ ⲡⲓϫⲁⲓ ⲣⲱⲟⲩϣ ⲛⲥⲏⲟⲩ
ⲛⲓⲃⲉⲛ ϧⲁ ⲛⲉϥⲡⲗⲁⲥⲙⲁ ⲛϩⲟⲩⲟ ⲇⲉ ⲛⲓ ⲉⲑⲟⲩⲁⲃ ⲛⲧⲁϥ ⲁϥϣⲱⲡⲓ ⲛⲟⲩⲡⲓⲥ-
ⲧⲟⲥ ⲛⲕⲟⲥⲙⲓⲕⲟⲥ ⲟⲩⲟϩ ⲛⲉⲩⲥⲉⲃⲏⲥ ⲉⲟⲣⲉϥϣⲉⲙϣⲓⲟⲛⲉϥ[3] ⲛⲁϥ ⲉⲟⲩⲉⲃⲟⲗ
ⲡⲉ ϧⲉⲛ ⲡⲓϯⲙⲓ ⲉⲧⲉⲙⲙⲁⲩ ⲉⲟⲩⲟⲛ ⲛⲧⲁϥ ⲙⲙⲁⲩ ⲛⲟⲩⲛⲁϩϯ ⲉϥϫⲏⲕ ⲉⲃⲟⲗ
ⲉϧⲟⲩⲛ ⲉⲛⲓ ⲉⲑⲟⲩⲁⲃ ⲧⲏⲣⲟⲩ ⲉⲧϧⲉⲛ ⲡⲓⲧⲱⲟⲩ ⲉⲧⲉⲙⲙⲁⲩ ⲙⲁⲗⲓⲥⲧⲁ ⲡⲉⲛⲓⲱⲧ
ⲉⲑⲟⲩⲁⲃ ⲛϩⲟⲩⲟ ⲉϥⲥⲟϫⲛⲓ ⲉⲣⲟϥ ϧⲉⲛ ⲟⲩϩⲟϩ ⲙⲙⲉⲧⲙⲁⲓ ⲛⲟⲩϯ ⲉⲡⲟⲩϫⲁⲓ
ⲛⲧⲉϥⲯⲩⲭⲏ ⲟⲩϣϯ ⲅⲁⲣ ⲧⲉ ⲧⲉϥⲡⲟⲗⲓⲧⲓⲁ[4] ⲕⲁⲧⲁ ⲫⲣⲏϯ ⲉⲧⲁⲩϫⲟⲥ (-ⲡⲁ,
in Cod. ⲡⲉ-) ⲟⲩⲡⲁⲣⲑⲉⲛⲟⲥ ⲡⲉ ⲓⲥϫⲉⲛ ⲧⲉϥⲙⲉⲧⲕⲟⲩϫⲓ ⲉϥⲙⲏⲛ ⲉⲫ̅ϯ̅ ϧⲉⲛ
ϩⲁⲛ ⲡⲣⲟⲥⲉⲩⲭⲏ ⲛⲉⲙ ϩⲁⲛ ⲁⲥⲕⲏⲥⲓⲥ ⲉⲟϣ ⲉⲛⲉϣϫⲉⲣ ⲡⲉⲙⲡϣⲁ ⲇⲉ ⲟⲛ
ⲛⲛⲁⲩ ⲉϩⲁⲛ ϭⲱⲣⲡ ⲉⲃⲟⲗ ⲉⲟⲩⲁⲃ ⲉⲃⲟⲗϩⲓⲧⲉⲛ ⲫ̅ϯ̅. ⲟⲩⲟϩ ⲡⲁⲓⲣⲱⲙⲓ ⲫⲁⲓ
ⲛⲁϥⲟⲓ ⲛⲇⲓⲁⲕⲟⲛⲓⲧⲏⲥ ⲙⲡⲉⲛⲓⲱⲧ ⲉⲑⲟⲩⲁⲃ ⲁⲃⲃⲁ ⲓⲱⲁⲛⲛⲏⲥ. ⲟⲩⲟⲛ ⲇⲉ
ⲛⲧⲉⲃⲇⲟⲙⲁⲥ ⲛⲉϣⲁϥⲉⲓ ⲕⲟⲧ ⲡⲉ ⲉⲡⲉⲛⲓⲱⲧ ⲉⲑⲃⲉ ⲟⲩⲭⲣⲉⲓⲁ[5] ⲛⲁⲛⲁⲕⲁⲓⲟⲛ[6]
ⲟⲩⲟϩ ⲛⲉϣⲁϥⲁⲓϥ ⲡⲉ ⲛϯⲕⲩⲣⲓⲁⲕⲏ ⲉⲑⲟⲩⲁⲃ ⲕⲁⲧⲁ ⲫⲣⲏϯ ⲉⲧⲁⲩϫⲟⲥ. ⲡⲉⲛⲓⲱⲧ ⲇⲉ ϩⲱϥ ⲟⲛ ⲛⲁϥⲙⲟⲩⲛ ⲡⲉ ⲉⲡⲓϯⲙⲓ ⲛϩⲁⲛ ⲥⲟⲡ[7] ⲉⲩⲕⲓⲙ ⲉⲣⲟϥ ⲉⲃⲟⲗ-

rocher, en dessus d'un fleuve, dans une caverne qu'il se fit en des pierres, selon le type de celle qu'il habitait à Schiit; il y resta assis, constant en Dieu et surtout en une connaissance, ajoutant à ses ascèses et à ses dévotions, étant comme si déjà en ce jour il commençait la nouveauté de son intelligence[8]. Mais Dieu qui, en tout temps, prend soin de sa créature et surtout de ses saints, destina un laïque fidèle et pieux pour le servir; il était de ce village, il avait une foi parfaite pour tous les saints qui étaient en cette montagne, surtout (pour) notre père saint qui le conseillait en une émulation de Dieu pour le salut de son âme: car sa dévotion était grande, comme il a été dit, il était vierge de corps depuis son enfance, constant pour Dieu en des prières et des ascèses nombreuses, il était digne de voir les visions saintes de Dieu, et cet homme-là était le serviteur de notre père saint abba Jean. Une fois par semaine, il allait trouver notre père à cause du besoin nécessaire, et cela, il le faisait le dimanche, ainsi qu'on l'a dit. Mais notre père allait aussi quelque-

---

1. *Cod.* ⲟⲩⲥⲡⲏⲗⲁⲉⲟⲛ. — 2. *Cod.* ⲡⲟⲗⲓⲧⲓⲁ. — 3. *Cod.* ⲇⲓⲁⲕⲟⲛⲓⲛ. — 4. *Cod.* ⲡⲟⲗⲓⲧⲓⲁ. — 5. *Cod.* ⲟⲩⲭⲣⲓⲁ. — 6. *Cod.* ⲛⲁⲛⲁⲕⲥⲟⲛ. — 7. *Cod.* ⲛϩⲁⲛⲥⲟⲛⲥⲟⲛ. — 8. C'est-à-dire comme s'il commençait de mener la vie monacale.

ϩⲓⲧⲉⲛ ⲫϯ ⲫⲁⲓ ⲙⲁⲗⲓⲥⲧⲁ ⲉⲧⲉⲣⲉⲛⲉⲣⲅⲉⲓⲛ¹ ⲛϧⲏⲧϥ ⲛⲟⲩⲙⲏϣ ⲛⲧⲁⲗϭⲟ ⲛⲣⲏϯ ⲛⲓⲃⲉⲛ ⲛϩⲟⲩⲟ ⲇⲉ ⲉⲡϫⲓ ⲛⲉⲣⲕⲁⲑⲁⲣⲓⲍⲓⲛ² ⲛⲛⲟⲩⲯⲩⲭⲏ ⲉⲃⲟⲗϧⲉⲛ ⲧⲥⲱⲣⲁ ⲛϯⲧⲣⲉⲥⲕⲉⲓⲁ³ ⲙⲃⲟϯ ⲛⲧⲉ ϯⲙⲉⲧⲉⲗⲗⲏⲛⲟⲥ ϧⲉⲛ ⲡϫⲓ ⲛⲟⲣⲉ ⲫⲟⲩⲱⲓⲛⲓ ⲛⲧⲉϥⲁⲣⲉⲧⲏ ϣⲁⲓ ⲟⲛ ϧⲉⲛ ⲡⲓⲙⲁ ⲉⲧⲉⲙⲙⲁⲩ ⲙⲫⲣⲏϯ ⲛⲟⲩⲫⲱⲥⲧⲏⲣ ⲁϥϣⲱⲡⲓ ⲅⲁⲣ ⲛⲱⲟⲩ ⲛϥⲁⲩ ⲙⲱⲓⲧ ⲧⲏⲣⲟⲩ ⲉϧⲟⲩⲛ ⲉⲡⲟⲩϫⲁⲓ ⲟⲩⲟϩ ⲉⲑⲃⲉ ⲡⲓⲣⲏϯ ⲉⲧⲟⲩⲉⲣⲙⲉⲧⲉⲭⲓⲛ¹ ⲙⲡⲟⲩⲛⲟϩⲉⲙ ⲉⲃⲟⲗϩⲓⲧⲟⲧϥ ⲙⲡⲉⲛⲓⲱⲧ ⲁⲩϣⲁⲛⲥⲱⲧⲉⲙ ϫⲉ ⲁϥⲓ ⲉⲡϣⲱⲓ ⲉⲃⲟⲗϧⲉⲛ ⲡⲓⲧⲱⲟⲩ ⲛⲁⲣⲉ ⲡⲓⲙⲏϣ ⲧⲏⲣϥ ⲛⲧⲉ ⲡⲓϯⲙⲓ ⲛⲛⲟⲩ ⲉⲃⲟⲗ ⲥⲁϫⲱϥ ⲡⲉ ⲛⲏⲗⲓⲕⲓⲁ ⲛⲓⲃⲉⲛ ⲉϭⲓ ⲥⲙⲟⲩ ⲉⲃⲟⲗϩⲓⲧⲟⲧϥ (-ⲡⲉ-) ϩⲱⲥ ⲉϥⲉⲣ ⲡⲉⲑⲛⲁⲛⲉϥ ⲛⲧⲱⲟⲩ ⲧⲏⲣⲟⲩ ⲛⲁϣⲱⲟⲩ ⲅⲁⲣ ⲛϫⲉ ⲛⲓⲯⲩⲭⲏ ⲉⲧⲁϥⲥⲟⲕⲙⲟⲩ ⲉⲃⲟⲗϧⲉⲛ ⲛⲉⲛϫⲓϫ ⲙⲡⲓϫⲁϫⲓ ⲉϥⲉⲣⲧⲩⲣⲁⲛⲛⲉⲥⲥⲉⲑⲁⲓ⁵ ⲉϩⲣⲏⲓ ⲉϫⲱⲟⲩ ϧⲉⲛ ϩⲁⲛ ⲙⲏϣ ⲛⲥⲙⲟⲧ ⲉϥϯ ϫⲱⲛⲧ ⲙⲫϯ ⲙⲁⲗⲓⲥⲧⲁ ⲛⲏ ⲉⲧϩⲉⲛ ⲡϣⲉⲙϣⲓ ⲛⲛⲓⲉⲓⲇⲱⲗⲟⲛ⁶ ⲉⲁϥⲧⲟⲩⲃⲟ ⲙⲡⲓⲙⲁ ⲧⲏⲣϥ ϣⲁⲧⲉⲛ ⲟⲩⲣⲱⲙⲓ ⲛⲟⲩⲱⲧ ⲛⲉⲙ ⲡⲉϥⲏⲓ ⲧⲏⲣϥ. ⲟⲩⲟϩ ⲫⲁⲓ ⲕⲁⲧⲁ ⲫⲣⲏϯ ⲉⲧⲁⲩϫⲟⲥ ⲛⲉ ⲟⲩⲣⲁⲙⲁⲟ ⲙⲙⲁϣⲱ ⲡⲉ ⲉϥϭⲟⲓ ⲛⲛⲉϣⲧⲉ ϧⲉⲛ ⲟⲩⲙⲉⲧⲧⲩⲣⲁⲛⲛⲟⲥ⁷ ⲛⲉⲙ ⲟⲩⲙⲉⲧⲁⲩⲑⲁⲇⲏⲥ ⲉⲑⲃⲉ ⲡⲁϣⲁⲓ ⲛⲛⲉϥⲭⲣⲏⲙⲁ ⲉⲟⲩⲟⲛ ⲛⲧⲁϥ ⲙⲙⲁⲩ ⲛⲟⲩⲙⲏϣ ⲛⲉⲓⲇⲱⲗⲟⲛ⁸ ⲛⲛⲟⲩⲃ ϧⲏ⁹ ϩⲁⲧ ⲉⲧϧⲉⲛ ⲡⲉϥⲏⲓ ⲉϥϣⲉⲙϣⲓ ⲙⲙⲱⲟⲩ ⲕⲁⲧⲁ ⲫⲟⲩⲱϣ ⲙⲡⲓⲇⲓⲁⲃⲟⲗⲟⲥ. ⲟⲩⲟϩ ⲫⲁⲓ ⲟⲛ ⲛⲉϣⲁϥϯ ⲛⲟⲩⲙⲏϣ ⲛⲥⲓⲉ

fois au village, mû par Dieu qui surtout opérait par lui une foule de guérisons de toute sorte, et surtout pour la purification de leurs âmes de la lèpre de l'adoration abominable de l'hellénisme, en faisant que la lumière de ses vertus brillât sur ce lieu à la manière d'un astre, car il fut pour tous un guide vers le salut et pour la manière dont ils atteindraient leur salut par l'entremise de notre père; lorsqu'ils apprenaient qu'il était monté de la montagne, toute la foule du village allait au-devant de lui, tout âge, pour prendre sa bénédiction, comme de leur bienfaiteur à tous: car elles sont nombreuses les âmes qu'il arracha des mains de l'ennemi qui les tyrannisait dans des foules de formes, irritant Dieu, surtout ceux qui étaient (encore) idolâtres ayant purifié tout le lieu à l'exception d'un seul homme et de sa maison entière. Et celui-là, comme on l'a dit, était un (homme) riche grandement, étant dur avec tyrannie et avec arrogance à cause de l'abondance de ses richesses; il avait là une foule d'idoles en or et en argent qui étaient en sa maison et qu'il servait selon la volonté du diable. Et celui-là avait donné

---

1. Cod. ⲉⲛⲉⲣⲅⲓⲛ. — 2. Cod. ⲕⲁⲑⲁⲣⲓⲍⲓⲛ. — 3. Cod. ⲧⲣⲉⲥⲕⲓⲁ. — 4. Cod. ⲙⲉⲧⲉⲭⲓⲛ. — 5. Cod. ⲧⲓⲣⲁⲛⲉⲥⲥⲟⲥ. — 6. Cod. ⲓⲇⲱⲗⲟⲛ. — 7. Cod. ⲟⲩⲙⲉⲧⲧⲓⲣⲁⲛⲛⲟⲥ. — 8. Cod. ⲛⲓⲇⲱⲗⲟⲛ. — 9. Cod. ϩⲓ.

ⲛⲛⲓⲡⲓⲥⲧⲟⲥ ⲛⲟⲣⲑⲟⲇⲟⲝⲟⲥ ⲛⲉ ⲛϩⲟⲩⲟ ⲇⲉ ⲛⲏ ⲉⲑⲛⲁⲧⲁⲥⲑⲱⲟⲩ ⲉⲃⲟⲗϧⲉⲛ
ⲡϣⲉⲙϣⲓ ⲉⲧⲟⲥϥ ⲉϩⲟⲩⲛ ⲉⲡⲉⲙⲓ ⲙⲫⲟⲩⲱⲓⲛⲓ ⲙⲡⲭ̅ⲥ̅ ⲁϥϯ ⲛϩⲁⲛ ⲛⲓϣϯ ⲛⲉⲙⲕⲁϩ ⲛϩⲟⲩ ⲟⲩⲟϩ ⲧⲁⲭⲁ ⲙⲫⲣⲏϯ ⲉⲧⲁⲩϫⲟⲥ ⲉϥϭⲓ ⲧⲟⲧϥ ⲛⲟⲩⲙⲏϣ ⲛⲥⲟⲡ
ⲉⲉⲣ ⲡⲉⲧϩⲱⲟⲩ ⲙⲡⲉⲛⲡⲁⲛⲁⲅⲓⲟⲥ ⲛⲓⲱⲧ ϧⲉⲛ ⲫⲑⲟⲛⲟⲥ ⲙⲡⲓⲇⲓⲁⲃⲟⲗⲟⲥ ⲉϥⲉⲣ-
ⲉⲡⲓⲃⲟⲩⲗⲉⲧⲓⲛ[1] ⲉⲣⲟϥ ⲟⲩⲟϩ ⲉϥϫⲱⲣϫ ϧⲉⲛ ⲟⲩⲭⲣⲟϥ ⲛⲛⲁⲩ ⲛⲓⲃⲉⲛ ⲉⲱⲗⲓ
ⲙⲡⲉϥⲱⲛϧ ⲉⲃⲟⲗϩⲓϫⲉⲛ ⲡⲓⲕⲁϩⲓ. ⲫϯ ⲇⲉ ⲡⲓϫⲁⲓ ⲣⲱⲟⲩϣ ⲟⲩⲟϩ ⲡⲥⲕⲉⲡⲁⲥⲧⲏⲥ
ⲛⲛⲏ ⲉⲑⲟⲩⲁⲃ (-ⲛⲥ, in Cod. ⲡⲏ-) ⲙⲡⲉϥⲉⲣⲁⲛⲉⲭⲉⲥⲑⲁⲓ[2] ⲉⲑⲣⲉ ⲟⲩϩⲱⲃ
ⲉϥϩⲱⲟⲩ ⲧⲁϩⲉ ⲡⲉϥⲃⲱⲕ ⲁⲗⲗⲁ ⲙⲁⲗⲗⲟⲛ ϧⲉⲛ ⲟⲩⲥⲟⲫⲓⲁ ⲉⲥⲉⲣ ϩⲱⲃ ⲙⲁⲗⲓⲥⲧⲁ ⲉⲡⲉϥⲟⲩϫⲁⲓ ϩⲓⲧⲉⲛ ⲛⲓⲉⲩⲭⲏ ⲛⲧⲉ ⲡⲉⲛⲓⲱⲧ ⲁⲃⲃⲁ ⲓⲱⲁⲛⲛⲏⲥ ⲁϥⲓⲛⲓ
ⲛⲟⲩϣⲱⲛⲓ ⲉϫⲱϥ ⲛⲧⲉ ϩⲁⲛ ⲕⲉⲗⲕⲁ ⲛⲭⲱϥ ⲉⲣϯ ⲧⲕⲁⲥ ⲙⲙⲁϣⲱ ϩⲱⲥⲧⲉ ϧⲉⲛ
ⲫⲁⲓ ⲛⲧⲉϥⲉⲣ ⲃⲉⲗⲗⲉ ⲙⲡⲉϥⲃ̅ ⲙⲃⲁⲗ ⲟⲩⲟϩ ⲛⲧⲉϥⲥⲉⲕ[3] ϥⲉⲛⲧ ⲉⲃⲟⲗϩⲁⲣⲟϥ.
ⲛⲉϥⲉⲃⲓⲁⲓⲕ ⲇⲉ ⲛⲉⲙ ⲛⲏ ⲉⲧⲉ ⲛⲟⲩϥ ⲧⲏⲣⲟⲩ ⲉⲩⲉⲣ ϩⲏⲃⲓ ⲟⲩⲟϩ ⲉⲩⲧⲱⲓⲧ ⲉⲩϭⲟϫⲓ ϧⲁⲣⲁⲧⲟⲩ ⲛⲛⲟⲩⲛⲟⲩϯ ⲛⲛⲟⲩⲃ ⲉⲩⲙⲟⲩϯ ⲟⲩⲃⲉ ⲫⲟⲩⲁⲓ ⲫⲟⲩⲁⲓ
ⲙⲙⲱⲟⲩ ⲉⲑⲣⲟⲩⲛⲁϩⲙⲉϥ. ⲟⲩⲟϩ ⲛⲁⲣⲉ ϩⲗⲓ ⲙⲃⲟⲏⲑⲉⲓⲁ[4] ϣⲟⲡ ⲙⲡⲓⲧⲁⲗⲁⲓ-
ⲡⲱⲣⲟⲥ[5] ⲉⲧⲉⲙⲙⲁⲩ ⲁⲛ ⲡⲉ ⲥⲁ ϩⲗⲓ ⲛⲥⲁ ⲁⲗⲗⲁ ⲙⲁⲗⲗⲟⲛ ⲛⲁⲣⲉ ⲫⲙⲟⲩ
ϫⲉⲙϫⲟⲙ ⲉϫⲱϥ ⲛϩⲟⲩⲟ ⲡⲉ ⲉⲁϥⲉⲣ ⲙⲫⲣⲏϯ ⲛⲟⲩϣⲉ ⲉϥϥⲉϥϫⲱϥ. ⲉϥⲭⲏ
ⲇⲉ ϧⲉⲛ ⲧⲁⲓⲃⲁⲥⲁⲛⲟⲥ[6] ⲑⲁⲓ ⲁϥϫⲟⲥ ϧⲉⲛ ⲧⲉϥⲁⲛⲁⲅⲕⲏ ⲙⲟⲅⲓⲥ ϧⲉⲛ ⲟⲩϧⲓⲥⲓ

une foule de souffrances aux fidèles orthodoxes et surtout à ceux qui s'étaient convertis de l'adoration, à la connaissance de la lumière du Christ, leur donnant de grandes douleurs, et bientôt, comme il a été dit, il essaya une foule de fois de faire du mal à notre tout saint père par la haine du diable, lui tendant des embûches et des filets en cachette, à toute heure, pour prendre sa vie de dessus la terre. Mais Dieu, qui veille sur les saints et les abrite, ne souffrit point qu'une chose mauvaise prit son serviteur; mais plutôt, dans une sagesse qui travaillait surtout à son salut, par les prières de notre père abba Jean, il envoya sur lui une maladie, de sorte que des pustules à sa tête le firent souffrir grandement, si bien qu'il devint aveugle de ses deux yeux et qu'il laissa couler des vers de lui-même. Ses serviteurs et tous ceux qui lui appartenaient étaient dans le deuil, gémissant, courant aux pieds de leurs dieux en or, invoquant chacun d'eux pour le sauver, et aucun secours n'était à ce malheureux ni d'un côté, ni de l'autre, mais plutôt la mort prévalait contre lui de plus en plus; il était comme un morceau de bois brûlé. Étant donc en ce tourment, il dit dans sa nécessité, et à peine si l'on entendit sa

1. Cod. ⲉⲡⲓⲃⲟⲩⲗⲉⲧⲓⲛ. — 2. Cod. ⲁⲛⲉⲭⲉⲥⲑⲉ. — 3. Cod. ⲛⲧⲉϥⲥⲟⲕ ϥⲉⲛⲧ (sic). — 4. Cod. ⲙⲃⲟⲏⲑⲓⲁ. — 5. Cod. ⲧⲁⲗⲉⲡⲱⲣⲟⲥ. — 6. Ce mot est bien au féminin.

ⲉⲧⲥⲱⲧⲉⲙ ⲉⲧⲉϥⲥⲙⲏ ⲉϥϫⲱ ⲙⲙⲟⲥ ϫⲉ ⲧⲁⲭⲩ¹ ⲁⲙⲟⲓ ⲛⲏⲓ ⲛⲓⲱⲁⲛⲛⲏⲥ ⲉⲙⲙⲁⲓ ⲡⲓⲃⲱⲕ ⲛⲧⲉ ⲫϯ ⲛⲛⲓⲭⲣⲓⲥⲧⲓⲁⲛⲟⲥ ϫⲉ ⲁⲧϭⲛⲟⲩϥ ⲙⲙⲟⲛ ⲟⲩⲁⲓ ⲛⲁϣⲱⲡⲓ ⲛⲏⲓ. ⲥⲁⲧⲟⲧⲟⲩ ⲇⲉ ⲛⲏ ⲉⲧⲉ ⲛⲟⲩϥ ⲧⲏⲣⲟⲩ ⲛⲉϥϣⲏⲣⲓ ⲛⲉⲙ ⲛⲉϥⲉⲃⲓⲁⲓⲕ ⲧⲏⲣⲟⲩ ϧⲉⲛ ⲟⲩⲛⲓϣϯ ⲛⲥⲡⲟⲩⲇⲏ ⲁⲩϭⲟϫⲓ ⲉⲣⲁⲧϥ ⲙⲡⲉⲛⲓⲱⲧ ⲁⲃⲃⲁ ⲓⲱⲁⲛⲛⲏⲥ ⲉⲡⲧⲱⲟⲩ. (-ⲡⲅ-) ⲉⲧⲁⲩⲕⲱⲗϩ ⲇⲉ ⲉⲫⲣⲟ ⲙⲡⲉϥⲁⲥⲕⲏⲧⲏⲣⲓⲟⲛ ⲁϥⲓ ⲉⲃⲟⲗ ⲛϫⲉ ⲡⲓⲥⲏⲓⲛⲓ ⲛⲧⲉ ⲛⲓⲯⲩⲭⲏ ⲛⲉⲙ ⲛⲓⲥⲱⲙⲁ. ⲛⲑⲱⲟⲩ ⲇⲉ ⲛⲏ ⲉⲧⲁⲩⲟⲩⲟⲣⲡⲟⲩ ⲛⲁⲩϯ ϩⲟ ⲡⲉ ⲛϫⲁⲛ ⲙⲛⲓϣϯ ⲙⲡⲉⲛⲓⲱⲧ ⲉⲑⲣⲉϥϣⲉⲛ ϩⲏⲧ ϧⲁⲣⲟϥ. ⲡⲉⲛⲓⲱⲧ ⲇⲉ ⲡⲉϫⲁϥ ⲛⲱⲟⲩ ϫⲉ ⲉⲃⲏⲗ ⲛⲧⲉϥϯ ⲣⲱϥ ⲉϫⲱϥ ⲛⲧⲁⲓⲙⲉⲧⲁⲡⲁⲛⲑⲣⲱⲡⲟⲥ ⲟⲩⲟϩ ⲛⲧⲉϥϭⲓ ⲟⲩⲱⲓⲛⲓ ϧⲉⲛ ⲫⲟⲩⲱⲓⲛⲓ ⲛϯⲧⲣⲓⲁⲥ ⲉⲑⲟⲩⲁⲃ ϥⲛⲁⲟⲩϫⲁⲓ ⲁⲛ. ⲛⲁⲓ ⲉⲧⲁⲩⲥⲟⲑⲙⲟⲩ ⲛϫⲉ ⲛⲏ ⲉⲧⲁⲩⲟⲩⲟⲣⲡⲟⲩ ⲟⲩⲟϩ ⲉⲧⲁⲩϣⲉ ⲛⲱⲟⲩ ⲁⲩϫⲉ ⲛⲁⲓ ⲙⲫⲏ ⲉⲧⲉⲣⲕⲓⲛⲇⲩⲛⲉⲩⲓⲛ². ⲁϥⲱϣ ⲉⲃⲟⲗ ⲉϥϫⲱ ⲙⲙⲟⲥ ϫⲉ ⲙⲁⲣⲉϥⲧⲁⲗϭⲟⲓ ⲉⲃⲟⲗϧⲉⲛ ⲧⲁⲓⲙⲁⲥⲧⲓⲝ³ ⲕⲁⲓ⁴ ϯⲛⲁⲓⲣⲓ ⲕⲁⲧⲁ ϩⲱⲃ ⲛⲓⲃⲉⲛ ⲉⲧⲉⲟⲩⲁϣⲟⲩ. ⲛⲁⲓ ⲇⲉ ⲉⲧⲁϥⲥⲟⲑⲙⲟⲩ ⲛⲧⲟⲧⲟⲩ ⲛⲛⲏ ⲉⲧⲁϥⲟⲩⲟⲣⲡⲟⲩ ⲟⲛ ⲛϫⲉ ⲡⲉⲛⲡⲁⲛⲁⲅⲓⲟⲥ ⲛⲓⲱⲧ ⲁⲃⲃⲁ ⲓⲱⲁⲛⲛⲏⲥ ⲁϥⲙⲟϣⲓ ⲛⲉⲙⲱⲟⲩ ϩⲓ ⲫⲙⲱⲓⲧ ⲉϥⲣⲁϣⲓ ϩⲱⲥ ⲁⲡⲟⲥⲧⲟⲗⲟⲥ ⲉⲃⲟⲗϩⲓⲧⲉⲛ ⲫϯ. ⲉⲧⲁϥⲫⲟϩ ⲇⲉ ⲉⲫⲙⲁ ⲛϣⲱⲡⲓ ⲙⲡⲓⲣⲱⲙⲓ ⲉⲧⲉⲙⲙⲁⲩ ⲛϫⲉ ⲡⲉⲛⲓⲱⲧ ⲁⲩⲓ ⲛϫⲉ ⲛⲓⲉⲓⲇⲱⲗⲟⲛ⁵ ⲉⲧϧⲉⲛ ⲡⲉϥⲏⲓ ϧⲉⲛ ϯⲟⲩⲛⲟⲩ ⲁⲩⲕⲱϣ ⲟⲩⲟϩ ⲛⲓⲇⲁⲓⲙⲱⲛ⁶ ⲉⲧϫⲁⲗⲏⲟⲩⲧ ⲉϩⲟⲧⲁⲓ

voix dans sa souffrance, disant: « Vite, amenez-moi ici Jean le serviteur du Dieu des chrétiens, car, sans lui, il n'y aura point de guérison pour moi. » Aussitôt tous ceux qui lui appartenaient, ses enfants et ses serviteurs, en un grand zèle, coururent près de notre père Jean à la montagne. Lorsqu'ils eurent frappé à la porte du lieu où il faisait ses ascèses, le médecin des âmes et des corps sortit. Eux, ceux qui avaient été envoyés, priaient notre père en une foule de prières, afin qu'il eût pitié de lui. Mais notre père leur dit: « A moins qu'il ne promette⁷ d'abandonner cette inhumanité et de prendre lumière dans la lumière de la Trinité sainte, il ne sera pas guéri. » Lorsque ceux qu'il avait envoyés eurent entendu cela et qu'ils furent allés, ils le dirent à celui qui était en danger; il s'écria, disant: « Qu'il me guérisse de cette calamité⁸ et je ferai tout ce qu'il désire. » Lorsqu'il eut entendu cela de ceux que l'homme avait envoyés de nouveau, notre tout saint père abba Jean marcha avec eux dans le chemin, joyeux comme un apôtre de Dieu. Lorsque notre père fut arrivé à l'habitation de cet homme, les idoles qui étaient en sa

---

1. *Cod.* ⲧⲁⲭⲏ. — 2. *Cod.* ⲛⲛⲁⲇⲛⲉⲩⲓⲛ. — 3. *Cod.* ⲧⲁⲓⲙⲁⲥⲧⲓⲝ. — 4. *Cod.* ⲕⲉ. — 5. *Cod.* ⲛⲓⲁⲱⲗⲟⲛ. — 6. *Cod.* ⲛⲓⲇⲉⲙⲱⲛ. — 7. Mot à mot : Qu'il ne donne sa bouche. — 8. Mot à mot : De ce fouet.

ⲫⲟⲧⲁⲓ ⲙⲙⲱⲟⲩ ⲁⲩⲫⲱⲧ ⲟⲩⲟϩ ⲛⲁⲩⲱϣ ⲉⲃⲟⲗϧⲉⲛ ⲡⲓⲁⲏⲣ ⲉⲩϫⲱ ⲙⲙⲟⲥ ϫⲉ ⲟⲩⲟⲓ ⲛⲁⲛ ϫⲉ ⲁⲩϭⲟϫⲓ ⲛⲥⲱⲛ ⲉⲃⲟⲗϧⲉⲛ ⲙⲁⲓ ⲛⲓⲃⲉⲛ (-ⲡⲏ, in Cod. ⲧ̄-) ⲟⲩⲟϩ ⲁⲩⲱⲗⲓ ⲛⲛⲉⲛⲧⲟⲡⲟⲥ ⲛⲧⲟⲧⲉⲛ. ⲡⲉⲛⲓⲱⲧ ⲇⲉ ⲉϥⲙⲉϩ ⲉⲃⲟⲗϧⲉⲛ ⲡⲓⲡⲛⲁ ⲉⲑⲟⲩⲁⲃ ⲛⲁϥⲛⲓϥⲓ ⲛⲥⲱⲟⲩ ⲉϥⲉⲣⲇⲓⲱⲕⲓⲛ[1] ⲛⲥⲁ ⲧⲟⲩⲡⲗⲁⲛⲏ ⲙⲁⲗⲓⲥⲧⲁ ϧⲉⲛ ⲟⲩϧⲣⲏⲥⲓⲥ ⲉⲥϫⲟⲣ ⲛⲧⲉ ⲫⲓⲏⲓⲛⲓ ⲙⲡⲓⲥⲧⲁⲩⲣⲟⲥ[2] ⲛⲟⲩϫⲁⲓ ⲉϥⲉⲣⲁⲅⲓⲁⲍⲓⲛ[3] ⲙⲡⲓⲙⲁ ⲛϣⲱⲡⲓ ⲧⲏⲣϥ ϧⲉⲛ ⲡⲥⲙⲟⲧ ⲛⲛⲉϥϣⲗⲏⲗ ⲉⲑⲟⲩⲁⲃ ⲛⲉⲙ ϩⲁⲛ ⲡⲣⲟⲥⲉⲩⲭⲏ ⲉⲧⲟϣ. ϧⲉⲛ ⲛⲁⲓ ⲇⲉ ⲉⲛⲁⲣⲉ ⲡⲓⲣⲱⲙⲓ ⲱϣ ⲉⲃⲟⲗ ⲡⲉ ⲉϥϫⲱ ⲙⲙⲟⲥ ϫⲉ ⲁⲣⲓ ⲃⲟⲏⲑⲉⲓⲛ ⲉⲣⲟⲓ. ⲡⲉⲛⲓⲱⲧ ⲇⲉ ⲉⲑⲟⲩⲁⲃ ⲉϥⲙⲉϩ ⲉⲃⲟⲗϧⲉⲛ ⲙⲉⲧϣⲉⲛϩⲏⲧ ⲛⲓⲃⲉⲛ ⲁϥⲉⲣⲕⲁⲑⲏⲭⲓⲛ[4] ⲙⲙⲟϥ ⲛⲉⲙ ⲡⲉϥⲏⲓ ⲧⲏⲣϥ ϧⲉⲛ ⲡⲥⲁϫⲓ ⲙⲡⲓⲱⲛϧ ⲛⲉⲛⲉϩ ⲟⲩⲟϩ ⲁϥⲑⲣⲉϥⲉⲣⲟⲙⲟⲗⲟⲅⲓⲛ[5] ⲛϯⲙⲉⲑⲛⲟⲩϯ ⲛⲟⲩⲱⲧ ⲛⲧⲉ ϯⲧⲣⲓⲁⲥ ⲉⲑⲟⲩⲁⲃ ⲛⲁⲧⲥⲱⲛⲧ ⲛⲁⲧⲫⲱⲣϫ ⲛⲁⲧⲁⲣⲭⲏ ⲛⲁⲧϧⲁⲛ ⲟⲩⲟϩ ⲟⲛ ⲉϥⲉⲣⲟⲙⲟⲗⲟⲅⲓⲛ[6] ⲛϯⲟⲓⲕⲟⲛⲟⲙⲓⲁ ⲉⲧⲁϥⲁⲓⲥ ϣⲁⲣⲟⲛ ⲉⲑⲃⲉ ⲡⲉⲛⲟⲩϫⲁⲓ ⲛϫⲉ ⲡⲓⲟⲩⲁⲓ ⲉⲃⲟⲗϧⲉⲛ ϯⲧⲣⲓⲁⲥ ⲉⲑⲟⲩⲁⲃ ⲡⲓⲙⲟⲛⲟⲅⲉⲛⲏⲥ ⲛϣⲏⲣⲓ ⲟⲩⲟϩ ⲛⲗⲟⲅⲟⲥ ⲛⲧⲉ ⲫⲓⲱⲧ ⲫⲁⲓ ⲉⲧⲁϥϭⲓ ⲥⲁⲣⲝ ϧⲉⲛ ⲟⲩⲡⲛⲁ ⲉϥⲟⲩⲁⲃ ⲕⲁⲧⲁ ⲟⲩϩⲩⲡⲟⲥⲧⲁⲥⲓⲥ ⲉⲃⲟⲗϧⲉⲛ ϯⲡⲁⲣⲑⲉⲛⲟⲥ ⲉⲑⲟⲩⲁⲃ ⲙⲁⲣⲓⲁ ⲉⲁϥϣⲱⲡⲓ ⲛⲣⲱⲙⲓ ⲛⲧⲉⲗⲉⲓⲟⲥ[7] ⲉⲁϥϭⲓ ⲙⲕⲁϩ ϧⲉⲛ ⲧⲥⲁⲣⲝ ⲁϥⲧⲱⲛϥ ⲉⲃⲟⲗϧⲉⲛ ⲛⲏ ⲉⲑⲙⲱⲟⲩⲧ ⲙⲡⲓⲉϩⲟⲟⲩ ⲙⲙⲁϩ ⲅ̄ ⲁϥϣⲉ ⲛⲁϥ ⲉⲡϣⲱⲓ ⲉⲛⲓⲫⲏⲟⲩⲓ (-ⲡⲉ-) ϥⲓⲛⲟⲩ ϧⲉⲛ

maison tombèrent aussitôt, elles furent brisées et les démons qui habitaient en chacune d'elles s'enfuirent et s'écrièrent dans l'air, disant: « Malheur à nous! car on nous a chassés de tout lieu et on nous a enlevé nos endroits. » Mais notre père plein de l'Esprit-Saint soufflait derrière eux poursuivant leur erreur, surtout par l'usage puissant du signe de la croix salutaire, sanctifiant toute l'habitation en la forme de ses prières saintes avec des oraisons nombreuses. Sur ces entrefaites, l'homme criait en disant: « Secours-moi. » Mais notre père saint, rempli de toute piété, le catéchisa avec toute sa maison dans la parole de la vie éternelle, il lui fit confesser la divinité unique de la Trinité sainte incréée, indivisible, sans commencement et sans fin, et le (malade) confessa l'économie qu'a faite vers nous pour notre salut l'une (des Personnes) de la Trinité sainte, le Fils unique, le Verbe du Père, lequel prit chair par un Saint-Esprit, selon une hypostate, de la vierge sainte, Marie, qui a été un homme parfait, ayant souffert dans la chair, est ressuscité d'entre les morts le troisième jour, est monté aux cieux et qui viendra dans

---

1. Cod. ⲉϥⲉⲣⲇⲓⲱⲕⲓⲛ. — 2. Cod. ⲙⲡⲓϥ̄. — 3. Cod. ⲉϥⲉⲣⲁⲅⲓⲁⲍⲓⲛ. — 4. Cod. ⲁϥⲉⲣⲕⲁⲑⲏⲕⲓⲛ. — 5. Cod. ⲁϥⲑⲣⲉϥⲉⲣⲟⲙⲟⲗⲟⲅⲓⲛ. — 6. Cod. ⲉϥⲉⲣⲟⲙⲟⲗⲟⲅⲓⲛ. — 7. Cod. ⲛⲧⲉⲗⲓⲟⲥ.

ⲡⲉϥⲱⲟⲩ ⲉϯϩⲁⲡ ⲉⲛⲏ ⲉⲧⲟⲛϧ ⲛⲉⲙ ⲛⲏ ⲉⲑⲙⲱⲟⲩⲧ. ϧⲉⲛ ⲛⲁⲓ ⲇⲉ ⲁϥⲉⲣⲁⲡⲟ-
ⲧⲁⲍⲉⲥⲑⲁⲓ¹ ⲙⲡⲥⲁⲧⲁⲛⲁⲥ ⲛϫⲉ ⲡⲓⲣⲱⲙⲓ ⲉϥⲉⲣⲁⲛⲁⲑⲉⲙⲁⲧⲓⲍⲉⲓⲛ² ⲙⲙⲟϥ
ⲛⲉⲙ ⲛⲉϥⲇⲁⲓⲙⲱⲛ³. ⲙⲉⲛⲉⲛⲥⲁ ⲛⲁⲓ ⲇⲉ ⲁϥϯ ⲱⲙⲥ ⲛⲁϥ ⲛⲉⲙ ⲡⲉϥⲏⲓ
ⲧⲏⲣϥ ⲛϫⲉ ⲡⲉⲛⲡⲁⲛⲁⲅⲓⲟⲥ ⲓⲱⲧ ⲉϥⲣⲁⲛ ⲛϯⲧⲣⲓⲁⲥ ⲉⲑⲟⲩⲁⲃ ⲛⲟⲙⲟⲟⲩⲥⲓⲟⲥ⁴
ⲛⲁⲧⲥⲱⲛⲧ ⲛⲁⲧϫⲱϫⲉⲃ ⲛⲁⲧϣⲱⲡ ⲉⲣⲟⲥ ⲛⲟⲩⲡⲣⲟⲥⲑⲏⲕⲏ ⲛϫⲉ ⲕⲉⲛⲟⲩ
ⲟⲩⲟϩ ⲁϥⲟⲣⲉϥⲟⲩⲃⲁϣ ϧⲉⲛ ⲫⲟⲩⲱⲓⲛⲓ ⲙⲡⲓⲥⲱⲛⲧ ⲙⲃⲉⲣⲓ. ⲟⲩⲟϩ ⲟⲩ-
ϣⲫⲏⲣⲓ ⲙⲡⲁⲣⲁⲇⲟⲝⲟⲛ ⲁⲥϣⲱⲡⲓ ⲙⲡⲓⲛⲁⲩ ⲉⲧⲉⲙⲙⲁⲩ ⲡⲉϫⲱⲟⲩ. ⲉⲧⲁϥⲓ
ⲅⲁⲣ ⲉⲡϣⲱⲓ ⲉⲃⲟⲗϧⲉⲛ ⲛⲓⲙⲱⲟⲩ ⲉⲑⲟⲩⲁⲃ ⲙⲙⲩⲥⲧⲓⲕⲟⲛ⁵ ϩⲁⲛ ⲛⲓⲕⲉ ⲁⲩⲉⲓ
ⲉⲃⲟⲗϧⲉⲛ ⲛⲉϥⲃⲁⲗ ⲙⲫⲣⲏϯ ⲛϩⲁⲛ ϣⲛⲉϥ ⲉⲁϥⲛⲁⲩ ⲙⲃⲟⲗ ⲛⲧⲟⲩⲛⲟⲩ ⲟⲩⲟϩ
ⲁϥⲧⲁⲗϭⲟ ϧⲉⲛ ⲛⲉϥⲙⲉⲗⲟⲥ ⲧⲏⲣⲟⲩ ⲟⲩⲟϩ ⲡⲓⲙⲏϣ ⲧⲏⲣϥ ⲛⲧⲉ ⲡⲓⲧⲙⲓ ⲉⲧ-
ⲑⲟⲩⲏⲧ ⲛⲁⲩϭⲓ ϣⲫⲏⲣⲓ ⲡⲉ ⲉⲩϯ ⲱⲟⲩ ⲙⲫϯ. ⲉⲛⲁϥϣⲟⲡ ⲛⲱⲟⲩ ⲧⲏⲣⲟⲩ
ⲗⲟⲓⲡⲟⲛ ⲛϫⲉ ⲟⲩⲛⲓϣϯ ⲛⲣⲁϣⲓ ⲛⲉⲙ ⲟⲩⲟⲩⲛⲟϥ ⲙⲡⲛⲁⲧⲓⲕⲟⲛ ⲛⲁⲧⲉⲣ ϣⲁⲓ
ϧⲉⲛ ⲟⲩⲑⲉⲗⲏⲗ ⲙⲁⲗⲓⲥⲧⲁ ϧⲉⲛ ⲡⲏⲓ ⲙⲡⲓⲡⲓⲥⲧⲟⲥ ⲛⲭⲣⲓⲥⲧⲓⲁⲛⲟⲥ⁶ ⲉⲧⲉⲙⲙⲁⲩ
ⲛⲑⲟϥ ⲛⲉⲙ ⲛⲏ ⲉⲧⲉ ⲛⲟⲩϥ ⲧⲏⲣⲟⲩ ⲉϩⲣⲏⲓ ⲉϫⲉⲛ ⲡⲓⲥⲱϯ ⲉⲧⲕⲏⲃ ⲉⲧⲁϥⲧⲁ-
ϩⲱⲟⲩ ⲉⲃⲟⲗϩⲓⲧⲉⲛ ⲡⲟⲥ ⲛⲉⲙ ⲡⲉϥⲃⲱⲕ ⲓⲱⲁⲛⲛⲏⲥ. (-ⲅ̅, in Cod. ⲥⲡ̅ⲃ-) ϧⲉⲛ
ⲡϫⲓ ⲛⲑⲣⲉϥⲉⲣⲁⲡⲟⲗⲁⲩⲉⲓⲛ⁷ ⲇⲉ ⲛⲛⲁⲓⲛⲓϣϯ ⲛⲇⲱⲣⲉⲁ ⲟⲩⲟϩ ⲛⲧⲉϥϣⲁϣⲛⲓ

sa gloire pour juger les vivants et les morts. En cela, l'homme renonça à Satan, il l'anathématisa avec ses démons. Ensuite notre tout saint père le baptisa avec toute la maison au nom de la Trinité sainte, consubstantielle, incréée, à laquelle on ne peut rien ôter, à laquelle on ne peut rien ajouter; et, lorsqu'il l'eut blanchi dans la lumière de la créature nouvelle, une merveille étonnante arriva en ce moment, a-t-on dit. Car lorsque le malade fut monté des eaux saintes (et) mystiques, des écailles tombèrent de ses yeux comme des rouilles⁸, il vit aussitôt et il fut guéri en tous ses membres, et toute la foule du village qui était rassemblée fut dans l'admiration, rendant gloire à Dieu; du reste ils avaient tous une grande joie et une allégresse spirituelle, ils faisaient fête avec exaltation, surtout dans la maison de ce fidèle chrétien, lui et tous ceux qui lui appartenaient, sur le double salut qu'ils avaient obtenu⁹ de par Dieu et son serviteur Jean. En jouissant de ces grands dons et parce qu'il avait obtenu de recevoir les saints mystères, il distribua de grandes richesses aux

---

1. Cod. ⲁϥⲉⲣⲁⲡⲟⲧⲁⲍⲉⲥⲑⲉ. — 2. Cod. ⲉϥⲉⲣⲁⲛⲁⲑⲉⲙⲁⲧⲓⲍⲓⲛ. — 3. Cod. ⲛⲉϥⲇⲉⲙⲱⲛ. — 4. Cod. ⲛⲟⲙⲟⲟⲩⲥⲓⲟⲛ. — 5. Cod. ⲙⲙⲩⲥⲧⲓⲕⲟⲛ. — 6. Cod. ⲛⲭⲣⲏⲥⲧⲓⲁⲛⲟⲥ. — 7. Cod. ⲛⲑⲣⲉϥⲉⲣⲁⲡⲟⲗⲁⲩⲓⲛ. — 8. Le mot ϣⲛⲉϥ n'est pas connu sous cette orthographe; je l'ai rapproché de ϣⲛⲃⲓ, mais le sens reste douteux. — 9. Mot à mot : Sur le salut qui les avait pris.

ⲉⲙⲉⲧⲁⲗⲏⲯⲓⲥ¹ ⲛⲛⲓⲙⲩⲥⲧⲏⲣⲓⲟⲛ² ⲉⲑⲟⲩⲁⲃ ⲁϥϣⲱⲣ ⲛϧⲁⲛ ⲛⲓϣϯ ⲛⲭⲣⲏ-
ⲙⲁ ⲉⲃⲟⲗ ⲛⲛⲓϩⲏⲕⲓ ϧⲉⲛ ⲡⲓⲙⲁ ⲉⲧⲉⲙⲙⲁⲩ ⲛⲉⲙ ϩⲁⲛ ⲇⲱⲣⲟⲛ ⲉⲟϣ ⲛⲧⲉⲕⲕⲗⲏⲥⲓⲁ ⲛⲧⲉ ⲡⲭⲥ ⲙⲁⲗⲓⲥⲧⲁ ⲛⲧϣⲉⲃⲓⲱ ⲙⲡⲓⲟⲩϫⲁⲓ ⲉⲧⲁϥϣⲁϣⲛⲓ ⲉⲣⲟϥ
ⲟⲩⲟϩ ⲛⲓⲉⲓⲇⲱⲗⲟⲛ³ ⲛⲛⲟⲩⲃ ⲕⲁⲓ⁴ ϩⲁⲧ ⲁϥⲁⲓⲧⲟⲩ ⲛⲛⲉⲓⲙⲏⲗⲓⲟⲛ⁵ ⲛⲉⲙ ⲇⲓⲥ-
ⲕⲟⲥ⁶ ⲛⲉⲙ ⲡⲕⲉⲥⲉⲡⲓ ⲉⲧⲟⲥⲓ ⲉⲡϣⲉⲙϣⲓ ⲛⲧⲉⲕⲕⲗⲏⲥⲓⲁ ⲙⲁⲗⲓⲥⲧⲁ ⲉⲧⲕⲟⲥ-
ⲙⲏⲥⲓⲥ ⲙⲡⲓⲙⲁ ⲛⲉⲣ ϣⲱⲟⲩϣⲓ ⲉⲑⲟⲩⲁⲃ. ⲧⲏⲡⲓ ⲇⲉ ⲛⲛⲏ ⲉⲧⲁⲩϭⲓ ⲱⲙⲥ ϧⲉⲛ
ⲡⲓⲉϩⲟⲟⲩ ⲉⲧⲉⲙⲙⲁⲩ ⲉⲃⲟⲗϩⲓⲧⲟⲧϥ ⲙⲡⲉⲛⲓⲱⲧ ⲉⲑⲟⲩⲁⲃ ⲡⲉ ⲡⲓⲣⲱⲙⲓ ⲛⲉⲙ
ⲧⲉϥⲥϩⲓⲙⲓ ⲛⲉⲙ ⲛⲉϥϣⲏⲣⲓ ⲛⲉⲙ ⲛⲉϥⲉⲃⲓⲁⲓⲕ ⲛⲉⲙ ⲛⲏ ⲉⲧⲉ ⲛⲟⲩϥ ⲧⲏⲣⲟⲩ
ⲥⲉⲓⲣⲓ ⲛⲟ̄ ⲙⲯⲩⲭⲏ ϧⲉⲛ ⲧⲟⲩⲏⲡⲓ. ϧⲉⲛ ⲡⲭⲥ ⲛϥⲣⲉϥⲉⲣⲕⲁⲑⲁⲣⲓⲍⲓⲛ⁷ ⲇⲉ
ⲙⲡⲓⲙⲁ ⲧⲏⲣϥ ϩⲓⲧⲉⲛ ⲑⲙⲉⲧⲣⲉϥϯ ⲧⲟⲧⲉ ⲙⲡⲓϩⲙⲟⲧ ⲛⲧⲉ ⲧⲫⲉ ϧⲉⲛ ⲧϥⲱϯ
ⲛⲛⲉϥϧⲓⲥⲓ ⲟⲩⲟϩ ⲁϥⲧⲏⲓⲧⲟⲩ ⲉⲧⲟⲧϥ ⲙⲡⲟⲥ ⲡⲓⲙⲁⲛ ⲉⲥⲱⲟⲩ ⲉⲧⲉⲛϩⲟⲧ ⲉϥⲑⲟⲛ-
ⲧⲉⲛ ⲙⲙⲟϥ ⲉⲡⲓⲥⲟⲫⲟⲥ ⲛⲁⲡⲟⲥⲧⲟⲗⲟⲥ ⲡⲁⲩⲗⲟⲥ ⲉⲁϥϣⲉ ⲛⲁϥ ⲉⲃⲟⲗϩⲓⲧⲟⲧⲟⲩ
ⲉϥϥⲁⲓ ⲛⲛⲓⲭⲛⲁⲩ ⲛⲟⲩϫⲁⲓ ⲛⲧⲉ ⲛⲉϥⲉⲣⲙⲱⲟⲩⲓ ϧⲉⲛ ⲟⲩⲣⲁϣⲓ ϩⲱⲥ ⲉⲣⲅⲁⲧⲏⲥ
ⲉϥⲉⲛϩⲟⲧ ⲛⲧⲉ ⲫⲓⲁϩ ⲁⲗⲟⲗⲓ ⲙⲡⲟⲥ ⲥⲁⲃⲁⲱⲑ.

ⲉⲧⲁϥϣⲉ ⲇⲉ ⲛⲁϥ ⲉⲡⲉϥϩⲓⲥⲧⲭⲁⲥⲧⲏⲣⲓⲟⲛ⁸ ⲛϫⲉ ⲡⲉⲛⲡⲁⲛⲁⲅⲓⲟⲥ ⲛⲓⲱⲧ
(-ϥⲁ-) ⲉϥⲉⲣⲗⲁⲙⲡⲉⲓⲛ⁹ ϧⲉⲛ ⲛⲉⲛⲭⲗⲟⲙ ⲛⲛⲓⲁⲅⲱⲛ ⲉⲑⲣⲁⲛⲁϥ ⲙⲫϯ ϩⲱⲥ
ⲡⲁⲧⲣⲓⲁⲣⲭⲏⲥ ϩⲱⲥ ⲡⲣⲟⲫⲏⲧⲏⲥ ϩⲱⲥ ⲁⲡⲟⲥⲧⲟⲗⲟⲥ ⲙⲁⲗⲓⲥⲧⲁ ϩⲱⲥ ⲙⲁⲣⲧⲩ-

pauvres en ce lieu-là et des dons nombreux à l'église du Christ, surtout en échange du salut qu'il avait obtenu; et les idoles d'or et d'argent, il en fit un lingot avec des plats et le reste de ce qui convient au service de l'église, surtout à l'ornementation du lieu du sacrifice saint. Le nombre de ceux qui reçurent le baptême en ce jour-là par notre père saint (consiste) en l'homme et sa femme, ses enfants et ses serviteurs avec tous ceux qui lui appartenaient, faisant soixante-dix âmes en leur nombre. Lorsqu'il eut purifié tout ce lieu par l'aide de la grâce du ciel dans la sueur de ses souffrances, il les confia à Dieu, le pasteur fidèle, imitant le sage apôtre Paul, il les quitta portant les gerbes salutaires de ses larmes de joie[10], comme un ouvrier fidèle de la vigne du Seigneur Sabaoth.

Lorsque notre tout saint père fut arrivé à son lieu de repos, brillant des couronnes des combats qui plaisent à Dieu, comme patriarche, comme prophète, comme apôtre, surtout comme martyr une foule de fois en ce qui

---

1. Cod. ⲉⲙⲉⲧⲁⲗⲏⲙⲯⲓⲥ. — 2. Cod. ⲛⲛⲓⲙⲩⲥⲧⲏⲣⲓⲟⲛ. — 3. Cod. ⲛⲓⲇⲱⲗⲟⲛ. — 4. Cod. ⲕⲉ. — 5. Cod. ⲛⲛⲓⲙⲓⲗⲗⲓⲟⲛ. — 6. Cod. ⲧⲓⲥⲕⲟⲥ. — 7. Cod. ⲕⲁⲑⲁⲣⲓⲍⲓⲛ. — 8. Cod. ϩⲓⲥⲓⲭⲁⲥⲧⲏⲣⲓⲟⲛ. — 9. Cod. ⲗⲁⲙⲡⲓⲛ. — 10. Mot à mot: Des larmes dans la joie.

ⲣⲟⲥ ⲛⲟⲧⲁⲛⲓϣ ⲛⲥⲟⲡ ϧⲉⲛ ⲫⲏ ⲉⲧϩⲏⲡ ⲛⲉⲙ ⲫⲏ ⲉⲑⲟⲩⲟⲛϩ ⲉⲃⲟⲗ ϩⲱⲥ ⲟⲙⲟ-
ⲗⲟⲅⲏⲧⲏⲥ¹ ⲙⲁⲗⲓⲥⲧⲁ ϩⲱⲥ ⲉⲛⲕⲣⲁⲧⲏⲥ² ϧⲉⲛ ϩⲱⲃ ⲛⲓⲃⲉⲛ ⲛⲁⲅⲁⲑⲟⲛ ⲉϥⲉⲣ
ⲓⲉϥ ⲟⲩⲱⲓ ⲉⲡⲉϥⲕⲁϩⲓ ⲛⲕⲁⲗⲱⲥ ⲉⲁⲥⲧⲟⲩⲃⲟ ⲛϫⲉ ⲧⲉϥⲕⲟⲓ ⲟⲩⲟϩ ⲁϥϫⲱⲛ ⲉⲃⲟⲗ
ⲛϫⲉ ⲡⲓⲕⲁⲣⲡⲟⲥ ⲙⲡⲉϥϭⲓⲥⲓ ⲫⲁⲓ ⲉⲧⲁϥⲟⲩⲃⲁϣ ⲙⲫⲣⲏϯ ⲙⲡⲓⲟⲩⲱⲓⲛⲓ ⲟⲩⲟϩ
ⲁϥⲉⲣ ϣⲁⲩ ϧⲉⲛ ⲡⲉⲑⲣⲁⲛⲁϥ ⲙⲫϯ ⲉⲡⲟⲥϥ ⲟⲩⲟϩ ⲉϩⲓⲧϥ ⲉⲡⲁϩⲟ ⲛⲓⲫⲏⲟⲩⲓ ⲡⲓⲙⲁ ⲉⲧⲉ ⲛⲁⲣⲉ ⲡⲉϥϩⲏⲧ ⲛϧⲏⲧϥ ⲡⲉ ⲛⲥⲟⲩ ⲛⲓⲃⲉⲛ ⲕⲁⲧⲁ ⲧⲡⲁⲣⲁⲓⲛⲉ-
ⲥⲓⲥ³ ⲙⲡⲉⲛⲥⲱⲧⲏⲣ ⲉϥϭⲓ ϣϣⲟⲩ ⲇⲉ ⲛϫⲉ ⲡⲉⲛⲡⲁⲛⲁⲅⲓⲟⲥ ⲛⲓⲱⲧ ⲉⲃⲟⲗ ⲉⲃⲟⲗ
ⲟⲩⲟϩ ⲉϣⲱⲡⲓ ⲛⲉⲙ ⲡⲭⲥ ⲫⲁⲓ ⲙⲁⲗⲓⲥⲧⲁ ⲉⲧⲁϥϯ ⲙⲁϯ ϧⲉⲛ ⲫⲏ ⲉⲑⲣⲁⲛⲁϥ
ⲉϯ ⲙⲧⲟⲛ ⲙⲡⲉϥⲃⲱⲕ ⲉⲃⲟⲗϧⲉⲛ ⲡⲉϥϭⲓⲥⲓ ⲧⲏⲣⲟⲩ ⲁϥⲉⲣ ϩⲏⲧⲥ ⲛϣⲱⲛⲓ ⲛϫⲉ
ⲡⲉⲛⲓⲱⲧ. ⲉⲧⲁϥⲉⲣ ⲁⲧϫⲟⲙ ⲇⲉ ϧⲉⲛ ⲡⲉϥⲥⲱⲙⲁ ⲉⲛⲁϥϫⲏⲙⲓ ⲉⲣⲟϥ ⲡⲉ ⲛϫⲉ ⲡⲓⲣⲉϥⲉⲣ ϩⲟϯ ⲛⲇⲓⲁⲕⲟⲛⲓⲧⲏⲥ⁴ ⲉⲧⲁⲛⲉⲣ ϣⲟⲣⲡ ⲙⲫⲓⲣⲓ ⲉⲣⲟϥ. ⲉϥⲉⲛⲕⲟⲧ ⲛϫⲉ
ⲡⲉⲛⲓⲱⲧ ⲉϥϭⲓ ⲛϣⲣⲱⲓⲥ ϧⲉⲛ ⲡⲓⲉϫⲱⲣϩ ⲙⲁⲗⲓⲥⲧⲁ ⲉⲑⲃⲉ ⲡϯⲧⲕⲁⲥ⁵ ⲙⲡⲁϣⲁⲓ
ⲙⲡⲓϣⲱⲛⲓ (-ϥⲃ, in Cod. ϥⲁ-) ⲕⲁⲧⲁ ⲫⲣⲏϯ ⲉⲧⲁⲩϫⲟⲥ ⲁⲩⲓ ⲉϧⲟⲩⲛ ϩⲁⲣⲟϥ
ⲛϫⲉ ⲡⲓⲛⲓϣϯ ⲁⲛⲧⲱⲛⲓⲟⲥ ⲛⲉⲙ ⲁⲃⲃⲁ ϫⲓϫⲱⲓ⁶ ⲡⲓⲛⲓϣϯ ⲛⲉⲙ ⲁⲃⲃⲁ ⲙⲁⲕⲁⲣⲓⲟⲥ⁷ ⲛⲉⲙ ⲁⲃⲃⲁ ⲁⲙⲟⲓ ⲟⲩⲟϩ ⲁⲩϯ ⲛⲟⲙϯ ⲡⲉ ⲙⲡⲉⲛⲓⲱⲧ ϧⲉⲛ ϩⲁⲛ ⲙⲏϣ
ⲉⲧⲥⲟⲗⲥⲉⲗ ⲙⲙⲟϥ ⲙⲁⲗⲓⲥⲧⲁ ϧⲉⲛ ⲧϩⲉⲗⲡⲓⲥ ⲙⲡⲓⲕⲉⲁⲓⲱⲛ⁸ ⲉⲑⲛⲏⲟⲩ ⲉⲧ-

est caché et en ce qui est apparent, comme confesseur, surtout comme abstinent, en toute œuvre bonne, labourant sa terre bellement, que son champ eût été purifié et le fruit de ses souffrances fût parfait, et fût devenu blanc comme la lumière et digne, en ce qui plaît à Dieu, d'être moissonné et d'être mis dans le trésor des cieux, le lieu où avait été son cœur en tout temps, selon l'exhortation de notre Sauveur, notre tout saint père désirant être dissous et habiter avec le Christ, surtout le Christ étant résolu en ce qui lui plaît de donner repos à son serviteur hors de toutes ses souffrances, il commença d'être malade, notre père. Et lorsqu'il fut devenu sans force en son corps, le serviteur révérend, celui dont nous avons parlé, fut assidu pour lui. Notre père étant couché, passant la nuit éveillé, surtout à cause de la souffrance de l'abondance de la maladie, selon qu'il a été dit, le grand Antoine et le grand Djidjoï vinrent à lui avec abba Macaire et abba Amoi, et ils encourageaient notre père en des foules (de paroles), le consolant surtout par l'espoir de l'autre vie à venir qui lui était préparée et ils lui dirent: « Prends

1. Cod. ⲟⲙⲟⲗⲟⲅⲓⲧⲏⲥ. — 2. Cod. ⲉⲛⲕⲣⲁⲧⲏⲥ. — 3. Cod. ⲧⲡⲁⲣⲉⲛⲏⲥⲓⲥ. — 4. Cod. ⲛⲇⲓⲁⲕⲟⲛⲏⲧⲏⲥ. — 5. Cod. ⲡⲧⲓⲧⲕⲁⲥ. — 6. Habituellement écrit ϫⲓϫⲱⲓ. — 7. Cod. ⲙⲁⲕⲁⲣⲓ. —
8. Cod. ⲡⲓⲕⲉⲉⲱⲛ.

ϥⲉⲃⲧⲱⲧ¹ ⲛⲁϥ ⲟⲩⲟϩ ⲡⲉϫⲱⲟⲩ ⲛⲁϥ ϫⲉ ϫⲉⲙ ⲛⲟⲙϯ ϧⲉⲛ ⲡⲟⲥ ⲟⲩⲟϩ ϭⲣⲟ
ⲙⲙⲟⲕ ⲟⲩⲟϩ ⲥⲉⲃⲧⲱⲧⲕ² ⲧⲉⲛⲛⲁⲓ ⲟⲩⲛ ⲛⲥⲱⲕ ⲛϣⲱⲣⲡ ⲛ̅ϯⲕⲩⲣⲓⲁⲕⲏ ⲛⲧⲉⲛ-
ⲟⲗⲕ ϩⲁⲧⲟⲧⲉⲛ ⲉⲡⲓⲱⲛϧ ⲛⲉⲛⲉϩ ⲕⲁⲧⲁ ⲫⲟⲩⲁϩⲥⲁϩⲛⲓ ⲙⲡⲟⲥ. ⲛⲁⲓ ⲇⲉ ⲉⲧⲁⲩ-
ϫⲟⲧⲟⲩ ⲙⲡⲉⲛⲓⲱⲧ ⲛϫⲉ ⲛⲏ ⲉⲑⲟⲩⲁⲃ ⲁⲩⲥⲙⲟⲩ ⲉⲣⲟϥ ⲟⲩⲟϩ ⲁⲩⲉⲣ ⲁⲑⲟⲩⲱⲛϩ
ⲉⲃⲟⲗ ϩⲁⲣⲟϥ. ⲛϩⲣⲏⲓ ⲇⲉ ϧⲉⲛ ϯⲡⲁⲣⲁⲥⲕⲉⲩⲏ ⲁϥⲟⲩⲱⲣⲡ ⲙⲡⲓⲙⲁⲓ ⲛⲟⲩϯ
ⲛⲇⲓⲁⲕⲟⲛⲏⲧⲏⲥ³ ⲉⲭⲏⲙⲓ ⲛϫⲉ ⲡⲉⲛⲓⲱⲧ ϩⲱⲥ ⲉⲑⲃⲉ ⲟⲩⲭⲣⲉⲓⲁ⁴ ⲛⲁⲛⲁⲅⲕⲁⲓⲟⲛ⁵
ⲁⲗⲗⲁ ⲉⲧⲁϥⲟⲩⲱϣ ⲉⲉⲣ ⲫⲁⲓ ⲉⲑⲃⲉ ϫⲉ ⲛⲧⲉϥϣⲧⲉⲙ ϩⲗⲓ ⲣⲁⲟⲩⲱ ϩⲁⲧⲟⲧϥ
ⲉϥⲛⲁⲭⲁ ⲥⲱⲙⲁ ⲉϩⲣⲏⲓ. ϧⲉⲛ ⲫⲛⲁⲩ ⲇⲉ ⲙⲡⲓⲁⲗⲉⲕⲧⲟⲣ ϧⲉⲛ ϯⲕⲩⲣⲓⲁⲕⲏ
ⲉⲑⲟⲩⲁⲃ ϩⲏⲡⲡⲉ ⲁⲩⲓ ⲛϫⲉ ϩⲁⲛ ⲙⲏϣ ⲛⲧⲁⲅⲙⲁ ⲛⲁⲅⲅⲉⲗⲓⲕⲟⲛ ⲛⲉⲙ ⲡⲭⲟⲣⲟⲥ ⲛⲛⲏ ⲉⲑⲟⲩⲁⲃ ⲧⲏⲣⲟⲩ ⲉⲃⲟⲗϩⲓⲧⲉⲛ ⲫ̅ϯ̅ ϧⲉⲛ ⲟⲩⲱⲟⲩ ⲛⲉⲙ ⲟⲩⲧⲁⲓⲟ ⲛⲧⲉ
ⲡⲟⲥ ϫⲉ ⲛⲧⲟⲩⲱⲗⲓ ⲙⲡⲟⲩϣⲫⲏⲣ ⲛⲗⲉⲓⲧⲟⲩⲣⲅⲟⲥ⁶. ⲉⲧⲁϥⲛⲁⲩ ⲇⲉ ⲡⲉⲛⲓⲱⲧ
ⲉⲑⲙⲉⲧⲗⲁⲙⲡⲣⲟⲥ ⲙⲡⲟⲩⲱⲟⲩ (-ϥ-) ⲛⲉⲙ ⲧⲟⲩⲙⲉⲧⲣⲉⲙⲣⲁⲩϣ ⲉⲩⲙⲉϩ
ⲉⲃⲟⲗϧⲉⲛ ⲟⲩⲣⲁϣⲓ ⲙⲡⲛⲁⲧⲓⲕⲟⲛ ⲉϧⲟⲩⲛ ⲉⲣⲟϥ ⲟⲩⲟϩ ⲁⲩⲙⲁϩϥ ⲉⲃⲟⲗϧⲉⲛ
ⲡⲓⲥⲑⲟⲓⲛⲟⲩϥⲓ ⲉⲧⲥⲟⲧⲡ ⲛⲧⲉ ⲧⲫⲉ ⲛⲉⲙ ⲡϩⲙⲟⲧ ⲙⲡⲟϭⲓ ⲙϣϣⲟⲩ ⲛⲛⲓⲁⲅⲁⲑⲟⲛ
ⲛⲁⲓⲱⲛⲓⲟⲛ⁷ ⲙⲁⲗⲓⲥⲧⲁ ϩⲓⲧⲉⲛ ⲡⲟⲩⲱⲟⲩ ⲛⲉⲙ ⲑⲙⲉⲧⲗⲁⲙⲡⲣⲟⲥ ⲛⲧⲡⲁⲣⲟⲩ-
ⲥⲓⲁ ⲙⲡⲟⲥ ⲙⲡⲧⲏⲣϥ ⲟⲩⲟϩ ⲁϥⲫⲁⲥⲧϥ ⲥⲁⲧⲟⲧϥ ⲛϫⲉ ⲡⲉⲛⲓⲱⲧ ⲉϫⲉⲛ ⲡⲉϥϩⲟ
ϧⲉⲛ ⲟⲩⲛⲓϣϯ ⲛϭⲓ ϣϣⲟⲩ ϫⲉ ⲁϥⲛⲁⲟⲩⲱϣⲧ ⲉϥⲉⲣϩⲛⲁⲧⲛⲉⲥⲑⲁⲓ⁸ ϧⲉⲛ ⲧⲁ-

courage dans le Seigneur et fortifie-toi, prépare-toi ; nous viendrons te chercher à l'aube du dimanche, afin de t'emmener près de nous vers la vie éternelle,
selon l'ordre du Seigneur. » Lorsque les saints eurent dit cela à notre père,
ils le bénirent et disparurent. Le vendredi, notre père envoya le pieux serviteur en Égypte, comme pour un besoin nécessaire ; mais il avait voulu faire
cela afin que personne ne se trouvât près de lui au moment où il quitterait son
corps. Donc, à l'heure du coq, le dimanche saint, voici que vinrent à lui des
foules angéliques et le chœur de tous les saints (envoyés) par Dieu en une
gloire et un honneur du Seigneur⁹, afin qu'ils emmenassent leur compagnon
de service. Et lorsque notre père vit la clarté de leur gloire et leur douceur,
qu'ils étaient pleins d'une joie spirituelle pour lui et qu'ils l'avaient rempli
du parfum choisi du ciel et de la grâce du désir ardent des biens éternels,
surtout par leur gloire et la clarté de la présence du Seigneur universel, aussitôt
notre père se prosterna sur son visage dans un grand désir afin de l'adorer,

---

1. *Cod.* ⲉⲧⲉⲥⲛⲧⲱⲧ. — 2. *Cod.* ⲥⲉⲡⲧⲱⲧⲕ. — 3. *Cod.* ⲛⲇⲓⲁⲕⲟⲛⲏⲧⲏⲥ — 4. *Cod.* ⲟⲩⲭⲣⲓⲁ.
— 5. *Cod.* ⲛⲁⲛⲁⲅⲕⲉⲟⲛ. — 6. *Cod.* ⲗⲓⲧⲟⲩⲣⲅⲟⲥ. — 7. *Cod.* ⲛⲉⲱⲛⲓⲟⲛ. — 8. *Cod.* ⲉϥⲉⲣ-
ϩⲛⲁⲛⲛⲉⲥⲟⲥ. — 9. C'est-à-dire une gloire, un honneur dignes du Seigneur, de Dieu.

ⲥⲁⲡⲏ ⲙ̅ⲡ̅ⲟ̅ⲥ̅ ⲛⲉⲙ ⲛⲉϥⲥⲱⲧⲡ. ⲛ̀ⲧⲟⲩⲛⲟⲩ ⲁϥϯ ⲙ̀ⲡⲉϥⲡⲛ̅ⲁ̅ ⲉⲛⲉⲛϫⲓϫ ⲙ̅ⲡ̅ⲟ̅ⲥ̅ ⲛ̀ⲥⲟⲩ ⲕ̅ ⲙ̀ⲡⲓⲁⲃⲟⲧ ⲫⲁⲱⲫⲓ ϧⲉⲛ ⲟⲩϩⲓⲣⲏⲛⲏ[1] ⲛ̀ⲧⲉ ⲫ̅ϯ̅ ⲟⲩⲟϩ ⲛⲁϥⲭⲏ ϧⲉⲛ ⲟ̅ ⲛ̀ⲣⲟⲙⲡⲓ ⲡⲉ ⲕⲁⲧⲁ ⲫⲣⲏϯ ⲉⲧⲁⲩϫⲟⲥ ⲟⲩⲟϩ ⲛⲁϥⲭⲏ ϧⲉⲛ ⲑⲙⲏϯ ⲛ̀ⲛⲓⲭⲟⲣⲟⲥ ⲉⲑⲟⲩⲁⲃ ⲉⲧⲉⲙⲙⲁⲩ ⲉⲧⲥⲱⲕ ϧⲁϫⲱⲥ ⲛ̀ⲧⲉϥⲯⲩⲭⲏ ⲙ̀ⲙⲁⲕⲁⲣⲓⲁ ⲉⲡϭⲓⲥⲓ ϣⲁ ⲡ̅ⲟ̅ⲥ̅ ⲛ̀ⲧⲉ ⲡⲱⲟⲩ ⲛ̀ϫⲉ ⲡⲓⲭⲟⲣⲟⲥ ⲉⲑⲟⲩⲁⲃ ϧⲉⲛ ϩⲁⲛ ϩⲩⲙⲛⲟⲗⲟⲅⲓⲁ ⲉⲧ̀ϩⲟⲗϫ ⲛ̀ⲧⲉ ⲡⲟⲩⲛⲟϥ ⲙ̀ⲡⲓⲡⲛ̅ⲁ̅ ⲉⲑⲟⲩⲁⲃ ⲉⲑⲣⲉϥϣⲱⲡⲓ ϧⲁ ⲧⲉⲥⲕⲉⲡⲏ ⲛ̀ⲟⲩⲓ̈ⲛⲁⲙ ⲙ̀ⲡⲉⲧϭⲟⲥⲓ ϣⲁ ⲉⲃⲟⲗ ϧⲉⲛ ⲫⲟⲩⲱⲓⲛⲓ ⲛ̀ⲧⲉ ⲛⲏ ⲉⲧⲟⲛϧ ⲉⲧϧⲉⲛ ⲧⲭⲱⲣⲁ ⲛ̀ϯⲙⲉⲧⲁⲑⲙⲟⲩ ⲉⲑⲙⲏⲛ ⲉⲃⲟⲗϧⲉⲛ ⲧⲁⲡⲟⲗⲁⲩⲥⲓⲥ ⲛ̀ⲁⲅⲁⲑⲟⲛ ⲛⲓⲃⲉⲛ ϫⲉ ⲁⲩϫⲉⲙϥ ⲉϥⲙ̀ⲡϣⲁ ⲙ̀ⲫⲣⲏϯ ⲛ̀ⲟⲩⲛⲟⲩⲃ ⲉϥϧⲉⲛ ⲟⲩⲙⲁ ⲛ̀ⲟⲩⲱⲧϩ ⲙ̀ⲫⲣⲏϯ ⲛ̀ⲟⲩϭⲗⲓⲗ ⲛ̀ⲧⲉ ⲟⲩϣⲟⲩϣⲱⲟⲩϣⲓ ⲁϥϣⲟⲡϥ ⲉⲣⲟϥ ⲛ̀ϫⲉ ⲫ̅ϯ̅ (-ϥⲁ, in Cod. ϥⲥ-) ϧⲉⲛ ⲡⲥⲏⲟⲩ ⲇⲉ ⲙ̀ⲡⲉϥϫⲉⲙ ⲡⲱϣⲛⲓ ⲁϥϫⲉⲙϥ ⲉϥⲉⲣ ⲟⲩⲱⲓⲛⲓ ⲉⲁⲥⲣⲁⲛⲁϥ ⲙ̀ⲡ̅ⲟ̅ⲥ̅ ⲛ̀ϫⲉ ⲧⲉϥⲯⲩⲭⲏ ⲕⲁⲧⲁ ⲡⲥⲁϫⲓ ⲛ̀ⲧⲥⲟⲫⲓⲁ ⲟⲩⲟϩ ⲟⲛ ϧⲉⲛ ⲡⲉϥϫⲓ ⲛ̀ⲟⲩⲟⲑⲃⲉϥ ⲉⲃⲟⲗ ⲁϥⲟⲩⲱⲛϩ ⲉⲃⲟⲗ ⲛⲁϩⲣⲁϥ ⲟⲙⲟⲓⲱⲥ ⲉϥϫⲏⲕ ⲉⲃⲟⲗ ϧⲉⲛ ⲟⲩⲃⲓⲟⲥ ⲛ̀ⲁⲧⲱⲗⲉⲃ ⲛⲉⲙ ⲟⲩⲙⲉⲧϧⲉⲗⲗⲟ ⲉⲛⲁⲛⲉⲥ ⲟⲩⲟϩ ⲛⲁⲧⲁϭⲛⲓ ⲉϥⲣⲱⲟⲩⲧ ϧⲉⲛ ϩⲁⲛ ⲥⲛⲓⲙ ⲉⲩⲥⲉⲗⲥⲱⲗ ϧⲉⲛ ⲡⲧⲟⲩⲃⲟ ⲛ̀ϯⲁⲣⲉⲧⲏ.

ⲉⲧⲓ ⲉϥⲛⲏⲟⲩ ⲉⲃⲟⲗ ϩⲱϥ ⲉⲡⲧⲱⲟⲩ ⲛ̀ϫⲉ ⲡⲓⲙⲁⲓ ⲛⲟⲩϯ ⲛ̀ⲇⲓⲁⲕⲟⲛⲓⲧⲏⲥ[2]

étant plein de plaisir dans l'amour du Seigneur et de ses élus. Sur l'heure, il remit son esprit aux mains du Seigneur, le jour vingtième du mois de Paophi, en la paix de Dieu. Et il était en sa soixante-dixième année, comme on l'a dit. Et il était au milieu de ces chœurs saints, le chœur des saints glissant en avant de son âme bienheureuse vers les hauteurs jusqu'au Seigneur de gloire, en de douces hymnologies de l'allégresse de l'Esprit-Saint, afin qu'il habitât sous le tabernacle à la droite du Très-Haut jusqu'à la fin, dans la gloire de ceux qui vivent au pays de l'immortalité constante, dans la jouissance de tout bien, car on le trouva digne comme de l'or qui est dans le creuset ; comme un holocauste de l'autel[3], Dieu le reçut à lui. Au temps où il fut visité[4], on le trouva lumineux, son âme ayant plu au Seigneur, selon la parole de la Sagesse; dans son transport (au ciel), il apparut également près de Dieu parfait en une vie sans souillures et dans une vieillesse bonne et sans tache, fleurissant en des cheveux blancs ornés de la pureté de la vertu.

Comme le pieux serviteur venait encore à la montagne, se rendant du

---

1. *Cod.* ⲟⲩϩⲓⲣⲏⲛⲏ. — 2. *Cod.* ⲛ̀ⲇⲓⲁⲕⲟⲛⲓⲧⲏⲥ. — 3. Mot à mot : Du lieu de sacrifice. — 4. Mot à mot : Au temps de sa visite.

ϫⲉ ⲉϥϭⲛⲏⲗ ϧⲁ ⲡⲉⲛⲓⲱⲧ ⲉⲃⲟⲗϧⲉⲛ ⲡⲓϫⲁⲓ ⲕⲁⲧⲁ ⲫⲣⲏϯ ⲉⲧⲁⲩϫⲟⲥ ⲁϥⲥⲱⲧⲉⲙ ⲉϩⲁⲛ ϩⲩⲙⲛⲟⲥ¹ ⲛⲧⲉ ⲛⲏ ⲉⲑⲟⲩⲁⲃ ⲉⲩϩⲱⲥ ϧⲁϫⲱϥ ⲁϥϫⲟⲩϣⲧ ⲉⲡϭⲓⲥⲓ
ⲙⲡⲓⲁⲏⲣ ⲁϥⲛⲁⲩ ⲉⲧⲡⲁⲣⲉⲙⲃⲟⲗⲏ ⲛⲛⲓⲁⲅⲅⲉⲗⲟⲥ ⲁϥⲛⲁⲩ ⲉⲛⲓ(ⲁⲅⲓⲟⲥ) ⲟⲛ
ⲉⲧⲟⲓ ⲛⲧⲁⲝⲓⲥ ⲧⲁⲝⲓⲥ ϧⲉⲛ ⲟⲩⲛⲓϣϯ ⲛⲱⲟⲩ ⲟⲩⲟϩ ⲡⲉⲛⲓⲱⲧ ϧⲉⲛ ⲧⲟⲩⲙⲏϯ ϧⲉⲛ
ⲟⲩϥⲓⲣⲓ ⲛϣⲫⲏⲣⲓ ⲟⲩⲟϩ ⲁϥⲛⲁⲩ ⲉⲟⲩⲛⲓϣϯ ϧⲉⲛ ⲧⲉϥⲙⲁⲓⲏ ⲥⲁ ⲧϩⲏ ⲙⲙⲱⲟⲩ
ⲧⲏⲣⲟⲩ ⲉϥⲉⲣ ⲟⲩⲱⲓⲛⲓ ⲙⲫⲣⲏϯ ⲙⲫⲣⲏ ⲉϥⲥⲁϫⲉ ⲉⲧⲕⲱⲙⲓⲟⲛ² ⲉⲡⲉⲛⲓⲱⲧ
ⲟⲩⲟϩ ⲉⲣⲉ ⲡⲓⲗⲁⲟⲥ ⲧⲏⲣϥ ⲛⲧⲉ ⲛⲏ ⲉⲑⲟⲩⲁⲃ ⲟⲩⲟϩⲉⲙ ⲛⲥⲱϥ. ⲛⲑⲟϥ ⲇⲉ ⲫⲏ
ⲉⲑⲟⲩⲁⲃ ⲛⲇⲓⲁⲕⲟⲛⲓⲧⲏⲥ³ ⲉⲧⲉⲙⲙⲁⲩ ⲉϥϣⲏϣ ⲉⲃⲟⲗ ϧⲉⲛ ⲧⲁⲓⲥⲟⲛⲥⲓⲥ⁴ ⲛⲧⲁⲓ-
ⲑⲉⲱⲣⲓⲁ ⲛⲟⲩⲛⲓϣϯ ⲛⲛⲁⲩ (-ϥⲉ-) ⲁⲗⲗⲁ ⲉϥϭⲓ ϣϣⲱⲟⲩ ⲙⲁⲗⲓⲥⲧⲁ ⲉⲑⲣⲉϥ-
ⲉⲙⲓ ϫⲉ ⲛⲓⲙ ϩⲁⲣⲁ ⲡⲉ ⲡⲁⲓⲛⲓϣϯ ⲙⲫⲱⲥⲧⲏⲣ ⲉⲧⲥⲱⲕ ϧⲁϫⲱϥ ⲙⲡⲁⲓⲙⲏϣ
ⲟⲩⲟϩ ⲉϥⲉⲣⲉⲧⲕⲱⲙⲓⲁⲍⲉⲓⲛ⁵ ⲙⲡⲉⲛⲓⲱⲧ ⲁϥⲓ ϩⲁⲣⲟϥ ⲛⲧⲟⲩⲛⲟⲩ ⲛϫⲉ ⲡⲓⲁⲅⲅⲉⲗⲟⲥ ⲛⲧⲉ ⲡϭⲥ ⲡⲉϫⲁϥ ⲛⲁϥ ϫⲉ ⲉⲡⲉⲓⲇⲏ⁶ ⲭⲟⲩⲱϣ ⲉⲉⲙⲓ ⲉⲟⲩϩⲱⲃ ⲉⲛⲁⲛⲉϥ ⲥⲱⲧⲉⲙ ⲛⲁⲓ ⲉⲧⲉⲛⲛⲁⲩ ⲉⲣⲱⲟⲩ ⲧⲏⲣⲟⲩ ϩⲁⲛ ⲧⲁⲅⲙⲁ ⲛⲁⲅⲅⲉⲗⲓⲕⲟⲛ ⲛⲉ
ⲛⲉⲙ ⲡⲭⲟⲣⲟⲥ ⲛⲧⲉ ⲛⲏ ⲉⲑⲟⲩⲁⲃ ⲉⲧⲁ ⲡϭⲥ ⲟⲩⲟⲣⲡⲟⲩ ⲛⲥⲁ ⲡⲉϥⲃⲱⲕ ⲓⲱⲁⲛⲛⲏⲥ
ⲉⲟⲗϥ ⲉⲃⲟⲗϧⲉⲛ ⲡϣⲧⲉⲕⲟ ⲙⲡⲁⲓⲃⲓⲟⲥ ⲉⲑⲙⲉϩ ⲛϭⲓⲥⲓ ⲟⲩⲟϩ ⲉϯ ⲕⲗⲏⲣⲟⲛⲟⲙⲓⲁ
ⲛⲁϥ ϧⲉⲛ ⲛⲓⲙⲁ ⲛⲉⲙⲧⲟⲛ ⲉⲧϧⲉⲛ ⲓⲗⲏⲙ ⲛⲧⲉ ⲧⲫⲉ ⲟⲩⲟϩ ⲡⲁⲓⲛⲓϣϯ ⲛⲣⲱⲙⲓ
ⲉⲧⲥⲱⲕ ϧⲁ ⲧⲟⲩϩⲏ ⲧⲏⲣⲟⲩ ⲉϥⲉⲣⲗⲁⲙⲡⲉⲓⲛ⁷ ϧⲉⲛ ⲟⲩⲱⲟⲩ ⲫⲁⲓ ⲡⲉ ⲡⲓⲛⲓϣϯ

village près de notre père, selon la manière dite, il entendit quelques hymnes des saints qui chantaient en avant de (notre père), il regarda en haut de l'air, il vit le camp des anges, il vit aussi les saints qui étaient bataillon par bataillon dans une grande gloire, et notre père au milieu d'eux dans une splendeur admirable. Et il vit, en avant d'eux tous, un grand (personnage) en sa qualité, brillant comme le soleil, qui prononçait l'éloge de notre père et tout le peuple des saints lui répondait. Mais lui, ce saint serviteur, stupéfait dans le sentiment de cette vue une grande heure, et, en même temps, désirant surtout savoir qui était ce grand luminaire qui marchait en avant de cette foule et faisait l'éloge de notre père, aussitôt un ange du Seigneur vint à lui et lui dit : « Puisque tu désires savoir une chose bonne, écoute : Ceux tous que tu as vus sont les bataillons angéliques et le chœur des saints que le Seigneur a envoyés chercher son serviteur Jean pour le faire sortir de la prison de cette vie remplie de souffrances et pour lui donner son héritage dans les lieux du repos qui sont dans la Jérusalem céleste. Et ce grand homme

---

1. Cod. ϩⲓⲙⲛⲟⲥ. — 2. Cod. ⲉⲡⲕⲱⲙⲓⲟⲛ. — 3. Cod. ⲛⲇⲓⲁⲕⲟⲛⲓⲧⲏⲥ. — 4. Cod. ⲧⲉⲥⲟⲛⲥⲓⲥ. — 5. Cod. ⲉϥⲉⲣⲉⲛⲕⲱⲙⲓⲁⲍⲓⲛ. — 6. Cod. ⲉⲡⲓⲇⲏ. — 7. Cod. ⲉϥⲉⲣⲗⲁⲙⲡⲓⲛ.

ⲛⲁⲛⲧⲱⲛⲓⲟⲥ ⲟⲩⲟϩ ⲡⲁⲓⲭⲉⲧ ⲉⲑⲙⲉⲛⲉⲛⲥⲱϥ ⲡⲛⲓϣϯ ⲡⲁϧⲱⲙ ⲡⲉ ⲡⲁⲓⲕⲉⲟⲩⲁⲓ ⲁⲃⲃⲁ ⲙⲁⲕⲁⲣⲓⲟⲥ¹ ⲡⲛⲓϣϯ ⲙⲡⲛⲁⲧⲟⲫⲟⲣⲟⲥ ⲡⲉ ⲛⲉⲙ ⲡⲕⲉⲥⲉⲡⲓ ⲛⲛⲁⲓ
ⲕⲉⲭⲱⲟⲩⲛⲓ ⲉⲑⲙⲉⲛⲉⲛⲥⲱⲟⲩ ⲉⲧⲟⲛⲓ ⲙⲙⲱⲟⲩ. ⲛⲑⲟϥ ⲇⲉ ⲡⲓⲁⲅⲅⲉⲗⲟⲥ ⲛⲁϥ-
ⲑⲉⲕϯ ⲛⲁϥ ⲡⲉ ⲉϥⲟⲩⲁⲓ ⲫⲟⲩⲁⲓ ⲙⲙⲱⲟⲩ ⲛⲟⲩⲟⲛ ⲧⲏⲣⲟⲩ ⲛⲛⲓ ⲉⲑⲟⲩⲁⲃ
ⲉϥⲧⲁⲙⲟ ⲙⲙⲟϥ ⲉϥϫⲱ ⲙⲙⲟⲥ ⲛⲁϥ ϫⲉ ⲉⲡⲉⲓⲇⲏ² ⲁϥϫⲟϩ ⲉⲛⲟⲩⲃⲓⲟⲥ ⲉⲧϣⲟⲡ
ϧⲉⲛ ⲟⲩⲭⲓ ⲛⲱⲛϧ ⲛⲥⲉⲙⲛⲟⲛ ⲛϫⲉ ⲫⲏ ⲉⲑⲟⲩⲁⲃ ⲁⲃⲃⲁ ⲓⲱⲁⲛⲛⲏⲥ ⲟⲩⲟϩ ⲁϥⲙⲟϣⲓ ⲛⲥⲁ ⲛⲟⲩϣⲉⲛⲧⲁⲧⲥⲓ (-ϭⲥ, in Cod. ϭⲏ) ⲁϥϭⲓ ⲕⲗⲏⲣⲟⲥ ⲛⲉⲙⲱⲟⲩ
ϧⲉⲛ ⲡⲁⲓⲙⲁ ⲛⲟⲩⲱⲧ ⲛⲁϩⲣⲉⲛ ⲡⲟⲥ ⲟⲩⲟϩ ⲛⲑⲟⲕ ϩⲱⲕ ⲱ ⲡⲓⲣⲉϥϣⲉⲙϣⲓ
ⲉⲑⲛⲁⲛⲉϥ ⲱ ⲟⲩⲛⲓⲁⲧⲕ ϩⲱⲕ ϫⲉ ⲁⲕϣⲁϣⲛⲓ ⲉⲡⲓⲱⲟⲩ ⲛⲉⲙ ⲡⲓⲧⲁⲓⲟ ⲉⲃⲟⲗϩⲓⲧⲉⲛ ⲡⲟⲥ ⲛⲉⲙ ⲛⲉϥⲁⲅⲓⲟⲥ. ⲟⲩⲟϩ ⲛⲁⲓ ⲉⲧⲁϥϫⲟⲧⲟⲩ ⲛⲁϥ ⲛϫⲉ ⲡⲓⲁⲅⲅⲉⲗⲟⲥ
ⲁϥⲉⲣ ⲁⲑⲟⲩⲱⲛϩ ⲉⲃⲟⲗ ϩⲁⲣⲟϥ. ⲉⲧⲁϥϣⲉ ⲇⲉ ⲉⲡⲓⲥⲡⲏⲗⲁⲓⲟⲛ³ ⲛϫⲉ ⲡⲓⲙⲁⲓⲛⲟⲩϯ ⲛⲇⲓⲁⲕⲟⲛⲓⲧⲏⲥ⁴ ⲉⲧⲉⲙⲙⲁⲩ ⲁϥϫⲓⲙⲓ ⲙⲡⲉⲛⲧⲣⲓⲥⲙⲁⲕⲁⲣⲓⲟⲥ ⲛⲓⲱⲧ
ⲁⲃⲃⲁ ⲓⲱⲁⲛⲛⲏⲥ ⲉϥϧⲱⲟⲩⲓ ⲉϫⲉⲛ ⲛⲉϥⲕⲉⲗⲓ ⲁⲙⲁ ⲇⲉ ⲛⲉⲙ ϩⲓϫⲉⲛ ⲡⲉϥϩⲟ
ⲙⲫⲣⲏϯ ϩⲱⲥ ϫⲉ ⲉϥⲟⲩⲱϣⲧ ⲙⲡⲟⲥ ⲟⲩⲟϩ ⲛⲁϥϣⲱⲡ ⲉⲃⲟⲗ ⲡⲉ ϧⲉⲛ ⲡⲉϥ-
ⲗⲉⲯⲁⲛⲟⲛ⁵ ⲉⲑⲟⲩⲁⲃ ⲛϫⲉ ⲟⲩⲥⲑⲟⲓⲛⲟⲩϥⲓ ⲙⲡⲁⲣⲁⲇⲟⲝⲟⲛ ⲟⲩⲟϩ ⲁϥⲟⲩⲱϣⲧ
ϩⲱϥ ⲟⲛ ⲉϫⲉⲛ ⲡⲉϥⲥⲱⲙⲁ ⲉⲑⲟⲩⲁⲃ ⲉϥϥⲓ ⲁϩⲟⲙ ⲟⲩⲟϩ ⲉϥⲣⲓⲙⲓ. ⲟⲩⲟϩ
ⲉⲧⲁϥⲥⲟⲩⲧⲱⲛϥ ⲉⲃⲟⲗ ⲁϥⲕⲟⲩⲗⲱⲗϥ ϧⲉⲛ ⲟⲩϩⲃⲟⲥ ⲛⲁⲡⲁⲥ ⲉϥϫⲉⲛϫⲱⲕ ⲉϥⲉⲣ-

qui marche devant eux tous, brillant de gloire, celui-là, c'est le grand
Antoine; cet autre qui est après lui, c'est le grand Pakhôme; cet autre, c'est
abba Macaire, le grand pneumatophore, avec le reste des autres qui viennent
après eux, semblables à eux⁶. » Et lui, l'ange, lui montrait du doigt chacun
de tous les saints, l'informant et lui disant: « Puisque le saint abba Jean a été
l'émule de leur vie dans une manière de vivre respectable et qu'il a marché
sur leurs traces, il a reçu héritage avec eux en une même égalité près du
Seigneur. Et toi aussi, bon serviteur, tu es heureux parce que tu as obtenu
la gloire et l'honneur de par le Seigneur et ses saints. » Et lorsque l'ange lui
eut dit cela, il disparut (loin) de lui. Et lorsque ce pieux serviteur fut arrivé
à la caverne, il trouva notre trois fois bienheureux père abba Jean étendu sur
ses genoux et en même temps sur sa face, comme s'il adorait le Seigneur,
et une odeur admirable s'échappait de sa relique sainte; et il adora aussi sur
son corps saint, gémissant et pleurant. Et lorsqu'il l'eut redressé, il l'enveloppa d'un vieux vêtement bien lisse, chantant des psaumes avec crainte

---

1. Cod. ⲙⲁⲕⲁⲣⲓ. — 2. Cod. ⲉⲡⲓⲇⲏ. — 3. Cod. ⲉⲡⲓⲥⲡⲏⲗⲉⲟⲛ. — 4. Cod. ⲇⲓⲁⲕⲟⲛⲓⲧⲏⲥ.
— 5. Cod. ⲡⲉϥⲗⲧⲙⲯⲁⲛⲟⲛ. — 6. C'est-à-dire : Et d'autres moines comme eux.

ⲯⲁⲗⲗⲉⲓⲛ[1] ϧⲉⲛ ⲟⲩϩⲟϥ ⲛⲉⲙ ⲟⲩⲉⲕⲁϩ ⲛϩⲏⲧ ⲉⲁϥϫⲁⲧⲭⲱⲗ ⲙⲡⲉϥⲥⲱⲙⲁ
ⲉⲑⲟⲩⲁⲃ ⲟⲩⲟϩ ⲁϥⲭⲁϥ ϧⲉⲛ ⲟⲩⲙⲁ ⲛⲧⲉ ⲡⲓⲥⲡⲏⲗⲁⲓⲟⲛ[2] ⲟⲩⲟϩ ⲁϥⲧⲁⲥⲑⲟϥ
ⲉⲡⲓϯⲙⲓ ⲟⲩⲟϩ ⲁϥϫⲓ ⲱⲓϣ ⲛⲱⲟⲩ ⲉϥϫⲱ ⲙⲙⲟⲥ ⲉⲧⲁϥϣⲱⲡⲓ. ⲛⲑⲱⲟⲩ
ⲇⲉ ⲉⲧⲁⲩⲥⲱⲧⲉⲙ ⲁⲩⲑⲱⲟⲩϯ ⲧⲏⲣⲟⲩ ϧⲉⲛ ⲟⲩⲡⲣⲟⲑⲩⲙⲓⲁ ⲛⲉⲙ ⲟⲩⲛⲁϩϯ
ⲉϥϫⲏⲕ ⲉⲃⲟⲗ (-ϥⲏ-) ⲓⲥϫⲉⲛ ⲡⲟⲩⲕⲟⲩϫⲓ ϣⲁ ⲡⲟⲩⲛⲓϣϯ ⲟⲩⲟϩ ⲁⲩϭⲟϫⲓ ⲉⲡⲓⲧⲱⲟⲩ ⲉⲣⲁⲧϥ ⲙⲡⲟⲩⲣⲉϥⲉⲣ ⲡⲉⲑⲛⲁⲛⲉϥ ϧⲉⲛ ⲟⲩⲣⲓⲙⲓ ⲛⲧⲱⲟⲩ ⲧⲏⲣⲟⲩ ⲛⲉⲙ
ϩⲁⲛ ⲙⲏϣ ⲛⲧⲉⲃⲛⲱⲟⲩⲓ ⲉⲩⲟⲓ ⲛⲉⲙⲕⲁϩ ⲛϩⲏⲧ ϫⲉ ⲁⲩϣⲟⲛϩⲟⲩ ⲙⲡⲟⲩⲥⲱ-
ⲧⲏⲣ ⲙⲉⲛⲉⲛⲥⲁ ⲫϯ. ⲟⲩⲟϩ ⲉⲧⲁⲩⲧⲁⲗⲟϥ ⲉϫⲉⲛ ⲧⲉⲃⲛⲱⲟⲩⲓ ⲁⲩⲉⲛϥ ⲉϧⲟⲩⲛ
ⲉⲡⲓϯⲙⲓ ⲛⲟⲩⲕⲉⲙⲉⲛⲏⲗⲓⲟⲛ[3] ⲉⲧⲥⲟⲧⲡ. ϩⲁⲛ ⲙⲏϣ ⲛϣⲫⲏⲣⲓ ⲛⲉⲙ ϩⲁⲛ ϫⲟⲙ
ⲁⲩϣⲱⲡⲓ ⲉⲃⲟⲗϩⲓⲧⲉⲛ ⲡⲉϥⲥⲕⲏⲛⲱⲙⲁ[4] ⲉⲑⲟⲩⲁⲃ ⲕⲁⲧⲁ ⲫⲣⲏϯ ⲉⲧⲁⲩϫⲟⲥ.
ⲉⲩⲓⲛⲓ ⲇⲉ ⲙⲙⲟϥ ⲉϧⲟⲩⲛ ⲉⲡⲓϯⲙⲓ ⲓⲥ ϩⲏⲡⲡⲉ ⲁϥⲓ ⲉⲃⲟⲗ ⲉϩⲣⲁϥ ⲛϫⲉ
ⲟⲩϧⲉⲗϣⲓⲣⲓ ϧⲉⲛ ⲡⲓⲉⲛⲏϣ ⲉⲟⲩⲟⲛ[5] ⲟⲩⲡⲛⲁ ⲛⲁⲕⲁⲑⲁⲣⲧⲟⲛ ⲛⲉⲙⲁϥ ⲉϥⲱϣ
ⲉⲃⲟⲗⲛϧⲏⲧϥ ⲛϫⲉ ⲡⲓⲇⲁⲓⲙⲱⲛ[6] ⲉϥϫⲱ ⲙⲙⲟⲥ ϫⲉ ⲁϧⲟⲕ ⲛⲉⲙⲏⲓ ⲡⲓⲕⲟⲗⲟⲃⲟⲥ ⲁⲕϣⲧⲉⲣⲑⲱⲣⲧ ⲉⲕϭⲟϫⲓ ⲛⲥⲱⲓ ⲉⲃⲟⲗϧⲉⲛ ⲡⲁⲏⲓ. ⲉϥϫⲱ ⲇⲉ ⲛⲛⲁⲓ ⲛϫⲉ
ⲡⲓⲇⲁⲓⲙⲱⲛ[7] ⲁϥϭⲟϫⲓ ⲛϫⲉ ⲡⲓϧⲉⲗϣⲓⲣⲓ ϧⲉⲛ ⲟⲩⲛⲓϣϯ ⲛⲟⲩⲟⲓ ⲉϩⲣⲁϥ
ⲁⲛ ⲁϥⲉⲣ ⲁⲙⲁϩϫ ⲉϯⲁⲓⲃⲓ ⲉⲑⲟⲩⲁⲃ ⲛⲧⲉ ⲡⲉⲛⲡⲁⲛⲁⲅⲓⲟⲥ ⲛⲓⲱⲧ. ⲥⲁⲧⲟⲧϥ
ⲇⲉ ⲡⲓϧⲉⲗϣⲓⲣⲓ ⲁϥⲉⲓ ϩⲓϫⲉⲛ ⲡⲓⲕⲁϩⲓ ⲟⲩⲟϩ ⲁϥⲱϣ ⲟⲩϧⲣⲱⲟⲩ ⲉⲃⲟⲗ

et douleur de cœur. Lorsqu'il eut emporté son corps saint et l'eut placé dans un endroit de la caverne, alors il retourna au village et annonça aux gens ce qui était arrivé[8]. Aussitôt qu'ils l'eurent entendu, ils se réunirent tous avec ardeur et une foi parfaite, depuis le (plus) petit jusqu'au (plus) grand, et ils coururent à la montagne près de leur bienfaiteur avec larmes, eux tous avec une foule d'animaux, étant tristes de cœur de ce qu'on leur avait enlevé leur sauveur après Dieu. Et lorsqu'on l'eut placé sur des bêtes de somme, on le conduisit au village dans un cercueil de choix. Des foules de merveilles et de vertus eurent lieu par son cercueil saint, comme il a été dit. Comme on l'apportait au village, voici qu'un jeune garçon, en qui était un esprit impur, vint au-devant de lui, pendant que le démon criait par sa bouche[9] et disait : « Qu'as-tu avec moi, ô Kolobos? Tu m'as troublé en me chassant de ma maison. » Le démon disant cela, le jeune homme courut d'une grande course sans le vouloir, il embrassa le cercueil saint de notre tout saint père; aussitôt le jeune homme tomba à terre, il poussa un cri comme un sanglier

---

1. *Cod.* ⲉϥⲉⲣⲯⲁⲗⲓⲛ. — 2. *Cod.* ⲡⲓⲥⲡⲏⲗⲉⲟⲛ. — 3. *Cod.* ⲛⲟⲩⲕⲩⲙⲓⲗⲗⲓⲟⲛ. — 4. *Cod.* ⲥⲕⲉⲛⲱⲙⲁ. — 5. *Cod.* ⲉⲧⲟⲛ. — 6. *Cod.* ⲡⲓⲍⲉⲙⲱⲛ. — 7. *Cod.* ⲡⲓⲍⲉⲙⲱⲛ. — 8. Mot à mot : Il leur annonça, disant ce qui était arrivé. — 9. Mot à mot : Criait par lui.

ⲙ̄ⲫⲣⲏϯ ⲛⲟⲩⲣⲓⲣ ⲛ̄ⲧⲱⲟⲩ ⲟⲩⲟϩ ⲉⲧⲁϥⲟⲩⲱⲛ ⲛ̄ⲣⲱϥ ⲁϥⲉⲃⲟⲗⲛ̄ϩⲏⲧϥ
ⲛ̄ϫⲉ ⲡⲓⲡ︤ⲛ︦ⲁ︥ ⲉⲧϩⲱⲟⲩ ⲙ̄ⲫⲣⲏϯ ⲛⲟⲩϣⲁϩ ⲛ̄ⲭⲣⲱⲙ ⲟⲩⲟϩ ⲁϥⲟⲩϫⲁⲓ ϧⲉⲛ
ϯⲟⲩⲛⲟⲩ.

ⲁⲩϫⲟⲥ ⲟⲛ ⲱ ⲛⲁⲙⲉⲛⲣⲁϯ ⲉⲑⲃⲉ ⲡⲉⲛⲡⲁⲛⲁⲅⲓⲟⲥ ⲛ̄ⲓⲱⲧ (-ϥⲏ-)[1] ϫⲉ ⲉⲧⲓ
ⲉϥⲭⲏ ϧⲉⲛ ⲑⲙⲏϯ ⲉⲩⲕⲱⲥ ⲉⲣⲟϥ ⲓⲥ ⲟⲩϭⲁⲗⲉ ⲙⲙⲓⲥⲓ ⲉⲛⲉ ⲟⲩϭⲗⲱⲟⲩϣ ⲡⲉ
ϧⲉⲛ ⲛⲉϥϫⲓϫ ⲛⲉⲙ ⲛⲉϥϭⲁⲗⲁⲩϫ ⲓⲥϫⲉⲛ ⲡⲉϥϫⲓ ⲛ̄ⲭⲫⲟ ⲟⲩⲟϩ ⲁⲩⲉⲛϥ ⲛ̄ϫⲉ
ⲛⲉϥⲓⲟϯ ⲉⲩϥⲁⲓ ⲙ̄ⲙⲟϥ ϧⲉⲛ ⲟⲩⲛⲓϣϯ ⲛ̄ⲛⲁϩϯ ⲁⲩⲕⲉⲥⲱⲥϥ ⲉⲃⲟⲗ ⲉϫⲉⲛ
ϯⲧⲁⲓⲃⲓ ⲛ̄ⲧⲉ ⲡⲥⲱⲙⲁ ⲙ̄ⲡⲉⲛⲓⲱⲧ ⲉⲑⲟⲩⲁⲃ ⲁⲃⲃⲁ ⲓⲱⲁⲛⲛⲏⲥ. ⲥⲁⲧⲟⲧϥ ⲇⲉ ⲁϥⲧⲁⲗϭⲟ ⲛ̄ϫⲉ ⲡⲓⲣⲱⲙⲓ ⲟⲩⲟϩ ⲁϥⲟϩⲓ ⲉⲣⲁⲧϥ ϩⲓϫⲉⲛ ⲛⲉϥϥⲁⲧ ⲁϥϭⲟϫⲓ ⲉϥϭⲓ
ⲫⲉⲓ ⲟⲩⲟϩ ⲉϥⲥⲙⲟⲩ ⲉⲫϯ ⲫⲏ ⲉⲧϭⲓ ⲱⲟⲩ ϧⲉⲛ ⲛⲏ ⲉⲑⲟⲩⲁⲃ ⲛ̄ⲧⲁϥ ⲛ̄ⲥⲏⲟⲩ
ⲛⲓⲃⲉⲛ ⲟⲩⲟϩ ⲉϥⲓⲣⲓ ⲛ̄ϩⲁⲛ ϣⲫⲏⲣⲓ ⲙⲁⲗⲓⲥⲧⲁ ⲕⲁⲧⲁ ⲫⲏ ⲉⲧⲁϥϫⲟϥ ⲛ̄ϫⲉ
ⲡ︤ⲟ︦ⲥ︥ ⲉϥϫⲱ ⲙ̄ⲙⲟⲥ[2] ϫⲉ ⲁⲙⲏⲛ ⲁⲙⲏⲛ ϯϫⲱ ⲙ̄ⲙⲟⲥ ⲛⲱⲧⲉⲛ ϫⲉ ⲫⲏ ⲉⲧⲛⲁϩϯ
ⲉⲣⲟⲓ ⲟⲩⲟϩ ⲛ̄ⲧⲉϥⲓⲣⲓ ⲙ̄ⲡⲁⲟⲩⲱϣ ⲛ̄ⲓϩⲃⲏⲟⲩⲓ ⲁⲛⲟⲕ ⲉϯⲓⲣⲓ ⲙⲙⲱⲟⲩ ⲉϥⲉⲁⲓⲧⲟⲩ ϩⲱϥ ⲟⲩⲟϩ ϩⲁⲛ ⲛⲓϣϯ ⲛ̄ⲛⲁⲓ (sic) ⲉϥⲉⲁⲓⲧⲟⲩ ⲟⲛ. ⲉⲧⲁⲩⲕⲱⲥ ⲇⲉ ⲙ̄ⲡⲉⲛ-
ⲓⲱⲧ ⲉⲑⲟⲩⲁⲃ ϧⲉⲛ ⲟⲩⲛⲓϣϯ ⲛ̄ⲱⲟⲩ ⲉⲩϩⲱⲥ ⲟⲩⲟϩ ⲉⲩⲉⲣⲯⲁⲗⲗⲉⲓⲛ[3] ϧⲉⲛ
ϩⲁⲛ ϩⲱⲇⲏ ⲙ̄ⲡⲛⲁⲧⲓⲕⲟⲛ ⲟⲩⲟϩ ⲉⲧⲁⲩϫⲱⲕ ⲉⲃⲟⲗ ⲉϫⲱϥ ⲛ̄ϯⲡⲣⲟⲥⲫⲟⲣⲁ
ⲉⲑⲟⲩⲁⲃ ⲁⲩⲑⲁⲙⲓⲟ ⲛ̄ⲟⲩⲑⲛⲏⲃⲓ ⲟⲩⲟϩ ⲁⲩϩⲓⲧϥ ⲉⲡⲉⲥⲏⲧ ⲉⲣⲟⲥ ϧⲉⲛ ⲟⲩⲧⲁⲓⲟ

et, lorsqu'il eut ouvert la bouche, l'esprit mauvais en sortit comme une flamme, et il fut guéri sur l'heure.

On dit aussi, ô mes bien-aimés, de notre tout saint père, qu'étant encore au milieu (de l'église), comme on lui rendait les derniers devoirs, voici un boiteux de naissance qui rampait sur ses pieds et sur ses mains depuis sa venue au monde, et ses parents l'amenèrent, le portant avec une grande foi, ils l'étendirent sur le cercueil du corps de notre père saint, abba Jean. Aussitôt l'homme fut guéri et il se tint debout sur ses pieds, il courut, embrassant et bénissant Dieu qui prend gloire en ses saints en tout temps et qui fait des prodiges, surtout selon ce qu'il a dit, lui, le Seigneur, en disant: « En vérité, en vérité, je vous le dis, celui qui croit en moi et fait ma volonté, les œuvres que je fais, il les fera aussi et il en fera de plus grandes. » Lorsqu'on eut rendu les derniers devoirs à notre père saint avec une grande gloire, chantant et psalmodiant en des odes spirituelles, et lorsqu'on eut accompli sur lui l'oblation sainte, on fit un caveau et on l'y déposa avec

---

1. Ce feuillet n'est pas paginé. — 2. *Cod.* A la marge : ⲕⲁⲧⲁ ⲓⲱⲁ, selon Jean. — 3. *Cod.* ⲉⲩⲉⲣⲯⲁⲗⲓⲛ.

ⲟⲩⲟϩ ⲁⲩⲭⲁϥ ⲟⲛ ϧⲁⲧⲉⲛ ϩⲁⲛ ⲕⲉⲁⲅⲓⲟⲥ ⲙⲡⲉϥⲣⲏϯ ⲉⲧⲉ ⲁⲑⲁⲛⲁⲥⲓⲟⲥ ⲡⲓ-
ⲙⲁⲣⲧⲩⲣⲟⲥ ⲉⲟⲟⲩⲁⲃ ⲛⲉⲙ ⲁⲃⲃⲁ ϫⲓϫⲱⲓ ⲛⲉⲙ ⲁⲃⲃⲁ ⲡⲓϫⲓⲙⲓ ⲟⲩⲟϩ ⲛⲁⲣⲉ
ⲡⲓϩⲙⲟⲧ ⲛⲧⲉ ⲡⲟⲥ ⲉⲣⲉⲛⲉⲣ-(-ⲉϩⲟ-)ⲅⲉⲙ¹ ϧⲉⲛ ⲛⲉⲥⲱⲙⲁ ⲛⲛⲓⲁⲅⲓⲟⲥ ϧⲉⲛ
ⲟⲩⲙⲉⲧϩⲟⲩⲟ ϧⲉⲛ ϩⲁⲛ ϩⲃⲏⲟⲩⲓ ⲙⲡⲁⲣⲁⲇⲟⲝⲟⲛ ⲙⲁⲗⲓⲥⲧⲁ ⲫⲁ ⲡⲉⲛⲓⲱⲧ
ⲉⲟⲟⲩⲁⲃ ⲁⲃⲃⲁ ⲓⲱⲁⲛⲛⲏⲥ ⲉⲡⲧⲁⲗϭⲟ ⲛⲉⲙ ⲡⲥⲱϯ ⲛⲟⲩⲟⲛ ⲛⲓⲃⲉⲛ ϣⲁⲧⲉϥ-
ϣⲱⲡⲓ ϧⲉⲛ ⲭⲁⲗⲕⲏⲇⲱⲛ ⲛϫⲉ ⲧⲥⲩⲛⲟⲇⲟⲥ ⲙⲡⲓⲇⲓⲁⲃⲟⲗⲟⲥ ⲟⲩⲟϩ ⲛⲧⲉⲥ-
ϭⲱϧⲉⲙ ⲛⲧⲟⲓⲕⲟⲩⲙⲉⲛⲏ ⲧⲏⲣⲥ ϩⲓⲧⲉⲛ ⲟⲩⲇⲟⲅⲙⲁ ⲉⲧⲕⲱⲗϫ ⲟⲩⲟϩ ⲛϣⲗⲁϥ
ⲙⲫⲣⲏϯ ⲛⲟⲩⲡⲟⲣⲛⲓ ⲓⲉ ⲛⲟⲟⲥ ⲙⲫⲣⲏϯ ⲛⲟⲩⲫⲁϧⲣⲓ ⲛⲧⲉ ⲫⲙⲟⲩ ⲉϥⲧⲁⲕⲟ
ⲛⲛⲓⲯⲩⲭⲏ ⲟⲩⲟϩ ⲉϥϭⲟⲛ ⲙⲙⲱⲟⲩ ⲉⲡⲉⲥⲏⲧ ⲉⲫⲛⲟⲩⲛ ⲛⲁⲙⲉⲛϯ ϧⲉⲛ
ⲡⲁⲓ (sic) ⲛⲧⲉϥⲭⲟⲥ ϩⲱϥ ⲛϫⲉ ⲫϯ ⲛⲛⲉϥⲥⲱⲧⲡ ⲛⲟⲛⲧⲟⲥ² ϫⲉ ⲙⲡⲉⲣϯ ⲙⲡⲉⲑⲟⲩⲁⲃ ⲛⲛⲓⲟⲩϩⲱⲣ ⲟⲩⲇⲉ ⲙⲡⲉⲣⲭⲱ ⲛⲛⲉⲧⲉⲛⲁⲛⲁⲙⲏⲓ ⲙⲡⲉⲙⲑⲟ ⲛⲛⲓⲉϣⲁⲩ.
ⲟⲩϣⲓⲡⲓ ⲛⲉⲙ ⲟⲩϣⲱϣ ⲛⲛⲓϩⲁⲓⲣⲉⲧⲓⲕⲟⲥ³ ⲧⲏⲣⲟⲩ ⲛⲣⲉϥϫⲉ ⲟⲩⲁ ⲟⲩⲧⲁϫⲣⲟ
ⲛⲉⲙ ⲟⲩϩⲛⲟⲩ ⲛⲉⲙ ⲟⲩⲱⲟⲩ ⲛⲛⲓⲡⲓⲥⲧⲟⲥ ⲧⲏⲣⲟⲩ ⲉⲑⲛⲁϩϯ ⲉⲡⲭ̅ⲥ̅ ⲫϯ ϧⲉⲛ
ⲫⲁⲓ ⲅⲁⲣ ⲁϥϣⲱⲡⲓ ⲉϥⲧⲁⲓⲏⲟⲩⲧ ⲟⲩⲟϩ ⲉϥϣⲏⲡ ⲙⲡⲉⲙⲑⲟ ⲙⲡⲟⲥ ⲛϫⲉ ⲫⲙⲟⲩ
ⲙⲡⲉⲛⲧⲣⲓⲥⲙⲁⲕⲁⲣⲓⲟⲥ⁴ ⲛⲓⲱⲧ ⲁⲃⲃⲁ ⲓⲱⲁⲛⲛⲏⲥ ⲡⲓⲕⲟⲗⲟⲃⲟⲥ ⲉⲁϥϫⲱⲕ ⲉⲃⲟⲗ
ⲙⲡⲉϥⲇⲣⲟⲙⲟⲥ ⲉϥⲁⲣⲉϩ ⲉⲡⲓⲛⲁϩϯ ⲉϥⲉⲣⲫⲟⲣⲓⲛ⁵ ⲙⲡⲓⲭⲗⲟⲙ ⲛⲧⲉ ϯⲇⲓ-
ⲕⲁⲓⲟⲥⲩⲛⲏ⁶ ⲉⲃⲟⲗϩⲓⲧⲉⲛ ⲡⲭ̅ⲥ̅ ⲫϯ ⲟⲩⲟϩ ⲁϥϣⲱⲡⲓ ⲛⲉⲙ ⲡⲟⲥ ⲕⲁⲧⲁ ⲫⲣⲏϯ

honneur; on le plaça près d'autres saints de sa sorte, qui sont: Athanase le martyr saint, abba Ddidjôi et abba Djimi, et la grâce de Dieu opérait des prodiges par le corps de ces saints avec excès, surtout celui de notre saint père, abba Jean, pour la guérison et le salut de quiconque, jusqu'à ce qu'eut lieu le synode du diable à Chalcédoine et qu'il souilla toute la terre par un dogme tortueux et abominable comme une prostituée, ou même comme une médecine de mort, perdant les âmes et les entraînant dans l'abîme de l'Amenti, comme Dieu avait dit à ses élus intellectuels : « Ne jetez pas aux chiens ce qui est saint et ne jetez pas vos pierres précieuses aux pourceaux, » une honte et un sujet de mépris pour tous les hérétiques blasphémateurs, une assurance, un profit et une gloire pour tous les fidèles qui croient en le Christ Dieu, car en lui a été glorieuse et agréable en la présence de Dieu la mort de notre trois fois bienheureux père abba Jean le Kolobos qui a accompli sa course, ayant gardé la foi, portant la couronne

---

1. Cod. ⲉⲣⲉⲛⲉⲣⲅⲉⲙ. — 2. Cod. ⲛⲟⲛⲧⲟⲥ. — 3. Cod. ⲛⲛⲓϩⲉⲣⲉⲧⲓⲕⲟⲥ. — 4. Cod. ⲙⲁⲕⲁⲣⲓ. — 5. Cod. ⲉϥⲉⲣⲫⲟⲣⲓⲛ. — 6. Cod. ϯⲇⲓⲕⲉⲟⲥⲩⲛⲏ.

ⲉⲧⲁϥϫⲟϥ (-ⲡ̅-) ϫⲉ ⲡⲓⲙⲁ ⲁⲛⲟⲕ ⲉϯϣⲟⲡ ⲙⲙⲟϥ ⲉϥⲉϣⲱⲡⲓ ⲙⲙⲁⲩ ⲛⲉⲙⲏⲓ
ⲛϫⲉ ⲡⲁⲣⲉϥϣⲉⲙϣⲓ.

ⲛⲁⲓ ⲙⲉⲛ ⲧⲏⲣⲟⲩ ⲱ ⲛⲁⲓⲟϯ ⲉⲑⲟⲩⲁⲃ ⲉⲧⲁⲛⲉⲣ ⲡⲟⲩⲙⲉϥⲓ ϣⲁ ⲡⲁⲓⲙⲁ
ⲕⲁⲧⲁ ⲟⲩⲁⲕⲟⲗⲟⲩⲑⲉⲓⲁ[1] ⲡⲉ ⲛⲏ ⲉⲧⲁⲓϫⲉⲙⲟⲩ ⲓⲥⲧⲟⲣⲓⲕⲱⲥ ⲉⲓⲧⲉ[2] ⲛⲏ ⲉⲧⲁⲩ-
ϫⲟⲧⲟⲩ ⲛⲁⲛ ⲉⲓⲧⲉ[3] ⲛⲏ ⲉⲧⲁⲛⲥⲟⲑⲙⲟⲩ ⲛⲧⲟⲧⲟⲩ ⲛϩⲁⲛ ⲣⲱⲙⲓ ⲙⲡⲓⲥⲧⲟⲥ
ⲙⲁⲗⲓⲥⲧⲁ ⲛϣⲟⲩⲧⲉⲛϩⲟⲩⲧⲟⲩ ⲕⲁⲧⲁ ⲫⲣⲏϯ ⲉⲧⲁⲛⲉⲣ ϣⲟⲣⲡ ⲛϫⲟⲥ ϩⲁⲛ
ⲕⲟⲩϫⲓ ⲛⲉ ⲉⲃⲟⲗϧⲉⲛ ϩⲁⲛ ⲙⲏϣ ⲛⲧⲉ ⲧⲁⲣⲉⲧⲏ ⲙⲡⲉⲛⲡⲁⲛⲁⲅⲓⲟⲥ ⲛⲓⲱⲧ ⲉⲁϥ-
ⲥⲟϫⲡⲟⲩ ⲛⲁⲛ ϩⲱⲛ ⲙ̅ⲫⲣⲏϯ ⲛⲟⲩⲛⲓϣϯ ⲙⲙⲉⲧⲣⲁⲙⲁⲟ ⲓⲉ ⲟⲩⲕⲗⲏⲣⲟⲛⲟⲙⲓⲁ
ⲉⲟϣ ⲉⲑⲣⲉ ⲫⲟⲩⲁⲓ ⲫⲟⲩⲁⲓ ⲙⲙⲟⲛ ⲉⲣⲭⲣⲁⲥⲑⲁⲓ[4] ⲙⲙⲟⲥ ⲉⲡⲉⲛⲟⲩϫⲁⲓ ⲉⲟⲩ-
ⲱⲛϧ[5] ⲛⲉⲛⲉϩ ⲕⲁⲧⲁ ⲫⲏ ⲉⲧϥⲉϩ ⲉⲧϫⲟⲙ ⲛⲉⲙ ⲡⲟϩⲙⲟⲧ ⲙⲡⲓⲟⲩⲁⲓ ⲡⲓⲟⲩⲁⲓ
ⲣⲱ ⲟⲛ ⲟⲙⲟⲓⲱⲥ[6] ⲉⲛⲉⲙ ⲙⲁⲗⲓⲥⲧⲁ ϫⲉ ⲥⲉⲛⲁϣⲁⲧⲧⲉⲛ ⲡⲁⲛⲧⲟⲥ ⲁⲕⲣⲓⲃⲱⲥ
ⲙ̅ⲡⲭⲣⲉⲟⲥ ⲙⲡⲁⲓϩⲱⲃ ⲁⲧϭⲛⲉ ϩⲗⲓ ⲛⲉⲡⲟⲭⲏⲛ ⲕⲁⲧⲁ ⲑⲙⲉⲧⲙⲉⲑⲣⲉ ⲛⲛⲓⲅⲣⲁⲫⲏ ⲛⲉⲙ ⲧⲥⲁⲗⲡⲓⲅⲅⲟⲥ ⲛⲛⲓϩⲃⲏⲟⲩⲓ ⲛϣⲫⲏⲣⲓ ⲛⲧⲉ ⲫⲃⲓⲟⲥ ⲙⲡⲉⲛⲥⲧⲁⲩ-
ⲣⲟⲫⲟⲣⲟⲥ ⲛⲓⲱⲧ ⲉⲧⲱϣ ⲉⲃⲟⲗ ⲉⲣⲟⲛ ϧⲉⲛ ⲡϩⲱⲃ ϫⲉ ϣⲱⲡⲓ ⲉⲣⲉⲧⲉⲛⲟⲛⲓ ⲙⲙⲟⲓ
ⲟⲩⲟϩ ⲧⲉⲛⲟⲩ ⲑⲏⲛⲟⲩ ⲉⲣⲟⲓ ⲕⲁⲧⲁ ⲫⲣⲏϯ ⲉⲧⲁⲓⲧⲉⲛⲑⲱⲛⲧ ⲉⲡⲭ̅ⲥ̅ ⲟⲩⲟϩ
ⲡⲉϫⲁϥ ϫⲉ ⲉⲛⲧⲁϩⲟ ⲙⲙⲟⲛ ⲉⲣⲁⲧⲉⲛ ϧⲉⲛ ϩⲱⲃ ⲛⲓⲃⲉⲛ ⲕⲁⲧⲁ ⲑⲟⲛ ϩⲱⲥ ϩⲁⲛ
ⲇⲓⲁⲕⲱⲛ ⲛⲧⲉ ⲫ̅ϯ (-ⲣⲁ-) ϧⲉⲛ ⲟⲩⲛⲓϣϯ ⲛϩⲩⲡⲟⲙⲟⲛⲏ ⲛⲉⲙ ⲟⲩⲙⲉⲧⲣⲉϥⲱⲟⲩ

de la justice, et il a été avec le Seigneur, selon ce qu'il a dit: « Le lieu où je suis, il y sera avec moi, mon serviteur. »

Après tout cela, ô mes pères saints, les choses dont nous avons fait mémoire jusqu'ici avec suite, celles que nous avons trouvées historiquement, ou qu'on nous a dites, ou que nous avons entendues d'hommes fidèles, surtout dignes de confiance, selon ce que nous avons dit d'abord, sont peu (de chose) parmi les foules de vertus de notre tout saint père: il nous les a laissées comme une grande richesse et un héritage nombreux, afin que chacun de nous en jouisse pour notre salut vers une vie éternelle, selon ce qui convient à la vertu et à la grâce de chacun de nous semblablement, surtout si nous savons[7] que l'on nous demandera tout à fait exactement la dette de cette chose sans aucun délai, selon le témoignage des Écritures et de la trompette des œuvres admirables de notre père staurophore qui nous crie en fait: « Soyez semblable à moi et imitez-moi comme j'ai imité le Christ, » et il dit: « Nous tenant en toute chose bonne comme des serviteurs de Dieu,

---

1. *Cod.* ⲟⲩⲁⲕⲟⲗⲟⲩⲑⲟⲓⲁ. — 2. *Cod.* ⲓⲧⲉ. — 3. *Cod.* ⲓⲧⲉ. — 4. *Cod.* ⲉⲣⲭⲣⲁⲥⲟⲉ. — 5. *Cod.* ⲉⲩⲱⲛϧ. — 6. *Cod.* ⲟⲙⲙⲱⲥ. — 7. Mot à mot : Surtout sachant.

ⲛϩⲏⲧ ϧⲉⲛ ⲟⲩϩⲩⲡⲟⲧⲁⲅⲏ¹ ⲙⲙⲏⲓ ϧⲉⲛ ⲟⲩϩⲟϫϩⲉϫ ⲛⲉⲙ ϧⲁⲛ ⲁⲛⲁⲅⲕⲏ ϧⲉⲛ ϧⲁⲛ ⲙⲕⲁϩ ⲛⲉⲙ ϧⲁⲛ ⲉⲣϣⲱⲧ ϧⲉⲛ ϧⲁⲛ ϣⲧⲉⲕⲱⲟⲩ ⲛⲉⲙ ϧⲁⲛ ϣⲧⲟⲣⲧⲉⲣ ϧⲉⲛ ϧⲁⲛ ϧⲓⲥⲓ ⲛⲉⲙ ϧⲁⲛ ϣⲣⲱⲓⲥ ϧⲉⲛ ϧⲁⲛ ⲛⲏⲥⲧⲓⲁ² ⲛⲉⲙ ϧⲁⲛ ⲁⲥⲕⲏⲥⲓⲥ ϧⲉⲛ ϧⲁⲛ ⲧⲟⲩⲃⲟ ⲛⲉⲙ ⲟⲩⲡⲟⲗⲓⲧⲉⲓⲁ³ ⲛⲉⲙ ⲟⲩϩⲟϯ ⲛⲧⲉ ⲫϯ ϧⲉⲛ ⲟⲩϩⲕⲟ ⲛⲉⲙ ⲟⲩⲓⲃⲓ ϧⲉⲛ ⲟⲩⲥⲱⲟⲩⲛ ⲛⲉⲙ ⲟⲩⲙⲉⲧⲥⲁⲃⲉ ϧⲉⲛ ⲟⲩⲙⲉⲧⲭⲣⲏⲥⲧⲟⲥ⁴ ⲛⲉⲙ ⲟⲩⲙⲉⲧⲁⲅⲁⲑⲟⲥ ϧⲉⲛ ⲟⲩⲙⲉⲧⲉⲡⲓⲉⲓⲕⲏⲥ⁵ ⲛⲉⲙ ⲟⲩⲙⲉⲧⲕⲁϯϩⲏⲧ ϧⲉⲛ ϧⲁⲛ ⲡⲣⲟⲥⲉⲩⲭⲏ ⲛⲉⲙ ϧⲁⲛ ⲯⲁⲗⲙⲟⲥ ϧⲉⲛ ⲟⲩⲙⲉⲧⲣⲉⲙⲣⲁⲩϣ ⲛⲉⲙ ⲟⲩⲙⲉⲧϣⲉⲛϩⲏⲧ ϧⲉⲛ ⲟⲩⲙⲉⲧϩⲉⲗϫⲉ ⲛⲉⲙ ⲟⲩⲙⲉⲧϣⲁⲛⲑⲙⲁϧⲧ ϧⲉⲛ ⲟⲩⲇⲓⲁⲕⲣⲓⲥⲓⲥ⁶ ⲛⲉⲙ ⲟⲩⲥⲟⲫⲓⲁ ϧⲉⲛ ⲟⲩⲛⲁϩϯ ⲛⲉⲙ ⲟⲩϩⲉⲗⲡⲓⲥ ϧⲉⲛ ⲟⲩⲭⲱⲗ ⲉⲃⲟⲗ ⲛⲉⲙ ⲟⲩⲭⲁ ⲣⲱϥ ϧⲉⲛ ⲟⲩⲁⲣⲉϩ ⲛⲉⲙ ⲟⲩⲙⲉⲧⲁⲧⲟⲛⲕ ϧⲉⲛ ⲟⲩⲙⲉⲧⲙⲁⲓ ⲣⲱⲙⲓ ⲛⲉⲙ ⲟⲩⲙⲉⲧⲛⲁⲏⲧ ϧⲉⲛ ⲟⲩⲥⲁϫⲓ ⲛⲧⲉ ⲟⲙⲏⲓ ⲛⲉⲙ ⲟⲩⲭⲟⲙ ⲛⲧⲉ ⲫϯ (-ⲫⲏ-) ϧⲉⲛ ⲟⲩϩⲓⲣⲏⲛⲏ⁷ ⲛⲉⲙ ⲟⲩⲁⲅⲁⲡⲏ ⲛⲁⲧⲙⲉⲧϣⲟⲃⲓ ⲉϧⲟⲩⲛ ⲉⲡⲥⲱⲛⲧ ⲧⲏⲣϥ ⲡⲕⲉⲫⲁⲗⲁⲓⲟⲛ⁸ ⲛⲛⲓⲁⲅⲁⲑⲟⲛ ⲧⲏⲣⲟⲩ. ⲉⲛⲓⲣⲓ ⲇⲉ ⲛⲛⲁⲓ ⲛⲉⲙ ⲛⲏ ⲉⲧⲟⲛⲓ ⲙⲙⲱⲟⲩ ⲟⲩⲟϩ ⲉⲛⲉⲣⲕⲁⲧⲁⲫⲣⲟⲛⲉⲓⲛ⁹ ⲇⲓⲕⲁⲓⲱⲥ¹⁰ ⲛⲛⲏ ⲉⲧϯ ⲟⲩⲃⲉ ⲛⲁⲓ ϧⲉⲛ ⲟⲩⲙⲉⲧⲅⲛⲏⲥⲓⲟⲥ ⲧⲟⲧⲉ ⲡⲉⲛⲟⲩⲱⲓⲛⲓ ⲛⲁⲉⲣ ⲟⲩⲱⲓⲛⲓ ⲟⲩ ⲙⲟⲛⲟⲛ ⲙⲡⲉⲙⲑⲟ ⲛⲛⲓⲣⲱⲙⲓ ⲁⲗⲗⲁ ⲙⲡⲉⲙⲑⲟ ⲙⲫϯ ⲛⲉⲙ ⲛⲉϥⲁⲅⲅⲉⲗⲟⲥ ⲛⲉⲙ ⲛⲏ ⲉⲑⲟⲩⲁⲃ ⲧⲏⲣⲟⲩ ⲛⲧⲁϥ ϧⲉⲛ ϧⲁⲛ ⲕⲁⲣⲡⲟⲥ ⲉⲩⲟⲩⲁⲃ ϧⲉⲛ ⲡϫⲓ ⲛϥⲣⲉⲛⲥⲓϯ ⲛⲛⲁ ⲡⲓⲡⲛⲁ ⲛⲧⲉⲛⲱⲥϧ ⲇⲉ ⲟⲛ ⲛⲛⲁ ⲡⲓⲡⲛⲁ ⲉⲛⲣⲁϣⲓ

en une grande patience, en une longanimité de cœur, en une vraie soumission, en une angoisse, en des nécessités, des douleurs, des coups, des prisons, des troubles, des souffrances, des veilles, des jeûnes, des ascèses, des puretés, une dévotion et une crainte de Dieu, dans la faim et dans la soif, dans la connaissance et la sagesse, en la douceur et la bonté, en ce qui convient, en intelligence, en des prières et des psaumes, en renoncement et en silence, en observance et en humilité, en amour des hommes et en pitié, en parole de vérité et en face de Dieu, en paix et dans une charité non changeante pour toute la Création, le résumé de tous les biens. » Si nous faisons cela et les choses semblables, si nous méprisons avec justice ce qui s'oppose à cela avec sincérité, alors notre lumière sera lumineuse, non seulement en présence des hommes, mais aussi en présence de Dieu, de ses anges et de ses saints, en des fruits saints, en semant les choses de l'Esprit pour récolter les choses de l'Esprit, nous réjouissant dans l'imitation des vestiges de notre tout saint

---

1. Cod. ϩⲓⲡⲟⲧⲁⲅⲏ. — 2. Cod. ⲛⲏⲥⲧⲓⲁ. — 3. Cod. ⲟⲩⲡⲟⲗⲓⲧⲓⲁ. — 4. Cod. ⲙⲉⲧⲭⲣⲥ. — 5. Cod. ⲥⲩⲙⲉⲧⲉⲡⲓⲕⲏⲥ. — 6. Cod. ⲟⲩⲇⲓⲁⲕⲣⲏⲥⲓⲥ. — 7. Cod. ⲟⲩϩⲓⲣⲏⲛⲓ. — 8. Cod. ⲡⲕⲉⲫⲁⲗⲉⲟⲛ. — 9. Cod. ⲕⲁⲧⲁⲫⲣⲟⲛⲓⲛ. — 10. Cod. ⲇⲓⲕⲉⲱⲥ.

ϩⲓⲧⲉⲛ ⲑⲙⲉⲧⲛⲥⲓⲥ[1] ⲛⲛⲓϣⲉ ⲛⲧⲁⲧⲥⲓ ⲛⲧⲉ ⲡⲉⲛⲡⲁⲛⲁⲅⲓⲟⲥ ⲛⲓⲱⲧ ⲟⲩⲟϩ ⲛϩⲏ-
ⲅⲟⲩⲙⲉⲛⲟⲥ[2] ϧⲉⲛ ⲡⲭ̅ⲥ̅ ⲛⲉⲣⲉⲛϣⲱⲡⲓ ⲉⲛⲟⲛⲓ ⲙ̅ⲡⲉϥⲛⲁϩϯ ϧⲉⲛ ⲡϩⲱⲃ ⲛⲉⲙ
ⲡⲥⲁϫⲓ ϥⲛⲁⲧⲁϣⲉ ⲛⲉϥϣⲗⲏⲗ ⲛⲁϩⲣⲉⲛ ⲡⲟⲥ ⲉϩⲣⲏⲓ ⲉϫⲱⲛ ϩⲱⲥ ⲉⲟⲩⲛ ϣϫⲟⲙ
ⲙ̅ⲙⲟϥ ⲧⲟⲛϥ ⲉⲉⲣ ⲫⲁⲓ ⲟⲩⲟϩ ⲟⲩϩⲓⲕⲁⲛⲟⲥ ⲡⲉ ⲉⲧⲱⲃϩ ⲉϫⲱⲛ ⲉⲑⲣⲉ ⲡⲉⲛⲃⲓⲟⲥ
ⲥⲱⲟⲩⲧⲉⲛ ⲕⲁⲧⲁ ⲫⲏ ⲉⲧⲉϥ ⲛⲁϥ ⲉϥⲟⲩⲱϣ ⲙ̅ⲫ̅ϯ̅ ϧⲉⲛ ⲡⲁⲓⲕⲟⲥⲙⲟⲥ ⲟⲩⲟϩ
ⲉⲑⲣⲉ ⲟⲩⲟⲛ ⲛⲓⲃⲉⲛ ⲑⲉⲙⲥ[3] ⲧⲏⲃ ⲉⲧϫⲱ ⲙ̅ⲙⲟⲥ ⲙⲁⲗⲓⲥⲧⲁ ⲫ̅ϯ̅ ⲛⲉⲙ ⲛⲏ
ⲉⲑⲟⲩⲁⲃ ⲧⲏⲣⲟⲩ ⲛⲧⲁϥ ϧⲉⲛ ⲑⲙⲏϯ ⲛⲛⲓⲫⲏⲟⲩⲓ ϫⲉ ⲟⲛⲧⲱⲥ ϩⲁⲛ ϣⲏⲣⲓ
ⲛⲅⲛⲏⲥⲓⲟⲥ ⲛⲧⲉ ⲁⲃⲃⲁ ⲓⲱⲁⲛⲛⲏⲥ ⲡⲓⲕⲟⲗⲟⲃⲟⲥ ⲛⲉ ⲛⲁⲓ ϧⲉⲛ ⲛⲁⲓ ⲇⲉ ϩⲱⲥ ⲉⲁⲧ-
ϣⲱⲡⲓ ⲉϣⲏⲡ ⲉϫⲱⲛ ⲛⲁϩⲣⲉⲛ ⲡⲟⲥ ⲙⲁⲗⲗⲟⲛ ⲛϫⲉ ⲛⲓⲡⲣⲉⲥⲃⲉⲓⲁ[4] (-ⲣ̅ⲥ̅-)
ⲛⲧⲉ ⲡⲉⲛⲓⲱⲧ ⲛⲇⲓⲕⲁⲓⲟⲥ[5] ϥⲛⲁⲧⲁϣⲉ ⲛⲉϥⲛⲁⲓ ⲉϩⲣⲏⲓ ⲉϫⲱⲛ ⲟⲛ ⲛϫⲉ ⲡⲭ̅ⲥ̅
ⲫ̅ϯ̅ ϧⲉⲛ ϩⲁⲛ ⲙⲉⲧϣⲉⲛ ϩⲏⲧ ⲉⲧⲟϣ ⲛⲁⲅⲁⲑⲟⲛ ⲉⲡϫⲓ ⲛϫⲟⲕ ⲉⲃⲟⲗ ⲛ̅ⲛⲉⲛⲁⲓ-
ⲧⲏⲙⲁ[6] ⲧⲏⲣⲟⲩ ⲉⲧⲥⲟⲧⲡ ϧⲉⲛ ⲑⲙⲉⲑⲙⲏⲓ ⲙ̅ⲡⲟⲩϫⲁⲓ ⲕⲁⲧⲁ ⲡⲥⲁϫⲓ ⲙ̅ⲡⲓϩⲩⲙ-
ⲛⲱⲇⲟⲥ[7] ⲇⲁⲩⲓⲇ ϫⲉ ⲫⲛⲁⲓ ⲙ̅ⲡⲟⲥ ⲉϫⲉⲛ ⲛⲏ ⲉⲧⲉⲣ ϩⲟϯ ϧⲁ ⲧⲉϥϩⲏ ⲟⲩⲟϩ
ⲧⲉϥⲙⲉⲑⲙⲏⲓ ⲉϫⲉⲛ ⲛⲉⲛϣⲏⲣⲓ ⲛϣⲏⲣⲓ ⲛⲛⲏ ⲉⲧⲁⲣⲉϩ ⲉⲧⲉϥⲇⲓⲁⲑⲏⲕⲏ ⲛⲉⲙ
ⲛⲏ ⲉⲧⲓⲣⲓ ⲙ̅ⲫⲙⲉⲩⲓ ⲛ̅ⲛⲉϥⲉⲛⲧⲟⲗⲏ ⲉⲡⲁⲓⲧⲟⲩ (sic) ⲛⲟⲩⲟ ⲇⲉ ϧⲉⲛ ⲡⲓⲉⲱⲛ[8]
ⲉⲑⲛⲟⲩ ⲧⲉⲛⲛⲁϣⲁϣⲛⲓ ⲡⲁⲛⲧⲱⲥ ⲉⲡⲕⲗⲏⲣⲟⲥ ⲛⲉⲙ ⲫⲙⲉⲣⲟⲥ ⲙ̅ⲡⲉⲛⲓⲱⲧ
ϧⲉⲛ ⲑⲙⲉⲧⲟⲩⲣⲟ ⲛⲛⲓⲫⲏⲟⲩⲓ ⲑⲁⲓ ⲉⲥⲉϣⲱⲡⲓ ⲛⲁⲛ ⲧⲏⲣⲉⲛ ⲉⲑⲣⲉⲛⲙ̅ⲡϣⲁ

père et hégoumène, en devenant semblables à sa foi en œuvre et en parole, il multipliera ses prières pour nous près du Seigneur, comme il peut le faire beaucoup, et il est capable de prier pour nous pour rendre notre vie droite, selon ce qui convient à la volonté de Dieu en ce monde, et faire que chacun indique du doigt, surtout Dieu et tous ses saints au milieu des cieux, disant : « Vraiment, ce sont des fils germains d'abba Jean le Kolobos. » En cela donc, puisque seront agréables près de Dieu les intercessions de notre père juste en notre faveur, le Christ Dieu multipliera ses miséricordes sur nous en des miséricordes nombreuses et bonnes, pour l'accomplissement de toutes nos demandes choisies dans la vérité du salut, selon la parole de l'hymnode David : « La miséricorde du Seigneur est sur ceux qui craignent en sa présence et sa justice sur les enfants des enfants de ceux qui gardent son testament et de ceux qui pensent à ses commandements afin qu'ils les fassent. » Et surtout dans le siècle à venir nous obtiendrons complètement l'héritage et la part de notre père dans le royaume des cieux ; qu'il nous arrive à tous

1. *Cod.* ⲑⲙⲛⲧⲥⲓⲥ. — 2. *Cod.* ϩⲩⲅⲟⲩⲙⲉⲛⲟⲥ. — 3. *Cod.* ⲑⲉⲝ ⲧⲏⲃ. — 4. *Cod.* ⲛⲓⲡⲣⲉⲥⲃⲓⲁ. — 5. *Cod.* ⲛⲇⲓⲕⲉⲟⲥ. — 6. *Cod.* ⲛⲛⲉⲛⲉⲧⲏⲙⲁ. — 7. *Cod.* ⲙ̅ⲡⲓϩⲩⲙⲛⲟⲇⲟⲥ. — 8. *Cod.*
ⲡⲓⲕⲉⲉⲱⲛ.

ⲛ̄ϣⲁϣⲛⲓ ⲉⲣⲟⲥ ϩⲓⲧⲉⲛ ⲛⲓⲡⲣⲉⲥⲃⲉⲓⲁ[1] ⲉⲑⲟⲩⲁⲃ ⲛ̄ⲧⲉ ⲡⲉⲛⲡⲁⲛⲁⲅⲓⲟⲥ ⲛ̄ⲓⲱⲧ ⲁⲃⲃⲁ ⲓⲱⲁⲛⲛⲏⲥ ϧⲉⲛ ⲡⲓϩⲙⲟⲧ ⲛⲉⲙ ⲛⲓⲙⲉⲧϣⲉⲛ ϩⲏⲧ ⲛⲉⲙ ϯⲙⲉⲧⲙⲁⲓ ⲣⲱⲙⲓ ⲛ̄ⲧⲉ ⲡⲉⲛⲟⲥ ⲟⲩⲟϩ ⲡⲉⲛⲛⲟⲩϯ ⲟⲩⲟϩ ⲡⲉⲛⲥⲱⲧⲏⲣ ⲓⲏⲥ ⲡⲭ̄ⲥ ⲫⲁⲓ ⲡⲱⲟⲩ ⲙ̄ⲫⲓⲱⲧ ⲛⲉⲙⲁϥ ⲛⲉⲙ ⲡⲓⲡⲛⲁ ⲛ̄ⲣⲉϥⲧⲁⲛϧⲟ ϯⲛⲟⲩ ⲛⲉⲙ ⲛ̄ⲥⲏⲟⲩ ⲛⲓⲃⲉⲛ ⲛⲉⲙ ϣⲁ ⲉⲛⲉϩ ⲛ̄ⲧⲉ ⲛⲓⲉⲛⲉϩ ⲧⲏⲣⲟⲩ ⲁⲙⲏⲛ.

d'être dignes de l'obtenir par les intercessions saintes de notre tout saint père abba Jean, par la grâce, la miséricorde et l'amour pour les hommes de notre Seigneur et notre Dieu et notre sauveur, Jésus le Christ, auquel la gloire et à son Père avec lui, avec le Saint-Esprit vivificateur, maintenant, en tout temps, et jusqu'aux siècles de tous les siècles. Amen.

1. *Cod.* ⲛⲓⲡⲣⲉⲥⲃⲓⲁ.

APPENDICE

FRAGMENTS THÉBAINS DE LA VIE DE JEAN KOLOBOS

Les fragments que je mets en appendice à cet ouvrage sont au nombre de deux, dont l'un provient des fragments qui furent jadis en la possession de Woïde, qui furent légués par lui à l'établissement connu actuellement sous le nom de *Clarendon Press* et qui se trouvent maintenant à la *Bodleian Library* de la ville d'Oxford; l'autre appartient au Musée de Naples. Le premier contient six feuillets paginés ⲣⲍ̄ à ⲣⲓⲏ̄; le second, quatre feuillets, dont la pagination a disparu[1]. Par un curieux hasard, ils se rapportent tous les deux au même événement de la vie de Jean le Nain, à savoir à la mission que lui confia le patriarche Théophile de se rendre à Babylone de Chaldée et d'en rapporter les corps des trois jeunes gens que Nabuchodonosor est dit avoir fait mourir à Babylone et dont Théophile ambitionnait les reliques pour sanctifier l'église qu'il avait fait construire sous le nom de *Trispetis*, ou τρεῖς παῖδες. Malheureusement, ou fort heureusement, selon le point de vue auquel on se placera, ce récit est loin d'être le même. En effet dans la *Vie memphitique*, Jean en sortant d'Alexandrie est emporté par une nuée lumineuse qui le conduit à Babylone, sur l'endroit même où étaient les restes des trois saints; dans les fragments thébains, il va à pied depuis Babylone d'Égypte jusqu'à Babylone de Chaldée; le retour a lieu dans les

---

1. Zoëga, *Cat. Cod. Copt.*, n° ccxx, p. 543-545. Je n'ai fait que publier et traduire le texte déjà publié sans traduction par Zoëga.

mêmes conditions, sur la nuée dans la *Vie* memphitique, à pied dans les fragments thébains[1]. La différence est grande, on le voit. On en peut conclure quelle foi méritent les écrivains coptes quand ils racontent de semblables prodiges qui, des auteurs grecs ou latins, ont passé dans l'hagiographie universelle du christianisme. Quand on pense que l'arbre célèbre, nommé l'*arbre de l'obéissance*, a été le produit du même Jean le Nain, on ne peut s'empêcher d'en rejeter l'existence et d'y voir un de ces pieux apophthegmes inventés pour l'édification des moines de Scété d'abord, des moines chrétiens du monde entier ensuite. Les autres prodiges que renferment les fragments doivent être jugés de la même manière. Quant à la nuée lumineuse qu'a si hardiment prise Zacharie de Sekhôou pour en orner son panégyrique, elle avait été déjà en usage pour Schenoudi et Jean de Lycopolis. Elle est pour moi l'image transformée de la barque solaire qui traversait l'horizon pendant le jour, devenue ensuite barque divine et pouvant ainsi servir à tous les usages merveilleux dont on pouvait avoir besoin pour orner son récit. Les fragments que j'insère à cette place montreront qu'il y avait déjà un certain nombre de récits circulant sur Jean le Kolobos ou le *Nain*. Dans le dernier, le lecteur observera de lui-même combien peu ce récit est soigné, puisque l'auteur emploie la première personne et puis brusquement la troisième, sans avertir de ce changement, pour revenir ensuite à la première et retomber encore dans la troisième.

Puisque je mets ici quelques mots d'avant-propos, je ferai observer que je n'ai pas traité dans mon *Introduction* de la *Vie* de Macaire d'Alexandrie. Je n'avais pas l'intention de publier cette *Vie* dans ce volume et je ne sais trop comment elle s'est trouvée parmi la copie remise à l'imprimeur que j'avais cependant averti ; mais, lorsqu'il en est arrivé à ce point de mon manuscrit, il a continué d'imprimer la copie qu'il avait entre mains et en avait déjà composé environ deux feuilles lorsque les épreuves m'ont été envoyées. Je n'ai pas cru devoir en rejeter la composition, surtout ayant

---

[1]. L'auteur ne devait pas connaître très bien l'itinéraire de ce voyage ; car, pour aller d'Alexandrie à Babylone, il eût été beaucoup plus court d'aller par mer jusqu'en Syrie et de gagner ensuite le site de Babylone à pied ; on ne comprend pas très bien pourquoi Jean remonte d'Alexandrie jusqu'à Babylone d'Égypte, située près de l'emplacement actuel du Caire, pour couper ensuite transversalement la Basse-Égypte et s'engager dans des difficultés inextricables. Je ne vois d'autre raison à cet itinéraire que l'opposition entre Babylone d'Égypte et Babylone de Chaldée, opposition qui n'est point faite pour donner confiance en ce malencontreux voyage.

l'intention de publier cette *Vie* dans le volume suivant. Cette *Vie* fragmentaire appartient évidemment aux récits divers connus sous le nom d'*histoire lausiaque;* comme telle j'en traiterai à fond dans la partie de l'*Introduction* du volume suivant où j'examinerai la manière dont s'est formé ce recueil pour l'Égypte. Je prierai seulement ici le lecteur d'attendre patiemment cette publication.

Paris, 23 juin 1893.

FRAGMENTS THÉBAINS D'UNE VIE DE JEAN LE KOLOBOS

(-ρϟ-) ⲥⲁⲧⲣⲉ ⲁⲡⲁ ⲓⲱϩⲁⲛⲛⲏⲥ ⲗⲟ ⲉϥⲇⲓⲁⲕⲟⲛⲉⲓ ⲛⲛⲇⲓⲁⲕⲟⲛⲟⲥ ⲁϥⲃⲱⲕ ⲉⲧⲙⲁ¹ ⲙⲁⲧⲁⲁϥ ⲙⲛ ⲛⲉⲥⲛⲏⲩ ⲁⲩϫⲓ ⲛⲧⲉⲧⲕⲟⲩⲓ ⲛⲭⲣⲓⲁ² ⲁⲩⲛⲕⲟⲧⲕ ϣⲁ-ϩⲧⲟⲟⲩⲉ. ϩⲧⲟⲟⲩⲉ ⲇⲉ ⲛⲧⲉⲣⲉϥϣⲱⲡⲉ ⲁⲩⲉⲓⲣⲉ ⲛⲧⲥⲩⲛⲁⲝⲓⲥ ⲁⲩϯ ⲡⲉⲩⲟⲩⲟⲓ ⲉⲣⲟϥ ⲛϭⲓ ⲛⲇⲓⲁⲕⲟⲛⲟⲥ ⲉⲩϫⲱ ⲙⲙⲟⲥ ⲛⲁϥ ϫⲉ ⲱ ⲡⲉⲛⲉⲓⲱⲧ ⲉⲧⲟⲩⲁⲁⲃ ⲁⲣⲓ ⲧⲁⲅⲁⲡⲏ ⲛⲧⲁⲙⲟⲛ ⲉⲓⲱϩⲁⲛⲛⲏⲥ ⲛⲧⲛϯ ⲛⲁϥ ⲛⲛⲉⲥϩⲁⲓ ⲙⲡⲁⲣⲭⲓⲉⲡⲓⲥⲕⲟⲡⲟⲥ ϫⲉ ⲛⲉϥ-ⲗⲩⲡⲉⲓ ⲉⲧⲃⲏⲏⲧϥ ϫⲉ ⲁⲣⲏⲩ ⲁⲩⲡⲉⲑⲟⲟⲩ³ ⲧⲁϩⲟⲛ. ⲁϥⲟⲩⲱϣⲃ ⲛϭⲓ ⲁⲡⲁ ⲓⲱ-ϩⲁⲛⲛⲏⲥ ϫⲉ ⲉϣϫⲉ ⲁ ⲡⲁⲉⲓⲱⲧ ⲛⲁⲣⲭⲓⲉⲡⲓⲥⲕⲟⲡⲟⲥ ⲣ ⲡⲙⲉⲉⲩⲉ ⲛⲧⲁⲙⲛⲧ-ⲃⲏⲛ ⲉⲓⲉ ⲁⲛⲟⲕ ⲡⲉⲧⲉⲧⲛϣⲓⲛⲉ⁴ ⲛⲥⲱϥ. ⲛⲧⲉⲣⲟⲩⲥⲱⲧⲙ ⲇⲉ ⲉⲛⲁⲓ ⲛⲧⲟⲟⲧϥ ⲛⲁⲡⲁ ⲓⲱϩⲁⲛⲛⲏⲥ ⲁⲩϭⲟϫⲟⲩ ⲉϩⲣⲁⲓ ⲁⲩⲡⲁϩⲧⲟⲩ ϩⲁ ⲛⲉϥⲟⲩⲉⲣⲏⲧⲉ ⲁⲩⲟⲩ-ⲱϣⲧ ⲛⲁϥ ⲉⲩϫⲱ ⲙⲙⲟⲥ ϫⲉ ⲟⲩⲟⲓ ⲛⲁⲛ ⲡⲉⲛⲉⲓⲱⲧ ⲉⲧⲟⲩⲁⲁⲃ ⲉⲧⲃⲉ ⲟⲩ ⲁⲕ-ϩⲟⲡⲕ ⲉⲣⲟⲛ ⲙⲡⲉⲕⲧⲁⲙⲟⲛ ⲉⲣⲟⲕ ⲉⲕⲇⲓⲁⲕⲟⲛⲉⲓ ⲉ-(-ⲣⲏ-) ⲣⲟⲛ ⲛⲑⲉ ⲛⲛⲓ-ϩⲙϩⲁⲗ. ⲁϥⲟⲩⲱϣⲃ ⲛϭⲓ ⲁⲡⲁ ⲓⲱϩⲁⲛⲛⲏⲥ ⲡⲉϫⲁϥ ⲛⲁⲩ ϩⲛ ⲟⲩⲛⲟϭ ⲛⲑⲃⲃⲓⲟ

1. Lorsque apa Jean eut cessé de servir les diacres, il alla en un lieu, seul avec les frères, ils prirent le peu qu'il leur fallait, ils se couchèrent jusqu'au matin. Quand fut le matin, ils firent la *synaxe*, les diacres s'approchèrent de lui, disant : « O notre père saint, fais-nous la charité de nous informer qui est Jean, afin que nous lui donnions les lettres de l'archevêque, car il est inquiet à son sujet, disant : Peut-être quelque mal lui est-il arrivé. » Apa Jean répondit : « Puisque mon père l'archevêque fait souvenir de ma pauvreté, eh bien ! c'est moi que vous cherchez. » Lorsqu'ils eurent entendu cela de lui, apa Jean, ils s'élancèrent, se prosternèrent à ses pieds, il l'adorèrent, disant : « Malheur à nous, notre père saint ! pourquoi t'es-tu caché de nous et ne nous as-tu pas informés à ton sujet, nous servant comme ces esclaves ? » Apa Jean répondit, il leur dit dans une grande humilité : « Qu'il en soit

---

1. Lisez: ⲉⲧⲙⲁ. — 2. Lisez: ⲛⲭⲣⲉⲓⲁ. — 3. Lisez: ⲁ ⲟⲩⲡⲉⲑⲟⲟⲩ ⲧⲁϩⲟϥ, ou peut-être: ⲉⲧⲃⲏⲏⲧⲛ au lieu de ⲉⲧⲃⲏⲏⲧϥ. Il faudrait alors traduire : car il est inquiet à notre sujet, disant que peut-être quelque mal nous est arrivé. — 4. Lisez: ⲡⲉ ⲉⲧⲉⲧⲛϣⲓⲛⲉ ⲛⲥⲱϥ.

ϫⲉ ϣⲱⲡⲉ ⲣⲱ ⲁⲙⲙⲛϣⲁ ⲱ ⲛⲁⲙⲉⲣⲁⲧⲉ ⲛⲇⲓⲁⲕⲟⲛⲉⲓ ⲉⲣⲱⲧⲛ ϫⲉ ⲁⲛⲟⲕ ⲡⲓⲧⲁ-
ⲗⲁⲓⲡⲱⲣⲟⲥ ⲛⲧⲱⲧⲛ ⲡⲉ ⲛϩⲩⲡⲉⲣⲉⲧⲏⲥ ⲁⲩⲱ ⲛⲇⲓⲁⲕⲟⲛⲟⲥ ⲙⲡⲛⲟϭ ⲛϣⲱⲥ ⲁⲩⲱ
ⲟⲛ ⲡⲭⲁⲩ ⲙⲟⲉⲓⲧ ⲛⲙⲉⲛⲯⲩⲭⲏ ⲁⲛⲟⲕ ⲙⲁⲧⲁⲁⲧ ⲁⲛ ⲁⲗⲗⲁ ⲧⲟⲓⲕⲟⲩⲙⲉⲛⲏ
ⲧⲏⲣⲥ ⲛⲇⲓⲁⲧⲟⲭⲟⲥ[1] ⲉⲧϩⲁⲣⲁⲧϥ ⲙⲡⲉⲭ︤ⲥ︥ ⲡⲁⲉⲓⲱⲧ ⲁⲡⲁ ⲑⲉⲟⲫⲓⲗⲟⲥ ⲡⲁⲣⲭⲓⲉⲡⲓⲥⲕⲟⲡⲟⲥ ⲡⲁⲓ ⲛⲧⲁ ⲡⲉϥⲥϯ ⲛⲟⲩϭⲉ ⲡⲱϩ ϣⲁ ⲛⲉⲕⲣⲱⲟⲩ ⲛⲧⲟⲓⲕⲟⲩⲙⲉⲛⲏ
ⲡⲁⲓ ⲉⲛⲧⲁϥⲛⲁⲩ ⲉϩⲉⲛ ϭⲱⲗⲡ ⲉⲃⲟⲗ ⲙⲛ ϩⲉⲛ ⲁⲡⲟⲕⲁⲗⲩⲙⲯⲓⲥ[2] ⲛⲑⲁⲩⲙⲁ
ϩⲛ ⲧⲉⲕⲕⲗⲏⲥⲓⲁ ⲙⲡⲃⲁⲡⲧⲓⲥⲧⲏⲣⲓⲟⲛ ⲉⲧⲟⲩⲁⲁⲃ. ⲁⲩⲟⲩⲱϣⲃ ⲛϭⲓ ⲛⲇⲓⲁⲕⲟⲛⲟⲥ
ⲉⲩϫⲱ ⲙⲙⲟⲥ ϫⲉ ⲛⲧⲟⲕ ⲡⲉ ⲡⲉⲛⲉⲓⲱⲧ ⲉⲧⲟⲩⲁⲁⲃ ⲁⲛⲉⲓⲙⲉ ⲙⲡⲟⲟⲩ ϫⲉ ⲡⲉⲡ︤ⲛ︥ⲁ
ⲙⲡⲛⲟⲩⲧⲉ ⲡⲉⲧϣⲟⲟⲡ[3] ⲛⲙⲙⲁⲕ ⲁⲙⲙⲛϣⲁ ⲛⲟⲩⲛⲟϭ ⲛⲧⲁⲉⲓⲟ ⲙⲛ ⲟⲩⲥⲙⲟⲩ
ϫⲉ (-ⲣⲉ-) ⲁⲛⲁⲡⲁⲛⲧⲁ ⲉⲧⲉⲕⲙⲛⲧⲡⲉⲧⲟⲩⲁⲁⲃ. ⲛⲁⲓ ⲇⲉ ⲛⲧⲉⲣⲟⲩϫⲟⲟⲩ ⲁⲩϯ
ⲛⲁϥ ⲛⲧⲉⲡⲓⲥⲧⲟⲗⲏ ⲙⲡⲁⲣⲭⲓⲉⲡⲓⲥⲕⲟⲡⲟⲥ ⲁⲡⲁ ⲑⲉⲟⲫⲓⲗⲟⲥ ⲁϥϫⲓⲧⲉ ⲁϥⲁⲥ-
ⲡⲁⲍⲉ ⲙⲙⲟⲥ ⲁϥⲣⲁϣⲉ ⲉⲙⲁⲧⲉ ⲡⲉϫⲁϥ ϫⲉ ⲁⲛⲅ ⲛⲓⲙ ⲁⲛⲟⲕ ϫⲉ ⲉⲣⲉ ⲡⲁϫⲟⲉⲓⲥ ⲛⲁⲧⲛⲛⲟⲟⲩ ⲉⲣⲁⲧ. ⲡⲧⲉⲣⲉϥⲟϣⲥ ⲇⲉ ⲉⲣⲉ ⲛⲉⲥⲛⲏⲩ ⲥⲟⲟⲩϩ ⲁⲩⲁⲣⲭⲓ[4]
ⲛⲙⲕⲁϩ ⲛϩⲏⲧ ⲉⲩϫⲱ ⲙⲙⲟⲥ ϫⲉ ⲉⲣⲉ ⲡⲉⲛⲉⲓⲱⲧ ⲡⲁⲣⲭⲓⲉⲡⲓⲥⲕⲟⲡⲟⲥ ⲛⲁϥⲓ
ⲛⲧⲟⲟⲧⲛ ⲙⲡⲉⲛⲉⲓⲱⲧ ⲛⲧⲛϣⲱⲡⲉ ⲛⲟⲣⲫⲁⲛⲟⲥ. ⲁⲩⲱ ⲛⲉⲧⲉⲣ ϩⲏⲃⲉ ⲉⲙⲁⲧⲉ
ⲡⲟⲩⲁ ⲡⲟⲩⲁ ⲛⲛⲁϩⲣⲙ ⲡⲉϥⲥⲟⲛ. ⲡⲡⲉⲧⲟⲩⲁⲁⲃ ⲇⲉ ⲁⲡⲁ ⲓⲱϩⲁⲛⲛⲏⲥ ⲛⲧⲉⲣⲉϥ-

ainsi; j'ai été digne, ô mes bien-aimés, de vous servir, car je suis ce malheureux, et vous, vous êtes les serviteurs et les diacres du grand pasteur et aussi du guide de nos âmes, non seulement à moi, mais encore de la terre entière, le successeur qui est aux pieds du Christ, mon père apa Théophile, l'archevêque, celui dont le parfum a pénétré jusqu'aux limites de la terre habitée, qui a vu des visions et des révélations admirables dans l'église du baptistère saint. » Les diacres répondirent, disant : « C'est toi notre père saint; nous avons su aujourd'hui que l'Esprit de Dieu est avec toi et nous avons été dignes d'un grand honneur et d'une bénédiction, car nous avons rencontré ta sainteté. » Lorsqu'ils eurent dit ces (paroles), ils lui donnèrent la lettre de l'archevêque apa Théophile; il la prit, la baisa, se réjouit grandement, il dit : « Qui suis-je, moi, afin que mon Seigneur envoie vers moi? » Quand il l'eut lue, pendant que les frères étaient rassemblés, ils commencèrent à s'attrister, disant : « Notre père l'archevêque nous enlèvera notre père afin que nous soyons orphelins! » Et ils étaient endeuillés grandement, chacun près de son frère. Mais le saint apa Jean, lorsqu'il vit qu'ils étaient

1. Lisez: ⲡⲇⲓⲁⲇⲟⲭⲟⲥ. — 2. Lisez: ⲁⲡⲟⲕⲁⲗⲩⲯⲓⲥ. — 3. Lisez: ⲡⲉ ⲉⲧϣⲟⲟⲡ. — 4. Lisez: ⲁⲩⲁⲣⲭⲉⲓ.

ⲛⲁⲩ ⲉⲣⲟⲟⲩ ⲉⲩⲣ ϩⲏⲃⲉ ⲁϥⲥⲗⲥⲱⲗⲟⲩ ⲉϥϫⲱ ⲙⲙⲟⲥ ϫⲉ ⲙⲡⲣⲗⲩⲡⲉⲓ ⲡϫⲟⲉⲓⲥ ⲁϥⲟⲩⲉϩⲥⲁϩⲛⲉ ⲙⲡⲓϩⲱⲃ ⲉⲧⲣⲁϫⲱⲕ ⲉⲃⲟⲗ ⲙⲡⲉϥⲟⲩⲱϣ ⲁⲩⲱ ϥⲛⲁϩⲁⲣⲉϩ ⲉⲣⲱⲧⲛ ϣⲁⲛϯⲕⲧⲟⲓ ϣⲁⲣⲱⲧⲛ ϩⲛ ⲟⲩⲉⲓⲣⲏⲛⲏ ϯⲟⲩⲟⲛ¹ ⲉⲧⲉⲧⲛⲙⲏⲛ ⲉⲃⲟⲗ ϩⲛ ⲧⲡⲓⲥⲧⲓⲥ ⲙⲛ ⲧⲁⲅⲁⲡⲏ ⲉϩⲟⲩⲛ (-ⲣⲓ-) ⲉⲛⲉⲧⲛⲉⲣⲏⲩ ⲡⲣⲟⲥⲉⲭⲉ ⲉⲛⲉⲧⲛⲉⲣⲏⲩ ⲛⲧⲉⲧⲛϩⲁⲣⲉϩ ⲉⲣⲱⲧⲛ ⲉⲛⲉⲡⲓⲃⲟⲩⲗⲏ ⲙⲡⲁⲛⲧⲓⲕⲓⲙⲉⲛⲟⲥ² ⲁⲣⲓ ⲉⲓⲣⲏⲛⲏ ⲙⲛ ⲛⲉⲧⲛⲉⲣⲏⲩ ⲁⲩⲱ ⲡⲛⲟⲩⲧⲉ ⲛϯⲣⲏⲛⲏ³ ⲛⲁϣⲱⲡⲉ ⲛⲙⲙⲏⲧⲛ. ⲛⲁⲓ ⲇⲉ ⲛⲧⲉⲣⲉϥϫⲟⲟⲩ ⲛⲛⲉⲥⲛⲏⲩ ⲁϥⲥⲟⲟⲩϩⲟⲩ ⲉϩⲟⲩⲛ ⲁϥⲉⲓⲣⲉ ⲉⲣⲟⲟⲩ ⲛⲧⲥⲩⲛⲁⲝⲓⲥ ⲁϥⲧⲛⲁϯⲉ ⲙⲙⲟⲟⲩ ϩⲓ ⲟⲩⲥⲟⲡ ⲁ ⲡⲟⲩⲁ ⲡⲟⲩⲁ ⲃⲱⲕ ⲉⲛⲉⲧⲙⲁ ⲛϣⲱⲡⲉ ϩⲛ ⲟⲩⲉⲓⲣⲏⲛⲏ. ϩⲧⲟⲟⲩⲉ ⲇⲉ ⲛⲧⲉⲣⲉϥϣⲱⲡⲉ ⲁ ⲛⲉⲥⲛⲏⲩ ⲥⲱⲟⲩϩ ⲁⲩⲉⲓ ⲉⲡⲙⲟⲛⲁⲥⲧⲏⲣⲓⲟⲛ ⲛⲁⲡⲁ ⲓⲱϩⲁⲛⲛⲏⲥ ⲁϥⲥⲃⲧⲱⲧϥ (sic) ⲉⲧⲣⲉϥⲙⲟⲟϣⲉ ⲉⲧⲉϩⲓⲏ ϩⲙ ⲡⲟⲩⲱϣ ⲙⲡⲛⲟⲩⲧⲉ ⲉⲓⲥ ⲥⲛⲁⲩ ⲛⲛⲉⲥⲛⲏⲩ ⲉⲧⲧⲁⲉⲓⲏⲩ ⲉⲛ ⲧⲟⲟⲧϥ ⲉⲧⲉ ⲁⲡⲁ ⲍⲁⲭⲁⲣⲓⲁⲥ ⲡⲉ ⲙⲛ ⲁⲡⲁ ⲓⲱϩⲁⲛⲛⲏⲥ ⲛⲁⲓ ⲉϩⲉⲛ ⲥⲱⲧⲡ ⲛⲧⲉⲗⲓⲟⲥ⁴ ⲛⲉ ⲁϥϯ ⲉⲧⲟⲟⲧⲟⲩ ⲛⲛⲉⲥⲛⲏⲩ ⲉⲧⲣⲉⲩⲙⲟⲟⲛⲉ ⲙⲙⲟⲟⲩ ⲁⲩⲱ ⲛⲥⲉϥⲓ ⲡⲣⲟⲟⲩϣ ⲙⲡⲙⲟⲛⲁⲥⲧⲏⲣⲓⲟⲛ ⲙⲛ ⲧⲇⲓⲁⲕⲟⲛⲓⲁ ⲛⲛϩⲏⲕⲉ ⲁⲩⲱ ⲛⲉⲩⲗⲩⲡⲉⲓ ⲉⲙⲁⲧⲉ ϫⲉ ϥⲛⲁⲃⲱⲕ (-ⲣⲓ-) ⲛϥⲕⲁⲁⲩ ⲁⲩⲱ ⲛⲧⲉⲓϩⲉ ⲁϥⲉⲓⲣⲉ ⲙⲡⲥⲟⲃⲧⲉ ⲧⲏⲣϥ ⲁϥⲉⲓ ⲉⲃⲟⲗ ϩⲙ ⲡⲙⲟⲛⲁⲥⲧⲏⲣⲓⲟⲛ ⲁϥϫⲓ ⲛⲙⲙⲁϥ ⲛⲟⲩⲛⲟϭ ⲛⲁⲛϩⲁⲗⲱⲙⲁ ⲉⲃⲟⲗ ⲉⲡϫⲟⲓ ⲛⲛⲇⲓⲁⲕⲟⲛⲟⲥ ⲙⲛ ⲛⲛⲉⲉϥ ⲉⲧϩⲙ ⲡϫⲟⲓ ⲁϥⲉⲓⲛⲉ ⲛϩⲉⲛ ⲧⲁⲉⲓⲟ ⲙⲡⲓⲁⲣⲭⲓ-

endeuillés, les consola, disant : « Ne soyez point chagrins, le Seigneur a ordonné cette chose afin que j'accomplisse sa volonté ; il vous gardera jusqu'à ce que je sois de retour vers vous en paix. Maintenant donc, soyez constants dans la foi et la charité les uns envers les autres, appliquez-vous les uns les autres à vous garder des embûches de l'adversaire ; gardez la paix les uns avec les autres et le Dieu de paix sera avec vous. » Lorsqu'il eut dit cela aux frères, il les rassembla, leur fit la *synaxe*, les communia à la fois, chacun se retira en paix dans leurs lieux d'habitation. Quand le matin fut venu, les frères se réunirent, ils allèrent au monastère d'apa Jean, il se prépara à marcher le chemin dans la volonté de Dieu ; voici que deux frères honorables lui prirent la main, c'étaient apa Zacharie et apa Jean qui étaient des élus parfaits, il leur donna les frères pour les paître et prendre soin du monastère et de la diaconie des pauvres, et ils étaient très chagrinés de ce qu'il s'en allait et les abandonnait. Et ainsi, il fit tous les préparatifs, il sortit du monastère il prit avec lui de grandes provisions vers la barque pour les diacres et les bateliers qui étaient dans la barque, il emmena des hon-

---

1. Lisez : ϯⲟⲩⲟⲛ. Je ne vois pas d'autre manière d'expliquer ces mots. — 2. Lisez : ⲙⲡⲁⲛⲧⲓⲕⲉⲓⲙⲉⲛⲟⲥ. — 3. Lisez : ⲛⲧⲉⲓⲣⲏⲛⲏ. — 4. Lisez : ⲛⲧⲉⲗⲉⲓⲟⲥ.

ⲉⲡⲓⲥⲕⲟⲡⲟⲥ ⲙⲛ ϩⲉⲛ ⲥⲧⲟⲗⲏ ⲙⲛ ϩⲉⲛ ϩⲟⲓⲧⲉ ⲉⲩⲧⲁⲉⲓⲏⲩ ⲉⲩⲡⲣⲉⲡⲓ¹ ⲙⲡⲁⲣⲭⲓⲉⲡⲓⲥⲕⲟⲡⲟⲥ ⲁⲩⲱ ⲛⲧⲉⲓϩⲉ ⲟⲛ ⲁⲩⲁⲗⲉ ⲉⲡϫⲟⲓ ⲉⲣⲉ ⲛⲉⲥⲛⲏⲩ ⲑⲛⲟ ⲙⲙⲟⲥ
ⲉⲃⲟⲗ ⲉⲩϫⲱ ⲙⲙⲟⲥ ϫⲉ ⲧⲛϣⲓⲛⲉ ⲉⲣⲟⲕ ⲱ ⲡⲉⲛⲉⲓⲱⲧ ϣⲁⲛⲧⲉ ⲡϫⲟⲉⲓⲥ ⲁⲁⲛ
ⲛⲙⲡϣⲁ ⲛⲛⲁⲩ ⲉⲣⲟⲕ ⲛⲕⲉⲥⲟⲡ. ⲡⲡⲉⲧⲟⲩⲁⲁⲃ ⲇⲉ ⲁⲡⲁ ⲓⲱϩⲁⲛⲛⲏⲥ ⲛⲉϥϯ
ⲧⲱⲕ ⲛϩⲏⲧ ⲛⲁⲩ ⲉϥϫⲱ ⲙⲙⲟⲥ ϫⲉ ϯⲡⲓⲥⲧⲉⲩⲉ ⲉⲡⲛⲟⲩⲧⲉ ϫⲉ ⲛϯⲛⲁⲱⲥⲕ ⲁⲛ
ⲙⲡⲉⲧⲛⲃⲟⲗ ⲁⲗⲗⲁ ϥⲛⲁϯ ⲛⲧⲟⲟⲧϥ ⲛⲙⲙⲁⲓ ϩⲙ ⲙⲁ ⲛⲓⲙ ⲉϯⲛⲁⲃⲱⲕ ⲉⲣⲟⲉⲓ²
ⲛⲧⲁⲉⲓ ⲟⲛ ϣⲁⲣⲱⲧⲛ ϩⲛ ⲟⲩⲉⲓⲣⲏⲛⲏ ϣⲗⲏⲗ ⲉϫⲱⲓ ⲱ ⲛⲁⲙⲉⲣⲁⲧⲉ ⲛⲛⲁϩⲣⲙ
ⲡϫⲟⲉⲓⲥ ⲛϥϫⲓ ⲙⲟⲉⲓⲧ ϩⲏⲧ ϣⲁⲛϯ ⲃⲱⲕ ⲛⲧⲁⲉⲓ ϣⲁⲣⲱⲧⲛ ϩⲛ (-ⲣⲙ-) ⲟⲩⲟⲩ-
ϫⲁⲓ. ⲛⲁⲓ ⲇⲉ ⲉϥϫⲱ ⲙⲙⲟⲟⲩ ⲛϭⲓ ⲡⲡⲉⲧⲟⲩⲁⲁⲃ ⲁⲡⲁ ⲓⲱϩⲁⲛⲛⲏⲥ ⲁϥϣⲗⲏⲗ
ⲁϥⲕⲁ ⲛⲉⲥⲛⲏⲩ ⲉⲃⲟⲗ ⲁⲩⲱ ⲛⲧⲉⲛⲟⲩ ⲁⲧⲕⲁ ⲡϫⲟⲓ ⲉⲃⲟⲗ ⲁⲩⲥϭⲏⲣ ⲉϩⲣⲏ ϩⲙ
ⲡⲓⲉⲣⲟ ϩⲙ ⲡⲟⲩⲱϣ ⲙⲡⲛⲟⲩⲧⲉ. ⲉⲩⲥϭⲏⲣ ⲇⲉ ⲉϩⲣⲏⲧ ϩⲙ ⲡⲓⲉⲣⲟ ϩⲙ ⲡⲉⲕⲣⲟ
ⲙⲡⲉⲙⲛⲧ ⲉⲣⲉ ⲡⲙⲟⲟⲩ ϯ ⲉϩⲟⲩⲛ ⲉϩⲣⲁϥ ⲛⲟⲩⲕⲟⲩⲓ ϩⲱⲥⲧⲉ ⲡⲙⲟⲟⲩ ϥⲓⲧϥ
ⲧⲏⲣϥ ϣⲁⲛⲧ³ ⲟⲩⲕⲟⲩⲓ. ⲁⲩⲱ ⲛⲧⲉⲣⲉ ⲣⲟⲩϩⲉ ϣⲱⲡⲉ ⲉⲩⲥϭⲏⲣ ⲁ ⲛⲉⲉϥ ⲕⲁ
ⲡϫⲟⲓ ⲉⲃⲟⲗ ⲁⲛⲙⲟⲟⲛⲉ ⲉϩⲟⲩⲛ ⲉⲣⲟϥ ϣⲁⲛⲧⲉ ϩⲧⲟⲟⲩⲉ ϣⲱⲡⲉ ⲉⲓⲥ ⲟⲩⲣⲱⲙⲉ

neurs⁴ pour l'archevêque, avec des stoles et des vêtements d'honneur convenables pour l'archevêque, et ainsi ils montèrent sur la barque pendant que les frères le conduisaient, disant : « Nous te saluons, ô notre père, jusqu'à ce que le Seigneur nous ait rendus dignes de te voir une autre fois. » Mais le saint apa Jean leur donnait confirmation de cœur, disant : « Je crois en Dieu que je ne tarderai pas loin de vous⁵, mais qu'il me donnera aide en tout lieu où j'irai, afin que je revienne vers vous en paix. Priez pour moi, ô mes bien-aimés, près du Seigneur, afin qu'il me guide, afin que je m'en aille et revienne vers vous sain et sauf. » Pendant que le saint apa Jean disait ces (choses), il pria, il congédia les frères, et sur l'heure ils lâchèrent la barque, ils naviguèrent vers le Nord dans le fleuve, en la volonté de Dieu. Pendant qu'ils naviguaient vers le Nord dans le fleuve, à la rive occidentale, l'eau la couvrit un peu, de sorte qu'un peu plus l'eau l'aurait enlevée tout entière. Lorsque le soir fut (arrivé) en naviguant, les bateliers laissèrent aller la barque, nous y abordâmes jusqu'à ce que le matin eut paru. Voici qu'un homme vint sur le fleuve voulant puiser de l'eau, et, lorsqu'il eut rempli son

---

1. Lisez : ⲉⲩⲡⲣⲉⲡⲉⲓ. — 2. Lisez : ⲉⲣⲟϥ. — 3. Lisez : ϣⲁⲧⲛ. — 4. C'est-à-dire des cadeaux. En ce temps-là, comme aujourd'hui, il ne convenait pas qu'un mince personnage se présentât devant l'archevêque sans avoir des cadeaux à lui présenter. Cet usage, dans le domaine civil comme dans le domaine religieux, a toujours existé en Égypte. — 5. C'est-à-dire : Je crois que Dieu ne permettra pas que je reste longtemps éloigné de vous.

ⲇⲉ ⲁϥⲉⲓ ϫⲙ︥[1] ⲡⲓⲉⲣⲟ ⲉϥⲟⲩⲱϣ ⲉⲙⲉϩ ⲙⲟⲟⲩ ⲁⲩⲱ ⲛⲧⲉⲣⲉϥⲙⲉϩ ⲡⲗⲁⲕⲟⲛ
ⲙⲙⲟⲟⲩ ⲁϥϩⲓⲧϥ ⲟⲛ ⲉⲡⲉⲕⲣⲟ ⲁϥⲕⲁⲁϥ[2] ⲕⲁϩⲏⲩ ⲁϥϫⲱⲕⲙ ϩⲙ ⲡⲓⲉⲣⲟ
ⲉⲧⲃⲉ ⲡϩⲓⲥⲉ ⲛⲧⲣⲕⲁⲥⲓⲁ[3] ⲉⲧϣⲟⲟⲡ ⲛϩⲏⲧⲥ ⲡⲛⲟⲩⲧⲉ ⲇⲉ ⲉϥⲟⲩⲱϣ ⲉⲧⲣⲉ ⲛⲉϥ
ⲡⲉⲧⲟⲩⲁⲁⲃ ϫⲓ ⲉⲟⲟⲩ ϩⲙ ⲙⲁ ⲛⲓⲙ ⲁϥⲟⲩⲱϣ ⲉⲧⲣⲉ †ϣⲡⲏⲣⲉ ϣⲱⲡⲉ ⲉⲃⲟⲗ
ϩⲓⲧⲟⲟⲧϥ ⲙ-(-ⲡⲓⲥ-)ⲡⲉϥϩⲙϩⲁⲗ ⲓⲱϩⲁⲛⲛⲏⲥ ⲛⲧⲉ ⲡⲣⲁⲛ ⲙⲡⲛⲟⲩⲧⲉ ϫⲓ ⲉⲟⲟⲩ
ⲁⲓⲧⲉⲓ[4] ⲉⲣⲉ ⲡⲣⲱⲙⲉ ϭⲙ ⲡⲓⲉⲣⲟ ⲉϥϫⲱⲕⲙ ⲉⲓⲥ ⲡⲡⲟⲛⲏⲣⲟⲥ ⲛⲇⲓⲁⲃⲟⲗⲟⲥ ⲁϥ
ⲡⲟⲛⲏⲣⲉⲧⲉ ⲉⲡⲣⲱⲙⲉ ⲛⲧⲁⲗⲁⲓⲡⲱⲣⲟⲥ ⲁϥⲧⲣⲉ ⲟⲩⲛⲟϭ ⲛⲙⲥⲁϩ ⲧⲱⲣⲡ ⲙⲡⲣⲱ
ⲙⲉ. ⲛⲣⲱⲙⲉ ⲇⲉ ⲉⲧϭⲙ ⲡⲉⲕⲣⲟ ⲉⲧⲁϩⲉⲣⲁⲧⲟⲩ ⲛⲧⲉⲣⲟⲩⲛⲁⲩ ⲉⲡⲉⲛⲧⲁϥϣⲱⲡⲉ
ⲁⲩϭⲉⲡⲏ ⲁⲩⲃⲟϭⲟⲩ ⲉⲡⲉⲥⲏⲧ ⲉⲡⲓⲉⲣⲟ ⲉⲧⲟⲩⲱϣ ⲉⲛⲟⲩϩⲙ ⲙⲡⲣⲱⲙⲉ ⲛⲧⲟⲟⲧϥ
ⲙⲡⲉⲑⲩⲣⲓⲟⲛ[5] ⲁⲩⲱ ⲙⲡⲟⲩⲉϣϭⲙϭⲟⲙ ⲉⲡⲓⲇⲏ[6] ⲁϥⲱⲙⲥ ⲙⲙⲟϥ ⲉⲡⲉⲥⲏⲧ
ϩⲙ ⲡⲓⲉⲣⲟ. ⲛⲣⲱⲙⲉ ⲇⲉ ⲛⲉⲩⲣⲓⲙⲉ ⲁⲩⲱ ⲉⲩⲗⲩⲡⲉⲓ ⲉⲙⲁⲧⲉ ⲡⲡⲉⲧⲟⲩⲁⲁⲃ ⲇⲉ
ⲁⲡⲁ ⲓⲱϩⲁⲛⲛⲏⲥ ⲛⲧⲉⲣⲉϥⲛⲁⲩ ⲟⲛ ⲉⲡⲉⲛⲧⲁϥϣⲱⲡⲉ ⲡⲉϫⲁϥ ⲙⲡⲙⲏⲛϣⲉ
ⲉⲧⲁϩⲉⲣⲁⲧϥ ϫⲉ ⲙⲡⲣⲗⲩⲡⲉⲓ ⲛⲁⲥⲛⲏⲩ ⲟⲩⲛ ϭⲟⲙ ⲙⲡⲛⲟⲩⲧⲉ ⲛⲧⲁϥⲛⲟⲩϩⲙ
ⲛⲓⲱⲛⲁⲥ ϩⲛ ϩⲏⲧϥ ⲙⲡⲕⲏⲧⲟⲥ ⲛϥⲧⲟⲩϫⲟ ⲛⲧⲉⲓⲯⲩⲭⲏ ⲉⲃⲟⲗϩⲛ ⲧⲧⲁⲡⲣⲟ
ⲙⲡⲓⲑⲩⲣⲓⲟⲛ[7]. ⲡⲡⲉⲧⲟⲩⲁⲁⲃ ⲇⲉ ⲁⲡⲁ ⲓⲱϩⲁⲛⲛⲏⲥ ⲁϥⲕⲁⲁϥ ⲕⲁϩⲏⲩ (-ⲣⲓϩ-)
ⲛⲧⲗⲉⲃⲓⲧⲟⲩ ⲉⲧⲟ ϩⲓⲱⲱϥ ⲁϥϫⲓ ⲛⲟⲩϥⲙⲙⲉⲛⲁⲣⲟⲛ[8] ⲁϥⲙⲟⲣϥ ⲙⲙⲟϥ ⲁϥ-

vase d'eau, il le ramena sur le rivage, il se mit à nu, il se baigna dans le fleuve, à cause de la souffrance du travail où il se trouvait. Mais Dieu, voulant que ses saints soient glorifiés en tout lieu, voulut que ce prodige arrivât par l'entremise de son serviteur Jean, afin que le nom de Dieu fût glorifié. Comme l'homme était encore dans le fleuve, se baignant, voici qu'un méchant diable se conduisit mal envers le pauvre homme, il fit qu'un grand crocodile enleva l'homme. Mais les hommes qui se tenaient debout sur le rivage, lorsqu'ils virent ce qui était arrivé, ils se hâtèrent, ils se précipitèrent dans le fleuve, voulant sauver l'homme de l'animal, et ils ne le purent point parce qu'il l'avait englouti dans le fleuve. Or, les hommes pleuraient et se chagrinaient grandement; mais le saint apa Jean, lorsqu'il vit aussi ce qui était arrivé, il dit à la foule qui se tenait debout: « Ne soyez point chagrins, mes frères; puissance est à Dieu, qui a sauvé Jonas du ventre du cétacé, de sauver aussi cette âme de la bouche de cette bête. » Mais le saint apa Jean se mit à nu de son manteau qui le couvrait, il prit une corde,

---

1. Lisez: ⲉϫⲙ. — 2. Lisez: ⲁϥⲕⲁⲁϥ. — 3. Lisez: ⲛⲧⲉⲣⲅⲁⲥⲓⲁ. — 4. Lisez: ⲉⲧⲓ. — 5. Lisez: ⲙⲡⲉⲑⲏⲣⲓⲟⲛ. — 6. Lisez: ⲉⲡⲉⲓⲇⲏ. — 7. Lisez: ⲙⲡⲓⲑⲏⲣⲓⲟⲛ. — 8. Lisez: ⲛⲟⲩϥⲙⲉⲛⲁⲣⲟⲛ.

ⲃⲱⲕ ⲉⲡⲉⲥⲏⲧ ⲉⲡⲓⲉⲣⲟ ϣⲁ ⲧⲉϥⲙⲏⲧⲉ ⲁϥⲡⲱⲣϣ ⲉⲃⲟⲗ ⲛⲛⲉϥϭⲓϫ ⲁϥϣⲗⲏⲗ
ⲉϩⲣⲁⲓ ⲉⲡⲛⲟⲩⲧⲉ ⲉϥϫⲱ ⲙⲙⲟⲥ ϫⲉ ⲁⲇⲱⲛⲁⲓ ⲡϫⲟⲉⲓⲥ ⲡⲛⲟⲩⲧⲉ ⲡⲡⲁⲛⲧⲟⲕⲣⲁ-
ⲧⲱⲣ ⲡⲉⲛⲧⲁϥⲧⲁⲙⲓⲉ ⲛⲕⲁ ⲛⲓⲙ ⲉⲃⲟⲗϩⲙ ⲡⲉⲧⲉⲛϥϣⲟⲟⲡ ⲁⲛ ⲁϥⲧⲣⲉϥϣⲱⲡⲉ
ⲧⲏⲣⲟⲩ ⲙⲡⲏⲧⲉ ⲙⲛ ⲡⲕⲁϩ ⲑⲁⲗⲁⲥⲥⲁ ⲙⲛ ⲛⲓⲉⲣⲱⲟⲩ ⲡⲉⲛⲧⲁϥⲟⲧⲉⲣⲥⲁϩⲛⲉ
ⲙⲡⲛⲟϭ ⲛⲕⲏⲧⲟⲥ ⲙⲡⲓⲟⲩⲟⲉⲓϣ ⲁϥⲱⲙⲕ ⲛⲓⲱⲛⲁⲥ ⲡⲉⲡⲣⲟⲫⲏⲧⲏⲥ ⲛϣⲟⲙⲧ
ⲛϩⲟⲟⲩ ⲙⲛ ϣⲟⲙⲧⲉ ⲛⲟⲩϣⲏ ⲉϥⲛϩⲏⲧϥ ⲉϥⲣⲟⲉⲓⲥ ⲉⲣⲟϥ ⲙⲛⲛⲥⲱⲥ ⲟⲛ ϩⲓⲧⲙ
ⲡⲉⲕⲟⲩⲉϩⲥⲁϩⲛⲉ ⲁⲕⲧⲣⲉϥⲛⲟϫϥ ⲉⲡⲉⲕⲣⲟ ⲧⲉⲛⲟⲩ ⲟⲛ ⲡⲁϫⲟⲉⲓⲥ ⲕⲉⲗⲉⲩⲉ ϩⲛ
ⲧⲉⲕϭⲟⲙ ⲉⲧⲟⲩⲁⲁⲃ ⲉⲧⲣⲉ ⲡⲓⲑⲩⲣⲓⲟⲛ[1] ⲛⲧⲁϥⲧⲱⲣⲡ ⲙⲡⲓⲣⲱⲙⲉ ⲛⲧⲁⲗⲁⲓⲡⲱⲣⲟⲥ ⲛϥⲉⲓⲛⲉ ⲙⲙⲟϥ ⲛⲧⲉϥϩⲉ ⲉⲡⲉⲕⲣⲟ ⲛϥⲕⲁⲁϥ ⲙⲡⲙⲁ ⲛⲧⲁϥⲧⲱⲣⲡ ⲙⲙⲟϥ
ⲉϫⲛ[2] ⲗⲁⲁⲩ ⲙⲡⲉⲑⲟⲟⲩ ϫⲉⲕⲁⲥ ⲉⲣⲉ ⲡⲓⲙⲏⲏϣⲉ ⲧⲏⲣϥ ⲛⲁ-(-ⲣⲓⲉ-)ϯ ⲉⲟⲟⲩ
ⲙⲡⲉⲕⲣⲁⲛ. ϩⲟⲥⲟⲛ ⲇⲉ ⲉⲣⲉ ⲡⲡⲉⲧⲟⲩⲁⲁⲃ ⲁⲡⲁ ⲓⲱϩⲁⲛⲛⲏⲥ ⲁϩⲉⲣⲁⲧϥ ⲉϥϣⲗⲏⲗ ⲉⲓⲥ ⲟⲩⲁⲅⲅⲉⲗⲟⲥ ⲛⲧⲉ ⲡⲛⲟⲩⲧⲉ ⲁϥⲉⲓ ⲉⲃⲟⲗϩⲛ ⲧⲡⲉ ⲁϥⲁⲙⲁϩⲧⲉ ⲙⲡⲉⲑⲩⲣⲓⲟⲛ[3] ⲁϥⲥⲱⲛϩ ⲙⲙⲟϥ ⲁϥⲧⲁⲗⲟ ⲙⲡⲓⲣⲱⲙⲉ ⲉϩⲣⲁⲓ ⲉϫⲱϥ ⲁϥϩⲗⲉⲉⲓⲗⲉ
ⲙⲙⲟϥ ϩⲙ ⲡⲓⲉⲣⲟ ϣⲁⲛⲧⲉϥⲓⲛⲧϥ ⲉⲡⲉⲕⲣⲟ ⲁⲩⲱ ⲛⲧⲉⲩⲛⲟⲩ ⲁ ⲡⲡⲉⲧⲟⲩⲁⲁⲃ
ⲁⲡⲁ ⲓⲱϩⲁⲛⲛⲏⲥ ⲁⲙⲁϩⲧⲉ ⲙⲙⲟϥ ⲁϥⲉⲓⲛⲉ ⲙⲙⲟϥ ⲉⲡⲉⲕⲣⲟ. ⲁϥϣⲱⲡⲉ ⲇⲉ
ⲛⲧⲉⲣⲉ ⲡⲉⲑⲩⲣⲓⲟⲛ[4] ⲕⲁ ⲡⲣⲱⲙⲉ ⲉⲃⲟⲗ ⲁϥⲕⲁ ⲡⲧⲏⲩ ⲁϥⲙⲟⲩ ⲛϭⲓ ⲡⲉⲑⲩⲣⲓⲟⲛ[5]. ⲛⲣⲱⲙⲉ ⲇⲉ ⲉⲧⲁϩⲉⲣⲁⲧⲟⲩ ⲁⲩϥⲓ ϩⲣⲁⲩ ⲉⲃⲟⲗ ϩⲛ ⲟⲩⲛⲟϭ ⲛⲥⲙⲏ ⲉⲩ-

il s'en ceignit, il descendit dans le fleuve, jusqu'au milieu, il étendit les mains, il pria Dieu, disant : « Adonaï, Seigneur, Dieu tout-puissant qui as créé toutes choses de ce qui n'était pas et qui les as fait être, les cieux et la terre, la mer et les fleuves, qui as ordonné autrefois au grand cétacé, il a avalé Jonas le prophète qui, pendant trois jours et trois nuits, fut dans son ventre (tout) éveillé, puis ensuite, sur ton ordre, tu l'as fait rejeter sur le rivage; maintenant aussi, mon Seigneur, ordonne par ta sainte puissance, comme cette bête a enlevé cet homme malheureux, qu'elle l'amène, qu'elle le jette au rivage, qu'elle le place dans le lieu d'où elle l'a enlevé, sans aucun mal, afin que toute cette foule glorifie ton nom. » Mais pendant que le saint apa Jean se tenait debout, priant, voici qu'un ange de Dieu descendit du ciel, saisit la bête, l'entraîna, chargea cet homme sur elle, la fit nager dans le fleuve, jusqu'à ce qu'elle l'eût amené au rivage, et sur-le-champ le saint apa Jean la saisit, l'amena au rivage. Il arriva, lorsque la bête eut laissé l'homme, elle rendit le souffle et la bête mourut. Or, les hommes qui se tenaient de-

1. Lisez : ⲡⲓⲑⲏⲣⲓⲟⲛ. — 2. Lisez : ⲁϫⲛ. — 3. Lisez : ⲙⲡⲉⲑⲏⲣⲓⲟⲛ. — 4. Lisez : ⲡⲉⲑⲏⲣⲓⲟⲛ.
— 5. Lisez : ⲡⲉⲑⲏⲣⲓⲟⲛ.

ⲭⲱ ⲙⲙⲟⲥ ϫⲉ ⲟⲩⲁ ⲡⲉ ⲡⲛⲟⲩⲧⲉ ⲙⲡⲉⲧⲟⲩⲁⲁⲃ ⲉⲧⲁⲗⲏⲩ ⲉⲡϫⲟⲓ ⲛⲙⲙⲁⲛ ⲁⲗⲏⲑⲱⲥ ⲟⲩⲁⲡⲟⲥⲧⲟⲗⲟⲥ ⲛⲧⲉ ⲡⲛⲟⲩⲧⲉ ⲡⲉ ⲁⲩⲛⲟϭ[1] ⲛϩⲙⲟⲧ ⲧⲁϩⲟⲛ ⲙⲡⲟⲟⲩ ϫⲉ ⲁⲛⲙⲡϣⲁ ⲉⲧⲣⲉ ⲡⲓⲧⲉⲗⲓⲟⲥ[2] ⲛⲧⲉ ⲡⲛⲟⲩⲧⲉ ϭⲟⲉⲓⲗⲉ ⲉⲡⲉⲛⲧⲓⲙⲉ[3]. ⲧⲟⲧⲉ ⲁⲩϯ ⲡⲉⲩⲟⲩⲟⲓ ϩⲓ ⲟⲩⲥⲟⲡ ⲁⲩⲉⲓⲛⲉ ⲙⲡⲉⲧⲟⲩⲁⲁⲃ ⲉϩⲣⲁⲓ (-ⲣⲓⲥ-) ϩⲙ ⲡⲙⲟⲟⲩ ⲁⲩⲧⲁⲗⲟϥ ⲉϩⲣⲁⲓ ⲉϫⲱⲟⲩ ⲉⲩⲟⲩⲱϣ ⲉϫⲓⲧϥ ⲉϩⲣⲁⲓ ⲉⲡⲉⲩϯⲙⲉ ⲛⲥⲉⲁⲡⲟⲗⲁⲧⲉ ⲙⲡⲉϥⲥⲙⲟⲩ. ⲧⲟⲧⲉ ⲛⲛⲉⲉϥ ⲙⲛ ⲛϫⲓⲁⲕⲟⲛⲟⲥ ⲁⲩⲣ ϣⲡⲏⲣⲉ[4] ⲙⲡⲉⲛⲧⲁϥϣⲱⲡⲉ ⲁⲩϯ ⲉⲟⲟⲩ ⲙⲡⲛⲟⲩⲧⲉ. ⲧⲟⲧⲉ ⲡⲡⲉⲧⲟⲩⲁⲁⲃ ⲁⲡⲁ ⲓⲱϩⲁⲛⲛⲏⲥ ⲡⲉϫⲁϥ ⲛⲁⲩ ϫⲉ ⲁⲗⲱⲧⲛ ϩⲁⲣⲟⲓ ⲱ ⲛⲁϣⲏⲣⲉ ⲧⲁϣⲗⲏⲗ ⲉϩⲣⲁⲓ ⲉⲡⲉⲭ̅ⲥ̅ ⲛϥⲛⲟⲩϩⲙ ⲛⲧⲉⲯⲩⲭⲏ ⲙⲡⲉⲟⲩⲣⲓⲟⲛ[5] ⲉⲃⲟⲗϩⲙ ⲡⲙⲟⲩ ⲡⲁⲓ ⲛⲧⲁ ⲧⲉⲡⲣⲟⲛⲟⲓⲁ ⲙⲡⲛⲟⲩⲧⲉ ⲛⲕⲙ ⲉⲣⲟϥ ⲁⲥϯⲥⲟ ⲉⲧⲉϥϩⲓⲕⲱⲛ[6] ⲉⲧⲙⲧⲣⲉ ⲡⲓⲟⲩⲣⲓⲟⲛ[7] ⲧⲁⲕⲟⲥ. ⲧⲟⲧⲉ ⲡⲡⲉⲧⲟⲩⲁⲁⲃ ⲁⲡⲁ ⲓⲱϩⲁⲛⲛⲏⲥ ⲁϥⲡⲱⲣϣ ⲛⲛⲉϥϭⲓϫ ⲟⲛ ⲉⲃⲟⲗ ⲉϩⲣⲁⲓ ⲉⲡⲛⲟⲩⲧⲉ ⲉϥϫⲱ ⲙⲙⲟⲥ ϫⲉ ϯⲥⲙⲟⲩ ⲉⲣⲟⲕ ⲡⲁϫⲟⲉⲓⲥ ⲓⲥ̅ ⲡⲉⲭ̅ⲥ̅ ⲡⲉⲛⲧⲁϥⲧⲁⲙⲓⲉ ⲛⲕⲁ ⲛⲓⲙ ϩⲛ ⲧⲉϥⲥⲟⲫⲓⲁ ⲛⲣⲱⲙⲉ ⲙⲛ ⲛⲧⲃⲛⲟⲟⲩⲉ ⲛϫⲁⲧⲃⲉ ⲙⲛ ⲛϩⲁⲗⲁⲧⲉ ⲛⲧⲡⲉ ⲙⲛ ⲛⲉⲧⲕⲓⲙ ⲧⲏⲣⲟⲩ ⲙⲛ ⲛⲉⲧⲉⲛⲥⲉⲕⲓⲙ ⲁⲛ ⲡⲉⲛⲧⲁϥϣⲁϫⲉ ⲙⲛ ⲡⲉⲡⲣⲟⲫⲏⲧⲏⲥ ⲉⲧⲟⲩⲁⲁⲃ ⲓⲉⲍⲉⲕⲓⲏⲗ ϫⲉ ⲡⲣⲟⲫⲏⲧⲉⲩⲉ ⲡϣⲏⲣⲉ ⲙⲡⲣⲱⲙⲉ ⲉϫⲛ ⲛⲓⲕⲉ-(-ⲣⲝ̅ *sic pro* ⲣⲓ̅ⲥ̅-)ⲉⲥ ⲛⲥⲉⲱⲛϩ ⲁⲩⲱ ⲛⲧⲉⲣⲉϥⲡⲣⲟⲫⲏⲧⲉⲩⲉ ⲁⲩⲡⲛⲁ[8] ⲉⲓ ⲉⲃⲟⲗ-

bout, s'écrièrent d'une grande voix, disant : « Unique est le Dieu du saint qui est monté avec nous sur cette barque ! Vraiment c'est un apôtre de Dieu ! Nous avons reçu une grande grâce aujourd'hui, car nous avons été dignes de faire que ce parfait habite en notre village. » Alors ils s'approchèrent à la fois, ils retirèrent le saint de l'eau, ils le chargèrent sur eux, voulant l'emmener dans leur village, afin de jouir de sa bénédiction. Alors les bateliers et les diacres admirèrent ce qui était arrivé, ils rendirent gloire à Dieu. Alors le saint apa Jean leur dit : « Retirez-vous de moi, ô mes enfants, afin que je prie le Christ de sauver de la mort l'âme de cette bête que la providence de Dieu a inspirée[9] et elle a épargné son image afin que cette bête ne la perdit pas. » Alors le saint apa Jean étendit ses mains de nouveau vers Dieu, disant : « Je te bénis, mon Seigneur Jésus le Christ, toi qui as créé toute chose par ta sagesse, les hommes et les bêtes, les reptiles et les oiseaux du ciel, ce qui se meut et ce qui ne se meut pas, toi qui as parlé avec le prophète saint, Ezéchiel, disant : Prophétise, ô fils de l'homme, sur ces ossements, afin qu'ils vivent, et lorsqu'il eut prophétisé, un souffle sortit du

---

1. Lisez : ⲁⲟⲩⲛⲟϭ. — 2. Lisez : ⲡⲓⲧⲉⲗⲉⲓⲟⲥ. — 3. Lisez : ⲉⲡⲉⲛϯⲙⲉ. — 4. Lisez : ϣⲡⲏⲣⲉ. — 5. Lisez : ⲙⲡⲉⲟⲩⲏⲣⲓⲟⲛ. — 6. Lisez : ⲉⲧⲉϥϩⲣⲓⲕⲱⲛ. — 7. Lisez : ⲡⲓⲑⲏⲣⲓⲟⲛ. — 8. Lisez : ⲁⲟⲩⲡⲛⲁ. — 9. Mot à mot : L'a mue à cela.

ϩⲙ ⲡϫⲟⲉⲓⲥ ⲁϥⲃⲱⲕ ⲉϩⲟⲩⲛ ⲉⲣⲟⲟⲩ ⲁⲩⲱⲛϩ ⲧⲏⲣⲟⲩ ⲛⲧϩⲉ ⲟⲛ ⲡⲁϫⲟⲉⲓⲥ ⲉⲕⲁⲧⲣⲉ[1] ⲡⲉⲓⲟⲩⲣⲓⲟⲛ[2] ⲱⲛϩ ⲛⲕⲉⲥⲟⲡ ϩⲓⲧⲛ ⲧⲉⲕϭⲟⲙ ⲉⲧⲟⲩⲁⲁⲃ ⲛϥ† ⲛⲁϥ ⲛⲟⲩⲙⲛⲧϩⲙⲙⲉⲣⲟⲥ ⲉϩⲟⲩⲛ ⲉⲧⲉⲕϩⲓⲕⲱⲛ[3] ϫⲉⲕⲁⲥ ⲉⲣⲉ ⲡⲉⲕⲣⲁⲛ ⲉⲧⲟⲩⲁⲁⲃ ϫⲓ ⲉⲟⲟⲩ. ⲛⲣⲟⲥⲟⲛ ⲇⲉ ⲉⲣⲉ ⲡⲡⲉⲧⲟⲩⲁⲁⲃ ⲁⲡⲁ ⲓⲱϩⲁⲛⲛⲏⲥ ⲁϩⲉⲣⲁⲧϥ ⲉϥϣⲗⲏⲗ ⲉϥϫⲱ ⲛⲛⲁⲓ ⲁϥⲁⲙⲁϩⲧⲉ ⲛⲧⲁⲡⲉ ⲙⲡⲉⲙⲥⲁϩ ⲉϥϫⲱ ⲙⲙⲟⲥ ϫⲉ ⲡⲛⲟⲩⲧⲉ ⲛⲧⲁϥⲧⲟⲩⲛⲉⲥ ⲗⲁⲍⲁⲣⲟⲥ ⲉⲃⲟⲗϩⲛ ⲛⲉⲧⲙⲟⲟⲩⲧ ⲛⲧⲟϥ ⲟⲛ ⲡⲉⲧⲟⲩⲉϩⲥⲁϩⲛⲉ[4] ⲛⲁⲕ ϩⲛ ⲧⲉϥϭⲟⲙ ⲉⲧⲟⲩⲁⲁⲃ ⲉⲧⲣⲉⲕⲧⲱⲟⲩⲛ ⲉⲃⲟⲗϩⲛ ⲛⲉⲧⲙⲟⲟⲩⲧ ⲛϥ† ⲛⲁⲕ ⲛⲟⲩⲙⲛⲧϩⲙⲙⲉⲣⲟⲥ ⲉϩⲟⲩⲛ ⲉⲧⲉϥϩⲓⲕⲱⲛ[5]. ⲛⲧⲉⲩⲛⲟⲩ ⲁϥⲧⲱⲟⲩⲛ ⲉϥⲟⲛϩ ⲛϭⲓ ⲡⲉⲙⲥⲁϩ ⲁϥⲉⲓ ⲁϥⲡⲣⲟⲥⲕⲩⲛⲓ[6] ϩⲁ ⲛⲟⲩⲉⲣⲏⲧⲉ ⲙⲡⲡⲉⲧⲟⲩⲁⲁⲃ ⲁⲡⲁ ⲓⲱϩⲁⲛⲛⲏⲥ ⲁⲩⲱ ⲛϥⲛⲕⲟⲧⲕ ϩⲁ ⲛⲉϥⲟⲩⲉⲣⲏⲧⲉ ⲛⲑⲉ ⲛⲟⲩⲉⲥⲟⲟⲩ ⲁⲩⲱ ⲙⲡⲉϥϭⲛⲧ ⲡⲡⲉⲧⲟⲩⲁⲁⲃ ⲉⲃⲟⲗ ⲉϥⲙⲟⲟϣⲉ ϩⲙ (-ⲡⲏ-) ⲡⲙⲟⲟⲩ ϩⲁⲣⲙ ⲡϫⲟⲓ ϣⲁⲛⲧⲉϥⲙⲟⲟⲛⲉ ⲉϩⲟⲩⲛ ⲉⲣⲁⲕⲟⲧⲉ ⲁⲩⲱ ϣⲁⲣⲉ ⲁⲡⲁ ⲓⲱϩⲁⲛⲛⲏⲥ ⲛⲟⲩϫⲉ ⲛⲁϥ ⲙⲙⲏⲛⲉ ⲛϣⲟⲙⲧ ⲛⲟⲉⲓⲕ ⲛϩⲟⲟⲩ ⲛⲓⲙ ⲉϥⲟⲩⲏϩ ⲛⲥⲱϥ. ⲁⲥϣⲱⲡⲉ ⲇⲉ ⲛⲧⲉⲣⲟⲩⲙⲟⲟⲛⲉ ⲉⲣⲁⲕⲟⲧⲉ ⲁ ⲡⲁⲣⲭⲓⲉⲡⲓⲥⲕⲟⲡⲟⲥ ⲉⲓ ⲉⲃⲟⲗ ϩⲁ ⲧⲉϥϩⲏ ⲙⲛ ⲡⲉⲕⲗⲏⲣⲟⲥ ⲧⲏⲣϥ ⲙⲛ ⲛⲉϥⲫⲓⲗⲟⲡⲟⲛⲟⲥ ⲉⲩϫⲉⲍⲟⲛ ⲧⲟⲛ[7] ⲧⲡⲟⲗⲓⲥ ⲧⲏⲣⲥ ⲉⲩϣⲁⲗⲗⲉⲓ ϩⲁ ⲧⲉϥϩⲏ ⲉⲧϫⲱ ⲙⲙⲟⲥ ϫⲉ †ⲣⲏⲛⲏ[8] ⲛⲧⲉⲕϭⲓ ⲡⲉⲓ ⲉϩⲟⲩⲛ ⲁⲩⲱ ⲟⲛ ϫⲉ ⲉⲣⲉ ⲧⲉⲕ-

Seigneur, s'étendit sur eux et ils vécurent tous : ainsi, ô Seigneur, fais aussi que cette bête vive de nouveau par ta vertu sainte et donne-lui de la douceur envers ton image, afin que ton saint nom soit glorifié. » Pendant que le saint apa Jean se tenait debout, priant et disant ces (paroles), il saisit la tête du crocodile, disant : « Que le Dieu qui a ressuscité Lazare d'entre les morts, t'ordonne aussi, à toi, par sa vertu sainte, de te lever d'entre les morts, qu'il te donne de la douceur envers son image. » Sur l'heure le crocodile se leva vivant, il vint, il adora les pieds du saint apa Jean et il s'était couché à ses pieds comme un mouton et il ne dépassa pas le saint, marchant dans l'eau près de la barque jusqu'à ce que le (saint) eût abordé à Rakoti ; et apa Jean lui jeta chaque jours trois pains, pendant tous les jours qu'il le suivit. Mais il arriva, lorsqu'ils abordèrent à Rakoti, que l'archevêque vint au-devant de lui avec tout le clergé, les *amis du travail*[9] et presque toute la ville, chantant des psaumes en avant de lui, disant : « Paix à ton arrivée, » et encore : « Que ton chemin[10] soit dans le Seigneur ! » et encore : « Tu es un prêtre éternel-

---

1. Lisez : ⲉⲕⲉⲧⲣⲉ. — 2. Lisez : ⲡⲉⲓⲑⲏⲣⲓⲟⲛ. — 3. Lisez : ⲉⲧⲉⲕϩⲓⲕⲱⲛ. — 4. Lisez : ⲡⲉⲥⲧⲟⲩⲉϩⲥⲁϩⲛⲉ. — 5. Lisez : ⲉⲧⲉϥϩⲓⲕⲱⲛ. — 6. Lisez : ⲁϥⲡⲣⲟⲥⲕⲩⲛⲉⲓ. — 7. Effacez ⲧⲟⲛ. — 8. Lisez : ⲧⲉⲓⲣⲏⲛⲏ. — 9. C'est-à-dire ceux qui s'affligent et se mortifient eux-mêmes, les moines. — 10. Mot à mot : Ta voie d'aller.

ϩⲙ ⲛⲉⲓ ⲉϩⲟⲩⲛ ϩⲙ ⲡϫⲟⲉⲓⲥ ⲁⲩⲱ ⲟⲛ ϫⲉ ⲛⲧⲟⲕ ⲡⲉ ⲡⲟⲩⲏⲏⲃ ϣⲁ ⲉⲛⲉϩ. ⲁⲥϣⲱⲡⲉ ⲇⲉ ⲛⲧⲉⲣⲟⲩⲃⲱⲕ ⲉϩⲟⲩⲛ ⲉⲧⲉⲕⲕⲗⲏⲥⲓⲁ ⲁ ⲡⲁⲣⲭⲓⲉⲡⲓⲥⲕⲟⲡⲟⲥ ⲁⲥⲡϫⲉ[1]
ⲛⲁⲡⲁ ⲓⲱϩⲁⲛⲛⲏⲥ ⲙⲛⲛⲥⲁ ⲡⲁⲥⲡⲁⲥⲙⲟⲥ ⲇⲉ ⲁⲩϩⲙⲟⲟⲥ ϩⲙ ⲡⲕⲁⲑⲓⲥⲧⲏⲣⲓⲟⲛ
ⲁⲩⲱ ⲛⲉⲣⲉ ⲛⲁⲣⲭⲱⲛ ⲛⲧⲡⲟⲗⲓⲥ ⲛⲣⲙⲙⲁⲟ ⲙⲛ ⲛϩⲏⲕⲉ ⲉⲧⲥⲟⲟⲩϩ ⲉⲧⲉⲕⲕⲗⲏⲥⲓⲁ ⲉⲧⲟⲩⲱϣ ⲉϫⲓ ⲥⲙⲟⲩ ⲛⲧⲟⲟⲧϥ ⲧⲟⲧⲉ ⲡⲁⲣⲭⲓⲉⲡⲓⲥⲕⲟⲡⲟⲥ ⲁϥⲉⲓⲣⲉ ⲛⲟⲩ-
ⲕⲁⲑⲟ... (Sic exit.)

II. (-Fol. 1-) ⲟⲩ ⲙⲡⲣϫⲉⲣⲱⲟⲩ ⲟⲩⲇⲉ ⲙⲡⲣⲕⲁ ⲗⲁⲁⲩ ⲛϩⲏⲃⲥ ⲉϥⲙⲟⲩϩ
ⲛⲧⲉⲩϣⲏ ⲉⲧⲙⲙⲁⲩ ⲟⲩⲇⲉ ϩⲙ ⲡⲕⲱⲧⲉ ⲛⲧⲉⲕⲕⲗⲏⲥⲓⲁ ⲁⲩⲱ ⲧⲛⲛⲏⲩ ϣⲁⲣⲟⲕ
ⲕⲛⲁⲕⲁⲩ ⲉⲡⲉⲟⲟⲩ ⲙⲡⲛⲟⲩⲧⲉ ⲙⲛ ⲛϭⲟⲙ ⲉⲧⲛⲁϣⲱⲡⲉ ϩⲙ ⲡⲉⲛⲙⲁⲣⲧⲩⲣⲓⲟⲛ.
ⲁⲛⲟⲕ ⲇⲉ ⲡⲉϫⲁⲓ ⲛⲛⲉⲧⲟⲩⲁⲁⲃ ϫⲉ ϯⲡⲁⲣⲁⲕⲁⲗⲉⲓ ⲙⲙⲱⲧⲛ ⲉⲧⲣⲉⲧⲉⲛⲧⲁⲙⲟⲓ
ⲉⲡⲉϩ(ⲟⲟⲩ) ⲉⲧⲉⲧⲛⲛⲏⲩ ϣ(ⲁ)ⲣⲟⲓ ⲧⲁⲥⲙⲁⲛⲉ[2] ⲛⲧⲉⲧⲛⲡⲁⲣⲣⲏⲥⲓⲁ ⲉⲧⲧⲁⲉⲓⲏⲩ
ⲙⲡⲁⲣⲭⲓⲉⲡⲓⲥⲕⲟⲡⲟⲥ ⲛϥϣⲱⲡⲉ ⲉϥⲥⲃⲧⲱⲧ ⲙⲛ ⲡⲗⲁⲟⲥ ⲧⲏⲣϥ ⲉⲧϩⲟⲩⲛ ⲛⲧⲉⲕⲕⲗⲏⲥⲓⲁ ϩⲁϫⲱⲥ[3] ⲛⲧⲉⲧⲛⲙⲛⲧⲡⲉⲧⲟⲩⲁⲁⲃ. (ⲁⲩ)ⲟⲩⲱϣⲃ ⲇⲉ ⲛϭⲓ (ⲛⲉ)ⲧⲟⲩⲁⲁⲃ
ϫⲉ ⲧⲛⲛⲁⲧⲁⲙⲟⲕ ⲉⲡⲉϩⲟⲟⲩ ⲉⲧⲛⲛⲏⲩ ⲛϩⲏⲧϥ ⲙⲛ ⲡⲉϩⲟⲟⲩ ⲙⲡⲉⲛϫⲱⲕ ⲉⲃⲟⲗ
ⲥϩⲁⲓ ⲛϩⲱⲃ ⲛⲓⲙ ⲛⲧⲁⲕⲛⲁⲩ ⲉⲣⲟⲟⲩ ⲙⲛ ⲛⲉⲛⲧⲁⲛϫⲟⲟⲩ ⲛⲁⲕ. ⲧⲉⲛⲟⲩ ϭⲉ
ⲡⲉϩⲟⲟⲩ ⲉⲧⲛⲛⲏⲩ ϣⲁⲣⲟⲕ ⲛϩⲏⲧϥ ⲡⲉ ⲥⲟⲩ ⲯⲓⲥ ⲙⲡⲉⲃⲟⲧ ⲡⲁⲭⲱⲛ ⲉⲧⲉ ⲡⲁⲓ
ⲡⲉ ⲡⲁϣⲟⲛⲥ ⲛⲣ(ⲟⲩ)ϩⲉ ⲛⲥⲟⲩ ⲯⲓⲥ (ⲛ)ϩⲧⲟⲟⲩⲉ[4] ⲛⲥⲟⲩ ⲙⲏⲧ. ⲡⲁⲓ ⲡⲉ ⲡϩⲟⲟⲩ

lement. » Il arriva, lorsqu'ils furent entrés dans l'église, que l'archevêque baisa apa Jean ; après le baiser, ils s'assirent dans le lieu où l'on s'asseoit et les chefs de la ville, les riches, les pauvres se rassemblèrent dans l'église, voulant recevoir sa bénédiction. Alors l'archevêque fit une... (Sic exit.)

2. « ... Ne les allume pas et qu'aucune lumière ne soit allumée en cette nuit, pas même autour de l'église et nous viendrons vers toi, tu verras la gloire de Dieu et les merveilles qui se feront dans notre *martyrium*. » Mais moi, je dis à ces saints : « Je vous prie de m'apprendre le jour que vous viendrez vers moi, afin que j'indique votre présence glorieuse à l'archevêque, qu'il soit prêt, ainsi que tout le peuple qui est dans l'église, devant votre sainteté. » Les saints me répondirent : « Nous t'instruirons du jour où nous irons et du jour de notre fin. Écris tout ce que tu as vu et ce que nous t'avons dit. Maintenant donc, le jour où nous irons vers toi est le neuf du mois de Pakhôn, c'est-à-dire Paschons, le soir du neuvième jour vers le dixième. C'est le jour où nous avons achevé (notre vie). Prépare-toi donc avec tout le peuple

---

1. Lisez : ⲁⲥⲡⲁⲍⲉ. — 2. Lisez : ⲧⲁⲥⲙⲙⲁⲓⲛⲉ. — 3. Il faudrait sans doute ϩⲁ ϫⲱⲕ, du moins dans le sens où je comprends ce passage. — 4. Les lettres entre parenthèses ont été ajoutées par Zoëga ; ici il doit y avoir une faute, et il faut lire ⲉ au lieu de ⲛ : ⲉϩⲧⲟⲟⲩⲉ.

ⲙⲡⲉⲛϫⲱⲕ ⲉⲃⲟⲗ ⲥⲃ̄ⲧⲱⲧⲛ ⲟⲩⲛ ⲙⲛ ⲡⲗⲁⲟⲥ ⲧⲏⲣϥ ⲙⲛ ⲡⲁⲣⲭⲓⲉⲡⲓⲥⲕⲟⲡⲟⲥ ϫⲉ ϩⲛ ⲧⲙⲉϩ ⲥⲛⲧⲉ ⲛⲟⲩⲣϣⲉ ⲛⲧⲉⲩϣⲏ ⲉⲧⲙⲙⲁⲩ ⲧⲛⲛⲏⲩ ϣⲁⲣⲟⲕ (-fol. 2-) (ⲕⲁⲧ)ⲁ ⲑⲉ ⲉⲛⲧⲁ ⲡⲁⲡⲟⲥⲧⲟⲗⲟⲥ ϫⲟⲟⲥ ϫⲉ ϯⲙⲙⲏⲧⲛ ⲁⲛ ϩⲙ ⲡⲥⲱⲙⲁ ⲁⲗⲗⲁ ϯⲙⲙⲏⲧⲛ ϩⲙ ⲡⲉⲡⲛⲁ. ⲛⲁⲓ ⲇⲉ ⲛⲧⲉⲣⲟⲩϫⲟⲟⲥ ⲛⲁⲓ ⲛϭⲓ ⲛⲉⲧⲟⲩⲁⲁⲃ ⲁⲓϭⲉⲡⲏ ⲁⲓⲥϩⲁⲓ ⲛϣⲁϫⲉ ⲛⲓⲙ ⲛⲧⲁⲩϫⲟⲟⲩ ⲛⲁⲓ ⲁⲩⲥⲙⲟⲩ ⲉⲣⲟⲓ ⲁⲓⲉⲓ ⲉⲃⲟⲗϩⲓⲧⲟⲟⲧⲟⲩ ⲉⲧⲟⲡⲟ ⲙⲙⲟⲓ ⲉⲃⲟⲗ. ⲁⲩⲉⲓⲛⲉ ⲛⲁⲓ ⲛϩⲉⲛ ⲧⲣⲟ(ⲫⲏ) ⲛ̄ϯⲥⲟⲟⲩⲛ ⲙ(ⲙⲟ)ⲟⲩ ⲁⲛ ⲁⲩⲱ (ⲛ)ⲉⲩⲣⲱϣⲉ ⲉⲣⲟⲓ ⲛϩⲟⲟⲩ ⲛⲓⲙ ⲛⲧⲁⲓⲁⲁⲩ ϩⲛ ⲛⲉϩⲓⲟⲟⲩⲉ ⲉⲣⲉ ⲛⲉⲧⲟⲩⲁⲁⲃ ⲙⲟⲟϣⲉ ⲛⲉⲙⲙⲁⲓ ϣⲁⲛϯ ⲉⲃⲟⲗϩⲙ ⲡⲕⲁϩ ⲛⲧⲃⲁⲃⲩⲗⲱⲛ ⲛⲧⲁⲉⲓ ⲉϩⲣⲁⲓ ⲉⲡⲕⲁϩ ⲛⲑⲓⲗⲏⲙ ⲁⲩⲱ ⲁ ⲛⲉⲧⲟⲩⲁⲁⲃ ⲥⲙⲟⲩ ⲉⲣⲟⲓ ϩⲛ ⲑⲟⲣⲙⲛ (ⲙⲡⲉ)ⲡⲛⲁ ⲉⲧⲁⲛⲁⲭⲱⲣⲉⲓ ⲛⲁⲩ ⲉⲃⲟⲗϩⲓⲧⲟⲟⲧ. ⲙⲛⲛⲥⲁ ⲛⲁⲓ ϩⲙ ⲡⲟⲩⲱϣ ⲙⲡⲛⲟⲩⲧⲉ ⲁⲓⲉⲓ ⲉϩⲣⲁⲓ ⲉⲛⲧⲟϣ ⲛⲕⲏⲙⲉ ⲁⲓⲉⲓ ⲉⲧⲃⲁⲃⲩⲗⲱⲛ ⲛⲧⲕⲏⲙⲉ ⲛⲥⲟⲩ ϫⲟⲩⲧⲏ ⲙⲡⲁⲣⲙⲟⲩⲧⲉ ⲁⲓⲣ ϣⲟⲙⲛⲧ ⲛϩⲟⲟⲩ ϩⲛ ⲧⲡⲟⲗⲓⲥ ⲉⲧⲙⲙⲁⲩ ⲉⲧⲃⲉ ⲡϩⲓⲥⲉ ⲙⲡⲉϩⲓⲟⲩⲉ ⲉⲛⲧⲁⲓⲉⲓ ⲛϩⲏⲧⲟⲩ ϣⲁ(ⲛ)ϯϭⲓⲛⲉ ⲛⲟⲩϫⲟⲓ ⲉϥⲛⲁⲃⲱⲕ ⲉ(ⲧⲡ)ⲟⲗⲓⲥ ⲣⲁⲕⲟⲧⲉ (ⲉⲧⲣ)ⲁⲁⲗⲉ ⲉⲣⲟϥ. ϩⲟⲥⲟⲛ ⲇⲉ ⲉⲓⲁϩⲉⲣⲁⲧ ⲉϫⲙ ⲡⲓⲉⲣⲟ ⲉⲓⲥ ⲟⲩϫⲟⲓ ⲉⲧⲁ ⲧⲡⲟⲗⲓⲥ ⲣⲁⲕⲟⲧⲉ ⲡⲉ ⲁϥⲉⲓ ⲁϥⲙⲟⲟⲛⲉ ⲉϥⲛⲁϣⲱⲡ ⲡⲣⲁⲕⲙⲁⲧⲓⲁ[1] ⲛϥⲃⲱⲕ ⲉⲧⲡⲟⲗⲓⲥ ⲣⲁⲕⲟⲧⲉ. ⲛⲛⲉⲉϥ ⲇⲉ ⲉⲧϩⲙ ⲡϫⲟⲓ (-fol. 3-) ⲛⲧⲉⲣⲟⲩⲛⲁⲩ ⲉⲣⲟⲓ ⲁⲩⲥⲟⲩⲱⲛⲧ

et l'archevêque, car, dans la deuxième veillée de cette nuit-là, nous irons vers toi selon la manière qu'a dite l'Apôtre : Je ne suis pas avec vous dans le corps, mais je suis avec vous en esprit. » Lorsque les saints m'eurent dit ces (paroles), je me hâtai, j'écrivis ce qu'ils m'avaient dit, ils me bénirent, je pris congé d'eux comme ils me conduisaient. Ils m'apportèrent des nourritures que je ne connais pas, et elles me suffirent pendant tous les jours que je marchais[2]: les saints m'accompagnaient jusqu'à ce que je fusse sorti de la terre de Babylone et que je fusse arrivé à la terre de Jérusalem, et les saints me bénirent par l'inspiration de l'esprit, ils me quittèrent. Après cela, dans la volonté de Dieu, j'arrivai aux limites de l'Égypte, j'allai à Babylone d'Égypte le vingt-cinq de Parmouté, je passai trois jours dans cette ville, à cause des fatigues du chemin où j'avais été, jusqu'à ce que j'eusse trouvé une barque devant aller à la ville de Rakoti, afin d'y monter. Pendant que je me tenais sur le fleuve, voici qu'une barque de la ville de Rakoti vint, elle aborda pour prendre des marchandises, afin d'aller vers la ville de Rakoti. Les matelots qui étaient dans la barque, m'ayant vu, me reconnurent, ils s'élancèrent sur

---

1. Lisez : ⲡⲣⲁⲅⲙⲁⲧⲉⲓⲁ. — 2. Mot à mot : En tous jours que je passai dans les chemins.

ⲁⲩϭⲟϫⲟⲩ ⲉⲡⲉⲕⲣⲟ ⲁⲩⲱⲗⲙ ⲉϩⲟⲩⲛ ⲉⲣⲟϥ ⲁⲩϯⲡⲉ ⲉϫⲛ ⲧⲉϥⲁⲡⲉ¹ ⲙⲛ
ⲛⲉϥϭⲓϫ ⲙⲛ ⲛⲉϥⲟⲩⲉⲣⲏⲧⲉ ⲉⲩϫⲱ ⲙⲙⲟⲥ ϫⲉ ⲉⲕⲉⲓ ⲉⲕⲟⲩⲟϫ ⲱ (ⲡ)ⲉⲛⲉⲓⲱⲧ
ⲧⲛⲉⲩⲭⲁⲣⲓⲥⲧⲉⲓ ⲙⲡⲛⲟⲩⲧⲉ ϫⲉ ⲁⲛⲙⲡϣⲁ ⲛⲛⲁⲩ ⲉⲣⲟⲕ ⲛⲕⲉⲥⲟⲡ. ⲁⲓⲟⲩⲱϣⲃ
ⲛⲁⲩ ϫⲉ ⲛⲁϣⲏⲣⲉ (ⲉⲣ)ⲉ ⲡⲉⲛⲉⲓⲱⲧ ⲡⲁ(ⲣⲭⲓ)ⲉⲡⲓⲥⲕⲟⲡⲟⲥ (ⲡ ⲟⲩ)ⲁⲡⲁ ϥϫⲟⲥⲉ.
ⲡ(ⲉϫⲁⲩ) ⲛⲁⲓ ϫⲉ ⲥⲉ ⲧⲟ(ⲛ)ⲱ ⲡⲉⲛⲉⲓⲱⲧ ⲁⲗⲗⲁ ϥⲙⲟⲕϩ ⲛϩⲏⲧ ⲉⲧⲃⲏⲏⲧⲕ ϫⲉ
ⲁⲕⲱⲥⲕ ⲉϥϫⲱ ⲙⲙⲟⲥ ϫⲉ ⲙⲉϣⲁⲕ ⲁⲩⲡⲁⲛⲧⲏⲙⲁ² ϣⲱⲡⲉ ⲙⲙⲟⲕ ϩⲛ ⲧⲉⲕϩⲓⲏ.
ⲁⲗⲗⲁ ⲧⲛⲉⲩⲭⲁⲣⲓⲥⲧⲓ³ ⲙⲡⲛⲟⲩⲧⲉ ⲛⲧⲁϥⲛⲧⲕ ⲛⲁⲛ ⲉ(ⲕⲟⲩⲟϫ). ⲁⲩⲱ ⲛⲧⲉ
ⲣⲟⲩ(ϫⲉ ⲛⲁⲓ) ⲁⲩⲉⲓ ⲉⲡⲙⲁ ⲉⲛⲓϩⲁ(ⲗ)ⲱⲟⲩ ⲉⲣⲟϥ ⲁⲩⲧⲁⲗⲟ ⲛⲛⲁⲕⲟⲩⲓ ⲛⲥⲕⲉⲧⲉ⁴
ⲛⲧⲁⲓϫⲓⲧⲟⲩ ϩⲛ ⲧⲡⲟⲗⲓⲥ ⲉⲧⲃⲉ ⲧⲁⲭⲣⲓⲁ⁵. ⲁⲛⲉⲓ ⲉⲡϫⲟⲓ ⲁⲛⲥϭⲏⲣ ⲉϩⲣⲏⲧ ϣⲁⲛⲧⲛ
ⲉⲓ ⲉⲧⲡⲟⲗⲓⲥ ⲣⲁⲕⲟⲧⲉ. ⲛⲧⲉⲣⲛⲙⲟⲟⲛⲉ ⲇⲉ ⲁ ϩⲉⲛ ⲥⲛⲏⲩ ⲛⲕⲗⲏⲣⲓⲕⲟⲥ ⲛⲁⲩ
ⲉⲣⲟⲓ ⲉⲓⲉⲙⲡⲉⲥⲏⲧ ⲙⲡϫⲟⲓ ⲁ ⲟⲩⲁ ⲙⲙⲟⲟⲩ ⲧⲁⲭⲏ⁶ ⲁϥⲃⲱⲕ ⲁϥⲧⲁⲙ(ⲟ
ⲉⲡⲁⲣ)ⲭⲓⲉⲡⲓⲥⲕⲟⲡⲟⲥ. ⲁⲩⲱ ⲛⲧⲉⲣⲉϥⲥⲱⲧⲙ ϫⲉ ⲁⲓⲉⲓ ⲁϥⲉⲓ ⲉⲃⲟⲗ ϩⲏⲧ ⲙⲛ
ⲡⲉⲕⲗⲏⲣⲟⲥ ⲧⲏⲣϥ ϩⲛ ⲟⲩⲛⲟϭ ⲛⲣⲁϣⲉ ⲁⲩⲱ ⲁⲩⲱⲗⲙ ⲉϩⲟⲩⲛ ⲉⲣⲟⲓ ⲉⲩϫⲱ
ⲙⲙⲟⲥ ϫⲉ ⲕⲁⲗⲱⲥ ⲁⲕⲉⲓ ϣⲁⲣⲟⲛ ⲱ ⲡⲇⲓⲕⲁⲓⲟⲥ ⲕⲁⲓ ⲡⲇⲓⲁⲕⲟⲛⲓⲧⲏⲥ ⲉⲧϩⲣⲟⲧ

le rivage, ils m'entraînèrent dans la (barque), ils le baisèrent sur sa tête, ses mains et ses pieds, disant : « Comme tu es venu sain et sauf, ô notre père, nous rendons grâce à Dieu de ce que nous avons été dignes de te voir une autre fois. » Je leur répondis, disant : « Mes enfants, que fait notre père l'archevêque, est-il en bonne santé ? » Ils me dirent : « Oui, en très bonne santé[7], notre père ; mais il a douleur de cœur à ton sujet, car tu as été longtemps, et il dit que peut-être tu as fait une rencontre en ton chemin[8]. Mais nous rendons grâce à Dieu qui t'a amené sain et sauf. » Et lorsqu'ils eurent dit ces (paroles), ils allèrent à l'endroit où j'étais hôte, ils chargèrent mes petits bagages que j'avais pris dans la ville pour mon besoin. Nous allâmes à la barque, nous naviguâmes vers le Nord jusqu'à ce que nous fussions arrivés à la ville de Rakoti. Mais, lorsque nous eûmes abordé, quelques frères clercs me virent comme j'étais au fond de la barque ; l'un d'entre eux se hâta, il alla, il informa l'archevêque. Et lorsqu'il eut appris que j'étais arrivé, il sortit au-devant de moi avec tout le clergé dans une grande joie, et ils m'entraînèrent en disant : « Tu es arrivé heureusement vers nous, ô le juste et le

---

1. Le récit passe à la troisième personne, ainsi que l'a fait remarquer Zoëga. — 2. Lisez : ⲁⲟⲩⲁⲡⲁⲛⲧⲏⲙⲁ. — 3. Lisez : ⲧⲛⲉⲩⲭⲁⲣⲓⲥⲧⲉⲓ. — 4. Lisez : ⲛⲥⲕⲉⲩⲏ. — 5. Lisez : ⲧⲁⲭⲣⲉⲓⲁ. — 6. Lisez : ⲧⲁⲭⲩ ; ce mot est ici pris comme verbe. — 7. Mot à mot : Oui, beaucoup. — 8. La rencontre dont il s'agit est une rencontre de brigands, ce qui peint bien l'état des routes à cette époque.

(-fol. 4-) (ⲛⲉⲛⲧⲁϥ)ϫⲱⲕ ⲉⲃⲟⲗ (ⲙⲡ)ⲟⲩⲉϩⲥⲁϩⲛⲉ ⲙⲡϫⲟⲉⲓⲥ. ⲛⲧⲉⲣⲉϥⲃⲱⲕ[1]
ⲇⲉ ⲉϩⲟⲩⲛ ⲉⲧⲡⲟⲗⲓⲥ ⲁⲩⲥⲱⲟⲩϩ ⲉⲣⲟⲛ ⲛϭⲟⲟⲩⲧ ⲙⲛ ⲛⲉϩⲓⲟⲙⲉ ⲁⲩϫⲓ ⲥⲙⲟⲩ
ⲉⲃⲟⲗϩⲓⲧⲟⲟⲧ ⲛⲧⲉⲣⲉⲛⲃⲱⲕ ⲇⲉ ⲉϩⲟⲩⲛ ⲉⲡⲓⲥⲕⲟⲡⲓⲟⲛ[2] ⲛⲁⲛϣⲗ[3] ⲁⲛϩⲙⲟⲟⲥ ⲁ
ⲡⲁⲣⲭⲓⲉⲡⲓⲥⲕⲟⲡⲟⲥ ϣⲁϫⲉ ⲛⲙⲙⲁⲓ ⲉϥϫⲱ ⲙⲙⲟⲥ ϫⲉ †(ⲥⲟ)ⲡⲥ ⲙⲙⲟⲕ ⲡⲁⲉⲓⲱⲧ ⲉⲧⲟⲩⲁⲁⲃ ⲉⲧⲣⲉⲕⲧⲁⲙⲟⲓ ϫⲉ ⲛⲧⲁ ⲟⲩ ϣⲱⲡⲉ ⲙⲁⲕ ⲛⲁⲓ ⲅⲁⲣ ⲁⲓⲣ ⲕⲟⲩⲓ
ⲛϩⲏⲧ ϫⲉ ⲙⲏⲡⲟⲧⲉ ⲁⲧⲁⲡⲁⲛⲧⲏⲙⲁ[4] ϣⲱⲡⲉ ⲙⲙⲟⲕ ϩⲛ ⲛⲉϩⲓⲟⲟⲩⲉ. ⲁⲡⲁ
ⲓⲱϩⲁⲛⲛⲏⲥ ⲇⲉ ⲡⲉϫⲁϥ ϫⲉ ⲡⲁⲉⲓⲱⲧ ⲙⲡⲉ ⲡⲉⲑⲟⲟⲩ ⲧⲁϩⲟⲓ ⲁⲗⲗⲁ ⲡⲉⲭ̄ⲥ̄ ⲡⲉ-
ⲧⲕⲟ ⲛⲁϥ ⲛϩⲙϩⲁⲗ ⲁϥϫⲓⲙⲟⲉⲓⲧ ϩⲏⲧ ϣⲁⲛⲧϥϫⲓⲧ ⲉⲣⲁⲧⲟⲩ ⲛⲛⲉⲧⲟⲩⲁⲁⲃ.
ⲛⲧⲉⲩⲛⲟⲩ ⲁⲓ† ⲛⲁϥ ⲙⲡⲭⲁⲣⲧⲏⲥ ⲛⲧⲁⲓⲥⲉϩ ϩⲱⲱⲃ ⲛⲓⲙ ⲉⲣⲟϥ ⲙⲛ ⲛⲉⲛⲧⲁ
ⲛⲉⲧⲟⲩⲁⲁⲃ ϫⲟⲟⲩ ⲛⲁⲓ. ⲡⲁⲣⲭⲓⲉⲡⲓⲥⲕⲟⲡⲟⲥ ⲇⲉ ⲛⲧⲉⲣⲉϥϫⲓⲧϥ ⲁϥⲁⲣⲭⲓ[5] ⲛⲱϣ
ϩⲓⲱⲱϥ ⲁϥⲣ ϣⲡⲏⲣⲉ ⲁⲩⲱ ⲁϥ† ⲉⲟⲟⲩ ⲙⲡⲛⲟⲩⲧⲉ. ⲛⲧⲉ(ⲣⲉϥ)ⲉⲓ ⲇⲉ ⲉϫⲙ
(ⲡⲉϩⲟⲟⲩ ⲛⲧ)ⲁ ⲛⲉⲧⲟⲩⲁⲁⲃ ⲧⲁⲙⲟϥ ϫⲉ ⲧⲛⲛⲏⲩ ⲛⲁⲕ ⲛϩⲏⲧϥ ⲁϥⲣⲁϣⲉ ⲉⲙⲁⲧⲉ
ⲁϥ† ⲉⲟⲟⲩ ⲙⲡⲛⲟⲩⲧⲉ ⲉϥϫⲱ ⲙⲙⲟⲥ ϫⲉ †ⲛⲁϭⲱ ⲉⲓϭⲱϣⲧ ϩⲏⲧϥ ⲙⲡⲉϩⲟⲟⲩ
ⲉⲧⲙⲙⲁⲩ. ⲁϥⲉⲓⲣⲉ ⲙⲡⲥⲟⲃⲧⲉ ⲙⲡⲙⲁ ⲕⲁⲗⲱⲥ. ⲁϥϣⲱⲡⲉ ⲇⲉ ⲛⲥⲟⲩ... (Sic
exit.)

ministre fidèle qui a accompli l'ordre de son Seigneur ! » Et lorsqu'il entra dans la ville, les hommes et les femmes se réunirent à nous, ils reçurent sa bénédiction. Lorsque nous entrâmes au palais épiscopal, nous priâmes, nous nous assîmes ; l'archevêque me parla, disant : « Je te prie, mon père saint, de m'informer de ce qui t'est arrivé, car j'ai été petit de cœur disant que peut-être tu avais fait une rencontre sur ta route. » Apa Jean dit : Mon père, rien de mal ne m'est arrivé, mais le Christ dont tu es le serviteur m'a guidé jusqu'à ce que je fusse arrivé aux saints. » Sur l'heure je lui donnai le papyrus sur lequel j'avais écrit toute chose et ce que les saints m'avaient dit. Mais l'archevêque, lorsqu'il l'eut pris, il commença à le lire, il admira et rendit gloire à Dieu. Lorsqu'il fut arrivé au jour où les saints l'avaient informé, disant : « Nous irons vers toi en ce (jour), » il se réjouit grandement, il glorifia Dieu, disant : « Je resterai attendant ce jour. » Il prépara bellement le lieu ; et il arriva que le jour... (Sic exit.)

1. Le récit revient à la troisième personne. — 2. Lisez : ⲉⲡⲓⲉⲡⲓⲥⲕⲟⲡⲉⲓⲟⲛ. — 3. Lisez : ⲛⲁⲛϣⲗⲏⲗ. — 4. Lisez : ⲁ ⲟⲩⲁⲡⲁⲛⲧⲏⲙⲁ. — 5. Lisez : ⲁϥⲁⲣⲭⲉⲓ.

ADDENDA ET CORRIGENDA

Page 4, ligne 10, au lieu de : ⲛⲟⲩⲡⲣⲟⲛ, lire : ⲛⲟⲩⲡⲣⲟⲛ.

Page 5, ligne 23, au lieu de : *le bienheureux vieillard le suivit*, lire : *le bienheureux vieillard poursuivit son chemin*.

Page 12, ligne 10, au lieu de : ϩⲓ ⲉⲣⲁⲧⲥ, lire : ⲱϩⲓ ⲉⲣⲁⲧⲥ.

— ligne 12, au lieu de : ϩⲟ ⲛϭⲣⲟⲙⲡⲓ, lire : ϩⲁⲛ ϭⲣⲟⲙⲡⲓ.

Page 19, ligne 10, au lieu de : ⲛⲉ ⲧⲕⲁϩⲥ, lire : ⲡⲉ ⲧⲕⲁϩⲥ.

Page 36, ligne 3, au lieu de : ⲉⲃⲟⲗϩⲁ ⲧϧⲏ ⲙⲡⲉⲕⲙⲟⲩ ⲉϣⲱⲡ ⲡⲉⲕϣⲟⲡ, lire : ⲉⲃⲟⲗϩⲁ ⲧϧⲏ ⲙⲡⲉⲕⲙⲟⲩ ⲉϣⲱⲡ ⲉⲕϣⲟⲡ.

Page 37, ligne 8, au lieu de : ⲉⲓϣⲱⲡ, lire : ⲉϣⲱⲡ.

Page 40, ligne 10, au lieu de : ⲉϫⲉⲛ ⲟⲩⲣⲱⲙ, lire : ⲉϫⲉⲛ ⲟⲩⲙⲣⲱⲙ.

Page 46, ajouter à la note 8 : Le manuscrit LXII a une coupure et les lignes sont disposées ainsi :

ⲉⲧⲁϥϭⲓⲧϥ ⲉⲃⲟⲗϩⲓⲧⲉⲛ ⲫϯ ⲙ

ⲡⲟⲩϣⲱⲡⲓ ⲉⲧⲟⲓ ⲛⲁⲧϯ ϧⲉⲛ

ⲟⲩ

ⲉⲑⲃⲉ ϫⲉ, etc. Il n'y aurait sans doute pas de lacune, mais ce manuscrit diffère ainsi du LIX. Il faudrait traduire ainsi : *qu'il reçut de Dieu n'ont point été sans profit, car*, etc.

Page 47, ligne 8, au lieu de : ⲉⲕⲁⲧⲁⲛⲧⲁⲛ, lire : ⲉⲣⲕⲁⲧⲁⲛⲧⲁⲛ.

Page 48, ligne 11, au lieu de : ⲁⲡⲟⲙⲉⲣⲱⲥ, lire : ⲁⲡⲟⲙⲉⲣⲟⲩⲥ.

Page 53, ligne 27, au lieu de : *il faisait l'aumône*, lire : *il croissait en beauté*.

Page 56, ligne 16, au lieu de : ⲉⲧⲛⲁⲟⲗⲓ, lire : ⲉⲧⲛⲁⲉⲗ, et ajouter à la note 8 : *Cod.* ⲉⲧⲛⲁⲟⲗ.

Page 57, ligne 11, au lieu de : ⲡⲉⲕⲟⲩⲧⲁϩ, lire : ⲡⲉⲕⲟⲩⲧⲁϩ.

Page 58, ligne 7, au lieu de : ⲡⲣⲟ ⲟⲩϩⲉ ⲣⲟ, lire : ⲡⲣⲟ ⲟⲩⲃⲉ ⲣⲟ.

Page 59, ligne 14, au lieu de : ⲛⲟⲩⲣⲁϣⲓ, lire : ⲛⲁⲩⲣⲁϣⲓ.

Page 66, ligne 6, au lieu de : ⲉⲧⲟⲩⲥⲁϫⲓ, lire : ⲉⲧⲁⲩⲥⲁϫⲓ.

ADDENDA ET CORRIGENDA

Page 68, ligne 26, au lieu de : *ceux qui tuent*, lire : *ceux qui scient*.

Page 71, ligne 3, au lieu de : ⲙⲁⲛⲁⲭⲱⲣⲓⲧⲏⲥ, lire : ⲙⲁⲛⲁⲭⲱⲣⲓⲧⲏⲥ.

Page 72, ligne 12, au lieu de : ⲛⲝⲉ, lire : ⲛⲝⲉ.

Page 75, ligne 2 des notes, au lieu de : ⲥⲛⲁϣⲟⲧⲧ, lire : ⲥⲛⲁⲭⲟⲧϣⲧ.

Page 76, lignes 24 et 30, au lieu de : *marchands*, lire : *gardiens*.

Page 79, ligne 4 des notes, au lieu de : ⲛⲓⲍⲉⲗⲗⲟ, lire : ⲛⲓⲍⲉⲗⲗⲟ.

Page 82, ligne 8, au lieu de : ⲛⲓⲁⲥⲙⲟⲛ, lire : ⲛⲓⲁⲓⲙⲟⲛ.

Page 86, ligne 4 des notes, au lieu de : *laisse*, lire : *lis*.

Page 91, ligne 9, au lieu de : ⲙⲡⲁⲧⲁⲗⲟⲥ, lire : ⲙⲡⲁⲧⲁⲗⲁⲥ.

— ligne 16, au lieu de : ⲥⲟϯ, lire : ϩⲟϯ.

Page 92, ligne 9, au lieu de : ⲙϥϯ, lire : ⲙϥϯ.

Page 93, ligne 3 des notes, au lieu de : ⲛⲝⲉ ⲛⲟⲧⲥⲙⲟⲧ, lire : ⲛⲝⲉ ⲛⲟⲩⲥⲙⲟⲧ ; et ligne 5, au lieu de : ⲧⲉϥⲣⲉⲓ, lire : ⲛⲧⲉϥⲣⲉⲓ.

Page 101, ligne 12, au lieu de : ϣⲁⲧ ⲛⲁⲟⲛⲁⲓ, lire : ϣⲁⲧ ⲙⲉⲟⲛⲁⲓ.

Page 105, ligne 7, au lieu de : ⲉⲧⲁⲩⲉⲣ ⲛⲕⲉⲟⲩⲁϩⲥⲁϩⲛⲓ, lire : ⲉⲧⲁⲩⲉⲣ ⲛⲕⲉⲟⲩⲁϩⲥⲁϩⲛⲓ.

Page 108, ligne 1, effacer le second ⲝⲉ.

Page 117, ajouter une 7e note : Des trois manuscrits, le LIX et le LXIV n'ont aucune note finale. Le LXII en a deux. La première est ainsi conçue : ⲡⲟⲥ ⲛⲁⲓ ⲙⲡⲉⲕⲃⲱⲕ ⲭⲁⲏⲗ ⲡ̄ ⲙⲁⲧⲟⲓ ⲁⲙⲏⲛ : « Seigneur, aie pitié de ton serviteur Chaél, fils de Matoi : amen »; la seconde est d'une autre main beaucoup plus récente : ⲡⲟⲥ ⲙⲁⲛⲧⲟⲛ ⲡⲉⲕⲃⲱⲕ (*sic*) ⲥⲟⲩⲣⲱⲣ ⲡ̄ ⲙⲓⲛⲁ ⲃⲁⲃ…ⲁ… : « Seigneur, donne repos à ton serviteur Souròr, fils de Mina Bab…a… »

Page 129, ligne 32, au lieu de : *dont le jugement universel est terrible*, lire : *dans le jugement universel et terrible*.

Page 137, ligne 1, au lieu de : ⲛⲁⲓⲉⲧⲟⲗⲛ, lire : ⲛⲁⲓⲉⲛⲧⲟⲗⲛ.

Page 139, ligne 2, au lieu de : ⲟⲩⲙⲉⲧⲁⲧϣⲁ ⲛϣⲱϣ, lire : ⲟⲩⲙⲉⲧⲁⲧϣⲁⲛ ϣⲱϣ.

Page 166, ligne 8, au lieu de : ⲛⲣⲉϥϭⲓⲛ ϩⲟ, lire : ⲛⲣⲉϥϭⲓ ⲛϩⲟ.

Page 175, ligne 16, au lieu de : ⲟⲩⲙⲉⲧϣⲁ ⲛϣⲱϣ, lire : ⲟⲩⲙⲉⲧϣⲁⲛ ϣⲱϣ.

Page 191, ligne 14, au lieu de : ⲟⲩⲟϩ, lire : ⲟⲩϩⲟ.

Page 210, ligne 7, au lieu de : ⲥⲁ ⲡⲓⲕⲉⲥⲟⲓ, lire : ⲥⲁ ⲡⲓⲕⲉⲥⲁ.

Page 237, ligne 29, au lieu de : *et se jeta sur ses genoux*, lire : *et, se jetant sur ses genoux*.

Page 243, ligne 14, au lieu de : ⲛⲁⲃⲏⲧ, lire : ⲛⲁⲃⲏⲧ.

— ligne 25, au lieu de : *djarumpo*, lire : *djarampo*.

Page 251, ligne 11, au lieu de : ϧⲉⲛ ⲡⲥⲛⲟⲩ, lire : ϧⲉⲛ ⲡⲥⲛⲟⲩ.

Page 256, ligne 33, au lieu de : *il s'occupa d'eux*, lire : *il badina avec eux*.

Page 261, ligne 3, au lieu de : ⲉⲟⲩϩⲏⲧ, lire : ⲉⲟⲩϩⲛⲟⲩ.

Page 262, ligne 11, au lieu de : ⲉⲟⲩϩⲏⲧ, lire : ⲉⲟⲩϩⲛⲟⲩ, et à la note lire au contraire : ⲉⲩϩⲏⲧ.

Page 279, ligne 6, au lieu de : ⲛⲓⲁⲑⲛⲁⲓⲟⲥ, lire : ⲛⲓⲁⲑⲏⲛⲁⲓⲟⲥ.

ADDENDA ET CORRIGENDA

Page 299, ligne 14, au lieu de : ⲧⲱⲛϩ ⲛϫⲱⲓ, lire : ⲧⲱⲛϩ ⲉϫⲱⲓ.
Page 303, ligne 16, au lieu de : ⲉⲧⲁϥⲟⲩⲟϩ, lire : ⲉⲧⲁϥⲟⲩⲁϩ.
Page 304, ligne 15, au lieu de : ⲛⲟⲩϣⲟϩ, lire : ⲛⲟⲩϣⲁϩ.
Page 310, ligne 10, au lieu de : ⲙⲡⲉⲩⲧⲁϩ, lire : ⲙⲡⲟⲩⲧⲁϩ.
Page 314, ligne 17, au lieu de : ⲛϣⲁϧⲛⲓ, lire : ⲛϣⲁϣⲛⲓ.
Page 326, ligne 13, au lieu de : ⲛⲓⲫⲩⲭⲏ, lire : ⲛⲓⲯⲩⲭⲏ.
Page 329, ligne 6, au lieu de : ⲡⲉⲛⲓⲱⲧ ⲟⲟⲟⲩⲁⲃ, lire : ⲡⲉⲛⲓⲱⲧ ⲉⲟⲟⲩⲁⲃ.
Page 330, ligne 22, au lieu de : *au combat*, lire : *aux combats*.
Page 343, ligne 1, au lieu de : ⲙⲡⲣⲁⲕⲧⲓⲕⲟⲥ, lire : ⲙⲡⲣⲁⲕⲧⲓⲕⲟⲥ.
Page 349, ligne 7, au lieu de : ⲥⲟⲃⲉ, lire : ⲥⲟⲃⲉ.
Page 366, ligne 18, au lieu de : *vieillard après un tel*, lire : *vieillard père un tel*.
Page 378, ligne 8, au lieu de : ⲛⲓⲉⲛⲛⲩ, lire : ⲛⲓⲉⲛⲛⲟⲩ.
Page 381, ligne 14, au lieu de : ϥⲩⲥⲉⲓ, lire : ⲫⲩⲥⲉⲓ.
Page 404, ligne 6, au lieu de : ϧⲉⲛ, lire : ϧⲉⲛ.
Page 416, ligne 3, au lieu de : ⲉⲧⲉⲧⲛⲙⲙⲏⲛ, lire : ⲉⲧⲉⲧⲛⲙⲙⲏⲛ.
Page 417, ligne 1 des notes, au lieu de : 2. *Lisez* : ⲉⲣⲟϥ, lire : 2. *Lisez* : ⲉⲣⲟⲟⲩ.

TABLE

	Pages.
INTRODUCTION	I
Vie de saint Paul, premier ermite	1
Apophthegmes sur saint Antoine	15
Vie de Macaire de Scété	46
Vertus de saint Macaire	118
Apophthegmes sur saint Macaire	203
Vie de Macaire d'Alexandrie	235
Vie des saints Maxime et Domèce	262
Vie de Jean Kolobos	317
Appendice : introduction : fragments thébains de la Vie de Jean Kolobos	411
Fragments thébains d'une Vie de Jean Kolobos	414

ERNEST LEROUX, ÉDITEUR
RUE BONAPARTE, 28

ANNALES DU MUSÉE GUIMET

TOME I

MÉLANGES. — Un volume in-4, avec 8 planches hors texte . . . . 15 fr.
E. GUIMET. Rapport au Ministre de l'Instruction publique et des Beaux-Arts sur sa mission scientifique en Extrême-Orient. — Le Mandara de Koô-boô-Daï-shi dans le temple de To-ô-dji à Kioto (Japon). — H. HIGNARD. Le Mythe de Vénus. — F. CHABAS. De l'usage des bâtons de main chez les anciens Égyptiens et chez les Hébreux. — ED. NAVILLE, Ostracon égyptien du musée Guimet. — E. LEFÉBURE. Les races connues des Égyptiens. — GARCIN DE TASSY. Tableau du Kâli-Youk ou Age de Fer. — P. REGNAUD. La Métrique de Bhârata, XVIIe chapitre du Nâtya Çastra. — P. REGNAUD. Le Pessimisme Brâhmanique. — REV. C. ALWYSS. Visites des Bouddhas dans l'île de Lankâ (Ceylan), traduit de l'anglais par L. DE MILLOUÉ. — J. DUPUIS. Voyage au Yun-nan et ouverture du fleuve Rouge au commerce. — REV. E. J. EITEL. Le Fengshoui ou Principes de science naturelle en Chine, traduit de l'anglais par L. DE MILLOUÉ. — P. L. F. PHILASTRE. Exégèse chinoise. — SHINDA. Explication des anciens caractères sanscrits, traduit du japonais par YMAIZOUMI et YAMATA. — Conférence entre la secte Sin-sion et la mission scientifique française, traduite du japonais par YMAIZOUMI, TOMII et YAMATA. — Réponses sommaires des prêtres de la secte Sin-sion, traduites du japonais par M. A. TOMII. — Note sur les cours de langues orientales à Lyon.

TOME II

MÉLANGES. — Un volume in-4 . . . . 15 fr.
F. MAX MÜLLER. Anciens textes sanscrits découverts au Japon, traduits de l'anglais par L. DE MILLOUÉ. — YMAIZOUMI. O-mi to-King, ou Soukhavatî-vyûha-Soûtra, texte vieux sanscrit traduit d'après la version chinoise de Koumârajîva. — P. REGNAUD. La Métrique de Bhârata, texte sanscrit de deux chapitres du Nâtya Çastra, publié pour la première fois et suivi d'une interprétation française. — Léon FEER. Analyse du Kandjour et du Tandjour, recueils des livres sacrés du Tibet, par Alexandre Csoma DE KÔRÖS, traduite de l'anglais et augmentée de diverses additions, remarques et index.

TOME III

EM. DE SCHLAGINTWEIT. LE BOUDDHISME AU TIBET, traduit de l'anglais par L. DE MILLOUÉ.
Un volume in-4, avec 40 planches hors texte . . . 20 fr.

TOME IV

MÉLANGES. — Un volume in-4, avec 11 planches hors texte . . . . 15 fr.
E. LEFÉBURE. Le puits de Deîr-el-Bahari, notice sur les dernières découvertes faites en Égypte. — F. CHABAS. Tables à libations du Musée Guimet. — Dr AL. COLSON. Notice sur un Hercule Phallophore, dieu de la génération. — P. REGNAUD. Le Pancha-Tantra, ou le grand recueil des fables de l'Inde ancienne, considéré au point de vue de son origine, de sa rédaction, de son expansion et de la littérature à laquelle il a donné naissance. — REV. J. EDKINS. La religion en Chine. Exposé des trois religions des Chinois, suivi d'observations sur l'état actuel et l'avenir de la propagande chrétienne parmi ce peuple; traduit de l'anglais par L. DE MILLOUÉ.

TOME V

Léon FEER. FRAGMENTS EXTRAITS DU KANDJOUR, traduits du tibétain.
Un volume in-4 . . . . 20 fr.

TOME VI

Ph. Ed. FOUCAUX. LE LALITA VISTARA, ou développement des jeux, contenant l'histoire du Bouddha Çâkya-Mouni depuis sa naissance jusqu'à sa prédication, traduit du sanscrit en français. Première partie. Traduction française.
Un volume in-4, avec 4 planches hors texte . . . 15 fr.

TOME VII

MÉLANGES. — Un volume in-4, avec 8 planches hors texte . . . . 20 fr.
A. BOURQUIN, Brâhmakarma ou Rites sacrés des Brâhmanes, traduit pour la première fois du sanscrit en français. — Dharmasindhu ou Océan des rites religieux, par le prêtre Kâshimâtha, première partie. Traduit du sanscrit et commenté. Version française par L. DE MILLOUÉ. — E. S. W. SENATHI-RAJA. Quelques remarques sur la secte civaïte chez les Indous de l'Inde méridionale. — Arnould LOCARD. Les Coquilles sacrées dans les religions indoues. — SIR MUTU COOMARA-SWAMY. Dâthâvança ou histoire de la Dent-Relique du Buddha Gautama, poème épique de Dhamma-Kitti, traduit en français d'après la version anglaise, par L. DE MILLOUÉ. — J. GERSON DA CUNHA. Mémoire sur l'histoire de la Dent-Relique de Ceylan, précédé d'un essai sur la vie et la religion de Gautama Buddha, traduit de l'anglais et annoté par L. DE MILLOUÉ. — P. REGNAUD. Études phonétiques et morphologiques dans le domaine des langues indo-européennes et particulièrement en ce qui regarde le sanscrit.

TOME VIII

LE YI-KING OU LIVRE DES CHANGEMENTS DE LA DYNASTIE DES TSCHEOU, traduit pour la première fois du chinois en français, avec les commentaires traditionnels complets de Ts'héng-Tsé et de Tshou-hi et des extraits des principaux commentateurs, par P. L. F. PHILASTRE.
Première partie. Un volume in-4 . . . . 15 fr.

TOME IX

LES HYPOGÉES ROYAUX DE THÈBES, par M. E. LEFÉBURE. — Première division : Le Tombeau de Séti Ier publié in-extenso avec la collaboration de MM. U. BOURIANT et V. LORET, anciens membres de la Mission archéologique du Caire et avec le concours de M. ED. NAVILLE.
Un volume in-4, avec 130 planches hors texte . . . . 75 fr.

TOME X

MÉLANGES. — Un volume in-4, illustré de dessins et de 24 planches hors texte . . . . 30 fr.
Mémoires relatifs aux religions et aux monuments anciens de l'Amérique. La Stèle de Palenqué, par Ch. RAU. — Idoles de l'Amazone, par J. VERISSIMO. — Sculptures de Santa-Lucia Cosumalwhuapa (Guatémala), par S. HABEL. Traduit de l'anglais par J. POINTET. — Notice sur les pierres sculptées du Guatemala, acquises par le musée de Berlin, par A. BASTIAN. Traduit de l'allemand par J. POINTET.
Mémoires divers. — Le Shintoïsme, sa mythologie, sa morale, par M. A. TOMII. — Les Idées philosophiques et religieuses des Jainas, par S. J. WARREN. Traduit du hollandais par J. POINTET. — Étude sur le mythe de Vrishabha, par L. DE MILLOUÉ. — Le Dialogue de Çuka et de Rhamba, par J. GRANDJEAN. — La Question des Aspirées en sanscrit et en grec, par P. REGNAUD. — Deux Inscriptions phéniciennes inédites, par C. CLERMONT-GANNEAU. — Le Galet d'Antibes, offrande phallique à Aphrodite, par H. BAZIN.
Mémoires d'égyptologie. — La Tombe d'un ancien Égyptien, par V. LORET. — Les Quatre Races dans le ciel inférieur des Égyptiens, par J. LIEBLEIN. — Un des procédés du démiurge égyptien, par E. LEFÉBURE. — Maa, déesse de la vérité, et son rôle dans le Panthéon égyptien, par A. WIEDEMANN.

TOMES XI ET XII

LA RELIGION POPULAIRE DES CHINOIS, par J. J. M. de GROOT. — Les Fêtes annuellement célébrées à Émoui (Amoy), Mémoire traduit du hollandais avec le concours de l'auteur, par C-G. Chavannes. Illustrations par Félix Regamey et héliogravures.
2 volumes in-4, avec 38 planches hors texte . . . . 40 fr.

TOME XIII

LE RAMAYANA au point de vue religieux, philosophique et moral, par Ch. Schoebel.
Un volume in-4 . . . . 12 fr.
Couronné par l'Institut.

TOME XIV

ESSAI SUR LE GNOSTICISME ÉGYPTIEN, ses développements, son origine égyptienne, par E. Amélineau.
Un volume in-4, avec une planche. . . . . . 15 fr.

TOME XV

SIAO-HIO, LA PETITE ÉTUDE ou MORALE DE LA JEUNESSE, avec le Commentaire de Tchu-Hiuen, traduit pour la première fois du chinois en français, par C. de Harlez.
Un volume in-4, avec carte. . . . . 15 fr.

TOME XVI

LES HYPOGÉES ROYAUX DE THÈBES, par E. Lefébure.
In-4 en 3 fascicules avec planches . . . . . 60 fr.
Fascicule I. — Seconde division des Hypogées. Notices des Hypogées publiées avec le concours de Ed. Naville et Ern. Schiaparelli. — Fascicule II. — Troisième division. Tombeau de Ramsès IV.

TOME XVII

MONUMENTS POUR SERVIR A L'HISTOIRE DE L'ÉGYPTE CHRÉTIENNE au IV° siècle. Histoire de saint Pakhôme et de ses communautés. Documents coptes et arabes inédits, publiés et traduits par E. Amélineau.
Un fort volume in-4 . . . . 60 fr.

TOME XVIII

AVADANA ÇATAKA. Cent légendes bouddhiques, traduites du sanscrit par Léon Feer.
Un volume in-4 . . . . 20 fr.

TOME XIX

LE LALITA-VISTARA, ou développement des jeux, contenant l'histoire du Bouddha Çakya-Mouni, depuis sa naissance jusqu'à sa prédication, traduit du sanscrit en français par Ph. Ed. Foucaux, professeur au Collège de France. Deuxième partie : Notes, variantes et index.
Un volume in-4 . . . . 15 fr.

TOME XX

TEXTES TAOÏSTES, traduits des originaux chinois et commentés, par C. de Harlez.
Un volume in-4 . . . . 20 fr.

TOMES XXI, XXII ET XXIV

LE ZEND-AVESTA. Traduction nouvelle avec commentaire historique et philologique, par James Darmesteter, professeur au Collège de France.
Tome I. La Liturgie (Yasna et Vispéred). Un volume in-4 . . . . 20 fr.
Tome II. La Loi (Vendidad). — L'Épopée (Yashts). — Le livre de prière (Khorda-Avesta). Un volume in-4 . . 20 fr.
Tome III. Origines de la littérature et de la religion zoroastriennes. Appendice à la traduction de l'Avesta. (Fragments des Nasks perdus et Index). Un volume in-4 . . 20 fr.

TOME XXIII

LE YI-KING, ou Livre des changements de la dynastie des Tscheou, traduit pour la première fois du chinois en français, avec les commentaires traditionnels complets de T'shêng-Tseû et Tshou-hi et des extraits des principaux commentateurs, par P. L. F. Philastre.
Seconde partie. Un volume in-4 . . . . . . 15 fr.

TOME XXV

MONUMENTS POUR SERVIR A L'HISTOIRE DE L'ÉGYPTE CHRÉTIENNE. Histoire des monastères de la Basse-Égypte. Vies de saint Paul, saint Antoine, saint Macaire. Vies des saints Maxime et Doméce, de Jean le Nain, etc. Texte et traduction française, par E. Amélineau . . 50 fr.

TOMES XXVI ET XXVII (Sous presse)

HISTOIRE DE LA SÉPULTURE ET DES FUNÉRAILLES EN ÉGYPTE, par E. Amélineau. 2 volumes in-4, illustrés.

TOME XXVIII (Sous presse)

LE SIAM ANCIEN, par L. Fournereau. Un volume richement illustré.

TOMES XXIX ET XXX (Sous presse)

MÉLANGES. Terrien de Lacouperie. Notes sur Formose. — Rigollot. Les Jeux de l'Égypte.

BIBLIOTHÈQUE D'ÉTUDES

Série in-8°

I

LE RIG-VEDA et les origines de la mythologie indo-européenne, par Paul Regnaud. Première partie. Un volume in-8 . . . . 12 fr.

II

LE RIG-VEDA, par Paul Regnaud.
Seconde partie (Sous presse). Un vol. in-8 . . . 12 fr.

III

LES LOIS DE MANOU, traduites par Strehly. Un volume in-8 . . . . 12 fr.

BIBLIOTHÈQUE DE VULGARISATION

Série de volumes in-18 illustrés
A 3 fr. 50.

Tome I. — LES MOINES ÉGYPTIENS, par E. Amélineau. Illustré.
Tome II. — PRÉCIS DE L'HISTOIRE DES RELIGIONS. — Première partie : *Religions de l'Inde*, par L. de Milloué. Illustré de 21 planches.
Tome III. — LES HÉTÉENS. — *Histoire d'un Empire oublié*, par H. Sayce ; traduit de l'anglais avec préface et appendices, par J. Menant, membre de l'Institut. Illustré de 4 planches et de 15 dessins dans le texte.
Tome IV. — LES SYMBOLES, LES EMBLÈMES ET LES ACCESSOIRES DU CULTE CHEZ LES ANNAMITES, par G. Dumoutier. Illustré de 35 dessins annamites.
Tome V. — LES YÉZIDIS. Les adorateurs du feu, par J. Menant, membre de l'Institut. In-18, illustré.
Tome VI. — LE CULTE DES MORTS dans l'Annam et dans l'Extrême-Orient, par le lieutenant-colonel Bonifacy et Paulus.

GUIDE ILLUSTRÉ DU MUSÉE GUIMET, par L. de Milloué. In-18 . . . . 1 fr.
INTRODUCTION AU CATALOGUE DU MUSÉE GUIMET. — *Aperçu sommaire des Religions des anciens peuples civilisés*, par L. de Milloué. In-18 . . . . 1 fr. 50

REVUE DE L'HISTOIRE DES RELIGIONS ; 30 volumes in-8 . . . . 350 fr.

www.ingramcontent.com/pod-product-compliance
Lightning Source LLC
Chambersburg PA
CBHW060220230426
43664CB00011B/1500